Bioquímica

Bioquímica

5ª edição

Laurence A. Moran
University of Toronto

H. Robert Horton
North Carolina State University

K. Gray Scrimgeour
University of Toronto

Marc D. Perry
University of Toronto

Tradução
Katia S. P. Perry
Doutora em Química pelo ICEx-UFMG

Revisão técnica
Frederico José Gueiros Filho
Doutor em Cell and Developmental Biology pela Harvard University
Professor associado, livre docente, do Departamento de Bioquímica, Instituto de Química, USP

Ana Paula de Mattos Arêas Dau
Doutora em bioquímica pela USP
Professora da UFABC

© 2014 by Pearson Education do Brasil

Tradução autorizada a partir da edição original em inglês, *Principles of Biochemistry*, 5. ed., publicada pela Pearson Education, Inc., sob o selo Addison-Wesley

© 2012, 2006, 2002, 1996 by Pearson Education, Inc.

Todos os direitos reservados. Nenhuma parte desta publicação poderá ser reproduzida ou transmitida de qualquer modo ou por qualquer outro meio, eletrônico ou mecânico, incluindo fotocópia, gravação ou qualquer outro tipo de sistema de armazenamento e transmissão de informação, sem prévia autorização, por escrito, da Pearson Education do Brasil.

Diretor editorial e de conteúdo	Roger Trimer
Gerente editorial	Kelly Tavares
Supervisora de produção editorial	Silvana Afonso
Coordenadora de desenvolvimento	Danielle Sales
Coordenador de produção editorial	Sérgio Nascimento
Coordenadora de produção gráfica	Tatiane Romano
Editor de aquisições	Vinícius Souza
Editora de texto	Ana Mendes
Editores assistentes	Luiz Salla e Marcos Guimarães
Preparação	Silvia Mourão
Revisão	Bruna Carreira
Capa	Solange Rennó (sob o projeto original)
Projeto gráfico e diagramação	Casa de Ideias

Dados Internacionais de Catalogação na Publicação (CIP)
(Câmara Brasileira do Livro, SP, Brasil)

Bioquímica / Laurence A. Moran...[et al.]; tradução Katia Perry; revisão técnica Frederico Gueiros Filho, Ana Paula de Mattos Arêas Dau. – 5. ed. – São Paulo: Pearson Education do Brasil, 2013.

Outros autores: H. Robert Horton, K. Gray Scrimgeour, Marc D. Perry.
Título original: Principles of biochemistry.
ISBN 978-85-8143-126-0

1. Bioquímica I. Moran, Laurence A. II. Horton, H. Robert. III. Scrimgeour, K. Gray. IV. Perry, Marc D. V. Gueiros Filho, Frederico. VI. Arêas Dau, Ana Paula de Mattos.

13-08275   CDD-572.07

Índice para catálogo sistemático:
1. Bioquímica: Estudo e ensino 572.07

2013
Direitos exclusivos para a língua portuguesa cedidos à
Pearson Education do Brasil Ltda.,
uma empresa do grupo Pearson Education
Rua Nelson Francisco, 26
CEP 02712-100 – São Paulo – SP – Brasil
Fone: 11 2178-8686 – Fax: 11 2178-8688
vendas@pearson.com

A ciência deve ser o mais simples possível, mas não simplista.

– Albert Einstein

Sumário

Ao estudante xxi
Prefácio xxiii
Sobre os autores xxxi
Abreviaturas comuns em bioquímia xxxiii

Parte I
Introdução

1 Introdução à Bioquímica 1
1.1 A bioquímica é uma ciência moderna 2
1.2 Os elementos químicos da vida 3
1.3 Várias macromoléculas importantes são polímeros 4
    A. Proteínas 6
    B. Polissacarídeos 6
    C. Ácidos nucleicos 7
    D. Lipídeos e membranas 9
1.4 A energética da vida 10
    A. Velocidade de reações e equilíbrio 11
    B. Termodinâmica 12
    C. Constantes de equilíbrio e variações da energia livre de Gibbs padrão 4
    D. Energia livre de Gibbs e velocidades de reação 14
1.5 Bioquímica e evolução 15
1.6 A célula é a unidade básica da vida 17
1.7 Células procariontes: características estruturais 18
1.8 Células eucariontes: características estruturais 19
    A. O núcleo 20
    B. O retículo endoplasmático e o complexo de Golgi 21
    C. Mitocôndria e cloroplastos 22
    D. Vesículas especializadas 23
    E. O citoesqueleto 23
1.9 Um retrato da célula viva 26
1.10 A bioquímica é multidisciplinar 26
    Apêndice: A terminologia especial da bioquímica 27
    Leituras selecionadas 28

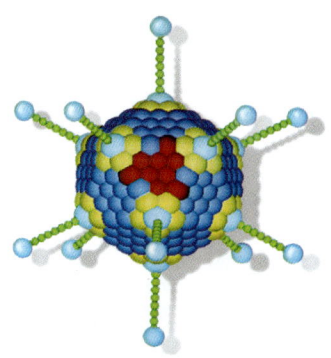

2 Água 29
2.1 A molécula da água é polar 30
2.2 Ligações de hidrogênio na água 31
    Quadro 2.1 Termófilos extremos 33
2.3 A água é um excelente solvente 33
    A. Substâncias iônicas e polares se dissolvem em água 33
    Quadro 2.2 Plasma sanguíneo e água do mar 34
    B. Concentrações celulares e difusão 35
    C. Pressão osmótica 35
2.4 Substâncias não polares são insolúveis em água 36
2.5 Interações não covalentes 37
    A. Interações carga-carga 38
    B. Ligações de hidrogênio 38
    C. Forças de van der Waals 39
    D. Interações hidrofóbicas 40
2.6 Á água é nucleofílica 40
    Quadro 2.3 A concentração da água 42
2.7 Ionização da água 42
2.8 A escala de pH 44

viii Bioquímica

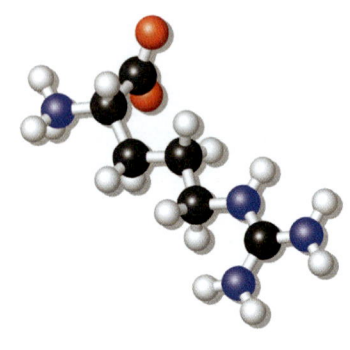

Quadro 2.4 O "p" minúsculo no pH 45
2.9 Constantes de dissociação ácida dos ácidos fracos 45
2.10 Soluções tamponadas resistem a mudanças do pH 50
Exemplo de cálculo 2.1 Cálculo do pH de soluções de ácidos fracos 50
Exemplo de cálculo 2.2 Preparação de tampões 51
Resumo 52
Problemas 53
Leituras selecionadas 55

Parte II
Estrutura e Função

3 Aminoácidos e a Estrutura Primária das Proteínas 56
3.1 Estrutura geral dos aminoácidos 57
3.2 Estruturas dos 20 aminoácidos comuns 59
Quadro 3.1 Datação de fósseis por racemização de aminoácidos 59
A. Grupos R alifáticos 60
B. Grupos R aromáticos 60
C. Grupos R contendo enxofre 61
D. Cadeias laterais com grupos álcool 61
Quadro 3.2 Uma nomenclatura alternativa 62
E. Grupos R positivamente carregados 62
F. Grupos R negativamente carregados e seus derivados amida 63
G. A hidrofobicidade das cadeias laterais dos aminoácidos 63
3.3 Outros aminoácidos e derivados 63
3.4 Ionização de aminoácidos 64
Quadro 3.3 Nomes comuns de aminoácidos 65
3.5 Ligações peptídicas unem os aminoácidos nas proteínas 68
3.6 Técnicas de purificação de proteínas 69
3.7 Técnicas analíticas 72
3.8 Composição de aminoácidos das proteínas 74
3.9 Determinação da sequência de resíduos de aminoácidos 75
3.10 Estratégias de sequenciamento de proteínas 77
3.11 Comparação de estruturas primárias de proteínas revela relações evolutivas 80
Resumo 83
Problemas 83
Leituras selecionadas 85

4 Proteínas: Estrutura Tridimensional e Função 86
4.1 Há quatro níveis de estrutura nas proteínas 88
4.2 Métodos de determinação estrutural de proteínas 89
4.3 A conformação dos grupos peptídicos 92
Quadro 4.1 A floração é controlada por conversões *cis/trans* 94
4.4 A α-hélice 95
4.5 Fitas e folhas-β 98
4.6 Alças e voltas 99
4.7 Estrutura terciária das proteínas 100
A. Estruturas supersecundárias 101
B. Domínios 102
C. Estrutura de domínios, função e evolução 103
D. Proteínas intrinsecamente desordenadas 104
4.8 Estrutura quaternária 104
4.9 Interações proteína-proteína 110
4.10 Desnaturação e renaturação de proteínas 112
4.11 Enovelamento e estabilidade de proteínas 115
A. O efeito hidrofóbico 116
B. Ligação de hidrogênio 117

C. Interações de van der Waals e carga-carga   117
Quadro 4.2   CASP: o jogo de enovelamento das proteínas   118
D. O enovelamento das proteínas é assistido pelas chaperonas moleculares   118
4.12 Colágeno, uma proteína fibrosa   120
Quadro 4.3   Mais resistente que o aço   122
4.13 Estruturas da mioglobina e da hemoglobina   123
4.14 Ligação do oxigênio à mioglobina e à hemoglobina   124
A. O oxigênio se liga reversivelmente ao heme   124
B. Curvas de ligação de mioglobina e hemoglobina ao oxigênio   125
Quadro 4.4   Hemoglobinas do embrião e do feto   127
C. A hemoglobina é uma proteína alostérica   128
4.15 Os anticorpos se ligam a antígenos específicos   130
Resumo   132
Problemas   132
Leituras selecionadas   135

5   Propriedades das Enzimas   136

5.1 As seis classes de enzimas   138
Quadro 5.1   Números de classificação de enzimas   139
5.2 Experimentos cinéticos revelam as propriedades das enzimas   140
A. Cinética química   140
B. Cinética enzimática   141
5.3 A equação de Michaelis-Menten   143
A. Derivação da equação de Michaelis-Menten   143
B. A constante catalítica K_{cat} 145
C. Os significados de K_m 145
5.4 As constantes cinéticas indicam a atividade da enzima e sua eficiência catalítica   146
5.5 Medida de K_m e V_{max} 147
Quadro 5.2   Hipérboles versus retas   148
5.6 Cinética das reações com substratos múltiplos   148
5.7 Inibição enzimática reversível   150
A. Inibição competitiva   150
B. Inibição incompetitiva   151
C. Inibição não competitiva   151
D. Usos da inibição enzimática   152
5.8 Inibição enzimática irreversível   153
5.9 Regulação da atividade enzimática   154
A. A fosfofrutoquinase é uma enzima alostérica   155
B. Propriedades gerais de enzimas alostéricas   156
C. Duas teorias sobre a regulação alostérica   157
D. Regulação por modificação covalente   159
5.10 Complexos multienzimáticos e enzimas multifuncionais   159
Resumo   160
Problemas   161
Leituras selecionadas   162

6   Mecanismos Enzimáticos   164

6.1 A terminologia da química mecanística   164
A. Substituições nucleofílicas   165
B. Reações de clivagem   166
C. Reações de oxidação-redução   166
6.2 Catalisadores estabilizam os estados de transição   166
6.3 Efeitos químicos na catálise enzimática   168
A. Resíduos polares de aminoácidos em sítios ativos   168
Quadro 6.1   Mutagênese sítio-dirigida modifica enzimas   169
B. Catálise ácido-base   171
C. Catálise covalente   171

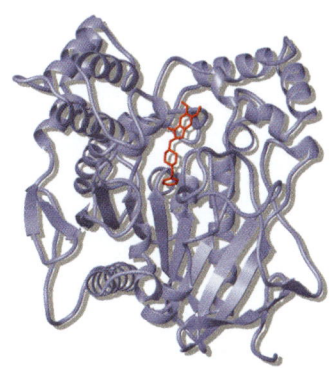

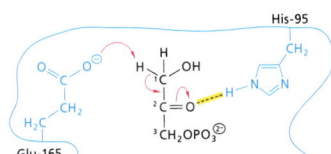

        D. O pH afeta as velocidades enzimáticas 172
6.4 Reações controladas por difusão 173
        A. Triose fosfato isomerase 173
        Quadro 6.2 A "enzima perfeita"? 176
        B. Superóxido dismutase 176
6.5 Modos de catálise enzimática 177
        A. O efeito da proximidade 178
        B. Ligação fraca entre enzimas e substratos 179
        C. Ajuste induzido 181
        D. Estabilização do estado de transição 182
6.6 Serino-proteases 184
        A. Os zimogênios são precursores inativos de enzimas 184
        Quadro 6.3 Os 10 mandamentos de Kornberg 185
        B. Especificidade das serino-proteases quanto ao substrato 186
        C. As serino-proteases utilizam tanto os modos químicos quanto os de ligação na catálise 187
        Quadro 6.4 Roupas limpas 188
        Quadro 6.5 Evolução convergente 189
6.7 Lisozima 189
6.8 Arginina quinase 192
    Resumo 194
    Problemas 195
    Leituras selecionadas 196

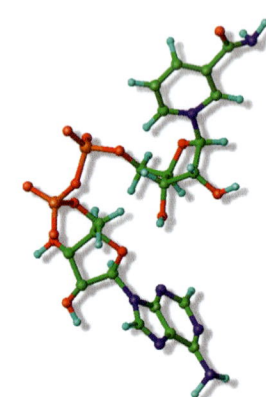

7 **Coenzimas e Vitaminas** 198
7.1 Muitas enzimas necessitam de cátions inorgânicos 199
7.2 Classificação das coenzimas 199
7.3 ATP e outros cossubstratos nucleotídicos 201
    Quadro 7.1 Vitaminas que faltam 203
7.4 $NAD^{\oplus}$ e $NADP^{\oplus}$ 203
    Quadro 7.2 Ligação do NAD às desidrogenases 206
7.5 FAD e FMN 206
7.6 Coenzima A e a proteína carreadora de acila 207
7.7 Tiamina difosfato 208
7.8 Piridoxal fosfato 210
7.9 Vitamina C 212
7.10 Biotina 213
    Quadro 7.3 Um gene: uma enzima 214
7.11 Tetra-hidrofolato 214
7.12 Cobalamina 217
7.13 Lipoamida 218
7.14 Vitaminas lipídicas 219
        A. Vitamina A 219
        B. Vitamina D 219
        C. Vitamina E 220
        D. Vitamina K 220
7.15 Ubiquinona 221
    Quadro 7.4 Veneno para rato 221
7.16 Coenzimas proteicas 222
7.17 Citocromos 223
    Quadro 7.5 Prêmios Nobel concedidos por vitaminas e coenzimas 224
    Resumo 225
    Problemas 225
    Leituras selecionadas 227

8 **Carboidratos** 229
8.1 A maioria dos monossacarídeos é quiral 230

- 8.2 Ciclização de aldoses e cetoses 232
- 8.3 Conformações dos monossacarídeos 235
- 8.4 Derivados de monossacarídeos 237
    - A. Açúcares-fosfatos 237
    - B. Desoxiaçúcares 237
    - C. Aminoaçúcares 237
    - D. Açúcares alcoólicos 238
    - E. Açúcares-ácidos 238
- 8.5 Dissacarídeos e outros glicosídeos 239
    - A. Estruturas dos dissacarídeos 239
    - B. Açúcares redutores e não redutores 240
    - C. Nucleosídeos e outros glicosídeos 241
    - Quadro 8.1 O problema com os felinos 241
- 8.6 Polissacarídeos 242
    - A. Amido e glicogênio 242
    - B. Celulose 244
    - C. Quitina 245
- 8.7 Glicoconjugados 246
    - A. Proteoglicanos 246
    - B. Peptidoglicanos 247
    - Quadro 8.2 Os fatores de nodulação são lipo-oligossacarídeos 248
    - C. Glicoproteínas 250
    - Quadro 8.3 Grupo sanguíneo ABO 252
    - Resumo 254
    - Problemas 254
    - Leituras selecionadas 256

9 Lipídeos e Membranas 257

- 9.1 Diversidade estrutural e funcional dos lipídeos 257
- 9.2 Ácidos graxos 258
    - Quadro 9.1 Nomes comuns dos ácidos graxos 259
    - Quadro 9.2 Os ácidos graxos *trans* e a margarina 261
- 9.3 Triacilgliceróis 262
- 9.4 Glicerofosfolipídeos 262
- 9.5 Esfingolipídeos 265
- 9.6 Esteroides 267
- 9.7 Outros lipídeos biologicamente importantes 268
- 9.8 Membranas biológicas 269
    - Quadro 9.3 Gregor Mendel e as giberelinas 270
    - A. Bicamadas lipídicas 270
    - B. Três classes de proteínas de membranas 270
    - Quadro 9.4 Novas vesículas lipídicas ou lipossomos 272
    - Quadro 9.5 Algumas espécies têm lipídeos incomuns em suas membranas 274
    - C. O modelo do mosaico fluido para as membranas biológicas 274
- 9.9 Membranas são estruturas dinâmicas 275
- 9.10 Transporte por membrana 278
    - A. Termodinâmica do transporte de membranas 278
    - B. Poros e canais 280
    - C. Transporte passivo e difusão facilitada 281
    - D. Transporte ativo 282
    - E. Endocitose e exocitose 283
- 9.11 Transdução de sinais extracelulares 284
    - A. Receptores 284
    - Quadro 9.6 A ardência das pimentas chili 284
    - B. Transdutores de sinais 286
    - C. A via de sinalização da adenilil ciclase 287
    - D. A via de sinalização dos fosfolipídeos de inositol 287

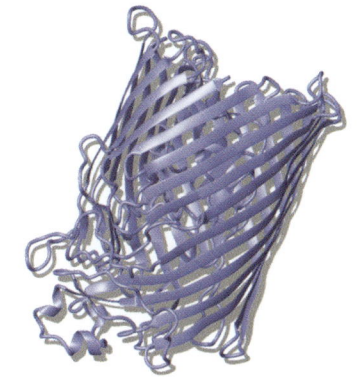

Quadro 9.7 Toxinas bacterianas e as proteínas G 290
E. Receptores tirosina-quinases 290
Resumo 291
Problemas 292
Leituras selecionadas 293

Parte III
Metabolismo e Bioenergética

10 Introdução ao Metabolismo 295

10.1 O metabolismo é uma rede de reações 295
10.2 Vias metabólicas 298
  A. As vias são sequências de reações 298
  B. O metabolismo acontece em etapas discretas 299
  C. As vias metabólicas são reguladas 300
  D. A evolução das vias metabólicas 302
10.3 Principais vias nas células 304
10.4 Compartimentalização e o metabolismo interórgãos 306
10.5 A variação da energia livre de Gibbs real, e não da energia livre padrão, determina a direção das reações metabólicas 307
  Exemplo de cálculo 10.1 Cálculo da variação da energia livre de Gibbs padrão a partir das energias de formação 309
10.6 A energia livre da hidrólise do ATP 309
10.7 As funções metabólicas do ATP 312
  Exemplo de cálculo 10.2 Variação da energia livre de Gibbs 313
  A. Transferência de grupo fosforila 313
  Quadro 10.1 O til 314
  B. Produção de ATP por transferência de grupos fosforila 315
  C. Transferência de grupo nucleotidil 316
10.8 Os tioésteres possuem altas energias de hidrólise 317
10.9 Coenzimas reduzidas conservam a energia das oxidações biológicas 318
  A. A variação da energia livre de Gibbs está relacionada com o potencial de redução 318
  B. A transferência de elétron do NADH fornece energia livre 321
  Quadro 10.2 $NAD^{\oplus}$ e NADH diferem em seus espectros de absorção no ultravioleta 322
10.10 Métodos experimentais para estudo do metabolismo 322
Resumo 323
Problemas 324
Leituras selecionadas 325

11 Glicólise 326

11.1 As reações enzimáticas da glicólise 327
11.2 As 10 etapas da glicólise 327
  1. Hexoquinase 327
  2. Glicose 6-fosfato isomerase 328
  3. Fosfofrutoquinase-1 331
  4. Aldolase 332
  Quadro 11.1 Uma história resumida da via da glicólise 332
  5. Triose fosfato isomerase 333
  6. Gliceraldeído 3-fosfato desidrogenase 334
  7. Fosfoglicerato quinase 335
  8. Fosfoglicerato mutase 336
  Quadro 11.2 Formação do 2,3-*bis*fosfoglicerato nas hemácias 336
  Quadro 11.3 Envenenamento por arsenato 337
  9. Enolase 338
  10. Piruvato quinase 338

11.3 A destinação do piruvato 339
    A. Metabolismo do piruvato em etanol 340
    B. Redução de piruvato a lactato 340
11.4 Variações de energia livre na glicólise 341
    Quadro 11.4 O lactato do corredor de longas distâncias 341
11.5 Regulação da glicólise 342
    A. Regulação dos transportadores de hexose 343
    B. Regulação da hexoquinase 344
    C. Regulação da fosfofrutoquinase-1 345
    Quadro 11.5 A glicose 6-fosfato tem uma função metabólica fundamental no fígado 345
    D. Regulação da piruvato quinase 346
    E. O efeito Pasteur 347
11.6 Outros açúcares podem participar da glicólise 347
    A. A sacarose é quebrada em monossacarídeos 348
    B. A frutose é convertida em gliceraldeído 3-fosfato 348
    C. A galactose é convertida em glicose 1-fosfato 349
    Quadro 11.6 Um ingrediente secreto 350
    D. A manose é convertida em frutose 6-fosfato 351
11.7 A via Entner-Doudoroff nas bactérias 351
    Resumo 352
    Problemas 353
    Leituras selecionadas 354

12 Gliconeogênese, a Via das Pentoses Fosfato e o Metabolismo do Glicogênio 355

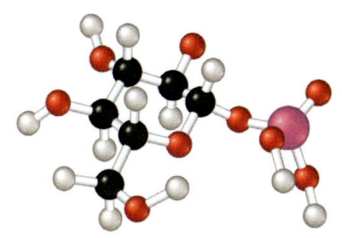

12.1 Gliconeogênese 356
    A. Piruvato carboxilase 357
    B. Fosfoenolpiruvato carboxiquinase 358
    C. Frutose 1,6-*bis*fosfatase 359
    Quadro 12.1 O supercamundongo 359
    D. Glicose 6-fosfatase 359
12.2 Precursores da gliconeogênese 360
    A. Lactato 360
    B. Aminoácidos 360
    C. Glicerol 361
    D. Propionato e lactato 361
    E. Acetato 362
    Quadro 12.2 Às vezes, a glicose é convertida em sorbitol 363
12.3 Regulação da gliconeogênese 364
    Quadro 12.3 A evolução de uma enzima complexa 364
12.4 A via das pentoses fosfato 365
    A. Estágio oxidativo 366
    B. Estágio não oxidativo 366
    Quadro 12.4 Deficiência da glicose 6-fosfato desidrogenase nos seres humanos 367
    C. Interconversões catalisadas por transcetolases e transaldolases 368
12.5 Metabolismo do glicogênio 368
    A. Síntese do glicogênio 369
    B. Degradação do glicogênio 370
12.6 Regulação do metabolismo do glicogênio nos mamíferos 372
    A. Regulação da glicogênio fosforilase 372
    Quadro 12.5 Crescimento da cabeça e da cauda 373
    B. Os hormônios regulam o metabolismo do glicogênio 375
    C. Os hormônios regulam a gliconeogênese e a glicólise 376
12.7 A manutenção dos níveis de glicose em mamíferos 378
12.8 Doenças do armazenamento do glicogênio 381
    Resumo 382
    Problemas 383
    Leituras selecionadas 383

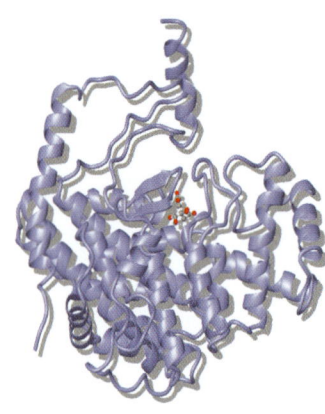

13 O Ciclo do Ácido Cítrico 385

Quadro 13.1 Um erro notável 386
13.1 Conversão de piruvato em acetil-CoA 387
Exemplo de cálculo 13.1 390
13.2 O ciclo do ácido cítrico oxida a acetil-CoA 391
Quadro 13.2 De onde vêm os elétrons? 392
13.3 As enzimas do ciclo do ácido cítrico 394
1. Citrato sintase 394
Quadro 13.3 Ácido cítrico 396
2. Aconitase 396
Quadro 13.4 Ligação de três pontos dos substratos pró-quirais às enzimas 397
3. Isocitrato desidrogenase 398
4. O complexo α-cetoglutarato desidrogenase 398
5. Succinil-CoA sintetase 398
6. O complexo succinato desidrogenase 399
Quadro 13.5 O que há em um nome? 399
7. Fumarase 401
8. Malato desidrogenase 401
Quadro 13.6 Sobre a precisão da World Wide Web 402
13.4 A entrada do piruvato na mitocôndria 402
Quadro 13.7 Convertendo uma enzima em outra 402
13.5 Coenzimas reduzidas podem alimentar a produção de ATP 405
13.6 Regulação do ciclo do ácido cítrico 406
13.7 O ciclo do ácido cítrico não é sempre um "ciclo" 407
Quadro 13.8 Uma droga barata contra o câncer? 408
13.8 A via do glioxilato 409
13.9 Evolução do ciclo do ácido cítrico 412
Resumo 414
Problemas 414
Leituras selecionadas 415

14 Transporte de Elétrons e a Síntese de ATP 417

14.1 Visão geral do transporte de elétrons associado a membranas e da síntese de ATP 417
14.2 A mitocôndria 418
Quadro 14.1 Uma exceção a toda regra 420
14.3 A teoria quimiosmótica e a força próton-motriz 420
 A. Base histórica: a teoria quimiosmótica 420
 B. A força próton-motriz 421
14.4 Transporte de elétrons 423
 A. Complexos I a IV 423
 B. Cofatores no transporte de elétrons 425
14.5 Complexo I 425
14.6 Complexo II 427
14.7 Complexo III 428
14.8 Complexo IV 430
14.9 Complexo V: ATP sintase 432
Quadro 14.2 Fuga de próton e produção de calor 435
14.10 Transporte ativo de ATP, ADP e P_i através da membrana mitocondrial 435
14.11 A razão P/O 436
14.12 Mecanismos de transporte de NADH em eucariontes 436
Quadro 14.3 O alto custo da vida 439
14.13 Outros aceptores e doadores finais de elétrons 439
14.14 Ânion superóxido 440
Resumo 441
Problemas 441
Leituras selecionadas 442

15 Fotossíntese 444

- 15.1 Pigmentos captadores de luz 445
  - A. As estruturas das clorofilas 445
  - B. Energia luminosa 446
  - C. O par especial e as clorofilas antena 447
  - Quadro 15.1 A cor da semente mutante de Mendel 448
  - D. Pigmentos acessórios 448
- 15.2 Fotossistemas bacterianos 449
  - A. Fotossistema II 449
  - B. Fotossistema I 451
  - C. Fotossistemas acoplados e o citocromo *bf* 454
  - D. Potenciais de redução e energia livre de Gibbs na fotossíntese 456
  - E. A fotossíntese acontece nas membranas internas 458
  - Quadro 15.2 A "poluição" da atmosfera terrestre pelo oxigênio 459
- 15.3 A fotossíntese nas plantas 459
  - A. Cloroplastos 459
  - B. Fotossistemas vegetais 460
  - C. Organização dos fotossistemas dos cloroplastos 461
  - Quadro 15.3 Bacteriorrodopsina 462
- 15.4 Fixação de CO_2: o ciclo de Calvin 463
  - A. O ciclo de Calvin 463
  - B. Rubisco: ribulose 1,5-*bis*fosfato carboxilase-oxigenase 463
  - C. Oxigenação da ribulose 1,5-*bis*fosfato 466
  - Quadro 15.4 Construindo uma Rubisco melhor 467
  - D. Ciclo de Calvin: estágios de redução e regeneração 467
- 15.5 Metabolismo da sacarose e do amido nas plantas 468
  - Quadro 15.5 As ervilhas enrugadas de Gregor Mendel 470
- 15.6 Vias adicionais de fixação de carbono 470
  - A. Compartimentalização em bactérias 470
  - B. A via do C_4 471
  - C. Metabolismo de ácidos das crassuláceas (CAM) 472
  - Resumo 473
  - Problemas 474
  - Leituras selecionadas 475

16 Metabolismo dos Lipídeos 476

- 16.1 Síntese de ácidos graxos 476
  - A. Síntese de malonil-ACP e de acetil-ACP 477
  - B. A reação de iniciação da síntese de ácidos graxos 478
  - C. As reações de alongamento na síntese de ácidos graxos 478
  - D. Ativação de ácidos graxos 480
  - E. Extensão e insaturação de ácidos graxos 480
- 16.2 Síntese de triacilgliceróis e glicerofosfolipídeos 482
- 16.3 Síntese de eicosanoides 484
  - Quadro 16.1 *sn*-glicerol 3-fosfato 485
  - Quadro 16.2 A busca de um substituto para a aspirina 487
- 16.4 Síntese de éter-lipídeos 488
- 16.5 Síntese de esfingolipídeos 489
- 16.6 Síntese de colesterol 489
  - A. Etapa 1: Acetil-CoA a isopentenil-difosfato 489
  - B. Etapa 2: Isopentenil-difosfato a esqualeno 489
  - C. Etapa 3: Esqualeno a colesterol 491
  - D. Outros produtos do metabolismo dos isoprenos 492
  - Quadro 16.3 Controle dos níveis de colesterol 492
- 16.7 Oxidação de ácidos graxos 494
  - A. Ativação de ácidos graxos 494
  - B. As reações de β-oxidação 495

C. Síntese de ácidos graxos e β-oxidação 497
D. Transporte de acil-CoA graxo para o interior da mitocôndria 498
Quadro 16.4 Uma enzima trifuncional para β-oxidação 498
E. Geração de ATP a partir da oxidação de ácidos graxos 499
F. β-oxidação de ácidos graxos de cadeia ímpar e insaturados 499
16.8 Lipídeos de eucariontes são sintetizados em diversos lugares 501
16.9 Nos mamíferos, o metabolismo lipídico é controlado pelos hormônios 502
Quadro 16.5 Doenças do armazenamento lisossômico 503
16.10 Absorção e mobilização de lipídeos energéticos 506
A. Absorção dos lipídeos da alimentação 506
B. Lipoproteínas 507
Quadro 16.6 Azeite extravirgem 507
Quadro 16.7 A lipoproteína lipase e a doença coronariana 508
C. Albumina sérica 509
16.11 Os corpos cetônicos são moléculas energéticas 510
A. Os corpos cetônicos são sintetizados no fígado 510
B. Os corpos cetônicos são oxidados na mitocôndria 511
Quadro 16.8 O metabolismo lipídico no diabetes 512
Resumo 513
Problemas 513
Leituras selecionadas 515

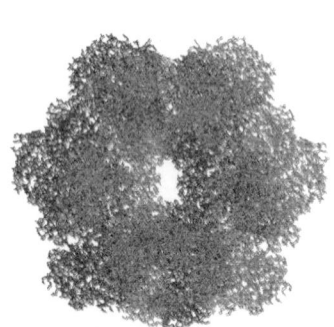

17 Metabolismo dos Aminoácidos 516

17.1 O ciclo e a fixação de nitrogênio 517
17.2 Assimilação de amônia 520
A. A amônia é incorporada ao glutamato e à glutamina 520
B. Reações de transaminação 521
17.3 Síntese de aminoácidos 522
A. Aspartato e asparagina 522
B. Lisina, metionina e treonina 523
C. Alanina, valina, leucina e isoleucina 523
Quadro 17.1 A leucemia linfoblástica aguda infantil pode ser tratada com asparaginase 523
D. Glutamato, glutamina, arginina e prolina 525
E. Serina, glicina e cisteína 526
F. Fenilalanina, tirosina e triptofano 526
G. Histidina 529
Quadro 17.2 Alimentos geneticamente modificados 530
17.4 Aminoácidos como precursores metabólicos 530
Quadro 17.3 Aminoácidos essenciais e não essenciais nos animais 531
A. Produtos derivados do glutamato, da glutamina e do aspartato 531
B. Produtos derivados da serina e da glicina 531
C. Síntese de óxido nítrico a partir da arginina 532
D. Síntese de lignina a partir da fenilalanina 533
E. A melanina é derivada da tirosina 533
17.5 Renovação de proteínas 533
17.6 Catabolismo de aminoácidos 535
Quadro 17.4 Apoptose – a morte programada das células 536
A. Alanina, asparagina, aspartato, glutamato e glutamina 537
B. Arginina, histidina e prolina 537
C. Glicina e serina 538
D. Treonina 539
E. Os aminoácidos de cadeia ramificada 539
F. Metionina 541
Quadro 17.5 Fenilcetonúria, um defeito na formação da tirosina 542
G. Cisteína 542
H. Fenilalanina, triptofano e tirosina 543
I. Lisina 544

17.7 O ciclo da ureia converte amônia em ureia 544
    A. Síntese do carbamilfosfato 544
    B. As reações do ciclo da ureia 545
    Quadro 17.6 Doenças do metabolismo dos aminoácidos 546
    C. As reações auxiliares do ciclo da ureia 548
17.8 O metabolismo renal da glutamina produz bicarbonato 549
    Resumo 550
    Problemas 550
    Leituras selecionadas 551

18 Metabolismo dos Nucleotídeos 552

18.1 Síntese dos nucleotídeos purínicos 553
    Quadro 18.1 Nomes comuns das bases 554
18.2 Outros nucleotídeos purínicos são sintetizados a partir do IMP 556
18.3 Síntese dos nucleotídeos pirimidínicos 557
    A. A via da síntese de pirimidinas 558
    B. Controle da síntese de pirimidinas 560
    Quadro 18.2 Como algumas enzimas transferem amônia a partir do glutamato 560
18.4 O CTP é sintetizado a partir do UMP 561
18.5 Redução dos ribonucleotídeos em desoxirribonucleotídeos 562
18.6 A metilação do dUMP produz o dTMP 562
    Quadro 18.3 Os radicais livres na redução dos ribonucleotídeos 564
    Quadro 18.4 Drogas contra o câncer inibem a síntese do dTTP 566
18.7 Nucleotídeos modificados 566
18.8 Reaproveitamento de purinas e pirimidinas 566
18.9 Catabolismo das purinas 567
18.10 Catabolismo das pirimidinas 570
    Quadro 18.5 Síndrome de Lesch-Nyhan e gota 571
    Resumo 572
    Problemas 573
    Leituras selecionadas 574

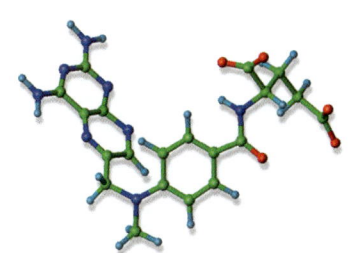

Parte IV
Fluxo da Informação Biológica

19 Ácidos Nucleicos 575

19.1 Os nucleotídeos são os componentes básicos dos ácidos nucleicos 576
    A. Ribose e desoxirribose 576
    B. Purinas e pirimidinas 576
    C. Nucleosídeos 578
    D. Nucleotídeos 579
19.2 O DNA é uma fita dupla 581
    A. Os nucleotídeos são unidos por ligações 3'-5'-fosfodiéster 582
    B. Duas fitas antiparalelas formam uma dupla-hélice 584
    C. Forças fracas estabilizam a dupla-hélice 586
    D. Conformações da dupla-hélice do DNA 587
19.3 O DNA pode ser superenrolado 589
19.4 As células contêm vários tipos de RNA 589
    Quadro 19.1 Puxando o DNA 590
19.5 Nucleossomos e cromatina 590
    A. Nucleossomos 591
    B. Níveis superiores da estrutura da cromatina 592
    C. Empacotamento do DNA bacteriano 593
19.6 Nucleases e hidrólise de ácidos nucleicos 593
    A. Hidrólise alcalina do RNA 594
    B. Hidrólise de RNA pela ribonuclease A 595

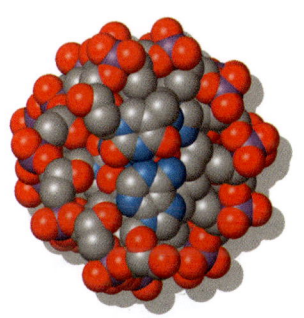

C. Endonucleases de restrição 595
D. A *Eco*RI liga-se fortemente ao DNA 598
19.7 Usos das endonucleases de restrição 598
A. Mapas de restrição 598
B. Impressões digitais de DNA 599
C. DNA recombinante 600
Resumo 601
Problemas 601
Leituras selecionadas 602

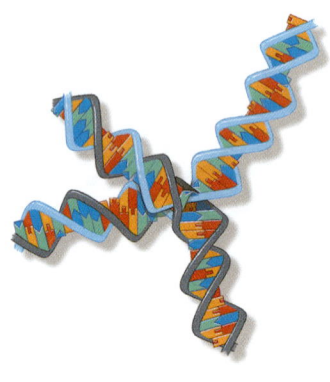

20 Replicação, Reparo e Recombinação do DNA 603

20.1 A replicação do DNA é bidirecional 604
20.2 DNA polimerase 605
  A. O alongamento de cadeia é uma reação de transferência de grupo nucleotidil 606
  B. A DNA polimerase III permanece ligada à forquilha de replicação 608
  C. A revisão corrige erros da polimerização 608
20.3 A DNA polimerase sintetiza duas fitas simultaneamente 609
  A. A síntese de fita atrasada é descontínua 610
  B. Cada fragmento de Okazaki começa com um indicador de RNA 610
  C. Os fragmentos de Okazaki são unidos pela ação da DNA polimerase I e da DNA ligase 611
20.4 Modelo do replissomo 612
20.5 Início e término da replicação do DNA 616
20.6 Tecnologias de replicação do DNA 617
  A. A reação em cadeia da polimerase utiliza a DNA polimerase para amplificar sequências selecionadas de DNA 617
  B. Sequenciamento de DNA usando didesoxinucleotídeos 618
  C. Sequenciamento massivamente paralelo de DNA por síntese 620
20.7 Replicação do DNA em eucariontes 621
20.8 Reparo do DNA danificado 625
  A. Reparo após fotodimerização: um exemplo de reparo direto 626
  B. Reparo por excisão 626
  Quadro 20.1 O problema com a metilcitosina 628
20.9 Recombinação homóloga 628
  A. O modelo de Holliday de recombinação geral 629
  B. Recombinação em *E. coli* 630
  C. A recombinação pode ser uma forma de reparo 631
  Quadro 20.2 Elos moleculares entre o reparo de DNA e o câncer de mama 632
Resumo 633
Problemas 633
Leituras selecionadas 634

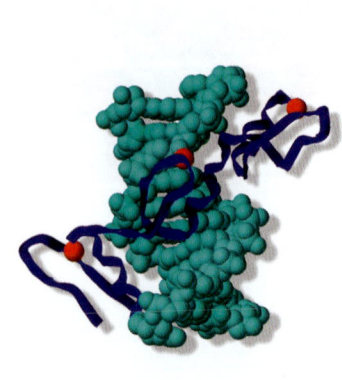

21 Transcrição e Processamento do RNA 635

21.1 Tipos de RNA 636
21.2 RNA polimerase 637
  A. A RNA polimerase é uma proteína oligomérica 637
  B. Reação de alongamento da cadeia 638
21.3 Iniciação da transcrição 640
  A. Genes têm uma orientação 5' → 3' 640
  B. O complexo de transcrição se liga a um promotor 641
  C. A subunidade σ reconhece o promotor 642
  D. A RNA polimerase modifica sua conformação 643
21.4 Término da transcrição 645
21.5 Transcrição em eucariontes 646
  A. RNA polimerases de eucariontes 647
  B. Fatores de transcrição de eucariontes 649
  C. A função da cromatina na transcrição em eucariontes 650

- 21.6 A transcrição dos genes é regulada 650
- 21.7 Operon *lac*, um exemplo de regulação negativa e positiva 652
  - A. O repressor *lac* bloqueia a transcrição 652
  - B. A estrutura do repressor *lac* 653
  - C. A proteína reguladora do cAMP ativa a transcrição 654
- 21.8 Modificação pós-transcricional do RNA 656
  - A. Processamento do RNA de transferência 656
  - B. Processamento do RNA ribossômico 657
- 21.9 Processamento do mRNA nos eucariontes 659
  - A. As moléculas de mRNA nos eucariontes têm terminações modificadas 659
  - B. Alguns precursores de mRNA nos eucariontes sofrem *splicing* 662
  - Resumo 665
  - Problemas 665
  - Leituras selecionadas 666

22 Síntese de Proteínas 668

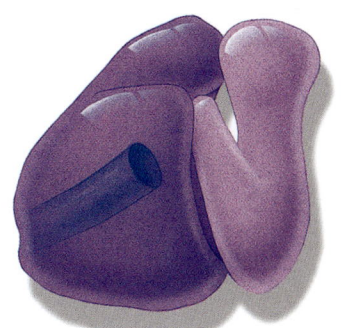

- 22.1 O código genético 668
- 22.2 O RNA de transferência 671
  - A. A estrutura tridimensional do tRNA 671
  - B. Anticódons de tRNA formam pares de bases com códons do mRNA 672
- 22.3 A reação da aminoacil-tRNA sintetase 673
  - A. A reação da aminoacil-tRNA sintetase 674
  - B. Especificidade das aminoacil-tRNA sintetases 674
  - C. Atividade revisora das aminoacil-tRNA sintetases 676
- 22.4 Ribossomos 676
  - A. Os ribossomos são compostos de RNA ribossômico e proteína 677
  - B. Os ribossomos contêm dois sítios de ligação ao aminoacil-tRNA 678
- 22.5 Iniciação da tradução 678
  - A. tRNA iniciador 678
  - B. Complexos iniciadores são montados apenas nos códons de iniciação 680
  - C. Fatores de iniciação ajudam a formar o complexo de iniciação 680
  - D. Iniciação da tradução em eucariontes 682
- 22.6 O alongamento de cadeia durante a síntese proteica é um microciclo de três etapas 682
  - A. Os fatores de alongamento ancoram um aminoacil-tRNA no sítio A 683
  - B. A peptidil-transferase catalisa a formação de ligações peptídicas 683
  - C. A translocação desloca o ribossomo por um códon 684
- 22.7 Término da tradução 687
- 22.8 A síntese de proteínas consome muita energia 687
- 22.9 Controle da síntese de proteínas 687
  - A. A síntese de proteínas ribossômicas é acoplada à montagem do ribossomo em *E. coli* 688
  - Quadro 22.1 Alguns antibióticos inibem a síntese de proteínas 689
  - B. A síntese das globinas depende da disponibilidade do heme 689
  - C. O operon *trp* de *E. coli* é controlado por repressão e atenuação 690
- 22.10 Processamento após a tradução 692
  - A. A hipótese do sinal 694
  - B. Glicosilação de proteínas 695
  - Resumo 697
  - Problemas 698
  - Leituras selecionadas 699

Soluções 700
Glossário de Termos Bioquímicos 757
Créditos das fotos e ilustrações 775
Índice Remissivo 777

Ao estudante

Bem-vindo à bioquímica, o estudo da vida em nível molecular. À medida que você se aventurar por essa disciplina dinâmica e estimulante, irá descobrir muitas coisas novas e maravilhosas. Você aprenderá como algumas enzimas são capazes de catalisar reações químicas, levando-as a ocorrer em velocidades próximas de seus limites teóricos – reações que, de outra forma, só ocorreriam em velocidades tão pequenas que seriam quase imperceptíveis. Aprenderá também quais são as forças que mantêm a estrutura biomolecular e como mesmo algumas das mais fracas dessas forças tornam a vida possível. Você perceberá ainda como a bioquímica tem milhares de aplicações cotidianas: na medicina, na pesquisa de fármacos, na nutrição, na ciência forense, na agricultura e na indústria. Em resumo, você iniciará uma jornada de descobertas sobre como a bioquímica torna a vida possível.

Antes de começarmos, gostaríamos de dar uma pequena orientação:

Não se limite a memorizar fatos, procure entender princípios

Neste livro, tentamos identificar os princípios mais importantes da bioquímica. Como a base de conhecimentos está em contínua expansão, precisamos fixar os temas básicos dessa ciência a fim de entendê-la. Esta obra foi planejada para ampliar a bagagem que você adquiriu em seus cursos de química e biologia e lhe fornecer um arcabouço bioquímico que lhe permita compreender novos fenômenos, conforme os encontrar.

Prepare-se para adquirir um novo vocabulário

A compreensão dos fatos bioquímicos exige que você aprenda o vocabulário dessa área. Ele inclui as estruturas químicas de diversas moléculas-chave, agrupadas em famílias, de acordo com suas estruturas e funções. Você aprenderá também como distinguir os membros de cada família e como moléculas pequenas se combinam para formar macromoléculas, como as proteínas e os ácidos nucleicos.

Teste sua compreensão

O verdadeiro domínio da bioquímica reside em aprender a aplicar o conhecimento adquirido e a resolver problemas. Cada capítulo termina com um conjunto de problemas formulados cuidadosamente para testar sua compreensão dos princípios fundamentais. Vários desses problemas são miniestudos de caso que apresentam uma questão no contexto de um impasse bioquímico real.

Aprenda a ver em 3-D

As moléculas bioquímicas são elementos tridimensionais. A compreensão do que acontece em uma reação bioquímica no nível molecular requer que você seja capaz de "ver" o mecanismo em três dimensões. Apresentamos as estruturas de moléculas simples de várias maneiras diferentes, a fim de ilustrar suas conformações tridimensionais.

Prefácio

Dada a amplitude de cobertura e a diversidade de maneiras de apresentar tópicos em bioquímica, tentamos fazer o texto o mais modular possível, para permitir maior flexibilidade e organização. Cada tema amplo tem sua própria seção. Com frequência, os mecanismos das reações estão separados do fluxo principal do texto e podem ser ignorados por aqueles que preferirem não entrar nesse nível de detalhe. O texto possui muitas referências cruzadas para permitir que você reorganize mais facilmente os capítulos e possa ver a inter-relação entre os diversos assuntos e ir aprofundando seu nível de compreensão.

Fizemos um livro claramente voltado para estudantes que estão fazendo seu primeiro curso de bioquímica, com o intuito de encorajá-los a pensar de maneira crítica e a apreciar por si mesmos o conhecimento científico. As partes I e II constituem uma sólida base de conhecimento químico, que ajudará os estudantes a entender, e não simplesmente a memorizar, a dinâmica dos processos metabólicos e genéticos. Essas seções pressupõem que os estudantes já tiveram cursos de química geral e orgânica e já possuem um conhecimento básico sobre a química dos ácidos carboxílicos, aminas, álcoois e aldeídos. Mesmo assim, os principais grupos funcionais e as propriedades químicas de cada tipo de biomolécula são cuidadosamente explicados à medida que suas estruturas e funções são apresentadas.

Nós consideramos também que os estudantes já passaram por um curso de biologia, em que estudaram evolução, biologia celular, genética e a diversidade da vida no planeta. Fazemos breves revisões desses tópicos, quando possível.

Novidades desta edição

Nesta quinta edição foi possível acrescentar as seguintes melhorias:

- Notas marginais sobre **conceitos-chave** são dadas ao longo do livro para destacar os conceitos e os princípios fundamentais que os estudantes precisam saber.
- Os **quadros de interesse** foram atualizados e expandidos, havendo 45% a mais de quadros nesta edição. Usamos os quadros de interesse para: explicar alguns tópicos com mais detalhes, ilustrar certos princípios com exemplos específicos, estimular a curiosidade dos estudantes sobre ciência, mostrar aplicações da bioquímica e explicar sua relevância clínica. Também acrescentamos quadros de interesse para alertar os estudantes sobre mal-entendidos e aplicações equivocadas da bioquímica. Entre os exemplos disso estão: plasma sanguíneo e água do mar, datação de fósseis por racemização de aminoácidos, hemoglobinas de embriões e fetos, roupas limpas, a enzima perfeita, o super-rato, a evolução de uma enzima complexa, um erro notável, a cor da semente mutante de Mendel, a poluição do oxigênio da atmosfera terrestre, azeite extravirgem, deficiências de vitaminas, separação das fitas de DNA e muito mais.
- Material novo que inclui uma melhor explicação sobre a evolução inicial (a rede da vida), maior ênfase sobre as interações proteína-proteína, uma nova seção sobre proteínas intrinsecamente desordenadas e uma descrição melhor da distinção entre variações da energia livre de Gibbs e as velocidades de reação. Retiramos o capítulo final sobre tecnologia de DNA recombinante da edição anterior e integramos a maior parte do seu conteúdo em outros capítulos. Acrescentamos descrições de várias novas estruturas de proteínas e as incorporamos em dois temas principais: estrutura-função e complexos multienzimáticos. O melhor exemplo disso é o complexo ácido graxo-sintase, no Capítulo 16.

Em alguns casos, foi necessário introduzir material novo porque descobertas recentes modificaram nossa visão sobre algumas reações e alguns processos. Sabemos agora, por exemplo, que versões antigas do catabolismo do ácido úrico eram incorretas; a via correta é apresentada na Figura 18.23.

Fomos cuidadosos em não acrescentar detalhes extras, a menos que apoiem e ampliem os conceitos e os princípios básicos que já estabelecemos nas quatro edições anteriores. Do mesmo modo, não introduzimos novos assuntos que não tenham sido cobertos em edições anteriores, exceto quando ilustram novos conceitos. O objetivo é manter o foco deste livro nos fundamentos que os estudantes precisam conhecer e evitar transformá-lo em uma enciclopédia de informações, em sua maioria irrelevantes e que não contribuem para as principais metas pedagógicas.

- As **leituras selecionadas**, indicadas ao final de cada capítulo, refletem a literatura mais recente e foram atualizadas e ampliadas quando necessário. Acrescentamos mais de 120 novas referências e excluímos várias, que já não eram apropriadas. Embora sempre tenhamos incluído referências à literatura pedagógica, você irá notar a maior quantidade delas nesta edição. Atualmente os estudantes têm acesso fácil a esses artigos, que são frequentemente mais informativos do que a literatura avançada, puramente científica.
- O **projeto gráfico** é um componente importante de um bom livro-texto. Nosso projeto foi revisto em grande parte, com a inclusão de várias fotos novas para exemplificar os conceitos explicados no texto, além de ilustrações atualizadas e versões melhores de várias figuras. Várias fotos foram planejadas para atrair e/ou prender a atenção dos estudantes. Elas podem ser valiosos auxiliares da memória, e algumas são usadas para esclarecer o assunto de uma forma raramente vista em outros livros-texto (vide p. 206). Acreditamos que o aspecto visual e a impressão passada pelo livro melhoraram muito, tornando-o mais atraente, sem sacrificar o rigor e a precisão que marcaram as edições anteriores.

Foco nos princípios

Essencialmente, há dois tipos de livro-texto de bioquímica: o usado como referência e o usado para ensinar. É difícil para um livro ter as duas funções, já que o emaranhado de detalhes buscado pelo profissional é o que confunde o iniciante em suas primeiras andanças por essa trilha. Este texto é, sem fazer rodeios, voltado para o ensino. Ele foi planejado para motivar o estudante à compreensão; não é uma enciclopédia de bioquímica. Este material se dedica obstinadamente aos princípios e aos conceitos básicos do ensino, e cada um dos princípios é apoiado por exemplos cuidadosamente escolhidos. Nós realmente tentamos levar os estudantes a enxergar a floresta, não as árvores!

Em função desse enfoque, o material contido no livro pode ser estudado em um curso de dois semestres, sem necessidade de dizer aos estudantes que ignorem alguns capítulos ou seções. A obra é adequada também para um curso de um semestre que se concentre em certos aspectos da bioquímica, mas no qual determinados assuntos não serão abordados. Os professores podem confiar que os princípios e os conceitos fundamentais são explicados em profundidade e da forma adequada.

Foco na química

Quando escrevemos este texto pela primeira vez, decidimos dedicar um tempo a explicar, em termos químicos, os princípios que queríamos enfatizar. Na verdade, um desses princípios é mostrar aos estudantes que a vida obedece às leis fundamentais da física e da química. Para tanto, oferecemos explicações químicas para a maioria das reações bioquímicas, incluindo os mecanismos que mostram aos estudantes como e por que as coisas acontecem.

Sentimos um orgulho especial das explicações para as reações de oxidação-redução, já que estas são extremamente importantes em muitos contextos. Descrevemos os movimentos dos elétrons nos primeiros capítulos, explicamos os potenciais de redução no Capítulo 10 e usamos esse conhecimento para ensinar a teoria químio-osmótica e a força próton-motriz no Capítulo 14 (Transporte de Elétrons e Síntese de ATP). O conceito é reforçado no capítulo sobre fotossíntese.

Foco na biologia

Ao mesmo tempo em que enfatizamos a química, também destacamos o prefixo "bio" da bioquímica. Mostramos que sistemas bioquímicos evoluem e que as reações que ocorrem em algumas espécies são variações de um tema maior. Nesta edição, demos maior ênfase às semelhanças entre os sistemas procariontes e eucariontes, ao mesmo tempo em que continuamos a evitar generalizações sobre todos os organismos com base em reações que ocorrem em alguns poucos.

A abordagem evolutiva ou comparativa para o ensino da bioquímica focaliza a atenção nos conceitos fundamentais. Essa abordagem difere de outros métodos pedagógicos em vários aspectos, como a ênfase sobre o metabolismo energético. Geralmente, a abordagem evolutiva começa com uma descrição dos princípios fundamentais simples ou das vias ou processos. Essas são, com frequência, as vias encontradas nas bactérias. À medida que as lições avançam, é explicada a crescente complexidade observada em outras espécies. Ao final de um capítulo, estamos prontos para descrever as características específicas de um processo encontrado em espécies multicelulares complexas, como a humana. Nossa abordagem traz outras mudanças que se distinguem das dos demais livros-texto. Ao introduzir um novo capítulo, como o sobre o metabolismo de lipídeos, de aminoácidos e de nucleotídeos, a maioria dos livros-texto começa tratando as moléculas como alimento potencial para os seres humanos. Nós começamos pelas rotas biossintéticas, uma vez que elas são fundamentais para todos os organismos. Em seguida, descrevemos as vias de degradação e, por fim, explicamos como elas se relacionam com o metabolismo energético. Essa primeira organização biossintética aplica-se a todos os principais componentes da célula (proteínas, nucleotídeos, ácidos nucleicos, lipídeos, aminoácidos), exceto os carboidratos, pois continuamos a descrever a glicólise antes da gliconeogênese. Contudo, enfatizamos que a gliconeogênese é a via original, primitiva, e que a glicólise surgiu mais tarde.

Essa sempre foi a maneira de ensinar a replicação, a transcrição e a tradução do DNA. Neste livro, estendemos essa estratégia bem-sucedida a todos os outros tópicos da bioquímica. O capítulo sobre fotossíntese é um exemplo excelente de como isso funciona na prática.

Em alguns casos, a ênfase sobre a evolução pode levar a uma apreciação profunda de como os sistemas complexos surgiram. Tome-se como exemplo o ciclo do ácido cítrico. Com frequência, é dito aos estudantes que esse processo não pode ser fruto da evolução, pois todas as partes são necessárias antes que o ciclo possa funcionar. Explicamos na Seção 13.9 como essa via pode aparecer por etapas.

Foco na precisão

Temos orgulho do fato de este ser o livro-texto de bioquímica mais preciso do ponto de vista científico. Mergulhamos fundo para garantir que os fatos que apresentamos estejam corretos e que nossas explicações para os conceitos básicos reflitam o consenso moderno entre pesquisadores atuantes. Nosso sucesso se deve, em grande parte, à dedicação de nossos vários revisores e editores.

A ênfase na precisão significa que verificamos nossas reações e nossa nomenclatura conforme as bases de dados da IUPAC/IUBMB. O resultado são reações equilibradas com produtos e substratos corretos e nomenclatura química correta. Por exemplo, este é um dos pouquíssimos livros-texto que mostram todas as reações do ciclo do ácido cítrico corretamente.

Dedicamos bastante tempo e esforço para descrever precisamente alguns conceitos difíceis, como a variação da energia livre de Gibbs em um estado estacionário em que a maioria das reações são de quase-equilíbrio ($\Delta G = 0$). Apresentamos a definição correta para o dogma central da biologia molecular. Não evitamos áreas genuínas em que há controvérsia científica, como a validade da hipótese dos três domínios ou o mecanismo da lisozima.

Foco na estrutura-função

A bioquímica é uma ciência tridimensional. A inclusão das mais recentes imagens geradas por computador tem por objetivo esclarecer a forma e a função das moléculas e levar os estudantes a apreciar a relação entre estrutura e função. Várias imagens de proteínas usadas nesta edição são novas, e foram habilmente preparadas por Jonathan Parrish, da University of Alberta, no Canadá.

A ênfase na estrutura de proteínas/enzimas é uma parte fundamental do assunto de estrutura-função, um dos conceitos mais importantes em bioquímica. Em vários pontos desta nova edição, acrescentamos material que enfatiza essa relação e o desenvolvemos bem mais do que no passado. Algumas das reações mais importantes nas células, como o ciclo-Q, não podem ser compreendidas adequadamente sem se entender a estrutura da enzima que as catalisa. Da mesma forma, a compreensão das propriedades da dupla-hélice do DNA é essencial para entender como ela serve para armazenar a informação biológica.

Demonstração das características por meio de recursos visuais

Interesses

A bioquímica está na raiz de várias ciências correlatas, incluindo a medicina, a ciência forense, a biotecnologia e a bioengenharia; há muitas histórias interessantes a contar. Ao longo do texto, você encontrará quadros que relacionam a bioquímica a outros assuntos. Alguns deles pretendem ser divertidos e ajudar os estudantes a correlacionar o material.

QUADRO 8.1 O problema com os felinos

Uma das características dos açúcares é que eles têm sabor doce. Você certamente conhece o sabor da sacarose e, é provável, sabe que frutose e lactose também são doces. Vários outros açúcares e seus derivados têm esse sabor, embora não recomendemos que você entre em um laboratório de bioquímica e comece a experimentar todos os carboidratos que ficam naqueles frascos de plástico branco nas prateleiras.

A doçura não é uma propriedade física das moléculas. Ela é uma interação subjetiva entre uma substância química e os receptores do paladar em sua boca. Existem cinco tipos diferentes de receptores de paladar: doce, ácido, salgado, amargo e umami (este é semelhante ao sabor do glutamato monossódico). Para ativar o sabor doce, uma molécula como a sacarose precisa se ligar ao receptor e dar início a uma resposta que, por fim, chega ao cérebro. A sacarose origina uma resposta moderadamente forte, que serve de padrão de doçura. A resposta da frutose é quase duas vezes mais forte, e a da lactose tem apenas um quinto da força da sacarose. Adoçantes artificiais, como sacarina (Zerocal®, Sucaryl®, Doce Menor®), sucralose (Linea®) e aspartame (por exemplo, Finn®, Gold® em pó), ligam-se ao receptor de doçura e provocam a sensação de sabor doce. Eles são centenas de vezes mais doces do que a sacarose.

O receptor de doçura é codificado por dois genes, chamados *Tas1r2* e *Tas1r3*. Não se sabe como a sacarose e outros ligantes se ligam a esse receptor, embora esta seja uma área de pesquisa muito ativa. Como podem moléculas tão diferentes, como a sacarose e os adoçantes artificiais, desencadear o mesmo sabor doce?

Os felinos, incluindo leões, tigres e panteras, não têm um gene *Tas1r2* funcional. Ele foi convertido em um pseudogene, por causa da excisão de 247 pares de base do éxon 3. É bastante provável que seu gatinho de estimação nunca tenha experimentado o sabor doce. Isso explica muitas coisas sobre os felinos.

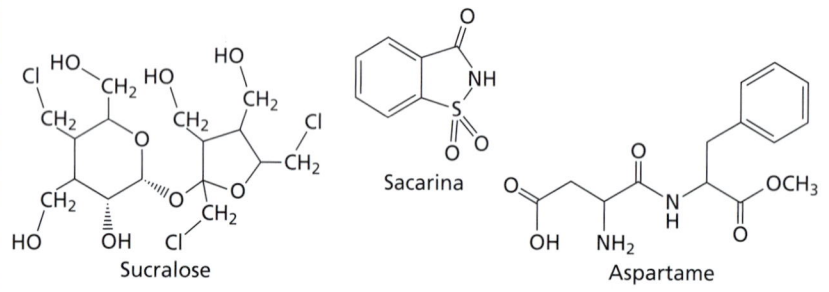

▶ **Felinos são carnívoros.** Eles provavelmente não são capazes de sentir o sabor doce.

Conceitos-chave

A fim de ajudar a direcionar os estudantes para a informação mais importante dentro de cada conceito, notas com conceitos-chave foram colocadas nas margens, destacando essa informação.

Explicações químicas completas

Há milhares de reações metabólicas em um organismo típico. Você poderia tentar memorizá-las, mas no fim acabaria por esquecê-las. E, principalmente, a memorização não irá ajudá-lo se você encontrar algo que nunca tenha visto antes. Neste livro, apresentamos alguns mecanismos básicos das reações catalisadas por enzimas – uma extensão do que você já aprendeu em química orgânica. Se você entender o mecanismo, entenderá a química, e terá menos informações para memorizar, retendo-as de modo mais eficaz.

> **CONCEITO-CHAVE**
> A variação da energia livre de Gibbs padrão ($\Delta G°'$) nos informa a direção de uma reação quando as concentrações de todos os reagentes e produtos são iguais a 1M. Essas condições não ocorrerão nunca nas células vivas. Os bioquímicos estão interessados apenas nas variações reais da energia livre de Gibbs (ΔG) que, geralmente, são próximas de zero. A variação da energia livre de Gibbs padrão ($\Delta G°'$) nos informa as concentrações relativas de reagentes e produtos quando a reação atinge o equilíbrio.

Notas marginais

Há uma grande quantidade de detalhes em bioquímica, mas desejamos que você consiga enxergar tanto "a floresta" como "as árvores". Quando é necessário que você correlacione um assunto com algo que já foi discutido anteriormente ou que aparecerá mais adiante, nós sinalizamos isso na margem. As referências a assuntos anteriores oferecem uma revisão de conceitos que você talvez tenha esquecido. As referências a assuntos que virão depois ajudarão você a ver um quadro mais amplo.

> A distinção entre o fluxo normal da informação e o dogma central da biologia molecular está explicada na Seção 1.1 e na introdução do Capítulo 21.

Arte

A bioquímica é uma ciência tridimensional e demos grande importância à ideia de ajudá-lo a visualizar conceitos abstratos e moléculas pequenas demais para serem vistas. Tentamos tornar as figuras ilustrativas ao mesmo tempo informativas e bonitas.

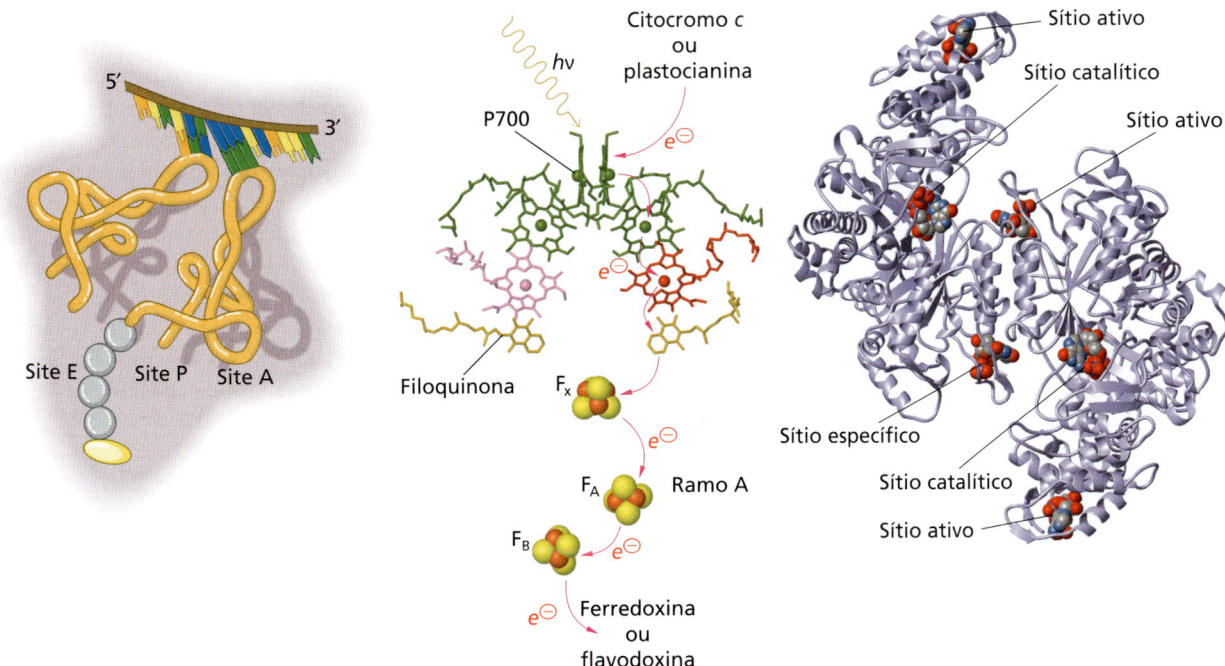

Exemplos de cálculo

Exemplos de cálculo são incluídos ao longo do texto para servir de modelo de resolução de problemas e ilustrar cálculos necessários.

EXEMPLO DE CÁLCULO 10.2 Variação da energia livre de Gibbs

P: Em um hepatócito de rato, as concentrações de ATP, ADP e P_i são iguais a 3,4 mM, 1,3 mM e 4,8 mM, respectivamente. Calcule a variação da energia livre de Gibbs para a hidrólise do ATP nessa célula. Como essa variação se compara com a da energia livre padrão?

R: A variação real da energia livre de Gibbs é calculada de acordo com a Equação 10.10.

$$\Delta G_{reação} = \Delta G°'_{reação} + RT \ln \frac{[ADP][P_i]}{[ATP]} = \Delta G°_{reação} + 2{,}303\, RT \log \frac{[ADP][P_i]}{[ATP]}$$

Substituindo valores conhecidos e constantes (com as concentrações expressas em valores molares) e considerando pH 7,0 e 25 °C, tem-se:

$$\Delta G = -32.000\ J\ mol^{-1} + (8{,}31\ JK^{-1}\ mol^{-1})(298\ K) \left[2{,}303 \log \frac{(1{,}3 \times 10^{-3})(4{,}8 \times 10^{-3})}{(3{,}4 \times 10^{-3})} \right]$$

$$\Delta G = -32.000\ J\ mol^{-1} + (2.480\ J\ mol^{-1})[2{,}303 \log (1{,}8 \times 10^{-3})]$$

$$\Delta G = -32.000\ J\ mol^{-1} - 16.000\ J\ mol^{-1}$$

$$\Delta G = -48.000\ J\ mol^{-1} = -48\ kJ\ mol^{-1}$$

A variação real da energia livre é cerca de 1,5 vez a variação da energia livre padrão.

A organização

Adotamos aqui a estratégia de "primeiro o metabolismo" para organizar os tópicos. Isso significa que começamos pelas proteínas e as enzimas e que depois descrevemos os carboidratos e os lipídeos. Em seguida, descrevemos o metabolismo intermediário e a bioenergética. A estrutura dos ácidos nucleicos segue o capítulo sobre metabolismo dos nucleotídeos; o capítulo sobre o fluxo de informação encontra-se mais no final do livro. Ao mesmo tempo em que acreditamos haver vantagens significativas em ensinar os assuntos nessa ordem, reconhecemos que alguns professores preferem transmitir o fluxo de informações mais cedo. Tentamos fazer os quatro últimos capítulos – sobre ácidos nucleicos, replicação, transcrição e tradução do DNA – menos dependentes dos capítulos anteriores, mas neles são discutidos aspectos das enzimas que dependem dos Capítulos 4, 5 e 6. Os professores podem, então, optar por introduzir esses quatro últimos capítulos após a descrição das enzimas.

Diferentemente da maioria dos livros-texto de bioquímica, este tem um capítulo sobre as coenzimas. Acreditamos ser importante enfatizar mais o papel das coenzimas (e das vitaminas). É por isso que colocamos esse capítulo logo após aqueles que falam das enzimas. Sabemos que a maioria dos professores prefere apresentar as coenzimas individuais quando exemplos específicos aparecem em outros contextos. Nós também fazemos isso. Essa organização permite que os professores voltem ao Capítulo 7 quando acharem apropriado.

Sala virtual

A Sala Virtual (<sv.pearson.com.br>) oferece recursos adicionais que auxiliarão professores e alunos na exposição das aulas e no processo de aprendizagem.

Para professores:
• Apresentações em PowerPoint.

Para estudantes:
• Exercícios autocorrigíveis de múltipla escolha.

O material dos professores é protegido por senha. Para ter acesso a ele, os professores que adotam o livro devem entrar em contato com o seu representante Pearson ou enviar um e-mail para universitarios@pearson.com.

Agradecimentos

Agradecemos aos nossos vários revisores, talentosos e atenciosos, que ajudaram a dar forma a este livro.

Revisores que participaram desta 5ª edição:

Revisores técnicos

Barry Ganong, Mansfield University
Scott Lefler, Arizona State
Kathleen Nolta, University of Michigan

Revisores gramaticais

Michelle Chang, University of California, Berkeley
Kathleen Comely, Providence College
Ricky Cox, Murray State University
Michel Goldschmidt-Clermont, University of Geneva
Phil Klebba, University of Oklahoma, Norman
Kristi McQuade, Bradley University
Liz Roberts-Kirchoff, University of Detroit, Mercy
Ashley Spies, University of Illinois
Dylan Taatjes, University of Colorado, Boulder
David Tu, Pennsylvania State University
Jeff Wilkinson, Mississippi State University
Lauren Zapanta, University of Pittsburgh

Revisores que participaram da 4ª edição:

Revisores técnicos

Neil Haave, University of Alberta
David Watt, University of Kentucky

Revisores gramaticais

Consuelo Alvarez, Longwood University
Marilee Benore Parsons, University of Michigan
Gary J. Blomquist, University of Nevada, Reno
Albert M. Bobst, University of Cincinnati
Kelly Drew, University of Alaska, Fairbanks
Andrew Feig, Indiana University
Giovanni Gadda, Georgia State University
Donna L. Gosnell, Valdosta State University
Charles Hardin, North Carolina State University
Jane E. Hobson, Kwantlen University College
Ramji L. Khandelwal, University of Saskatchewan

Scott Lefler, Arizona State
Kathleen Nolta, University of Michigan
Jeffrey Schineller, Humboldt State University
Richard Shingles, Johns Hopkins University
Michael A. Sypes, Pennsylvania State University
Martin T. Tuck, Ohio University
Julio F. Turrens, University of South Alabama
David Watt, University of Kentucky
James Zimmerman, Clemson University

Nosso muito obrigado a J. David Rawn, cujo trabalho serviu de base para este texto. Agradecemos também aos nossos colegas que nos forneceram material para capítulos específicos anteriormente e cujo trabalho criterioso continua presente neste livro:

Roy Baker, University of Toronto
Roger W. Brownsey, University of British Columbia
Willy Kalt, Agriculture Canada
Robert K. Murray, University of Toronto
Ray Ochs, St. John's University
Morgan Ryan, American Scientist
Frances Sharom, University of Guelph
Malcolm Watford, Rutgers, The State University of New Jersey

Fazer este livro foi um esforço conjunto; queremos agradecer aos vários membros da equipe que nos ajudaram a trazer este projeto à luz: Jonathan Parrish, Jay McElroy, Lisa Shoemaker e os artistas da Prentice Hall; Lisa Tarabokjia, assistente editorial; Jessica Neumann, editora associada; Lisa Pierce, editora assistente encarregada dos suplementos; Lauren Layn, editora de mídia; Erin Gardner, gerente de marketing, e Wendy Perez, editora de produção. Agradecemos também a Jeanne Zalesky, nossa editora-executiva na Prentice Hall.

Sobre os autores

Laurence A. Moran
Após concluir seu PhD na Princeton University, em 1974, o professor Moran passou quatro anos na Université de Genève, na Suíça. Ele é docente do Departamento de bioquímica da University of Toronto desde 1978, tendo se especializado em biologia molecular e em evolução molecular. Os resultados de suas pesquisas sobre os genes *heat--shock* foram publicados em várias revistas especializadas. (l.moran@utoronto.ca)

H. Robert Horton
O dr. Horton, que recebeu o título de PhD pela University of Missouri em 1962, é professor emérito da cátedra William Neal Reynolds e *Alumni Distinguished Professor Emeritus* do Departamento de bioquímica da North Carolina State University, onde fez parte do corpo docente por mais de trinta anos. A maior parte de suas pesquisas foi feita em proteínas e mecanismos enzimáticos.

K. Gray Scrimgeour
O professor Scrimgeour concluiu seu doutorado pela University of Washington em 1961 e foi membro do corpo docente da University of Toronto durante mais de trinta anos. Ele é autor do livro *The Chemistry and Control of Enzymatic Reactions* (1977, Academic Press) e seus trabalhos sobre sistemas enzimáticos foram publicados em mais de cinquenta revistas especializadas nos últimos quarenta anos. De 1984 a 1992, ele foi editor da revista *Biochemistry and Cell Biology*. (gray@scrimgeour.ca)

Marc D. Perry
Após receber seu título de PhD pela University of Toronto em 1988, o dr. Perry estagiou na University of Colorado, onde estudou determinação de sexo no nematódeo *C. elegans*. Em 1994, retornou à University of Toronto como docente do Departamento de Genética Molecular e Médica. Suas pesquisas versam sobre genética do desenvolvimento, meiose e bioinformática. Em 2008, associou-se ao Ontario Institute for Cancer Research. (marc.perry@utoronto.ca)

Novos problemas e soluções para a 5ª edição deste livro foram criados por Laurence A. Moran, da University of Toronto. Os demais problemas foram criados pelos drs. Robert N. Lindquist, da San Francisco State University, Marc Perry e Diane M. de Abreu, da University of Toronto.

Abreviaturas Comuns em Bioquímica

ACP	proteína carreadora de acila	Mb	mioglobina
ADP	adenosina 5'-difosfato	NAD⊕	nicotinamida adenina dinucleotídeo
AMP	adenosina 5'-monofosfato (adenilato)	NADH	nicotinamida adenina dinucleotídeo (forma reduzida)
cAMP	adenosina 3',5'-cíclica monofosfato		
ATP	adenosina 5'-trifosfato	NADP⊕	nicotinamida adenina dinucleotídeo fosfato
bp	par de bases	NADPH	nicotinamida adenina dinucleotídeo fosfato (forma reduzida)
1,3BPG	1,3-*bis*fosfoglicerato		
2,3BPG	2,3-*bis*fosfoglicerato	NMN⊕	nicotinamida mononucleotídeo
CDP	citidina 5'-difosfato	NDP	nucleosídeo 5'-difosfato
CMP	citidina 5'-monofosfato (citidilato)	NMP	nucleosídeo 5'-monofosfato
CoA	coenzima A	NTP	nucleosídeo 5'-trifosfato
CTP	citidina 5'-trifosfato	dNTP	desoxinucleosídeo trifosfato
DHAP	di-hidroxiacetona fosfato	P_i	fosfato inorgânico (ou ortofosfato)
DNA	ácido desoxirribonucleico	PAGE	eletroforese em gel de poliacilamida
cDNA	DNA complementar	PCR	reação em cadeia da polimerase
DNase	desoxirribonuclease	2PG	2-fosfoglicerato
$E°$	potencial de redução	3PG	3-fosfoglicerato
$E°'$	potencial de redução-padrão	PEP	fosfoenolpiruvato
EF	fator de alongamento	PFK	fosfofrutoquinase
emf	força eletromotriz	pI	ponto isoelétrico
ETF	flavoproteína transferidora de elétron	PIP_2	fosfatidilinositol 4,5-*bis*fosfato
$\mathcal{F}$	constante de Faraday	PLP	piridoxal fosfato
FAD	flavina-adenina dinucleotídeo	PP_i	pirofosfato inorgânico
$FADH_2$	flavina-adenina dinucleotídeo (forma reduzida)	PQ	plastoquinona
		PQH_2	plastoquinol
F1,6BP	frutose 1,6-*bis*fosfato	PRPP	5-fosforribosil 1-pirofosfato
FMN	flavina mononucleotídeo	PSI	fotossistema I
$FMNH_2$	flavina mononucleotídeo (forma reduzida)	PSII	fotossistema II
F6P	frutose 6-fosfato	Q	ubiquinona
ΔG	variação real da energia livre	QH_2	ubiquinol
$\Delta G°'$	variação de energia livre padrão	RF	fator de liberação
GDP	guanosina 5'-difosfato	RNA	ácido ribonucleico
GMP	guanosina 5'-monofosfato (guanilato)	mRNA	ácido ribonucleico mensageiro
cGMP	guanosina 3',5'-cíclica monofosfato	rRNA	ácido ribonucleico ribossômico
G3P	gliceraldeído 3-fosfato	snRNA	pequeno RNA nuclear
G6P	glicose 6-fosfato	tRNA	ácido ribonucleico transportador
GTP	guanosina 5'-trifosfato	RNase	ribonuclease
H	entalpia	snRNP	pequena ribonucleoproteína nuclear
Hb	hemoglobina	RPP	pentose fosfato redutora
HDL	lipoproteína de alta densidade	Rubisco	ribulose 1,5-*bis*fosfato carboxilase-oxigenase
HETPP	hidroxietiltiamina pirofosfato		
HPLC	cromatografia líquida de alta pressão	S	entropia
IDL	lipoproteína de densidade intermediária	dTDP	desoxitimidina 5'-difosfato
IF	fator de iniciação	TF	fator de transcrição
eIF	fator de iniciação eucarioto	dTMP	desoxitimidina 5'-monofosfato (timidilato)
IMP	inosina 5'-monofosfato	TPP	tiamina pirofosfato
IP_3	inositol 1,4,5-*tris*fosfato	dTTP	desoxitimidina 5'-trifosfato
K_a	constante de dissociação de ácidos	UDP	uridina 5'-difosfato
k_{cat}	constante catalítica	UMP	uridina 5'-monofosfato (uridilato)
K_{eq}	constante de equilíbrio	UTP	uridina 5'-trifosfato
K_m	constante de Michaelis	v	velocidade
kb	par de quilobases	V_{max}	velocidade máxima
LDL	lipoproteína de baixa densidade	v_0	velocidade inicial
LHC	complexo de colheita de luz	VLDL	lipoproteína de baixíssima densidade
M_r	massa molecular relativa	XMP	xantosina 5'-monofosfato

Primeira posição (terminação 5')	Segunda posição				Terceira posição (terminação 3')
	U	C	A	G	
U	Phe	Ser	Tyr	Cys	U
	Phe	Ser	Tyr	Cys	C
	Leu	Ser	PARADA	PARADA	A
	Leu	Ser	PARADA	Trp	G
C	Leu	Pro	His	Arg	U
	Leu	Pro	His	Arg	C
	Leu	Pro	Gln	Arg	A
	Leu	Pro	Gln	Arg	G
A	Ile	Thr	Asn	Ser	U
	Ile	Thr	Asn	Ser	C
	Ile	Thr	Lys	Arg	A
	Met	Thr	Lys	Arg	G
G	Val	Ala	Asp	Gly	U
	Val	Ala	Asp	Gly	C
	Val	Ala	Glu	Gly	A
	Val	Ala	Glu	Gly	G

Abreviaturas de uma e de três letras para aminoácidos

A	Ala	Alanina
B	Asx	Asparagina ou aspartato
C	Cys	Cisteína
D	Asp	Aspartato
E	Glu	Glutamato
F	Phe	Fenilalanina
G	Gly	Glicina
H	His	Histidina
I	Ile	Isoleucina
K	Lys	Lisina
L	Leu	Leucina
M	Met	Metionina
N	Asn	Asparagina
P	Pro	Prolina
Q	Gln	Glutamina
R	Arg	Arginina
S	Ser	Serina
T	Thr	Treonina
V	Val	Valina
W	Trp	Triptofano
Y	Tyr	Tirosina
Z	Glx	Glutamato ou glutamina

CAPÍTULO 1

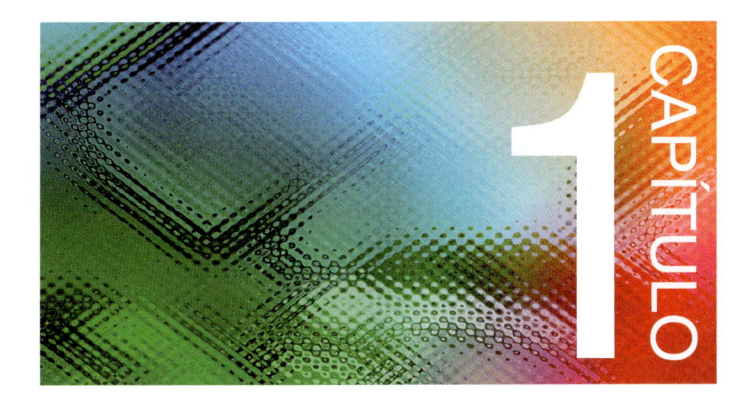

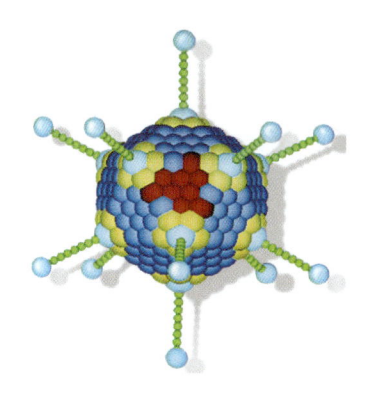

Introdução à Bioquímica

Bioquímica é a disciplina que utiliza os princípios e a linguagem da química para explicar a biologia. Nos últimos cem anos, os bioquímicos descobriram que os mesmos compostos químicos e os mesmos processos metabólicos principais são encontrados em organismos tão diferentes quanto bactérias, plantas e seres humanos. Sabe-se, atualmente, que os princípios básicos da bioquímica são comuns a todos os organismos vivos. Embora os cientistas, em geral, concentrem suas pesquisas em organismos específicos, seus resultados podem ser aplicados a várias outras espécies.

Este livro chama-se *Bioquímica* porque tem como foco os conceitos mais importantes dessa disciplina, aqueles que são comuns à maioria das espécies. Quando for pertinente, chamaremos a atenção para as características que distinguem grupos particulares de organismos.

Muitos estudantes e pesquisadores interessam-se, principalmente, pela bioquímica humana. As causas das doenças e a importância de uma nutrição adequada, por exemplo, são tópicos fascinantes da bioquímica. Compartilhamos desse interesse, e é por isso que incluímos várias referências à bioquímica humana neste livro. Contudo, também tentaremos despertar o seu interesse pela bioquímica de outras espécies. Na verdade, é frequentemente mais fácil entender os princípios básicos da bioquímica por meio do estudo de várias espécies diferentes, a fim de reconhecer temas e padrões comuns; porém, o conhecimento e a análise de outras espécies farão mais do que ajudá-lo a aprender bioquímica. Eles irão auxiliá-lo também a reconhecer a natureza fundamental da vida no nível molecular e os caminhos pelos quais as espécies se relacionam durante sua evolução, a partir de um ancestral comum. Talvez edições futuras desta obra venham a incluir capítulos sobre a bioquímica da vida em outros planetas. Até lá, teremos de nos contentar em aprender sobre a diversidade da vida em nosso próprio planeta.

Começamos este capítulo introdutório destacando alguns pontos da história da bioquímica e, em seguida, descrevemos rapidamente os grupamentos químicos e as moléculas que você irá encontrar ao longo deste material. A segunda metade do capítulo dá uma visão geral da estrutura da célula, como uma preparação para seu estudo de bioquímica.

Qualquer coisa que se descubra ser verdadeira para a E. coli *terá de ser verdadeira também para os elefantes.*
— Jacques Monod

Topo: Adenovírus. Os vírus consistem em uma molécula de ácido nucleico circundada por uma capa proteica.

1.1 A bioquímica é uma ciência moderna

A bioquímica surgiu como ciência independente apenas há cerca de cem anos, mas as bases para seu surgimento como ciência moderna foram assentadas nos séculos anteriores. No período anterior a 1900 foi possível observar rápidos avanços na compreensão dos princípios químicos básicos, como a cinética das reações e a composição atômica das moléculas. Vários compostos químicos produzidos nos organismos vivos foram identificados no final do século XIX. Desde então, a bioquímica se tornou uma disciplina organizada, e os bioquímicos elucidaram vários processos químicos responsáveis pela vida. O desenvolvimento da bioquímica e sua influência sobre outras disciplinas continuaria no século XXI.

Em 1828, Friedrich Wöhler sintetizou o composto orgânico ureia por aquecimento do composto inorgânico cianato de amônio.

$$NH_4(OCN) \xrightarrow{calor} H_2N-\overset{\overset{\displaystyle O}{\|}}{C}-NH_2 \tag{1.1}$$

▲ **Friedrich Wöhler (1800-1882).** Wöhler foi um dos fundadores da bioquímica. Ao sintetizar a ureia, ele mostrou que compostos encontrados em organismos vivos podiam ser obtidos em laboratório a partir de substâncias inorgânicas.

Esse experimento mostrou, pela primeira vez, que compostos encontrados unicamente em organismos vivos poderiam ser sintetizados a partir de substâncias inorgânicas comuns. Hoje sabemos que a síntese e a degradação de moléculas biológicas obedecem às mesmas leis químicas e físicas predominantes, fora dos domínios da biologia. Não são necessários processos especiais ou "vitais" para explicar a vida em termos moleculares. Diversos cientistas consideram que a bioquímica começou com a síntese da ureia por Wöhler, embora os primeiros departamentos de bioquímica em universidades já existissem cerca de 75 anos antes.

Louis Pasteur (1822-1895) é bem conhecido como o fundador da microbiologia e um promotor ativo da teoria dos germes. Mas ele também fez diversas contribuições para a bioquímica, incluindo a descoberta dos estereoisômeros.

Dois achados são especialmente notáveis na história da bioquímica: o do papel das enzimas como catalisadoras e o dos ácidos nucleicos como moléculas que carregam informação. O enorme tamanho das proteínas e dos ácidos nucleicos tornou sua caracterização difícil no início, com o uso das técnicas disponíveis no início do século XX. Atualmente, com a evolução de moderna tecnologia, sabemos muito a respeito de como as estruturas das proteínas e dos ácidos nucleicos estão relacionadas com suas funções biológicas.

▲ Alguns dos equipamentos usados por Louis Pasteur em seu laboratório em Paris.

A primeira grande descoberta – a identificação das enzimas como catalisadoras das reações biológicas – resultou, em parte, das pesquisas de Eduard Buchner. Em 1897, Buchner mostrou que extratos de células de leveduras podiam catalisar a fermentação do açúcar glicose em álcool e dióxido de carbono. Antes, os cientistas acreditavam que apenas células vivas poderiam catalisar essas reações biológicas complexas.

A natureza dos catalisadores biológicos foi explorada por Emil Fischer, cientista contemporâneo de Buchner. Fischer estudou o efeito catalítico das enzimas de leveduras sobre a hidrólise (quebra pela água) da sacarose (açúcar de mesa). Ele propôs que, durante a catálise, uma enzima e seu reagente, ou substrato, combinam-se para formar um composto intermediário. Propôs também que apenas uma molécula com uma estrutura adequada pode servir de substrato para uma dada enzima. Fischer descreveu as enzimas como moldes rígidos, ou fechaduras, e os substratos, como as chaves adequadas àquelas. Os pesquisadores logo perceberam que quase todas as reações da vida são catalisadas por enzimas, e uma versão modificada da teoria chave-fechadura para a ação enzimática permanece um princípio central da bioquímica moderna.

▲ **Eduard Buchner (1860-1917).** Buchner ganhou o Prêmio Nobel de Química em 1907 "por suas pesquisas bioquímicas e pela descoberta da fermentação acelular".

Outra propriedade fundamental da catálise enzimática é que, com elas, as reações biológicas ocorrem muito mais rapidamente do que sem um catalisador. Além de acelerar as reações, a catálise enzimática desencadeia altíssimos rendimentos com poucos, ou mesmo nenhum, subprodutos. Em contraste, diversas reações catalisadas da química orgânica são consideradas aceitáveis com rendimentos de 50% a 60%. As reações bioquímicas precisam ser mais eficientes porque os subprodutos podem ser tóxicos para as células, e sua formação iria desperdiçar uma energia preciosa. Os mecanismos da catálise estão descritos no Capítulo 5.

A última metade do século XX assistiu a enormes avanços na área da biologia estrutural, especialmente em estrutura de proteínas. As primeiras estruturas de proteínas foram desvendadas nos anos 1950 e 1960 por cientistas da Universidade de Cambridge (Reino Unido), liderados por John C. Kendrew e Max Perutz. Desde então, as estruturas tridimensionais de vários milhares de proteínas foram determinadas, e nossa compreensão da complexa bioquímica das proteínas cresceu enormemente. Esse rápido avanço foi possibilitado pela disponibilidade de computadores maiores e mais velozes, além de novos softwares, capazes de realizar os vários cálculos que antes eram feitos à mão, usando calculadoras simples. Uma grande parte da moderna bioquímica depende de computadores.

A segunda grande descoberta da história da bioquímica – a identificação dos ácidos nucleicos como moléculas da informação – foi feita meio século após os experimentos de Buchner e Fischer. Em 1944, Oswald Avery, Colin MacLeod e Maclyn McCarty extraíram ácido desoxirribonucleico (DNA) de uma linhagem patogênica da bactéria *Streptococcus pneumoniae* e misturaram-no com uma linhagem não patogênica do mesmo organismo. A linhagem não patogênica foi permanentemente transformada em patogênica. Esse experimento forneceu a primeira evidência conclusiva de que o DNA é o material genético. Em 1953, James D. Watson e Francis H. C. Crick deduziram a estrutura tridimensional do DNA. Essa estrutura sugeriu imediatamente aos dois pesquisadores uma maneira pela qual o DNA poderia reproduzir a si mesmo, ou replicar-se, e assim transmitir sua informação biológica a sucessivas gerações. Pesquisas subsequentes demonstraram que a informação codificada pelo DNA pode ser transcrita para o ácido ribonucleico (RNA) e, em seguida, traduzida em uma proteína.

O estudo da genética em termos de moléculas de ácido nucleico é parte da biologia molecular; esta, por sua vez, é parte da bioquímica. Para compreender como os ácidos nucleicos armazenam e transmitem a informação genética, é preciso entender a estrutura dessas moléculas e seu papel no fluxo da informação. Você verá que boa parte de seu estudo de bioquímica é dedicado a considerar o papel fundamental de enzimas e ácidos nucleicos na química da vida.

Como Crick previu em 1958, o fluxo normal de informação, de ácido nucleico para proteína, não é reversível. Ele denominou esse fluxo unidirecional de informação do ácido nucleico para proteína de *Dogma Central da Biologia Molecular*. A expressão "Dogma Central" é frequentemente malcompreendida. Estritamente falando, ela não se refere às etapas do fluxo da informação, apresentadas na figura, mas sim ao fato de que, tão logo a informação contida nos ácidos nucleicos seja transferida para a proteína, ela não pode ser transferida de volta desta para os ácidos nucleicos.

1.2 Os elementos químicos da vida

Seis elementos não metálicos – carbono, hidrogênio, nitrogênio, oxigênio, fósforo e enxofre – respondem por mais de 97% do peso da maioria dos organismos. Todos esses elementos são capazes de formar ligações covalentes. Sua quantidade relativa varia entre os organismos. A água é o principal componente das células e responde pela alta porcentagem (em peso) de oxigênio. O carbono é muito mais abundante nos organismos vivos do que no resto do universo. Por outro lado, outros elementos como silício, alumínio e ferro são muito comuns na crosta terrestre, mas estão presentes na célula em quantidades muito pequenas. Além dos seis elementos-padrão (CHNOPS), há outros 23 elementos comumente encontrados nos organismos vivos (Figura 1.1). Estes incluem cinco íons, que são essenciais para todas as espécies: cálcio (Ca^{2+}), potássio (K^{+}), sódio (Na^{+}), magnésio (Mg^{2+}) e cloreto (Cl^{-}). Observe que esses 23 elementos respondem por apenas 3% do peso dos organismos vivos.

A maior parte do material sólido das células consiste em compostos que contêm carbono. O estudo desses compostos é assunto da química orgânica. Um curso de química orgânica ajuda a compreender a bioquímica, pois há uma sobreposição considerável entre as duas disciplinas. Os químicos orgânicos são mais interessados nas reações que ocorrem em laboratório, enquanto os bioquímicos tentam compreender como ocorrem as reações nas células vivas.

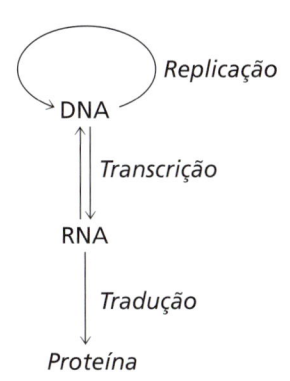

▲ **Fluxo da informação na biologia molecular.** O fluxo normal da informação ocorre o DNA para o RNA. Alguns RNAs (chamados mensageiros) são traduzidos e podem ser transcritos de maneira reversa de volta para DNA, mas, de acordo com o Dogma Central da Biologia Molecular, de Crick, a transferência da informação do ácido nucleico (por ex., mRNA) para a proteína é irreversível.

▲ **Emil Fischer (1852-1919).** Fischer fez várias contribuições para o nosso entendimento das estruturas e funções das moléculas biológicas. Ele recebeu o Prêmio Nobel de Química em 1902 "em reconhecimento por sua extraordinária contribuição à síntese dos açúcares e das purinas".

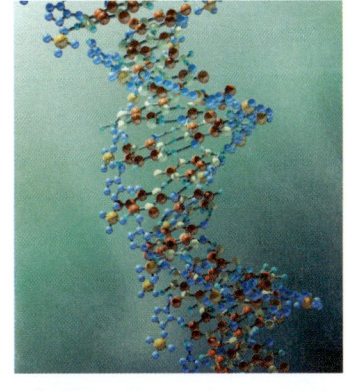

▲ O **DNA** codifica a maior parte das informações necessárias às células vivas.

A Figura 1.2a mostra os tipos básicos de compostos orgânicos encontrados com frequência na bioquímica. Procure se familiarizar com esses termos, porque iremos usá-los muitas vezes ao longo deste livro.

IA	IIA	IIIB	IVB	VB	VIB	VIIB	VIIIB	VIIIB	VIIIB	IB	IIB	IIIA	IVA	VA	VIA	VIIA	0
1 H 1,008																	2 He 4,003
3 Li 6,941	4 Be 9,012											5 B 10,81	6 C 12,01	7 N 14,01	8 O 16,00	9 F 19,00	10 Ne 20,18
11 Na 22,99	12 Mg 24,31											13 Al 26,98	14 Si 28,09	15 P 30,97	16 S 32,07	17 Cl 35,45	18 Ar 39,95
19 K 39,10	20 Ca 40,08	21 Sc 44,96	22 Ti 47,87	23 V 50,94	24 Cr 52,00	25 Mn 54,94	26 Fe 55,85	27 Co 58,93	28 Ni 58,69	29 Cu 63,55	30 Zn 65,39	31 Ga 69,72	32 Ge 72,61	33 As 74,92	34 Se 78,96	35 Br 79,90	36 Kr 83,80
37 Rb 85,47	38 Sr 87,62	39 Y 88,91	40 Zr 91,22	41 Nb 92,91	42 Mo 95,94	43 Tc (98)	44 Ru 101,1	45 Rh 102,9	46 Pd 106,4	47 Ag 107,9	48 Cd 112,4	49 In 114,8	50 Sn 118,7	51 Sb 121,8	52 Te 127,6	53 I 126,9	54 Xe 131,3
55 Cs 132,9	56 Ba 137,3	57 * La 138,9	72 Hf 178,5	73 Ta 180,9	74 W 183,8	75 Re 186,2	76 Os 190,2	77 Ir 192,2	78 Pt 195,1	79 Au 197,0	80 Hg 200,6	81 Tl 204,4	82 Pb 207,2	83 Bi 209,0	84 Po (209)	85 At (210)	86 Rn (222)
87 Fr (223)	88 Ra (226)	89** Ac (227)	104 Rf (261)	105 Db (262)	106 Sg (263)	107 Bh (264)	108 Hs (265)	109 Mt (268)	110 (269)	111 (272)	112 (277)	113	114 (285)	115	116 (289)	117	118 (293)

58* Ce 140,1	59 Pr 140,9	60 Nd 144,2	61 Pm (145)	62 Sm 150,4	63 Eu 152,0	64 Gd 157,3	65 Tb 158,9	66 Dy 162,5	67 Ho 164,9	68 Er 167,3	69 Tm 168,9	70 Yb 173,0	71 Lu 175,0
90** Th 232,0	91 Pa 231	92 U 238,0	93 Np (237)	94 Pu (244)	95 Am (243)	96 Cm (247)	97 Bk (247)	98 Cf (251)	99 Es (252)	100 Fm (257)	101 Md (258)	102 No (259)	103 Lr (262)

▲ **Figura 1.1**
Tabela Periódica dos Elementos. Os elementos importantes encontrados nas células vivas são apresentados em cores. Os vermelhos (CHNOPS) são os seis elementos mais abundantes. Os cinco íons essenciais estão em lilás. Os elementos-traço estão mostrados em azul-escuro (os mais comuns) e em azul-claro (os menos comuns).

A síntese de RNA (transcrição) e de proteína (tradução) estão descritas nos capítulos 21 e 22, respectivamente.

CONCEITO-CHAVE

Mais de 97% do peso da maioria dos organismos é composto de apenas seis elementos: carbono, hidrogênio, nitrogênio, oxigênio, fósforo e enxofre (CHNOPS).

CONCEITO-CHAVE

Seres vivos obedecem às leis básicas da física e da química. Não é necessária uma força "vital" para explicar a vida em termos moleculares.

Reações bioquímicas envolvem ligações químicas específicas ou partes de moléculas chamadas grupos funcionais (Figura 1.2b). Encontraremos diversas ligações químicas comuns em bioquímica (Figura 1.2c). Observe que todas essas ligações envolvem vários átomos diferentes e as ligações individuais entre esses átomos. Aprenderemos mais sobre esses compostos, grupos funcionais e ligações ao longo deste livro. Ligações éster e éter são comuns em ácidos graxos e lipídeos. Ligações amida são encontradas em proteínas. Ligações fosfoéster e fosfoanidrido ocorrem em nucleotídeos.

Um aspecto importante em bioquímica é o fato de que as reações químicas que ocorrem no interior das células são do mesmo tipo das que ocorrem em laboratório. A diferença mais importante é que quase todas as reações nas células vivas são catalisadas por enzimas e, portanto, ocorrem em velocidades muito altas. Um dos principais objetivos deste livro é explicar como as enzimas aceleram as reações sem violar os mecanismos fundamentais das reações da química orgânica.

A eficiência catalítica das enzimas pode ser observada mesmo quando elas e os reagentes estão isolados em um tubo de ensaio. Com frequência, os pesquisadores consideram útil distinguir entre reações bioquímicas que ocorrem em um organismo (*in vivo*) e as que ocorrem em condições laboratoriais (*in vitro*).

1.3 Várias macromoléculas importantes são polímeros

Além de numerosas moléculas pequenas, a bioquímica também lida com moléculas muito grandes, chamadas macromoléculas. Frequentemente, as macromoléculas biológicas são uma forma de polímero criado pela junção de várias moléculas orgânicas menores, ou monômeros, por condensação (remoção de elementos da água). Em alguns casos, como o de certos carboidratos, um mesmo monômero é repetido muitas vezes; em outros, como nas proteínas e nos ácidos nucleicos, uma variedade de monômeros diferentes é conectada em uma ordem particular. Cada monômero de um dado polímero é acrescentado por meio da repetição da mesma reação catalisada por enzima. Assim, todos os monômeros, ou resíduos, em uma macromolécula são alinhados na mesma direção, e as terminações da macromolécula são quimicamente distintas.

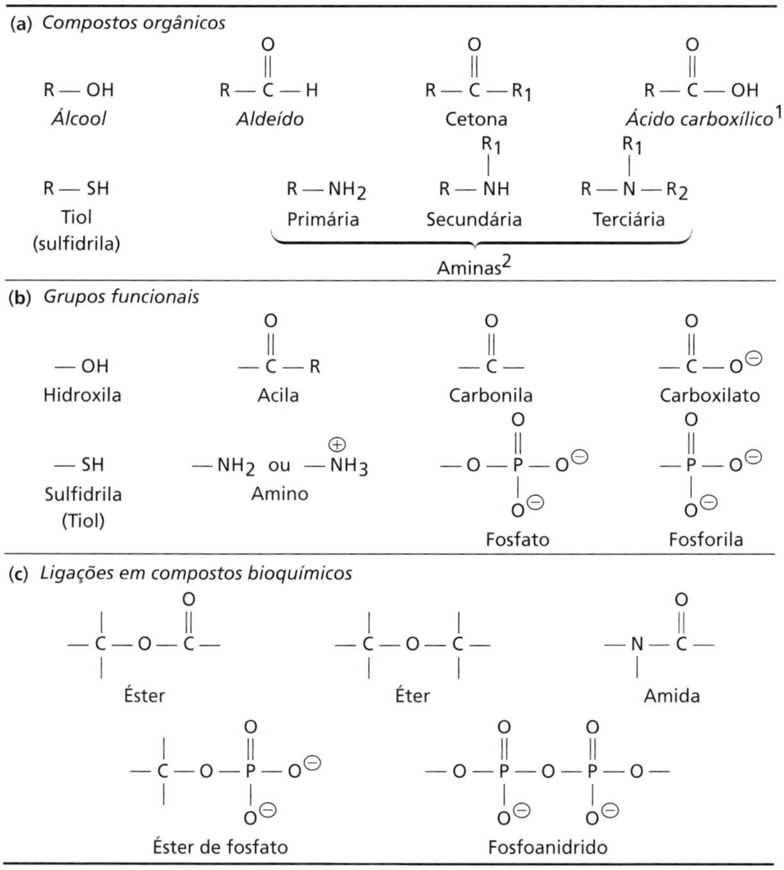

◀ **Figura 1.2**
Fórmulas gerais de **(a)** compostos orgânicos, **(b)** grupos funcionais e **(c)** ligações comuns em bioquímica. R representa um grupo alquila ($CH_3-(CH_2)_n-$).

[1] Na maioria das condições biológicas, os ácidos carboxílicos existem sob a forma de ânions carboxilato:

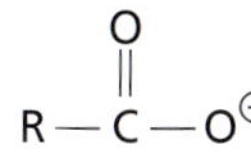

[2] Na maioria das condições biológicas, aminas existem como íons amônio:

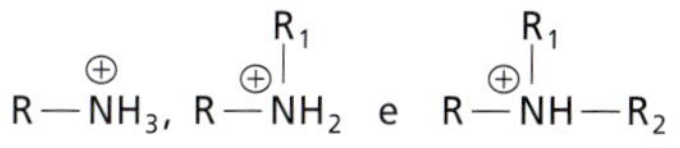

As macromoléculas têm propriedades muito diferentes das dos monômeros que as constituem. Por exemplo, amido é um polímero do açúcar glicose, mas não é solúvel em água e não tem sabor doce. Observações como esta levaram ao princípio geral da organização hierárquica da vida. Cada novo nível de organização resulta em propriedades que não podem ser previstas apenas pelas do nível precedente. Os níveis de complexidade, em ordem crescente, são: átomos, moléculas, macromoléculas, organelas, células, tecidos, órgãos e organismos completos. (Observe que várias espécies não possuem um ou mais desses níveis de complexidade. Organismos unicelulares, por exemplo, não têm tecidos nem órgãos.) As seções a seguir descrevem resumidamente os tipos principais de macromoléculas e como suas sequências de resíduos ou formas tridimensionais lhes conferem propriedades únicas.

Ao discutir moléculas e macromoléculas, com frequência iremos nos referir ao **peso molecular** de um composto. Um termo mais preciso para peso molecular é **massa molecular relativa** (abreviado como M_r). Essa é a massa de uma molécula relativa a um doze avos (1/12) da massa de um átomo do isótopo do carbono 12 (^{12}C); o peso atômico desse isótopo foi definido como exatamente igual a 12 unidades de massa atômica. Observe que o peso atômico do carbono mostrado na tabela periódica representa a média de vários isótopos distintos, incluindo ^{13}C e ^{14}C. Como M_r é uma quantidade relativa, ela é adimensional, ou seja, não possui unidades associadas ao seu valor numérico. A massa molecular relativa de uma proteína típica, por exemplo, é igual a 38.000 ($M_r = 38.000$). A massa molecular absoluta de um composto tem a mesma magnitude que seu peso molecular, mas é expressa em unidades chamadas daltons (1 dalton = 1 unidade de massa atômica).

A massa molecular relativa (M_r) de uma molécula é um número adimensional, que se refere à massa de uma molécula em relação a um doze avos (1/12) da massa de um átomo do isótopo do carbono 12 (^{12}C). Peso molecular (MW) é outro termo para massa molecular relativa.

▲ **Figura 1.3**
Estrutura de um aminoácido e de um dipeptídeo.
(a) Os aminoácidos contêm um grupo amino (azul) e um grupo carboxilato (vermelho). Aminoácidos diferentes contêm cadeias laterais diferentes (designadas – R). **(b)** Um dipeptídeo é produzido quando o grupo amino de um aminoácido reage com o grupo carboxilato de outro, formando uma ligação peptídica (vermelho).

CONCEITO-CHAVE
As moléculas bioquímicas são objetos tridimensionais.

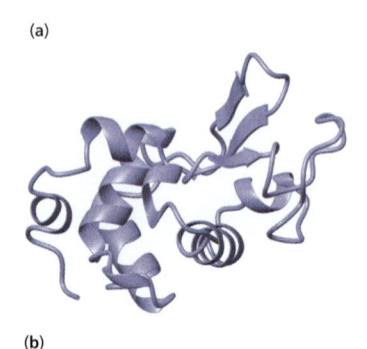

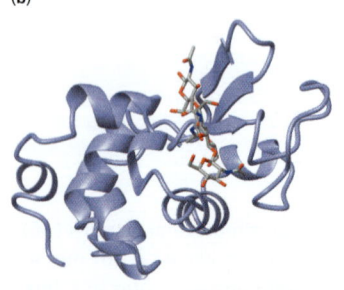

▲ **Figura 1.4**
Lisozima da clara de ovo de galinha (*Gallus gallus*).
(a) Lisozima livre. Observe a fenda característica, que contém o sítio ativo da enzima. **(b)** Lisozima com substrato ligado [PDB 1LZC].

A massa molecular é chamada também de massa molar, pois ela representa a massa (medida em gramas) de 1 mol, ou $6,022 \times 10^{23}$ moléculas. A massa molecular de uma proteína típica é expressa como 38.000 daltons, o que significa que 1 mol dessa proteína pesa 38 quilogramas. A principal fonte de confusão é que o termo "peso molecular" tornou-se comum no jargão da bioquímica, embora se refira à massa molecular relativa, e não ao peso. É um erro comum expressar o peso molecular em daltons, quando ele deveria ser adimensional. Na maioria dos casos, esse não é um erro muito relevante, mas é preciso conhecer a terminologia correta.

A. Proteínas

Vinte aminoácidos comuns são incorporados às proteínas em todas as células. Cada aminoácido contém um grupo amino e um grupo carboxilato, além de uma cadeia lateral (grupo R) que é única para cada aminoácido (Figura 1.3a). O grupamento amino de um aminoácido e o grupo carboxilato de outro se condensam durante a síntese proteica para formar uma ligação amida, como mostrado na Figura 1.3b. A ligação entre o átomo de carbono de um resíduo de aminoácido e o nitrogênio do resíduo seguinte é denominada ligação peptídica. A ligação de diversos aminoácidos por suas extremidades forma um polipeptídeo linear, que pode conter centenas de resíduos de aminoácidos. Uma proteína funcional pode ser constituída de um só polipeptídeo ou consistir em várias cadeias de polipeptídeos distintos, ligados firmemente para formar uma estrutura mais complexa.

Várias proteínas funcionam como enzimas. Outras são componentes estruturais de células e organismos. Polipeptídeos lineares dobram-se adquirindo uma forma tridimensional característica. Essa forma é, em grande parte, determinada pela sequência de seus resíduos de aminoácidos. Essa informação sequencial é codificada no gene da proteína. A função de uma proteína depende de sua estrutura tridimensional, ou conformação.

As estruturas de diversas proteínas foram determinadas, e vários princípios que governam a relação entre estrutura e função, esclarecidos. Por exemplo, várias enzimas contêm uma fenda ou sulco, que liga os substratos de uma reação; essa cavidade contém o sítio ativo da enzima, a região onde a reação química ocorre. A Figura 1.4a mostra a estrutura da enzima lisozima, que catalisa a hidrólise de determinados carboidratos poliméricos. A Figura 1.4b mostra a estrutura da enzima com o substrato preso a uma fenda. Discutiremos a relação entre a estrutura e a função das proteínas nos Capítulos 4 e 6.

Há várias maneiras de representar as estruturas tridimensionais de biopolímeros como as proteínas. A molécula de lisozima na Figura 1.4 está mostrada de forma estilizada, na qual a conformação da cadeia polipeptídica é representada como uma combinação de filamentos, fitas helicoidais e setas largas. Outros tipos de representação nos capítulos seguintes incluem imagens que mostram a posição de cada átomo. Programas de computador que criam essas imagens estão disponíveis gratuitamente na internet, e os dados estruturais de proteínas podem ser obtidos a partir de diversos bancos de dados. Com um pouco de prática, qualquer estudante pode visualizar essas moléculas em uma tela de computador.

B. Polissacarídeos

Carboidratos ou sacarídeos são constituídos basicamente de carbono, oxigênio e hidrogênio. Esse grupo de compostos inclui os açúcares simples (monossacarídeos) e seus polímeros (polissacarídeos). Todos os monossacarídeos e todos os resíduos de polissacarídeos contêm vários grupos hidroxila e são, portanto, álcoois. Os monossacarídeos mais comuns possuem cinco ou seis átomos de carbono.

As estruturas dos açúcares podem ser representadas de vários modos. Por exemplo, a ribose (o açúcar de cinco carbonos mais comum) pode ser representada como uma molécula linear contendo quatro grupos hidroxila e um aldeído (Figura 1.5a). Essa representação linear é chamada projeção de Fischer (em referência a Emil Fischer). Entretanto, em bioquímica, é comum representar a ribose como um anel contendo uma ligação covalente entre o carbono do grupo aldeído (C-1) e o oxigênio da hidroxila de C-4, como mostrado na Figura 1.5b. A forma cíclica é mais usualmente apresentada como uma projeção de Haworth (Figura 1.5c), que é uma maneira mais precisa de representar a real estrutura da ribose. A projeção de Haworth é rotacionada 90° em relação à de Fischer e representa o anel do carboidrato como um plano com uma das bordas projetada para fora da página (representada pelas linhas grossas). Contudo, o anel não é realmente plano. Ele pode adotar diversas conformações em que alguns de seus átomos estão fora do plano. Na Figura 1.5d, por exemplo, o C-2 da ribose está acima do plano formado pelos demais átomos do anel.

Algumas conformações são mais estáveis do que outras; assim, a molécula da ribose pode ser representada por uma ou duas das possíveis conformações. No entanto, é importante observar que a maioria das moléculas bioquímicas existe como uma coleção de estruturas com diferentes conformações. A mudança de uma conformação para outra não requer quebra de nenhuma ligação covalente. Por outro lado, as duas formas básicas das estruturas dos carboidratos, a linear e a cíclica, requerem a quebra e a formação de ligações covalentes.

A glicose é o açúcar de seis carbonos mais abundante (Figura 1.6a). Ela é a unidade monomérica da celulose, um polissacarídeo estrutural, bem como do glicogênio e do amido, que são polissacarídeos de armazenamento. Nesses polissacarídeos, cada resíduo de glicose é unido covalentemente ao seguinte por uma ligação entre o C-1 de uma molécula de glicose e uma das hidroxilas de outra. Essa ligação é chamada ligação glicosídica. Na celulose, o C-1 de cada resíduo de glicose é ligado à hidroxila do C-4 do resíduo seguinte (Figura 1.6b). Os grupos hidroxila em cadeias adjacentes da celulose interagem de modo não covalente, criando fibras fortes, insolúveis. A celulose é, possivelmente, o biopolímero mais abundante na Terra, pois é o principal componente dos caules das plantas com flores (angiospermas), incluindo os troncos das árvores. Discutiremos os carboidratos no Capítulo 8.

> As regras para desenhar uma molécula como uma projeção de Fischer estão descritas na Seção 8.1.

> As conformações dos monossacarídeos estão descritas detalhadamente na Seção 8.3.

C. Ácidos nucleicos

Ácidos nucleicos são grandes macromoléculas compostas de monômeros chamados nucleotídeos. O termo "polinucleotídeo" é uma descrição mais precisa de uma única molécula de ácido nucleico, assim como "polipeptídeo" é um termo mais preciso do que "proteína" para uma molécula individual composta de resíduos de aminoácidos. O termo "ácido nucleico" se refere ao fato de esses polinucleotídeos terem sido detectados inicialmente como moléculas ácidas no núcleo de células eucariontes. Sabemos atualmente que os ácidos nucleicos não estão confinados ao núcleo eucariótico, mas são abundantes no citoplasma e nos procariontes, que não possuem núcleo.

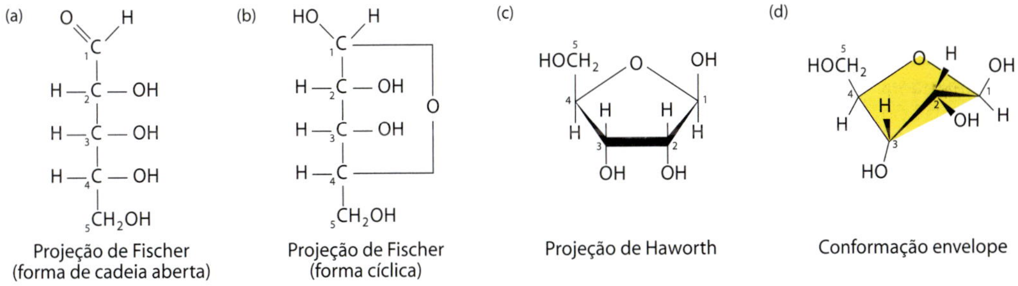

▲ **Figura 1.5**
Representações da estrutura da ribose. (a) Na projeção de Fischer, a ribose é representada como uma molécula linear. (b) Em sua forma bioquímica usual, a molécula da ribose é cíclica, mostrada aqui como uma projeção de Fischer. (c) Em uma projeção de Haworth, o anel é desenhado perpendicular à página (como indicam as linhas espessas, que representam as ligações mais próximas do observador). (d) O anel da ribose não é realmente plano, mas pode adotar 20 conformações, nas quais alguns átomos do anel estão fora do plano. Na conformação mostrada, o C-2 está acima do plano formado pelos outros átomos do anel.

8 Bioquímica

▶ **Figura 1.6**
Glicose e celulose. (a) Projeção de Haworth da glicose. **(b)** Celulose, um polímero linear de resíduos de glicose. Cada resíduo é unido ao seguinte por uma ligação glicosídica (vermelho).

As estruturas dos ácidos nucleicos estão descritas no Capítulo 19.

▲ **Figura 1.7**
Desoxirribose, o açúcar encontrado nos desoxirribonucleotídeos. A desoxirribose não tem a hidroxila no C-2.

O papel do ATP nas reações bioquímicas está descrito na Seção 10.7.

Os nucleotídeos consistem em um açúcar de cinco átomos de carbono, uma base nitrogenada heterocíclica e pelo menos um grupo fosfato. Nos ribonucleotídeos, o açúcar é a ribose; nos desoxirribonucleotídeos, ele é o derivado desoxirribose (Figura 1.7). As bases nitrogenadas dos nucleotídeos pertencem às famílias conhecidas como purinas e pirimidinas. As principais purinas são adenina (A) e guanina (G); as principais pirimidinas são citosina (C), timina (T) e uracila (U). Em um nucleotídeo, a base está ligada ao C-1 do açúcar, e o grupo fosfato, a um dos seus outros átomos (geralmente C-5).

A estrutura do nucleotídeo adenosina trifosfato (ATP) é mostrada na Figura 1.8. O ATP consiste em uma adenina ligada à ribose por uma ligação glicosídica. Há três grupos fosforila (designados α, β, γ) esterificados com o grupo hidroxila do C-5 da ribose. A ligação entre a ribose e o grupo fosforila α é uma ligação fosfoéster, pois ela inclui um carbono e um átomo de fósforo, enquanto os grupos fosforila β e γ no ATP são unidos por ligações fosfoanidrido, que não envolvem átomos de carbono (veja a Figura 1.2). Todos os fosfoanidridos possuem uma considerável energia química potencial, e o ATP não é exceção. Ele é o principal transportador de energia nas células vivas. A energia potencial associada à hidrólise do ATP pode ser usada diretamente nas reações bioquímicas ou acoplada a uma reação de forma menos óbvia.

Nos polinucleotídeos, o grupo fosfato de um nucleotídeo é ligado covalentemente ao átomo de oxigênio do C-3 do açúcar de outro nucleotídeo, criando uma segunda ligação fosfoéster. O conjunto de ligações entre os carbonos de nucleotídeos adjacentes é chamado de ligação fosfodiéster, porque contém duas ligações fosfoéster (Figura 1.9). Ácidos nucleicos contêm vários resíduos de nucleotídeos e são caracterizados por um esqueleto formado por açúcares e fosfatos. No DNA, as bases de duas fitas polinucleotídicas diferentes interagem para formar uma estrutura helicoidal.

Há várias formas de apresentar as estruturas dos ácidos nucleicos, dependendo de quais características estão sendo descritas. O modelo de esfera e bastão apresentado na Figura 1.10 é ideal para mostrar os átomos individuais e a estrutura cíclica dos açúcares e das bases. Nesse caso, as duas hélices podem ser traçadas seguindo-se o esqueleto açúcar-fosfato, enfatizado pela presença dos átomos de fósforo (lilás) circundados por quatro átomos de oxigênio (vermelho). Os pares de bases individuais são vistos de lado no interior da molécula. Veremos vários outros modelos de DNA no Capítulo 19.

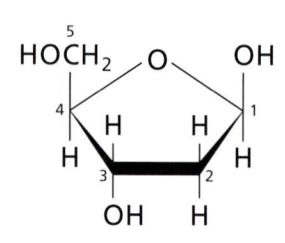

▶ **Figura 1.8**
Estrutura da adenosina trifosfato (ATP). A base nitrogenada adenina (azul) está ligada à ribose (preto). Três grupos fosforila (vermelho) também estão ligados à ribose.

◄ Figura 1.9
Estrutura de um dinucleotídeo. Um resíduo de desoxirribonucleotídeo contém a pirimidina timina (em cima), e o outro contém a purina adenina (embaixo). Os resíduos são unidos por uma ligação fosfodiéster entre as duas moléculas de desoxirribose (os átomos de carbono da desoxirribose são numerados com aspas para distingui-los dos átomos das bases timina e adenina).

O RNA contém ribose em lugar da desoxirribose e é geralmente um polinucleotídeo de fita simples. Há quatro tipos diferentes de moléculas de RNA. O RNA mensageiro (mRNA) está diretamente envolvido na transferência de informações do DNA para a proteína. O RNA de transferência (tRNA) é uma molécula menor, necessária à síntese de proteínas. O RNA ribossômico (rRNA) é o principal componente dos ribossomos. As células também possuem uma classe heterogênea de pequenos RNAs que executam diversas funções distintas. Nos Capítulos 19 a 22, veremos como essas moléculas de RNA diferem e como suas estruturas refletem suas funções biológicas.

D. Lipídeos e membranas

O termo "lipídeo" se refere à outra classe de moléculas, ricas em carbono e hidrogênio, mas contendo relativamente poucos átomos de oxigênio. A maioria dos lipídeos não é solúvel em água, mas dissolve-se em alguns solventes orgânicos. Frequentemente, os lipídeos possuem uma "cabeça" polar, hidrofílica (que tem atração pela água) e uma "cauda" apolar, hidrofóbica (que repele a água) (Figura 1.11). Em um ambiente aquoso, as "caudas" hidrofóbicas desses lipídeos se associam, enquanto as "cabeças" hidrofílicas ficam expostas à água, formando uma lâmina chamada bicamada lipídica. Estas formam a base estrutural de todas as membranas biológicas. As membranas separam células, ou compartimentos destas, de seus ambientes, atuando como barreiras impermeáveis à maioria dos compostos hidrossolúveis. As membranas são flexíveis porque as bicamadas lipídicas são estabilizadas por forças não covalentes.

Os lipídeos mais simples são os ácidos graxos – longas cadeias de hidrocarbonetos com um grupo carboxilato no final. Ácidos graxos são encontrados, normalmente, como parte de moléculas maiores, chamadas de glicerofosfolipídeos, que consistem em glicerol 3-fosfato e dois grupos de ácidos graxos (Figura 1.12). Os glicerofosfolipídeos são os principais componentes das membranas biológicas.

Outros tipos de lipídeos incluem os esteroides e as ceras. Esteroides são moléculas semelhantes ao colesterol e a diversos hormônios sexuais. As ceras são comuns em plantas e animais, mas talvez seus exemplos mais familiares sejam a cera de abelhas e aquela que se forma em nossos ouvidos.

As membranas estão entre as maiores e mais complexas estruturas celulares. Estritamente falando, membranas são agregados, não polímeros. Mas a associação de moléculas lipídicas cria estruturas que apresentam propriedades diferentes das dos componentes individuais. Sua insolubilidade em água e a flexibilidade dos agregados lipídicos dão às membranas biológicas várias de suas características.

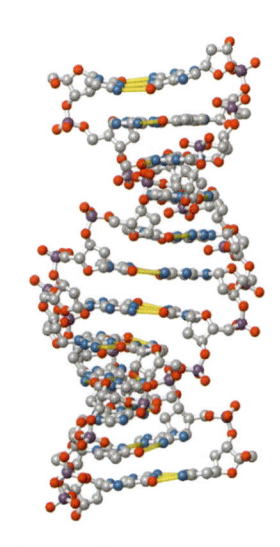

▲ Figura 1.10
Pequeno segmento de uma molécula de DNA. Dois polinucleotídeos diferentes se associam para formar uma dupla-hélice. A sequência de pares de bases no interior da hélice carrega a informação genética.

As interações hidrofóbicas serão discutidas no Capítulo 2.

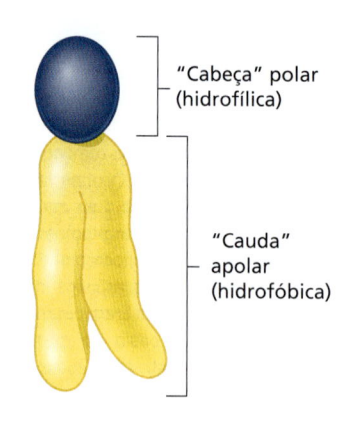

▲ **Figura 1.11**
Modelo de um lipídeo de membrana. A molécula consiste em uma "cabeça" polar (azul) e uma "cauda" apolar (amarelo).

▲ **Figura 1.12**
Estruturas do glicerol 3-fosfato e de um glicerofosfolipídeo. (a) O grupo fosfato do glicerol 3-fosfato é polar. **(b)** Em um glicerofosfolipídeo, duas cadeias apolares de ácidos graxos são unidas ao glicerol 3-fosfato por ligações éster. X representa um substituinte do grupo fosfato.

CONCEITO-CHAVE
A maior parte da energia necessária à vida é fornecida pela luz solar.

As membranas biológicas também contêm proteínas, como mostra a Figura 1.13. Algumas dessas proteínas de membranas servem como canais para a entrada de nutrientes e a saída de produtos de excreção. Outras proteínas catalisam reações que ocorrem especificamente na superfície das membranas. Estas são locais de várias reações bioquímicas importantes. Discutiremos os lipídeos e as membranas biológicas mais detalhadamente no Capítulo 9.

1.4 A energética da vida

As atividades dos organismos vivos não dependem apenas das biomoléculas descritas na seção anterior e da multiplicidade de pequenas moléculas e íons encontrados nas células. A vida também precisa de energia. Os organismos vivos estão constantemente transformando energia em trabalho útil para se manterem, crescerem e se reproduzirem. Quase toda essa energia é, em última análise, fornecida pelo Sol.

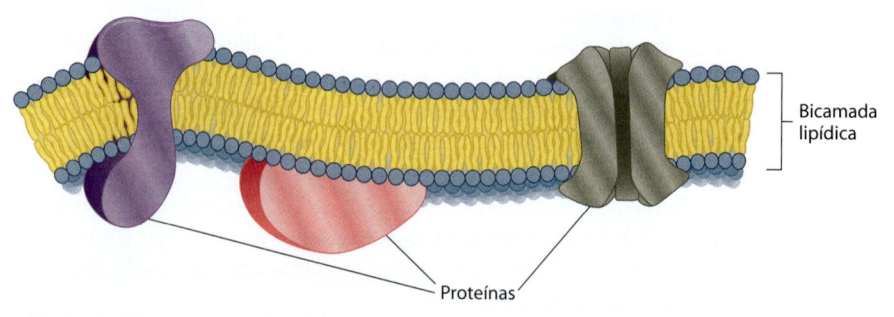

▲ **Figura 1.13**
Estrutura geral de uma membrana biológica. As membranas biológicas consistem em uma bicamada lipídica com proteínas associadas. As "caudas" hidrofóbicas das moléculas lipídicas individuais se associam para formar o interior de uma membrana. As "cabeças" hidrofílicas ficam em contato com o meio aquoso de cada lado da membrana. A maioria das proteínas de membrana atravessa a bicamada lipídica; outras ficam ligadas à superfície da membrana de várias formas.

A luz do Sol é captada por plantas, algas e bactérias fotossintéticas e utilizada na síntese de compostos biológicos. Organismos fotossintéticos podem ser ingeridos como alimento, e seus componentes moleculares são usados por organismos como protozoários, fungos, bactérias não fotossintéticas e animais. Esses organismos não conseguem converter diretamente a luz solar em energia bioquímica utilizável. A quebra dos compostos orgânicos, tanto nos organismos fotossintéticos como nos não fotossintéticos, libera energia, a qual pode ser utilizada para promover a síntese de novas moléculas e macromoléculas.

A fotossíntese é um dos processos bioquímicos-chave, essencial à vida, embora muitas espécies – incluindo animais –, se beneficiem dela apenas indiretamente. Um dos subprodutos da fotossíntese é o oxigênio. É provável que a atmosfera terrestre tenha sido transformada por bactérias fotossintéticas produtoras de oxigênio durante os primeiros bilhões de anos da história da Terra (um exemplo natural de transformação do planeta, adequando-o às condições de vida que conhecemos). No Capítulo 15, discutiremos o interessante conjunto de reações que capturam a luz solar e a utilizam para a síntese de biopolímeros.

O termo "metabolismo" descreve uma infinidade de reações nas quais compostos orgânicos são sintetizados e degradados, e energia útil é extraída, armazenada e usada. O estudo das variações de energia durante as reações metabólicas é chamado *bioenergética*. A bioenergética é parte da termodinâmica, um ramo da física que lida com as variações de energia. Os bioquímicos descobriram que os princípios básicos da termodinâmica que se aplicam ao fluxo de energia nos sistemas não vivos também se aplicam à química da vida.

▲ **Luz solar em uma floresta tropical.** As plantas convertem a luz solar e os nutrientes inorgânicos em compostos orgânicos.

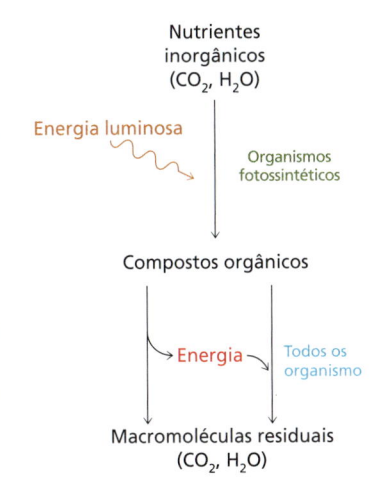

A termodinâmica é um assunto complexo e altamente sofisticado, mas não precisamos dominar todas as suas complexidades e sutilezas para compreender como ela pode contribuir para o entendimento da bioquímica. Neste livro evitaremos algumas das complicações da termodinâmica e nos concentraremos em como usá-la para descrever alguns princípios bioquímicos (tópico discutido no Capítulo 10).

A. Velocidades de reações e equilíbrio

A taxa ou velocidade de uma reação química depende da concentração dos reagentes. Considere uma reação química simples na qual a molécula A colide com a molécula B e elas reagem formando os produtos C e D.

$$A + B \longrightarrow C + D \tag{1.2}$$

A velocidade dessa reação é determinada pelas concentrações de A e B. Em altas concentrações, esses reagentes têm maior probabilidade de colidir um com o outro; em baixas concentrações, a reação deve demorar mais para ocorrer. A concentração de uma molécula reagente é indicada colocando-se seu símbolo entre colchetes. Assim, [A] significa "a concentração de A", geralmente expressa em moles por litro (M). A velocidade da reação é diretamente proporcional ao produto das concentrações de A e B. Essa velocidade pode ser descrita por uma constante de proporcionalidade, k, mais comumente chamada constante de velocidade.

$$\text{velocidade} \propto [A][B] \quad \text{velocidade} = k[A][B] \tag{1.3}$$

Quase todas as reações bioquímicas são reversíveis. Isso significa que C e D podem colidir e reagir entre si, formando os produtos A e B. A velocidade da reação reversa dependerá das concentrações de C e D, e sua velocidade poderá ser descrita por uma constante de velocidade diferente. Por convenção, a constante de velocidade da reação direta é indicada por k_1, e a da reação inversa, por k_{-1}. A Equação 1.4 é uma forma mais precisa de representar a reação mostrada na Equação 1.2.

$$A + B \underset{k_{-1}}{\overset{k_1}{\rightleftarrows}} C + D \tag{1.4}$$

▲ **Fluxo de energia.** Organismos fotossintéticos captam a energia do Sol e a utilizam para sintetizar compostos orgânicos. A quebra desses compostos em organismos fotossintéticos e não fotossintéticos gera a energia necessária para a síntese de macromoléculas e outras necessidades das células.

> **CONCEITO-CHAVE**
> A velocidade de uma reação química depende das concentrações dos reagentes. Quanto maior a concentração, mais rápida a reação.

> **CONCEITO-CHAVE**
> Quase todas as reações bioquímicas são reversíveis. Quando as reações direta e inversa atingem velocidades iguais, a reação atinge o equilíbrio.

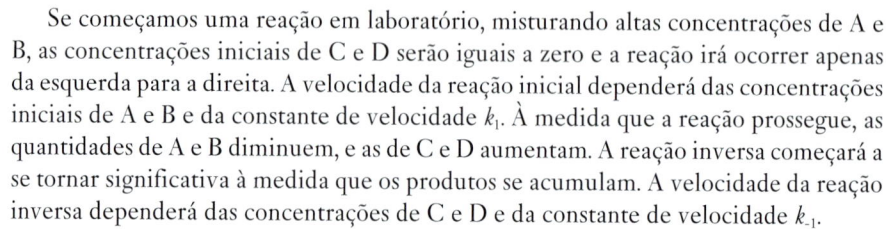

Se começamos uma reação em laboratório, misturando altas concentrações de A e B, as concentrações iniciais de C e D serão iguais a zero e a reação irá ocorrer apenas da esquerda para a direita. A velocidade da reação inicial dependerá das concentrações iniciais de A e B e da constante de velocidade k_1. À medida que a reação prossegue, as quantidades de A e B diminuem, e as de C e D aumentam. A reação inversa começará a se tornar significativa à medida que os produtos se acumulam. A velocidade da reação inversa dependerá das concentrações de C e D e da constante de velocidade k_{-1}.

Em algum momento, as velocidades das reações direta e inversa irão se igualar e não haverá mais variações nas concentrações de A, B, C e D. Em outras palavras, a reação terá alcançado o equilíbrio. No equilíbrio,

$$k_1[A][B] = k_{-1}[C][D] \tag{1.5}$$

Muitas vezes, estamos interessados nas concentrações finais dos reagentes e dos produtos, quando a reação tiver atingido o equilíbrio. A razão entre as concentrações dos produtos e as concentrações dos reagentes define a constante de equilíbrio, K_{eq}. A constante de equilíbrio também é igual à razão entre as constantes de velocidade das reações direta e inversa; e como k_1 e k_{-1} são constantes, K_{eq} também é. Rearranjando a Equação 1.5, tem-se:

$$\frac{k_1}{k_{-1}} = \frac{[C][D]}{[A][B]} = K_{eq} \tag{1.6}$$

Em tese, as concentrações dos produtos e dos reagentes poderiam ser idênticas quando a reação atingisse o equilíbrio. Nesse caso, $K_{eq} = 1$ e as constantes de velocidade das reações direta e inversa são iguais. Na maioria dos casos, o valor da constante de equilíbrio varia entre 10^{-3} e 10^3, indicando que a velocidade de uma das reações é maior do que a da outra. Se $K_{eq} = 10^3$, então a reação irá ocorrer para a direita, e as concentrações de C e D serão muito maiores do que as de A e B. Assim, a constante de velocidade da reação direta (k_1) será 1.000 vezes maior do que a da reação inversa (k_{-1}). Isso significa que as colisões entre C e D têm muito menor probabilidade de produzirem uma reação química do que a das colisões entre A e B.

B. Termodinâmica

Se conhecermos as variações de energia associadas a uma reação ou a um processo, poderemos prever as concentrações de equilíbrio. Também poderemos prever a direção de uma reação se soubermos as concentrações iniciais de reagentes e produtos. O fator termodinâmico que fornece essa informação é a energia livre de Gibbs (G), assim denominada em homenagem a J. Willard Gibbs, que foi o primeiro a descrevê-la, em 1878.

Moléculas em solução possuem certa energia, que depende da temperatura, da pressão, da concentração e de outras variáveis de estado. A variação da energia livre de Gibbs (ΔG) em uma reação é a diferença entre as energias livres dos produtos e as dos reagentes. A variação da energia livre de Gibbs total tem dois componentes, denominados variação da entalpia (ΔH, que é a variação na quantidade de calor) e variação da entropia (ΔS, que é a variação na desordem do sistema). Um processo bioquímico pode gerar calor ou absorvê-lo da vizinhança. De modo similar, um processo pode ocorrer com aumento ou com diminuição do grau de desordem, ou dessarrumação, dos reagentes.

Partindo de uma solução inicial de reagentes e produtos, se a reação ocorrer para gerar mais produtos, então ΔG será menor do que zero ($\Delta G < 0$). Em termos químicos, dizemos que a reação é espontânea e libera energia. Quando ΔG é maior do que zero ($\Delta G > 0$), a reação precisa de energia externa para ocorrer e não irá gerar mais produtos. Na verdade, mais reagentes irão se acumular à medida que a reação inversa for favorecida. Quando ΔG é igual a zero ($\Delta G = 0$), a reação está em equilíbrio; as ve-

▲ **Josiah Willard Gibbs (1839-1903).**
Gibbs foi um dos maiores cientistas norte-americanos do século XIX. Foi o fundador da moderna termodinâmica química.

> **CONCEITO-CHAVE**
> A variação da energia livre de Gibbs (ΔG) é a diferença entre as energias livres dos produtos e as dos reagentes (substratos) de uma reação.

locidades das reações direta e inversa são idênticas, e as concentrações de reagentes e produtos não mais se alteram.

Estamos interessados principalmente na variação da energia livre total de Gibbs, expressa como:

$$\Delta G = \Delta H - T\Delta S \tag{1.7}$$

onde T é a temperatura em Kelvin.

Uma série de processos interligados, como as reações das vias metabólicas em uma célula, geralmente ocorre apenas quando associadas a uma variação total negativa da energia livre de Gibbs. A probabilidade de reações ou de processos bioquímicos ocorrerem em maior extensão e mais rapidamente é maior quando estão associados a um aumento da entropia e a uma redução da entalpia.

Se conhecêssemos a energia livre de Gibbs de cada produto e de cada reagente, seria simples calcular a variação da energia livre de Gibbs para a reação, usando a Equação 1.8.

$$\Delta G_{reação} = \Delta G_{produtos} - \Delta G_{reagentes} \tag{1.8}$$

Infelizmente, em geral não conhecemos os valores absolutos das energias livres de Gibbs de cada molécula bioquímica. O que conhecemos são os parâmetros termodinâmicos associados à *síntese* dessas moléculas a partir de precursores simples. Por exemplo, glicose pode ser formada a partir de água e dióxido de carbono. Não precisamos saber os valores absolutos da energia livre de Gibbs da água e do dióxido de carbono para calcular a quantidade necessária de entalpia e de entropia, de modo a reuni-las a fim de produzir glicose. Na verdade, o calor liberado pela reação inversa (quebra da glicose, produzindo dióxido de carbono e água) pode ser medido usando-se um calorímetro. Essa medida nos dá o valor da variação de entalpia na síntese da glicose (ΔH). A variação da entropia (ΔS) para essa reação também pode ser determinada. Podemos usar essas quantidades para estabelecer a energia livre de Gibbs da reação. A energia livre de Gibbs de formação $\Delta_f G$, real é a diferença entre as energias livres absolutas da glicose e dos elementos carbono, oxigênio e hidrogênio.

Existem tabelas que fornecem esses valores da energia livre de Gibbs para a formação da maioria das moléculas biológicas. Elas podem ser usadas para calcular a variação da energia livre de Gibbs para uma reação, da mesma forma que poderíamos usar os valores absolutos como na Equação 1.9.

$$\Delta G_{reação} = \Delta_f G_{produtos} - \Delta_f G_{reagentes} \tag{1.9}$$

Neste livro iremos nos referir com frequência ao valor de $\Delta_f G$ como a energia livre de Gibbs de um composto, pois ele pode ser facilmente usado nos cálculos como se fosse um valor absoluto. Ele também pode ser chamado simplesmente de "energia de Gibbs".

Há, porém, uma complicação adicional que não foi mencionada. Para qualquer reação, incluindo a degradação da glicose, o valor real da variação da energia livre depende das concentrações de reagentes e de produtos. Consideremos a reação hipotética da Equação 1.2. Se começarmos com certa quantidade de A e B e nenhum produto, C e D, então é óbvio que a reação só poderá ocorrer em uma direção, pelo menos inicialmente. Em termos termodinâmicos, o $\Delta G_{reação}$ é favorável nessas condições. Quanto maiores as concentrações de A e B, maior a probabilidade de a reação ocorrer. Esse é um ponto importante, ao qual retornaremos muitas vezes enquanto estudamos bioquímica: a variação real da energia livre de Gibbs em uma reação depende das concentrações dos reagentes e dos produtos.

O que precisamos são alguns valores-padrão de ΔG que possam ser ajustados à concentração. Esses valores-padrão são as variações da energia livre de Gibbs medidas sob determinadas condições. Por convenção, as condições-padrão são 25 °C (298 K), pressão de 1 atm e concentração 1,0 M para todos os reagentes e produtos. Na maioria das reações bioquímicas, a concentração de $H^{\oplus}$ é importante; ela é indicada pelo pH,

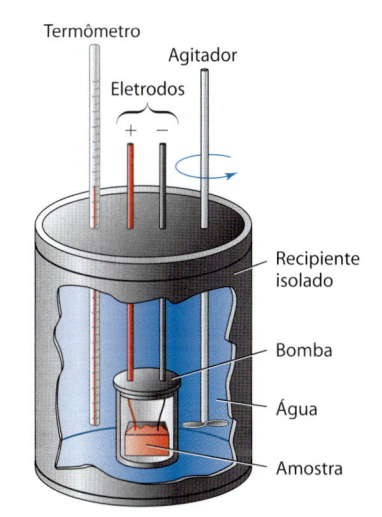

▲ O calor liberado durante uma reação pode ser determinado executando-a em um calorímetro sensível.

A importância da relação entre ΔG e concentração é explicada na Seção 10.5.

CONCEITO-CHAVE

A variação da energia livre de Gibbs padrão ($\Delta G^{o\prime}$) nos informa a direção de uma reação quando as concentrações de todos os reagentes e produtos são iguais a 1M. Essas condições não ocorrerão nunca nas células vivas. Os bioquímicos estão interessados apenas nas variações reais da energia livre de Gibbs (ΔG) que, geralmente, são próximas de zero. A variação da energia livre de Gibbs padrão ($\Delta G^{o\prime}$) nos informa as concentrações relativas de reagentes e produtos quando a reação atinge o equilíbrio.

como será descrito no próximo capítulo. A condição-padrão para as reações bioquímicas é pH = 7,0, que corresponde a uma concentração de $H^{\oplus}$ igual a 10^{-7} M (e não 1,0 M, como para os outros reagentes e produtos). A variação da energia livre de Gibbs, nessas condições-padrão, é indicada pelo símbolo $\Delta G^{o\prime}$.

A relação entre a energia livre de Gibbs real e a energia livre padrão é dada por

$$\Delta G_A = \Delta G_A^{o\prime} + RT \ln[A] \tag{1.10}$$

onde R é a constante universal dos gases (8,315 kJ^{-1} mol^{-1}) e T é a temperatura em Kelvin. A energia livre de Gibbs é expressa em unidades de kJ mol^{-1} (uma unidade antiga é kcal mol^{-1}, que equivale a 4,184 kJ mol^{-1}). O termo $RT \ln [A]$ é, às vezes, expresso como $2,303\, RT \log [A]$.

C. Constantes de equilíbrio e variações da energia livre de Gibbs padrão

Para uma dada reação, como a Reação 1.2, a relação entre a variação real da energia livre de Gibbs e a variação da energia livre padrão é dada por

$$\Delta G_{reação} = \Delta G_{reação}^{o\prime} + RT \ln \frac{[C][D]}{[A][B]} \tag{1.11}$$

CONCEITO-CHAVE

$\Delta G = \Delta G^{o\prime} + RT \ln \frac{[C][D]}{[A][B]}$

no equilíbrio $\Delta G^{o\prime} + RT \ln K_{eq} = 0$

Quando a reação atingir o equilíbrio, a razão entre as concentrações no último termo da Equação 1.11 é, por definição, a constante de equilíbrio (K_{eq}). Quando a reação está em equilíbrio, não há variação líquida nas concentrações dos reagentes e produtos, de modo que a variação real da energia livre de Gibbs é zero ($\Delta G_{reação} = 0$). Isso nos permite escrever a equação que relaciona a variação da energia livre de Gibbs padrão com a constante de equilíbrio. Assim, no equilíbrio,

$$\Delta G_{reação}^{o\prime} = -RT \ln K_{eq} = -2,303\, RT \log K_{eq} \tag{1.12}$$

Essa importante equação relaciona termodinâmica e equilíbrio de reação. Observe que a constante de equilíbrio é que se relaciona com a variação da energia livre de Gibbs, não as constantes individuais de velocidade descritas nas Equações 1.6 e 1.7. É a *razão* entre essas constantes individuais de velocidade que é importante, não seus valores absolutos. As velocidades das reações direta e inversa podem ser ambas muito pequenas ou muito grandes e, ainda assim, a razão entre elas ser a mesma.

CONCEITO-CHAVE

A velocidade de uma reação não é determinada pela variação da energia livre de Gibbs.

D. Energia livre de Gibbs e velocidades de reação

Considerações termodinâmicas podem nos indicar se uma reação é favorecida, mas não podem nos dizer com que rapidez uma reação irá ocorrer. Sabemos, por exemplo, que ferro enferruja e cobre fica verde, mas essas reações podem levar apenas alguns segundos ou vários anos para ocorrer, porque a velocidade de uma reação depende de outros fatores, como a energia de ativação.

Em geral, energias de ativação são descritas como uma colina ou barreira em diagramas que mostram o progresso de uma reação da esquerda para a direita. Na Figura 1.14, a energia livre de Gibbs foi mostrada em diferentes estágios de uma reação, à medida que passa de reagentes para produtos. Esse progresso é chamado de coordenada de reação.

A variação total da energia livre (ΔG) pode ser negativa, como mostrado à esquerda, ou positiva, como apresentado à direita. Em qualquer dos casos, uma dose extra de energia é necessária para que a reação ocorra. A diferença entre o máximo de energia de uma reação e a energia do produto ou do reagente que tem a maior energia livre de Gibbs é chamada energia de ativação ($\Delta G^{\ddagger}$).

A *velocidade* de uma reação depende de sua natureza. Usando nosso exemplo da Equação 1.2, se cada colisão entre A e B for efetiva, então, é provável que a velocidade seja alta. Por outro lado, se a orientação de moléculas individuais tiver de ser exata para que uma reação ocorra, então, várias colisões serão improdutivas, e a velocidade será menor. Além da orientação, a velocidade depende da energia cinética das moléculas individuais. A uma dada temperatura, algumas estarão se movendo lentamente no momento da colisão e não terão energia suficiente para reagir. Outras estarão se movendo rapidamente e, então, estarão com alta energia cinética.

A energia de ativação pretende refletir esses parâmetros. Ela é uma medida da probabilidade de que uma reação ocorra. Quanto maior a energia de ativação, menor será essa probabilidade, pois as moléculas dos reagentes deverão apresentar alta energia cinética ou realizar um grande número de colisões para que a reação aconteça. Por isso, a velocidade das reações varia com a temperatura e a concentração dos reagentes. Em temperaturas mais altas, aumenta o número de moléculas que possuem energia cinética suficiente para reagir. Em altas concentrações dos reagentes, haverá mais colisões, e a reação ocorrerá mais rapidamente.

O ponto importante é que a velocidade de uma reação não é previsível a partir da variação total da energia livre de Gibbs. Algumas reações, como a oxidação do ferro ou do cobre, irão ocorrer muito lentamente porque suas energias de ativação são altas.

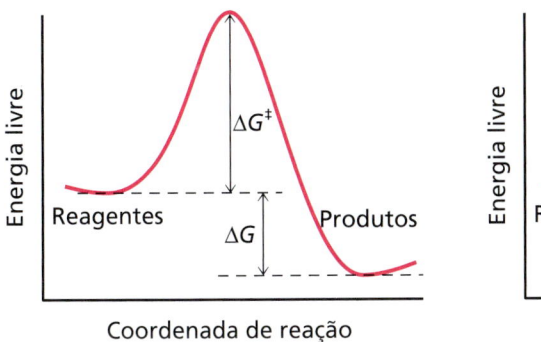

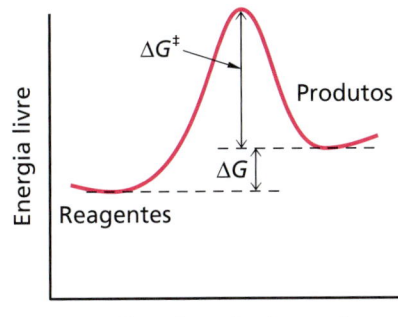

◀ **Figura 1.14**
O progresso de uma reação é descrito da esquerda (reagentes) para a direita (produtos). No primeiro diagrama, a variação total da energia livre de Gibbs é negativa, uma vez que a energia livre dos produtos é menor do que a dos reagentes. Para que a reação ocorra, os reagentes precisam ultrapassar a barreira da energia de ativação ($\Delta G\ddagger$). No segundo diagrama, a variação total da energia livre de Gibbs da reação é positiva, e a energia mínima de ativação é menor. Isso significa que a reação inversa ocorrerá mais rapidamente do que a direta.

A maioria das reações que ocorrem no interior das células é muito lenta em laboratório, mesmo sendo termodinamicamente favorecida. No interior da célula, as velocidades das reações normalmente lentas são aceleradas por enzimas. As velocidades das reações catalisadas por enzimas podem ser 1.020 vezes maiores do que as das mesmas reações não catalisadas. Levaremos algum tempo descrevendo como as enzimas funcionam: esse é um dos tópicos mais fascinantes da bioquímica.

1.5 Bioquímica e evolução

Um conhecido geneticista, Theodosius Dobzhansky, disse certa vez: "Nada em biologia faz sentido, exceto à luz da evolução". O mesmo se aplica à bioquímica. Bioquímicos e biólogos moleculares fizeram grandes contribuições ao nosso entendimento da evolução em nível molecular. As evidências que eles obtiveram confirmam e expandem os dados obtidos por meio da anatomia comparada, da genética de populações e da paleontologia. Percorremos um longo caminho desde as primeiras evidências da evolução, reunidas inicialmente por Charles Darwin na metade do século XIX.

Atualmente, temos uma descrição bastante confiável da história da vida e das relações entre as diversas espécies existentes hoje. Os primeiros organismos eram células isoladas que, provavelmente, classificaríamos hoje em dia como procariontes. Procariontes, ou bactérias, não possuem um núcleo cercado por membrana. Fósseis de organismos primitivos semelhantes a bactérias foram encontrados em formações geológicas de pelo menos três bilhões de anos. As espécies modernas de bactérias pertencem a grupos tão diversos quanto as cianobactérias – capazes de fazer a fotossíntese – e as termófilas, que vivem em ambientes hostis como as fontes termais.

Eucariontes possuem células com arquitetura interna complexa, incluindo um núcleo destacado. Em geral, células eucariontes são mais complexas e muito maiores do que as procariontes. Uma célula de tecido eucarionte típica tem diâmetro de cerca

▲ **Charles Darwin (1809-1882).** Darwin publicou *A origem das espécies* em 1859. Sua teoria da evolução por seleção natural explica a evolução adaptativa.

de 25 μm (25.000 nm), enquanto as células procariontes possuem, tipicamente, cerca de 1/10 desse tamanho. Contudo, a evolução produziu tremenda diversidade, e são comuns desvios extremos dos tamanhos típicos. Por exemplo, alguns organismos eucariontes unicelulares são grandes o bastante para serem vistos a olho nu, e algumas células nervosas da espinha de vertebrados podem ter mais de um metro de comprimento. Existem também megabactérias, que são maiores do que grande parte das células eucariontes.

Todas as células na Terra (procariontes e eucariontes) parecem ter evoluído de um ancestral comum, que existiu há mais de três bilhões de anos. As evidências para esse ancestral comum incluem a presença, em todos os organismos vivos, de blocos construtores bioquímicos comuns, os mesmos padrões metabólicos gerais e um código genético comum (com raras e pequenas variações). Veremos vários exemplos dessas evidências neste livro. O plano básico da célula primitiva foi expandido com inventividade espetacular ao longo dos bilhões de anos da evolução.

◄ **Animais do Folhelho Burgess.** Vários fósseis de transição dão suporte à história básica da vida que tem sido descoberta ao longo dos últimos séculos. A *Pikia* (esquerda) é um cordado primitivo do tempo da explosão cambriana, ocorrida há cerca de 530 milhões de anos. Esses cordados primitivos são os ancestrais de todos os cordados modernos, inclusive dos seres humanos. À direita está *Opabinia*, um invertebrado primitivo.

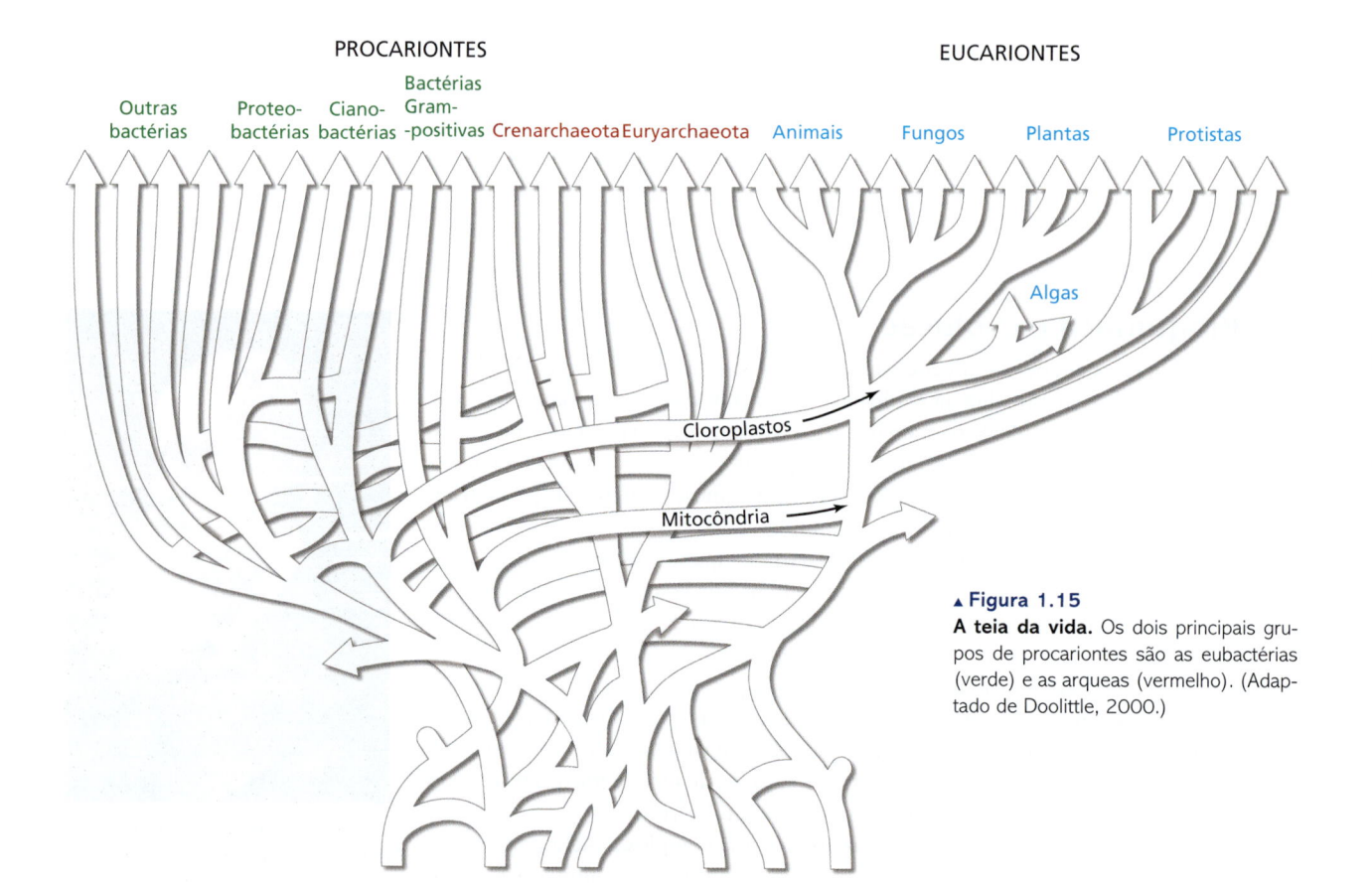

▲ **Figura 1.15**
A teia da vida. Os dois principais grupos de procariontes são as eubactérias (verde) e as arqueas (vermelho). (Adaptado de Doolittle, 2000.)

A importância da evolução para uma profunda compreensão da bioquímica não pode ser superestimada. Encontraremos várias vias e processos que só fazem sentido quando percebemos que eles evoluíram de precursores mais primitivos. A evidência para a evolução em nível molecular é preservada nas sequências dos genes e das proteínas que iremos estudar. Para compreender inteiramente os princípios fundamentais da bioquímica, precisamos analisar as vias e os processos de várias espécies diferentes, inclusive bactérias e um conjunto de organismos-modelo eucariontes como leveduras, moscas-da-fruta, plantas floríferas, camundongos e seres humanos. A importância da bioquímica comparada tem sido reconhecida nos últimos cem anos, mas seu valor cresceu enormemente na última década com a publicação de sequências genômicas completas. Atualmente somos capazes de comparar vias bioquímicas completas de várias espécies diferentes.

A relação entre as primeiras formas de vida pode ser determinada comparando-se as sequências de genes e de proteínas nas espécies modernas. As evidências mais recentes indicam que as primeiras formas de vida unicelular trocavam genes entre si com frequência, originando uma complicada rede de relações genéticas. Por fim, as várias linhagens de bactérias e arquebactérias emergiram junto aos eucariontes primitivos. A evolução subsequente dos eucariontes ocorreu quando eles formaram uma união simbiótica com bactérias, dando origem a mitocôndrias e cloroplastos.

A nova visão da evolução como "teia da vida" substitui a mais tradicional, que isolava os procariontes em dois *domínios* totalmente separados, chamados Eubactéria e Arquea. Essa distinção não tem apoio dos dados de centenas de sequências genômicas. Assim, atualmente, consideram-se os procariontes um só grande grupo com vários subgrupos, alguns dos quais são mostrados na figura. É claro também que os eucariontes possuem vários genes que são mais intimamente relacionados ao antigo grupo eubacteriano, bem como uma minoria de genes mais relacionados ao antigo grupo dos arqueas. A história primitiva da vida parece ser dominada pela troca desenfreada de genes entre as espécies, o que gerou uma teia ou rede, e não uma árvore da vida.

Vários estudantes estão interessados na bioquímica humana, particularmente naqueles aspectos da bioquímica relacionados a saúde e doença. Essa é uma parte estimulante da bioquímica, mas para compreender quem somos precisamos saber de onde viemos. Uma perspectiva evolutiva ajuda a explicar por que não podemos sintetizar algumas vitaminas e aminoácidos e também por que temos tipos sanguíneos diferentes e variada tolerância a laticínios. A evolução explica também a fisiologia única dos animais, que se adaptaram para usar outros organismos como fonte de energia metabólica.

1.6 A célula é a unidade básica da vida

Cada organismo é uma célula única, ou então é composto por várias células. As células existem em uma variedade notável de tamanhos e formas, mas normalmente podem ser classificadas como eucariontes ou procariontes, embora alguns taxonomistas continuem a dividir estas últimas em dois grupos: eubactéria e arquea.

Uma célula simples pode ser visualizada como uma gotícula de água cercada por uma membrana plasmática. A gotícula de água contém material dissolvido e em suspensão, incluindo proteínas, polissacarídeos e ácidos nucleicos. O alto teor de lipídeos das membranas torna-as flexíveis e autovedantes. As membranas representam barreiras impermeáveis a moléculas grandes e a espécies carregadas. Essa propriedade permite que haja uma concentração muito maior de biomoléculas dentro da célula do que no meio circundante.

O material envolvido pela membrana plasmática de uma célula é chamado citoplasma. Ele pode conter grandes estruturas macromoleculares e organelas subcelulares delimitadas por membranas. A porção aquosa do citoplasma sem as estruturas subcelulares é chamada citosol. Células eucariontes contêm um núcleo e outras organelas internas delimitadas por membranas dentro do citoplasma.

Os vírus são partículas infecciosas subcelulares. Eles consistem em uma molécula de ácido nucleico cercada por uma capa de proteína e, em alguns casos, uma membrana. O ácido nucleico viral pode conter somente três genes ou várias centenas deles.

Apesar de sua importância biológica, os vírus não são realmente células, porque não podem realizar reações metabólicas independentes. Eles se propagam sequestrando o mecanismo reprodutor de uma célula hospedeira e desviando-o para a formação de novos vírus. Em certo sentido, os vírus são parasitas genéticos.

Há milhares de vírus diferentes. Aqueles que infectam células procariontes são geralmente chamados de bacteriófagos, ou fagos. Muito do que sabemos em bioquímica vem do estudo de vírus e bacteriófagos e de sua interação com as células que infectam. Por exemplo, os íntrons foram descobertos em um adenovírus humano semelhante àquele mostrado na primeira página deste capítulo; o mapeamento detalhado dos genes foi feito pela primeira vez no bacteriófago T4.

Nas duas seções a seguir, exploraremos as características estruturais de células procariontes e eucariontes típicas.

1.7 Células procariontes: características estruturais

Procariontes são, geralmente, organismos unicelulares. O organismo vivo mais bem estudado é a bactéria *Escherichia coli* (Figura 1.16). Durante meio século, esse organismo serviu como modelo de sistema biológico, e várias reações bioquímicas descritas mais adiante neste livro foram descobertas em *E. coli*. Ela é uma espécie de bactéria bastante típica, mas algumas bactérias são tão diferentes dela quanto nós somos diferentes das diatomáceas, dos narcisos e das libélulas. Boa parte dessa diversidade fica aparente apenas no nível molecular. (Veja na Figura 1.15 os nomes de alguns dos principais grupos de procariontes.)

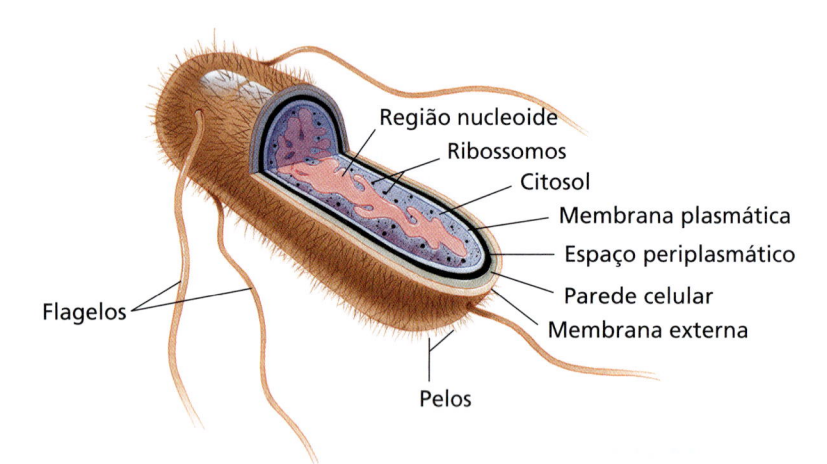

◄ **Figura 1.16**
Escherichia coli. Uma célula de *E. coli* tem cerca de 0,5 μm de diâmetro e 1,5 μm de comprimento. As fibras proteicas chamadas flagelos giram para impulsionar a célula. As fímbrias, mais curtas, ajudam na conjugação sexual e podem auxiliar a *E. coli* a aderir às superfícies. O espaço periplasmático é um compartimento aquoso que separa a membrana plasmática da membrana externa.

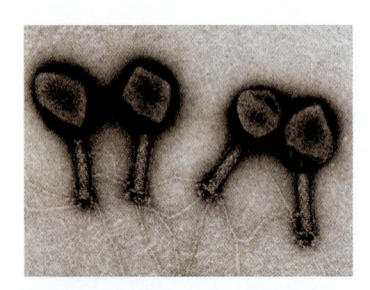

▲ **Bacteriófago T4**. Boa parte da nossa compreensão atual da bioquímica provém de estudos de vírus bacterianos como o bacteriófago T4.

Os procariontes foram encontrados em quase todos os ambientes possíveis da Terra, desde as fontes termais sulfurosas até as profundezas do assoalho oceânico e o interior de células maiores. Eles respondem por uma parcela significativa da biomassa terrestre.

Os procariontes compartilham diversas características, a despeito de suas diferenças. Eles não têm núcleo, e seu DNA é mantido em uma parte do citoplasma chamada região nucleoide. Várias espécies de bactérias possuem apenas 1.000 genes. Da perspectiva de um bioquímico, uma das coisas mais fascinantes sobre bactérias é que, embora seus cromossomos contenham um número relativamente pequeno de genes, eles executam a maioria das reações bioquímicas fundamentais encontradas em quaisquer células, inclusive nas nossas. Centenas de genomas bacterianos foram totalmente sequenciados e, atualmente, é possível definir um número mínimo de enzimas necessário para a vida.

A maioria das bactérias não tem compartimentos internos circundados por membranas, embora haja várias exceções. A membrana plasmática é geralmente cercada por uma parede celular feita de uma rede rígida de cadeias peptídicas e carboidratos, ligadas covalentemente. Essa parede celular dá a forma característica de cada uma das espécies de bactérias. Apesar de sua resistência mecânica, a parede celular é porosa e, além dela, a maioria das bactérias, incluindo *E. coli*, possui uma membrana externa, que consiste em lipídeos, proteínas e lipídeos ligados a polissacarídeos. O espaço entre a membrana plasmática interior e a membrana externa é chamado espaço periplasmático. Esse é o principal compartimento limitado por membrana nas bactérias e tem um papel fundamental em alguns processos bioquímicos importantes.

Diversas bactérias possuem fibras proteicas, chamadas fímbrias ou *pili* (do latim *pilus*, "pelo"), em suas superfícies externas. As fímbrias servem como locais de ligação nas interações célula-célula. Muitas espécies têm um ou mais flagelos. Estes são estruturas longas semelhantes a chicotes, que podem girar como a hélice de um barco, impulsionando assim a bactéria através do ambiente aquoso.

O pequeno tamanho dos procariontes proporciona uma alta razão entre área superficial e volume. Portanto, a difusão simples é um meio adequado para a distribuição de nutrientes através do citoplasma. Uma das principais estruturas macromoleculares do citoplasma é o ribossomo, um grande complexo RNA-proteína necessário à síntese proteica. Todas as células vivas possuem ribossomos, mas, como veremos mais adiante, os ribossomos bacterianos diferem daqueles dos eucariontes em detalhes importantes.

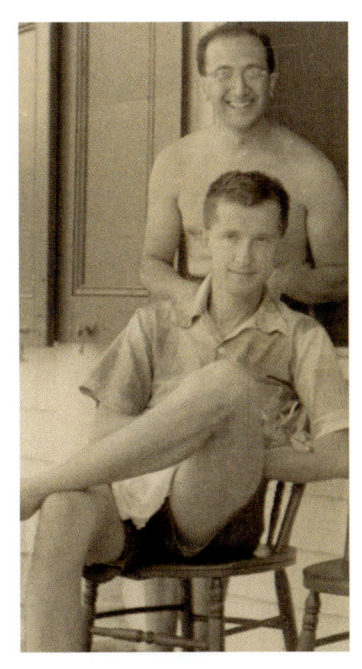

1.8 Células eucariontes: características estruturais

Os eucariontes incluem plantas, animais, fungos e protistas. Os protistas são, em sua maioria, organismos unicelulares pequenos que não se encaixam em nenhuma das outras classes. Com as bactérias, esses quatro grupos formam os cinco reinos da vida, conforme um popular esquema de classificação (esquemas mais antigos mantêm os quatro reinos eucariontes, mas dividem as bactérias em eubactérias e arqueas).

Como membros do reino animal, estamos mais atentos aos outros animais. Como organismos relativamente grandes, tendemos a focar na grande escala. Assim, temos conhecimento sobre plantas e cogumelos, mas não sobre espécies microscópicas.

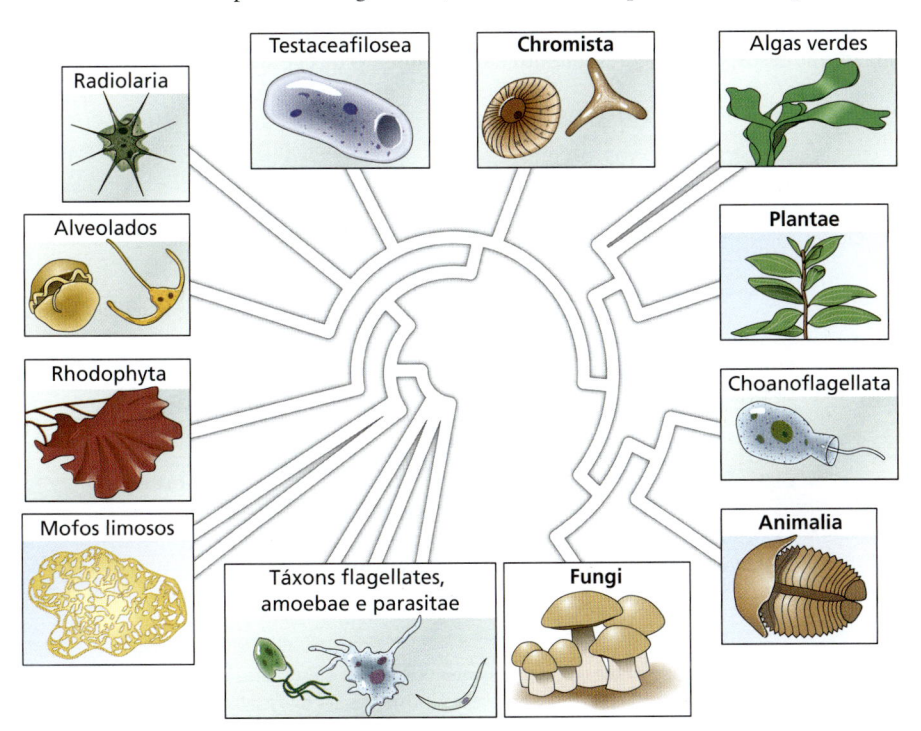

▲ **Max Delbruck e Salvatore Luria**. Max Delbruck (sentado) e Salvatore Luria, no Cold Spring Harbor Laboratories, em 1953. Delbruck e Luria fundaram o "grupo dos fagos", que reunia cientistas que trabalharam em genética e bioquímica de bactérias e bacteriófagos nos anos 1940, 1950 e 1960.

▲ **Figura 1.17**
A árvore da vida eucarionte. Os tradicionais reinos Plantae, Animalia e Fungi são ramos dentro de um "reino" muito maior dos protistas.

As últimas árvores evolutivas de eucariontes ajudam a entender a diversidade do reino protista. Como mostrado na Figura 1.17, os "reinos" animal, vegetal e fúngico ocupam ramos relativamente pequenos na árvore da vida eucarionte.

As células eucariontes são cercadas por apenas uma membrana plasmática, ao contrário das bactérias, que geralmente têm membrana dupla. A característica mais óbvia na distinção entre eucariontes e procariontes é a presença de um núcleo limitado por

CONCEITO-CHAVE
Os animais são um ramo relativamente pequeno, muito especializado da árvore da vida.

membrana nos primeiros. Na verdade, os eucariontes são definidos pela presença de um núcleo (do grego: *eu-*, "verdadeiro", e *karuon*, "caroço" ou "cerne").

Como já mencionamos, as células eucariontes são quase sempre maiores do que as bacterianas, comumente 1.000 vezes maiores em volume. Em virtude de seu grande tamanho, estruturas e mecanismos internos complexos são necessários para transporte e comunicação rápidos tanto dentro da célula como entre a célula e o exterior. Uma malha de fibras proteicas chamada citoesqueleto se estende através da célula, contribuindo para moldá-la e para o gerenciamento do tráfego intracelular.

Quase todas as células eucariontes possuem compartimentos internos adicionais, limitados por membranas, denominados organelas. As funções específicas destas estão, em geral, intimamente ligadas às suas propriedades físicas e estruturas. No entanto, um número significativo de processos bioquímicos específicos ocorre no citosol; este, assim como as organelas, é altamente organizado.

O interior de uma célula eucarionte contém uma rede de membranas intracelulares. Organelas independentes, incluindo o núcleo, as mitocôndrias e os cloroplastos, estão embutidas nesse sistema de membranas que permeia toda a célula. Os materiais fluem através de caminhos definidos por túbulos e paredes das membranas. O tráfego intracelular de materiais entre os compartimentos é rápido, altamente seletivo e rigidamente controlado.

A Figura 1.18 mostra células animal e vegetal típicas. Os dois tipos possuem um núcleo, mitocôndrias e um citoesqueleto. Células vegetais também apresentam cloroplastos e vacúolos, e são frequentemente envolvidas por uma parede celular rígida. Os cloroplastos, também encontrados em algas e em alguns outros protistas, são os locais onde ocorre a fotossíntese. As paredes celulares das plantas são compostas, principalmente, de celulose, um dos polissacarídeos descritos na Seção 1.3B.

A maioria dos eucariontes multicelulares possui tecidos. Grupos de células especializadas semelhantes, no interior dos tecidos, são envolvidos por uma matriz extracelular contendo proteínas e polissacarídeos. A matriz suporta fisicamente o tecido e, em alguns casos, dirige o crescimento e o movimento das células.

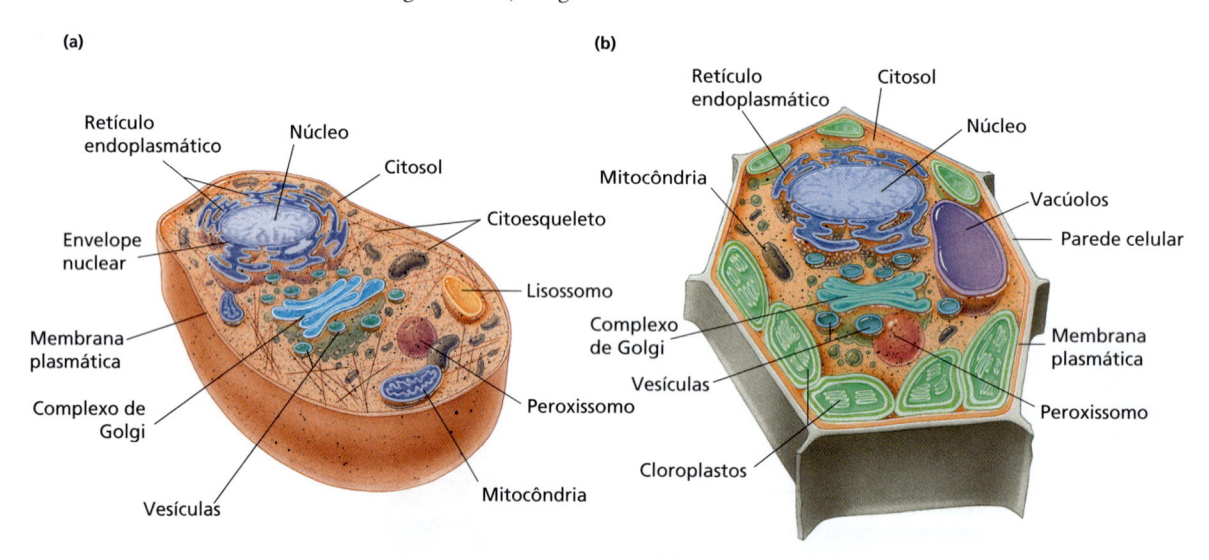

▲ **Figura 1.18**
Células eucariontes. (a) Célula animal. Células animais são células eucariontes típicas que contém organelas e estruturas também encontradas em protistas, fungos e plantas. **(b)** Célula vegetal. A maioria das células vegetais possui cloroplastos – os sítios da fotossíntese em plantas e algas –, vacúolos – organelas grandes, repletas de fluidos, contendo solutos e resíduos celulares – e paredes celulares rígidas compostas, principalmente, de celulose.

A. O núcleo

O núcleo é, em geral, a estrutura mais evidente em uma célula eucarionte. Ele é estruturalmente definido pelo envelope nuclear, uma membrana com duas camadas que se fundem nos poros nucleares. O envelope nuclear é conectado ao retículo endoplasmático (ver a seguir). O núcleo é o centro de controle da célula, contendo 95% do seu DNA, que fica "empacotado" de modo rígido por proteínas positivamente carregadas, chamadas histonas, e enrolado na forma de uma massa densa denominada cromatina.

A replicação do DNA e sua transcrição em RNA acontecem no núcleo. Diversos eucariontes possuem uma massa densa no núcleo, chamada nucléolo, que é o principal sítio da síntese de RNA e o local da montagem dos ribossomos.

A maioria dos eucariontes tem muito mais DNA do que os procariontes. Enquanto o material genético, ou genoma, dos procariontes é em geral uma molécula circular simples de DNA, o dos eucariontes é organizado sob a forma de vários cromossomos lineares. Nos eucariontes, DNA e histonas novos são sintetizados como preparação para a divisão celular, e o material cromossômico se condensa e se separa em dois conjuntos idênticos de cromossomos. Esse processo é chamado mitose (Figura 1.19). A célula então se cinde em duas partes, para completar a divisão celular.

A maioria das células eucariontes é diploide: elas contêm dois conjuntos completos de cromossomos. De tempos em tempos, as células eucariontes sofrem meiose, resultando na produção de quatro células haploides, cada uma com um só conjunto de cromossomos. Duas células haploides – por exemplo, óvulo e espermatozoide – podem então se fundir para gerar uma típica célula diploide. Esse processo é uma das características principais da reprodução sexuada nos eucariontes.

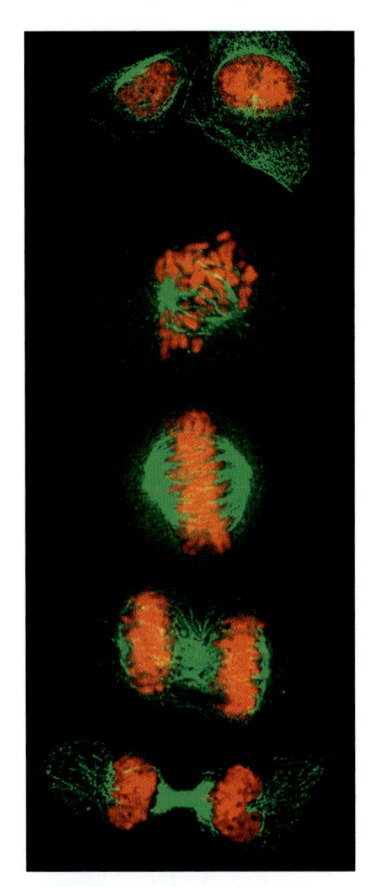

B. O retículo endoplasmático e o complexo de Golgi

Uma rede de membranas planas e túbulos, chamada retículo endoplasmático (ER), se estende a partir da membrana externa do núcleo. A região aquosa dentro desse retículo é chamada lúmen. Em várias células, uma parte da superfície do retículo endoplasmático é coberta por ribossomos, que sintetizam proteínas constantemente.

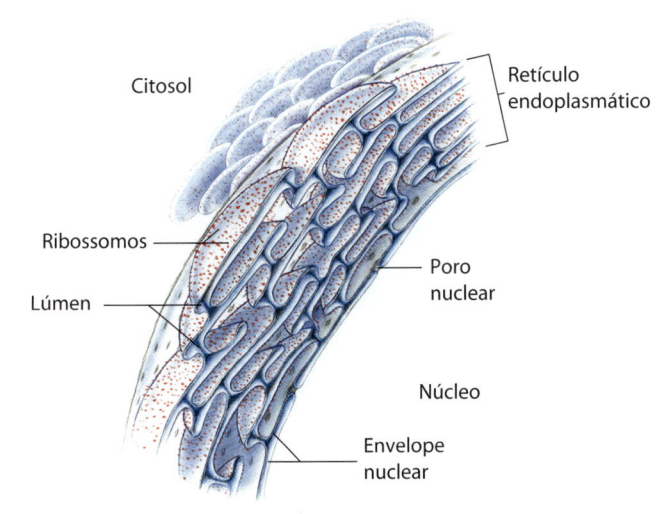

▲ **Figura 1.19**
Mitose. São mostrados os cinco estágios da mitose. Os cromossomos (laranja) se condensam e se alinham no centro da célula. Fibras do fuso (verde) são responsáveis pela separação dos cromossomos recentemente duplicados.

▲ **Envelope nuclear e retículo endoplasmático (ER) de uma célula eucarionte.**

À medida que a síntese continua, a proteína é translocada através da membrana para dentro do lúmen. As proteínas destinadas a sair da célula passam completamente por meio da membrana para o lúmen, onde são "empacotadas" em vesículas membranosas. Essas vesículas viajam pela célula e se fundem com a membrana plasmática, liberando seu conteúdo no espaço extracelular. A síntese das proteínas que irão permanecer no citosol ocorre em ribossomos que não estão ligados ao retículo endoplasmático.

Um complexo de sacos membranosos achatados e cheios de fluido, chamado complexo de Golgi, é frequentemente encontrado próximo ao retículo endoplasmático e ao núcleo. As vesículas que se originam (brotam) do retículo endoplasmático se fundem com o complexo de Golgi, e as proteínas transportadas pelas vesículas podem ser modificadas quimicamente, à medida que passam pelas camadas do complexo de Golgi. As proteínas modificadas são então separadas, envoltas por novas vesículas e transportadas para locais específicos dentro ou fora da célula. O complexo de Golgi foi descoberto por Camillo Golgi (ganhador do prêmio Nobel em 1906) no século XIX, mas foi somente várias décadas depois que seu papel na secreção de proteínas foi estabelecido.

A síntese, a distribuição e a secreção de proteínas estão descritas no Capítulo 22.

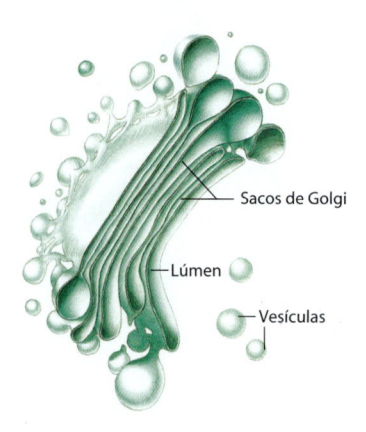

▲ **Complexo de Golgi.** O complexo de Golgi é responsável pela modificação e distribuição das proteínas que foram transportadas até ele pelas vesículas do ER. As vesículas que saem do complexo de Golgi carregam material modificado para locais dentro e fora da célula.

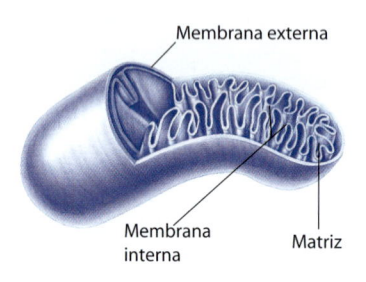

▲ **Mitocôndria.** As mitocôndrias são os principais sítios de transdução de energia nas células eucariontes aeróbicas. Carboidratos, ácidos graxos e aminoácidos são metabolizados nessas organelas.

C. Mitocôndria e cloroplastos

As mitocôndrias e os cloroplastos têm função central na transdução de energia. As mitocôndrias são os principais sítios do metabolismo energético oxidativo. Elas são encontradas em quase todas as células eucariontes. Os cloroplastos são os sítios da fotossíntese em plantas e algas.

A mitocôndria possui uma membrana interna e outra externa. A membrana interna é altamente dobrada, resultando em uma área superficial de três a cinco vezes maior do que a da membrana externa. Ela é impermeável a íons e à maioria dos metabólitos. A fase aquosa dentro da membrana interna é chamada matriz mitocondrial. Várias enzimas envolvidas no metabolismo energético aeróbico são encontradas na membrana interna e na matriz.

As mitocôndrias podem ser de vários tamanhos e formatos. A mitocôndria-padrão mostrada aqui, em formato de feijão, é encontrada em muitos tipos de células, mas algumas são esféricas ou têm formato irregular.

A principal função das mitocôndrias é oxidar ácidos orgânicos, ácidos graxos e aminoácidos, formando dióxido de carbono e água. Boa parte da energia liberada é conservada sob a forma de um gradiente de concentração de prótons por meio da membrana mitocondrial interna. Essa energia armazenada é usada para promover a conversão de adenosina difosfato (ADP) e de fosfato inorgânico (P_i) em ATP, uma molécula rica em energia, em um processo de fosforilação que será descrito em detalhes no Capítulo 14. O ATP é usado então pela célula para processos que requerem energia, como a biossíntese, o transporte de certas moléculas e íons na direção contrária aos gradientes de concentração e carga, e a geração de força mecânica para fins como locomoção e contração muscular. O número de mitocôndrias encontradas nas células varia muito. Algumas células eucariontes possuem apenas umas poucas, enquanto outras possuem milhares.

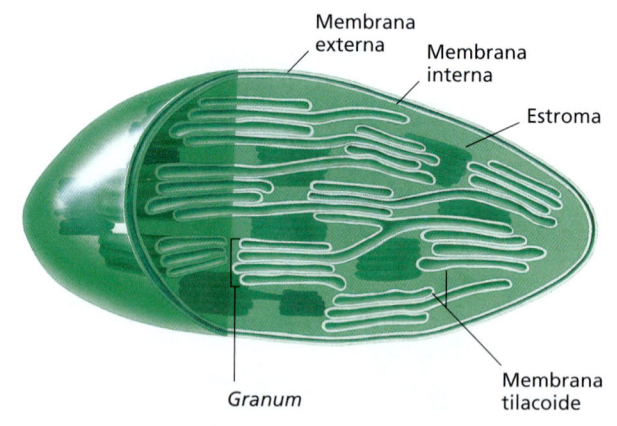

▲ **Cloroplastos.** Os cloroplastos são os sítios da fotossíntese em plantas e algas. A energia luminosa é captada por pigmentos associados à membrana tilacoide e usada para converter dióxido de carbono e água em carboidratos.

Células vegetais fotossintéticas possuem cloroplastos, bem como mitocôndrias. Como estas, os cloroplastos têm uma membrana externa e uma interna, altamente dobrada, chamada membrana tilacoide. Uma parte da membrana interna forma sacos achatados chamados *grana* (singular: *granum*). A membrana tilacoide, que está imersa no estroma aquoso, contém clorofila e outros pigmentos envolvidos na captura da energia luminosa. Também os ribossomos e várias moléculas de DNA circular ficam suspensos no estroma. Nos cloroplastos a energia capturada da luz é usada para promover a formação de carboidratos a partir de dióxido de carbono e água.

As mitocôndrias e os cloroplastos são derivados de bactérias que entraram em relação simbiótica interna com células eucariontes primitivas há mais de um bilhão de anos. Evidências para a origem endossimbiótica (*endo* = "dentro") das mitocôndrias e cloroplastos incluem a presença no interior dessas organelas de pequenos genomas separados e de ribossomos específicos que se assemelham aos das bactérias. Em anos recentes, os cientistas compararam as sequências de genes (e proteínas) de mitocôndrias e cloroplastos com as de várias espécies de bactérias. Esses estudos de evolução molecular demonstraram que as mitocôndrias são derivadas de membros primitivos de um grupo particular de bactérias denominado proteobactéria. Os cloroplastos descendem de um parente distante de uma classe de bactérias fotossintéticas chamadas cianobactérias.

D. Vesículas especializadas

Células eucariontes contêm vesículas digestivas especializadas chamadas lisossomos. Essas vesículas são cercadas por uma membrana simples, e seu interior é fortemente ácido. Sua acidez é mantida por bombas de prótons presentes na membrana. Os lisossomos contêm uma variedade de enzimas que catalisam a quebra de macromoléculas celulares como as proteínas e os ácidos nucleicos. Eles também podem digerir partículas grandes como mitocôndrias que já não têm mais função e bactérias incorporadas pela célula. As enzimas lisossomais são muito menos ativas no pH quase neutro do citosol do que sob as condições acídicas do interior do lisossomo. A compartimentalização das enzimas lisossomais evita que elas acidentalmente catalisem a degradação de macromoléculas no citosol.

Os peroxissomos estão presentes em todas as células animais e em muitas células vegetais. Como os lisossomos, eles são envolvidos por uma membrana simples. Os peroxissomos promovem reações de oxidação, algumas das quais produzem o peróxido de hidrogênio (H_2O_2), um composto tóxico. Um pouco do peróxido de hidrogênio é usado para oxidar outros compostos. Seu excesso é destruído pela ação da enzima catalase peroxissômica, que catalisa a conversão do peróxido de hidrogênio em água e oxigênio.

Os vacúolos são vesículas cheias de fluidos envolvidas por uma membrana simples. São comuns em células vegetais maduras e em alguns protistas. Essas vesículas são sítios de armazenagem para água, íons e nutrientes, como a glicose. Alguns vacúolos contêm detritos metabólicos, e outros, enzimas capazes de catalisar a degradação de macromoléculas que não são mais necessárias à planta.

E. O citoesqueleto

O citoesqueleto é um arcabouço proteico necessário para dar suporte, organização interna e também movimento à célula. Alguns tipos de células animais contêm um citoesqueleto denso, mas ele é bem menos proeminente na maioria das outras células eucariontes. O citoesqueleto consiste em três tipos de filamentos proteicos: filamentos de actina, microtúbulos e filamentos intermediários. Os três tipos são compostos de moléculas individuais de proteínas que se combinam para formar fibras semelhantes a fios.

Os filamentos de actina (também chamados microfilamentos) são os componentes mais abundantes do citoesqueleto. Eles são compostos de uma proteína chamada actina, que forma fios trançados como cordas, com diâmetro de cerca de 7 nm. A actina foi encontrada em todas as células eucariontes e, com frequência, é a proteína mais abundante da célula. Ela é também uma das proteínas mais conservadas em termos evolutivos. Isso é evidência de que os filamentos de actina estavam presentes na célula eucarionte ancestral da qual todos os modernos eucariontes descendem.

Os microtúbulos são fibras resistentes, rígidas, frequentemente reunidas em feixes. Eles têm diâmetro aproximado de 22 nm, muito mais espessos do que os filamentos de actina. Os microtúbulos são constituídos de uma proteína chamada tubulina. Eles servem como uma espécie de esqueleto interno no citoplasma, mas também formam o fuso mitótico durante a mitose. Além disso, os microtúbulos podem formar estruturas capazes de movimentos direcionados, como os cílios. Os flagelos que impulsionam os espermatozoides são um exemplo de cílio muito longo; eles não têm relação com o flagelo bacteriano. O movimento ondulatório dos cílios é impulsionado pela energia do ATP.

Filamentos intermediários são encontrados no citoplasma da maioria das células eucariontes. Esses filamentos têm diâmetro de aproximadamente 10 nm, o que os dota de um tamanho intermediário em comparação com os filamentos de actina e os microtúbulos. Filamentos intermediários se alinham no interior do envelope nuclear e se estendem para fora do núcleo, em direção à periferia da célula. Eles ajudam-na a resistir a estresses mecânicos externos.

24 Bioquímica

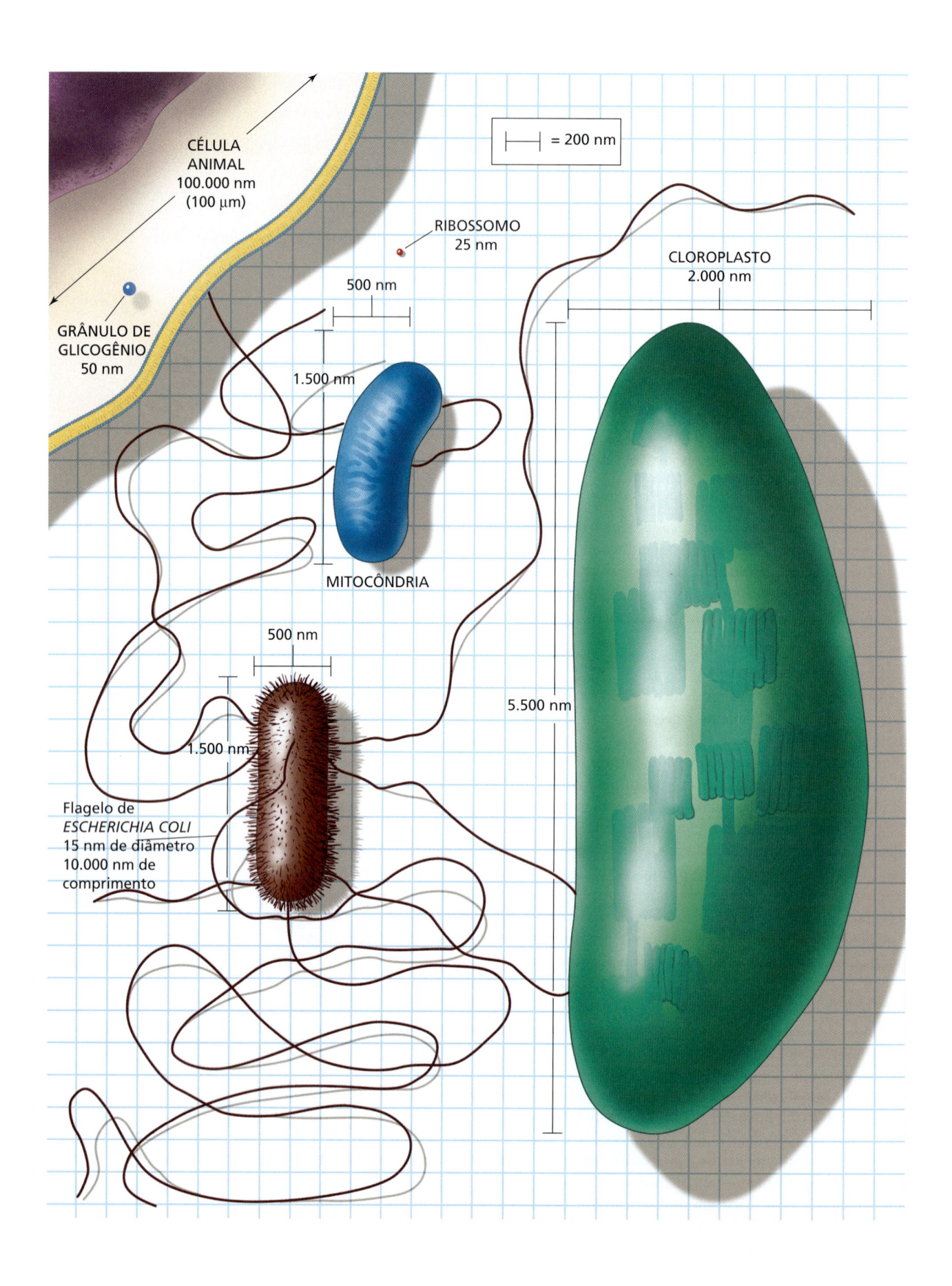

|—| = 200 nm

CÉLULA ANIMAL
100.000 nm
(100 μm)

RIBOSSOMO
25 nm

CLOROPLASTO
2.000 nm

GRÂNULO DE GLICOGÊNIO
50 nm

500 nm

1.500 nm

MITOCÔNDRIA

500 nm

1.500 nm

5.500 nm

Flagelo de
ESCHERICHIA COLI
15 nm de diâmetro
10.000 nm de comprimento

CAPÍTULO 1   Introdução à Bioquímica   **25**

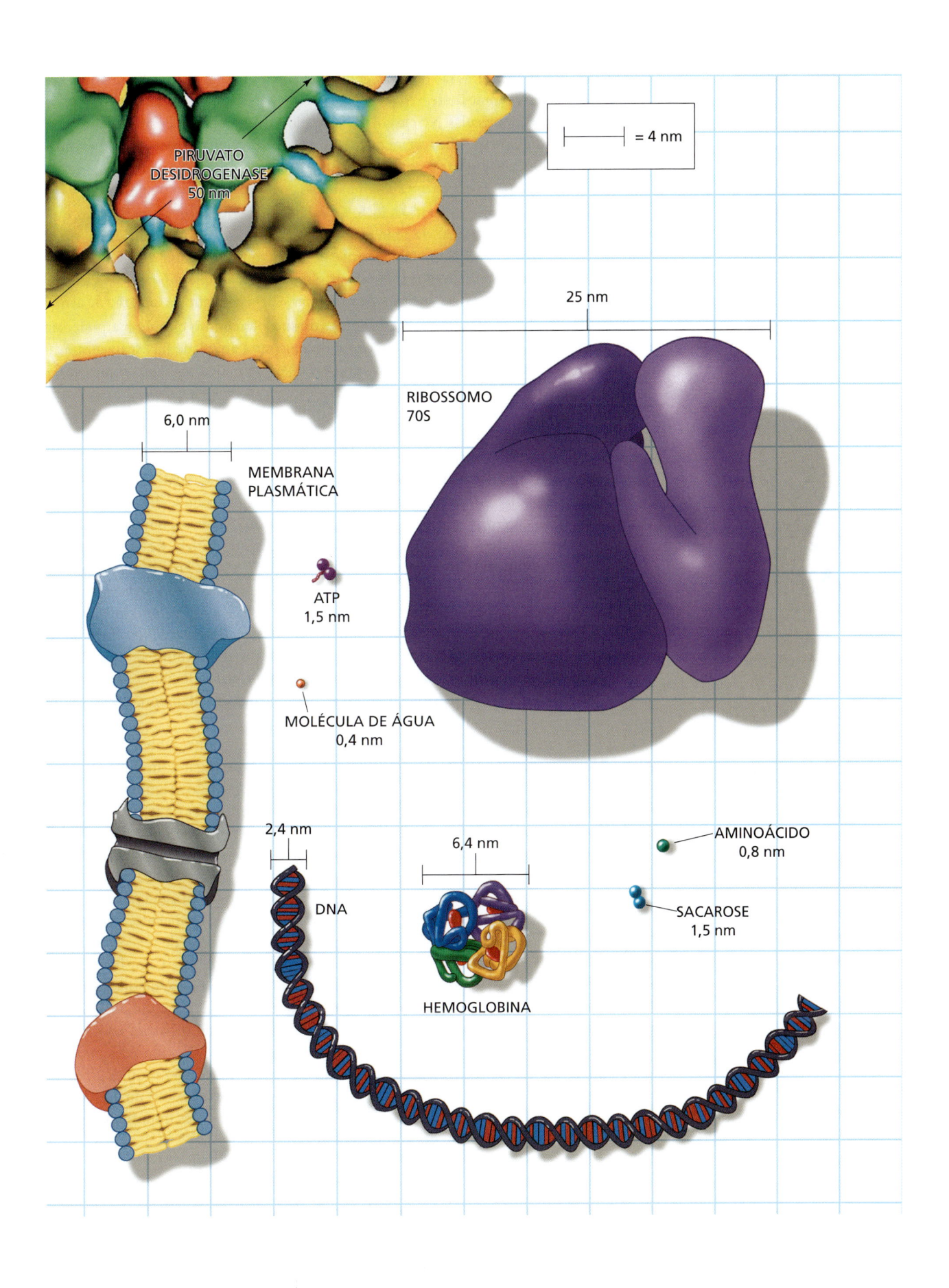

|———| = 4 nm

PIRUVATO
DESIDROGENASE
50 nm

25 nm

RIBOSSOMO
70S

6,0 nm

MEMBRANA
PLASMÁTICA

ATP
1,5 nm

MOLÉCULA DE ÁGUA
0,4 nm

2,4 nm

6,4 nm

AMINOÁCIDO
0,8 nm

DNA

SACAROSE
1,5 nm

HEMOGLOBINA

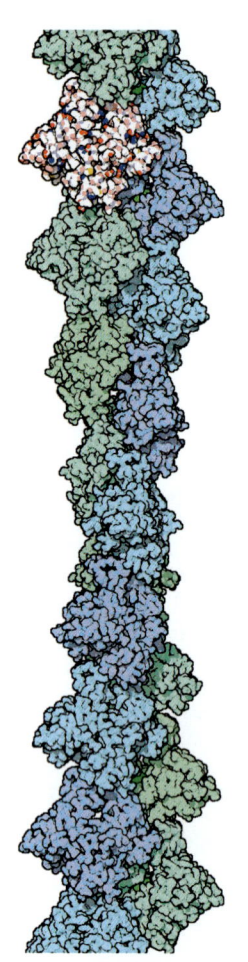

▲ **Actina.** Filamento mostrando a organização das subunidades individuais da proteína actina. (Cortesia de David S. Goodsell)

1.9 Um retrato da célula viva

Até agora apresentamos as principais estruturas encontradas nas células e descrevemos suas funções. Essas estruturas são imensas, comparadas às moléculas e aos polímeros que serão o nosso foco no restante deste livro. As células contêm milhares de metabólitos distintos e muitos milhões de moléculas. No citosol de cada célula há centenas de enzimas diferentes, cada uma atuando em específico sobre apenas um ou, possivelmente, poucos metabólitos relacionados. Pode haver 100.000 cópias de algumas enzimas por célula, mas apenas umas poucas cópias de outras. Cada enzima é bombardeada por substratos em potencial.

O biólogo molecular e artista David S. Goodsell produziu imagens fascinantes que mostram o conteúdo molecular de uma célula de *E. coli* aumentada um milhão de vezes (Figura 1.20). Aproximadamente 600 cubos desse tamanho representam o volume da célula de *E. coli*. Nessa escala, átomos individuais são menores do que o ponto da letra *i*, e metabólitos pequenos são pouco visíveis. As proteínas são do tamanho de um grão de arroz.

Um desenho das moléculas em uma célula mostra o quanto o citoplasma pode ser densamente empacotado, mas ele não é capaz de mostrar a atividade na escala atômica. Todas as moléculas em uma célula estão se movendo e colidindo umas com as outras. As colisões entre moléculas são totalmente elásticas – a energia de uma colisão é conservada durante o choque. À medida que as moléculas se chocam e se afastam, elas se movimentam formando um caminho bastante tortuoso no espaço, chamado caminho aleatório da difusão. Para uma molécula pequena como a da água, a distância média percorrida entre as colisões é menor do que as dimensões moleculares, e o caminho inclui várias inversões de direção. Apesar do caminho tortuoso, uma molécula de água pode se difundir por uma distância igual ao comprimento de uma célula de *E. coli* em 1/10 de segundo.

Uma enzima e uma molécula pequena irão colidir um milhão de vezes por segundo. Nessas condições, uma taxa de catálise típica de várias enzimas poderia ser conseguida mesmo se apenas uma em cada mil colisões resultasse em uma reação. Contudo, algumas enzimas catalisam reações com uma eficiência muito maior do que uma reação por mil colisões. De fato, algumas enzimas catalisam reações com quase todas as moléculas de substrato que encontram seus sítios ativos, um exemplo do incrível poder da química executada por enzimas. O estudo das velocidades de reações enzimáticas, ou cinética enzimática, é um dos aspectos mais fundamentais da bioquímica. Ele será coberto no Capítulo 6.

Lipídeos em membranas também se difundem vigorosamente, embora apenas no plano da bicamada lipídica. Moléculas de lipídeos trocam de lugar com moléculas vizinhas nas membranas cerca de seis milhões de vezes por segundo. Algumas proteínas de membrana podem também se difundir rapidamente no interior da membrana.

Moléculas grandes se difundem mais lentamente do que as pequenas. Em células eucariontes, a difusão de moléculas grandes, como enzimas, é ainda mais lenta por causa da complexa rede do citoesqueleto. Moléculas grandes se difundem por uma dada distância até dez vezes mais lentamente no citosol do que em água pura.

O grau de organização do citosol ainda não é completamente conhecido. Várias proteínas e enzimas formam grandes complexos que realizam uma série de reações. Encontraremos vários desses complexos em nosso estudo do metabolismo. Com frequência, eles são citados como máquinas proteicas. Esse arranjo tem a vantagem de que os metabólitos passam diretamente de uma enzima para a outra, sem se deslocarem para dentro do citosol. Vários pesquisadores simpatizam com a ideia de que o citosol não é uma simples mistura aleatória de moléculas solúveis, mas é bastante organizado, em contraste com a impressão longamente mantida de que uma química de solução simples governa a atividade citosólica. O conceito de um citosol altamente organizado é uma ideia relativamente nova em bioquímica. Ela pode levar a novas percepções importantes sobre como as células trabalham em termos moleculares.

1.10 A bioquímica é multidisciplinar

Um dos objetivos da bioquímica é integrar um grande conjunto de conhecimentos em uma explicação molecular da vida. Essa tem sido, e continua a ser, uma tarefa desafiadora, mas, a despeito disto, os bioquímicos fizeram um grande progresso no sentido de definir e compreender as reações básicas, comuns a todas as células.

A disciplina bioquímica não existe isoladamente. Já vimos como a física, a química, a biologia celular e a evolução contribuem para a compreensão da bioquímica. Disciplinas relacionadas, como a fisiologia e a genética, também são importantes. De fato, vários cientistas não se consideram mais apenas bioquímicos, mas também possuem conhecimentos sobre diversos assuntos correlatos.

Uma vez que todos os aspectos da bioquímica são inter-relacionados, é difícil apresentar um tópico sem se referir a outros. Por exemplo, a função está intimamente relacionada à estrutura, e a regulação da atividade de enzimas individuais pode ser reconhecida apenas no contexto de uma série de reações interligadas. A inter-relação dos tópicos da bioquímica é um problema tanto para estudantes como para professores em um curso introdutório dessa disciplina. O material deve ser apresentado de forma lógica e sequencial, mas não há uma sequência universal de tópicos que se adeque a todos os cursos ou a todos os estudantes. Felizmente, existe consenso sobre uma abordagem geral capaz de promover a compreensão dos princípios básicos da bioquímica; este livro segue essa abordagem. Começamos com um capítulo introdutório sobre a água. Iremos descrever as estruturas e as funções de proteínas e enzimas, carboidratos e lipídeos. A terceira parte do livro usa a informação estrutural para descrever o metabolismo e seu controle. Finalmente, analisaremos os ácidos nucleicos e o armazenamento e a transmissão da informação biológica.

Alguns cursos podem cobrir esse material em ordem um pouco diferente. Por exemplo, as estruturas dos ácidos nucleicos podem ser descritas antes da seção sobre metabolismo. Sempre que possível, tentamos escrever os capítulos de modo que eles possam ser cobertos em ordens diferentes ao longo do curso, dependendo das necessidades e dos interesses específicos dos estudantes.

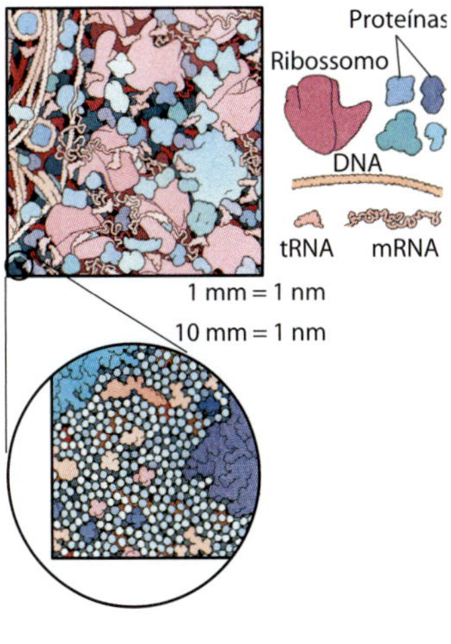

▲ **Figura 1.20**
Porção do citosol de uma célula de *E. coli*. A ilustração do topo, no qual o conteúdo está aumentado um milhão de vezes, representa uma janela de 100 x 100 nm. As proteínas estão em tons de azul e verde. Os ácidos nucleicos estão mostrados em tons de rosa. As estruturas grandes são ribossomos. Água e metabólitos pequenos não são mostrados. O conteúdo no destaque está aumentado dez milhões de vezes, mostrando a água e outras moléculas pequenas.

Apêndice A terminologia especial da bioquímica

A maioria das quantidades bioquímicas é especificada usando-se o Sistema Internacional (SI) de unidades. Algumas unidades SI comuns estão listadas na Tabela 1.1. Muitos bioquímicos ainda utilizam unidades mais tradicionais, embora essas estejam desaparecendo rapidamente da literatura científica. Por exemplo, químicos de proteínas algumas vezes usam o angstrom (Å) para indicar as distâncias interatômicas; 1 Å é igual a 0,1 nm, a unidade SI preferida. Calorias (cal) são usadas algumas vezes em lugar de joules (J); 1 cal é igual a 4,184 J.

A unidade SI padrão de temperatura é o grau Kelvin, mas essa grandeza é mais comumente descrita em graus Celsius (°C). Um grau Celsius é igual, em magnitude, a 1 Kelvin, mas a escala Celsius se inicia no ponto de congelamento da água (0 °C), e 100 °C é o ponto de ebulição da água a 1 atm. Esta escala é frequentemente chamada escala centígrada (*centi-* = 1/100). O zero absoluto é −273 °C, que é igual a 0 K. Em mamíferos de sangue quente, as reações bioquímicas ocorrem na temperatura corporal (37 °C nos seres humanos).

TABELA 1.1 Unidades SI comumente usadas em bioquímica

Quantidade física	Unidades SI	Símbolo
Comprimento	metro	m
Massa	grama	g
Quantidade	mol	mol
Volume	litro[a]	L
Energia	joule	J
Potencial elétrico	volt	V
Tempo	segundo	s
Temperatura	Kelvin[b]	K

[a] 1 litro = 1.000 cm³.
[b] 273 K = 0 °C.

TABELA 1.2 Prefixos comumente usados com unidades SI

Prefixo	Símbolo	Fator multiplicador
giga-	G	10^9
mega-	M	10^6
quilo-	k	10^3
deci-	d	10^{-1}
centi-	c	10^{-2}
mili-	m	10^{-3}
micro-	μ	10^{-6}
nano-	n	10^{-9}
pico-	p	10^{-12}
fento-	f	10^{-15}

Valores numéricos muito grandes ou muito pequenos de algumas unidades SI podem ser indicados por um prefixo apropriado. Os prefixos comumente usados e seus símbolos estão listados na Tabela 1.2. Além das unidades SI, empregadas em todos os campos, a bioquímica tem sua própria terminologia; por exemplo, os bioquímicos utilizam abreviações convenientes para compostos bioquímicos de nomes longos.

Os termos RNA e DNA são bons exemplos. Eles são versões curtas dos nomes longos ácido ribonucleico e ácido desoxirribonucleico. Abreviações como essas são muito convenientes, e aprender a associá-las às estruturas químicas correspondentes é uma etapa necessária para o domínio da bioquímica. Neste livro, descreveremos as abreviações comuns à medida que cada classe de compostos for introduzida.

Leituras selecionadas

Química

Bruice PY. Organic Chemistry. 6th ed. Upper Saddle River, NJ: Prentice Hall, 2011.

Tinoco I, Sauer K, Wang JC, Puglisi JD. Physical Chemistry: Principles and Applications in Biological Sciences. 4th ed. Upper Saddle River, NJ: Prentice Hall, 2002.

van Holde KE, Johnson WC, Ho PS. Principles of Physical Biochemistry. 2nd ed. Upper Saddle River, NJ: Prentice Hall, 2005.

Células

Alberts B, Bray D, Hopkin K, Johnson A, Lewis J, Raff M et al. Essential Cell Biology. New York: Garland, 2004.

Lodish H, Berk A, Matsudaira P, Kaiser CA, Kreiger M, Scott MP, et al. Molecular Cell Biology. 5th ed. New York: Scientific American Books, 2003.

Goodsell DS. The Machinery of Life. New York: Springer-Verlag, 1993.

Evolução e diversidade da vida

Doolittle WF. Uprooting the tree of life. Sci. Am. 2000; 282(2):90-95.

Doolittle WF. Eradicating topological thinking in prokaryotic systematics and evolution. Cold Spr. Hbr. Symp. Quant. Biol., 2009.

Margulis L, Schwartz KV. Five Kingdoms. 3rd ed. New York: W.H. Freeman, 1998.

Graur D, Li W-H. Fundamentals of Molecular Evolution. Sunderland, MA: Sinauer, 2000.

Sapp J (ed.). Microbial Phylogeny and Evolution: Concepts and Controversies. Oxford, UK: Oxford University Press, 2005.

Sapp J. The New Foundations of Evolution. Oxford, UK: Oxford University Press, 2009.

História da ciência

Kohler RE. The History of Biochemistry, a Survey. J. Hist. Biol. 1975; 8:275-318.

CAPÍTULO 2

Água

A vida na Terra é com frequência descrita como um fenômeno baseado em carbono, mas seria da mesma forma correto referir-se a ela como um fenômeno baseado em água. A vida, provavelmente, originou-se na água há mais de três bilhões de anos, e todas as células vivas ainda dependem dela para existir. A água é a molécula mais abundante na maioria das células, representando de 60% a 90% de sua massa. As exceções são as células das quais a água é expelida, como as de sementes e esporos. Sementes e esporos podem ficar inativos por longos períodos de tempo até serem "revividos" pela reintrodução de água.

A vida se espalhou dos oceanos para os continentes há cerca de 500 milhões de anos. Essa transição fundamental na história da vida exigiu adaptações especiais para permitir que a vida terrestre sobrevivesse em um ambiente onde a água era menos abundante. Você irá encontrar várias dessas adaptações ao longo deste livro.

A compreensão da água e de suas propriedades é importante para o estudo da bioquímica. Os componentes macromoleculares das células – proteínas, polissacarídeos, ácidos nucleicos e lipídeos – assumem sua forma característica em resposta à água. Por exemplo, alguns tipos de moléculas interagem extensivamente com a água e, como resultado, são muito solúveis nela; outros tipos não se dissolvem com facilidade na água e tendem a se associar consigo mesmas a fim de evitá-la. Grande parte do maquinário metabólico das células precisa operar em um ambiente aquoso, uma vez que a água é um solvente essencial.

Começamos o nosso estudo detalhado da química da vida examinando as propriedades da água. Suas propriedades físicas permitem que ela atue como solvente para substâncias iônicas e outras moléculas polares. Suas propriedades químicas possibilitam que ela forme ligações fracas com outros compostos, inclusive com outras moléculas de água. As propriedades químicas da água também estão relacionadas às funções de macromoléculas, de células inteiras e de organismos. Essas interações são uma fonte importante de estabilidade estrutural nas macromoléculas e em grandes estruturas celulares. Veremos como a água afeta as interações das substâncias que são pouco solúveis nela. Examinaremos a ionização da água e discutiremos a química ácido-base, tópicos que constituem a base para a compreensão das moléculas e dos processos que iremos encontrar nos próximos capítulos. É importante ter em mente que a água não é apenas um solvente inerte: ela é também um substrato para várias reações celulares.

Não há nada mais suave e fraco do que a água. Ainda assim, não há nada melhor para atacar coisas duras e fortes. Por essa razão, não há substituto para ela.
— Lao-Tzu (c. 550 a.C.)

Topo: A Terra vista do espaço. A Terra é um planeta aquoso, e a água desempenha um papel central na química de todas as formas de vida.

▲ **Prímula da noite (*Oenothera californica*) em Eureka Dunes.** Essa espécie cresce apenas nas dunas do Parque Nacional do Vale da Morte na Califórnia, EUA. Ela desenvolveu mecanismos especiais para conservação de água.

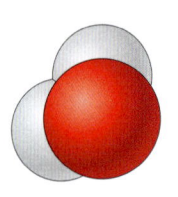

2.1 A molécula da água é polar

A molécula de água (H_2O) tem formato em V (Figura 2.1a), e o ângulo entre as duas ligações covalentes (O—H) é igual a 104,5°. Algumas propriedades importantes da água se devem à sua forma angulada e às ligações intermoleculares que ela pode formar. Um átomo de oxigênio tem oito elétrons, e seu núcleo tem oito prótons e oito nêutrons. Há dois elétrons na camada mais interna e seis na mais externa. A camada externa pode acomodar até quatro pares de elétrons, sendo um par em um orbital *s* e três nos orbitais *p*. Contudo, a estrutura da água e suas propriedades podem ser mais bem explicadas assumindo-se que os elétrons na camada mais externa ocupam quatro orbitais híbridos sp^3. Imagine esses quatro orbitais ocupando os quatro vértices de um tetraedro que circunda o átomo central de oxigênio. Dois desses orbitais híbridos sp^3 contêm um par de elétrons cada um; os outros dois contêm, cada um, um elétron, apenas. Isso significa que o oxigênio pode formar ligações covalentes com outros átomos compartilhando elétrons, de modo a preencher esses orbitais "subocupados". Na água, as ligações covalentes envolvem dois átomos de hidrogênio diferentes, cada um dos quais compartilha seu único elétron com o átomo de oxigênio. Na Figura 2.1b cada elétron é indicado por um ponto azul, mostrando que cada orbital híbrido sp^3 do átomo de oxigênio é ocupado por dois elétrons, incluindo aqueles compartilhados com os hidrogênios. A camada mais interna de cada um dos átomos de hidrogênio também é preenchida, por causa dos elétrons compartilhados nas ligações covalentes.

O ângulo da ligação H—O—H nas moléculas de água livres é igual a 104,5°, mas, se os orbitais que contêm os elétrons realmente estivessem direcionados para os quatro vértices de um tetraedro, esse ângulo seria de 109,5°. A explicação usual para essa diferença é que existe uma forte repulsão entre os pares de elétrons não compartilhados, que força os orbitais formadores das ligações covalentes a ficarem mais próximos, reduzindo o ângulo de 109,5° para 104,5°.

Os átomos de oxigênio são mais eletronegativos do que os de hidrogênio porque um núcleo de oxigênio atrai elétrons mais fortemente do que o único próton do núcleo do hidrogênio. Consequentemente, há uma distribuição desigual de cargas em cada ligação O—H da molécula de água, com o oxigênio portando uma carga parcial negativa ($\delta^{\ominus}$), e o hidrogênio, uma carga parcial positiva ($\delta^{\oplus}$). Essa distribuição desigual de carga ao longo de uma ligação é chamada de dipolo, e a ligação é dita polar.

A polaridade de uma molécula depende tanto da polaridade das ligações covalentes como de sua geometria. O arranjo angular das ligações polares O—H da água cria um dipolo permanente na molécula como um todo, como mostra a Figura 2.2a. Uma molécula de amônia também tem um dipolo permanente (Figura 2.2b). Assim, embora água e amônia gasosa sejam eletricamente neutras, ambas são moléculas polares. A alta solubilidade das moléculas polares de amônia em água é facilitada pelas fortes interações com as moléculas polares da água. A solubilidade da amônia em água demonstra o princípio de que "semelhante dissolve semelhante".

Nem todas as moléculas são polares. Por exemplo, o dióxido de carbono também tem ligações covalentes polares, mas estas estão alinhadas umas com as outras e orientadas opostamente, de modo que suas polaridades se cancelam (Figura 2.2c). Como consequência, dióxido de carbono não tem um dipolo resultante, e é muito menos solúvel em água do que a amônia.

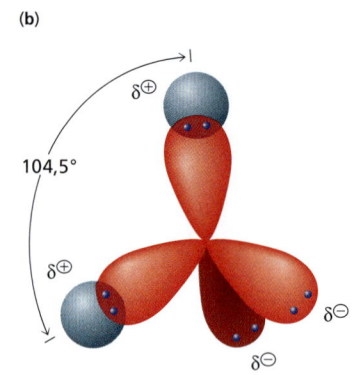

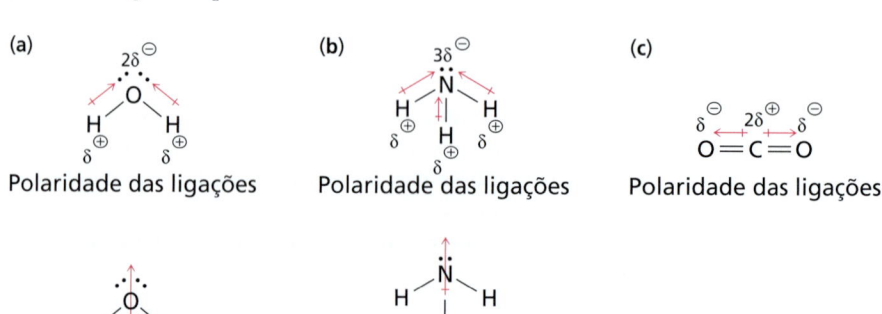

▲ **Figura 2.1**
Molécula de água. (a) Representação de preenchimento espacial (*space-filling*) da estrutura de uma molécula de água. (b) Ângulo entre as ligações covalentes de uma molécula de água. Dois dos orbitais híbridos sp^3 do átomo de oxigênio participam das ligações covalentes com os orbitais *s* dos átomos de hidrogênio. Os outros dois orbitais sp^3 são ocupados por pares de elétrons livres.

CONCEITO-CHAVE
Moléculas polares são aquelas que têm uma distribuição desigual de cargas, de modo que uma das extremidades da molécula é mais negativa, e a outra, mais positiva.

▶ **Figura 2.2**
Polaridade de moléculas pequenas.
(a) A geometria das ligações covalentes polares da água cria um dipolo permanente para a molécula, com o átomo de oxigênio carregando uma carga parcial negativa (simbolizada por $2\delta^{\ominus}$) e cada átomo de hidrogênio carregando uma carga parcial positiva (simbolizada por $\delta^{\oplus}$). (b) A forma piramidal de uma molécula de amônia também cria um dipolo permanente. (c) As polaridades das ligações colineares no dióxido de carbono cancelam-se mutuamente. Por isso, CO_2 não é polar. (Setas representando dipolos apontam para a carga negativa, com uma cruz na extremidade positiva.)

2.2 Ligações de hidrogênio na água

Uma das importantes consequências da polaridade das moléculas de água é que elas atraem umas às outras. A atração entre um dos átomos de hidrogênio levemente positivo de uma molécula de água e os pares de elétrons fracamente negativos de um dos orbitais híbridos sp^3 de outra produzem uma **ligação de hidrogênio** (Figura 2.3). Nessas ligações, o átomo de hidrogênio permanece ligado covalentemente ao respectivo átomo de oxigênio, o doador de hidrogênio. Ao mesmo tempo, ele é atraído por outro átomo de oxigênio, chamado aceptor de hidrogênio. Na realidade, o átomo de hidrogênio está sendo compartilhado (de forma desigual) pelos dois átomos de oxigênio. A distância entre o átomo de hidrogênio e o oxigênio aceptor é cerca de duas vezes o comprimento da ligação covalente.

A água não é a única molécula capaz de formar ligações de hidrogênio; essas interações podem ocorrer entre qualquer átomo eletronegativo e um hidrogênio ligado a outro átomo eletronegativo. (Veremos outros exemplos de ligação de hidrogênio na Seção 2.5B.) As ligações de hidrogênio são muito mais fracas do que as ligações covalentes típicas. A força das ligações de hidrogênio na água e em soluções é difícil de ser medida diretamente, mas ela é estimada em cerca de 20 kJ mol^{-1}.

$$H-O-H + H-O-H \rightleftharpoons \underset{H}{O}-H\cdots\underset{H}{O}-H \quad \Delta H_f = -20 \text{ kJ mol}^{-1} \quad (2.1)$$

> **CONCEITO-CHAVE**
>
> As ligações de hidrogênio se formam quando o átomo de hidrogênio com uma carga parcial positiva ($\delta^{\oplus}$) é compartilhado entre dois átomos eletronegativos ($2\delta^{\ominus}$). Ligações de hidrogênio são muito mais fracas do que as covalentes.

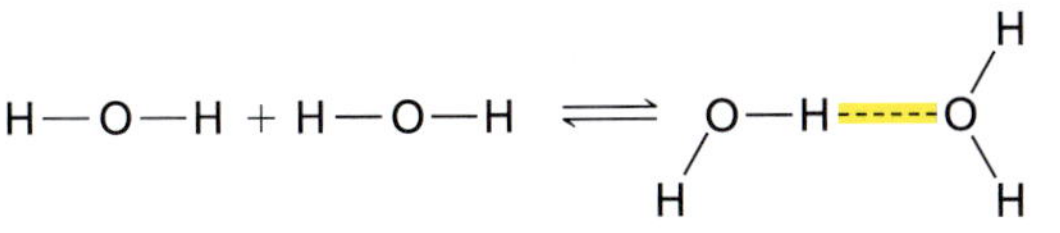

Cerca de 20 kJ mol^{-1} de calor são liberados quando ligações de hidrogênio são formadas entre moléculas de água em condições-padrão. (Lembre que as condições-padrão são 1 atm de pressão e temperatura de 25 °C.) Esse valor é a entalpia-padrão de formação (ΔH_f). Isso significa que, quando se formam ligações de hidrogênio, a variação de entalpia é de cerca de −20 kJ por mol de água, o que equivale dizer que são necessários +20 kJ mol^{-1} de energia térmica para romper as ligações de hidrogênio entre moléculas de água – a reação inversa da mostrada na Reação 2.1. Esse valor depende do tipo de ligação de hidrogênio. Como comparação, sabe-se que a energia necessária para quebrar uma ligação covalente O—H na água é cerca de 460 kJ mol^{-1}, enquanto a energia necessária para quebrar uma ligação covalente C—H é cerca de 410 kJ mol^{-1}. Logo, a força das ligações de hidrogênio é menor do que 5% da força das ligações covalentes típicas. Ligações de hidrogênio são interações fracas, se comparadas com as ligações covalentes.

A orientação é importante na ligação de hidrogênio. Esse tipo de ligação é mais estável quando o átomo de hidrogênio e os dois átomos eletronegativos associados a ele (os dois átomos de oxigênio, no caso da água) estão alinhados, ou quase, como mostrado na Figura 2.3. Moléculas de água são incomuns, pois elas podem formar quatro ligações de hidrogênio O—H—O alinhadas com até quatro outras moléculas de água (Figura 2.4). Cada uma delas pode doar seus dois átomos de hidrogênio para duas outras moléculas de água e aceitar dois átomos de hidrogênio de duas outras moléculas de água. Cada átomo de hidrogênio pode participar apenas de uma ligação de hidrogênio.

As interações tridimensionais da água líquida são difíceis de estudar, mas muito tem sido aprendido pelo exame da estrutura de cristais de gelo (Figura 2.5). Na forma comum do gelo, cada molécula de água participa de quatro ligações de hidrogênio,

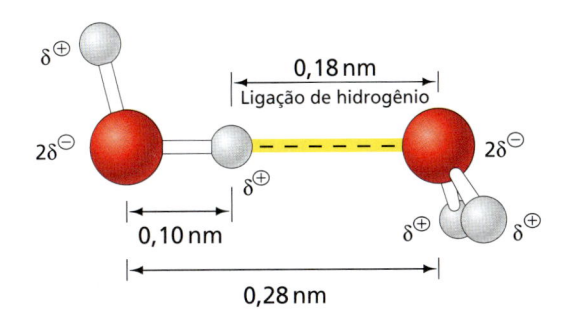

◀ **Figura 2.3**
Ligação de hidrogênio entre duas moléculas de água. Um átomo de hidrogênio parcialmente positivo ($\delta^{\oplus}$) de uma molécula de água é atraído pelo átomo de oxigênio com carga parcial negativa ($2\delta^{\ominus}$) de uma segunda molécula de água, formando uma ligação de hidrogênio. As distâncias entre os átomos de duas moléculas de água no gelo são mostradas. As ligações de hidrogênio estão indicadas pelas linhas tracejadas destacadas em amarelo, nesta figura e em todo o livro.

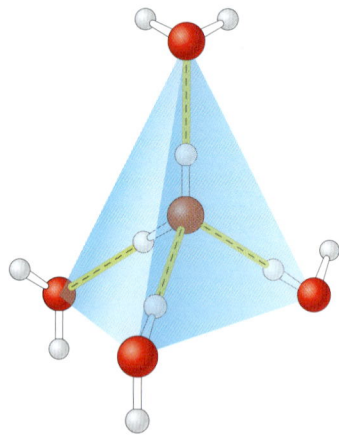

Figura 2.4
Ligação de hidrogênio de uma molécula de água. Uma molécula de água pode formar até quatro ligações de hidrogênio: o átomo de oxigênio de uma molécula de água é o aceptor de hidrogênio para dois átomos de hidrogênio, e cada grupo O—H serve como um doador de hidrogênio.

Icebergs. O gelo flutua por ser menos denso do que a água. Entretanto, ele é só ligeiramente menos denso, por isso a maior parte da massa de gelo flutuante está debaixo d'água.

Figura 2.5
Estrutura do gelo. Moléculas de água no gelo formam uma rede hexagonal aberta, em que cada molécula de água forma ligação de hidrogênio com outras quatro. A regularidade geométrica dessas ligações de hidrogênio contribui para a resistência do cristal de gelo. O padrão de ligações de hidrogênio do gelo é mais regular do que o da água. A estrutura absoluta da água líquida não foi determinada.

como esperado. Cada uma das ligações de hidrogênio aponta para o átomo de oxigênio de uma molécula de água adjacente, e esses quatro átomos adjacentes de oxigênio envolvidos em ligações de hidrogênio ocupam os vértices de um tetraedro. Esse arranjo é consistente com a estrutura da água mostrada na Figura 2.1, exceto pelo fato de os ângulos de ligação serem todos iguais (109,5°). Isso ocorre porque a polaridade das moléculas individuais de água, que distorce os ângulos de ligação, é anulada pela presença das ligações de hidrogênio. A energia média necessária para quebrar cada ligação de hidrogênio no gelo foi estimada em 23 kJ mol^{-1}, mostrando que essas ligações são um pouco mais fortes do que as formadas na água.

A capacidade de as moléculas de água no gelo formarem quatro ligações de hidrogênio e a força dessas ligações dão ao gelo um valor anormalmente alto de ponto de fusão porque uma grande quantidade de energia, sob a forma de calor, é necessária para romper a rede formada pelas ligações de hidrogênio. Quando o gelo se funde, a maioria das ligações de hidrogênio é mantida na água líquida. Cada molécula de água líquida pode formar até quatro ligações de hidrogênio com suas vizinhas, mas a maioria participa de apenas duas ou três, em um dado momento. Isso significa que a estrutura da água líquida é menos organizada que a do gelo. A fluidez da água líquida é consequência, principalmente, do padrão de ligações de hidrogênio que se modifica constantemente, à medida que estas se quebram e se refazem. Em determinado momento, haverá várias moléculas de água participando de duas, três ou quatro ligações de hidrogênio com outras moléculas de água. Haverá também várias que participarão apenas de uma ligação de hidrogênio ou de nenhuma. Essa é uma estrutura dinâmica; o tempo de vida médio da ligação de hidrogênio na água é de apenas 10 picossegundos (10^{-11} s).

A densidade da maioria das substâncias aumenta com o congelamento, já que o movimento molecular diminui e se formam cristais firmemente organizados. A densidade da água também aumenta à medida que ela esfria, até atingir um máximo de 1,000 g ml^{-1} a 4 °C (277 K). (Esse valor não é uma coincidência. O grama é definido como o peso de 1 mililitro de água a 4 °C.) A água se expande à medida que a temperatura cai abaixo de 4 °C. Essa expansão é causada pela formação de um cristal mais aberto, no qual cada molécula de água se liga de modo rígido a outras quatro por meio de ligações de hidrogênio. Como resultado, o gelo é levemente menos denso (0,924 g ml^{-1}) do que a água líquida, cujas moléculas podem se mover o suficiente para se arranjar mais próximas umas das outras. É justamente por ser menos denso do que a água líquida que o gelo flutua e a água congela de cima para baixo. Isso tem implicações biológicas importantes, uma vez que uma camada de gelo sobre uma lagoa isola de um frio extremo as criaturas abaixo dela.

Duas outras propriedades da água estão relacionadas a suas ligações de hidrogênio características: seu calor específico e seu calor de vaporização. O calor específico de uma substância é a quantidade de calor necessária para elevar a temperatura de 1 grama da substância em 1 °C. Essa propriedade também é chamada capacidade calorífica. No caso da água, uma quantidade relativamente grande de calor é necessária para elevar a

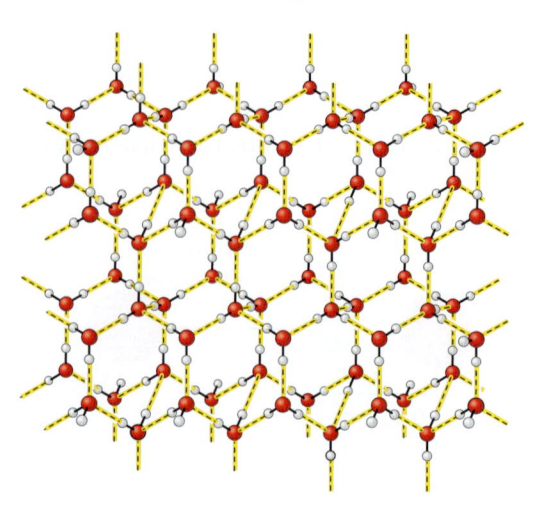

> **QUADRO 2.1 Termófilos extremos**
>
> Algumas espécies podem crescer e se reproduzir em temperaturas bem próximas a 0 °C, ou até mesmo mais baixas. Há peixes de sangue frio, por exemplo, que sobrevivem em temperaturas oceânicas abaixo de 0 °C (o sal diminui o ponto de congelamento da água).
>
> No extremo oposto estão bactérias que vivem em fontes quentes em que a temperatura média é de cerca de 80 °C. Algumas bactérias habitam o ambiente ao redor de colunas ou chaminés hidrotermais (*black smokers*) nas profundezas do oceano cuja temperatura média é superior a 100 °C. (A alta pressão no fundo do oceano aumenta o ponto de ebulição da água.)
>
> O recorde para termófilos extremos é o da cepa 121 (*Strain* 121), uma espécie de arqueobactéria que cresce e se reproduz a 121 °C! Esses termófilos extremos estão entre os ramos mais antigos da teia da vida. É possível que as primeiras células vivas tenham surgido próximo às colunas termais nas profundezas do oceano.
>
> ▲ Coluna hidrotermal no oceano profundo.

temperatura porque cada molécula de água participa de múltiplas ligações de hidrogênio que devem ser quebradas para que a energia cinética das moléculas de água aumente. A abundância de água nas células e nos tecidos de todos os grandes organismos multicelulares significa que as flutuações de temperatura dentro das células são minimizadas.

Essa característica é de fundamental importância biológica, uma vez que a velocidade da maioria das reações bioquímicas é sensível à temperatura.

O calor de vaporização da água (~2260 J g^{-1}) também é muito mais alto do que o da maioria dos outros líquidos. Uma grande quantidade de calor é necessária para converter a água do estado líquido para o gasoso, pois as ligações de hidrogênio devem ser quebradas para permitir que as moléculas de água se dissociem e passem à fase gasosa. Uma vez que a evaporação da água absorve tanto calor, a transpiração é um mecanismo eficaz para diminuir a temperatura do corpo.

2.3 A água é um excelente solvente

As propriedades físicas da água se combinam para torná-la um excelente solvente. Já vimos que as moléculas de água são polares. Essa propriedade tem consequências importantes, como veremos adiante. Além disso, a água tem uma baixa viscosidade intrínseca que não dificulta muito o movimento das moléculas dissolvidas. Por fim, as próprias moléculas de água são pequenas, comparadas às de outros solventes como o etanol e o benzeno. Esse pequeno tamanho das moléculas de água implica que várias delas podem se associar com partículas de soluto, tornando-as mais solúveis.

A. Substâncias iônicas e polares se dissolvem em água

A água pode interagir com outros compostos polares e com compostos ionizáveis e dissolvê-los. A ionização está associada ao ganho ou à perda de um elétron, ou de um íon H$^{\oplus}$, originando um átomo ou uma molécula carregada. Moléculas que podem se dissociar para formar íons são chamadas **eletrólitos**. Substâncias que se dissolvem facilmente em água são ditas **hidrofílicas**, ou "amantes de água" (discutiremos substâncias hidrofóbicas, ou "que temem a água", na próxima seção).

Por que os eletrólitos são solúveis em água? Lembre que as moléculas de água são polares. Isso significa que elas podem se organizar em torno dos eletrólitos, de modo que os átomos negativos de oxigênio das moléculas de água fiquem orientados em direção aos cátions (íons com carga positiva) dos eletrólitos, e os átomos de hidrogênio,

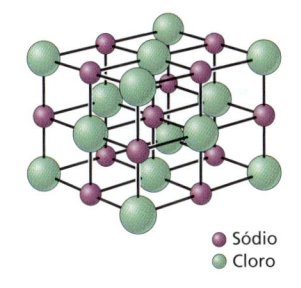

(a) Cristal de NaCl

- Sódio
- Cloro

(b)

▲ **Figura 2.6**
Dissolução do cloreto de sódio (NaCl) em água. (a) Os íons do cloreto de sódio cristalino são mantidos juntos por forças eletrostáticas. (b) A água enfraquece as interações entre os íons positivos e negativos, e o cristal se dissolve. Cada Na$^{\oplus}$ e Cl$^{\ominus}$ dissolvido é rodeado por uma esfera de solvatação. Apenas uma camada de moléculas de solvente é mostrada. As interações entre os íons e as moléculas de água são indicadas por linhas tracejadas.

orientados em direção aos ânions (íons com carga negativa). Considere o que acontece quando um cristal de cloreto de sódio (NaCl) se dissolve em água (Figura 2.6). As moléculas polares de água são atraídas pelos íons carregados do cristal. Essas atrações levam os íons de sódio e cloreto na superfície do cristal a se dissociar uns dos outros, e o cristal começa a se dissolver. Como há várias moléculas polares de água em torno de cada íon de sódio e cloreto dissolvidos, as interações entre as cargas elétricas opostas desses íons tornam-se mais fracas do que as que existem no cristal intacto. Como consequência dessas interações com as moléculas de água, os íons do cristal continuam a se dissociar até que a solução se torne saturada. Nesse ponto, os íons do eletrólito dissolvido estão em concentração alta o suficiente para se ligarem novamente na forma sólida do eletrólito ou se cristalizarem; assim, estabelece-se um equilíbrio entre dissociação e cristalização.

Cada $Na^\oplus$ dissolvido atrai as partes negativas de várias moléculas de água, enquanto cada $Cl^\ominus$ dissolvido atrai as partes positivas de várias moléculas de água (Figura 2.6b). A "carapaça" de moléculas de água que envolve cada íon é chamada camada de solvatação e, em geral, contém várias camadas de moléculas de solvente. Diz-se

---

QUADRO 2.2 Plasma sanguíneo e água do mar

Houve um tempo em que as pessoas acreditavam que a composição iônica do plasma sanguíneo se assemelhava à da água do mar. Supunha-se que isso constituía evidência de que os organismos primitivos viviam no mar e que os animais terrestres teriam desenvolvido um sistema para manter a composição de sais semelhante à existente nos oceanos.

Estudos criteriosos das concentrações salinas realizados no início do século XX revelaram que essas concentrações nos oceanos eram muito maiores do que no plasma sanguíneo. Alguns bioquímicos tentaram explicar essa diferença postulando que a composição do plasma sanguíneo não se assemelhava à da água do mar da atualidade, mas àquela do mar primitivo, de muitas centenas de milhões de anos atrás, quando os animais multicelulares apareceram.

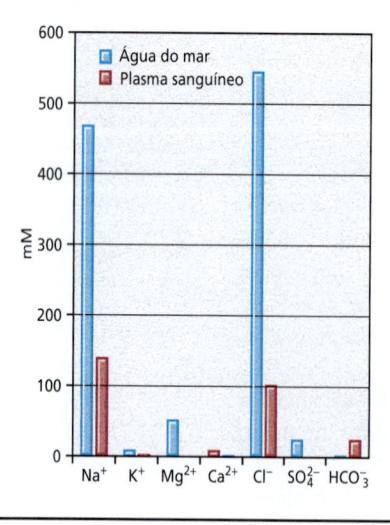

Sabemos atualmente que a salinidade dos oceanos não mudou muito desde o tempo de sua formação, há mais de três bilhões de anos. Não há conexão direta entre a salinidade do plasma sanguíneo e a da água do mar. Não apenas as concentrações totais dos principais íons (Na^+, K^+ e Cl^-) são bastante diferentes, mas as concentrações relativas de várias outras espécies iônicas são ainda mais diversas.

A composição iônica do plasma sanguíneo é bem imitada pela solução de Ringer, que também contém lactato como fonte de carbono. Essa solução pode ser usada como substituto temporário do plasma sanguíneo quando um paciente perde sangue ou está desidratado.

	Plasma sanguíneo	Ringer
Na^+	140 mM	130 mM
K^+	4 mM	4 mM
Cl^-	103 mM	109 mM
Ca^+	2 mM	2 mM
lactato	5 mM	28 mM

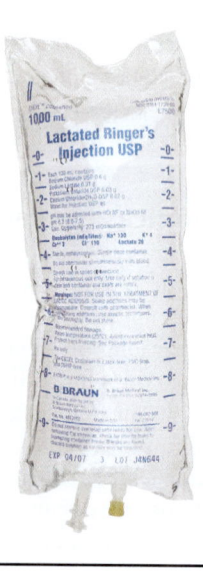

▼ As concentrações de vários íons na água do mar (azul) e no plasma sanguíneo humano (vermelho) são comparadas. A água do mar é muito mais salgada e contém proporções muito maiores de magnésio e sulfatos. O plasma sanguíneo é rico em bicarbonato (ver Seção 2.10).

que uma molécula ou um íon envolvido por moléculas de solvente está **solvatado**. Quando o solvente é a água, diz-se que essas moléculas e esses íons estão **hidratados**.

Os eletrólitos não são as únicas substâncias hidrofílicas solúveis em água. Qualquer molécula polar terá uma tendência a ser solvatada por moléculas de água. Além disso, a solubilidade de várias moléculas orgânicas é aumentada pela formação de ligações de hidrogênio com moléculas de água. Compostos orgânicos iônicos, como os carboxilatos e as aminas protonadas, devem sua solubilidade em água a seus grupos funcionais polares. Outros grupos que conferem solubilidade em água são amino, hidroxila e carbonila. As moléculas que contêm esses grupos se dispersam entre as moléculas de água, com seus grupos polares formando ligações de hidrogênio com elas.

Um aumento no número de grupos polares em uma molécula orgânica aumenta sua solubilidade em água. O carboidrato glicose contém cinco grupos hidroxila e um oxigênio no anel (Figura 2.7), e é muito solúvel em água (até 83 gramas de glicose podem ser dissolvidos em 100 ml de água a 17,5 °C). Cada átomo de oxigênio da glicose pode formar ligações de hidrogênio com água. Veremos em outros capítulos que a ligação de carboidratos com algumas moléculas pouco solúveis em água, incluindo lipídeos e as bases nucleotídicas, aumenta a solubilidade dessas moléculas.

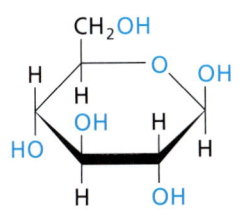

▲ **Figura 2.7**
Estrutura da glicose. A glicose tem cinco grupos hidroxila e um oxigênio no anel, e todos esses grupos podem formar ligações de hidrogênio com a água.

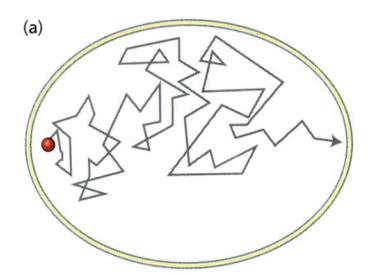

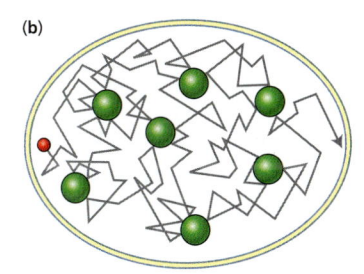

B. Concentrações celulares e difusão

O interior de uma célula pode ser bastante congestionado, como sugerem os desenhos de David Goodsell. Em consequência, o comportamento de solutos no citoplasma será diferente daquele em uma simples solução aquosa. Uma das diferenças mais importantes é a redução da velocidade de difusão no interior das células.

Há três razões pelas quais os solutos se difundem mais lentamente no citoplasma:
1. A viscosidade do citoplasma é maior do que a da água em virtude da presença de diversos solutos, como os açúcares. Esse fator não é importante, pois medidas recentes sugerem que a viscosidade do citoplasma é pouco maior do que a da água, mesmo em organelas com conteúdo denso.
2. Moléculas carregadas se ligam transitoriamente umas às outras no interior das células, o que restringe sua mobilidade. Esses efeitos de ligação têm uma pequena, mas significativa, influência sobre as velocidades de difusão.
3. Colisões com outras moléculas inibem a difusão em razão de um efeito chamado **congestionamento molecular** (*molecular crowding*). Essa é a principal razão pela qual a difusão é mais lenta no citoplasma.

Para moléculas pequenas, a velocidade de difusão dentro das células nunca é maior do que um quarto daquela observada em água pura. Para moléculas grandes, como as proteínas, a velocidade de difusão no citoplasma pode ser reduzida para cerca de 5% a 10% daquela observada em água. Essa redução na velocidade é em grande parte devida ao congestionamento molecular.

Para certa molécula, a velocidade de difusão em água a 20 °C é descrita pelo seu coeficiente de difusão ($D_{20,w}$). Para a proteína mioglobina, $D_{20,w} = 11,3 \times 10^{-7}$ cm^2 s^{-1}. Com base nesse valor, é possível calcular que o tempo médio para difusão de uma extremidade a outra em uma célula (~10 μm) será de cerca de 0,44 segundo.

Esse valor, porém, representa o tempo de difusão em água pura. No ambiente congestionado de uma célula típica, ele pode ser cerca de 10 vezes maior (4 s). A velocidade mais baixa é decorrente do fato de que uma proteína como a mioglobina estará constantemente se chocando com outras moléculas grandes. Mesmo assim, 4 segundos ainda é um tempo curto. Isso significa que a maioria das moléculas, incluindo metabólitos menores e íons, irá se encontrar frequentemente no interior de uma célula típica (Figura 2.8). Medidas diretas de difusão no interior de células, realizadas recentemente, revelam que os efeitos do congestionamento molecular são menos significativos do que se acreditava.

▲ **Figura 2.8**
Difusão. (a) Se o citoplasma fosse feito apenas de água, uma molécula pequena (em vermelho) poderia se difundir de um lado para o outro da célula por uma caminhada aleatória. **(b)** O tempo médio pode ser cerca de 10 vezes maior em um citoplasma cheio de moléculas maiores (em verde).

C. Pressão osmótica

Se uma membrana permeável a solvente separa duas soluções que contêm diferentes concentrações de substâncias dissolvidas, ou solutos, então as moléculas do *solvente* irão se difundir da solução menos concentrada para a mais concentrada, em um processo denominado **osmose**. A pressão necessária para evitar esse fluxo de solvente é chamada **pressão osmótica** e depende da concentração molar total do soluto, e não de sua natureza química.

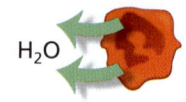

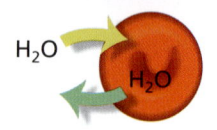

Membranas permeáveis à água separam o citosol do meio externo. As composições das soluções intracelulares são bastante diferentes das extracelulares, sendo alguns compostos mais concentrados e outros menos, no interior das células. Em geral, a concentração de solutos no interior das células é maior do que sua concentração no ambiente aquoso externo a elas. Moléculas de água tendem a se mover através da membrana celular para o interior da célula, diluindo a solução em seu interior. Esse influxo de água provoca o aumento do volume da célula, mas essa expansão é limitada pela membrana celular. Em casos extremos, como quando as hemácias são diluídas em água pura, a pressão interna provoca a ruptura das células. Algumas espécies (por exemplo, plantas e bactérias) têm paredes celulares rígidas que evitam a expansão da membrana. Essas células podem atingir altas pressões internas.

A maioria das células utiliza diversas estratégias para evitar que a pressão osmótica se torne muito alta e as rompa. Uma dessas estratégias envolve a condensação de várias moléculas individuais em uma macromolécula. Por exemplo, células animais que armazenam glicose fazem-no sob a forma de um polímero chamado glicogênio, contendo cerca de 5.000 resíduos de glicose. Se as moléculas de glicose não fossem condensadas em uma molécula de glicogênio, o influxo de água necessário para dissolver cada uma delas levaria a célula a inchar e a se romper. Outra estratégia consiste em envolver as células em uma solução isotônica que não permite que a entrada de água seja maior do que a saída, e vice-versa. O plasma sanguíneo, por exemplo, contém sais e outras moléculas que imitam a osmolaridade no interior das hemácias (veja o Quadro 2.2).

2.4 Substâncias não polares são insolúveis em água

Hidrocarbonetos e outras substâncias não polares têm solubilidade muito baixa em água, pois as moléculas de água tendem a interagir entre si, e não com as moléculas não polares. Como resultado, as moléculas de água excluem as substâncias não polares, forçando-as a se associar entre si. Por exemplo, pequenas gotículas de óleo vigorosamente dispersas em água tendem a se aglutinar para formar uma só gota, minimizando assim a área de contato entre as duas substâncias. É por isso que o óleo em um molho de salada se separa se você deixá-lo em repouso por algum tempo antes de usá-lo.

Moléculas não polares são chamadas **hidrofóbicas**, ou "tementes à água", e esse fenômeno de sua exclusão pela água é chamado **efeito hidrofóbico**. Esse efeito é fundamental para o enovelamento de proteínas e a auto-organização das membranas biológicas.

O número de grupos polares em uma molécula afeta sua solubilidade em água. A solubilidade também depende da proporção entre grupos polares e não polares em uma molécula. Por exemplo, álcoois de um, dois ou três carbonos são miscíveis com água, mas hidrocarbonetos maiores com apenas um grupo hidroxila são muito menos hidrossolúveis (Tabela 2.1). Em moléculas maiores, as propriedades da porção hidrocarbônica não polar se sobrepõem às do grupo álcool polar e limitam a solubilidade.

TABELA 2.1 Solubilidades de álcoois de cadeia curta em água

Álcool	Estrutura	Solubilidade em água (mol/100 g de H_2O a 20 °C)[a]
Metanol	CH_3OH	∞
Etanol	CH_3CH_2OH	∞
Propanol	$CH_3(CH_2)_2OH$	∞
Butanol	$CH_3(CH_2)_3OH$	0,11
Pentanol	$CH_3(CH_2)_4OH$	0,030
Hexanol	$CH_3(CH_2)_5OH$	0,0058
Heptanol	$CH_3(CH_2)_6OH$	0,0008

[a] O símbolo infinito (∞) indica que a solubilidade do álcool em água é ilimitada.

▲ Hemácias em soluções hipertônicas (a) isotônicas (b) e hipotônicas (c).

Detergentes, às vezes chamados surfactantes, são moléculas ao mesmo tempo hidrofílicas e hidrofóbicas. Geralmente, elas têm uma cadeia hidrofóbica de pelo menos 12 átomos de carbono e uma terminação iônica ou polar. Essas moléculas são ditas **anfipáticas**. Sabões, que são sais de metal alcalino de ácidos graxos de cadeia longa, são um tipo de detergente. O sabão palmitato de sódio ($CH_3(CH_2)_{14}COO^{\ominus}Na^{\oplus}$), por exemplo, tem um grupo carboxilato hidrofílico e uma "cauda" hidrofóbica. Um dos detergentes sintéticos mais comumente usados em bioquímica é o dodecilsulfato de sódio (SDS), que tem uma "cauda" de 12 carbonos e um grupo sulfato polar (Figura 2.9).

A porção hidrocarbônica de um detergente é solúvel em substâncias orgânicas não polares, e seu grupo polar, solúvel em água. Quando um detergente é derramado sobre a superfície da água, forma-se uma monocamada em que a parte hidrofóbica, não polar, das moléculas de detergente se estende em direção ao ar; enquanto isso, a parte hidrofílica, iônica, é hidratada e se espalha pela água (Figura 2.10). Quando uma concentração suficientemente alta de detergente é dispersa na água em vez de ficar na superfície, grupos de moléculas de detergente se agregam em estruturas chamadas micelas. Em uma forma comum de micela, as partes não polares das moléculas de detergente associam-se entre si no centro da estrutura, diminuindo o contato com as moléculas de água. Como as "caudas" são flexíveis, o núcleo de uma micela é feito de hidrocarboneto líquido. As "cabeças" iônicas se projetam no sentido da solução aquosa, e assim são hidratadas. Micelas pequenas, compactas, podem conter de 80 a 100 moléculas de detergente, aproximadamente.

A ação limpante de sabões e outros detergentes deriva de sua capacidade de aprisionar gorduras e óleos não solúveis em água no interior hidrofóbico das micelas. SDS e detergentes sintéticos similares são ingredientes ativos comuns nos detergentes usados em lavanderias. A suspensão de compostos não polares em água por sua incorporação em micelas é chamada solubilização. A solubilização de moléculas não polares é um processo diferente da dissolução de um composto polar. Diversas estruturas que encontraremos adiante neste livro, incluindo proteínas e membranas biológicas, assemelham-se a micelas, no sentido de que têm interiores hidrofóbicos e superfícies hidrofílicas.

Alguns íons dissolvidos, como $SCN^{\ominus}$ (tiocianato) e $ClO_4^{\ominus}$ (perclorato) são chamados **caotropos**. Esses íons são pouco solvatados em comparação com outros, como $NH_4^{\oplus}$, $SO_4^{2\ominus}$ e $H_2PO_4^{\ominus}$. Caotropos aumentam a solubilidade de compostos não polares na água, pois desordenam as moléculas dela (não existe consenso sobre como eles fazem isso). Iremos encontrar outros exemplos de agentes caotrópicos, como o íon guanidino e o composto não iônico ureia, quando discutirmos a desnaturação e as estruturas tridimensionais de proteínas e ácidos nucleicos.

▲ **Figura 2.9**
Dodecilsulfato de sódio (SDS), um detergente sintético.

2.5 Interações não covalentes

Neste capítulo, já introduzimos dois tipos de interações não covalentes, as ligações de hidrogênio e as interações hidrofóbicas. Interações fracas como essas desempenham um papel extremamente importante na determinação das estruturas e das funções de

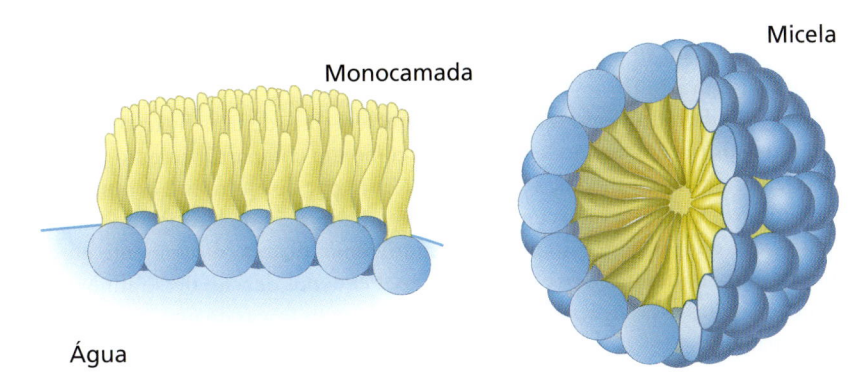

◄ **Figura 2.10**
Vistas transversais de estruturas formadas por detergentes em água. Os detergentes formam monocamadas na interface ar-água. Eles são capazes também de formar micelas – agregados de moléculas de detergente nas quais as porções hidrocarbônicas (amarelo) se associam no interior sem água, e os grupos polares das extremidades (azul) são hidratados.

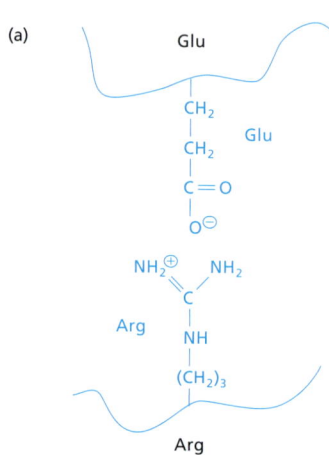

▲ **Pontes salinas. (a)** Um tipo de ponte salina. **(b)** Outro tipo de ponte salina.

macromoléculas. Elas também estão envolvidas no reconhecimento de uma macromolécula por outra e na ligação de reagentes às enzimas.

Na realidade, há quatro ligações ou forças não covalentes principais. Além das ligações de hidrogênio e da hidrofobicidade, há também as interações carga-carga e as forças de van der Waals. Interações carga-carga, as ligações de hidrogênio e as forças de van der Waals são variações de um tipo mais geral de força chamado **interação eletrostática**.

A. Interações carga-carga

Interações carga-carga são interações eletrostáticas entre duas partículas carregadas. Essas interações são, potencialmente, as forças não covalentes mais fortes e podem se estender por distâncias maiores do que outras interações não covalentes. A estabilização dos cristais de NaCl pela atração interiônica entre sódio ($Na^{\oplus}$) e cloreto ($Cl^{\ominus}$) é um exemplo de interação carga-carga. A força dessas interações em solução depende da natureza do solvente. Uma vez que a água enfraquece muito essas interações, a estabilidade das macromoléculas em ambiente aquoso não depende muito de interações carga-carga, mas elas ocorrem. Um exemplo dessas interações nas proteínas é a atração entre grupos funcionais de cargas opostas que de vez em quando ocorre. Essa interação é chamada, às vezes, de **ponte salina** e normalmente ocorre bem no interior hidrofóbico de uma proteína, onde não pode ser rompida pelas moléculas de água. O termo mais correto para tais interações é **pareamento de íons**.

Interações carga-carga também são responsáveis pela repulsão mútua entre grupos iônicos de cargas semelhantes. A repulsão de cargas pode influenciar as estruturas de biomoléculas individuais, bem como suas interações com outras moléculas de carga igual.

Além de sua contribuição relativamente pequena para a estabilização de moléculas grandes, as interações carga-carga infuenciam no reconhecimento de uma molécula por outra. Por exemplo, a maioria das enzimas tem sítios aniônicos ou catiônicos que se ligam a reagentes de cargas opostas.

B. Ligações de hidrogênio

As ligações de hidrogênio, que também são um tipo de interação eletrostática, ocorrem em várias macromoléculas e estão entre as forças não covalentes mais fortes dos sistemas biológicos. As forças dessas ligações, por exemplo, entre substratos e enzimas e entre as bases do DNA, são estimadas em torno de 25–30 kJ mol^{-1}. São, portanto, um pouco mais fortes do que as formadas entre moléculas de água (Seção 2.2). As ligações de hidrogênio em moléculas bioquímicas são suficientemente fortes para conferir estabilidade estrutural, mas fracas o bastante para serem facilmente rompidas.

Em geral, quando um átomo de hidrogênio é ligado covalentemente a um átomo muito eletronegativo, de nitrogênio, oxigênio ou enxofre, por exemplo, ele só pode formar uma ligação de hidrogênio se estiver a cerca de 0,2 nm de outro átomo fortemente eletronegativo que tenha um par de elétrons não compartilhado. Como descrito antes, no caso de ligações de hidrogênio entre moléculas de água, o átomo ligado covalentemente (indicado como D na Figura 2.11a) é o doador de hidrogênio, e o átomo que atrai o próton (chamado A na Figura 2.11a) é o aceptor. A distância total entre os dois átomos eletronegativos participantes em uma ligação de hidrogênio é, tipicamente, de 0,27 nm a 0,30 nm. Alguns exemplos comuns de ligações de hidrogênio são mostrados na Figura 2.11b.

Uma ligação de hidrogênio tem diversas características de uma ligação covalente, mas é muito mais fraca. Você pode pensar nela como um compartilhamento parcial de elétrons (lembre que, em uma ligação covalente, um par de elétrons é compartilhado por dois átomos). Os três átomos envolvidos em uma ligação de hidrogênio estão, em geral, alinhados com o centro do átomo de hidrogênio, ficando diretamente em uma reta traçada entre os dois átomos eletronegativos. Pequenos desvios desse alinhamento podem ocorrer, mas essas ligações de hidrogênio são mais fracas do que as que seguem o formato-padrão.

Todos os grupos funcionais mostrados na Figura 2.11 também são capazes de formar ligações de hidrogênio com moléculas de água. Em verdade, quando expostos à água, eles têm muito mais probabilidade de interagir com ela, pois a concentração da água é muito alta. Para que as ligações de hidrogênio se formem entre moléculas bioquímicas, ou entre suas partes, os grupos doador e aceptor precisam estar protegidos da água. Na maioria dos casos, essa proteção ocorre porque os grupos estão bem dentro do interior hidrofóbico da macromolécula, onde a água não penetra. No DNA, por exemplo, as ligações de hidrogênio entre pares de bases complementares situam-se no meio da dupla-hélice (Figura 2.12).

C. Forças de van der Waals

A terceira força fraca envolve as interações entre dipolos, permanentes ou transitórios, de duas moléculas. Essas forças são de curto alcance e pequena magnitude, cerca de 13 kJ mol^{-1} e 0,8 kJ mol^{-1}, respectivamente.

Elas são chamadas **forças de van der Waals** em homenagem ao físico holandês Johannes Diderik van der Waals. Elas ocorrem apenas quando os átomos estão bem próximos e envolvem tanto atração como repulsão. As forças atrativas, também chamadas forças de dispersão de London, têm origem no dipolo infinitesimal gerado nos átomos pelo movimento aleatório dos elétrons (cargas negativas) em torno do núcleo positivamente carregado. Assim, as forças de van der Waals são atrações dipolares, ou eletrostáticas, entre os núcleos dos átomos ou das moléculas, e os elétrons de outros átomos ou moléculas. A força da interação entre dipolos induzidos transitoriamente nas moléculas não polares, como o metano, é de cerca de 0,4 kJ mol^{-1}, a uma distância internuclear de 0,3 nm. Embora atuem em distâncias semelhantes, as forças de van der Waals são muito mais fracas do que as ligações de hidrogênio.

Há também um componente de repulsão nas forças de van der Waals. Quando dois átomos são forçados a ficar próximos, os elétrons em seus orbitais se repelem mutuamente. Essa repulsão cresce exponencialmente à medida que os átomos se aproximam e torna-se proibitiva em distâncias muito pequenas.

A soma dos componentes de atração e repulsão das forças de van der Waals leva a um perfil energético como o apresentado na Figura 2.13. Em grandes distâncias intermoleculares, os dois átomos não interagem e, portanto, não há forças de atração nem de repulsão entre eles. À medida que os átomos se aproximam (movendo-se para a esquerda no diagrama), as forças de atração aumentam. Essa força de atração se deve à deslocalização da nuvem eletrônica em torno dos átomos. Pode-se pensar nela como um deslocamento dos elétrons em torno de um dos átomos, de modo que esses elétrons tendem a ficar mais concentrados no lado oposto àquele que se aproxima do outro átomo. Esse deslocamento cria um dipolo local, no qual um lado do átomo fica levemente positivo, e o outro, levemente negativo. O lado com pequena carga positiva atrai o outro átomo negativamente carregado. À medida que os átomos se aproximam mais, o efeito desse dipolo diminui, e a influência geral da nuvem eletrônica negativamente carregada se torna mais importante. A curta distância, os átomos se repelem mutuamente.

▲ **Figura 2.11**
Ligações de hidrogênio. (a) Ligação de hidrogênio entre um grupo —D—H (o doador de hidrogênio) e um átomo eletronegativo A— (o aceptor de hidrogênio). Uma ligação de hidrogênio típica tem, aproximadamente, 0,2 nm de comprimento, cerca de duas vezes o comprimento de uma ligação covalente entre hidrogênio e nitrogênio, oxigênio ou enxofre. A distância total entre os dois átomos eletronegativos participantes de uma ligação de hidrogênio é, portanto, de aproximadamente 0,3 nm. **(b)** Exemplos de ligações de hidrogênio biologicamente importantes.

Ligações de hidrogênio entre pares de bases na fita dupla do DNA contribuem apenas parcialmente para sua estabilidade, como descrito na Seção 19.2C.

CONCEITO-CHAVE

Ligações de hidrogênio entre moléculas biológicas, ou internas a essas moléculas, são facilmente rompidas por competição com moléculas de água.

▲ **Figura 2.12**
Ligação de hidrogênio entre as bases complementares guanina e citosina no DNA.

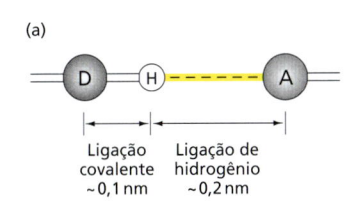

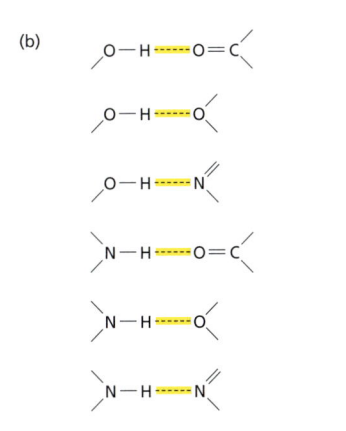

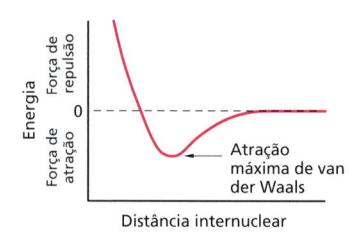

▲ **Figura 2.13**
Efeito da separação internuclear sobre as forças de van der Waals. As forças de van der Waals são fortemente repulsivas entre núcleos mantidos a pequenas distâncias e muito fracas entre núcleos mantidos a longas distâncias. Quando dois átomos estão separados pela soma de seus raios de van der Waals, a atração de van der Waals é máxima.

TABELA 2.2 Raios de van der Waals de diversos átomos

Átomo	Raio (nm)
Hidrogênio	0,12
Oxigênio	0,14
Nitrogênio	0,15
Carbono	0,17
Enxofre	0,18
Fósforo	0,19

CONCEITO-CHAVE
Interações fracas são fracas isoladamente, mas o efeito combinado de um grande número delas é uma força significativa na organização de macromoléculas.

A distância ideal de aproximação é o ponto em que as forças de atração são máximas e corresponde ao mínimo de energia na Figura 2.13; seu valor é igual à soma dos raios de van der Waals dos dois átomos. Quando os átomos estão separados pela soma de seus raios de van der Waals, diz-se que estão em contato de van der Waals. A Tabela 2.2 apresenta raios de van der Waals típicos para vários átomos.

Em alguns casos, o deslocamento dos elétrons é influenciado pela aproximação do outro átomo. Chama-se isso de dipolo induzido. Em outros casos, a deslocalização de elétrons é uma característica permanente da molécula, como vimos no caso da água (Seção 2.1). Esses dipolos permanentes também dão origem a forças de van der Waals.

Embora as forças de van der Waals individualmente sejam fracas, o agrupamento de átomos em uma proteína, em um ácido nucleico ou numa membrana biológica permite a formação de grande número dessas interações. Uma vez formadas, essas forças fracas cumulativas desempenham um papel importante na manutenção das estruturas das moléculas. Por exemplo, as bases heterocíclicas dos ácidos nucleicos empilham-se umas sobre as outras no DNA de fita dupla. Esse arranjo é estabilizado por diversas interações não covalentes, especialmente as forças de van der Waals. Coletivamente, essas forças são chamadas interações de empilhamento (ver Capítulo 19).

D. Interações hidrofóbicas

A associação de uma molécula ou de um grupo relativamente não polar com outras moléculas não polares é chamada **interação hidrofóbica**. Embora essas interações sejam, às vezes, chamadas "ligações" hidrofóbicas, essa denominação é incorreta. Moléculas não polares não se agregam por atração mútua, mas sim porque as moléculas polares de água que as circundam tendem a se associar umas com as outras, em vez de fazê-lo com as moléculas não polares (Seção 2.4). Por exemplo, micelas (Figura 2.10) são estabilizadas por interações hidrofóbicas.

O padrão de ligações de hidrogênio da água é rompido pela presença de uma molécula não polar. Logo, as moléculas de água que envolvem uma molécula menos polar em solução ficam mais restritas em suas interações com outras moléculas de água. Essas moléculas de água restringidas ficam relativamente imóveis, ou ordenadas, da mesma forma que as moléculas na superfície da água ficam ordenadas no conhecido fenômeno da tensão superficial. Contudo, as moléculas de água na fase principal do solvente são muito mais móveis ou desordenadas. Em termos termodinâmicos, há um ganho na entropia combinada do solvente e do soluto não polar quando este se agrega, e a água é liberada de seu estado ordenado ao redor dos grupos não polares.

Interações hidrofóbicas, como as de hidrogênio, são muito mais fracas do que as covalentes, mas mais fortes do que as interações de van der Waals. Por exemplo, a energia necessária para transferir um grupo —CH_2— de um ambiente hidrofóbico para um aquoso é de cerca de 3 kJ mol^{-1}.

Embora as interações hidrofóbicas individuais sejam fracas, o efeito cumulativo de várias delas pode ser significativo sobre a estabilidade de uma macromolécula. A estrutura tridimensional da maioria das proteínas, por exemplo, é grandemente determinada pelas interações hidrofóbicas formadas durante o enovelamento espontâneo da cadeia polipeptídica. As moléculas de água se ligam à superfície externa da proteína, mas não conseguem penetrar em seu interior, onde está localizada a maioria dos grupos não polares.

As quatro interações tratadas aqui são individualmente fracas em comparação com as ligações covalentes, mas o efeito combinado de várias dessas interações pode ser bastante forte. As interações não covalentes mais importantes nas biomoléculas estão na Figura 2.14.

2.6 A água é nucleofílica

Além das propriedades físicas, as propriedades químicas da água também são importantes em bioquímica, pois suas moléculas podem reagir com moléculas biológicas. O átomo de oxigênio, rico em elétrons, determina muito da reatividade da água.

Substâncias ricas em elétrons são chamadas **nucleófilos** ("amantes de núcleos"), pois elas buscam as espécies positivamente carregadas (deficientes em elétrons) chamadas **eletrófilos** ("amantes de elétrons"). Os nucleófilos podem ser tanto espécies negativamente carregadas como as que têm pares de elétrons não compartilhados. Elas atacam os eletrófilos durante as reações de substituição ou de adição. Os átomos nucleofílicos mais comuns em biologia são oxigênio, nitrogênio, enxofre e carbono.

O átomo de oxigênio da água tem dois pares de elétrons não compartilhados, o que o torna nucleofílico. A água é um nucleófilo relativamente fraco, mas sua concentração nas células é tão alta que é razoável esperar que ela seja bastante reativa. Várias macromoléculas deveriam ser facilmente degradadas pelo ataque nucleofílico da água. Na verdade, essa é uma expectativa correta. As proteínas, por exemplo, são hidrolisadas, ou degradadas, pela água, de maneira a liberar suas unidades monoméricas, os aminoácidos (Figura 2.15). O equilíbrio para a hidrólise completa de uma proteína tende bastante para a direção da degradação; em outras palavras, o destino final das proteínas é ser destruídas pela hidrólise!

Se há tanta água nas células, então por que os biopolímeros não são rapidamente degradados? Da mesma forma, se o equilíbrio tende para a desagregação, por que a biossíntese ocorre em meio aquoso? As células evitam esses problemas de várias maneiras. Por exemplo, as ligações entre as unidades monoméricas das macromoléculas, como as ligações peptídicas nas proteínas e as ligações éster no DNA, são relativamente estáveis em solução no pH e na temperatura celulares, a despeito da presença de água. Nesse caso, o termo "estabilidade das ligações" refere-se à velocidade da hidrólise, e não à estabilidade termodinâmica.

As propriedades químicas da água combinadas a sua alta concentração significam que a variação da energia livre de Gibbs (ΔG) para hidrólises é negativa. Ou seja, todas as reações de hidrólise são termodinamicamente favoráveis. Porém, as velocidades das reações no interior das células são tão pequenas que as macromoléculas não são degradadas por hidrólise espontânea em níveis apreciáveis, durante o tempo médio de vida de uma célula. É importante ter em mente a diferença entre a direção preferencial de uma reação, indicada pela variação da energia livre de Gibbs, e sua velocidade, apontada pela constante de velocidade (Seção 1.4D). O conceito-chave é que, por causa da energia de ativação, não há correlação direta entre velocidade de reação e valores finais de equilíbrio entre reagentes e produtos.

As células são capazes de sintetizar macromoléculas em meio aquoso, apesar de as reações de condensação – o inverso da hidrólise – serem termodinamicamente desfavoráveis. Elas fazem isso usando a energia potencial química do ATP para vencer a barreira termodinâmica desfavorável. Além disto, as enzimas que catalisam essas reações retiram a água do sítio ativo onde as reações de síntese ocorrem. Em geral, essas reações seguem rotas químicas em duas etapas, que diferem do inverso da hidrólise. Por exemplo, a rota simples de condensação, mostrada na Figura 2.15, não é igual à usada nas células vivas, pois a presença de altas concentrações de água torna a condensação direta uma reação extremamente desfavorável. Na primeira etapa da síntese, que tem uma barreira termodinâmica, a molécula a ser transferida reage com o ATP

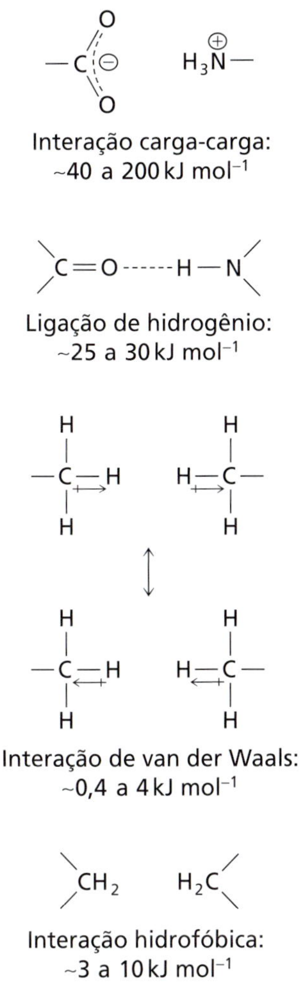

Interação carga-carga:
~40 a 200 kJ mol⁻¹

Ligação de hidrogênio:
~25 a 30 kJ mol⁻¹

Interação de van der Waals:
~0,4 a 4 kJ mol⁻¹

Interação hidrofóbica:
~3 a 10 kJ mol⁻¹

▲ **Figura 2.14**
Interações não covalentes típicas em biomoléculas. As interações carga-carga, as ligações de hidrogênio e as interações de van der Waals são interações eletrostáticas. Interações hidrofóbicas dependem do aumento de entropia das moléculas de água que circundam os grupos não polares, e não da atração direta entre esses grupos. Como comparação, observe-se que a energia de dissociação de uma ligação covalente, como C—H ou C—C, é de aproximadamente 340–450 kJ mol⁻¹.

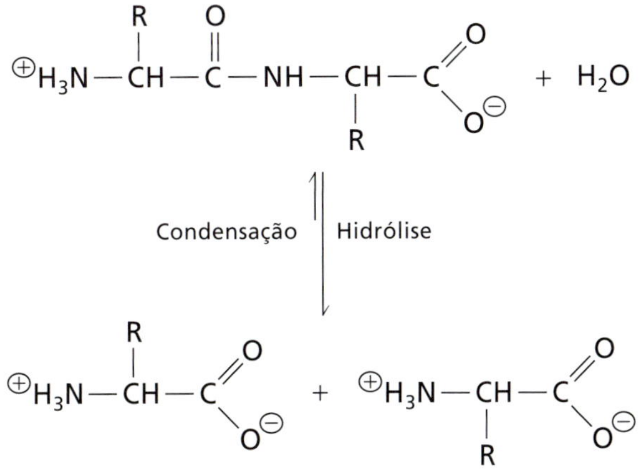

◂ **Figura 2.15**
Hidrólise de peptídeo. Na presença de água, as ligações peptídicas nas proteínas e nos peptídeos são hidrolisadas. A condensação, que é o inverso da hidrólise, não é termodinamicamente favorável.

CONCEITO-CHAVE

Há uma diferença entre a velocidade de uma reação e o fato de ela ser termodinamicamente favorável ou não. Moléculas biológicas são estáveis porque a velocidade de hidrólise espontânea é baixa.

> **QUADRO 2.3 A concentração da água**
>
> A densidade da água varia com a temperatura. Ela é definida como 1,00000 g/mL a 3,98 °C; a 0 °C, ela é igual a 0,99987, e a 25 °C, a 0,99707.
>
> A massa molecular da forma mais comum da água é $M_r = 18,01056$. A concentração da água pura a 3,98 °C é igual a 55,5 M (1000 ÷ 18,01).
>
> Diversas reações bioquímicas envolvem a água, seja como reagente ou como produto, e sua alta concentração irá afetar o equilíbrio dessas reações.

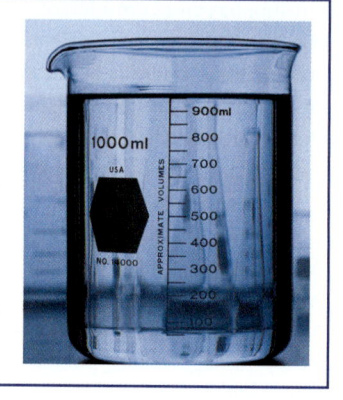

O papel do ATP nas reações acopladas é descrito na Seção 10.7.

para formar um intermediário reativo. Na segunda etapa, o grupo ativado é facilmente transferido ao nucleófilo atacante. No Capítulo 22, veremos que o intermediário reativo na síntese de proteínas é um aminoacil-tRNA formado em uma reação que envolve o ATP. O resultado final da reação de biossíntese é acoplar a condensação à hidrólise do ATP.

2.7 Ionização da água

Uma das propriedades importantes da água é sua fraca tendência a se ionizar. A água pura contém baixa concentração de íons hidrônio ($H_3O^\oplus$) e igual concentração de íons hidróxido ($OH^\ominus$). Os íons hidrônio e hidróxido são formados por ataque nucleofílico do oxigênio sobre um dos prótons de uma molécula adjacente de água.

$$H_2O + H_2O \rightleftharpoons H_3O^\oplus + OH^\ominus \quad (2.2)$$

As setas vermelhas na Reação 2.2 indicam o movimento dos pares de elétrons. Elas servem para mostrar mecanismos de reação e serão encontradas em vários diagramas neste livro. Um dos pares de elétrons livres do oxigênio irá contribuir para a formação de uma nova ligação covalente O—H entre o átomo de oxigênio do íon hidrônio e o próton ($H^\oplus$) retirado de uma molécula de água. Uma ligação covalente O—H é quebrada nessa reação, e seu par de elétrons permanece associado ao átomo de oxigênio do íon hidróxido.

Observe que os átomos no íon hidrônio têm onze prótons (oito no átomo de oxigênio e três nos hidrogênios) e dez elétrons (um par no orbital mais interno do átomo de oxigênio, um par de elétrons livres associado a esse átomo e três pares nas ligações covalentes). Assim, há uma carga resultante positiva e, por isso, nos referimos ao hidrônio como íon (cátion). A carga positiva é, em geral, representada sobre o átomo de oxigênio, mas, na verdade, ela também está parcialmente distribuída sobre os átomos de hidrogênio. De modo similar, o íon hidróxido (ânion) carrega uma carga resultante negativa, pois tem dez elétrons, mas apenas um total de nove prótons nos núcleos de oxigênio e hidrogênio.

A ionização é uma reação reversível típica. Reações de protonação e desprotonação ocorrem muito rapidamente. Íons hidróxido têm meia-vida curta, assim como os íons hidrônio. Mesmo as moléculas de água têm uma existência apenas transitória. Acredita-se que a molécula média de água exista por cerca de um milissegundo (10^{-3} s) antes de perder um próton e se tornar um íon hidróxido ou de receber um próton e tornar-se um íon hidrônio. Observe que o tempo de vida de uma molécula de água ainda é oito ordens de grandeza maior (10^8) do que o tempo de vida de uma ligação de hidrogênio.

Íons hidrônio ($H_3O^\oplus$) são capazes de doar um próton a outro íon. Doadores de prótons desse tipo são ditos **ácidos**, de acordo com o conceito de ácidos e bases de Brønsted-Lowry. Para simplificar as equações químicas, costumamos representar o íon hidrônio simplesmente como $H^\oplus$ (próton livre, ou íon hidrogênio) para refletir o fato de que ele é a principal fonte de prótons em reações bioquímicas. A ionização da água pode ser descrita, então, como uma simples dissociação de um próton da molécula de água.

$$H_2O \rightleftharpoons H^\oplus + OH^\ominus \quad (2.3)$$

A Reação 2.3 é uma forma conveniente de mostrar a ionização da água, mas não reflete a estrutura real do doador de prótons que, na verdade, é o íon hidrônio. Essa reação também não considera o fato de que a ionização da água é, de fato, uma reação bimolecular envolvendo duas moléculas de água, como mostra a Reação 2.2. Felizmente, a dissociação da água é uma aproximação razoável que não afeta nossos cálculos nem nossa compreensão das propriedades dessa substância. Usaremos essa concepção no restante deste livro.

Os íons hidróxido podem aceitar um próton e se converter, novamente, em moléculas de água. Aceptores de prótons são chamados **bases**. A água funciona tanto como ácido quanto como base, como mostra a Reação 2.2.

A ionização da água pode ser analisada quantitativamente. Lembre que as concentrações de reagentes e produtos em uma reação irão, finalmente, atingir um equilíbrio no qual não há variação observável nas suas concentrações. A proporção entre essas concentrações no equilíbrio define a constante de equilíbrio (K_{eq}). No caso da ionização da água,

$$K_{eq} = \frac{[H^\oplus][OH^\ominus]}{H_2O} \quad K_{eq}[H_2O] = [H^\oplus][OH^\ominus] \quad (2.4)$$

A constante de equilíbrio para a ionização da água foi determinada nas condições-padrão de pressão (1 atm) e temperatura (25 °C). Seu valor é de $1,8 \times 10^{-16}$ M. Estamos interessados em conhecer as concentrações de prótons e de íons hidróxido em uma solução de água pura, uma vez que que esses íons participam de várias reações bioquímicas. Esses valores podem ser calculados pela Equação 2.4, se conhecermos a concentração da água ($[H_2O]$) no equilíbrio. A 25 °C, a água pura tem concentração de aproximadamente 55,5 M (ver Quadro 2.2). Uma porcentagem muito pequena de moléculas de água irá se dissociar para formar $H^\oplus$ e $OH^\ominus$ quando a reação de ionização atingir o equilíbrio, o que terá um efeito bem pequeno sobre a concentração de equilíbrio das moléculas de água. Podemos simplificar nossos cálculos considerando que a concentração de água na Equação 2.4 é igual a 55,5 M. Substituindo esse valor e o da constante de equilíbrio, teremos

$$(1,8 \times 10^{-16} M)(55,5 M) = 1,0 \times 10^{-14} M^2 = [H^\oplus][OH^\ominus] \quad (2.5)$$

O produto obtido multiplicando-se as concentrações de próton e íon hidróxido ($[H^\oplus][OH^\ominus]$) é chamado **produto iônico da água**, uma constante identificada como K_w (a constante do produto iônico da água). A 25 °C, o valor de K_w é

$$K_w = [H^\oplus][OH^\ominus] = 1,0 \times 10^{-14} M^2 \quad (2.6)$$

É uma feliz coincidência que este seja um número redondo, e não uma fração qualquer, o que facilita muitíssimo o cálculo das concentrações de íons. A água pura é eletricamente neutra. Logo, sua ionização produz um número igual de prótons e íons hidróxido $[H^\oplus] = [OH^\ominus]$. No caso de água pura, a Equação 2.6 pode, portanto, ser reescrita como

$$K_w = [H^\oplus]^2 = 1,0 \times 10^{-14} M^2 \quad (2.7)$$

Tomando-se a raiz quadrada dos termos na Equação 2.7, tem-se

$$[H^\oplus] = 1,0 \times 10^{-7} M \quad (2.8)$$

> A densidade da água varia com a temperatura (Quadro 2.2), assim como o seu produto iônico. As diferenças não são significativas nas faixas de temperatura normalmente encontradas nas células vivas. Assim, considera-se que o valor 10^{-14} se aplica a todas as temperaturas (veja o Problema 17 ao final deste capítulo).

TABELA 2.3 Relação entre [H⊕] e [OH⊖] com o pH.

pH	[H⊕] (M)	[OH⊖] (M)
0	1	10^{-14}
1	10^{-1}	10^{-13}
2	10^{-2}	10^{-12}
3	10^{-3}	10^{-11}
4	10^{-4}	10^{-10}
5	10^{-5}	10^{-9}
6	10^{-6}	10^{-8}
7	10^{-7}	10^{-7}
8	10^{-8}	10^{-6}
9	10^{-9}	10^{-5}
10	10^{-10}	10^{-4}
11	10^{-11}	10^{-3}
12	10^{-12}	10^{-2}
13	10^{-13}	10^{-1}
14	10^{-14}	1

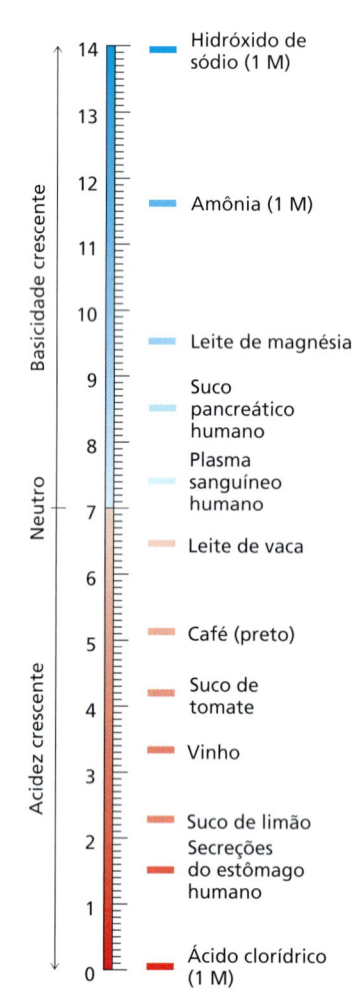

Uma vez que [H⊕] = [OH⊖], a ionização da água pura produz 10^{-7} M de H⊕ e 10^{-7} M de OH⊖. Água pura e soluções aquosas com concentrações iguais de H⊕ e OH⊖ são *neutras*. Obviamente, nem todas as soluções aquosas têm concentrações iguais de H⊕ e OH⊖. Quando um ácido é dissolvido em água, a [H⊕] aumenta, e a solução é dita ácida. Observe que, nesse caso, a concentração de prótons aumenta e a de íons hidróxido diminui, pois o produto iônico da água (K_w) não muda (ou seja, é constante), e o produto das concentrações de H⊕ e OH⊖ tem que permanecer igual a $1{,}0 \times 10^{-14}$ M² nas condições-padrão (Equação 2.5). Dissolvendo-se uma base em água, a [H⊕] diminui e a [OH⊖] aumenta em relação ao valor de $1{,}0 \times 10^{-7}$ M, produzindo uma solução básica, ou alcalina.

2.8 A escala de pH

Vários processos bioquímicos – incluindo o transporte de oxigênio no sangue, a catálise de reações por enzimas e a geração de energia metabólica durante a respiração ou a fotossíntese – são fortemente afetados pela concentração de prótons. Embora a concentração de H⊕ (ou de $H_3O^⊕$) nas células seja pequena em relação à concentração de água, a variação de [H⊕] em soluções aquosas é enorme. Assim, é conveniente usar uma quantidade logarítmica chamada pH como medida dessa concentração de H⊕. O **pH** é definido como o logaritmo negativo da concentração de H⊕.

$$pH = -\log[H^⊕] = \log\frac{1}{[H^⊕]} \tag{2.9}$$

Em água pura, [H⊕] = [OH⊖] = $1{,}0 \times 10^{-7}$ M (Equações 2.7 e 2.8). Como mencionado anteriormente, a água pura é neutra com relação à carga iônica total, já que as concentrações de íons hidrogênio positivamente carregados e de íons hidróxido negativamente carregados são iguais. Soluções neutras têm pH igual a 7,0 (o negativo do log 10^{-7}). Soluções ácidas têm um excesso de H⊕ por causa da presença de soluto dissolvido, que fornece íons H⊕. Em uma solução de HCl 0,01 M, por exemplo, a concentração de H⊕ é igual a 0,01 M (10^{-2} M), pois o HCl se dissocia completamente em H⊕ e Cl⊖. O pH dessa solução é igual a –log 10^{-2} = 2,0. Assim, quanto maior a concentração de H⊕, menor o pH da solução. A escala de pH é logarítmica, portanto, uma variação de uma unidade no pH corresponde a uma mudança de 10 vezes na concentração de H⊕.

Soluções aquosas também podem conter menos íons H⊕ do que a água pura, resultando em um pH maior do que 7. Em uma solução de NaOH 0,01 M, por exemplo, a concentração de OH⊖ é igual a 0,01 M (10^{-2} M), pois o NaOH, como o HCl, se dissocia 100% em água. Os íons H⊕ derivados da ionização da água irão se combinar com os íons hidróxido do NaOH para formar novamente as moléculas de água, afetando o equilíbrio de ionização desta (Reação 2.3). A solução resultante é muito básica, em razão da à baixa concentração de prótons. O valor real do pH pode ser determinado a partir do produto iônico da água K_w (Equação 2.6), substituindo-se a concentração de íons hidróxido. Como o produto das concentrações de OH⊖ e H⊕ é igual a 10^{-14} M, segue-se que a concentração de H⊕ em uma solução com 10^{-2} M de OH⊖ é igual a 10^{-12} M. Logo, o pH dessa solução é igual a 12. A Tabela 2.3 mostra a relação entre o pH e as concentrações de H⊕ e OH⊖.

Soluções básicas têm valores de pH maiores do que 7,0, e as soluções ácidas, valores menores. A Figura 2.16 ilustra os valores de pH para diversas soluções comuns.

Medidas precisas de pH são feitas rotineiramente, usando um pHmetro, instrumento que incorpora um eletrodo de vidro seletivamente permeável, sensível a [H⊕]. Algumas vezes, a medida do pH facilita o diagnóstico de uma doença. O pH normal do sangue humano é 7,4 – frequentemente chamado pH fisiológico. O sangue de pacientes que sofrem de determinadas doenças, como o diabetes, pode apresentar um pH mais baixo, uma condição chamada acidose. A condição na qual o pH do sangue é maior do que 7,4 é chamada alcalose e pode resultar de vômito persistente e prolongado (perda de ácido clorídrico do estômago) ou de hiperventilação (perda excessiva de ácido carbônico sob a forma de dióxido de carbono).

▲ **Figura 2.16**
Valores de pH de vários fluidos a 25 °C. Valores menores correspondem a fluidos ácidos, e maiores, a fluidos básicos.

Escala (de baixo para cima, Acidez crescente → Neutro → Basicidade crescente):
- 0 — Ácido clorídrico (1 M)
- 2 — Suco de limão; Secreções do estômago humano
- 3 — Vinho
- 4 — Suco de tomate
- 5 — Café (preto)
- 6 — Leite de vaca
- 7 — Plasma sanguíneo humano
- 8 — Suco pancreático humano
- 10 — Leite de magnésia
- 11 — Amônia (1 M)
- 14 — Hidróxido de sódio (1 M)

QUADRO 2.4 O "p" minúsculo no pH

O termo pH foi usado pela primeira vez em 1909 por Søren Peter Lauritz Sørensen, diretor dos Laboratórios Carlsberg, na Dinamarca. Ele nunca mencionou o que significava o "p" (o "H" é, obviamente, hidrogênio). Muitos anos depois, alguns dos cientistas que escrevem livros didáticos de química começaram a associar o "p" à palavra *força* (do inglês *power*) ou a *potencial*. Como se descobriu depois, essa associação se baseia em uma tênue conexão existente em alguns dos primeiros artigos de Sørensen. Uma pesquisa recente sobre os registros históricos feita por Jens G. Nøby sugere que o "p" foi uma escolha arbitrária de Sørensen, baseada em seu hábito de utilizar as letras *p* e *q* para variáveis desconhecidas, da mesma forma que costumamos usar *x* e *y* atualmente.

Seja qual for a sua origem histórica, é importante lembrar que hoje o símbolo pH significa o negativo do logaritmo da concentração de íons hidrogênio.

▲ Søren Peter Lauritz Sørensen (1868-1939).

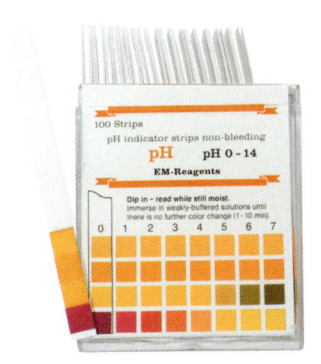

▲ **Fitas para medida de pH.** O pH aproximado das soluções pode ser determinado em laboratório, colocando-se uma gota delas em uma fita para medir o pH. Nessas fitas, vários indicadores são ligados a uma matriz fixada sobre uma fita plástica. Esses indicadores mudam de cor em diferentes concentrações de $H^{\oplus}$, e a combinação de várias cores na fita fornece uma leitura mais ou menos precisa do pH. As fitas mostradas nesta figura cobrem uma faixa de pH entre 0 e 14, mas há outras que podem ser usadas em faixas mais estreitas.

2.9 Constantes de dissociação ácida dos ácidos fracos

Ácidos e bases que se dissociam completamente em água, como ácido clorídrico e hidróxido de sódio, são ditos ácidos e bases fortes. Vários outros ácidos e bases, como os aminoácidos (que formam as proteínas) e as purinas e pirimidinas do DNA e RNA, não se dissociam completamente em água. Essas substâncias são conhecidas como ácidos e bases fracas.

Para compreender a relação entre ácidos e bases vamos considerar a dissociação de HCl em água. Lembre-se de que na Seção 2.7 definimos ácido como uma molécula que pode doar prótons e base como aceptor de prótons. Ácidos e bases sempre vêm em pares, pois para cada doador de prótons precisa haver um aceptor. Os dois lados da reação de dissociação conterão um ácido e uma base. Assim, a reação equilibrada para a dissociação completa de HCl é

$$\underset{\text{ácido}}{HCl} + \underset{\text{base}}{H_2O} \rightleftharpoons \underset{\text{base}}{Cl^{\ominus}} + \underset{\text{ácido}}{H_3O^{\oplus}} \tag{2.10}$$

O HCl é um ácido porque ele pode doar um próton. Nesse caso, o aceptor do próton é a água, a base nessa reação. Do outro lado da reação equilibrada formam-se $Cl^{\ominus}$ e o íon hidrônio $H_3O^{\oplus}$. O íon cloreto é a base correspondente ao HCl, depois que este perdeu seu próton. $Cl^{\ominus}$ é chamado de **base conjugada** do HCl, o que indica que ele é uma base (isto é, pode aceitar um próton) e é parte de um par ácido-base (isto é, $HCl/Cl^{\ominus}$). De modo semelhante, $H_3O^{\oplus}$ é o ácido do lado direito do equilíbrio porque é ele que pode doar um próton. Ele é o **ácido conjugado** da H_2O. Cada base tem um ácido conjugado correspondente, e cada ácido tem uma base conjugada correspondente. Portanto, HCl é o ácido conjugado do $Cl^{\ominus}$, e H_2O é a base conjugada do $H_3O^{\oplus}$. Observe que H_2O é o ácido conjugado de $OH^{\ominus}$ se estivermos nos referindo ao par ácido-base $H_2O/OH^{\ominus}$.

Na maior parte dos casos, ao longo deste livro, simplificaremos as reações ignorando a contribuição da água e representando o íon hidrônio como um próton simples.

$$HCl \rightleftharpoons H^{\oplus} + Cl^{\ominus} \tag{2.11}$$

Esta é uma convenção padrão em bioquímica, mas vista superficialmente parece violar a regra de que os dois lados de uma reação em equilíbrio devem conter um

CONCEITO-CHAVE
O pH é o negativo do logaritmo da concentração de prótons ($H^{\oplus}$).

CONCEITO-CHAVE
Ácidos e bases fracos são compostos que se dissociam apenas parcialmente em água.

> **CONCEITO-CHAVE**
> A contribuição da água fica implícita na maioria das reações de dissociação ácido/base.

doador e um aceptor de prótons. Os estudantes não devem se esquecer de que em tais reações estão implícitas as contribuições das moléculas de água como aceptoras de prótons e dos íons hidrônio como seus doadores. Em quase todos os casos podemos, tranquilamente, ignorar a contribuição da água. Esse é o mesmo princípio aplicado à reação de dissociação da água (Seção 2.7), que simplificamos ao ignorar a contribuição de uma das moléculas de água.

A razão pela qual o HCl é um ácido tão forte decorre do equilíbrio mostrado na Reação 2.11 ser tão deslocado para a direita que o HCl se dissocia totalmente em água. Em outras palavras, o HCl tem forte tendência a doar um próton quando dissolvido em água. Isso significa também que a base conjugada, $Cl^{\ominus}$, é muito fraca, pois ela raramente aceitará um próton.

Ácido acético é o ácido fraco presente no vinagre. A reação de ionização desse ácido é

$$\underset{\substack{\text{Ácido acético} \\ \text{(ácido fraco)}}}{CH_3COOH} \underset{}{\overset{K_a}{\rightleftharpoons}} H^{\oplus} + \underset{\substack{\text{Ânion acetato} \\ \text{(base conjugada)}}}{CH_3COO^{\ominus}} \quad (2.12)$$

Desprezamos a contribuição das moléculas de água para simplificar a reação. Vemos que o íon acetato é a base conjugada do ácido acético (podemos também nos referir ao ácido acético como o ácido conjugado do íon acetato).

A constante de equilíbrio para a dissociação de um próton de um ácido em água é chamada **constante de dissociação ácida, K_a**. Quando a reação atinge o equilíbrio, o que acontece muito rapidamente, essa constante é igual à concentração dos produtos dividida pela concentração dos reagentes. Para a Reação 2.12, a constante de dissociação ácida é

$$K_a = \frac{[H^{\oplus}][CH_3COO^{\ominus}]}{[CH_3COOH]} \quad (2.13)$$

O valor de K_a para o ácido acético a 25 °C é $1{,}76 \times 10^{-5}$ M. Uma vez que os valores dessa constante são numericamente pequenos e inconvenientes em cálculos, é útil colocá-los em uma escala logarítmica. O parâmetro **pK_a** é definido por analogia com o pH.

$$pK_a = -\log K_a = \log \frac{1}{K_a} \quad (2.14)$$

O valor de pH é uma medida da acidez de uma solução, e o pK_a mede a força ácida de um composto específico. O pK_a do ácido acético é igual a 4,8.

Ao trabalharmos com bases, para usar a Equação 2.13 precisamos considerar suas formas protonadas. Esses ácidos conjugados são muito fracos. Para simplificar os cálculos e tornar mais fáceis as comparações, mede-se a constante de equilíbrio (K_a) para a dissociação de um próton do ácido conjugado de uma base fraca. Por exemplo, o íon amônio ($NH_4^{\oplus}$) pode se dissociar formando a base amônia (NH_3) e $H^{\oplus}$.

$$NH_4^{\oplus} \rightleftharpoons NH_3 + H^{\oplus} \quad (2.15)$$

A constante de dissociação ácida (K_a) para esse equilíbrio é uma medida da força da base (amônia, NH_3) em solução aquosa. Os valores de K_a para várias substâncias comuns estão listados na Tabela 2.4.

Pela Equação 2.13, vemos que o K_a do ácido acético está relacionado com a concentração de $H^{\oplus}$ e com a razão entre as concentrações de íon acetato e ácido acético não dissociado. Se representarmos o ácido conjugado por HA e a base conjugada por $A^{\ominus}$, então, tomando-se o logaritmo dessas equações, obtém-se a equação geral de qualquer par ácido-base.

$$HA \rightleftharpoons H^{\oplus} + A^{\ominus} \qquad \log K_a = \log \frac{[H^{\oplus}][A^{\ominus}]}{[HA]} \quad (2.16)$$

Como $\log(xy) = \log x + \log y$, a Equação 2.16 pode ser reescrita como

$$\log K_a = \log[H^{\oplus}] + \log \frac{[A^{\ominus}]}{[HA]} \quad (2.17)$$

TABELA 2.4 Constantes de dissociação e valores de pK_a de ácidos fracos em soluções aquosas a 25 °C

Ácido	K_a(M)	pK_a
HCOOH (ácido fórmico)	$1{,}77 \times 10^{-4}$	3,8
CH_3COOH (ácido acético)	$1{,}76 \times 10^{-5}$	4,8
$CH_3CHOHCOOH$ (ácido láctico)	$1{,}37 \times 10^{-4}$	3,9
H_3PO_4 (ácido fosfórico)	$7{,}52 \times 10^{-3}$	2,2
$H_2PO_4^{\ominus}$ (íon di-hidrogenofosfato)	$6{,}23 \times 10^{-8}$	7,2
$HPO_4^{2\ominus}$ (íon monoidrogenofosfato)	$2{,}20 \times 10^{-13}$	12,7
H_2CO_3 (ácido carbônico)	$4{,}30 \times 10^{-7}$	6,4
$HCO_3^{\ominus}$ (íon bicarbonato)	$5{,}61 \times 10^{-11}$	10,2
$NH_4^{\oplus}$ (íon amônio)	$5{,}62 \times 10^{-10}$	9,2
$CH_3NH_3^{\oplus}$ (íon metilamônio)	$2{,}70 \times 10^{-11}$	10,7

Rearranjando a Equação 2.17, obtém-se

$$-\log[H^{\oplus}] = -\log K_a + \log\frac{[A^{\ominus}]}{[HA]} \quad (2.18)$$

Os negativos dos logaritmos na Equação 2.18 já foram definidos como pH e pK_a (Equações 2.9 e 2.14, respectivamente). Assim,

$$pH = pK_a + \log\frac{[A^{\ominus}]}{[HA]} \quad (2.19)$$

ou

$$pH = pK_a + \log\frac{[\text{Aceptor de próton}]}{[\text{Doador de próton}]} \quad (2.20)$$

A Equação 2.20 é uma versão da **equação de Henderson-Hasselbalch**. Ela define o pH de uma solução em termos do pK_a do ácido fraco do par ácido-base e o logaritmo da razão entre as concentrações da espécie dissociada (base conjugada) e da espécie protonada (ácido fraco). Observe que, quanto maior a concentração do aceptor de próton (base conjugada) em relação à do doador de próton (ácido fraco), menor a concentração de $H^{\oplus}$ e maior o pH. (Lembre-se de que pH é o negativo do logaritmo da concentração de $H^{\oplus}$. Uma alta concentração de $H^{\oplus}$ significa pH baixo.) Isso é intuitivo, uma vez que a concentração de $A^{\ominus}$ é idêntica à de $H^{\oplus}$ nas reações de dissociação simples. Se mais HA se dissocia, a concentração de $A^{\ominus}$ será maior, assim como a de $H^{\oplus}$. Quando as concentrações de um ácido fraco e de sua base conjugada são exatamente iguais, o pH da solução é igual ao pK_a do ácido (uma vez que a razão entre as concentrações é igual a 1,0, e o logaritmo de 1,0 é igual a zero).

A equação de Henderson-Hasselbalch é usada para determinar o pH final de uma solução de ácido fraco quando a reação de dissociação atinge o equilíbrio, como ilustrado para o ácido acético no Exemplo de Cálculo 2.1. Esses cálculos são mais complicados do que aqueles envolvendo ácidos fortes como o HCl. Como observado na Seção 2.8, o pH de uma solução de HCl é facilmente determinado a partir da quantidade presente desse ácido, uma vez que a concentração final de $H^{\oplus}$ é igual à concentração inicial de HCl quando a solução é preparada. Em contraste, ácidos fracos são apenas parcialmente dissociados em água, e por isso o seu pH dependerá da constante de dissociação ácida. O pH diminui (mais $H^{\oplus}$) à medida que mais ácido fraco é adicionado à água, mas o aumento de $H^{\oplus}$ não varia linearmente com a concentração de HA. Isso ocorre porque o numerador na Equação 2.16 é o *produto* das concentrações de $H^{\oplus}$ e $A^{\ominus}$.

A equação de Henderson-Hasselbalch se aplica também a outras combinações ácido-base, não apenas àquelas envolvendo ácidos fracos. Ao tratar uma base fraca, por exemplo, o numerador e o denominador da Equação 2.20 tornam-se respectivamente [base fraca] e [ácido conjugado]. O ponto importante a lembrar é que a equação se refere à concentração do aceptor de próton dividida pela concentração do doador de próton.

CONCEITO-CHAVE

O pH de uma solução de ácido ou base fraca em equilíbrio pode ser calculado conhecendo o pK_a da reação de ionização e as concentrações finais do aceptor e do doador de prótons.

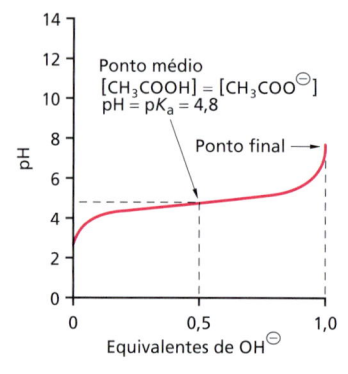

Figura 2.17
Titulação de ácido acético (CH₃COOH) com base aquosa (OH⁻). Existe um ponto de inflexão (ponto de inclinação mínima) no ponto médio da titulação, quando 0,5 equivalentes da base foram adicionados à solução de ácido acético. Esse é o ponto no qual [CH₃COOH] = [CH₃COO⁻] e pH = pK_a. Portanto, o pK_a do ácido acético é igual a 4,8. No ponto final, todas as moléculas de ácido acético foram tituladas à sua base conjugada, o acetato.

Figura 2.18
Titulação do íon imidazólio.

Os valores de pK_a de ácidos fracos são determinados por titulação. A Figura 2.17 mostra a curva de titulação do ácido acético. Nesse exemplo, uma solução de ácido acético é titulada adicionando-se pequenas alíquotas de uma base forte, de concentração conhecida. O pH da solução é medido e colocado em um gráfico contra o número de equivalentes molares da base forte adicionada na titulação. Observe que, como o ácido acético tem apenas um grupo ionizável (sua carboxila), é necessário somente um equivalente de uma base forte para titulá-lo à sua base conjugada, o ânion acetato. Quando o ácido tiver sido titulado com meio equivalente da base, a concentração de ácido acético não dissociado será exatamente igual à do ânion acetato. O pH resultante (4,8) é, portanto, o pK_a determinado experimentalmente para o ácido acético.

Construir uma curva teórica de titulação é um exercício útil para reforçar a relação entre o pH e o estado de ionização de um ácido fraco. Você pode usar a equação de Henderson-Hasselbalch para calcular o pH resultante da adição de quantidades crescentes de uma base forte, como o NaOH, a um ácido fraco como o íon imidazólio (pK_a = 7,0). A adição de base converte o íon imidazólio em sua base conjugada, o imidazol (Figura 2.18). A forma da curva de titulação é fácil de visualizar se você calcular o pH para os pontos em que a razão entre base conjugada e ácido for igual a 0,01, 0,1, 1, 10 e 100. Calcule os valores de pH com outras proporções, até ficar convencido de que a curva é relativamente plana próximo ao ponto médio e mais inclinada nas extremidades.

Curvas de titulação com formas semelhantes podem ser obtidas para cada um dos ácidos monopróticos (aqueles que têm apenas um grupo ionizável) listados na Tabela 2.4. Todas deverão apresentar a mesma forma geral da Figura 2.17, mas o ponto de inflexão que representa o ponto médio da titulação (meio equivalente titulado) deverá ficar em valor menor de pH para um ácido mais forte (como o fórmico ou o láctico) e em valor maior para um ácido mais fraco (como o íon amônio ou o metilamônio).

Curvas de titulação de ácidos fracos ilustram um segundo uso importante da equação de Henderson-Hasselbalch. Nesse caso, o pH final resulta da mistura de ácido fraco (HA) com uma base forte (OH⁻). A base se combina com íons H⁺ para formar moléculas de água, H₂O, o que reduz a concentração de H⁺ e aumenta o pH. À medida que a titulação do ácido fraco continua, ele se dissocia para restabelecer o equilíbrio com OH⁻ e H₂O. O resultado é que a concentração final de A⁻ é muito maior, e a de HA, muito menor do que quando se trata de um caso simples, em que o pH é determinado apenas pela dissociação do ácido fraco em água (ou seja, uma solução de HA em H₂O).

O ácido fosfórico (H₃PO₄) é um ácido poliprótico. Ele contém três átomos de hidrogênio diferentes, os quais podem se dissociar para formar íons H⁺ e bases conjugadas correspondentes, com um, dois ou três cargas negativas. A dissociação do primeiro próton ocorre facilmente e é associada a uma constante de dissociação ácida grande, de $7,53 \times 10^{-3}$ M, e um pK_a de 2,2 em solução aquosa. As dissociações do segundo e do terceiro prótons ocorrem de maneira progressiva com menos facilidade, pois eles precisam se dissociar de uma molécula que já está negativamente carregada.

O ácido fosfórico necessita de três equivalentes de base forte para uma titulação completa, e três valores de pK_a ficam evidentes em sua curva de titulação (Figura 2.19). Esses três valores refletem as três constantes de equilíbrio e, portanto, a existência de quatro possíveis espécies iônicas (ácidos e bases conjugadas) de fosfato inorgânico. No pH fisiológico (7,4), as espécies de fosfato inorgânico predominantes são $H_2PO_4^-$ e HPO_4^{2-}. No pH 7,2 essas duas espécies existem em concentrações iguais. No pH 7,4, as concentrações de H_3PO_4 e PO_4^{3-} são tão baixas que podem ser ignoradas. Isso geralmente ocorre para uma espécie minoritária quando o pH diverge mais de duas unidades de seu pK_a.

(2.21)

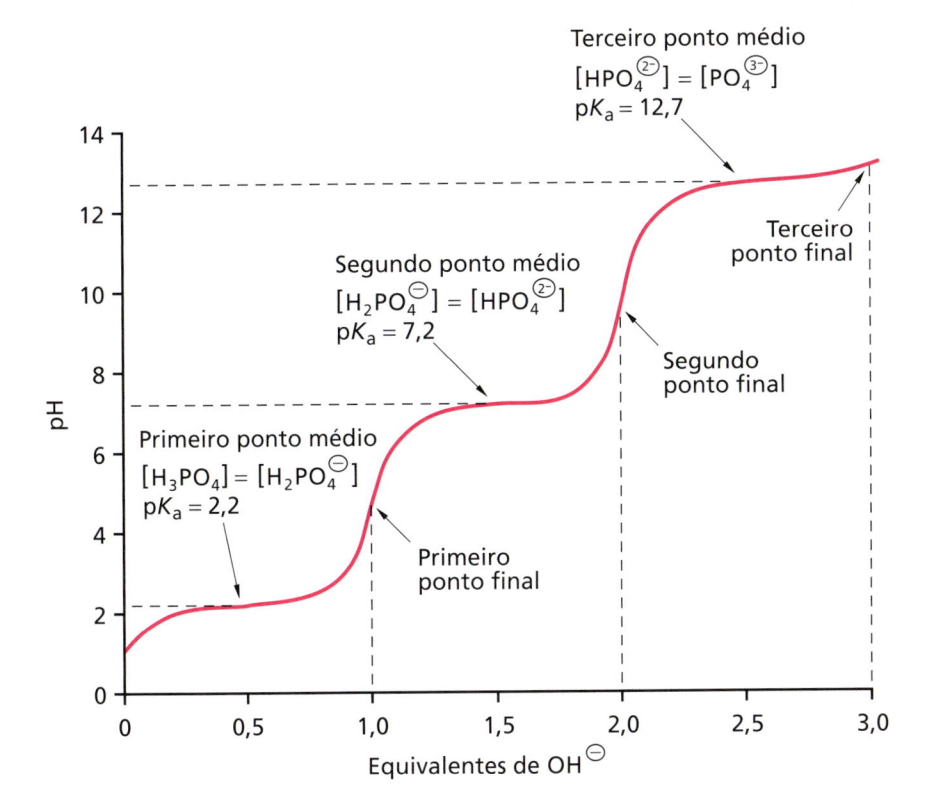

◄ Figura 2.19
Curva de titulação para H_3PO_4. Três pontos de inflexão (em 0,5, 1,5 e 2,5 equivalentes de base forte adicionados) correspondem aos três valores de pK_a para o ácido fosfórico (2,2, 7,2 e 12,7).

Vários ácidos e bases biologicamente importantes, incluindo os aminoácidos descritos no Capítulo 3, têm dois ou mais grupos ionizáveis. O número de valores de pK_a para essas substâncias é igual ao de grupos ionizáveis e pode ser determinado experimentalmente por titulação.

2.10 Soluções tamponadas resistem a mudanças do pH

Se o pH de uma solução permanecer quase constante quando pequenas quantidades de ácido ou base forte forem adicionadas a ela, diz-se que a solução está **tamponada**. A capacidade de uma solução resistir a mudanças de pH é conhecida como sua capacidade de tamponamento. A observação das curvas de titulação do ácido acético (Figura 2.17) e do ácido fosfórico (Figura 2.19) revela que o tamponamento mais efetivo, indicado pela região de menor inclinação na curva, ocorre quando as concentrações do ácido fraco e de sua base conjugada são iguais, em outras palavras, quando o pH é igual ao pK_a. A faixa efetiva de tamponamento de uma mistura de ácido fraco e sua base conjugada é, em geral, considerada como se estendendo de uma unidade de pH abaixo até uma unidade de pH acima de seu pK_a.

A maioria dos experimentos bioquímicos *in vitro* envolvendo moléculas purificadas, extratos celulares ou células intactas é realizada em presença de um tampão para assegurar um pH estável. Diversos compostos sintéticos, com valores de pK_a diferentes, são em geral usados no preparo de soluções-tampão, mas compostos naturais também podem ser usados para esse fim. Por exemplo, misturas de ácido acético e acetato de sódio ($pK_a = 4,8$) podem ser usadas na faixa de pH entre 4 e 6 (Figura 2.20), e misturas de KH_2PO_4 e K_2HPO_4 ($pK_a = 7,2$), na faixa de pH entre 6 e 8. O aminoácido glicina ($pK_a = 9,8$) é geralmente usado na faixa entre 9 e 11.

No preparo de tampões, a solução ácida (por exemplo, ácido acético) fornece os prótons, e alguns desses são retirados pela combinação com a base conjugada (no caso, acetato). Esta é adicionada como solução de um sal (por exemplo, acetato de sódio), que se dissocia completamente nessa condição, fornecendo a base conjugada livre e nenhum próton. O Exemplo de Cálculo 2.2 ilustra um modo de preparar uma solução-tampão.

▲ Bebidas tipo cola contêm ácido fosfórico para torná-las mais ácidas. A concentração desse ácido é de cerca de 1 mM. Essa concentração deve deixar o pH em torno de 3, na ausência de quaisquer outros ingredientes que possam contribuir para a acidez.

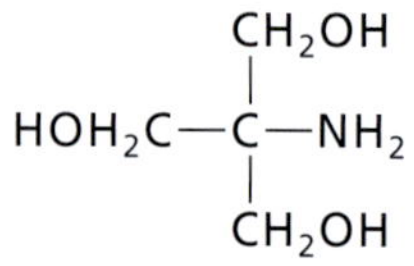

Tampões Tris. Tris, ou tris (hidroximetil) aminometano, é um tampão comum em laboratórios de bioquímica. Seu pK_a de 8,06 torna-o ideal para a preparação de tampões na faixa fisiológica.

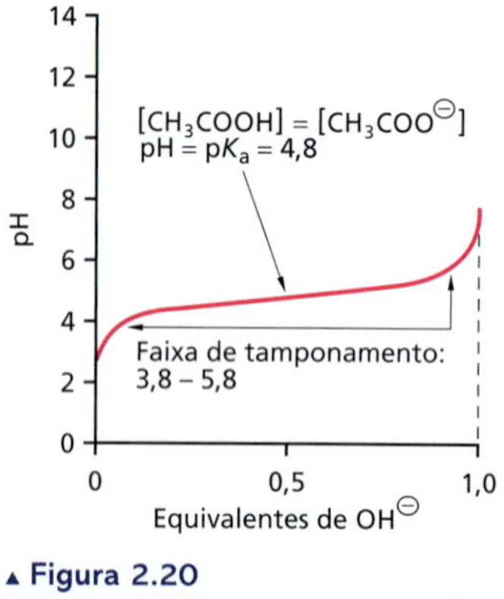

> **EXEMPLO DE CÁLCULO 2.1 Cálculo do pH de soluções de ácidos fracos**
>
> **P:** Qual é o pH de uma solução 0,1 M de ácido acético?
>
> **R:** A constante de dissociação ácida do ácido acético é igual a $1,76 \times 10^{-5}$ M. O ácido se dissocia em água, formando acetato e $H^\oplus$. Precisamos determinar $[H^\oplus]$ quando a reação atinge o equilíbrio.
>
> Seja a concentração final de $H^\oplus$ representada pela quantidade desconhecida x. No equilíbrio, a concentração de íon acetato também será igual a x, e a concentração final de ácido acético será $[0,1 \text{ M} - x]$. Assim,
>
> $$1,76 \times 10^{-5} = \frac{[H^\oplus][CH_3COO^\ominus]}{[CH_3COOH]} = \frac{x^2}{(0,1 - x)}$$
>
> rearranjando, obtém-se
>
> $$1,76 \times 10^{-6} - 1,76 \times 10^{-5}x = x^2$$
> $$x^2 + 1,76 \times 10^{-5}x - 1,76 \times 10^{-6} = 0$$
>
> Essa é uma típica equação de segundo grau, de forma $ax^2 + bx + c = 0$, onde $a = 1$, $b = 1,76 \times 10^{-5}$ e $c = -1,76 \times 10^{-6}$. Resolvendo para x, usando a fórmula padrão, tem-se
>
> $$x = \frac{-b \pm \sqrt{(b^2 - 4ac)}}{2a}$$
>
> $$= \frac{-1,76 \times 10^{-5} \pm \sqrt{((1,76 \times 10^{-5})^2 - 4(1,76 \times 10^{-6}))}}{2}$$
>
> $x = 0,00132$ ou $-0,00135$ (rejeitando a resposta negativa)
>
> A concentração de íon hidrogênio é igual a 0,00132 M, e o pH é igual a
>
> $$pH = -\log[H^\oplus] = -\log(0,00132) = -(-2,88) = 2,9$$
>
> Observe que a contribuição dos íons hidrogênio da dissociação da água (10^{-7}) é várias ordens de grandeza menor do que a concentração de íons hidrogênio do ácido acético. É prática usual ignorar a ionização da água na maioria dos cálculos, desde que a concentração inicial do ácido fraco seja maior do que 0,001 M.
>
> A quantidade de ácido acético que se dissocia para formar $H^\oplus$ e $CH_3COO^\ominus$ é igual a 0,0013 M quando a concentração inicial é 0,1 M. Isso significa que apenas 1,3% das moléculas de ácido acético se dissocia e que sua concentração final ($[CH_3COOH]$) é igual a 98,7% da inicial. Em geral, o percentual de dissociação de soluções diluídas de ácidos fracos é menor do que 10%. Assim, é uma aproximação razoável considerar que a concentração final da forma ácida seja igual à inicial. Tal aproximação tem muito pouco efeito sobre o pH calculado, com a vantagem de evitar as equações do segundo grau.
>
> Considerando-se que a concentração de CH_3COOH no equilíbrio seja igual a 0,1 M e que a concentração de $H^\oplus$ seja x,
>
> $$K_a = 1,76 \times 10^{-5} = \frac{x^2}{0,1} \quad x = 1,33 \times 10^{-3}$$
> $$pH = -\log(1,33 \times 10^{-3}) = 2,88 = 2,9$$

▲ **Figura 2.20**
Faixa de tamponamento do ácido acético. Para $CH_3COOH + CH_3COO^\ominus$ o pK_a é igual a 4,8, e a faixa de tamponamento mais efetiva fica entre pH 3,8 e pH 5,8.

Um exemplo excelente de capacidade tamponadora é encontrado no plasma sanguíneo de mamíferos que tem um pH incrivelmente constante. Considere os resultados de um experimento que compare a adição de uma alíquota de um ácido forte a um volume de plasma sanguíneo com a adição de um volume semelhante de ácido forte a soro fisiológico (0,15 M NaCl) ou à água. Quando 1 ml de HCl 10 M (ácido clorídrico) é adicionado a 1 litro de soro fisiológico ou de água, inicialmente em pH 7,0, o pH é reduzido para 2,0 (em outras palavras, [$H^{\oplus}$] do HCl diluído é igual a 10^{-2} M). Mas quando 1 ml de HCl 10 M é adicionado a 1 litro de plasma sanguíneo humano com pH 7,4, o pH baixa somente para 7,2 – dando uma evidência impressionante da eficiência do tamponamento fisiológico.

O pH do sangue é regulado principalmente pelo sistema tampão dióxido de carbono-ácido carbônico-bicarbonato. Um gráfico dos percentuais de ácido carbônico (H_2CO_3) e sua base conjugada em função do pH é apresentado na Figura 2.21. Observe que os principais componentes em pH 7,4 são ácido carbônico e o ânion bicarbonato ($HCO_3^{\ominus}$).

A capacidade de tamponamento do sangue depende do equilíbrio entre dióxido de carbono gasoso (presente nos espaços aéreos pulmonares), dióxido de carbono aquoso (produzido pela respiração celular nos tecidos e dissolvido no sangue), ácido carbônico e bicarbonato. Como mostrado na Figura 2.21, o equilíbrio entre bicarbonato e sua base conjugada, o carbonato ($CO_3^{\ominus}$), não contribui significativamente para a capacidade tamponadora do sangue porque o pK_a do bicarbonato é 10,2 – distante demais do pH fisiológico para ter efeito tamponador sobre o sangue.

O primeiro dos três equilíbrios relevantes do sistema tampão dióxido de carbono-ácido carbônico-bicarbonato é a dissociação do ácido carbônico formando bicarbonato.

$$H_2CO_3 \rightleftharpoons H^{\oplus} + HCO_3^{\ominus} \quad (2.22)$$

Esse equilíbrio é afetado por um segundo, no qual dióxido de carbono dissolvido está em equilíbrio com sua forma hidratada, o ácido carbônico.

$$CO_2(aquoso) + H_2O \rightleftharpoons H_2CO_3 \quad (2.23)$$

Essas duas reações podem ser combinadas em uma só equação de reação, na qual o ácido é representado como CO_2 dissolvido em água:

$$CO_2(aquoso) + H_2O \rightleftharpoons H^{\oplus} + HCO_3^{\ominus} \quad (2.24)$$

EXEMPLO DE CÁLCULO 2.2 Preparação de tampões

P: O ácido acético tem pK_a de 4,8. Quantos mililitros de ácido acético 0,1 M e de acetato de sódio 0,1 M são necessários para preparar 1 litro de solução-tampão 0,1 M com pH de 5,8?

R: Substitua os valores de pK_a e o pH desejado na equação de Henderson-Hasselbalch (Equação 2.20).

$$5,8 = 4,8 + \log \frac{[\text{Acetato}]}{[\text{Ácido acético}]}$$

Resolva para a razão entre acetato e ácido acético.

$$\log \frac{[\text{Acetato}]}{[\text{Ácido acético}]} = 5,8 - 4,8 = 1,0$$

$$[\text{Acetato}] = 10\,[\text{Ácido acético}]$$

Para cada volume de ácido acético, devem ser adicionados 10 volumes de acetato (dando um total de 11 volumes das duas espécies iônicas). Multiplique a proporção de cada componente pelo volume desejado.

$$\text{Ácido acético necessário:}\ \frac{1}{11} \times 1.000\ \text{ml} = 91\ \text{ml}$$

$$\text{Acetato necessário:}\ \frac{10}{11} \times 1.000\ \text{ml} = 909\ \text{ml}$$

Observe que, quando a proporção entre [base conjugada] e [ácido conjugado] é de 10:1, o pH é exatamente uma unidade acima do pK_a. Se a proporção fosse de 1:10, o pH seria uma unidade abaixo do pK_a.

▶ **Figura 2.21**
Percentual de ácido carbônico e sua base conjugada, em função do pH. Em uma solução aquosa de pH 7,4 (o pH do sangue), as concentrações de ácido carbônico (H_2CO_3) e de bicarbonato ($HCO_3^{\ominus}$) são substanciais, mas a concentração de carbonato (CO_3^{2-}) é desprezível.

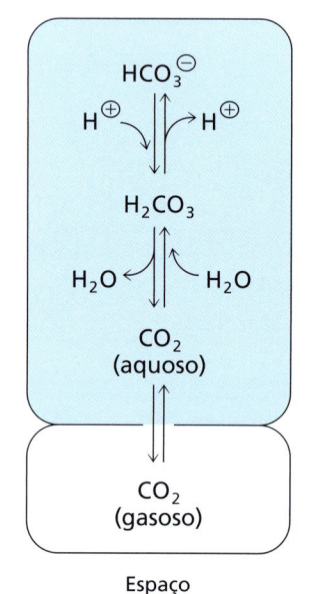

O pK_a do ácido é igual a 6,4.
Por fim, CO_2 (gasoso) está em equilíbrio com CO_2 (aquoso).

$$CO_2(gasoso) \rightleftharpoons CO_2(aquoso) \quad (2.25)$$

A regulação do pH do sangue por meio desses três equilíbrios está mostrada, de modo esquemático, na Figura 2.22. Quando o pH do sangue diminui por causa de um processo metabólico que produza excesso de $H^{\oplus}$, a concentração de H_2CO_3 aumenta momentaneamente, mas ele logo perde água para formar CO_2 dissolvido (aquoso), que entra na fase gasosa nos pulmões e é expelido como CO_2 (gasoso). Um aumento da pressão parcial de CO_2 (pCO_2) no ar expirado dos pulmões, portanto, compensa o aumento de íons hidrogênio. De maneira inversa, quando o pH do sangue aumenta, a concentração de $HCO_3^{\ominus}$ aumenta momentaneamente, mas o pH é rapidamente restabelecido à medida que o ritmo da respiração se modifica e o CO_2 (gasoso) nos pulmões é convertido em CO_2 (aquoso) e, em seguida, em H_2CO_3 nos capilares pulmonares. Mais uma vez, o equilíbrio do sistema tampão do sangue é rapidamente restaurado pela variação da pressão parcial de CO_2 nos pulmões.

Nas células, tanto as proteínas como o fosfato inorgânico contribuem para o tamponamento intracelular. A hemoglobina é o tampão mais forte nas células sanguíneas, junto ao sistema dióxido de carbono-ácido carbônico-bicarbonato. Como mencionado anteriormente, as principais espécies de fosfato inorgânico presentes no pH fisiológico são $H_2PO_4^{\ominus}$ e HPO_4^{2-}, refletindo o segundo pK_a (pK_2) do ácido fosfórico, 7,2.

◀ **Figura 2.22**
Regulação do pH do sangue em mamíferos. O pH do sangue é controlado pela proporção de [$HCO_3^{\ominus}$] e pCO_2 nos espaços aéreos dos pulmões. Quando o pH do sangue diminui por causa de um excesso de $H^{\oplus}$, o pCO_2 aumenta nos pulmões, restabelecendo o equilíbrio. Quando a concentração de $HCO_3^{\ominus}$ aumenta pelo aumento do pH do sangue, CO_2 (gasoso) se dissolve no sangue, restabelecendo o equilíbrio.

Resumo

1. A molécula de água tem dipolo permanente por causa de uma distribuição não homogênea de cargas nas ligações O—H e de seu arranjo angulado.

2. Moléculas de água podem formar ligações de hidrogênio entre si. A ligação de hidrogênio contribui para o alto calor específico e para o calor de vaporização da água.

3. Em razão da sua polaridade, a água pode dissolver íons. As moléculas de água formam uma esfera de solvatação em torno de cada íon dissolvido. Moléculas orgânicas podem ser solúveis em água se elas contêm grupos funcionais iônicos ou polares, que podem formar ligações de hidrogênio com as moléculas de água.

4. O efeito hidrofóbico é a exclusão de substâncias não polares pelas moléculas de água. Detergentes, que têm tanto partes hidrofóbicas como hidrofílicas, formam micelas quando suspensos em água. Essas micelas podem prender substâncias insolúveis em seu interior hidrofóbico. Caotropos aumentam a solubilidade dos compostos não polares em água.

5. As principais interações não covalentes que determinam a estrutura e a função das biomoléculas são as interações eletrostáticas e as hidrofóbicas. As interações eletrostáticas incluem interações carga-carga, ligações de hidrogênio e forças de van der Waals.

6. Nas condições celulares, as macromoléculas não se hidrolisam espontaneamente, a despeito da presença de altas concentrações de água. Enzimas específicas catalisam a hidrólise dessas macromoléculas, enquanto outras catalisam sua biossíntese.

7. A 25 °C, o produto das concentrações de próton ($[H^\oplus]$) e de íon hidróxido ($[OH^\ominus]$) é igual a $1,0 \times 10^{-14}$ M^2, uma constante denominada K_w (a constante do produto iônico da água). A água pura ioniza-se produzindo 10^{-7} M de H$^\oplus$ e 10^{-7} M de OH$^\ominus$.

8. A acidez ou basicidade de uma solução aquosa depende da concentração de H$^\oplus$ e é descrita pelo seu valor de pH, o qual é definido como o negativo do logaritmo da concentração de íons hidrogênio.

9. A força de um ácido fraco é indicada pelo valor de seu pK_a. A equação de Henderson-Hasselbalch define o pH de uma solução de ácido fraco em termos de pK_a e das concentrações do ácido fraco e de sua base conjugada.

10. Soluções tamponadas resistem a mudanças do pH. No sangue humano, um pH constante e igual a 7,4 é mantido pelo sistema tampão dióxido de carbono-ácido carbônico-bicarbonato.

Problemas

1. As cadeias laterais de alguns aminoácidos têm grupos funcionais que formam facilmente ligações de hidrogênio em solução aquosa. Desenhe as ligações de hidrogênio que podem se formar entre a água e as cadeias laterais dos seguintes aminoácidos:

    (a) CH$_2$OH

    (b) CH$_2$C(O)NH$_2$

    (c) —CH$_2$—(imidazol)

2. Indique se cada um dos compostos seguintes é polar, anfipático e se dissolve facilmente em água.

    (a) HO—CH$_2$—CH(OH)—CH$_2$—OH
    Glicerol

    (b) CH$_3$(CH$_2$)$_{14}$—CH$_2$—OPO$_3^{2-}$
    Fosfato de hexadecanila

    (c) CH$_3$—(CH$_2$)$_{10}$—COO$^\ominus$
    Laurato

    (d) H$_3$N$^\oplus$—CH$_2$—COO$^\ominus$
    Glicina

3. A lise osmótica é um método brando de romper células animais para liberar proteínas intracelulares. Nessa técnica, as células são suspensas em uma solução contendo uma concentração molar total de solutos muito menor do que a encontrada naturalmente no interior celular. Explique por que essa técnica pode provocar o rompimento das células.

4. Cada uma das moléculas a seguir é dissolvida em soluções-tampão de: (a) pH = 2 e (b) pH = 11. Para cada uma dessas moléculas, indique em que solução as espécies carregadas irão predominar (considere que a adição das moléculas não altera significativamente o pH da solução).

    (a) Ácido fenil-láctico, pK_a = 4

    —CH$_2$CH(OH)COOH

    (b) Imidazol, pK_a = 7

    (c) O-metil-γ-aminobutirato, pK_a = 9,5

    CH$_3$OCCH$_2$CH$_2$CH$_2$—NH$_3^\oplus$

    (d) Fenil-salicilato, pK_a = 9,6

    OH, C—OC$_6$H$_5$

5. Use a Figura 2.16 para determinar a concentração de H$^\oplus$ e OH$^\ominus$ em:

    (a) suco de tomate

    (b) plasma sanguíneo humano

    (c) amônia 1 M

6. A interação entre duas (ou mais) moléculas em solução pode ser mediada por ligações de hidrogênio específicas. Ésteres de forbol podem agir como promotores de tumor ao se ligar a certos aminoácidos que fazem parte da enzima proteína quinase C (PKC). Desenhe as ligações de hidrogênio esperadas para o complexo formado entre o forbol e um resíduo de glicina da PKC: —NHCH$_2$C(O)—

7. Qual a concentração de um tampão de ácido láctico (pK_a = 3,9) que contém $CH_3CH(OH)COOH$ 0,25 M e $CH_3CH(OH)COO^\ominus$ 0,15 M? Qual é o pH desse tampão?

8. Você é instruído a preparar 100 ml de um tampão 0,02 M de fosfato de sódio (pH 7,2) misturando 50 ml da solução A (Na_2HPO_4 0,02 M) e 50 ml da solução B (NaH_2PO_4 0,02 M). Consultando a Tabela 2.4, explique por que esse procedimento fornece um tampão eficaz no pH e na concentração desejados.

9. Quais as faixas efetivas de tamponamento do MOPS (ácido 3-(N-morfolino)propanossulfônico) e do SHS (hidrogenossuccinato de sódio)?

O átomo de nitrogênio do MOPS pode ser protonado (pK_a = 7,2). O grupo carboxila do SHS pode ser ionizado (pK_a = 5,5). Calcule a proporção entre espécies básicas e ácidas de cada tampão no pH 6,5.

10. Vários açúcares fosforilados (ésteres fosfato de açúcares) são intermediários metabólicos. Os dois grupos —OH ionizáveis do grupo fosfato do monofosfato de ribose (ribose 5-fosfato) têm valores de pK_a iguais a 1,2 e 6,6. A forma totalmente protonada de α-D-ribose 5-fosfato tem a estrutura abaixo:

(a) Desenhe, em ordem, as espécies iônicas formadas na titulação desse açúcar fosforilado de pH 0,0 até pH 10,0.

(b) Esboce a curva de titulação para a ribose-5-fosfato.

11. Normalmente, CO_2 gasoso é expelido eficientemente dos pulmões. Sob certas condições, como na doença pulmonar obstrutiva ou no enfisema, a expiração é prejudicada. O excesso de CO_2 resultante, que permanece no corpo, pode levar à acidose respiratória, uma condição na qual um excesso de ácido se acumula nos fluidos corporais. Como o excesso de CO_2 pode levar à acidose respiratória?

12. Compostos orgânicos nas dietas animais são uma fonte de íons básicos e podem ajudar a combater acidoses não respiratórias. Várias frutas e vegetais contêm sais de ácidos orgânicos que podem ser metabolizados, como mostrado abaixo para o lactato de sódio. Explique como os sais de ácidos da dieta podem ajudar a aliviar a acidose metabólica.

$$CH_3-CH(OH)-COO^\ominus Na^\oplus + 3O_2 \longrightarrow Na^\oplus + 2CO_2 + HCO_3^\ominus + 2H_2O$$

13. A absorção de alimento no estômago e no intestino depende da capacidade das moléculas de atravessar as membranas celulares e chegar à corrente sanguínea. Como as moléculas hidrofóbicas têm maior tendência a serem absorvidas do que as hidrofílicas ou as carregadas, a absorção de drogas administradas oralmente pode depender de seus valores de pK_a e do pH nos órgãos digestivos. A aspirina (ácido acetilsalicílico) tem um grupo carboxila ionizável (pK_a = 3,5). Calcule o percentual da forma protonada da aspirina disponível para absorção no estômago (pH = 2,0) e no intestino (pH = 5,0).

14. Que percentual de glicinamida, $^\oplus H_3NCH_2CONH_2$ (pK_a = 8,20), está desprotonado em (a) pH 7,5; (b) pH 8,2; e (c) pH 9,0?

15. Utilize a tabela a seguir e a curva de titulação para determinar que composto da tabela é ilustrado pela curva.

Composto	pK_1	pK_2	pK_3
Ácido fosfórico	2,15	7,20	12,15
Ácido acético	4,76		
Ácido succínico	4,21	5,64	
Ácido bórico	9,24	12,74	
Glicina	2,40	9,80	

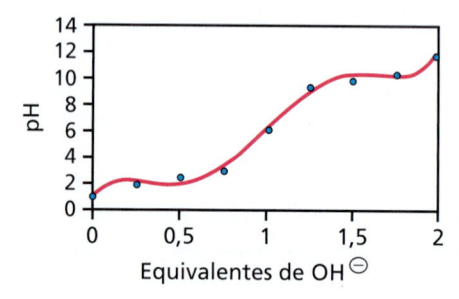

16. Preveja quais das substâncias a seguir são solúveis em água.

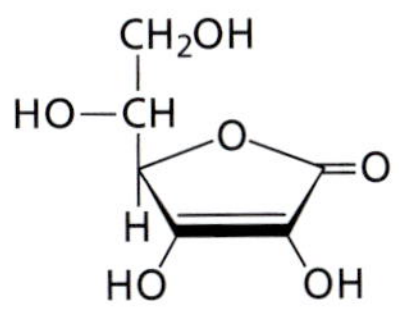

(a) Vitamina C

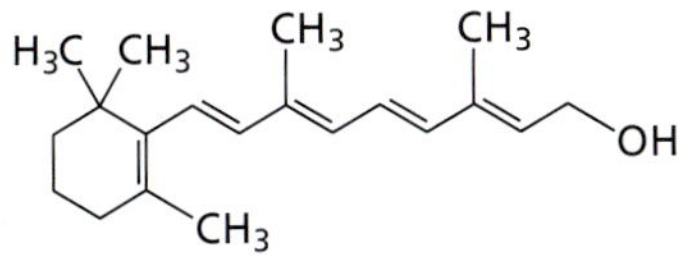

(b) Vitamina A

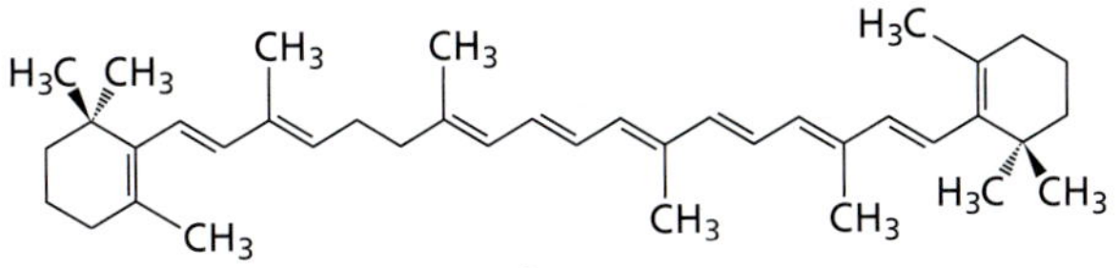

(c) β-caroteno

17. O produto iônico da água a 0 °C é igual a $1{,}14 \times 10^{-15}$, e a 100 °C ele é cerca de $4{,}0 \times 10^{-13}$. Qual é o pH neutro real de termófilos que vivem a 0 °C e a 100 °C?

18. Qual é o pH aproximado de uma solução de HCl 6 M? Por que a escala da Figura 2.16 não acomoda o pH dessa solução?

Leituras selecionadas

Água

Chaplin MF. Water, its importance to life. Biochem. and Mol. Biol. Education. 2001; 29:54-59.

Dix JA, Verkman AS. Crowding effects on diffusion in solutions and cells. Annu. Rev. Biophys. 2008; 37:247-263.

Stillinger FH. Water revisited. Science. 1980; 209:451-457.

Verkman AS. Solute and macromolecular diffusion in cellular aqueous compartments. Trends Biochem Sci. 2001; 27:27-33.

Interações não covalentes

Fersht AR. The hydrogen bond in molecular recognition. Trends Biochem. Sci. 1987; 12:301-304.

Frieden E. Non-covalent interactions. J. Chem. Educ. 1975; 52:754-761.

Tanford C. The Hydrophobic Effect: Formation of Micelles and Biological Membranes, 2nd ed. New York: John Wiley & Sons, 1980.

Cálculos bioquímicos

Montgomery R, Swenson CA. Quantitative Problems in Biochemical Sciences, 2nd ed. San Francisco: W.H. Freeman, 1976.

Segel IH. Biochemical Calculations: How to Solve Mathematical Problems in General Biochemistry, 2nd ed. New York: John Wiley & Sons, 1976.

pH e tampões

Stoll VS, Blanchard JS. Buffers: principles and practice. Methods Enzymol. 1990; 182:24-38.

Nørby JG. The origin and meaning of the little p in pH. Trends Biochem. Sci. 2000; 25:36-37.

CAPÍTULO 3

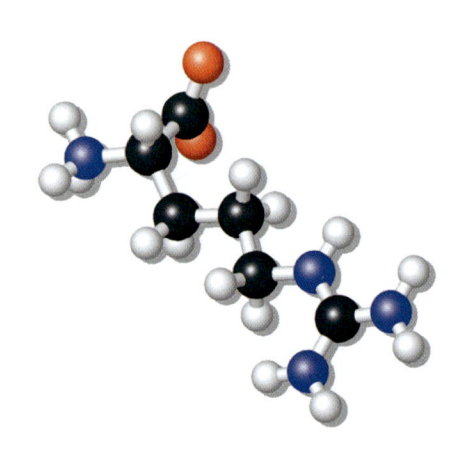

Aminoácidos e a Estrutura Primária das Proteínas

Os aminoácidos estão literalmente caindo do céu e, se isso não é importante, então não sei o que é importante.
— Max Bernstein, SETI Institute

CONCEITO-CHAVE
As funções das moléculas bioquímicas só podem ser entendidas conhecendo-se suas estruturas.

A relação entre estrutura e função é uma parte fundamental da bioquímica. A despeito de sua importância, às vezes nos esquecemos de mencionar as relações entre estrutura e função, achando que o conceito fica óbvio com os exemplos. Neste livro, tentaremos lembrá-lo de tempos em tempos como o estudo da estrutura leva a uma melhor compreensão da função. Esse é um ponto particularmente importante no estudo das proteínas.

Neste capítulo e no próximo, iremos estudar as regras básicas da estrutura das proteínas. Nos capítulos 5 e 6, veremos como as enzimas funcionam e como suas estruturas contribuem para os seus mecanismos de ação.

Antes de começarmos, vamos rever alguns tipos de proteína. A lista a seguir, embora não seja completa, cobre a maioria de suas funções biológicas importantes:

1. Diversas proteínas atuam como enzimas, os catalisadores bioquímicos. As enzimas catalisam quase todas as reações que ocorrem nos organismos vivos.
2. Algumas proteínas se ligam a outras moléculas para funções de armazenamento e transporte. Por exemplo, a hemoglobina se liga e transporta O_2 e CO_2 nas hemácias; outras proteínas se ligam a ácidos graxos e lipídeos.
3. Vários tipos de proteínas servem como poros e canais em membranas, permitindo a passagem de pequenas moléculas carregadas.
4. Algumas proteínas, como a tubulina, a actina e o colágeno, servem de suporte e moldam as células e, portanto, os tecidos e os organismos.
5. Arranjos de proteínas podem executar trabalho mecânico, como o movimento dos flagelos, a separação dos cromossomos na mitose e a contração dos músculos.
6. Diversas proteínas atuam no fluxo de informação nas células. Algumas atuam na tradução, enquanto outras participam da regulação da expressão gênica por meio da ligação com os ácidos nucleicos.
7. Algumas proteínas são hormônios que regulam as atividades bioquímicas em células ou tecidos-alvos; outras servem como receptores hormonais.
8. As proteínas na superfície das células podem agir como receptores de vários ligantes e como modificadores de interações intercelulares.

Topo: L-arginina, um dos 20 aminoácidos comuns.

9. Algumas proteínas têm funções altamente especializadas. Por exemplo, os anticorpos defendem os vertebrados contra infecções bacterianas e virais; toxinas produzidas pelas bactérias podem matar organismos maiores.

Começamos nosso estudo das proteínas explorando as estruturas e as propriedades químicas de seus constituintes, os aminoácidos. Neste capítulo discutiremos também a purificação, a análise e o sequenciamento de polipeptídeos.

CONCEITO-CHAVE
Há vários tipos de proteínas com funções distintas no metabolismo e na estrutura celular.

3.1 Estrutura geral dos aminoácidos

Todos os organismos utilizam os mesmos 20 aminoácidos como blocos construtores para a produção de moléculas proteicas. Esses 20 são chamados aminoácidos *comuns* ou *padrão*. Apesar do limitado número de aminoácidos, uma enorme variedade de polipeptídeos pode ser produzida combinando os 20 aminoácidos comuns de maneiras diversas.

Os **aminoácidos** recebem esse nome porque são derivados aminados de ácidos carboxílicos. Nos 20 aminoácidos comuns, os grupos amino e carboxila são ligados ao mesmo átomo: o carbono-α. Assim, todos os aminoácidos-padrão encontrados nas proteínas são α-aminoácidos. Dois outros substituintes são ligados ao carbono-α: um átomo de hidrogênio e uma cadeia lateral (R), que é diferente em cada aminoácido. Nos nomes químicos dos aminoácidos, os carbonos são identificados por números, começando pelo átomo de carbono carboxílico. [O nome químico correto, ou sistemático, segue regras estabelecidas pela União Internacional de Química Pura e Aplicada (IUPAC, do nome em inglês) e pela União Internacional de Bioquímica e Biologia Molecular (IUBMB, do inglês).] Se o grupo R for o —CH$_3$, então o *nome sistemático* do aminoácido será ácido 2-aminopropanoico (o ácido propanoico tem fórmula CH$_3$—CH$_2$—COOH). O *nome comum* do CH$_3$—CH(NH$_2$)—COOH é *alanina*. A nomenclatura antiga utiliza letras gregas para identificar o carbono-α e os átomos de carbono da cadeia lateral. Ela identifica os átomos de carbono relativamente ao grupo carboxila, de modo que o carbono carboxílico não é especificado, ao contrário da nomenclatura sistemática, na qual esse carbono recebe o número 1. Tradicionalmente, os bioquímicos utilizam a nomenclatura antiga.

Dentro da célula, sob condições fisiológicas normais, o grupo amino é protonado (—NH$_3^{\oplus}$), pois seu pK_a é próximo de 9. O grupo carboxila fica ionizado (—COO$^{\ominus}$), pois seu pK_a fica abaixo de 3, como visto na Seção 2.9. Logo, na faixa de pH fisiológico – de 6,8 a 7,4 – os aminoácidos são **zwitterions**, ou íons dipolares, mesmo que sua carga total seja zero. Veremos na Seção 3.4 que algumas cadeias laterais também podem ser ionizadas. Os bioquímicos sempre representam as estruturas dos aminoácidos na forma biologicamente relevante; é por isso que você verá os zwitterions nas figuras a seguir.

A Figura 3.1a mostra a estrutura tridimensional de um aminoácido. A Figura 3.1b mostra um modelo do tipo esfera e bastão de um aminoácido representativo, a serina, cuja cadeia lateral é —CH$_2$OH. O primeiro átomo de carbono ligado diretamente ao carboxilato é o carbono-α; assim, os demais átomos de carbono da cadeia lateral são designados sequencialmente como β, γ, δ e ε, referindo-se aos carbonos 3, 4, 5 e 6, respectivamente, na nova convenção. O nome sistemático da serina é ácido 2-amino-3-hidroxipropanoico.

Em 19 dos 20 aminoácidos comuns, o átomo de carbono-α é **quiral**, ou assimétrico, pois ele se liga a quatro grupos diferentes. A exceção é a glicina, cujo R é simplesmente um átomo de hidrogênio. Sua molécula não é quiral, pois o carbono-α está ligado a dois átomos idênticos de hidrogênio. Os 19 aminoácidos quirais podem, portanto, existir como **estereoisômeros**, compostos que têm a mesma fórmula molecular, mas diferem no arranjo, ou **configuração**, de seus átomos no espaço. Os dois estereoisômeros são moléculas distintas, que não podem se converter facilmente uma na outra, pois essa conversão requer a quebra de uma ou mais ligações. Os estereoisômeros de aminoácidos são imagens especulares não sobreponíveis, chamadas **enantiômeros**. Dois dos 19 aminoácidos quirais – isoleucina e treonina – têm, cada um, dois átomos de carbono quiral. Cada um desses dois aminoácidos tem quatro diferentes estereoisômeros.

Por convenção, os pares de imagens especulares dos aminoácidos são chamados D (dextro, do latim *dexter*, que significa "direita") e L (levo, do latim *laevus*, que significa

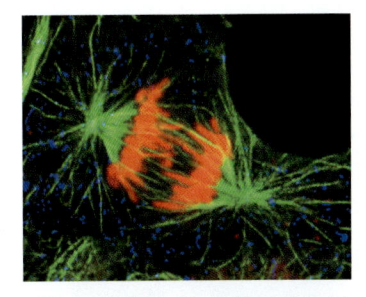

▲ **Fibras do fuso.** Essas fibras (verde) ajudam a separar os cromossomos na mitose. As fibras são microtúbulos formados a partir da proteína estrutural tubulina.

▲ **Numeração convencional de aminoácidos.** Nos nomes tradicionais, os átomos de carbono adjacentes ao grupo carboxila são identificados pelas letras gregas α, β, γ etc. Na nomenclatura oficial IUPAC/IUBMB, ou nomenclatura sistemática, o átomo de carbono carboxílico recebe o número 1, sendo os carbonos adjacentes numerados sequencialmente. Assim, o carbono-α dos nomes tradicionais é o carbono-2 na nomenclatura sistemática.

O site da IUPAC-IUBMB para nomenclatura e símbolos de aminoácidos e peptídeos é:
<www.chem.qmul.ac.uk/iupac/AminoAcid/>.

Figura 3.1
Duas representações de um L-aminoácido em pH neutro. (a) Estrutura geral. Um aminoácido tem um grupo carboxilato (cujo átomo de carbono é designado C-1), um grupo amino, um átomo de hidrogênio e uma cadeia lateral (ou grupo R), todos ligados ao C-2 (o carbono-α). Cunhas sólidas indicam ligações acima do plano do papel; cunhas pontilhadas indicam ligações abaixo do plano do papel. As extremidades retas das cunhas estão mais próximas do observador do que as pontiagudas. (b) Modelo de esfera e bastão da serina (cujo grupo R é — CH_2OH).

Meteoritos e aminoácidos. O meteorito Murchison caiu em 1969, próximo à cidade de mesmo nome, na Austrália. Há diversos meteoritos carbonáceos similares, e vários deles contêm aminoácidos formados espontaneamente, incluindo alguns dos chamados comuns, encontrados nas proteínas. Esses aminoácidos nos meteoritos são encontrados em misturas quase iguais de configuração L e D.

Veja a Seção 8.1 para uma descrição mais completa da convenção usada para desenhar estereoisômeros (projeção de Fischer).

Figura 3.2
Pares de imagens especulares de aminoácidos. (a) Modelos do tipo esfera e bastão de L-serina e D-serina. Observe que as duas moléculas não são idênticas; elas não são sobreponíveis. (b) L-serina e D-serina. Todos os aminoácidos comuns têm a configuração L.

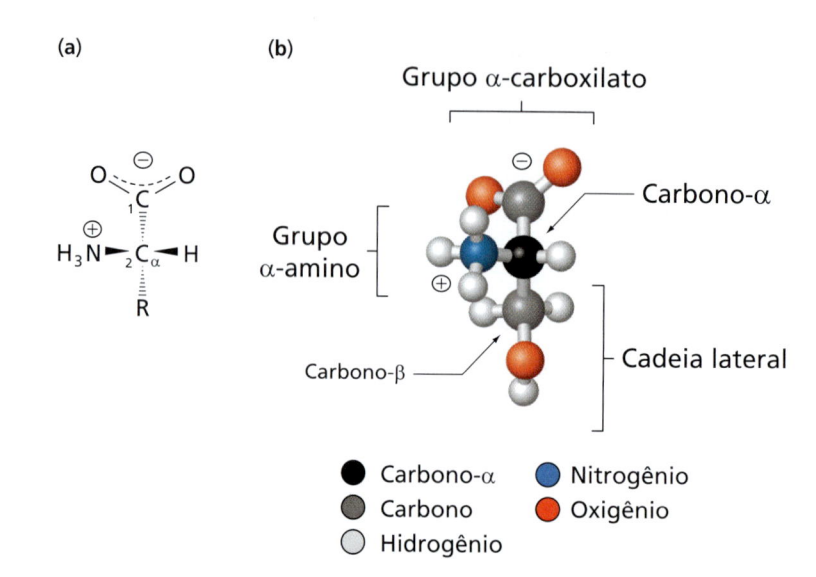

"esquerda"). A configuração do aminoácido na Figura 3.1a é L, e a da sua imagem especular, D. Para atribuir a designação estereoquímica, desenha-se o aminoácido verticalmente com seu grupo α-carboxilato no topo e a cadeia lateral embaixo, ambos dirigindo-se para longe do observador. Nessa orientação, o grupo α-amino do isômero L fica à esquerda do carbono-α, e o do isômero D, à direita, como mostrado na Figura 3.2 (os quatro átomos ligados ao carbono-α ocupam os quatro cantos de um tetraedro, de forma muito semelhante às ligações dos átomos de hidrogênio ao oxigênio da água, como mostrado na Figura 2.4).

Os 19 aminoácidos quirais usados na composição de proteínas são todos de configuração L, embora uns poucos D-aminoácidos também ocorram na natureza. Por convenção, considera-se que os aminoácidos têm a configuração L, exceto quando especificamente assinalados como D. Com frequência é conveniente desenhar as estruturas dos L-aminoácidos sem levar em conta sua estereoquímica, em especial quando a representação correta desta não é fundamental para a discussão em curso.

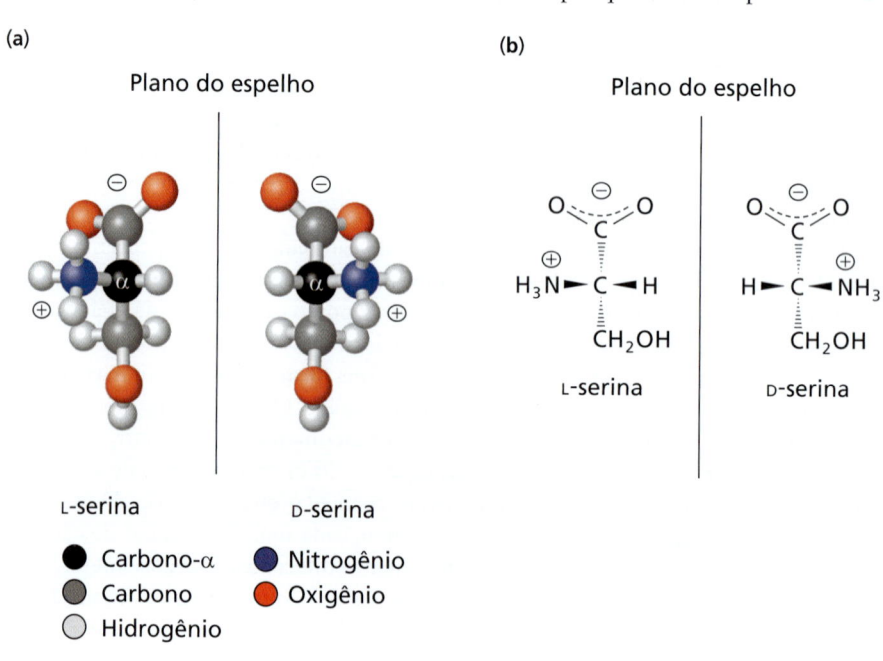

O fato de todos os organismos vivos utilizarem os mesmos aminoácidos-padrão na síntese de proteínas é evidência de que todas as espécies na Terra descendem de um mesmo ancestral. Assim como os organismos modernos, o último ancestral comum (LCA) deve ter usado L-aminoácidos (e não D-aminoácidos). Misturas de L- e D-aminoácidos são formadas em condições que imitam aquelas em que a vida apareceu pela primeira vez na Terra, há 4 bilhões de anos. Ambos os enantiômeros são encontrados em meteoritos e na vizinhança das estrelas. Não se sabe como ou por que as formas primitivas de vida selecionaram os L-aminoácidos na suposta mistura de enantiômeros existente quando a vida começou. É provável que as primeiras proteínas fossem compostas de um número pequeno de aminoácidos simples e essa seleção tenha sido um evento casual. Os organismos vivos modernos não precisam selecionar L-aminoácidos a partir de uma mistura, porque apenas esses isômeros são sintetizados em quantidades suficientes. Portanto, a predominância de L-aminoácidos nas espécies modernas deve-se à evolução das vias metabólicas que produzem L-aminoácidos, e não seus isômeros D (Capítulo 17).

3.2 Estruturas dos 20 aminoácidos comuns

As estruturas dos 20 aminoácidos comumente encontrados nas proteínas são mostradas nas figuras seguintes, sob a forma de projeções de Fischer. Nessas projeções, as ligações horizontais em um centro quiral se estendem para o observador, e as ligações verticais, para longe dele (como nas Figuras 3.1 e 3.2). O exame das estruturas revela consideráveis variações nas cadeias laterais dos 20 aminoácidos. Algumas cadeias laterais são apolares e, portanto, hidrofóbicas; outras são polares ou se ionizam em pH neutro e são, portanto, hidrofílicas. As propriedades das cadeias laterais influenciam grandemente a forma tridimensional, ou a conformação, de uma proteína. Por exemplo, a maioria das cadeias laterais hidrofóbicas de uma proteína hidrossolúvel se dobra em direção ao interior da estrutura, dando-lhe uma forma compacta, globular.

> Alguns aminoácidos diferentes daqueles ditos padrão são descritos na Seção 3.3.

As abreviaturas de três e de uma letra são, ambas, mostradas nas figuras para todos os aminoácidos. As abreviaturas de três letras são óbvias, mas as de uma letra são menos evidentes. Vários aminoácidos começam com a mesma letra, de modo que outras letras do alfabeto tiveram de ser usadas para que se tivesse uma só identificação. Por exemplo, treonina = T, tirosina = Y e triptofano = W. Essas abreviaturas precisam ser memorizadas.

QUADRO 3.1 Datação de fósseis por racemização de aminoácidos

A configuração D de aminoácidos pode se converter espontaneamente na L e vice-versa. Essa é uma reação química que, geralmente, ocorre através de um intermediário carbânion.

Normalmente, a reação de racemização é muito lenta, mas em altas temperaturas ela pode ser acelerada. Por exemplo, a meia-vida de conversão do L-aspartato em D-aspartato é de cerca de 30 dias a 100 °C; a 37 °C, ela é de cerca de 350 anos; e a 18 °C, de cerca de 50.000 anos.

A composição em aminoácidos do esmalte dentário de mamíferos pode ser usada para determinar a idade de um fóssil, se a temperatura média do ambiente for conhecida ou puder ser estimada. Ao serem sintetizados pela primeira vez, os aminoácidos são exclusivamente de configuração L. Com o tempo, a quantidade de enantiômero D aumenta e a proporção D/L pode ser medida com bastante precisão.

A datação de fósseis pela medida da racemização de aminoácidos foi substituída por métodos mais confiáveis, mas esse é um exemplo interessante de uma reação química lenta. Alguns organismos contêm racemases específicas que catalisam a interconversão de um L-aminoácido em um D-aminoácido; por exemplo, as bactérias têm alanina racemase para conversão de L-alanina em D-alanina (ver Seção 8.7B). Essas enzimas catalisam milhares de reações por segundo.

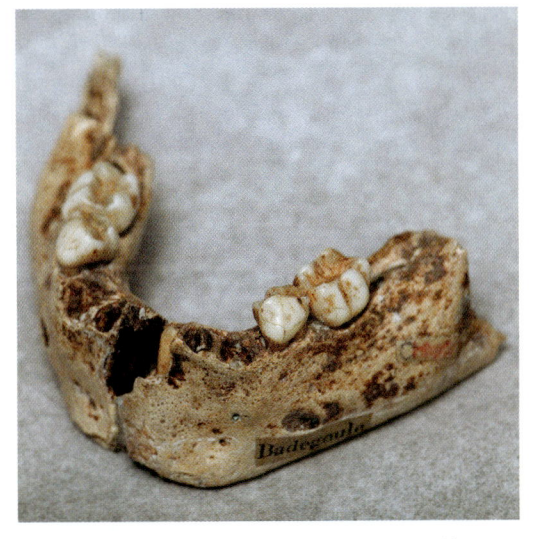

Aminoácido-L ⇌ Carbânion ⇌ Aminoácido-D

▲ A mandíbula de Badegoule, de um adolescente *Homo sapiens* da Idade da Pedra (Museu de História Natural, Lyon, França).

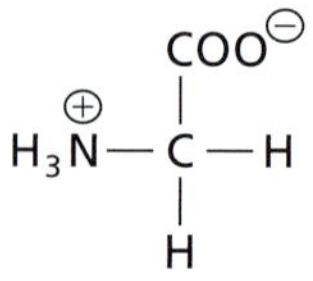

Glicina [G]
(Gly)

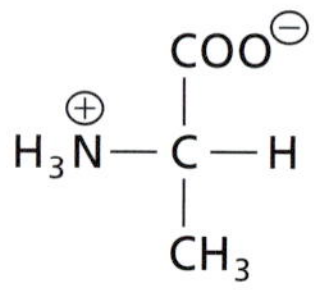

Alanina [A]
(Ala)

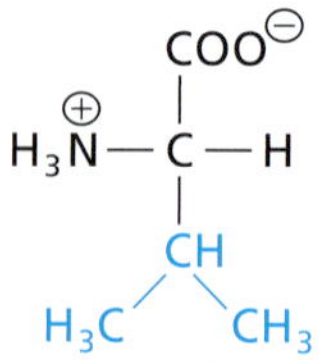

Valina [V]
(Val)

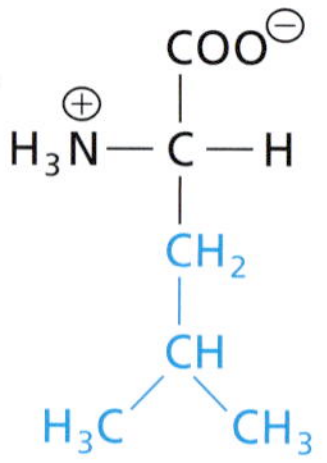

Leucina [L]
(Leu)

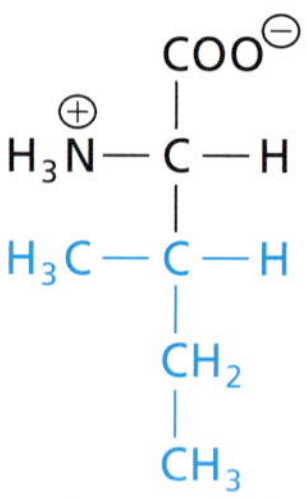

Isoleucina [I]
(Ile)

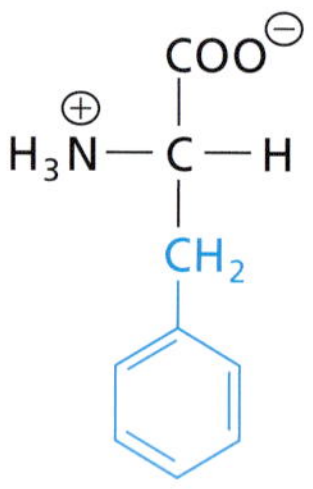

Fenilalanina [F]
(Phe)

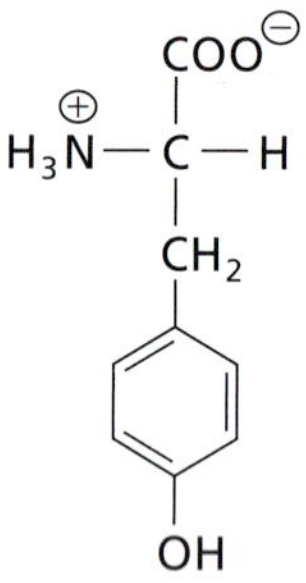

Tirosina [Y]
(Tyr)

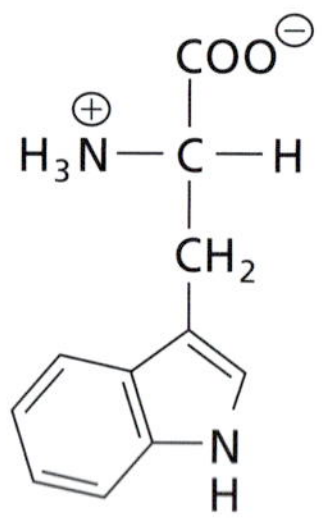

Triptofano [W]
(Trp)

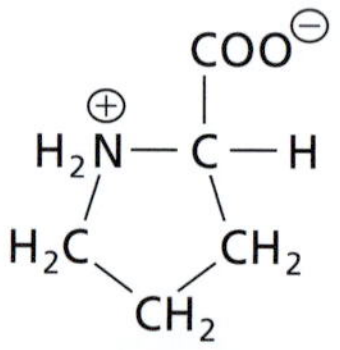

Prolina [P]
(Pro)

É importante conhecer as estruturas dos aminoácidos-padrão, pois nos referiremos a elas com frequência nos capítulos sobre estrutura de proteínas, enzimas e síntese proteica. Nas seções seguintes, agrupamos os aminoácidos-padrão por suas propriedades gerais e conforme a estrutura química de suas cadeias laterais. Essas cadeias se enquadram nas seguintes características químicas: alifáticas, aromáticas, sulfuradas, álcoois, positivamente carregadas, negativamente carregadas e amidas. Dos 20 aminoácidos, cinco são altamente hidrofóbicos (azul) e sete são classificados como altamente hidrofílicos (vermelho). Compreender a classificação dos grupos R irá simplificar a memorização das estruturas e dos nomes.

A. Grupos R alifáticos

A glicina (Gly, G) é o menor dos aminoácidos. Como seu grupo R é um simples átomo de hidrogênio, o carbono-α da glicina não é quiral. Os dois átomos de hidrogênio do carbono-α da glicina conferem um pequeno caráter hidrofóbico à molécula. Veremos que a glicina desempenha um papel singular na estrutura de várias proteínas porque sua cadeia lateral é pequena o bastante para se adaptar a nichos incapazes de acomodar outros aminoácidos.

Quatro aminoácidos – alanina (Ala, A), valina (Val, V), leucina (Leu, L) e seu isômero estrutural isoleucina (Ile, I) – têm cadeias laterais alifáticas. A cadeia lateral da alanina é um grupo metila, enquanto a da valina é uma cadeia ramificada de três átomos de carbono; leucina e isoleucina têm, cada uma, uma cadeia ramificada de quatro carbonos. Tanto o carbono-α como o -β da isoleucina são assimétricos. Como ela tem dois centros quirais, são possíveis quatro estereoisômeros. O usado nas proteínas é chamado L-isoleucina, e seu isômero que difere no carbono-β é chamado L-aloisoleucina (Figura 3.3). Os dois outros isômeros são a D-isoleucina e a D-aloisoleucina.

Alanina, valina, leucina e isoleucina desempenham um papel importante na formação e na manutenção das estruturas tridimensionais das proteínas por causa de sua tendência a se aglomerar longe da água. Valina, leucina e isoleucina são coletivamente conhecidas como os aminoácidos de cadeia ramificada pelo fato de suas cadeias laterais conterem ramificações. Esses três aminoácidos são altamente hidrofóbicos e compartilham vias biossintéticas e de degradação (Capítulo 17).

A prolina (Pro, P) difere dos outros 19 aminoácidos pelo fato de os três carbonos de sua cadeia lateral estarem ligados ao nitrogênio de seu grupo α-amino e ao carbono-α, formando uma molécula cíclica. Em consequência, a prolina contém um grupo amino secundário, em vez de um primário. O anel heterocíclico de pirrolidina presente na prolina restringe a geometria dos polipeptídeos, por vezes introduzindo mudanças bruscas na direção de suas cadeias. A estrutura cíclica da prolina torna-a muito menos hidrofóbica do que a valina, a leucina e a isoleucina.

B. Grupos R aromáticos

Fenilalanina (Phe, F), tirosina (Tyr, Y) e triptofano (Trp, W) têm cadeias laterais com grupos aromáticos. A cadeia lateral da fenilalanina tem um grupo benzila hidrofóbico. A da tirosina é estruturalmente semelhante à da fenilalanina, exceto pelo fato de que o hidrogênio *para* desta última é substituído por um grupo hidroxila (—OH), fazendo da tirosina um fenol. Esse grupo hidroxila é ionizável, mas em condições fisiológicas normais mantém o hidrogênio ligado. A cadeia lateral do triptofano tem um

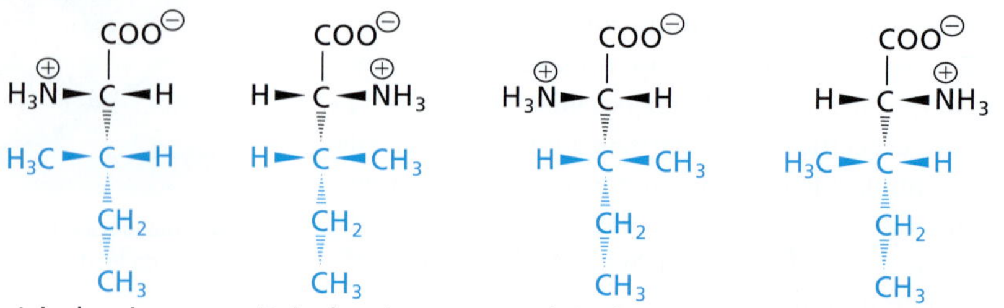

L-isoleucina D-isoleucina L-aloisoleucina D-aloisoleucina

▸ **Figura 3.3**
Estereoisômeros de isoleucina. Isoleucina e treonina são os dois únicos aminoácidos comuns com mais de um centro quiral. O outro par DL de isômeros da isoleucina é chamado aloisoleucina. Observe que na L-isoleucina os grupos —$NH_3^{\oplus}$ e —CH_3 estão, ambos, à esquerda da projeção, enquanto na D-isoleucina ambos estão à direita; assim, D-isoleucina e L-isoleucina são imagens especulares.

grupo bicíclico indol. Tirosina e triptofano não são tão hidrofóbicos quanto à fenilalanina porque suas cadeias laterais têm grupos polares (Tabela 3.1).

Os três aminoácidos aromáticos absorvem luz ultravioleta (UV) porque, ao contrário dos alifáticos saturados, os aromáticos têm elétrons π deslocalizados. Em pH neutro, tanto triptofano como tirosina absorvem luz no comprimento de onda de 280 nm, enquanto fenilalanina é quase transparente nesse comprimento e absorve fracamente em 260 nm. Como a maioria das proteínas contém triptofano e tirosina, elas irão absorver em 280 nm. A absorção em 280 nm é usada de modo rotineiro para estimar a concentração de proteínas em soluções.

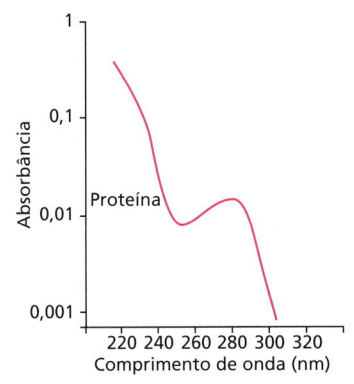

C. Grupos R contendo enxofre

Metionina (Met, M) e cisteína (Cys, C) são os dois aminoácidos cujas cadeias laterais contêm enxofre. A metionina tem um grupo não polar metiltioéter em sua cadeia lateral, o que a torna um dos aminoácidos mais hidrofóbicos. Ela desempenha um papel especial na síntese proteica, pois quase sempre é o primeiro aminoácido em uma cadeia crescente de polipeptídeo. A estrutura da cisteína se parece com a da alanina, com um átomo de hidrogênio substituído por um grupo sulfidrila (—SH).

Embora a cadeia lateral de cisteína seja um pouco hidrofóbica, ela é também altamente reativa. Como o átomo de enxofre é polarizável, o grupo sulfidrila da cisteína pode formar ligações de hidrogênio fracas com oxigênio e com nitrogênio. Além disso, esses grupos nas proteínas podem agir como ácidos fracos, perdendo seu próton e formando um íon tiolato, negativamente carregado (o pK_a do grupo sulfidrila do aminoácido livre é igual a 8,3, mas nas proteínas ele pode variar entre 5 e 10).

Um composto chamado cistina pode ser isolado quando algumas proteínas são hidrolisadas. Ele é formado por duas moléculas de cisteína ligadas por uma ponte dissulfeto (Figura 3.4). A oxidação de grupos sulfidrila de moléculas de cisteína ocorre com mais facilidade em pH levemente alcalino, porque esses grupos são ionizados em pH elevado. As duas cadeias laterais de cisteína precisam estar espacialmente adjacentes para formar uma ponte dissulfeto, mas não necessitam estar próximas na sequência de aminoácidos da cadeia polipeptídica. Elas podem, inclusive, estar localizadas em cadeias diferentes. Ligações ou pontes dissulfeto podem estabilizar as estruturas tridimensionais de algumas proteínas pela ligação covalente de resíduos de cisteína nas cadeias peptídicas. A maioria das proteínas não tem pontes dissulfeto porque as condições no interior das células não favorecem a oxidação. Contudo, várias proteínas secretadas, ou extracelulares, têm tais pontes.

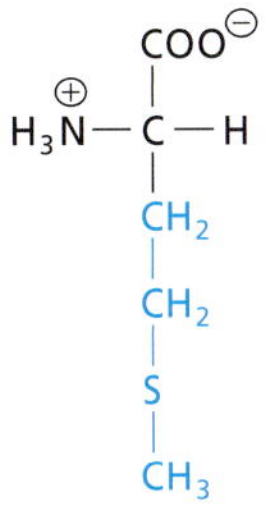

D. Cadeias laterais com grupos álcool

Serina (Ser, S) e treonina (Thr, T) têm cadeias laterais polares, não carregadas, contendo grupos β-hidroxi. Esses grupos alcoólicos conferem um caráter hidrofílico

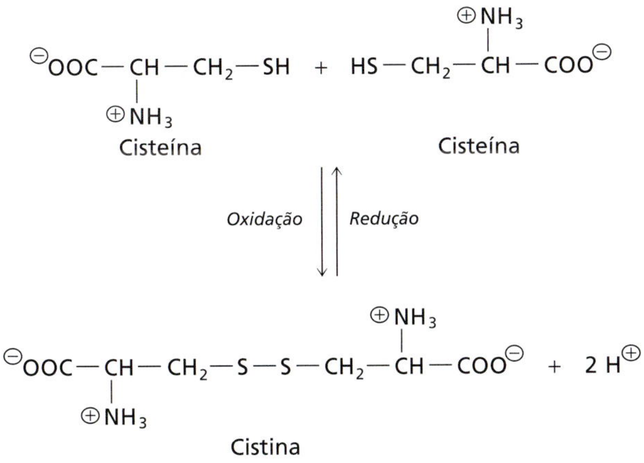

▲ **Absorbância das proteínas no UV.** O pico de absorbância da maioria das proteínas é observado em 280 nm. A maior parte dessa absorbância é desencadeada pela presença de resíduos de triptofano e de tirosina na proteína.

Metionina [M] (Met)

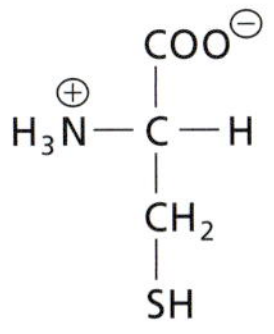

Cisteína [C] (Cys)

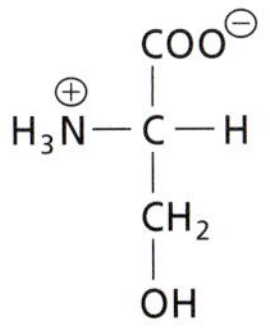

Serina [S] (Ser)

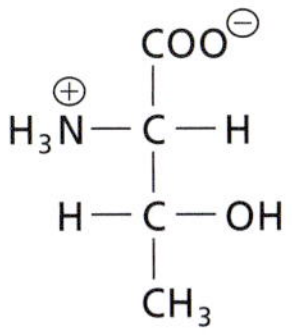

Treonina [T] (Thr)

▲ **Figura 3.4**
Formação de cistina. Quando a oxidação liga os grupos sulfidrila de duas moléculas de cisteína, o composto resultante é um dissulfeto chamado cistina.

▲ **Uma ponte de enxofre.** Ponte de pedra natural, Puente del Inca, em Mendoza, Argentina. Ao longo do tempo, a ponte foi coberta por depósitos de enxofre.

QUADRO 3.2 Uma nomenclatura alternativa

Às vezes, o sistema *RS* de nomenclatura configuracional também é usado para descrever os centros quirais dos aminoácidos. Esse sistema é baseado na atribuição de uma sequência de prioridade aos quatro grupos ligados a um carbono quiral. Uma vez atribuída, essa prioridade é utilizada para estabelecer a configuração da molécula. Os grupos são numerados de 1 a 4 de acordo com as seguintes regras:

1. Para átomos ligados diretamente ao carbono quiral, aquele com menor massa atômica recebe a menor prioridade (número 4).
2. Se houver dois átomos idênticos ligados ao carbono quiral, a prioridade será decidida pela massa atômica dos átomos imediatamente ligados a eles. Por exemplo, um grupo —CH_3 tem menor prioridade do que um —CH_2Br porque hidrogênio tem menor massa atômica do que bromo.
3. Se um átomo estiver ligado por uma ligação dupla ou tripla, ele será contado uma vez para cada ligação formal. Assim, —CHO, com uma ligação dupla com oxigênio, tem prioridade maior do que CH_2OH. A ordem de prioridade para os grupos mais comuns, da mais baixa para a mais alta, é —H, —CH_3, —C_6H_5, —CH_2OH, —CHO, —COOH, —COOR, —NH_2, —NHR, —OH, —OR e —SH.

Com essas regras em mente, imagine a molécula como o volante de um carro, com o grupo de menor prioridade (numerado como 4) apontando para longe de você (como a barra de direção) e os outros três grupos arrumados em torno do aro do volante. Percorra esse aro, movendo-se do grupo de maior para o de menor prioridade (1, 2, 3). Se o movimento for no sentido horário, a configuração é *R* (do latim *rectus*, "pela direita"); se for contrário, a configuração é *S* (do latim *sinister*, "pela esquerda"). A figura demonstra a atribuição da configuração *S* à L-serina usando esse sistema. A L-cisteína tem a configuração oposta, *R*. O sistema DL é mais usado em bioquímica porque nem todos os aminoácidos encontrados nas proteínas têm a mesma designação *RS*.

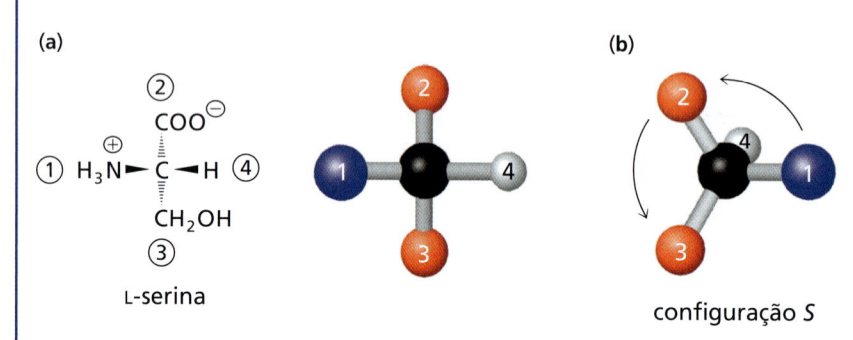

(a) L-serina

(b) configuração S

◀ Atribuição de configuração pelo sistema *RS*. **(a)** A cada grupo ligado a um carbono quiral é atribuída um prioridade baseada na massa atômica, sendo 4 a menor. **(b)** Orientando-se a molécula com o grupo de prioridade 4 afastado (para trás do carbono quiral) e indo do grupo de maior para o de menor prioridade, a configuração absoluta pode ser estabelecida. Se a sequência 1, 2, 3 for no sentido horário, a configuração é *R*. Se for na direção contrária, é *S*. L-serina tem configuração *S*.

Histidina [H] (His)

Lisina [K] (Lys)

Arginina [R] (Arg)

às cadeias laterais alifáticas. Diferentemente das cadeias fenólicas, mais ácidas, da tirosina, os grupos hidroxila da serina e da treonina apresentam as fracas propriedades de ionização dos álcoois primários e secundários. O grupo hidroximetila da serina (—CH_2OH) não se ioniza apreciavelmente em soluções aquosas. Contudo, ele pode reagir nos sítios ativos de várias enzimas como se estivesse ionizado. A treonina, como a isoleucina, tem dois centros quirais: os átomos de carbono-α e -β. L-treonina é o único dos quatro isômeros que ocorre usualmente nas proteínas (os demais são chamados D-treonina, L-alotreonina e D-alotreonina).

E. Grupos R positivamente carregados

Histidina (His, H), lisina (Lys, K) e arginina (Arg, R) têm cadeias laterais hidrofílicas, que são bases nitrogenadas. Elas podem estar positivamente carregadas no pH fisiológico.

A cadeia lateral da histidina tem um anel imidazólico como substituinte. A forma protonada desse anel é chamada íon imidazólio (Seção 3.4). Em pH 7, a maioria das histidinas é neutra (forma básica), como mostrado na figura, mas a forma com cadeia lateral positivamente carregada está presente e se torna mais comum em pH ligeiramente menor.

A lisina é um ácido diaminado contendo grupos α- e ε-amino. O grupo ε-amino existe como íon alquilamônio (—CH_2—$NH_3^{\oplus}$) em pH neutro e confere às proteínas uma carga positiva. Arginina é o mais básico dos 20 aminoácidos porque o íon guanidínio de sua cadeia lateral é protonado em todas as condições normalmente encontradas em uma célula. Portanto, as cadeias laterais das argininas também contribuem para as cargas positivas das proteínas.

F. Grupos R negativamente carregados e seus derivados amida

Aspartato (Asp, D) e glutamato (Glu, E) são aminoácidos dicarboxílicos e têm cadeias laterais hidrofílicas negativamente carregadas em pH 7. Além dos grupos α-carboxílicos, o aspartato tem uma β-carboxila, e o glutamato tem um grupo γ-carboxílico. Esses dois aminoácidos conferem cargas negativas às proteínas porque suas cadeias laterais são ionizadas em pH 7. Às vezes, são chamados ácidos aspártico e glutâmico, mas na maioria das condições fisiológicas são encontrados sob a forma de suas bases conjugadas e, como outros carboxilatos, recebem o sufixo -ato. O glutamato é provavelmente familiar, como seu sal monossódico, o glutamato monossódico (MSG), usado em alimentos como reforçador do sabor.

Asparagina (Asn, N) e glutamina (Gln, Q) são respectivamente as amidas dos ácidos aspártico e glutâmico. Embora as cadeias laterais de asparagina e glutamina não tenham carga, esses aminoácidos são muito polares e, com frequência, são encontrados nas superfícies das proteínas, onde podem interagir com moléculas de água. Os grupos amida polares da asparagina e da glutamina também podem formar ligações de hidrogênio com átomos das cadeias laterais de outros aminoácidos polares.

G. A hidrofobicidade das cadeias laterais dos aminoácidos

As diversas cadeias laterais dos aminoácidos variam desde as altamente hidrofóbicas até as muitíssimo hidrofílicas, passando pelas fracamente polares. A relativa hidrofobicidade ou hidrofilicidade de cada aminoácido é chamada **hidropatia**.

Esta pode ser medida de várias maneiras, mas a maioria delas baseia-se no cálculo da tendência do aminoácido a preferir um ambiente hidrofóbico a um hidrofílico. Uma escala comumente usada para hidropatia é apresentada na Tabela 3.1. Aminoácidos com valores de hidropatia altamente positivos são considerados hidrofóbicos, enquanto aqueles com valores muito negativos são hidrofílicos. É difícil determinar os valores de hidropatia de alguns resíduos de aminoácidos próximos ao centro da escala. Por exemplo, há desacordo sobre a hidropatia do grupo indol do triptofano, de modo que em algumas tabelas esse aminoácido tem um valor muito mais baixo de hidropatia. Por outro lado, a cisteína pode ter valor mais alto em outras.

A hidropatia é um determinante importante do enovelamento de proteínas, pois cadeias laterais hidrofóbicas tendem a se aglomerar no interior delas enquanto os resíduos hidrofílicos são geralmente encontrados na superfície (Seção 4.10). Entretanto ainda não é possível prever com precisão se um dado resíduo será encontrado no interior não aquoso de uma proteína ou na superfície exposta ao solvente. Por outro lado, medidas de hidropatia de aminoácidos livres podem ser usadas para predizer quais segmentos de proteínas que estão inseridas na membrana (transmembrana) são passíveis de serem "encaixados" em uma bicamada lipídica hidrofóbica (Capítulo 9).

3.3 Outros aminoácidos e derivados

Mais de 200 aminoácidos diferentes são encontrados em organismos vivos. Além dos 20 comuns, vistos na seção anterior, há três outros que são incorporados às proteínas durante a síntese proteica. O 21º é a N-formilmetionina, que serve como o aminoácido inicial na síntese de proteínas em bactérias (Seção 22.5). O 22º aminoácido é a selenocisteína, que tem a estrutura da cisteína com selênio no lugar do enxofre e é incorporado em umas poucas proteínas, em quase todas as espécies. Selenocisteína é formada a partir da serina durante a síntese proteica. O 23º aminoácido é a pirrolisina, encontrada em algumas espécies de arqueobactéria. Pirrolisina é uma forma modificada da lisina, sintetizada antes de ser adicionada à cadeia crescente de polipeptídeos pelo maquinário de tradução.

N-formilmetionina, selenocisteína e pirrolisina são incorporadas em códons específicos e, por isso, são consideradas adições ao repertório padrão de precursores de proteínas. Por causa de modificações pós-traducionais, várias proteínas completas têm mais do que os 23 aminoácidos-padrão usados na síntese proteica (veja a seguir).

Aspartato [D] (Asp)

Glutamato [E] (Glu)

Asparagina [N] (Asn)

Glutamina [Q] (Gln)

TABELA 3.1 Escala hidropática

Aminoácido	Variação da energia livre de transferência[a] (kJ mol^{-1})
Altamente hidrofóbico	
Isoleucina	3,1
Fenilalanina	2,5
Valina	2,3
Leucina	2,2
Metionina	1,1
Menos hidrofóbico	
Triptofano	1,5[b]
Alanina	1,0
Glicina	0,67
Cisteína	0,17
Tirosina	0,08
Prolina	−0,29
Treonina	−0,75
Serina	−1,1
Altamente hidrofílico	
Histidina	−1,7
Glutamato	−2,6
Asparagina	−2,7
Glutamina	−2,9
Aspartato	−3,0
Lisina	−4,6
Arginina	−7,5

[a] Variação da energia livre na transferência de um resíduo de aminoácido do interior de uma bicamada lipídica para a água.

[b] Em outras escalas, triptofano apresenta um valor de hidropatia menor.
[Adaptado de Eisenberg D, Weiss RM, Terwilliger TC, Wilcox W. Hydrophobic moments in protein structure. Faraday Symp. Chem. Soc. 1982; 17:109-120.]

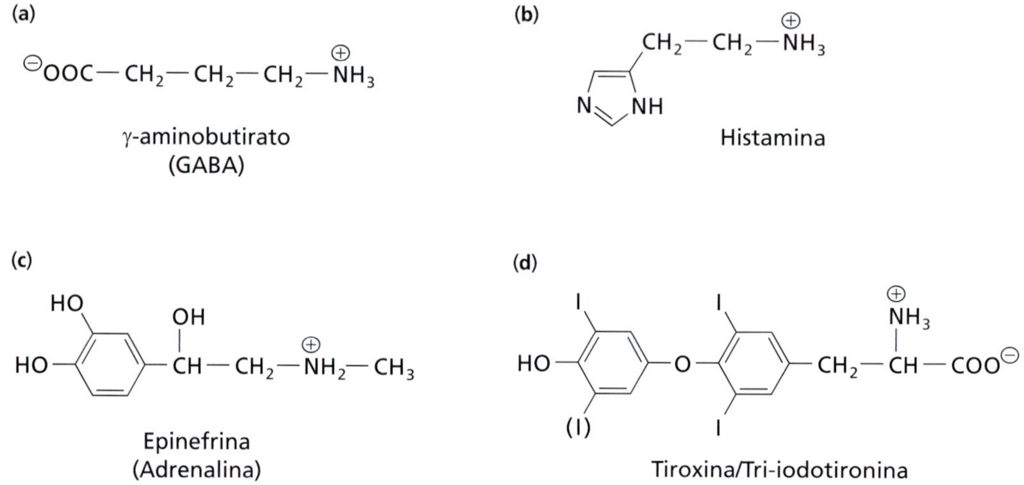

▲ Figura 3.5

Compostos derivados dos aminoácidos comuns (a) γ-aminobutirato, um derivado do glutamato. (b) Histamina, um derivado da histidina. (c) Epinefrina, um derivado da tirosina. (d) Tiroxina e tri-iodotironina, derivados da tirosina. A tiroxina tem um átomo de iodo a mais (entre parênteses) do que a tri-iodotironina.

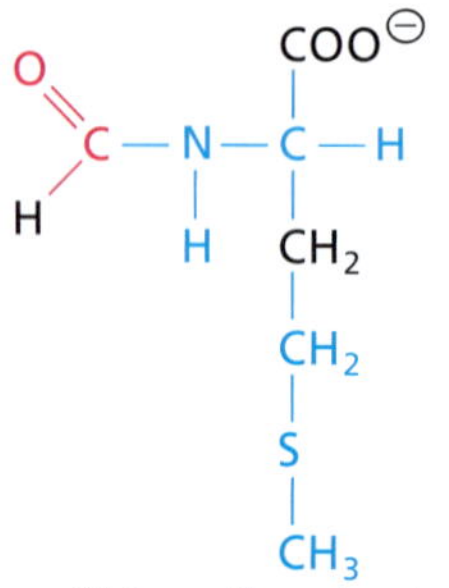

Além dos 23 aminoácidos comuns, incorporados às proteínas, todas as espécies têm uma variedade de L-aminoácidos, os quais são precursores dos aminoácidos comuns ou intermediários em outras rotas bioquímicas. Exemplos são a homocisteína, a homosserina, a ornitina e a citrulina (veja o Capítulo 17). A S-adenosilmetionina (SAM) é um doador de metila comum em várias rotas bioquímicas (Seção 7.2). Diversas espécies de bactérias e fungos sintetizam D-aminoácidos, os quais são usados em paredes celulares e em antibióticos peptídicos complexos como a actinomicina.

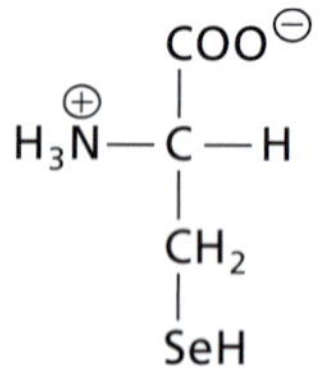

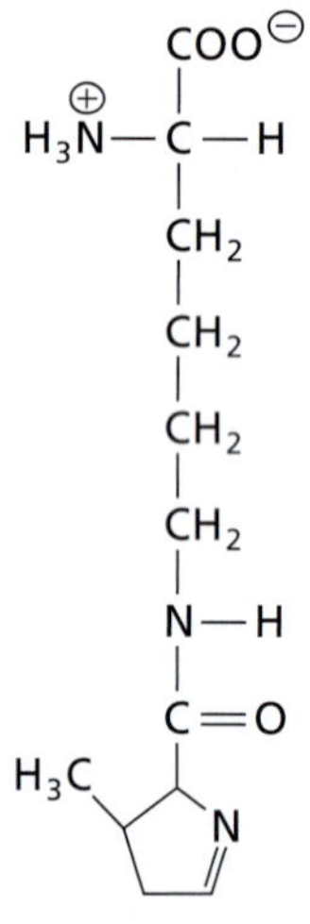

Vários aminoácidos comuns são quimicamente modificados para produzir aminas de importância biológica. Essas são sintetizadas via reações catalisadas por enzimas, que incluem descarboxilação e desaminação. No cérebro de mamíferos, por exemplo, glutamato é convertido no neurotransmissor γ-aminobutirato (GABA) (Figura 3.5a). Os mamíferos podem sintetizar histamina a partir de histidina. A histamina controla a constrição de certos vasos sanguíneos e também a secreção de ácido clorídrico pelo estômago. Na medula adrenal, a tirosina é metabolizada em epinefrina, também conhecida como adrenalina (Figura 3.5c). Epinefrina e seu precursor, norepinefrina (um composto cujo grupo amino não tem um substituinte metila), são hormônios que ajudam a regular o metabolismo dos mamíferos. A tirosina também é um precursor dos hormônios tireoidianos tiroxina e tri-iodotironina (Figura 3.5d). A biossíntese dos hormônios da tireoide necessita de iodo. Pequenas quantidades de iodeto de sódio são comumente adicionadas ao sal de cozinha para evitar o bócio, uma condição do hipotireoidismo provocada pela falta de iodo na alimentação.

Alguns aminoácidos são quimicamente modificados após terem sido incorporados aos polipeptídeos. Na verdade, há centenas de modificações pós-traducionais conhecidas. Por exemplo, alguns resíduos de prolina na proteína colágeno são oxidados para formar resíduos de hidroxiprolina (Seção 4.11). Outra modificação comum é a adição de cadeias complexas de carboidratos, um processo conhecido como glicosilação (capítulos 8 e 22). Várias proteínas são fosforiladas, geralmente pela adição de grupos fosforila às cadeias laterais de serina, treonina ou tirosina (histidina, lisina, cisteína, aspartato e glutamato também podem ser fosforilados). A oxidação de pares de resíduos de cisteína para formar cistina também ocorre depois da síntese do polipeptídeo.

3.4 Ionização de aminoácidos

As propriedades físicas dos aminoácidos são influenciadas pelos estados iônicos dos grupos α-carboxila e α-amino, bem como de quaisquer grupos ionizáveis presentes nas cadeias laterais. Cada um desses grupos tem um valor específico de pK_a, que

> **QUADRO 3.3 Nomes comuns de aminoácidos**
>
> | | | | |
> |---|---|---|---|
> | Alanina: | provavelmente de <u>al</u>deído + "an" (por conveniência) + am<u>in</u>a (1849) | Metionina: | a cadeia lateral tem um átomo de enxofre (grego *theion*) com um grupo <u>m</u>etila (1928) |
> | Arginina: | cristaliza como um sal de prata, do latim *argentum* (prata) (1886) | Fenilalanina: | alanina com um grupo fenila (1883) |
> | Asparagina: | primeiramente isolada do aspargo (1813) | Prolina: | corruptela de "pirrolidina", porque forma um anel pirrolidínico (1904) |
> | Aspartato: | semelhante à asparagina (1836) | Serina: | do latim *sericum* (seda); a serina é comum na seda (1865) |
> | Glutamato: | primeiro identificado na proteína vegetal glúten (1866) | Treonina: | semelhante ao açúcar de quatro átomos de carbono, treose (1936) |
> | Glutamina: | semelhante ao glutamato (1866) | | |
> | Glicina: | do grego *glykys* (doce), tem sabor doce (1848) | Triptofano: | isolado de um digerido tríptico da proteína 1; do grego *phanein* (aparecer) (1890) |
> | Cisteína: | do grego *kystis* (bexiga), descoberta em cálculos da bexiga (1882) | Tirosina: | encontrada no queijo; do grego *tyros* (queijo) (1890) |
> | Histidina: | primeiramente isolada do esperma de esturjão; seu nome vem do grego *histidin* (tecido) (1896) | Valina: | derivado do ácido valérico; do gênero vegetal *Valeriana* (1906) |
> | Isoleucina: | isômero da leucina | | |
> | Leucina: | do grego *leukos* (branco), forma cristais brancos (1820) | | |
> | Lisina: | produto da hidrólise de proteínas, seu nome deriva do grego *lysis* (afrouxamento) (1891) | | |
>
> Fontes: Oxford English Dictionary, 2nd ed., e Leung SH. Amino acids, aromatic compounds, and carboxylic acids: how did they get their common names? J. Chem. Educ. 2000; 77: 48-49.

corresponde ao pH no qual as concentrações das formas protonada e desprotonada são iguais (Seção 2.9). Quando o pH da solução é menor do que o pK_a, a forma protonada predomina e, então, o aminoácido é um verdadeiro ácido, capaz de doar um próton. Quando o pH da solução é maior do que o pK_a do grupo ionizável, prevalece a forma desprotonada daquele grupo, e o aminoácido existe sob a forma de sua base conjugada, que é um aceptor de próton. Todo aminoácido tem pelo menos dois valores de pK_a, correspondentes à ionização dos grupos α-carboxila e α-amino. Além disso, sete dos aminoácidos comuns têm cadeias laterais ionizáveis, com valores adicionais mensuráveis de pK_a. Esses valores diferem entre os aminoácidos. Assim, em um dado pH, é frequente que os aminoácidos tenham cargas diferentes. Vários aminoácidos modificados têm grupos ionizáveis adicionais, contribuindo para a diversidade de cadeias laterais de aminoácidos carregadas nas proteínas. Fosfoserina e fosfotirosina, por exemplo, terão cargas negativas.

Conhecer os estados iônicos das cadeias laterais dos aminoácidos é importante por duas razões. Primeiro, o estado carregado influencia o enovelamento e a estrutura tridimensional das proteínas (Seção 4.10). Segundo, uma compreensão das propriedades iônicas dos aminoácidos no sítio ativo de uma enzima ajuda a entender os mecanismos enzimáticos (Capítulo 6).

Os valores de pK_a dos aminoácidos são determinados a partir de curvas de titulação como as que foram vistas no capítulo anterior. A titulação da alanina é representada na Figura 3.6. Esse aminoácido tem dois grupos ionizáveis: α-carboxila e α-amino protonado. À medida que mais base vai sendo adicionada à solução do ácido, a curva de titulação apresenta dois valores de pK_a, em pH 2,4 e 9,9. Cada valor de pK_a é associado a uma zona de tamponamento, na qual o pH da solução varia relativamente pouco com a adição de mais base.

O pK_a de um grupo ionizável corresponde ao ponto médio de sua curva de titulação. Ele é o pH no qual a concentração da forma ácida (doadora de próton) é exatamente igual à de sua base conjugada (aceptora de próton). No exemplo apresentado na Figura 3.6, as concentrações da forma positivamente carregada de alanina e de seu zwitterion são iguais no pH 2,4.

CONCEITO-CHAVE

Para cada par ácido-base, o pK_a é o pH no qual as concentrações das duas formas são iguais.

$$^\oplus NH_3-CH(CH_3)-COOH \rightleftharpoons {}^\oplus NH_3-CH(CH_3)-COO^\ominus + H^\oplus \qquad (3.1)$$

▶ Figura 3.6
Curva de titulação da alanina. O valor do primeiro pK_a é 2,4; o do segundo é 9,9. O pI_{Ala} representa o ponto isoelétrico da alanina.

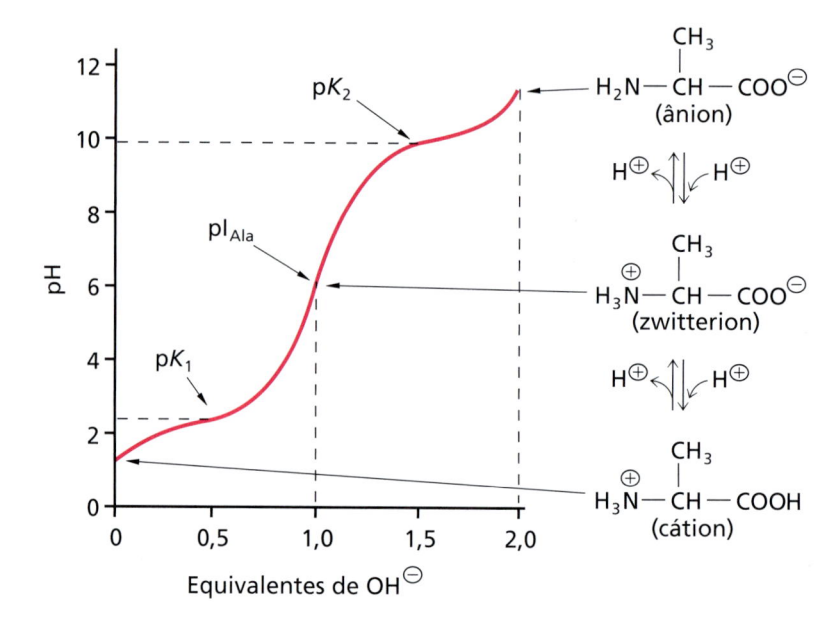

CONCEITO-CHAVE
O estado iônico da cadeia lateral de um aminoácido particular é determinado por seu valor de pK_a e pelo pH do ambiente local.

Em pH 9,9, a concentração do zwitterion iguala a da forma negativamente carregada.

$$^{\oplus}NH_3-CH(CH_3)-COO^{\ominus} \rightleftarrows NH_2-CH(CH_3)-COO^{\ominus} + H^{\oplus} \quad (3.2)$$

Observe que no par ácido-base mostrado no primeiro equilíbrio (Reação 3.1) o zwitterion é a base conjugada da forma ácida da alanina. No segundo par ácido-base (Reação 3.2), o zwitterion é o doador de próton, ou ácido conjugado, da forma mais básica que predomina no pH mais elevado.

Pode-se deduzir que a carga total das moléculas de alanina em pH 2,4 é, em média, +0,5, pois há quantidades iguais do zwitterion neutro (+/−) e do cátion (+). A carga total em pH 9,9 é, em média, −0,5. No ponto médio entre pH 2,4 e 9,9, no pH 6,15, a carga total média das moléculas de alanina em solução é igual a zero. Por essa razão, o pH 6,15 é considerado o ponto isoelétrico (pI), ou pH isoelétrico, da alanina. Se esse aminoácido fosse colocado em um campo elétrico em um pH abaixo de seu pI, haveria uma carga total positiva (em outras palavras, predominaria a forma catiônica) e, portanto, ele migraria para o catodo (eletrodo negativo). Em um pH maior do que o pI, a alanina teria carga total negativa e migraria para o anodo (eletrodo positivo). Em seu ponto isoelétrico (pH = 6,15), a alanina não migraria em nenhuma direção.

Histidina contém uma cadeia lateral ionizável. A curva de titulação da histidina tem um ponto de inflexão adicional, que corresponde ao pK_a de sua cadeia lateral (Figura 3.7a).

▼ Figura 3.7
Ionização da histidina (a) Curva de titulação da histidina. Os três valores de pK_a são 1,8, 6,0 e 9,3. O pI_{His} representa o ponto isoelétrico da histidina. **(b)** Desprotonação do anel de imidazol da cadeia lateral da histidina.

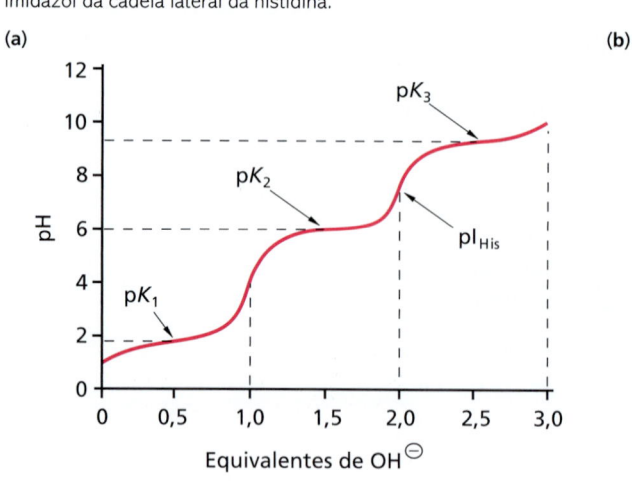

Como no caso da alanina, o primeiro pK_a (1,8) representa a ionização do grupo α-COOH, e o valor mais básico (9,3), a do grupo α-amino. O pK_a intermediário (6,0) corresponde à desprotonação do íon imidazólio da cadeia lateral da histidina (Figura 3.7b). Em pH 7,0, a proporção de imidazol (base conjugada) para íon imidazólio (ácido conjugado) é de 10:1. Portanto, as duas formas, protonada e neutra, da cadeia lateral da histidina estão presentes em concentrações significativas, em pH próximo ao fisiológico. Uma dada cadeia lateral de histidina em uma proteína pode estar protonada ou desprotonada, dependendo de seu ambiente imediato na proteína. Em outras palavras, o valor real do pK_a da cadeia lateral pode não ser o mesmo daquele do aminoácido livre em solução. Essa propriedade torna a cadeia lateral da histidina ideal para transferência de prótons nos sítios catalíticos das enzimas (um exemplo bastante conhecido é descrito na Seção 6.7c).

O ponto isoelétrico de um aminoácido contendo apenas dois grupos ionizáveis (o α-amino e a α-carboxila) é a média aritmética de seus pK_a (ou seja, pI = (pK_1 + pK_2)/2). Entretanto para os aminoácidos que têm três grupos ionizáveis, como a histidina, é necessário avaliar a carga total de cada espécie iônica. O ponto isoelétrico da histidina reside entre os valores de pK_a em cada lado da espécie com carga líquida igual a zero (o zwitterion +/−), isto é, a média entre 6,0 e 9,3, ou, 7,65.

Como mostrado na Tabela 3.2, os valores de pK_a das carboxilas dos aminoácidos livres variam entre 1,8 e 2,5. Esses valores são menores do que os dos ácidos carboxílicos típicos como o acético (pK_a = 4,8) porque o grupo amino —$NH_3^{\oplus}$ vizinho atrai elétrons da carboxila, favorecendo a perda de próton desta. As cadeias laterais, ou grupos R, também influenciam o valor do pK_a da α-carboxila; é por isso que aminoácidos diferentes têm valores de pK_a diferentes (acabamos de ver que os valores para histidina e alanina não são os mesmos).

O grupo α-COOH de um aminoácido é um ácido fraco. Podemos usar a equação de Henderson-Hasselbalch (Seção 2.9) para calcular a fração dele que está ionizada em um dado pH.

$$pH = pK_a + \log \frac{[\text{Aceptor de próton}]}{[\text{Doador de próton}]} \quad (3.3)$$

Para um aminoácido típico, cujo grupo α-COOH tem pK_a de 2,0, a proporção entre aceptor (ânion carboxilato) e doador de próton (ácido carboxílico) em pH 7,0 pode ser calculada usando-se a equação de Henderson-Hasselbalch.

$$7,0 = 2,0 + \log \frac{[RCOO^{\ominus}]}{[RCOOH]} \quad (3.4)$$

Nesse caso, a proporção entre ânion carboxilato e ácido carboxílico é de 100.000:1. Isso significa que, nas condições normalmente encontradas no interior das células, o ânion carboxilato é a espécie que predomina.

O grupo α-amino de um aminoácido livre pode existir como uma amina livre, −NH_2 (aceptor de próton), ou como amina protonada, —$NH_3^{\oplus}$ (doador de próton). Os valores de pK_a variam entre 8,7 e 10,7, como mostra a Tabela 3.2. Para um aminoácido cujo grupo α-amino tem um valor de pK_a igual a 10,0, a proporção de aceptor para doador de próton é de 1:1.000 em pH 7,0. Em outras palavras, em condições fisiológicas, o grupo α-amino está predominantemente protonado e positivamente carregado. Esses cálculos confirmam nossa afirmação anterior de que os aminoácidos livres existem em especial como zwitterions, em pH neutro. Eles mostram, também, que é inapropriado desenhar a estrutura de um aminoácido com ambos os grupos na forma —COOH e —NH_2, uma vez que não há pH em que um número significativo das moléculas contenha a carboxila protonada e o grupo amino desprotonado (ver Problema 19). Observe que o grupo amino secundário da prolina (pK_a = 10,6) também fica protonado em pH neutro, de modo que esse aminoácido – apesar da ligação entre a cadeia lateral e o grupo α-amino – também é um zwitterion em pH 7.

Os sete aminoácidos-padrão com grupos facilmente ionizáveis em suas cadeias laterais são aspartato, glutamato, histidina, cisteína, tirosina, lisina e arginina. A ionização desses grupos obedece aos mesmos princípios da dos grupos α-carboxila e α-amino e, assim, a equação de Henderson-Hasselbalch pode ser aplicada a cada um deles. A ionização do grupo γ-carboxílico do glutamato (pK_a = 4,1) é mostrada na Figura 3.8a.

TABELA 3.2 Valores de pK_a dos componentes ácidos e básicos de aminoácidos livres a 25 °C

Aminoácido	Valor de pK_a		
	Grupo carboxila	Grupo amino	Cadeia lateral
Glicina	2,4	9,8	
Alanina	2,4	9,9	
Valina	2,3	9,7	
Leucina	2,3	9,7	
Isoleucina	2,3	9,8	
Metionina	2,1	9,3	
Prolina	2,0	10,6	
Fenilalanina	2,2	9,3	
Triptofano	2,5	9,4	
Serina	2,2	9,2	
Treonina	2,1	9,1	
Cisteína	1,9	10,7	8,4
Tirosina	2,2	9,2	10,5
Asparagina	2,1	8,7	
Glutamina	2,2	9,1	
Ácido aspártico	2,0	9,9	3,9
Ácido glutâmico	2,1	9,5	4,1
Lisina	2,2	9,1	10,5
Arginina	1,8	9,0	12,5
Histidina	1,8	9,3	6,0

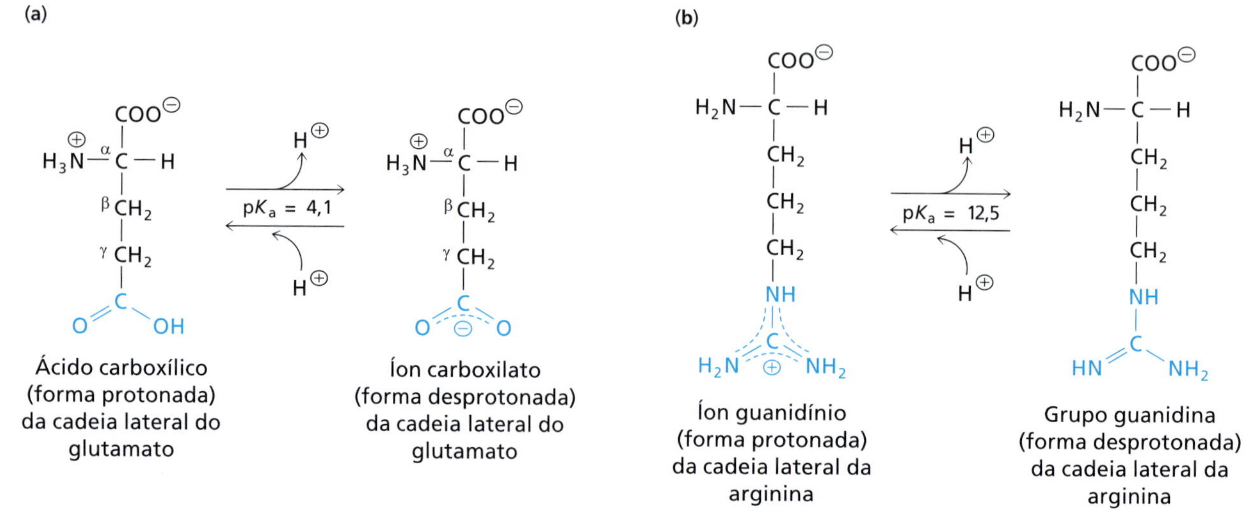

▲ Figura 3.8
Ionização das cadeias laterais de aminoácidos. (a) Ionização do grupo γ-carboxílico do glutamato. A carga negativa do ânion carboxilato é deslocalizada. (b) Desprotonação do grupo guanidínio da cadeia lateral da arginina. A carga positiva é deslocalizada.

Observe que o grupo γ-carboxílico fica afastado da influência do íon amônio e se comporta como um ácido fraco, com pK_a de 4,1. Isso o torna um ácido de força semelhante à do acético ($pK_a = 4,8$) ao passo que seu grupo α-carboxílico é um ácido mais forte ($pK_a = 2,1$). A Figura 3.8b mostra a desprotonação do grupo guanidínio da cadeia lateral da arginina em solução fortemente básica. A deslocalização de carga estabiliza o íon guanidínio, contribuindo para seu alto valor de pK_a, 12,5.

Como mencionado anteriormente, os valores de pK_a das cadeias laterais ionizáveis das proteínas podem diferir daqueles dos aminoácidos livres. Dois fatores provocam essa perturbação nas constantes de ionização. Primeiro, os grupos α-amino e α-carboxila perdem suas cargas, já que eles são ligados às proteínas por ligações peptídicas. Em consequência, eles exercem menos efeitos indutivos sobre as cadeias laterais vizinhas. Segundo, a posição de uma cadeia lateral ionizável na estrutura tridimensional de uma proteína pode afetar seu pK_a. Por exemplo, a enzima ribonuclease A tem quatro resíduos de histidina, mas a cadeia lateral de cada um deles tem pK_a ligeiramente distinto, em virtude das diferenças em suas vizinhanças imediatas ou microambientes.

3.5 Ligações peptídicas unem os aminoácidos nas proteínas

A estrutura das ligações peptídicas é descrita na Seção 4.3.

A síntese de proteínas (tradução) é descrita no Capítulo 22.

A sequência linear de aminoácidos em uma cadeia polipeptídica é chamada **estrutura primária** de uma proteína. Níveis mais elevados de estrutura são chamados de secundário, terciário e quaternário. A estrutura das proteínas é vista mais detalhadamente no próximo capítulo, mas é importante compreender as ligações peptídicas e a estrutura primária antes de discutirmos alguns dos tópicos restantes neste capítulo.

A ligação formada entre aminoácidos é do tipo amídica, chamada **ligação peptídica** (Figura 3.9). Essa ligação pode ser imaginada como o produto da simples condensação entre o grupo α-carboxila de um aminoácido com o grupo α-amino de outro. Uma molécula de água é perdida na reação (lembre-se, da Seção 2.6, de que tais reações de condensação são extremamente desfavoráveis em solução aquosa, por conta do grande excesso de moléculas de água. O caminho que de fato ocorre na síntese de proteínas envolve intermediários reativos, que superam essa limitação). Ao contrário dos grupos carboxila e amino dos aminoácidos livres em solução, os grupos envolvidos nas ligações peptídicas não têm cargas iônicas.

Aminoácidos ligados em uma cadeia polipeptídica são chamados *resíduos* de aminoácidos. Os nomes dos resíduos são formados substituindo-se a terminação *-ina* ou *-ato* por *-il*. Por exemplo, um resíduo de glicina em um polipeptídeo é chamado glicil, e um de glutamato, glutamil. Nos casos de asparagina, glutamina e cisteína, o sufixo *-il*

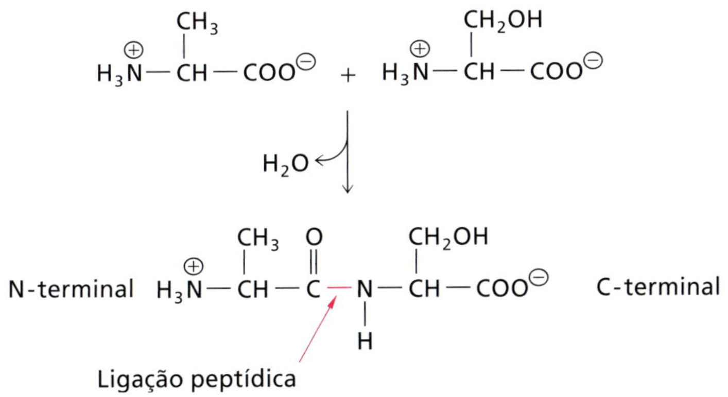

▸ **Figura 3.9**
Ligação peptídica entre dois aminoácidos. A estrutura da ligação peptídica pode ser vista como o produto de uma reação de condensação, na qual a α-carboxila de um aminoácido condensa com o grupo α-amino de outro. O resultado é um dipeptídeo no qual os aminoácidos são ligados por uma ligação peptídica. Aqui, a alanina é condensada com serina para formar a alanil-serina.

substitui a terminação -*a*, formando asparaginil, glutaminil e cisteinil, respectivamente. A terminação -*il* indica que o resíduo é uma unidade de acila (uma estrutura que perdeu a hidroxila do grupo carboxílico). O dipeptídeo da Figura 3.9 é chamado alanil-serina porque alanina é convertida em uma unidade de acila, mas o aminoácido serina conserva seu grupo carboxílico.

Os grupos amino e carboxila livres nas extremidades opostas de uma cadeia peptídica são chamados N-terminal (terminação amino) e C-terminal (terminação carboxila), respectivamente. Em pH neutro, cada terminação tem uma carga iônica. Por convenção, os resíduos de aminoácidos na cadeia peptídica são numerados do N-terminal para o C-terminal e, usualmente, escritos da esquerda para a direita. Essa convenção corresponde à direção da síntese proteica (Seção 22.6). Essa síntese começa com o aminoácido do N-terminal – quase sempre metionina (Seção 22.5) – e procede sequencialmente, em direção ao C-terminal, adicionando-se um resíduo de cada vez.

Tanto as abreviaturas-padrão de três letras para os aminoácidos (por exemplo, Gly-Arg-Phe-Ala-Lys) como as de uma letra (por exemplo, GRFAK) são usadas para descrever a sequência de resíduos de aminoácidos em peptídeos e polipeptídeos. É importante conhecer ambos os sistemas de abreviaturas. Os termos *dipeptídeo*, *tripeptídeo*, *oligopeptídeo* e *polipeptídeo* referem-se a cadeias de dois, três, vários (até cerca de 20) e muitos (geralmente mais de 20) resíduos de aminoácidos, respectivamente. Um dipeptídeo contém uma ligação peptídica, um tripeptídeo contém duas, e assim por diante. Como regra geral, cada cadeia peptídica, independentemente de seu tamanho, tem um grupo α-amino e um α-carboxila livres (as exceções são os resíduos terminais covalentemente modificados e as cadeias peptídicas circulares). Observe que a formação de uma ligação peptídica elimina os grupos ionizáveis – α-carboxila e α-amino – encontrados nos aminoácidos livres. Como resultado, a maioria das cargas iônicas associadas à molécula de proteína provém das cadeias laterais dos aminoácidos. Isso significa que a solubilidade e as propriedades iônicas de uma proteína são fortemente determinadas por sua composição de aminoácidos. Além disso, as cadeias laterais dos resíduos interagem entre si, e essas interações contribuem para a forma tridimensional e a estabilidade de uma molécula de proteína (Capítulo 4).

Alguns peptídeos são compostos biológicos importantes, e a sua química é uma área de pesquisa ativa. Vários hormônios são peptídeos. Por exemplo, endorfinas são moléculas de ocorrência natural que modulam a dor nos vertebrados. Alguns peptídeos simples são úteis como aditivos alimentares; por exemplo, o adoçante aspartame é um éster metílico da aspartilfenilalanina (Figura 3.10) cerca de 200 vezes mais doce do que o açúcar comum e amplamente utilizado em bebidas dietéticas. Há também várias toxinas peptídicas, como as encontradas no veneno de serpentes e nos cogumelos venenosos.

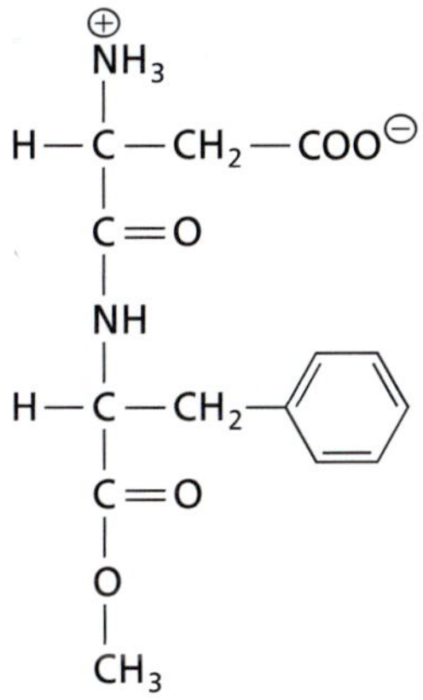

▲ **Figura 3.10**
Aspartame (éster metílico da aspartilfenilalanina).

3.6 Técnicas de purificação de proteínas

Para estudar uma proteína em particular em laboratório, é necessário separá-la de todos os outros componentes celulares, incluindo de outras proteínas semelhantes. Poucas técnicas analíticas funcionarão com misturas brutas de proteínas celulares porque contêm centenas (ou milhares) de proteínas diferentes. As etapas de purificação

▲ Há apenas uma maneira correta de escrever a sequência de um polipeptídeo, do N-terminal para o C-terminal.

▲ **Mamba verde (*Dendroapsis angusticeps*)**. Uma das toxinas no veneno desta serpente é um peptídeo grande com a sequência MICYSHKTPQPSATITCEEKTCYKKS-VRKL PAVVAGRGCGCPSKEMLVAIH CCRSDKCNE [Viljoen e Botes. J.Biol.Chem. 1974; 249:366]

são diferentes para cada proteína. Um processo de purificação é desenvolvido a partir de tentativas com diversas técnicas até que seja estabelecido um procedimento reprodutível que forneça a proteína altamente purificada, mas ainda biologicamente ativa. Em geral, as etapas de purificação exploram pequenas diferenças nas solubilidades, cargas totais, tamanhos e especificidades de ligação das proteínas. Nesta seção, iremos mostrar alguns métodos comuns de purificação de proteínas. A maioria dessas técnicas é realizada entre 0 °C e 4 °C para minimizar processos dependentes de temperatura como a degradação e a desnaturação (desnovelamento) das proteínas.

A primeira etapa na purificação de proteínas é o preparo de uma solução proteica. Com frequência, a fonte da proteína é uma célula inteira em que a proteína desejada responde por menos de 0,1% do peso seco total. O isolamento de uma proteína intracelular requer que as células sejam suspensas em uma solução-tampão e homogeneizadas, ou quebradas em fragmentos celulares. Nessas condições, a maioria das proteínas se solubiliza (as principais exceções são as proteínas de membrana, que necessitam de procedimentos especiais para purificação). Vamos considerar que a proteína desejada é uma das várias que estão presentes nessa solução.

Uma das primeiras etapas na purificação da proteína é, com frequência, uma separação relativamente grosseira, utilizando suas diferentes solubilidades em soluções salinas. Com frequência, o sulfato de amônio é usado nesses fracionamentos. Mistura-se uma quantidade suficiente desse sal com a solução de proteínas para precipitar as impurezas menos solúveis, que são removidas por centrifugação. A proteína-alvo e outras, mais solúveis, continuam no fluido chamado fração sobrenadante. Em seguida, mais sulfato de amônio é adicionado ao sobrenadante até que a proteína desejada precipite. A mistura é então centrifugada, o fluido é removido e o precipitado é dissolvido em um volume mínimo da solução-tampão. Tipicamente, o fracionamento usando sulfato de amônio fornece uma purificação de duas a três vezes maior (ou seja, metade ou dois terços das proteínas indesejadas são removidos da fração resultante, enriquecida em proteína). Nesse ponto, o solvente contendo sulfato de amônio residual é trocado, via diálise, por uma solução-tampão adequada à cromatografia.

Na diálise, uma solução de proteína é selada em um cilindro de celofane e suspensa em um grande volume de tampão. A membrana de celofane é semipermeável: proteínas de alto peso molecular são muito grandes para passar pelos poros da membrana e permanecem dentro do tubo, enquanto os solutos de baixo peso molecular (incluindo, nesse caso, íons amônio e sulfato) saem e são substituídos pelos solutos no tampão.

A **cromatografia em coluna** é frequentemente usada para separar uma mistura de proteínas. Uma coluna cilíndrica é cheia com um material insolúvel como celulose substituída ou granulados sintéticos. A mistura de proteínas é aplicada na coluna e passada pela matriz insolúvel pela adição de solvente. À medida que o solvente flui pela coluna, o eluato (líquido que sai na parte inferior da coluna) é recolhido em várias frações, algumas das quais estão representadas na Figura 3.11a. A velocidade com que as proteínas passam pela matriz depende das interações entre a matriz e a proteína. Para uma dada coluna, proteínas diferentes são eluídas em velocidades diferentes. A concentração de proteína em cada fração pode ser determinada medindo-se a absorbância do eluato no comprimento de onda 280 nm (Figura 3.11b). (Lembre-se, da seção 3.2B, de quando dissemos que, em pH neutro, tirosina e triptofano absorvem luz UV a 280 nm.) Para localizar a proteína-alvo, as frações contendo proteína devem ser testadas quanto à atividade biológica ou alguma outra propriedade característica. A cromatografia em coluna pode ser conduzida sob alta pressão usando colunas pequenas, bem empacotadas, com fluxo de solvente controlado por computador. Essa técnica é chamada **HPLC**, do inglês *High-Performance Liquid Chromatography* (Cromatografia Líquida de Alta Eficiência).

As técnicas cromatográficas são classificadas de acordo com o tipo de matriz. Na de **troca iônica**, a matriz tem cargas positivas (resinas de troca aniônica) ou negativas (resinas de troca catiônica). As matrizes de troca aniônica ligam as proteínas negativamente carregadas, retendo-as na matriz para eluição posterior. De modo inverso, os materiais para troca catiônica ligam proteínas positivamente carregadas. As proteínas ligadas podem ser eluídas em sequência, aumentando-se gradualmente a concentração de sal no solvente. À medida que a concentração salina aumenta, ela acaba por atingir

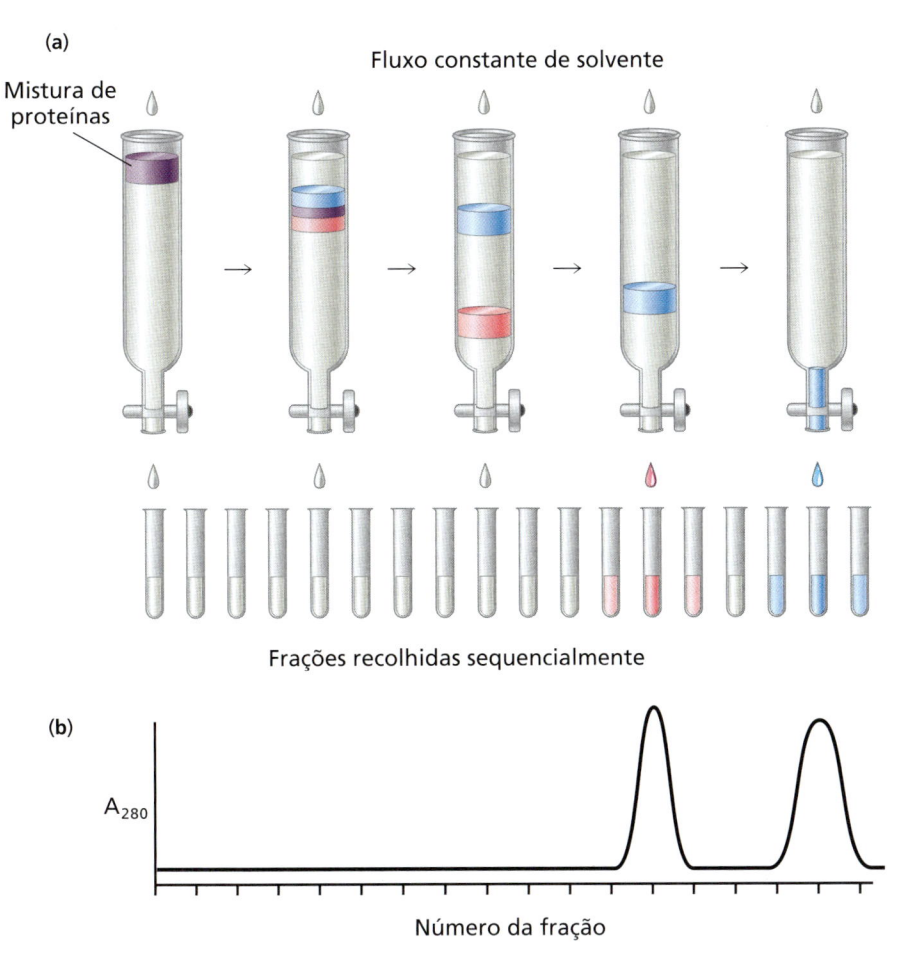

◄ Figura 3.11
Cromatografia em coluna. (a) Uma mistura de proteínas é adicionada a uma coluna contendo uma matriz sólida. O solvente então flui de um reservatório para a coluna, passando através dela. Carregadas pelo solvente, proteínas diferentes (representadas pelas bandas rosa e azul) passam pela coluna com velocidades diferentes, dependendo de suas interações com a matriz. O eluato é recolhido em uma série de frações, algumas das quais estão representadas na figura. **(b)** A concentração de proteína em cada fração é determinada medindo-se a absorbância a 280 nm. Os picos correspondem à eluição das bandas de proteínas mostradas em (a). As frações são então testadas quanto à presença da proteína-alvo.

um valor em que os íons do sal competem com a proteína na matriz, liberando-a; a proteína pode, então, ser recolhida no eluato. Proteínas individuais são eluídas em diferentes concentrações salinas, e esse fracionamento torna a cromatografia de troca iônica uma ferramenta poderosa na purificação de proteínas.

A **cromatografia de filtração em gel** separa as proteínas com base em seu tamanho molecular. O gel é uma matriz de granulados porosos. Proteínas menores do que o tamanho médio dos poros penetram muito no interior dos grânulos e são, portanto, retardadas pela matriz à medida que a solução-tampão flui pela coluna. Quanto menor a proteína, mais ela demorará para ser eluída da coluna. Poucos poros são acessíveis às moléculas de proteínas maiores, e, em consequência, essas passam pelos grânulos e são eluídas primeiro.

Cromatografia de afinidade é o tipo mais seletivo de cromatografia em coluna. Ela se baseia em interações específicas de ligação entre a proteína-alvo e algumas outras moléculas, ligadas covalentemente à matriz da coluna. Estas podem ser uma substância ou um ligante que se ligue à proteína *in vivo*, um anticorpo que reconheça a proteína-alvo ou outra proteína conhecida por interagir com aquela desejada no interior da célula. À medida que a mistura de proteínas passa através da coluna, apenas a proteína desejada se liga especificamente à matriz. A coluna é, então, lavada várias vezes com tampão para eliminar as proteínas não especificamente ligadas. Por fim, a proteína-alvo pode ser eluída lavando-se a coluna com um solvente com alta concentração de sal, que rompa a interação entre a proteína e a matriz da coluna. Em alguns casos, a proteína ligada pode ser liberada seletivamente da coluna de afinidade adicionando-se excesso de ligante ao tampão eluente. A proteína-alvo liga-se preferencialmente ao ligante na solução, em vez de ligar-se ao ligante preso à matriz insolúvel da coluna, pois este último está presente em menor concentração. Esse método é mais eficaz quando o ligante é uma molécula pequena. A cromatografia de afinidade sozinha pode, às vezes, purificar uma proteína entre 1.000 e 10.000 vezes.

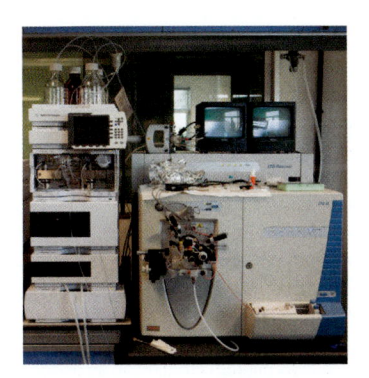

▲ Sistema de cromatografia líquida de alta eficiência (HPLC) típico em um laboratório de pesquisa (esquerda). O instrumento grande à direita é um espectrômetro de massas (Istituto di Ricerche Farmacologiche, Milão, Itália).

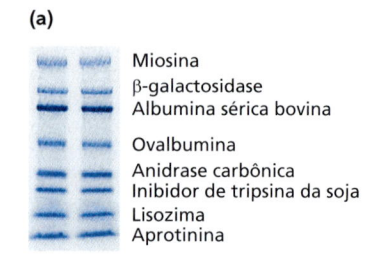

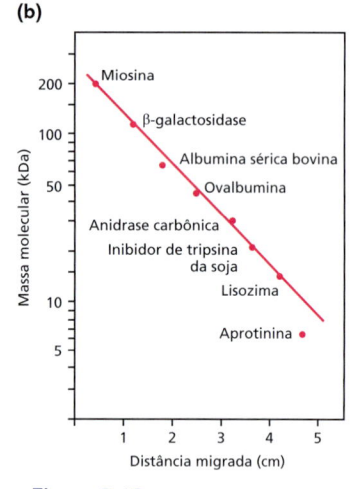

3.7 Técnicas analíticas

A eletroforese separa proteínas com base em suas migrações diferenciais em um campo elétrico. Na **eletroforese em gel de poliacrilamida (PAGE)**, amostras de proteínas são colocadas em uma matriz altamente reticulada (o gel de poliacrilamida), e um campo elétrico é aplicado. A matriz é tamponada em um pH levemente alcalino, de modo que a maioria das proteínas fica na forma aniônica e migra para o anodo. De modo típico, várias amostras correm ao mesmo tempo, com uma amostra de referência. A matriz do gel retarda a migração de moléculas grandes, à medida que elas se movem sob a ação do campo elétrico. Assim, as proteínas são fracionadas com base em suas cargas e massas.

Uma modificação da técnica-padrão de eletroforese utiliza o detergente de carga negativa dodecilsulfato de sódio (SDS) para equilibrar a carga nativa das proteínas, de modo que elas sejam separadas apenas por suas massas. A eletroforese de SDS-gel de poliacrilamida (**SDS-PAGE**) é usada para avaliar a pureza e para estimar o peso molecular de uma proteína. Nessa técnica, o detergente é adicionado ao gel e às amostras de proteínas. Um agente redutor também é acrescentado às amostras, a fim de reduzir todas as ligações dissulfeto. O ânion dodecilsulfato, que tem uma longa cauda hidrofóbica ($CH_3(CH_2)_{11}OSO_3^{\ominus}$, Figura 2.8) se liga às cadeias laterais hidrofóbicas dos resíduos de aminoácidos da cadeia polipeptídica. O SDS se liga em uma proporção de cerca de uma molécula para cada dois resíduos de uma proteína típica. Como proteínas maiores ligam-se proporcionalmente a mais SDS, as razões carga-massa de todas as proteínas tratadas são quase as mesmas. Todos os complexos SDS-proteína são bastante carregados negativamente e movem-se em direção ao anodo, como esquematizado na Figura 3.12a. Contudo, suas velocidades de migração no gel são inversamente proporcionais ao logaritmo de suas massas: proteínas maiores encontram mais resistência e, portanto, migram mais devagar do que as menores. Esse efeito de "peneiramento" difere da cromatografia de filtração em gel pelo fato de que nesta as moléculas maiores são excluídas dos poros do gel e, assim, se deslocam mais rapidamente. No SDS-PAGE todas as moléculas penetram os poros do gel, de modo que as proteínas maiores se deslocam de maneira mais lenta. As bandas de proteínas que resultam dessa migração diferencial (Figura 3.13) podem ser visualizadas por coloração. Pesos moleculares de proteínas desconhecidas podem ser estimados comparando suas migrações com as de proteínas de referência no mesmo gel.

Embora a SDS-PAGE seja antes de tudo um recurso analítico, ela pode ser adaptada para purificação de proteínas. Proteínas desnaturadas podem ser recuperadas de

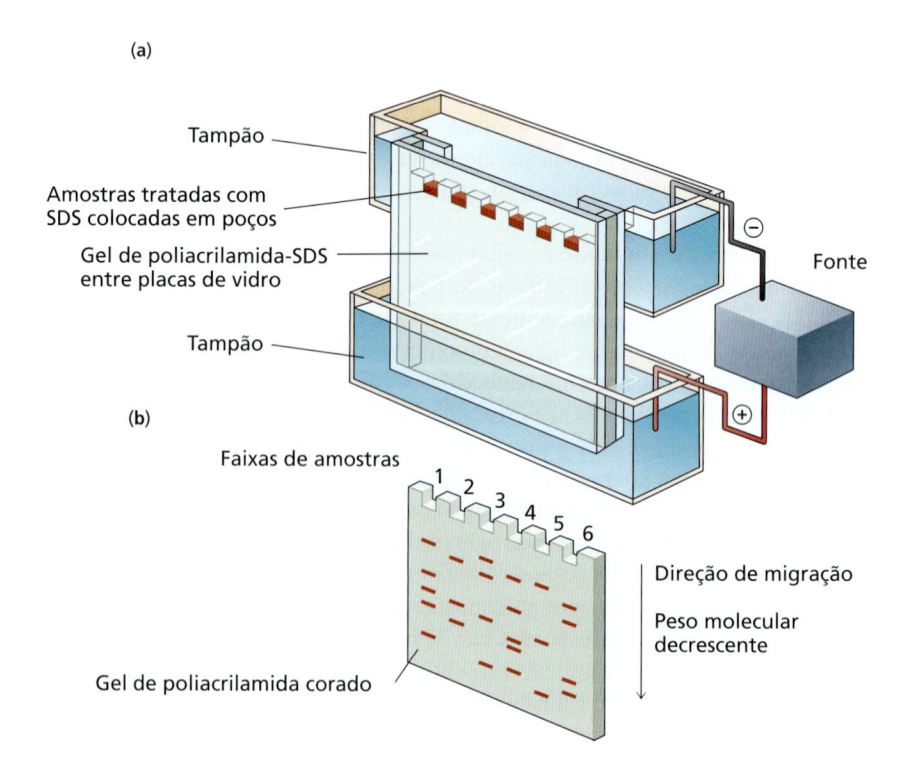

▲ **Figura 3.13**
Proteínas separadas em gel de poliacrilamida-SDS. (a) Proteínas coradas após separação. As proteínas de alto peso molecular estão no topo do gel. **(b)** Gráfico mostra a relação entre o peso molecular de uma proteína e a distância que ela migra no gel.

▶ **Figura 3.12**
SDS-PAGE. (a) Equipamento para eletroforese incluindo um gel de poliacrilamida-SDS entre duas placas de vidro e tampão nos reservatórios superior e inferior. As amostras são colocadas em cavidades ou poços no gel, e a voltagem é aplicada. Como as proteínas complexadas ao SDS têm carga negativa, elas migram em direção ao anodo. **(b)** O padrão de bandas das proteínas após a eletroforese pode ser visualizado com corante. As proteínas menores migram mais rapidamente, de modo que aquelas com menor peso molecular ficam na parte inferior do gel.

SDS-PAGE cortando as bandas do gel e eluindo as proteínas pela aplicação de uma corrente elétrica, permitindo que elas migrem para uma solução-tampão. Após a concentração e a remoção de sais, essas preparações de proteínas podem ser usadas para análise estrutural, preparação de anticorpos e outros objetivos.

Espectrometria de massas, como o nome indica, é uma técnica que determina a massa de uma molécula. O tipo mais básico de espectrômetro de massas mede o tempo que uma molécula carregada, em fase gasosa, leva para ir do ponto de injeção até um detector sensível. Esse tempo depende da carga e da massa da molécula; o resultado é dado em termos da razão massa/carga. A técnica tem sido usada em química por quase 100 anos, mas sua aplicação às proteínas era limitada porque, até recentemente, não era possível dispersar moléculas carregadas de proteínas em uma fase gasosa de partículas.

Esse problema foi resolvido no final dos anos 1980 com o desenvolvimento de dois novos tipos de espectrometria de massas. Na **espectrometria de massas por eletrospray**, a solução de proteínas é bombeada através de uma agulha de metal sob alta voltagem para gerar gotículas minúsculas. O líquido rapidamente evapora no vácuo, e as proteínas carregadas são direcionadas para o detector por um campo magnético. A segunda nova técnica é chamada **ionização e dessorção a laser assistida por matriz (MALDI)**. Nesse método, a proteína é misturada com uma matriz química, e a mistura, precipitada sobre um substrato metálico. A matriz é uma molécula orgânica pequena que absorve luz em um comprimento de onda particular. Um pulso de laser no comprimento de onda da absorção fornece energia às moléculas de proteína através da matriz. As proteínas são instantaneamente liberadas do substrato (dessorvidas) e direcionadas ao detector (Figura 3.14). Quando se mede o tempo de voo (TOF, do inglês *time-of-flight*), a técnica é chamada MALDI-TOF.

Os dados brutos de uma análise por espectrometria de massas podem ser bastante simples, como mostrado na Figura 3.14. Uma espécie simples, com carga positiva, é detectada de modo que a razão massa/carga fornece diretamente a massa. Em outros casos, o espectro pode ser mais complicado, especialmente na espectrometria de

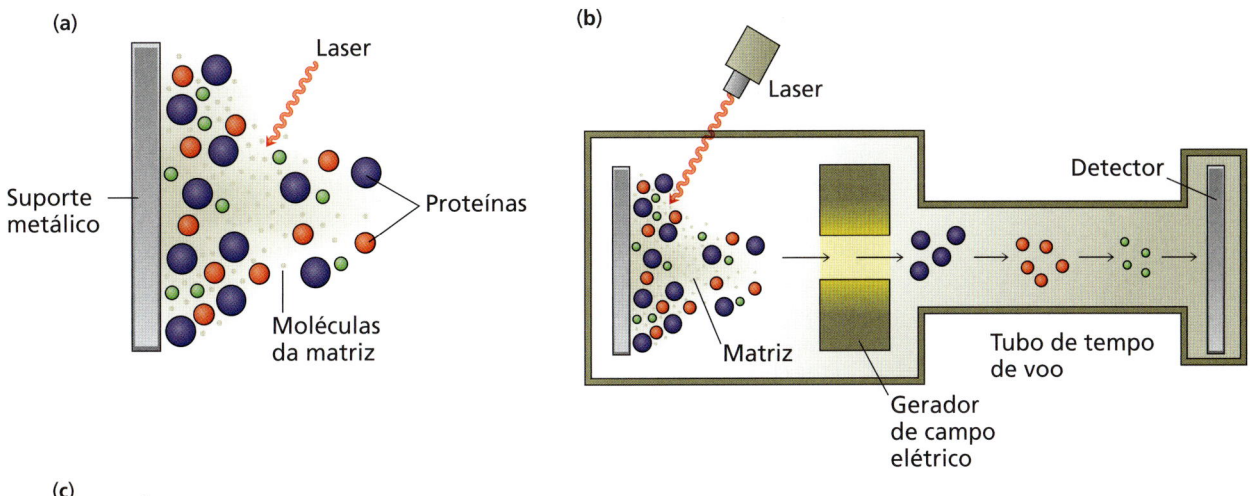

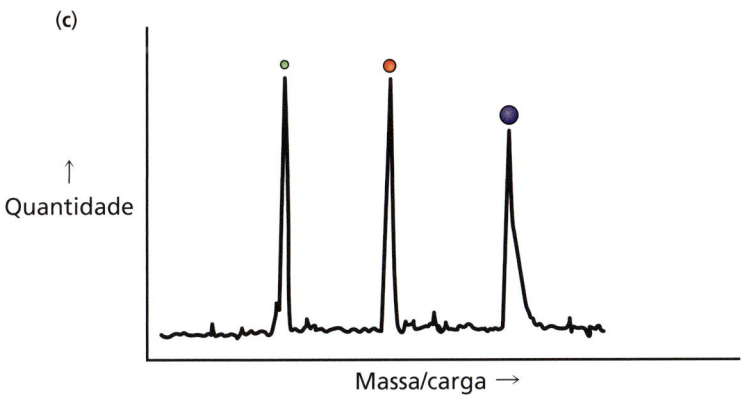

▲ **Figura 3.14**
Espectrometria de massas MALDI-TOF. (a) Um pulso de luz libera as proteínas da matriz. **(b)** Proteínas carregadas são direcionadas para o detector por um campo elétrico. **(c)** O tempo de chegada ao detector depende da massa e da carga da proteína.

John B. Fenn (1917–)

Koichi Tanaka (1959–)

▲ John B. Fenn e Koichi Tanaka ganharam o prêmio Nobel de Química em 2002 "pelo desenvolvimento de métodos brandos de ionização-dessorção para análise de macromoléculas biológicas por espectrometria de massas".

massas por eletrospray. Frequentemente, existem várias espécies com cargas diferentes de uma mesma molécula, e a massa correta precisa ser calculada analisando-se um conjunto de moléculas com cargas +1, +2, +3 etc. O espectro de uma mistura de proteínas pode ser assustador. Felizmente, porém, há programas sofisticados de computador capazes de analisar os dados e calcular as massas corretas. A popularidade atual da espectrometria de massas deve muito ao desenvolvimento desses softwares, bem como ao de novos hardwares e a novos métodos de preparação de amostras.

A espectrometria de massas é muito sensível e altamente precisa. Com frequência, a massa de uma proteína pode ser obtida a partir de amostras com quantidades da ordem de picomol (10^{-12} mol) isoladas de um gel de SDS-PAGE. A massa correta pode ser determinada com precisão de menos do que a massa de um próton.

3.8 Composição de aminoácidos das proteínas

Uma vez isolada a proteína, sua composição de aminoácidos pode ser determinada. Primeiro, as ligações peptídicas da proteína são quebradas por hidrólise ácida, normalmente usando HCl 6 M (Figura 3.15). Em seguida, a mistura hidrolisada (o hidrolisado) é submetida a um processo cromatográfico no qual cada aminoácido é separado e quantificado. Esse processo é chamado **análise de aminoácidos**. Um dos métodos para análise de aminoácidos envolve o tratamento do hidrolisado de proteína com fenilisotiocianato (PITC) em pH 9,0 para gerar derivados de feniltiocarbamoíla (PTC) dos aminoácidos (Figura 3.16). A mistura PTC-aminoácidos é submetida então a HPLC em coluna de sílica fina ligada com cadeias hidrocarbônicas. Nessa condição, os aminoácidos são separados pelas propriedades hidrofóbicas de suas cadeias laterais. À medida que cada derivado PTC-aminoácido é eluído, ele é detectado, e sua concentração é determinada pela medida da absorbância em 254 nm (pico de absorção da porção PTC). Como derivados PTC-aminoácido diferentes são eluídos com velocidades diversas, o tempo de eluição identifica o aminoácido por comparação com padrões conhecidos. A quantidade de cada aminoácido no hidrolisado é proporcional à área sob o pico. Com esse método, a análise de aminoácidos pode ser realizada em amostras bem pequenas, da ordem de 1 picomol de uma proteína com aproximadamente 200 resíduos.

Apesar de sua utilidade, a hidrólise ácida não é capaz de fornecer uma análise de aminoácidos completa. Como as cadeias laterais de asparagina e glutamina têm ligações amida, o ácido utilizado para quebrar as ligações peptídicas também converte esses dois resíduos respectivamente em ácidos aspártico e glutâmico. Outras limitações da hidrólise ácida incluem pequenas perdas de serina, treonina e tirosina. Além disso, a cadeia lateral do triptofano é quase totalmente destruída na hidrólise ácida. Há diversas maneiras de contornar essas limitações. Por exemplo, as proteínas podem ser hidrolisadas por enzimas, em vez de por ácido. Os aminoácidos livres são então ligados a um composto químico que absorva luz ultravioleta, e esses derivados são analisados por HPLC (Figura 3.17).

▲ **Figura 3.16**
Aminoácido tratado com fenilisotiocianato (PITC). O grupo α-amino de um aminoácido reage com o fenilisotiocianato para fornecer um feniltiocarbamoíla-aminoácido (PTC-aminoácido).

▲ **Figura 3.15**
Hidrólise ácida de um peptídeo. Incubação com HCl 6 M a 110 °C por 16-72 horas libera os aminoácidos constituintes de um peptídeo.

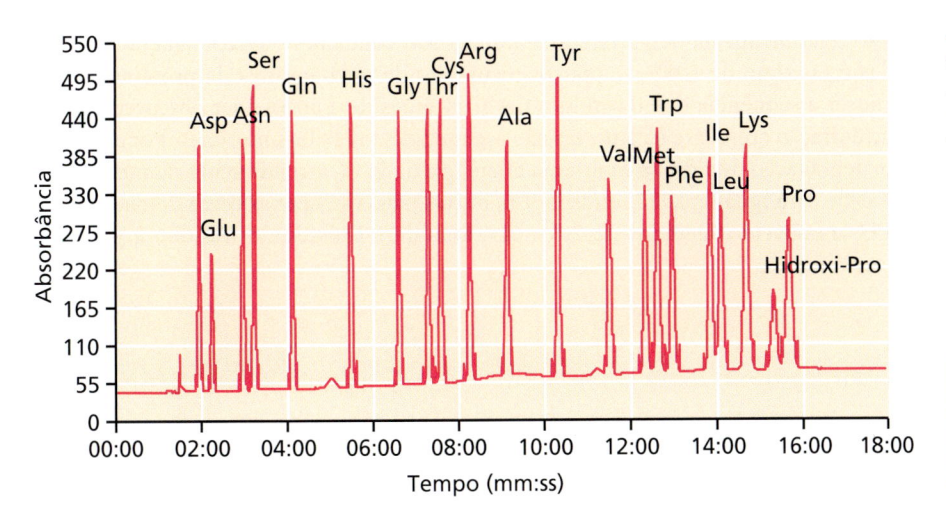

◀ **Figura 3.17**
Separação de aminoácidos por HPLC.
Aminoácidos obtidos por hidrólise enzimática de uma proteína são tratados com o-ftalaldeído e separados por HPLC.

A frequência dos aminoácidos nas proteínas é correlacionada com o número de códons para cada aminoácido (Seção 22.1)

Mediante o uso de diversas técnicas analíticas, foram determinadas as composições totais de aminoácidos de várias proteínas. Foram encontradas acentuadas diferenças nessas composições, ilustrando o enorme potencial para a diversidade em função das diferentes combinações dos 20 aminoácidos.

A composição (e a sequência) de aminoácidos das proteínas também pode ser determinada a partir da sequência de seus genes. Na realidade, atualmente é mais fácil clonar e sequenciar o DNA do que purificar e determinar a sequência de uma proteína. A Tabela 3.3 mostra a frequência média de resíduos de aminoácidos em mais de 1.000 proteínas diferentes cujas sequências estão depositadas em bancos de dados de proteínas. Os aminoácidos mais comuns são leucina, alanina e glicina, seguidos por serina, valina e glutamato. Triptofano, cisteína e histidina são os menos abundantes nas proteínas típicas.

Sabendo a composição de aminoácidos de uma proteína, é possível calcular seu peso molecular, usando os pesos moleculares dos aminoácidos listados na Tabela 3.4. É preciso se lembrar de subtrair o peso de uma molécula de água para cada ligação peptídica (Seção 3.5). Podemos estimar grosseiramente o peso molecular de uma proteína utilizando o peso molecular médio de um resíduo (= 110). Assim, uma proteína com 650 resíduos de aminoácidos tem uma massa molecular relativa de aproximadamente 71.500 ($M_r = 71.500$).

TABELA 3.3 Composição de aminoácidos das proteínas

Aminoácido	Frequência nas proteínas (%)
Altamente hidrofóbico	
Ile (I)	5,2
Val (V)	6,6
Leu (L)	9,0
Phe (F)	3,9
Met (M)	2,4
Menos hidrofóbico	
Ala (A)	8,3
Gly (G)	7,2
Cys (C)	1,7
Trp (W)	1,3
Tyr (Y)	3,2
Pro (P)	5,1
Thr (T)	5,8
Ser (S)	6,9
Altamente hidrofílico	
Asn (N)	4,4
Gln (Q)	4,0
Ácido	
Asp (D)	5,3
Glu (E)	6,2
Básico	
His (H)	2,2
Lys (K)	5,7
Arg (R)	5,7

3.9 Determinação da sequência de resíduos de aminoácidos

A análise de aminoácidos fornece informações sobre a composição de uma proteína, mas não sua estrutura primária (a sequência dos resíduos). Em 1950, Pehr Edman desenvolveu uma técnica que permite remover e identificar um resíduo por vez, a partir do N-terminal de uma proteína. A **degradação de Edman** envolve o tratamento da proteína por PITC, também conhecido como reagente de Edman, em pH 9,0 (lembre-se de que PITC igualmente pode ser usado na determinação dos aminoácidos livres, como mostrado na Figura 3.16). O PITC reage com o N-terminal livre da cadeia formando um derivado feniltiocarbamoíla, ou PTC-peptídeo (Figura 3.18). Quando o PTC-peptídeo é tratado com ácido anidro, como o trifluoroacético, a ligação peptídica do resíduo N-terminal é clivada seletivamente, liberando um derivado resíduo-anilinotiazolinona. Este pode ser extraído com um solvente orgânico, como cloreto de butila, deixando o peptídeo restante na fase aquosa. Em seguida, o derivado instável de anilinotiazolinona é tratado com ácido aquoso, convertendo-se no estável derivado de feniltioidantoína do aminoácido que estava no N-terminal (PTH-aminoácido). A cadeia polipeptídica na fase aquosa, agora com um resíduo a menos (o resíduo 2 da proteína original agora é o N-terminal) pode ser novamente levado a pH 9,0 e tratado com PITC. O processo inteiro pode ser repetido sequencialmente, utilizando um equipamento conhecido como sequenciador. Cada ciclo fornece um PTH-aminoácido que pode ser identificado cromatograficamente, em geral por HPLC.

TABELA 3.4 Massas moleculares dos aminoácidos

Aminoácido	M_r
Ala (A)	89
Arg (R)	174
Asn (N)	132
Asp (D)	133
Cys (C)	121
Gln (Q)	146
Glu (E)	147
Gly (G)	75
His (H)	155
Ile (I)	131
Leu (L)	131
Lys (K)	146
Met (M)	149
Phe (F)	165
Pro (P)	115
Ser (S)	105
Thr (T)	119
Trp (W)	204
Tyr (Y)	181
Val (V)	117

O rendimento da degradação de Edman sob condições cuidadosamente controladas é próximo de 100%, e poucos picomoles de uma amostra da proteína podem fornecer a sequência de 30 resíduos ou mais, antes de a análise ser obscurecida pela concentração crescente da amostra não recuperada dos ciclos anteriores. Por exemplo, se a degradação de Edman tiver uma eficiência de 98%, o rendimento cumulativo no 30º ciclo será igual a $0,98^{30}$, ou 0,55. Em outras palavras, apenas cerca de metade dos PTH-aminoácidos gerados no 30º ciclo serão derivados do 30º resíduo a partir do N-terminal.

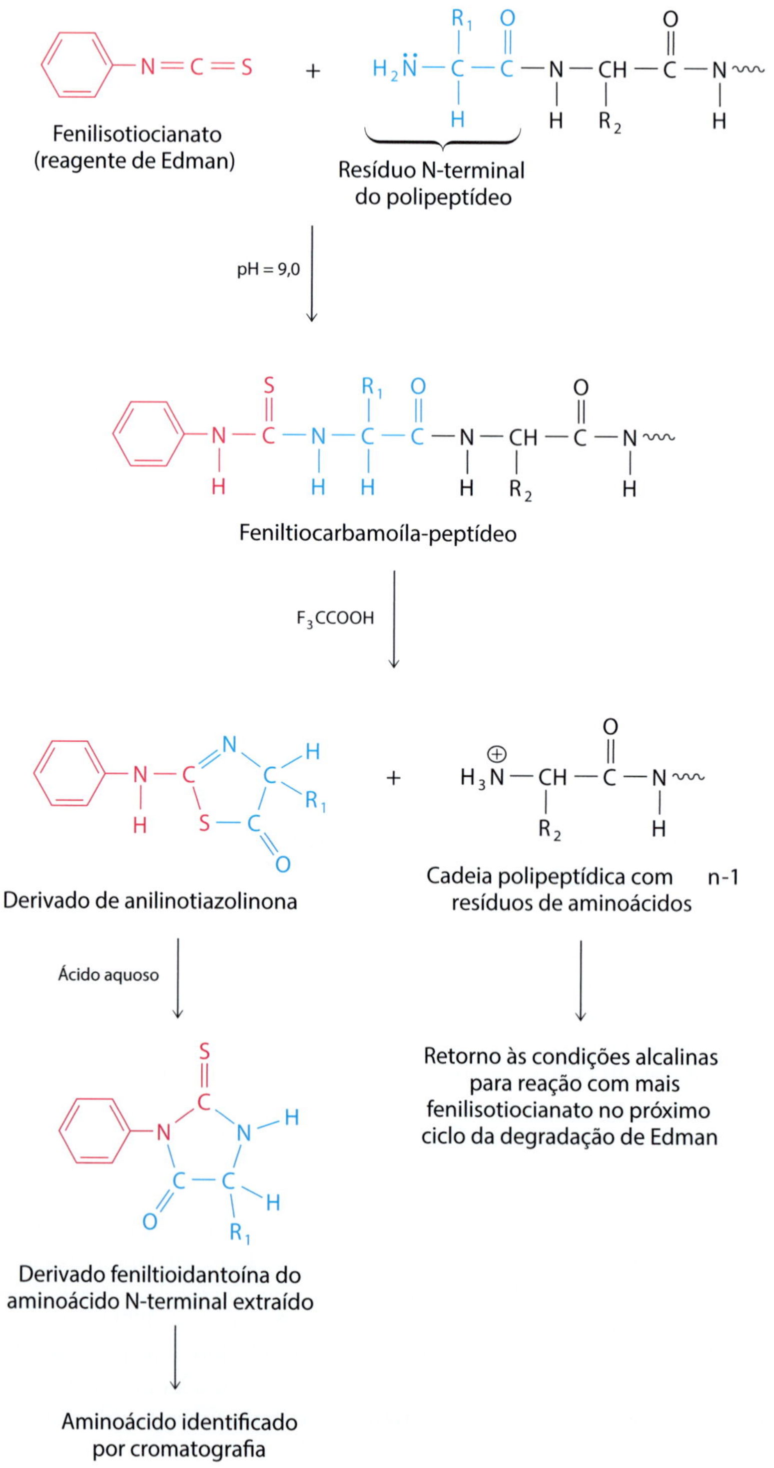

▶ **Figura 3.18**
Degradação de Edman. O resíduo N-terminal de uma cadeia polipeptídica reage com fenilisotiocianato para fornecer um feniltiocarbamoíla-peptídeo. O tratamento desse derivado com ácido trifluoroacético (F_3CCOOH) libera um derivado anilinotiazolinona do resíduo de aminoácido N-terminal. Este é extraído e tratado com ácido aquoso, o qual rearranja o derivado a uma feniltioidantoína estável, que pode ser identificada por cromatografia. A cadeia polipeptídica restante, cujo resíduo N-terminal estava anteriormente na posição 2, é submetida a um novo ciclo de degradação de Edman.

3.10 Estratégias de sequenciamento de proteínas

A maioria das proteínas contém resíduos demais para serem completamente sequenciados pela degradação de Edman a partir somente do N-terminal. Assim, proteases (enzimas catalisadoras de hidrólise de ligações peptídicas de proteínas) ou certos reagentes químicos são usados para clivar seletivamente algumas ligações peptídicas da proteína. Os peptídeos menores formados são então sequenciados pela degradação de Edman.

O brometo de cianogênio (CNBr) reage especificamente com resíduos de metionina, produzindo peptídeos com resíduos de homosserina lactona C-terminais e novos resíduos N-terminais (Figura 3.19). Como a maioria das proteínas contém relativamente poucos resíduos de metionina, o tratamento com CNBr produz, em geral, poucos fragmentos peptídicos. Por exemplo, a reação de CNBr com uma cadeia polipeptídica contendo três resíduos internos de metionina deve gerar quatro fragmentos peptídicos. Cada um desses fragmentos é então sequenciado a partir de seu N-terminal.

Várias proteases diferentes podem ser usadas para gerar fragmentos para sequenciamento de proteínas. Por exemplo, a tripsina catalisa especificamente a hidrólise de ligações peptídicas no lado carbonílico dos resíduos de lisina e arginina, ambos com cadeias laterais positivamente carregadas (Figura 3.20a). A protease V8 de *Staphylococcus aureus* catalisa a quebra de ligações peptídicas no lado carbonílico de resíduos negativamente carregados (glutamato e aspartato); sob condições apropriadas (bicarbonato de amônio 50 mM) ela quebra apenas ligações do glutamato. Quimotripsina, uma protease menos específica, catalisa preferencialmente a hidrólise de ligações peptídicas do lado carbonílico de resíduos não carregados com cadeias laterais hidrofóbicas aromáticas ou volumosas, como as da fenilalanina, da tirosina e do triptofano (Figura 3.20b).

Pela aplicação criteriosa de brometo de cianogênio, tripsina, protease V8 de *S. aureus* e quimotripsina a amostras individuais de uma proteína grande, podem-se gerar diversos fragmentos peptídicos de tamanhos variados. Esses fragmentos podem ser então separados e sequenciados pela degradação de Edman. No estágio final da determinação, a sequência de aminoácidos de uma cadeia polipeptídica grande consegue ser deduzida pelo alinhamento de sequências correspondentes de fragmentos peptídicos sobrepostos, como ilustrado na Figura 3.20c. Ao se referir a um resíduo de aminoácido cuja posição na sequência é conhecida, é usual colocar o seu número na sequência após a abreviatura do resíduo. Por exemplo, o terceiro resíduo do peptídeo mostrado na Figura 3.20 é chamado Ala-3.

O processo de geração e sequenciamento de fragmentos de peptídeos é particularmente importante para obter informações sobre as sequências de proteínas cujos N-terminais sejam bloqueados. Por exemplo, os grupos α-amino N-terminais de várias proteínas bacterianas são formilados e não reagem nas condições de degradação de Edman. Fragmentos de peptídeos com N-terminais desbloqueados podem ser obtidos por clivagem seletiva e, em seguida, separados e sequenciados até que pelo menos parte da sequência interna da proteína possa ser obtida.

Para a proteína contendo ligações dissulfeto, a estrutura covalente completa não é totalmente resolvida até que as posições dessas ligações tenham sido estabelecidas. As posições das pontes dissulfeto podem ser determinadas pela fragmentação da proteína intacta, pelo isolamento dos fragmentos peptídicos e pela determinação de quais

▼ **Figura 3.19**
Proteína clivada por brometo de cianogênio (BrCN). O brometo de cianogênio quebra as cadeias polipeptídicas no lado C-terminal de resíduos de metionina. A reação produz uma peptidil-homosserina lactona e gera um novo N-terminal.

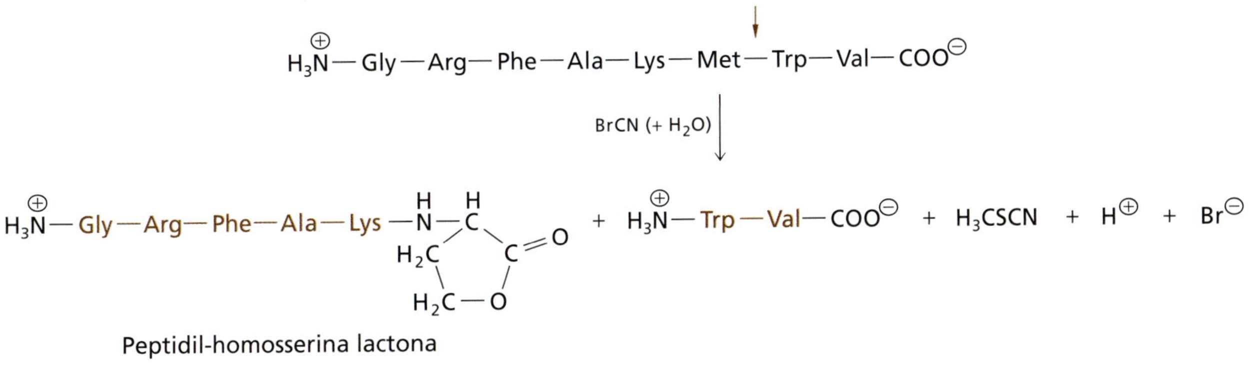

$$H_3\overset{\oplus}{N}-Gly-Arg-Phe-Ala-Lys-Met-Trp-Val-COO^{\ominus}$$

$$\downarrow BrCN\ (+\ H_2O)$$

$$H_3\overset{\oplus}{N}-Gly-Arg-Phe-Ala-Lys-\text{[homoserina lactona]} + H_3\overset{\oplus}{N}-Trp-Val-COO^{\ominus} + H_3CSCN + H^{\oplus} + Br^{\ominus}$$

Peptidil-homosserina lactona

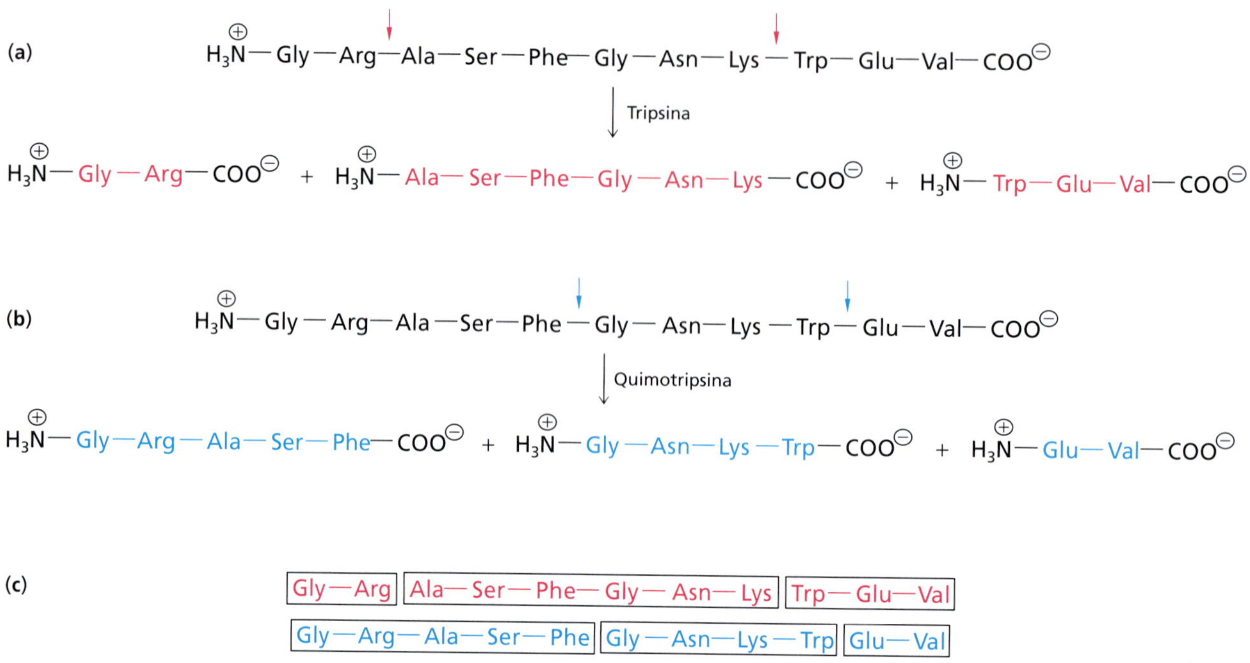

(a)

$$H_3\overset{\oplus}{N}-Gly-Arg-Ala-Ser-Phe-Gly-Asn-Lys-Trp-Glu-Val-COO^{\ominus}$$

↓ Tripsina

$$H_3\overset{\oplus}{N}-Gly-Arg-COO^{\ominus} \;+\; H_3\overset{\oplus}{N}-Ala-Ser-Phe-Gly-Asn-Lys-COO^{\ominus} \;+\; H_3\overset{\oplus}{N}-Trp-Glu-Val-COO^{\ominus}$$

(b)

$$H_3\overset{\oplus}{N}-Gly-Arg-Ala-Ser-Phe-Gly-Asn-Lys-Trp-Glu-Val-COO^{\ominus}$$

↓ Quimotripsina

$$H_3\overset{\oplus}{N}-Gly-Arg-Ala-Ser-Phe-COO^{\ominus} \;+\; H_3\overset{\oplus}{N}-Gly-Asn-Lys-Trp-COO^{\ominus} \;+\; H_3\overset{\oplus}{N}-Glu-Val-COO^{\ominus}$$

(c)

|Gly—Arg|Ala—Ser—Phe—Gly—Asn—Lys|Trp—Glu—Val|
|Gly—Arg—Ala—Ser—Phe|Gly—Asn—Lys—Trp|Glu—Val|

▲ **Figura 3.20**
Clivagem e sequenciamento de um oligopeptídeo.
(a) A tripsina catalisa a clivagem de peptídeos no lado carbonílico dos resíduos básicos arginina e lisina. **(b)** A quimotripsina catalisa a quebra de peptídeos no lado carbonílico de resíduos com cadeias laterais não carregadas aromáticas ou volumosas, incluindo fenilalanina, tirosina e triptofano. **(c)** Usando a degradação de Edman para determinar a sequência de cada fragmento (destacado em caixas) e alinhando as sequências correspondentes dos fragmentos sobrepostos, pode-se determinar a ordem dos fragmentos e assim deduzir a sequência do oligopeptídeo completo.

fragmentos contêm resíduos de cistina. A tarefa de determinar as posições das pontes torna-se bastante complicada quando a proteína tem várias ligações dissulfeto.

A dedução da sequência de aminoácidos de uma proteína em particular a partir da sequência de seus genes (Figura 3.21) supera algumas limitações técnicas da análise direta. Por exemplo, a quantidade de triptofano pode ser determinada, e resíduos de aspartato e de asparagina podem ser distinguidos porque são codificados por códons diferentes. No entanto, o sequenciamento direto de proteínas ainda é importante, pois é o único meio de determinar a presença de aminoácidos modificados ou de verificar se algum resíduo foi removido após o término da síntese proteica.

Frequentemente, os pesquisadores querem identificar certa proteína desconhecida. Digamos que você tenha aplicado proteínas séricas humanas em um gel de SDS e observado a presença de uma banda de proteína a 67 KDa. Qual é essa proteína? Dois desenvolvimentos recentes tornaram a tarefa de identificação de proteínas desconhecidas muito mais fácil: a sensível espectrometria de massas e as sequências genômicas. Vejamos como elas funcionam.

Primeiro, você isola a proteína cortando a banda onde está a proteína de 67 KDa e eluindo-a. O passo seguinte é digerir a proteína com uma protease, que irá cliváí-la em locais específicos. Digamos que você tenha escolhido a tripsina, uma enzima que quebra a ligação peptídica após os resíduos de arginina (R) ou lisina (K). Após a digestão com tripsina, você ficará com algumas dezenas de fragmentos peptídicos, todos eles terminados em arginina ou lisina.

Em seguida, você submete a mistura à espectrometria de massas, usando um método como o MALDI-TOF, em que podem ser determinados os pesos moleculares precisos dos peptídeos. O espectro resultante está mostrado na Figura 3.22. Agora você tem uma "impressão digital" da proteína desconhecida, correspondente aos pesos moleculares de todos os produtos de digestão pela tripsina.

Em vários laboratórios, a técnica de sequenciamento químico usando a degradação de Edman foi substituída pela espectrometria de massas. Se você quisesse determinar as sequências de cada peptídeo mostrado na Figura 3.22, o próximo passo poderia ser fragmentar cada um deles e medir o peso molecular dos fragmentos individualmente com o espectrômetro de massas.

Os dados podem ser usados para determinar a sequência do peptídeo. Por exemplo, tome-se o peptídeo tríptico de $M_r = 1226{,}59$ mostrado na Figura 3.22. Um dos

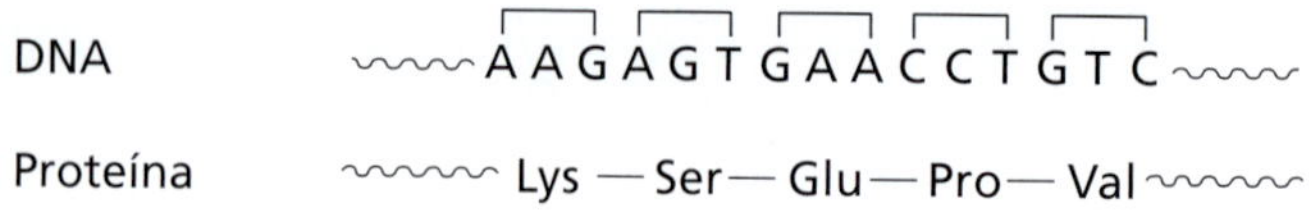

▶ **Figura 3.21**
Sequências de DNA e proteína. A sequência de aminoácidos de uma proteína pode ser deduzida a partir da sequência de nucleotídeos no gene correspondente. Uma sequência de três nucleotídeos especifica um aminoácido. A, C, G e T representam os resíduos nucleotídicos do DNA.

DNA ~~ A A G A G T G A A C C T G T C ~~

Proteína ~~ Lys — Ser — Glu — Pro — Val ~~

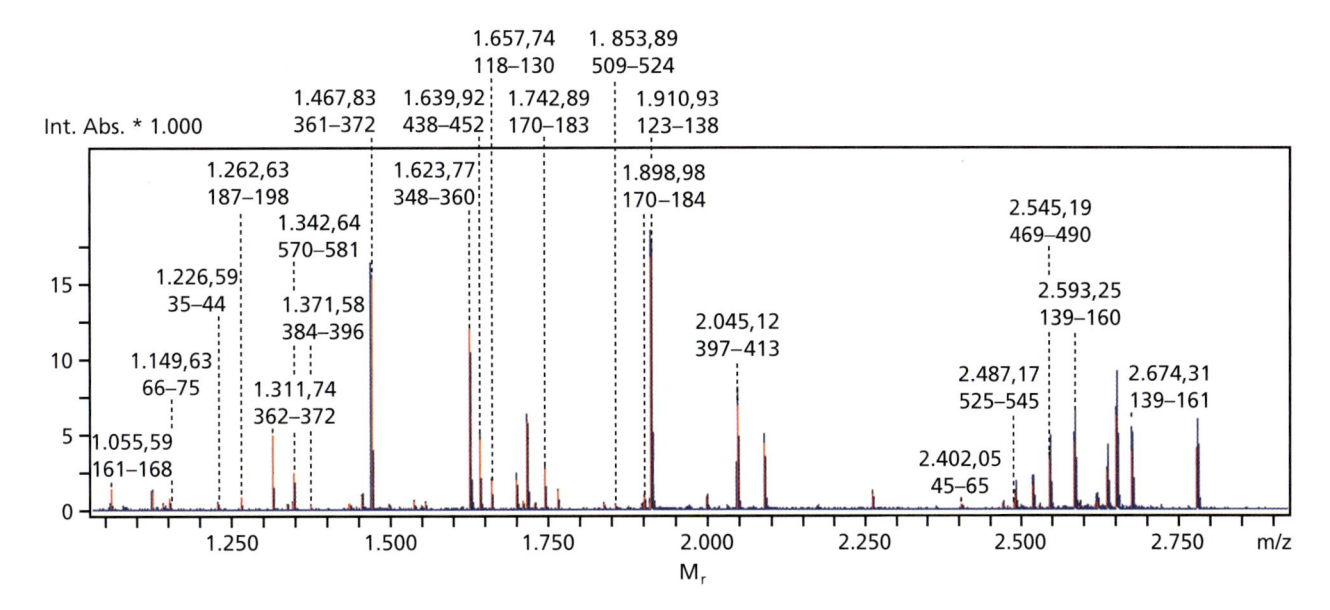

pedaços maiores produzidos pela fragmentação desse peptídeo tem peso molecular de 1079,5. A diferença corresponde a um resíduo de Phe (F) (1226,6 − 1079,5 = 147,1), significando que esse era o resíduo em uma das extremidades do peptídeo tríptico. Outro fragmento grande poderia ter peso molecular de 1098,5, e a diferença (1226,6 − 1098,1) é o peso molecular exato de um resíduo de Lys (K). Portanto, esse é o resíduo da outra ponta do peptídeo. Essa teria de ser o C-terminal pois, a tripsina cliva após resíduos de lisina ou arginina. Você pode obter a sequência exata do peptídeo analisando as massas de todos os fragmentos dessa maneira. Um deles terá peso molecular de 258,0 e, quase certamente, será o dipeptídeo Glu-Glu (EE) (a análise real é um pouco mais complicada, mas o princípio geral é o mesmo).

Com frequência, no entanto, não é necessária uma segunda análise por espectrometria de massas (na qual realizamos a fragmentação dos peptídeos) para identificar uma proteína desconhecida. Uma vez que sua proteína desconhecida pertence a uma espécie cujo genoma já foi sequenciado, você pode simplesmente comparar a impressão digital tríptica com as impressões digitais previstas para todas as proteínas codificadas por todos os genes desse genoma. O banco de dados consiste em uma coleção de peptídeos hipotéticos produzidos a partir da análise da sequência de aminoácidos de cada proteína, inclusive daquelas com funções não identificadas conhecidas apenas a partir de suas sequências. Na maioria dos casos, o conjunto de massas de peptídeos da proteína desconhecida irá coincidir com apenas uma proteína de um dos genes do banco de dados.

Nesse caso, a coincidência será com a albumina sérica humana, uma proteína sérica bem conhecida (Figura 3.23). As massas de vários dos peptídeos detectados pela espectrometria de massas correspondem às previstas para os peptídeos identificados em vermelho na sequência. Tome, por exemplo, o peptídeo de M_r = 1226,59 identificado pela espectrometria de massas. Ele tem exatamente a massa prevista para o peptídeo que inclui os resíduos 35-44 (FKDLGEENFK) (observe que a primeira clivagem pela tripsina é feita após o resíduo de arginina da posição 34, e a segunda, após o resíduo de lisina da posição 44).

Uma coincidência apenas não é suficiente para identificar uma proteína desconhecida. No exemplo apresentado aqui, há 21 fragmentos peptídicos que coincidem com a sequência de aminoácidos da albumina sérica humana; isso é mais do que suficiente para identificar a proteína.

Frederick Sanger foi o primeiro cientista a determinar, em 1953, a sequência completa de uma proteína (insulina). Em 1958, ele ganhou o Prêmio Nobel por esse trabalho. Vinte e dois anos depois, Sanger recebeu um segundo Nobel pelo pioneirismo no sequenciamento de ácidos nucleicos. Atualmente conhecemos as sequências de aminoácidos de milhares de proteínas diferentes. Elas não só revelam detalhes estruturais das proteínas individuais, mas permitem aos pesquisadores identificar famílias de proteínas relacionadas e prever a estrutura tridimensional, além de, às vezes, a função de proteínas recém-descobertas.

▲ **Figura 3.22**
Impressão digital tríptica de uma proteína sérica de 67 kDa. Os números acima de cada pico são as massas dos fragmentos. O número abaixo de cada massa se refere aos resíduos na Figura 3.23 (adaptado de Detlevuvkaw, entrada na Wikipedia sobre impressão digital de massas de peptídeos).

▲ **Frederick Sanger (1918-).** Ele ganhou o Prêmio Nobel de Química em 1958 por seu trabalho no sequenciamento de proteínas. Sanger recebeu um segundo Nobel de Química em 1980 pelo desenvolvimento de métodos para sequenciamento do DNA.

```
 10            20           30          40           50           60           70          80
MKWVTFISLL   FLFSSAYSRG   VFRRDAJKSE  VAHRFKDLGE   ENFKALVLIA   FAQYLQQCPF   EDHVKLVNEV  TEKAKTCVAD
 90           100          110         120          130          140          150         160
ESAENCDKSL   HTLFGDKLCT   VATLRETYGE  MADCCAKQEP   ERNECFLQHK   DDNPNLPRLV   RPEVDVMCTA  FHDNEETFLK
170           180          190         200          210          220          230         240
KYLYEIARRH   PYFYAPELLF   FAKRYKAAFT  ECCQAADKAA   CLLPKLDELR   DEGKASSAKQ   RLKCASLQKF  GERAFKAWAV
250           260          270         280          290          300          310         320
ARLSQRFPKA   EFAEVSKLVT   DLTKVHTECC  HGDLLECADD   RADLAKYICE   NQDSISSKLK   ECCEKPLLEK  SHCIAEVEND
330           340          350         360          370          380          390         400
EMPADLPSLA   ADFVESKDVC   KNYAEAKDVF  LGMFLYEYAR   RHPDYSVVLL   LRLAKTYETT   LEKCCAAADP  HECYAKVFDE
410           420          430         440          450          460          470         480
FKPLVEEPQN   LIKQNCELFE   QLGEYKFQNA  LLVRYTKKVP   QVSTPTLVEV   SRNLGKVGSK   CCKHPEAKRM  PCAEDYLSVV
490           500          510         520          530          540          550         560
LNQLCVLHEK   TPVSDRVTKC   CTESLVNRRP  CFSALEVDET   YVPKEFNAET   FTFHADICTL   SEKERQIKKQ  TALVELVKHK
570           580          590         600          610
PKATKEQLKA   VMDDFAAFVE   KCCKADDKET  CFAEEPTMRI   RERK
```

▲ **Figura 3.23**
A sequência da albumina sérica humana. Resíduos em rosa destacam os peptídeos trípticos previstos; aqueles identificados na impressão digital tríptica (Figura 3.22) estão sublinhados.

3.11 Comparação de estruturas primárias de proteínas revela relações evolutivas

Em muitos casos, pesquisadores obtiveram sequências da mesma proteína em diversas espécies diferentes. Os resultados mostram que espécies intimamente relacionadas têm proteínas com sequências de aminoácidos muito similares e que proteínas de espécies distantes apresentam sequências com menor similaridade. As diferenças refletem a alteração evolutiva a partir de uma sequência proteica de um ancestral comum. À medida que mais e mais sequências foram sendo determinadas, começou a ficar claro que seria possível construir uma árvore de similaridades, e que essa era muito semelhante às árvores filogenéticas construídas a partir de comparações morfológicas e de registros de fósseis. A evidência baseada em dados moleculares foi produzindo confirmações independentes da história da vida.

As primeiras árvores baseadas em sequências foram publicadas há quase 50 anos. Um dos primeiros exemplos foi a árvore do citocromo *c*, uma cadeia polipeptídica simples com aproximadamente 104 resíduos. Ela nos dá um excelente exemplo da evolução em nível molecular. O citocromo *c* é encontrado em todos os organismos aeróbicos, e as sequências de proteínas de espécies relativamente distantes, como mamíferos e bactérias, são suficientemente semelhantes para permitir concluir, com confiança, que as proteínas são **homólogas**. (Proteínas e genes diferentes são definidos como homólogos se descendem de um ancestral comum. A evidência de homologia é baseada na similaridade da sequência.)

O primeiro passo para revelar as relações evolutivas consiste em alinhar as sequências de aminoácidos de proteínas de diversas espécies. A Figura 3.24 mostra um exemplo desse alinhamento para o citocromo *c*. O alinhamento revela uma conservação marcante de resíduos em certas posições. Por exemplo, todas as sequências têm prolina na posição 30 e metionina na 80. Em geral, resíduos conservados contribuem para a estabilidade estrutural de uma proteína ou são essenciais para sua função.

Existe seleção contra quaisquer substituições de aminoácidos nessas posições invariantes. Um número limitado de substituições é observado em outros locais. Na maioria dos casos, as substituições permitidas são resíduos de aminoácidos com propriedades semelhantes. Por exemplo, a posição 20 pode ser ocupada por leucina, isoleucina ou

A função do citocromo c é descrita na Seção 14.7.

CONCEITO-CHAVE
Homologia é uma conclusão baseada em evidências como a similaridade de sequências. Proteínas homólogas descendem de um ancestral comum. Existem graus de similaridade de sequências (por exemplo, 75% de identidade), mas homologia é uma conclusão do tipo "tudo ou nada". Alguma coisa é homóloga ou não é.

▶ **Figura 3.24**
Sequências do citocromo c. As sequências das proteínas do citocromo *c* de várias espécies são alinhadas para mostrar suas similaridades. Em alguns casos, espaços (indicados por hífens) foram introduzidos para melhorar o alinhamento. Esses espaços representam deleções e inserções nos genes que codificam as proteínas. Para algumas espécies, foram omitidos os resíduos adicionais nas extremidades da sequência. Resíduos hidrofóbicos são azuis, e os polares, vermelhos.

CAPÍTULO 3 — Aminoácidos e a Estrutura Primária das Proteínas

Espécie	1–10	11–20	21–30	31–40	41–50	51–60	61–70	71–80	81–90	91–100	101–
Humano	GDVEKGKKIF	IMKCSQCHTV	EKGGKHKTGP	NLHGLFGRKT	GQAPGYSYTA	ANKNKGIIWG	EDTLMEYLEN	PKKYIPGTKM	IFVGIKKKEE	RADLIAYLKK	ATNE
Chimpanzé	GDVEKGKKIF	IMKCSQCHTV	EKGGKHKTGP	NLHGLFGRKT	GQAPGYSYTA	ANKNKGIIWG	EDTLMEYLEN	PKKYIPGTKM	IFVGIKKKEE	RADLIAYLKK	ATNE
Macaco-aranha	GDVFKGKRIF	IMKCSQCHTV	EKGGKHKTGP	NLHGLFGRKT	GQASGFTYTE	ANKNKGITWG	EDTLMEYLEN	PKKYIPGTKM	IFVGIKKKEE	RADLIAYLKK	ATNE
Macaco	GDVEKGKKIF	IMKCSQCHTV	EKGGKHKTGP	NLHGLFGRKT	GQAPGYSYTA	ANKNKGITWG	EDTLMEYLEN	PKKYIPGTKM	IFAGIKKKGE	RADLIAYLKK	ATNE
Vaca	GDVEKGKKIF	VQKCAQCHTV	EKGGKHHKTGP	NLHGLFGRKT	GQAPGFSYTD	ANKNKGITWG	EDTLMEYLEN	PKKYIPGTKM	IFAGIKKKGE	REDLIAYLKK	ATKE
Cão	GDVEKGKKIF	VQKCAQCHTV	EKGGKHKTGP	NLHGLFGRKT	GQAPGFSYTD	ANKNKGITWG	EDTLMEYLEN	PKKYIPGTKM	IFAGIKKTGE	RADLIAYLKK	ATNE
Baleia-cinzenta	GDVEKGKKIF	VQKCAQCHTV	EKGGKHKTGP	NLHGLFGRKT	GQAVGFSYTD	ANKNKGITWG	EDTLMEYLEN	PKKYIPGTKM	IFAGIKKKGE	RADLIAYLKK	ATNE
Cavalo	GDVEKGKKIF	VQKCAQCHTV	EKGGKHKTGP	NLHGLFGRKT	GQAPGFTYTD	ANKNKGITWK	EDTLMEYLEN	PKKYIPGTKM	IFAGIKKKTE	REDLIAYLKK	ATNE
Zebra	GDVEKGKKIF	VQKCAQCHTV	EKGGKHKTGP	NLHGLFGRKT	GQAPGFTYTD	ANKNKGITWK	EDTLMEYLEN	PKKYIPGTKM	IFAGIKKKTE	REDLIAYLKK	ATNE
Coelho	GDVEKGKKIF	VQKCAQCHTV	EKGGKHKTGP	NLHGLFGRKT	GQAPGFSYTD	ANKNKGITWG	EDTLMEYLEN	PKKYIPGTKM	IFAGIKKKDE	RADLIAYLKK	ATNE
Canguru	GDVEKGKKIF	VQKCAQCHTV	EKGGKHKTGP	NLHGIFGRKT	GQAPGFSYTD	ANKNKGITWG	EDTLMEYLEN	PKKYIPGTKM	IFAGIKKKGE	RADLIAYLKK	ATNE
Pato	GDVEKGKKIF	VQKCAQCHTV	EKGGKHKTGP	NLHGLFGRKT	GQAEGFSYTD	ANKNKGITWG	EDTLMEYLEN	PKKYIPGTKM	IFAGIKKKSE	RVDLIAYLKD	ATAK
Peru	GDIEKGKKIF	VQKCAQCHTV	EKGGKHKTGP	NLHGLFGRKT	GQAEGFSYTD	ANKNKGITWG	EDTLMEYLEN	PKKYIPGTKM	IFAGIKKKSE	RVDLIAYLKD	ATSK
Galinha	GDIEKGKKIF	VQKCAQCHTV	EKGGKHKTGP	NLHGLFGRKT	GQAEGFSYTD	ANKNKGITWG	EDTLMEYLEN	PKKYIPGTKM	IFAGIKKKSE	RVDLIAYLKD	ATSK
Pombo	GDIEKGKKIF	VQKCAQCHTV	EKGGKHKTGP	NLHGLFGRKT	GQAEGFYTD	ANKNKGITWG	EDTLMEYLEN	PKKYIPGTKM	IFAGIKKKAE	RADLIAYLKQ	ATAK
Pinguim-imperador	GDIEKGKKIF	VQKCAQCHTV	EKGGKHKTGP	NLHGIFGRKT	GQAAGFSYTD	ANKNKGITWG	EDTLMEYLEN	PKKYIPGTKM	IFAGIKKKSE	RADLIAYLKD	ATSK
Tartaruga-mordedora	GDVEKGKKIF	VQKCAQCHTV	EKGGKHKTGP	NLHGLFGRKT	GQAEGFSYTE	ANKNKGITWG	EDTLMEYLEN	PKKYIPGTKM	IFAGIKKKAE	RADLIAYLKE	ATSN
Jacaré	GDVEKGKKIF	VQKCAQCHTV	EKGGKHKTGP	NLHGLFGRKT	GQAPGFSYTE	ANKNKGITWG	EDTLMEYLEN	PKKYIPGTKM	IFAGIKKKPE	RADLIAYLKE	ACSK
Sapo-boi	GDVEKGKKIF	VQKCAQCHTV	EKGGKHKVGP	NLYGLIGRKT	GQAAGFSYTD	ANKNKGITWG	EDTLMEYLEN	PKKYIPGTKM	IFAGIKKKGE	RQDLIAYLKS	ATS
Atum	GDVAKGKKTF	VQKCAQCHTV	ENGGKHKVGP	NLWGLFGRKT	GQAEGYSYTD	ANKSKGIVWN	EDTLMEYLEN	PKKYIPGTKM	IFAGIKKKGE	RQDLVAYLKS	TAAS
Cação	GDVEKGKKVF	VQKCAQCHTV	ENGGKHKTGP	NLSGLFGRKT	GQAQGFSYTD	ANKSKGITWQ	QETLR IYLEN	PKKYIPGTKM	IFAGIKKKSE	RQDLIAYLKQ	ATK
Estrela-do-mar	GDVEKGKKIF	VQRCAQCHTV	EKAGKHKTGP	NLNGILGRKT	GQAAGFSYTD	ANRNKGITWK	NETLFEYLEN	PKKYIPGTKM	VFAGLKKQKE	RQDLIAYLEA	STA
Mosca-da-fruta	GDVEKGKKLF	VQRCAQCHTV	EAGGKHKVGP	NLHGLIGRKT	GQAAGFAYTD	ANKAKGITWN	EDTLF FEYLEN	PKKYIPGTKM	IFAGLKKPNE	RGDLIAYLKS	ATK
Bicho-da-seda	GNAENGKKIF	VQRCAQCHTV	EAGGKHKVGP	NLHGFYGRKT	GQAPGFSYSN	ANKAKGITWG	DDTLF EYLEN	PKKYIPGTKM	VFAGLKKANE	RADLIAYLKT	STK
Abóbora	GNSKAGEKIF	KTKCAQCHTV	DKGAGHKQGP	NLNGLFGRQS	GTTPGYSYSA	ANKNRAVIWE	EKTLY DYLLN	PKKYIPGTKM	VFPGLKKPQD	RADLIAYLKE	ATA
Tomate	GNPKAGEKIF	KTKCAQCHTV	EKGAGHKEGP	NLNGLFGRQS	GTTAGYSYSA	ANKNMAVNWG	ENTLYDYLLN	PKKYIPGTKM	VFPGLKKPQE	RADLIAYLKE	ATA
Arabidopsis	GDAKKGANLF	KTRCAQCHTL	KAGEGNKIGP	ELHGLFGRKT	GSVAGYSYTD	ANKQKGIEWK	DDTLF EYLEN	PKKYIPGTKM	AFGGLKKPKD	RNDLITFLEE	ETK
Feijão-mungo-verde	GNSKSGEKIF	KTKCAQCHTV	DKGAGHKQGP	NLNGLIGRQS	GTTAGYSYST	ANKNMAVIWE	ENTLYDYLLN	PKKYIPGTKM	VFPGLKKPQD	RADLIAYLKE	STA
Trigo	GNPDAGAKIF	VQRCAQCHTV	EAGGKHKVGP	NLHGLFGRQS	GTTAGYSYSA	ANKNRAVEWE	ENTLYDYLLN	PKKYIPGTKM	VFPGLKKPNE	RGDLIAYLKS	ATSS
Girassol	GNPTTGEKIF	VQRCAQCHTV	EAGGKHKVGP	NLHGFYGRKT	GQAPGFSYSN	GNKNKAVIWE	ENTLYDYLLN	PKKYIPGTKM	VFPGLKKPQE	RADLIAYLKT	STA
Levedura	GSAKKGATLF	KTRCLQCHTV	EKGGPHKVGP	NLHGIFGRHS	GQAEGYSYTD	ANIKKNVLWD	ENNMSEYLTN	PKKYIPGTKM	AFGGLKKEKD	RNDLITYLKK	ACE
Debaryomyces	GSEKKGANLF	KTRCLQCHTV	EKGGPHKVGP	NLHGVGRTS	GQAQGFSYTD	ANKKKGVEWT	EQD L SDYLEN	PKKYIPGTKM	AFGGLKKAKD	RNDLITYLVK	ATK
Candida	GSEKKGATLF	KTRCLQCHTV	EKGGPHKVGP	NLHGVFGRKS	GLAEGYSYTD	ANKKKGVEWT	EQTMSDYLEN	PKKYIPGTKM	AFGGLKKPKD	RNDLVTYLKK	ATS
Aspergillus	GDAK-GAKLF	QTRCAQCHTV	EAGGPHKVGP	NLHGLFGRKT	GQSEGAYTD	ANKQAGVTWD	ENT LFSYLEN	PKKFIPGTKM	AFGGLKKGKE	RNDLITYLKE	STA
Rhodomicrobium	GDPVKGEQVF	KQ-CKICHQV	GPTAKNGVGP	EQNDVFGQKA	GARPGFNYSD	AMKNSGLTWD	EAT LDKYLEN	PKAVVPGTKM	VFVGLKNPQD	RADVIAYLKQ	LSGK
Nitrobacter	GDVEAGKAAF	NK-CKACHEI	GESAKNKVGP	ELDGLDGRHS	GAVEGYAYSP	ANKASGITWD	EAEFKEYIKD	PKAKVPGTKM	VFAGIKKDSE	LDNLWAVSQ	FDKD
Agrobacterium	GDVAKGEAAF	KR-CSACHAI	GEGAKNKVGP	QLNGI I GRTA	GGDPDYNYSN	AMKKAGLVWT	PQELRDFLSA	PKKKIPGNKM	ALAGISKPEE	LDNLIAYLIF	SASSK
Rhodopila	GDPVEGKHLF	HTICLICHT-	DIKGRNKVGP	SLYGVVGRHS	GIEPGYNYSE	ANIKSGIVWT	PDVLFKYIEH	PQKIVPGTKM	GYPG-QPDQK	RADIIAYLET	LK

valina, que são resíduos hidrofóbicos. Similarmente, vários sítios podem ser ocupados por diversos resíduos polares diferentes. Algumas posições são altamente variáveis, e seus resíduos contribuem muito pouco para a estrutura e a função de uma proteína. A maioria das substituições observadas nos aminoácidos em proteínas homólogas é neutra em relação à seleção natural. A fixação de substituições nessas posições durante a evolução deve-se à deriva genética, e a árvore filogenética representa proteínas com a mesma função, ainda que tenham sequências diferentes de aminoácidos.

Sequências de citocromo *c* de humanos e chimpanzés são idênticas, refletindo a proximidade de suas relações evolutivas. As sequências de diferentes espécies de macacos (isto é, símios do gênero *Macaca*) são muito semelhantes às de humanos e chimpanzés, como esperado, já que as quatro espécies são primatas. Similarmente, as sequências de citocromos *c* vegetais assemelham-se umas com as outras muito mais do que com quaisquer outras sequências.

A Figura 3.25 ilustra as semelhanças entre sequências de citocromo *c* em espécies diferentes, retratando-as como uma árvore, cujos ramos têm comprimentos proporcionais ao número de diferenças nas sequenciais de aminoácidos da proteína. Espécies intimamente relacionadas ficam reunidas nos mesmos ramos, pois suas proteínas são muito semelhantes. A grandes distâncias evolutivas, o número de diferenças pode ser muito grande. Por exemplo, as sequências bacterianas diferem substancialmente das eucariontes, refletindo a divergência a partir de um ancestral comum que viveu há muitos bilhões de anos. A árvore claramente revela os três principais reinos de eucariontes – fungos, animais e plantas (sequências protistas não são incluídas nessa árvore para torná-la menos complicada).

Observe que todas as espécies mudaram desde a divergência desse ancestral comum.

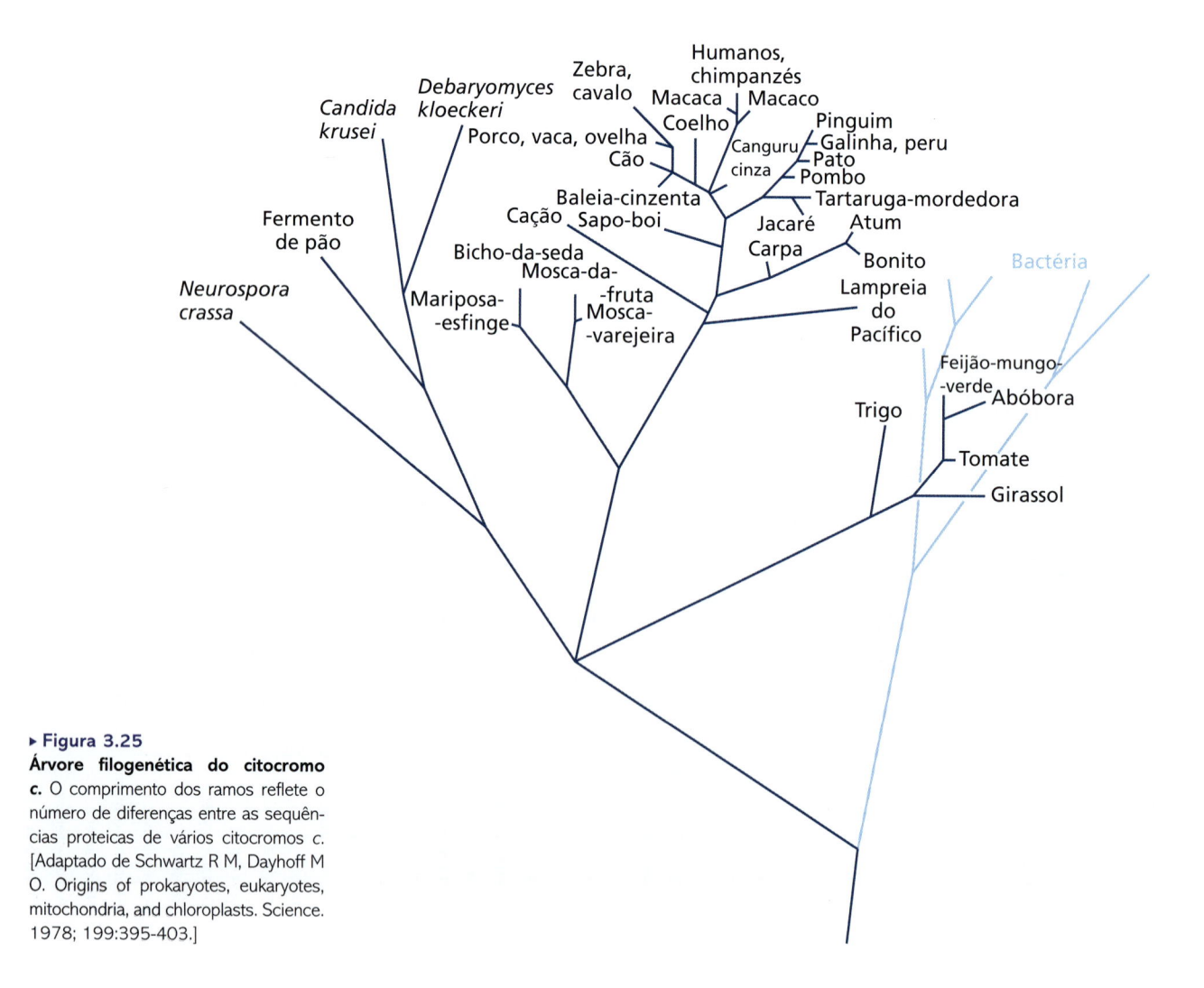

▶ **Figura 3.25**
Árvore filogenética do citocromo *c*. O comprimento dos ramos reflete o número de diferenças entre as sequências proteicas de vários citocromos *c*. [Adaptado de Schwartz R M, Dayhoff M O. Origins of prokaryotes, eukaryotes, mitochondria, and chloroplasts. Science. 1978; 199:395-403.]

Resumo

1. Proteínas são feitas de 20 aminoácidos-padrão, cada um dos quais tem um grupo amino, uma carboxila e uma cadeia lateral, ou grupo R. Com exceção da glicina, que não tem carbono quiral, todos os aminoácidos das proteínas têm configuração L.

2. As cadeias laterais dos aminoácidos podem ser classificadas conforme suas estruturas químicas: alifáticas, aromáticas, sulfuradas, álcoois, básicas, ácidas e amidas. Alguns aminoácidos são classificados ainda como portadores de cadeias laterais altamente hidrofóbicas ou altamente hidrofílicas. As propriedades dessas cadeias laterais são determinantes essenciais da estrutura e da função das proteínas.

3. As células contêm aminoácidos adicionais não utilizados na síntese proteica. Alguns aminoácidos podem ser quimicamente modificados para produzir compostos que atuam como hormônios ou neurotransmissores. Alguns aminoácidos são modificados após terem sido incorporados aos polipeptídeos.

4. Em pH 7, o grupo α-carboxílico de um aminoácido é negativamente carregado (—COO$^\ominus$), e o α-amino, positivamente carregado (—NH$_3^\oplus$). As cargas das cadeias laterais ionizáveis dependem tanto do pH como de seus valores de pK_a.

5. Resíduos de aminoácidos das proteínas são unidos por ligações peptídicas. A sequência dos resíduos é chamada estrutura primária da proteína.

6. As proteínas são purificadas por métodos que utilizam diferenças de solubilidade, carga total, tamanho e propriedades ligantes das proteínas individuais.

7. Técnicas analíticas como SDS-PAGE e espectrometria de massas revelam propriedades das proteínas, como seu peso molecular.

8. A composição de aminoácidos de uma proteína pode ser determinada quantitativamente procedendo-se à hidrólise das ligações peptídicas e analisando-se o hidrolisado por cromatografia.

9. A sequência de uma cadeia polipeptídica pode ser determinada pela degradação de Edman, na qual os resíduos N-terminais são sucessivamente clivados e identificados.

10. Proteínas com sequências de aminoácidos muito semelhantes são ditas homólogas: elas descendem de um ancestral comum.

11. Uma comparação entre as sequências de diferentes espécies revela relações evolutivas.

Problemas

1. Desenhe a estrutura da L-cisteína indicando sua estereoquímica. Indique se ela é R ou S, conforme o exposto no Quadro 3.2.

2. Mostre que a projeção de Fischer da forma comum da treonina corresponde à $2S, 3R$-treonina. Desenhe e nomeie os três outros isômeros desse aminoácido.

3. O dicloridrato de histamina é administrado a pacientes com melanoma (câncer de pele) combinado com drogas anticâncer porque ele torna as células cancerosas mais receptivas aos medicamentos. Desenhe a estrutura do dicloridrato de histamina.

4. Observou-se que peixe seco tratado com sal e nitrito contém o agente mutagênico ácido 2-cloro-4-metiltiobutanoico (CMBA). De qual aminoácido o CMBA é derivado?

$$H_3C-S-CH_2-CH_2-CH(Cl)-C(=O)-OH$$

5. Para cada uma das cadeias laterais de aminoácidos modificadas a seguir, identifique o aminoácido do qual ela deriva e o tipo de modificação química ocorrida.

   (a) —CH$_2$OPO$_3^\ominus$

   (b) —CH$_2$CH(COO$^\ominus$)$_2$

   (c) —(CH$_2$)$_4$—NH—C(O)CH$_3$

6. O tripeptídeo glutationa (GSH) (γ-Glu-Cys-Gly) exerce uma função protetora em animais, destruindo peróxidos tóxicos gerados durante processos metabólicos aeróbicos. Desenhe a estrutura química da glutationa. Obs.: o símbolo γ indica que a ligação peptídica entre Glu e Cys é formada entre a γ-carboxila da Glu e o grupo amino da Cys.

7. Melitina é um polipeptídeo com 26 resíduos encontrado no veneno de abelhas. Acredita-se que, em sua forma monomérica, ela se insere entre as estruturas das membranas ricas em lipídeos. Explique como a sequência de aminoácidos da melitina explica essa propriedade.

$$\overset{\oplus}{H_3N}\text{-}\overset{1}{Gly}\text{-}Ile\text{-}Gly\text{-}Ala\text{-}Val\text{-}Leu\text{-}Lys\text{-}Val\text{-}Leu\text{-}$$
$$\text{-}Thr\text{-}Gly\text{-}Leu\text{-}Pro\text{-}Ala\text{-}Leu\text{-}Ile\text{-}Ser\text{-}Trp\text{-}Ile\text{-}$$
$$\text{-}Lys\text{-}Arg\text{-}Lys\text{-}Arg\text{-}Gln\text{-}\overset{26}{Gln}\text{-}NH_2$$

8. Calcule os pontos isoelétricos de (a) arginina e (b) glutamato.

9. Oxitocina é um hormônio nonapeptídico (isto é, um peptídeo que contém nove resíduos) envolvido na resposta de liberação do leite em mamíferos lactantes. A sequência de uma versão sintética da oxitocina é mostrada a seguir. Qual a carga líquida desse peptídeo em (a) pH 2,0; (b) pH 8,5 e (c) pH 10,7? Considere que os grupos ionizáveis têm os valores de pK_a listados na Tabela 3.2. A ligação dissulfeto é estável nos três valores de pH indicados. Observe que o C-terminal foi convertido a uma amida.

$$\overset{1}{Cys}\text{—Phe—Ile—Glu—Asn—Cys—Pro—His—Gly—NH}_2$$
$$\underline{\qquad\qquad\text{S—S}\qquad\qquad}$$

10. Desenhe as seguintes estruturas para compostos que deveriam ocorrer durante a degradação de Edman: (a) PTC-Leu-Ala, (b) PTH-Ser, (c) PTH-Pro.

11. Indique que fragmentos serão gerados pelo tratamento do peptídeo a seguir com (a) tripsina; (b) quimotripsina; e (c) protease V8 de *S. aureus*.

    Gly-Ala-Trp-Arg-Asp-Ala-Lys-Glu-Phe-Gly-Gln

12. A curva de titulação da histidina é mostrada abaixo. Os valores de pK_a são 1,8 (—COOH), 6,0 (cadeia lateral) e 9,3 (—NH_3^+).

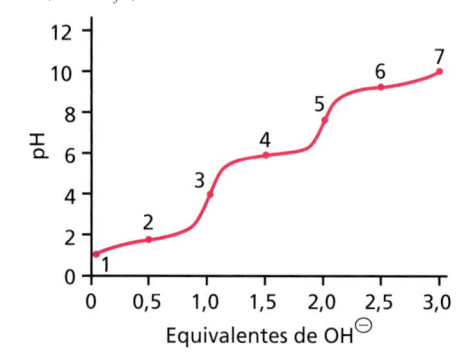

    (a) Desenhe a estrutura da histidina em cada estágio da ionização.
    (b) Identifique os pontos da curva de titulação que correspondem às quatro espécies iônicas.
    (c) Identifique os pontos nos quais a carga líquida média é igual a +2, +0,5 e −1.
    (d) Identifique o ponto no qual o pH iguala o pK_a da cadeia lateral.
    (e) Identifique o ponto que indica a titulação completa da cadeia lateral.
    (f) Em que faixas de pH a histidina seria um bom tampão?

13. Você isolou um decapeptídeo (ou seja, um peptídeo com 10 resíduos) chamado FP, que tem atividade anticâncer. Determine a sequência do peptídeo a partir das seguintes informações (observe que os aminoácidos são separados por vírgulas quando sua sequência não é conhecida):

    (a) Um ciclo da degradação de Edman de FP intacto fornece 2 moles de PTH-aspartato por mol de FP.
    (b) Tratamento de uma solução de FP com 2-mercaptoetanol, seguido de adição de tripsina, dá origem a três peptídeos com a composição (Ala, Cys, Phe), (Arg, Asp) e (Asp, Cys, Gly, Met, Phe). O peptídeo intacto (Ala, Cys, Phe) fornece PTH-cisteína no primeiro ciclo da degradação de Edman.
    (c) Tratamento de 1 mol de FP com carboxipeptidase (que quebra o resíduo C-terminal de peptídeos) fornece 2 moles de fenilalanina.
    (d) Tratamento do pentapeptídeo intacto (Asp, Cys, Gly, Met, Phe) com CNBr fornece dois peptídeos com a composição (homosserina lactona, Asp) e (Cys, Gly, Phe). O peptídeo (Cys, Gly, Phe) fornece PTH-glicina no primeiro ciclo da degradação de Edman.

14. Partes das sequências de aminoácidos do citocromo *c* do jacaré e do sapo-boi são mostradas (Figura 3.24).

    Aminoácidos 31-50
    Jacaré: NLHGLIGRKT   GQAPGFSYTE
    Sapo-boi: NLYGLIGRKT   GQAAGFSYTD

    (a) Dê um exemplo de substituição envolvendo aminoácidos similares.
    (b) Dê um exemplo de uma substituição mais radical.

15. Vários aminoácidos comuns são modificados para produzir aminas de importância biológica. A serotonina é um neurotransmissor importante, sintetizado no cérebro. Níveis baixos de serotonina no cérebro têm sido ligados a problemas como depressão, agressividade e hiperatividade. De qual aminoácido a serotonina é derivada? Identifique as diferenças estruturais entre o aminoácido e a serotonina.

16. A estrutura do hormônio liberador de tirotropina (TRH) é mostrada abaixo. Ele é um hormônio peptídico originalmente isolado a partir de extratos do hipotálamo.

    (a) Quantas ligações peptídicas estão presentes no TRH?
    (b) De que tripeptídeo ele deriva?
    (c) Que efeito têm as modificações sobre as cargas dos grupos amino e carboxila terminais?

17. A quiralidade desempenha um papel importante no desenvolvimento de novos fármacos. Pessoas com doença de Parkinson têm falta de dopamina no cérebro. A fim de aumentar a quantidade de dopamina nesses pacientes, eles recebem L-dopa, que é convertido em dopamina no cérebro. L-dopa é vendido sob forma enantiomericamente pura. (a) Dê a designação *RS* para L-dopa. (b) De que amintoácido L-dopa e dopamina são derivados?

18. Gerações sucessivas de estudantes de bioquímica se depararam com uma questão semelhante à colocada abaixo em seus exames finais.

    Calcule a concentração aproximada da forma não carregada da alanina (ver abaixo) em uma solução 0,01 M de alanina em pH (a) 2,4; (b) 6,15 e (c) 9,9.

    $$H_2N-\underset{\underset{CH_3}{|}}{CH}-COOH$$

    Você é capaz de responder a essa questão sem olhar a solução?

19. Uma solução de alanina 0,01 M é ajustada a pH 2,4 por adição de NaOH. Qual a concentração do zwitterion nessa solução? Qual seria ela se o pH fosse 4,0?

Leituras selecionadas

Geral

Creighton TE. Proteins: Structures and Molecular Principles, 2nd ed. New York: W. H. Freeman, 1993; pp. 1-48.

Greenstein JP, Winitz M. Chemistry of the Amino Acids New York: John Wiley & Sons. 1961.

Kreil G. D-Amino Acids in Animal Peptides. Annu. Rev. Biochem. 1997. 66:337-345.

Meister A. Biochemistry of the Amino Acids, 2nd ed. New York: Academic Press, 1965.

Purificação e análise de proteínas

Hearn MTW. General strategies in the separation of proteins by high-performance liquid chromatographic methods. J Chromatogr. 1987; 418:3-26.

Mann M, Hendrickson RC, Pandry A. Analysis of Proteins and Proteomes by Mass Spectrometry. Annu. Rev. Biochem. 2001; 70:437-473.

Sherman LS, Goodrich JA. The historical development of sodium dodecyl sulphate-polyacrylamide gel electrophoresis. Chem. Soc. Rev. 1985; 14:225–236.

Stellwagen E. Gel filtration. Methods Enzymol. 1990; 182:317-328.

Análise de aminoácidos e sequenciamento

Doolittle RF. Similar amino acid sequences revisited. Trends Biochem. Sci. 1989; 14:244-245.

Han K-K, Belaiche D, Moreau O, Briand G. Current developments in stepwise Edman degradation of peptides and proteins. Int. J. Biochem. 1985; 17:429-445.

Hunkapiller MW, Strickler JE, Wilson KJ Contemporary methodology for protein structure determination. Science. 1984; 226:304-311.

Ozols J. Amino acid analysis. Methods Enzymol. 1990; 182:587-601.

Sanger F. Sequences, sequences, and sequences. Annu. Rev. Biochem. 1988; 57:1-28.

CAPÍTULO 4

Proteínas: Estrutura Tridimensional e Função

Pela intensidade das manchas próximas ao centro, podemos inferir que as moléculas de proteína são corpos globulares relativamente densos, talvez unidos por pontes de valência, mas, em todo o caso, separados por espaços relativamente grandes, que contêm água. Pela intensidade das manchas mais distantes, pode-se inferir que o arranjo dos átomos dentro da molécula de proteína também é perfeitamente definido, embora sem as periodicidades que caracterizam as proteínas fibrosas. As observações são compatíveis com moléculas esferoidais achatadas de diâmetros aproximados de 25 A. e 35 A., organizados em um eixo helicoidal hexagonal... Nesse momento, tais ideias são meramente especulativas, mas, agora que se conseguiu imagens de raios X de uma proteína cristalina, é claro que temos os meios de verificá-las, examinando a estrutura de todas as proteínas cristalinas, para chegar a uma conclusão muito mais detalhada do que era possível com os métodos químicos ou físicos anteriores.
— Dorothy Crowfoot Hodgkin (1934)

No capítulo anterior, vimos que uma proteína pode ser descrita como uma cadeia de aminoácidos unidos por ligações peptídicas em uma sequência específica. Contudo, as cadeias polipeptídicas não são simplesmente lineares, mas dobradas em formas compactas contendo espirais, ziguezagues, voltas e alças. Nos últimos cinquenta anos, foram determinadas as formas tridimensionais, ou conformações, de milhares de proteínas. Uma **conformação** é um arranjo espacial de átomos que depende da rotação de uma ou mais ligações. A *conformação* de uma molécula, como a de uma proteína, pode mudar sem a quebra de ligações covalentes, enquanto suas **configurações** apenas são modificadas pela quebra e a formação de novas ligações covalentes (lembre-se de que as formas L e D dos aminoácidos representam diferentes configurações). Cada proteína tem um número astronômico de conformações possíveis, já que cada resíduo de aminoácido pode assumir diversas conformações e existem muitos desses resíduos em uma proteína. No entanto, em condições fisiológicas, a maioria das proteínas se dobra em uma forma estável única, conhecida como sua conformação nativa. Diversos fatores limitam a rotação em torno de ligações covalentes de uma cadeia polipeptídica em sua conformação nativa, entre eles, a presença de ligações de hidrogênio e outras interações fracas entre os resíduos de aminoácidos. A função biológica de uma proteína depende de sua conformação tridimensional nativa.

Uma proteína pode ser constituída por uma cadeia polipeptídica, apenas, ou por várias delas, ligadas entre si por interações fracas. Como regra geral, cada cadeia polipeptídica é codificada por um só gene, embora haja algumas exceções interessantes a essa regra. Os tamanhos dos genes e os polipeptídeos que eles codificam podem variar por mais de uma ordem de grandeza. Alguns polipeptídeos têm apenas 100 resíduos de aminoácidos e massa molecular relativa de cerca de 11.000 ($M_r = 11.000$) (lembre-se de que a massa molecular relativa média de um resíduo de aminoácido das proteínas é 110). Por outro lado, algumas cadeias polipeptídicas muito grandes têm mais de 2.000 resíduos de aminoácidos ($M_r = 220.000$).

Em algumas espécies, o tamanho e a sequência de cada polipeptídeo podem ser determinados a partir da sequência do genoma. Existem cerca de 4.000 polipeptídeos diferentes na bactéria *Escherichia coli*, com um tamanho médio de aproximadamente

---

Topo: Carneiro das montanhas rochosas. A pele, a lã e os chifres são compostos basicamente de proteínas fibrosas.

300 resíduos de aminoácidos (M_r = 33.000). A mosca-da-fruta, *Drosophila melanogaster*, tem cerca de 14.000 polipeptídeos diferentes, com um tamanho médio mais ou menos igual ao encontrado na bactéria. Humanos e outros mamíferos têm cerca de 20.000 polipeptídeos diferentes. O estudo de grande número de proteínas, como o conjunto total de proteínas produzidas por uma célula, faz parte de uma área chamada **proteômica**.

As proteínas podem ter diversas formas. Muitas são macromoléculas solúveis em água, compactas, um pouco esféricas, cujas cadeias de polipeptídeos são bastante dobradas. Essas proteínas – tradicionalmente chamadas **globulares** – possuem como característica um interior hidrofóbico e uma superfície hidrofílica. Elas têm cavidades, ou fendas, que reconhecem especificamente, e se ligam de modo transitório a outros compostos. Ligando-se seletivamente a outras moléculas, essas proteínas servem como agentes dinâmicos da ação biológica. Muitas proteínas globulares são enzimas, os catalisadores bioquímicos das células. Em torno de 31% dos polipeptídeos da *E. coli* são enzimas metabólicas clássicas como as que serão descritas nos próximos capítulos. Outras proteínas incluem vários fatores, proteínas transportadoras e reguladoras; 12% das proteínas conhecidas na *E. coli* se enquadram nessas categorias.

Polipeptídeos também podem ser componentes de grandes estruturas subcelulares ou extracelulares, como ribossomos, flagelos e cílios, músculos e cromatina. **Proteínas fibrosas** são uma classe particular de proteínas estruturais que dão suporte mecânico às células ou organismos. Normalmente, elas são reunidas em grandes cabos ou fibras. São exemplos de proteínas fibrosas a α-queratina – o principal componente do cabelo e das unhas – e o colágeno, componente principal de tendões, pele, ossos e dentes. Outros exemplos de proteínas estruturais incluem as que compõem vírus, bacteriófagos, esporos e pólen. Muitas proteínas são componentes integrais das membranas ou proteínas associadas às membranas. As proteínas de membranas são responsáveis por pelo menos 16% dos polipeptídeos na *E. coli* e por uma porcentagem muito mais elevada em células eucariontes.

> As classes de proteínas foram descritas na introdução do Capítulo 3, e as várias classes de enzimas serão descritas na Seção 5.1.

> Os termos "proteínas globulares" e "proteínas fibrosas" raramente são usados nas publicações científicas modernas. Há várias proteínas que não se encaixam em nenhuma dessas categorias.

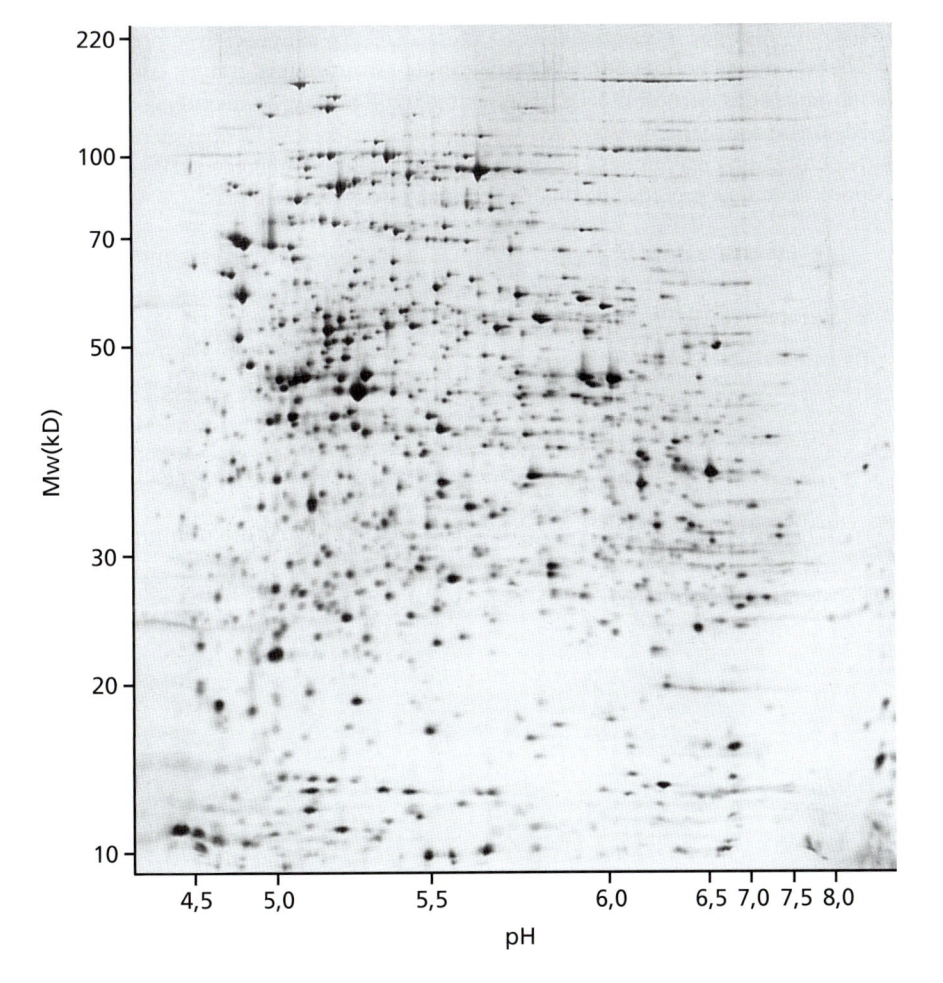

◄ **Proteínas de *Escherichia coli*.** Proteínas de células de *E. coli* foram separadas por eletroforese bidimensional em gel. Na primeira dimensão, as proteínas são separadas por um gradiente de pH, onde cada proteína migra até seu ponto isoelétrico. A segunda dimensão separa as proteínas por tamanho, via gel de poliacrilamida-SDS. Cada ponto corresponde a um único polipeptídeo. Há cerca de 4.000 proteínas diferentes na *E. coli*, mas algumas estão presentes em quantidades muito pequenas e não podem ser vistas nesse gel bidimensional. Esta figura é do banco de dados Swiss-2D PAGE, cujo site você pode visitar; clicando em cada um dos pontos, você pode descobrir mais sobre uma proteína específica.

Este capítulo descreve a arquitetura molecular das proteínas. Iremos explorar a conformação da ligação peptídica e ver que duas formas simples, α-hélice e folha β, são elementos estruturais comuns em todas as classes de proteínas. Descreveremos níveis mais elevados da estrutura proteica e discutiremos o enovelamento e a estabilização das proteínas. Por fim, examinaremos como a estrutura proteica está relacionada à função, usando colágeno, hemoglobina e anticorpos como exemplos. Principalmente, vamos aprender que as proteínas têm propriedades que vão além daquelas dos aminoácidos livres. Os capítulos 5 e 6 descreverão a função enzimática das proteínas. As estruturas das proteínas de membranas serão examinadas com mais detalhes no Capítulo 9, e as proteínas que se ligam a ácidos nucleicos serão abordadas nos Capítulos 20 a 22.

4.1 Há quatro níveis de estrutura nas proteínas

As moléculas individuais de proteínas têm até quatro níveis estruturais (Figura 4.1). Como observamos no Capítulo 3, a **estrutura primária** descreve a sequência linear de resíduos de aminoácidos em uma proteína. A estrutura tridimensional é descrita por três níveis adicionais, as estruturas secundária, terciária e quaternária. As forças responsáveis por manter ou estabilizar esses três níveis são, principalmente, forças não covalentes.

A **estrutura secundária** se refere às regularidades em conformações locais, mantidas por ligações de hidrogênio entre átomos de hidrogênio de amida e oxigênios carbonílicos da estrutura peptídica. As principais estruturas secundárias são as α-hélices, as fitas β e as voltas. Desenhos mostrando as estruturas enoveladas de proteínas geralmente representam as regiões α-helicoidais por espirais e as fitas β por setas largas apontando do N-terminal para o C-terminal.

A **estrutura terciária** descreve a cadeia polipeptídica completamente enovelada e compactada. Muitos polipeptídeos enovelados são compostos de várias unidades globulares distintas ligadas por um trecho curto de resíduos de aminoácidos, como mostrado na Figura 4.1c. Tais unidades são chamadas **domínios**. As estruturas terciárias são estabilizadas por interações das cadeias laterais dos aminoácidos em regiões não vizinhas da cadeia polipeptídica. A formação da estrutura terciária faz com que porções distantes das estruturas primária e secundária fiquem próximas umas das outras.

Algumas proteínas têm **estrutura quaternária**: a associação de duas ou mais cadeias polipeptídicas em uma proteína oligomérica ou de múltiplas subunidades. As cadeias polipeptídicas de uma proteína oligomérica podem, ou não, ser idênticas.

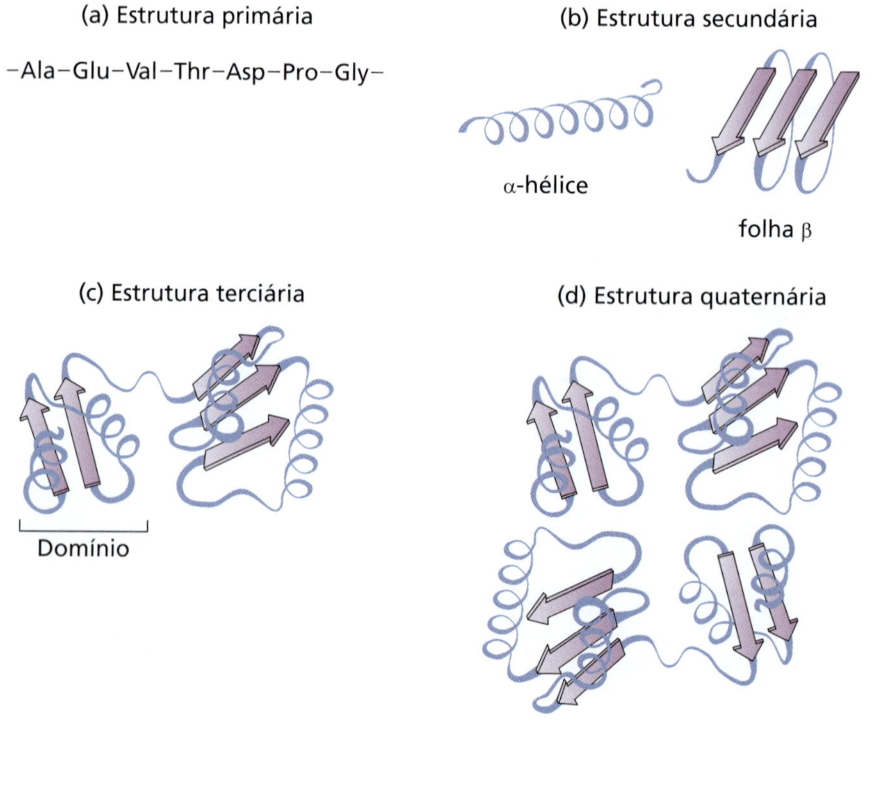

(a) Estrutura primária

−Ala−Glu−Val−Thr−Asp−Pro−Gly−

(b) Estrutura secundária

α-hélice

folha β

(c) Estrutura terciária

Domínio

(d) Estrutura quaternária

▶ Figura 4.1
Níveis estruturais das proteínas. (a) A sequência linear de resíduos de aminoácidos define a estrutura primária. **(b)** A estrutura secundária consiste em regiões de conformações repetidas regularmente na cadeia peptídica, tais como as α-hélices e as folhas β. **(c)** A estrutura terciária descreve a forma de uma cadeia polipeptídica completamente enovelada. O exemplo mostrado tem dois domínios. **(d)** A estrutura quaternária se refere ao arranjo de duas ou mais cadeias polipeptídicas em uma molécula de múltiplas subunidades.

4.2 Métodos de determinação estrutural de proteínas

Como vimos no Capítulo 3, a sequência de aminoácidos dos polipeptídeos (ou seja, a estrutura primária) pode ser determinada diretamente, pelo sequenciamento da proteína, ou indiretamente, pelo sequenciamento do gene. A técnica usual para determinar a conformação tridimensional de uma proteína é a cristalografia de raios X. Nessa técnica, um feixe colimado (paralelo) de raios X incide sobre um cristal de moléculas de proteína. Os elétrons no cristal difratam os raios X que, em seguida, são registrados em filme ou por um detector eletrônico (Figura 4.2). A análise matemática do padrão de difração produz uma imagem das nuvens de elétrons ao redor dos átomos no cristal. Esse mapa de densidade eletrônica revela a forma geral da molécula e a posição de cada um dos átomos no espaço tridimensional. Combinando esses dados com os princípios de ligação química, é possível deduzir a localização de todas as ligações em uma molécula e, consequentemente, sua estrutura total. A técnica de cristalografia de raios X se desenvolveu ao ponto de tornar possível determinar a estrutura de uma proteína sem o conhecimento preciso da sequência de aminoácidos. Na prática, o conhecimento da estrutura primária facilita a montagem do mapa de densidade eletrônica no estágio em que as ligações químicas entre os átomos são determinadas.

A cristalografia de raios X foi usada inicialmente para estudar as unidades de repetição simples de proteínas fibrosas e as estruturas de pequenas moléculas biológicas. Dorothy Crowfoot Hodgkin foi uma das pioneiras na aplicação da cristalografia de raios X a moléculas biológicas. Ela decifrou a estrutura da penicilina em 1947 e desenvolveu muitas das técnicas utilizadas no estudo de grandes proteínas. Hodgkin ganhou o Prêmio Nobel em 1964 por ter determinado a estrutura da vitamina B_{12} e, mais tarde, publicou a estrutura da insulina.

O principal impedimento para determinar a estrutura tridimensional de uma proteína inteira foi a dificuldade de calcular as posições atômicas a partir das posições e intensidades dos feixes difratados de raios X. Não surpreende que o desenvolvimento da cristalografia de raios X de macromoléculas tenha seguido de perto o desenvolvimento dos computadores. Em 1962, John C. Kendrew e Max Perutz elucidaram a estrutura das proteínas mioglobina e hemoglobina, respectivamente, usando grandes e caríssimos computadores na Universidade de Cambridge, no Reino Unido. Seus resultados forneceram os primeiros *insights* sobre a natureza das estruturas terciárias de proteínas e lhes renderam um Prêmio Nobel em 1962. Desde então, a estrutura de muitas proteínas foi revelada pela cristalografia de raios X. Nos últimos anos, ocorreram avanços significativos na tecnologia por causa da disponibilidade de computadores baratos de alta velocidade e de melhorias na produção de feixes focalizados de raios X. A determinação de estruturas de proteínas agora é limitada principalmente pela dificuldade na preparação de cristais de qualidade adequada para difração de raios X, e mesmo essa etapa é realizada principalmente por robôs controlados por computador.

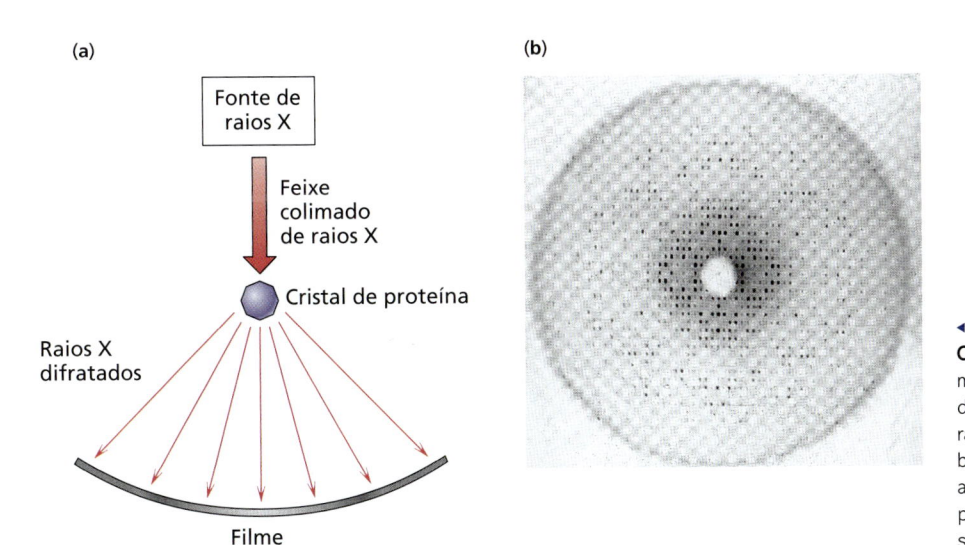

◀ **Figura 4.2**
Cristalografia de raios X. (a) Diagrama de raios X difratados por um cristal de proteína. **(b)** Padrão de difração de raios X de um cristal de desoxiemoglobina de humano adulto. A localização e a intensidade das manchas são usadas para determinar a estrutura tridimensional da proteína.

▶ **Bioinformática nos anos 1950.** Bror Strandberg (à esquerda) e Dick Dickerson (à direita) carregando fitas de computador do centro de computação EDSAC II em Cambridge, Reino Unido. As fitas contêm dados de difração de raios X de cristais de mioglobina.

Visite o site para obter informações sobre como visualizar estruturas tridimensionais e recuperar arquivos de dados.

Um cristal da proteína contém um grande número de moléculas de água e, muitas vezes, é possível fazer com que ligantes pequenos, tais como moléculas de substrato ou de inibidores, se difundam para dentro do cristal. Em muitos casos, as proteínas do cristal mantêm sua capacidade de se ligar a esses ligantes e, frequentemente, exibem atividade catalítica. A atividade catalítica das enzimas no estado cristalino demonstra que as proteínas se cristalizam em suas conformações nativas *in vivo*. Assim, as estruturas de proteínas decifradas por cristalografia de raios X são representações precisas das que existem dentro das células.

Uma vez determinadas as coordenadas tridimensionais dos átomos de uma macromolécula, essas são depositadas em um banco de dados onde ficam disponíveis para outros cientistas. Os bioquímicos estão entre os pioneiros no uso da Internet para compartilhar dados com pesquisadores em todo o mundo – os primeiros bancos de dados públicos de estruturas e sequências biomoleculares foram criados no final da década de 1970. Muitas imagens neste texto foram criadas usando arquivos do Banco de Dados de Proteína (PDB, do inglês *Protein Data Bank*). Iremos listar o nome do arquivo PDB, ou o número de acesso, para cada estrutura de proteína mostrada neste texto a fim de que você possa ver a estrutura tridimensional no seu próprio computador.

Há várias formas de representar a estrutura tridimensional das proteínas. Modelos do tipo "espaço preenchido" (Figura 4.3a) indicam cada átomo com uma esfera sólida. Essas imagens revelam a natureza densa das cadeias polipeptídicas enoveladas.

▶ Max Perutz (1914-2002) (esquerda) e John C. Kendrew (1917-1997) (direita). Kendrew determinou a estrutura da mioglobina, e Perutz, a da hemoglobina. Eles dividiram o Prêmio Nobel em 1962.

Modelos desse tipo são usados para ilustrar a forma geral de uma proteína e a superfície exposta ao solvente aquoso. Pode-se perceber, com facilidade, que o interior das proteínas enoveladas é quase impenetrável, mesmo para moléculas pequenas como a água.

A estrutura de uma proteína também pode ser representada como um desenho simplificado, enfatizando o esqueleto da cadeia polipeptídica (Figura 4.3b). Nesses modelos, as cadeias laterais dos aminoácidos são eliminadas, o que facilita perceber como o polipeptídeo se dobra para atingir sua forma tridimensional. Eles têm a vantagem de nos permitir ver o interior da proteína, além de revelar elementos da estrutura secundária, como as α-hélices e as fitas β. Comparando-se as estruturas de proteínas diferentes, é possível reconhecer dobras e padrões comuns, que não podem ser vistos nos modelos do tipo "espaço preenchido".

Os modelos mais detalhados são aqueles que enfatizam as estruturas das cadeias laterais de aminoácidos e as várias ligações covalentes e interações fracas entre os átomos (Figura 4.3c). Esses modelos detalhados são especialmente importantes para entender como um substrato se liga ao sítio ativo de uma enzima. Na Figura 4.3c, o esqueleto é mostrado na mesma orientação da Figura 4.3b.

Outra técnica para análise da estrutura macromolecular das proteínas é a espectroscopia de ressonância magnética nuclear (RMN). Esse método permite o estudo de proteínas em solução e, portanto, não requer a difícil preparação de cristais. Na espectroscopia de RMN, uma amostra de proteína é colocada em um campo magnético. Certos núcleos atômicos absorvem radiação eletromagnética quando o campo aplicado varia e, como a absorção é influenciada pelos átomos vizinhos, as interações entre átomos próximos podem ser registradas. Combinando esses resultados com a sequência de aminoácidos e as limitações estruturais conhecidas, é possível propor estruturas que satisfaçam as interações observadas.

A Figura 4.4 representa um conjunto completo de estruturas da ribonuclease A bovina, a mesma proteína cuja estrutura cristalina obtida por raios X é apresentada na Figura 4.3. Observe que as estruturas possíveis são muito semelhantes e que a forma geral da molécula é vista claramente. Em alguns casos, o conjunto de estruturas de RMN pode representar flutuações ou "pequenas movimentações" da proteína em solução. A similaridade das estruturas obtidas por RMN e por raios X indica que a estrutura cristalina representa fielmente a estrutura da proteína em solução, mas em alguns casos isso não acontece. Frequentemente, a discordância ocorre por causa de regiões desordenadas que não aparecem na estrutura de raio X do cristal (Seção 4.7D). Em raríssimas ocasiões, a proteína cristaliza em uma conformação diferente de sua real forma nativa. A estrutura obtida por RMN é considerada mais precisa.

Em geral, o espectro de RMN de proteínas pequenas como a ribonuclease A pode ser resolvido facilmente, mas o de moléculas maiores pode ser extremamente complexo. Por essa razão, é muito difícil determinar a estrutura de proteínas maiores por RMN, mas a técnica é muito poderosa para as pequenas.

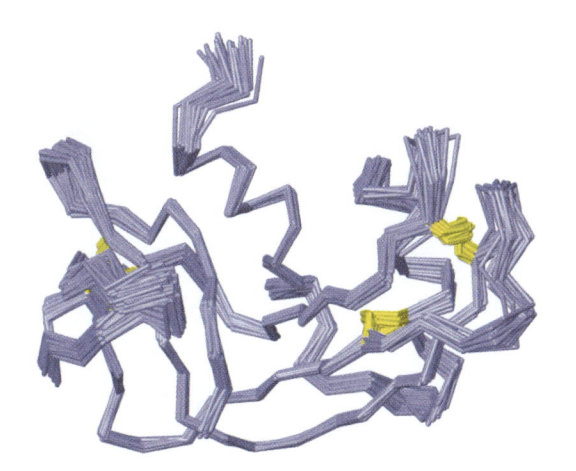

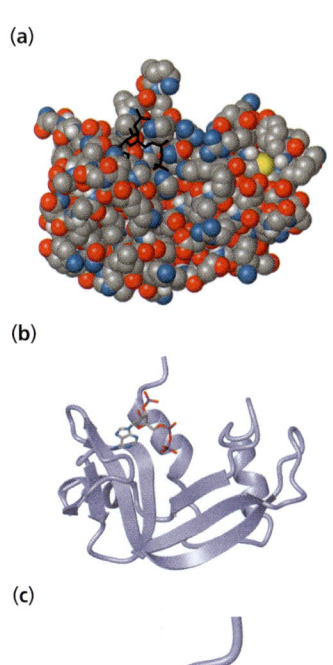

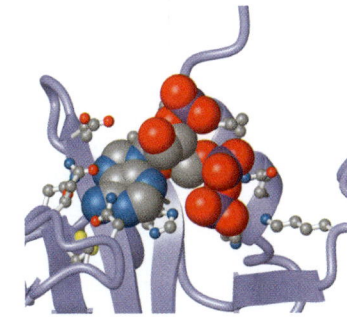

▲ **Figura 4.3**
Ribonuclease A bovina (*Bos taurus*). Essa é uma enzima secretada que hidrolisa o RNA durante a digestão. **(a)** Modelo do tipo "espaço preenchido" mostra um análogo de substrato ligado, em preto. **(b)** Desenho de um modelo em fita da cadeia polipeptídica, mostrando sua estrutura secundária. **(c)** Vista do sítio de ligação do substrato. O análogo de substrato (5'-difosfoadenina-3'-fosfato) é retratado como um modelo de "espaço preenchido" e as cadeias laterais dos resíduos de aminoácidos são apresentadas como modelos de esfera e bastão [PDB 1AFK].

◀ **Figura 4.4**
Estrutura da ribonuclease A bovina obtida por RMN. A figura combina um conjunto de estruturas muito semelhantes que satisfazem os dados das interações atômicas. Apenas o esqueleto da cadeia polipeptídica é mostrado. Compare essa estrutura com a da Figura 4.3b. Observe a presença de pontes dissulfeto (amarelo), que não são exibidas nas imagens derivadas da estrutura cristalina obtidas por raios X [PDB 2AAS].

4.3 A conformação dos grupos peptídicos

Nosso estudo detalhado da estrutura das proteínas começa com a estrutura das ligações peptídicas que unem os aminoácidos em uma cadeia polipeptídica. Os dois átomos envolvidos na ligação peptídica, junto a seus quatro substituintes (o oxigênio carbonílico, o hidrogênio da amida e os dois átomos de carbono adjacentes) constituem o grupo peptídico. A análise de peptídeos pequenos por cristalografia de raios X revela que a ligação entre o carbono carbonílico e o nitrogênio é menor do que as ligações simples C—N típicas, mas maior do que as ligações duplas C=N usuais. Além disto, a ligação entre o carbono e o oxigênio carbonílicos é ligeiramente maior do que as ligações duplas C=O típicas. Essas medidas mostram que as ligações peptídicas têm algumas propriedades de ligação dupla e podem ser mais bem representadas como híbridos de ressonância (Figura 4.5).

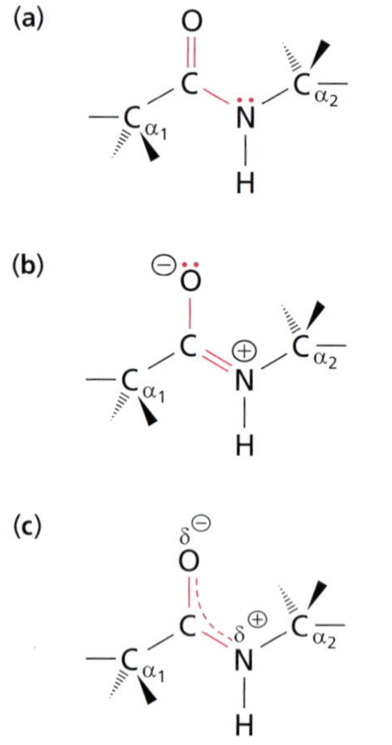

Observe que o grupo peptídico é polar. O oxigênio da carbonila tem uma carga parcial negativa e pode servir como aceptor em ligações de hidrogênio. O nitrogênio tem uma carga parcial positiva, de modo que o grupo —NH pode servir como doador nas ligações de hidrogênio. A deslocalização de elétrons e o caráter parcial de ligação dupla da ligação peptídica impedem a rotação livre em torno da ligação C—N. Em consequência, os átomos do grupo peptídico ficam no mesmo plano (Figura 4.6). A rotação ainda é possível em torno de cada ligação N—Cα e Cα—C nos grupos N—Cα—C que se repetem no esqueleto das proteínas. Como veremos, restrições à rotação livre em torno dessas duas ligações determinam, em última análise, a conformação tridimensional de uma proteína.

Por causa do caráter de dupla ligação do peptídeo, a conformação do grupo peptídico é restrita a uma de duas conformações possíveis, *trans* ou *cis* (Figura 4.7). Na conformação *trans*, os dois carbonos-α dos resíduos de aminoácidos adjacentes ficam em lados opostos da ligação peptídica e em vértices opostos do retângulo formado pelo grupo peptídico plano. Na conformação *cis*, esses dois carbonos ficam do mesmo lado da ligação peptídica, mais próximos um do outro. As conformações *cis* e *trans* se formam durante a síntese proteica, quando da formação da ligação peptídica pela junção de aminoácidos na cadeia polipeptídica em crescimento. As duas conformações não são interconversíveis facilmente por rotação livre em torno da ligação peptídica formada.

A conformação *cis* é menos favorável do que a *trans* por conta da interferência estérica entre as cadeias laterais ligadas aos dois átomos de carbono-α. Consequentemente, quase todos os grupos peptídicos nas proteínas estão em conformação *trans*. Ocorrem algumas raras exceções, geralmente em ligações que envolvem o nitrogênio de amida da prolina. Em virtude da estrutura cíclica não usual da prolina, a conformação *cis* cria uma interferência estérica pouco maior do que a *trans*.

Lembre-se de que, embora os átomos no grupo peptídico fiquem em um plano, ainda é possível a rotação em torno das ligações N—Cα e Cα—C do esqueleto N—Cα—C. Essa rotação é restrita pela interferência estérica entre átomos das cadeias principal e lateral de resíduos adjacentes. Uma das restrições mais importantes à rotação livre decorre da interferência estérica entre oxigênios carbonílicos de resíduos adjacentes de aminoácidos na cadeia polipeptídica (Figura 4.8). A presença de grupos

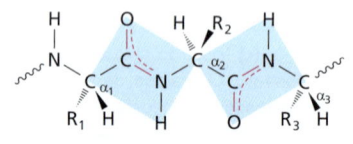

▲ **Figura 4.5**
Estruturas de ressonância da ligação peptídica. (a) Nessa estrutura de ressonância, a ligação peptídica é mostrada como uma ligação simples C—N. (b) Nessa estrutura de ressonância, a ligação peptídica é mostrada como uma ligação dupla. (c) A estrutura real é mais bem representada como um híbrido das duas estruturas de ressonância, na qual os elétrons ficam deslocalizados sobre o oxigênio carbonílico, o carbono carbonílico e o nitrogênio do grupo amida. A rotação em torno da ligação C—N é restrita pela natureza de ligação dupla do híbrido de ressonância.

▲ **Figura 4.6**
Grupos peptídicos planos em uma cadeia polipeptídica. Um grupo peptídico consiste nos grupos N—H e C=O, envolvidos na formação da ligação peptídica, bem como nos carbonos-α de cada lado dela. Os dois grupos peptídicos estão destacados neste diagrama.

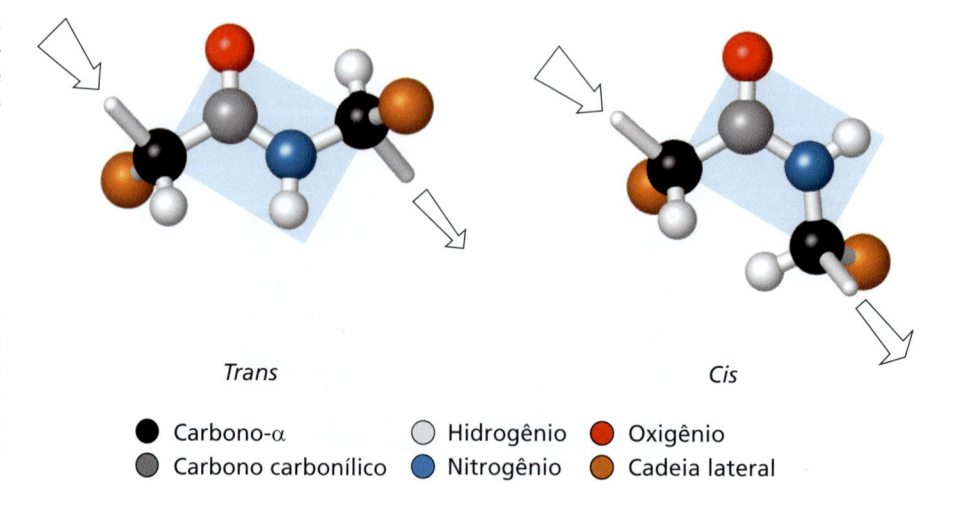

▶ **Figura 4.7**
Conformações *trans* e *cis* de um grupo peptídico. Quase todos os grupos peptídicos nas proteínas têm a conformação *trans*, que minimiza a interferência estérica entre cadeias laterais adjacentes. As setas indicam a direção da terminação N- para a C-.

Trans   Cis

● Carbono-α   ○ Hidrogênio   ● Oxigênio
● Carbono carbonílico   ● Nitrogênio   ● Cadeia lateral

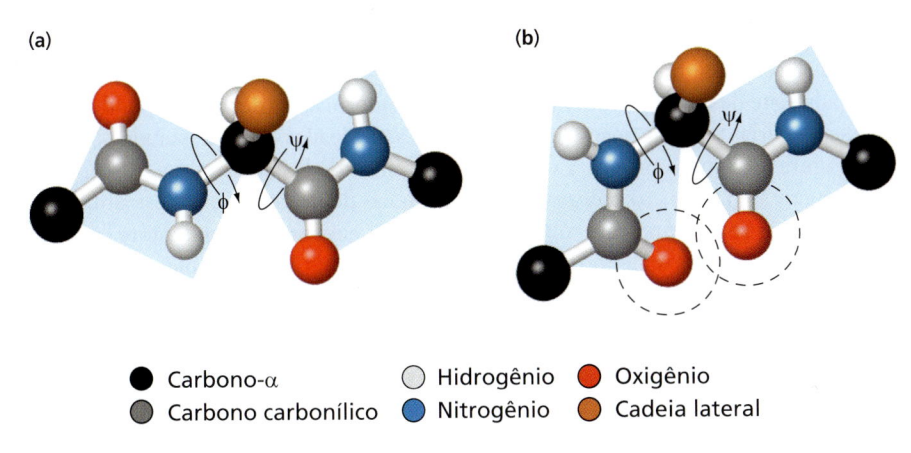

◄ Figura 4.8
Rotação em torno das ligações N—Cα e Cα—C que unem os grupos peptídicos em uma cadeia polipeptídica. (a) Grupos peptídicos em uma conformação estendida. **(b)** Grupos peptídicos em uma conformação instável em razão da interferência estérica entre oxigênios carbonílicos de resíduos adjacentes. Os raios de van der Waals dos oxigênios carbonílicos são mostrados em linhas tracejadas. O ângulo de rotação em torno da ligação N—Cα é chamado φ (fi), e aquele em torno da ligação Cα—C é chamado ψ (psi). Os substituintes dos carbonos-α exteriores foram omitidos para maior clareza.

● Carbono-α   ○ Hidrogênio   ● Oxigênio
● Carbono carbonílico   ● Nitrogênio   ● Cadeia lateral

volumosos na cadeia lateral também restringe a rotação livre em torno das ligações N—Cα e Cα—C. A prolina é um caso especial: a rotação em torno da ligação N—Cα é restrita pelo fato de ela ser parte de um anel de pirrolidina.

O ângulo de rotação em torno da ligação N—Cα de um grupo peptídico é chamado φ (fi), e aquele em torno da ligação Cα—C é chamado ψ (psi). O ângulo da ligação peptídica é chamado ω (ômega). Como a rotação em torno das ligações peptídicas é restrita pelo seu caráter de ligação dupla, boa parte da conformação do esqueleto de um peptídeo pode ser descrita por φ e ψ. Cada um desses ângulos é definido pelas posições relativas de quatro átomos do esqueleto. Ângulos no sentido dos ponteiros do relógio são positivos, e no sentido oposto, negativos; cada um deles tem uma amplitude de 180°. Assim, cada um dos ângulos de rotação pode variar entre −180° e +180°.

O biofísico G. N. Ramachandran e seus colegas construíram modelos do tipo "espaço preenchido" de peptídeos e fizeram cálculos para determinar quais os valores de φ e de ψ são estericamente permitidos em uma cadeia polipeptídica. Os ângulos permitidos estão mostrados nas regiões sombreadas nos **gráficos de Ramachandran** para φ e ψ. A Figura 4.9a apresenta os resultados dos cálculos teóricos: as regiões sombreadas escuras representam ângulos permitidos para a maioria dos resíduos; as claras cobrem valores

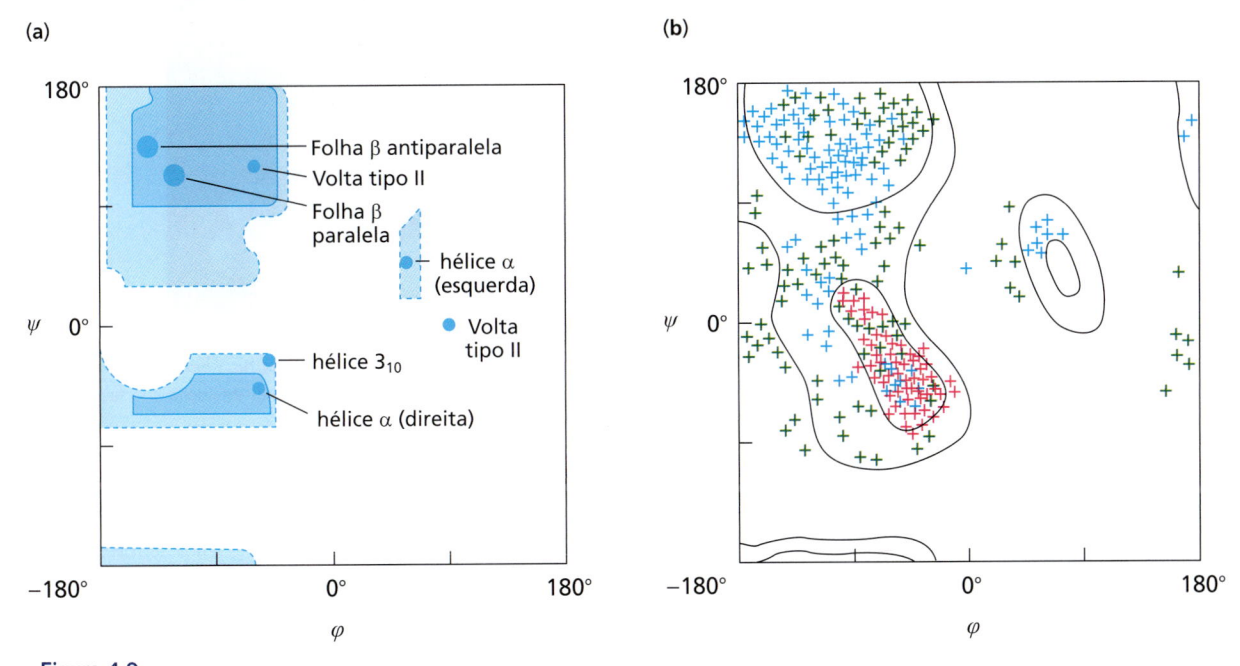

▲ **Figura 4.9**
Gráfico de Ramachandran. (a) Linhas sólidas indicam a faixa de valores permitidos para φ e ψ com base em modelos moleculares. As linhas tracejadas indicam os limites externos para um resíduo de alanina. Pontos grandes azuis correspondem a valores de φ e de ψ que produzem conformações reconhecíveis, como a α-hélice e folhas β. As posições mostradas para voltas tipo II são para seus segundos e terceiros resíduos. As porções brancas do gráfico correspondem a valores de φ e ψ que, pela previsão, ocorrem raramente. **(b)** Valores de φ e ψ observados em estruturas conhecidas. As cruzes indicam valores para resíduos típicos em uma proteína simples. Os resíduos em uma α-hélice aparecem em rosa; nas fitas β, em azul e os outros, em verde.

> **CONCEITO-CHAVE**
> A conformação tridimensional de um esqueleto de polipeptídeo é definida por seus ângulos φ (fi) e ψ (psi) de rotação em torno de cada grupo peptídico.

de φ e ψ para resíduos menores de aminoácidos, em que os grupos R não restringem a rotação. Áreas em branco no gráfico de Ramachandran são não permitidas por causa principalmente de um impedimento estérico. As conformações de vários tipos de estruturas secundárias teóricas ficam dentro das áreas sombreadas, como esperado.

A Figura 4.9b apresenta outra versão de um gráfico de Ramachandran. Esse gráfico se baseia nos ângulos φ e ψ observados para centenas de proteínas cujas estruturas são conhecidas. As regiões internas representam ângulos encontrados com muita frequência; as externas, ângulos menos frequentes. São mostrados ângulos típicos observados para α-hélices, folhas β e outras estruturas encontradas em proteínas. A diferença mais importante entre o gráfico de Ramachandran teórico e o observado reside na região entre 0°φ e –90°ψ. De acordo com os estudos de modelagem, essa região não deveria ser permitida, mas há vários exemplos de resíduos com esses ângulos. O que ocorre é que choques estéricos nessas regiões são evitados permitindo-se uma pequena rotação em torno da ligação peptídica. O grupo peptídico não precisa ser exatamente plano; uma pequena torção é permitida!

Alguns resíduos de aminoácidos volumosos apresentam áreas permitidas menores. A prolina é restrita a um valor de φ em torno de –60° a –77° porque sua ligação N—Cα é restringida pela inclusão no anel pirrolidínico da cadeia lateral. Por outro lado, a glicina não tem muitas restrições estéricas por não ter um carbono-β. Logo, os resíduos de glicina possuem liberdade conformacional maior do que outros resíduos, e seus valores de φ e ψ geralmente ficam fora das regiões sombreadas do gráfico de Ramachandran.

QUADRO 4.1 A floração é controlada por conversões *cis/trans*

Quase todos os grupos peptídicos adotam a conformação *trans*, já que ela é favorecida durante a síntese proteica. Ela é muito mais estável do que a conformação *cis* (com uma exceção). A conversão espontânea à conformação *cis* é muito rara e, quase sempre, acompanhada de perda de função, já que a estrutura da proteína fica severamente afetada.

Contudo, a atividade de algumas proteínas é, na verdade, *regulada* por alterações conformacionais por causa da isomerização *cis/trans*. A mudança na conformação do grupo peptídico ocorre invariavelmente em resíduos de prolina porque neles a conformação *cis* é quase tão estável quanto a *trans*. Essa é uma exceção à regra.

Enzimas específicas, chamadas peptidil prolil *cis/trans* isomerases, catalisam a interconversão das conformações *cis* e *trans* de resíduos de prolina, desestabilizando temporariamente a estrutura do híbrido de ressonância da ligação peptídica e permitindo a rotação em torno dela. Uma classe importante dessas enzimas reconhece ligações Ser-Pro e Thr-Pro, sempre que os resíduos de serina e treonina estejam fosforilados. A fosforilação de resíduos de aminoácidos é um mecanismo importante de regulação por modificação covalente (ver Seção 5.9D). O gene para esse tipo de peptidil prolil *cis/trans* isomerase é chamado *Pin1* e está presente em todos os eucariontes.

Na pequena planta florífera *Arabidopsis thalianna*, a proteína *Pin1* atua sobre alguns fatores de transcrição que controlam o tempo de floração. Quando os resíduos de treonina estão fosforilados, esses fatores são reconhecidos pela *Pin1*, e a conformação da ligação Thr-Pro é alterada de *trans* para *cis*. A mudança conformacional resultante na estrutura da proteína leva à ativação dos fatores de

▲ ***Arabidopsis thalianna***, também conhecida como agrião thale ou agrião orelha-de-rato, é "parente" da mostarda. É um organismo muito usado como modelo em biologia vegetal devido à sua facilidade de cultivo em laboratório.

transcrição, e os genes necessários à produção de flores são transcritos. A floração é consideravelmente atrasada quando a síntese da peptidil prolil *cis/trans* isomerase é inibida por mutações no gene *Pin1*.

Nos seres humanos, a *cis/trans* isomerase codificada pela *Pin1* atua na regulação da expressão gênica modificando a RNA polimerase, os fatores de transcrição e outras proteínas. Mutações nesse gene foram associadas a diversas doenças hereditárias. A estrutura da peptidil prolil *cis/trans* isomerase de seres humanos é apresentada na Figura 4.23e.

4.4 A α-hélice

A conformação α-helicoidal foi proposta em 1950 por Linus Pauling e Robert Corey. Eles consideraram as dimensões dos grupos peptídicos, possíveis impedimentos estéricos e as oportunidades de estabilização por formação de ligações de hidrogênio. O modelo proposto por eles explicava a principal repetição observada na estrutura da proteína fibrosa α-queratina. Essa repetição de 0,50 a 0,55 nm seria o passo (distância axial por volta) da α-hélice. Max Perutz forneceu suporte adicional à estrutura ao observar uma unidade secundária de repetição, de 0,15 nm, no padrão de difração de raios X da α-queratina. Essa unidade corresponde ao deslocamento vertical da hélice (a distância que cada resíduo avança ao longo do eixo da hélice). Perutz demonstrou também que havia uma α-hélice na estrutura da hemoglobina, confirmando que essa conformação estava presente em proteínas globulares mais complexas.

Em tese, uma α-hélice pode exibir giro para a direita ou esquerda. As encontradas nas proteínas exibem giro quase sempre para a direita, como aparece na Figura 4.10. Em uma α-hélice ideal, o passo é de 0,54 nm, o deslocamento vertical é de 0,15 nm e o número de resíduos de aminoácidos necessários para uma volta completa é de 3,6 (ou seja, aproximadamente 3 2/3 resíduos: uma carbonila, três unidades N—Cα—C e um nitrogênio). A maioria das α-hélices nas proteínas é ligeiramente distorcida, mas em geral elas têm entre 3,5 e 3,7 resíduos por volta.

Em uma α-hélice, cada oxigênio carbonílico (resíduo *n*) do esqueleto polipeptídico é ligado por uma ligação de hidrogênio ao hidrogênio do grupo amida do esqueleto

▲ Linus Pauling (1901-1994), ganhador do Prêmio Nobel de Química, em 1954, e do Nobel da Paz, em 1962.

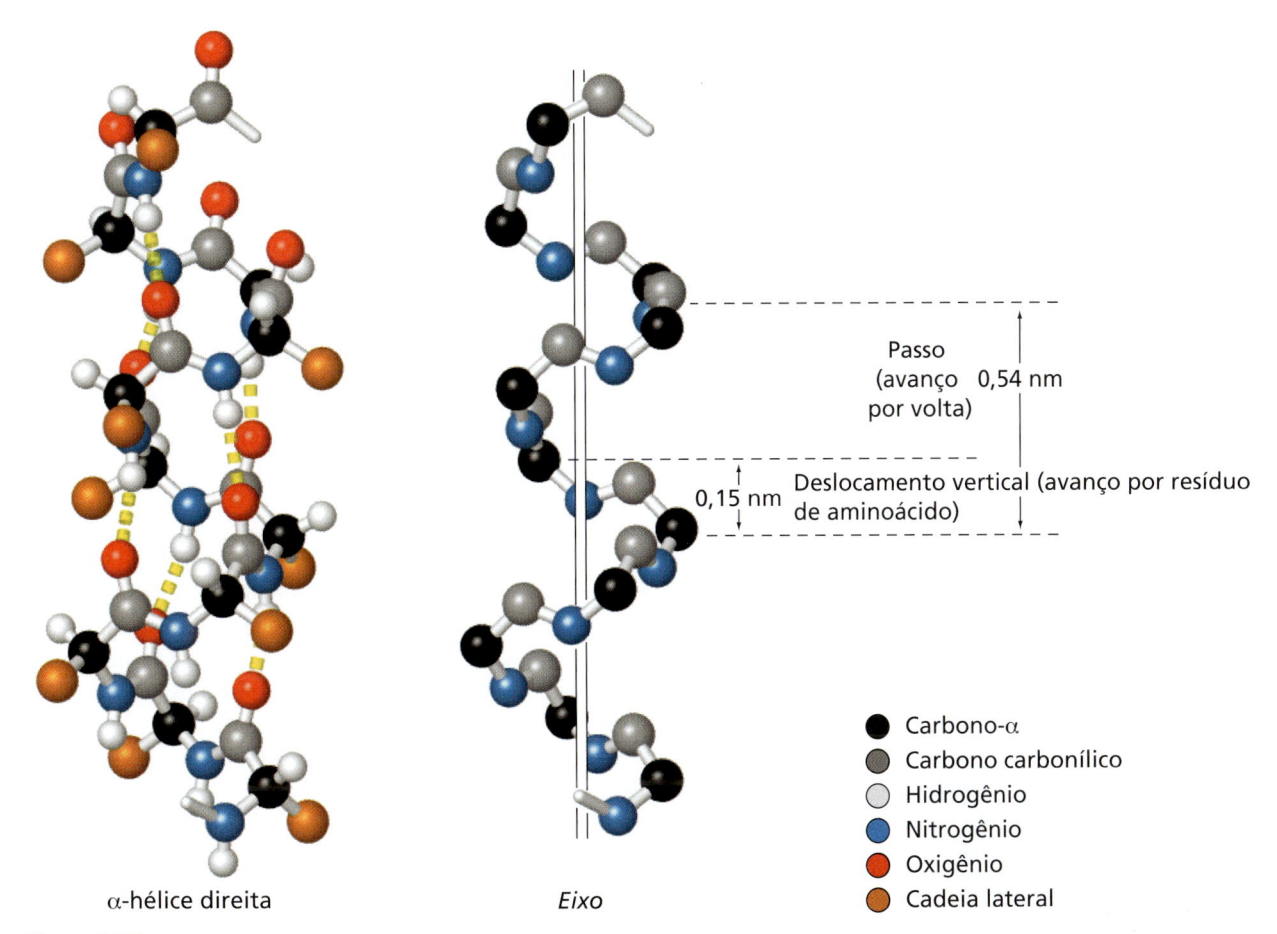

α-hélice direita | Eixo

Passo (avanço 0,54 nm por volta)

0,15 nm Deslocamento vertical (avanço por resíduo de aminoácido)

● Carbono-α
● Carbono carbonílico
○ Hidrogênio
● Nitrogênio
● Oxigênio
● Cadeia lateral

▲ **Figura 4.10**
α-Hélice. Uma região de estrutura secundária α-helicoidal é mostrada com o N-terminal embaixo e o C-terminal no topo da figura. Cada oxigênio carbonílico forma uma ligação de hidrogênio com o átomo de hidrogênio do grupo amida do quarto resíduo à frente na direção do C-terminal da cadeia polipeptídica. As ligações de hidrogênio são aproximadamente paralelas ao eixo longitudinal da hélice. Observe que todos os grupos carbonila apontam na direção do C-terminal. Em uma hélice com giro para a direita ideal, posições equivalentes ocorrem a cada 0,54 nm (o passo da hélice), cada resíduo de aminoácido avança a hélice por 0,15 nm ao longo do seu eixo longitudinal (o deslocamento vertical), e há 3,6 resíduos de aminoácidos por volta da hélice. Em uma hélice direita, o esqueleto se enrola na direção horária, quando observado ao longo do eixo, a partir do N-terminal. Se você imaginar que uma hélice direita é uma escada em caracol, você estará virando à direita à medida que *desce* a escada.

do quarto resíduo à frente, na direção do C-terminal (resíduo $n + 4$) (os três grupos amino em uma das extremidades da hélice e os três grupos carbonila na outra não têm pares na hélice para formar ligações de hidrogênio). Cada ligação de hidrogênio conecta um grupo de 13 átomos: o oxigênio carbonílico, 11 átomos do esqueleto e o hidrogênio do grupo amida. Assim, uma α-hélice também pode ser chamada de hélice $3,6_{13}$ com base em seu passo e no número de átomos conectados pela ligação de hidrogênio. As ligações de hidrogênio que estabilizam a hélice são quase paralelas ao seu eixo longitudinal.

Os ângulos φ e ψ de cada resíduo em uma hélice são semelhantes. Eles se aglomeram em torno de uma região estável do gráfico de Ramachandran, centrada em um valor de φ de $-57°$ e um valor de ψ igual a $-47°$ (Figura 4.9). A similaridade desses valores é o que dá à α-hélice uma estrutura regular, repetitiva. As ligações de hidrogênio intramoleculares entre resíduos n e $n + 4$ tendem a "bloquear" a rotação em torno das ligações N—Cα e Cα—C, restringindo os ângulos φ e ψ a uma faixa relativamente estreita.

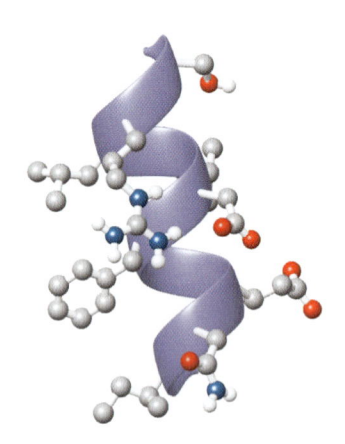

Uma só ligação de hidrogênio intra-hélice não daria uma estabilidade apreciável à estrutura, mas o efeito cumulativo de várias delas em uma α-hélice estabiliza essa conformação. As ligações de hidrogênio entre resíduos de aminoácidos são especialmente estáveis no interior hidrofóbico de uma proteína, onde as moléculas de água não entram e, portanto, não podem competir por essas ligações. Em uma α-hélice, os grupos carbonila apontam em direção ao C-terminal. A hélice inteira é um dipolo, com um N-terminal positivo e um C-terminal negativo, uma vez que cada grupo peptídico é polar e todas as ligações de hidrogênio apontam na mesma direção.

As cadeias laterais dos aminoácidos em uma α-hélice apontam para o exterior do cilindro da hélice e não participam das ligações de hidrogênio que a estabilizam (Figura 4.11). No entanto, a identidade das cadeias laterais afeta a estabilidade de outras maneiras. Por isso, alguns resíduos de aminoácidos são encontrados mais frequentemente do que outros em conformações α-helicoidais. Por exemplo, alanina tem uma cadeia lateral pequena, não carregada, e se adapta bem a essa conformação. Resíduos de alanina são prevalentes nas α-hélices de todas as classes de proteínas. Por outro lado, tirosina e asparagina, com suas cadeias laterais volumosas, são menos comuns em α-hélices. A glicina, cuja cadeia lateral é um simples átomo de hidrogênio, desestabiliza as estruturas α-helicoidais uma vez que a rotação em torno do seu carbono-α não tem restrição. Por essa razão, várias α-hélices começam ou terminam com resíduos de glicina. A prolina é o resíduo menos comum em uma α-hélice porque sua rígida cadeia lateral cíclica rompe a conformação de hélice direita, ocupando o espaço que deveria ser de um resíduo vizinho. Além disso, como não tem um hidrogênio associado ao nitrogênio da amida, a prolina não pode participar inteiramente das ligações de hidrogênio intra-hélice. Por essas razões, resíduos de prolina são encontrados com mais frequência nas extremidades das α-hélices do que em seu interior.

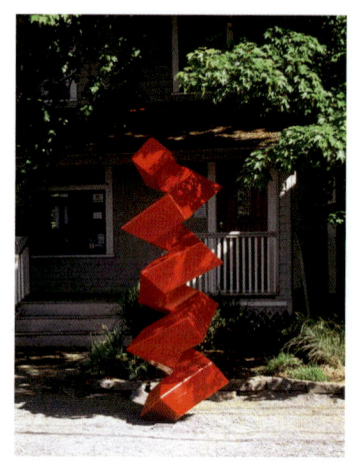

O conteúdo α-helicoidal das proteínas varia. Em algumas delas, a maioria dos resíduos está em α-hélices, enquanto outras têm muito poucas estruturas desse tipo. O teor médio de α-hélices nas proteínas já examinadas é de 26%. O comprimento de uma hélice em uma proteína pode variar de cerca de 4-5 resíduos até mais de 40, sendo a média em torno de 12.

Diversas α-hélices têm aminoácidos hidrofílicos em uma face do cilindro da hélice e hidrofóbicos na outra. A natureza anfipática da hélice é fácil de perceber quando a sequência de aminoácidos é desenhada na forma de espiral chamada roda helicoidal. A α-hélice mostrada na Figura 4.11 pode ser desenhada como uma roda helicoidal representando como a hélice seria vista ao longo de seu eixo. Como há 3,6 resíduos por volta da hélice, eles são indicados a cada 100° ao longo da espiral (Figura 4.12). Observe que a hélice é uma espiral direita terminada por um resíduo de glicina no C-terminal. Os resíduos hidrofílicos (asparagina, glutamato, aspartato e arginina) tendem a se aglomerar de um lado da roda helicoidal.

Frequentemente, hélices anfipáticas são localizadas na superfície de uma proteína, com as cadeias laterais hidrofílicas voltadas para fora (na direção do solvente aquoso) e as hidrofóbicas para dentro (na direção do interior hidrofóbico). Por exemplo, a hélice mostrada nas Figuras 4.11 e 4.12 está na superfície da enzima hepática hidrossolúvel álcool

▲ **Figura 4.11**
Vista de uma α-hélice direita. A fita azul indica a forma do esqueleto do polipeptídeo. Todas as cadeias laterais, mostradas no modelo de esferas e bastões, projetam-se para fora do eixo da hélice. Este exemplo compreende os resíduos Ile-355 (embaixo) até Gly-365 (topo) da álcool desidrogenase de fígado de cavalo. Alguns átomos de hidrogênio não são mostrados [PDB 1ADF].

▲ **Uma α-hélice direita.** Esta hélice foi criada por Julian Voss-Andreae e fica do lado de fora da casa onde Linus Pauling passou a infância, em Portland, Oregon, Estados Unidos.

(a)

355 356 357 358 359 360 361 362 363 364 365
I — N — E — G — F — D — L — L — R — S — G →

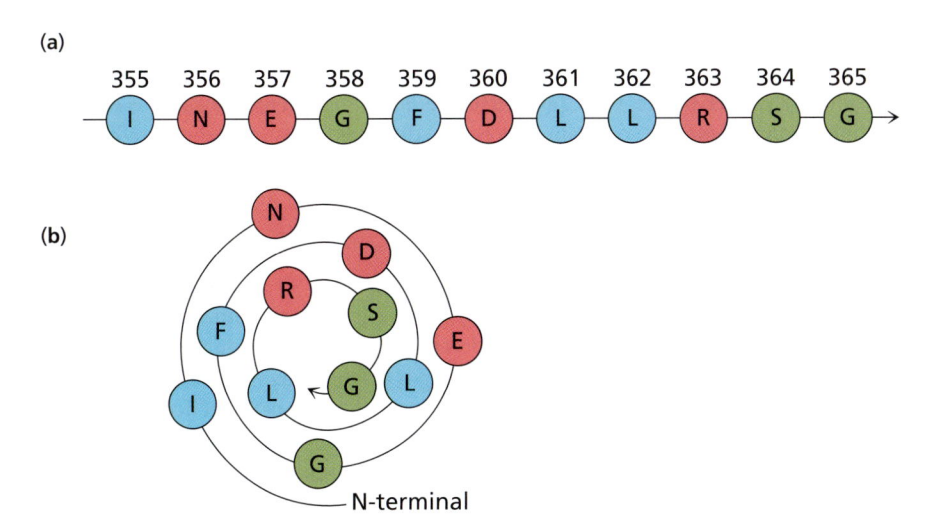

(b)

◀ **Figura 4.12**
α–hélice na álcool desidrogenase de fígado de cavalo. Resíduos altamente hidrofóbicos aparecem em azul; os menos hidrofóbicos, em verde; e os altamente hidrofílicos, em vermelho. **(a)** Sequência de aminoácidos. **(b)** Diagrama da roda helicoidal.

desidrogenase com as cadeias laterais do primeiro, quinto e oitavo resíduos (isoleucina, fenilalanina e leucina, respectivamente) voltadas para o interior da proteína (Figura 4.13).

Há diversos exemplos de duas α-hélices anfipáticas que interagem para formar uma estrutura em dupla espiral, ou super-hélice, na qual as duas hélices se enrolam, uma em torno da outra, com suas faces hidrofóbicas em contato e as hidrofílicas expostas ao solvente. Uma estrutura comum das proteínas que se ligam ao DNA é chamada zíper de leucinas (Figura 4.14). O nome se refere ao fato de que duas α-hélices são "unidas" pelas interações hidrofóbicas de resíduos de leucina (e outros resíduos hidrofóbicos) de um lado de uma hélice anfipática. As terminações das hélices formam a região de ligação ao DNA da proteína.

Algumas proteínas têm regiões curtas de hélice 3_{10}. Esta, como a α-hélice, também é direita. O oxigênio carbonílico de uma hélice 3_{10} forma uma ligação de hidrogênio com o átomo de hidrogênio do grupo amida do resíduo $n + 3$ (em vez do $n + 4$ como em uma α-hélice); assim, a hélice 3_{10} possui uma estrutura ciclizada por ligação de hidrogênio menor do que a de uma α-hélice – 10 átomos em lugar de 13 – e menos resíduos por volta (3,0), além de um passo maior (0,60 nm) (Figura 4.15). A hélice 3_{10} é ligeiramente menos estável do que a α-hélice por causa de tensões estéricas e da

> As frequências conhecidas de vários resíduos de aminoácidos em α-hélices são usadas para prever a estrutura secundária com base apenas na sequência primária.

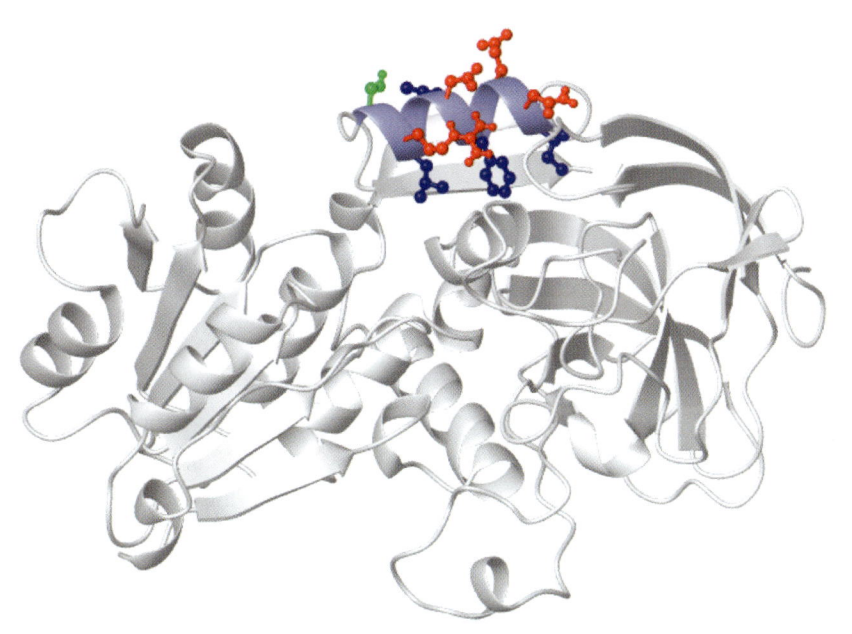

▲ **Figura 4.13**
Álcool desidrogenase de fígado de cavalo (*Equus ferus*). A α-hélice anfipática está destacada. As cadeias laterais dos resíduos altamente hidrofóbicos são mostradas em azul; os menos hidrofóbicos, em verde; e os com carga, em vermelho. Observe que as cadeias laterais dos resíduos hidrofóbicos são dirigidas para o interior da proteína e as dos resíduos carregados estão expostas à superfície [PDB 1ADF].

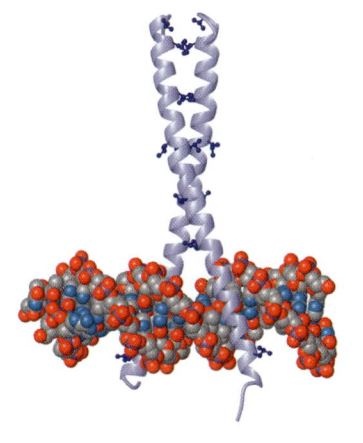

▲ **Figura 4.14**
Região do zíper de leucinas de proteína de levedura (*Saccharomyces cerevisiae*). Proteína GCN4 ligada ao DNA. A GCN4 é uma proteína reguladora da transcrição que se liga a sequências específicas de DNA. A região de ligação ao DNA consiste em duas α-hélices anfipáticas, uma de cada subunidades da proteína. As cadeias laterais dos resíduos de leucina são mostradas em azul mais escuro do que o usado para o desenho do esqueleto. Apenas a região do zíper de leucinas da proteína aparece na figura [PDB 1YSA].

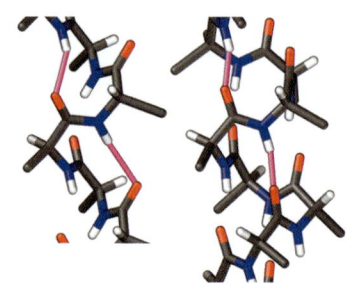

▲ **Figura 4.15**
A hélice 3_{10}. Na hélice 3_{10} (esquerda), formam-se ligações de hidrogênio (rosa) entre o grupo amida de um resíduo e o oxigênio carbonílico de outro, distante três posições. Em uma α-hélice (direita), a carbonila se liga a um resíduo de aminoácido distante quatro posições.

geometria incomum de suas ligações de hidrogênio. Quando ocorre uma hélice $3_{10}'$ ela tem, geralmente, poucos resíduos e, com frequência, constitui a última volta do C-terminal de uma α-hélice. Por causa de sua geometria diferente, os ângulos φ e ψ dos resíduos em uma hélice 3_{10} ocupam uma região diversa da dos resíduos de α-hélice no gráfico de Ramachandran (Figura 4.9).

4.5 Fitas e folhas β

A outra estrutura secundária comum é chamada estrutura β, uma classe que inclui as **fitas e folhas β**. Tais fitas são porções da cadeia polipeptídica quase totalmente estendidas. Cada resíduo em uma fita β responde por aproximadamente 0,32 a 0,34 nm do comprimento total, contrastando com o arranjo compacto de uma α-hélice, na qual cada resíduo corresponde a 0,15 nm do comprimento total. Quando várias fitas β são arranjadas lado a lado, elas formam as **folhas β**, uma estrutura originalmente proposta por Pauling e Corey na mesma ocasião em que desenvolveram o modelo teórico da α-hélice.

Raramente as proteínas possuem fitas β isoladas, porque essa estrutura em si não é significativamente mais estável do que outras conformações. Contudo, as folhas β são estabilizadas por ligações de hidrogênio entre oxigênios carbonílicos e hidrogênios de grupos amida das fitas β adjacentes. Assim, nas proteínas, as regiões de estrutura β são quase sempre encontradas sob a forma de folhas.

As fitas β unidas por ligações de hidrogênio que constituem uma folha β podem estar em cadeias polipeptídicas separadas ou em diferentes segmentos da mesma cadeia. As fitas β em uma folha tanto podem ser paralelas (indo na mesma direção, do N-terminal para o C-terminal) (Figura 4.16a) como antiparalelas (indo em direções opostas, do N-terminal para o C-terminal) (Figura 4.16b). Quando as fitas β são antiparalelas, as ligações de hidrogênio são quase perpendiculares às cadeias polipeptídicas estendidas. Observe que, nas folhas β antiparalelas, o oxigênio carbonílico e o hidrogênio do grupo amida de um resíduo formam uma ligação de hidrogênio com o hidrogênio de amida e o oxigênio da carbonila de um mesmo resíduo na outra fita. Nas folhas paralelas, as ligações de hidrogênio não são perpendiculares às cadeias estendidas, e cada resíduo forma essas ligações com os grupos carbonila e amida de dois resíduos diferentes na fita adjacente.

Folhas paralelas são menos estáveis do que as antiparalelas, possivelmente porque as suas ligações de hidrogênio são distorcidas. Às vezes, a folha β é chamada de **folha β pregueada** porque os planos dos grupos peptídicos se encontram em ângulos, como os foles de um acordeom. Em consequência dos ângulos das ligações entre os grupos

▼ **Figura 4.16**
Folhas β. Setas indicam a direção da cadeia peptídica da terminação N- para a C-. **(a)** Folha β paralela. As ligações de hidrogênio são uniformemente espaçadas, mas inclinadas. **(b)** Folha β antiparalela. As ligações de hidrogênio são essencialmente perpendiculares às fitas β, e o espaço entre essas ligações é, alternadamente, largo e estreito.

peptídicos, as cadeias laterais dos aminoácidos apontam alternadamente para cima e para baixo do plano da folha. Uma folha β típica contém de 2 até 15 fitas β. Cada uma dessas fitas tem uma média de 6 resíduos de aminoácidos.

Com frequência, as fitas β que formam as folhas β são torcidas e, normalmente, as folhas são distorcidas e tortas. A vista tridimensional de uma folha β da ribonuclease A (Figura 4.3) mostra uma visão mais realista das folhas β do que as estruturas idealizadas da Figura 4.16.

Uma vista de duas fitas de uma pequena folha β aparece na Figura 4.17. As cadeias laterais dos resíduos de aminoácido na fita frontal se projetam alternadamente da esquerda para a direita (isto é, acima e abaixo) da fita β, como descrito anteriormente. De forma típica, fitas β são um pouco torcidas para a direita; ou seja, elas são torcidas no sentido horário quando olhadas ao longo de uma das fitas.

Os ângulos φ e ψ das ligações em uma fita β são restritos a uma faixa ampla de valores que ocupam uma região grande e estável no canto superior esquerdo do gráfico de Ramachandran. Os ângulos típicos para resíduos em fitas paralelas e antiparalelas não são idênticos (ver Figura 4.9). Como a maioria das fitas β é torcida, os ângulos φ e ψ exibem uma faixa mais ampla de valores do que os observados na α-hélice, mais regular.

Embora em geral pensemos nas fitas β como exemplos de estrutura secundária, estritamente falando isso não é correto. Em vários casos, as fitas β individuais estão localizadas em regiões diferentes da proteína e só se reúnem para formar a folha β quando a proteína adota sua conformação terciária total. Algumas vezes, a estrutura quaternária de uma proteína origina uma grande folha β. Algumas proteínas são quase inteiramente formadas por folhas β, mas a maioria delas tem um teor bem menor de fitas β.

Na seção anterior, vimos que α-hélices anfipáticas têm cadeias laterais hidrofóbicas que se projetam para fora de um dos lados da hélice. Esse é o lado que se relaciona com o resto da proteína, criando uma série de interações hidrofóbicas que ajudam a estabilizar a estrutura terciária. As cadeias laterais das folhas β se projetam, alternadamente, acima e abaixo do plano das fitas β. Uma superfície pode consistir em cadeias laterais hidrofóbicas que permitem que a folha β fique sobre outros resíduos hidrofóbicos no interior da proteína.

Um exemplo dessas interações hidrofóbicas entre duas folhas β é visto na estrutura da proteína de cobertura dos grãos de pólen de gramíneas (Figura 4.18a). Essa proteína é o principal alérgeno para as pessoas alérgicas ao pólen de gramíneas. Uma superfície de cada folha β contém cadeias laterais hidrofóbicas, e a outra, hidrofílicas. As duas superfícies hidrofóbicas interagem para formar o cerne hidrofóbico da proteína, e as superfícies hidrofílicas são expostas ao solvente, como mostrado na Figura 4.18b. Esse é um exemplo de sanduíche β, um dos vários arranjos dos elementos estruturais secundários, que serão tratados com mais detalhes na seção sobre estrutura terciária (Seção 4.7).

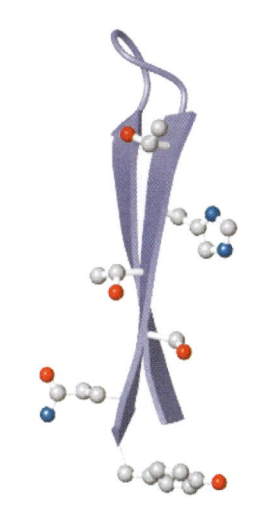

▲ **Figura 4.17**
Vista de duas fitas de uma folha β antiparalela da neuraminidase do vírus influenza A. Apenas as cadeias laterais da fita β frontal são mostradas. Essas cadeias se alternam nos dois lados da fita β. Ambas as fitas têm uma torção para a direita [PDB 1BJI].

CONCEITO-CHAVE
Há apenas três tipos de estruturas secundárias comuns: α-hélice, fita β e voltas.

4.6 Alças e voltas

Tanto na α-hélice como na fita β, há resíduos consecutivos com uma conformação similar, repetida por toda a estrutura. As proteínas também têm trechos de estrutura tridimensional não repetidos. A maioria dessas regiões de estrutura secundária não repetitivas pode ser caracterizada como alças ou voltas, já que causam mudanças direcionais no esqueleto polipeptídico. As conformações dos grupos peptídicos nas regiões não repetitivas são restritas, exatamente como nas regiões repetitivas. Elas têm valores de φ e ψ, que geralmente estão bem dentro das regiões permitidas do gráfico de Ramachandran e, com frequência, próximos aos dos resíduos que formam α-hélices ou fitas β.

Alças e voltas conectam α-hélices e fitas β e permitem que as cadeias polipeptídicas se dobrem sobre si mesmas, originando a forma tridimensional compacta vista na estrutura nativa. Cerca de um terço dos resíduos de aminoácidos em uma proteína típica se encontra nessas estruturas não repetitivas. Com frequência as **alças** contêm resíduos hidrofílicos e são normalmente encontradas nas superfícies das proteínas, onde ficam expostas ao solvente e formam ligações de hidrogênio com a água. Algumas alças consistem em vários resíduos de estrutura não repetitiva estendida. Cerca de 10% dos resíduos de uma proteína pode ser encontrado nessas regiões.

▲ Retornos (voltas em "U") são permitidos nas proteínas.

(a)

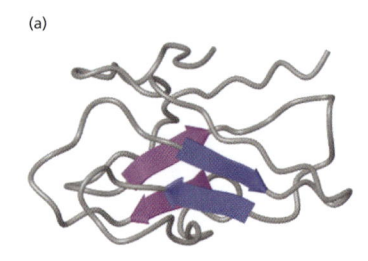

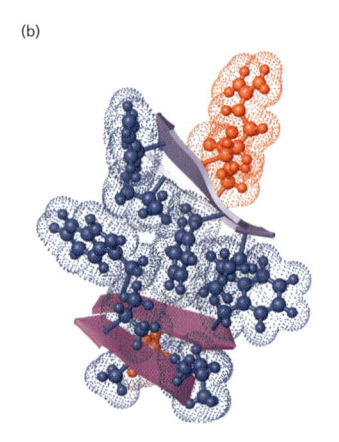

(b)

▲ **Figura 4.18**
Estrutura da proteína PHL P2 de pólen da gramínea rabo-de-gato (*Phleum pratense*). (a) As duas folhas β antiparalelas, pequenas e compostas de duas fitas, são destacadas em azul e roxo para mostrar sua orientação na proteína. **(b)** Vista do sanduíche β em uma orientação diferente, mostrando os resíduos hidrofóbicos (azul) e os resíduos polares (roxo). Diversas interações hidrofóbicas ligam as duas folhas β [PDB 1BMW].

Alças contendo apenas poucos (até cinco) resíduos são chamadas **voltas**, se provocam uma mudança brusca na direção da cadeia polipeptídica. Os tipos mais comuns de voltas fechadas são chamados **voltas inversas**. Elas são chamadas também **voltas β**, pois frequentemente ligam fitas β antiparalelas diferentes (lembre-se de que, para criar uma folha β, o polipeptídeo precisa se dobrar de modo que duas ou mais regiões da fita β fiquem adjacentes umas às outras, como aparece na Figura 4.17). Essa terminologia pode ser enganosa, já que voltas β também conectam α-hélices ou uma α-hélice e uma fita β.

Há dois tipos comuns de volta β, chamados tipo I e tipo II. Esses dois tipos têm quatro resíduos de aminoácidos e são estabilizados por ligações de hidrogênio entre o oxigênio carbonílico do primeiro resíduo e o hidrogênio do grupo amida do quarto (Figura 4.19). Eles produzem uma mudança brusca (geralmente em torno de 180°) na direção da cadeia polipeptídica. Em mais ou menos 60% das vezes, o terceiro resíduo nas voltas tipo II é a glicina. Frequentemente, a prolina é o segundo resíduo nos dois tipos de voltas.

As proteínas contêm várias voltas em suas estruturas. Todas elas apresentam ligações de hidrogênio internas que estabilizam a estrutura e que, por isso, podem ser consideradas uma espécie de estrutura secundária. As voltas constituem uma proporção significativa da estrutura de muitas proteínas. Algumas ligações nos resíduos de uma volta têm ângulos φ e ψ que estão fora das regiões "permitidas" de um gráfico de Ramachandran típico (Figura 4.9). Isso acontece especialmente com resíduos na terceira posição de voltas tipo II, na qual há uma mudança brusca de direção do esqueleto. Com frequência, esse resíduo é a glicina, de modo que os ângulos das ligações podem adotar uma faixa mais ampla de valores sem causar impedimentos estéricos entre os átomos da cadeia lateral e os do esqueleto. Normalmente, os gráficos de Ramachandran mostram apenas as regiões permitidas para todos os resíduos, com exceção da glicina; é por isso que os ângulos de rotação das voltas tipo II parecem cair em uma área restrita.

4.7 Estrutura terciária das proteínas

A estrutura terciária resulta do enovelamento de um polipeptídeo (que pode já ter algumas regiões de α-hélice e de estrutura β) em uma forma tridimensional bem compacta. Uma característica importante da estrutura terciária é que os resíduos de aminoácidos, que na estrutura primária estão afastados, se aproximam permitindo interações entre suas cadeias laterais. Enquanto a estrutura secundária é estabilizada por ligações de hidrogênio entre átomos de hidrogênio da amida e oxigênios carbonílicos

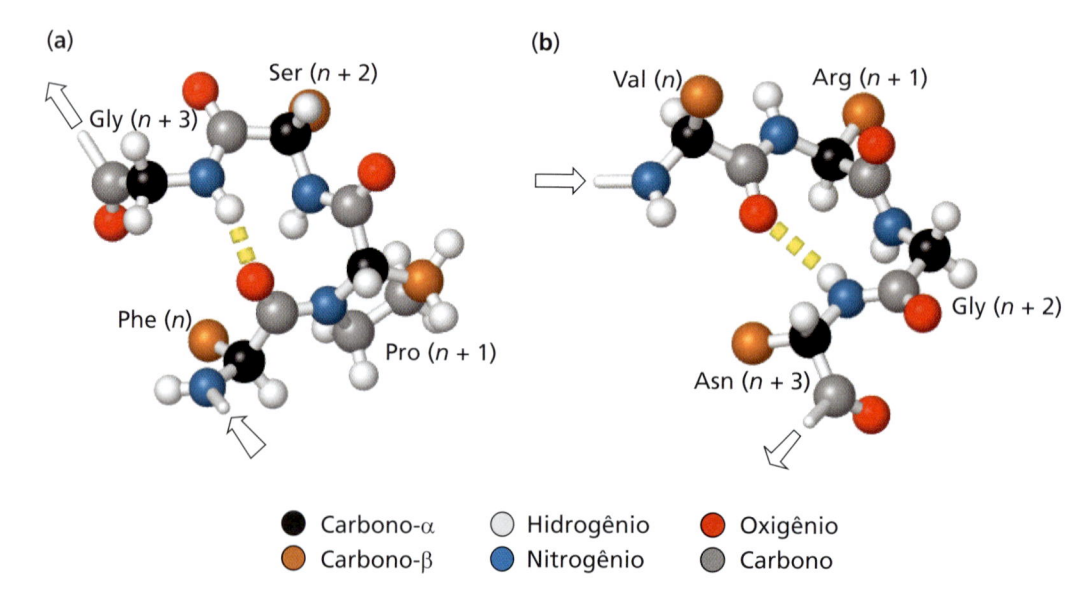

(a) Gly (*n* + 3), Ser (*n* + 2), Phe (*n*), Pro (*n* + 1)

(b) Val (*n*), Arg (*n* + 1), Gly (*n* + 2), Asn (*n* + 3)

● Carbono-α ○ Hidrogênio ● Oxigênio
● Carbono-β ● Nitrogênio ● Carbono

▲ **Figura 4.19**
Voltas inversas. (a) Volta β tipo I. A estrutura é estabilizada por uma ligação de hidrogênio entre o oxigênio da carbonila do primeiro resíduo N-terminal (Phe) e o hidrogênio do grupo amida do quarto resíduo (Gly). Observe o resíduo de prolina na posição *n* + 1. **(b)** Volta β tipo II. Essa volta também é estabilizada por uma ligação de hidrogênio entre o oxigênio da carbonila do primeiro resíduo N-terminal (Val) e o hidrogênio do grupo amida do quarto resíduo (Asn). Observe o resíduo de glicina na posição *n* + 2 [PDB 1AHL (neurotoxina da anêmona-do-mar gigante)].

do esqueleto polipeptídico, a terciária é estabilizada basicamente por interações não covalentes (principalmente o efeito hidrofóbico) entre as cadeias laterais dos resíduos de aminoácidos. As pontes dissulfeto, embora covalentes, também são elementos da estrutura terciária; elas não ocorrem na estrutura primária, pois são formadas somente depois que a proteína se enovela.

A. Estruturas supersecundárias

Estruturas supersecundárias, ou **motivos**, são combinações reconhecíveis de α-hélices, fitas β e alças, que aparecem em diversas proteínas diferentes. Algumas vezes, são associadas a uma função específica, embora motivos estruturalmente semelhantes possam ter funções diversas em proteínas diferentes. Alguns motivos comuns são mostrados na Figura 4.20.

Um dos motivos mais simples é a hélice-alça-hélice (Figura 4.20a). Essa estrutura ocorre em várias proteínas de ligação ao cálcio. Resíduos de glutamato e aspartato na alça dessas proteínas formam parte do sítio de ligação ao cálcio. Em certas proteínas de ligação ao DNA, uma versão dessa estrutura supersecundária é chamada hélice-volta-hélice, porque os resíduos que ligam as hélices formam uma volta inversa. Nessas proteínas, os resíduos das α-hélices é que se ligam ao DNA.

O motivo de super-hélice consiste em duas α-hélices anfipáticas que interagem através de suas extremidades hidrofóbicas (Figura 4.20b) como no exemplo do zíper de leucinas (Figura 4.14). Várias α-hélices podem se associar para formar um feixe de hélices (Figura 4.20c). Nesse caso, as α-hélices individuais têm orientações opostas, enquanto no motivo de super-hélice elas são paralelas.

A unidade βαβ consiste em duas fitas β paralelas ligadas a uma α-hélice separadora por duas alças (Figura 4.20d). A hélice liga o C-terminal de uma fita β ao N-terminal da próxima e, com frequência, fica paralela às duas fitas. Um grampo (*hairpin*) consiste em duas fitas β antiparalelas adjacentes ligadas por uma volta β (Figura 4.20e) (um exemplo de grampo é apresentado na Figura 4.16).

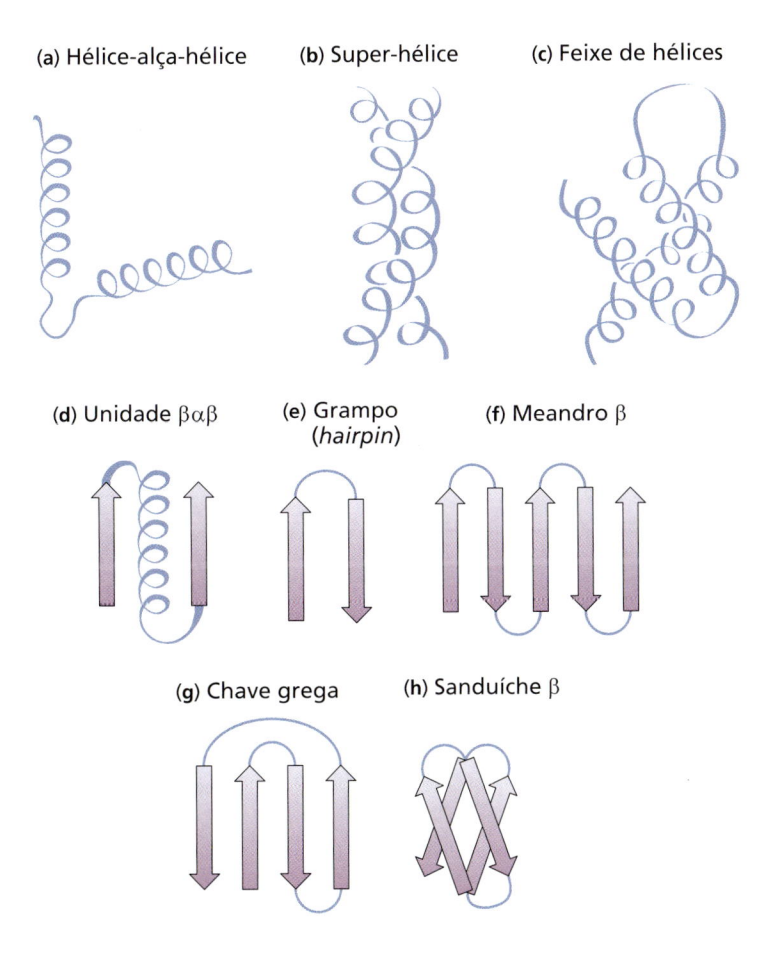

◂ **Figura 4.20**
Motivos comuns. Em proteínas enoveladas, as α-hélices e fitas são, em geral, ligadas por alças e voltas formando as estruturas supersecundárias, que aqui aparecem como representações bidimensionais. Setas indicam a direção da cadeia peptídica da terminação N- para a C-.

O motivo meandro-β (Figura 4.20f) é uma folha β composta de uma sequência de fitas β ligadas por alças e voltas. A ordem das fitas na folha β é a mesma em que elas aparecem na cadeia polipeptídica. A folha de meandros-β pode conter um ou mais grampos; porém, é mais comum que as fitas sejam ligadas por alças maiores. O motivo chave grega recebe esse nome por causa de um desenho encontrado na cerâmica grega clássica. Esse é um motivo de folha β no qual quatro fitas β antiparalelas estão ligadas de modo que as fitas 3 e 4 formam as bordas externas da folha, enquanto as fitas 1 e 2 ficam no meio dela. O sanduíche β é formado quando fitas ou folhas β se empilham umas sobre as outras (Figura 4.20h). A figura mostra um exemplo de sanduíche β, no qual as fitas β são ligadas por alças e voltas curtas, mas sanduíches β também podem ser formados pela interação de duas folhas β em diferentes regiões da cadeia polipeptídica, como visto na Figura 4.18.

B. Domínios

Muitas proteínas são compostas de várias unidades compactas, discretas, enoveladas independentemente, chamadas **domínios**, os quais podem consistir em combinações de motivos. O tamanho de um domínio varia de cerca de 25 a 30 resíduos de aminoácidos até mais de 300. Um exemplo de proteína com múltiplos domínios é mostrado na Figura 4.21. Observe que cada domínio é uma unidade compacta distinta, constituída por vários elementos de estrutura secundária. Geralmente, os domínios são conectados por alças, mas eles também são ligados uns aos outros por meio de interações fracas formadas pelas cadeias laterais dos aminoácidos na superfície de cada domínio. O domínio superior da piruvato quinase na Figura 4.21 contém os resíduos 116 a 219; o central inclui os resíduos 1 a 115 e 220 a 388; e o domínio da parte inferior da figura, os resíduos 389 a 530. Em geral, os domínios consistem em um trecho contíguo de resíduos de aminoácidos, como nos domínios do topo e da parte de baixo da piruvato quinase, mas em alguns casos um só domínio pode conter duas ou mais regiões diferentes da cadeia polipeptídica, como no domínio do meio.

A conservação evolutiva da estrutura proteica é uma das observações mais importantes obtidas com o estudo das proteínas nas últimas décadas. Essa conservação é vista mais facilmente no caso de proteínas homólogas com domínios únicos em espécies diferentes. Por exemplo, no Capítulo 3 examinamos a similaridade de sequência do citocromo *c* e mostramos que as similaridades existentes na estrutura primária poderiam ser usadas para construir uma árvore filogenética que revela as relações evolutivas das proteínas de espécies diferentes (Seção 3.11). Como você poderia esperar, as estruturas terciárias dos diferentes citocromos *c* também são altamente conservadas (Figura 4.22). O citocromo *c* é um exemplo de proteína que contém o grupo prostético heme. A conservação da estrutura da proteína é um reflexo de sua interação com o heme e sua função, conservada, como uma proteína transportadora de elétrons em diversas espécies.

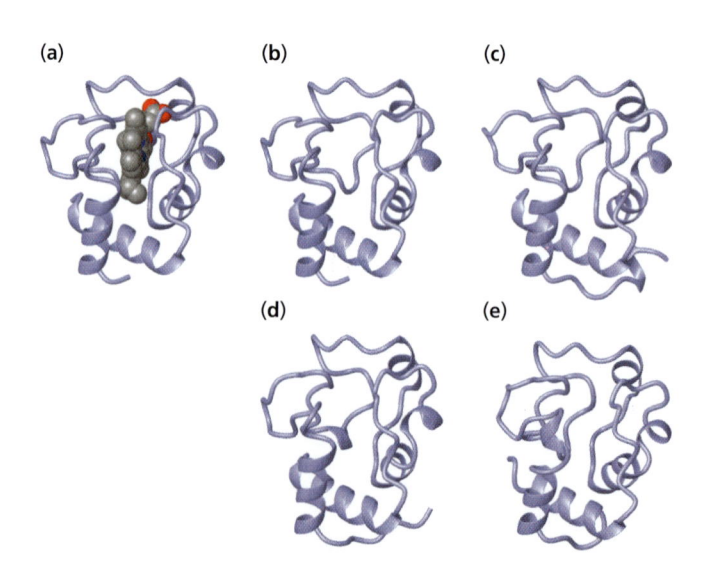

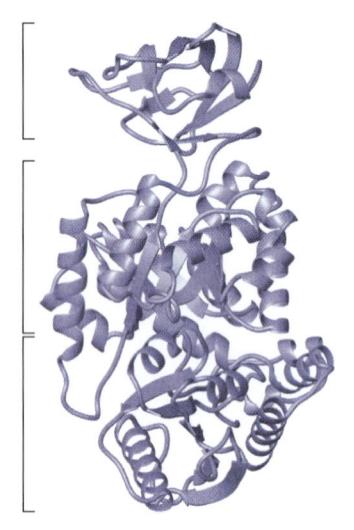

▲ **Figura 4.21**
Piruvato quinase do gato (*Felis domesticus*). A principal cadeia polipeptídica dessa enzima comum se enovela em três domínios distintos, como indicado no desenho [PDB 1PKM].

▶ **Figura 4.22**
Conservação da estrutura do citocromo *c*. (a) Citocromo *c* do atum (*Thunnus alalunga*) ligado ao heme [PDB 5CYT]. **(b)** Cadeia polipeptídica do citocromo *c* do atum. **(c)** Citocromo *c* do arroz (*Oryza sativa*) [PDB 1CCR]. **(d)** Citocromo *c* da levedura (*Saccharomyces cerevisiae*) [PDB 1YCC]. **(e)** Citocromo *c* bacteriano (*Rhodopila globiformis*) [PDB 1HRO].

Algumas estruturas de domínios ocorrem em muitas proteínas diferentes, enquanto outras são únicas. Em geral, as proteínas podem ser agrupadas em famílias, de acordo com as similaridades das estruturas dos domínios e das sequências de aminoácidos. Todos os membros de uma família descendem de uma proteína ancestral comum. Alguns bioquímicos acreditam que deveriam existir apenas alguns poucos milhares de famílias, sugerindo que todas as proteínas modernas descendem de uns poucos milhares que estariam presentes nos organismos mais primitivos que viveram há 3 bilhões de anos.

As enzimas lactato desidrogenase e malato desidrogenase são diferentes, mas pertencem à mesma família de proteínas. Suas estruturas são muito semelhantes, como mostra a Figura 4.23. As sequências das proteínas são apenas 23% idênticas, a despeito da similaridade óbvia de estrutura. No entanto, esse nível de similaridade de sequência é suficientemente significativo para concluir que as duas proteínas são homólogas. Elas descendem de um gene comum, que se duplicou há bilhões de anos, antes do último ancestral comum das espécies existentes de bactérias. Tanto a lactato desidrogenase como a malato desidrogenase estão presentes nas mesmas espécies, e é por isso que são membros de uma família de proteínas relacionadas. Famílias contêm proteínas relacionadas, que estão presentes na mesma espécie. As proteínas do citocromo *c* mostradas na Figura 4.22 são relacionadas de maneira evolutiva, mas, estritamente falando, elas não são membros de uma família de proteínas porque há apenas uma delas em cada espécie. Famílias de proteínas provêm de eventos de duplicação gênica.

Os domínios das proteínas podem ser classificados segundo suas estruturas. Um esquema de classificação comumente usado agrupa esses domínios em quatro categorias. A categoria "todo α" contém domínios que consistem quase inteiramente em hélices e alças. Domínios "todo β" contêm apenas folhas β e estruturas não repetitivas que ligam fitas β. As outras duas categorias contêm domínios com uma mistura de α-hélices e fitas β. Domínios na classe "α/β" têm estruturas supersecundárias como os motivos βαβ e outros, nos quais as α-hélices e as fitas β se alternam na cadeia polipeptídica. Na categoria "α + β", os domínios consistem em agrupamentos locais de α-hélices e folhas β nos quais cada tipo de estrutura secundária deriva de regiões contíguas separadas da cadeia polipeptídica.

Domínios de proteínas também podem ser classificados pela presença de dobras características dentro de cada uma das quatro principais categorias estruturais. Uma dobra é uma combinação de estruturas secundárias que formam o núcleo do domínio. A Figura 4.24 mostra exemplos selecionados de proteínas de cada uma das categorias principais e ilustra diversas dobras de domínios comuns. Alguns domínios possuem dobras facilmente reconhecíveis, como o meandro β, que contém fitas β antiparalelas ligadas por alças em forma de grampo (Figura 4.20f) ou os feixes de hélices (Figura 4.19c). Outras dobras são mais complexas (Figura 4.25).

O ponto importante sobre a Figura 4.24 não é memorizar as estruturas de proteínas e as dobras comuns. O conceito-chave é que proteínas podem adotar uma incrível variedade de tamanhos e formas diferentes (estrutura terciária), mesmo que contenham apenas três formas básicas de estrutura secundária.

C. Estrutura de domínios, função e evolução

A relação entre a estrutura de domínios e sua função é complexa. Frequentemente, um domínio individual tem uma função particular, como a de ligar moléculas pequenas ou catalisar uma dada reação. Nas enzimas multifuncionais, cada atividade catalítica pode ser associada a um dos vários domínios encontrados em uma única cadeia polipeptídica (Figura 4.24j). Contudo, em vários casos, a ligação de moléculas pequenas e a formação do sítio ativo de uma enzima ocorrem na interface entre dois domínios separados. Frequentemente, essas interfaces formam fendas, ranhuras e bolsos acessíveis na superfície da proteína. A extensão do contato entre domínios varia de proteína para proteína.

As formas especiais das proteínas, com suas ranhuras, interfaces interdomínios e outras fendas lhes permite exercer funções dinâmicas ao se ligar seletiva e transitoriamente a outras moléculas. Essa propriedade é mais bem ilustrada pela ligação altamente específica de reagentes (substratos) aos sítios de ligação de substrato, ou sítios ativos, nas enzimas. Como vários sítios de ligação são posicionados no interior das proteínas,

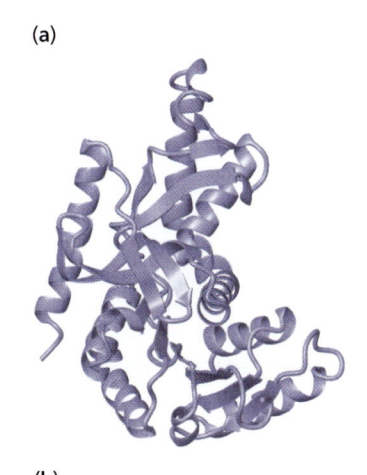

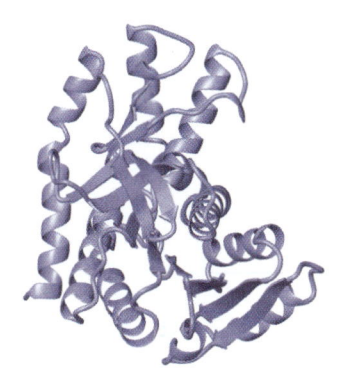

▲ **Figure 4.23**
Similaridade estrutural de lactato e malato desidrogenase. (a) Lactato desidrogenase de *Bacillus stearothermophilus* [PDB 1LDN]. **(b)** Malato desidrogenase de *Escherichia coli* [PDB 1EMD].

As atividades enzimáticas da lactato desidrogenase e da malato desidrogenase são comparadas no Quadro 7.1.

> **CONCEITO-CHAVE**
> Há somente três tipos básicos de estrutura secundária, mas milhares de dobras e domínios terciários.

eles são relativamente livres de água. Quando os substratos se ligam, eles se encaixam tão bem que algumas moléculas de água remanescentes são deslocadas do sítio ativo.

D. Proteínas intrinsecamente desordenadas

Esta seção sobre estrutura terciária não seria completa sem mencionar aquelas proteínas e domínios que não possuem estrutura tridimensional estável. Essas proteínas (e domínios) intrinsecamente desordenadas são bastante comuns, e a falta de estruturas secundária e terciária é codificada nas sequências de aminoácidos. Houve uma seleção de grupos de resíduos carregados (positivos ou negativos), bem como de resíduos de prolina, que mantêm a cadeia polipeptídica no estado desordenado.

> Especulações sobre a possível relação entre domínios de proteínas e a organização de genes serão apresentadas no Capítulo 21.

Muitas dessas proteínas interagem com outras proteínas. Elas contêm sequências curtas de aminoácidos que servem como sítios de ligação que estão situados nas regiões intrinsecamente desordenadas. Isso permite fácil acesso ao sítio de ligação. Se uma proteína tem dois sítios de ligação distintos para outras proteínas, então a cadeia polipeptídica desordenada atua como um conector que mantém as duas proteínas ligantes próximas. Vários fatores de transcrição também contêm regiões desordenadas quando não estão ligados ao DNA, e que se tornam ordenadas quando as proteínas interagem com o DNA.

4.8 Estrutura quaternária

Muitas proteínas exibem um nível adicional de organização chamado *estrutura quaternária*. Esta se refere à organização e ao arranjo das subunidades de uma proteína com múltiplas subunidades, cada uma das quais é uma cadeia polipeptídica separada. Uma proteína com múltiplas subunidades é chamada oligômero (as que possuem apenas uma cadeia polipeptídica são ditas monômeros). As subunidades da proteína podem ser idênticas ou diferentes. Quando são idênticas, predominam os dímeros e tetrâmeros; quando diferem, é comum que cada tipo tenha uma função diferente. Um método simples e comum para descrever proteínas oligoméricas utiliza letras gregas para identificar os tipos de subunidades e numerais subscritos a fim de indicar os números de cada subunidade. Por exemplo, uma proteína $\alpha_2\beta\gamma$ contém duas subunidades designadas α, uma β e uma γ.

As subunidades em uma proteína oligomérica sempre têm uma estequiometria definida e seu arranjo dá origem a uma estrutura estável, na qual as subunidades são geralmente unidas por interações não covalentes fracas. Interações hidrofóbicas são as principais forças envolvidas, embora as eletrostáticas possam contribuir para o correto alinhamento das subunidades. Como essas forças são, em geral, bastante fracas, as subunidades de uma proteína oligomérica podem, com frequência, ser separadas em laboratório. *In vivo*, no entanto, elas em geral permanecem fortemente associadas.

Exemplos de várias proteínas com múltiplas subunidades são mostrados na Figura 4.26. No caso da triose fosfato isomerase (Figura 4.26a) e da protease do HIV (Figura 4.26b), as subunidades idênticas se associam por meio de interações fracas entre as cadeias laterais encontradas principalmente nas regiões de alças. Interações semelhantes são responsáveis pela formação da proteína do capsídeo do vírus MS2, que consiste em um trímero de subunidades idênticas (Figura 4.26d). Nesse caso, várias unidades do trímero se reúnem em uma estrutura mais complexa, a partícula viral (neste caso, um bacteriófago). A enzima HGPRT (Figura 4.26e) é um tetrâmero formado pela associação de dois pares de subunidades não idênticas. Cada uma dessas subunidades é um domínio reconhecível.

> As estruturas e as funções de fotossistemas bacterianos e vegetais são descritas no Capítulo 15.

A proteína do canal de potássio (Figura 4.26c) é um exemplo de tetrâmero de subunidades idênticas, em que estas interagem para formar uma região que atravessa a membrana, consistindo em um feixe de oito hélices. Esse é um caso em que as subunidades, em vez de formarem domínios separados na proteína, se unem para criar um só canal. O fotossistema bacteriano mostrado na Figura 4.26f é um exemplo complexo de estrutura quaternária. Três das subunidades contribuem para um grande feixe de hélices inseridas na membrana, enquanto a quarta (um citocromo) fica na superfície externa da membrana.

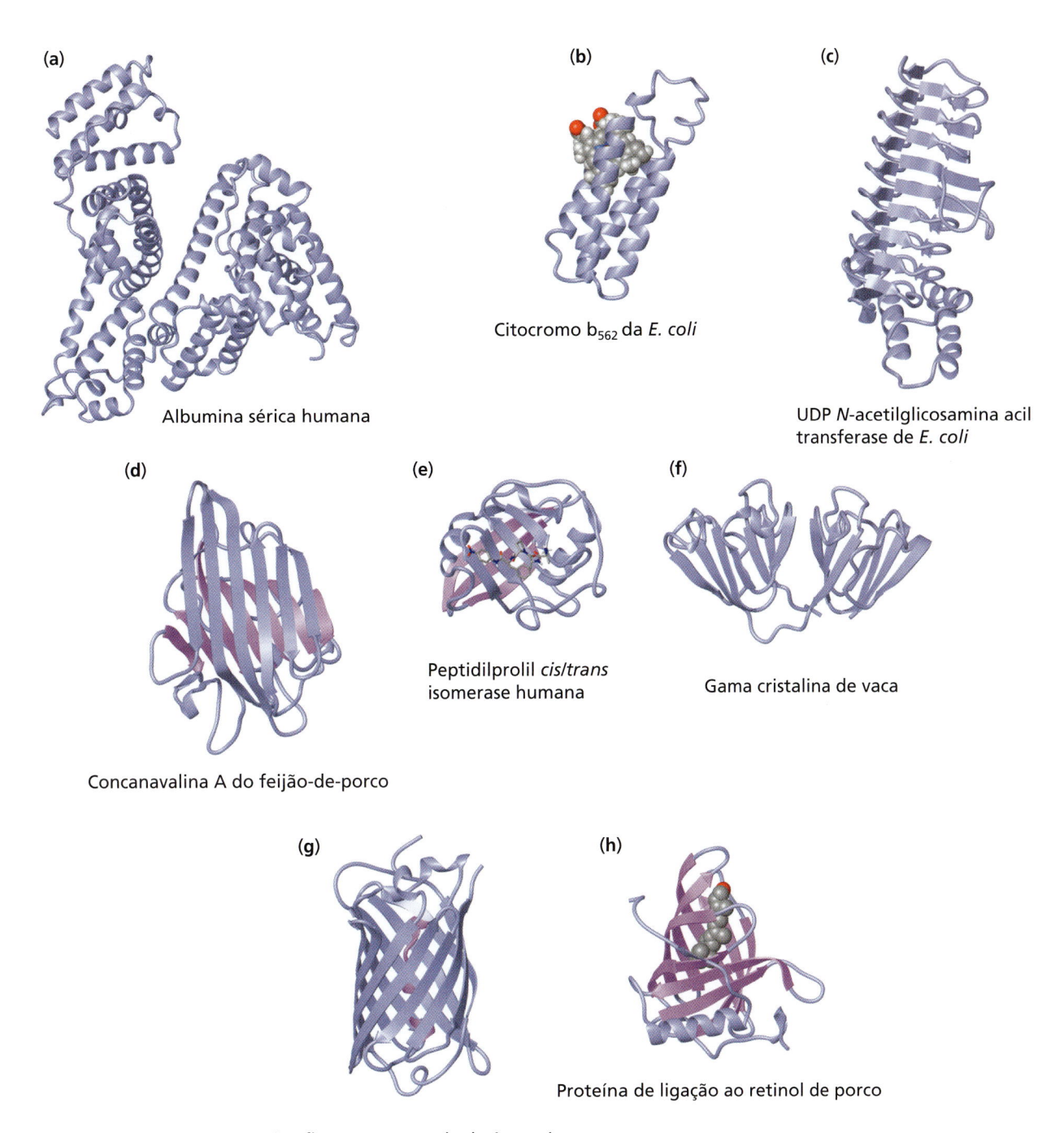

(a)

Albumina sérica humana

(b)

Citocromo b$_{562}$ da E. coli

(c)

UDP N-acetilglicosamina acil transferase de E. coli

(d)

Concanavalina A do feijão-de-porco

(e)

Peptidilprolil cis/trans isomerase humana

(f)

Gama cristalina de vaca

(g)

Proteína fluorescente verde de água-viva

(h)

Proteína de ligação ao retinol de porco

▲ Figura 4.24

Exemplos de estruturas terciárias em proteínas escolhidas. (a) Albumina sérica humana (*Homo sapiens*) [PDB 1BJ5] (classe: toda α). Essa proteína tem vários domínios constituídos de camadas de α-hélices e feixes de hélices. **(b)** Citocromo b$_{562}$ de *Escherichia coli* [PDB 1QPU] (classe: toda α). Essa é uma proteína de ligação ao heme, constituída por um só domínio com um feixe de quatro hélices. **(c)** UDP N-acetilglicosamina acil transferase de *Escherichia coli* [PDB 1LXA] (classe: toda β). A estrutura dessa enzima mostra um exemplo clássico de um domínio de β-hélice. **(d)** Concanavalina A do feijão-de-porco (*Canavalia ensiformis*) [PDB 1CON] (classe: toda β). Essa proteína de ligação a carboidrato (lectina) tem domínio único constituído por uma grande dobra em sanduíche β. **(e)** Peptidilprolil cis/trans isomerase humana (*Homo sapiens*) [PDB 1VBS] (classe: toda β). A característica dominante dessa estrutura é uma dobra em sanduíche β. **(f)** γ-cristalina de vaca (*Bos taurus*) [PDB 1A45] (classe: toda β). Essa proteína tem dois domínios do tipo barril β. **(g)** Proteína fluorescente verde de água-viva (*Aequorea victoria*) [PDB 1GFL] (classe: toda β). Essa é uma estrutura do tipo barril β com uma α-hélice central. As fitas da folha são antiparalelas. **(h)** Proteína de ligação ao retinol de porco (*Sus scrofa*) [PDB 1AQB] (classe: toda β). O retinol se liga no interior de uma dobra do tipo barril β. **(i)** Enzima velha amarela (FMN oxidorredutase) do levedo de cerveja (*Saccharomyces carlsburgensis*) [PDB 1OYA] (classe: α/β). A dobra central é um barril α/β com fitas β paralelas ligadas por α-hélices. Duas das regiões α-helicoidais de ligação estão destacadas em amarelo. **(j)** Enzima necessária para a biossíntese de triptofano em *Escherichia* [PDB 1PII] (classe: α/β). Essa é uma enzima bifuncional que contém dois domínios distintos. Cada domínio é um exemplo de barril α/β. O domínio à esquerda contém a atividade de sintetase de indolglicerol fosfato, e o da direita, a atividade de fosforibosilantranilato isomerase.

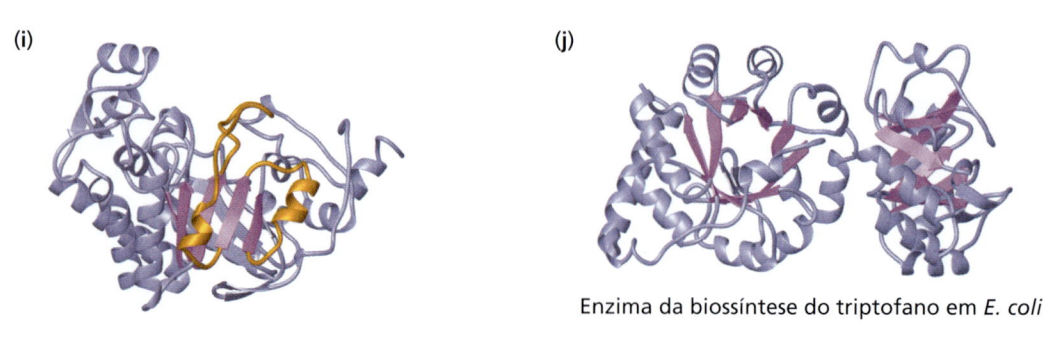

(i) FMN oxidorredutase do levedo (enzima velha amarela)

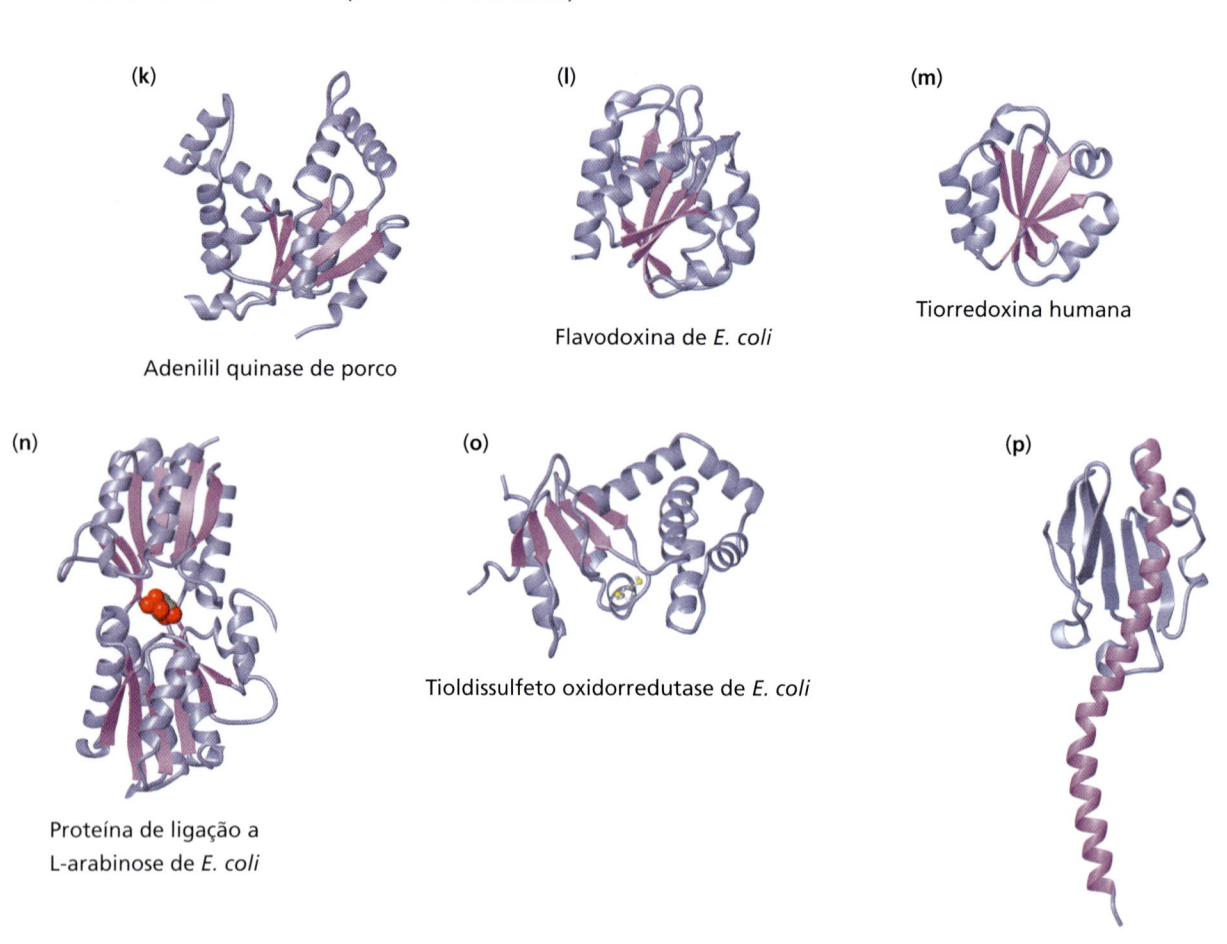

(j) Enzima da biossíntese do triptofano em *E. coli*

(k) Adenilil quinase de porco

(l) Flavodoxina de *E. coli*

(m) Tiorredoxina humana

(n) Proteína de ligação a L-arabinose de *E. coli*

(o) Tioldissulfeto oxidorredutase de *E. coli*

(p) Pilina de *Neisseria gonorrhea*

▲ **Figura 4.24** (*continuação*)
(k) Adenilil quinase de porco (*Sus scrofa*) [PDB 3ADK] (classe: α/β). Essa proteína de domínio único consiste em uma folha β de cinco fitas paralelas com camadas de α-hélices acima e abaixo da folha. O substrato se liga em um sulco proeminente entre as α-hélices. **(l)** Flavodoxina de *Escherichia coli* [PDB 1AHN] (classe: α/β). A dobra é constituída por uma folha torcida de cinco fitas paralelas circundadas por α-hélices. **(m)** Tiorredoxina humana (*Homo sapiens*) [PDB 1ERU] (classe: α/β). A estrutura dessa proteína é muito semelhante à da flavodoxina de *E. coli*, exceto pelo fato de que a folha torcida constituída por cinco fitas na dobra da tiorredoxina contém uma só fita antiparalela. **(n)** Proteína de ligação a L-arabinose de *Escherichia coli* [PDB 1ABE] (classe: α/β). Essa é uma proteína de duplo domínio, em que cada um deles é semelhante ao da flavodoxina de *E. coli*. O açúcar L-arabinose se liga à cavidade existente entre os dois domínios. **(o)** DsbA (tioldissulfeto oxidorredutase/dissulfeto isomerase) de *Escherichia coli* [PDB 1A23] (classe: α/β). A característica predominante nessa estrutura é uma folha β (quase toda) antiparalela acomodada entre duas α-hélices. São mostradas as cadeias laterais de cisteína de uma das extremidades de uma das α-hélices (átomos de enxofre em amarelo). **(p)** Pilina de *Neisseria gonorrhea* [PDB 2PIL] (classe: α + β). Esse polipeptídeo é uma das subunidades dos *pili* (pelos) encontrados na superfície da bactéria responsável pela gonorreia. Há duas regiões distintas na estrutura: uma folha β e uma longa α-hélice.

(a) Folha torcida paralela (b) Barril β

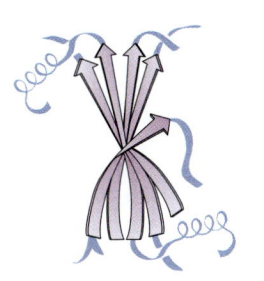

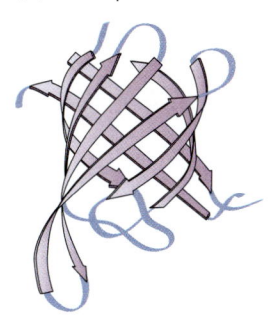

(c) Barril α/β (d) β-hélice

◄ **Figura 4.25**
Dobras de domínio comuns.

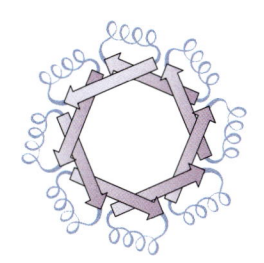

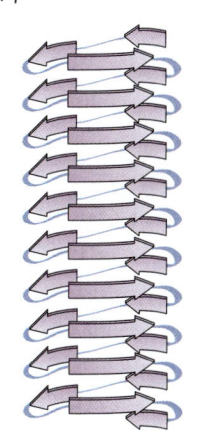

A determinação da composição de subunidades de uma proteína oligomérica é uma etapa essencial na descrição física de uma proteína. Tipicamente, o peso molecular do oligômero nativo é estimado por cromatografia de filtração em gel e, em seguida, determina-se o peso molecular de cada cadeia usando eletroforese em gel de poliacrilamida-SDS (Seção 3.6). Para uma proteína com apenas um tipo de cadeia, a razão entre esses dois valores fornece o número de cadeias por oligômero.

Provavelmente, o fato de uma grande proporção de proteínas ser formada por múltiplas subunidades se deve a diversos fatores:

1. Normalmente os oligômeros são mais estáveis do que suas subunidades isoladas, sugerindo que a estrutura quaternária prolonga a vida da proteína *in vivo*.
2. Os sítios ativos de algumas enzimas oligoméricas são formados por resíduos de cadeias polipeptídicas adjacentes.
3. As estruturas tridimensionais de várias proteínas oligoméricas são alteradas quando elas estão com seus ligantes. Tanto as estruturas terciárias das subunidades como as quaternárias (isto é, os contatos entre as subunidades) podem ser alteradas. Essas alterações são elementos-chave na regulação da atividade biológica de certas proteínas oligoméricas.
4. Proteínas diferentes podem compartilhar as mesmas subunidades. Como várias subunidades têm uma função definida (por exemplo, união a um ligante), a evolução favoreceu a seleção de diferentes combinações de subunidades para executar funções relacionadas. Isto é mais eficiente do que a seleção de uma proteína monomérica inteiramente nova que duplica parte da função.
5. Uma proteína com múltiplas subunidades pode unir duas etapas enzimáticas sequenciais, nas quais o produto da primeira é o substrato da segunda. Isso origina o efeito chamado canalização (Seção 5.11).

Como mostrado na Figura 4.26, a variedade de proteínas com múltiplas subunidades vai desde simples homodímeros, como a triose fosfato isomerase, até grandes complexos, como os fotossistemas de bactérias e plantas. Gostaríamos de saber quantas proteínas são monoméricas e quantas oligoméricas, mas os estudos de proteomas celulares – o conjunto completo das proteínas – apenas começaram.

108 Bioquímica

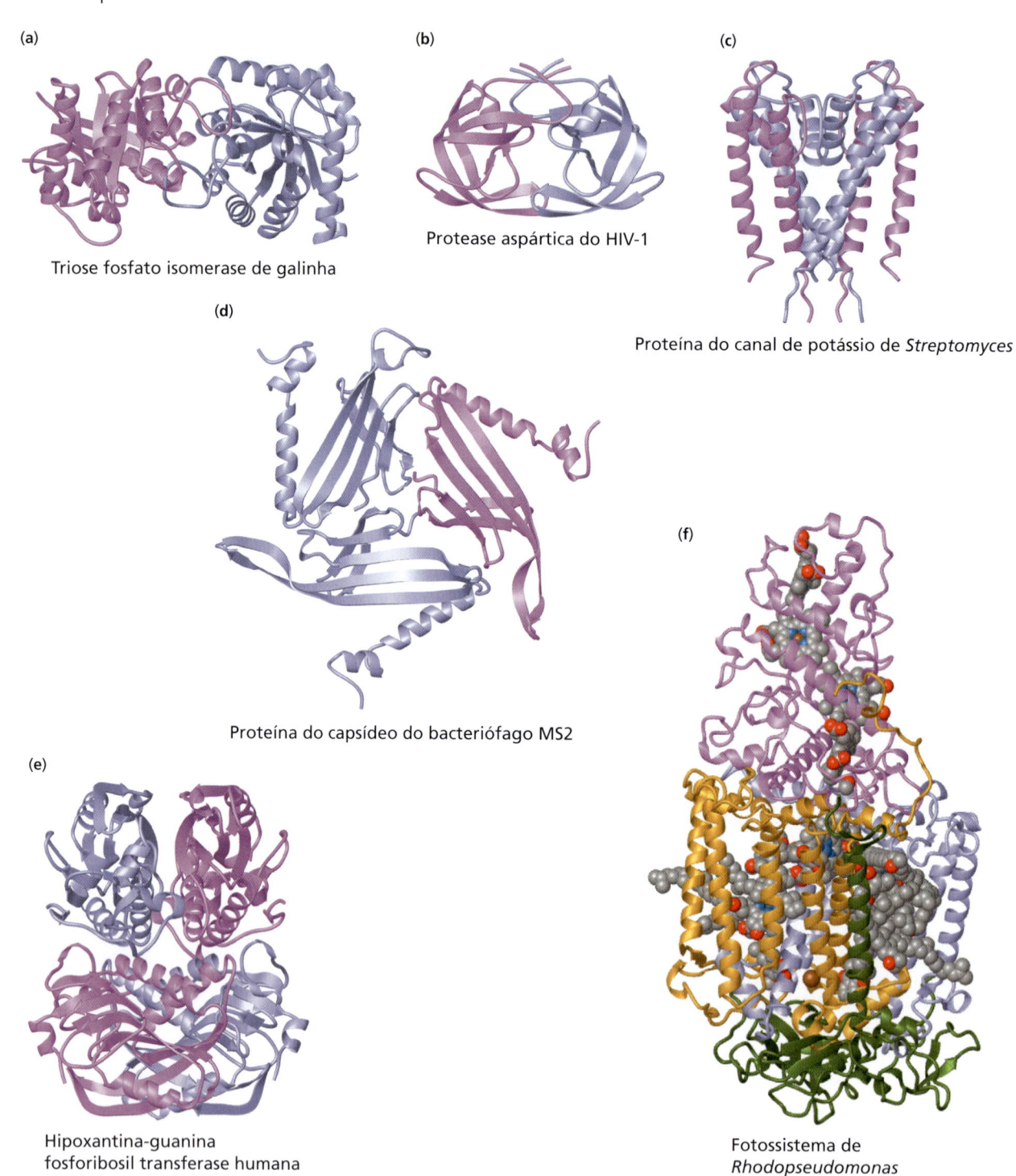

(a) Triose fosfato isomerase de galinha

(b) Protease aspártica do HIV-1

(c) Proteína do canal de potássio de *Streptomyces*

(d) Proteína do capsídeo do bacteriófago MS2

(e) Hipoxantina-guanina fosforibosil transferase humana

(f) Fotossistema de *Rhodopseudomonas*

▲ **Figura 4.26**
Estrutura quaternária. (a) Triose fosfato isomerase de galinha (*Gallus gallus*) [PDB 1TIM]. Essa proteína tem duas subunidades idênticas com dobras tipo barril α/β. **(b)** Protease aspártica do HIV-1 [PDB 1DIF]. Essa proteína tem duas subunidades idênticas toda-β que se ligam simetricamente. A protease do HIV é o alvo de muitos novos medicamentos desenvolvidos para tratamento de pacientes de AIDS. **(c)** Proteína do canal de potássio de *Streptomyces lividans* [PDB 1BL8]. Essa proteína de membrana tem quatro subunidades idênticas, cada uma das quais contribui para um feixe de oito hélices que atravessa a membrana. **(d)** Proteína do capsídeo do bacteriófago MS2 [PDB 2MS2]. A unidade básica do capsídeo MS2 é um trímero de subunidades idênticas com uma grande folha β. **(e)** Hipoxantina-guanina fosforibosil transferase humana (*Homo sapiens*) (HGPRT) [PDB 1BZY]. HGPRT é uma proteína tetramérica contendo dois tipos de subunidades. **(f)** Fotossistema de *Rhodopseudomonas viridis* [PDB 1PRC]. Essa proteína complexa, ligada à membrana, possui duas subunidades idênticas (laranja, azul) e duas outras (roxo, verde) ligadas a várias moléculas de pigmentos fotossintéticos.

A Tabela 4.1 mostra os resultados de uma pesquisa sobre proteínas de *E. coli* feita no banco de dados SWISS-PROT. Dos polipeptídeos analisados, apenas 19% são monoméricos. Os dímeros são a maior classe entre os oligômeros, com os homodímeros – em que as subunidades são idênticas – representando 31% de todas as proteínas. A seguir, a maior classe é a dos tetrâmeros de subunidades idênticas. Observe que os trímeros são relativamente raros. A maioria das proteínas exibe simetria díade, significando que normalmente é possível traçar uma linha que divida a proteína em duas metades simétricas (em relação ao eixo da linha). Essa simetria é vista até nos hetero-oligômeros como a hipoxantina-guanina fosforibosil transferase (HGPRT, Figura 4.26e) e na hemoglobina (Seção 4.14). Obviamente, há várias exceções, em especial quando os oligômenos são grandes complexos.

TABELA 4.1 Ocorrência natural de proteínas oligoméricas em *Escherichia coli*

Estado oligomérico	Número de homo-oligômeros	Número de hetero-oligômeros	Percentual
Monômero	72		19,4
Dímero	115	27	38,2
Trímero	15	5	5,4
Tetrâmero	62	16	21,0
Pentâmero	1	1	0,1
Hexâmero	20	1	5,6
Heptâmero	1	1	0,1
Octâmero	3	6	2,4
Nonâmero	0	0	0,0
Decâmero	1	0	0,0
Undecâmero	0	1	0,0
Dodecâmero	4	2	1,6
Oligômeros maiores	8		2,2
Polímeros	10		2,7

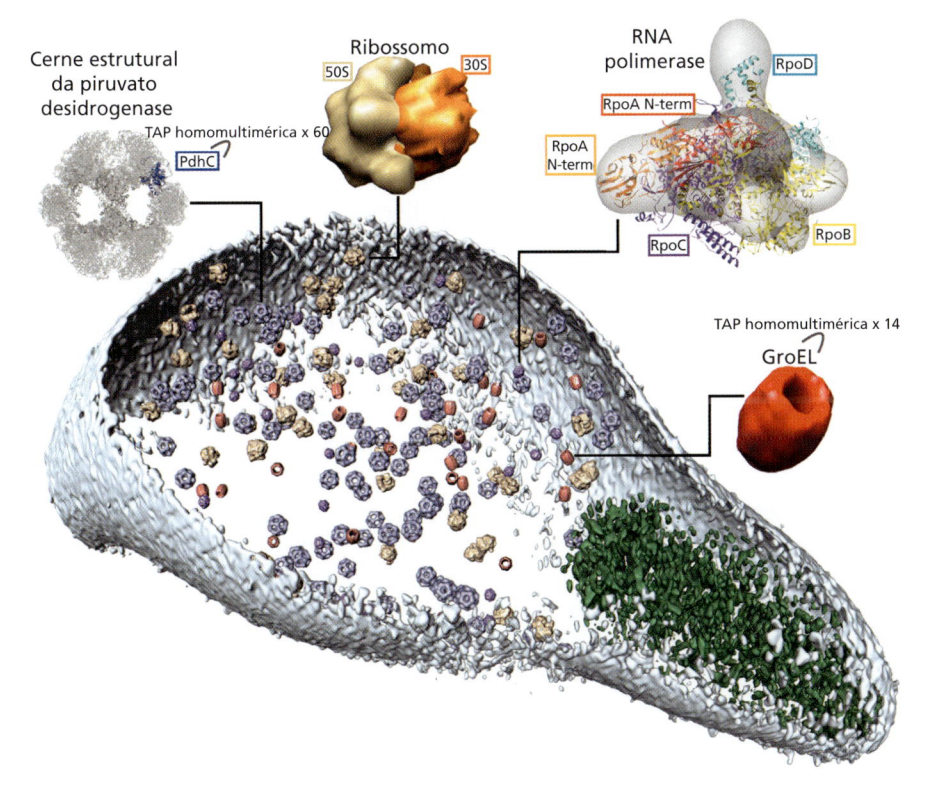

◀ **Figura 4.27**
Grandes complexos proteicos na bactéria *Mycoplasma pneumoniae*. *M. pneumoniae* causa algumas formas de pneumonia em seres humanos. Essa espécie tem um dos menores genomas conhecidos (689 genes codificadores de proteínas). A maioria desses genes parece representar o proteoma mínimo de uma célula viva. A célula contém diversos grandes complexos encontrados em todas as outras células: piruvato desidrogenase (roxo), ribossomo (amarelo), GroEL (vermelho) e RNA polimerase (laranja). Ela contém também uma estrutura em forma de bastão (verde) encontrada apenas em algumas bactérias. [Adaptado de Kühner et al. Proteome organization in a genome-reduced bacterium. Science 2009; 326:1235–1240.]

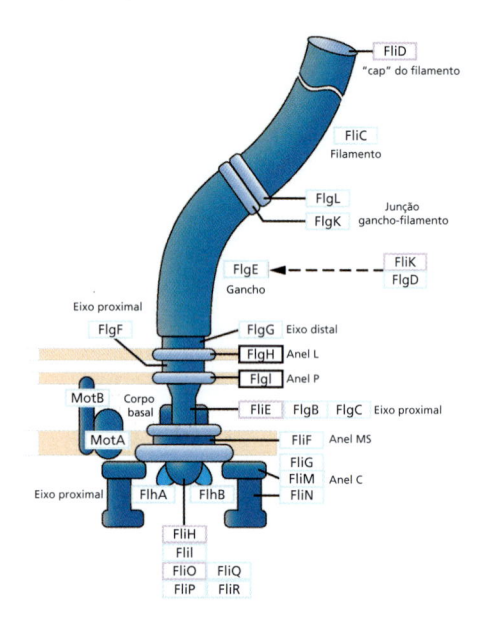

Figura 4.28
Flagelo bacteriano. O flagelo bacteriano é uma máquina proteica composta de 21 unidades básicas encontradas em todas as espécies (caixas azuis). Duas subunidades adicionais não existem nas Firmicutes (caixas brancas), e cinco outras são distribuídas esporadicamente. O flagelo (gancho + filamento + "cap") gira à medida que o complexo motor roda. As três camadas representam a membrana externa (topo), a camada de peptidoglicano (meio) e a membrana citoplasmática (baixo). (Cortesia de Howard Ochman.)

Encontraremos muitos outros exemplos de proteínas com múltiplas subunidades ao longo deste livro, especialmente nos capítulos sobre fluxo da informação (Capítulos 20-22). DNA polimerase, RNA polimerase e o ribossomo são excelentes exemplos; outros incluem GroEL (Seção 4.11D) e piruvato desidrogenase (Seção 13.1). Muitas dessas proteínas grandes são vistas com facilidade em micrografias eletrônicas, como ilustra a Figura 4.27.

Grandes complexos são chamados, metaforicamente, de *máquinas proteicas*, pois seus vários componentes polipeptídicos trabalham juntos para realizar reações complexas. O termo foi cunhado originalmente para descrever complexos como os replissomos (Figura 20.15), mas há vários outros exemplos, inclusive aqueles mostrados na Figura 4.27.

O flagelo bacteriano (Figura 4.28) é um exemplo espetacular de máquina proteica. O complexo promove a rotação de um flagelo longo, utilizando a força próton-motriz como fonte de energia (Seção 14.3). Mais de 50 genes são necessários para construir o flagelo na *E. coli*, mas pesquisas com outras bactérias revelaram que bastam apenas 21 proteínas centrais para criar um flagelo funcional. A história evolutiva dessa máquina proteica está sendo ativamente investigada, e parece que ela se originou pela combinação de componentes mais simples, envolvidos na síntese de ATP e na secreção através de membranas.

4.9 Interações proteína-proteína

As várias subunidades das proteínas com múltiplas subunidades se ligam umas às outras tão fortemente que é raro se dissociarem dentro da célula. Esses contatos proteína-proteína são caracterizados por diversas interações fracas. Já nos familiarizamos com os tipos de interação envolvidos: ligações de hidrogênio, interações carga-carga, forças de van der Waals e interações hidrofóbicas (Seção 2.5). Em alguns casos, as áreas de contato entre duas subunidades estão localizadas em pequenas partes na superfície dos polipeptídeos, mas, em outros, podem haver contatos extensos espalhados por grandes porções desses polipeptídeos. A característica distintiva dos contatos entre as subunidades é o grande número de interações fracas individuais gerando uma força de ligação suficiente para manter as subunidades unidas.

Além dos contatos entre as subunidades, há vários outros tipos de interação proteína-proteína menos estáveis. Esses vão desde contatos transitórios entre as proteínas extracelulares e os receptores existentes na superfície da célula até interações fracas entre várias enzimas nas vias metabólicas. Essas interações são muito mais difíceis de detectar, mas são componentes essenciais de muitas reações bioquímicas.

Considere uma simples interação entre duas proteínas, P1 e P2, para formar um complexo P1:P2. O equilíbrio entre moléculas livres e ligadas pode ser descrito tanto como uma constante de associação (K_a) quanto como uma constante de dissociação (K_d) ($K_a = 1/K_d$).

$$P1 + P2 \rightleftharpoons P1:P2 \qquad K_a = \frac{[P1:P2]}{[P1][P2]} \tag{4.1}$$

$$P1:P2 \rightleftharpoons P1 + P2 \qquad K_d = \frac{[P1][P2]}{[P1:P2]} \tag{4.2}$$

Constantes de associação típicas para a ligação de subunidades em uma proteína multimérica são maiores do que 10^8 M^{-1} ($K_a > 10^8$ M^{-1}) e podem chegar a até 10^{14} M^{-1} para interações muito fortes. No outro extremo há interações proteína-proteína tão fracas que não têm significância biológica. Essas podem ser interações fortuitas que ocorrem de tempos em tempos, porque dois polipeptídeos sempre terão alguma forma de contato fraco. O limite inferior de constantes de associação relevantes é aproximadamente 10^4 M^{-1} ($K_a < 10^4$ M^{-1}). Os casos realmente interessantes são aqueles cujas constantes de associação estão entre esses dois valores.

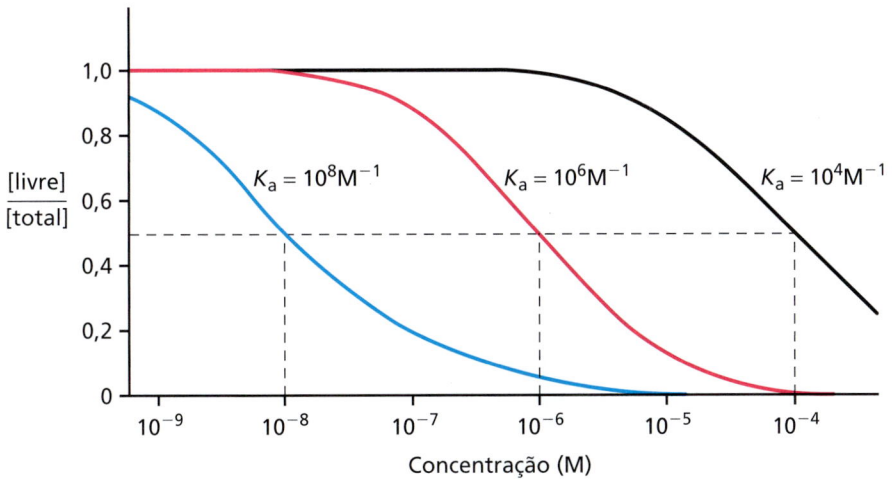

Figura 4.29
Constantes de associação e concentração de proteína. A proporção entre proteína livre e proteína total é mostrada para uma interação proteína-proteína para três valores de constante de associação. Considerando que a concentração do outro componente está em excesso, as concentrações em que metade das moléculas está complexada e a outra metade está livre correspondem ao inverso da constante de associação. [Adaptado de van Holde, Johnson, and Ho, *Principles of Physical Biochemistry*, Prentice Hall.]

A ligação dos fatores de transcrição à RNA polimerase é um exemplo de interação proteína-proteína fraca muito importante. As constantes de associação variam entre 10^5 M^{-1} e 10^7 M^{-1}. As interações entre proteínas nas vias de sinalização, bem como as interações entre enzimas nas vias metabólicas, também ficam nessa faixa.

Vejamos o que essas constantes de associação significam em termos de concentrações de proteínas. À medida que as concentrações de P1 e P2 aumentam, a interação e a ligação entre elas se tornam cada vez mais prováveis. A uma dada concentração, a velocidade de ligação (uma reação de segunda ordem) se torna comparável à de dissociação (uma reação de primeira ordem), e os complexos estarão presentes em quantidades apreciáveis. Usando a constante de associação, podemos calcular a proporção de polipeptídeo livre (P1 ou P2) como uma fração da concentração total de um deles ($P1_T$ ou $P2_T$). Essa proporção [livre/total] nos informa quanto do complexo estará presente em uma dada concentração da proteína.

As curvas na Figura 4.29 mostram essas proporções para três valores diferentes de constante de associação correspondentes a interações proteína-proteína muito fracas ($K_a = 10^4$ M^{-1}), moderadas ($K_a = 10^6$ M^{-1}) e muito fortes ($K_a = 10^8$ M^{-1}). Se considerarmos que um dos componentes está presente em excesso, então as curvas representam as concentrações apenas do polipeptídeo limitador da velocidade. Pode-se demonstrar matematicamente que, para sistemas simples, o ponto no qual metade do polipeptídeo está livre e metade está complexado corresponde ao inverso da constante de associação. Por exemplo, se $K_a = 10^8$ M^{-1}, então a maior parte do polipeptídeo estará ligada em qualquer concentração acima de 10^{-8} M.

O que isso significa em termos de moléculas por célula? Para uma célula de *E. coli*, cujo volume é de cerca de 2×10^{-15} L, significa que, desde que haja mais de uma dúzia de moléculas por célula, o complexo será estável se $K_a > 10^8$ M^{-1}. É por isso que grandes complexos oligoméricos podem existir na *E. coli*, mesmo se houver apenas cerca de uma dúzia por célula. A maioria das células eucariontes é 1.000 vezes maior; portanto, é necessário haver 12.000 moléculas para atingir a concentração de 10^{-8} M. A Figura 4.29 também mostra por que é impossível às interações fracas produzirem uma quantidade significativa de complexos P1:P2. A concentração de proteína precisa ser maior do que 10^{-4} M para que o complexo esteja presente em quantidade significativa; essa concentração corresponde a 120.000 moléculas em um célula de *E. coli* ou 120 milhões de moléculas em uma célula eucarionte. Não há polipeptídeos livres presentes nessas concentrações, de modo que interações fracas dessa magnitude são biologicamente irrelevantes.

Há várias técnicas para detectar uma ligação moderada, entre elas as técnicas diretas como a cromatografia de afinidade, a imunoprecipitação e as ligações cruzadas químicas. Técnicas mais recentes baseiam-se em manipulações mais sofisticadas, como "*display*" de fagos, análise de duplo-híbrido e métodos genéticos. Muitos pesquisadores estão tentando mapear as interações de cada proteína na célula por meio dessas técnicas. Um exemplo de um "interatoma" [a coleção de todas as interações entre as

▶ **Figura 4.30**
Interatoma de *E. coli*. Cada ponto no diagrama representa uma só proteína de *E. coli*. Os pontos vermelhos representam proteínas essenciais, e os azuis, as não essenciais. Linhas que unem os pontos indicam interações proteína-proteína determinadas experimentalmente. Cinco grandes complexos são mostrados: RNA polimerase, DNA polimerase, ribossomo e proteínas associadas, proteínas que interagem com cisteína dessulfurase (IscS) e proteínas associadas à proteína carreadora de acila (ACP) (a função da ACP é descrita na Seção 16.1). [Adaptado de Butland et al. (2005)]

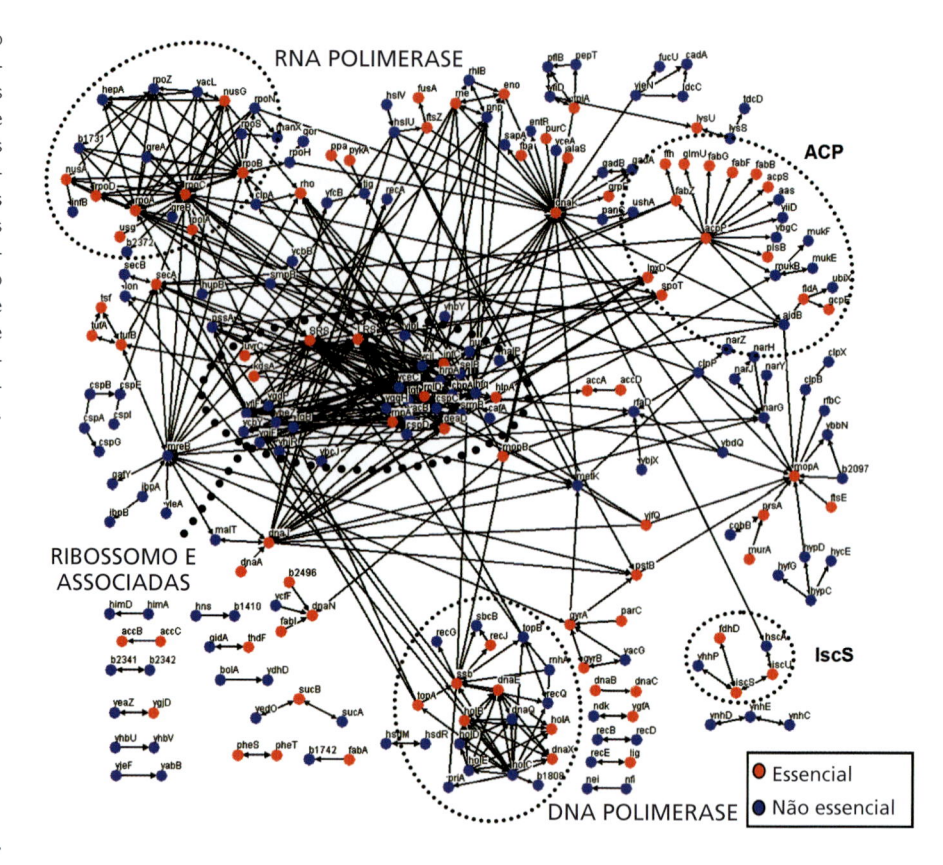

▼ **Figura 4.31**
Desnaturação térmica da ribonuclease A. Uma solução de ribonuclease A em KCl 0,02 M em pH 2,1 foi aquecida. O desenovelamento foi monitorado por alterações na absorção de luz ultravioleta (azul), da viscosidade (vermelho) e na rotação óptica (verde). O eixo *y* representa a fração de molécula desenovelada em cada temperatura. [Adaptado de Ginsburg, A. e Carroll, W. R.. Some specific ion effects on the conformation and thermal stability of ribonuclease. Biochemistry 1965; 4:2159-2174.]

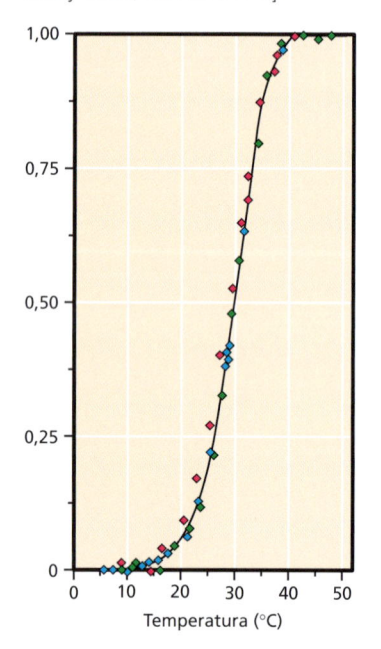

proteínas de uma célula] é apresentado na Figura 4.30 para proteínas da *E. coli*. Observe que interações fortes entre subunidades de oligômeros são facilmente detectadas, como mostram as linhas que conectam as subunidades da RNA polimerase, o ribossomo e a DNA polimerase. Outras linhas ligam a RNA polimerase a vários fatores de transcrição – elas representam interações moderadas. Outros estudos sobre o "interatoma" em várias espécies deverão fornecer uma ideia melhor sobre as complexas interações entre proteínas nas células vivas.

4.10 Desnaturação e renaturação de proteínas

Alterações ambientais ou tratamentos químicos podem romper a conformação nativa de uma proteína, provocando perda de sua função biológica. Esse rompimento é chamado **desnaturação**. A quantidade de energia necessária para que ele ocorra é geralmente pequena; talvez equivalente àquela necessária para o rompimento de três ou quatro ligações de hidrogênio. Algumas proteínas podem perder completamente o enovelamento ao serem desnaturadas, formando uma espiral aleatória (uma cadeia de conformação flutuante considerada totalmente desordenada), mas a maioria conserva um considerável grau de estrutura interna. Às vezes, é possível encontrar condições nas quais proteínas pequenas desnaturadas podem se renaturar, ou reenovelar, espontaneamente, após a desnaturação.

Geralmente, as proteínas são desnaturadas por aquecimento. Sob condições adequadas, um pequeno aumento da temperatura resultará no desenovelamento e na perda das estruturas secundária e terciária. Um exemplo de desnaturação térmica é mostrado na Figura 4.31. Nesse experimento, uma solução contendo ribonuclease A bovina é aquecida lentamente, e a estrutura da proteína é monitorada por várias técnicas que medem as alterações na conformação. Todas essas técnicas detectam uma alteração quando a desnaturação ocorre. No caso da ribonuclease A bovina, a desnaturação térmica também requer um agente redutor que rompa as pontes dissulfeto internas, permitindo que a proteína se desenovele.

CAPÍTULO 4 Proteínas: Estrutura Tridimensional e Função **113**

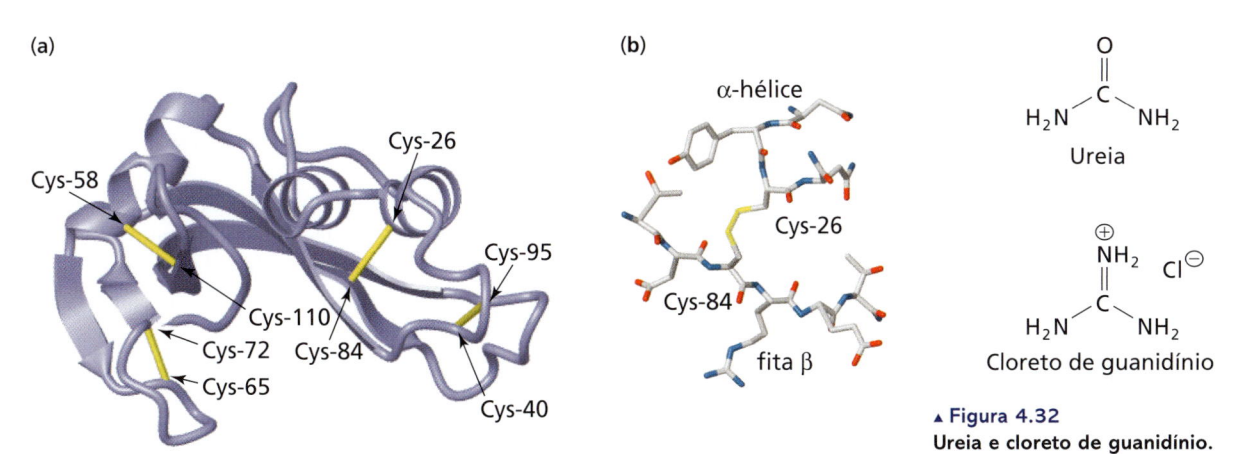

▲ **Figura 4.33**
Pontes dissulfeto na ribonuclease A bovina. (a) Localização de pontes dissulfeto na proteína nativa. **(b)** Vista da ponte dissulfeto entre Cys-26 e Cys-84 [PDB 2AAS].

▲ **Figura 4.32**
Ureia e cloreto de guanidínio.

A desnaturação ocorre em uma faixa relativamente pequena de temperaturas, o que indica que o desenovelamento é um processo cooperativo, no qual a desestabilização de apenas poucas interações fracas leva à perda quase completa da conformação nativa. A maioria das proteínas possui temperatura de desnaturação característica (T_m), que corresponde à temperatura do ponto médio da transição entre as formas nativa e desnaturada. A T_m depende do pH e da força iônica da solução.

A maioria das proteínas é estável a temperaturas de até 50-60 °C, em condições fisiológicas. Algumas espécies de bactéria, como as que habitam fontes termais e as vizinhanças de colunas quentes no fundo do oceano, suportam temperaturas bem acima dessa faixa. As proteínas dessas espécies desnaturam em temperaturas bem mais altas do que o esperado. Os bioquímicos as vêm estudando ativamente, na tentativa de determinar como elas resistem à desnaturação.

Proteínas também podem ser desnaturadas por dois tipos de produtos químicos: os agentes caotrópicos e os detergentes (Seção 2.4). Altas concentrações de agentes caotrópicos, como a ureia e os sais de guanidínio (Figura 4.32), desnaturam as proteínas ao permitir que moléculas de água solvatem grupos não polares no interior delas. As moléculas de água rompem as interações hidrofóbicas que normalmente estabilizam a conformação nativa. As caudas hidrofóbicas dos detergentes, como o dodecilsulfato de sódio (Figura 2.8), também desnaturam as proteínas penetrando em seu interior e rompendo as interações hidrofóbicas.

A conformação nativa de algumas proteínas (por exemplo, ribonuclease A) é estabilizada por pontes dissulfeto. Em geral, essas pontes não são encontradas nas proteínas intracelulares, mas algumas vezes o são nas proteínas secretadas pelas células. A presença de pontes dissulfeto estabiliza as proteínas ao torná-las menos suscetíveis ao desenovelamento e à subsequente degradação, quando expostas ao ambiente externo. A formação de ponte dissulfeto não é o que induz o enovelamento

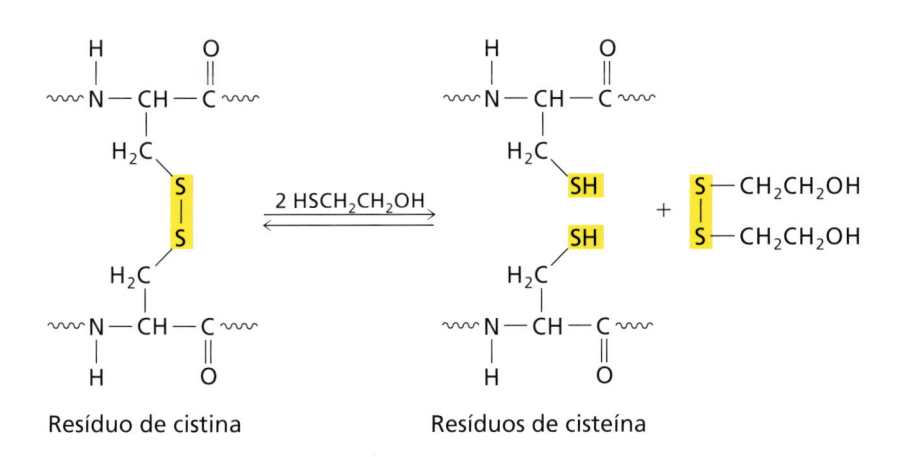

◄ **Figura 4.34**
Clivagem de ligações dissulfeto. Quando uma proteína é tratada com excesso de 2-mercaptoetanol (HS-CH_2CH_2OH) ocorre uma reação de troca de dissulfeto na qual cada resíduo de cistina é reduzido a dois resíduos de cisteína, e o 2-mercaptoetanol é oxidado em dissulfeto.

> A numeração convencional dos resíduos de aminoácidos em um polipeptídeo começa no N-terminal (Seção 3.5). Cys-26 é o 26º resíduo a partir do N-terminal.

▲ **Christian B. Anfinsen (1916-1995).** Anfinsen foi agraciado com o Prêmio Nobel de Química em 1972 por seu trabalho com a renaturação de proteínas.

da proteína; ao contrário, as ligações se formam onde dois resíduos de cisteína ficam apropriadamente localizados após o enovelamento da proteína. A formação de tal ponte requer a oxidação dos grupos tióis dos resíduos de cisteína (Figura 3.4), provavelmente por reações de troca de dissulfeto envolvendo glutationa oxidada, um tripeptídeo que contém cisteína.

A Figura 4.33a mostra os locais de pontes dissulfeto na ribonuclease A (compare essa orientação da proteína com a da Figura 4.3). Nela há quatro pontes dissulfeto. Elas podem ligar fitas β adjacentes, fitas β a α-hélices ou fitas β a alças. A Figura 4.33b é uma apresentação da ponte dissulfeto entre um resíduo de cisteína em uma α-hélice (Cys-26) e um resíduo de cisteína em uma fita β (Cys-84). Observe que a ponte S-S não fica alinhada com as cadeias laterais da cisteína. Essas pontes irão se formar sempre que dois grupos sulfidrila da cisteína estiverem bem próximos em uma conformação nativa.

A desnaturação completa de proteínas contendo pontes dissulfeto requer a quebra dessas ligações, além da ruptura de interações hidrofóbicas e de ligações de hidrogênio. O 2-mercaptoetanol ou outro tiol pode ser adicionado ao meio desnaturante para reduzir todas as ligações dissulfeto a grupos sulfidrila (Figura 4.34). A redução das ligações dissulfeto de uma proteína é acompanhada da oxidação do tiol adicionado.

Em uma série de experimentos clássicos, Christian B. Anfinsen e colaboradores estudaram a rota de renaturação da ribonuclease A desnaturada em presença de agentes redutores da família dos tióis. Como a ribonuclease A é uma proteína relativamente pequena (124 resíduos de aminoácidos), ela se reenovela (renatura) rapidamente, logo que volta às condições em que a forma nativa é estável (por exemplo, resfriamento abaixo da temperatura de desnaturação ou retirada de agentes caotrópicos da solução). Anfinsen foi um dos primeiros a mostrar que proteínas desnaturadas podem ser reenoveladas espontaneamente de volta à sua conformação nativa, indicando que a informação necessária à forma tridimensional nativa está na sequência de aminoácidos da cadeia polipeptídica. Em outras palavras, a estrutura primária determina a terciária.

A desnaturação da ribonuclease A com ureia 8 M contendo 2-mercaptoetanol resulta na perda completa da estrutura terciária e da atividade enzimática, além de fornecer

▶ **Figura 4.35**
Desnaturação e renaturação de ribonuclease A. Tratamento de ribonuclease A nativa (topo) com ureia em presença de 2-mercaptoetanol desenovela a proteína e rompe as ligações dissulfeto, produzindo a ribonuclease A em um estado de desnaturação reversível (embaixo). Quando a proteína desnaturada é recolocada em condições fisiológicas, na ausência de 2-mercaptoetanol, ela volta à conformação nativa, e as ligações dissulfeto corretas se formam. Porém, quando só o 2-mercaptoetanol é removido, a ribonuclease A se reoxida na presença de ar, mas as ligações dissulfeto se formam aleatoriamente, produzindo proteína inativa (como a forma mostrada à direita). Quando ureia é retirada, traços de 2-mercaptoetanol são adicionados à proteína aleatoriamente reoxidada e a solução é um pouco aquecida, as ligações dissulfeto se quebram e são refeitas de forma correta, produzindo a ribonuclease A nativa.

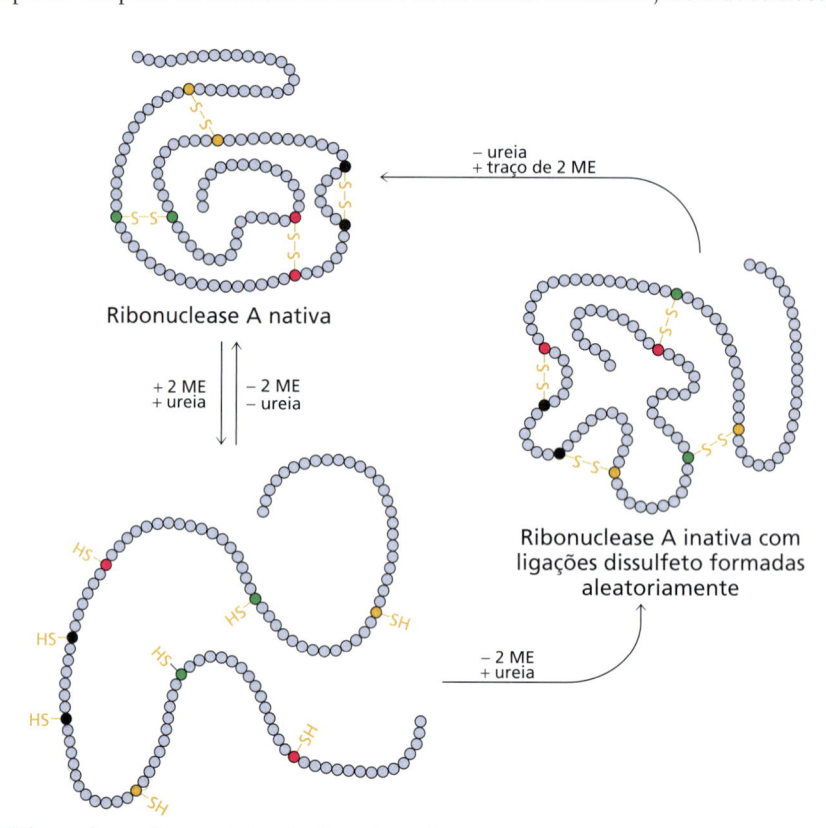

uma cadeia polipeptídica contendo oito grupos sulfidrila (Figura 4.35). Quando o 2-mercaptoetanol é removido e deixa-se que a oxidação ocorra em presença da ureia, os grupos sulfidrila pareiam aleatoriamente, de modo que apenas cerca de 1% da população proteica forma as quatro ligações dissulfeto corretas, recuperando a atividade enzimática original (se os oito grupos sulfidrila formam pares aleatoriamente, são possíveis 105 estruturas contendo ligações dissulfeto: 7 pareamentos possíveis para a primeira ligação, 5 para a segunda, 3 para a terceira e 1 para a quarta ($7 \times 5 \times 3 \times 1 = 105$), mas apenas uma dessas estruturas é a correta). No entanto, quando ureia e 2-mercaptoetanol são removidos simultaneamente e soluções diluídas da proteína reduzida são expostas ao ar, a ribonuclease A readquire de modo espontâneo sua conformação nativa, seu conjunto correto de ligações dissulfeto e sua atividade enzimática integral. As proteínas inativas contendo ligações dissulfeto formadas aleatoriamente podem ser renaturadas se a ureia for removida, uma pequena porção de 2-mercaptoetanol for adicionada e a solução for levemente aquecida. Os experimentos de Anfinsen demonstram que as ligações dissulfeto corretas podem se formar apenas depois que a proteína se enovelar em sua conformação nativa. Ele concluiu que a renaturação da ribonuclease A é espontânea e induzida inteiramente pelo ganho de energia livre originado pela recuperação da conformação fisiológica estável, determinada pela estrutura primária.

Ocasionalmente, as proteínas adotam uma conformação não nativa e formam pontes dissulfeto inadequadas quando se enovelam no interior de uma célula. Anfinsen descobriu uma enzima, chamada proteína dissulfeto isomerase (PDI), que catalisa a redução dessas ligações incorretas. Todas as células vivas têm essa atividade. A enzima contém dois resíduos de cisteína reduzidos, colocados no sítio ativo. Quando a proteína enovelada erroneamente se liga, a enzima catalisa uma reação de troca em que o dissulfeto da proteína é reduzido, e uma nova ponte dissulfeto é criada entre os dois resíduos de cisteína na enzima. A proteína enovelada erroneamente é então liberada e pode se reenovelar em sua conformação nativa de baixa energia. A estrutura da forma reduzida da dissulfeto isomerase (DsbA) de *E. coli* é mostrada na Figura 4.24o.

4.11 Enovelamento e estabilidade de proteínas

Novos polipeptídeos são sintetizados na célula por um complexo de tradução que inclui ribossomos, mRNA e vários fatores (Capítulo 21). À medida que polipeptídeos recém-sintetizados saem do ribossomo, eles assumem suas formas tridimensionais características. Proteínas enoveladas ocupam um mínimo de energia, que torna suas estruturas nativas muito mais estáveis do que as conformações alternativas (Figura 4.36). Os experimentos *in vitro* de Anfinsen e de vários outros bioquímicos demonstram que muitas proteínas podem se enovelar espontaneamente para assumir sua conformação de baixa energia. Nesta seção discutimos as características das proteínas que se enovelam formando uma estrutura tridimensional estável.

Acredita-se que, à medida que a proteína vai se enovelando, as primeiras interações desencadeiam as subsequentes. Esse é um exemplo de efeitos cooperativos no enovelamento de proteínas, fenômeno pelo qual a formação de uma parte de uma estrutura leva à formação de suas partes restantes. Quando a proteína começa a se enovelar, ela alcança níveis energéticos cada vez menores e passa a entrar na região do poço de energia mostrado na Figura 4.36. Ela fica então temporariamente presa em um poço de energia local (mostrado como pequenos vales no diagrama de energia), mas, ao final, atinge o mínimo de energia, indicado pelo fundo do poço. Em sua conformação final, estável, a proteína nativa é muito menos sensível à degradação do que uma cadeia polipeptídica estendida. Assim, as proteínas nativas podem ter meias-vidas iguais a muitas gerações de células; algumas moléculas podem durar décadas.

O enovelamento é extremamente rápido; na maioria dos casos, a conformação nativa é atingida em menos de um segundo. O enovelamento e a estabilização da proteína dependem de várias forças não covalentes, entre elas o efeito hidrofóbico, ligações de hidrogênio, interações de van der Waals e carga-carga. Embora individualmente essas interações sejam fracas, quando reunidas elas respondem pela estabilidade das conformações nativas das proteínas. O fato de que cada interação não covalente é

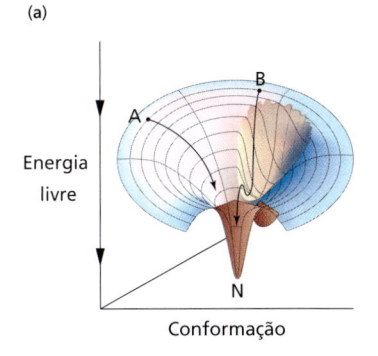

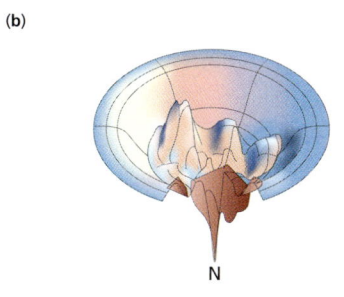

▲ **Figura 4.36**
Mínimo de energia para enovelamento de proteínas. Os funis representam a energia livre potencial do enovelamento. **(a)** Um funil simplificado, mostrando duas rotas possíveis para o estado nativo de baixa energia. Na rota B, o polipeptídeo entra em um mínimo de energia local à medida que se enovela. **(b)** Uma versão mais realista das formas de energia livre possíveis para uma proteína durante seu enovelamento, com vários picos e poços locais.

▶ **Figura 4.37**
Vias hipotéticas de enovelamento de proteínas. As cadeias polipeptídicas inicialmente estendidas formam estruturas secundárias parciais; em seguida, formam estruturas terciárias aproximadas e, por fim, atingem a conformação nativa. As setas nas estruturas indicam a direção da terminação N- para a C-.

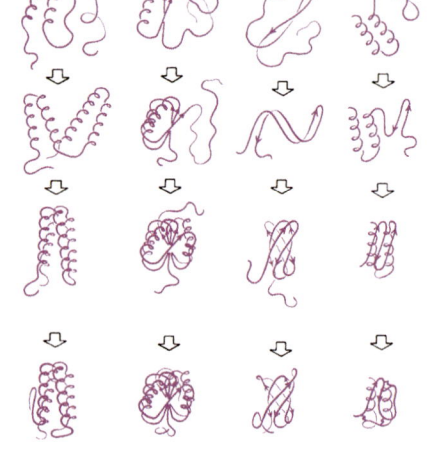

CONCEITO-CHAVE
A maioria das proteínas se enovela espontaneamente, assumindo uma conformação com um mínimo de energia.

individualmente fraca dá às proteínas a resiliência e flexibilidade que lhes permitem suportar pequenas alterações conformacionais (ligações dissulfeto, covalentes, também contribuem para a estabilidade de certas proteínas).

Em proteínas de múltiplos domínios, os domínios diferentes se enovelam independentemente, tanto quanto possível. Uma das razões da limitação no tamanho dos domínios (geralmente < 200 resíduos) é que, se tivessem mais de 300 resíduos, seu enovelamento seria lento demais. A velocidade de enovelamento espontâneo seria pequena demais para ele ser prático.

Nenhuma rota real de enovelamento de proteína foi descrita em detalhes até agora, mas as pesquisas atuais focam em intermediários existentes nessas rotas para diversas proteínas. Várias rotas de enovelamento hipotéticas estão na Figura 4.37. Durante o enovelamento da proteína, o polipeptídeo dobra-se sobre si mesmo por causa do efeito hidrofóbico, e elementos da estrutura secundária começam a se formar. Esse intermediário é chamado glóbulo fundido [*molten globule*]. Etapas subsequentes envolvem o rearranjo do esqueleto da cadeia para formar motivos característicos e, por fim, a conformação nativa estável.

O mecanismo de enovelamento de proteínas é um dos problemas mais desafiadores em bioquímica. O processo é espontâneo e necessariamente determinado, em grande parte, pela estrutura primária (sequência) dos polipeptídeos. Deveria, portanto, ser possível prever a estrutura de uma proteína a partir do conhecimento de sua sequência de aminoácidos. Nos últimos anos, muito progresso foi feito com a modelagem do processo de enovelamento usando computadores rápidos.

No restante desta seção, estudaremos em mais detalhes as forças que estabilizam a estrutura das proteínas. Também iremos descrever o papel das chaperonas no enovelamento das proteínas.

A. O efeito hidrofóbico

As proteínas são mais estáveis em água quando suas cadeias laterais hidrofóbicas são agregadas no interior da estrutura em vez de ficarem expostas na superfície. Como as moléculas de água interagem mais fortemente umas com as outras do que com as cadeias laterais não polares da proteína, estas são forçadas a se associar entre si, levando o polipeptídeo a se dobrar e formando um glóbulo fundido, mais compacto. A entropia do polipeptídeo diminui à medida que a estrutura se torna mais ordenada. Essa redução é mais do que compensada pelo aumento de entropia do solvente, à medida que as moléculas de água que antes estavam ligadas à proteína são liberadas (o enovelamento também rompe "gaiolas" extensas de moléculas de água que circundam grupos hidrofóbicos). Esse aumento global da entropia do sistema fornece o principal impulso para o enovelamento das proteínas.

Enquanto as cadeias laterais não polares são direcionadas para o interior da proteína, as mais polares permanecem em contato com a água na superfície da proteína. As partes do esqueleto polar forçadas para o interior da proteína neutralizam sua polaridade, formando ligações de hidrogênio entre si, e geralmente criando estruturas secundárias. Portanto, a natureza hidrofóbica do interior não só responde pela associação dos resíduos hidrofóbicos, mas também contribui para a estabilidade de hélices e folhas. Estudos das vias de enovelamento indicam que a dobra das partes hidrofóbicas e a formação de estruturas secundárias ocorrem simultaneamente.

Exemplos localizados desse efeito hidrofóbico são as interações do lado hidrofóbico de uma α-hélice anfipática com o cerne da proteína (Seção 4.4) e a região hidrofóbica entre as folhas β na estrutura em sanduíche β (Seção 4.5). A maioria dos exemplos mostrados nas Figuras 4.25 e 4.26 contém regiões justapostas de estrutura secundária estabilizadas por interações hidrofóbicas entre as cadeias laterais dos resíduos hidrofóbicos de aminoácidos.

> **CONCEITO-CHAVE**
> Reações impulsionadas pela entropia são aquelas em que a principal variação termodinâmica é o aumento da entropia do sistema. Podemos dizer que o sistema é muito mais desordenado no final de uma reação desse tipo do que inicialmente. No caso de interações hidrofóbicas, a variação da entropia é desencadeada principalmente pela liberação das moléculas ordenadas de água que blindam os grupos hidrofóbicos (Seção 2.5D).

B. Ligação de hidrogênio

Ligações de hidrogênio contribuem para a cooperatividade no enovelamento e ajudam a estabilizar as conformações nativas das proteínas. As ligações de hidrogênio nas α-hélices, folhas β e voltas são as primeiras a serem formadas, dando origem a regiões definidas da estrutura secundária. A estrutura nativa final também possui ligações de hidrogênio entre o esqueleto polipeptídico e a água, entre esse esqueleto e as cadeias laterais polares, entre duas cadeias laterais polares e entre cadeias laterais polares e água. A Tabela 4.2 mostra alguns dos vários tipos de ligações de hidrogênio encontradas nas proteínas, junto aos seus comprimentos de ligação típicos. A maioria das ligações de hidrogênio em proteínas é do tipo N—H—O. A distância entre o átomo doador e o aceptor varia de 0,26 a 0,34 nm, e as ligações podem se desviar da linearidade em até 40°. Lembre-se de que ligações de hidrogênio no núcleo hidrofóbico de uma proteína são muito mais estáveis do que as formadas perto da superfície, pois aquelas não competem com as moléculas de água.

TABELA 4.2 Exemplos de ligações de hidrogênio em proteínas

Tipo de ligação de hidrogênio		Distância típica entre átomo doador e aceptor (nm)
Hidroxila-hidroxila	—O—H······O— 　　　　　＼H	0,28
Hidroxila-carbonila	—O—H······O=C＜	0,28
Amida-carbonila	＞N—H······O=C＜	0,29
Amida-hidroxila	＞N—H······O— 　　　　　＼H	0,30
Amida-nitrogênio imidazólico	＞N—H······N⟋NH	0,31

C. Interações de van der Waals e carga-carga

Interações de van der Waals entre cadeias laterais não polares também contribuem para a estabilidade das proteínas. O grau da estabilização decorrente de interações otimizadas desse tipo é difícil de determinar. É provável que o efeito cumulativo de várias interações de van der Waals contribua de modo significativo para a estabilidade porque cadeias não polares no interior de uma proteína estão densamente "empacotadas" (encaixadas sem nenhum espaço entre elas).

Interações carga-carga entre cadeias laterais com cargas opostas contribuem pouco para a estabilidade das proteínas, mas a maioria das cadeias iônicas é encontrada na superfície, onde são solvatadas e podem contribuir apenas minimamente para a estabilização total da proteína. No entanto, dois íons com cargas opostas de vez em quando formam um par iônico no interior de uma proteína. Esses pares iônicos são muito mais fortes do que aqueles expostos à água.

QUADRO 4.2 CASP: o jogo de enovelamento das proteínas

Os princípios básicos do enovelamento de proteínas são razoavelmente bem conhecidos e parece certo que, se uma proteína tem uma estrutura tridimensional estável, esta será determinada em especial pela estrutura primária (sequência). Isso levou a esforços destinados a prever a estrutura terciária a partir do conhecimento da sequência de aminoácidos. Os bioquímicos fizeram enormes avanços nesse trabalho teórico nos últimos 30 anos.

O valor desse trabalho só pode ser avaliado pela realização de previsões das estruturas de proteínas desconhecidas, o que levou à criação, em 1996, da Avaliação Crítica dos Métodos de Previsão de Estrutura de Proteínas (CASP – *Critical Assessment of Methods of Protein Structure Prediction*). Esse é um tipo de jogo sem outro prêmio além da honra de ser bem-sucedido. Grupos que estudam o enovelamento de proteínas recebem sequências de aminoácidos de diversos alvos e são desafiados a prever suas estruturas terciárias. Os alvos são escolhidos entre proteínas cujas estruturas foram determinadas recentemente, mas cujos dados ainda não foram publicados. Os participantes têm poucas semanas para enviar suas previsões antes que as estruturas reais sejam divulgadas.

Os resultados do CASP 2008 estão mostrados na figura. Havia 121 alvos, e milhares de previsões foram apresentadas. O índice de sucesso ficou próximo de 100% para proteínas fáceis, mas em torno de somente 30% para as difíceis (alvos "fáceis" são aqueles para os quais o *Protein Data Bank* (PDB) já possui a estrutura de várias proteínas homólogas. As "difíceis" são proteínas com enovelamentos novos, que nunca haviam sido resolvidos anteriormente). O índice de sucesso para os alvos de dificuldade média cresceu ao longo dos anos, à medida que os métodos de previsão melhoraram, mas ainda há muito espaço para aumentar o sucesso das previsões na extremidade muito difícil da escala.

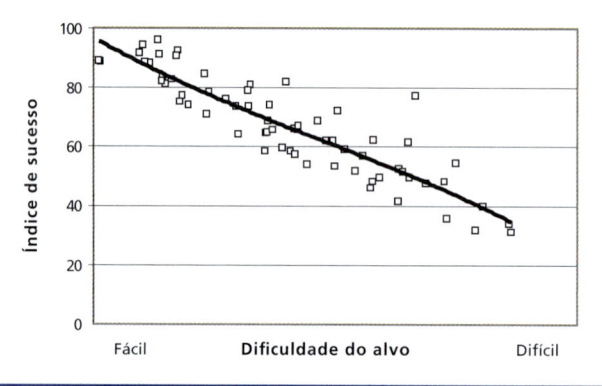

D. O enovelamento das proteínas é assistido pelas chaperonas moleculares

Estudos do enovelamento de proteínas levaram a duas observações gerais sobre o dobramento das cadeias peptídicas, gerando proteínas biologicamente ativas. Primeiro, o enovelamento das proteínas não envolve uma busca aleatória, no espaço tridimensional, pela conformação nativa. Ao contrário, ele parece ser um processo sequencial, cooperativo, no qual a formação dos primeiros elementos estruturais ajuda no alinhamento das características estruturais subsequentes. A necessidade de cooperação é ilustrada por um cálculo feito por Cyrus Levinthal. Considere um polipeptídeo de 100 resíduos. Se cada um deles tiver três conformações possíveis capazes de se interconverter em um tempo da ordem de picossegundos, então, uma busca aleatória de todas as possíveis conformações para o polipeptídeo completo levaria 10^{87} segundos – muitas vezes a idade estimada do universo, que é de 6×10^{17} segundos!

Segundo, em uma primeira aproximação, o padrão de enovelamento e a conformação final de uma proteína dependem de sua estrutura primária. (Muitas proteínas se ligam a íons metálicos e coenzimas, como descrito no Capítulo 7. Esses ligantes externos também são necessários para o enovelamento correto.) Como vimos com a ribonuclease A, proteínas simples podem se enovelar espontaneamente em um tubo de ensaio, assumindo sua conformação nativa, sem necessidade de fornecer energia ou assistência. Proteínas maiores também se enovelam espontaneamente em suas formas nativas desde que a conformação final represente uma estrutura de energia livre mínima. No entanto, as proteínas maiores são mais propensas a ficar temporariamente presas em poços locais de baixa energia, do tipo ilustrado na Figura 4.36b. A presença dessas conformações metaestáveis, incorretas, reduz a velocidade de enovelamento da proteína e, na pior das hipóteses, faz com que os intermediários do enovelamento se agreguem e precipitem. Para superar esse problema no interior da célula, a velocidade de enovelamento é aumentada por um grupo de proteínas especiais onipresentes, chamadas **chaperonas moleculares**.

As chaperonas aumentam a *taxa* de enovelamento correto de algumas proteínas ligando-se a polipeptídeos recém-formados antes que eles estejam completamente dobrados. Elas evitam a formação dos intermediários incorretamente enovelados que podem "aprisionar" o polipeptídeo em uma forma anormal. As chaperonas também podem se ligar a subunidades proteicas isoladas, para evitar que elas se agreguem incorretamente e precipitem antes de serem unidas para formar uma proteína de múltiplas subunidades completa.

Há muitas chaperonas diferentes. A maioria delas é também conhecida como proteínas de choque térmico, ou seja, proteínas sintetizadas em resposta a aumentos de temperatura (choque térmico) ou outras mudanças capazes de provocar a desnaturação de proteínas *in vivo*. A função das proteínas de choque térmico – atualmente reconhecidas como chaperonas – é reparar o dano causado por aumentos de temperatura; elas atuam ligando-se às proteínas desnaturadas e ajudando-as a reassumir rapidamente sua conformação nativa.

A principal proteína de choque térmico é a Hsp70 (do inglês *heat shock protein*, $M_r = 70.000$). Essa proteína está presente em todas as espécies, exceto em algumas arquebactérias. Em bactérias ela é também chamada de DnaK. A função normal da chaperona Hsp70 é se ligar às proteínas enquanto elas estão sendo sintetizadas para evitar agregação ou "aprisionamento" em um poço local de baixa energia. A ligação e a liberação dos polipeptídeos nascentes é acoplada à hidrólise de ATP, e geralmente requer outras proteínas acessórias. A Hsp70/DnaK é, entre as proteínas conhecidas, uma das mais altamente conservadas em toda a biologia, o que indica que o enovelamento de proteína assistido por chaperonas é um requisito antigo e essencial à síntese eficiente de proteínas com estrutura tridimensional correta.

Outra chaperona importante e onipresente é chamada chaperonina (ou GroE, nas bactérias). Essa também é uma proteína de choque térmico (Hsp60), que desempenha um papel essencial na assistência ao enovelamento normal de proteínas no interior da célula.

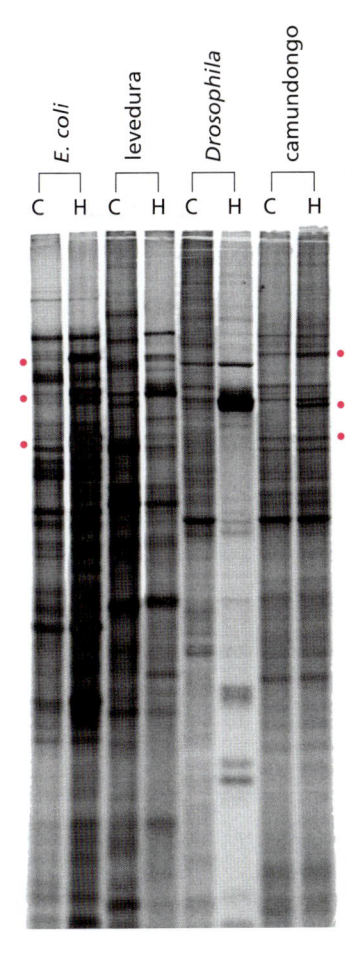

▲ **Proteínas de choque térmico.** Proteínas foram sintetizadas, por um período curto, em presença de aminoácidos radioativos e, em seguida, submetidas a uma eletroforese em gel de poliacrilamida-SDS. O gel foi então colocado em contato com um filme a fim de detectar proteínas radioativas. A autorradiografia resultante mostra apenas as proteínas que foram sintetizadas durante a exposição aos aminoácidos radioativos. As faixas "C" são proteínas sintetizadas sob temperaturas normais de crescimento, enquanto as faixas "H" são proteínas sintetizadas durante um choque térmico de curta duração, no qual as células são transferidas para um ambiente com temperatura poucos graus acima da de crescimento normal. A indução de proteínas de choque térmico (chaperonas) em quatro espécies diferentes é apresentada. Pontos vermelhos indicam proteínas de choque térmico principais: topo = Hsp90; meio = Hsp70; embaixo = Hsp60(GroEL).

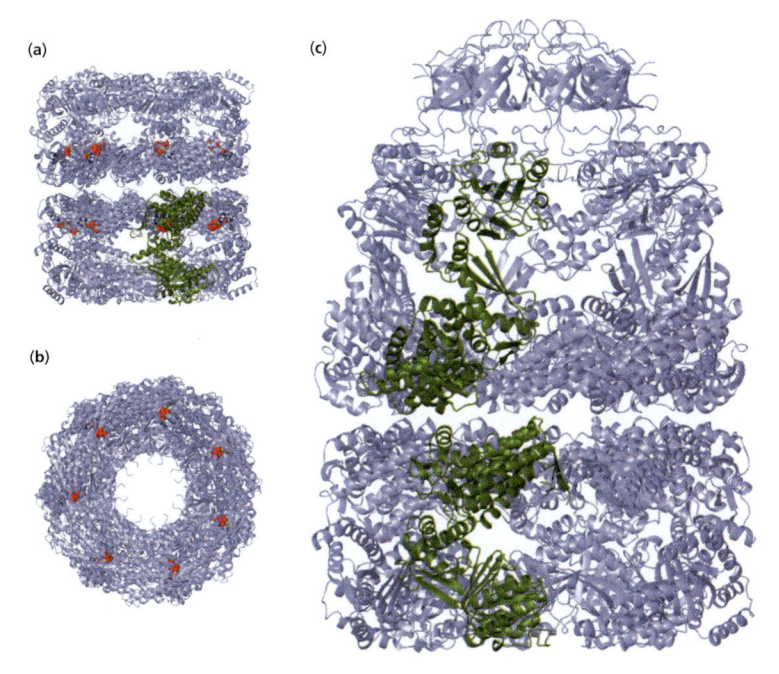

▲ **Figura 4.38**
Chaperonina (GroE) de *Escherichia coli*. A estrutura principal consiste em dois anéis idênticos, compostos por sete subunidades de GroEL. Proteínas desenoveladas se ligam à cavidade central. Moléculas de ATP ligadas à proteína podem ser identificadas por seus átomos de oxigênio (em vermelho). **(a)** Vista lateral. **(b)** Vista de cima, mostrando a cavidade central [PDB 1DER]. **(c)** Durante o enovelamento, o tamanho da cavidade central de um dos anéis cresce, e a extremidade dos anéis é coberta por uma proteína contendo sete subunidades de GroES [PDB 1AON].

> **Figura 4.39**
> **Enovelamento de proteína assistido por chaperonina.** O polipeptídeo desenovelado entra na cavidade central da chaperonina, onde se enovela. Para a atuação da chaperonina, é necessária a hidrólise de várias moléculas de ATP.

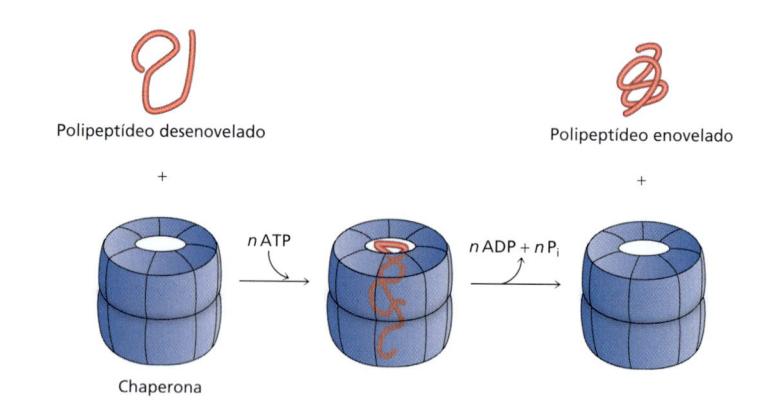

A chaperonina de *E. coli* é uma proteína complexa, de múltiplas subunidades. A estrutura principal consiste em dois anéis, contendo sete subunidades idênticas de GroEL. Cada subunidade pode se ligar a uma molécula de ATP (Figura 4.38a). Uma versão simplificada do processo de enovelamento assistido por chapeonina está na Figura 4.39. Proteínas desenoveladas se ligam à cavidade central hidrofóbica definida pelos anéis. Quando o enovelamento está completo, a proteína é liberada pela hidrólise das moléculas ligadas de ATP. A rota real é mais complicada e requer um componente adicional, que serve como uma tampa e sela uma das extremidades da cavidade central, enquanto o processo de enovelamento ocorre. Essa "tampa" contém sete subunidades de GroES, formando um anel adicional (Figura 4.38c). A conformação do anel de GroEL pode ser alterada durante o enovelamento para aumentar o tamanho da cavidade; o papel da "tampa" é evitar que a proteína desenovelada seja liberada prematuramente.

Como já foi mencionado, algumas proteínas tendem a agregar durante o enovelamento, na ausência de chaperonas. Provavelmente, essa agregação é desencadeada pela formação temporária de superfícies hidrofóbicas nos intermediários do enovelamento. Os intermediários então se ligam uns aos outros e, em consequência, precipitam (deixam de estar em solução) e não podem mais explorar as conformações representadas pelo funil energético mostrado na Figura 4.36. As chaperoninas isolam as cadeias polipeptídicas na cavidade de enovelamento, evitando assim que os intermediários se agreguem. A cavidade de enovelamento serve como uma "gaiola de Anfinsen", que permite à cadeia atingir a correta conformação de baixa energia sem interferência de outros intermediários do enovelamento.

A cavidade central da chaperonina é grande o suficiente para acomodar uma cadeia polipeptídica de cerca de 630 resíduos de aminoácidos (M_r = 70.000). Portanto, o enovelamento da maioria das proteínas de tamanho pequeno e médio pode ser assistido por chaperonina. No entanto, somente cerca de 5% a 10% das proteínas de *E. coli* (isto é, cerca de 300 proteínas diferentes) parecem interagir com a chaperonina durante a síntese proteica. Proteínas de tamanho médio e aquelas da classe estrutural α/β são mais propensas a necessitar da assistência da chaperonina no enovelamento. Proteínas menores são capazes de se enovelar rapidamente por si mesmas. Muitas das proteínas restantes na célula necessitam de outras chaperonas, como a Hsp70/DnaK.

As chaperonas parecem inibir o enovelamento e a associação incorretos de proteínas, ao formar complexos estáveis com as superfícies das cadeias dos polipeptídeos que ficam expostas apenas durante a síntese, o enovelamento e a associação de subunidades proteicas. Mesmo na presença de chaperonas, o enovelamento das proteínas é espontâneo; por essa razão, o enovelamento assistido por chaperonas foi descrito como uma automontagem assistida.

▲ **Figura 4.40**
A tripla-hélice do colágeno tipo III humano. A região estendida do colágeno contém três subunidades idênticas (roxo, azul-claro e verde). As três hélices esquerdas do colágeno são enroladas em torno umas das outras, formando uma superespiral direita [PDB 1BKV].

4.12 Colágeno, uma proteína fibrosa

Para concluir nosso estudo da estrutura tridimensional das proteínas, examinamos algumas delas para ver como suas estruturas estão relacionadas com suas funções

◄ G. N. Ramachandran (1922-2001). Nesta fotografia, ele está ilustrando a diferença entre uma α-hélice e a tripla-hélice esquerda do colágeno. Observe que ele deliberadamente desenhou a α-hélice como esquerda, e não na forma padrão direita, encontrada na maioria das proteínas.

biológicas. As proteínas selecionadas para esse estudo mais detalhado são o colágeno, as proteínas de ligação ao oxigênio mioglobina e hemoglobina (Seções 4.12 e 4.13) e os anticorpos (Seção 4.14).

O colágeno é a principal proteína que compõe o tecido conjuntivo dos vertebrados. Ele constitui cerca de 30% do total de proteínas nos mamíferos. As moléculas de colágeno têm formas e funções marcadamente diversas. Por exemplo, nos tendões, elas formam fibras rígidas, semelhantes a cordas, com tremenda força de tração; já na pele, elas tomam a forma de fibras frouxamente entrelaçadas, permitindo a expansão em todas as direções.

A estrutura do colágeno foi desvendada por G. N. Ramachandran (conhecido por seus gráficos, Seção 4.3). A molécula consiste em três cadeias helicoidais esquerdas enroladas umas em torno das outras, formando uma superespiral direita (Figura 4.40). Cada hélice esquerda no colágeno possui três resíduos de aminoácidos por volta e um passo de 0,94 nm, levando a um deslocamento vertical de 0,31 nm por resíduo. Consequentemente, uma hélice de colágeno é mais estendida do que uma α-hélice, e a estrutura em super-hélice do colágeno não é a mesma do motivo de mesmo nome discutido na Seção 4.7 (várias proteínas não relacionadas ao colágeno também formam superespirais similares de três cadeias).

A tripla-hélice do colágeno é estabilizada por ligações de hidrogênio entre cadeias. A sequência da proteína na região helicoidal consiste em múltiplas repetições da forma –Gly–X–Y–, em que X é, com frequência, a prolina, e Y é, frequentemente, uma prolina modificada chamada 4-hidroxiprolina (Figura 4.41). Os resíduos de glicina são localizados ao longo do eixo central da tripla-hélice, no qual o empacotamento íntimo das fitas proteicas não pode acomodar outro resíduo. Para cada triplete –Gly–X–Y–, uma ligação de hidrogênio se forma entre o hidrogênio de amida da glicina em uma cadeia e o oxigênio carbonílico do resíduo X em uma cadeia adjacente (Figura 4.42). As ligações de hidrogênio envolvendo o grupo hidroxílico da hidroxiprolina também podem estabilizar a tripla-hélice do colágeno. Diferentemente da α-hélice mais comum, a do colágeno não tem ligações de hidrogênio intracadeia.

Além da hidroxiprolina, o colágeno contém outro resíduo modificado de aminoácido, chamado 5-hidroxilisina (Figura 4.43). Alguns resíduos de hidroxilisina são ligados covalentemente a resíduos de carboidratos, tornando o colágeno uma glicoproteína. A função da glicosilação não é conhecida.

Resíduos de hidroxiprolina e hidroxilisina se formam quando resíduos específicos de prolina e lisina são hidroxilados após serem incorporados às cadeias polipeptídicas do colágeno. As reações de hidroxilação são catalisadas por enzimas e necessitam de ácido ascórbico (vitamina C). A hidroxilação é prejudicada na ausência de vitamina C, e a hélice tripla do colágeno não é montada adequadamente.

A flexibilidade conformacional limitada dos resíduos de prolina e hidroxiprolina evita a formação de α-hélices nas cadeias do colágeno, além de torná-lo algo rígido (lembre-se de que a prolina quase nunca é encontrada em α-hélices). A presença de

▲ Figura 4.41
Resíduo de 4-hidroxiprolina. Resíduos de 4-hidroxiprolina são formados por hidroxilação de resíduos de prolina catalisada por enzima.

▲ Figura 4.42
Ligação de hidrogênio entre cadeias no colágeno. O hidrogênio do grupo amida de um resíduo de glicina em uma cadeia é unido por ligação de hidrogênio ao oxigênio carbonílico de um resíduo, frequentemente a prolina, em uma cadeia adjacente.

> A necessidade de vitamina C é explicada na Seção 7.9.

QUADRO 4.3 Mais resistente que o aço

Nem todas as proteínas fibrosas são compostas de α-hélices. A seda é composta de várias proteínas, formadas predominantemente por fitas β. A seda da teia da aranha *Nephila clavipes*, por exemplo, possui duas proteínas: espidroína 1 e espidroína 2. As duas proteínas contêm múltiplos trechos de resíduos de alanina separados principalmente por resíduos de glicina. A estrutura dessas proteínas não é conhecida, apesar dos muitos esforços de diversos laboratórios. Contudo, sabe-se que as proteínas contêm regiões extensas de fitas β.

Há muitos tipos de sedas de teias, e as aranhas têm glândulas especializadas para cada um deles. A fibra da seda produzida pela glândula ampolada maior é chamada seda do fio de segurança; ela é a fibra que as aranhas usam para fugir de perigos e ancorar suas teias. Essa fibra é, literalmente, mais forte do que um cabo de aço. Materiais confeccionados com a seda do fio de segurança poderiam ser muito úteis em várias aplicações, uma das quais seriam as armaduras pessoais, já que ela é mais forte do que o Kevlar. Porém não é possível obter quantidades significativas dessa seda em laboratório sem depender das aranhas.

▶ *Nephila clavipes*, a aranha da teia dourada.

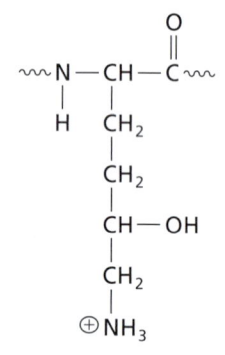

▲ **Figura 4.43**
Resíduo de 5-hidroxilisina. Resíduos de 5-hidroxilisina são formados por hidroxilação de resíduos de lisina catalisada por enzima.

resíduos de glicina em cada terceira posição permite às cadeias de colágeno formar uma hélice esquerda fortemente enrolada, capaz de acomodar os resíduos de prolina (lembre-se de que a flexibilidade dos resíduos de glicina tende a romper a α-hélice direita).

As triplas hélices do colágeno se agregam de forma intercalada, formando fibras fortes, insolúveis. Em parte, a resistência e a rigidez das fibras do colágeno resultam de ligações cruzadas covalentes. Os grupos $-CH_2NH_3^{\oplus}$ das cadeias laterais de

▲ **Figura 4.44**
Ligações cruzadas covalentes no colágeno. (a) Um resíduo de alisina se condensa com um de lisina para formar uma ligação cruzada intermolecular tipo base de Schiff. (b) Dois resíduos de alisina se condensam para formar uma ligação cruzada intramolecular.

alguns resíduos de hidroxilisina e de lisina são enzimaticamente convertidos em aldeído (—CHO), produzindo resíduos de alisina e hidroxialisina. Os resíduos de alisina (e seus hidroxiderivados) reagem com as cadeias laterais de lisina e hidroxilisina para formar **bases de Schiff**, complexos estabelecidos entre grupos carbonila e aminas (Figura 4.44a). Essas bases de Schiff geralmente se formam entre moléculas (hélices triplas) de colágeno. Resíduos de alisina também reagem entre si, via condensação aldólica, para formar ligações cruzadas, geralmente entre as fitas individuais da tripla-hélice (Figura 4.44b). Os dois tipos de ligações cruzadas são convertidas em ligações mais estáveis durante a maturação dos tecidos, mas a química dessas conversões não é conhecida.

4.13 Estruturas da mioglobina e da hemoglobina

Como a maioria das proteínas, a mioglobina (Mb) e sua assemelhada, a hemoglobina (Hb), desempenham suas funções biológicas ligando-se seletiva e reversivelmente a outras moléculas, neste caso, o oxigênio molecular (O_2). A mioglobina é uma proteína monomérica relativamente pequena, que facilita a difusão de oxigênio em vertebrados. Ela é responsável pelo suprimento de oxigênio ao tecido muscular de répteis, pássaros e mamíferos. A hemoglobina é uma proteína tetramérica maior, que transporta o oxigênio no sangue.

A cor vermelha associada às formas oxigenadas de mioglobina e hemoglobina (por exemplo, a cor vermelha do sangue oxigenado) deve-se ao grupo prostético heme (Figura 4.45) (um grupo prostético é uma molécula orgânica ligada à proteína, essencial à atividade desta). O heme consiste em um sistema de quatro anéis de tetrapirrol (protoporfirina IX) complexados com ferro. Os quatro anéis de pirrol desse sistema são ligados por pontes de meteno (–CH=), de modo que a porfirina insaturada é altamente conjugada e plana. A ligação com o ferro se dá em seu estado de oxidação Fe^{2+}, ou seja, ferroso; ele forma um complexo com seis ligantes, quatro dos quais são átomos de nitrogênio da protoporfirina IX (outras proteínas, como os citocromos *a* e *c*, têm grupos porfirina/heme diferentes).

A mioglobina pertence à família de proteínas chamadas globinas. A estrutura terciária da mioglobina de cachalote mostra que ela consiste em um conjunto de oito α-hélices (Figura 4.46). Ela pertence à categoria estrutural toda-α. A dobra das globinas tem vários grupos de α-hélices, que formam uma estrutura em camadas. Hélices adjacentes em cada camada têm uma inclinação que permite às cadeias laterais dos resíduos de aminoácidos se interpenetrar.

O interior da estrutura da mioglobina é formado quase exclusivamente por resíduos hidrofóbicos de aminoácidos, em particular aqueles altamente hidrofóbicos, ou seja, valina, leucina, isoleucina, fenilalanina e metionina. A superfície da proteína tem tanto resíduos hidrofílicos como hidrofóbicos. Como para a maioria das proteínas, a estrutura terciária da mioglobina é estabilizada por interações hidrofóbicas em seu interior. O enovelamento da cadeia polipeptídica é promovido pela minimização da energia resultante da formação desse interior hidrofóbico.

O grupo prostético heme da mioglobina ocupa uma fenda hidrofóbica formada por três α-hélices e duas alças. A ligação da porção porfirínica ao polipeptídeo é feita por meio de diversas ligações fracas, incluindo interações hidrofóbicas, contatos de van der Waals e ligações de hidrogênio. Não há ligações covalentes entre a porfirina e as cadeias laterais dos aminoácidos da mioglobina. O átomo de ferro do heme é o sítio de ligação do oxigênio, como mostra a Figura 4.46. Dois resíduos de histidina interagem com o átomo de ferro e com o oxigênio ligado. A acessibilidade do grupo heme ao oxigênio molecular depende de sutis movimentos das cadeias laterais dos aminoácidos vizinhos. Veremos mais tarde que as fendas hidrofóbicas da mioglobina e da hemoglobina são essenciais para a ligação reversível do oxigênio.

Nos vertebrados, o O_2 se liga às moléculas de hemoglobina para ser transportado pelas células vermelhas do sangue, ou eritrócitos. Visto ao microscópio, o eritrócito maduro de mamífero é um disco bicôncavo sem núcleo ou outros compartimentos

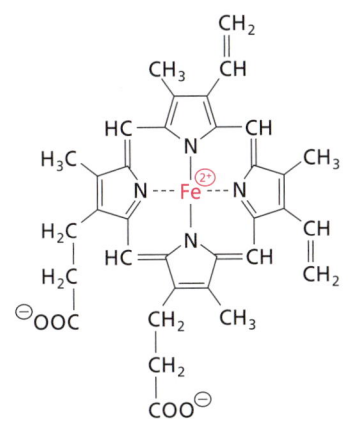

▲ **Figura 4.45**
Estrutura química do grupo Fe(II)-protoporfirina IX, o heme, na mioglobina e na hemoglobina. O anel porfirínico fornece quatro dos seis ligantes que circundam o átomo de ferro.

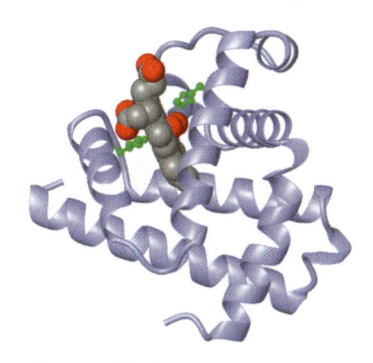

▲ **Figura 4.46**
Oximioglobina de cachalote (*Physeter catodon*). A mioglobina é composta de oito α-hélices. O grupo prostético heme se liga ao oxigênio (vermelho). O His-64 (verde) forma uma ligação de hidrogênio com o oxigênio, e o His-93 (verde) com o átomo de ferro do heme [PDB 1A6M].

▲ Modelo original da mioglobina criado por John Kendrew a partir de dados de difração de raios X, nos anos 1950. O modelo é feito em plasticina e foi o primeiro modelo tridimensional de uma proteína.

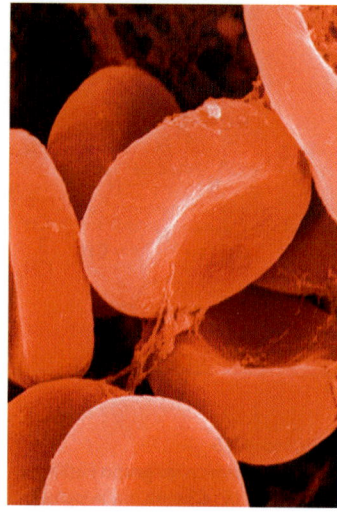

▲ **Figura 4.47**
Micrografia eletrônica de varredura dos eritrócitos de mamíferos. Cada célula contém aproximadamente 300 milhões de moléculas de hemoglobina. As células foram coloridas artificialmente.

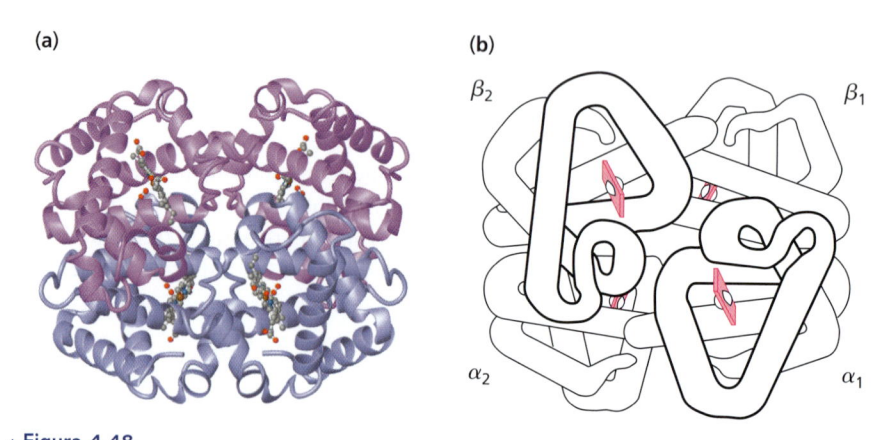

▲ **Figura 4.48**
Oxiemoglobina humana (*Homo sapiens*). (a) Estrutura da oxiemoglobina humana, mostrando duas subunidades α e duas β. Os grupos heme são representados por modelos de esfera e bastão [PDB 1HND]. **(b)** Representação esquemática do tetrâmero de hemoglobina. Os grupos heme aparecem em rosa.

internos delimitados por membrana (Figura 4.47). Um eritrócito humano típico contém aproximadamente 3×10^8 moléculas de hemoglobina.

A hemoglobina é mais complexa do que a mioglobina por ser uma proteína com múltiplas subunidades. Em mamíferos adultos, a hemoglobina tem duas subunidades diferentes denominadas *α-globina* e *β-globina*. A hemoglobina é um tetrâmero $\alpha_2\beta_2$: ela tem duas cadeias α e duas β. Cada uma das subunidades de globina é semelhante, em estrutura e sequência, à mioglobina, refletindo sua evolução a partir de um gene ancestral comum de globina nos cordados primitivos.

Cada uma das quatro subunidades de globina possui um grupo prostético heme idêntico ao da mioglobina. As subunidades α e β ficam de frente uma para a outra e delimitam uma cavidade central (Figura 4.48). A estrutura terciária de cada uma das quatro cadeias é quase idêntica à da mioglobina (Figura 4.49). A cadeia α tem sete α-hélices, e a cadeia β, oito (duas α-hélices curtas encontradas na β-globina e na mioglobina são fundidas em uma maior, na α-globina). A hemoglobina, no entanto, não é apenas um tetrâmero de moléculas de mioglobina. Cada cadeia α interage extensamente com uma cadeia β, de modo que a hemoglobina é, na verdade, um dímero de subunidades αβ. Veremos na seção seguinte que a presença de múltiplas subunidades é responsável por propriedades de ligação ao oxigênio que não são possíveis com a cadeia simples da mioglobina.

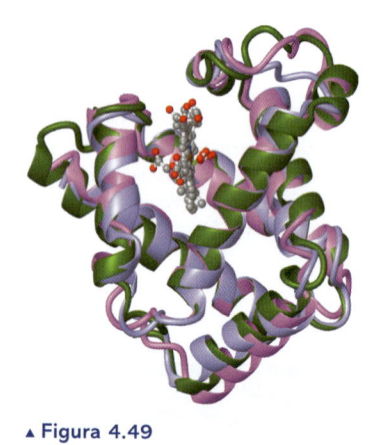

4.14 Ligação do oxigênio à mioglobina e à hemoglobina

As atividades de ligação de oxigênio da mioglobina e da hemoglobina fornecem um excelente exemplo de como a estrutura da proteína se relaciona com sua função fisiológica. Essas proteínas estão entre as mais intensamente estudadas em bioquímica. Elas foram as primeiras proteínas complexas a terem suas estruturas determinadas por cristalografia de raios X (Seção 4.2). Vários dos princípios descritos aqui para proteínas de ligação ao oxigênio também são válidos para as enzimas que estudaremos nos capítulos 5 e 6. Nesta seção, examinamos a química de ligação de oxigênio ao heme, a fisiologia da ligação de oxigênio à mioglobina e à hemoglobina, bem como as propriedades reguladoras da hemoglobina.

▲ **Figura 4.49**
Estrutura terciária da mioglobina, da α-globina e da β-globina. As orientações das subunidades individuais de α-globina e de β-globina na hemoglobina foram deslocadas para revelar as similaridades da estrutura terciária. As três estruturas foram superpostas. Todas as estruturas são das formas oxigenadas mostradas nas figuras 4.46 e 4.48. Código de cores: α-globina (azul), β-globina (roxo) e mioglobina (verde).

A. O oxigênio se liga reversivelmente ao heme

Usaremos a mioglobina como um exemplo de ligação do oxigênio ao grupo prostético heme, mas os mesmos princípios se aplicam à hemoglobina. A ligação reversível de oxigênio é chamada **oxigenação**. A mioglobina sem oxigênio é chamada *desoximioglobina*, e a molécula oxigenada, *oximioglobina* (as duas formas de hemoglobina são chamadas *desoxiemoglobina* e *oxiemoglobina*, respectivamente).

Alguns substituintes do grupo prostético heme são hidrofóbicos; essa característica permite ao grupo ficar parcialmente inserido no interior hidrofóbico da molécula de mioglobina. Lembre-se de que, na Figura 4.46, há dois resíduos polares situados próximos ao grupo heme, o His-64 e o His-93. Na oximioglobina, seis ligantes coordenam-se ao íon ferroso, assumindo uma geometria octaédrica em torno do cátion metálico (figuras 4.50 e 4.51). Quatro dos ligantes são átomos de nitrogênio do sistema de anéis tetrapirrólicos; o quinto é um nitrogênio imidazólico da His-93 (chamada histidina proximal); e o sexto é o oxigênio molecular colocado entre o ferro e a cadeia lateral do imidazol do His-64 (chamado histidina distal). Na desoximioglobina, o ferro se coordena com somente cinco ligantes, pois o oxigênio não está presente. As cadeias laterais apolares de Val-68 e Phe-43, mostradas na Figura 4.51, contribuem para a hidrofobicidade do bolsão de ligação ao oxigênio e ajudam a manter o grupo heme em posição. Várias cadeias laterais bloqueiam a entrada do bolsão que contém o heme, tanto na oximioglobina como na desoximioglobina. A estrutura da proteína nessa região precisa vibrar, ou "respirar", rapidamente para permitir ao oxigênio ligar-se e dissociar-se.

A fenda hidrofóbica da globina é a chave da capacidade que tanto mioglobina como hemoglobina têm de se ligar e liberar adequadamente o oxigênio. O heme livre não se liga reversivelmente ao oxigênio em solução aquosa; ao contrário, o Fe^{2+} do heme é quase instantaneamente oxidado em Fe^{3+} (oxidação equivale à perda de elétrons, como descrito na Seção 6.1C. Redução é o ganho de elétrons. Oxidação e redução referem-se à transferência de elétrons, e não à presença ou à ausência de moléculas de oxigênio).

As estruturas da mioglobina e da hemoglobina evitam a transferência permanente de um elétron ou a oxidação irreversível, garantindo assim a ligação reversível do oxigênio molecular para seu transporte. O íon ferroso do heme na hemoglobina é parcialmente oxidado no momento da ligação ao O_2. Um elétron é por um tempo transferido para o átomo de oxigênio ligado ao ferro, de modo que a molécula de oxigênio é em parte reduzida. Se o elétron fosse transferido completamente, o complexo seria Fe^{3+}–O_2^- (um ânion superóxido ligado ao íon férrico). A fenda da globina evita a transferência completa do elétron e força o retorno dele ao ferro quando o O_2 se dissocia.

B. Curvas de ligação de mioglobina e hemoglobina ao oxigênio

O oxigênio se liga reversivelmente à mioglobina e à hemoglobina. O grau de ligação no equilíbrio depende das concentrações da proteína e do oxigênio. Essa relação é mostrada nas curvas de ligação de oxigênio (Figura 4.52). Nessas figuras, a fração de saturação (Y) de uma quantidade fixa de proteína é colocada em um gráfico contra a concentração de oxigênio (medida como a pressão parcial de oxigênio gasoso, pO_2). A fração de saturação da mioglobina ou da hemoglobina é a fração do número total de moléculas que são oxigenadas.

$$Y = \frac{[MbO_2]}{[MbO_2] + [Mb]} \qquad (4.3)$$

A curva de ligação do oxigênio para a mioglobina é uma hipérbole (Figura 4.52), indicando que há uma só constante de equilíbrio para a ligação do O_2 à macromolécula. Ao contrário, a curva que mostra a relação entre as concentrações de oxigênio e a ligação à hemoglobina é sigmoidal. Curvas de ligação sigmoidais (em formato de S) indicam que mais de uma molécula de ligante se liga a cada proteína. Nesse caso, até quatro moléculas de O_2 se ligam à hemoglobina, uma por cada grupo heme da proteína tetramérica. O formato da curva indica que os sítios de ligação do oxigênio na hemoglobina interagem de modo que a ligação de uma molécula de oxigênio a um grupo heme facilita a ligação de moléculas de oxigênio aos outros heme. A afinidade da hemoglobina pelo oxigênio aumenta à medida que cada molécula de oxigênio se liga a ela. Esse fenômeno de ligação interativa é chamado *cooperatividade positiva* de ligação.

A pressão parcial de meia saturação (P_{50}) é uma medida da afinidade da proteína pelo O_2. Um valor baixo de P_{50} indica uma grande afinidade por oxigênio, já que a proteína estará meio saturada com baixa concentração de oxigênio; similarmente, um alto valor de P_{50} significa uma baixa afinidade. Moléculas de mioglobina tornam-se

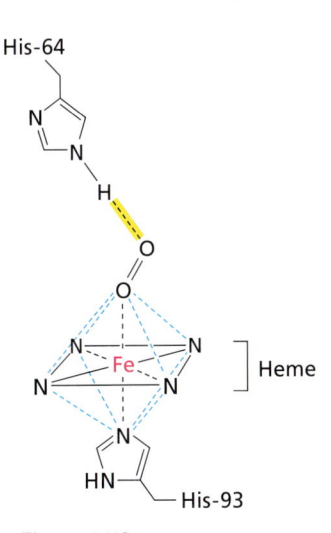

▲ Figura 4.50
Sítio de ligação ao oxigênio na oximioglobina do cachalote. O grupo prostético heme é representado por um paralelogramo com um átomo de nitrogênio em cada vértice. As linhas tracejadas azuis ilustram a geometria octaédrica do complexo de coordenação.

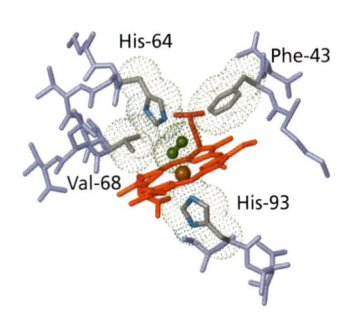

▲ Figura 4.51
Sítio de ligação ao oxigênio na mioglobina do cachalote. O Fe(II) (laranja) situa-se no plano do grupo heme. O oxigênio (verde) se liga ao átomo de ferro e à cadeia lateral da His-64. Val-68 e Phe-43 contribuem para o ambiente hidrofóbico do sítio de ligação do oxigênio [PDB 1AGM].

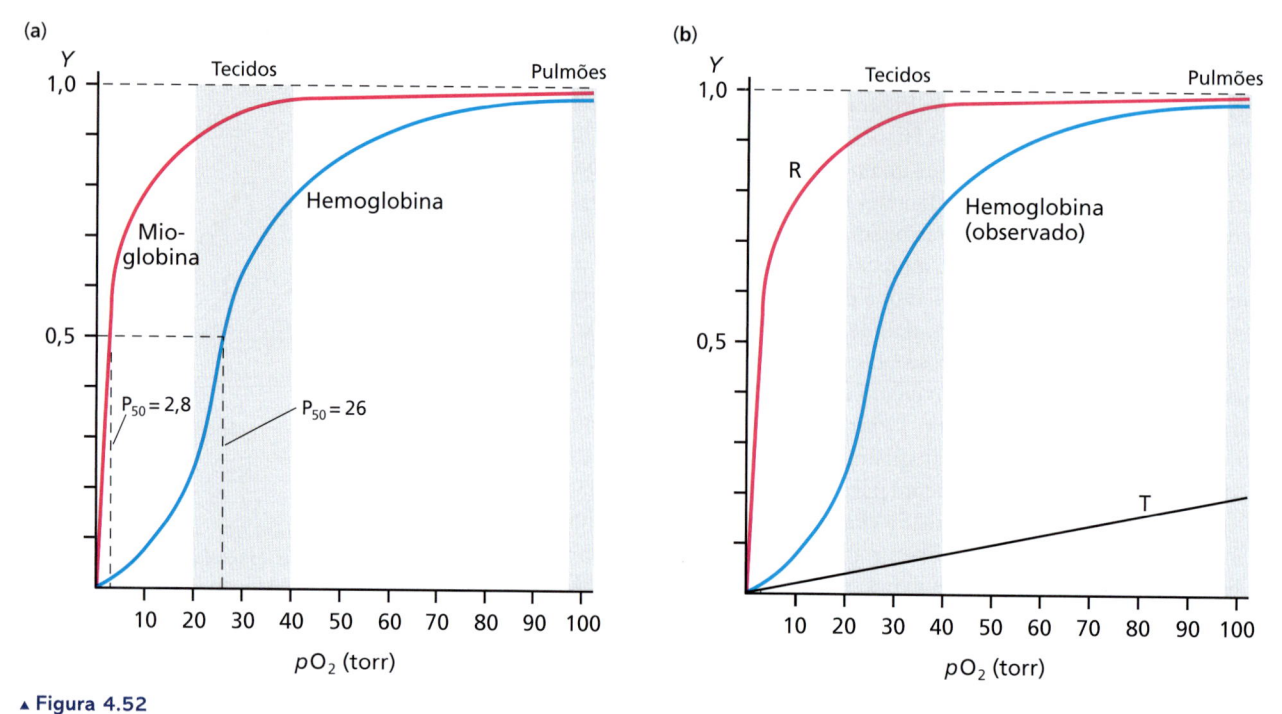

▲ **Figura 4.52**
Curvas de ligação de mioglobina e hemoglobina ao oxigênio. (a) Comparação entre mioglobina e hemoglobina. A fração de saturação (Y) de cada proteína é colocada no gráfico contra a pressão parcial de oxigênio (pO_2). A curva de ligação de oxigênio à mioglobina é hiperbólica, com meia saturação ($Y = 0,5$) a uma pressão de oxigênio igual a 2,8 torr. A curva de ligação do oxigênio à hemoglobina no sangue é sigmoidal, com meia saturação a uma pressão de oxigênio igual a 26 torr. A mioglobina tem maior afinidade por oxigênio do que a hemoglobina, em todas as pressões de oxigênio. Nos pulmões, onde a pressão parcial de oxigênio é mais alta, a hemoglobina está quase saturada com oxigênio. Nos tecidos, onde a pressão parcial de oxigênio é baixa, este é liberado da hemoglobina oxigenada e transferido à mioglobina. (b) Ligação de O_2 pelos diferentes estados da hemoglobina. O estado oxi (R, ou alta afinidade) da hemoglobina tem curva de ligação hiperbólica. O estado desoxi (T, ou baixa afinidade) da hemoglobina também teria uma curva de ligação hiperbólica, mas com uma concentração muito mais alta para meia saturação. Soluções de hemoglobina contendo misturas das formas de afinidade baixa e alta mostram curvas de ligação sigmoidais com afinidades intermediárias pelo oxigênio.

meio saturadas a uma pO_2 de 2,8 torr (1 atmosfera = 760 torr). O P_{50} para a hemoglobina é muito maior (26 torr), refletindo sua menor afinidade pelo oxigênio. Os grupos prostéticos heme da mioglobina e da hemoglobina são idênticos, mas suas afinidades pelo oxigênio diferem por causa dos microambientes das duas proteínas, que são ligeiramente diferentes. A afinidade por oxigênio é uma propriedade intrínseca

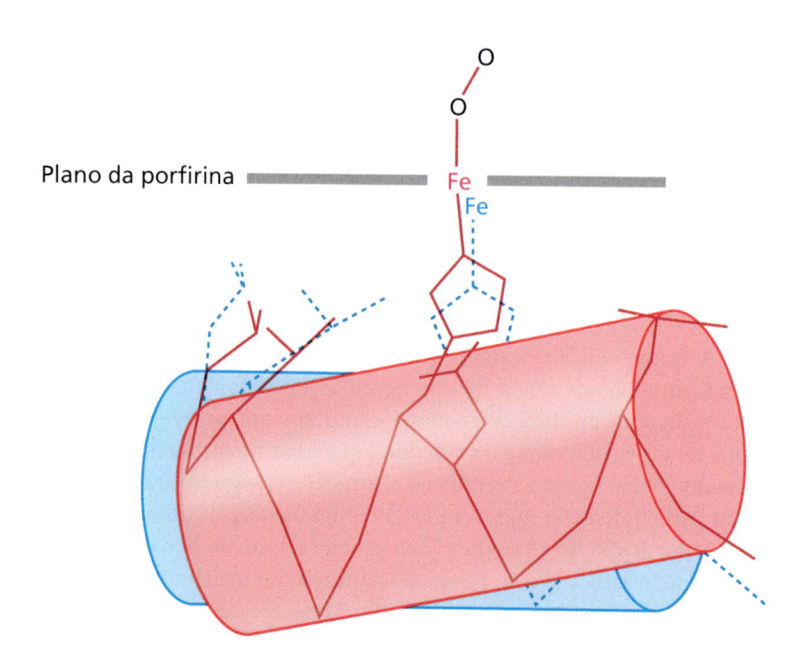

▶ **Figura 4.53**
Alterações conformacionais em uma cadeia de hemoglobina induzidas pela oxigenação. Quando o ferro do heme de uma subunidade de hemoglobina está oxigenado (rosa), o resíduo de histidina proximal é puxado para o anel porfirínico. A hélice contendo a histidina também se desloca, rompendo pares iônicos que conectam as subunidades de desoxiemoglobina (azul).

da proteína. Ela é equivalente às constantes de equilíbrio de ligação/dissociação, as quais são comumente usadas para descrever a ligação de ligantes a outras proteínas e enzimas (Seção 4.9).

Como a Figura 4.52 mostra, na alta pO_2 encontrada nos pulmões (cerca de 100 torr) tanto a mioglobina como a hemoglobina estão quase saturadas. Contudo, em valores de pO_2 abaixo de 50 torr, a mioglobina ainda está quase totalmente saturada, enquanto a hemoglobina, apenas parcialmente. Muito do oxigênio carregado pela hemoglobina nos eritrócitos é liberado nos capilares dos tecidos, onde a pO_2 é baixa (de 20 a 40 torr). A mioglobina no tecido muscular se liga então ao oxigênio liberado pela hemoglobina. As diferentes afinidades da mioglobina e da hemoglobina pelo oxigênio levam, portanto, a um sistema eficiente de liberação do oxigênio dos pulmões para os músculos.

A ligação cooperativa do oxigênio pela hemoglobina pode ser relacionada a mudanças na conformação da proteína, durante a oxigenação. A desoxiemoglobina é estabilizada por diversos pares iônicos intra e intersubunidades. Quando o oxigênio se liga a uma das subunidades, ele provoca um movimento que rompe esses pares iônicos e favorece uma conformação ligeiramente diferente. O movimento é desencadeado pela reatividade do átomo de ferro do heme (Figura 4.53). Na desoxiemoglobina, o átomo de ferro está ligado a apenas cinco ligantes (como na mioglobina). Ele é ligeiramente maior do que a cavidade do anel de porfirina e se situa abaixo do plano do anel. Quando o O_2 – o sexto ligante – se liga ao átomo de ferro, a estrutura eletrônica deste se

QUADRO 4.4 Hemoglobinas do embrião e do feto

Os genes de α-globina humana estão localizados no cromossomo 16, em um *cluster* de membros próximos dessa família de genes. Há dois genes diferentes codificando a α-globina: $α_1$ e $α_2$. Antes desses genes há outro gene funcional, chamado ζ (zeta). O local inclui dois pseudogenes não funcionais, um relacionado a ζ ($ψ_ζ$) e outro derivado de um gene duplicado de α-globina ($ψ_α$).

O gene da β-globina está no cromossomo 11 e também fica em um local onde há outros membros da família de genes da globina. Os genes funcionais são δ, dois genes relacionados aos da γ-globina ($γ^A$ e $γ^G$), e um gene ε (épsilon). Esse local também contém um pseudogene relacionado a β ($ψ_β$).

Os outros genes de globinas codificam subunidades de hemoglobina, e são expressos nos primeiros estágios embrionários e no feto. As hemoglobinas embrionárias são chamadas Gower 1 ($ζ_2ε_2$), Gower 2 ($α_2ε_2$) e Portland ($ζ_2γ_2$). A hemoglobina fetal tem a seguinte composição de subunidades: $α_2γ_2$. As hemoglobinas de adultos são $α_2β_2$ e $α_2δ_2$.

Durante a fase inicial da embriogênese, o embrião em crescimento capta oxigênio do sangue materno através da placenta. A concentração de oxigênio no embrião é muito mais baixa do que no sangue do adulto. As hemoglobinas dos embriões compensam isso ligando-se mais fortemente ao oxigênio; seus valores de P_{50} variam de 4 a 12 torr – muito mais baixos do que os valores da hemoglobina do adulto (26 torr). As hemoglobinas do feto ligam-se ao oxigênio menos fortemente do que as do embrião, mas mais fortemente do que as do adulto (P_{50} = 20 torr).

A expressão dos vários genes de globina é cuidadosamente regulada, de modo que os genes certos são transcritos no momento correto. Há algumas mutações nas quais genes da γ-globina fetal são inapropriadamente expressos em adultos. O resultado delas é um fenótipo conhecido como Persistência Hereditária da Hemoglobina Fetal (HPFH, do inglês *Hereditary Persistence of Fetal Hemoglobin*). Essa é apenas uma das centenas de variantes de hemoglobina que já foram detectadas nos seres humanos. Você pode ler sobre elas em um banco de dados chamado Online Mendelian Inheritance in Man (OMIM), o mais completo e preciso de doenças genéticas em seres humanos (ncbi.nlm.nih.gov/omim).

▶ Feto humano.

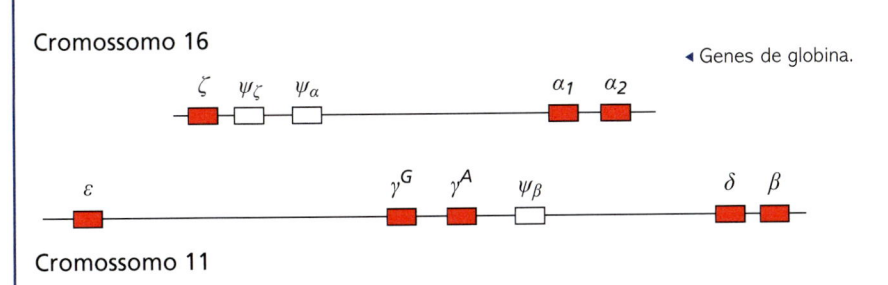

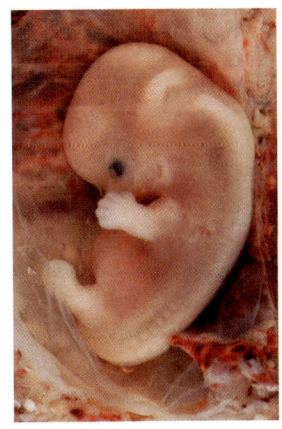

◀ Genes de globina.

Cromossomo 16: ζ $ψ_ζ$ $ψ_α$ $α_1$ $α_2$

Cromossomo 11: ε $γ^G$ $γ^A$ $ψ_β$ δ β

▲ Julian Voss-Andreae criou uma escultura denominada "Coração de Aço (Hemoglobina)" ["Heart of Steel (Hemoglobin)"] em 2005, na cidade de Lake Oswego, Oregon, EUA. A escultura é uma representação de uma molécula de hemoglobina com um átomo de oxigênio ligado. A escultura original era de aço brilhante (esquerda). Após 10 dias (meio) ela começou a se oxidar à medida que o ferro presente no aço reagia com o oxigênio da atmosfera. Depois de vários meses (direita), a escultura estava completamente colorida pela ferrugem.

▲ 2,3-*Bis*fosfo-D-glicerato (2,3BPG)

altera, seu diâmetro diminui e ele se move para dentro do plano do anel porfirínico, puxando a hélice que contém a histidina proximal. A mudança na estrutura terciária resulta em uma leve alteração da quaternária, o que permite que as subunidades remanescentes se liguem mais facilmente ao oxigênio. Todo o tetrâmero parece se deslocar da conformação desoxi para a oxi somente depois que pelo menos uma molécula de oxigênio se liga a cada dímero αβ (para maiores informações, ver a Seção 5.9C).

A variação conformacional da hemoglobina é responsável pela cooperatividade positiva da ligação vista na curva (Figura 4.52a). A forma da curva é devida ao efeito combinado das duas conformações (Figura 4.52b). A forma completamente desoxigenada da hemoglobina tem baixa afinidade por oxigênio e, assim, exibe uma curva de ligação hiperbólica, com uma concentração muito alta de meia saturação. Só uma pequena quantidade de hemoglobina fica saturada em concentrações baixas de oxigênio. À medida que a concentração de oxigênio aumenta, algumas moléculas de hemoglobina se ligam ao oxigênio, o que aumenta sua afinidade por este, de modo que a proteína se torna mais predisposta à ligação de moléculas adicionais de oxigênio. Isso é que leva a curva a ter a forma sigmoidal e provoca um aumento agudo na ligação, pois mais moléculas de hemoglobina estão na conformação oxi. Se todas as moléculas estivessem na conformação oxi, uma solução delas apresentaria uma curva de ligação hiperbólica. A liberação de moléculas de oxigênio permite à molécula de hemoglobina refazer os pares iônicos e reassumir a conformação desoxi.

As duas conformações da hemoglobina são chamadas de estados T (tenso) e R (relaxado), usando a terminologia padrão para essas mudanças conformacionais. Na hemoglobina, a conformação desoxi, que resiste à ligação do oxigênio, é considerada a forma inativa (T), enquanto a oxi, que facilita a ligação do oxigênio, é considerada a forma ativa (R). Os estados R e T ficam em equilíbrio dinâmico.

A síntese de 2,3BPG nas células vermelhas é descrita no Quadro 11.2 (Capítulo 11).

C. A hemoglobina é uma proteína alostérica

A ligação e a liberação de oxigênio pela hemoglobina são reguladas por **interações alostéricas** (do grego *allos*, outro). Sob esse aspecto, a hemoglobina – uma proteína carreadora, e não uma enzima – se assemelha a certas enzimas reguladoras (Seção 5.9). Interações alostéricas ocorrem quando uma molécula pequena específica, chamada de **modulador ou efetor alostérico**, se liga a uma proteína (geralmente uma enzima) e modula sua atividade. O modulador alostérico se liga reversivelmente a um

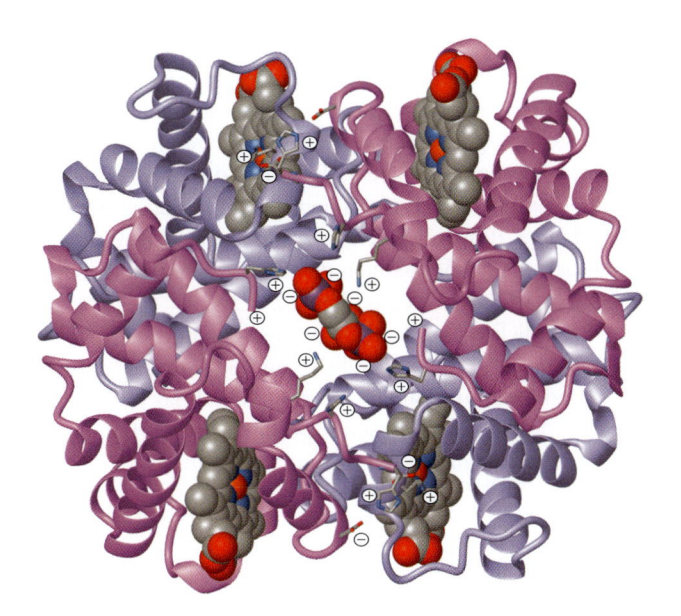

◀ **Figura 4.54**
Ligação de 2,3BPG a desoxiemoglobina. A cavidade central da desoxiemoglobina é forrada com grupos positivamente carregados, os quais são complementares aos grupos carboxilato e fosfato do 2,3BPG. Tanto o 2,3BPG como os pares iônicos mostrados ajudam a estabilizar a conformação desoxi. As subunidades α são mostradas em rosa, as β, em azul, e os grupos prostéticos heme, em representação de espaço preenchido na periferia do tetrâmero.

sítio separado do de ligação funcional da proteína. Uma molécula efetora pode ser um ativador ou um inibidor. Uma proteína cuja atividade é modulada por efetores alostéricos é chamada **proteína alostérica**.

A modulação alostérica é realizada por meio de pequenas, mas significativas, mudanças nas conformações das proteínas alostéricas. Ela envolve a cooperatividade de ligação – regulada pela ligação de um efetor alostérico a um sítio distinto, que não se sobrepõe ao sítio normal de ligação de um substrato, produto ou molécula transportada, como o oxigênio. Uma proteína alostérica fica em um equilíbrio no qual sua forma ativa (estado R) e a inativa (estado T) são rapidamente interconvertidas. Um substrato, que obviamente se liga ao sítio ativo (o heme na hemoglobina), liga-se mais avidamente quando a proteína está no estado R. Um inibidor alostérico, que se liga a um sítio alostérico ou regulador, liga-se mais avidamente ao estado T. A ligação de um inibidor alostérico a seu sítio regulador faz com que a proteína alostérica mude rapidamente do estado R para o T. A ligação de um substrato a seu sítio ativo (ou de um ativador alostérico ao sítio alostérico) provoca a mudança inversa. A alteração conformacional de uma proteína alostérica provocada pela ligação ou liberação de um efetor se estende do sítio alostérico ao sítio funcional de ligação (o sítio ativo). O nível de atividade de uma proteína alostérica depende das proporções relativas das moléculas nas formas R e T; estas, por sua vez, dependem das concentrações relativas dos substratos e dos moduladores que se ligam a cada forma.

A molécula 2,3-*bis*fosfo-D-glicerato (2,3BPG) é um efetor alostérico da hemoglobina de mamíferos. A presença de 2,3BPG nos eritrócitos eleva o P_{50} para ligação de oxigênio à hemoglobina do adulto a aproximadamente 26 torr, muito acima do valor de P_{50} para a ligação de oxigênio a hemoglobina purificada em solução aquosa (cerca de 12 torr). Em outras palavras, 2,3BPG nos eritrócitos abaixa substancialmente a afinidade da desoxiemoglobina pelo oxigênio. As concentrações de 2,3BPG e de hemoglobina nos eritrócitos são quase iguais (em torno de 4,7 mM).

O efetor 2,3BPG se liga na cavidade central da hemoglobina entre as duas subunidades β. Nesse bolsão de ligação, há seis cadeias laterais positivamente carregadas e o grupo α-amino N-terminal de cada cadeia β, formando um sítio de ligação catiônico (Figura 4.54). Na desoxiemoglobina, esses grupos positivamente carregados podem interagir de forma eletrostática com as cinco cargas negativas do 2,3BPG. Quando o 2,3BPG está ligado, a conformação desoxi (o estado T, que tem baixa afinidade por O_2) é estabilizada, e a conversão para a conformação oxi (o estado R, ou de alta afinidade) é inibida. Na oxiemoglobina, as cadeias β são bem próximas, e o sítio de ligação alostérica é pequeno demais para acomodar o 2,3BPG. Os ligantes reversivelmente ligados O_2 e 2,3BPG têm efeitos opostos sobre o equilíbrio entre as formas R e T. A ligação de oxigênio aumenta a proporção de moléculas de hemoglobina na conformação oxi (R); a ligação de 2,3BPG aumenta a proporção de moléculas de hemoglobina

> As conformações R e T são explicadas mais profundamente na Seção 5.10, "Teoria da Alosteria".

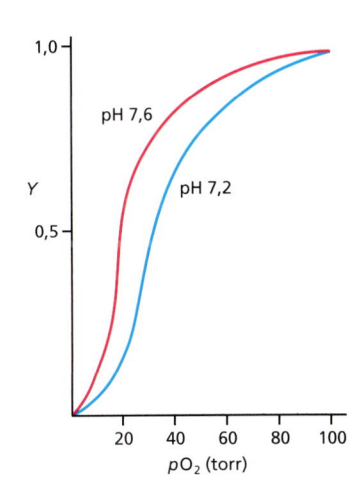

▲ **Figura 4.55**
Efeito Bohr. A diminuição do pH reduz a afinidade da hemoglobina pelo oxigênio.

na conformação desoxi (T). Como os sítios de ligação do oxigênio e do 2,3BPG são diferentes, este último é um verdadeiro efetor alostérico.

Na ausência de 2,3BPG, a hemoglobina fica quase saturada a uma pressão de oxigênio de cerca de 20 torr. Logo, na baixa pressão de oxigênio que prevalece nos tecidos (de 20 a 40 torr), a hemoglobina sem 2,3BPG não descarregaria seu oxigênio. Em presença de 2,3BPG equimolar, contudo, a hemoglobina está saturada em apenas um terço de sua capacidade a 20 torr. O efeito alostérico do 2,3BPG faz a hemoglobina liberar oxigênio nas baixas pressões parciais desse gás nos tecidos. No músculo, a mioglobina pode se ligar a parte do oxigênio liberado.

Regulação adicional da ligação de oxigênio à hemoglobina envolve dióxido de carbono e prótons, ambos produtos do metabolismo aeróbico. O CO_2 reduz a afinidade da hemoglobina por O_2, ao diminuir o pH no interior das células vermelhas do sangue. A hidratação enzimática do CO_2 nos eritrócitos produz ácido carbônico, H_2CO_3, o qual se dissocia para formar bicarbonato e um próton, baixando assim o pH.

$$CO_2 + H_2O \rightleftharpoons H_2CO_3 \rightleftharpoons H^{\oplus} + HCO_3^{\ominus} \quad (4.4)$$

O pH mais baixo leva à protonação de vários grupos na hemoglobina. Esses grupos então formam pares iônicos que ajudam a estabilizar a conformação desoxi. O aumento da concentração de CO_2 e concomitante redução do pH elevam o P_{50} da hemoglobina (Figura 4.55). Esse fenômeno, chamado efeito Bohr, aumenta a eficiência do sistema de distribuição de oxigênio. Na inalação, quando o nível de CO_2 nos pulmões é baixo, o O_2 é facilmente capturado pela hemoglobina; nos tecidos metabolizantes, onde o nível de CO_2 é um pouco alto, e o pH, um pouco baixo, o O_2 é tranquilamente liberado pela oxiemoglobina.

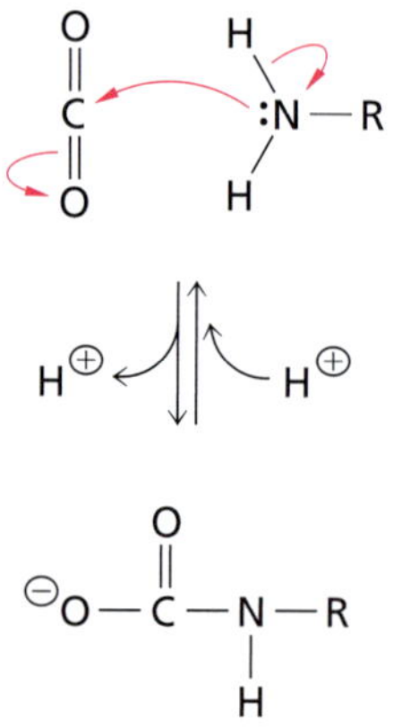

O dióxido de carbono é transportado dos tecidos para os pulmões de duas maneiras. A maior parte do CO_2 produzido pelo metabolismo é transportado sob a forma de íons bicarbonato dissolvidos, mas uma parte é carreada pela própria hemoglobina, formando carbamatos (Figura 4.56). No pH dos eritrócitos (7,2) e em altas concentrações de CO_2, os grupos amino desprotonados dos quatro resíduos N-terminais da desoxiemoglobina (pK_a entre 7 e 8) podem reagir reversivelmente com CO_2 para formar carbamatos. Os carbamatos da oxiemoglobina são menos estáveis do que os da desoxiemoglobina. Quando a hemoglobina atinge os pulmões, onde a pressão parcial de CO_2 é baixa e a de O_2 é alta, ela é convertida em sua forma oxigenada, e o CO_2 que estava ligado é liberado.

▲ **Figura 4.56**
Carbamatos. O dióxido de carbono produzido pelos tecidos metabolizantes pode reagir reversivelmente com os resíduos N-terminais das cadeias de globina na hemoglobina, convertendo-os em carbamatos.

4.15 Os anticorpos se ligam a antígenos específicos

Os vertebrados têm um sistema imunológico complexo que elimina substâncias estranhas, incluindo agentes infecciosos como bactérias e vírus. Como parte desse sistema, os vertebrados sintetizam proteínas chamadas **anticorpos** (também conhecidos como imunoglobulinas), que reconhecem **antígenos** específicos e se ligam a eles. Muitos tipos de compostos estranhos podem servir como antígenos, capazes de produzir uma resposta imune. Os anticorpos são sintetizados pelos glóbulos brancos, ou linfócitos; cada linfócito e seus descendentes sintetizam o mesmo anticorpo. Como os animais são expostos a muitas substâncias estranhas ao longo da vida, eles desenvolvem um grande arsenal de linfócitos produtores de anticorpos, os quais permanecem em níveis baixos durante muitos anos e, mais tarde, podem responder ao antígeno durante reinfecções. A memória do sistema imune é a razão pela qual certas infecções não atingem um indivíduo repetidas vezes, mesmo que ele seja exposto mais de uma vez a seus agentes. Vacinas (por exemplo patógenos inativados ou análogos de toxinas) administradas às crianças são eficazes porque a imunidade estabelecida na infância se estende à idade adulta.

Quando um antígeno – novo ou já encontrado anteriormente – se liga à superfície dos linfócitos, essas células são estimuladas a proliferar e produzir anticorpos solúveis para secreção na corrente sanguínea. Os anticorpos solúveis se ligam ao organismo ou substância estranha, formando um complexo anticorpo-antígeno, que precipita e

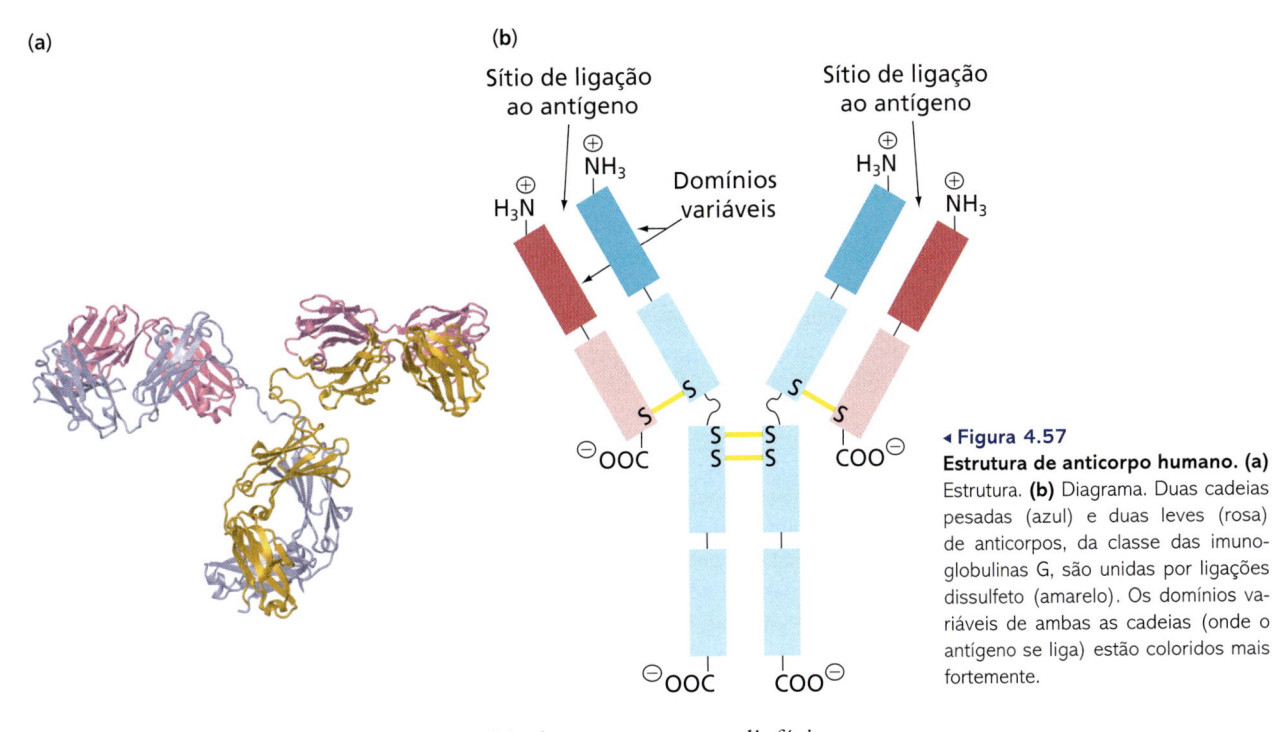

◀ Figura 4.57
Estrutura de anticorpo humano. (a) Estrutura. **(b)** Diagrama. Duas cadeias pesadas (azul) e duas leves (rosa) de anticorpos, da classe das imunoglobulinas G, são unidas por ligações dissulfeto (amarelo). Os domínios variáveis de ambas as cadeias (onde o antígeno se liga) estão coloridos mais fortemente.

marca o antígeno para destruição por uma série de proteases ou por linfócitos que o englobam e digerem intracelularmente.

Os anticorpos mais abundantes na corrente sanguínea são as imunoglobulinas da classe G (IgG). Essas são oligômeros em formato de Y, compostos de duas cadeias leves idênticas e duas cadeias pesadas, também idênticas, conectadas por ligações dissulfeto (Figura 4.57). As imunoglobulinas são glicoproteínas que contêm carboidratos ligados covalentemente às cadeias pesadas. Os N-terminais de cada polipeptídeo de um par de cadeias leves e pesadas ficam bem próximos. As cadeias leves têm dois domínios, e as pesadas, quatro. Cada um dos domínios consiste em cerca de 110 resíduos arranjados em um motivo comum chamado dobra da imunoglobulina, cuja característica marcante é um sanduíche formado por duas folhas β antiparalelas (Figura 4.58). Essa estrutura de domínio é encontrada em muitas outras proteínas do sistema imune.

Os domínios N-terminais de anticorpos são ditos variáveis por causa da diversidade de suas sequências. Eles determinam a especificidade da ligação ao antígeno. Estudos de cristalografia de raios X mostraram que o sítio de ligação ao antígeno de um domínio variável consiste em três alças, chamadas regiões hipervariáveis, que diferem

▲ Figura 4.58
O dobramento da imunoglobulina. O domínio consiste em um sanduíche de duas folhas β antiparalelas [PDB 1REI].

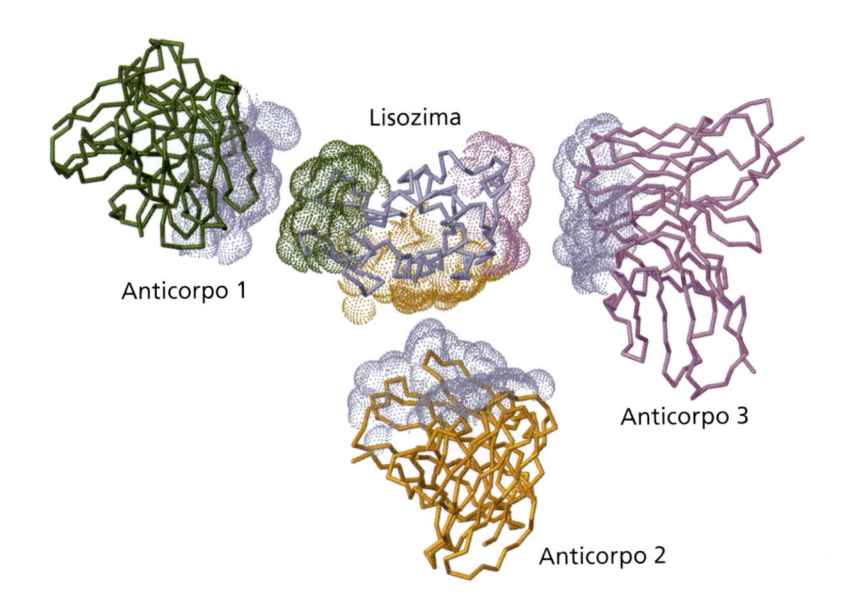

◀ Figura 4.59
Ligação de três anticorpos diferentes a um antígeno (a proteína lisozima). As estruturas dos três complexos antígeno-anticorpo foram determinadas por cristalografia de raios X. Essa imagem manipulada, na qual o antígeno e os anticorpos foram separados, mostra as superfícies do antígeno e dos anticorpos que interagem. Aparecem apenas partes dos três anticorpos.

bastante em tamanho e sequência. As alças de uma cadeia leve e de uma cadeia pesada se combinam para formar um barril, cuja superfície superior é complementar à forma e à polaridade de um antígeno específico. O encaixe entre antígeno e anticorpo é tão perfeito que não há espaço para moléculas de água entre os dois. As forças que estabilizam a interação entre antígeno e anticorpo são principalmente ligações de hidrogênio e interações eletrostáticas. Um exemplo dessas interações é mostrado na Figura 4.59.

Anticorpos são usados em laboratório para detectar pequenas quantidades de várias substâncias, em virtude de sua marcante especificidade de ligação com um antígeno. Em um tipo comum de imunoensaio, fluido contendo uma quantidade desconhecida de antígeno é misturado a uma solução de anticorpo marcado; a quantidade do complexo anticorpo-antígeno formado é medida a seguir. A sensibilidade desses ensaios pode ser aumentada de vários modos, tornando-os adequados para testes diagnósticos.

Resumo

1. As proteínas se enovelam em várias formas ou conformações. Muitas proteínas são hidrossolúveis, quase esféricas e fortemente enoveladas. Outras formam longos filamentos que fornecem suporte mecânico a células e tecidos. Proteínas de membrana são componentes integrais das membranas ou são associadas a elas.

2. Há quatro níveis de estrutura de proteínas: primária (sequência dos resíduos de aminoácidos), secundária (conformação local regular, estabilizada por ligações de hidrogênio), terciária (forma compactada da cadeia polipeptídica inteira) e quaternária (arranjo de duas ou mais cadeias polipeptídicas em uma proteína com múltiplas subunidades).

3. As estruturas tridimensionais dos biopolímeros, como as proteínas, podem ser determinadas por cristalografia de raios X e por espectroscopia de RMN.

4. O grupo peptídico é polar e plano. A rotação em torno das ligações N—Cα e Cα—C é descrita pelos ângulos φ e ψ.

5. A α-hélice, uma estrutura secundária comum, é uma espiral contendo aproximadamente 3,6 resíduos de aminoácidos por volta. Ligações de hidrogênio entre hidrogênios do grupo amida e oxigênios carbonílicos são quase paralelas ao eixo da hélice.

6. O outro tipo comum de estrutura secundária, a β, consiste com frequência em fitas β paralelas ou antiparalelas, as quais são unidas por ligações de hidrogênio formando folhas β.

7. A maioria das proteínas inclui trechos de conformação não repetitiva, contendo voltas e alças que ligam as α-hélices e as fitas β.

8. Combinações reconhecíveis de elementos estruturais secundários são chamadas motivos.

9. A estrutura terciária das proteínas consiste em um ou mais domínios, os quais podem ter estruturas reconhecíveis e estar associados a funções específicas.

10. Nas proteínas com estrutura quaternária, as subunidades são em geral mantidas juntas por interações não covalentes.

11. A conformação nativa de uma proteína pode ser desfeita pela adição de agentes desnaturantes. A renaturação é possível sob certas condições.

12. O enovelamento de uma proteína em seu estado biologicamente ativo é um processo sequencial, cooperativo, impulsionado em especial pelo efeito hidrofóbico. O enovelamento pode ser assistido por chaperonas.

13. O colágeno é a principal proteína fibrosa dos tecidos conjuntivos. As três cadeias helicoidais esquerdas do colágeno formam uma superespiral direita.

14. As estruturas enoveladas e compactas das proteínas permitem que elas se liguem seletivamente a outras moléculas. As proteínas que contêm heme, mioglobina e hemoglobina se ligam ao oxigênio e liberam-no. A ligação da hemoglobina ao oxigênio é caracterizada por cooperatividade positiva e regulação alostérica.

15. Anticorpos são proteínas de múltiplos domínios que ligam substâncias estranhas, ou antígenos, marcando-as para a destruição. Os domínios variáveis nas extremidades das cadeias leves e pesadas interagem com o antígeno.

Problemas

1. Observe o seguinte tripeptídeo:

    (a) Marque os carbonos-α e circule os átomos de cada grupo peptídico.

    (b) O que representam os grupos R?

    (c) Por que há limitação à rotação livre em torno das ligações entre o carbono carbonílico (C=O) e o N da amida?

    (d) Considerando que a estrutura química representa a conformação correta da ligação peptídica, os grupos peptídicos estão na conformação *cis* ou *trans*?

(e) Que ligações permitem rotação dos grupos peptídicos, um em relação ao outro?

2. (a) Caracterize o padrão de ligações de hidrogênio de uma α-hélice e de uma tripla-hélice do colágeno.

(b) Explique como as cadeias laterais dos aminoácidos são arranjadas em cada uma dessas hélices.

3. Explique por que os resíduos de glicina e prolina não são comumente encontrados nas α-hélices.

4. Um polipeptídeo sintético com 20 aminoácidos, chamado Betanova, foi idealizado como uma molécula pequena e solúvel que, teoricamente, deveria formar folhas β estáveis na ausência de ligações dissulfeto. O RMN de Betanova em solução indica que, de fato, ele forma uma folha β antiparalela composta de três fitas. Dada a sequência do Betanova a seguir:

Betanova RGWSVQNGKYTNNGKTTEGR

(a) Desenhe um diagrama de fitas para Betanova, indicando os resíduos prováveis para cada volta em grampo entre as fitas β.

(b) Mostre as interações esperadas para a estabilização dessa estrutura em folha β.

5. Cada membro de uma importante família de 250 diferentes proteínas de ligação ao DNA é composto de um dímero com um motivo proteico comum, o qual permite que cada proteína reconheça e se ligue a sequências específicas do DNA. Qual o motivo proteico comum na estrutura a seguir?

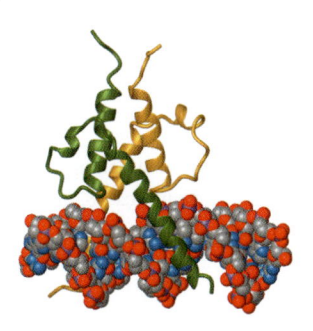

6. Utilize a Figura 4.21 para responder às seguintes questões:

(a) A qual das quatro principais categorias de domínio pertence o domínio intermediário da piruvato quinase (PK) (toda α, toda β, α/β, α + β)?

(b) Descreva quaisquer "dobras" de domínio características que predominem nesse domínio intermediário da PK.

(c) Identifique duas outras proteínas que tenham as mesmas dobras do domínio intermediário da piruvato quinase.

7. A proteína dissulfeto isomerase (PDI) aumenta substancialmente a taxa de reenovelamento correto da forma inativa da ribonuclease com ligações dissulfeto aleatórias (Figura 4.35). Mostre o mecanismo para o rearranjo catalisado por PDI de uma proteína não ativa (inativa) com ligações dissulfeto incorretas à proteína nativa (ativa) com tais ligações corretas.

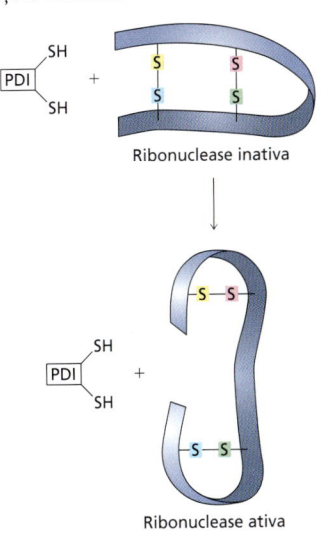

8. A mioglobina possui oito α-hélices, uma das quais tem a seguinte sequência:

–Gln–Gly–Ala–Met–Asn–Lys–Ala–Leu–Glu–
–His–Phe–Arg–Lys–Asp–Ile–Ala–Ala–

Que cadeias laterais são mais prováveis de estar do lado da hélice voltado para o interior da proteína? Quais devem estar voltadas para o solvente aquoso? Considere o volume dos resíduos voltados para o interior.

9. A homocisteína é um α-aminoácido contendo um grupo metileno a mais em sua cadeia lateral do que a cisteína (cadeia lateral = —CH_2CH_2SH). A homocisteinúria é uma doença genética caracterizada por níveis elevados de homocisteína no plasma e na urina, bem como por deformidades do esqueleto decorrentes de defeitos na estrutura do colágeno. Em condições fisiológicas, a homocisteína reage rapidamente com alisina. Mostre essa reação e sugira como ela pode levar a problemas nas ligações cruzadas do colágeno.

10. A forma larval do parasita *Schistosoma mansoni* infecta os seres humanos penetrando pela pele. A larva secreta enzimas que catalisam a clivagem de ligações peptídicas entre os resíduos X e Y na sequência –Gly–Pro–X–Y (X e Y podem ser quaisquer aminoácidos dentre vários). Por que essa atividade enzimática é importante para o parasita?

11. (a) Como a reação de dióxido de carbono com água ajuda a explicar o efeito Bohr? Inclua a equação de formação de bicarbonato a partir de CO_2 e água, e explique os efeitos de H^+ e CO_2 sobre a oxigenação da hemoglobina.

(b) Explique as bases fisiológicas para a administração intravenosa de bicarbonato a vítimas de choque.

12. A hemoglobina fetal (Hb F) contém serina em lugar da histidina (catiônica) na posição 143 das cadeias β da hemoglobina de adultos (Hb A). O resíduo 143 fica de frente para a cavidade central entre as cadeias β.

(a) Por que o 2,3BPG se liga mais fortemente à desoxi Hb A do que à desoxi Hb F?

(b) Como a menor afinidade da Hb F pelo 2,3BPG afeta a afinidade dela pelo O_2?

(c) O P_{50} da Hb F é de 18 torr, e o da Hb A é de 26 torr. Como esses valores explicam a transferência eficiente de oxigênio do sangue materno para o feto?

13. Substituições de aminoácidos nas interfaces das subunidades αβ da hemoglobina podem interferir com mudanças estruturais quaternárias entre as formas R e T que ocorrem em resposta à ligação com o oxigênio. Na variante Hb_{Yakima}, da hemoglobina, a forma R é estabilizada em relação à forma T, e P_{50} = 12 torr. Explique por que a hemoglobina mutante é menos eficiente do que a normal (P_{50} = 26 torr) na liberação de oxigênio para o músculo em trabalho, em que O_2 pode ser de 10 a 20 torr.

14. O veneno da tarântula rosa chilena (*Grammostola spatulata*) contém uma toxina que é uma proteína com 34 aminoácidos. Acredita-se que ela seja uma proteína globular que se insere na membrana lipídica para fazer seu efeito. A sequência da proteína é:

ECGKFMWKCKNSNDCCKDLVCSSR-
-WKWCVLASPF

(a) Identifique os aminoácidos hidrofóbicos e os hidrofílicos na proteína.

(b) Acredita-se que a proteína tem uma face hidrofóbica que interage com a membrana lipídica. Como podem os aminoácidos hidrofóbicos afastados na sequência interagir para formar uma face hidrofóbica?

[Adaptado de Lee S MacKinnon R. Nature. 430: 2004; 232-235.]

15. A selenoproteína P é uma proteína extracelular incomum, que contém 8-10 resíduos de selenocisteína e alto teor de resíduos de cisteína e histidina. Ela é encontrada tanto como uma proteína plasmática quanto fortemente associada à superfície das células. A proposta para a associação da selenoproteína P com as células é que ela ocorra por meio da interação de proteína com carboidratos de alto peso molecular chamados glicosaminoglicanos. Um desses compostos é a heparina (veja estrutura a seguir). Estudos sobre a ligação da selenoproteína P à heparina foram feitos sob diferentes condições de pH. Esses resultados são mostrados no gráfico a seguir.

(a) Como a ligação da selenoproteína P à heparina é dependente do pH?

(b) Dê razões estruturais possíveis para essa dependência.

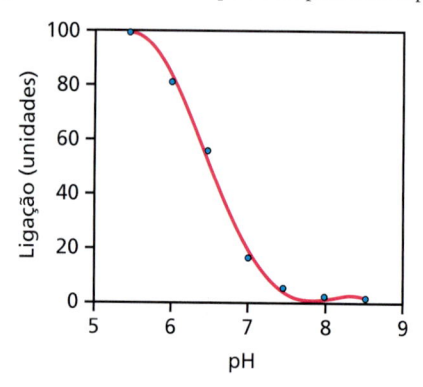

(Dica: para responder, use a informação sobre quais aminoácidos são abundantes na selenoproteína P).

[Adaptado de Arteel G E, Franken S, Kappler J, Sies H. Biol. Chem. 2000; 381:265-268.]

16. A gelatina é colágeno processado, oriundo das juntas de animais. Quando gelatina é misturada com água quente, a estrutura em tripla-hélice se desfaz e as cadeias se separam, formando espirais aleatórias que se dissolvem na água. À medida que a gelatina dissolvida resfria, o colágeno forma uma matriz que "prende" a água. Em consequência, a mistura se torna a massa semissólida flexível chamada Jell-O™. As orientações em uma caixa de gelatina incluem o seguinte: "Resfrie até que comece a firmar e, em seguida, adicione 1 a 2 xícaras de frutas ou vegetais, crus ou cozidos. Abacaxi fresco ou congelado deve ser cozido antes de ser adicionado". Se o abacaxi estiver cru, a gelatina não endurece. O abacaxi pertence ao grupo de plantas chamadas bromélias e contém uma protease chamada bromelina. Explique por que o abacaxi precisa ser cozido antes de adicionado à gelatina.

17. Hb Helsinki (HbH) é uma hemoglobina mutante, na qual o resíduo de lisina da posição 82 foi substituído por metionina. A mutação ocorre na cadeia beta, e o resíduo 82 é encontrado na cavidade central da hemoglobina. As curvas de ligação de oxigênio para hemoglobina normal de adulto (HbA, •) e HbH (■) em pH 7,4 na presença de uma concentração fisiológica de 2,3BPG são mostradas no gráfico.

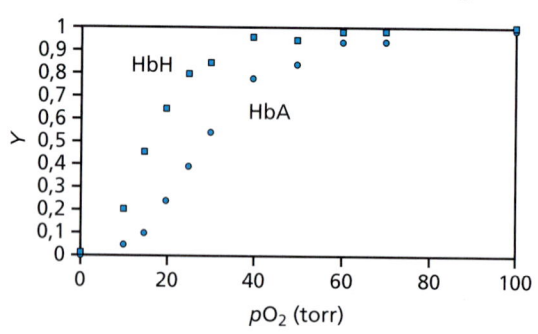

[Adaptado de Ikkala E, Koskela J, Pikkarainen P, Rahiala EL, El-Hazmi M A, Nagai K, et al. Acta Haematol. 1976; 56:257-275.]

Explique por que a curva para HbH é deslocada em relação para HbA. Essa mutação estabiliza o estado R ou o estado T? Que resultado essa mutação tem sobre a afinidade por oxigênio?

Leituras selecionadas

Geral

Clothia C e Gough J. Genomic and structural aspects of protein evolution. Biochem. J. 2009; 419:15-28. doi: 10,1042/BJ20090122.

Creighton TE. Proteins: Structures and Molecular Properties, 2a ed. (New York: W. H. Freeman), 1993; capítulos 4-7.

Fersht A. Structure and Mechanism in Protein Structure. New York: W. H. Freeman. 1998.

Goodsell D e Olson AJ. Soluble proteins: size, shape, and function. Trends Biochem. Sci. 1993; 18:65-68.

Goodsell DS e Olson AJ. Structural symmetry and protein function. Annu. Rev. Biophys, Biomolec. Struct. 2000; 29:105-153.

Kyte J. Structure in Protein Chemistry. New York: Garland, 1995.

Estrutura de Proteínas

Branden C e Tooze J. Introduction to Protein Structure, 2a ed. New York: Garland, 1991.

Chothia C, Hubbard T, Brenner S, Barns H e Murzin A. Protein folds in the all-β and all-α classes. Annu. Rev. Biophys. Biomol. Struct. 1997; 26:597-627.

Edison AS. Linus Pauling and the planar peptide bond. Nat. Struct. Biol. 2001; 8:201-202.

Harper ET e Rose GD. Helix stop signals in proteins and peptides: the capping box. Biochemistry, 1993; 32:7605-7609.

Phizicky E e Fields S. Protein-protein interactions: methods for detection and analysis. Microbiol. Rev. 1995; 59:94-123.

Rhodes G. Crystallography Made Crystal Clear. San Diego: Academic Press, 1993.

Richardson JS e Richardson DC. Principles and patterns of protein conformation. In: Prediction of Protein Structure and the Principles of Protein Conformation, G. D. Fasman, ed. New York: Plenum, 1989; pp. 1-98.

Wang Y, Liu C, Yang D e Yu H. Pin1At encoding a peptidyl-prolyl cis/trans isomerase regulates flowering time in arabidopsis. Molec. Cell. 2010; 37:112-122.

Uversky VN e Dunker AK. Understanding protein non-folding. Biochem. Biophys. Acta. 2010; 1804:1231-1264.

Enovelamento e Estabilidade de Proteínas

Daggett V e Fersht AR. Is there a unifying mechanism for protein folding? Trends Biochem. 2003; Sci. 28:18-25.

Dill KA, Ozkan SB, Shell MS e Weik TR. The protein folding problem. Annu. Rev. Biophys. 2008; 37:289–316.

Feldman DE e Frydman J. Protein folding in vivo: the importance of molecular chaperones. Curr. Opin. Struct. Biol. 2000; 10:26-33.

Kryshtafovych A, Fidelis K e Moult J. CASP8 results in context of previous experiments. Proteins. 2009; 77(suppl 9):217-228.

Matthews BW. Structural and genetic analysis of protein stability. Annu. Rev. Biochem. 1993; 62:139-160.

Saibil HR e Ranson NA. The chaperonin folding machine. Trends Biochem. Sci. 2002; 27:627-632.

Sigler PB, Xu Z, Rye HS, Burston SG, Fenton WA e Horwich AL. Structure and function in GroEL-mediated protein folding. Annu. Rev. Biochem. 1998; 67:581-608.

Smith CA. How do proteins fold? Biochem. Ed. 2000; 28:76-79.

Proteínas Específicas

Ackers GK, Doyle ML, Myers D e Daugherty MA. Molecular code for cooperativity in hemoglobin. Science. 1992; 255:54-63.

Brittain T. Molecular aspects of embryonic hemogloin function. Molec. Aspects Med. 2002; 23:293-342.

Davies DR, Padlan EA e Sheriff S. Antibody-antigen complexes. Annu. Rev. Biochem. 1990; 59:439-473.

Eaton WA, Henry ER, Hofrichter J e Mozzarelli A. Is cooperative binding by hemoglobin really understood? Nature Struct. Biol. 1999; 6(4):351-357.

Kadler K. Extracellular matrix 1: fibril-forming collagens. Protein Profile. 1994; 1:519-549.

Liu R e Ochman H. Stepwise formation of the bacterial flagellar system. Proc. Natl. Acad. Sci. (USA). 2007; 104:7116-7121.

Perutz MF. Hemoglobin structure and respiratory transport. Sci. Am. 1978; 239(6):92-125.

Perutz MF, Wilkinson AJ, Paoli M e Dodson GG. The stereochemical mechanism of the cooperative effects in hemoglobin revisited. Annu. Rev. Biophys. Biomol. Struct. 1998; 27:1-34.

CAPÍTULO 5

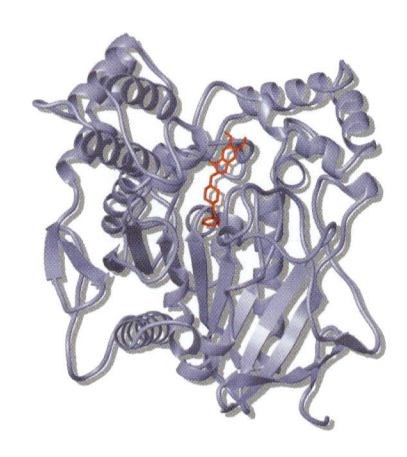

Propriedades das Enzimas

Fiquei impressionado com as enzimas e me apaixonei por elas instantaneamente. Já tive casos de amor com várias enzimas (nenhum tão duradouro quanto com a DNA polimerase), mas nunca encontrei uma entediante ou que me desapontasse.
— Arthur Kornberg (2001)

Vimos como as formas tridimensionais das proteínas permitem que elas desempenhem funções estruturais e de transporte. Agora discutiremos suas funções como enzimas, que são catalisadores biológicos extraordinariamente eficientes e seletivos. Cada célula viva possui centenas de enzimas diferentes, catalisando as reações essenciais à vida; mesmo os organismos vivos mais simples possuem centenas de enzimas diferentes. Nos organismos multicelulares, o conjunto das enzimas diferencia um tipo de célula do outro, mas a maioria das enzimas que iremos discutir neste livro está entre as muitas centenas comuns a todas as células. Essas enzimas catalisam as reações das vias metabólicas centrais necessárias à manutenção da vida.

Na ausência das enzimas, as reações metabólicas não irão ocorrer a velocidades significativas em condições fisiológicas. O principal papel das enzimas é aumentar a velocidade dessas reações para tornar a vida possível. Reações enzimáticas são entre 10^3 e 10^{20} vezes mais rápidas do que as correspondentes não catalisadas. Define-se um catalisador como uma substância que acelera a obtenção do equilíbrio. Ele pode ser temporariamente alterado durante a reação, mas permanece inalterado em relação ao processo geral, já que é reciclado para participar de diversas reações. Os reagentes se ligam ao catalisador e os produtos se dissociam dele. Observe que um catalisador não altera a *posição* do equilíbrio reacional (ou seja, não faz com que uma reação desfavorável se torne favorável). Em vez disso, ele reduz a quantidade de energia necessária para que a reação ocorra. Os catalisadores aceleram tanto as reações diretas como as inversas, convertendo um processo de uma ou duas etapas em vários passos menores, cada um necessitando de menor quantidade de energia do que a reação não catalisada.

CONCEITO-CHAVE
Os catalisadores aceleram as reações direta e reversa, mas não alteram as concentrações de equilíbrio.

As enzimas são altamente específicas para os reagentes, ou **substratos**, sobre os quais atuam, mas esse grau de especificidade varia. Algumas enzimas agem sobre grupos de substratos relacionados; outras atuam apenas sobre um composto. Muitas enzimas apresentam **estereoespecificidade**, o que significa que atuam apenas sobre um estereoisômero do substrato. Talvez o aspecto mais importante da especificidade enzimática seja o **reacional**, ou seja, a não formação de subprodutos indesejados.

Topo: A enzima acetilcolinesterase, com o inibidor reversível cloridrato de donepezila (Aricept; mostrado em vermelho) ocupando seu sítio ativo. O Aricept é utilizado para melhorar o funcionamento mental de portadores da doença de Alzheimer. Acredita-se que ele age inibindo a degradação do neurotransmissor acetilcolina no cérebro, e assim prolongando seu efeito (porém, ele não altera o curso da doença) [PDB 1EVE].

◄ **Reações enzimáticas.** Esta é uma reação enzimática em grande escala, na qual o leite está sendo coalhado para fabricar o queijo Appenzeller. A reação é catalisada pelo coalho (renina), originalmente obtido do estômago de vacas. O coalho contém a enzima quimosina, uma protease que cliva a proteína do leite – caseína – entre os resíduos de fenilalanina e metionina. A reação libera um fragmento hidrofóbico de caseína que se agrega e precipita, formando a coalhada.

A especificidade reacional reflete-se na excepcional pureza dos produtos (essencialmente 100%), muito maior do que a obtida em reações catalisadas típicas em química orgânica. A especificidade das enzimas não só economiza energia das células, mas evita a produção de subprodutos metabólicos potencialmente tóxicos.

As enzimas podem fazer mais do que simplesmente aumentar a velocidade de uma reação isolada, altamente específica. Algumas podem combinar ou acoplar duas reações que, normalmente, ocorreriam separadas. Essa propriedade permite que a energia ganha de uma reação possa ser usada em outra. Reações acopladas são uma característica comum a várias enzimas: a hidrólise de ATP, por exemplo, é com frequência acoplada a reações metabólicas menos favoráveis.

Algumas reações enzimáticas funcionam como pontos de controle do metabolismo. Como iremos ver, o metabolismo é regulado de diversas formas, entre elas alterações nas concentrações de enzimas, de substratos e de inibidores enzimáticos, além da modulação dos níveis de atividade das enzimas. As enzimas cuja atividade é regulada têm geralmente estruturas mais complexas do que as não reguladas. Com poucas exceções, elas são moléculas oligoméricas com sítios de ligação separados para substratos e efetores, que são compostos que atuam como sinais reguladores. O fato de a atividade da enzima poder ser regulada é uma propriedade importante, que distingue esses catalisadores biológicos dos outros encontrados em laboratórios químicos.

O termo *enzima* é derivado de uma palavra grega que significa "no levedo", indicando que esses catalisadores estão presentes no interior das células. No final do século XIX, os cientistas estudaram a fermentação de açúcares pelas células de leveduras. Os vitalistas (que afirmavam que compostos orgânicos só poderiam ser produzidos por células vivas) diziam que células intactas eram necessárias para a fermentação. Já os mecanicistas afirmavam que enzimas nas células das leveduras catalisavam as reações de fermentação. Essa última conclusão era apoiada pela observação de que extratos de leveduras livres de células eram capazes de catalisar a fermentação. Essa observação logo foi seguida pela identificação de reações isoladas e das enzimas que as catalisavam.

Uma geração mais tarde, em 1926, James B. Sumner cristalizou a primeira enzima (urease) e provou que ela era uma proteína. Mais cinco enzimas foram purificadas na década seguinte, e também se comprovou que eram proteínas: tripsina, quimotripsina, carboxipeptidase e a enzima amarela velha (uma flavoproteína, NADPH oxidase). Desde então, tem-se demonstrado que quase todas as enzimas são proteínas ou proteínas mais cofatores. Certas moléculas de RNA também exibem atividade catalítica, mas normalmente não são consideradas enzimas.

Começamos este capítulo com uma descrição da classificação e da nomenclatura das enzimas. Em seguida, discutiremos a análise cinética (medidas de velocidades de reação), dando ênfase ao modo como os experimentos cinéticos podem revelar as propriedades de uma enzima e a natureza dos complexos formados entre ela, seus substratos e inibidores. Por fim, iremos descrever os princípios de inibição e de ativação

> Alguns dos primeiros departamentos de bioquímica universitários foram chamados Departamentos de Zimologia.

> Moléculas catalíticas de RNA serão discutidas nos capítulos 21 e 22.

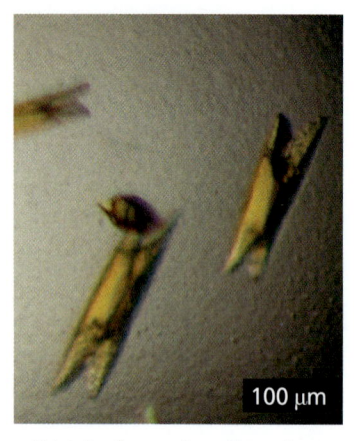

▲ Cristais de um homólogo bacteriológico da enzima amarela velha.
(cortesia de J. Elegheert e S.N. Savvides)

das enzimas regulatórias. O Capítulo 6 explica como as enzimas funcionam em termos químicos e usa as serino-proteases para ilustrar a relação entre estrutura da proteína e sua atividade enzimática. O Capítulo 7 é dedicado à bioquímica das coenzimas, as moléculas orgânicas que assistem algumas enzimas em suas funções catalíticas fornecendo grupos reativos não encontrados nas cadeias laterais dos aminoácidos. Nos demais capítulos, daremos muitos outros exemplos ilustrativos das quatro propriedades principais das enzimas: (1) elas funcionam como catalisadores; (2) elas catalisam reações altamente específicas; (3) elas podem acoplar reações; e (4) suas atividades podem ser reguladas.

5.1 As seis classes de enzimas

O nome da maioria das enzimas metabólicas clássicas é construído adicionando-se o sufixo -*ase* ao nome de seus substratos ou a um termo descritivo das reações que elas catalisam. Por exemplo, urease tem ureia como substrato. Álcool desidrogenase catalisa a remoção de hidrogênio de álcoois (ou seja, a oxidação desses compostos). Umas poucas enzimas, como tripsina e amilase, são conhecidas por seus nomes históricos. Muitas enzimas recém-descobertas recebem nomes derivados de seus genes ou alguma outra característica não descritiva. Por exemplo, RecA recebeu esse nome por causa do gene *rec*A, e Hsp70 é uma proteína de choque térmico (*heat shock protein*): ambas catalisam a hidrólise do ATP.

Um comitê da União Internacional de Bioquímica e Biologia Molecular (IUBMB) mantém um esquema de classificação que categoriza as enzimas de acordo com a classe geral de reação química catalisada. As seis categorias – oxidorredutases, transferases, hidrolases, liases, isomerases e ligases – são definidas a seguir, com um exemplo de cada tipo de enzima. O esquema de classificação da IUBMB atribui um número único, chamado número de classificação da enzima (ou número EC), a cada enzima. A IUBMB também atribui um nome sistemático a cada enzima, que pode ser diferente de seu nome comum. Neste livro, normalmente nos referimos às enzimas por seus nomes comuns.

1. **Oxidorredutases** catalisam reações de oxidação-redução. A maior parte dessas enzimas é comumente chamada **desidrogenase**. Outras enzimas nessa classe são chamadas oxidases, peroxidases, oxigenases ou redutases. Há uma tendência cada vez maior em bioquímica para se referir a essas enzimas por seu nome sistemático, oxidorredutases, em vez de usar seus nomes mais comuns na literatura mais antiga. Um exemplo de oxidorredutase é a lactato desidrogenase (EC 1.1.1.27), também chamada lactato:NAD oxidorredutase. Essa enzima catalisa a conversão reversível de L-lactato em piruvato. A oxidação de L-lactato é acoplada à redução da coenzima nicotinamida adenina dinucleotídeo (NAD$^{\oplus}$).

$$\text{HO}-\underset{\underset{\text{CH}_3}{|}}{\overset{\overset{\text{COO}^{\ominus}}{|}}{\text{C}}}-\text{H} + \text{NAD}^{\oplus} \xrightleftharpoons[]{\text{Lactato desidrogenase}} \underset{\underset{\text{CH}_3}{|}}{\overset{\overset{\text{COO}^{\ominus}}{|}}{\text{C}}}=\text{O} + \text{NADH} + \text{H}^{\oplus} \quad (5.1)$$

L-Lactato → Piruvato

2. **Transferases** catalisam reações de transferência de grupos, e muitas delas necessitam da presença de coenzimas. Nessas reações, uma parte da molécula de substrato normalmente se liga de modo covalente à enzima ou à sua coenzima. Esse grupo inclui as quinases, enzimas que catalisam a transferência de um grupo fosforil do ATP. A alanina transaminase, cujo nome sistemático é L-alanina:2-oxiglutarato aminotransferase (EC 2.6.1.2) é uma típica transferase. Ela transfere um grupo amino da L-alanina para o α-cetoglutarato (2-oxoglutarato).

> **QUADRO 5.1 Números de classificação de enzimas**
>
> O número de classificação de enzimas para a malato desidrogenase é EC 1.1.1.37. Essa enzima tem uma atividade semelhante à da lactato desidrogenase, descrita como oxidorredutase (veja a Figura 4.23).
>
> O primeiro número identifica a enzima como membro da primeira classe (oxidorredutases). O segundo número identifica o grupo de substratos que a malato desidrogenase reconhece. A subclasse 1.1 indica que o substrato é um grupo HC—OH. O terceiro número especifica o aceptor de elétrons para essa classe de enzimas. A subclasse 1.1.1 é usada para enzimas que utilizam $NAD^{\oplus}$ ou $NADP^{\oplus}$ como aceptor. O número final indica que a malato desidrogenase é a 37ª enzima nessa categoria.
>
> Compare o número EC da malato desidrogenase com o da lactato desidrogenase para ver como enzimas semelhantes têm números de classificação similares.
>
> A identificação e a classificação precisas de enzimas é uma parte essencial dos modernos bancos de dados biológicos. A base completa de dados de classificação pode ser consultada em: <www.chem.qmul.ac.uk/iubmb/enzyme/>.

$$\text{L-alanina} + \alpha\text{-cetoglutarato} \xrightarrow{\text{Alanina transaminase}} \text{Piruvato} + \text{L-glutamato} \quad (5.2)$$

3. As **hidrolases** catalisam reações de hidrólise. São uma classe especial de transferases, com a água servindo de aceptor do grupo transferido. A pirofosfatase é um exemplo simples de hidrolase. Seu nome sistemático é difosfato-fosfo-hidrolase (EC 3.6.1.1).

$$\text{Pirofosfato} + H_2O \xrightarrow{\text{Pirofosfatase}} 2\ \text{Fosfato} \quad (5.3)$$

4. As **liases** catalisam a lise de um substrato, gerando uma ligação dupla em reações de eliminação não hidrolíticas e não oxidativas. Na direção inversa, a liase catalisa a adição de um substrato a uma ligação dupla de outro. A piruvato descarboxilase pertence a essa classe de enzimas, pois ela transforma o piruvato em acetaldeído e dióxido de carbono. Seu nome sistemático, 2-oxo-carboxiacidoliase (EC 4.1.1.1), raramente é utilizado.

$$\text{Piruvato} + H^{\oplus} \xrightarrow{\text{Piruvato descarboxilase}} \text{Acetaldeído} + \text{Dióxido de carbono} \quad (5.4)$$

5. **Isomerases** catalisam alterações estruturais em uma molécula (reações de isomerização). Como essas reações têm apenas um substrato e um produto, elas estão entre as reações enzimáticas mais simples. Alanina racemase (EC 5.1.1.1) é uma isomerase que catalisa a interconversão de L-alanina e D-alanina. Seu nome comum é igual ao sistemático.

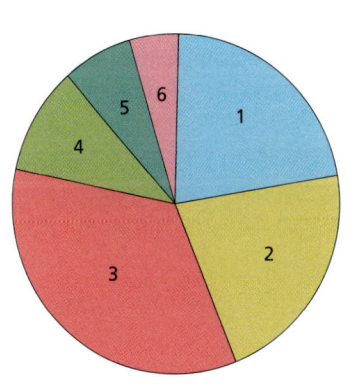

▲ **Distribuição de todas as enzimas conhecidas por número de classificação EC.** 1. oxidorredutases; 2. transferases; 3. hidrolases; 4. liases; 5. isomerases; 6. ligases.

$$\underset{\text{L-alanina}}{\overset{H}{\underset{CH_3}{\overset{COO^\ominus}{H_3\overset{\oplus}{N}-C-H}}}} \xrightleftharpoons[]{\text{Alanina racemase}} \underset{\text{D-alanina}}{\overset{COO^\ominus}{\underset{CH_3}{H-C-\overset{\oplus}{N}H_3}}} \quad (5.5)$$

6. **Ligases** catalisam a ligação ou a união de dois substratos. Essas reações requerem o fornecimento de energia potencial química sob a forma de um trifosfato de nucleosídeo, como o ATP. As ligases são comumente chamadas **sintetases**. A glutamina sintetase, ou L-glutamato:amônia ligase (formadora de ADP) (EC 6.3.1.2), utiliza a energia da hidrólise do ATP para unir glutamato e amônia, formando a glutamina.

$$\text{L-glutamato} + ATP + NH_4^{\oplus} \xrightarrow{\text{Glutamina sintetase}} \text{L-glutamina} + ADP + P_i \quad (5.6)$$

Dos exemplos dados acima, vemos que a maioria das enzimas tem mais de um substrato, embora o segundo deles possa ser apenas uma molécula de água ou um próton. Embora as enzimas catalisem tanto a reação direta como a inversa, é comum utilizar setas unidirecionais quando o equilíbrio favorece um grande excesso do produto sobre o substrato. Lembre-se de que, quando uma reação atinge o equilíbrio, a enzima estará catalisando as reações direta e inversa, na mesma velocidade.

5.2 Experimentos cinéticos revelam as propriedades das enzimas

Começamos nosso estudo das propriedades das enzimas analisando as velocidades das reações catalisadas por elas. Esses estudos fazem parte da cinética enzimática (do grego *kinetikos*, que significa "movimento"). Esse é um bom ponto inicial, já que a propriedade mais importante das enzimas é sua capacidade de atuar como catalisadores, aumentando a velocidade das reações. A cinética enzimática fornece informações indiretas sobre suas especificidades e seus mecanismos catalíticos. Experimentos cinéticos também revelam se uma enzima é regulada.

A maior parte da pesquisa sobre enzimas na primeira metade do século XX foi limitada a experimentos cinéticos. Essas pesquisas revelaram como as velocidades das reações eram afetadas por variações nas condições experimentais ou por alterações nas concentrações da enzima ou do substrato. Antes de discutir a cinética enzimática em profundidade, vamos rever os princípios cinéticos para sistemas químicos não enzimáticos. Depois, esses princípios serão aplicados às reações enzimáticas.

A. Cinética química

Experimentos cinéticos examinam a relação entre a quantidade de produto (P) formado em uma unidade de tempo ($\Delta[P]/\Delta t$) e as condições experimentais em que a reação ocorre. A base da maioria das medidas cinéticas é a observação de que a **velocidade** (v) de uma reação varia em proporção direta com a concentração de cada reagente. Essa observação é expressa na **equação de velocidade**. Por exemplo, a equação de velocidade para a conversão não enzimática do substrato (S) em produto, em uma reação de isomerização, é escrita como:

$$\frac{\Delta[P]}{\Delta t} = v = k[S] \quad (5.7)$$

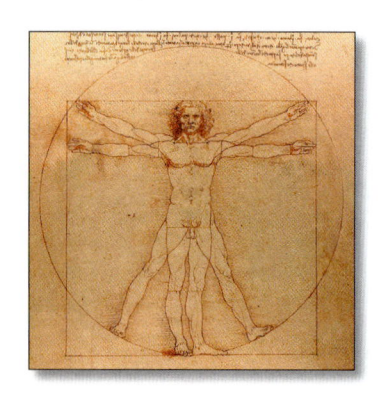

> O genoma humano tem genes de cerca de 1.000 enzimas diferentes, que catalisam reações em várias centenas de vias metabólicas (humancyc.org/). Como muitas enzimas têm múltiplas subunidades, há cerca de 3.000 genes dedicados à produção de enzimas. Nós temos cerca de 20.000 genes; assim, a maioria dos genes em nosso genoma não codifica enzimas nem suas subunidades.

> Lembre-se de que concentrações são indicadas entre colchetes: [P] significa a concentração do produto; [E], a da enzima; e [S], a do substrato.

A equação de velocidade reflete o fato de que a velocidade da reação depende da concentração do substrato ([S]). O símbolo k é a constante de velocidade e indica a velocidade ou a eficiência de uma reação. Cada reação tem uma constante de velocidade diferente. A unidade da constante de velocidade para uma reação simples é s^{-1}.

À medida que a reação prossegue, a quantidade de produto ([P]) aumenta e a de substrato ([S]), diminui. Exemplos do progresso de várias reações são mostrados na Figura 5.1a. A velocidade é a inclinação da curva de progresso em um intervalo de tempo determinado. A forma da curva indica que a velocidade diminui com o tempo, como esperado, já que a quantidade de substrato está diminuindo.

Nesse exemplo hipotético, a velocidade da reação poderia, ao final, tornar-se igual a zero, quando não houvesse mais substrato. Isso explicaria por que a curva se estabiliza em tempos tardios da reação (ver outra explicação a seguir). Estamos interessados na relação entre a concentração de substrato e a velocidade de uma reação, pois, se conhecermos esses dois valores, podemos usar a Equação 5.7 para calcular a constante de velocidade. A única concentração de substrato precisa é aquela preparada no início do experimento, uma vez que a concentração varia no seu decorrer. Portanto, a velocidade da reação no início é o que desejamos saber. Esse valor representa a velocidade da reação em uma concentração conhecida de substrato (antes que ela seja alterada).

A velocidade inicial (v_0) pode ser determinada a partir da inclinação da curva (Figura 5.1a) ou de sua derivada. Um gráfico de velocidade inicial *versus* concentração de substrato no início do experimento fornece uma linha reta, como mostrado na Figura 5.1b. A inclinação da curva na Figura 5.1b é a constante de velocidade.

O experimento mostrado na Figura 5.1 determinará apenas a constante de velocidade da reação direta, já que os dados foram coletados em condições em que não havia reação inversa. Essa é outra razão importante para calcular a velocidade inicial (v_0), em vez da velocidade em tempos posteriores. Em uma reação reversível, a estabilização da curva de progresso não representa velocidade zero. Ao contrário, ela indica apenas que não há aumento na concentração de produto com o tempo porque a reação atingiu o equilíbrio.

Uma descrição melhor de nossa reação simples seria:

$$S \underset{k_{-1}}{\overset{k_1}{\rightleftharpoons}} P \quad (5.8)$$

Para uma reação mais complicada de etapa única, como a reação $S_1 + S_2 \rightarrow P_1 + P_2$, a velocidade é determinada pelas concentrações de ambos os substratos. Se eles estiverem presentes em concentrações semelhantes, a equação de velocidade é:

$$v = k[S_1][S_2] \quad (5.9)$$

A constante de velocidade para reações envolvendo dois substratos tem como unidade $M^{-1} s^{-1}$. Essas constantes de velocidade podem ser facilmente determinadas com o experimento realizado em condições nas quais a concentração de um substrato é muito alta e a do outro varia. A velocidade da reação dependerá da concentração do substrato limitante.

B. Cinética enzimática

Um dos primeiros grandes avanços em bioquímica foi a descoberta de que as enzimas se ligam transitoriamente aos substratos. Em 1894, Emil Fischer propôs que uma enzima é um molde rígido, ou uma fechadura, e que o substrato é uma chave apropriada. Apenas substratos específicos podem se adaptar a uma dada enzima. Estudos iniciais de cinética enzimática confirmaram que uma enzima (E) se liga a um substrato para formar um **complexo enzima-substrato (ES)**. Esses complexos são formados quando os ligantes se fixam, de forma não covalente, em suas posições no sítio ativo. O substrato interage transitoriamente com a proteína catalisadora (e com outros substratos em uma reação de substratos múltiplos) em seu "caminho" para a formação do produto da reação.

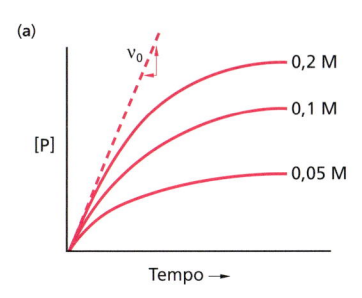

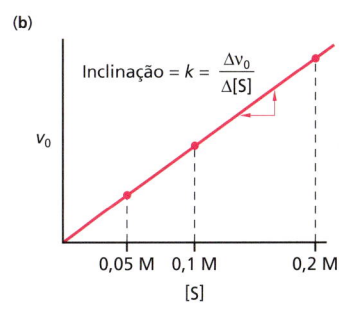

▲ **Figura 5.1**
Velocidade de uma reação química simples. (a) A quantidade de produto formado ao longo do tempo em função de diferentes concentrações iniciais de substrato é mostrada no gráfico. A velocidade inicial v_0 é a inclinação da curva de progresso no início da reação. (b) A velocidade inicial como função da concentração inicial de substrato. A inclinação da curva é a constante de velocidade.

CONCEITO-CHAVE
A velocidade de uma reação depende da concentração do substrato.

CONCEITO-CHAVE
O complexo enzima-substrato (ES) é um intermediário transitório em uma reação catalisada por uma enzima.

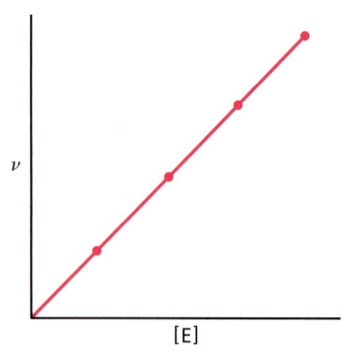

▲ **Figura 5.2**
Efeito da concentração enzimática ([E]) sobre a velocidade inicial (v) de uma reação catalisada por enzima, com uma concentração de substrato [S] saturante, fixa. A velocidade da reação é afetada pela concentração da enzima, mas não pela do outro reagente, S.

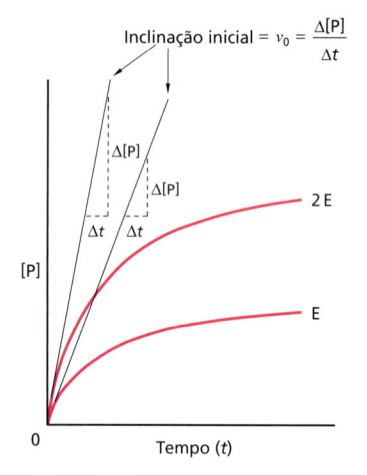

Consideremos uma reação enzimática simples, a saber, a conversão de um substrato em um produto. Embora a maioria das reações enzimáticas tenha dois ou mais substratos, os princípios gerais da cinética enzimática podem ser descritos considerando-se o caso simples de um substrato e um produto.

$$E + S \longrightarrow ES \longrightarrow E + P \tag{5.10}$$

Essa reação ocorre em duas etapas distintas: a formação do complexo enzima-substrato e a reação química propriamente dita, acompanhada pela dissociação entre a enzima e o produto. Cada etapa tem uma velocidade característica. A velocidade total de uma reação enzimática depende das concentrações tanto do substrato como do catalisador (enzima). Quando a quantidade de enzima é muito menor do que a de substrato, a reação dependerá da quantidade da enzima.

A linha reta na Figura 5.2 ilustra o efeito da concentração enzimática sobre a velocidade em uma reação de pseudo primeira ordem. Quanto mais enzima estiver presente, mais rápida será a reação. Essas condições são usadas em ensaios enzimáticos para determinar a concentração das enzimas. Esta pode ser facilmente determinada, em uma amostra de teste, comparando sua atividade a uma curva de referência semelhante à curva-modelo da Figura 5.2. Nessas condições experimentais, há um número suficiente de moléculas de substrato, de modo que cada molécula de enzima se liga a uma molécula de substrato para formar um complexo ES. Essa condição é chamada saturação de E com S. Ensaios enzimáticos medem a quantidade de produto formado em um dado período de tempo. Em alguns métodos de ensaio, um espectrofotômetro registrador pode ser usado para registrar os dados continuamente; em outros, amostras são retiradas e analisadas em intervalos. O ensaio é realizado em pH e temperatura constantes, geralmente escolhidos de modo a otimizar a atividade enzimática ou aproximar às condições fisiológicas.

Se começarmos uma reação catalisada por enzima misturando-a com o substrato, então não há produto presente nos estágios iniciais da reação. Nessas condições, podemos ignorar a reação inversa, na qual P se liga a E e é convertido em S. A reação pode ser descrita como:

$$E + S \underset{k_{-1}}{\overset{k_1}{\rightleftharpoons}} ES \xrightarrow{k_2} E + P \tag{5.11}$$

As constantes de velocidade k_1 e k_{-1} na Reação 5.11 governam as velocidades de associação de S com E e de dissociação de S do complexo ES, respectivamente. Essa primeira etapa é uma interação de ligação de equilíbrio semelhante à ligação de oxigênio à hemoglobina. A constante de velocidade para a segunda etapa é k_2, a velocidade de formação de produto a partir do ES. Observe que a conversão do complexo ES em enzima livre e produto é indicada por uma seta simples, pois a velocidade da reação inversa (E + P → EP) é insignificante no início da reação. A velocidade medida durante esse curto período é a *inicial* (v_0) descrita na seção anterior. Geralmente, a formação e a dissociação dos complexos ES são reações muito rápidas porque apenas ligações não covalentes estão sendo formadas e quebradas. Por outro lado, a conversão do substrato em produto é em geral limitante da velocidade. É durante essa etapa que o substrato é quimicamente alterado.

A cinética enzimática difere da das reações químicas simples porque as velocidades das reações catalisadas por enzimas dependem da concentração destas, que não são nem produtos nem substratos. As velocidades também diferem porque o substrato tem que se ligar à enzima antes de poder ser convertido em produto. Em uma reação catalisada por enzima, as velocidades iniciais são obtidas pelas curvas de progresso, assim como nas reações químicas. A Figura 5.3 apresenta curvas de progresso em duas concentrações enzimáticas diferentes, em presença de alta concentração inicial do substrato ([S] >> [E]). Nesse caso, a velocidade de formação do produto depende da concentração de enzima, e não da do substrato. Dados experimentais como os mostrados na Figura 5.3 podem ser usados para traçar a curva apresentada na Figura 5.2.

▲ **Figura 5.3**
Curva de progresso para uma reação catalisada por enzima. A concentração do produto, [P], aumenta à medida que a reação prossegue. A velocidade inicial da reação, v_0, é a inclinação da parte linear inicial da curva. Observe que a velocidade da reação dobra quando o dobro de enzima (2E, curva superior) é adicionado a uma mistura reacional idêntica.

5.3 A equação de Michaelis-Menten

Como qualquer reação química, as reações catalisadas por enzimas podem ser descritas matematicamente por equações de velocidade. Várias constantes nas equações indicam a eficiência e a especificidade de uma enzima e, portanto, são úteis para comparar as atividades de várias enzimas ou para avaliar sua importância fisiológica. As primeiras equações de velocidade foram derivadas, no início dos anos 1900, da observação dos efeitos da variação da concentração do substrato. A Figura 5.4 apresenta um resultado típico, em que a velocidade inicial (v_0) de uma reação é posta em gráfico contra a concentração de substrato ([S]).

Os dados podem ser explicados pela reação mostrada na Reação 5.11. A primeira etapa é uma interação bimolecular entre a enzima e o substrato para formar um complexo ES. Em altas concentrações de substrato (lado direito da curva na Figura 5.4), a velocidade inicial não se altera muito quando mais S é adicionado. Isso indica que a quantidade de enzima tornou-se limitante da velocidade da reação. A concentração enzimática é um componente importante da reação total, como esperado pela formação de um complexo ES. Em baixas concentrações de substrato (lado esquerdo da curva na Figura 5.4), a velocidade inicial é muito sensível a variações na concentração de S. Nessas condições, a maior parte das moléculas de enzima ainda não está ligada ao substrato, e a formação do complexo ES depende da concentração de S.

A forma da curva v_0 *versus* [S] é a de uma hipérbole retangular. Curvas hiperbólicas indicam processos que envolvem dissociação simples, como vimos para a dissociação de oxigênio da oximioglobina (Seção 4.13B). Essa é mais uma evidência de que a reação simples que estamos estudando é bimolecular, envolvendo a associação de E e S para formar um complexo ES. A equação de uma hipérbole retangular é

$$y = \frac{ax}{b + x} \quad (5.12)$$

em que a é a assíntota da curva (o valor de y para um valor infinito de x) e b é o ponto sobre o eixo de x que corresponde a $a/2$. Em experimentos de cinética enzimática, $y = v_0$ e $x = [S]$. O valor assintótico (a) é chamado V_{max}, a velocidade máxima da reação em concentrações infinitamente grandes de substrato. Frequentemente, mostramos o valor de V_{max} nas curvas de v_0 *versus* [S], mas se você olhar a figura não fica óbvio o porquê de essa assíntota específica ter sido escolhida. Uma das características das curvas hiperbólicas é que a curva parece se estabilizar em concentrações moderadas de substrato, em um nível que parece muito menor do que o valor de V_{max}. O verdadeiro valor de V_{max} não é determinado por uma tentativa de estimar a posição da assíntota pela forma da curva; ao contrário, é determinado corretamente e de forma precisa ajustando os dados à equação geral de uma hipérbole retangular.

O termo b nessa equação geral é chamado **constante de Michaelis** (K_m), definida como a concentração de substrato quando v_0 é igual à metade de V_{max} (Figura 5.4b). A equação de velocidade completa é:

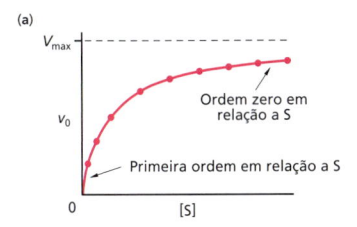

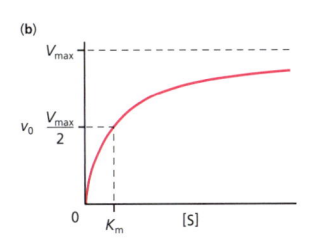

$$v_0 = \frac{V_{max}[S]}{K_m + [S]} \quad (5.13)$$

▲ **Figura 5.4**
Gráficos de velocidade inicial (v_0) *versus* concentração de substrato ([S]) para uma reação catalisada por enzima. (a) Cada ponto experimental é obtido a partir de uma curva de progresso separada, usando a mesma concentração de enzima. A forma da curva é hiperbólica. Em baixas concentrações de substrato, a curva se aproxima de uma reta íngreme. Nessa região da curva, a reação é bastante dependente da concentração do substrato. Em altas concentrações de substrato, a enzima está quase saturada, e a velocidade inicial da reação não se altera muito quando a concentração de substrato cresce ainda mais. (b) A concentração de substrato que corresponde à metade da velocidade máxima é chamada constante de Michaelis (K_m). A enzima está saturada pela metade quando S = K_m.

Essa é a chamada **equação de Michaelis-Menten**, assim denominada em homenagem a Leonor Michaelis e Maud Menten. Observe como a forma geral da equação é comparável à Equação 5.12. A equação de Michaelis-Menten descreve a relação entre a velocidade inicial de uma reação e a concentração de substrato. Na próxima seção, derivaremos a equação de Michaelis-Menten por uma abordagem cinética e, em seguida, consideraremos o significado de suas várias constantes.

A. Derivação da equação de Michaelis-Menten

Uma derivação comum da equação de Michaelis-Menten é chamada *derivação do estado estacionário*. Ela foi proposta por George E. Briggs e J. B. S. Haldane. Essa derivação postula um período de tempo (chamado estado estacionário) durante o qual o complexo

▲ Leonor Michaelis (1875-1949).

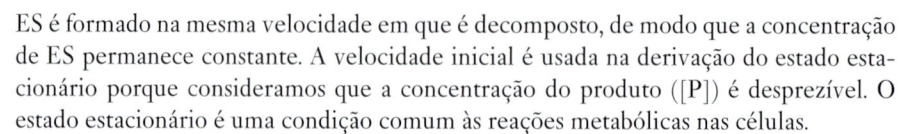

ES é formado na mesma velocidade em que é decomposto, de modo que a concentração de ES permanece constante. A velocidade inicial é usada na derivação do estado estacionário porque consideramos que a concentração do produto ([P]) é desprezível. O estado estacionário é uma condição comum às reações metabólicas nas células.

Se considerarmos uma concentração constante de ES no estado estacionário, então a velocidade de formação do produto depende da velocidade da reação química de formação de P e da velocidade de dissociação de P da enzima. O lado direito da Reação 5.11 é a etapa limitante da velocidade, e esta depende da constante de velocidade k_2 e da concentração do ES.

$$ES \xrightarrow{k_2} E + P \qquad v_0 = k_2[ES] \tag{5.14}$$

A derivação do estado estacionário resolve a Equação 5.14 para [ES] usando termos que podem ser medidos, como a constante de velocidade, a concentração enzimática total ([E] total) e a concentração de substrato ([S]). Considera-se que [S] é maior do que a [E] total, mas não necessariamente saturante. Por exemplo, logo depois que uma pequena quantidade de enzima é misturada ao substrato, [ES] torna-se constante porque a velocidade total de decomposição de ES (a soma das velocidades de conversão do ES em E + S e em E + P) é igual à velocidade de formação do complexo ES a partir de E + S. Essa velocidade depende da concentração da enzima livre (moléculas de enzima que não estão sob a forma de ES), que é igual a $[E]_{total} - [ES]$. A concentração do complexo ES permanece constante até que o consumo de S faça com que [S] se aproxime da $[E]_{total}$. Podemos expressar essas afirmações sob a forma de uma equação matemática.

Velocidade de formação de ES = Velocidade de decomposição de ES

$$k_1([E]_{total} - [ES])[S] = (k_{-1} + k_2)[ES] \tag{5.15}$$

A Equação 5.15 pode ser rearranjada para reunir as constantes de velocidade.

$$\frac{k_{-1} + k_2}{k_1} = K_m = \frac{([E]_{total} - [ES])[S]}{[ES]} \tag{5.16}$$

A razão entre as constantes de velocidade no lado esquerdo da Equação 5.16 é a constante de Michaelis, K_m. A seguir, essa equação será resolvida para [ES] em várias etapas.

$$[ES]K_m = ([E]_{total} - [ES])[S] \tag{5.17}$$

Expandindo, obtem-se:

$$[ES]K_m = ([E]_{total}[S]) - ([ES][S]) \tag{5.18}$$

Reunindo os termos em [ES], tem-se:

$$[ES](K_m + [S]) = [E]_{total}[S] \tag{5.19}$$

e

$$[ES] = \frac{[E]_{total}[S]}{K_m + [S]} \tag{5.20}$$

A Equação 5.20 descreve a concentração de ES no estado estacionário usando termos que podem ser medidos experimentalmente. Substituindo-se o valor de [ES] na equação de velocidade (Equação 5.14), tem-se:

$$v_0 = k_2[ES] = \frac{k_2[E]_{total}[S]}{K_m + [S]} \tag{5.21}$$

Como indicado na Figura 5.4a, quando a concentração de S é muito alta a enzima fica saturada e, essencialmente, todas as moléculas de E ficam sob a forma de ES. A adição de mais S quase não afeta a velocidade da reação. A única forma de aumentar essa velocidade é acrescentando mais enzima. Nessas condições, a velocidade é igual à velocidade máxima (V_{max}) e pode ser determinada pela concentração enzimática total e pela constante de velocidade k_2. Logo, por definição,

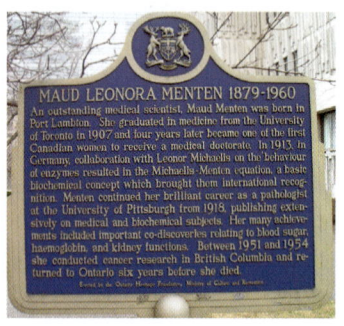

▲ Maud Menten (1879-1960).

$$V_{max} = k_2[E]_{total} \quad (5.22)$$

> **CONCEITO-CHAVE**
> A constante k_{cat} é o número de moles de substrato convertidos em produto por segundo, por mol de enzima.

Substituindo esse valor na Equação 5.21, tem-se a forma mais usual da equação de Michaelis-Menten.

$$v_0 = \frac{V_{max}[S]}{K_m + [S]} \quad (5.23)$$

Já vimos que essa forma da equação descreve adequadamente os dados obtidos com experimentos cinéticos. Nesta seção, mostramos que a mesma equação pode ser derivada a partir de considerações teóricas sobre as implicações da Reação 5.11, a equação de uma reação catalisada por enzima. A concordância entre teoria e dados experimentais indica que as bases teóricas da cinética enzimática estão corretas.

B. A constante catalítica k_{cat}

Em alta concentração de substrato, a velocidade da reação é igual a V_{max} e é determinada pela concentração enzimática. A constante de velocidade observada nessas condições é chamada de **constante catalítica**, k_{cat}, definida como

$$V_{max} = k_{cat}[E]_{total} \qquad k_{cat} = \frac{V_{max}}{[E]_{total}} \quad (5.24)$$

em que k_{cat} representa o número de moles do substrato convertido em produto por segundo por mol de enzima (ou por mol de sítio ativo para uma enzima com múltiplas subunidades) sob condições de saturação. Em outras palavras, k_{cat} indica o número máximo de moléculas de substrato convertidas em produto a cada segundo, em cada sítio ativo. Normalmente, esse é o chamado **número de *turnover***, ou número de renovação. A constante catalítica mede a rapidez com que uma dada enzima catalisa uma reação específica – ela é uma forma muito útil de descrever a efetividade de uma enzima. A unidade de k_{cat} é s^{-1}, e a recíproca de k_{cat} é o tempo necessário para um evento catalítico. Observe que a concentração enzimática precisa ser conhecida para que k_{cat} possa ser calculada.

Para uma reação simples, como a Reação 5.11, as etapas limitantes da velocidade são a conversão de substrato em produto e a dissociação deste da enzima (ES → E + P). Nessas condições, k_{cat} é igual a k_2 (Equação 5.14). Muitas reações enzimáticas são mais complexas. Se uma etapa é claramente limitante, então a sua constante de velocidade é a k_{cat} para aquela reação. Se o mecanismo é mais complexo, então k_{cat} pode ser uma combinação de várias constantes de velocidade diferentes. É por isso que se precisa de uma constante de velocidade diferente (k_{cat}) para descrever a velocidade geral de uma reação catalisada por enzima. Na maioria dos casos, pode-se considerar que k_{cat} é uma boa aproximação para k_2.

Valores representativos de k_{cat} estão listados na Tabela 5.1. Quase todas as enzimas são catalisadores potentes, com valores de k_{cat} entre 10^2 e 10^3 s^{-1}, o que significa que, em altas concentrações de substrato, uma só molécula de enzima irá converter 100-1.000 moléculas de substrato em produto a cada segundo. Essa velocidade é limitada por diversos fatores que serão discutidos no próximo capítulo (Capítulo 6: Mecanismos Enzimáticos).

Algumas enzimas são catalisadores extremamente rápidos, com valores de k_{cat} iguais ou maiores do que 10^6 s^{-1}. A anidrase carbônica de mamíferos, por exemplo, precisa agir muito rapidamente para manter o equilíbrio entre CO_2 aquoso e bicarbonato (Seção 2.10). Como veremos na Seção 6.4B, superóxido dismutase e catalase são responsáveis pela rápida decomposição dos metabólitos tóxicos de oxigênio, a saber, o ânion superóxido e o peróxido de hidrogênio, respectivamente. Enzimas que catalisam um milhão de reações por segundo com frequência agem sobre moléculas pequenas de substrato, as quais se difundem rapidamente no interior da célula.

TABELA 5.1 Exemplos de constantes catalíticas

Enzima	k_{cat} (s^{-1})*
Papaína	10
Ribonuclease A	10^2
Carboxipeptidase	10^2
Tripsina	10^2 (a 10^3)
Acetilcolinesterase	10^3
Quinases	10^3
Desidrogenases	10^3
Transaminases	10^3
Anidrase carbônica	10^6
Superóxido dismutase	10^6
Catalase	10^7

* As constantes catalíticas são dadas apenas em ordem de grandeza.

C. Os significados de K_m

A constante de Michaelis tem diversos significados. A Equação 5.16 definiu K_m como a razão entre as constantes combinadas de velocidade para a desagregação do

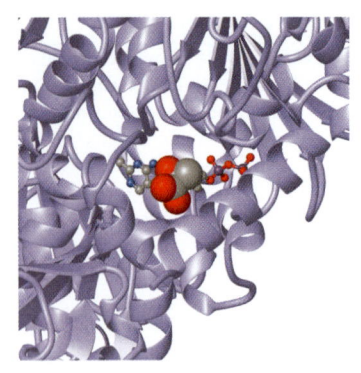

Ligação de substrato. A piruvato carboxilase se liga a piruvato, HCO_3^- e ATP. A estrutura do sítio ativo da enzima de levedura (*Saccharomyces cerevisiae*) é mostrada aqui com uma molécula de piruvato (representação de espaço preenchido) e o cofator biotina (esfera e bastão) ligados a ele. O valor de K_m para a ligação de piruvato é igual a 4×10^{-4} M; para HCO_3^- e ATP esses valores são de 1×10^{-3} M e 6×10^{-5} M, respectivamente [PDB 2VK1].

CONCEITO-CHAVE

K_m é a concentração de substrato na qual a velocidade da reação é igual à metade do valor de V_{max}. Frequentemente, essa é uma aproximação da constante de equilíbrio de dissociação da reação ES ⇌ E + S.

ES e a constante para sua formação. Se a constante de velocidade para a formação de produto (k_2) for muito menor do que k_1 ou do que k_{-1}, como costuma ser, k_2 pode ser desprezado e K_m equivale a k_{-1}/k_1. Nesse caso, K_m é igual à constante de equilíbrio da dissociação do complexo ES em E + S. Logo, K_m torna-se uma medida da afinidade de E por S. Quanto menor o valor de K_m, mais forte é a ligação com o substrato. K_m é também um dos parâmetros que determinam a forma da curva v_0 *versus* [S], mostrada na Figura 5.4b. Ela é a concentração de substrato quando a velocidade inicial é igual à metade do valor de V_{max}. Esse significado decorre diretamente da equação geral de uma hipérbole retangular.

Às vezes, valores de K_m são usados para distinguir as diferentes enzimas que catalisam uma mesma reação. Por exemplo, os mamíferos têm várias formas de lactato desidrogenase, cada uma com um valor distinto de K_m. Embora seja útil pensar que K_m representa a constante de equilíbrio de dissociação de ES, isso nem sempre é válido. Para muitas enzimas, K_m é uma função mais complexa das constantes de velocidade. Isso é especialmente verdadeiro quando a reação ocorre em mais de duas etapas.

Os valores típicos de K_m para enzimas variam de 10^{-2} a 10^{-5} M. Como esses valores frequentemente representam constantes de dissociação aparentes, sua recíproca é uma constante de associação (ligação) aparente. Comparando com as interações proteína-proteína (Seção 4.9), você poderá ver que a ligação das enzimas aos substratos é muito mais fraca.

5.4 As constantes cinéticas indicam a atividade da enzima e sua eficiência catalítica

Vimos que as constantes cinéticas K_m e k_{cat} podem ser usadas para estimar as atividades relativas de enzimas e substratos. Na maioria dos casos, K_m é uma medida da estabilidade do complexo ES, e k_{cat} se assemelha à constante de velocidade para a conversão de ES em E + P, quando o substrato não é limitante (região A na Figura 5.5). Lembre-se de que k_{cat} é uma medida da atividade catalítica de uma enzima, indicando quantas reações uma molécula de enzima pode catalisar por segundo.

Observe a região B da hipérbole da Figura 5.5. A concentração de S é muito baixa e a curva se aproxima de uma reta. Nessas condições, a velocidade da reação depende das concentrações tanto de substrato como de enzima. Em termos químicos, essa é uma reação de segunda ordem, e sua velocidade depende de uma constante de velocidade de segunda ordem, definida por:

$$v_0 = k[E][S] \tag{5.25}$$

Temos interesse em saber como determinar essa constante, uma vez que ela nos informa a velocidade da reação catalisada por enzima em condições fisiológicas. Quando Michaelis e Menten escreveram a equação completa de velocidade pela primeira vez, usaram a forma que inclui $k_{cat}[E]_{total}$, em vez de V_{max} (Equação 5.24). Agora que entendemos o significado de k_{cat}, podemos substituir V_{max} por $k_{cat}[E]_{total}$ na equação de Michaelis-Menten (Equação 5.23). Se considerarmos apenas a região de [S] muito baixa na curva de Michaelis-Menten, então essa equação pode ser simplificada, eliminando [S] no denominador, já que ele é muito menor do que K_m.

$$v_0 = \frac{k_{cat}[E][S]}{K_m + [S]} = \frac{k_{cat}}{K_m}[E][S] \tag{5.26}$$

A comparação entre as Equações 5.25 e 5.26 revela que a constante de velocidade de segunda ordem é bem aproximada por k_{cat}/K_m. Assim, a razão k_{cat}/K_m é uma constante de velocidade de segunda ordem aparente para a formação de E + P a partir de E + S quando a reação total é limitada pelo encontro de S com E. Essa razão é próxima de 10^8-10^9 $M^{-1}s^{-1}$, a velocidade mais alta com que dois solutos não carregados podem aproximar-se um do outro por difusão na temperatura fisiológica. As enzimas que podem catalisar reações nessa velocidade extremamente alta serão discutidas na Seção 6.4.

A razão k_{cat}/K_m é útil para comparar as atividades de enzimas diferentes. É possível também avaliar a eficiência de uma enzima pela medida de sua eficiência catalítica.

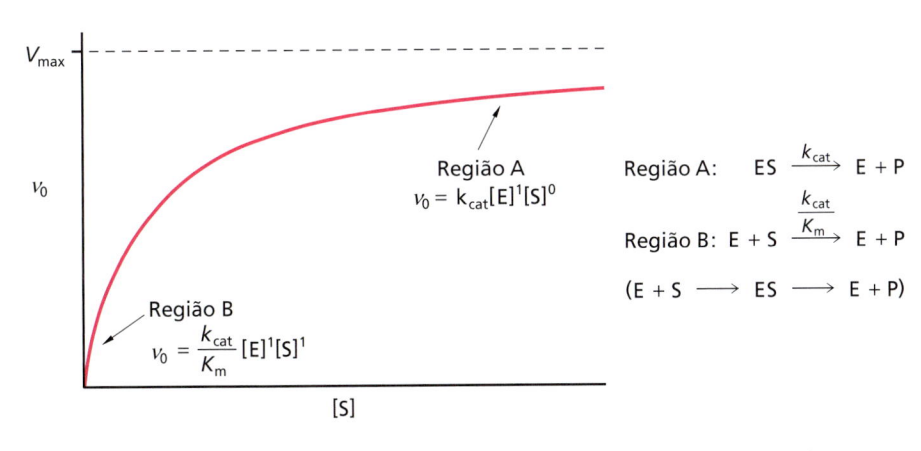

Figura 5.5

Significados de k_{cat} e k_{cat}/K_m. A constante catalítica (k_{cat}) é a constante de velocidade para conversão do complexo ES em E + P. Ela é medida mais facilmente quando a enzima é saturada com o substrato (região A da curva de Michaelis-Menten mostrada). A razão k_{cat}/K_m é a constante de velocidade para a conversão de E + S em E + P em concentrações muito baixas de substrato (região B). As reações mensuradas por essas constantes de velocidade estão resumidas ao lado do gráfico.

Região A: $v_0 = k_{cat}[E]^1[S]^0$

Região B: $v_0 = \dfrac{k_{cat}}{K_m}[E]^1[S]^1$

Região A: $ES \xrightarrow{k_{cat}} E + P$

Região B: $E + S \xrightarrow{\frac{k_{cat}}{K_m}} E + P$

$(E + S \longrightarrow ES \longrightarrow E + P)$

Esse valor é igual à constante de velocidade de uma reação em presença da enzima (k_{cat}/K_m), dividido pela constante de velocidade da mesma reação na ausência de enzima (k_n). Surpreendentemente, poucos valores de eficiência catalítica são conhecidos, pois a maioria das reações ocorre em velocidades bastante baixas na ausência de enzimas, tão devagar que suas velocidades não enzimáticas são muito difíceis de medir. As velocidades de reação são, com frequência, medidas em vasos especiais de vidro encapsulado em aço, em temperaturas acima de 300 °C.

A Tabela 5.2 lista vários exemplos de eficiência catalítica conhecidos. Os valores típicos variam entre 10^{14} e 10^{20}, mas alguns são um pouco maiores (até 10^{24}). A recordista atual é a uroporfirinogênio descarboxilase, uma enzima necessária em uma etapa na via sintética da porfirina. A dificuldade em obter constantes de velocidade para reações não enzimáticas é ilustrada pela meia-vida da reação não catalisada: cerca de 2 bilhões de anos! Os valores de eficiência catalítica na Tabela 5.2 enfatizam uma das principais propriedades das enzimas, ou seja, sua capacidade de aumentar a velocidade das reações que normalmente ocorreriam em velocidade pequena demais para serem úteis.

5.5 Medida de K_m e V_{max}

Os parâmetros cinéticos de uma reação enzimática podem fornecer informações valiosas sobre sua especificidade e seu mecanismo. Os parâmetros-chave são K_m e V_{max}, porque k_{cat} pode ser calculada se V_{max} for conhecida.

TABELA 5.2 Eficiência catalítica de algumas enzimas

	Constante de velocidade não enzimática (k_n em s^{-1})	Constante de velocidade enzimática (k_{cat}/K_m em M^{-1}s^{-1})	Eficiência catalítica
Anidrase carbônica	10^{-1}	7×10^6	7×10^7
Quimotripsina	4×10^{-9}	9×10^7	2×10^{16}
Corismato mutase	10^{-5}	2×10^6	2×10^{11}
Triosefosfato isomerase	4×10^{-6}	4×10^8	10^{14}
Citidina desaminase	10^{-10}	3×10^6	3×10^{16}
Adenosina desaminase	2×10^{-10}	10^7	5×10^{16}
Mandelato racemase	3×10^{-13}	10^6	3×10^{18}
β-amilase	7×10^{-14}	10^7	10^{20}
Fumarase	10^{-13}	10^9	10^{21}
Arginina descarboxilase	9×10^{-16}	10^6	10^{21}
Fosfatase alcalina	10^{-15}	3×10^7	3×10^{22}
Orotidina 5'-fosfato descarboxilase	3×10^{-16}	6×10^7	2×10^{23}
Uroporfirinogênio descarboxilase	10^{-17}	2×10^7	2×10^{24}

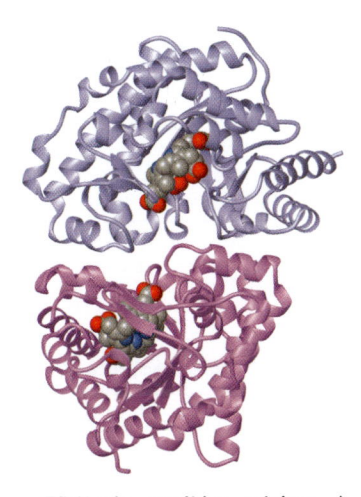

▲ **Eficiência catalítica máxima.** A uroporfirinogênio descarboxilase é a atual detentora do recorde de eficiência catalítica máxima. Ela catalisa uma etapa na via sintética do heme. A enzima apresentada aqui é uma variante humana (*Homo sapiens*) com uma molécula de porfirina ligada ao sítio ativo de cada monômero [PDB 2Q71].

QUADRO 5.2 Hipérboles *versus* retas

Vimos que um gráfico de concentração de substrato ([S]) *versus* a velocidade inicial de uma reação (v_0) produz um curva hiperbólica como as mostradas nas Figuras 5.4 e 5.5. A equação geral de uma hipérbole retangular (Equação 5.12) e a equação de Michaelis-Menten têm a mesma forma (Equação 5.13).

É muito difícil determinar V_{max} a partir de um gráfico de dados cinéticos de enzimas, pois a hipérbole que descreve a relação entre concentração de substrato e velocidade inicial tende à V_{max} de maneira assintótica, e é difícil atingir experimentalmente a concentração de substrato necessária para estimar o valor de V_{max}. Por essa razão, normalmente é mais fácil converter a hipérbole em uma reta que atenda à fórmula geral $y = mx + b$, em que m é a inclinação e b, o ponto de interseção da reta no eixo y. O primeiro passo para a transformação da equação original de Michaelis-Menten na forma geral da equação da reta é inverter os termos, de modo que $K_m + [S]$ fique no alto, do lado direito. Para tanto, toma-se a recíproca de cada lado – uma transformação conhecida por aqueles que estão acostumados às curvas hiperbólicas.

Os próximos dois passos envolvem a separação dos termos e o cancelamento de [S] no segundo termo do lado direito da equação. Essa forma da equação de Michaelis-Menten é chamada equação de Lineweaver-Burk e se assemelha à equação geral da reta, $y = mx + b$, em que y é o inverso de v_0 e os valores de x são as recíprocas de [S]. Um gráfico nessa forma é chamado duplo-recíproco. A inclinação da reta será K_m/V_{max}, e a interseção no eixo y será $1/V_{max}$.

O motivo original para esse tipo de transformação foi o cálculo de K_m e V_{max}, a partir de dados experimentais. É mais fácil plotar os valores recíprocos de v_0 e [S] e traçar uma reta ligando os pontos para calcular as constantes cinéticas. Atualmente, há programas de computador que ajustam os dados com precisão à curva hiperbólica e calculam as constantes, de modo que o gráfico de Lineweaver-Burk não é mais necessário para esse tipo de análise. Neste livro, ainda usaremos esses gráficos para ilustrar algumas características gerais da cinética enzimática, mas eles raramente são usados para seu propósito original, de análise de dados.

$$\frac{1}{v_0} = \frac{K_m + [S]}{V_{max}[S]} \quad \frac{1}{v_0} = \frac{K_m}{V_{max}[S]} + \frac{[S]}{V_{max}[S]} \quad \frac{1}{v_0} = a\frac{K_m}{V_{max}}b\frac{1}{[S]} + \frac{1}{V_{max}}$$

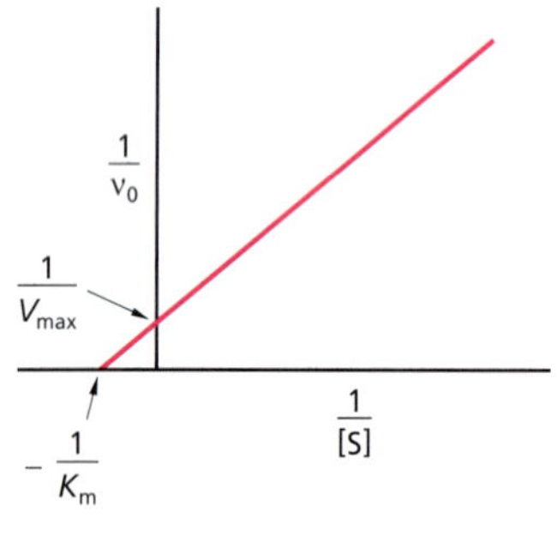

▲ **Figura 5.6**
Gráfico do duplo-recíproco (Lineweaver-Burk). Esse gráfico é derivado de uma transformação linear da equação de Michaelis-Menten. Valores de $1/v_0$ são plotados em função de $1/[S]$.

K_m e V_{max} para uma reação catalisada por enzima podem ser determinados de várias maneiras. Os dois valores podem ser obtidos pela análise das velocidades iniciais em uma série de concentrações do substrato e em uma concentração fixa de enzima. Para obter valores confiáveis das constantes cinéticas, os pontos de [S] precisam ser espalhados tanto abaixo como acima de K_m a fim de produzir uma hipérbole. É difícil determinar tanto K_m como V_{max} diretamente em um gráfico de velocidade inicial *versus* concentração, porque a curva se aproxima de V_{max} de maneira assintótica, mas valores precisos podem ser determinados usando um programa de computador adequado para ajustar os resultados experimentais à equação da hipérbole.

A equação de Michaelis-Menten pode ser reescrita para obter valores de V_{max} e K_m a partir de linhas retas nos gráficos. A transformação mais comumente usada é o duplo-recíproco, ou gráfico de Lineweaver-Burk, no qual os valores de $1/v_0$ são plotados contra $1/[S]$ (Figura 5.6). O valor absoluto de $1/K_m$ é obtido da interseção da reta com o eixo x, e o valor de $1/V_{max}$, da interseção com o eixo y. Embora os gráficos do duplo-recíproco não sejam os métodos mais precisos para determinar constantes cinéticas, eles são fáceis de entender e fornecem padrões reconhecíveis para o estudo da inibição enzimática, um aspecto extremamente importante da enzimologia que estudaremos em breve.

Valores de k_{cat} podem ser obtidos das medidas de V_{max} apenas quando a concentração absoluta da enzima é conhecida. Valores de K_m podem ser determinados mesmo quando as enzimas não estão puras, desde que na preparação apenas uma enzima seja capaz de catalisar a reação observada.

5.6 Cinética das reações com substratos múltiplos

Até agora, consideramos apenas as reações em que um só substrato é convertido em um único produto. Vamos considerar uma reação na qual dois substratos, A e B, são convertidos nos produtos P e Q.

$$E + A + B \rightleftharpoons (EAB) \longrightarrow E + P + Q \qquad (5.27)$$

As medidas cinéticas para essas reações de múltiplos substratos são um pouco mais complicadas do que as de um só substrato. Para muitos objetivos, como o planejamento de um ensaio enzimático, é suficiente determinar apenas o K_m para cada substrato na presença de quantidades saturantes de cada um dos outros, como descrevemos para as reações químicas (Seção 5.2A). A cinética enzimática simples discutida neste capítulo pode ser estendida para distinguir entre diversas possibilidades mecanísticas para reações com múltiplos substratos, como as de transferência de grupos. Isso é feito medindo-se o efeito das variações na concentração de um substrato nos resultados cinéticos obtidos para o outro.

Reações de substratos múltiplos podem ocorrer segundo vários esquemas cinéticos. Tais esquemas são chamados **mecanismos cinéticos** porque são derivados inteiramente de experimentos cinéticos. Os mecanismos cinéticos são normalmente representados utilizando-se a notação introduzida por W. W. Cleland. A sequência de etapas segue da esquerda para a direita (Figura 5.7). A adição de moléculas de substrato (A, B, C, ...) à enzima e a liberação dos produtos (P, Q, R, ...) desta são indicadas por setas apontando para a linha (ligação do substrato) ou saindo dela (liberação do produto). As várias formas da enzima (E livre, complexos ES ou complexos EP) são escritas sob uma linha horizontal. Os complexos ES que sofrem transformação química quando o sítio ativo está ocupado são mostrados entre parênteses.

Reações sequenciais (Figura 5.7a) necessitam que todos os substratos estejam presentes antes da liberação de qualquer produto. Essas reações tanto podem ser **ordenadas**, com uma ordem obrigatória de adição de substratos e liberação de produtos, como **aleatórias**. Nas **reações pingue-pongue** (Figura 5.7b), um produto é liberado antes que todos os substratos estejam ligados. Em uma reação pingue-pongue com dois substratos, o primeiro é ligado, a enzima é alterada por substituição e o primeiro produto é liberado. Em seguida, o segundo substrato é ligado, a enzima alterada volta à sua forma original e o segundo produto é liberado. Às vezes, isso é chamado mecanismo da enzima substituída, por causa da ligação covalente de uma parte do substrato à enzima. A ligação e a liberação de ligantes em um mecanismo pingue-pongue são geralmente indicadas por linhas inclinadas. As duas formas da enzima são representadas por E (não substituída) e F (substituída).

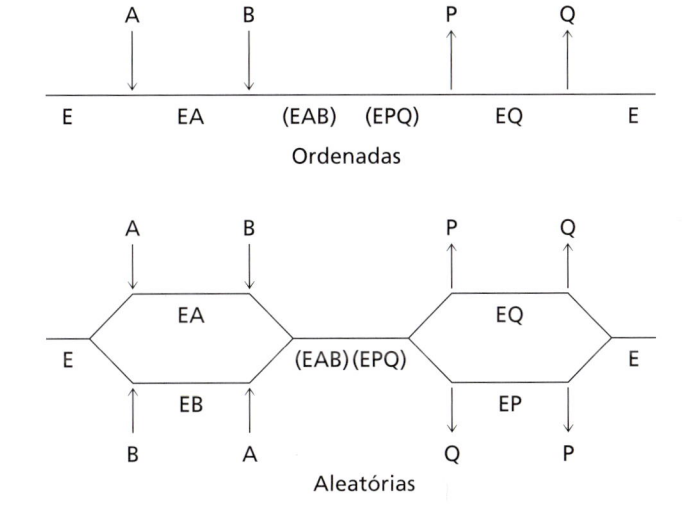

◄ Figura 5.7
Notação das reações com dois substratos. (a) Nas reações sequenciais, todos os substratos se ligam antes que um produto seja liberado. Essa ligação pode ser ordenada ou aleatória. (b) Nas reações pingue-pongue, um substrato é ligado e um produto, liberado, deixando uma enzima substituída. Um segundo substrato é então ligado e um segundo produto, liberado, restaurando a forma original da enzima.

5.7 Inibição enzimática reversível

Um **inibidor** enzimático (I) é um composto que se liga à enzima e interfere em sua atividade. Inibidores podem atuar evitando a formação do complexo ES ou bloqueando a reação química que leva à formação do produto. Via de regra, inibidores são moléculas pequenas que se ligam reversivelmente à enzima que inibem. As células possuem vários inibidores naturais de enzimas, que desempenham papéis importantes na regulação metabólica. Inibidores artificiais são usados experimentalmente para investigar mecanismos enzimáticos e decifrar vias metabólicas. Algumas drogas e muitos venenos são inibidores de enzimas.

Alguns inibidores se ligam covalentemente às enzimas, provocando inibição irreversível, mas a maioria das inibições biologicamente relevantes é reversível. Inibidores reversíveis são ligados às enzimas pelas mesmas forças fracas, não covalentes que ligam substratos e produtos a elas. O equilíbrio entre a enzima livre (E), mais inibidor (I), e o complexo EI é caracterizado por uma constante de dissociação que, nesse caso, é chamada **constante de inibição**, K_i.

> Inibidores irreversíveis são descritos na Seção 5.8.

$$E + I \rightleftharpoons EI \qquad K_d = K_i = \frac{[E][I]}{[EI]} \qquad (5.28)$$

CONCEITO-CHAVE
Inibidores reversíveis unem-se às enzimas e podem impedir que elas se liguem ao substrato ou bloquear a reação que leva à formação de produto.

Os tipos básicos de inibição reversível são competitiva, não competitiva e mista. Os inibidores podem ser distinguidos experimentalmente por seus efeitos sobre o comportamento cinético das enzimas (Tabela 5.3). A Figura 5.8 mostra diagramas que representam os modos de inibição enzimática reversível.

TABELA 5.3 Efeitos dos inibidores reversíveis sobre as constantes cinéticas

Tipo de inibidor	Efeito
Competitivo (I liga-se a E, apenas)	Aumento de K_m V_{max} permanece inalterada
Incompetitivo (I liga-se ao ES, apenas)	V_{max} e K_m são reduzidos A razão V_{max}/K_m permanece inalterada
Não competitivo (I liga-se a E ou a ES)	V_{max} é reduzida K_m permanece inalterado

▲ **Inibição competitiva.** O ingrediente ativo do herbicida Roundup© é o glifosato, um inibidor competitivo da enzima 5-enolpiruvilchiquimato-3-fosfato sintase da planta. (Veja o Quadro 17.2 no Capítulo 17.)

A. Inibição competitiva

Inibidores competitivos são os mais comumente encontrados em bioquímica. Na inibição competitiva, o inibidor liga-se apenas às moléculas da enzima livre que não se ligou a qualquer substrato. A **inibição competitiva** é ilustrada na Figura 5.8 e no esquema cinético da Figura 5.9a. Nesse esquema, apenas ES pode levar à formação de produto. A formação de um complexo EI retira a enzima da rota normal.

Uma vez que o inibidor competitivo esteja ligado a uma molécula de enzima, uma molécula de substrato não pode se ligar a ela. Inversamente, a ligação do substrato a uma molécula de enzima evita a ligação de um inibidor. Em outras palavras, S e I competem pela ligação à molécula de enzima. Na maioria das vezes, S e I ligam-se ao mesmo local na enzima, o sítio ativo. Esse tipo de inibição é chamado inibição competitiva clássica (Figura 5.8). Porém, ele não é o único tipo de inibição competitiva (veja a Figura 5.8). Em alguns casos, como o das enzimas alostéricas (Seção 5.10), o inibidor se liga a um sítio diferente, alterando o sítio de ligação do substrato e impedindo sua ligação. Esse tipo é chamado inibição competitiva não clássica. Quando tanto I como S estão presentes em solução, a proporção de enzima capaz de formar complexos ES depende da concentração do substrato e do inibidor, bem como de suas afinidades relativas pela enzima.

A quantidade de EI pode ser reduzida, aumentando a concentração de S. Em concentrações suficientemente altas de S, a enzima ainda pode ser saturada com substrato. Assim, a velocidade máxima é a mesma na presença ou na ausência de um inibidor. No entanto, quanto mais inibidor competitivo estiver presente, mais substrato será

(a) Inibição competitiva clássica

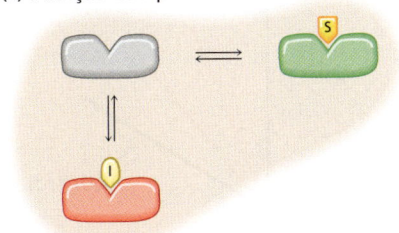

O substrato (S) e o inibidor (I) competem pelo mesmo sítio na enzima.

(b) Inibição competitiva não clássica

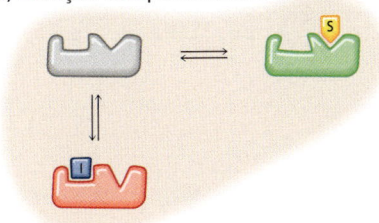

A ligação do substrato (S) ao sítio ativo evita a do inibidor (I) a outro sítio, e vice-versa.

(c) Inibição incompetitiva

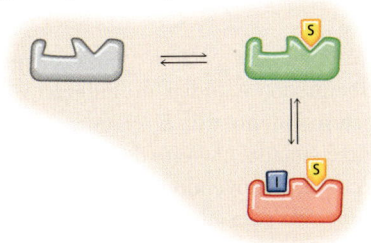

O inibidor (I) se liga apenas ao complexo enzima-substrato (ES), evitando a conversão do substrato (S) em produto.

(d) Inibição não competitiva

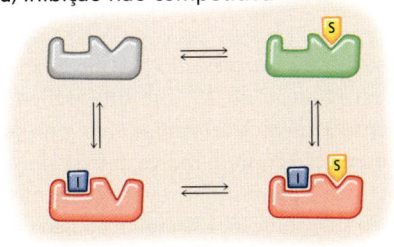

O inibidor (I) pode se ligar tanto a E como a ES. A enzima se torna inativa quando I se liga a ela. O substrato (S) ainda pode se ligar ao complexo EI, mas a conversão ao produto é inibida.

◄ **Figura 5.8**
Diagramas de inibição reversível de enzimas. Nesse esquema, as enzimas com capacidade catalítica estão em verde, e as inativas, em rosa.

necessário para a meia saturação da enzima. Mostramos que a concentração do substrato na meia saturação é igual ao K_m. Em presença de concentrações crescentes de um inibidor competitivo, K_m aumenta. O novo valor é geralmente chamado K_m aparente (K_m^{app}). Em um gráfico duplo-recíproco, a adição de um inibidor competitivo aparece como uma redução no valor absoluto da interseção no eixo x, $1/K_m$, enquanto a intercessão no eixo y, $1/V_{max}$, permanece igual (Figura 5.9b).

Muitos inibidores competitivos clássicos – compostos estruturalmente semelhantes aos substratos – são análogos de substratos. Esses análogos se ligam à enzima, mas não reagem. Por exemplo, a enzima succinato desidrogenase converte succinato em fumarato (Seção 13.3, item 6). O malonato se assemelha ao succinato e age como um inibidor competitivo da enzima.

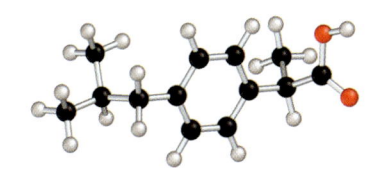

▲ Ibuprofeno, o ingrediente ativo em inúmeros analgésicos de uso comum, é um inibidor competitivo da enzima ciclo-oxigenase (COX). (Veja o Quadro 16.1, no Capítulo 16.)

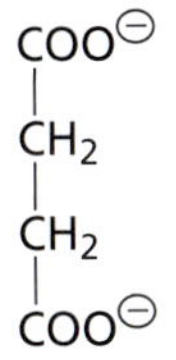

B. Inibição incompetitiva

Inibidores incompetitivos se ligam apenas ao ES, e não à enzima livre (Figura 5.10a). Na **inibição incompetitiva**, V_{max} é reduzida ($1/V_{max}$ aumenta) pela conversão de algumas moléculas de E na forma inativa ESI. Como é o complexo ES que se liga a I, a redução na V_{max} não é revertida pela adição de mais substrato. Inibidores incompetitivos também reduzem o K_m (visto como um aumento no valor absoluto de $1/K_m$ no gráfico duplo-recíproco) porque o equilíbrio, tanto para a formação de ES como de ESI, se desloca no sentido dos complexos em resposta à ligação do I. De maneira experimental, todas as linhas em um gráfico duplo-recíproco que representam as variações das concentrações de um inibidor desse tipo têm a mesma inclinação, indicando valores proporcionalmente decrescentes para K_m e V_{max} (Figura 5.10b). Normalmente esse tipo de inibição ocorre apenas em reações com múltiplos substratos.

$COO^\ominus$
|
CH_2
|
CH_2
|
$COO^\ominus$
Succinato

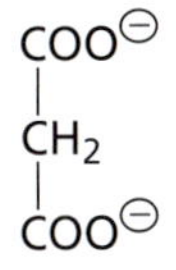

$COO^\ominus$
|
CH_2
|
$COO^\ominus$
Malonato

C. Inibição não competitiva

Inibidores não competitivos podem se ligar à E ou ao ES, formando complexos EI ou ESI inativos, respectivamente (Figura 5.11a). Esses inibidores não são análogos de substrato e não se ligam ao mesmo sítio que S. O caso clássico de inibição não

▶ **Figura 5.9**
Inibição competitiva. (a) Esquema cinético ilustrando a ligação de I a E. Observe que essa é uma expansão da Equação 5.11, que inclui a formação do complexo EI. **(b)** Gráfico duplo-recíproco. Na inibição competitiva, V_{max} permanece inalterada e K_m cresce. A linha preta denominada "Controle" é o resultado na ausência de inibidor. As linhas rosa são os resultados em presença de inibidor, com as setas indicando a direção crescente de [I].

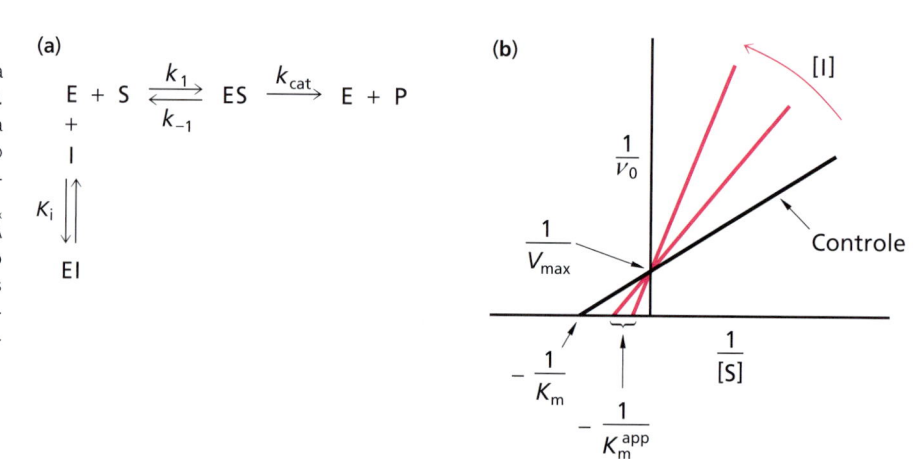

competitiva é caracterizado por um aparente decréscimo na V_{max} ($1/V_{max}$ parece crescer) sem redução do K_m. Em um gráfico duplo-recíproco, as linhas de inibição não competitiva clássica cruzam o eixo x no ponto correspondente a $1/K_m$ (Figura 5.11b). Essa interseção comum indica que o valor de K_m não é afetado. O efeito da inibição não competitiva é para titular reversivelmente E e ES com I, removendo moléculas de enzima ativa da solução. Essa inibição não pode ser superada pela adição de S. A inibição não competitiva clássica é rara, mas conhecem-se alguns exemplos entre as enzimas alostéricas. Nesses casos, o inibidor não competitivo provavelmente altera a conformação da enzima, de forma que ela ainda se liga ao S, mas não catalisa nenhuma reação.

A maioria das enzimas não segue a forma clássica de inibição não competitiva em que K_m não é alterado. Na maioria dos casos, tanto K_m como V_{max} são afetados porque a afinidade do inibidor por E é diferente de sua afinidade por ES. Esses casos costumam ser chamados de **inibição mista** (Figura 5.12).

D. Usos da inibição enzimática

A inibição reversível de enzimas constitui uma ferramenta poderosa para investigar a atividade enzimática. Informações sobre a forma e a reatividade química do sítio ativo de uma enzima podem ser obtidas com experimentos que envolvem uma série de inibidores competitivos com estruturas sistematicamente alteradas.

▶ **Figura 5.10**
Inibição incompetitiva. (a) Esquema cinético ilustrando a ligação do I ao ES. **(b)** Gráfico duplo-recíproco. Na inibição incompetitiva, tanto V_{max} como K_m diminuem (isto é, os valores absolutos de $1/V_{max}$ e $1/K_m$ obtidos das interseções em y e x, respectivamente, aumentam). A razão K_m/V_{max}, a inclinação das retas, permanece inalterada.

▶ **Figura 5.11**
Inibição não competitiva clássica. (a) Esquema cinético ilustrando a ligação do I ao E ou ao ES. **(b)** Gráfico duplo-recíproco. V_{max} diminui, mas K_m permanece o mesmo.

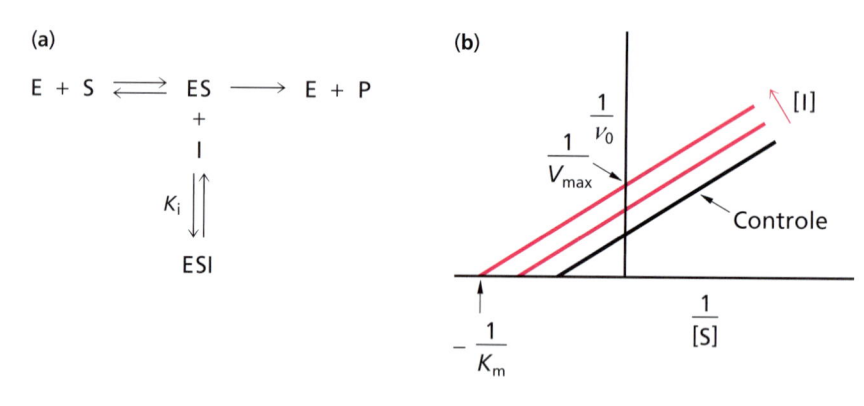

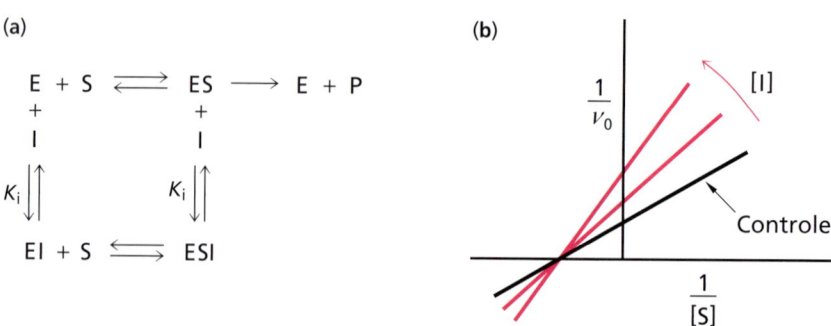

A indústria farmacêutica utiliza estudos de inibição enzimática para criar drogas clinicamente úteis. Em muitos casos, um inibidor enzimático de ocorrência natural é usado como ponto de partida para a elaboração de fármacos. Em vez de utilizar síntese aleatória e teste de potenciais inibidores, alguns pesquisadores estão se voltando para uma abordagem mais eficiente, conhecida como *desenho racional de fármacos*. Teoricamente, com o grande banco de dados sobre a estrutura das enzimas, os inibidores podem ser planejados de modo racional para se encaixar no sítio ativo de uma enzima-alvo. Os efeitos de um composto sintético são testados primeiro sobre enzimas isoladas e depois sobre sistemas biológicos. No entanto, mesmo se um composto tiver atividade inibitória adequada, outros problemas podem ser encontrados. Por exemplo, a droga pode não adentrar as células-alvo, pode ser rapidamente metabolizada em um composto inativo, pode ser tóxica para o organismo hospedeiro ou a célula-alvo pode desenvolver resistência a ela.

Os avanços obtidos na síntese de fármacos são exemplificados pelo desenvolvimento de uma série de inibidores da enzima purina nucleosídeo fosforilase. Essa enzima catalisa uma reação degradativa entre fosfato e o nucleosídeo guanosina, cuja estrutura aparece na Figura 5.13a. Com a modelagem computacional, as estruturas de potenciais inibidores foram planejadas e adequadas ao sítio ativo da enzima. Um desses compostos (Figura 5.13b) foi sintetizado e mostrou ser 100 vezes mais inibitório do que qualquer composto obtido pela abordagem tradicional de tentativa e erro. Os pesquisadores esperam que o planejamento racional produza um fármaco adequado para tratar desordens autoimunes, como a artrite reumatoide e a esclerose múltipla.

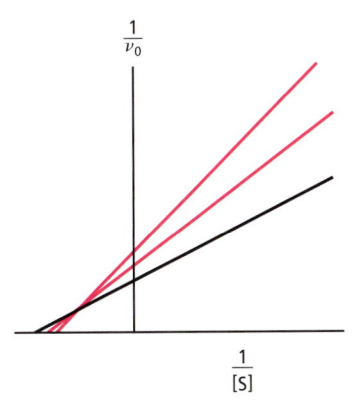

▲ **Figura 5.12**
Gráfico duplo-recíproco mostrando inibição mista. Tanto V_{max} como K_m são afetados quando o inibidor se liga com afinidades diferentes a E e a ES.

5.8 Inibição enzimática irreversível

Diferentemente de um inibidor enzimático reversível, o irreversível forma uma ligação covalente estável com a molécula da enzima e, portanto, retira essa molécula da população ativa. Tipicamente, a **inibição irreversível** ocorre por alquilação ou acilação da cadeia lateral de um resíduo de aminoácido do sítio ativo. Há muitos inibidores naturais desse tipo, além dos exemplos sintéticos descritos aqui.

Um uso importante dos inibidores irreversíveis é a identificação de resíduos de aminoácidos no sítio ativo pela substituição específica de suas cadeias laterais reativas. Nesse processo, um inibidor que reaja apenas com um tipo de aminoácido é incubado com uma solução da enzima, e a perda de atividade desta é verificada. Cadeias laterais ionizáveis são modificadas por reações de acilação ou alquilação. Por exemplo, grupos amino livres, como o ε-amino da lisina, reagem com um aldeído, formando uma base de Schiff, que pode ser estabilizada por redução com boroidreto de sódio ($NaBH_4$) (Figura 5.14).

O "gás dos nervos" di-isopropilfluorofosfato (DFP) pertence a um grupo de compostos organofosforados que inativam hidrolases com uma serina reativa como parte do sítio ativo. Essas enzimas são chamadas serino-proteases ou serino-esterases, dependendo de sua especificidade reacional. A serino-protease quimotripsina, uma importante enzima digestiva, é inibida irreversivelmente por DFP (Figura 5.15). O DFP reage com o resíduo de serina no sítio ativo da enzima (Ser-195), produzindo di-isopropilfosforilquimotripsina.

Alguns inibidores organofosforados são usadas como inseticidas agrícolas; outros, como o DFP, são reagentes úteis em pesquisa enzimática. Os gases neurotóxicos

▲ **Figura 5.13**
Comparação entre um substrato e um inibidor projetado para a purina nucleosídeo fosforilase. Os dois substratos dessa enzima são guanosina e fosfato inorgânico. **(a)** Guanosina. **(b)** Um potente inibidor da enzima. O N-9 da guanosina foi substituído por um átomo de carbono. O anel benzênico clorado se liga ao sítio de ligação do açúcar na enzima, e o acetato se liga ao sítio de ligação do fosfato.

◄ **Figura 5.14**
Reação entre o grupo ε-amino de um resíduo de lisina com um aldeído. A redução da base de Schiff com boroidreto de sódio ($NaBH_4$) forma uma enzima substituída estável.

Figura 5.15
Inibição irreversível por DFP. O di-isopropilfluorofosfato (DFP) reage com um único resíduo de serina (Ser-195) altamente nucleofílico no sítio ativo da quimotripsina, produzindo di-isopropilfosforilquimotripsina inativa. DFP inativa serino-proteases e serinoesterases.

> A aspartato transcarbamilase (ATCase), outra enzima alostérica bem caracterizada, é descrita no Capítulo 18.

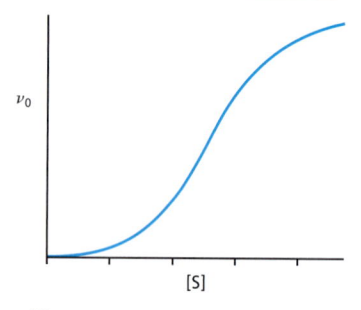

Figura 5.16
Cooperatividade. Gráfico de velocidade inicial em função da concentração de substrato para uma enzima alostérica, mostrando a ligação cooperativa do substrato.

organofosforados originais são venenos extremamente tóxicos, desenvolvidos para uso militar. A principal ação biológica desses venenos é a inibição irreversível da serinoesterase acetilcolinesterase, que catalisa a hidrólise do neurotransmissor acetilcolina. Quando este é liberado por uma célula nervosa ativada, liga-se a seu receptor em uma segunda célula nervosa, desencadeando um impulso nervoso. A ação da acetilcolinesterase faz a célula retornar a seu estado de repouso. A inibição dessa enzima pode causar paralisia.

5.9 Regulação da atividade enzimática

No início deste capítulo, listamos diversas vantagens do uso de enzimas como catalisadores em reações bioquímicas. Obviamente, a principal delas é a aceleração de reações que, de outra forma, seriam muito lentas para sustentar a vida. Outra vantagem das enzimas é que sua atividade catalítica pode ser regulada de várias maneiras. A quantidade de uma enzima pode ser controlada por meio da regulação de sua síntese ou degradação. Esse modo de controle ocorre em todas as espécies, mas geralmente são necessários muitos minutos ou horas para sintetizar novas moléculas de enzimas ou degradar as existentes.

Em todos os organismos, o controle rápido – da ordem de segundos, ou menos –, pode ser feito por meio da modulação reversível da atividade das **enzimas reguladas**. Nesse contexto, definimos enzimas reguladas como aquelas cuja atividade pode ser modificada de forma a afetar a velocidade de uma reação catalisada por elas. Em muitos casos, essas enzimas controlam a etapa-chave em uma via metabólica. A atividade de uma enzima regulada é alterada como resposta a sinais ambientais, permitindo que a célula reaja às variações nas condições, ajustando as velocidades de seus processos metabólicos.

Em geral, enzimas reguladas tornam-se catalisadoras mais ativas, quando as concentrações de seus substratos aumentam ou quando as concentrações dos produtos de sua via metabólica diminuem. Elas se tornam menos ativas quando as concentrações de substrato diminuem ou quando os produtos de suas vias metabólicas se acumulam. A inibição da primeira enzima exclusiva de uma via conserva material e energia, evitando o acúmulo de intermediários e do produto final. A atividade das enzimas reguladas pode ser controlada por modulação alostérica não covalente ou por modificação covalente.

Enzimas alostéricas são aquelas cujas propriedades são afetadas por alterações em sua estrutura. Essas alterações são mediadas pela interação com moléculas pequenas. Vimos um exemplo de alosteria no capítulo anterior, quando analisamos a ligação de oxigênio à hemoglobina. Com frequência, enzimas alostéricas não apresentam a cinética de Michaelis-Menten típica, por causa da ligação cooperativa de substratos, como ocorre com a hemoglobina.

A Figura 5.16 mostra a curva v_0 versus [S] para uma enzima alostérica com ligação cooperativa do substrato. Curvas sigmoidais resultam da transição entre dois estados da enzima. Na ausência de substrato, ela está no estado T. A conformação de cada subunidade é de tal forma que o substrato se liga ineficientemente, e a velocidade da reação é lenta. À medida que a concentração do substrato aumenta, as moléculas de enzima começam a se ligar ao substrato, mesmo sua afinidade no estado T sendo baixa. Quando uma subunidade se liga ao substrato, a enzima sofre uma alteração conformacional, que a converte ao estado R, e então a reação ocorre. As propriedades cinéticas da enzima nos estados T e R são bastante diferentes; cada conformação isoladamente poderia apresentar padrão cinético de Michaelis-Menten.

A mudança conformacional da subunidade que se liga a princípio ao substrato afeta as outras, em uma enzima com múltiplas subunidades. As conformações dessas outras subunidades são alteradas no sentido do estado R, em que suas afinidades pelo substrato são muito maiores. Assim, elas são capazes de se ligar ao substrato em concentração muito mais baixa do que quando estavam no estado T.

O fenômeno alostérico é responsável pelo controle reversível de muitas enzimas reguladas. Na Seção 4.13C, vimos como a conformação da hemoglobina e sua afinidade

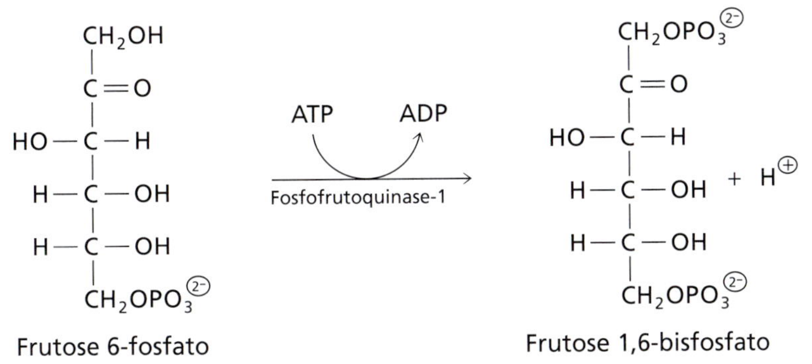

Figura 5.17
Reação catalisada pela fosfofrutoquinase-1.

$$\text{Frutose 6-fosfato} \xrightarrow[\text{Fosfofrutoquinase-1}]{\text{ATP} \quad \text{ADP}} \text{Frutose 1,6-bisfosfato} + H^{\oplus}$$

CONCEITO-CHAVE

Em geral as enzimas alostéricas têm múltiplas subunidades, e a ligação ao substrato é cooperativa, o que produz uma curva sigmoidal quando a velocidade é plotada contra a concentração de substrato.

pelo oxigênio são alteradas quando o 2,3-bifosfoglicerato está ligado. Muitas enzimas reguladas também apresentam transições alostéricas entre os estados ativo (R) e inativo (T). Essas enzimas têm um segundo sítio de ligação para um ligante, afastado de seus centros catalíticos; eles são chamados **sítios reguladores** ou **alostéricos**. Um inibidor ou ativador alostérico, também chamado modulador ou **efetor alostérico**, se liga ao sítio regulador e provoca uma mudança conformacional na enzima regulada. Essa alteração conformacional é transmitida ao sítio ativo da enzima, mudando sua forma o suficiente para modificar sua atividade. Os sítios regulador e catalítico são regiões fisicamente distintas da proteína, em geral localizados em domínios distintos e, algumas vezes, em subunidades separadas. É comum, as enzimas reguladas alostericamente serem maiores do que as outras enzimas.

Em primeiro lugar, examinamos uma enzima que sofre regulação alostérica (não covalente) e depois listamos algumas propriedades gerais dessas enzimas. Em seguida, descrevemos dois modelos que explicam a regulação alostérica em termos de variações na conformação das enzimas reguladas. Por fim, discutimos um grupo intimamente relacionado de enzimas reguladoras: as sujeitas à modificação covalente.

A. A fosfofrutoquinase é uma enzima alostérica

A fosfofrutoquinase-1 bacteriana (*Escherichia coli*) oferece um bom exemplo de inibição e ativação alostérica. Essa enzima catalisa a fosforilação, dependente de ATP, da frutose-6-fosfato para produzir frutose 1,6-*bis*fosfato e ADP (Figura 5.17). Essa reação é uma das primeiras etapas da glicólise, uma via que gera ATP pela degradação de glicose, descrita em detalhes no Capítulo 11. Fosfoenolpiruvato (Figura 5.18), um intermediário próximo à fase final da via glicolítica, é um inibidor alostérico da fosfofrutoquinase-1 de *E. coli*. O aumento da concentração de fosfoenolpiruvato indica que a via está bloqueada a partir daquele ponto. A produção de mais fosfoenolpiruvato é evitada pela inibição da fosfofrutoquinase-1 (veja inibição por retroalimentação – *feedback*, Seção 10.2C).

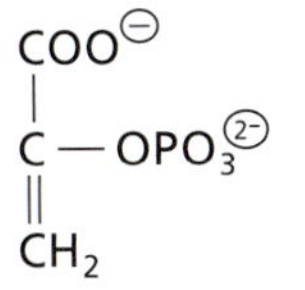

O ADP é um ativador alostérico da fosfofrutoquinase-1. Isso pode parecer estranho ao se olhar para a Figura 5.17, mas lembre que a via total de glicólise resulta na síntese de ATP a partir de ADP. Níveis crescentes de ADP indicam uma deficiência de ATP, e a glicólise precisa ser estimulada. Portanto, o ADP ativa a fosfofrutoquinase-1, apesar de ser um produto dessa reação em particular.

O fosfoenolpiruvato e o ADP afetam a ligação do substrato, frutose-6-fosfato, à fosfofrutoquinase-1. Experimentos cinéticos mostraram que há quatro sítios de ligação para frutose-6-fosfato na fosfofrutoquinase-1, e experimentos estruturais confirmaram que essa enzima em *E. coli* é um tetrâmero formado por quatro subunidades idênticas (M_r 140.000). A Figura 5.19 mostra a estrutura da enzima complexada com seus produtos, frutose 1,6-*bis*fosfato e ADP, e uma segunda molécula de ADP, um ativador alostérico. Duas das subunidades mostradas na Figura 5.19a se associam para formar um dímero. Os dois produtos são ligados ao sítio ativo localizado entre dois domínios de cada cadeia: o ADP se liga ao domínio maior, e a frutose-1,6-*bis*fosfato, principalmente ao menor. Dois desses dímeros interagem para formar a enzima tetramérica completa.

Uma característica notável da estrutura da fosfofrutoquinase-1 (e característica geral das enzimas reguladas) é a separação física do sítio ativo e do sítio regulador em

Figura 5.18
Fosfoenolpiruvato. Esse intermediário da glicólise é um inibidor alostérico da fosfofrutoquinase-1 de *Escherichia coli*.

CONCEITO-CHAVE
Efetores alostéricos alteram as concentrações das formas R e T de uma enzima alostérica.

(a)

(b)

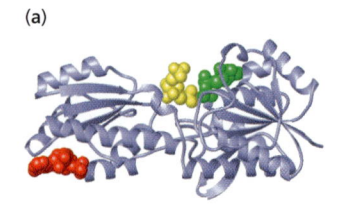

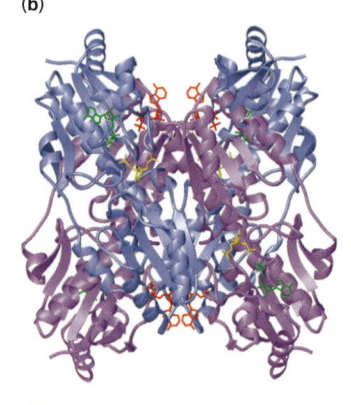

▲ **Figura 5.19**
Conformação R da fosfofrutoquinase-1 de *E. coli*. A enzima é um tetrâmero de cadeias idênticas. **(a)** Subunidade única, mostrada no diagrama de fita. Os produtos, frutose 1,6-*bis*fosfato (amarelo) e ADP (verde), estão ligados ao sítio ativo. O ativador alostérico, ADP (vermelho), está ligado ao sítio regulador. **(b)** Tetrâmero. Duas cadeias são azuis, e duas, roxas. Os produtos, frutose 1,6-*bis*fosfato (amarelo) e ADP (verde), estão ligados aos quatro sítios ativos. O ativador alostérico, ADP (vermelho), está ligado aos quatro sítios reguladores, na interface das subunidades [PDB 1PFK].

A relação entre a regulação de uma enzima individual e uma via é discutida na Seção 10.2B, onde encontraremos termos como "retroinibição" (ou "inibição por retroalimentação") e "ativação por antecipação (*feedforward*)".

---

cada subunidade (em algumas enzimas reguladas, esses sítios ficam em subunidades diferentes). O ativador ADP se liga distante do sítio ativo, em uma abertura profunda entre as subunidades. Quando o ADP se liga ao sítio regulador, a fosfofrutoquinase-1 assume a conformação R, que tem alta afinidade por frutose-6-fosfato. Quando o composto menor, fosfoenolpiruvato, está ligado ao mesmo sítio regulador, a enzima assume uma conformação diferente – a T – que tem menor afinidade por frutose-6-fosfato. A transição entre as conformações é feita por uma leve rotação de um dímero em relação ao outro. A cooperatividade na ligação do substrato é associada ao movimento sincronizado de uma arginina em cada um dos quatro sítios de ligação à frutose-6-fosfato localizados próximo à interface entre os dímeros. O movimento da cadeia lateral dessa arginina do sítio ativo reduz a afinidade pela frutose-6-fosfato. Em muitos organismos, a fosfofrutoquinase-1 é maior e sujeita a regulação alostérica mais complexa do que em *E. coli*, como veremos no Capítulo 11.

Ativadores podem afetar V_{max} ou K_m, ou ambos. É importante reconhecer que a ligação de um ativador altera a estrutura de uma enzima, e que essa alteração converte-a em uma forma diferente que pode ter propriedades cinéticas bastante distintas. Na maioria dos casos, as diferenças entre as propriedades cinéticas das formas R e T são mais complexas do que as diferenças que vimos para os inibidores de enzimas na Seção 5.7.

B. Propriedades gerais de enzimas alostéricas

A análise das propriedades cinéticas e físicas das enzimas alostéricas mostrou que elas têm as seguintes características gerais:

1. As atividades das enzimas alostéricas são alteradas por inibidores e ativadores metabólicos. Com frequência, esses efetores alostéricos não se assemelham aos substratos ou aos produtos da enzima. Por exemplo, o fosfoenolpiruvato (Figura 5.18) não se assemelha nem ao substrato, nem ao produto (Figura 5.17) da fosfofrutoquinase. O reconhecimento das diferenças estruturais entre substratos e inibidores metabólicos levou originalmente à conclusão de que os efetores alostéricos se ligam a sítios reguladores separados dos sítios catalíticos.

2. Os efetores alostéricos se ligam não covalentemente às enzimas que eles regulam (há um grupo especial de enzimas reguladas cujas atividades são controladas por modificação covalente, descrito na Seção 5.10D). Vários efetores alteram o K_m da enzima para um substrato, mas alguns modificam a V_{max}. Os efetores alostéricos em si não são quimicamente modificados pela enzima.

3. Com poucas exceções, enzimas reguladas são proteínas com múltiplas subunidades (mas nem todas as enzimas com múltiplas subunidades são reguladas). As cadeias polipeptídicas individuais de uma enzima regulada podem ser idênticas ou diferentes. Para aquelas com subunidades idênticas (como a fosfofrutoquinase-1 de *E. coli*), cada cadeia polipeptídica pode conter tanto os sítios catalíticos como os reguladores, e o oligômero é um complexo simétrico, na maioria das vezes com duas a quatro cadeias proteicas. Enzimas reguladas compostas de subunidades não idênticas têm arranjos mais complexos, mas geralmente simétricos.

4. Uma enzima alostericamente regulada tem, em geral, pelo menos um substrato para o qual a curva v_0 versus [S] é sigmoidal, e não hiperbólica (Seção 5.9). A fosfofrutoquinase-1 apresenta cinética de Michaelis-Menten (hiperbólica) no caso de um substrato, o ATP, mas cinética sigmoidal para seu outro substrato, frutose-6-fosfato. Uma curva sigmoidal é causada pela cooperatividade positiva da ligação do substrato, tornada possível pela presença de sítios múltiplos de ligação ao substrato na enzima – quatro sítios de ligação, no caso da fosfofrutoquinase-1 tetramérica.

A transição alostérica R $\rightleftharpoons$ T entre as conformações ativa e inativa de uma enzima regulatória é rápida. A proporção entre R e T é controlada pelas concentrações dos vários ligantes e pelas afinidades relativas de cada conformação para esses ligantes. Nos casos mais simples, o substrato e as moléculas do ativador se ligam apenas à enzima no estado R (E_R), e as moléculas do inibidor se ligam apenas à enzima no estado T (E_T).

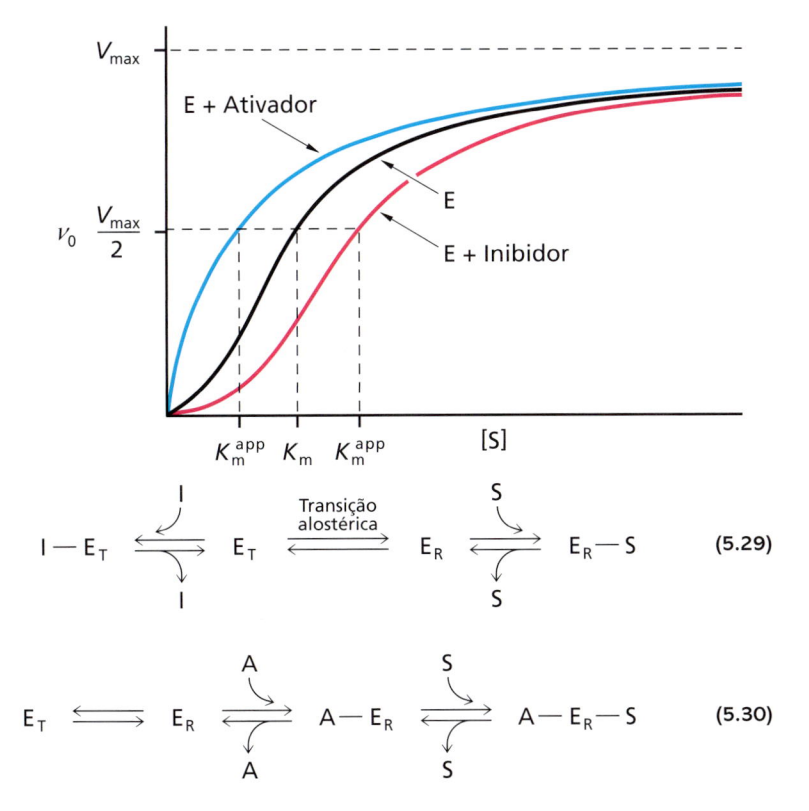

▸ **Figura 5.20**
Papel da cooperatividade de ligação na regulação. A atividade de uma enzima alostérica com uma curva de ligação sigmoidal pode ser marcadamente alterada quando um ativador ou um inibidor está ligado à enzima. A adição de um ativador pode reduzir o K_m aparente, aumentando a atividade de um dado [S]. Ao contrário, a adição de um inibidor pode aumentar o K_m aparente, produzindo uma redução da atividade em um dado [S].

$$I-E_T \xrightleftharpoons[I]{I} E_T \xrightleftharpoons{\text{Transição alostérica}} E_R \xrightleftharpoons[S]{S} E_R-S \quad (5.29)$$

$$E_T \xrightleftharpoons{} E_R \xrightleftharpoons[A]{A} A-E_R \xrightleftharpoons[S]{S} A-E_R-S \quad (5.30)$$

Esses exemplos simplificados ilustram a principal propriedade dos efetores alostéricos: eles alteram as concentrações do estado estacionário de E_T e E_R livres.

A Figura 5.20 ilustra o papel regulatório que a ligação cooperativa pode desempenhar. A adição de um ativador pode alterar a curva sigmoidal para uma forma hiperbólica, reduzindo o K_m aparente (a concentração de substrato necessária para meia-saturação) e aumentando a atividade em um dado [S]. A adição de um inibidor pode aumentar o K_m aparente da enzima e reduzir sua atividade em qualquer concentração do substrato.

A adição de S leva a um aumento na concentração da enzima na conformação R. Inversamente, a adição do inibidor aumenta a proporção da espécie T. Moléculas de ativador ligam-se preferencialmente à conformação R, levando ao aumento da razão R/T. Observe que esse esquema simplificado não mostra que há múltiplos sítios de ligação que interagem entre si, tanto para S como para I.

Alguns inibidores alostéricos são do tipo competitivo não clássico (Figura 5.8). Por exemplo, a Figura 5.20 descreve uma enzima que tem K_m aparente mais alto para seu substrato na presença do inibidor alostérico, mas V_{max} inalterado. Logo, o modulador alostérico é um inibidor competitivo.

Algumas enzimas regulatórias exibem padrões de inibição não competitiva, nos quais a ligação de um modulador ao sítio regulador não evita que o substrato se ligue, mas parece distorcer a conformação do sítio ativo o suficiente para reduzir a atividade da enzima.

C. Duas teorias sobre a regulação alostérica

Lembre-se de que a maioria das proteínas é feita de duas ou mais cadeias polipeptídicas (Seção 4.8). As enzimas são proteínas típicas; a maioria delas tem múltiplas subunidades, o que complica nosso entendimento da regulação. Há dois modelos gerais que explicam a ligação cooperativa de ligantes a proteínas multiméricas. Ambos descrevem as transições cooperativas em termos quantitativos simples.

O **modelo conectado**, ou de simetria, foi desenvolvido para explicar a ligação cooperativa de ligantes idênticos, como os substratos. Foi proposto em 1965 por Jacques Monod, Jeffries Wyman e Jean-Pierre Changeux e, às vezes, é chamado modelo MWC. Esse modelo considera que há um sítio de ligação de substrato em cada subunidade.

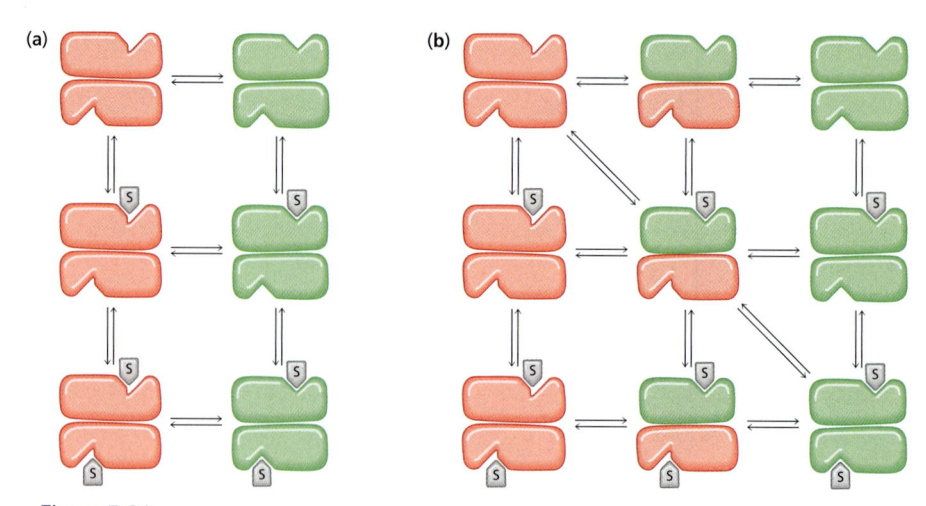

▲ **Figura 5.21**
Dois modelos de cooperatividade de ligação do substrato (S) a uma proteína tetramérica.
Para simplificar, é apresentada uma proteína com duas subunidades. Em todos os casos, a subunidade enzimaticamente ativa (R) é colorida de verde, e a conformação inativa (T), de rosa. **(a)** No modelo concertado simplificado, ambas as subunidades estão na conformação R ou na T. O substrato (S) pode se ligar a subunidades em qualquer uma das conformações, mas a ligação à T é considerada mais fraca do que à R. A cooperatividade é explicada postulando-se que, quando o substrato se liga a uma subunidade na forma T (rosa), ela desloca a proteína para uma conformação em que as duas subunidades estão na forma R. **(b)** No modelo sequencial, uma subunidade pode estar na conformação R, enquanto outra está na T. Como no modelo concertado, ambas as conformações podem se ligar ao substrato. A cooperatividade é conseguida postulando-se que a ligação do substrato faz a subunidade ser levada para a forma R, e, quando uma subunidade assume essa conformação, a outra se torna mais propensa a se ligar ao substrato e sofrer mudança de conformação (linhas diagonais).

Assim, a conformação de cada subunidade é restringida por sua associação com outras subunidades e, quando a proteína muda de conformação, ela mantém a simetria molecular (Figura 5.21a). Portanto, há duas conformações no equilíbrio, R e T. Quando uma subunidade está na conformação R, ela tem maior afinidade pelo substrato; já as subunidades na conformação T têm menor afinidade. A ligação de substrato a uma subunidade desloca o equilíbrio, pois "aprisiona" as demais subunidades na conformação R, aumentando a probabilidade de que outras subunidades se liguem ao substrato. Isso explica a cooperatividade da ligação do substrato.

Quando a conformação de uma proteína muda, a afinidade de seus sítios de ligação pelo substrato também se altera. O modelo concertado foi estendido para incluir a ligação de efetores alostéricos e pode ser simplificado considerando-se que o substrato se liga apenas à conformação R, enquanto os efetores alostéricos se ligam preferencialmente a uma das conformações – inibidores ligam-se apenas a subunidades na forma T, e ativadores, apenas na R. O modelo concertado se baseia na simetria estrutural observada nas enzimas reguladas. Ele sugere que todas as subunidades de uma dada molécula de proteína têm a mesma conformação: todas R ou todas T.

Quando a enzima passa de uma forma para a outra, todas as subunidades mudam de conformação de forma sincronizada. Dados experimentais obtidos com diversas enzimas podem ser explicados por essa teoria simples. Por exemplo, muitas propriedades da fosfofrutoquinase-1 de *E. coli* atendem à teoria concertada. Na maioria dos casos, contudo, essa teoria não explica adequadamente todas as observações relativas a uma enzima em particular. Seus comportamentos são mais complexos do que esse modelo simples de "tudo ou nada".

O **modelo sequencial** foi proposto inicialmente por Daniel Koshland, George Némethy e David Filmer (modelo KNF). É um modelo mais geral, pois permite que as duas subunidades existam em duas conformações diferentes na mesma proteína multimérica. A versão específica de ajuste induzido do modelo é baseada na ideia de que um ligante pode induzir uma alteração na estrutura terciária de cada subunidade à qual ele se liga. Esse complexo subunidade-ligante pode mudar as conformações das subunidades vizinhas em diferentes graus. Assim como o modelo concertado, o modelo sequencial considera que apenas uma forma tem alta afinidade pelo ligante, mas ele difere ao permitir a coexistência de subunidades com alta e com baixa afinidade na proteína com múltiplas subunidades (Figura 5.21b).

Centenas de proteínas alostéricas já foram estudadas, e a maioria mostra ligação cooperativa de substratos e/ou moléculas efetoras. Apesar disso, provou-se muito difícil distinguir entre o modelo concertado e o sequencial. Muitas proteínas apresentam comportamento de ligação que pode ser mais bem explicado como uma mistura da mudança "tudo ou nada" do modelo concertado e daquela em etapas do modelo sequencial.

D. Regulação por modificação covalente

A atividade de uma enzima pode ser modificada pela ligação covalente e pela remoção de grupos da cadeia polipeptídica. A regulação por modificação covalente é na maioria das vezes mais lenta do que a alostérica, descrita antes. É importante observar que a modificação covalente das enzimas reguladas tem que ser reversível, pois, do contrário, não seria uma forma de regulação. As modificações normalmente necessitam de enzimas modificadoras adicionais para ativação e inativação. As próprias atividades dessas enzimas modificadoras podem ser reguladas alostericamente ou por modificação covalente. Acredita-se que enzimas controladas por modificação covalente, em geral, sofrem transições R ⇌ T, mas elas podem ser "congeladas" em uma conformação ou outra, por substituição covalente.

O tipo mais comum de modificação covalente é a fosforilação de um ou mais resíduos específicos de serina, embora, em alguns casos, resíduos de treonina, tirosina ou histidina sejam fosforilados. Uma enzima chamada proteína quinase catalisa a transferência de grupos fosforila terminais do ATP para o resíduo de serina apropriado da enzima regulada. A fosfoserina da enzima regulada é hidrolisada pela ação de uma fosfatase, liberando fosfato e fazendo a enzima voltar a seu estado desfosforilado. Enzimas individuais diferem quanto à forma que é ativa: para algumas enzimas a forma ativa é a fosforilada, enquanto para outras a forma ativa é a desfosforilada.

As reações envolvidas na regulação da piruvato desidrogenase de mamíferos por modificação covalente são mostradas na Figura 5.22. A piruvato desidrogenase catalisa uma reação que liga a via da glicólise ao ciclo do ácido cítrico. A fosforilação da piruvato desidrogenase, catalisada pela enzima alostérica piruvato desidrogenase quinase, inativa a desidrogenase. A quinase pode ser ativada por qualquer um dentre vários metabólitos. A piruvato desidrogenase fosforilada é reativada sob diferentes condições metabólicas por meio da hidrólise de seu resíduo de fosfoserina, catalisada pela piruvato desidrogenase fosfatase.

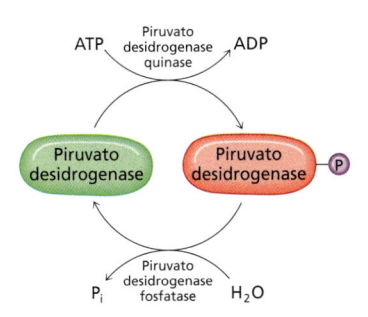

▲ **Figura 5.22**
Regulação da piruvato desidrogenase de mamíferos. Piruvato desidrogenase, uma enzima interconversível, é inativada por fosforilação catalisada pela piruvato desidrogenase quinase. Ela é reativada por hidrólise de seu resíduo de fosfoserina, catalisada por uma hidrolase alostérica chamada piruvato desidrogenase fosfatase.

5.10 Complexos multienzimáticos e enzimas multifuncionais

Em alguns casos, diferentes enzimas que catalisam reações sequenciais na mesma via são reunidas em um complexo multienzimático. Em outros casos, atividades diferentes podem ser encontradas em uma única cadeia polipeptídica multifuncional. Geralmente, a presença de múltiplas atividades em uma única cadeia polipeptídica é resultado de um evento de fusão de genes.

Alguns complexos multienzimáticos são bastante estáveis. Encontraremos diversos desses complexos em outros capítulos. Em outros complexos multienzimáticos, as proteínas podem estar associadas mais fracamente (Seção 4.9). Como esses complexos se dissociam com facilidade, pode ser difícil demonstrar sua existência e sua importância. A ligação a membranas ou componentes do citoesqueleto é outra maneira pela qual as enzimas podem ser associadas.

As vantagens metabólicas dos complexos multienzimáticos e das enzimas multifuncionais incluem a possibilidade de **canalização do metabólito**. A canalização dos reagentes entre os sítios ativos pode ocorrer quando o produto de uma reação é transferido diretamente ao próximo sítio ativo, sem passar pela massa de solvente.

> A regulação da atividade da piruvato desidrogenase é explicada na Seção 13.5. Um exemplo de via de transdução de sinal envolvendo modificação covalente é descrita na Seção 12.6.

Isso pode aumentar muito a velocidade de uma reação, pela redução dos tempos de trânsito dos intermediários entre as enzimas e pela produção de altas concentrações locais desses intermediários. A canalização também pode proteger intermediários quimicamente lábeis de degradação pelo solvente. A canalização metabólica é uma forma pela qual as enzimas podem efetivamente acoplar reações separadas.

Um dos exemplos mais bem caracterizados de canalização envolve a enzima triptofano sintase, que catalisa as duas últimas etapas da biossíntese do triptofano (Seção 17.3F). Essa enzima tem um túnel que conduz o reagente entre seus dois sítios ativos. Sua estrutura não apenas evita a perda do reagente na massa de solvente, como também oferece um controle alostérico para manter em fase as reações que estão ocorrendo nos dois sítios ativos.

Diversas outras enzimas têm dois ou três sítios ativos ligados por um túnel molecular. Outro mecanismo para canalização de metabólitos envolve o direcionamento do reagente ao longo de um caminho de cadeias laterais de aminoácidos básicos na superfície das enzimas acopladas. Os metabólitos (a maioria dos quais tem carga negativa) são direcionados entre os sítios ativos por meio da superfície eletrostaticamente positiva. O complexo da sintase de ácidos graxos catalisa uma sequência de sete reações necessárias para a síntese de ácidos graxos. A estrutura desse complexo é descrita no Capítulo 16 (Seção 16.1).

A busca por complexos enzimáticos e a avaliação de suas atividades catalíticas e regulatórias é uma área extremamente ativa de pesquisa.

Resumo

1. Enzimas, os catalisadores dos organismos vivos, são notáveis por sua eficiência catalítica e suas especificidades reacionais e pelo substrato. Com poucas exceções, as enzimas são proteínas ou proteínas associadas a cofatores. São agrupadas em seis classes (oxidorredutases, transferases, hidrolases, liases, isomerases e ligases), conforme a natureza das reações que catalisam.

2. A cinética de uma reação química pode ser descrita por uma equação de velocidade.

3. Enzimas e substratos formam complexos não covalentes enzima-substrato. Em consequência, as reações enzimáticas são, caracteristicamente, de primeira ordem em relação à concentração da enzima e, em geral, apresentam dependência hiperbólica da concentração do substrato. A hipérbole é descrita pela equação de Michaelis-Menten.

4. A velocidade máxima (V_{max}) é alcançada quando a concentração de substrato é saturante. A constante de Michaelis (K_m) é igual à concentração de substrato na velocidade semimáxima da reação ($V_{max}/2$), ou seja, na meia saturação da E pelo S.

5. A constante catalítica (k_{cat}), ou número de *turnover*, para uma enzima é o número máximo de moléculas do substrato que podem ser transformadas em produto por molécula de enzima (ou por sítio ativo) por segundo. A razão k_{cat}/K_m é uma constante de velocidade aparente de segunda ordem, que governa a reação da enzima quando o substrato está diluído e não saturante. Ela fornece uma medida da eficiência catalítica de uma enzima.

6. Os valores de K_m e V_{max} podem ser obtidos pelo gráfico da velocidade inicial em função de uma série de concentrações de substrato em uma concentração enzimática fixa.

7. Reações de substratos múltiplos podem seguir um mecanismo sequencial, com eventos de ligação e liberação ordenados ou aleatórios, ou, ainda, um mecanismo pingue-pongue.

8. Inibidores reduzem a velocidade das reações catalisadas por enzima. Inibidores reversíveis podem ser competitivos (aumentando o valor aparente de K_m sem alterar V_{max}), incompetitivos (parecem reduzir K_m e V_{max} proporcionalmente), não competitivos (parecem reduzir V_{max} sem alterar K_m) ou mistos. Inibidores enzimáticos irreversíveis formam ligações covalentes com a enzima.

9. Moduladores alostéricos ligam-se às enzimas em um sítio diferente do ativo e alteram sua atividade. Dois modelos, o concertado e o sequencial, descrevem a cooperatividade das enzimas alostéricas. A modificação covalente, geralmente fosforilação, de certas enzimas regulatórias também pode controlar a atividade enzimática.

10. Complexos multienzimáticos e enzimas multifuncionais são muito comuns. Elas podem canalizar os metabólitos entre sítios ativos.

Problemas

1. Velocidades iniciais foram medidas para a reação da quimotripsina com o éster benzílico da tirosina [S] em seis concentrações diferentes de substrato. Utilize os dados abaixo para fazer uma estimativa razoável dos valores de V_{max} e K_m para esse substrato.

mM [S]	0,00125	0,01	0,04	0,10	2,0	10
(mM/min)	14	35	56	66	69	70

2. Por que o valor de k_{cat}/K_m é usado para medir a eficiência catalítica de uma enzima?

   (a) Quais são os limites máximos de k_{cat}/K_m para as enzimas?

   (b) Diz-se que enzimas com valores de k_{cat}/K_m próximos a esses limites alcançaram a "perfeição catalítica". Explique.

3. A anidrase carbônica (CA) tem uma atividade 25.000 vezes maior ($k_{cat} = 10^6$ s^{-1}) do que a orotidina monofosfato descarboxilase (OMPD) ($k_{cat} = 40$ s^{-1}). Contudo, a OMPD fornece uma "aceleração" mais de 10^{10} vezes maior do que CA (Tabela 5.2). Explique como isso é possível.

4. Uma enzima que siga a cinética de Michaelis-Menten tem um K_m igual a 1 μM. A velocidade inicial é 0,1 μM min^{-1} a uma concentração de substrato igual a 100 μM. Qual a velocidade inicial quando [S] é igual a (a) 1 mM, (b) 1 μM e (c) 2 μM?

5. O vírus da imunodeficiência humana 1 (HIV-1) codifica uma protease (M_r 21.500) que é essencial para sua montagem e maturação. A protease catalisa a hidrólise de um heptapeptídeo, com k_{cat} de 1.000 s^{-1} e um K_m de 0,075 M.

   (a) Calcule a V_{max} para a hidrólise do substrato quando a protease do HIV-1 está presente na concentração de 0,2 mg ml^{-1}.

   (b) Quando o grupo –C(O)NH– do heptapeptídeo é substituído por –CH$_2$NH–, o derivado resultante não pode ser clivado pela protease do HIV-1 e atua como um inibidor. Nas mesmas condições experimentais do item (a), mas em presença de 2,5 μM do inibidor, V_{max} é igual a $9,3 \times 10^{-3}$ M s^{-1}. Que tipo de inibição está ocorrendo? Ela é a esperada para uma molécula com essa estrutura?

6. Desenhe um gráfico de v_0 versus [S] para uma reação enzimática típica: (a) na ausência de inibidor; (b) na presença de inibidor competitivo; (c) na presença de inibidor não competitivo.

7. Sulfonamidas (sulfas) como a sulfanilamida são drogas antibacterianas que inibem a enzima di-hidropteroato sintase (DS), necessária para a síntese de ácido fólico nas bactérias. Não há inibição enzimática correspondente nos animais porque o ácido fólico é uma vitamina necessária, e ela não pode ser sintetizada neles. Considerando que o ácido *p*-aminobenzoico (PABA) seja um substrato para DS, que tipo de inibição pode ser prevista para a sintase bacteriana na presença de sulfonamidas? Desenhe um gráfico duplo-recíproco para esse tipo de inibição, com eixos corretamente denominados, e identifique as linhas "não inibido" e "inibido".

   Sulfonamidas (R = H, sulfanilamida)

   Ácido *p*-aminobenzoico

8. (a) A fumarase é uma enzima do ciclo do ácido cítrico que catalisa a conversão de fumarato em L-malato. Dadas as concentrações de fumarato (substrato) e as velocidades iniciais abaixo, construa um gráfico de Lineweaver-Burk e determine os valores de V_{max} e K_m para a reação catalisada pela fumarase.

Fumarato (mM)	Velocidade (mmol.l^{-1}.min^{-1})
2,0	2,5
3,3	3,1
5,0	3,6
10,0	4,2

   (b) A fumarase tem peso molecular de 194.000 e é composta de quatro subunidades idênticas, cada uma com um sítio ativo. Se a concentração de enzima for igual a 1×10^{-2} M para o experimento do item (a), calcule o valor de k_{cat} para a reação da fumarase com fumarato. Obs.: as unidades para k_{cat} são segundos recíprocos (s^{-1}).

9. A regulação covalente de enzimas tem papel importante no metabolismo do glicogênio muscular, uma molécula armazenadora de energia. A forma ativa fosforilada da glicogênio fosforilase (GP) catalisa a degradação do glicogênio em glicose-1-fosfato. Usando a piruvato desidrogenase como modelo (Figura 5.23), preencha as caixas abaixo para a ativação e a inativação da glicogênio fosforilase.

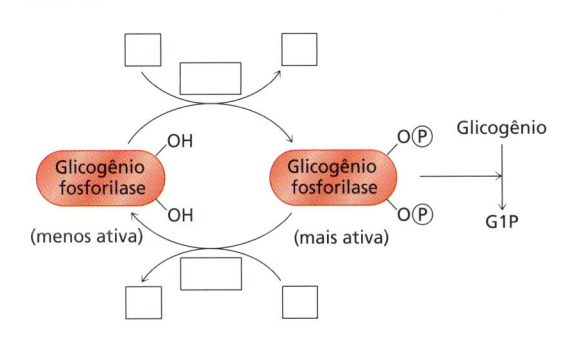

10. Enzimas regulatórias nas vias metabólicas são, com frequência, encontradas na primeira etapa que é exclusiva para aquela via. Como a regulação nesse ponto melhora a eficiência metabólica?

11. A ATCase é uma enzima regulatória que atua no início da rota biossintética dos nucleotídeos pirimidínicos. Ela apresenta cooperatividade positiva e, é ativada *in vitro* pelo

ATP e é inibida pelo nucleotídeo pirimidínico citidina trifosfato (CTP). Tanto ATP quanto CTP afetam o K_m para o substrato aspartato, mas não a V_{max}. Na ausência de ATP ou de CTP, a concentração de aspartato necessária para a velocidade semimáxima é cerca de 5 mM, com concentrações saturantes do segundo substrato, o carbamilfosfato. Desenhe um gráfico de v_0 versus [aspartato] para a ATCase e indique como CTP e ATP afetam v_0 quando [aspartato] = 5 mM.

12. A família citocromo P450 das enzimas mono-oxigenases está envolvida na depuração de compostos estranhos (incluindo drogas) de nosso corpo. Os P450s são encontrados em diversos tecidos, incluindo o hepático, o intestinal, o nasal e o pulmonar. Para cada droga aprovada para uso humano, a empresa farmacêutica tem que investigar o seu metabolismo pelo citocromo P450. Muitas interações droga-droga adversas conhecidas ocorrem em consequência de interações com as enzimas do citocromo P450. Uma parte significativa das drogas é metabolizada por uma dessas enzimas, a P450 3A4. Sabe-se que, no intestino humano, essa enzima metaboliza o sedativo midazolam, transformando-o em um produto hidroxilado, o 1'-hidroximidazolam. Os dados cinéticos apresentados a seguir são da reação catalisada pela P450 3A4.

    (a) Concentrando-se nas duas primeiras colunas, determine K_m e V_{max} para a enzima, usando o gráfico de Lineweaver-Burk.

    (b) Sabe-se que cetoconazol, um antifúngico, provoca interações adversas droga-droga quando administrado com midazolam. Usando os dados da tabela, determine o tipo de inibição exercida pelo cetoconazol sobre a hidroxilação do midazolam catalisada pelo P450.

Midazolam (µM)	Velocidade de formação de produto (pmol e^{-1} min^{-1})	Velocidade de formação de produto em presença de cetoconazol 0,1 µM (pmol e^{-1} min^{-1})
1	100	11
2	156	28
4	222	27
8	323	40

[Adaptado de Gibbs M A, Thummel K E, Shen D D, Kunze K L Drug Metab. Dispos. 1999; 27:180-187.]

13. Pacientes em uso de certos medicamentos são advertidos por seus médicos para evitar tomá-los com suco de toranja, que contém diversos compostos, entre os quais a bergamotina. O citocromo P450 3A4 é uma mono-oxigenase conhecida por metabolizar drogas a suas formas inativas. Os resultados a seguir foram obtidos quando a atividade do P450 3A4 foi medida na presença e na ausência de bergamotina.

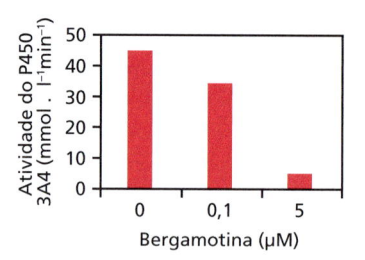

    (a) Qual o efeito da adição de bergamotina à reação catalisada pelo P450?

    (b) Por que pode ser perigoso para o paciente tomar certos medicamentos com suco de toranja?

    [Adaptado de Wen Y H, Sahi J, Urda E, Kalkarni S, Rose K, Zheng X et al. Drug Metab. Dispos. 2002; 30:977-984.]

14. Utilize a equação de Michaelis-Menten (Equação 5.14) para demonstrar o seguinte:

    (a) v_0 torna-se independente do [S] quando [S]$\gg K_m$.

    (b) A reação é de primeira ordem em relação a S quando [S]$\ll K_m$.

    (c) [S] = K_m quando v_0 é igual à metade de V_{max}.

Leituras selecionadas

Catálise enzimática
Fersht A. Enzyme Structure and Mechanism, 2nd ed. (New York: W. H. Freeman). 1985.
Lewis CA, Wolfenden R. Uroporphyrinogen decarboxylation as a benchmark for the catalytic proficiency of enzymes. Proc. Natl. Acad. Sci. (USA). 2008; 105:17328-17333.
Miller BG, Wolfenden R. Catalytic proficiency: the unusual case of OMP decarboxylase. Annu. Rev. Biochem. 2002; 71, 847-885.
Sigman DS, Boyer PD, eds. The Enzymes, Vols. 19 e 20, 3rd ed. San Diego: Academic Press. 1990-1992.
Webb EC, ed. Enzyme Nomenclature 1992: Recommendations of the Nomenclature Committee of the International Union of Biochemistry and Molecular Biology on the Nomenclature and Classification of Enzymes. San Diego: Academic Press. 1992.

Cinética e inibição enzimática
Bugg CE, Carson WM, Montgomery JA. Drugs by design. Sci. Am. 1993; 269(6):92-98.
Chandrasekhar S. Thermodynamic analysis of enzyme catalysed reactions: new insights into the Michaelis-Menten equation. Res. Chem. Intermed. 2002; 28:265–275.
Cleland WW. Steady State Kinetics. The Enzymes, Vol. 2, 3rd ed., P. D. Boyer, ed. New York: Academic Press. 1970; pp. 1-65.
Cornish-Bowden A. Enzyme kinetics from a metabolic perspective. Biochem. Soc. Trans. 1999; 27:281-284.
Northrop DB. On the meaning of Km and V/K in enzyme Kinetics. J. Chem. Ed. 1998; 75:1153-1157.
Radzicka A, Wolfenden R. A proficient enzyme. Science, 1995; 267:90-93.
Segel IH. Enzyme Kinetics: Behavior and Analysis of Rapid Equilibrium and Steady State Enzyme Systems. New York: Wiley-Interscience. 1975.

Enzimas reguladas
Ackers GK, Doyle ML, Myers D, Daugherty MA. Molecular code for cooperativity in hemoglobin. Science, 1992; 255:54-63.
Barford D. Molecular mechanisms for the control of enzymic activity by protein phosphorylation. Biochim. Biophys. Acta. 1991; 1133:55-62.
Hilser VJ. An ensemble view of allostery. Science, 2010; 327:653-654.
Hurley JH, Dean AM, Sohl JL, Koshland DE, Jr., Stroud RM. Regulation of an enzyme by phosphorylation at the active site. Science, 1990; 249:1012-1016.

Schirmer T, Evans PR. Structural basis of the allosteric behavior of phosphofructokinase. Nature, 1990; 343:140-145.

Canalização metabólica
Pan P, Woehl E, Dunn MF. Protein architecture, dynamics and allostery in tryptophan synthase channeling. Trends Biochem. Sci, 1997; 22:22-27.
Vélot C, Mixon MB, Teige M, e Srere PA. Model of a quinary structure between Krebs TCA cycle enzymes: a model for the metabolon. Biochemistry, 1997; 36:14271-14276.

Mecanismos Enzimáticos

Penso que as enzimas são moléculas complementares, em estrutura, aos complexos ativados das reações que catalisam.
— Linus Pauling (1948)

No capítulo anterior, descrevemos algumas propriedades gerais das enzimas, com ênfase em cinética enzimática. Neste capítulo, veremos como as enzimas catalisam as reações, estudando detalhes moleculares dessas reações. Os mecanismos enzimáticos individuais foram deduzidos por vários métodos, incluindo experimentos cinéticos, estudos estruturais de proteínas e estudos de reações-modelo não enzimáticas. Os resultados desses estudos mostram que a extraordinária capacidade catalítica das enzimas resulta de propriedades físicas e químicas simples, especialmente a ligação e o posicionamento adequado dos reagentes nos sítios ativos das enzimas. A química, a física e a bioquímica se uniram para desvendar boa parte do "mistério" das enzimas, e a tecnologia do DNA recombinante atualmente nos permite testar as teorias propostas pelos químicos de enzimas. Observações para as quais não havia explicação há apenas meio século são agora totalmente compreendidas.

Os mecanismos de várias enzimas são bem estabelecidos e nos dão uma visão geral de como elas atuam como catalisadores. Começaremos este capítulo com uma revisão simples dos mecanismos químicos, seguida por uma discussão resumida sobre catálise. Depois, examinaremos os principais modelos de catálise enzimática: ácido-base e catálise covalente (classificados como efeitos químicos) e ligação ao substrato e estabilização do estado de transição (classificados como efeitos de ligação). Terminaremos o capítulo com alguns exemplos específicos de mecanismos enzimáticos.

6.1 A terminologia da química mecanística

O mecanismo de uma reação é uma descrição detalhada dos eventos moleculares, atômicos e até subatômicos ocorridos durante a reação. Reagentes, produtos e todos os intermediários têm de ser identificados. Diversas técnicas laboratoriais são usadas para determinar o mecanismo de uma reação. Por exemplo, o uso de reagentes isotopicamente marcados pode traçar o caminho de átomos individuais, e técnicas cinéticas podem medir alterações nas ligações químicas de um reagente ou solvente durante a reação. Estudos de alterações estereoquímicas ocorridas no decorrer da

---

Topo: Uma etapa do mecanismo de reação da triose fosfato isomerase.

reação podem dar uma visão tridimensional do processo. Para qualquer mecanismo enzimático proposto, as informações mecanísticas sobre reagentes e intermediários precisam ser coordenadas com a estrutura tridimensional da enzima. Essa é uma parte importante da compreensão das relações entre estrutura e atividade, um dos principais temas em bioquímica.

Mecanismos enzimáticos são descritos utilizando o mesmo simbolismo desenvolvido em química orgânica para representar a quebra e a formação de ligações químicas. O movimento dos elétrons é a chave para o entendimento das reações químicas (e enzimáticas). Iremos rever os mecanismos químicos nesta seção e, nas próximas, iremos discutir catálise e apresentar vários mecanismos enzimáticos específicos. Essa discussão deve fornecer a você uma base suficiente para a compreensão de todas as reações catalisadas por enzimas apresentadas neste livro.

A. Substituições nucleofílicas

Diversas reações químicas têm substratos, intermediários ou produtos iônicos. Há dois tipos de moléculas iônicas: uma espécie é rica em elétrons – ou **nucleofílica** – e a outra é deficiente em elétrons, ou **eletrofílica** (Seção 2.6). Um nucleófilo tem uma carga negativa ou um par de elétrons não compartilhado. Geralmente, pensamos em um nucleófilo atacando um eletrófilo e chamamos o mecanismo de ataque nucleofílico ou substituição nucleofílica. Em química mecanística, o movimento de um par de elétrons é representado por uma seta curva apontando dos elétrons disponíveis no nucleófilo para o centro eletrofílico. Esses diagramas de "deslocamento eletrônico" representam a quebra de uma ligação covalente existente ou a formação de uma nova. Em geral, o mecanismo da reação envolve um intermediário.

Várias reações bioquímicas são de **transferência de grupos**, quando um grupo passa de uma molécula para outra. Muitas dessas reações envolvem um intermediário carregado. A transferência de um grupo acila, por exemplo, pode ser escrita sob a forma geral

$$\underset{R}{\overset{O}{\underset{\|}{C}}}-X \;+\; Y^{\ominus} \;\rightleftharpoons\; R-\underset{Y}{\overset{O^{\ominus}}{\underset{|}{C}}}-X \;\rightleftharpoons\; \underset{R}{\overset{O}{\underset{\|}{C}}}-Y \;+\; X^{\ominus} \quad (6.1)$$

O nucleófilo $Y^{\ominus}$ ataca o carbono carbonílico (isto é, adiciona-se ao átomo de carbono da carbonila) formando um intermediário tetraédrico do qual o grupo $X^{\ominus}$ é eliminado. $X^{\ominus}$ é chamado grupo de saída – aquele que é deslocado pelo nucleófilo atacante. Esse é um exemplo de reação de **substituição nucleofílica**.

Outro tipo de substituição nucleofílica envolve o deslocamento direto. Nesse mecanismo, o grupo ou molécula atacante se adiciona à face do átomo central oposta ao grupo de saída, formando um estado de transição com cinco grupos ligados ao átomo central. Esse **estado de transição** é instável; sua estrutura fica entre a do reagente e a do produto (estados de transição são mostrados entre colchetes, para realçar o fato de que são entidades instáveis, transitórias).

> Os estados de transição são discutidos mais profundamente na Seção 6.2.

$$X^{\ominus} + \underset{R_3}{\overset{R_2\;\;R_1}{C}}-Y \;\rightleftharpoons\; \left[X\cdots\underset{R_3}{\overset{R_2\;\;R_1}{C}}\cdots Y \right] \;\rightleftharpoons\; \underset{X\;\;R_3}{\overset{R_2\;\;R_1}{C}} + Y^{\ominus} \quad (6.2)$$

Estado de transição

Observe que os dois tipos de mecanismo de substituição nucleofílica envolvem um estado de transição. No primeiro tipo (Reação 6.1), a reação ocorre em etapas, formando um intermediário que pode ser suficientemente estável para ser detectado. No segundo tipo (Reação 6.2), a adição do nucleófilo e o deslocamento do grupo de saída ocorrem simultaneamente. Nesse caso, o estado de transição não é um intermediário estável.

B. Reações de clivagem

Vamos encontrar também reações de clivagem. Ligações covalentes podem ser quebradas de duas formas: os dois elétrons permanecem com um dos átomos ou cada elétron permanece com um dos átomos que formavam a ligação.

Na maioria das reações, os dois elétrons permanecem com um dos átomos, de modo que são formados um intermediário e um grupo de saída iônicos. Por exemplo, a quebra de uma ligação C—H quase sempre produz dois íons. Se o carbono permanece com os dois elétrons, então a molécula que fica com esse carbono se torna um **carbânion**, e o outro produto será um próton.

$$R\text{—}C\text{—}H \longrightarrow R\text{—}C{:}^{\ominus} + H^{\oplus} \quad (6.3)$$
$$\text{Carbânion} \quad \text{Próton}$$

Se, ao contrário, o átomo de carbono perder os dois elétrons, a molécula que fica com ele torna-se um cátion, chamado **carbocátion**, e o íon hidreto carrega o par de elétrons.

$$R\text{—}C\text{—}H \longrightarrow R\text{—}C^{\oplus} + H^{\ominus} \quad (6.4)$$
$$\text{Carbocátion} \quad \text{Íon hidreto}$$

No segundo tipo de quebra de ligação, menos comum, cada átomo fica com um elétron formando dois radicais livres, bastante instáveis (um **radical livre** é uma molécula ou átomo com um elétron desemparelhado).

$$R_1O\text{—}OR_2 \longrightarrow R_1O\cdot + \cdot OR_2 \quad (6.5)$$

C. Reações de oxidação-redução

> Perda de elétrons = oxidação
> Ganho de elétrons = redução
>
> Uma forma de memorizar isso é lembrar que em química, ao contrário do senso comum, quem se reduz ganha
>
> Oxidação é perda
> Redução é ganho

Reações de oxidação-redução (redox) são fundamentais para o fornecimento de energia biológica. Nesse tipo de reação, elétrons de uma molécula são transferidos a outra. Aqui, a terminologia pode ser um pouco confusa. Portanto, é importante dominar o sentido das palavras *oxidação* e *redução* – elas aparecerão muitas vezes no restante deste livro. **Oxidação** é a perda de elétron: uma substância oxidada terá menos elétrons ao final da reação. **Redução** é o ganho de elétrons: uma substância que obtém elétrons em uma reação fica reduzida. Reações de oxidação e de redução sempre ocorrem juntas. Um substrato é oxidado e o outro, reduzido. Um agente oxidante é uma substância que causa oxidação, ou seja, que retira elétrons do substrato que está sendo oxidado. Logo, agentes oxidantes ganham elétrons (isto é, são reduzidos). Um agente redutor é uma substância que doa elétrons (e é oxidada no processo).

A oxidação pode se apresentar sob várias formas: remoção de hidrogênio (desidrogenação), adição de oxigênio ou retirada de elétrons. A forma mais comum de oxidação biológica é a desidrogenação. Lembre-se de que as oxidorredutases (enzimas que catalisam reações de oxidação-redução) representam uma ampla classe de enzimas, e que as desidrogenases (enzimas que catalisam a remoção de hidrogênio) são a sua principal subclasse (Seção 5.1).

A maioria das desidrogenações ocorre por quebra de ligação C—H, produzindo íon hidreto ($H^{\ominus}$). O substrato é oxidado porque perde os elétrons associados ao íon hidreto. Essas reações serão acompanhadas por uma correspondente redução, em que outro substrato ganha os elétrons ao reagir com o íon hidreto. A desidrogenação do lactato (Equação 5.1) é um exemplo de remoção de hidrogênio. Nesse caso, a oxidação do lactato é acoplada à redução da coenzima $NAD^{\oplus}$. O papel dos cofatores nas reações de oxidação-redução será discutido no próximo capítulo (Seção 7.3), e a energia livre dessas reações será descrita na Seção 10.9.

6.2 Catalisadores estabilizam os estados de transição

Para entender a catálise é necessário avaliar a importância dos estados de transição e os intermediários nas reações químicas. A velocidade de uma reação depende da frequência com que as moléculas reagentes colidem, de modo a favorecer a reação. Essas moléculas precisam estar na orientação correta e ter energia suficiente para atingir a configuração física dos átomos e das ligações do produto final.

◄ Figura 6.1
Diagrama de energia para uma reação em uma etapa. A seta superior mostra a energia de ativação para a reação direta. As moléculas de substrato com mais energia livre do que a energia de ativação ultrapassam a barreira e se transformam em moléculas de produto. Para reações com alta barreira de ativação, é preciso fornecer energia sob a forma de calor para que a reação prossiga.

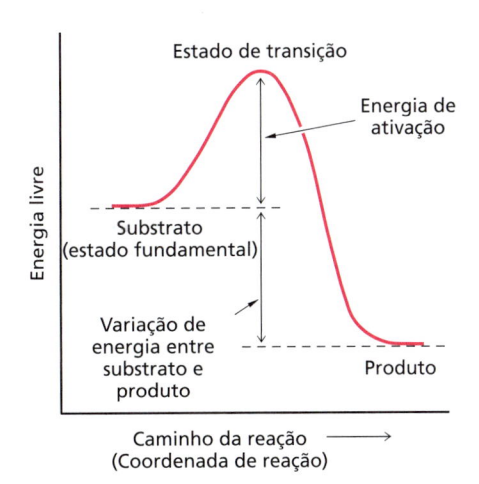

Como foi dito anteriormente, o estado de transição é um arranjo instável de átomos, no qual as ligações químicas estão sendo formadas ou quebradas. Eles têm tempos de vida extremamente curtos, cerca de 10^{-14} a 10^{-13} segundos, correspondente ao tempo de vibração de uma ligação química. Embora eles sejam muito difíceis de detectar, suas estruturas podem ser previstas. A energia necessária para atingir o estado de transição a partir do estado fundamental dos reagentes é chamada *energia de ativação* da reação; frequentemente, ela é chamada também de *barreira de ativação*.

O progresso de uma reação pode ser representado por um diagrama ou perfil de energia. A Figura 6.1 é um exemplo que mostra a conversão de um substrato (reagente) em produto, em uma etapa. O eixo *y* mostra as energias livres das espécies reagentes, e o eixo *x*, chamado *coordenada de reação*, mostra o progresso da reação, começando com o substrato (à esquerda) e indo até o produto (à direita). Esse eixo não mostra o tempo, mas sim o progresso da quebra e da formação de ligações para uma molécula em particular. O estado de transição ocorre no topo da barreira de ativação – esse é o nível de energia que precisa ser ultrapassado para que a reação ocorra. Quanto menor a barreira, mais estável será o estado de transição e maior a frequência com que as moléculas irão reagir.

Os intermediários, diferentemente dos estados de transição, podem ser estáveis o suficiente para ser detectados ou isolados. Quando há um intermediário em uma reação, o diagrama de energia mostra um vale, que representa a energia livre desse intermediário, como indica a Figura 6.2. Essa reação tem dois estados de transição, um que precede a formação do intermediário e outro que antecede sua conversão em produto. A etapa mais lenta, ou seja, a determinante ou limitante da velocidade, é aquela com estado de transição de maior energia. Na Figura 6.2, a etapa determinante da velocidade é a da formação do intermediário. Este é metaestável, pois é necessária relativamente pouca energia tanto para que ele se transforme em produto como para que reverta ao reagente original. Intermediários propostos com vida muito curta para ser isolados ou detectados são em geral representados entre parênteses, como os estados de transição com os quais eles provavelmente se parecem.

Os catalisadores geram caminhos de reação com energias de ativação mais baixas do que os das reações não catalisadas. Os catalisadores participam diretamente das reações estabilizando os estados de transição no decorrer delas. Enzimas são catalisadores que aceleram as reações reduzindo a energia de ativação total. Elas conseguem aumentar a velocidade promovendo caminhos reacionais em várias etapas (com um ou mais intermediários), em que cada uma delas possui energia de ativação menor do que os estágios correspondentes na reação não enzimática.

A primeira etapa em uma reação enzimática é a formação de um complexo não covalente enzima-substrato, ES. Em uma reação entre A e B, a formação do complexo EAB aproxima e posiciona os reagentes, aumentando muito a probabilidade da reação enzimática em comparação com a não catalisada. As Figuras 6.3a e 6.3b mostram um caso hipotético, no qual a ligação ao substrato é o único modo de catálise por uma enzima. Nesse exemplo, a energia de ativação é reduzida pelo fato de os reagentes serem

CONCEITO-CHAVE
Estados de transição são moléculas instáveis com energias livres mais altas do que as do substrato ou do produto.

O significado da energia de ativação é descrito na Seção 1.4D.

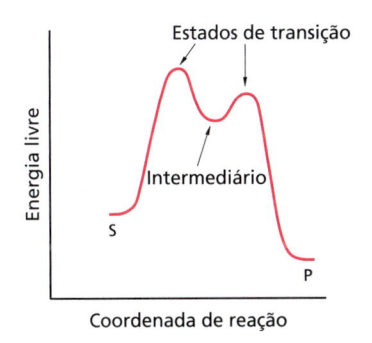

▲ Figura 6.2
Diagrama de energia para uma reação com um intermediário. O intermediário fica no vale entre os dois estados de transição. A etapa determinante da velocidade na reação direta é a formação do primeiro estado de transição, que tem a maior energia. S representa o substrato, e P, o produto.

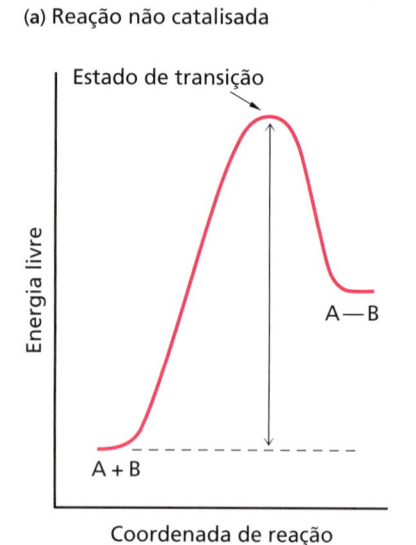

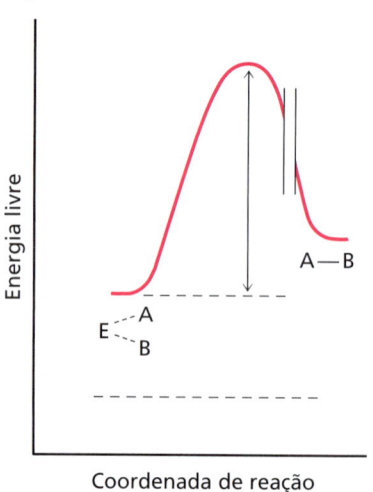

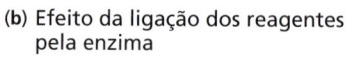

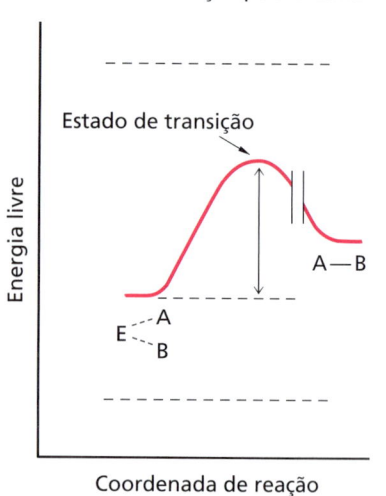

▲ Figura 6.3
Catálise enzimática da reação A + B ⟶ A — B. (a) Diagrama de energia para uma reação não catalisada. (b) Efeito da ligação do reagente. A reunião dos dois reagentes no complexo EAB posiciona-os adequadamente para a reação, torna a formação do estado de transição mais frequente e, assim, reduz a energia de ativação. (c) Efeito da estabilização do estado de transição. Uma enzima se liga ao estado de transição mais firmemente do que aos substratos, reduzindo ainda mais a energia de ativação. Portanto, uma reação enzimática tem uma energia de ativação muito mais baixa do que uma reação não catalisada (as interrupções nas curvas de reação indicam que as enzimas promovem rotas em várias etapas).

mantidos próximos no sítio de ligação ao substrato. A correta ligação do substrato responde por grande parte do poder catalítico das enzimas.

Os sítios ativos das enzimas ligam substratos e produtos, assim como os estados de transição. Na verdade, os estados de transição tendem a se ligar aos sítios ativos muito mais firmemente do que os substratos. As interações extras de ligação estabilizam o estado de transição, reduzindo ainda mais a energia de ativação (Figura 6.3c). Veremos adiante que a ligação dos substratos, seguida pela ligação dos estados de transição, fornece a maior aceleração da velocidade na catálise enzimática.

Voltaremos ao fenômeno de ligação mais adiante neste capítulo, depois de estudarmos os processos químicos que fundamentam as funções das enzimas (observe que geralmente reações catalisadas por enzimas são reversíveis. Os mesmos princípios se aplicam à reação inversa. A energia de ativação é reduzida pela ligação dos "produtos" e pela estabilização do estado de transição).

6.3 Efeitos químicos na catálise enzimática

A formação de um complexo ES coloca os reagentes próximos aos resíduos reativos de aminoácidos no sítio ativo da enzima. Cadeias laterais ionizáveis participam de dois tipos de catálise química: a catálise ácido-base e a catálise covalente. Esses são os dois principais métodos químicos de catálise.

> Além dos resíduos reativos de aminoácidos, pode haver íons metálicos ou coenzimas no sítio ativo. A função desses cofatores na catálise enzimática é descrita no Capítulo 7.

A. Resíduos polares de aminoácidos em sítios ativos

A cavidade no sítio ativo de uma enzima é geralmente coberta com resíduos de aminoácidos hidrofóbicos, mas uns poucos resíduos polares, ionizáveis (e umas poucas moléculas de água) também podem estar presentes no sítio ativo. Resíduos polares de aminoácidos (ou, às vezes, coenzimas) sofrem modificações químicas durante a catálise enzimática. Esses resíduos constituem grande parte do centro catalítico da enzima.

A Tabela 6.1 lista os resíduos ionizáveis encontrados nos sítios ativos de enzimas. A histidina, que tem pK_a de, aproximadamente, 6 a 7, é frequentemente um aceptor ou um doador de prótons. Aspartato, glutamato e ocasionalmente lisina também podem participar na transferência de próton. Alguns aminoácidos, como serina e cisteína, são comumente envolvidos em reações de transferência de grupo. Em pH neutro, aspartato e glutamato têm, em geral, cargas negativas; já lisina e arginina têm cargas positivas.

QUADRO 6.1 Mutagênese sítio-dirigida modifica enzimas

É possível testar as funções das cadeias laterais de aminoácidos de uma enzima usando a técnica de *mutagênese sítio-dirigida* (ver Seção 23.10). Essa técnica foi de grande impacto para nosso entendimento das relações estrutura-atividade das enzimas.

Nela, uma mutação desejada é introduzida diretamente em um gene, sintetizando um oligonucleotídeo que contenha a mutação, flanqueado por sequências idênticas à do gene-alvo. Quando esse oligonucleotídeo é usado como iniciador para a replicação do DNA *in vitro*, a nova cópia do gene contém a mutação desejada. Como alterações podem ser feitas em qualquer posição de um gene, é possível produzir alterações específicas nas proteínas, permitindo testar diretamente as hipóteses sobre o papel funcional dos principais resíduos de aminoácidos.

A mutagênese sítio-dirigida é comumente usada para introduzir mutações em um códon isolado do gene, resultando em substituição de apenas um aminoácido na proteína.

O gene mutado pode ser introduzido nas células bacterianas que então utilizam a informação para sintetizar as enzimas modificadas. A estrutura e a atividade da proteína mutante podem assim ser analisadas para se verificar o efeito da alteração de um só aminoácido.

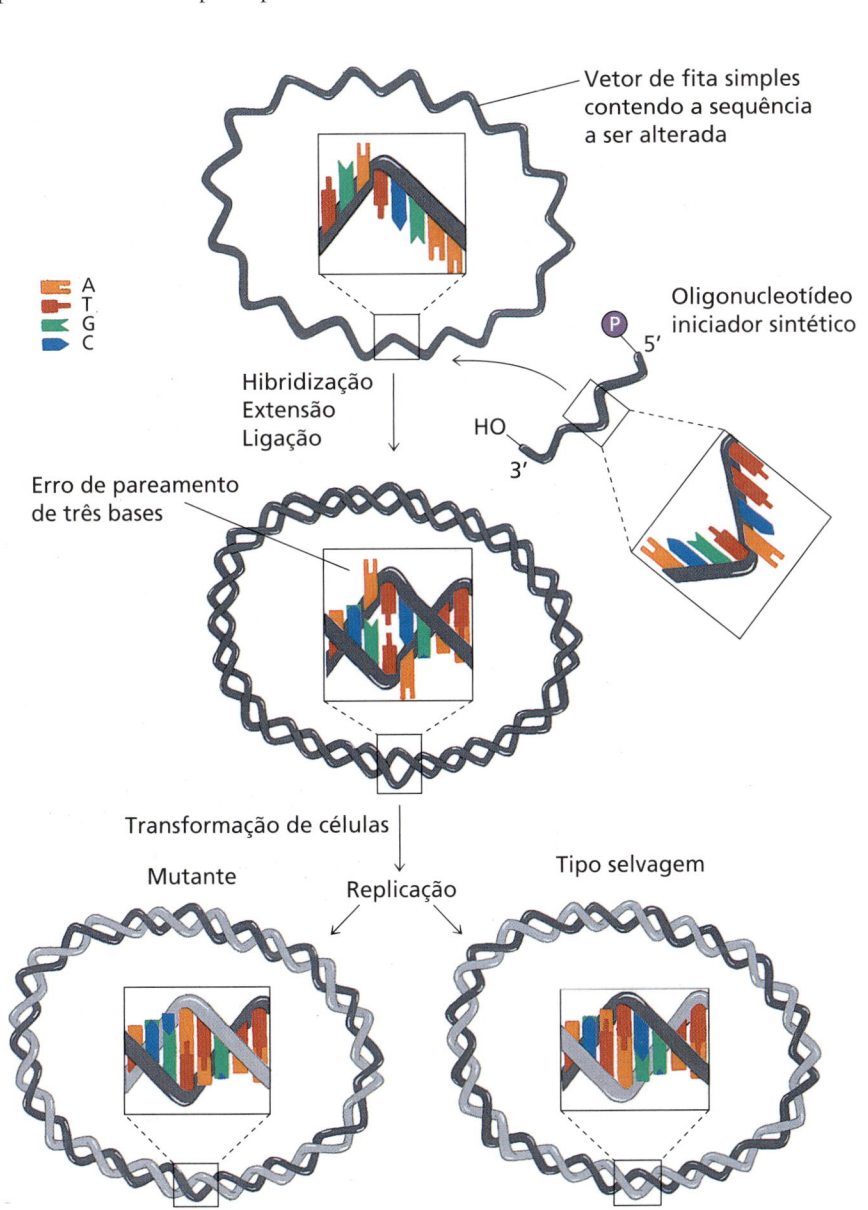

▲ Michael Smith (1932-2000) recebeu o prêmio Nobel de Química em 1993 pela invenção da mutagênese sítio-dirigida.

◀ Mutagênese sítio-específica, direcionada por oligonucleotídeo. Um oligonucleotídeo sintético contendo a alteração desejada (3 pb) é hibridizado ao vetor de fita simples contendo a sequência a ser alterada. O oligonucleotídeo sintético serve como um iniciador para a síntese de uma fita complementar. O heterodúplex circular de fita dupla é introduzido dentro das células de *E. coli* (um processo chamado de "transformação"), onde a replicação produz moléculas de DNA mutante e de tipo selvagem.

Esses ânions e cátions podem servir como sítios para ligação eletrostática de grupos de cargas opostas nos substratos.

TABELA 6.1 Funções catalíticas de grupos reativos de aminoácidos ionizáveis

Aminoácido	Grupo reativo	Carga total em pH 7	Funções principais
Aspartato	—COO$^\ominus$	–1	Ligação de cátion; transferência de próton
Glutamato	—COO$^\ominus$	–1	Ligação de cátion; transferência de próton
Histidina	Imidazol	Próximo de 0	Transferência de próton
Cisteína	—CH$_2$SH	Próximo de 0	Ligação covalente de grupos acila
Tirosina	Fenol	0	Ligação de hidrogênio com os ligantes
Lisina	NH$_3^\oplus$	+1	Ligação de ânion; transferência de próton
Arginina	Guanidino	+1	Ligação de ânion
Serina	—CH$_2$OH	0	Ligação covalente de grupos acila

Os valores de pK_a dos grupos ionizáveis dos resíduos de aminoácidos nas proteínas podem diferir daqueles apresentados pelos mesmos grupos em aminoácidos livres (Seção 3.4). A Tabela 6.2 lista os valores típicos de pK_a de grupos ionizáveis dos aminoácidos nas proteínas. Compare essas faixas com os valores exatos nos aminoácidos livres, mostrados na Tabela 3.2. Um determinado grupo ionizável pode apresentar valores diferentes de pK_a na proteína por causa dos diversos microambientes. Em geral, essas diferenças são pequenas, mas podem ser significativas.

Ocasionalmente, a cadeia lateral de um resíduo de aminoácido catalítico apresenta um pK_a um pouco diferente daquele da Tabela 6.2. Tendo em vista que os valores de pK_a podem ser perturbados, é possível testar se um dado aminoácido participa de uma reação medindo o efeito do pH sobre a velocidade da reação. Se a mudança na velocidade se correlacionar com o pK_a de certo aminoácido (Seção 6.3D), há chances de que um resíduo dele participe na catálise.

Apenas um pequeno número de resíduos de aminoácidos participa diretamente na catálise das reações. A maioria dos resíduos contribui de forma indireta, ajudando a manter a estrutura tridimensional correta da proteína. Como vimos no Capítulo 4, a maior parte dos resíduos de aminoácidos que perfazem a sequência de uma proteína não é evolutivamente conservada.

Estudos de mutagênese de enzimas *in vitro* confirmaram que a maioria das substituições de aminoácidos tem pouco efeito sobre a atividade enzimática. Contudo, cada enzima possui uns poucos resíduos-chave, absolutamente essenciais à catálise. Alguns deles são envolvidos de modo direto no mecanismo catalítico, muitas vezes atuando como catalisador ácido ou básico, ou ainda como nucleófilo. Outros resíduos participam indiretamente, para assistir ou intensificar a função de um resíduo-chave. Outras funções dos resíduos-chave catalíticos incluem a ligação ao substrato, a estabilização do estado de transição e a interação com cofatores essenciais.

Em geral, as enzimas têm entre dois e seis resíduos-chave catalíticos. Os dez principais resíduos desse tipo estão listados na Tabela 6.3. Os resíduos carregados His, Asp, Arg, Glu e Lys respondem por quase dois terços de todos os resíduos catalíticos. Isso faz sentido, pois as cadeias laterais carregadas têm maior probabilidade de atuar como ácidos, bases ou nucleófilos. Também é mais provável que elas atuem na ligação aos substratos ou aos estados de transição. O principal resíduo catalítico é a histidina, que tem tendência seis vezes maior de participar na catálise do que sua abundância nas proteínas sugeriria.

TABELA 6.2 Valores típicos de pK_a de grupos ionizáveis dos aminoácidos nas proteínas

Grupo	pK_a
α-carboxila terminal	3–4
Carboxila na cadeia lateral	4–5
Imidazol	6–7
α-amino terminal	7,5–9
Tiol	8–9,5
Fenol	9,5–10
ε-amino	~10
Guanidino	~12
Hidroximetila	~16

TABELA 6.3 Distribuição de frequência de resíduos catalíticos nas enzimas

	% de resíduos catalíticos	% de todos os resíduos
His	18	3
Asp	15	6
Arg	11	5
Glu	11	6
Lys	9	6
Cys	6	1
Tyr	6	4
Asn	5	4
Ser	4	5
Gly	4	8

B. Catálise ácido-base

Na catálise ácido-base, a aceleração da reação é conseguida por meio de transferência catalítica de um próton. Essa é a forma de catálise mais comum em química orgânica e é usual também nas reações enzimáticas. As enzimas que empregam a catálise ácido-base se utilizam das cadeias laterais dos aminoácidos capazes de doar e de aceitar prótons nas condições de pH próximo à neutralidade das células. Esse tipo de catálise ácido-base, que envolve agentes de transferência de próton, é denominada *catálise ácido-base geral* (a catálise por $H^{\oplus}$ ou $OH^{\ominus}$ é chamada *ácido-específica* ou *base-específica*). Na prática, os sítios ativos dessas enzimas constituem o equivalente biológico de uma solução de ácido ou base.

É interessante usar B: para representar uma base ou aceptor de próton e $BH^{\oplus}$ para representar seu ácido conjugado, um doador de próton (esse par ácido-base também pode ser escrito $HA/A^{\ominus}$). Um aceptor de prótons pode auxiliar reações de duas maneiras: (1) pode quebrar ligações O—H, N—H, ou mesmo algumas C—H, pela remoção de um próton

$$-X-H \quad :B \quad \rightleftharpoons \quad -\ddot{X}^{\ominus} \quad H-\overset{\oplus}{B} \quad (6.6)$$

e (2) a base B: pode participar da quebra de outras ligações envolvendo carbono, como as C—N, pela geração do equivalente ao $OH^{\ominus}$ em uma solução neutra, pela retirada de um próton de uma molécula de água.

$$(6.7)$$

O ácido geral $BH^{\oplus}$ também pode ajudar na quebra de ligações. Uma ligação covalente pode ser quebrada mais facilmente se um dos átomos que a formam estiver protonado. Por exemplo,

$$R^{\oplus} + OH^{\ominus} \xleftarrow{\text{Lento}} R-OH \rightleftharpoons_{H^{\oplus}}^{H^{\oplus}} R-OH_2^{\oplus} \xrightarrow{\text{Rápido}} R^{\oplus} + H_2O \quad (6.8)$$

O $BH^{\oplus}$ catalisa a quebra de ligações doando um próton a um átomo (como o oxigênio de R—OH na Equação 6.8), tornando assim a ligação àquele átomo mais lábil. Em todas as reações que envolvem $BH^{\oplus}$, a reação inversa é catalisada por B:, e vice-versa.

A histidina é uma molécula ideal para a transferência de próton em pH neutro porque o par imidazol/imidazólio de sua cadeia lateral tem um pK_a de aproximadamente 6 a 7 na maioria das proteínas. Já vimos que a histidina é um resíduo catalítico comum. Nas próximas seções, veremos algumas funções específicas da cadeia lateral de histidina.

> **CONCEITO-CHAVE**
> Na catálise ácido-base, a reação precisa de cadeias laterais de aminoácidos específicas, capazes de doar e de aceitar prótons.

C. Catálise covalente

Na catálise covalente, um substrato é ligado covalentemente à enzima, formando um intermediário reativo. A cadeia lateral reativa da enzima tanto pode ser um nucleófilo como um eletrófilo. A catálise nucleofílica é a mais comum. Na segunda etapa da reação, uma parte do substrato é transferida do intermediário para um segundo substrato. Por exemplo, o grupo X pode ser transferido da molécula A—X para a B em duas etapas por meio do complexo covalente ES, X—E, como mostrado abaixo:

$$A-X + E \rightleftharpoons X-E + A \quad (6.9)$$

e

$$X-E + B \rightleftharpoons B-X + E \quad (6.10)$$

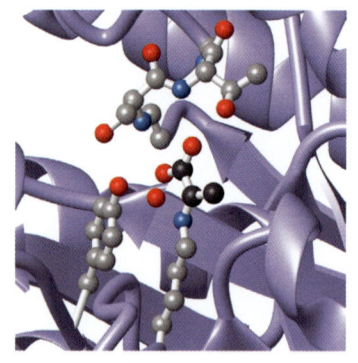

▲ **Figura 6.4**
Cátalise covalente. A enzima ácido *N*-acetil-D-neuramínico liase de *Escherichia coli* catalisa a condensação de piruvato e *N*-acetil-D-manosamina para formar o ácido *N*-acetil-D-neuramínico (veja a Seção 8.7C). Um dos intermediários nessa reação é uma base de Schiff (veja a Figura 5.15) entre piruvato (átomos de carbono em preto) e um resíduo de lisina. O intermediário é estabilizado por ligações de hidrogênio com outras cadeias laterais de aminoácidos [PDB 2WKJ].

CONCEITO-CHAVE
No mecanismo de catálise covalente, a enzima participa diretamente da reação. Ela reage com um substrato produzindo um intermediário que a contém. A reação não se completa até que a enzima livre seja regenerada.

Esse é um mecanismo comum para o acoplamento de duas reações distintas em bioquímica. Lembre-se de que a capacidade de acoplar reações é uma das importantes propriedades das enzimas (Capítulo 5; "Introdução"). As transferases, uma das seis classes de enzimas (Seção 5.1), catalisam reações de transferência de grupo dessa forma; as hidrolases catalisam um tipo especial dessas reações, em que a água é o aceptor B. Juntas, transferases e hidrolases constituem mais da metade das enzimas conhecidas.

A reação catalisada pela sacarose fosforilase bacteriana é um exemplo de transferência de grupo por catálise covalente (sacarose é composta de um resíduo de glicose e um de frutose).

$$\text{sacarose} + P_i \rightleftharpoons \text{glicose 1—fosfato} + \text{frutose} \quad (6.11)$$

A primeira etapa química na reação é a formação de um intermediário covalente glucosil-enzima. Nesse caso, sacarose equivale a A—X, e glicose equivale ao X na Reação 6.9.

$$\text{sacarose} + \text{enzima} \rightleftharpoons \text{glucosil–enzima} + \text{frutose} \quad (6.12)$$

O intermediário covalente ES pode doar a unidade de glicose a outra molécula de frutose, no inverso da Reação 6.12, ou ao fosfato (que equivale ao B na Reação 6.10).

$$\text{glucosil-enzima} + P_i \rightleftharpoons \text{glicose 1–fosfato} + \text{enzima} \quad (6.13)$$

Normalmente, a prova de que um mecanismo enzimático se baseia na catálise covalente requer o isolamento ou a detecção de um intermediário e a demonstração de que ele é suficientemente reativo. Em alguns casos, o intermediário ligado de maneira covalente é visto na estrutura cristalina de uma enzima, o que constitui prova direta da catálise covalente (Figura 6.4).

D. O pH afeta as velocidades enzimáticas

O efeito do pH sobre a velocidade de reação de uma enzima pode sugerir quais são os resíduos de aminoácidos presentes em seu sítio ativo. A sensibilidade ao pH geralmente reflete uma alteração no estado de ionização de um ou mais resíduos envolvidos na catálise, embora ocasionalmente a ligação do substrato seja afetada. Um gráfico de velocidade de reação *versus* pH é, na maioria das vezes, uma gaussiana, desde que a enzima não seja desnaturada pela alteração de pH.

Um bom exemplo é o gráfico de pH *versus* velocidade para a papaína, uma protease isolada do mamão (Figura 6.5). A curva em forma de sino (gaussiana) pode ser explicada considerando que sua porção ascendente representa a desprotonação de um resíduo de aminoácido do sítio ativo (B), e a porção descendente representa a desprotonação de um segundo resíduo de aminoácido do sítio ativo (A). Os dois pontos de inflexão são aproximações dos valores de pK_a dos dois resíduos ionizáveis. Uma gaussiana é o resultado de duas titulações sobrepostas. A cadeia lateral de A (R_A) precisa ser protonada para ser ativa, e a de B (R_B) precisa ser desprotonada.

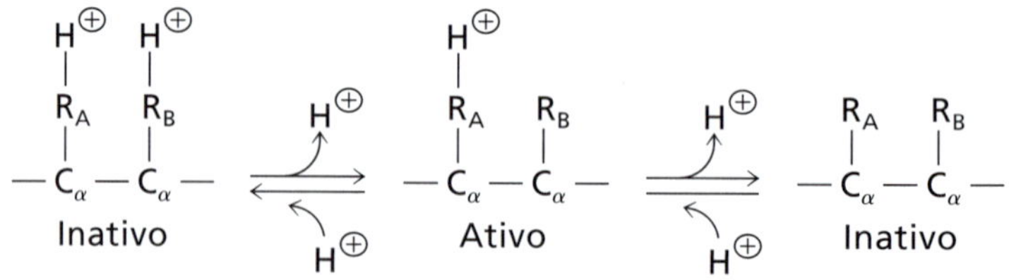

$$\underset{\text{Inativo}}{-\overset{\overset{\overset{H^\oplus}{|}}{R_A}}{\underset{|}{C_\alpha}}-\overset{\overset{\overset{H^\oplus}{|}}{R_B}}{\underset{|}{C_\alpha}}-} \underset{H^\oplus}{\overset{H^\oplus}{\rightleftharpoons}} \underset{\text{Ativo}}{-\overset{\overset{\overset{H^\oplus}{|}}{R_A}}{\underset{|}{C_\alpha}}-\overset{R_B}{\underset{|}{C_\alpha}}-} \underset{H^\oplus}{\overset{H^\oplus}{\rightleftharpoons}} \underset{\text{Inativo}}{-\overset{R_A}{\underset{|}{C_\alpha}}-\overset{R_B}{\underset{|}{C_\alpha}}-} \quad (6.14)$$

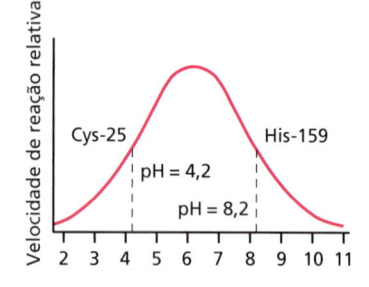

◀ **Figura 6.5**
Gráfico de pH *versus* velocidade para papaína. Os segmentos da esquerda e da direita da curva representam as titulações das cadeias laterais dos aminoácidos dos sítios ativos. O ponto de inflexão em pH 4,2 reflete o pK_a do resíduo Cys-25, enquanto aquele em pH 8,2 reflete o pK_a do His-159. A enzima é ativa apenas quando esses grupos iônicos estão presentes na forma do par iônico tiolato-imidazólio.

No pH ótimo, a meio caminho entre os dois valores de pK_a, a maioria das moléculas de enzima está na forma ativa, com o resíduo B desprotonado e o resíduo A protonado. Nem todos os gráficos de pH têm o formato de gaussianas. Ele terá a forma sigmoidal se apenas um resíduo de aminoácido ionizável participar na catálise, e poderá ter formas mais complexas se mais de dois grupos ionizáveis participarem. As enzimas são rotineiramente testadas em pH próximo ao ótimo, mantido com o uso de tampões adequados.

O gráfico de pH *versus* velocidade para a papaína tem pontos de inflexão em pH 4,2 e pH 8,2, sugerindo que sua atividade depende de dois resíduos de aminoácidos no sítio ativo, com valores de pK_a próximos de 4 e 8. Esses resíduos ionizáveis são uma cisteína nucleofílica (Cys-25) e um grupo imidazólio da histidina (His-159) doador de próton (Figura 6.6). A cadeia lateral da cisteína em geral tem pK_a entre 8 e 9,5, mas, no sítio ativo da papaína, o pK_a do Cys-25 é drasticamente alterado para 3,4. O pK_a do resíduo His-159 é mudado para 8,3. Os pontos de inflexão no gráfico de pH não correspondem de maneira exata aos valores de pK_a do Cys-25 e do His-159 porque a ionização de outros grupos contribuem um pouco para a forma geral da curva. Três formas iônicas do centro catalítico da papaína aparecem na Figura 6.7. A enzima é ativa apenas quando os grupos tiolato e imidazólio formam um par iônico (como no tautômero superior do par no meio da figura).

▲ **Figura 6.6**
Resíduos ionizáveis na papaína. Modelo da papaína, mostrando as cadeias laterais de histidina e cisteína, sob a forma de esfera e bastão, no sítio ativo. Os átomos de nitrogênio imidazólicos estão representados em azul-celeste, e os de enxofre, em amarelo.

6.4 Reações controladas por difusão

Poucas enzimas catalisam reações a velocidades próximas de seu limite físico em solução. Esse limite superior teórico é a velocidade de difusão dos reagentes para o sítio ativo. Uma reação que ocorre a cada colisão entre moléculas de reagentes é dita **controlada ou limitada por difusão**. Em condições fisiológicas, a velocidade controlada por difusão é de cerca de 10^8 a 10^9 M^{-1} s^{-1}. Compare esse máximo teórico às constantes aparentes de velocidade de segunda ordem (k_{cat}/K_m) para as cinco enzimas mais rápidas listadas na Tabela 6.4.

A ligação de um substrato a uma enzima é uma reação rápida. Se o restante da reação for simples e rápido, a etapa de ligação poderá ser a determinante da velocidade, e, assim, a velocidade total da reação poderá se aproximar do limite superior para a catálise. Poucos tipos de reações químicas ocorrem tão rapidamente. Entre eles estão as reações de associação, algumas transferências de próton e as de elétrons. As reações catalisadas por todas as enzimas listadas na Tabela 6.4 são tão simples que suas etapas determinantes de velocidade são praticamente tão rápidas quanto a ligação dos substratos às enzimas. Elas catalisam reações controladas por difusão. A seguir veremos em detalhes duas dessas enzimas: a triose fosfato isomerase e a superóxido dismutase.

TABELA 6.4 Enzimas com constantes de velocidade de segunda ordem próximas ao limite superior

Enzima	Substrato	$k_{cat}/K_m(M^{-1}\ s^{-1})$*
Catalase	H_2O_2	4×10^7
Acetilcolinesterase	Acetilcolina	2×10^8
Triose fosfato isomerase	D-gliceraldeído 3-fosfato	4×10^8
Fumarase	Fumarato	10^9
Superóxido dismutase	$\cdot O_2^{\ominus}$	2×10^9

*A razão k_{cat}/K_m é a constante aparente de velocidade de segunda ordem para a reação catalisada por enzima E + S ⟶ E + P. Para essas enzimas, a formação do complexo ES pode ser a etapa mais lenta.

A. Triose fosfato isomerase

A triose fosfato isomerase catalisa a interconversão rápida de di-hidroxiacetona fosfato (DHAP) e gliceraldeído-3-fosfato (G3P) nas vias da glicólise e gliconeogênese (capítulos 11 e 12).

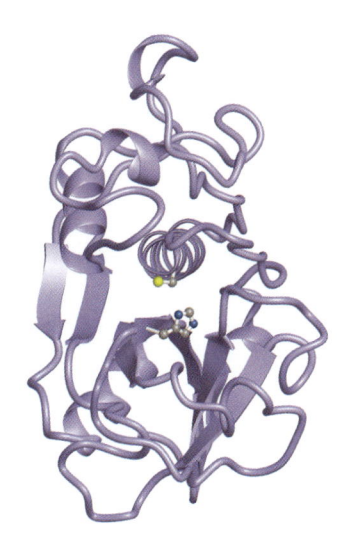

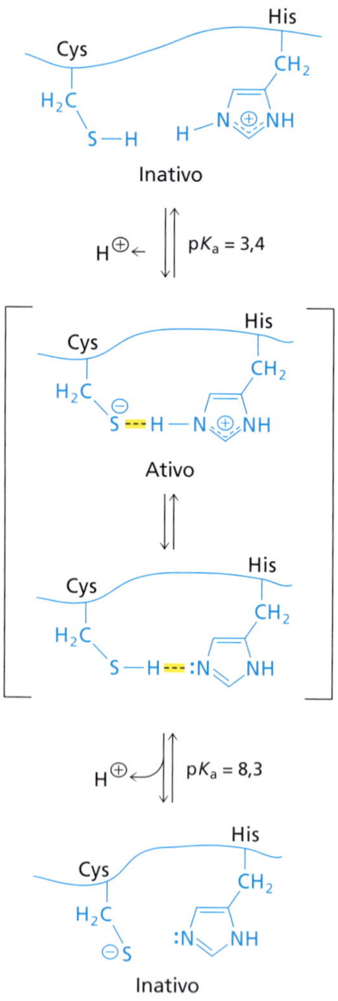

▲ **Figura 6.7**
A atividade da papaína depende dos dois resíduos ionizáveis, histidina (His-159) e cisteína (Cys-25), no sítio ativo. Três formas iônicas desses resíduos são mostradas. Apenas o tautômero superior do par do meio da figura é ativo.

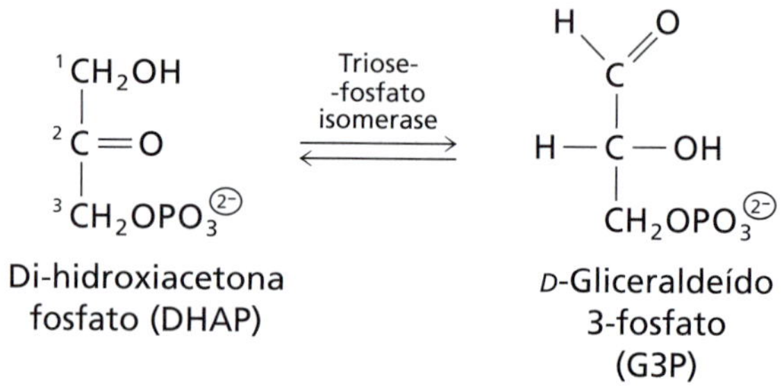

$$\text{Di-hidroxiacetona fosfato (DHAP)} \quad \underset{\text{isomerase}}{\overset{\text{Triose-fosfato}}{\rightleftharpoons}} \quad \text{D-Gliceraldeído 3-fosfato (G3P)} \tag{6.15}$$

A reação ocorre pelo deslocamento de prótons do átomo de carbono 1 da DHAP para o carbono 2 (Figura 6.8). A triose fosfato isomerase tem dois resíduos ionizáveis no sítio ativo: o glutamato, que atua como um catalisador ácido-base geral, e a histidina, que transporta um próton entre os átomos de oxigênio de um intermediário ligado à enzima. Quando a di-hidroxiacetona fosfato (DHAP) se liga, o oxigênio da sua carbonila forma uma ligação de hidrogênio com o grupo imidazol da His-95. O grupo carboxilato do Glu-165 retira um próton do C-1 do substrato para formar um estado de transição enoldiolato (Figura 6.8, topo). O estado de transição é rapidamente convertido em um intermediário enediol estável (Figura 6.8, meio). Em seguida, este é convertido em D-gliceraldeído-3-fosfato (G3P), passando por um segundo estado de transição enediolato.

Nessa reação, a forma doadora de próton da histidina parece ser a espécie neutra, e a aceptora de próton parece ser o imidazolato. As ligações de hidrogênio formadas entre histidina e os intermediários nesse mecanismo parecem ser anormalmente fortes.

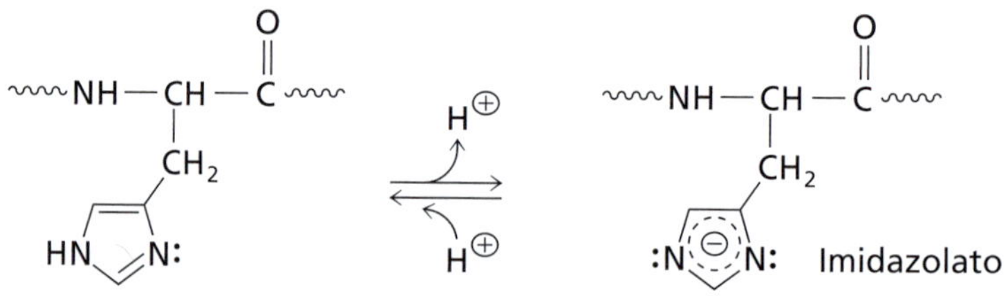

$$\text{Histidina} \rightleftharpoons \text{Imidazolato} \tag{6.16}$$

A forma imidazolato de um resíduo de histidina é pouco comum; o mecanismo da triose fosfato isomerase foi o primeiro do tipo enzimático no qual essa forma foi implicada.

O intermediário enediol é estável e, para evitar que ele se difunda para fora do sítio ativo, a triose fosfato isomerase evoluiu um mecanismo de "tranca" para fechar o sítio ativo até que a reação esteja completa. Quando o substrato se liga, uma alça flexível da proteína se move para cobrir o sítio ativo e evitar a liberação do intermediário enediol (Figura 6.9).

As constantes de velocidade das quatro etapas enzimáticas cineticamente mensuráveis foram determinadas.

$$\text{E + DHAP} \underset{(1)}{\rightleftharpoons} \text{E-DHAP} \underset{(2)}{\rightleftharpoons} \text{E-intermediário} \underset{(3)}{\rightleftharpoons} \text{E-G3P} \underset{(4)}{\rightleftharpoons} \text{E + G3P} \tag{6.17}$$

O diagrama de energia construído a partir dessas constantes de velocidade está mostrado na Figura 6.10. Observe que todas as barreiras para a enzima têm aproximadamente a mesma altura. Isso significa que as etapas são equilibradas e nenhuma delas sozinha limita a velocidade. A etapa física de ligação de S a E é rápida, mas não muito mais do que as etapas químicas subsequentes. O valor da constante de velocidade de segunda ordem k_{cat}/K_m para a conversão de gliceraldeído-3-fosfato em di-hidroxiacetona fosfato é igual a $4 \times 10^8 \, M^{-1} \, s^{-1}$, o que é próximo da velocidade teórica de uma reação controlada por difusão. Parece que a isomerase atingiu sua máxima eficiência possível como catalisador.

CAPÍTULO 6 Mecanismos Enzimáticos 175

▲ **Figura 6.8**
Mecanismo de catálise geral ácido-base proposto para a reação catalisada pela triose fosfato isomerase.

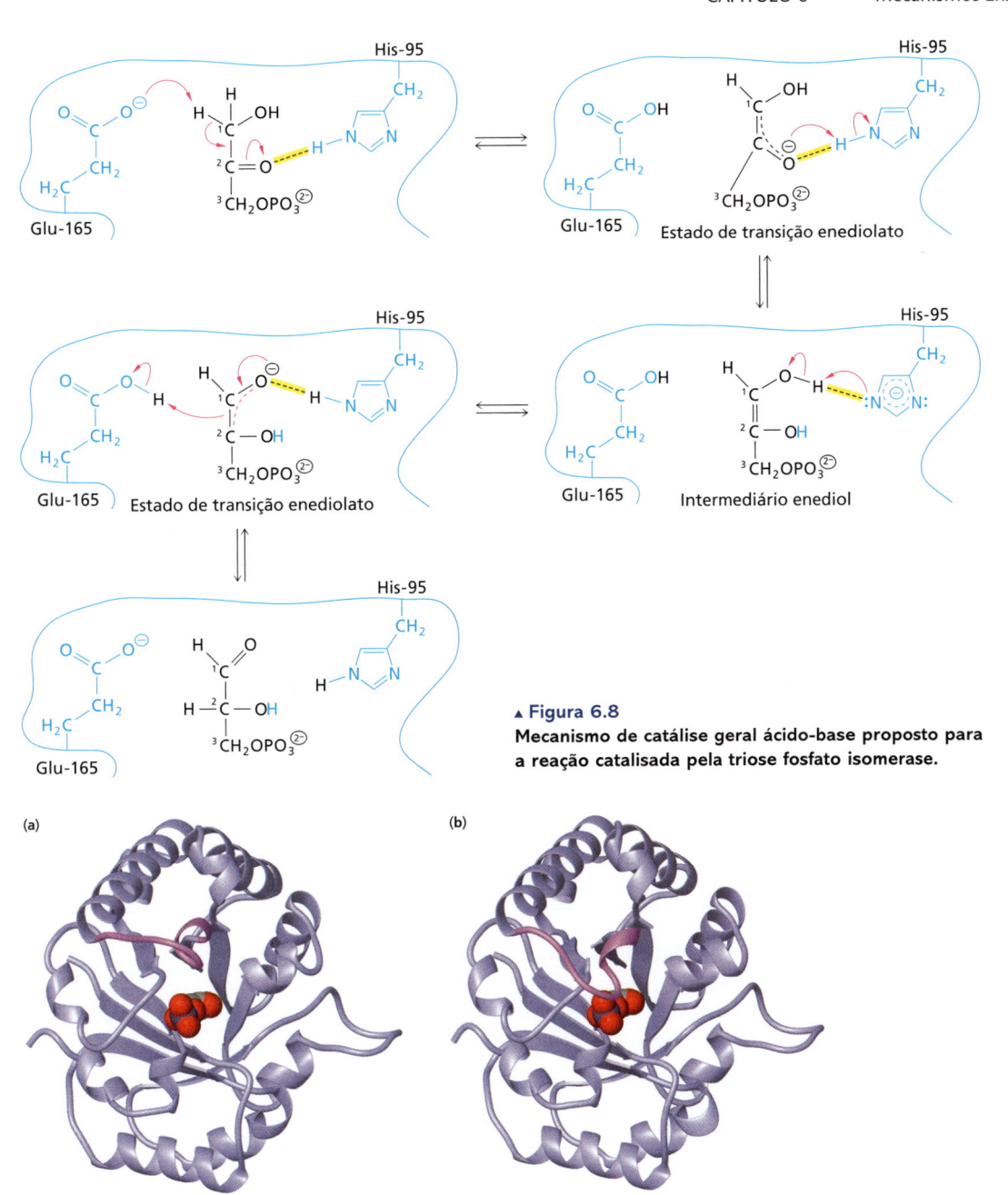

▲ **Figura 6.9**
Estrutura da triose fosfato isomerase de levedura (*Saccharomyces cerevisiae*). A posição do substrato está indicada pelo modelo de espaço preenchido de um análogo do substrato. **(a)** Estrutura da forma "alça aberta" da enzima, quando o sítio ativo está desocupado. **(b)** Estrutura quando a alça está fechada sobre o sítio ativo, evitando a liberação do intermediário enediol antes que a reação tenha sido completada.

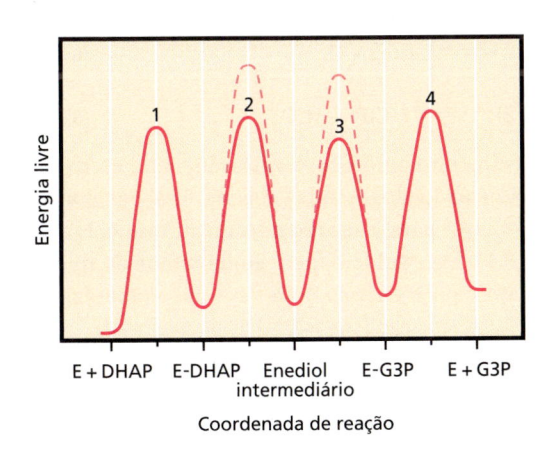

◄ **Figura 6.10**
Diagrama de energia para a reação catalisada pela triose fosfato isomerase
[Adaptado de Raines RT, Sutton EL, Strauss DR, Gilbert W, Knowles JR. Reaction energetics of a mutant triose phosphate isomerase in which the active-site glutamate has been changed to aspartate. Biochem. 1986; 25:7142-7154.]

QUADRO 6.2 A "enzima perfeita"?

Grande parte de nossa compreensão sobre o mecanismo da triose fosfato isomerase (TPI) vem do laboratório de Jeremy Knowles na Universidade Harvard (Cambridge, MA, EUA). Ele postulou que essa enzima atingiu a perfeição catalítica porque a velocidade total da reação é limitada apenas pela velocidade de difusão do substrato em direção ao sítio ativo. A TPI não pode agir mais rápido do que isso!

Esse fato levou muita gente a declarar que a TPI é a "enzima perfeita", porque ela evoluiu até esse ponto de eficiência. Mas, como Knowles e colaboradores explicaram, a "enzima perfeita" não é necessariamente a que evoluiu para atingir a máxima velocidade de reação. A maioria das enzimas não sofre pressão seletiva para aumentar a velocidade de suas reações, pois elas são parte de uma via metabólica que atende às necessidades das células a velocidades menores do que a ótima.

Mesmo se fosse benéfico aumentar o fluxo geral em uma via (isto é, produzir mais quantidade de um produto final por segundo), uma dada enzima só precisaria igualar-se à mais lenta daquela via para atingir a "perfeição". Essa enzima mais lenta poderia estar catalisando uma reação muito complicada e ser muito eficiente. Nesse caso, não haveria pressão seletiva sobre as outras enzimas para desenvolverem mecanismos mais rápidos, e elas seriam todas "enzimas perfeitas".

Em todas as espécies, a triose fosfato isomerase é parte da via da gliconeogênese que leva à síntese da glicose. Na maioria das espécies, ela age também na rota inversa, em que glicose é degradada (glicólise). Essa enzima é muito antiga, e todas as suas versões – bacteriana e eucarionte – atingiram a perfeição catalítica. As duas enzimas de cada lado na sequência reacional, aldolase e gliceraldeído-3--fosfato desidrogenase (Seção 11.2), são muito mais lentas. Logo, não é óbvio por que a TPI trabalha tão rápido.

O ponto importante a ser memorizado é que a grande maioria das enzimas não desenvolveu a perfeição catalítica porque suas velocidades *in vivo* são "perfeitamente" adequadas às necessidades das células.

◀ **O jogo perfeito.** O apanhador (*catcher*) do New York Yankees Yogi Berra parabenizou o arremessador Don Larson por ter feito uma partida perfeita nas finais (World Series) de 1956 contra o Brooklyn Dodgers. Partidas perfeitas são raras no beisebol, mas há muitas "enzimas perfeitas".

B. Superóxido dismutase

A superóxido dismutase é um catalisador ainda mais rápido do que a triose fosfato isomerase. Ela catalisa a remoção muito rápida do ânion radical tóxico superóxido, $\cdot O_2^{\ominus}$, um subproduto do metabolismo oxidativo. A enzima catalisa a conversão do superóxido em oxigênio molecular e peróxido de hidrogênio, que é rapidamente removido pela ação subsequente de enzimas como a catalase.

$$4 \cdot O_2^{\ominus} \xrightarrow[\text{Superóxido dismutase}]{4H^{\oplus} \quad 2O_2} 2 H_2O_2 \xrightarrow{\text{Catalase}} 2 H_2O + O_2 \quad (6.18)$$

A reação ocorre em duas etapas, durante as quais um átomo de cobre ligado à enzima é reduzido e, em seguida, oxidado.

$$\text{E-Cu}^{2\oplus} + \cdot O_2^{\ominus} \rightleftharpoons \text{E-Cu}^{\oplus} + O_2 \quad (6.19)$$

$$\text{E-Cu}^{\oplus} + \cdot O_2^{\ominus} + 2H^{\oplus} \rightleftharpoons \text{E-Cu}^{2\oplus} + H_2O_2 \quad (6.20)$$

A reação geral inclui a ligação do substrato aniônico, transferência de elétrons e prótons e liberação dos produtos não carregados – todas elas são reações muito rápidas com essa enzima. O valor de k_{cat}/K_m para a superóxido dismutase a 25 °C é próxima de $2 \times 10^9 \, M^{-1} s^{-1}$ (Tabela 6.4). Essa velocidade é ainda maior do que a esperada para a associação do substrato com a enzima com base nas velocidades de difusão típicas.

Como a velocidade pode ser maior do que a taxa de difusão? A explicação surgiu quando a estrutura da enzima foi analisada. Um campo elétrico em torno do sítio ativo da superóxido dismutase aumenta cerca de 30 vezes a velocidade de formação

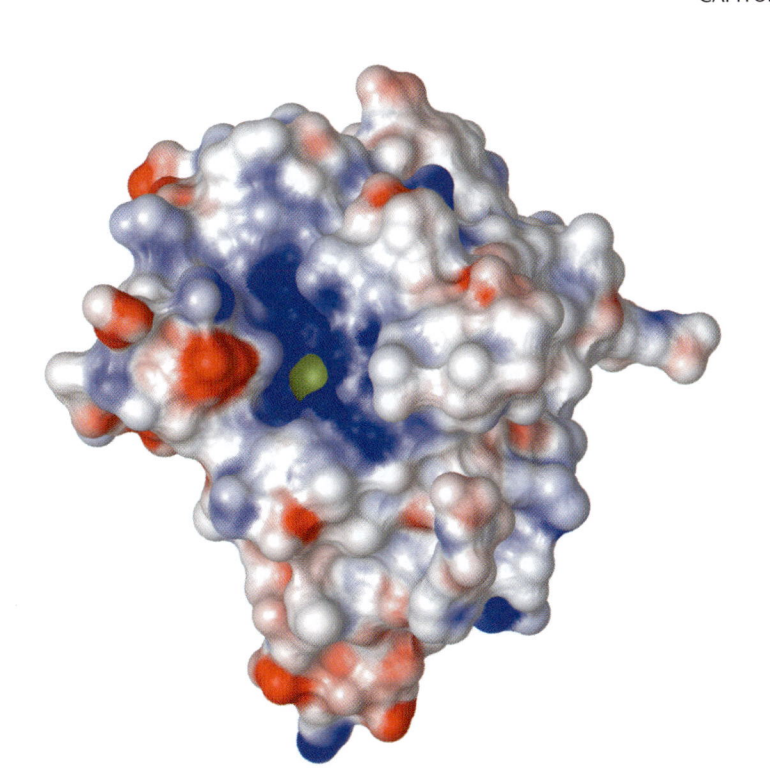

◀ **Figura 6.11**
Carga superficial na superóxido dismutase humana. A estrutura da enzima é mostrada como um modelo que enfatiza a superfície da proteína. Regiões com cargas positivas aparecem em cor azul, e as negativamente carregadas, em vermelho. O átomo de cobre no sítio ativo aparece em verde. Observe que o canal que leva ao sítio de ligação é coberto com resíduos positivamente carregados [PDB 1HL5].

do complexo ES. Como mostra a Figura 6.11, o átomo de cobre no sítio ativo fica no fundo de um profundo canal existente na proteína. Os resíduos de aminoácidos hidrofílicos na borda do bolso do sítio ativo guiam o $\cdot O_2^{\ominus}$ para a região de carga positiva em torno do sítio ativo. Efeitos eletrostáticos permitem que a superóxido dismutase capture e remova os (radicais) superóxidos muito mais rápido do que o esperado para colisões aleatórias entre enzima e substrato.

Provavelmente há muitas enzimas com velocidades de ligação aumentada por causa de efeitos eletrostáticos. Na maioria dos casos, a etapa limitante da velocidade é a catálise, de modo que a velocidade total (k_{cat}/K_m) é menor do que a máxima para uma reação controlada por difusão. Para as enzimas com reações catalíticas rápidas, a seleção natural deveria favorecer a ligação rápida a fim de aumentar a velocidade global. De modo similar, uma enzima com ligação rápida deveria desenvolver um mecanismo que favoreça uma reação mais rápida. Mas a maioria das reações bioquímicas ocorre a velocidades mais do que suficientes para atender às necessidades das células.

6.5 Modos de catálise enzimática

Os efeitos quantitativos dos vários mecanismos catalíticos são difíceis de avaliar. Já vimos dois mecanismos químicos de catálise enzimática: a catálise ácido-base e a covalente. Com base em estudos de catalisadores não enzimáticos, estima-se que a catálise ácido-base pode acelerar uma reação enzimática típica por um fator entre 10 e 100. A catálise covalente pode fornecer uma aceleração semelhante.

Apesar da importância desses modos químicos, eles respondem apenas por uma pequena parte das acelerações promovidas pelas enzimas (tipicamente de 10^8 a 10^{12}). A capacidade de as proteínas se ligarem especificamente e orientarem os ligantes explica o resto. A ligação apropriada dos reagentes aos sítios ativos das enzimas fornece não só a especificidade de substrato e de reação, mas também a maior parte do poder catalítico das enzimas (Figura 6.12).

Há dois modos catalíticos baseados no fenômeno de ligação. Primeiro, para as reações com múltiplos substratos, a aproximação e o posicionamento correto das moléculas de substrato no sítio ativo aumentam suas concentrações efetivas sobre aquelas da molécula livre em solução. Da mesma forma, a ligação de um substrato

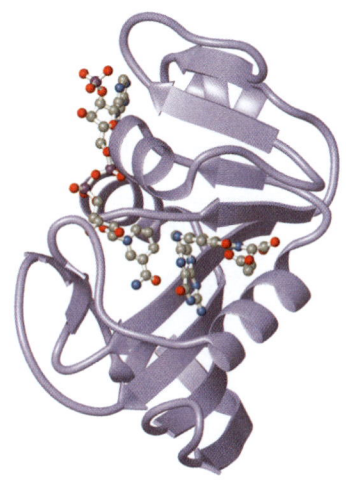

▲ **Figura 6.12**
Ligação ao substrato. A di-hidrofolato redutase liga-se ao NADP⁺ (esquerda) e ao folato (direita), posicionando-os no sítio ativo como preparação à reação da redutase. A maior parte da aceleração catalítica se deve a efeitos de ligação [PDB 7DFR].

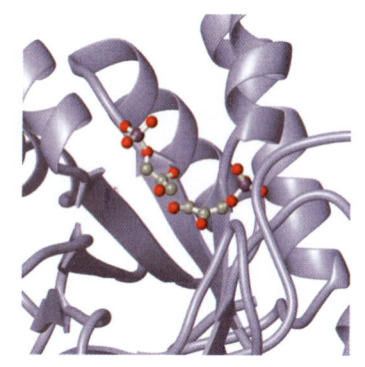

próximo ao resíduo catalítico no sítio ativo reduz a energia de ativação ao diminuir a entropia e, ao mesmo tempo, aumenta as concentrações efetivas desses dois reagentes. Altas concentrações efetivas favorecem a formação mais frequente dos estados de transição. Esse fenômeno é chamado *efeito da proximidade*. Uma catálise eficiente requer ligações razoavelmente fracas dos reagentes às enzimas, pois ligações muito fortes inibiriam a reação.

O segundo modo catalítico importante advindo da interação entre ligante e enzima é o aumento da ligação dos estados de transição às enzimas, em comparação com a ligação de substratos ou produtos. Esse modo catalítico é chamado *estabilização do estado de transição*. Há um equilíbrio (não equilíbrio de reação) entre ES e o estado de transição enzimático ES‡. A interação entre a enzima e seus ligantes no estado de transição desloca esse equilíbrio no sentido de ES‡ e reduz a energia de ativação.

Os efeitos de proximidade e estabilização do estado de transição foram ilustrados na Figura 6.3. Dados experimentais sugerem que a proximidade pode aumentar as velocidades de reação mais de 10.000 vezes, e a estabilização do estado de transição pode aumentá-las, pelo menos, na mesma proporção. As enzimas podem conseguir acelerações extraordinárias quando esses dois efeitos são multiplicados pelos efeitos catalíticos químicos.

As forças de ligação responsáveis pela formação dos complexos ES e pela estabilização do ES‡ já foram tratadas nos capítulos 2 e 4. Essas forças fracas são as interações carga-carga, as ligações de hidrogênio, as interações hidrofóbicas e as forças de van der Waals. Interações carga-carga são mais fortes em ambientes não polares do que em água. Como os sítios ativos são bastante não polares, as interações carga-carga neles podem ser bastante fortes. As cadeias laterais de aspartato, glutamato, histidina, lisina e arginina fornecem grupos negativos e positivos que formam pares iônicos com os substratos nos sítios ativos. A seguir, quanto à força de ligação, vêm as ligações de hidrogênio que, com frequência, se formam entre substratos e enzimas. O esqueleto peptídico e as cadeias laterais de vários aminoácidos podem formar ligações de hidrogênio. Aminoácidos altamente hidrofóbicos, assim como alanina, prolina, triptofano e tirosina, podem participar nas interações hidrofóbicas com grupos não polares dos ligantes. Várias interações fracas de van der Waals também ajudam na ligação dos substratos. Lembre-se de que tanto as propriedades químicas dos resíduos de aminoácidos como a forma do sítio ativo de uma enzima determinam quais substratos irão se ligar a ela.

A. O efeito da proximidade

Com frequência as enzimas são descritas como armadilhas entrópicas, agentes que reúnem reagentes altamente móveis de soluções diluídas, reduzindo assim sua entropia e aumentando a probabilidade de que interajam. Você pode imaginar uma reação de duas moléculas posicionadas no sítio ativo como uma reação *intramolecular* (unimolecular). O posicionameno correto de dois grupos reagentes no sítio ativo reduz seus graus de liberdade e produz uma grande perda de entropia, suficiente para promover uma grande aceleração (Figura 6.13). A aceleração é expressa de acordo com o aumento da concentração relativa, chamada *molaridade efetiva*, dos grupos reagentes na reação unimolecular. A molaridade efetiva pode ser obtida da razão

$$\text{Molaridade efetiva} = \frac{k_1(s^{-1})}{k_2(M^{-1}\,s^{-1})} \quad (6.21)$$

onde k_1 é a constante de velocidade quando os reagentes são pré-arranjados em uma só molécula e k_2 é a constante de velocidade da reação bimolecular correspondente. Todas as unidades nessa equação se cancelam, exceto M, de modo que a razão é expressa em unidades molares. As molaridades efetivas não são concentrações reais; na verdade, para algumas reações esses valores são impossivelmente altos. Contudo, elas indicam o quanto os grupos reativos estão favoravelmente orientados.

A importância do efeito de proximidade é ilustrada por experimentos que compararam uma reação bimolecular não enzimática a uma série de reações intramoleculares quimicamente semelhantes (Figura 6.14). A reação bimolecular foi a hidrólise em duas

▲ **Figura 6.13**
O efeito da proximidade. A enzima frutose-1, 6-*bis*fosfato aldolase catalisa a biossíntese de frutose-1,6-*bis*fosfato a partir de DHAP e G3P durante a gliconeogênese, bem como sua degradação em di-hidroxiacetona fosfato (DHAP) e gliceraldeído-3-fosfato (G3P) durante a glicólise (ver Seção 11.2; item 4). Na reação de biossíntese, os dois substratos DHAP e G3P precisam estar próximos um do outro no sítio ativo, em uma orientação tal que permita sua união para formar frutose 1,6-*bis*fosfato. Esse efeito de proximidade é ilustrado para a aldolase de *Mycobacterium tuberculosis* [PDB 2EKZ].

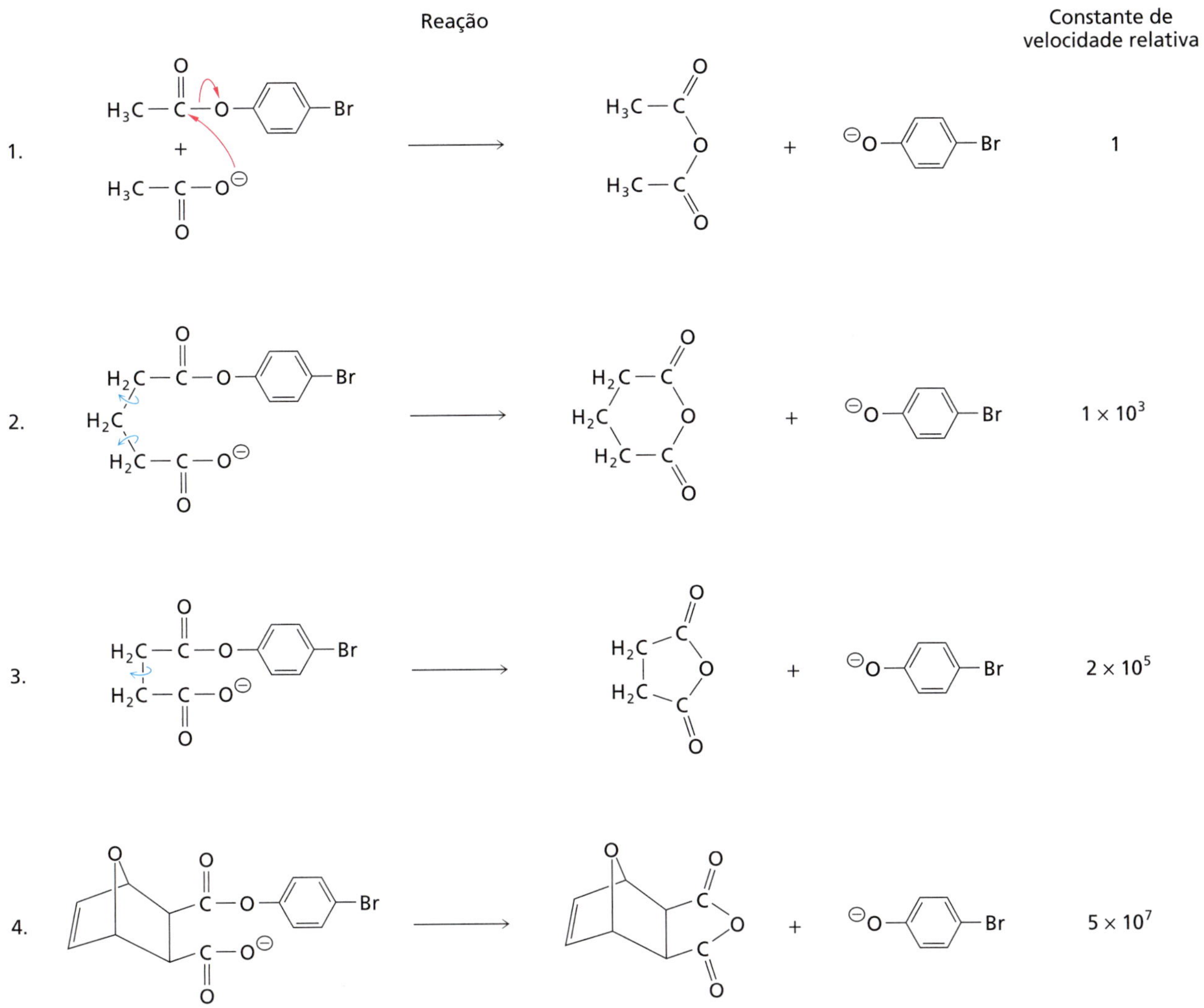

etapas do acetato de *p*-bromofenila catalisada por acetato e que ocorre via formação de anidrido acético (a segunda etapa, hidrólise do anidrido, não é mostrada na Figura 6.14). Na versão unimolecular, os grupos reagentes foram ligados por uma ponte com restrição progressivamente maior de rotação. Com cada restrição posta nas moléculas de substrato, a constante de velocidade relativa (k_1/k_2) aumentou acentuadamente. O éster glutarato (composto 2) tem duas ligações que permitem a liberdade rotacional, enquanto o éster succinato (composto 3) tem apenas uma. O composto com maior restrição, o rígido composto bicíclico 4, não tem liberdade rotacional. Nesse composto, o carboxilato fica próximo ao éster, e os grupos reagentes são adequadamente alinhados. A molaridade efetiva do grupo carboxilato é 5×10^7 M. O composto 4 tem probabilidade de reação extremamente alta, pois muito pouca entropia precisa ser perdida para formar o estado de transição. Considerações teóricas sugerem que a maior aceleração que pode ser esperada do efeito de aproximação é de cerca de 10^8. Essa aceleração pode ser totalmente atribuída à perda de entropia que ocorre quando dois reagentes são posicionados de modo adequado para reagir. Essas reações intramoleculares podem servir de modelo para o posicionamento de dois substratos ligados ao sítio ativo de uma enzima.

▲ **Figura 6.14**
Reações de uma série de carboxilatos com ésteres de fenila substituídos. O efeito de proximidade é ilustrado pelo aumento na velocidade observado quando os reagentes são mantidos mais rigidamente próximos. A Reação 4 é 50 milhões de vezes mais rápida do que a Reação 1, a bimolecular. [Baseado em Bruice e Pandit. Intramolecular models depicting the kinetic importance of "fit" in enzymatic catalysis. Biochem. 1960; 46:402-404.]

CONCEITO-CHAVE

A ligação e o posicionamento corretos de substratos específicos no sítio ativo de uma enzima produzem um grande aumento na velocidade de uma reação.

B. Ligação fraca entre enzimas e substratos

As reações dos complexos ES são análogas a reações unimoleculares mesmo quando dois substratos estão envolvidos. Embora o correto posicionamento dos substratos em um sítio ativo produza um grande aumento de velocidade, as enzimas não conseguem a aceleração máxima de 10^8, teoricamente gerada pelo efeito de proximidade. De modo típico, a perda de entropia na ligação do substrato permite uma aceleração de apenas 10^4. Isso acontece porque nos complexos ES os reagentes são levados a se aproximar do estado de transição, mas sem ficar exatamente nele. Essa conclusão se baseia tanto nos argumentos mecanísticos como nas medidas de força de ligação de substratos e inibidores a enzimas. Uma limitação importante é que a ligação dos substratos às enzimas não pode ser extremamente forte, ou seja, os valores de K_m não podem ser muito baixos.

A Figura 6.15 mostra diagramas de energia para uma reação unimolecular não enzimática e a correspondente reação em várias etapas catalisada por enzima. Como veremos na próxima seção, uma enzima aumenta a velocidade de uma reação estabilizando (ou seja, ligando fortemente) o estado de transição. Assim, a energia necessária para que ES alcance o estado de transição (ES‡) na reação enzimática é menor do que a necessária para S chegar a S‡, o estado de transição na reação não enzimática.

Lembre-se de que o substrato precisa se ligar fracamente a E no complexo ES. Se um substrato fosse ligado de forma muito forte, poderia ser necessária tanta energia para alcançar ES‡ a partir de ES (a seta indicada como 2) quanto a requerida para atingir S‡ a partir de S na reação não enzimática (a seta indicada como 1). Em outras palavras, uma ligação extremamente forte ao substrato significa pouca ou nenhuma catálise. A estabilidade excessiva de ES é um poço termodinâmico. A função das enzimas é ligar-se e posicionar os substratos antes que o estado de transição se forme, mas não tão fortemente de modo que o complexo ES se torne muito estável.

Os valores de K_m (representando constantes de dissociação) de enzimas para seus substratos mostram que elas evitam o poço termodinâmico. A maioria dos valores de K_m é da ordem de 10^{-4} M, um número que indica a ligação fraca ao substrato. Enzimas específicas para pequenos substratos, como ureia, dióxido de carbono e ânion superóxido, exibem valores relativamente altos de K_m para esses compostos (10^{-3} a 10^{-4} M) porque essas moléculas podem formar poucas ligações não covalentes com enzimas. Tipicamente, as enzimas têm valores de K_m baixos (de 10^{-6} a 10^{-5} M) para coenzimas, que são maiores do que os substratos. Os valores de K_m para ligação do ATP à maioria das enzimas que necessitam dele são de cerca de 10^{-4} M ou maiores, mas a proteína das fibras musculares, miosina (que não é uma enzima), se liga ao ATP cerca de um bilhão de vezes mais avidamente. Essa grande diferença na ligação reflete o fato de que em um complexo ES nem todas as partes do substrato são ligadas.

Quando a concentração de um substrato no interior da célula é menor do que o valor de K_m da enzima correspondente, o equilíbrio da reação de ligação E + S $\rightleftharpoons$ ES favorece E + S. Em outras palavras, a formação do complexo ES apresenta uma leve barreira energética (figuras 6.3 e 6.15), e o complexo ES tem energia mais próxima da do estado de transição do que da do estado fundamental. Essa ligação fraca dos substratos acelera as reações. Os valores de K_m parecem ter sido otimizados

> O significado de K_m foi discutido na Seção 5.3C. Na maioria dos casos, ele representa uma boa aproximação da constante de dissociação para a reação E + S $\rightleftharpoons$ ES. Assim, um K_m de 10^{-4} M significa que, em equilíbrio, a concentração de ES será aproximadamente 10.000 vezes maior do que a do substrato livre.

▶ Figura 6.15
Energia de ligação do substrato. Nesta reação hipotética, a enzima acelera a reação estabilizando o estado de transição. Além disso, a barreira de ativação para formação do estado de transição ES‡ a partir de ES precisa ser relativamente baixa. Se a enzima ligasse o substrato muito firmemente (curva tracejada), a barreira de ativação (2) seria comparável à da reação não enzimática (1).

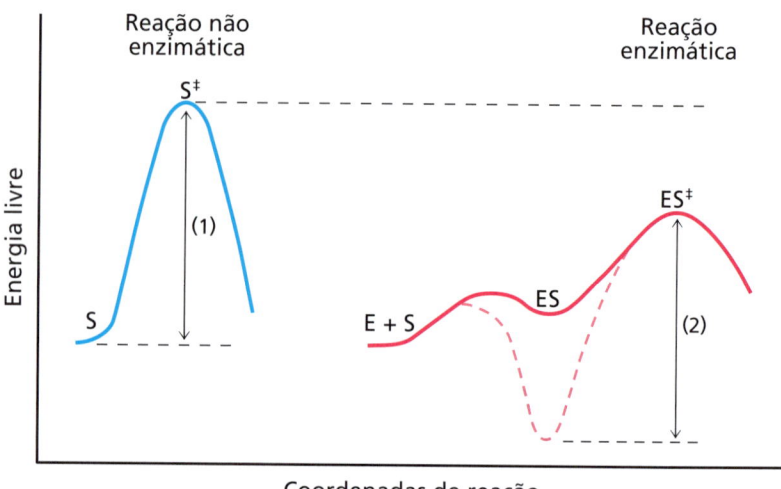

pela evolução para catálise efetiva – baixos o bastante para que a proximidade entre reagentes seja alcançada, mas altos o suficiente para que o complexo ES não seja estável demais. A ligação fraca dos substratos é uma característica importante de outra força fundamental na catálise enzimática: o aumento da ligação de reagentes no estado de transição ES‡.

C. Ajuste induzido

As enzimas se assemelham aos catalisadores sólidos no sentido de terem flexibilidade limitada, mas elas não são moléculas inteiramente rígidas. Os átomos das proteínas estão com frequência fazendo pequenos e rápidos movimentos; assim, pequenos ajustes conformacionais ocorrem no momento da ligação dos ligantes. Uma enzima é mais efetiva se estiver de início em sua forma ativa, de modo que não haja consumo de energia de ligação para convertê-la nessa conformação. Em alguns casos, no entanto, as enzimas sofrem grandes alterações de forma quando o substrato se liga a elas. Elas passam de uma forma inativa para uma ativa. A ativação de uma enzima por uma mudança conformacional iniciada pelo substrato é denominada **ajuste induzido**. Esse ajuste não é um modo catalítico, mas basicamente um efeito de especificidade para o substrato.

Um exemplo de ajuste induzido é observado com a hexoquinase, uma enzima que catalisa a fosforilação da glicose por ATP:

$$\text{glicose} + \text{ATP} \rightleftharpoons \text{glicose 6-fosfato} + \text{ADP} \quad (6.22)$$

A água (HOH), que se assemelha ao grupo alcoólico do C-6 da glicose (ROH), é suficientemente pequena e tem o formato apropriado para se adaptar ao sítio ativo da hexoquinase; com isso, poderia ser um bom substrato. Se a água ocupasse o sítio ativo, a hexoquinase iria rapidamente catalisar a hidrólise do ATP, mas essa hidrólise mostrou-se 40.000 vezes mais lenta do que a fosforilação da glicose.

Como a enzima evita a hidrólise improdutiva do ATP na ausência de glicose? Estudos experimentais sobre a estrutura da hexoquinase mostraram que a enzima existe em duas conformações: uma forma aberta, em ausência de glicose, e uma forma fechada, quando a glicose está ligada a ela. O ângulo entre os dois domínios da hexoquinase é consideravelmente alterado quando a glicose se liga, fechando a fenda existente no complexo enzima-glicose (Figura 6.16). A hidrólise produtiva do ATP só pode ocorrer na forma fechada da enzima, onde o recém-formado sítio ativo já está ocupado pela glicose. A água não é um substrato suficientemente grande para induzir a mudança conformacional da hexoquinase, o que explica por que ela não estimula a hidrólise do ATP. Portanto, o fechamento do sítio ativo da hexoquinase induzido pelo açúcar evita uma hidrólise desnecessária de ATP. Várias outras quinases seguem mecanismos de ajuste induzido.

A especificidade diante do substrato que ocorre com o ajuste induzido da hexoquinase economiza ATP celular, mas cobra um preço catalítico. A energia de ligação consumida para levar a molécula da proteína para a forma fechada – uma conformação menos favorável – é energia que não pode ser usada para a catálise. Consequentemente, uma enzima que utiliza ajuste induzido é menos eficiente como catalisador do que uma enzima hipotética que esteja sempre na forma ativa e catalise a mesma reação. O custo catalítico do ajuste induzido torna a ação das quinases mais lenta, de modo que seus valores de k_{cat} são da ordem de $10^3 \, s^{-1}$ (Tabela 5.1). Veremos outro exemplo de ajuste induzido, e como ele economiza energia, na Seção 13.3, item 1, quando descrevermos a citrato sintase. A reação de fechamento da alça da triose-fosfato isomerase também é um exemplo de mecanismo de ligação por ajuste induzido.

Hexoquinase, citrato sintase e triose fosfato isomerase são exemplos extremos do mecanismo de ajuste induzido. Avanços recentes no estudo da estrutura das enzimas revelam que quase todas elas sofrem alguma mudança conformacional com a ligação do substrato. O conceito simples de uma fechadura e uma chave rígidas está sendo substituído por uma interação mais dinâmica, em que tanto a fechadura (enzima) como a chave (substrato) se adaptam para levar a um ajuste perfeito entre eles.

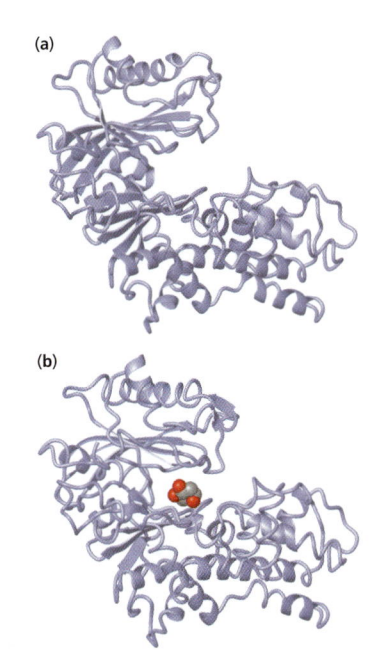

▲ **Figura 6.16**

Hexoquinase de levedura. A hexoquinase de levedura contém dois domínios estruturais ligados por uma região em dobradiça. Com a ligação da glicose, esses domínios se fecham, blindando o sítio ativo contra a água. **(a)** Conformação aberta. **(b)** Conformação fechada [PDB 2YHX e 1HKG].

CONCEITO-CHAVE

A maioria das enzimas apresenta alguma forma de mecanismo de ligação por ajuste induzido.

D. Estabilização do estado de transição

As enzimas catalisam reações distorcendo, física ou eletronicamente, as estruturas dos substratos, tornando-os semelhantes ao estado de transição da reação. A estabilização do estado de transição – a maior interação da enzima com o substrato no estado de transição – explica grande parte da aceleração das reações pelas enzimas.

Lembre-se da teoria da chave e fechadura de Emil Fischer para a especificidade das enzimas, descrita na Seção 5.2B. Fischer propôs que as enzimas eram moldes rígidos, que aceitavam somente alguns substratos como chaves. Essa ideia tem sido substituída por um modelo mais dinâmico, no qual tanto a enzima como o substrato alteram suas conformações quando interagem. Além disso, o modelo clássico de chave e fechadura lidava com as interações entre enzima e substrato, mas atualmente pensamos nele em termos de enzima e estado de transição: a "chave" na "fechadura" é o estado de transição, e não a molécula de substrato. Quando um substrato se liga a uma enzima, ela distorce a estrutura do substrato forçando-a na direção do estado de transição. A máxima interação com o substrato ocorre apenas no $ES^{\ddagger}$. Uma parte dessa ligação no $ES^{\ddagger}$ pode ser entre a enzima e partes não reagentes do substrato.

Uma enzima precisa ser complementar ao estado de transição, em forma e caráter químico. O gráfico da Figura 6.15 mostra que a ligação forte do estado de transição à enzima pode baixar a energia de ativação. Como a diferença de energia entre $E + S$ e $ES^{\ddagger}$ é significativamente menor do que aquela entre S e $S^{\ddagger}$, k_{cat} é maior do que k_n (a constante de velocidade da reação não enzimática). O estado de transição enzima-substrato ($ES^{\ddagger}$) tem energia absoluta menor – e, portanto, é mais estável – do que o estado de transição do reagente na reação não catalisada. Alguns estados de transição podem se ligar a suas enzimas de 10^{10} a 10^{15} vezes mais fortemente do que seus substratos o fazem. A afinidade de outras enzimas por seus estados de transição não precisa ser tão extrema. Uma das grandes tarefas dos bioquímicos é mostrar como ocorre a estabilização do estado de transição.

A estabilização comparativa de $ES^{\ddagger}$ poderia ocorrer se uma enzima tivesse um sítio ativo com a forma e a estrutura eletrostática que se ajustasse melhor ao estado de transição do que ao substrato. Uma molécula de substrato não distorcida não se ligaria totalmente. Por exemplo, uma enzima poderia ter sítios que se ligam às cargas parciais presentes apenas no estado de transição instável.

As moléculas do estado de transição são efêmeras, elas têm meias-vidas curtas e são difíceis de detectar. Uma forma pela qual os bioquímicos estudam os estados de transição é a criação de análogos estáveis, capazes de se ligar às enzimas. Esses **análogos do estado de transição** são moléculas cujas estruturas se parecem com os estados de transição presumidos. Se as enzimas preferem se ligar aos estados de transição, então um análogo deles iria se ligar de forma muito forte à enzima apropriada – muito mais fortemente do que o substrato – e, portanto, ser um inibidor potente. A constante de dissociação para um análogo do estado de transição deveria ser de cerca de 10^{-13} M, ou menos.

Um dos primeiros exemplos de um análogo do estado de transição foi o 2-fosfoglicolato (Figura 6.17), cuja estrutura é semelhante à do primeiro estado de transição enediolato na reação catalisada pela triose fosfato isomerase (Seção 6.4A). Esse análogo se liga à isomerase pelo menos 100 vezes mais fortemente do que qualquer outro dos substratos dessa enzima (Figura 6.18). Ligações fortes resultam de um átomo de oxigênio parcialmente negativo no grupo carboxilato do 2-fosfoglicolato, uma característica compartilhada com o estado de transição, mas não com os substratos.

Experimentos com adenosina desaminase identificaram um análogo do estado de transição que se liga à enzima com incrível afinidade, por se assemelhar muito ao estado de transição. Essa enzima catalisa a conversão hidrolítica do nucleosídeo purínico adenosina em inosina. A primeira etapa dessa reação é a adição de uma molécula de água (Figura 6.19a). O complexo com água, chamado hidrato covalente, forma-se logo que a adenosina se liga à enzima e rapidamente se decompõe nos produtos. A adenosina desaminase tem baixa especificidade por substrato e catalisa a remoção hidrolítica de vários grupos da posição 6 dos nucleosídeos purínicos. Mas o inibidor purina ribonucleosídeo (Figura 6.19b) tem somente hidrogênio na posição 6 e sofre

> **CONCEITO-CHAVE**
> O poder catalítico das enzimas é explicado por efeitos de ligação (posicionamento dos substratos na orientação correta) e pela estabilização do estado de transição. O resultado desses efeitos é uma menor energia de ativação e um aumento na velocidade da reação.

> A função da adenosina desaminase é descrita na Seção 18.8.

apenas a primeira etapa da hidrólise, ou seja, adição da molécula de água. O hidrato covalente formado é um análogo do estado de transição, um inibidor competitivo com K_i de 3×10^{-13} M (para fins de comparação, a constante de afinidade da adenosina desaminase por seu verdadeiro estado de transição é estimada em 3×10^{-17} M). A ligação desse análogo excede tanto a do substrato como a do produto por um fator maior do que 10^8. Um inibidor semelhante, 1,6-di-hidropurina ribonuicleosídeo (Figura 6.19c), não tem a hidroxila em C-6, e seu K_i é de apenas 5×10^{-6} M. Desses estudos, podemos concluir que a adenosina desaminase liga específica e avidamente o análogo do estado de transição – e também o próprio estado de transição – por meio da interação com o grupo hidroxila de C-6.

◄ **Figura 6.17**
2-Fosfoglicolato, um análogo do estado de transição para a enzima triose fosfato isomerase. Presume-se que o 2-fosfoglicolato seja um análogo de C-2 e C-3 do estado de transição (centro) entre di-hidroxiacetona fosfato (esquerda) e o intermediário enediolato inicial na reação.

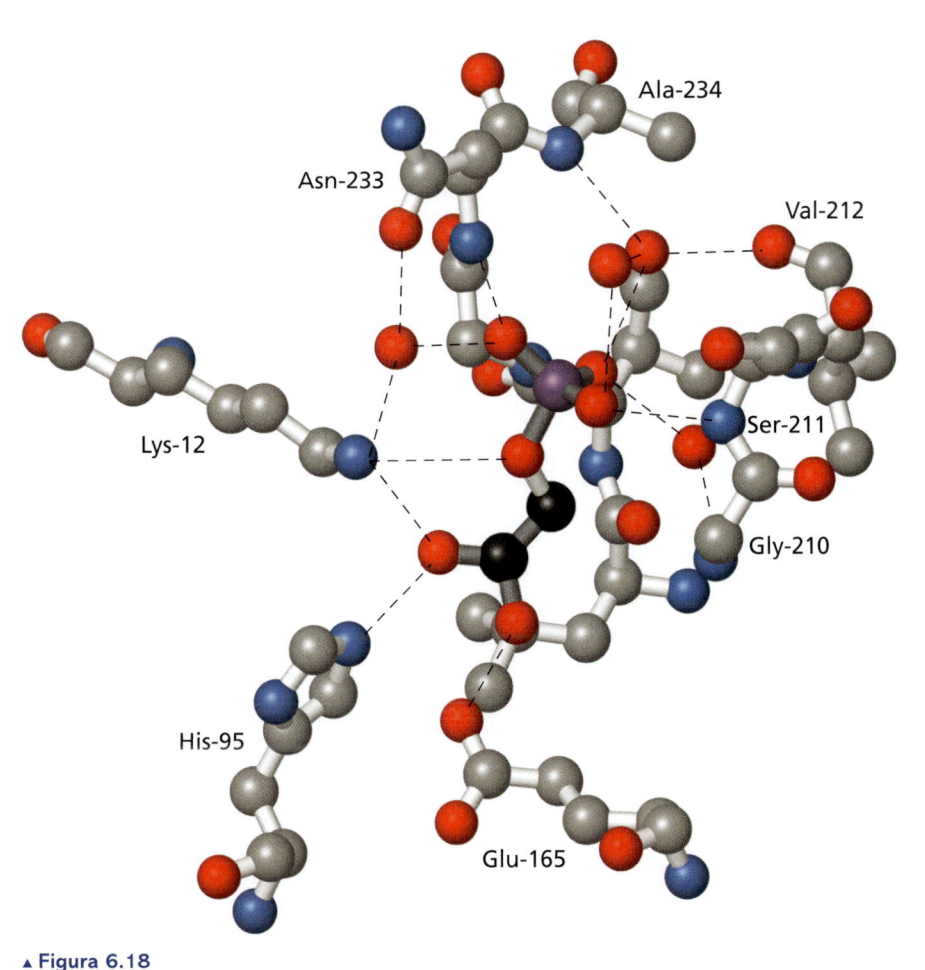

▲ **Figura 6.18**
Ligação de 2-fosfoglicolato a triose fosfato isomerase. O análogo do estado de transição 2-fosfoglicolato está ligado ao sítio ativo da triose-fosfato isomerase de *Plasmodium falciparum*. A molécula é mantida em posição por várias ligações de hidrogênio entre os grupos fosfato e as cadeias laterais dos aminoácidos nas vizinhanças. Algumas dessas ligações de hidrogênio são formadas por moléculas de água "congeladas" no sítio ativo. Os resíduos catalíticos, Glu-165 e His-95, formam ligações de hidrogênio com o grupo carboxilato do 2-fosfoglicolato, como esperado no estado de transição [PDB 1LYZ].

▶ **Figura 6.19**
Inibição de adenosina desaminase por um análogo do estado de transição. (a) Na desaminação de adenosina, um próton é adicionado ao N-1 e um íon hidróxido ao C-6, formando um hidrato covalente instável, que se decompõe produzindo inosina e amônia. (b) O inibidor purina ribonucleosídeo também forma rapidamente um hidrato covalente, 6-hidroxi-1,6-di-hidropurina ribonucleosídeo. Esse é um análogo do estado de transição que se liga mais avidamente – mais de um milhão de vezes – do que outro inibidor competitivo, o 1,6-di-hidropurina ribonucleosídeo (c), que difere do análogo do estado de transição apenas pela ausência da hidroxila em C-6.

(a) Adenosina (substrato) → Hidrato covalente → Inosina (produto)

(b) Purina ribonucleosídeo (análogo do substrato) ⇌ Análogo do estado de transição

(c) 1,6-di-hidropurina ribonucleosídeo (inibidor competitivo)

A estrutura da adenosina desaminase com um análogo de estado de transição ligado é mostrada na Figura 6.20; as interações entre o análogo e as cadeias laterais dos aminoácidos no sítio ativo estão representadas na Figura 6.21. Observe as ligações de hidrogênio entre Asp-292 e a hidroxila em C-6 da 6-hidroxi-1,6-di-hidropurina e a interação entre esse grupo hidroxila e o íon de zinco ligado ao sítio ativo. Elas confirmam a hipótese de que a enzima se liga especificamente ao estado de transição na reação normal.

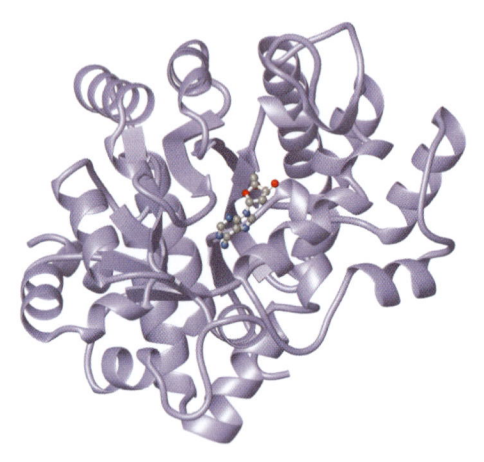

▲ **Figura 6.20**
Adenosina desaminase com análogo do estado de transição ligado a ela.

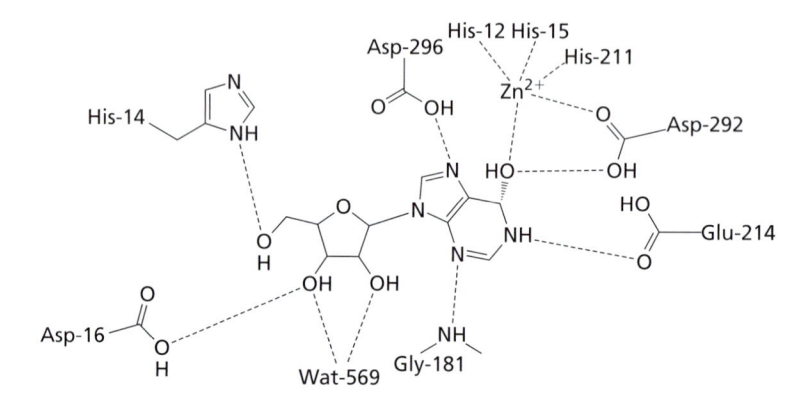

▲ **Figura 6.21**
Ligação do análogo do estado de transição à adenosina desaminase. As interações entre o análogo do estado de transição, 6-hidroxi-1,6-di-hidropurina, e as cadeias laterais dos aminoácidos no sítio ativo da adenosina desaminase confirmam que a enzima reconhece o grupo hidroxila em C-6 [PDB 1KRM].

6.6 Serino-proteases

As serino-proteases são uma classe de enzimas que quebra a ligação peptídica das proteínas. Como seu nome indica, são caracterizadas pela presença de um resíduo catalítico de serina em seus sítios ativos. As serino-proteases mais bem estudadas são as enzimas relacionadas tripsina, quimotripsina e elastase. Elas fornecem uma excelente oportunidade para explorar a relação entre a estrutura das proteínas e sua função catalítica. Essas enzimas foram intensamente estudadas durante 50 anos e formam uma parte importante da história da bioquímica e da elucidação dos mecanismos enzimáticos. Nesta seção, veremos como a atividade das serino-proteases é regulada pela ativação do zimogênio e estudaremos as bases estruturais da especifidade de diferentes representantes dessa classe perante os substratos.

A. Os zimogênios são precursores inativos de enzimas

Os mamíferos digerem o alimento no estômago e nos intestinos. Durante esse processo, as proteínas alimentares sofrem uma série de reações hidrolíticas enquanto passam pelo trato digestivo. Após a ruptura mecânica provocada pela mastigação e a mistura com a saliva, os alimentos são engolidos e misturados com ácido clorídrico no estômago. O ácido desnatura as proteínas e a pepsina (uma protease que funciona otimamente em ambientes ácidos) catalisa a sua hidrólise, formando uma mistura de peptídeos. Esta passa para o intestino, onde é neutralizada por bicarbonato de sódio e digerida pela ação de diversas proteases, liberando aminoácidos e pequenos peptídeos que podem ser absorvidos pela corrente sanguínea.

A pepsina é secretada inicialmente como um precursor inativo chamado pepsinogênio. Ao encontrar o HCl no estômago, o pepsinogênio é ativado para se autoclivar, formando a pepsina, uma protease mais ativa. As secreções do estômago são estimuladas pelo alimento – ou mesmo por sua antecipação –, como mostrado por Ivan Pavlov em seus experimentos com cães há mais de 100 anos (Pavlov ganhou o prêmio Nobel em 1904). O precursor inativo é chamado zimogênio. Pavlov foi o primeiro a mostrar que os zimogênios podiam ser convertidos em proteases ativas no estômago e nos intestinos.

As principais serino-proteases são tripsina, quimotripsina e elastase. Juntas, elas catalisam a maior parte da digestão das proteínas no intestino. Como a pepsina, essas enzimas também são sintetizadas e armazenadas sob a forma dos precursores inativos, os chamados zimogênios que, nesse caso específico, são chamados tripsinogênio, quimotripsinogênio e proelastase. Eles são sintetizados no pâncreas. É importante armazenar essas enzimas hidrolíticas sob a forma de precursores inativos na célula, pois as proteases ativas iriam matar as células pancreáticas pela quebra das proteínas citoplasmáticas.

As enzimas são ativadas por proteólise seletiva – a quebra enzimática de uma ou de poucas ligações peptídicas específicas – quando secretadas do pâncreas para

---

QUADRO 6.3 Os 10 mandamentos de Kornberg

1. Confie na enzimologia para esclarecer questões biológicas.
2. Confie na universalidade da bioquímica e no poder da microbiologia.
3. Não acredite em algo só porque você pode explicá-lo.
4. Não desperdice pensamentos claros com enzimas sujas.
5. Não desperdice enzimas limpas com substratos sujos.
6. Dependa dos vírus para abrir portas.
7. Corrija a diluição dos extratos com concentração molecular (*molecular crowding*).
8. Respeite a personalidade do DNA.
9. Use a genética reversa e a genômica.
10. Empregue as enzimas como reagentes únicos.

Arthur Kornberg, ganhador do Nobel de Fisiologia e Medicina, em 1959.

Kornberg A. Ten commandments: lessons from the enzymology of DNA replication. J. Bacteriol. 2000; 182:3613-3618.
Kornberg A. Ten commandments of enzymology, amended. Trends Biochem. Sci. 2003; 28:515-517.

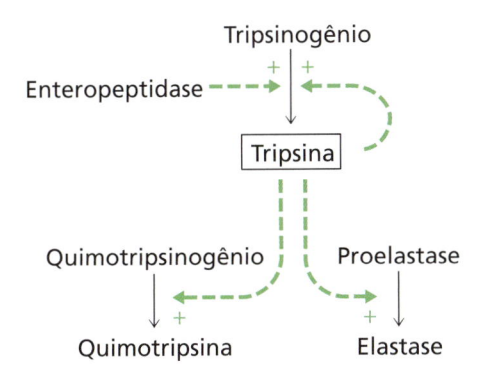

◀ Figura 6.22
Ativação de alguns zimogênios pancreáticos. Inicialmente, a enteropeptidase catalisa a ativação do tripsinogênio em tripsina. Esta então ativa o quimotripsinogênio, a proelastase e mais moléculas de tripsinogênio.

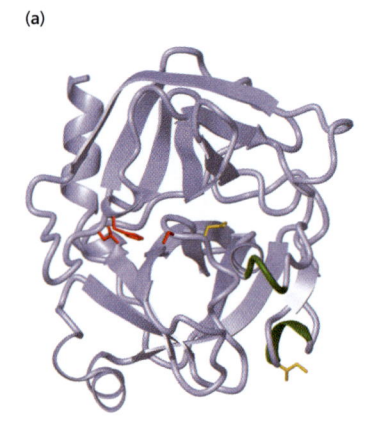

o intestino delgado. Uma protease chamada enteropeptidase ativa especificamente o tripsinogênio, transformando-o em tripsina e catalisando a quebra da ligação entre Lys-6 e Ile-7. Uma vez ativada pela remoção do hexapeptídeo N-terminal, a tripsina quebra proteoliticamente os outros zimogênios pancreáticos, incluindo mais moléculas de tripsinogênio (Figura 6.22).

A ativação de quimotripsinogênio em quimotripsina é catalisada pela tripsina e pela própria quimotripsina. Quatro ligações peptídicas (entre os resíduos 13 e 14, 15 e 16, 146 e 147, 148 e 149) são quebradas, resultando na liberação de dois dipeptídeos. A quimotripsina resultante mantém sua forma tridimensional, apesar das quebras em seu esqueleto. Essa estabilidade é devida, em parte, à presença de cinco pontes dissulfeto na proteína.

A cristalografia de raios X revelou uma importante diferença entre as conformações do quimotripsinogênio e da quimotripsina: a falta de um bolsão hidrofóbico de ligação ao substrato no zimogênio. As diferenças são mostradas na Figura 6.23, na qual são comparadas as estruturas do quimotripsinogênio e da quimotripsina. Pela ativação do zimogênio, o recém-gerado grupo α-amino, Ile-16, dobra-se para dentro e interage com o grupo α-carboxílico de Asp-194, formando um par iônico. Essa mudança conformacional local gera um bolsão relativamente hidrofóbico de ligação ao substrato, próximo aos três resíduos catalíticos com cadeias laterais ionizáveis (Asp-102, His-57 e Ser-195).

B. Especificidade das serino-proteases quanto ao substrato

Quimotripsina, tripsina e elastase são enzimas semelhantes que compartilham um ancestral comum; em outras palavras, são homólogas. Cada enzima tem uma estrutura em dois lobos, com o sítio ativo localizado em uma fenda entre os dois domínios. As posições das cadeias laterais cataliticamente ativas de serina, histidina e aspartato nos sítios ativos são quase idênticas nas três enzimas (Figura 6.24).

As especificidades de substrato da quimotripsina, da tripsina e da elastase foram explicadas por diferenças estruturais relativamente pequenas entre elas. Lembre-se de que a tripsina catalisa a hidrólise de ligações peptídicas cujos grupos carbonila provêm da arginina ou da lisina (Seção 3.10). Tanto a quimotripsina como a tripsina possuem um bolsão de ligação que posiciona corretamente os substratos para o ataque nucleofílico por um resíduo de serina do sítio ativo. Cada protease tem uma região estendida semelhante, à qual os polipeptídeos se ajustam, mas o chamado bolsão da especificidade, que fica próximo à serina do sítio ativo, é acentuadamente diferente em cada uma das enzimas. A tripsina difere da quimotripsina porque nesta há um resíduo de serina não carregado na base do bolsão de ligação hidrofóbico. Na tripsina, esse resíduo é um aspartato (Figura 6.25). Esse resíduo de aspartato, negativamente carregado, forma um par iônico com a cadeia lateral de carga positiva de uma arginina ou uma lisina do substrato no complexo ES. Experimentos com tripsina particularmente mutada indicam que o resíduo de aspartato na base de seu bolsão da especificidade é um importante fator na especificidade por substrato, mas esta também é afetada por outras partes da molécula.

A elastase catalisa a degradação da elastina, uma proteína fibrosa rica em glicina e alanina. Sua estrutura terciária é semelhante à da quimotripsina, exceto pelo fato de seu bolsão de ligação ser muito mais raso. Dois resíduos de glicina encontrados na entrada do sítio de ligação da quimotripsina e da tripsina são substituídos, na elastase, por

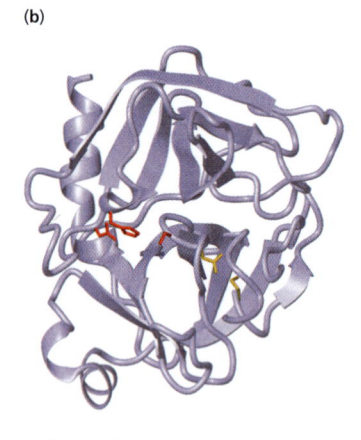

▲ **Figura 6.23**
Cadeias de polipeptídeos do quimotripsinogênio (acima) [PDB 2CGA] e quimotripsina (abaixo) [PDB 5CHA]. O Ile-16 e o Asp-194 tanto no zimogênio como na enzima ativa aparecem em amarelo. Os resíduos do sítio catalítico (Asp-102, His-57 e Ser-195) estão em vermelho. Os resíduos removidos pelo processamento do zimogênio estão em verde.

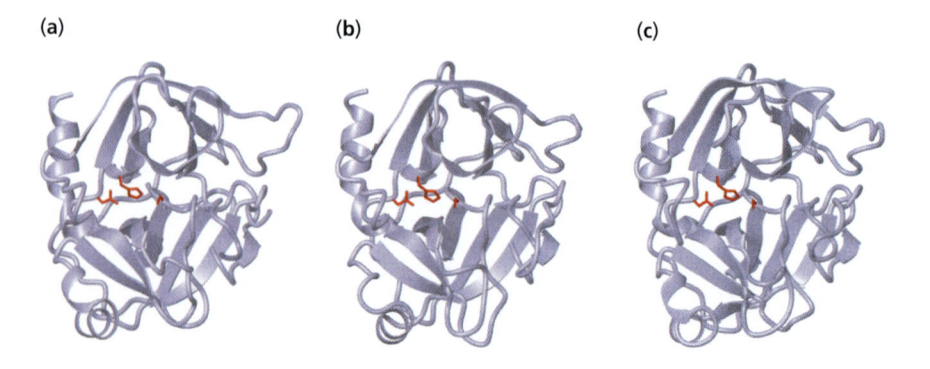

▶ **Figura 6.24**
Serino-proteases. Comparação dos esqueletos polipeptídicos de **(a)** quimotripsina [PDB 5CHA], **(b)** tripsina [PDB 1TLD] e **(c)** elastase [PDB 3EST]. Os resíduos no centro catalítico estão em vermelho.

resíduos de valina e treonina, muito maiores (Figura 6.25c). Esses resíduos dificultam substratos potenciais com grandes cadeias laterais ao centro catalítico. Logo, a elastase quebra exclusivamente proteínas com resíduos menores, como glicina e alanina.

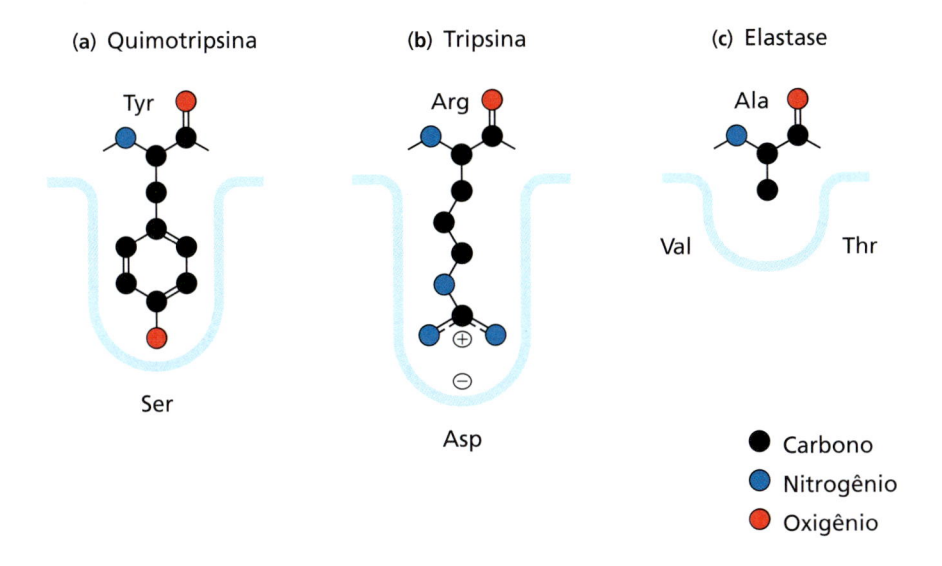

◀ Figura 6.25
Sítios de ligação de quimotripsina, tripsina e elastase. Os diferentes sítios de ligação dessas três serino-proteases são os principais determinantes de suas especificidades diante do substrato. **(a)** A quimotripsina possui um bolsão hidrofóbico que liga as cadeias laterais de resíduos de aminoácidos hidrofóbicos aromáticos ou volumosos. **(b)** Um resíduo de aspartato, negativamente carregado, no fundo do bolsão de ligação da tripsina permite que esta se ligue às cadeias laterais positivas de resíduos de lisina e arginina. **(c)** Na elastase, as cadeias laterais de valina e treonina no sítio de ligação criam um bolsão de ligação raso. Essa enzima liga apenas resíduos de aminoácidos com cadeias laterais pequenas, especialmente glicina e alanina.

C. As serino-proteases utilizam tanto os modos químicos quanto os de ligação na catálise

Vamos examinar o mecanismo da quimotripsina e as funções dos três resíduos catalíticos: His-57, Asp-102 e Ser-195. Diversas enzimas catalisam a quebra de ligações amida ou éster pelo mesmo processo; assim, o estudo do mecanismo da quimotripsina pode ser aplicado a uma grande família de hidrolases.

Asp-102 está inserido em um ambiente razoavelmente hidrofóbico. Ele é ligado à His-57 por ligação de hidrogênio; esta, por sua vez, é ligada da mesma maneira a Ser-195 (Figura 6.26). Esse grupo de resíduos de aminoácidos é denominado *tríade catalítica*. O ciclo reacional começa quando His-57 retira um próton de Ser-195 (Figura 6.27), criando um nucleófilo potente (Ser-195) que irá então atacar a ligação peptídica. O início dessa parte da reação é favorecido porque o Asp-102 estabiliza a histidina, promovendo sua capacidade de desprotonar a serina.

A descoberta de que Ser-195 é um resíduo catalítico da quimotripsina foi surpreendente, pois normalmente a cadeia lateral de serina não costuma ser bastante ácida para sofrer desprotonação a fim de servir como um nucleófilo forte. O grupo hidroximetila de um resíduo de serina, em geral, tem pK_a de cerca de 16, e sua reatividade é semelhante à da hidroxila do etanol. Você deve se lembrar, da química orgânica, de que, embora etanol possa se ionizar para formar etóxido, essa reação exige a presença de uma base extremamente forte ou do tratamento por um metal alcalino. Veremos a seguir como o sítio ativo da quimotripsina consegue se ionizar na presença de um substrato.

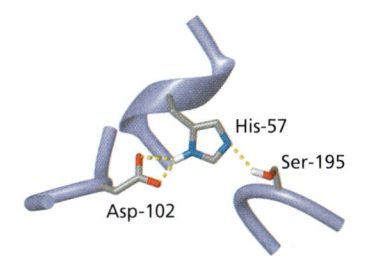

▲ Figura 6.26
Sítio catalítico da quimotripsina. Os resíduos do sítio ativo, His-57 e Ser-195, são arranjados em uma rede formada por ligações de hidrogênio. A conformação desses três resíduos é estabilizada por uma ligação de hidrogênio entre o oxigênio carbonílico do carboxilato da cadeia lateral de Asp-102 e o nitrogênio da ligação peptídica de His-57. Os átomos de oxigênio dos resíduos do sítio ativo estão em vermelho, e os de nitrogênio, em azul escuro [PDB 5CHA].

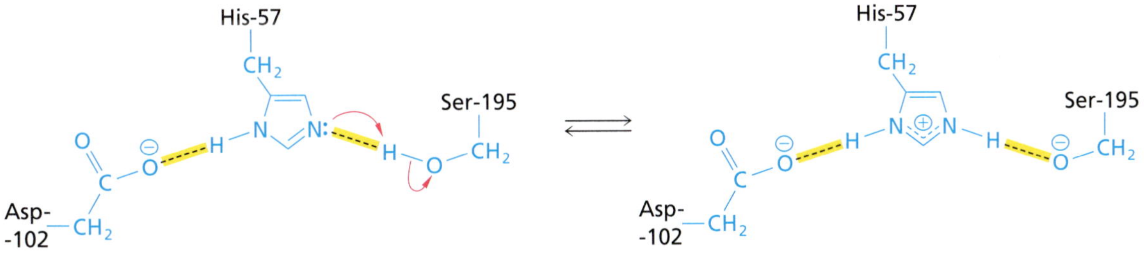

▲ Figura 6.27
Tríade catalítica da quimotripsina. O anel imidazólico de His-57 retira um próton da cadeia lateral hidroximetílica de Ser-195 (à qual é ligado por uma ligação de hidrogênio), fazendo assim de Ser-195 um nucleófilo potente. Essa interação é facilitada pela interação do íon imidazólio com seu outro parceiro de ligação de hidrogênio, o grupo β-carboxilato do Asp-102. Os resíduos da tríade estão dispostos em um arranjo semelhante ao mostrado na Figura 6.24.

QUADRO 6.4 Roupas limpas

É pouco conhecido o fato de que 75% de todos os detergentes para lavar roupas contêm proteases, usadas para ajudar a remover manchas persistentes, de base proteica, das roupas sujas.

Todos esses aditivos são baseados nas serino-proteases isoladas de várias espécies de *Bacillus*. Essas enzimas foram extensamente modificadas para se tornarem ativas sob as duras condições de uma solução de detergente em alta temperatura. Um exemplo de sucesso da mutagênese sítio-dirigida é a alteração da serino-protease subtilisina do *Bacillus subtilis* (Quadro 6.4) para torná-la mais resistente à oxidação química. Ela possui um resíduo de metionina na fenda do sítio ativo (Met-222), o qual é facilmente oxidado, levando à inativação da enzima. A resistência à oxidação aumenta a adequação da subtilisina como um aditivo dos detergentes. A Met-222 foi sistematicamente substituída por cada um dos outros aminoácidos comuns em uma série de experimentos mutagênicos. Todos os 19 possíveis mutantes de subtilisina foram isolados e testados; a maioria apresentou atividade de peptidase fortemente reduzida. A mutante Cys-222 apresentou alta atividade, mas também foi sujeita a oxidação. As mutantes Ala-222 e Ser-222, com cadeias laterais não oxidáveis, não foram inativadas por oxidação e apresentaram atividade relativamente alta. Elas foram as únicas variantes mutantes de subtilisina ativas e estáveis na presença de oxigênio.

Mutagênese sítio-dirigida foi realizada para alterar oito dos 319 resíduos de aminoácidos de uma protease bacteriana. A protease de tipo selvagem é moderadamente estável quando aquecida, mas a mutante adequada é estável e pode funcionar a 100 °C. Sua desnaturação nos detergentes é evitada por grupos, como uma ponte dissulfeto, que estabilizam sua conformação.

Recentemente, surgiu uma tendência a reduzir a temperatura nas lavagens para economizar energia. O grupo mais antigo de enzimas não se mostrou eficaz em temperaturas mais baixas, de modo que começou uma nova rodada completa de bioengenharia, criando enzimas modificadas que sejam eficazes para a vida doméstica moderna, consciente em termos energéticos.

Um mecanismo proposto para a quimotripsina e serino-proteases relacionadas inclui catálise covalente (por um oxigênio nucleofílico) e catálise geral ácido-base (doação de um próton para formar um grupo de saída). As etapas do mecanismo proposto estão ilustradas na Figura 6.28.

A ligação do substrato peptídico causa uma leve mudança de conformação na quimotripsina, comprimindo estericamente Asp-102 e His-57. Uma ligação de hidrogênio de pequena barreira (um tipo forte em especial de ligação de hidrogênio) é formada entre essas cadeias laterais, e o pK_a da His-57 cresce de cerca de 7 para cerca de 11. (A formação dessa ligação de hidrogênio forte, quase covalente, impulsiona elétrons em direção ao segundo átomo de N do anel imidazólico de His-57, tornando-o mais básico.) Esse aumento torna His-57 uma base geral eficaz para a abstração de um próton do —CH_2OH da Ser-195. Esse mecanismo explica como o grupo álcool normalmente não reativo da serina torna-se um nucleófilo potente.

Todos os modos catalíticos descritos neste capítulo são usados pelas serino-proteases. No esquema reacional mostrado na Figura 6.28, as etapas 1 e 4 da reação direta usam o efeito de proximidade, a reunião dos reagentes. Por exemplo, quando uma molécula de água substitui a amina (P1) na etapa 4, ela é segura pela histidina, caracterizando um efeito de proximidade. A catálise ácido-base pela histidina reduz as barreiras de energia para as etapas 2 e 4. A catálise covalente usando o —CH_2OH da serina ocorre nas etapas de 2 a 5. Acredita-se que os intermediários tetraédricos instáveis nas etapas 2 e 4 (E-TI_1 e E-TI_2) sejam semelhantes aos estados de transição para essas etapas. As ligações de hidrogênio na cavidade do oxiânion estabilizam esses intermediários, que são formas oxianiônicas do substrato, ligando-os mais fortemente à enzima do que o substrato foi ligado. Tanto os modos químicos (catálise ácido-base e covalente) como os modos de ligação (o efeito de proximidade e estabilização do estado de transição) de catálise contribuem para a atividade enzimática das serino-proteases.

QUADRO 6.5 Evolução convergente

A protease subtilisina da bactéria *Bacillus subtilis* é outro exemplo de serino-protease. Ela tem uma tríade catalítica composta de Asp-32, His-64 e Ser-221 em seu sítio ativo, arranjados segundo um alinhamento semelhante ao dos resíduos de Asp-102, His-57 e Ser-195 na quimotripsina (Figura 6.27). Contudo, como você pode deduzir pelo número dos resíduos, as estruturas de subtilisina e quimotripsina são muito diferentes e não há semelhança significativa entre as sequências.

Esse é um exemplo marcante de evolução convergente. As serino-proteases do intestino de mamíferos e as subtilisinas bacterianas descobriram, de forma independente, a tríade catalítica Asp-His-Ser.

▶ **Subtilisina de *Bacillus subtilis*.** A estrutura dessa enzima é muito diferente da das serino-proteases mostradas na Figura 6.24 [PDB 1SBC].

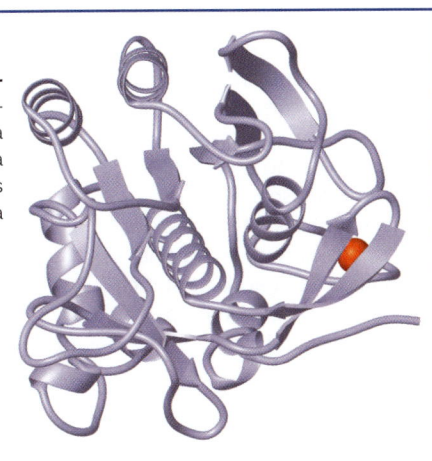

6.7 Lisozima

A lisozima catalisa a hidrólise de alguns polissacarídeos, especialmente daqueles que compõem as paredes celulares das bactérias. Ela é a primeira enzima cuja estrutura foi resolvida e, por isso, tem havido um interesse constante em desvendar precisamente seu mecanismo de ação. Várias secreções, como lágrimas, saliva e muco nasal, têm uma atividade lisozímica para ajudar a prevenir infecções bacterianas (a lisozima provoca a *lise*, ou ruptura das células bacterianas). A lisozima mais bem estudada é a da clara do ovo de galinha.

O substrato da lisozima é um polissacarídeo composto de resíduos alternados de *N*-acetilglucosamina (GlcNAc) e ácido *N*-acetilmurâmico (MurNAc), unidos por ligações glicosídicas (Figura 6.29). A lisozima catalisa especificamente a hidrólise da ligação glicosídica entre o C-1 de um resíduo de MurNAc e o átomo de oxigênio em C-4 de um resíduo GlcNAc.

Modelos de lisozima e seus complexos com sacarídeos foram obtidos por análise de cristalografia de raios X (Figura 6.30). A fenda de ligação ao substrato da lisozima acomoda seis resíduos de sacarídeos, cada um dos quais se liga a uma parte específica do sítio ativo, os chamados sítios A até E.

Moléculas de açúcar adaptam-se facilmente em todos os sítios, exceto um, do modelo estrutural. No sítio D, uma molécula de açúcar como MurNAc não se adapta ao modelo, a menos que ela seja distorcida em uma conformação meia-cadeira (Figura 6.31). Dois resíduos de aminoácidos iônicos, Glu-35 e Asp-52, estão localizados perto de C-1 da molécula distorcida de açúcar no sítio de ligação D. O Glu-35 está em uma região não polar da fenda e apresenta um pK_a alterado, próximo a 6,5. O Asp-52, em um ambiente mais polar, tem pK_a próximo a 3,5. O pH ótimo da lisozima é próximo a 5 – entre esses dois valores de pK_a. Lembre-se de que o valor de pK_a das cadeias laterais de um aminoácido individual pode não ser o mesmo do apresentado pelo aminoácido livre em solução (Seção 3.4).

O mecanismo proposto da lisozima está na Figura 6.32. Quando uma molécula de polissacarídeo se liga à lisozima, resíduos MurNAc se ligam aos sítios B, D e F (não há espaço para a cadeia lateral lactila de MurNAc nos sítios A, C ou E). A ligação extensiva do oligossacarídeo força o resíduo de MurNAc no sítio D a assumir a conformação meia-cadeira. Uma ligação quase covalente se forma entre Asp-52 e o intermediário postulado (um oxocarbocátion instável). Evidências recentes sugerem que essa interação poderia se assemelhar mais a uma ligação covalente do que a um par iônico forte, mas há muita controvérsia a respeito. É interessante que ainda haja detalhes do mecanismo da lisozima a serem resolvidos após quase 50 anos de estudos.

A lisozima é apenas uma representante de um grupo grande de glicosídeo hidrolases. Recentemente, foram determinadas as estruturas de uma celulase bacteriana e seus complexos com substrato, intermediário e produto. Essa glicosidade tem um mecanismo ligeiramente diferente do da lisozima: ela forma um intermediário covalente glicosil-enzima em vez do par iônico forte, postulado para a lisozima. Outros aspectos

> A estrutura das paredes celulares bacterianas é descrita na Seção 8.7B.

O complexo não covalente enzima-substrato é formado, orientando o substrato para a reação. Interações que mantêm o substrato em posição incluem a ligação do grupo R_1 no bolsão de especificidade (sombreado). As interações de ligação posicionam o carbono carbonílico da ligação peptídica a ser quebrada próximo ao oxigênio de Ser-195.

A ligação do substrato comprime Asp-102 e His-57. Esse estresse é aliviado pela formação de uma ligação de hidrogênio de baixa barreira. O pK_a aumentado de His-57 permite que o anel imidazólico remova um próton da hidroxila de Ser-195. O oxigênio nucleofílico de Ser-195 ataca o carbono carbonílico da ligação peptídica para formar um intermediário tetraédrico (E-TI$_1$), que, se acredita, é semelhante ao estado de transição.

Quando o intermediário tetraédrico é formado, a ligação C—O do substrato é transformada de uma ligação dupla em uma simples, mais longa. Isso permite que o oxigênio negativamente carregado (o oxiânion) do intermediário tetraédrico se desloque para uma posição previamente desocupada, chamada cavidade do oxiânion, onde ele pode formar ligações de hidrogênio com os grupos —NH da cadeia peptídica de Gly-193 e Ser-195.

O anel imidazólico da His-57 atua como um catalisador ácido, doando um próton ao nitrogênio da ligação peptídica passível de clivagem, facilitando sua quebra.

O grupo carbonílico do peptídeo forma uma ligação covalente com a enzima, produzindo um intermediário acil-enzima. Depois que o produto peptídico (P$_1$) com a nova amino-terminação deixa o sítio ativo, a água entra.

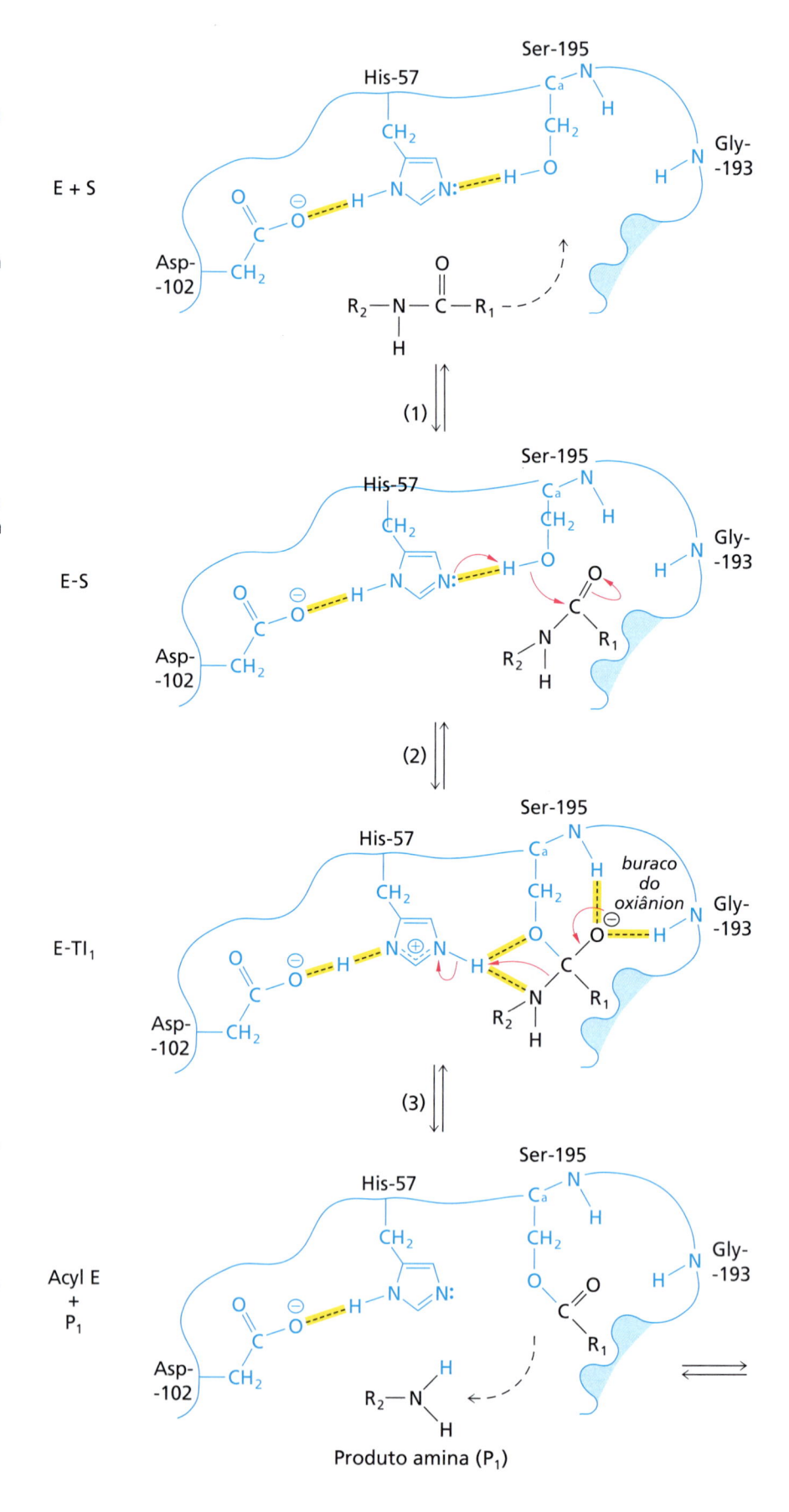

Figura 6.28
Mecanismo da quebra de uma ligação peptídica catalisada pela quimotripsina.

CAPÍTULO 6 Mecanismos Enzimáticos **191**

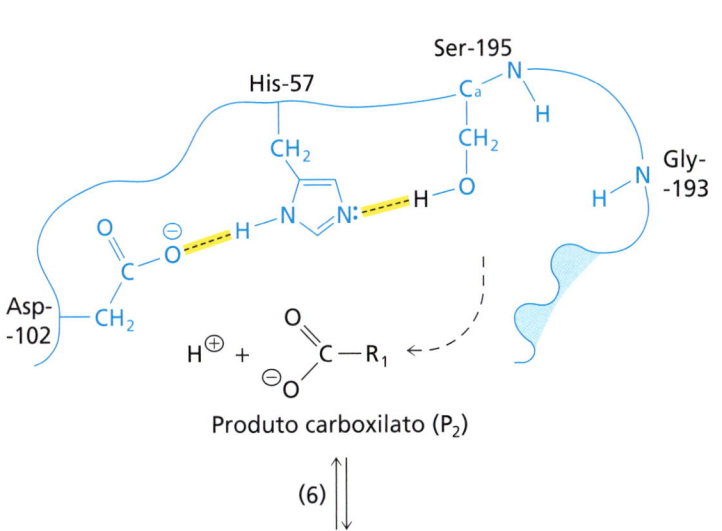

E + P₂ — O produto carboxilato é liberado do sítio ativo, e a quimotripsina livre é regenerada.

(6)

E-P₂ — O segundo produto (P₂) – um polipeptídeo com uma nova carboxi-terminação – é formado.

(5)

E-TI₂ — A His-57, novamente com íon imidazólio, doa um próton, levando ao colapso do segundo intermediário tetraédrico.

Um segundo intermediário tetraédrico (E-TI₂) é formado e estabilizado pela cavidade do oxiânion.

(4)

Acyl E + H₂O — A hidrólise (desacilação) do intermediário acil-enzima começa quando Asp-102 e His-57 formam novamente uma ligação de hidrogênio, de baixa barreira, e His-57 retira um próton da molécula de água para fornecer um grupo OH⁻, que ataca a carbonila do éster.

▲ **Figura 6.28** *(continuação)*

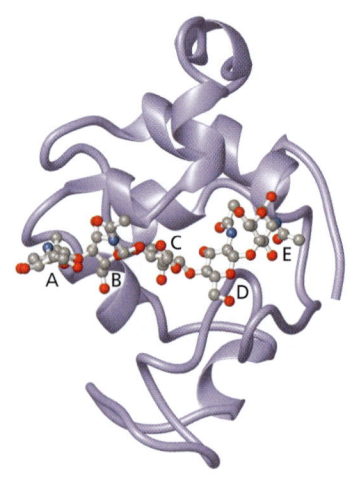

▲ **Figura 6.30**
Lisozima de galinha com uma molécula de pentassacarídeo (representado na forma esfera e bastão). O ligante está preso aos sítios A, B, C, D e E. O sítio F não está ocupado nesta estrutura. O sítio ativo para quebra da ligação está entre os sítios D e E [PDB 1SFB].

de seu mecanismo, como a distorção de um resíduo de açúcar e a interação com os grupos —COOH e —COO⁻ no sítio ativo, assemelham-se ao mecanismo proposto para a lisozima. As estruturas dos complexos da enzima mostram que a distorção do substrato o força na direção do estado de transição.

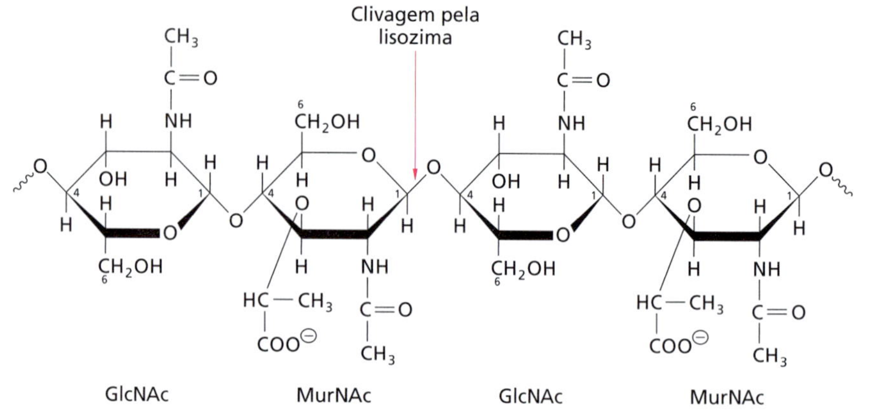

▲ **Figura 6.29**
Estrutura de um segmento com quatro resíduos de um polissacarídeo de parede celular bacteriana. A lisozima catalisa a quebra hidrolítica da ligação glicosídica entre o C-1 de MurNAc e o átomo de oxigênio envolvido na ligação glicosídica.

6.8 Arginina quinase

A maioria das reações enzimáticas cujos mecanismos detalhados foram elucidados envolve reações simples, como isomerizações, clivagem ou reações com água como segundo reagente. Portanto, para avaliar os efeitos de proximidade e a extensão da estabilização do estado de transição, é importante analisar reações mais complicadas, como a catalisada pela arginina quinase:

$$\text{Arginina} + \text{MgATP} \rightleftharpoons \text{Arginina Fosfato} + \text{MgADP} + \text{H}^{\oplus}$$

A estrutura de um complexo entre enzima e um análogo do estado de transição no caso da arginina quinase foi determinada em alta resolução (Figura 6.33). Entretanto, em vez de estudarem o tipo comum do análogo de estado de transição no qual reagentes são fundidos por meio de ligações covalentes, os pesquisadores usaram três componentes separados: arginina, nitrato (para modelar o grupo fosforila transferido entre arginina e ADP) e ADP. A análise de dados de cristalografia de raios X do sítio ativo contendo esses três compostos levou à proposta de uma estrutura para o estado de transição e de um mecanismo para a reação (Figura 6.33). Os resultados cristalográficos mostraram que a enzima restringiu fortemente o movimento das espécies ligadas e, presumivelmente, também do estado de transição. Por exemplo, o grupo pirofosforila terminal do ATP é mantido em posição por quatro cadeias laterais de arginina; um íon Mg^{2+} ligado e o grupo guanidínio da molécula de arginina (substrato) são mantidos firmemente em posição pelas cadeias laterais de dois glutamatos. Os componentes são precisa e adequadamente alinhados pela enzima.

A arginina quinase, como outras quinases, é uma enzima que exibe ajuste induzido (Seção 6.5C). Ela assume a forma fechada quando é cristalizada na presença de arginina, nitrato e ADP. Essa enzima tem valores de k_{cat} de cerca de 2×10^2 s^{-1} e K_m acima de 10^{-4} M, tanto para arginina como para ATP, valores esses bastante típicos para quinases. O movimento que ocorre durante a ligação dos substratos mediante o ajuste induzido alinhou de maneira precisa esses substratos que antes estavam ligados fracamente, como indicado por seus valores moderados de K_m. Pelo menos quatro efeitos catalíticos inter-relacionados participam nessa reação enzimática: proximidade (reunião e alinhamento das moléculas de substrato); ligação inicial relativamente fraca dos substratos; catálise ácido-base; e estabilização do estado de transição (tensionamento dos substratos em direção à forma do estado de transição).

Tendo adquirido algum conhecimento dos mecanismos gerais de enzimas, podemos agora passar ao exame de reações que incluem coenzimas. Essas reações requerem a participação de grupos não fornecidos pelas cadeias laterais dos aminoácidos.

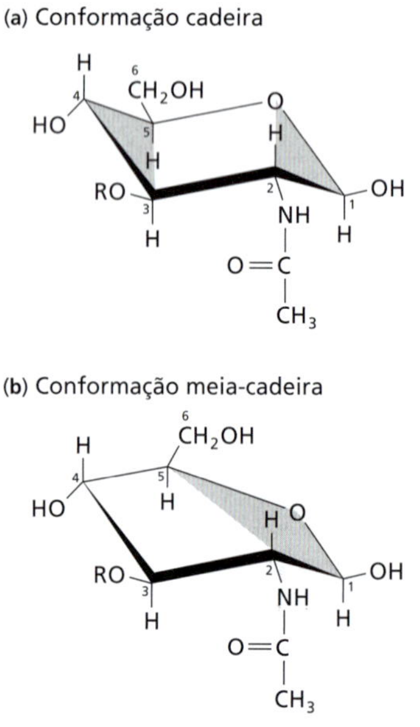

▲ **Figura 6.31**
Conformações do ácido N-acetilmurâmico. (a) Conformação cadeira. (b) Conformação meia-cadeira proposta para o açúcar ligado ao sítio D da lisozima. R representa o grupo lactila de MurNAc.

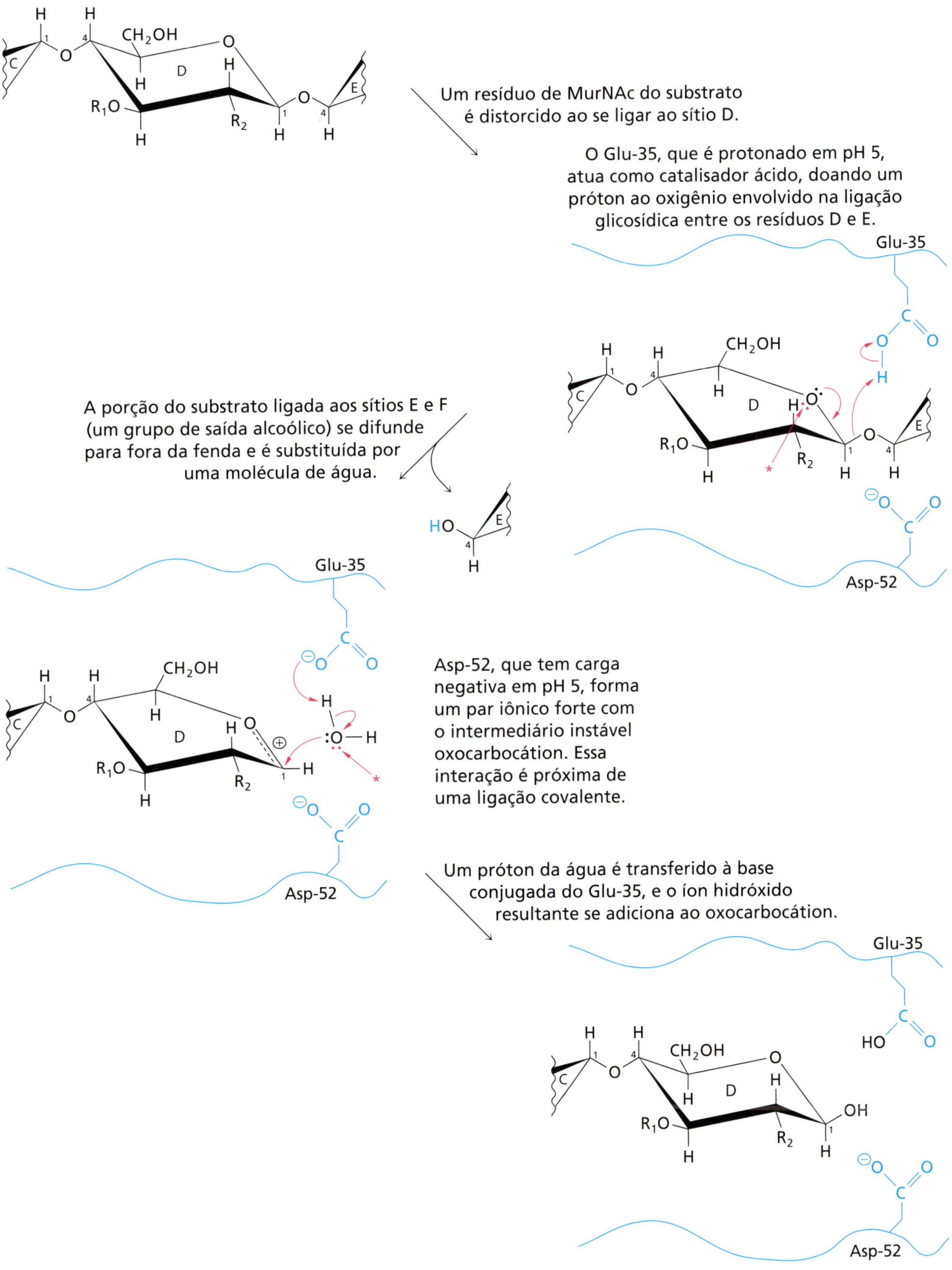

Um resíduo de MurNAc do substrato é distorcido ao se ligar ao sítio D.

O Glu-35, que é protonado em pH 5, atua como catalisador ácido, doando um próton ao oxigênio envolvido na ligação glicosídica entre os resíduos D e E.

A porção do substrato ligada aos sítios E e F (um grupo de saída alcoólico) se difunde para fora da fenda e é substituída por uma molécula de água.

Asp-52, que tem carga negativa em pH 5, forma um par iônico forte com o intermediário instável oxocarbocátion. Essa interação é próxima de uma ligação covalente.

Um próton da água é transferido à base conjugada do Glu-35, e o íon hidróxido resultante se adiciona ao oxocarbocátion.

▲ Figura 6.32
Mecanismo da lisozima. R_1 representa o grupo lactila e R_2, o grupo *N*-acetila de MurNAc.

▶ **Figura 6.33**
Estrutura proposta para o sítio ativo da arginina quinase em presença de ATP e arginina. As moléculas de substrato são firmemente presas e alinhadas em direção ao estado de transição, como mostram as linhas tracejadas. Os asteriscos (*) mostram que tanto Glu-225 como Glu-314 podem atuar como catalisador ácido-base geral.
[Adaptado de Zhov G, Somasundaram T, Blanc E, Parthasarathy G, Ellington WR, Chapman MS. Transition state structure of arginine kinase: implications for catalysis of bimolecular reactions. Proc. Natl. Acad. Sci. (USA).1998; 95:8453.]

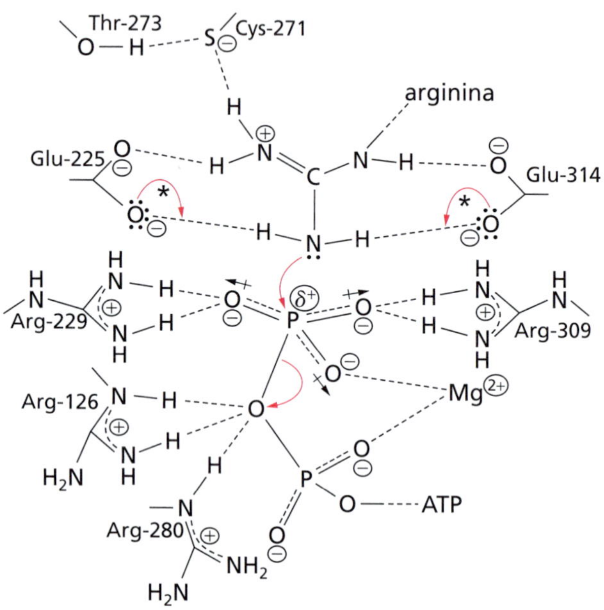

Resumo

1. Os quatro principais modos de catálise enzimática são: as catálises ácido-base, as catálises covalentes (modos químicos), a proximidade e a estabilização do estado de transição (modos de ligação). Os detalhes atômicos das reações são descritos pelos mecanismos das reações, que se baseiam na análise de experimentos cinéticos e de estruturas de proteínas.

2. Para cada etapa em uma reação, os reagentes passam por um estado de transição. A diferença de energia entre reagentes estáveis e o estado de transição é a energia de ativação. Catalisadores tornam as reações mais rápidas, reduzindo a energia de ativação.

3. Os resíduos de aminoácidos ionizáveis nos sítios de ligação formam centros catalíticos. Esses resíduos podem participar da catálise ácido-base (adição ou retirada de próton) ou da catálise covalente (ligação covalente de uma parte do substrato à enzima). Os efeitos do pH sobre a velocidade de uma reação enzimática podem sugerir quais resíduos participam na catálise.

4. As velocidades catalíticas para algumas poucas enzimas são tão altas que elas atingem o limite físico superior para as reações em solução, ou seja, a velocidade com que os reagentes se aproximam uns dos outros por difusão.

5. A maior parte da aceleração conseguida por uma enzima provém da ligação de substratos a ela.

6. O efeito de proximidade é a aceleração da reação causada pela formação de um complexo ES não covalente, que aproxima e orienta os reagentes, provocando uma diminuição de entropia.

7. Uma enzima liga seus substratos de maneira fraca. Uma ligação excessivamente forte estabilizaria o complexo ES e reduziria a velocidade da reação.

8. Uma enzima se liga a um estado de transição com afinidade maior do que aos substratos. Evidências para a estabilização do estado de transição é o fato de que análogos do estado de transição são inibidores enzimáticos.

9. Algumas enzimas usam o ajuste induzido (ativação induzida por substrato, que envolve uma mudança conformacional) para evitar a hidrólise indesejada de um substrato reativo.

10. Muitas serino-proteases são sintetizadas como zimogênios inativos, ativados extracelularmente, sob condições adequadas, por proteólise seletiva. A análise de serino-proteases por cristalografia de raios X mostra o quanto as estruturas tridimensionais das proteínas podem revelar sobre os sítios ativos, incluindo a ligação de substratos específicos.

11. Os sítios ativos das serino-proteases contêm uma tríade catalítica Ser-His-Asp unida por ligação de hidrogênio. O resíduo de serina serve como um catalisador covalente, e o de histidina, como um catalisador ácido-base. Intermediários aniônicos tetraédricos são estabilizados por ligações de hidrogênio à enzima.

12. O mecanismo proposto para a lisozima, uma enzima que catalisa a hidrólise de paredes celulares bacterianas, inclui distorção do substrato e estabilização de um intermediário oxocarbocátion instável.

Problemas

1. (a) Quais as forças envolvidas na ligação de substratos e intermediários aos sítios ativos das enzimas?

   (b) Explique por que a ligação muito forte de um substrato a uma enzima não é desejável na catálise enzimática, enquanto a ligação forte do estado de transição é desejável.

2. A enzima orotidina 5-fosfato descarboxilase é uma das enzimas mais eficientes que se conhece; ela aumenta a velocidade da descarboxilação de orotidina 5′-monofosfato por um fator de 10^{23} (Seção 5.4). Estudos de efeito isotópico com N^{15} mostraram que os dois principais mecanismos participantes são: (1) desestabilização do estado fundamental do complexo ES por repulsão eletrostática entre a enzima e o substrato; (2) estabilização do estado de transição por interações eletrostáticas favoráveis entre a enzima e ES‡. Construa um diagrama de energia que mostre como esses dois efeitos promovem a catálise.

3. Os diagramas de energia para duas reações em várias etapas são mostrados abaixo. Qual é a etapa determinante da velocidade em cada uma dessas reações?

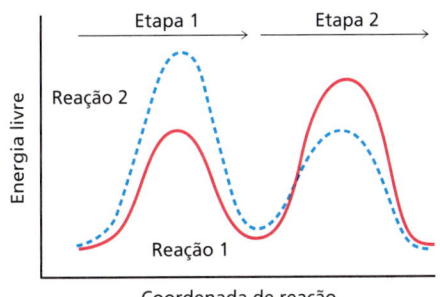

4. A Reação 2, abaixo, ocorre $2,5 \times 10^{11}$ vezes mais rápido do que a Reação 1. Qual deve ser a principal razão dessa enorme aceleração da Reação 2? Qual a relevância desse modelo para a interpretação de possíveis mecanismos para o aumento de velocidade provocado pelas enzimas?

5. Liste os três principais efeitos catalíticos da lisozima e explique por que cada um deles é usado durante a hidrólise enzimática de uma ligação glicosídica.

6. Há múltiplos resíduos de serina na α-quimiotripsina, mas apenas a serina-195 reage rapidamente quando a enzima é tratada com inibidores ativos de fosfato como o di-isopropilfluorofosfato (DFP). Explique.

7. (a) Identifique os resíduos na tríade catalítica de α-quimiotripsina e indique o tipo de catálise mediada por cada resíduo.

   (b) Que grupos de aminoácidos adicionais são encontrados na cavidade do oxiânion e qual o papel que eles desempenham na catálise?

   (c) Explique por que a mutagênese sítio-dirigida de aspartato para asparagina no sítio ativo da tripsina diminui a atividade catalítica 10.000 vezes.

8. Tríades catalíticas de resíduos de aminoácidos aumentam o caráter nucleofílico dos resíduos de serina, treonina ou cisteína no sítio ativo de várias enzimas envolvidas na catálise da quebra de ligações amida ou éster no substrato. Usando a α-quimiotripsina como modelo, esquematize os arranjos esperados das tríades catalíticas nas enzimas abaixo:

   (a) Protease do citomegalovírus humano: His, His, Ser

   (b) β-lactamase: Glu, Lys, Ser

   (c) Asparaginase: Asp, Lys, Thr

   (d) Protease do vírus da hepatite A: Asp, (H_2O), His, Cys (há uma molécula de água entre os resíduos de Asp e His)

9. A dipeptidil-peptidase IV (DPP-IV) humana é uma serino-protease que catalisa a hidrólise de ligações prolilpeptídeo na penúltima posição do N-terminal de uma proteína. Muitos peptídeos fisiológicos foram identificados como substratos, incluindo proteínas envolvidas na regulação do metabolismo da glicose. A DPP-IV contém uma tríade catalítica no sítio ativo (Glu-His-Ser) e um resíduo de tirosina na cavidade do oxiânion. Foi feita a mutagênese sítio-dirigida desse resíduo de tirosina na DPP-IV, e a capacidade da enzima para quebrar um substrato peptídico foi comparada com o da enzima de tipo selvagem. O resíduo de tirosina encontrado na cavidade do oxiânion foi trocado por um de fenilalanina. A mutante com fenilalanina tem menos de 1% da atividade da enzima de tipo selvagem (Bjelke JR, Christensen J, Branner S, Wagtmann N, Olsen C Kanstrup A B, Rasmussen HB. Tyrosine 547 constitutes an essential part of the catalytic mechanism of dipeptidyl peptidase IV. J. Biol. Chem. 2004; 279:34691-34697). A tirosina é necessária para a atividade da DPP-IV? Por que a substituição de tirosina por fenilalanina diminui a atividade da enzima?

10. A acetilcolinesterase (AChE) catalisa a quebra do neurotransmissor acetilcolina em acetato e colina. Essa enzima possui uma tríade catalítica com resíduos de His, Glu e Ser, que aumenta a nucleofilicidade do resíduo de serina. O oxigênio nucleofílico de serina ataca o carbono carbonílico da acetilcolina para formar um intermediário tetraédrico.

O gás neurotóxico sarin é um inativador extremamente potente da AChE. Ele é um inibidor irreversível que modifica de modo covalente o resíduo de serina no sítio ativo da AChE.

(a) Esquematize em um diagrama o arranjo esperado dos aminoácidos na tríade catalítica.

(b) Proponha um mecanismo para a modificação covalente de AChE pelo sarin.

11. Anticorpos catalíticos são agentes terapêuticos em potencial para overdose e dependência de drogas. Por exemplo, um anticorpo catalítico que catalise a degradação da cocaína antes que ela atinja o cérebro seria um tratamento de desintoxicação eficaz para o uso e a dependência dessa droga. O análogo contendo fosfonato abaixo foi usado para induzir a produção de um anticorpo anticocaína que catalisa a rápida hidrólise da cocaína. Explique por que esse éster de fosfonato foi escolhido para produzir um anticorpo catalítico.

12. Na doença pulmonar crônica denominada enfisema, os sacos de ar dos pulmões (alvéolos), onde o oxigênio do ar substitui o dióxido de carbono no sangue, se degeneram. A deficiência de inibidor de α1-proteinase é uma doença genética que se manifesta em determinadas famílias e resulta de mutações em aminoácidos críticos na sequência do inibidor de α1-proteinase. Os indivíduos com essas mutações têm maior probabilidade de desenvolver enfisema. O inibidor de α1-proteinase é produzido pelo fígado, de onde passa para o sangue. Ele é uma proteína que serve como o principal inibidor da elastase dos neutrófilos, uma serino-protease presente nos pulmões. A elastase dos neutrófilos cliva a proteína elastase, componente importante da função pulmonar. Acredita-se que a maior velocidade de degradação da elastina no tecido pulmonar seja a causa do enfisema. Um tratamento para a deficiência do inibidor de α1-proteinase consiste em administrar inibidor do tipo selvagem humano (derivado de plasma humano) ao paciente, por via intravenosa, injetando a proteína diretamente na corrente sanguínea.

(a) Explique a lógica do tratamento com inibidor de α1-proteinase tipo selvagem.

(b) Esse tratamento envolve a administração do inibidor de α1-proteinase tipo selvagem por via intravenosa. Explique por que ele não pode ser tomado por via oral.

Leituras selecionadas

Geral
Fersht A. Enzyme Structure and Mechanism, 2nd ed. New York: W. H. Freeman, 1985.

Ligação e catálise
Bartlett GJ, Porter CT, Borkakoti N, Thornton JM. Analysis of catalytic residues in enzyme active sites. J. Mol. Biol. 2002; 324:105-121.

Bruice TC, Pandrit UK. Intramolecular models depicting the kinetic importance of "fit" in enzymatic catalysis. Proc. Natl. Acad. Sci. USA. 1960; 46:402-404.

Hackney DD. Binding energy and catalysis. In The Enzymes, Vol. 19, 3rd ed., Sigman DS e Boyer PD (eds.) San Diego: Academic Press, 1990. pp. 1-36.

Jencks WP. Economics of enzyme catalysis. Cold Spring Harbor Symp. Quant. Biol. 1987; 52:65-73.

Kraut J. How do enzymes work? Science. 1988; 242:533-540.

Neet KE. Enzyme catalytic power mini-review series. J. Biol. Chem. 1998; 273:25527-25528 e artigos relacionados, nas páginas 25529-25532, 26257-26260 e 27035-27038.

Pauling L. Nature of forces between large molecules of biological interest. Nature. 1948; 161:707-709.

Schiøtt B, Iversen BB, Madsen GKH, Larsen FK, Bruice TC. On the electronic nature of low-barrier hydrogen bonds in enzymatic reactions. Proc. Natl. Acad. Sci. USA. 1998; 95:12799-12802.

Shan S-U, Herschlag D. The change in hydrogen bond strength accompanying charge rearrangement: implications for enzymatic catalysis. Proc. Natl. Acad. Sci. 1996; USA 93:14474-14479.

Análogos do estado de transição

Schramm VL. Enzymatic transition states and transition state analog design. Annu. Rev. Biochem. 1998; 67:693-720.

Wolfenden R, Radzicka A. Transition-state analogues. Curr. Opin. Struct. Biol. 1991; 1:780-787.

Enzimas específicas

Cassidy CS, Lin J, Frey PA. . A new concept for the mechanism of action of chymotypsin: the role of the low-barrier hydrogen bond. Biochem. 1997; 36:4576-4584.

Blacklow SC, Raines RT, Lim WA, Zamore P D, Knowles J R. Triosephosphate isomerase catalysis is diffusion controlled. Biochem. 1988; 27:1158-1167.

Davies GJ, Mackenzie L, Varrot A, Dauter M, Brzozowski AM, Schülein M, Withers SG. Snapshots along an enzymatic reaction coordinate: analysis of a retaining β-glycoside hydrolase. Biochem. 1998; 37:11707-11713.

Dodson G e Wlodawer A. Catalytic triads and their relatives. Trends Biochem. Sci. 1998; 23:347-352.

Frey PA, Whitt SA, Tobin J B. A low-barrier hydrogen bond in the catalytic triad of serine proteases. Science. 1994; 264:1927-1930.

Getzoff ED, Cabelli DE, Fisher CL, Parge HE, Viezzoli MS, Banci L, Hallewell RA. Faster superoxide dismutase mutants designed by enhancing electrostatic guidance. Nature. 1992; 358:347-351.

Harris TK, Abeygunawardana C, Mildvan, AS. NMR studies of the role of hydrogen bonding in the mechanism of triosephosphate isomerase. Biochem. 1997; 36:14661-14675.

Huber R, Bode W. Structural basis of the activation and action of trypsin. Acc. Chem. Res. 1978;11:114-122.

Kinoshita T, Nishio N, Nakanishi I, Sato A, Fujii T. Structure of bovine adenosine deaminase complexed with 6-hydroxy-1,6dihydropurine riboside. Acta Cryst. 2003; D59:299-303.

Kirby AJ. The lysozyme mechanism sorted—after 50 years. Nature Struct. Biol. 2001; 8:737-739.

Knowles JR. Enzyme catalysis: not different, just better. Nature. 1991; 350:121-124.

Knowles JR, Albery WJ. Perfection in enzyme catalysis: the energetics of triosephosphate isomerase. Acc. Chem. Res. 1977; 10:105-111.

Kuser P, Cupri F, Bleicher L, Polikarpov I. Crystal structure of yeast hexokinase P1 in complex with glucose: a classical "induced fit" example revisited. Proteins. 2008; 72:731-740.

Lin J, Cassidy CS, Frey PA. Correlations of the basicity of His-57 with transition state analogue binding, substrate reactivity, and the strength of the low-barrier hydrogen bond in chymotrypsin. Biochem. 1998; 37:11940-11948.

Lodi PJ, Knowles JR. Neutral imidazole is the electrophile in the reaction catalyzed by triosephosphate isomerase: structural origins and catalytic implications. Biochem. 1991; 30:6948-6956.

Parthasarathy S, Ravinda G, Balaram H, Balaram P, Murthy MRN. Structure of the plasmodium falciparum triosephosphate isomerase—phosphoglycolate complex in two crystal forms: characterization of catalytic open and closed conformations in the ligandbound state. Biochem. 2002; 41:13178-13188.

Paetzel M, Dalbey RE. Catalytic hydroxyl/amine dyads within serine proteases. Trends Biochem. Sci. 1997; 22:28-31.

Perona JJ, Craik CS. Evolutionary divergence of substrate specificity within the chymotrypsin-like serine protease fold. J. Biol. Chem. 1997; 272:29987-29990.

Schäfer T, Borchert TW, Nielsen VS, Skagerlind P, Gibson K, Wenger K, Hatzack F, Nilsson LD, Salmon S, Pedersen S, Heldt-Hansen HP, Poulsen PB, Lund H, Oxenbøll KM, Wu GF, Pedersen HH, Xu H. Industrial enzymes. Adv. Biochem. Eng. Biotechnol. 2007; 105:59-131.

Steitz T A, Shulman R G. Crystallographic and NMR studies of the serine proteases. Annu. Rev. Biophys. Bioeng. 1982; 11:419-444.

Von Dreele RB. Binding of N-acetylglucosamine oligosaccharides to hen egg-white lysozyme: a powder diffraction study. Acta Crystallographic. 2005; D61:22-32.

Zhou G, Somasundaram T, Blanc E, Parthasarathy G, Ellington WR, Chapman MS. Transition state structure of arginine kinase: implications for catalysis of bimolecular reactions. Proc. Natl. Acad. Sci. USA. 1998; 95:8449-8454.

CAPÍTULO 7

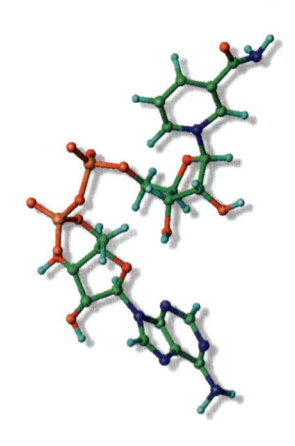

Coenzimas e Vitaminas

Finalmente, chegamos a um grupo de compostos conhecidos há pouco tempo, mas que tem atraído considerável atenção, tanto dos químicos como do público. Quem hoje em dia não conhece as vitaminas, essas substâncias misteriosas, que têm uma importância imensa para a vida da qual, inclusive, seu nome deriva?
– H. G. Söderbaum, discurso proferido na entrega do Prêmio Nobel de Química a Adolf Windaus em 1928.

A evolução produziu um conjunto espetacular de catalisadores proteicos, mas o arsenal catalítico de um organismo não é limitado pela reatividade das cadeias laterais dos aminoácidos. Outras espécies químicas, chamadas **cofatores**, participam com frequência da catálise. Elas são necessárias para que as apoenzimas inativas (apenas proteínas) sejam convertidas nas holoenzimas ativas. Há dois tipos de cofatores: **íons essenciais** (a maioria deles, íons metálicos) e compostos orgânicos conhecidos como **coenzimas** (Figura 7.1). Tanto os cofatores inorgânicos como os orgânicos tornam-se partes essenciais dos sítios ativos de algumas enzimas.

Muitos minerais são necessários a todos os organismos porque atuam como cofatores. Alguns íons essenciais, chamados íons ativadores, são ligados reversivelmente e, com frequência, participam da ligação dos substratos. Em contraste, alguns cátions são fortemente ligados e, muitas vezes, participam de modo direto das reações catalíticas.

As coenzimas agem como reagentes de transferência de grupos, aceitando e doando grupos químicos específicos. Para algumas coenzimas, o grupo é simplesmente um hidrogênio ou um elétron, mas outras transportam grupos maiores, ligados de modo covalente. Esses grupos metabólicos móveis são ligados ao **centro reativo** da coenzima (o grupo metabólico móvel e o centro reativo aparecem em vermelho nas estruturas apresentadas neste capítulo). Podemos simplificar nosso estudo das coenzimas limitando-nos às propriedades químicas de seus centros reativos. As duas classes de coenzimas são descritas na Seção 7.2.

Começaremos este capítulo com uma discussão dos íons essenciais. A maior parte do restante do capítulo é devotada aos cofatores orgânicos, mais complexos. Nos mamíferos, muitas dessas coenzimas são derivadas de precursores obtidos na alimentação, as chamadas vitaminas. Por isso, elas também serão discutidas neste capítulo. Para finalizar, veremos algumas proteínas que atuam como coenzimas. A maior parte das estruturas e reações apresentadas aqui será encontrada em capítulos posteriores, quando discutirmos vias metabólicas específicas.

Topo: nicotinamida adenina dinucleotídeo (NAD$^\oplus$), uma coenzima derivada do ácido nicotínico (uma vitamina, também chamada niacina). O NAD$^\oplus$ é um agente oxidante.

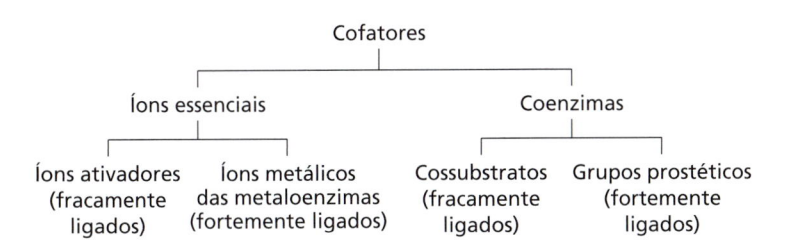

Figura 7.1
Tipos de cofatores. Íons essenciais e coenzimas podem ainda ser distinguidos pela força da interação com suas apoenzimas.

```
                        Cofatores
                    _____|_____
                   |                 |
            Íons essenciais      Coenzimas
            _____|_____      _____|_____
           |             |    |             |
      Íons ativadores  Íons metálicos  Cossubstratos  Grupos prostéticos
      (fracamente      das metaloenzimas (fracamente   (fortemente
      ligados)         (fortemente       ligados)      ligados)
                       ligados)
```

7.1 Muitas enzimas necessitam de cátions inorgânicos

Mais de um quarto de todas as enzimas conhecidas necessitam de cátions metálicos para exercer sua plena atividade catalítica. Elas podem ser divididas em dois grupos: enzimas ativadas por metal e metaloenzimas. As **enzimas ativadas por metal** ou têm uma necessidade absoluta de adição de íons metálicos ou são estimuladas por essa adição. Algumas dessas enzimas necessitam de cátions monovalentes, como K^+; outras, de cátions divalentes como Ca^{2+} ou Mg^{2+}. As quinases, por exemplo, precisam de íons magnésio para formar o complexo magnésio-ATP que elas utilizam como substrato doador de grupo fosforila. O magnésio blinda os grupos fosfato do ATP, negativamente carregados, tornando-os mais suscetíveis ao ataque nucleofílico (Seção 10.6).

Já as **metaloenzimas** têm íons metálicos firmemente ligados a seus sítios ativos. Os íons mais comumente encontrados nessas enzimas são os de metais de transição, ferro, zinco e, com menos frequência, cobre e cobalto. Íons metálicos que se ligam fortemente às enzimas são em geral necessários à catálise. Os cátions de algumas metaloenzimas podem agir como catalisadores eletrofílicos, polarizando ligações. Por exemplo, o cofator da enzima anidrase carbônica é um átomo eletrofílico de zinco ligado às cadeias laterais de três resíduos de histidina e a uma molécula de água. A ligação ao Zn^{2+} faz com que a água se ionize mais facilmente. Um grupo carboxilato básico da enzima retira um próton da molécula de água, produzindo um íon hidróxido nucleofílico, que ataca o substrato (Figura 7.2). Essa enzima tem uma velocidade catalítica realmente alta, em parte por causa da simplicidade de seu mecanismo (Seção 6.4). Várias outras metaloenzimas de zinco ativam moléculas de água ligadas ao sítio ativo dessa forma.

Os íons de outras metaloenzimas podem sofrer oxidação e redução reversíveis pela transferência de elétrons de um substrato reduzido a outro, oxidado. Por exemplo, o ferro é parte do grupo heme da catalase, uma enzima que catalisa a degradação de H_2O_2. Grupos heme semelhantes ocorrem também nos citocromos, proteínas transferidoras de elétrons que são encontradas associadas a metaloenzimas específicas nas mitocôndrias e nos cloroplastos. Com frequência, ferro não heme é encontrado nas metaloenzimas sob a forma de centros (*clusters*) de ferro-enxofre (Figura 7.3). Os centros mais comuns são [2 Fe–2 S] e [4 Fe–4 S], nos quais os átomos de ferro complexam-se com igual número de íons sulfeto oriundos de H_2S e com grupos $—S^-$ de resíduos de cisteína. Os centros de ferro-enxofre são mediadores de algumas reações de oxidação-redução. Cada centro, tenha ele dois ou quatro átomos de ferro, pode aceitar apenas um elétron em uma dessas reações.

7.2 Classificação das coenzimas

As coenzimas podem ser classificadas em dois tipos, com base no modo como interagem com a apoenzima (Figura 7.1). Coenzimas de um desses tipos, normalmente chamadas **cossubstratos**, são, na realidade, substratos de reações catalisadas por enzimas. Um cossubstrato é modificado no decorrer da reação e se dissocia do sítio ativo. A sua estrutura original é regenerada em uma reação subsequente, catalisada por outra enzima. O cossubstrato é reciclado repetidamente na célula, ao contrário dos substratos comuns, cujo produto, em geral, sofre outras transformações. Os cossubstratos transportam grupos metabólicos móveis entre diferentes reações catalisadas por enzimas.

Consulte a Figura 1.1 para ver uma lista de elementos essenciais.

Figura 7.2
Mecanismo da anidrase carbônica. O íon zinco no sítio ativo promove a ionização de uma molécula de água que também está ligada ao sítio ativo. O íon hidróxido resultante ataca o átomo de carbono do dióxido de carbono, produzindo bicarbonato, que é, então, liberado pela enzima.

> **Reveja a estrutura do heme na Seção 4.12.**

> **Os citocromos serão discutidos na Seção 7.16.**

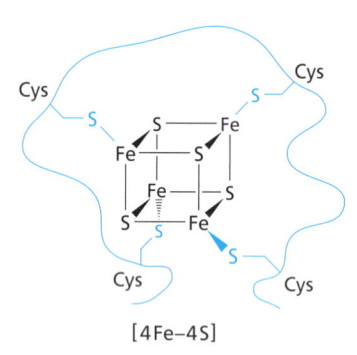

[2Fe–2S]

[4Fe–4S]

▲ **Figura 7.3**
Centros de ferro-enxofre. Em cada tipo de centro de ferro-enxofre, os átomos de ferro estão complexados com igual número de íons sulfeto (S^{2-}) e com grupos tiolato das cadeias laterais de resíduos de cisteína.

TABELA 7.1 Algumas vitaminas e as doenças associadas à sua deficiência

Vitamina	Doença
Ascorbato (C)	Escorbuto
Tiamina (B_1)	Beribéri
Riboflavina (B_2)	Atraso de crescimento
Ácido nicotínico (B_3)	Pelagra
Pantotenato (B_5)	Dermatite em galinhas
Piridoxina (B_6)	Dermatite em ratos
Biotina (B_7)	Dermatite em humanos
Folato (B_9)	Anemia
Cobalamina (B_{12})	Anemia perniciosa

O segundo tipo de coenzimas é chamado **grupo prostético**. Ele permanece ligado à enzima no decorrer da reação. Em alguns casos, ele é ligado covalentemente à sua apoenzima e, em outros, é fortemente ligado ao sítio ativo por meio de diversas interações fracas. Assim como os resíduos iônicos de aminoácidos do sítio ativo, um grupo prostético precisa voltar à sua forma original durante cada evento catalítico completo, do contrário, a holoenzima não permanecerá cataliticamente ativa. Cossubstratos e grupos prostéticos são parte do sítio ativo das enzimas. Eles fornecem grupos reativos que não estão disponíveis nas cadeias laterais dos resíduos de aminoácidos.

Cada espécie de ser vivo utiliza as coenzimas em diversas reações enzimáticas importantes. A maioria dessas espécies é capaz de sintetizar suas coenzimas a partir de precursores simples. Isso é particularmente verdadeiro em quatro dos cinco reinos – procariontes, protistas, fungos e plantas –, mas os animais perderam a capacidade de sintetizar algumas coenzimas. Os mamíferos, incluindo os seres humanos, necessitam de uma fonte de coenzimas para sobreviver. Aquelas que eles não conseguem sintetizar são fornecidas pelos nutrientes, geralmente em pequenas quantidades (microgramas ou miligramas por dia). Esses compostos essenciais são chamados **vitaminas**, e os animais dependem de outros organismos para suprir suas necessidades desses micronutrientes. Em geral, as principais fontes de vitaminas são vegetais e microrganismos. Quase todas as vitaminas são precursoras de coenzimas, ou seja, precisam ser enzimaticamente transformadas em suas coenzimas correspondentes.

Uma doença decorrente de falta de vitaminas pode se manifestar quando elas estão ausentes da alimentação ou presentes em quantidade insuficiente. Essas doenças podem ser curadas ou evitadas pelo consumo da vitamina apropriada. A Tabela 7.1 lista nove vitaminas e as doenças associadas a sua deficiência. Cada uma dessas vitaminas e suas funções metabólicas são discutidas a seguir. A maioria delas é convertida em coenzimas, às vezes após reação com ATP.

A palavra *vitamina* foi criada por Casimir Funk em 1912 para descrever uma "amina vital" do arroz integral que curava beribéri, uma doença ocasionada pela carência nutricional que resulta em degeneração neuronal. O termo foi mantido mesmo depois de demonstrado que muitas vitaminas não são aminas. O beribéri foi descrito primeiro em pássaros e depois em seres humanos cujas dietas consistiam basicamente em arroz polido. Christiaan Eijkman, um médico holandês que trabalhava nas então chamadas Índias Orientais Holandesas (atual Indonésia), foi o primeiro a notar que galinhas alimentadas com sobras de arroz polido do hospital local desenvolviam beribéri, mas se recuperavam ao serem alimentadas com arroz integral. Essa descoberta levou finalmente ao isolamento de uma substância antiberibéri, extraída da película que recobre o arroz integral. Essa substância ficou conhecida como vitamina B_1, ou tiamina.

Desde então foram identificadas duas grandes classes de vitaminas: as hidrossolúveis (como as vitaminas B) e as solúveis em gordura, também chamadas vitaminas lipídicas. As hidrossolúveis são necessárias em pequenas doses diárias porque são rapidamente excretadas pela urina e as reservas celulares de suas coenzimas não são estáveis. Já as vitaminas lipídicas – como as vitaminas A, D, E e K – são armazenadas pelos animais, e sua ingestão excessiva pode resultar em condições tóxicas denominadas hipervitaminoses. É importante observar que nem todas as vitaminas são coenzimas ou precursoras delas (ver Quadro 7.4 e Seção 7.14).

▶ **Arroz integral e arroz polido.** O arroz integral (alto, à esquerda) foi processado para a retirada da casca externa, mas mantém parte da película de cobertura ou "sêmea", que contém tiamina (vitamina B_1). O processamento adicional fornece o arroz polido (meio, à esquerda), que não contém tiamina.

> A estrutura e a química dos nucleotídeos são discutidas em mais detalhes no Capítulo 19.

As coenzimas mais comuns estão listadas na Tabela 7.2, com suas funções metabólicas e suas fontes vitamínicas. As próximas seções descrevem as estruturas e funções dessas coenzimas comuns.

7.3 ATP e outros cossubstratos nucleotídicos

Vários nucleosídeos e nucleotídeos são coenzimas, sendo a adenosina trifosfato (ATP) a mais abundante delas. Outros exemplos comuns são GTP, S-adenosilmetionina e gliconucleotídeos, como a uridina-difosfato glicose (UDP-glicose). O ATP (Figura 7.4) é um reagente versátil capaz de doar seus grupos fosforila, pirofosforila, adenilila (AMP) ou adenosila em reações de transferência de grupos.

A reação mais comum envolvendo ATP é a transferência de fosforila. Em reações catalisadas por quinases, por exemplo, o grupo γ-fosforila do ATP é transferido a um nucleófilo, restando um ADP. A segunda reação mais comum é a transferência de grupo nucleotidil (transferência da porção AMP), deixando um pirofosfato (PP_i). O ATP exerce um papel fundamental no metabolismo. Sua função de cofator de "alta energia" é descrita em mais detalhes no Capítulo 10 – "Introdução ao Metabolismo".

O ATP também é uma fonte de várias outras coenzimas metabólicas. Uma delas, a S-adenosilmetionina (Figura 7.5), é sintetizada pela reação de metionina com ATP.

$$\text{Metionina} + \text{ATP} \longrightarrow \text{S-adenosilmetionina} + P_i + PP_i \qquad (7.1)$$

O grupo tiometila normal da metionina (—S—CH_3) não é muito reativo, mas o grupo sulfônio, positivamente carregado, da S-adenosilmetionina é altamente reativo. Esse nucleotídeo reage facilmente com aceptores nucleofílicos e é o doador de quase todos os grupos metila usados nas reações biossintéticas. Por exemplo, ele é necessário para a conversão do hormônio norepinefrina em epinefrina.

Entre as reações que dependem de S-adenosilmetionina estão as metilações de fosfolipídeos, de proteínas, do DNA e do RNA. Nos vegetais, a S-adenosilmetionina – como precursora do hormônio vegetal etileno – participa da regulação do amadurecimento das frutas.

> A termodinâmica de reações que envolvem o ATP é explicada na Seção 10.6.

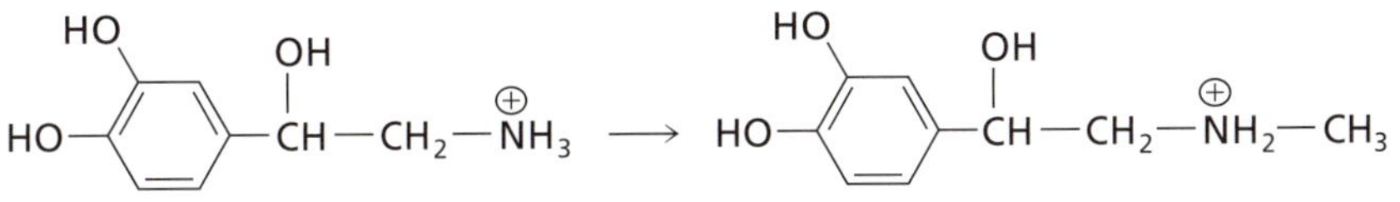

Norepinefrina → Epinefrina (7.2)

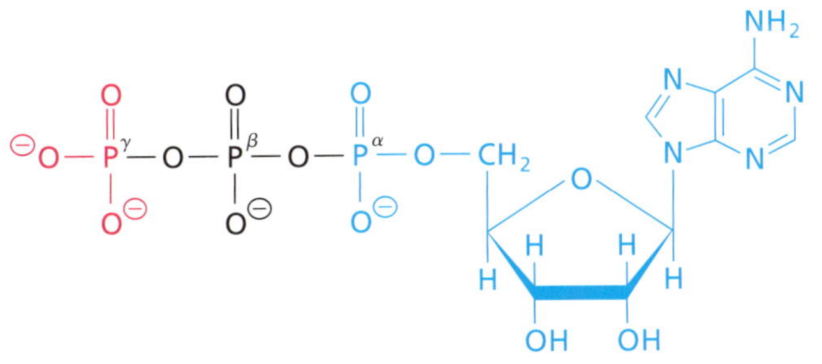

▲ **Figura 7.4**
ATP. A base nitrogenada adenina é ligada a uma ribose contendo três grupos fosforila. A transferência de um grupo fosforila (rosa) gera ADP, e a de um grupo nucleotidil (AMP, azul) gera pirofosfato.

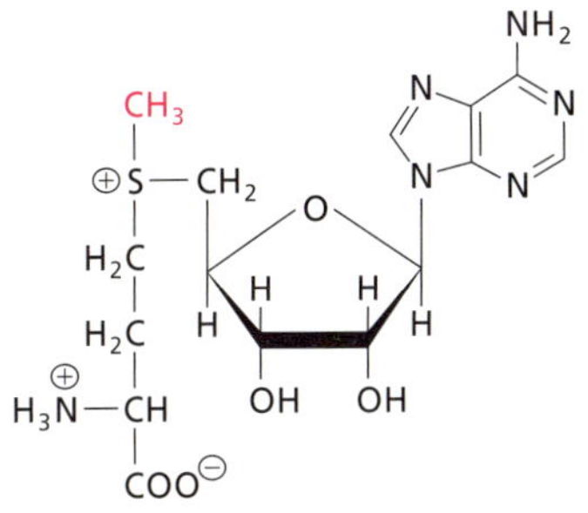

▲ **Figura 7.5**
S-adenosilmetionina. O grupo metila ativado dessa coenzima é mostrado em rosa.

TABELA 7.2 Principais coenzimas

Coenzima	Fonte vitamínica	Principais funções metabólicas	Papel mecanístico
Adenosina trifosfato (ATP)	–	Transferência de grupos fosforila ou nucleotidil	Cossubstrato
S-adenosilmetionina	–	Transferência de grupos metila	Cossubstrato
Uridina-difosfato glicose	–	Transferência de grupos glicosila	Cossubstrato
Nicotinamida adenina dinucleotídeo (NAD$^\oplus$) e nicotinamida adenina dinucleotídeo fosfato (NADP$^\oplus$)	Niacina (B$_3$)	Reações de oxidação-redução envolvendo transferência de dois elétrons	Cossubstrato
Flavina mononucleotídeo (FMN) e flavina-adenina dinucleotídeo (FAD)	Riboflavina (B$_2$)	Reações de oxidação-redução envolvendo transferência de um e de dois elétrons	Grupo prostético
Coenzima A (CoA)	Pantotenato (B$_5$)	Transferência de grupos acila	Cossubstrato
Tiamina pirofosfato (TPP)	Tiamina (B$_1$)	Transferência de fragmentos com vários carbonos contendo um grupo carbonila	Grupo prostético
Piridoxal fosfato (PLP)	Piridoxina (B$_6$)	Transferência de grupos de e para aminoácidos	Grupo prostético
Biotina	Biotina (B$_7$)	Carboxilação de substratos ou transferência de grupos carboxila entre substratos, dependentes de ATP	Grupo prostético
Tetraidrofolato	Folato	Transferência de substituintes com um carbono, especialmente formila e hidroximetila; fornece o grupo metila para a timina no DNA	Cossubstrato
Cobalamina	Cobalamina (B$_{12}$)	Rearranjos intramoleculares, transferência de grupos metila	Grupo prostético
Lipoamida	–	Oxidação de um grupo hidroxialquila do TPP e subsequente transferência como um grupo acila	Grupo prostético
Retinal	Vitamina A	Visão	Grupo prostético
Vitamina K	Vitamina K	Carboxilação de alguns resíduos de glutamato	Grupo prostético
Ubiquinona (Q)	–	Carreador lipossolúvel de elétrons	Cossubstrato
Grupo heme	–	Transferência de elétrons	Grupo prostético

As coenzimas gliconucleotídicas participam do metabolismo dos carboidratos. O gliconucleotídeo mais comum, a uridina-difosfato glicose (UDP-glicose), é formado pela reação da glicose 1-fosfato com uridina-trifosfato (UTP) (Figura 7.6). A UDP-glicose pode doar seu grupo glicosila (em rosa) a um aceptor adequado, liberando UDP. Ela é regenerada quando a UDP aceita um grupo fosforila do ATP, e a UTP resultante reage com outra molécula de glicose-1-fosfato.

Tanto o açúcar como o nucleosídeo das coenzimas gliconucleotídicas podem variar. Mais adiante iremos encontrar as variantes CDP, GDP e ADP dessa coenzima.

QUADRO 7.1 Vitaminas que faltam

O que aconteceu com as vitaminas B_4 e B_8? Elas nunca foram citadas nos livros-texto, mas você pode encontrá-las com frequência nas lojas que atendem à demanda por suplementos que seriam capazes de nos fazer sentir melhor e viver mais.

A vitamina B_4 era adenina, a base encontrada no DNA e no RNA. Atualmente sabemos que ela não é uma vitamina. Todas as espécies, incluindo os seres humanos, podem produzir grandes quantidades de adenina sempre que ela é necessária (Seções 18.1 e 18.2). A vitamina B_8 era o inositol, um precursor de vários lipídeos importantes (Figura 8.16 e Seção 9.12C). Ele não é mais considerado uma vitamina.

Se você conhece alguém que está pagando por suplementos de vitaminas B_4 e B_8, eis uma oportunidade para ajudar. Explique por que ele está perdendo dinheiro.

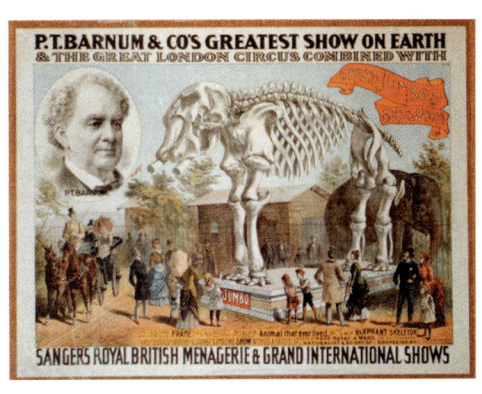

▲ **P. T. Barnum.** P. T. Barnum foi um famoso *showman* norte-americano. A frase seguinte é creditada a ele: "A cada minuto nasce um tolo." É provável que essa frase tenha sido cunhada por um de seus rivais e atribuída a ele depois, como uma forma de desacreditá-lo.

◄ **Figura 7.6**
Formação de UDP-glicose catalisada pela UDP-glicose pirofosforilase. Um oxigênio do grupo fosfato da α-D-glicose 1-fosfato ataca o fosfato α do UTP. O PP_i liberado é rapidamente hidrolisado em $2P_i$ pela ação da pirofosfatase. Essa hidrólise ajuda a promover a reação catalisada pela pirofosforilase. O grupo glicosila móvel da UDP-glicose está em rosa.

7.4 NAD⊕ e NADP⊕

As coenzimas de nicotinamida são a nicotinamida adenina dinucleotídeo (NAD⊕) e a nicotinamida adenina dinucleotídeo fosfato (NADP⊕), intimamente relacionadas entre si. Essas foram as primeiras coenzimas a serem reconhecidas como tal. Ambas contêm nicotinamida, a amida do ácido nicotínico (Figura 7.7). Esse ácido, também chamado niacina, é o fator que está faltando na doença pelagra. O ácido nicotínico, ou a nicotinamida, é essencial como precursor de NAD⊕ e NADP⊕ (em várias espécies, o triptofano é degradado a ácido nicotínico. Assim, esse aminoácido presente na alimentação pode suprir parte da necessidade de niacina ou de nicotinamida).

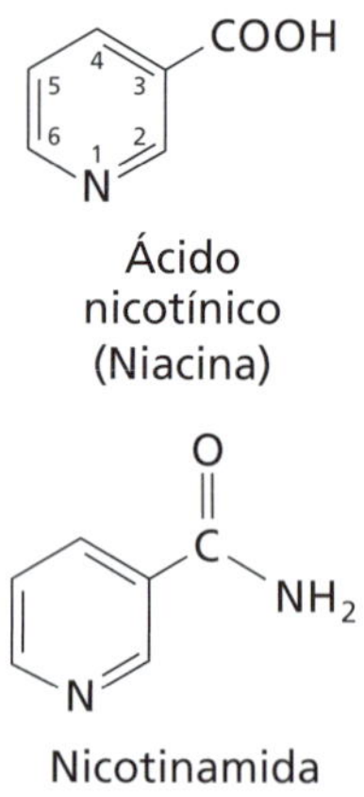

204 Bioquímica

▲ **Figura 7.7**
Ácido nicotínico (niacina) e nicotinamida.

As coenzimas de nicotinamida participam de várias reações de oxidação-redução. Elas assistem na transferência de elétrons de e para os metabólitos (Seção 10.9). As formas oxidadas, $NAD^{\oplus}$ e $NADP^{\oplus}$, são deficientes em elétrons, e as formas reduzidas, NADH e NADPH, têm um par de elétrons extras sob a forma de íon hidreto ligado covalentemente a elas. As estruturas dessas coenzimas estão na Figura 7.8. Ambas as coenzimas contêm uma ligação fosfoanidrido que une dois 5′-nucleotídeos: AMP e o ribonucleotídeo de nicotinamida, chamado nicotinamida mononucleotídeo (NMN) (formado a partir do ácido nicotínico). No caso do $NADP^{\oplus}$, um grupo fosforila está presente no átomo de oxigênio 2′ da porção adenilato.

Observe que o sinal "$\oplus$" no $NAD^{\oplus}$ indica apenas que o átomo de nitrogênio tem carga positiva. Isso não significa que a molécula inteira seja um íon positivamente carregado; na verdade, ele tem carga negativa por causa dos fosfatos. Um átomo de nitrogênio tem sete prótons e sete elétrons. Sua camada externa tem cinco elétrons, que podem participar na formação de ligações. Nas formas oxidadas da coenzima ($NAD^{\oplus}$ e $NADP^{\oplus}$), o nitrogênio da nicotinamida tem menos um elétron, ou seja, ele tem apenas quatro elétrons na camada mais externa, e esses são compartilhados com os carbonos adjacentes, formando quatro ligações covalentes (cada ligação é formada por um par de elétrons, de modo que, com o compartilhamento, a camada mais externa do átomo de nitrogênio fica preenchida com oito elétrons). É por isso que normalmente se associa a carga positiva ao átomo de nitrogênio do anel, como mostrado na Figura 7.8. Na realidade, a carga é distribuída sobre todo o anel aromático.

A forma reduzida do átomo de nitrogênio tem seu número normal de elétrons, ou seja, esse átomo tem cinco elétrons em sua camada externa, dois dos quais (representados por pontos na Figura 7.8) constituem um par de elétrons livres. Os outros três elétrons participam de três ligações covalentes.

$NAD^{\oplus}$ e $NADP^{\oplus}$ quase sempre atuam como cossubstratos das desidrogenases. Desidrogenases dependentes de nucleotídeos de piridina (outra forma pela qual os nucleotídeos de nicotinamida são conhecidos) catalisam a oxidação de seus substratos, fazendo a transferência de dois elétrons e um íon hidreto ($H^{\ominus}$) ao C-4 do grupo nicotinamida do $NAD^{\oplus}$ ou do $NADP^{\oplus}$. Essa transferência gera uma forma reduzida, NADH ou NADPH, na qual uma nova ligação C—H foi formada na posição 4 (um par de elétrons), e o elétron antes associado à ligação dupla do anel foi deslocado para o nitrogênio anelar. Assim, a oxidação (ou sua reação inversa, a redução) por nucleotídeos de piridina sempre envolve dois elétrons por vez.

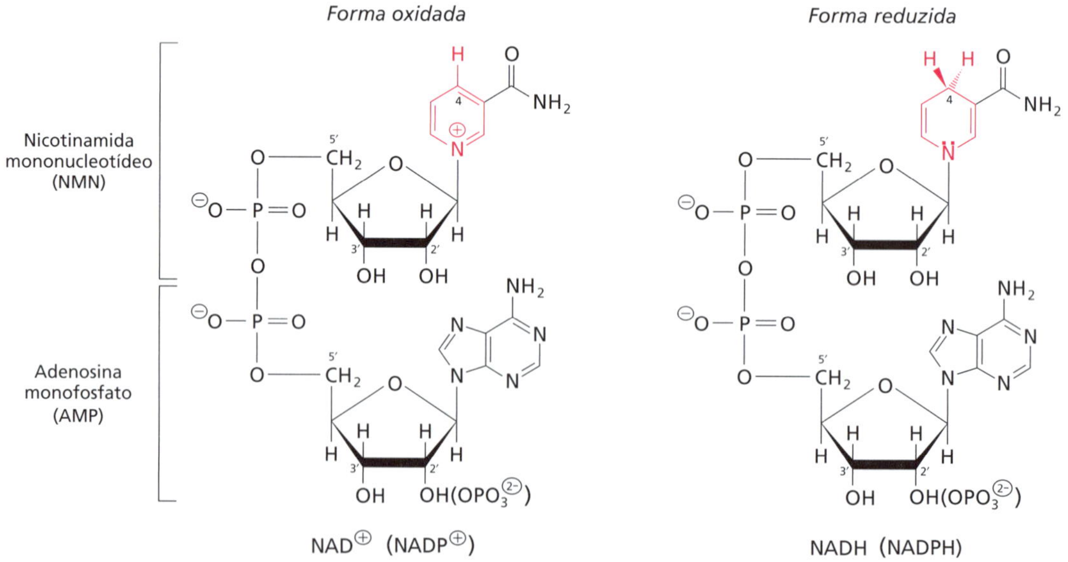

> NADH e NADPH apresentam um pico de absorção no ultravioleta em 340 nm por causa do anel di-hidropiridínico; já $NAD^{\oplus}$ e $NADP^{\oplus}$ não absorvem nesse comprimento de onda. O aparecimento e o desaparecimento da absorção em 340 nm é útil para medir a velocidade das reações de oxidação e redução que envolvem $NAD^{\oplus}$ e $NADP^{\oplus}$ (veja o Quadro 10.1).

▲ **Figura 7.8**
Formas oxidada e reduzida de NAD (e NADP). O anel piridínico do $NAD^{\oplus}$ é reduzido pela adição de um íon hidreto ao C-4 quando o NAD é convertido em NADH (e quando $NADP^{\oplus}$ é convertido em NADPH). No $NADP^{\oplus}$, a hidroxila na posição 2′ do anel da ribose da adenosina é fosforilada. O centro reativo dessas coenzimas está em rosa.

Diz-se que NADH e NADPH têm poder redutor (isto é, são agentes redutores biológicos). A estabilidade dos nucleotídeos de piridina reduzidos permite que estes levem seu poder redutor de uma enzima para a outra, uma propriedade que as coenzimas contendo flavina não têm (Seção 7.5). A maioria das reações onde há formação de NADH e NADPH é catabólica, e a subsequente oxidação do NADH pelo sistema de transporte de elétrons associado à membrana é acoplado à síntese de ATP. A maior parte do NADPH é usada como agente redutor em reações biossintéticas. A concentração de NADH é cerca de dez vezes maior do que a de NADPH.

A lactato desidrogenase é uma oxidorredutase que catalisa a oxidação reversível de lactato. A enzima é uma típica desidrogenase dependente de NAD. Um próton é liberado do lactato quando o NAD$^\oplus$ é reduzido.

$$H_3C-\underset{\underset{\text{Lactato}}{}}{\overset{OH}{CH}}-COO^\ominus + NAD^\oplus \rightleftharpoons H_3C-\underset{\underset{\text{Piruvato}}{}}{\overset{O}{C}}-COO^\ominus + NADH + H^\oplus \qquad (7.3)$$

NADH é um cossubstrato, como o ATP. Quando a reação é completada, a estrutura do cossubstrato é alterada, e a forma original deve ser regenerada em uma reação à parte. Neste exemplo, NAD$^\oplus$ é reduzido a NADH, e a reação atinge o equilíbrio rapidamente, a menos que o NADH seja usado em uma reação separada, na qual NAD$^\oplus$ é regenerado. Descreveremos um exemplo de como isso é conseguido na Seção 11.3B.

A Figura 7.9 mostra como tanto a enzima como a coenzima participam da oxidação de lactato em piruvato, catalisada pela lactato desidrogenase. Nesse mecanismo, a coenzima aceita um íon hidreto em C-4 do grupo nicotinamida, levando a um rearranjo de ligações no anel, à medida que os elétrons são deslocados para o átomo de nitrogênio positivamente carregado. A enzima fornece um catalisador ácido-base e sítios de ligação adequados para a coenzima e o substrato. Observe que dois átomos de hidrogênio são removidos do lactato para a produção do piruvato (Equação 7.3). Um desses átomos é transferido ao NAD$^\oplus$ como íon hidreto (levando os dois elétrons); o outro é transferido à His-195 como um próton. Posteriormente, esse segundo hidrogênio é liberado como H$^\oplus$ para regenerar o catalisador básico (His-195). Há muitos exemplos de reações dependentes de NAD, nas quais a redução de NAD$^\oplus$ é acompanhada pela liberação de um próton; portanto, é bastante comum ter-se NADH + H$^\oplus$ em um dos lados da equação.

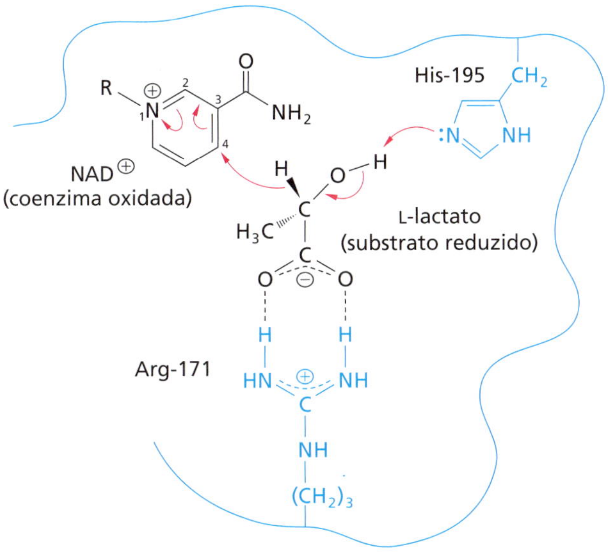

▲ **Figura 7.9**
Mecanismo da lactato desidrogenase. His-195, um catalisador básico no sítio ativo, abstrai um próton da hidroxila de C-2 do lactato, facilitando a transferência do íon hidreto (H$^\ominus$) do C-2 do substrato para o C-4 do NAD$^\oplus$ ligado a ele. A Arg-171 forma um par iônico com o carboxilato do substrato. Na reação inversa, há transferência de H$^\ominus$ da coenzima reduzida, NADH, para o C-2 do substrato oxidado, piruvato.

QUADRO 7.2 Ligação do NAD às desidrogenases

Nos anos 1970, foram determinadas as estruturas de quatro desidrogenases dependentes de NAD: lactato desidrogenase, malato desidrogenase, álcool desidrogenase e gliceraldeído 3-fosfato desidrogenase. Cada uma dessas enzimas é oligomérica, com uma cadeia de aproximadamente 350 resíduos de aminoácidos. Todas essas cadeias são divididas em dois domínios distintos, um para ligação à coenzima, e outro, ao substrato específico. O sítio ativo de cada uma dessas enzimas fica em uma fenda localizada entre os dois domínios.

À medida que foram determinadas as estruturas de outras desidrogenases, foram observadas diversas conformações para o motivo de ligação à coenzima. Muitas delas têm uma ou mais estruturas similares de ligação ao NAD ou ao NADP, formadas por um par de unidades βαβαβ conhecidas como dobra Rossman, em homenagem a Michael Rossman, que primeiro as observou em proteínas capazes de ligar nucleotídeos (veja a figura). Cada uma das dobras Rossman se liga a uma metade do NAD$^\oplus$ dinucleotídeo. Todas essas enzimas se ligam à coenzima com a mesma orientação e em uma conformação estendida semelhante.

Embora várias desidrogenases distintas tenham dobras Rossman, o restante de suas estruturas pode ser muito diferente e elas podem não ter similaridades significativas de sequências. É possível que todas as enzimas com dobras Rossman tenham um ancestral comum, mas também é possível que os motivos tenham evoluído independentemente em diferentes desidrogenases. Esse poderia ser outro exemplo de evolução convergente.

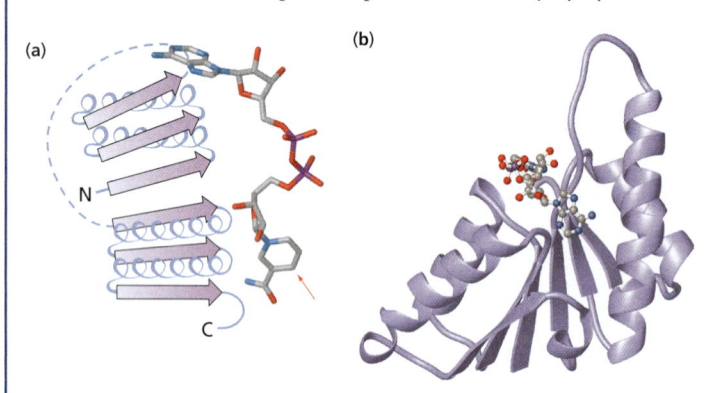

◀ **Região de ligação de NAD de algumas desidrogenases.** **(a)** A coenzima é ligada em uma conformação estendida, por meio da interação com dois motivos colocados lado a lado, conhecidos como dobras Rossman. Os motivos proteicos estendidos formam uma folha β com seis fitas β paralelas. A seta indica o local onde o íon hidreto é adicionado ao C-4 do grupo nicotinamida. **(b)** NADH ligado a uma dobra Rossmann na lactato desidrogenase de rato [PDB 3H3F].

[Adaptado de Rossman et al. The Enzymes, Vol. 11, Part A, 3rd ed., P. D., Boyer, ed. (New York: Academic Press), 1975; 61-102.]

7.5 FAD e FMN

As coenzimas flavina-adenina dinucleotídeo (FAD) e flavina mononucleotídeo (FMN) são derivadas da riboflavina, ou vitamina B_2, a qual é sintetizada por bactérias, protistas, fungos, vegetais e alguns animais. Os mamíferos obtêm riboflavina da alimentação. A riboflavina consiste no álcool ribitol, de cinco carbonos, ligado ao N-10 de um sistema heterocíclico chamado isoaloxazina (Figura 7.10a). As coenzimas derivadas da riboflavina são mostradas na Figura 7.11b. Como o NAD$^\oplus$ e o NADP$^\oplus$, o FAD contém AMP e uma ligação difosfato.

Diversas oxidorredutases necessitam de FAD ou de FMN como grupo prostético. Essas enzimas são chamadas flavoenzimas ou flavoproteínas. O grupo prostético é muito fortemente ligado, em geral de modo não covalente. Ligando os grupos prostéticos de maneira forte, as apoenzimas protegem as formas reduzidas de uma reoxidação indesejada.

FAD e FMN são reduzidos a FADH$_2$ e FMNH$_2$, adicionando um próton e dois elétrons sob a forma de um íon hidreto (Figura 7.11). As enzimas oxidadas têm cor amarelo-vivo por causa do sistema de ligações duplas conjugadas do anel de isoaloxazina. A cor é perdida quando as coenzimas são reduzidas a FMNH$_2$ e FADH$_2$.

Essas duas espécies doam um ou dois elétrons de cada vez, diferentemente de NADH e NADPH, que participam de maneira exclusiva de transferências de dois elétrons. Um composto parcialmente oxidado, FADH• ou FMNH•, é formado quando há doação de um elétron. Esses intermediários são radicais livres de certa forma estáveis, chamados semiquinonas. A oxidação de FADH$_2$ e FMNH$_2$ é, com frequência, acoplada à redução de uma metaloproteína contendo Fe^{3+} (em um centro [Fe–S]). Como um centro ferro-enxofre só pode aceitar um elétron, a flavina reduzida precisa ser oxidada em duas etapas de um elétron cada uma, via o intermediário semiquinona. A capacidade de o FMN acoplar transferências de dois elétrons às de um elétron é importante em vários sistemas de transferência eletrônica.

▲ **Esses FADs amarelos não são flavinas, mas Fish Aggregating Devices (Dispositivos de Agregação de Peixes).** São boias ancoradas no fundo do mar para atrair peixes. A da imagem foi colocada pelo governo de Nova Gales do Sul ao largo da costa leste da Austrália. A forte corrente oceânica está ameaçando carregá-la.

Cristais da enzima amarela velha, uma típica flavoproteína, são mostrados na introdução do Capítulo 5.

7.6 Coenzima A e a proteína carreadora de acila

Vários processos metabólicos dependem da coenzima A (CoA ou HS-CoA), inclusive a oxidação de moléculas energéticas e a biossíntese de alguns carboidratos e lipídeos. Essa coenzima participa das reações de transferência de grupos acila, em que ácidos carboxílicos simples e ácidos graxos são os grupos metabólicos móveis. A coenzima A tem três componentes principais: uma 2-mercaptoetilamina – que tem um grupo —SH livre –, a vitamina pantotenato (vitamina B_5, uma amida de β-alanina e pantoato) e uma porção ADP, cuja hidroxila 3' é esterificada com um terceiro grupo fosfato (Figura 7.12a). O centro reativo da CoA é o grupo —SH, ao qual grupos acila ligam-se covalentemente para formar tioésteres. Um exemplo comum é o acetil-CoA (Figura 7.13), em que o grupo acila é uma acetila. Acetil-CoA é um composto de "alta energia" por conta da sua ligação tioéster (Seção 19.8). A coenzima A recebeu esse nome por sua função de coenzima de acetilação. Nós a veremos bastante quando discutirmos o metabolismo de carboidratos, ácidos graxos e aminoácidos.

▼ **Figura 7.10**
Riboflavina e suas coenzimas. (a) Riboflavina. O ribitol é ligado ao anel de isoaloxazina. (b) Flavina mononucleotídeo (FMN, preto) e flavina-adenina dinucleotídeo (FAD, preto e azul). O centro reativo está em rosa.

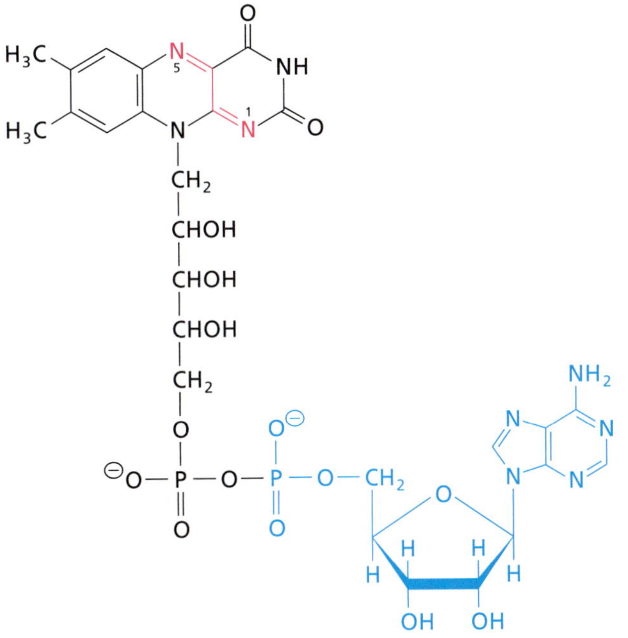

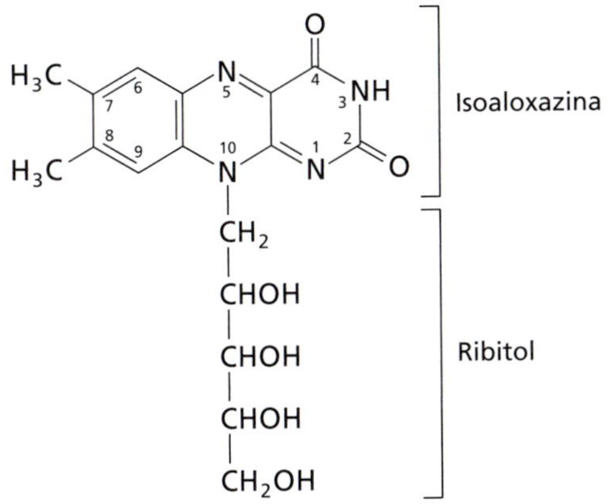

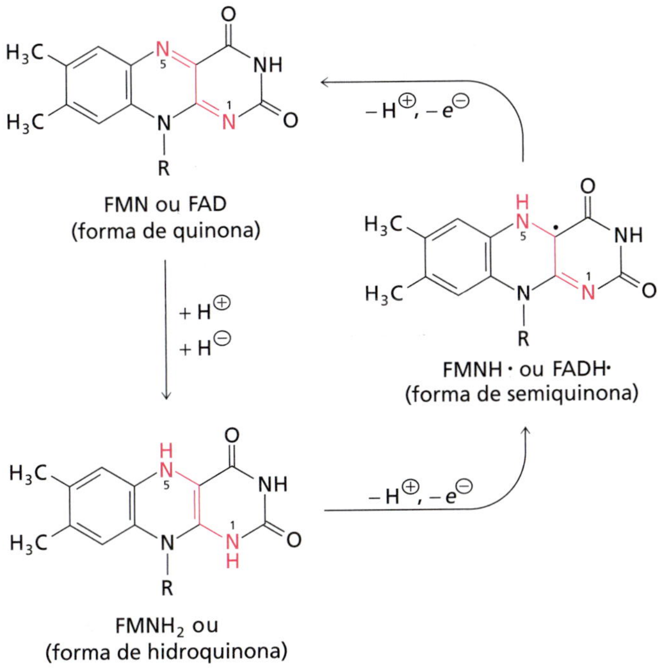

◄ **Figura 7.11**
Redução e reoxidação de FMN ou FAD. As ligações duplas conjugadas entre N-1 e N-5 são reduzidas pela adição de um íon hidreto e de um próton, formando $FMNH_2$ ou $FADH_2$, a forma de hidroquinona de cada uma das coenzimas, respectivamente. A oxidação ocorre em duas etapas. Um elétron é removido por um agente oxidante, com perda de um próton, formando um intermediário que é um radical livre relativamente estável. Essa semiquinona é então oxidada pela remoção de um próton e de um elétron para formar FMN ou FAD totalmente oxidado. Essas reações são reversíveis.

(a)

β-alanina — Pantoato

HS—CH₂—CH₂—NH—C(=O)—CH₂—CH₂—NH—C(=O)—CH(OH)—C(CH₃)₂—CH₂—O—P(=O)(O⁻)—O—P(=O)(O⁻)—O—CH₂—[ribose 4',3',2',1']—Adenina (NH₂)

2-Mercaptoetilamina | Pantotenato | ADP com grupo 3'-fosfato

(b)

HS—CH₂—CH₂—NH—C(=O)—CH₂—CH₂—NH—C(=O)—CH(OH)—C(CH₃)₂—CH₂—O—P(=O)(O⁻)—O—CH₂—CH(NH)(C=O) — Serina

Grupo prostético fosfopanteteína | Proteína

▲ **Figura 7.12**
Coenzima A e a proteína carreadora de acila (ACP). (a) Na coenzima A, 2-mercaptoetilamina é ligada à vitamina pantotenato que, por sua vez, se une por ligação fosfoéster a um grupo ADP contendo um grupo 3'-fosfato. O centro reativo é o grupo tiol (rosa). **(b)** Na proteína carreadora de acila, o grupo prostético fosfopanteteína, que consiste das porções 2-mercaptoetilamina e pantotenato da coenzima A, é esterificado com um resíduo de serina da proteína.

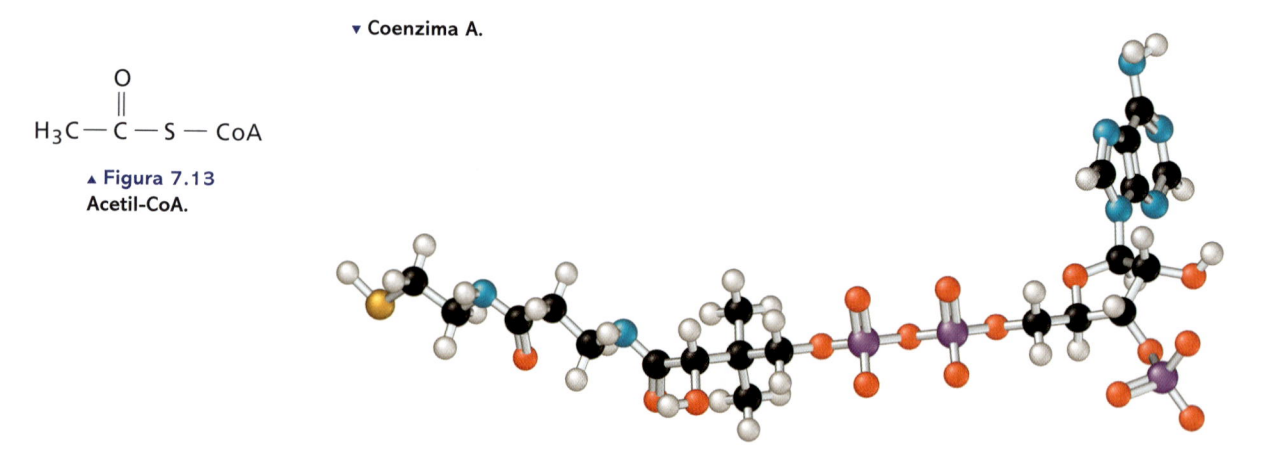

▼ Coenzima A.

H₃C—C(=O)—S—CoA

▲ **Figura 7.13**
Acetil-CoA.

Fosfopanteteína, um éster fosfato contendo as porções 2-mercaptoetilamina e pantotenato da coenzima A, é o grupo prostético de uma proteína pequena (77 resíduos de aminoácidos) conhecida como proteína carreadora de acila (ACP). O grupo prostético é esterificado com a ACP pelo oxigênio da cadeia lateral de um resíduo de serina (Figura 7.12b). O —SH do grupo prostético da ACP é acilado por intermediários na biossíntese de ácidos graxos (Capítulo 16).

7.7 Tiamina difosfato

A tiamina (ou vitamina B_1) contém um anel pirimidínico e um anel tiazólico positivamente carregado (Figura 7.14a). A coenzima derivada da tiamina é a tiamina difosfato (TDP), também chamada tiamina pirofosfato (TPP) na literatura mais antiga (Figura 7.14b). Ela é sintetizada a partir da tiamina pela transferência enzimática de um grupo pirofosforila do ATP.

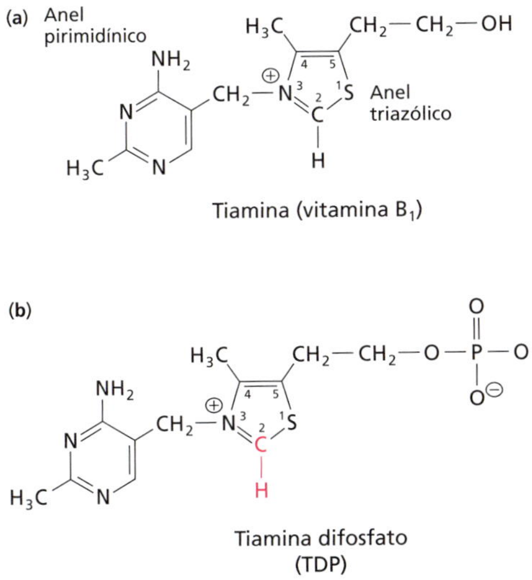

Figura 7.14
Tiamina difosfato (TDP). (a) Tiamina (vitamina B_1). (b) Tiamina difosfato (TDP). O anel tiazólico da coenzima contém o centro reativo (rosa).

A função metabólica da piruvato descarboxilase será descrita na Seção 11.3. Transcetolases são discutidas na Seção 12.9. O papel da TDP como uma coenzima na piruvato desidrogenase é descrito na Seção 13.2.

Sabe-se que cerca de meia dúzia de descarboxilases (carboxilases) necessitam de TDP como coenzima. Por exemplo, TDP é o grupo prostético da piruvato descarboxilase de levedura, cujo mecanismo está na Figura 7.15. Ela é uma coenzima envolvida também na descarboxilação oxidativa de outros β-cetoácidos, além do piruvato. As primeiras etapas dessas reações ocorrem por meio do mecanismo mostrado na Figura 7.15. Além disso, TDP é um grupo prostético de enzimas conhecidas como transcetolases, que catalisam a transferência, entre moléculas de açúcar, de grupos de dois carbonos contendo uma carbonila cetônica.

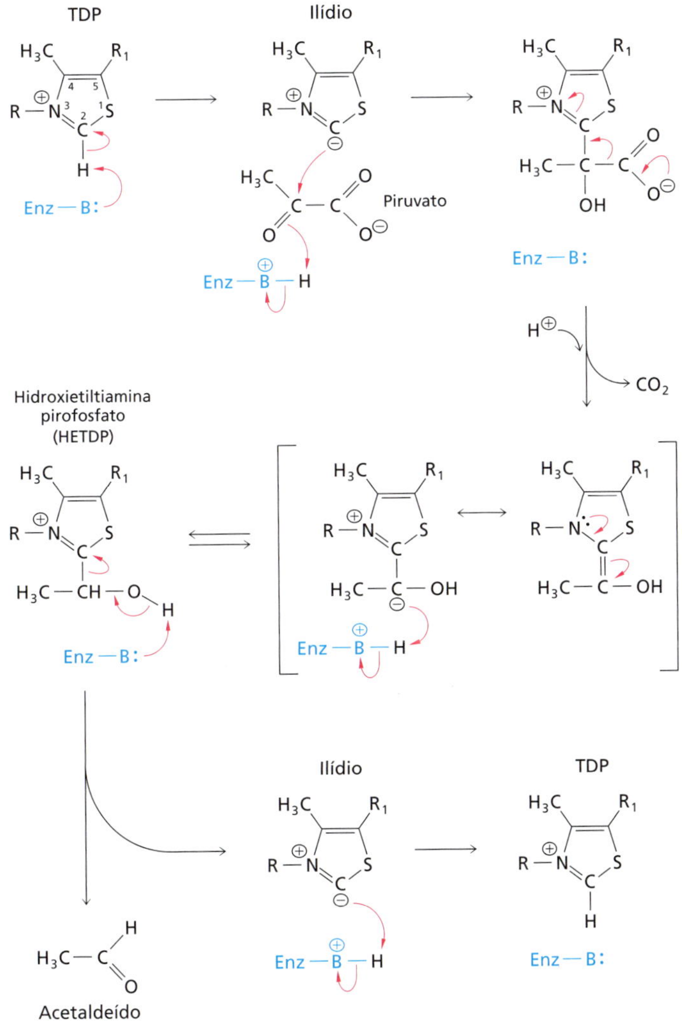

Figura 7.15
Mecanismo da piruvato descarboxilase de levedura. A carga positiva do anel tiazólico de TDP atrai elétrons, enfraquecendo a ligação entre C-2 e hidrogênio. Possivelmente, esse próton é removido por um resíduo básico da enzima. A ionização gera um carbânion dipolar conhecido como ilídio (uma molécula com cargas opostas em átomos adjacentes). O C-2 negativamente carregado ataca o carbono carbonílico (deficiente em elétrons) do substrato piruvato, e o primeiro produto (CO_2) é liberado. Dois carbonos do piruvato ficam então ligados ao anel tiazólico como parte de um carbânion estabilizado por ressonância. Na etapa seguinte, a protonação do carbânion produz hidroxietiltiamina difosfato (HETDP), que é quebrado, liberando acetaldeído (o segundo produto) e regenerando o ilídio do complexo enzima-TDP. A TDP é novamente formada quando o ilídio é protonado pela enzima.

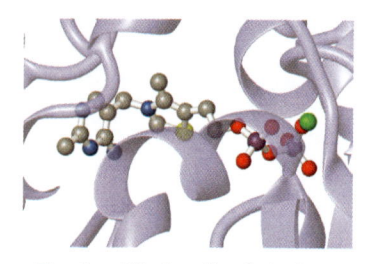

Tiamina difosfato ligada à piruvato desidrogenase. A coenzima é ligada em uma conformação estendida, e o grupo difosfato é quelado a um íon magnésio (verde) [PDB 1PYD].

O anel tiazólico da coenzima contém o centro reativo. O C-2 da TDP possui reatividade incomum; ele é ácido, apesar de ter um pK_a extremamente alto em solução aquosa. Experimentos recentes indicam que, de modo semelhante, o pK_a de ionização de hidroxietiltiamina difosfato (HETDP) (ou seja, formação de um carbânion dipolar) passa de 15, em água, para 6, no sítio ativo da piruvato descarboxilase. Esse aumento de acidez é atribuído à baixa polaridade do sítio ativo, que responde também pela reatividade do TDP.

7.8 Piridoxal fosfato

A família B_6 de vitaminas hidrossolúveis é formada por três moléculas intimamente relacionadas que diferem apenas no estado de oxidação ou aminação do carbono ligado à posição 4 do anel piridínico (Figura 7.16a). A vitamina B_6 – mais frequentemente piridoxal ou piridoxamina – é disponível de maneira ampla a partir de fontes vegetais ou animais. Deficiências dessa vitamina induzidas em ratos resultam em dermatite e várias desordens relacionadas ao metabolismo proteico, mas em seres humanos deficiências reais dela são raras. A transferência enzimática do grupo fosforila do ATP forma a coenzima piridoxal 5'-fosfato (PLP) logo que a vitamina B_6 entra na célula (Figura 7.16b).

▶ **Figura 7.16**
Vitaminas B_6 e piridoxal fosfato.
(a) Vitaminas da família B_6: piridoxina, piridoxal e piridoxamina. **(b)** Piridoxal 5'-fosfato (PLP). O centro reativo do PLP é o grupo aldeído (rosa).

O piridoxal fosfato é o grupo prostético de várias enzimas que catalisam diversas reações envolvendo aminoácidos, como isomerizações, descarboxilações e eliminações ou substituições na cadeia lateral. Nas enzimas dependentes de PLP, a carbonila do grupo prostético é ligada, sob a forma de uma base de Schiff (imina), ao grupo ε-amino de um resíduo de lisina do sítio ativo (uma base de Schiff é o produto da condensação de uma amina primária com um aldeído ou cetona). A base de Schiff composta de enzima-coenzima, mostrada à esquerda na Figura 7.17, é, às vezes, denominada aldimina interna. O PLP é ligado fortemente à enzima por meio de várias interações não covalentes fracas; a ligação covalente adicional da aldimina interna ajuda a evitar perda da coenzima (que não é abundante), quando a enzima não está atuando.

A etapa inicial em todas as reações enzimáticas dependentes de PLP com aminoácidos é a ligação deste ao grupo α-amino do aminoácido (formação de uma aldimina externa). Quando um aminoácido se liga a um complexo PLP-enzima, ocorre uma reação de transaminação (Figura 7.17). Essa reação de transferência ocorre via um intermediário diamina geminal, e não pelo estabelecimento da forma aldeídica livre da PLP. Observe que as bases de Schiff contêm um sistema de duplas ligações conjugadas no anel piridínico, terminando com a carga positiva no N-1. Estruturas cíclicas semelhantes, com átomos de nitrogênio positivamente carregados, estão presentes no $NAD^{\oplus}$. O grupo prostético serve como um poço de elétrons durante as etapas subsequentes das reações catalisadas pelas PLP-enzimas. Uma vez que o α-aminoácido forme a base de Schiff com o PLP, o deslocamento eletrônico na direção de N-1 enfraquece as três ligações ao carbono α. Em outras palavras, a base de Schiff com o PLP estabiliza o carbânion formado quando um dos três grupos ligados ao carbono α do aminoácido é removido. Qual grupo é perdido depende do ambiente químico do sítio ativo da enzima.

A remoção do grupo α-amino dos aminoácidos é catalisada pelas transaminases, que participam tanto da biossíntese como da degradação deles (Capítulo 17). A transaminação é a reação dependente de PLP encontrada com mais frequência. Seu mecanismo envolve a formação de uma aldimina externa (Figura 17.17), seguida pela liberação do α-cetoácido. O grupo amino permanece ligado ao PLP, formando piridoxamina fosfato (PMP) (Figura 7.18). A etapa seguinte na transaminação é o inverso da reação mostrada na Figura 7.18, tendo um α-cetoácido diferente como substrato.

> Uma transaminação específica é descrita na Seção 17.2B.

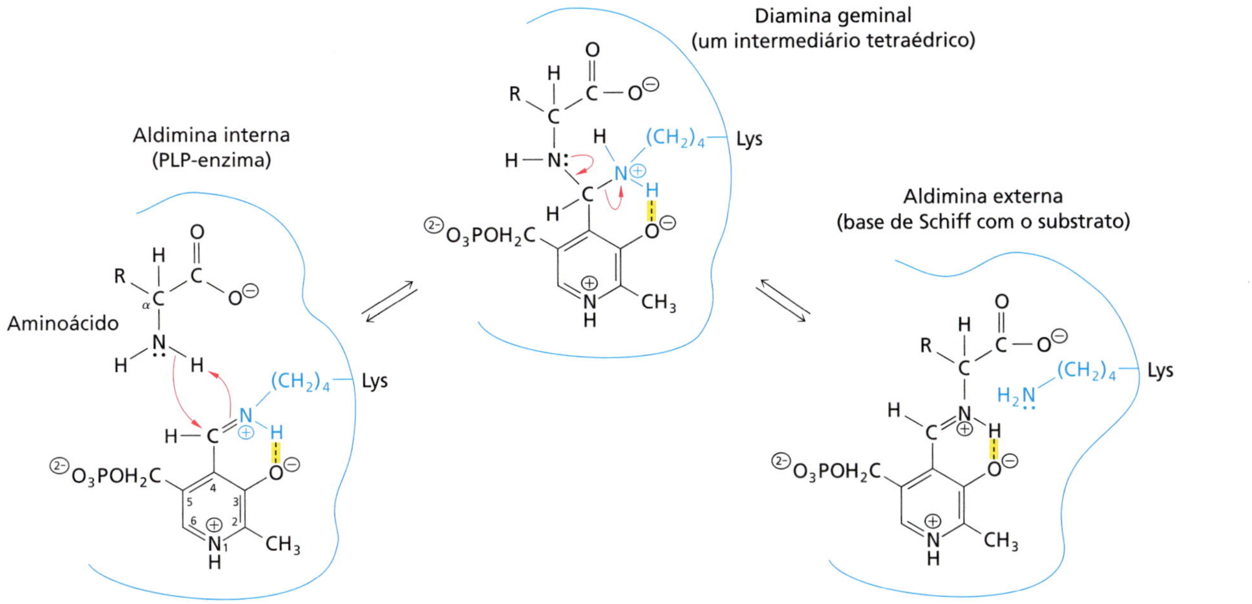

▲ **Figura 7.17**
Ligação do substrato a uma enzima dependente de PLP. A base de Schiff que liga o PLP a um resíduo de lisina na enzima é substituída na reação do substrato com PLP. A reação de transaminação ocorre via um intermediário diamina geminal, resultando em uma base de Schiff formada entre o PLP e o substrato.

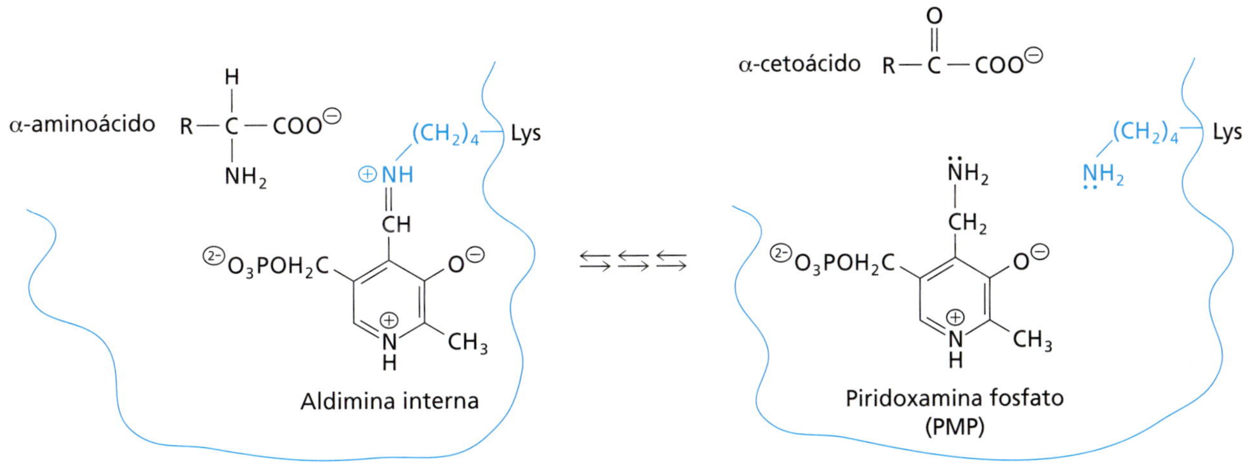

▲ **Figura 7.18**
Mecanismo das transaminases. Um aminoácido desloca a lisina da aldimina interna, que liga o PLP à enzima, gerando uma aldimina externa. Etapas subsequentes levam à transferência do grupo amino para o PLP, fornecendo um α-cetoácido (que se dissocia) e PMP, que permanece ligado à enzima. Se outro α-cetoácido entra na enzima, cada etapa do processo ocorre no sentido inverso, ou seja, o grupo amino é transferido ao α-cetoácido, produzindo um novo aminoácido e regenerando a forma original da enzima, PLP.

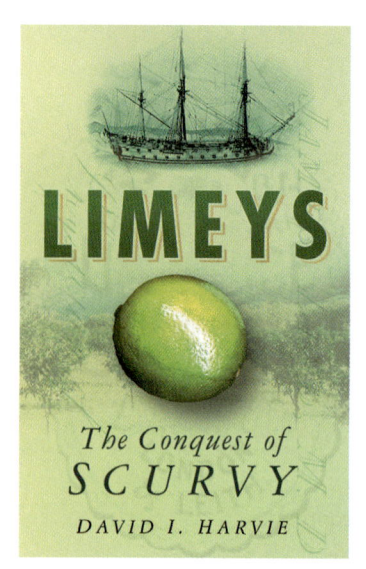

▲ *Limeys* fala sobre a tentativa do dr. James Lind de promover as frutas cítricas como a cura para o escorbuto nos anos 1700.

7.9 Vitamina C

A vitamina mais simples é o agente antiescorbuto ácido ascórbico (vitamina C). O escorbuto é uma doença cujos sintomas incluem lesões na pele, fragilidade dos vasos sanguíneos, perda de dentes e sangramento das gengivas. A ligação entre ele e a nutrição foi reconhecida há quatro séculos, quando médicos da Marinha britânica descobriram que o suco ácido de limas e limões constituía um remédio contra o escorbuto de marinheiros cuja dieta era pobre em frutas e vegetais frescos. Mas somente em 1919 é que o ácido ascórbico foi isolado e mostrou-se um componente alimentar essencial fornecido por sucos cítricos.

Em meados do século XVIII, não foi fácil convencer as autoridades de que uma solução simples como frutas cítricas poderia resolver o problema do escorbuto, pois havia muitas teorias divergentes. A história do dr. James Lind e de seus esforços para convencer a Marinha britânica é apenas uma das muitas associadas à vitamina C. Ela nos mostra que a evidência científica não é suficiente para mudar a forma como agimos. Ao final, os marinheiros britânicos começaram a ingerir limões e limas regularmente, quando estavam no mar. Isso não só reduziu a incidência de escorbuto entre esses marinheiros, mas também deu origem a um famoso apelido para eles: eram chamados de "limeys", embora os limões fossem muito mais eficazes do que as limas.

O ácido ascórbico é uma lactona, um éster interno no qual o carboxilato em C-1 é condensado com a hidroxila em C-4, formando uma estrutura cíclica. Sabemos, atualmente, que o ácido ascórbico não é uma coenzima, mas age como um agente redutor em várias reações enzimáticas diferentes (Figura 7.19), sendo a mais importante delas a hidroxilação do colágeno (Seção 4.12). A maior parte dos mamíferos é capaz de sintetizar o ácido ascórbico, mas porquinhos-da-índia, morcegos e alguns primatas (incluindo o homem) não têm essa capacidade e, portanto, dependem de fontes alimentares.

Na maioria dos casos, não se sabe muito sobre como algumas enzimas desapareceram de certas espécies, levando a uma dependência de fontes externas para obter os metabólitos essenciais. A maior parte dos eventos presumidos de ruptura de genes aconteceu há tanto tempo que poucos traços deles permanecem nos genomas modernos. A perda da capacidade de sintetizar a vitamina C é uma exceção a essa regra e serve de exemplo instrutivo sobre a evolução.

O ácido ascórbico é sintetizado a partir da D-glicose em uma rota de cinco etapas, envolvendo quatro enzimas (a última etapa é espontânea). A última enzima nessa rota é a L-glicono-gama-lactona oxidase (GULO) (Figura 7.20). Essa enzima não existe nos primatas da subordem Haplorrhini (macacos), mas está presente nos da subordem Strepsirrhini (lêmures, lóris etc.). Esses grupos divergiram há cerca de 80 milhões de anos. Isso levou à previsão de que o gene para GULO seria ausente ou defeituoso nos macacos, mas estaria intacto nos outros primatas.

A previsão foi confirmada com a descoberta do pseudogene GULO humano no cromossomo 8, em um bloco de genes que, em outros animais, possui um gene GULO ativo. Uma comparação entre o pseudogene humano e um gene funcional de rato revela diversas diferenças (Figura 7.21). No pseudogene humano faltam os seis primeiros éxons do gene normal, mais o éxon 11. No pseudogene de alguns símios, também faltam esses éxons, indicando que um ancestral de todos os símios possuía um gene GULO defeituoso semelhante.

Cromossomo 8

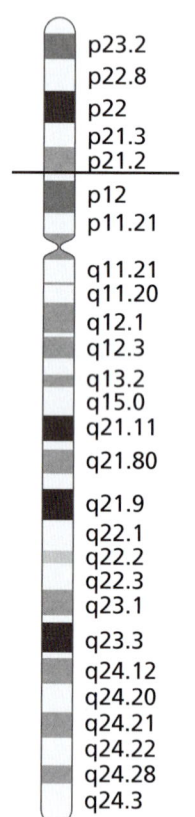

p23.2
p22.8
p22
p21.3
p21.2
p12
p11.21
q11.21
q11.20
q12.1
q12.3
q13.2
q15.0
q21.11
q21.80
q21.9
q22.1
q22.2
q22.3
q23.1
q23.3
q24.12
q24.20
q24.21
q24.22
q24.28
q24.3

▲ O pseudogene humano GULO localiza-se no braço curto do cromossomo 8.

▶ **Figura 7.19**
Ácido ascórbico (vitamina C) e sua forma desidro-, oxidada.

Ácido ascórbico $\xrightleftharpoons{-2H^{\oplus}, -2e^{\ominus}}$ Ácido desidroascórbico

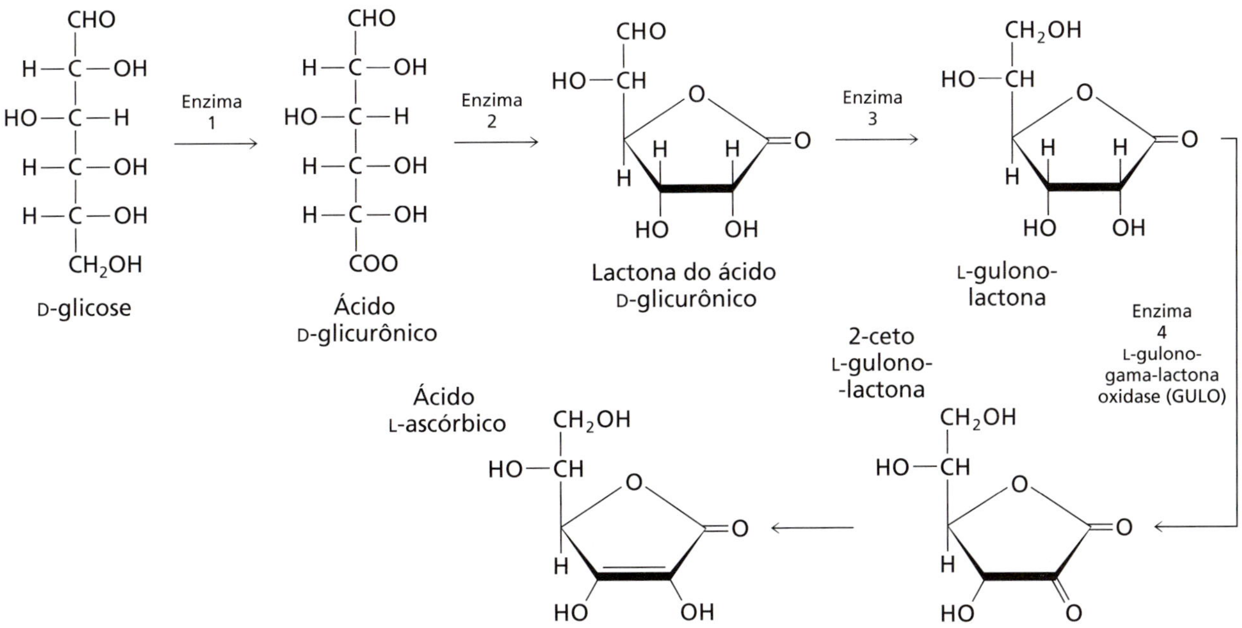

Figura 7.20
Biossíntese do ácido ascórbico (vitamina C). O ácido L-ascórbico é sintetizado a partir da D-glicose. A última etapa enzimática é catalisada pela L-glicono-gama-lactona oxidase (GULO), uma enzima que não existe nos primatas.

Não se conhece a mutação original que tornou o gene GULO inativo. Uma vez inativado, o pseudogene acumulou outras mutações que se tornaram permanentes por deriva genética aleatória. Podemos pressupor que a perda da capacidade de sintetizar a vitamina C não foi prejudicial nessas espécies porque elas obtinham quantidades suficientes em sua dieta habitual.

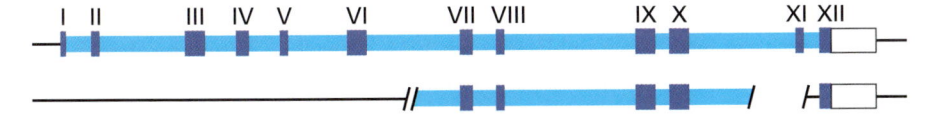

Figura 7.21
Comparação entre o gene GULO intacto, de rato, e o pseudogene humano. O pseudogene humano não tem os primeiros seis éxons, nem o éxon 11. Além disso, há várias mutações nos éxons remanescentes que os impedem de produzir o produto proteico.

7.10 Biotina

A biotina é um grupo prostético para enzimas que catalisam reações de transferência de grupos carboxila e de carboxilação dependente de ATP. Ela é ligada covalentemente ao sítio ativo de sua enzima hospedeira por uma ligação amídica ao grupo ε-amino de um resíduo de lisina (Figura 7.22).

A reação da piruvato carboxilase demonstra o papel da biotina como carreadora de dióxido de carbono (Figura 7.23). Nessa reação dependente de ATP, o piruvato (ácido de três carbonos) reage com bicarbonato para formar o oxalacetato (ácido de quatro carbonos). A biotina ligada à enzima é o intermediário carreador da carboxila metabólica móvel. A reação da piruvato carboxilase é um tipo importante de fixação de CO_2. Ela é necessária na gliconeogênese (Capítulo 11).

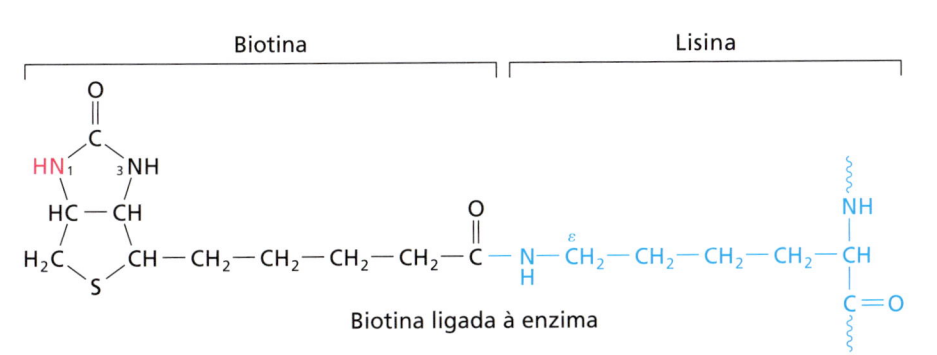

Figura 7.22
Biotina ligada à enzima. O grupo carboxilato da biotina é ligado covalentemente por meio de ligação amídica ao grupo ε-amino de um resíduo de lisina (azul). O centro reativo da biotina é o N-1 (rosa).

Figura 7.23
Reação catalisada pela piruvato carboxilase. Primeiro, biotina, bicarbonato e ATP reagem para formar carboxibiotina. O complexo carboxibiotinila-enzima fornece uma forma estável e ativada de CO_2, que pode ser transferida ao piruvato. Em seguida, a forma enólica do piruvato ataca a carboxila da carboxibiotina, formando oxaloacetato e regenerando a biotina.

A biotina foi inicialmente identificada como fator essencial ao crescimento de leveduras. Sua deficiência é rara em seres humanos ou em animais com dietas normais, pois a biotina é sintetizada pelas bactérias intestinais e necessária apenas em quantidades muito pequenas (microgramas por dia). Ela pode se induzida, porém, pela ingestão de claras de ovo cruas, que contêm uma proteína, a avidina, que se liga fortemente à biotina, tornando-a indisponível para a absorção pelo trato intestinal. A avidina é desnaturada quando os ovos são cozidos, perdendo sua afinidade pela biotina.

Diversas técnicas laboratoriais utilizam a alta afinidade da avidina por biotina. Por exemplo, uma substância à qual a biotina esteja ligada covalentemente pode ser extraída de uma mistura complexa por cromatografia de afinidade (Seção 3.6), usando uma coluna de avidina imobilizada. A constante de associação para biotina-avidina é de cerca de 10^{15} M^{-1}, uma das ligações mais fortes conhecidas em bioquímica (veja a Seção 4.9).

QUADRO 7.3 Um gene: uma enzima

George Beadle e Edward Tatum queriam testar a ideia de que cada gene codifica uma só enzima em uma rota metabólica. Era o final dos anos 1930, e essa correspondência, que hoje consideramos natural, era ainda uma hipótese. Lembre-se de que naquele tempo ainda não era claro se os genes eram proteínas ou algum outro tipo de substância química.

Beadle e Tatum escolheram o fungo *Neurospora crassa* para seus experimentos. Esses fungos crescem em um meio bem definido, que precisa apenas de açúcar e biotina (vitamina B_7) como suplementos. Eles imaginaram que irradiando esporos de *Neurospora* com raios X poderiam encontrar mutantes capazes de crescer em um meio rico em suplementos, mas não no meio definido simples. Em seguida precisariam apenas identificar o suplemento que devia ser adicionado ao meio mínimo para corrigir o defeito. Isso identificaria o gene para uma enzima que sintetizasse o suplemento tornado essencial.

O mutante 299 dependia de vitamina B_6, e o 1.085, de vitamina B_1. As rotas biossintéticas de B_1 e B_6 foram as duas primeiras a serem identificadas nesse conjunto de experimentos. Mais tarde, eles identificaram os genes/enzimas usados na rota do triptofano. Seus resultados foram publicados em 1941, e Beadle e Tatum receberam o Nobel de Fisiologia ou Medicina em 1958.

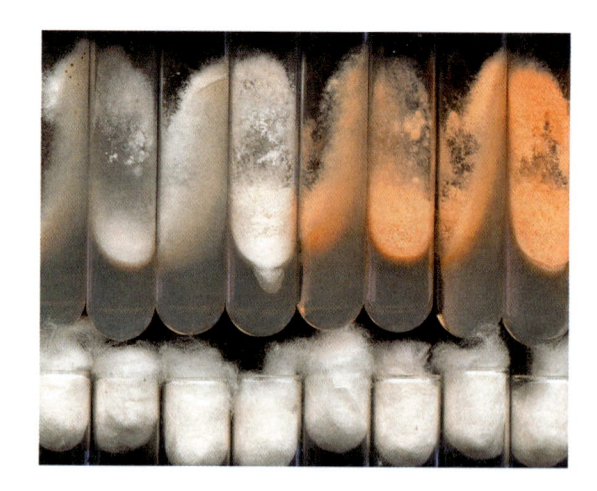

▲ *Neurospora crassa* **crescendo em meio definido, em um tubo de ensaio.** As cepas da direita estão produzindo carotenoides de cor laranja, e as da esquerda não produzem carotenoides. (Fonte: cortesia da Manchester University, Reino Unido).

7.11 Tetra-hidrofolato

A vitamina folato foi isolada pela primeira vez no início dos anos 1940, de folhas verdes, fígado e levedo. Seus componentes principais são: pterina (2-amino-4-oxopteridina), uma porção derivada do ácido *p*-aminobenzoico e um resíduo de glutamato.

As estruturas da pterina e do folato estão nas Figuras 7.24a e 7.24b. Os seres humanos necessitam de folato em suas dietas, pois não são capazes de sintetizar o intermediário pterina-ácido *p*-aminobenzoico (PABA) nem de adicionar glutamato ao PABA exógeno.

As formas coenzimáticas do folato, conhecidas coletivamente como tetraidrofolato, diferem da vitamina em dois aspectos: elas são compostos reduzidos (5,6,7,8-tetraidropterinas) e são modificadas por adição de resíduos de glutamato ligados entre si por ligações γ-glutamilamida (Figura 7.24c). A porção aniônica poliglutamila, normalmente com cinco a seis resíduos, participa da ligação das coenzimas às enzimas. Ao usar o termo *tetraidrofolato*, tenha em mente que ele se refere a compostos com resíduos de poligulatamato de tamanhos variados.

O tetraidrofolato é formado a partir do folato por adição de hidrogênio às posições 5, 6, 7 e 8 do sistema cíclico da pterina. O folato é reduzido em duas etapas dependentes de NADPH, em uma reação catalisada pela di-hidrofolato redutase (DHFR).

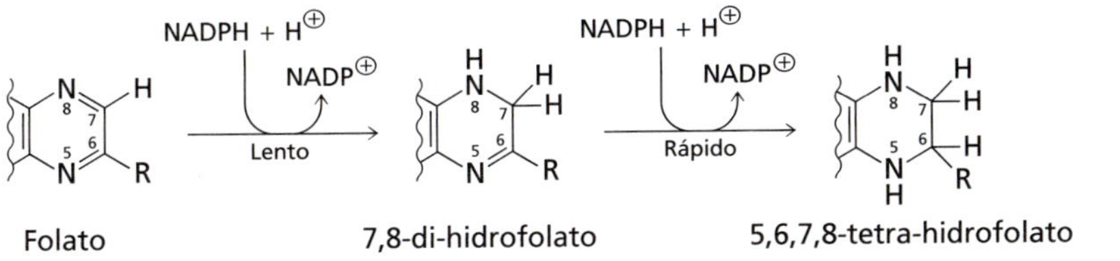

$$\text{Folato} \xrightarrow[\text{Lento}]{\text{NADPH + H}^+ \rightarrow \text{NADP}^+} \text{7,8-di-hidrofolato} \xrightarrow[\text{Rápido}]{\text{NADPH + H}^+ \rightarrow \text{NADP}^+} \text{5,6,7,8-tetra-hidrofolato} \quad (7.4)$$

A principal função metabólica da di-hidrofolato redutase é a redução do di-hidrofolato produzido durante a formação do grupo metila do timidilato (dTMP) (Capítulo 18). Essa reação, que utiliza um derivado do tetraidrofolato, é uma etapa essencial na biossíntese do DNA. Como a divisão celular não pode ocorrer quando a síntese de DNA é interrompida, a di-hidrofolato redutase foi extensivamente estudada como alvo para quimioterapia no tratamento do câncer (Quadro 18.4). Na maioria das espécies, a di-hidrofolato redutase é uma enzima monomérica relativamente pequena, que desenvolveu sítios de ligação eficientes para os dois grandes substratos, folato e NADPH (Figura 6.12).

O 5,6,7,8-tetraidrofolato é necessário às enzimas que catalisam transferências bio-

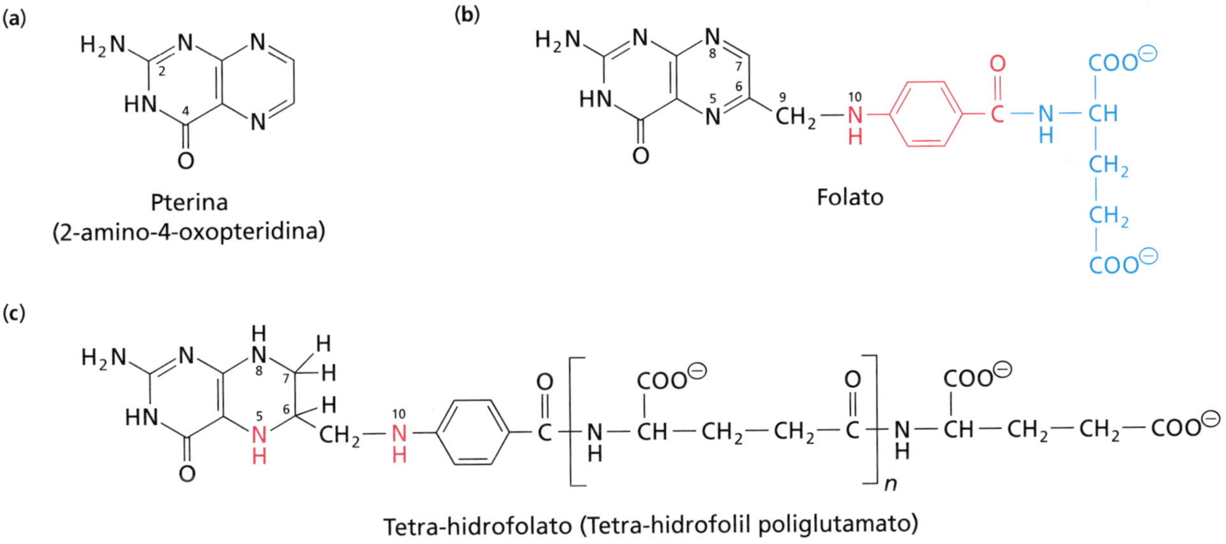

▲ **Figura 7.24**
Pterina, folato e tetraidrofolato. Pterina **(a)** é parte do folato **(b)**, uma molécula que tem também grupos *p*-aminobenzoato (rosa) e glutamato (azul); **(c)** as formas poliglutamato do tetraidrofolato contêm, em geral, cinco ou seis resíduos de glutamato. Os centros reativos da coenzima, N-5 e N-10, são mostrados em rosa.

químicas de várias unidades de um carbono. Os grupos ligados ao tetraidrofolato são metila, metileno ou formila. A Figura 7.25 mostra as estruturas de vários derivados do tetraidrofolato com um átomo de carbono adicional, e as interconversões enzimáticas que ocorrem entre eles. Os grupos metabólicos de um carbono são ligados covalentemente aos grupos amino secundários N-5 e N-10 do tetraidrofolato ou a ambos, formando um anel. O 10-formil-tetra-hidrofolato é o doador de grupos formila, e o 5,10-metileno-tetraidrofolato, o doador de grupos hidroximetila.

▶ **Figura 7.25**
Derivados do tetraidrofolato por adição de um átomo de carbono. Esses derivados podem ser interconvertidos enzimaticamente pelas vias indicadas (R representa a porção benzoil-poliglutamato do tetraidrofolato).

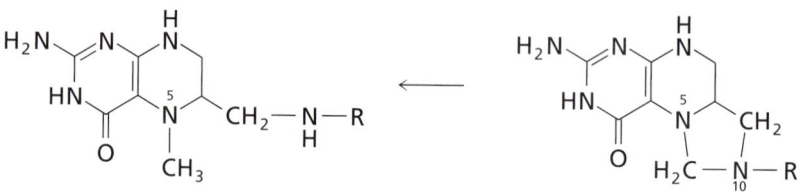

5-metil-tetra-hidrofolato

5,10-metileno-tetra-hidrofolato

5-formimino-tetra-hidrofolato

5,10-metenil-tetra-hidrofolato

5-formil-tetra-hidrofolato

10-formil-tetra-hidrofolato

▲ Muitas frutas e vegetais contêm quantidades adequadas de folato. Levedo e fígado também são excelentes fontes dele.

Outra coenzima de pterina, 5,6,7,8-tetraidrobiopterina, tem uma cadeia lateral com três átomos de carbono ligada ao C-6 da pterina, em lugar da grande cadeia lateral encontrada no tetraidrofolato (Figura 7.26). Essa coenzima não é derivada de uma vitamina, mas sintetizada por animais e outros organismos. A tetraidrobiopterina é o cofator de diversas hidroxilases, e será encontrada como agente redutor na conversão de fenilalanina em tirosina (Capítulo 17). Ela é necessária também à enzima que catalisa a síntese de óxido nítrico a partir de arginina (Seção 17.12).

A venda de vitaminas e suplementos é um grande negócio nos países desenvolvidos. Muitas vezes, é difícil decidir se um suprimento extra de vitaminas é necessário à saúde, pois frequentemente as evidências científicas são contraditórias ou inexistentes. A deficiência de folato (vitamina B_9) é incomum em adultos e crianças sadios nas nações desenvolvidas, mas há casos documentados de deficiência de folato em mulheres grávidas. A falta de tetraidrofolato pode causar anemia e defeitos graves no feto. Embora haja várias frutas e vegetais com folato, é uma boa ideia para as grávidas complementar a alimentação com ele para garantir a própria saúde e a de seus bebês.

▶ **Figura 7.26**
5,6,7,8-tetraidrobiopterina. Os átomos de hidrogênio perdidos na oxidação são mostrados em rosa.

7.12 Cobalamina

A cobalamina (vitamina B_{12}) é a maior das vitaminas B e foi a última a ser isolada. Sua estrutura (Figura 7.27a) inclui um anel de corrina, que se assemelha ao sistema porfirínico do heme (Figura 4.37). Observe que a cobalamina contém cobalto, em lugar do ferro encontrado no heme. A estrutura simplificada mostrada na Figura 7.27b enfatiza as posições dos dois ligantes axiais unidos ao cobalto, um benzimidazol-ribonucleotídeo abaixo do anel de corrina e um grupo R acima dele. Nas formas coenzimáticas da cobalamina, o grupo R é uma metila (na metilcobalamina) ou 5′-desoxiadenosila (na adenosilcobalamina).

A cobalamina é sintetizada em apenas uns poucos microrganismos. Ela é necessária como micronutriente para todos os animais, inclusive para algumas bactérias e algas. Os seres humanos a obtêm de alimentos de origem animal. A deficiência de cobalamina pode levar à anemia perniciosa, uma doença potencialmente fatal, na qual há uma redução da produção de células sanguíneas pela medula óssea. A anemia perniciosa também pode provocar desordens neurológicas. A maioria das vítimas dessa doença não secreta uma glicoproteína necessária (chamada fator intrínseco) na mucosa estomacal. Essa proteína liga especificamente a cobalamina, formando um complexo que é absorvido pelas células do intestino delgado. Hoje em dia, a absorção inadequada de cobalamina é tratada com injeções regulares da vitamina.

A função da adenosilcobalamina reflete a reatividade de sua ligação C—Co. A coenzima participa de vários rearranjos intramoleculares catalisados por enzimas, nos quais um átomo de hidrogênio e outro grupo, ligados a átomos de carbono adjacentes no substrato, trocam de posição (Figura 7.28a). Um exemplo é a reação da metil-malonil-CoA mutase (Figura 7.28b), importante no metabolismo dos ácidos graxos de cadeia com número ímpar de carbonos (Capítulo 16) e que leva à formação de succinil-CoA, um intermediário do ciclo do ácido cítrico.

A metilcobalamina participa da transferência de grupos metila, como na regeneração de metionina a partir de homocisteína nos mamíferos.

Nessa reação, o grupo metila do 5-metil-tetraidrofolato é transferido para uma forma reduzida de cobalamina, reativa, formando metilcobalamina, que pode transferir esse grupo metila ao tiol da cadeia lateral de homocisteína.

▲ **Dorothy Crowfoot Hodgkin (1910--1994).** Ela recebeu o Prêmio Nobel em 1964 pela determinação da estrutura da vitamina B_{12} (cobalamina). A estrutura da insulina, apresentada na foto, foi publicada em 1969.

▲ **Figura 7.27**
Cobalamina (vitamina B_{12}) e suas coenzimas. (a) Estrutura detalhada da cobalamina, mostrando o anel de corrina (preto) e o 5,6-dimetilbenzimidazol ribonucleotídeo (azul). O metal coordenado à corrina é o cobalto (rosa). O benzimidazol ribonucleotídeo é coordenado ao cobalto do anel de corrina e unido, por ligação fosfoéster, à cadeia lateral do sistema cíclico da corrina. **(b)** Estrutura abreviada das coenzimas da cobalamina. Um benzimidazol ribonucleotídeo fica abaixo do anel de corrina, e um grupo R, acima dele.

▶ **Figura 7.28**
Rearranjos intramoleculares catalisados por enzimas dependentes de adenosilcobalamina. (a) Rearranjo no qual um átomo de hidrogênio e um substituinte em carbono adjacente trocam de posição. (b) Rearranjo de metilmalonil-CoA em succinil-CoA, catalisado pela metilmalonil-CoA mutase.

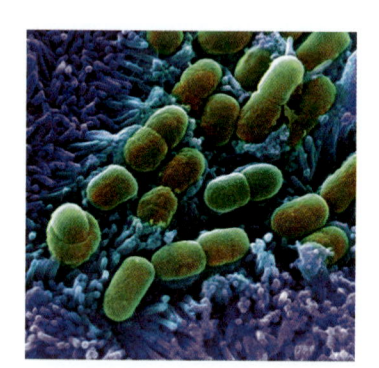

▲ **Bactérias intestinais.** Seres humanos saudáveis abrigam bilhões de bactérias em seus intestinos. Há pelo menos algumas dúzias de espécies diferentes. Um exemplo é a *Escherichia coli*, mostrada aqui alojada na superfície do intestino, que possui várias projeções para absorção de nutrientes. Outras bactérias comuns são as várias espécies de *Actinomyces* e de *Streptococcus*. Elas ajudam a quebrar o alimento ingerido e fornecem várias vitaminas e aminoácidos essenciais ao ser humano, especialmente a cobalamina.

7.13 Lipoamida

A coenzima lipoamida é a forma ligada à proteína do ácido lipoico. Às vezes, esse ácido é descrito como uma vitamina, mas parece que os animais são capazes de sintetizá-lo. Ele é necessário ao crescimento de algumas bactérias e protozoários. O ácido lipoico é um ácido carboxílico com oito átomos de carbono (ácido octanoico), no qual dois átomos de hidrogênio — em C-6 e C-8 — foram substituídos por grupos sulfidrila formando uma ligação dissulfeto. Ele não ocorre livre, mas sim ligado de forma covalente ao grupo α-amino de um resíduo de lisina de proteínas, por meio de uma ligação amídica com sua carboxila. Essa estrutura é encontrada nas di-hidrolipoamida aciltransferases, que são componentes do complexo piruvato desidrogenase e enzimas relacionadas.

A lipoamida transfere grupos acila entre os sítios ativos nos complexos multienzimáticos. Por exemplo, no complexo piruvato desidrogenase (Seção 12.2), o anel de dissulfeto do grupo prostético lipoamida reage com HETDP (Figura 7.15), ligando seu grupo acetila ao átomo de enxofre de C-8 da lipoamida e formando um tioéster. O grupo acila é então transferido ao átomo de enxofre de uma molécula de coenzima A, gerando a forma reduzida (di-hidrolipoamida) do grupo prostético.

(7.6)

A etapa final catalisada pelo complexo piruvato desidrogenase é a oxidação da di-hidrolipoamida. Nessa reação, forma-se NADH pela ação de um componente flavoproteico do complexo. As ações das várias coenzimas do complexo piruvato desidrogenase mostram como as coenzimas são usadas para conservar energia e componentes estruturais carbônicos, ao fornecer grupos reativos que aumentam a versatilidade catalítica das proteínas.

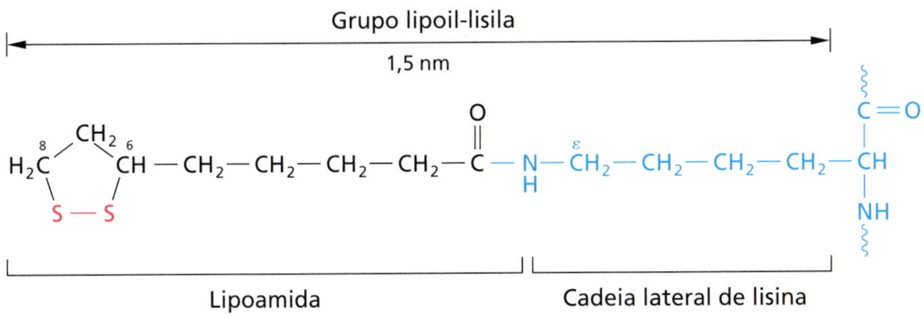

Figura 7.29
Lipoamida. O ácido lipoico é ligado, via ligação amídica, ao grupo ε-amino de um resíduo de lisina (azul) de di-hidrolipoamida aciltransferases. Os anéis de ditiolano dos grupos lipoil-lisila se estendem 1,5 nm para fora do esqueleto polipeptídico. O centro reativo da coenzima é mostrado em rosa.

7.14 Vitaminas lipídicas

As estruturas das quatro vitaminas lipídicas (A, D, E e K) contêm anéis e cadeias laterais alifáticas longas. Essas vitaminas são altamente hidrofóbicas, embora cada uma delas tenha pelo menos um grupo polar. Nos seres humanos e em outros mamíferos, as vitaminas lipídicas ingeridas são absorvidas no intestino por um processo semelhante à absorção de outros nutrientes lipídicos (Seção 16.1a). Após a digestão de quaisquer proteínas capazes de se ligarem a elas, essas vitaminas são levadas para a interface celular do intestino sob a forma de micelas formadas com sais biliares. O estudo dessas moléculas hidrofóbicas apresentou várias dificuldades técnicas, de modo que a pesquisa sobre seus mecanismos avançou mais lentamente do que o estudo de suas companheiras hidrossolúveis. As vitaminas lipídicas diferem bastante entre si no que tange a suas funções, como veremos a seguir.

A. Vitamina A

A vitamina A, ou retinol, é uma molécula lipídica de 20 carbonos obtida, direta ou indiretamente, do β-caroteno dos alimentos. Cenouras e outros vegetais amarelos são ricos em β-caroteno, um lipídeo vegetal com 40 carbonos, cuja quebra oxidativa enzimática fornece vitamina A (Figura 7.30). Essa vitamina existe em três formas que diferem entre si pelo estado de oxidação do grupo funcional terminal: o álcool retinol, o aldeído retinal e o ácido retinoico. Sua cadeia lateral hidrofóbica é formada por unidades repetidas de isopreno (Seção 9.6).

As três formas da vitamina A têm importantes funções biológicas. O ácido retinoico é um composto-sinal que se liga a proteínas receptoras no interior das células; os complexos ligante-receptor formados ligam-se então aos cromossomos e podem regular a expressão gênica durante a diferenciação celular. O retinal é um composto sensível à luz, com importante papel na visão. Ele é um grupo prostético da proteína rodopsina; a absorção de um fóton pelo retinal dispara um impulso nervoso.

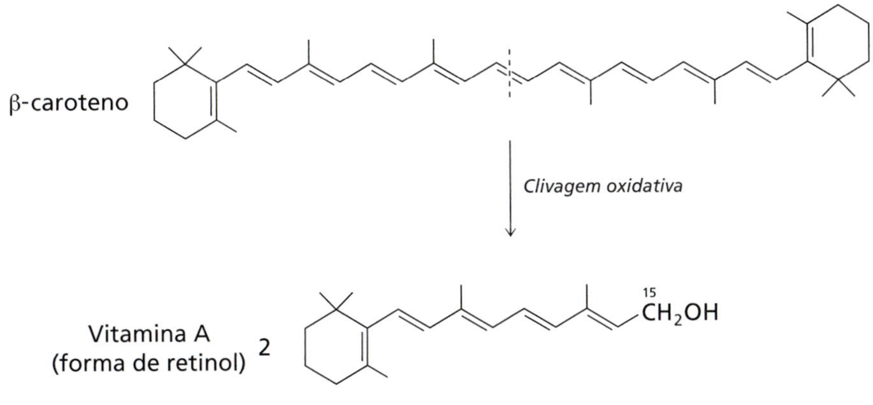

Figura 7.30
Formação de vitamina A a partir de β-caroteno.

B. Vitamina D

Vitamina D é o nome coletivo para um grupo de lipídeos relacionados. A vitamina D3 (colecalciferol) é formada não enzimaticamente na pele, a partir do esteroide 7-desidrocolesterol, quando as pessoas se expõem a suficiente luz solar. A vitamina D2, um

Figura 7.31
Vitamina D3 (colecalciferol) e 1,25-di-hidroxicolecalciferol. (A vitamina D2 tem uma metila adicional no C-24 e uma ligação dupla *trans* entre C-22 e C-23). O 1,25-di-hidroxicolecalciferol é produzido a partir da vitamina D3 por meio de duas hidroxilações separadas.

composto relacionado à D3 (D2 tem uma metila adicional), é um aditivo do leite fortificado. A forma ativa da vitamina D3, 1,25-di-hidroxicolecalciferol, é formada a partir dela por duas reações de hidroxilação (Figura 7.31); a vitamina D2 é ativada de modo semelhante. Essas formas ativas são hormônios que ajudam a controlar a utilização do Ca²⁺ nos seres humanos: a vitamina D regula tanto a absorção intestinal do cálcio como sua deposição nos ossos. Nas doenças causadas por deficiência de vitamina D, como o raquitismo em crianças e a osteomalacia em adultos, os ossos ficam fracos porque o fosfato de cálcio não cristaliza adequadamente na matriz de colágeno dos ossos.

C. Vitamina E

A vitamina E, ou α-tocoferol (Figura 7.32), é um dos vários tocoferóis intimamente relacionados, compostos que têm um sistema bicíclico contendo oxigênio e uma cadeia lateral hidrofóbica. O grupo fenólico da vitamina E pode sofrer oxidação, dando origem a um radical livre estável. Acredita-se que a vitamina E atue como um agente redutor que capta oxigênio e radicais livres. Essa ação antioxidante pode evitar danos aos ácidos graxos presentes nas membranas biológicas. A deficiência de vitamina E é rara, mas pode causar fragilidade nos eritrócitos e danos neurológicos. Essa deficiência é quase sempre causada por defeitos genéticos na absorção de moléculas de gordura. Atualmente, não há evidências científicas de que a suplementação de vitamina E por indivíduos saudáveis e com alimentação normal melhore seu estado de saúde.

D. Vitamina K

A vitamina K (filoquinona) (Figura 7.32) é uma vitamina lipídica oriunda de vegetais, necessária para a síntese de algumas proteínas envolvidas na coagulação do sangue. Ela é uma coenzima para uma carboxilase nos mamíferos que catalisa a conversão de resíduos específicos de glutamato a γ-carboxiglutamato (Equação 7.7). A forma reduzida (hidroquinona) da vitamina K participa da carboxilação como um agente redutor. A vitamina K oxidada precisa ser regenerada para promover outras modificações nos fatores de coagulação, o que é feito pela vitamina K redutase.

> As filoquinonas (vitamina K) são componentes importantes dos centros de reação da fotossíntese em bactérias, algas e plantas.

Figura 7.32
Estruturas da vitamina E e da vitamina K.

Vitamina D e a evolução da cor da pele. A pele negra protege as células contra danos causados pela luz solar, mas ela pode inibir a formação de vitamina D. Esse fato não é um problema em Nairóbi, Quênia (esquerda), mas poderia ser em Estocolmo, Suécia (direita). Uma hipótese para a evolução da cor da pele sugere que a pele clara se desenvolveu nos climas do Norte, para aumentar a produção de vitamina D.

Resíduo de glutamato → **Resíduo de γ-carboxiglutamato**

(Carboxilase dependente de vitamina K; Vitamina K redutase)

(7.7)

Quando o cálcio se liga aos resíduos de γ-carboxiglutamato das proteínas da coagulação, estas aderem à superfície das plaquetas, onde ocorrem as várias etapas do processo de coagulação.

7.15 Ubiquinona

Ubiquinona – também chamada de coenzima Q, e por isso abreviada como "Q" – é uma coenzima lipossolúvel sintetizada por quase todas as espécies. Ela é uma benzoquinona com quatro substituintes, um dos quais é uma longa cadeia hidrofóbica. Essa cadeia, que tem de 6 a 10 unidades isoprenoides, permite que a ubiquinona se dissolva nas membranas lipídicas. Na membrana, a ubiquinona transporta elétrons entre os complexos enzimáticos. Algumas bactérias utilizam menaquinona em lugar da ubiquinona (Figura 7.33a). Um análogo da ubiquinona, plastoquinona (Figura 7.33b), tem função semelhante no transporte de elétrons fotossintético pelos cloroplastos (Capítulo 15).

A ubiquinona é um agente oxidante mais forte do que o $NAD^{\oplus}$ ou do que as coenzimas de flavina. Em consequência, ela pode ser reduzida pelo NADH ou pelo $FADH_2$. Assim como o FMN e o FAD, a ubiquinona pode aceitar ou doar um elétron de cada vez porque tem três estados de oxidação: o estado oxidado Q, uma forma parcialmente reduzida que é uma semiquinona radical, e uma forma totalmente reduzida, QH_2, chamada ubiquinol (Figura 7.34). A coenzima Q desempenha um papel importante no transporte de elétrons associado a membranas. Ela é responsável por transportar prótons de um lado da membrana para o outro, em um processo conhecido como ciclo Q (Capítulo 14). O gradiente de prótons resultante contribui para a síntese do ATP.

QUADRO 7.4 Veneno para rato

Varfarina é um veneno eficaz para ratos, que vem sendo usado há várias décadas por ser um inibidor competitivo da vitamina K redutase, a enzima que regenera a forma reduzida da vitamina K (Equação 7.7). Bloqueando a formação dos fatores de coagulação sanguínea, ele leva os roedores à morte por hemorragia interna. Esses animais são muito sensíveis à inibição da vitamina K redutase.

Foi descoberto também que baixas concentrações de varfarina eram eficazes em pessoas que sofrem de coagulação sanguínea excessiva. A droga recebeu um novo nome (por exemplo, Coumadin®) para uso humano, pois sua associação com veneno para ratos teria uma conotação negativa.

Análogos de vitamina K são amplamente utilizados como anticoagulantes em pacientes com tendência à trombose; eles podem prevenir AVC e outras embolias. Como todo medicamento, a dose deve ser cuidadosamente ajustada e controlada para evitar efeitos adversos, mas nesse caso a dose é ainda mais crítica. Como as drogas só afetam a síntese de novos fatores de coagulação, elas geralmente levam vários dias para apresentar um efeito. É por isso que, em geral, o paciente começa tomando uma dose baixa desses análogos, que vai sendo aumentada lentamente, ao longo de vários meses.

▲ Varfarina.   ▲ Rato (*Rattus norvegicus*).

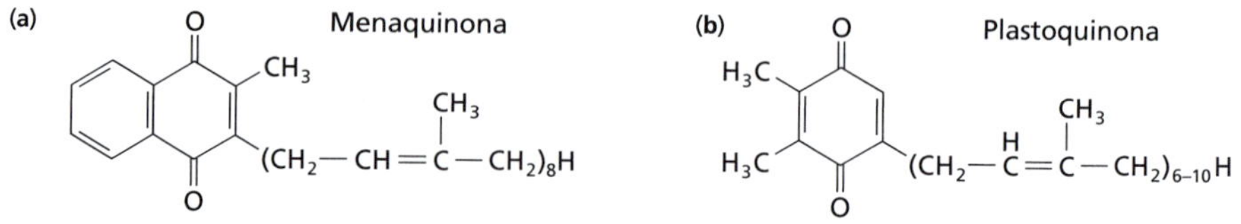

▶ **Figura 7.33**
Estruturas de (a) menaquinona e (b) plastoquinona. A "cauda" hidrofóbica de cada molécula é composta de 6 a 10 unidades isoprenoides (5 carbonos cada uma).

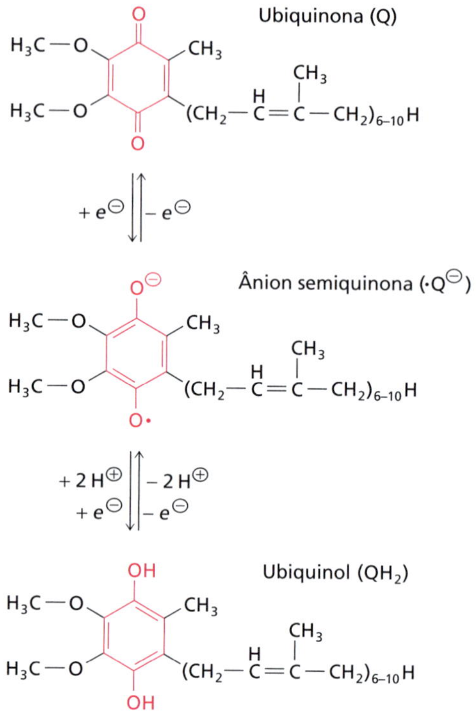

▶ **Figura 7.34**
Três estados de oxidação da ubiquinona. A ubiquinona é reduzida em duas etapas de um elétron cada uma, via um intermediário semiquinona radical. O centro reativo da ubiquinona é mostrado em rosa.

> A força das coenzimas como agentes oxidantes (potencial-padrão de redução) é descrita na Seção 10.9.

Ao contrário do FAD ou do FMN, a ubiquinona e seus derivados não podem aceitar nem doar um par de elétrons em uma única etapa.

7.16 Coenzimas proteicas

Algumas proteínas atuam como coenzimas. Elas não catalisam as reações por si mesmas, mas são necessárias à atuação de outras enzimas. São chamadas proteínas de transferência de grupos ou **coenzimas proteicas**. Têm um grupo funcional, seja como parte de seus esqueletos proteicos, seja como um grupo prostético. Em geral, as coenzimas proteicas são menores e mais estáveis no calor do que a maioria das enzimas. São chamadas *coenzimas* porque participam em várias reações diferentes e se associam a diversas enzimas distintas.

Algumas coenzimas proteicas participam em reações de transferência de grupos ou de oxidação-redução nas quais o grupo transferido é hidrogênio ou um elétron; íons metálicos, centros de ferro-enxofre e grupos heme são centros reativos comumente encontrados nelas (os citocromos são uma classe importante de coenzimas proteicas com grupos prostéticos heme. Veja a Seção 7.17). Várias coenzimas proteicas têm duas cadeias laterais de tiol reativas que ciclam entre suas formas ditiol e dissulfeto. Por exemplo, as tiorredoxinas têm cisteínas distantes três posições (—Cys—X—X—Cys—). As cadeias laterais (grupos tiol) desses resíduos sofrem oxidação reversível para formar a ligação dissulfeto de uma unidade de cistina. Encontraremos as tiorredoxinas como agentes redutores quando estudarmos o ciclo do ácido cítrico (Capítulo 13), a fotossíntese (Capítulo 15) e a síntese de desoxirribonucleotídeos (Capítulo 18). O centro reativo dissulfeto da tiorredoxina fica na superfície da proteína, onde é acessível aos sítios ativos das enzimas apropriadas (Figura 7.35).

A ferredoxina é outra coenzima de oxidação-redução comum. Ela tem dois centros de ferro-enxofre, capazes de aceitar ou doar elétrons (Figura 7.36).

Algumas outras coenzimas proteicas contêm coenzimas firmemente ligadas ou partes de coenzimas. Em *Escherichia coli*, uma proteína carreadora de carboxilas contendo biotina ligada de maneira covalente, é um dos três componentes proteicos da acetil-CoA carboxilase, que catalisa a primeira etapa de compromisso da síntese de ácidos graxos (em acetil-CoA carboxilases de animais, os três componentes proteicos são fundidos em uma só cadeia). A ACP, apresentada na Seção 7.6, contém uma porção fosfopanteteína como centro reativo. Portanto, as reações da ACP se assemelham às da coenzima A. Ela é um componente de todas as sintases de ácidos graxos já testadas. Uma coenzima proteica necessária para a degradação de glicina em mamíferos, plantas e bactérias (Capítulo 17) tem uma molécula de lipoamida ligada covalentemente como grupo prostético.

▲ **Figura 7.35**
Tiorredoxina oxidada. Observe que o grupo cistina fica exposto na superfície da proteína. Os átomos de enxofre estão em amarelo. Veja a Figura 4.24m para outra perspectiva da tiorredoxina [PDB 1ERU].

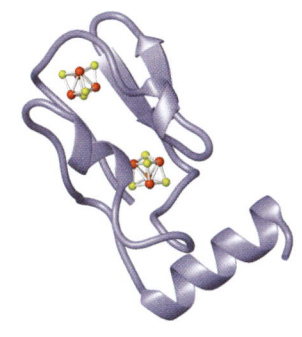

7.17 Citocromos

Os citocromos são coenzimas proteicas contendo heme, cujos átomos de Fe(III) sofrem a redução reversível de um elétron. Algumas estruturas de citocromos foram mostradas nas Figuras 4.21 e 4.24b. Os citocromos são classificados como *a*, *b* e *c*, com base em seus espectros de absorção no visível. Os espectros de absorção do citocromo *c* reduzido e oxidado aparecem na Figura 7.37. Embora a banda de absorção mais forte seja a de Soret (ou γ), a banda denominada α é usada para caracterizar os citocromos como *a*, *b* ou *c*. Citocromos na mesma classe podem ter espectros ligeiramente diferentes. Portanto, um número subscrito indicando o comprimento de onda da banda α do citocromo reduzido é normalmente usado para diferenciar os citocromos de uma dada classe (por exemplo, citocromo b_{560}). A Tabela 7.3 traz os comprimentos de onda da absorção máxima observada para os citocromos reduzidos.

TABELA 7.3 Máximos de absorção no visível (em nm) das principais bandas espectrais dos citocromos reduzidos

Hemeproteína	Banda de absorção		
	α	β	γ
Citocromo *c*	550-558	521-527	415-423
Citocromo *b*	555-567	526-546	408-449
Citocromo *a*	592-604	Ausente	439-443

▲ **Figura 7.36**
Ferredoxina. Esta ferredoxina de *Pseudomonas aeruginosa* contém dois centros de ferro-enxofre [4Fe-4S] que podem ser oxidados e reduzidos. A ferredoxina é um cossubstrato comum em várias reações de oxidação-redução [PDB 2FGO].

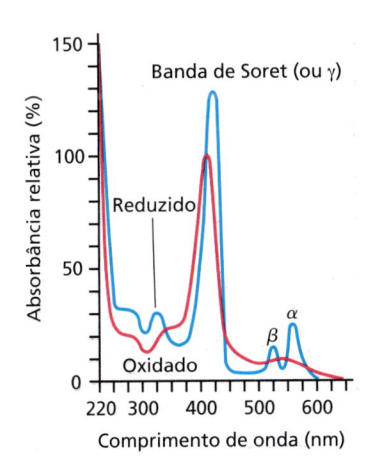

As classes de citocromos têm grupos prostéticos heme ligeiramente diferentes (Figura 7.38). O heme dos citocromos tipo *b* é o mesmo encontrado na hemoglobina e na mioglobina (Figura 4.44). O do citocromo *a* tem uma cadeia hidrofóbica de 17 carbonos no C-2 do anel porfirínico e um grupo formila em C-8; já o heme do tipo *b* tem um grupo vinila ligado ao C-2 e uma metila em C-8. Nos citocromos do tipo *c*, o heme é ligado de forma covalente à apoproteína por duas ligações tioéter formadas por adição dos grupos tiol de dois resíduos de cisteína aos grupos vinila do heme.

A tendência a transferir um elétron para outra substância, medida pelo potencial de redução, varia entre cada um dos citocromos. As diferenças decorrem dos ambientes diversos que cada apoproteína fornece ao seu grupo prostético heme. A faixa de potenciais de redução dos centros de ferro-enxofre também é ampla, e os valores dependem dos ambientes químico e físico fornecidos pela apoproteína. A faixa de potenciais de redução entre grupos prostéticos é uma característica importante das vias de transporte de elétrons associadas a membranas (Capítulo 14) e da fotossíntese (Capítulo 15).

▶ **Figura 7.37**
Comparação dos espectros de absorção do citocromo *c* de cavalo oxidado (rosa) e reduzido (azul). O citocromo reduzido apresenta três bandas de absorção, denominadas α, β e γ. Pela oxidação, a banda de Soret (ou γ) diminui de intensidade e se desloca para um comprimento de onda ligeiramente menor, enquanto os picos α e β desaparecem, deixando o espectro com uma banda de absorção larga nessa região.

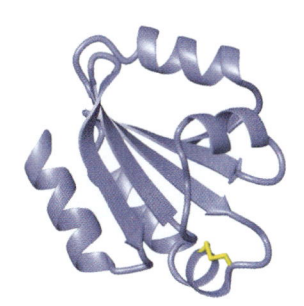

▲ **Figura 7.38**
Grupos heme do (a) citocromo a, (b) citocromo b e (c) citocromo c. Os grupos heme dos citocromos têm em comum um anel porfirínico altamente conjugado, mas os substituintes do anel variam.

QUADRO 7.5 Prêmios Nobel concedidos por vitaminas e coenzimas

A descoberta das vitaminas na primeira metade do século XX estimulou boa parte das pesquisas em bioquímica. O que seriam essas misteriosas substâncias que pareciam essenciais à vida? Por que seriam essenciais?

Atualmente, consideramos vitaminas e coenzimas algo comum, mas isso não faz justiça àqueles que trabalharam para descobrir suas funções no metabolismo. A seguir está uma lista de cientistas que receberam prêmios Nobel por seus trabalhos sobre vitaminas e coenzimas.

Química, 1928: **Adolf Otto Reinhold Windaus**, "pelos serviços prestados através da pesquisa sobre a constituição dos esteróis e sua ligação com as vitaminas".

Fisiologia ou Medicina, 1929: **Christiaan Eijkman** "pela descoberta da vitamina antineurítica". *Sir* **Frederick Gowland Hopkins**, "pela descoberta de vitaminas estimulantes do crescimento".

Química, 1937: **Paul Karrer**, "por suas pesquisas sobre carotenoides, flavinas e vitaminas A e B2". **Walter Norman Haworth**, "por suas pesquisas sobre carboidratos e vitamina C".

Fisiologia ou Medicina, 1937: **Albert von Szent-Györgyi Nagyrapolt**, "pelas descobertas relacionadas aos processos biológicos de combustão, com especial referência à vitamina C e à catálise do ácido fumárico".

Química, 1938: **Richard Kuhn**, "por seu trabalho com carotenoides e vitaminas".

Fisiologia ou Medicina, 1943: **Henrik Carl Peter Dam**, "pela descoberta da vitamina K". **Edward Adelbert Doisy**, "pela descoberta da natureza química da vitamina K".

Fisiologia ou Medicina, 1953: **Fritz Albert Lipmann**, "pela descoberta da coenzima A e de sua importância para o metabolismo intermediário".

Química, 1964: **Dorothy Crowfoot Hodgkin**, "pela determinação das estruturas de importantes substâncias bioquímicas por técnicas de raios X".

Química, 1970: **Luis F. Leloir**, "pela descoberta dos gliconucleotídeos e suas funções na biossíntese dos carboidratos".

Química, 1997: **Paul D. Boyer e John E. Walker**, "pela elucidação do mecanismo enzimático envolvido na síntese de adenosina trifosfato (ATP)".

▲ **Medalhas Nobel.** Química (esquerda) e Fisiologia ou Medicina (direita).

Resumo

1. Várias reações catalisadas por enzimas necessitam de cofatores, que incluem íons inorgânicos essenciais e reagentes de transferência de grupos, chamados coenzimas. As coenzimas podem atuar como cossubstratos ou permanecer ligadas às enzimas como grupos prostéticos.

2. Íons inorgânicos, como $K^{\oplus}$, $Mg^{2\oplus}$, $Ca^{2\oplus}$, $Zn^{2\oplus}$ e $Fe^{3\oplus}$, podem participar na ligação do substrato ou na catálise.

3. Algumas coenzimas são sintetizadas a partir de metabólitos comuns; outras são derivadas de vitaminas. Vitaminas são compostos orgânicos que precisam ser supridos, em pequenas quantidades, nas dietas alimentares de seres humanos e de outros animais.

4. Os nucleotídeos piridínicos, $NAD^{\oplus}$ e $NADP^{\oplus}$, são coenzimas para as desidrogenases. A transferência de um íon hidreto ($H^{\ominus}$) de um substrato específico reduz o $NAD^{\oplus}$ ou o $NADP^{\oplus}$ a NADH ou a NADPH, respectivamente, e libera um próton.

5. As formas de coenzima da riboflavina, FAD e FMN, são ligadas fortemente como grupos prostéticos. FAD e FMN são reduzidos por transferência de hidreto (dois elétrons) para formar $FADH_2$ e $FMNH_2$, respectivamente. As coenzimas reduzidas de flavina doam um ou dois elétrons por vez.

6. A coenzima A, um derivado do pantotenato, participa de reações de transferência de grupos acila. A proteína carreadora de acila é necessária na síntese de ácidos graxos.

7. A forma de coenzima da tiamina é a tiamina difosfato (TDP), cujo anel tiazólico se liga ao aldeído formado pela descarboxilação de um α-cetoácido.

8. Piridoxal 5′-fosfato é um grupo prostético para diversas enzimas no metabolismo dos aminoácidos. O grupo aldeído em C-4 do PLP forma uma base de Schiff com um aminoácido (substrato), por meio da qual ele estabiliza o intermediário carbânion.

9. A vitamina C é uma vitamina, mas não uma coenzima. Ela é um substrato em várias reações, inclusive para as da síntese do colágeno. A deficiência de vitamina C causa o escorbuto. Os primatas necessitam de uma fonte externa de vitamina C porque perderam uma das enzimas-chaves para sua síntese. O gene para essa enzima é um pseudogene no genoma de alguns primatas.

10. A biotina, um grupo prostético para várias carboxilases e carboxiltransferases, é ligada covalentemente a um resíduo de lisina no sítio ativo da enzima.

11. Tetraidrofolato é um derivado reduzido do folato e participa da transferência de unidades de um carbono nos níveis de oxidação de metanol, formaldeído e ácido fórmico. Tetraidrobiopterina é um agente redutor em algumas reações de hidroxilação.

12. As formas de coenzima da cobalamina, adenosilcobalamina e metilcobalamina, contêm cobalto e um anel de corrina. Essas coenzimas participam de alguns rearranjos intramoleculares e de reações de metilação.

13. A lipoamida, um grupo prostético de complexos multienzimáticos de desidrogenases de α-cetoácidos, aceita um grupo acila, formando um tioéster.

14. As quatro vitaminas solúveis em gorduras, ou lipossolúveis, são A, D, E e K. Elas têm várias funções.

15. A ubiquinona é um carreador de elétrons lipossolúvel que transfere um ou dois elétrons por vez.

16. Algumas proteínas, como a proteína carreadora de acila e a tiorredoxina, atuam como coenzimas em reações de transferência de grupos ou de oxidação-redução nas quais o grupo transferido é hidrogênio ou um elétron.

17. Citocromos são coenzimas proteicas pequenas, contendo heme, que participam do transporte de elétrons. Eles são diferenciados por seus espectros de absorção.

Problemas

1. Para cada uma das reações catalisadas por enzimas a seguir, determine o tipo de reação e a coenzima que provavelmente participa dela.

(a) $CH_3-\underset{\underset{\displaystyle OH}{|}}{CH}-COO^{\ominus} \longrightarrow CH_3-\underset{\underset{\displaystyle O}{\|}}{C}-COO^{\ominus}$

(b) $CH_3-CH_2-\underset{\underset{\displaystyle O}{\|}}{C}-COO^{\ominus} \longrightarrow CH_3-CH_2-\underset{\underset{\displaystyle O}{\|}}{C}-H + CO_2$

(c) $CH_3-\underset{\underset{\displaystyle O}{\|}}{C}-S\text{-CoA} + HCO_3^{\ominus} + ATP \longrightarrow {}^{\ominus}OOC-CH_2-\underset{\underset{\displaystyle O}{\|}}{C}-S\text{-CoA} + ADP + P_i$

(d) $^{\ominus}OOC-CH(CH_3)-C(=O)-S\text{-CoA} \longrightarrow {}^{\ominus}OOC-CH_2-CH_2-C(=O)-S\text{-CoA}$

(e) $CH_3-CH(OH)-TPP + HS\text{-CoA} \longrightarrow CH_3-C(=O)-S\text{-CoA} + TPP$

2. Liste as coenzimas que
   (a) participam como reagentes de oxidação-redução;
   (b) atuam como carreadoras de acila;
   (c) transferem grupos metila;
   (d) transferem grupos de e para aminoácidos;
   (e) participam de reações de carboxilação e descarboxilação.

3. Na oxidação de lactato em piruvato pela lactato desidrogenase (LDH), o $NAD^{\oplus}$ é reduzido por um processo de transferência de dois elétrons do lactato. Como dois prótons também são removidos do lactato, é correto escrever a forma reduzida da coenzima como $NADH_2$? Explique.

   $H_3C-CH(OH)(H)-COO^{\ominus}$ $\xrightarrow{LDH}$ $H_3C-C(=O)-COO^{\ominus}$

   L-lactato → Piruvato

4. A succinato desidrogenase depende de FAD para catalisar a oxidação de succinato em fumarato no ciclo do ácido cítrico. Desenhe o sistema de anéis isoaloxazínicos do cofator resultante da oxidação do succinato em fumarato, e indique quais hidrogênios do $FADH_2$ estão faltando no FAD.

   $^{\ominus}OOC-CH_2-CH_2-COO^{\ominus}$
   Succinato
   ↓
   Fumarato
   $^{\ominus}OOC-CH=CH-COO^{\ominus}$

5. Qual a característica estrutural comum a $NAD^{\oplus}$, FAD e coenzima A?

6. Certos nucleófilos podem *se adicionar* ao C-4 do anel da nicotinamida do $NAD^{\oplus}$ de modo semelhante à adição de um hidreto na redução do $NAD^{\oplus}$ em NADH. A isoniazida é a droga mais amplamente utilizada para o tratamento da tuberculose. Estudos de raios X mostraram que a isoniazida inibe uma enzima fundamental do bacilo da tuberculose, na qual um aduto covalente é formado entre a carbonila da isoniazida e a posição 4' do anel de nicotinamida de uma molécula de $NAD^{\oplus}$ ligada à enzima. Desenhe a estrutura desse aduto inibidor de NAD-isoniazida.

   Isoniazida: piridina-4-$C(=O)-NHNH_2$

7. A deficiência de vitamina B_6 nos seres humanos pode provocar irritabilidade, nervosismo, depressão e, às vezes, convulsões. Esses sintomas podem resultar de níveis baixos dos neurotransmissores serotonina e norepinefrina, que são derivados metabólicos do triptofano e da tirosina, respectivamente. Como a deficiência de vitamina B_6 pode resultar em níveis reduzidos de serotonina e norepinefrina?

   Serotonina: 5-hidroxi-indol-3-$CH_2-CH_2-\overset{\oplus}{N}H_3$

   Norepinefrina: 3,4-di-hidroxifenil-$CH(OH)-CH_2-\overset{\oplus}{N}H_3$

8. A anemia macrocítica é uma doença na qual os glóbulos vermelhos do sangue amadurecem lentamente por causa da velocidade reduzida da síntese de DNA. Essas células tornam-se anormalmente grandes (macrocíticas) e rompem-se mais facilmente. Como a anemia poderia ser causada por uma deficiência de ácido fólico?

9. Um paciente sofrendo de acidúria metilmalônica (altos níveis de ácido metilmalônico) tem níveis elevados de homocisteína e níveis reduzidos de metionina no sangue e nos tecidos. Os níveis de ácido fólico são normais.
   (a) Que vitaminas estão provavelmente em falta?
   (b) Como essa deficiência poderia produzir os sintomas listados acima?
   (c) Por que a deficiência dessa vitamina é mais provável de ocorrer em uma pessoa que segue uma dieta vegetariana rígida?

10. Álcool desidrogenase (ADH) de levedura é uma metaloenzima que catalisa a oxidação, dependente de $NAD^{\oplus}$, de etanol em acetaldeído. O mecanismo da ADH de levedura é semelhante ao da lactato desidrogenase (LDH) (Figura 7.9), exceto pelo fato de que o íon zinco da ADH ocupa o lugar da His-195 na LDH.
    (a) Esboce o mecanismo para oxidação do etanol em acetaldeído pela ADH de levedura.
    (b) O ADH necessita de um resíduo análogo à Arg-171 na LDH?

11. Nas reações de transcarboxilação dependentes de biotina, uma enzima transfere um grupo carboxila entre substratos por meio de um processo em duas etapas, sem necessidade de ATP ou de bicarbonato. A reação catalisada pela enzima

metilmalonil-CoA-piruvato transcarboxilase é mostrada abaixo. Desenhe as estruturas dos produtos esperados para a primeira etapa da reação.

$$^{\ominus}OOC-CH(CH_3)-C(=O)-S\text{-CoA} + CH_3-C(=O)-COO^{\ominus}$$
Metilmalonil-CoA + Piruvato

↓

$$CH_3-CH_2-C(=O)-S\text{-CoA} + {}^{\ominus}OOC-CH_2-C(=O)-COO^{\ominus}$$
Propionil-CoA + Oxaloacetato

12. (a) Histamina é produzida a partir da histidina pela ação de uma descarboxilase. Desenhe a aldimina externa produzida pela reação da histidina e do piridoxal fosfato no sítio ativo da histidina descarboxilase.

    (b) Uma vez que a racemização de aminoácidos por enzimas dependentes de PLP ocorre via formação de uma base de Schiff, a racemização de L-histidina em D-histidina ocorreria durante a reação da histidina descarboxilase?

13. (a) Tiamina pirofosfato é uma coenzima para as reações de descarboxilação oxidativa em que a carbonila cetônica é oxidada em ácido ou derivado de ácido. A oxidação ocorre por retirada de dois elétrons de um intermediário carbânion estabilizado por ressonância. Qual o mecanismo para a reação piruvato + HS-CoA ⟶ acetil CoA + CO_2, começando do carbânion estabilizado por ressonância formado após a descarboxilação (Figura 7.15) (como um tioéster no caso a seguir)?

    (b) Piruvato desidrogenase (PDH) é um complexo enzimático que catalisa a descarboxilação oxidativa de piruvato em acetil-CoA e CO_2 em uma reação com várias etapas. As etapas de oxidação e transferência de grupo acetila dependem de TDP e de ácido lipoico, além de outras coenzimas. Desenhe as estruturas químicas das moléculas nessas duas etapas da reação da PDH.

    HETDP + lipoamida ⟶ acetil-TDP + di-hidrolipoamida ⟶ TDP + acetil-di-hidrolipoamida

    (c) Em uma reação da enzima transcetolase dependente de TDP, o carbânion estabilizado por ressonância mostrado a seguir é gerado como um intermediário. Em seguida, ele participa de uma reação de condensação (resultando na formação de ligação C-C) com o grupo aldeídico da eritrose 4-fosfato (E4P) para formar frutose 6-fosfato (F6P). Começando do intermediário carbânion, apresente um mecanismo para essa reação da transcetolase (às vezes, projeções de Fischer de estruturas de carboidrato são desenhadas como mostrado aqui).

Leituras selecionadas

Íon metálicos

Berg JM. Metal ions in proteins: structural and functional roles. Cold Spring Harbor Symp. Quant. Biol. 1987; 52:579-585.

Rees, DC. Great metalloclusters in enzymology. Annu. Rev. Biochem. 2002; 71: 221-246.

Cofatores específicos

Banerjee R, Ragsdale SW. The many faces of vitamin B12: catalysis by cobalmindependent enzymes. Annu. Rev. Biochem. 2003; 72:209-247.

Bellamacina CR. The nicotinamide dinucleotide binding motif: a comparison of nucleotide binding proteins. FASEB J. 1996; 10:1257-1268.

Blakley RL, Benkovi SJ. eds. Folates and Pterins, Vol. 1 e Vol. 2. New York: John Wiley & Sons. 1985.

Chiang PK, Gordon RK, Tal J, Zeng GC, Doctor BP, Pardhasaradhi K, McCann PP. S-Adenosylmethionine and methylation. FASEB J. 1996; 10:471-480.

Coleman JE. Zinc proteins: enzymes, storage proteins, transcription factors, and replication proteins. Annu. Rev. Biochem. 1992; 61:897-946.

Ghisla S, Massey V. Mechanisms of flavoprotein-catalyzed reactions. Eur. J. Biochem. 1989; 181:1-17.

Hayashi H, Wada H, Yoshimura T, Esaki N, Soda K. Recent topics in pyridoxal 5′-phosphate enzyme studies. Annu. Rev. Biochem. 1990; 59:87-110.

Jordan F. Interplay of organic and biological chemistry in understanding coenzyme mechanisms: example of thiamin diphosphate-dependent decarboxylations of 2-oxo acids. FEBS Lett. 1999; 457:298-301.

Jordan F, Li H, Brown A. Remarkable stabilization of zwitterionic intermediates may account for a billion-fold rate acceleration by thiamin diphosphate-dependent decarboxylases. Biochem. 1999; 38:6369-6373.

Jurgenson CT, Begley TP, Ealick SE. The structural and biochemical foundations of thiamin biosynthesis. Ann. Rev. Biochem. 2009; 78:569-603.

Knowles JR. The mechanism of biotin-dependent enzymes. Annu. Rev. Biochem. 1989; 58:195-221.

Ludwig ML, Matthews RG. Structure-based perspectives on B12-dependent enzymes. Annu. Rev. Biochem. 1997; 66:269-313.

Palfey BA, Moran GR, Entsch B, Ballou DP, Massey V. Substrate recognition by "password" in p-hydroxybenzoate hydroxylase. Biochem. 1999; 38:1153-1158.

Motivos de ligação ao NAD

Bellamacina CR. The nictotinamide dinucleotide binding motif: a comparison of nucleotide binding proteins. FASEB J. 1996; 10:1257-1269.

Rossman MG, Liljas A, Brändén C-I, Banaszak LJ. Evolutionary and structural relationships among dehydrogenases. In The Enzymes. Vol. 11, Part A, 3rd ed., P. D., Boyer, ed. New York: Academic Press. 1975; pp. 61-102.

Wilks HM, Hart KW, Feeney R, Dunn CR, Muirhead H, Chia WN, Barstow DA, Atkinson T, Clarke AR, Holbrook JJ. A specific, highly active malate dehydrogenase by redesign of a lactate dehydrogenase framework. Science. 1988; 242:1541-1544.

Carboidratos

Os carboidratos (também chamados sacarídeos ou açúcares) são a classe mais abundante de moléculas biológicas sobre a Terra, em termos de massa. Embora todos os organismos sejam capazes de sintetizar carboidratos, grande parte deles é produzida por organismos fotossintéticos, incluindo bactérias, algas e plantas. Esses organismos convertem energia solar em energia química, que é usada para produzir carboidratos a partir de dióxido de carbono. Os carboidratos exercem diversas funções vitais nos organismos vivos. Nos animais e vegetais, carboidratos poliméricos atuam como moléculas armazenadoras de energia. Os animais podem ingerir carboidratos que depois são oxidados para fornecer energia aos processos metabólicos. Carboidratos poliméricos também são encontrados em paredes celulares e na cobertura protetora de vários organismos; além disso, alguns deles são marcadores moleculares que permitem a um dado tipo de célula reconhecer e interagir com outro. Derivados de carboidratos são encontrados em diversas moléculas biológicas, entre elas algumas coenzimas (Capítulo 7) e os ácidos nucleicos (Capítulo 19).

O nome *carboidrato*, "hidrato de carbono," refere-se à sua fórmula empírica $(CH_2O)_n$, em que *n* é igual ou maior que 3 (geralmente, *n* é igual a 5 ou 6, mas pode ser até 9). Os carboidratos podem ser descritos pelo número de unidades monoméricas que contêm. Os **monossacarídeos** são as menores unidades da estrutura dos carboidratos. Os **oligossacarídeos** são polímeros contendo de 2 até cerca de 20 resíduos monossacarídicos. Os oligossacarídeos mais comuns são os dissacarídeos, que consistem em 2 resíduos monossacarídicos ligados. Os **polissacarídeos** são polímeros com vários (geralmente mais de 20) resíduos monossacarídicos. Os oligossacarídeos e os polissacarídeos não têm a fórmula empírica $(CH_2O)_n$ porque há perda de água durante a sua formação. A palavra *glicano* é um termo mais geral para os carboidratos poliméricos. Ela pode se referir tanto a polímeros de açúcares idênticos (homoglicanos) como de açúcares diferentes (heteroglicanos).

Glicoconjugados são derivados de carboidratos, nos quais uma ou mais cadeias de carboidrato são ligadas covalentemente a um peptídeo, proteína ou lipídeo. Esses derivados incluem os proteoglicanos, os peptidoglicanos, as glicoproteínas e os glicolipídeos.

> *A biologia molecular tem se ocupado principalmente da tríade DNA, RNA e proteína. A bioquímica se ocupa de todas as moléculas existentes na célula. A maioria das estruturas e funções essenciais ao crescimento e à manutenção, quais sejam, os carboidratos, as coenzimas, os lipídeos e as membranas, ficaram fora do escopo da biologia molecular.*
> — Arthur Kornberg, *For the love of enzymes: the odyssey of a biochemist* (1989)

A fotossíntese é descrita em detalhes no Capítulo 15.

Topo: Besouro da família Tenebrionidae. O exoesqueleto dos insetos contém quitina, um homoglicano.

CONCEITO-CHAVE
Uma projeção de Fischer é uma convenção criada para descrever a estereoquímica de uma molécula de forma simples. Ela não se parece com a conformação real da molécula em solução.

Estereovista

Projeção de Fischer

Em *cada* átomo de carbono quiral em uma projeção de Fischer, as ligações verticais se projetam para dentro do plano da página, e as horizontais, para cima da página, no sentido do observador.

Plano do espelho

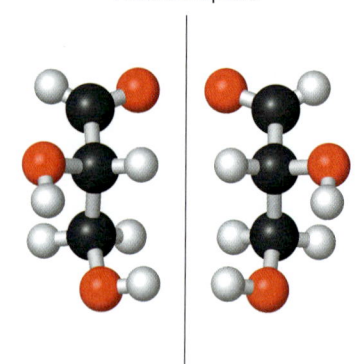

L-gliceraldeído   D-gliceraldeído

▲ **Figura 8.2**
Vista de L-gliceraldeído (esquerda) e D-gliceraldeído (direita). Essas moléculas estão desenhadas na conformação correspondente às projeções de Fischer na Figura 8.1.

Neste capítulo, discutiremos a nomenclatura, a estrutura e a função dos monossacarídeos, dos dissacarídeos e dos principais homoglicanos: amido, glicogênio, celulose e quitina. Em seguida, discutiremos os proteoglicanos, os peptidoglicanos e as glicoproteínas, todos derivados que contêm cadeias de heteroglicano.

8.1 A maioria dos monossacarídeos é quiral

Os monossacarídeos são sólidos hidrossolúveis, brancos, cristalinos e de sabor doce, como a glicose e a frutose. Quimicamente, os monossacarídeos são poli-hidroxialdeídos (**aldoses**) ou poli-hidroxicetonas (**cetoses**), classificados pelo tipo de carbonila e por seu número de átomos de carbono. Como regra geral, utiliza-se o sufixo *-ose* para formar o nome dos carboidratos, embora haja muitas exceções. Todos os monossacarídeos contêm pelo menos três átomos de carbono. Um deles é o carbono carbonílico; todos os outros têm grupos hidroxila. Nas aldoses, o carbono mais oxidado é considerado o C-1 e é desenhado no topo da projeção de Fischer. Nas cetoses, o carbono mais oxidado é geralmente o C-2.

Já vimos as projeções de Fischer antes, mas agora iremos apresentar essa convenção em mais detalhes. A projeção de Fischer é uma representação em duas dimensões de uma molécula tridimensional. Ela foi idealizada para preservar a informação sobre a estereoquímica da molécula. Em uma projeção de Fischer de açúcares, o C-1 fica sempre no alto da figura. Para cada átomo de carbono quiral na molécula, as duas ligações horizontais se projetam para fora da página, em direção ao leitor. As duas ligações verticais se projetam para dentro da página. Lembre-se de que isso se aplica a cada carbono quiral. Portanto, em um carboidrato com vários átomos de carbono, a projeção de Fischer representa uma molécula que se dobra para dentro da página. Para moléculas maiores, os grupos mais ao alto e os mais embaixo podem mesmo estar em contato, formando um ciclo. A projeção de Fischer é uma convenção para preservar a informação estereoquímica em duas dimensões; ela não é uma representação fiel da molécula em solução.

Os menores monossacarídeos são as **trioses**, os açúcares com três átomos de carbono. Os compostos de fórmula geral $(CH_2O)_n$ contendo um ou dois átomos de carbono não apresentam as propriedades típicas dos carboidratos (como o sabor doce e a capacidade de cristalizar). A triose aldeídica, ou aldotriose, é o gliceraldeído (Figura 8.1a). Ele é quiral, pois seu carbono central, C-2, tem quatro grupos diferentes ligados a ele (Seção 3.1). A triose cetônica, ou cetotriose, é a di-hidroxiacetona (Figura 8.1b). Ela é aquiral, pois não tem carbono assimétrico. Todos os outros monossacarídeos, versões desses dois açúcares com cadeias mais longas, são quirais.

Os estereoisômeros D- e L-gliceraldeído são mostrados na Figura 8.2, no modelo de esfera e bastão. Moléculas quirais são opticamente ativas, isto é, elas giram o plano da luz polarizada. A convenção para designar os isômeros D e L foi baseada nas propriedades ópticas do gliceraldeído. A forma de gliceraldeído que girava a luz para a direita (dextrorrotatória) foi chamada D, e a que girava para a esquerda (levorrotatória) foi chamada L. O conhecimento estrutural era limitado quando essa convenção foi estabelecida, no final do século XIX, de modo que as configurações dos enantiômeros do gliceraldeído foram estabelecidas de modo arbitrário, com probabilidade de erro de 50%. Posteriormente, experimentos de cristalografia de raios X provaram que os assinalamentos originais estavam corretos.

▲ **Figura 8.1**
Projeções de Fischer de (a) gliceraldeído e (b) di-hidroxiacetona. As designações L (esquerda) e D (direita) para o gliceraldeído se referem à configuração do grupo hidroxila ligado ao carbono quiral (C-2). A di-hidroxiacetona é aquiral.

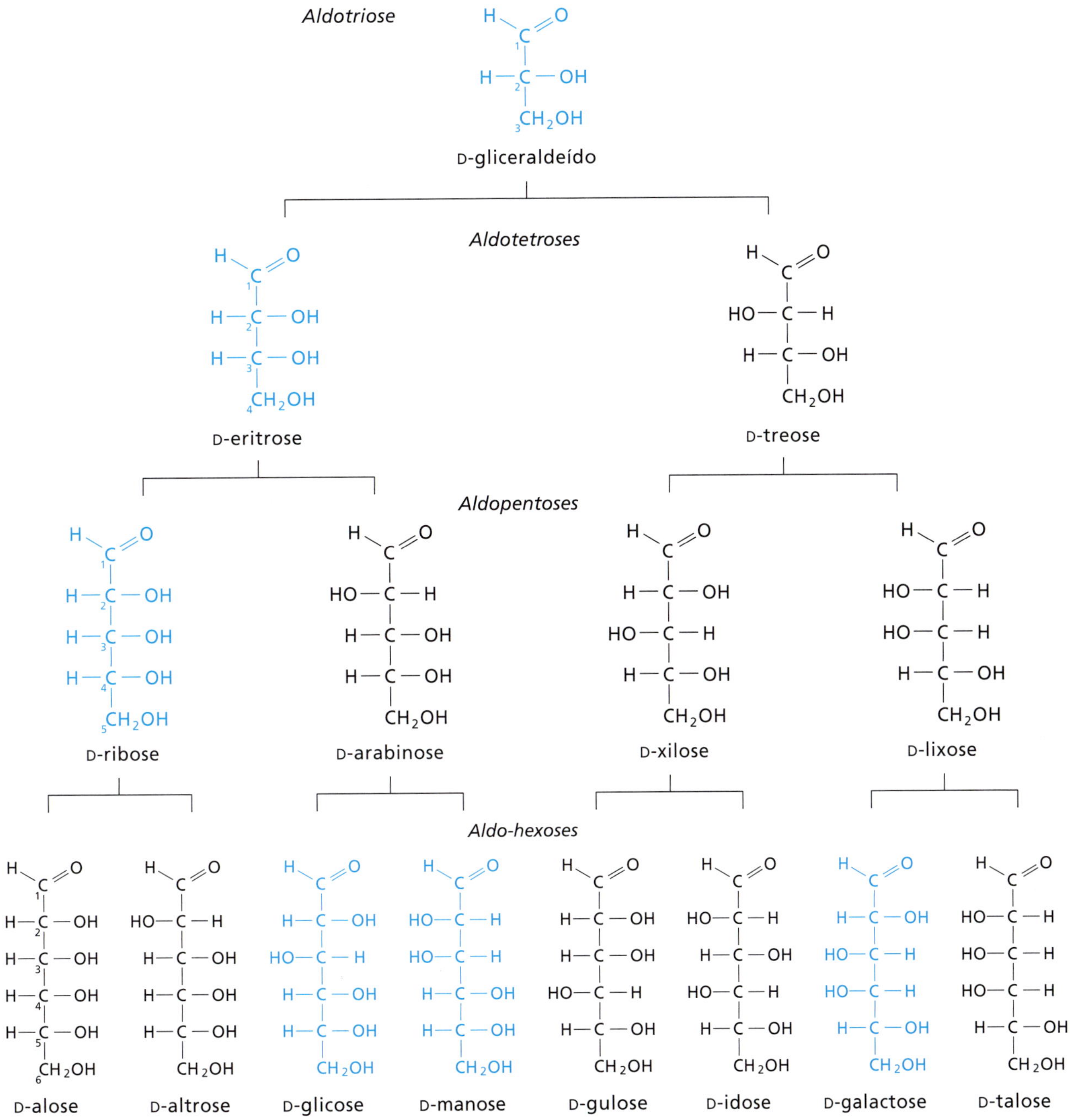

Aldotriose

D-gliceraldeído

Aldotetroses

D-eritrose   D-treose

Aldopentoses

D-ribose   D-arabinose   D-xilose   D-lixose

Aldo-hexoses

D-alose D-altrose D-glicose D-manose D-gulose D-idose D-galactose D-talose

▲ **Figura 8.3**
Projeções de Fischer das D-aldoses com três a seis átomos de carbono. As aldoses mostradas em azul são as mais importantes para o nosso estudo da bioquímica.

Aldoses e cetoses maiores podem ser vistas como extensões do gliceraldeído e da di-hidroxiacetona, respectivamente, com grupos H—C—OH quirais inseridos entre o carbono carbonílico e o grupo álcool primário. A Figura 8.3 apresenta a lista completa de nomes e estruturas das tetroses (aldoses com quatro átomos de carbono), pentoses (aldoses com cinco carbonos) e hexoses (aldoses com seis carbonos) relacionadas ao D-gliceraldeído. Muitos desses monossacarídeos não são sintetizados pela maioria dos organismos e não voltaremos a encontrá-los neste livro.

Observe que os átomos de carbono são numerados a partir do carbono que tem o grupo aldeídico, o qual recebe o número 1. Por convenção, diz-se que um açúcar tem configuração D quando seu carbono quiral de maior numeração – aquele mais distante do carbono carbonílico – tem a mesma configuração do C-2 do D-gliceraldeído (isto é, o grupo —OH ligado a esse carbono fica do lado direito na projeção de Fischer). O arranjo dos átomos de carbono assimétricos é único para cada monossacarídeo, dando--lhe suas propriedades características. Exceto para o gliceraldeído (que foi utilizado como padrão), não há necessariamente uma correlação entre a configuração absoluta de um açúcar e o fato de ele ser dextro- ou levorrotatório.

▶ **Figura 8.4**

L- e D-glicose. Projeções de Fischer (esquerda) mostrando que L- e D-glicose são imagens especulares uma da outra. Conformação da forma aberta de D-glicose em solução.

Na maioria dos casos, os enantiômeros D é que são sintetizados pelos organismos vivos – assim como os isômeros L para os aminoácidos são mais comuns. Os enantiômeros L das 15 aldoses não são mostrados na Figura 8.3. Lembre-se de que pares de enantiômeros são imagens especulares; em outras palavras, a configuração de cada carbono quiral é oposta. Por exemplo, os grupos hidroxila ligados aos carbonos 2, 3, 4 e 5 da D-glicose estão voltados para a direita, esquerda, direita e direita, respectivamente, na projeção de Fischer; na L-glicose eles estão voltados, de maneira respectiva, para a esquerda, direita, esquerda e esquerda (Figura 8.4).

A aldose de três carbonos, gliceraldeído, tem apenas um carbono quiral (C-2) e, portanto, apenas dois estereoisômeros. Há quatro estereoisômeros para as aldotetroses (D- e L-eritrose e D- e L-treose), porque cada uma delas tem dois carbonos quirais. Em geral, há 2^n possíveis estereoisômeros para um composto com n carbonos quirais. As aldo-hexoses, com quatro carbonos quirais, têm um total de 2^4, ou 16, estereoisômeros (as oito D aldo-hexoses da Figura 8.3 e seus oito enantiômeros L).

As moléculas de açúcares cuja configuração diferem apenas em um de seus vários centros quirais são chamadas **epímeros**. Por exemplo, D-manose e D-galactose são epímeros de D-glicose (em C-2 e C-4, respectivamente), embora não sejam epímeros entre si (Figura 8.3).

Cetoses de cadeias maiores (Figura 8.5) são relacionadas com a di-hidroxiacetona, da mesma forma que as aldoses de cadeias maiores são relacionadas ao gliceraldeído. Observe que uma cetose possui um carbono quiral a menos do que a aldose de mesma fórmula empírica. Por exemplo, existem apenas dois estereoisômeros para a cetotetrose (D- e L-eritrulose) e quatro para as cetopentoses (D- e L-xilulose e D- e L-ribulose). Os nomes da cetotetrose e das cetopentoses são formados inserindo-se a partícula "-ul-" no nome da aldose correspondente. Por exemplo, a cetose xilulose corresponde à aldose xilose. Essa nomenclatura não é aplicada às ceto-hexoses (tagatose, sorbose, psicose e frutose) porque elas têm nomes tradicionais (vulgares ou triviais).

8.2 Ciclização de aldoses e cetoses

O comportamento óptico de alguns monossacarídeos sugere que eles têm um carbono quiral a mais do que os evidenciados em suas estruturas, mostradas nas Figuras 8.3 e 8.5. A D-glicose, por exemplo, existe em duas formas, que contêm cinco (e não quatro) carbonos assimétricos. A fonte dessa assimetria adicional é uma ciclização intramolecular, que cria um novo centro quiral no carbono carbonílico. Essa ciclização é semelhante à reação de um álcool com um aldeído – formando um hemiacetal – ou com uma cetona – formando um hemicetal (Figura 8.7).

O carbono carbonílico de uma aldose que tenha pelo menos cinco átomos de carbono, ou de uma cetose que tenha pelo menos seis carbonos, pode reagir com um grupo hidroxila intramolecular para formar um hemiacetal ou hemicetal cíclico, respectivamente. O átomo de oxigênio da hidroxila que reage se torna parte do anel de cinco ou de seis membros que é formado (Figura 8.8).

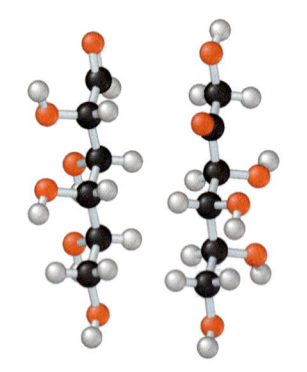

▲ **Quem sou eu?** As estruturas dos açúcares D são mostradas nas Figuras 8.3 e 8.5. Você pode deduzir as estruturas de suas configurações L. Sabendo a convenção de Fischer, você não deverá ter dificuldades para identificar essas moléculas.

◀ **Figura 8.5**
Projeções de Fischer para as D-cetoses de três a seis átomos de carbono. As cetoses apresentadas em azul são as mais importantes em nosso estudo de bioquímica.

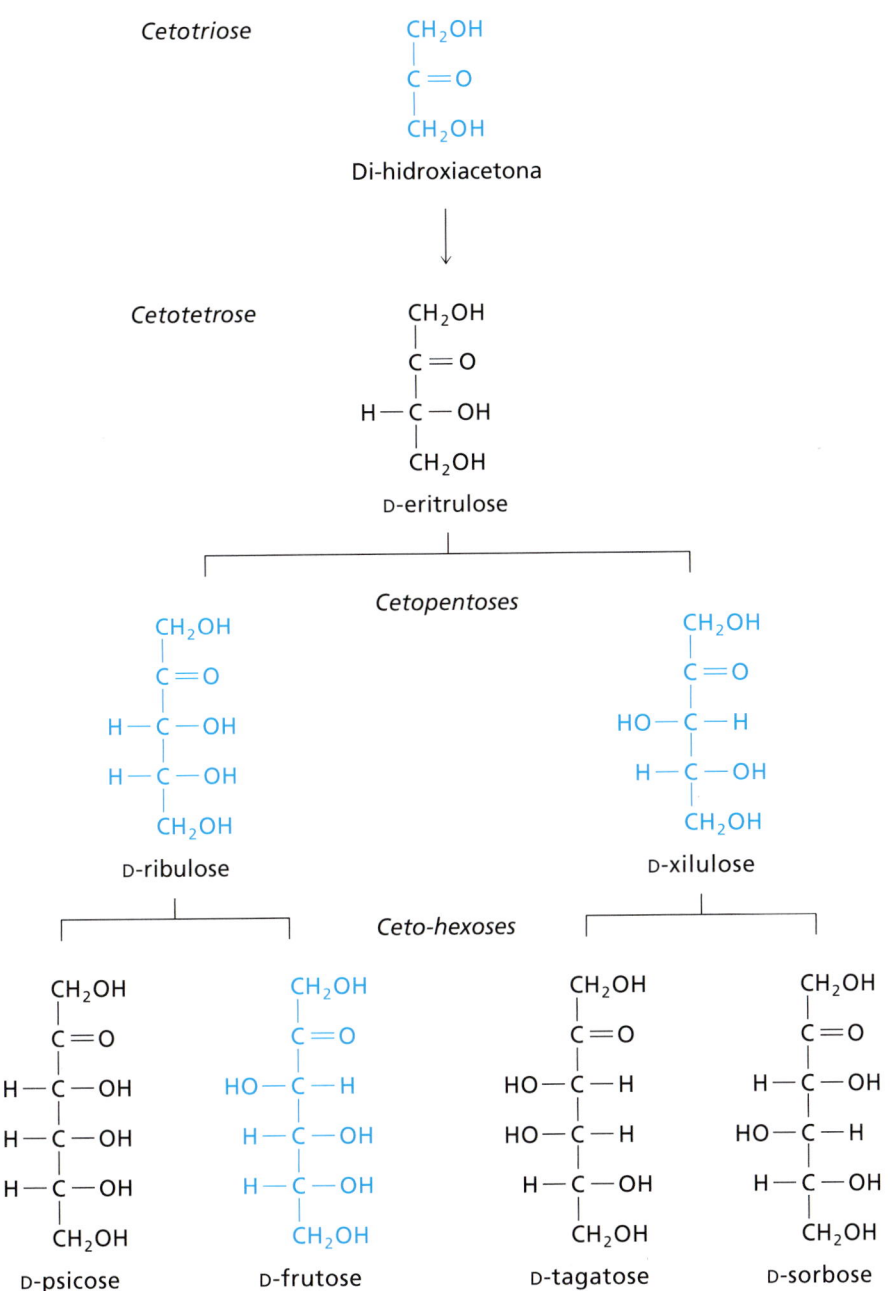

Cetotriose

CH₂OH
|
C=O
|
CH₂OH
Di-hidroxiacetona

↓

Cetotetrose

CH₂OH
|
C=O
|
H—C—OH
|
CH₂OH
D-eritrulose

Cetopentoses

CH₂OH
|
C=O
|
H—C—OH
|
H—C—OH
|
CH₂OH
D-ribulose

CH₂OH
|
C=O
|
HO—C—H
|
H—C—OH
|
CH₂OH
D-xilulose

Ceto-hexoses

CH₂OH
|
C=O
|
H—C—OH
|
H—C—OH
|
H—C—OH
|
CH₂OH
D-psicose

CH₂OH
|
C=O
|
HO—C—H
|
H—C—OH
|
H—C—OH
|
CH₂OH
D-frutose

CH₂OH
|
C=O
|
HO—C—H
|
HO—C—H
|
H—C—OH
|
CH₂OH
D-tagatose

CH₂OH
|
C=O
|
H—C—OH
|
HO—C—H
|
H—C—OH
|
CH₂OH
D-sorbose

O anel de seis membros de um monossacarídeo é chamado **piranose** porque é semelhante ao composto heterocíclico pirano (Figura 8.6a). Da mesma forma, o anel de cinco membros dos monossacarídeos (Figura 8.6b) é chamado **furanose**, pois se assemelha ao furano. Observe que, diferentemente do pirano e do furano, os anéis dos carboidratos não têm ligações duplas.

O carbono mais oxidado de um monossacarídeo cíclico, aquele ligado a dois átomos de oxigênio, é chamado **carbono anomérico**. Nas estruturas cíclicas, o carbono anomérico é quiral. Portanto, a aldose ou cetose ciclizada pode adotar uma das duas configurações (α ou β), como ilustrado para a D-glicose na Figura 8.8. Os isômeros α e β são chamados **anômeros**.

Em solução, aldoses e cetoses que formam estruturas cíclicas existem como um equilíbrio entre suas várias formas cíclicas e abertas. A 31 °C, por exemplo, a D-glicose existe como uma mistura em equilíbrio formada por, aproximadamente, 64% de β-D-glicopiranose e 36% de α-D-glicopiranose, com quantidades muito pequenas da furanose (Figura 8.9) e da forma de cadeia aberta (Figura 8.4). De modo semelhante, D-ribose existe como uma mistura de aproximadamente 58,5% de β-D-ribopiranose, 21,5% de α-D-ribopiranose, 13,5% de β-D-ribofuranose e 6,5% de α-D-ribofuranose,

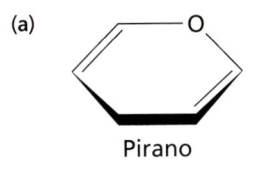

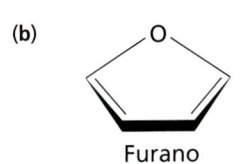

(a) Pirano

(b) Furano

▲ **Figura 8.6**
(a) Pirano e (b) furano.

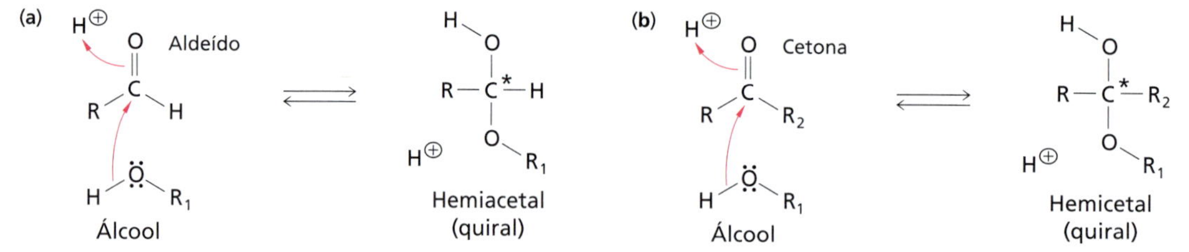

▲ **Figura 8.7**
Hemiacetal e hemicetal. (a) Reação de um álcool com um aldeído, formando um hemiacetal. **(b)** Reação de um álcool com uma cetona, formando um hemicetal. Os asteriscos indicam os novos centros quirais formados.

com uma pequena fração da forma aberta (Figura 8.10). A abundância relativa das várias formas dos monossacarídeos que coexistem em equilíbrio reflete sua estabilidade relativa. Embora a D-ribose não substituída seja mais estável sob a forma de β-piranose, nos nucleotídeos (Seção 8.5c) ela ocorre sob a forma de β-furanose.

Os desenhos de anel mostrados nessas figuras são chamados projeções de Haworth, em homenagem a Norman Haworth, que trabalhou com reações de ciclização de carboidratos e foi o primeiro a propor essas representações. Haworth recebeu o Nobel de Química em 1937 por seu trabalho com a estrutura de carboidratos e a síntese da vitamina C.

Uma projeção de Haworth indica a estereoquímica de forma adequada e pode ser facilmente relacionada com a projeção de Fischer: os grupos à direita nessa última apontam para baixo na projeção de Haworth. Como a rotação em torno das ligações carbono-carbono na estrutura cíclica é restrita, a projeção de Haworth é uma representação muito mais fiel à real conformação dos açúcares.

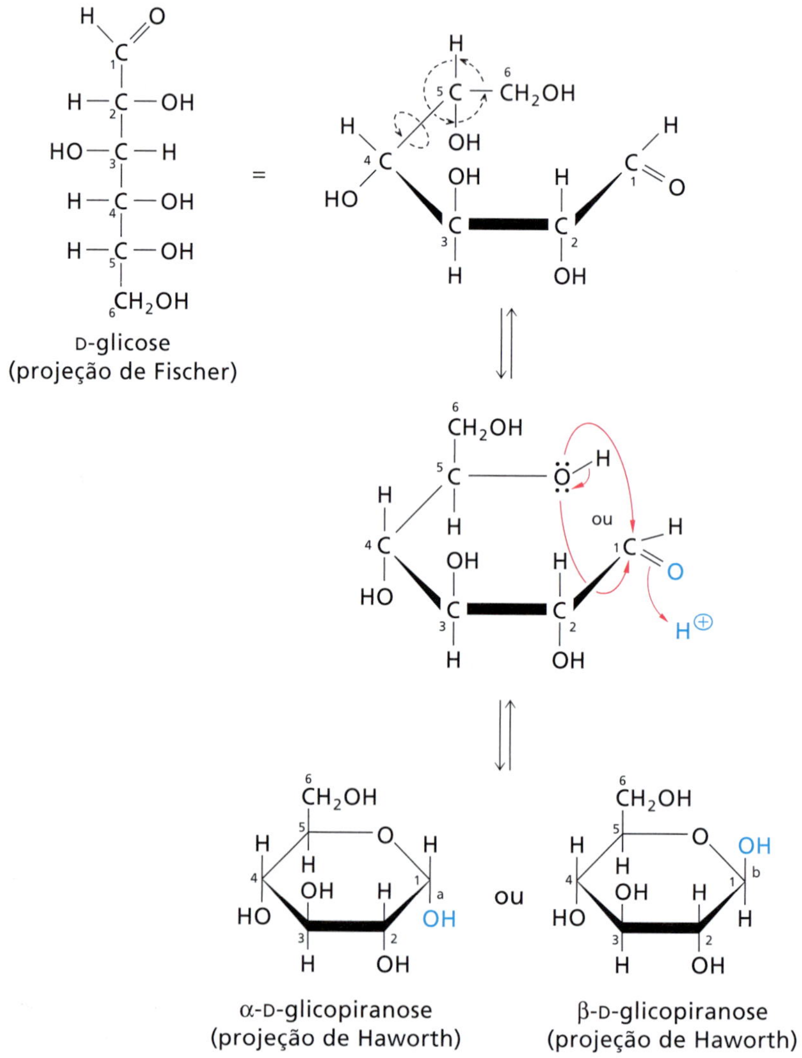

▶ **Figura 8.8**
Ciclização de D-glicose para formar glicopiranose. A projeção de Fischer (alto à esquerda) foi rearranjada em uma representação tridimensional (alto à direita). A rotação da ligação entre C-4 e C-5 coloca o grupo hidroxila de C-5 próximo ao grupo aldeídico de C-1. A reação da hidroxila em C-5 com C-1 por um dos lados dá origem à α-D-glicopiranose; a mesma reação, pelo outro lado, origina a β-D-glicopiranose. As estruturas das glicopiranoses são mostradas como projeções de Haworth, nas quais os lados inferiores do anel (linhas espessas) se projetam para a frente do plano do papel, e os lados superiores projetam-se para trás do mesmo plano. No anômero α-D da glicose, o grupo hidroxila em C-1 está voltado para baixo, enquanto no β-D ele está voltado para cima.

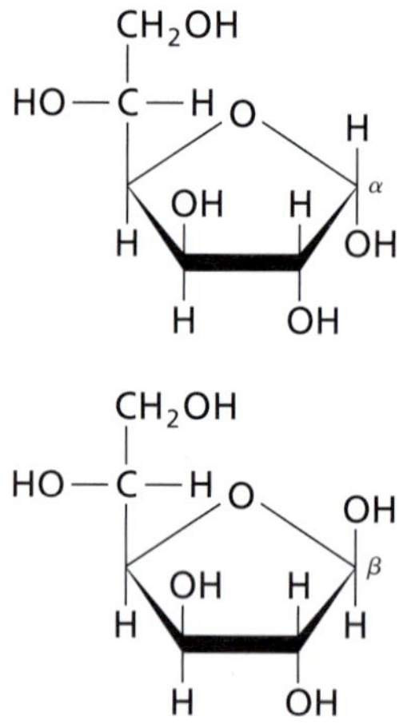

▲ **Figura 8.9**
α-D-glicofuranose (alto) e β-D-glicofuranose (embaixo).

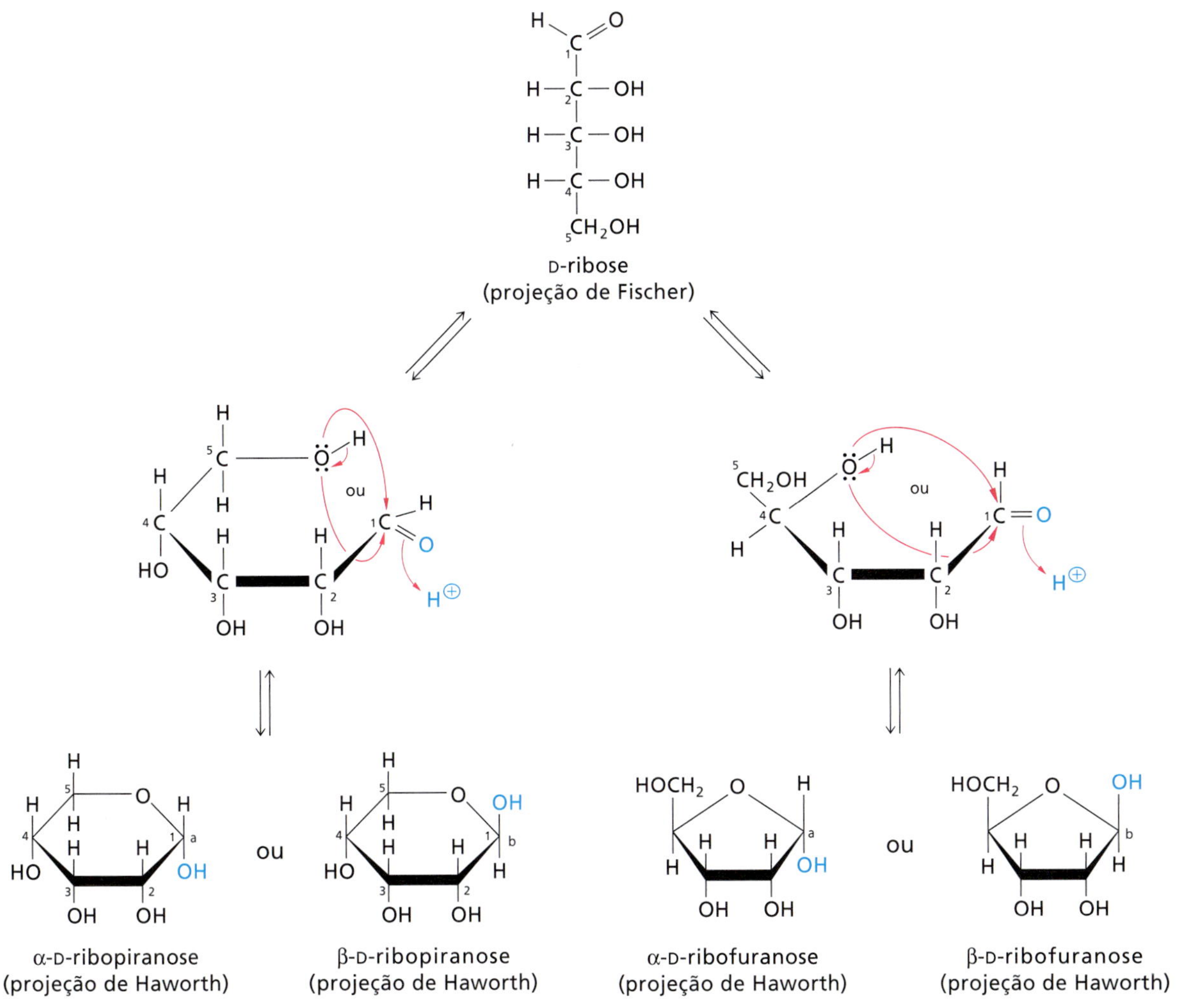

▲ **Figura 8.10**
Ciclização de D-ribose em suas formas α- e β-D-ribopiranose e α- e β-D-ribofuranose.

Por convenção, um monossacarídeo cíclico é desenhado de modo que seu carbono anomérico fique à direita, sendo os demais carbonos numerados em sentido horário. Em uma projeção de Haworth, a configuração do átomo de carbono anomérico é α se o grupo OH for *cis* (ou seja, estiver do mesmo lado do anel) em relação ao oxigênio ligado ao átomo de carbono quiral de maior número. Ele será β, se seu grupo hidroxila for *trans* (ou seja, estiver do lado oposto do anel) em relação ao oxigênio ligado ao carbono quiral de maior número. Na α-D-glicopiranose, o grupo hidroxila do carbono anomérico está voltado para baixo; na β-D-glicopiranose, ele está voltado para cima.

Frequentemente, os monossacarídeos são desenhados nas suas formas α- ou β-D-furanose ou nas formas α- ou β-D-piranose. Contudo, você deve se lembrar de que as formas anoméricas dos açúcares de cinco e seis carbonos estão em rápido equilíbrio. No decorrer deste capítulo e no restante do livro, desenharemos açúcares em sua forma anomérica correta sempre que ela for conhecida. Nós nos referimos aos açúcares de forma inespecífica (por exemplo, glicose) quando estamos falando de uma mistura em equilíbrio, com várias formas anoméricas e de cadeia aberta. Ao discutirmos uma forma específica do açúcar, porém, nos referiremos a ela precisamente (por exemplo, β-D-glicopiranose). Além disso, uma vez que os enantiômeros D dos carboidratos predominam na natureza, consideraremos sempre que esta seja sua configuração, exceto quando especificado em contrário.

8.3 Conformações de monossacarídeos

As projeções de Haworth são muito usadas em bioquímica porque descrevem com precisão a *configuração* dos átomos e dos grupos em cada carbono do esqueleto dos açúcares. Mas a geometria dos átomos de carbono do anel de um monossacarídeo é tetraédrica (ângulos de ligação próximos a 110°) e, portanto, esses anéis não são verdadeiramente planos.

CONCEITO-CHAVE

Configurações diferentes só podem ser formadas pela quebra e pela reconstrução de ligações covalentes. As moléculas podem adotar *conformações* diferentes sem quebrar ligações covalentes.

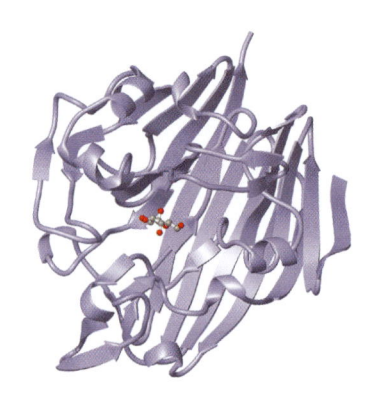

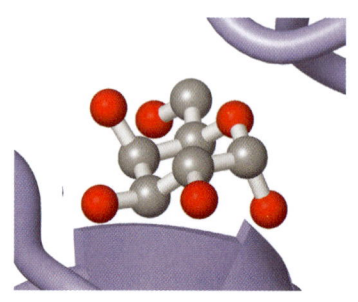

Os monossacarídeos cíclicos podem existir em diversas *conformações* (diferentes formas tridimensionais de uma mesma configuração). Anéis de furanose adotam a conformação envelope, em que um dos cinco átomos do anel (C-2 ou C-3) fica fora do plano, e os demais são aproximadamente coplanares (Figura 8.11). As furanoses também podem assumir conformações torcidas, nas quais dois dos cinco átomos do anel ficam fora do plano – um de cada lado do plano formado pelos outros três átomos. A estabilidade relativa de cada "confôrmero" depende do grau de interferência estérica entre os grupos hidroxila. Os vários confôrmeros dos monossacarídeos não substituídos podem se interconverter rapidamente.

Anéis de piranose tendem a assumir uma de duas conformações: cadeira ou bote (também conhecida como "barco") (Figura 8.12). Existem dois confôrmeros distintos em cadeira e seis em bote, para cada piranose. As conformações cadeira minimizam a repulsão estérica entre os substituintes do anel e são, em geral, mais estáveis do que as conformações em bote. Os substituintes —H, —OH e —CH$_2$OH de um anel de piranose na conformação cadeira podem ocupar duas posições diferentes. Na posição axial, o substituinte fica acima ou abaixo do plano do anel e, na posição equatorial, eles ficam no plano deste. Nas piranoses, cinco substituintes são axiais e cinco, equatoriais. Se um grupo é axial ou equatorial, depende de qual átomo de carbono (C-1 ou C-4) está acima do plano do anel quando este assume a conformação cadeira. A Figura 8.13 mostra as duas conformações cadeira possíveis da β-D-glicopiranose. A conformação mais estável é aquela em que os substituintes maiores do anel ficam em posição equatorial (estrutura no alto). Na verdade, essa conformação da β-D-glicose tem a menor tensão estérica de todas as aldo-hexoses. Os anéis de piranose são, às vezes, forçados a

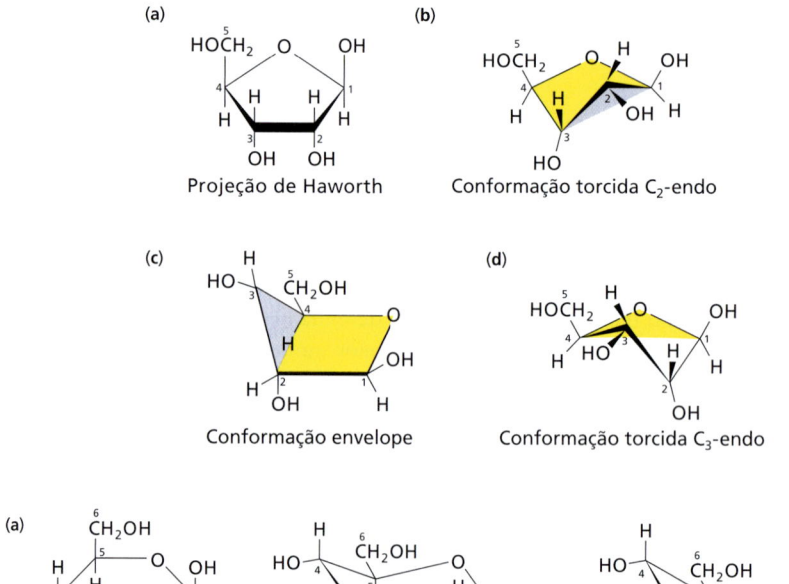

▲ **Galactose mutarotase.** As mutarotases são enzimas que catalisam a interconversão das configurações α e β. Essa interconversão envolve quebra e construção de ligações covalentes, e é por isso que essas formas são chamadas configurações. A enzima aqui mostrada é a galactose mutarotase de *Lactococcus lactis* com uma molécula de α-D-galactose no sítio ativo. A figura inferior mostra a conformação dessa molécula. Você é capaz de identificar essa conformação? [PDB 1L7K].

▶ **Figura 8.11**
Conformações da β-D-ribofuranose.
(a) Projeção de Haworth. **(b)** Conformação torcida C$_2$-endo. **(c)** Conformação torcida C$_3$-endo. **(d)** Conformação torcida C$_3$-endo. Na conformação C$_2$-endo, o C-2 fica acima do plano definido por C-1, C-3, C-4 e o oxigênio do anel. Na conformação C$_3$-endo, o C-3 fica acima do plano definido por C-1, C-2, C-4 e o oxigênio do anel. Na conformação torcida C$_3$-endo, C-3 fica acima e C-2, abaixo do plano definido por C-1, C-4 e o oxigênio do anel. Os planos são mostrados em amarelo.

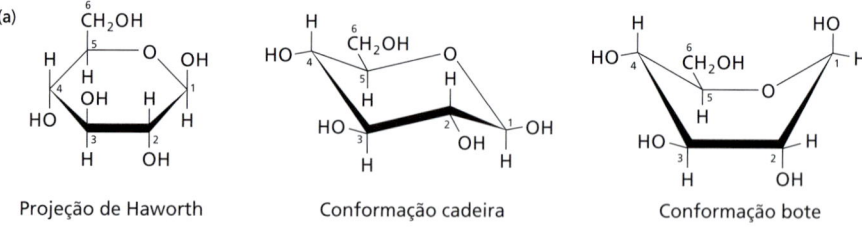

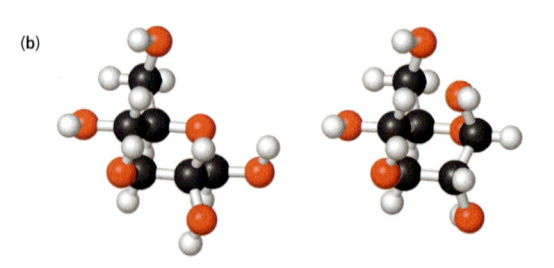

(a) Projeção de Haworth
(b) Conformação torcida C$_2$-endo
(c) Conformação envelope
(d) Conformação torcida C$_3$-endo

Projeção de Haworth   Conformação cadeira   Conformação bote

▲ **Figura 8.12**
Conformações de β-D-glicopiranose. **(a)** Projeção de Haworth, uma conformação cadeira e uma conformação bote. **(b)** Modelo de esfera e bastão de uma conformação cadeira (esquerda) e de uma conformação bote (direita).

adotar conformações ligeiramente diferentes, como a instável meia-cadeira admitida por um resíduo de polissacarídeo no sítio ativo da lisozima (Seção 6.6).

8.4 Derivados de monossacarídeos

Há vários derivados conhecidos dos monossacarídeos básicos. Estes incluem monossacarídeos polimerizados, como os oligossacarídeos e os polissacarídeos, assim como diversas classes de compostos não polimerizados. Nesta seção introduziremos alguns derivados de monossacarídeos, incluindo açúcares-fosfatos, desoxi- e aminoaçúcares, açúcares alcoólicos e açúcares-ácidos.

Como outras biomoléculas que formam polímeros, os açúcares e seus derivados têm abreviaturas usadas para descrever os polissacarídeos mais complexos. As abreviaturas aceitas têm três letras e podem ter sufixos acrescentados em alguns casos. As abreviaturas para algumas pentoses e hexoses, assim como para seus principais derivados, estão listadas na Tabela 8.1. Elas serão usadas mais tarde neste capítulo.

A. Açúcares-fosfatos

Monossacarídeos são com frequência convertidos em ésteres de fosfato. A Figura 8.14 mostra as estruturas de diversos açúcares-fosfatos que iremos encontrar em nosso estudo do metabolismo de carboidratos. As trioses-fosfato, ribose 5-fosfato e glicose 6-fosfato são simples ésteres de fosfato de álcoois. A glicose 1-fosfato é um fosfato de hemiacetal, mais reativo do que um fosfato de álcool. A capacidade de a UDP-glicose agir como doadora de glicosila (Seção 7.3) é evidência dessa reatividade.

B. Desoxiaçúcares

As estruturas de dois desoxiaçúcares estão mostradas na Figura 8.15. Nesses derivados, um átomo de hidrogênio substitui um dos grupos hidroxila do monossacarídeo original. A 2-desoxi-D-ribose é um componente importante da estrutura do DNA. A L-fucose (6-desoxi-L-galactose) é bastante presente em plantas, animais e microrganismos. Apesar de sua configuração L, não usual, a fucose é derivada metabolicamente da D-manose.

C. Aminoaçúcares

Em diversos açúcares, um grupo amino substitui uma das hidroxilas do monossacarídeo original. Em alguns casos, esse grupo amino é acetilado. Três exemplos de aminoaçúcares são mostrados na Figura 8.16. Os aminoaçúcares formados a partir da glicose e da galactose geralmente ocorrem em gliconjugados. O ácido N-acetilneuramínico

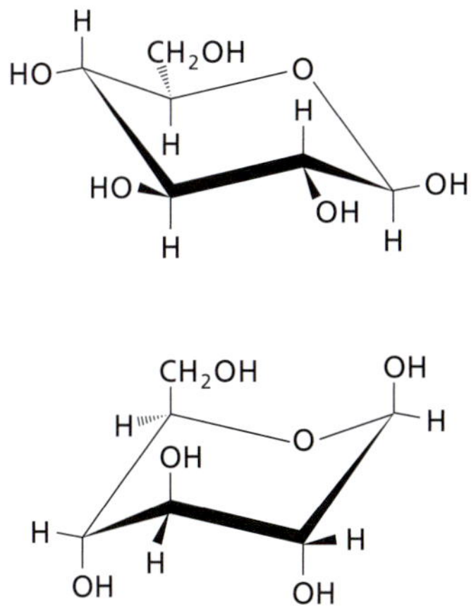

▲ **Figura 8.13**
As duas conformações cadeira da β-D-glicopiranose. O confôrmero do alto é mais estável.

TABELA 8.1 Abreviaturas de alguns monossacarídeos e seus derivados

Monossacarídeo ou derivado	Abreviatura
Pentoses	
Ribose	Rib
Xilose	Xyl
Hexoses	
Frutose	Fru
Galactose	Gal
Glicose	Glc
Manose	Man
Desoxiaçúcares	
Abequose	Abe
Fucose	Fuc
Aminoaçúcares	
Glicosamina	GlcN
Galactosamina	GalN
N-Acetilglicosamina	GlcNAc
N-Acetilgalactosamina	GalNAc
Ácido N-acetilneuramínico	NeuNAc
Ácido N-acetilmurâmico	MurNAc
Açúcares-ácidos	
Ácido glicurônico	GlcUA
Ácido idurônico	IdoA

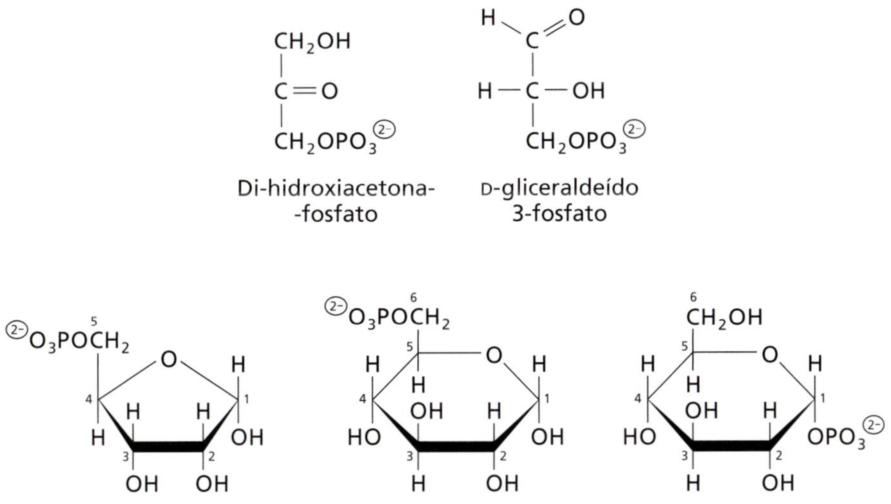

Di-hidroxiacetona-fosfato

D-gliceraldeído 3-fosfato

α-D-ribose 5-fosfato

α-D-glicose 6-fosfato

α-D-glicose 1-fosfato

◀ **Figura 8.14**
Estruturas de vários açúcares-fosfatos metabolicamente importantes.

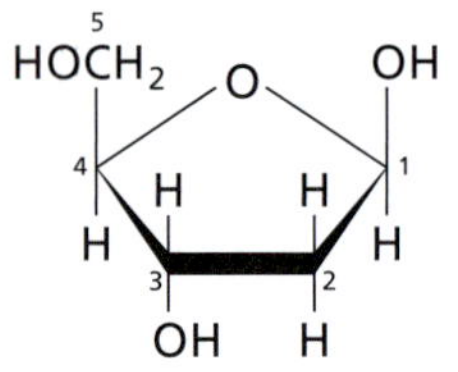

β-2-desoxi-D-ribose

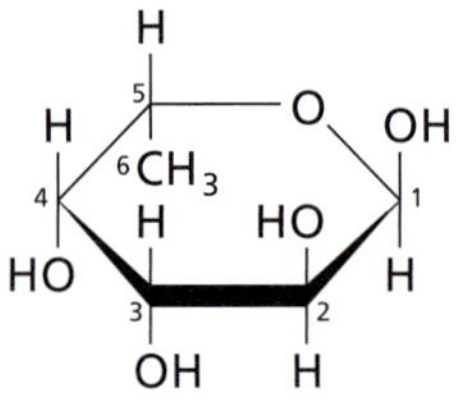

β-L-fucose
(6-desoxi-L-galactose)

▲ **Figura 8.15**
Estruturas dos desoxiaçúcares 2-desoxi-D-ribose e L-fucose.

(NeuNAc) é formado a partir de *N*-acetilmanosamina e piruvato. Quando esse composto cicliza para formar uma piranose, o grupo carbonila em C-2 (da porção piruvato) reage com a hidroxila de C-6. O NeuNAc é um componente importante de várias glicoproteínas e da família de glicolipídeos chamada gangliosídeos (Seção 9.5). Coletivamente, o ácido neuramínico e seus derivados, incluindo NeuNAc, são conhecidos como ácidos siálicos.

D. Açúcares alcoólicos

Em um açúcar alcoólico, o oxigênio da carbonila do monossacarídeo original foi reduzido, formando um poli-hidroxiálcool. A Figura 8.17 mostra três exemplos de açúcares alcoólicos. Glicerol e *mio*inositol são importantes componentes dos lipídeos (Seção 10.4). Ribitol é um componente da flavina mononucleotídeo (FMN) e da flavina-adenina dinucleotídeo (FAD) (Seção 7.4). Em geral, os nomes dos açúcares alcoólicos são formados substituindo-se o sufixo *-ose* do monossacarídeo original por *-itol*.

E. Açúcares-ácidos

Açúcares-ácidos são ácidos carboxílicos derivados de aldoses, seja por oxidação do C-1 (o carbono aldeídico) fornecendo um ácido aldônico, seja pela oxidação do carbono de numeração mais alta (o carbono que carrega o grupo álcool primário) fornecendo um ácido aldurônico. As estruturas dos derivados aldônico e aldurônico da glicose – gliconato e glicuronato – são mostradas na Figura 8.18. Os ácidos aldônicos existem na forma aberta em solução alcalina e formam lactonas (ésteres intramoleculares) quando acidificados. Os ácidos aldurônicos podem existir como piranoses e, portanto, podem ter carbono anomérico. Observe que o ácido *N*-acetilneuramínico (Figura 8.16) é um açúcar-ácido e também um aminoaçúcar. Açúcares-ácidos são componentes importantes de muitos polissacarídeos. O ácido ascórbico, ou vitamina C, é um enediol de uma lactona derivada de D-glicuronato (Seção 7.9).

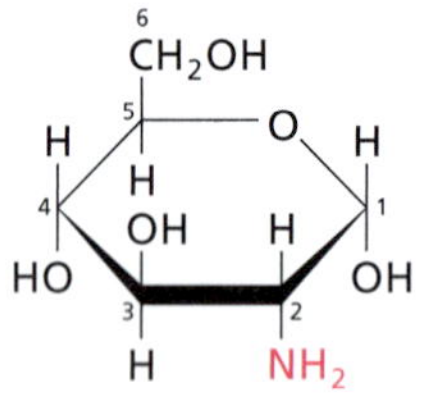

α-D-glicosamina

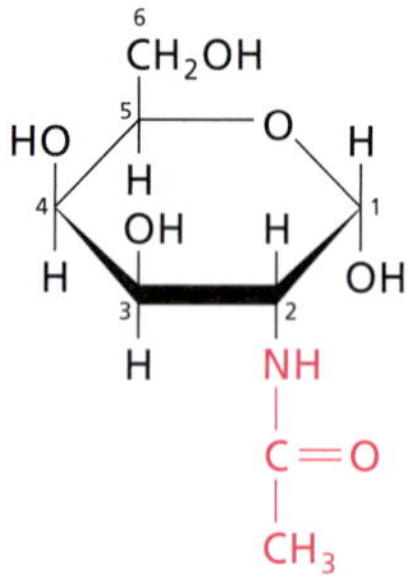

N-acetil-α-D-galactosamina

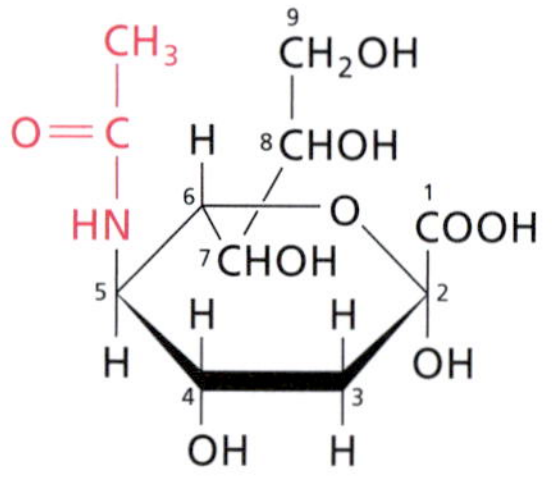

Ácido *N*-acetil-α-D-neuramínico

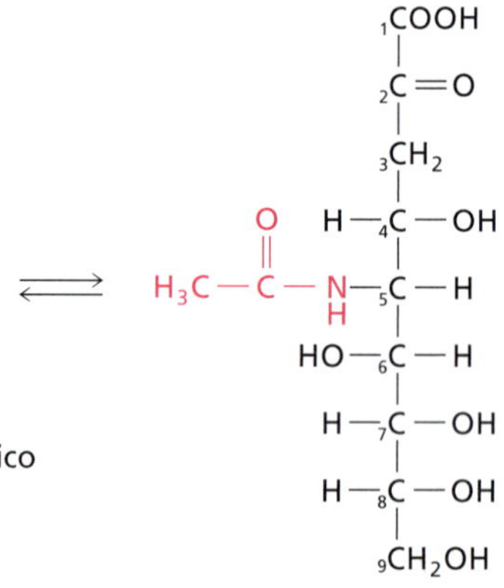

Ácido *N*-acetil-D-neuramínico
(forma aberta)

▲ **Figura 8.16**
Estruturas de vários aminoaçúcares. Os grupos amino e acetilamino são mostrados em rosa.

► **Figura 8.17**
Estruturas de vários açúcares alcoólicos. Glicerol (uma forma reduzida de gliceraldeído) e mioinositol (metabolicamente derivado de glicose) são constituintes importantes de vários lipídeos. O ribitol (uma forma reduzida de ribose) é um componente da vitamina riboflavina e de suas coenzimas.

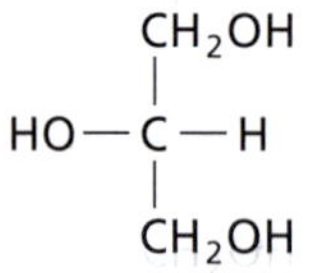

Glicerol

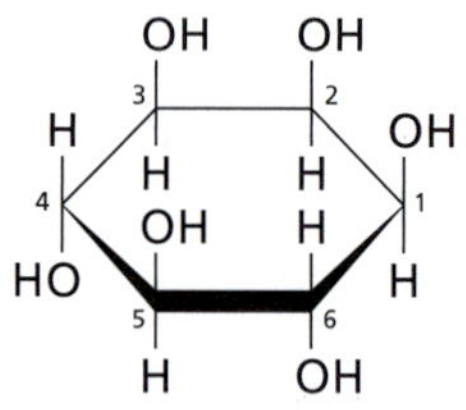

*mio*inositol

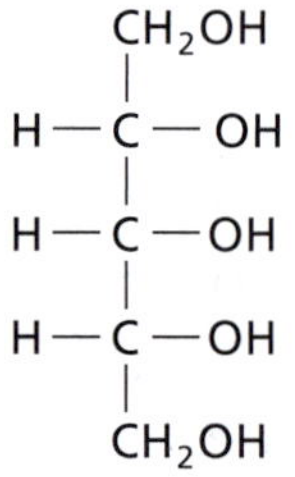

D-ribitol

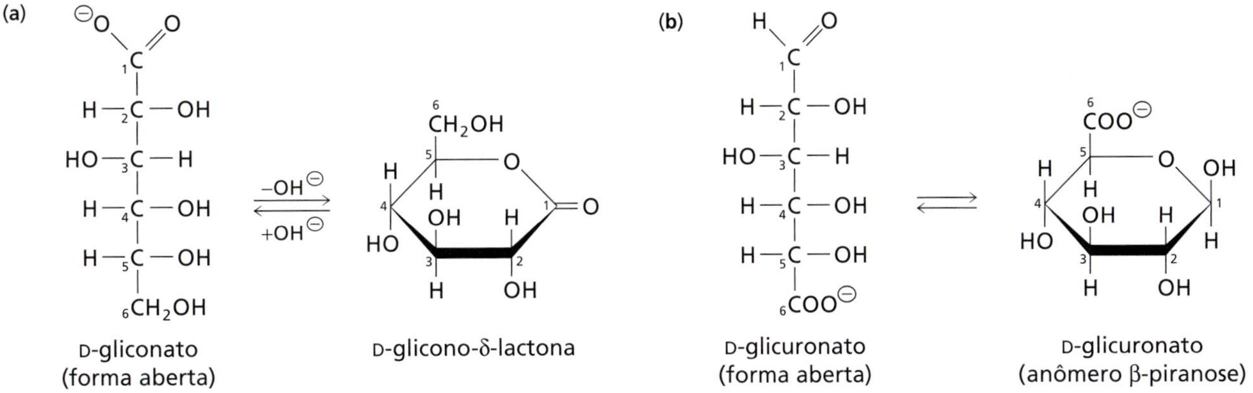

D-gliconato (forma aberta) ⇌ **D-glicono-δ-lactona**

D-glicuronato (forma aberta) ⇌ **D-glicuronato** (anômero β-piranose)

▲ **Figura 8.18**
Estruturas dos açúcares-ácidos derivados da D-glicose. (a) Gliconato e sua δ lactona (b) Formas de cadeia aberta e piranose do glicuronato.

8.5 Dissacarídeos e outros glicosídeos

A **ligação glicosídica** é a ligação estrutural primária de todos os polímeros de monossacarídeos. Ela é uma ligação acetal, na qual o carbono anomérico de um açúcar é condensado com um álcool, uma amina ou um tiol. Como um exemplo simples, tem-se a glicopiranose reagindo com metanol em solução ácida, formando um acetal (Figura 8.19). Compostos contendo ligações glicosídicas são chamados de maneira geral de **glicosídeos**; se o fornecedor do carbono anomérico é a glicose, eles são chamados, especificamente, de **glucosídeos**. Os glicosídeos incluem dissacarídeos, polissacarídeos e alguns derivados de carboidratos.

A. Estruturas dos dissacarídeos

Dissacarídeos são formados quando o carbono anomérico de uma molécula de açúcar interage com uma das várias hidroxilas de outra molécula de açúcar. Neles e nos carboidratos poliméricos, devemos observar tanto o tipo de resíduos de monossacarídeo presentes como os átomos que formam a ligação glicosídica. Na descrição sistemática de um dissacarídeo, é preciso especificar os átomos que fazem a ligação, a configuração da ligação glicosídica e o nome de cada resíduo de monossacarídeo (inclusive sua designação como piranose ou furanose). A Figura 8.20 apresenta as estruturas e a nomenclatura de quatro dissacarídeos comuns.

Maltose (Figura 8.20a) é um dissacarídeo liberado durante a hidrólise do amido, que é um polímero de glicose. Ele está presente no malte, uma mistura obtida de milho ou cevada, usada no leite maltado e na fabricação de cerveja. A maltose é composta de dois resíduos de D-glicose unidos por uma ligação α-glicosídica. A ligação glicosídica une o C-1 de um resíduo (à esquerda na Figura 8.20a) ao oxigênio do C-4 do segundo

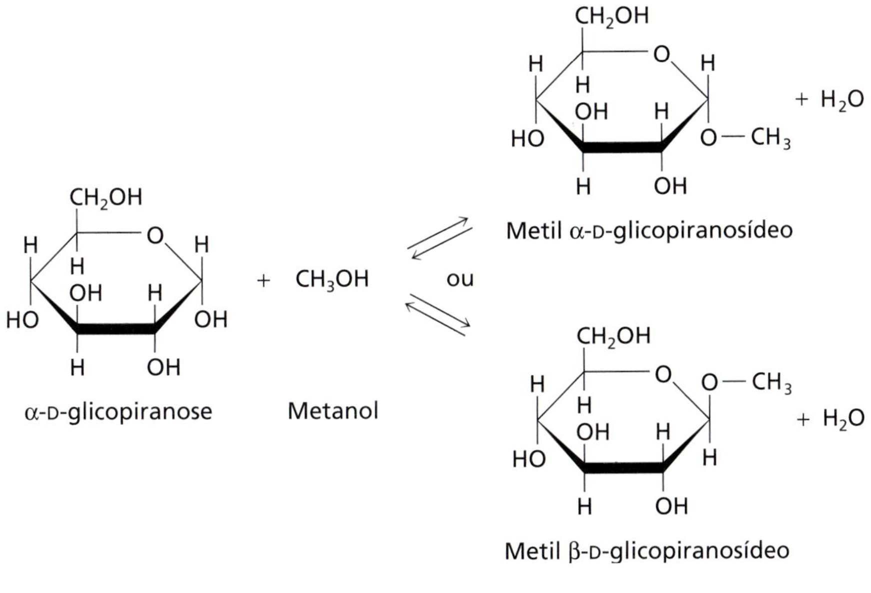

α-D-glicopiranose + CH₃OH ⇌ Metil α-D-glicopiranosídeo + H₂O

ou

Metil β-D-glicopiranosídeo + H₂O

◄ **Figura 8.19**
A reação de glicopiranose com metanol produz um glicosídeo. Nessa reação de condensação catalisada por ácido, o grupo —OH anomérico do hemiacetal é substituído por um grupo —OCH₃, formando metilglicosídeo, um acetal. O produto é uma mistura dos anômeros α e β do metilglicopiranosídeo. Esse glicosídeo, por ser derivado da glicose, poderia ser chamado também de glucosídeo.

Figura 8.20
Estruturas da (a) maltose, (b) celobiose, (c) lactose e (d) sacarose. O átomo de oxigênio de cada ligação glicosídica é mostrado em rosa.

(a) Anômero β da maltose
(α-D-glicopiranosil-(1→4)-β-D-glicopiranose)

(b) Anômero β da celobiose
(β-D-glicopiranosil-(1→4)-β-D-glicopiranose)

(c) Anômero α da lactose
(β-D-galactopiranosil-(1→4)-α-D-glicopiranose)

(d) Sacarose
(α-D-glicopiranosil-(1→2)-β-D-frutofuranosídeo)

resíduo (à direita). Portanto, a maltose é a α-D-glicopiranosil-(1→4)-D-glicose. Observe que o resíduo de glicose à esquerda, cujo carbono anomérico participa da ligação glicosídica, mantém a configuração α-, enquanto o da direita (a extremidade redutora, como explicado na Seção 8.5B) se equilibra livremente entre as estruturas α, β e de cadeia aberta (esta última ocorre em quantidades muito pequenas). A estrutura mostrada na Figura 8.20a é do anômero β-piranose da maltose (aquele cuja terminação redutora está na configuração β, a forma anomérica predominante).

Celobiose [β-D-glicopiranosil-(1→4)-D-glicose] é outro dímero da glicose (Figura 8.20b). A celobiose é o dissacarídeo que se repete na estrutura da celulose, um polissacarídeo vegetal, e que é liberado pela degradação desta. A única diferença entre celobiose e maltose é que a ligação glicosídica na celobiose é β (enquanto ela é α na maltose). O resíduo de glicose à direita na Figura 8.20b, assim como o da direita na Figura 8.20a, existe como um equilíbrio entre as estruturas α, β e de cadeia aberta.

Lactose [β-D-galactopiranosil-(1→4)-D-glicose], o principal carboidrato do leite, é um dissacarídeo sintetizado apenas nas glândulas mamárias de lactantes (Figura 8.20c). Observe que a lactose é um epímero da celobiose. O anômero natural da lactose, que é α, é mais doce e mais solúvel do que o β. Este pode ser encontrado em sorvete vencido, no qual ele cristaliza durante a estocagem, gerando uma textura granulada.

Sacarose [α-D-glicopiranosil-(1→2)-β-D-frutofuranosídeo], ou açúcar de mesa, é o dissacarídeo mais abundante na natureza (Figura 8.20d). A sacarose é sintetizada apenas por vegetais. A sacarose diferencia-se dos outros três dissacarídeos da Figura 8.20 porque sua ligação glicosídica une os carbonos anoméricos de dois resíduos de monossacarídeo. Assim, as configurações da glicopiranose e da frutofuranose na sacarose são fixas, e nenhum deles é livre para interconverter-se entre os anômeros α e β.

▲ A cana-de-açúcar é a principal fonte comercial de sacarose.

B. Açúcares redutores e não redutores

Os monossacarídeos e a maioria dos dissacarídeos são hemiacetais, com um grupo carbonila reativo. Eles são facilmente oxidados em diversos produtos, uma propriedade usada com frequência em sua análise. Esses carboidratos, incluindo a glicose, a maltose, a celobiose e a lactose, são chamados açúcares redutores. Historicamente, os açúcares redutores foram detectados por sua capacidade de reduzir íons metálicos, como $Cu^{2\oplus}$ ou $Ag^{\oplus}$, a produtos insolúveis. Os carboidratos que não são hemiacetais, como a sacarose, não são oxidados facilmente porque os dois carbonos anoméricos estão fixos em uma ligação glicosídica. Esses são classificados como açúcares não redutores.

A capacidade redutora de um açúcar polimérico desperta interesse mais do que analítico. As cadeias poliméricas dos oligossacarídeos e dos polissacarídeos apresentam direcionalidades baseadas em suas terminações redutoras e não redutoras. Em geral, há uma terminação redutora (o resíduo que contém o carbono anomérico livre) e uma terminação não redutora em um polímero linear. Todas as ligações glicosídicas internas de um polissacarídeo envolvem acetais. Os resíduos internos não ficam em equilíbrio com as formas abertas e, portanto, não reduzem íons metálicos. Um polissacarídeo ramificado tem diversas terminações não redutoras, mas apenas uma terminação redutora.

C. Nucleosídeos e outros glicosídeos

Os carbonos anoméricos dos açúcares formam ligações glicosídicas não apenas com outros açúcares, mas também com diversos álcoois, aminas e tióis. Os glicosídeos mais comumente encontrados, excetuando-se os oligossacarídeos e os polissacarídeos, são os nucleosídeos, em que uma purina ou pirimidina é ligada por seu grupo amino secundário a uma β-D-ribofuranose ou β-D-desoxirribofuranose. Os nucleosídeos são chamados *N*-glicosídeos porque um átomo de nitrogênio participa da ligação glicosídica. A guanosina (β-D-ribofuranosilguanina) é um nucleosídeo típico (Figura 8.21). Já discutimos o ATP e outros nucleotídeos que são coenzimas metabólicas (Seção 7.3). O NAD e o FAD também são nucleotídeos.

> Há uma discussão mais completa sobre nucleosídeos e nucleotídeos no Capítulo 19.

QUADRO 8.1 O problema com os felinos

Uma das características dos açúcares é que eles têm sabor doce. Você certamente conhece o sabor da sacarose e, é provável, sabe que frutose e lactose também são doces. Vários outros açúcares e seus derivados têm esse sabor, embora não recomendemos que você entre em um laboratório de bioquímica e comece a experimentar todos os carboidratos que ficam naqueles frascos de plástico branco nas prateleiras.

A doçura não é uma propriedade física das moléculas. Ela é uma interação subjetiva entre uma substância química e os receptores do paladar em sua boca. Existem cinco tipos diferentes de receptores de paladar: doce, ácido, salgado, amargo e umami (este é semelhante ao sabor do glutamato monossódico). Para ativar o sabor doce, uma molécula como a sacarose precisa se ligar ao receptor e dar início a uma resposta que, por fim, chega ao cérebro. A sacarose origina uma resposta moderadamente forte, que serve de padrão de doçura. A resposta da frutose é quase duas vezes mais forte, e a da lactose tem apenas um quinto da força da sacarose. Adoçantes artificiais, como sacarina (Zerocal®, Sucaryl®, Doce Menor®), sucralose (Linea®) e aspartame (por exemplo, Finn®, Gold® em pó), ligam-se ao receptor de doçura e provocam a sensação de sabor doce. Eles são centenas de vezes mais doces do que a sacarose.

O receptor de doçura é codificado por dois genes, chamados *Tas1r2* e *Tas1r3*. Não se sabe como a sacarose e outros ligantes se ligam a esse receptor, embora esta seja uma área de pesquisa muito ativa. Como podem moléculas tão diferentes, como a sacarose e os adoçantes artificiais, desencadear o mesmo sabor doce?

Os felinos, incluindo leões, tigres e panteras, não têm um gene *Tas1r2* funcional. Ele foi convertido em um pseudogene, por causa da excisão de 247 pares de base do éxon 3. É bastante provável que seu gatinho de estimação nunca tenha experimentado o sabor doce. Isso explica muitas coisas sobre os felinos.

▶ **Felinos são carnívoros.** Eles provavelmente não são capazes de sentir o sabor doce.

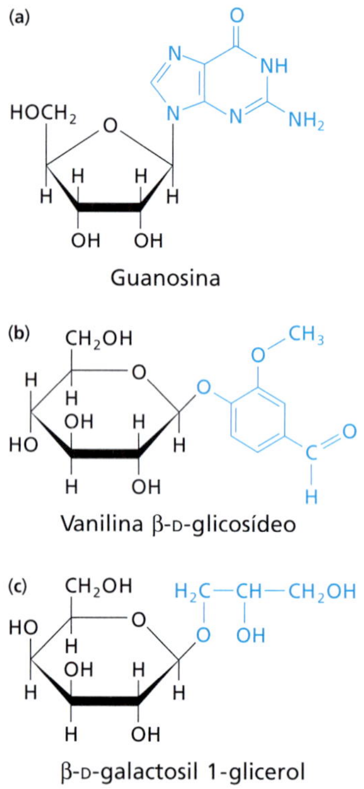

Dois outros exemplos de glicosídeos de ocorrência natural são mostrados na Figura 8.21. O glucosídeo vanilina (Figura 8.21b) é o composto responsável pelo aroma do extrato natural de baunilha. Os β-galactosídeos constituem uma classe abundante de glicosídeos. Nesses compostos, várias moléculas que não são açúcares ligam-se à galactose por ligações β. Por exemplo, galactocerebrosídeos (veja a Seção 9.5) são glicolipídeos comuns em membranas de células eucariontes que podem ser facilmente hidrolisados pela ação das enzimas chamadas β-galactosidases.

8.6 Polissacarídeos

Polissacarídeos são, frequentemente, divididos em duas amplas classes: os **homoglicanos**, ou homopolissacarídeos, polímeros que contêm resíduos de apenas um monossacarídeo; e os **heteroglicanos**, ou heteropolissacarídeos, que contêm resíduos de mais de um tipo de monossacarídeo. Os polissacarídeos são gerados sem um molde, pela adição de resíduos específicos de mono- e oligossacarídeos. Em consequência, os tamanhos e as composições das moléculas de polissacarídeos podem variar. Alguns polissacarídeos comuns e suas estruturas estão listados na Tabela 8.2.

A maioria dos polissacarídeos também pode ser classificada segundo suas funções biológicas. Por exemplo, o amido e o glicogênio são polissacarídeos de estocagem, enquanto a celulose e a quitina são polissacarídeos estruturais. Veremos outros exemplos da variedade e da versatilidade dos carboidratos quando discutirmos os heteroglicanos, na próxima seção.

▲ **Figura 8.21**
Estruturas de três glicosídeos. Os componentes que não são açúcares (ou agliconas) são mostrados em azul. **(a)** Guanosina. **(b)** Vanilina β-D-glucosídeo, o componente aromático do extrato de baunilha. **(c)** β-D-galactosil 1-glicerol, cujos derivados são comuns em membranas de células eucariontes.

TABELA 8.2 Estruturas de alguns polissacarídeos comuns

Polissacarídeo[a]	Componente(s)[b]	Ligação(ões)
Homoglicanos de armazenamento		
Amido		
Amilose	Glc	α-(1 → 4)
Amilopectina	Glc	α-(1 → 4), α-(1 → 6) (ramificações)
Glicogênio	Glc	α-(1 → 4), α-(1 → 6) (ramificações)
Homoglicanos estruturais		
Celulose	Glc	β(1 → 4)
Quitina	GlcNAc	β(1 → 4)
Heteroglicanos		
Glicosaminoglicanos	Dissacarídeos (aminoaçúcares, açúcares-ácidos)	Diversas
Ácido hialurônico	GlcUA e GlcNAc	β(1 → 3), β(1 → 4)

[a]Os polissacarídeos não são ramificados, exceto quando indicado em contrário.
[b]Glc = Glicose; GlcNAc = N-acetilglicosamina; GlcUA = D-glicuronato.

A. Amido e glicogênio

A D-glicose é sintetizada por todas as espécies. Seu excesso pode ser quebrado para produzir energia metabólica. Os resíduos de glicose são estocados como polissacarídeos até que sejam necessários para a produção de energia. O homoglicano de armazenamento de glicose mais comum em plantas é o amido; nos animais e em fungos é o glicogênio. Os dois tipos de polissacarídeos ocorrem nas bactérias.

O amido está presente nas células vegetais como uma mistura de amilose e amilopectina, e é armazenado em grânulos cujos diâmetros variam de 3 a 100 μm. A amilose é um polímero não ramificado com cerca de 100 a 1.000 resíduos de D-glicose unidos por ligações glicosídicas α-(1→4), especificamente chamadas **ligações glucosídicas** α-(1→4) porque os carbonos anoméricos pertencem a resíduos de glicose (Figura 8.22a). O mesmo tipo de ligação une os monômeros de glicose no dissacarídeo maltose (Figura 8.20a).

> O metabolismo do amido é descrito no Capítulo 15.

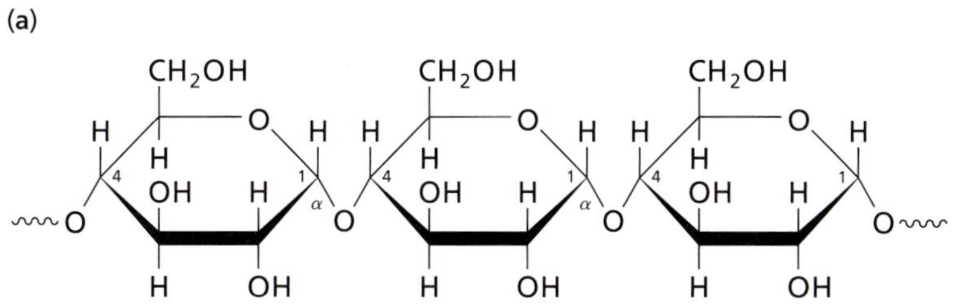

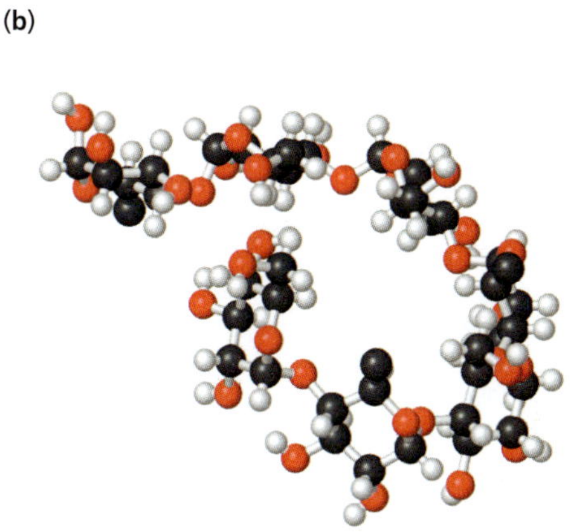

Embora não seja realmente hidrossolúvel, quando colocada em água a amilose forma micelas hidratadas e pode, sob algumas condições, assumir uma estrutura helicoidal (Figura 8.22b).

A amilopectina é uma versão ramificada da amilose (Figura 8.23). Ramificações, ou cadeias laterais poliméricas, são unidas via ligações glicosídicas α-(1→6) às cadeias lineares dos resíduos conectados por ligações glicosídicas α-(1→4). Em média, a ramificação ocorre a cada 25 resíduos, e os ramos contêm de 15 a 25 resíduos de glicose. Alguns ramos podem eles mesmos ser ramificados. Moléculas de amilopectina isoladas de células vivas contêm de 300 a 6.000 resíduos de glicose.

Um ser humano adulto consome cerca de 300 g de carboidratos por dia, a maior parte sob a forma de amido. Grânulos brutos de amido resistem à hidrólise enzimática, mas o cozimento faz com que absorvam água e inchem. O amido inchado é um substrato para duas glicosidases diferentes. O amido ingerido na dieta é degradado no trato gastrintestinal por ação da α-amilase e de uma enzima que desfaz as ramificações (enzima desramificadora). A α-amilase, que ocorre tanto em animais como em vegetais, é uma endoglicosidase (que atua sobre as ligações glicosídicas internas). A enzima catalisa a hidrólise aleatória das ligações glucosídicas α-(1→4) de amilose e amilopectina.

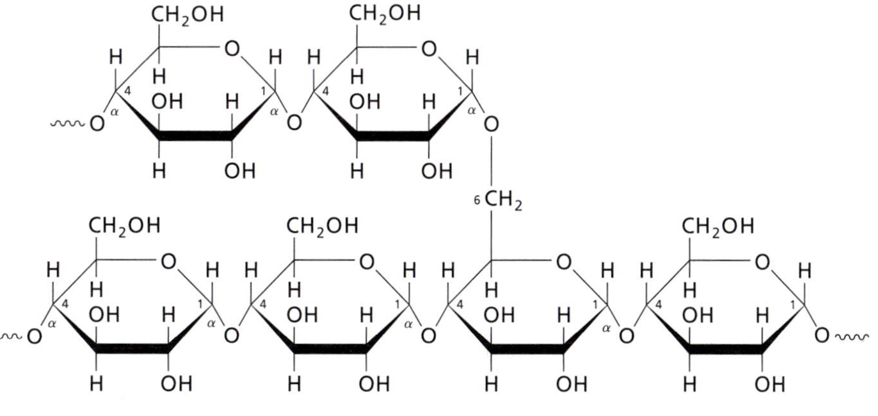

◀ **Figura 8.22**
Amilose. (a) Estrutura da amilose. Amilose, uma forma de amido, é um polímero linear de resíduos de glicose unidos por ligações α-(1→4)-D-glucosídicas. (b) A amilose pode assumir uma conformação helicoidal com giro para a esquerda, hidratada tanto do lado de dentro como em sua superfície externa.

◀ **Figura 8.23**
Estrutura da amilopectina. Amilopectina, uma segunda forma de amido, é um polímero ramificado. Os resíduos lineares de glicose da cadeia principal e dos ramos da amilopectina são unidos por ligações α-(1→4)-D-glucosídicas; os ramos são unidos à cadeia principal por ligações α-(1→6)-D-glucosídicas.

Outra hidrolase, a β-amilase, é encontrada em sementes e bulbos de algumas plantas. Ela é uma exoglicosidase (atua nas ligações glicosídicas terminais). A β-amilase catalisa a liberação hidrolítica sequencial de maltose da extremidade livre, não redutora, da amilopectina.

Apesar de suas designações α e β, os dois tipos de amilase agem apenas sobre ligações α-(1→4)-D-glicosídicas. A Figura 8.24 mostra a ação da α-amilase e da β-amilase sobre a amilopectina. As ligações α-(1→6) nos pontos de ramificação não são substratos para nenhuma dessas duas enzimas. Após hidrólise da amilopectina catalisada por amilase, núcleos altamente ramificados resistentes à hidrólise, chamados **dextrinas-limite**, permanecem. Essas dextrinas só podem ser degradadas depois que enzimas desramificadoras catalisam a hidrólise das ligações α-(1→6) nos pontos de ramificação.

▶ **Figura 8.24**
Ação da α-amilase e da β-amilase sobre a amilopectina. A α-amilase catalisa a hidrólise aleatória de ligações glicosídicas α-(1→4) internas; a β-amilase atua sobre as terminações não redutoras. Cada hexágono representa um resíduo de glicose; a única terminação redutora do polímero ramificado está em rosa (uma molécula real de amilopectina tem muito mais resíduos de glicose do que os mostrados aqui).

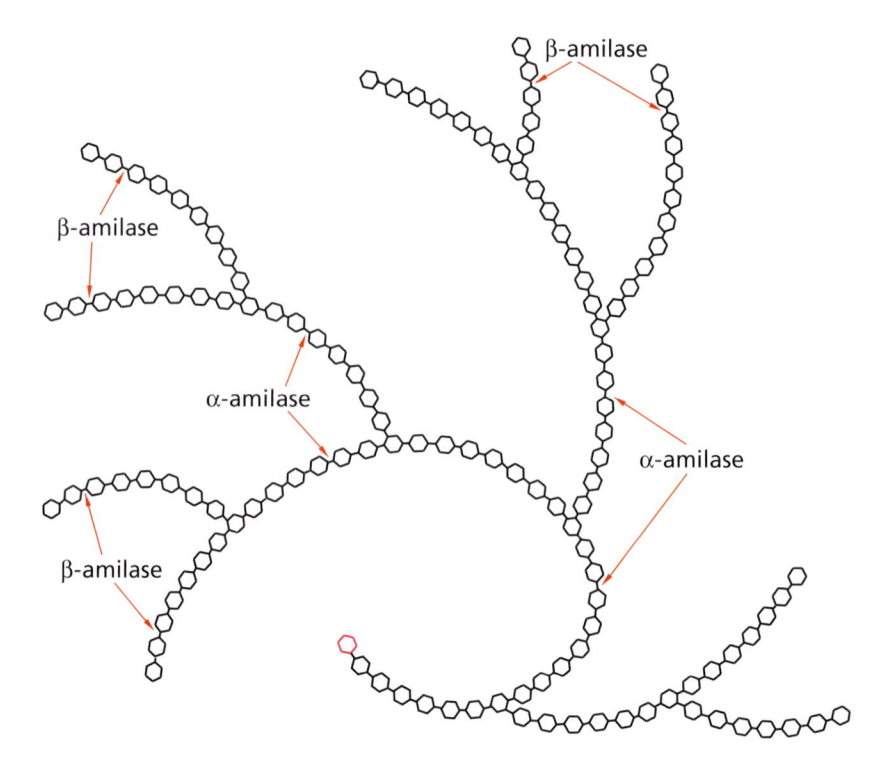

> Enzimas que catalisam a síntese e a degradação intracelular de glicogênio são descritas no Capítulo 12.

O glicogênio também é um polímero ramificado de resíduos de glicose. O glicogênio contém os mesmos tipos de ligação encontrados na amilopectina, mas as ramificações no glicogênio são menores e mais frequentes, ocorrendo a cada 8-12 resíduos. Em geral, as moléculas de glicogênio são maiores do que as moléculas de amido; elas têm até 50.000 resíduos de glicose. Nos mamíferos, dependendo de seu estado nutricional, o glicogênio pode responder por até 10% da massa do fígado e 2% da massa muscular.

As estruturas ramificadas de amilopectina e glicogênio têm apenas uma terminação redutora, mas várias terminações não redutoras. A terminação redutora do glicogênio é ligada covalentemente à proteína chamada glicogenina (Seção 12.5A). O alongamento e a degradação enzimáticas das cadeias polissacarídicas ocorrem nas extremidades não redutoras.

B. Celulose

A celulose é um polissacarídeo estrutural. Ela é o principal componente das paredes celulares rígidas que envolvem muitas células vegetais. Os caules e os ramos de muitas plantas consistem em grande parte de celulose. Esse polissacarídeo simples responde por uma porcentagem significativa de toda a matéria orgânica existente na Terra. Como a amilose, a celulose é um polímero linear de resíduos de glicose, mas na celulose esses resíduos são unidos por ligações β-(1→4) em vez de α-(1→4). Os dois resíduos de glicose do dissacarídeo celobiose também são conectados por uma ligação β-(1→4) (Figura 8.20b). As moléculas de celulose variam muito de tamanho, contendo desde cerca de 300 até mais de 15.000 resíduos de glicose.

As ligações β da celulose resultam em uma conformação estendida rígida, na qual cada resíduo de glicose é girado 180° em relação a seus vizinhos (Figura 8.25). As várias ligações de hidrogênio inter e intracadeias na celulose levam à formação de feixes ou fibrilas (Figura 8.26). As fibrilas de celulose são insolúveis em água, bastante resistentes e rígidas. As fibras de algodão são quase inteiramente compostas por celulose, e quase metade da madeira é composta por ela. Graças à sua resistência, a celulose é usada para diversos fins, sendo componente de diversos materiais sintéticos, incluindo celofane e raion. Para nós, a aplicação mais familiar da celulose é como componente do papel.

Enzimas que catalisam a hidrólise de ligações α-D-glucosídicas (α-glucosidases, como a α- e a β-amilase) não catalisam a hidrólise de ligações β-D-glucosídicas. Da mesma forma, as β-glucosidases (como a celulase) não catalisam a hidrólise de ligações α-D-glucosídicas. Os seres humanos e outros mamíferos são capazes de metabolizar

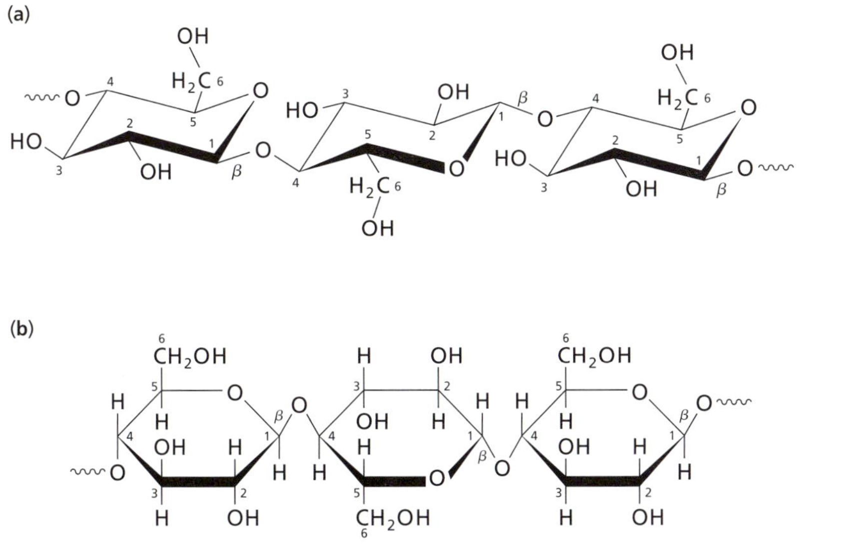

(a)

(b)

▲ **Figura 8.25**
Estrutura da celulose. Observe a orientação alternada dos resíduos sucessivos de glicose na cadeia da celulose. **(a)** Conformação cadeira. **(b)** Projeção de Haworth modificada.

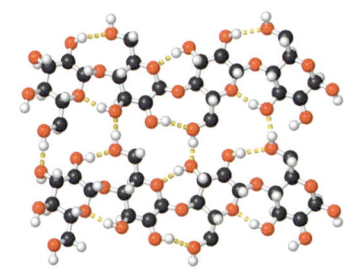

▲ **Figura 8.26**
Fibrilas de celulose. Ligações de hidrogênio intra e intercadeias dão à celulose sua resistência e rigidez.

amido, glicogênio, lactose e sacarose, e utilizam os monossacarídeos resultantes em várias vias metabólicas. Os mamíferos não conseguem metabolizar a celulose, pois não têm enzimas capazes de catalisar a hidrólise de ligações β-glucosídicas. Ruminantes, como vacas e ovelhas, têm microrganismos produtores de β-glucosidases em seu rúmen (um compartimento em seu estômago de múltiplas câmaras). Assim, eles conseguem obter glicose de capim e de outras plantas ricas em celulose. Por terem bactérias produtoras de celulase em seu trato digestivo, os cupins também conseguem obter glicose a partir da celulose que ingerem.

C. Quitina

Quitina, provavelmente o segundo composto orgânico mais abundante na Terra, é um homoglicano estrutural encontrado no exoesqueleto de insetos e crustáceos, bem como nas paredes celulares da maioria dos fungos e das algas vermelhas. Trata-se de um polímero linear semelhante à celulose, com a diferença de que a quitina é formada por resíduos de GlcNAc ligados a β-(1→4), e não por resíduos de glicose (Figura 8.27). Cada resíduo de GlcNAc é girado 180° em relação a seus vizinhos. Os resíduos de GlcNAc em fitas adjacentes de quitina formam ligações de hidrogênio uns com os outros, resultando em fibrilas lineares de grande resistência. Frequentemente, a quitina ocorre associada a compostos não polissacarídicos, como proteínas e material inorgânico.

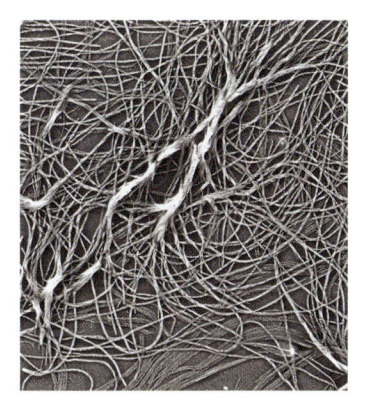

▲ As sequoias gigantes da Califórnia contêm toneladas de celulose.

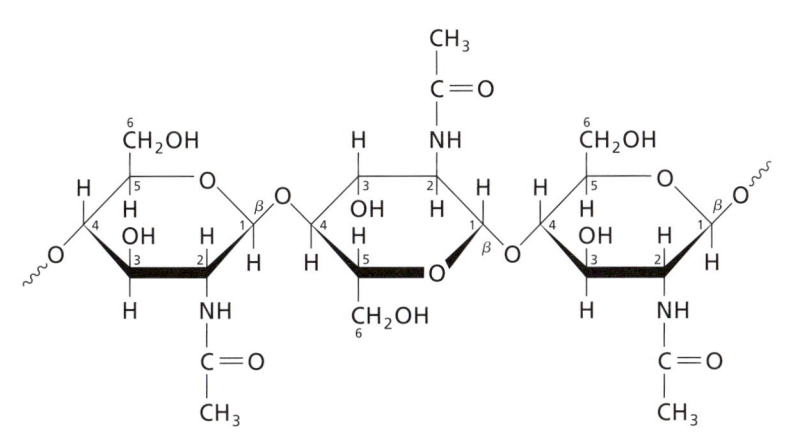

▲ **Figura 8.27**
Estrutura da quitina. O homoglicano linear quitina consiste em uma repetição de resíduos de GlcNAc ligados a β-(1→4). Cada resíduo é girado 180° em relação aos vizinhos.

▲ **Fibras de celulose.** Os vegetais produzem grandes fibras de celulose, que lhes servem como suporte estrutural. Imagens por microscopia eletrônica de varredura dessas fibras mostram como elas se sobrepõem, formando uma grande folha, semelhante a uma rede. Essas fibras celulósicas têm cerca de 253 milhões de anos. Foram retiradas do fundo de uma mina de sal no Novo México.

8.7 Glicoconjugados

Os glicoconjugados são polissacarídeos ligados (ou conjugados) a proteínas ou peptídeos. Na maioria dos casos, os polissacarídeos são compostos de diversos monossacarídeos diferentes. Logo, são heteroglicanos (amido, glicogênio, celulose e quitina são homoglicanos). Os heteroglicanos aparecem em três tipos de glicoconjugados: proteoglicanos, peptidoglicanos e glicoproteínas. Nesta seção, veremos como as propriedades físicas e químicas dos heteroglicanos nos glicoconjugados são adequadas a várias funções biológicas.

A. Proteoglicanos

Os **proteoglicanos** são complexos formados por proteínas e uma classe de polissacarídeos chamada glicosaminoglicanos. Esses glicoconjugados ocorrem predominantemente na matriz extracelular (tecido conjuntivo) de animais multicelulares.

Os **glicosaminoglicanos** são heteroglicanos não ramificados formados por unidades repetidas de dissacarídeos. Como seu nome indica, um componente desses dissacarídeos é um aminoaçúcar: ou D-galactosamina (GalN) ou D-glicosamina (GlcN). O grupo amino do aminoaçúcar pode ser acetilado, formando N-acetilgalactosamina (GalNAc) ou N-acetilglicosamina (GlcNAc). O outro componente do dissacarídeo é, geralmente, um ácido aldurônico. Grupos hidroxila e amino específicos em muitos glicosaminoglicanos são sulfatados. Esses grupos sulfato e os carboxilatos dos ácidos aldurônicos tornam os glicosaminoglicanos polianiônicos.

Diversos tipos de glicosaminoglicanos foram isolados e caracterizados. Cada um deles tem sua própria composição em açúcares, ligações, distribuição nos tecidos e função, e é ligado a uma proteína característica. O ácido hialurônico é um exemplo de glicosaminoglicano composto de unidades dissacarídicas que se repetem, como aparece na Figura 8.28. Ele é encontrado no fluido das articulações, onde forma uma solução viscosa que é um excelente lubrificante. O ácido hialurônico também é o principal componente da cartilagem.

Até 100 cadeias de glicosaminoglicano podem se ligar à proteína de um proteoglicano. Em geral, essas cadeias são ligadas covalentemente aos oxigênios das hidroxilas de resíduos de serina por ligações glicosídicas (mas nem todos os glicosaminoglicanos são ligados covalentemente às proteínas). Os glicosaminoglicanos podem constituir até 95% da massa de um proteoglicano.

Os proteoglicanos são altamente hidratados e ocupam um volume grande, porque os glicosaminoglicanos que os compõem têm grupos polares e iônicos. Essas características conferem elasticidade e resistência à compressão, propriedades importantes do tecido conjuntivo. Por exemplo, a flexibilidade da cartilagem permite que ela absorva impactos. Parte da água pode ser expulsa quando a cartilagem é comprimida, mas o alívio da compressão permite que ela se reidrate. Além de manter as formas dos tecidos, os proteoglicanos também atuam como peneiras extracelulares e ajudam a direcionar o crescimento e a migração celulares.

A análise da estrutura da cartilagem mostra como os proteoglicanos são organizados nesse tecido. A cartilagem é uma malha de fibras de colágeno (Seção 4.11) intercaladas com grandes agregados de proteoglicano ($M_r \approx 2 \times 10^8$). Cada agregado assume

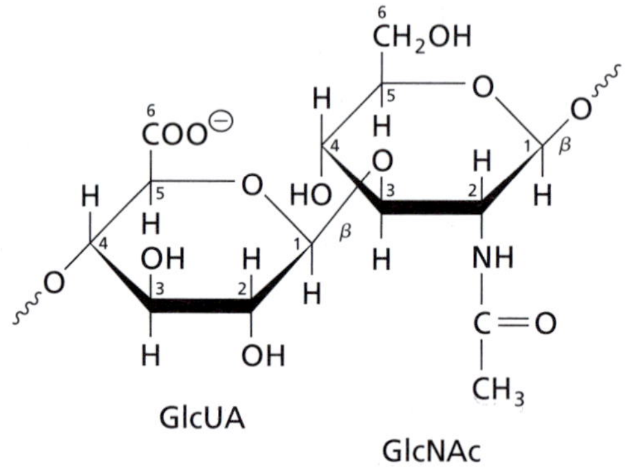

▶ Figura 8.28
Estrutura do dissacarídeo que se repete no ácido hialurônico. O dissacarídeo deste glicosaminoglicano tem D-glicuronato (GlcUA) e GlcNAc. Cada resíduo de GlcUA é unido a um resíduo de GlcNAc por uma ligação β-(1→3); cada resíduo de GlcNAc, por sua vez, é ligado ao próximo resíduo de GlcUA por meio da ligação β-(1→4).

uma forma característica, que lembra uma escova de lavar garrafas (Figura 8.29). Esses agregados contêm ácido hialurônico e vários outros glicosaminoglicanos, além de dois tipos de proteínas: proteínas centrais e as de ligação. Uma fita de ácido hialurônico passa através do agregado, e de suas laterais emergem, como ramificações, vários proteoglicanos – proteínas centrais com cadeias de glicosaminoglicanos ligadas a elas. As proteínas centrais interagem não covalentemente com a fita de ácido hialurônico, principalmente via interações eletrostáticas. Proteínas de ligação estabilizam as interações entre as proteínas centrais e o ácido hialurônico.

O principal proteoglicano da cartilagem é chamado *agrecan*. A proteína central do agrecan ($M_r \approx 220.000$) está associada a aproximadamente 30 moléculas de sulfato de queratan (um glicosaminoglicano composto basicamente de N-acetilglicosamina 6-sulfato e resíduos de galactose, alternados) e cerca de 100 moléculas de sulfato de condroitina (um glicosaminoglicano composto de sulfato de N-acetilgalactosamina e resíduos de glicuronato, alternados). Agrecan faz parte de uma pequena família de hialectanos, proteoglicanos que se ligam ao ácido hialurônico. Outros hialectanos dão elasticidade às paredes dos vasos sanguíneos e modulam as interações intercelulares no cérebro.

▲ **As lagostas têm exoesqueleto de quitina.** A cor do exoesqueleto é determinada pelo alimento ingerido pelas lagostas. Quando elas ingerem derivados de β-caroteno, estes são convertidos em uma mistura complexa de carotenos ligados a proteínas, chamada de crustacianina, de coloração marrom-esverdeada. Quando as lagostas são cozidas, a crustacianina é quebrada, liberando os derivados de β-caroteno, que têm coloração vermelha semelhante às folhas do bordo[1] no outono (veja a Seção 15.1).

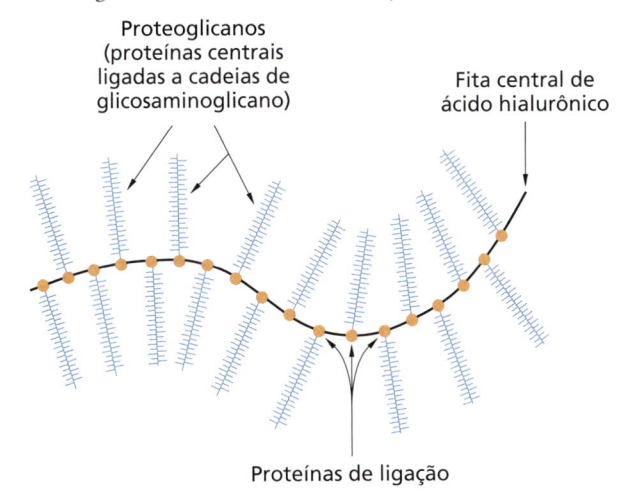

◀ **Figura 8.29**
Agregado de proteoglicano da cartilagem. Proteínas centrais com cadeias de glicosaminoglicano são associadas a uma fita central, composta de uma só molécula de ácido hialurônico. Essas proteínas têm várias cadeias de glicosaminoglicano ligadas covalentemente (moléculas de sulfato de queratan e de sulfato de condroitina). As interações das proteínas centrais com o ácido hialurônico são estabilizadas por proteínas de ligação, que interagem de modo não covalente com os dois tipos de moléculas. O agregado parece uma escova de lavar garrafas.

B. Peptidoglicanos

Peptidoglicanos são polissacarídeos ligados a pequenos peptídeos. As paredes celulares de diversas bactérias têm uma classe especial de peptidoglicano, com um componente heteroglicano ligado a um peptídeo com quatro ou cinco resíduos. O componente heteroglicano é composto de resíduos alternados de GlcNAc e ácido N-acetilmurâmico (MurNAc) unidos por ligações β-(1→4) (Figura 8.30). MurNAc é um açúcar de nove carbonos encontrado apenas em bactérias. Ele é composto por D-lactato (um derivado de ácido com três carbonos) unido por uma ligação éter ao C-3 do GlcNAc.

A porção polissacarídica dos peptidoglicanos se assemelha à quitina, exceto pelo fato de que cada segundo resíduo GlcNAc é modificado pela adição de lactato para formar MurNAc. A ação antibacteriana da lisozima (Seção 6.6) provém de sua capacidade de catalisar a hidrólise das cadeias polissacarídicas dos peptidoglicanos.

O componente peptídico dos peptidoglicanos varia de acordo com a bactéria. Em *Staphylococcus aureus*, ela é um tetrapeptídeo contendo aminoácidos L e D alternados: L-Ala–D-Isoglu–L-Lys–D-Ala (Isoglu representa isoglutamato, uma forma de glutamato na qual a γ-carboxila – não a α-carboxila – é ligada ao resíduo seguinte). Outras espécies têm um aminoácido diferente na terceira posição. Uma ligação amídica une o grupo amino do resíduo de L-alanina ao carboxilato do grupo lactil de um resíduo de MurNAc do polímero glicano (Figura 8.31). O tetrapeptídeo é ligado por meio de ligações cruzadas a outro tetrapeptídeo em uma molécula vizinha de peptidoglicano, por meio de uma cadeia de cinco resíduos de glicina (pentaglicina). A pentaglicina liga

---

[1] Bordo, ou maple, é a árvore símbolo do Canadá, cuja bandeira ostenta a figura de uma folha da planta. Da seiva dessa árvore produz-se o xarope de bordo (ou xarope de ácer), muito usado na culinária norte-americana.

QUADRO 8.2 Os fatores de nodulação são lipo-oligossacarídeos

Leguminosas como alfafa, ervilhas e soja desenvolvem órgãos chamados *nódulos* em suas raízes. Certas bactérias do solo (*rhizobia*) infectam os nódulos e, em simbiose com a planta, fixam nitrogênio (reduzem o nitrogênio atmosférico a amônia). A simbiose é altamente específica quanto às espécies: apenas certas combinações de leguminosas e bactérias são capazes de estabelecer cooperação e, portanto, esses organismos precisam se reconhecer mutuamente. *Rhizobia* produz moléculas de sinalização extracelular, que são oligossacarídeos chamados fatores de nodulação. Concentrações extremamente baixas desses fatores são capazes de induzir plantas hospedeiras a desenvolver nódulos que podem ser infectados pela *rhizobia*. Uma planta hospedeira responde apenas a um fator de nodulação, de composição característica.

A infecção começa quando os pelos da raiz da planta reconhecem o fator de nodulação, por meio dos receptores de fator Nod localizados em sua superfície. Esse reconhecimento resulta em uma resposta que permite à bactéria penetrar o pelo da raiz e migrar para dentro da célula em que o nódulo irá se formar.

Todos os fatores de nodulação estudados até o presente são oligossacarídeos com uma cadeia linear de β-(1→4) *N*-acetilglicosamina (GlcNAc), a mesma estrutura repetitiva existente na quitina (Seção 8.6b). A maioria dos fatores de nodulação é constituída por açúcares pentaméricos, embora o número de resíduos possa variar de três a seis (veja a figura a seguir). A especificidade quanto às espécies é dada pela variação no tamanho do polímero e a possível substituição em cinco sítios da terminação não redutora (R1 a R5) e em dois sítios da terminação redutora (R6 e R7). O grupo R1, um grupo acila que substitui o átomo de nitrogênio no C-2 da terminação não redutora, é um ácido graxo que normalmente tem 18 átomos de carbono. Portanto, os fatores de nodulação são lipo-oligossacarídeos. O grupo R6, que se liga ao álcool do C-6 da terminação redutora, pode ter várias estruturas, incluindo sulfato ou metilfucose. A pesquisa sobre esses reguladores de crescimento das leguminosas estimulou a investigação das atividades biológicas de outros oligossacarídeos.

> Consulte a Seção 17.1 para detalhes sobre a fixação de nitrogênio.

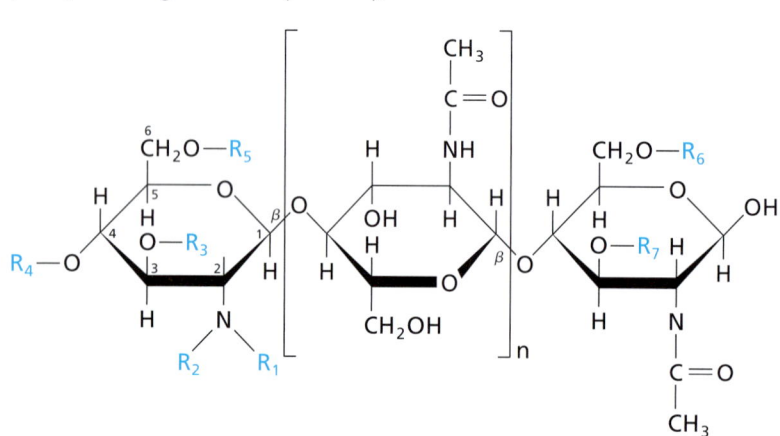

▲ **Estrutura geral dos fatores de nodulação, lipo-oligossacarídeos com esqueleto de *N*-acetilglicosamina (GlcNAc).** O número de resíduos internos de *N*-acetilglicosamina é indicado por *n*, que, geralmente, é igual a 3, mas às vezes também pode ser 1, 2 ou 4. O grupo R1 é um substituinte acila derivado de ácido graxo, geralmente com 18 carbonos.

▲ **Formação de nódulos na leguminosa *Lotus japonicus*.** Rhizobia (azul) secreta fatores de nodulação, levando à endocitose pelas células dos pelos da raiz e à formação de um fio infeccioso, que liga o ponto de entrada (topo) às células dos nódulos na raiz (abaixo).

▶ **Figura 8.30**
Estrutura do polissacarídeo do peptidoglicano da parede celular bacteriana. O glicano é um polímero formado por resíduos de GlcNAc e ácido *N*-acetilmurâmico (MurNAc) alternados.

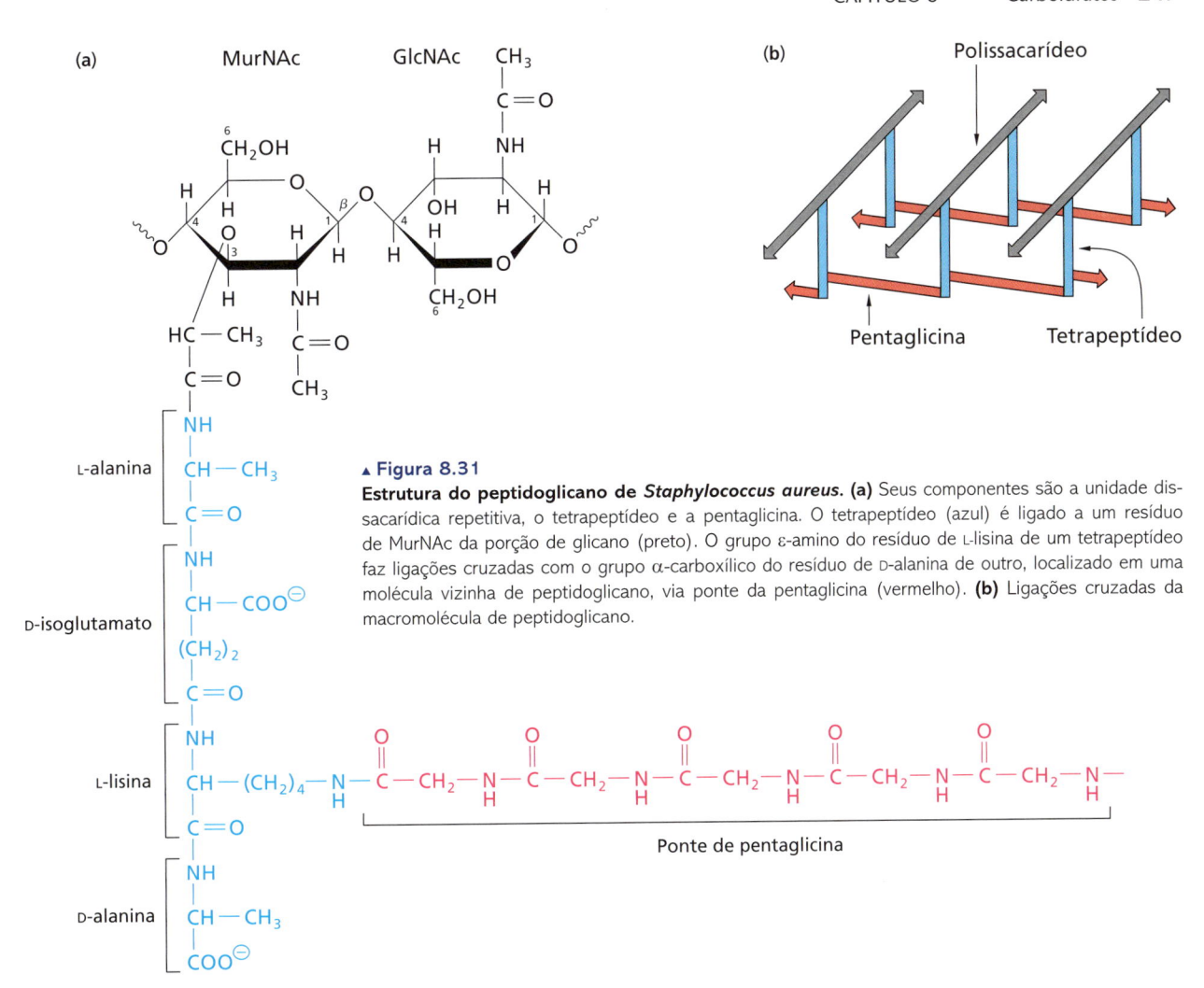

▲ **Figura 8.31**
Estrutura do peptidoglicano de *Staphylococcus aureus*. (a) Seus componentes são a unidade dissacarídica repetitiva, o tetrapeptídeo e a pentaglicina. O tetrapeptídeo (azul) é ligado a um resíduo de MurNAc da porção de glicano (preto). O grupo ε-amino do resíduo de L-lisina de um tetrapeptídeo faz ligações cruzadas com o grupo α-carboxílico do resíduo de D-alanina de outro, localizado em uma molécula vizinha de peptidoglicano, via ponte da pentaglicina (vermelho). (b) Ligações cruzadas da macromolécula de peptidoglicano.

o resíduo de L-lisina de um tetrapeptídeo à carboxila do resíduo de D-alanina de outro. A extensa formação de ligações cruzadas converte o peptidoglicano essencialmente em uma única macromolécula gigantesca e rígida, que define a forma da bactéria, cobrindo sua membrana plasmática e protegendo a célula de flutuações da pressão osmótica.

A maioria das bactérias tem uma camada externa adicional de polissacarídeos densos, chamada *cápsula*. Esta é composta de cadeias polissacarídicas formadas principalmente por resíduos de *N*-acetilglicosamina (GlcNAc), mas nas quais vários outros aminoaçúcares estão presentes. A cápsula protege a célula bacteriana contra danos. Nas bactérias patogênicas, ela ajuda a evitar a destruição pelo sistema imune.

Nas bactérias Gram-negativas, a parede celular de peptidoglicano fica entre a membrana plasmática interna e a membrana externa. Nas Gram-positivas, não há membrana externa, e a parede celular é muito mais espessa. Essa é uma das razões pelas quais o corante de Gram (assim chamado em homenagem a Christian Gram) tinge as superfícies de algumas bactérias (as Gram-positivas), mas não de outras (as Gram-negativas).

Durante a biossíntese de peptidoglicanos, um peptídeo formado por cinco resíduos – L-Ala–D-Isoglu–L-Lys–D-Ala–D-Ala – se liga a um resíduo de MurNAc. Nas etapas seguintes, cinco resíduos de glicina são adicionados sequencialmente ao grupo ε-amino da lisina, formando a ponte de pentaglicina. Na etapa final da síntese, uma transpeptidase catalisa a formação de uma ligação peptídica entre o penúltimo resíduo de alanina e um resíduo terminal de glicina de uma ponte de pentaglicina de uma fita vizinha de peptidoglicano. Essa reação é ativada pela liberação do resíduo terminal de D-alanina.

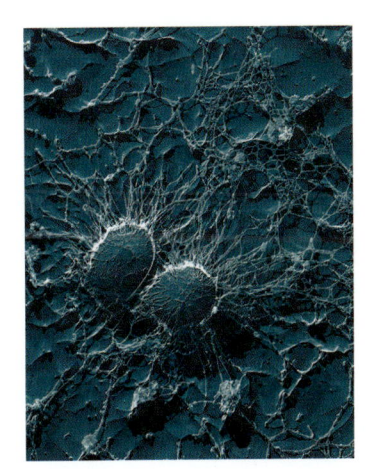

▲ **Células de *Staphylococcus aureus*.** Essas células bacterianas têm extensas cápsulas polissacarídicas que as protegem do sistema imunológico de seus hospedeiros.

A estrutura do antibiótico penicilina (Figura 8.32) é semelhante aos resíduos terminais D-Ala–D-Ala do peptidoglicano imaturo. A penicilina se liga, de modo provavelmente irreversível, ao sítio ativo da transpeptidase, inibindo a atividade da enzima e, assim, bloqueando a síntese de mais peptidoglicanos. O antibiótico evita o crescimento e a proliferação de bactérias. A penicilina é seletivamente tóxica às bactérias porque a reação que ela afeta ocorre apenas em alguns desses microrganismos, e não em células eucariontes.

C. Glicoproteínas

Glicoproteínas, como os proteoglicanos, são proteínas que têm oligossacarídeos ligados covalentemente (isto é, proteínas glicosiladas). Na realidade, os proteoglicanos são um tipo de glicoproteína. As cadeias de carboidratos em uma glicoproteína variam de tamanho, indo de 1 até mais de 30 resíduos, e podem representar até 80% da massa total da molécula. As glicoproteínas são um grupo extraordinariamente variado de proteínas, que inclui enzimas, hormônios, proteínas estruturais e proteínas de transporte.

As cadeias oligossacarídicas de glicoproteínas diferentes têm composição muito variável, inclusive entre moléculas da mesma proteína, constituindo o fenômeno chamado *micro-heterogeneidade*.

Vários fatores contribuem para a diversidade estrutural das cadeias oligossacarídicas das glicoproteínas:

1. Uma cadeia oligossacarídica pode conter vários açúcares diferentes. Oito açúcares predominam nas glicoproteínas eucariontes: as hexoses L-fucose, D-galactose, D-glicose e D-manose; as hexosaminas N-acetil-D-galactosamina e N-acetil-D-glicosamina; os ácidos siálicos de nove carbonos (geralmente ácido N-acetilneuramínico) e a pentose D-xilose. Várias combinações desses açúcares são possíveis.
2. Os açúcares podem ser unidos por ligações α- ou β-glicosídicas.
3. As ligações também podem unir vários átomos de carbono nos açúcares. Nas hexoses e nas hexosaminas, as ligações glicosídicas sempre envolvem o C-1 de um açúcar, mas podem envolver C-2, C-3, C-4 ou C-6 de outra hexose ou C-3, C-4 ou C-6 de um aminoaçúcar (nesta classe de açúcares, em geral, C-2 é N-acetilado). O C-2 (e não o C-1) do ácido siálico é ligado a outros açúcares.
4. As cadeias oligossacarídicas das glicoproteínas podem conter até quatro ramificações.

O número astronômico de estruturas oligossacarídicas possíveis que esses quatro fatores permitem não acontece nas células porque elas não têm glicosiltransferases específicas para catalisar a formação de todas as possíveis ligações glicosídicas. Além disso, glicoproteínas individuais – por meio de suas conformações específicas – modulam suas próprias interações com as enzimas glicosilantes, de modo que a maioria das glicoproteínas tem uma estrutura oligossacarídica heterogênea, mas reprodutível.

As cadeias oligossacarídicas da maioria das glicoproteínas são ligadas a *O* ou a *N*. Nos **oligossacarídeos ligados a *O***, um resíduo de GalNAc é unido, tipicamente, à cadeia lateral de um resíduo de serina ou de treonina. Nos **oligossacarídeos ligados a *N***, um resíduo de GlcNAc é unido ao nitrogênio da amida de um resíduo de asparagina. As estruturas de uma ligação *O*-glicosídica e de uma *N*-glicosídica são comparadas na Figura 8.33. Resíduos adicionais de açúcares podem ser ligados aos resíduos de GalNAc ou de GlcNAc. Uma glicoproteína individual pode conter tanto oligossacarídeos ligados a *O* como ligados a *N*; algumas glicoproteínas contêm um terceiro tipo de ligação. Nelas, a proteína é ligada à etanolamina que, por sua vez, é conectada a um oligossacarídeo ramificado ao qual também se liga um lipídeo (Seção 9.10).

Há quatro subclasses importantes de ligações *O*-glicosídicas nas glicoproteínas:

1. A mais comum é a ligação GalNAc-Ser/Thr mencionada anteriormente. Outros açúcares – por exemplo, galactose e ácido siálico – são ligados com frequência ao resíduo de GalNAc (Figura 8.34a).
2. Alguns resíduos de 5-hidroxilisina (Hyl) do colágeno (Figura 4.35) são unidos à D-galactose via uma ligação *O*-glicosídica (Figura 8.34b). Essa estrutura é específica do colágeno.

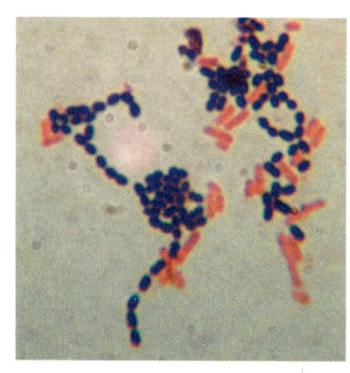

▲ **O corante de Gram.** O procedimento de coloração de Gram distingue bactérias Gram-positivas (esquerda, roxo) das Gram-negativas (direita, rosa).

▲ **Figura 8.32**
Estruturas da penicilina e —D-Ala—D-Ala. A parte da penicilina que se assemelha ao dipeptídeo é mostrada em vermelho. R representa diversos substituintes possíveis.

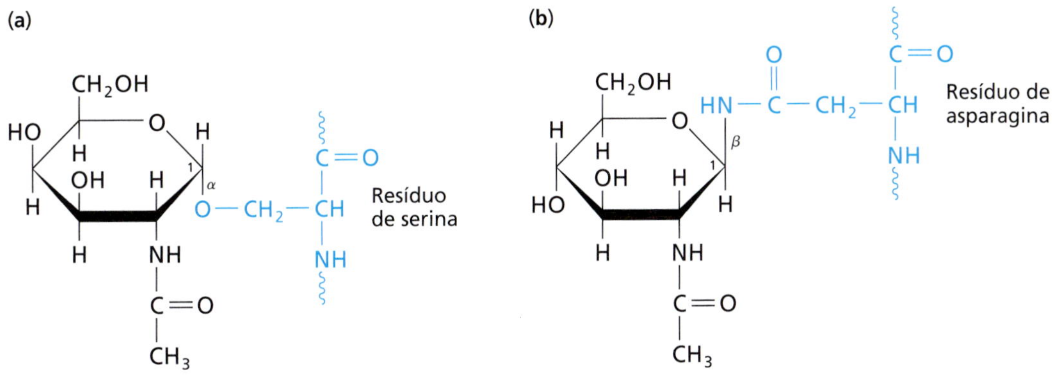

▲ **Figura 8.33**
Ligações O-glicosídicas e N-glicosídicas. (a) Ligação N-acetilgalactosamina-serina, a principal ligação O-glicosídica encontrada nas glicoproteínas. **(b)** Ligação N-acetilglicosamina-asparagina, que caracteriza as glicoproteínas ligadas a N. A ligação O-glicosídica é α, enquanto a N-glicosídica é β.

3. Os glicosaminoglicanos de certos proteoglicanos são ligados à proteína central via uma estrutura Gal–Gal–Xyl–Ser (Figura 8.34c).
4. Em algumas proteínas, um único resíduo de GlcNAc é ligado à serina ou à treonina (Figura 8.34d).

Oligossacarídeos ligados a O podem corresponder a 80% da massa das mucinas. Essas grandes glicoproteínas são encontradas no muco, o fluido viscoso que protege e lubrifica o epitélio dos tratos gastrointestinal, genitourinário e respiratório. As cadeias oligossacarídicas das mucinas são abundantes em resíduos de NeuNAc e açúcares sulfatados. As cargas negativas desses resíduos são responsáveis, em parte, pela forma estendida das mucinas, que contribui para a viscosidade das soluções que as contêm.

A biossíntese das cadeias oligossacarídicas das glicoproteínas demanda um conjunto de enzimas específicas, em compartimentos distintos da célula. Na síntese em várias etapas de oligossacarídeos ligados a O, as glicosiltransferases catalisam a adição de grupos glicosila doados pelas coenzimas nucleotídeo-açúcar. As cadeias oligossacarídicas são montadas por adição da primeira molécula de açúcar à proteína, seguida de adições subsequentes de um açúcar à extremidade não redutora.

Oligossacarídeos ligados a N, assim como os ligados a O, apresentam grande variedade na sequência de açúcares e em sua composição. A maioria dos oligossacarídeos ligados a N pode ser dividida em três subclasses: alto conteúdo de manose, complexos e híbridos (Figura 8.35). A existência de um pentassacarídeo central comum (GlcNAc$_2$Man$_3$) em todas as classes reflete uma rota biossintética inicial comum. A síntese dos oligossacarídeos ligados a N começa com a construção de um componente constituído por um oligossacarídeo ramificado, com 14 resíduos (nove dos quais são manose), ligado ao lipídeo dolicol. A cadeia oligossacarídica completa é transferida a um resíduo de asparagina da proteína recém-sintetizada, após o que a cadeia é cortada

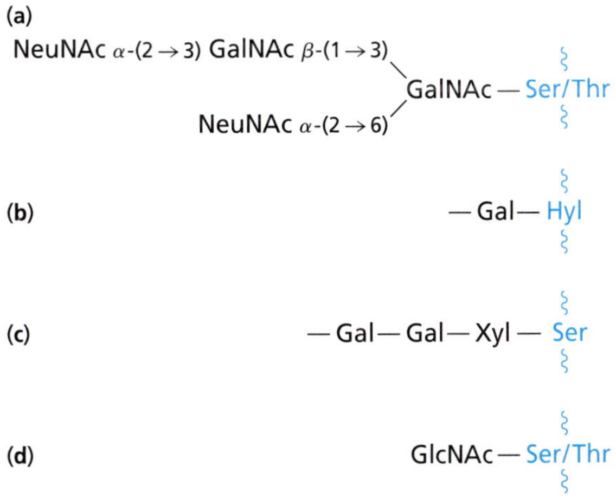

◄ **Figura 8.34**
Quatro subclasses de ligações O-glicosídicas. (a) Exemplo de uma ligação típica, na qual a N-acetilgalactosamina (GalNAc) com outros resíduos ligados é unida a um resíduo de serina ou de treonina. **(b)** Ligação encontrada no colágeno, no qual o resíduo de galactose, normalmente unido a um resíduo de glicose, é ligado à hidroxilisina (Hyl). **(c)** Ligação trissacarídica encontrada em certos proteoglicanos. **(d)** Ligação GlcNAc encontrada em algumas proteínas.

QUADRO 8.3 Grupo sanguíneo ABO

O grupo sanguíneo ABO foi descoberto em 1901 por Karl Landsteiner, que recebeu o prêmio Nobel de Fisiologia ou Medicina em 1930. A maioria dos primatas apresenta três tipos diferentes de oligossacarídeos ligados a O ou N na superfície de suas células. A estrutura central desses oligossacarídeos é chamada antígeno H. Ela consiste em várias combinações de galactose (Gal), fucose (Fuc), N-acetilglicosamina (GlcNac) e ácido N-acetilneuramínico (ácido siálico, NeuNAc). Esses monossacarídeos são ligados de várias maneiras, formando uma estrutura pequena, ramificada, com uma considerável micro-heterogeneidade. Uma das estruturas mais comuns do antígeno H é mostrada na figura.

A estrutura central (antígeno H) pode ser modificada de várias formas. A adição de um resíduo de GalNAc via ligação α-(1→3) forma o antígeno A. Essa reação é catalisada pela enzima A. A adição de um resíduo de Gal via ligação α-(1→3) é catalisada pela enzima B.

Se apenas o antígeno A estiver presente, diz-se que a pessoa tem sangue tipo A. Se apenas o antígeno B estiver presente, o tipo sanguíneo será B. O tipo AB indica que os dois antígenos estão presentes nas superfícies das células. Se nem GalNAc nem Gal tiverem sido adicionados à estrutura do antígeno H, então não haverá antígeno A nem antígeno B, e o sangue será do tipo O.

O tipo sanguíneo ABO é determinado por um único gene no cromossomo 9. As populações humanas (e de outros primatas) têm diversos alelos desse gene. O gene original codifica a enzima A, que transfere GalNAc. Variantes dele alteram a especificidade da enzima, de modo que ela não mais reconheça GalNAc, mas em vez dela, transfira Gal. Essas enzimas B diferem do alelo que codifica a enzima A em vários resíduos de aminoácidos. As estruturas dos dois tipos de glicosiltransferase foram desvendadas, e revelam que apenas uma substituição de aminoácido é necessária para alterar a especificidade de N-acetilaminogalactosiltransferase para galactosiltransferase.

O *locus* do cromossomo 9 também pode conter vários alelos, que codificam proteínas não funcionais. Uma das mutações mais comuns é a deleção de um par de bases próximo da terminação amino da região codificadora. Essa deleção desloca o quadro de leitura da tradução (Seção 22.1),

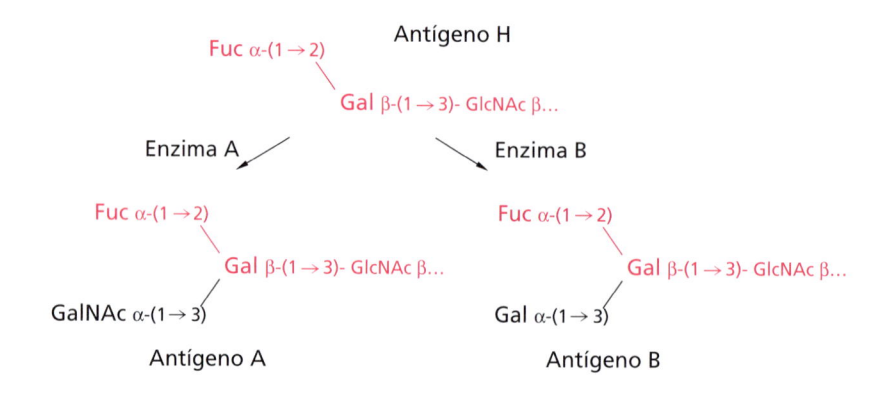

Antígeno H

Fuc α-(1→2)
Gal β-(1→3)- GlcNAc β...

Enzima A ↙   ↘ Enzima B

Antígeno A
Fuc α-(1→2)
Gal β-(1→3)- GlcNAc β...
GalNAc α-(1→3)

Antígeno B
Fuc α-(1→2)
Gal β-(1→3)- GlcNAc β...
Gal α-(1→3)

(a) Man α-(1→2) Man α-(1→2) Man α-(1→3)
Man α-(1→2) Man α-(1→3)
Man β-(1→4) GlcNAc β-(1→4) GlcNAc — Asn
Man α-(1→6)
Man α-(1→2) Man α-(1→6)

(b) SA α-(2→3,6) Gal β-(1→4) GlcNAc β-(1→2) Man α-(1→3)
Man β-(1→4) GlcNAc β-(1→4) GlcNAc — Asn
SA α-(2→3,6) Gal β-(1→4) GlcNAc β-(1→2) Man α-(1→6)

(c) Gal β-(1→4) GlcNAc β-(1→2) Man α-(1→3)
Man β-(1→4) GlcNAc β-(1→4) GlcNAc — Asn
Man α-(1→3)
Man α-(1→6)
Man α-(1→6)

▲ **Figura 8.35**
Estruturas de oligossacarídeos ligados a *N*. (a) Cadeia com alto conteúdo de manose. **(b)** Cadeia complexa. **(c)** Cadeia híbrida. O pentassacarídeo central comum a todas as estruturas ligadas a *N* é mostrado em rosa. SA representa um ácido siálico, geralmente NeuNAc.

tornando impossível sintetizar uma enzima funcional de qualquer tipo. Esse é outro exemplo de um pseudogene em seres humanos. Pessoas homozigotas para os alelos O não funcionais não irão sintetizar nem o antígeno A, nem o B; seu sangue será tipo O (veja a entrada 110300 do banco de dados On-line Medelian Inheritance in Man (OMIM: ncbi.nlm.nih.gov/omim), que tem um resumo excelente e completo de todas as variantes ABO).

Todas as células do seu sangue apresentam alguns oligossacarídeos centrais não modificados (antígeno H), seja seu tipo sanguíneo A, B ou AB. Isso se deve ao fato de que nem todas as estruturas do antígeno H são modificadas. Em circunstâncias normais, o plasma humano não contém anticorpos para o antígeno H. Mas indivíduos com tipo O terão anticorpos para os antígenos A e B porque essas estruturas são reconhecidas como não pertencentes a eles. Se uma pessoa com sangue tipo O receber transfusão de sangue tipo A, B ou AB, ela irá desenvolver uma resposta imune e rejeitá-lo. Da mesma forma, se você tem sangue tipo A, terá anticorpos anti-B e não poderá receber transfusão de sangue tipo B ou AB.

O alelo O (pseudogene) é o mais comum na maioria da população humana, e o B, o mais raro. Algumas populações nativas das Américas são homogêneas quanto ao alelo O, e nelas todas as pessoas têm sangue tipo O. Indivíduos com sangue tipo O são perfeitamente normais, indicando que a ausência das estruturas oligossacarídicas A e B não tem efeito sobre o crescimento e o desenvolvimento normais (ou seja, esse alelo é neutro na maioria dos ambientes). Contudo, há algumas correlações entre o tipo sanguíneo e doenças. Pessoas com sangue tipo O, por exemplo, são mais suscetíveis ao cólera, doença causada por infecção pela bactéria *Vibrio cholerae*. Tais pressões seletivas podem ser responsáveis por manter a frequência dos alelos A e B em algumas populações.

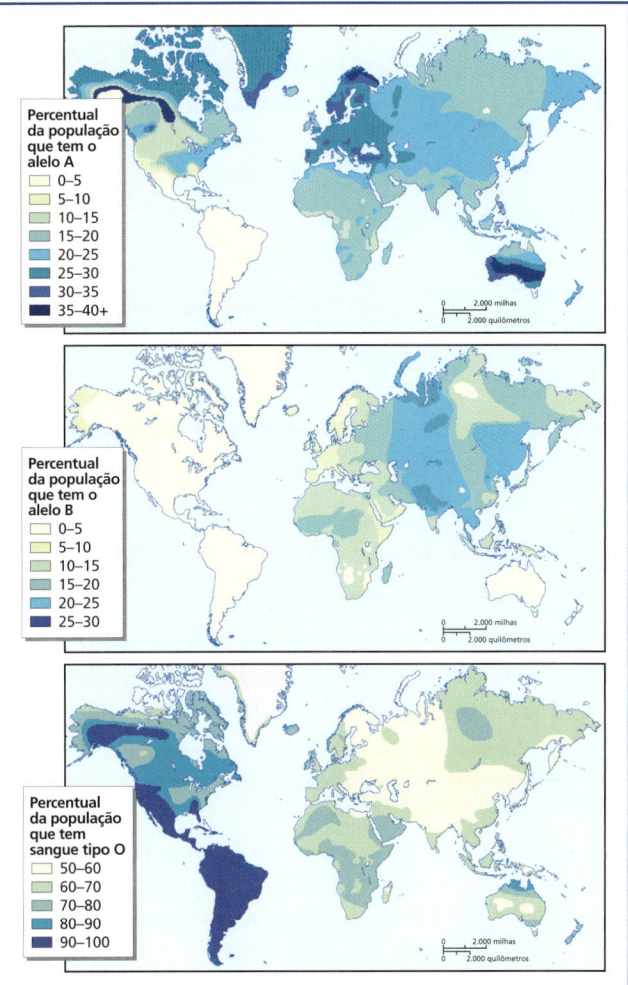

▲ **Grupo sanguíneo ABO: distribuição dos alelos em seres humanos.**

pela ação de glicosidases. Cadeias com alto conteúdo de manose representam um estágio inicial da biossíntese dos oligossacarídeos ligados a *N*. As cadeias dos oligossacarídeos complexos resultam da remoção de alguns resíduos de açúcar das cadeias com alto conteúdo de manose e da adição de outros, como fucose, galactose, GlcNAc e ácido siálico (fenômeno chamado processamento de oligossacarídeos). Esses resíduos de açúcar adicionados são doados por açúcares de nucleotídeos em reações catalisadas por glicosiltransferases, como na síntese de oligossacarídeos ligados a *O*. Em alguns casos, uma glicoproteína pode conter uma cadeia oligossacarídica híbrida, um oligossacarídeo ramificado no qual uma das ramificações é do tipo alto conteúdo de manose, e a outra, do tipo complexo.

A maioria das glicoproteínas é secretada para fora da célula ou é ligada à superfície externa da membrana plasmática. Há muito poucas glicoproteínas no citoplasma. Com raras exceções, nenhuma das enzimas metabólicas básicas é glicosilada. A adição de cadeias oligossacarídicas é intimamente acoplada à separação e à secreção de proteínas em células eucariontes. Os oligossacarídeos são ligados a proteínas específicas no lúmen do retículo endoplasmático (RE), e os grupos são modificados por várias glicosiltranferases, à medida que as proteínas se deslocam do RE para a superfície da célula, passando pelo complexo de Golgi. A estrutura do oligossacarídeo ligado serve como marcador para direcionar proteínas para vários compartimentos. Por exemplo,

▲ **Mucinas.** As mucinas são proteínas altamente glicosiladas, secretadas pelas células epiteliais de animais. Provavelmente você está familiarizado com as mucinas secretadas pelas células que cobrem sua boca (saliva), sua cavidade nasal ("meleca") e seu intestino. A mucina mostrada aqui está sendo secretada por uma lampreia.

A síntese de glicoproteínas é discutida na Seção 22.10.

dependendo da estrutura oligossacarídica, algumas proteínas são marcadas para envio aos lisossomos, enquanto outras são marcadas para secreção.

Além de suas funções como marcadores para direcionamento e secreção, a presença de uma ou mais cadeias oligossacarídicas em uma proteína pode alterar suas propriedades físicas, incluindo seu tamanho, forma, solubilidade, carga elétrica e estabilidade. As propriedades biológicas que podem ser alteradas incluem a velocidade de secreção e de enovelamento, assim como a imunogenicidade. Em alguns poucos casos, funções específicas podem ser identificadas para as cadeias oligossacarídicas das glicoproteínas. Por exemplo, diversos hormônios dos mamíferos são glicoproteínas diméricas, cujas cadeias oligossacarídicas facilitam a formação do dímero e conferem resistência à proteólise. O reconhecimento de uma célula por outra, que ocorre durante a migração celular ou a fertilização dos oócitos, também pode depender, em parte, da ligação de proteínas da superfície de uma célula às porções de carboidrato de certas glicoproteínas na superfície da outra célula.

Resumo

1. Carboidratos incluem monossacarídeos, oligossacarídeos e polissacarídeos. Os monossacarídeos são classificados como aldoses, cetoses ou derivados destes.

2. Um monossacarídeo é dito D ou L conforme a configuração de seu carbono quiral mais afastado do átomo de carbono carbonílico. Cada monossacarídeo tem 2^n estereoisômeros possíveis, em que n é o número de carbonos quirais em sua molécula. Enantiômeros são imagens especulares não sobreponíveis. Epímeros diferem na configuração de apenas um de seus vários centros quirais.

3. Aldoses com pelo menos cinco átomos de carbono e cetoses com pelo menos seis ocorrem principalmente sob a forma de hemiacetais ou hemicetais cíclicos, conhecidos como furanoses e piranoses. Nessas estruturas cíclicas, a configuração do carbono anomérico (carbonila) é designada como α ou β. Furanoses e piranoses podem adotar diversas conformações.

4. Derivados de monossacarídeos incluem açúcares-fosfatos, desoxiaçúcares, aminoaçúcares, açúcares alcoólicos e açúcares-ácidos.

5. Os glicosídeos são formados quando o carbono anomérico de um açúcar forma uma ligação glicosídica com outra molécula. Os glicosídeos incluem dissacarídeos, polissacarídeos e alguns derivados de carboidratos.

6. Homoglicanos são polímeros contendo só um tipo de resíduo de açúcar. Exemplos de homoglicanos incluem os polissacarídeos de estocagem amido e glicogênio, e os polissacarídeos estruturais celulose e quitina.

7. Heteroglicanos contêm mais de um tipo de resíduos de açúcar. Eles são encontrados em glicoconjugados como os proteoglicanos, peptidoglicanos e glicoproteínas.

8. Proteoglicanos são proteínas ligadas a cadeias repetidas de dissacarídeos. Eles são abundantes na matriz extracelular e nos tecidos conjuntivos, como a cartilagem.

9. As paredes celulares de muitas bactérias são feitas de peptidoglicanos, que são heteroglicanos ligados a peptídeos. Moléculas de peptidoglicano são extensivamente interligadas, convertendo, essencialmente, o peptidoglicano em uma única macromolécula rígida, que define a forma da bactéria e protege sua membrana plasmática.

10. Glicoproteínas são proteínas que contêm oligossacarídeos ligados covalentemente. As cadeias oligossacarídicas da maioria das glicoproteínas são ligadas a O, a resíduos de serina ou de treonina, ou são ligadas a N, a resíduos de asparagina; apresentam grande variedade de estrutura e composição em açúcares.

Problemas

1. Identifique cada um dos itens a seguir:

    (a) Duas aldoses cujas configurações nos carbonos 3, 4 e 5 são iguais às da D-frutose.

    (b) O enantiômero da D-galactose.

    (c) Um epímero da D-galactose que também é um epímero de D-manose.

    (d) Uma cetose que não possui centros quirais.

    (e) Uma cetose que possui apenas um centro quiral.

    (f) Resíduos monossacarídicos da celulose, da amilose e do glicogênio.

    (g) Resíduos monossacarídicos da quitina.

2. Desenhe projeções de Fischer para (a) L-manose; (b) L-fucose (6-desoxi-L-galactose); (c) D-xilitol; e (d) D-iduronato.

3. Descreva as características estruturais gerais dos glicosaminoglicanos.

4. O mel é uma emulsão de D-frutose e D-glicose microcristalinas. Embora a D-frutose exista nos polissacarídeos principalmente como furanose, sua forma cristalina (como no mel) ou em solução é uma mistura de diversas formas, nas quais predominam β-D-frutopiranose (67%) e β-D-frutofuranose (25%). Desenhe a projeção de Fischer para a D-frutose e mostre como ela pode ciclizar para formar as duas formas cíclicas acima.

5. O ácido siálico (ácido *N*-acetil-a-D-neuramínico) é encontrado com frequência em oligossacarídeos ligados a *N* envolvidos em interações célula-célula. Células cancerosas sintetizam quantidades muito maiores de ácido siálico do que as células normais. Foi proposto que derivados desse ácido sejam usados como agentes anticancerígenos para bloquear as interações de superfície entre células normais e cancerosas. Responda às questões abaixo sobre a estrutura do ácido siálico.

    (a) Ela é α- ou β-anomérica?

    (b) O ácido siálico pode sofrer mutarrotação entre as formas α- e β-anoméricas?

    (c) Ele é um "desoxi"-açúcar?

    (d) Na forma aberta, o ácido siálico é um aldeído ou uma cetona?

    (e) Quantos carbonos quirais existem no anel do açúcar?

    Ácido siálico

6. Quantos esterioisômeros são possíveis para a glicopiranose e para a frutofuranose? Quantos são açúcares de configuração D e quantos de configuração L, em cada caso?

7. Desenhe a estrutura de cada uma das moléculas a seguir e marque cada carbono quiral com um asterisco:

    (a) α-D-glicose 1-fosfato.

    (b) 2-Desoxi-β-D-ribose 5-fosfato.

    (c) D-gliceraldeído 3-fosfato.

    (d) L-glicuronato.

8. Em solução aquosa, quase todas as moléculas de D-glicose (> 99%) estão na forma de piranose. Outras aldoses ocorrem em proporção maior na forma aberta. A evolução pode ter selecionado a D-glicose para ser a hexose predominante no metabolismo, porque ela tem menor tendência que seus isômeros a reagir e danificar as proteínas celulares. Explique por que a D-glicose reage menos do que outras aldoses com os grupos amino das proteínas.

9. Por que a forma β-D-glicopiranose da glicose é mais abundante do que a α-D-glicopiranose em solução aquosa?

10. As orientações relativas dos substituintes nos anéis de ribose são determinadas pela conformação do próprio anel. Se a ribose for parte de uma molécula polimérica, a conformação do anel afetará toda a estrutura do polímero. Por exemplo, a orientação dos substituintes ribose-fosfato das unidades monoméricas dos nucleosídeos é importante para determinar a estrutura final das moléculas dos ácidos nucleicos. Em uma forma importante do DNA (DNA-B), os anéis de ribofuranose adotam uma conformação envelope, na qual o C-2′ fica acima do plano definido por C-1, C-3, C-4 e o oxigênio do anel (conformação C-2′ endo). Desenhe a estrutura envelope da D-ribose 5-fosfato com uma base nucleotídica (B) ligada em posição β-anomérica ao C-1.

11. Em um método para análise de glicose no sangue, uma gota de sangue é colocada sobre uma tira de papel impregnada com a enzima glicose oxidase e os outros reagentes necessários à reação:

    $$\beta\text{-D-glicose} + O_2 \longrightarrow \text{D-gliconolactona} + H_2O_2$$

    A H_2O_2 produzida provoca uma mudança de cor no papel, que indica o quanto de glicose está presente. Como a glicose oxidase é específica para o anômero β da glicose, por que o teste mede a glicose total no sangue?

12. A sucralose (registrada, no Brasil, sob o nome comercial de Linea®) é um adoçante não nutritivo (não calórico), aproximadamente 600 vezes mais doce do que o açúcar. Como ela é termoestável, pode ser usada para cozinhar. A estrutura da sucralose é mostrada abaixo. Como se chama o dissacarídeo usado como substrato inicial da síntese de sucralose? Quais as modificações químicas sofridas por esse dissacarídeo?

13. Desenhe as projeções de Haworth para os seguintes glicosídeos:

    (a) Isomaltose [α-D-glicopiranosil-(1→6)-α-D-glicopiranose].

    (b) Amigdalina, uma substância existente nos caroços de algumas frutas, que tem um grupo —CH(CN)C_6H_5 ligado ao C-1 da β-D-glicopiranosil-(1→6)-β-D-glicopiranose.

    (c) O oligossacarídeo ligado a *O* no colágeno (β-D-galactose ligada a um resíduo de 5-hidroxilisina).

14. Sulfato de queratana é um glicosaminoglicano composto principalmente pela repetição dos seguintes dissacarídeos: —Gal β(1→4) GlcNAc6S β(1→3)—. O açúcar acetilado tem um éster sulfato em C-6. O sulfato de queratana é encontrado na córnea, nos ossos e em cartilagens, agregado a outros glicosaminoglicanos, como o sulfato de condroitina. Desenhe uma projeção de Haworth para a unidade dissacarídica que se repete no sulfato de queratana.

15. Várias doenças são resultado de deficiências hereditárias em glicosidases específicas. Nessas doenças, certas glicoproteínas são degradadas de modo incompleto, e os oligossacarídeos se acumulam nos tecidos. Que oligossacarídeos ligados a N na Figura 8.35 seriam afetados por deficiência das enzimas a seguir?

    (a) N-acetil-β-glicosaminil asparagina amidase

    (b) β-galactosidase

    (c) Sialidase

    (d) Fucosidase

16. Foi sintetizado um polímero de carboidrato-aminoácido, um potente inibidor do vírus influenza. Acredita-se que o vírus seja inativado quando grupos sialila se ligam às proteínas da superfície viral. Desenhe a estrutura química da porção carboidrato desse polímero (escrita a seguir, em que X representa o resto do polímero).

    NeuNAc α-(2 → 3) Gal β-(1 → 4) Glu β-(1 →)-X

17. Suponha que você pudesse tomar uma pílula contendo β-glucosidase. Se, depois de tomá-la, você comesse este livro, que sabor ele teria? O sabor seria diferente se você pudesse deixá-lo mergulhado de um dia para o outro em uma solução contendo β-glucosidase? Será que editores deveriam usar tinta com sabor para encorajar os estudantes a comer seus livros?

Leituras selecionadas

Geral

Collins PM, ed. Carbohydrates. London and New York: Chapman and Hall, 1987.

El Khadem HS. Carbohydrate Chemistry: Monosaccharides and Their Derivatives. Orlando, FL: Academic Press, 1988.

Li X, Glaser D, Li W, Johnson WE, O'Brien SJ, Beauchamp GK, Brand JG. Analyses of sweet receptor gene (Tas1r2) and preference for sweet stimuli in species of Carnivora. J. Hered. 2009; 100(Supplement 1):S90–S100.

Li X, Li W, Wang H, Cao J, Maehashi K, Huang L, Bachmanov AA, Reed DR, Legrand-Defretin V, Beauchamp GK, Brand JG. Pseudogenization of a sweet-receptor gene accounts for cats' indifference toward sugar. PloS Genet. 2005; 1(1): e3. DOI:10.1371/ journal.pgen.0010003.

Fatores de nodulação

Dénarié J, Debellé F. Rhizobium lipo-chitooligosaccharide nodulation factors: signaling molecules mediating recognition and morphogenesis. Annu. Rev. 1996; Biochem. 65:503-535.

Madsen LH, Tirichine L, Jurkiewicz A, Sullivan JT, Heckmann AB, Bek AS, Ronson CW, James EK, Stougaard J. The molecular network governing nodule organogenesis and infection in the model legume Lotus japonicus. Nature Communications, 2010; DOI:10.1038/ncomms1009.

Mergaert P, Van Montagu M, Holsters M. Molecular mechanisms of Nod factor diversity. Mol. Microbiol. 1997; 25:811-817.

Thoden JB, Kim J, Raushel FM, Holden HM. Structural and kinetic studies of sugar binding to galactose mutarotase from Lactococcus lactis. J. Biol. Chem. 2002; 277:4545845465.

Proteoglicanos

Heinegård D, Oldberg Å. Structure and biology of cartilage and bone matrix noncollagenous macromolecules. FASEB J. 1989; 3:2042-2051.

Iozzo RV. The biology of the small leucine-rich proteoglycans: functional network of interactive proteins. J. Biol. Chem. 1999; 274:18843-18846.

Iozzo RV, Murdoch AD. Proteoglycans of the extracellular environment: clues from the gene and protein side offer novel perspectives in molecular diversity and function. FASEB J. 1996; 10:598-614.

Kjellén L, Lindahl U. Proteoglycans: structures and interactions. Annu. Rev. Biochem. 1991; 60:443–475.

Whitfield C. Biosynthesis and assembly of capsular polysaccharides in Escherichia coli. Annu. Rev. Biochem. 2006; 75:39-68.

Glicoproteínas

Drickamer K, Taylor ME. Evolving views of protein glycosylation. Trends Biochem. Sci. 1998; 23:321-324.

Dwek RA, Edge CJ, Harvey DJ, Wormald MR, Parekh RB. Analysis of glycoprotein-associated oligosaccharides. Annu. Rev. Biochem. 1993; 62:65-100.

Fudge DS, Levy N, Chiu S, Gosline JM. Composition, morphology and mechanics of hagfish slime. J. Exp. Biol. 2005; 208:4613-4625.

Lairson LL, Henrissat B, Davies G, Withers SG. Glycosyltransferases: structures, functions, and mechanisms. Annu. Rev. Biochem. 2008; 77:521-555.

Lechner J, Wieland F. Structure and biosynthesis of prokaryotic glycoproteins. Annu. Rev. Biochem. 1989; 58:173-194.

Marionneau S, Caileau-Thomas A, Rocher J, Le Moullac-Vaidye B Ruvoën N, Clément M, Le Pendu, J. ABH and Lewis histoblood group antigens, a model for the meaning of oligosaccharide diversity in the face of a changing world. Biochimie. 2001; 83:565-573.

Patenaude SI, Seto NOL, Borisova SN, Szpacenko A, Marcus SL, Palcic MM, Evans SV. The structural basis for specificity in human ABO(H) blood group biosynthesis. Nat. Struct. Biol. 2002; 9:685-690.

Rademacher TW, Parekh RB, Dwek RA. Glycobiology. Annu. Rev. Biochem. 1988; 57:785-838.

Rudd PM, Dwek RA. Glycosylation: heterogeneity and the 3D structure of proteins. Crit. Rev. Biochem. Mol. Biol. 1997; 32:1-100.

Strous GJ, Dekker J. Mucin-type glycoproteins. Crit. Rev. Biochem. Mol. Biol. 1992; 27:57-92.

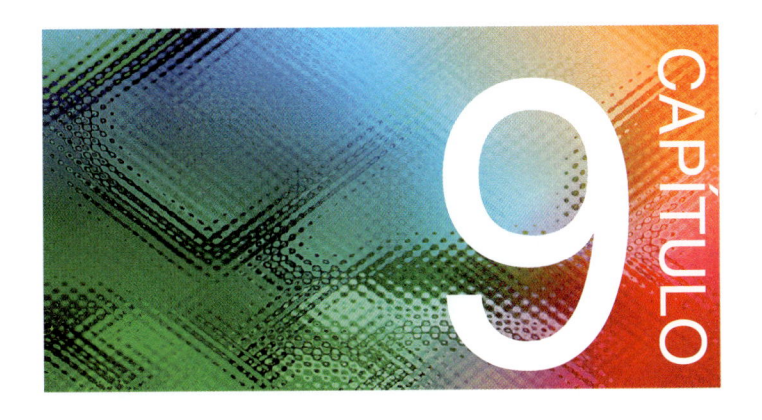

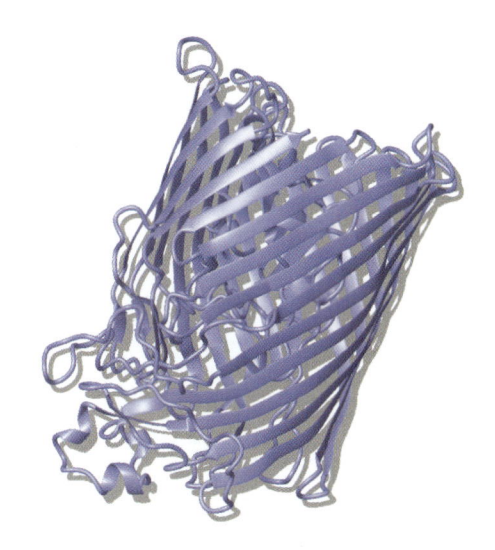

Lipídeos e Membranas

Neste capítulo iremos estudar os **lipídeos** (*lipo* – gordura), a terceira classe importante de biomoléculas. Os lipídeos – assim como as proteínas e os carboidratos – são componentes essenciais de todo e qualquer organismo vivo. No entanto, ao contrário desses outros tipos de biomoléculas, os lipídeos têm estruturas bastante variadas. Muitas vezes são definidos como compostos orgânicos insolúveis em água (ou apenas moderadamente solúveis), encontrados em sistemas biológicos; mas essa é uma definição muito ampla. Os lipídeos são bastante solúveis em solventes orgânicos apolares. Eles são hidrofóbicos (apolares) ou anfipáticos (têm regiões apolares e polares).

Começaremos este capítulo discutindo as estruturas e as funções das diferentes classes de lipídeos. Em seguida, examinaremos as estruturas das membranas biológicas cujas propriedades, como barreiras celulares, dependem das propriedades dos lipídeos que contêm. E, finalmente, descreveremos os princípios do transporte de membrana e das vias sinalizadoras transmembranares.

> *Neste artigo, portanto, nós apresentamos e discutimos um modelo de mosaico fluido para a estrutura da membrana e propomos que ele se aplique à maioria das membranas biológicas, como as plasmalemais e as intracelulares, incluindo as membranas de diferentes organelas das células, tais como mitocôndrias e cloroplastos.*
> — S. J. Singer e
> G. L. Nicholson (1972)

9.1 Diversidade estrutural e funcional dos lipídeos

A Figura 9.1 mostra os principais tipos de lipídeos e suas inter-relações estruturais. Os lipídeos mais simples são os **ácidos graxos**, cuja fórmula geral é R—COOH, em que R representa uma cadeia hidrocarbônica de tamanho variado, composta de várias unidades de —CH_2– (metileno). Os ácidos graxos são componentes dos lipídeos mais complexos, incluindo triacilgliceróis, glicerofosfolipídeos e esfingolipídeos. Os lipídeos que contêm grupos fosfato são chamados **fosfolipídeos**, e os lipídeos que contêm tanto os grupos esfingosina como carboidrato são chamados **glicoesfingolipídeos**. Os esteroides, as vitaminas lipídicas e os terpenos estão relacionados com a molécula de cinco carbonos isopreno e, por isso, são chamados **isoprenoides**. O nome *terpenos* foi aplicado a todos os isoprenoides, mas geralmente é restrito àqueles que aparecem em plantas.

Os lipídeos realizam diversas funções biológicas, e também têm estruturas variadas. As membranas biológicas contêm uma variedade de lipídeos anfipáticos, incluindo glicerofosfolipídeos e esfingolipídeos. Em alguns organismos, os triacilgliceróis (gorduras e óleos) funcionam como moléculas de armazenamento intracelular de energia

---

Topo: Estrutura em fita da porção transmembrana da porina FhuA de *Escherichia coli* (veja a Figura 9.28).

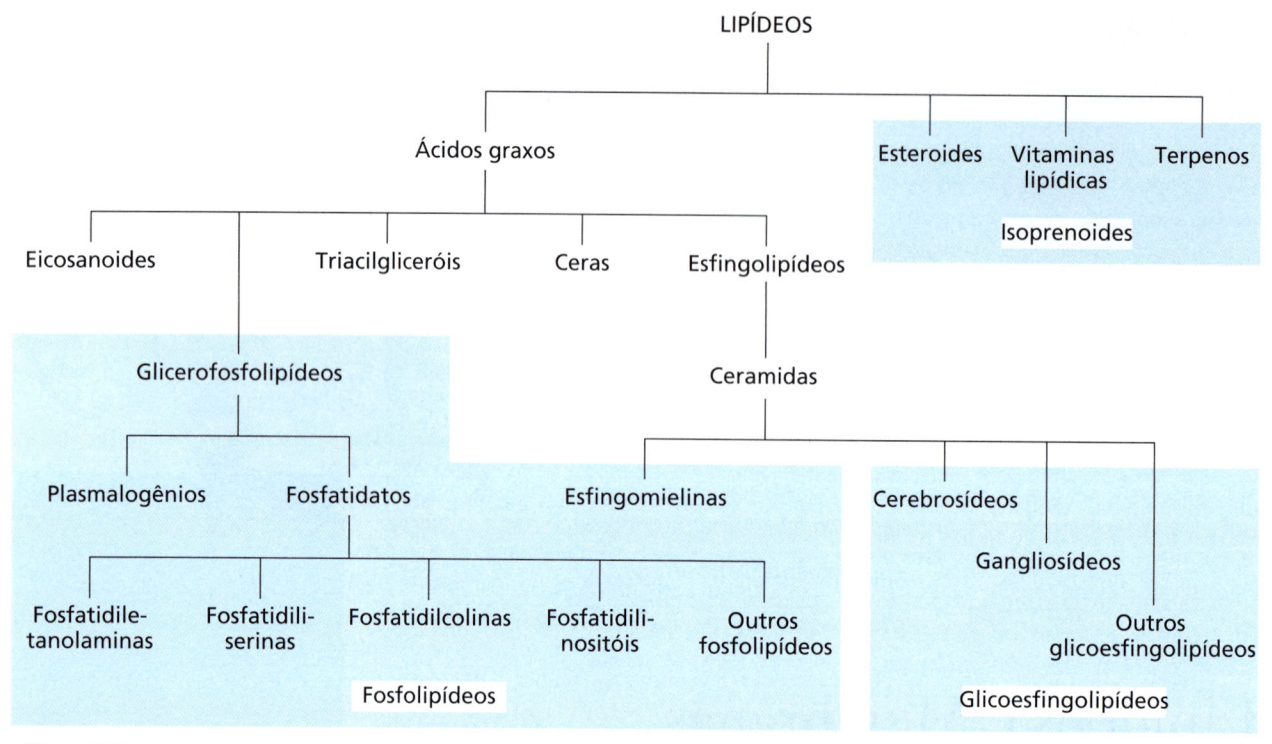

```
                                    LIPÍDEOS
                                       |
                  ┌────────────────────┴────────────────────┐
                  |                                         |
             Ácidos graxos                    Esteroides  Vitaminas  Terpenos
                  |                                        lipídicas
                  |                                    Isoprenoides
   ┌──────┬──────┼──────┬──────────┐
Eicosanoides Triacilgliceróis Ceras Esfingolipídeos
                  |                         |
          Glicerofosfolipídeos          Ceramidas
                  |                         |
          ┌───────┴──────┐         ┌────────┴────────┐
     Plasmalogênios  Fosfatidatos  Esfingomielinas  Cerebrosídeos
                  |                                   |
                                              Gangliosídeos
   ┌──────┬──────┬──────┬──────┐                      |
Fosfatidile- Fosfatidili- Fosfatidilcolinas Fosfatidili- Outros   Outros
tanolaminas  serinas                         nositóis  fosfolipídeos  glicoesfingolipídeos
                   Fosfolipídeos                        Glicoesfingolipídeos
```

▲ **Figura 9.1**
Relações estruturais entre as principais classes de lipídeos. Ácidos graxos são os lipídeos mais simples. Muitos outros tipos de lipídeos contêm ou são derivados dos ácidos graxos. Glicerofosfolipídeos e esfingomielinas contêm fosfato e são classificados como fosfolipídeos. Cerebrosídeos e gangliosídeos contêm esfingosina e carboidrato e são classificados como glicoesfingolipídeos. Esteroides, vitaminas lipídicas e terpenos são chamados isoprenoides porque são relacionados com a molécula de cinco carbonos isopreno, e não com os ácidos graxos.

A biossíntese do ácido graxo é discutida no Capítulo 16.

metabólica. As gorduras também fornecem isolamento térmico e acolchoamento aos animais. As ceras nas paredes celulares, nos exoesqueletos e nas peles protegem as superfícies de alguns organismos. Alguns lipídeos possuem funções altamente especializadas. Por exemplo, hormônios esteroidais regulam e integram uma série de atividades metabólicas nos animais; os eicosanoides participam na regulação da pressão arterial, da temperatura corporal e da contração dos músculos lisos nos mamíferos. Os gangliosídeos e outros glicoesfingolipídeos estão localizados na superfície da célula e podem participar do reconhecimento celular.

9.2 Ácidos graxos

Mais de cem tipos distintos de ácidos graxos foram identificados em várias espécies. Os ácidos graxos diferem entre si no comprimento das cadeias hidrocarbônicas, no número e na posição de ligações duplas carbono-carbono, e no número de ramificações. Alguns ácidos graxos mais comumente encontrados nos mamíferos estão relacionados na Tabela 9.1.

Todos os ácidos graxos têm um grupo carboxila (—COOH) em sua "cabeça". É por isso que são ácidos. O pK_a desse grupo é de cerca de 4,5 a 5,0. Sendo assim, ele é ionizado em pH fisiológico (—COO$^-$). Os ácidos graxos são uma forma de detergente, pois têm uma longa cauda hidrofóbica e uma cabeça polar (Seção 2.4). Como esperado, a concentração de ácidos graxos *livres* nas células é bastante baixa, já que em altas concentrações eles poderiam romper as membranas. A maioria dos ácidos graxos é componente de lipídeos mais complexos. Eles são unidos a outras moléculas por uma ligação éster com o grupo carboxila terminal.

Os ácidos graxos podem ser citados pelos seus nomes IUPAC (União Internacional de Química Pura e Aplicada) ou por seus nomes comuns. Nomes comuns são usados para os ácidos graxos encontrados mais frequentemente.

O número de átomos de carbono nos ácidos graxos mais abundantes varia de 12 a 20 e é quase sempre par, uma vez que eles são sintetizados pela adição sequencial de unidades de dois carbonos. Na nomenclatura IUPAC, o carbono da carboxila é numerado como C-1, e os demais são numerados sequencialmente. Na nomenclatura comum, letras gregas são usadas para identificar os átomos de carbono. O carbono adjacente à carboxila (C-2 na nomenclatura IUPAC) é chamado α, e os outros são designados β, γ, δ, ε e assim por diante (Figura 9.2). A letra grega ω (ômega) especifica o átomo de carbono mais afastado do grupo carboxila, independentemente do tamanho da cadeia hidrocarbônica (ω – ômega – é a última letra do alfabeto grego.)

TABELA 9.1 Alguns ácidos graxos comuns (formas aniônicas)

Número de carbonos	Número de ligações duplas	Nome comum	Nome IUPAC	Fórmula molecular	Ponto de fusão, °C
12	0	Laurato	Dodecanoato	$CH_3(CH_2)_{10}COO^-$	44
14	0	Miristato	Tetradecanoato	$CH_3(CH_2)_{12}COO^-$	52
16	0	Palmitato	Hexadecanoato	$CH_3(CH_2)_{14}COO^-$	63
18	0	Estearato	Octadecanoato	$CH_3(CH_2)_{16}COO^-$	70
20	0	Araquidato	Eicosanoato	$CH_3(CH_2)_{18}COO^-$	75
22	0	Beenato	Docosanoato	$CH_3(CH_2)_{20}COO^-$	81
24	0	Lignocerato	Tetracosanoato	$CH_3(CH_2)_{22}COO^-$	84
16	1	Palmitoleato	cis-Δ^9-Hexadecenoato	$CH_3(CH_2)_5CH=CH(CH_2)_7COO^-$	−0,5
18	1	Oleato	cis-Δ^9-Octadecenoato	$CH_3(CH_2)_7CH=CH(CH_2)_7COO^-$	13
18	2	Linoleato	cis, cis-$\Delta^{9,12}$-Octadecadienoato	$CH_3(CH_2)_4(CH=CHCH_2)_2(CH_2)_6COO^-$	−9
18	3	Linolenato	todo cis-$\Delta^{9,12,15}$-Octadecatrienoato	$CH_3CH_2(CH=CHCH_2)_3(CH_2)_6COO^-$	−17
20	4	Araquidonato	todo cis-$\Delta^{5,8,11,14}$-Eicosatetraenoato	$CH_3(CH_2)_4(CH=CHCH_2)_4(CH_2)_2COO^-$	−49

Os ácidos graxos que não têm ligação dupla carbono-carbono são classificados como **saturados**, e aqueles com pelo menos uma dessas ligações são classificados como **insaturados**. Ácidos graxos insaturados com apenas uma ligação dupla carbono-carbono são chamados **monoinsaturados**, e aqueles com duas ou mais são ditos **poli-insaturados**. A configuração das duplas ligações nos ácidos graxos insaturados pode ser *cis* ou *trans*. Nos ácidos graxos naturais, normalmente, a configuração é *cis* (veja o Quadro 9.2).

As posições das ligações duplas são indicadas pelo símbolo Δ^n na nomenclatura IUPAC, na qual o *n* sobrescrito indica o átomo de carbono de mais baixa numeração em cada par da ligação dupla (Tabela 9.1). As ligações duplas da maioria dos ácidos graxos poli-insaturados são separadas por um grupo metileno e, portanto, não são conjugadas.

Uma notação resumida para identificar ácidos graxos utiliza dois números separados por dois pontos: o primeiro se refere ao número de átomos de carbono e o segundo ao de ligações duplas carbono-carbono na estrutura do ácido graxo, com suas posições indicadas como sobrescritos após o símbolo grego Δ. Nessa notação, o palmitato é escrito como 16:0; o oleato como 18:1 Δ^9 e o araquidonato como 20:4 $\Delta^{5,8,11,14}$. Ácidos graxos insaturados também podem ser descritos pela localização da última ligação

---

QUADRO 9.1 Nomes comuns dos ácidos graxos

Laurato — presente no óleo do loureiro (*Laurus nobilis*) (1873)

Miristato — óleo da noz-moscada (*Myristica fragrans*) (1848)

Palmitato — do óleo de palma (1857)

Estearato — do francês *stéarique*, que se refere à gordura de novilhos, ou sebo (1831)

Araquidato — presente no óleo de amendoim (*Arachis hypogaea*) (1866)

Beenato — uma corruptela de "ben", do inglês *ben-nut* = semente da raiz forte (1873)

Lignocerato — provavelmente do latim *lignum* (madeira) (~1900)

Oleato — do latim *oleum* (óleo) (1899)

Linoleato — encontrado no óleo de linhaça (lin + oleato) (1857)

▲ **O dendezeiro, *Elaeis guineensis*.** O óleo de palma é uma mistura complexa de ácidos graxos saturados e insaturados, mas o palmitato constitui 44% do total. A presença de uma quantidade tão grande de ácido graxo saturado significa que o óleo de palma é semissólido em temperatura ambiente. Ele nunca pode ser "virgem" ou "extravirgem" (veja o Quadro 16.6).

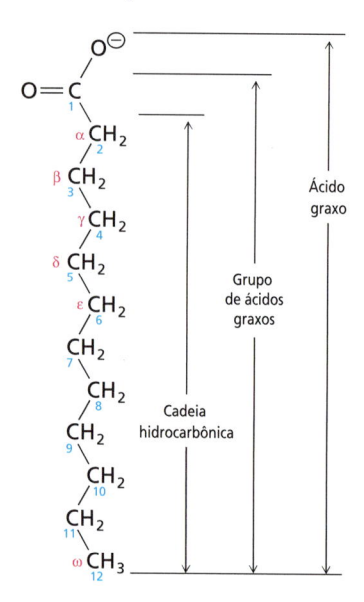

▲ **Figura 9.2**
Estrutura e nomenclatura de ácidos graxos. Os ácidos graxos consistem em uma longa cadeia hidrocarbônica ("cauda") com uma carboxila. Como o pK_a do grupo carboxílico é, aproximadamente, 4,5-5,0, os ácidos graxos são ânions no pH fisiológico. Na nomenclatura IUPAC, os carbonos são numerados a partir da carboxila. Na nomenclatura comum, o átomo de carbono adjacente à carboxila é designado como α, e os demais recebem as letras β, γ, δ, e assim por diante. O átomo de carbono mais afastado do grupo carboxila é assinalado como ω, independentemente do tamanho da cadeia. O ácido graxo mostrado, laurato (ou dodecanoato), tem 12 átomos de carbono e não tem ligações duplas carbono-carbono.

▶ **Figura 9.3**
Estruturas de três ácidos graxos C_{18}. (a) Estearato (octadecanoato), um ácido graxo saturado. (b) Oleato (cis-Δ^9-octadecenoato) um ácido graxo monoinsaturado. (c) Linolenato (todo-cis-$\Delta^{9,12,15}$-octadecatrienoato), um ácido graxo poli-insaturado. As ligações duplas cis produzem dobras nas "caudas" dos ácidos graxos insaturados. O linolenato é uma molécula muito flexível, que pode assumir várias conformações.

dupla na cadeia. Essa ligação é, em geral, encontrada a três, seis ou nove átomos de carbono do final da cadeia. Tais ácidos graxos são chamados ω-3 (por exemplo, 18:3 $\Delta^{9,12,15}$), ω-6 (por exemplo, 18:2 $\Delta^{9,12}$) ou ω-9 (por exemplo, 18:1 Δ^9).

As propriedades físicas dos ácidos graxos saturados e insaturados diferem consideravelmente. De forma típica, os ácidos graxos saturados são sólidos cerosos em temperatura ambiente (22 °C), enquanto os insaturados são líquidos nessa temperatura. O comprimento da cadeia hidrocarbônica de um ácido graxo e seu grau de insaturação influenciam seu ponto de fusão. Compare os pontos de fusão dos ácidos graxos saturados laurato (12:0), miristato (14:0) e palmitato (16:0), listados na Tabela 9.1. À medida que o tamanho da cadeia cresce, os pontos de fusão dos ácidos graxos saturados também aumentam. O número de interações de van der Waals entre cadeias hidrocarbônicas vizinhas aumenta enquanto elas se tornam mais longas, de modo que há necessidade de mais energia para romper essas interações.

Compare as estruturas de estearato (18:0), oleato (18:1) e linolenato (18:3) nas Figuras 9.3 e 9.4. A cadeia hidrocarbônica saturada do estearato é flexível, já que pode haver rotação em torno da cada uma das ligações carbono-carbono. No ácido esteárico cristalino, as cadeias são estendidas e ficam empacotadas, umas próximas às outras. A presença de ligações duplas cis no oleato e no linolenato produz dobras acentuadas nas cadeias hidrocarbônicas, uma vez que a rotação em torno das ligações duplas é restringida. Essas dobras evitam o empacotamento e reduzem as interações de van der Waals entre as cadeias hidrocarbônicas. Em consequência, ácidos graxos insaturados cis apresentam pontos de fusão mais baixos do que os saturados. À medida que o grau de insaturação aumenta, os ácidos graxos tornam-se mais fluidos. Observe que o ácido esteárico (ponto de fusão 70 °C) é um sólido à temperatura corporal, mas os ácidos oleico (ponto de fusão 13 °C) e linoleico (ponto de fusão −17 °C) são líquidos.

Como já foi mencionado, ácidos graxos livres surgem nas células em quantidades-traço. Na formação das moléculas dos lipídeos mais complexos, a maioria dos ácidos graxos ocorre sob a forma de ésteres de glicerol ou de outros compostos. Nos ésteres e em outros derivados de ácidos carboxílicos, a porção RC=O do ácido é chamada grupo acila. Na nomenclatura comum, os lipídeos complexos que contêm grupos de ácidos graxos são nomeados conforme o nome do ácido graxo que lhes deu origem. Por exemplo, ésteres do ácido láurico (ou lauratos) são chamados ésteres de lauroíla (um grupo laurila é um álcool, análogo ao grupo acila lauroíla); ésteres do ácido linoleico (ou linoleatos) são chamados ésteres de linoleíla. A abundância relativa de ácidos graxos específicos

QUADRO 9.2 Os ácidos graxos *trans* e a margarina

A configuração da maioria das duplas ligações nos ácidos graxos insaturados é *cis*, mas alguns ácidos graxos utilizados na alimentação humana têm configuração *trans*. Ácidos graxos *trans* podem vir de fontes animais, como laticínios e carnes de ruminantes. Contudo, a maioria dos ácidos graxos *trans* comestíveis consumidos nos países industrializados ocidentais está presente sob a forma de óleos vegetais hidrogenados em algumas margarinas ou gorduras. Ácidos graxos *trans* monoinsaturados ingeridos pela alimentação podem aumentar os níveis plasmáticos de colesterol e de triglicérides; sua ingestão pode aumentar o risco de doenças cardiovasculares. O estabelecimento do nível exato desse risco, porém, ainda requer mais estudos.

Óleos vegetais de milho e girassol, por exemplo, podem ser convertidos em produtos semissólidos "espalháveis", conhecidos como margarinas. Estas podem ser obtidas pela hidrogenação, completa ou parcial, das ligações duplas existentes no óleo vegetal. O próprio processo de hidrogenação não apenas satura as ligações duplas carbono-carbono dos ésteres de ácidos graxos, mas também pode mudar a configuração das remanescentes, de *cis* para *trans*. As propriedades físicas desses ácidos graxos *trans* são semelhantes às dos ácidos saturados.

Para reduzir o consumo de ácidos graxos *trans*, várias margarinas são produzidas atualmente a partir de óleos vegetais sem hidrogenação; isso é feito adicionando-se ao óleo outro produto comestível, como leite em pó desnatado.

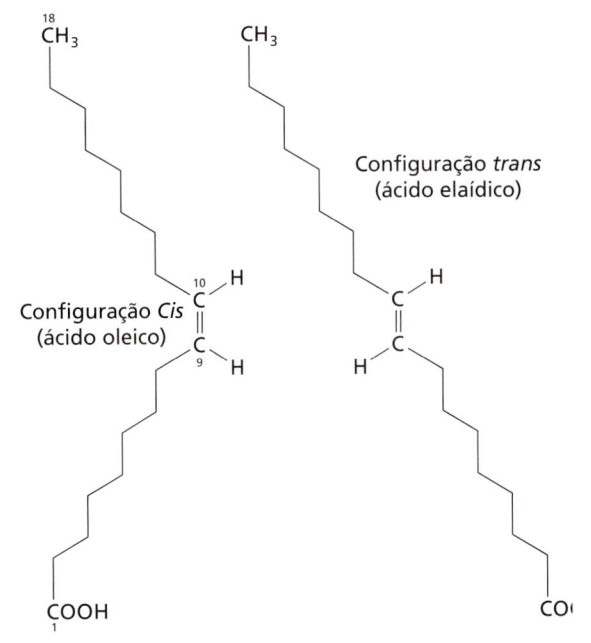

▲ **Formas *cis* e *trans* de Δ⁹-octadecanoato.** (Esquerda) Oleato (*cis*-Δ⁹-octadecanoato). (Direita) A configuração *trans*, após hidrogenação.

---

varia com o tipo de organismo, de órgão (em organismos multicelulares) e com a fonte alimentar. Os ácidos graxos mais abundantes nos animais são, em geral, o oleico (18:1), o palmítico (16:0) e o esteárico (18:0).

Os mamíferos necessitam ingerir certos ácidos graxos poli-insaturados, que não são capazes de sintetizar, como o linoleico (18:2 Δ^{9,12}) e o linolênico (18:3 Δ^{9,12,15}). Esses ácidos graxos são ditos essenciais. Os mamíferos são capazes de sintetizar outros ácidos graxos poli-insaturados a partir de um suprimento adequado de linoleato e linolenato (lembre-se de que muitas vitaminas também são componentes essenciais da dieta dos

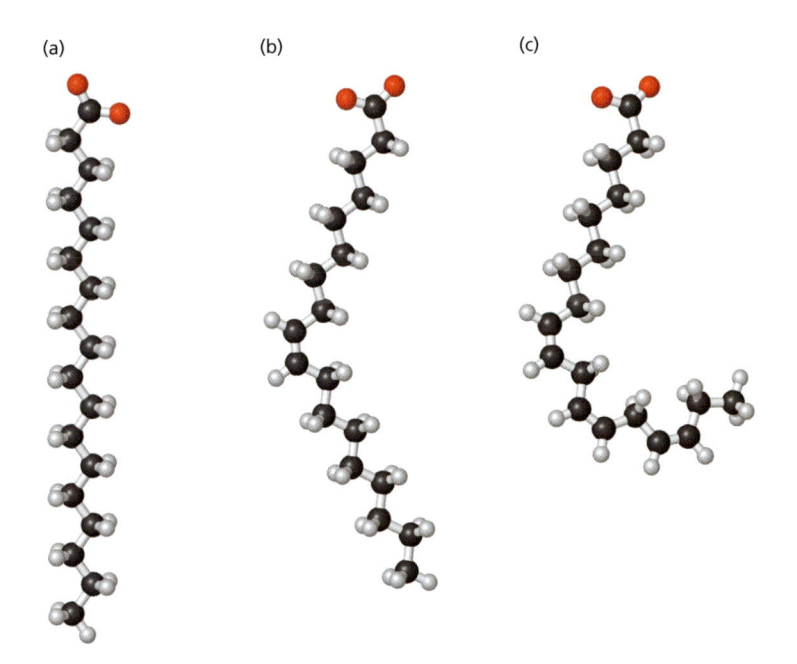

◄ **Figura 9.4**
Estearato (esquerda), oleato (centro) e linolenato (direita). Chave de cores: carbono = cinza; hidrogênio = branco; oxigênio = vermelho.

▲ **Figura 9.5**
Estrutura de um triacilglicerol. Glicerol **(a)** é a estrutura com a qual os três resíduos de ácidos graxos são esterificados **(b)**. Embora o glicerol não seja quiral, o C-2 de um triacilglicerol se torna quiral quando os grupos acila ligados a C-1 e a C-3 (R_1 e R_3) são diferentes. A estrutura geral de um triacilglicerol é mostrada em **(c)**, orientada de modo a permitir a comparação com a estrutura do L-gliceraldeído (Figura 8.1). Essa orientação permite a numeração estereoespecífica de derivados do glicerol, com C-1 no alto e C-3 embaixo.

▲ **Figura 9.6**
Adipócitos. Esta é uma micrografia eletrônica de varredura colorida artificialmente de grupos ou cachos de adipócitos. Uma gotícula de gordura ocupa a maior parte do volume de cada adipócito.

mamíferos porque estes não podem sintetizá-las). Além das vitaminas e dos ácidos graxos essenciais, veremos no Capítulo 17 que diversos aminoácidos não podem ser sintetizados pelos mamíferos.

O linolênico é um ácido graxo ômega-3 (ω-3), pois sua última ligação dupla fica afastada do término da "cauda" da molécula por três carbonos. Ácidos graxos ômega-3 são suplementos alimentares muito populares. Eles são abundantes nos óleos de peixe, e é por essa razão que muitas pessoas recomendam incluir peixes e seus óleos na dieta. O linolênico é um ácido graxo essencial e, assim, sua dieta precisa fornecer uma quantidade adequada desse ácido ômega-3. A quantidade é facilmente alcançada na dieta típica das pessoas, em qualquer parte do mundo; por isso, a deficiência de ácidos graxos essenciais é rara. O mercado de suplementos de ácidos ômega-3 é alimentado por outros fatores. O benefício principal desse elemento é a proteção contra doenças cardiovasculares. Evidências científicas indicam que quantidades extras de ácidos graxos ômega-3 fornecem um pequeno benefício em termos de redução do risco de ataques cardíacos, especialmente de um segundo ataque. Nenhum dos outros fatores atribuídos a eles foram confirmados pelos resultados de testes duplo-cego reprodutíveis, após o controle de outros fatores. Comer peixe, por exemplo, não o tornará mais inteligente.

Além dos listados na Tabela 9.1, muitos outros ácidos graxos ocorrem na natureza. Por exemplo, ácidos graxos contendo anéis de ciclopropano são encontrados em bactérias. Ácidos graxos ramificados são componentes comuns nas membranas bacterianas, além de ocorrer nas penas dos patos. Vários outros ácidos graxos são raros e exercem funções altamente especializadas.

9.3 Triacilgliceróis

Como seu nome indica, os **triacilgliceróis** (historicamente chamados de triglicérides) são compostos de três resíduos de ácidos graxos esterificados com glicerol, um açúcar-álcool de três carbonos (Figura 9.5). Triacilgliceróis são altamente hidrofóbicos.

Gorduras e óleos são misturas de triacilgliceróis. Eles podem ser sólidos (gorduras) ou líquidos (óleos), dependendo de suas composições de ácidos graxos e da temperatura. Triacilgliceróis contendo apenas grupos de ácidos graxos de cadeia longa saturada geralmente são sólidos na temperatura corporal; os que têm grupos de ácidos graxos insaturados ou de cadeia curta, em geral, são líquidos. Uma amostra de triacilgliceróis naturais pode conter de 20 a 30 espécies moleculares, com constituição de ácidos graxos diferentes. A tripalmitina, encontrada na gordura animal, tem três resíduos de ácido palmítico. A trioleína, que tem três resíduos de ácido oleico, é o principal triacilglicerol no azeite de oliva.

Na maioria das células, os triacilgliceróis se aglomeram sob a forma de gotículas de gordura, às vezes, observadas perto da mitocôndria em células que dependem de ácidos graxos para obter energia metabólica. Nos mamíferos, a maior parte da gordura é armazenada no tecido adiposo, que é constituído de células especializadas, conhecidas como adipócitos. Cada adipócito contém uma grande gota de gordura, que é responsável por quase todo o volume da célula (Figura 9.6). Embora distribuído em todo o corpo dos mamíferos, a maior parte do tecido adiposo se localiza logo abaixo da pele e na cavidade abdominal. A gordura subcutânea serve tanto como fonte de energia armazenada quanto como isolamento térmico, e é especialmente pronunciada nos mamíferos aquáticos.

9.4 Glicerofosfolipídeos

Não se encontram triacilgliceróis nas membranas biológicas. Os lipídeos mais abundantes na maioria das membranas são os **glicerofosfolipídeos** (também chamados fosfoglicérides). Eles, assim como os triacilgliceróis, têm o glicerol como base estrutural. Os glicerofosfolipídeos mais simples são os fosfatidatos, que consistem em dois grupos de ácidos graxos esterificados nas posições C-1 e C-2 do glicerol 3-fosfato (Tabela 9.2). Observe que há três grupos de ácidos graxos esterificados com glicerol nos triacilgliceróis, enquanto existem apenas dois (R_1 e R_2) nos glicerofosfolipídeos. A principal característica dos glicerofosfolipídeos é a presença de um grupo fosfato no C-3 do glicerol. As estruturas dos glicerofosfolipídeos podem ser desenhadas como derivadas do L-glicerol 3-fosfato com o substituinte em C-2 à esquerda na projeção de Fischer, como na Tabela 9.2. Por uma questão de simplificação, normalmente esses compostos são descritos sem assinalamento estereoquímico.

Os fosfatidatos ocorrem, em pequenas quantidades, como intermediários na biossíntese ou na quebra de glicerofosfolipídeos mais complexos. Na maioria dos glicerofosfolipídeos, o grupo fosfato é esterificado simultaneamente com glicerol e outro composto contendo um grupo —OH. A Tabela 9.2 apresenta alguns tipos comuns de glicerofosfolipídeos. Observe que eles são moléculas anfipáticas, com uma cabeça polar e uma longa cauda apolar. As estruturas de três tipos de glicerofosfolipídeos – fosfatidiletanolamina, fosfatidilserina e fosfatidilcolina – são mostradas na Figura 9.7.

Cada tipo de glicerofosfolipídeo consiste em uma família de moléculas com a mesma cabeça polar e cadeias de ácidos graxos diferentes. Por exemplo, as membranas dos glóbulos vermelhos humanos contêm pelo menos 21 espécies de fosfatidilcolina, que diferem entre si pelas cadeias de ácidos graxos unidos por ligações do tipo éster a C-1 e C-2 do esqueleto de glicerol. Em geral, os glicerofosfolipídeos têm ácidos graxos saturados ligados a C-1 e ácidos graxos insaturados ligados a C-2. Os principais glicerofosfolipídeos de membrana de *Escherichia coli* são fosfatidiletanolamina e fosfatidilglicerol.

Várias fosfolipases podem ser usadas para clivar as estruturas dos glicerofosfolipídeos e identificar cada um de seus ácidos graxos. As posições específicas dos ácidos

> As estruturas e as funções das lipoproteínas são discutidas na Seção 16.1B.
>
> **CONCEITO-CHAVE**
> Glicerofosfolipídeos têm cabeças polares e caudas longas, hidrofóbicas, formadas por ácidos graxos.
>
> ▲ **Vespa amarela (*yellow jacket*).** O veneno de vespas, abelhas e serpentes contém fosfolipases.
>
> **CONCEITO-CHAVE**
> Vários lipídeos importantes são derivados do glicerol (veja o Quadro 16.1).

TABELA 9.2 Alguns tipos comuns de glicerofosfolipídeos

Precursor de X (HO—X)	Fórmulas de —O—X	Nome do glicerofosfolipídeo resultante
Água	—H	Fosfatidato
Colina	—$CH_2CH_2\overset{\oplus}{N}(CH_3)_3$	Fosfatidilcolina
Etanolamina	—$CH_2CH_2\overset{\oplus}{N}H_3$	Fosfatidiletanolamina
Serina	—CH_2—CH($\overset{\oplus}{N}H_3$)(COO$^\ominus$)	Fosfatidilserina
Glicerol	—$CH_2CH(OH)$—CH_2OH	Fosfatidilglicerol
Fosfatidilglicerol	—$CH_2CH(OH)$—CH_2—O—P(O$^\ominus$)(=O)—O—CH_2—CH(OCR$_4$)—CH_2OCR_3	Difosfatidilglicerol (cardiolipina)
mio-inositol	(anel de inositol)	Fosfatidilinositol

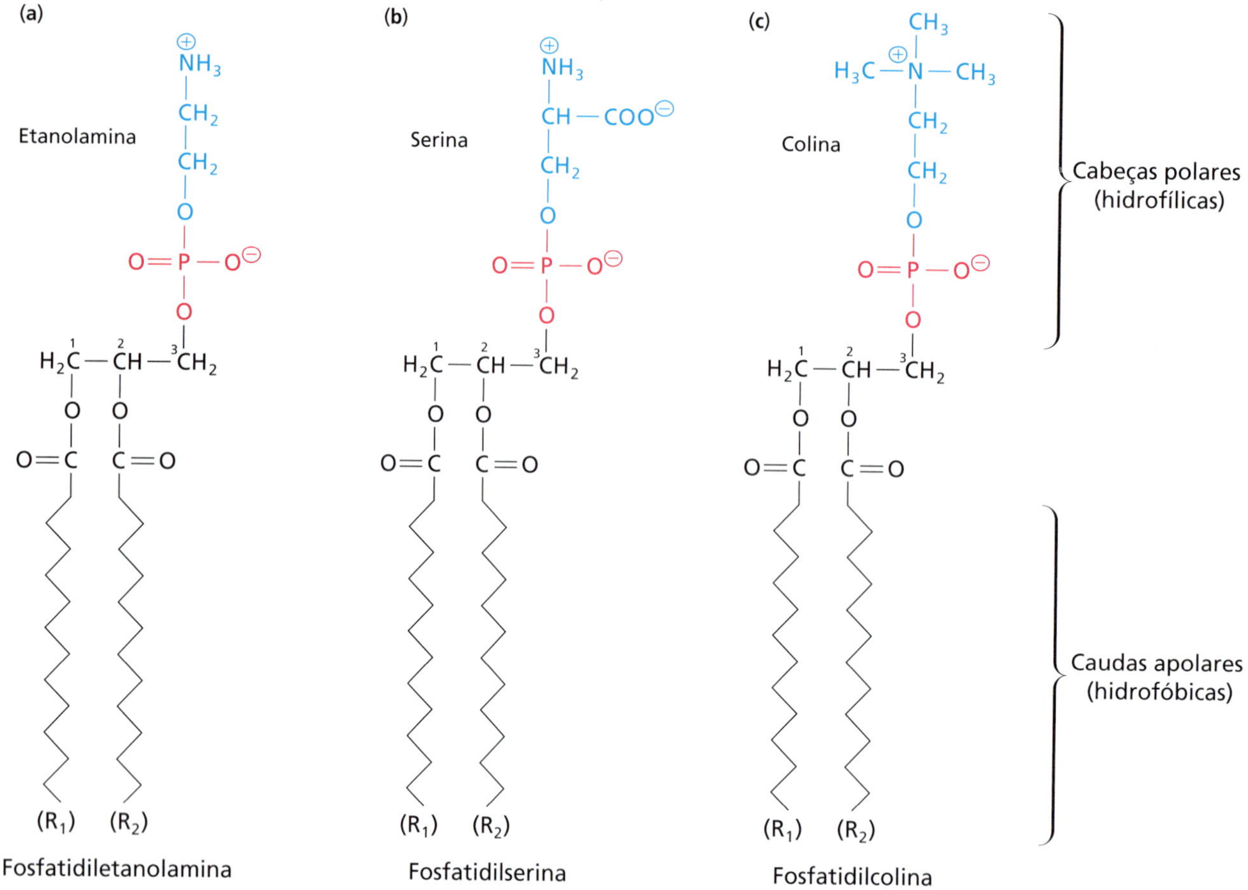

Figura 9.7
Estruturas de (a) fosfatidiletanolamina, (b) fosfatidilserina e (c) fosfatidilcolina. Grupos funcionais derivados de álcoois esterificados estão em azul. Como cada um desses lipídeos pode conter várias combinações de grupos de ácidos graxos, o nome genérico se refere a uma família de compostos, e não a uma molécula em particular.

graxos nos glicerofosfolipídeos podem ser determinadas utilizando a fosfolipase A_1 e a fosfolipase A_2, que catalisam em específico a hidrólise das ligações éster em C-1 e C-2, respectivamente (Figura 9.8). A fosfolipase A_2 é a principal dessas enzimas no suco pancreático e é responsável pela digestão dos fosfolipídeos de membrana obtidos na alimentação. Ela também está presente em venenos de serpentes, de abelhas e de vespas. Altas concentrações dos produtos oriundos da ação da fosfolipase A_2 podem romper as membranas celulares. Assim, a injeção do veneno de serpente no sangue pode causar lise potencialmente fatal das membranas dos glóbulos vermelhos. A fosfolipase C catalisa a hidrólise da ligação P—O entre o glicerol e o fosfato, liberando diacilglicerol. A fosfolipase D converte glicerofosfolipídeos em fosfatidatos.

Os **plasmalogênios** constituem o outro tipo principal de glicerofosfolipídeos. Eles diferem dos fosfatidatos porque o substituinte hidrocarbônico ligado ao grupo hidroxila em C-1 do glicerol é unido por uma ligação viniléter, e não por uma ligação éster (Figura 9.9). Etanolamina ou colina, em geral, forma uma ligação éster com o fosfato dos plasmalogênios. Estes constituem em torno de 23% dos glicerofosfolipídeos do sistema nervoso central de seres humanos e também são encontrados nas membranas dos nervos periféricos e no tecido muscular.

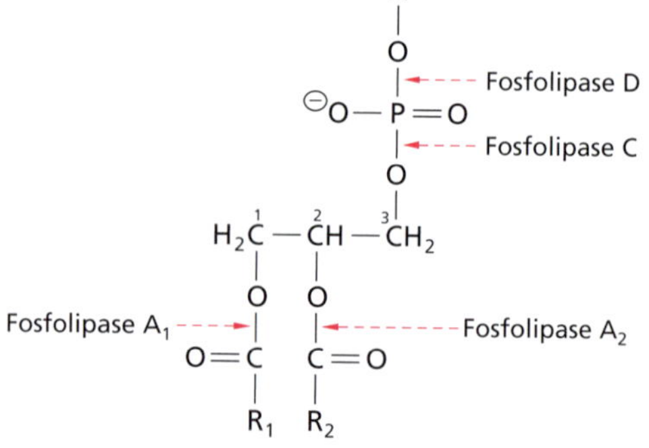

Figura 9.8
Ação de quatro fosfolipases. As fosfolipases A_1, A_2, C e D podem ser usadas para clivar a estrutura dos glicerofosfolipídeos. As fosfolipases catalisam a remoção seletiva de ácidos graxos de C-1 ou de C-2, ou convertem glicerofosfolipídeos em diacilgliceróis ou fosfatidatos.

9.5 Esfingolipídeos

Os **esfingolipídeos** constituem o segundo grupo mais abundante de lipídeos em membranas vegetais e animais. Nos mamíferos, os esfingolipídeos são particularmente abundantes nos tecidos do sistema nervoso central. A maioria das bactérias não tem esfingolipídeos. A base estrutural dos esfingolipídeos é a esfingosina (*trans*-4-esfingenina), um álcool de 18 carbonos, não ramificado, com uma ligação dupla *trans* entre C-4 e C-5, um grupo amino em C-2 e grupos hidroxila em C-1 e C-3 (Figura 9.10a). A **ceramida** consiste em um grupo de ácido graxo ligado ao grupo amino do C-2 da esfingosina por meio de uma ligação amida (Figura 9.10b). As ceramidas são as precursoras metabólicas de todos os esfingolipídeos. As três principais famílias de esfingolipídeos são as esfingomielinas, os cerebrosídeos e os gangliosídeos. Destas, apenas as esfingomielinas contêm fosfato e são classificadas como fosfolipídeos. Os cerebrosídeos e os gangliosídeos contêm resíduos de carboidratos e são classificados como glicoesfingolipídeos (Figura 9.1).

Nas **esfingomielinas**, a fosfocolina é ligada à hidroxila em C-1 de uma ceramida (Figura 9.10c). Observe a semelhança entre esfingomielina e fosfatidilcolina (Figura 9.7c): as duas moléculas são zwitterions que contêm colina, fosfato e duas longas caudas hidrofóbicas. As esfingomielinas estão presentes nas membranas plasmáticas da maioria das células de mamíferos e constituem o componente principal das bainhas de mielina, que envolvem algumas células nervosas.

Cerebrosídeos são glicoesfingolipídeos que contêm um resíduo de monossacarídeo unido por uma ligação β-glicosídica ao C-1 da ceramida. Galactocerebrosídeos, também conhecidos como galactosilceramidas, têm apenas um resíduo de β-D-galactosil como cabeça polar (Figura 9.11). Os galactocerebrosídeos são abundantes no tecido nervoso e constituem perto de 15% dos lipídeos nas bainhas de mielina. Muitos outros tecidos

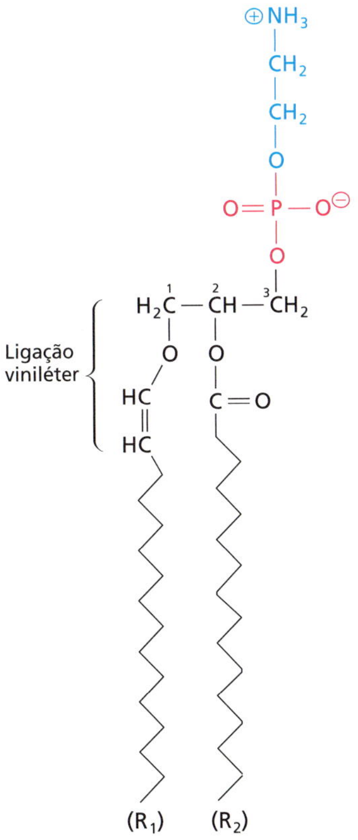

▲ **Figura 9.9**
Estrutura de um plasmalogênio contendo etanolamina. Um hidrocarboneto se liga à hidroxila do C-1 de glicerol, formando um viniléter.

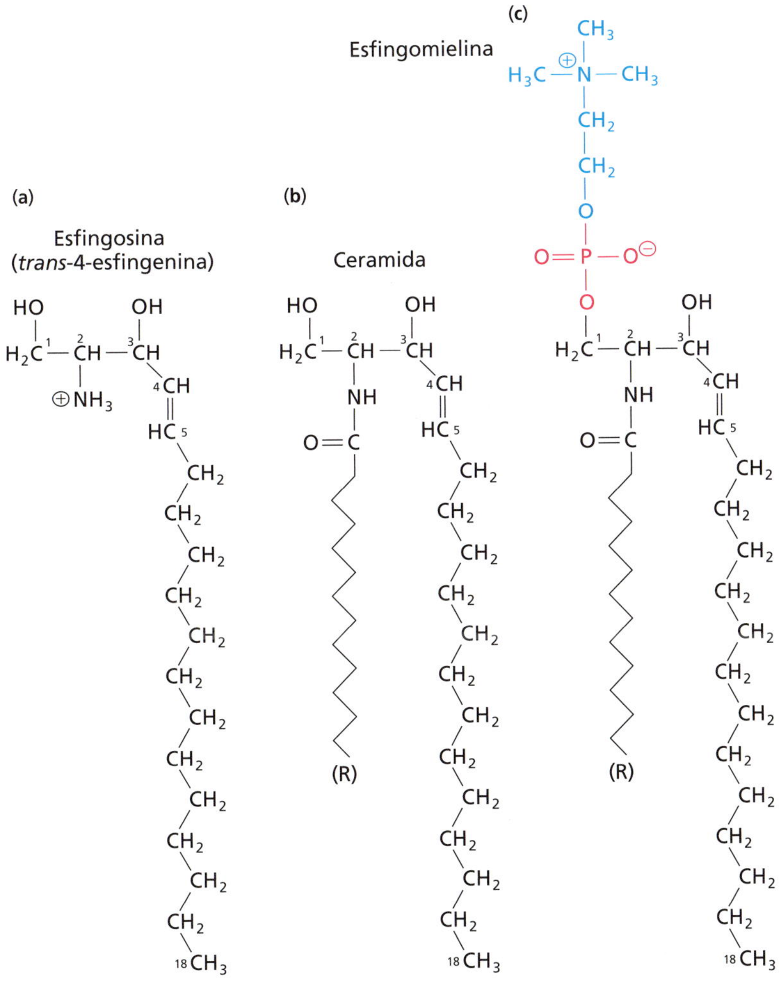

> Defeitos genéticos associados ao metabolismo lipídico são descritos no Capítulo 16.

◄ **Figura 9.10**
Estruturas de esfingosina, ceramida e esfingomielina. **(a)** Esfingosina, a estrutura básica dos esfingolipídeos, é um álcool de cadeia longa com um grupo amino em C-2. **(b)** As ceramidas têm um grupo de ácido graxo de cadeia longa ligado a um grupo amino da esfingosina. **(c)** As esfingomielinas têm um grupo fosfato (rosa) ligado à hidroxila de C-1 de uma ceramida e um grupo colina (azul) ligado ao fosfato.

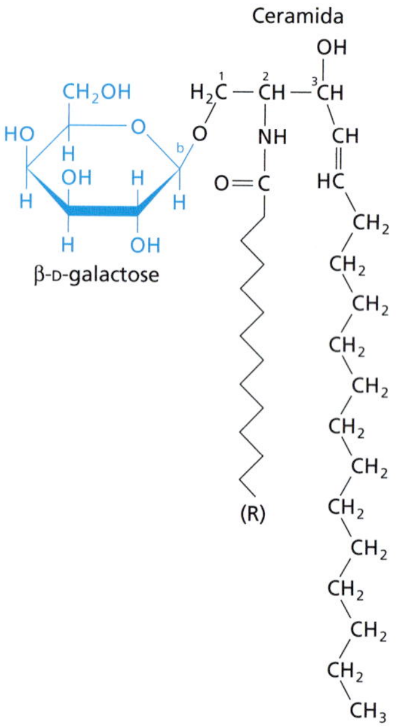

▲ Figura 9.11
Estrutura de um galactocerebrosídeo. β-D-galactose (azul) é ligada à hidroxila de C-1 de uma ceramida (preto).

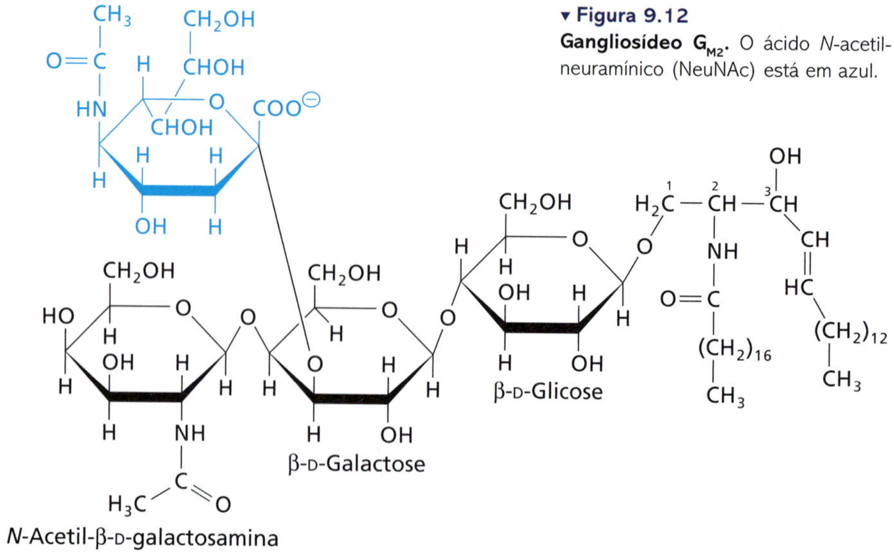

▼ Figura 9.12
Gangliosídeo G_{M2}. O ácido *N*-acetilneuramínico (NeuNAc) está em azul.

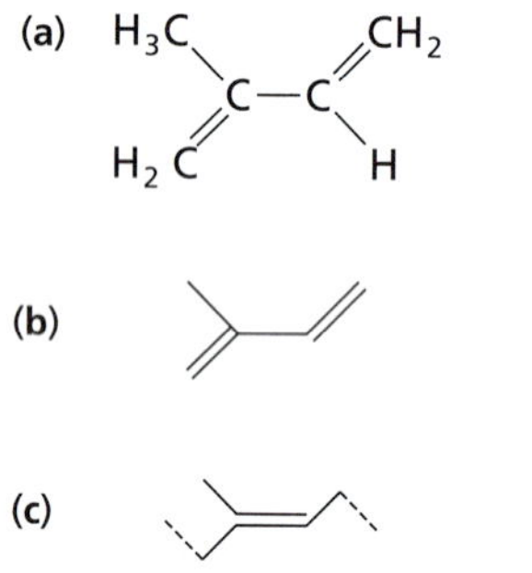

▲ Figura 9.13
Isopreno (2-metil-1,3-butadieno), a unidade estrutural básica dos isoprenoides. (a) Estrutura química. (b) Esqueleto carbônico. (c) Unidade isoprênica, em que linhas tracejadas representam ligações covalentes às unidades adjacentes.

de mamíferos contêm glicocerebrosídeos, ceramidas com uma cabeça de β-D-glicosila. Em alguns glicoesfingolipídeos, uma cadeia linear de até três resíduos monossacarídicos adicionais liga-se à porção galactosídica ou glicosídica de um cerebrosídeo.

Gangliosídeos são glicoesfingolipídeos mais complexos, nos quais cadeias de oligossacarídeos contendo ácido *N*-acetilneuramínico (NeuNAc) são ligadas a uma ceramida. NeuNAc (Figura 8.15), um derivado acetilado de ácido neuramínico, torna as cabeças dos gangliosídeos aniônicas. A estrutura de um gangliosídeo representativo, G_{M2}, é mostrada na Figura 9.12. O M no G_{M2} indica monosialo (isto é, um resíduo de NeuNAc). O G_{M2} foi o segundo gangliosídeo monosiálico caracterizado; daí o 2 subscrito.

Mais de 60 variedades de gangliosídeos já foram caracterizadas. Sua diversidade estrutural resulta das variações na composição e na sequência dos resíduos de açúcares. O gangliosídeo G_{M1}, por exemplo, é semelhante ao G_{M2} mostrado na Figura 9.12, exceto pelo fato de que tem um resíduo a mais de β-D-galactose ligado ao resíduo terminal *N*-acetil-β-D-galactosamina por uma ligação β-(1→4). Em todos os gangliosídeos, a ceramida é ligada por seu C-1 a um resíduo β-glicosila que, por sua vez, é ligado a um resíduo β-galactosila.

Os gangliosídeos estão presentes na superfície das células com as duas cadeias hidrocarbônicas da porção de ceramida inseridas na membrana plasmática e os oligossacarídeos na superfície extracelular. Gangliosídeos e outros glicoesfingolipídeos são parte do repertório de diversas cadeias oligossacarídicas, incluindo também as glicoproteínas, presentes na superfície celular. Juntos, esses componentes fornecem às células marcadores de superfície específicos, que servem para reconhecimento celular e comunicação célula a célula. Estruturas semelhantes aos antígenos sanguíneos ABO na superfície das células humanas (Quadro 8.3) podem ser componentes oligossacarídicos dos glicoesfingolipídeos, além de serem ligados a proteínas para formar glicoproteínas.

Defeitos no metabolismo dos gangliosídeos geneticamente herdados são responsáveis por diversas doenças debilitantes e, por vezes, letais, como a doença de Tay-Sachs e a gangliosidose generalizada. Certos defeitos genéticos raros levam a deficiências das enzimas responsáveis pela degradação dos esfingolipídeos nos lisossomos das células. Na doença de Tay-Sachs, há deficiência de uma hidrolase que catalisa a remoção da *N*-acetilgalactosamina de G_{M2}. O acúmulo de G_{M2} faz os lisossomos incharem, levando ao aumento do tecido. No sistema nervoso central, onde há pouco espaço para expansão, as células nervosas morrem provocando cegueira, retardo mental e morte.

Os carboidratos expostos na superfície celular também constituem receptores convenientes para bactérias, vírus e toxinas. Por exemplo, a toxina de cólera, produzida pela bactéria *Vibrio cholerae*, liga-se ao gangliosídeo G_{M1} das células epiteliais do intestino. Essa ligação estimula a entrada da toxina nas células onde ela interfere com as vias sinalizadoras normais, levando a um efluxo maciço de líquido no intestino. Com frequência, essa situação leva à morte por desidratação.

9.6 Esteroides

Os **esteroides** são outra classe de lipídeos encontrados nas membranas de eucariontes e, muito raramente, em bactérias. Junto às vitaminas lipídicas e aos terpenos, os esteroides são classificados como isoprenoides porque suas estruturas se relacionam com a molécula de cinco átomos de carbono isopreno (Figura 9.13). Os esteroides têm quatro anéis fundidos: três de seis carbonos – designados como anéis A, B e C – e um de cinco átomos de carbono, o anel D. Essa estrutura característica de anéis é derivada do esqualeno (Figura 9.14a). Os substituintes no sistema quase plano de anéis podem estar para baixo (configuração α) ou para cima (configuração β). As estruturas de diversos esteroides estão na Figura 9.14.

O esteroide colesterol é um componente importante das membranas plasmáticas dos animais, mas menos comum em vegetais, e é ausente em procariontes, protistas e fungos. Essas espécies têm outros esteroides (por exemplo, estigmasterol e ergosterol), bastante semelhantes ao colesterol. O colesterol é, de fato, um **esterol**, pois tem uma hidroxila em C-3. Outros esteroides incluem os esteróis de plantas, fungos e leveduras (que também têm uma hidroxila em C-3); hormônios esteroidais de mamíferos (como estrogênios, androgênios, progestinas e corticosteroides adrenais) e sais biliares. Esses esteroides diferem no comprimento da cadeia lateral localizada em C-17, bem como no número e na localização de grupos metila, ligações duplas, hidroxilas e, em alguns casos, grupos ceto. Os procariontes utilizam o esqualeno e alguns outros lipídeos não esteroidais correlatos que não têm a estrutura de anéis completa dos esteroides.

O colesterol exerce uma função essencial na bioquímica dos mamíferos. Ele não é apenas um componente de algumas membranas, mas também um precursor dos hormônios esteroidais e dos sais biliares. O sistema de anéis fundidos do colesterol, mostrado em vista lateral na Figura 9.15, torna-o menos flexível do que a maioria dos outros lipídeos. Por isso, o colesterol modula a fluidez das membranas celulares dos mamíferos, como veremos mais adiante neste capítulo.

◄ **Figura 9.14**
Estruturas de diversos esteroides. Esqualeno **(a)** é o precursor da maioria dos esteroides. Os esteroides têm quatro anéis fundidos (designados A, B, C e D). **(b)** Colesterol. **(c)** Estigmasterol: um componente comum em membranas vegetais. **(d)** Testosterona: hormônio esteroidal envolvido no desenvolvimento de características masculinas em animais. **(e)** Colato de sódio: sal biliar auxilia na digestão dos lipídeos. **(f)** Ergosterol: substância isolada de fungos e leveduras.

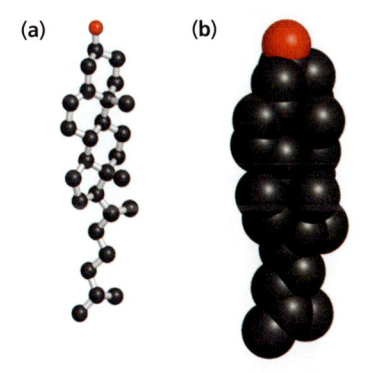

▲ **Figura 9.15**
Colesterol. (a) Modelo de esfera e bastão com o átomo de oxigênio (vermelho) no topo. Os átomos de hidrogênio não aparecem. O sistema de anéis fundidos do colesterol é quase planar. **(b)** Modelo de espaço preenchido.

► **Figura 9.16**
Éster de colesteril.

▲ **Figura 9.17**
Palmitato de miricila, uma cera.

Os esteroides são muito mais hidrofóbicos do que os glicerofosfolipídeos e os esfingolipídeos. Por exemplo, a máxima concentração de colesterol livre em água é de 10^{-8} M. A esterificação de sua hidroxila da posição C-3 com um ácido graxo forma um éster de colesteril (Figura 9.16). Pelo fato de o grupo 3-acila do éster ser apolar, um éster de colesteril é muito mais hidrofóbico do que o próprio colesterol. Este é convertido em ésteres de colesteril para ser armazenado nas células ou ser transportado na corrente sanguínea. Como são essencialmente insolúveis em água, o colesterol e seus ésteres precisam ser complexados com fosfolipídeos e proteínas anfipáticas nas lipoproteínas, para fins de transporte (Seção 16.1B).

9.7 Outros lipídeos biologicamente importantes

Há vários tipos de lipídeos não encontrados em membranas. Estes incluem compostos diversos como ceras, eicosanoides e alguns isoprenoides. Os lipídeos que não são de membranas têm várias funções especializadas, algumas das quais já encontramos (por exemplo, as vitaminas lipídicas).

As **ceras** são ésteres apolares de ácidos graxos de cadeia longa e álcoois mono-hidroxílicos de cadeia longa. Por exemplo, o palmitato de miricila, um dos componentes principais da cera de abelha, é o éster formado a partir do ácido palmítico (16:0) e do álcool de 30 carbonos miriciol (Figura 9.17). A hidrofobicidade do palmitato de miricila torna a cera de abelhas muito insolúvel, e seu alto ponto de fusão (por causa das cadeias hidrocarbônicas longas e saturadas) torna-a dura e sólida em temperaturas externas normais. As ceras são amplamente distribuídas na natureza. Elas fornecem proteção impermeável às folhas e aos frutos de algumas plantas e à pele, ao pelo, às penas e aos exoesqueletos dos animais. A cera de ouvido, também chamada de cerúmen (do latim *cera*), é secretada pelas células que revestem o canal auditivo. Ela serve para lubrificar o canal e reter partículas que poderiam danificar o tímpano. A cera de ouvido é uma mistura complexa composta, principalmente, de ácidos graxos de cadeia longa, colesterol e ceramidas. Ela também contém esqualeno, triacilgliceróis e ceras verdadeiras (cerca de 10% do peso).

Eicosanoides são derivados oxigenados de ácidos graxos poli-insaturados C_{20}, como o ácido araquidônico. Alguns exemplos de eicosanoides estão na Figura 9.18. Os eicosanoides participam em vários processos fisiológicos e também podem mediar diversas respostas potencialmente patológicas. **Prostaglandinas** são eicosanoides com um anel de ciclopentano. A prostaglandina E_2 pode provocar constrição dos vasos sanguíneos, e o tromboxano A_2 participa da formação de coágulos que, em alguns casos, podem impedir o fluxo de sangue para o coração ou para o cérebro. O leucotrieno D_4, um mediador da contração dos músculos lisos, também provoca a constrição dos brônquios, observada nos asmáticos. A aspirina (ácido acetilsalicílico) alivia dor, febre, inchaço e inflamação, inibindo a síntese de prostaglandinas (Quadro 16.1).

Alguns lipídeos que não são de membrana relacionam-se ao isopreno (Figura 9.13), mas não são esteroides. Já encontramos vários deles no Capítulo 7. As vitaminas lipídicas A, E e K são isoprenoides que contêm longas cadeias hidrocarbônicas ou anéis fundidos (Seção 7.14). A vitamina D é um isoprenoide derivado do colesterol. Há diversos carotenos relacionados ao retinol (vitamina A). A cadeia hidrofóbica da ubiquinona tem 6-10 unidades isoprenoides (Seção 7.15).

Com frequência, os isoprenoides simples são chamados terpenos. Suas estruturas revelam sua formação a partir de unidades isoprênicas. O citral é um bom exemplo: ele

▲ As ceras de ouvido e de abelha são dois exemplos de ceras de ocorrência natural.

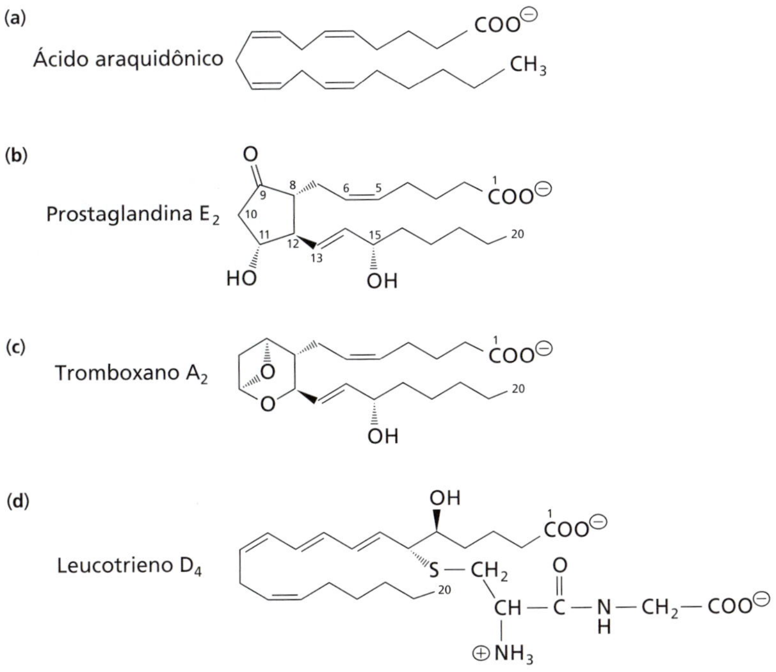

◀ **Figura 9.18**
Estruturas do ácido araquidônico (a) e três eicosanoides derivados dele. O araquidonato é um ácido graxo poli-insaturado de 20 átomos de carbono com quatro ligações duplas *cis*.

(a) Ácido araquidônico

(b) Prostaglandina E$_2$

(c) Tromboxano A$_2$

(d) Leucotrieno D$_4$

ocorre em várias plantas e lhes confere um forte cheiro de limão (Figura 1.19a). Outros isoprenoides são o bactoprenol (álcool undecaprenílico) (Figura 9.19b) e o hormônio juvenil I (Figura 9.19c), que regula a expressão dos genes necessários ao desenvolvimento de insetos. Isoprenoides semelhantes ao bactoprenol são lipídeos importantes em arqueobactéria, em que substituem os ácidos graxos na maioria dos fosfolipídeos de membrana (veja o Quadro 9.5).

Os terpenos podem ser bastante modificados, formando uma classe mais complexa de lipídeos denominada terpenoides. Muitos deles são compostos cíclicos como o limoneno, responsável pelo aroma das laranjas (Figura 9.19d). As giberelinas são terpenoides multicíclicos que atuam como hormônios de crescimento nas plantas (Figura 9.19e).

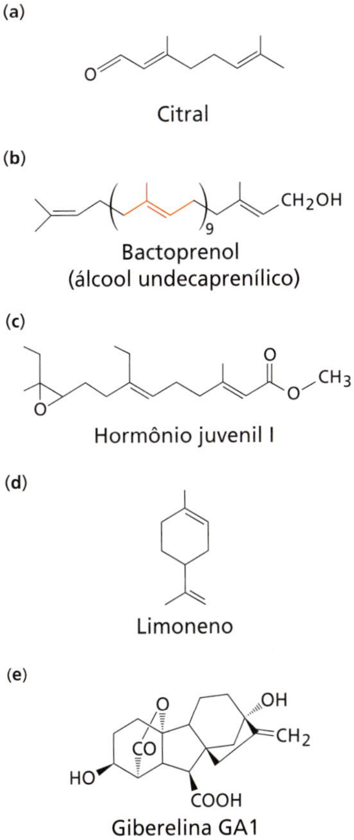

9.8 Membranas biológicas

As membranas biológicas definem os limites exteriores das células e separam compartimentos no interior delas. Elas são componentes essenciais de todas as células vivas. Uma membrana típica consiste em duas camadas de moléculas lipídicas com várias proteínas embebidas nas camadas lipídicas.

As membranas biológicas não são meras barreiras passivas para a difusão. Elas desempenham uma vasta gama de funções complexas. Algumas proteínas de membrana servem como bombas seletivas, controlando o transporte de íons e de moléculas pequenas para dentro e para fora da célula. As membranas também são responsáveis pela geração e pela manutenção dos gradientes de concentração de prótons, essenciais à produção do ATP. Receptores nas membranas reconhecem sinais extracelulares e os comunicam ao interior da célula.

Diversas células têm membranas com estruturas especializadas. Por exemplo, muitas bactérias têm membranas duplas: uma membrana externa e uma interna, a plasmática. O líquido no espaço periplasmático existente entre essas duas membranas contém proteínas que carreiam solutos específicos para proteínas de transporte na membrana interna. Esses solutos então passam através da membrana interna por um processo dependente de ATP. A lisa membrana externa existente nas mitocôndrias contém proteínas que formam canais aquosos, enquanto sua membrana interna, invaginada, é seletivamente permeável e tem várias enzimas ligadas a ela. O núcleo também tem uma membrana dupla – o conteúdo nuclear interage com o citosol através dos poros nucleares. A membrana simples do retículo endoplasmático é altamente

(a) Citral

(b) Bactoprenol (álcool undecaprenílico)

(c) Hormônio juvenil I

(d) Limoneno

(e) Giberelina GA1

▲ **Figura 9.19**
Alguns isoprenoides. Observe a unidade isoprênica (rosa) no bactoprenol.

QUADRO 9.3 Gregor Mendel e as giberelinas

Gregor Mendel estudou sete características para estabelecer as leis básicas da hereditariedade. Uma delas foi o tamanho do caule (*Le/le*). O gene *Le* foi clonado e sequenciado (Lester et al., 1997). Ele codifica a enzima giberelina 3β-hidroxilase, necessária à síntese do terpenoide giberelina GA1. A produção de giberelina GA1 pelo gene normal estimula o crescimento, produzindo um pé de ervilha alto. O gene mutante produz uma enzima menos ativa que sintetiza menos hormônio e, assim, as plantas homozigotas para o alelo mutante (*le*) são baixas.

A mutação é uma simples substituição de nucleotídeo, que converte um códon de alanina em um códon de treonina (A229T). Outra das sete características de Mendel está descrita no Quadro 15.3.

▶ **Mutação de tamanho de caule.** Plantas altas (esquerda) são normais. Mutações no gene de comprimento do caule (*Le*) produzem plantas baixas (direita).

ramificada. Sua extensa rede nas células eucariontes participa da síntese de proteínas transmembrânicas e secretadas, bem como de lipídeos, para várias membranas.

Nesta seção, estudaremos a estrutura das membranas biológicas. Nas demais seções deste capítulo, discutiremos as propriedades e as funções das membranas biológicas.

A. Bicamadas lipídicas

Vimos anteriormente que os detergentes podem formar de modo espontâneo monocamadas ou micelas, em solução aquosa (Seção 2.4). Como os detergentes, os glicerofosfolipídeos e glicoesfingolipídeos anfipáticos podem formar monocamadas sob algumas condições. Nas células, esses lipídeos não se arranjam bem sob a forma de micelas, mas tendem a formar **bicamadas lipídicas** (Figura 9.20). Estas constituem o principal componente estrutural de todas as membranas biológicas, incluindo as plasmáticas e membranas internas das células eucariontes. As interações não covalentes entre moléculas de lipídeos nas bicamadas tornam as membranas flexíveis e permitem sua autovedação. Os triacilgliceróis, que são muito hidrofóbicos e não anfipáticos, não conseguem formar bicamadas; o colesterol, embora um pouco anfipático, também não forma bicamadas por si mesmo.

Uma bicamada lipídica tem, tipicamente, espessura de 5 a 6 nm e consiste em duas folhas, ou monocamadas (também chamadas folhetos). Em cada folha, os grupos polares da cabeça dos lipídeos anfipáticos ficam em contato com o meio aquoso, e as caudas hidrocarbônicas, apolares, se voltam para o interior da bicamada (Figura 9.20).

A formação espontânea de bicamadas lipídicas é promovida por interações hidrofóbicas (Seção 2.5D). Quando as moléculas lipídicas se associam, a entropia das moléculas de solvente aumenta, favorecendo a formação da bicamada lipídica.

B. Três classes de proteínas de membranas

As membranas celulares e intracelulares contêm proteínas especializadas, ligadas a membranas. Essas proteínas são divididas em três classes, com base em seus modos de associação com a bicamada lipídica: proteínas integrais de membrana, proteínas periféricas de membrana e proteínas ancoradas em lipídeos de membrana (Figura 9.21).

As *proteínas integrais de membrana*, também chamadas proteínas transmembrânicas ou transmembranares, têm regiões hidrofóbicas inseridas no cerne hidrofóbico da bicamada lipídica. Em geral, as proteínas integrais de membrana atravessam a bicamada, ficando uma parte da proteína exposta na superfície externa e outra, exposta na superfície interna. Algumas proteínas integrais de membrana são ancoradas apenas por uma parte da cadeia polipeptídica que atravessa a membrana, enquanto outras têm diversos segmentos transmembrânicos ligados por alças na superfície da membrana. Em geral, o segmento que transpõe a membrana é uma α-hélice contendo, aproximadamente, 20 resíduos de aminoácidos.

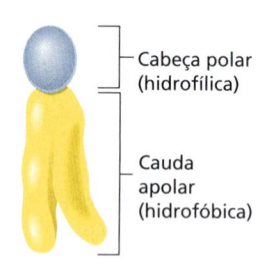

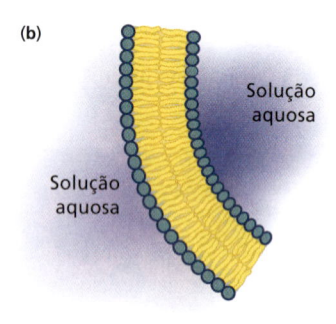

▲ **Figura 9.20**
Lipídeo de membrana e bicamada.
(a) Lipídeo de membrana anfipático.
(b) Seção transversal de uma bicamada lipídica. Os grupos da cabeça hidrofílica (azul) de cada camada ficam voltados para o meio aquoso, e as caudas hidrofóbicas (amarelo) se juntam no interior da bicamada.

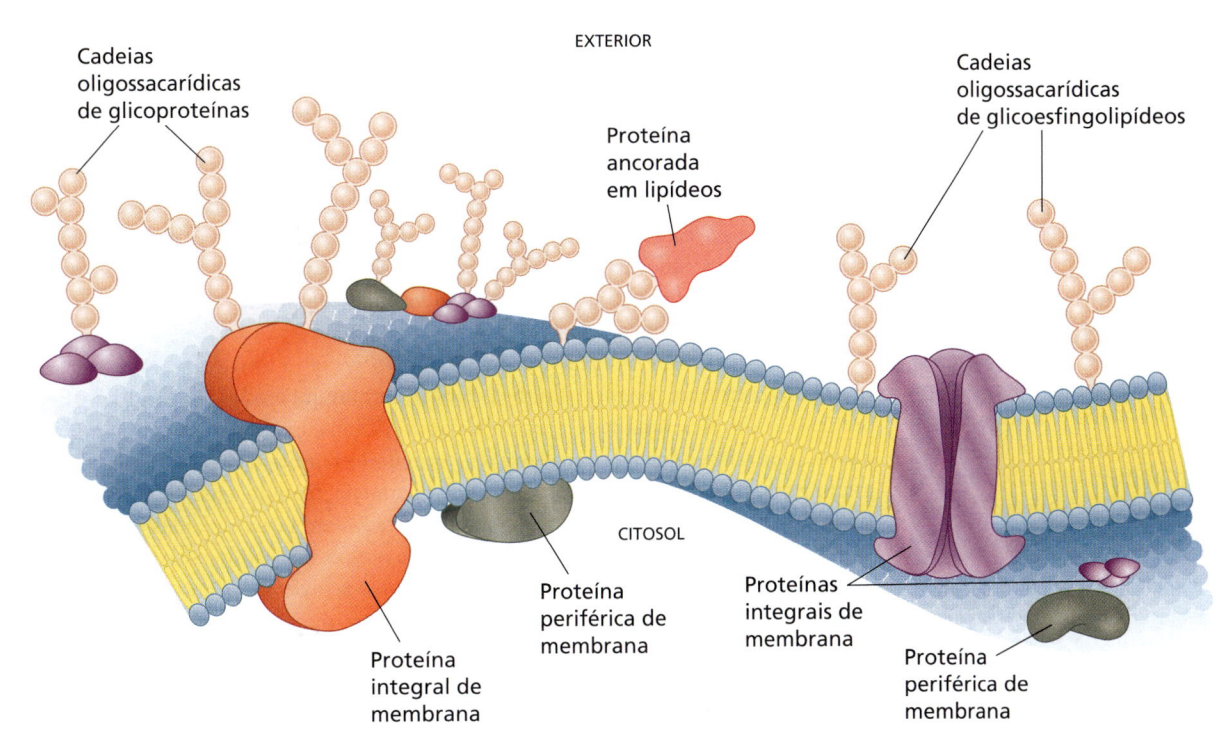

Uma das proteínas integrais de membrana mais bem caracterizadas é a bacteriorrodopsina (Figura 9.22a), encontrada na membrana citoplasmática da bactéria halofílica (atraída por sal) *Halobacterium halobium*, onde auxilia na captação da energia luminosa utilizada na síntese do ATP. A bacteriorrodopsina é constituída por um feixe de sete α-hélices. A superfície exterior do feixe helicoidal é hidrofóbica e interage diretamente com as moléculas lipídicas na membrana. A superfície interior contém cadeias laterais de aminoácidos carregadas que se ligam a uma molécula de pigmento. A bacteriorrodopsina é uma das várias proteínas de membrana α-helicoidais cujas estruturas são conhecidas em detalhes. Essas proteínas constituem uma das duas principais classes de proteínas integrais de membrana. A outra classe é a das proteínas tipo barril β (veja adiante).

Na falta de dados sobre a estrutura tridimensional, a presença de regiões α-helicoidais transmembrânicas nas proteínas de membrana pode ser predita, frequentemente, pela busca de regiões nas quais os aminoácidos sejam predominantemente hidrofóbicos (ou seja, com altos valores de hidropatia) (Seção 3.2G) e com tendência a participar de α-hélices (Seção 4.4). Ao longo dos anos foram desenvolvidos vários algoritmos para previsão e, atualmente, eles são capazes de detectar 70% das α-hélices transmembrânicas conhecidas. Essas previsões são importantes porque ainda é muito difícil cristalizar proteínas de membrana a fim de determinar sua real estrutura.

▲ **Figura 9.21**
Estrutura de uma membrana plasmática eucarionte típica. Uma bicamada lipídica forma a matriz básica das membranas biológicas, e a ela são associadas proteínas (algumas das quais são glicoproteínas) de diversas maneiras. Os oligossacarídeos das glicoproteínas e dos glicolipídeos ficam voltados para o espaço extracelular.

▼ **Figura 9.22**
Proteínas de membrana integrais. **(a)** Bacteriorrodopsina: sete α-hélices transmembrânicas, conectadas por alças, formam um feixe que atravessa a bicamada. O grupo prostético captador de luz é mostrado em amarelo [PDB 1FBB]. **(b)** Porina FhuA de *Escherichia coli*: essa porina forma um canal para a passagem de ferro ligado à proteína para dentro da bactéria. Esse canal é formado por 22 fitas β antiparalelas, que formam um barril β [PDB 1BY3].

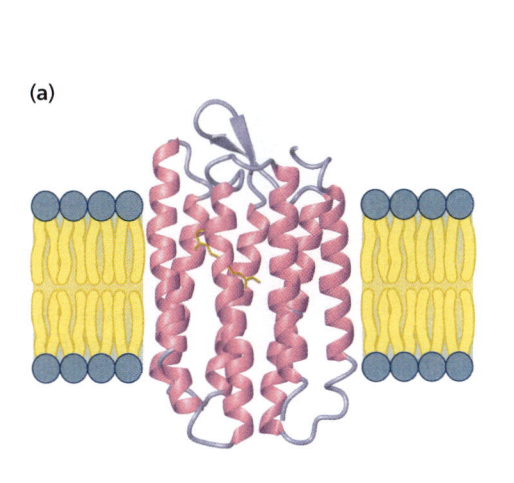

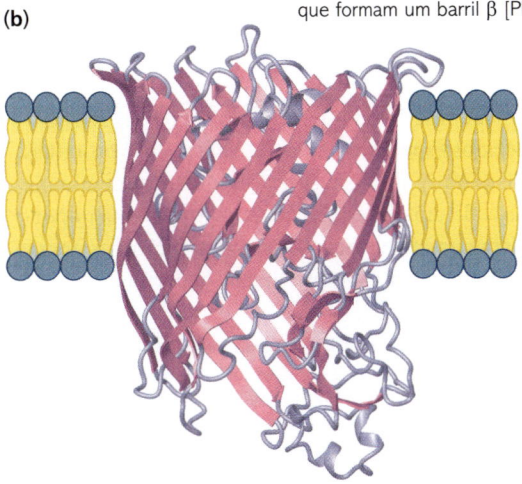

> **O enovelamento de proteínas é outro exemplo de uma reação de montagem de macromoléculas favorecida pela entropia (Seção 4.11A).**

> **Consideraremos as funções de algumas dessas proteínas de membrana mais adiante neste capítulo. Também encontraremos proteínas de membrana em outros capítulos, inclusive naqueles sobre transporte de elétrons associado a membranas (Capítulo 14), fotossíntese (Capítulo 15) e síntese de proteínas (Capítulo 22).**

> **A função da bacteriorrodopsina é descrita na Seção 15.2.**

> **Algumas proteínas preniladas serão vistas na seção sobre transdução de sinais (Seção 9.12).**

Muitas proteínas integrais de membrana têm um dobramento em barril β (Figura 4.23b). A superfície exterior das fitas β fica em contato com os lipídeos da membrana e, com frequência, o centro do barril serve como poro ou canal para as moléculas que passam de um lado para o outro da membrana. A porina de *E. coli*, FhuA, é um exemplo típico desse tipo de proteína de membrana integral (Figura 9.22b).

Proteínas periféricas de membrana são associadas a uma face da membrana por meio de interações carga-carga e de ligações de hidrogênio com proteínas integrais de membrana ou com as cabeças polares dos lipídeos de membrana. As proteínas periféricas de membrana são mais facilmente dissociadas das membranas por meio de alterações no pH ou na força iônica.

Proteínas ancoradas em lipídeos de membrana são presas a uma membrana por ligação covalente com uma "âncora" lipídica. Nas proteínas ancoradas em lipídeos de membrana mais simples, uma cadeia lateral de aminoácido é unida por meio de ligação amida ou éster a um grupo de ácido graxo, normalmente miristato ou palmitato. O ácido graxo é inserido na folha citoplasmática da bicamada, fixando a proteína na membrana (Figura 9.23a). Proteínas desse tipo são encontradas em vírus e células eucariontes.

Outras proteínas ancoradas em lipídeos de membrana são ligadas covalentemente a uma cadeia isoprenoide (com 15 ou 20 carbonos) através do átomo de enxofre de um resíduo de cisteína no, ou próximo ao, C-terminal da proteína (Figura 9.23b). Essas *proteínas preniladas* são encontradas na face citoplasmática das membranas plasmáticas e das membranas intracelulares.

Várias proteínas ancoradas em lipídeos de eucariontes são ligadas a uma molécula de glicosilfosfatidilinositol (Figura 9.23c). A âncora na membrana é a porção 1,2-diacilglicerol do glicosilfosfatidilinositol. Um glicano de composição variada é ligado ao inositol por um resíduo de glicosamina; um resíduo de manose liga o glicano ao resíduo de fosfoetanolamina, e o grupo α-carboxílico C-terminal da proteína é unido à etanolamina por uma ligação amida. Sabe-se que mais de cem proteínas são associadas a membranas por meio de uma âncora de glicosilfosfatidilinositol. Essas proteínas têm funções variadas e estão presentes apenas na monocamada exterior da membrana plasmática. São encontradas nas balsas de colesterol-esfingolipídeos descritas na Seção 9.9.

Os três tipos de âncoras lipídicas são ligados covalentemente a resíduos de aminoácidos pós-tradução, ou seja, depois que a proteína foi sintetizada. Como as proteínas integrais de membrana, a maioria das proteínas ancoradas em lipídeos é associada permanentemente à membrana, embora as proteínas em si não interajam com ela.

QUADRO 9.4 Novas vesículas lipídicas ou lipossomos

Vesículas sintéticas (normalmente chamadas lipossomos), compostas de bicamadas fosfolipídicas que envolvem um compartimento aquoso, podem ser feitas em laboratório. Para minimizar o contato desfavorável entre a face hidrofóbica da bicamada e a solução aquosa, as bicamadas lipídicas tendem a se fechar, formando estruturas esféricas. As vesículas assim formadas são, em geral, bastante estáveis e impermeáveis a várias substâncias. Lipossomos cujo compartimento interno aquoso contém fármacos podem ser usados para liberação dessas substâncias em tecidos específicos do corpo, desde que proteínas específicas para o alvo estejam presentes na membrana lipossômica. Bicamadas sintéticas constituem uma importante ferramenta experimental na investigação das membranas celulares. Um exemplo desses experimentos está descrito no Quadro 15.3.

▶ **Seção transversal esquemática de uma vesícula lipídica ou lipossomo.** A bicamada é formada por duas folhas. Em cada uma delas, os grupos polares dos lipídeos anfipáticos se estendem para dentro do meio aquoso, e as cadeias hidrocarbônicas apolares ficam voltadas para dentro, em contato de van der Waals umas com as outras.

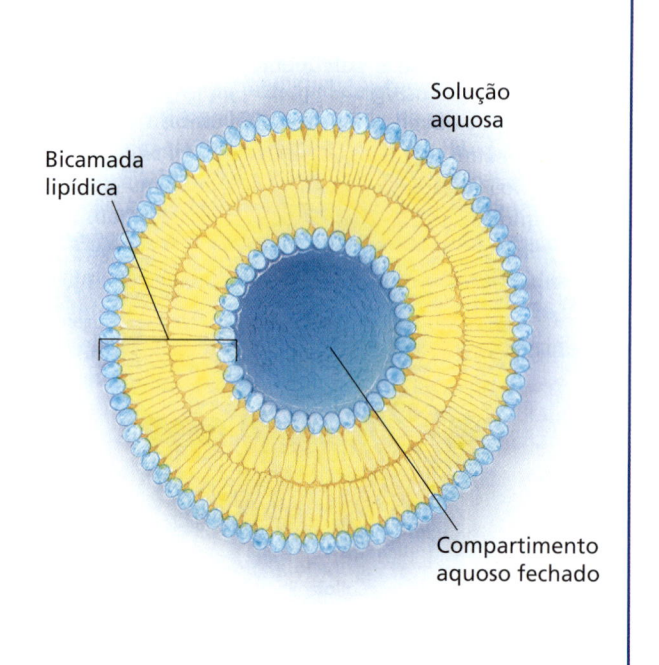

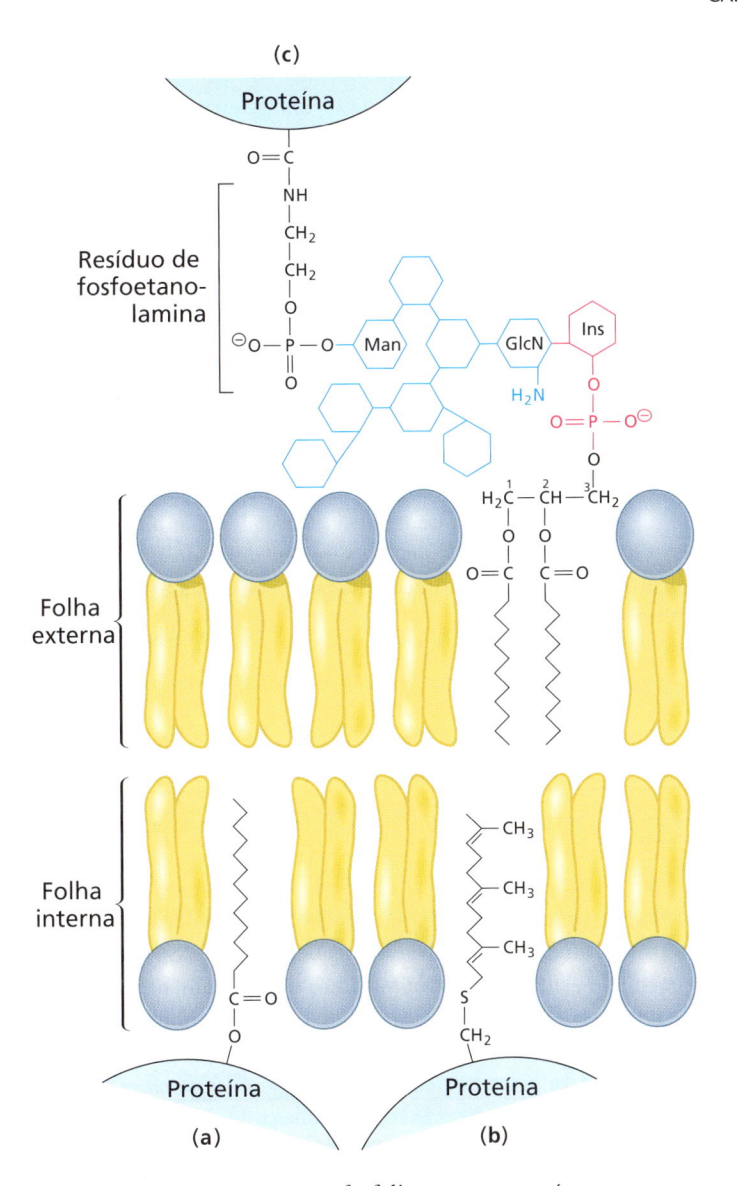

◀ **Figura 9.23**
Proteínas de membrana ancoradas em lipídeos, ligadas à membrana plasmática. Os três tipos de âncora podem ser encontrados na mesma membrana, mas não formam um complexo, como é mostrado aqui. **(a)** Proteína ancorada em grupo de ácido graxo. **(b)** Proteína de membrana ancorada em prenila. Observe que proteínas de membrana ancoradas em de ácido graxo e prenila também podem ocorrer na folha citoplasmática (externa) das membranas intracelulares. **(c)** Proteína ancorada por glicosilfosfatidilinositol. Aqui é mostrada a glicoproteína variável de superfície do protozoário parasita *Trypanosoma brucei*. A proteína é ligada covalentemente a um resíduo de fosfoetanolamina que, por sua vez, é ligado a um glicano. Este (azul) inclui um resíduo de manose ao qual o resíduo de fosfoetanolamina é ligado e um resíduo de glicosamina, ligado ao grupo fosfoinositol (rosa) do fosfatidilinositol. Abreviaturas: GlcN = glicosamina; Ins = inositol; Man = manose.

Uma vez liberadas por tratamento com fosfolipases, as proteínas se comportam como solúveis.

O número total de proteínas de membrana em uma célula típica não é conhecido com precisão, mas acredita-se que representem uma fração significativa do proteoma. Em *E. coli*, por exemplo, parece que há cerca de 1.000 proteínas de membrana de todos os tipos. Como seu número total de proteínas fica em torno de 4.000 (Capítulo 4), as proteínas de membrana constituem cerca de 25% do total. Provavelmente, essa fração é maior nos eucariontes multicelulares, pois há muito mais proteínas de membranas envolvidas nas interações célula-célula e na sinalização intracelular.

Membranas diferentes têm proteínas (e lipídeos) diferentes. Em alguns casos, uma célula ou compartimento é envolvido por uma membrana dupla, que consiste em duas bicamadas lipídicas separadas (Figura 9.24). No caso das mitocôndrias e da *E. coli*, as membranas internas têm muito mais proteínas de membrana do que as externas.

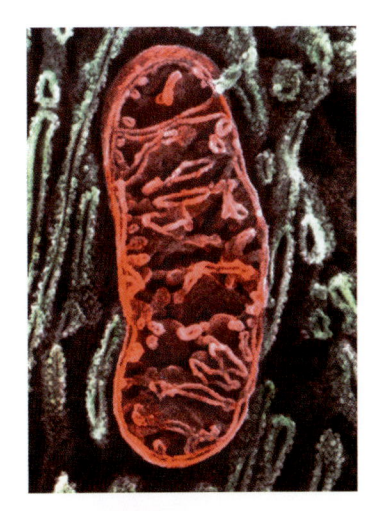

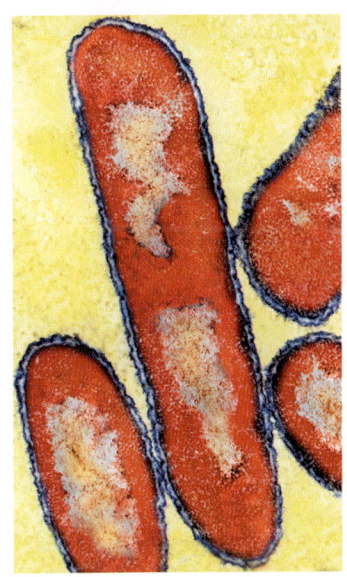

▶ **Figura 9.24**
Membrana dupla de mitocôndrias e de diversas bactérias. A membrana plasmática da maioria das células eucariontes é uma bicamada lipídica simples. Nas células eucariontes, o núcleo e organelas importantes, como as mitocôndrias (alto à direita), são circundados por membranas duplas. Nas bactérias, as Gram-negativas têm uma membrana dupla, que consiste em uma bicamada lipídica interna e outra externa, como mostrado para *E. coli* (embaixo, à direita). Não surpreende que as mitocôndrias (e cloroplastos) tenham membranas duplas, já que elas são derivadas de bactérias Gram-negativas, que utilizam esse tipo de membrana como parte do mecanismo de transporte de elétrons, produtor de energia, e da síntese de ATP (Capítulo 14).

QUADRO 9.5 Algumas espécies têm lipídeos incomuns em suas membranas

Diversas espécies têm lipídeos incomuns em algumas de suas membranas. Esses lipídeos são, às vezes, restritos a gêneros ou a famílias e, em outros casos, ordens inteiras compartilham algumas dessas composições lipídicas características. Nos eucariontes, há alguns lipídeos encontrados apenas em algumas classes de animais, e não em outras, ou em algumas classes de vegetais. Existem mesmo composições lipídicas distintivas de alguns reinos inteiros, como os vegetais, os animais e os fungos.

Os procariontes são um grupo muito diversificado, com muitas variedades de lipídeos. Grandes grupos, como as cianobactérias, os micoplasmas e bactérias Gram-positivas, podem ter composições lipídicas bastante características em suas membranas.

As arqueobactérias têm glicerofosfolipídeos bastante incomuns e distintivos. O esqueleto de glicerol fosfato nos glicerofosfolipídeos das arqueobactérias é o sn-glicerol-1-fosfato, um estereoisômero daquele encontrado em outras espécies (sn-glicerol-3-fosfato) (veja o Quadro 16.1). As cadeias hidrocarbônicas são unidas ao esqueleto de glicerol por meio de ligações éter, e não éster; além disso, as cadeias hidrocarbônicas nas arqueobactérias são, com frequência, derivadas isoprenoides, e não de ácidos graxos.

Existem algumas espécies de bactérias Gram-negativas que apresentam misturas de ligações éter e éster em seus lipídeos, mas a composição lipídica incomum das arqueobactérias é um argumento forte para classificá-las como um grupo monofilético separado. Como mencionado anteriormente (Seção 1.5), alguns pesquisadores argumentam que a diferenciação das arqueobactérias justifica a criação de um terceiro domínio da vida, mas a visão atual favorece uma perspectiva mais complexa para a teia da vida.

◄ Comparação de glicerofosfolipídeos bacteriano e arqueobacteriano típicos

C. O modelo do mosaico fluido para as membranas biológicas

Uma membrana biológica típica tem em torno de 25% a 50% de lipídeos e de 50% a 75% de proteína em sua massa. Os carboidratos aparecem como componentes dos glicolipídeos e das glicoproteínas. Os lipídeos são uma mistura complexa de fosfolipídeos, glicoesfingolipídeos (em animais) e colesterol (em alguns eucariontes). O colesterol e alguns outros lipídeos que não formam bicamadas por si mesmos (cerca de 30% do total) são estabilizados, em um arranjo em bicamada, pelos outros 70% dos lipídeos da membrana (veja a próxima seção).

As composições das membranas biológicas variam consideravelmente entre as espécies, e mesmo entre diferentes tipos de células nos organismos multicelulares. Por exemplo, a membrana de mielina que isola as fibras nervosas contém relativamente pouca proteína. Em contraposição, a membrana mitocondrial interna é rica em proteínas, refletindo seu alto nível de atividade metabólica. A membrana plasmática dos glóbulos vermelhos também é excepcionalmente rica em proteínas.

Cada membrana biológica tem uma composição lipídica própria, além de contar com uma razão característica lipídeo/proteína. As membranas do tecido cerebral, por exemplo, têm um teor de certa forma alto de fosfatidilserinas, enquanto as membranas das células cardíacas e pulmonares têm, respectivamente, altos níveis de fosfatidilgliceróis e esfingomielinas. As fosfatidiletanolaminas constituem aproximadamente 70% dos lipídeos de membrana interna das células de E. coli. As membranas externas de bactérias Gram-negativas contêm lipopolissacarídeos.

Além de terem uma distribuição diferente entre os diversos tecidos, os fosfolipídeos também são distribuídos assimetricamente entre as monocamadas interna e externa de uma membrana biológica simples. Nas células de mamíferos, por exemplo, 90% das moléculas de esfingomielina estão na superfície externa da membrana plasmática. As fosfatidilserinas também são distribuídas assimetricamente em várias células, com 90% das moléculas na monocamada citoplasmática.

Uma membrana biológica é mais espessa do que uma bicamada lipídica – tipicamente, com 6 nm a 10 nm de espessura. O **modelo do mosaico fluido** proposto em 1972 por S. Jonathan Singer e Garth L. Nicolson ainda é em geral válido para descrever o arranjo de lipídeos e proteínas em uma membrana. De acordo com esse modelo, a membrana é uma estrutura dinâmica, na qual tanto as proteínas como os lipídeos podem se difundir lateralmente ou girar, de modo rápido e aleatório, dentro da bicamada. As proteínas de membrana são visualizadas como *icebergs* que flutuam em uma bicamada lipídica muito fluida (Figura 9.21) (na realidade, algumas proteínas ficam imóveis e alguns lipídeos têm movimentos restritos).

> **CONCEITO-CHAVE**
> As membranas biológicas consistem em uma bicamada lipídica com proteínas associadas. Lipídeos e proteínas podem se difundir rapidamente no interior da membrana.

9.9 Membranas são estruturas dinâmicas

Os lipídeos em uma bicamada estão em constante movimento, conferindo às bicamadas lipídicas muitas propriedades de fluidos. Assim, uma bicamada lipídica pode ser vista como uma solução bidimensional. Os lipídeos fazem diversos tipos de movimento molecular dentro das bicamadas. O movimento rápido dos lipídeos no plano de uma monocamada é um exemplo de difusão lateral bidimensional. Uma molécula de fosfolipídeo pode se difundir de uma extremidade a outra de uma célula bacteriana (uma distância de cerca de 2 μm) em cerca de 1 segundo, a 37 °C.

Em contraste, a difusão transversa (ou *flip-flop*) é a passagem dos lipídeos de uma das folhas da bicamada para a outra. Ela é muito mais lenta do que a difusão lateral (Figura 9.25). A cabeça polar de uma molécula de fosfolipídeo é altamente solvatada e precisa perder sua camada de solvatação para penetrar no interior hidrocarbônico da bicamada, a fim de passar de uma camada para a outra. A barreira de energia associada a esse movimento é tão alta que a difusão transversa dos fosfolipídeos em uma bicamada ocorre a cerca de um bilionésimo da velocidade de difusão lateral. A velocidade muito baixa da difusão transversa dos lipídeos de membrana é que permite às camadas interna e externa das membranas biológicas manter composições lipídicas diferentes.

Todas as células sintetizam novas membranas adicionando lipídeos e proteínas às membranas preexistentes. À medida que a membrana plasmática é expandida, a célula aumenta de tamanho. Ao final, a célula se dividirá, e cada uma das células-filhas herdará uma parte (normalmente a metade) das membranas originais. Membranas internas são expandidas e se dividem da mesma forma.

Nas bactérias, as moléculas de lipídeos são, em geral, adicionadas do lado citoplasmático da bicamada lipídica. A assimetria é gerada pela adição preferencial de lipídeos recentemente sintetizados a apenas uma das monocamadas. Como a difusão transversa

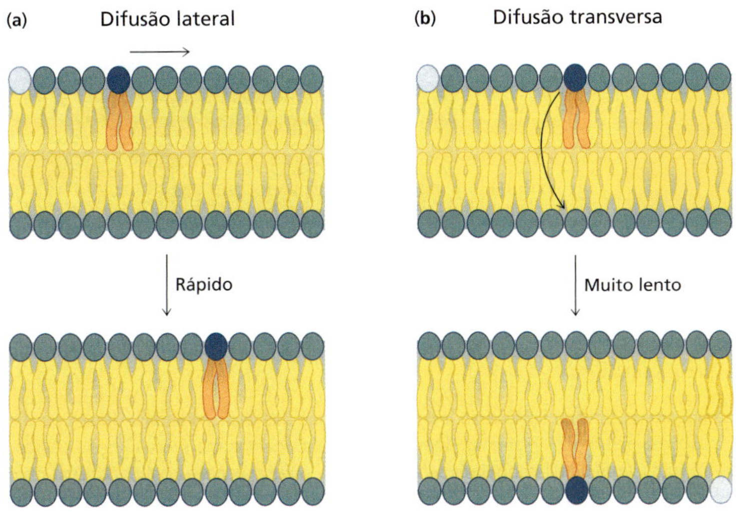

> Você deve ter herdado moléculas de lipídeos de sua avó! (veja o Problema 18).

◀ **Figura 9.25**
Difusão de lipídeos dentro de uma bicamada. (a) A difusão lateral de lipídeos é relativamente rápida. **(b)** A difusão transversa de lipídeos, ou *flip-flop*, é muito lenta.

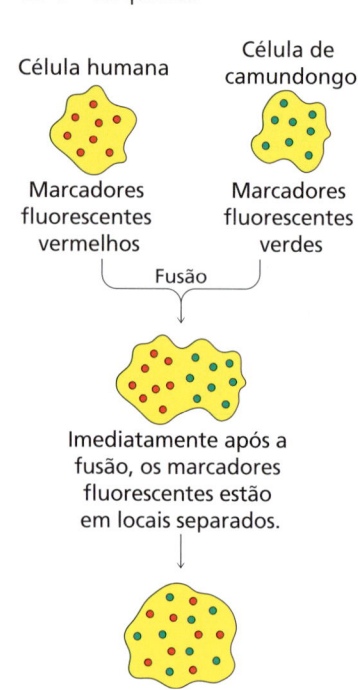

é muito lenta, essas moléculas recém-sintetizadas não se espalham pela camada externa da membrana plasmática, levando ao enriquecimento da camada interna em alguns tipos de lipídeos. A assimetria lipídica também pode ser causada e mantida pela ação de flipases e flopases ligadas à membrana – enzimas que utilizam a energia do ATP para mover fosfolipídeos específicos de uma monocamada para a outra. A ação dessas enzimas é responsável pelo enriquecimento da camada externa em alguns tipos de fosfolipídeos. As células eucariontes produzem seus lipídeos de membrana em um arranjo assimétrico no retículo endoplasmático ou no complexo de Golgi. Os fragmentos de membrana fluem dessas organelas para outras membranas, mantendo a assimetria.

Em 1970, L. D. Frye e Michael A. Edidin criaram um experimento elegante para testar se proteínas de membrana se difundiam na bicamada lipídica. Eles fundiram células de camundongo com células humanas, formando heterocárions (células híbridas). Usando anticorpos que se ligam especificamente a certas proteínas nas membranas plasmáticas humanas marcados com fluorescência vermelha e anticorpos marcados com fluorescência verde que se ligam especificamente a certas proteínas de membranas plasmáticas de camundongos, eles observaram as mudanças na distribuição das proteínas de membrana ao longo do tempo, usando microscopia de imunofluorescência. As proteínas marcadas ficaram misturadas ao término de 40 minutos após a fusão das células (Figura 9.26). Esse experimento demonstrou que pelo menos algumas proteínas de membrana se difundem livremente nas membranas biológicas.

Poucas proteínas de membrana se movem lateralmente com grande velocidade, mas a maioria delas se difunde cerca de 100 a 500 vezes mais devagar do que os lipídeos da membrana. A difusão de algumas proteínas é muito restringida por agregação ou por ligação ao citoesqueleto logo abaixo da superfície da membrana. Proteínas de membrana relativamente imóveis podem agir como cercas ou gaiolas, restringindo o movimento de outras proteínas. A difusão limitada das proteínas de membrana produz zonas proteicas, ou domínios – áreas da membrana cuja composição difere daquela da membrana ao seu redor.

A distribuição das proteínas de membrana pode ser visualizada por *microscopia eletrônica de criofratura*. Nessa técnica, uma amostra da membrana é congelada rapidamente, na temperatura do nitrogênio líquido, e em seguida quebrada com uma lâmina.

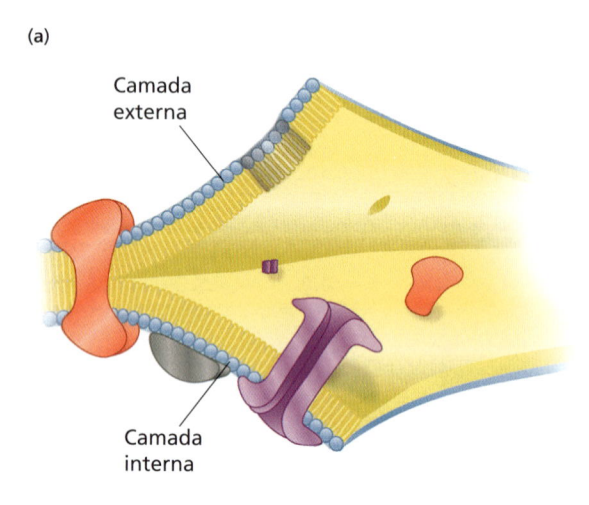

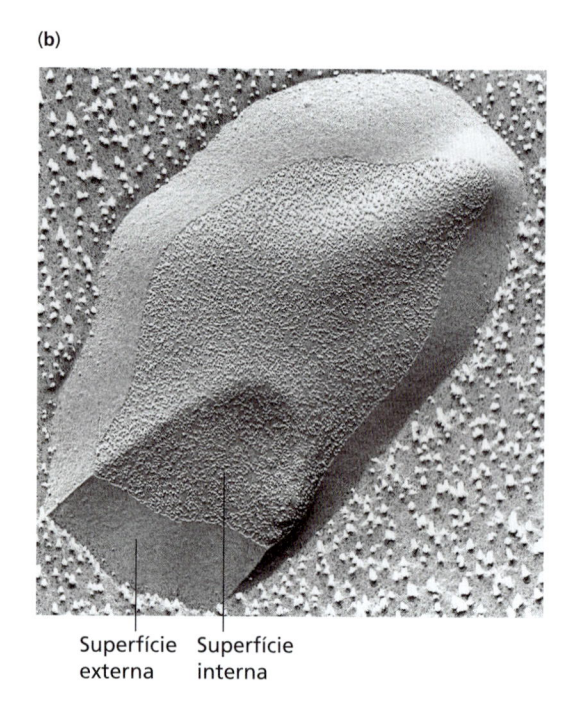

▲ **Figura 9.26**
Difusão de proteínas de membrana. Células humanas cujas proteínas de membrana foram sinalizadas com um marcador fluorescente vermelho se tornaram fundidas com células de camundongo, cujas proteínas de membrana foram assinaladas com um marcador fluorescente verde. Os marcadores, que inicialmente estavam localizados, dispersaram-se por toda a superfície da célula fundida em um período de 40 minutos.

▲ **Figura 9.27**
Criofratura de uma membrana biológica. (a) Separação da bicamada lipídica ao longo da interface das duas camadas. Uma réplica em platina da superfície interna exposta é examinada em um microscópio eletrônico. Proteínas de membrana aparecem como protusões ou cavidades na réplica. (b) Micrografia eletrônica de uma membrana de glóbulos vermelhos, congelada e fraturada. As saliências na superfície interna da membrana mostram as posições das proteínas de membrana.

A membrana se separa entre as folhas da bicamada lipídica, onde as interações intermoleculares são mais fracas (Figura 9.27a). O gelo é evaporado a vácuo e a superfície interna exposta da membrana é recoberta com um filme fino de platina, a fim de obter uma réplica metálica para análise em microscópio eletrônico. Membranas ricas em proteínas de membrana contêm protuberâncias e ondulações, que indicam sua presença. Por outro lado, membranas que não contêm proteínas são lisas. A figura 9.27b mostra a superfície rugosa da monocamada interna de uma membrana de glóbulos vermelhos, exposta por remoção da camada externa.

As propriedades fluidas das bicamadas lipídicas dependem da flexibilidade das cadeias de ácidos graxos. Quando estas são saturadas, ficam totalmente lineares em temperaturas baixas, formando um arranjo cristalino com máximo contato de van der Waals entre as cadeias. Quando a bicamada lipídica é aquecida, ocorre uma transição de fase análoga à fusão de um sólido cristalino. As cadeias de acila dos lipídeos na fase cristalina líquida resultante são relativamente desordenadas e frouxamente empacotadas. Durante a fase de transição, a espessura da bicamada diminui perto de 15%, à medida que as cadeias hidrocarbônicas se tornam menos lineares por causa da rotação em torno das ligações C—C (Figura 9.28). Bicamadas compostas por um só tipo de lipídeo experimentam uma transição de fase em uma temperatura característica, chamada temperatura de transição de fase. Quando os lipídeos têm cadeias insaturadas, o cerne hidrofóbico da bicamada é fluido a uma temperatura bem abaixo da ambiente (23 °C). Membranas biológicas, que contêm uma mistura heterogênea de lipídeos, mudam de modo gradual de gel para a fase de cristal líquido, tipicamente em temperaturas na faixa de 10 °C a 40 °C. As transições de fase nas membranas biológicas podem ser localizadas, de modo que regiões de fase fluida e de gel podem coexistir em determinadas temperaturas.

A estrutura de um fosfolipídeo tem efeitos dramáticos sobre sua fluidez e sua temperatura de transição de fase. Como vimos na Seção 9.2, a cadeia hidrocarbônica de um ácido graxo com uma ligação dupla *cis* tem uma dobra que rompe o empacotamento e aumenta a fluidez. A incorporação de um grupo de ácido graxo insaturado em um fosfolipídeo diminui sua temperatura de transição de fase. Alterações na fluidez da membrana afetam o seu transporte e as funções catalíticas das proteínas de membrana, de modo que vários organismos mantêm a fluidez da membrana sob condições diversas ajustando a razão entre grupos de ácidos graxos insaturados e saturados nos lipídeos de membrana. Por exemplo, quando bactérias são cultivadas em temperaturas baixas, cresce a proporção de grupos de ácidos graxos insaturados nas membranas. O peixe dourado se adapta à temperatura da água na qual ele nada: quando a temperatura ambiente cai, há um aumento de ácidos graxos insaturados em suas membranas intestinais e em seu cérebro. O ponto de fusão mais baixo e a maior fluidez dos grupos de ácidos graxos insaturados preservam a fluidez da membrana, permitindo que os processos que ocorrem nela continuem em temperaturas mais baixas.

O colesterol responde por 20% a 25% da massa de lipídeos em uma membrana plasmática típica de mamíferos e afeta significativamente a fluidez da membrana. Quando as rígidas moléculas de colesterol se intercalam entre as cadeias hidrocarbônicas dos lipídeos de membrana, a mobilidade das cadeias de ácidos graxos da membrana fica restrita e a fluidez diminui em altas temperaturas (Figura 9.29). O colesterol rompe o empacotamento ordenado das cadeias de ácidos graxos lineares e aumenta a fluidez em temperaturas baixas. Assim, o colesterol nas membranas celulares dos animais ajuda a manter uma fluidez razoavelmente constante apesar das flutuações de temperatura ou do grau de saturação dos ácidos graxos.

O colesterol tende a associar-se com esfingolipídeos porque estes têm longas cadeias de ácidos graxos saturados. As cadeias insaturadas da maioria dos glicerofosfolipídeos produzem dobras que não acomodam facilmente as moléculas de colesterol na membrana. Por causa dessa associação preferencial, as membranas dos mamíferos consistem em zonas ou placas de colesterol/esfingolipídeos, cercadas por regiões com muito pouco colesterol. Essas placas são chamadas **balsas lipídicas**. Algumas proteínas de membrana podem se associar preferencialmente com as balsas lipídicas. Com isso, algumas dessas proteínas podem também apresentar uma distribuição em forma de

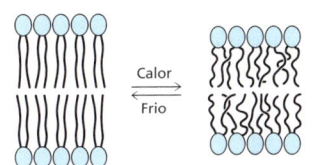

▲ **Figura 9.28**
Transição de fase de uma bicamada lipídica. No estado de gel ordenado, as cadeias hidrocarbônicas são estendidas. Acima da temperatura de transição de fase, a rotação em torno das ligações C—C desordena as cadeias na fase cristalina líquida.

(a)

(b)

▲ **O peixe dourado se adapta à temperatura da água. (a)** Esses peixes dourados (carpa, *Carassius auratus*) se adaptaram à temperatura da água em Kyoto, Japão, ajustando a composição lipídica de suas membranas. **(b)** Esses peixes dourados (Goldfish®) não se adaptam bem a qualquer temperatura de água.

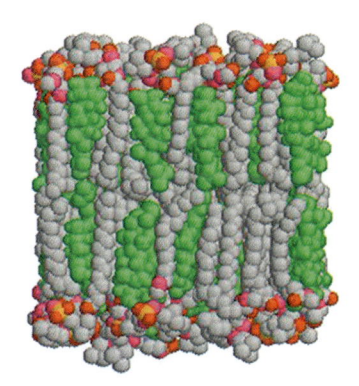

▲ **Figura 9.29**
Modelo de uma membrana lipídica. Moléculas de colesterol (verde) estão empacotadas entre cadeias de ácido graxo de fosfolipídeos (cinza).

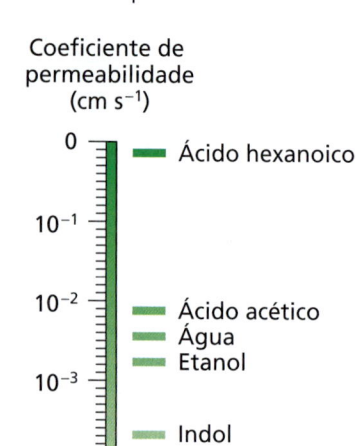

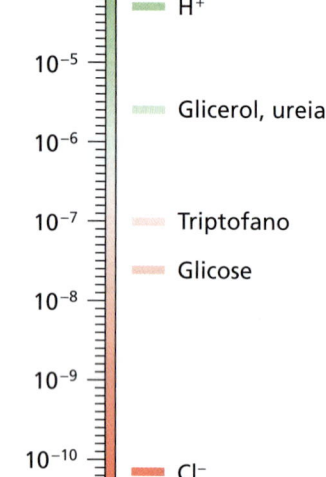

9.10 Transporte de membrana

As membranas plasmáticas separam fisicamente uma célula viva de seu ambiente. Além disso, tanto nas células procariontes como nas eucariontes há compartimentos limitados por membranas. O núcleo e a mitocôndria são exemplos óbvios nos eucariontes.

As membranas são barreiras seletivamente permeáveis, que restringem a livre passagem da maioria das moléculas. Como regra geral, a permeabilidade das moléculas está relacionada a sua hidrofobicidade e sua tendência a se dissolver em solventes orgânicos. Assim, ácido hexanoico, ácido acético e etanol são capazes de se mover com facilidade pelas membranas. Eles têm altos coeficientes de permeabilidade (Figura 9.30). A água, apesar de seu caráter fortemente polar, é capaz de se difundir de modo livre através das bicamadas lipídicas, embora, como seu coeficiente de permeabilidade indica, seu movimento seja bastante restrito em comparação ao de solventes orgânicos como o ácido hexanoico.

Íons pequenos, como Na^+, K^+ e Cl^-, têm coeficientes de permeabilidade bastante pequenos. Eles não conseguem se difundir através da membrana porque o cerne hidrofóbico da bicamada lipídica representa uma barreira quase impenetrável à maioria das espécies polares ou carregadas. Íons H^+ têm um coeficiente de permeabilidade muito mais alto, embora as membranas ainda sejam barreiras eficazes contra prótons.

Como mencionado acima, moléculas muito hidrofóbicas e algumas moléculas pequenas sem carga podem se mover através das membranas biológicas. Água, oxigênio e outras moléculas pequenas precisam também ser capazes de entrar em todas as células e mover-se livremente entre os compartimentos no interior das células eucariontes, mesmo se não conseguirem se difundir tão rapidamente por meio das membranas. Moléculas maiores, como as proteínas e os ácidos nucleicos, precisam ser transportadas pelas membranas, incluindo aquelas entre os compartimentos. As células vivas movem moléculas pelas membranas por meio das proteínas de transporte (algumas vezes chamadas poros, carreadores, permeases ou bombas) e podem transportar macromoléculas por endocitose ou exocitose.

Gases não polares – como O_2 e CO_2 – e moléculas hidrofóbicas – como hormônios esteroidais, vitaminas lipídicas e algumas drogas – entram e saem da célula difundindo-se através da membrana, passando do lado com maior concentração para o de menor concentração. A velocidade do movimento depende da diferença entre as concentrações, ou gradiente de concentração, dos dois lados. A difusão na direção de um gradiente decrescente é um processo espontâneo impulsionado por um aumento na entropia e, portanto, uma redução da energia livre (ver adiante).

O tráfego de outras moléculas e íons através das membranas é mediado por três tipos de proteínas integrais de membrana: canais e poros, transportadoras passivas e transportadoras ativas. Esses sistemas de transporte diferem em suas propriedades cinéticas e em seus requisitos energéticos. Por exemplo, a velocidade de movimento de um soluto pelos poros e canais pode aumentar com o aumento de concentração dele, mas a velocidade de movimento através de transportadores passivos e ativos pode atingir um máximo quando a concentração de soluto aumenta (ou seja, a proteína de transporte fica saturada). Alguns tipos de transporte necessitam de uma fonte de energia (Seção C). As características do transporte de membrana estão resumidas na Tabela 9.3. Nesta seção, descrevemos os diferentes sistemas de transporte de membrana, bem como a endocitose e a exocitose.

A. Termodinâmica do transporte de membranas

Você deve se lembrar, do Capítulo 1 (Seção 1.4C), de que a variação da energia livre de Gibbs real de uma reação relaciona-se com a variação da energia livre de Gibbs padrão pela equação:

▲ **Figura 9.30**
Coeficientes de permeabilidade de várias moléculas. Moléculas com altos coeficientes de permeabilidade (alto) são capazes de se difundir sem ajuda, através da membrana.

Coeficiente de permeabilidade (cm s^{-1}):
- 10^0 — Ácido hexanoico
- 10^{-2} — Ácido acético, Água, Etanol
- 10^{-4} — Indol, H^+
- 10^{-6} — Glicerol, ureia
- 10^{-7} — Triptofano
- 10^{-8} — Glicose
- 10^{-10} — Cl^-
- 10^{-11} — K^+
- 10^{-12} — Na^+

$$\Delta G_{reação} = \Delta G^{o'}_{reação} + RT \ln \frac{[C][D]}{[A][B]} \quad (9.1)$$

em que $\Delta G^{o'}_{reação}$ representa a variação da energia livre de Gibbs padrão para a reação, [C] e [D] representam as concentrações dos produtos e [A] e [B] representam as concentrações dos reagentes. A variação da energia livre de Gibbs associada ao transporte de membrana depende apenas das concentrações das moléculas em cada lado da membrana.

Para uma molécula qualquer, A, a concentração no interior da membrana é $[A_{int}]$, e a concentração na parte externa é $[A_{ext}]$. A variação da energia livre de Gibbs associada ao transporte das moléculas de A é:

$$\Delta G_{transporte} = RT \ln \frac{[A_{int}]}{[A_{ext}]} = 2,303 \; RT \log \frac{[A_{int}]}{[A_{ext}]} \quad (9.2)$$

TABELA 9.3 Características dos diferentes tipos de transporte de membrana

	Proteína carreadora	Saturável com substrato	Movimento relativo ao gradiente de concentração	Fornecimento de energia requerido
Difusão simples	Não	Não	A favor	Não
Canais e poros	Sim	Não	A favor	Não
Transporte passivo	Sim	Sim	A favor	Não
Transporte ativo				
Primário	Sim	Sim	Contra	Sim (fonte direta)
Secundário	Sim	Sim	Contra	Sim (gradiente iônico)

Se a concentração de A no interior da célula for muito menor do que no exterior, então $\Delta G_{transporte}$ será negativo e o fluxo de A para dentro da célula será termodinamicamente favorecido. Por exemplo, se $[A_{int}] = 1$ mM e $[A_{ext}] = 100$ mM, então, a 25 °C:

$$\Delta G_{transporte} = 2,303 \; RT \log \frac{[A_{int}]}{[A_{ext}]} = 2,303 \times 8,325 \times 298 \times (-2) = -11,4 \text{ kJ mol}^{-1} \quad (9.3)$$

Nessas condições, moléculas do soluto A tenderão a fluir para o interior da célula, a fim de reduzir o gradiente de concentração. O fluxo na direção oposta é termodinamicamente desfavorável, pois é associado a uma variação positiva da energia livre de Gibbs ($\Delta G_{transporte} = +11,4$ kJ mol^{-1} para moléculas deslocando-se para fora da célula).

A Equação 9.2 só se aplica a moléculas sem carga. No caso de íons, a variação da energia livre de Gibbs precisa incluir um fator que leve em conta a diferença de carga entre os dois lados da membrana biológica. A maioria das células exporta cátions seletivamente, de modo que o interior da célula fica com carga negativa em relação ao seu exterior. A diferença de cargas através da membrana é:

$$\Delta \psi = \psi_{int} - \psi_{ext} \quad (9.4)$$

em que $\Delta \psi$ é chamado de potencial de membrana (em volts). A variação da energia livre de Gibbs por causa desse potencial elétrico é:

$$\Delta G = zF\Delta \psi \quad (9.5)$$

em que z é a carga da molécula que está sendo transportada (por exemplo, +1, −1, +2, −2 etc.) e F é a constante de Faraday (96.485 JV^{-1}mol^{-1}). Como o interior da célula tem carga negativa, a importação de cátions como Na$^{\oplus}$ e K$^{\oplus}$ é termodinamicamente favorecida pelo potencial de membrana. A exportação de cátions tem de ser acoplada a uma reação geradora de energia, já que ela é associada a uma variação positiva da energia livre de Gibbs.

Tanto o efeito químico (concentração) como o elétrico (carga) precisam ser considerados em todo processo de transporte que envolva moléculas carregadas. Assim,

$$\Delta G_{transporte} = 2,303 \; RT \log \frac{[A_{int}]}{[A_{ext}]} + zF\Delta\psi \quad (9.6)$$

CONCEITO-CHAVE

Para um dado soluto, a variação da energia livre de Gibbs de transporte depende tanto do potencial de membrana como das concentrações do soluto em cada lado da membrana.

> A importância da Equação 9.6 ficará aparente quando virmos a teoria quimiosmótica (Seção 14.3).

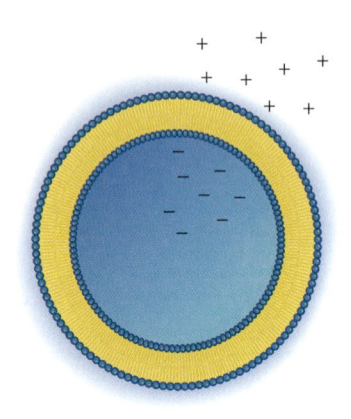

B. Poros e canais

Poros e canais são proteínas transmembrânicas com uma passagem central para íons e moléculas pequenas (geralmente, o termo "poro" é usado para bactérias, e "canal" para animais). Solutos de tamanho, carga e estrutura molecular apropriados podem se mover rapidamente em qualquer direção, por difusão a favor do gradiente de concentração (Figura 9.31). Esse processo não requer energia. Em geral, a velocidade do movimento do soluto através de um poro ou canal não é saturável em altas concentrações. Para alguns canais, a velocidade pode atingir o limite controlado por difusão.

As membranas externas de algumas bactérias são ricas em porinas, uma família de proteínas formadoras de poro que permite que íons e moléculas pequenas tenham acesso a transportadores específicos na membrana plasmática. Canais semelhantes são encontrados nas membranas externas da mitocôndria. Normalmente, as porinas são fracamente seletivas em relação aos solutos. Elas podem atuar como peneiras sempre abertas ou ser reguladas pela concentração dos solutos. Em comparação, membranas plasmáticas também têm várias proteínas tipo canais, mas estas são altamente específicas para determinados íons, e se abrem ou se fecham em resposta a um sinal específico.

A aquaporina é uma proteína de membrana integral que age como um poro para moléculas de água. O canal existente por meio da proteína permite a passagem de moléculas de água e de outras moléculas pequenas não carregadas, mas impede que passem moléculas carregadas ou grandes. Esse canal é maior na superfície externa, mas se estreita no lado citoplasmático, como ilustra a Figura 9.32 para a aquaporina de levedura. Aquaporinas são comuns em todas as espécies. Elas são necessárias nas células, onde a absorção rápida de água é essencial, porque a velocidade de difusão dessa substância através da membrana é muito baixa. Esse é um exemplo de uma porina simples e razoavelmente específica. Ela foi descoberta por Peter Agre, que recebeu o prêmio Nobel de Química em 2003.

CorA é a principal bomba de Mg^{2+} nas células procariontes. Ela é bastante seletiva para Mg^{2+} e permite a entrada desse cátion contra o gradiente de concentração, em resposta ao potencial de membrana. Íons positivamente carregados "querem" fluir para dentro das células, e o poro de CorA permite a passagem de Mg^{2+}, mas não de outros íons. Esse íon é essencial para muitas funções celulares. Sua velocidade de entrada é regulada pelo grande domínio citoplasmático de CorA (Figura 9.33). Ele liga os íons Mg^{2+} e, quando um número suficiente já foi ligado, o poro se fecha. Assim, a entrada de Mg^{2+} é controlada pela sua concentração citoplasmática.

Membranas dos tecidos nervosos têm canais de potássio controlados (ou "chaveados", do inglês *gated*) que permitem o transporte rápido e seletivo de íons potássio. Esses canais permitem que os íons $K^{\oplus}$ passem através da membrana pelo menos 10.000 vezes mais rapidamente do que os íons $Na^{\oplus}$, menores. Estudos cristalográficos demonstraram que o canal de potássio tem uma abertura ampla (como um funil) contendo aminoácidos negativamente carregados para atrair os cátions e repelir os ânions. Cátions hidratados são direcionados de modo eletrostático para uma constrição eletricamente neutra do poro, chamada filtro seletor. Os íons potássio logo perdem algumas moléculas de sua água de hidratação e passam pelo filtro seletor. Os íons sódio, aparentemente, retêm mais água de hidratação e, assim, passam pelo filtro mais devagar. O restante do canal tem uma superfície hidrofóbica. Com base na comparação de sequências de aminoácidos, as propriedades estruturais gerais do canal de potássio parecem se aplicar também a outros tipos de canais e poros. Roderick MacKinnon dividiu o prêmio Nobel de Química de 2003 com Peter Agre. Seu trabalho focalizou em especial os canais de potássio.

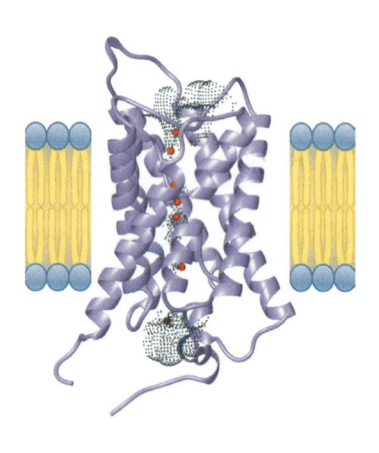

▲ **Potencial de membrana.** Na maioria dos casos, o interior de uma célula ou compartimento de membrana é negativo em relação ao seu exterior, e o potencial de membrana ($\Delta\psi$) é negativo.

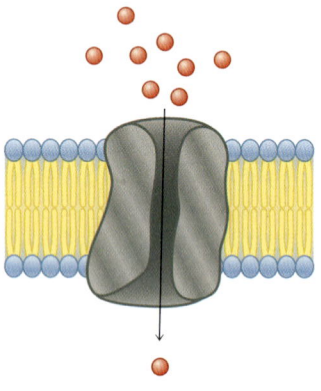

▲ **Figura 9.31**
Transporte de membrana através de um poro ou canal. Uma passagem central permite que moléculas e íons de tamanho, carga e geometria adequados atravessem a membrana em ambas as direções.

◂ **Figura 9.32**
Aquaporina fúngica. A aquaporina é uma proteína de membrana integral com um domínio em feixe de α-hélices. O canal da água (pontos verdes) é aberto na superfície externa e se estreita, formando uma passagem diminuta no lado citoplasmático [*Pichia pastoris* PDB 2W2E].

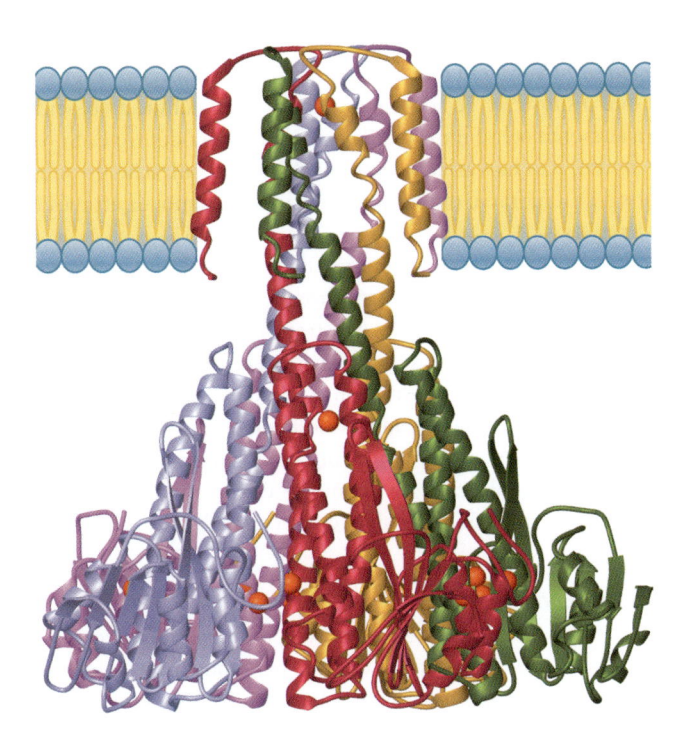

◄ Figura 9.33
CorA, uma bomba de magnésio. A CorA é a bomba de magnésio dos procariontes. Íons Mg^{2+} se ligam à superfície externa e são transportados através de um canal altamente seletivo em resposta ao potencial de membrana. O domínio citoplasmático se liga aos íons Mg^{2+} e fecha o poro, em resposta a concentrações internas elevadas desse cátion. Essa é a versão da bactéria *Thermotoga maritima* com cada uma das cinco subunidades mostradas em uma cor diferente [PDB 2HN2].

C. Transporte passivo e difusão facilitada

Proteínas formadoras de poros e canais são exemplos de **transporte passivo**, em que a variação da energia livre de Gibbs para o transporte é negativa, formando este um processo espontâneo. No *transporte ativo* (ver adiante), o soluto move-se contra o gradiente de concentração e/ou uma diferença de carga. O transporte ativo precisa ser acoplado a uma reação geradora de energia para vencer a variação desfavorável da energia livre de Gibbs do transporte não assistido. Os transportadores de membrana mais simples – sejam ativos ou passivos – realizam uniporte, ou seja, carregam apenas um tipo de soluto através da membrana (Figura 9.34a). Vários transportadores fazem o transporte simultâneo de duas moléculas diferentes de soluto. Esse processo é chamado **simporte** se os dois solutos são transportados na mesma direção (Figura 9.34b); se são transportados em direções opostas, o processo é chamado **antiporte** (Figura 9.34c).

O transporte passivo inclui a difusão simples através de uma membrana. Quando poros, canais e transportadores estão envolvidos, chamamos esse processo de **difusão facilitada**, ainda um exemplo de transporte passivo, já que não requer fonte de energia. A proteína de transporte acelera o movimento do soluto na direção a favor do gradiente de concentração, ou do gradiente de carga, um processo que ocorreria muito lentamente se fosse feito apenas por difusão. Nesse caso, as proteínas de transporte se assemelham às enzimas, pois aumentam a velocidade de um processo que é termodinamicamente favorável. Para um sistema passivo de uniporte simples, a velocidade inicial do transporte para dentro, da mesma forma que a velocidade inicial de uma reação catalisada por enzima, depende da concentração externa do substrato. A equação que descreve essa dependência é análoga à de Michaelis-Menten para a catálise enzimática (Equação 5.14).

$$v_0 = \frac{V_{max}[S]_{ext}}{K_{tr} + [S]_{ext}} \quad (9.7)$$

em que v_0 é a velocidade inicial de transporte do substrato para dentro em uma concentração externa, $[S]_{ext}$, $V_{máx}$ é a velocidade máxima de transporte do substrato e K_{tr} é uma constante análoga à de Michaelis (K_m) (isto é, K_{tr} é a concentração de substrato na qual o transportador está saturado pela metade). Quanto menor o valor de K_{tr}, maior

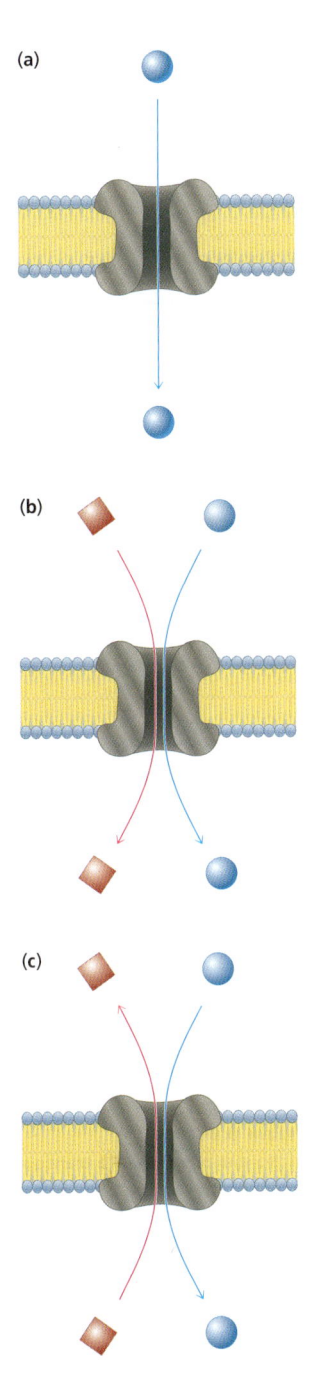

► Figura 9.34
Tipos de transporte passivo e ativo. Embora as proteínas de transporte sejam mostradas como tendo um poro central aberto, os transportadores passivos e ativos sofrem, na verdade, uma alteração conformacional ao transportar seus solutos. **(a)** Uniporte. **(b)** Simporte. **(c)** Antiporte.

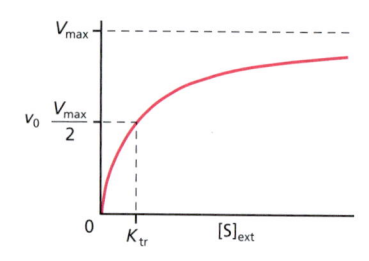

▲ **Figura 9.35**
Cinética do transporte passivo. A velocidade inicial de transporte aumenta com a concentração de substrato até o máximo a ser atingido. K_{tr} é a concentração de substrato na qual a velocidade de transporte é igual à metade da máxima.

a afinidade do transportador pelo substrato. A velocidade de transporte é saturável, atingindo um valor máximo em altas concentrações de substrato (Figura 9.35).

À medida que o substrato se acumula no interior da célula, a velocidade de transporte para fora aumenta até se igualar à de transporte para dentro e $[S]_{int}$ se torna igual a $[S]_{ext}$. Nesse ponto, não há variação resultante na concentração do substrato em nenhum dos lados da membrana, embora ele continue a se mover através da membrana em ambas as direções.

Alguns modelos da operação de proteínas de transporte sugerem que alguns transportadores sofrem uma mudança conformacional após se ligarem aos substratos. Essa mudança de conformação permite que o substrato seja liberado do outro lado da membrana, quando, então, o transportador retorna a seu estado original (Figura 9.36). A mudança conformacional do transportador é, com frequência, motivada pela ligação das espécies transportadas, como no ajuste induzido de certas enzimas a seus substratos (Seção 6.9). No transporte ativo, a mudança conformacional pode ser induzida pelo ATP ou por outras fontes de energia. Como as enzimas, as proteínas de transporte podem ser suscetíveis à inibição reversível e irreversível.

D. Transporte ativo

O **transporte ativo** é semelhante ao passivo em termos do mecanismo geral e das propriedades cinéticas, mas necessita de energia para mover um soluto contra seu gradiente de concentração. Em alguns casos, o transporte ativo de moléculas carregadas ou de íons também resulta em um gradiente de cargas por meio da membrana; nesse caso, o transporte ativo move os íons contra o potencial de membrana.

Transportadores ativos utilizam várias fontes de energia, sendo ATP a mais comum. ATPases transportadoras de íons são encontradas em todos os organismos. Esses transportadores ativos, que incluem $Na^\oplus$–$K^\oplus$ ATPase e $Ca^{2\oplus}$ ATPase, geram e mantêm gradientes de concentração iônica através da membrana plasmática e das membranas das organelas internas.

O *transporte ativo primário* é impulsionado por uma fonte direta de energia, como ATP ou luz. Por exemplo, a bacteriorrodopsina (Figura 9.22) utiliza energia luminosa para gerar um gradiente de concentração de prótons transmembrânico que pode ser usado para formar ATP. Uma proteína de transporte ativo primário, a P-glicoproteína, parece exercer um papel importantíssimo na resistência de células tumorais a múltiplas drogas quimioterápicas. A resistência a múltiplas drogas é uma das principais causas de falha no tratamento clínico do câncer em seres humanos. A P-glicoproteína é uma glicoproteína integral de membrana (M_r 170.000), abundante na membrana plasmática de células resistentes às drogas. Usando ATP como fonte de energia, a P-glicoproteína bombeia uma grande variedade de compostos apolares estruturalmente não relacionados, como os quimioterápicos, para fora da célula, no sentido contrário do gradiente de concentração. Dessa forma, a concentração citosólica da droga é mantida em um nível suficientemente baixo para evitar a morte da célula. A função fisiológica normal da P-glicoproteína parece ser a remoção de compostos hidrofóbicos tóxicos oriundos da alimentação.

O *transporte ativo secundário* é impulsionado por um gradiente de concentração iônica. O transporte ativo contra o gradiente de um soluto é acoplado ao transporte a favor do gradiente de outro, que foi concentrado pelo transporte ativo primário. Por exemplo, em *E. coli*, o fluxo de elétrons por meio de uma série de enzimas oxirredutoras ligadas à membrana gera uma concentração extracelular aumentada de prótons. À medida que estes migram de volta para o interior da célula, a favor de seu gradiente de concentração, há também o transporte de lactose para dentro da célula, contra seu gradiente de concentração (Figura 9.37). A energia do gradiente de concentração de prótons impulsiona o transporte ativo secundário da lactose. O simporte de $H^\oplus$ e de lactose é mediado pela proteína transmembrânica lactose permease.

Em grandes animais multicelulares, o transporte ativo secundário é, com frequência, impulsionado por um gradiente de íons sódio. A maioria das células mantém uma concentração intracelular de íons potássio em torno de 140 mM, com uma concentração extracelular de cerca de 5 mM. A concentração citosólica de íons sódio é mantida

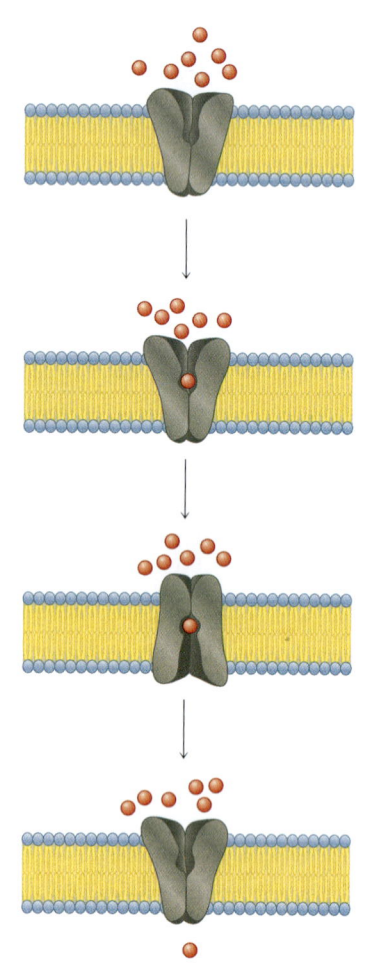

▲ **Figura 9.36**
Função das proteínas de transporte passivo e ativo. A proteína se liga ao substrato específico e sofre uma mudança conformacional, permitindo que a molécula ou o íon seja liberado no outro lado da membrana. Os cotransportadores têm sítios de ligação específicos para cada espécie transportada.

em torno de 5 a 15 mM, com uma concentração extracelular média de 145 mM. Esses gradientes de concentração iônica são mantidos por Na⊕–K⊕ ATPase, um sistema antiporte impulsionado por ATP, que bombeia dois K⊕ para dentro da célula e ejeta três Na⊕ para fora da célula para cada molécula de ATP hidrolisada (Figura 9.38). Cada Na⊕–K⊕ ATPase pode catalisar a hidrólise de cerca de cem moléculas de ATP por minuto, uma parte significativa (até um terço) do consumo total de energia de uma célula animal típica. O gradiente de Na⊕ gerado pela Na⊕–K⊕ ATPase é a principal fonte de energia para o transporte ativo secundário de glicose nas células intestinais. Uma molécula de glicose é importada com cada íon sódio que entra na célula. A energia liberada pelo movimento de Na⊕ a favor de seu gradiente impulsiona o transporte de glicose contra seu gradiente.

▲ **Figura 9.37**
Transporte ativo secundário em *Escherichia coli*. A oxidação de substratos reduzidos (S_{red}) gera um gradiente de concentração de prótons transmembrânico. A energia liberada pelos prótons que se movem no sentido de seu gradiente de concentração impulsiona o transporte de lactose para dentro da célula pela lactose permease.

E. Endocitose e exocitose

O transporte que discutimos até aqui ocorre por meio do fluxo de moléculas ou de íons através de uma membrana intacta, mas as células também necessitam importar e exportar moléculas muito grandes para serem transportadas através de poros, canais ou proteínas de transporte. Os procariontes têm sistemas de exportação multicomponentes especializados em suas membranas plasmática e externa, que lhes permitem secretar certas proteínas (em geral toxinas ou enzimas) para o meio extracelular. Nas células eucariontes, muitas proteínas (e algumas outras substâncias grandes) – mas não todas – são levadas para dentro e para fora da célula por **endocitose** e **exocitose**, respectivamente. Nos dois casos, o transporte envolve a formação de um tipo especializado de vesícula lipídica.

Endocitose é o processo pelo qual as macromoléculas são engolfadas pela membrana plasmática e levadas para o interior da célula dentro de uma vesícula lipídica. A endocitose mediada por receptor se inicia com a ligação das macromoléculas às proteínas receptoras específicas na membrana plasmática da célula. A membrana então se invagina, formando uma vesícula que contém as moléculas ligadas. Como mostrado na Figura 9.39, o interior de uma vesícula desse tipo equivale ao exterior da célula; assim, as substâncias dentro da vesícula ainda não atravessaram realmente a membrana plasmática. Uma vez dentro da célula, a vesícula pode se fundir com um endossomo (outro tipo de vesícula) e, em seguida, com um lisossomo. Dentro dele, o material endocitado e o próprio receptor podem ser degradados. Outra possibilidade é o ligante e o receptor, ou ambos, serem reciclados de volta para a membrana plasmática.

A exocitose é semelhante à endocitose, exceto pelo fato de a direção do transporte ser inversa. Durante a exocitose, os materiais destinados à secreção para fora da célula são envolvidos em vesículas no complexo de Golgi (Seção 1.8B). As vesículas então se fundem com a membrana plasmática, liberando seu conteúdo no espaço extracelular. Os zimogênios das enzimas digestivas são exportados das células pancreáticas dessa maneira (Seção 6.7A).

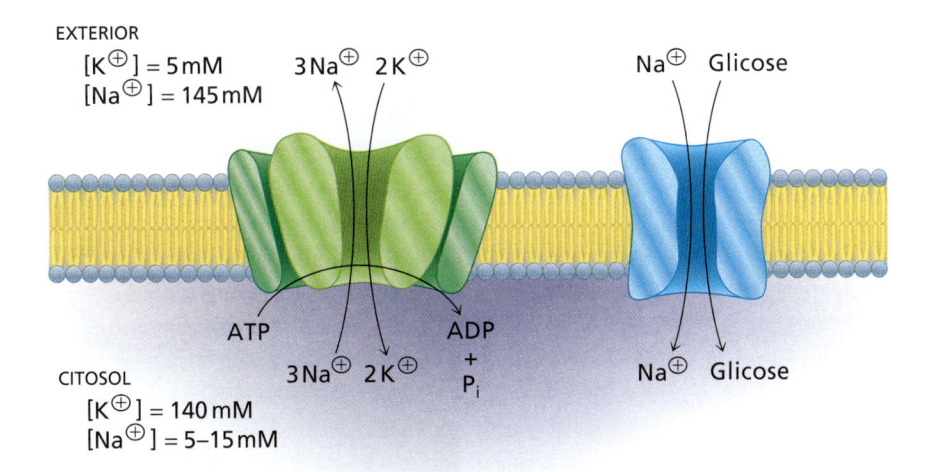

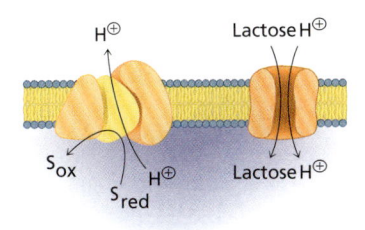

A via secretora em células eucariontes é descrita na Seção 22.10.

◄ **Figura 9.38**
Transporte ativo secundário em animais. A Na⊕–K⊕ ATPase gera um gradiente de íons sódio que impulsiona o transporte ativo secundário de glicose nas células intestinais.

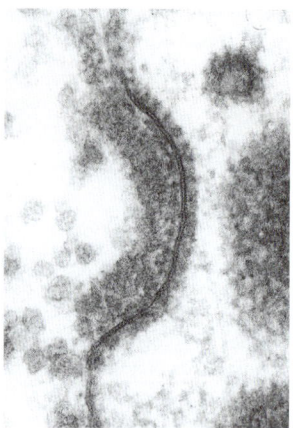

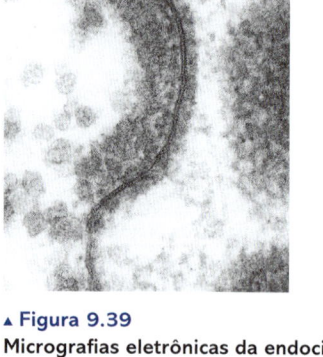

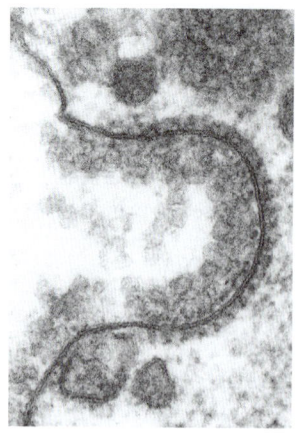

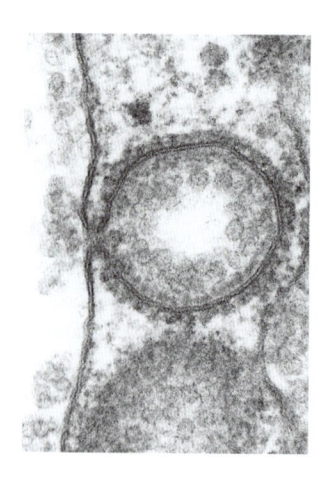

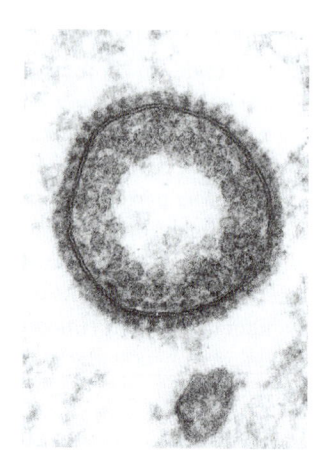

▲ **Figura 9.39**
Micrografias eletrônicas da endocitose. A endocitose começa com a ligação de macromoléculas à membrana plasmática da célula. A membrana então se invagina, formando uma vesícula que contém as moléculas ligadas. O interior da vesícula é topologicamente equivalente ao exterior da célula.

9.11 Transdução de sinais extracelulares

Para uma célula interagir com o ambiente externo ela precisa detectar moléculas que estão fora da membrana plasmática e transmitir essa informação para o interior da célula. Esse processo é chamado **transdução de sinal** e constitui um campo de pesquisa muito ativo. Nesta seção, veremos o mecanismo básico das vias de sinalização mais comuns. À medida que você for aprendendo mais bioquímica, encontrará diversas variações desse tema.

A. Receptores

As membranas plasmáticas de todas as células têm receptores específicos que permitem às células responder a estímulos químicos externos, incapazes de atravessar a membrana. Por exemplo, uma bactéria é capaz de detectar certas substâncias em seu ambiente. Um sinal é passado aos flagelos através de um receptor na superfície da célula, fazendo a bactéria se deslocar em direção a uma fonte potencial de alimento. Esse mecanismo é chamado **quimiotaxia** positiva. Na quimiotaxia negativa, a bactéria se desloca para longe de uma substância tóxica.

Em organismos multicelulares, estímulos como *hormônios*, *neurotransmissores* (substâncias que transmitem impulsos nervosos nas sinapses) e *fatores de crescimento* (proteínas que regulam a proliferação celular) são produzidos por células especializadas.

Quadro 9.6 A ardência das pimentas chili

Os bioquímicos conhecem o mecanismo pelo qual o "sabor" das pimentas ardidas exerce sua ação, provocando uma queimação. O fator ativo nas pimentas ardidas é um composto vaniloide lipofílico denominado capsaicina.

Capsaicina

Foi identificado e caracterizado um receptor proteico que responde à capsaicina em células nervosas. Ele é um canal iônico, e sua sequência de aminoácidos sugere que tem seis domínios transmembrânicos. A ativação do receptor pela capsaicina faz o canal se abrir, de modo que íons cálcio e sódio possam entrar na célula nervosa e enviar um impulso ao cérebro. O receptor é ativado não só por condimentos vaniloides, mas também por um rápido aumento na temperatura. Na realidade, a principal função do receptor é detectar o calor.

▸ **Pimentas chili.**

Esses ligantes podem trafegar por outros tecidos, onde se ligam e produzem respostas específicas nas células com receptores apropriados em suas superfícies. Nesta seção, veremos como a ligação de ligantes hidrossolúveis aos receptores dispara respostas intracelulares nos mamíferos. Essas vias de transdução de sinais envolvem a adenilil ciclase, fosfolipídeos de inositol e receptores tirosina-quinase.

Um mecanismo geral para transdução de sinal é mostrado na Figura 9.40. Um ligante se une a seu receptor específico na superfície da célula-alvo. Essa interação gera um sinal que é passado através de um **transdutor** proteico de membrana a uma **enzima efetora** ligada à membrana. A ação da enzima efetora gera um **segundo mensageiro** intracelular que, normalmente, é uma molécula pequena ou um íon. O segundo mensageiro difundível carrega o sinal até seu destino final, que pode ser o núcleo, um compartimento intracelular ou o citosol. Quase invariavelmente, a ligação do ligante ao receptor na superfície da célula resulta na ativação de proteínas quinases. Essas enzimas catalisam a transferência de um grupo fosforila do ATP para vários substratos proteicos, muitos dos quais ajudam a regular o metabolismo, o crescimento e a divisão celulares. Algumas proteínas são ativadas por fosforilação, enquanto outras são inativadas. Há uma grande variedade de ligantes, receptores e transdutores, mas somente poucos segundos mensageiros e tipos de enzimas efetoras são conhecidos.

Receptores com atividade tirosina-quinase tem um mecanismo mais simples para a transdução de sinal. Nessas enzimas, o receptor de membrana, o transdutor e a enzima efetora são combinados em uma só molécula. Um domínio receptor no lado extracelular da membrana é conectado ao sítio ativo citossólico por meio de um segmento transmembrânico. O sítio ativo catalisa a fosforilação de suas proteínas-alvo.

A amplificação é uma característica importante das vias sinalizadoras. Um complexo receptor-ligante único pode interagir com diversas moléculas transdutoras, cada uma das quais é capaz de ativar várias moléculas da enzima efetora. Similarmente, a produção de várias moléculas do segundo mensageiro pode ativar muitas moléculas de quinase, as quais catalisam a fosforilação de diversas proteínas-alvo. Essa série de eventos amplificadores é chamada de uma **cascata**. O mecanismo em cascata significa que pequenas quantidades de um composto extracelular são capazes de afetar um grande número de enzimas intracelulares sem atravessar a membrana plasmática ou se ligar a cada proteína-alvo.

Nem todo estímulo químico segue o mecanismo geral de transdução de sinal mostrado na Figura 9.40. Por exemplo, como os hormônios esteroidais são hidrofóbicos, eles podem se difundir através da membrana plasmática para o interior da célula, onde talvez se liguem a proteínas receptoras específicas existentes no citoplasma. Os complexos receptor-esteroide são então transferidos ao núcleo. Esses complexos se ligam a regiões específicas do DNA chamadas elementos de resposta hormonal, e aumentam ou suprimem a expressão de genes adjacentes.

> As quinases foram apresentadas na Seção 6.9.

> **CONCEITO-CHAVE**
> Receptores de membrana são a etapa primária na transmissão de informações através de uma membrana.

> A ação de hormônios como insulina, glucagon e epinefrina, bem como o papel das vias sinalizadoras transmembrânicas na regulação do metabolismo de carboidratos e lipídeos, estão descritos nas Seções 11.5, 13.3, 13.7, 13.10, 16.1C, 16.4 (Quadro) e 16.7.

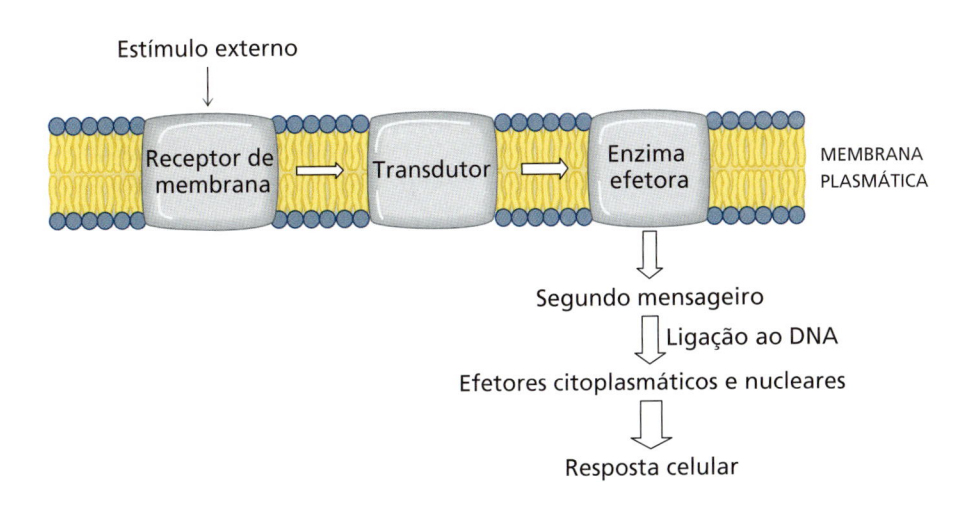

◀ **Figura 9.40**
Mecanismo geral da transdução de sinal através da membrana plasmática de uma célula.

B. Transdutores de sinais

Há muitos tipos de receptores e de transdutores. Os transdutores bacterianos são diferentes dos eucariontes. Alguns transdutores eucariontes são encontrados na maioria das espécies. Nesta seção, iremos nos concentrar nesses transdutores gerais.

Vários receptores de membrana interagem com uma família de proteínas de ligação a nucleotídeos de guanina chamada **proteínas G**. Essas proteínas agem como transdutores – os agentes que transmitem estímulos externos para as enzimas efetoras. As proteínas G têm atividade de GTPase, ou seja, catalisam lentamente a hidrólise de guanosina 5'-trifosfato (GTP, o análogo de guanina do ATP) à guanosina 5'-difosfato (GDP) (Figura 9.41). Quando o GTP se liga à proteína G, ela fica ativa para transdução de sinal, e quando a proteína G se liga ao GDP, ela fica inativa. A ativação e a desativação cíclicas das proteínas G são mostradas na Figura 9.42. As proteínas G envolvidas na sinalização pelos receptores hormonais são proteínas periféricas de membrana localizadas na superfície interna da membrana plasmática. Cada proteína consiste em uma subunidade α, uma β e uma γ. As subunidades α e γ são proteínas de membrana ancoradas em lipídeos; a primeira é uma proteína ancorada em grupo de ácido graxo, e a segunda, uma proteína ancorada em prenila. O complexo de $G_{\alpha\beta\gamma}$ e GDP é inativo.

Quando um complexo receptor-hormônio que está se difundindo lateralmente na membrana encontra e se liga à $G_{\alpha\beta\gamma}$, ele induz a proteína G a mudar para uma conformação ativa. O GDP ligado é rapidamente trocado pelo GTP, promovendo a dissociação de G_α-GTP do $G_{\beta\gamma}$. A G_α-GTP ativada então interage com a enzima efetora. A atividade de GTPase da proteína G age como um temporizador interno, já que essas proteínas catalisam lentamente a hidrólise da GTP em GDP. Quando o GTP é hidrolisado, o complexo G_α-GDP se reassocia com o $G_{\beta\gamma}$, e o complexo $G_{\alpha\beta\gamma}$-GDP é regenerado. As proteínas G tornaram-se bons "interruptores moleculares" porque são catalisadores muito lentos, tipicamente com k_{cat} de apenas 3 min^{-1}.

As proteínas G são encontradas em dezenas de vias sinalizadoras, incluindo as da adenilil ciclase e dos fosfolipídeos de inositol discutidas a seguir. Uma enzima efetora pode responder a proteínas G estimulantes (G_s) ou inibidoras (G_i). As subunidades α de diferentes proteínas G são distintas, fornecendo uma especificidade variada, mas as subunidades β e γ são semelhantes e, com frequência, intercambiáveis. Os seres humanos têm duas dúzias de proteínas α, cinco proteínas β e seis proteínas γ.

▼ Figura 9.41
Hidrólise de guanosina 5'-trifosfato (GTP) fornecendo guanosina 5'-difosfato (GDP) e fosfato (P_i).

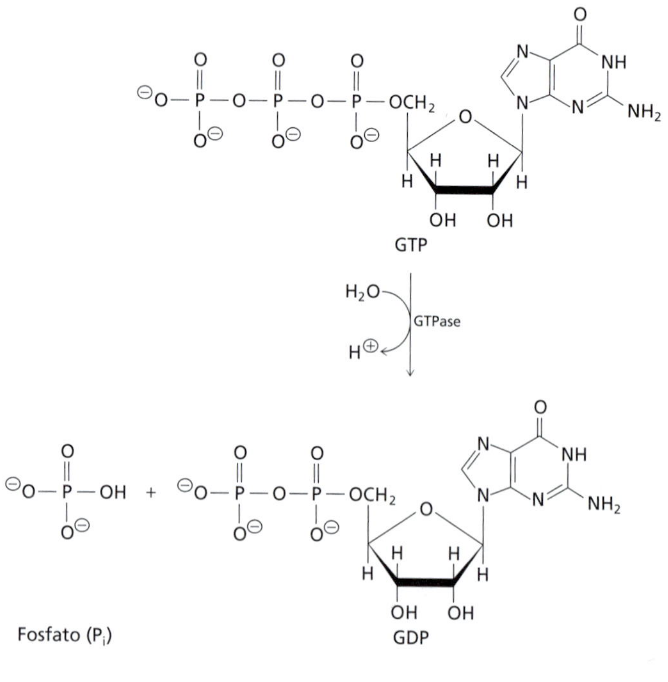

▼ Figura 9.42
Ciclo da proteína G. As proteínas G sofrem ativação após se ligarem a um complexo receptor-ligante e são lentamente inativadas por suas próprias atividades de GTPase. Tanto G_α-GTP/GDP como $G_{\beta\gamma}$ são ligadas à membrana.

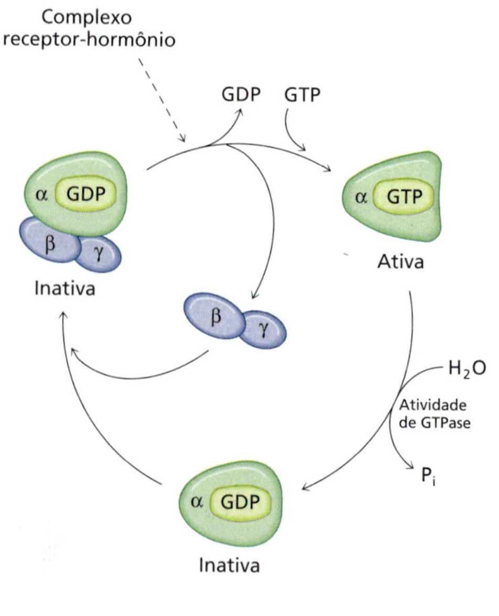

C. A via de sinalização da adenilil ciclase

Os nucleotídeos cíclicos 3',5'-adenosina monofosfato cíclica (cAMP) e seu análogo de guanina, 3',5'-guanosina monofosfato cíclica (cGMP) são segundos mensageiros que ajudam na transmissão de sinais de fontes externas para enzimas intracelulares. O cAMP é produzido a partir do ATP, por ação da adenilil ciclase (também conhecida como adenilato ciclase) (Figura 9.43), e o cGMP é formado a partir do GTP em uma reação semelhante.

Vários hormônios que regulam o metabolismo intracelular exercem sua ação sobre as células-alvo por meio da ativação da via sinalizadora da adenilil ciclase. A ligação de um hormônio a um receptor estimulatório altera a conformação do receptor, promovendo a interação entre ele e a proteína G estimuladora, G_s. O complexo receptor-ligante ativa a G_s que, por sua vez, se liga à enzima efetora adenilil ciclase e a ativa por meio da indução alostérica de uma mudança conformacional no sítio ativo.

A adenilil ciclase é uma enzima integral de membrana, cujo sítio ativo fica voltado para o citosol. Ela catalisa a formação de cAMP a partir do ATP. O cAMP então se difunde a partir da superfície da membrana através do citosol e ativa uma enzima conhecida como proteína quinase A. Esta, constituída por uma subunidade reguladora dimérica e duas subunidades catalíticas, é inativa em seu estado totalmente montado. Quando a concentração citossólica de cAMP aumenta, em decorrência da transdução de sinal através da adenilil ciclase, quatro moléculas de cAMP se ligam às subunidades reguladoras da quinase, liberando as duas subunidades catalíticas enzimaticamente ativas (Figura 9.44). A proteína quinase A, uma quinase do tipo serina-treonina, catalisa a fosforilação de grupos hidroxila de resíduos específicos de serina e de treonina nas enzimas-alvo. A fosforilação de cadeias laterais de aminoácidos nas enzimas-alvo é revertida pela ação de fosfatases, que catalisam a remoção hidrolítica dos grupos fosforila.

A capacidade de desligar a via de transdução de sinais é um elemento essencial de todos os processos sinalizadores. Por exemplo, a concentração de cAMP no citosol aumenta apenas transitoriamente. Uma cAMP fosfodiesterase solúvel catalisa a hidrólise de cAMP a AMP (Figura 9.43), limitando o tempo de vida do segundo mensageiro. Em altas concentrações, as purinas metiladas cafeína e teofilina (Figura 9.45) inibem a cAMP fosfodiesterase, reduzindo, assim, a velocidade de conversão de cAMP em AMP. Esses inibidores prolongam e intensificam os efeitos do cAMP e, portanto, os efeitos ativadores dos hormônios estimulantes.

Hormônios que se ligam a receptores estimulatórios ativam a adenilil ciclase e aumentam os níveis intracelulares do cAMP. Hormônios que se ligam a receptores inibitórios inibem a atividade da adenilil ciclase por meio da interação do receptor com a proteína transdutora G_i. A resposta final de uma célula a um hormônio depende do tipo de receptores presentes e do tipo de proteínas G a que eles estão acoplados. As principais características da via sinalizadora da adenilil ciclase, incluindo as proteínas G, estão resumidas na Figura 9.46.

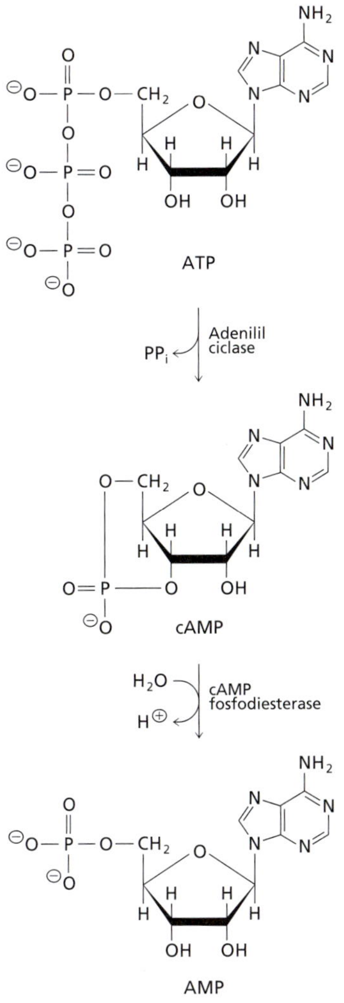

▲ **Figura 9.43**
Produção e inativação de cAMP. O ATP é convertido em cAMP pela enzima transmembrânica adenilil ciclase. O segundo mensageiro é, em seguida, convertido em 5'-AMP por ação de uma cAMP fosfodiesterase citossólica.

D. A via de sinalização dos fosfolipídeos de inositol

Outra importante via de transdução de sinais produz dois segundos mensageiros diferentes, ambos derivados de um fosfolipídeo de membrana plasmática, denominado fosfatidilinositol 4,5-*bis*fosfato (PIP_2) (Figura 9.47). O PIP_2 é um componente minoritário das membranas plasmáticas, presente na monocamada interna. Ele é sintetizado a partir do fosfatidilinositol em duas etapas sucessivas de fosforilação, catalisadas por quinases dependentes de ATP.

Após a união de um ligante a um receptor específico, o sinal é transmitido através da proteína G denominada G_q. A forma ativa de G_q, ligada a GTP, ativa a enzima efetora fosfolipase C específica para fosfoinositídeos, ligada à face citoplasmática da membrana plasmática. A fosfolipase C catalisa a hidrólise do PIP_2, formando inositol 1,4,5-*tris*fosfato (IP_3) e diacilglicerol (Figura 9.47). Tanto o IP_3 como o diacilglicerol são segundos mensageiros que transmitem o sinal original ao interior da célula.

O IP_3 se difunde através do citosol e se liga a um canal de cálcio na membrana do retículo endoplasmático. Isso abre o canal por um período curto de tempo, liberando Ca^{2+} do lúmen do retículo endoplasmático para o citosol. O cálcio também é um

> A resposta de *E. coli* a variações na concentração de glicose, modulada por cAMP, está descrita na Seção 21.7B.

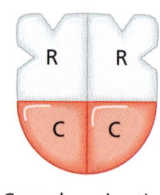

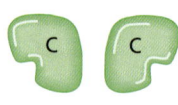

Figura 9.44
Ativação da proteína quinase A. O complexo montado é inativo. Quando quatro moléculas de cAMP se ligam à subunidade reguladora (R) dimérica, as subunidades catalíticas (C) são liberadas.

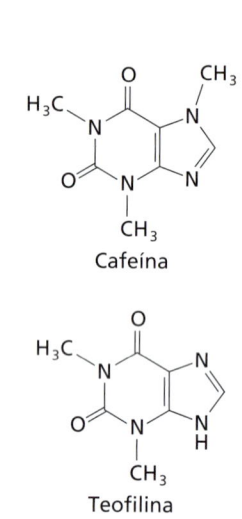

Figura 9.45
Cafeína e teofilina.

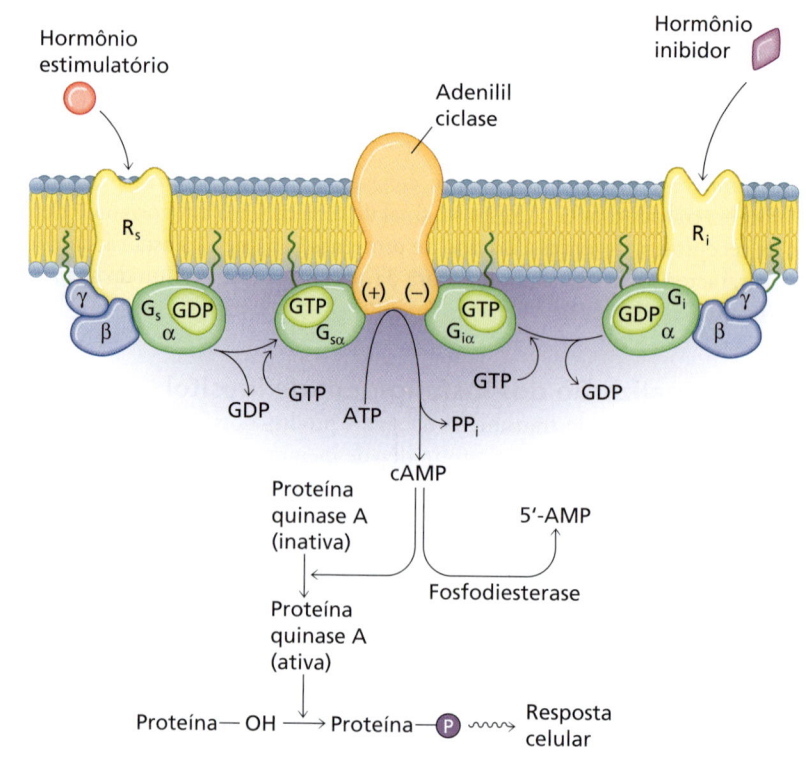

mensageiro intracelular, pois ativa as quinases dependentes de cálcio, que catalisam a fosforilação de várias proteínas-alvo. O sinal do cálcio tem vida curta, pois o Ca^{2+} é bombeado de volta ao lúmen do retículo endoplasmático quando o canal se fecha.

O outro produto da hidrólise da PIP_2, diacilglicerol, permanece na membrana plasmática. A proteína quinase C, que existe em um equilíbrio entre uma forma citossólica solúvel e uma forma de membrana periférica, move-se para a face interna da membrana plasmática, onde se liga transitoriamente e é ativada por diacilglicerol e Ca^{2+}. A proteína quinase C catalisa a fosforilação de várias proteínas-alvo, alterando suas atividades catalíticas. Existem diversas isoenzimas da proteína quinase C, cada uma com diferentes propriedades catalíticas e distribuição nos tecidos. Elas fazem parte da família de serina-treonina quinases.

A sinalização através da via dos fosfolipídeos de inositol é desligada de várias maneiras. Primeiro, quando GTP é hidrolisado, a G_q retorna à sua forma inativa e não mais estimula a fosfolipase C. As atividades do IP_3 e do diacilglicerol também são passageiras. O IP_3 é rapidamente hidrolisado em outros fosfatos de inositol (que podem da mesma forma ser segundos mensageiros) e em inositol. O diacilglicerol é logo convertido em fosfatidato. Tanto o inositol como o fosfatidato são retransformados em fosfatidilinositol. As principais características da via sinalizadora dos fosfolipídeos de inositol estão resumidas na Figura 9.48.

O fosfatidilinositol não é o único lipídeo de membrana que origina segundos mensageiros. Alguns sinais extracelulares levam à ativação de hidrolases que catalisam a conversão de esfingolipídeos de membrana em esfingosina, esfingosina 1-fosfato ou ceramida. A esfingosina inibe a proteína quinase C, e a ceramida ativa uma proteína quinase e uma proteína fosfatase. A esfingosina 1-fosfato pode ativar a fosfolipase D, que catalisa especificamente a hidrólise de fosfatidilcolina. O fosfatidato e o diacilglicerol formados por essa hidrólise parecem ser segundos mensageiros. A importância completa da grande variedade de mensageiros gerados pelos lipídeos de membrana (cada um com seus próprios grupos de ácidos graxos específicos) ainda não foi determinada.

Figura 9.46
Resumo da via sinalizadora da adenilil ciclase. A ligação de um hormônio a um receptor transmembrânico estimulatório (R_s) leva à ativação da proteína G estimuladora (G_s) no interior da membrana. Outros hormônios podem se ligar a receptores inibitórios (R_i), acoplados à adenilil ciclase pela proteína G inibidora, G_i. A G_s ativa a enzima de membrana integral adenilil ciclase, enquanto a G_i a inibe. O cAMP ativa a proteína quinase A, resultando na fosforilação das proteínas celulares.

◄ Figura 9.47
Fosfatidilinositol 4,5-bisfosfato (PIP$_2$). O fosfatidilinositol 4,5-bisfosfato (PIP$_2$) produz dois segundos mensageiros: inositol 1,4,5-trisfosfato (IP$_3$) e diacilglicerol. O PIP$_2$ é sintetizado pela adição de dois grupos fosforila (rosa) ao fosfatidilinositol e hidrolisado em IP$_3$ e diacilglicerol pela ação da fosfolipase C específica para fosfoinositídeos.

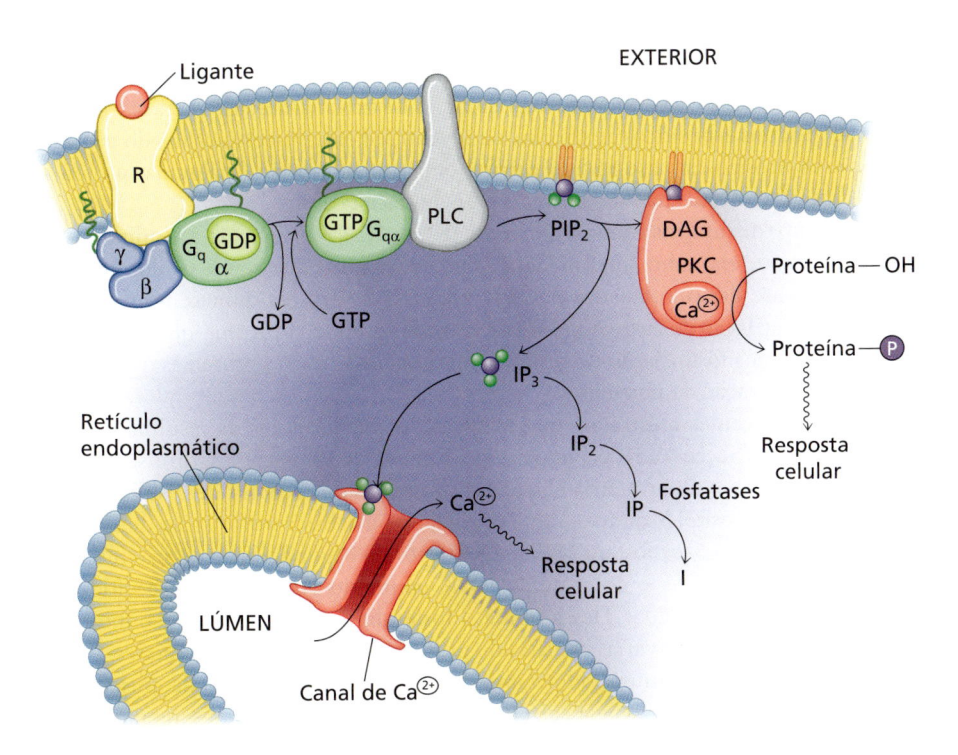

▲ **Figura 9.48**
Via sinalizadora dos fosfolipídeos de inositol. A união de um ligante ao seu receptor (R) transmembrânico ativa a proteína G (G$_q$). Esta, por sua vez, estimula uma fosfolipase C específica ligada à membrana, PLC, que catalisa a hidrólise do fosfolipídeo PIP$_2$ na camada interna da membrana plasmática. Os segundos mensageiros resultantes, IP$_3$ e diacilglicerol (DAG), são responsáveis por levar o sinal até o interior da célula. O IP$_3$ se difunde até o retículo endoplasmático, onde se liga e abre o canal de Ca^{2+} na membrana, liberando o Ca^{2+} armazenado. O diacilglicerol permanece na membrana plasmática, onde, com o Ca^{2+}, ativa a enzima proteína quinase C (PKC).

QUADRO 9.7 Toxinas bacterianas e as proteínas G

As proteínas G são os alvos biológicos das toxinas de cólera e da coqueluche (tosse comprida), respectivamente secretadas pelas bactérias patogênicas *Vibrio cholerae* e *Bordetella pertussis*. As duas doenças envolvem superprodução de cAMP.

A toxina de cólera se liga ao gangliosídeo G_{M1} na superfície celular (Seção 9.5), e uma subunidade dela atravessa a membrana plasmática e entra no citosol. Essa subunidade catalisa a modificação covalente da subunidade α da proteína G_s, inativando sua atividade de GTPase. A adenilil ciclase dessas células permanece ativada, e os níveis de cAMP tornam-se altos. Em pessoas infectadas pelo *V. cholerae*, o cAMP estimula alguns transportadores na membrana plasmática das células intestinais, levando à secreção maciça de íons e água no intestino. A desidratação resultante da diarreia pode ser fatal, a menos que os fluidos sejam repostos.

A toxina da coqueluche se liga a um glicolipídeo chamado lactosilceramida, encontrado na superfície de células epiteliais dos pulmões. Posteriormente, ela é internalizada por endocitose. A toxina catalisa a modificação covalente da G_i. Nesse caso, a proteína G modificada é incapaz de trocar GDP por GTP e, portanto, a atividade da adenilil ciclase não pode ser reduzida pelos receptores inibitórios. O aumento dos níveis de cAMP resultante produz os sintomas da coqueluche.

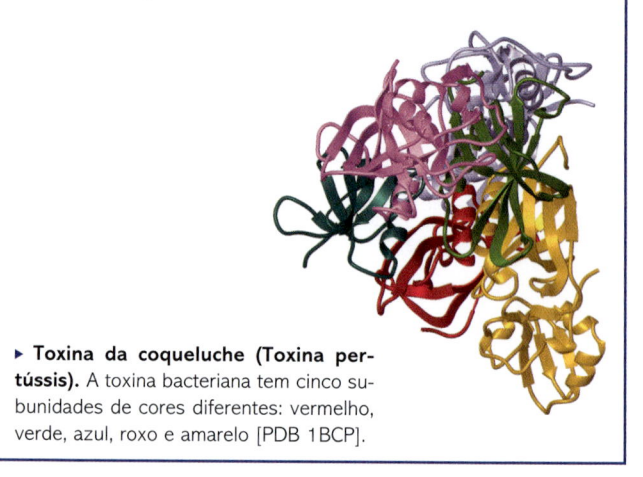

▶ **Toxina da coqueluche (Toxina pertússis).** A toxina bacteriana tem cinco subunidades de cores diferentes: vermelho, verde, azul, roxo e amarelo [PDB 1BCP].

E. Receptores tirosina-quinases

Vários fatores de crescimento operam por meio de uma via sinalizadora que inclui uma proteína transmembrânica multifuncional, chamada receptor tirosina-quinase. Como mostrado na Figura 9.49, as funções de receptor, transdutor e efetor são todas encontradas em uma única proteína de membrana. Em um tipo de ativação, um ligante se une ao domínio extracelular do receptor, ativando a função catalítica da tirosina-quinase no domínio intracelular por meio da dimerização do receptor. Quando duas moléculas de receptor se associam, cada domínio de tirosina-quinase catalisa a fosforilação de resíduos específicos de tirosina de seu par, em um processo chamado autofosforilação. A tirosina-quinase ativada catalisa então a fosforilação de algumas proteínas citossólicas, desencadeando uma cascata de eventos na célula.

O receptor de insulina é um tetrâmero $\alpha_2\beta_2$ (Figura 9.50). Quando a insulina se liga à subunidade α, ela induz uma mudança conformacional que reúne os domínios de tirosina-quinase das subunidades β. Cada domínio de tirosina-quinase no tetrâmero catalisa a fosforilação de outro domínio de tirosina-quinase. A tirosina-quinase ativada também catalisa a fosforilação de resíduos de tirosina de outras proteínas que ajudam a regular a utilização de nutrientes.

Pesquisas recentes mostraram que várias ações sinalizadoras da insulina são mediadas por PIP_2 (Seção 9.12C e Figura 9.51). Em vez de provocar a hidrólise de PIP_2, a insulina (por meio de proteínas chamadas substratos do receptor de insulina, IRSs) ativa a fosfatidilinositol 3-quinase, uma enzima que catalisa a fosforilação de PIP_2 em fosfatidilinositol 3,4,5-*tris*fosfato (PIP_3). O PIP_3 é um segundo mensageiro que ativa transitoriamente uma série de proteínas-alvo, incluindo uma quinase específica dependente de fosfoinositídeos. Dessa forma, a fosfatidilinositol 3-quinase é o interruptor molecular que regula várias cascatas de proteínas serina-treonina quinases.

Os grupos fosforila são retirados tanto dos receptores dos fatores de crescimento como de suas proteínas-alvo pela ação de tirosina-fosfatases. Embora somente poucas dessas enzimas tenham sido estudadas, parece que desempenham um papel importante na regulação das vias sinalizadoras das tirosina-quinases. Um meio de regulação parece ser a montagem localizada e a separação de complexos enzimáticos.

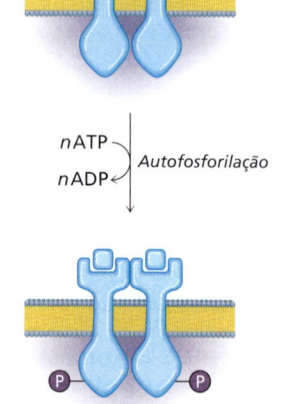

◀ **Figura 9.49**
Ativação de receptor tirosina-quinase. A ativação ocorre em consequência da dimerização do receptor induzida pelo ligante. Cada domínio de quinase catalisa a fosforilação de seu par. O dímero fosforilado pode catalisar a fosforilação de várias proteínas-alvo.

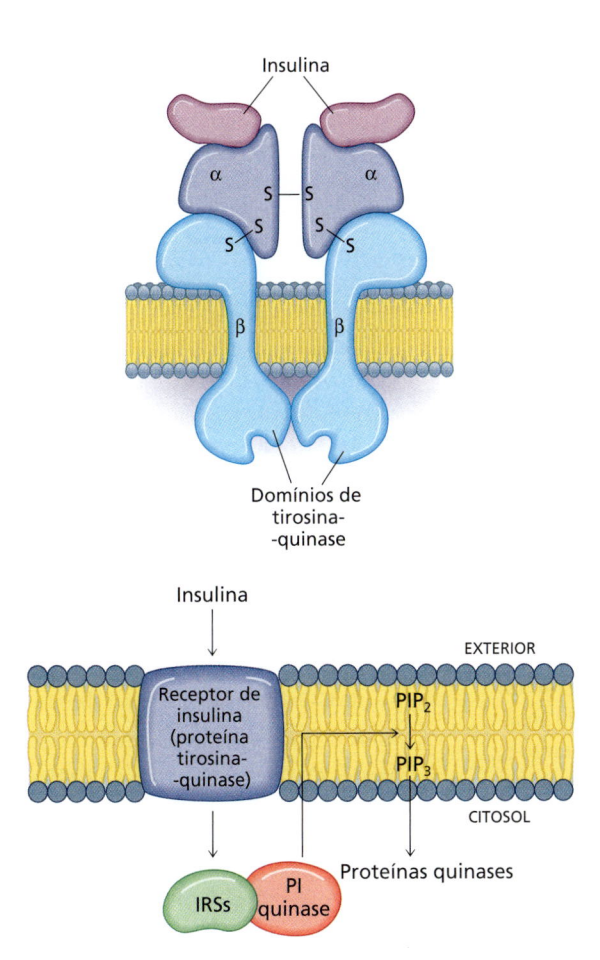

◀ **Figura 9.50**
Receptor de insulina. Duas cadeias α extracelulares, cada uma com um sítio de ligação de insulina, são unidas a duas cadeias transmembrânicas β, cada uma com um domínio de tirosina-quinase citossólico. Após a ligação da insulina às cadeias β, o domínio de tirosina-quinase de cada cadeia β catalisa a autofosforilação dos resíduos de tirosina no domínio de quinase adjacente. Os domínios de tirosina-quinase também catalisam a fosforilação de proteínas chamadas substratos do receptor de insulina (IRSs).

◀ **Figura 9.51**
Formação de fosfatidilinositol 3,4,5-*tris*fosfato (PIP$_3$) estimulada por insulina. A ligação de insulina ao seu receptor estimula a atividade de tirosina-quinase dele, levando à fosforilação dos substratos do receptor de insulina (IRSs). Os IRSs fosforilados interagem com a fosfatidilinositol 3-quinase (PI quinase) na membrana plasmática, onde a enzima catalisa a fosforilação de PIP$_2$ em PIP$_3$. O PIP$_3$ atua como um segundo mensageiro, levando a mensagem da insulina extracelular a determinadas proteínas quinases intracelulares.

Resumo

1. Os lipídeos são um grupo diversificado de compostos orgânicos insolúveis em água.

2. Ácidos graxos são ácidos monocarboxílicos, geralmente com número par de carbonos variando entre 12 e 20.

3. Os ácidos graxos são, em geral, armazenados como triacilgliceróis (gorduras e óleos), que são neutros e apolares.

4. Os glicerofosfolipídeos têm cabeça polar e caudas apolares constituídas de grupos de ácidos graxos ligados a um esqueleto de glicerol.

5. Os esfingolipídeos, que ocorrem em membranas vegetais e animais, têm um esqueleto de esfingosina. As principais classes de esfingolipídeos são: esfingomielinas, cerebrosídeos e gangliosídeos.

6. Esteroides são isoprenoides com quatro anéis fundidos.

7. Outros lipídeos biologicamente importantes são as ceras, os eicosanoides, as vitaminas lipídicas e os terpenos.

8. A base estrutural de todas as membranas biológicas é a bicamada lipídica que inclui lipídeos anfipáticos como os glicerofosfolipídeos, os esfingolipídeos e, às vezes, colesterol. Os lipídeos podem se difundir rapidamente em uma das folhas da bicamada.

9. Uma membrana biológica contém proteínas inseridas ou associadas à bicamada lipídica. As proteínas podem se difundir lateralmente na membrana.

10. A maioria das proteínas integrais de membrana atravessa o interior hidrofóbico da bicamada, mas as proteínas periféricas de membrana são mais frouxamente associadas à superfície da membrana. Proteínas de membrana ancoradas em lipídeos são covalentemente ligadas aos lipídeos da bicamada.

11. Algumas moléculas hidrofóbicas ou pequenas podem se difundir através da bicamada. Canais, poros e transportadores passivos e ativos mediam o movimento de íons e moléculas polares através das membranas. Macromoléculas podem ser movimentadas para dentro e para fora da célula, respectivamente por endocitose e por exocitose.

12. Estímulos químicos extracelulares transmitem seus sinais ao interior da célula por ligação a receptores. Um transdutor passa o sinal a uma enzima efetora, que gera um segundo mensageiro. As vias de transdução de sinais incluem, com frequência, proteínas G e proteínas quinases. A via sinalizadora da adenilil ciclase leva à ativação da proteína quinase A, dependente de cAMP. A via sinalizadora dos fosfolipídeos de inositol gera dois segundos mensageiros e leva à ativação da proteína quinase C e a um aumento na concentração citossólica de Ca^{2+}. Em receptores tirosina-quinases, a quinase é parte da proteína receptora.

Problemas

1. Escreva as fórmulas moleculares dos seguintes ácidos graxos:
   (a) ácido nervônico (cis-Δ^{15}-tetracosenoato; 24 carbonos);
   (b) ácido vacênico (cis-Δ^{11}-octadecenoato); e
   (c) EPA (todo cis-$\Delta^{5,8,11,14,17}$-eicosapentanoato).

2. Escreva as fórmulas moleculares dos seguintes ácidos graxos modificados:
   (a) 10-(propoxi)decanoato, um ácido graxo sintético com atividade antiparasitária, usado para tratar a doença do sono africana, causada pelo protozoário *T. brucei* (o grupo propoxi é o —O—$CH_2CH_2CH_3$);
   (b) Ácido fitânico (3,7,11,15-tetrametil-hexadecanoato), encontrado em laticínios;
   (c) Ácido lactobacílico (cis-11,12-metileno-octadecanoato), encontrado em vários microrganismos.

3. Óleos de peixe são fontes ricas em ômega-3 e em ácidos graxos poli-insaturados; os ácidos graxos ômega-6 são relativamente abundantes nos óleos de milho e de girassol. Classifique os ácidos graxos a seguir como ômega-3, ômega-6 ou nenhum dos dois: (a) linolenato; (b) linoleato; (c) araquidonato; (d) oleato; (e) $\Delta^{8,11,14}$-eicosatrienoato.

4. O fator de ativação de plaquetas (PAF) de mamíferos, um mensageiro na transdução de sinais, é um glicerofosfolipídeo com ligação éter em C-1. O PAF é um potente mediador de respostas alérgicas, inflamação e da síndrome do choque tóxico. Desenhe a estrutura do PAF (1-alquil-2-acetil-fosfatidilcolina), em que o grupo 1-alquila é uma cadeia C_{16}.

5. O ácido docosa-hexenoico, 22:6 $\Delta^{4,7,10,13,16,19}$, é o grupo de ácido graxo predominante na posição C-2 do glicerol 3-fosfato de fosfatidiletanolamina e fosfatidilcolina em vários tipos de peixes.
   (a) Desenhe a estrutura do ácido docosa-hexenoico (todas as ligações duplas são cis).
   (b) Classifique o ácido docosa-hexenoico como um ácido graxo ômega-3, ômega-6 ou ômega-9.

6. Diversos venenos de serpente contêm a fosfolipase A_2, que catalisa a degradação de glicerofosfolipídeos em ácido graxo e uma "lisolecitina". A natureza anfipática das lisolecitinas permite que elas atuem como detergentes, rompendo a estrutura das membranas dos glóbulos vermelhos e provocando a ruptura deles. Desenhe as estruturas da fosfatidilserina (PS) e dos produtos (incluindo uma lisolecitina) resultantes da reação de PS com fosfolipase A_2.

7. Desenhe as estruturas dos seguintes lipídeos de membrana:
   (a) 1-estearoil-2-oleoil-3-fosfatidiletanolamina;
   (b) palmitoilesfingomielina;
   (c) miristoil-β-D-glicocerebrosídeo.

8. (a) O esteroide cortisol participa do controle do metabolismo de carboidratos, proteínas e lipídeos. Ele é derivado do colesterol e possui o mesmo sistema de quatro anéis fundidos, mas com: (1) um grupo ceto em C-3, (2) ligação dupla C-4-C-5 (em vez de C-5-C-6 como no colesterol), (3) uma hidroxila em C-11 e (4) uma hidroxila e um grupo —$C(O)CH_2OH$ em C-17. Desenhe a estrutura do cortisol.

   (b) A ouabaína é membro da família dos glicosídeos cardíacos encontrada em vegetais e animais. Esse esteroide inibe a $Na^{\oplus}$–$K^{\oplus}$ATPase e o transporte de íons, e pode estar envolvido na hipertensão e na elevação da pressão sanguínea em seres humanos. A ouabaína tem um sistema de quatro anéis fundidos semelhante ao do colesterol, mas com as seguintes características estruturais: (1) não tem ligações duplas nos anéis, (2) tem grupos hidroxila em C-1, C-5, C-11 e C-14, (3) tem um grupo —CH_2OH em C-19, (4) tem um anel lactônico de cinco membros, insaturado nas posições 2-3 em C-17 (ligado ao C-3 do anel lactônico) e (5) tem um resíduo de 6-desoximanose ligado β-1 ao oxigênio de C-3. Desenhe a estrutura da ouabaína.

9. Uma resposta a variações ambientais de temperatura, que ocorre em vários organismos, é a reestruturação das membranas celulares. Em alguns peixes, a fosfatidiletanolamina (PE) na membrana lipídica microssômica do fígado contém predominantemente o ácido docosa-hexenoico, 22:6 $\Delta^{4,7,10,13,16,19}$ no C-2 do esqueleto de glicerol 3-fosfato e um grupo de ácido graxo, saturado ou monoinsaturado, em C-1. O percentual de PE contendo grupos de ácidos graxos saturados ou monoinsaturados foi determinado em peixes aclimatados a 10 °C ou a 30 °C. A 10 °C, 61% das moléculas de PE continham grupos de ácidos graxos saturados em C-1 e 39% continham grupos de ácidos graxos monoinsaturados na mesma posição. Quando os peixes eram aclimatados a 30 °C, 86% dos lipídeos PE continham grupos de ácidos graxos saturados em C-1, enquanto 14% das moléculas continham grupos de ácidos graxos monoinsaturados naquela posição [Brooks S et al. Electrospray ionisation mass spectrometric analysis of lipid restructuring in the carp (*Cyprinus carpio* L.) during cold acclimation. J. Exp. Biol. 2002; 205:3989-3997]. Explique o objetivo da reestruturação de membrana observada em resposta à mudança de temperatura ambiental.

10. Um gene mutante (*ras*) é encontrado em cerca de um terço de todos os cânceres de seres humanos, incluindo os de pulmão, cólon e pâncreas; ele pode ser parcialmente responsável pelo metabolismo alterado das células tumorais. A proteína *ras* codificada pelo gene *ras* participa das vias sinalizadoras nas células que regulam o crescimento e a divisão celulares. Como a proteína *ras* precisa ser convertida em uma proteína de membrana ancorada em lipídeo para ter atividade de sinalização celular, a enzima farnesiltransferase (FT) foi escolhida como possível alvo para inibição quimioterápica. Sugira uma razão pela qual é razoável considerar que a FT poderia ser um alvo no combate ao câncer.

11. A glicose entra em algumas células por simples difusão através de canais e poros, mas ela entra nos glóbulos vermelhos por transporte passivo. No gráfico abaixo, indique qual linha representa a difusão por meio de um canal ou poro e qual representa o transporte passivo. Por que as velocidades dos dois processos são diferentes?

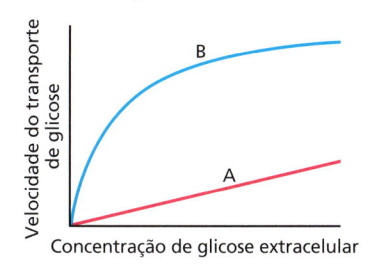

12. O gradiente de pH entre o estômago (pH 0,8–1,0) e as células da mucosa gástrica que revestem o estômago (pH 7,4) é mantido por um sistema de transporte $H^{\oplus}$–$K^{\oplus}$ ATPase semelhante ao sistema $Na^{\oplus}$–$K^{\oplus}$ATPase impulsionado por ATP (Figura 9.38). O sistema antiporte $H^{\oplus}$–$K^{\oplus}$ATPase usa a energia do ATP para bombear $H^{\oplus}$ para fora das células da mucosa (mc) em direção ao estômago (st) trocando-o por íons $K^{\oplus}$. Esses íons, que são transportados para dentro das células da mucosa são, em seguida, cotransportados de volta para o estômago junto aos íons $Cl^{\ominus}$. O resultado líquido é a movimentação de HCl para dentro do estômago.

$$K^{\oplus}_{(mc)} + Cl^{\ominus}_{(mc)} + H^{\oplus}_{(mc)} + K^{\oplus}_{(st)} + ATP \rightleftharpoons$$
$$K^{\oplus}_{(st)} + Cl^{\ominus}_{(st)} + H^{\oplus}_{(st)} + K^{\oplus}_{(mc)} + ADP + P_i$$

Desenhe um diagrama desse sistema $H^{\oplus}$–$K^{\oplus}$ ATPase.

13. O chocolate contém a substância teobromina, estruturalmente relacionada à cafeína e à teofilina. Produtos com chocolate podem ser tóxicos ou letais aos cães porque esses animais metabolizam a teobromina mais lentamente do que os humanos. O coração, o sistema nervoso central e os rins são afetados. Os primeiros sinais de envenenamento por teobromina em cães são náusea, vômito, inquietação, diarreia, tremores musculares e aumento da urina ou incontinência. Comente o mecanismo da toxicidade da teobromina em cães.

14. Na via sinalizadora do inositol, tanto o IP_3 como o diacilglicerol (DAG) são segundos mensageiros hormonais. Se algumas proteínas quinases nas células forem ativadas por ligação ao $Ca^{2\oplus}$, como o IP_3 e DAG podem atuar de forma complementar para provocar respostas no interior das células?

15. Em algumas formas de diabetes, uma mutação na subunidade β do receptor de insulina elimina a atividade enzimática dessa subunidade. Como essa mutação afeta a resposta celular à insulina? Uma suplementação de insulina (por exemplo, através de injeções) poderia superar o defeito?

16. A proteína *ras* (descrita no Problema 10) é uma proteína G mutada, sem atividade GTPase. Como a ausência dessa atividade afeta a via sinalizadora da adenilil ciclase?

17. No momento da fertilização, um óvulo tem diâmetro de aproximadamente 100 μm. Considerando-se que cada molécula de lipídeo na membrana plasmática tem uma área superficial de 10^{-14} cm, quantas moléculas de lipídeos existem na membrana plasmática do óvulo, se 25% de sua superfície for proteína?

18. Cada óvulo fertilizado (zigoto) se divide 30 vezes para produzir todos os óvulos que uma criança do sexo feminino irá precisar em toda a sua vida. Um desses óvulos será fertilizado dando origem a uma nova geração. Se as moléculas de lipídeos nunca se degradarem, quantas moléculas de lipídeos herdadas por você foram sintetizadas em sua avó?

Leituras selecionadas

Geral

Gurr MI e Harwood JL. Lipid Biochemistry: An Introduction, 4th ed. London: Chapman and Hall, 1991.

Lester DR, Ross JJ, Davies PJ e Reid JB. Mendel's stem length gene (Le) encodes a gibberellin 3 beta-hydroxylase. Plant Cell. 9:1435-1443. 1997.

Vance DE e Vance JE (eds.). Biochemistry of Lipids, Lipoproteins, and Membranes, 5th ed. New York: Elsevier, 2008.

Membranas

Dowhan W. Molecular basis for membrane phospholipid diversity: why are there so many lipids? Annu. Rev. Biochem. 1997; 66:199-232.

Jacobson K, Sheets ED e Simson R. Revisiting the fluid mosaic model of membranes. Science. 1995; 268:1441-1442.

Koga Y e Morii H. Biosynthesis of ether-type polar lipids in Archaea and evolutionary considerations. Microbiol. and Molec. Biol. Rev. 2007; 71: 97-120.

Lai EC Lipid rafts make for slippery platforms. J. Cell Biol. 2003; 162:365-370.

Lingwood D e Simons K. Lipid rafts as a membrane-organizing principle. Science. 2010; 327:46-50.

Simons K e Ikonen E. Functional rafts in cell membranes. Nature. 1997; 387:569-572.

Singer SJ. The structure and function of membranes: a personal memoir. J. Membr. Biol. 1992; 129:3-12.

Singer SJ. Some early history of membrane molecular biology. Annu. Rev. Physiol. 2004; 66:1-27.

Singer SJ e Nicholson GL. The fluid mosaic model of the structure of cell membranes. Science. 1972; 175:720-731.

Proteínas de membrana

Casey PJ e Seabra MC. Protein prenyltransferases. J. Biol. Chem. 1996; 271:5289-5292.

Bijlmakers M-J e Marsh M. The on-off story of protein palmitoylation. Trends in Cell Biol. 2003; 13:32-42.

Elofsson A e von Heijne G. Membrane protein structure: prediction versus reality. Annu. Rev. Biochem. 2007; 76:125-140.

Transporte de membrana

Borst P e Elferink RO. Mammalian ABC transporters in health and disease. Annu. Rev. Biochem. 2002; 71:537-592.

Caterina MJ, Schumacher MA, Tominaga M, Rosen TA, Levine JD e Julius D. The capsaicin receptor: a heat-activated ion channel in the pain pathway. Nature. 1997; 389:816-824.

Clapham D. Some like it hot: spicing up ion channels. Nature. 1997; 389:783-784.

Costanzo M et. al. The genetic landscape of a cell. Science. 2010; 327:425-432.

Doherty GJ. e McMahon HT. Mechanisms of endocytosis. Annu. Rev. Biochem. 2009; 78:857-902.

Doyle DA, Cabral JM, Pfuetzner RA, Kuo A, Gulbis JM, Cohen SL, Chait BT e McKinnon R. The structure of the potassium channel: molecular basis of $K^{\oplus}$ conduction and selectivity. Science. 1998; 280:69-75.

Jahn R e Südhof TC. Membrane fusion and exocytosis. Annu. Rev. Biochem. 1999; 68:863-911.

Kaplan JH. Biochemistry of $Na^{\oplus}$, $K^{\oplus}$-ATPase. Annu. Rev. Biochem. 2002; 71:511-535.

Loo TW e Clarke DM. Molecular dissection of the human multidrug resistance P-glycoprotein. Biochem. 1999; Cell Biol. 77:112-23.

Transdução de sinal

Fantl WJ, Johnson DE e Williams LT. Signalling by receptor tyrosine kinases. Annu. Rev. Biochem. 1993; 62:453-481.

Hamm HE. The many faces of G protein signaling. J. Biol. Chem. 1998; 273:669-672.

Hodgkin MN, Pettitt TR, Martin A, Michell RH, Pemberton AJ e Wakelam MJO. Diacylglycerols and phosphatidates: which molecular species are intracellular messengers? Trends Biochem. Sci. 1998; 23:200-205.

Hurley JH. Structure, mechanism, and regulation of mammalian adenylyl cyclase. J. Biol. Chem. 1999; 274:7599-7602.

Luberto C e Hannun YA. Sphingolipid metabolism in the regulation of bioactive molecules. Lipids 34. 1999; (Suppl.):S5-S11.

Prescott SM. A thematic series on kinases and phosphatases that regulate lipid signaling. J. Biol. Chem. 1999; 274:8345.

Shepherd PR, Withers DJ. e Siddle K. Phosphoinositide 3-kinase: the key switch mechanism in insulin signalling. Biochem. J. 1998; 333:471-490.

Introdução ao Metabolismo

Nos capítulos anteriores, descrevemos as estruturas e as funções dos principais componentes das células vivas, de pequenas moléculas a polímeros e até agregados maiores, como as membranas. Os próximos nove capítulos enfocam as atividades bioquímicas que assimilam, transformam, sintetizam e degradam muitos dos nutrientes e componentes celulares já descritos. A biossíntese de proteínas e ácidos nucleicos, que representa uma parcela significativa da atividade de todas as células, será descrita nos Capítulos 20, 21 e 22.

Passamos agora da estrutura molecular para a dinâmica das funções celulares. Apesar da marcante mudança de tema em discussão, veremos que as vias metabólicas também são regidas por leis físicas e químicas básicas. Utilizando uma abordagem gradual, que se apoia sobre as bases estabelecidas nas duas primeiras partes deste livro, podemos descrever como funciona o metabolismo. Neste capítulo, vamos discutir alguns temas gerais do metabolismo e os princípios termodinâmicos que governam as atividades celulares.

> *Na maioria das sequências metabólicas, nem a concentração de substrato nem a de produto se alteram de maneira significativa, mesmo que o fluxo através da via possa mudar drasticamente.*
> — Jeremy R. Knowles (1989)

10.1 O metabolismo é uma rede de reações

O metabolismo é toda a rede de reações químicas realizadas pelas células vivas. **Metabólitos** são pequenas moléculas que atuam como intermediários na degradação ou na biossíntese dos biopolímeros. O termo *metabolismo intermediário* é aplicado às reações envolvendo essas moléculas de baixo peso molecular. É conveniente distinguir entre as reações que sintetizam moléculas (reações anabólicas) e aquelas que as degradam (reações catabólicas).

As **reações anabólicas** são as responsáveis pela síntese de todos os compostos necessários para a reprodução, o crescimento e a manutenção da célula. Essas reações de biossíntese formam metabólitos simples como aminoácidos, carboidratos, coenzimas, nucleotídeos e ácidos graxos. Elas também produzem grandes moléculas como proteínas, polissacarídeos, ácidos nucleicos e lipídeos complexos (Figura 10.1).

Topo: Os princípios fundamentais do metabolismo são os mesmos em animais, plantas e em qualquer outro organismo.

► **Figura 10.1**
Anabolismo e catabolismo. As reações anabólicas usam moléculas pequenas e energia química na síntese de macromoléculas e no desempenho de trabalho celular. A energia solar é uma importante fonte de energia metabólica em bactérias e plantas fotossintéticas. Algumas moléculas, incluindo aquelas obtidas por meio da alimentação, são catabolizadas para liberar energia e blocos construtores monoméricos ou resíduos do metabolismo.

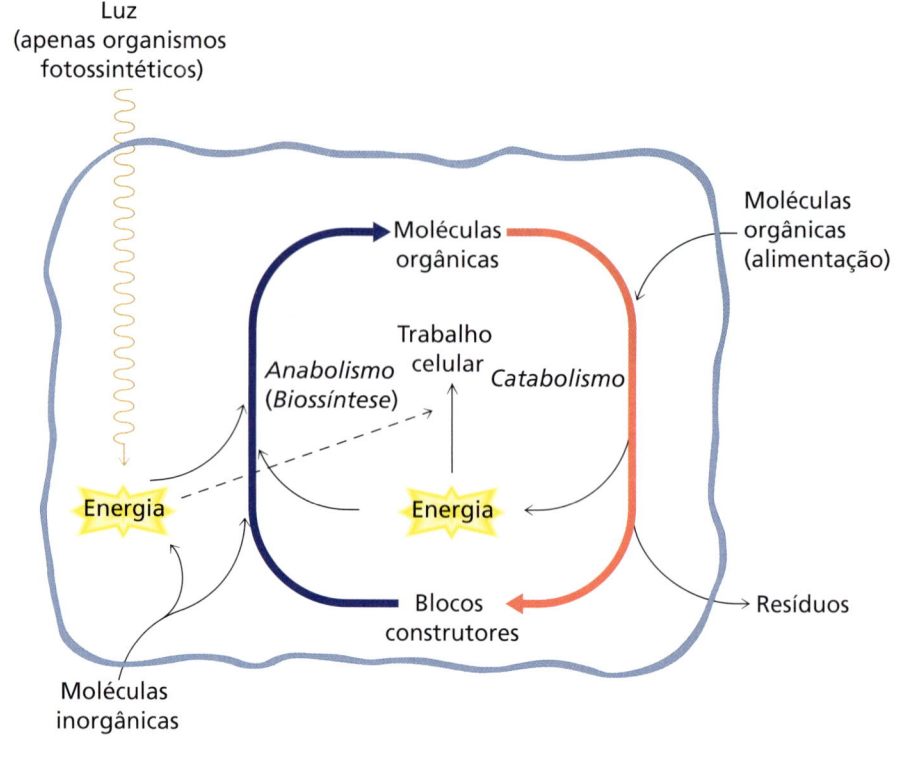

CONCEITO-CHAVE
A maioria das vias metabólicas fundamentais está presente em todas as espécies.

Em algumas espécies, todas as moléculas complexas que compõem a célula são sintetizadas a partir de precursores inorgânicos (dióxido de carbono, amônia, fosfatos inorgânicos etc.) (Seção 10.3). Algumas espécies obtêm energia a partir dessas moléculas inorgânicas ou da criação de um potencial de membrana (Seção 9.11). Organismos fotossintéticos utilizam a energia luminosa para executar as reações de biossíntese (Capítulo 15).

As **reações catabólicas** degradam grandes moléculas para liberar energia e moléculas menores. Todas as células executam reações de degradação como parte do seu metabolismo normal, mas algumas espécies dependem delas como sua única fonte de energia. Os animais, por exemplo, necessitam de moléculas orgânicas como alimento. O estudo dessas reações de produção de energia catabólica em mamíferos é chamado *metabolismo do combustível*. A fonte original desses combustíveis é uma via biossintética em outra espécie. Tenha em mente que todas as reações catabólicas envolvem a quebra de compostos sintetizados por uma célula viva, seja a mesma célula, uma célula diferente no mesmo indivíduo ou uma célula em um organismo diferente.

Há uma terceira classe de reações chamada **reações anfibólicas**. Elas estão envolvidas tanto nas vias catabólicas como nas anabólicas.

Ao observarmos as bactérias ou os grandes organismos multicelulares, encontramos uma desconcertante variedade de adaptações biológicas. Mais de 10 milhões de espécies podem viver na Terra, e diversas centenas de milhares de espécies devem ter surgido e desaparecido ao longo da evolução. Organismos multicelulares têm uma especialização marcante de tipos de células ou tecidos. Apesar dessa extraordinária diversidade de espécies e tipos de células, a bioquímica das células vivas é surpreendentemente semelhante, não só na composição química e na estrutura de componentes celulares, mas também nas rotas metabólicas pelas quais os componentes são modificados. Essas vias universais são a chave para a compreensão do metabolismo. Uma vez que você tenha aprendido sobre as vias conservadas fundamentais, você poderá apreciar as vias adicionais que evoluíram em algumas espécies.

As sequências completas dos genomas de várias espécies já foram determinadas. Pela primeira vez começamos a ter uma visão completa de toda a rede metabólica dessas espécies com base nas sequências dos genes que codificam as enzimas metabólicas. A *Escherichia coli*, por exemplo, tem cerca de 900 genes que codificam enzimas usadas no metabolismo intermediário, e essas se combinam para criar cerca de 130 vias diferentes. Esses genes metabólicos representam 21% dos genes no genoma. Outras espécies de bactérias têm um número semelhante de enzimas que realizam as reações metabólicas básicas. Algumas espécies contêm vias adicionais. A bactéria que causa a tuberculose, *Mycobacterium tuberculosis*, tem cerca de 250 enzimas envolvidas no metabolismo dos ácidos graxos – cinco vezes mais do que a *E. coli*.

A levedura *Saccharomyces cerevisiae* é um membro unicelular do reino dos fungos. Seu genoma contém 5.900 genes codificadores de proteínas. Destes, 1.200 (20%) codificam enzimas envolvidas no metabolismo intermediário e energético (Figura 10.2). O nematoide *Caenorhabditis elegans* é um animal multicelular pequeno, com muitas das mesmas células especializadas e tecidos encontrados em animais maiores. Seu genoma codifica 19.100 proteínas, das quais se acredita que 5.300 (28%) sejam necessárias em várias vias do metabolismo intermediário. Na mosca-das-frutas, *Drosophila melanogaster*, crê-se que aproximadamente 2.400 (17%) dos 14.100 genes estejam envolvidos na bioenergética e nas vias metabólicas intermediárias. Não se sabe o número exato de genes necessários para o metabolismo básico em seres humanos, mas é provável que seja algo em torno de 5.000 (o genoma humano tem aproximadamente 22.000 genes).

Existem cinco temas comuns no metabolismo.

1. Organismos ou células mantêm concentrações internas específicas de íons inorgânicos, metabólitos e enzimas. As membranas celulares fornecem a barreira física que separa os componentes celulares do meio ambiente.
2. Os organismos extraem energia de fontes externas para realizar reações que consomem energia. Organismos fotossintéticos obtêm energia da conversão de energia solar em energia química. Outros organismos obtêm energia da ingestão e do catabolismo de compostos ricos em energia.
3. As vias metabólicas de cada organismo são especificadas pelos genes em seu genoma.
4. Os organismos e as células interagem com seus ambientes. As atividades das células devem ser orientadas pela disponibilidade de energia. Quando o fornecimento de energia pelo ambiente é abundante, os organismos crescem e se reproduzem. Quando esse fornecimento é limitado, as demandas de energia podem ser atendidas temporariamente usando estoques internos ou reduzindo as taxas metabólicas como na hibernação, na esporulação ou na formação de sementes. Se a escassez for prolongada, os organismos morrem.
5. As células de organismos não são conjuntos estáticos de moléculas. Muitos componentes celulares são continuamente sintetizados e degradados, ou seja, passam por *renovação*, mesmo que suas concentrações possam permanecer

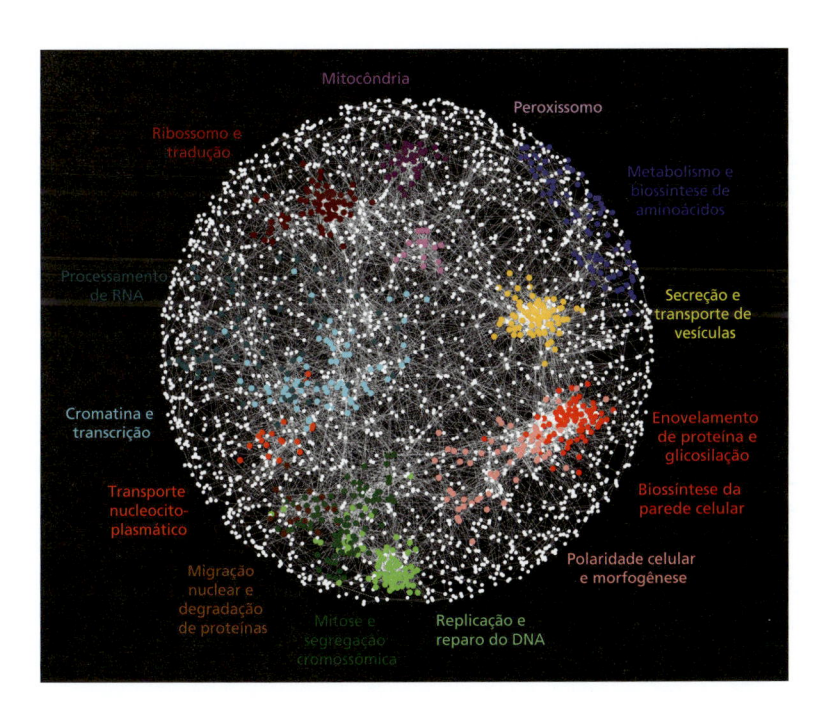

◀ **Figura 10.2**
Uma rede de interação de proteínas para a levedura (*Saccharomyces cerevisiae*). Os pontos representam proteínas individuais, coloridas de acordo com a função. As linhas sólidas representam as interações entre proteínas. Os aglomerados coloridos identificam o grande número de genes envolvidos no metabolismo.

praticamente constantes. As concentrações de outros compostos mudam em resposta às mudanças nas condições externas ou internas.

A seção sobre metabolismo deste livro descreve as reações metabólicas que ocorrem na maioria das espécies. Por exemplo, as enzimas da glicólise (degradação de açúcar) e da gliconeogênese (biossíntese de glicose) estão presentes em quase todas as espécies. Embora a maioria das células tenha o mesmo conjunto de reações metabólicas centrais, a diferenciação celular e dos organismos é possível graças às reações enzimáticas adicionais específicas para o tecido ou a espécie.

10.2 Vias metabólicas

A grande maioria das reações metabólicas é catalisada por enzimas, portanto, uma descrição completa do metabolismo inclui não só os reagentes, os intermediários e os produtos das reações celulares, mas também as características das enzimas envolvidas. A maioria das células pode realizar centenas de milhares de reações. Podemos lidar com essa complexidade subdividindo o metabolismo, de modo sistemático, em segmentos ou ramos. Nos próximos capítulos, começaremos considerando separadamente o metabolismo dos quatro principais grupos de biomoléculas: carboidratos, lipídeos, aminoácidos e nucleotídeos. Dentro de cada uma das quatro áreas de metabolismo, reconhecemos sequências distintas de reações metabólicas, chamadas vias.

A. As vias são sequências de reações

Uma **via metabólica** é o equivalente biológico de um esquema de síntese na química orgânica. Ela é uma série de reações, em que o produto de uma se torna o substrato da próxima. Algumas vias metabólicas podem consistir em apenas duas etapas, enquanto outras podem ter uma dúzia de passos.

Não é fácil definir os limites de uma via metabólica. No laboratório, uma síntese química tem um substrato inicial e um produto final óbvios, mas vias celulares estão interligadas de forma que fica difícil a escolha de um início e um fim. Por exemplo, no catabolismo da glicose (Capítulo 11), onde começa e onde termina a glicólise? Ela começa com polissacarídeos (como glicogênio e amido), glicose extracelular, glicose 6-fosfato ou glicose intracelular? Ela termina com piruvato, acetil-CoA, lactato ou etanol? Os pontos inicial e final podem ser atribuídos um pouco arbitrariamente, muitas vezes de acordo com a tradição, ou de forma a facilitar o estudo, mas tenha em mente que as reações e as vias podem ser ligadas de modo a formar rotas metabólicas

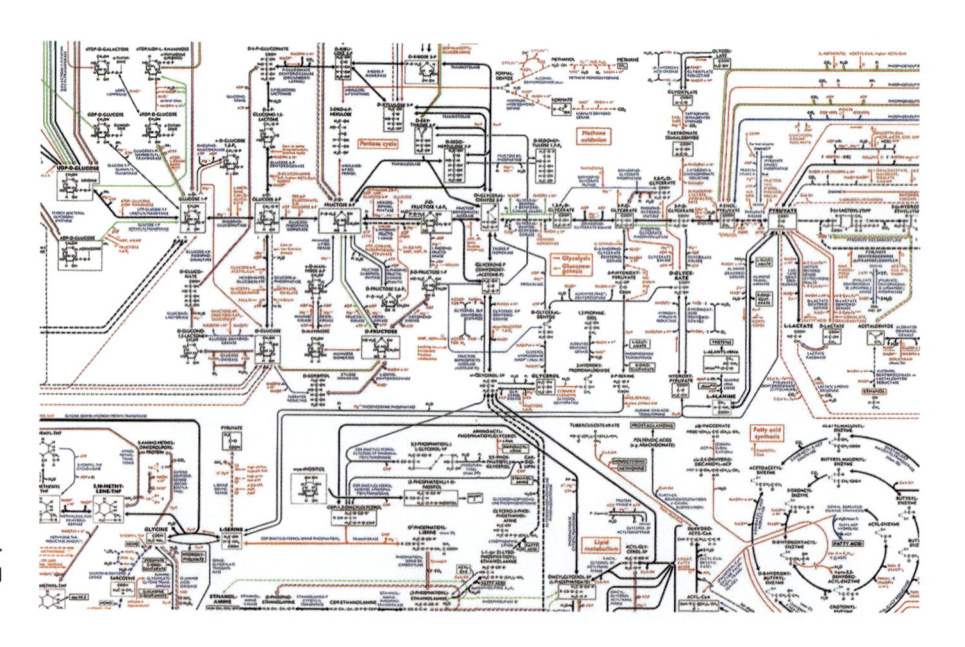

▶ **Figura 10.3**
Parte de um grande mapa metabólico publicado pela Roche Applied Science.

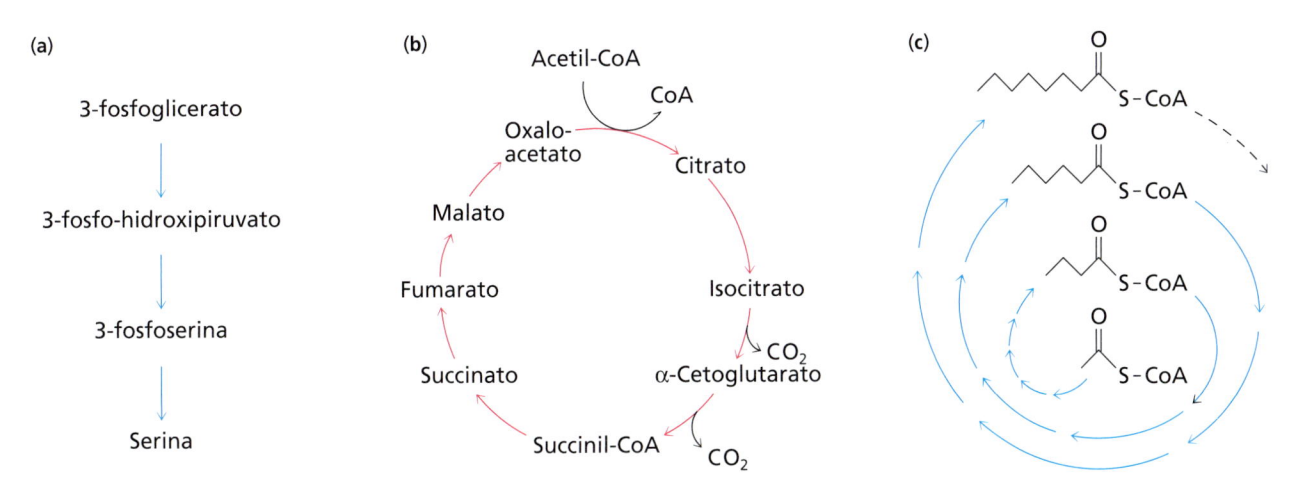

(a)

3-fosfoglicerato
↓
3-fosfo-hidroxipiruvato
↓
3-fosfoserina
↓
Serina

(b)

Ciclo do ácido cítrico:
Acetil-CoA + Oxaloacetato → Citrato (liberando CoA) → Isocitrato → α-Cetoglutarato (+ CO_2) → Succinil-CoA (+ CO_2) → Succinato → Fumarato → Malato → Oxaloacetato

(c)

Via em espiral de acila-S-CoA (biossíntese de ácidos graxos).

▲ **Figura 10.4**
Formatos de vias metabólicas. (a) A biossíntese da serina é um exemplo de via metabólica linear. O produto de cada etapa é o substrato da próxima. **(b)** A sequência de reações em uma via cíclica forma um ciclo fechado. No ciclo do ácido cítrico, um grupo acetila é metabolizado por reações que regeneram os intermediários do ciclo. **(c)** Na biossíntese de ácidos graxos, uma via em espiral, o mesmo conjunto de enzimas catalisa um alongamento progressivo da cadeia de acila.

estendidas. Essa rede fica bem clara quando se examina os grandes mapas metabólicos que são, às vezes, pendurados nas salas de aulas e laboratórios (Figura 10.3).

Vias metabólicas individuais podem ter diferentes formatos. Uma via metabólica linear, como a biossíntese da serina, é uma série de reações catalisadas por enzimas independentes, em que o produto de uma reação é o substrato para a reação seguinte na via (Figura 10.4a). Uma via metabólica cíclica, como o ciclo do ácido cítrico, também é uma sequência de passos catalisados por enzimas, mas a sequência forma um circuito fechado, de modo que os intermediários são regenerados a cada volta do ciclo (Figura 10.4b). Em uma via metabólica em espiral, como a biossíntese de ácidos graxos (Seção 16.6), o mesmo conjunto de enzimas é usado repetidamente para o alongamento ou o encurtamento de uma dada molécula (Figura 10.4c).

Cada tipo de via pode ter pontos de ramificação onde os metabólitos entram ou saem. Na maioria dos casos, nós não enfatizamos a natureza da ramificação das vias porque queremos manter o foco nas principais rotas seguidas pelos metabólitos mais importantes. Também queremos focar as vias comumente encontradas em todas as espécies. Essas são as vias mais fundamentais. Não se deixe enganar por essa simplificação. Uma olhada rápida em qualquer mapa metabólico mostrará que as vias têm muitos pontos de ramificação e que os substratos iniciais e os produtos finais são, muitas vezes, intermediários em outras vias. A via da serina, na Figura 10.3, é um bom exemplo. Você consegue ver isso?

B. O metabolismo acontece em etapas discretas

Os ambientes intracelulares não mudam muito. As reações ocorrem sob pressões e temperaturas moderadas, em concentrações de reagentes bastante baixas e em pH próximo ao neutro. Frequentemente, dizemos que isso é a homeostase no nível celular.

Essas condições exigem uma infinidade de catalisadores enzimáticos eficientes. Por que ocorrem tantas reações distintas nas células vivas? Em princípio, deveria ser possível realizar a degradação e a síntese de moléculas orgânicas complexas com muito menos reações.

Um motivo para que as vias tenham múltiplas etapas é a especificidade reacional limitada das enzimas. Cada sítio ativo catalisa apenas uma etapa de uma via. A síntese de uma molécula – ou sua degradação –, portanto, segue uma rota metabólica definida pela disponibilidade das enzimas apropriadas. Como regra geral, uma única reação catalisada por enzima só pode quebrar ou formar algumas poucas ligações covalentes por vez. Muitas vezes, a reação envolve a transferência de um único grupo químico. Assim, o grande número de reações e enzimas é devido, em parte, às limitações de enzimas e de sua química.

Outra razão para várias etapas em vias metabólicas é controlar a entrada e a saída de energia. O fluxo de energia é mediado por doadores e aceptores que carregam um quantum discreto de energia. Como veremos, a energia transferida em uma única reação raramente excede 60 kJ mol^{-1}. As vias para a biossíntese de moléculas requerem a

CONCEITO-CHAVE
As limitações químicas e físicas determinam que as vias metabólicas consistam em muitos pequenos passos.

▶ **Figura 10.5**
Vias de etapa única *versus* múltiplas etapas. **(a)** A síntese de glicose não pode ser realizada em uma só etapa. A síntese em várias etapas é acoplada à entrada de pequenos quanta de energia vinda do ATP e do NADH. **(b)** A combustão não controlada da glicose libera grande quantidade de energia de uma vez. Uma via de múltiplas etapas, catalisada por enzima, libera a mesma quantidade de energia, mas conserva grande parte dela sob forma útil.

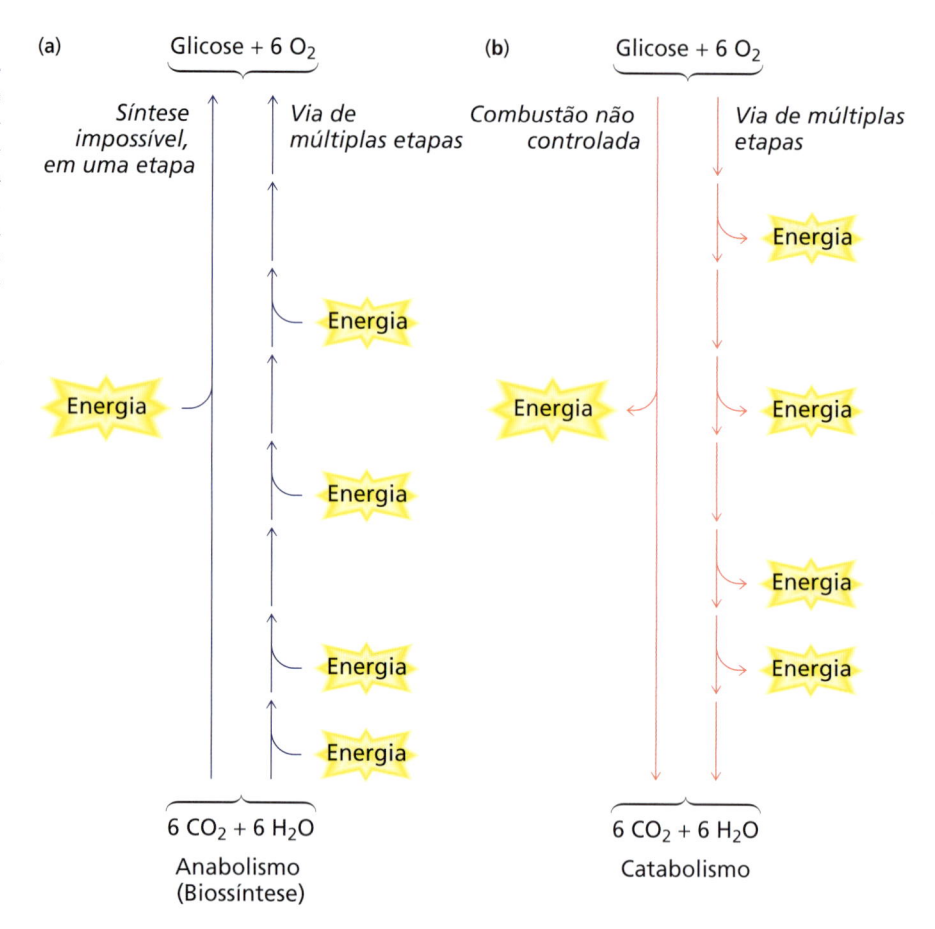

(a) Glicose + 6 O_2
Síntese impossível, em uma etapa | Via de múltiplas etapas
6 CO_2 + 6 H_2O
Anabolismo (Biossíntese)

(b) Glicose + 6 O_2
Combustão não controlada | Via de múltiplas etapas
6 CO_2 + 6 H_2O
Catabolismo

transferência de energia em vários pontos. Cada reação que requer energia corresponde a uma única etapa na sequência de reações.

A síntese de glicose a partir de dióxido de carbono e água requer a entrada de ~2.900 kJ mol^{-1} de energia. Não é termodinamicamente possível sintetizar glicose em uma só etapa (Figura 10.5). Da mesma forma, grande parte da energia liberada durante o processo catabólico (como a oxidação da glicose em dióxido de carbono e água, que libera os mesmos 2.900 kJ mol^{-1}) é transferida para aceptores individuais, uma etapa por vez, em vez de ser lançada em uma explosão grande e ineficiente. A eficiência da transferência de energia em cada etapa nunca é de 100%, mas uma percentagem considerável da energia é conservada, de forma controlável. Transportadores de energia que aceitam e doam energia, como nucleotídeos de adenina (ATP) e coenzimas de nicotinamida (NADH), são encontrados em todas as formas de vida.

Um dos principais objetivos do estudo do metabolismo é entender como esses "quanta" de energia são usados. ATP e NADH – e outras coenzimas – são a "moeda" do metabolismo. Eis por que o metabolismo e a bioenergética são tão intimamente ligados.

C. As vias metabólicas são reguladas

O metabolismo é altamente regulado. Os organismos reagem às variações das condições ambientais, como disponibilidade de energia ou de nutrientes. Eles também respondem a instruções geneticamente programadas. Por exemplo, durante a embriogênese ou a reprodução, o metabolismo de células individuais pode ser alterado de modo dramático.

As respostas dos organismos às mudanças vão desde pequenas alterações até reorganizações drásticas dos processos metabólicos que governam a síntese ou degradação de biomoléculas e a geração ou consumo de energia. Processos de controle podem afetar muitas vias ou somente algumas, e o tempo de resposta pode variar de menos de um segundo até horas ou mais. As respostas biológicas mais rápidas, que ocorrem em milissegundos, incluem as mudanças na passagem de íons pequenos (p. ex., Na$^{\oplus}$,

K⊕ e Ca²⊕) através das membranas celulares. A transmissão dos impulsos nervosos e a contração muscular dependem do movimento de íons. As respostas mais rápidas são também as de vida mais curta; respostas mais lentas duram mais.

É importante entender alguns conceitos básicos sobre as vias metabólicas para ver como elas são reguladas. Considere uma via linear simples, que começa com um substrato A e termina com um produto P.

$$A \xrightleftharpoons{E_1} B \xrightleftharpoons{E_2} C \xrightleftharpoons{E_3} D \xrightleftharpoons{E_4} E \xrightleftharpoons{E_5} P \quad (10.1)$$

Cada uma das reações é catalisada por uma enzima e elas são todas reversíveis. A maioria das reações nas células vivas atingiu o equilíbrio, portanto, as concentrações de B, C, D e E não variam muito. Essa é uma situação semelhante ao **estado estacionário** que encontramos na Seção 5.3A. A condição de estado estacionário pode ser visualizada imaginando uma série de béqueres de tamanhos diferentes (Figura 10.6). A água da torneira cai dentro do primeiro béquer e, quando ele está cheio, a água derrama para outro béquer. Quando todos os béqueres estiverem cheios, haverá um fluxo contínuo de água da torneira para o chão. A velocidade dessa vazão é análoga ao **fluxo** em uma via metabólica. Ele pode variar de um gotejamento até um jorro, mas os níveis de água nos béqueres no estado estacionário não variam (infelizmente essa analogia não nos permite ver que em uma via metabólica o fluxo pode ocorrer também no sentido oposto).

O fluxo em uma via metabólica irá diminuir se a concentração do substrato inicial cair abaixo de um certo limite. Ele também será reduzido se a concentração do produto final aumentar. Essas são variações que afetam todas as vias metabólicas. Contudo, além desses efeitos normais de concentração, há controles específicos, que atuam sobre a atividade de enzimas específicas. É tentador visualizar a regulação de uma via por meio da manipulação eficiente de apenas uma reação enzimática limitante de velocidade; algumas vezes, essa limitação é vista como a parte estreita de uma ampulheta. Em muitos casos, no entanto, isso é uma supersimplificação. O fluxo através da maioria das vias metabólicas depende do controle de várias etapas. Essas etapas são reações especiais nas vias, nas quais as concentrações de estado estacionário dos substratos e produtos são muito diferentes das de equilíbrio, de modo que o fluxo tende a ir apenas em uma direção. Uma enzima reguladora contribui com certo nível de controle sobre o fluxo total da via da qual participa. Como os intermediários ou cossubstratos de várias fontes podem alimentar uma via ou ser retirados dela, é normal haver vários pontos de controle. É rara uma via metabólica isolada, linear.

Existem dois padrões comuns de regulação metabólica: inibição por retroalimentação (ou inibição por *feedback*) e ativação por antecipação (*feedforward*). A **inibição por retroalimentação** ocorre quando um produto (geralmente o produto final) de uma via controla a velocidade de sua própria síntese pela inibição de uma etapa inicial, geralmente a primeira etapa de compromisso da via (a primeira reação que é exclusiva daquela via).

$$A \xrightarrow{E_1} B \xrightarrow{E_2} C \xrightarrow{E_3} D \xrightarrow{E_4} E \xrightarrow{E_5} P \quad (10.2)$$

> O termo técnico preciso para a situação na qual as vias celulares não estão em condição de estado estacionário dinâmico é... morte.

A vantagem de tal padrão regulatório em uma rota biossintética é óbvia. Quando a concentração de P cresce acima de seu nível de estado estacionário, o efeito é transmitido de volta, através da rota, e as concentrações de cada intermediário também aumentam. Isso faz com que o fluxo seja revertido, levando a um aumento líquido na produção de A a partir do reagente P. O fluxo normal é restabelecido quando o nível de P diminui. Na inibição por retroalimentação, a rota é inibida em uma etapa inicial; de outra forma, os intermediários metabólicos iriam se acumular desnecessariamente. O ponto importante na Reação 10.2 é que a reação catalisada pela enzima E1 não seja capaz de atingir o equilíbrio. É uma reação metabolicamente irreversível porque a enzima que a controla é regulada. O fluxo através desse ponto não pode ocorrer na direção contrária.

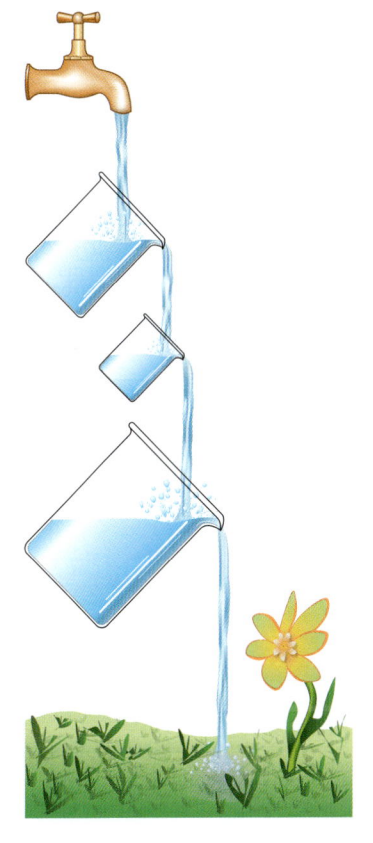

▲ **Figura 10.6**
Estado estacionário e fluxo em uma via metabólica. A velocidade de vazão é equivalente ao fluxo em uma via, e a quantidade constante de água em cada béquer é análoga às concentrações de estado estacionário dos metabólitos em uma via metabólica.

A **ativação por antecipação** ocorre quando um metabólito produzido no início de uma via metabólica ativa uma enzima que catalisa uma reação que ocorre mais abaixo na mesma via.

$$A \xrightarrow{E_1} B \xrightarrow{E_2} C \xrightarrow{E_3} D \xrightarrow{E_4} E \xrightarrow{E_5} P$$

(10.3)

Neste exemplo, a atividade da enzima E1 (que converte A em B) é coordenada com a atividade da enzima E4 (que converte D em E). Um aumento na concentração do metabólito B aumenta o fluxo através da via metabólica pela ativação de E4 (esta, normalmente, seria inativa em baixas concentrações de B).

Na Seção 5.10, discutimos a modulação de enzimas reguladoras individuais. Os ativadores e inibidores alostéricos, que em geral são metabólitos, podem alterar rapidamente a atividade de várias dessas enzimas pela indução de mudanças conformacionais que afetem suas atividades catalíticas. Veremos diversos exemplos de modulação alostérica nos próximos capítulos. A modulação alostérica de enzimas reguladoras é rápida, mas nas células ela não é tão rápida quanto com enzimas isoladas.

A atividade de enzimas interconversíveis também pode ser alterada de forma rápida e reversível por modificação covalente, em geral pela adição e remoção de grupos fosforila, como descrito na Seção 5.9D. Lembre-se de que a fosforilação, catalisada por quinases às custas de ATP, é revertida pela ação de fosfatases, que catalisam a remoção hidrolítica de grupos fosforila. Enzimas individuais diferem quanto à resposta à fosforilação: umas são ativadas, outras, desativadas. Em geral, enzimas interconversíveis nas vias catabólicas são ativadas por fosforilação e desativadas por desfosforilação; a maioria das enzimas interconversíveis nas vias anabólicas são inativadas por fosforilação e reativadas por desfosforilação. A ativação de quinases com múltiplas especificidades permite a regulação coordenada de mais de uma via metabólica por um único sinal. A natureza em cascata das vias sinalizadoras intracelulares, descrita na Seção 9.12, também significa que o sinal inicial é amplificado (Figura 10.7).

As quantidades de enzimas específicas podem ser alteradas pelo aumento das velocidades de síntese ou degradação de proteínas específicas. Esse é, normalmente, um processo lento em comparação com a ativação e a inibição alostérica ou covalente. Contudo, a renovação de algumas enzimas pode ser rápida. Perceba que vários modos de regulação podem operar simultaneamente dentro de uma via metabólica.

> Na Parte 4 deste livro examinaremos com mais detalhes a regulação da expressão gênica e da síntese proteica.

D. A evolução das vias metabólicas

A evolução das vias metabólicas é uma área ativa da pesquisa em bioquímica. Esses estudos têm sido bastante facilitados pela publicação de centenas de sequências genômicas completas, especialmente de genomas procariontes. Hoje em dia, os bioquímicos podem comparar essas enzimas em diversas espécies, que apresentam uma grande variedade de vias metabólicas. Muitas dessas vias fornecem pistas sobre a organização e a estrutura das vias primitivas, que estavam presentes nas primeiras células.

Há muitos caminhos possíveis para a formação de uma nova via metabólica. O caso mais simples é a adição de uma nova etapa terminal em uma via preexistente. Consideremos a via hipotética da Equação 10.1. A via original deve ter terminado com a produção do metabólito E, após uma transformação em quatro etapas partindo do substrato A. A disponibilidade de quantidades substanciais do metabólito E deve ter favorecido a evolução de uma nova enzima (E5, neste caso), capaz de utilizar E como substrato para a produção de P. As vias de síntese de asparagina e glutamina a partir de aspartato e glutamato são exemplos desse tipo de evolução. Acredita-se que essa *evolução à frente* seja um mecanismo comum de desenvolvimento de novas vias.

Em outros casos, uma nova via pode se formar pela ramificação de outra, preexistente. Por exemplo, considere a conversão de C em D na via da Equação 10.1. Essa reação é catalisada pela enzima E3. A enzima primitiva E3 poderia não ser tão específica quanto a enzima moderna. Além do produto D, ela poderia levar à síntese de uma quantidade menor de outro metabólito, X. A disponibilidade desse produto poderia ter

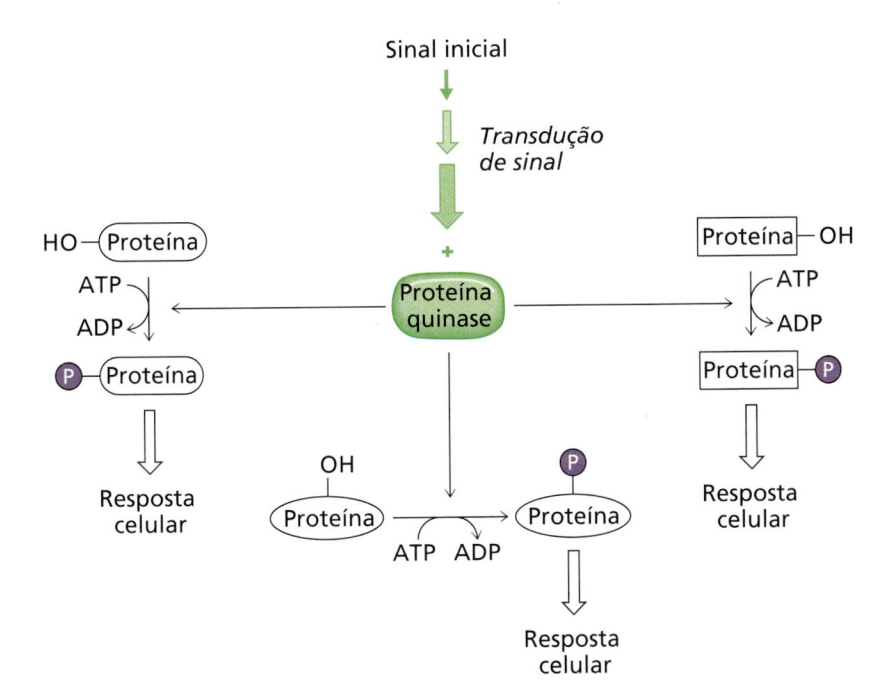

◄ **Figura 10.7**
Função reguladora de uma proteína quinase. O efeito do sinal inicial é amplificado pela cascata sinalizadora. A fosforilação de diferentes proteínas celulares pela quinase ativada resulta na regulação coordenada de distintas vias metabólicas. Algumas destas podem ser ativadas, enquanto outras são inibidas. Ⓟ representa um grupo fosfato ligado à proteína.

conferido alguma vantagem seletiva à célula, favorecendo a duplicação do gene E3. Divergências posteriores de duas cópias do gene originaram as duas enzimas relacionadas, que catalisam especificamente C → D e C → X. Há vários exemplos de *evolução por duplicação de genes e divergência* (p. ex., lactato desidrogenase e malato desidrogenase, Seção 4.7). Enfatizamos muito a extrema especificidade das reações enzimáticas, mas, na verdade, várias enzimas podem catalisar diversas reações diferentes usando substratos e produtos estruturalmente semelhantes.

Algumas vias podem ter evoluído "para trás". Uma via primitiva poderia ter utilizado um suprimento abundante do metabólito E, no ambiente, para produzir P. Quando esse suprimento foi reduzido, houve uma pressão seletiva para o desenvolvimento de uma nova enzima (E4), que poderia utilizar o metabólito D para repor E. Quando D se tornou limitante da velocidade, as células puderam ganhar uma vantagem seletiva ao utilizar C para produzir mais D. Dessa forma, a via moderna completa evoluiu por *retroevolução*, adicionando sucessivamente precursores mais simples e estendendo a via.

Às vezes, uma via completa pode ser duplicada e uma evolução adaptativa posterior leva a dois caminhos independentes, com enzimas homólogas, que catalisam reações relacionadas. Há boa evidência de que vias que levam à biossíntese do triptofano e da histidina evoluíram dessa forma. Enzimas também podem ser recrutadas de uma via para serem usadas em outra, sem que haja, necessariamente, uma duplicação de toda a via. Encontraremos vários exemplos de enzimas homólogas que são usadas em vias diferentes.

Finalmente, uma nova via pode surgir da "reversão" de uma já existente. Na maioria dos casos, há uma etapa de uma via que é, essencialmente, irreversível. Vamos considerar que a terceira etapa em nossa via hipotética (C → D) seja incapaz de catalisar a conversão de D em C porque a reação normal fica longe de atingir o equilíbrio. A evolução de uma nova enzima capaz de catalisar a transformação de D em C permitiria que toda a via invertesse a direção, convertendo P em A. Foi assim que a via da glicólise surgiu a partir da rota biossintética da glicose (gliconeogênese). Há muitos outros exemplos de *evolução por reversão da via*.

Todas essas possibilidades têm um papel na evolução de novas vias metabólicas. Às vezes, uma nova via surge da combinação de diferentes mecanismos de evolução adaptativa. A evolução do ciclo do ácido cítrico, que ocorreu há bilhões de anos, é um exemplo (Seção 12.9). Novas vias metabólicas estão surgindo o tempo todo, em resposta a pesticidas, herbicidas, antibióticos e despejos industriais. Os organismos capazes de metabolizar esses compostos, escapando, assim, de seus efeitos tóxicos, desenvolveram novas vias e novas enzimas pela modificação das já existentes.

10.3 Principais vias nas células

Esta seção fornece uma visão geral da organização e função de algumas vias metabólicas centrais, que serão discutidas em capítulos subsequentes. Começaremos com as vias anabólicas, ou biossintéticas, porque estas são as mais importantes para crescimento e reprodução. Um resumo geral das rotas biossintéticas é apresentado na Figura 10.8. Todas as células precisam de fontes externas de carbono, hidrogênio, oxigênio, nitrogênio, fósforo e enxofre, além de outros íons inorgânicos (Seção 1.2). Algumas espécies, em particular bactérias e plantas, são capazes de crescer e se reproduzir utilizando fontes inorgânicas desses elementos essenciais. Tais espécies são ditas **autótrofos**. Há duas categorias distintas de espécies autotróficas. Os **heterótrofos**, como os animais, necessitam de uma fonte de carbono orgânico (p. ex., glicose).

As rotas biossintéticas precisam de energia. Os organismos mais complexos (de uma perspectiva bioquímica!) podem gerar energia metabólica útil por meio da luz solar ou da oxidação de moléculas inorgânicas, como $NH_4^{\oplus}$, H_2 ou H_2S. A energia dessas reações é usada para sintetizar o composto ATP, rico em energia, e o poder redutor do NADH. Esses cofatores transferem sua energia às reações biossintéticas.

Há dois tipos de espécies autotróficas. Os **fotoautótrofos** obtêm a maior parte de sua energia da fotossíntese, e sua principal fonte de carbono é o CO_2. Essa categoria inclui as bactérias fotossintéticas, as algas e as plantas. Os **quimioautótrofos** obtêm sua energia da oxidação de moléculas inorgânicas e utilizam o CO_2 como fonte de carbono. Algumas espécies de bactérias são quimioautótrofas, mas não há exemplos eucariontes desse tipo.

Os heterótrofos podem ser divididos em duas categorias. Os **foto-heterótrofos** são organismos fotossintéticos que necessitam de compostos orgânicos como fonte de carbono. Há vários grupos de bactérias capazes de capturar energia luminosa, mas elas precisam de moléculas orgânicas como fonte de carbono. Os **quimio-heterótrofos** são organismos não fotossintéticos que necessitam de moléculas orgânicas como fonte de carbono. Sua energia metabólica é derivada, normalmente, da quebra de moléculas orgânicas obtidas de fonte externa. Nós somos seres quimio-heterótrofos, como o são todos os animais, a maioria dos protistas, todos os fungos e muitas bactérias.

As principais vias catabólicas estão mostradas na Figura 10.9. Como regra geral, essas vias degradativas não são apenas o inverso das rotas biossintéticas. Observe que o ciclo do ácido cítrico é uma via importante tanto para o metabolismo anabólico quanto

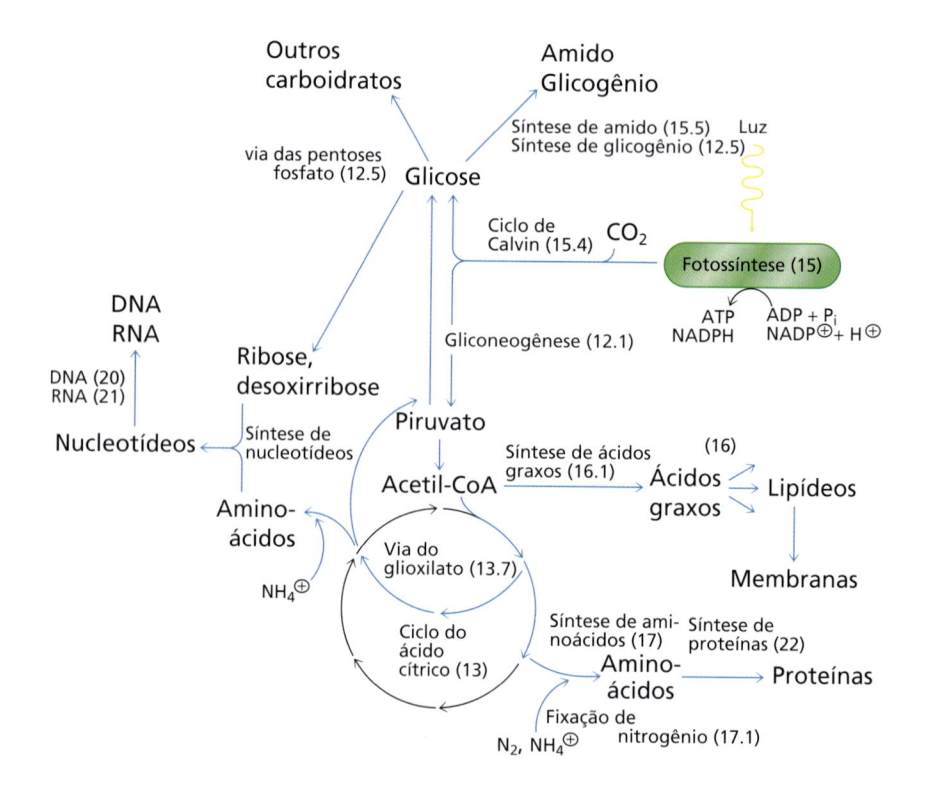

▶ **Figura 10.8**
Visão geral das vias anabólicas. Moléculas maiores são sintetizadas por meio de outras menores, por adição de carbono (geralmente sob a forma de CO_2) e nitrogênio (normalmente como $NH_4^{\oplus}$). As vias principais incluem o ciclo do ácido cítrico, que fornece os intermediários da biossíntese de aminoácidos, e a gliconeogênese, que resulta na produção de glicose. A energia para as rotas biossintéticas é fornecida pela luz nos organismos fotossintéticos ou pela quebra de moléculas inorgânicas, nos outros autótrofos. (Os números entre parênteses referem-se aos capítulos e seções deste livro.)

para o catabólico. As principais funções do catabolismo são a eliminação de moléculas indesejadas e a geração de energia a ser usada em outros processos.

Estudaremos o metabolismo nos próximos capítulos. Nossa discussão de vias metabólicas começa no Capítulo 11 com a glicólise, uma rota onipresente para o catabolismo da glicose. Existe uma longa tradição na bioquímica, de apresentar a glicólise aos estudantes antes que eles estudem qualquer outra via metabólica. Sabemos muito sobre as reações desta via e elas ilustram vários dos princípios fundamentais da bioquímica. Na glicólise, a hexose é quebrada em dois metabólitos de três carbonos. Essa via pode gerar ATP em um processo chamado de *fosforilação ao nível do substrato*. Com frequência, o produto da glicólise é o piruvato, que pode ser convertido em acetil-CoA para oxidação subsequente.

O Capítulo 12 descreve a síntese da glicose, ou gliconeogênese. Esse capítulo também cobre o metabolismo do amido e do glicogênio, além de descrever a via pela qual a glicose é oxidada a fim de produzir NADPH para rotas biossintéticas e ribose para a síntese de nucleotídeos.

O ciclo do ácido cítrico (Capítulo 13) permite a oxidação completa dos carbonos de acetato do acetil-CoA a dióxido de carbono. A energia liberada nessa oxidação é conservada pela formação de NADH e ATP. Como já mencionado, esse ciclo é parte essencial tanto do metabolismo anabólico quanto do catabólico.

A produção de ATP é uma das reações mais importantes do metabolismo. A síntese da maior parte do ATP é acoplada ao transporte de elétrons associado a membranas (Capítulo 14). No transporte de elétrons, a energia de coenzimas reduzidas, como NADH, é usada para gerar um gradiente eletroquímico de prótons através da membrana celular. A energia potencial desse gradiente é utilizada na fosforilação do ADP para formar ATP.

$$ADP + P_i \longrightarrow ATP + H_2O \quad (10.4)$$

Veremos que as reações do transporte de elétrons associado a membranas e da síntese de ATP acoplada ao transporte de elétrons são semelhantes, sob vários aspectos, às reações de captura de energia luminosa durante a fotossíntese (Capítulo 15).

Três outros capítulos descrevem o anabolismo e o catabolismo de lipídeos, aminoácidos e nucleotídeos. O Capítulo 16 discute o armazenamento de nutrientes, como triacilgliceróis, e a subsequente oxidação de ácidos graxos. Esse capítulo descreve também a síntese de fosfolipídeos e isoprenoides. O metabolismo dos aminoácidos será discutido no Capítulo 17. Embora os aminoácidos tenham sido apresentados como os blocos construtores das proteínas, alguns deles desempenham funções importantes

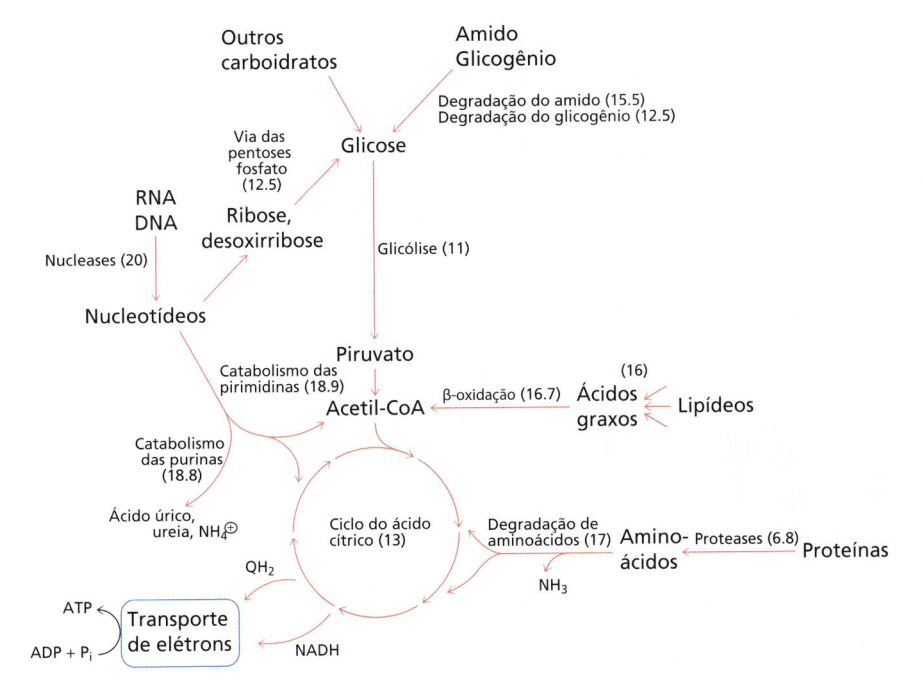

▲ **Quimioautótrofos no Yellowstone National Park.** Há muitas espécies de *Thiobacillus* que conseguem sua energia pela oxidação de ferro ou de enxofre. Eles não precisam de quaisquer moléculas orgânicas. As cores laranja e amarelo ao redor dessas fontes termais no Yellowstone National Park devem-se à presença de *Thiobacillus*. Consulte o Capítulo 14 para uma explicação de como esses organismos geram energia por meio de moléculas inorgânicas.

◀ **Figura 10.9**
Visão geral das vias catabólicas. Aminoácidos, nucleotídeos, monossacarídeos e ácidos graxos são formados por hidrólise enzimática de seus respectivos polímeros. Eles são degradados em reações oxidativas, e a energia é conservada em ATP e coenzimas reduzidas (principalmente NADH). Os números entre parênteses referem-se aos capítulos e seções deste livro.

como combustíveis metabólicos e precursores biossintéticos. A biossíntese e a degradação de nucleotídeos serão consideradas no Capítulo 18. Ao contrário das outras três classes de biomoléculas, os nucleotídeos são catabolizados principalmente para excreção, e não para produção de energia. A incorporação de nucleotídeos nos ácidos nucleicos e de aminoácidos nas proteínas são vias metabólicas importantes. Os Capítulos 20 a 22 descrevem essas reações biossintéticas.

10.4 Compartimentalização e o metabolismo interórgãos

Algumas vias metabólicas são localizadas em regiões específicas da célula. Por exemplo, a via de transporte de elétrons acoplada à síntese de ATP ocorre dentro da membrana. Nas bactérias, essa via é localizada na membrana plasmática, e nos eucariontes, na membrana mitocondrial. A fotossíntese é outro exemplo de via associada a membranas em bactérias e eucariontes.

Nos eucariontes, as vias metabólicas são localizadas em diversos compartimentos limitados por membranas (Figura 10.10). Por exemplo, as enzimas que catalisam a síntese de ácidos graxos ficam no citosol, enquanto as que catalisam a quebra de ácidos graxos ficam dentro das mitocôndrias. Uma consequência dessa compartimentalização é que grupos separados de metabólitos podem ser encontrados na célula. Esse arranjo permite a operação simultânea de vias metabólicas opostas. A compartimentalização também oferece como vantagem altas concentrações locais de metabólitos e regulação coordenada de enzimas. Algumas das enzimas que catalisam reações nas mitocôndrias (as quais evoluíram a partir de procariontes simbióticos) são codificadas por genes mitocondriais; essa origem explica sua compartimentalização.

Há compartimentalização também em nível molecular. As enzimas que catalisam algumas vias são fisicamente organizadas em complexos multienzimáticos (Seção 5.11). Com eles, o direcionamento dos metabólitos evita sua diluição por difusão. Algumas enzimas que catalisam reações adjacentes nas vias são ligadas a membranas e podem difundir-se rapidamente nela para interagir.

Células individuais de organismos multicelulares mantêm concentrações diferentes de metabólito, dependendo, em parte, da presença de transportadores específicos, que facilitam a entrada e saída dos metabólitos. Além disso, dependendo dos receptores existentes na superfície celular e dos mecanismos de transdução de sinais presentes, cada célula pode responder diferentemente aos sinais exteriores.

▼ **Figura 10.10**
Compartimentalização de processos metabólicos em uma célula eucarionte. Esta é uma micrografia eletrônica colorida de uma célula, mostrando núcleo (verde), mitocôndria (roxo), lisossomos (marrom) e um extenso retículo endoplasmático (azul). (Nem todas as vias e organelas estão mostradas.)

Complexo de Golgi (visto por trás): distribuição e secreção de algumas proteínas

Mitocôndria: ciclo do ácido cítrico, transporte de elétrons + síntese de ATP, degradação de ácidos graxos

Lisossomo: degradação de proteínas, lipídeos etc.

Membrana plasmática

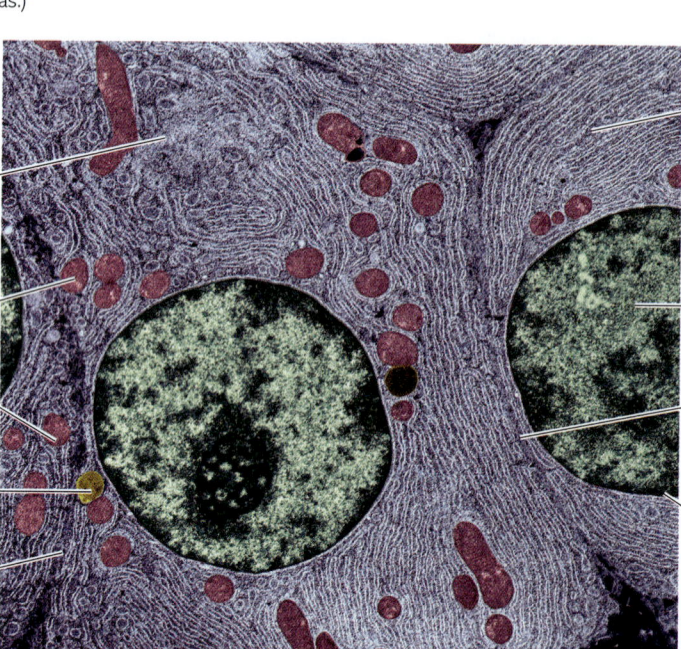

Citosol: síntese de ácidos graxos, glicólise, maior parte das reações de gliconeogênese, via das pentoses fosfato

Núcleo: síntese de ácidos nucleicos

Retículo endoplasmático: secreção de proteínas e síntese de lipídeos para membranas

Membranas nucleares

Nos organismos multicelulares, a compartimentalização também pode assumir a forma de especialização dos tecidos. A divisão de trabalho entre estes permite a regulação localizada dos processos metabólicos. Células de tecidos distintos são diferenciadas por seus complementos enzimáticos. Estamos familiarizados com as funções especializadas do tecido muscular, dos glóbulos vermelhos do sangue e das células do cérebro, mas a compartimentalização celular é uma característica comum até mesmo das espécies mais simples. Nas cianobactérias, por exemplo, a via de fixação de nitrogênio é isolada em células especiais, chamadas heterocistos (Figura 10.11). Essa separação é necessária porque a nitrogenase é inativada por oxigênio, e as células que fazem a fotossíntese produzem muito oxigênio.

10.5 A variação da energia livre de Gibbs real, e não da energia livre padrão, determina a direção das reações metabólicas

A variação da energia livre de Gibbs é uma medida da energia liberada por uma reação (Seção 1.4B). A variação da energia livre de Gibbs padrão para qualquer reação ($\Delta G^{o'}_{reação}$) é a variação dessa energia em condições padrão de pressão (1 atm), temperatura (25 °C = 198 K) e concentração de íon hidrogênio (pH = 7,0). As concentrações de todos os reagentes e produtos nas condições padrão são iguais a 1 M. Nas reações bioquímicas, a concentração da água é considerada igual a 55 M.

A variação da energia livre de Gibbs padrão em uma reação pode ser determinada por meio de tabelas que listam os valores de energia livre de Gibbs de formação ($\Delta G_f^{o'}$) de moléculas bioquímicas importantes.

$$\Delta G^{o'}_{reação} = \Delta G_f^{o'}{}_{produtos} - \Delta G_f^{o'}{}_{reagentes} \quad (10.5)$$

Não se esqueça de que a Equação 10.5 só é válida para a variação de energia livre em condições padrão, em que as concentrações de reagentes e produtos são iguais a 1 M. É importante também utilizar tabelas que sejam aplicáveis a reações bioquímicas, que são corrigidas para pH e força iônica. As energias livres de Gibbs de formação em condições celulares são, frequentemente, bastante diferentes das usadas em química e física.

A variação *real* da energia livre de Gibbs (ΔG) para uma reação depende das concentrações reais de reagentes e produtos, como descrito na Seção 1.4B. A relação entre as variações de energia livre padrão e real é dada por

$$\Delta G_{reação} = \Delta G^{o'}_{reação} + RT \ln \frac{[produtos]}{[reagentes]} \quad (10.6)$$

Para um processo químico ou físico, a variação da energia livre é expressa em termos das variações de entalpia (quantidade de calor) e entropia (desordem) do sistema, à medida que os reagentes são convertidos em produtos, a pressão e volume constantes.

$$\Delta G = \Delta H - T\Delta S \quad (10.7)$$

ΔH é a variação de entalpia, ΔS é a variação de entropia e T é a temperatura em Kelvin.

Quando ΔG de uma reação é negativo, ela ocorre na direção em que é escrita. Quando ΔG é positivo, a reação ocorre na direção inversa – haverá, ao final, conversão de produtos em reagentes. Para que essa reação ocorra na direção em que está escrita, deve ser dada energia externa suficiente ao sistema, de modo a tornar a variação de energia livre negativa. Quando ΔG é zero, a reação está em equilíbrio e, portanto, não há produção líquida de produto.

Como tanto a variação de entalpia quanto de entropia contribuem para ΔG, a soma dessas contribuições a uma dada temperatura (como indicado na Equação 10.7) precisa ser negativa para que a reação ocorra. Portanto, mesmo se ΔS para um processo em particular for negativa (ou seja, se os produtos forem mais ordenados que os reagentes), uma variação suficientemente negativa de ΔH pode superar a diminuição da entropia, resultando em um ΔG menor que zero. Da mesma forma, mesmo se ΔH for positivo (ou

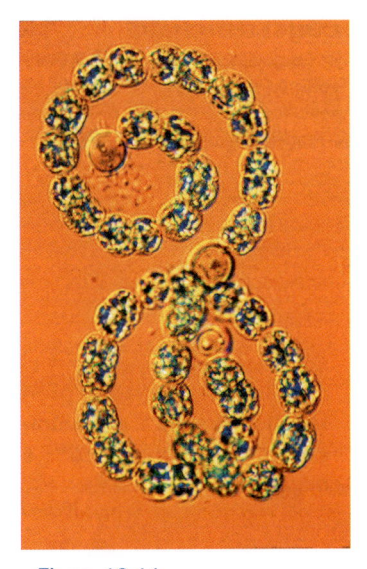

▲ **Figura 10.11**
Anabaena spherica. Muitas espécies de cianobactérias formam longos filamentos multicelulares. Algumas células especializadas adaptaram-se para realizar a fixação de nitrogênio. Esses heterocistos tornaram-se redondos e são envolvidos por uma parede celular mais espessa. Os heterocistos são ligados às células adjacentes por poros internos. A formação dos heterocistos é um exemplo de compartimentalização de vias metabólicas.

> **CONCEITO-CHAVE**
> As reações metabolicamente irreversíveis são catalisadas por enzimas cuja atividade é regulada a fim de evitar que a reação atinja o equilíbrio.

> Considere uma reação X ⇌ Y, nas condições padrão de pressão, temperatura e concentração. Considere que $\Delta G^{o\prime}$ é negativo.
>
> X   Y
> (1 M) ⇌ (1 M)
> $\Delta G^{o\prime}$ negativo
>
> No interior da célula, a reação estará provavelmente em equilíbrio e $\Delta G = 0$.
>
> X   Y
> • ⇌ ●
> $\Delta G = 0$
>
> ($\Delta G^{o\prime}$ negativo)
>
> Para uma reação na qual $\Delta G^{o\prime}$ é positivo,
>
> X   Y
> (1 M) ⇌ (1 M)
> $\Delta G^{o\prime}$ positivo
>
> no equilíbrio, a concentração do reagente será maior do que a do produto.
>
> X   Y
> ● ⇌ •
> $\Delta G = 0$
>
> ($\Delta G^{o\prime}$ positivo)
>
> A variação da energia livre de Gibbs padrão não permite prever se uma reação irá ocorrer em uma direção ou em outra. Em vez disso, ela indica as concentrações de estado estacionário de reagentes e produtos nas reações de quase-equilíbrio.

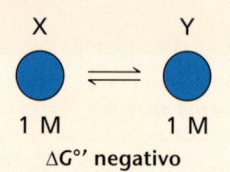

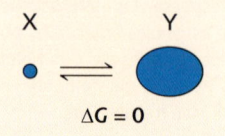

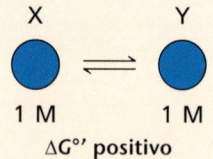

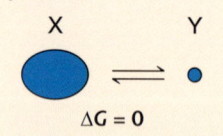

seja, os produtos possuem quantidade de calor maior que os reagentes), um ΔS suficientemente positivo pode superar o aumento de entalpia, resultando em um ΔG negativo. As reações que ocorrem por causa de um grande ΔS positivo são ditas reações controladas pela entropia. Exemplos desses processos são o enovelamento de proteínas (Seção 4.10) e a formação de bicamadas lipídicas (Seção 9.8A), ambos dependentes do efeito hidrofóbico (Seção 2.5D). Os processos de enovelamento de proteínas e a formação das bicamadas lipídicas resultam em estados de menor entropia para as proteínas e componentes das bicamadas, respectivamente. No entanto, esse decréscimo é compensado por um grande aumento da entropia das moléculas de água no entorno.

Para qualquer reação enzimática que ocorra em um organismo vivo, a variação real da energia livre (sua variação nas condições celulares) tem de ser menor que zero para que a reação ocorra na direção em que foi escrita. Várias reações metabólicas possuem variações positivas da energia livre de Gibbs padrão ($\Delta G^{o\prime}_{reação}$). A diferença entre ΔG e $\Delta G^{o\prime}$ depende das condições na célula. O que mais afeta a variação da energia livre nas células é a concentração dos substratos e dos produtos de uma reação. Considere a reação:

$$A + B \rightleftharpoons C + D \quad (10.8)$$

No equilíbrio, a proporção entre substratos e produtos é, por definição, a constante de equilíbrio (K_{eq}) e a variação da energia livre de Gibbs nessa condição é igual a zero.

$$\text{(no equilíbrio)} \quad K_{eq} = \frac{[C][D]}{[A][B]} \quad \Delta G = 0 \quad (10.9)$$

Quando a reação não está em equilíbrio, observa-se uma proporção diferente entre produtos e substratos, e a variação da energia livre de Gibbs é obtida com a Equação 10.6.

$$\Delta G_{reação} = \Delta G^{o\prime}_{reação} + RT \ln \frac{[C][D]}{[A][B]} = \Delta G^{o\prime}_{reação} + RT \ln Q \quad (10.10)$$

$$\left(\text{Em que } Q = \frac{[C][D]}{[A][B]} \right)$$

Q é a **razão de ação das massas**. A diferença entre essa razão e aquela dos produtos para os substratos no equilíbrio determina a variação real da energia livre de Gilbs para a reação. Em outras palavras, a variação da energia livre é uma medida do quanto o sistema reacional está longe do equilíbrio. Em consequência, ΔG é o critério para avaliar a direção de uma reação em um sistema biológico, e não $\Delta G^{o\prime}$.

Podemos dividir as reações metabólicas em dois tipos. Suponhamos que Q represente a razão de estado estacionário entre as concentrações de produtos e reagentes em uma célula viva. As reações para as quais Q se aproxima de K_{eq} são chamadas de **reações de quase-equilíbrio**. As variações de energia livre associadas a essas reações são pequenas, de modo que elas são revertidas de maneira fácil. As reações para as quais Q é muito diferente da K_{eq} são chamadas de **reações metabolicamente irreversíveis**. Elas são reações fortemente deslocadas do equilíbrio, com os valores de Q diferindo dos de K_{eq} por duas ou mais ordens de grandeza. Portanto, para as reações metabolicamente irreversíveis, ΔG é um número grande e negativo.

Quando o fluxo através de uma via varia muito, deve haver perturbações de curto prazo nas concentrações dos seus metabólitos. As concentrações intracelulares dos metabólitos variam, mas normalmente em uma faixa de não mais do que duas ou três vezes, de modo que o equilíbrio é logo restaurado. Como mencionado antes logo, essa é uma condição chamada de estado estacionário, que é típica da maioria das reações em uma via metabólica. A maioria das enzimas em uma dessas vias catalisa reações de quase-equilíbrio e possui atividade suficiente para restaurar com rapidez as concentrações dos substratos e produtos para condições de quase-equilíbrio. Elas conseguem ajustar o fluxo em qualquer direção. A variação da energia livre de Gibbs para essas reações é, efetivamente, zero.

Em contraste, as atividades de enzimas que catalisam reações metabolicamente irreversíveis são em geral ineficientes em fazer as reações alcançarem o estado de quase-equilíbrio. Reações metabolicamente irreversíveis são muitas vezes os pontos de controle das vias metabólicas, e as enzimas que catalisam essas reações são, normalmente, reguladas de alguma forma. Na verdade, a regulação mantém a irreversibilidade metabólica, pois evita que a reação atinja o equilíbrio. Reações metabolicamente irreversíveis podem funcionar como gargalos no tráfego metabólico, ajudando a controlar o fluxo das reações subsequentes dentro da via.

Normalmente, as reações de quase-equilíbrio não são pontos de controle adequados. O fluxo por meio de uma etapa de quase-equilíbrio não pode ser aumentado de maneira significativa, pois ela já está operando em condições nas quais as concentrações de reagentes e produtos são próximas a seus valores de equilíbrio. A direção dessas reações pode ser controlada por mudanças nas concentrações de substratos e produtos. Em contraste, o fluxo por meio das reações metabolicamente irreversíveis é de certa forma inalterado pelas variações na concentração dos metabólitos; esse fluxo precisa ser controlado pela modulação da atividade enzimática.

EXEMPLO DE CÁLCULO 10.1 Cálculo da variação da energia livre de Gibbs padrão a partir das energias de formação

Para qualquer reação, a variação da energia livre de Gibbs padrão é dada por

$$\Delta G^{\circ\prime}_{reação} = \Delta G^{\circ\prime}_{f\,produtos} - \Delta G^{\circ\prime}_{f\,reagentes}$$

Para a oxidação da glicose,

$$(CH_2O)_6 + 6O_2 \longrightarrow 6CO_2 + 6H_2O$$

obtêm-se os valores da energia livre de Gibbs padrão de formação nas tabelas bioquímicas.

$\Delta G_f^{\circ\prime}(glicose) = -426\ kJ\ mol^{-1}$
$\Delta G_f^{\circ\prime}(O_2) = 0$
$\Delta G_f^{\circ\prime}(CO_2) = -394\ kJ\ mol^{-1}$
$\Delta G_f^{\circ\prime}(H_2O) = -156\ kJ\ mol^{-1}$
$\Delta G^{\circ\prime}_{reação} = 6(-394) + 6(-156) - (-426)$
$= -2.874\ kJ\ mol^{-1}$

A glicose é uma molécula orgânica rica em energia, e sua oxidação libera uma grande quantidade de energia. No entanto, todas as células vivas sintetizam glicose, rotineiramente, a partir de precursores simples. Em muitos casos, os precursores são CO_2 e H_2O, na reação inversa da mostrada aqui. Como elas fazem isso?

Como há tantas reações metabólicas de quase-equilíbrio, escolhemos não enfatizar os valores de $\Delta G^{\circ\prime}$ em nossas discussões da maioria das reações. Esses valores não são relevantes, exceto quando são usados para calcular as concentrações de estado estacionário.

10.6 A energia livre da hidrólise do ATP

O ATP possui um éster fosfato, formado pela ligação de um grupo α-fosforila ao oxigênio 5' da ribose, e dois fosfoanidridos, formados por ligações α,β e β,γ entre grupos fosforila (Figura 10.12). ATP é o doador de vários grupos metabólicos; em geral, um grupo fosforila, liberando ADP, ou um grupo AMP, liberando pirofosfato inorgânico (PP_i). As duas reações requerem a quebra de uma ligação fosfoanidrido. Embora os vários grupos do ATP não sejam transferidos diretamente à água, as reações hidrolíticas fornecem boas estimativas das variações de energia livre de Gibbs envolvidas.

> Na Seção 7.2A foram descritas as estruturas e funções dos trifosfatos de nucleosídeos.

> Outro exemplo do papel do pirofosfato é discutido na Seção 10.7C. A hidrólise do pirofosfato é, normalmente, contabilizada como equivalente a de um ATP, em termos de valor energético.

TABELA 10.1 Energias livres de formação ($\Delta G^{o\prime}_f$)

	kJ mol^{-1}
ATP	−2.102
ADP	−1.231
AMP	−360
P$_i$	−1.059
H$_2$O	−156

(Mg^{2+} 1 mM, força iônica de 0,25 M)

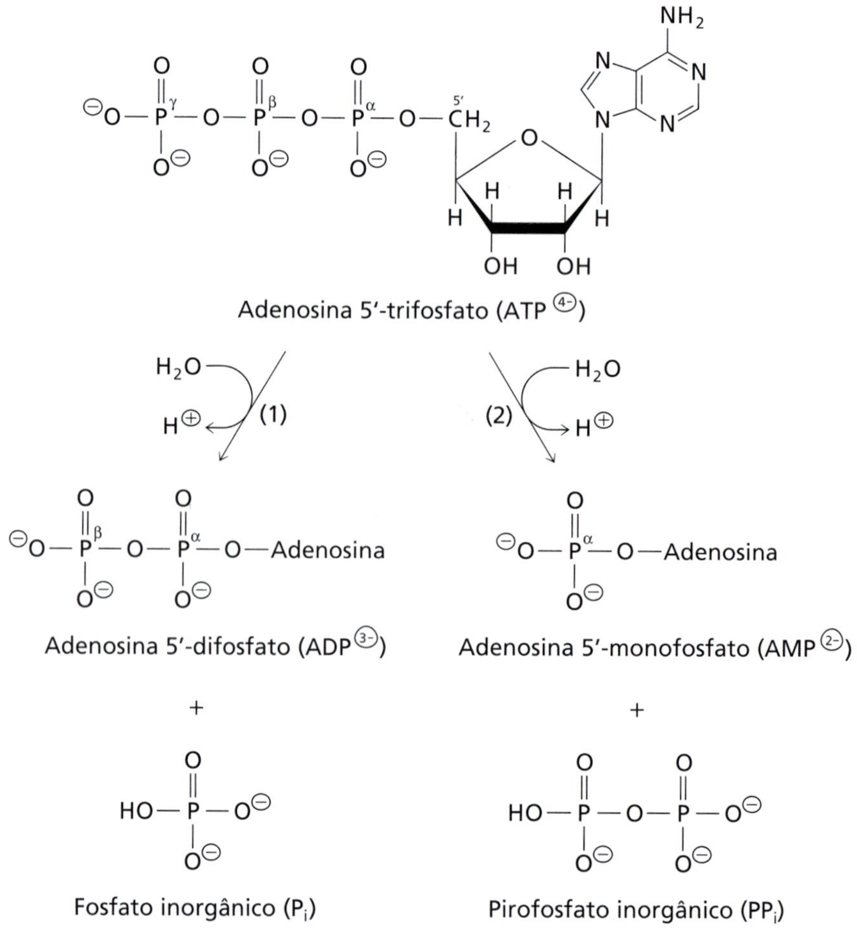

A Tabela 10.1 lista as energias livres de formação de diversos reagentes e produtos nas condições padrão, Mg^{2+} 1 mM, e força iônica de 0,25 M. A tabela lista também os valores de energia livre de Gibbs padrão para a hidrólise ($\Delta G^{o\prime}_{hidrólise}$) de ATP e AMP; a Figura 10.12 mostra a clivagem hidrolítica de cada um dos fosfoanidridos do ATP. Observe pela Tabela 10.2 que a quebra da ligação éster libera apenas 13 kJ mol^{-1} nas condições padrão, mas a clivagem de cada ligação fosfoanidrido libera pelo menos 30 kJ mol^{-1} nas mesmas condições.

A Tabela 10.2 apresenta, ainda, o valor da variação da energia livre de Gibbs padrão para a hidrólise do pirofosfato. Todas as células possuem uma enzima chamada pirofosfatase, que catalisa essa reação. A concentração celular de pirofosfato é mantida bem baixa, em consequência dessa reação altamente favorecida. Isso significa que a hidrólise de ATP fornecendo AMP + pirofosfato sempre está associada a uma variação negativa da energia livre de Gibbs, mesmo quando a concentração de AMP é significativa.

Os difosfatos e trifosfatos de nucleosídeos, tanto em solução aquosa quanto nos sítios ativos das enzimas, estão presentes, normalmente, sob a forma de complexos com íons magnésio (ou, algumas vezes, manganês). Esses cátions se coordenam com os átomos de oxigênio dos grupos fosfato, formando anéis de seis membros. Um íon magnésio é capaz de formar vários complexos diferentes com ATP; aqueles envolvendo grupos fosfato α e β e β e γ estão mostrados na Figura 10.13. A formação do complexo β,γ é favorecida em soluções aquosas. Veremos adiante que os ácidos nucleicos também são, em geral, complexados com contraíons como Mg^{2+} ou proteínas catiônicas. Por conveniência, nos referimos usualmente aos trifosfatos de nucleosídeos como adenosina trifosfato (ATP), guanosina trifosfato (GTP), citidina trifosfato (CTP) e uridina trifosfato (UTP), mas lembre-se de que essas moléculas, na realidade, existem nas células sob a forma de complexos com Mg^{2+}.

Vários fatores contribuem para a grande quantidade de energia liberada durante a hidrólise das ligações fosfoanidrido do ATP.

▸ **Figura 10.12**
Hidrólise de ATP a (1) ADP e fosfato inorgânico (P$_i$), e (2) AMP e pirofosfato inorgânico (PP$_i$).

> A liberação de um próton livre nessas reações depende das condições, pois os valores de pK_a dos vários componentes são próximos daqueles no interior das células (veja a Figura 2.19).

TABELA 10.2 Valores de energia livre de Gibbs padrão para a hidrólise de ATP, AMP e pirofosfato

Reagentes e produtos	$\Delta G^{o\prime}_{hidrólise}$ (kJ mol^{-1})
ATP + H$_2$O ⟶ ADP + P$_i$ + H$^{\oplus}$	−32
ATP + H$_2$O ⟶ AMP + PP$_i$ + H$^{\oplus}$	−45
AMP + H$_2$O ⟶ Adenosina + P$_i$ + H$^{\oplus}$	−13
PP$_i$ + H$_2$O ⟶ 2P$_i$	−29

P$_i$ (fosfato inorgânico) = HPO$_4^{2-}$
PP$_i$ (pirofosfato) = HP$_2$O$_7^{3-}$

◄ **Figura 10.13**
Complexos entre ATP e Mg²⁺.

Complexo α, β de MgATP

Complexo β, γ de MgATP

1. **Repulsão eletrostática.** A repulsão eletrostática entre os átomos de oxigênio negativamente carregados dos grupos fosfoanidrido do ATP é menor após a hidrólise [na verdade, nas células, $\Delta G°'_{hidrólise}$ aumenta (torna-se mais positivo) pela presença do Mg²⁺, que neutraliza parcialmente as cargas dos átomos de oxigênio do ATP e diminui a repulsão eletrostática].
2. **Efeitos de solvatação.** Os produtos da hidrólise – ADP e fosfato inorgânico ou AMP e pirofosfato inorgânico – são mais bem solvatados do que o ATP. Quando íons são solvatados, eles ficam blindados eletricamente, uns em relação aos outros. O efeito de solvatação é, provavelmente, o fator que mais contribui para a energia da hidrólise.
3. **Estabilização por ressonância.** Os produtos de hidrólise são mais estáveis do que o ATP. Os elétrons dos átomos de oxigênio terminais são mais deslocalizados do que aqueles dos átomos de oxigênio em ponte. A hidrólise do ATP substitui um átomo de oxigênio em ponte por dois novos átomos de oxigênio terminais.

Por causa da variação de energia livre associada à quebra de suas ligações fosfoanidrido, o ATP e outros trifosfatos de nucleosídeos (UTP, GTP e CTP) são, com frequência, ditos **compostos ricos em energia**. Tenha em mente, no entanto, que é o sistema que contribui para a energia livre das reações bioquímicas, e não a molécula. Na verdade, o ATP, por si mesmo, não é um composto rico em energia. Ele funciona como tal apenas se o sistema (reagentes e produtos) estiver afastado da condição de equilíbrio. A "moeda" ATP perde seu valor se a reação atingir o equilíbrio e $\Delta G = 0$. No jargão da bioquímica, achamos útil nos referirmos a moléculas "ricas em energia" ou "**de alta energia**", mas precisamos colocar esses termos entre aspas para lembrar a você que este é um jargão.

Todos os fosfoanidridos dos trifosfatos de nucleosídeos têm valores quase iguais de energia livre de Gibbs padrão para hidrólise. Ocasionalmente, expressamos o consumo ou formação de ligações fosfoanidrido desses trifosfatos em termos de equivalentes de ATP.

O ATP é, normalmente, o doador de grupo fosforila quando os monofosfatos e difosfatos de nucleosídeos são fosforilados. É claro que as concentrações intracelulares individuais desses fosfatos de nucleosídeos são diferentes, dependendo das necessidades metabólicas. Por exemplo, os níveis intracelulares de ATP são muito maiores do que os de desoxitimidina trifosfato (dTTP), porque o ATP participa de muitas reações, enquanto o dTTP tem muito menos funções, sendo basicamente um substrato para a síntese do DNA.

Diversas quinases (fosfotransferases) catalisam as interconversões dos mono-, di- e trifosfatos de nucleosídeos. As transferências de grupos fosforila entre os fosfatos de nucleosídeos têm constantes de equilíbrio próximas de 1,0. As nucleosídeo monofosfato quinases são um grupo de enzimas que catalisam a conversão dos monofosfatos de nucleosídeos em seus difosfatos. Por exemplo, a guanosina monofosfato (GMP) é convertida em guanosina difosfato (GDP) pela ação da guanilato quinase. O GMP, ou seu desoxi-análogo dGMP, é o aceptor de grupo fosforila na reação e o ATP, ou dATP, o doador.

$$\text{GMP} + \text{ATP} \rightleftharpoons \text{GDP} + \text{ADP} \qquad (10.11)$$

Uma definição quantitativa de composto de alta energia é apresentada na Seção 10.7A.

CONCEITO-CHAVE
A grande variação de energia livre associada à hidrólise de ATP só é possível se o sistema estiver longe do equilíbrio.

A nucleosídeo difosfato quinase atua na conversão de difosfatos de nucleosídeos em seus trifosfatos. Essa enzima, presente tanto no citosol quanto nas mitocôndrias dos eucariontes, é muito menos específica do que as nucleosídeo monofosfato quinases. Todos os difosfatos de nucleosídeos, independentemente de serem de base purínica ou pirimidínica, são substratos para a nucleosídeo difosfato quinase, mas os monofosfatos de nucleosídeos não são substratos para ela. Por causa da sua abundância relativa, o ATP é, normalmente, o doador de grupo fosforila nas células:

$$GDP + ATP \rightleftharpoons GTP + ADP \qquad (10.12)$$

Embora a concentração de ATP varie entre os tipos de células, sua concentração intracelular flutua muito pouco para cada célula em particular; a soma das concentrações dos nucleotídeos de adenina permanece quase constante. As concentrações intracelulares de ATP são mantidas, em parte, pela ação da adenilato quinase, que catalisa a seguinte reação de quase-equilíbrio:

$$AMP + ATP \rightleftharpoons 2\ ADP \qquad (10.13)$$

Quando a concentração de AMP aumenta, ele reage com ATP formando duas moléculas de ADP, que podem ser convertidas em duas moléculas de ATP. O processo total é:

$$AMP + ATP + 2P_i \rightleftharpoons 2\ ATP + 2\ H_2O \qquad (10.14)$$

As concentrações de ATP nas células são maiores do que as de ADP e AMP, e variações relativamente pequenas na concentração do ATP podem resultar em variações maiores nas concentrações dos di- e monofosfatos. A Tabela 10.3 mostra o aumento teórico nas [ADP] e [AMP] em condições nas quais o ATP é consumido, considerando que a concentração total de nucleotídeos de adenina permanece igual a 5,0 mM. Observe que, quando a concentração de ATP diminui de 4,8 mM para 4,5 mM (um decréscimo de aproximadamente 6%), a concentração de ADP aumenta 2,5 vezes, e a de AMP cresce 5 vezes. Na verdade, quando as células estão bem abastecidas de combustíveis oxidáveis e de oxigênio, elas mantêm um equilíbrio entre os nucleotídeos de adenina, no qual o ATP está presente na concentração estável de 2 a 10 mM, [ADP] é menor que 1 mM e [AMP] é ainda mais baixa. Como veremos, ADP e AMP são, com frequência, moduladores alostéricos eficazes de alguns processos metabólicos fornecedores de energia. O ATP, cuja concentração é relativamente constante, normalmente não é um modulador importante nas condições fisiológicas.

Uma consequência importante das concentrações de ATP e de seus produtos de hidrólise, *in vivo*, é que a variação da energia livre para a hidrólise de ATP é, na realidade, maior do que o valor padrão de −32 kJ mol⁻¹. Esse fato é ilustrado no Exemplo de Cálculo 10.2, usando concentrações de ATP, ADP e P_i medidas em células de fígado de rato. O valor calculado para a variação da energia livre de Gibbs é próximo ao determinado em vários outros tipos de células.

Como dito, a hidrólise de ATP é um exemplo de reação metabolicamente irreversível. As atividades de diversas enzimas são reguladas, de modo que elas se tornam inativas se as concentrações de ATP caírem abaixo de um limite mínimo. Assim, a reação inversa da hidrólise, levando à síntese de ATP, só ocorre em circunstâncias especiais (Capítulo 14). Veremos no Capítulo 14 que o ATP é sintetizado por outra rota.

Nunca é demais enfatizar a importância de manter a alta concentração de ATP. Ela é necessária para obter uma grande variação de energia livre por meio da hidrólise do ATP. As células irão morrer se reagentes e produtos atingirem o equilíbrio.

10.7 As funções metabólicas do ATP

A energia produzida por uma reação ou processo biológico, como a síntese da Reação 10.15, é frequentemente acoplada a uma segunda reação, como a de hidrólise do ATP. De outra forma, a primeira reação não ocorreria espontaneamente.

$$X + Y \rightleftharpoons X-Y$$

$$ATP + H_2O \rightleftharpoons ADP + P_i + H^\oplus \qquad (10.15)$$

TABELA 10.3 Variações teóricas nas concentrações dos nucleotídeos de adenina

ATP (nM)	ADP (mM)	AMP (mM)
4,8	0,2	0,004
4,5	0,5	0,02
3,9	1,0	0,11
3,2	1,5	0,31

[Adaptado de Newsholme EA, and Leech AR. Biochemistry for the Medical Science. New York: John Wiley & Sons, 1986. p. 315.]

EXEMPLO DE CÁLCULO 10.2 Variação da energia livre de Gibbs

P: Em um hepatócito de rato, as concentrações de ATP, ADP e P_i são iguais a 3,4 mM, 1,3 mM e 4,8 mM, respectivamente. Calcule a variação da energia livre de Gibbs para a hidrólise do ATP nessa célula. Como essa variação se compara com a da energia livre padrão?

R: A variação real da energia livre de Gibbs é calculada de acordo com a Equação 10.10.

$$\Delta G_{reação} = \Delta G°'_{reação} + RT \ln \frac{[ADP][P_i]}{[ATP]} = \Delta G°_{reação} + 2{,}303\, RT \log \frac{[ADP][P_i]}{[ATP]}$$

Substituindo valores conhecidos e constantes (com as concentrações expressas em valores molares) e considerando pH 7,0 e 25 °C, tem-se:

$$\Delta G = -32.000\ J\ mol^{-1} + (8{,}31\ JK^{-1}\ mol^{-1})(298\ K)\left[2{,}303 \log \frac{(1{,}3 \times 10^{-3})(4{,}8 \times 10^{-3})}{(3{,}4 \times 10^{-3})}\right]$$

$$\Delta G = -32.000\ J\ mol^{-1} + (2.480\ J\ mol^{-1})[2{,}303 \log (1{,}8 \times 10^{-3})]$$

$$\Delta G = -32.000\ J\ mol^{-1} - 16.000\ J\ mol^{-1}$$

$$\Delta G = -48.000\ J\ mol^{-1} = -48\ kJ\ mol^{-1}$$

A variação real da energia livre é cerca de 1,5 vez a variação da energia livre padrão.

A soma das variações da energia livre de Gibbs para as reações acopladas deve ser negativa para que as reações ocorram. Isso não significa que as duas reações sejam favoráveis isoladamente ($\Delta G < 0$). A vantagem das reações acopladas é que a energia liberada em uma delas pode ser usada para impulsionar a outra, mesmo quando a segunda reação não é favorecida por si mesma ($\Delta G > 0$). (Lembre-se de que a capacidade de acoplar reações é uma das propriedades-chave das enzimas.)

O fluxo energético no metabolismo depende de várias reações acopladas envolvendo ATP. Em muitos casos, essas reações são ligadas por um intermediário comum, como um derivado fosforilado do reagente X.

$$X + ATP \rightleftharpoons X-P + ADP$$

$$X-P + Y + H_2O \rightleftharpoons X-Y + P_i + H^{\oplus} \qquad (10.16)$$

A transferência de um grupo fosforila ou de um grupo nucleotidil a um substrato ativa-o (isto é, prepara-o para uma reação que tem uma grande e negativa variação da energia livre de Gibbs). O composto ativado (X–P) pode tanto ser um metabólito quanto a cadeia lateral de um resíduo de aminoácido no sítio ativo de uma enzima. O intermediário, então, reage com um segundo substrato para completar a reação.

A. Transferência de grupo fosforila

A síntese de glutamina a partir de glutamato e amônia ilustra como o composto de "alta energia" ATP impulsiona uma reação biossintética. Essa reação, catalisada pela glutamina sintetase, permite aos organismos incorporar nitrogênio inorgânico nas biomoléculas, sob a forma de nitrogênio ligado a carbono. Nessa reação de formação de uma ligação amida, o grupo γ-carboxílico do substrato é ativado pela síntese de um intermediário anidrido.

A glutamina sintetase catalisa a substituição nucleofílica do grupo γ-fosforila do ATP pelo γ-carboxilato do glutamato. Há liberação de ADP, produzindo como intermediário um fosfato de γ-glutamila ligado à enzima (Figura 10.14). Este é instável em solução aquosa, mas fica protegido da água no sítio ativo da glutamina sintetase. Na segunda etapa do mecanismo, a amônia atua como um nucleófilo, deslocando o fosfato (um bom grupo de saída) do carbono carbonílico do fosfato de γ-glutamila para formar o produto, glutamina. No total, para cada molécula de glutamina formada a partir de glutamato e amônia, uma molécula de ATP é convertida em ADP + P_i.

QUADRO 10.1 O til

Fritz Lipmann (1899-1986) ganhou o prêmio Nobel de Fisiologia/Medicina em 1953 pela descoberta da coenzima A. Ele também fez importantes contribuições ao nosso entendimento do ATP como "moeda" energética. Em 1941, ele introduziu a ideia de uma ligação de alta energia no ATP ao desenhá-la como um til (~). A partir de então, durante várias décadas, muitos dos livros de bioquímica mostravam o ATP com duas ligações de alta energia.

$$AMP\sim P\sim P$$

Sabemos atualmente que essa representação é equivocada, pois não há nada de especial nas ligações covalentes dos fosfoanidridos. É o sistema completo de reagentes e produtos que faz com que a "moeda" ATP seja tão valiosa, e não a energia de ligações específicas. Contudo, é verdade que as três principais explicações para a alta energia do ATP (repulsão eletrostática, efeito de solvatação e estabilização por ressonância) devem-se principalmente às ligações fosfoanidrido, de modo que o foco sobre essas ligações não é totalmente errado. O til foi muito comum na literatura científica e em livros-textos mais antigos, mas é bem menos usado hoje em dia.

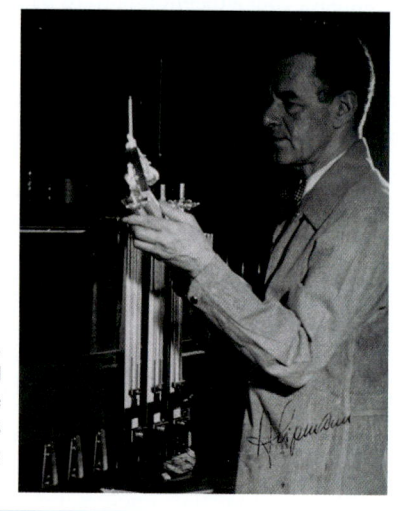

▶ **Fonte:** Lipmann F. Metabolic generation and utilization of phosphate bond energy. Advances in Enzymology. 1941; 1:99–162.

Glutamato → [Fosfato de γ-glutamila] → Glutamina (ATP → ADP; :NH₃ → P$_i$)   (10.17)

▶ **Figura 10.14**
Glutamina sintetase ligada ao ADP e a um análogo do estado de transição. A glutamina sintetase de *Mycobacterium tuberculosis* é uma enzima complexa, que consiste de dois anéis hexaméricos um sobre o outro. Apenas um dos anéis está mostrado na figura. O sítio ativo é ocupado pelo ADP e por um análogo do estado de transição (L-metionina-S-sulfoximina fosfato), que se assemelha ao γ-glutamil fosfato [PDB 2BVC].

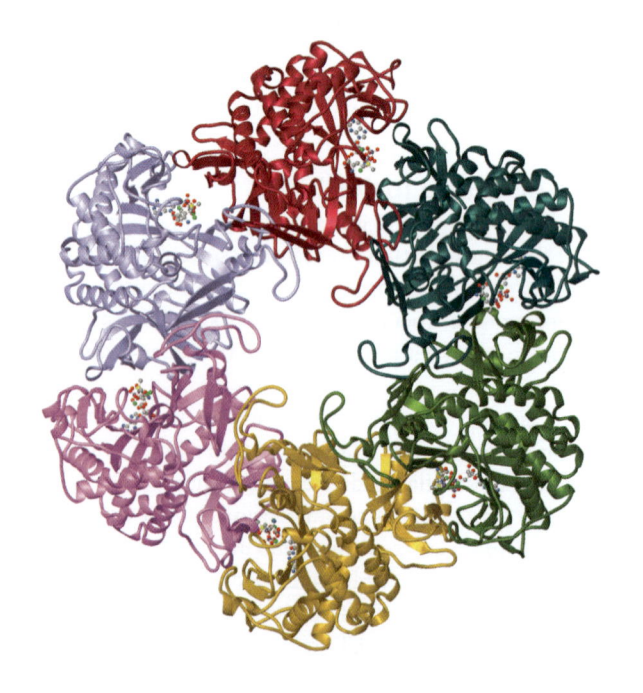

Podemos calcular a variação estimada para a energia livre de Gibbs padrão para a reação a seguir, não acoplada à hidrólise do ATP.

$$\text{Glutamato} + NH_4^{\oplus} \rightleftharpoons \text{glutamina} + H_2O \qquad (10.18)$$

$$\Delta G^{o\prime}_{\text{reação}} = +14 \text{ kJ mol}^{-1}$$

Essa é a variação da energia livre padrão, de modo que ela não necessariamente reflete a variação real da energia livre de Gibbs nas concentrações celulares de glutamato, glutamina e amônia. A Reação hipotética 10.18 poderia ser associada a uma variação negativa de energia livre no interior da célula se as concentrações de glutamato e amônia fossem altas, em relação à concentração de glutamina. Mas não é esse o caso. As concentrações de estado estacionário do glutamato e da glutamina precisam ser mantidas quase equivalentes, para poder dar suporte à síntese proteica e a outras vias metabólicas. Isso significa que a variação da energia livre de Gibbs para essa reação hipotética não pode ser negativa. Além disso, a concentração de amônia é muito baixa em relação à de glutamato e à de glutamina. Tanto nas bactérias quanto nos eucariontes, a amônia precisa ser incorporada à glutamina de maneira eficiente, mesmo quando a concentração de amônia livre é muito baixa. Portanto, a Reação 10.18 não é possível nas células vivas por causa da necessidade de se ter concentrações de estado estacionário altas para a glutamina e ao suprimento limitante de amônia. A síntese de glutamina precisa ser acoplada à hidrólise de ATP para impulsionar a reação na direção correta.

A glutamina sintetase catalisa uma transferência de grupo fosforila, na qual o composto fosforilado é um intermediário transitório (Reação 10.17). Há outras reações que produzem um produto fosforilado estável. Como vimos, as quinases catalisam a transferência do grupo γ-fosforila do ATP (ou, menos frequentemente, de outro trifosfato de nucleosídeo) para outro substrato. Tipicamente, as quinases catalisam reações metabolicamente irreversíveis. Algumas reações de quinase, contudo, como aquelas catalisadas por adenilato quinase (Reação 10.13) e creatinina quinase (Seção 10.7B), são reações de quase-equilíbrio. Embora as reações que elas catalisam sejam descritas, às vezes, como transferências de grupo fosfato, as quinases na verdade transferem um grupo fosforila ($-PO_3^{\circleddash}-$) a seus aceptores.

A capacidade de um composto fosforilado transferir seu(s) grupo(s) fosforila é chamada **potencial de transferência de grupo fosforila** ou, simplesmente, potencial de transferência. Alguns compostos, como os fosfoanidridos, são excelentes doadores de grupos fosforila. Eles têm um potencial de transferência de grupo igual ou maior do que o do ATP. Outros compostos, como os fosfoésteres, não são bons grupos doadores de fosforila. Eles têm um potencial de transferência de grupo menor do que o do ATP. Em condições-padrão, os potenciais de transferência de grupo têm os mesmos valores que as energias livres padrão de hidrólise, mas com sinais contrários. Portanto, o potencial de transferência de grupo é uma medida da energia livre necessária para a formação do composto fosforilado. Na Tabela 10.4 apresentamos valores da variação da energia livre de Gibbs padrão para a hidrólise de diversos compostos fosforilados.

TABELA 10.4 Valores de energia livre de Gibbs padrão para a hidrólise de metabólitos comuns

Metabólito	$\Delta G^{o\prime}_{\text{hidrólise}}$ (kJ mol^{-1})
Fosfoenolpiruvato	−62
1,3-*bis*fosfoglicerato	−49
ATP para AMP + PP$_i$	−45
Fosfocreatina	−43
Fosfoarginina	−32
Acetil-CoA	−32
Acil-CoA	−31
ATP para ADP + P$_i$	−32
Pirofosfato	−29
Glicose 1-fosfato	−21
Glicose 6-fosfato	−14
Glicerol 3-fosfato	−9

B. Produção de ATP por transferência de grupos fosforila

Com frequência, uma quinase catalisa a transferência de grupo fosforila de um excelente doador para ADP, a fim de formar ATP que, então, atua como doador para outra reação de quinase. O fosfoenolpiruvato e o 1,3-*bis*fosfoglicerato são dois exemplos de metabólitos comuns, que têm energia mais alta do que a do ATP mesmo nas condições do interior das células ($\Delta G < -50$ kJ mol^{-1}). Alguns desses compostos são intermediários em vias catabólicas; outros são armazenadores de energia.

O fosfoenolpiruvato, um intermediário na via glicolítica, possui o mais alto potencial de transferência de grupo fosforila conhecido. A energia livre padrão da hidrólise de fosfoenolpiruvato é igual a −62 kJ mol^{-1}; sua variação real de energia livre de Gibbs é comparável à do ATP. A energia livre de hidrólise do fosfoenolpiruvato pode ser entendida imaginando a molécula como um enol cuja estrutura é fixada pela ligação de um grupo fosforila. Quando esse grupo é removido, a molécula espontaneamente gera

CONCEITO-CHAVE

Vários metabólitos fosforilados possuem potenciais de transferência de grupo semelhantes ao do ATP.

► **Figura 10.15**
Transferência de grupo fosforila do fosfoenolpiruvato para o ADP.

Fosfoenolpiruvato → Enolpiruvato → Piruvato (Piruvato quinase; ADP → ATP)

Fosfocreatina

Fosfoarginina

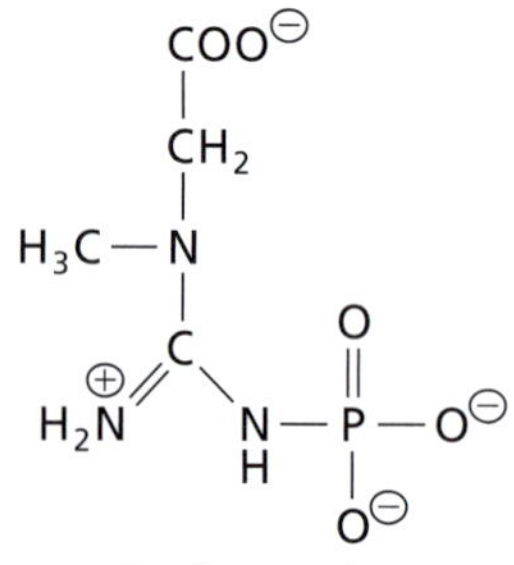

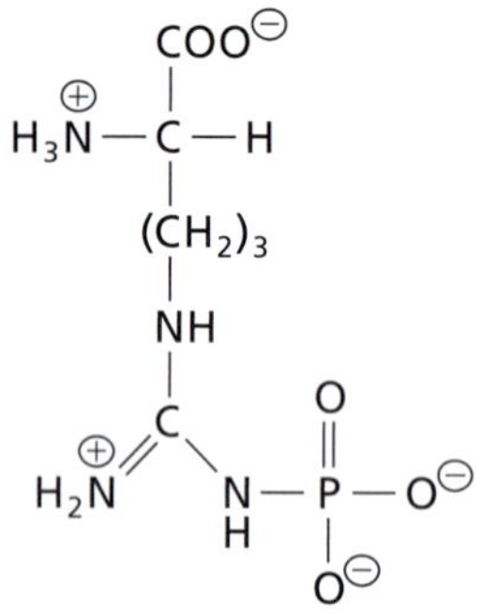

▲ Estruturas da fosfocreatina e fosfoarginina.

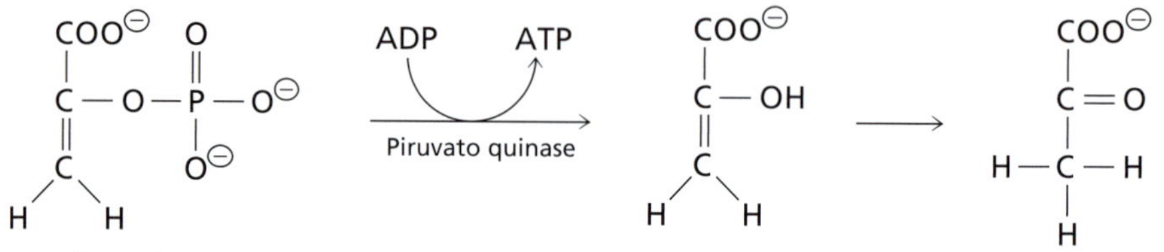

sua forma tautomérica cetônica, muito mais estável (Figura 10.15). A transferência de grupo fosforila do fosfoenolpiruvato para o ADP é catalisada pela enzima piruvato quinase. Como o $\Delta G^{o\prime}$ para a reação é de aproximadamente -30 kJ mol^{-1}, o equilíbrio da reação nas condições padrão fica bastante deslocado na direção da transferência de grupo fosforila do fosfoenolpiruvato para o ADP. Nas células, essa reação metabolicamente irreversível é uma fonte importante de ATP.

Os **fosfagêneos**, incluindo a fosfocreatina e a fosfoarginina, são moléculas de armazenamento de fosfato de "alta energia" encontradas em células musculares animais. Eles são fosfoamidas (em vez de fosfoanidridos) e têm potenciais de transferência de grupo mais elevados do que o ATP. Nos músculos dos vertebrados, grandes quantidades de fosfocreatina são formadas durante as fases de grande suprimento de ATP. No músculo em repouso, a concentração de fosfocreatina é cerca de cinco vezes maior do que a de ATP. Quando os níveis de ATP caem, a creatina quinase catalisa sua rápida reposição, por meio da transferência de grupos fosforila ativados da fosfocreatina para o ADP.

$$\text{Fosfocreatina} + \text{ADP} \xrightleftharpoons{\text{Creatina quinase}} \text{creatina} + \text{ATP} \quad (10.19)$$

O suprimento de fosfocreatina é suficiente para episódios de 3 a 4 segundos de atividade, tempo longo o bastante para que outros processos metabólicos iniciem o restabelecimento do suprimento de ATP. Nas condições celulares, a reação da creatina quinase é de quase equilíbrio. Em muitos invertebrados – especialmente moluscos e artrópodes – a fosfoarginina é a fonte do grupo fosforila ativado.

Como o ATP tem um potencial de transferência de grupo fosforila intermediário, ele é um carreador termodinamicamente adequado de grupos fosforila (Figura 10.15). O ATP também é cineticamente estável em condições fisiológicas, até ser afetado por uma enzima, de modo a poder transferir energia potencial química de uma enzima para outra sem ser hidrolisado. Não surpreende, portanto, que o ATP medeie a maior parte das transferências de energia química em todos os organismos.

C. Transferência de grupo nucleotidil

A outra reação de transferência de grupo comum envolvendo ATP é a de transferência de grupo nucleotidil. Um exemplo é a síntese de acetil-CoA, catalisada pela acetil-CoA sintetase. Nessa reação, a porção AMP do ATP é transferida ao grupo carboxilato nucleofílico do acetato para formar um intermediário acetil-adenilato (Figura 10.16). Observe que pirofosfato (PP$_i$) é liberado nessa etapa. Como o intermediário glutamilfosfato na Reação 10.17, o intermediário reativo é protegido da hidrólise não enzimática por ligação forte ao sítio ativo da enzima. A reação se completa pela transferência de grupo acetila ao átomo de enxofre nucleofílico da coenzima A, levando à formação de acetil-CoA e AMP.

A síntese de acetil-CoA também ilustra como a remoção de um produto pode fazer com que uma reação metabólica se complete, assim como a formação de um precipitado ou de um gás pode fazer com uma reação inorgânica. O valor da energia livre de Gibbs padrão para a formação da acetil-CoA a partir de acetato e CoA é de cerca de -13 kJ mol^{-1} ($\Delta G^{o\prime}_{\text{hidrólise}}$ do acetil-CoA $= -32$ kJ mol^{-1}). Porém observe que o produto PP$_i$ é hidrolisado a duas moléculas de P$_i$ pela ação da pirofosfatase (Seção 10.6). Quase todas as células têm altos níveis de atividade dessa enzima, de modo que a concentração de PP$_i$ nas células é, em geral, muito baixa (menos que 10^{-6} M). A clivagem de PP$_i$ contribui para o valor negativo da variação da energia livre de Gibbs padrão na reação total. A reação hidrolítica adicional acrescenta o custo energético de uma ligação fosfoanidrido ao processo sintético total. Em reações como essa, dizemos que o custo é de dois equivalentes de ATP, para enfatizar o fato de que dois compostos de "alta energia" são hidrolisados. A hidrólise do pirofosfato acompanha muitas reações de síntese metabólica.

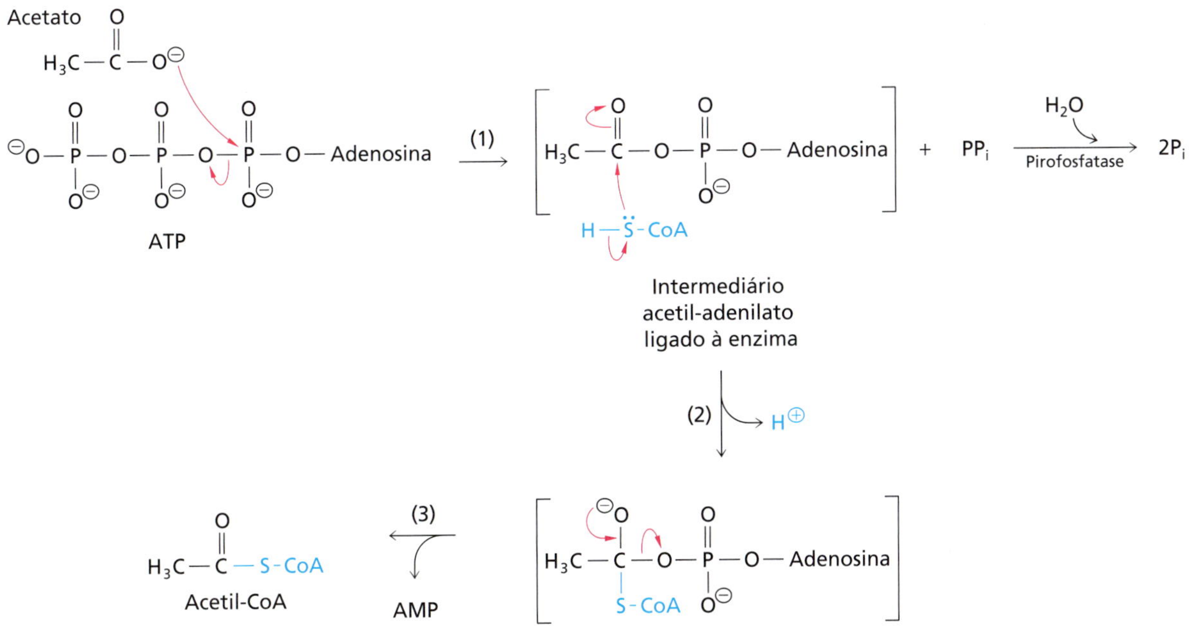

▲ **Figura 10.16**
Síntese de acetil-CoA a partir de acetato, catalisada pela acetil-CoA sintetase.

10.8 Os tioésteres possuem altas energias de hidrólise

Tioésteres são outra classe de compostos de "alta energia" que fazem parte do metabolismo. Acetil-CoA é um exemplo deles. Ele ocupa uma posição central no metabolismo (Figuras 10.8 e 10.9). A alta energia das reações de tioésteres pode ser usada para gerar equivalentes de ATP ou para transferir grupos acila a moléculas aceptoras. Lembre-se de que os grupos acila são ligados à coenzima A (ou proteína carreadora de acila) por meio de uma ligação tioéster (Seção 7.6 e Figura 7.13).

$$R-\overset{O}{\underset{\|}{C}}-S-\text{Coenzima A} \qquad (10.20)$$

Diferentemente dos ésteres de oxigênio (dos ácidos carboxílicos), os tioésteres se assemelham aos anidridos de ácidos em termos de reatividade. O enxofre está no mesmo grupo do oxigênio na tabela periódica, mas os tioésteres são menos estáveis do que os ésteres típicos pelo fato de que os elétrons desemparelhados do enxofre não são tão eficientemente deslocalizados quanto os do oxigênio. A energia associada à hidrólise da ligação tioéster é semelhante à da hidrólise das ligações fosfoanidrido no ATP. A variação da energia livre de Gibbs padrão para a hidrólise da acetil-CoA é igual a -31 kJ mol^{-1}, e a variação real pode ser um pouco menor (mais negativa) nas condições do interior da célula.

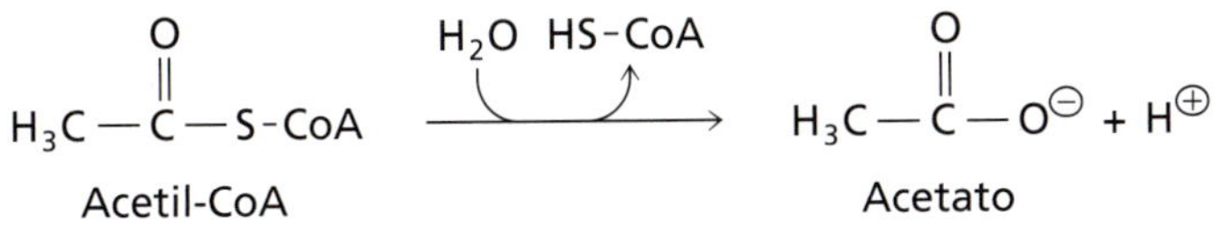

$$H_3C-\overset{O}{\underset{\|}{C}}-S-CoA \xrightarrow{H_2O \ \ HS-CoA} H_3C-\overset{O}{\underset{\|}{C}}-O^{\ominus} + H^{\oplus} \qquad (10.21)$$

Acetil-CoA   Acetato

CONCEITO-CHAVE
Reações envolvendo tioésteres, como o acetil-CoA, liberam quantidades de energia comparáveis à da hidrólise de ATP.

Apesar de sua alta energia livre de hidrólise, o tioéster de CoA resiste à hidrólise não enzimática em pH neutro. Em outras palavras, ele é cineticamente estável na ausência de catalisadores apropriados.

A elevada energia de hidrólise de um tioéster de CoA é usada na quinta etapa do ciclo do ácido cítrico, quando o tioéster succinil-CoA reage com GDP (ou, às vezes, ADP) e P$_i$ para formar GTP (ou ATP).

> Discutiremos a succinil-CoA sintetase na Seção 13.4, Parte 5, e a síntese de ácidos graxos na Seção 16.5.

$$\begin{array}{c} COO^{\ominus} \\ | \\ CH_2 \\ | \\ CH_2 \\ | \\ C=O \\ | \\ S-CoA \end{array} + GDP + P_i \rightleftharpoons \begin{array}{c} COO^{\ominus} \\ | \\ CH_2 \\ | \\ CH_2 \\ | \\ COO^{\ominus} \end{array} + GTP + HS-CoA \qquad (10.22)$$

Succinil-CoA   Succinato

Esta fosforilação ao nível do substrato conserva a energia usada na formação do succinil-CoA sob a forma de equivalentes de ATP. A energia dos tioésteres também impulsiona a síntese dos ácidos graxos.

10.9 Coenzimas reduzidas conservam a energia das oxidações biológicas

Diversas coenzimas reduzidas são compostos de "alta energia" no sentido descrito anteriormente (ou seja, parte de um sistema). Sua alta energia (ou poder redutor) pode ser doada em reações de oxidação-redução. A energia das coenzimas reduzidas pode ser representada como equivalente de ATP, uma vez que a oxidação das coenzimas pode ser acoplada à síntese deste.

> Na Seção 14.11, aprenderemos que o NADH é equivalente a 2,5 ATP, e que o QH$_2$ equivale a 1,5 ATP.

Como descrito na Seção 6.1C, a oxidação de uma molécula precisa ser acoplada à redução de outra. Uma molécula que aceita elétrons e é reduzida é um agente oxidante. Uma molécula que perde elétrons e é oxidada é um agente redutor. A reação líquida de oxidação-redução é:

$$A_{red} + B_{ox} \rightleftharpoons A_{ox} + B_{red} \qquad (10.23)$$

Os elétrons liberados nas reações de oxidação biológica são transferidos enzimaticamente para os agentes oxidantes, geralmente um nucleotídeo piridínico (NAD$^{\oplus}$ ou, às vezes, NADP$^{\oplus}$), uma coenzima flavínica (FMN ou FAD), ou ubiquinona (Q). Quando NAD$^{\oplus}$ ou NADP$^{\oplus}$ são reduzidos, seus anéis de nicotinamida aceitam um íon hidreto (Figura 7.8). Um elétron é perdido quando um átomo de hidrogênio (composto de um próton e um elétron) é removido, e dois elétrons são perdidos quando um íon hidreto (composto por um próton e dois elétrons) é removido (lembre-se de que a oxidação é a perda de elétrons).

> As estruturas e funções do NAD$^{\oplus}$ e do NADP$^{\oplus}$ são discutidas na Seção 7.4, do FMN e FAD, na Seção 7.5, e da ubiquinona, na Seção 7.14.

NADH e NADPH, junto ao QH$_2$, fornecem o poder redutor. FMNH$_2$ e FADH$_2$ são intermediários ligados a enzimas reduzidos em algumas reações de oxidação.

A. A variação da energia livre de Gibbs está relacionada com o potencial de redução

O **potencial de redução** de um agente redutor é uma medida de sua reatividade termodinâmica. O potencial de redução pode ser medido em células eletroquímicas. Um exemplo de reação inorgânica simples de oxidação-redução é a transferência de um par de elétrons do átomo de zinco (Zn) para um íon de cobre (Cu$^{2\oplus}$).

$$Zn + Cu^{2\oplus} \rightleftharpoons Zn^{2\oplus} + Cu \qquad (10.24)$$

Essa reação pode ser realizada em duas soluções separadas, que dividem a reação em duas semirreações (Figura 10.17). No eletrodo de zinco, dois elétrons são liberados por cada átomo de zinco que reage (o agente redutor). Os elétrons fluem através de um fio até o eletrodo de cobre, que é reduzido (o agente oxidante) a cobre metálico. Uma ponte salina, consistindo em um tubo cheio de eletrólitos, com uma partição porosa, preserva a neutralidade elétrica, fornecendo um meio aquoso para o fluxo de contraíons não reativos entre as duas soluções. Os fluxos de íons e de elétrons são separados nessa célula eletroquímica, de modo que é possível medir o fluxo eletrônico por meio do fio (isto é, a energia elétrica) usando um voltímetro.

◄ **Figura 10.17**
Diagrama de uma célula eletroquímica. Elétrons fluem através do circuito externo, do eletrodo de zinco para o de cobre. A ponte salina permite o fluxo dos contraíons (no exemplo, íons sulfato), sem uma mistura extensa das duas soluções. A força eletromotriz é medida por meio de um voltímetro conectado aos dois eletrodos (dois outros tipos de ponte salina são mostrados na Seção 2.5A).

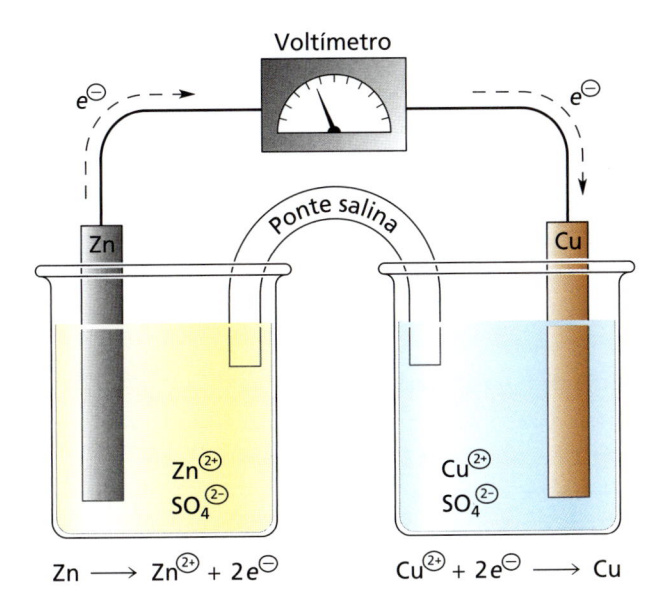

A direção da corrente no circuito da Figura 10.17 indica que o Zn é mais facilmente oxidado do que o Cu (ou seja, Zn é um agente redutor mais forte do que Cu). A leitura no voltímetro representa uma diferença de potencial, ou seja, a diferença entre os potenciais de redução das reações à esquerda e à direita. A diferença de potencial medida é a força **eletromotriz**.

É útil ter um padrão de referência para medidas de potenciais de redução exatamente como nas medidas de variação da energia livre de Gibbs. Para os potenciais de redução, a referência não é simplesmente um conjunto de condições reacionais, mas uma semirreação de referência, com a qual todas as outras serão comparadas. A semirreação de referência é a redução de $H^\oplus$ a hidrogênio gasoso (H_2). O potencial de redução dessa semirreação nas condições padrão ($E°$) é arbitrariamente considerado igual a 0,0 V. O potencial padrão de redução de qualquer outra semirreação é medido em uma reação acoplada de oxidação-redução, na qual a meia-célula de referência contém uma solução com 1 M de $H^\oplus$ e 1 atm de H_2 (gasoso), e a meia-célula da amostra contém 1 M de cada uma das espécies (reduzida e oxidada) da substância cujo potencial de redução se quer determinar. Nas condições padrão para medidas biológicas, a concentração de íons hidrogênio na meia-célula de amostra é (10^{-7} M). O voltímetro entre o par de oxidação-redução mede a força eletromotriz, ou a diferença entre os potenciais de redução das semirreações de referência e da amostra. Como o potencial de redução padrão da semirreação de referência é igual a 0,0 V, o potencial medido é o da semirreação da amostra.

A Tabela 10.5 fornece os potenciais padrão de redução, em pH 7,0 ($E°'$) de algumas semirreações biológicas importantes. Os elétrons fluem espontaneamente da substância mais facilmente oxidada (aquela com potencial de redução mais negativo) para a mais facilmente reduzida (aquela com potencial de redução mais positivo). Portanto, potenciais mais negativos são atribuídos a sistemas reacionais com grande tendência a doar elétrons (isto é, sistemas que tendem a se oxidar mais facilmente).

O potencial padrão de redução para a transferência de elétrons de uma espécie molecular para outra está relacionado com a variação da energia livre padrão para a reação de oxidação-redução pela equação:

$$\Delta G°' = -nF\Delta E°' \qquad (10.25)$$

em que n é o número de elétrons transferidos e $\mathcal{F}$ é a constante de Faraday (96,48 kJ V^{-1} mol^{-1}). Observe que a Equação 10.25 é semelhante à Equação 9.5, exceto pelo fato de que aqui estamos lidando com potenciais de redução, e não de membrana. O $\Delta E°'$ é definido como a diferença, em volts, entre os potenciais-padrão de redução dos sistemas aceptor e doador de elétrons.

$$\Delta E°' = E°'_{\text{aceptor de elétrons}} - E°'_{\text{doador de elétrons}} \qquad (10.26)$$

CONCEITO-CHAVE
Todos os potenciais padrão de redução são medidos em relação à redução do $H^\oplus$ nas condições padrão.

CONCEITO-CHAVE
O ΔE precisa ser positivo para que uma reação de oxidação-redução ocorra na direção escrita.

TABELA 10.5 Potenciais padrão de redução de algumas semirreações biológicas importantes

Semirreação de redução	$E^{o'}$(V)
Acetil-CoA + CO_2 + H^+ + $2e^-$ ⟶ Piruvato + CoA	−0,48
Ferredoxina (espinafre), Fe^{3+} + e^- ⟶ Fe^{2+}	−0,43
$2H^+$ + $2e^-$ ⟶ H_2 (em pH 7,0)	−0,42
α-cetoglutarato + CO_2 + $2H^+$ + $2e^-$ ⟶ Isocitrato	−0,38
Lipoil desidrogenase (FAD) + $2H^+$ + $2e^-$ ⟶ Lipoil desidrogenase ($FADH_2$)	−0,34
$NADP^+$ + H^+ + $2e^-$ ⟶ NADPH	−0,32
NAD^+ + H^+ + $2e^-$ ⟶ NADH	−0,32
Ácido lipoico + $2H^+$ + $2e^-$ ⟶ ácido di-hidrolipoico	−0,29
Tiorredoxina (oxidada) + $2H^+$ + $2e^-$ ⟶ Tiorredoxina (reduzida)	−0,28
Glutationa (oxidada) + $2H^+$ + $2e^-$ ⟶ 2 Glutationa (reduzida)	−0,23
FAD + $2H^+$ + $2e^-$ ⟶ $FADH_2$	−0,22
FMN + $2H^+$ + $2e^-$ ⟶ $FMNH_2$	−0,22
Acetaldeído + $2H^+$ + $2e^-$ ⟶ Etanol	−0,20
Piruvato + $2H^+$ + $2e^-$ ⟶ Lactato	−0,18
Oxaloacetato + $2H^+$ + $2e^-$ ⟶ Malato	−0,17
Citocromo b_5 (microssômico), Fe^{3+} + e^- ⟶ Fe^{2+}	0,02
Fumarato + $2H^+$ + $2e^-$ ⟶ Succinato	0,03
Ubiquinona (Q) + $2H^+$ + $2e^-$ ⟶ QH_2	0,04
Citocromo b (mitocondrial), Fe^{3+} + e^- ⟶ Fe^{2+}	0,08
Citocromo c_1, Fe^{3+} + e^- ⟶ Fe^{2+}	0,22
Citocromo c, Fe^{3+} + e^- ⟶ Fe^{2+}	0,23
Citocromo a, Fe^{3+} + e^- ⟶ Fe^{2+}	0,29
Citocromo f, Fe^{3+} + e^- ⟶ Fe^{2+}	0,36
Plastocianina, Cu^{2+} + e^- ⟶ Cu^+	0,37
NO_3^- + $2H^+$ + $2e^-$ ⟶ NO_2^- + H_2O	0,42
Fotossistema I (P700)	0,43
Fe^{3+} + e^- ⟶ Fe^{2+}	0,77
$\frac{1}{2}O_2$ + $2H^+$ + $2e^-$ ⟶ H_2O	0,82
Fotossistema II (P680)	1,1

Lembre-se, da Equação 10.6, de que $\Delta G^{o'} = -RT \ln K_{eq}$. Combinando essa equação com a Equação 10.25, tem-se:

$$\Delta E^{o'} = \frac{RT}{nF} \ln = K_{eq} \quad (10.27)$$

Nas condições biológicas, os reagentes de um sistema não estão na concentração padrão de 1 M. Assim como a variação real de energia livre de Gibbs para uma reação está relacionada com a variação da energia livre de Gibbs padrão pela Equação 10.6, a diferença observada entre os potenciais de redução (ΔE) está relacionada à diferença entre os potenciais padrão de redução ($\Delta E^{o'}$) pela equação de Nernst. Para a Reação 10.23, a equação de Nernst é:

$$\Delta E = \Delta E^{o'} - \frac{RT}{nF} \ln \frac{[A_{ox}][B_{red}]}{[A_{red}][B_{ox}]} \quad (10.28)$$

A 298 K, a Equação 10.28 se reduz a:

$$\Delta E = \Delta E^{o'} - \frac{0,026}{n} \ln Q \quad (10.29)$$

em que Q representa as concentrações reais das espécies reduzidas e oxidadas. Para calcular a força eletromotriz de uma reação em condições diferentes da padrão, use a equação de Nernst substituindo as concentrações de reagentes e produtos pelas reais. Tenha em mente que um valor *positivo* de ΔE indica que a reação de oxidação-redução terá um valor *negativo* para a variação da energia livre de Gibbs padrão.

B. A transferência de elétron do NADH fornece energia livre

O $NAD^\oplus$ é reduzido a NADH em reações acopladas nas quais elétrons são transferidos de um metabólito para o $NAD^\oplus$. A forma reduzida da coenzima (NADH) torna-se fonte de elétrons em outras reações de oxidação-redução. As variações de energia livre de Gibbs associadas à reação completa de oxidação-redução em condições padrão podem ser calculadas a partir dos potenciais padrão de redução das duas semirreações usando a Equação 10.25. Como um exemplo, vamos considerar a reação em que o NADH é oxidado e o oxigênio molecular é reduzido. Essa reação representa a variação de energia livre durante o transporte de elétrons associado à membrana. Essa energia é recuperada sob a forma de síntese de ATP (Capítulo 14).

As duas semirreações de acordo com a Tabela 10.5 são:

$$NAD^\oplus + H^\oplus + 2e^\ominus \longrightarrow NADH \qquad E^{o\prime} = -0{,}32 \text{ V} \qquad (10.30)$$

e

$$\tfrac{1}{2}O_2 + 2H^\oplus + 2e^\ominus \longrightarrow H_2O \qquad E^{o\prime} = 0{,}82 \text{ V} \qquad (10.31)$$

Como a reação do $NAD^\oplus$ tem o potencial padrão de redução mais negativo, o NADH é o doador e o oxigênio, o aceptor de elétrons. Observe que os valores da Tabela 10.5 são de semirreações escritas como reduções (ganho de elétrons). É por isso que $E^{o\prime}$ é chamado potencial de redução. Em uma reação de oxidação-redução, duas dessas semirreações são combinadas. Uma delas será uma reação de oxidação e, portanto, a equação da Tabela 10.5 precisa ser invertida. Os potenciais de redução indicam a direção para onde os elétrons fluem. O fluxo ocorre de uma semirreação no alto da tabela ($E^{o\prime}$ mais negativo) para uma mais próxima da parte de baixo da tabela ($E^{o\prime}$ menos negativo) (Figura 10.18), o que significa que o valor de $\Delta E^{o\prime}$ para a reação completa será positivo, de acordo com a Equação 10.26. (Observe que essa é uma convenção americana. A convenção europeia utiliza outro método para chegar à mesma resposta.)

A reação total de oxidação-redução é a Reação 10.31, mais o inverso da Reação 10.30.

$$NADH + \tfrac{1}{2}O_2 + H^\oplus \longrightarrow NAD^\oplus + H_2O \qquad (10.32)$$

e $\Delta E^{o\prime}$ para a reação é:

$$\Delta E^{o\prime} = E^{o\prime}_{O_2} - E^{o\prime}_{NADH} = 0{,}82 \text{ V} - (-0{,}32 \text{ V}) = 1{,}14 \text{ V} \qquad (10.33)$$

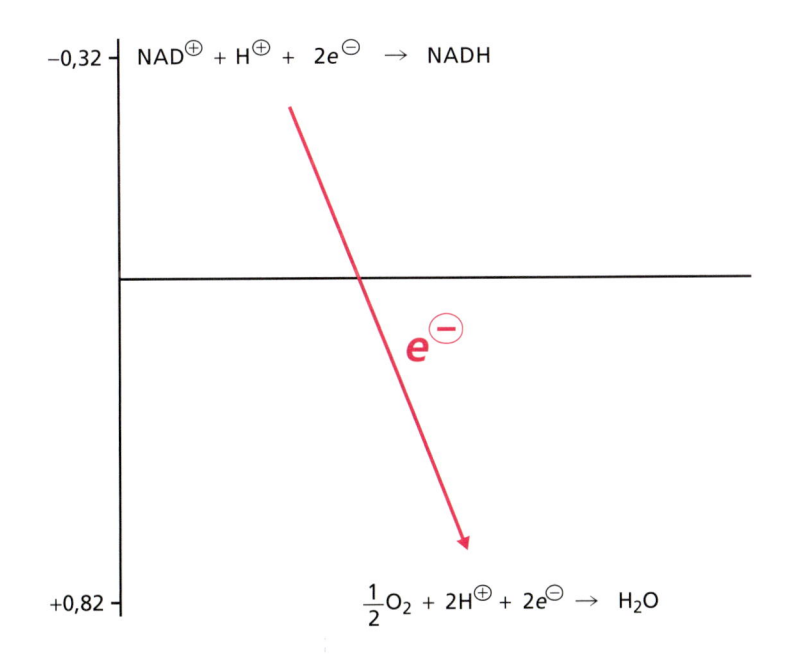

◀ **Figura 10.18**
Fluxo de elétrons nas reações de oxidação-redução. As semirreações podem ser lançadas em um gráfico em que os potenciais padrão de redução estão no eixo x, arranjados de modo que os valores mais negativos ficam no alto do gráfico. Usando essa convenção, os elétrons fluem das semirreações que estão no alto do gráfico para aquelas que estão na parte de baixo dele.

> **QUADRO 10.2 NAD⊕ e NADH diferem em seus espectros de absorção no ultravioleta**
>
> Os espectros de absorção diferentes para NAD⊕ e NADH são úteis nos trabalhos experimentais. NAD⊕ (e NADP⊕) tem máximo de absorção em 260 nm, que se deve às suas porções adenina e nicotinamida. Quando o NAD⊕ é reduzido a NADH (ou o NADP⊕ a NADPH), essa absorção diminui e aparece uma banda de absorção centrada em 340 nm (figura ao lado). A banda em 340 nm se deve à formação do anel de nicotinamida reduzido. Os espectros de NAD⊕ e NADH não se alteram na faixa de pH entre 2 e 10, na qual a maioria das enzimas é ativa. Além disso, outras poucas moléculas biológicas sofrem alterações na absorção de luz próximas a 340 nm.
>
> Em um ensaio enzimático adequadamente preparado, é possível determinar a velocidade de formação de NADH medindo o aumento da absorbância em 340 nm. De modo similar, em uma reação que ocorra no sentido inverso, a velocidade de oxidação de NADH é indicada pela velocidade de diminuição dessa absorção. Várias desidrogenases podem ser estudadas diretamente por este procedimento. Além disso, a concentração de um produto formado em uma reação não oxidativa pode, com frequência, ser determinada pela oxidação do produto com um sistema desidrogenase-NAD⊕. Essa medida da concentração de NAD⊕ ou de NADH por meio de sua absorção no ultravioleta é usada não só em laboratórios de pesquisa, mas também em muitas análises clínicas.
>
> ▲ Espectro de absorção no ultravioleta de NAD⊕ e NADH.

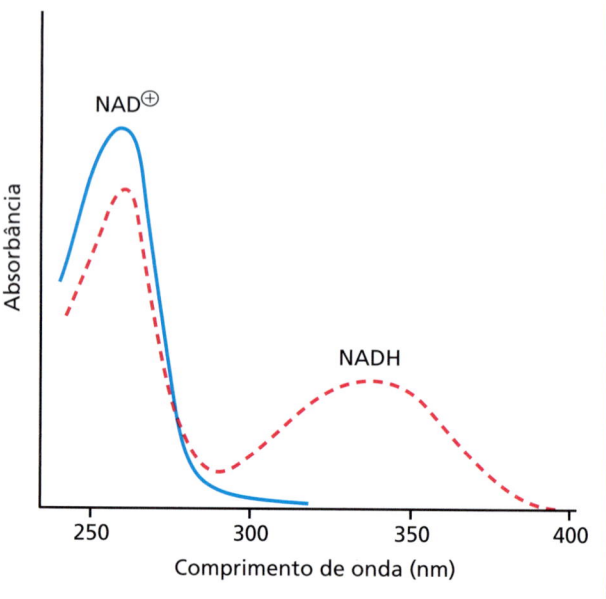

Usando a Equação 10.25,

$$\Delta G^{\circ\prime} = -(2)(96{,}48\ \text{kJ V}^{-1}\cdot\text{mol}^{-1})(1{,}14\ \text{V}) = -220\ \text{kJ mol}^{-1} \qquad (10.34)$$

> **CONCEITO-CHAVE**
> A variação da energia de Gibbs livre padrão em uma reação de oxidação-redução é calculada a partir dos potenciais de redução de duas semirreações.

A variação da energia livre de Gibbs padrão para a formação de ATP a partir de ADP + P_i é igual a +32 kJ mol^{-1} (o valor da variação real de energia livre é de cerca de +48 kJ mol^{-1} nas condições da célula viva, como já observado). A energia liberada durante a oxidação do NADH nas condições das células é suficiente para impulsionar a formação de várias moléculas de ATP. Aprenderemos no Capítulo 14 que a energia real fornecida por um molécula de NADH é de cerca de 2,5 equivalentes de ATP (Seção 14.11).

10.10 Métodos experimentais para estudo do metabolismo

A complexidade de diversas vias metabólicas torna difícil estudá-las. As condições reacionais usadas com reagentes isolados, em tubos de ensaio (*in vitro*), são, com frequência, muito diferentes das condições encontradas na célula intacta (*in vivo*). O estudo dos eventos químicos que ocorrem no metabolismo é um dos ramos mais antigos da bioquímica, e várias abordagens foram desenvolvidas para a caracterização de enzimas, intermediários, fluxos e regulação das vias metabólicas.

Uma abordagem clássica para a descoberta de vias metabólicas é a adição de um substrato a preparações de tecidos, células ou frações subcelulares e o acompanhamento da aparição de intermediários e produtos finais. O que acontece com um substrato é mais fácil de acompanhar quando ele é especificamente marcado. Desde o advento da química nuclear, os traçadores isotópicos têm sido usados para mapear as transformações dos metabólitos. Por exemplo, compostos contendo isótopos radioativos como ^{3}H ou ^{14}C podem ser adicionados a células ou a outras preparações, e os compostos radioativos produzidos por reações anabólicas ou catabólicas, purificados e identificados. A espectroscopia de ressonância magnética nuclear (RMN) pode rastrear as reações de alguns isótopos. Ela pode ser usada também para estudar o metabolismo de animais intactos (incluindo os seres humanos), e vem sendo utilizada em análises clínicas.

A verificação das etapas de uma via em particular pode ser acompanhada por meio da reprodução das reações individuais *in vitro*, utilizando substratos e enzimas isolados. Enzimas individuais de quase todas as etapas metabólicas conhecidas têm sido isoladas. Determinando a especificidade de substrato e as propriedades cinéticas de uma enzima purificada, é possível tirar algumas conclusões sobre o papel regulador desta. Essa abordagem reducionista levou a muitos dos conceitos-chave descritos neste livro. É uma abordagem que permite entender a relação entre estrutura e função. No entanto, uma avaliação completa da regulação de uma via requer análise das concentrações dos metabólitos na célula ou no organismo intacto, sob várias condições.

Informações valiosas podem ser obtidas por meio do estudo de mutações em um único gene associado à produção de formas inativas ou defeituosas de enzimas específicas. Enquanto algumas mutações são letais e não são transmitidas às gerações seguintes, outras podem ser toleradas pelos descendentes. O estudo de organismos mutantes tem ajudado a identificar enzimas e intermediários de numerosas vias metabólicas. Tipicamente, uma enzima defeituosa resulta em uma deficiência em seu produto e no acúmulo de seu substrato, ou na obtenção de um produto obtido daquele substrato por uma via alternativa. Essa abordagem tem sido extremamente bem-sucedida para identificar vias metabólicas em organismos simples como bactérias, leveduras e *Neurospora* (Quadro 7.4). Nos seres humanos, defeitos enzimáticos são manifestados pelas doenças metabólicas. Centenas de doenças relacionadas a genes individuais são conhecidas. Algumas são bastante raras, e outras, bastante comuns; algumas são tragicamente graves. Parece que, nos casos em que uma desordem metabólica produz apenas leves sintomas, uma rede de reações metabólicas possui suficiente sobreposição e redundância para permitir um desenvolvimento quase normal do organismo.

Em circunstâncias nas quais não há mutações naturais, organismos mutantes podem ser gerados por tratamento com radiação ou com compostos químicos mutagênicos (agentes que provocam mutação). Os bioquímicos caracterizaram vias inteiras por meio da produção e do isolamento de uma série de mutantes, e da análise de suas necessidades nutricionais e dos metabólitos acumulados por eles. Mais recentemente, a mutagênese sítio-dirigida (Quadro 6.1) mostrou ser uma ferramenta valiosa na definição das funções das enzimas. A introdução de mutações tem sido amplamente utilizada, sobretudo, em sistemas bacterianos e de leveduras, porque esses organismos podem ser cultivados em grande número em períodos curtos de tempo. É possível produzir modelos animais – particularmente insetos e nematoides – em que certos genes não são expressos. É possível, também, eliminar certos genes de vertebrados. Camundongos "nocaute", por exemplo, fornecem um sistema experimental para estudo das complexidades do metabolismo dos mamíferos.

De modo semelhante, a pesquisa da ação dos inibidores metabólicos ajudou a identificar etapas individuais nas vias metabólicas. A inibição de uma etapa afeta a via inteira. Como o substrato da enzima inibida se acumula, ele pode ser isolado e caracterizado mais facilmente. Intermediários formados nas etapas anteriores ao ponto de inibição também se acumulam. O uso de drogas inibidoras não só auxilia o estudo do metabolismo, mas determina também o mecanismo de ação da droga, levando, com frequência, a variantes melhoradas dela.

Resumo

1. Ao conjunto de reações químicas que ocorrem nas células vivas dá-se o nome de metabolismo. As sequências de reações são chamadas de vias (ou rotas). As vias de degradação (catabólicas) e de síntese (anabólicas) ocorrem em etapas separadas.

2. As vias metabólicas são reguladas de modo a permitir ao organismo responder a demandas variáveis. Enzimas individuais são geralmente reguladas por modulação alostérica ou por modificação covalente reversível.

3. As principais vias catabólicas convertem macromoléculas em metabólitos menores, que fornecem energia. A energia liberada nas reações catabólicas é conservada sob a forma de ATP, GTP e coenzimas reduzidas.

4. Em uma célula ou organismo multicelular, os processos metabólicos são segregados.

5. As reações metabólicas ocorrem em estado estacionário. Se as concentrações de reagentes e produtos no estado estacionário são próximas das de equilíbrio, diz-se que a reação é de quase-equilíbrio. Se as concentrações no estado estacionário são muito diferentes das de equilíbrio, então, diz-se que a reação é metabolicamente irreversível.

6. A variação real da energia livre (ΔG) de uma reação dentro da célula difere da variação da energia livre padrão ($\Delta G^{\circ\prime}$).

7. A clivagem hidrolítica de grupos fosfoanidrido do ATP libera grandes quantidades de energia livre.

8. A energia do ATP é disponibilizada no momento da transferência de um grupo fosforila terminal ou de um grupo nucleotidil. Alguns metabólitos com grande potencial de transferência de grupos fosforila podem transferir esses grupos para o ADP, a fim de produzir ATP. Tais metabólitos são chamados compostos ricos em energia.

9. Tioésteres, como acil-coenzima A, podem doar grupos acila e, algumas vezes, também gerar equivalentes de ATP.

10. A energia livre das reações de oxidação biológica pode ser capturada sob a forma de coenzimas reduzidas. Essa forma de energia é medida como a diferença nos potenciais de redução.

11. As vias metabólicas são estudadas por meio da caracterização de suas enzimas, intermediários, fluxos e regulação.

Problemas

1. Uma rota biossintética leva do composto A ao composto E em quatro etapas e, então, se ramifica. Um dos ramos é uma rota em duas etapas até G; o outro, uma rota em três etapas para J. O substrato A é um ativador por antecipação (*feedforward*) da enzima que catalisa a síntese de E. Os produtos G e J são inibidores por retroalimentação (*feedback*) da enzima inicial na rota comum e também inibem as enzimas que atuam na primeira etapa após a ramificação, em suas próprias rotas.

    (a) Faça um diagrama mostrando a regulação dessa via metabólica.

    (b) Por que é vantajoso para cada um dos dois produtos inibir duas enzimas na rota?

2. A degradação da glicose pode ser realizada por meio de uma combinação das vias glicolítica e do ácido cítrico. As enzimas da glicólise estão situadas no citosol, enquanto as do ciclo do ácido cítrico ficam na mitocôndria. Cite duas vantagens de separar as enzimas dessas duas rotas principais de degradação de carboidratos em compartimentos celulares diferentes.

3. Nas bactérias, tanto a via glicolítica quanto o ciclo do ácido cítrico são citossólicos. Por que as "vantagens" da questão 2 não se aplicam às bactérias?

4. Em vias metabólicas de múltiplas etapas, as enzimas de etapas sucessivas podem estar associadas em complexos multienzimáticos ou serem mantidas bem próximas nas membranas. Explique a principal vantagem de manter as enzimas em uma dessas associações.

5. (a) Calcule a K_{eq} das reações a seguir, a 25 °C e pH 7,0, usando os dados da Tabela 10.4.

    Glicerol 3-fosfato + $H_2O \longrightarrow$ glicerol + P_i

    (b) A etapa final da síntese de glicose a partir de lactato (gliconeogênese) é:

    Glicose 6-P + $H_2O \longrightarrow$ glicose + P_i

    Quando glicose 6-P é incubada com a enzima apropriada e a reação ocorre até atingir o equilíbrio, as concentrações finais encontradas são: glicose 6-P (0,035 mM), glicose (100 mM) e Pi (100 mM). Calcule $\Delta G^{\circ\prime}$ a 25 °C e pH 7,0.

6. O valor de $\Delta G^{\circ\prime}$ para a hidrólise de fosfoarginina é -32 kJ mol^{-1}.

    (a) Qual a variação da energia livre real dessa reação, a 25 °C e pH 7,0, no músculo de uma lagosta em repouso, onde as concentrações de fosfoarginina, arginina e P_i são, respectivamente, 6,8 mM, 2,6 mM e 5 mM?

    (b) Por que esse valor difere do de $\Delta G^{\circ\prime}$?

    (c) Compostos bastante energéticos possuem valores altos e negativos de energia livre de hidrólise, indicando que suas reações com água ocorrem até quase estarem completas. Como é possível haver concentrações milimolares de acetil-CoA, cujo $\Delta G^{\circ\prime}$ de hidrólise é igual a -32 kJ mol^{-1}, nas células?

7. O glicogênio é sintetizado a partir de glicose 1-fosfato, que é ativada por reação com UTP, formando UDP-glicose e pirofosfato (PP$_i$).

    Glicose 1-fosfato + UTP $\longrightarrow$ UDP-glicose + PP$_i$

    UDP-glicose é o substrato para a enzima glicogênio sintase, que adiciona moléculas de glicose à cadeia de carboidrato em crescimento. O valor de $\Delta G^{\circ\prime}$ para a condensação de UTP com glicose 1-fosfato para formar UDP-glicose é, aproximadamente, 0 kJ mol^{-1}. O PP$_i$ liberado é rapidamente hidrolisado pela pirofosfatase inorgânica. Determine o valor de $\Delta G^{\circ\prime}$ total se a formação de UDP-glicose for acoplada à hidrólise do PP$_i$.

8. (a) Normalmente, uma molécula de ATP é consumida em um minuto, após sua síntese, e um ser humano adulto necessita em média de 65 kg de ATP por dia. Como o corpo humano contém apenas cerca de 50 gramas de ATP e ADP juntos, como é possível que tanto ATP seja utilizado?

    (b) O ATP tem uma função no armazenamento de energia?

9. A fosfocreatina é produzida a partir de ATP e creatina nas células musculares de mamíferos, em repouso. Qual a proporção ATP/ADP necessária para manter uma razão

fosfocreatina/creatina de 20:1? (Para manter a reação acoplada em equilíbrio, a variação real da energia livre tem que ser zero.)

10. Os aminoácidos precisam ser ligados covalentemente a uma hidroxila da ribose no tRNA (RNA de transferência) correto, antes do reconhecimento e inserção em uma cadeia polipeptídica em crescimento. A reação total que ocorre em presença das enzimas aminoacil-tRNA sintetase é:

$$\text{Aminoácido} + \text{HO-tRNA} + \text{ATP} \longrightarrow$$
$$\text{aminoacil-O-tRNA} + \text{AMP} + 2P_i$$

Admitindo que essa reação ocorra por meio de um intermediário acil-adenilato, escreva todas as etapas envolvidas nessa reação enzimática.

11. Quando uma mistura de glicose 6-fosfato e frutose 6-fosfato é incubada com a enzima fosfo-hexose isomerase, a mistura final contém duas vezes mais glicose 6-fosfato do que frutose 6-fosfato. Calcule o valor de $\Delta G°'$.

$$\text{glicose 6-fosfato} \rightleftharpoons \text{frutose 6-fosfato}$$

12. Acoplar a hidrólise de ATP a uma reação termodinamicamente desfavorável pode deslocar de modo significativo o equilíbrio da reação.

    (a) Calcule a K_{eq} para a reação biossintética energeticamente desfavorável A → B quando $\Delta G°'$ é igual a + 25 kJ mol^{-1} a 25 °C.

    (b) Calcule a K_{eq} para a reação A → B quando ela é acoplada à hidrólise do ATP. Compare esse valor ao obtido no item "a".

    (c) Muitas células mantêm proporções [ATP]/[ADP] de 400 ou mais. Calcule a razão de [B] para [A] quando [ATP]:[ADP] é igual a 400:1 e [P$_i$] é constante, nas condições padrão. Como essa razão pode ser comparada à de [B] para [A] na reação não acoplada?

13. Usando os dados da Tabela 10.5, escreva a reação acoplada que ocorreria espontaneamente para os seguintes pares de moléculas em condições padrão:

    (a) Citocromo f e citocromo b_5

    (b) Fumarato/succinato e ubiquinona/ubiquinol (Q/QH$_2$)

    (c) α-cetoglutarato/isocitrato e NAD$^\oplus$/NADH

14. Usando os dados da Tabela 10.5, calcule o potencial de redução padrão e a variação de energia livre padrão para cada uma das reações de oxidação-redução:

    (a) **Ubiquinol (QH$_2$) + 2 citocromo c (Fe^{3+})** $\rightleftharpoons$ **ubiquinona (Q) + 2 citocromo c (Fe^{2+}) + 2H$^\oplus$**

    (b) **Succinato + ½O$_2$** $\rightleftharpoons$ **fumarato + H$_2$O**

15. Lactato desidrogenase é uma enzima dependente de NAD, que catalisa a oxidação reversível de lactato.

$$\underset{\text{CH}_3}{\underset{|}{\text{HO}-\text{C}-\text{H}}}-\text{COO}^\ominus \xrightleftharpoons[]{\text{NAD}^\oplus \; \text{NADH, H}^\oplus} \underset{\text{CH}_3}{\underset{|}{\text{C}=\text{O}}}-\text{COO}^\ominus$$

As velocidades iniciais de reação são acompanhadas espectrofotometricamente a 340 nm, após a adição de lactato, NAD$^\oplus$, lactato desidrogenase e tampão ao sistema de reação. Quando a variação na absorbância a 340 nm é monitorada ao longo do tempo, qual é o gráfico representativo dos resultados esperados? Explique.

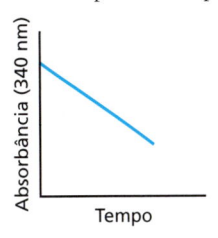

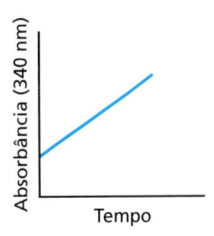

16. Usando os potenciais de redução padrão para Q e FAD da Tabela 10.5, mostre que a oxidação de FADH$_2$ por Q libera energia suficiente para promover a síntese de ATP a partir de ADP e P$_i$ nas condições das células, em que [FADH$_2$] = 5 mM, [FAD] = 0,2 mM, [Q] = 0,1 mM e [QH$_2$] = 0,05 mM. Considere que o valor de ΔG para a síntese de ATP a partir de ADP e P$_i$ é igual a + 30 kJ mol^{-1}.

Leituras selecionadas

Alberty RA. Recommendations for nomenclature and tables in biochemical thermodynamics. Eur. J. Biochem. 1996; 240:1-14.

Alberty RA. Calculating apparent equilibrium constants of enzyme-catalyzed reactions at pH 7. Biochem. Educ. 2000; 28:12-17.

Burbaum JJ, Raines RT, Albery WJ e Knowles JR. Evolutionary optimization of the catalytic effectiveness of an enzyme. Biochem. 1989; 28:9293-9305.

Edwards RA. The free energies of metabolic reactions (ΔG) are not positive. Biochem. Mol. Bio. Educ. 2001; 9:101-103.

Hayes DM, Kenyon GL e Kollman PA. Theoretical calculations of the hydrolysis energies of some "high-energy" molecules. 2. A survey of some biologically important hydrolytic reactions. J. Am. Chem. Soc. 1978; 100:4331-4340.

Schmidt S, Sunyaev S, Bork P e Dandekar T. Metabolites: a helping hand for pathway evolution? Trends Biochem. Science. 2003; 28:336-341.

Silverstein T. Redox redox: a response to Feinman's "Oxidation-reduction calculations in the biochemistry course." Biochem. Mol. Bio. Educ. 2005; 33:252-253.

Tohge T, Nunes-Nesi A e Fernie AR. Finding the paths: metabolomics and approaches to metabolic flux analysis. The Biochem. Soc. (June 2009):8-12.

Yus E, et al. Impact of genome reduction on bacterial metabolism and its regulation. Science. 2009; 326:1263-1272.

CAPÍTULO 11

Glicólise

A sequência de reações glicolíticas é, talvez, o sistema multienzimático celular mais bem entendido e mais estudado. O padrão de inter-relação entre enzimas e substratos nesse sistema relativamente simples aplica-se a todos os sistemas multienzimáticos das células, em especial àqueles muito complexos envolvidos na respiração e na fotossíntese.
— Albert Lehninger.
Bioenergetics, 1965. p. 75.

As três primeiras vias metabólicas que estudaremos são centrais tanto para o metabolismo dos carboidratos como para a geração de energia. A gliconeogênese é a principal via para a síntese de hexoses a partir de precursores com três átomos de carbono. Como seu nome indica, a glicose é o principal produto da gliconeogênese. Essa rota biossintética será descrita no próximo capítulo. A glicose e outras hexoses podem ser as precursoras da síntese de diversos carboidratos complexos. Ela pode também ser degradada em uma via glicolítica catabólica, recuperando a energia utilizada em sua síntese. Na glicólise, objeto deste capítulo, a glicose é convertida no ácido de três carbonos piruvato, que tem diversos destinos possíveis, entre eles a descarboxilação oxidativa para formar o acetil-CoA. A terceira via é o ciclo do ácido cítrico, descrito no Capítulo 13. Essa é rota pela qual o grupo acetila do acetil-CoA é oxidado, formando dióxido de carbono e água. Um dos intermediários importantes no ciclo do ácido cítrico, o oxaloacetato, é também um intermediário na síntese de glicose a partir do piruvato. A Figura 11.1 mostra a relação entre essas três vias. Todas elas são importantes também para a formação e a degradação de moléculas que não são carboidratos, como aminoácidos e lipídeos.

A seguir, apresentaremos as reações da glicólise, da gliconeogênese e do ciclo do ácido cítrico em mais detalhes do que as das outras vias metabólicas, mas os mesmos princípios se aplicam a todas elas. Apresentaremos diversas biomoléculas e enzimas, algumas das quais aparecem em mais de uma via. Tenha em mente que as estruturas químicas dos metabólitos inspiram o nome das enzimas e que estes refletem a especificidade quanto ao substrato e ao tipo de reação catalisada. Um bom domínio da terminologia irá prepará-lo para perceber o requinte químico do metabolismo. Contudo, não perca de vista os conceitos importantes e as estratégias gerais do metabolismo enquanto memoriza seus detalhes. Os nomes das enzimas específicas podem ser esquecidos com o tempo, mas esperamos que você conserve o entendimento dos padrões e dos objetivos das interconversões dos metabólitos nas células.

Neste livro seguimos a tradição de apresentar a glicólise como a primeira via metabólica. O catabolismo da glicose é a principal fonte de energia nos animais. Os detalhes de suas várias reações e de sua regulação são bem conhecidos.

Topo: Vinho, cerveja e pão. Durante séculos, as vinícolas, as fábricas de cervejas e as padarias têm explorado a via bioquímica básica da glicólise, em que glicose é convertida em etanol e CO_2.

11.1 As reações enzimáticas da glicólise

A glicólise é uma sequência de dez reações catalisadas por enzimas, por meio da qual uma molécula de glicose é convertida em piruvato (Figura 11.2). A conversão de uma molécula de glicose em duas de piruvato é acompanhada pela conversão de duas moléculas de ADP em duas de ATP e pela redução de duas moléculas de NADH$^\oplus$ em duas de NADH. As enzimas dessa via são encontradas na maioria das espécies vivas e se localizam no citosol. A via glicolítica é ativa em todos os tipos diferenciados de células nos organismos multicelulares. Em algumas células de mamíferos (como as da retina e algumas células do cérebro), ela é a única via de produção de ATP.

A reação geral da glicólise é apresentada na Reação 11.1.

Glicose + 2 ADP + 2 NAD$^\oplus$ + 2 P$_i$ ⟶
    2 Piruvato + 2 ATP + 2 NADH + 2 H$^\oplus$ + 2 H$_2$O (11.1)

As dez reações da glicólise estão listadas na Tabela 11.1. Elas podem ser divididas em dois estágios: o das hexoses e o das trioses. O lado esquerdo da Figura 11.2 mostra o estágio das hexoses. Na Etapa 4, a ligação C3-C4 da hexose é quebrada, produzindo duas trioses. A partir desse ponto, os intermediários da via são trioses-fosfato. Duas moléculas de triose fosfato são formadas a partir da frutose 1,6-*bis*fosfato. A di-hidroxiacetona-fosfato é convertida em gliceraldeído 3-fosfato na Etapa 5, que continua a sequência. Todas as etapas subsequentes do estágio das trioses da glicólise (lado direito da Figura 11.2) são realizadas por duas moléculas para cada molécula de glicose metabolizada.

Duas moléculas de ATP são convertidas em ADP no estágio das hexoses da glicólise. No estágio das trioses, para cada molécula de glicose metabolizada, quatro moléculas de ATP são formadas a partir de ADP. Assim, a glicólise tem um ganho líquido de duas moléculas de ATP por molécula de glicose.

ATP consumido por glicose:	2 (estágio das hexoses)	
ATP produzido por glicose:	4 (estágio das trioses)	(11.2)
Produção líquida de ATP por glicose:	2	

A primeira e a terceira reação da glicólise são acopladas à utilização do ATP. Essas reações iniciais ajudam a impulsionar a via na direção da glicólise, uma vez que as reações inversas são termodinamicamente favorecidas na ausência de ATP. Dois intermediários mais adiante na glicólise têm potenciais de transferência de grupo suficientes para permitir a transferência de um grupo fosforila para o ADP, produzindo ATP (etapas 7 e 10). A Etapa 6 é acoplada à síntese de equivalentes redutores na forma de NADH. Cada molécula de NADH equivale a várias moléculas de ATP (Seção 10.9), de modo que o ganho líquido de energia na glicólise é devido, principalmente, à produção de NADH.

11.2 As 10 etapas da glicólise

Vamos agora analisar a química e as enzimas de cada uma das reações glicolíticas. À medida que for lendo, preste atenção à lógica química e à economia da via. Repare como cada reação prepara um substrato para a etapa seguinte do processo. Observe, por exemplo, que uma reação de clivagem converte uma hexose em duas trioses, não em um composto de dois carbonos e uma tetrose. As duas trioses se interconvertem rapidamente, permitindo que os dois produtos da clivagem sejam metabolizados pela ação de um só conjunto de enzimas, em vez de dois. Por fim, perceba como o ATP é tanto consumido como produzido na glicólise. Já vimos alguns exemplos da transferência da energia potencial química do ATP (por exemplo, na Seção 10.7), mas as reações neste capítulo são os primeiros exemplos detalhados de como a energia liberada nas reações de oxidação é capturada para ser utilizada em outras vias bioquímicas.

1. Hexoquinase

Na primeira reação da glicólise, o grupo γ-fosforila do ATP é transferido para o átomo de oxigênio no C-6 da glicose, produzindo glicose 6-fosfato e ADP (Figura 11.3).

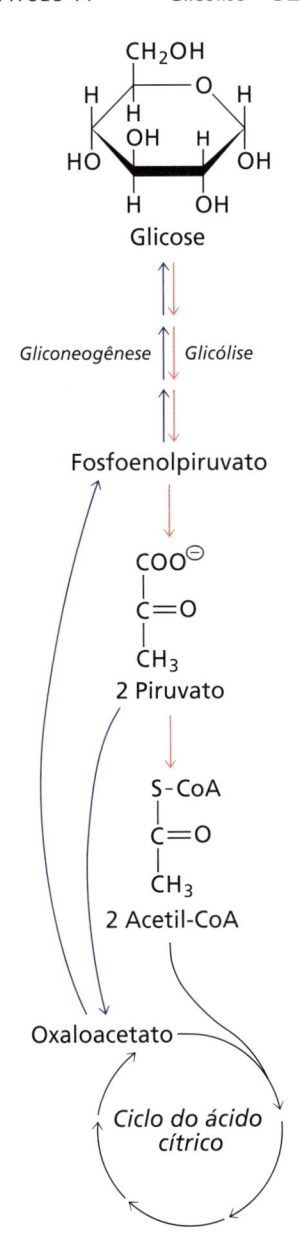

▲ **Figura 11.1**
Gliconeogênese, glicólise e o ciclo do ácido cítrico. A glicose é sintetizada a partir de piruvato, via oxaloacetato e fosfoenolpiruvato. Na glicólise, a glicose é degradada a piruvato. Várias etapas da glicólise (mas não todas) são o inverso das reações da gliconeogênese. O grupo acetila do piruvato é transferido para a coenzima A (CoA) e oxidado em dióxido de carbono pelo ciclo do ácido cítrico. Para a síntese da glicose é necessário o fornecimento de energia, sob a forma de equivalentes de ATP. Parte dessa energia é recuperada na glicólise, mas uma quantidade muito maior é recuperada no ciclo do ácido cítrico.

CONCEITO-CHAVE
O principal ganho de energia na glicólise se deve à produção de moléculas de NADH.

TABELA 11.1 As reações e enzimas da glicólise

Reação	Enzima
1. Glicose + ATP ⟶ Glicose 6-fosfato + ADP + H$^⊕$	Hexoquinase, glicoquinase
2. Glicose 6-fosfato ⇌ Frutose 6-fosfato	Glicose 6-fosfato isomerase
3. Frutose 6-fosfato + ATP ⟶ Frutose 1,6-*bis*fosfato + ADP + H$^⊕$	Fosfofrutoquinase-1
4. Frutose 1,6-*bis*fosfato ⇌ Di-hidroxiacetona-fosfato + Gliceraldeído 3-fosfato	Aldolase
5. Di-hidroxiacetona-fosfato ⇌ Gliceraldeído 3-fosfato	Triose fosfato isomerase
6. Gliceraldeído 3-fosfato + NAD$^⊕$ + P$_i$ ⇌ 1,3-*bis*fosfoglicerato + NADH + H$^⊕$	Gliceraldeído 3-fosfato desidrogenase
7. 1,3-*bis*fosfoglicerato + ADP ⇌ 3-fosfoglicerato + ATP	Fosfoglicerato quinase
8. 3-fosfoglicerato ⇌ 2-fosfoglicerato	Fosfoglicerato mutase
9. 2-fosfoglicerato ⇌ fosfoenolpiruvato + H$_2$O	Enolase
10. Fosfoenolpiruvato + ADP + H$^⊕$ ⟶ Piruvato + ATP	Piruvato quinase

Essa reação de transferência de grupo fosforila é catalisada pela hexoquinase. As quinases catalisam quatro reações na via glicolítica: as etapas 1, 3, 7 e 10.

A reação da hexoquinase é regulada quando se torna uma reação metabolicamente irreversível. As células precisam manter uma concentração relativamente alta de glicose 6-fosfato e uma concentração interna baixa de glicose. Como veremos na Seção 11.5B, a atividade da enzima é regulada por seu próprio produto, glicose 6-fosfato. Hexoquinases de leveduras e de tecidos de mamíferos foram estudadas em detalhes. Essas enzimas têm uma especificidade ampla quanto ao substrato; elas catalisam a fosforilação de glicose e manose, e de frutose quando esta está em altas concentrações.

Formas múltiplas, ou **isoenzimas**, da hexoquinase surgem em várias células eucariontes (isoenzimas são proteínas diferentes de uma espécie que catalisam a mesma reação química). Quatro isoenzimas da hexoquinase foram isoladas de fígado de mamíferos. Todas elas são encontradas em outros tecidos de mamíferos, em proporções variáveis. Essas isoenzimas catalisam a mesma reação, mas têm valores diferentes de K_m para a glicose. Hexoquinases I, II e III têm valores de K_m de cerca de 10^{-6} M a 10^{-4} M, enquanto a hexoquinase IV, também chamada glicoquinase, tem um valor bem maior de K_m para glicose (cerca de 10^{-2} M). Nos eucariontes, a glicose é absorvida e secretada por transporte passivo, usando vários transportadores de glicose (GLUT). A concentração de glicose no sangue e no citoplasma da célula é, normalmente, abaixo do K_m da glicoquinase para esse açúcar. Nessas concentrações baixas, as outras isoenzimas da hexoquinase é que catalisam a fosforilação da glicose. Com níveis altos de glicose, a glicoquinase fica ativa. Como a glicoquinase nunca fica saturada de glicose, o fígado é capaz de responder a grandes aumentos no nível de glicose no sangue fosforilando-a, de modo que ela entre na glicólise ou na via de síntese do glicogênio.

Na maioria das bactérias, a absorção de glicose é acoplada à sua fosforilação a glicose 6-fosfato, pelo sistema de transporte de açúcares do fosfoenolpiruvato. Nesse caso, o grupo fosforila é doado pelo fosfoenolpiruvato. Hexoquinases e glicoquinases podem ser encontradas nas bactérias, mas elas desempenham um papel secundário na glicólise porque, ao contrário do que ocorre nas células eucariontes, as enzimas bacterianas raramente encontram glicose livre no citoplasma.

2. Glicose 6-fosfato isomerase

Na segunda etapa da glicólise, a glicose 6-fosfato isomerase catalisa a conversão de glicose 6-fosfato (uma aldose) em frutose 6-fosfato (uma cetose), como mostrado na Figura 11.4. A enzima também é conhecida como fosfoglicose isomerase (PGI). As isomerases interconvertem aldoses e cetoses que possuem configurações idênticas em todos os outros átomos quirais.

O anômero α da glicose 6-fosfato (α-D-glicopiranose 6-fosfato) liga-se, preferencialmente, à glicose 6-fosfato isomerase. A forma aberta da glicose 6-fosfato é, então, gerada no sítio ativo da enzima e ocorre uma conversão de aldose em cetose. A forma aberta da frutose 6-fosfato ciclizа, formando α-D-frutofuranose 6-fosfato.

▶ **Figura 11.2**
Conversão de glicose em piruvato pela glicólise. Na Etapa 4, a molécula de hexose é quebrada em duas, e as reações seguintes na via da glicólise são realizadas por duas moléculas de triose. O ATP é consumido no estágio das hexoses e gerado no das trioses.

Glicose

Transferência de um grupo fosforila do ATP para a glicose — ① Hexoquinase, glicoquinase — ATP → ADP + H$^\oplus$

Glicose 6-fosfato

Isomerização — ② Glicose 6-fosfato isomerase

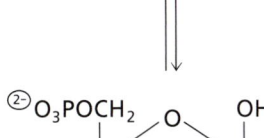

Frutose 6-fosfato

Transferência de um segundo grupo fosforila do ATP para a frutose 6-fosfato — ③ Fosfofrutoquinase-1 — ATP → ADP + H$^\oplus$

Frutose 1,6-*bis*fosfato

Quebra da ligação C3-C4, formando duas moléculas de triose fosfato — ④ Aldolase

Di-hidroxiacetona fosfato   Gliceraldeído 3-fosfato

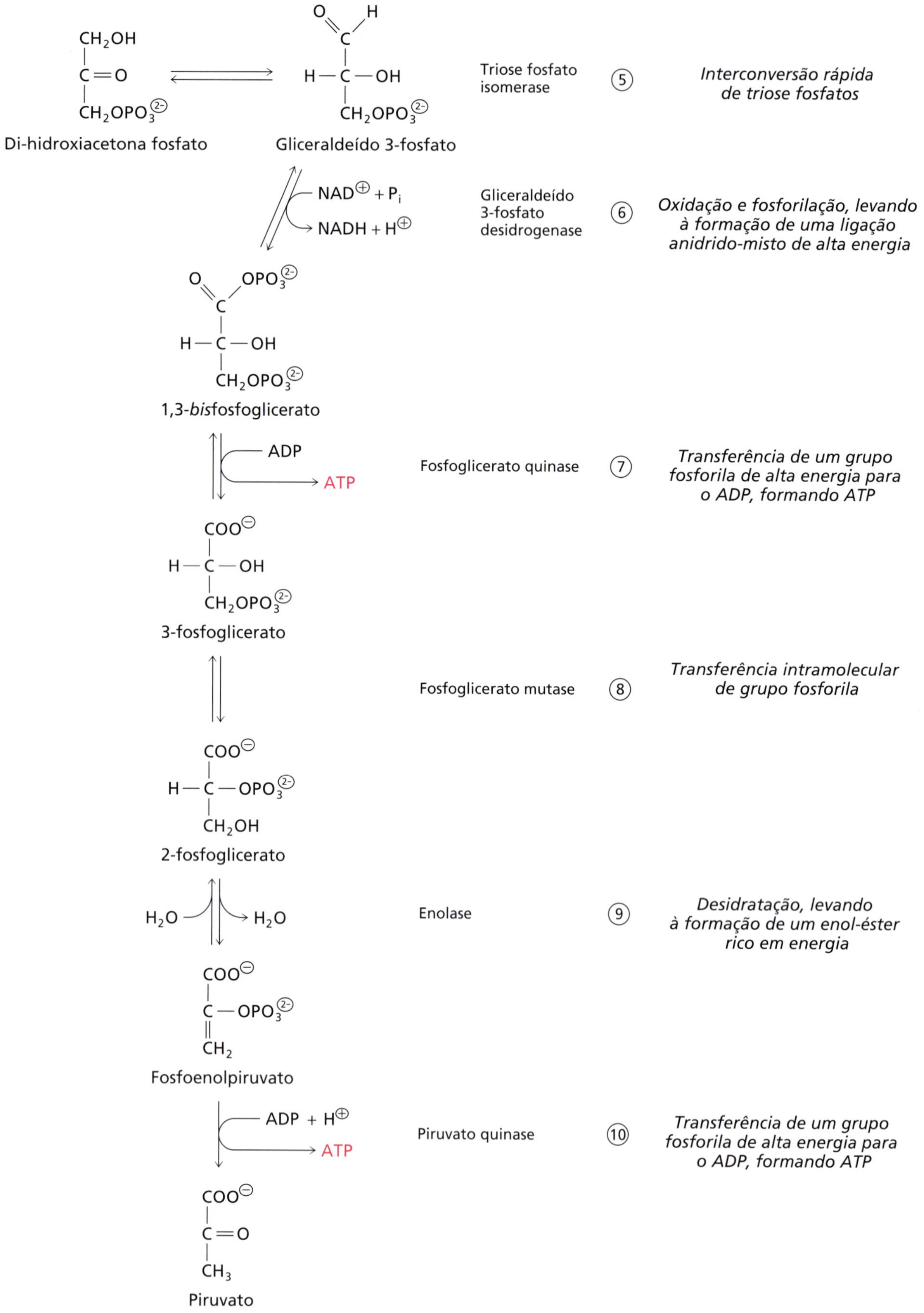

Di-hidroxiacetona fosfato ⇌ **Gliceraldeído 3-fosfato**

CH₂OH — C=O — CH₂OPO₃²⁻   ⇌   O=CH — H—C—OH — CH₂OPO₃²⁻

Triose fosfato isomerase — ⑤ — *Interconversão rápida de triose fosfatos*

↓ NAD⊕ + P$_i$ → NADH + H⊕

Gliceraldeído 3-fosfato desidrogenase — ⑥ — *Oxidação e fosforilação, levando à formação de uma ligação anidrido-misto de alta energia*

1,3-bisfosfoglicerato

O=C—OPO₃²⁻ — H—C—OH — CH₂OPO₃²⁻

↑↓ ADP → ATP

Fosfoglicerato quinase — ⑦ — *Transferência de um grupo fosforila de alta energia para o ADP, formando ATP*

3-fosfoglicerato

COO⁻ — H—C—OH — CH₂OPO₃²⁻

Fosfoglicerato mutase — ⑧ — *Transferência intramolecular de grupo fosforila*

2-fosfoglicerato

COO⁻ — H—C—OPO₃²⁻ — CH₂OH

↑↓ H₂O → H₂O

Enolase — ⑨ — *Desidratação, levando à formação de um enol-éster rico em energia*

Fosfoenolpiruvato

COO⁻ — C—OPO₃²⁻ — ‖ — CH₂

↓ ADP + H⊕ → ATP

Piruvato quinase — ⑩ — *Transferência de um grupo fosforila de alta energia para o ADP, formando ATP*

Piruvato

COO⁻ — C=O — CH₃

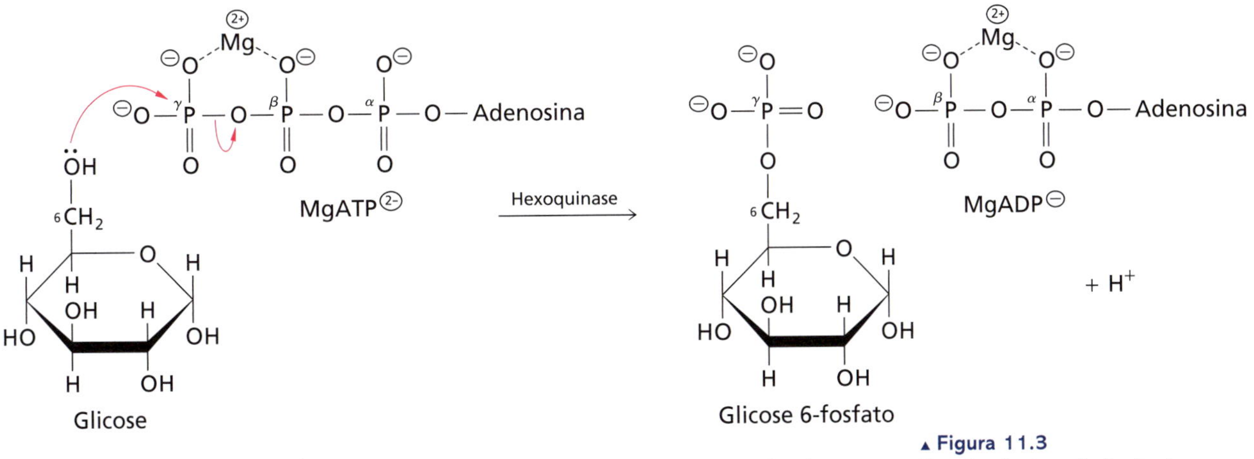

[Figura 11.3 — reação da hexoquinase: Glicose + MgATP²⁻ → Glicose 6-fosfato + MgADP⁻ + H⁺]

Figura 11.3
Reação de transferência de grupo fosforila catalisada pela hexoquinase. Essa reação ocorre pelo ataque do oxigênio da hidroxila de C-6 da glicose ao grupo γ-fosfato do MgATP²⁻, o qual é deslocado, formando-se glicose 6-fosfato. Todas as quatro quinases na glicólise catalisam ataques nucleofílicos diretos de um grupo hidroxila à fosforila terminal do ATP (e/ou seu inverso, dependendo das condições das células). (Mg^{2+}, aqui mostrado explicitamente, também é necessário em outras reações de quinase apresentadas neste capítulo, embora não seja mostrado nelas.)

O mecanismo da glicose 6-fosfato isomerase é semelhante ao da triose fosfato isomerase (Seção 6.4A).

A glicose 6-fosfato isomerase é altamente estereoespecífica. Por exemplo, na reação inversa catalisada por essa enzima, a frutose 6-fosfato (em que o C-2 não é quiral) é convertida quase exclusivamente em glicose 6-fosfato. Formam-se apenas traços de manose 6-fosfato, o epímero da glicose 6-fosfato.

A reação da glicose 6-fosfato isomerase é uma reação de quase-equilíbrio. A reação inversa é parte da via biossintética da glicose.

3. Fosfofrutoquinase-1

A fosfofrutoquinase-1 (PFK-1) catalisa a transferência de um grupo fosforila do ATP para a hidroxila em C-1 da frutose 6-fosfato, produzindo frutose 1,6-*bis*fosfato. O "bis", em *bis*fosfato, indica que os dois grupos fosforila estão ligados a átomos de carbono diferentes (compare com difosfato).

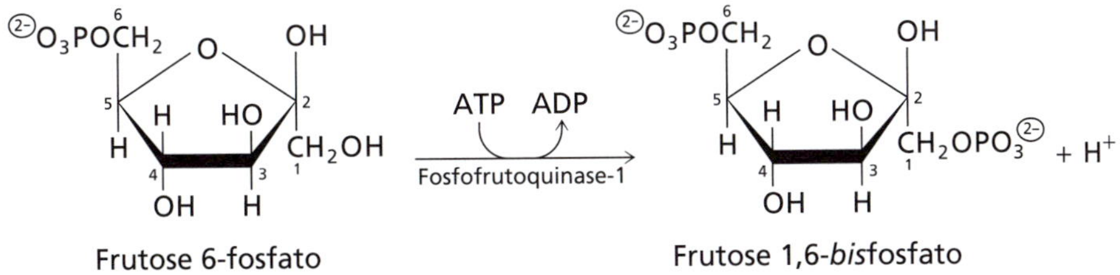

[Reação: Frutose 6-fosfato + ATP → Frutose 1,6-*bis*fosfato + ADP + H⁺] (11.3)

Observe que a reação catalisada pela glicose 6-fosfato isomerase produz α-D-frutose 6-fosfato. Contudo, é o anômero β-D que é o substrato da etapa seguinte da glicólise, aquela catalisada pela fosfofrutoquinase-1. Os anômeros α e β da frutose 6-fosfato coexistem espontaneamente, em equilíbrio (Seção 8.2). A interconversão entre eles é extremamente rápida em solução aquosa e não afeta a velocidade total da glicólise.

A reação catalisada pela PFK-1 é metabolicamente irreversível, indicando que a atividade da enzima é regulada. Na verdade, essa etapa é um ponto crítico de controle para a regulação da glicólise na maioria das espécies. A reação catalisada pela PFK-1 é a primeira etapa *de compromisso* da glicólise, porque alguns outros substratos, diferentes da glicose, entram na via pela conversão direta até frutose 6-fosfato, desviando-se, assim, das etapas catalisadas pela hexoquinase e pela glicose 6-fosfato isomerase (Seção 11.6C) (a reação metabolicamente irreversível catalisada pela hexoquinase *não* é a primeira etapa de compromisso). Outra razão para a regulação da atividade da PFK-1 está relacionada com a competição entre as vias da glicólise e da gliconeogênese (Figura 11.1). A atividade da PFK-1 tem que ser inibida quando a glicose está sendo sintetizada.

A PFK-1 é uma das enzimas alostéricas clássicas. Lembre-se de que a enzima bacteriana é ativada pelo ADP e alostericamente inibida pelo fosfoenolpiruvato (Seção 5.10A). A atividade da enzima dos mamíferos é regulada por AMP e citrato (Seção 11.6C).

A PFK-1 tem o "1" no nome porque existe uma segunda fosfofrutoquinase que catalisa a síntese da frutose 2,6-*bis*fosfato, em vez da frutose 1,6-*bis*fosfato. Essa segunda enzima, que veremos mais adiante neste capítulo, é conhecida como PFK-2.

> O mecanismo da hexoquinase é um exemplo clássico de ajuste induzido (Seção 6.5C).

> Na Seção 11.5, discutiremos em detalhes a regulação da glicólise.

> Na Seção 12.5 exploraremos a síntese do glicogênio.

▲ Figura 11.4
Conversão de glicose 6-fosfato em frutose 6-fosfato. Essa isomerização aldose-cetose é catalisada pela glicose 6-fosfato isomerase.

4. Aldolase

As três primeiras etapas da glicólise preparam a hexose para ser quebrada em duas trioses fosfatos, gliceraldeído 3-fosfato e di-hidroxiacetona fosfato.

A di-hidroxiacetona fosfato (DHAP) é derivada dos carbonos 1 a 3 da frutose 1,6-*bis*fosfato, e o gliceraldeído 3-fosfato (GAP) é derivado dos carbonos 4 a 6. A enzima que catalisa a reação de clivagem é a frutose 1,6-*bis*fosfato aldolase, normalmente chamada apenas de aldolase. A clivagem aldólica é um mecanismo comum de quebra de ligação C-C em sistemas biológicos e, na direção inversa, de formação dessas ligações.

QUADRO 11.1 Uma história resumida da via da glicólise

A glicólise foi uma das primeiras vias metabólicas a ser elucidadas. Ela desempenhou um papel relevante no desenvolvimento da bioquímica. Em 1897, Eduard Buchner (Seção 1.1) descobriu que bolhas de dióxido de carbono eram liberadas de uma mistura de sacarose com um extrato de levedura livre de células. Ele concluiu que estava ocorrendo fermentação naquele extrato. Mais de vinte anos antes, Louis Pasteur havia demonstrado que células de leveduras fermentavam o açúcar, produzindo álcool (isto é, produzindo etanol e CO_2), mas Buchner mostrou que não eram necessárias células intactas para isso. Ele chamou a atividade fermentativa de zimase. Atualmente, sabemos que a zimase dos extratos de leveduras não são uma enzima, mas uma mistura delas que, juntas, catalisam as reações da glicólise.

As etapas da via glicolítica foram gradualmente descobertas a partir da análise das reações catalisadas pelos extratos de leveduras ou de músculos. Em 1905, Arthur Harden e William John Young observaram que, quando a velocidade de fermentação da glicose pelo extrato de levedura diminuía, ela podia ser restabelecida pela adição de fosfato inorgânico. Harden e Young consideraram, então, que estava havendo formação de fosfatos derivados da glicose. Eles conseguiram isolar frutose 1,6-*bis*fosfato e mostraram que esta era uma intermediária na fermentação da glicose, pois ela também fermentava por ação dos extratos de leveduras livres de células. Harden recebeu o prêmio Nobel de Química em 1929 por seu trabalho sobre a glicólise.

Por volta de 1940, a via glicolítica completa nos eucariontes – incluindo enzimas, intermediários e coenzimas – foi desvendada. A melhor caracterização de enzimas individuais e os estudos sobre a regulação da glicólise, bem como de sua integração com outras vias, demoraram muitos anos mais. Nas bactérias, a via glicolítica clássica é chamada via Embden-Meyerhof-Parnas, em homenagem a Gustav Embden (1874-1933), Otto Meyerhof (1884-1951) e Jacob Parnas (1884-1949). A via bacteriana difere da dos eucariontes em alguns poucos detalhes. Em 1922, Meyerhof foi agraciado com o prêmio Nobel de Fisiologia ou Medicina por seu trabalho sobre a produção de ácido láctico nas células musculares.

▲ Louis Pasteur (1822–1895).

▲ Arthur Harden (1865–1940).

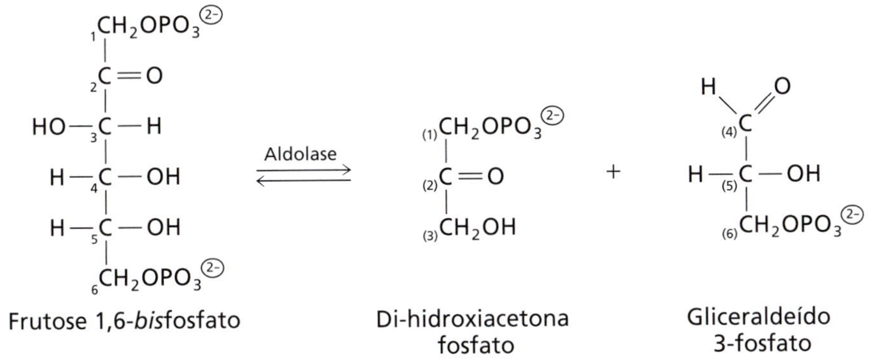

$$\text{Frutose 1,6-bisfosfato} \xrightleftharpoons{\text{Aldolase}} \text{Di-hidroxiacetona fosfato} + \text{Gliceraldeído 3-fosfato}$$

(11.4)

Existem duas classes distintas de aldolases. Enzimas da classe I são encontradas nas plantas e nos animais; as da classe II são mais comuns em bactérias, fungos e protistas. Várias espécies têm os dois tipos de enzimas. Aldolases das classes I e II não são relacionadas; elas têm estruturas e sequências muito diferentes, apesar de catalisarem a mesma reação. Esse é um exemplo de evolução convergente.

As duas classes de aldolases atuam por mecanismos ligeiramente diferentes. O das aldolases da classe I envolve a formação de uma base de Schiff entre os derivados de lisina e piruvato (Seção 6.3), enquanto o mecanismo das de classe II usa um íon metálico como cofator.

A variação da energia livre de Gibbs padrão para a reação é fortemente positivo ($\Delta G°' = +28$ kJ mol^{-1}). No entanto, a reação da aldolase é uma reação de quase-equilíbrio (ΔG real $\cong 0$) nas células em que a glicólise é uma via catabólica importante. Isso significa que a concentração de frutose 1,6-bisfosfato é muito alta em relação à das duas trioses (mas veja o Problema 10).

A chave para a compreensão da estratégia da glicólise reside em perceber a importância da reação da aldolase. É melhor pensar nela como uma reação biossintética em quase-equilíbrio, e não como uma reação de degradação. Ao longo da evolução, as aldolases surgiram como enzimas capazes de catalisar a síntese da frutose 1,6-bisfosfato. Essa reação ocorria no final de uma rota biossintética que levava de piruvato a gliceraldeído 3-fosfato e di-hidroxiacetona fosfato.

Durante a glicólise, o fluxo no estágio das trioses ocorre na direção oposta, ou seja, no sentido da formação de piruvato. As primeiras etapas da glicólise – o estágio das hexoses – são direcionadas para a formação de frutose 1,6-bisfosfato, de modo que este possa servir de substrato para a via inversa à que leva a sua síntese. Tenha em mente que a via de biossíntese da glicose (gliconeogênese) surgiu primeiro durante a evolução. Foi só depois que a glicose se tornou amplamente disponível que surgiram as vias para sua degradação.

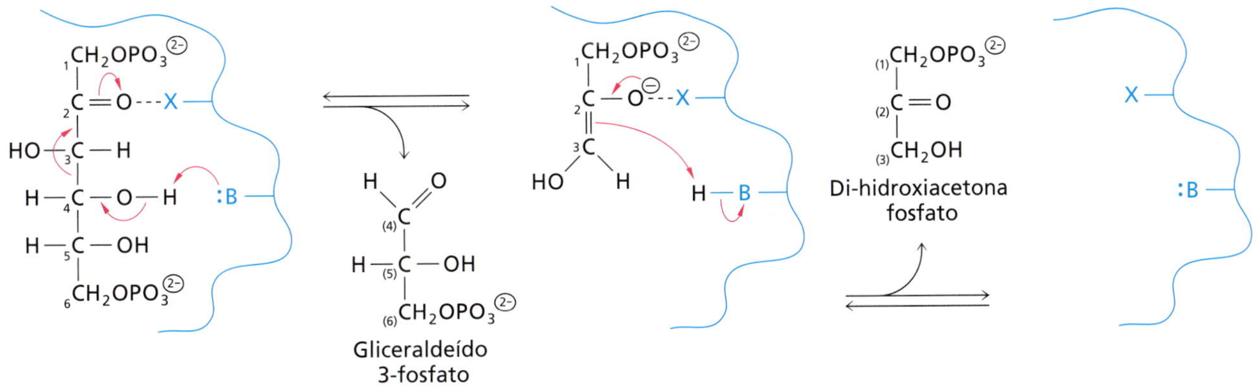

▼ **Figura 11.5**
Mecanismo da clivagem aldólica catalisada por aldolases. A frutose 1,6-bisfosfato é o substrato aldólico. As aldolases têm um grupo retirador de elétrons (—X) que polariza a carbonila em C-2 do substrato. Aldolases da classe I utilizam o grupo amino de um resíduo de lisina do sítio ativo, e as da classe II usam Zn^{2+} para esse fim. Um resíduo básico (indicado como —B:) retira um próton da hidroxila em C-4 do substrato.

5. Triose fosfato isomerase

Das duas moléculas produzidas pela quebra da frutose 1,6-bisfosfato, apenas o gliceraldeído 3-fosfato serve como substrato para a reação seguinte na via glicolítica.

▸ **Figura 11.6**
Base de Schiff no sítio ativo da aldolase. Uma base de Schiff é formada entre Lys-229 e di-hidroxiacetona durante a reação catalisada pela aldolase. Modificado de St-Jean et al., 2009. (Os átomos de hidrogênio não são mostrados.) [PEB 3DFO]

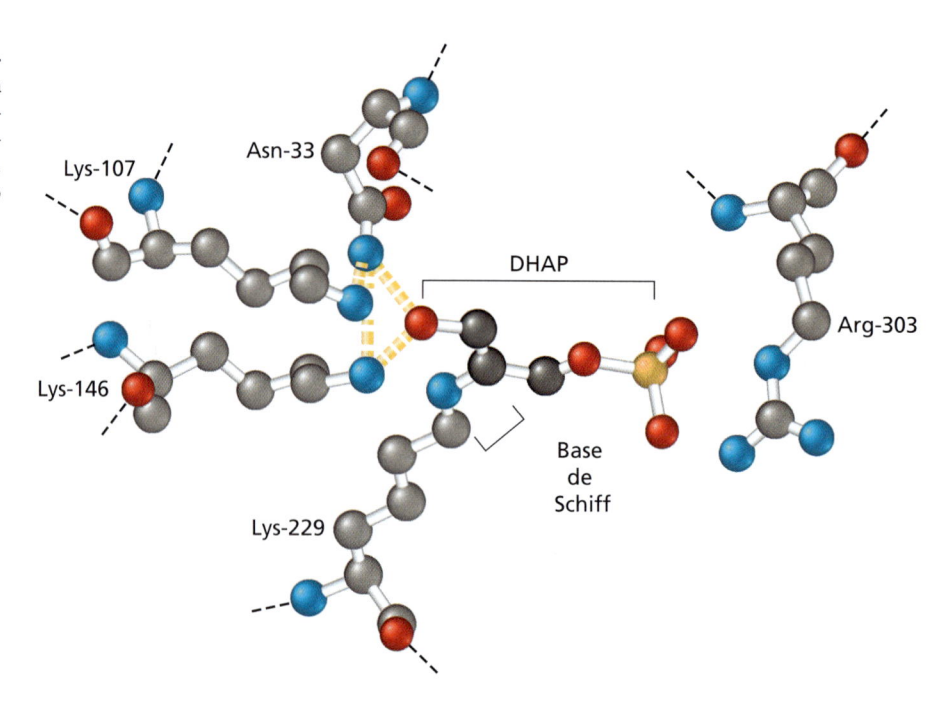

O outro produto, di-hidroxiacetona fosfato, é convertido em gliceraldeído 3-fosfato em uma reação de quase-equilíbrio, catalisada pela triose fosfato isomerase.

$$\begin{array}{c} CH_2OH \\ | \\ C=O \\ | \\ CH_2OPO_3^{2-} \end{array} \quad \underset{\text{isomerase}}{\overset{\text{Triose fosfato}}{\rightleftharpoons}} \quad \begin{array}{c} H\diagdown C \diagup O \\ | \\ H-C-OH \\ | \\ CH_2OPO_3^{2-} \end{array}$$

Di-hidroxiacetona fosfato   Gliceraldeído 3-fosfato   (11.5)

À medida que o gliceraldeído 3-fosfato é consumido na Etapa 6, sua concentração de estado estacionário é mantida pelo fluxo a partir da di-hidroxiacetona fosfato. Dessa forma, para cada molécula de frutose 1,6-*bis*fosfato que é quebrada, duas moléculas de gliceraldeído 3-fosfato são fornecidas à glicólise. A triose fosfato isomerase catalisa uma reação estereoespecífica, de modo que apenas o isômero D do gliceraldeído 3-fosfato é formado.

A triose fosfato isomerase, assim como a glicose 6-fosfato isomerase, catalisa uma conversão de aldose em cetose. O mecanismo dessa reação está descrito na Seção 6.4A. Os mecanismos de catálise das aldose-cetose isomerases foram extensamente estudados e, ao que parece, têm como característica comum a formação de um intermediário enediolato ligado à enzima.

O "destino" de cada um dos átomos de carbono de uma molécula de glicose é mostrado na Figura 11.7. Essa distribuição foi confirmada por estudos com radioisótopos em diversos organismos. Observe que os carbonos 1, 2 e 3 de uma molécula de gliceraldeído 3-fosfato são derivados dos carbonos 4, 5 e 6 da glicose, enquanto os carbonos 1, 2 e 3 da outra molécula de gliceraldeído 3-fosfato (convertida a partir da di-hidroxiacetona fosfato) têm origem nos carbonos 3, 2 e 1 da glicose. Quando essas moléculas de gliceraldeído 3-fosfato se misturam para formar um conjunto único de metabólitos, um átomo de carbono oriundo do C-1 da glicose não pode mais ser distinguido de outro, oriundo do C-6 da glicose.

6. Gliceraldeído 3-fosfato desidrogenase

A recuperação da energia das triose fosfatos começa com a reação catalisada pela gliceraldeído 3-fosfato desidrogenase. Nessa etapa, o gliceraldeído 3-fosfato é oxidado e fosforilado para produzir 1,3-*bis*fosfoglicerato.

> A velocidade de reação da triose fosfato isomerase é próxima do limite teórico para uma reação controlada por difusão.

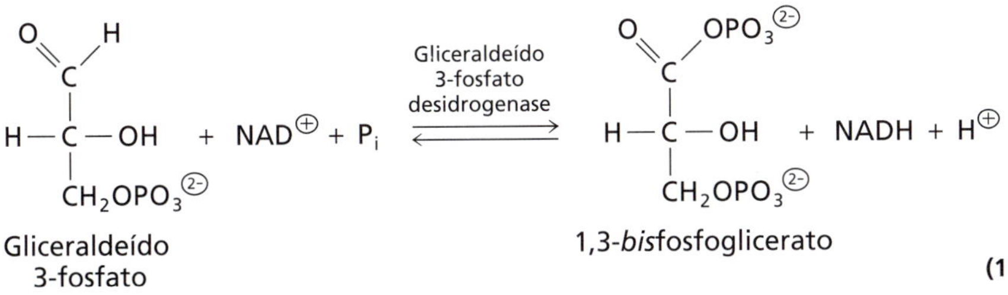

$$\text{Gliceraldeído 3-fosfato} + \text{NAD}^\oplus + P_i \xrightleftharpoons[\text{desidrogenase}]{\text{Gliceraldeído 3-fosfato}} \text{1,3-bisfosfoglicerato} + \text{NADH} + \text{H}^\oplus \quad (11.6)$$

Essa é uma reação de oxidação-redução; a oxidação do gliceraldeído 3-fosfato é acoplada à redução do NAD$^\oplus$ a NADH. Em algumas espécies, a coenzima é o NADP$^\oplus$.

A oxidação do grupo aldeído do gliceraldeído 3-fosfato ocorre com uma grande variação negativa da energia livre de Gibbs padrão; parte dessa energia é conservada na ligação anidrido do 1,3-*bis*fosfoglicerato. Na etapa seguinte da glicólise, o grupo fosforila do C-1 do 1,3-*bis*fosfoglicerato é transferido ao ADP para formar ATP. A energia restante é conservada sob a forma de equivalentes redutores (NADH). Como vimos no capítulo anterior, cada molécula de NADH é equivalente a várias de ATP. Logo, essa etapa da glicólise é a principal produtora de energia em toda a via.

A variação total da energia livre de Gibbs padrão para essa reação (oxidação do aldeído e redução do NAD$^\oplus$) é positiva ($\Delta G^{o\prime} = +6{,}7$ kJ mol^{-1}), o que significa que a concentração de 1,3-*bis*fosglicerato deveria ser muito menor do que a de gliceraldeído 3-fosfato nas condições de quase-equilíbrio existentes no interior da célula. No entanto, a gliceraldeído 3-fosfato desidrogenase se associa com a enzima da etapa seguinte da via (fosfoglicerato quinase), formando um complexo. O produto da primeira reação, o 1,3-*bis*fosfoglicerato, parece ser canalizado diretamente para dentro do sítio ativo da fosfoglicerato quinase. Dessa forma, as duas reações são ligadas de modo eficiente formando uma só reação, e a concentração efetiva de 1,3-*bis*fosfoglicerato é próxima de zero.

O NADH formado na reação da gliceraldeído 3-fosfato desidrogenase é reoxidado na cadeia de transporte de elétrons associada à membrana (Capítulo 14) ou em outras reações em que NADH sirva como agente redutor, como a redução de acetaldeído a etanol ou de piruvato a lactato (Seção 11.3B). A concentração de NAD$^\oplus$ na maioria das células é baixa. Logo, é essencial que ele seja reposto pela reoxidação do NADH, caso contrário, a glicólise pararia nessa etapa. Veremos na Seção 11.3 que há várias maneiras de atingir esse objetivo.

7. Fosfoglicerato quinase

A fosfoglicerato quinase catalisa a transferência de grupo fosforila do anidrido misto de "alta energia" 1,3-*bis*fosfoglicerato para o ADP, gerando ATP e 3-fosfoglicerato.

▼ **Figura 11.7**
Destino dos átomos de carbono desde o estágio das hexoses até o estágio das trioses da glicólise. Todos os números se referem aos átomos de carbono na molécula original de glicose.

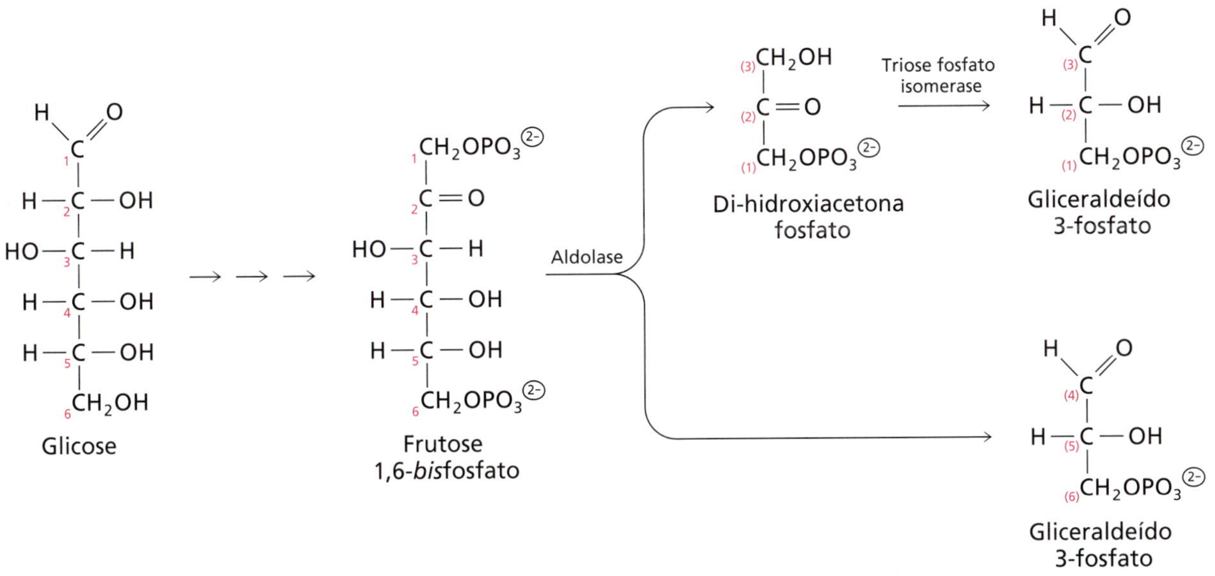

A enzima é chamada de quinase por causa da reação inversa, na qual 3-fosfoglicerato é fosforilado.

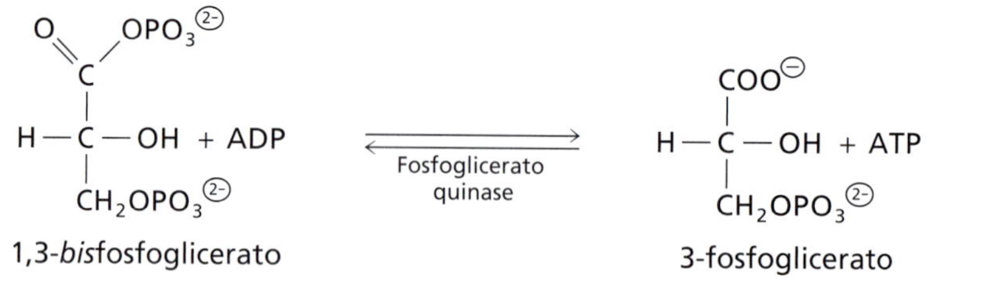

$$\underset{\text{1,3-}bis\text{fosfoglicerato}}{\overset{\displaystyle O\diagup\!\!\!\!\diagdown OPO_3^{2-}}{\underset{CH_2OPO_3^{2-}}{\overset{|}{\underset{|}{C}}}\!\!-\!\!OH}} + ADP \underset{\text{quinase}}{\overset{\text{Fosfoglicerato}}{\rightleftharpoons}} \underset{\text{3-fosfoglicerato}}{\overset{\displaystyle COO^{\ominus}}{\underset{CH_2OPO_3^{2-}}{\overset{|}{\underset{|}{H\!-\!C}}}\!\!-\!\!OH}} + ATP$$

(11.7)

As etapas 6 e 7, juntas, acoplam a oxidação de um aldeído a ácido carboxílico com a fosforilação do ADP a ATP e a formação de um equivalente redutor.

Gliceraldeído 3-fosfato + NAD$^{\oplus}$ + P$_i$ $\longrightarrow$ 1,3-*bis*fosfoglicerato + NADH + H$^{\oplus}$

1,3-*bis*fosfoglicerato + ADP $\longrightarrow$ 3-fosfoglicerato + ATP
___

Gliceraldeído 3-fosfato + NAD$^{\oplus}$ + P$_i$ + ADP $\longrightarrow$ 3-fosfoglicerato + NADH + H$^{\oplus}$ + ATP

(11.8)

A formação de ATP pela transferência de um grupo fosforila de um composto de "alta energia" (como o 1,3-*bis*fosfoglicerato) ao ADP é chamada de **fosforilação ao nível do substrato**. Essa reação é a primeira etapa geradora de ATP na glicólise. Ela ocorre em concentrações de substrato e de produto próximas às concentrações de equilíbrio, o que não é surpresa, uma vez que a reação inversa é importante na gliconeogênese, em que o ATP é utilizado para formar 1,3-*bis*fosfoglicerato. Assim, o fluxo pode ocorrer facilmente em qualquer das duas direções.

8. Fosfoglicerato mutase

A fosfoglicerato mutase catalisa a interconversão em quase-equilíbrio de 3-fosfoglicerato e 2-fosfoglicerato.

QUADRO 11.2 Formação do 2,3-*bis*fosfoglicerato nas hemácias

Uma função importante da glicólise nas hemácias é a produção de 2,3-*bis*fosfoglicerato, um inibidor alostérico da oxigenação da hemoglobina (Seção 4.13C). Esse metabólito é um intermediário de reação e cofator na Etapa 8 da glicólise.

Os eritrócitos contêm *bis*fosfolicerato mutase. Essa enzima catalisa a transferência de um grupo fosforila do C-1 para o C-2 do 1,3-*bis*fosfoglicerato, para formar 2,3-*bis*fosfoglicerato. Como vimos no esquema da reação, a 2,3-*bis*fosfoglicerato fosfatase catalisa a hidrólise do excesso de 2,3BPG em 3-fosfoglicerato, que pode voltar à glicólise e ser convertido em piruvato.

A desvio de 1,3-*bis*fosfoglicerato por essas duas enzimas evita a fosfoglicerato quinase, que catalisa a Etapa 7 da glicólise, uma das duas etapas geradoras de ATP. Porém apenas uma parte do fluxo glicolítico nas hemácias – cerca de 20% – é dirigido para a mutase e a fosfatase. O acúmulo de 2,3BPG livre (isto é, não ligado à hemoglobina) inibe a *bis*fosfoglicerato mutase. Em troca da menor geração de ATP, esse desvio fornece um suprimento regulado de 2,3BPG, necessário para a liberação eficiente do O$_2$ da oxi-hemoglobina.

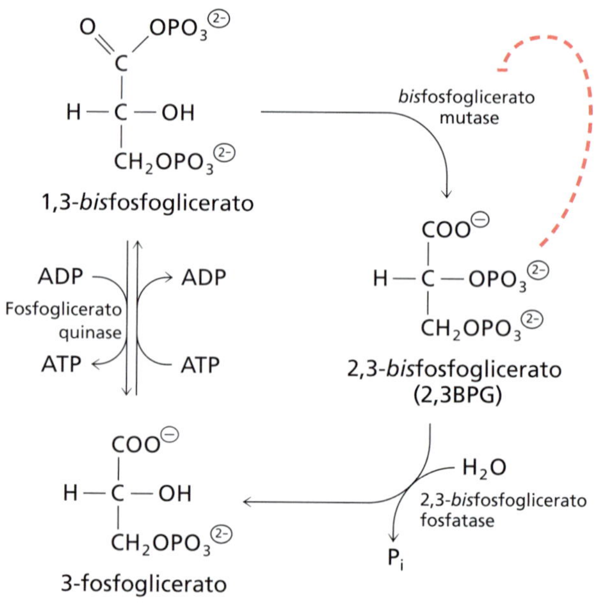

▲ Formação do 2,3-*bis*fosfoglicerato (2,3BPG) nas hemácias.

QUADRO 11.3 Envenenamento por arsenato

O arsênico, como o fósforo, fica no Grupo V da Tabela Periódica. O arsenato (AsO_4^{3-}), portanto, é um análogo do fosfato inorgânico e compete com ele pelo sítio de ligação na gliceraldeído 3-fosfato desidrogenase. Como o fosfato, o arsenato quebra o intermediário tioacil-enzima, rico em energia. No entanto, o arsenato produz um análogo instável de 1,3-*bis*fosfoglicerato, chamado 1-arseno-3-fosfoglicerato, que é rapidamente hidrolisado em contato com a água. Essa hidrólise não enzimática produz 3-fosfoglicerato e regenera o arsenato inorgânico, que pode tornar a reagir com o intermediário tioacil-enzima. Na presença de arsenato, a glicólise pode ocorrer a partir do 3-fosfoglicerato, mas a reação de produção de ATP envolvendo o 1,3-*bis*fosfoglicerato é impedida. Em consequência, não há formação líquida de ATP pela glicólise.

O arsenato é um veneno porque pode substituir o fosfato em várias reações de transferência de fosforila.

O arsenito (AsO_2^{-}) é muito mais tóxico do que o arsenato. Os dois envenenam por mecanismos inteiramente diferentes. O átomo de arsênio do arsenito se liga fortemente aos dois átomos de enxofre da lipoamida (Seção 7.12), inibindo, assim, as enzimas que necessitam dessa coenzima.

▲ Cary Grant descobriu os efeitos do arsênico em um filme popular de 1944.

(11.9)

Mutases são isomerases que catalisam a transferência de um grupo fosforila de uma parte de uma molécula de substrato para outra. Há dois tipos diferentes de fosfoglicerato mutase. Em um deles, o grupo fosforila é transferido primeiro para uma cadeia lateral de aminoácido da enzima e, em seguida, para um segundo sítio, na molécula do substrato. O intermediário desfosforilado permanece ligado ao sítio ativo durante o processo.

O outro tipo de fosfoglicerato mutase faz uso de um intermediário 2,3-*bis*fosfoglicerato (2,3BPG), como mostra a Figura 11.8. Esse mecanismo também envolve um intermediário enzimático fosforilado, mas difere do anterior pelo fato de que em nenhum momento da reação há um metabólito desfosforilado. São fundamentais pequenas quantidades de 2,3-*bis*fosfoglicerato para a plena atividade desse segundo tipo de enzima porque há necessidade do 2,3BPG para fosforilar a enzima se ela for desfosforilada. A enzima perderá seu grupo fosfato se o 2,3BPG for liberado do sítio ativo antes de ser convertido em 2-fosfoglicerato ou em 3-fosfoglicerato. O segundo tipo de fosfoglicerato mutase é chamado PGM dependente de cofator, ou dPGM. O primeiro tipo de enzima é chamado de PGM independente de cofator, ou iPGM.

Os dois tipos não são evolutivamente relacionados. A enzima dependente de cofator (dPGM) pertence a uma família de enzimas que inclui as fosfatases ácidas e a frutose 2,6-*bis*fosfatase. Ela é a principal forma de fosfoglicerato mutase nos fungos, em algumas bactérias e na maioria dos animais. A enzima independente de cofator (iPGM) pertence à família das fosfatases alcalinas. Essa versão da fosfoglicerato mutase é encontrada nos vegetais e em algumas bactérias. Algumas espécies de bactérias têm os dois tipos de enzima.

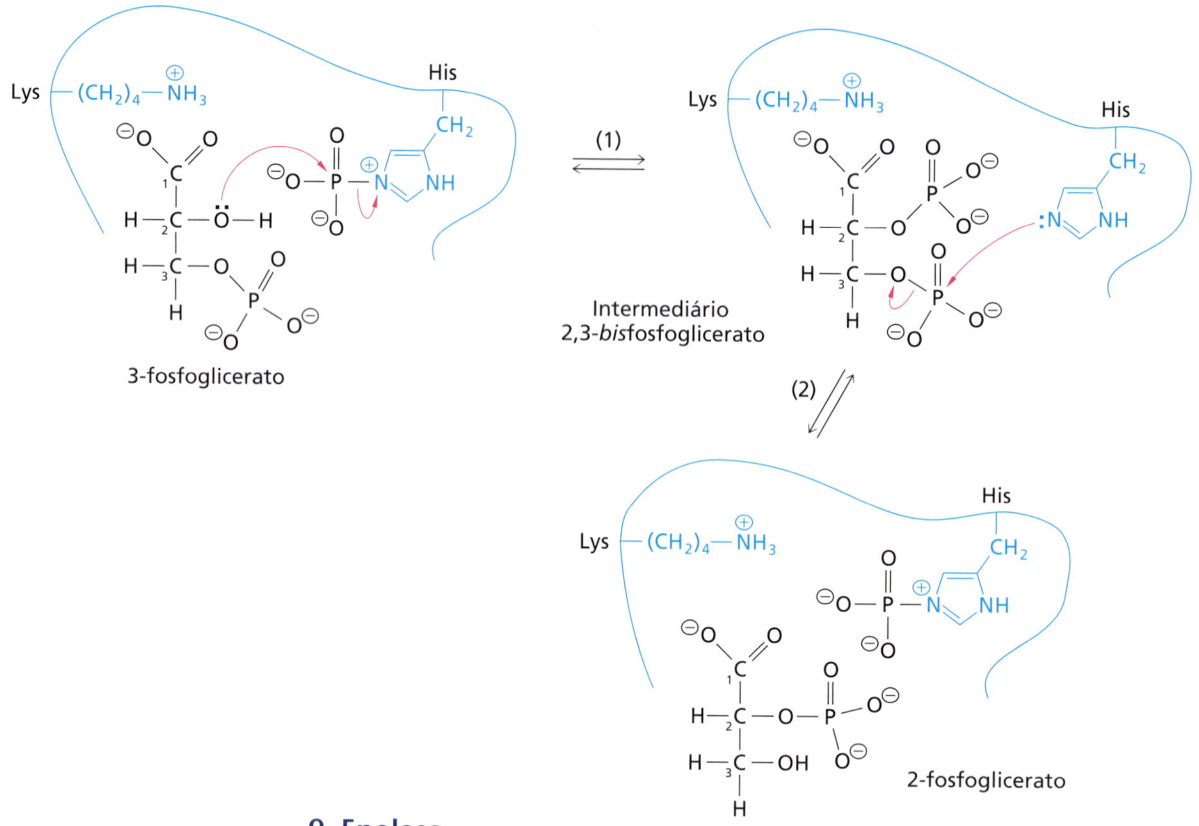

▲ **Figura 11.8**
Mecanismo de conversão do 3-fosfoglicerato em 2-fosfoglicerato em animais e fungos. **(1)** Um resíduo de lisina no sítio ativo da fosfoglicerato mutase se liga ao ânion carboxilato do 3-fosfoglicerato. Um resíduo de histidina, que é fosforilado antes da ligação do substrato, doa seu grupo fosforila para formar o intermediário 2,3-*bis*fosfoglicerato. **(2)** A refosforilação da enzima com um grupo fosforila do C-3 do intermediário produz 2-fosfoglicerato.

9. Enolase

O 2-fosfoglicerato é desidratado em fosfoenolpiruvato em uma reação de quase-equilíbrio catalisada pela enolase. O nome sistemático da enolase é 2-fosfoglicerato desidratase.

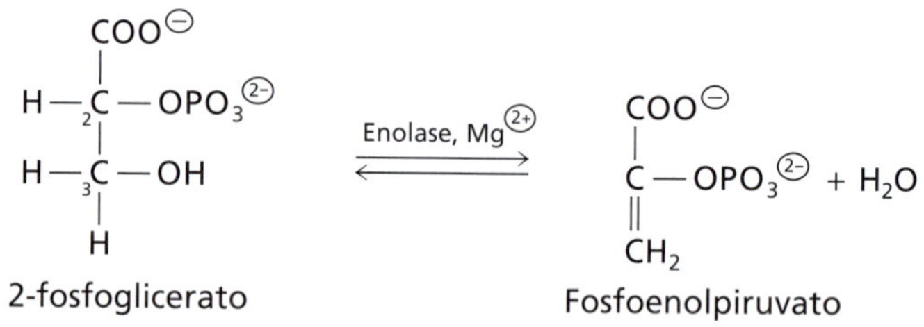

$$\text{2-fosfoglicerato} \xrightleftharpoons{\text{Enolase, Mg}^{2+}} \text{Fosfoenolpiruvato} + H_2O \quad (11.10)$$

Nessa reação, o fosfomonoéster 2-fosfoglicerato é convertido em um éster enolfosfato, o fosfoenolpiruvato, pela eliminação reversível de água de C-2 e C-3. O fosfoenolpiruvato tem um potencial de transferência de grupo fosforila extremamente alto porque o grupo fosforila mantém o piruvato em sua forma enólica, instável (Seção 10.7B).

A enolase necessita de Mg^{2+} para sua atividade. Dois íons magnésio participam dessa reação: um íon "conformacional" liga-se ao carboxilato do substrato, e um íon "catalítico" participa da reação de desidratação.

10. Piruvato quinase

A segunda fosforilação ao nível do substrato da glicólise é catalisada pela piruvato quinase. O grupo fosforila transferido ao ADP gera ATP nessa reação metabolicamente irreversível. O tautômero enólico do piruvato, instável, é um intermediário ligado à enzima.

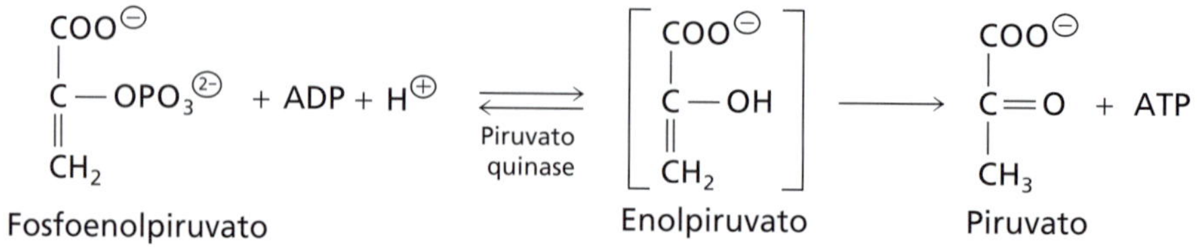

$$\text{Fosfoenolpiruvato} + ADP + H^+ \xrightleftharpoons{\text{Piruvato quinase}} [\text{Enolpiruvato}] \longrightarrow \text{Piruvato} + ATP \quad (11.11)$$

A transferência do grupo fosforila do fosfoenolpiruvato para o ADP é a terceira reação regulada da glicólise. A piruvato quinase é regulada tanto por moduladores alostéricos como por modificação covalente. Além disso, a expressão do gene da piruvato quinase em mamíferos é regulada por diversos hormônios e nutrientes. Lembre-se, do Capítulo 10, de que a hidrólise do fosfoenolpiruvato tem maior variação da energia livre de Gibbs padrão do que a do ATP (Tabela 10.3). Como a piruvato quinase é regulada, a concentração de fosfoenolpiruvato é mantida em um nível suficientemente alto para impulsionar a formação de ATP durante a glicólise.

11.3 A destinação do piruvato

A formação de piruvato a partir do fosfoenolpiruvato é a última etapa da glicólise. Tipicamente, o metabolismo posterior do piruvato segue uma de cinco rotas (Figura 11.9).

1. Ele pode ser convertido em acetil-CoA, a ser utilizado em diversas vias metabólicas. Em uma delas, importante, ele é completamente oxidado em CO_2 durante o ciclo do ácido cítrico. Essa destinação do piruvato, que será descrita no Capítulo 13, é uma rota que opera eficientemente em presença de oxigênio.
2. Piruvato pode ser carboxilado, produzindo oxaloacetato, que é um dos intermediários do ciclo do ácido cítrico, mas é intermediário também na síntese da glicose. A destinação do piruvato como precursor na gliconeogênese será vista no Capítulo 12.
3. Em algumas espécies, o piruvato pode ser reduzido a etanol, que é excretado das células. Essa reação normalmente ocorre em condições anaeróbicas, sob as quais a entrada do acetil-CoA no ciclo do ácido cítrico é desfavorável.
4. Em algumas espécies, o piruvato pode ser reduzido a lactato, a ser transportado para células que o convertem de volta em piruvato a fim de entrar em uma das outras vias metabólicas. Essa também é uma via anaeróbica.
5. Em todas as espécies, o piruvato pode ser convertido em alanina.

A destinação do piruvato como precursor na biossíntese de aminoácidos será vista no Capítulo 17.

Em algumas espécies, o piruvato pode ser convertido em fosfoenolpiruvato (Seção 12.1B).

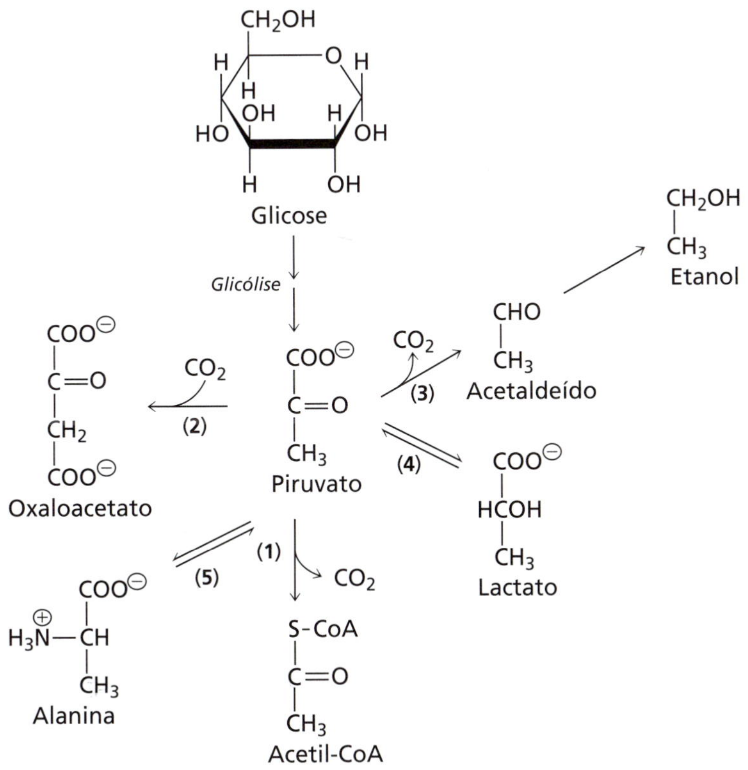

◀ **Figura 11.9**
Os cinco principais destinos do piruvato: (1) Em condições aeróbicas, o piruvato é oxidado, tornando-se o grupo acetila do acetil-CoA, que pode entrar no ciclo do ácido cítrico para nova oxidação. (2) O piruvato pode ser convertido em oxaloacetato, possível precursor na gliconeogênese. (3) Em condições anaeróbicas, alguns microrganismos fermentam a glicose, produzindo etanol via piruvato. (4) A glicose sofre glicólise anaeróbica, transformando-se em lactato nos músculos vigorosamente exercitados, nas hemácias e em algumas outras células. (5) O piruvato é convertido a alanina.

CONCEITO-CHAVE

Na ausência de oxigênio, os eucariontes precisam "abrir mão" do ganho líquido de duas moléculas de NADH para produzir lactato ou etanol.

Durante a glicólise, o $NAD^{\oplus}$ é reduzido a NADH na reação da gliceraldeído 3-fosfato desidrogenase (Etapa 6). Para que a glicólise ocorra continuamente, a célula precisa ser capaz de regenerar o $NAD^{\oplus}$. De outra forma, todas essas coenzimas iriam se acumular rapidamente sob a forma reduzida, e a glicólise pararia. Em condições aeróbicas, o NADH pode ser oxidado pelo sistema de transporte de elétrons associado à membrana (Capítulo 14), que precisa de oxigênio molecular. Em condições anaeróbicas, a síntese de etanol ou de lactato consome NADH e regenera o $NAD^{\oplus}$, essencial para que a glicólise continue.

A. Metabolismo do piruvato em etanol

Muitas bactérias, e alguns eucariontes, são capazes de sobreviver na ausência de oxigênio. Elas convertem o piruvato em uma variedade de compostos que são secretados, entre eles o etanol. Essa conversão tem destaque em bioquímica pelo fato de que a síntese de etanol por cepas altamente selecionadas de leveduras é importante na produção de cerveja e de vinho. As células de levedura convertem o piruvato em etanol e CO_2 e oxidam o NADH em $NAD^{\oplus}$. Para tanto são necessárias duas reações. Primeiro, o piruvato é descarboxilado em acetaldeído em uma reação catalisada pela piruvato descarboxilase. Essa enzima necessita da coenzima tiamina difosfato (TDP); seu mecanismo foi descrito no capítulo de coenzimas (Seção 7.7).

A álcool desidrogenase catalisa a redução de acetaldeído a etanol. Essa reação de oxidação-redução é acoplada à oxidação do NADH. Essas reações e o ciclo de redução e oxidação do $NAD^{\oplus}$/NADH na fermentação alcoólica são mostradas na Figura 11.10. O termo "fermentação" se refere a um processo no qual os elétrons da glicólise – na forma de NADH – passam para uma molécula orgânica, como o etanol, em vez de irem para a cadeia de transporte de elétrons associada à membrana e, finalmente, ao oxigênio (respiração).

O resultado das reações glicolíticas e da conversão de piruvato em etanol é:

$$\text{Glicose} + 2\ P_i^{\ominus} + 2\ ADP^{\circleddash} + 2\ H^{\oplus} \longrightarrow$$
$$2\ \text{Etanol} + 2\ CO_2 + 2\ ATP^{\circleddash} + 2\ H_2O \qquad (11.12)$$

Essas reações têm papéis comerciais conhecidos na preparação de cerveja e de pão. Na fabricação de cerveja, o dióxido de carbono produzido durante a conversão de piruvato em etanol pode ser recolhido e usado para carbonatar o preparado alcoólico; esse gás produz o "colarinho" da cerveja. Na panificação, o dióxido de carbono é o agente que faz a massa de pão crescer.

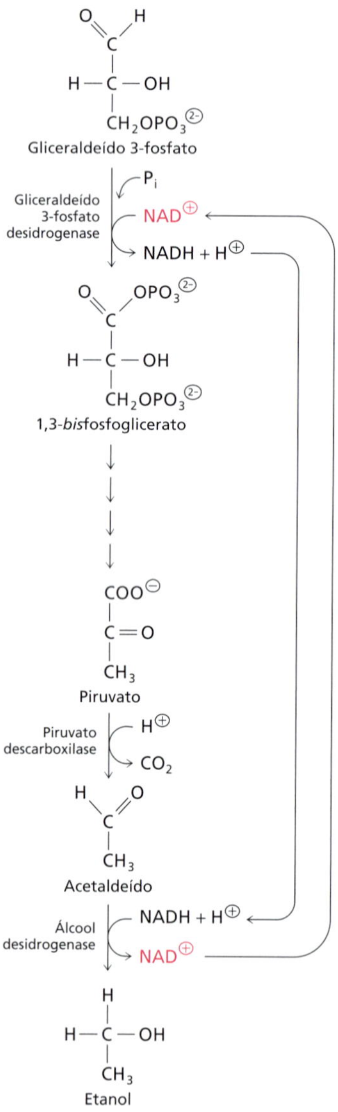

B. Redução de piruvato a lactato

O piruvato é reduzido a lactato em uma reação reversível catalisada pela lactato desidrogenase, comum em bactérias anaeróbicas e também em mamíferos.

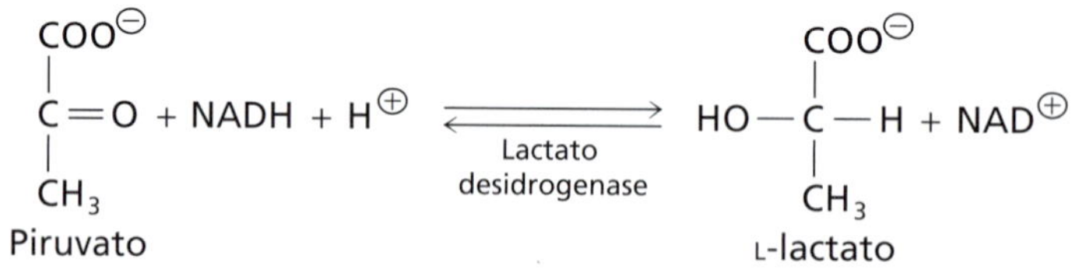

$$\underset{\text{Piruvato}}{\overset{COO^{\ominus}}{\underset{CH_3}{|\ \ C=O}}} + NADH + H^{\oplus} \underset{\text{desidrogenase}}{\overset{\text{Lactato}}{\rightleftharpoons}} \underset{\text{L-lactato}}{\overset{COO^{\ominus}}{\underset{CH_3}{|\ \ HO-C-H}}} + NAD^{\oplus} \qquad (11.13)$$

A lactato desidrogenase é uma desidrogenase típica, que utiliza $NAD^{\oplus}$ como coenzima; seu mecanismo de ação já foi apresentado na Seção 7.4. É uma reação de oxidação-redução na qual o piruvato é reduzido a lactato por transferência de um íon hidreto do NADH.

A reação da lactato desidrogenase oxida os equivalentes redutores gerados na reação do gliceraldeído 3-fosfato e reduz o ganho de energia potencial obtido da glicólise. Ela desempenha a mesma função que a produção de etanol em outras espécies (Figura 11.10). O efeito líquido é manter o fluxo da via glicolítica e a produção de ATP. Nas bactérias, o lactato é secretado ou convertido em outros produtos finais, como o propionato. Nos mamíferos, o lactato só pode ser reconvertido a piruvato.

▲ **Figura 11.10**
Conversão anaeróbica de piruvato a etanol em leveduras.

A produção de lactato nas células de mamíferos é essencial aos tecidos em que a glicose é a principal fonte de carbono e onde os equivalentes redutores (NADH) não são necessários para reações de biossíntese ou não podem ser usados para gerar ATP por fosforilação oxidativa. Um bom exemplo é a formação de lactato nas células músculo-esqueléticas durante exercícios intensos. O lactato formado nas células musculares é transportado para fora delas e levado pela corrente sanguínea até o fígado, onde é convertido em piruvato pela ação da lactato desidrogenase hepática (veja o ciclo de Cori, Seção 12.2A). A metabolização subsequente do piruvato necessita de oxigênio. Quando o suprimento de oxigênio para os tecidos é inadequado, todos produzem lactato por glicólise anaeróbica.

A reação completa para a degradação de glicose em lactato é:

$$\text{Glicose} + 2\ P_i^{②} + 2\ ADP^{③} \longrightarrow 2\ \text{Lactato} + 2\ ATP^{④} + 2\ H_2O \quad (11.14)$$

O ácido láctico também é produzido pelos *Lactobacillus* e por algumas outras bactérias quando há fermentação dos açúcares do leite. O ácido desnatura as proteínas no leite, provocando a coagulação necessária à produção de queijos e iogurtes.

Independentemente do produto final – etanol ou lactato –, a glicólise gera duas moléculas de ATP por cada uma de glicose consumida. Não há necessidade de oxigênio em nenhum dos casos. Essa característica é essencial não só para os organismos anaeróbicos, mas também para algumas células especializadas dos organismos multicelulares. Alguns tecidos (como a medula renal e partes do cérebro), denominados tecidos glicolíticos obrigatórios, dependem totalmente da glicólise para obter energia. Na córnea ocular, por exemplo, a disponibilidade de oxigênio é limitada pela má circulação de sangue. A glicólise anaeróbica fornece o ATP necessário a esses tecidos.

11.4 Variações de energia livre na glicólise

Quando a via glicolítica está acontecendo, o fluxo de metabólitos ocorre da glicose para o piruvato. Nessas condições, a variação da energia livre de Gibbs para qualquer reação deve ser negativa ou igual a zero. É interessante comparar as

> **QUADRO 11.4 O lactato do corredor de longas distâncias**
>
> A maioria de vocês já ouviu histórias sobre o acúmulo de lactato durante exercícios extenuantes, e todas elas parecem bem plausíveis. Quando as células musculares trabalham muito, elas utilizam glicose para gerar ATP, necessário para a contração dos músculos. Durante atividades muito cansativas, a produção de piruvato pode exceder sua capacidade de oxidação pelo ciclo do ácido cítrico. Se as células musculares não estão recebendo oxigênio suficiente, então o piruvato é convertido em ácido láctico, cujo acúmulo provoca acidose, que leva à dor e a uma menor eficiência muscular.
>
> É uma bela história, mas não é correta.
>
> A concentração de lactato nas células musculares e na corrente sanguínea aumenta, mas o lactato não é um ácido. Ele não pode doar um próton, portanto, o aumento de prótons (acidose) precisa ter outra fonte. Note que o produto da reação da lactato desidrogenase é o lactato, e não o ácido láctico (que poderia doar um próton).
>
> Não há produção líquida de prótons na via que leva da glicose ao lactato. A acidose observada após exercícios extenuantes deve-se, principalmente, à liberação de prótons durante a hidrólise de ATP associada à contração muscular. Esse é um desequilíbrio temporário, já que o ATP é rapidamente regenerado para manter sua alta concentração de estado estacionário. O lactato pode contribuir, indiretamente, para alguma acidose porque, como ânion potente, ele é capaz de afetar a capacidade de tamponamento do meio, mas esse efeito não é grande. O lactato tem sido acusado injustamente por décadas, inclusive em edições anteriores deste livro.

variações de energia livre de Gibbs padrão ($\Delta G^{\circ\prime}$) com as reais (ΔG), em condições nas quais o fluxo através da via glicolítica é alto. Tais condições ocorrem nos eritrócitos, onde a glicose do sangue é a maior fonte de energia e onde ocorre muito pouca síntese de carboidratos (ou de quaisquer outras moléculas).

A Figura 11.11 mostra as variações cumulativas da energia livre de Gibbs padrão e as variações reais cumulativas dessa energia para as reações glicolíticas nos eritrócitos. O eixo vertical indica as variações cumulativas da energia livre de Gibbs para cada uma das etapas da glicólise. A figura ilustra a diferença entre essas variações nas condições padrão ($\Delta G^{\circ\prime}$) e as variações reais nas condições da célula (ΔG).

A linha azul segue as variações cumulativas reais da energia livre. Ela mostra que cada reação tem uma variação da energia livre de Gibbs negativa ou igual a zero. Esse é um requisito essencial para a conversão de glicose em piruvato. Sendo assim, a via completa, que é a soma das reações individuais, também deve ter uma variação da energia livre negativa. A variação total da energia livre de Gibbs para a glicólise é de cerca de -72 kJ mol^{-1} nas condições encontradas nos eritrócitos.

As variações reais da energia livre de Gibbs são grandes apenas para as etapas 1, 3 e 10, catalisadas pela hexoquinase, pela fosfofrutoquinase-1 e pela piruvato quinase, respectivamente – etapas que são ao mesmo tempo metabolicamente irreversíveis e reguladas. Os valores de ΔG para as outras etapas são muito próximos de zero. Em outras palavras, essas outras etapas são reações de quase-equilíbrio nas células.

Em contraste, as variações da energia livre de Gibbs padrão para as mesmas dez reações não têm um padrão uniforme. Embora as três reações com grandes variações negativas de energia livre de Gibbs nas células também apresentem variações grandes de energia livre padrão, isso pode ser uma coincidência, já que algumas reações celulares de quase-equilíbrio também apresentam valores grandes de $\Delta G^{\circ\prime}$. Além disso, alguns valores de $\Delta G^{\circ\prime}$ para as reações da glicólise são positivos, indicando que nas condições-padrão o fluxo através delas ocorre no sentido do substrato, e não dos produtos. Isso é especialmente claro nas etapas 4 (aldolase) e 6 (gliceraldeído 3-fosfato desidrogenase). Em outros tipos de células, essas reações, que no eritrócito são de quase-equilíbrio, poderiam ocorrer na direção oposta durante a síntese da glicose.

> **CONCEITO-CHAVE**
> A produção líquida de produto em uma via metabólica (fluxo) só irá ocorrer se: (a) a variação total da energia livre de Gibbs for negativa e (b) a variação da energia livre de Gibbs de cada etapa for negativa ou igual a zero.

▶ **Figura 11.11**
Variações cumulativas das energias livres de Gibbs padrão e real para as reações da glicólise. O eixo vertical indica as variações da energia livre em kJ mol^{-1}. As reações da glicólise estão registradas horizontalmente, em sequência. O gráfico superior (rosa) mostra as variações da energia livre padrão, e o de baixo (azul), as variações da energia livre real nos eritrócitos. A reação de interconversão catalisada pela triose fosfato isomerase (Reação 5) não é mostrada. [Adaptado de Hamori E. Illustration of free energy changes in chemical reactions. J. Chem. Ed. 1975; 52:370-373.]

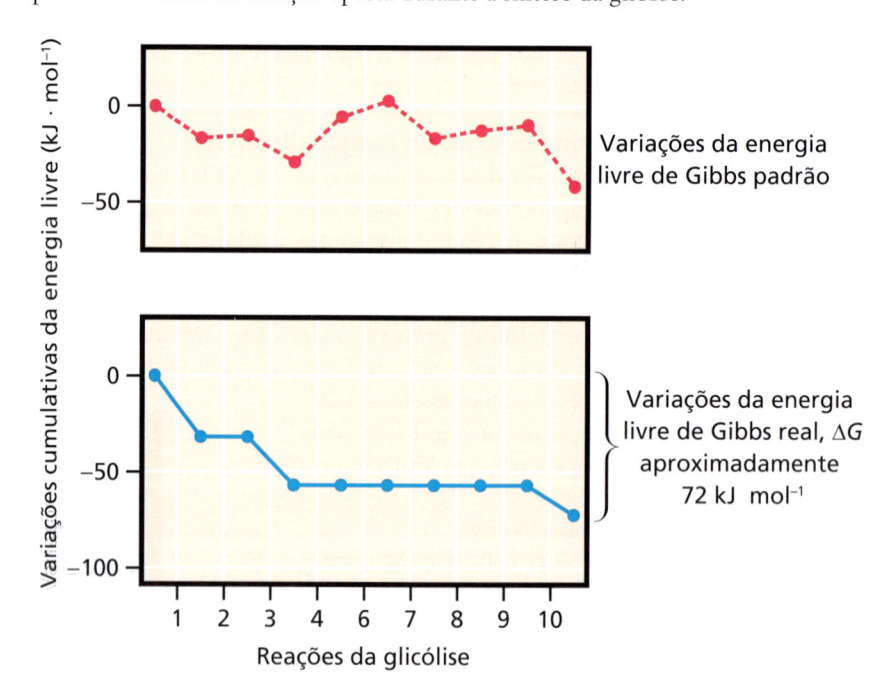

11.5 Regulação da glicólise

A regulação da glicólise tem sido estudada mais profundamente do que a de qualquer outra via. Os dados sobre esse assunto vêm principalmente de dois tipos de pesquisas bioquímicas: enzimologia e bioquímica metabólica. Na abordagem enzimológica, os metabólitos são testados quanto a seus efeitos sobre enzimas isoladas e são estudados a estrutura e os mecanismos reguladores de enzimas individuais. A bioquímica metabólica analisa as concentrações dos intermediários das vias *in vivo* e enfatiza a dinâmica das vias nas condições celulares. Às vezes observa-se que estudos *in vitro* são indicadores equivocados da dinâmica das vias *in vivo*. Por exemplo, um composto pode modular a atividade de uma enzima *in vitro*, mas apenas em concentrações que não são as encontradas na célula. A interpretação exata de dados bioquímicos depende de uma combinação das competências enzimológicas e metabólicas.

Nesta seção, examinaremos cada ponto regulador da glicólise. Nosso foco principal será a regulação da glicólise nas células de mamíferos, em particular naquelas onde essa é uma importante via metabólica. Variações dos temas de regulação aqui apresentados podem ser encontradas em outras espécies.

Os efeitos reguladores dos metabólitos sobre a glicólise estão resumidos na Figura 11.12. A ativação da glicólise é desejável quando o ATP é necessário em processos como a contração dos músculos. A hexoquinase é inibida por excesso de glicose 6-fosfato; a PFK-1 é inibida pelo acúmulo de ATP e de citrato (um intermediário no ciclo do ácido cítrico, processo produtor de energia). Tanto o ATP como o citrato sinalizam um suprimento adequado de energia. O consumo de ATP leva ao acúmulo de AMP, que reduz a inibição da PFK-1 pelo ATP. A frutose 2,6-*bis*fosfato também reduz essa inibição. A velocidade de formação de frutose 1,6-*bis*fosfato então aumenta e, em alguns tecidos, isso ativa a piruvato quinase. A atividade glicolítica diminui quando seus produtos não são mais necessários.

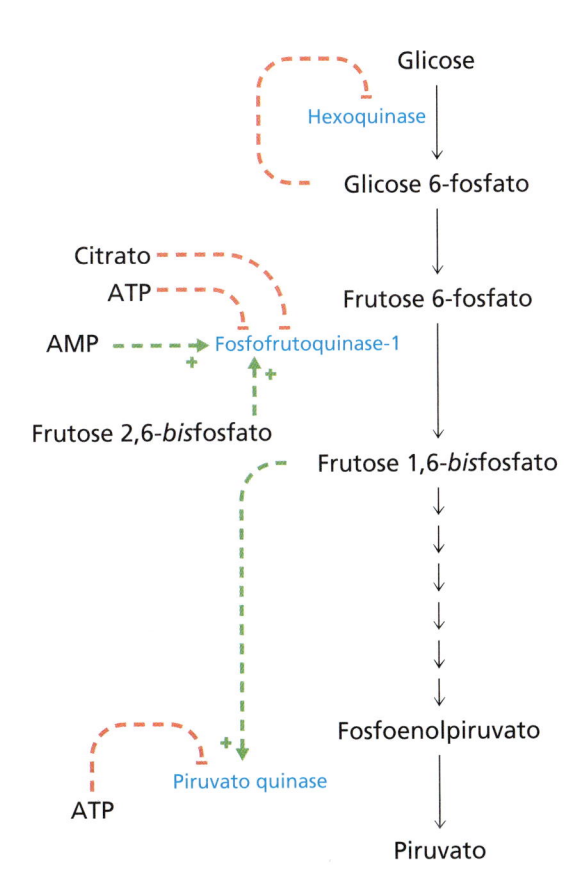

◂ **Figura 11.12**
Resumo da regulação metabólica da via glicolítica em mamíferos. Os efeitos do ADP sobre a PFK-1, que variam entre as espécies, não são mostrados.

A. Regulação dos transportadores de hexose

A primeira etapa passível de regular a glicólise é o transporte de glicose para o interior da célula. A concentração de glicose no interior da maioria das células dos mamíferos é muito mais baixa do que no sangue. E a glicose se move para o interior das células, no sentido de seu gradiente, por transporte passivo. Todas as células dos mamíferos têm transportadores de glicose em suas membranas. Células intestinais e renais têm um sistema de cotransporte dependente de $Na^{\oplus}$, chamado SGLT1, para absorver a glicose da alimentação e da urina, respectivamente. Outras células

> Os sistemas de transporte de membranas foram descritos na Seção 9.11.

de mamíferos têm transportadores da família GLUT de transportadores passivos de hexose. Cada um dos seis membros da família GLUT tem propriedades únicas, adequadas às atividades metabólicas dos tecidos em que são encontrados.

O hormônio insulina estimula altas velocidades de absorção de glicose nas células musculoesqueléticas e cardíacas, bem como nos adipócitos, via o transportador GLUT4. Quando a insulina se liga aos receptores na superfície da célula, as vesículas intracelulares que contêm GLUT4 incorporado em suas membranas fundem-se com a superfície da célula por exocitose (Seção 9.11D) aumentando, assim, a capacidade das células de transportar glicose (Figura 11.13). Como altos níveis de GLUT4 são encontrados apenas nos músculos estriados e no tecido adiposo, a absorção de glicose regulada por insulina só ocorre nesses tecidos.

Na maioria dos tecidos, um nível basal de transporte de glicose na ausência de insulina é mantido por GLUT1 e GLUT3. O GLUT2 transporta glicose para dentro e para fora do fígado; o GLUT5 transporta frutose no intestino delgado. O GLUT7 transporta glicose 6-fosfato do citoplasma para dentro do retículo endoplasmático.

Uma vez dentro da célula, a glicose é rapidamente fosforilada por ação da hexoquinase. Essa reação prende a glicose no interior da célula, já que, fosforilada, ela não é capaz de cruzar a membrana plasmática. Como iremos ver adiante, a glicose fosforilada também pode ser usada na síntese de glicogênio ou na via das pentoses fosfato (Capítulo 12).

B. Regulação da hexoquinase

A reação catalisada pela hexoquinase nos mamíferos é metabolicamente irreversível (porque é regulada), mas, nas bactérias e em vários outros eucariontes, a hexoquinase não é regulada. Nessas espécies, as concentrações de reagentes e produtos atingem o equilíbrio. Nos mamíferos, as várias formas de hexoquinase são sujeitas à regulação complexa.

Em concentrações fisiológicas, o produto enzimático, glicose 6-fosfato, inibe alostericamente as isoenzimas I, II e III da hexoquinase, mas não a glicoquinase (isoenzima IV). A glicoquinase é mais abundante do que as outras hexoquinases no fígado e nas células secretoras de insulina do pâncreas. A concentração de glicose 6-fosfato aumenta quando a glicólise é inibida em pontos posteriores da via. A inibição das hexoquinases I, II e III pela glicose 6-fosfato, portanto, coordena a atividade dessa enzima com a atividade das enzimas subsequentes da glicólise.

A glicoquinase é adequada à função fisiológica do fígado de gerenciar o suprimento de glicose para o corpo inteiro. Na maioria das células, as concentrações de glicose são mantidas bem abaixo da concentração no sangue. No entanto, a glicose entra livremente no fígado via GLUT2, e sua concentração nas células hepáticas é igual à concentração no sangue. Esta é, tipicamente, igual a 5 mM, podendo chegar a 10

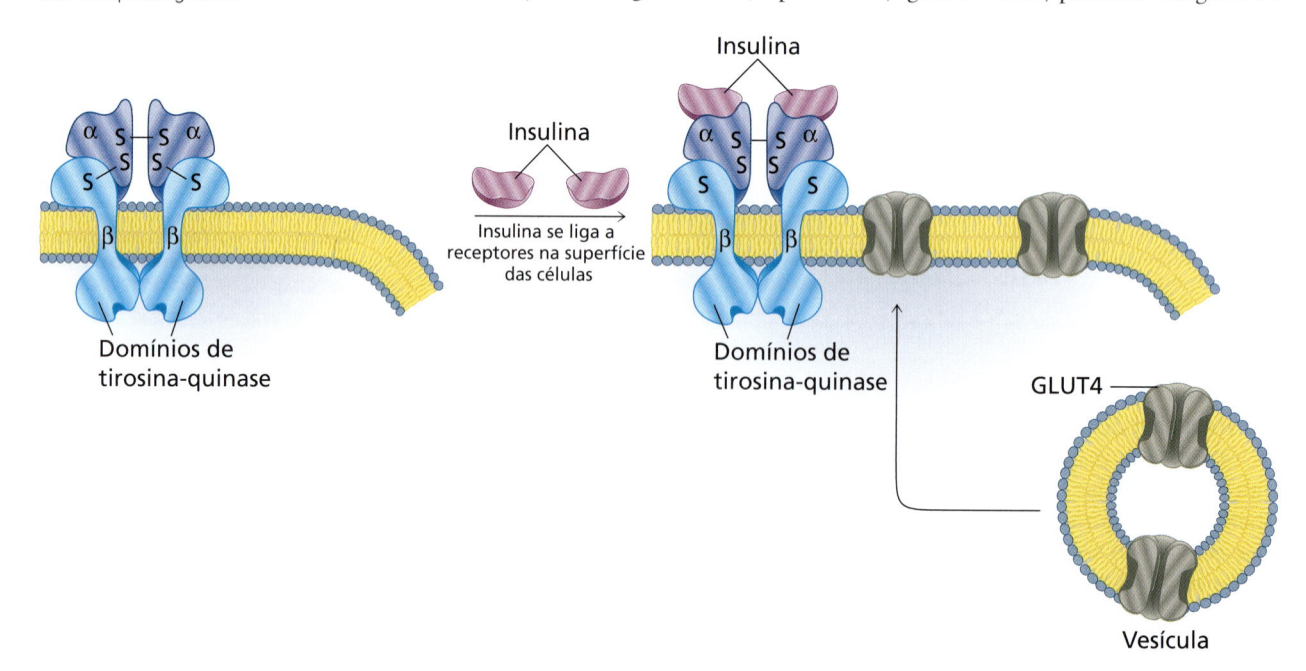

▼ **Figura 11.13**
Regulação do transporte de glicose pela insulina. A ligação da insulina aos receptores na superfície das células estimula vesículas intracelulares contendo transportadores GLUT4 em suas membranas a se fundirem com a membrana plasmática, liberando os transportadores na superfície da célula e, assim, aumentando a capacidade de esta transportar glicose.

mM após uma refeição. A maioria das hexoquinases tem valores de K_m para a glicose de cerca de 0,1 mM, ou menos. Em contraste, a glicoquinase tem um K_m de 2 a 5 mM para a glicose; além disso, ela não é inibida significativamente pela glicose 6-fosfato. Portanto, as células do fígado podem formar glicose 6-fosfato (para síntese de glicogênio) pela ação da glicoquinase, quando a glicose é abundante e outros tecidos a têm em quantidade suficiente.

A atividade da glicoquinase é modulada pelos fosfatos da frutose. Nas células hepáticas, uma proteína reguladora inibe a glicoquinase na presença de frutose 6-fosfato, reduzindo sua afinidade pela glicose para cerca de 10 mM (Figura 11.14). Observe que curvas de v_0 X [S] para glicoquinase têm formato de S, e não de hipérbole, como esperado para uma enzima que obedeça à cinética de Michaelis-Menten. Essa é uma característica comum às proteínas alostericamente reguladas, e significa que não há um valor de K_m verdadeiro para a glicoquinase. Podemos dizer que o efeito da proteína reguladora é aumentar o K_m *aparente* da enzima. O fluxo que passa pela glicoquinase normalmente é baixo porque as células hepáticas sempre têm uma quantidade considerável de frutose 6-fosfato. Ele pode aumentar após uma refeição, quando a frutose 1-fosfato – derivada apenas da frutose alimentar – reduz a inibição da glicoquinase pela proteína reguladora. Assim, o fígado é capaz de responder a aumentos da concentração de carboidratos no sangue com aumentos proporcionais na velocidade de fosforilação da glicose.

C. Regulação da fosfofrutoquinase-1

O segundo sítio de regulação alostérica é a reação catalisada pela fosfofrutoquinase-1. PFK-1 é uma enzima oligomérica grande, com peso molecular variando, em diferentes espécies, entre 130.000 e 600.000. A estrutura quaternária da PFK-1 também varia com a espécie. Nas bactérias e nos mamíferos, a enzima é tetramérica; na levedura, ela é octamérica. Essa enzima complexa tem vários sítios reguladores. As propriedades regulatórias da fosfofrutoquinase-1 de *Escherichia coli* estão descritas na Seção 5.10A.

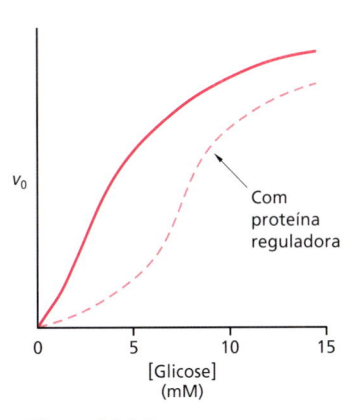

▲ **Figura 11.14**
Gráfico de velocidade inicial (v_0) x concentração de glicose para glicoquinase. A adição de uma proteína reguladora reduz a afinidade da enzima pela glicose. A concentração de glicose no sangue é de 5 mM a 10 mM.

QUADRO 11.5 A glicose 6-fosfato tem uma função metabólica fundamental no fígado

A glicose 6-fosfato é um substrato inicial para diversas vias metabólicas (figura abaixo). Já vimos que ela é o intermediário inicial da glicólise. A glicose 6-fosfato é rapidamente formada nas células do fígado a partir da glicose contida na alimentação ou recém-sintetizada (na gliconeogênese em células hepáticas; Seção 12.1).

A glicose 6-fosfato no fígado é usada principalmente para manter uma concentração constante de glicose no sangue. A glicose 6-fosfatase é a enzima responsável por catalisar a hidrólise de glicose 6-fosfato, formando glicose (essa reação também é a última etapa da gliconeogênese).

A glicose 6-fosfato que não é usada para formar a glicose no sangue é guardada no fígado sob a forma de glicogênio (Seção 12.6), que é degradado quando há necessidade de glicose. Hormônios regulam tanto a síntese como a degradação do glicogênio.

Além de usá-la para equilibrar a concentração de glicose no sangue, o fígado metaboliza a glicose 6-fosfato pela via das pentoses fosfato (Seção 12.5) para produzir ribose 5-fosfato (para os nucleotídeos) e NADPH (para a síntese de ácidos graxos). Vimos neste capítulo que a glicose 6-fosfato também pode entrar na via glicolítica, onde é convertida em piruvato, que leva a outro metabólito importante, a acetil-CoA.

▼ **A glicose 6-fosfato ocupa uma posição-chave no metabolismo de carboidratos no fígado.**

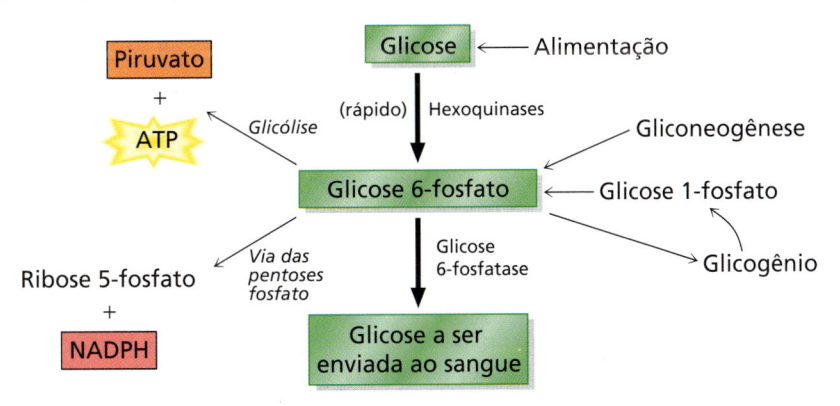

▶ **Figura 11.15**
Regulação da PFK-1 por ATP e AMP.
Na ausência de AMP, a PFK-1 é quase completamente inibida pelas concentrações fisiológicas de ATP. Na faixa de concentrações de AMP encontrada na célula, a inibição da PFK-1 pelo ATP é quase completamente eliminada. [Adaptado de Martin BR. Metabolic Regulation: A Molecular Approach. Oxford: Blackwell Scientific Publications, 1987; p. 222.]

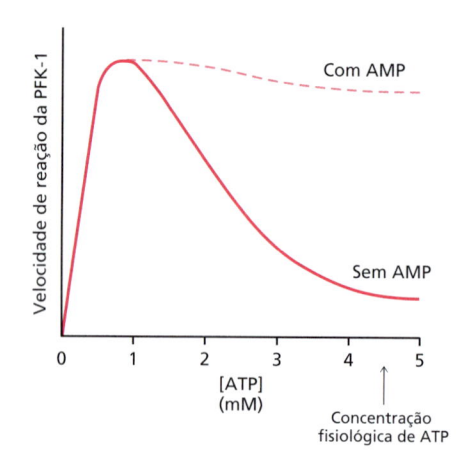

O ATP é um substrato e, na maioria das espécies, também um inibidor alostérico da PFK-1. Ele aumenta o K_m aparente dessa enzima para a frutose 6-fosfato. A enzima bacteriana é ativada pelo ADP, mas nos mamíferos o AMP é o ativador alostérico da PFK-1. O AMP atua reduzindo a inibição causada pelo ATP (Figura 11.15). O ADP ativa a PFK-1 dos mamíferos, mas inibe a quinase vegetal; em bactérias, protistas e fungos, os efeitos reguladores dos nucleotídeos purínicos variam de acordo com a espécie.

A concentração de ATP não varia muito na maioria das células de mamíferos, apesar das grandes variações nas velocidades de sua formação e utilização. No entanto, como discutido na Seção 10.6, variações significativas nas concentrações de ADP e AMP ocorrem porque essas moléculas estão presentes nas células em concentrações muito menores do que as do ATP; assim, pequenas alterações no nível de ATP provocam mudanças proporcionalmente maiores nos níveis de ADP e AMP. As concentrações de estado estacionário desses compostos são, portanto, capazes de controlar o fluxo através da PFK-1.

Lembre-se de que a ativação pelo ADP (ou AMP) faz sentido face à produção líquida de ATP na glicólise. Níveis elevados de ADP ou de AMP indicam uma deficiência de ATP, que pode ser compensada pelo aumento da velocidade de degradação da glicose (Seção 5.9A).

Citrato, um intermediário do ciclo do ácido cítrico, é outro inibidor de importância fisiológica da PFK-1 de mamíferos. Uma concentração elevada de citrato indica que o ciclo do ácido cítrico está bloqueado e a produção adicional de piruvato não faria sentido. O efeito regulador do citrato sobre a PFK-1 é um exemplo de inibição por retroalimentação que regula o suprimento de piruvato para o ciclo do ácido cítrico (o fosfoenolpiruvato, e não o citrato, inibe a enzima bacteriana).

Como mostrado na Figura 11.12, a frutose 2,6-*bis*fosfato é um ativador potente da PFK-1, eficaz na faixa micromolar. Esse composto surge em mamíferos, fungos e vegetais, mas não em procariontes. Retornaremos ao papel da frutose 2,6-*bis*fosfato no próximo capítulo, depois que tivermos descrito a gliconeogênese e o metabolismo do glicogênio.

D. Regulação da piruvato quinase

O terceiro sítio de regulação alostérica da glicólise é a reação catalisada pela piruvato quinase. Espécies unicelulares, como as bactérias e os protistas, têm um único gene de piruvato quinase. A enzima é regulada alostericamente de maneira simples: sua atividade é afetada por piruvato e/ou frutose 1,6-*bis*fosfato. A regulação é muito mais complexa nos mamíferos porque órgãos diferentes têm necessidades de glicose e glicólise distintas.

Quatro isoenzimas diferentes da piruvato quinase estão presentes nos tecidos dos mamíferos. As isoenzimas encontradas no fígado, nos rins e nas hemácias originam uma curva sigmoide quando se analisa sua velocidade inicial em função da concentração de fosfoenolpiruvato (Figura 11.16a), o que indica que o PEP, além de substrato, é um ativador alostérico. Essas enzimas também são ativadas alostericamente pela frutose 1,6-*bis*fosfato e inibidas pelo ATP. Na ausência de frutose 1,6-*bis*fosfato,

◄ **Figura 11.16**
Gráficos de velocidade inicial (v_o) x concentração de fosfoenolpiruvato para piruvato quinase. (a) Para isoenzimas de algumas células, a presença de frutose 1,6-*bis*fosfato desloca a curva para a esquerda, indicando que esse é um ativador das enzimas. **(b)** Quando células do fígado ou do intestino são incubadas com glucagon, a piruvato quinase é fosforilada pela ação da proteína quinase A. A curva desloca-se para a direita, indicando menor atividade da piruvato quinase.

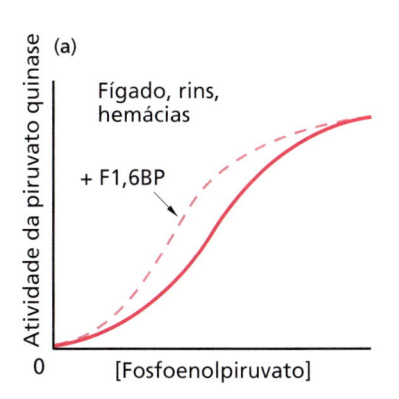

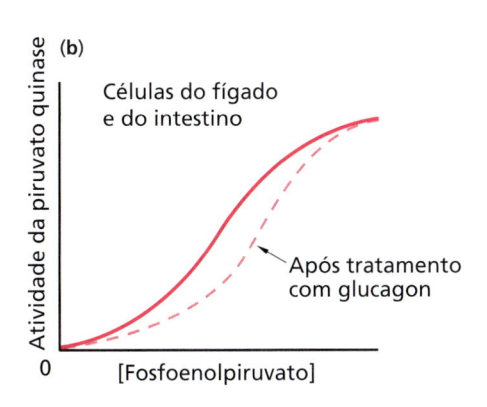

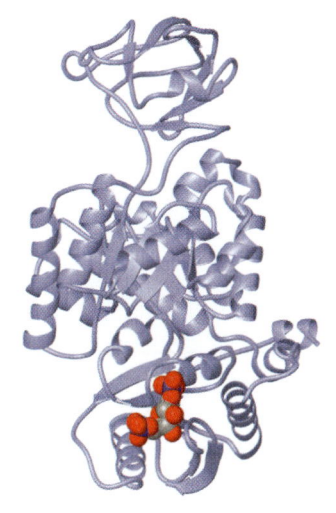

concentrações fisiológicas de ATP inibem quase completamente a enzima isolada. A presença de frutose 1,6-*bis*fosfato – provavelmente o modulador mais importante *in vivo* – desloca a curva para a esquerda. Com suficiente frutose 1,6-*bis*fosfato, a curva se torna hiperbólica. A Figura 11.16a mostra que, para uma faixa de concentração do substrato, a atividade da enzima é maior na presença do ativador alostérico. Lembre-se de que a frutose 1,6-*bis*fosfato é o produto da reação catalisada pela PFK-1. Sua concentração aumenta quando a atividade da PFK-1 aumenta. Como a frutose 1,6-*bis*fosfato ativa a piruvato quinase, a ativação da PFK-1 (que catalisa a Etapa 3 da via glicolítica) provoca a ativação subsequente da piruvato quinase (a última enzima da via). Esse é um exemplo de ativação por antecipação.

A isoenzima predominante da piruvato quinase, encontrada em células do fígado e do intestino, é sujeita a um tipo adicional de regulação, a modificação covalente por fosforilação. A proteína quinase A, que também catalisa a fosforilação da PFK-2 (Figura 11.17), catalisa a fosforilação da piruvato quinase, que é menos ativa no estado fosforilado. A mudança no comportamento cinético é mostrada na Figura 11.16b, que representa um gráfico da atividade da piruvato quinase nas células do fígado e do intestino, em presença e na ausência de glucagon, um estimulador da proteína quinase A. A desfosforilação da piruvato quinase é catalisada por uma fosfatase.

A atividade da piruvato quinase de células do fígado diminui na falta prolongada de alimento e aumenta com a ingestão de uma dieta rica em carboidratos. Essas alterações de longo prazo são decorrentes de a variações na velocidade de síntese da piruvato quinase, e não à regulação alostérica ou à modificação covalente.

▲ **Figura 11.17**
Piruvato quinase da levedura *Saccharomyces cerevisiae*, com o ativador frutose 1,6-*bis*fosfato (vermelho). O sítio ativo fica no grande domínio central [PDB 1A3W].

E. O efeito Pasteur

Louis Pasteur observou que, quando células de levedura cresciam em condições anaeróbicas, produziam muito mais etanol e consumiam muito mais glicose do que em condições aeróbicas. De modo semelhante, os músculos esqueléticos acumulam lactato em condições anaeróbicas, mas não quando metabolizam glicose aerobicamente. Tanto na levedura como no músculo, a velocidade de conversão de glicose em piruvato é muito maior em condições anaeróbicas. A diminuição da velocidade da glicólise em presença de oxigênio é chamada **efeito Pasteur**. Como veremos no Capítulo 13, o metabolismo aeróbico completo de uma molécula de glicose produz muito mais ATP do que as duas moléculas produzidas pela glicólise, apenas. Portanto, para uma dada necessidade de ATP, menos moléculas de glicose precisam ser consumidas em condições aeróbicas. As células percebem a situação de oferta e demanda do ATP e modulam a glicólise por diversos mecanismos. Por exemplo, a disponibilidade de oxigênio leva à inibição da PFK-1 (e, portanto da glicólise), provavelmente por meio de um aumento na razão ATP/AMP.

11.6 Outros açúcares podem participar da glicólise

Glicose e glicose 6-fosfato são os substratos mais comuns da glicólise, especialmente nos vertebrados em que a glicose circula na corrente sanguínea. No entanto, diversos outros açúcares podem ser degradados pela via glicolítica. Nesta seção, veremos como a sacarose, a frutose, a lactose, a galactose e a manose podem ser metabolizadas.

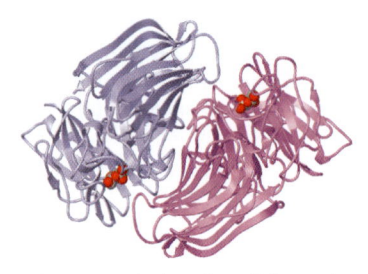

▲ **Invertase da levedura *Schwanniomyces occidentalis*.** A forma ativa da enzima é um dímero de subunidades idênticas. Frutose (representação de espaço preenchido) está ligada ao sítio ativo [PDB 3KF3].

A. A sacarose é quebrada em monossacarídeos

O dissacarídeo sacarose pode ser degradado em seus dois componentes monossacarídicos: frutose e glicose. Essa quebra é catalisada por uma classe de enzimas chamadas sacarases. A invertase (β-frutofuranosidease) é uma das sacarases mais comuns. Ela catalisa a clivagem hidrolítica da ligação glicosídica entre o oxigênio e o resíduo de glicose, produzindo frutose e glicose (Figura 11.18). Os resíduos de glicose são, então, fosforilados pela hexoquinase, e os de frutose entram na via metabólica como descrito a seguir.

Algumas bactérias têm uma enzima muito interessante chamada sacarose fosforilase. Ela quebra a sacarose, na presença de fosfato inorgânico, convertendo-a em uma molécula de frutose e uma de glicose 1-fosfato (Figura 11.18). Todos os açúcares que entram na glicólise precisam ser fosforilados em algum momento, e essa etapa quase sempre envolve o consumo de um equivalente de ATP. A sacarose fosforilase é uma exceção importante porque produz glicose 1-fosfato sem gasto de ATP.

B. A frutose é convertida em gliceraldeído 3-fosfato

A frutose é fosforilada em frutose 1-fosfato pela ação de uma frutoquinase dependente de ATP (Figura 11.19). Nos mamíferos, essa etapa acontece no fígado, depois que a frutose foi absorvida pelo intestino e transferida para a corrente sanguínea. A frutose 1-fosfato aldolase catalisa a quebra da frutose 1-fosfato em di-hidroxiacetona fosfato e gliceraldeído. Este é, em seguida, transformado em gliceraldeído 3-fosfato em uma reação catalisada pela triose quinase, consumindo uma segunda molécula de ATP. A di-hidroxiacetona fosfato é convertida em uma segunda molécula de gliceraldeído 3-fosfato por ação da triose fosfato isomerase.

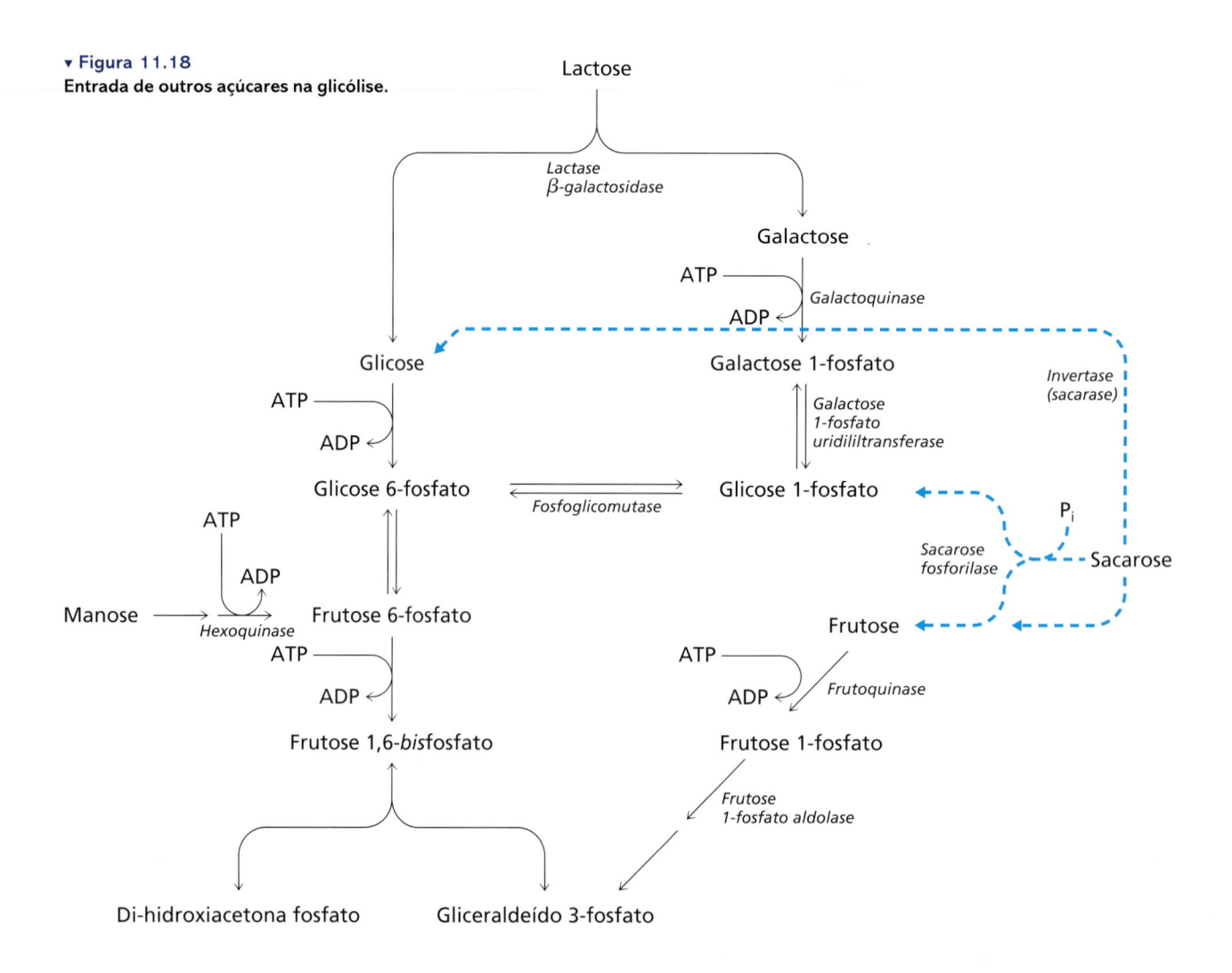

▼ **Figura 11.18**
Entrada de outros açúcares na glicólise.

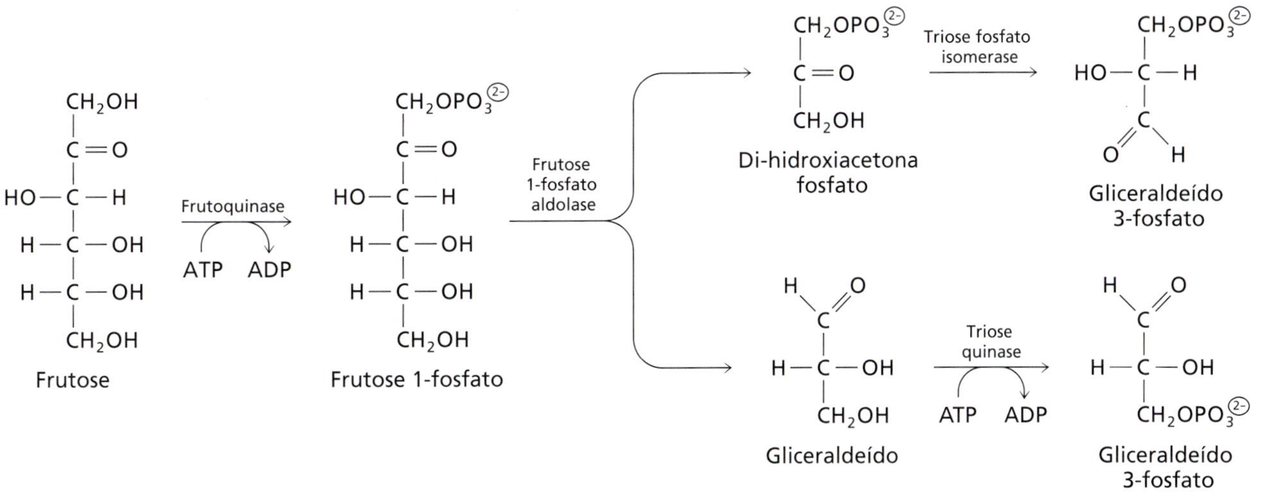

Figura 11.19
Conversão de frutose em duas moléculas de gliceraldeído 3-fosfato.

As duas moléculas de gliceraldeído 3-fosfato produzidas podem, em seguida, ser metabolizadas em piruvato nas etapas restantes da glicólise. O metabolismo de uma molécula de frutose em duas de piruvato produz dois ATP e duas moléculas de NADH. Esse é o mesmo resultado da conversão de glicose em piruvato. O catabolismo da frutose evita a fosfofrutoquinase-1 e a regulação associada a ela. A regulação da piruvato quinase ainda pode controlar o fluxo na via.

C. A galactose é convertida em glicose 1-fosfato

O dissacarídeo lactose, presente no leite, é uma fonte importante de energia para mamíferos na infância. Em recém-nascidos, a lactase intestinal catalisa a hidrólise da lactose em seus componentes, glicose e galactose, que são absorvidos pelo intestino e transportados pela corrente sanguínea.

Como mostrado na Figura 11.20, a galactose (o epímero em C-4 da glicose) pode ser convertida em glicose 1-fosfato por uma rota em que o açúcar nucleotídeo UDP--glicose (Seção 7.2A) é reciclado. No fígado, a galactoquinase catalisa a transferência de um grupo fosforila do ATP para a galactose. A galactose 1-fosfato formada nessa reação troca de posição com a glicose 1-fosfato da UDP-glicose por meio da quebra da ligação pirofosfato desta. Essa reação é catalisada pela galactose 1-fosfato uridilil-transferase e produz glicose 1-fosfato e UDP-galactose. A glicose 1-fosfato pode entrar na glicólise após a conversão a glicose 6-fosfato, em uma reação catalisada pela fos-foglicomutase. A UDP-galactose é transformada em UDP-glicose por ação da UDP--glicose 4-epimerase.

A conversão de uma molécula de galactose em duas de piruvato produz dois ATP e duas moléculas de NADH, o mesmo resultado das conversões de glicose e frutose. A UDP-glicose necessária é formada a partir da glicose e do UTP, um equivalente do ATP, mas somente pequenas quantidades (catalíticas) dele são necessárias, já que a UDP-glicose é reciclada.

A UDP-galactose é necessária para a biossíntese de gangliosídeos (Seção 16.11).

Crianças alimentadas exclusivamente com leite dependem do metabolismo da galactose para cerca de 20% de sua ingestão calórica. Na forma mais comum da desordem genética chamada galactosemia (a incapacidade de metabolizar adequadamente a galactose), as crianças têm deficiência na galactose 1-fosfato uridililtransferase. Nesses casos, a galactose 1-fosfato se acumula nas células, podendo levar ao comprometimento da função hepática, reconhecido pela icterícia (a pele fica amarelada). O dano ao fígado pode ser fatal. Outros efeitos incluem danos ao sistema nervoso central. A pesquisa de galactose 1-fosfato uridililtransferase das hemácias do cordão umbilical permite a detecção da galactosemia logo após o nascimento. Muitos dos efeitos mais graves dessa deficiência genética podem ser mitigados por uma dieta especial contendo muito pouca galactose e lactose.

A maioria dos seres humanos sofre uma redução no nível de lactase por volta dos 5 aos 7 anos de idade. Essa é uma situação normal, observada na maioria dos outros primatas. Ela se assemelha à passagem da infância, quando o leite materno é a principal

QUADRO 11.6 Um ingrediente secreto

Invertase purificada é muito usada na indústria de doces para converter sacarose em frutose e glicose. A frutose é mais doce do que a sacarose e, portanto, mais interessante em alguns alimentos. Os recheios líquidos, aveludados, de alguns chocolates são produzidos com adição de invertase – purificada de leveduras – a uma mistura de sacarose. Além de um sabor mais doce, a frutose tem menor tendência a formar cristais. Normalmente, a quebra catalítica da sacarose no interior do chocolate leva vários dias ou semanas em temperatura ambiente.

Procure por invertase nos rótulos dos alimentos para ver mais exemplos dessa aplicação industrial da bioquímica, mas saiba que nem todo recheio líquido nos chocolates é decorrente da adição dessa enzima.

▶ **Bombom de cereja da Lowney (Hershey Canadá).** O recheio líquido se deve à presença de invertase.

fonte de nutrição, para a idade adulta, em que o leite materno não é mais consumido. Em algumas populações humanas, a produção de lactase não é interrompida durante a adolescência. Essas populações adquiriram um gene mutante que continua a sintetizar lactase nos adultos. Em consequência, seus indivíduos podem consumir produtos lácteos durante toda a vida. As populações do norte da Europa e seus descendentes têm altas proporções de produção de lactase na idade adulta.

Em adultos normais, a lactose é metabolizada pelas bactérias presentes no intestino grosso, com a produção de gases como CO_2 e H_2, e de ácidos de cadeia curta. Esses ácidos provocam diarreia pelo aumento da força iônica dos fluidos intestinais. Leite e derivados são, em geral, evitados por pessoas que não sintetizam lactase. Como essas pessoas não toleram dietas ricas em laticínios, diz-se que são intolerantes à lactose, embora seja bom ter em mente que essa é a condição normal da maioria dos mamíferos, incluindo os seres humanos. Alguns indivíduos intolerantes à lactose podem consumir iogurtes, em que a lactose já foi parcialmente hidrolisada pela ação da β-galactosidase endógena dos microrganismos da cultura do iogurte. Um suplemento enzimático comercial que contenha β-galactosidase de um microrganismo pode ser usado para tratar previamente o leite, reduzindo seu teor de lactose, ou ser tomado no momento da ingestão de derivados do leite por indivíduos deficientes em lactase.

▼ **Figura 11.20**
Conversão de galactose em glicose 6-fosfato. O intermediário metabólico UDP-glicose é reciclado no processo. A estequiometria total da via é galactose + ATP → glicose 6-fosfato + ADP.

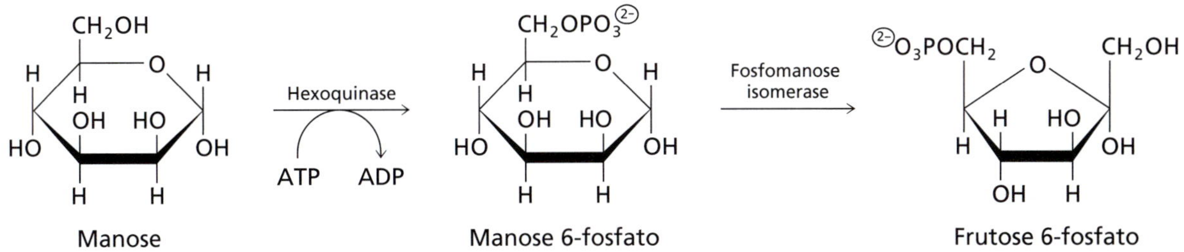

▲ Figura 11.21
Conversão de manose a frutose 6-fosfato.

D. A manose é convertida em frutose 6-fosfato

A aldo-hexose manose é obtida na alimentação a partir de glicoproteínas e alguns polissacarídeos. A manose é convertida em manose 6-fosfato pela ação da hexoquinase. Para entrar na via glicolítica, a manose 6-fosfato sofre isomerização a frutose 6-fosfato, em uma reação catalisada pela fosfomanose isomerase. Essas duas reações estão representadas na Figura 11.21.

11.7 A via Entner-Doudoroff nas bactérias

A via clássica da glicólise é também chamada via de Embden-Meyerhof-Parnas. Ela é encontrada em todos os eucariontes e em várias espécies de bactérias. Contudo, um grande número de espécies bacterianas não tem fosfofrutoquinase-1 e não é capaz de converter glicose 6-fosfato em frutose 1,6-*bis*fosfato no estágio das hexoses da glicólise.

O estágio das hexoses da glicólise clássica pode ser contornado pela via de Entner-Doudoroff. Esta começa com a conversão de glicose 6-fosfato em 6-fosfogluconato, uma reação catalisada por duas enzimas: glicose 6-fosfato desidrogenase e 6-fosfogluconolactonase (Figura 11.22). A oxidação da glicose 6-fosfato pela glicose 6-fosfato desidrogenase é acoplada à redução do $NADP^{\oplus}$. A desidrogenase e a 6-fosfogluconolactonase são enzimas comuns em quase todas as espécies, pois são necessárias na via das pentoses fosfato (Seção 12.5). A via de Entner-Doudoroff é a via de degradação da glicose mais antiga, em termos evolutivos. A glicólise clássica (EMP) surgiu mais tarde.

O 6-fosfogluconato é convertido em 2-ceto-3-desoxi-6-fosfogluconato (KDPG) em uma reação incomum de desidratação (desidratase). O KDPG é, em seguida, quebrado pela ação da KDPG aldolase, originando uma molécula de piruvato e outra de gliceraldeído 3-fosfato. O piruvato é o produto final da glicólise e o gliceraldeído 3-fosfato pode ser convertido em outra molécula de piruvato no estágio das trioses da glicólise. As enzimas desse estágio na via EMP são encontradas em todas as espécies, pois são essenciais para a síntese da glicose, bem como para a glicólise. Observe que apenas uma molécula de gliceraldeído 3-fosfato passa pela metade inferior da via glicolítica para cada molécula de glicose 6-fosfato que entra na via Entner-Doudoroff. Isso significa que apenas uma molécula de ATP é produzida por cada uma de glicose que é degradada, enquanto na glicólise duas moléculas de ATP são sintetizadas. Dois equivalentes redutores (NADH) são produzidos na glicólise e dois na via ED (NADPH na primeira reação, e uma molécula de NADH quando o gliceraldeído 3-fosfato é convertido em 1,3-*bis*fosfoglicerato).

Além de ser a principal via de degradação da glicose em algumas espécies, a via Entner-Doudoroff também é importante naquelas que possuem uma via completa de Entner-Meyerhof-Parnas. Esta é usada no metabolismo do gluconato e de outros ácidos orgânicos relacionados que não podem ser transferidos diretamente para a via glicolítica normal. Diversas espécies de bactérias, incluindo *E. coli*, podem crescer tendo gluconato como única fonte de carbono. Nessas condições, a principal via de degradação produtora de energia é a de Entner-Doudoroff. A primeira reação dessa via produz NADPH em vez de NADH, e a maioria das espécies utiliza a reação da glicose 6-fosfato desidrogenase como importante fonte de equivalentes redutores NADPH (Seção 12.4).

CONCEITO-CHAVE

A via clássica da glicólise surgiu milhões de anos depois da de Entner-Doudoroff e da gliconeogênese.

▶ **Figura 11.22**
A via Entner-Doudoroff.

> No Quadro 12.2, discutimos as doenças metabólicas associadas à glicose 6-fosfato desidrogenase em seres humanos.

> Aldolases clivam hexoses em compostos de 3 carbonos. A KDPG é a terceira aldolase que descrevemos.

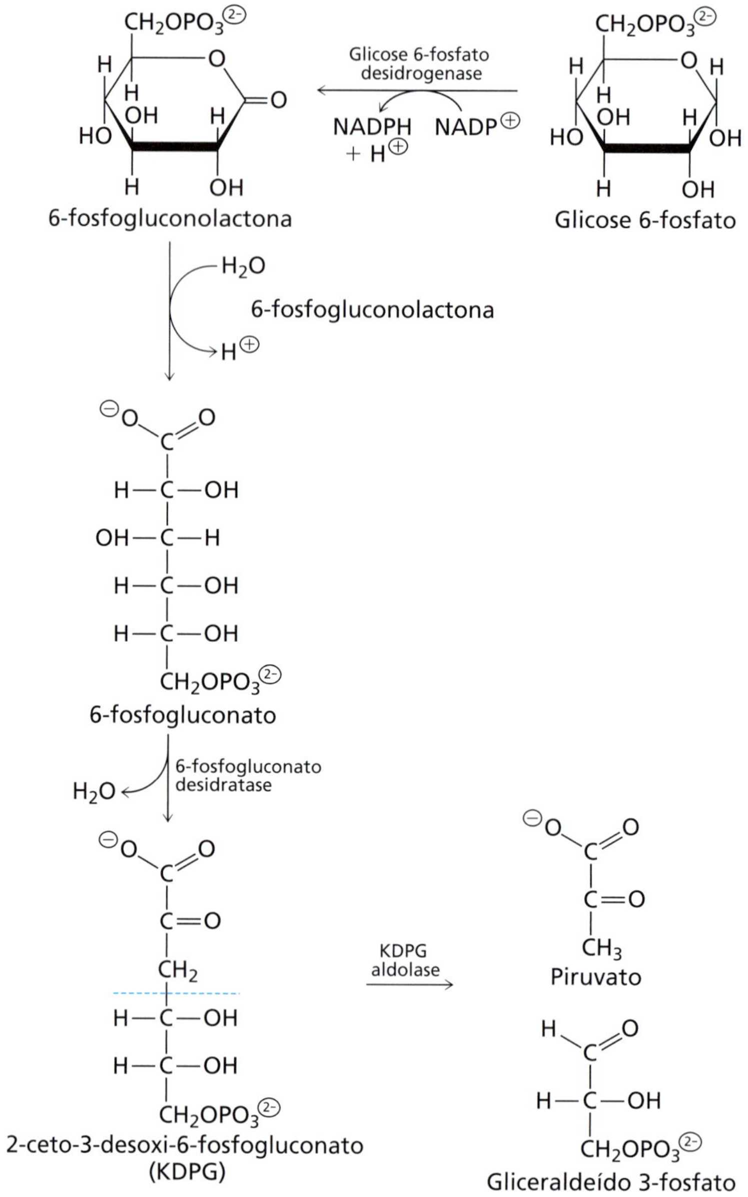

Resumo

1. A glicólise é uma via de dez etapas, na qual a glicose é catabolizada em piruvato. Ela pode ser dividida em um estágio das hexoses e um das trioses. Os produtos do estágio das hexoses são o gliceraldeído 3-fosfato e a di-hidroxiacetona fosfato. Os fosfatos de triose se interconvertem, e o gliceraldeído 3-fosfato é metabolizado em piruvato.

2. Para cada molécula de glicose convertida em piruvato, há uma produção líquida de duas moléculas de ATP, a partir de ADP + P$_i$, e duas moléculas de NAD$^\oplus$ são reduzidas a NADH.

3. Em condições anaeróbicas, nas leveduras, o piruvato é metabolizado em etanol e CO$_2$. Em alguns outros organismos, o piruvato pode ser convertido em lactato em condições anaeróbicas. Os dois processos utilizam NADH e regeneram NAD$^\oplus$.

4. A variação total da energia livre de Gibbs para a glicólise é negativa. As etapas catalisadas por hexoquinase, fosfofrutoquinase-1 e piruvato quinase são metabolicamente irreversíveis.

5. A glicólise é regulada em quatro etapas: no transporte de glicose em algumas células e nas reações catalisadas por hexoquinase, fosfofrutoquinase-1 e piruvato quinase.

6. Frutose, galactose e manose podem entrar na via glicolítica por meio da sua conversão em metabólitos glicolíticos.

7. A via Entner-Doudoroff é uma rota alternativa para o catabolismo da glicose em algumas bactérias.

Problemas

1. Calcule o número de moléculas de ATP obtidas pela conversão anaeróbica em lactato de cada um dos açúcares a seguir: (a) glicose, (b) frutose, (c) manose e (d) sacarose.

2. (a) Indique as posições dos seis carbonos da glicose nas duas moléculas de lactato formadas na glicólise anaeróbica. (b) Em condições aeróbicas, piruvato pode ser descarboxilado para fornecer acetil-CoA e CO_2. Que carbonos da glicose devem ser marcados com ^{14}C para se obter $^{14}CO_2$?

3. Se ^{32}P (isto é, fósforo isotopicamente marcado) for adicionado a uma preparação de fígado livre de células onde esteja ocorrendo a glicólise, essa marcação será incorporada diretamente em algum intermediário glicolítico ou produto da via?

4. A doença de Huntington faz parte da família de doenças da "repetição de glutamina". Em adultos de meia-idade, essa doença provoca condições degenerativas, incluindo movimentos involuntários e demência. A proteína mutada (proteína de Huntington) contém uma região poliglutamínica, com 40 a 120 glutaminas que, segundo se acredita, medeia uma ligação forte dessa proteína com a gliceraldeído 3-fosfato desidrogenase (GAPDH). Se o cérebro depende quase exclusivamente de glicose como fonte de energia, sugira uma função para a proteína de Huntington nessa doença.

5. As gorduras (triacilgliceróis) são uma fonte importante de energia armazenada nos animais e são metabolizadas, inicialmente, em ácidos graxos e glicerol. Este último pode ser fosforilado pela ação de uma quinase, produzindo glicerol 3-fosfato, que é oxidado produzindo di-hidroxiacetona fosfato.

   (a) Escreva as reações para conversão de glicerol em di-hidroxiacetona fosfato.

   (b) A quinase que atua sobre a molécula pró-quiral glicerol é estereoespecífica, levando à produção de L-glicerol 3-fosfato. Que carbonos do glicerol 3-fosfato devem ser marcados com ^{14}C, de modo que a glicólise aeróbica forneça acetil-CoA com os dois carbonos marcados?

   $$\begin{array}{c} _1CH_2OH \\ | \\ HO-_2C-H \\ | \\ _3CH_2OH \end{array}$$
   Glicerol

6. É comum que células tumorais não tenham uma rede capilar extensa e precisem funcionar em condições de suprimento limitado de oxigênio. Explique por que essas células absorvem muito mais glicose e são capazes de produzir excesso de algumas enzimas glicolíticas.

7. A glicólise rápida durante exercícios extenuantes fornece o ATP necessário para a contração muscular. Como a reação da lactato desidrogenase não produz ATP, será que a glicólise seria mais eficiente se o seu produto final fosse o lactato, em vez do piruvato?

8. Por que tanto a hexoquinase como a fosfofrutoquinase-1 são inibidas por um análogo do ATP, no qual o oxigênio que une os átomos de fósforo β- e γ- é substituído por um grupo metileno (—CH_2—)?

9. O $\Delta G°'$ da reação da aldolase no músculo é igual a +22,8 kJ mol^{-1}. Sendo assim, por que essa reação ocorre na direção do gliceraldeído 3-fosfato e di-hidroxiacetona fosfato durante a glicólise?

10. Para a reação da aldolase, calcule a concentração de frutose 1,6-*bis*fosfato se as concentrações de DHAP e G3P forem, cada uma, iguais a: (a) 5 μM, (b) 50 μM, (c) 500 μM.

11. O gráfico abaixo mostra a velocidade de ação da fosfofrutoquinase-1 (PFK-1) em mamíferos *versus* a concentração de frutose 6-fosfato (F6P) em: (a) presença de ATP, AMP ou ambos e (b) ausência ou presença de frutose 2,6-*bis*fosfato (F26P). Explique esses efeitos sobre as velocidades de reação da PFK-1.

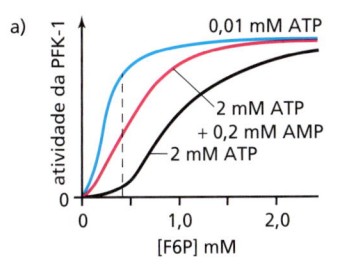

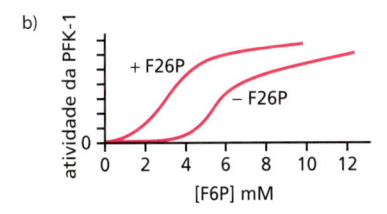

12. Desenhe um diagrama que mostre como o aumento intracelular de [cAMP] afeta a atividade da piruvato quinase nas células hepáticas dos mamíferos.

13. Em resposta a baixos níveis de glicose no sangue, o pâncreas produz glucagon, que dispara a via sinalizadora da adenililciclase nas células do fígado. Em consequência, o fluxo através da via glicolítica diminui.

    (a) por que é vantajoso reduzir a glicólise no fígado em resposta a baixos níveis de glicose no sangue?

    (b) como os efeitos do glucagon sobre a glicólise são revertidos quando o nível desse hormônio diminui em resposta a níveis adequados de glicose no sangue?

14. Quimioautótrofos que crescem no oceano às vezes têm todas as enzimas necessárias para a glicólise, embora eles nunca encontrem glicose em seu entorno. Por que isso acontece?

Leituras selecionadas

Metabolismo da glicose

Alberty RA. Recommendations for nomenclature and tables in biochemical thermodynamics. Eur. J. Biochem. 1996; 240:1-14.

Cullis PM. Acyl group transfer–phosphoryl group transfer. In: Enzyme Mechanisms, M. I. Page 4 A. Williams, eds. Londres: Royal Society of Chemistry, 1987; pp. 178-220.

Hamori E. Illustration of free energy changes in chemical reactions. J. Chem. Ed. 1975; 52:370-373.

Hoffmann-Ostenhof O (ed.). Intermediary Metabolism. Nova York: Van Nostrand Reinhold, 1987.

Li X, Dash RK, Pradhan RK, Qi F, Thompson M, Vinnakota KC, Wu F, Yang F, Beard DA. A database of thermodynamic quantities for the reactions of glycolysis and the tricarboxylic acid cycle. J Phys Chem B. 2010; 114:16068-16082.

Minakami S e de Verdier C-H. Colorimetric study on human erythrocyte glycolysis. Eur. J. Biochem. 1976; 65: 451-460.

Ronimus RS e Morgan HW. Distribution and phylogenies of enzymes of the Embden–Meyerof–Parnas pathway from archaea and hyper-thermophilic bacteria support a gluconeogenic origin of metabolism. Archaea 2003; 1:199-221.

Seeholzer SH, Jaworowski A e Rose IA. Enolpyruvate: chemical determination as a pyruvate kinase intermediate. Biochem. 1991; 30:727-732.

St-Jean M, Blonski C e Sygush J. Charge stabilization and entropy reduction of central lysine residues in fructose-bisphosphate aldolase. Bioche J. 2009; 48:4528-4537.

Regulação da glicólise

Depré C, Rider MH e Hue L. Mechanisms of control of heart glycolysis. Eur. J. Biochem. 1998; 258:277-290.

Engström L, Ekman P, Humble E e Zetterqvist Ö. Pyruvate kinase. In: The Enzymes, Vol. 18, P. D. Boyer e E. Krebs, eds. San Diego: Academic Press, 1987; pp. 47-75.

Gould GW e Holman GD. The glucose transporter family: structure, function and tissue-specific expression. Biochem. J. 1993; 295:329-341.

Pessin JE, Thurmond DC, Elmendorf JS, Coker KJ e Okada S. Molecular basis of insulin-stimulated GLUT4 vesicle trafficking. Location! Location! Location! J. Biol. Chem. 1999; 274:2593-2596.

Pilkis SJ, Claus TH, Kurland IJ e Lange AJ. 6-Phosphofructo-2-kinase/fructose-2,6-bisphosphatase: a metabolic signaling enzyme. Annu. Rev. Biochem. 1995; 64:799-835.

Pilkis SJ, El-Maghrabi MR e Claus TH. Hormonal regulation of hepatic gluconeogenesis and glycolysis. Annu. Rev. Biochem. 1988; 57:755-783.

Pilkis SJ e Granner DK. Molecular physiology of the regulation of hepatic gluconeogenesis and glycolysis. Annu. Rev. Physiol. 1992; 54:885-909.

Van Schaftingen E. Glycolysis revisited. Diabetologia. 1993; 36:581-588.

Yamada, K. e Noguchi, T. Nutrient and hormonal regulation of pyruvate kinase gene expression. Biochem. J. 1999; 337:1-11.

Metabolismo de outros açúcares

Álvaro-Benito M, Polo A, González B, Fernández-Lobato M e Sanz-Aparicio J. Structural and kinetic analysis of Schwanniomyces occidentalis invertase reveals a new oligomerization pattern and the role of its supplementary domain in substrate binding. J. Biol. Chem. 2010; 285:13930-13941; doi:10.1074/jbc.M109.095430

Frey PA. The Leloir pathway: a mechanistic imperative for three enzymes to change the stereochemical configuration of a single carbon in galactose. FASEB J. 1996; 10:461-470.

Itan Y, Jones BL, Ingram CJE, Swallow DM e Thomas MG. A worldwide correlation of lactase persistence phenotypes and genotypes. BMC Evol. Biol. 2010; 10:36; www.biomedcentral.com/1471-2148/10/36

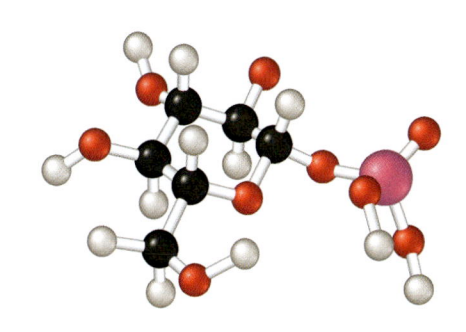

Gliconeogênese, a Via das Pentoses Fosfato e o Metabolismo do Glicogênio

Vimos que o catabolismo da glicose é vital para o metabolismo energético em algumas células. Por outro lado, todas as espécies são capazes de sintetizar glicose a partir de precursores simples de dois e três carbonos, por meio da gliconeogênese (literalmente, a formação de nova glicose). Algumas espécies, notadamente os organismos fotossintéticos, podem produzir esses precursores fixando dióxido de carbono, resultando na síntese de glicose a partir de compostos inorgânicos. Em nossa discussão sobre a gliconeogênese neste capítulo, teremos sempre em mente que cada molécula de glicose utilizada na glicólise teve de ser sintetizada por alguma espécie.

A gliconeogênese compartilha algumas etapas com a glicólise, a rota de degradação da glicose, mas quatro reações são específicas da via gliconeogênica. Elas substituem as reações metabolicamente irreversíveis da glicólise. Esses conjuntos de reações opostas são um exemplo de vias separadas e reguladas para síntese e degradação (Seção 10.2).

Além de alimentar a produção de ATP (via glicólise e ciclo do ácido cítrico), a glicose também é um precursor da ribose e da desoxirribose encontradas em nucleotídeos e desoxinucleotídeos. A via das pentoses fosfato é responsável pela síntese da ribose, assim como pela produção de equivalentes redutores na forma de NADPH.

A disponibilidade de glicose é controlada pela regulação da sua absorção e síntese – bem como da absorção e síntese de moléculas relacionadas – e da regulação da síntese e degradação de polissacarídeos compostos de resíduos de glicose. A glicose é armazenada como glicogênio nas bactérias e animais, e como amido nos vegetais. O glicogênio e o amido podem ser degradados para liberar seus monômeros (glicose), capazes de alimentar a produção de energia através da glicólise ou de servir de precursores em reações biossintéticas. O metabolismo do glicogênio ilustra outro exemplo de vias reguladas opostas.

Nos mamíferos, a gliconeogênese, a via das pentoses fosfato e o metabolismo do glicogênio são íntima e coordenadamente regulados conforme as necessidades imediatas do organismo. Neste capítulo, iremos analisar essas vias e ver como alguns mecanismos

A reação que encontramos poderia, hoje em dia, ser vista como completamente trivial, mas quando foi descoberta foi uma surpresa, pois naquela época ninguém imaginava que a fosforilação de uma enzima poderia estar envolvida em sua regulação.
— Eddy Fischer, *Memories of Ed Krebs* (2010)

Topo: Éster de Cori, α-D-glicopiranose 1-fosfato.

regulam o metabolismo da glicose nas células dos mamíferos. A regulação do metabolismo da glicose e do glicogênio nos mamíferos são importantes do ponto de vista histórico porque constituem o primeiro exemplo de um mecanismo de transdução de sinal.

12.1 Gliconeogênese

Como dissemos na introdução, todos os organismos têm uma rota para biossíntese de glicose, ou gliconeogênese. Isso é verdadeiro até para os animais que utilizam glicose exógena como fonte importante de energia, pois ela nem sempre está disponível de fontes externas ou de estoques intracelulares. Por exemplo, no caso de mamíferos grandes que ficam de 16 a 24 horas sem se alimentar e gastam suas reservas de glicogênio do fígado, eles precisam sintetizar glicose para permanecer vivos, pois ela é necessária para o metabolismo de alguns tecidos, como o cérebro. Alguns tecidos dos mamíferos, principalmente fígado e rins, são capazes de sintetizar glicose a partir de precursores simples, como lactato e alanina. Em condição de jejum, a gliconeogênese é quem supre quase toda a glicose do corpo. Durante o exercício em condições anaeróbicas, o músculo converte glicose em piruvato e lactato, que chegam ao fígado, onde são convertidos em glicose. Cérebro e músculos consomem grande parte da glicose recém-formada. As bactérias conseguem converter vários nutrientes em fosfatos de glicose e em glicogênio.

É conveniente considerar o piruvato como o ponto de partida para a síntese da glicose. A rota para a gliconeogênese a partir de piruvato é comparada à via glicolítica na Figura 12.1. Observe que vários intermediários e enzimas são idênticos. Todas as sete reações de quase-equilíbrio da glicólise ocorrem na direção inversa durante a gliconeogênese. As reações enzimáticas exclusivas da gliconeogênese são necessárias para as três reações metabolicamente irreversíveis da glicólise, catalisadas por piruvato quinase, fosfofrutoquinase-1 e hexoquinase. Na direção da biossíntese, essas reações são catalisadas por enzimas diferentes.

Embora todas as espécies tenham uma via de gliconeogênese, nem todas têm uma via de glicólise (Seção 11.7). Isso é especialmente verdadeiro para as espécies bacterianas que divergiram muito cedo na evolução dos procariontes. Assim, parece que a gliconeogênese é a via metabólica mais antiga, o que é razoável, pois precisaria haver uma fonte de glicose antes que uma via para sua degradação pudesse surgir. Uma vez que as rotas biossintéticas surgiram primeiro, é apropriado pensar nas enzimas glicolíticas como enzimas de desvio. Elas, em particular a fosfofrutoquinase-1, surgiram para contornar as reações metabolicamente irreversíveis da gliconeogênese.

A síntese de uma molécula de glicose a partir de duas moléculas de piruvato requer quatro moléculas de ATP e duas de GTP, além de duas moléculas de NADH. A equação total para a gliconeogênese é:

$$\text{2 Piruvato} + \text{2 NADH} + \text{4 ATP} + \text{2 GTP} + \text{6 H}_2\text{O} + \text{2 H}^\oplus \longrightarrow$$
$$\text{Glicose} + \text{2 NAD}^\oplus + \text{4 ADP} + \text{2 GDP} + \text{6 P}_i \quad (12.1)$$

São necessários quatro equivalentes de ATP para vencer a barreira termodinâmica à formação de duas moléculas do composto rico em energia fosfoenolpiruvato a partir de duas moléculas de piruvato. Lembre-se de que, na glicólise, a conversão de fosfoenolpiruvato em piruvato é uma reação metabolicamente irreversível catalisada pela piruvato quinase. Na direção catabólica, essa reação é acoplada à síntese de ATP. Outras duas moléculas de ATP são necessárias para que ocorra a reação inversa da catalisada pela fosfoglicerato quinase na via glicolítica. No estágio das hexoses da gliconeogênese, nenhuma energia é recuperada nas etapas que convertem frutose 1,6-*bis*fosfato em glicose porque esse derivado da frutose não é um intermediário de "alta energia". Lembre-se de que a glicólise consome duas moléculas de ATP e gera quatro, dando um rendimento líquido de dois equivalentes de ATP e duas moléculas de NADH. Compare essa situação com a síntese de uma molécula de glicose pela gliconeogênese, em que há consumo total de seis equivalentes de ATP e de duas moléculas de NADH. Como esperado, a biossíntese de glicose consome energia, e sua degradação libera energia.

> Na próxima seção, discutiremos como outros precursores entram nessa via metabólica.

CAPÍTULO 12 Gliconeogênese, a Via das Pentoses Fosfato e o Metabolismo do Glicogênio 357

◄ **Figura 12.1**
Comparação entre gliconeogênese e glicólise. Há quatro reações metabolicamente irreversíveis na gliconeogênese (azul). Essas mesmas reações são catalisadas por três enzimas diferentes na glicólise (rosa). As duas vias incluem um estágio das trioses e um das hexoses. Duas moléculas de piruvato são, portanto, necessárias para produzir uma de glicose.

Piruvato carboxilase é uma enzima que contém biotina. O mecanismo de sua reação foi descrito na Seção 7.10.

▲ **Figura 12.2**
Reação da piruvato carboxilase.

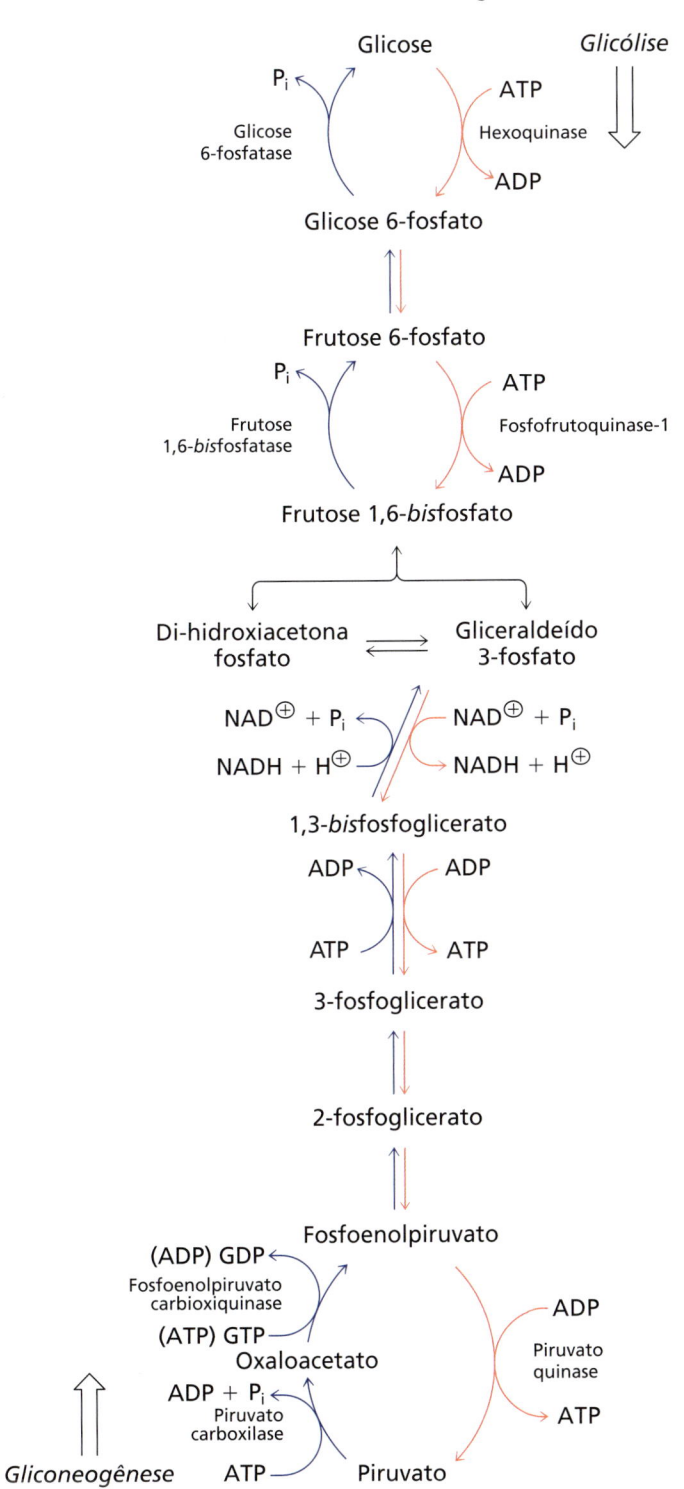

A. Piruvato carboxilase

Começamos nosso estudo das etapas da conversão de piruvato em glicose com as duas enzimas necessárias para a síntese do fosfoenolpiruvato. As duas etapas envolvem uma carboxilação seguida de descarboxilação. Na primeira etapa, a piruvato carboxilase catalisa a conversão de piruvato em oxaloacetato. A reação é acoplada à hidrólise de uma molécula de ATP (Figura 12.2).

A piruvato carboxilase é uma enzima grande e complexa, composta de quatro subunidades idênticas. Cada uma delas tem um grupo prostético biotina ligado covalentemente a um resíduo de lisina. A biotina é necessária para a adição de bicarbonato

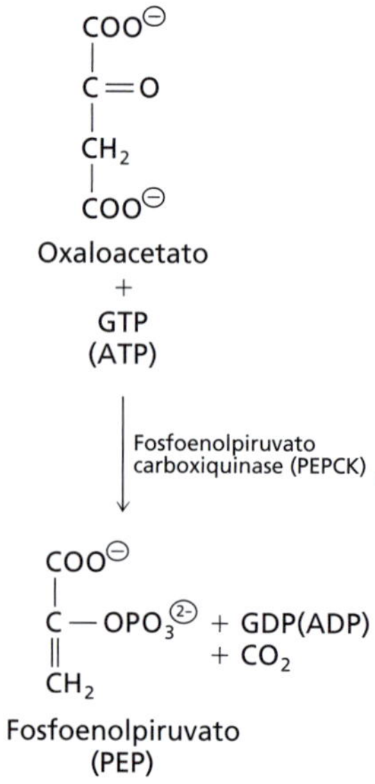

COO⁻
|
C=O
|
CH₂
|
COO⁻

Oxaloacetato
+
GTP
(ATP)

↓ Fosfoenolpiruvato carboxiquinase (PEPCK) (12.3)

COO⁻
|
C—OPO₃²⁻ + GDP(ADP)
‖   + CO₂
CH₂

Fosfoenolpiruvato
(PEP)

▲ **Figura 12.3**
Reação da fosfoenolpiruvato carboxiquinase.

▲ **Fosfoenolpiruvato carboxiquinase de rato (*Rattus norvegicus*).** O sítio ativo fechado contém uma molécula de GTP ligada, uma molécula de oxaloacetato e dois íons Mn²⁺ (rosa) [PDB 3DT4].

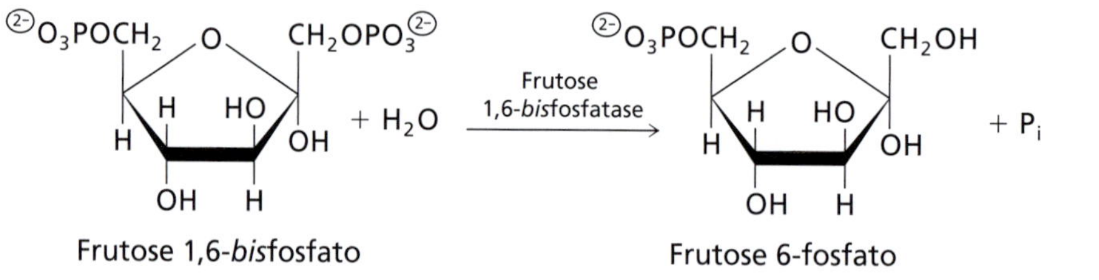

ao piruvato. A piruvato carboxilase catalisa uma reação metabolicamente irreversível – ela pode ser ativada de maneira alostérica por acetil-CoA. Esse é o único mecanismo regulador conhecido para essa enzima. O acúmulo de acetil-CoA indica que ele não está sendo eficientemente metabolizado pelo ciclo do ácido cítrico. Nessas condições, a piruvato carboxilase é estimulada para que o piruvato transforme-se em oxaloacetato em vez de acetil-CoA. O oxaloacetato pode entrar no ciclo do ácido cítrico ou servir como precursor na biossíntese da glicose.

O bicarbonato é um dos substratos da reação mostrada na Figura 12.2. Ele é formado quando dióxido de carbono é dissolvido em água, de modo que a reação é, às vezes, escrita com CO_2 como substrato. A reação da piruvato carboxilase desempenha um papel importante na fixação de dióxido de carbono em bactérias e em alguns eucariontes. Esse papel pode não ser tão óbvio quando analisamos a gliconeogênese, já que o dióxido de carbono é liberado logo na reação seguinte; no entanto, grande parte do oxaloacetato produzido não é usada na gliconeogênese. Em vez disso, ele repõe o estoque de intermediários do ciclo do ácido cítrico que servem de precursores para a biossíntese dos aminoácidos e lipídeos (Seção 13.7).

B. Fosfoenolpiruvato carboxiquinase

A fosfoenolpiruvato carboxiquinase (PEPCK) catalisa a conversão do oxaloacetato em fosfoenolpiruvato (Figura 12.3). Essa é uma enzima bem estudada, com um mecanismo de ligação por ajuste induzido semelhante ao descrito para a hexoquinase de levedura (Seção 6.5C) e para a citrato sintase (Seção 13.31).

Há dois tipos diferentes de PEPCK. A enzima encontrada em bactérias, protistas, fungos e vegetais utiliza ATP como doador de grupo fosforila na reação de descarboxilação. A versão animal utiliza GTP. Na maioria das espécies, a enzima não apresenta propriedades de cinética alostérica nem tem moduladores fisiológicos conhecidos. Sua atividade é afetada principalmente pelos controles em nível de transcrição de seu gene. O grau de atividade da PEPCK nas células influencia a velocidade da gliconeogênese. Isso é especialmente verdadeiro nos mamíferos, nos quais a gliconeogênese é restrita quase só às células do fígado, dos rins e do intestino delgado. Em períodos de jejum dos mamíferos, a liberação prolongada de glucagon pelo pâncreas leva à elevação contínua do cAMP intracelular, o que desencadeia um aumento na transcrição do gene da PEPCK no fígado, com ampliação na síntese da enzima. Após várias horas, a quantidade de PEPCK cresce, assim como a velocidade da gliconeogênese. A insulina, abundante no organismo alimentado, atua em oposição ao glucagon na transcrição do gene, reduzindo a velocidade de síntese da PEPCK.

A síntese em duas etapas de fosfoenolpiruvato a partir de piruvato é comum à maioria dos eucariontes, incluindo os seres humanos. Essa é a principal razão pela qual ela é normalmente mostrada quando a via da gliconeogênese é descrita (Figura 12.1). Contudo, várias espécies de bactérias são capazes de converter diretamente o piruvato em fosfoenolpiruvato por meio de uma reação dependente de ATP, catalisada pela fosfoenolpiruvato sintetase (Figura 12.4), cujos produtos incluem AMP e P_i. O segundo grupo fosforila do ATP é transferido ao piruvato. Assim, dois equivalentes de ATP são usados na conversão do piruvato em fosfoenolpiruvato. Essa rota é muito mais eficiente do que a dos eucariontes, em duas etapas, catalisada pela piruvato carboxilase e pela PEPCK. A presença da fosfoenolpiruvato sintetase em células bacterianas deve-se ao fato de uma gliconeogênese eficiente ser muito mais importante para bactérias do que para os eucariontes.

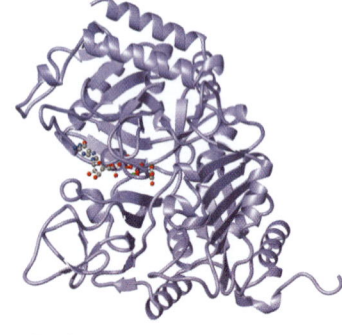

$$\text{Frutose 1,6-bisfosfato} + H_2O \xrightarrow{\text{Frutose 1,6-bisfosfatase}} \text{Frutose 6-fosfato} + P_i$$

(12.2)

C. Frutose 1,6-*bis*fosfatase

As reações da gliconeogênese entre fosfoenolpiruvato e frutose 1,6-*bis*fosfato são simplesmente o inverso das reações de quase-equilíbrio da glicólise. A reação seguinte na via glicolítica, catalisada pela fosfofrutoquinase-1, é metabolicamente irreversível. Na direção da biossíntese, essa reação é catalisada pela terceira enzima específica da gliconeogênese, a frutose 1,6-*bis*fosfatase. Essa enzima catalisa a conversão de frutose 1,6-*bis*fosfato em frutose 6-fosfato.

QUADRO 12.1 O supercamundongo

O grupo de Richard Hanson, na Case Western Reserve University, em Cleveland, Ohio, EUA, criou um tipo de supercamundongo adicionando cópias extras do gene da fosfoenolpiruvato carboxiquinase citoplasmática. Os camundongos transgênicos homozigotos expressavam dez vezes mais PEPCK em seus músculos esqueléticos. Eles eram hiperativos, agressivos e capazes de correr por longos períodos de tempo sobre uma roda de exercícios (até 5 km sem parar!). Comiam mais do que os camundongos-controle, mas eram significativamente menores.

Os roedores-atletas convertiam quantidades prodigiosas de oxaloacetato em fosfoenolpiruvato e, depois, em intermediários da via da gliconeogênese, incluindo a glicose. Suas células musculares tinham muito mais mitocôndrias do que o normal.

Ainda não há uma explicação bioquímica completa para essa hiperatividade. Provavelmente, ela se deve a efeitos sobre o ciclo do ácido cítrico (Capítulo 13), que permitem aumento do fluxo nessa via, levando a níveis mais altos de ATP. Quando perguntados se essa modificação genética poderia ser uma boa maneira de criar superatletas, Hanson e Hakimi (2008) responderam: "Os camundongos PEKCK-C^{mus} são muito agressivos e o mundo precisa de menos, não mais agressividade"; além disso, a criação desses seres humanos transgênicos "... não é ética nem possível". Assista ao vídeo em <youtube.com/watch?v=4PXC_mctsgY>.

▲ Mighty Mouse © CBS Operations.

Como você poderia esperar, a hidrólise do éster de fosfato nessa reação é associada a uma grande variação negativa da energia livre de Gibbs padrão ($\Delta G°'$). A variação da energia livre real de Gibbs *in vivo* também é negativa porque essa reação é metabolicamente irreversível. A enzima dos mamíferos apresenta cinética sigmoide e é inibida alostericamente pelo AMP e pela molécula reguladora frutose 2,6-*bis*fosfato. Portanto, a reação é incapaz de atingir o equilíbrio. Lembre-se de que a frutose 2,6-*bis*fosfato é um ativador potente da fosfofrutoquinase-1, a enzima que catalisa a formação de frutose 1,6-*bis*fosfato na glicólise (Seção 11.5C). Assim, as duas enzimas que catalisam a interconversão de frutose 6-fosfato e frutose 1,6-*bis*fosfato são reciprocamente controladas pela concentração de frutose 2,6-*bis*fosfato (veja a Seção 12.6C).

D. Glicose 6-fosfatase

A etapa final da gliconeogênese é a hidrólise de glicose 6-fosfato para formar glicose; sua enzima é a glicose 6-fosfatase.

Glicose 6-fosfato + H$_2$O $\xrightarrow{\text{Glicose 6-fosfatase}}$ Glicose + P$_i$ (12.3)

$$\text{Piruvato} \xrightarrow{\text{Fosfoenolpiruvato sintetase}} \text{Fosfoenolpiruvato (PEP)}$$

Piruvato + ATP → Fosfoenolpiruvato (PEP) + AMP + P$_i$

▲ **Figura 12.4** Reação da fosfoenolpiruvato sintetase.

> Efeitos adicionais do glucagon e da insulina são descritos na Seção 12.6C.

> **Defeitos nas atividades da glicose 6-fosfatase ou do transportador da glicose 6-fosfato causam a doença de von Gierke (Seção 12.8).**

Embora apresentemos a glicose como o produto final da gliconeogênese, isso não é verdade para todas as espécies. Na maioria dos casos, a via biossintética se encerra com a glicose 6-fosfato, que é uma forma ativada da glicose. Ela é o substrato para outras rotas do metabolismo dos carboidratos, levando às sínteses do glicogênio (Seção 12.6), do amido e da sacarose, das pentoses (Seção 12.5) e de outras hexoses.

Nos mamíferos, a glicose é um produto final importante da gliconeogênese, pois ele serve como fonte de energia para a glicólise em diversos tecidos. A glicose é produzida nas células do fígado, dos rins e do intestino delgado, sendo exportada para a corrente sanguínea. Nessas células, a glicose 6-fosfatase é ligada ao retículo endoplasmático, com seu sítio ativo no lúmen. A enzima é parte de um complexo que inclui um transportador de glicose 6-fosfato (G6PT) e um transportador de fosfato. O G6PT transporta a glicose 6-fosfato do citosol para o interior do retículo, onde ela é hidrolisada em glicose e fosfato inorgânico. O fosfato retorna ao citosol e a glicose é transportada para a superfície da célula (e para a corrente sanguínea) através da via secretora.

As outras enzimas necessárias para a gliconeogênese são encontradas, pelo menos em pequenas quantidades, em vários tecidos de mamíferos. A glicose 6-fosfatase é encontrada apenas nas células do fígado, dos rins e do intestino delgado, de modo que somente esses tecidos são capazes de sintetizar glicose livre. As células de tecidos que não têm glicose 6-fosfatase retêm a glicose 6-fosfato para o metabolismo interno de carboidratos.

12.2 Precursores da gliconeogênese

> **CONCEITO-CHAVE**
> O metabolismo energético dos mamíferos é um subconjunto importante da bioquímica porque ajuda a entender nossos próprios corpos.

Os principais substratos na síntese da glicose 6-fosfato são piruvato, os intermediários do ciclo do ácido cítrico, os intermediários de três carbonos da via (por exemplo, gliceraldeído 3-fosfato) e compostos de dois carbonos como a acetil-CoA. A acetil-CoA é convertido em oxaloacetato no ciclo do glioxilato, que ocorre em bactérias, protistas, fungos, plantas e alguns animais (Seção 13.8). Alguns organismos são capazes de fixar carbono inorgânico incorporando-o em compostos orgânicos de dois e três átomos de carbono (por exemplo, ciclo de Calvin, Seção 15.4). Esses compostos entram na via da gliconeogênese, levando, em última análise, à síntese de glicose a partir de CO_2.

A bioquímica dos mamíferos é centrada no metabolismo energético e na biossíntese de glicose a partir de precursores simples e, normalmente, é discutida nesse contexto. Os principais precursores gliconeogênicos nos mamíferos são lactato e quase todos os aminoácidos, especialmente a alanina. Glicerol, que é produzido a partir da hidrólise dos triacilgliceróis, também é um substrato da gliconeogênese. Ele entra na via após sua conversão em di-hidroxiacetona fosfato. Os precursores oriundos de tecidos que não fazem a gliconeogênese precisam antes ser transportados até o fígado para serem usados como substratos nessa via metabólica.

A. Lactato

A glicólise gera grandes quantidades de lactato no músculo ativo e nas hemácias. O lactato dessas e de outras fontes entra na corrente sanguínea e segue até o fígado, onde é convertido em piruvato pela ação da lactato desidrogenase. O piruvato pode então ser usado como substrato para a gliconeogênese. A glicose produzida no fígado entra na corrente sanguínea para ser levada aos tecidos, incluindo os músculos e as hemácias. Essa sequência é conhecida como **ciclo de Cori** (Figura 12.5). A conversão de lactato em glicose requer energia, a maior parte dela sendo derivada da oxidação de ácidos graxos no fígado. Assim, o ciclo de Cori transfere energia potencial química, sob a forma de glicose, do fígado para os tecidos periféricos.

B. Aminoácidos

Os esqueletos carbônicos da maioria dos aminoácidos são catabolizados a piruvato ou a intermediários do ciclo do ácido cítrico. Os produtos finais dessas vias catabólicas podem servir diretamente como precursores para a síntese da glicose 6-fosfato nas células capazes de fazer a gliconeogênese. Nos tecidos periféricos de mamíferos,

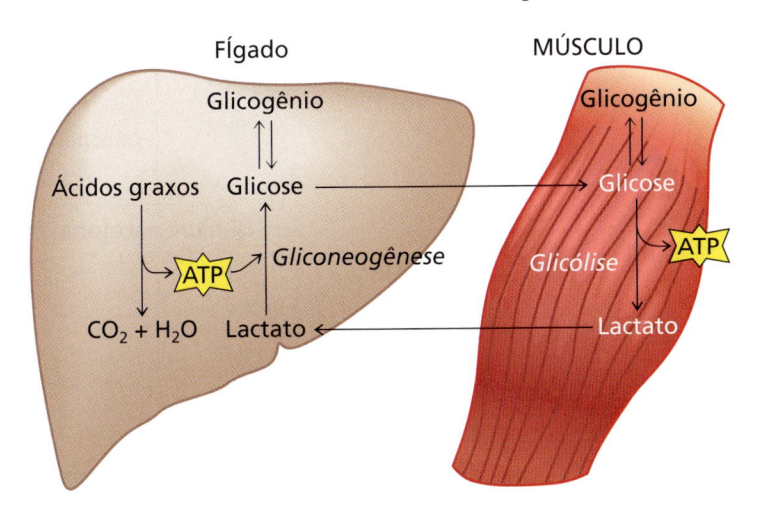

Figura 12.5
Ciclo de Cori. A glicose é convertida em L-lactato nas células musculares. Parte desse lactato é secretada e passa para o fígado através da corrente sanguínea. No fígado, o lactato é convertido em glicose, que é secretada para a corrente sanguínea e levada às células musculares. Os dois tecidos são capazes de sintetizar glicogênio e de mobilizá-lo.

o piruvato formado a partir da glicólise ou do catabolismo dos aminoácidos precisa ser transportado para o fígado antes de poder ser usado na síntese da glicose. O ciclo de Cori é uma forma de fazer essa transferência, convertendo piruvato em lactato nos músculos e reconvertendo-o em piruvato nas células hepáticas. O ciclo da glicose-alanina é um sistema de transporte semelhante (Seção 17.9B). O piruvato também pode aceitar um grupo amino de um α-aminoácido, como o glutamato, formando alanina por transaminação (Figura 12.6).

A alanina vai para o fígado, onde sofre transaminação com α-cetoglutarato, regenerando o piruvato que entra na gliconeogênese. Em períodos de jejum, quando os estoques de glicogênio se esgotam, os aminoácidos tornam-se a principal fonte de carbono para a gliconeogênese.

O esqueleto carbônico do aspartato também é um precursor da glicose. Esse aminoácido é o doador do grupo amino no ciclo da ureia, uma via que elimina o excesso de nitrogênio das células (Seção 17.9B). O aspartato é convertido em fumarato no ciclo da ureia, e este, em seguida, é hidratado formando malato, que é oxidado em oxaloacetato. Além disso, a transaminação do aspartato com α-cetoglutarato gera diretamente o oxaloacetato.

C. Glicerol

O catabolismo de triacilgliceróis produz glicerol e acetil-CoA. Como já mencionamos, o acetil-CoA contribui para a formação da glicose através de reações do ciclo do glioxilato (Seção 13.8). Esse ciclo não contribui para a síntese de glicose a partir de lipídeos nas células dos mamíferos. O glicerol, no entanto, pode ser convertido em glicose por uma rota que começa com a fosforilação até glicerol 3-fosfato, catalisada pela glicerol quinase (Figura 12.7). O glicerol 3-fosfato entra na gliconeogênese após sua conversão em di-hidroxiacetona fosfato. Essa oxidação pode ser catalisada pelo complexo da glicerol 3-fosfato desidrogenase, contendo flavina, presente na membrana mitocondrial interna. A face externa dessa enzima se liga ao glicerol 3-fosfato e transfere elétrons à ubiquinona (Q); em seguida, estes são passados ao resto da cadeia de transporte de elétrons associada à membrana. A oxidação do glicerol 3-fosfato também pode ser catalisada pela glicerol 3-fosfato desidrogenase citossólica, que requer $NAD^{\oplus}$, embora essa enzima seja normalmente associada à reação inversa, de formação de glicerol. As duas enzimas podem ser encontradas no fígado, o local onde ocorre a maior parte da gliconeogênese nos mamíferos.

D. Propionato e lactato

Nos ruminantes – bovinos, ovinos, girafas, veados e camelos – o propionato e o lactato produzidos pelos microrganismos no rúmen (estômago dividido em câmaras) são absorvidos e entram na via da gliconeogênese. O propionato é convertido em propionil-CoA e, depois, em succinil-CoA. Essas reações serão vistas no capítulo sobre metabolismo dos lipídeos (Seção 16.3). O succinil-CoA é um intermediário do ciclo do ácido cítrico que pode ser metabolizado em oxaloacetato. O lactato do rúmen é oxidado a piruvato.

(12.6)

Figura 12.6
Conversão de piruvato em alanina. O piruvato pode ser convertido em alanina nos tecidos periféricos. A alanina é secretada para a corrente sanguínea, de onde é absorvida pelas células do fígado e reconvertida em piruvato pela mesma reação de transaminação. O piruvato, então, serve como um precursor da gliconeogênese.

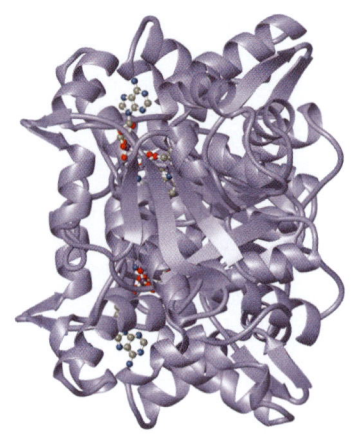

▲ **Glicerol 3-fosfato desidrogenase.** Esta é a versão humana (*Homo sapiens*) da enzima citossólica contendo DHAP e NAD⊕ no sítio ativo. A estrutura da versão ligada à membrana não é conhecida [PDB 1WPQ].

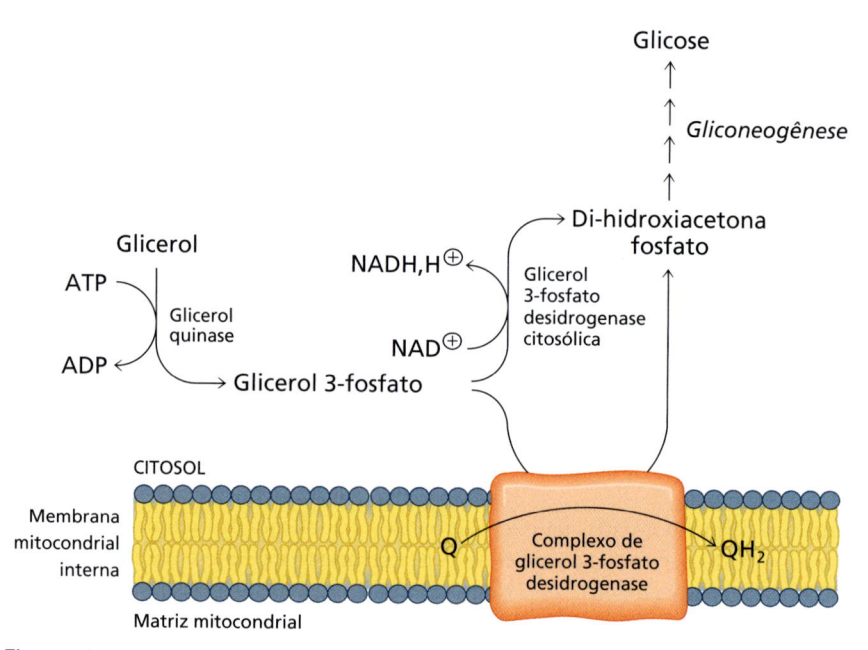

▲ **Figura 12.7**
Gliconeogênese a partir do glicerol. O glicerol 3-fosfato pode ser oxidado pelo complexo da glicerol 3-fosfato desidrogenase presente na membrana mitocondrial. Uma versão citoplasmática dessa enzima interconverte di-hidroxiacetona fosfato e glicerol 3-fosfato.

▲ **Precursores da gliconeogênese.** A via do glioxilato, o ciclo de Calvin e a fixação de CO_2 como acetato não ocorrem nos mamíferos. O propionato é produzido pelos microrganismos no rúmen dos ruminantes.

E. Acetato

Muitas espécies são capazes de utilizar acetato como sua principal fonte de carbono. Eles conseguem converter acetato em acetil-CoA, que serve como precursor do oxaloacetato. Bactérias e eucariontes unicelulares, como as leveduras, utilizam acetato como precursor para a gliconeogênese. Algumas espécies de bactérias podem sintetizar acetato diretamente a partir de CO_2. Nelas, a via da gliconeogênese constitui uma rota para a síntese de glicose a partir de substratos inorgânicos.

QUADRO 12.2 Às vezes, a glicose é convertida em sorbitol

Na maioria dos animais, a glicose – seja oriunda da gliconeogênese, da alimentação ou da glicogenólise – é normalmente oxidada ou reincorporada no glicogênio. Mas, em alguns tecidos de mamíferos (incluindo testículos, pâncreas, cérebro e cristalino), a glicose pode ser convertida em frutose, como mostrado na rota abaixo. A aldose redutase catalisa a redução da glicose para produzir sorbitol, e a poliol desidrogenase catalisa a oxidação do sorbitol em frutose. Essa rota curta fornece a frutose essencial para algumas células. Por exemplo, a frutose é o principal combustível para os espermatozoides.

A aldose redutase tem um valor alto de K_m para a glicose, de modo que o fluxo através dessa rota é normalmente baixo e a glicose é, em geral, metabolizada pela glicólise. Quando a concentração de glicose é maior do que o normal (por exemplo, em pessoas com diabetes), quantidades crescentes de sorbitol são produzidas em tecidos como o cristalino. A atividade da poliol desidrogenase é menor do que a da aldose redutase e, assim, o sorbitol pode se acumular. Como as membranas são relativamente impermeáveis ao sorbitol, a mudança resultante na osmolaridade das células provoca agregação e precipitação de proteínas do cristalino, levando à formação de regiões opacas: a catarata.

▼ Produção de sorbitol a partir de glicose.

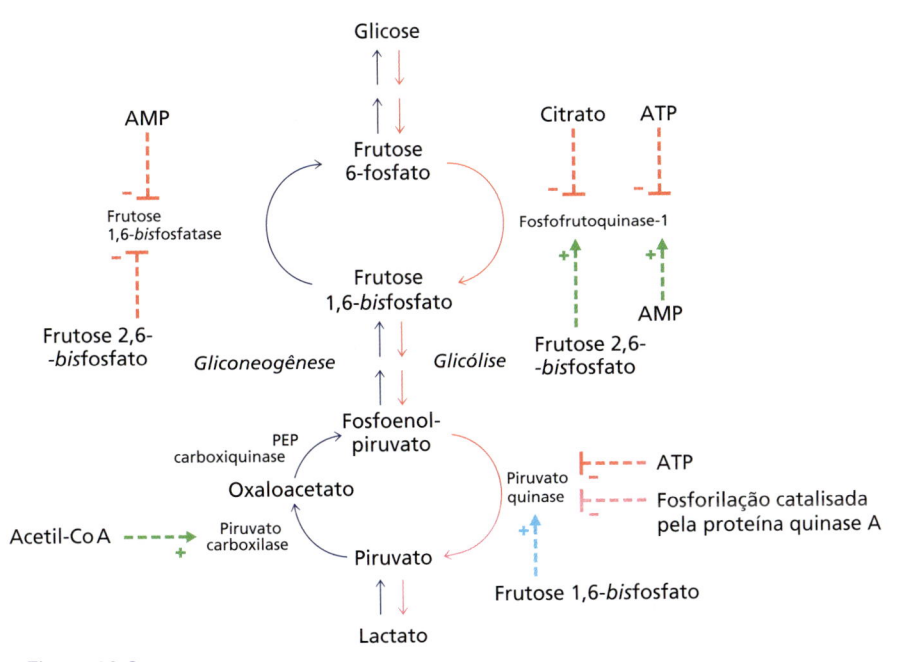

▲ **Figura 12.8**
Regulação da glicólise e da gliconeogênese por metabólitos. A interconversão de frutose 6-fosfato/frutose 1,6-*bis*fosfato e fosfoenolpiruvato/piruvato é catalisada por diferentes enzimas metabolicamente irreversíveis. A alteração da atividade de qualquer uma delas pode afetar não só a velocidade do fluxo, mas também a sua direção, no sentido da glicólise ou da gliconeogênese. O efeito líquido é uma regulação aumentada às custas da hidrólise de ATP.

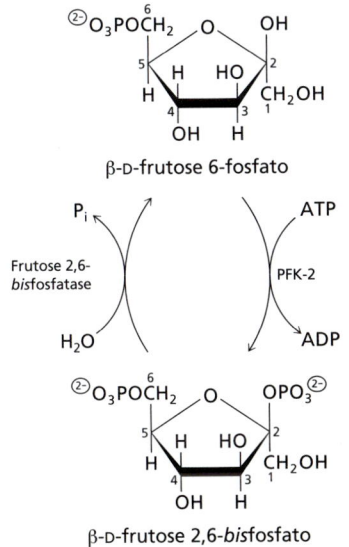

▲ **Figura 12.9**
Interconversão de β-D-frutose 6-fosfato e β-D-frutose 2,6-*bis*fosfato.

12.3 Regulação da gliconeogênese

A gliconeogênese é cuidadosamente regulada *in vivo*. A glicólise e a gliconeogênese são vias catabólica e anabólica opostas, que compartilham algumas etapas enzimáticas, mas algumas de suas reações são específicas para cada via. Por exemplo, a fosfofrutoquinase-1 catalisa uma reação na glicólise, e a frutose 1,6-*bis*fosfatase catalisa a reação oposta na gliconeogênese; ambas as reações são metabolicamente irreversíveis. Em geral, apenas uma das enzimas fica ativa em um dado momento.

A regulação de curto prazo da gliconeogênese (aquela que ocorre em minutos e não envolve a síntese de novas proteínas) acontece em dois pontos: nas reações envolvendo piruvato e fosfoenolpiruvato, e nas reações de interconversão de frutose 1,6-*bis*fosfato e frutose 6-fosfato (Figura 12.8). Quando há duas enzimas que catalisam a mesma reação (em direções diferentes), a modulação da atividade de qualquer uma delas pode alterar o fluxo pelas duas vias opostas. Por exemplo, a inibição da fosfofrutoquinase-1 estimula a gliconeogênese, pois mais frutose 6-fosfato entra na via que leva à glicose em vez de ser convertida em frutose 1,6-*bis*fosfato. O controle simultâneo da frutose 1,6-*bis*fosfatase também regula o fluxo de frutose 1,6-*bis*fosfato entre glicólise e gliconeogênese.

Já encontramos a fosfofrutoquinase-1 (PFK-1) muitas vezes, mas especialmente no capítulo anterior (Seção 11.5C) e em nossa discussão sobre alosteria (Seção 5.9). Agora chegou o momento de analisar o efeito do efetor alostérico, a frutose 2,6-*bis*fosfato, sobre a atividade da PFK-1.

A frutose 2,6-*bis*fosfato é formada a partir de frutose 6-fosfato pela ação da enzima fosfofrutoquinase-2 (PFK-2) (Figura 12.9). No fígado de mamíferos, a mesma proteína utiliza um sítio ativo diferente para catalisar a desfosforilação hidrolítica da frutose 2,6-*bis*fosfato, regenerando a frutose 6-fosfato. Essa atividade da enzima é chamada frutose 2,6-*bis*fosfatase. As atividades opostas dessa enzima bifuncional controlam a concentração de estado estacionário da frutose 2,6-*bis*fosfato e, em última instância, a escolha entre glicólise e gliconeogênese.

Como mostramos na Figura 12.8, o efetor alostérico frutose 2,6-*bis*fosfato ativa a PFK-1 e inibe a frutose 1,6-*bis*fosfatase. Observe que um aumento de frutose 2,6-*bis*fosfato tem efeitos opostos: estimula a glicólise e inibe a gliconeogênese. De modo similar, o AMP afeta as duas enzimas de maneira inversa, inibindo a frutose 1,6-*bis*fosfatase e ativando a fosfofrutoquinase-1. A regulação da enzima bifuncional PFK-2/frutose 2,6-*bis*fosfatase será descrita depois que virmos o metabolismo do glicogênio.

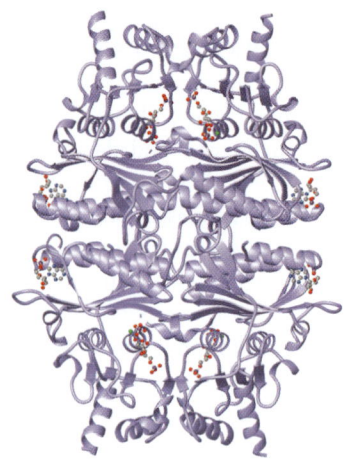

▲ **Conformação T (inativa) da frutose 1,6-*bis*fosfatase.** Esta é a enzima tetramérica humana (*Homo sapiens*) ligada ao inibidor alostérico AMP (espaço preenchido) nos sítios reguladores entre os dois dímeros. O inibidor competitivo frutose 2,6-*bis*fosfato (modelo de esfera e bastão) está ligado aos sítios ativos de cada monômero [PDB 1EYJ].

QUADRO 12.3 A evolução de uma enzima complexa

Versões bacterianas de fosfofrutoquinase-1 são homotetraméricas (Figura 5.19). A unidade funcional é um dímero cabeça-cauda com dois sítios ativos e dois sítios reguladores na interface entre os monômeros. O fosfoenolpiruvato (PEP) inibe a enzima.

Nos eucariontes, uma duplicação do gene ocorreu na linhagem fungo/animal. Esta foi seguida por uma fusão dos dois genes, levando a um monômero que tem o dobro do tamanho da versão bacteriana. Esse monômero maior se assemelha ao dímero bacteriano com dois sítios ativos e dois sítios reguladores. Após milhões de anos, esses sítios se modificaram. Um dos sítios ativos continuou a ligar frutose 6-fosfato e ATP, catalisando a formação de frutose 1,6-*bis*fosfato. Na reação inversa, ele liga frutose 1,6-*bis*fosfato. O outro sítio ativo evoluiu para ligar frutose 2,6-*bis*fosfato, que se tornou um ativador alostérico.

Os dois sítios reguladores originais também evoluíram para acomodar novos ligantes. O citrato tornou-se o novo inibidor em um dos sítios, e o outro se transformou em um sítio alostérico para regulação por ATP (inibidor) ou AMP (ativador).

▼ Evolução das versões fúngica e animal da fosfofrutoquinase-1.

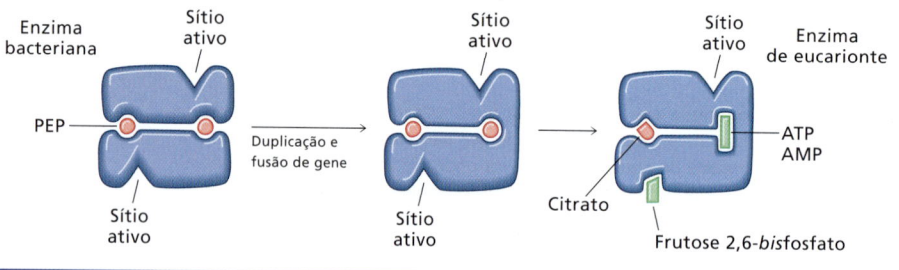

12.4 A via das pentoses fosfato

A via das pentoses fosfato serve à síntese de três fosfatos de pentose: ribulose 5-fosfato, ribose 5-fosfato e xilulose 5-fosfato. A ribose 5-fosfato é necessária para a síntese do RNA e do DNA. A via completa tem dois estágios, um oxidativo e outro não oxidativo (Figura 12.10). No estágio oxidativo, o NADPH é produzido quando glicose 6-fosfato é convertida no composto de cinco carbonos ribulose 5-fosfato.

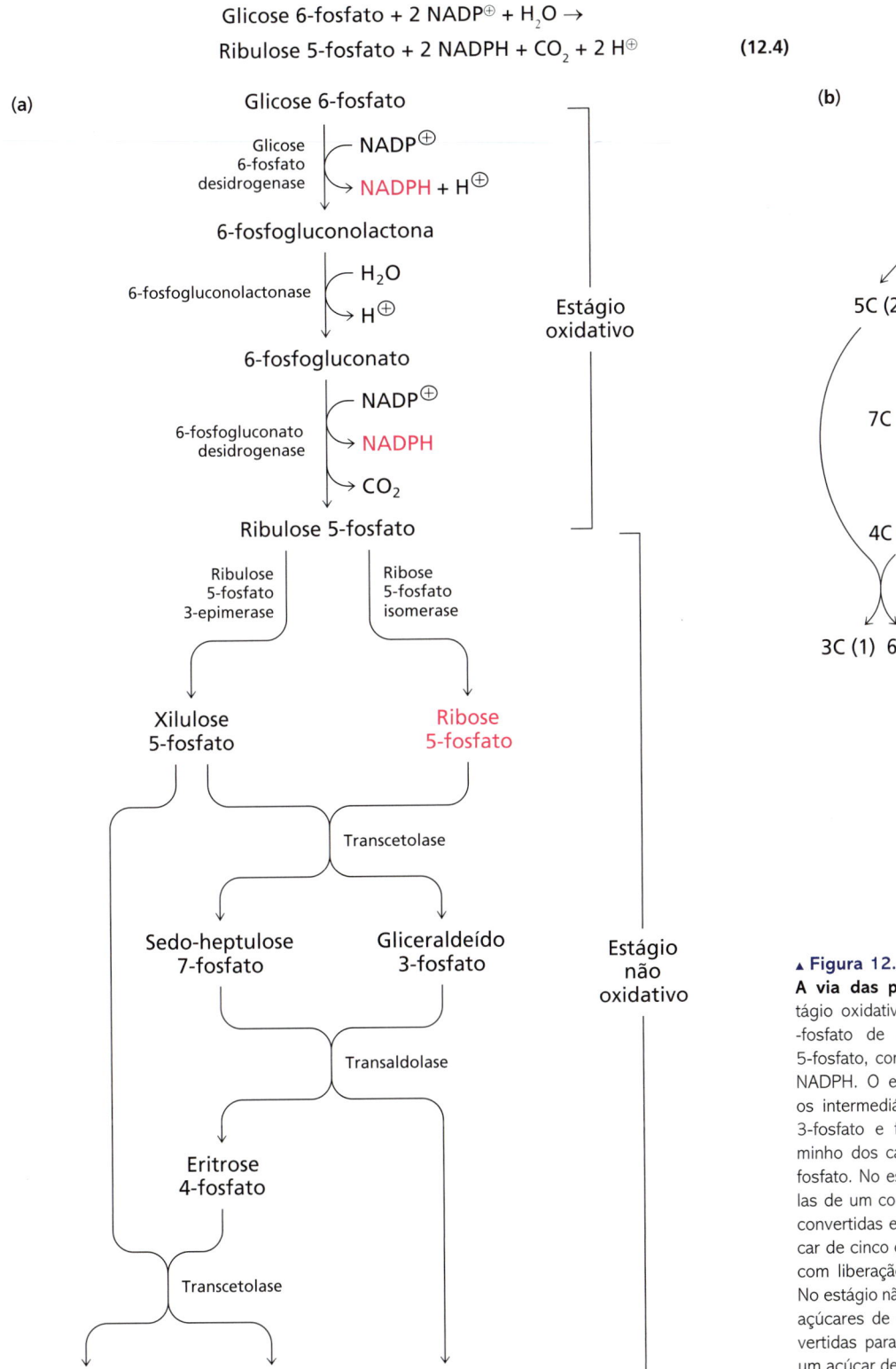

$$\text{Glicose 6-fosfato} + 2\ \text{NADP}^\oplus + H_2O \rightarrow$$
$$\text{Ribulose 5-fosfato} + 2\ \text{NADPH} + CO_2 + 2\ H^\oplus \quad (12.4)$$

▲ **Figura 12.10**
A via das pentoses fosfato. (a) O estágio oxidativo da via produz um açúcar-fosfato de cinco carbonos, a ribulose 5-fosfato, com produção concomitante de NADPH. O estágio não oxidativo produz os intermediários glicolíticos gliceraldeído 3-fosfato e frutose 6-fosfato. (b) O caminho dos carbonos na via das pentoses fosfato. No estágio oxidativo, três moléculas de um composto de seis carbonos são convertidas em três moléculas de um açúcar de cinco carbonos (ribulose 5-fosfato), com liberação de três moléculas de CO_2. No estágio não oxidativo, três moléculas de açúcares de cinco carbonos são interconvertidas para produzir duas moléculas de um açúcar de seis carbonos (frutose 6-fosfato) e uma molécula de um composto de três carbonos (gliceraldeído 3-fosfato).

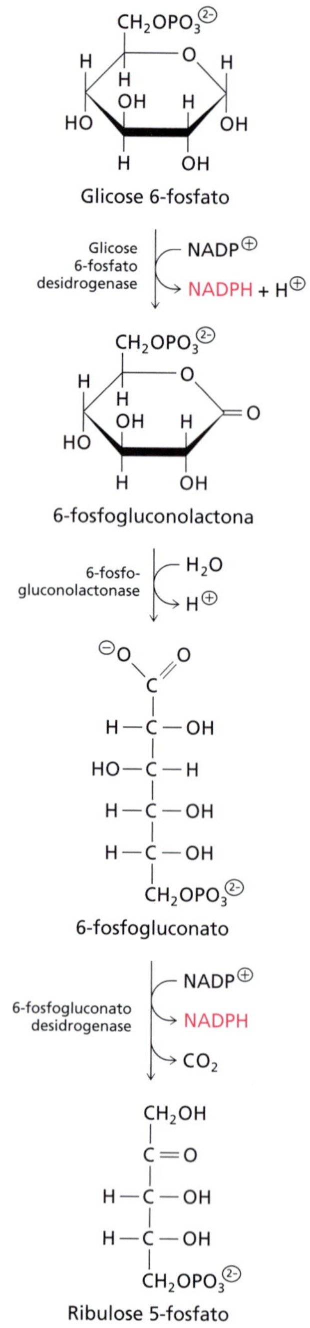

Se uma célula necessitar tanto de NADPH como de nucleotídeos, então toda a ribulose 5-fosfato é isomerizada em ribose 5-fosfato, e a via se completa nesse estágio. Em alguns casos, há necessidade de mais NADPH do que de ribose 5-fosfato, e a maior parte dos fosfatos de pentose são convertidos em intermediários da gliconeogênese.

O estágio não oxidativo da via da pentose-fosfato dispõe dos fosfatos de pentoses formados no estágio oxidativo, fornecendo uma rota para a gliconeogênese ou para a glicólise. Nessa etapa, a ribulose 5-fosfato é convertida nos intermediários frutose 6-fosfato e gliceraldeído 3-fosfato. Se todos os fosfatos de pentoses fossem convertidos nesses intermediários, o resultado das reações não oxidativas seria a conversão de três moléculas de pentose em duas de hexose, mais uma de triose.

$$3 \text{ Ribulose 5-fosfato} \longrightarrow$$
$$2 \text{ Frutose 6-fosfato} + \text{Gliceraldeído 3-fosfato} \quad (12.5)$$

Tanto a frutose 6-fosfato como o gliceraldeído 3-fosfato podem ser metabolizados na glicólise ou na gliconeogênese.

Agora, vamos examinar com mais detalhes cada uma das reações da via das pentoses fosfato.

A. Estágio oxidativo

As três reações do estágio oxidativo da via das pentoses fosfato são descritas na Figura 12.11. As duas primeiras etapas são as mesmas da via Entner-Doudoroff nas bactérias (Seção 11.7). A primeira reação, catalisada pela glicose 6-fosfato desidrogenase (G6PDH), é a oxidação da glicose 6-fosfato formando 6-fosfogluconolactona. Essa etapa é o principal ponto de regulação de toda a via das pentoses fosfato. A glicose 6-fosfato desidrogenase é inibida alostericamente pelo NADPH (inibição por retroalimentação). Essa característica reguladora simples garante que a produção de NADPH pela via das pentoses fosfato seja autolimitante.

A enzima seguinte da fase oxidativa é a 6-fosfogluconolactonase, que catalisa a hidrólise da 6-fosfogluconolactona, formando o açúcar ácido 6-fosfogluconato. Por fim, a 6-fosfogluconato desidrogenase catalisa a descarboxilação oxidativa do 6-fosfogluconato. Essa reação produz uma segunda molécula de NADPH, ribulose 5-fosfato e CO_2. No estágio oxidativo, portanto, um açúcar de seis carbonos é oxidado a um de cinco carbonos, mais CO_2 e duas moléculas de $NADP^{\oplus}$ são reduzidas a NADPH.

B. Estágio não oxidativo

O estágio não oxidativo da via das pentoses fosfato consiste inteiramente em reações de quase-equilíbrio. Esse estágio oferece açúcares de cinco carbonos para a biossíntese e introduz açúcares-fosfatos na glicólise e na gliconeogênese. A ribulose 5-fosfato segue dois caminhos: pode dar origem a xilulose 5-fosfato por ação de uma epimerase ou ser transformada em ribose 5-fosfato em uma reação catalisada por uma isomerase (Figura 12.12) (observe a diferença entre uma epimerase e uma isomerase). Ribose 5-fosfato é o precursor da porção ribose (ou desoxirribose) dos nucleotídeos. As etapas seguintes da via convertem açúcares de cinco carbonos em intermediários glicolíticos. Células que se dividem rapidamente, que necessitam de ribose 5-fosfato (como precursor dos resíduos de ribonucleotídeos e de desoxirribonucleotídeos) e de NADPH (para a redução dos ribonucleotídeos em desoxirribonucleotídeos), geralmente têm alta atividade da via das pentoses fosfato.

A via das pentoses fosfato completa (Figura 12.10) mostra que no estágio não oxidativo duas moléculas de xilulose 5-fosfato e uma de ribose 5-fosfato são interconvertidas para gerar uma molécula de três carbonos (gliceraldeído 3-fosfato) e duas de seis carbonos (frutose 6-fosfato). Assim, os compostos de carbono oriundos da passagem de três moléculas de glicose pela via das pentoses fosfato são gliceraldeído 3-fosfato, frutose 6-fosfato e CO_2. A equação balanceada para esse processo é:

$$3 \text{ Glicose 6-fosfato} + 6 \text{ NADP}^{\oplus} + 3 \text{ H}_2\text{O} \rightarrow 2 \text{ Frutose 6-fosfato} +$$
$$\text{Gliceraldeído 3-fosfato} + 6 \text{ NADPH} + 3 \text{ CO}_2 + 6 \text{ H}^{\oplus} \quad (12.6)$$

▲ **Figura 12.11**
Estágio oxidativo da via das pentoses fosfato. Duas moléculas de $NADP^{\oplus}$ são reduzidas a NADPH por cada molécula de glicose 6-fosfato que entra na via.

QUADRO 12.4 Deficiência da glicose 6-fosfato desidrogenase nos seres humanos

A genética da glicose 6-fosfato desidrogenase humana tem sido objeto de muitas pesquisas. Há duas enzimas diferentes capazes de catalisar a reação mostrada na Figura 12.11. Um dos genes (G6PDH) é encontrado no cromossomo X (Xq28) e expresso quase exclusivamente nas hemácias. O outro gene (H6PDH) codifica uma enzima menos específica, capaz de utilizar outros substratos. A hexose 6-fosfato desidrogenase é sintetizada em muitas células, nas quais serve como a primeira enzima do estágio oxidativo da via das pentoses-fosfato.

A reação da glicose 6-fosfato desidrogenase é a única capaz de reduzir $NADP^{\oplus}$ nas hemácias. Em consequência, a deficiência dessa enzima tem efeitos drásticos sobre o metabolismo dessas células. As demais células não são afetadas, pois contêm H6PDH. A deficiência da G6PDH em seres humanos provoca a anemia hemolítica.

Há centenas de alelos diferentes do gene G6PDH do cromossomo X. As variantes produzem quantidades menores da enzima ou alteram sua atividade catalítica. Não se conhecem mutantes nulos na população humana porque a ausência completa de atividade da G6PDH é letal. Observe que os machos têm maior probabilidade de serem afetados, pois têm apenas uma cópia do gene em seu único cromossomo X.

Estima-se que 400 milhões de pessoas têm alguma forma de deficiência da G6PDH e sofrem de formas brandas da anemia hemolítica. Os sintomas podem pôr a vida do portador em risco, se ele for tratado com algumas drogas normalmente prescritas para outras doenças. Muitos desses indivíduos têm maior resistência à malária porque o parasita causador dessa doença não sobrevive bem em hemácias que produzem menor quantidade de NADPH.

Isso explica por que há tantos alelos que conferem essa deficiência presente na população humana, apesar de a via das pentoses-fosfato nos portadores desses alelos ser ineficiente. Esse é um exemplo de seleção balanceada, como o da conhecida anemia falciforme.

Entradas para esses genes no banco de dados do genoma humano podem ser vistas no site Entrez Gene [ncbi.nlm.nih.gov/gene]. Busque pelo gene G6PDH (2531) ou H6PDH (9563). O endereço da página do Online Mendelian Inheritance in Man (OMIM) é <ncbi.nlm.nih.gov/omim>. A entrada para o G6PDH é MIM=305900, e para o H6PDH é MIM=138090.

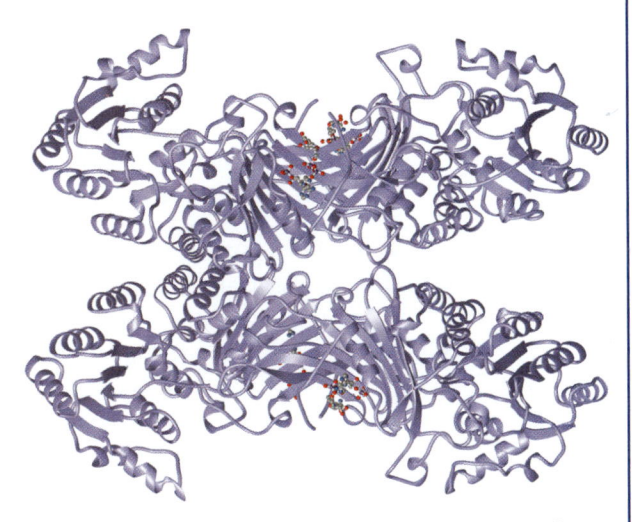

▲ **Glicose 6-fosfato desidrogenase humana, variante Canton R459L.** A enzima é um dímero de dímeros (tetrâmero). Duas moléculas de $NADP^{\oplus}$ estão ligadas aos sítios ativos de cada dímero [PDB 1QK1].

As reações do estágio não oxidativo da via das pentoses-fosfato são semelhantes àquelas do estágio de regeneração do ciclo redutor das pentoses-fosfato na fotossíntese.

◀ **Figura 12.12**
Conversão de ribulose 5-fosfato em xilulose 5-fosfato ou ribose 5-fosfato. Em qualquer um dos casos, a retirada de um próton forma um intermediário enediol. A reprotonação forma a cetose xilulose 5-fosfato ou a aldose ribose 5-fosfato.

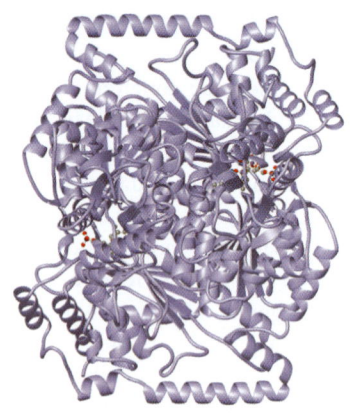

▲ **Transcetolase de *Escherichia coli*.**
O sítio ativo de cada monômero contém uma molécula de xilulose 5-fosfato (espaço preenchido) e o cofator TDP [PDB 2R8O].

Na maioria das células, o gliceraldeído 3-fosfato e a frutose 6-fosfato produzidos pela via das pentoses-fosfato são usados para sintetizar novamente a glicose 6-fosfato, que pode reentrar na via das pentoses-fosfato. Nesse caso, o equivalente de uma molécula de glicose é oxidado por inteiro em CO_2 em seis passagens pela via. Depois que as seis moléculas de glicose 6-fosfato são oxidadas, as seis moléculas de ribulose 5-fosfato produzidas podem ser rearranjadas pelas reações da via da pentose-fosfato e parte da via gliconeogênica para formar cinco moléculas de glicose 6-fosfato (lembre-se de que duas moléculas de gliceraldeído 3-fosfato equivalem a uma de frutose 1,6-*bis*fosfato). Se desconsiderarmos H_2O e $H^{\oplus}$, a estequiometria da reação completa para esse processo é

$$\text{6 Glicose 6-fosfato} + \text{12 NADP}^{\oplus} \longrightarrow$$
$$\text{5 Glicose 6-fosfato} + \text{12 NADPH} + \text{6 CO}_2 + \text{P}_i \qquad (12.7)$$

A reação total enfatiza que a maioria da glicose 6-fosfato que entra na via da pentose-fosfato pode ser reciclada; um sexto dela é convertido em CO_2 e P_i. Na verdade, um nome alternativo para essa via é *ciclo das pentoses-fosfato*.

C. Interconversões catalisadas por transcetolases e transaldolases

As interconversões do estágio não oxidativo da via das pentoses-fosfato são catalisadas por duas enzimas chamadas transcetolase e transaldolase. Essas enzimas têm especificidade ampla em relação aos substratos.

A transcetolase também é chamada glicoaldeídotransferase. É uma enzima dependente de tiamina-difosfato (TDP), que catalisa a transferência de um grupo glicoaldeído de dois carbonos de um fosfato de cetose para um fosfato de aldose. O fosfato de cetose é encurtado em dois carbonos, e o fosfato de aldose é aumentado em dois carbonos (Figura 12.13).

A transaldolase é também chamada di-hidroxiacetonatransferase. Ela catalisa a transferência de um grupo di-hidroxiacetona, de três carbonos, de um fosfato de cetose para um fosfato de aldose. A reação da transaldolase na via das pentoses-fosfato converte sedo-heptulose 7-fosfato e gliceraldeído 3-fosfato em eritrose 4-fosfato e frutose 6-fosfato (Figura 12.14).

▲ **Figura 12.13**
Reação catalisada pela transcetolase. A transferência reversível de um grupo glicoaldeído (mostrado em vermelho) da xilulose 5-fosfato para a ribose 5-fosfato gera gliceraldeído 3-fosfato e sedo-heptulose 7-fosfato. Observe que o substrato cetose-fosfato (em qualquer direção) é encurtado em dois carbonos, enquanto a aldose-fosfato é aumentada em dois carbonos. Neste exemplo, 5C + 5C $\rightleftharpoons$ 3C + 7C.

12.5 Metabolismo do glicogênio

A glicose é armazenada nas células sob a forma dos polissacarídeos amido e glicogênio. No Capítulo 15 discutiremos o metabolismo do amido, que ocorre principalmente nos vegetais. O glicogênio é um polissacarídeo de armazenamento importante em bactérias, protistas, fungos e animais. Grandes partículas de glicogênio podem ser vistas facilmente no citoplasma desses organismos. A maior parte do glicogênio nos vertebrados é encontrada nas células musculares e hepáticas. O glicogênio do músculo aparece em micrografias eletrônicas como grãos citossólicos com 10 a 40 nm de diâmetro, aproximadamente o tamanho dos ribossomos. As partículas de glicogênio nas células hepáticas são cerca de três vezes maiores. Nas bactérias, elas são menores.

▲ **Figura 12.14**
Reação catalisada pela transaldolase. A transferência reversível de um grupo di-hidroxiacetona (mostrado em vermelho), de três carbonos, da sedo-heptulose 7-fosfato para o C-1 do gliceraldeído 3-fosfato gera uma nova cetose-fosfato, a frutose 6-fosfato, e libera uma nova aldose-fosfato, a eritrose 4-fosfato. Observe que o equilíbrio dos átomos de carbono é: 7C + 3C ⇌ 6C + 4C.

A. Síntese do glicogênio

A síntese de mais glicogênio requer um molde de quatro a oito resíduos de glicose unidos via ligações α-(1 → 4). Esse molde é ligado a um resíduo específico de tirosina de uma proteína chamada glicogenina (Figura 12.15) via o grupo 1-hidroxila da terminação redutora do pequeno polissacarídeo. O molde é formado em duas etapas. O primeiro resíduo de glicose é ligado à glicogenina pela ação de uma atividade de glicosiltransferase que necessita de UDP-glicose. A própria glicogenina catalisa essa reação, bem como a extensão do molde em até mais sete resíduos de glicose. Portanto, a glicogenina é tanto uma proteína de suporte para o glicogênio como uma enzima. Cada molécula de glicogênio (que pode conter milhares de resíduos de glicose) tem apenas uma glicogenina em seu centro.

Reações subsequentes de adição ao glicogênio começam com a glicose 6-fosfato, que pode ser convertida em glicose 1-fosfato. Vimos na Seção 11.5 que a glicose 6-fosfato pode participar de diversas vias, incluindo a glicólise e a das pentoses-fosfato. A síntese e a degradação de glicogênio são principalmente uma forma de armazenar glicose 6-fosfato até que a célula necessite dela. A síntese e a degradação do glicogênio exigem etapas enzimáticas separadas. Já dissemos que uma regra geral do metabolismo é que as vias de biossíntese e as de degradação de uma mesma molécula sigam rotas diferentes.

São necessárias três reações separadas, catalisadas por enzimas, para incorporar uma molécula de glicose 6-fosfato ao glicogênio (Figura 12.16). Primeiro a fosfoglicomutase catalisa a conversão de glicose 6-fosfato em glicose 1-fosfato. Essa é, em seguida, ativada pela reação com UTP, formando UDP-glicose e pirofosfato (PP_i). Na terceira etapa, a glicogênio sintase catalisa a adição de resíduos de glicose da UDP-glicose à terminação não redutora do glicogênio.

A fosfoglicomutase é uma enzima onipresente. Ela catalisa uma reação de quase-equilíbrio que converte α-D-glicose 6-fosfato em α-D-glicose 1-fosfato. A glicose 1-fosfato é o famoso "éster de Cori", descoberto por Gerty Cori e Carl Cori nos anos 1930, quando as reações do metabolismo do glicogênio foram elucidadas.

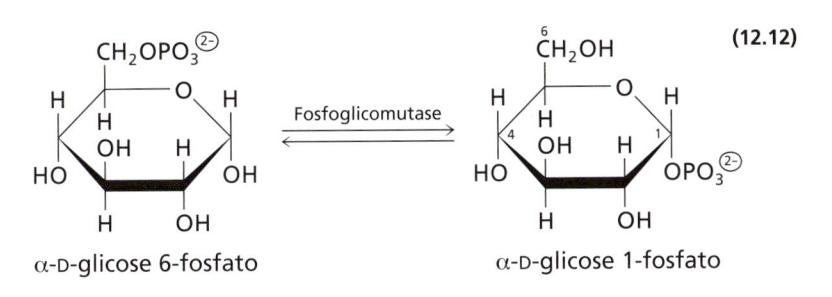

(12.12)

▲ **Gerty Cori (1896-1957), bioquímica.** Carl e Gerty Cori receberam o Prêmio Nobel em 1947 "pela descoberta do caminho da conversão catalítica do glicogênio". Este selo mostra o "éster de Cori", mas ligeiramente diferente da estrutura que em geral se vê nos livros. Você percebe a diferença?

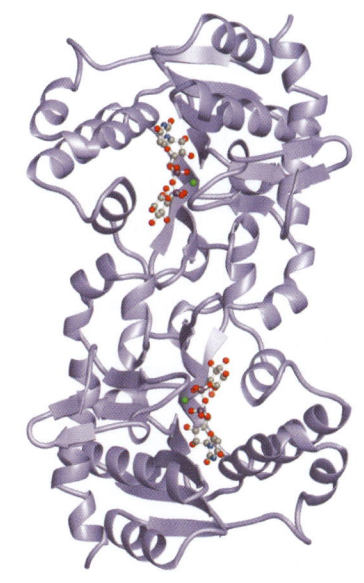

▲ **Figura 12.15**
Glicogenina de coelho (*Oryctolagus cuniculus*). A molécula é um homodímero, e cada um de seus sítios ativos tem ligação com uma molécula de UDP-glicose [PDB 1LL2].

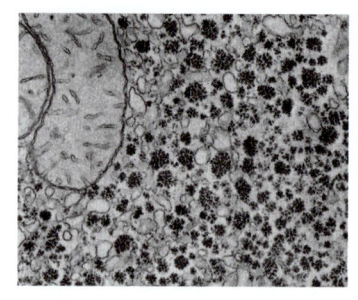

▲ Partículas grandes de glicogênio em um corte de célula hepática. (Micrografia eletrônica.)

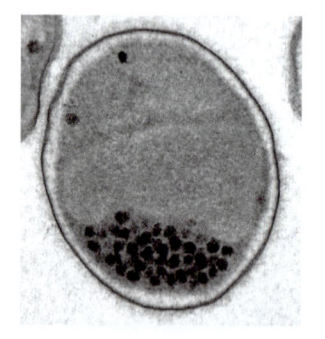

▲ Grãos corados de glicogênio em bactérias (*Candidatus* spp.).

Glicose 6-fosfato
↕ Fosfoglicomutase
Glicose 1-fosfato
UDP-glicose pirofosforilase ⎧ UTP
⎩ PP$_i$ → 2 P$_i$
UDP-glicose
Glicogênio sintase ⎧ Glicogênio (*n* resíduos)
⎩ UDP
Glicogênio (*n* + 1 resíduos)

▲ **Figura 12.16**
Síntese de glicogênio em eucariontes.

O mecanismo dessa reação é semelhante ao da fosfoglicerato mutase dependente de cofator (Seção 11.2 8). A glicose 6-fosfato se liga à fosfoenzima, e a glicose 1,6-*bis*fosfato é formada como um intermediário ligado à enzima. A transferência do fosfato do C-6 para a enzima deixa como produto a glicose 1-fosfato, que é ativada pela formação de UDP-glicose na segunda etapa da síntese de glicogênio. Nessa reação, um grupo UMP do UTP é transferido para o fosfato do C-1, com liberação de pirofosfato (veja a Figura 7.6). A enzima que catalisa essa reação é chamada UDP-glicose pirofosforilase, e está presente na maioria das espécies eucariontes. Observe que a ativação da glicose necessita de UTP. A energia é armazenada na UDP-glicose, que pode ser usada em várias reações de biossíntese. Vimos na Seção 11.6 que a UDP-glicose pode ser um substrato para a síntese de UDP-galactose (usada na síntese de gangliosídeos). A variação da energia livre de Gibbs padrão na reação da UDP-glicose pirofosforilase é próxima de zero. Nas condições de estado estacionário e quase-equilíbrio encontradas *in vivo*, $\Delta G = 0$, e as concentrações de glicose 1-fosfato e UDP-glicose são quase iguais. O fluxo na direção da síntese de UDP-glicose é impulsionado pela hidrólise subsequente do pirofosfato (Seção 10.6). Dois equivalentes de ATP (UTP e PP$_i$) são gastos na ativação da glicose.

A síntese de glicogênio é uma reação de polimerização, na qual unidades de glicose são adicionadas, uma por vez, a uma cadeia polissacarídica em crescimento. Essa reação é catalisada pela glicogênio sintase (Figura 12.17). Várias reações de polimerização são **processivas**: a enzima permanece ligada à extremidade da cadeia em crescimento, e as reações de adição são muito rápidas (ver Seção 20.2B). A reação da glicogênio sintase é **distributiva**: a enzima libera a cadeia crescente de glicogênio após cada reação.

Glicogênio sintases que utilizam UDP-glicose como substrato estão presentes em protistas, animais e fungos. Algumas bactérias sintetizam glicogênio utilizando ADP-glicose. A síntese do amido nos vegetais também requer ADP-glicose. A reação da glicogênio sintase é a principal etapa reguladora da síntese do glicogênio. Nos animais, há hormônios que controlam a velocidade de síntese do glicogênio, alterando a atividade da glicogênio sintase. Descreveremos a regulação na próxima seção.

Outra enzima, a amilo-(1,4 → 1,6)-transglicosilase, catalisa a formação de ramificações no glicogênio. Essa enzima, também conhecida como enzima ramificadora, remove um oligossacarídeo de pelo menos seis resíduos da extremidade não redutora de uma cadeia alongada e o une por ligação α-(1 → 6) a uma posição que fica a pelo menos quatro resíduos de glicose do ponto de ramificação α-(1 → 6) mais próximo. Essas ramificações fornecem vários sítios para adição ou remoção de resíduos de glicose, contribuindo, assim, para a velocidade com que o glicogênio pode ser sintetizado ou degradado.

A molécula completa de glicogênio tem várias camadas de cadeias polissacarídicas que se estendem a partir do núcleo de glicogenina (Figura 12.18). Os grãos grandes nas células do fígado, por exemplo, têm moléculas de glicogênio com até 120.000 resíduos de glicose. Há, normalmente, duas ramificações por cadeia, e cada uma das cadeias tem de 8 a 14 resíduos. A molécula tem em média 12 camadas de cadeias. Se houver, em média, duas ramificações por cadeia, então, cada unidade polissacarídica poderia ter milhares de terminações livres.

B. Degradação do glicogênio

Os resíduos de glicose do amido e do glicogênio são liberados dos polímeros de estocagem pela ação de enzimas chamadas polissacarídeo fosforilases: amido fosforilase (nos vegetais) e glicogênio fosforilase (nos outros organismos). Essas enzimas catalisam a remoção de resíduos de glicose das extremidades não redutoras do amido ou do glicogênio, desde que os monômeros estejam unidos por ligações α-(1 → 4). Como seu nome indica, essas enzimas catalisam reações de fosforólise: quebra de uma ligação por transferência de grupo a um átomo de oxigênio do fosfato. Em comparação com a hidrólise (transferência de grupo para a água), a fosforólise produz ésteres fosfato. Assim, o primeiro produto da quebra do polissacarídeo é α-D-glicose 1-fosfato (o éster de Cori), e não glicose livre.

$$\text{Polissacarídeo}~(n~\text{resíduos}) + P_i \xrightarrow{\text{Polissacarídeo fosforilase}} \text{Polissacarídeo}~(n-1~\text{resíduos}) + \text{glicose 1-fosfato}$$

(12.9)

A reação de fosforólise, catalisada pela glicogênio fosforilase, está na Figura 12.19. O piridoxal fosfato (PLP) é um grupo prostético no sítio ativo da enzima. O grupo fosfato do PLP parece liberar um próton para o substrato fosfato a fim de ajudar na quebra da ligação físsil C—O do glicogênio. Observe que a glicogênio fosforilase catalisa uma reação marcante, pois ela utiliza somente glicogênio e fosfatos inorgânicos como substratos para a produção de um composto de relativamente "alta energia", a glicose 1-fosfato (Tabela 10.1).

▲ Figura 12.17
Reação da glicogênio sintase.

A glicogênio fosforilase é um dímero de subunidades idênticas. Seus sítios catalíticos ficam no meio de cada subunidade. Ele liga o fosfato e a extremidade de uma cadeia de glicogênio (Figura 12.20). A partícula grande de glicogênio liga-se a um sítio próximo, e a cadeia que está sendo degradada passa através de uma fenda sobre a superfície da enzima. Quatro ou cinco resíduos de glicose podem ser quebrados em sequência, antes que a enzima tenha que liberar uma partícula de glicogênio e religar-se. Assim, em contraste com a glicogênio sintase, a glicogênio fosforilase é parcialmente processiva.

A enzima age sobre quatro resíduos de glicose de um ponto de ramificação (uma ligação glicosídica α-(1 → 6), deixando uma dextrina-limite. Esta pode ser degradada ainda por ação da enzima bifuncional desramificadora do glicogênio (Figura 12.21). A atividade de glucanotransferase da enzima desramificadora catalisa o deslocamento de uma cadeia de três resíduos de glicose de uma ramificação para uma extremidade 4-hidroxi livre da molécula de glicogênio. Tanto a ligação original como a nova são α-(1 → 4). A outra atividade da enzima desramificadora do glicogênio, amilo-1,6-glucosidase, catalisa a remoção hidrolítica (não fosforolítica) do resíduo de glicose remanescente, ligado α-(1 → 6). Os produtos são uma molécula de glicose livre e uma cadeia alongada, livre de ramificações, que é, novamente, substrato para a glicogênio fosforilase. Quando a molécula de glicose liberada do glicogênio pela ação da enzima desramificadora entra na glicólise, duas moléculas de ATP são produzidas (Seção 11.1). Por outro lado, cada molécula de glicose mobilizada pela ação da glicogênio fosforilase (representando cerca de 90% dos resíduos do glicogênio) rende três moléculas de ATP. O rendimento energético do glicogênio é maior do que o da glicose livre porque a glicogênio fosforilase catalisa a fosforólise, e não a hidrólise – não há consumo de ATP como na fosforilação da glicose livre, catalisada pela hexoquinase.

O produto da degradação do glicogênio, glicose 1-fosfato, é convertido rapidamente em glicose 6-fosfato pela fosfoglicomutase.

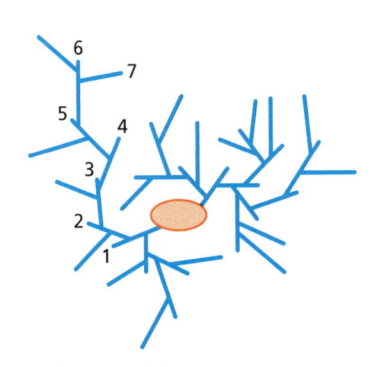

▲ Figura 12.18
Uma molécula de glicogênio. Dois polissacarídeos (azul) são ligados a cada molécula central de glicogenina. Cada cadeia tem 8-14 resíduos e duas ramificações. Nem todas as ramificações aparecem. Há sete camadas numeradas, mas as moléculas de glicogênio típicas têm 8-12 camadas, dependendo da espécie.

> Não há ganho líquido mágico de energia no armazenamento da glicose sob a forma de glicogênio, já que o custo de incorporação da glicose 6-fosfato nele é de dois equivalentes de ATP (Figura 12.16).

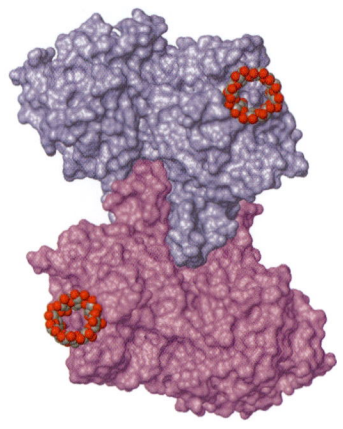

▲ **Inibição da glicogênio fosforilase.** A ação da glicogênio fosforilase produz glicose no fígado. A insulina controla essa atividade pela inativação da glicogênio fosforilase. No entanto, na ausência de insulina (por exemplo, no diabetes tipo II), a produção excessiva de glicose pode ser perigosa. Vários inibidores da glicogênio fosforilase foram desenvolvidos como possíveis tratamentos para o diabetes. Um deles é uma molécula de maltose cíclica, que aqui aparece ligada aos sítios ativos da enzima de coelho (*Oryctolagus cuniculis*) [PDB 1P2G].

▲ **Figura 12.19**
Quebra de um resíduo de glicose da extremidade não redutora de uma cadeia de glicogênio, catalisada pela glicogênio fosforilase.

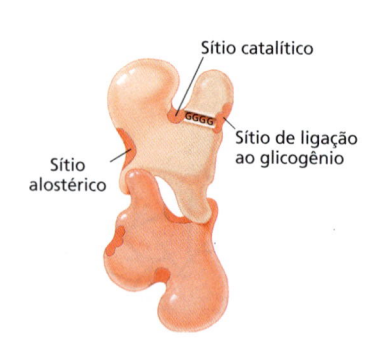

▲ **Figura 12.20**
Sítios de ligação e catalítico da glicogênio fosforilase.

12.6 Regulação do metabolismo do glicogênio nos mamíferos

O glicogênio nos mamíferos estoca glicose em tempos de fartura (após alimentação, quando há níveis altos de glicose) e a fornece nos tempos de necessidade (durante jejum ou em situações de "luta ou fuga"). Nos músculos, o glicogênio fornece energia para a contração. Por outro lado, o glicogênio do fígado é principalmente convertido em glicose, que deixa as células hepáticas e entra na corrente sanguínea para ser transportado a outros tecidos onde é necessária. Tanto a mobilização como a síntese de glicogênio são reguladas por hormônios.

A. Regulação da glicogênio fosforilase

A glicogênio fosforilase é responsável pela quebra do glicogênio para produção de glicose 1-fosfato. Nas células musculares, esta é convertida em glicose 6-fosfato, que é utilizada para produção de ATP na glicólise. No fígado, a glicose 6-fosfato é hidrolisada, formando glicose livre, secretada para dentro da corrente sanguínea, de onde pode ser absorvida por outros tecidos.

A atividade da glicogênio fosforilase é regulada por vários efetores alostéricos e por modificação covalente (fosforilação). Vamos dedicar alguns minutos ao estudo da regulação da glicogênio fosforilase, não só porque ela é importante para o metabolismo do glicogênio, mas também por sua importância histórica.

A enzima existe em quatro formas diferentes, como mostra a Figura 12.22. A forma não fosforilada é chamada glicogênio fosforilase **b** (GPb) e a fosforilada, de glicogênio fosforilase **a** (GPa). A enzima é fosforilada por uma quinase e desfosforilada por uma fosfatase.

Como outras enzimas reguladas alostericamente, a glicogênio fosforilase adota duas conformações: a R é a forma ativa, e a T, muito menos ativa. Esse fato é mostrado na Figura 12.22 como uma alteração na forma do sítio catalítico. Na conformação R, o fosfato inorgânico (um substrato da reação) pode se ligar, mas na conformação T essa ligação é inibida.

QUADRO 12.5 Crescimento da cabeça e da cauda

Reações de polimerização podem ser descritas tanto como crescimento da cabeça quanto da cauda. Em um mecanismo de crescimento da cabeça, a extremidade que cresce é "ativada", e a quebra da ligação de "alta energia" da cabeça da molécula fornece a energia necessária para a próxima adição de um monômero. Em um mecanismo de crescimento da cauda, a terminação crescente não tem uma ligação de alta energia; ao contrário, a energia para a reação de adição vem do monômero ativado.

A síntese do glicogênio é um exemplo de mecanismo de crescimento de cauda. O monômero que vai ser adicionado (UDP-glicose) é ativado e, quando a reação é completada, a extremidade da cadeia de glicogênio é uma simples hidroxila no C-4 de um resíduo de glicose. As sínteses do DNA e do RNA também são exemplos do mecanismo de crescimento de cauda. As sínteses de proteínas e de ácidos graxos são exemplos do mecanismo de crescimento de cabeça.

As diferenças entre os dois mecanismos tornam-se claras quando se pensa na reação inversa: a degradação. O glicogênio e os ácidos nucleicos podem ser degradados pela eliminação de um só resíduo. No caso do glicogênio, síntese e degradação são parte de um processo dinâmico, pois uma partícula de glicogênio serve como molécula armazenadora da glicose. No caso dos ácidos nucleicos, especialmente do DNA, a reação de degradação é uma parte essencial do reparo e da revisão do DNA, que garante que sua replicação seja extremamente precisa (Seção 20.2C). A retirada de resíduos individuais não evita que o polímero sirva imediatamente como substrato para outras reações de adição.

As sínteses de proteínas e de ácidos graxos utilizam o mecanismo de crescimento de cabeça. Nesse caso, a remoção de um resíduo da extremidade também remove a cabeça ativada, de modo que outras reações de adição não são possíveis sem uma etapa adicional de "reativação" da cabeça. Essa é a única razão pela qual erros na síntese proteica não podem ser reparados e uma das razões pelas quais as cadeias de ácidos graxos não são usadas como armazenadoras de energia da mesma forma que o glicogênio.

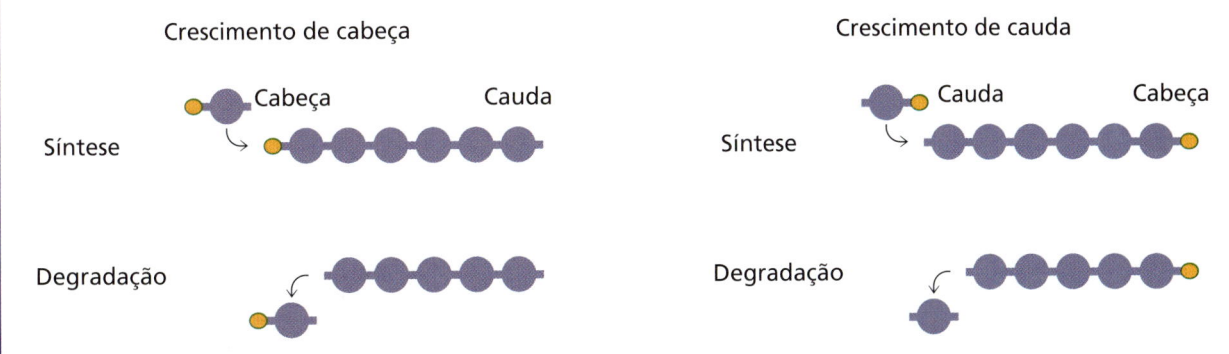

▲ **Crescimento de cabeça e de cauda.** Em um mecanismo de crescimento de cabeça (esquerda), os monômeros ativados que "chegam" são adicionados na "cabeça" do polímero em crescimento (a extremidade que contém o resíduo ativado). Após a reação de adição, o polímero ainda tem um resíduo ativado na extremidade crescente. No crescimento de cauda (direita), o monômero ativado "que chega" é adicionado à "cauda" do polímero em crescimento. O substrato monomérico carrega a energia para sua própria adição. Quando o polímero é degradado, um só resíduo é removido. Polímeros que usam um mecanismo de crescimento de cabeça não serão mais um substrato para as reações de adição após a degradação, pois sua cabeça ativada foi removida. Aqueles que utilizam o mecanismo de crescimento de cauda ainda são capazes de agir como substrato para as reações de adição.

A GPb, não fosforilada, pode existir tanto na conformação inativa T como na ativa R. O sítio alostérico da enzima liga diversos efetores que provocam uma mudança na conformação. Esse sítio fica próximo à interface dimérica, entre os dois monômeros, e as duas subunidades mudam de conformação simultaneamente, um resultado que está de acordo com o *modelo sincronizado* de Monod, Wyman e Changeux (Seção 5.9C).

Quando o ATP está ligado, a atividade da enzima é inibida (estado T). Esse é o estado normal de atividade, já que as concentrações fisiológicas de ATP são altas e relativamente constantes. Quando a concentração de AMP aumenta, ele desloca o ATP do sítio alostérico, causando um deslocamento no sentido da conformação ativa R e ativação da quebra de glicogênio. Nos músculos, o aumento da concentração de AMP resulta da atividade extenuante e sinaliza a necessidade de mais glicose 1-fosfato para estimular a produção de ATP pela glicólise. A enzima é inibida pela glicose 6-fosfato (inibição por retroalimentação). Não é preciso continuar a quebra do glicogênio se a concentração de glicose 6-fosfato for suficiente para alimentar a glicólise.

A principal diferença entre as conformações R e T é a posição de uma alça contendo Asp-283 e resíduos vizinhos (a alça dos 280). Na conformação T, a cadeia lateral de

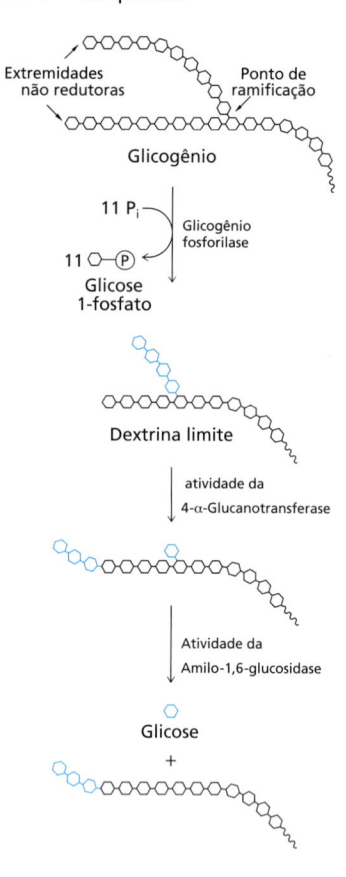

Asp-283, negativamente carregada, fica próxima do cofator piridoxal 5-fosfato (PLP) no sítio catalítico. Essa proximidade evita a ligação de fosfato inorgânico, inibindo a reação. Na conformação R, a posição dessa alça é deslocada, permitindo que fosfato inorgânico entre no sítio ativo.

As estruturas da GPa e da GPb estão na Figura 12.23, para ilustrar as mudanças estruturais que ocorrem quando a enzima é fosforilada e desfosforilada. O grupo fosforila é ligado covalentemente ao resíduo de serina 14 (Ser-14) próximo ao N--terminal da proteína.

No estado não fosforilado (GPb), os resíduos N-terminais, incluindo a Ser-14, se associam à superfície próxima ao sítio catalítico. No estado fosforilado (GPa), a fosfoserina-14 interage com dois resíduos de arginina, positivamente carregados, próximos ao sítio alostérico. O deslocamento marcante da localização do N-terminal da cadeia provoca outras alterações conformacionais na enzima: notadamente, uma reorientação de duas α-hélices, as hélices-torres, do outro lado da interface dimérica. Isso, por sua vez, afeta a posição da alça dos 280 que controla a transição entre as conformações ativa R e inativa T.

O equilíbrio entre T e R é bastante deslocado em favor da conformação R (ativa) quando a glicogênio fosforilase está fosforilada (GPa). Essa enzima é relativamente insensível ao ATP, ao AMP e à glicose 6-fosfato. Nas células musculares, GPa será formada em resposta aos hormônios que sinalizam a necessidade de glicose e a atividade exaustiva do músculo, promovendo a rápida mobilização de glicogênio. Nas células do fígado, a versão hepática da glicogênio fosforilase responde aos mesmos hormônios, mas, neste caso, a quebra de glicogênio leva à excreção da glicose, que pode ser absorvida pelas células musculares. A glicogênio fosforilase a do fígado é inibida pela glicose, que induz a GPa a adotar a conformação T. Isso é razoável, pois a presença de altas concentrações de glicose livre significa que não é necessário continuar sua produção a partir do glicogênio.

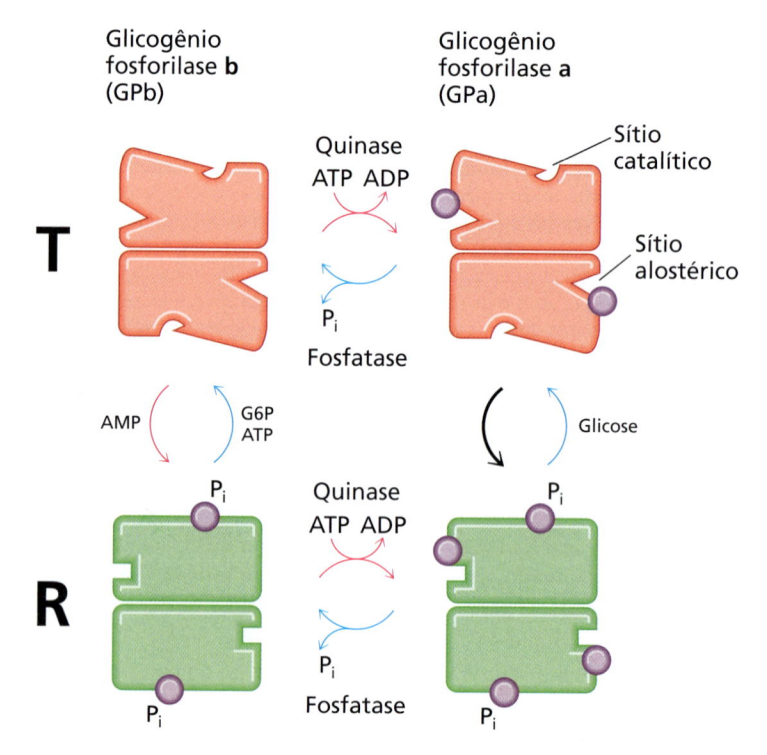

▲ **Figura 12.21**
Degradação de glicogênio. A glicogênio fosforilase catalisa a fosforólise das cadeias de glicogênio, interrompendo o processo quatro resíduos antes de um ponto de ramificação α-(1 → 6) e produzindo uma molécula de glicose 1-fosfato por cada resíduo de glicose mobilizado. A degradação subsequente é alcançada pelas duas atividades da enzima desramificadora do glicogênio. A atividade de 4-α-glucanotransferase catalisa a transferência de um trímero de uma ramificação da dextrina-limite para uma extremidade livre da molécula de glicogênio. A atividade de amilo-1,6-glucosidase catalisa a liberação hidrolítica do resíduo de glicose ligado α-(1 → 6).

A fosfofrutoquinase-1 (PFK-1) é regulada de modo semelhante por ATP e AMP.

▲ **Figura 12.22**
Regulação da glicogênio fosforilase. A glicogênio fosforilase **b** é a forma não fosforilada da enzima. A glicogênio fosforilase **a** é fosforilada em uma posição próxima do sítio alostérico. A fosforilação é indicada pela bola roxa naquele sítio. A conformação T (vermelho) é praticamente inativa, e a R (verde) é ativa na degradação do glicogênio, como mostrado na ligação do fosfato inorgânico (bola roxa) ao sítio catalítico. A conformação R é altamente favorecida quando a enzima está fosforilada (glicogênio fosforilase **a**).

Estado T — **Estado R**

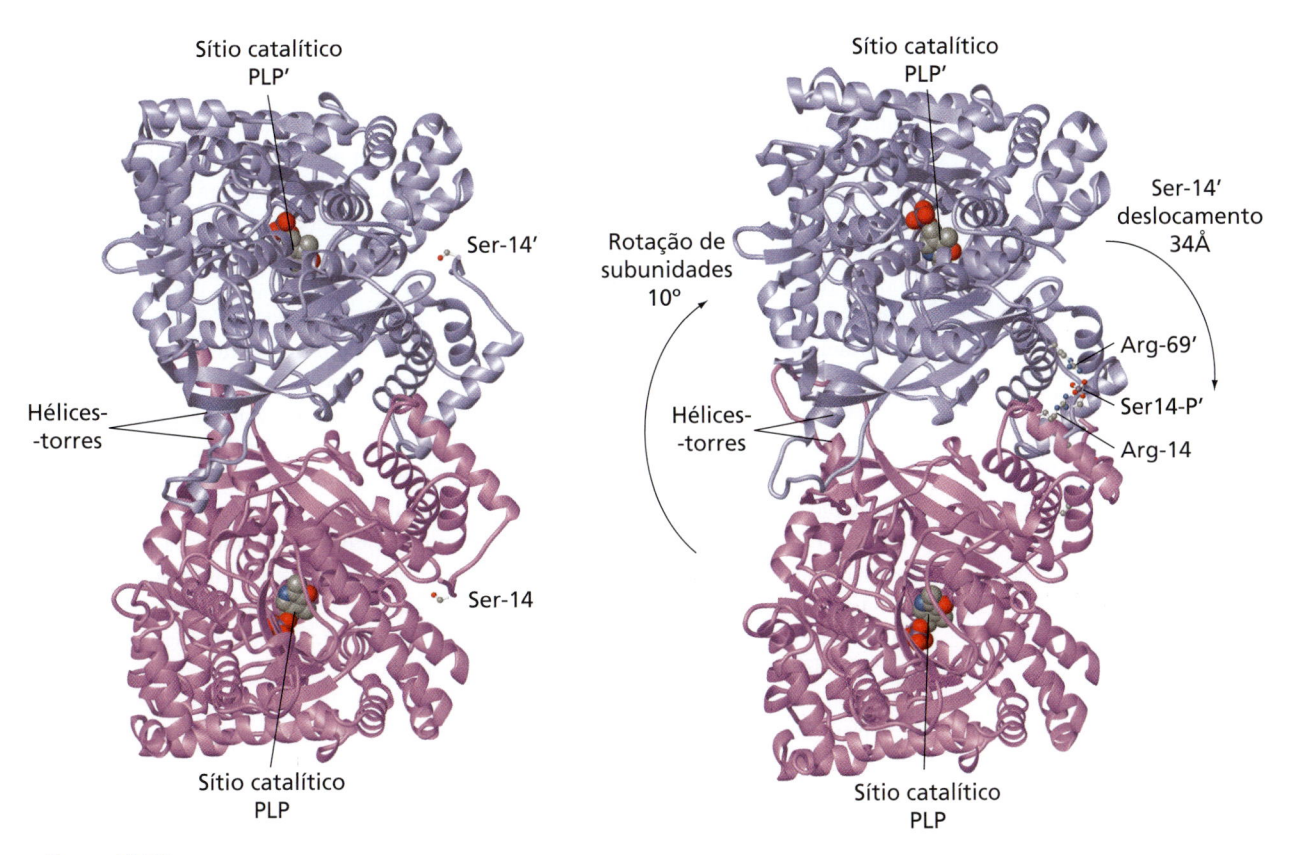

▲ **Figura 12.23**
Formas fosforilada e não fosforilada da glicogênio fosforilase. PLP no sítio catalítico aparece como um modelo molecular de espaço preenchido. O grande deslocamento na posição da Ser-14 causado pela fosforilação a Ser-14-P provoca uma mudança conformacional, que permite o acesso ao sítio catalítico [PDB 3CEH, 1Z8D].

A versão muscular da glicogênio fosforilase não é inibida pela glicose, pois as células dos músculos raramente têm concentrações significativas de glicose livre. Essas células não convertem glicose 6-fosfato em glicose. Além disso, toda glicose absorvida da corrente sanguínea é rapidamente fosforilada pela hexoquinase a glicose 6-fosfato.

Gerty e Carl Cori descobriram, em 1938, que a atividade da glicogênio fosforilase era regulada pelo AMP. Desde então, essa enzima tem sido um dos principais exemplos de enzimas reguladas alostericamente, entusiasmando três gerações de estudantes de bioquímica. A glicogênio fosforilase foi a primeira enzima cuja regulação por modificação covalente foi demonstrada. Eddy Fischer e Edwin Krebs publicaram seus resultados em 1956 e, durante muito tempo, pensou-se que a regulação por fosforilação seria uma forma incomum de regulação, limitada ao metabolismo do glicogênio. Atualmente, sabemos que essa é uma forma bastante comum de regulação nos eucariontes e constitui a parte mais importante de diversas vias de transdução de sinal. Há centenas de laboratórios pesquisando a transdução de sinal.

B. Os hormônios regulam o metabolismo do glicogênio

Insulina, glucagon e epinefrina são os principais hormônios que controlam o metabolismo do glicogênio nos mamíferos. A insulina, uma proteína de 51 resíduos sintetizada pelas células β do pâncreas, é secretada quando a concentração de glicose no sangue aumenta. Altos níveis de insulina são associados ao estado alimentado nos animais. A insulina aumenta a velocidade do transporte da glicose nos músculos e no tecido adiposo via o transportador de glicose GLUT4 (Seção 11.5A). Ela também estimula a síntese de glicogênio no fígado.

▲ Edmond ("Eddy") H. Fischer (1920-) (esquerda) e Edwin G. Krebs (1918-2009) (direita) receberam o Prêmio Nobel de Fisiologia ou Medicina em 1992 "por suas descobertas sobre a fosforilação reversível de proteínas como mecanismo de regulação biológica".

Glucagon, um hormônio peptídico contendo 29 resíduos de aminoácidos, é secretado pelas células α do pâncreas em resposta a uma baixa concentração de glicose no sangue. Ele restaura a concentração de estado estacionário da glicose no sangue pela estimulação da degradação do glicogênio. Ele é extremamente seletivo em seu alvo porque apenas as células do fígado são ricas em receptores de glucagon. Seu efeito é oposto ao da insulina, e uma concentração elevada de glucagon é associada ao estado de falta de alimento (jejum).

As glândulas adrenais liberam a catecolamina epinefrina (também conhecida como adrenalina) em resposta aos sinais neurais que desencadeiam a resposta de "luta ou fuga" (Figura 3.5c). O precursor da epinefrina, norepinefrina, também tem atividade hormonal. A epinefrina estimula a quebra do glicogênio. Ela desencadeia a resposta a uma necessidade repentina de energia, enquanto o glucagon e a insulina atuam por períodos mais longos, para manter uma concentração relativamente constante de glicose no sangue. A epinefrina se liga a receptores β-adrenérgicos do fígado e dos músculos e aos receptores $α_1$-adrenérgicos das células hepáticas. A ligação da epinefrina aos receptores β-adrenérgicos ou do glucagon a seus receptores ativa a via sinalizadora da adenililciclase. O segundo mensageiro, o AMP cíclico (cAMP), então, ativa a proteína quinase A (PKA).

A PKA fosforila diversas outras proteínas, causando mudanças significativas no metabolismo. Vejamos primeiro a regulação do metabolismo do glicogênio pelo glucagon (Figura 12.24). Quando o glucagon se liga a seu receptor, ele estimula a adenililciclase, causando um aumento no cAMP que leva à ativação da PKA. Esta fosforila a glicogênio sintase, convertendo a forma "a" na forma inativa "b" e bloqueando a síntese do glicogênio. A PKA também fosforila outra quinase, chamada fosforilase quinase. Como seu nome indica, essa é a quinase que fosforila a glicogênio fosforilase. A PKA ativa a fosforilase quinase levando à conversão da glicogênio fosforilase **b** em sua forma ativa, glicogênio fosforilase **a**. O resultado é um aumento da velocidade de degradação do glicogênio.

O efeito líquido do glucagon (ou da epinefrina) é bloquear a síntese do glicogênio e estimular sua degradação. A regulação recíproca dessas duas enzimas (sintase e fosforilase) é uma característica importante da regulação dessa via.

A glicogênio sintase e a glicogênio fosforilase são desfosforiladas pela fosfoproteína fosfatase-1, uma enzima que age sobre vários outros substratos. Como mostrado na Figura 12.25, a desfosforilação leva, reciprocamente, à inativação da glicogênio fosforilase e à ativação da glicogênio sintase, resultando na síntese de glicogênio a partir de UDP-glicose e na inibição da degradação do glicogênio. A insulina estimula a atividade da fosfoproteína fosfatase-1, provocando, assim, a incorporação de glicose no glicogênio e sua remoção da corrente sanguínea. A fosfoproteína fosfatase-1 também atua sobre a fosforilase quinase, bloqueando qualquer ativação da glicogênio fosforilase.

C. Os hormônios regulam a gliconeogênese e a glicólise

Agora retomaremos nossa discussão sobre a regulação da gliconeogênese e da glicólise. A frutose 1,6-*bis*fosfatase (FBPase) e a fosfofrutoquinase-1 (PFK-1) são as principais enzimas envolvidas na decisão de degradar a glicose ou sintetizá-la (Seção 12.3). Lembre-se de que essas duas enzimas são reguladas reciprocamente pelo efetor frutose 2,6-*bis*fosfato (Figura 12.8). Essa molécula efetora é sintetizada a partir da frutose 6-fosfato, por ação da fosfofrutoquinase-2 (PFK-2), e desfosforilada novamente, a frutose 6-fosfato, pela ação da frutose 2,6-*bis*fosfatase (F2,6BPase) (Figura 12.9). Essas duas atividades enzimáticas pertencem à mesma proteína bifuncional. A relação entre as quatro enzimas e seus produtos está resumida na Figura 12.26.

As atividades de F2,6BPase e de PFK-2 na enzima bifuncional são reciprocamente reguladas por fosforilação. Quando a proteína está fosforilada, a enzima atua como uma frutose 2,6-*bis*fosfatase, e a atividade de fosfofrutoquinase é inibida. Inversamente, quando a enzima está desfosforilada, ela age como uma fosfofrutoquinase, e a atividade da 2,6-*bis*fosfatase fica inibida.

Esse é o mesmo modo de regulação recíproca que encontramos com a glicogênio fosforilase e glicogênio sintase, exceto pelo fato de que, nesse caso, as duas atividades estão na mesma molécula. Na presença de glucagon, a proteína quinase A (PKA) é ativa e fosforila a enzima bifuncional (Figura 12.27). Logo, o glucagon estimula a gliconeogênese e inibe a glicólise nas células do fígado, elevando o nível de glicose na corrente sanguínea. Ao mesmo tempo, a epinefrina pode estimular a degradação do glicogênio e inibir a sua síntese nas células dos músculos. O resultado é mais glicose para os músculos e mais ATP da glicólise.

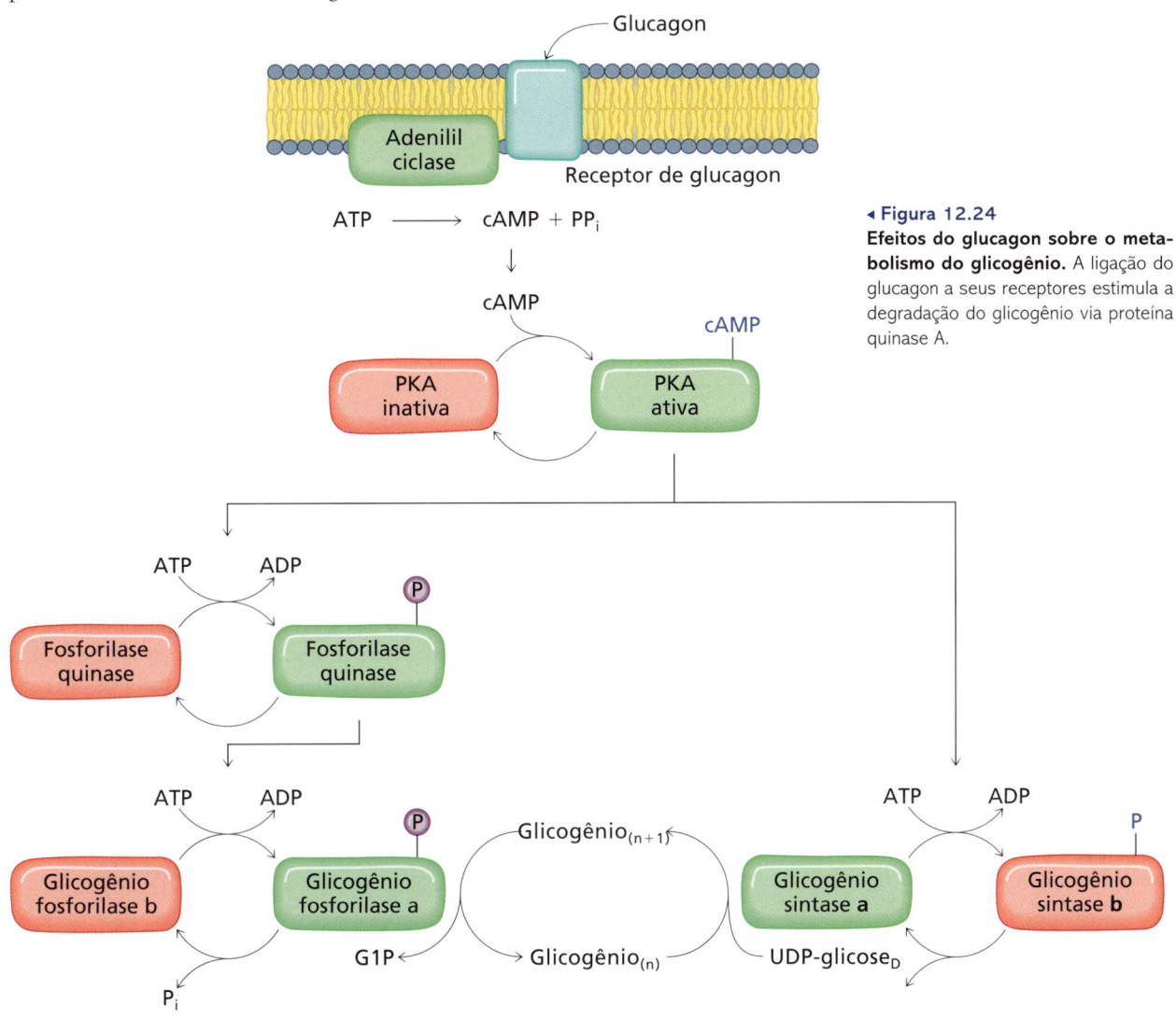

◄ Figura 12.24
Efeitos do glucagon sobre o metabolismo do glicogênio. A ligação do glucagon a seus receptores estimula a degradação do glicogênio via proteína quinase A.

▼ Figura 12.25
Efeito da insulina sobre o metabolismo do glicogênio. A insulina estimula a atividade de fosfatase da fosfoproteína fosfatase-1, levando à inativação da glicogênio fosforilase e à ativação da glicogênio sintase.

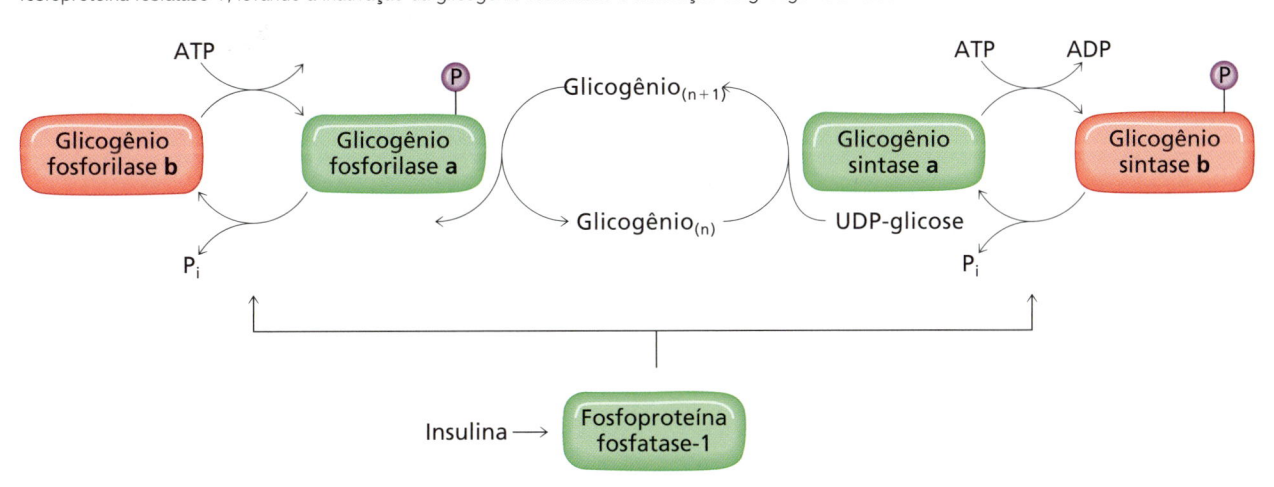

▶ **Figura 12.26**
O papel da frutose 2,6-*bis*fosfato na regulação da glicólise e da gliconeogênese.

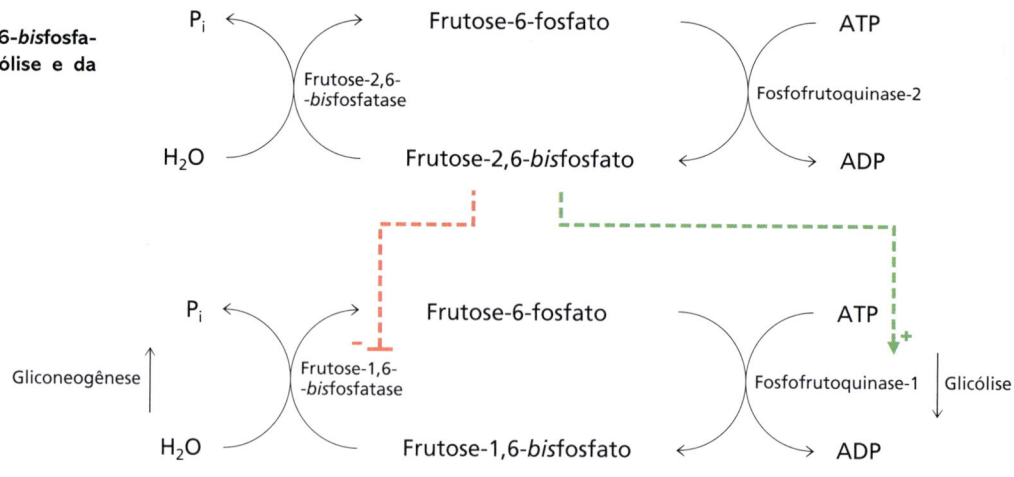

12.7 A manutenção dos níveis de glicose em mamíferos

Os mamíferos mantêm o nível de glicose no sangue dentro de limites estreitos, regulando tanto sua síntese como sua degradação. A glicose é o principal combustível metabólico do corpo. Alguns tecidos, como o cérebro, dependem quase inteiramente dela para suprir suas necessidades energéticas. A concentração de glicose no sangue raramente cai abaixo de 3 mM ou excede 10 mM. Quando essa concentração cai abaixo de 2,6 mM, a absorção de glicose pelo cérebro fica comprometida, com graves consequências. Ao contrário, quando o nível de glicose no sangue fica muito alto, ela é retirada dele pelos rins, em um processo acompanhado pela perda osmótica de água e eletrólitos.

▶ **Figura 12.27**
Efeito do glucagon sobre a gliconeogênese. O glucagon se liga a seu receptor, ativando a adenilil ciclase. Níveis mais altos de cAMP ativam a proteína quinase A, que fosforila a enzima bifuncional levando à ativação da frutose 2,6-*bis*fosfatase. Na ausência do efetor frutose 2,6-*bis*fosfato, a frutose 1,6-*bis*fosfatase é ativada, aumentando o fluxo na via da gliconeogênese.

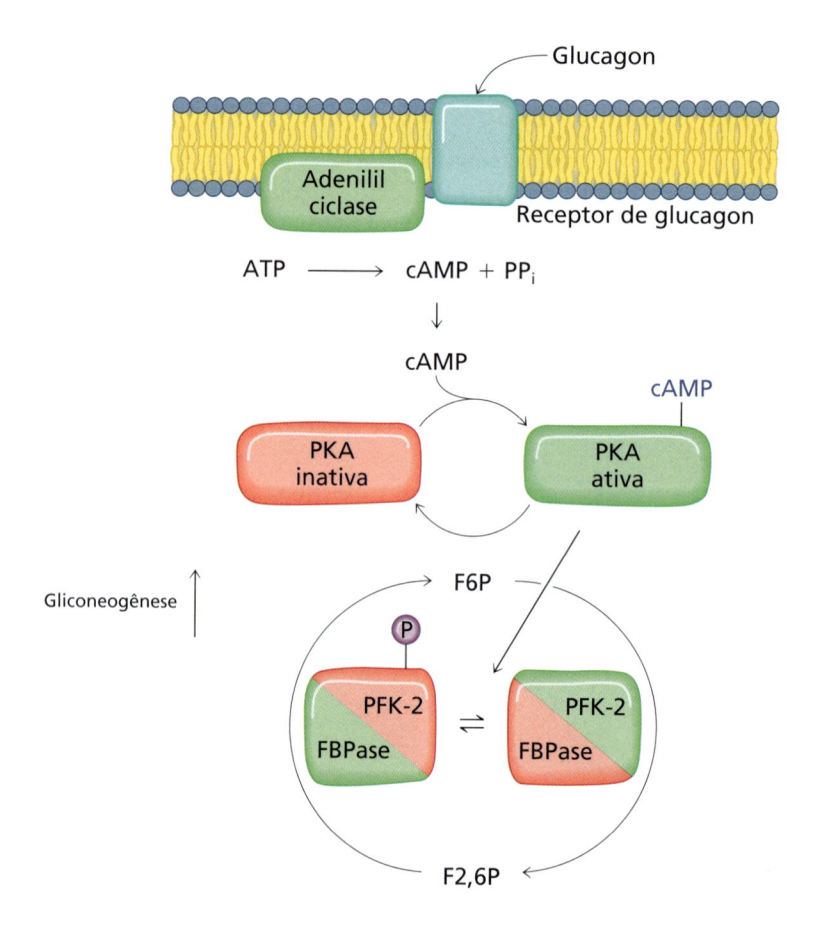

O fígado desempenha um papel único no metabolismo energético, participando das interconversões de todos os tipos de combustíveis metabólicos: carboidratos, aminoácidos e ácidos graxos.

Anatomicamente, o fígado fica localizado no centro do sistema circulatório (Figura 12.28). A maioria dos tecidos é perfundido paralelamente ao sistema de artérias, recebendo sangue oxigenado e retornando o sangue da circulação venosa para os pulmões, a fim de ser oxigenado. O fígado, porém, é perfundido em série com os tecidos viscerais (trato gastrintestinal, pâncreas, baço e tecido adiposo); o sangue desses tecidos é drenado para dentro da veia porta e, em seguida, flui para o fígado. Isso significa que, após os produtos da digestão serem absorvidos pelo intestino, eles passam diretamente ao fígado. Usando seu conjunto especializado de enzimas, o fígado regula a distribuição de combustíveis alimentares, fornecendo energia de suas próprias reservas quando os estoques oriundos da dieta estão esgotados.

O consumo de glicose pelos tecidos retira do sangue a glicose obtida na dieta. Quando o nível de glicose cai, o glicogênio do fígado e a gliconeogênese tornam-se fonte de glicose. No entanto, como essas fontes são limitadas, os hormônios atuam para restringir o uso de glicose pelas células e pelos tecidos que são absolutamente dependentes da glicólise para geração de ATP (medula renal, retina, hemácias e partes do cérebro). Outros tecidos podem gerar ATP pela oxidação de ácidos graxos mobilizados do tecido adiposo (Seções 16.1C e 16.2).

A complexidade do metabolismo dos carboidratos nos mamíferos fica evidente nas mudanças que ocorrem em condições de alimentação e de jejum. Nos anos 1960, George Cahill estudou a utilização da glicose por pacientes obesos, que estavam em privação alimentar terapêutica. Após uma dose inicial de glicose, esses pacientes recebiam apenas água, vitaminas e minerais. Cahill observou que a homeostase da glicose (manutenção de níveis constantes na circulação) ocorria em cinco fases. A Figura 12.29, baseada nas observações de Cahill, resume as mudanças metabólicas nessas fases.

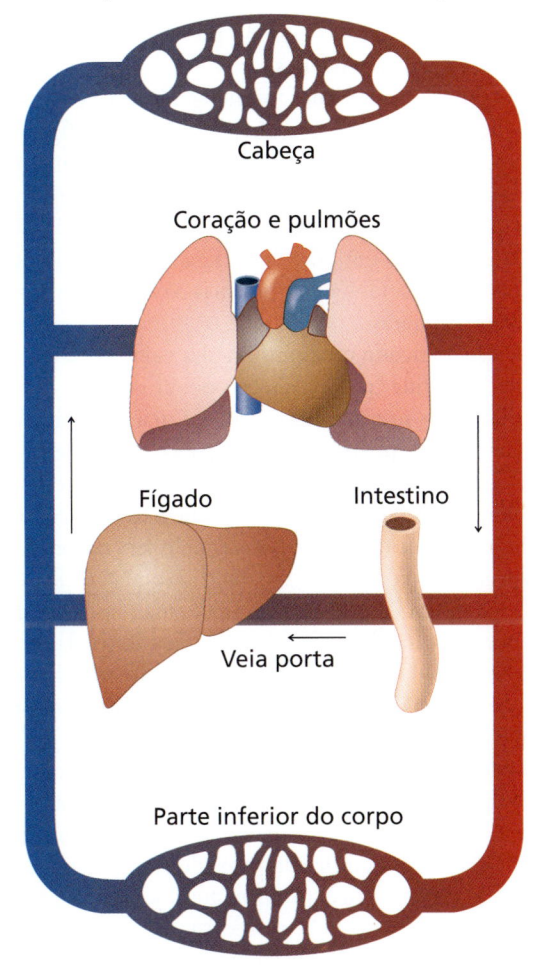

◀ **Figura 12.28**
Posição do fígado em relação ao sistema circulatório. A maioria dos tecidos é perfundida em paralelo. Mas o fígado é perfundido em série com os tecidos viscerais. O sangue que sai do intestino e de outros tecidos viscerais flui para o fígado através da veia porta. Assim, o fígado está posicionado estrategicamente para regular a passagem de combustíveis para outros tecidos.

▶ **Figura 12.29**
Cinco fases da homeostase da glicose. O gráfico, baseado em observações de diversos indivíduos, ilustra a utilização da glicose em um homem de 70 kg, que consumiu 100 g de glicose e depois fez jejum durante 40 dias.

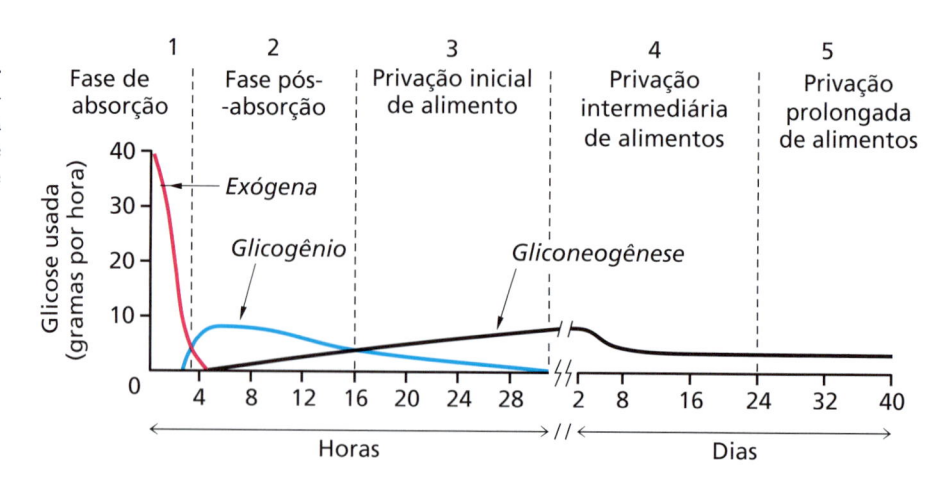

1. Fase de absorção
2. Fase pós-absorção
3. Privação inicial de alimento
4. Privação intermediária de alimentos
5. Privação prolongada de alimentos

Exógena, *Glicogênio*, *Gliconeogênese*

Glicose usada (gramas por hora) vs. Horas / Dias

1. Durante a fase inicial de absorção (as primeiras quatro horas), a glicose oriunda da alimentação entra no fígado pela veia porta e a maioria dos tecidos usa a glicose como combustível principal. Nessas condições, o pâncreas secreta insulina, que estimula a absorção de glicose pelos músculos e pelo tecido adiposo via GLUT4. A glicose absorvida por esses tecidos é fosforilada em glicose 6-fosfato, que não consegue sair das células por difusão. As células hepáticas também absorvem glicose e a convertem em glicose 6-fosfato. O excesso de glicose é armazenado como glicogênio, no fígado e nos músculos.
2. Quando a glicose oriunda da dieta já foi consumida, o corpo mobiliza o glicogênio do fígado para manter os níveis de glicose circulante. No fígado, a glicose 6-fosfatase catalisa a hidrólise da glicose 6-fosfato em glicose, que deixa o fígado através dos transportadores de glicose. O glicogênio no músculo (que não tem glicose 6-fosfatase) é metabolizado em lactato a fim de produzir ATP para a contração muscular; o lactato é usado por outros tecidos como combustível ou pelo fígado para a gliconeogênese.
3. Após 24 horas, aproximadamente, o glicogênio do fígado se esgota e a única fonte de glicose circulante é a gliconeogênese no fígado, usando lactato, glicerol e alanina como precursores. Os ácidos graxos mobilizados do tecido adiposo tornam-se um combustível alternativo para a maioria dos tecidos. Os tecidos obrigatoriamente glicolíticos continuam a usar a glicose e a produzir lactato, que é convertido em glicose no fígado, pelo ciclo de Cori. Esse ciclo disponibiliza a outros tecidos a energia, mas não o carbono, obtida da oxidação de ácidos graxos no fígado.
4. A gliconeogênese no fígado continua em alta velocidade por alguns dias e, depois, diminui. À medida que a privação de alimento se estende, a gliconeogênese nos rins torna-se proporcionalmente mais significativa. Proteínas dos tecidos periféricos são quebradas para fornecer precursores gliconeogênicos. Nessa fase, o corpo se adapta a diversos combustíveis alternativos.
5. No jejum prolongado, há menos gliconeogênese e os estoques de lipídeos se esgotam. Se não houver alimentação, o passo seguinte será a morte. Após a realimentação, o metabolismo é rapidamente restaurado às condições do estado alimentado.

O efeito da insulina e do diabetes sobre a produção de corpos cetônicos é descrita na Seção 16.11 (Quadro 16.8).

Vimos como a glicose, um combustível fundamental, pode ser armazenada como polissacarídeo e mobilizada quando necessário. Ela também pode ser sintetizada a partir de precursores diferentes dos carboidratos pelas reações da gliconeogênese. Vimos que a glicose pode ser oxidada pela via das pentoses-fosfato para produzir NADPH, ou transformada em piruvato pela glicólise.

O diabetes mellitus (DM) é uma doença metabólica que resulta da regulação inadequada do metabolismo dos carboidratos e dos lipídeos. A despeito de um amplo suprimento de glicose, o corpo se comporta como se estivesse em privação, e a glicose é superproduzida pelo fígado e subutilizada pelos demais tecidos. Em consequência, a concentração de glicose no sangue fica extremamente alta. Os níveis de glicose no sangue, frequentemente, excedem a capacidade de reabsorção pelos rins e parte dela é expelida na urina. A concentração elevada de glicose na urina drena água do corpo, por osmose.

Há dois tipos de diabetes, ambos provenientes de controle inadequado do metabolismo energético pelo hormônio insulina. No diabetes mellitus tipo 1 (também chamado de diabetes dependente de insulina, ou IDDM), o dano às células β do pâncreas, onde a insulina é sintetizada, resulta em secreção reduzida ou inexistente de insulina. Essa doença autoimune é caracterizada por seu aparecimento precoce (geralmente antes dos 15 anos de idade). Os pacientes são magros e apresentam hiperglicemia (altos níveis de glicose no sangue), desidratação, urina excessiva, fome e sede. No tipo 2 (também chamada de diabetes não dependente de insulina, ou NIDDM), a hiperglicemia crônica resulta de resistência à insulina – a sensibilidade reduzida à insulina é possivelmente causada por atividade diminuída ou inexistente de receptores de insulina. A secreção de insulina pode ser normal, e os níveis circulantes de insulina podem até ser elevados. Esse tipo é também conhecido como diabetes da idade adulta (embora sua incidência esteja aumentando entre crianças) e normalmente está associado com obesidade. O diabetes tipo 2 afeta cerca de 5% da população, e o tipo 1 afeta cerca de 1%. Além disso, cerca de 2% a 5% das mulheres grávidas desenvolvem uma forma de diabetes. A maioria das mulheres que têm diabetes gestacional volta ao normal após o parto, mas corre o risco de vir a desenvolver o diabetes tipo 2.

Para entender o diabetes, precisamos considerar as funções da insulina. Ela estimula a síntese de glicogênio, triacilgliceróis e proteínas, e inibe a degradação desses compostos. A insulina também estimula os transportadores de glicose nos músculos e adipócitos. Quando os níveis de insulina são baixos na IDDM, o glicogênio é quebrado no fígado e a gliconeogênese ocorre, independentemente do suprimento de glicose. Além disso, a absorção de glicose e seu uso nos tecidos periféricos é restringido.

12.8 Doenças do armazenamento do glicogênio

Várias doenças metabólicas estão relacionadas ao armazenamento de glicogênio. A regra geral em relação a doenças metabólicas é que, geralmente, elas afetam a atividade de genes e enzimas não essenciais. Defeitos em genes essenciais são, em geral, letais e não aparecem como doenças metabólicas.

Várias enzimas metabólicas nos seres humanos são codificadas por famílias de genes. Versões diferentes são expressas em diferentes tecidos. No caso das enzimas envolvidas no metabolismo do glicogênio, as versões mais comuns são encontradas no fígado e nos músculos. Uma deficiência em uma dessas enzimas irá originar sintomas graves, mas que podem não ser letais. Há nove tipos de doenças do armazenamento de glicogênio, resultando de defeitos em seu metabolismo.

Tipo 0: No tipo 0a, a atividade da glicogênio sintase do fígado é afetada. O gene dessa enzima fica em um braço curto do cromossomo 12, no lócus 12p12.2 (MIM = 240600). Essa é uma doença grave que leva à morte prematura nos casos em que a atividade da enzima é muito baixa. O tipo 0b afeta a versão muscular da glicogênio sintase, cujo gene fica no braço longo do cromossomo 19, em 19q13.3 (MIM = 611556). Os portadores não têm glicogênio muscular e são incapazes de praticar atividade física extenuante.

Tipo I: A doença mais comum do armazenamento de glicogênio é chamada doença de von Gierke. Ela é causada por uma deficiência na glicose 6-fosfatase (Tipo 1a, MIM = 23220), cujo gene fica no cromossomo 17 (17q21). Defeitos no complexo que transporta a glicose através do retículo endoplasmático também causam a doença de von Gierke. O tipo 1b afeta o transportador da glicose 6-fosfato (cromossomo 11 (11q23), MIM = 232220), e o tipo 1c afeta o transportador de fosfato (cromossomo 6 (6p21.3), MIM = 232240). Os portadores dessa doença não conseguem secretar a glicose, o que leva ao acúmulo de glicogênio no fígado e nos rins.

Tipo II: Pessoas que sofrem da doença tipo II, conhecida como doença de Pompe, têm atividade reduzida da α-1,4-glicosidase, ou maltase ácida, uma enzima necessária para a quebra de glicogênio nos lisosomos (MIM = 232300). O gene fica no cromossomo 17 (17q25.2). O defeito provoca acúmulo de glicogênio nos

> Os números MIM se referem ao banco de dados Online Mendelian Inheritance in Man (OMIM), que pode ser acessado em <ncbi.nlm.nih.gov/omim>.

lisossomos, levando a problemas no tecido muscular, especialmente no coração. Nas formas mais graves, crianças morrem nos primeiros anos de vida.

Tipo III: A tipo III é a doença de Cori, caracterizada por defeitos no gene codificador da enzima desramificadora do glicogênio no fígado e nos músculos (cromossomo 1 (1p21), MIM = 232400). Pessoas que sofrem dessa doença apresentam fraqueza muscular porque são incapazes de mobilizar todo o glicogênio estocado. Algumas formas têm sintomas muito brandos.

Tipo IV: Frequentemente chamada de doença de Anderson, a mutação ocorre no gene da enzima ramificadora do fígado, localizado no cromossomo 3 (3p12, MIM = 232500). Polissacarídeos de cadeia longa se acumulam nos portadores dessas mutações, resultando em morte com poucos anos, por causa de problemas cardíacos ou hepáticos.

Tipo V: A doença de McArdle (doença de armazenamento de glicogênio tipo V) é causada pela deficiência da glicogênio fosforilase muscular (MIM = 232600). O gene fica no cromossomo 11 (11q13). Portadores dessa doença genética não conseguem fazer exercícios físicos intensos e sofrem de dolorosas câimbras musculares.

Tipo VI: A doença de Hers (tipo VI) é uma forma branda de doença de armazenamento de glicogênio, por causa da deficiência na glicogênio fosforilase do fígado (MIM = 232700). Diversos alelos mutantes interferem no *splicing* correto do transcrito primário do gene no cromossomo 14 (14q21).

Tipo VII: Mutações no gene da fosfofrutoquinase-1 muscular provocam a doença de Tarui, caracterizada pela incapacidade de fazer exercícios e por câimbras musculares (MIM= 232800). O gene dessa isoenzima fica no cromossomo 12 (12q13.3).

Tipo VIII: Atualmente reconhecida como um subtipo do tipo IX.

Tipo IX: Essa forma de doença do armazenamento de glicogênio se manifesta como fraqueza e/ou câimbras musculares. Os sintomas são, em geral, brandos. Todos os seus subtipos devem-se a mutações nos genes das várias subunidades da glicogênio fosforilase quinase. **Tipo IXa:** subunidade α do fígado, gene no cromossomo X em Xp20 (MIM = 300798). **Tipo IXb:** subunidade β, gene em 16q12 (MIM = 172490). **Tipo IXc:** subunidade γ do fígado, gene em 16p12 (MIM = 172471). **Tipo IXd:** subunidade α do músculo, gene no cromossomo X em Xq13 (MIM = 311870).

Resumo

1. A gliconeogênese é a via para a síntese da glicose a partir de precursores que não os carboidratos. As sete reações de quase-equilíbrio da glicólise ocorrem na direção inversa durante a gliconeogênese. Quatro enzimas específicas da gliconeogênese catalisam reações que criam um desvio para as três reações metabolicamente irreversíveis da glicólise.

2. Os precursores da glicose que não são carboidratos são piruvato, lactato, alanina e glicerol.

3. A gliconeogênese é regulada pelo glucagon, por moduladores alostéricos e pelas concentrações de seus substratos.

4. A via das pentoses-fosfato metaboliza a glicose 6-fosfato para gerar NADPH e ribose 5-fosfato. O estágio oxidativo dessa via gera duas moléculas de NADPH por molécula de glicose 6-fosfato convertida em ribulose 5-fosfato e CO_2. O estágio não oxidativo inclui a isomerização de ribulose 5-fosfato em ribose-5-fosfato. A metabolização adicional das moléculas de fosfatos de pentoses pode convertê-las em intermediários glicolíticos. As atividades combinadas da transcetolase e transaldolase convertem os fosfatos de pentoses em fosfatos de triose e de hexose.

5. A síntese de glicogênio é catalisada pela glicogênio sintase, usando um molde de glicogênio e UDP-glicose.

6. Resíduos de glicose são mobilizados do glicogênio pela ação da glicogênio fosforilase. A glicose 1-fosfato é, em seguida, convertida em glicose 6-fosfato.

7. A degradação e a síntese do glicogênio são reciprocamente reguladas por hormônios. Quinases e fosfatases controlam as atividades das enzimas interconvertíveis glicogênio fosforilase e glicogênio sintase.

8. Os mamíferos mantêm uma concentração quase constante de glicose no sangue. O fígado regula a quantidade de glicose fornecida pela alimentação, glicogenólise e outros combustíveis.

9. As doenças de armazenamento de glicogênio resultam de defeitos nos genes necessários para o metabolismo do glicogênio.

Problemas

1. Escreva uma equação balanceada para a síntese de glicose a partir de piruvato. Considerando que a oxidação de NADH é igual a 2,5 equivalentes de ATP (Seção 14.11), quantos equivalentes de ATP são necessários nessa via? Converta isso para kJ mol^{-1} e explique como esse valor se compara com a energia total necessária para a síntese de glicose a partir de CO_2 e H_2O.

2. Que importantes produtos do ciclo do ácido cítrico são necessários para a gliconeogênese a partir de piruvato?

3. A epinefrina promove a utilização do glicogênio estocado para glicólise e a produção de ATP nos músculos. Como a epinefrina promove o uso dos estoques de glicogênio do fígado para gerar a energia necessária à contração muscular?

4. (a) Nas células musculares, a insulina estimula a proteína quinase que catalisa a fosforilação da proteína fosfatase-1, ativando-a. Como isso afeta a síntese e a degradação de glicogênio nas células musculares?

   (b) Por que o glucagon regula seletivamente enzimas no fígado, mas não em outros tecidos?

   (c) Como a glicose regula a síntese e a degradação de glicogênio no fígado pela proteína fosfatase-1?

5. O hormônio polipeptídico glucagon é liberado pelo pâncreas, em resposta a níveis baixos de glicose no sangue. Nas células hepáticas, o glucagon exerce um papel importante na regulação das velocidades das vias opostas glicólise e gliconeogênese, por meio da influência sobre as concentrações de frutose 2,6-*bis*fosfato (F2,6BP). Se o glucagon provoca uma redução nas concentrações de F2,6BP, como isso resulta em aumento da glicose no sangue?

6. Quando a concentração de glucagon no sangue cresce, as atividades de quais enzimas a seguir diminuem? Explique.

    Adenililciclase

    Proteína quinase A

    PFK-2 (atividade de quinase)

    Frutose 1,6-*bis*fosfatase

7. (a) A energia necessária para sintetizar glicogênio a partir de glicose 6-fosfato é maior do que a obtida quando o glicogênio é degradado em glicose 6-fosfato?

   (b) Durante o exercício, o glicogênio dos músculos e das células do fígado pode ser convertido em metabólitos de glicose para gerar ATP nos músculos. A quantidade de ATP fornecida para os músculos pelo glicogênio do fígado e dos músculos é a mesma?

8. Pessoas com deficiência total da glicogênio fosforilase muscular (doença de McArdle) não podem fazer exercícios intensos por causa de câimbras. Nelas, o esforço leva a um aumento do ADP e do P_i celulares muito maior do que o normal. Além disso, o ácido láctico não se acumula nos músculos desses indivíduos, como acontece em indivíduos saudáveis. Explique os desequilíbrios químicos que ocorrem na doença de McArdle.

9. Compare o número de equivalentes de ATP gerados na quebra de uma molécula de glicose 1-fosfato em duas de lactato com o número de equivalentes de ATP, necessários para a síntese de uma molécula de glicose 1-fosfato a partir de duas de lactato (considere condições anaeróbicas).

10. (a) Como o ciclo da glicose-alanina permite que o piruvato do músculo seja usado para a gliconeogênese no fígado e, em seguida, retorne aos músculos sob a forma de glicose?

    (b) O ciclo da glicose-alanina fornece, ao final, mais energia aos músculos do que o ciclo de Cori?

11. A via das pentoses-fosfato e a via glicolítica são interdependentes, pois têm em comum diversos metabólitos cujas concentrações afetam as velocidades das reações enzimáticas em ambas as vias. Quais são os metabólitos comuns às duas vias?

12. Em diversos tecidos, uma das primeiras respostas ao dano celular é um aumento rápido nos níveis das enzimas da via das pentoses-fosfato. Dez dias após o dano, o tecido cardíaco apresenta níveis de glicose 6-fosfato desidrogenase e de 6-fosfogluconato desidrogenase que são de 20 a 30 vezes mais altos do que o normal, enquanto os níveis das enzimas glicolíticas são apenas 10% a 20% do normal. Sugira uma explicação para esse fenômeno.

13. (a) Desenhe as estruturas de reagentes e produtos da segunda reação catalisada pela transcetolase na via das pentoses-fosfato. Mostre quais os carbonos são transferidos.

    (b) Quando 2-[^{14}C]-glicose 6-fosfato (glicose 6-fosfato marcada com ^{14}C em seu carbono 2) entra na via, que átomo da frutose 6-fosfato produzida pela reação do item (a) é marcado?

Leituras selecionadas

Gliconeogênese

Hanson RW e Hakimi P Born to run. Biochimie. 2008; 90:838-842.

Hanson RW e Reshef L. Regulation of phosphoenolpyruvate carboxykinase (GTP) gene expression. Annu. Rev. Biochem. 1997; 66:581–611. Descreve o controle metabólico da expressão gênica.

Hines JK, Chen X, Nix JC, Fromm HJ e Honzatko RB. Structures of mammalian and bacterial fructose-1,6-bisphosphatase reveal the basis for synergism in AMP/fructose 2,6-bisphosphate inhibition. J. Biol. Chem. 2007; 282:36121-36131.

Jitrapakdee S e Wallace JC. Structure, function and regulation of pyruvate carboxylase. Biochem. J. 1999; 340:1-16.

Kemp RG e Gunasekera D. Evolution of the allosteric ligand sites of mammalian phosphofructo-1-kinase. Biochemistry, 2002; 41:9426-9430.

Ou X, Ji C, Han X, Zhao X, Li X, Mao Y, Wong L-L, Bartlam M e Rao Z. Crystal structure of human glycerol 3-phosphate dehydrogenase (GPD1). J. Mol. Biol. 2006; 357:858-869.

Pilkis SJ e Granner DK. Molecular physiology of the regulation of hepatic gluconeogenesis and glycolysis. Annu. Rev. Physiol. 1992; 57:885-909.

Rothman DL, Magnusson I, Katz LD, Shulman RG e Shulman GI. Quantitation of hepatic glycogenolysis and gluconeogenesis in fasting humans with 13C NMR. Science. 1991; 254:573–576. Descreve o funcionamento contínuo da via da gliconeogênese nos seres humanos.

Sullivan SM e Holyoak T. Enzymes with lid-gated active sites must operate by an induced fit mechanism instead of conformational selection. Proc. Natl. Acad. Sci. (USA) 2008; 105:13829-13834.

van de Werve G, Lange A, Newgard C, Méchin M-C, Li Y e Berteloot A. New lessons in the regulation of glucose metabolism taught by the glucose 6-phosphatase system. Eur. J. Biochem. 2000; 267:1533-1549. Explica por que ainda há tanto a aprender sobre o sítio catalítico e o transportador associado a essa enzima.

Xue Y, Huang S, Liang J Y, Zhang Y e Lipscomb WN. Crystal structure of fructose-1,6-bisphosphatase complexed with fructose 2,6-bisphosphate, AMP, and Zn2+ at 2.0-A resolution: aspects of synergism between inhibitors. Proc. Natl. Acad. Sci. (USA) 1994; 91:12482-12486.

Via das pentoses fosfato

Au SWN, Gover S, Lam VMS e Adams MJ. Human glucose-6-phospate dehydrogenase: the crystal structure reveals a structural NADP+ molecule and provides insights into enzyme deficiency. Structure, 2000; 8:293-303.

Wood T. The Pentose Phosphate Pathway. Orlando: Academic Press, 1985.

Wood T. Physiological functions of the pentose phosphate pathway. Cell Biochem. Func. 1986; 4:241-247.

Metabolismo do glicogênio

Barford DHu, S-H e Johnson LN. Structural mechanisms for glycogen phosphorylase control by phosphorylation and AMP. J. Mol. Biol. 1991; 218:233-260.

Chou JY, Matern D, Mansfield BC e Chen YT. Type I glycogen storage diseases: disorders of the glucose 6-phosphate complex. Curr. Mol. Med. 2002; 2:121-143.

Cohen P, Alessi DR e Cross DAE. PDK1, one of the missing links in insulin signal transduction? FEBS Lett. 1997; 410:3-10.

Fischer E. Memories of Ed Krebs. J. Biol. Chem. 2010; 285:4267.

Johnson LN. Novartis Medal Lecture: The regulation of protein phosphorylation. Biochem. Soc. Trans. 2009; 37:627-641.

Johnson LN e Barford, D. Glycogen phosphorylase: the structural basis of the allosteric response and comparison with other allosteric proteins. J. Biol. Chem. 1990; 265:2409-2412.

Johnson LN, Lowe ED, Noble MEM e Owen DJ. The structural basis for substrate recognition and control by protein kinases. FEBS Lett. 1998; 430:1-11.

Larner J. Insulin and the stimulation of glycogen synthesis: the road from glycogen synthase to cyclic AMP-dependent protein kinase to insulin mediators. Adv. Enzymol. Mol. Biol. 1990, 63:173-231.

Meléndez-Hevia E, Waddell TG e Shelton ED. Optimization of molecular design in the evolution of metabolism: the glycogen molecule. Biochem. J. 1993; 295:477-483.

Murray RK, Bender DA, Kennelly PJ, Rodwell VW e Weil PA. Harper's Illustrated Biochemistry, 28a. ed. Nova York: McGraw-Hill, 2009.

Pinotsis N, Leonidas DD, Chrysina ED, Oikonomakos NG e Mavridis IM. The binding of b- and g-cyclodextrins to glycogen phosphorylase b: kinetic and crystallographic studies. Prot. Sci. 2003, 12:1914-1924.

Shepherd PR, Withers DJ e Siddle K. Phosphoinositide 3-kinase: the key switch mechanism in insulin signalling. Biochem. J. 1998; 333:471-490.

Smythe C e Cohen P. The discovery of glycogenin and the priming mechanism for glycogen biosynthesis. Eur. J. Biochem. 1991; 200:625-631.

Villar-Palasi C e Guinovart JJ. The role of glucose 6-phosphate in the control of glycogen synthase. FASEB J. 1997; 11:544-558.

CAPÍTULO 13

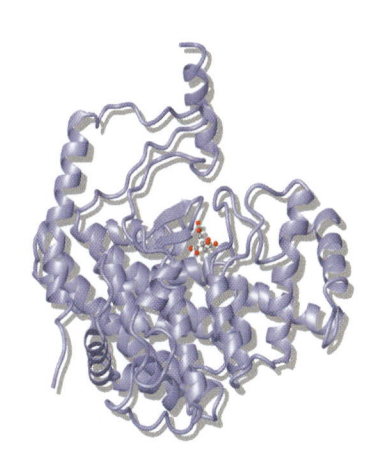

O Ciclo do Ácido Cítrico

Nos dois últimos capítulos, tratamos principalmente da síntese e da degradação de carboidratos complexos como a glicose. Vimos que as vias biossintéticas que levam a ela começam com piruvato e oxaloacetato e que o produto final da glicólise é o próprio piruvato. Neste capítulo, iremos estudar vias que interconvertem diversos ácidos orgânicos simples. Vários deles são precursores essenciais para a biossíntese de aminoácidos, ácidos graxos e porfirinas.

A acetil-CoA é um dos intermediários principais na interconversão de pequenos ácidos orgânicos. Ela é formada pela descarboxilação oxidativa do piruvato, com liberação de CO_2. Essa reação é catalisada pela piruvato desidrogenase, uma enzima que vimos rapidamente na Seção 11.3, quando discutimos a destinação do piruvato. Começamos este capítulo com uma descrição mais detalhada dessa importante enzima.

O grupo acetila (um grupo de dois carbonos derivado do ácido acético) da acetil-CoA pode ser transferido para o ácido dicarboxílico de quatro carbonos, oxaloacetato, para formar um ácido tricarboxílico de seis carbonos, o citrato (ácido cítrico). O citrato pode ser, então, oxidado em uma via de sete etapas para regenerar o oxaloacetato e liberar duas moléculas de CO_2. O oxaloacetato pode se recombinar com outra molécula de acetil-CoA, e as reações de oxidação do citrato são repetidas. O efeito líquido dessa via cíclica com oito enzimas é a oxidação completa de um grupo acetila até CO_2, além da transferência de elétrons a vários cofatores para formar equivalentes redutores. Essa via é conhecida como **ciclo do ácido cítrico**, ciclo do ácido tricarboxílico (ciclo TCA) ou ciclo de Krebs, em homenagem a Hans Krebs, que o descobriu na década de 1930.

O ciclo do ácido cítrico situa-se no centro do metabolismo energético das células eucariontes, especialmente nos animais. A energia liberada nas oxidações do ciclo do ácido cítrico é conservada, em grande parte, como poder redutor, quando as coenzimas $NAD^{\oplus}$ e ubiquinona (Q) são reduzidas a NADH e QH_2. Essa energia é derivada, em última análise, do piruvato (via acetil-CoA). Uma vez que o piruvato é o produto final da glicólise, podemos pensar o ciclo do ácido cítrico como uma série de reações que completam a oxidação da glicose. NADH e QH_2 são substratos nas reações de transporte de elétrons associado a membranas, que levam à formação de um gradiente de prótons capaz de impulsionar da síntese de ATP (Capítulo 14).

Como o ácido cítrico reage cataliticamente no tecido, é provável que ele seja removido por uma reação inicial, mas regenerado em outra, subsequente. No final das contas, nenhum citrato desaparece e nenhum intermediário se acumula.
— H. A. Krebs e W. A. Johnson (1937)

Topo: A citrato sintase com seu produto, citrato, no sítio ativo. Essa enzima catalisa a primeira etapa do ciclo do ácido cítrico [PDB 1CTS].

Hans Krebs e W. A. Johnson propuseram o ciclo do ácido cítrico em 1937 para explicar várias observações intrigantes. Eles estavam interessados em compreender como a oxidação da glicose nos músculos era associada ao consumo de oxigênio. Albert Szent-Györgyi havia descoberto que, adicionando-se um ácido dicarboxílico de quatro carbonos – succinato, fumarato ou oxaloacetato – a uma suspensão de fragmentos de músculos, o consumo de O_2 era estimulado. O substrato da oxidação era um carboidrato, glicose ou glicogênio. Particularmente intrigante era a observação de que a adição de pequenas quantidades de ácidos dicarboxílicos de quatro carbonos levava ao consumo de quantidades maiores de oxigênio do que o necessário para a oxidação deles. Isso indicava que esses ácidos orgânicos tinham efeito catalítico.

Krebs e Johnson observaram que o citrato, um ácido tricarboxílico de seis carbonos, e o α-cetoglutarato, um composto de cinco carbonos, também tinham efeito catalítico sobre a absorção de O_2. Eles propuseram que o citrato seria formado a partir de um intermediário de quatro carbonos e de um derivado desconhecido da glicose, com dois carbonos (mais tarde, concluiu-se que era o acetil-CoA). A natureza cíclica da via explicava como seus intermediários poderiam agir como catalisadores, sem serem consumidos. Albert Szent-Györgyi recebeu o prêmio Nobel de Fisiologia ou Medicina em 1937 por seu trabalho sobre a respiração, incluindo o papel catalítico do fumarato nos processos de combustão biológica. Em 1953, Hans Krebs foi agraciado com o prêmio Nobel de Fisiologia ou Medicina pela descoberta do ciclo do ácido cítrico.

Nas células musculares, os intermediários do ciclo do ácido cítrico são usados, quase exclusivamente, nessa via cíclica do metabolismo energético. Nessas células, o maquinário metabólico é devotado, principalmente, a extrair energia da glicose sob a forma de ATP. É por isso que foi possível reconhecer a natureza cíclica da via fazendo experimentos com extratos de músculos. Em outras células, os intermediários do ciclo do ácido cítrico servem como matéria-prima para várias rotas biossintéticas. Assim, as enzimas do ciclo do ácido cítrico desempenham um papel fundamental tanto nas reações anabólicas como nas catabólicas.

Muitas dessas mesmas enzimas são encontradas nos procariontes, embora poucas bactérias tenham um ciclo do ácido cítrico completo. Neste capítulo, vamos estudar as reações do ciclo do ácido cítrico na forma como elas ocorrem em células eucariontes. Exploraremos o modo como essas enzimas são reguladas. Em seguida, apresentaremos as diversas rotas biossintéticas que necessitam dos intermediários do ciclo do ácido cítrico e examinaremos a relação entre essas rotas e as principais reações da via cíclica dos eucariontes e das vias parciais nas bactérias. Também veremos as vias que envolvem o glioxilato, especificamente o desvio e o ciclo do glioxilato. Essas são vias intimamente relacionadas com o ciclo do ácido cítrico. Por fim, discutiremos a evolução das enzimas do ciclo do ácido cítrico.

QUADRO 13.1 Um erro notável

Em 1937, Krebs e Johnson submeteram um artigo à revista *Nature* relatando suas descobertas sobre o ácido cítrico como catalisador na oxidação da glicose no tecido muscular. A revista não aceitou publicar o artigo com o argumento de que havia muitos outros no prelo. Krebs escreveu em suas memórias: "Essa foi a primeira vez em minha carreira, depois de haver publicado mais de cinquenta artigos, em que experimentei uma rejeição ou semirrejeição".

Krebs e Johnson publicaram seu artigo na revista *Enzymologia* e Krebs ganhou o prêmio Nobel com base, em grande parte, no que estava escrito nele. A *Nature* levou 51 anos para reconhecer publicamente o erro que havia cometido. Um editor escreveu na edição de 28 de outubro de 1988: "É um pesadelo para um editor rejeitar um artigo ganhador de um prêmio Nobel... A rejeição da descoberta feita por Hans Krebs do ciclo tricarboxílico (ou ciclo de Krebs), um processo fundamental do metabolismo bioquímico, permanece como o erro mais notável da *Nature* (até onde sabemos)".

▶ **Hans Krebs (1900-1981).** Em 1953, Krebs foi agraciado com o prêmio Nobel de Fisiologia ou Medicina pela descoberta do ciclo do ácido cítrico. Ele aparece aqui ao lado de um aparelho de Warburg, usado para medir o consumo de oxigênio no metabolismo dos tecidos. Krebs trabalhou com Otto Warburg nos anos 1920.

13.1 Conversão de piruvato em acetil-CoA

O piruvato é um substrato importantíssimo em diversas reações, como descrito na Seção 11.3. Neste capítulo, iremos nos deter na conversão do piruvato em acetil-CoA, pois esse é o principal substrato do ciclo do ácido cítrico. A reação é catalisada por um grande complexo de enzimas e cofatores, conhecido como complexo da piruvato desidrogenase (Figura 13.1). A estequiometria da reação completa é:

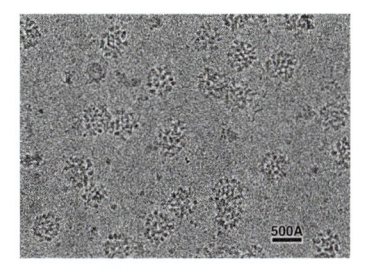

$$\underset{\text{Piruvato}}{\begin{array}{c} COO^\ominus \\ | \\ C=O \\ | \\ CH_3 \end{array}} + HS\text{-}CoA + NAD^\oplus \xrightarrow{\text{Piruvato desidrogenase}} \underset{\text{Acetil-CoA}}{\begin{array}{c} S\text{-}CoA \\ | \\ C=O \\ | \\ CH_3 \end{array}} + CO_2 + NADH \quad (13.1)$$

▲ **Figura 13.1**
Micrografia eletrônica de complexos de piruvato desidrogenase de *E. coli*.

na qual HS-CoA é a coenzima A. Essa é a primeira etapa na oxidação de piruvato, e os produtos da reação são acetil-CoA, uma molécula de dióxido de carbono e uma molécula de equivalente redutor (NADH). A reação da piruvato desidrogenase é uma oxidação-redução. Nesse caso, a oxidação do piruvato em CO_2 é acoplada à redução do $NAD^\oplus$ a NADH. O resultado líquido é a transferência de dois elétrons do piruvato para o NADH.

O complexo da piruvato desidrogenase é um complexo multienzimático, contendo múltiplas cópias de três atividades distintas: piruvato desidrogenase (subunidades E_1), di-hidrolipoamida acetiltransferase (subunidades E_2) e di-hidrolipoamida desidrogenase (subunidades E_3). A descarboxilação oxidativa do piruvato pode ser desmembrada em cinco etapas (cada uma das etapas das reações que seguem o destino dos átomos do piruvato está em rosa).

> Os nomes sistemáticos das enzimas no complexo são: piruvato lipoamida 2-oxirredutase (E_1); acetil-CoA:di-hidrolipoamida S-acetiltransferase (E_2) e di-hidrolipoamida: $NAD^\oplus$ oxidorredutase (E_3).

1. O componente E_1 contém o grupo prostético tiamina difosfato (TDP). Como vimos no Capítulo 7, a TDP (vitamina B_1) tem função catalítica em diversas reações de descarboxilases. A reação inicial resulta na formação de um intermediário hidroxietil-TDP e na liberação de CO_2.

$$\underset{\substack{\text{Tiamina} \\ \text{difosfato} \\ \text{(TDP)}}}{\text{TDP}} + \underset{\text{Piruvato}}{H_3C-\overset{O}{\underset{\|}{C}}-COO^\ominus} + H^\oplus \xrightarrow{\text{Piruvato desidrogenase}} \underset{\substack{\text{Hidroxietiltiamina} \\ \text{difosfato (HETDP)}}}{\text{HETDP}} + CO_2 \quad (13.2)$$

Observe que a forma reativa da TDP é um carbânion ou um ilídio. A forma carbaniônica é relativamente estável por causa do ambiente único, de coenzima ligada à proteína (Seção 7.6). O produto da primeira etapa é o carbânion de hidroxietil-TDP. O mecanismo é semelhante ao da piruvato descarboxilase (Seção 7.7).

2. Na segunda etapa, o grupo de dois carbonos, hidroxietila, é transferido ao grupo lipoamida de E_2, que consiste em um ácido lipoico unido covalentemente por uma ligação amida a um resíduo de lisina de uma subunidade E_2 (Figura 7.29). Essa coenzima especial só é encontrada na piruvato desidrogenase e em enzimas correlacionadas.

$$\text{HETDP} + \text{Lipoamida} \longrightarrow \text{Ilídio} + \text{Acetil-di-hidrolipoamida} \quad (13.3)$$

A reação de transferência é catalisada pelo componente E_1 do complexo da piruvato desidrogenase. Nessa reação, a oxidação da hidroxietil-TDP é acoplada à redução do dissulfeto da lipoamida, e o grupo acetila é transferido para um dos grupos sulfidrila da coenzima, regenerando o ilídio de TDP.

3. A terceira etapa envolve a transferência do grupo acetila para a HS-CoA, formando acetil-CoA e deixando a lipoamida na forma reduzida de ditiol. Essa reação é catalisada pelo componente E_2 do complexo.

$$\text{Acetil-di-hidrolipoamida} + \text{HS-CoA} \longrightarrow \text{Di-hidrolipoamida} + \text{Acetil-CoA} \tag{13.4}$$

4. A lipoamida reduzida de E_2 precisa ser reoxidada para regenerar o grupo prostético para outras reações. Isso é feito na Etapa 4, pela transferência de dois prótons e dois elétrons da forma de ditiol da lipoamida para o FAD, que é o grupo prostético da E_3; a reação redox produz a coenzima reduzida ($FADH_2$) (lembre-se da Seção 7.5 – $FADH_2$ carreia dois elétrons e dois prótons, que são geralmente obtidos como um próton isolado e um íon hidreto).

$$\text{Di-hidrolipoamida} + E_3\text{-FAD} \longrightarrow \text{Lipoamida} + E_3\text{-FADH}_2 \tag{13.5}$$

5. Na etapa final, E_3–$FADH_2$ é reoxidado a FAD. Essa reação é acoplada à redução do $NAD^{\oplus}$.

$$E_3 - FADH_2 + NAD^{\oplus} \longrightarrow E_3 - FAD + NADH + H^{\oplus} \tag{13.6}$$

A oxidação de E_3-$FADH_2$ regenera o complexo da piruvato desidrogenase original, completando o ciclo catalítico. A Etapa 5 produz NADH e $H^{\oplus}$. Observe que um próton é liberado na Etapa 5 e um próton é captado na Etapa 1, de modo que a estequiometria total da reação da piruvato desidrogenase não mostra ganho nem perda líquida de prótons (Reação 13.1).

A interação entre as cinco coenzimas no complexo da piruvato desidrogenase ilustra a importância das coenzimas nas reações metabólicas. Duas das coenzimas são cossubstratos (HS-CoA e $NAD^{\oplus}$) e três são grupos prostéticos (TDP, lipoamida e FAD – um cofator é ligado a cada tipo de subunidade). Os grupos lipoamida ligados a E_2 são responsáveis, principalmente, por transferir reagentes de um sítio ativo do complexo para outro. Uma lipoamida retira uma unidade de dois carbonos da hidroxietil-TDP na Etapa 2, para formar o intermediário acetil-di-hidrolipoamida. Esse intermediário é reposicionado no sítio ativo da di-hidrolipoamida acetiltransferase, onde o grupo de dois carbonos é transferido, na Etapa 3, para a coenzima A. A lipoamida reduzida obtida nessa reação é, em seguida, transferida para o sítio ativo da di-hidrolipoamida desidrogenase em E_3. A lipoamida é reoxidada na Etapa 4, e a coenzima regenerada é reposicionada no sítio ativo de E_1, onde fica pronta para receber um novo grupo de dois carbonos. Nessas reações, o grupo prostético lipoamida atua como um braço oscilante, que passa pelos três sítios ativos no complexo da piruvato desidrogenase (Figura 13.2). O braço oscilante da subunidade E_2 consiste em uma cadeia polipeptídica flexível que inclui o resíduo de lisina ao qual a lipoamida fica covalentemente ligada.

As várias subunidades do complexo são arranjadas de forma a facilitar o mecanismo de braço oscilante da lipoamida. Esse mecanismo garante que o produto de uma reação não irá se difundir no meio, mas será usado, imediatamente, pelo próximo componente do sistema. Essa é uma forma de canalização, em que o produto de uma reação se torna o substrato de uma segunda. Porém, mas ele difere de outros exemplos porque, neste caso, o intermediário de dois carbonos é ligado covalentemente ao grupo lipoamida flexível de E_2.

> A canalização e os complexos multienzimáticos foram discutidos na Seção 5.11.

A reação completa da piruvato desidrogenase é uma série de oxidações-reduções em que os elétrons são transportados de um substrato inicial (piruvato) para o agente oxidante final ($NAD^\oplus$). As quatro semirreações são:

$E^{\circ\prime}$

1. acetil-CoA + CO_2 + $H^\oplus$ + 2 $e^\ominus$ ⟶ piruvato + CoA $-0{,}48$

2. E_2– lipoamida + 2 $H^\oplus$ + 2 $e^\ominus$ ⟶ E_2 – di-hidrolipoamida $-0{,}29$

3. E_3 – FAD + 2 $H^\oplus$ + 2 $e^\ominus$ ⟶ E_3 – $FADH_2$ $-0{,}34$

4. $NAD^\oplus$ + 2 $H^\oplus$ + 2 $e^\ominus$ ⟶ NADH + $H^\oplus$ $-0{,}32$

(13.7)

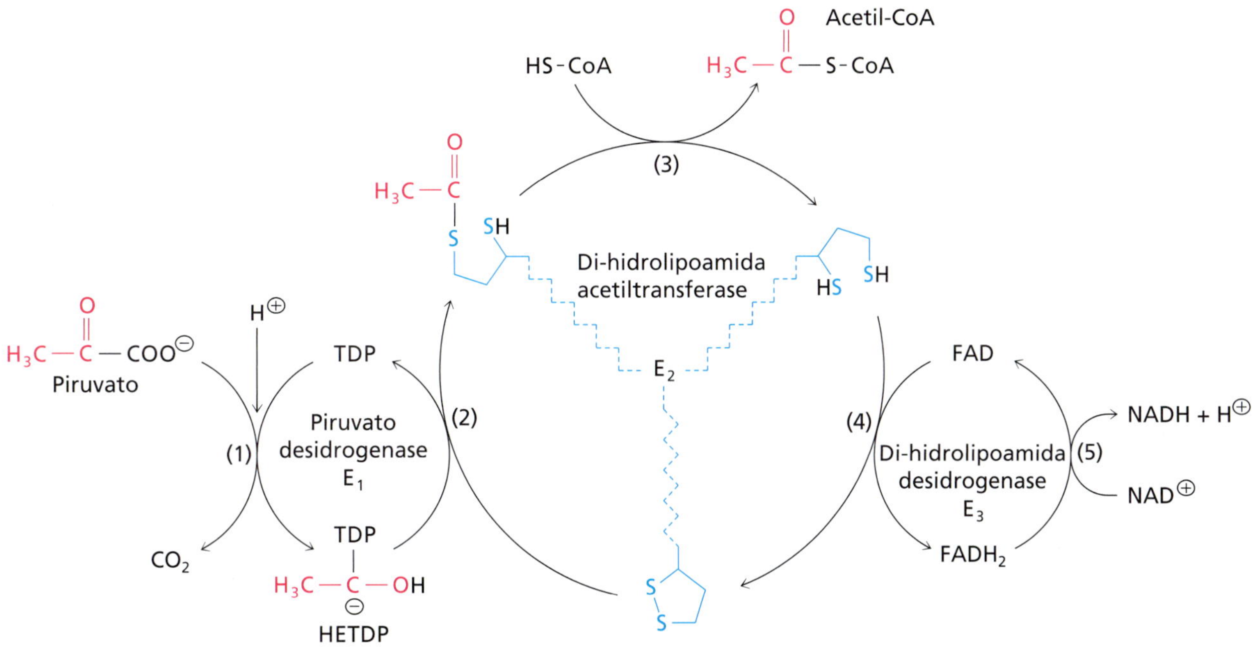

▲ **Figura 13.2**
Reações do complexo da piruvato desidrogenase. O grupo prostético lipoamida (azul) fica preso por uma ligação amida entre o ácido lipoico e a cadeia lateral de um resíduo de lisina de E_2. Esse grupo prostético é um braço oscilante que carrega a unidade de dois carbonos do sítio ativo da piruvato desidrogenase para o da di-hidrolipoamida acetiltransferase. Em seguida, o braço oscilante leva hidrogênio para o sítio ativo da di-hidrolipoamida desidrogenase.

Cada semirreação tem um potencial-padrão de redução característico (Tabela 10.4), que dá uma indicação da direção do fluxo de elétrons (lembre-se, da Seção 10.9, de que os potenciais de redução efetivos dependem das concentrações dos agentes redutores e oxidantes). O transporte de elétrons começa com o piruvato, que perde dois elétrons no inverso da semirreação 1. Esses elétrons são capturados pela E_2–lipoamida. O fluxo eletrônico subsequente vai da E_2–lipoamida para a E_3–FAD, e desta para o $NAD^\oplus$. O produto final é NADH, que carrega um par de elétrons. Há vários exemplos de enzimas de vias metabólicas com sistemas simples de transporte de elétrons como esse. Eles não devem ser confundidos com os sistemas de transporte de elétrons associado a membranas, muito mais complexos, abordados no próximo capítulo.

O complexo da piruvato desidrogenase é enorme. Ele é muitas vezes maior do que um ribossomo. Nas bactérias, esses complexos ficam no citosol e, nas células eucariontes, são encontrados na matriz mitocondrial. Os complexos da piruvato desidrogenase também estão presentes nos cloroplastos.

O complexo da piruvato desidrogenase de eucariontes é o maior complexo multienzimático conhecido. Seu centro é formado por 60 subunidades E_2 arranjadas em forma de um dodecaedro pentagonal (12 pentágonos ligados pelas faces, formando uma bola), com cada um de seus 20 vértices ocupado por um trímero de E_2 (Figura 13.3A). Cada subunidade E_2 tem uma região de ligação que se projeta da superfície para cima. Essas regiões de ligação fazem contato com um anel externo formado por subunidades E_1, que envolve o centro (Figura 13.3B). A região de ligação contém o braço oscilante de lipoamida.

A camada externa tem 60 subunidades E_1. Cada enzima E_1 faz contato com uma das enzimas E_2 subjacentes e com seus vizinhos. A enzima E_1 consiste em duas subunidades α e duas β ($\alpha_2\beta_2$) e, portanto, é consideravelmente maior do que a enzima E_2 do centro. A enzima E_3 (um dímero α_2) fica no centro do pentágono formado pelas enzimas do centro E_2. Há 12 enzimas E_3 no complexo, correspondendo aos 12 pentágonos da estrutura. Nos eucariontes, as enzimas E_3 estão associadas com uma pequena proteína de ligação (BP) que faz parte do complexo.

O modelo mostrado na Figura 13.3 foi construído a partir de imagens de microscopia eletrônica de alta resolução de complexos de piruvato desidrogenase em baixa temperatura (crio-ME) (Figura 13.1). Nessa técnica, um grande número de imagens é combinado para se construir uma imagem tridimensional, com auxílio de um computador.

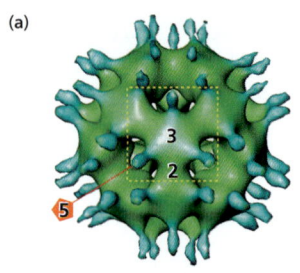

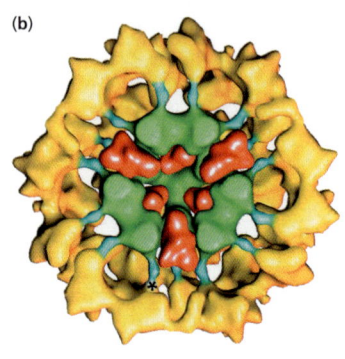

▲ **Figura 13.3**
Modelo estrutural do complexo da piruvato desidrogenase. (a) O centro consiste em 60 enzimas E_2 arranjadas na forma de um dodecaedro pentagonal, com um trímero de E_2 em cada um dos 20 vértices. Um trímero está destacado por uma linha tracejada amarela. O centro da estrutura pentagonal é indicado pelo pentágono em laranja. Observe que as regiões de conexão se projetam para cima, partindo da superfície do centro da estrutura. **(b)** Vista de um corte do complexo completo mostrando as enzimas E_1 do exterior (amarelo) e as enzimas BP-E_3 (vermelho) localizadas no espaço entre as enzimas E_2 do centro.
[Extraído de Zhou HZ. et al. The remarkable structural and functional organization of the eukaryotic pyruvate dehydrogenase complexes. Proc. Natl. Acad. Sci., 2001 (USA) 98:14082-14087.]

Exemplo de cálculo 13.1

P: Calcule a variação da energia livre de Gibbs padrão para a reação da piruvato desidrogenase.

R: Da Equação 10.26, tem-se que a variação total do potencial padrão de redução é:

$$\Delta E^{\circ\prime} = \Delta E^{\circ\prime}_{\text{aceptor de elétron}} - \Delta E^{\circ\prime}_{\text{doador de elétron}}$$
$$= -0,32 - (-0,48) = 0,16 \text{ V}$$

Da Equação 10.25, tem-se que:

$$\Delta G^{\circ\prime} = -nF\Delta E^{\circ\prime}$$
$$= -(2)(96,5)(0,16)$$
$$= -31 \text{ kJ mol}^{-1}$$

O modelo, então, é ajustado com as estruturas de cada uma das subunidades que foram resolvidas por cristalografia de raios X ou por RMN. Até o momento, não se conseguiu fazer crescer cristais grandes do complexo da piruvato desidrogenase na Terra, e os experimentos de crescimento de cristais em ausência de gravidade, feitos na Estação Espacial Internacional, também não obtiveram sucesso.

Um complexo semelhante ao da piruvato desidrogenase existe em várias espécies de bactérias, embora algumas – como as Gram-negativas – tenham versões menores com apenas 24 enzimas E_2 no centro. Nessas bactérias, as enzimas centrais são arranjadas na forma de cubo, com um trímero em cada um dos oito vértices. As subunidades E_2 das duas enzimas bacterianas diferentes e as versões mitocondrial e de cloroplastos nos eucariontes são intimamente relacionadas. Contudo, as enzimas bacterianas Gram-negativas contêm enzimas E_1 que não são relacionadas com as versões eucariontes.

A piruvato desidrogenase é um membro da família de complexos multienzimáticos conhecida como 2-oxoácido desidrogenases (o piruvato é o menor 2-oxoácido orgânico). Vamos encontrar duas outras 2-oxoácido (ou α-cetoácido) desidrogenases que se parecem bastante com a piruvato desidrogenase em estrutura e função. Uma é a enzima α-cetoglutarato desidrogenase do ciclo do ácido cítrico (Seção 13.3#4) e a outra é

> A regulação da piruvato desidrogenase será analisada na Seção 13.5.

a desidrogenase de α-cetoácidos ramificados, usada no metabolismo dos aminoácidos (Seção 17.10E). Todos os membros dessa família catalisam reações essencialmente irreversíveis, nas quais o ácido orgânico é oxidado em CO_2 e é formado um derivado da coenzima A.

As reações inversas são catalisadas, em algumas bactérias, por enzimas completamente diferentes. Essas reações fazem parte de uma via de fixação de dióxido de carbono nas bactérias anaeróbicas. Algumas bactérias e alguns eucariontes anaeróbicos convertem piruvato em acetil-CoA e CO_2 usando a piruvato: ferredoxina 2-oxirredutase, uma enzima não relacionada à piruvato desidrogenase.

$$\text{Piruvato} + \text{CoA} + 2\,\text{Fd}_{ox} \longrightarrow \text{acetil-CoA} + CO_2 + 2\,\text{Fd}_{red} + 2\,H^{\oplus} \quad (13.8)$$

O carreador de elétrons terminal, neste caso, é a ferredoxina reduzida (Fd_{red}) e não o NADH, como com a piruvato desidrogenase. A reação da piruvato: ferredoxina oxidorredutase é reversível e pode ser usada para fixar CO_2 por carboxilação redutiva. Espécies bacterianas que divergiram muito cedo na história da vida contêm, com frequência, piruvato:ferredoxina oxidorredutase, e não piruvato desidrogenase, sugerindo que a primeira enzima é mais primitiva e que a segunda surgiu mais tarde.

13.2 O ciclo do ácido cítrico oxida acetil-CoA

A acetil-CoA formada a partir de piruvato e de outros compostos (como os ácidos graxos e os aminoácidos) pode ser oxidada pelo ciclo do ácido cítrico. As oito reações desse ciclo estão listadas na Tabela 13.1. Antes de estudarmos cada uma das reações individualmente, vamos considerar duas características gerais da via: o fluxo de carbono e a produção de moléculas de "alta energia".

As trajetórias dos átomos de carbono são apresentadas na Figura 13.4. Na primeira reação do ciclo do ácido cítrico, o grupo acetila (dois carbonos) da acetil-CoA é transferido para o ácido dicarboxílico de quatro carbonos oxaloacetato, formando citrato, um ácido tricarboxílico de seis carbonos. O ciclo prossegue com a descarboxilação oxidativa de um ácido de seis carbonos e um de cinco carbonos, liberando duas moléculas de CO_2 e produzindo succinato, um ácido dicarboxílico de quatro carbonos. As etapas restantes do ciclo convertem succinato em oxaloacetato, o reagente original, que inicia o ciclo.

As reações completas aparecem na Figura 13.5, na qual os dois carbonos do grupo acetila também estão coloridos de verde para que sua trajetória possa ser seguida. Observe que os dois átomos de carbono que entram no ciclo sob a forma de grupo acetila do acetil-CoA não são os mesmos perdidos como CO_2. Contudo, o balanço de carbonos na via toda é tal que, para cada grupo de dois carbonos do acetil-CoA que entram no ciclo, dois átomos de carbono são liberados durante o ciclo completo. Os dois átomos de carbono da acetil-CoA formam metade do ácido dicarboxílico simétrico de quatro carbonos, succinato, na quinta etapa do ciclo. As duas metades dessa molécula são quimicamente equivalentes, de modo que os carbonos oriundos da acetil-CoA são distribuídos de maneira igual nas moléculas formadas a partir do succinato.

Acetil-CoA é uma molécula de "alta energia" (Seção 10.8). A ligação tioéster conserva parte da energia ganha da descarboxilação do piruvato pelo complexo piruvato desidrogenase. A equação total do ciclo do ácido cítrico (Tabela 13.1) tende a ocultar o fato de que ele é equivalente à oxidação de uma molécula de acetil-CoA com liberação de elétrons. A sequência completa de reações pode ser simplificada da seguinte maneira:

$$\begin{array}{c} \text{S-CoA} \\ | \\ \text{C}=\text{O} \\ | \\ \text{CH}_3 \end{array} + 2\,H_2O + OH^{\ominus} \longrightarrow 2\,CO_2 + \text{HS-CoA} + 7\,H^{\oplus} + 8e^{\ominus} \quad (13.9)$$

CONCEITO-CHAVE
Grandes complexos multienzimáticos melhoram sua eficiência por meio da canalização de substratos e produtos.

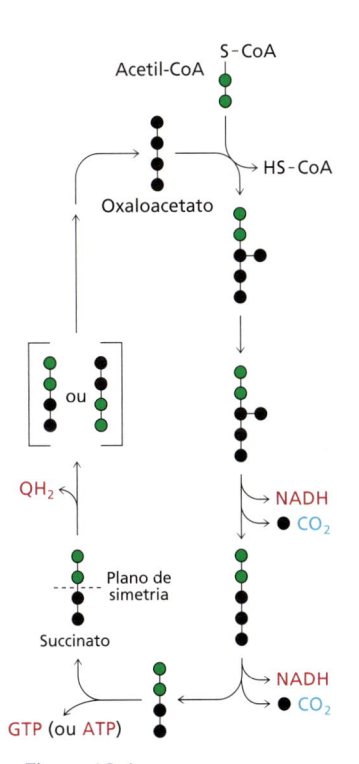

▲ **Figura 13.4**
Trajetórias dos átomos de carbono do oxaloacetato e da acetil-CoA durante uma rodada do ciclo do ácido cítrico. O plano de simetria do succinato significa que as duas metades da molécula são quimicamente equivalentes. Assim, os átomos de carbono do acetil-CoA (verde) são distribuídos de maneira uniforme nos intermediários de quatro carbonos que levam ao oxaloacetato. Os átomos de carbono da acetil-CoA que entram em uma rodada do ciclo são, portanto, perdidos como CO_2 apenas na segunda rodada e nas posteriores. A energia é conservada nas coenzimas reduzidas NADH e QH_2, bem como em um GTP (ou ATP) produzido pela fosforilação em nível de substrato.

no qual o grupo hidroxila é doado pelo fosfato inorgânico na Reação 5 e alguns dos produtos são mostrados como prótons e elétrons livres. Essa forma da equação total deixa claro que oito elétrons são liberados durante a oxidação (lembre-se de que as reações de oxidação liberam elétrons, e as de redução captam-nos). Seis dos elétrons são transferidos para três moléculas de $NAD^\oplus$, com três dos prótons mostrados na Reação 13.9. Os dois elétrons restantes são transferidos a uma molécula de ubiquinona (Q) com dois prótons. Em cada rodada do ciclo, são produzidos dois prótons livres. (Tenha em mente que as moléculas de dióxido de carbono liberadas durante o ciclo do ácido cítrico na verdade não vêm diretamente da acetil CoA. A Reação 13.9 é uma versão simplificada, que enfatiza a oxidação líquida.)

TABELA 13.1 As reações enzimáticas do ciclo do ácido cítrico

Reação	Enzima
1. Acetil-CoA + Oxaloacetato + H_2O ⟶ Citrato + HS-CoA + $H^\oplus$	Citrato sintase
2. Citrato ⇌ Isocitrato	Aconitase (Aconitato hidratase)
3. Isocitrato + $NAD^\oplus$ ⟶ α-cetoglutarato + NADH + CO_2	Isocitrato desidrogenase
4. α-cetoglutarato + HS-CoA + $NAD^\oplus$ ⟶ Succinil-CoA + NADH + CO_2	Complexo da α-cetoglutarato desidrogenase
5. Succinil-CoA + GDP (ou ADP) + P_i ⇌ Succinato + GTP (ou ATP) + HS-CoA	Succinil-CoA sintetase
6. Succinato + Q ⇌ Fumarato + QH_2	Complexo da succinato desidrogenase
7. Fumarato + H_2O ⇌ L-malato	Fumarase (Fumarato hidratase)
8. L-malato + $NAD^\oplus$ ⇌ Oxaloacetato + NADH + $H^\oplus$	Malato desidrogenase
Equação total:	
Acetil-CoA + 3 $NAD^\oplus$ + Q + GDP (ou ADP) + P_i + 2 H_2O ⟶ HS-CoA + 3 NADH + QH_2 + GTP (ou ATP) + 2 CO_2 + 2 $H^\oplus$	

QUADRO 13.2 De onde vêm os elétrons?

Equações de reações químicas como a Reação 13.9 não são muito úteis para entender onde os elétrons são liberados ou captados. Para ter uma visão do equilíbrio eletrônico nessas reações é útil, em geral, reescrever as estruturas com os elétrons de valência em lugar das linhas que representam as ligações químicas. Cada ligação covalente envolve o compartilhamento de um par de elétrons, e cada um dos átomos usuais (C, N, O, S) requer oito elétrons de valência. Átomos de hidrogênio ligados covalentemente têm apenas um par de elétrons em sua camada única.

A oxidação da acetil-CoA da Equação 13.8 é mostrada dessa maneira na figura. Observe que apenas os elétrons das camadas mais externas dos átomos estão mostrados, pois estes são os removidos nas reações de oxidação, ou adicionados nas de redução. Há 42 elétrons (21 pares) nos reagentes e 34 (17 pares) nos produtos – CO_2 e coenzima A. Portanto, 8 elétrons são liberados na oxidação. Na maioria das vezes, elétrons são liberados quando ligações duplas se formam (como no dióxido de carbono), pois isso causa o compartilhamento de um par de elétrons extra.

▲ Oxidação de um equivalente de acetil-CoA no ciclo do ácido cítrico, mostrando os elétrons de valência nos reagentes e produtos.

A maior parte da energia liberada nas reações do ciclo do ácido cítrico é conservada na forma de elétrons transferidos dos ácidos orgânicos para gerar as coenzimas reduzidas NADH e QH_2 (Figura 13.5). O NADH é formado pela redução do $NAD^\oplus$ nas três etapas de oxidação-redução – duas delas são descarboxilações oxidativas. QH_2 é formada quando o succinato é oxidado em fumarato. Oxidações subsequentes das

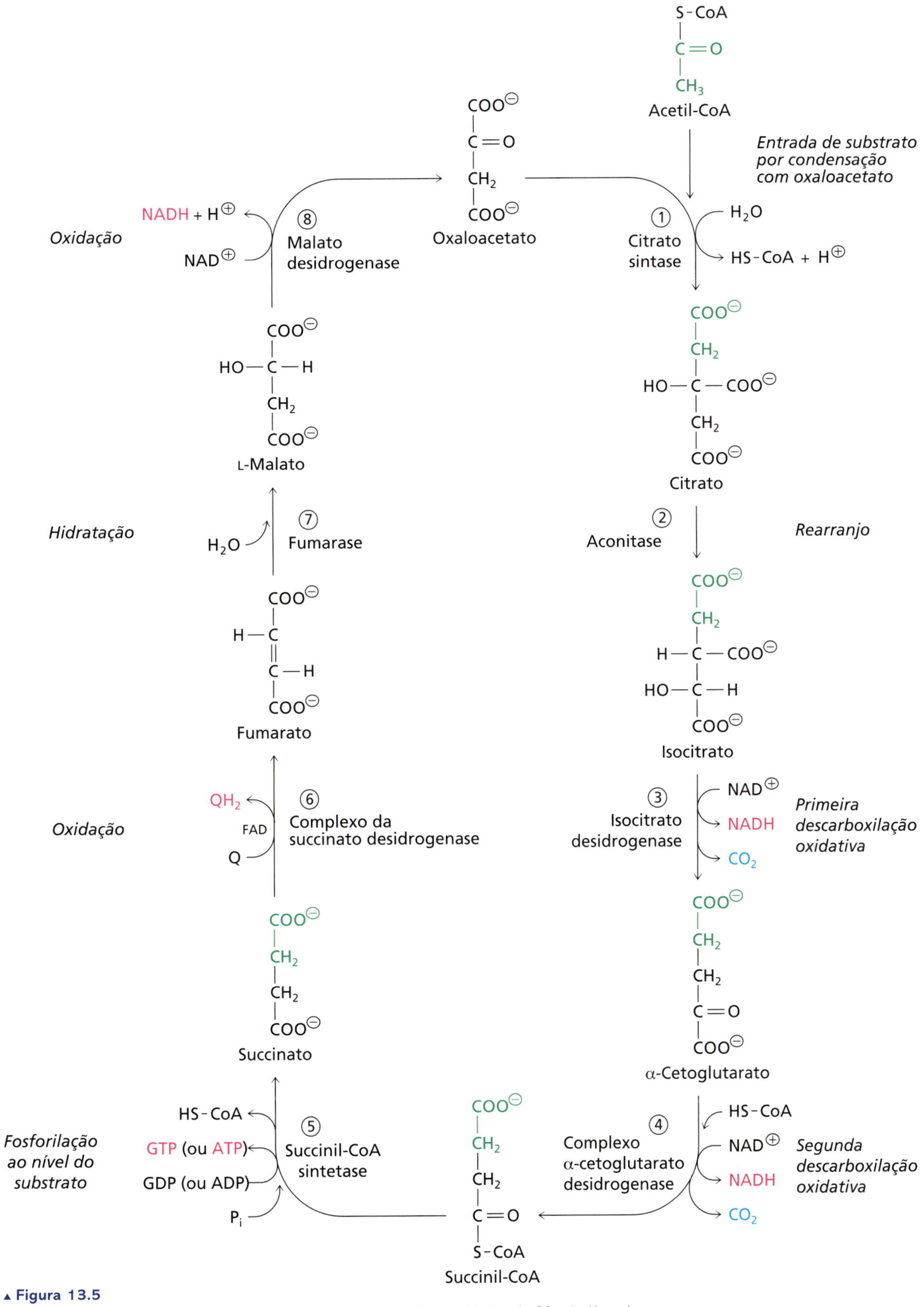

▲ **Figura 13.5**
Ciclo do ácido cítrico. Para cada grupo acetila que entra na via, duas moléculas de CO_2 são liberadas, as coenzimas móveis $NAD^{\oplus}$ e ubiquinona (Q) são reduzidas, uma molécula de GDP (ou ADP) é fosforilada e a molécula aceptora (oxaloacetato) é novamente formada.

coenzimas reduzidas pelo transporte de elétrons associado a membranas leva à transferência de elétrons do NADH e da QH_2 para o aceptor final de elétrons. No caso da maioria dos eucariontes (e alguns procariontes), esse aceptor final é o oxigênio, que é reduzido formando água. O transporte de elétrons associado a membranas é acoplado à produção de ATP a partir de ADP e P_i. O processo completo (transferência de elétrons + fosforilação do ADP), quando há oxigênio presente, é com frequência chamado de fosforilação oxidativa (Capítulo 14). Além da formação de equivalentes redutores, o ciclo do ácido cítrico produz um trifosfato de nucleotídeo diretamente, por fosforilação ao nível do substrato. O produto pode ser ATP ou GTP, dependendo do tipo de célula ou da espécie.

> **CONCEITO-CHAVE**
> O ciclo do ácido cítrico é um mecanismo para a oxidação do grupo acetila da acetil-CoA.

13.3 As enzimas do ciclo do ácido cítrico

O ciclo do ácido cítrico pode ser visto como uma reação catalítica em múltiplas etapas, que retorna a seu estado original depois de uma molécula de acetil-CoA ser oxidada. Essa visão é baseada no fato de que, quando as reações ocorrem como um ciclo, o reagente original, oxaloacetato, é regenerado. Por definição, um catalisador aumenta a velocidade de uma reação sem sofrer uma transformação definitiva. Todas as reações enzimáticas, na verdade todas as reações catalíticas, podem ser representadas como ciclos. Uma enzima passa por uma série cíclica de conversões e, ao final, volta à forma com que começou. Nesse sentido, o ciclo do ácido cítrico atende à descrição de um catalisador.

Visto no todo, o ciclo do ácido cítrico é um mecanismo para a oxidação, pelo $NAD^\oplus$ e pela ubiquinona, do grupo acetila da acetil-CoA em CO_2. Quando esse ciclo funciona isoladamente, seus intermediários são mais uma vez formados em cada rodada completa do ciclo. Em consequência, ele não parece ser uma via para a síntese ou a degradação de quaisquer intermediários, ao contrário, por exemplo, da gliconeogênese ou da glicólise. Contudo, veremos adiante (Seção 13.6) que o ciclo do ácido cítrico nem sempre ocorre isoladamente, e as aparências podem enganar. Alguns de seus intermediários são compartilhados com outras vias metabólicas. Vamos ver primeiro o aspecto catalítico do ciclo do ácido cítrico, mediante a análise de cada uma de suas oito etapas enzimáticas.

1. Citrato sintase

Na primeira reação do ciclo do ácido cítrico, a acetil-CoA reage com oxaloacetato e água, formando citrato, HS-CoA e um próton. Essa reação é catalisada pela citrato sintase e resulta na formação de um intermediário ligado à enzima, chamado citril-CoA (Figura 13.6).

O citrato é o primeiro de dois ácidos tricarboxílicos que fazem parte do ciclo. A variação da energia livre de Gibbs padrão para a reação da citrato sintase é de $-31{,}5$ kJ mol^{-1} ($\Delta G^{\circ\prime} = -31{,}5$ kJ mol^{-1}), por causa da hidrólise da ligação tioéster de alta energia no intermediário citril-CoA. Normalmente, você poderia esperar que uma variação de energia livre de Gibbs tão negativa fosse acoplada à síntese de ATP – tendo em mente que a variação real da energia livre de Gibbs no interior da célula poderia ser bem diferente. Na verdade, a hidrólise da ligação de tioéster semelhante no succinil-CoA (Reação 5 do ciclo do ácido cítrico) é acoplada à síntese do GTP (ou do ATP).

▼ **Figura 13.6**
Reação catalisada pela citrato sintase. Na primeira etapa, acetil-CoA se combina com oxaloacetato para formar um intermediário ligado à enzima, citril-CoA. O tioéster é hidrolisado, liberando os produtos citrato e HS-CoA.

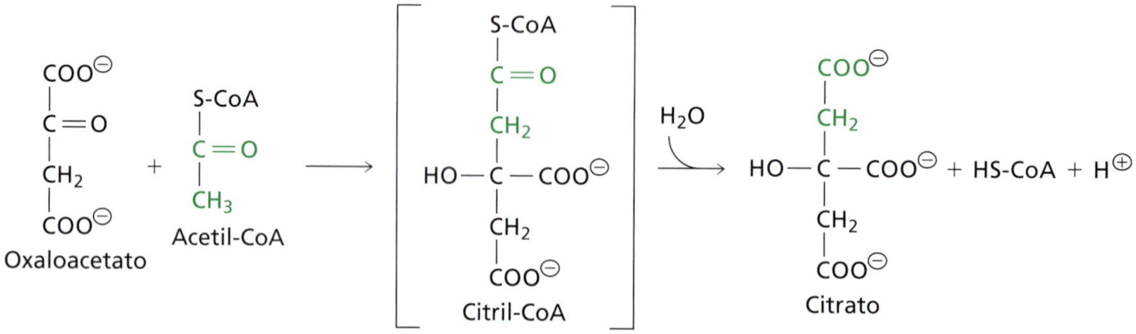

Mas, no caso da reação da citrato sintase, a energia disponível é usada com um objetivo diferente. Ela garante que a reação ocorra na direção da síntese de citrato quando a concentração de oxaloacetato é muito baixa (Figura 13.7). Essa parece ser a situação normal quando o ciclo do ácido cítrico está em ação. Na presença de quantidades pequenas (catalíticas) de oxaloacetato, o equilíbrio da reação representada na Figura 13.6 ainda favorece a síntese de citrato. Em outras palavras, a variação real da energia livre de Gibbs no interior da célula é próxima de zero; a reação é de quase-equilíbrio. A termodinâmica garante que o ciclo do ácido cíclico ocorra na direção da oxidação de acetil-CoA, mesmo em condições em que a concentração de oxaloacetato é muito baixa.

A citrato sintase é uma transferase, uma das seis categorias de enzimas descritas na Seção 5.1. As transferases catalisam reações de transferência; neste caso, de um grupo acetila. O termo "sintase" é usado para as transferases que não usam ATP como cofator. As "sintetases", por outro lado, são membros da família das ligases (Seção 5.1). As reações catalisadas pelas sintetases precisam ser acopladas à hidrólise de ATP (ou de GTP). É importante lembrar a diferença entre sintases e sintetases, pois as palavras são muito parecidas e o ciclo do ácido cítrico tem um exemplo de cada uma delas (por alguma razão, é mais fácil pronunciar "sintetase" e é tentador acrescentar a sílaba extra quando se trata da "sintase").

Nas bactérias Gram-positivas, arquebactérias e eucariontes, a citrato sintase é uma proteína dimérica composta de duas subunidades idênticas. Nas bactérias Gram-negativas, as enzimas são complexos hexaméricos de subunidades idênticas.

Nos animais, cada subunidade da enzima tem dois domínios distintos: um domínio pequeno flexível na superfície externa e outro maior, que forma o centro da proteína (Figura 13.8). As duas subunidades se associam por interações entre quatro α-hélices em cada um dos domínios grandes, formando um sanduíche de hélices. A citrato sintase sofre uma grande mudança conformacional ao se ligar ao oxaloacetato, como mostra a Figura 13.8. O sítio de ligação fica na base da fenda profunda entre o domínio pequeno de uma subunidade e o domínio grande da outra. Quando o oxaloacetato se liga, o domínio pequeno gira 20° em relação ao grande. Esse fechamento cria um sítio de ligação para o acetil-CoA, sítio esse formado pelas cadeias laterais de aminoácidos dos domínios grande e pequeno. Quando a reação é completada, a coenzima A é liberada. A enzima então volta à conformação aberta, liberando o citrato.

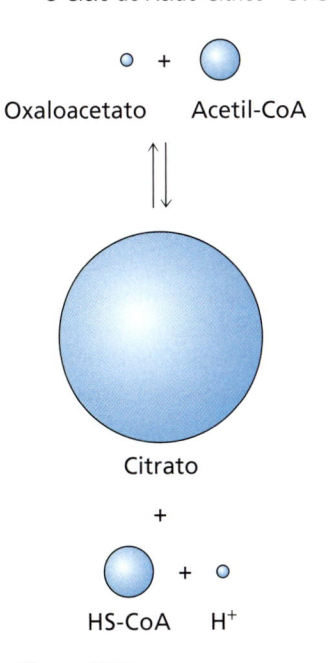

▲ **Figura 13.7**
Representação das proporções relativas de produtos e reagentes na reação da citrato sintase. A constante de equilíbrio (K_{eq}) para a reação da citrato sintase pode ser calculada a partir da variação da energia livre de Gibbs padrão, segundo a Equação 1.12, $K_{eq} = 2{,}7 \times 10^5$, indicando que, no equilíbrio, as concentrações dos produtos são mais de 200 maiores do que as dos reagentes. [sem desenhar em escala.]

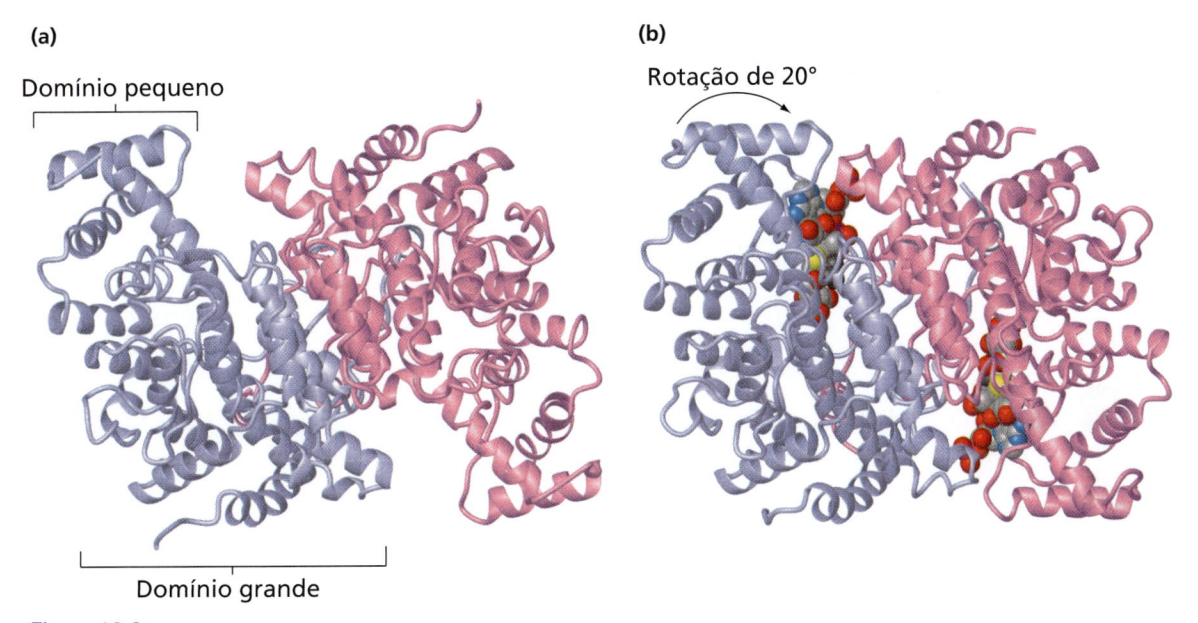

▲ **Figura 13.8**
Mecanismo de ajuste induzido da citrato sintase. As duas subunidades idênticas são coloridas em azul e roxo. Cada uma delas é composta de um domínio pequeno e um grande. **(a)** Conformação aberta. O sítio de ligação ao substrato fica na fenda profunda entre o domínio pequeno de uma subunidade e o domínio grande da outra [PDB 5CSC]. **(b)** Conformação fechada. O domínio pequeno foi deslocado em relação ao grande, a fim de fechar a grande fenda de ligação vista na conformação aberta. Análogos do substrato são mostrados como modelos de espaço preenchido. Esta é a versão da enzima de galinhas (*Gallus gallus*) [PDB 6CSC].

QUADRO 13.3 Ácido cítrico

A descoberta do ácido cítrico é, em geral, atribuída a Abu Musa Jābir ibn Hayyān (~721-~815), conhecido como Geber, na Europa. Ele trabalhou em Kufa, no atual Iraque, e é reconhecido como o pai da química moderna. Jābir identificou o ácido cítrico como um dos principais componentes de frutas cítricas como limões e limas. Sabemos atualmente que o nível de ácido cítrico nessas frutas está relacionado com sua capacidade de atuar como conservante e como reservatório de carbono, funções não relacionadas à do citrato no ciclo do ácido cítrico.

O ácido cítrico é um ácido orgânico fraco ($pK_{a1} = 3,2$, $pK_{a2} = 4,8$, $pK_{a3} = 6,4$). Seu sal de sódio é, às vezes, usado como tampão em laboratórios de bioquímica e em alguns medicamentos, mas sua aplicação mais importante é como aditivo alimentício, especialmente em refrigerantes.

▲ O ácido cítrico é um conservante natural importante nas frutas cítricas.

A estrutura da enzima requer que o oxaloacetato e a acetil-CoA se liguem sequencialmente. Isso reduz a chance de uma ligação da acetil-CoA na ausência de oxaloacetato e a possibilidade de catalisar a hidrólise da ligação tioéster da acetil-CoA em uma reação sem propósito. Essa possível reação paralela é um risco real, pois a ligação tioéster do acetil-CoA fica próxima do sítio ativo para a hidrólise do tioéster do citril-CoA, e a concentração de oxaloacetato pode ser muito pequena em relação à da acetil-CoA. Nossos exemplos anteriores de mecanismo de ajuste induzido envolveram a proteção do ATP de uma hidrólise indesejável, mas o mesmo princípio se aplica aqui. Iremos encontrar vários outros exemplos da importante relação entre estrutura e atividade neste capítulo e no próximo.

2. Aconitase

A aconitase (nome sistemático: aconitato hidratase) catalisa uma conversão de quase-equilíbrio do citrato em isocitrato. Citrato é um álcool terciário e, portanto, não pode ser oxidado diretamente em um cetoácido. A formação desse intermediário é necessária para a reação de descarboxilação oxidativa que ocorre na Etapa 3 do ciclo do ácido cítrico. A etapa catalisada pela aconitase cria um álcool secundário, preparando a Etapa 3. O nome da enzima é derivado de cis-aconitato, um intermediário da reação ligado à enzima. A reação ocorre pela eliminação de água do citrato, formando uma ligação dupla carbono-carbono, seguida da adição estereoespecífica de água, formando o isocitrato.

CONCEITO-CHAVE
Reações estereoespecíficas ocorrem porque os substratos se ligam às enzimas em orientações específicas.

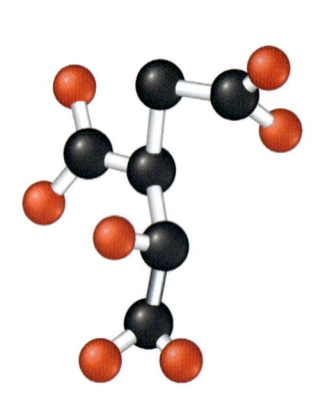

$$\text{Citrato} \underset{H_2O}{\overset{H_2O}{\rightleftarrows}} [\text{cis-aconitato}] \underset{H_2O}{\overset{H_2O}{\rightleftarrows}} \text{Isocitrato} \quad (13.10)$$

▲ Figura 13.9
Estrutura do 2R,3S-isocitrato.

O gene da aconitase faz parte de uma complexa família de genes que codifica versões distintas, mitocondrial e citoplasmática, de aconitase, uma proteína reguladora sem atividade catalítica, e uma enzima envolvida na síntese de aminoácidos (Seções 13.8 e 17.3C). As bactérias têm duas enzimas relacionadas, porém distantes: a aconitase A e a aconitase B. Todos os membros da família têm um centro de ferro-enxofre [4Fe–4S] característico. No próximo capítulo, encontraremos muitas enzimas de oxidação-redução com centros de ferro-enxofre. Na maior parte dessas enzimas, os centros de ferro-enxofre participam do transporte de elétrons, mas os membros da família da aconitase são incomuns porque neles a função do centro é auxiliar na ligação do citrato. A reação da aconitase é uma isomerização, e não uma oxidação-redução.

QUADRO 13.4 Ligação de três pontos dos substratos pró-quirais às enzimas

Quando o ciclo do ácido cítrico foi proposto pela primeira vez por Krebs, a inclusão da reação de citrato a isocitrato foi uma barreira importante à sua aceitação porque estudos com marcação isotópica indicaram que apenas uma das duas formas possíveis de 2R,3S-isocitrato era produzida nas células. O "problema" não era o fato de uma molécula quiral ser produzida a partir de uma não quiral; isto é fácil de entender. A dificuldade estava em entender por que a formação da ligação dupla do *cis*-aconitato e a subsequente adição de água, para formar isocitrato, ocorriam apenas na parte que havia se originado do oxaloacetato, e não no grupo derivado da acetil-CoA. Quando o acetato isotopicamente marcado foi adicionado às células, os átomos de ^{14}C apareciam no citrato, como mostrado na Reação 13.10. Como o citrato é uma molécula simétrica, esperava-se que os carbonos marcados aparecessem igualmente nas duas versões de isocitrato mostradas na figura a seguir.

No entanto, apenas a forma da esquerda foi produzida. Naquela época, a conversão de uma molécula não quiral em uma só forma do isômero quiral era desconhecida. Mas, em 1948, Alexander Ogston mostrou como o sítio ativo de uma enzima poderia distinguir entre grupos quimicamente equivalentes da molécula de citrato. Ogston propôs que o citrato se ligava de uma maneira que ele denominou de ligação de três pontos, com grupos não idênticos envolvidos na ligação enzima–substrato (veja a figura). Uma vez que o citrato estivesse corretamente ligado ao sítio ativo assimétrico, os dois grupos —CH_2—$COO^\ominus$ do citrato teriam orientações diferentes e, assim, não seriam mais equivalentes. A formação da ligação dupla carbono-carbono só poderia ocorrer no grupo fornecido pelo oxaloacetato.

O citrato é uma molécula pró-quiral porque ela pode reagir de modo assimétrico, embora seja quimicamente simétrica. Há muitos outros exemplos desse tipo de reação nas vias metabólicas.

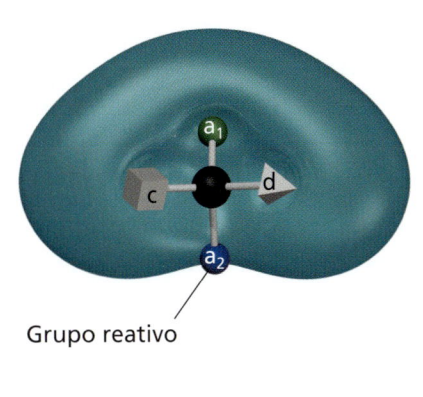

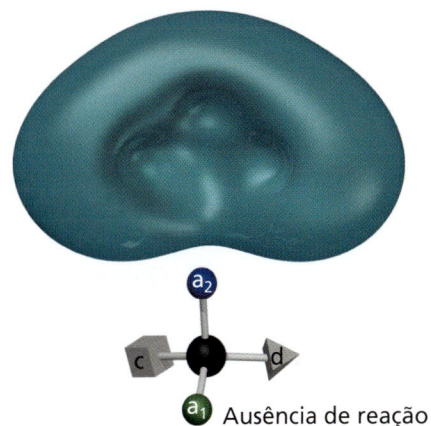

▲ **Ligação do citrato ao sítio ativo da aconitase.** O átomo de carbono central da molécula de citrato está apresentado com quatro grupos ligados: a hidroxila (—OH) está representada por um quadrado; a carboxila (—COOH), por um triângulo; os dois grupos —CH_2—$COO^\ominus$ são mostrados como esferas. Esses dois grupos são quimicamente indistinguíveis, mas aquele derivado da acetil-CoA está representado como uma esfera verde, e o derivado do oxaloacetato está colorido de azul. Uma representação da aconitase está desenhada como uma molécula assimétrica com sítios de ligação de três pontos, para a hidroxila, a carboxila e um dos grupos —CH_2—$COO^\ominus$. Quando o citrato está orientado como mostra a figura de cima, ele pode se ligar à aconitase e a reação acontece na parte da molécula derivada do oxaloacetato. A outra orientação (embaixo) não é capaz de se ligar à enzima, e a reação não pode ocorrer no grupo derivado da acetil-CoA.

▲ **Duas formas do isocitrato.** Os átomos de carbono em verde representam o grupo originalmente derivado da acetil-CoA. Era esperado que a reação catalisada pela aconitase fornecesse as duas formas do isocitrato em quantidades iguais pelo fato de o substrato (citrato) ser simétrico. Apenas a forma da esquerda foi produzida.

Observe que o citrato não é uma molécula quiral, pois nenhum de seus átomos de carbono é ligado a quatro grupos diferentes. Contudo, o produto da reação, o isocitrato, tem dois centros quirais, C2 e C3. Cada um desses carbonos tem quatro substituintes diferentes e, em cada caso, esses grupos podem ser arranjados em duas orientações distintas. Há quatro estereoisômeros distintos do isocitrato, mas apenas um deles é

> A regulação da isocitrato desidrogenase nos procariontes é descrita na Seção 13.8.

produzido na reação catalisada pela aconitase. O nome formal desse produto é 2R,3S--isocitrato (Figura 13.9), usando a nomenclatura R, S descrita no Quadro 3.2. Essa é uma das poucas vezes em que essa nomenclatura é útil na bioquímica básica.

3. Isocitrato desidrogenase

A isocitrato desidrogenase catalisa a descarboxilação oxidativa do isocitrato, formando α-cetoglutarato (Figura 13.10). Essa é a primeira das quatro reações de oxidação-redução do ciclo do ácido cítrico. Ela é acoplada à redução do $NAD^{\oplus}$ e ocorre em duas etapas, envolvendo um intermediário oxalosuccinato, ligado à enzima.

Na primeira etapa, o grupo álcool do isocitrato é oxidado pela remoção de dois hidrogênios, para formar uma ligação dupla —C=O. Essa é uma reação de desidrogenase típica. Um dos hidrogênios (aquele ligado ao átomo de carbono) é transferido ao $NAD^{\oplus}$ sob a forma de íon hidreto, levando dois elétrons; o outro (aquele do grupo —OH) é incorporado ao produto final. Essa é a primeira das reações que resultam em perda de elétrons (isto é, oxidação de um ácido orgânico).

Oxalosuccinato, um cetoácido instável, é o produto da primeira etapa da reação total, catalisada pela α-cetoglutarato desidrogenase. Antes de ser liberado pela enzima, o intermediário sofre descarboxilação formando α-cetoglutarato na segunda etapa da reação. A reação de descarboxilação é associada à liberação de CO_2 e à captura de um próton. A estequiometria total da reação é:

$$\text{Isocitrato} + NAD^{\oplus} \longrightarrow \text{α-cetoglutarato} + NADH + CO_2 \qquad (13.11)$$

Há diversas versões diferentes da isocitrato desidrogenase. As bactérias têm tanto uma enzima dependente de $NAD^{\oplus}$ como uma dependente de $NADP^{\oplus}$. Os eucariontes também têm ambos os tipos, mas as enzimas dependentes de $NADP^{\oplus}$ ainda formam várias subclasses. Em geral, a enzima dependente de $NAD^{\oplus}$ fica na mitocôndria e desempenha uma função importante no ciclo do ácido cítrico. Enzimas dependentes de $NADP^{\oplus}$ são encontradas no citoplasma, nos cloroplastos e em outros compartimentos celulares. Todas as formas das enzimas são homólogas, como visto por similaridade de sequência, e têm um ancestral comum com uma enzima da via biossintética da leucina (Seção 13.9, Seção 17.3C).

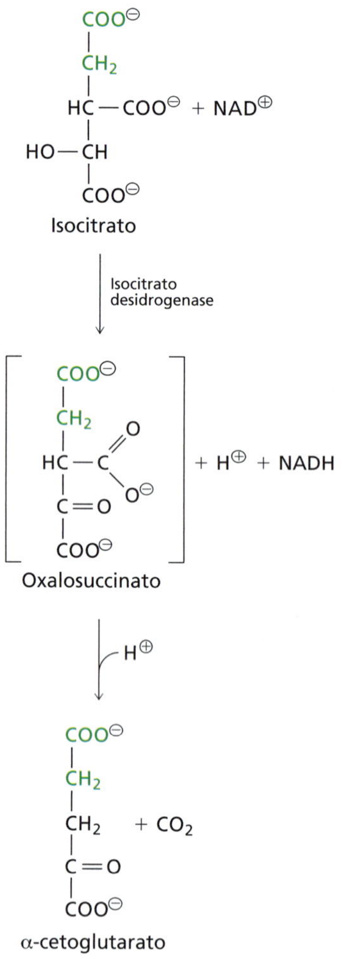

4. O complexo α-cetoglutarato desidrogenase

A descarboxilação oxidativa do α-cetoglutarato é análoga à reação catalisada pela piruvato desidrogenase. Nos dois casos, os reagentes são um α-cetoácido e HS-CoA, e os produtos são CO_2 e um tioéster de "alta energia". A Etapa 4 do ciclo do ácido cítrico é catalisada pela α-cetoglutarato desidrogenase (também conhecida como 2-oxoglutarato desidrogenase) (Figura 13.11).

A α-cetoglutarato desidrogenase é um complexo grande, parecido com a piruvato desidrogenase em estrutura e função. As mesmas coenzimas estão envolvidas e os mecanismos de reação são os mesmos. Os três componentes enzimáticos do complexo da α-cetoglutarato desidrogenase são a α-cetoglutarato desidrogenase (E_1, contendo TDP), a di-hidrolipoamida succinil transferase (E_2, contendo um braço oscilante de lipoamida) e a di-hidrolipoamida desidrogenase (E_3, a mesma flavoproteína encontrada no complexo da piruvato desidrogenase). A reação completa é a segunda de duas reações produtoras de CO_2 no ciclo do ácido cítrico e a segunda que gera equivalentes redutores. Nas quatro reações restantes do ciclo, o grupo succinila (de quatro carbonos) do succinil-CoA é reconvertido em oxaloacetato.

Células eucariontes têm apenas uma α-cetoglutarato desidrogenase mitocondrial. Arquebacteria e algumas outras espécies bacterianas não têm α-cetoglutarato desidrogenase. Elas convertem o α-cetoglutarato em succinil-CoA usando uma enzima completamente diferente, chamada 2-oxoglutarato:ferredoxina oxidorredutase.

5. Succinil-CoA sintetase

A conversão de succinil-CoA em succinato é catalisada pela succinil-CoA sintetase, às vezes chamada succinato tioquinase. A reação acopla a hidrólise da ligação tioéster do succinil-CoA à formação de um nucleosídeo trifosfato – GTP ou ATP,

▲ **Figura 13.10**
Reação da isocitrato desidrogenase. A enzima catalisa uma reação de oxidação-redução, utilizando $NAD^{\oplus}$ como aceptor de elétrons. O oxalosuccinato é um intermediário instável, que rapidamente é descarboxilado, formando CO_2 e α-cetoglutarato. Essa é a primeira etapa de descarboxilação no ciclo do ácido cítrico.

> **CONCEITO-CHAVE**
> As reações "lucrativas" importantes do ciclo do ácido cítrico são aquelas que produzem equivalentes redutores, como NADH e QH_2.

dependendo da espécie. Os complicados nomes IUPAC dessas duas enzimas relacionadas são succinato-CoA ligase formadora de ADP (E.C. 6.2.1.5) e succinato-CoA ligase formadora de GDP (E.C. 6.2.1.4).

O fosfato inorgânico é um dos reagentes, e a reação ocorre em três etapas (Figura 13.12).

A primeira delas gera fosfato de succinila como intermediário e libera coenzima A. Na segunda, o grupo fosforila é transferido a uma cadeia lateral de histidina no sítio ativo da enzima, formando-se um intermediário estável, a fosfoenzima. A terceira etapa transfere o grupo fosforila ao GDP, formando GTP. Essa reação é o único exemplo de fosforilação ao nível do substrato no ciclo do ácido cítrico (lembre-se, da Seção 10.8, de que a variação da energia livre de Gibbs padrão para a hidrólise da ligação tioéster no succinil-CoA é aproximadamente equivalente à da hidrólise do ATP). A estequiometria completa da reação da succinil-CoA sintetase é:

$$\text{Succinil-CoA} + P_i + \text{GDP} \longrightarrow \text{Succinato} + \text{HS-CoA} + \text{GTP} \quad (13.12)$$

O fosfato inorgânico contribui com o grupo fosforila para o GDP, mais um oxigênio para a formação do succinato e um hidrogênio para a formação da HS-CoA. Observe que a enzima recebe o nome pela reação inversa, em que o succinil-CoA é sintetizada a partir de succinato, às custas de GTP ou de ATP. Ela é chamada sintetase porque a reação combina duas moléculas e é acoplada à hidrólise de um nucleosídeo trifosfato.

A enzima é composta de duas subunidades α e duas β ($\alpha_2\beta_2$). As subunidades β contêm o sítio de ligação para o nucleotídeo. As versões bacterianas utilizam ATP, enquanto animais têm, com frequência, duas versões da enzima, uma que usa GTP e outra que usa ATP. Elas diferem em suas subunidades β. As versões dependentes de GTP surgiram, claramente, a partir das dependentes de ATP. Não se sabe ao certo por que a mitocôndria animal tem duas versões da succinil-CoA sintetase, mas uma possibilidade é que a versão dependente de ATP seja usada no ciclo do ácido cítrico, e a dependente de GTP catalise, principalmente, a reação inversa em algumas células. Arquebactérias e algumas outras bactérias não têm a succinil-CoA sintetase. Elas fazem reações semelhantes usando uma enzima totalmente diferente.

▲ **Figura 13.11**
Reação catalisada pela α-cetoglutarato desidrogenase. Esta é semelhante à reação catalisada pela piruvato desidrogenase.

A estrutura da menaquinona é mostrada na Figura 14.21.

6. Complexo succinato desidrogenase

A succinato desidrogenase catalisa a oxidação de succinato em fumarato, formando uma ligação dupla carbono-carbono, com perda de dois prótons e dois elétrons

---

QUADRO 13.5 O que há em um nome?

Sem dúvida, o α-cetoglutarato recebe esse nome do ácido carboxílico de cinco carbonos glutarato ($^\ominus$OOC—CH$_2$—CH$_2$—CH$_2$—COO$^\ominus$). O grupo ceto está em um carbono α (ou o primeiro carbono após o de uma das carboxilas). Essa convenção de nomenclatura é semelhante àquela que encontramos para os aminoácidos (Seção 3.1). Como naquele caso, o nome químico oficial ou sistemático para a α-cetoglutarato deveria ser 2-cetoglutarato. Contudo, ele é, na verdade, 2-oxoglutarato, pois, de acordo com as regras de nomenclatura da IUPAC/IUBMB, o termo "ceto" deveria ser evitado na moderna nomenclatura.

É perfeitamente aceitável referir-se às moléculas orgânicas por seus nomes comuns (triviais) se eles forem bem conhecidos. Por exemplo, se você analisar novamente a etapa 1 do ciclo do ácido cítrico, poderá ver que o nome sistemático do oxaloacetato é 2-oxosuccinato, pois ele é um derivado do ácido dicarboxílico de quatro carbonos, succinato. "Oxaloacetato" é um nome comum bem conhecido e aceito para esse composto e poderia ficar confuso chamá-lo de outro modo. Quando se trata do nome correto para α-cetoglutarato, a situação é mais complicada, pois esse é um nome sistemático antigo da molécula, e as novas regras dizem que o nome sistemático deveria ser 2-oxoglutarato. Esse novo nome vem se tornando mais e mais popular na literatura científica. Aqui, continuamos a usar o bem conhecido α-cetoglutarato, baseado no fato de que este se tornou um nome comum aceitável para esse composto. É bem provável que ele venha a ser mudado em futuras edições.

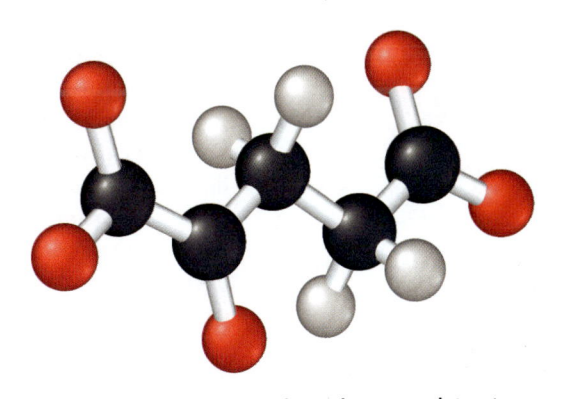

▲ **2-oxoglutarato, também chamado α-cetoglutarato.**

▲ **Figura 13.12**
Mecanismo proposto da succinil-CoA sintetase. O fosfato desloca a CoA de uma molécula de succinil-CoA ligada, formando o anidrido misto succinilfosfato como intermediário. O grupo fosforila é, então, transferido do succinilfosfato para um resíduo de histidina da enzima, para formar um intermediário fosfoenzima covalente, relativamente estável. O succinato é liberado e o intermediário fosfoenzima transfere seu grupo fosforila para o GDP (ou ADP, dependendo do organismo), formando o produto: nucleosídeo trifosfato.

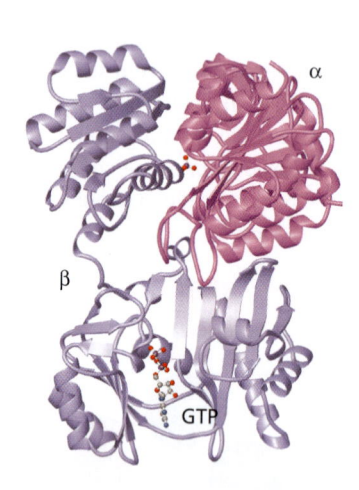

▲ **Succinil-CoA sintetase dependente de GTP.** A estrutura de uma unidade do dímero é mostrada com as subunidades α e β em cores diferentes. Uma molécula de GTP está ligada ao sítio ativo da subunidade β. Esta é a enzima do porco (*Sus scrofa*) [PDB 2FPG].

(Figura 13.13). Os prótons e os elétrons são passados a uma quinona, que é reduzida a QH_2 (ubiquinona é o substrato preferido em quase todos os casos, mas algumas bactérias usam menaquinona). A enzima está presente em todas as espécies e o FAD é um cofator ligado essencial.

Uma característica importante dessa reação é o embaralhamento dos carbonos procedentes da acetila original. Eles não podem ser identificados especificamente (ou seja, desenhados em verde) no reagente simétrico, succinato, nem no produto, fumarato, o que tem consequências interessantes (veja o Problema nº 6).

O sítio ativo da enzima é formado por duas subunidades diferentes. Uma delas contém centros de ferro-enxofre, e a outra é uma flavoproteína contendo FAD ligado covalentemente. O dímero da succinato desidrogenase liga-se a dois polipeptídeos de membrana para formar um grande complexo. Os componentes de membrana consistem em um citocromo *b*, com seu grupo heme associado, e um sítio de ligação à quinona. Os cofatores de transporte de elétrons participam da transferência de elétrons do succinato para o FAD, deste para vários centros de ferro-enxofre, daí para o heme e deste para a quinona.

Lembre-se de que o $FADH_2$ na subunidade E_3 da piruvato desidrogenase, é reoxidado pelo $NAD^\oplus$ para completar o ciclo catalítico da enzima. Na reação da succinato desidrogenase, o $FADH_2$ é reoxidado por Q, regenerando FAD. No passado, era muito comum mostrar o $FADH_2$ como o produto redox dessa reação, mas, como o FAD é covalentemente ligado à enzima, o ciclo catalítico não fica completo até que o $FADH_2$ ligado seja reoxidado e o produto lábil QH_2 seja liberado.

A reação da succinato desidrogenase é incomum para uma desidrogenase porque ela usa ubiquinona em vez de NAD$^\oplus$ como aceptor de elétrons (agente oxidante). Ela é incomum em vários outros aspectos também, como veremos no próximo capítulo. O complexo da succinato desidrogenase faz parte do sistema de transporte de elétrons situado na membrana plasmática dos procariontes e na membrana mitocondrial interna dos eucariontes. Discutiremos essa enzima em mais detalhes na Seção 14.6 e analisaremos sua estrutura (Figura 14.9). Nas bactérias, a maior parte do complexo enzimático se projeta para dentro do citoplasma, onde pode se ligar ao succinato e liberar fumarato, como parte do ciclo do ácido cítrico. Na mitocôndria, o sítio ativo fica na face da membrana voltada para a matriz, onde as outras enzimas do ciclo do ácido cítrico se localizam.

O análogo de substrato malonato é um inibidor competitivo do complexo da succinato desidrogenase, como descrito na Seção 5.7A. O malonato, assim como o succinato, é um dicarboxilato que se liga a resíduos catiônicos de aminoácidos no sítio ativo do complexo da succinato desidrogenase. No entanto, o malonato não sofre oxidação porque não tem o grupo —CH$_2$—CH$_2$— necessário à desidrogenação. Em experimentos com mitocôndria isolada ou homogeneizado celular, a presença de malonato provocou acúmulo de succinato, α-cetoglutarato e citrato. Esses experimentos forneceram parte das evidências iniciais da sequência de reações do ciclo do ácido cítrico.

▲ **Figura 13.13**
A reação da succinato desidrogenase.

7. Fumarase

A fumarase (nome sistemático: fumarato hidratase) catalisa a conversão de quase-equilíbrio do fumarato em malato pela adição *trans* estereoespecífica de água à ligação dupla do fumarato.

(13.13)

▲ **Maçãs verdes (não maduras).** O sabor ácido das maçãs verdes se deve, principalmente, à presença de malato. O ácido málico foi isolado pela primeira vez do suco de maçã e recebeu esse nome a partir da palavra latina para a fruta (*malum*).

O fumarato é uma molécula pró-quiral. Quando o fumarato é posicionado no sítio ativo da fumarase, a ligação dupla do substrato pode ser atacada apenas por um dos lados. O produto da reação é exclusivamente o estereoisômero L do hidroxiácido malato.

Há duas fumarases, não relacionadas, capazes de catalisar essa mesma reação. A enzima de classe I é encontrada na maioria das bactérias. A de classe II é presente em algumas bactérias e em todos os eucariontes. Algumas bactérias, como a *E. coli*, têm as duas formas da enzima. Uma forma é ativa no ciclo do ácido cítrico normal, e a outra, normalmente, se especializa na reação inversa, que converte malato em fumarato.

Iremos ver novamente a transferência de equivalentes redutores ao Q no Capítulo 14, quando estudaremos o papel do complexo da succinato desidrogenase no transporte de elétrons associado a membranas.

8. Malato desidrogenase

A última etapa do ciclo do ácido cítrico é a oxidação do malato para regenerar o oxaloacetato, com formação de uma molécula de NADH.

(13.14)

A origem evolutiva da fumarase e a importância da reação inversa nas bactérias estão descritas na Seção 13.8.

Essa reação é catalisada pela malato desidrogenase dependente de NAD$^\oplus$. A interconversão de quase-equilíbrio do α-hidroxiácido L-malato e do cetoácido oxaloacetato é análoga à reação reversível catalisada pela lactato desidrogenase (Seções 7.3 e 11.3B).

QUADRO 13.6 Sobre a precisão da World Wide Web

Há muitas coisas boas na Web, mas todo mundo precisa ser cauteloso em relação à qualidade de algumas páginas. O ciclo do ácido cítrico é um teste divertido quanto a essa precisão. A maioria dos sites apresenta o básico corretamente, mas os estudantes são muitas vezes desafiados a encontrar um site que mostre cada uma das reações da via sem erros, inclusive o balanceamento de cada equação de reação. Você é capaz de encontrar tal site? Os erros mais comuns são ignorar prótons e a QH_2. Um site no qual você pode confiar é o de Nomenclatura de Enzimas da IUBMB, que lista as reações corretas para cada uma das enzimas do ciclo do ácido cítrico: <www.chem.qmul.ac.uk/iubmb/enzyme/>.

Sabe-se que alguns professores deram pontos extras aos estudantes que conseguiram achar um website totalmente correto. Alguns estudantes criaram seus próprios sites.

As estruturas da malato desidrogenase e da lactato desidrogenase são comparadas na Figura 4.22.

Isso não surpreende, já que a lactato desidrogenase e a malato desidrogenase são homólogas: elas têm um ancestral comum.

A variação da energia livre de Gibbs padrão para essa reação é de $+30$ kJ mol^{-1} ($\Delta G^{\circ\prime} = 30$ kJ mol^{-1}). Como essa é uma reação que ocorre próximo ao equilíbrio, isso significa que nas condições do interior da célula a concentração de malato é muito maior do que a de oxaloacetato. Vimos, no caso da reação da citrato sintase, que uma baixa concentração de oxaloacetato explica a variação da energia livre de Gibbs para essa reação. Na próxima seção, veremos como a baixa concentração de oxaloacetato em relação à de malato explica algumas vias de transporte.

13.4 A entrada do piruvato na mitocôndria

Nas células das bactérias, piruvato é convertido em acetil-CoA no citosol, mas nas células eucariontes o complexo da piruvato desidrogenase fica na mitocôndria (e nos cloroplastos). Como a glicólise ocorre no citoplasma, o piruvato precisa primeiro ser

QUADRO 13.7 Convertendo uma enzima em outra

Apesar de terem uma baixa identidade de sequências, a lactato desidrogenase e a malato desidrogenase são intimamente relacionadas em termos de estrutura tridimensional e evoluíram de forma clara de um ancestral comum. Elas catalisam a oxidação reversível de 2-hidroxiácidos que diferem apenas por um carbono (malato tem um carboxilato adicional, ligado ao C-3 do lactato). As duas enzimas são altamente específicas quanto a seus substratos. No entanto, a mutação sítio-específica de um só resíduo de aminoácido na lactato desidrogenase de *Bacillus stearothermophilus* transforma essa enzima em malato desidrogenase (veja a figura). A conversão de Gln-102 em Arg-102 inverte completamente a especificidade da desidrogenase. A cadeia lateral da arginina, carregada de maneira positiva, forma um par iônico com o grupo 4-carboxilato do malato, e a enzima mutante torna-se inativa para o lactato.

▲ Orientação da molécula de substrato no sítio ativo da lactato desidrogenase de *Bacillus stearothermophilus*. **(a)** O substrato de três carbonos, piruvato, ligado à enzima nativa. Nem oxaloacetato nem malato são capazes de se ligar a esse sítio. **(b)** Oxaloacetato, o substrato de quatro carbonos, ligado à enzima mutante com Arg em lugar de Gln (posição 102).

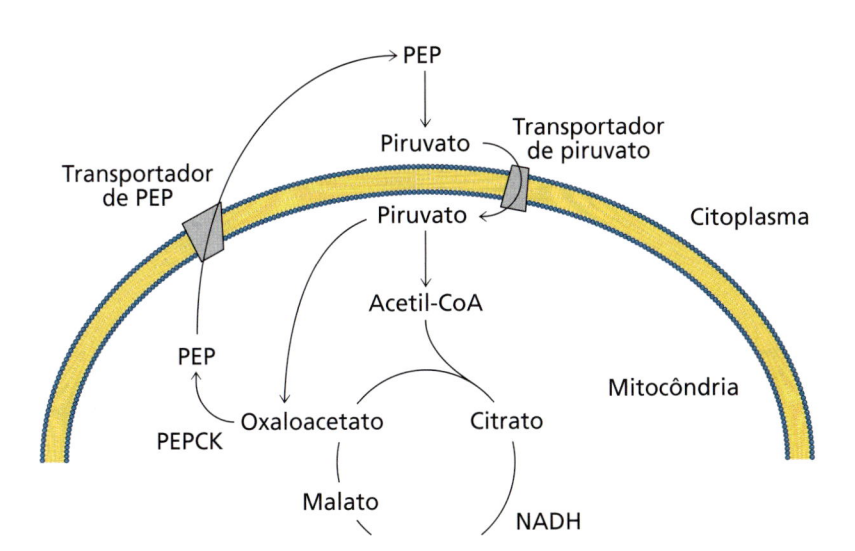

Figura 13.14
Importação de piruvato e exportação de PEP. Piruvato é importado do citoplasma para dentro da mitocôndria via um transportador de piruvato localizado na membrana mitocondrial interna. O fosfoenolpiruvato (PEP) é exportado para o citoplasma via um transportador de PEP.

importado para o interior da mitocôndria (ou do cloroplasto) a fim de poder servir como substrato para a reação. As mitocôndrias são envolvidas por uma membrana dupla. Moléculas pequenas, como o piruvato, passam pela membrana externa através dos canais aquosos formados pelas proteínas transmembrânicas chamadas porinas (Seção 9.11A). Esses canais permitem a livre difusão de moléculas com pesos moleculares menores do que 10.000. Contudo, para passar através da membrana interna, a maioria dos metabólitos necessita de uma proteína de transporte específica. A piruvato translocase é a enzima que transporta especificamente o piruvato em simporte com $H^{\oplus}$. Uma vez dentro da mitocôndria, o piruvato pode ser convertido a acetil-CoA e CO_2. Nas células eucariontes, as enzimas do ciclo do ácido cítrico também ficam nas mitocôndrias (Figura 13.14).

Lembre-se de que um dos intermediários do ciclo do ácido cítrico é o oxaloacetato e que ele também pode ser um substrato para a gliconeogênese. Como a gliconeogênese é uma via citoplasmática, é necessário deslocar o oxaloacetato, ou seu equivalente, da mitocôndria para o citoplasma. Nos mamíferos, isso é feito usando uma versão mitocondrial da fosfoenolpiruvato carboxiquinase (PEPCK), que converte oxaloacetato em fosfoenolpiruvato (PEP). A mitocôndria tem um transportador de PEP que desloca esse componente para o citoplasma (Figura 13.14). Seria muito ineficiente transportar oxaloacetato de modo direto porque sua concentração na mitocôndria é muito baixa, comparada à sua concentração no citoplasma (deficiências na PEPCK mitocondrial humana levam à morte nos primeiros dois anos de vida).

Há dois outros problemas associados à compartimentalização do ciclo do ácido cítrico na mitocôndria. O acetil-CoA é necessário para a síntese de ácidos graxos no citoplasma, de modo que precisa haver um mecanismo de transporte de acetil-CoA da mitocôndria para o citoplasma, o que é feito por meio do transportador de ácido tricarboxílico, que exporta citrato. Uma vez no citoplasma, o citrato deve ser reconvertido em oxaloacetato e acetil-CoA por uma enzima citoplasmática denominada ATP-citrato liase (Figura 13.15). Essa enzima não pode simplesmente catalisar o inverso da reação de citrato sintase. Ela precisa ser acoplada à hidrólise do ATP para impulsionar a síntese da molécula de "alta energia" acetil-CoA no citoplasma. A enzima mitocondrial pode catalisar a mesma reação (revertendo a reação do ciclo do ácido cítrico), pois a concentração de citrato é muito alta em relação à de oxaloacetato (veja a Figura 13.7). No citoplasma, por outro lado, as concentrações de estado estacionário do citrato e do oxaloacetato são comparáveis, de modo que o acoplamento com a hidrólise de ATP é necessário.

Algumas espécies não têm uma versão mitocondrial da PEPCK, razão pela qual precisam usar um método alternativo de exportar oxaloacetato. A lançadeira do malato-aspartato é um sistema de transporte comum, presente até mesmo em espécies que têm PEPCK mitocondrial. Uma versão simplificada dela é mostrada na Figura 13.16. Iremos descrevê-la mais detalhadamente na Seção 14.12.

Oxaloacetato é convertido em malato pela reação catalisada por malato desidrogenase, a mesma enzima usada no ciclo do ácido cítrico. Lembre-se de que as concentrações de equilíbrio dos reagentes e produtos nessa reação resultam em uma concentração muito maior de malato do que de oxaloacetato. Logo, um transportador de malato é muito mais eficiente do que poderia ser um de oxaloacetato.

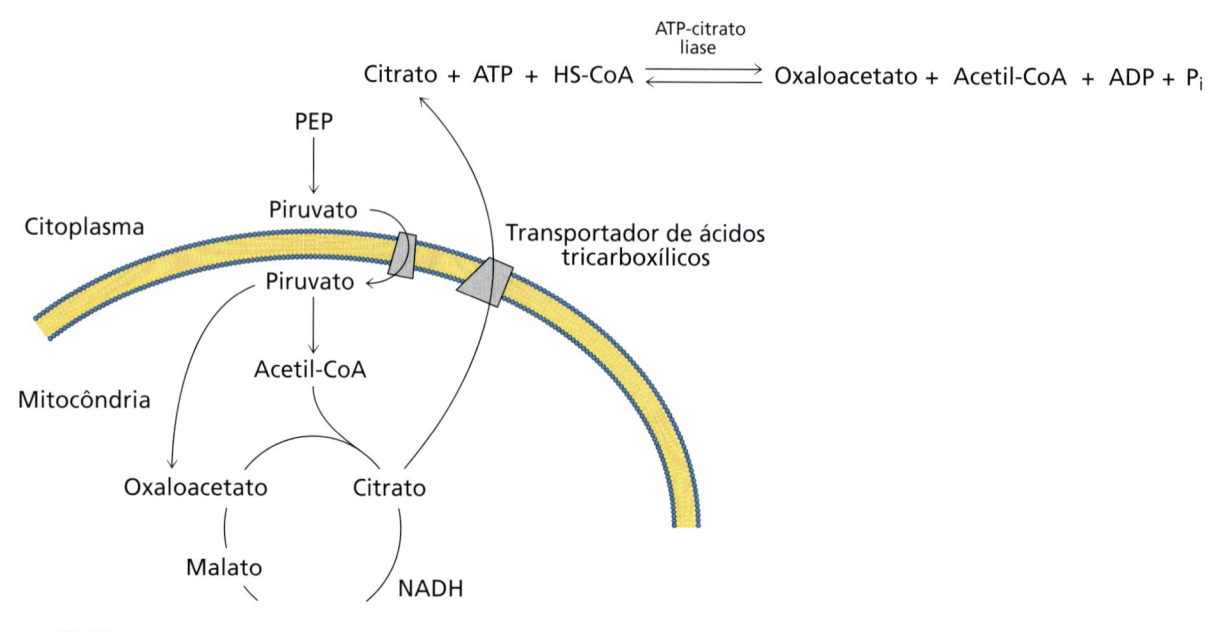

$$\text{Citrato + ATP + HS-CoA} \underset{\text{ATP-citrato liase}}{\rightleftharpoons} \text{Oxaloacetato + Acetil-CoA + ADP + P}_i$$

▲ **Figura 13.15**
Exportação de acetil-CoA da mitocôndria. O citrato é exportado pelo transportador de ácidos tricarboxílicos. Em seguida, é convertido em acetil-CoA pela ATP-citrato liase citoplasmática.

O malato é reconvertido em oxaloacetato por uma versão citoplasmática da malato desidrogenase. O efeito líquido é que o oxaloacetato da mitocôndria pode servir como substrato da gliconeogênese, como descrito no capítulo anterior.

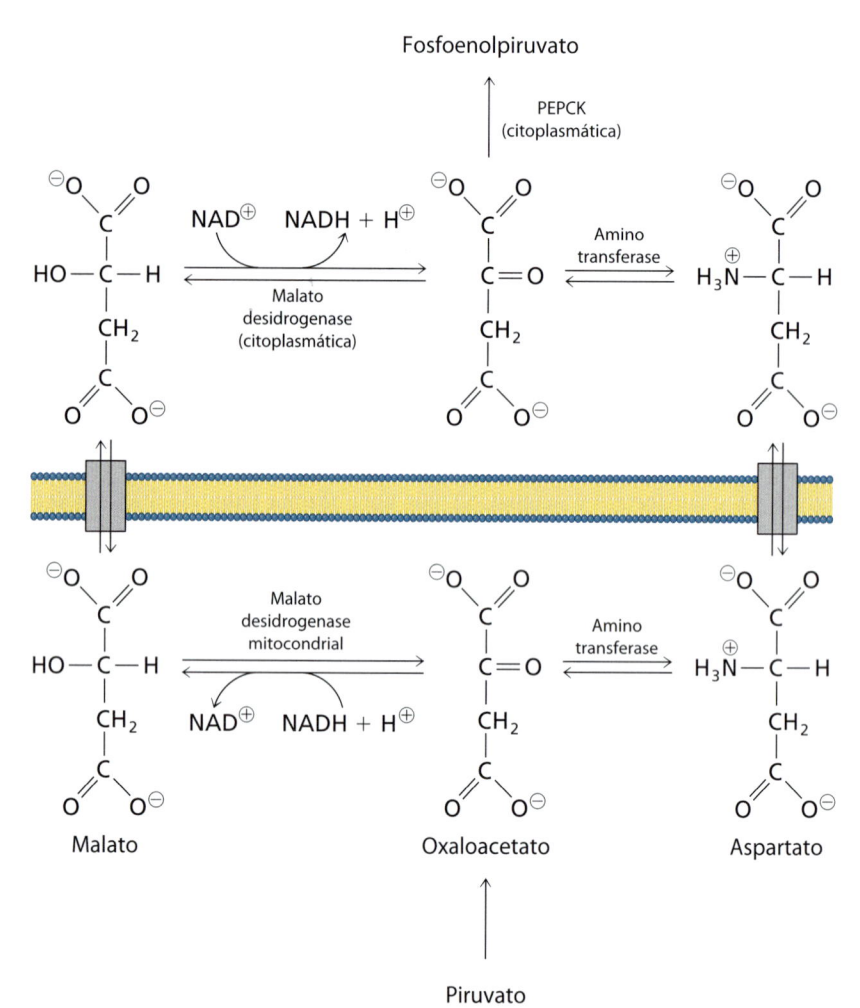

▶ **Figura 13.16**
Transporte de oxaloacetato via lançadeira do malato-aspartato.

A outra parte da lançadeira atinge o mesmo objetivo, utilizando uma aminotransferase mitocondrial para converter oxaloacetato em aspartato. Este é transportado através da membrana mitocondrial por um transportador de aspartato. No citoplasma, oxaloacetato pode ser formado de novo pela ação de uma aminotransferase citoplasmática. Como você pode imaginar, essa via opera normalmente na direção oposta, pois a baixa concentração de oxaloacetato na mitocôndria significa que a conversão dele em aspartato é improvável.

13.5 Coenzimas reduzidas podem alimentar a produção de ATP

Na reação líquida do ciclo do ácido cítrico, três moléculas de NADH, uma molécula de QH_2 e uma molécula de GTP ou de ATP são produzidas por cada molécula de acetil-CoA que entra na via.

$$\text{Acetil-CoA} + 3\,\text{NAD}^\oplus + Q + \text{GDP (ou ADP)} + P_i + 2\,H_2O \longrightarrow$$
$$\text{HS-CoA} + 3\,\text{NADH} + QH_2 + \text{GTP (ou ATP)} + 2\,CO_2 + 2\,H^\oplus \quad (13.15)$$

Como já foi mencionado, NADH e QH_2 podem ser oxidados por uma cadeia de transporte de elétrons associada a membranas, acoplada à produção de ATP. Como veremos ao analisar essas reações no Capítulo 14, aproximadamente 2,5 moléculas de ATP são geradas por cada molécula de NADH oxidada em $NAD^\oplus$, e até 1,5 molécula de ATP é produzida por cada molécula de QH_2 oxidada em Q. A oxidação completa de uma molécula de acetil-CoA pelo ciclo do ácido cítrico e reações subsequentes é, portanto, associada à produção de aproximadamente dez equivalentes de ATP (Tabela 13.2).

O ciclo do ácido cítrico é o estágio final do catabolismo de diversos nutrientes importantes. Ele é a via de oxidação de todo acetil-CoA produzido pela degradação dos carboidratos, lipídeos e aminoácidos. Tendo estudado a glicólise no Capítulo 11, vamos agora fazer um balanço completo do ATP produzido pela degradação de uma molécula de glicose.

Lembre-se de que a glicólise converte glicose em duas moléculas de piruvato, com um ganho líquido de duas moléculas de ATP. Há duas moléculas de NADH produzidas na reação catalisada pela gliceraldeído 3-fosfato desidrogenase. Isso corresponde a um rendimento conjunto de sete equivalentes de ATP a partir da glicólise. A conversão das duas moléculas de piruvato em acetil-CoA pelo complexo da piruvato desidrogenase rende duas moléculas de NADH, o que corresponde a cerca de mais cinco moléculas de ATP. Quando estas são combinadas com os equivalentes de ATP do ciclo do ácido cítrico, via oxidação de duas moléculas de acetil-CoA, o rendimento total é de mais ou menos 32 moléculas de ATP por molécula de glicose (Figura 13.17).

Nas bactérias, as duas moléculas de NADH produzidas pela glicólise no citosol podem ser diretamente reoxidadas pelo sistema de transporte de elétrons associado a membranas na membrana plasmática. Assim, o rendimento teórico máximo da oxidação completa da glicose (32 equivalentes de ATP) é atingido nas células bacterianas.

Nas células eucariontes, a glicólise produz NADH no citosol, mas o complexo de transporte de elétrons associado a membranas fica nas membranas mitocondriais.

TABELA 13.2 Produção de energia no ciclo do ácido cítrico

Reação	Produto que rende energia	Equivalentes de ATP
Isocitrato desidrogenase	NADH	2,5
Complexo da α-cetoglutarato desidrogenase	NADH	2,5
Succinil-CoA sintetase	GTP ou ATP	1,0
Complexo da succinato desidrogenase	QH_2	1,5
Malato desidrogenase	NADH	2,5
Total		10,0

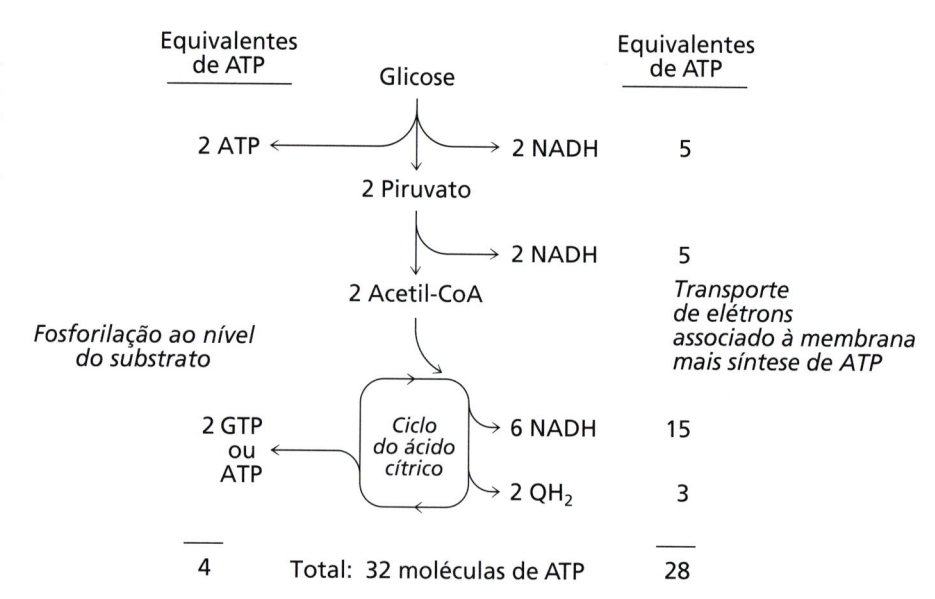

▶ **Figura 13.17**
A produção de ATP a partir do catabolismo de uma molécula de glicose por glicólise, ciclo do ácido cítrico e reoxidação de NADH e QH_2. A completa oxidação da glicose leva à formação de até 32 moléculas de ATP.

```
                                        Equivalentes                                    Equivalentes
                                          de ATP              Glicose                      de ATP
                                            
                                           2 ATP  ←──────┬──────→  2 NADH                      5
                                                      2 Piruvato
                                                           │
                                                           ├──────→  2 NADH                     5
                                                      2 Acetil-CoA                        Transporte
                                                           │                              de elétrons
         Fosforilação ao nível                             │                         associado à membrana
             do substrato                                  ↓                            mais síntese de ATP
                                                        ┌──────┐
                                           2 GTP        │ Ciclo│──────→  6 NADH               15
                                             ou   ←─────│do ácido│
                                            ATP         │cítrico│
                                                        └──────┘──────→  2 $QH_2$              3
                                          ─────                                              ─────
                                            4         Total: 32 moléculas de ATP              28
```

Os equivalentes redutores do NADH citossólico podem ser transportados para o interior das mitocôndrias pelo mecanismo de lançadeira, como a do malato–aspartato, descrito na Seção 13.4. O transporte de equivalentes redutores do NADH será descrito em mais detalhes na Seção 14.12.

É interessante comparar essa via (Figura 13.17) para oxidação completa da glicose com o ciclo das pentoses-fosfato descrito na Seção 12.4. Aquela via também resulta na oxidação completa de uma molécula de glicose. O resultado é a produção de 12 moléculas de NADPH, que são iguais a 30 equivalentes de ATP.

13.6 Regulação do ciclo do ácido cítrico

Como o ciclo do ácido cítrico ocupa uma posição central no metabolismo celular, não surpreende que seja uma via controlada. A regulação é mediada por moduladores alostéricos e por modificação covalente das enzimas do ciclo. O fluxo através dele também é controlado pelo suprimento de acetil-CoA.

Como já foi observado, acetil-CoA provém de diversas fontes, incluindo as vias de degradação de carboidratos, lipídeos e aminoácidos. A atividade do complexo da piruvato desidrogenase controla o suprimento de acetil-CoA a partir de piruvato e, portanto, da degradação de carboidratos. Em geral, os substratos do complexo da piruvato desidrogenase ativam o complexo, e os produtos o inibem. Na maioria das espécies, as atividades dos componentes E_2 e E_3 do complexo da piruvato desidrogenase (di-hidrolipoamida acetiltransferase e di-hidrolipoamida desidrogenase, de maneira respectiva) são controladas simplesmente pelos efeitos de ação das massas quando seus produtos se acumulam. A atividade da acetiltransferase (E_2) é inibida quando a concentração de acetil-CoA é alta, enquanto a da desidrogenase (E_3) é inibida pela razão alta entre NADH e $NAD^{\oplus}$ (Figura 13.18). Em geral, os inibidores tendem a estar presentes em altas concentrações quando os recursos energéticos são abundantes; os ativadores predominam quando esses recursos são escassos.

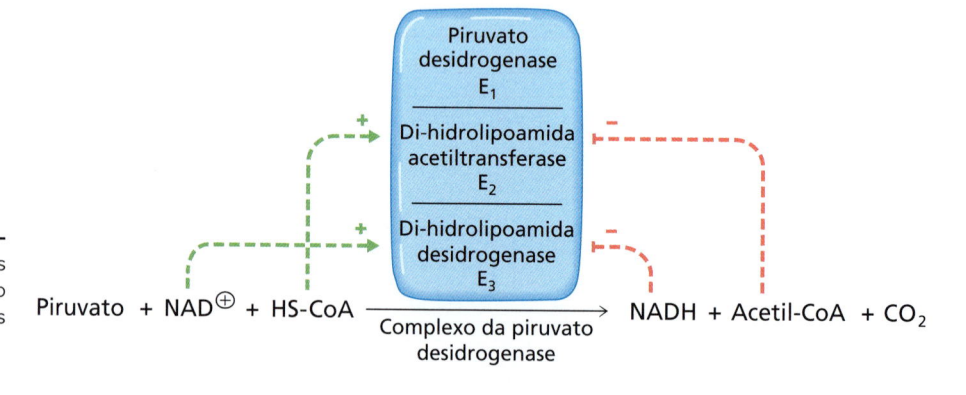

▶ **Figura 13.18**
Regulação do complexo da piruvato desidrogenase. O acúmulo dos produtos acetil-CoA e NADH reduz o fluxo através das reações reversíveis catalisadas por E_2 e E_3.

```
                                                      ┌─────────────────┐
                                                      │   Piruvato      │
                                                      │ desidrogenase   │
                                                      │      $E_1$      │
                                                      ├─────────────────┤
                                           +   ┄┄┄┄→  │ Di-hidrolipoamida│  ←┄┄┄┄   −
                                                      │ acetiltransferase│
                                                      │      $E_2$      │
                                                      ├─────────────────┤
                                           +   ┄┄┄┄→  │ Di-hidrolipoamida│  ←┄┄┄┄   −
                                                      │  desidrogenase  │
                                                      │      $E_3$      │
                                                      └─────────────────┘
   Piruvato + $NAD^{\oplus}$ + HS-CoA ──────────────────────────────────→ NADH + Acetil-CoA + $CO_2$
                                           Complexo da piruvato
                                              desidrogenase
```

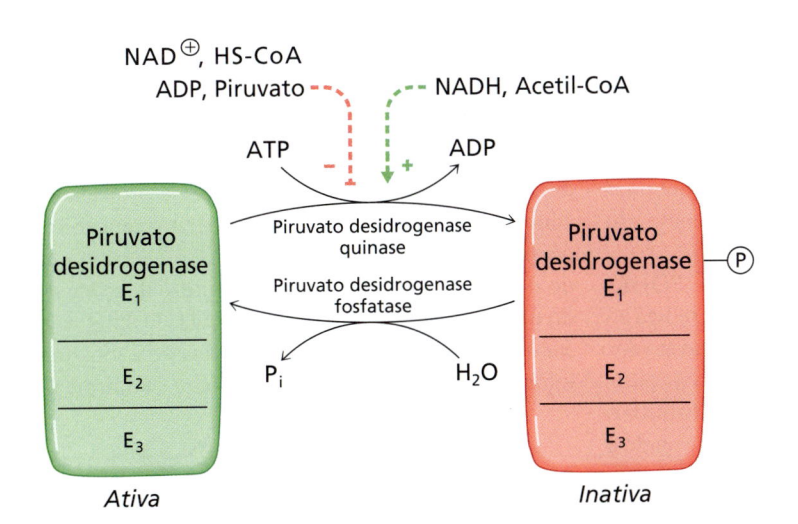

◀ **Figura 13.19**
Regulação do complexo da piruvato desidrogenase de mamíferos pela fosforilação do componente E_1. A quinase e a fosfatase reguladoras são, ambas, componentes do complexo nos mamíferos. A quinase é ativada pelo NADH e pelo acetil-CoA – produtos da reação catalisada pelo complexo da piruvato desidrogenase – e inibida pelo ADP e pelos substratos piruvato, $NAD^{\oplus}$ e HS-CoA.

Os complexos da piruvato desidrogenase de mamíferos (mas não dos procariontes) são, ainda, regulados por modificação covalente. Uma proteína quinase e uma proteína fosfatase são associadas ao complexo multienzimático dos mamíferos. A piruvato desidrogenase quinase (PDK) catalisa a fosforilação de E_1 inativando, assim, a enzima. A piruvato desidrogenase fosfatase (PDP) catalisa a desfosforilação e a ativação da piruvato desidrogenase (Figura 13.19). O controle da atividade de E_1 controla a velocidade de reação de todo o complexo.

As próprias piruvato desidrogenase quinase e piruvato desidrogenase fosfatase são também reguladas. A quinase é ativada alostericamente pelo NADH e pelo acetil-CoA, produtos da oxidação de piruvato. O acúmulo de NADH e de acetil-CoA sinaliza a disponibilidade de energia e leva a um aumento na fosforilação da subunidade da piruvato desidrogenase e inibição da oxidação de mais piruvato. Inversamente, piruvato, $NAD^{\oplus}$, HS-CoA e ADP inibem a quinase, levando à ativação da piruvato desidrogenase.

Três enzimas do ciclo do ácido cítrico são reguladas: citrato sintase, isocitrato desidrogenase e o complexo da α-cetoglutarato desidrogenase. A citrato sintase catalisa a primeira reação do ciclo do ácido cítrico. Este poderia ser um ponto de controle adequado para a regulação do ciclo inteiro. O ATP inibe a enzima *in vitro*, mas mudanças significativas na concentração de ATP são improváveis *in vivo*; assim, ATP pode não ser um regulador fisiológico. Algumas citrato sintases bacterianas são ativadas por α-cetoglutarato e inibidas pelo NADH.

A isocitrato desidrogenase de mamíferos é ativada alostericamente pelo $Ca^{2\oplus}$ e pelo ADP e inibida pelo NADH. Nos mamíferos, a enzima não é sujeita a modificação covalente. Nas bactérias, contudo, a isocitrato desidrogenase é regulada por fosforilação. Discutiremos isso em mais detalhes na Seção 13.8.

Embora o complexo da α-cetoglutarato desidrogenase se assemelhe ao da piruvato desidrogenase, as enzimas têm características reguladoras bem diferentes. Nenhuma quinase ou fosfatase é associada ao complexo da α-cetoglutarato desidrogenase. Em vez disso, íons cálcio se ligam a E_1 do complexo e reduzem o K_m da enzima para α-cetoglutarato, aumentando, assim, a velocidade de formação de succinil-CoA. NADH e succinil-CoA são inibidores do complexo da α-cetoglutarato *in vitro*, mas ainda não foi confirmado se eles têm um papel regulador significativo nas células vivas.

13.7 O ciclo do ácido cítrico não é sempre um "ciclo"

O ciclo do ácido cítrico não é exclusivamente uma via catabólica para a oxidação do acetil-CoA. Ele também desempenha um papel metabólico central na interseção de várias outras vias. Alguns intermediários do ciclo do ácido cítrico são precursores anabólicos importantes nas vias biossintéticas, e algumas vias catabólicas produzem intermediários do ciclo do ácido cítrico. Vias que são tanto catabólicas quanto anabólicas são ditas *anfibólicas* (Seção 10.1). O ciclo do ácido cítrico é um excelente exemplo de via anfibólica.

QUADRO 13.8 Uma droga barata contra o câncer?

Na ausência de oxigênio, a via glicolítica termina no lactato e o ciclo do ácido cítrico não é usado na oxidação de acetil-CoA. Nessas condições, a piruvato desidrogenase é inativada por fosforilação. Muitas células cancerosas crescem anaerobicamente e a piruvato desidrogenase não é ativa nelas.

A atividade da piruvato desidrogenase quinase (PDHK) pode ser inibida pelo dicloroacetato (DCA). Este se liga ao sítio ativo da enzima evitando a fosforilação da piruvato desidrogenase. O efeito líquido do DCA é a ativação da piruvato desidrogenase, e esta, por sua vez, provoca distúrbios importantes no metabolismo da célula cancerosa, levando à sua morte. Essa substância tem sido efetiva em alguns estudos com células cancerosas *in vitro*, o que é bom.

Infelizmente, porém, a efetividade do DCA como droga contra o câncer não foi demonstrada nos ensaios clínicos. Os pesquisadores da área médica estão em uma posição difícil. A bioquímica é simples. Faz sentido que células cancerosas cresçam anaerobicamente (o efeito Warburg) e também que o DCA possa ser uma droga efetiva contra o câncer, dada a sua capacidade de inibir a PDHK. No entanto, a maioria dos médicos reluta em prescrever o DCA na ausência de evidências de sua eficácia.

O DCA já é conhecido há muito tempo e não pode ser patenteado. Isso tem provocado a queixa de que as principais empresas farmacêuticas têm conspirado para suprimir as evidências da eficácia do DCA, porque elas não poderiam obter muito lucro com sua venda. Uma indústria de pequenos fornecedores surgiu na internet, voltada para pessoas que desejam se tratar com essa droga "milagrosa" e barata. Nos Estados Unidos, o FDA foi forçado a tirar de circulação alguns sites que faziam a propaganda não comprovada de sua capacidade de curar o câncer. Há preocupação também com a automedicação, uma vez que altas doses de DCA são tóxicas. No futuro deve haver mais divulgação dessa questão complicada. O blog *Respectful Insolence* (<scienceblogs.com/insolence>) é uma fonte de informações científicas e médicas sobre a controvérsia.

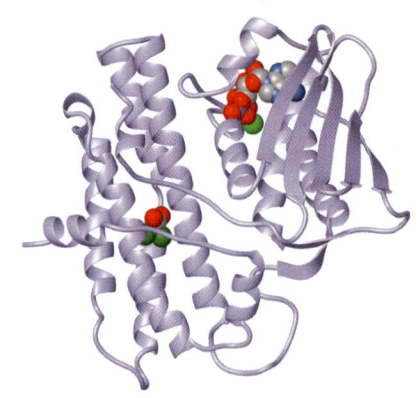

▲ **Piruvato desidrogenase quinase com dicloroacetato ligado ao sítio ativo.** A PDHK humana (*Homo sapiens*) é um dímero, e apenas uma subunidade é mostrada aqui. Os ligantes associados à enzima são mostrados como modelos de espaço preenchido. O ADP (topo) está ligado ao sítio alostérico, e o dicloroacetato (esquerda), ao sítio ativo [PDB 2BU8].

Como mostra a Figura 13.20, citrato, α-cetoglutarato, succinil-CoA e oxaloacetato levam a vias biossintéticas. O citrato é parte de uma via para formação de ácidos graxos e esteroides. Ele sofre clivagem, formando acetil-CoA, o precursor dos lipídeos. Nos eucariontes, essa reação ocorre no citosol e, assim, o citrato precisa ser transportado da mitocôndria para o citosol a fim de funcionar na biossíntese dos ácidos graxos. Uma rota metabólica importante para o α-cetoglutarato é sua conversão reversível em glutamato, o qual pode ser incorporado nas proteínas ou usado para síntese de outros aminoácidos ou nucleotídeos. Veremos no Capítulo 17 que as reservas de α-cetoglutarato são importantes no metabolismo do nitrogênio. O succinil-CoA condensa com a glicina para dar início à biossíntese das porfirinas, como os grupos heme dos citocromos. Como vimos no capítulo anterior, o oxaloacetato é um precursor dos carboidratos formados por gliconeogênese. Ele também se interconverte com o aspartato, que pode ser usado na síntese de ureia, de aminoácidos e de nucleotídeos pirimidínicos.

Quando o ciclo do ácido cítrico funciona como um catalisador de múltiplas etapas, apenas pequenas quantidades de cada intermediário são necessárias para converter grandes quantidades de acetil-CoA em produtos. Logo, a velocidade com que o ciclo do ácido cítrico metaboliza o acetil-CoA é extremamente sensível a variações nas concentrações de seus intermediários. Assim, os intermediários desse ciclo que são removidos pela entrada nas vias biossintéticas precisam ser repostos por reações **anapleróticas** (palavra originária do grego, que significa "abastecer"). Como essa via é cíclica, a reposição de qualquer intermediário resulta no aumento da concentração de todos os outros. O consumo de intermediários do ciclo do ácido cítrico é um exemplo de reação **cataplerótica**, que é tão importante quanto as de abastecimento.

A produção de oxaloacetato pela piruvato carboxilase é uma reação anaplerótica importante (Figura 13.20). Essa reação também é parte da via da gliconeogênese (Seção 12.1A). A piruvato carboxilase é ativada alostericamente pelo acetil-CoA, cujo

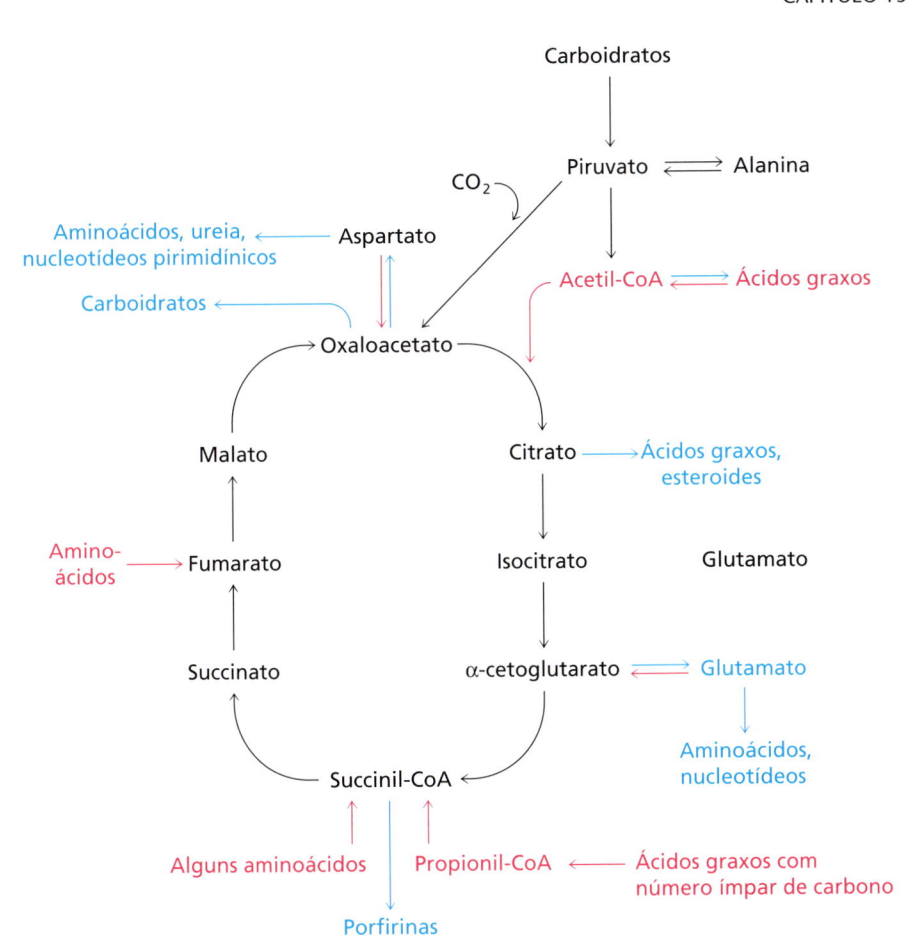

◀ **Figura 13.20**
Rotas que entram e saem do ciclo do ácido cítrico. Intermediários do ciclo do ácido cítrico são precursores de carboidratos, lipídeos e aminoácidos, bem como de nucleotídeos e porfirinas. As reações que alimentam o ciclo abastecem seu conjunto de intermediários. Vias anabólicas estão coloridas de azul, e as catabólicas, de rosa.

acúmulo indica uma baixa concentração de oxaloacetato e a necessidade de mais intermediários do ciclo do ácido cítrico. A ativação da piruvato carboxilase fornece oxaloacetato para o ciclo.

Várias espécies usam diversas reações diferentes para manter o delicado equilíbrio entre entrada e saída dos intermediários do ciclo do ácido cítrico. Por exemplo, diversos vegetais e algumas bactérias fornecem oxaloacetato ao ciclo por meio de uma reação catalisada pela fosfoenolpiruvato carboxilase.

$$\text{Fosfoenolpiruvato} + HCO_3^{\ominus} \rightleftharpoons \text{Oxaloacetato} + P_i \quad (13.16)$$

Vias de degradação de alguns aminoácidos e ácidos graxos podem contribuir com succinil-CoA para o ciclo do ácido cítrico. A interconversão entre oxaloacetato e aspartato, bem como de α-cetoglutarato e glutamato, pode fornecer ou retirar intermediários do ciclo.

A inter-relação de todas essas reações – entrada de acetil-CoA da glicólise e de outras fontes, entrada de intermediários das vias catabólicas e das reações anaplerólicas, e a saída de intermediários para as vias anabólicas – significa que o ciclo do ácido cítrico nem sempre funciona como um simples ciclo dedicado a oxidar acetil-CoA. Na verdade, a maioria das bactérias não tem todas as enzimas clássicas do ciclo do ácido cítrico, de modo que nem há "ciclo" nessas espécies. Ao contrário, as enzimas presentes são usadas principalmente em vias biossintéticas, em que os intermediários se tornam precursores da síntese de aminoácidos e porfirinas (Seção 13.9).

13.8 A via do glioxilato

A via do glioxilato é uma rota que evita algumas reações do ciclo do ácido cítrico. Ela recebe esse nome por causa da molécula de dois carbonos glioxilato, que é um intermediário essencial para essa via. Ela tem apenas duas reações. Na primeira, um ácido tricarboxílico de seis carbonos (isocitrato) é quebrado em uma moléculas de dois carbonos (glioxilato) e um ácido dicarboxílico de quatro carbonos (succinato). Essa reação é catalisada pela isocitrato liase (Figura 13.21). Na segunda reação, o glioxilato se combina com o acetil-CoA, formando um ácido dicarboxílico de quatro carbonos (malato). A enzima dessa reação é a malato sintase.

A via do glioxilato foi descoberta em bactérias, em seguida foi observada em vegetais e, mais tarde, em fungos, protistas e alguns animais. A via é, com frequência, chamada desvio do glioxilato, *bypass* do glioxilato ou ciclo do glioxilato. Ela fornece uma alternativa anabólica para o metabolismo do acetil-CoA, levando à formação de glicose a partir deste, por meio de compostos de quatro carbonos. Células que têm enzimas da via do glioxilato são capazes de sintetizar todos os carboidratos que precisam a partir de qualquer substrato precursor de acetil-CoA. Por exemplo, leveduras são capazes de crescer em etanol porque suas células conseguem oxidar o etanol em acetil-CoA, que pode ser metabolizado pela via do glioxilato, formando malato. De modo semelhante, algumas bactérias utilizam a via do glioxilato para sustentar o crescimento em acetato, que pode ser transformado em acetil-CoA em uma reação catalisada pela acetil-CoA sintetase.

$$H_3C-COO^{\ominus} + HS-CoA \xrightarrow[\text{sintetase}]{\text{ATP} \quad \text{AMP, PP}_i \atop \text{Acetil-CoA}} H_3C-\overset{O}{\overset{\|}{C}}-S-CoA$$
Acetato \hspace{4cm} Acetil-CoA \hfill (13.17)

A via do glioxilato é uma via metabólica fundamental em bactérias, protistas, fungos e plantas. Ela é especialmente ativa nas plantas oleaginosas. Nelas, os óleos armazenados nas sementes (triacilgliceróis) são convertidos em carboidratos, que fornecem energia durante a germinação. Por outro lado, os genes das duas enzimas da via estão presentes na maioria dos animais, mas a via não é ativamente usada. Em consequência, nos seres humanos, o acetil-CoA não serve como precursor para a formação líquida nem de piruvato nem de oxaloacetato. Sendo assim, ele não constitui uma fonte de carbono para a produção de glicose (os átomos de carbono do acetil-CoA são incorporados ao oxaloacetato pelas reações do ciclo do ácido cítrico, mas, para cada dois átomos de carbono incorporados, dois outros são liberados sob a forma de CO_2).

A via do glioxilato pode ser vista como um desvio no ciclo do ácido cítrico, como vemos na Figura 13.21. As duas reações fornecem um desvio em torno das reações produtoras de CO_2 nesse ciclo. Nenhum átomo de carbono do grupo acetila do acetil-CoA é liberado sob a forma de CO_2 durante o desvio do glioxilato, e a formação líquida de uma molécula de quatro carbonos a partir de duas de acetil-CoA fornece um precursor que pode ser convertido em glicose por gliconeogênese. O succinato é oxidado em malato e oxaloacetato no ciclo do ácido cítrico para manter as quantidades catalíticas dos intermediários do ciclo. Pode-se considerar o desvio do glioxilato como parte de um ciclo que inclui a parte superior do ciclo do ácido cítrico. Nesse caso, a reação líquida inclui a formação de oxaloacetato para a gliconeogênese e a oxidação cíclica do succinato. Duas moléculas de acetil-CoA são consumidas.

$$2 \text{ Acetil-CoA} + 2 \text{ NAD}^{\oplus} + Q + 3 H_2O \longrightarrow$$
$$\text{Oxaloacetato} + 2 \text{ HS-CoA} + 2 \text{ NADH} + QH_2 + 4 H^{\oplus} \hfill (13.18)$$

Nos eucariontes, o funcionamento do ciclo do glioxilato requer a transferência de metabólitos entre a mitocôndria, onde ficam as enzimas do ciclo do ácido cítrico, e o citosol, onde se encontram a isocitrato liase e a malato sintase. Logo, a via real é mais complicada do que o diagrama da Figura 13.21. Nos vegetais, as enzimas da via do glioxilato ficam localizadas em uma organela especial, acercada por membrana, chamada glioxissomo, que contém versões especiais das enzimas do ciclo do ácido cítrico. Mesmo assim, alguns metabólitos ainda precisam ser transferidos entre compartimentos para que a via funcione como um ciclo.

Nas bactérias, a via do glioxilato é, com frequência, usada para repor metabólitos do ciclo do ácido cítrico desviados para diversas vias biossintéticas. Como nas bactérias todas as reações ocorrem no citosol, é importante regular o fluxo dos metabólitos. A principal enzima reguladora é a isocitrato desidrogenase. Sua atividade é regulada

◀ **Figura 13.21**
Via do glioxilato. Isocitrato liase e malato sintase são as duas enzimas dessa via. Quando ela está em funcionamento, os átomos de carbono do grupo acetila do acetil-CoA são convertidos em malato em vez de serem oxidados em CO_2. O malato pode ser convertido em oxaloacetato, que é um precursor na gliconeogênese. O succinato produzido na clivagem do isocitrato é oxidado em oxaloacetato para substituir o composto de quatro carbonos consumido na síntese da glicose.

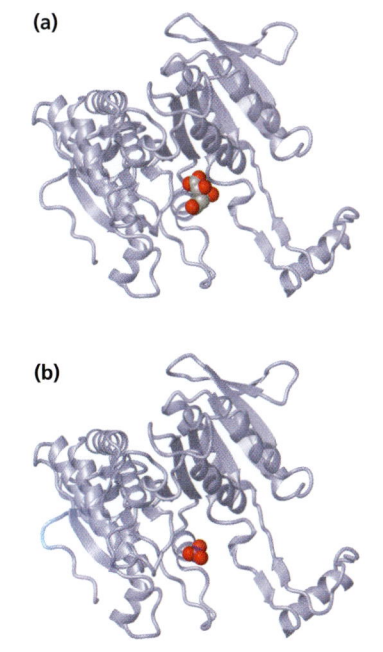

▲ **Figura 13.22**
Formas fosforilada e desfosforilada da isocitrato-desidrogenase de *E. coli*. **(a)** A enzima desfosforilada é ativa; o isocitrato se liga ao sítio ativo [PDB 5ICD]. **(b)** A enzima fosforilada é inativa, porque o grupo fosforila com carga negativa (vermelho) repele eletrostaticamente o substrato, impedindo que ele se ligue [PDB 4ICD].

por modificação covalente. A fosforilação catalisada por quinase de um resíduo de serina elimina a atividade da isocitrato desidrogenase. Na forma desfosforilada da enzima, o resíduo de serina forma uma ligação de hidrogênio com um grupo carboxilato do isocitrato. A fosforilação inibe a atividade da enzima, causando uma repulsão eletrostática do substrato, em vez de provocar uma mudança da conformação R para a T da enzima. A mesma proteína que contém a atividade de quinase também tem um domínio separado com atividade de fosfatase, que catalisa a hidrólise do resíduo de fosfoserina, reativando a isocitrato desidrogenase.

As atividades de quinase e fosfatase são reciprocamente reguladas; isocitrato, oxaloacetato, piruvato e os intermediários glicolíticos 3-fosfoglicerato e fosfoenolpiruvato ativam alostericamente a fosfatase e inibem a quinase (Figura 13.23).

► **Figura 13.23**
Regulação da isocitrato desidrogenase de *E. coli* por modificação covalente. Uma enzima bifuncional catalisa a fosforilação e a desfosforilação da isocitrato desidrogenase. As duas atividades da enzima bifuncional são de modo recíproco reguladas alostericamente pelos intermediários da glicólise e do ciclo do ácido cítrico.

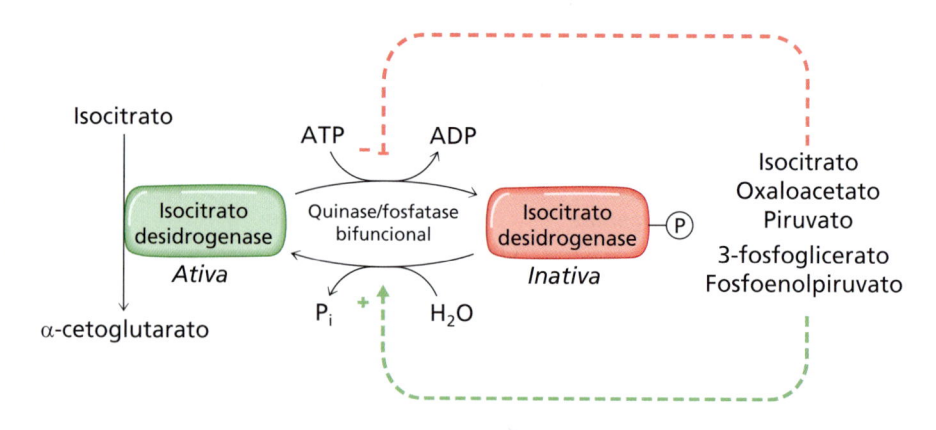

Portanto, quando as concentrações dos intermediários da via glicolítica e do ciclo do ácido cítrico na *E. coli* são altas, a isocitrato desidrogenase fica ativa. Quando a fosforilação inibe a atividade da isocitrato desidrogenase, o isocitrato é desviado para a via do glioxilato.

13.9 Evolução do ciclo do ácido cítrico

As reações do ciclo do ácido cítrico foram descobertas nos mamíferos, e várias de suas principais enzimas foram purificadas a partir de extratos de fígado. Como vimos, o ciclo do ácido cítrico pode ser interpretado como o estágio final da glicólise, porque ele resulta na oxidação do acetil-CoA produzido como um dos produtos da glicólise. No entanto, há diversos organismos cuja principal fonte de carbono não é a glicose; neles a produção de equivalentes de ATP via glicólise e ciclo do ácido cítrico não é uma fonte importante de energia metabólica.

Precisamos analisar a função das enzimas do ciclo do ácido cítrico nas bactérias para compreender sua função nos organismos unicelulares simples. Esta deve nos permitir deduzir as vias que podem ter existido nas células primitivas que, mais tarde, deram origem aos eucariontes complexos. Felizmente, as sequências de várias centenas de genomas de procariontes já estão disponíveis, em consequência dos enormes avanços na tecnologia do DNA recombinante e nos métodos de sequenciamento de DNA. Atualmente, podemos analisar o complemento inteiro de enzimas metabólicas em muitas espécies diferentes de bactérias e ver se elas têm as vias que discutimos neste capítulo. Essas análises se beneficiam dos desenvolvimentos nos campos da genômica comparativa, da evolução molecular e da bioinformática.

A maioria das espécies de bactérias não tem um ciclo do ácido cítrico completo. As versões mais comuns de um ciclo incompleto incluem parte do seu lado esquerdo. Essa pequena via linear leva à produção de succinato ou de succinil-CoA ou de α-cetoglutarato por um processo redutivo que utiliza oxaloacetato como ponto de partida. Essa via redutiva é o inverso do ciclo tradicional que ocorre nas mitocôndrias dos eucariontes. Além disso, várias espécies de bactérias também têm enzimas de parte do lado direito do ciclo do ácido cítrico, especialmente citrato sintase e aconitase. Isso permite que elas sintetizem citrato e isocitrato a partir de oxaloacetato e acetil-CoA. A presença de uma via bifurcada (Figura 13.24) resulta na síntese de todos os precursores de aminoácidos, porfirinas e ácidos graxos.

Há centenas de espécies diferentes de bactérias, capazes de sobreviver e crescer em total ausência de oxigênio. Algumas dessas espécies são anaeróbios obrigatórios, ou seja, para elas o oxigênio é um veneno letal. Outras são anaeróbios facultativos: elas conseguem sobreviver em ambientes sem oxigênio e naqueles ricos desse gás. A *E. coli* é um exemplo de espécie capaz de sobreviver nos dois ambientes. Quando cresce anaerobicamente, a *E. coli* usa uma versão bifurcada da via para produzir os precursores metabólicos necessários e evitar o acúmulo de equivalentes redutores, incapazes de se reoxidar pelo sistema de transporte de elétrons que requer oxigênio. Bactérias como a *E. coli* podem crescer em ambientes onde acetato é a única fonte de carbono orgânico. Nesse caso, elas empregam a via do glioxilato para converter acetato em malato e oxaloacetato para a síntese da glicose.

```
                        Acetil-CoA
    Oxaloacetato ─────────────────→ Citrato
         ↕         Citrato sintase      │
Malato desidrogenase                    │ Aconitase          Via
         ↕                              ↓                  oxidativa
       Malato      Malato           Isocitrato
         ↕         sintase  Acetil-CoA   │
Via    Fumarase    ─────                 │ Isocitrato
redutora ↕              Glioxilato ←─── desidrogenase
      Fumarato                           ↓ CO₂
         ↕                          α-cetoglutarato
Fumarato redutase  Succinato
         ↕         desidrogenase  Isocitrato
      Succinato                    liase
         ↕
Succinil-CoA sintetase
Succinil-CoA:acetoacetato
     CoA transferase
         ↓
     Succinil-CoA
         ↕
α-cetoglutarato   CO₂
 desidrogenase
α-cetoglutarato:
ferredoxina oxidorredutase
         ↓
    α-cetoglutarato
```

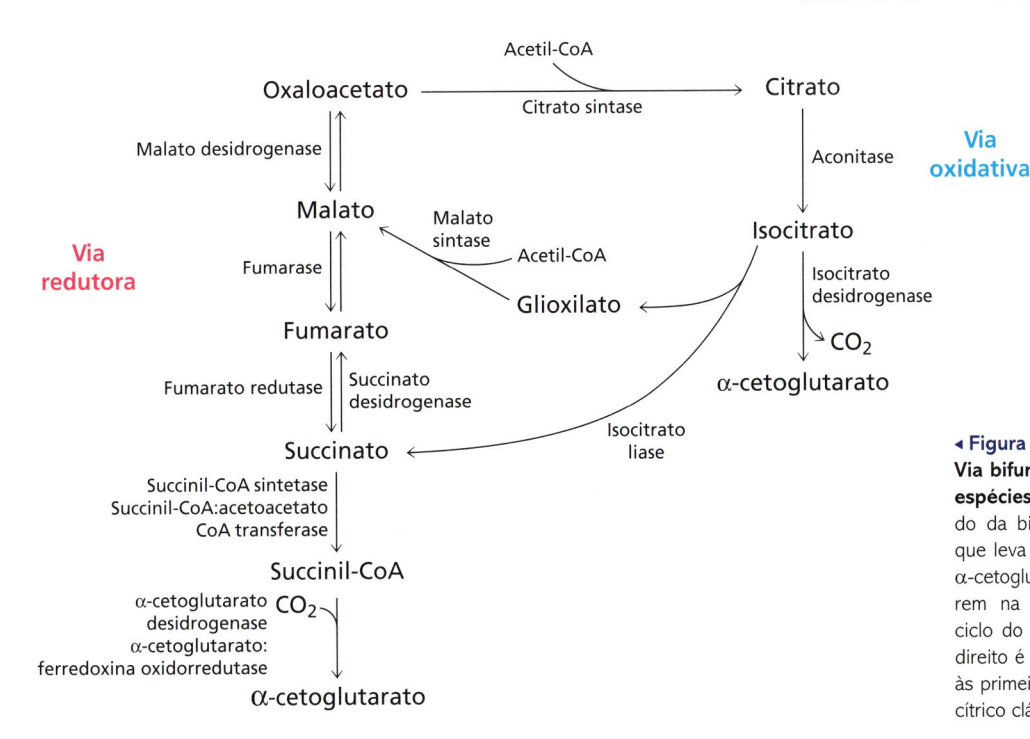

◄ **Figura 13.24**
Via bifurcada encontrada em várias espécies de bactérias. O lado esquerdo da bifurcação é uma via redutiva que leva à síntese de succinato ou de α-cetoglutarato em reações que ocorrem na direção inversa daquela do ciclo do ácido cítrico clássico. O lado direito é uma via oxidativa semelhante às primeiras reações do ciclo do ácido cítrico clássico.

As primeiras células vivas apareceram em um ambiente sem oxigênio, há mais de três bilhões de anos. Essas células primitivas sem dúvida tinham a maioria das enzimas que interconvertem acetato, piruvato, citrato e oxaloacetato, pois essas enzimas estão presentes na maioria das bactérias modernas. O desenvolvimento dos principais braços dessa via bifurcada começou, possivelmente, com a evolução da malato desidrogenase a partir de uma duplicação do gene da lactato desidrogenase. Aconitase e isocitrato desidrogenase evoluíram de enzimas usadas na síntese de leucina (isopropilmalato desidratase e isopropilmalato desidrogenase, respectivamente). (Observe que a via biossintética da leucina é mais onipresente e mais primitiva que o ciclo do ácido cítrico.)

A extensão do braço redutor continuou com a evolução de fumarase a partir da aspartase, uma enzima bacteriana comum, que sintetiza fumarato a partir de L-aspartato. Este, por sua vez, é sintetizado por aminação de oxaloacetato em uma reação catalisada pela aspartato transaminase (Seção 17.3). É provável que as células primitivas usassem a via oxaloacetato:aspartato:fumarato para produzir fumarato antes da evolução da malato desidrogenase e da fumarase. A redução de fumarato a succinato é catalisada pela fumarato redutase em diversas bactérias. A origem evolutiva dessa enzima complexa é altamente especulativa, mas pelo menos uma de suas subunidades é relacionada a outra enzima do metabolismo dos aminoácidos. É provável que a succinato desidrogenase, a enzima que catalisa preferencialmente a reação inversa do ciclo do ácido cítrico, tenha evoluído mais tarde, a partir da fumarato redutase, via um evento de duplicação de gene.

A síntese de α-cetoglutarato pode ocorrer em qualquer ramo da via bifurcada. O ramo redutor usa α-cetoglutarato:ferredoxina oxidorredutase, uma enzima encontrada em diversas espécies de bactérias que não têm um ciclo do ácido cítrico completo. A reação catalisada por essa enzima não é facilmente reversível. Com a evolução da α-cetoglutarato desidrogenase, os dois ramos podem ter se juntado criando uma via cíclica. É claro que a α-cetoglutarato desidrogenase e a piruvato desidrogenase têm um ancestral comum, e é provável que essa tenha sido a última enzima a se desenvolver.

Algumas bactérias têm um ciclo do ácido cítrico completo, mas ele é usado na direção redutora para fixar CO_2, a fim de construir moléculas orgânicas mais complexas. Essa pode ter sido uma das pressões seletivas que levaram à via completa. O ciclo necessita de um aceptor final de elétrons para oxidar NADH e QH_2 quando funciona na direção oxidativa, mais comum nos eucariontes. Originalmente, esse aceptor final era o enxofre ou vários sulfatos, e essas reações ainda ocorrem em diversas espécies bacterianas anaeróbicas. Os níveis de oxigênio começaram a aumentar há mais ou menos 2,5 bilhões de anos, com o surgimento das reações de fotossíntese nas cianobactérias. Algumas bactérias, principalmente as proteobactérias, exploraram a disponibilidade de oxigênio quando as reações de transporte de elétrons associado a membranas evoluíram. Uma espécie de proteobactéria entrou em relação simbiótica com uma célula eucarionte primitiva há cerca de 2 bilhões de anos, o que levou à evolução das mitocôndrias e das versões modernas do ciclo do ácido cítrico e do transporte de elétrons nos eucariontes.

A evolução da via do ciclo do ácido cítrico envolveu vários dos mecanismos evolutivos discutidos no Capítulo 10. Há evidências da duplicação de genes, extensão de via, retroevolução, reversão de via e furto de enzima.

Resumo

1. O complexo da piruvato desidrogenase catalisa a oxidação do piruvato para formar acetil-CoA e CO_2.

2. Para cada molécula de acetil-CoA oxidada por meio do ciclo do ácido cítrico, duas moléculas de CO_2 são produzidas, três moléculas de $NAD^{\oplus}$ são reduzidas a NADH, uma molécula de Q é reduzida a QH_2 e uma molécula de GTP é gerada a partir de GDP + P_i (ou ATP, a partir de ADP + P_i, dependendo da espécie).

3. As oito reações enzimáticas do ciclo do ácido cítrico podem funcionar como um catalisador de múltiplas etapas.

4. Nas células eucariontes, piruvato precisa ser importado para o interior das mitocôndrias por um transportador específico antes que possa ser usado como substrato para a reação da piruvato desidrogenase.

5. Oxidação das coenzimas reduzidas geradas pelo ciclo do ácido cítrico leva à formação de cerca de 10 moléculas de ATP por molécula de acetil-CoA que entram na via, com um total de mais ou menos 32 moléculas de ATP para a oxidação completa de uma molécula de glicose.

6. A oxidação do piruvato é regulada nas etapas catalisadas pelo complexo da piruvato desidrogenase, isocitrato desidrogenase e o complexo da α-cetoglutarato desidrogenase.

7. Além de sua função no catabolismo oxidativo, o ciclo do ácido cítrico fornece precursores para vias biossintéticas. Reações anapleróticas repõem os intermediários do ciclo.

8. O ciclo do glioxilato, uma modificação do ciclo do ácido cítrico, permite a vários organismos utilizar o acetil-CoA para gerar intermediários de quatro carbonos para a gliconeogênese.

9. O ciclo do ácido cítrico, provavelmente, evoluiu de vias bifurcadas mais primitivas encontradas em várias espécies modernas de bactérias.

Problemas

1. (a) O ciclo do ácido cítrico converte uma molécula de citrato em uma molécula de oxaloacetato, necessário para que o ciclo continue. Se outros intermediários do ciclo forem consumidos ao serem usados como precursores da biossíntese de aminoácidos, é possível que haja síntese líquida de oxaloacetato a partir da acetil-CoA, através das enzimas do ciclo do ácido cítrico?

    (b) Como o ciclo pode continuar a funcionar se o oxaloacetato presente for insuficiente?

2. Fluoroacetato, uma molécula muito tóxica que bloqueia o ciclo do ácido cítrico, tem sido usado como veneno para roedores. Ele é convertido enzimaticamente, *in vivo*, em fluoroacetil-CoA que é, então, convertido, pela ação da citrato sintase, em 2R,3S-fluorocitrato, um potente inibidor competitivo da enzima seguinte na via. Prediga o efeito do fluoroacetato sobre as concentrações dos intermediários no ciclo do ácido cítrico. Como esse bloqueio do ciclo pode ser superado?

3. Calcule o número de moléculas de ATP geradas pelas seguintes reações do ciclo do ácido cítrico. Considere que todo NADH e todo QH_2 são oxidados para fornecer ATP; piruvato é convertido em acetil-CoA e a lançadeira do malato-aspartato está operante.

    (a) 1 Piruvato → 3 CO_2

    (b) Citrato → Oxaloacetato + 2 CO_2

4. Quando uma molécula de glicose é completamente oxidada em seis moléculas de CO_2 nas condições do Problema 3, qual a porcentagem de ATP produzida por fosforilação ao nível do substrato?

5. A doença beribéri, que resulta da deficiência de vitamina B_1 (tiamina) na alimentação, é caracterizada por sintomas neurológicos e cardíacos, bem como pelo aumento dos níveis de piruvato e α-cetoglutarato no sangue. Como a deficiência de tiamina acarreta o aumento dos níveis de piruvato e α-cetoglutarato?

6. Em três experimentos separados, piruvato marcado com ^{14}C nos carbonos C-1, C-2 ou C-3 é metabolizado através do complexo da piruvato desidrogenase e do ciclo do ácido cítrico. Qual molécula marcada de piruvato é a primeira a fornecer $^{14}CO_2$? Qual a última? E quantas rodadas do ciclo são necessárias para liberar todos os átomos de carbono marcado, sob a forma de $^{14}CO_2$?

7. Pacientes em choque sofrem diminuição da oxigenação dos tecidos, menor atividade do complexo da piruvato desidrogenase e aumento do metabolismo anaeróbico. O excesso de piruvato é convertido em lactato, que acumula nos tecidos e no sangue, causando a acidose láctica.

    (a) Uma vez que o O_2 não é um reagente nem produto do ciclo do ácido cítrico, por que níveis baixos de O_2 reduzem a atividade do complexo da piruvato desidrogenase?

(b) Para diminuir a acidose láctica, os pacientes em choque às vezes recebem dicloroacetato, que inibe a piruvato desidrogenase quinase. Como esse tratamento afeta a atividade do complexo da piruvato desidrogenase?

8. Uma deficiência de uma enzima do ciclo do ácido cítrico tanto na mitocôndria como no citosol de alguns tecidos (por exemplo, linfócitos) resulta em anomalias neurológicas graves em recém-nascidos. A doença é caracterizada por excreção, pela urina, de quantidades anormalmente altas de α-cetoglutarato, succinato e fumarato. A deficiência de qual enzima levaria a esses sintomas?

9. Acetil-CoA inibe a di-hidrolipoamida acetiltransferase (E_2 do complexo da piruvato desidrogenase), porém ativa o componente piruvato desidrogenase quinase do mesmo complexo. Como essas diferentes ações do acetil-CoA são compatíveis com a regulação do complexo?

10. A deficiência no complexo da piruvato desidrogenase é uma doença que tem vários efeitos metabólicos e neurológicos. Ela pode causar acidose láctica nas crianças afetadas. Outros sintomas clínicos incluem concentrações aumentadas de piruvato e de alanina no sangue. Explique o aumento nos níveis de piruvato, lactato e alanina nos portadores da deficiência do complexo da piruvato desidrogenase.

11. Em resposta a um sinal para contração e consequente aumento da necessidade de ATP nos músculos dos vertebrados, Ca^{2+} é liberado no citosol pelos sítios de estocagem do retículo endoplasmático. Como o ciclo do ácido cítrico responde ao influxo de Ca^{2+}, para satisfazer a uma maior necessidade celular de ATP?

12. (a) A degradação de alanina fornece piruvato, e a da leucina fornece acetil-CoA. A degradação desses aminoácidos pode repor o conjunto de intermediários do ciclo do ácido cítrico?

(b) Gorduras (triacilgliceróis) armazenadas no tecido adiposo são uma fonte significativa de energia nos animais. Os ácidos graxos são degradados em acetil-CoA, que ativa a piruvato carboxilase. Como a ativação desta enzima ajuda a obter energia dos ácidos graxos?

13. Aminoácidos resultantes da degradação de proteínas podem ser metabolizados por conversão em intermediários do ciclo do ácido cítrico. Se a degradação de uma proteína marcada leva aos seguintes aminoácidos marcados, escreva a estrutura do primeiro intermediário do ciclo do ácido cítrico no qual esses aminoácidos deveriam ser convertidos e identifique o carbono marcado em cada caso.

(a) Glutamato
(b) Alanina
(c) Aspartato

14. (a) Quantas moléculas de ATP são geradas quando duas moléculas de acetil-CoA são convertidas em quatro de CO_2 através do ciclo do ácido cítrico? (Considere NADH 2,5 ATP e QH_2 ~1,5 ATP). Quantas moléculas de ATP são geradas quando duas moléculas de acetil-CoA são convertidas em oxaloacetato no ciclo do glioxilato?

(b) Como o rendimento de ATP se relaciona com as funções primárias das duas vias?

15. As atividades da PFK-2 e da frutose 2,6-*bis*fosfatase estão contidas em uma proteína bifuncional, que faz o controle rígido da glicólise e da gliconeogênese por meio da ação da frutose 2,6-*bis*fosfato. Descreva outra proteína que tenha atividades de quinase e fosfatase na mesma molécula. Quais vias ela controla?

Leituras selecionadas

Complexo da piruvato desidrogenase

Harris RA, Bowker-Kinley MM, Huang B e Wu P. Regulation of the activity of the pyruvate dehydrogenase complex. Advances in Enzyme Regulation, 2002; 42:249-259.

Knoechel TR, Tucker AD, Robinson CM, Phillips C, Taylor W, Bungay PJ, Kasten SA, Roche TE e Brown DG. Regulatory roles of the N-terminal domain based on crystal structures of human pyruvate dehydrogenase kinase 2 containing physiological and synthetic ligands. Biochem, 2006; 45:402-415.

Maeng C-Y, Yazdi MA, Niu X-D, Lee HY e Reed LJ. Expression, purification, and characterization of the dihydrolipoamide dehydrogenase-binding protein of the pyruvate dehydrogenase complex from Saccharomyces cerevisiae. Biochem, 1994; 33:13801-13807.

Mattevi A, Obmolova G, Schulze E, Kalk KH, Westphal AH, de Kok A e Hol WGJ. Atomic structure of the cubic core of the pyruvate dehydrogenase multienzyme complex. Science, 1992; 255:1544-1550.

Reed LJ, and Hackert ML Structurefunction relationships in dihydrolipoamide acyltransferases. J. Biol. Chem, 1990; 265:8971-8974.

Ciclo do ácido cítrico

Beinert H e Kennedy MC. Engineering of protein bound ron–sulfur clusters. Eur. J. Biochem, 1989; 186:5-15.

Gruer MJ, Artymiuk PJ e Guest JR. The aconitase family: three structural variations on a common theme. Trends Biochem. Sci, 1997; 22:3-6.

Hurley JH, Dean AM, Sohl JL, Koshland DE, Jr e Stroud RM. Regulation of an enzyme by phosphorylation at the active site. Science, 1990; 249:1012-1016.

Kay J and Weitzman PDJ, eds. Krebs' Citric Acid Cycle—Half a Century and Still Turning (Londres: The Biochemical Society), 1987.

Krebs HA e Johnson WA. The role of citric acid in intermediate metabolism in animal tissues. Enzymologia, 1937; 4:148-156.

McCormack JG e Denton RM. The regulation of mitochondrial function in mammalian cells by Ca^{2+} ions. Biochem. Soc. Trans, 1988; 109:523-527.

Remington SJ. Mechanisms of citrate synthase and related enzymes (triose phosphate isomerase and mandelate racemase). Curr. Opin. Struct Biol, 1992; 2:730-735.

Williamson JR e Cooper RH. Regulation of the citric acid cycle in mammalian systems. FEBS Lett, 1980; 117 (Suppl.):K73-K85.

Wolodko WT, Fraser ME, James MNG e Bridger WA. The crystal structure of succinyl-CoA synthetase from *Escherichia coli* at 2.5-Å resolution. J. Biol. Chem, 1994; 269:10883-10890.

Yankovskaya V, Horsefield R, Törnroth S, Luna-Chavez C, Miyoshi H, Léger C, Byrne B, Cecchini G e Iwata S. Architecture of succinate dehydrogenase and reactive oxygen species generation. Science, 2003; 299:700-704.

Ciclo do glioxilato

Beevers H. The role of the glyoxylate cycle. In The Biochemistry of Plants: A Comprehensive Treatise, Vol. 4, PK. Stumpf and EE Conn, eds. (New York: Academic Press), 1980; pp. 117–130.

CAPÍTULO 14

Transporte de Elétrons e a Síntese de ATP

Chegamos agora a uma das vias metabólicas mais complicadas da bioquímica: o sistema de transporte de elétrons associado a membranas, acoplado à síntese de ATP. A função dessa via é converter equivalentes redutores em ATP. Normalmente pensamos em equivalentes redutores como produtos da glicólise e do ciclo do ácido cítrico, já que a oxidação de glicose e acetil-CoA é acoplada à redução de $NAD^{\oplus}$ e Q. Neste capítulo, veremos que a reoxidação subsequente de NADH e QH_2 resulta na passagem de elétrons pelo sistema de transporte de elétrons associado a membranas, no qual a energia liberada pode ser aproveitada pela fosforilação de ADP, formando ATP. Ao final, os elétrons são passados a um aceptor terminal, normalmente oxigênio molecular (O_2). É por isso que o processo completo é chamado fosforilação oxidativa.

A via combinada de transporte de elétrons e síntese de ATP envolve numerosas enzimas e coenzimas. Ela também depende inteiramente da presença de um compartimento de membrana, pois uma das etapas-chave no acoplamento do transporte de elétrons com a síntese de ATP envolve a criação de um gradiente de pH através de uma membrana. Nos eucariontes, a membrana é a mitocondrial interna; nos procariontes é a membrana plasmática.

Vamos iniciar este capítulo com uma visão geral da termodinâmica de um gradiente de prótons e como ele pode impulsionar a síntese de ATP. Em seguida, descreveremos a estrutura e a função dos complexos de transporte de elétrons associado a membranas e da síntese de ATP. Concluiremos com uma descrição de outros aceptores finais de elétrons e com uma breve discussão de algumas enzimas envolvidas no metabolismo de oxigênio. O Capítulo 15 descreve uma via semelhante, que funciona durante a fotossíntese.

Segundo a hipótese quimiosmótica das fosforilações oxidativa e fotossintética proposta por Mitchell, a ligação entre o transporte de elétrons e a fosforilação não ocorre por causa de hipotéticos intermediários químicos ricos em energia, como na visão ortodoxa, mas porque a oxidorredução e a hidrólise de adenosina trifosfato (ATP) são associadas, cada uma em separado, com a translocação líquida de certo número de elétrons em uma direção e a de certo número de átomos de hidrogênio na direção oposta, através de uma membrana de acoplamento relativamente impermeável a íons, ácidos e bases.
— P. Mitchell e J. Moyle (1965)

14.1 Visão geral do transporte de elétrons associado a membranas e da síntese de ATP

O transporte de elétrons associado a membranas requer vários complexos enzimáticos embutidos nas membranas. Começaremos analisando a via que ocorre na mitocôndria, e depois veremos as características comuns dos sistemas procariontes e eucariontes. Os processos de transporte de elétrons associado a membranas e síntese de ATP são acoplados; nenhum dos dois ocorre sem o outro.

Topo: Girassóis, guepardos e cogumelos têm o mesmo mecanismo para produzir ATP, usando um gradiente de prótons.

> As coenzimas mencionadas neste capítulo foram descritas em detalhes no Capítulo 7: NAD⊕, Seção 7.4; ubiquinona, Seção 7.15; FMN e FAD, Seção 7.5; centros de ferro-enxofre, Seção 7.1; e citocromos, Seção 7.17.

Na via comum, os elétrons passam do NADH para o aceptor final. Na verdade, existem muitos aceptores finais de elétrons, mas estamos mais interessados na via que ocorre nas mitocôndrias dos eucariontes, onde o oxigênio molecular (O_2) é reduzido para formar água. À medida que os elétrons passam do NADH para o O_2, pela cadeia de transporte de elétrons, a energia liberada por eles é usada para transferir prótons do interior da mitocôndria para o espaço entre as duas membranas. Esse gradiente de prótons é empregado para impulsionar a síntese de ATP em uma reação catalisada pela ATP sintase (Figura 14.1). Um sistema muito semelhante atua nas bactérias.

Como mencionamos antes, a via mitocondrial completa é, com frequência, chamada fosforilação oxidativa porque, historicamente, o enigma da bioquímica era a conexão entre o consumo de oxigênio e a síntese de ATP. Você também ouvirá referências frequentes a "respiração" e transporte de elétrons "respiratório". Esses termos se referem igualmente à via que utiliza oxigênio como aceptor final de elétrons.

14.2 A mitocôndria

Grande parte da oxidação aeróbica de biomoléculas nos eucariontes ocorre nas mitocôndrias. Essa organela é o local do ciclo do ácido cítrico e da oxidação de ácidos graxos, ambos geradores de coenzimas reduzidas, que são oxidadas pelos complexos de transporte de elétrons embutidos nas membranas mitocondriais. A estrutura de uma mitocôndria típica é mostrada na Figura 14.2.

O número de mitocôndrias nas células varia muitíssimo. Algumas algas unicelulares têm apenas uma mitocôndria, enquanto a célula do protozoário *Chaos chaos* tem meio milhão. Uma célula de fígado de mamífero tem até 5.000 mitocôndrias. O número dessas organelas está relacionado à necessidade de energia da célula. O tecido muscular branco, por exemplo, depende da glicólise anaeróbica para suprir suas necessidades energéticas e tem relativamente poucas mitocôndrias. Os músculos da mandíbula de um jacaré – que se contraem com rapidez, mas que logo ficam exaustos – são um exemplo extremo de músculo branco. Os jacarés são capazes de fechar suas mandíbulas com uma velocidade e força espantosas, mas não conseguem repetir esse movimento muitas vezes seguidas. O tecido muscular vermelho, ao contrário, tem muitas mitocôndrias. As células dos músculos das asas de aves migratórias são um exemplo de músculos vermelhos. Eles precisam sustentar a produção substancial e contínua de força, a qual requer quantidades prodigiosas de ATP.

O tamanho e a forma das mitocôndrias variam muito, dependendo da espécie, do tecido e até mesmo da célula. Uma mitocôndria típica de mamífero tem um diâmetro de 0,2 a 0,8 μm e um comprimento de 0,5 a 1,5 μm. Esse é mais ou menos o tamanho e a forma de uma célula de *E. coli* (lembre-se, do Capítulo 1, de que as mitocôndrias

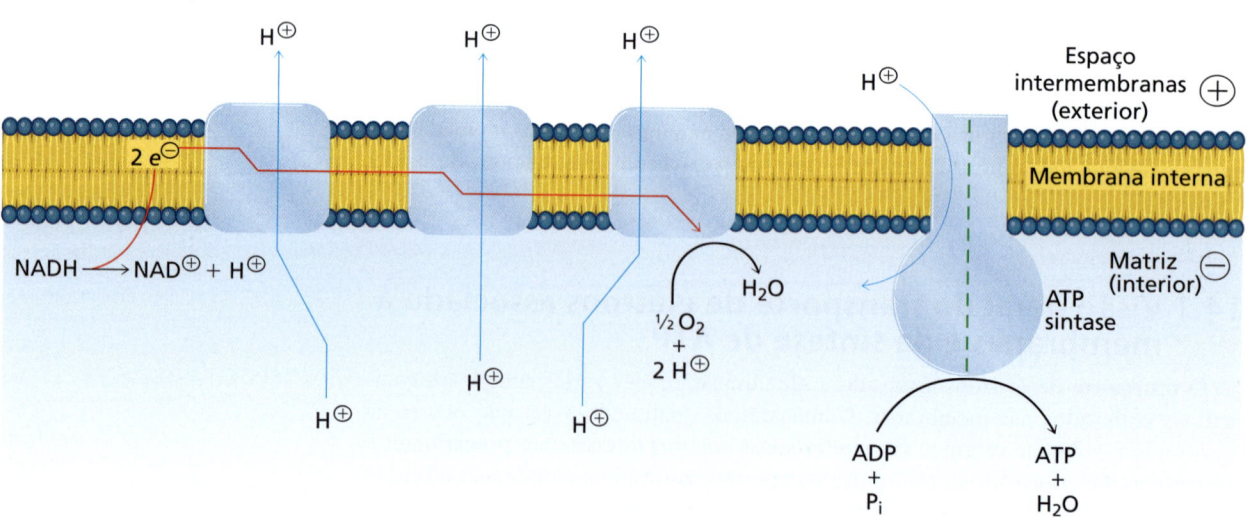

▼ Figura 14.1
Visão geral do transporte de elétrons associado a membranas e síntese de ATP na mitocôndria. Um gradiente de concentração de prótons é produzido a partir de reações catalisadas pela cadeia de transporte de elétrons. Os prótons são transportados, através da membrana mitocondrial interna, da matriz para o espaço intermembranas à medida que os elétrons dos substratos reduzidos fluem pelos complexos. A energia livre armazenada no gradiente de concentração de prótons é utilizada quando estes fluem de volta através da membrana, via ATP sintase; sua reentrada é acoplada à conversão de ADP e P_i em ATP.

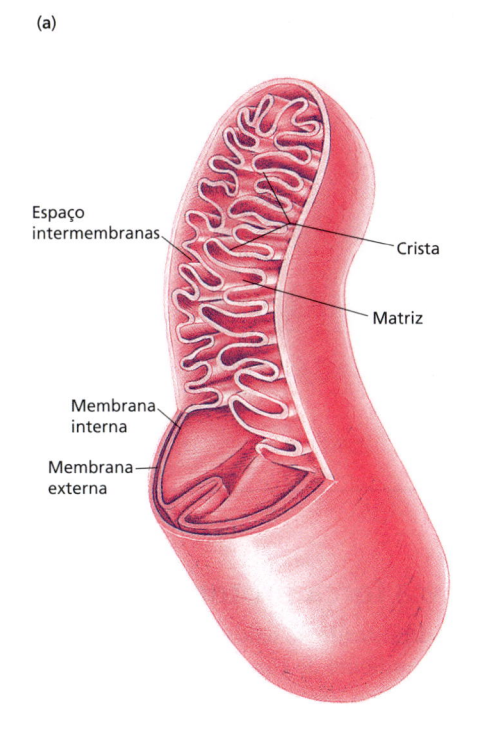

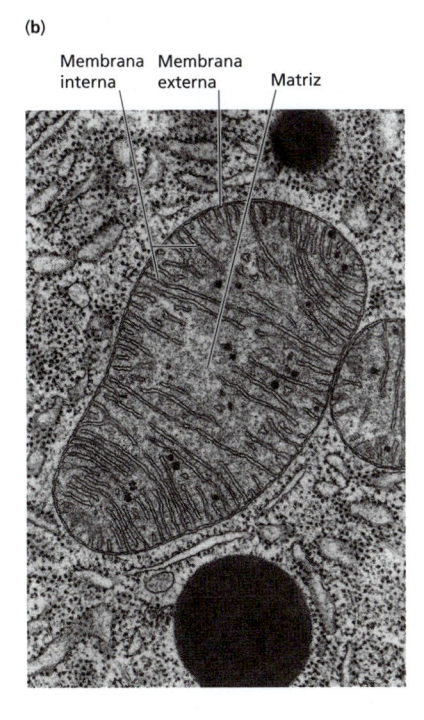

◄ **Figura 14.2**
Estrutura de uma mitocôndria. A membrana mitocondrial externa é totalmente permeável às moléculas pequenas, mas a interna é impermeável a substâncias polares e iônicas. A membrana interna é altamente dobrada, formando estruturas chamadas cristas. Os complexos proteicos que catalisam as reações do transporte de elétrons associado a membranas e da síntese de ATP ficam nessa membrana. **(a)** Ilustração. **(b)** Micrografia eletrônica: seção longitudinal de célula do pâncreas de morcego.

são descendentes de células bacterianas que entraram em simbiose com uma célula eucarionte primitiva).

As mitocôndrias são separadas do citoplasma por uma membrana dupla. Cada uma dessas membranas tem propriedades bastante distintas. A membrana mitocondrial externa tem poucas proteínas. Uma delas é a proteína transmembrânica porina (Seção 9.11A), que forma canais por onde íons e metabólitos hidrossolúveis com pesos moleculares menores do que 10.000 podem se difundir livremente. Por outro lado, a membrana mitocondrial interna é muito rica em proteínas, apresentando uma proporção, em massa, de proteína-lipídeo de cerca de 4:1. Essa membrana é permeável a moléculas não carregadas, como água, O_2 e CO_2, mas constitui uma barreira para prótons e substâncias polares e iônicas grandes. Essas substâncias polares precisam ser transportadas ativamente através da membrana interna, usando proteínas de transporte específicas, como a translocase do piruvato (Seção 13.4). A entrada de metabólitos aniônicos no interior negativamente carregado de uma mitocôndria é desfavorável do ponto de vista energético. Normalmente, esses metabólitos são trocados por outros ânions provenientes do interior da mitocôndria ou entram acompanhados de prótons levados em direção ao gradiente de concentração gerado pela cadeia de transporte de elétrons.

A membrana interna é, em geral, altamente dobrada o que resulta em uma área superficial bastante aumentada. Essas dobras são chamadas cristas. A expansão e o dobramento da membrana interna também criam um espaço intermembrânico bastante expandido (Figura 14.2a). Como a membrana externa é totalmente permeável a moléculas pequenas, o espaço intermembrânico tem quase a mesma composição, em íons e metabólitos, que o citosol que circunda a mitocôndria.

O conteúdo da matriz inclui o complexo da piruvato desidrogenase, as enzimas do ciclo do ácido cítrico (exceto pelo complexo da succinato desidrogenase, embutido na membrana interna) e a maioria das enzimas que catalisam a oxidação dos ácidos graxos. A concentração de proteínas na matriz é muito alta (chegando a alcançar 500 mg ml^{-1}). No entanto, a difusão na matriz é só um pouco mais lenta do que no citosol (Seção 2.3b).

A matriz também contém metabólitos, íons inorgânicos e um conteúdo de $NAD^{\oplus}$ e $NADP^{\oplus}$ que permanece separado das coenzimas piridino-nucleotídicas do citosol. O DNA mitocondrial e todas as enzimas necessárias à replicação do DNA, transcrição e tradução ficam na matriz. O DNA mitocondrial tem vários dos genes que codificam as proteínas de transporte de elétrons (veja a Figura 14.19).

▲ **Músculos mandibulares do jacaré.** Provavelmente você estaria a salvo depois que esse jacaré tivesse tentado mordê-lo várias vezes sem sucesso. (Se você acreditar em seu livro de bioquímica!)

▲ **Ganso do Canadá.** Se você tivesse mais mitocôndrias em suas células musculares, poderia ser capaz de voar para um clima mais quente no inverno.

QUADRO 14.1 Uma exceção a toda regra

Uma das coisas mais fascinantes da biologia é que nela existem muito poucas regras universais. Podemos propor certos princípios gerais, que se aplicam à maioria dos casos, mas quase sempre haverá exceções a eles. Por exemplo, como regra geral, podemos dizer que as células eucariontes têm mitocôndrias, mas sabemos que algumas espécies não as têm.

Uma das "regras" que pareciam válidas era a de que todas as células *animais* têm mitocôndrias e que todos necessitavam de oxigênio. Atualmente conhece-se uma exceção até mesmo a essa regra. Alguns animais microscópicos do filo Loricifera vivem nas profundezas das bacias oceânicas, onde não há luz e a água quase saturada de sais é desprovida de oxigênio. Esses animais são incapazes de fazer oxidação aeróbica e suas células não têm mitocôndrias.

▶ *Spinoloricus* sp., um animal anaeróbio.

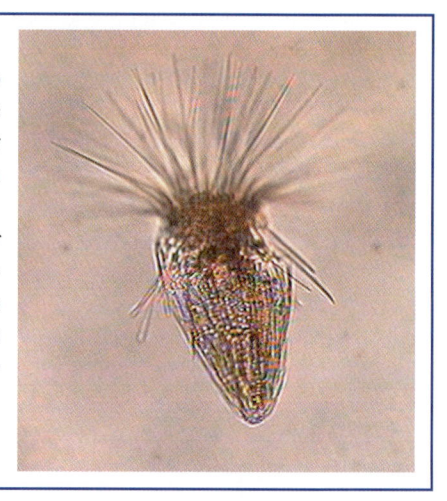

▲ **Peter Mitchell (1920-1992).** Mitchell ganhou o Nobel de Química em 1978 "por sua contribuição ao entendimento da transferência biológica de energia pela formulação da teoria quimiosmótica". Em 1963, ele se aposentou na Universidade de Edimburgo, na Escócia, e em 1965 criou um instituto de pesquisa privado, com sua amiga e colaboradora de longa data Jennifer Moyle. Eles continuaram a trabalhar com bioenergética em um laboratório construído na propriedade de Mitchell, Glynn House, na Cornualha (Grã-Bretanha).

14.3 A teoria quimiosmótica e a força próton-motriz

Antes de considerar as reações individuais da fosforilação oxidativa, vamos examinar a natureza da energia armazenada em um gradiente de concentração de prótons. A **teoria quimiosmótica** consiste no conceito de que um gradiente de concentração de prótons serve como reservatório de energia que impulsiona a formação de ATP. Os elementos essenciais dessa teoria foram formulados originalmente por Peter Mitchell, no início dos anos 1960. Na época, o mecanismo pelo qual as células fazem a fosforilação oxidativa era objeto de intensa pesquisa e muita controvérsia. A via que liga as reações de oxidação à fosforilação do ADP não era conhecida, e várias tentativas anteriores de identificar um metabólito fosforilado de "alta energia" que pudesse transportar um grupo fosforila para o ADP haviam falhado. Atualmente, graças a décadas de trabalho de muitos cientistas, sabe-se que a formação e a dissipação dos gradientes de íons são um motivo central na bioenergética. Mitchell recebeu o prêmio Nobel de Química em 1978 por sua contribuição para a compreensão da bioenergética.

A. Base histórica: a teoria quimiosmótica

Quando Mitchell propôs a teoria quimiosmótica, já havia muitas informações sobre a oxidação de substratos e a oxidação e redução cíclicas dos carreadores de elétrons nas mitocôndrias. Em 1956, Britton Chance e Ronald Williams haviam demonstrado que, quando mitocôndrias isoladas, intactas, eram suspensas em tampão fosfato, elas só oxidavam substratos e consumiam oxigênio no momento em que o ADP era adicionado à suspensão. Em outras palavras, a oxidação de um substrato precisava ser acoplada à fosforilação do ADP. Experimentos posteriores mostraram que a respiração ocorre rapidamente até que todo o ADP tenha sido fosforilado (Figura 14.3a) e que a quantidade de O_2 consumido depende da quantidade de ADP adicionado.

Substâncias sintéticas, chamadas **desacopladores**, estimulam a oxidação dos substratos na ausência de ADP (Figura 14.3b). O fenômeno do desacoplamento ajudou a mostrar como as reações de oxidação estavam ligadas à formação de ATP. Na presença de um desacoplador, a absorção de oxigênio (respiração) prossegue até que todo o oxigênio disponível seja consumido. Essa oxidação rápida de substratos ocorre com pouca, ou nenhuma, fosforilação do ADP. Em outras palavras, essas substâncias sintéticas desacoplam a oxidação da fosforilação. Há vários tipos diferentes de desacopladores que têm muito pouco em comum do ponto de vista químico, exceto pelo fato de que todos são ácidos fracos lipossolúveis. Tanto suas formas protonadas como suas bases conjugadas podem atravessar a membrana mitocondrial interna – a base conjugada, aniônica, mantém a lipossolubilidade porque sua carga negativa é deslocalizada. As estruturas de ressonância do desacoplador 2,4-dinitrofenol estão mostradas na Figura 14.4.

CONCEITO-CHAVE

A teoria quimiosmótica afirma que a energia das reações de oxidação-redução do transporte de elétrons é utilizada para criar um gradiente de prótons através da membrana, e que a força próton-motriz resultante é usada na síntese de ATP.

O efeito dos desacopladores, e vários outros experimentos, revelaram que o transporte de elétrons (consumo de oxigênio) e a síntese de ATP eram, em geral, relacionados, mas o mecanismo envolvido permanecia desconhecido. Durante os anos 1960, acreditava-se que deveria haver várias etapas no processo de transporte de elétrons, nas quais a variação da energia livre de Gibbs seria suficiente para alimentar a síntese de ATP. Pensava-se que essa forma de acoplamento fosse análoga à fosforilação ao nível do substrato.

Mitchell propôs que a ação dos complexos enzimáticos das mitocôndrias gerava um gradiente de concentração de prótons através da membrana mitocondrial interna. Ele sugeriu que esse gradiente forneceria a energia para a fosforilação do ADP através de um acoplamento *indireto* ao transporte de elétrons. As ideias de Mitchell explicavam o efeito dos agentes desacopladores lipossolúveis: eles se ligariam aos prótons no citosol, carregando-os pela membrana interna e liberando-os na matriz, dissipando assim o gradiente de concentração de prótons. Os carreadores de prótons desacoplam o transporte de elétrons (oxidação) da síntese de ATP porque os prótons entram na matriz sem passar pela ATP sintase.

A atividade da ATP sintase foi reconhecida pela primeira vez em 1948 como uma atividade de ATPase em mitocôndrias danificadas (ou seja, essas mitocôndrias catalisam a hidrólise de ATP em ADP e P_i). A maioria dos pesquisadores considerou que a ATPase mitocondrial catalisaria a reação inversa nas mitocôndrias não danificadas; essa hipótese mostrou-se correta. Efraim Racker e seus colaboradores isolaram e caracterizaram essa ATPase oligomérica ligada à membrana, nos anos 1960. A reversibilidade da reação de ATPase promovida por prótons foi demonstrada por meio da observação da expulsão de prótons durante a hidrólise de ATP nas mitocôndrias. Um apoio adicional veio de experimentos com pequenas vesículas de membrana nas quais a enzima era incorporada à membrana. Quando um gradiente de prótons adequado era criado através da membrana da vesícula, o ATP era sintetizado a partir de ADP e P_i (Seção 14.9).

B. A força próton-motriz

Prótons são transportados para dentro do espaço intermembrânico pelos complexos de transporte de elétrons associados a membranas e fluem de volta para dentro da matriz via ATP sintase. Esse fluxo circular forma um circuito semelhante a um circuito elétrico. A energia do gradiente de concentração de prótons, chamada de **força próton-motriz**, é análoga à força eletromotriz da eletroquímica (Seção 10.9A). Essa analogia está mostrada na Figura 14.5.

Considere uma reação como a redução de oxigênio molecular pelo agente redutor XH_2 em uma célula eletroquímica.

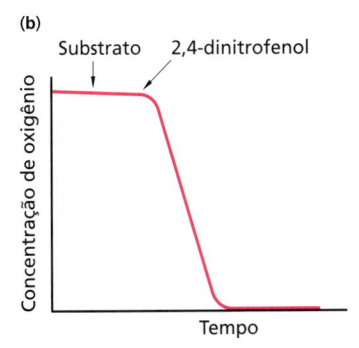

$$XH_2 + \tfrac{1}{2}O_2 \rightleftharpoons X + H_2O \qquad (14.1)$$

▲ **Figura 14.3**
Absorção de oxigênio e síntese de ATP na mitocôndria. (a) Na presença de excesso de P_i e de substrato, a mitocôndria intacta só consome oxigênio rapidamente quando se adiciona ADP. A absorção de oxigênio cessa quando todo o ADP é fosforilado. **(b)** A adição do desacoplador 2,4-dinitrofenol permite que a oxidação do substrato ocorra na ausência de fosforilação do ADP. As setas indicam os momentos em que as adições foram feitas à suspensão de mitocôndrias.

Veja o Quadro 15.4 para uma descrição do importante experimento de Racker.

▲ **Figura 14.4**
Forma protonada do 2,4-dinitrofenol e sua base conjugada. O ânion dinitrofenolato é estabilizado por ressonância; sua carga negativa é bem distribuída por toda a estrutura cíclica da molécula. Por causa da deslocalização da carga negativa, as formas ácida e básica do dinitrofenol são suficientemente hidrofóbicas para serem dissolvidas na membrana.

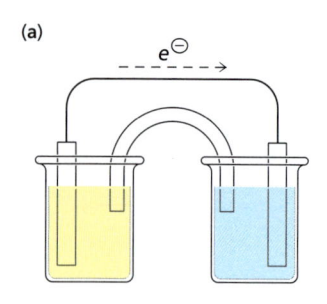

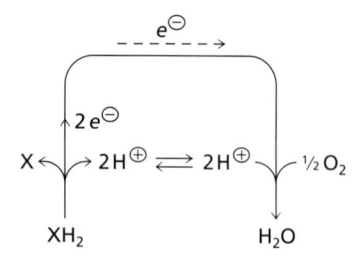

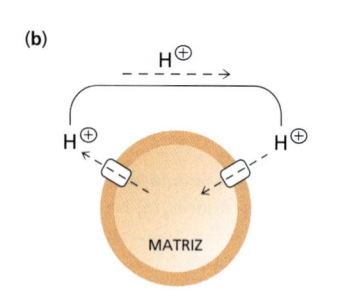

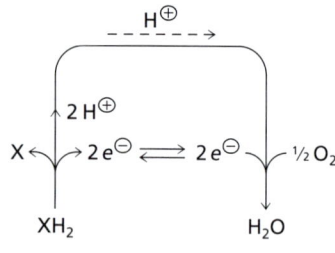

Elétrons do XH$_2$ passam pelo fio que liga os dois eletrodos, onde as semirreações de oxidação e redução ocorrem. Os elétrons fluem do eletrodo onde XH$_2$ é oxidado

$$XH_2 \rightleftharpoons X + 2H^\oplus + 2e^\ominus \tag{14.2}$$

para aquele onde O$_2$ é reduzido.

$$\tfrac{1}{2}O_2 + 2H^\oplus + 2e^\ominus \rightleftharpoons H_2O \tag{14.3}$$

Em uma célula eletroquímica, os prótons passam livremente de uma célula de reação para a outra, através do solvente em uma ponte salina. Os elétrons se movem por meio de um fio externo por causa de uma diferença de potencial existente entre as células. Esse potencial, medido em volts, é a força eletromotriz. A direção do fluxo de elétrons e a extensão da redução do agente oxidante dependem da diferença de energia livre entre XH$_2$ e O$_2$ que, por sua vez, depende de seus respectivos potenciais de redução.

Nas mitocôndrias, são os prótons – e não os elétrons – que fluem pela conexão externa, um circuito aquoso que liga a cadeia de transporte de elétrons associada a membranas e a ATP sintase. Essa conexão é análoga ao fio da reação eletroquímica. Os elétrons ainda passam do agente redutor XH$_2$ para o oxidante O$_2$, mas, nesse caso, através da cadeia de transporte de elétrons associado a membranas. A energia livre dessas reações de oxidação-redução é armazenada como força próton-motriz do gradiente de concentração de prótons e é recuperada na fosforilação do ADP.

Lembre-se, da Seção 9.10, de que a variação da energia livre de Gibbs para o transporte de uma molécula carregada é:

$$\Delta G_{transporte} = 2,303\, RT \log \frac{[A_{int}]}{[A_{ext}]} + zF\Delta\Psi \tag{14.4}$$

na qual o primeiro termo é a energia livre de Gibbs devida ao gradiente de concentração, e o segundo termo, $zF\Delta\Psi$, deve-se à diferença de carga através da membrana. Para prótons, a carga por molécula é 1 ($z = 1,0$), e a variação total da energia livre de Gibbs do gradiente de prótons é:

$$\Delta G = 2,303\, RT \log \frac{[H^\oplus_{int}]}{[H^\oplus_{ext}]} + F\Delta\Psi = 2,303\, RT\, \Delta pH + F\Delta\Psi \tag{14.5}$$

▲ **Figura 14.5**
Forças eletromotriz e próton-motriz.
(a) Em uma célula eletroquímica, os elétrons passam do agente redutor XH$_2$ para o oxidante O$_2$ através de um fio que conecta os dois eletrodos. O potencial elétrico medido entre as células é a força eletromotriz. **(b)** Quando a configuração é invertida (ou seja, a rota externa para os elétrons é substituída por uma rota aquosa para prótons), o potencial é a força próton-motriz. Nas mitocôndrias, os prótons são transportados através da membrana interna quando os elétrons passam pela cadeia de transporte de elétrons.

Essa equação pode ser usada para calcular a força próton-motriz gerada pelo gradiente de prótons e a diferença de carga através da membrana. Na mitocôndria do fígado, o potencial de membrana ($\Delta\Psi$) é igual a $-0,17$ V (negativo no interior, Seção 9.10A), e a diferença de pH é de $-0,5$ ($\Delta pH = pH_{ext} - pH_{int}$). O potencial de membrana é favorável ao movimento de prótons para dentro da matriz mitocondrial; assim, o termo $F\Delta\Psi$ será negativo porque $\Delta\Psi$ é negativo. O gradiente de pH também é favorável, de modo que o primeiro termo da Equação 14.5 tem que ser negativo. Logo, a equação da força próton-motriz é:

$$\Delta G_{int} = F\Delta\Psi + 2,303\, RT\, \Delta pH \tag{14.6}$$

Usando os valores acima a 37 °C (T = 310 K), a energia livre de Gibbs disponível é:

$$\Delta G = [96.485 \times -0,17] + [2,303 \times 8,315 \times 310 \times -0,5]$$
$$= -16.402\, J\, mol^{-1} - 2.968\, J\, mol = -19,4\, kJ\, mol^{-1} \tag{14.7}$$

Isso significa que o transporte de volta de um mol de prótons através da membrana é associado a uma variação de energia livre igual a $-19,4$ kJ, o que é muita energia para mover um íon tão pequeno!

A variação da energia livre de Gibbs padrão para a síntese de uma molécula de ATP a partir de ADP é igual a 32 kJ mol^{-1} ($\Delta G^{\circ'} = 32$ kJ mol^{-1}), mas a variação real é de –48 kJ mol^{-1} (Seção 10.6). Pelo menos três prótons precisam ser transportados para se conseguir a síntese de uma molécula de ATP [3 x (–19,4) = –58,2 kJ mol^{-1}].

Observe que 85% (–16,4/–19,4 = 85%) da variação da energia livre de Gibbs são devidos ao gradiente de cargas através da membrana, e apenas 15% (– 3,0/– 19,4 = 15%) se devem ao gradiente de concentração de prótons. Lembre-se de que a energia necessária para *criar* o gradiente de prótons é igual a +19,4 kJ mol^{-1}.

> **CONCEITO-CHAVE**
> A força próton-motriz deve-se aos efeitos combinados de uma diferença de cargas e uma diferença de concentração de prótons através da membrana.

14.4 Transporte de elétrons

Vamos agora considerar cada uma das reações da cadeia de transporte de elétrons associado a membranas. Quatro conjuntos oligoméricos de proteínas são encontrados na membrana interna da mitocôndria ou na membrana plasmática das bactérias. Esses complexos enzimáticos foram isolados em suas formas ativas por meio de solubilização cuidadosa, usando-se detergentes. Cada complexo catalisa uma parte específica do processo de transdução de energia. Esses complexos são identificados por números de I a IV. O complexo V é a ATP sintase.

A. Complexos de I a IV

Os quatro complexos enzimáticos têm uma grande variedade de centros de oxidação-redução. Estes podem ser cofatores, como FAD, FMN ou ubiquinona (Q); ou podem ainda incluir centros de Fe-S, citocromos contendo heme e proteínas com cobre. O fluxo de elétrons ocorre pela redução e oxidação sequencial desses centros redox, indo de um agente redutor para um oxidante. Em bioquímica, há muitas reações que envolvem processos de transporte de elétrons. Já vimos várias delas nos capítulos anteriores; o fluxo de elétrons no complexo da piruvato desidrogenase é um bom exemplo (Seção 13.1).

Os elétrons fluem pelos componentes de uma cadeia de transporte de elétrons, no sentido crescente do potencial de redução. Esses potenciais, em cada centro redox, ficam entre aquele do agente redutor forte, NADH, e o agente oxidante final, O_2. As coenzimas móveis, ubiquinona (Q) e citocromo *c*, servem como elos entre os diferentes complexos da cadeia de transporte de elétrons. Q transfere elétrons dos complexos I ou II para o III. O citocromo *c* transfere elétrons do complexo III para o IV, que os utiliza para reduzir O_2 a água.

A ordem das reações de transporte de elétrons é apresentada na Figura 14.6 contra uma escala de potenciais-padrão de redução, à esquerda, e uma escala de variação relativa da energia livre de Gibbs padrão, à direita. Lembre-se, da Seção 10.9, de que o potencial de redução-padrão (em volts) é diretamente relacionado com a variação da energia livre de Gibbs padrão (em kJ mol^{-1}) pela fórmula:

$$\Delta G^{\circ'} = -nF\,\Delta E^{\circ'} \quad (14.8)$$

Como se pode ver pela Figura 14.6, uma quantidade substancial de energia é liberada durante o processo de transporte de elétrons. Grande parte dessa energia é armazenada sob a forma de força próton-motriz, que impulsiona a síntese de ATP. É esse acoplamento do transporte de elétrons com a geração da força próton-motriz que distingue o transporte de elétrons associado a membranas dos outros exemplos de transporte de elétrons.

Os valores apresentados na Figura 14.6 são estritamente verdadeiros apenas nas condições de 25 °C de temperatura, pH igual a 7,0 e concentrações iguais de reagentes e produtos (1 M cada um). A relação entre os potenciais de redução reais (E) e os padrões ($E^{\circ'}$) é semelhante àquela entre a energia livre real e a padrão (Seção 1.4B):

$$E = E^{\circ'} - \frac{RT}{nF}\ln\frac{[S_{red}]}{[S_{ox}]} = E^{\circ'} - \frac{2{,}303\,RT}{nF}\log\frac{[S_{red}]}{[S_{ox}]} \quad (14.9)$$

> **A energia livre de Gibbs do transporte de elétrons**
> $E^{\circ'} = E^{\circ'}_{aceptor} - E^{\circ'}_{doador}$
> (10.26) = $E^{\circ'}_{O_2} - E^{\circ'}_{NADH}$
> = +0,82 – (–0,32) (Tabela 10.4)
> = 1,14 V
> $\Delta G^{\circ'} = -nF\Delta E^{\circ'}$
> = –2(96.485)(1,14)
> = 220 kj mol^{-1}

Cofatores no transporte de elétrons

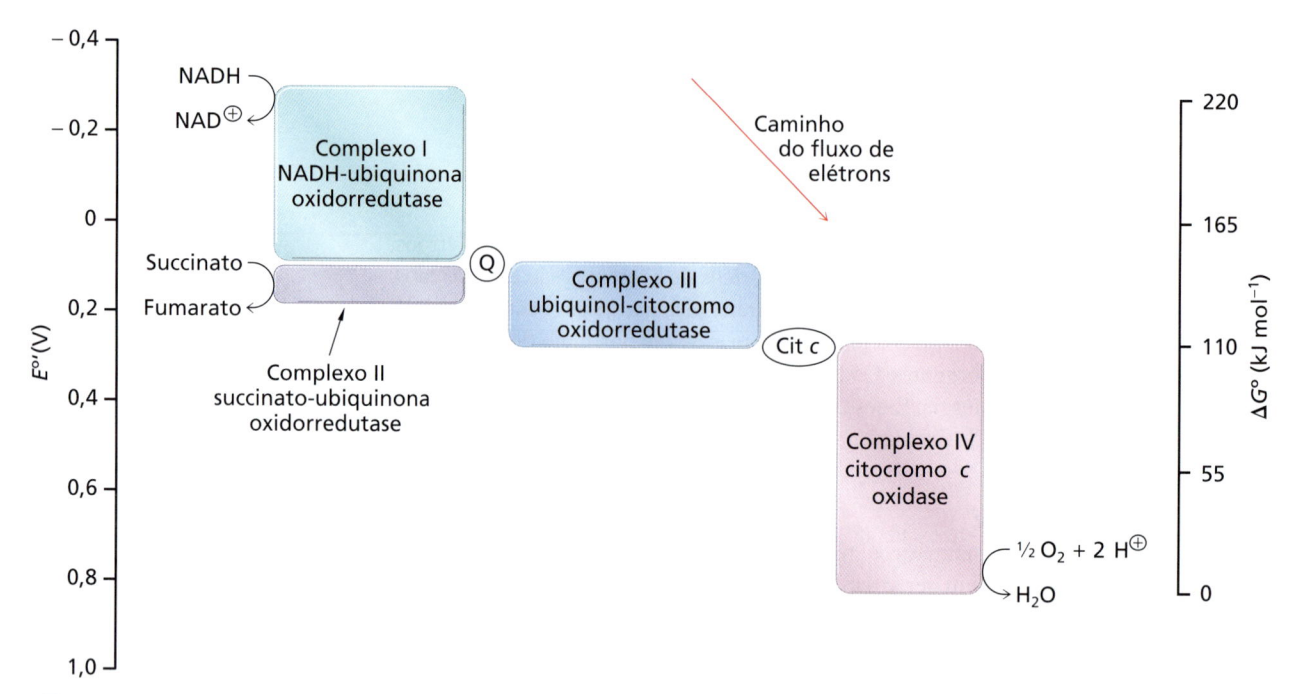

NADH ⟶ FMN ⟶ Fe–S ⟶ Q ⟶ [Fe–S / Cit b] ⟶ Cit c_1 ⟶ Cit c ⟶ Cit a ⟶ Cit a_3 ⟶ O_2
Succinato ⟶ FAD ⟶ Fe–S ⤴

▲ **Figura 14.6**
Transporte de elétrons. Cada um dos quatro complexos da cadeia de transporte de elétrons, composta de várias subunidades de proteína e cofatores, sofre redução e oxidação cíclicas. Os complexos são ligados pelos carreadores móveis ubiquinona (Q) e citocromo **c**. A posição vertical de cada complexo indica o $\Delta E^{\circ\prime}$ entre seu agente redutor (substrato) e seu agente oxidante (que se torna o produto reduzido). Os potenciais-padrão de redução são plotados com o valor mais baixo no alto do gráfico (veja a Seção 10.9B).

CONCEITO-CHAVE
Organismos aeróbicos precisam de oxigênio porque este serve como aceptor final de elétrons no transporte de elétrons associado a membranas.

na qual $[S_{red}]$ e $[S_{ox}]$ representam as concentrações reais dos dois estados de oxidação do carreador de elétrons. Nas condições-padrão, as concentrações das moléculas oxidadas e reduzidas do carreador são iguais; assim, a razão $[S_{red}]/[S_{ox}]$ é igual a 1, e o segundo termo da Equação 14.9 é igual a zero. Nesse caso, o potencial de redução real é igual ao potencial de redução padrão (a 25 °C e pH 7,0). Para que os carreadores de elétrons sejam eficientemente reduzidos e reoxidados de modo linear, quantidades apreciáveis das duas formas, oxidada e reduzida, dos carreadores precisam estar presentes nas condições de estado estacionário. Essa é a situação observada nas mitocôndrias. Portanto, podemos considerar que, para qualquer reação de oxidação-redução nos complexos de transporte de elétrons, as concentrações dos dois estados de oxidação dos carreadores de elétrons são praticamente iguais. Como o pH fisiológico é próximo de 7 na maioria das circunstâncias, e como a maioria dos processos de transporte de elétrons ocorre em temperaturas próximas a 25 °C, podemos considerar, com segurança, que os valores de E não são muito diferentes dos de $E^{\circ\prime}$. Daqui em diante, em nossa discussão, iremos nos referir somente a valores de $E^{\circ\prime}$.

Os potenciais-padrão de redução dos substratos e cofatores da cadeia de transporte de elétrons estão listados na Tabela 14.1. Observe que os valores variam do negativo para o positivo, de modo que, em geral, cada substrato ou intermediário é oxidado por um cofator ou substrato com um valor de $E^{\circ\prime}$ mais positivo. Na verdade, uma das características consideradas na determinação da sequência real de carreadores de elétrons foram seus potenciais de redução.

A energia livre de Gibbs padrão disponível a partir das reações catalisadas por cada complexo é apresentada na Tabela 14.2. A energia livre total soma –220 kJ mol⁻¹, como mostra a Figura 14.6. Os complexos I, III e IV transportam prótons através da membrana à medida que os elétrons passam pelos complexos. O complexo II, que é o da succinato desidrogenase que vimos como componente do ciclo do ácido cítrico, não contribui diretamente para a formação do gradiente de concentração de prótons. Ele transfere elétrons do succinato para Q e, portanto, representa um afluente da cadeia respiratória.

B. Cofatores no transporte de elétrons

Como mostrado no alto da Figura 14.6, os elétrons que passam pelos complexos de I a IV são, na verdade, transferidos entre cofatores acoplados presentes nesses complexos. Os elétrons entram, dois a dois, na cadeia de transporte de elétrons, vindos dos substratos reduzidos NADH e succinato. As coenzimas de flavina FMN e FAD são reduzidas nos complexos I e II, respectivamente. As coenzimas reduzidas FMNH$_2$ e FADH$_2$ doam um elétron por vez, e todas as etapas subsequentes da cadeia de transporte de elétrons prosseguem com a transferência de um elétron. Centros de ferro-enxofre (Fe-S) dos tipos [2 Fe-2 S] e [4 Fe-4 S] estão presentes nos complexos I, II e III. Cada um desses centros pode aceitar ou doar um elétron, à medida que o átomo de ferro sofre redução e oxidação, variando entre os estados férrico [Fe^{3+}, Fe(III)] e ferroso [Fe^{2+}, Fe(II)]. Os íons de cobre e os citocromos também são agentes de oxidação-redução de um elétron.

Há vários citocromos diferentes nos complexos enzimáticos mitocondriais dos mamíferos. Entre eles, o citocromo b_L, o b_H, o c_1, o a e o a_3. Citocromos muito semelhantes são encontrados em outras espécies. Eles transferem elétrons de um agente redutor para um oxidante por meio da oscilação cíclica entre os estados férrico e ferroso dos átomos de ferro de seus grupos prostéticos heme (Seção 7.17). Citocromos individuais têm potenciais de redução diferentes por causa das diferenças nas estruturas de suas apoproteínas e, algumas vezes, de seus grupos heme (Tabela 14.1). Essas diferenças permitem aos grupos heme funcionar como carreadores de elétrons em diversos pontos da cadeia de transporte de elétrons. De modo semelhante, os potenciais de redução dos centros de ferro-enxofre podem variar muito, dependendo do ambiente proteico local.

Os complexos de transporte de elétrons associado a membranas são ligados funcionalmente pelos carreadores móveis de elétrons ubiquinona (Q) e citocromo c. Q é uma molécula lipossolúvel que pode aceitar ou doar dois elétrons, um de cada vez (Seção 7.15). Ela se difunde através da bicamada lipídica, aceitando elétrons dos complexos I e II e passando-os ao complexo III. O outro carreador móvel de elétrons é o citocromo c, uma proteína de membrana periférica associada à face externa da membrana. O citocromo c transfere elétrons do complexo III para o IV. As estruturas e as reações de oxidação-redução de cada um dos quatro complexos de transporte de elétrons são analisadas em detalhes nas seções a seguir.

TABELA 14.1 Potenciais-padrão de redução dos componentes de oxidação-redução mitocondriais

Substrato do complexo	$E^{o\prime}$ (V)
NADH	−0,32
Complexo I	
FMN	−0,30
Centros de Fe–S	−0,25 a −0,05
Succinato	+0,03
Complexo II	
FAD	0,0
Centros de Fe–S	−0,26 a 0,00
QH$_2$/Q	+0,04
(·Q⁻/Q)	(−0,16)
(QH$_2$/·Q⁻)	(+0,28)
Complexo III	
Citocromo b_L	−0,01
Citocromo b_H	+0,03
Centro de Fe-S	+0,28
Citocromo c_1	+0,22
Citocromo c	+0,22
Complexo IV	
Citocromo a	+0,21
Cu$_A$	+0,24
Citocromo a_3	+0,39
Cu$_B$	+0,34
O$_2$	+0,82

> **CONCEITO-CHAVE**
> A transferência de elétrons do NADH para o O$_2$ libera energia suficiente para impulsionar a síntese de várias moléculas de ATP.

TABELA 14.2 Energia livre padrão liberada na reação de oxidação catalisada por cada complexo

Complexo	$E^{o\prime}_{redutor}$ (V)	$E^{o\prime}_{oxidante}$ (V)	$\Delta E^{o\prime a}$ (V)	$\Delta G^{o\prime b}$ (kJ mol^{-1})
I (NADH/Q)	−0,32	−0,04	+0,36	−60
II (Succinato/Q)	+0,03	+0,04	+0,01	−2
III (QH$_2$/Citocromo c)	+0,04	+0,22	+0,18	−35
IV (Citocromo c/O$_2$)	+0,22	+0,82	+0,59	−116

$^a\Delta E^{o\prime}$ foi calculado como a diferença entre $E^{o\prime}_{oxidante}$ e $E^{o\prime}_{redutor}$
^{b}A energia livre de **Gibbs** padrão foi calculada usando a Equação **14.8** em que n = 2 elétrons.

14.5 Complexo I

O complexo I catalisa a transferência de dois elétrons do NADH para Q. O nome sistemático dessa enzima é NADH:ubiquinona oxidorredutase. Ela é uma enzima muito complexa, cuja estrutura ainda não foi inteiramente determinada. As versões procariontes têm 14 cadeias polipeptídicas diferentes. As formas eucariontes têm 14 subunidades homólogas às procariontes, mais 20-32 subunidades adicionais, dependendo da espécie. Essas subunidades "extras" provavelmente estabilizam o complexo e evitam a fuga, ou vazamento, de elétrons.

A estrutura do complexo tem forma de L, como visto por microscopia eletrônica (Figura 14.7). O componente ligado à membrana consiste em múltiplas subunidades que atravessam a membrana. Esse módulo tem atividade de transportador de prótons. Uma porção maior se projeta para dentro da matriz mitocondrial, ou do citoplasma nas bactérias (Figura 14.8). Esse braço tem uma atividade NADH desidrogenase terminal e FMN. O módulo conector é composto de múltiplas subunidades com oito ou nove centros Fe-S (Figura 14.9).

Moléculas de NADH no lado interno da membrana doam elétrons para o complexo I. Esses elétrons passam, de dois em dois, como íon hidreto ($H^\ominus$, dois elétrons e um próton). Na primeira etapa da transferência de elétrons, o íon hidreto é transferido ao FMN, formando $FMNH_2$, que é, em seguida, oxidado em duas etapas, via um intermediário semiquinona. Os dois elétrons são transferidos, um de cada vez, ao agente oxidante seguinte, um centro de ferro-enxofre.

$$FMN \xrightarrow{+H^\oplus, +H^\ominus} FMNH_2 \xrightarrow{-H^\oplus, -e^\ominus} FMNH\cdot \xrightarrow{-H^\oplus, -e^\ominus} FMN \quad (14.10)$$

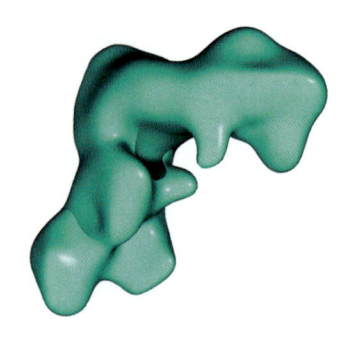

FMN é um transdutor que converte a transferência de dois elétrons das desidrogenases ligadas a NAD em transferências de um elétron, para o resto da cadeia de transporte de elétrons. No complexo I, o cofator $FMNH_2$ transfere elétrons aos centros de ferro-enxofre ligados em sequência. Há pelo menos oito desses centros posicionados no mesmo braço do complexo I que tem atividade de NADH desidrogenase. Eles constituem um canal para os elétrons, conduzindo-os à porção do complexo ligada à membrana, onde a ubiquinona (Q) aceita um elétron de cada vez, passando por um intermediário aniônico semiquinona ($\cdot Q^-$) antes de atingir seu estado totalmente reduzido, ubiquinol (QH_2).

$$Q \xrightarrow{+e^\ominus} \cdot Q^\ominus \xrightarrow{+e^\ominus, +2H^\oplus} QH_2 \quad (14.11)$$

Q e QH_2 são cofatores lipossolúveis. Eles permanecem na bicamada lipídica e podem se difundir livremente em duas dimensões. Observe que o sítio de ligação de Q no complexo I fica na membrana. Uma das razões para o complicado caminho de transporte de elétrons no complexo I é carregar os elétrons de um meio aquoso para outro, hidrofóbico, na membrana.

Enquanto os elétrons se movem através do complexo I, dois prótons (um oriundo do íon hidreto do NADH e outro do interior) são transferidos para o FMN, formando $FMNH_2$. Esses dois prótons, ou seus equivalentes, são consumidos na redução de Q a QH_2. Logo, dois prótons são retirados do interior e transferidos para QH_2. Eles não são liberados para o exterior nas reações do complexo I (QH_2 é, depois, reoxidado pelo complexo III e, então, os prótons são liberados para o exterior. Essa é parte da atividade de transporte de prótons do complexo III, descrita na Seção 14.7).

No complexo I, quatro prótons são transportados diretamente através da membrana para cada par de elétrons transferidos do NADH para QH_2. Esses não incluem os prótons necessários à redução da ubiquinona. A bomba de prótons é, provavelmente, um antiportador de $H^\oplus/Na^\oplus$ localizado no módulo ligado à membrana. O mecanismo do transporte de prótons não é claro; possivelmente, ele é acoplado a mudanças conformacionais que ocorrem na estrutura do complexo I à medida que os elétrons fluem do sítio da NADH desidrogenase para o sítio de ligação da ubiquinona.

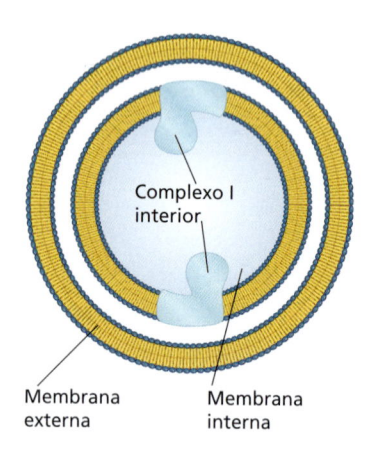

▲ **Figura 14.7**
Estrutura do complexo I. As estruturas do complexo I foram determinadas em baixa resolução, por meio da análise de imagens de microscopia eletrônica. **(a)** Complexo I da bactéria *Aquifex aeolicus*. **(b)** Complexo I de vaca, *Bos taurus*. **(c)** Complexo I da levedura *Yarrowia lipolytica*.

◀ **Figura 14.8**
Orientação do complexo. Os complexos de transporte de elétrons ficam embutidos na membrana interna. Eles podem ser representados com a parte externa da membrana no alto ou na parte de baixo da figura. Essas duas representações podem ser encontradas na literatura científica. Optamos pela representação com a parte externa no alto e o interior da matriz na parte de baixo.

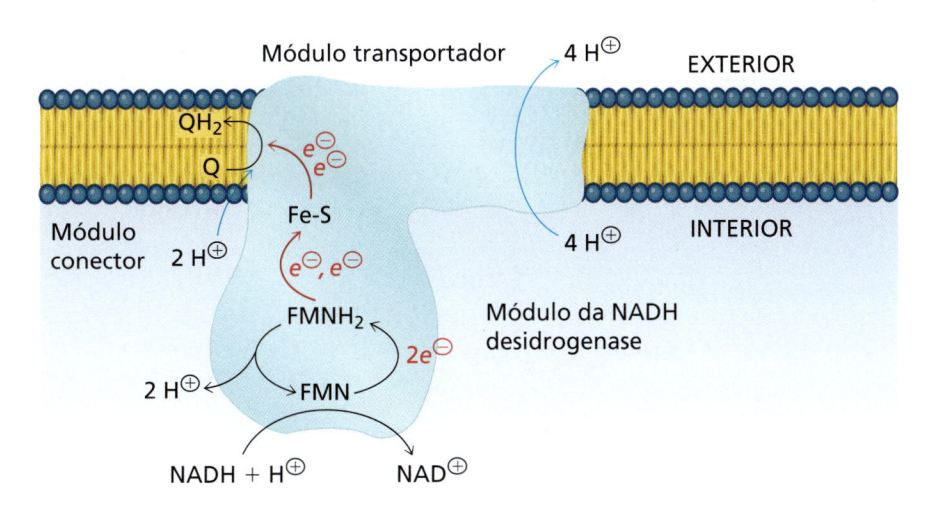

◄ **Figura 14.9**
Transferência de elétrons e fluxo de prótons no complexo I. Os elétrons passam do NADH para Q via FMN e uma série de centros de Fe-S. A redução de Q a QH_2 requer a absorção de dois prótons do compartimento interior. Além disso, quatro prótons são transportados através da membrana para cada par de elétrons transferidos.

14.6 Complexo II

O complexo II é a succinato:ubiquinona oxidorredutase, também chamado complexo da succinato desidrogenase. Essa é a mesma enzima que vimos no capítulo anterior (Seção 13.3#6). Ela catalisa uma das reações do ciclo do ácido cítrico. O complexo II aceita elétrons do succinato e, como o complexo I, catalisa a redução de Q a QH_2.

O complexo II tem três enzimas idênticas com múltiplas subunidades que se associam para formar uma estrutura trimérica, firmemente embutida na membrana (Figura 14.10). Sua forma geral lembra um cogumelo, cuja cabeça se projeta para o interior da matriz. Cada uma das três enzimas succinato desidrogenase tem duas subunidades formando a cabeça e uma ou duas (dependendo da espécie) formando o talo ligado à membrana. Uma das subunidades da cabeça tem o sítio de ligação ao substrato e uma molécula de flavina adenina dinucleotídeo (FAD) ligada covalentemente. A outra subunidade da cabeça tem três centros de Fe-S.

As subunidades da cabeça de todas as espécies são intimamente relacionadas e têm uma similaridade de sequência significativa com outros membros da família das succinato desidrogenases (por exemplo, fumarato redutase, Seção 14.13). As subunidades de membrana, por outro lado, podem ser muito diferentes (e não relacionadas) em diversas espécies. Em geral, o componente de membrana tem uma ou duas subunidades, que consistem exclusivamente em α-hélices que atravessam a membrana. A maioria delas tem uma molécula de heme *b* ligada e, normalmente, essa subunidade é chamada citocromo *b*. Todas as subunidades de membrana têm um sítio de ligação a Q próximo da superfície interna da membrana, no ponto em que as subunidades da cabeça fazem contato com as subunidades de membrana.

A sequência de reações para a transferência de dois elétrons do succinato para Q começa com a redução do FAD por um íon hidreto. Essa é seguida pela transferência de dois elétrons da flavina reduzida para a série de centros de ferro-enxofre (Figura 14.11). (Nas espécies que têm uma âncora de citocromo *b*, o grupo heme não faz parte da via de transferência de elétrons.)

Muito pouca energia livre é liberada nas reações catalisadas pelo complexo II (Tabela 14.2), o que significa que esse complexo não pode contribuir diretamente para o gradiente de concentração de prótons por meio da membrana. Por outro lado, ele insere elétrons provenientes da oxidação do succinato na metade da sequência de transporte de elétrons. Q pode aceitar elétrons dos complexos I ou II e doá-los ao complexo III e, em seguida, ao resto da cadeia de transporte de elétrons. Reações em várias outras vias também doam elétrons a Q. Vimos uma delas, a reação catalisada pelo complexo da glicerol 3-fosfato desidrogenase, na Seção 12.2C.

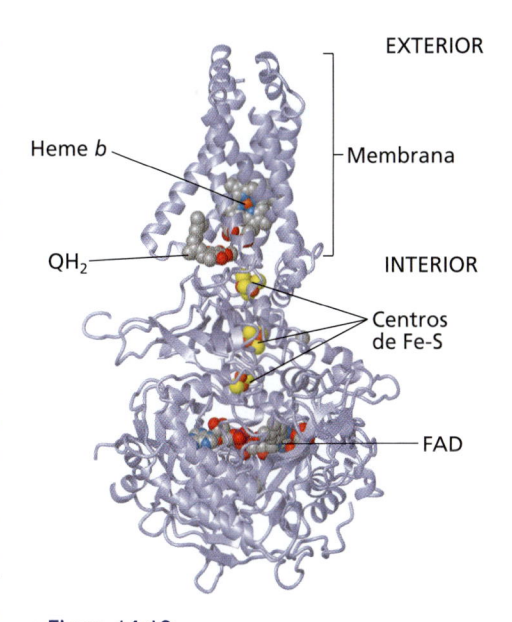

▲ **Figura 14.10**
Estrutura do complexo da succinato desidrogenase de *E. coli*. Uma cópia da enzima mostra as posições do FAD, os três centros de Fe-S, QH_2 e heme *b*. O complexo II tem três cópias dessa enzima de múltiplas subunidades [PDB 1NEK].

▶ **Figura 14.11**
Transferência de elétrons no complexo II. Um par de elétrons passa do succinato para o FAD, como parte do ciclo do ácido cítrico. Os elétrons são transferidos, um de cada vez, do $FADH_2$ para os três centros de Fe-S e, em seguida, para Q (apenas um dos centros está representado na figura). O complexo II não contribui diretamente para o gradiente de concentração de prótons, mas serve como um afluente que fornece elétrons (sob a forma de QH_2) para o resto da cadeia de transporte de elétrons.

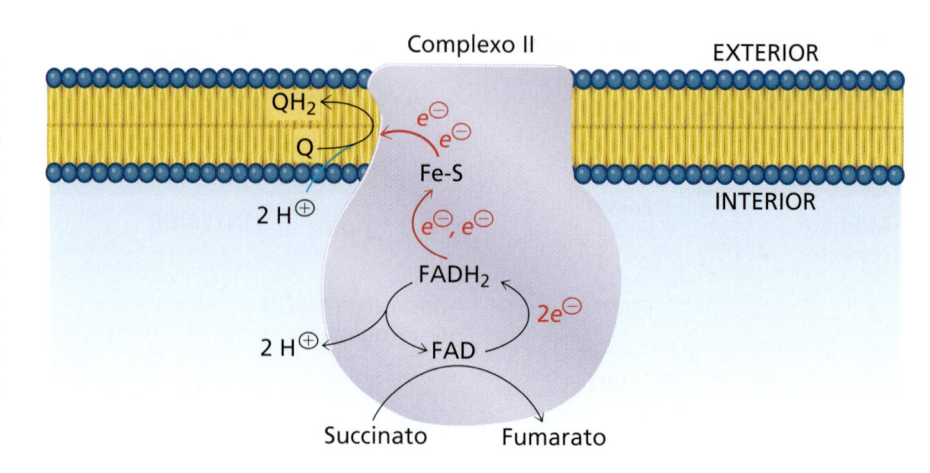

14.7 Complexo III

O complexo III é a ubiquinol:citocromo *c* oxidorredutase, também chamado complexo do citocromo bc_1. Essa enzima catalisa a oxidação de moléculas de ubiquinol (QH_2) na membrana e a redução de uma molécula móvel e hidrossolúvel de citocromo *c* na superfície externa. O transporte de elétrons através do complexo III é acoplado à transferência de $H^{\oplus}$ pela membrana por um processo conhecido como ciclo Q.

As estruturas dos complexos do citocromo bc_1 de várias espécies bacterianas e eucariontes foram determinadas por cristalografia de raios X. O complexo III tem duas cópias da enzima e é firmemente ancorado à membrana por um grande número de α-hélices que atravessam a bicamada lipídica (Figura 14.12). A enzima funcional consiste em três subunidades principais: citocromo c_1, citocromo *b* e a proteína de ferro e enxofre de Rieske (ISP) (Figura 14.13). (Observe que o citocromo c_1 é uma proteína diferente do produto da reação, o móvel citocromo *c*.) Outras subunidades estão presentes na superfície interna, mas elas não participam diretamente da reação da ubiquinol:citocromo *c* oxidorredutase. O aceptor de elétrons, o citocromo *c*, se liga ao topo do complexo – a parte que fica exposta do lado de fora da membrana.

> O complexo III é, possivelmente, a enzima mais importante do metabolismo. Complexos muito semelhantes estão presentes nos cloroplastos, nos quais participam do transporte de elétrons e da translocação de prótons durante a fotossíntese.

▶ **Figura 14.12**
Complexo III de mitocôndria de vaca (*Bos taurus*). O complexo do citocromo bc_1 tem duas cópias da enzima ubiquinona:citocromo *c* oxidorredutase [PDB 1PP9].

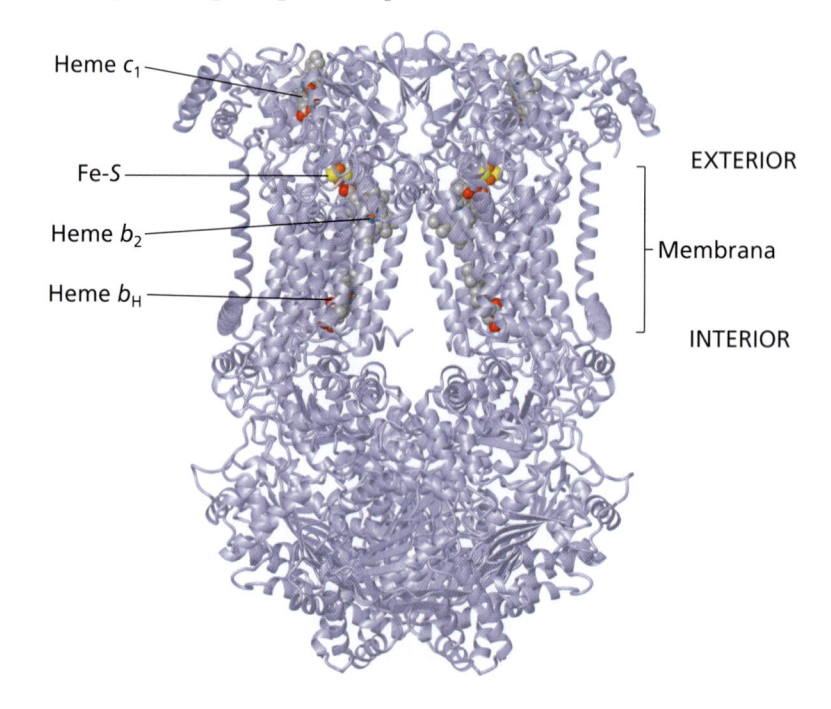

O caminho dos elétrons através do complexo está na Figura 14.14. A reação começa quando QH_2 (do complexo I ou II) se liga ao sítio Q_0 na subunidade do citocromo *b*.

QH_2 é oxidado em semiquinona, e um elétron passa para o complexo Fe-S adjacente, na subunidade ISP. É quando o elétron passa para o grupo heme no citocromo c_1. Essa transferência é facilitada pelo movimento do grupo da cabeça da ISP. Na posição de aceptor de elétrons, o centro de Fe-S da ISP fica adjacente ao sítio de Q_0 e, na posição de doador, aquele centro se desloca para uma posição próxima à do grupo heme no citocromo c_1. O citocromo c, solúvel, é oxidado pela transferência de um elétron da subunidade do citocromo c_1, ligada à membrana, do complexo III.

Nessa reação, o aceptor final de elétrons é o citocromo c (Seção 7.17). Essa molécula serve como carreador móvel, transferindo elétrons ao complexo IV, o componente seguinte da cadeia (Figura 14.15). O papel do citocromo c reduzido é semelhante ao da QH_2, que carrega elétrons do complexo I para o III. As estruturas dos citocromo c de todas as espécies são muito semelhantes (Seção 4.7B, Figura 4.21) e as sequências de aminoácidos da cadeia polipeptídica são bem conservadas (Seção 3.11, Figura 3.23).

A oxidação de QH_2 no sítio Q_0 é um processo em duas etapas, com um elétron transferido em cada uma delas. O caminho dos elétrons a partir da segunda etapa – a oxidação do intermediário semiquinona – segue uma rota diferente daquela do primeiro elétron. Nesse caso, ele passa sequencialmente para dois grupos heme do tipo b diferentes, na parte de membrana do complexo. O primeiro desses grupos heme (b_L) tem potencial de redução menor do que o segundo (b_H) (Tabela 14.1).

O heme b_H faz parte do sítio Q_1, onde uma molécula de Q é reduzida a QH_2 em uma reação em duas etapas que envolve um intermediário semiquinona. Um elétron é transportado de b_L (no sítio Q_0) para b_H (no sítio Q_1) e, depois, para Q, produzindo a semiquinona.

▲ **Figura 14.13**
Subunidades do complexo III. As três subunidades catalíticas de cada dímero são citocromo c_1 (verde), citocromo b (azul) e a proteína de ferro e enxofre de Rieske (ISP) (vermelho). O citocromo c (azul-escuro) se liga ao citocromo c_1 [PDB 1PP9].

◄ **Figura 14.14**
Transferência de elétrons e fluxo de prótons no complexo III. Dois pares de elétrons são passados, separadamente, de duas moléculas de QH_2 para o sítio Q_0. Cada par de elétrons é separado, de modo que cada um dos elétrons segue um caminho diferente. Um elétron é transferido a um centro de Fe-S, depois ao citocromo c_1 e, finalmente, ao citocromo c, o carreador final de elétrons. O outro elétron oriundo de cada oxidação de QH_2 é transferido ao heme b_H (sítio Q_1) e, em seguida, a Q. Um total de quatro prótons é transportado através da membrana: dois a partir do compartimento interno e dois do QH_2. (Somente a metade esquerda do dímero está representada, e as subunidades inferiores, que se projetam para o interior da matriz, não são mostradas.)

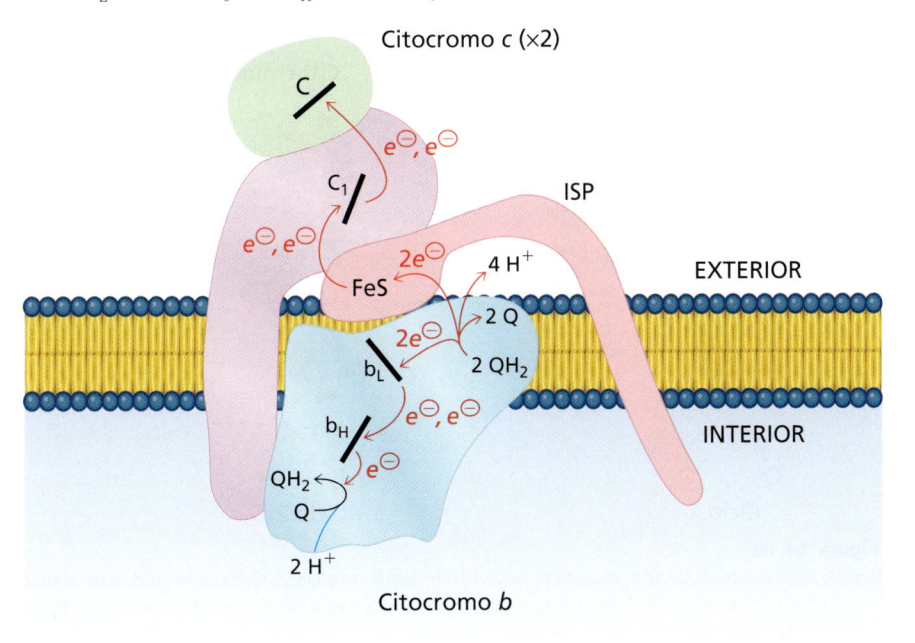

TABELA 14.3

Q_0:	$2\ QH_2 + 2\ cit\ c(Fe^{3+}) \longrightarrow 2\ Q + 2\ cit\ c(Fe^{2+}) + 2e^- + 4\ H^+_{ext}$
Q_1:	$Q + 2\ H^+_{int} + 2e^- \longrightarrow QH_2$
Total:	$QH_2 + 2\ cit\ c(Fe^{3+})\ 2\ H^+_{int} \longrightarrow Q + 2\ cit\ c(Fe^{2+}) + 4\ H^+_{ext}$

Em seguida, um segundo elétron é transferido para reduzir a semiquinona a QH_2. O segundo elétron é originário da oxidação de uma segunda molécula de QH_2 no sítio Q_0. Essa segunda oxidação de QH_2 também resulta na redução de uma segunda molécula de citocromo c, já que os dois elétrons do segundo QH_2 seguem caminhos distintos. O resultado final é que a oxidação de duas moléculas de QH_2 no sítio Q_0

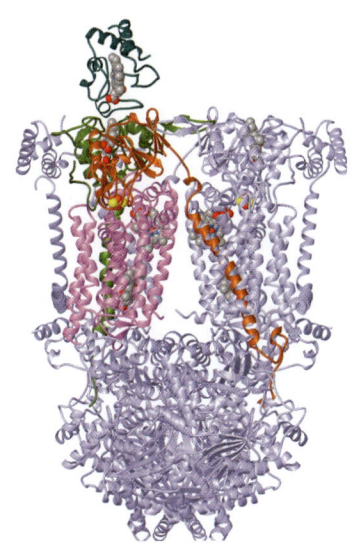

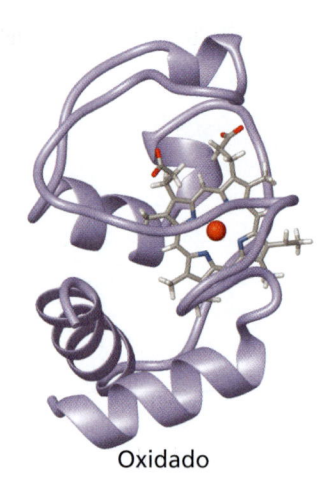

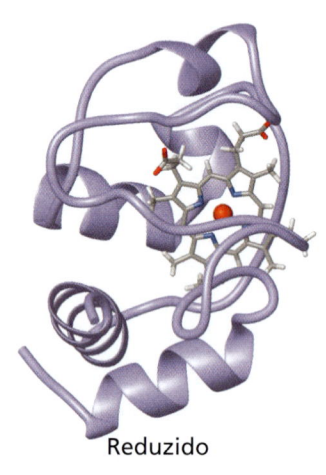

▲ Figura 14.15
Citocromo c. Formas oxidada (no alto) e reduzida (embaixo) do citocromo **c** de cavalo (*Equus caballus*). O átomo de ferro no centro do grupo heme (laranja) passa de Fe^{3+} para Fe^{2+} ao ganhar um elétron do complexo III. Essa redução é acompanhada por pequenas mudanças na conformação da proteína [PDB 1OCD (no alto) 1GIW (embaixo)].

CONCEITO-CHAVE
O efeito líquido do ciclo Q é a transferência de quatro prótons para o exterior da membrana por cada dois elétrons transferidos de QH_2 para o citocromo **c**.

produz duas moléculas de citocromo *c* reduzido e regenera uma molécula de QH_2 no sítio Q_{-1}. Os dois ciclos de oxidação de QH_2 estão na Figura 14.16. A via completa é conhecida como ciclo Q e é uma das reações mais importantes de todo o metabolismo, porque é a principal responsável pela criação da força próton-motriz.

Quatro prótons são produzidos durante a oxidação das duas moléculas de QH_2 no sítio Q_o. Esses prótons são liberados para o exterior da membrana e contribuem para o gradiente de prótons formado durante o transporte de elétrons associado a membranas. Os prótons provêm do compartimento interior. Eles podem ter sido adquiridos nas reações catalisadas pelos complexos I ou II, ou serem derivados de prótons oriundos do interior da membrana durante a redução de Q no sítio Q_i no complexo III, como mostrado na Figura 14.16.

A estequiometria da reação completa do ciclo Q está apresentada na Tabela 14.3. Para cada de par de elétrons que passam de QH_2 para o citocromo *c* através do complexo III, há quatro prótons transportados pela membrana. Duas moléculas de citocromo *c* são reduzidas, e esses carreadores móveis transportam, cada um, um elétron para o complexo IV. Observe que, na verdade, duas moléculas de QH_2 são oxidadas (fornecendo quatro elétrons), mas dois desses elétrons voltam ao ciclo para regenerar uma molécula de QH_2.

A reação completa catalisada pela ubiquinona:citocromo *c* oxidorredutase (complexo III) inclui o ciclo Q e o transporte de prótons através da membrana. A reação do complexo III é um bom exemplo da relação entre estrutura e função. Embora a estequiometria do ciclo Q seja conhecida há muitos anos, o mecanismo da reação só foi desvendado após a determinação completa da estrutura do complexo, em 1998.

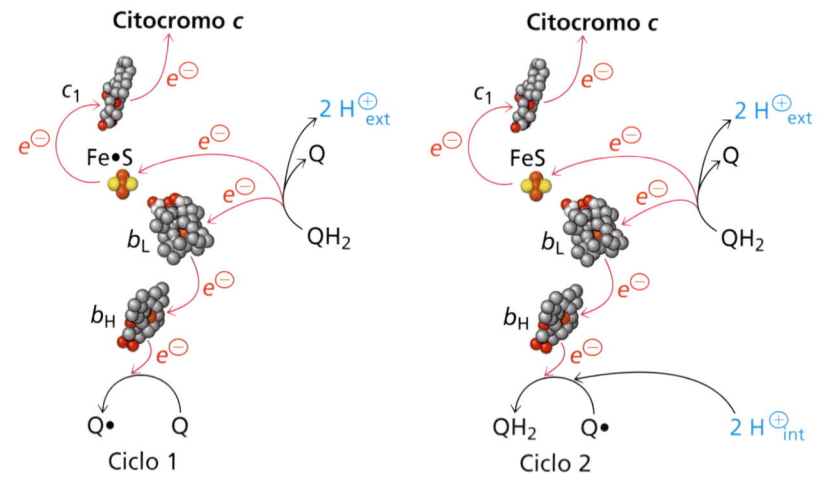

▲ Figura 14.16
Ciclo Q. Uma molécula de QH_2 é oxidada no ciclo 1 e outra, no ciclo 2. Cada ciclo produz uma molécula de citocromo **c** reduzido. A combinação dos ciclos 1 e 2 resulta em uma oxidação em duas etapas de QH_2 em Q. Quatro prótons são liberados no lado externo da membrana.

14.8 Complexo IV

O complexo IV é a citocromo *c* oxidase. Esse complexo catalisa a oxidação das moléculas de citocromo *c* reduzido produzidas pelo complexo III. A reação inclui uma redução de oxigênio molecular (O_2) a água (2 H_2O), envolvendo quatro elétrons, e o transporte de quatro prótons através da membrana.

O complexo IV tem duas unidades funcionais de citocromo *c* oxidase, e cada uma delas possui uma cópia simples das subunidades I, II e III (Figura 14.17). As enzimas bacterianas têm apenas uma subunidade adicional em cada unidade funcional, mas as eucariontes (mitocondriais) têm até dez subunidades adicionais. Essas unidades nos complexos eucariontes têm um papel na montagem do complexo IV e na estabilização de sua estrutura.

A estrutura central da citocromo c oxidase é formada pelas três subunidades conservadas — I, II e III. Esses polipeptídeos são codificados por genes mitocondriais em todos os eucariontes. A subunidade I é quase totalmente embutida na membrana. A maior parte desse polipeptídeo consiste em 12 α-hélices transmembrânicas. Há três centros redox no interior da subunidade I; dois deles são hemes tipo a (heme a e heme a_3) e o terceiro é um íon cobre (Cu_B). O átomo de cobre fica bem próximo do átomo de ferro do heme a_3, formando um centro binuclear no qual ocorre a redução do oxigênio molecular (Figura 14.18).

A subunidade II tem duas hélices transmembrânicas que a prendem à membrana. A maior parte da cadeia polipeptídica forma um domínio em barril β, localizado na superfície externa da membrana. Esse domínio tem um centro redox de cobre (Cu_A), composto de dois íons cobre que compartilham elétrons entre si, formando um estado de valência misto. O domínio externo da subunidade II é o local onde o citocromo c se liga à citocromo c oxidase.

A subunidade III tem sete hélices transmembrânicas e fica completamente embutida na membrana. Ela não tem centros redox e pode ser removida artificialmente, sem perda da atividade catalítica. Sua função, *in vivo*, é estabilizar as subunidades I e II e ajudar a proteger os centros redox de reações inadequadas de oxidação-redução.

A Figura 14.19 mostra a sequência de transferências de elétrons no complexo IV. O citocromo c se liga à subunidade II e transfere um elétron ao sítio Cu_A. O par de íons cobre nesse sítio pode aceitar e doar um elétron por vez, de modo bem semelhante ao centro de Fe-S. A oxidação completa de O_2 necessita de quatro elétrons. Assim, quatro moléculas de citocromo c precisam se ligar e transferir cada uma, sequencialmente, um elétron ao centro redox Cu_A.

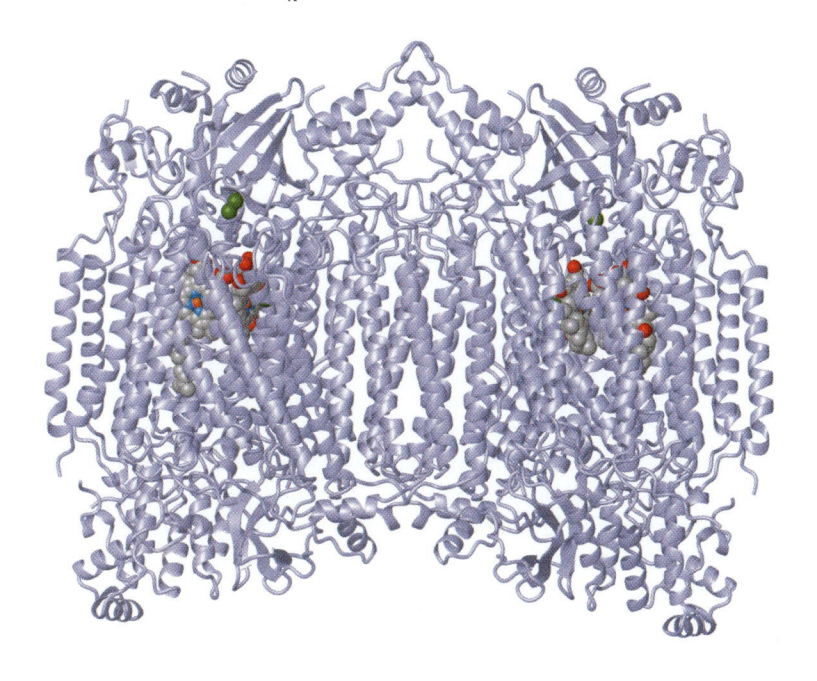

◄ **Figura 14.17**
Estrutura do complexo IV de mitocôndria de vaca (*Bos taurus*). O complexo consiste em duas unidades funcionais da citocromo c oxidase. Cada uma delas é composta de 13 subunidades, com múltiplas α-hélices que atravessam a membrana [PDB 1OCC].

Os elétrons são transferidos, um de cada vez, do sítio Cu_A para um grupo prostético heme a na subunidade I. Daí são transferidos ao centro binuclear heme a_3–Cu_B. Os dois grupos heme (a e a_3) têm estruturas idênticas, mas diferem nos potenciais-padrão de redução, por causa do microambiente local formado pelas cadeias laterais dos aminoácidos que os circundam na subunidade I. Os elétrons podem se acumular no centro binuclear, enquanto o ferro do heme alterna entre os estados Fe^{3+} e Fe^{2+} e o cobre passa de Cu^{2+} para Cu^{+}. O mecanismo detalhado da redução do oxigênio molecular no centro binuclear é assunto de ativas pesquisas em diversos laboratórios. A primeira etapa envolve a quebra rápida do oxigênio molecular. Um dos átomos se liga ao átomo de ferro no grupo heme a_3, e o outro se liga ao átomo de cobre. A protonação e a transferência de elétrons subsequentes resultam na liberação de uma molécula de

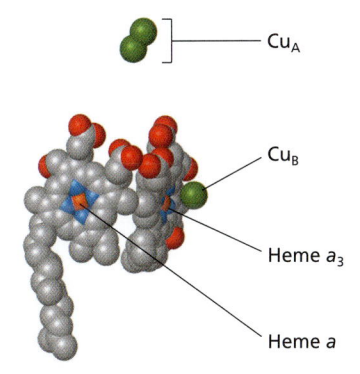

▲ **Figura 14.18**
Centros redox na citocromo c oxidase. Organização dos cofatores heme e cobre em uma das unidades da citocromo c oxidase [PDB 1OCC].

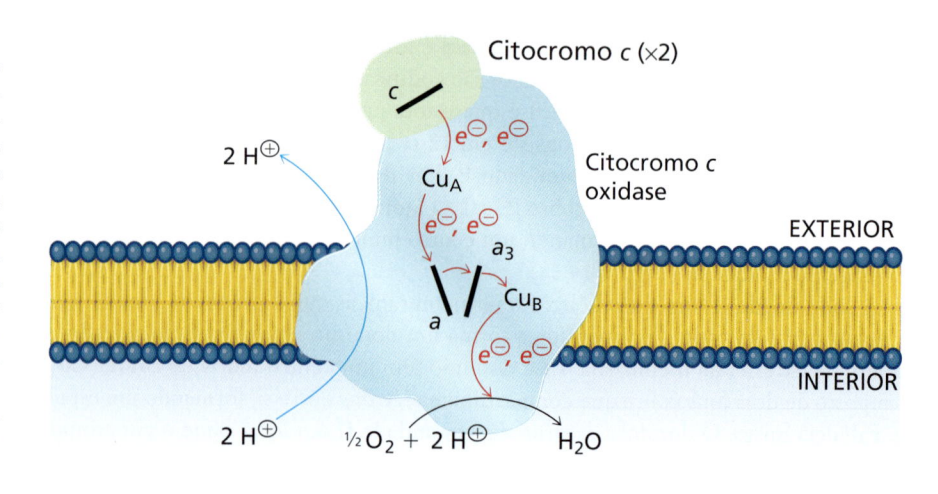

▶ Figura 14.19
Transferência de elétrons e fluxo de prótons no complexo IV. Os átomos de ferro dos grupos heme nos citocromos *a* e os átomos de cobre são oxidados e reduzidos, à medida que os elétrons fluem do citocromo *c* para o oxigênio. O transporte de elétrons através do complexo IV é acoplado à transferência de prótons através da membrana. O diagrama mostra a estequiometria para a transferência de um par de elétrons, como nas figuras anteriores. Na verdade, a reação envolve a transferência de quatro elétrons a uma molécula de O_2 para formar duas moléculas de água.

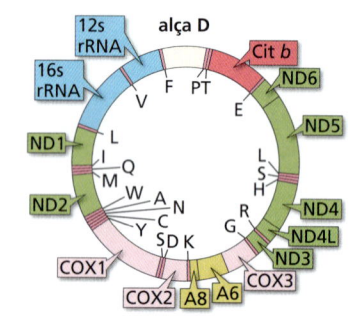

▲ Figura 14.20
Genoma mitocondrial. Os genomas mitocondriais são moléculas de DNA de fita dupla, pequenas e circulares. Elas contêm genes dos RNAs ribossômicos (12S rRNA, 16S rRNA) e tRNAs (identificados segundo os aminoácidos que carregam). O genoma mitocondrial humano, mostrado aqui, tem apenas 16.589 pb e codifica somente poucas subunidades dos complexos de transporte de elétrons. Os genes das subunidades do complexo I estão em verde, uma subunidade do complexo III está em roxo, as subunidades do complexo IV estão em rosa e as do complexo V, em amarelo. A alça D é uma região muito variável, necessária para a replicação do DNA. Sequências dessa região foram usadas para rastrear a evolução dos humanos modernos e forneceram as primeiras evidências de que todos nós descendemos de uma população da África.

água do sítio do cobre, seguida pela liberação de uma segunda molécula de água do ligante ferro. A reação completa requer a absorção de quatro prótons do lado interno da membrana:

$$O_2 + 4e^- + 4 H^+_{int} \longrightarrow 2 H_2O \tag{14.12}$$

O sítio onde o oxigênio é reduzido fica no interior da proteína, no meio da bicamada lipídica da membrana. Os prótons, carregados, não conseguem acessar esse sítio por difusão passiva; em vez disso, a enzima tem um canal que vai do interior da membrana até o sítio ativo. Esse canal é repleto de moléculas de água, formando uma fila que troca prótons rapidamente, o que tem como resultado o movimento dos prótons ao longo desse "fio de água".

As reações da citocromo *c* oxidase são acopladas à transferência de prótons através da membrana. Para cada elétron que passa do citocromo *c* para o produto final (H_2O), um próton é transportado. Os prótons se movem através do canal cheio de água no complexo IV, e esse movimento é impulsionado por mudanças conformacionais na enzima à medida que o oxigênio é reduzido. A estequiometria da reação completa catalisada pelo complexo IV é:

$$4 \text{ cit } c^{2+} + O_2 + 8 H^+_{int} \longrightarrow 4 \text{ cit } c^{3+} + 2 H_2O + 4 H^+_{ext} \tag{14.13}$$

O complexo IV contribui para o gradiente de prótons que irá impulsionar a síntese de ATP. Para cada par de elétrons que passa por esse complexo, são transportados dois prótons. Lembre-se de que o complexo I e o complexo III transferem, cada um, quatro prótons por cada par de elétrons. Portanto, o sistema de transporte de elétrons associado a membranas bombeia dez prótons através da membrana por cada molécula de NADH oxidada.

Os genes que codificam as várias subunidades dos complexos mitocondriais podem estar no núcleo ou na mitocôndria, dependendo da espécie. Os genes das subunidades da citocromo *c* oxidase são encontrados sempre no genoma mitocondrial (Figura 14.20).

14.9 Complexo V: ATP sintase

O complexo V é a ATP sintase. Ele catalisa a síntese de ATP a partir de ADP + P_i em uma reação impulsionada pelo gradiente de prótons gerado durante o transporte de elétrons associado a membranas. A ATP sintase é uma ATPase de tipo F específica, chamada F_0F_1 ATPase, em função da reação inversa. A despeito de seu nome, essa ATPase tipo F é responsável pela *síntese* do ATP, e não por sua hidrólise. A enzima fica embutida na membrana e tem uma estrutura característica de "botão e haste", que tem sido observada em micrografias eletrônicas há mais de meio século (Figura 14.21).

O componente F_1 (botão) contém as subunidades catalíticas; quando liberado de preparações de membranas, ele catalisa a hidrólise do ATP. Por essa razão, tem sido tradicionalmente chamado de F_1ATPase. Essa parte da enzima se projeta para dentro da matriz mitocondrial nos eucariontes e para o interior do citoplasma nas bactérias (a ATP sintase também é encontrada nas membranas dos cloroplastos, como veremos no próximo capítulo). O componente F_0 (haste) fica embutido na membrana. Ele tem um canal de prótons que atravessa a membrana; a passagem dos prótons através desse canal, de fora para dentro da mitocôndria, é acoplada à formação de ATP pelo componente F_1.

Imagens da ATP sintase obtidas recentemente por criomicroscopia eletrônica revelaram detalhes de sua estrutura completa. Essas imagens podem ser correlacionadas com estruturas obtidas por cristalografia de raios X dos vários componentes (Figura 14.22).

A composição em subunidades do componente F_1 (botão) é $\alpha_3\beta_3\gamma\delta\varepsilon$, e a do componente de membrana F_0 é $a_1b_2c_{10-14}$. As subunidades c de F_0 interagem para formar uma base cilíndrica na membrana. O centro da estrutura de F_1 (botão) é formado por três cópias de cada uma das subunidades α e β, arranjadas como um hexâmero cilíndrico. Os sítios de ligação a nucleotídeos ficam em fendas entre as subunidades α e β. Assim, os sítios de ligação são separados em 120° na superfície do cilindro $\alpha_3\beta_3$. O sítio catalítico da síntese de ATP é formado, principalmente, por resíduos de aminoácidos da subunidade β.

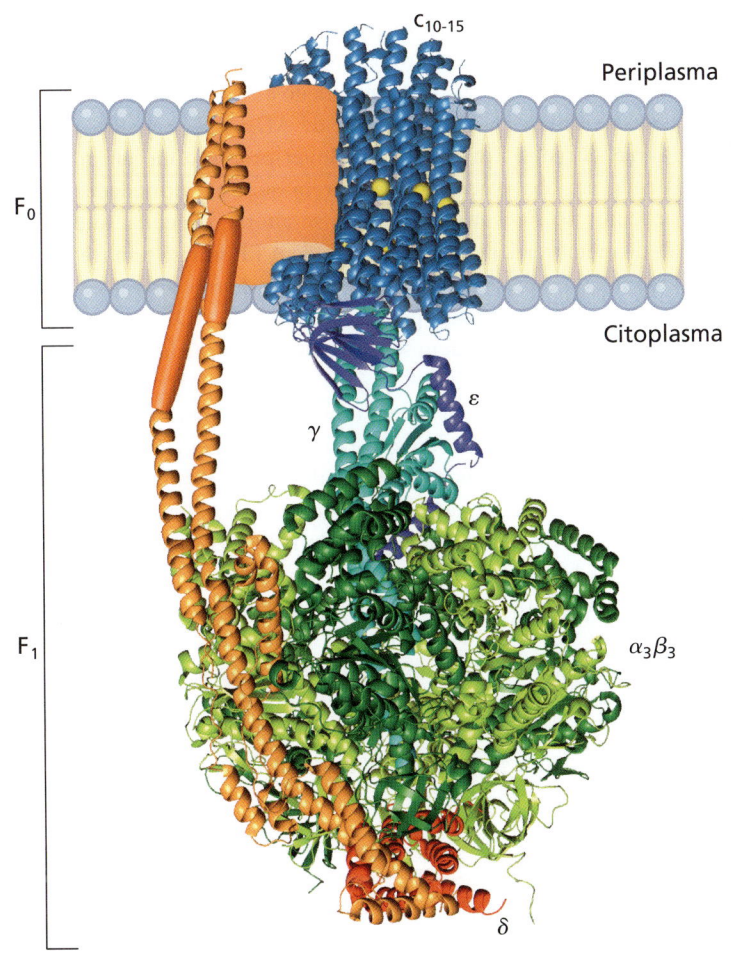

▲ **Figura 14.21**
Botões e hastes. As membranas mitocondriais internas são recobertas com estruturas que parecem botões que se projetam para dentro da matriz mitocondrial no final de pequenas hastes embutidas na membrana.

▲ **Figura 14.22**
Estrutura da ATP sintase. O componente F_1 fica no lado interno da membrana. O componente F_0, que atravessa a membrana, forma um canal de prótons na interface entre as subunidades a e c. A passagem dos prótons através desse canal faz com que a subunidade c (rotor, em azul) gire em relação às subunidades a e b (estator, em laranja). O torque dessas rotações é transmitido à F_1, onde é usado para impulsionar a síntese de ATP, à medida que a subunidade γ (azul-esverdeado) gira dentro da cabeça formada pelas subunidades α e β (verde). (A subunidade ε é parte da haste; ela fica atrás da subunidade γ nesta imagem.) (Modificado de von Ballmoos et al., 2009.)

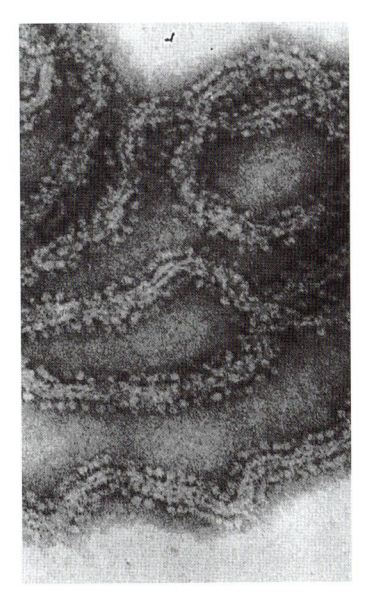

O oligômero $\alpha_3\beta_3$ da F_1 é ligado às subunidades transmembrânicas c por uma haste formada pelas subunidades γ e ε. A unidade c-ε-γ forma um "rotor" que gira dentro da membrana. A rotação da subunidade γ no interior do hexâmero $\alpha_3\beta_3$ altera a conformação das subunidades β, abrindo e fechando os sítios ativos. As subunidades a, b e δ formam um braço que também liga o componente F_0 ao oligômero $\alpha_3\beta_3$. Essa unidade a-b-δ-$\alpha_3\beta_3$ é chamada "estator" (nome dado à parte fixa de um motor elétrico). A passagem de prótons através do canal na interface entre as subunidades a e c faz o conjunto rotor girar em uma direção, relativamente ao estator. A estrutura inteira é, com frequência, chamada de motor molecular.

Há 10-14 subunidades c no anel c na base do rotor. O número de subunidades depende da espécie; leveduras e *E. coli* têm um anel com 10 subunidades, mas plantas e animais têm até 14 subunidades. Há boas evidências de que a rotação de cada subunidade c pelo estator seja impulsionada pelo transporte de um só próton. A rotação da subunidade γ do componente F_1 ocorre em etapas, em cada uma das quais há uma rotação de 120°. À medida que o anel c gira, ele torce o eixo γ até que haja tensão suficiente para fazer com que ela se desloque para a próxima posição no hexâmero $\alpha_3\beta_3$. Se o anel c tiver 10 subunidades, então uma rotação completa exigirá o transporte de 10 prótons, resultando na produção de três moléculas de ATP, mas a estequiometria exata ainda não foi estabelecida. Os resultados de vários experimentos indicam que, em média, três prótons precisam ser transportados para cada molécula de ATP sintetizada e esse é o valor que usaremos no resto deste livro. Ele sugere que é necessário o transporte de apenas nove prótons para uma rotação completa do anel c.

O mecanismo da síntese de ATP a partir de ADP e P_i tem sido alvo de intensa pesquisa por várias décadas. Em 1979, Paul Boyer propôs o mecanismo da mudança de ligação, baseado em observações que sugerem que as propriedades de ligação de substratos e produtos ao sítio ativo poderiam se alterar à medida que os prótons se movem através da membrana. O oligômero $a_3\beta_3$ da ATP sintase tem três sítios catalíticos. Em dado momento, cada sítio pode estar em uma de três diferentes conformações: (1) aberta – ATP recém-sintetizado pode ser liberado e ADP + P_i podem ligar; (2) frouxa – ADP + P_i ligados não podem ser liberados; (3) fechada – ATP é ligado muito fortemente e a condensação de ADP + P_i é favorecida. Os três sítios passam sequencialmente por essas conformações à medida que a subunidade γ gira dentro do botão $a_3\beta_3$. A velocidade dessa reação é comparável à de muitas enzimas. O rotor gira a dez revoluções por segundo, produzindo 30 moléculas de ATP nesse tempo. Números de renovação típicos de enzimas (k_{cat}) estão na faixa de 100-1.000 reações por segundo.

Acredita-se que a formação e a liberação de ATP ocorrem nas seguintes etapas, resumidas na Figura 14.23:

1. Uma molécula de ADP e uma de P_i se ligam a um sítio aberto.
2. A rotação do eixo γ faz cada um dos três sítios catalíticos alterar sua conformação. A conformação aberta (contendo os recém-ligados ADP e P_i) torna-se um sítio frouxo. Este, já preenchido, torna-se um sítio fechado. O sítio que contém o ATP torna-se um sítio aberto.
3. O ATP é liberado do sítio aberto e ADP e P_i se condensam para formar ATP no sítio fechado.

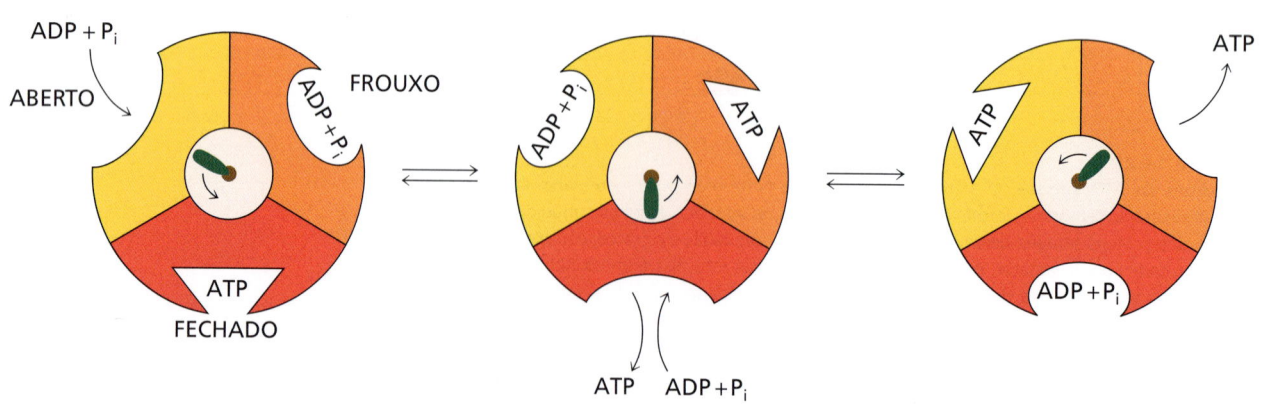

> As V-ATPases têm estrutura semelhante. Elas usam a hidrólise do ATP para impulsionar a importação de prótons para dentro das vesículas ácidas (vacúolos). Essa é a reação inversa da catalisada pela ATP sintase.

▼ **Figura 14.23**
Mecanismo de mudança de ligação da ATP sintase. As diferentes conformações dos três sítios catalíticos estão indicadas por formas diferentes. Na conformação aberta, ADP e P_i se ligam ao sítio amarelo. À medida que o eixo γ gira no sentido anti-horário (visto da extremidade citoplasmática/matricial do componente F_1), o sítio amarelo passa para uma conformação frouxa, na qual ADP e P_i estão mais firmemente ligados. No estágio seguinte da rotação, o sítio amarelo passa para uma conformação fechada e o ATP é sintetizado. Enquanto isso, o sítio que tinha o ATP firmemente ligado (fechado) torna-se um sítio aberto, e o outro, frouxo, contendo outras moléculas de ADP e P_i, tornou-se fechado. O ATP é liberado do sítio aberto e sintetizado no sítio fechado.

> **QUADRO 14.2 Fuga de próton e produção de calor**
>
> A fuga, ou vazamento, de prótons parece ser um grande consumidor de energia livre nos mamíferos. Em um mamífero adulto em repouso, cerca de 90% do consumo de oxigênio ocorre nas mitocôndrias e cerca de 80% dele está associado à síntese de ATP. Estimativas quantitativas indicam que o ATP produzido pelas mitocôndrias é usado para síntese de proteínas (quase 30% do ATP disponível), para o transporte ativo de íons pela Na–K$^{\oplus}$ ATPase e pela Ca$^{2\oplus}$ ATPase (de 25% a 35%), para gliconeogênese (até 10%) e para outros processos metabólicos, inclusive a geração de calor. Uma quantidade significativa da energia proveniente da oxidação não é usada para a síntese de ATP. Nos mamíferos em repouso, pelo menos 20% do oxigênio consumido pelas mitocôndrias é desacoplado pelo vazamento mitocondrial de prótons, o qual produz calor diretamente, sem uso aparente.
>
> A geração de calor nos animais recém-nascidos e naqueles em fase de hibernação é um exemplo especial de desacoplamento deliberado da translocação de prótons e síntese de ATP. Esse desacoplamento fisiológico ocorre no tecido adiposo marrom, cuja cor é devida às suas muitas mitocôndrias. Esse tecido é abundante nos animais recém-nascidos e nas espécies que hibernam. A energia livre do NADH não é conservada sob a forma de ATP, mas sim perdida como calor porque a oxidação é desacoplada da fosforilação. O desacoplamento se deve à proteína desacopladora 1 (UCP1, termogenina), que forma um canal para a reentrada de prótons na matriz mitocondrial. Quando a UCP1 está ativa, a energia livre liberada pelo movimento dos prótons é dissipada como calor, elevando a temperatura corporal do animal.

A evidência mais forte de que a ATP sintase é um motor rotatório foi obtida usando-se um complexo $\alpha_3\beta_3\gamma$ imobilizado em uma placa de vidro e modificado pela ligação de um filamento fluorescente de actina (Figura 14.24). A rotação de moléculas isoladas foi observada por microscopia, na presença de ATP. Nesse experimento, a subunidade γ marcada com o filamento fluorescente gira dentro do oligômero $\alpha_3\beta_3$ em resposta à hidrólise do ATP. Essa rotação ocorre no sentido anti-horário, como mostrado na Figura 14.24. Observe que a rotação impulsionada pela hidrólise de ATP ocorre na direção oposta à observada quando a rotação é impulsionada pelo gradiente de prótons e o ATP é sintetizado. A rotação do eixo γ se dá por incrementos de 120°, ocorrendo um passo para cada molécula de ATP hidrolisada. Em condições ideais, foram observadas velocidades de mais de 130 rotações por segundo. Essa é a velocidade esperada com base na velocidade medida para a hidrólise do ATP. Ela é muito maior do que a velocidade de rotação que ocorre na síntese de ATP *in vivo*.

▲ **Figura 14.24**
Demonstração da rotação de uma molécula de ATP sintase. Complexos $\alpha_3\beta_3$ foram presos a uma lamínula de vidro, e a subunidade γ foi ligada a um longo braço de proteína fluorescente. Os braços fluorescentes giram quando o ATP é adicionado. [Adaptado de Noji H, Yasuda R, Yoshida ME Kinosita K Jr.; Direct observation of rotation of F$_1$-ATPase. Nature, 1997; 386:299-302.]

14.10 Transporte ativo de ATP, ADP e P$_i$ através da membrana mitocondrial

Grande parte de todo o ATP sintetizado nas células eucariontes é feito nas mitocôndrias. Essas moléculas precisam ser exportadas, pois a maior parte delas é usada no citoplasma. Um transportador ativo é necessário para permitir que o ADP entre e o ATP saia da mitocôndria, porque a membrana mitocondrial interna é impermeável a substâncias carregadas. Esse transportador é chamado adenina nucleotídeo translocase: ele troca ATP mitocondrial por ADP citossólico (Figura 14.25). Normalmente, os nucleotídeos de adenina são complexados com Mg$^{2\oplus}$, mas esse não é o caso quando eles são transportados através da membrana. A troca entre ADP$^{3\ominus}$ e ATP$^{4\ominus}$ provoca a perda de uma carga líquida de −1 na matriz. Esse tipo de troca se aproveita do componente elétrico da força próton-motriz ($\Delta\Psi$), e parte da energia livre do gradiente de concentração de prótons é gasta para impulsionar esse processo de transporte.

A formação de ATP a partir de ADP e de P$_i$ na matriz mitocondrial também requer um transportador de fosfato para importar P$_i$ do citosol. O fosfato (H$_2$PO$_4^{\ominus}$) é transportado para dentro da mitocôndria em simporte, eletricamente neutro, com H$^{\oplus}$ (Figura 14.25). O carreador de fosfato não utiliza o componente elétrico da força próton-motriz, mas a diferença de concentração, ΔpH. Assim, os dois transportadores necessários para a formação de ATP utilizam a mesma força próton-motriz gerada pela translocação de prótons. O custo energético total de transportar ATP para fora da matriz e ADP e P$_i$ para dentro dela é, aproximadamente, equivalente ao influxo de um próton. Portanto, a síntese de uma molécula de ATP citoplasmático pela ATP

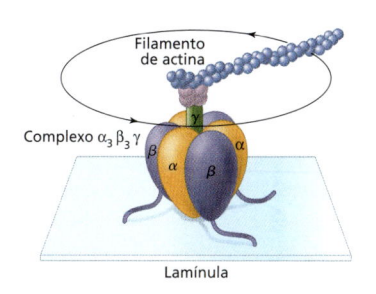

CONCEITO-CHAVE

A energia química da força próton-motriz é convertida em energia mecânica, fazendo com que o rotor da ATP sintase gire.

O transporte ativo por ATPases foi discutido na Seção 9.11D.

sintase requer a entrada líquida de quatro prótons do espaço intermembrânico, um para transporte e três que passam por meio do componente F_0 da ATP sintase. Bactérias não necessitam transportar ATP nem ADP através de uma membrana; assim, seu gasto total com a síntese de ATP é menor do que o das células eucariontes.

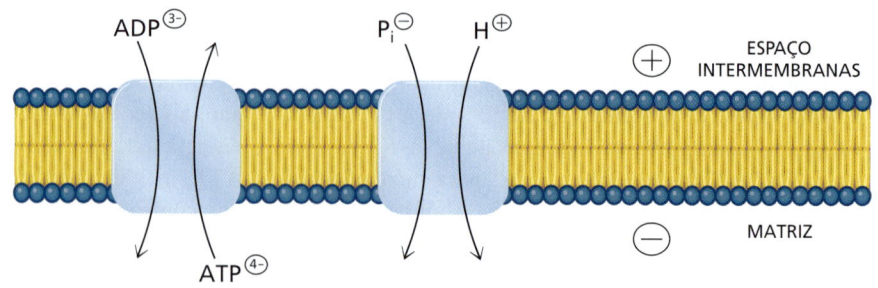

▶ **Figura 14.25**
Transporte de ATP, ADP e P_i através da membrana mitocondrial interna. A adenina nucleotídeo translocase executa a troca unidirecional de ATP por ADP (antiporte). Observe que o simporte de P_i e $H^\oplus$ é eletroneutro.

14.11 A razão P/O

Antes da proposição da teoria quimiosmótica, muitos pesquisadores estavam em busca de um intermediário de "alta energia" capaz de formar ATP por transferência direta de um grupo fosforila. Eles consideravam que cada um dos complexos I, III e IV contribuía para a formação de ATP na base de uma estequiometria de 1 para 1. Atualmente sabemos que a transdução de energia ocorre por geração e consumo de um gradiente de concentração de prótons. O rendimento em ATP de cada complexo de transporte de elétrons translocador de prótons não precisa ser equivalente, nem o rendimento de ATP por molécula de substrato oxidado precisa ser um número inteiro.

Vários complexos de transporte de elétrons associado a membranas diferentes contribuem, simultaneamente, para o gradiente de concentração de prótons. Esse reservatório comum de energia é utilizado por vários complexos de ATP sintase. Vimos nas seções anteriores que a formação de uma molécula de ATP a partir de ADP e P_i, catalisada pela ATP sintase, exige a passagem ativa de cerca de três prótons, e que mais um é necessário para transportar P_i, ADP e ATP através da membrana interna.

Os primeiros bioquímicos que estudaram esses processos estavam interessados, principalmente, na relação entre o consumo de oxigênio (respiração) e a síntese de ATP (fosforilação). A razão P/O é a proporção entre as moléculas fosforiladas e os átomos de oxigênio reduzidos. São necessários dois elétrons para reduzir um átomo de oxigênio (1/2 O_2), de modo que nos interessa o número de prótons translocados por cada par de elétrons que passa pelos complexos I, III e IV. Quatro prótons são translocados pelo complexo I, quatro, pelo complexo III e dois, pelo complexo IV. Portanto, para cada par de elétrons que passa do NADH para o O_2 através desses complexos, um total de dez prótons é transportado por meio da membrana.

Como para cada molécula de ATP citoplasmático há quatro prótons que voltam através da membrana, a razão P/O é igual a $10 \div 4 = 2,5$. Para o succinato, essa razão é de apenas $6 \div 4 = 1,5$, pois os elétrons da oxidação do succinato não passam pelo complexo I. Esses valores calculados são próximos das razões P/O observadas em experimentos de medida da quantidade de O_2 reduzido, quando uma dada quantidade de ADP é fosforilada (Figura 14.3a). Lembre-se de que a energia total disponível nas reações de oxidação-redução é de 220 kJ mol^{-1} (Seção 14.4A), o que é mais do que suficiente para a síntese de 2,5 moléculas de ATP.

CONCEITO-CHAVE
A oxidação de uma molécula de NADH resulta na síntese de 2,5 moléculas de ATP. Em termos de moeda metabólica, uma molécula de NADH é igual a 2,5 equivalentes de ATP.

14.12 Mecanismos de transporte de NADH em eucariontes

O NADH é produzido por várias reações distintas, especialmente por aquelas catalisadas pela gliceraldeído 3-fosfato desidrogenase durante a glicólise e as do ciclo do ácido cítrico. O NADH pode ser usado diretamente em reações de biossíntese, como a síntese de aminoácidos e a gliconeogênese (quando a gliceraldeído 3-fosfato desidrogenase atua na direção oposta).

O excesso de NADH é usado para produzir ATP pelo processo descrito neste capítulo. Nas bactérias, a oxidação do NADH oriundo de todas as fontes é rapidamente feita, pois o sistema de transporte de elétrons associado a membranas fica embutido na membrana plasmática, e sua superfície interna fica exposta ao citosol. Nas células eucariontes, por outro lado, as únicas moléculas de NADH que têm acesso direto ao complexo I são as encontradas na matriz mitocondrial. Este não constitui um problema para os equivalentes redutores produzidos no ciclo do ácido cítrico porque essa via ocorre nas mitocôndrias. No entanto, os equivalentes redutores produzidos pela glicólise no citosol precisam entrar nas mitocôndrias para poder alimentar a síntese de ATP. Como nem NADH nem $NAD^\oplus$ são capazes de se difundir através da membrana mitocondrial interna, os equivalentes redutores precisam entrar nas mitocôndrias por mecanismos de transporte. A lançadeira do glicerol fosfato e a do malato-aspartato são vias pelas quais uma coenzima reduzida no citosol transfere seu poder redutor a uma molécula mitocondrial que, assim, se torna um substrato para a cadeia de transporte de elétrons.

A lançadeira (*shuttle*, em inglês) do glicerol fosfato (Figura 14.26) é importante nos músculos de voo dos insetos, que mantêm velocidades muito altas de síntese de ATP. Ela está presente também, em menor extensão, na maioria das células dos mamíferos. Duas glicerol 3-fosfato desidrogenases são necessárias: uma enzima citossólica dependente de $NAD^\oplus$ e um complexo de desidrogenase embutido na membrana, que contém um grupo prostético FAD e tem um sítio de ligação ao substrato na face externa da membrana mitocondrial interna. No citosol, o NADH reduz a di-hidroxiacetona fosfato em uma reação catalisada pela glicerol 3-fosfato desidrogenase citossólica.

> Uma versão simplificada da lançadeira do malato-aspartato está descrita na Seção 13.4.

$$NADH + H^\oplus + \underset{\text{Di-hidroxiacetona fosfato}}{O=C(CH_2OH)(CH_2OPO_3^{2-})} \underset{\text{desidrogenase}}{\overset{\text{Glicerol 3-fosfato}}{\rightleftarrows}} \underset{\text{Glicerol 3-fosfato}}{HO-C(H)(CH_2OH)(CH_2OPO_3^{2-})} + NAD^\oplus$$

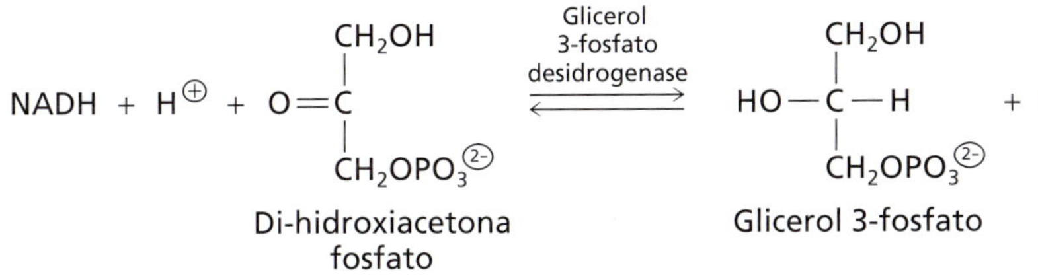

(14.14)

O glicerol 3-fosfato é, então, reconvertido a di-hidroxiacetona fosfato pelo complexo de desidrogenase da membrana, e dois elétrons são transferidos ao grupo prostético FAD da enzima. O $FADH_2$ transfere dois elétrons ao carreador móvel Q, que, em seguida, leva os elétrons para a ubiquinol:citocromo *c* oxidorredutase (complexo III). A oxidação dos equivalentes de NADH citossólico por essa via produz menos energia (1,5 ATP por molécula de NADH citossólico) do que a oxidação do NADH mitocondrial porque os equivalentes redutores introduzidos pela lançadeira não passam pela NADH:ubiquinona oxidorredutase (complexo I).

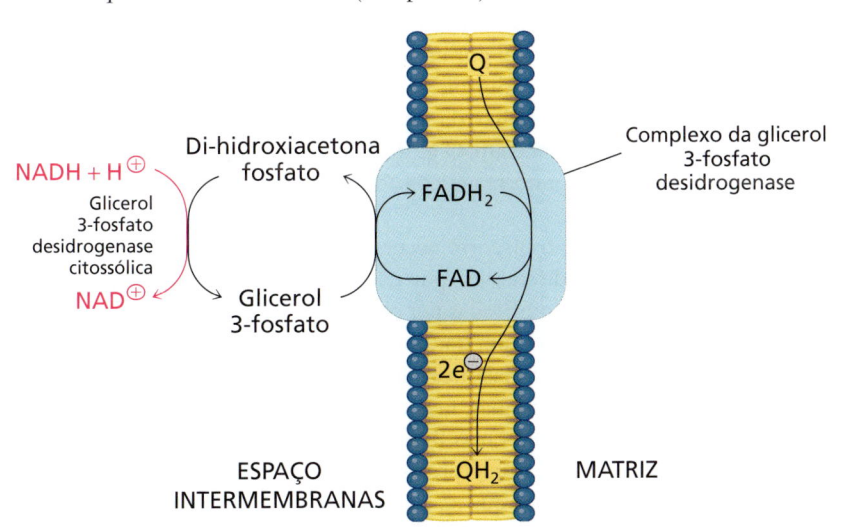

◄ **Figura 14.26**
Lançadeira do glicerol fosfato. O NADH citossólico reduz a di-hidroxiacetona fosfato a glicerol 3-fosfato em uma reação catalisada pela glicerol 3-fosfato desidrogenase citossólica. A reação inversa é catalisada por uma flavoproteína integral de membrana, que transfere elétrons para a ubiquinona.

▶ **Figura 14.27**
Lançadeira do malato-aspartato. O NADH no citosol reduz oxaloacetato a malato, que é transportado para dentro da matriz mitocondrial. A reoxidação do malato gera NADH, que pode transferir elétrons à cadeia de transporte de elétrons. Para que o ciclo de transporte fique completo são necessárias as atividades das aspartato transaminases mitocondrial e citossólica.

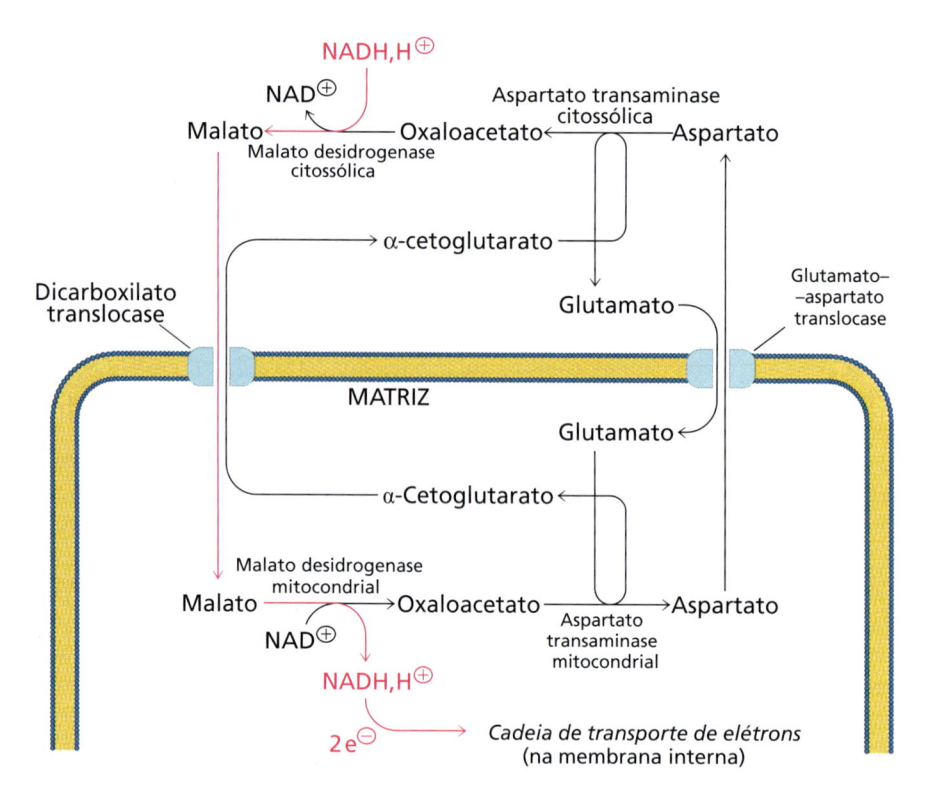

▲ **Outro tipo de lançadeira (*shuttle*).** Este requer uma grande quantidade de energia.

A lançadeira do malato-aspartato é mais comum. Ela necessita das versões citossólicas da malato desidrogenase, a mesma enzima usada para converter malato citossólico em oxaloacetato na gliconeogênese. A reação inversa é necessária à lançadeira do malato-aspartato. O funcionamento dessa lançadeira está esquematizado na Figura 14.27. O NADH no citosol reduz oxaloacetato a malato em uma reação catalisada pela malato desidrogenase citossólica. O malato entra na matriz mitocondrial através da dicarboxilato translocase, na troca eletroneutra com α-cetoglutarato. Dentro da mitocôndria, a versão da malato desidrogenase do ciclo do ácido cítrico catalisa a reoxidação do malato a oxaloacetato, com redução do $NAD^\oplus$ mitocondrial a NADH. Este é então oxidado pelo complexo I da cadeia de transporte de elétrons associada a membranas.

A operação contínua da lançadeira necessita da volta do oxaloacetato ao citosol, mas ele não pode ser transportado diretamente através da membrana mitocondrial interna. Na verdade, o oxaloacetato reage com o glutamato, em uma reação reversível catalisada pela aspartato transaminase mitocondrial (Seção 17.7C). Essa reação transfere um grupo amino ao oxaloacetato, produzindo aspartato e α-cetoglutarato. Cada molécula de α-cetoglutarato deixa a mitocôndria através da dicarboxilato translocase, trocada pelo malato. O aspartato sai por meio da glutamato-aspartato translocase, em troca do glutamato. Uma vez no citosol, o aspartato e o α-cetoglutarato tornam-se substratos para uma forma citossólica da aspartato transaminase, que catalisa a formação de glutamato e de oxaloacetato. O glutamato volta à mitocôndria em antiporte com o aspartato, e o oxaloacetato reage com outra molécula de NADH citossólico, repetindo o ciclo.

Esse sistema complexo de transporte necessita de várias enzimas com versões citoplasmática e mitocondrial diferentes (por exemplo, malato desidrogenase). Como regra geral, essas enzimas são codificadas por genes distintos, porém relacionados, que se originaram de um ancestral comum por um evento de duplicação do gene antigo. A compartimentalização das vias metabólicas nas células eucariontes dá a elas algumas vantagens sobre as células bacterianas, mas exige mecanismos para a movimentação dos metabólitos através das membranas internas. Parte do custo da compartimentalização é a duplicação de enzimas que precisam estar presentes em vários compartimentos. Isso explica, em parte, por que os genomas eucariontes têm tantas famílias de genes relacionados, enquanto os bacterianos, em geral, têm apenas uma cópia. Uma

> **QUADRO 14.3 O alto custo da vida**
>
> O adulto ativo médio necessita de cerca de 2.400 quilocalorias (10.080 kJ) por dia. Se toda essa energia fosse traduzida em equivalentes de ATP, corresponderia à hidrólise de 210 moles de ATP por dia (considerando que a energia livre de Gibbs para a hidrólise seja de 48 kJ mol^{-1}), o que é, aproximadamente, igual a 100 kg de ATP ($M_r = 507$).
>
> Todas essas moléculas de ATP teriam que ser sintetizadas, e a via mais comum para isso é a síntese de ATP impulsionada pelos gradientes de prótons mitocondriais. O valor calculado e o valor medido sugerem que uma pessoa produz, em média, 9×10^{20} moléculas de ATP por segundo, ou 78×10^{24} por dia; ou seja, 130 moles ou 66 kg de ATP.
>
> Logo, um percentual significativo de nosso consumo de calorias é convertido em gradiente de prótons mitocondrial, a fim de impulsionar a síntese de ATP. Esses cálculos também nos dizem que as moléculas de ATP são recicladas muito rapidamente, pois nosso corpo não contém 66 kg de ATP.
>
> Rich P. The cost of living. Nature, 2003; 421, 583.

das características marcantes da sequência do genoma humano é a presença de várias famílias de genes desse tipo. Outra descoberta importante é a presença de centenas de genes envolvidos na translocação de moléculas através das membranas. A dicarboxilato translocase e a glutamato-aspartato translocase descritas aqui (Figura 14.27) são exemplos de proteínas de transporte.

14.13 Outros aceptores e doadores finais de elétrons

Até aqui, consideramos apenas NADH e succinato como fontes importantes de elétrons no transporte de elétrons associado a membranas. Esses compostos reduzidos são derivados, principalmente, de reações catabólicas de oxidação-redução, como as da glicólise e do ciclo do ácido cítrico. Você pode imaginar que, no fundo, a fonte de toda glicose é a via biossintética nos organismos fotossintéticos. Os elétrons nas ligações químicas da glicose foram colocados lá pela energia luminosa; portanto, em última análise, a energia da luz solar é o que promove a síntese de ATP nas mitocôndrias.

Esse é um retrato razoavelmente preciso do fluxo de energia na biosfera moderna, mas não explica como a vida se manteve antes que surgisse a fotossíntese. Esta constitui não só uma fonte abundante de compostos de carbono, mas é responsável igualmente pelo aumento do nível de oxigênio na atmosfera. Como veremos no próximo capítulo, a fotossíntese também necessita de um sistema de transporte de elétrons associado a membranas acoplado à síntese de ATP. É bastante provável que o transporte de elétrons respiratório, como descrito neste capítulo, tenha surgido antes da fotossíntese. Provavelmente já havia vida em nosso planeta centenas de milhões de anos antes que a fotossíntese se tornasse algo comum.

Qual era a fonte principal de energia antes da luz solar? Temos uma ideia bastante boa de como o metabolismo funcionava nos primórdios porque ainda hoje há bactérias quimioautótrofas vivas. Essas espécies não necessitam de moléculas orgânicas como fonte de carbono ou de energia; elas também não captam a luz solar.

Os quimioautótrofos tiram sua energia da oxidação de compostos inorgânicos, como H_2, NH_4^+, NO_2^-, H_2S, S ou Fe^{2+}. Essas moléculas servem como fonte direta de elétrons energéticos no transporte de elétrons associado a membranas. Os aceptores finais de elétrons podem ser O_2, fumarato ou uma infinidade de outras moléculas. À medida que os elétrons passam pela cadeia de transporte, uma força próton-motriz é gerada e o ATP é sintetizado. Um exemplo desse tipo de via é apresentado na Figura 14.28.

Nesse exemplo, o doador de elétrons é o hidrogênio. Uma hidrogenase ligada à membrana oxida hidrogênios, formando prótons. Essas hidrogenases são comuns em uma grande variedade de espécies de bactérias. Os elétrons passam através de complexos citocrômicos semelhantes aos do transporte de elétrons respiratórios. Na maioria das bactérias, a quinona móvel não é a ubiquinona, mas uma molécula relacionada, chamada menaquinona (Seção 7.15). A fumarato redutase catalisa a redução de fumarato a succinato utilizando menaquinona reduzida (MQH_2) como doador de elétrons.

A *E. coli* pode usar fumarato, em vez de oxigênio, como aceptor final de elétrons, quando cresce em condições anaeróbicas. A fumarato redutase é uma enzima de

▲ **Figura 14.28**
Uma das vias possíveis para síntese de ATP nas bactérias quimioautótrofas. O hidrogênio é oxidado por uma hidrogenase ligada à membrana, e os elétrons passam através de vários complexos citocrômicos de membrana. A transferência de elétrons é acoplada à translocação de prótons através da membrana, e a força próton-motriz resultante é usada para impulsionar a síntese de ATP. O aceptor final de elétrons é o fumarato, que é reduzido a succinato pela fumarato redutase.

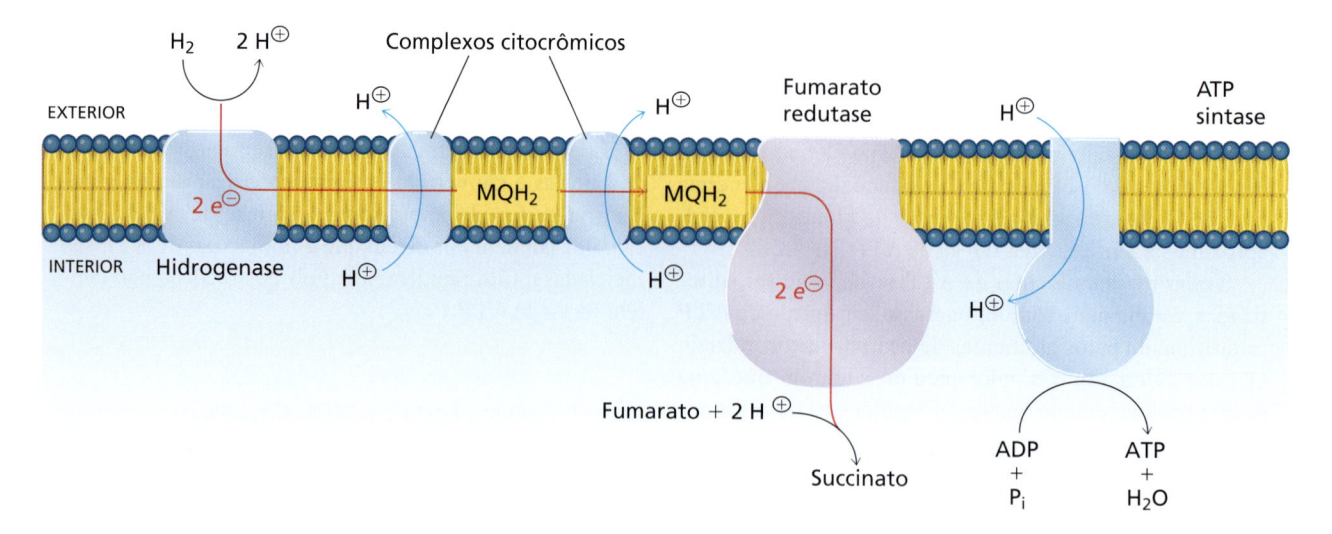

múltiplas subunidades embutida na membrana plasmática. Ela é homóloga à succinato desidrogenase; as duas enzimas catalisam uma reação muito similar, mas em direções diferentes. Na *E. coli*, essas duas enzimas não são expressas ao mesmo tempo e, *in vivo*, cada uma delas catalisa sua reação em apenas uma direção (aquela relacionada ao nome da enzima). Esse é um dos poucos casos em que os genomas bacterianos têm uma família de genes relacionados. Cada gene codifica uma versão ligeiramente diferente da mesma enzima.

Além de oxigênio e fumarato, nitrato, sulfato e várias outras moléculas inorgânicas podem servir como aceptores de elétrons. Há muitas combinações distintas de doadores e aceptores de elétrons e complexos de transporte de elétrons nas bactérias quimioautótrofas. O ponto importante é que essas bactérias extraem energia de compostos inorgânicos, em ausência de luz, e podem sobreviver sem oxigênio.

As bactérias quimioautótrofas representam estratégias metabólicas possíveis, que estiveram presentes em organismos muito antigos, mas ainda há bactérias modernas que crescem e se reproduzem na ausência de luz solar e de oxigênio, como as termófilas extremas descritas no Quadro 2.1 e espécies que vivem no subsolo profundo.

14.14 Ânion superóxido

Uma das consequências ruins do metabolismo do oxigênio é a produção de espécies reativas como o radical superóxido ($\cdot O_2^{\ominus}$), radicais hidroxila ($\cdot OH$) e peróxido de hidrogênio (H_2O_2). Todas essas espécies são altamente tóxicas às células. Elas são produzidas por flavoproteínas, quinonas e proteínas de ferro-enxofre. Quase todas as reações de transporte de elétrons produzem pequenas quantidades dessas espécies reativas, especialmente $\cdot O_2^{\ominus}$. Se um radical superóxido não for rapidamente removido pela superóxido dismutase, ele causará danos a proteínas e ácidos nucleicos.

Já falamos da superóxido dismutase como um exemplo de enzima com mecanismo controlado por difusão (Seção 6.4B). A reação geral catalisada por ela é a dismutação de dois ânions superóxido em peróxido de hidrogênio. Essa é uma reação extremamente rápida.

$$2 \cdot O_2^{\ominus} + 2 H^{\oplus} \longrightarrow H_2O_2 + O_2 \tag{14.15}$$

A rapidez desse processo é típica das reações de transferência de elétrons. Nesse caso, um íon cobre é o único agente de transferência de elétrons ligado à enzima. O cobre é reduzido pelo ânion superóxido ($\cdot O_2^{\ominus}$) e, em seguida, reduz outra molécula de $\cdot O_2^{\ominus}$. O peróxido de hidrogênio formado pode ser convertido em H_2O e O_2 pela ação da catalase.

$$2 H_2O_2 \longrightarrow 2 H_2O + O_2 \tag{14.16}$$

Algumas espécies de bactérias são anaeróbias obrigatórias. Elas morrem em presença de oxigênio, porque não conseguem eliminar as espécies reativas de oxigênio que aparecem como subprodutos das reações de oxidação-redução. Essas espécies não têm superóxido dismutase. Todas as espécies aeróbicas têm enzimas que inativam as moléculas reativas de oxigênio.

Resumo

1. A energia contida nas coenzimas reduzidas é recuperada sob a forma de ATP através do sistema de transporte de elétrons associado a membranas acoplado à síntese de ATP.

2. As mitocôndrias são envolvidas por uma membrana dupla. Os complexos de transporte de elétrons e a ATP sintase ficam embutidos na membrana interior, que tem muitas dobras.

3. A teoria quimiosmótica explica como a energia de um gradiente de prótons pode ser usada para sintetizar ATP. A energia livre associada à força próton-motriz é devida, principalmente, à diferença de cargas através da membrana.

4. Os complexos de transporte de elétrons I a IV contêm diversos polipeptídeos e cofatores. Os carreadores de elétrons são arranjados aproximadamente em ordem crescente de potencial de redução. Os carreadores móveis ubiquinona (Q) e citocromo c conectam as reações de oxidação-redução dos complexos.

5. A transferência de um par de elétrons do NADH para Q pelo complexo I contribui com quatro prótons para o gradiente de concentração de prótons.

6. O complexo II não contribui diretamente para o gradiente de concentração de prótons; ao contrário, ele fornece elétrons da oxidação do succinato para a cadeia de transporte de elétrons.

7. A transferência de um par de elétrons do QH_2 para o citocromo c pelo complexo III é acoplada ao transporte de quatro prótons pelo ciclo Q.

8. A transferência de um par de elétrons do citocromo c e a redução de $1/2\ O_2$ a H_2O pelo complexo IV contribuem com dois prótons para o gradiente.

9. Prótons voltam pela membrana por meio do complexo V (ATP sintase). O fluxo de prótons impulsiona a síntese de ATP a partir de ADP + P_i por meio de mudanças conformacionais produzidas pela operação de um motor molecular.

10. O transporte de ADP e P_i para dentro e de ATP para fora da matriz mitocondrial consome o equivalente a um próton.

11. A razão P/O, o rendimento em ATP por par de elétrons transferidos pelos complexos I a IV, depende do número de prótons movimentados. A oxidação do NADH mitocondrial gera 2,5 ATP; a oxidação do succinato gera 1,5 ATP.

12. O NADH citossólico pode contribuir para a fosforilação oxidativa quando seu poder redutor é transferido para a mitocôndria pela ação das lançadeiras.

13. A superóxido dismutase converte radicais superóxido em peróxido de hidrogênio, que é removido pela catalase.

Problemas

1. Em uma bactéria marinha típica, o potencial de membrana através da membrana interna é igual a –0,15 V. A força próton-motriz é igual a –21,2 kJ mol^{-1}. Se o pH no espaço periplasmático for igual a 6,35, qual será o pH no citoplasma, considerando que as células estejam a 25 °C?

2. Os átomos de ferro de seis citocromos diferentes na cadeia respiratória de transporte de elétrons participam de reações de transferência de um elétron e oscilam entre os estados de oxidação Fe(II) e Fe(III). Explique por que os potenciais de redução dos citocromos não são idênticos, mas variam de –0,10 V a +0,39 V.

3. Sistemas de transporte de elétrons funcionais podem ser reconstituídos a partir de componentes purificados da cadeia respiratória de transporte de elétrons e de partículas de membranas. Para cada um dos conjuntos de componentes a seguir, determine o aceptor final de elétrons. Considere que há O_2 presente.

    (a) NADH, Q, complexos I, III e IV.

    (b) NADH, Q, citocromo c, complexos II e III.

    (c) succinato, Q, citocromo c, complexos II, III e IV.

    (d) succinato, Q, citocromo c, complexos II e III.

4. Um gene identificado em seres humanos parece desempenhar um papel importante na eficiência com que as calorias são utilizadas. Foram, então, propostas drogas antiobesidade que regulem a quantidade de proteína desacopladora 2 (UCP-2), produzida por esse gene. A proteína UCP-2 está presente em vários tecidos humanos, e já foi demonstrado que ela é um transportador de prótons nas membranas mitocondriais. Explique como o aumento do teor da proteína UCP-2 poderia levar à perda de peso nos seres humanos.

5. (a) Quando Demerol (mepiridina), um analgésico amplamente receitado, é adicionado a uma suspensão de mitocôndrias que estão em processo de respiração, as proporções NADH/NAD$^\oplus$ e Q/QH$_2$ aumentam. Qual o complexo de transporte de elétrons inibido pelo Demerol?

    (b) Quando o antibiótico mixotiazol é adicionado a mitocôndrias que estão em processo de respiração, as proporções citocromo c_1(Fe^{3+})/citocromo c_1(Fe^{2+}) e citocromo b_{566}(Fe^{3+})/citocromo b_L(Fe^{2+}) aumentam. Em que ponto o mixotiazol inibe a cadeia de transporte de elétrons?

6. (a) A toxicidade do cianeto ($CN^{\ominus}$) resulta de sua ligação aos átomos de ferro do complexo citocrômico a,a_3 e a subsequente inibição do transporte de elétrons mitocondrial. Como esse complexo cianeto-ferro impede o oxigênio de aceitar elétrons da cadeia de transporte de elétrons?

   (b) Pessoas que foram expostas a cianeto podem receber nitritos, os quais são capazes de converter o Fe^{2+} presente na oxi-hemoglobina em Fe^{3+} (metemoglobina). Dada a afinidade do cianeto por Fe^{3+}, sugira como esse tratamento com nitrito poderia reduzir os efeitos do cianeto sobre a cadeia de transporte de elétrons.

7. A acil-CoA desidrogenase catalisa a oxidação dos ácidos graxos. Elétrons oriundos das reações de oxidação são transferidos ao FAD e entram na cadeia de transporte de elétrons via Q. O potencial de redução dos ácidos graxos nas reações catalisadas pela desidrogenase é igual a, aproximadamente, –0,05 V. Calcule as variações de energia livre para mostrar por que FAD (e não $NAD^{\oplus}$) é o oxidante preferencial.

8. Para cada um dos seguintes doadores de dois elétrons, indique o número de prótons transportados da mitocôndria, o número de moléculas de ATP sintetizadas e a razão P/O. Considere que, ao final, os elétrons passem para o O_2, NADH seja gerado na mitocôndria e que os sistemas de transporte de elétrons e fosforilação oxidativa sejam totalmente funcionais.

   (a) NADH

   (b) Succinato

   (c) Ascorbato/tetrametil-*p*-fenilenodiamina (doa dois elétrons para o citocromo *c*)

9. (a) Por que o transportador de nucleotídeos de adenina favorece o transporte para o exterior de ATP em relação ao de ADP?

   (b) Esse transporte de ATP tem um custo energético para a célula?

10. Atractilosídeo é um glicosídeo tóxico encontrado em um cardo da região do Mediterrâneo, que inibe especificamente o carreador de ADP/ATP. Por que o atractilosídeo provoca a inibição do transporte de elétrons também?

11. (a) Calcule a força próton-motriz através da membrana mitocondrial interna a 25 °C, quando a diferença de potencial é de –0,18 V (negativo no interior), o pH no exterior é igual a 6,7 e no interior é igual a 7,5.

    (b) Que percentual da energia é oriundo do gradiente químico (pH) e qual se origina do gradiente de carga?

    (c) Qual a energia livre total disponível para a fosforilação do ADP?

12. (a) Por que o NADH gerado no citosol e transportado para a mitocôndria pela lançadeira malato-aspartato produz menos moléculas de ATP do que o NADH gerado na própria mitocôndria?

    (b) Calcule o número de equivalentes de ATP produzidos pela oxidação completa de uma molécula de glicose a seis moléculas de CO_2 no fígado, quando a lançadeira malato-aspartato está operante. Considere condições aeróbicas e sistemas de transporte de elétrons e fosforilação oxidativa totalmente funcionais.

Leituras selecionadas

Mitocôndria

Mentel M e Martin W. Anaerobic animals from an ancient, anoxic ecological niche. BMC Biology. 2010; 8:32-38.

Taylor RW e Turnbull DM. Mitochondrial DNA mutations in human disease. Nature Reviews:Genetics. 2005; 6:390-402.

Teoria quimiosmótica

Lane N. Batteries not included. Nature. 2006; 441:274-277.

Mitchell P. Keilin's respiratory chain concept and its chemiosmotic consequences. Science. 1979; 206:1148-1159.

Mitchell P e Moyle J. Stoichiometry of proton translocation through the respiratory chain and adenosine triphosphatase systems of rat liver mitochondria. Nature. 1965; 208:147-151.

Schultz B e Chan SI. Structures and proton-pumping strategies of mitochondrial respiratory enzymes. Annu. Rev. Biophys. Biomol. Struct. 2001; 30:23-65.

Complexos de transporte de elétrons

Berry EA, Guergova-Kuras M, Huang L e Crofts AR. Structure and function of cytochrome bc complexes. Annu. Rev. Biochem. 2000; 69:1005-1075.

Brandt U. Energy converting NADH: quinone oxidoreductase (complex I). Annu. Rev. Biochem. 2006; 75:69-92.

Cecchini G. Function and structure of Complex II of the respiratory chain. Annu. Rev. Biochem. 2003; 72:77-100.

Clason T, Ruiz T, Schägger H, Peng G, Zickerman V, Brandt U, Michel H e Radermacher M. The structure of eukaryotic and prokaryotic complex I. J. Struct. Biol. 2010; 169:81-88.

Crofts AR. The cytochrome bc1 complex: function in the context of structure. Annu. Rev. Physiol. 2004; 66:689-733.

Hosler JP, Ferguson-Miller S e Mills DA. Energy transduction: proton transfer through the respiratory complexes. Annu. Rev. Biochem. 2006; 75:165-187.

Hunte C, Palsdottir H e Trumpower BL. Protonmotive pathways and mechanisms in the cytochrome bc1 complex. FEBS Letters. 2003; 545:39-46.

Hunte C, Zickerman V e Brandt U. Functional modules and structural basis of conformational coupling in mitochondrial complex I. Science. 2010; 329:448-457.

Richter OM e Ludwig B. Cytochrome c oxidase: structure, function, and physiology of a redox-driven molecular machine. Rev. Physiol. Biochem. Pharmacol. 2003; 147:47-74.

ATP Sintase

Capaldi RA e Aggler R. Mechanism of the F1F0-type ATP synthase, a biological rotary motor. Trends in Biochem. Sci. 2002; 27:154-160.

Lau WCY e Rubinstein J. Structure of intact Thermus thermophilus V-ATPase by cryo-EM reveals organization of the membrane-bound Vo motor. Proc. Natl. Acad. Sci. 2010; (USA) 107:1367-1372.

Nishio K, Iwamoto-Kihara A, Yamamoto A, Wada Y e Futai M. Subunit rotation of ATP synthase: α or β subunit rotation relative to the c subunit ring. Proc. Natl. Acad. Sci. (USA) 2002; 99:13448-13452.

Oster G e Wang H. Rotary protein motors. Trends in Cell Biology. 2003; 13:114-121.

Outros doadores e aceptores de elétrons

Hederstedt L. Respiration without O2. Science. 1999; 284:1941-1942.

Iverson TM, Luna-Chavez C, Cecchini G e Rees DC. Structure of the Escherichia coli fumarate reductase respiratory complex. Science. 1999; 284:1961-1966.

Peters JW, Lanzilotta WN, Lemon BJ e Seefeldt LC. X-ray crystal structure of the Fe-only hydrogenase (CpI) from Clostridium pasteurianum to 1.8 Ångstrom resolution. 1998; Science 282:1853-1858.

Tielens AGM, Rotte C, van Hellemond JJ e Martin W. Mitochondria as we don't know them. Trends in Biochem. Sci. 2002; 27:564-572.

von Ballmoos C, Cook GM e Dimroth P. Unique rotary ATP synthase and its biological diversity. Annu. Rev. Biophys. 2008; 37:43-64.

von Ballmoos C, Wiedenmann A e Dimroth P. Essentials for ATP synthesis by F1F0 ATP synthases. Annu. Rev. Biochem. 2009; 78:649-672.

Yankovskaya V, Horsefield R, Törnroth S, Luna-Chavez C, Miyoshi H, Léger C, Byrne B e Iwata S. Architecture of succinate dehydrogenase and reactive oxygen species generation. Science 2003; 299:700-704.

CAPÍTULO 15

Fotossíntese

Por que esse grupo particular de radiações, e não outro, faz com que as folhas cresçam e suas flores desabrochem, provoca o acasalamento dos vaga-lumes e a desova dos vermes palolo e, quando refletido pela superfície da Lua, excita a imaginação dos poetas e dos apaixonados?
Helena Curtis e Sue Barnes.
Biology, 5ª ed. 1989.

A parte mais importante da fotossíntese é a conversão de energia luminosa em energia química na forma de ATP. O princípio básico por trás dessa reação fundamental é semelhante ao do transporte de elétrons associado a membranas visto no capítulo anterior. Na fotossíntese, a luz incide sobre uma molécula de pigmento (por exemplo, a clorofila) excitando um elétron, ou seja, deixando-o em um estado de energia mais alta. Quando o elétron retorna a seu estado inicial, ele libera energia, que é utilizada para translocar prótons através de uma membrana. Esse movimento cria um gradiente de prótons, usado para impulsionar a fosforilação do ADP em uma reação catalisada pela ATP sintase. Em alguns casos, quando o elétron excitado é usado para reduzir $NADP^{\oplus}$, equivalentes redutores sob a forma de NADPH são sintetizados diretamente. Essas reações são chamadas **reações da fase clara** porque são inteiramente dependentes da luz solar.

Espécies fotossintéticas usam seu suprimento abundante e "barato" de ATP e NADPH para executar outras reações que necessitam de energia, entre elas a síntese de proteínas, ácidos nucleicos, carboidratos e lipídeos. É por isso que as bactérias e as algas fotossintéticas são organismos tão bem-sucedidos.

A maior parte dos organismos fotossintéticos tem uma via especial para fixação de CO_2 chamada ciclo de Calvin. Estritamente falando, a fixação de CO_2 não necessita de luz e não está diretamente ligada às reações da fase luminosa. Por essa razão, as reações dessa via são frequentemente chamadas **reações da fase escura**, o que não significa que ocorram no escuro. Essa via é intimamente relacionada à das pentoses-fosfato, descrita na Seção 12.4.

Os detalhes das reações da fotossíntese são extremamente importantes para o entendimento da bioquímica da vida no planeta. A capacidade de absorver energia luminosa para sintetizar macromoléculas levou a uma rápida expansão dos organismos fotossintéticos. Isso, por sua vez, criou oportunidades para espécies que poderiam explorar secundariamente esses organismos como fontes de alimento. Animais como nós em última análise obtêm grande parte de sua energia da degradação de moléculas que foram sintetizadas originalmente usando a energia da luz solar. Além disso, o oxigênio é um subproduto da fotossíntese nos vegetais e em algumas bactérias. O acúmulo de oxigênio na atmosfera terrestre levou-o a essa função de aceptor de elétrons no transporte de elétrons associado a membranas. Com poucas exceções, os modernos eucariontes são absolutamente dependentes do oxigênio produzido na fotossíntese para sintetizar ATP em suas mitocôndrias.

Topo: Luz do sol em espécies de túlio dos bosques. Em última análise, a energia solar capturada pelos organismos fotossintéticos sustenta as atividades de quase todos os organismos da Terra.

Os principais componentes das reações fotossintéticas são grandes complexos de proteínas, pigmentos e cofatores embutidos em uma membrana. Um complexo que contém os pimentos fotossensíveis é chamado **fotossistema**. Espécies diferentes empregam estratégias distintas para utilizar a energia luminosa na síntese de ATP e/ou NADPH. Iremos descrever primeiro a estrutura e a função dos fotossistemas bacterianos e depois veremos as vias fotossintéticas mais complexas, encontradas em eucariontes como algas e plantas. Claramente, os complexos fotossintéticos dos eucariontes evoluíram dos bacterianos, mais simples.

▲ **Organismos fotossintéticos.** Esquerda: cianobactéria. Meio: folhas de uma planta florífera (angiosperma). Direita: bactéria púrpura.

15.1 Pigmentos captadores de luz

Há diversos tipos de pigmentos captadores de luz. Eles têm estruturas, propriedades e funções diferentes.

A. As estruturas das clorofilas

As clorofilas são os pigmentos mais importantes da fotossíntese. As estruturas das mais comuns estão representadas na Figura 15.1. Observe que o anel de tetrapirrol das clorofilas é semelhante ao do heme (Figura 7.38), com a diferença de que na clorofila ele é reduzido: tem uma ligação dupla a menos, entre as posições 7 e 8 do anel IV. As clorofilas têm um íon central Mg^{2+} quelado, em vez do Fe^{2+} encontrado no heme. Outra característica que distingue as clorofilas é o fato de possuírem uma longa cadeia lateral de fitol, a qual contribui para sua hidrofobicidade.

Cadeia lateral de fitol

Espécies de Chl	R_1	R_2	R_3
Chl a	$-CH=CH_2$	$-CH_3$	$-CH_2-CH_3$
Chl b	$-CH=CH_2$	$-\overset{O}{\underset{\|}{C}}-H$	$-CH_2-CH_3$
BChl a	$-\overset{O}{\underset{\|}{C}}-CH_3$	$-CH_3$	$-CH_2-CH_3$
BChl b	$-\overset{O}{\underset{\|}{C}}-CH_3$	$-CH_3$	$-CH=CH-CH_3$

▲ **Figura 15.1**
Estruturas das clorofilas e das bacterioclorofilas. As diferenças nos substituintes R_1, R_2 e R_3 estão indicadas na tabela. Nas bacterioclorofilas, a ligação dupla indicada no anel II é saturada. Em algumas moléculas de bacterioclorofila *a*, a cadeia de fitol tem três ligações duplas a mais. A cadeia hidrofóbica do fitol e o anel hidrofílico de porfirina dão à clorofila características anfipáticas. A clorofila (ligada a proteínas) é encontrada nos fotossistemas e nos complexos de coleta de luz associados.

▶ **Figura 15.2**
Espectro de absorção dos principais pigmentos fotossintéticos. Coletivamente, os pigmentos absorvem energia radiante em todo o espectro da luz visível.

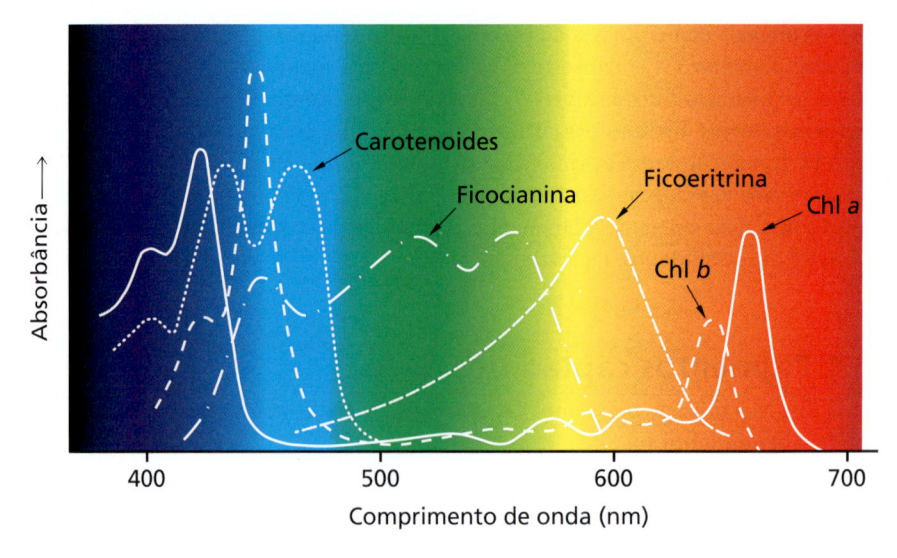

Há muitos tipos de clorofila, que diferem principalmente por suas cadeias laterais indicadas como R_1, R_2 e R_3 na Figura 15.1. As clorofilas *a* (Chl *a*) e *b* (Chl *b*) são encontradas em um grande número de espécies. As bacterioclorofilas *a* (BChl *a*) e *b* (BChl *b*) são encontradas apenas nas bactérias fotossintéticas. Elas diferem das outras clorofilas pelo fato de terem uma ligação dupla a menos no anel II. A feoftina (Ph) e a bacteriofeoftina (BPh) são pigmentos similares, nos quais o Mg^{2+} da cavidade central é substituído por dois átomos de hidrogênio ligados de maneira covalente.

As moléculas de clorofila são orientadas especificamente na membrana por meio de uma ligação não covalente com proteínas de membrana integrais. A cadeia lateral hidrofóbica de fitol ajuda a fixar as clorofilas na membrana. A capacidade das clorofilas de absorver luz se deve ao anel de tetrapirrol, com suas ligações duplas conjugadas. As clorofilas absorvem luz na região do violeta ao azul (máximo de absorção entre 400 e 500 nm) e na região do laranja ao vermelho (máximo de absorção entre 650 e 700 nm) do espectro eletromagnético (Figura 15.2). É por isso que as clorofilas são verdes; essa cor é a parte do espectro que é refletida, não absorvida. Os máximos de absorção exatos das clorofilas dependem de suas estruturas; por exemplo, o da Chl *a* difere do da Chl *b*. Eles são afetados também pelo microambiente do complexo pigmento-proteína.

CONCEITO-CHAVE
Moléculas de clorofila são oxidadas (perdem um elétron) quando absorvem um fóton de energia.

B. Energia luminosa

Um quantum de energia luminosa é chamado **fóton**. Quando uma molécula de clorofila absorve um fóton, um elétron de um orbital de baixa energia no pigmento é promovido a um orbital molecular de energia mais alta. A energia do fóton absorvido tem que ser igual à diferença de energia entre o estado fundamental e o de energia mais alta; é por isso que a absorção ocorre apenas em determinados comprimentos de onda. O elétron excitado, de "alta energia", pode ser transferido para centros de oxidação-redução vizinhos, da mesma forma que os elétrons de "alta energia" podem ser transferidos do NADH para o FMN no complexo I, durante o transporte de elétrons respiratórios (Seção 14.5). A principal diferença entre a fotossíntese e o transporte de elétrons respiratórios é a fonte dos elétrons excitados. No transporte de elétrons respiratórios, os elétrons vêm das reações químicas de oxidação-redução que produzem NADH e QH_2. Na fotossíntese, os elétrons são promovidos diretamente a um estado de "alta energia" por absorção de um fóton de luz.

As moléculas de clorofila podem existir em três estados distintos. No estado fundamental (Chl ou Chl^0), todos os elétrons estão em seus níveis normais, estáveis. No estado excitado (Chl*), um fóton foi absorvido. Após a transferência de elétrons, a molécula de clorofila fica em seu estado oxidado ($Chl^{\oplus}$) e precisa ser regenerada pelo ganho de um elétron vindo de um doador.

A energia de um fóton pode ser calculada pela seguinte equação:

$$E = \frac{hc}{\lambda}$$

(15.1)

em que *h* é a constante de Planck (6,63 x 10⁻³⁴ J s), *c* é a velocidade da luz (3,00 x 10⁸ m s⁻¹) e λ é o comprimento de onda da luz. Com frequência, é conveniente calcular a energia total de um "mol" de fótons multiplicando *E* por 6,022 x 10²³ (número de Avogadro). Assim, para luz com comprimento de onda igual a 680 nm, a energia é de 176 kJ mol⁻¹, valor semelhante às variações da energia livre de Gibbs padrão. Isso significa que, quando um mol de moléculas de clorofila absorve um mol de fótons, os elétrons excitados adquirem uma quantidade de energia igual a 176 kJ mol⁻¹. À medida que eles voltam a seus estados fundamentais, liberam essa energia; parte dela é capturada e usada para "bombear" prótons através da membrana ou para sintetizar NADPH.

C. O par especial e as clorofilas antena

Um fotossistema típico tem dezenas de moléculas de clorofila, mas, em realidade, apenas duas moléculas especiais fornecem elétrons, dando início à cadeia de transferência de elétrons. Essas duas moléculas de clorofila são chamadas **par especial**. Na maioria dos casos, esse par é identificado simplesmente como pigmentos (P), que absorvem luz em um comprimento de onda específico. Assim, P680 é o par especial de moléculas de clorofila que absorve luz a 680 nm (vermelho). Seus três estados são P680, P680* e P680⁺. P680 é o estado fundamental. P680* é o estado que se segue à absorção de um fóton, quando as macromoléculas de clorofila passam a ter um elétron excitado. P680⁺ é o estado deficiente em elétrons (oxidado), decorrente da transferência de um elétron para outra molécula. A P680⁺ é reduzida a P680 ao receber um elétron de um doador.

Além do par especial, há outras moléculas especializadas de clorofila que fazem parte da cadeia de transferência de elétrons. Elas aceitam elétrons do par especial e os transferem à próxima molécula na via. Nem todas as clorofilas são envolvidas diretamente na transferência de elétrons. As restantes atuam como moléculas antena, capturando energia luminosa e transferindo-a ao par especial. Essas clorofilas antena são muito mais numerosas do que as que participam da cadeia de transferência de elétrons. O modo de transferência de energia de excitação entre as clorofilas antena é chamado de **transferência de energia por ressonância** e não envolve o movimento de elétrons. Pode-se pensar na transferência de energia de excitação como uma transferência de energia vibracional entre moléculas de clorofila que ficam adjacentes no complexo antena, altamente denso.

A Figura 15.3 ilustra a transferência de energia de excitação das clorofilas antena para o par especial em um dos fotossistemas. A figura mostra apenas algumas das muitas moléculas antena que circundam o par especial. Todas as moléculas de clorofila são mantidas em posição por meio de interações com as cadeias laterais dos

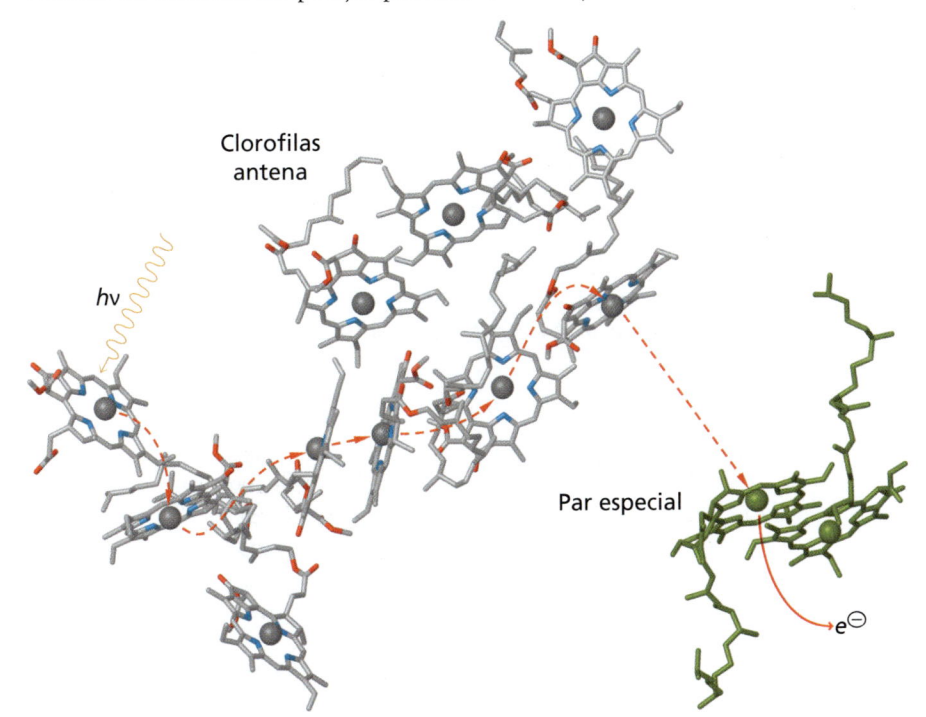

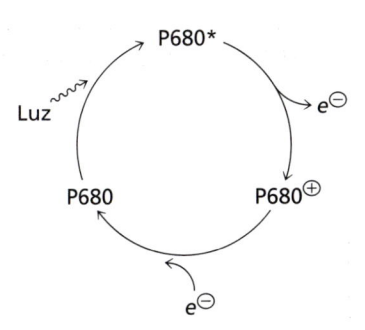

▲ **Os estados da clorofila.** Redução, excitação e oxidação da clorofila P680. P680* é o estado excitado que se segue à absorção de um fóton. A perda de um elétron produz o estado oxidado, P680⁺. O ganho de um elétron de uma fonte externa (como a oxidação da água) fornece o estado reduzido P680.

A variação da energia livre de Gibbs associada à força próton-motriz foi calculada na Seção 14.3B

◄ **Figura 15.3**
Transferência de energia luminosa das clorofilas antena para o par especial de moléculas de clorofila. A luz pode ser capturada pelos pigmentos antena (cinza) e a energia de excitação, transferida entre as clorofilas antena até chegar ao par especial de moléculas de clorofila na via de transferência de elétrons (verde). O caminho da transferência da energia de excitação está em vermelho. O par especial fornece um elétron para a via de transferência de elétrons. As moléculas de clorofila são mantidas em posições fixas porque são firmemente ligadas a proteínas de membrana (não mostradas).

QUADRO 15.1 A cor da semente mutante de Mendel

Uma das mutações originais de Gregor Mendel afetou a cor das ervilhas em uma vagem. A cor natural das sementes maduras é o amarelo (I), e a mutação recessiva confere a elas uma cor verde (i). A mutação afeta o gene "fique verde" ("*stay green*" *sgr*), que codifica uma proteína do cloroplasto responsável pela degradação da clorofila durante a maturação das sementes. Quando essa proteína está defeituosa, a clorofila não é degradada e a cor verde permanece.

Nas plantas normais de tipo selvagem (II), a semente é amarela e, nas heterozigotas (Ii), a deficiência na quantidade de proteína degradadora de clorofila não é suficiente para afetar a degradação desse pigmento. As sementes dos heterozigotos também são amarelas. Nas plantas mutantes homozigotas (ii) a clorofila não é degradada, e as sementes são verdes. Mendel demonstrou que o tipo selvagem (I) era dominante e o mutante (i), recessivo. Cruzamentos entre heterozigotos (Ii x Ii) forneceram a famosa proporção de 3:1 de sementes amarelas para as verdes.

Algumas cepas de vegetais comestíveis são homozigotas em relação a mutações nos genes de degradação da clorofila. Esses "fiquem verdes cosméticos", como os usados por Mendel, produzem sementes e frutos mais atraentes aos consumidores.

Todas as ervilhas que compramos nas feiras e supermercados foram geneticamente modificadas (por melhoramento genético) para serem homozigotas em relação ao alelo *sgr* deficiente. É por isso que nunca vemos as ervilhas amarelas "normais".

▶ **Ervilhas normais tornam-se amarelas quando amadurecem (embaixo), mas uma mutação faz com que mantenham sua cor verde (alto).** A pele da ervilha foi removida do par inferior de cada grupo para tornar a diferença de cores mais óbvia.

aminoácidos dos polipeptídeos do fotossistema. A energia de excitação é transferida eficientemente de qualquer molécula que absorva um fóton de energia, pois essas moléculas estão muito próximas umas das outras.

D. Pigmentos acessórios

Membranas fotossintéticas têm diversos **pigmentos acessórios** além da clorofila. Os carotenoides incluem o β-caroteno (Figura 15.4) e pigmentos relacionados, como as xantofilas, que têm mais grupos hidroxila nos anéis. Observe que os carotenoides, como a clorofila, têm uma série de ligações duplas conjugadas que lhes permitem absorver a luz. Seus máximos de absorção ficam na região do azul no espectro, e é por isso que os carotenoides são vermelhos, amarelos ou marrons (Figura 15.2). As cores outonais das árvores que perdem folhas são devidas, em parte, aos carotenoides, assim como a cor marrom do sargaço do mar (alga marrom).

▲ As cores das folhas no outono devem-se, em parte, à presença de pigmentos acessórios carotenoides, que se tornam visíveis quando as moléculas de clorofila são degradadas, por ocasião da morte das folhas.

▶ **Figura 15.4**
Estruturas de alguns pigmentos acessórios. O β-caroteno é um carotenoide; ficoeritrina e ficocianina são ficobilinas. As ficobilinas são ligadas covalentemente a proteínas, enquanto os carotenoides são ligados de modo não covalente.

Os carotenoides são intimamente associados às moléculas de clorofila nos complexos antena. Eles absorvem luz e transferem a energia de excitação para as clorofilas próximas. Além de servir como pigmentos captadores de luz, os carotenoides também têm uma função protetora na fotossíntese. Eles capturam quaisquer elétrons liberados acidentalmente pelas clorofilas antena e os devolvem à molécula de clorofila oxidada. Esse processo de captura evita a formação de espécies reativas de oxigênio, como o radical superóxido ($\cdot O_2^{\ominus}$). Essas espécies, se formadas, podem ser altamente tóxicas para as células, como descrito na Seção 14.14.

A ficobilinas, como a ficoeritrina vermelha e a ficocianina azul (Figura 15.4), são encontradas em algumas algas e cianobactérias. Elas parecem uma versão linear da clorofila sem o íon magnésio central. Assim como as clorofilas e os carotenoides, essas moléculas têm uma série de ligações duplas conjugadas que lhes permitem absorver luz. Como acontece com os carotenoides, o máximo de absorção das ficobilinas complementa o das clorofilas e, assim, amplia a faixa de energia luminosa que pode ser absorvida. Na maioria dos casos, as ficobilinas são encontradas em complexos antena especiais chamados ficobilissomos. Ao contrário de outros pigmentos, as ficobilinas são ligadas covalentemente a seus polipeptídeos de suporte. A cor azulada das cianobactérias verde-azuladas e a cor vermelha das algas vermelhas devem-se à presença de vários ficobilissomos associados a seus fotossistemas.

▲ **Maré vermelha.** Essa maré vermelha ao largo da costa de Fujian, na China, é devida à presença de algas vermelhas.

15.2 Fotossistemas bacterianos

Iniciaremos nossa discussão descrevendo sistemas bacterianos simples, que evoluíram dando origem a estruturas mais complexas nas cianobactérias. Depois, a versão da fotossíntese encontrada nas cianobactérias foi adaptada por algas e plantas, quando uma cianobactéria primitiva originou os cloroplastos.

As bactérias fotossintéticas têm fotossistemas de captura de luz característicos. Há dois tipos básicos de fotossistemas que parecem ter se originado de um ancestral comum há mais de dois bilhões de anos. Os dois tipos têm um grande número de pigmentos antena em torno de um pequeno centro de reação situado no meio da estrutura. Esse centro de reação consiste em poucas moléculas de clorofila, que incluem o par especial e algumas outras, formando uma curta cadeia de transferência de elétrons. O **fotossistema I (PSI)** tem um **centro de reação tipo I**. O **fotossistema II (PSII)** tem um **centro de reação tipo II**. Heliobactérias e as bactérias verdes sulfurosas dependem de fotossistemas com centro de reação do tipo I, enquanto as bactérias de cor púrpura e as bactérias verdes filamentosas utilizam fotossistemas com centro de reação do tipo II. As cianobactérias, a classe mais abundante de bactérias fotossintéticas, utilizam os dois sistemas em série. Esse sistema composto se assemelha ao encontrado em algas e plantas.

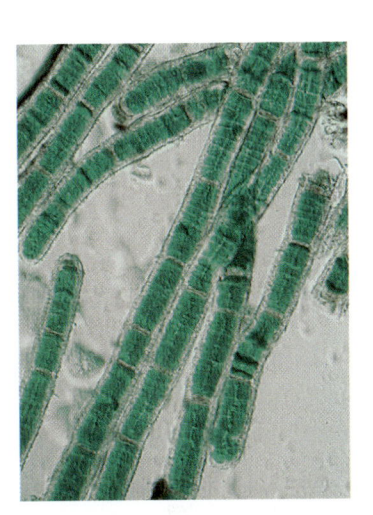

▲ **Scytonema — uma cianobactéria verde-azulada.**

A. Fotossistema II

Vamos começar descrevendo a fotossíntese nas bactérias de cor púrpura e nas verdes filamentosas. Quase todas essas espécies de bactérias são anaeróbias: não podem sobreviver em presença de oxigênio. Portanto, não produzem essa substância como subproduto da fotossíntese, nem a consomem no transporte de elétrons respiratórios. As bactérias de cor púrpura e as verdes filamentosas têm fotossistemas com centro de reação do tipo II. Esses complexos de membrana são, com frequência, chamados centros reacionais bacterianos (BRC), mas esse nome é enganador, pois bactérias também têm o outro tipo de centro de reação. Aqui iremos nos referir a ele como fotossistema II, já que evolutivamente ele é relacionado com o fotossistema II de cianobactérias e eucariontes.

A estrutura do fotossistema da bactéria púrpura é mostrada na Figura 15.5. As moléculas de pigmentos do centro de reação de tipo II interno formam uma cadeia de transferência de elétrons com duas ramificações. O par especial das bacterioclorofilas (P870) fica posicionado próximo da superfície periplasmática (exterior) da membrana. Cada ramificação possui uma molécula de bacterioclorofila *a* e uma molécula de bacteriofeoftina (Figura 15.6). A ramificação da direita termina em uma molécula de quinona firmemente ligada, enquanto a posição equivalente na ramificação da esquerda é

A estrutura do fotossistema da bactéria púrpura, *Rhodopseudomonas viridis*, foi apresentada na Figura 4.25f.

▶ **Figura 15.5**
Fotossistema II da bactéria púrpura *Rhodobacter sphaeroides*. O cerne da estrutura consiste em duas subunidades homólogas de polipeptídeo que atravessam a membrana (L e M). Cada subunidade tem cinco α-hélices transmembrânicas. As moléculas transferidoras de elétrons do centro reacional ficam entre os dois polipeptídeos do cerne. O citocromo c liga-se ao PSII no lado periplasmático da membrana (alto). Uma subunidade adicional cobre as subunidades do cerne, na superfície citoplasmática (embaixo) [PDB 1L9B].

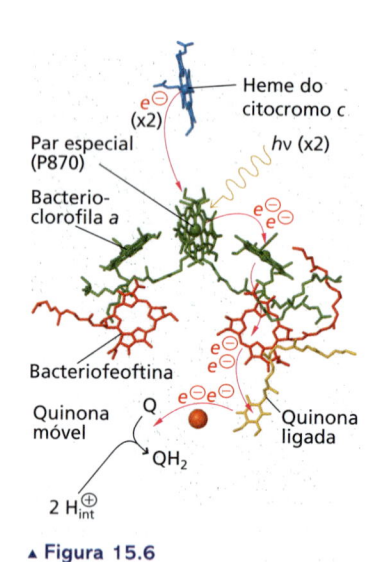

▲ **Figura 15.6**
O centro de reação tipo II contém a cadeia de transferência de elétrons. O par especial (P870) fica próximo da superfície periplasmática, junto ao grupo heme do citocromo c. Quando a luz é absorvida, os elétrons são transferidos, um de cada vez, em sequência, do P870 para BChl *a*, para BPh, para uma quinona ligada e desta para uma quinona localizada em um sítio frouxamente ligado, próximo ao átomo central de ferro (laranja). Os elétrons retornam do citocromo c para o P870.

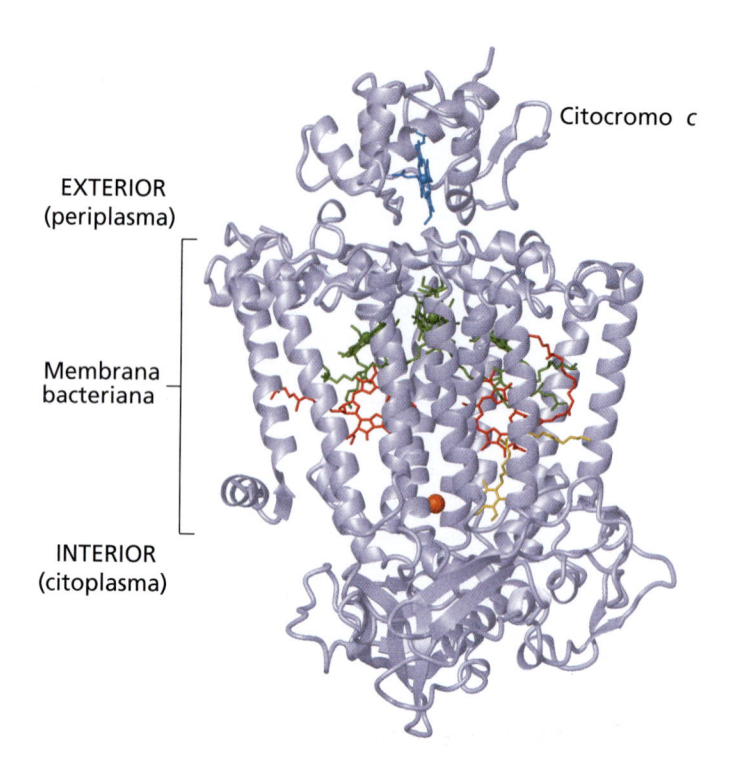

ocupada por uma quinona frouxamente ligada, que pode se dissociar e se difundir na bicamada lipídica. Observe, na Figura 15.5, que a quinona ligada fica bem no interior de um barril de α-hélices, que atravessa a membrana; já o sítio equivalente no outro lado do complexo é aberto para a bicamada lipídica.

A transferência de elétrons começa com a liberação de um elétron excitado do P870, após a absorção de um fóton de luz, ou em resposta à transferência da energia de excitação dos pigmentos antena (as moléculas desses pigmentos não estão mostradas na Figura 15.6). Os elétrons são então transferidos exclusivamente para o ramo da direita do centro de reação, resultando na redução da molécula de quinona ligada. A partir daí, os elétrons passam para a quinona móvel do lado oposto do complexo. Essa transferência é mediada por um átomo isolado de ferro ligado no eixo central, próximo ao lado citoplasmático da membrana. A quinona móvel (Q) é reduzida a QH_2 em um processo em duas etapas, via a transferência sequencial de dois elétrons e a absorção de dois íons $H^\oplus$ do citoplasma. Dois fótons são absorvidos por cada molécula de QH_2 produzida. Provavelmente, os modernos centros de reação de tipo II evoluíram a partir de um sistema mais primitivo, nos quais os elétrons eram transferidos por ambas as ramificações, para produzir QH_2 nos dois sítios Q.

QH_2 se difunde pela bicamada lipídica para o complexo do citocromo bc_1 (complexo III) do sistema de transporte de elétrons respiratórios bacteriano. Esse é o mesmo complexo que descrevemos no capítulo anterior (Seção 14.7). O complexo do citocromo bc_1 catalisa a oxidação de QH_2 e a redução do citocromo *c* – a enzima é a ubiquinol:citocromo *c* oxidorredutase. Essa reação é acoplada à transferência de $H^\oplus$ do citoplasma para o espaço periplasmático através do ciclo Q. O gradiente de prótons resultante impulsiona a síntese do ATP pela ATP sintase (Figura 15.7).

O par especial $P870^\oplus$ de moléculas de clorofila é reduzido pelo citocromo *c* ($Fe^{2\oplus}$) produzido pelo complexo do citocromo bc_1. O citocromo *c* se difunde pelo espaço periplasmático delimitado pelas duas membranas que circundam a célula bacteriana. O efeito final é que os elétrons são transportados do PSII para o citocromo bc_1 e voltam ao PSII. Observe que a estrutura mostrada na Figura 15.5 inclui uma molécula do citocromo *c* com seu grupo heme posicionado próximo do par especial P870, a fim de facilitar a transferência de elétrons.

O movimento de elétrons entre os complexos é mediado pelos cofatores móveis QH_2 e citocromo *c*, exatamente como vimos no transporte de elétrons respiratórios. A principal diferença entre a fotossíntese nas bactérias de cor púrpura e o transporte

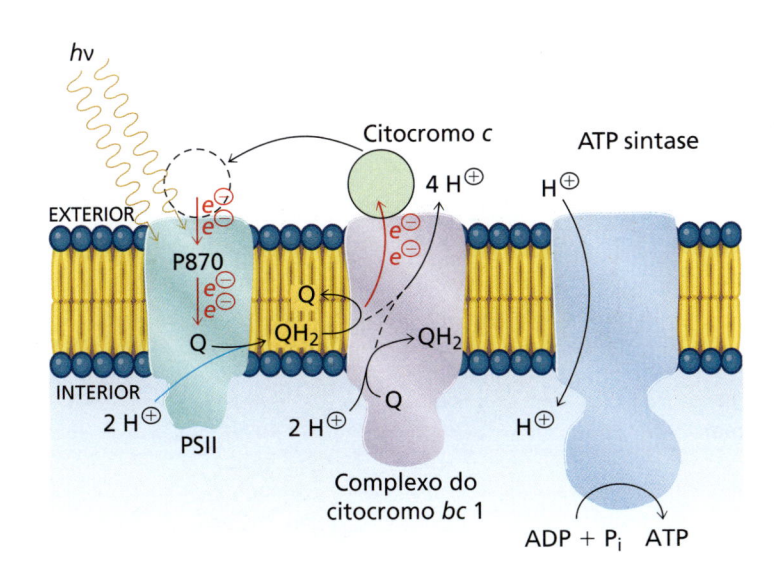

◄ **Figura 15.7**
Fotossíntese nas bactérias púrpuras.
A luz é absorvida pelos pigmentos do complexo do PSII, resultando na transferência de elétrons de P870 para QH_2 através da cadeia de transferência de elétrons do centro de reação. A QH_2 se difunde para o complexo do citocromo bc_1, de onde os elétrons são transferidos ao citocromo c. Essa reação é acoplada à transferência de prótons através da membrana. O gradiente de prótons resultante impulsiona a síntese de ATP. O citocromo c reduzido se difunde pelo espaço periplasmático até o PSII, onde reduz o P870$^+$. As reações do ciclo Q são apresentadas em mais detalhes na Figura 14.11.

de elétrons respiratórios é que a primeira é um processo cíclico. Não há ganho nem perda de elétrons para outras reações e, em consequência, nenhuma fonte externa de elétrons é necessária. O fluxo cíclico de elétrons é uma característica de muitas, se não de todas, as reações de fotossíntese. O resultado do acoplamento do PSII e do complexo do citocromo bc_1 é que a absorção de luz cria um gradiente de prótons para a síntese de ATP. As reações estão listadas na Tabela 15.1 (as reações do citocromo bc_1 são as mesmas apresentadas na Tabela 14.3). Quatro prótons são transportados através da membrana para cada dois fótons absorvidos. As moléculas de ATP produzidas como resultado desse ciclo são usadas pelas bactérias para sintetizar proteínas, ácidos nucleicos, carboidratos e lipídeos. Assim, em última análise, a energia luminosa capturada é usada nas reações biossintéticas.

Podemos calcular a energia de dois "moles" de luz a 870 nm usando a Equação 15.1. Veremos que ela é igual a 274 kJ mol^{-1}. Essa energia luminosa é usada para "bombear" quatro prótons através da membrana, o que, usando nossa estimativa do capítulo anterior (Seção 14.3), requer aproximadamente 4 x 19,4 kJ mol^{-1} = 77,6 kJ mol^{-1}. Esse resultado sugere que a produção de energia química a partir da luz não é muito eficiente nas bactérias púrpuras [(77,6/274) = 0,28 ou 28%].

O princípio básico da fotossíntese é a conversão de energia luminosa (fótons) em energia química (por exemplo, ATP). Obviamente, essa via evoluiu, em parte, do sistema de transporte de elétrons descrito no capítulo anterior. A fotossíntese surgiu centenas de milhões de anos depois da principal via de produção de energia que utiliza o complexo III e a ATP sintase. É importante observar que o ATP produzido na fotossíntese bacteriana não fica restrito à síntese de carboidratos e que o oxigênio não é produzido como parte do processo.

CONCEITO-CHAVE
Bactérias com fotossistema II utilizam a luz do sol para produzir um gradiente de prótons que impulsiona a síntese de ATP.

CONCEITO-CHAVE
A fotossíntese nas bactérias púrpuras é um processo cíclico que não necessita de uma fonte externa de elétrons, como H_2O ou H_2S.

TABELA 15.1 Reações do fotossistema II

PSII:	2 P870 + 2 fótons ⟶ 2 P870$^⊕$ + 2 $e^⊖$
	Q + 2 $e^⊖$ + 2 $H^⊕_{int}$ ⟶ QH_2
Cit bc_1:	2 QH_2 + 2 cit c (Fe^{3+}) ⟶ 2 Q + 2 cit c (Fe^{2+}) + 4 $H^⊕_{ext}$ + 2$e^⊖$
	Q + 2 $e^⊖$ + 2 $H^⊕_{int}$ ⟶ QH_2
PSII:	2 cit c (Fe^{2+}) + 2 P870$^⊕$ ⟶ 2 cit c (Fe^{3+}) + 2 P870
Total:	2 fótons + 4 $H^⊕_{int}$ ⟶ 4 $H^⊕_{ext}$

B. Fotossistema I

A estrutura de um complexo típico do fotossistema I (PSI) está representada na Figura 15.8. A parte central do complexo é formada por dois polipeptídeos homólogos,

▶ **Figura 15.8**
Estrutura do fotossistema I (PSI).
Essa versão de PSI é da cianobactéria *Thermosynechococcus elongatus* (*Synechococcus elongatus*). O complexo contém 96 clorofilas (verde), 22 carotenoides (vermelho) e três centros de ferro-enxofre (laranja e amarelo). Há 14 subunidades polipeptídicas, a maioria das quais com α-hélices que atravessam a membrana [PBD 1JBO].

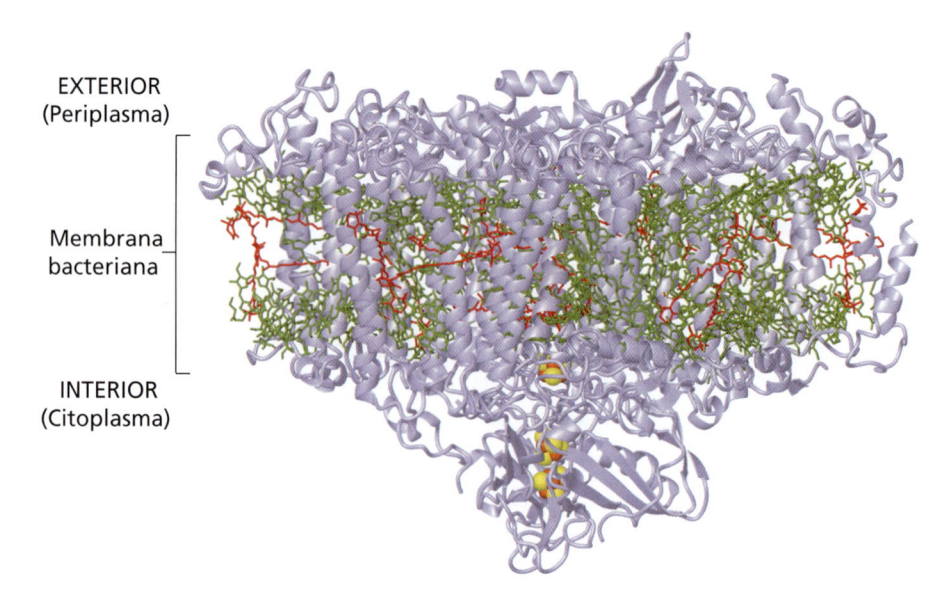

A filoquinona também é conhecida como vitamina K (Seção 7.14D, Figura 7.29).

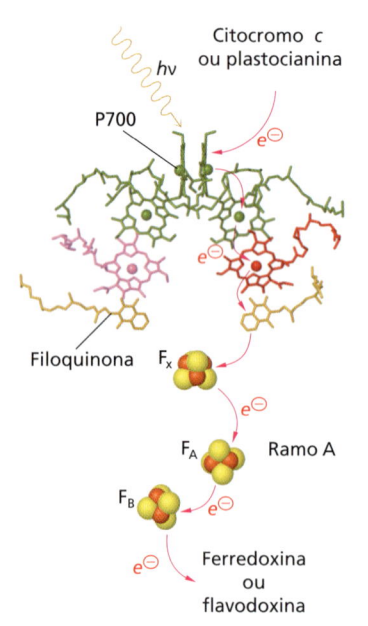

▲ **Figura 15.9**
Cadeia de transferência de elétrons do PSI (centro de reação tipo I).
A transferência de elétrons tem início com o par especial de moléculas de clorofila (P700) e segue por uma das ramificações até a filoquinona. Daí, os elétrons são transferidos para os centros de Fe–S e, finalmente, para a ferredoxina. O P700⊕ é reduzido pelo citocromo *c* ou pela plastocianina.

com múltiplas α-hélices que atravessam a membrana. Cada subunidade desse dímero tem dois domínios: um interior, que se liga aos pigmentos da cadeia de transferência de elétrons do centro de reação do tipo I, e um periférico, que se liga aos pigmentos antena. Do ponto de vista estrutural e de sequência de aminoácidos, os domínios proteicos do centro reacional nas subunidades do PSI são relacionados aos polipeptídeos do cerne do PSII. Essa é uma evidência forte da existência de um ancestral comum aos centros de reação dos tipos I e II.

A diferença mais óbvia entre os dois sistemas é a presença de uma estrutura antena mais complexa no PSI do que no PSII. O complexo antena de PSI é repleto de moléculas de clorofila e de pigmentos do tipo carotenoide. O exemplo mostrado na Figura 15.8 é de uma cianobactéria, cujos complexos PSI contêm 96 clorofilas e 22 carotenoides. Várias das moléculas de pigmentos captadores de luz são firmemente ligadas a subunidades adicionais de polipeptídeos transmembrana, as quais circundam as subunidades de cerne. O contraste entre as estruturas apresentadas nas Figuras 15.5 e 15.8 é um pouco enganador, pois há formas mais simples de PSI em algumas bactérias e versões mais complexas de PSII em outras espécies (veja a seguir). No entanto, como regra geral, PSI é maior e mais complexo do que PSII.

A organização das moléculas da cadeia de transferência de elétrons no PSI revela paralelos surpreendentes com a do PSII (Figura 15.9). Nos dois casos, o centro reacional tem duas ramificações curtas de moléculas de pigmentos que terminam com quinonas ligadas. As moléculas de pigmento do PSI são todas clorofilas, e não uma de clorofila e uma de feoftina, como no PSII. As quinonas ligadas no PSI são, normalmente, filoquinonas, enquanto no PSII elas são relacionadas com a ubiquinona (ou com a menaquinona, nas bactérias). As filoquinonas nos centros de reação do tipo I são firmemente ligadas ao complexo e fazem parte da cadeia de transferência de elétrons (lembre-se de que uma das quinonas nos centros de reação do tipo II é um aceptor final de elétrons móvel).

A transferência de elétrons tem início com um par especial de moléculas de clorofila localizado próximo à superfície periplasmática da membrana. Esse par especial é conhecido como P700, porque absorve luz de comprimento de onda igual a 700 nm. As duas moléculas de clorofila não são idênticas: a que fica mais próxima do ramo A é um epímero da clorofila *a* (bacterioclorofila *a* nas bactérias). O P700 é excitado ao absorver um fóton ou por transferência de energia de excitação das moléculas antena. O elétron excitado é, em seguida, transferido para um dos ramos da cadeia de transferência de elétrons, e daí a uma das filoquinonas ligadas. A transferência de elétron de P700 até a filoquinona leva cerca de 20 picossegundos (10^{-12} s). Esse é um processo extremamente rápido, comparado a outros sistemas de transferência de elétrons. Nos centros reacionais do tipo II, por exemplo, a transferência de P680 até a quinona ligada leva duas a três vezes mais tempo.

Em seguida, os elétrons são transferidos da filoquinona ligada para os três centros de Fe-S, F_X, F_A e F_B. O aceptor final de elétrons no PSI é a ferredoxina (ou flavodoxina) (Figura 7.36). A ferredoxina tem dois centros de ferro-enxofre [4Fe-4S], e a redução envolve uma passagem de $Fe^{3+} \longrightarrow Fe^{2+}$, com potencial-padrão de redução igual a -0,43 V (Tabela 10.5).

A ferredoxina reduzida (Fd_{red}) torna-se substrato para uma reação de oxidação-redução catalisada por uma enzima chamada ferredoxina:$NADP^{\oplus}$ oxidorredutase, mais conhecida como ferredoxina:$NADP^{\oplus}$ redutase ou FNR. Essa enzima é uma flavoproteína (contendo FAD), e a reação ocorre em três etapas, envolvendo um típico intermediário semiquinona (Seção 7.5). Os produtos da reação são equivalentes redutores na forma de NADPH. As reações acopladas envolvendo o PSI são mostradas na Tabela 15.2.

Observe que o potencial-padrão de redução da ferredoxina é consideravelmente menor do que o do $NADP^{\oplus}$, permitindo que a transferência de elétrons se dê daquela para este. O aceptor final de elétrons é Q no fotossistema II, e seu potencial-padrão de redução é alto demais para permitir a transferência de elétrons para o $NADP^{\oplus}$. Isso significa que a captação de energia da luz solar é mais eficiente no PSII do que no PSI.

> **CONCEITO-CHAVE**
> Bactérias com fotossistema I utilizam a luz do sol para produzir NADPH.

TABELA 15.2 As reações do fotossistema I

PSI:	$2\ P700 + 2\ \text{fótons} \longrightarrow 2\ P700^{\oplus} + 2\ e^{\ominus}$
	$2\ Fd_{ox} + 2\ e^{\ominus} \longrightarrow 2\ Fd_{red}$
FNR:	$Fd_{red} + H^{\oplus} + FAD \rightleftharpoons Fd_{ox} + FADH\cdot$
	$Fd_{red} + H^{\oplus} + FADH\cdot \rightleftharpoons Fd_{ox} + FADH_2$
	$FADH_2 + NADP^{\oplus} \rightleftharpoons FAD + NADPH + H^{\oplus}$
Total:	$2\ P700 + 2\ \text{fótons} + NADP^{\oplus} + H^{\oplus} \longrightarrow 2\ P700^{\oplus} + NADPH$

As reações do PSI não constituem uma via cíclica. O par especial oxidado nos centros de reação tipo I (P700) tem que ser reduzido por elétrons oriundos de uma fonte

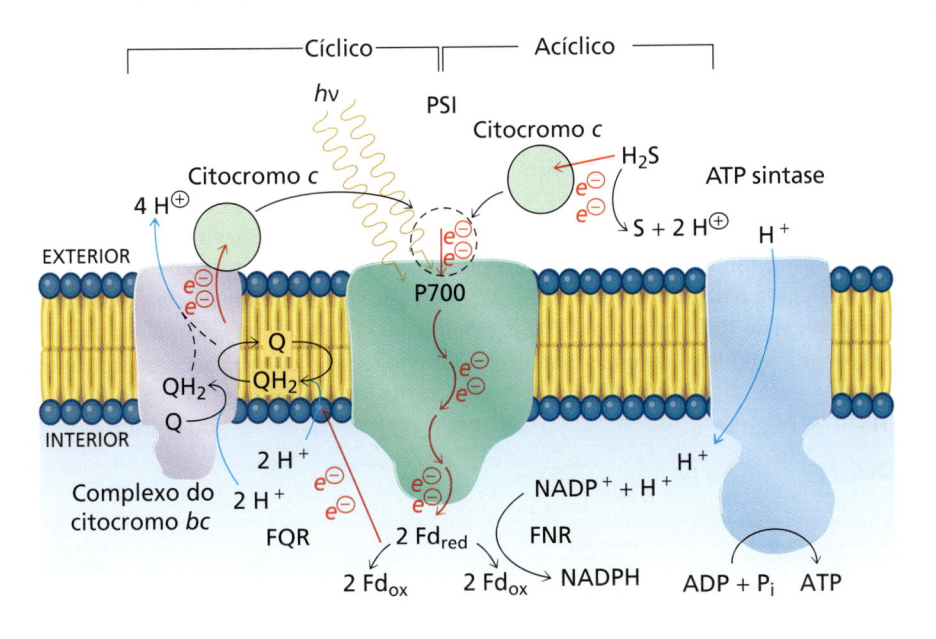

> Ferredoxina (Fe^{3+}) + $e^{\ominus} \to Fe^{2+}$
> $\Delta E = -0{,}43\ V$
> $NADP^{\oplus} + H^{\oplus} + 2\ e^{\ominus} \to NADPH$
> $\Delta E = -0{,}32\ V$
> Ubiquinona (Q) + $2\ H^{\oplus} + 2\ e^{\ominus} \to QH_2$
> $\Delta E = +0{,}04\ V$

▲ **Bactérias verdes sulfurosas.** Placa de agar com *Chlorobium tepidum*.

▲ **Figura 15.10**
Fotossíntese nas bactérias verdes sulfurosas. A fotoativação do P700 leva à produção de ferredoxina reduzida no lado citoplasmático da membrana. A ferredoxina torna-se o doador de elétrons em uma reação catalisada pela ferredoxina:$NADP^{\oplus}$ redutase (FNR), resultando na produção de NADPH no citoplasma. A ferredoxina também pode reduzir Q a QH_2 em uma reação catalisada pela ferredoxina:quinona redutase (FQR). A QH_2 é oxidada pelo complexo do citocromo bc_1, resultando na transferência de elétrons para o citocromo c e na transferência de prótons através da membrana. O $P700^{\oplus}$ é normalmente reduzido pelo citocromo c no lado periplasmático da membrana. No processo acíclico, o citocromo c reduzido é produzido nas reações acopladas à oxidação de compostos de enxofre, como o H_2S. A transferência de elétrons está indicada por setas vermelhas.

> A ferredoxina reduzida pode ser usada diretamente em outras vias, em especial na fixação de nitrogênio (Seção 17.1).

CONCEITO-CHAVE
Organismos com fotossistemas I e II acoplados utilizam a luz solar para produzir tanto NADPH como um gradiente de prótons que impulsiona a síntese de ATP.

externa, pois os elétrons excitados da clorofila são transferidos ao NADPH. Algumas bactérias têm versões de PSI que ligam o citocromo *c* à superfície externa da membrana, próximo ao par especial. Nelas, o P700$^{\oplus}$ é reduzido pelo citocromo *c* reduzido, de modo similar à redução do par especial no PSII. A fonte de elétrons para o citocromo *c* reduzido depende da espécie. Nas bactérias verdes sulfurosas, ela pode ser vários compostos reduzidos de enxofre, como H_2S e $S_2O_3^{\ominus}$. A oxidação desses compostos é acoplada à transferência de elétrons para o citocromo *c*, através de enzimas encontradas nessas espécies (Figura 15.10). As bactérias verdes sulfurosas são fotoautótrofas (Seção 10.3) e crescem em ausência de oxigênio.

A transferência acíclica de elétrons é uma característica do PSI, mas também pode haver processos cíclicos de transferência de elétrons. Ocasionalmente, alguns elétrons do PSI são transferidos da ferredoxina a uma quinona, provavelmente pela ferredoxina:quinona oxidorredutase (ferredoxina:quinona redutase, FQR). O quinol (QH_2) interage com o complexo do citocromo bc_1, transferindo elétrons por meio desse citocromo para o citocromo *c*, que reduz P700 (Figura 15.10). Esse processo cíclico é muito semelhante às reações acopladas envolvendo o PSII. Ele permite a síntese de ATP mediada por luz, porque a passagem de elétrons através do citocromo bc_1 é associada à translocação de prótons por meio da membrana, via o ciclo Q. Na maioria dos casos, o processo acíclico predomina, e o NADPH é produzido. Contudo, se esse não puder ser utilizado com eficiência em reações biossintéticas, os elétrons serão transferidos através do citocromo bc_1 para produzir ATP.

C. Fotossistemas acoplados e o citocromo *bf*

Membranas de cianobactérias têm tanto PSI como PSII. Os dois fotossistemas são acoplados em série, para produzir NADPH e ATP em resposta à luz. As reações fotossintéticas nas cianobactérias estão ilustradas na Figura 15.11. A luz é absorvida pelo PSII, levando à excitação de P680 e à transferência de um elétron a uma quinona móvel chamada plastoquinona (PQ, Figura 7.33). Os elétrons são então transferidos a um complexo do citocromo *bf*, semelhante ao do citocromo bc_1 no transporte de elétrons respiratórios. O transporte de elétrons através do complexo do citocromo *bf* é acoplado ao movimento de $H^{\oplus}$ por meio da membrana por um ciclo Q fotossintético. O acoplamento entre o PSII e o complexo do citocromo *bf* é semelhante, em princípio, às reações fotossintéticas das bactérias de cor púrpura com uma diferença importante: nessas bactérias, os elétrons retornam ao PSII pelo aceptor final de elétrons do complexo do citocromo bc_1 (citocromo *c*), enquanto nas cianobactérias eles passam para o PSI. O aceptor final de elétrons do complexo do citocromo *bf* é um citocromo *c* ou uma proteína azul, contendo cobre, chamada plastocianina (PC). O citocromo *c* reduzido e a plastocianina reduzida são carreadores móveis que se ligam à superfície externa (periplasmática) do PSI e reduzem P700 (a maioria das cianobactérias e das algas utiliza o citocromo *c*, enquanto algumas cianobactérias e todas as plantas usam a plastocianina

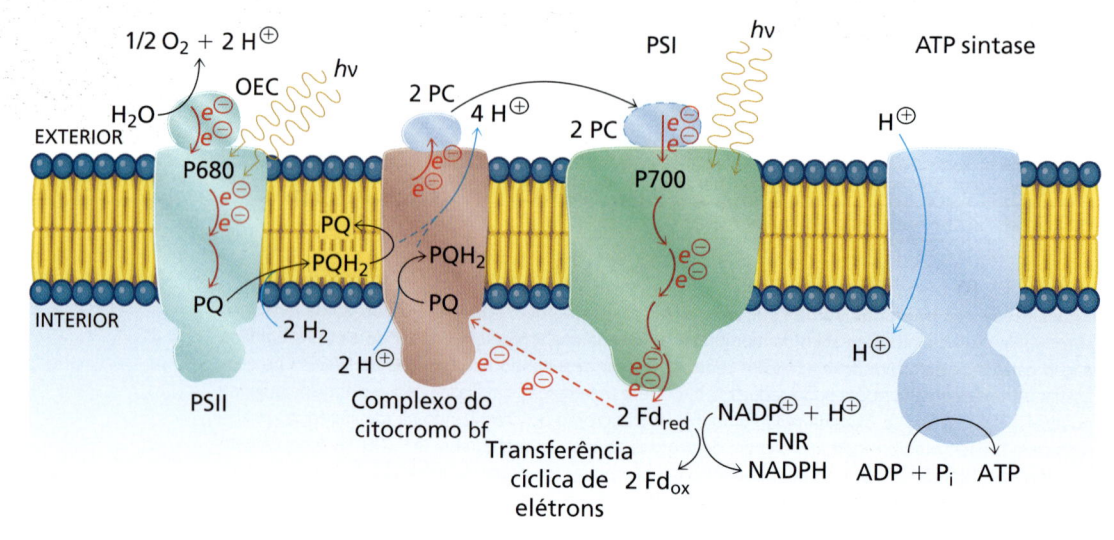

▶ **Figura 15.11**
Fotossíntese nas cianobactérias. A luz (setas onduladas) é capturada e usada para impulsionar o transporte de elétrons (obtidos da água) do PSII, através do complexo do citocromo *bf*, para o PSI e a ferredoxina. Esse processo é capaz de gerar NADPH e um gradiente de concentração de prótons, usado para impulsionar a fosforilação do ADP. Para cada molécula de água oxidada a ½ O_2 pelo complexo liberador de oxigênio (OEC), uma molécula de NADP$^{\oplus}$ é reduzida a NADPH. Para simplificar, PSI, PSII e o citocromo *bf* são mostrados próximos na membrana plasmática, mas, na maioria das espécies, eles se situam em estruturas internas da membrana. A plastoquinona (PQ) é o carreador móvel entre PSII e o complexo do citocromo *bf*. Neste exemplo, a plastocianina (PC) é o carreador móvel entre o complexo do citocromo *bf* e o PSI.

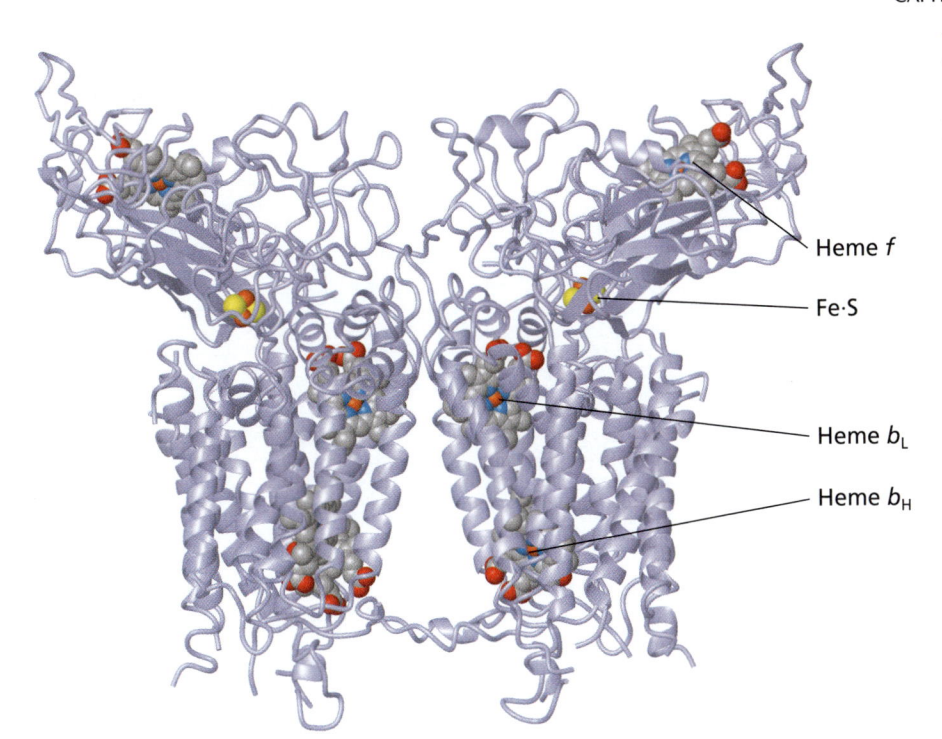

◀ **Figura 15.12**
Complexo do citocromo *bf* da cianobactéria *Mastigocladus laminosus*. O complexo tem duas enzimas funcionais como no complexo III (compare com a Figura 14.10). Os principais componentes da transferência de elétrons são: heme b_L e heme b_H (os sítios das reações de oxidação do ciclo Q), o centro de ferro-enxofre (Fe-S) da ISP e o heme *f*. Cada unidade tem também uma clorofila *a*, um β-caroteno e um heme *x*, pouco comum, cujas funções são desconhecidas (não mostrado) [PDB 1UM3].

Heme *f*
Fe·S
Heme b_L
Heme b_H

ou um citocromo diferente, chamado citocromo c_6, como aceptor final de elétrons do complexo do citocromo *bf*).

A estrutura do complexo do citocromo *bf* fotossintético foi determinada por cristalografia de raios X (Figura 15.12). Ela tem um citocromo *b* com dois centros reacionais citocrômicos, cuja função no ciclo Q é semelhante à do citocromo *b* no complexo do citocromo bc_1 (complexo III) do transporte de elétrons respiratórios. Uma proteína de ferro-enxofre de Rieske (ISP) transporta elétrons de um dos sítios do citocromo *b* para o citocromo *f*; este, reduzido, transfere elétrons à plastocianina. O citocromo *f* (o *f* vem de folha) é uma proteína diferente, não relacionada ao citocromo c_1 do complexo do citocromo bc_1 respiratório. Entretanto, o citocromo *b* e a ISP são homólogos das proteínas encontradas no complexo III.

O complexo do citocromo *bf* evoluiu a partir do complexo do citocromo bc_1 original, presente nas cianobactérias antigas. A adaptação mais importante foi a substituição do citocromo c_1 do complexo *bc* bacteriano pelo citocromo *f* do complexo das cianobactérias. Essa alteração permitiu a transferência dos elétrons para a plastocianina, contendo cobre, através do citocromo *f* (lembre-se de que o citocromo *c*, e não a plastocianina, é o aceptor normal de elétrons do complexo do citocromo bc_1).

A plastocianina se liga especificamente ao PSI nas cianobactérias e transfere elétrons ao P700$^\oplus$, permitindo um fluxo unidirecional de elétrons do PSII → PQH$_2$ → citocromo *bf* → PC → PSI → NADPH.

As cianobactérias não têm citocromo bc_1. Assim, o citocromo *bf* também tem uma função no transporte de elétrons respiratórios, pois substitui o complexo III usual. A plastocianina reduzida é o doador de elétrons à oxidase final (complexo IV), possivelmente por meio de um carreador intermediário semelhante ao citocromo *c*. A plastoquinona é a quinona móvel carreadora de elétrons tanto na fotossíntese como no transporte de elétrons respiratórios.

A fotoativação do PSI resulta na síntese de NADPH, de modo similar ao que ocorre nas bactérias verdes sulfurosas. Como acontece nestas, alguns elétrons são reciclados, mas neste caso isso ocorre através do complexo do citocromo *bf*. Observe que o PSII, o citocromo *bf* e o PSI são acoplados em série e que a transferência de elétrons ao NADPH resulta em deficiência eletrônica no P680 do PSII. A redução de P680 nas cianobactérias é obtida pela retirada de elétrons da água, com produção de oxigênio como subproduto. A enzima que quebra a molécula de água é chamada complexo liberador de oxigênio (OEC) e fica ligada firmemente ao PSII, na superfície externa da membrana. A evolução de tal complexo nas cianobactérias primitivas foi um dos eventos bioquímicos mais importantes da história da vida.

CONCEITO-CHAVE
A quebra da molécula de água para formar oxigênio molecular ocorre para fornecer elétrons ao fotossistema II.

▶ **Figura 15.13**
PSII e o centro liberador de oxigênio. O complexo PSII da cianobactéria *Thermosynechococcus elongatus* é muito maior do que o das bactérias púrpuras (Figura 15.5), mas suas estruturas centrais são muito semelhantes. O complexo da cianobactéria tem muitas clorofilas antena e carotenoides, e é um dímero. Seu complexo liberador de oxigênio (OEC) tem um centro de Mn_3CaO_4 (circulado), onde ocorre a quebra da molécula de água. Esse centro metálico fica localizado acima do centro de reação tipo II [PDB 3BZ1].

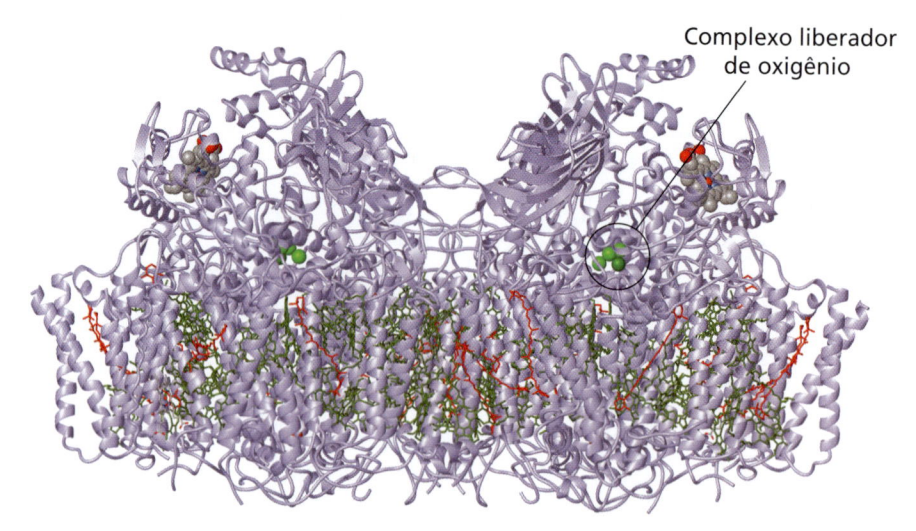

O complexo liberador de oxigênio (OEC) tem um *cluster* de íons Mn^{2+}, um íon Ca^{2+} e um Cl^-. Ele catalisa uma reação complexa, na qual quatro elétrons são retirados, um por vez, de duas moléculas de água. A reação ocorre na parte externa do complexo do PSII, próximo ao par especial de moléculas de clorofila (P680). Os elétrons obtidos pela quebra das moléculas de água são transferidos ao P680 (Figura 15.13). O mecanismo exato dessa quebra está sendo pesquisado em diversos laboratórios. Em princípio, ele é semelhante à reação inversa catalisada pelo complexo IV da cadeia de transporte de elétrons respiratórios (Seção 14.8). Observe que o complexo liberador de oxigênio se situa na superfície externa da membrana e que a liberação de prótons da água contribui para a formação do gradiente de prótons através da membrana.

Como já mencionamos, as semelhanças entre os PSI e PSII indicam que eles evoluíram de um mesmo ancestral. Com o tempo, esses dois fotossistemas foram se diferenciando nas espécies de bactérias fotossintéticas com apenas um dos tipos (por exemplo, bactérias púrpuras e bactérias verdes sulfurosas). Em certo momento, há cerca de 2,5 bilhões de anos, um ancestral primitivo das cianobactérias adquiriu os dois tipos de fotossistema, provavelmente da absorção de grande parte do genoma de uma espécie de bactéria não relacionada. Inicialmente, os dois tipos de fotossistema devem ter atuado em paralelo, mas depois começaram a funcionar em série, com a evolução de um complexo do citocromo *bf* fotossintético (a partir do citocromo bc_1) e de um complexo liberador de oxigênio. Mais tarde, uma espécie de cianobactéria entrou em relação simbiótica com uma célula eucarionte primitiva, o que levou aos modernos cloroplastos encontrados em algas e plantas.

Os fotossistemas acoplados são capazes de captar energia luminosa e usá-la para produzir ATP (a partir do gradiente de prótons) e equivalentes redutores sob a forma de NADPH. Nenhum fotossistema sozinho pode atingir esses dois objetivos com a mesma eficiência.

O resultado final dessa via linear simplificada é a produção de uma molécula de NADPH e a transferência de quatro prótons, através da membrana, por cada par de elétrons excitados pela absorção de energia luminosa em cada fotossistema. As duas etapas de excitação separadas, nos PSI e PSII, necessitam de um total de quatro fótons de luz. A quebra da molécula de água pela OEC contribui para o gradiente de prótons e produz oxigênio molecular. As reações individuais estão resumidas na Tabela 15.3.

D. Potenciais de redução e energia livre de Gibbs na fotossíntese

O percurso do fluxo de elétrons durante a fotossíntese pode ser representado por uma figura em ziguezague chamada **esquema Z** (Figura 15.14). O esquema Z apresenta os potenciais de redução dos componentes da transferência de elétrons fotossintética no PSI, no PSII e no citocromo *bf*. Ele mostra que a absorção de energia luminosa converte P680 e P700 – moléculas de pigmentos que são agentes redutores fracos – em moléculas excitadas (P680* e P700*), que são bons agentes redutores (lembre-se de que um agente redutor é aquele que perde elétrons para reduzir outra molécula e é oxidado nessa reação). As formas oxidadas desses pigmentos são P680$^\oplus$ e P700$^\oplus$. A energia é recuperada quando P680* e P700* são oxidados e os elétrons passam para o citocromo bf e o NADPH.

TABELA 15.3 As reações da fotossíntese em espécies com dois fotossistemas

PSII:	2 P680 + 2 fótons ⟶ 2 P680$^\oplus$ + 2 $e^\ominus$
	PQ + 2 $e^\ominus$ + 2 H$^\oplus_{int}$ ⟶ PQH$_2$
OEC:	H$_2$O ⟶ ½ O$_2$ + 2 H$^\oplus_{ext}$ + 2 $e^\ominus$
	2 P680$^\oplus$ + 2 $e^\ominus$ ⟶ 2 P680
Cit bf:	2 PQH$_2$ + 2 plastocianina (Cu$^{2\oplus}$) ⟶ 2 PQ + 2 plastocianina (Cu$^\oplus$) + 4 H$^\oplus_{ext}$ + 2 $e^\ominus$
	PQ + 2 H$^\oplus_{int}$ + 2 $e^\ominus$ ⟶ PQH$_2$
PSI:	2 P700 + 2 fótons ⟶ 2 P700$^\oplus$ + 2 $e^\ominus$
	2 Fd$_{ox}$ + 2 $e^\ominus$ ⟶ 2 Fd$_{red}$
	2 plastocianina (Cu$^\oplus$) + 2 P700$^\oplus$ ⟶ 2 plastocianina (Cu$^{2\oplus}$) + 2 P700
FNR:	2 Fd$_{red}$ + H$^\oplus$ + NADP$^\oplus$ ⇌ 2 Fd$_{ox}$ + NADPH
Total:	H$_2$O + 4 fótons + 4 H$^\oplus_{int}$ + NADP$^\oplus$ + H$^\oplus$ ⟶ ½ O$_2$ + 6 H$^\oplus_{ext}$ + NADPH

Os potenciais-padrão de redução de vários desses componentes estão listados na Tabela 10.5. A diferença entre quaisquer dois potenciais de redução pode ser convertida em uma variação da energia livre de Gibbs padrão, como vimos no Capítulo 10. Olhando a Figura 15.14, podemos ver que a absorção de um fóton pelo P680 ou pelo P700 diminui seu potencial-padrão de redução em cerca de 1,85 V. Nesses exemplos, essa diferença corresponde a uma variação de energia livre de Gibbs padrão de aproximadamente 180 kJ mol^{-1} ($\Delta G°' = 180$ kJ mol^{-1}). Esse valor é quase igual à energia calculada para um "mol" de fótons do comprimento de onda de 680 nm (176 kJ mol^{-1}, Seção 15.1), o que significa que a energia da luz do sol é convertida de modo muito eficiente em uma variação do potencial de redução.

Há muitas semelhanças entre a transferência de elétrons na fotossíntese e a cadeia de transporte de elétrons que vimos no último capítulo. Nos dois casos, os elétrons passam pelos complexos citocrômicos que transportam H$^\oplus$ através de uma membrana. O gradiente de prótons resultante é gasto na síntese do ATP pela ATP sintase.

As estruturas e as orientações dos citocromos bc_1 (complexo III) e bf são similares. Os dois complexos liberam prótons no espaço entre as membranas interna e externa. A orientação da ATP sintase também é idêntica: a "cabeça" da estrutura fica localizada no citoplasma das células bacterianas ou no compartimento interno das mitocôndrias. Na próxima seção veremos que a orientação da ATP sintase nos cloroplastos é topologicamente semelhante.

As principais diferenças entre o transporte de elétrons na fotossíntese e o respiratório são a fonte dos elétrons excitados e os aceptores finais de elétrons. Nas mitocôndrias, por exemplo, elétrons de "alta energia" são fornecidos pelos equivalentes redutores como NADH ($E°' = -0,32$ V) e aceitos por O$_2$ ($E°' = +0,82$ V) para produzir água. Na via acoplada da fotossíntese, o fluxo de elétrons é inverso: a água ($E°' = +0,82$ V) é o doador de elétrons, e o NADP$^\oplus$ ($E°' = -0,32$ V) é o aceptor. Esse fluxo "inverso" de elétrons é termodinamicamente desfavorável, exceto quando acoplado a outras reações com uma variação maior da energia livre de Gibbs. De maneira óbvia, essas outras reações são a excitação do PSI e do PSII pela luz do sol.

Para extrair elétrons da água, a célula necessita gerar um agente oxidante forte, com um potencial de redução maior do que o da reação H$_2$O → 1/2 O$_2$ + 2 H$^\oplus$ + 2 $e^\ominus$. Esse agente é o par especial P680 depois que perde um elétron. A semirreação é P680$^\oplus$ + $e^\ominus$ → P680° ($E°' = +1,1$ V). Observe que esse potencial-padrão de redução é maior do que o da água, de modo que os elétrons podem passar da água para o P680, como mostrado na Figura 15.14. O P680$^\oplus$ é o oxidante mais forte nas reações bioquímicas. Ele é muito mais potente do que o P870$^\oplus$ das bactérias púrpuras, apesar de estas terem um centro reacional tipo II semelhante.

CONCEITO-CHAVE

A energia de um fóton é utilizada para excitar um elétron no par especial de moléculas de clorofila. O estado excitado tem potencial de redução muito menor, facilitando a perda de um elétron em uma reação de oxidação.

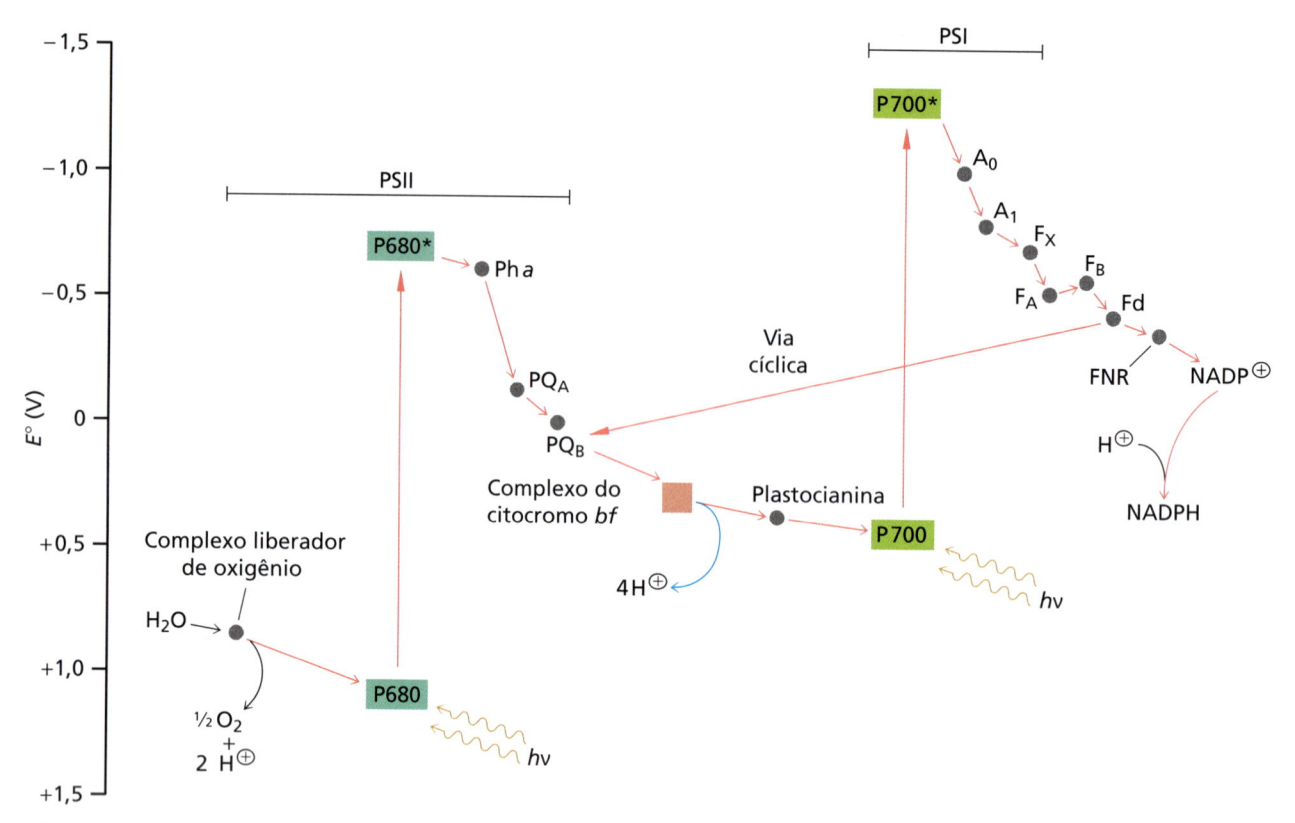

▲ Figura 15.14
Esquema Z, mostrando potenciais de redução e fluxo de elétrons durante a fotossíntese em cianobactérias. A energia luminosa é absorvida pelos pares especiais de pigmentos P680 e P700, convertendo essas moléculas em agentes redutores fortes, como mostra a grande queda em seus potenciais-padrão de redução. Os valores mostrados são aproximados, pois os potenciais de redução dos carreadores variam com as condições experimentais. O desenho mostra a estequiometria quando um par de elétrons é transferido da H_2O para o NADPH. Abreviaturas: Ph a, feoftina a, aceptor de elétrons do P680; PQ_A, plastoquinona ligada; PQ_B, plastoquinona móvel; A_0, clorofila a, o principal aceptor de elétrons de P700; A_1, filoquinona; F_x, F_B e F_A, centros de ferro-enxofre; Fd, ferredoxina; FNR, ferredoxina:NADP$^+$ reductase.

De modo similar, o P700* é um agente redutor forte, com um potencial de redução menor do que o do NADP$^\oplus$. Nesse caso, a absorção de um fóton pelo PSI cria um elétron "energético" capaz de passar para o NADP$^\oplus$, de modo a gerar equivalentes redutores sob a forma de NADPH. Logo, o fluxo "inverso" de elétrons na fotossíntese, comparado ao transporte de elétrons respiratórios, é conseguido pelas propriedades especiais de absorção da luz das moléculas de clorofila nos dois fotossistemas.

E. A fotossíntese acontece nas membranas internas

Os quatro complexos fotossintéticos (PSI, PSII, citocromo *bf* e ATP sintase) ficam embutidos nas membranas. A maioria das cianobactérias tem uma complexa rede interna de membranas, onde esses complexos ficam concentrados (Figura 15.15). As membranas internas são chamadas **membranas tilacoides**. Elas são formadas por uma invaginação da membrana plasmática que cria estruturas semelhantes às cristas mitocondriais. À medida que a membrana se dobra para dentro, ela engloba um espaço chamado **lúmen**, no qual os prótons se acumulam durante a fotossíntese. O lúmen tilacoide pode permanecer ligado ao espaço periplasmático ou formar um compartimento interno, se uma alça (ou bolha) da membrana for destacada da membrana plasmática.

A rede de membranas internas apresenta uma área superficial muito maior para as proteínas de membrana. Em consequência, as cianobactérias têm uma concentração muito maior de complexos fotossintéticos do que outras espécies de bactérias fotossintéticas. Isso significa que as cianobactérias são muito eficientes na captura da energia luminosa e em sua conversão em energia química. Isso, por sua vez, levou ao sucesso evolutivo dessas bactérias e à formação de uma atmosfera rica em oxigênio.

▲ Figura 15.15
Estrutura interna da cianobactéria *Synechocystis* PCC 6803. (Carboxissomos são descritos na Seção 15.6A.)

> **QUADRO 15.2 A "poluição" da atmosfera terrestre pelo oxigênio**
>
> As bactérias fotossintéticas provavelmente surgiram há três bilhões de anos, mas a evidência fóssil mais antiga de cianobactérias produtoras de oxigênio data de 2,1 bilhões de anos – reivindicações de fósseis bem mais antigos foram descartadas recentemente. Há fortes indícios no registro geológico de que as bactérias começaram a "poluir" a atmosfera com oxigênio há mais ou menos 2,4-2,7 bilhões de anos, o que corresponde razoavelmente bem com o surgimento do complexo liberador de oxigênio no PSII e é anterior aos fósseis mais antigos de cianobactérias.
>
> Naquele tempo, o nível de oxigênio chegou a cerca de 25% do atual e permaneceu nesse patamar por mais de um bilhão de anos, exceto por uma pequena redução ocorrida há aproximadamente 1,9 bilhão de anos. A causa dessa redução é desconhecida. Os vegetais primitivos – provavelmente líquens e musgos – invadiram a Terra há cerca de 700 milhões de anos, levando a um aumento rápido do nível de oxigênio que, por fim, chegou à concentração atual de 21%.
>
> O oxigênio era bastante tóxico para a maioria das espécies existentes há cerca de 2 bilhões de anos, mas gradualmente surgiram novas espécies capazes não só de tolerar o "poluente", mas de usá-lo no transporte de elétrons respiratórios. 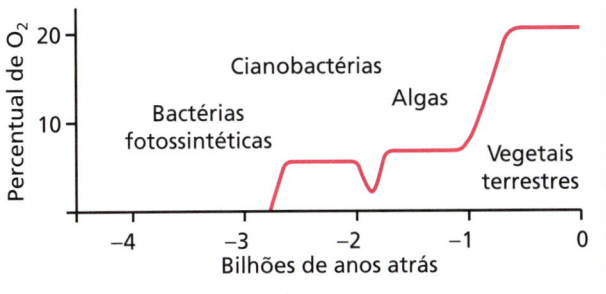
>
> ▲ **Níveis de oxigênio na atmosfera terrestre.**

15.3 A fotossíntese nas plantas

Até aqui descrevemos a fotossíntese bacteriana, mas diversas espécies de eucariontes também são capazes de executá-la. Os eucariontes fotossintetizantes mais familiares para nós são as plantas com flores (angiospermas) e outras espécies terrestres, como os musgos e as samambaias. Além desses exemplos óbvios, há muitas outras espécies mais simples, como as algas e as diatomáceas.

Em todos os eucariontes fotossintetizantes, os fotossistemas captadores de luz estão localizados em uma organela celular específica chamada cloroplasto. Assim, ao contrário do metabolismo bacteriano, a fotossíntese e o transporte de elétrons respiratórios não são integrados, pois ocorrem em compartimentos distintos (cloroplastos e mitocôndrias). Os cloroplastos evoluíram a partir de uma espécie de cianobactéria que entrou em relação simbiótica com uma célula eucarionte primitiva há cerca de um bilhão de anos. Os cloroplastos modernos ainda contêm uma forma reduzida de seu genoma bacteriano original. Esse DNA tem muitos genes das proteínas dos fotossistemas e de algumas enzimas envolvidas na fixação de CO_2. A transcrição desses genes e a tradução de seus mRNAs são semelhantes aos mecanismos procariontes descritos nos capítulos 21 e 22. Esse toque procarionte da expressão gênica reflete a origem evolutiva dos cloroplastos.

No mundo moderno, uma grande porcentagem (~70%) de todo o oxigênio atmosférico é produzida pela fotossíntese das plantas terrestres, especialmente nas florestas tropicais. O restante do oxigênio é produzido por pequenos organismos marinhos, principalmente bactérias, diatomáceas e algas. Quase todo o alimento dos animais vem, direta ou indiretamente, dos vegetais, e a síntese dessas moléculas alimentares depende da energia solar.

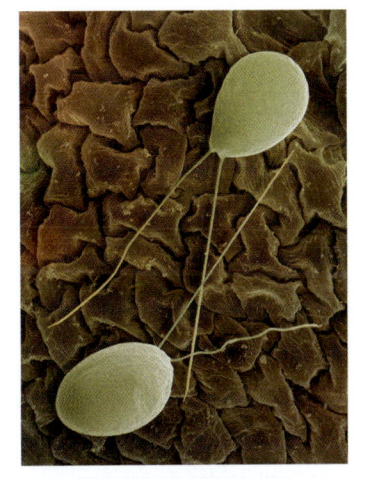

A. Cloroplastos

Os cloroplastos são envolvidos por uma membrana dupla (Figura 15.16). Como nas mitocôndrias, a membrana externa é exposta ao citoplasma e a interna forma estruturas internas altamente dobradas. Durante a fotossíntese, prótons são translocados do interior dos cloroplastos, chamado **estroma**, para compartimentos entre as membranas.

A membrana interna é chamada membrana tilacoide. Lembre-se de que as cianobactérias têm uma membrana tilacoide semelhante (Figura 15.15). Nos cloroplastos, essa membrana forma uma extensa rede de folhas dentro da organela. À medida que o cloroplasto se desenvolve, crescem projeções dessas folhas, formando estruturas achatadas, semelhantes a discos, que se empilham umas sobre as outras como uma pilha de moedas, formando as **grana** (singular: *granum*). Um cloroplasto típico contém dezenas

▲ ***Chlamydomonas* sp.** As *Chlamydomonas* sp são algas verdes muito próximas, em termos evolutivos, das plantas. Elas têm apenas um cloroplasto grande. "Chlamy" é um organismo-modelo, que cresce facilmente em laboratório.

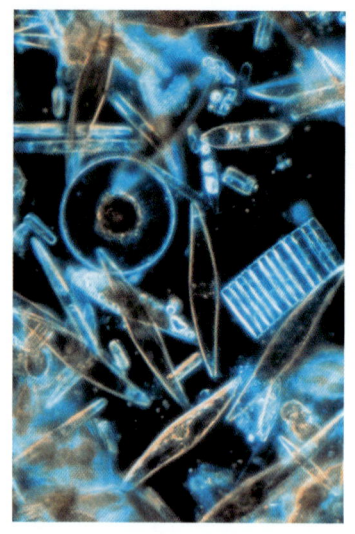

▲ **Diatomáceas.** Cerca de 30% do oxigênio de nossa atmosfera vem de organismos fotossintéticos marinhos.

de *grana* ou discos empilhados de membranas tilacoides. As *grana* nos cloroplastos maduros são ligadas umas às outras pela finas folhas de membrana tilacoide, chamadas tilacoides do estroma, as quais são expostas ao estroma pelas duas superfícies, enquanto as membranas tilacoides das *grana* em uma pilha ficam em contato estreito com as membranas imediatamente acima e abaixo delas.

A organização tridimensional da membrana tilacoide é mostrada na Figura 15.17. Cada disco na pilha é ligado às tilacoides do estroma por pequenas pontes. O interior de cada disco é chamado lúmen; ele é o mesmo compartimento que o existente entre as duas membranas tilacoides do estroma. Todas as membranas tilacoides são provavelmente derivadas da membrana interna dos cloroplastos, o que significa que o lúmen é equivalente modo topológico ao espaço entre as membranas interna e externa dos cloroplastos, embora em alguns casos a conexão direta entre esses compartimentos tenha sido perdida. As membranas tilacoides contêm os complexos PSI, PSII, citocromo *bf* e ATP sintase, como nas cianobactérias. Nas mitocôndrias, os prótons se acumulam no compartimento entre as membranas interna e externa (Seção 14.3); da mesma forma, nos cloroplastos, os prótons são translocados para o interior do lúmen tilacoide e do espaço entre as duas membranas tilacoides do estroma. É importante ter em mente que o estroma dos cloroplastos é equivalente ao citoplasma nas bactérias e à matriz nas mitocôndrias.

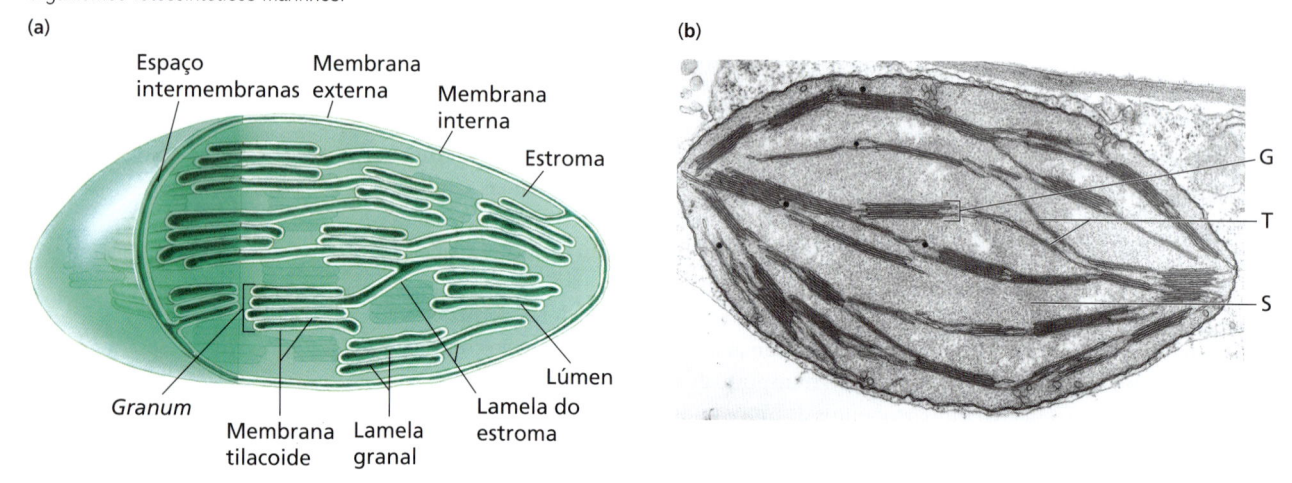

▲ **Figura 15.16**
Estrutura do cloroplasto. (a) Ilustração. **(b)** Micrografia eletrônica: seção transversal de um cloroplasto de folha de espinafre. São mostrados: *grana* (G), membrana tilacoide (T) e estroma (S).

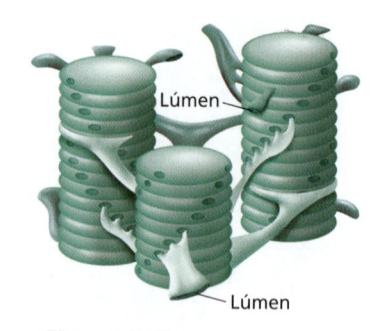

▲ **Figura 15.17**
Organização dos discos empilhados em um *granum* e sua ligação com as tilacoides do estroma.

Adaptado de Staehlin L.A. Chloroplast structure: from chlorophyll granules to supra-molecular architecture of thylakoid membranes. Photosynthesis Research, 2003; 76:185-196.

B. Fotossistemas vegetais

Os complexos fotossintéticos nos cloroplastos de eucariontes evoluíram a partir de complexos presentes nas cianobactérias primitivas. O PSI nos cloroplastos é estrutural e funcionalmente similar ao seu ancestral bacteriano; a única diferença estrutural significativa é que o PSI dos eucariontes contém moléculas de clorofila em lugar da bacterioclorofila na cadeia de transferência de elétrons do centro de reação. A versão eucarionte oxida plastocianina (ou citocromo *c*) e reduz ferredoxina (ou flavodoxina). O PSI eucarionte é associado ao complexo de coleta de luz, chamado LHCI, que se assemelha ao complexo encontrado em algumas bactérias.

O PSII dos cloroplastos também é semelhante ao das cianobactérias. Os cloroplastos das plantas têm um complexo de coleta de luz, chamado LHCII, associado ao PSII na membrana do cloroplasto. O LHCII é uma estrutura grande, contendo 140 clorofilas e 40 carotenoides; ela envolve completamente o PSII. Em consequência, a captura de fótons nas plantas é mais eficiente do que nas bactérias. Cianobactérias e cloroplastos têm complexos do citocromo *bf* semelhantes.

A ATP sintase nos cloroplastos é relacionada à das cianobactérias, como era de se esperar. Os componentes proteicos diferem da versão mitocondrial descrita no capítulo anterior. Isso não é surpresa, já que a ATP sintase mitocondrial evoluiu de um ancestral do grupo das proteobactérias, e as proteobactérias têm relação distante com as cianobactérias. Espécies como algas, diatomáceas e plantas, que contêm tanto mitocôndrias como cloroplastos, têm versões distintas de ATP sintase em cada organela.

A ATP sintase dos cloroplastos é a CF_0F_1 ATPase, na qual o "C" vem de cloroplasto. Sua estrutura molecular completa é muito semelhante à encontrada nas mitocôndrias, embora as várias subunidades das duas enzimas sejam codificadas por genes diferentes. Como nas mitocôndrias, o componente membrânico da ATP sintase dos cloroplastos consiste em um anel multimérico e uma haste que se projeta para dentro de uma "cabeça" hexamérica. O anel gira à medida que os prótons se movem através da membrana, e ATP é sintetizado a partir de ADP + P_i por um mecanismo de mudança de ligação, como descrito na Seção 14.9. A cabeça ou "botão" se projeta para dentro do estroma do cloroplasto (Figura 15.18).

C. Organização dos fotossistemas dos cloroplastos

A Figura 15.19 ilustra a localização dos componentes fotossintéticos dentro da membrana tilacoide dos cloroplastos. O PSI fica predominantemente na tilacoide do estroma e, portanto, exposto ao estroma do cloroplasto. O PSII fica em especial nas *grana* da membrana tilacoide, longe do estroma. O complexo liberador de oxigênio fica associado ao PSII no lado luminal da membrana tilacoide. O complexo do citocromo *bf* atravessa a membrana tilacoide e é encontrado nas membranas tilacoides tanto do estroma como das *grana*. A ATP sintase é encontrada exclusivamente nas tilacoides do estroma, com o componente CF_1, o local da síntese de ATP, se projetando para dentro do estroma.

As membranas das superfícies superior e inferior de cada disco em um *granum* ficam em contato entre si, formando uma dupla membrana. Essa região é densamente populada com os complexos captadores de luz PSII e seus complexos associados LHCII. A luz passa através da membrana plasmática da célula vegetal, por meio do citoplasma, e através da membrana externa dos cloroplastos. Quando a luz atinge as *grana*, os fótons são eficientemente absorvidos pelas moléculas de pigmentos existentes na membrana.

Os elétrons excitados são transferidos do PSII para PQ, formando PQH_2. Os prótons dessa reação são retirados do estroma. O centro reacional PSII é reabastecido de elétrons oriundos da oxidação da água, que ocorre no lúmen. A PQH_2 se difunde pela membrana até o complexo do citocromo *bf*, onde é oxidada a PQ. Os prótons liberados no ciclo Q entram no lúmen. Os elétrons são transferidos para a plastocianina que se difunde livremente no lúmen até chegar ao PSI. Este absorve a luz, levando à transferência de elétrons da plastocianina reduzida para a ferredoxina, que é formada no estroma. A ferredoxina pode participar da redução de $NADP^\oplus$ a NADPH no estroma ou servir como doador de elétron aos complexos do citocromo *bf* na membrana tilacoide do estroma (transporte cíclico de elétrons, Seção 15.2B).

A localização dos vários componentes fotossintéticos nas membranas tilacoides do estroma e das *grana* está na Figura 15.19.

CONCEITO-CHAVE

As bactérias fotossintéticas e os cloroplastos utilizam as membranas tilacoides internas para aumentar o número de complexos de fotossistemas.

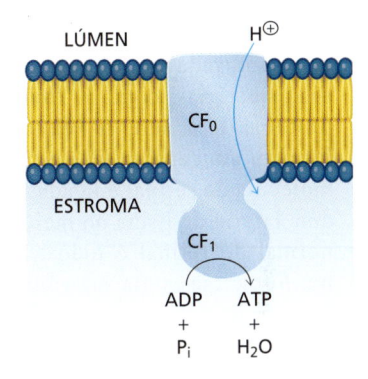

▲ Figura 15.18
ATP sintase dos cloroplastos.

◄ Figura 15.19
Distribuição dos componentes fotossintéticos transmembrânicos entre as tilacoides do estroma e das *grana*. O PSI é encontrado em especial nas tilacoides do estroma. O PSII é encontrado, em especial, nas tilacoides das *grana*. O complexo do citocromo *bf* é encontrado tanto nas membranas tilacoides do estroma como das *grana*. A ATP sintase fica localizada exclusivamente nas tilacoides do estroma.

Observe que o PSII não fica exposto diretamente ao estroma, mas sim ao lúmen tilacoide. Este é topologicamente equivalente à parte externa da membrana bacteriana, como mostra a Figura 15.11. O PSI se projeta para dentro do estroma, uma vez que este produz ferredoxina, que se acumula nos cloroplastos. O estroma é topologicamente equivalente ao citoplasma bacteriano (interior da célula). A distribuição dos complexos do citocromo *bf* é explicada pelo fato de que eles recebem elétrons tanto do PSII como do PSI. Supercomplexos de PSII e citocromo *bf* nas *grana* participam da transferência linear de elétrons da água para a plastocianina. Nas tilacoides do estroma há complexos do PSI, do citocromo *bf* e da ferredoxina:quinona oxidorredutase (FQR), que participam do fluxo cíclico de elétrons.

O gradiente de prótons é usado para gerar ATP. À medida que os prótons são translocados do lúmen para o estroma, o ATP é sintetizado a partir de ADP e P_i no estroma. Tanto ATP como NADPH se acumulam no estroma, onde podem ser usados em reações biossintéticas. Nas plantas, mas não em outras espécies fotossintéticas, altas porcentagens do ATP e NADPH produzidos são usadas na fixação de CO_2 e na síntese de carboidratos.

QUADRO 15.3 Bacteriorrodopsina

A bacteriorrodopsina é uma proteína de membrana encontrada em poucas espécies especializadas de arquebactérias, como a *Halobacterium salinarium*. Essa proteína tem sete α-hélices transmembrânicas que formam um canal (veja a estrutura abaixo). Uma única molécula de retinal é ligada covalentemente a uma cadeia lateral de lisina no meio do canal. A configuração normal do retinal é todo-*trans*, mas, quando absorve um fóton, ele muda sua configuração para 13-*cis* (veja a estrutura a seguir). A mudança de configuração induzida pela luz é acompanhada pela desprotonação e reprotonação da molécula de retinal.

Quando a luz é absorvida, a mudança configuracional para 13-*cis*-retinal libera um próton que, em seguida, passa pelo canal, sendo liberado no exterior da membrana. Esse próton é substituído por outro, absorvido do citosol, e a configuração do retinal volta a ser todo-*trans*. Para cada fóton absorvido pela bacteriorrodopsina, um próton é translocado através da membrana.

A bacteriorrodopsina cria um gradiente de prótons induzido pela luz que impulsiona a síntese de ATP pela ATP sintase.

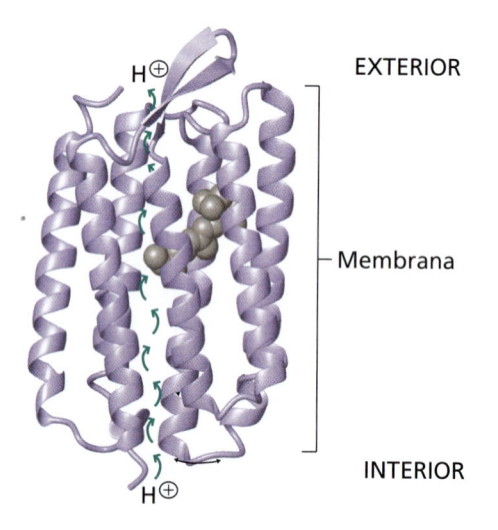

▲ **Duas configurações do retinal-lisina na bacteriorrodopsina. (a)** Retinal todo-*trans*. **(b)** Retinal 13-*cis*. A configuração passa de todo *trans* para 13-*cis* quando um fóton é absorvido.

O acoplamento da bacteriorrodopsina com a ATP sintase pode ser demonstrado de modo direto por vesículas lipídicas, sintetizadas artificialmente, contendo os dois complexos. Na orientação mostrada abaixo, as vesículas sintetizarão ATP a partir de ADP + P_i, quando iluminadas. Esse experimento, feito pela primeira vez por Efraim Racker e seus colaboradores em 1974, foi uma das primeiras confirmações da teoria quimiosmótica (Seção 14.3).

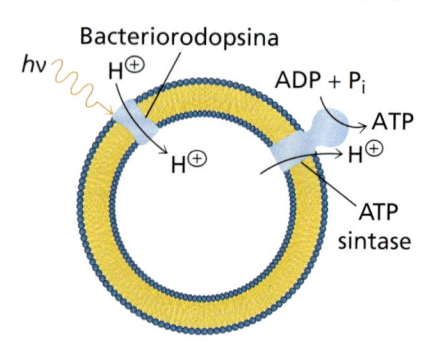

▲ **Bacteriorrodopsina.**

▲ **A bacteriorrodopsina cria um gradiente de prótons, que impulsiona a síntese de ATP.**
Vesículas lipídicas artificiais contendo bacteriorrodopsina e ATP sintase foram criadas com a orientação mostrada. Quando elas são iluminadas, a bacteriorrodopsina "bombeia" prótons para dentro da vesícula, e o gradiente de prótons resultante ativa a ATP sintase.

15.4 Fixação de CO_2: o ciclo de Calvin

Nas espécies fotossintéticas, há uma via especial para a conversão redutiva do CO_2 atmosférico em carboidratos. As reações dessa via são alimentadas pelo ATP e pelo NADPH formados durante as reações da fase clara da fotossíntese. A fixação de CO_2 e a síntese de carboidratos ocorrem no citoplasma nas bactérias e no estroma dos cloroplastos. Essa via biossintética é um ciclo de reações enzimáticas com três estágios principais: (1) a carboxilação de uma molécula de açúcar de cinco carbonos; (2) a síntese redutiva de carboidrato para uso em outras vias metabólicas; (3) a regeneração da molécula aceptora de CO_2. Essa via de assimilação de carbono tem vários nomes: *ciclo redutivo das pentoses fosfato*, *via C_3* (o primeiro intermediário é uma molécula de três carbonos) e *ciclo de Calvin* (pesquisadores do laboratório de Melvin Calvin descobriram a via de fixação de carbono usando experimentos com marcadores $^{14}CO_2$ em algas). Neste livro nos referimos a essa via como **ciclo de Calvin**.

A fixação de CO_2 e a síntese de carboidratos são com frequência descritos como "fotossíntese". Neste livro consideramos a fotossíntese e o ciclo de Calvin duas vias separadas.

A. O ciclo de Calvin

O ciclo de Calvin está resumido na Figura 15.20. O primeiro estágio é a carboxilação da ribulose 1,5-*bis*fosfato, uma reação catalisada pela enzima ribulose 1,5-*bis*fosfato carboxilase-oxigenase, mais conhecida como rubisco. O segundo estágio é uma redução, na qual o 3-fosfoglicerato é convertido em gliceraldeído 3-fosfato. A maior parte do gliceraldeído 3-fosfato é reconvertida em ribulose 1,5-*bis*fosfato no terceiro estágio (regeneração). Uma parte do gliceraldeído 3-fosfato produzido no ciclo de Calvin é usada nas vias de síntese de carboidratos. O gliceraldeído 3-fosfato é o principal produto do ciclo de Calvin.

A Figura 15.21 mostra todas as reações do ciclo de Calvin. A via começa com etapas de assimilação de *três* moléculas de dióxido de carbono porque o menor intermediário carbônico no ciclo é uma molécula C_3. Assim, três moléculas de CO_2 precisam ser fixadas antes que uma unidade C_3 (gliceraldeído 3-fosfato) possa ser retirada do ciclo sem diminuir os reservatórios metabólicos.

B. Rubisco: ribulose 1,5-*bis*fosfato carboxilase-oxigenase

Rubisco (ribulose 1,5-*bis*fosfato carboxilase-oxigenase) é a enzima-chave do ciclo de Calvin. Ela catalisa a fixação do CO_2 atmosférico em compostos de carbono. Essa reação envolve a carboxilação do açúcar de cinco carbonos ribulose 1,5-*bis*fosfato pelo CO_2, levando à liberação final de duas moléculas de 3-fosfoglicerato, um composto de 3 carbonos. O mecanismo de reação da rubisco está na Figura 15.22.

A rubisco representa cerca de 50% das proteínas solúveis nas folhas das plantas, o que a torna uma das enzimas mais abundantes na Terra. É interessante observar que

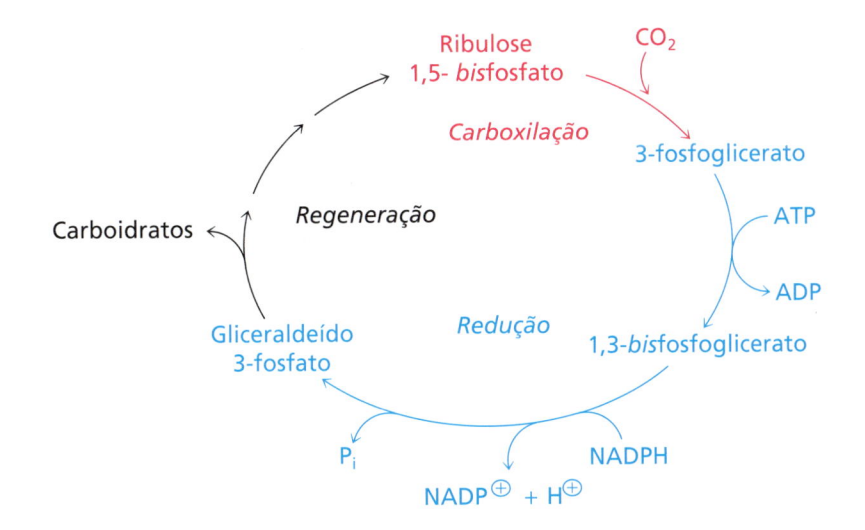

▲ **Melvin Calvin (1911-1997).** Calvin ganhou o prêmio Nobel de Química em 1961 por seu trabalho sobre a assimilação de dióxido de carbono em vegetais.

[lbl.gov/Science-Articles/Research-Review/Magazine/1997/story12.html]

CONCEITO-CHAVE

O ciclo de Calvin utiliza os produtos da fotossíntese, ATP e NADPH, para fixar CO_2 em carboidratos.

◄ **Figura 15.20**
Resumo do ciclo de Calvin. O ciclo tem três estágios: carboxilação da ribulose 1,5-*bis*fosfato, redução de 3-fosfoglicerato a gliceraldeído 3-fosfato e regeneração da ribulose 1,5-*bis*fosfato.

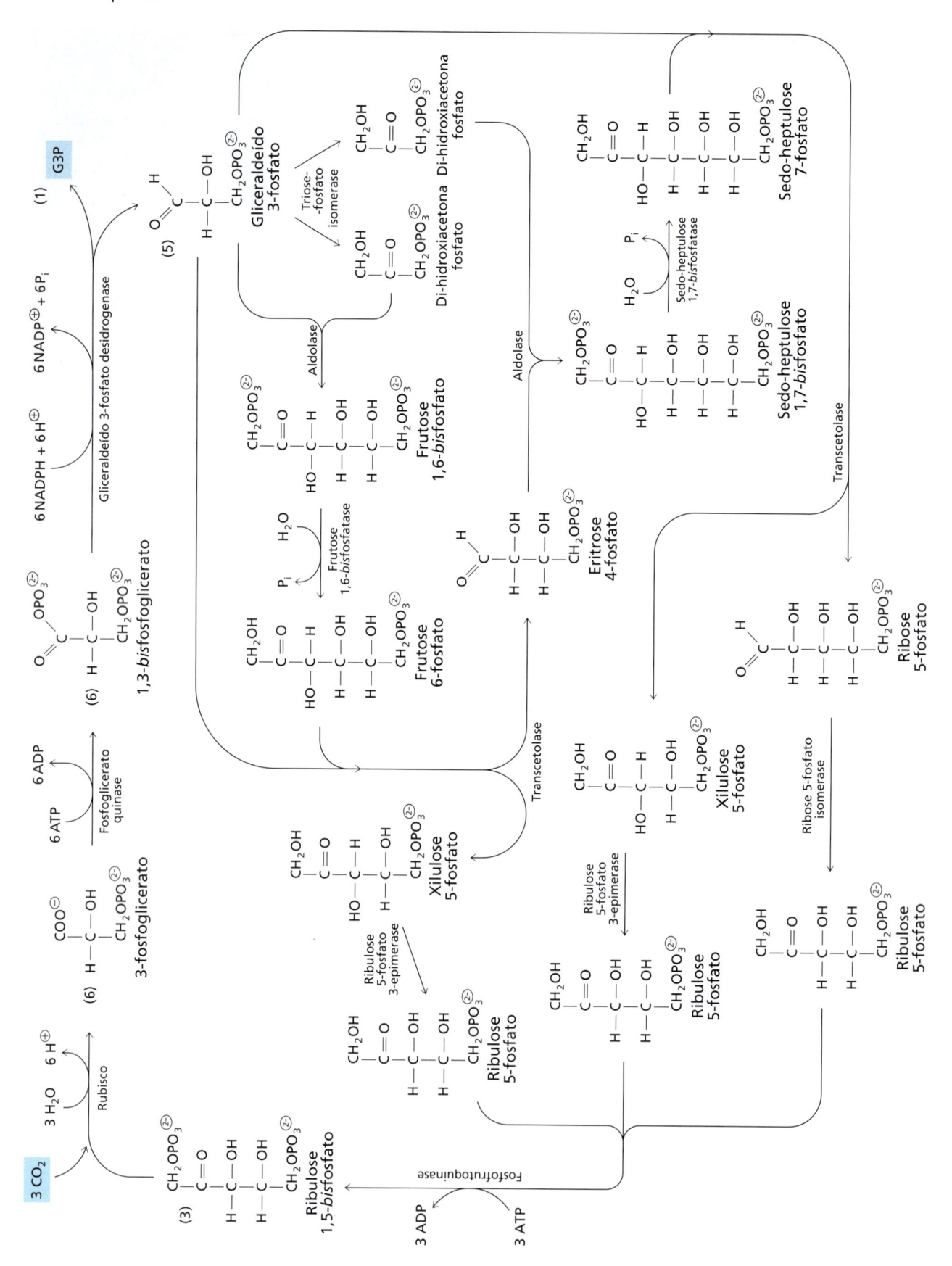

▲ Figura 15.21
Ciclo de Calvin. As concentrações dos intermediários do ciclo de Calvin são mantidas quando uma molécula de gliceraldeído 3-fosfato (G3P) sai do ciclo, depois que três moléculas de CO_2 foram fixadas.

essa abundância se deve, em parte, ao fato de ela não ser muito eficiente: seu baixo número de renovação (~3 s^{-1}) significa que grandes quantidades da enzima são necessárias para dar suporte à fixação do CO_2.

▲ **Figura 15.22**
Mecanismo da carboxilação catalisada pela rubisco da ribulose 1,5-bisfosfato, formando duas moléculas de 3-fosfoglicerato. Um próton é abstraído do C-3 da ribulose 1,5-bisfosfato para criar o intermediário 2,3-enolato. Esse nucleófilo ataca o CO_2, produzindo 2-carboxi-3--cetoarabinitol 1,6-bisfosfato, que é hidratado, formando um intermediário gem-diol instável. A ligação C-2–C-3 do intermediário é imediatamente quebrada, gerando um carbânion e uma molécula de 3-fosfoglicerato. A protonação estereoespecífica do carbânion fornece uma segunda molécula de 3-fosfoglicerato. Essa etapa completa o estágio de fixação de carbono do ciclo de Calvin: duas moléculas de 3-fosfoglicerato são formadas a partir de CO_2 e do açúcar de cinco carbonos ribulose 1,5-bisfosfato.

A rubisco das plantas, algas e cianobactérias é composta de oito subunidades grandes (L) e oito pequenas (S) (Figura 15.23). Há oito sítios ativos localizados nas oito subunidades grandes. Quatro subunidades pequenas adicionais ficam localizadas em cada terminação do cerne formado pelas subunidades grandes. As moléculas de rubisco em outras bactérias fotossintéticas têm apenas as subunidades grandes contendo os sítios ativos. Por exemplo, na bactéria púrpura *Rhodospirillum rubrum*, a rubisco consiste em um dímero simples de subunidades grandes.

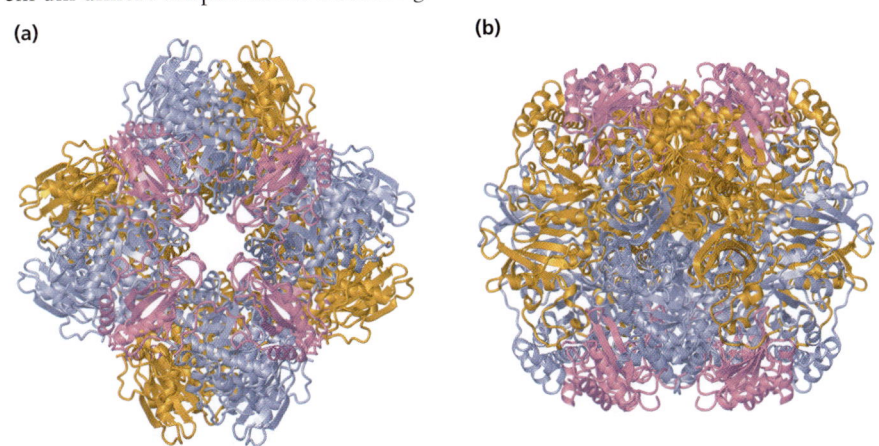

◀ **Figura 15.23**
Estrutura quaternária (L_8S_8) da ribulose 1,5-bisfosfato carboxilase-oxigenase (rubisco). Vistas **(a)** de cima e **(b)** da lateral da enzima do espinafre (*Spinacia oleracea*). Subunidades grandes são mostradas, alternadamente, em amarelo e azul; subunidades pequenas estão em roxo [PDB 1RCX].

A versão de Rubisco encontrada nas bactérias púrpuras tem menor afinidade pelo CO_2 do que as enzimas de múltiplas subunidades, mais complexas, percebidas em outras espécies, mas catalisa a mesma reação. Em uma espetacular demonstração de suas similaridades funcionais, plantas de tabaco foram geneticamente modificadas pela substituição do gene normal por um da bactéria púrpura *Rhodospirillum rubrum*. As plantas modificadas continham apenas a forma bacteriana dimérica da enzima, mas cresceram normalmente e se reproduziram, quando mantidas em atmosfera com alta concentração de CO_2.

A Rubisco oscila entre uma forma ativa (sob luz) e uma inativa (no escuro). Ela precisa ser ativada para catalisar a fixação do CO_2. Sob luz, a atividade da rubisco aumenta, em resposta ao pH maior (mais básico) que se desenvolve no estroma (ou citoplasma bacteriano) durante a translocação de prótons. Em condições alcalinas, uma molécula de CO_2 ativadora, que não é o CO_2 substrato, reage reversivelmente com a cadeia lateral de um resíduo de lisina da rubisco formando um aduto carbamato. O Mg^{2+} se liga e estabiliza esse aduto CO_2–lisina. A enzima precisa ser carbamilada para efetuar a fixação de CO_2. Porém, o aduto carbamato se dissocia rapidamente, tornando a enzima inativa. A carbamilação é, em geral, inibida, porque a rubisco fica normalmente em sua conformação inativa. Durante o dia, uma enzima dependente de ATP e ativada por luz, chamada rubisco ativase, se liga à rubisco e induz sua mudança conformacional, facilitando a carbamilação. Nessas condições, a rubisco fica ativa.

Quando o sol se põe, a rubisco ativase perde sua eficiência na ativação da rubisco, e a fixação de CO_2 cessa. Essa regulação tem sentido, pois a fotossíntese não ocorre à noite e ATP + NADPH não são produzidos nos cloroplastos durante esse período. Esses cofatores são necessários para o ciclo de Calvin, de modo que esse não acontece à noite, por causa da regulação da atividade da rubisco. A inibição da rubisco no escuro evita o acúmulo ineficaz de 3-fosfoglicerato e o desperdício da reação de oxigenação descrita na próxima seção.

Nas plantas, um nível adicional de inibição é mediado pelo 2-carboxiarabinitol 1-fosfato (Figura 15.24). Esse composto é um análogo do intermediário instável gem-diol da reação de carboxilação. Ele só é sintetizado à noite e se liga a qualquer rubisco carbamilada residual, inibindo-a e, assim, garantindo que o ciclo de Calvin não funcione. Algumas plantas sintetizam quantidades suficientes do inibidor para manter a rubisco completamente inativa no escuro.

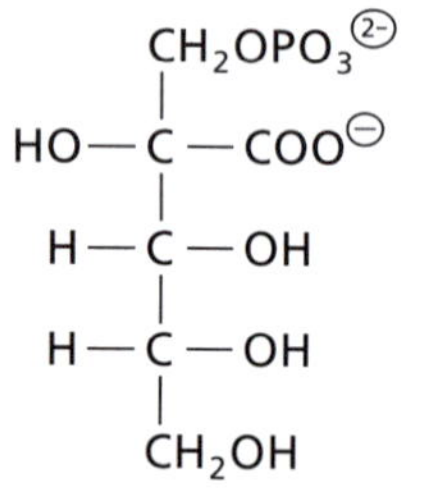

▲ **Figura 15.24**
2-carboxiarabinitol 1-fosfato.

CONCEITO-CHAVE
Algumas enzimas não conseguem distinguir entre substratos muito semelhantes.

C. Oxigenação da ribulose 1,5-*bis*fosfato

Como seu nome completo indica, a ribulose 1,5-*bis*fosfato carboxilase-oxigenase catalisa não só a carboxilação, mas também a oxigenação da ribulose 1,5-*bis*fosfato. As duas reações são competitivas, uma vez que CO_2 e O_2 competem pelos mesmos sítios ativos da rubisco. A reação de oxigenação produz uma molécula de 3-fosfoglicerato e uma de 2-fosfoglicolato (Figura 15.25). A oxigenação consome quantidades significativas de ribulose 1,5-*bis*fosfato *in vivo*. Em condições normais de crescimento, a velocidade de carboxilação é apenas de três a quatro vezes a de oxigenação.

O 3-fosfoglicerato formado pela oxigenação da ribulose 1,5-*bis*fosfato entra no ciclo de Calvin. O outro produto da oxigenação segue um caminho diferente. Duas moléculas de 2-fosfoglicolato (C_2) são metabolizadas nos peroxissomos e nas mitocôndrias por

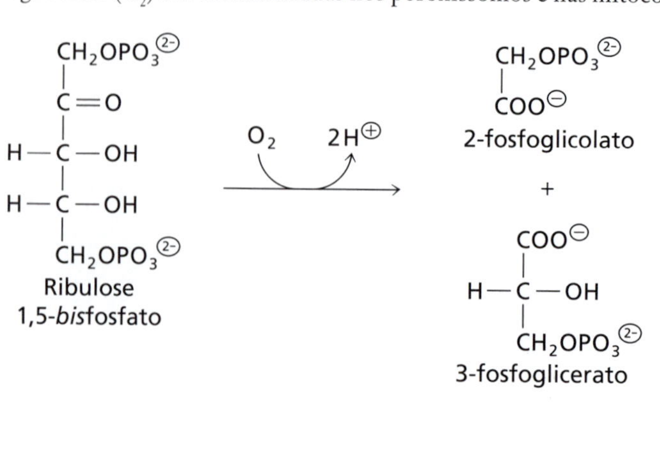

▶ **Figura 15.25**
Oxigenação da ribulose 1,5-*bis*fosfato catalisada pela rubisco.

uma via oxidativa (através de glioxilato e dos aminoácidos glicina e serina) a uma molécula de CO_2 e uma de 3-fosfoglicerato (C_3), que também vai para o ciclo de Calvin. Essa via oxidativa consome NADH e ATP. A absorção de O_2, dependente de luz, catalisada pela Rubisco e seguida pela liberação de CO_2 durante o metabolismo do 2-fosfoglicolato, é chamada *fotorrespiração*. Como a carboxilação, a fotorrespiração é normalmente inibida no escuro, quando a rubisco fica inativa. A liberação apreciável do CO_2 fixado e o consumo de energia resultante da oxigenação – sem benefício aparente para o organismo – se devem à falta de especificidade absoluta da Rubisco quanto ao substrato. Esse é um problema sério para a agricultura, pois a fotorrespiração limita o rendimento das lavouras.

QUADRO 15.4 Construindo uma Rubisco melhor

Diversos laboratórios estão tentando modificar plantas geneticamente a fim de melhorar a reação de carboxilação e suprimir a de oxigenação. Se tiverem sucesso, essas tentativas de fazer uma Rubisco melhor poderiam aumentar muito a produção de alimentos.

A enzima "perfeita" teria uma atividade muito baixa como oxigenase e seria muito eficiente como carboxilase. Os parâmetros cinéticos da atividade de oxigenase das Rubiscos de diversas espécies estão listados na tabela abaixo.

Parâmetros cinéticos da atividade de carboxilase da Rubisco em várias espécies

Espécie	k_{cat} (s^{-1})	K_m (μM)	k_{cat}/K_m ($M^{-1}s^{-1}$)
Tabaco	3,4	10,7	$3,2 \times 10^5$
Alga vermelha	2,6	9,3	$2,8 \times 10^5$
Bactéria púrpura	7,3	89	$8,2 \times 10^4$
Enzima "perfeita"	1.070	10,7	10^8

Dados extraídos de Andrews JT e Whitney SM. Manipulating ribulose bisphosphate carboxylase/oxygenase in the chloroplasts of higher plants. Arch. Biochem. Biophys, 2003; 414: 159-169.

A baixa eficiência catalítica da enzima é indicada pelos valores de k_{cat}/K_m. Esses valores deveriam ser comparados aos da Tabela 5.2. Parece provável que a eficiência da Rubisco como carboxilase possa ser aumentada 1.000 vezes modificando as cadeias laterais de aminoácidos no sítio ativo.

A parte difícil da modificação genética é a escolha das alterações apropriadas. A escolha é apoiada por um conhecimento detalhado das estruturas de várias enzimas rubisco de espécies diferentes e pela análise dos contatos entre as cadeias laterais dos aminoácidos e as moléculas de substrato. Modelos dos estados de transição presumidos também são importantes. Resíduos-chaves adicionais podem ser identificados, comparando a conservação de sequências de aminoácidos em enzimas de uma grande variedade de espécies.

A estratégia apresentada considera que a evolução ainda não selecionou a melhor enzima. Essa premissa parece razoável, uma vez que há vários exemplos de evolução em andamento na bioquímica. Contudo, muitos milhões de anos de evolução, assim como muitas décadas de esforço humano, não resultaram em uma Rubisco melhor. Talvez não seja possível obtê-la.

D. Ciclo de Calvin: estágios de redução e regeneração

O estágio de redução do ciclo de Calvin começa com a conversão, dependente de ATP, de 3-fosfoglicerato em 1,3-*bis*fosfoglicerato, em uma reação catalisada pela fosfoglicerato quinase. Em seguida, o 1,3-*bis*fosfoglicerato é reduzido pelo NADPH (não NADH como na gliconeogênese, Seção 11.2, item 6) em uma reação catalisada por uma isoenzima da gliceraldeído 3-fosfato desidrogenase. Como na gliconeogênese, parte do gliceraldeído 3-fosfato é rearranjado como seu isômero, a di-hidroxiacetona fosfato, pela triose fosfato isomerase. Para cada seis moléculas de gliceraldeído 3-fosfato produzidas por essa via, uma é removida do ciclo para ser usada na síntese de carboidratos, e as outras cinco são usadas no estágio de regeneração.

No estágio de regeneração, o gliceraldeído 3-fosfato é dividido por três ramos da via e interconvertido entre açúcares fosforilados de três (3C), de quatro (4C), de cinco (5C), de seis (6C) e de sete carbonos (7C) (Figura 15.21). A via é mostrada esquematicamente na Figura 15.26. Duas das reações, aquelas catalisadas pela aldolase e pela frutose 1,6-*bis*fosfatase, são conhecidas, pois fazem parte da gliconeogênese (Seção 12.1). Várias outras reações são parte da via das pentoses-fosfato normal (Seção 12.4), incluindo as duas reações da transcetolase. O resultado final das reações do ciclo de Calvin é:

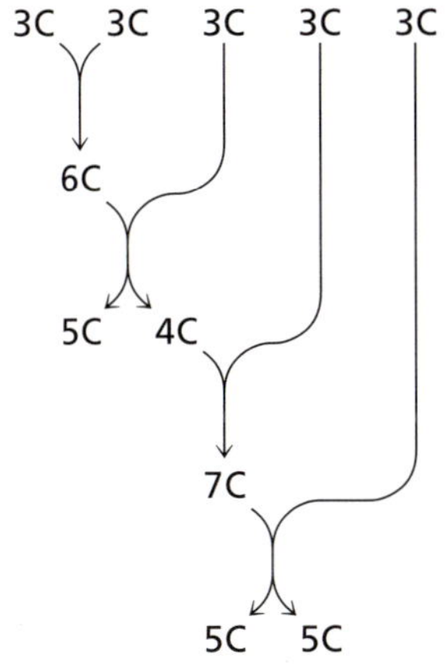

▲ **Figura 15.26**
Resumo do estágio de regeneração do ciclo de Calvin.

$$3\ CO_2 + 9\ ATP + 6\ NADPH + 5\ H_2O \longrightarrow$$
$$\text{gliceraldeído 3-fosfato} + 9\ ADP + 8\ P_i + 6\ NADP^\oplus + 2\ H^\oplus \quad (15.2)$$

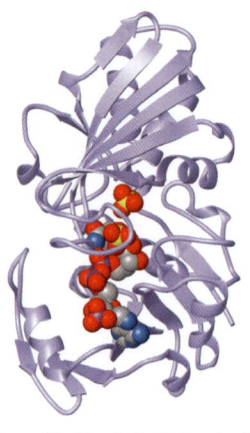

▲ **Gliceraldeído 3-fosfato desidrogenase.** Essa enzima dependente de NADPH, obtida de espinafre (*Spinacia oleracea*), cristaliza como um tetrâmero. Aqui é mostrada apenas uma subunidade. O NADPH está ligado ao sítio ativo da enzima [PDB 2PKQ].

Tanto ATP como NADPH são necessários para a fixação de CO_2 pelo ciclo de Calvin. Eles são os produtos principais das reações da fase clara da fotossíntese. O fato de que a necessidade de ATP é maior do que a de NADPH é uma razão pela qual o fluxo cíclico de elétrons do PSI para o citocromo *bf* é importante na fotossíntese. Esse fluxo resulta no aumento da produção de ATP em relação ao de NADPH.

É interessante comparar o custo da síntese de carboidratos a partir de CO_2 e o rendimento energético de sua degradação via glicólise e ciclo do ácido cítrico. Podemos usar a Reação 15.2 para estimar o custo da síntese de acetil-CoA – o substrato do ciclo do ácido cítrico. Lembre-se de que a rota que leva do gliceraldeído 3-fosfato ao acetil-CoA é acoplada à síntese de duas moléculas de NADH e duas de ATP (Seção 11.2). Se subtrairmos estas do custo de produção do gliceraldeído 3-fosfato, então o custo total da síntese de acetil-CoA a partir de CO_2 é igual a 7 ATP + 4 NAD(P)H. Isso pode ser expresso como 17 equivalentes de ATP, pois cada NADH equivale a 2,5 ATP (Seção 14.11). O ganho final da oxidação completa do acetil-CoA pelo ciclo do ácido cítrico é de 10 equivalentes de ATP (Seção 13.4). A via biossintética é mais "cara" do que o ganho de energia do catabolismo. Nesse caso, a "eficiência" da oxidação do acetil-CoA é de apenas 60% [1(10/17) = 0,59 ou 59%], mas esse valor é enganoso, pois, na realidade, é a via biossintética (custando 17 equivalentes de ATP) que é complexa e ineficiente.

Podemos estimar o custo da síntese de glicose porque este é, simplesmente, o custo da produção de duas moléculas de gliceraldeído 3-fosfato. Ele é equivalente a 18 moléculas de ATP e 12 de NADPH, ou 48 equivalentes de ATP. Lembre-se de que o ganho líquido de energia na oxidação completa da glicose via glicólise e ciclo do ácido cítrico é de 32 equivalentes de ATP (Seção 13.4). Nesse caso, o catabolismo recupera dois terços da quantidade de equivalentes de ATP usada na rota biossintética.

CONCEITO-CHAVE
A energia recuperada nas vias catabólicas é, em geral, cerca de dois terços da energia consumida na biossíntese.

15.5 Metabolismo da sacarose e do amido nas plantas

Gliceraldeído 3-fosfato (G3P) é o principal produto da fixação de carbono na maioria das espécies fotossintéticas. Posteriormente, o G3P é convertido em glicose pela gliconeogênese. Hexoses recém-sintetizadas podem ser usadas imediatamente como substratos em diversas vias biossintéticas ou podem ser armazenadas como polissacarídeos para uso posterior. Nas bactérias, na maioria das algas e em algumas plantas, o polissacarídeo de armazenagem é o glicogênio, assim como nos animais. Nas plantas vasculares, em geral, é o amido que é armazenado.

As estruturas do amido e do glicogênio foram descritas na Seção 8.6A.

Amido é sintetizado nos cloroplastos a partir de glicose 6-fosfato, o produto principal da gliconeogênese (Seção 12.1D). Na primeira etapa, a glicose 6-fosfato é

▲ **Figura 15.27**
Biossíntese do amido nos cloroplastos. Essas reações aumentam a molécula de amido por uma unidade de hexose.

convertida em glicose 1-fosfato por uma reação catalisada pela fosfoglicomutase (Figura 15.27). Essa é a mesma enzima que vimos na rota de síntese do glicogênio (Seção 12.5A). A segunda etapa é a de ativação da glicose pela síntese de ADP-glicose. Essa reação é catalisada pela ADP-glicose pirofosforilase. A estratégia metabólica é semelhante à da biossíntese de glicogênio, exceto pelo fato de que o intermediário-chave na síntese deste é a UDP-glicose. A reação de polimerização na biossíntese do amido utiliza a amido sintase. Essa via consome uma molécula de ATP e libera uma de pirofosfato para cada resíduo adicionado à cadeia polissacarídica em crescimento. O ATP é fornecido pelas reações da fotossíntese.

O amido é sintetizado durante o dia, quando a fotossíntese está ativa e as moléculas de ATP se acumulam nos cloroplastos. Durante a noite ele se torna fonte de carbono e energia para a planta. A molécula de amido é quebrada por ação da amido fosforilase, gerando glicose 1-fosfato, que é convertida em fosfatos de trioses na glicólise. Esses fosfatos de trioses são exportados dos cloroplastos para o citoplasma. Alternativamente, o amido pode ser hidrolisado em dextrinas pela ação das amilases, em seguida em maltose e, finalmente, em glicose. A glicose formada por essa rota é fosforilada por ação da hexoquinase e entra na via glicolítica.

A sacarose é uma forma móvel de carboidrato nas plantas. Ela é sintetizada no citoplasma das células que contêm cloroplastos (por exemplo, células de folhas) e exportada para o sistema vascular da planta, onde é absorvida por células incapazes de efetuar a fotossíntese (por exemplo, células da raiz). Assim, a sacarose é funcionalmente equivalente à glicose, a forma móvel de carboidrato nos animais que têm sistema circulatório (Seção 12.5).

A via para síntese da sacarose é apresentada na Figura 15.28. Quatro moléculas de fosfato de triose produzem uma de sacarose. Os fosfatos de trioses seguem a via da gliconeogênese, condensando-se para formar frutose 1,6-*bis*fosfato, que é hidrolisada

> O açúcar nucleotídeo ADP-glicose também é necessário para a síntese de glicogênio em algumas bactérias (Seção 12.5A).

▲ **Xarope de bordo.** A seiva das árvores de bordo, rica em sacarose, é recolhida e concentrada para produzir o xarope.

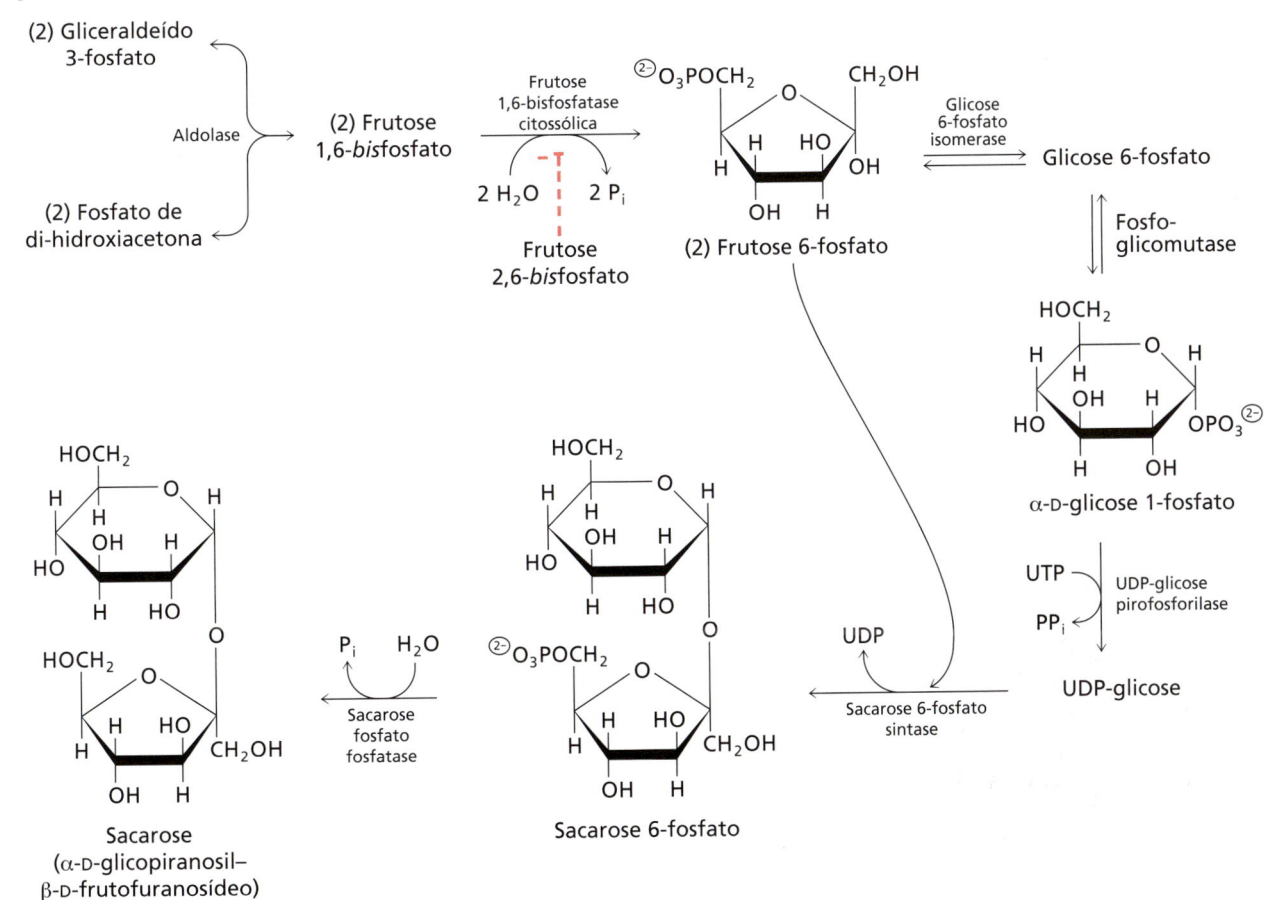

▲ **Figura 15.28**
Biossíntese da sacarose a partir de gliceraldeído 3-fosfato e di-hidroxiacetona fosfato no citosol. Quatro moléculas de fosfato de triose (4 C_3) são convertidas em uma molécula de sacarose (C_{12}).

em frutose 6-fosfato. Esta se isomeriza em glicose 6-fosfato, desviada da via gliconeogênica e convertida em α-D-glicose 1-fosfato, que reage com UTP para formar UDP-glicose, e a molécula de glicose ativada doa seu grupo glucosil para uma molécula de frutose 6-fosfato para formar a sacarose 6-fosfato. A etapa final é a hidrólise da sacarose 6-fosfato, formando a sacarose.

> **QUADRO 15.5 As ervilhas enrugadas de Gregor Mendel**
>
> Uma das características genéticas estudadas por Gregor Mendel foi a das ervilhas redondas (R) *versus* enrugadas (r). O fenótipo de ervilhas enrugadas provém de um defeito no gene da enzima ramificadora do amido. A síntese de amido é parcialmente bloqueada na ausência dessa enzima, e as ervilhas se desenvolvem com uma concentração maior de sacarose do que o normal, o que faz com que absorvam mais água do que as outras ervilhas e fiquem maiores. Quando as ervilhas começam a secar, as mutantes perdem mais água e sua superfície externa fica com aparência enrugada.
>
> Essa mutação é causada pela inserção de um transposon no gene. É uma mutação de perda de função *recessiva*, pois uma só cópia do alelo normal do tipo selvagem nos heterozigotos é capaz de produzir enzima ramificadora de amido suficiente para produzir grãos de amido. 
>
> ▲ Ervilhas redondas e enrugadas em uma vagem.

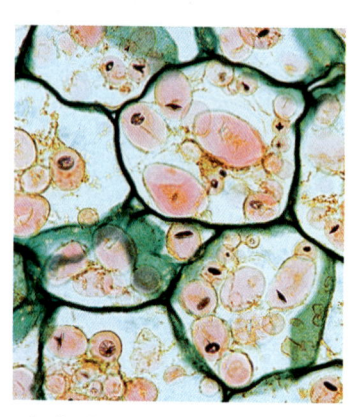

▲ Amiloplastos em células de batatas.

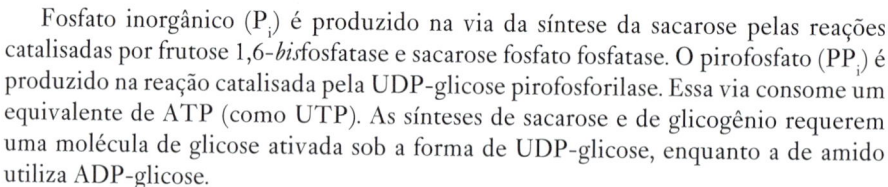

Fosfato inorgânico (P_i) é produzido na via da síntese da sacarose pelas reações catalisadas por frutose 1,6-*bis*fosfatase e sacarose fosfato fosfatase. O pirofosfato (PP_i) é produzido na reação catalisada pela UDP-glicose pirofosforilase. Essa via consome um equivalente de ATP (como UTP). As sínteses de sacarose e de glicogênio requerem uma molécula de glicose ativada sob a forma de UDP-glicose, enquanto a de amido utiliza ADP-glicose.

A primeira etapa metabolicamente irreversível na biossíntese da sacarose é a hidrólise de frutose 1,6-*bis*fosfato, formando frutose 6-fosfato e P_i. A atividade da frutose 1,6-*bis*fosfatase é inibida pelo modulador alostérico frutose 2,6-*bis*fosfato (Figura 12.9), uma molécula que encontramos quando estudamos a glicólise e a gliconeogênese. Nas plantas, o nível de frutose 2,6-*bis*fosfato é regulado por diversos metabólitos que refletem a adequação das condições para a síntese da sacarose.

A sacarose é absorvida pelas células não fotossintéticas, onde é degradada pela sacarase (invertase), formando frutose e glicose, que fornecem energia via glicólise e ciclo do ácido cítrico (Seção 11.6A). Essas hexoses podem também ser convertidas em amido nos tecidos que armazenam carboidratos para uso futuro. Em células de raízes, por exemplo, a sacarose é convertida em hexoses monoméricas, absorvidas por organelas especializadas chamadas **amiloplastos**. Estes são cloroplastos modificados que perderam os complexos fotossintéticos, mas mantiveram as enzimas para síntese do amido. Em algumas plantas, como batatas, nabos e cenouras, as células das raízes podem armazenar quantidades imensas de amido.

15.6 Vias adicionais de fixação de carbono

Como já mencionamos, um dos problemas mais importantes na fixação de carbono é a ineficiência da Rubisco, especialmente a reação de oxigenação, que limita o rendimento das lavouras (Seção 15.4C). Espécies diferentes desenvolveram diversas formas de superar esse problema.

A. Compartimentalização em bactérias

As bactérias evitam os problemas da fotorrespiração confinando a Rubisco em compartimentos especializados chamados carboxissomos, os quais são cercados por uma capa de proteína impermeável ao oxigênio. A Rubisco fica nos carboxissomos, bem como a enzima anidrase carbônica, que converte bicarbonato ($HCO_3^{\ominus}$) em CO_2 (veja a Seção 2.10 e a Figura 7.1). A vantagem da compartimentalização é que a Rubisco é fornecida com uma fonte abundante de CO_2, ao mesmo tempo em que fica protegida do O_2, evitando assim a ineficiência da fotorrespiração.

▲ **Batatas são uma fonte excelente de amido.** Batatas fritas são servidas em Quebec com molho de carne e pedaços de queijo cremoso. O prato é chamado "poutine".

B. A via do C₄

Várias espécies de plantas evitam a fotorrespiração através de vias secundárias de fixação de carbono. O efeito final dessas vias secundárias é o aumento da concentração local de CO_2 em relação a O_2 nas células onde a Rubisco é ativa. Uma dessas vias é chamada de via C_4 porque envolve intermediários de quatro carbonos. As plantas C_4 tendem a crescer em temperaturas e intensidade luminosa altas. Elas incluem espécies economicamente importantes, como milho, sorgo, cana-de-açúcar, e algumas das mais problemáticas ervas daninhas. Evitar a fotorrespiração é essencial para as plantas tropicais, pois a proporção entre oxigenação e carboxilação pela Rubisco aumenta com a temperatura.

A via C_4 concentra CO_2 e o libera em células do interior das folhas, onde o ciclo de Calvin é ativo. O produto inicial da fixação de carbono é um ácido de quatro carbonos (C_4), e não um de três, como no ciclo de Calvin. A via C_4 ocorre em dois tipos de células diferentes nas folhas. Primeiro, o CO_2 é hidratado formando bicarbonato, que reage com o composto C_3 fosfoenolpiruvato para formar um ácido C_4 nas células mesofílicas (próximo ao exterior das folhas). Essa reação é catalisada por uma isoenzima da fosfoenolpiruvato (PEP) carboxilase (Seção 13.6). Em seguida, o ácido C_4 é transportado para as células da bainha dos feixes no interior da folha, onde é descarboxilado. Como não ficam expostas diretamente à atmosfera, as células da bainha dos feixes têm uma concentração de O_2 muito menor do que as células mesofílicas. O CO_2 liberado é fixado pela ação da Rubisco e incorporado ao ciclo de Calvin.

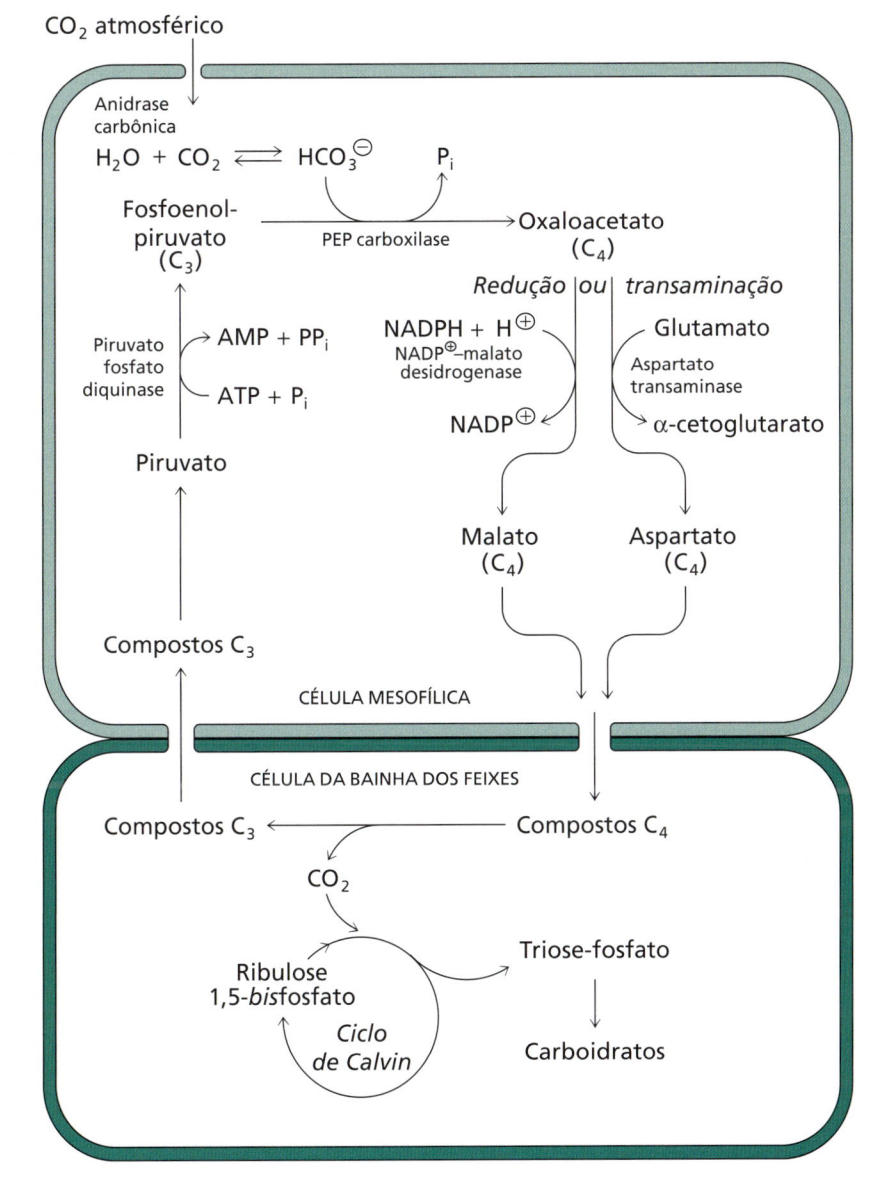

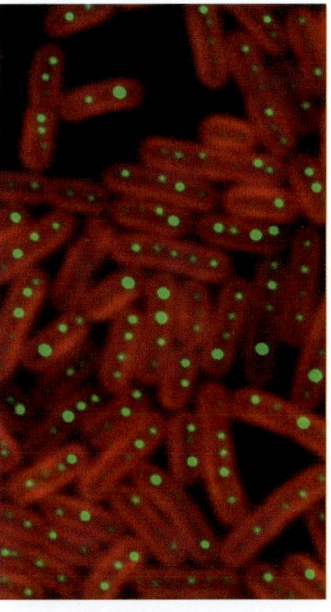

▲ **Carboxissomos.** Células de cianobactéria (*Synechococcus elongatus*) estão coradas com um pigmento fluorescente, que mostra as membranas tilacoides (vermelho) e os carboxissomos (verde).

◀ **Figura 15.29**
Rota C₄. O CO_2 é hidratado no citosol do mesófilo, formando bicarbonato (HCO_3^-). Este reage com o fosfoenolpiruvato, em uma reação de carboxilação catalisada pela fosfoenolpiruvato (PEP) carboxilase, uma enzima citossólica sem atividade de oxigenase. Dependendo da espécie, o oxaloacetato produzido é reduzido ou transminado para formar ácidos carboxílicos de quatro carbonos ou aminoácidos, transportados para uma célula da bainha dos feixes adjacente e descarboxilados. O CO_2 liberado é fixado pela reação da rubisco e entra no ciclo de Calvin. O composto de três carbonos que sobra é reconvertido no aceptor de CO_2, fosfoenolpiruvato.

▲ **Campo dos sonhos.** Esses jogadores de beisebol estavam provavelmente estudando a bioquímica da fixação do carbono na plantação de milho.

▲ O cacto é uma planta CAM.

O fosfoenolpiruvato é regenerado a partir do produto C_3 remanescente. A Figura 15.29 resume a sequência de reações da via C_4.

As paredes celulares das células internas da bainha dos feixes são impermeáveis a gases. A descarboxilação de ácidos C_4 nessas células aumenta muito a concentração de CO_2 e cria uma alta proporção de CO_2 em relação a O_2. A atividade de oxigenase da Rubisco é minimizada porque há uma quantidade insignificante dessa enzima nas células mesofílicas, e a proporção de CO_2 para O_2 é bastante alta nas células da bainha dos feixes. Em consequência, plantas C_4 praticamente não têm fotorrespiração. Embora haja um custo energético adicional para a formação do fosfoenolpiruvato na assimilação C_4 de carbono, a ausência da fotorrespiração dá a essas plantas uma vantagem significativa sobre as plantas C_3.

C. Metabolismo de ácidos das crassuláceas (CAM)

Plantas suculentas, como as diversas espécies de cactos, crescem principalmente em ambientes áridos, onde a perda de água é um problema sério. Uma grande quantidade de água pode ser perdida pelos tecidos foliares durante a fixação de carbono, uma vez que as células precisam ficar expostas ao CO_2 atmosférico e a água pode se evaporar da superfície. Essas plantas minimizam a perda de água durante a fotossíntese, assimilando carbono à noite. Essa via é chamada metabolismo de ácidos das crassuláceas porque foi descoberta na família *Crassulaceae*.

A superfície das folhas nas plantas vasculares terrestres é, com frequência, coberta por uma camada impermeável de cera, e o CO_2 passa através de estruturas chamadas estômatos para chegar até as células fotossintéticas. Os **estômatos** são formados por duas células adjacentes na superfície da folha. Essas células guardiãs definem a entrada de uma cavidade forrada por células que contêm cloroplastos. A abertura entre as células guardiãs varia de acordo com o fluxo de íons e a consequente absorção osmótica de água. O fluxo de íons através dessas células é regulado por condições que afetam a fixação de CO_2, como temperatura e disponibilidade de água. No calor do dia, plantas CAM mantêm seus estômatos fechados para minimizar a perda de água. À noite, as células mesofílicas absorvem CO_2 através dos estômatos abertos. A perda de água pelos estômatos é muito menor nas temperaturas noturnas, mais baixas do que durante o dia. O CO_2 é fixado pela reação da PEP carboxilase, e o oxaloacetato formado é reduzido a malato (Figura 15.30).

O malato é armazenado em um grande vacúolo central, a fim de manter um pH quase neutro no citosol, já que a concentração celular desse ácido pode chegar a 0,2 M ao final da noite. Os vacúolos das plantas CAM ocupam, normalmente, mais de 90% do volume total da célula. O malato é liberado do vacúolo e descarboxilado durante o dia, quando ATP e NADPH são formados pela fotossíntese. Assim, a grande quantidade de malato acumulada à noite fornece CO_2 para a assimilação de carbono durante o dia. Os estômatos foliares permanecem bem fechados, enquanto o malato é descarboxilado, de modo que nem água nem CO_2 escapam da folha, e o nível celular de CO_2 pode permanecer muito mais alto do que o atmosférico. Como nas plantas C_4, a concentração interna de CO_2 mais alta reduz muito a fotorrespiração.

Nas plantas CAM, o fosfoenolpiruvato necessário para a formação de malato é derivado do amido via glicólise. O fosfoenolpiruvato formado pela descarboxilação do malato (seja diretamente pela PEP carboxiquinase ou pela enzima málica e pela piruvato fosfato diquinase) é convertido em amido através da gliconeogênese e armazenado nos cloroplastos.

O CAM é análogo ao metabolismo C_4, no sentido de que o ácido C_4 formado pela ação da PEP carboxilase é descarboxilado posteriormente, a fim de fornecer CO_2 para o ciclo de Calvin. Na via C_4, as fases de carboxilação e descarboxilação do ciclo são separadas no espaço, em tipo de células diferentes, enquanto no CAM elas são separadas no tempo, em ciclos diurnos e noturnos.

Uma característica reguladora importante da via do CAM é a inibição da PEP carboxilase pelo malato e pelo pH baixo. A PEP carboxilase é inibida eficientemente durante o dia, quando a concentração citosólica de malato é alta e o pH é baixo. Essa inibição evita a ciclagem inútil de CO_2 e malato pela PEP carboxilase, bem como a competição entre esta e a Rubisco pelo CO_2.

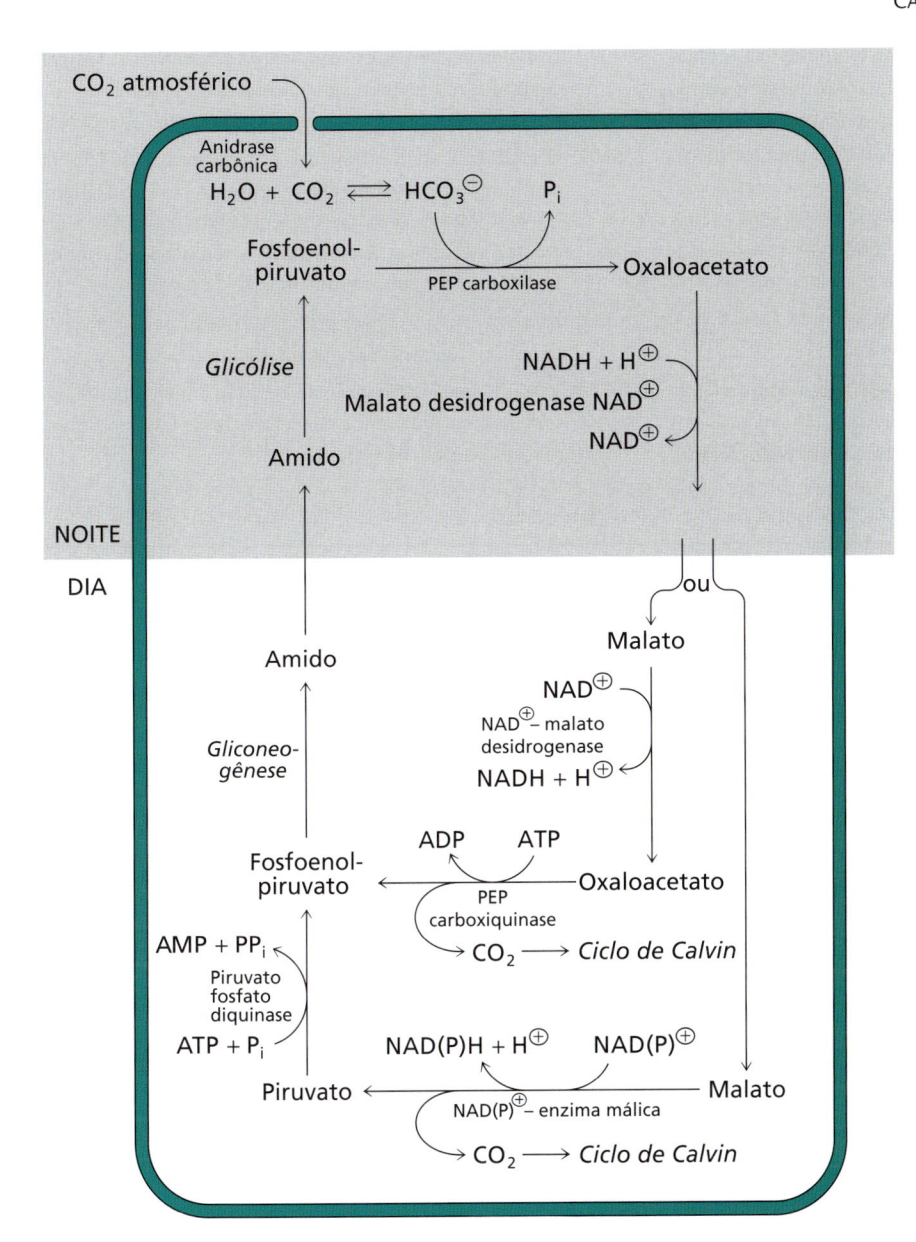

◀ **Figura 15.30**
Metabolismo de ácidos das crassuláceas (CAM). À noite, o CO_2 é absorvido e PEP carboxilase e malato desidrogenase dependente de $NAD^{\oplus}$ catalisam a formação de malato. O fosfoenolpiruvato necessário para a síntese do malato é derivado do amido. No dia seguinte, quando NADPH e ATP são formados pelas reações da fase clara, a descarboxilação do malato aumenta a concentração celular do CO_2, que pode ser fixado pelo ciclo de Calvin. A descarboxilação de malato ocorre por uma de duas vias, dependendo da espécie, e rende fosfoenolpiruvato que é, depois, convertido em amido através da gliconeogênese.

Resumo

1. A clorofila é o principal pigmento captador de luz na fotossíntese. Quando as moléculas de clorofila absorvem um fóton, um elétron é promovido a um orbital molecular de energia mais alta. Esse elétron pode ser deslocado para uma cadeia de transferência de elétrons, originando uma molécula de clorofila deficiente em elétrons.

2. Pigmentos acessórios transferem energia ao par especial de clorofilas por transferência de energia por ressonância.

3. Complexos do fotossistema II (PSII) têm um centro de reação tipo II. Os elétrons são transferidos do par especial de clorofilas a uma curta cadeia de transferência de elétrons, que consiste em uma clorofila, uma feoftina, uma quinona ligada e uma quinona móvel.

4. Em algumas bactérias, moléculas de QH_2 do PSII se ligam ao complexo do citocromo bc_1. Elétrons são transferidos para o citocromo c, e esse processo é acoplado à transferência de prótons através da membrana pelo ciclo Q. O citocromo c então se liga ao PSII e transfere os elétrons de volta para o par especial deficiente em elétrons, em um processo cíclico de transferência de elétrons. O gradiente de prótons resultante impulsiona a síntese de ATP.

5. Complexos do fotossistema I (PSI) têm um centro de reação tipo I. A cadeia de transferência de elétrons consiste em duas clorofilas, uma filoquinona, três centros [Fe–S] e ferredoxina (ou flavodoxina).

6. Ferredoxina reduzida é o substrato para ferredoxina: $NADP^{\oplus}$ redutase (FNR), e NADPH é o produto da fotossíntese do fotossistema I em uma transferência acíclica de elétrons. Em alguns casos, os elétrons passam da ferredoxina para o complexo do citocromo bc_1 e voltam ao PSI via citocromo c, em um processo cíclico de transferência de elétrons.

7. Cianobactérias e cloroplastos têm fotossistemas acoplados, consistindo em PSI, PSII e citocromo *bf* – uma versão fotossintética do citocromo bc_1. Quando o PSII absorve um fóton, os elétrons são transferidos do PSII para o citocromo *bf* e para a plastocianina. Esta devolve os elétrons ao PSI. Quando o PSI absorve um fóton, os elétrons excitados são usados para sintetizar NADPH. Nos fotossistemas acoplados, o PSII é associado a um complexo liberador de oxigênio (OEC), que catalisa a oxidação da água a O_2 e fornece elétrons ao par especial do PSII.

8. O esquema Z representa o fluxo de elétrons durante a fotossíntese, em termos da variação dos potenciais de redução dos vários componentes das cadeias de transferência de elétrons.

9. Nas cianobactérias, os complexos fotossintéticos são concentrados nas membranas tilacoides. Os cloroplastos têm um sistema interno complexo de membranas tilacoides.

10. O ciclo de Calvin é responsável pela fixação de CO_2 nos carboidratos. A enzima-chave desse processo é a ribulose 1,5-*bis*fosfato carboxilase-oxigenase (Rubisco). Ela é uma enzima ineficiente, que catalisa a carboxilação da ribulose 1,5-*bis*fosfato e também uma reação de oxigenação.

11. Sacarose e amido são os principais produtos da síntese fotossintética de carboidratos nas plantas.

12. Vias adicionais de fixação de carbono em algumas plantas servem para aumentar a concentração de CO_2 no sítio das reações do ciclo de Calvin.

Problemas

1. Nas plantas, o transporte de um par de elétrons de P680 para o NADPH é associado ao acúmulo de seis prótons no lúmen, resultando na produção de 1,5 moléculas de ATP (Seção 14.11). Considerando que o NADPH ≈ 2,5 ATP, isto significa que, na fotossíntese, o transporte de um par de elétrons através dos complexos produz 1,5 + 2,5 = 4 equivalentes de ATP. Por que esse processo é tão mais eficiente do que o transporte de elétrons respiratórios?

2. O peixe-dragão é uma espécie de águas profundas que tem uma luz vermelha bioluminescente para iluminar suas presas. Embora os pigmentos visuais normalmente encontrados na retina dos peixes não sejam bastante sensíveis para perceber a luz vermelha, a retina do peixe-dragão tem outros pigmentos, derivados da clorofila, que absorvem a 667 nm. Sugira de que maneira essas clorofilas podem atuar como fotossensibilizadores, ajudando o peixe-dragão a detectar a presa pelo uso de seu próprio farol de luz vermelha, que não é percebido pelos outros peixes.

3. (a) A ribulose 1,5-*bis*fosfato carboxilase-oxigenase (Rubisco) já foi chamada de "enzima que alimenta o mundo". Explique a base dessa afirmação.

   (b) A Rubisco também já foi acusada de ser a enzima mais incompetente do mundo e a mais ineficiente do metabolismo primário. Explique a base dessa afirmação.

4. Com frequência, você vê a fotossíntese mais o ciclo de Calvin descritos como:

   $$6\ CO_2 + 6\ H_2O \xrightarrow{luz} C_6H_{12}O_6 + 6\ O_2$$

   Escreva uma equação semelhante para as reações que ocorrem nas bactérias púrpuras e nas bactérias verdes sulfurosas.

5. (a) Algumas bactérias fotossintéticas usam o H_2S como doador de hidrogênio e produzem enxofre elementar, enquanto outras utilizam etanol e produzem acetaldeído. Escreva as reações totais para a fotossíntese dessas bactérias.

   (b) Por que elas não produzem nenhum oxigênio?

   (c) Escreva uma equação geral para a fixação fotossintética de CO_2 nos carboidratos, usando H_2A como o doador de hidrogênio.

6. É possível para uma suspensão de cloroplastos no escuro sintetizar glicose a partir de CO_2 e H_2O? Se não, o que é preciso adicionar para que essa síntese aconteça? Considere que todos os componentes do ciclo de Calvin estejam presentes.

7. (a) Quantos fótons são absorvidos para cada molécula de O_2 produzida na fotossíntese?

   (b) Quantos fótons precisam ser absorvidos para gerar poder redutor de NADPH suficiente para a síntese de uma molécula de uma triose fosfato?

8. O herbicida 3-(3,4-diclorofenil)-1,1-dimetilureia (DCMU) impede o transporte de elétrons fotossintético do PSII para o complexo do citocromo *bf*.

   (a) Quando DCMU é adicionado a cloroplastos isolados, tanto a evolução (produção) de O_2 como a fotofosforilação param?

   (b) Como a adição de um aceptor de elétrons capaz de reoxidar o P680* irá afetar a produção de O_2 e a fotofosforilação?

9. (a) O pH luminal dos cloroplastos suspensos em uma solução de pH 4,0 atinge esse valor em poucos minutos. Explique por que ocorre uma explosão de síntese de ATP quando o pH da solução externa é rapidamente elevado para 8,0 e são adicionados ADP e P_i.

   (b) Se grande quantidade de ADP e P_i estiverem presentes, por que a síntese de ATP cessa depois de poucos segundos?

10. O transporte cíclico de elétrons nos cloroplastos pode ocorrer simultaneamente com o acíclico, sob certas condições. No transporte de elétrons cíclico há produção de ATP, O_2 ou NADPH?

11. Uma planta foi geneticamente modificada para conter uma porcentagem menor do que o normal de lipídeos insaturados nas membranas tilacoides de seus cloroplastos. Ela tem maior tolerância a altas temperaturas e também apresenta velocidades melhoradas de fotossíntese e de crescimento a 40 °C. Quais os componentes do sistema fotossintético que devem ter sido mais afetados pela mudança na composição lipídica das membranas tilacoides?

12. Uma substância foi adicionada a cloroplastos isolados de espinafre e determinou o efeito sobre a fotofosforilação fotossintética, a absorção de prótons e o transporte acíclico de elétrons. A adição da substância resultou na inibição da fotofosforilação fotossintética (síntese de ATP), na inibição da absorção de prótons e no aumento no transporte acíclico de elétrons. Sugira um mecanismo para a ação da substância.

13. Quantas moléculas de ATP (ou equivalentes de ATP) e NADPH são necessárias para sintetizar: (a) uma molécula de glicose via fixação fotossintética de CO_2 nas plantas; e (b) um resíduo de glicose incorporado ao amido?

14. Após uma volta completa do ciclo de Calvin, onde estarão os átomos marcados, oriundos do $^{14}CO_2$, no: (a) gliceraldeído 3-fosfato; (b) frutose 6-fosfato; e (c) eritrose 4-fosfato?

15. (a) Quantos equivalentes de ATP a mais do que nas plantas C_3 são necessários para sintetizar glicose a partir de CO_2 nas plantas C_4?
    (b) Explique por que as plantas C_4 fixam CO_2 com muito mais eficiência do que as C_3, apesar de necessitarem de ATP extra.

16. Explique como as seguintes mudanças nas condições metabólicas alteram o ciclo de Calvin: (a) aumento no pH do estroma e (b) uma redução na concentração de Mg^{2+} no estroma.

Leituras selecionadas

Pigmentos

Armstead I et al. Cross-species identification of Mendel's I locus. Science, 2007; 315:73.

Sato Y, Morita R, Nishimura M, Yamaguchi H e Kusaba M. Mendel's green cotyledon gene encodes a positive regulator of the chlorophyll-degrading pathway. Proc. Natl. Acad. Sci. (USA), 2007; 104:14169-14174.

Transporte fotossintético de elétrons

Allen JF. Cytochrome b_6f: structure for signalling and vectorial metabolism. Trends in Plant Sci. 2004; 9:130-137.

Allen JP e Williams JC. The evolutionary pathway from anoxygenic to oxygenic photosynthesis examined by comparison of the properties of photosystem II and bacterial reaction centers. Photosynth. Res. 2010. Publicado on-line em 7 de maio de 2010: Doi 10.1007/s11120-010-9552-x

Amunts A, Toporik H, Borovikova AB e Nelson N. Structure determination and improved model of plant photosystem I. J. Biol. Chem. 2010; 285:3478-3486.

Barber J, Nield J, Morris EP e Hankamer B. Subunit positioning in photosystem II revisited. Trends Biochem. Sci. 1999; 24:43-45.

Cramer WA, Zhang H, Yan J, Kurisu G e Smith JL. Evolution of photosynthesis: time-independent structure of the cytochrome b_6f complex. Biochem. 2004; 43:5921-5929.

Cramer WA, Zhang H, Yan J, Kurisu G e Smith JL. Transmembrane traffic in the cytochrome b_6f complex. Annu. Rev. Biochem. 2006; 75:769--790.

Ferreira KN, Iverson TM, Maghlaoui K, Barber J e Iwata S. Architecture of the photosynthetic oxygen-evolving center. Science, 2004; 303:1831--1838.

Golbeck JH. Structure and function of photosystem I. Annu. Rev. Plant Physiol. Plant Mol. Biol. 1992; 43:293-324.

Kühlbrandt W, Wang DN e Fujiyoshi Y. Atomic model of plant light-harvesting complex by electron crystallography. Nature, 1994; 367: 614-621.

Leslie M. On the origin of photosynthesis. Science, 2009; 323:1286--1287.

Müller MG, Slavov C, Luthra R, Redding KE e Holzwarth AR. Independent initiation of primary electron transfer in the two branches of the photosystem I reaction center. Proc. Natl. Acad. Sci. (USA), 2010; 107:4123-4128.

Nugent JHA. Oxygenic photosynthesis. Electron transfer in photosystem I and photosystem II. Eur. J. Biochem. 1996; 237:519-531.

Rhee K-H, Morris EP, Barber J e Kühlbrandt W. Three-dimensional structure of the plant photosystem II reaction centre at 8 Å resolution. Nature, 1998; 396:283-286.

Staehlin LA e Arntzen CJ (eds.). Photosynthesis III: Photosynthetic Membranes and Light Harvesting Systems. Vol. 19. Encyclopedia of Plant Physiology (Nova York: Springer-Verlag, 1986).

Fotofosforilação

Bennett J. Phosphorylation in green plant chloroplasts. Annu. Rev. Plant Physiol. Plant Mol. Biol. 1991; 42:281-311.

Metabolismo fotossintético do carbono

Andrews TJ e Whitney SM. Manipulating ribulose bisphosphate carboxylase/ oxygenase in the chloroplasts of higher plants. Arch. Biochem. Biophys. 2003; 414:159-169.

Bassham JA e Calvin M. The Path of Carbon in Photosynthesis (Englewood Cliffs, NJ: Prentice Hall, 1957).

Edwards GE e Walker D. C_3 C_4: Mechanisms and Cellular and Environmental Regulation of Photosynthesis (Berkeley: University of California Press, 1983).

Hartman FC e Harpel MR. Structure, function, regulation, and assembly of D-ribulose-1,5-bisphosphate carboxylase/oxygenase. Annu. Rev. Biochem. 1994; 63:197-234.

Savage DF, Afonso B, Chen AH e Silver PA. Spatially ordered dynamics of the bacterial carbon fixation machinery. Science, 2010; 327:1258-1261.

Schnarrenberger C e Martin W. The Calvin cycle – a historical perspective. Photosynthetica, 1997; 33:331-345. [Panorama dos avanços feitos desde os anos 1950.]

Metabolismo dos Lipídeos

Desordens nesse complicado mecanismo de formação e metabolização dos lipídeos são, em muitos casos, responsáveis pela gênese de algumas das doenças mais importantes, especialmente no campo cardiovascular. Um conhecimento detalhado dos mecanismos do metabolismo lipídico é necessário para lidar com esses problemas médicos de modo racional.
– S. Bergström, na conferência proferida na cerimônia de entrega do prêmio Nobel de Fisiologia ou Medicina, em 1964, a Konrad Bloch e Feodor Lynen.

A síntese de lipídeos é uma parte essencial do metabolismo celular, pois esses compostos são elementos fundamentais das membranas celulares. Neste capítulo, vamos descrever as vias sintéticas dos principais lipídeos descritos no Capítulo 9. A mais importante dessas vias é a síntese de ácidos graxos, pois estes são necessários aos triacilgliceróis. Outras vias biossintéticas importantes incluem a síntese de colesterol, a de eicosanoides e a dos esfingolipídeos.

Os lipídeos também podem ser degradados como parte do metabolismo celular normal. A via catabólica mais importante é a de oxidação dos ácidos graxos (β-oxidação). Nessa via, ácidos graxos de cadeia longa são quebrados até fornecer acetil-CoA. As vias opostas de biossíntese e oxidação de ácidos graxos constituem outro exemplo de como as células gerenciam a produção e a utilização da energia de modo compatível com os fundamentos da termodinâmica.

As vias catabólicas do metabolismo lipídico são parte do metabolismo energético básico dos animais. Os triacilgliceróis e o glicogênio são suas duas principais fontes de energia armazenada. O glicogênio pode fornecer ATP para a contração muscular apenas por uma fração de hora. O trabalho intenso e prolongado, como a migração dos pássaros ou o esforço dos maratonistas, é mantido pelo metabolismo dos triacilgliceróis. Estes são anidros, e seus ácidos graxos são mais reduzidos do que os aminoácidos ou os monossacarídeos, o que os torna mais eficientes como fonte de energia armazenada para uso posterior (Seção 9.3). Os triacilgliceróis são oxidados quando a demanda energética cresce. Na maioria dos casos, a gordura só é utilizada quando outras fontes de energia, como a glicose, não estão disponíveis.

Vamos começar analisando as vias fundamentais do metabolismo dos lipídeos – aquelas que estão presentes em todas as espécies viventes. Quando necessário, apontaremos as diferenças entre as vias bacterianas e as dos eucariontes. Essas diferenças são mínimas. Em seguida, descreveremos a absorção e a utilização dos lipídeos oriundos da alimentação nos mamíferos, incluindo a regulação hormonal do metabolismo lipídico.

16.1 Síntese de ácidos graxos

Os ácidos graxos são sintetizados pela adição repetida de duas unidades de carbono a uma cadeia hidrocarbônica. Essa cadeia crescente é ligada de forma covalente à

Topo: Enquanto o urso polar vive de seu estoque de gordura por grande parte do ano, os pássaros utilizam seu estoque para longos voos.

CAPÍTULO 16   Metabolismo dos Lipídeos   **477**

◄ **Figura 16.1**
Resumo da síntese de ácidos graxos.

(a) Estágio de iniciação

Bactéria: Acetil-CoA (C_2) —CO_2→ Malonil-CoA (C_3)
↓   ↓
Acetil-ACP (C_2)   Malonil-ACP (C_3)
   Eucariontes
         ↘   ↙ CO_2
      Acetoacetil-ACP (C_4)

(b) Estágio de alongamento

→ 3-cetoacil-ACP (C_{n+2})
         ↓ Redução
(C_{n+2})
         ↓ Desidratação
CO_2
Malonil-ACP (C_3)
         ↓ Redução
Acil-ACP (C_n)

proteína carreadora de acila (ACP), uma coenzima (Seção 7.6). Essa ligação é do tipo tioéster, como no acetil-CoA. Uma visão geral da síntese de ácidos graxos é apresentada na Figura 16.1.

As primeiras etapas da via sintética dos ácidos graxos são a produção de acetil--ACP e a de malonil-ACP a partir de acetil-CoA (ácido malônico, ou malonato, é o nome do ácido dicarboxílico C_3 padrão). A etapa de iniciação envolve a condensação de acetila e malonila para formar um precursor de quatro carbonos e CO_2. Esse precursor serve como iniciador para a síntese de ácidos graxos. No estágio de alongamento, o grupo acila ligado ao ACP (acil-ACP) é estendido em dois carbonos doados pelo malonil-ACP. O produto da condensação inicial (3-cetoacil-ACP) é modificado por duas reações de redução e uma desidratação, produzindo um acil-ACP mais longo que serve, então, como substrato para outras reações de condensação.

Em todas as espécies, a síntese de ácidos graxos ocorre no citosol. Nos mamíferos adultos, ela ocorre, em grande parte, nas células hepáticas e nos adipócitos. Uma parcela da síntese dos ácidos graxos ocorre em células especializadas, como as glândulas mamárias no período da amamentação.

$$\overset{O}{\underset{^{\ominus}O}{C}}-CH_2-\overset{O}{\underset{O^{\ominus}}{C}}$$

Malonato

A. Síntese de malonil-ACP e de acetil-ACP

O malonil-ACP é o substrato da biossíntese dos ácidos graxos. Ele é sintetizado em duas etapas, a primeira das quais é a carboxilação do acetil-CoA no citosol, formando malonil-CoA (Figura 16.2). Essa reação é catalisada por uma enzima dependente de biotina, a acetil-CoA carboxilase, e seu mecanismo é semelhante ao da reação catalisada pela piruvato carboxilase (Figura 7.20). A ativação dependente de ATP do $HCO_3^{\ominus}$ forma carboxibiotina. A essa reação segue-se a transferência do CO_2 ativado para o acetil-CoA, formando malonil-CoA. Essas reações são catalisadas nos eucariontes por uma enzima bifuncional, cuja porção biotina fica em um braço flexível e se move entre os dois sítios ativos. A versão bacteriana da acetil-CoA carboxilase é um complexo enzimático de múltiplas subunidades, contendo biotina carboxilase, proteína carreadora de biotina carboxilase e uma transcarboxilase heterodimérica. Em todas as espécies, a acetil-CoA carboxilase é a principal enzima reguladora da síntese de ácidos graxos, e a reação de carboxilação é metabolicamente irreversível.

O controle do metabolismo dos ácidos graxos será descrito na Seção 16.9.

A segunda etapa na síntese de malonil-ACP é a transferência da porção malonila da coenzima A para o ACP. Essa reação é catalisada pela malonil-CoA:ACP transacilase (Figura 16.3). Uma enzima semelhante, chamada acetil-CoA:ACP transacilase, converte acetil-CoA em acetil-ACP. Na maioria das espécies, essas são enzimas separadas, específicas para malonil-CoA ou para acetil-CoA, mas nos mamíferos as duas atividades são combinadas em uma enzima bifuncional, a malonil-acetil transferase (MAT), que faz parte de um complexo maior (veja abaixo).

$$H_3C-\overset{O}{\underset{\|}{C}}-S-CoA \quad \text{(Acetil-CoA)}$$

Enz-biotina—$COO^{\ominus}$ → ADP + P_i

$$^{\ominus}OOC-CH_2-\overset{O}{\underset{\|}{C}}-S-CoA \quad \text{(Malonil-CoA)}$$

← Enz-biotina ← $HCO_3^{\ominus}$ + ATP

◄ **Figura 16.2**
Carboxilação do acetil-CoA, formando malonil-CoA, catalisada pela acetil-CoA carboxilase.

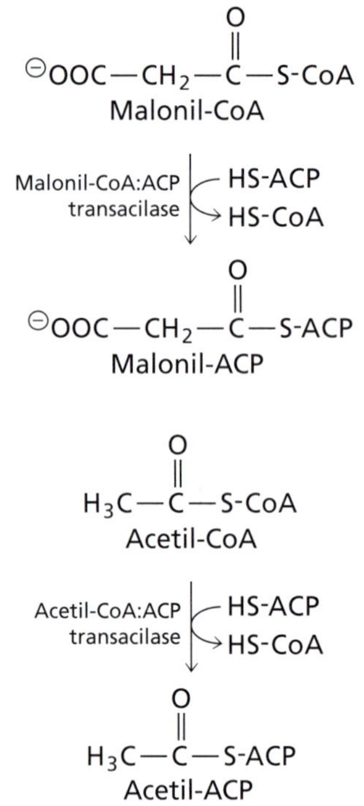

Figura 16.3
Síntese de malonil-ACP a partir de malonil-CoA e de acetil-ACP a partir de acetil-CoA.

B. A reação de iniciação da síntese de ácidos graxos

A síntese dos ácidos graxos de cadeia longa começa com a formação de uma unidade de quatro carbonos ligada ao ACP. Essa molécula, chamada acetoacetil-ACP, é formada pela condensação de um substrato de dois carbonos (acetil-CoA ou acetil--ACP) e um de três carbonos (malonil-ACP), com perda de CO_2. A reação é catalisada pela 3-cetoacil-ACP sintase (KAS).

Existem diversas versões da KAS nas células bacterianas. Uma das formas dessa enzima (KAS III) é usada na reação de iniciação, e outras (KAS I, KAS II) são usadas nas reações subsequentes, de alongamento. A KAS III bacteriana utiliza acetil-CoA para a condensação inicial com malonil-ACP (Figura 16.4).

Uma unidade de dois carbonos do acetil-CoA é transferida à enzima, onde se liga covalentemente, através de uma ligação tioéster. A enzima, então, catalisa a transferência dessa unidade de dois carbonos para a extremidade da cadeia de malonil-ACP, gerando um intermediário de quatro carbonos e liberando CO_2. Versões eucariontes da 3-cetoacil-ACP sintase catalisam a mesma reação, exceto pelo fato de que utilizam acetil-ACP como substrato inicial.

Lembre-se de que a síntese do malonil-CoA envolve carboxilação, dependente de ATP, do acetil-CoA (Figura 16.2). Essa estratégia de primeiro carboxilar e em seguida descarboxilar um composto resulta em uma variação favorável de energia livre para o processo, às custas do ATP consumido na etapa de carboxilação. Uma estratégia semelhante é observada na gliconeogênese dos mamíferos, em que o piruvato (C_3) é primeiro carboxilado, formando oxaloacetato (C_4) que, em seguida, é descarboxilado formando a molécula de três carbonos, fosfoenolpiruvato (Seção 12.1).

C. As reações de alongamento na síntese de ácidos graxos

O acetoacetil-ACP contém a menor versão de uma porção 3-cetoacila. O "3-ceto-" no nome dessa molécula refere-se à presença de um grupo ceto na posição C-3. Na terminologia mais antiga, esse átomo de carbono era chamado carbono-β, e o produto era uma porção β-cetoacila. A enzima de condensação também é chamada β-cetoacil-ACP sintase.

Para preparar as reações de condensação seguintes, essa porção 3-cetoacila oxidada precisa ser reduzida pela transferência de elétrons (e prótons) à posição C-3. Para tal são necessárias três reações:

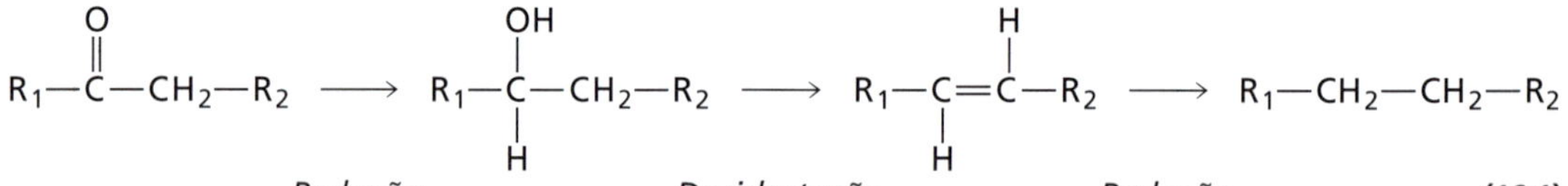

$$R_1-\overset{O}{\underset{}{C}}-CH_2-R_2 \longrightarrow R_1-\overset{OH}{\underset{H}{C}}-CH_2-R_2 \longrightarrow R_1-\overset{H}{\underset{H}{C}}=\overset{}{C}-R_2 \longrightarrow R_1-CH_2-CH_2-R_2 \quad (16.1)$$

Redução   *Desidratação*   *Redução*

A cetona é reduzida ao álcool correspondente na primeira redução. A segunda etapa é a remoção de água, por uma desidratase, produzindo uma ligação dupla C=C.

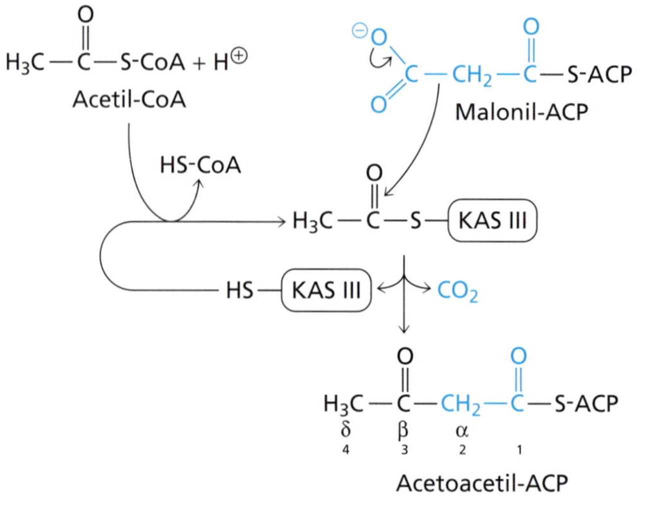

Figura 16.4
Síntese de acetoacetil-ACP em bactérias.

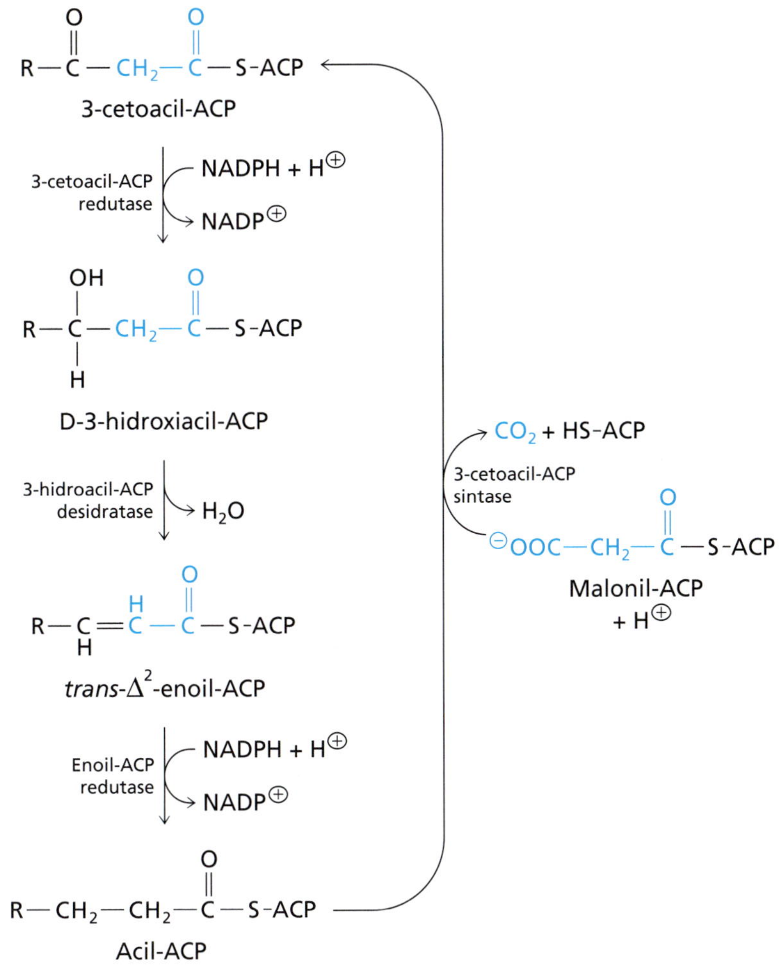

▲ **Figura 16.5**
O estágio de alongamento na síntese de ácidos graxos. R representa $-CH_3$ no acetoacetil-ACP ou $[-CH_2-CH_2]_n-CH_3$ em outras moléculas de 3-cetoacil-ACP.

Finalmente, uma segunda redução adiciona hidrogênios para criar o grupo acila reduzido. Essa é uma estratégia de oxidação-redução comum nas vias bioquímicas. Vimos um exemplo do inverso dessa reação no ciclo do ácido cítrico, em que succinato é oxidado a oxaloacetato (Figura 13.5).

As reações específicas do ciclo de alongamento estão indicadas na Figura 16.5. A primeira redução é catalisada pela 3-cetoacil-ACP redutase (KR). O nome completo da enzima de desidratação é 3-hidroxiacil-ACP desidratase (DH). A segunda redução é catalisada pela enoil-ACP redutase (ER). Observe que, durante a síntese, o isômero D do intermediário β-hidroxi é formado em uma reação dependente de NADPH. Veremos na Seção 16.7 que o isômero L é formado durante a degradação de ácidos graxos.

O produto final das etapas de redução, desidratação e redução é um acil-ACP mais longo em dois carbonos. Esse produto torna-se o substrato para as formas de alongamento da 3-cetoacil-ACP sintase (KAS I e KAS II). Todas as espécies usam malonil-ACP como doador de carbono na reação de condensação. As reações de alongamento são repetidas muitas vezes, resultando em cadeias de ácidos graxos cada vez mais longas.

Os produtos finais da síntese de ácidos graxos saturados têm 16 e 18 carbonos. Cadeias maiores não podem ser acomodadas no sítio de ligação da enzima de condensação. O ácido graxo pronto é liberado da ACP por ação de uma tioesterase (TE), que catalisa uma reação de clivagem, regenerando HS-ACP. Por exemplo, palmitoil-ACP é um substrato para uma tioesterase que catalisa a formação de palmitato e HS-ACP.

$$\text{Palmitoil-ACP} \xrightarrow[\text{Tioesterase}]{H_2O} \text{Palmitato } (C_{16}) + \text{HS-ACP} + H^{\oplus} \quad (16.2)$$

A estequiometria completa da síntese de palmitato a partir de acetil-CoA e malonil-CoA é:

CONCEITO-CHAVE
O malonil-ACP, formado a partir de acetil-CoA, é o precursor de toda a síntese dos ácidos graxos.

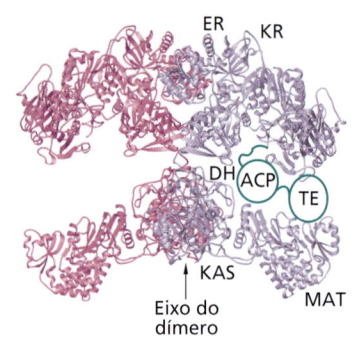

Figura 16.6
Ácido graxo sintase de mamíferos. Esta é a estrutura da enzima do porco (*Sus scrofa*). Ela é um grande dímero, com as seguintes atividades enzimáticas: malonil/acetil transferase (MAT), 3-cetoacil-ACP sintase (KAS), 3-cetoacil-ACP redutase (KR), 3-hidroxiacil-ACP desidratase (DH), enoil-ACP redutase (ER) e tioesterase (TE). A cadeia de ácidos graxos é ligada a um cofator ACP associado à enzima (ACP). As estruturas dos domínios ACP e TE não são resolvidas porque eles são ligados a um braço flexível [PDB 2VZ9].

Figura 16.7
Ativação de ácidos graxos.

$$\text{Acetil-CoA} + 7\text{ Malonil-CoA} + 14\text{ NADPH} + 20\text{ H}^{\oplus} \longrightarrow \quad (16.3)$$
$$\text{Palmitato} + 7\text{ CO}_2 + 14\text{ NADP}^{\oplus} + 8\text{ HS–CoA} + 6\text{ H}_2\text{O}$$

Nas bactérias, cada reação na síntese de ácidos graxos é catalisada por uma enzima monofuncional distinta. Esse tipo de via é conhecido como sistema tipo II de síntese de ácidos graxos (FAS II). Nos fungos e nos animais, as várias atividades enzimáticas ficam em domínios individuais de uma grande enzima multifuncional, e o complexo é descrito como sistema tipo I de síntese de ácidos graxos (FAS I).

O grande polipeptídeo de mamíferos tem cerca de 2.500 resíduos de aminoácidos (M_r = 270 kDa). A ácido graxo sintase é um dímero no qual os dois monômeros são fortemente ligados, criando uma enzima com dois sítios, em que os ácidos graxos são sintetizados de cada lado do eixo do dímero (Figura 16.6). A parte de baixo da enzima na Figura 16.6 tem as atividades condensadoras de malonil/acetil transferase (MAT) e 3-cetoacil-ACP sintase (KAS), responsável pela adição de dois novos carbonos à cadeia em crescimento. Essas enzimas ligam o ácido graxo a um grupo prostético ACP-fosfopanteteína (ACP) ligado à enzima, posicionado em um braço flexível. O ácido graxo ligado a ACP visita os sítios ativos das atividades modificadoras: 3-cetoacil-ACP redutase (KR), 3-hidroxiacil-ACP desidratase (DH) e enoil-ACP redutase (ER). Por fim, a cadeia de ácido graxo é liberada pela atividade de tioesterase (TE).

As estruturas dos domínios ACP e TE não são resolvidas na estrutura cristalina porque eles são presos à parte principal da enzima por um pequeno grupo de resíduos intrinsecamente desordenados (Seção 4.7D). Esses domínios flexíveis precisam ter movimento livre durante a reação.

D. Ativação de ácidos graxos

A reação da tioesterase (Reação 16.2) resulta na liberação de ácidos graxos livres, mas modificações subsequentes destes requerem uma etapa de ativação na qual eles são convertidos a tioésteres da coenzima A, em uma reação dependente de ATP, catalisada pela acil-CoA sintetase (Figura 16.7). O pirofosfato liberado nessa reação é hidrolisado em duas moléculas de fosfato, por ação da pirofosfatase. Em consequência, duas ligações fosfoanidrido, ou dois equivalentes de ATP, são consumidos para formar os tioésteres de CoA dos ácidos graxos. Bactérias, em geral, têm apenas uma acil-CoA sintetase, mas nos mamíferos há pelo menos quatro isoformas diferentes dessa enzima. Cada uma delas é específica para um tamanho de cadeia de ácido graxo: pequena (< C_6), média (C_6 a C_{12}), longa (> C_{12}) ou muito longa (> C_{16}). O mecanismo de ativação é o mesmo da síntese de acetil-CoA a partir de acetato e CoA (Figura 10.13). A ativação dos ácidos graxos é necessária para sua incorporação nos lipídeos de membranas (Seção 16.2).

E. Extensão e insaturação de ácidos graxos

A via da ácido graxo sintase não é capaz de produzir ácidos graxos com mais do que 16 ou 18 carbonos (C_{16} ou C_{18}). Ácidos graxos maiores são feitos pela extensão da cadeia de palmitoil-CoA ou de estearoil-CoA em reações de extensão separadas. As enzimas que catalisam essas extensões são conhecidas como elongases; elas utilizam malonil-CoA (e não malonil-ACP) como fonte de dois carbonos para a extensão. Um exemplo de reação de elongase é mostrada abaixo, na etapa 2 da Figura 16.8. Ácidos graxos de cadeia longa, como os C_{20} e C_{22}, são comuns; no entanto, os C_{24} e C_{26} são raros.

Ácidos graxos insaturados são sintetizados tanto nas bactérias como nos eucariontes, mas as vias são bem diferentes. Nos sistemas tipo II de síntese de ácidos graxos (bacteriano), uma ligação dupla é adicionada à cadeia crescente quando ela atinge o tamanho de dez átomos de carbono. A reação é catalisada por enzimas específicas, que reconhecem o intermediário C_{10}. Por exemplo, a 3-hidroxidecanoil-ACP desidratase introduz uma ligação dupla, especificamente, na posição 2, exatamente como na reação normal de desidratação da síntese de ácidos graxos (Figura 16.5). Mas a C_{10} desidratase específica cria um *cis*-2-decanoil-ACP, e não o produto de configuração *trans*, que serve como substrato para a enoil-ACP redutase.

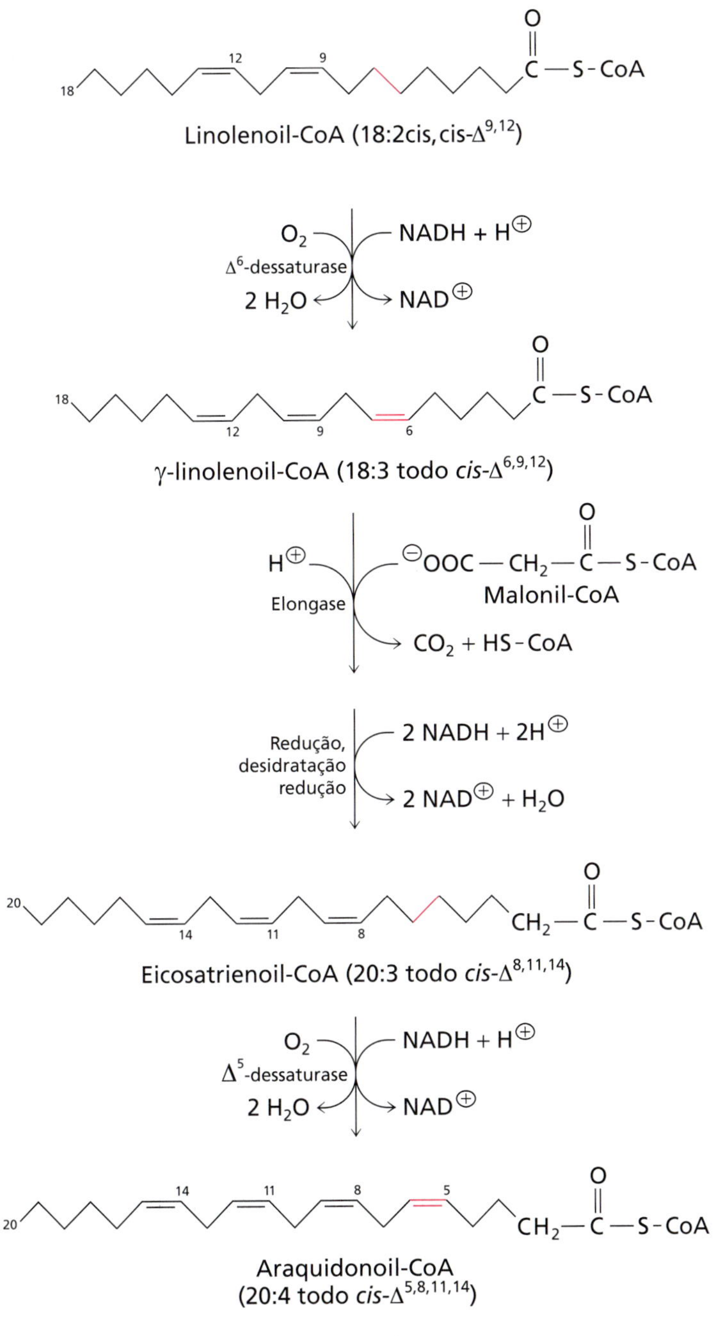

◀ Figura 16.8
Reações de alongamento e insaturação na conversão de linolenoil-CoA em araquidonoil-CoA.

Linolenoil-CoA (18:2cis,cis-$\Delta^{9,12}$)

Δ^6-dessaturase
O_2 / 2 H_2O ; NADH + $H^\oplus$ / NAD$^\oplus$

γ-linolenoil-CoA (18:3 todo cis-$\Delta^{6,9,12}$)

Elongase
$H^\oplus$; $^\ominus OOC-CH_2-\overset{O}{\underset{\|}{C}}-S-CoA$ Malonil-CoA ; CO_2 + HS-CoA

Redução, desidratação, redução
2 NADH + 2$H^\oplus$; 2 NAD$^\oplus$ + H_2O

Eicosatrienoil-CoA (20:3 todo cis-$\Delta^{8,11,14}$)

Δ^5-dessaturase
O_2 / 2 H_2O ; NADH + $H^\oplus$ / NAD$^\oplus$

Araquidonoil-CoA
(20:4 todo cis-$\Delta^{5,8,11,14}$)

O alongamento subsequente desse ácido graxo insaturado se dá pela via normal da ácido graxo sintase, exceto pelo fato de que uma enzima 3-cetoacil-ACP sintase específica reconhece o ácido graxo insaturado na reação de condensação. Os produtos finais serão os ácidos graxos insaturados 16:1 Δ^8 e 18:1 Δ^{10}. Estes podem ser ainda modificados nas bactérias para criar ácidos graxos poli-insaturados (PUFAs). As cadeias podem ser estendidas por elongases, e duplas ligações adicionais podem ser introduzidas por uma classe de enzimas chamadas dessaturases. As bactérias contêm uma grande variedade de PUFAs, que servem para aumentar a fluidez das membranas quando as espécies enfrentam temperaturas baixas (Seção 9.9). Por exemplo, muitas espécies de bactérias marinhas sintetizam PUFAs 20:5 e 22:6. Nessas espécies, até 25% dos ácidos graxos de membranas são ácidos graxos poli-insaturados grandes.

A introdução de uma ligação dupla durante a síntese dos ácidos graxos não é possível nos eucariontes porque estes empregam a ácido graxo sintase tipo I, que tem atividade apenas de uma 3-cetoacil-ACP sintase (KAS), parte da grande proteína multifuncional. O sítio ativo da KAS dos eucariontes não reconhece intermediários

A nomenclatura de ácidos graxos insaturados está descrita na Seção 9.2.

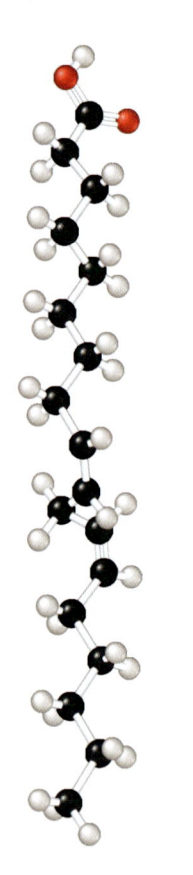

▲ **Linoleato.** Este é um componente essencial na alimentação humana.

insaturados dos ácidos graxos e não é capaz de estendê-los se estes forem criados na etapa C_{10}, como nas bactérias. Em consequência, os eucariontes sintetizam ácidos graxos insaturados inteiramente através das dessaturases, que atuam sobre os derivados palmitoil-CoA e estearoil-CoA completos.

A maior parte das células eucariontes contém várias dessaturases, que catalisam a formação de ligações duplas em posições afastadas até 15 carbonos da carboxila do ácido graxo. Por exemplo, o palmitoil-CoA é oxidado em seu análogo 16:1 Δ^9, que pode ser hidrolisado para formar o ácido graxo comum palmitoleato. Ácidos graxos poli-insaturados são sintetizados pela ação sequencial de diferentes dessaturases, altamente específicas. Na maioria dos casos, as ligações duplas são espaçadas por intervalos de três carbonos, como na síntese de α-linolenato nas plantas.

$$18{:}0 \text{ (estearoil-CoA)} \longrightarrow 18{:}1\Delta^9 \longrightarrow 18{:}2\Delta^{9,12}\text{(linolenoil-CoA)} \longrightarrow$$
$$18{:}3\Delta^{9,12,15}(\alpha\text{-linolenoil-CoA}) \qquad (16.4)$$

As células de mamíferos não têm uma dessaturase que atue além da posição C-9 e não são capazes de sintetizar linoleato ou α-linolenato. Contudo, PUFAs com ligações duplas na posição 12 são absolutamente essenciais para a sobrevivência, pois eles são os precursores na síntese de eicosanoides importantes, como as prostaglandinas. Sendo assim, os mamíferos precisam obter linoleato pela alimentação. Esse é um ácido graxo essencial na alimentação humana. Deficiências de α-linolenato são raras, pois a maioria dos alimentos contém quantidades adequadas dele. Os vegetais, por exemplo, são ricos em PUFAs. No entanto, a composição de muitos suplementos "vitamínicos" inclui ácido linoleico.

Os mamíferos conseguem converter o linoleato oriundo da alimentação (ativado a linolenoil-CoA) em araquidonoil-CoA (20:4) por meio de uma série de reações de insaturação e alongamento (Figura 16.8). (Araquidonato derivado dos fosfolipídeos é um precursor dos eicosanoides, Seção 16.3.) Essa via ilustra exemplos típicos das atividades de elongase e dessaturase na síntese de PUFAs complexos. O intermediário γ-linolenoil-CoA (18:3) na via do araquidonato pode sofrer alongamento e insaturação para produzir ácidos graxos poli-insaturados C_{20} e C_{22}. Observe que as ligações duplas dos ácidos graxos poli-insaturados não são conjugadas, mas intercaladas com grupos metileno. Portanto, uma ligação dupla Δ^9, por exemplo, direciona a inserção da próxima dupla para a posição Δ^6 ou Δ^{12}.

> Além dos ácidos graxos essenciais, a dieta dos mamíferos precisa fornecer uma série de vitaminas (Capítulo 7) e aminoácidos (Capítulo 17) essenciais.

16.2 Síntese de triacilgliceróis e glicerofosfolipídeos

A maior parte dos ácidos graxos é encontrada na forma esterificada, como triacilgliceróis ou glicerofosfolipídeos (Seções 9.3 e 9.4). Fosfatidato é um intermediário na síntese de triacilgliceróis e de glicerofosfolipídeos. Ele é formado pela transferência de grupos acila das moléculas de ácido graxo-CoA para as posições C-1 e C-2 do glicerol 3-fosfato (Figura 16.9). O glicerol 3-fosfato é sintetizado a partir da di-hidroxiacetona fosfato em uma reação de redução catalisada pela glicerol 3-fosfato desidrogenase. Encontramos essa enzima quando discutimos os mecanismos do transporte de NADH no Capítulo 14 (Seção 14.12).

> Na antiga literatura bioquímica, os triacilgliceróis eram chamados triglicerídeos (Seção 9.3).

▲ **Figura 16.9**
Formação de fosfatidato. A glicerol 3-fosfato aciltransferase catalisa a esterificação do glicerol 3-fosfato no C-1. Ela tem preferência por cadeias saturadas de acila. A 1-acilglicerol-3-fosfato aciltransferase catalisa a esterificação em C-2 e tem preferência por cadeias de acila insaturadas.

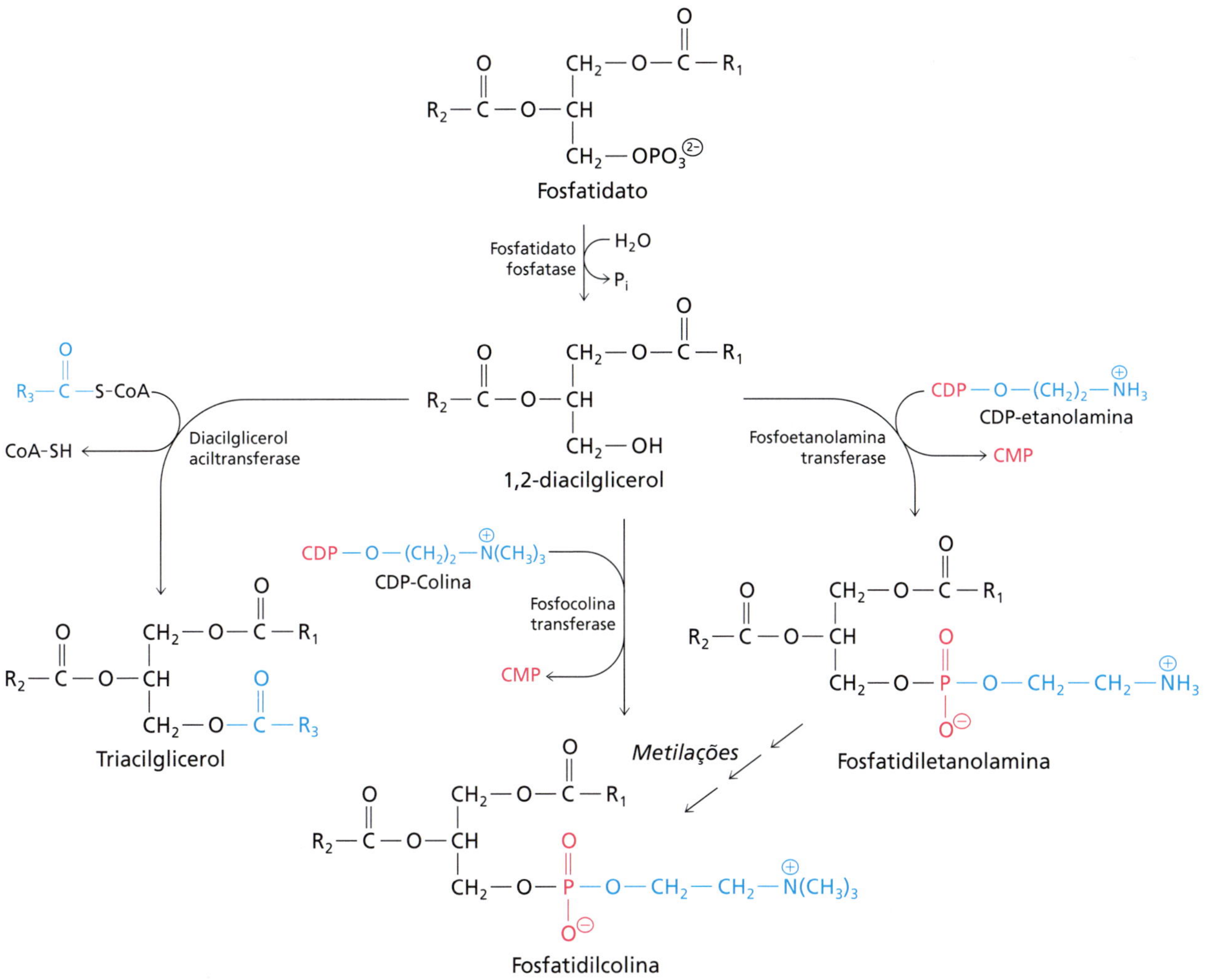

▲ **Figura 16.10**
Síntese de triacilgliceróis e fosfolipídeos neutros. A formação de triacilgliceróis, fosfatidilcolina e fosfatidiletanolamina ocorre através de um intermediário diacilglicerol. Um derivado de nucleotídeo de citosina doa os grupos da cabeça polar dos fosfolipídeos. Três reações de metilação enzimática, nas quais S-adenosilmetionina é o doador de grupo metila, convertem a fosfatidiletanolamina em fosfatidilcolina.

As reações de síntese de lipídeos são catalisadas por duas aciltransferases separadas, que usam moléculas de acil-CoA graxos como doadoras de grupos acila. A primeira aciltransferase é a glicerol 3-fosfato aciltransferase. Ele catalisa a esterificação do glicerol 3-fosfato em C-1 para formar 1-acilglicerol 3-fosfato (lisofosfatidato) e exibe uma preferência pelas cadeias de ácidos graxos saturadas. A segunda aciltransferase é a 1-acilglicerol-3-fosfato aciltransferase, e esta catalisa a esterificação do 1-acilglicerol 3-fosfato no C-2. Essa enzima prefere cadeias insaturadas. O produto das duas reações é um fosfatidato, membro de uma família de moléculas cujas propriedades específicas dependem dos grupos acila a elas ligados.

A formação de triacilgliceróis e de fosfolipídeos neutros a partir de fosfatidato começa com uma desfosforilação catalisada pela fosfatidato fosfatase (Figura 16.10). O produto dessa reação é um 1,2-diacilglicerol, que pode ser acilado diretamente para formar um triacilglicerol. Alternativamente, 1,2-diacilglicerol pode reagir com um álcool-nucleotídeo, como a CDP-colina ou a CDP-etanolamina (Seção 7.3), formando fosfatidilcolina ou fosfatidiletanolamina, respectivamente. Esses derivados são formados a partir de CTP pela reação geral:

$$\text{CTP} + \text{álcool fosfato} \longrightarrow \text{CDP–álcool} + \text{PP}_i \qquad (16.5)$$

A fosfatidilcolina também pode ser sintetizada pela metilação de fosfatidiletanolamina com S-adenosilmetionina (Seção 7.3).

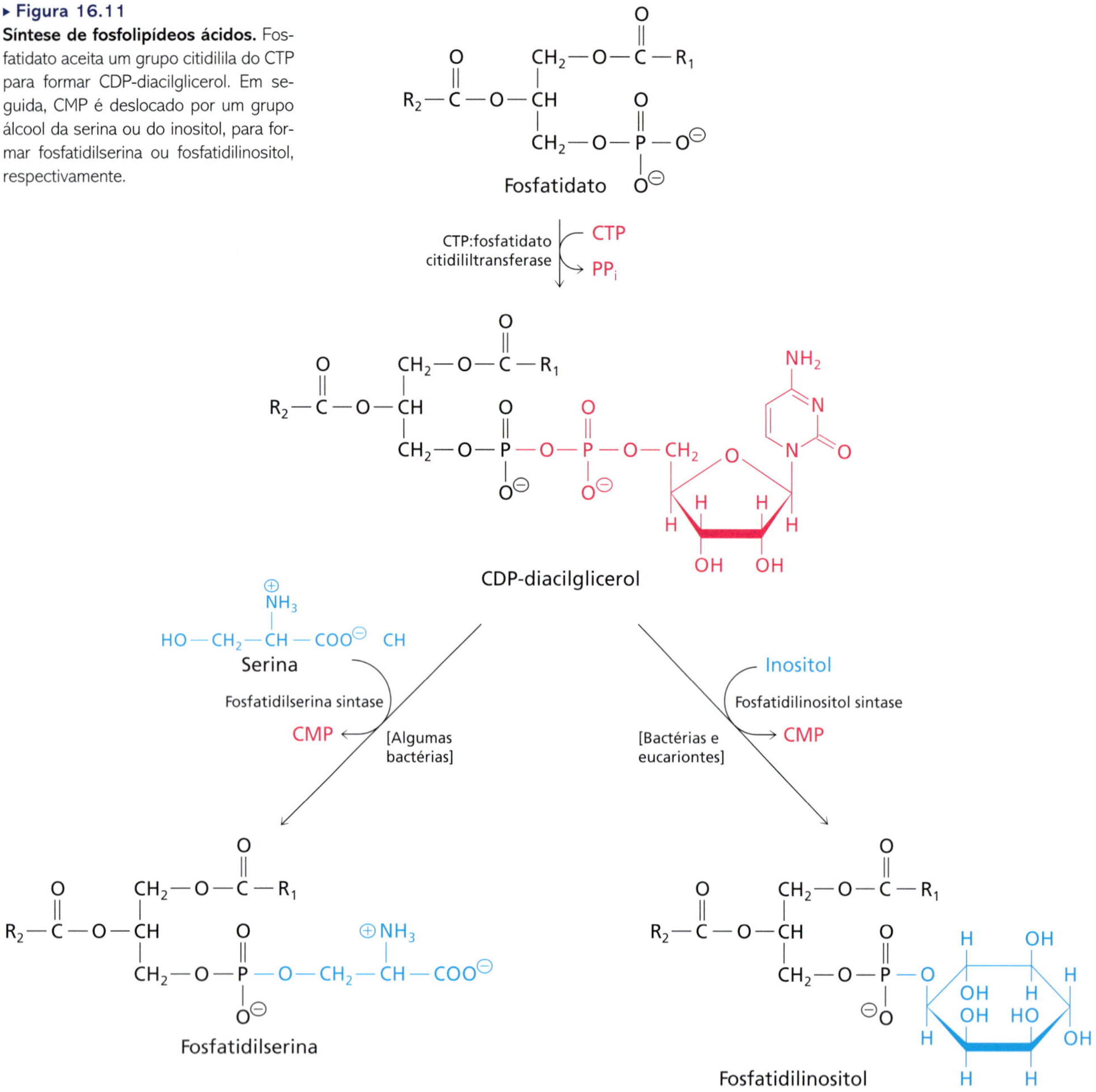

▶ **Figura 16.11**
Síntese de fosfolipídeos ácidos. Fosfatidato aceita um grupo citidilila do CTP para formar CDP-diacilglicerol. Em seguida, CMP é deslocado por um grupo álcool da serina ou do inositol, para formar fosfatidilserina ou fosfatidilinositol, respectivamente.

Fosfatidato também é um precursor dos fosfolipídeos ácidos. Nessa via, fosfatidato é primeiro ativado por reação com CTP, formando CDP-diacilglicerol e liberando pirofosfato (Figura 16.11). Em algumas bactérias, o deslocamento de CMP por serina produz fosfatidilserina. Tanto nos procariontes como nos eucariontes, o deslocamento do CMP pelo inositol produz fosfatidilinositol, que pode ser convertido em fosfatidilinositol 4-fosfato (PIP) e fosfatidilinositol 4,5-*bis*fosfato (PIP_2) através de reações sucessivas de fosforilação dependente de ATP. Lembre-se de que o PIP_2 é o precursor dos segundos mensageiros, inositol 1,4,5-*tris*fosfato (IP_3) e diacilglicerol (Seção 9.11D).

A maioria dos eucariontes utiliza uma via diferente para a síntese de fosfatidilserina. Ela é formada a partir de fosfatidiletanolamina, via deslocamento reversível da etanolamina pela serina, catalisada pela fosfatidiletanolamina:serina transferase (Figura 16.12). A fosfatidilserina pode ser reconvertida em fosfatidiletanolamina em uma reação de descarboxilação catalisada pela fosfatidilserina descarboxilase.

16.3 Síntese de eicosanoides

Existem duas classes gerais de eicosanoides: prostaglandinas + tromboxanos e leucotrienos. O araquidonato (20:4 $\Delta^{5,8,11,14}$) é o precursor de muitos eicosanoides. Lembre-se de que o araquidonato é sintetizado a partir de linoleoil-CoA (18:2 $\Delta^{9,12}$) em uma via que requer a Δ^6 dessaturase, uma elongase e uma Δ^5 dessaturase, como mostra a Figura 16.8.

As prostaglandinas são obtidas pela ciclização do araquidonato, em uma reação catalisada por uma enzima bifuncional chamada prostaglandina endoperóxido H sintase (PGHS).

◂ **Figura 16.12**
Interconversões de fosfatidiletanolamina e fosfatidilserina.

A enzima é ligada à superfície interna do retículo endoplasmático através de um grupo de α-hélices hidrofóbicas que penetram um dos folhetos da bicamada lipídica (Figura 16.13). A atividade de ciclo-oxigenase (COX) dessa enzima catalisa a formação de um hidroperóxido (prostaglandina G_2). A PGHS tem um segundo sítio ativo com atividade de hidroperoxidase, que rapidamente converte o hidroperóxido, instável, na

---

QUADRO 16.1 *sn*-glicerol 3-fosfato

Um dos precursores da síntese de triacilgliceróis é o glicerol 3-fosfato mostrado, em projeção de Fischer, na Figura 16.9. Essa molécula também pode ser representada com precisão, "de cabeça para baixo" (rotação de 180°), como glicerol 1-fosfato. Isso altera a nomenclatura estereoquímica de L para D. D-glicerol 3-fosfato e L-glicerol 1-fosfato são nomes diferentes para a mesma molécula.

Ter nomes diferentes para a mesma molécula poderia levar a confusão, pois o glicerol fosfato é uma molécula pró-quiral, o que significa que os lipídeos dele derivados terão nomes estereoquímicos diferentes, dependendo se começarmos com L-glicerol 3-fosfato ou com D-glicerol 1-fosfato. Para evitar isso, foi introduzida uma nova convenção para a numeração dos átomos de carbono. Em uma projeção de Fischer, em que o grupo hidroxila em C-2 está à esquerda, o átomo de carbono mais no alto torna-se C-1, e o que fica mais embaixo é denominado C-3. Assim, L-glicerol 3-fosfato torna-se *sn*-glicerol 3-fosfato, no qual "*sn*" significa "stereochemical numbering", ou seja, "numeração estereoquímica".

O nome preciso do precursor dos triglicerídeos é, na maioria dos casos, *sn*-glicerol 3-fosfato. Nas arquebactérias, o precursor é *sn*-glicerol 1-fosfato (Quadro 9.5).

▶ Figura 16.13
Prostaglandina endoperóxido H sintase (PGHS, COX-1). Essa enzima é um dímero ligado à membrana interna do retículo endoplasmático. Os sítios ativos relativos às funções de ciclo-oxigenase e hidroperoxidase ficam em uma grande fenda na parte inferior da enzima [enzima de ovelha, *Ovis aries*, PDB 1PRH].

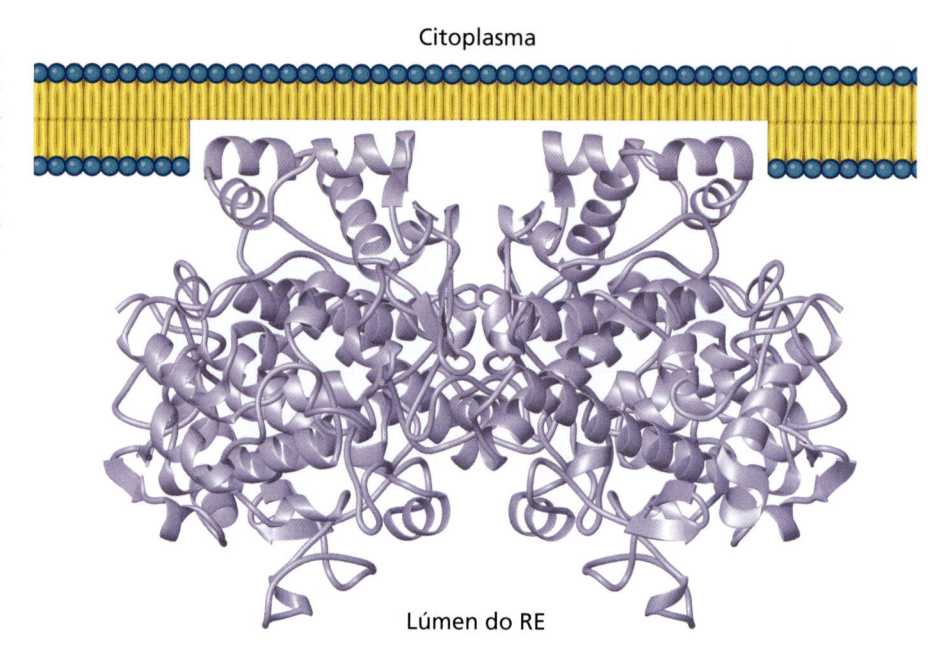

prostaglandina H_2 (Figura 16.14). Esse produto é convertido em várias moléculas reguladoras de vida curta, entre elas prostaciclina, prostaglandinas e tromboxano A_2. Diferentemente dos hormônios, que são produzidos por glândulas e chegam a seus locais de ação através do sangue, os eicosanoides atuam, normalmente, na vizinhança imediata das células em que são produzidos. Por exemplo, tromboxano A_2 é produzido pelas plaquetas

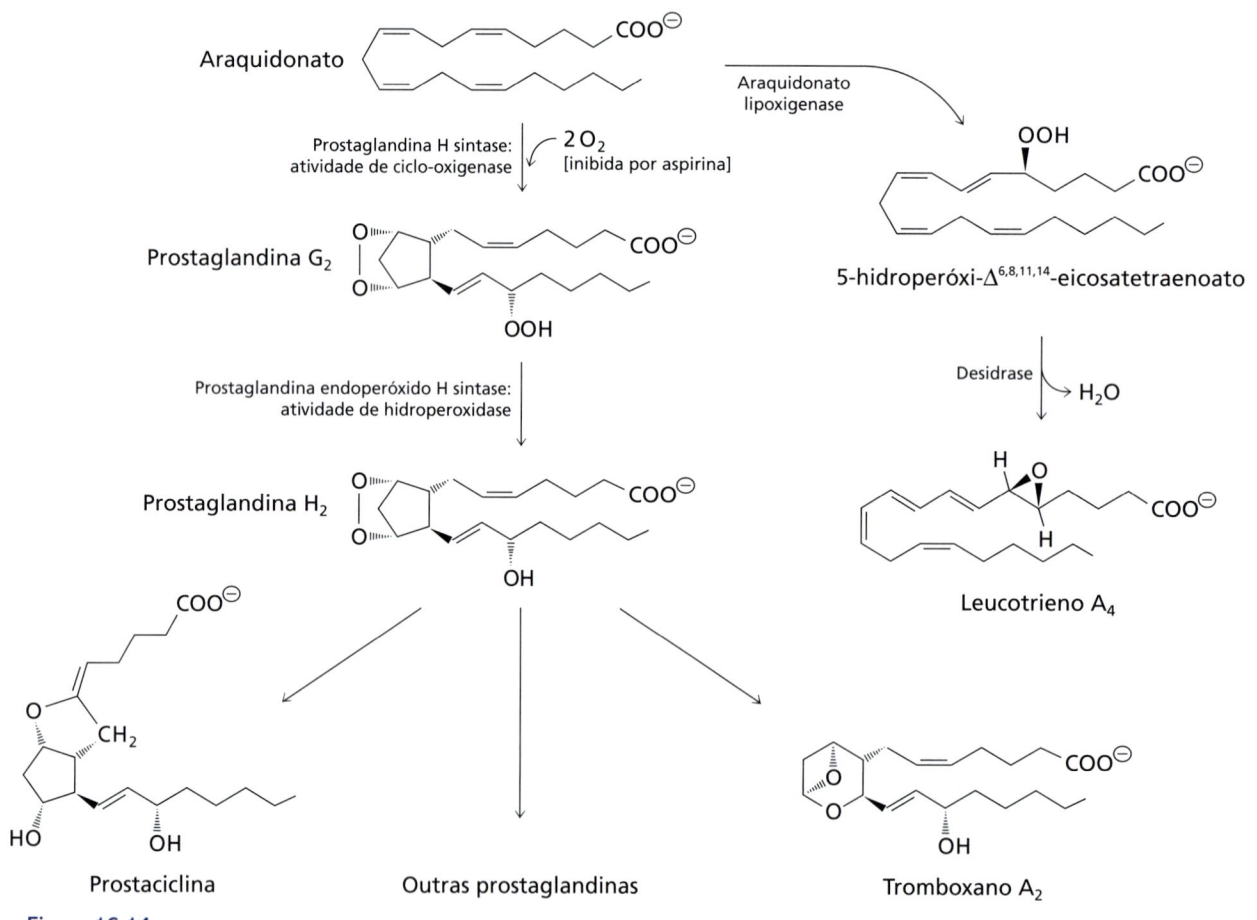

▲ Figura 16.14
Principais vias de formação de eicosanoides. A via da prostaglandina H sintase (PGHS) leva à formação de prostaglandina H_2, que pode ser convertida em prostaciclina, tromboxano A_2 e em diversas prostaglandinas. A via da lipoxigenase mostrada produz leucotrieno A_4, um precursor de alguns outros leucotrienos. A atividade de ciclo-oxigenase da PGHS é inibida pela aspirina.

e atua na agregação destas e na coagulação do sangue, assim como na constrição dos músculos lisos das paredes das artérias, provocando alterações localizadas no fluxo sanguíneo. O útero produz prostaglandinas que promovem as contrações durante o parto. Os eicosanoides também medeiam a sensibilidade à dor, as inflamações e os inchaços.

Lembre-se de que os seres humanos precisam receber linoleato pela alimentação, geralmente dos vegetais, para fazer a síntese de araquidonato e de eicosanoides. Uma das razões pelas quais o linoleato é essencial é o fato de ele ser necessário para a síntese de prostaglandinas, que, por sua vez, são fundamentais para a sobrevivência.

A aspirina bloqueia a produção de alguns eicosanoides e, por isso, alivia os sintomas da dor e baixa a febre. O ingrediente ativo da aspirina, o ácido acetilsalicílico, inibe a atividade da COX, de forma irreversível, pela transferência de um grupo acetila a um resíduo de serina no sítio ativo da enzima bifuncional. Ao bloquear a atividade da COX, a aspirina evita a formação de diversos eicosanoides sintetizados após a reação dela. A aspirina foi desenvolvida como droga comercial em 1897, mas outros salicilatos já eram usados há muito tempo para o tratamento da dor. Os antigos gregos, por exemplo, usavam a casca do salgueiro para esse fim. Esse material é uma fonte natural de salicilatos.

▲ A casca dos salgueiros é uma fonte natural de salicilatos.

A segunda classe de eicosanoides são os produtos das reações catalisadas pelas lipoxigenases. Na Figura 16.14, a araquidonato lipoxigenase é mostrada como catalisadora da primeira etapa da via que leva à produção de leucotrieno A_4 (o termo trieno se refere à presença de três ligações duplas conjugadas). Outras reações produzem outros leucotrienos, como os compostos chamados algumas vezes de "substâncias de reação lenta da anafilaxia" (resposta alérgica), responsáveis pelos efeitos ocasionalmente fatais da exposição aos antígenos.

QUADRO 16.2 A busca de um substituto para a aspirina

A maioria dos salicilatos naturais tem sérios efeitos colaterais. Eles provocam inflamação da boca, garganta e estômago, além de terem um gosto horrível. A aspirina não tem a maior parte desses efeitos, e é por isso que se tornou tão popular desde seu aparecimento. Contudo, ela pode causar tonturas, zumbido nos ouvidos e sangramento ou úlceras na parede do estômago. Há duas formas diferentes de PGHS (também chamada COX por causa da sua atividade ciclo-oxigenase). A COX-1 é uma enzima constitutiva, que regula a secreção de mucina no estômago, protegendo assim a parede gástrica. COX-2 é uma enzima induzível, que promove inflamação, dor e febre. Ambas são inibidas pela aspirina.

Há várias outras drogas anti-inflamatórias não esteroidais (AINEs) que inibem a atividade das COX. A aspirina é a única que faz essa inibição por modificação covalente da enzima. As outras atuam competindo com o araquidonato pela ligação ao sítio ativo da COX. O ibuprofeno (Advil®), por exemplo, liga-se rapidamente ao sítio ativo, mas essa ligação é fraca e a inibição causada é facilmente revertida quando o nível da droga diminui. O paracetamol (Tylenol®) é um inibidor eficaz da COX em células intactas.

Os médicos gostariam de ter à disposição uma droga que inibisse seletivamente a COX-2, mas não a COX-1, pois ela não causaria irritação do estômago. Vários inibidores específicos da COX-2 foram sintetizados, e alguns deles já estão disponíveis aos pacientes. Essas drogas, embora caras, são importantes para pacientes com artrite, que precisam tomar analgésicos regularmente. Em alguns casos, os novos AINEs foram associados a risco aumentado de doenças cardiovasculares e retirados do mercado (por exemplo, Vioxx®). Estudos por cristalografia de raios X da COX-2 e de suas interações com esses inibidores ajudaram as pesquisas sobre substitutos ainda melhores da aspirina.

Aspirina   Ibuprofeno   Acetaminofeno   Rofecoxib (Vioxx®) (AINE de ação específica sobre a COX-2)

16.4 Síntese de éter-lipídeos

Os éter-lipídeos têm uma ligação éter no lugar de uma das usuais ligações éster (Seção 9.4). A via para formação desses lipídeos nos mamíferos começa com a di-hidroxiacetona fosfato (Figura 16.15). Primeiro, um grupo acila de um acil-CoA graxo é esterificado no átomo de oxigênio na posição 1 da di-hidroxiacetona fosfato, formando 1-acil-di-hidroxiacetona-fosfato. Em seguida, um álcool graxo desloca o ácido graxo, formando 1-alquil-di-hidroxiacetona-fosfato. O grupo ceto desse composto é então reduzido pelo NADPH, formando 1-alquilglicero-3-fosfato. Essa redução é seguida de esterificação no C-2 do resíduo de glicerol, produzindo 1-alquil-2-acilglicero-3-fosfato. As reações subsequentes – desfosforilação e adição de um grupo polar (colina ou etanolamina) – são as mesmas já mostradas anteriormente na Figura 16.10. Os plasmalogênios, que contêm uma ligação éter vinílica no C-1 do esqueleto de glicerol (Figura 9.9), são formados a partir de alquiléteres, por oxidação da ligação alquiléter. Essa reação é catalisada por uma oxidase que requer NADH e O_2. A oxidase é semelhante às acil-CoA dessaturases (Figura 16.8), que introduzem ligações duplas nos ácidos graxos.

Nos eucariontes, éter-lipídeos não são tão comuns quanto os glicerofosfolipídeos – que contêm ligações éster –, mas algumas espécies e alguns tecidos têm membranas ricas

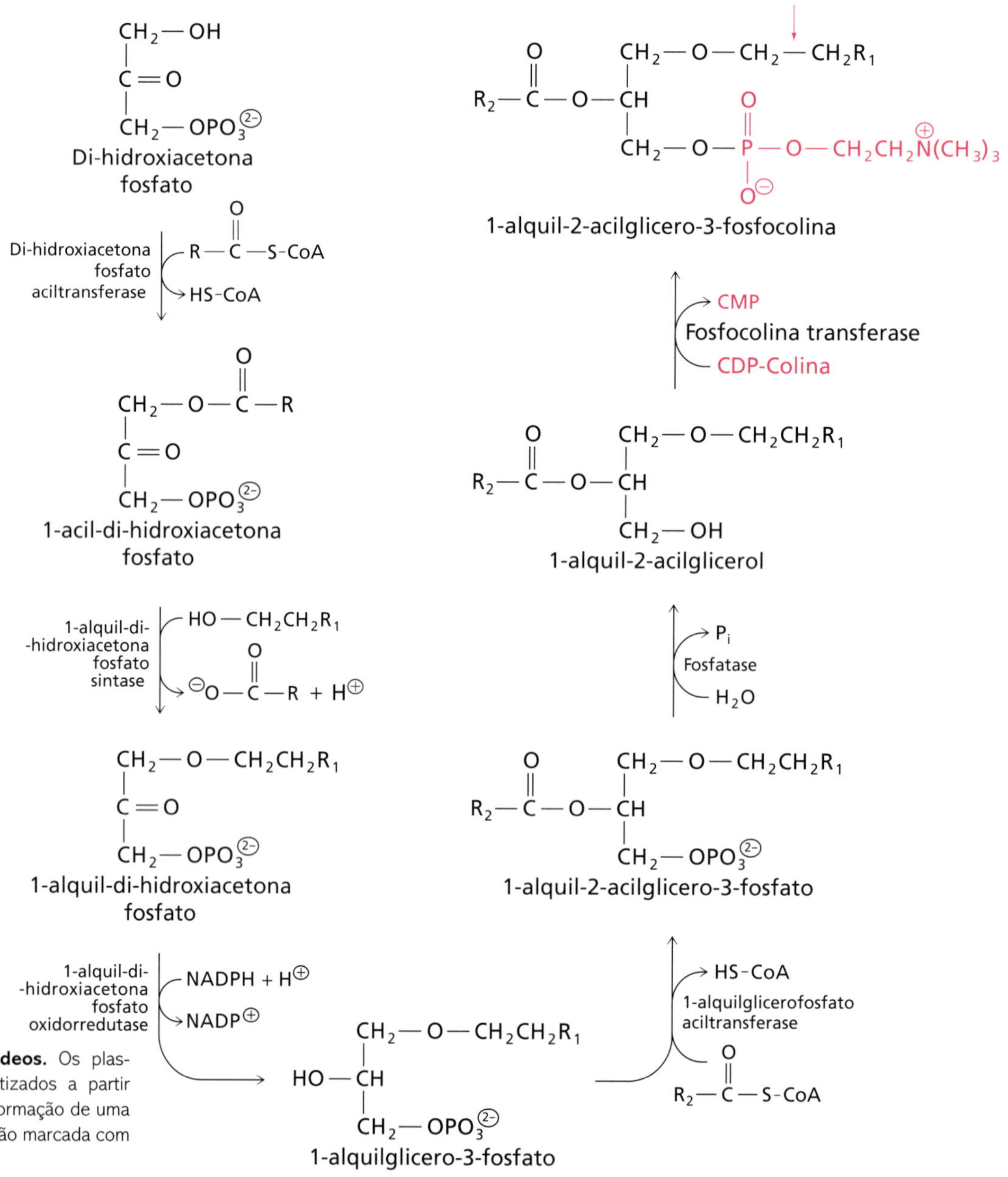

▶ **Figura 16.15**
Síntese de éter-lipídeos. Os plasmalogênios são sintetizados a partir de éter-lipídeos pela formação de uma ligação dupla na posição marcada com uma seta rosa.

em plasmalogênios. Éter-lipídeos são mais comuns nas bactérias, especialmente nas arquebactérias, em que a maioria dos lipídeos de membrana é desse tipo (Quadro 9.5).

16.5 Síntese de esfingolipídeos

Esfingolipídeos são lipídeos de membrana que têm esfingosina (um aminoálcool insaturado de 18 carbonos) como esqueleto estrutural (Figura 9.10). Na primeira etapa da biossíntese de esfingolipídeos, serina (uma unidade C_3) condensa com palmitoil-CoA, produzindo 3-cetoesfinganina e CO_2 (Figura 16.16). A redução da 3-cetoesfinganina pelo NADPH produz esfinganina. Em seguida, um grupo de ácido graxo é transferido do acil-CoA para o grupo amino da esfinganina, em uma reação de N-acilação. O produto dessa reação é a di-hidroceramida, ou ceramida sem a característica ligação dupla entre C-4 e C-5 de uma típica esfingosina. Essa ligação dupla é introduzida em uma reação catalisada pela di-hidroceramida Δ^4-dessaturase, uma enzima similar às outras dessaturases que encontramos. O produto final é a ceramida (N-acilesfingosina).

A ceramida é a fonte de todos os outros esfingolipídeos. Ela pode reagir com fosfatidilcolina para formar esfingomielina ou com um UDP-açúcar para formar um cerebrosídeo. Conjugados complexos de açúcar-lipídeo, os gangliosídeos, podem ser formados pela reação de um cerebrosídeo com outros UDP-açúcares e CMP-N-ácido acetilneuramínico (Figura 9.12). Os gangliosídeos são encontrados na camada externa da membrana plasmática, como a maioria dos glicolipídeos.

16.6 Síntese de colesterol

O esteroide colesterol é um componente importante de muitas membranas (Seção 9.8) e um precursor dos hormônios esteroidais e dos sais biliares nos mamíferos. Todos os átomos de carbono do colesterol vêm do acetil-CoA, um fato que foi verificado nos primeiros experimentos com marcação de radioisótopos. O esqualeno, um hidrocarboneto linear de 30 carbonos, é um intermediário na biossíntese da molécula de colesterol, com 27 carbonos. O esqualeno é formado por unidades de cinco carbonos relacionadas ao isopreno. As etapas da rota biossintética do colesterol são:

Acetato (C_2) ⟶ Isoprenoide (C_5) ⟶ Esqualeno (C_{30}) ⟶ Colesterol (C_{27}) (16.6)

A. Etapa 1: Acetil-CoA a isopentenil-difosfato

A primeira etapa na síntese do colesterol é a condensação sequencial de três moléculas de acetil-CoA. Essas etapas de condensação são catalisadas pela acetoacetil-CoA tiolase e pela HMG-CoA sintase. O produto, HMG-CoA, é reduzido a mevalonato em uma reação catalisada pela HMG-CoA redutase (Figura 16.17). Essa é a primeira etapa de compromisso da síntese do colesterol. O mevalonato é convertido no composto de cinco carbonos isopentenil-difosfato por meio de duas fosforilações seguidas de descarboxilação. A conversão de três moléculas de acetil-CoA em isopentenil--difosfato requer energia sob a forma de três ATPs e duas moléculas de NADPH. Além de seu papel na síntese do colesterol, o isopentenil-difosfato é um importante doador de unidades isoprenila em várias outras reações de biossíntese.

Muitas espécies de bactérias têm uma via completamente distinta, independente de mevalonato, para a síntese do isopentenil-difosfato. Os precursores iniciais dessa via são gliceraldeído 3-fosfato e piruvato, e não acetil-CoA. A via independente de mevalonato é mais antiga do que a dependente, que mostramos aqui.

B. Etapa 2: Isopentenil-difosfato a esqualeno

O isopentenil-difosfato é convertido em dimetilalil-difosfato por uma isomerase específica, chamada de isopentenil difosfato isomerase (IDI). Os dois isômeros são unidos por meio de uma reação de condensação cabeça-cauda catalisada pela prenil transferase (Figura 16.18). Os produtos dessa reação são uma molécula de 10 carbonos

---

Isoenzimas mitocondriais da acetoacetil-CoA tiolase e HMG-CoA sintase participam da síntese dos corpos cetônicos (Seção 16.11).

CONCEITO-CHAVE
O isopentenil-difosfato é o precursor da síntese de todos os isoprenoides.

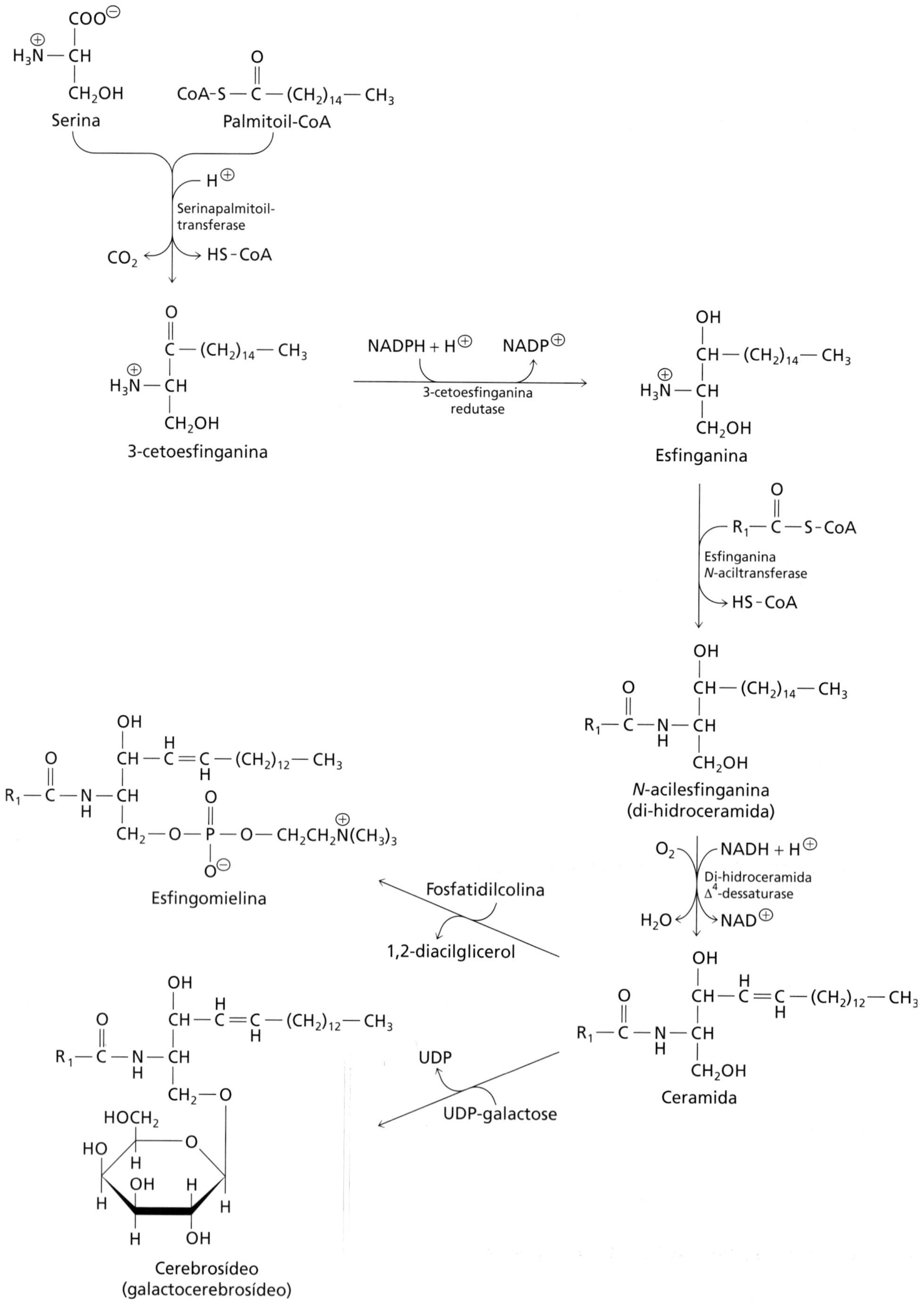

▲ Figura 16.16
Síntese de esfingolipídeos.

▲ **Figura 16.17**
Etapa I da síntese do colesterol: formação de isopentenil-difosfato. A condensação de três moléculas de acetil-CoA leva à formação de HMG-CoA, que é reduzido a mevalonato. Este é, então, convertido na molécula de cinco carbonos isopentenil-difosfato através de duas fosforilações e uma descarboxilação.

(geranil-difosfato) e pirofosfato. Uma segunda reação de condensação, também catalisada pela prenil transferase, produz um importante intermediário de quinze carbonos, o farnesil-difosfato. A condensação das unidades de isoprenila produz um hidrocarboneto ramificado característico, com ligações duplas espaçadas regularmente nas posições de ramificação. Essas unidades isoprênicas (Figura 9.13) estão presentes em diversos cofatores importantes.

Duas moléculas de farnesil-difosfato são unidas em uma reação de condensação cabeça-cabeça, para formar a molécula de esqualeno (C_{30}). O pirofosfato, cuja hidrólise leva o equilíbrio da reação no sentido de sua completude, é produzido em três etapas na via sintética do esqualeno. Observe que todas as ligações duplas do esqualeno são *trans*.

C. Etapa 3: Esqualeno a colesterol

As etapas entre esqualeno e o primeiro intermediário totalmente ciclizado, o lanosterol, incluem uma adição de grupo hidroxila, seguida por uma série coordenada de ciclizações para formar o núcleo de quatro anéis dos esteroides (Figura 16.19). O lanosterol se acumula em quantidades apreciáveis nas células que sintetizam colesterol

▶ **Konrad Bloch (1912–2000)** (ao alto) e **Feodor Lynen (1911–1979)** (embaixo) receberam o prêmio Nobel de Fisiologia ou Medicina in 1964 "por suas descobertas sobre o mecanismo e a regulação do metabolismo do colesterol e dos ácidos graxos".

ativamente. A conversão do lanosterol em colesterol ocorre através de duas vias, ambas com várias etapas.

D. Outros produtos do metabolismo dos isoprenos

Uma grande variedade de isoprenoides é sintetizada a partir do colesterol ou de seus precursores. O isopentenil-difosfato, precursor de cinco carbonos do esqualeno, é o precursor também de vários outros produtos, como as quinonas; as vitaminas lipídicas A, E e K; os carotenoides; os terpenos; as cadeias laterais de alguns grupos heme dos citocromos; e a cadeia de fitol das clorofilas (Figura 16.20). Vários desses isoprenoides são produzidos em bactérias, que não sintetizam colesterol. As duas vias de biossíntese de isopentenil-difosfato (Seção 16.6A) são muito mais antigas do que a de biossíntese do colesterol.

QUADRO 16.3 Controle dos níveis de colesterol

A reação da HMG-CoA redutase parece ser o sítio principal de controle da síntese do colesterol. Essa enzima tem três mecanismos reguladores: modificação covalente, repressão da transcrição e controle da degradação. O controle de curto prazo é efetuado por modificação covalente: a HMG-CoA redutase é uma enzima interconversível, inativada por fosforilação. Esta é catalisada por uma quinase incomum, ativada por AMP, que também catalisa a fosforilação e a concomitante inativação da acetil-CoA carboxilase (Seção 16.9). A ação da quinase parece diminuir a síntese, consumidora de ATP, do colesterol e dos ácidos graxos quando o nível de AMP cresce. A quantidade de HMG-CoA redutase nas células também é estritamente controlada. O colesterol (endógeno, liberado pelas lipoproteínas plasmáticas, ou o derivado dos alimentos, liberado pelos quilomícrons) pode reprimir a transcrição do gene que codifica a HMG-CoA redutase. Além disso, altos níveis de colesterol e de seus derivados aumentam a velocidade de degradação da HMG-CoA redutase, possivelmente aumentando a velocidade de transporte dessa enzima ligada à membrana até o local de sua degradação.

Reduzindo o nível de colesterol sérico, reduz-se também o risco de doenças coronarianas. Diversas drogas, chamadas estatinas, são potentes inibidores competitivos da HMG-CoA redutase. Frequentemente, as estatinas são usadas como parte do tratamento da hipercolesterolemia graças à sua eficiência em baixar os níveis de colesterol no sangue. Outra abordagem útil é capturar os sais biliares no intestino com partículas de resina para evitar sua reabsorção. Com isso, mais colesterol precisa ser convertido em sais biliares. A inibição da HMG-CoA redutase pode não ser o melhor método para controle do nível de colesterol, porque o mevalonato é necessário para a síntese de outras moléculas importantes, como a ubiquinona.

▸ Estrutura da HMG-CoA e de duas estatinas comuns.

O colesterol é o precursor dos sais biliares, que facilitam a absorção intestinal dos lipídeos; da vitamina D, que estimula a absorção de Ca^{2+} no intestino; dos hormônios esteroidais, como a testosterona e o β-estradiol, que controlam as características sexuais; e dos esteroides que controlam o equilíbrio salino. O principal produto da síntese dos esteroides nos mamíferos é o próprio colesterol, que modula a fluidez das membranas e é um componente essencial da membrana plasmática nas células animais.

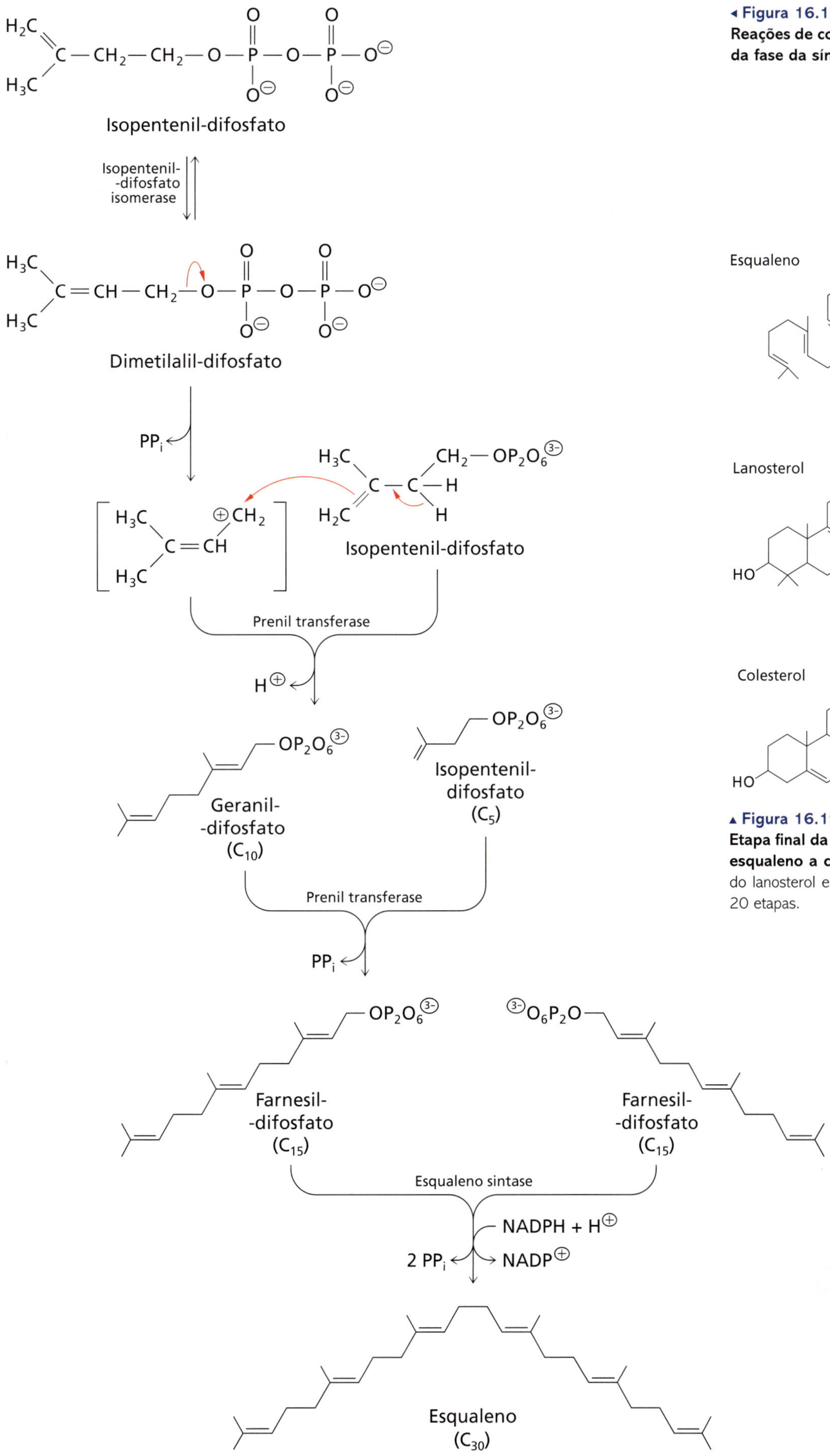

◀ **Figura 16.18**
Reações de condensação na segunda fase da síntese de colesterol.

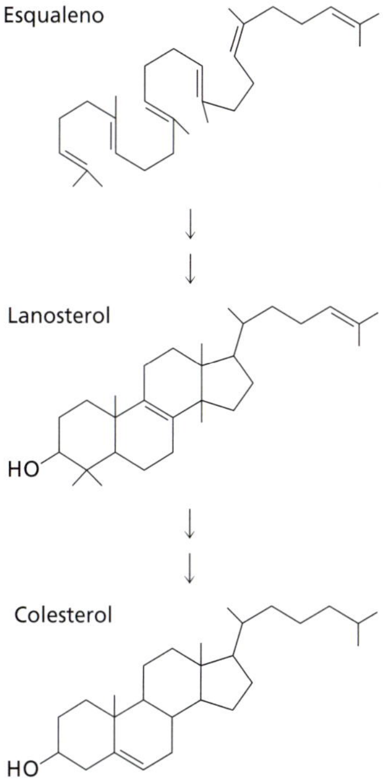

▲ **Figura 16.19**
Etapa final da síntese do colesterol: esqualeno a colesterol. A conversão do lanosterol em colesterol requer até 20 etapas.

▶ **Figura 16.20**
Outros produtos do metabolismo do isopentenil-difosfato e do colesterol.

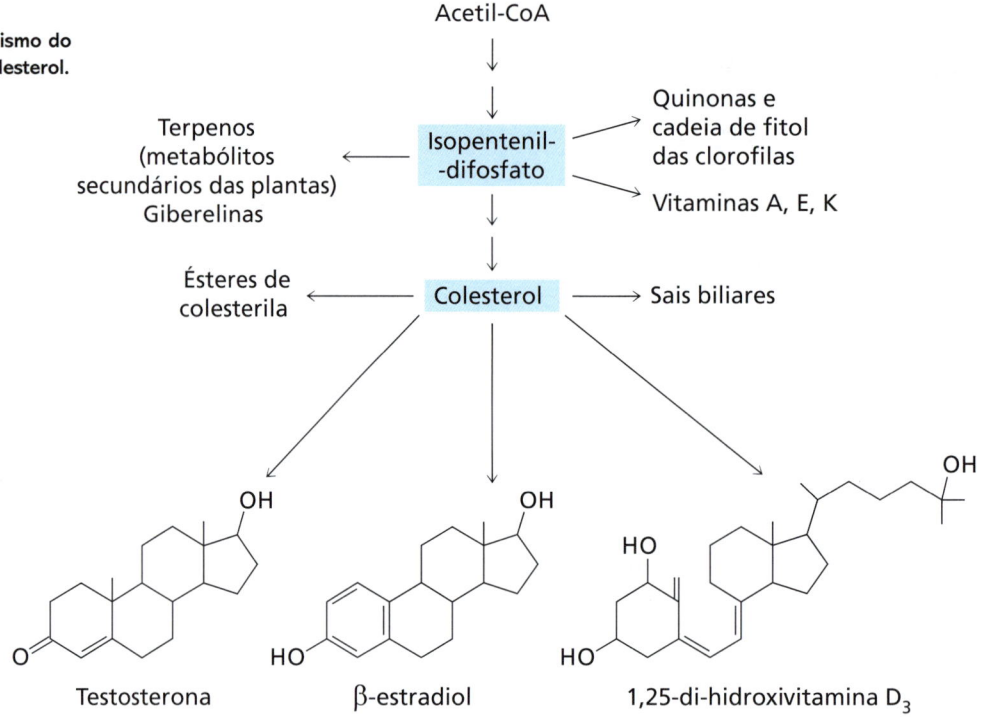

Testosterona

β-estradiol

1,25-di-hidroxivitamina D_3

16.7 Oxidação de ácidos graxos

CONCEITO-CHAVE
A β-oxidação é uma via antiga e onipresente para degradação de ácidos graxos.

$$R-\underset{\delta}{CH_2}-\underset{\beta}{\overset{O}{\underset{\|}{C}}}-\underset{\alpha}{CH_2}-\underset{1}{\overset{O}{\underset{\|}{C}}}-S\text{-CoA}$$

3-cetoacil-CoA
(3-oxoacil-CoA)
(β-cetoacil-CoA)

▲ **3-cetoacil-CoA, 3-oxoacil-CoA, β-cetoacil-CoA.**

Ácidos graxos, liberados dos triacilgliceróis (Seção 16.9), são oxidados por uma via que os degrada pela remoção de unidades de dois carbonos em cada etapa. Os fragmentos de dois carbonos são transferidos à coenzima A para formar acetil-CoA; o que resta dos ácidos graxos entra novamente na via oxidativa. Esse processo de degradação é chamado via da β-oxidação, porque o átomo de carbono β (C-3) do ácido graxo é oxidado. A oxidação de ácidos graxos é dividida em dois estágios: ativação dos ácidos graxos e degradação em fragmentos de dois carbonos (como acetil-CoA). O NADH e o ubiquinol (QH_2) produzidos pela oxidação dos ácidos graxos podem ser oxidados pela cadeia de transporte de elétrons respiratórios, e o acetil-CoA pode entrar no ciclo do ácido cítrico.

O acetil-CoA consegue ser completamente oxidado no ciclo do ácido cítrico para fornecer energia (na forma de ATP), que pode ser usada em outras vias bioquímicas. Os átomos de carbono dos ácidos graxos podem também ser usados como substratos na síntese de aminoácidos, pois vários intermediários do ciclo do ácido cítrico são desviados para as vias de biossíntese de aminoácidos (Seção 13.6). Naqueles organismos com uma via do glioxilato (Seção 13.7), o acetil-CoA da oxidação dos ácidos graxos pode ser usado para sintetizar glicose, através da gliconeogênese.

A oxidação de ácidos graxos ocorre como parte da renovação normal dos lipídeos de membranas. Assim, todos, bactérias, protistas, fungos, plantas e animais, têm uma via de β-oxidação. Além de sua função normal no metabolismo celular, a oxidação dos ácidos graxos é um componente importante do metabolismo energético nos animais. Uma porcentagem importante dos alimentos consiste em lipídeos de membrana e gordura (triacilgliceróis), e esse rico conteúdo energético é explorado pela oxidação dos ácidos graxos. Nesta seção, descrevemos as vias bioquímicas básicas da oxidação de ácidos graxos. Nas próximas, discutiremos o papel dessa oxidação no metabolismo energético dos mamíferos.

A. Ativação de ácidos graxos

A ativação dos ácidos graxos para oxidação é catalisada pela acil-CoA sintetase (Figura 16.7). Essa é a mesma etapa de ativação necessária para a síntese dos ácidos graxos poli-insaturados e dos lipídeos complexos.

▲ **Bile de urso.** No Vietnã, ursos são mantidos em cativeiro – frequentemente em condições deploráveis – e sua bile é regularmente extraída de seu estômago. Acredita-se que a bile de ursos é um remédio eficaz contra a febre e problemas de visão.

B. As reações de β-oxidação

Nos eucariontes, a β-oxidação ocorre nas mitocôndrias e em organelas especializadas chamadas peroxissomos. Nas bactérias, ela ocorre no citosol. São necessárias quatro etapas para produzir acetil-CoA a partir de acil-CoA graxo: oxidação, hidratação, outra oxidação e tiólise (Figura 16.21). Vamos ver primeiro a oxidação dos ácidos graxos saturados com número par de átomos de carbono.

Na primeira etapa de oxidação, a acil-CoA desidrogenase catalisa a formação de uma ligação dupla entre C-2 e C-3 do grupo acila, formando 2-enoil-CoA *trans*. Há diversas isoenzimas da acil-CoA desidrogenase, cada uma delas com preferência por um comprimento de cadeia diferente: pequena, média, longa ou muito longa.

Quando a ligação dupla é formada, os elétrons do acil-CoA graxo são transferidos ao grupo prostético FAD da acil-CoA desidrogenase e, em seguida, a outro FAD ligado a uma coenzima proteica móvel, hidrossolúvel, chamada flavoproteína transferidora de elétrons (ETF, Figura 16.22). (ETF também aceita elétrons de diversas outras flavoproteínas que não participam do metabolismo dos ácidos graxos.) Os elétrons são então transferidos para Q em uma reação catalisada pela ETF:ubiquinona oxidorredutase. Essa enzima fica embutida na membrana, e QH_2 oriundo da oxidação dos ácidos graxos pode ser oxidado pelo sistema de transporte de elétrons associado a membranas.

A segunda etapa é uma reação de *hidratação*. A água é adicionada à molécula insaturada de *trans*-2-enoil-CoA, produzida na primeira etapa, para formar o isômero L do 3-hidroxiacil-CoA. A enzima é a 2-enoil-CoA hidratase.

A terceira etapa é uma segunda *oxidação* catalisada pela L-3-hidroxiacil-CoA desidrogenase. Esta produção de 3-cetoacil-CoA a partir de 3-hidroxiacil-CoA é uma

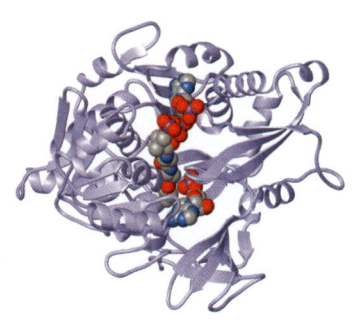

▲ **Acil-CoA sintetase de cadeia média de seres humanos.** Os produtos da reação, AMP e acil-CoA, estão ligados ao sítio ativo. A enzima é um dímero, mas apenas uma subunidade é mostrada aqui [PDB 3EQ6].

◄ **Figura 16.21**
β-oxidação de ácidos graxos saturados. Um ciclo de β-oxidação consiste em quatro reações enzimaticamente catalisadas. Cada ciclo gera uma molécula de QH_2, NADH, acetil-CoA e de Acil-CoA graxo com 2 carbonos a menos que a molécula inicial. (ETF é a flavoproteína transferidora de elétrons, uma coenzima proteica hidrossolúvel).

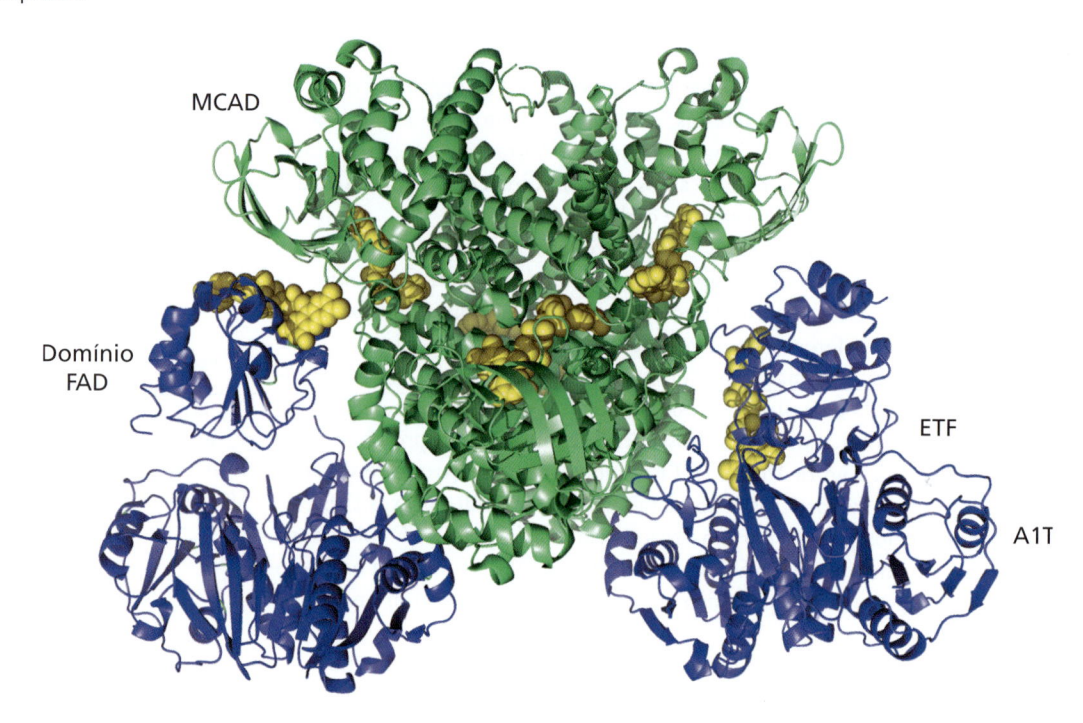

▲ **Figura 16.22**
Modelo de acil-CoA desidrogenase de cadeia média (MCAD) ligada à ETF. As subunidades de MCAD estão em verde e as de ETF, em azul. Os FADs ligados estão representados como modelos de espaço preenchido (amarelo). Este modelo é baseado na estrutura da entrada 2A1T do PDB, contendo uma proteína mutante que bloqueia o movimento do domínio FAD da ETF. O lado esquerdo do dímero mostra a posição provável do domínio FAD durante a transferência de elétrons da MCAD para a ETF; o lado direito mostra a posição do domínio FAD na ETF livre. A flexibilidade do domínio FAD, à medida que ele se desloca de uma posição para a outra, é responsável pela dificuldade de resolvê-lo na estrutura cristalina da MCAD:ETF de tipo selvagem. (Toogood et al., 2004; 2005)

reação dependente de $NAD^{\oplus}$. Os equivalentes redutores (NADH) resultantes podem ser usados diretamente nas vias biossintéticas ou serem oxidados pelo sistema de transporte de elétrons associado a membranas.

Por fim, na etapa 4, o grupo nucleofílico sulfidrila da HS-CoA ataca o carbono carbonílico do 3-cetoacil-CoA, em uma reação catalisada pela 3-cetoacil-CoA tiolase. Essa enzima, também chamada tiolase II, é relacionada à acetoacil-CoA tiolase (tiolase I), que encontramos na via do isopentenil-difosfato (Seção 16.6A). Acetoacil-CoA tiolase é específica para acetoacetil-CoA, enquanto a 3-cetoacil-CoA tiolase age sobre derivados de ácidos graxos de cadeia longa. A saída de acetil-CoA deixa uma molécula de acil-CoA graxo encurtada em dois carbonos, que serve como substrato para outro ciclo das quatro reações; a espiral metabólica continua, assim, até que a molécula inteira tenha sido convertida em acetil-CoA.

À medida que a cadeia de ácido graxo fica mais curta, a primeira etapa vai sendo catalisada por isoenzimas da acil-CoA desidrogenase com preferência por cadeias mais curtas. É interessante notar que as três primeiras reações da oxidação dos ácidos graxos são quimicamente equivalentes a três etapas do ciclo do ácido cítrico. Nessas reações, um grupo etileno ($—CH_2CH_2—$, como no succinato) é oxidado a uma unidade de dois carbonos que contém um grupo carbonila ($—COCH_2—$, como no oxaloacetato). Essas etapas são o inverso das reações de síntese de ácidos graxos (Seção 16.1C).

Nos eucariontes, a oxidação dos ácidos graxos também ocorre nos peroxissomos. Na verdade, esses são o único local de β-oxidação de ácidos graxos na maioria dos eucariontes (mas não nos mamíferos). Nos peroxissomos, a etapa inicial de oxidação é catalisada pela acil-CoA oxidase, uma enzima homóloga à acil-CoA desidrogenase que catalisa a primeira oxidação nas mitocôndrias. A enzima peroxissomal transfere elétrons para o O_2, formando peróxido de hidrogênio (H_2O_2).

$$\text{Acil-CoA graxo} + O_2 \xrightarrow{\text{Acil-CoA oxidase}} \textit{trans}-\Delta^2\text{-enoil-CoA} + H_2O_2 \quad (16.7)$$

Na β-oxidação bacteriana e mitocondrial, o produto da primeira etapa de oxidação é QH_2, o qual pode ser usado na cadeia de transporte de elétrons respiratória. Isso

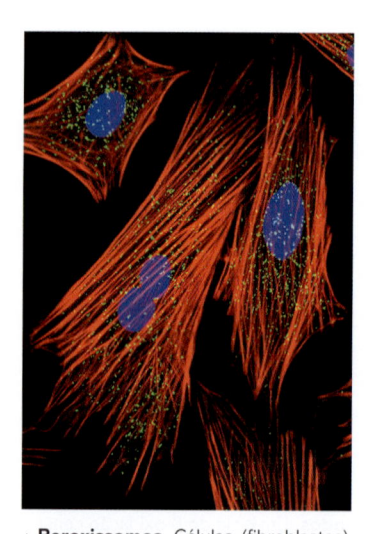

▲ **Peroxissomos.** Células (fibroblastos) do veado indiano (*Muntiacus muntjak*) foram coradas com reagente verde para mostrar os peroxissomos. As fibras de actina aparecem em vermelho, e o DNA do núcleo, em azul. Os pequenos peroxissomos estão espalhados pelo citoplasma. [http://www.microscopyu.com/staticgallery/fluorescence/muntjac.html]

resulta na síntese de ATP; cada molécula de QH_2 é equivalente a 1,5 molécula de ATP (Seção 14.11). Não há sistema de transporte de elétrons associado a membrana nos peroxissomos, e é por isso que neles ocorre um tipo diferente de oxidação-redução. Isso significa também que menos equivalentes de ATP são produzidos durante a β-oxidação peroxissômica. Nos mamíferos, em que existem as vias mitocondrial e peroxissômica, a β-oxidação peroxissômica degrada ácidos graxos de cadeias muito longas, os ramificados, os dicarboxílicos de cadeia longa e, possivelmente, os insaturados *trans*, produzindo compostos menores, mais polares, que podem ser excretados. A maioria dos ácidos graxos comuns é degradada nas mitocôndrias.

C. Síntese de ácidos graxos e β-oxidação

A síntese de ácidos graxos envolve formação de ligação carbono-carbono (condensação), seguida de redução, desidratação e redução em preparação para a próxima reação de condensação. As reações inversas – oxidação, hidratação, oxidação e quebra de ligação carbono-carbono – são parte da via de degradação da β-oxidação. Comparamos as duas vias na Figura 16.23.

Os tioésteres ativos na oxidação de ácidos graxos são derivados de CoA, enquanto os intermediários na síntese dos ácidos graxos são ligados, como tioésteres, à proteína carreadora de acila (ACP). Em ambos os casos, os grupos acila são ligados à fosfopanteteína. Tanto a síntese como a degradação ocorrem de etapas de dois carbonos. No entanto, a oxidação resulta em um produto de dois carbonos, acetil-CoA, enquanto a síntese exige um substrato de três carbonos, malonil-ACP, que transfere uma unidade de dois carbonos para a cadeia em crescimento, liberando CO_2. O poder redutor para a síntese é fornecido pelo NADPH, ao passo que a oxidação depende de $NAD^{\oplus}$ e de ubiquinona (através da flavoproteína transferidora de elétrons). Por fim, o intermediário na síntese de ácidos graxos é o D-3-hidroxiacil-ACP, e o isômero L (L-3-hidroxiacil-CoA) é produzido durante a β-oxidação.

As vias biossintética e catabólica são catalisadas por um conjunto totalmente diferente de enzimas; seus intermediários formam grupos separados pelo fato de serem

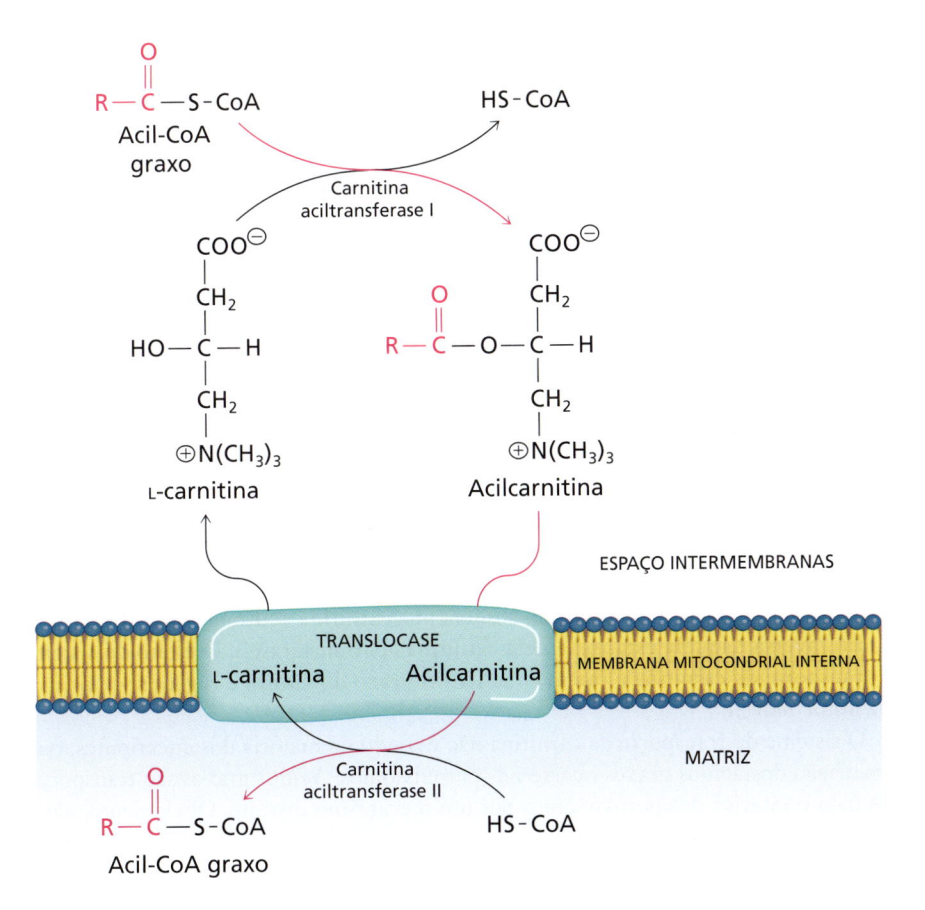

Síntese de ácidos graxos

Acil-ACP (C_{n+2})
↑ $NADP^{\oplus}$ ⤴ Redução
$NADPH + H^{\oplus}$ ⤵

trans-Δ^2-Enoil-ACP (C_{n+2})
↑ Desidratação

D-3-hidroxiacil-ACP (C_{n+2})
↑ $NADP^{\oplus}$ ⤴ Redução
$NADPH + H^{\oplus}$ ⤵

3-cetoacil-ACP (C_{n+2})
↑ HS-ACP + CO_2 ⤴ Condensação
Malonil-ACP ⤵

Acil-ACP (C_n)

β-oxidação

Acil-CoA (C_{n+2})
↓ Oxidação ⤵ Q / QH_2

trans-Δ^2-Enoil CoA (C_{n+2})
↓ Hidratação

L-3-hidroxiacil-CoA (C_{n+2})
↓ Oxidação ⤵ $NAD^{\oplus}$ / $NADH + H^{\oplus}$

3-Cetoacil-CoA (C_{n+2})
↓ Tiólise ⤵ HS-CoA / Acetil-CoA

Acil-CoA (C_n)

▲ **Figura 16.23**
Síntese de ácidos graxos e β-oxidação.

◀ **Figura 16.24**
Sistema de transporte da carnitina para levar acil-CoA graxo para dentro da matriz mitocondrial. O caminho do grupo acila está traçado em rosa.

ligados a cofatores diferentes (CoA e ACP). Nas células eucariontes, as duas vias opostas ficam separadas fisicamente. As enzimas da biossíntese são encontradas no citosol, e as da β-oxidação ficam confinadas às mitocôndrias e aos peroxissomos.

D. Transporte de acil-CoA graxo para o interior da mitocôndria

Cadeias graxas longas de acil-CoA formadas no citosol não conseguem se difundir através da membrana mitocondrial para o interior da matriz mitocondrial, onde as reações de β-oxidação ocorrem nos mamíferos. Um esquema chamado sistema de transporte da carnitina transporta ativamente os ácidos graxos para dentro das mitocôndrias (Figura 16.24). No citosol, o grupo acila do acil-CoA graxo é transferido para a hidroxila da carnitina, para formar acilcarnitina, em uma reação catalisada pela carnitina aciltransferase II, também chamada palmitoil-transferase I (CPTI). Essa enzima é associada à membrana externa das mitocôndrias.

QUADRO 16.4 Uma enzima trifuncional para β-oxidação

Várias espécies têm uma enzima trifuncional para β-oxidação. As atividades de 2-enoil-CoA hidratase (ECH) e L-3-hidroxiacil-CoA desidrogenase (HACD) ficam localizadas em uma única cadeia polipeptídica (subunidade α). A atividade de 3-cetoacil-CoA tiolase (KACT) fica na subunidade β, e as duas subunidades se combinam para formar uma proteína com estrutura quaternária $\alpha_2\beta_2$.

A estrutura de uma enzima bacteriana é apresentada na figura. Durante a β-oxidação, o produto da primeira reação, *trans*-2-enoil-CoA, se liga ao sítio ECH da enzima trifuncional. O substrato então sofre as próximas três reações dentro da cavidade formada pelos sítios ativos ECH, HACD e KACT em cada metade do dímero. Os dois intermediários da via não são liberados durante essas reações, pois são ligados por suas terminações CoA. Esse é um exemplo de canalização metabólica efetuada por um complexo multienzimático.

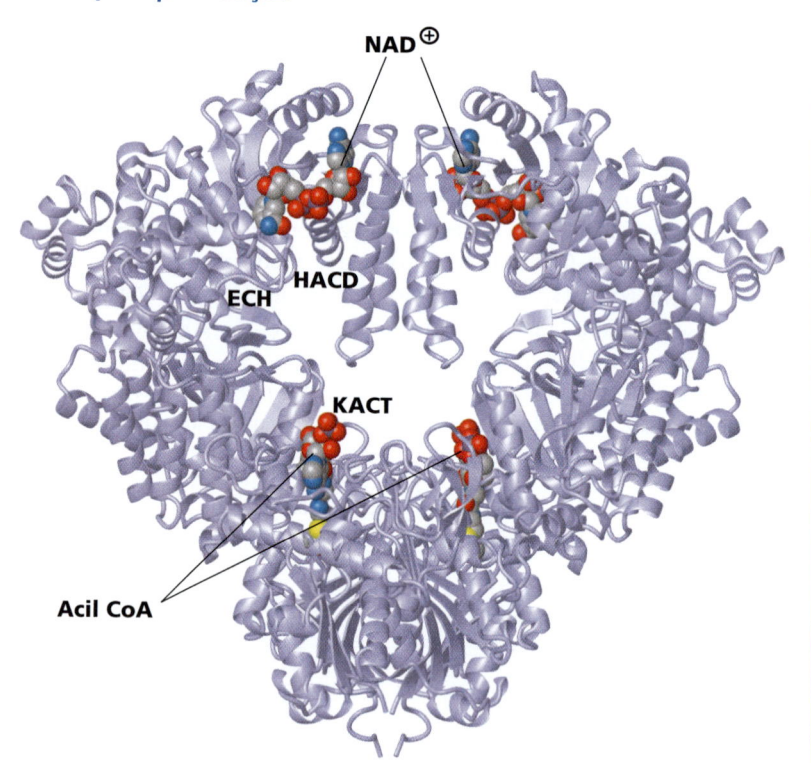

▲ **Estrutura do complexo multienzimático de β-oxidação de ácidos graxos da bactéria *Pseudomonas fragi*.** Nesta estrutura, há uma molécula de acil-CoA ligada em cada um dos sítios KACT [PDB 1WDK].

CONCEITO-CHAVE
De forma diversa das vias de gliconeogênese e glicólise, as vias de síntese e degradação de ácidos graxos são completamente diferentes.

Na Seção 16.7D, comparamos o custo da síntese de ácidos graxos com a energia recuperada na β-oxidação.

Essa reação é um ponto-chave para o controle da oxidação de ácidos graxos intracelulares. O éster de acila acilcarnitina é uma molécula de "alta energia", com uma energia livre de hidrólise semelhante à do tioéster. A acilcarnitina entra na matriz mitocondrial, em uma troca com a carnitina livre, através da carnitina:acilcarnitina translocase. Na matriz mitocondrial, a isoenzima carnitina aciltransferase II catalisa a reação inversa daquela catalisada pela carnitina aciltransferase I. O efeito do sistema de transporte da carnitina é remover acil-CoA graxo do citosol e regenerá-lo na matriz mitocondrial.

O sistema de transporte da carnitina não é usado na maioria dos eucariontes, pois a oxidação dos ácidos graxos ocorre nos peroxissomos. Ácidos graxos são transportados para o interior dos peroxissomos por um mecanismo distinto. Obviamente, não é necessário nenhum sistema de transporte nos procariontes, já que todas essas reações ocorrem no citoplasma.

E. Geração de ATP a partir da oxidação de ácidos graxos

A oxidação completa de ácidos graxos fornece mais energia do que a oxidação de uma quantidade equivalente de glicose. Como na glicólise, o rendimento energético da oxidação dos ácidos graxos pode ser estimado com base no rendimento teórico em ATP (Seção 13.5). Como exemplo, vamos considerar a equação balanceada para a oxidação completa de uma molécula de estearato (C_{18}) em oito ciclos de β-oxidação. Estearato é convertido em estearoil-CoA a um custo de dois equivalentes de ATP. A oxidação do estearoil-CoA rende acetil-CoA e as coenzimas reduzidas QH_2 e NADH.

$$\text{Estearoil-CoA} + 8\text{ HS–CoA} + 8\text{ Q} + 8\text{ NAD}^{\oplus} \longrightarrow$$
$$9\text{ Acetil-CoA} + 8\text{ QH}_2 + 8\text{ NADH} + 8\text{ H}^{\oplus} \quad (16.8)$$

Podemos calcular o rendimento teórico de nove moléculas de acetil-CoA considerando que elas entrem no ciclo do ácido cítrico, onde são completamente oxidadas a CO_2. Essas reações produzem 10 equivalentes de ATP para cada molécula de acetil-CoA. O rendimento líquido da oxidação do estearato é de 120 equivalentes de ATP.

Oito ciclos de β-oxidação rendem:

8 QH_2	≈	12 ATP
8 NADH	≈	20 ATP
9 moléculas de acetil-CoA	≈	90 ATP
Ativação do estearato	≈	-2 ATP
Total	=	120 ATP

Em comparação, a oxidação de glicose em CO_2 e água rende aproximadamente 32 moléculas de ATP. Como o estearato tem 18 carbonos e a glicose apenas 6, normalizamos o rendimento de ATP a partir da glicose, comparando a oxidação de 3 moléculas desta: 3 x 32 = 96 ATP. Esse rendimento teórico em ATP é apenas 80% do valor obtido para o estearato. Ácidos graxos fornecem mais energia por carbono do que os carboidratos, porque estes já são parcialmente oxidados. Além disso, pelo fato de uma parte das moléculas de ácidos graxos ser hidrofóbica, eles podem ser armazenados em grandes quantidades, como triacilgliceróis, sem grande quantidade de água associada, como ocorre para os carboidratos. O armazenamento anidro permite que muito mais energia seja armazenada por grama.

Podemos calcular também o custo de sintetizar estearato, para comparar com a energia recuperada na β-oxidação. Para esse cálculo precisamos saber o custo de sintetizar acetil-CoA a partir de CO_2. Esse valor (17 equivalentes de ATP) é obtido das reações de fixação de CO_2 nas plantas (Seção 15.4C).

8 acetil-CoA ⟶ 8 malonil-ACP	≈	8 ATP
8 etapas de síntese	16 NADPH ≈	40 ATP
9 acetil-CoA	9 x 17 ≈	53 ATP
Total	=	201 ATP

A energia recuperada na degradação do estearato é cerca de 60% (120/201) do total teórico da energia necessária à sua síntese. Esse é um exemplo típico de eficiência bioquímica.

F. β-oxidação de ácidos graxos de cadeia ímpar e insaturados

A maior parte dos ácidos graxos tem número par de carbonos. Ácidos graxos de cadeia ímpar são sintetizados por bactérias e alguns outros organismos. Eles são oxidados pela mesma sequência de reações que os de cadeia par, exceto pelo fato de que o produto da clivagem tiolítica final é o propionil-CoA (CoA com um grupo acila de três carbonos), em vez do acetil-CoA (CoA com um grupo acila de dois carbonos). Nos mamíferos, propionil-CoA pode ser convertido em succinil-CoA por uma via em três etapas (Figura 16.25).

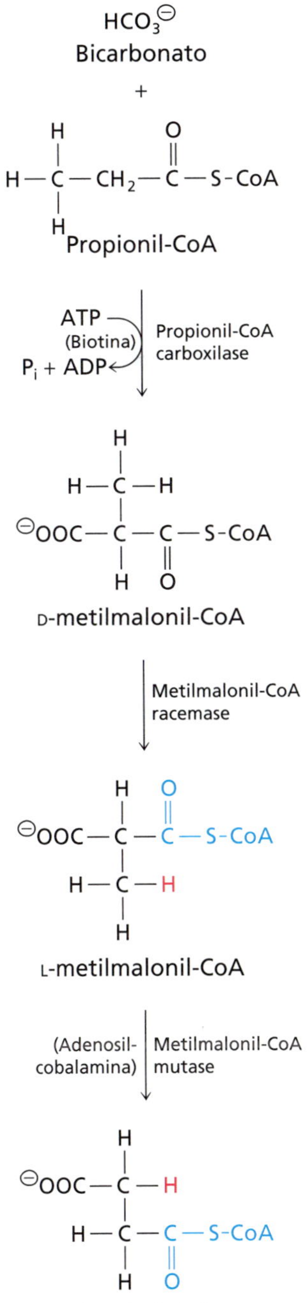

▲ **Figura 16.25**
Conversão de propionil-CoA em succinil-CoA.

▶ **Figura 16.26**
Oxidação de linoleoil-CoA. A oxidação requer duas enzimas, enoil-CoA isomerase e 2,4-dienoil-CoA redutase, além daquelas da via da β-oxidação.

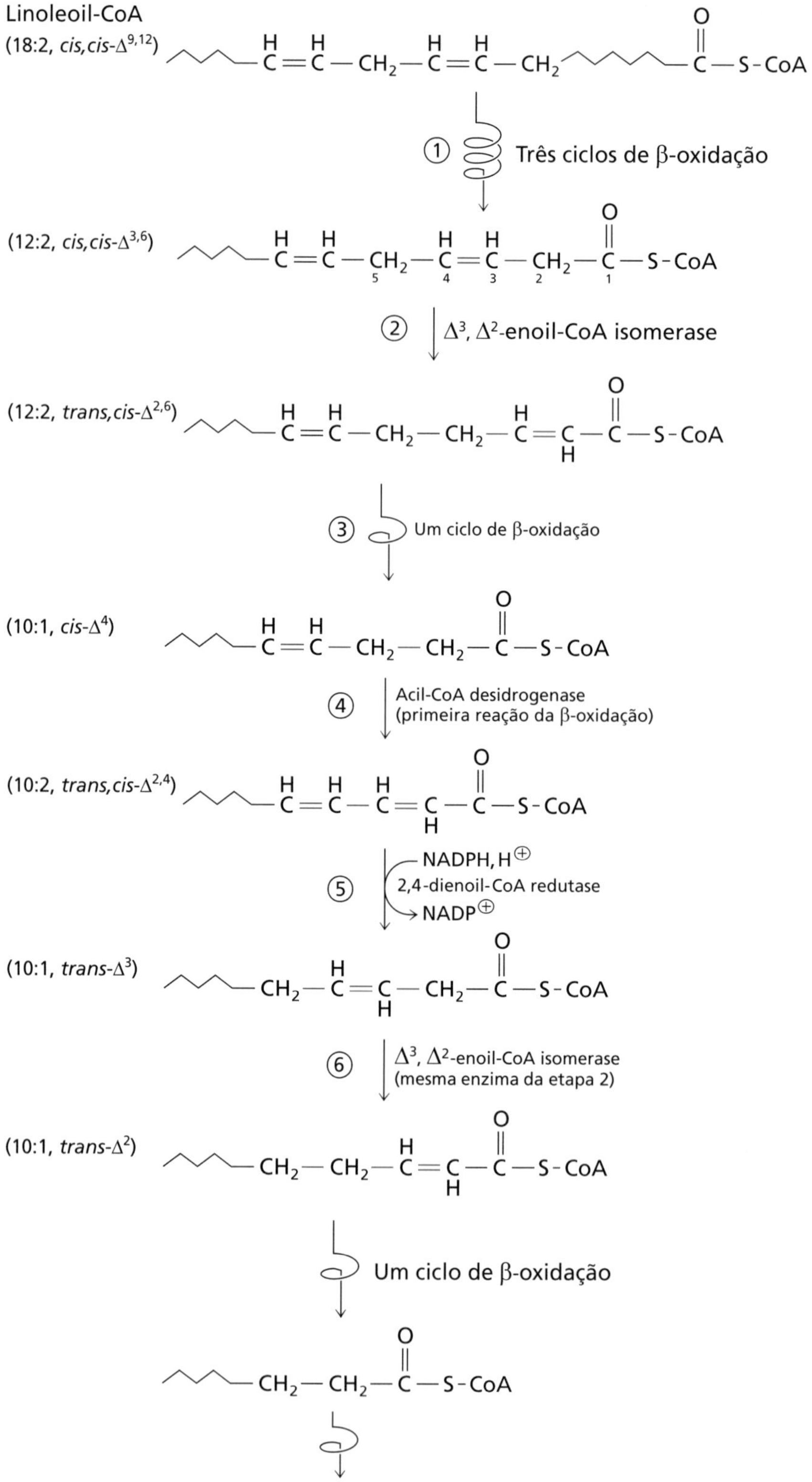

Linoleoil-CoA
(18:2, *cis,cis*-$\Delta^{9,12}$)

① Três ciclos de β-oxidação

(12:2, *cis,cis*-$\Delta^{3,6}$)

② Δ^3, Δ^2-enoil-CoA isomerase

(12:2, *trans,cis*-$\Delta^{2,6}$)

③ Um ciclo de β-oxidação

(10:1, *cis*-Δ^4)

④ Acil-CoA desidrogenase (primeira reação da β-oxidação)

(10:2, *trans,cis*-$\Delta^{2,4}$)

⑤ NADPH, H$^{\oplus}$
2,4-dienoil-CoA redutase
NADP$^{\oplus}$

(10:1, *trans*-Δ^3)

⑥ Δ^3, Δ^2-enoil-CoA isomerase (mesma enzima da etapa 2)

(10:1, *trans*-Δ^2)

Um ciclo de β-oxidação

A primeira reação é catalisada pela propionil-CoA carboxilase, uma enzima dependente de biotina, que incorpora bicarbonato ao propionil-CoA para produzir D-metilmalonil-CoA. A metilmalonil-CoA racemase catalisa a conversão de D-metilmalonil-CoA em seu isômero L. Por fim, a metilmalonil-CoA mutase catalisa a formação de succinil-CoA.

Essa enzima é uma das poucas que precisam de adenosilcobalamina como cofator. Aprendemos na Seção 7.12 que enzimas dependentes desse cofator catalisam rearranjos intramoleculares, em que um átomo de hidrogênio e um substituinte no carbono adjacente trocam de posição entre si. Na reação catalisada pela metilmalonil-CoA mutase, o grupo –C(O)–S-CoA troca com um átomo de hidrogênio de uma metila (Figura 7.28).

A molécula de succinil-CoA formada pela ação da metilmalonil-CoA mutase é metabolizada em oxaloacetato. Como este é um substrato da gliconeogênese, o grupo propionila derivado da β-oxidação de um ácido graxo de cadeia ímpar pode ser convertido em glicose.

A oxidação de ácidos graxos insaturados precisa de duas enzimas, além daquelas normalmente requeridas para a oxidação dos ácidos saturados. A oxidação do derivado com coenzima A do linoleato (18:2 cis,cis $\Delta^{9,12}$-octadienoato) ilustra a via modificada (Figura 16.26).

Como todos os ácidos graxos poli-insaturados, o linoleoil-CoA tem tanto ligações duplas de numeração ímpar como par (suas ligações duplas são separadas por um grupo metileno). Os ácidos graxos insaturados são substratos normais das enzimas da β-oxidação até que uma ligação dupla de numeração ímpar da cadeia encurtada interfira na catálise. Neste exemplo, três ciclos de β-oxidação converteram linoleoil-CoA na molécula de 12 carbonos 12:2 cis,cis-$\Delta^{3,6}$-dienoil CoA (etapa 1). Essa molécula tem uma ligação dupla cis-3,4 em vez da usual $trans$-2,3, que seria produzida durante a β-oxidação dos ácidos graxos saturados. O intermediário cis-3,4 não é substrato para a 2-enoil-CoA hidratase, pois a enzima de β-oxidação normal é específica para $trans$-acil-CoAs e, além disso, a ligação dupla está na posição "errada" para hidratação.

A ligação dupla inadequada é rearranjada de Δ^3 para Δ^2 a fim de fornecer a molécula de 12 carbonos 12:2 $trans,cis$-$\Delta^{2,6}$-dienoil-CoA em uma reação catalisada pela Δ^3,Δ^2-enoil-CoA isomerase (etapa 2). Esse produto pode voltar à via da β-oxidação, e outra rodada ser completada fornecendo a molécula de 10 carbonos 10:1 cis-Δ^4-enoil-CoA (etapa 3). A primeira enzima da via da β-oxidação, acil-CoA desidrogenase, atua nesse composto produzindo a molécula de 10 carbonos 10:2 $trans,cis$-$\Delta^{2,4}$-dienoil-CoA. Esse dieno, estabilizado por ressonância, resiste à hidratação. A 2,4-dienoil-CoA redutase catalisa a redução, dependente de NADPH, do dieno (etapa 5) para produzir uma molécula de 10 carbonos com uma só ligação dupla (10:1 $trans$-Δ^3-enoil-CoA). Esse produto (como o substrato da etapa 2) é modificado pela Δ^3,Δ^2-enoil-CoA isomerase para produzir um composto que continua na via da β-oxidação. Observe que a isomerase pode converter tanto ligações duplas cis-Δ^3 como $trans$-Δ^3 ao intermediário $trans$-Δ^2.

A oxidação de um ácido graxo monoinsaturado com uma ligação dupla cis em um carbono ímpar (por exemplo, oleato) requer a atividade de isomerase, mas não a de redutase, além das enzimas da β-oxidação. Oleoil (18:1 cis-Δ^9)-CoA passa por três ciclos de β-oxidação, formando três moléculas de acetil-CoA e o éster de CoA do ácido (12:1 cis-Δ^3). A Δ^3,Δ^2-enoil-CoA isomerase, em seguida, catalisa a conversão do enoil-CoA de 12 carbonos em um $trans$-Δ^2-enoil-CoA de 12 carbonos, capaz de sofrer β-oxidação.

▲ **A corcova do camelo armazena gordura para produzir energia quando houver escassez de alimento.** A corcova do camelo contém gordura que é usada para fornecer energia. Ela não guarda água. A capacidade dos camelos de se manter sem água por longos períodos é devida a adaptações completamente diferentes, que não têm nenhuma relação com o metabolismo das gorduras. O camelo mostrado aqui é o árabe, ou dromedário, Camelus dromedarius.

16.8 Lipídeos de eucariontes são sintetizados em diversos lugares

Células eucariontes são altamente compartimentalizadas. Seus compartimentos podem ter funções bastante diferentes, e as membranas que os envolvem são compostas de fosfolipídeos e acilas graxas bastante distintas. A maior parte da biossíntese dos lipídeos das células eucariontes ocorre no retículo endoplasmático. Fosfatidilcolina, fosfatidiletanolamina, fosfatidilinositol e fosfatidilserina, por exemplo, são todos sintetizados no RE. As enzimas biossintéticas são ligadas a membranas, com seus sítios ativos orientados em direção ao citosol, de modo que eles têm acesso aos compostos citossólicos hidrossolúveis. Os principais fosfolipídeos são incorporados na membrana do RE, de onde são transportados para outras membranas na célula em vesículas que trafegam entre o retículo endoplasmático e o complexo de Golgi, e entre este e os vários sítios-alvo nas membranas. Proteínas de transporte solúveis também participam no transporte de fosfolipídeos e de colesterol para outras membranas.

Embora o retículo endoplasmático seja o principal sítio de metabolismo lipídico nas células, também há enzimas desse metabolismo em outras partes. Por exemplo, lipídeos de membrana podem ser moldados para fornecer perfis lipídicos característicos de

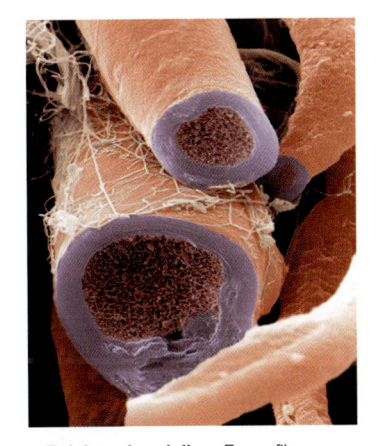

▲ **Bainhas de mielina.** Essas fibras nervosas são cobertas por várias camadas de membranas de mielina (em roxo), formando uma bainha protetora em torno dos axônios. Os plasmalogênios são componentes importantes das membranas de mielina. Os sintomas da esclerose múltipla (EM) são causados pela degradação da mielina no cérebro e na medula espinhal, o que leva à perda do controle motor.

organelas celulares específicas. Na membrana plasmática, atividades de aciltransferase catalisam a acilação dos lisofosfolipídeos. As mitocôndrias têm a enzima fosfatidilserina descarboxilase, que catalisa a conversão de fosfatidilserina em fosfatidiletanolamina. As mitocôndrias também têm as enzimas responsáveis pela síntese do difosfatidil-glicerol (cardiolipina, Tabela 9.2), uma molécula encontrada somente na membrana interna das mitocôndrias. Os lisossomos têm várias hidrolases que degradam fosfolipídeos e esfingolipídeos. Peroxissomos têm enzimas envolvidas nos estágios iniciais da síntese dos éter-lipídeos. Defeitos na formação dos peroxissomos podem levar a problemas na síntese de plasmalogênios, com consequências potencialmente fatais.

Os tecidos do sistema nervoso central são especialmente propensos a danos. Nesses tecidos, os plasmalogênios constituem uma parte substancial dos lipídeos das bainhas de mielina. Com frequência, locais subcelulares distintos têm conjuntos diferentes de enzimas (isoenzimas) responsáveis pela biossíntese de conjuntos distintos, segregados, de lipídeos, tendo cada um desses conjuntos sua própria função biológica.

16.9 Nos mamíferos, o metabolismo lipídico é controlado pelos hormônios

Ácidos graxos não são mais oxidados nas mitocôndrias quando o suprimento de energia é suficiente para atender às necessidades imediatas de um organismo. Em vez disso, eles são transportados para o tecido adiposo, onde são armazenados para uso futuro, quando houver necessidade de energia (por exemplo, falta de alimento). Esse aspecto do metabolismo lipídico é semelhante à estratégia do metabolismo dos carboidratos, em que o excesso de glicose é guardado em células especializadas como glicogênio (animais) ou como amido (vegetais).

A imobilização e o armazenamento dos lipídeos necessitam de comunicação entre tecidos distintos. Os hormônios que circulam no sangue são ideais para agir como sinais entre as células. O metabolismo lipídico precisa ser coordenado com o dos carboidratos. Assim, não surpreende que os mesmos hormônios também afetam a síntese, a degradação e o armazenamento dos carboidratos.

Glucagon, epinefrina e insulina são os principais hormônios que controlam o metabolismo dos ácidos graxos. Glucagon e epinefrina estão presentes em altas concentrações nas situações de jejum; a insulina, quando o organismo está alimentado. A concentração de glicose circulante precisa ser mantida em limites estreitos durante todo o tempo. Quando o organismo está em jejum, o estoque de carboidratos é esgotado, e sua síntese precisa ocorrer para manter o nível de glicose no sangue. Para aliviar ainda mais a pressão sobre o suprimento limitado de glicose, os ácidos graxos são mobilizados para servir como combustível; vários tecidos sofrem transições regulatórias, que reduzem seu consumo de carboidratos e aumentam o de ácidos graxos. O oposto acontece quando o organismo está alimentado; os carboidratos são usados como combustível e como precursores da síntese de ácidos graxos.

> As vias hormonais de sinalização estão descritas na Seção 9.12.

A principal enzima reguladora da síntese de ácidos graxos é a acetil-CoA carboxilase. Altos níveis de insulina após uma refeição inibem a hidrólise dos triacilgliceróis armazenados e estimulam a formação de malonil-CoA por ação da acetil-CoA carboxilase. O malonil-CoA inibe alostericamente a carnitina aciltransferase I. Em consequência, ácidos graxos permanecem no citosol em vez de serem transportados para o interior das mitocôndrias para oxidação. O controle da síntese e da degradação de ácidos graxos é recíproco, com o aumento do metabolismo de uma das vias, equilibrado pela redução da atividade na via oposta. Nos animais, esse controle é feito pelos hormônios, que afetam indiretamente as atividades das enzimas.

Os triacilgliceróis são levados ao tecido adiposo sob a forma de lipoproteínas, que circulam no plasma sanguíneo (Seção 16.10B). Quando chegam ao tecido, os triacilgliceróis são hidrolisados, liberando os ácidos graxos e glicerol que, a seguir, são absorvidos pelos adipócitos. A hidrólise é catalisada pela lipoproteína lipase (LPL), uma enzima extracelular ligada às células endoteliais dos capilares do tecido adiposo. Após a entrada nos adipócitos, os ácidos graxos são novamente esterificados para serem armazenados como triacilgliceróis.

QUADRO 16.5 Doenças do armazenamento lisossômico

Não há doenças metabólicas associadas a defeitos nas vias biossintéticas dos esfingolipídeos. É provável que mutações nos genes que codificam as enzimas da biossíntese sejam letais, uma vez que os esfingolipídeos são componentes essenciais das membranas. Por outro lado, defeitos na via de degradação dos esfingolipídeos podem ter consequências clínicas graves. O catabolismo dos esfingolipídeos é principalmente feito nos lisossomos das células, os quais contêm uma variedade de glicosidases que catalisam a remoção hidrolítica em etapas dos açúcares das cadeias oligossacarídicas dos esfingolipídeos. Existem alguns erros congênitos do metabolismo em que um defeito genético leva a uma deficiência em uma enzima lisossômica degradativa em particular, resultando em doenças de armazenamento lisossômico. O acúmulo de subprodutos lipídicos não degradáveis pode fazer com que os lisossomos inchem, levando ao aumento das células e, em consequência, dos tecidos. Essa situação é particularmente prejudicial no sistema nervoso central, que tem pouco espaço para expansões. Os lisossomos inchados se acumulam nos corpos celulares das células nervosas e levam à morte neuronal, possivelmente por vazamento de enzimas lisossômicas para o interior das células. Em consequência, podem ocorrer cegueira, retardo mental e morte. Na doença de Tay-Sachs, por exemplo, há uma deficiência na hexosaminidase A, que catalisa a remoção de *N*-acetilgalactosamina da cadeia oligossacarídica dos gangliosídeos. Se a remoção desse açúcar não ocorrer, a degradação dos gangliosídeos é bloqueada, levando a um acúmulo do subproduto não degradável gangliosídeo GM_2 (a estrutura completa desse gangliosídeo é mostrada na Figura 9.12).

Vias esquemáticas para a formação e a degradação de diversos esfingolipídeos são apresentadas na figura abaixo. Diversos defeitos no metabolismo dos esfingolipídeos, cujas manifestações clínicas são chamadas de *esfingolipidoses*, são identificados nela.

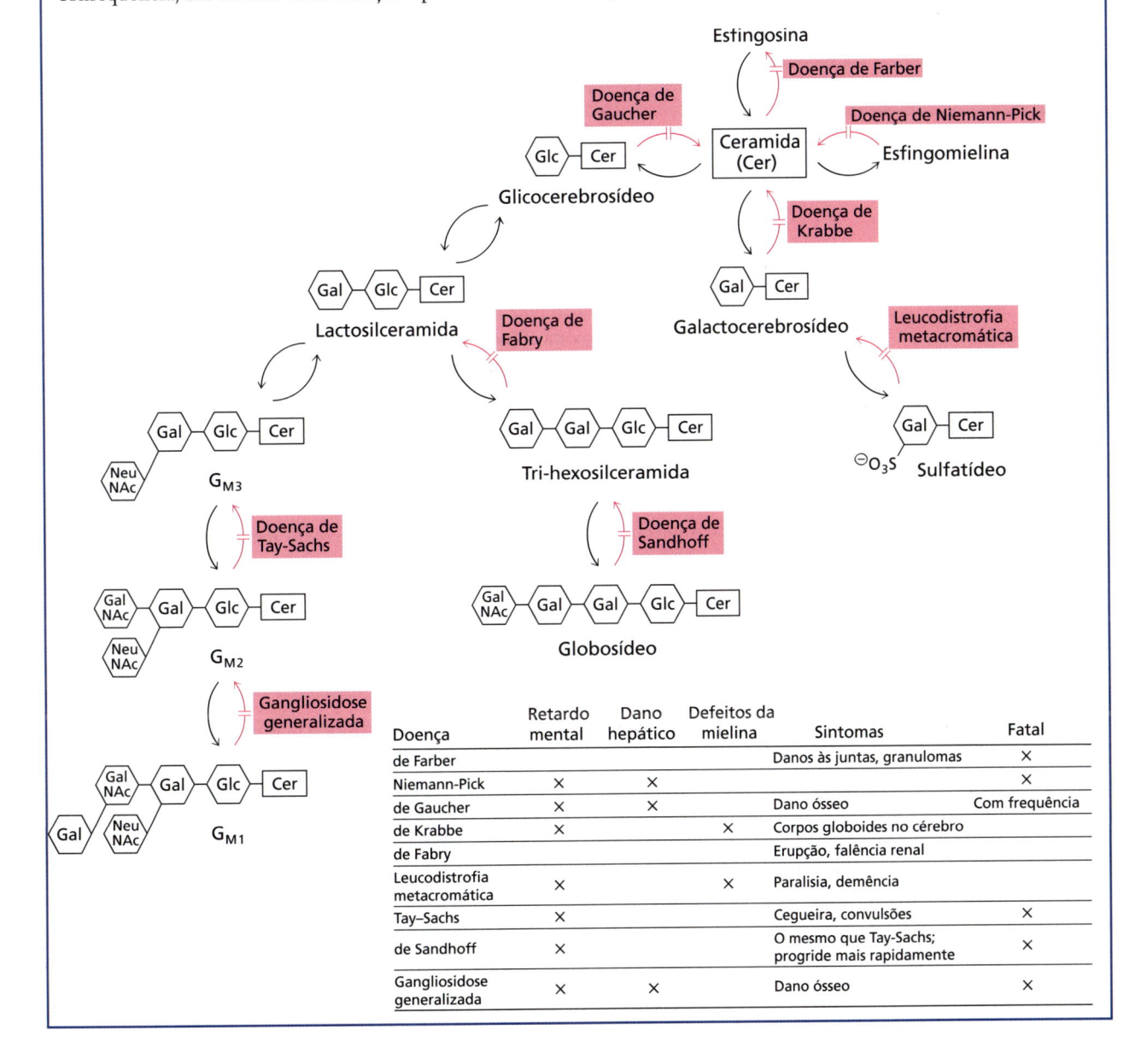

Doença	Retardo mental	Dano hepático	Defeitos da mielina	Sintomas	Fatal
de Farber				Danos às juntas, granulomas	X
Niemann-Pick	X	X			X
de Gaucher	X	X		Dano ósseo	Com frequência
de Krabbe	X		X	Corpos globoides no cérebro	
de Fabry				Erupção, falência renal	
Leucodistrofia metacromática	X		X	Paralisia, demência	
Tay–Sachs	X			Cegueira, convulsões	X
de Sandhoff	X			O mesmo que Tay-Sachs; progride mais rapidamente	X
Gangliosidose generalizada	X	X		Dano ósseo	X

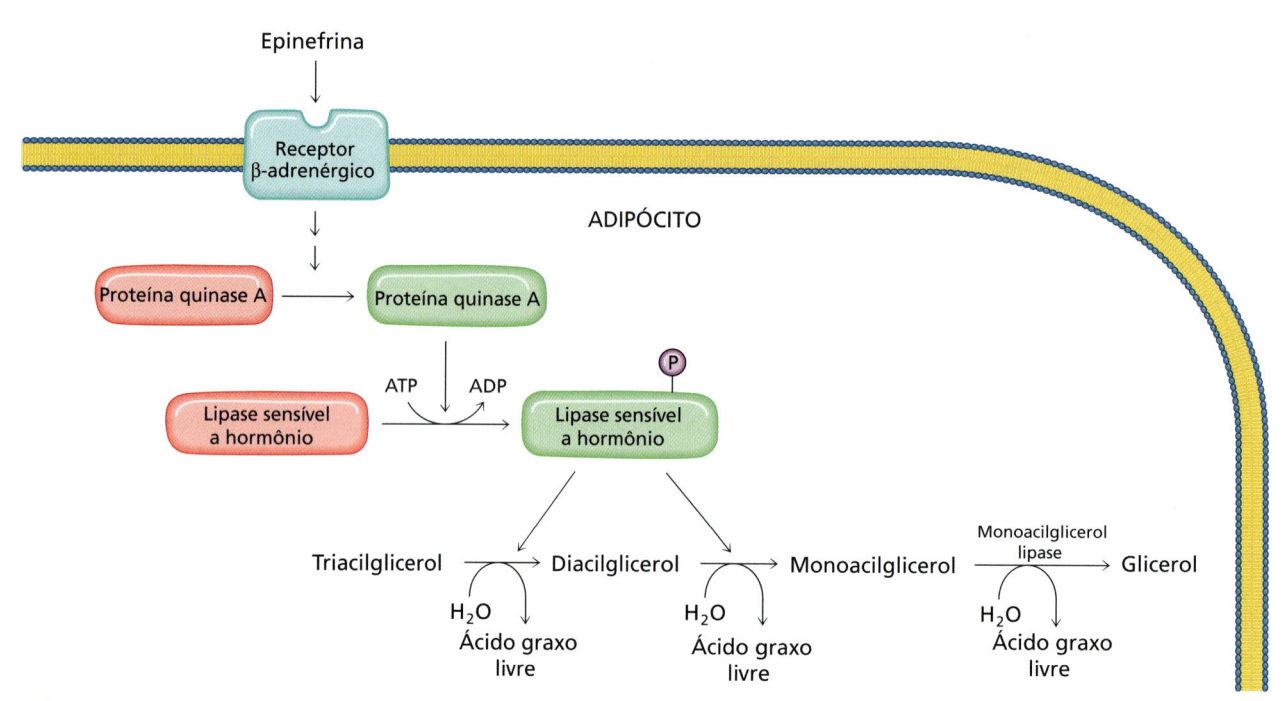

▲ **Figura 16.27**
Degradação de triacilgliceróis nos adipócitos. A epinefrina inicia a ativação da proteína quinase A, que catalisa a fosforilação e a ativação da lipase sensível a hormônio. A lipase catalisa a hidrólise de triacilgliceróis, formando monoacilgliceróis e ácidos graxos livres. A hidrólise dos monoacilgliceróis é catalisada pela monoacilglicerol lipase.

A mobilização ou a liberação subsequente desses ácidos graxos pelos adipócitos depende das necessidades metabólicas. Uma lipase sensível a hormônios nos adipócitos catalisa a hidrólise dos triacilgliceróis em ácidos graxos livres e monoacilgliceróis. Embora essa lipase também possa catalisar a conversão de monoacilgliceróis em glicerol e ácidos graxos livres, uma monoacilglicerol lipase mais específica e mais ativa é, provavelmente, responsável pela maior parte da atividade catalítica.

Quando o organismo está alimentado, a hidrólise dos triacilgliceróis é inibida pelas altas concentrações de insulina. Quando os estoques de carboidratos são esgotados e a concentração de insulina está baixa, um aumento na concentração de epinefrina estimula a hidrólise dos triacilgliceróis. A epinefrina liga-se aos receptores β-adrenérgicos dos adipócitos, levando à ativação da proteína quinase A, dependente de cAMP. Essa proteína catalisa a fosforilação e a ativação da lipase sensível a hormônio (Figura 16.27).

Glicerol e ácidos graxos livres se difundem através da membrana plasmática dos adipócitos e entram na corrente sanguínea. O glicerol é metabolizado pelo fígado, onde a maior parte é convertida em glicose, via gliconeogênese. Ácidos graxos livres são pouco solúveis em soluções aquosas e trafegam através do sangue até a albumina sérica (Seção 16.9C). Ácidos graxos são levados a tecidos como coração, músculos esqueléticos e fígado, onde são oxidados nas mitocôndrias para liberar energia. Eles são uma das principais fontes de energia durante os períodos de jejum (por exemplo, enquanto dormimos).

Ao mesmo tempo, um aumento no nível de glucagon inativa a acetil-CoA carboxilase, a enzima que catalisa a síntese de malonil-CoA no fígado. O resultado é o aumento do transporte de ácidos graxos para dentro das mitocôndrias e o maior fluxo através da via da β-oxidação. As altas concentrações de acetil-CoA e NADH resultantes da oxidação dos ácidos graxos reduzem a oxidação da glicose e do piruvato pela inibição do complexo da piruvato desidrogenase. Portanto, não só a oxidação e o armazenamento dos ácidos graxos são reciprocamente controlados, mas o metabolismo desses ácidos também é regulado de modo que o armazenamento seja favorecido nos tempos de fartura (como logo após a alimentação) e a oxidação dos ácidos graxos ocorra quando a glicose precisa ser economizada.

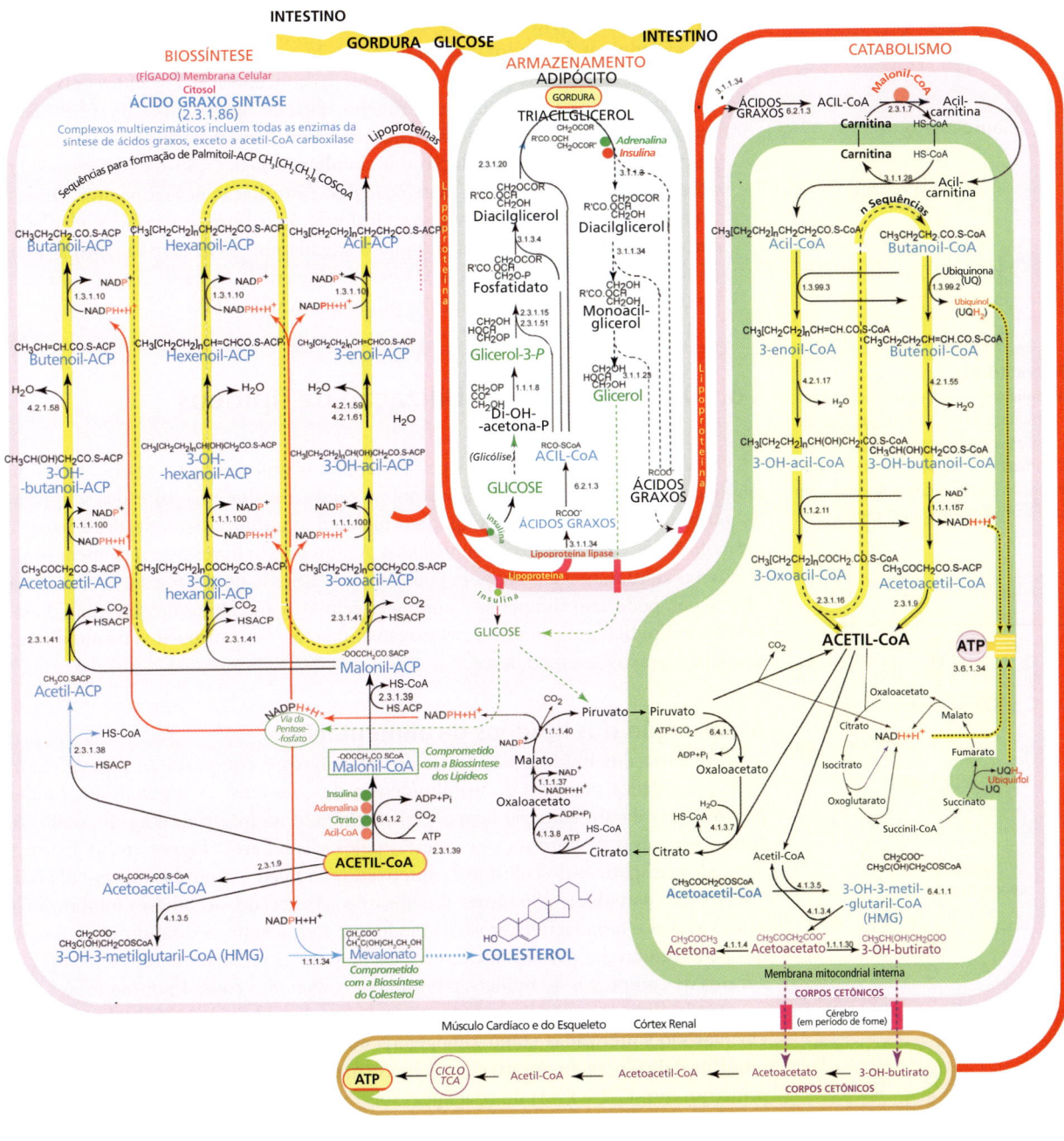

METABOLISMO LIPÍDICO

Esquema de Nicholson-IUBMB do metabolismo lipídico em mamíferos.
Criado por Donald Nicholson ©2002 IUBMB.

ANABOLISMO: $8CH_3CO.SCoA + 14NADPH + 14H^+ + 7ATP \longrightarrow CH_3[CH_2CH_2]_7CO.SCoA + 14NADP^+ + 7HSCoA + 7ADP + 7P_i$
(Acetil-CoA → Palmitoil-CoA)

CATABOLISMO: $CH_3[CH_2CH_2]_7CO.SCoA + 7\,Ubiquinona + 7H_2O + 7NAD^+ + 7HS\text{-}CoA \longrightarrow 8CH_3CO.SCoA + 7\,Ubiquinol + 7NADH + 7H^+$
(Palmitoil-CoA → Acetil-CoA)

OXIDAÇÃO COMPLETA (AERÓBICA) DO PALMITOIL-CoA:
$CH_3[CH_2CH_2]_7CO.SCoA + 23O_2 + \sim(106\,ADP + 106\,P_i) \longrightarrow 16CO_2 + 119H_2O + HS\text{-}CoA + \sim106\,ATP$

Esta é uma equação fascinante, que explica como alguns animais, como os camelos e os ursos polares, podem sobreviver nos ambientes mais hostis. Eles são capazes de usar a gordura como única fonte, não só de energia, mas também de água. A baleia assassina não pode usar a água do mar, mas cria seu próprio suprimento a partir da gordura.

ENZIMAS

1.1.1.8 Glicerol-3-P desidrogenase	1.3.1.10 Enoil-ACP redutase	2.3.1.51 1-Acilglicerol-3-P O-aciltransferase	4.1.3.5 OH-metilglutaril-CoA sintase
1.1.1.34 HMG-CoA redutase	1.3.99.2 Butiril-CoA desidrogenase	3.1.1.3 Triacilglicerol lipase	4.1.3.7 Citrato sintase
1.1.1.35 3-OH-acil-CoA desidrogenase	1.3.99.3 Acil-CoA desidrogenase	3.1.1.23 Acilglicerol lipase	4.1.3.8 ATP-citrato liase
1.1.1.37 Malato desidrogenase	2.3.1.7 Carnitina-O-aciltransferase	3.1.1.28 Acilcarnitina hidrolase	4.2.1.17 Enoil-CoA hidratase
1.1.1.40 Malato desidrogenase (oxaloacetato)	2.3.1.9 Acetil-CoA C-acetiltransferase	3.1.1.34 Lipoproteína lipase	4.2.1.55 3-OH-butiril-CoA desidratase
1.1.1.100 3-Oxoacil-ACP	2.3.1.15 Glicerol-3-P O-aciltransferase	3.1.3.4 Fosfatidato fosfatase	4.2.1.58 Crotonil-ACP hidratase
1.1.1.157 3-OH-butiril-CoA	2.3.1.16 Acetil-CoA C-aciltransferase	4.1.1.4 Acetoacetato descarboxilase	4.2.1.59 3-OH-octanoil-ACP desidratase
1.1.1.211 3-OH-acil-CoA de cadeia longa	2.3.1.20 Diacilglicerol O-aciltransferase	4.1.1.9 Malonil-CoA descarboxilase	4.2.1.61 3-OH-palmitoil-ACP desidratase
1.2.4.1 Piruvato desidrogenase	2.3.1.38 ACP-S-aciltransferase	4.1.3.4 OH-metilglutaril-CoA liase	6.2.1.3 Ácido graxo de cadeia longa-CoA ligase
	2.3.1.39 ACP-S-maloniltransferase		6.4.1.1 Piruvato carboxilase
			6.4.1.2 Acetil-CoA carboxilase

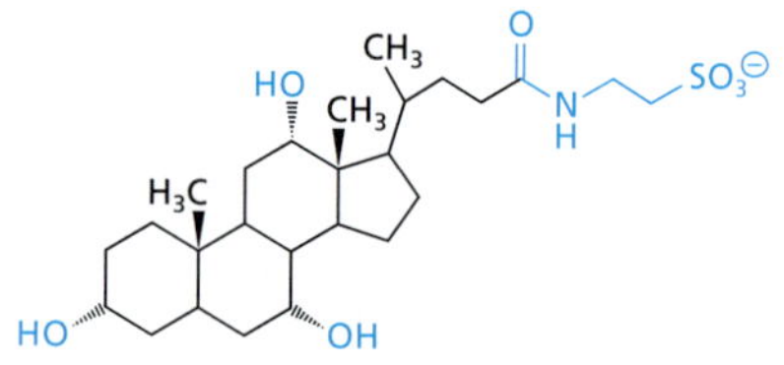

Figura 16.28
Sais biliares. Os derivados do colesterol taurocolato e glicocolato são os sais biliares mais abundantes nos seres humanos. Os sais biliares são anfipáticos; as partes hidrofílicas estão em azul e as hidrofóbicas, em preto.

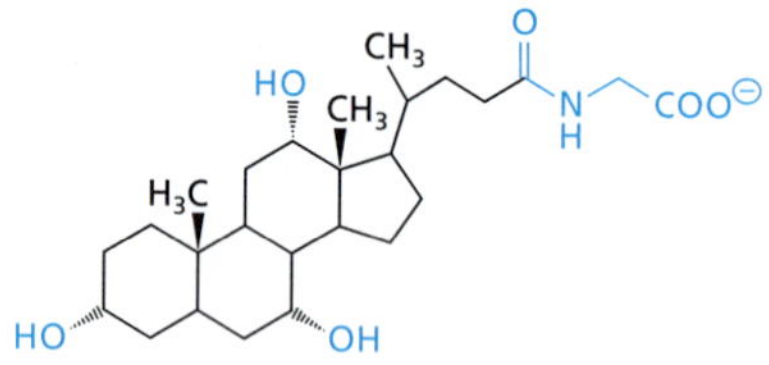

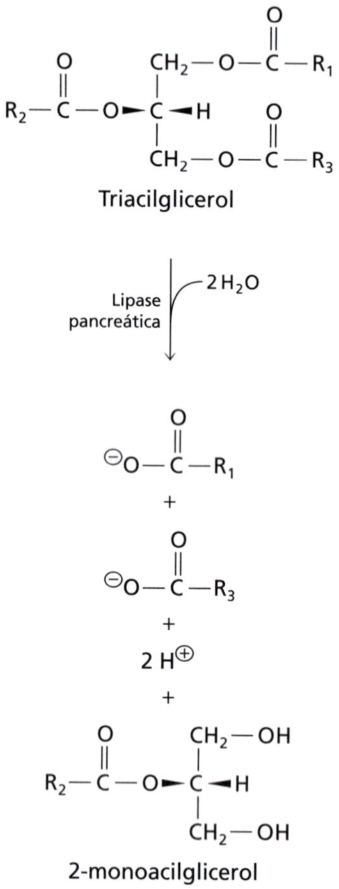

Figura 16.29
Ação da lipase pancreática. A remoção das cadeias de acila C-1 e C-3 produz ácidos graxos livres e um 2-monoacilglicerol. Os intermediários, 1,2- e 2,3-diacilglicerol, não são mostrados.

Citrato – um precursor de acetil-CoA citossólico – ativa a acetil-CoA carboxilase *in vitro*, mas a importância fisiológica dessa ativação ainda não foi totalmente estabelecida. A acetil-CoA carboxilase é inibida por acil-CoA graxo. A capacidade dos derivados de ácidos graxos de controlar a acetil-CoA carboxilase é fisiologicamente adequada; um aumento na concentração de ácidos graxos causa uma redução na velocidade da primeira etapa de compromisso da síntese deles. A atividade da acetil-CoA carboxilase também é controlada por hormônios. O glucagon estimula a fosforilação e a simultânea inativação da enzima no fígado; a epinefrina estimula sua inativação pela fosforilação nos adipócitos. Diversas proteínas quinases podem catalisar a fosforilação e, portanto, inibir a acetil-CoA carboxilase. A ação da proteína quinase ativada por AMP inativa tanto a síntese de ácidos graxos (pela inibição da etapa da acetil-CoA carboxilase) como a de esteroides na presença de uma alta proporção AMP/ATP.

16.10 Absorção e mobilização de lipídeos energéticos

Os ácidos graxos e o glicerol que os mamíferos utilizam como combustíveis metabólicos são obtidos dos triacilgliceróis presentes na alimentação e dos adipócitos. As gorduras armazenadas nos adipócitos incluem as gorduras sintetizadas a partir do catabolismo de carboidratos e aminoácidos. Ácidos graxos livres ocorrem apenas como traços nas células; isso é bom, pois, como ânions, eles são detergentes e, em altas concentrações, poderiam romper as membranas celulares. Iniciamos nosso estudo do metabolismo lipídico pela análise da absorção alimentar, do transporte e da mobilização dos ácidos graxos nos mamíferos.

A. Absorção dos lipídeos da alimentação

A maioria dos lipídeos nas dietas dos mamíferos é composta de triacilgliceróis, com quantidades menores de fosfolipídeos e de colesterol. A digestão dos lipídeos provenientes da alimentação ocorre principalmente no intestino delgado, onde partículas suspensas de gordura são cobertas pelos sais biliares (Figura 16.28). Estes são derivados anfipáticos do colesterol, sintetizados no fígado, reunidos na vesícula biliar e secretados para dentro do lúmen do intestino. Micelas de sais biliares solubilizam os ácidos graxos e monoacilgliceróis, de modo que eles possam se difundir e ser absorvidos pelas células das paredes intestinais. Os lipídeos são transportados pelo corpo sob a forma de complexos de lipídeos e proteínas, conhecidos como lipoproteínas.

Os triacilgliceróis são degradados no intestino delgado pela ação das lipases. Essas enzimas são sintetizadas como zimogênios no pâncreas e secretadas para dentro do intestino delgado, onde são ativadas. A lipase pancreática catalisa a hidrólise de ésteres primários (em C-1 e C-3) de triacilgliceróis, liberando ácidos graxos e gerando monoacilgliceróis (Figura 16.29). Uma pequena proteína chamada colipase ajuda a ligar a lipase hidrossolúvel aos substratos lipídicos. A colipase também ativa a lipase, fixando-a em uma conformação que tem o sítio ativo aberto. Os ácidos graxos derivados dos triacilgliceróis dos alimentos são, basicamente, moléculas de cadeia longa.

A maioria desses sais biliares recircula através das partes mais baixas do intestino delgado, pelo sangue portal hepático e, em seguida, para o fígado. Os sais biliares circulam através do fígado e do intestino muitas vezes durante a digestão de uma refeição. Ácidos graxos são convertidos em moléculas de acil-CoA graxo nas células intestinais. Três dessas moléculas se combinam com glicerol, ou duas com um monoacilglicerol, para formar um triacilglicerol. Como será visto adiante, esses triacilgliceróis insolúveis em água se combinam com colesterol e proteínas específicas para formar quilomícrons para o transporte até outros tecidos.

O destino dos fosfolipídeos da alimentação é semelhante ao dos triacilgliceróis. Fosfolipases pancreáticas secretadas para o intestino catalisam a hidrólise dos fosfolipídeos (Figura 9.8), que se agregam em micelas. A principal fosfolipase na secreção pancreática é a fosfolipase A_2, que catalisa a hidrólise da ligação éster em C-2 de um

▲ **Figura 16.30**
Ação da fosfolipase A_2. X representa um grupo (cabeça) polar. R_1 e R_2 são cadeias hidrofóbicas longas que constituem grande parte da molécula do fosfolipídeo.

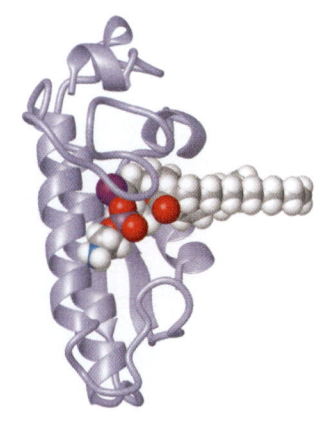

▲ **Figura 16.31**
Estrutura da fosfolipase A_2 de veneno de cobra. A fosfolipase A_2 catalisa a hidrólise dos fosfolipídeos nas interfaces lipídeo-água. O modelo mostra como um substrato fosfolipídico (dimiristoilfosfatidiletanolamina, modelo de espaço preenchido) pode se ajustar ao sítio ativo da enzima hidrossolúvel. Provavelmente, um íon cálcio (roxo) no sítio ativo ajuda a ligação do grupo aniônico da cabeça do fosfolipídeo. Cerca de metade da porção hidrofóbica do lipídeo ficaria "enterrada" no agregado lipídico sendo digerido. Fosfolipases de mamíferos são estruturalmente semelhantes à enzima do veneno [PDB 1POB].

glicerofosfolipídeo para formar um lisofosfoglicerídeo e um ácido graxo (Figura 16.30). Um modelo de fosfolipase A_2 com um substrato lipídico é mostrado na Figura 16.31. Lisofosfoglicerídeos são absorvidos pelo intestino e resterificados até glicerofosfolipídeos nas células intestinais.

Normalmente, os lisofosfoglicerídeos estão presentes nas células em baixas concentrações. Altas concentrações deles podem romper as membranas celulares por causa da sua ação detergente. Isso é o que ocorre, por exemplo, quando a fosfolipase A_2 de veneno de serpente age sobre fosfolipídeos dos glóbulos vermelhos, provocando a lise das suas membranas. Provavelmente foi isso que matou Cleópatra.

Diferentemente dos outros tipos de lipídeos encontrados nos alimentos, a maior parte do colesterol da dieta não é esterificado. Os ésteres de colesteril presentes nos alimentos são hidrolisados no lúmen do intestino pela ação de uma esterase. O colesterol livre, insolúvel em água, é solubilizado pelas micelas de sais biliares para absorção. A maior parte do colesterol reage com acil-CoA para formar ésteres de colesteril (Figura 9.16) nas células intestinais.

B. Lipoproteínas

Os triacilgliceróis, o colesterol e os ésteres de colesteril não podem ser transportados pelo sangue ou pela linfa como moléculas livres por serem insolúveis em água. Esses lipídeos se conjugam a fosfolipídeos e proteínas anfipáticas de ligação a lipídeos para formar partículas macromoleculares esféricas, conhecidas como lipoproteínas. Uma lipoproteína tem um centro hidrofóbico, que contém triacilgliceróis e ésteres de colesteril, e uma superfície hidrofílica, que consiste em uma camada de moléculas anfipáticas, como colesterol, fosfolipídeos e proteínas (Figura 16.32).

QUADRO 16.6 Azeite extravirgem

O azeite de oliva contém principalmente triacilgliceróis. Se for produzido por esmagamento das azeitonas, sem tratamento químico adicional, ele é chamado azeite virgem, de acordo com o International Olive Oil Council (Conselho Internacional para o Azeite de Oliva – IOOC). Em geral, a qualidade do azeite é determinada pela presença de ácidos graxos livres que se formam quando os triacilgliceróis são degradados durante a produção. O azeite virgem deve ter menos de 2% de ácidos graxos livres (acidez), e o extravirgem, menos de 0,8% desses ácidos.

▶ **Azeite extravirgem.** O azeite extravirgem tem menos de 0,8% de ácidos graxos livres.
http://www.examiner.com/fountain-of-youth-in-atlanta/ extra-virgin-olive-oil-benefits

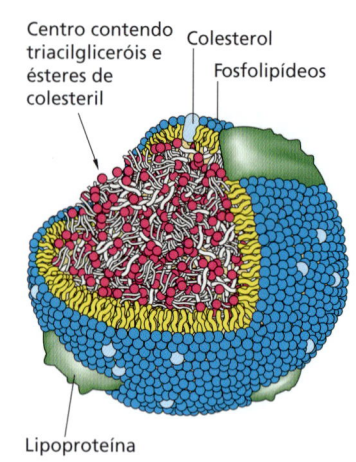

Figura 16.32
Estrutura de uma lipoproteína. Um centro de lipídeos neutros, incluindo triacilgliceróis e ésteres de colesteril, é coberto com fosfolipídeos, onde as apolipoproteínas e colesterol ficam embutidos.

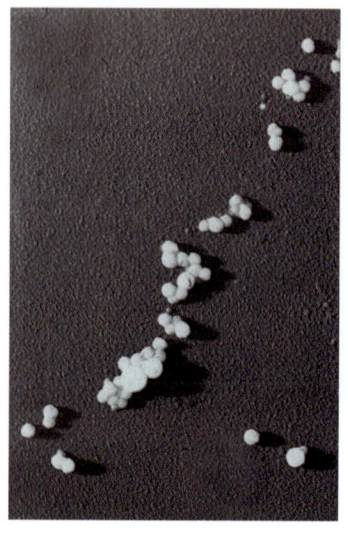

▲ Quilomícrons.

As maiores lipoproteínas são os quilomícrons que carregam triacilgliceróis e colesterol do intestino, através da linfa e do sangue, para tecidos como os músculos (para oxidação) e tecido adiposo (para armazenamento) (Figura 16.33). Os quilomícrons estão presentes no sangue somente após uma refeição. As sobras ricas em colesterol dos quilomícrons – que já perderam a maior parte de seus triacilgliceróis – levam colesterol para o fígado. As células hepáticas são responsáveis pela síntese da maior parte do colesterol novo que entra na corrente sanguínea, mas quase todos os tipos de células produzem colesterol para uso interno. As lipoproteínas levam o colesterol (tanto o da dieta como o produzido pelo fígado) para o restante das células do corpo. A biossíntese do colesterol é controlada por hormônios e pelos níveis dele no sangue.

O plasma sanguíneo contém vários outros tipos de lipoproteínas, classificadas conforme suas densidades relativas e tipos de lipídeos (Tabela 16.1). Como as proteínas são mais densas do que os lipídeos, quanto maior o teor proteico de uma lipoproteína, maior sua densidade. Lipoproteínas de densidade muito baixa (VLDLs) consistem aproximadamente em 98% de lipídeos e apenas 2% de proteínas. Elas são formadas no fígado e carreiam os lipídeos lá sintetizados, ou não necessários lá, para outros tecidos, como o adiposo. As lipases nos capilares dos músculos e do tecido adiposo degradam VLDLs e quilomícrons. Quando as VLDLs perdem triacilgliceróis para as células dos tecidos, seu teor lipídico diminui, e as partículas remanescentes são convertidas em lipoproteínas de densidade intermediária (IDLs). Das IDLs formadas durante a quebra das VLDLs, algumas são absorvidas pelo fígado e outras são degradadas em lipoproteínas de baixa densidade (LDLs). Estas são enriquecidas em colesterol e ésteres de colesteril, e levam esses lipídeos para os tecidos periféricos. Lipoproteínas de alta densidade (HDLs) são formadas no plasma sanguíneo, como partículas ricas em proteína. Elas incorporam colesterol dos tecidos periféricos, quilomícrons e remanescentes de VLDL e o convertem em ésteres de colesteril. As HDLs transportam colesterol e ésteres de colesteril de volta para o fígado. Ésteres de colesteril das HDLs podem ser incorporados pelas IDLs, que se transformam em LDLs.

Partículas grandes de lipoproteínas têm diversas proteínas diferentes de ligação a lipídeos. Elas são comumente chamadas apolipoproteínas; o prefixo "apo" em geral se refere a polipeptídeos que se ligam a um cofator firmemente associado, como descrito no Capítulo 7. Duas dessas apolipoproteínas são proteínas grandes, hidrofóbicas e monoméricas. ApoB-100 (M_r=513.000) é ligada firmemente à camada externa de VLDLs, IDLs e LDLs. As apolipoproteínas menores de VLDLs e IDLs são ligadas de maneira fraca, e a maioria se dissocia durante a degradação lipoproteica, deixando a apoB-100 como principal proteína das LDLs. A ApoB-48 (M_r=241.000), que está presente apenas nos quilomícrons, tem uma estrutura primária idêntica aos 48% N-terminais da apoB-100.

A apoB-100 e a apoB-48 formam grande parte da crosta anfipática que cobre o cerne lipoproteico hidrofóbico de suas respectivas lipoproteínas. A apoB-100 é a proteína que liga a LDL a seu receptor na superfície das células; a apoB-48 não tem essa

---

QUADRO 16.7   A lipoproteína lipase e a doença coronariana

A lipoproteína lipase (Seção 16.9) é a enzima que libera os ácidos graxos dos triacilgliceróis das lipoproteínas. Ela desempenha um papel importante na retirada de triacilgliceróis do plasma sanguíneo. Altas concentrações de triacilgliceróis são associadas a doenças coronarianas.

A população humana tem diversas variantes (mutações) do gene da lipoproteína lipase (LPL). Alguns desses são associados a uma menor atividade de LPL. Um exemplo é a variante D9N, em que um resíduo de asparagina substitui o resíduo normal de aspartato na posição 9. Indivíduos portadores dessa variante têm maior tendência a sofrer de doenças coronarianas por causa do acúmulo de lipoproteínas contendo triacilgliceróis no plasma sanguíneo.

Na variante S447X um códon normal de serina é mutado em um códon de parada (X) na posição 447. O resultado é uma proteína truncada, menor do que a normal. Perto de 17% da população tem pelo menos uma cópia desse gene mutante e 1% da população é homozigota para essa variante. A enzima S447X é mais ativa do que a de tipo selvagem, resultando em níveis mais baixos de triacilgliceróis no plasma. Indivíduos do sexo masculino (mas não do feminino) com essa variante têm menor tendência a sofrer ataque cardíaco. Esse é um exemplo de alelo benéfico que se estabeleceu na população humana.

[Online Mendelian Inheritance in Man (OMIM) MIM=609708]

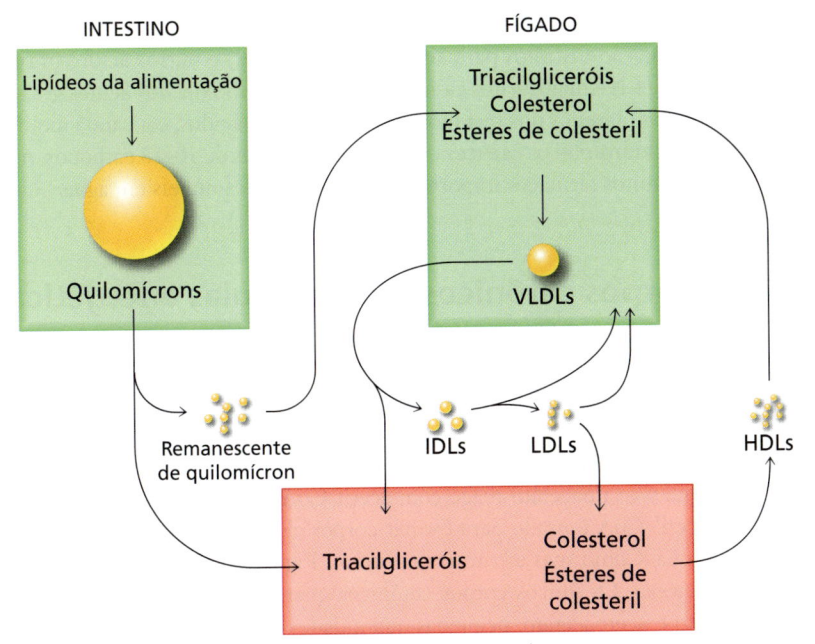

◄ **Figura 16.33**
Resumo do metabolismo das lipoproteínas. Quilomícrons formados nas células intestinais levam os triacilgliceróis obtidos na alimentação para os tecidos periféricos, incluindo músculos e tecido adiposo. Resíduos de quilomícrons levam ésteres de colesteril para o fígado. As VLDLs são montadas no fígado e transportam lipídeos endógenos para os tecidos periféricos. Quando as VLDLs são degradadas (via IDLs), elas incorporam colesterol e ésteres de colesteril das HDLs e se transformam em LDLs, que carregam o colesterol para tecidos não hepáticos. As HDLs levam colesterol dos tecidos periféricos para o fígado.

propriedade. As outras apolipoproteínas são menores do que a apoB-48. Elas têm múltiplas funções, incluindo a modulação da atividade de certas enzimas envolvidas na mobilização dos lipídeos e a interação com os receptores na superfície celular.

O colesterol, um componente essencial das membranas das células eucariontes, é levado aos tecidos periféricos pelas LDLs. As partículas de lipoproteínas se ligam ao receptor de LDL na superfície celular. Um complexo entre LDL e seu receptor entra na célula por endocitose e se funde com um lisossomo. Lipases e proteases lisossômicas degradam a LDL, liberando colesterol que é, em seguida, incorporado nas membranas celulares ou estocado como ésteres de colesteril. Uma abundância de colesterol intracelular suprime a síntese da HMG-CoA redutase, uma enzima-chave na biossíntese do colesterol, e inibe também a síntese do receptor de LDL. Indivíduos que não têm receptor de LDL sofrem de hipercolesterolemia familiar, uma doença na qual o colesterol se acumula no sangue e é depositado na pele e nas artérias. Esses pacientes morrem jovens, de doenças cardíacas.

As HDLs retiram colesterol do plasma e das células dos tecidos não hepáticos, retornando-o para o fígado. Elas se ligam a um receptor chamado SR-B1 na superfície do fígado e transferem colesterol e seus ésteres para dentro das células hepáticas. Partículas de HDL com lipídeos reduzidos voltam ao plasma. No fígado, o colesterol pode ser convertido em sais biliares, que são secretados para dentro da vesícula biliar.

O acúmulo de lipídeos nas artérias (aterosclerose) é associado ao risco aumentado de doenças coronarianas que podem levar a ataques cardíacos. Altos níveis de LDL ("mau" colesterol) *aumentam* a chance de desenvolvimento de aterosclerose. Níveis altos de HDL ("bom" colesterol), por outro lado, são correlacionados a uma *redução* do risco de ataque cardíaco. As estatinas (Quadro 16.4) bloqueiam a síntese de colesterol no fígado e reduzem os níveis de LDL.

C. Albumina sérica

Além dos lipídeos complexos, como colesterol e triacilgliceróis, ácidos graxos também são transportados pelo plasma sanguíneo. Os ácidos graxos se ligam à albumina sérica, uma proteína abundante no plasma. Essa proteína, especialmente a versão bovina (albumina sérica bovina, BSA), vem sendo estudada com intensidade há mais de quarenta anos. Recentemente, a estrutura da albumina sérica humana (HSA) associada a ácidos graxos livres com cadeias de tamanhos variados (Figura 16.34) foi determinada por cristalografia de raios X.

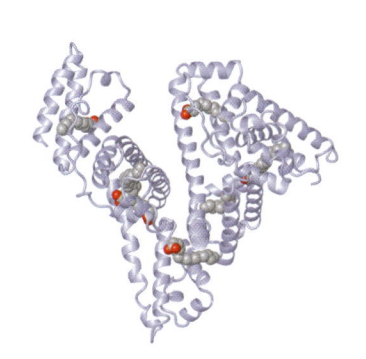

▲ **Figura 16.34**
Albumina sérica humana. São mostradas sete moléculas de palmitato ligadas [PDB 1E7H].

A HSA pertence à categoria "toda α" de estruturas terciárias (Seção 4.7, Figura 4.24a). Há sete sítios de ligação distintos para ácido palmítico (16:0) e outros ácidos graxos de cadeia média e longa. Na maioria dos casos, a terminação carboxila dos ácidos graxos interage com as cadeias laterais dos resíduos básicos de aminoácidos, e a cauda metilênica se ajusta em bolsos hidrofóbicos capazes de acomodar cadeias de 10-18 carbonos. A HSA também se liga a muitos fármacos importantes, muito pouco solúveis em água.

16.11 Os corpos cetônicos são moléculas energéticas

A maior parte do acetil-CoA produzido no fígado a partir da oxidação dos ácidos graxos é destinado ao ciclo do ácido cítrico, mas uma parte dele pode seguir outra rota. Durante períodos de jejum, a glicólise diminui e a gliconeogênese fica ativa. Nessas condições, o estoque de moléculas de oxaloacetato fica parcialmente esgotado. A quantidade de acetil-CoA da β-oxidação aumentada excede a capacidade do ciclo do ácido cítrico (lembre-se de que o oxaloacetato reage com acetil-CoA na primeira etapa desse ciclo). O excesso de acetil-CoA é usado para formar corpos cetônicos: β-hidroxibutirato, acetoacetato e acetona. Como suas estruturas mostram (Figura 16.35), nem todos os corpos cetônicos são cetonas. Os únicos corpos cetônicos quantitativamente significativos são β-hidroxibutirato e acetoacetato; pequenas quantidades de acetona são produzidas pela descarboxilação não enzimática de acetoacetato, um β-cetoácido.

TABELA 16.1 Lipoproteínas no plasma humano

	Quilomícrons	VLDLs	IDLs	LDLs	HDLs
Peso molecular x 10^{-6}	> 400	10-80	5-10	2,3	0,18-0,36
Densidade (g cm^{-3})	< 0,95	0,95-1,006	1,006-1,019	1,019-1,063	1,063-1,210
Composição química (%)					
Proteína	2	10	18	25	33
Triacilglicerol	85	50	31	10	8
Colesterol	4	22	29	45	30
Fosfolipídeo	9	18	22	20	29

β-hidroxibutirato e acetoacetato são moléculas combustíveis. Elas têm menos energia potencial metabólica do que os ácidos graxos dos quais derivam, mas superam essa deficiência atuando como "lipídeos hidrossolúveis" que podem ser transportados mais facilmente pelo plasma sanguíneo. Durante períodos de fome, corpos cetônicos são produzidos em grande quantidade, tornando-se substitutos para a glicose como combustível principal às células do cérebro. Os corpos cetônicos também são metabolizados nos músculos esqueléticos e no intestino durante esses períodos.

A. Os corpos cetônicos são sintetizados no fígado

Nos mamíferos, os corpos cetônicos são sintetizados no fígado e exportados para uso por outros tecidos. A via para sua síntese é mostrada na Figura 16.36. Primeiro, duas moléculas de acetil-CoA se condensam para formar acetoacetil-CoA e HS-CoA em uma reação catalisada pela acetoacetil-CoA tiolase. Em seguida, uma terceira molécula de acetil-CoA é adicionada ao acetoacetil-CoA para formar 3-hidroxi-3-metilglutaril-CoA (HMG-CoA) em uma reação catalisada pela HMG-CoA sintase. Essas etapas são idênticas às primeiras duas da via biossintética do isopentenil-difosfato (Figura 16.17). A síntese de corpos cetônicos ocorre nas mitocôndrias, mas a do isopentenil-difosfato (e do colesterol) ocorre no citosol. Os mamíferos têm isoenzimas distintas para acetoacetil-CoA tiolase e HMG-CoA sintase nas mitocôndrias e no citosol. A HMG-CoA sintase ocorre apenas nas mitocôndrias das células do fígado, e não de outros tipos de células.

Na etapa seguinte, HMG-CoA liase catalisa a clivagem de HMG-CoA, produzindo acetoacetato e acetil-CoA. A HMG-CoA liase não ocorre no citosol. É por isso que a HMG-CoA citossólica é usada exclusivamente na síntese do isopentenil-difosfato, e nenhum corpo cetônico é produzido no citosol. A redução de acetoacetato, dependente de NADH, produz β-hidroxibutirato em uma reação catalisada pela β-hidroxibutirato desidrogenase. Tanto o acetoacetato como o β-hidroxibutirato podem ser transportados através da membrana mitocondrial interna e da membrana plasmática das células hepáticas. Eles entram no sangue para serem usados como combustível por outras células do corpo. Pequenas quantidades de acetoacetato são descarboxiladas não enzimaticamente na corrente sanguínea, formando acetona.

O ponto de controle principal da cetogênese é a isoenzima mitocondrial da HMG-CoA sintase, desde que acil-CoA graxo e acetil-CoA estejam disponíveis nas mitocôndrias. O succinil-CoA inibe especificamente essa enzima por modificação covalente, por meio da succinilação. Essa é uma inativação de curto prazo, pois com frequência a reativação ocorre por perda espontânea da succinila. O glucagon reduz a quantidade de succinil-CoA nas mitocôndrias, estimulando a cetogênese. A regulação de longo prazo ocorre por modificação da expressão gênica. A falta prolongada de alimento aumenta o nível de HMG-CoA sintase (e seu mRNA); a alimentação ou a insulina produzem uma redução tanto da atividade como do mRNA.

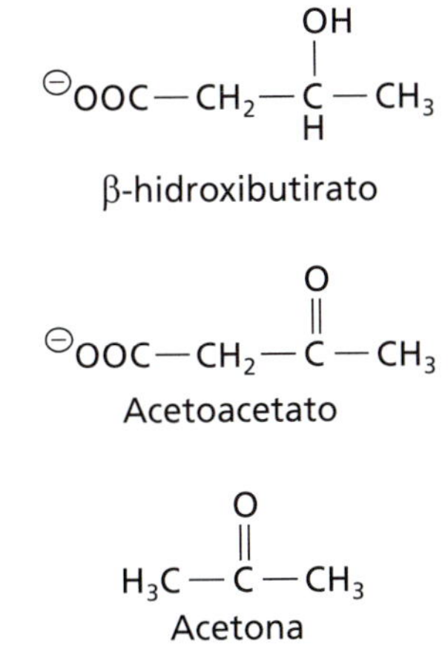

▲ **Figura 16.35**
Corpos cetônicos.

B. Os corpos cetônicos são oxidados na mitocôndria

Nas células que os utilizam como fonte de energia, β-hidroxibutirato e acetoacetato entram nas mitocôndrias, onde são convertidos em acetil-CoA, que é oxidado pelo ciclo do ácido cítrico. O β-hidroxibutirato é convertido em acetoacetato em uma reação

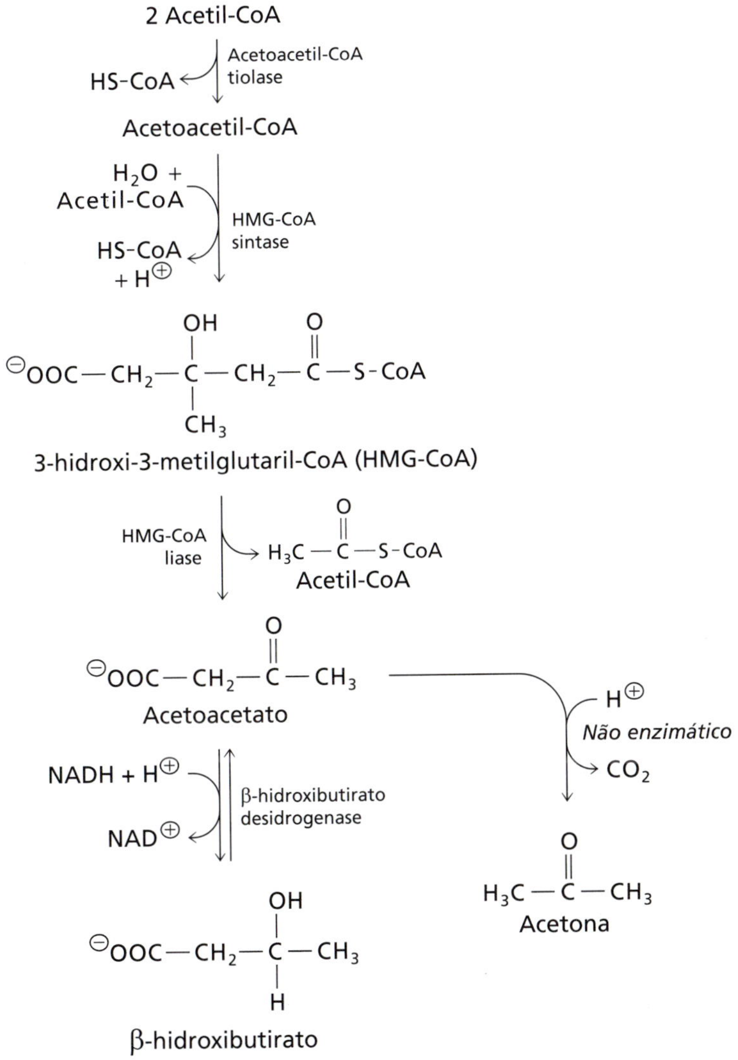

▲ **Figura 16.36**
Biossíntese de β-hidroxibutirato, acetoacetato e acetona.

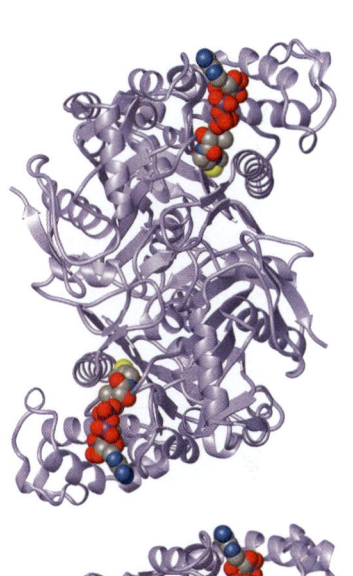

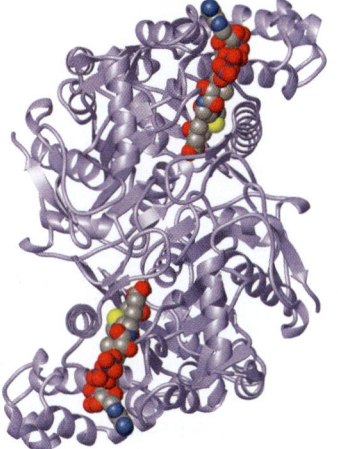

▲ **HMG-CoA sintase.** As isoenzimas de seres humanos (Homo sapiens) estão mostradas com HMG-CoA ligado. A enzima citossólica (alto: PDB 2P8U) e a versão mitocondrial (embaixo: PDB 2WYA) são muito similares.

catalisada por uma isoenzima da β-hidroxibutirato desidrogenase, diferente da enzima do fígado. O acetoacetato reage com succinil-CoA para formar acetoacetil-CoA, em uma reação catalisada pela succinil-CoA transferase (também chamada succinil-CoA:3-cetoácido-CoA transferase; Figura 16.37). Corpos cetônicos são degradados apenas em tecidos não hepáticos porque essa transferase está presente em todos os tecidos, exceto no fígado. A reação da succinil-CoA transferase retira uma parte do succinil-CoA do ciclo do ácido cítrico. A energia que normalmente seria capturada sob a forma de GTP na fosforilação ao nível do substrato catalisada pela succinil-CoA sintetase (Seção 13.3#5) é, em vez disso, usada para ativar acetoacetato esterificando-o com CoA. Em seguida, a tiolase catalisa a conversão de acetoacetil-CoA em duas moléculas de acetil-CoA que podem ser oxidadas pelo ciclo do ácido cítrico.

Alterações no metabolismo dos carboidratos em períodos prolongados de escassez de alimentos foram descritas na Seção 13.10.

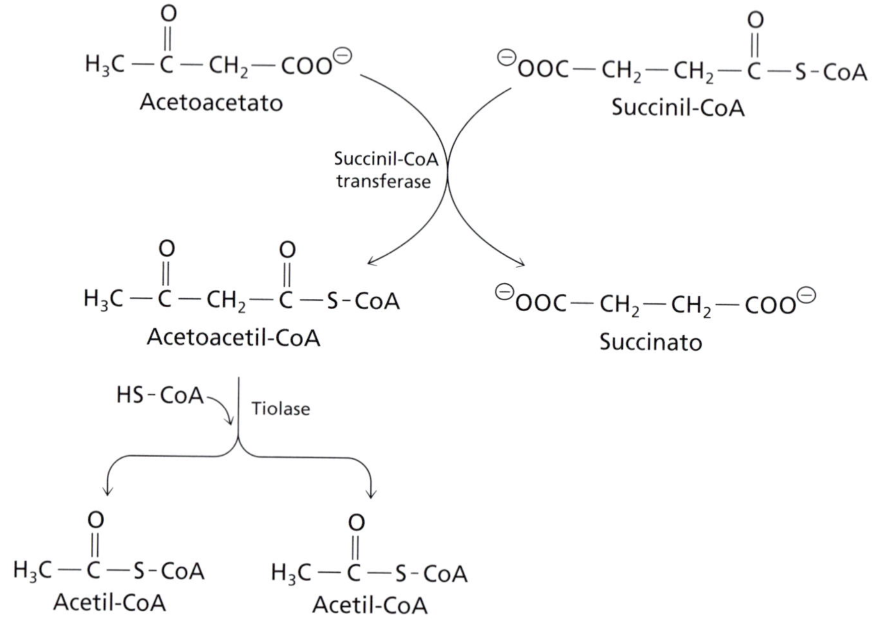

▲ Figura 16.37
Conversão de acetoacetato em acetil-CoA.

QUADRO 16.8 O metabolismo lipídico no diabetes

A degradação das gorduras ocorre porque a lipólise não é inibida pela insulina, e outros hormônios ativam a liberação de ácidos graxos dos adipócitos. A grande quantidade de ácidos graxos disponíveis para o fígado leva ao excesso de acetil-CoA, que é desviado para formar corpos cetônicos. No diabetes tipo 2 (Seção 12.7), o acúmulo de glicose no sangue é causado principalmente pela baixa absorção dela nos tecidos periféricos. Como a obesidade causa forte predisposição para o desenvolvimento do diabetes tipo 2, muitas pesquisas têm se concentrado sobre a função dos lipídeos na sensibilidade reduzida à insulina. Parece que a elevação do nível de ácidos graxos livres no sangue pode interferir com a sinalização da insulina para absorção de glicose pelos tecidos.

Pessoas que sofrem de diabetes tipo I e não a tratam produzem grandes quantidades de corpos cetônicos, mais do que os tecidos periféricos são capazes de usar. O cheiro de acetona pode ser sentido na respiração desses pacientes. Na realidade, os níveis dos ácidos acetoacético e β-hidroxibutírico no sangue podem ser tão altos a ponto de o pH do soro baixar – um distúrbio chamado cetoacidose diabética, que oferece risco à vida. O diabetes tipo 1 precisa ser tratado com injeções repetidas de insulina e consumo restrito de glicose.

Embora complicações agudas sejam raras no diabetes tipo 2, a hiperglicemia pode causar danos aos tecidos, especialmente aos olhos e aos sistemas cardiovascular e renal. Em geral, modificações na alimentação são suficientes para controlar o diabetes tipo 2. Além disso, drogas orais podem aumentar a secreção de insulina e potencializar sua ação nos tecidos periféricos.

Uma nova abordagem para o tratamento do diabetes tipo 2 pode ser a inibição da tirosina-fosfatase PTP-1B, que inativa os receptores de insulina, catalisando a remoção do fosfato adicionado quando a insulina se liga a ele. Após injeção de insulina, camundongos que não têm a PTP-1B aumentaram a fosforilação dos receptores de insulina no fígado e nos músculos, e apresentaram maior sensibilidade à insulina. Esses camundongos também mantiveram níveis normais de glicose no sangue após a refeição. Uma observação surpreendente foi que os camundongos sem a PTP-1B podiam ingerir uma dieta rica em gorduras e mesmo assim serem resistentes ao ganho de peso. A PTP-1B pode, portanto, ser um alvo para o tratamento da obesidade.

Resumo

1. A rota para síntese de ácidos graxos começa com a síntese de malonil-CoA, em uma reação catalisada pela acetil-CoA carboxilase. O malonil-CoA é convertido em malonil-ACP, e uma molécula desse produto se condensa com acetil-CoA (ou acetil-ACP) para formar o acetoacetil-ACP.

2. A formação de ácidos graxos de cadeia longa a partir de um precursor 3-cetoacil-ACP ocorre em quatro estágios: redução, desidratação, outra redução e condensação. Esses quatro estágios se repetem para formar um ácido graxo de cadeia longa. Ácidos graxos com mais de 18 átomos de carbono e os insaturados são produzidos por meio de reações adicionais.

3. Triacilgliceróis e glicerofosfolipídeos são derivados do fosfatidato. As sínteses de triacilgliceróis e de fosfolipídeos neutros ocorrem via um intermediário 1,2-diacilglicerol. Os fosfolipídeos ácidos são sintetizados via um intermediário CDP-diacilglicerol.

4. Diversos eicosanoides são derivados do araquidonato. A via da ciclo-oxigenase leva à formação de prostaciclina, prostaglandinas e tromboxano A_2. Os produtos da via da lipoxigenase incluem os leucotrienos.

5. Os esfingolipídeos são sintetizados a partir de serina e palmitoil-CoA. Redução, acilação e oxidação produzem ceramida, que pode ser modificada pela adição de uma cabeça polar e de resíduos de açúcar.

6. O colesterol é sintetizado a partir de acetil-CoA em uma via que leva ao mevalonato e ao isopentenil-difosfato. Tanto colesterol como isopentenil-difosfato são precursores de diversos outros compostos.

7. Ácidos graxos são degradados em acetil-CoA por β-oxidação, a remoção sequencial de fragmentos de dois carbonos. Primeiro os ácidos graxos são ativados por esterificação com CoA; o derivado acil-CoA graxo obtido é oxidado por uma série de etapas catalisadas por enzimas, que se repetem: oxidação, hidratação, outra oxidação e tiólise. Ácidos graxos fornecem mais ATP por grama do que a glicose.

8. A β-oxidação de ácidos graxos de cadeia ímpar produz acetil-CoA e uma molécula de propionil-CoA. A oxidação da maior parte dos ácidos graxos insaturados precisa de duas enzimas, uma isomerase e uma redutase, além daquelas necessárias para a oxidação dos ácidos graxos saturados.

9. A oxidação dos ácidos graxos nos animais é regulada por hormônios de acordo com as necessidades energéticas do organismo.

10. A gordura alimentar é hidrolisada no intestino, formando ácidos graxos e monoacilgliceróis, que são absorvidos. As lipoproteínas transportam lipídeos no sangue. Nos adipócitos, os ácidos graxos são esterificados para serem armazenados como triacilgliceróis. Os ácidos graxos são mobilizados pela ação de um lipase sensível a hormônio.

11. Os corpos cetônicos β-hidroxibutirato e acetoacetato são moléculas hidrossolúveis que atuam como combustível metabólico; elas são produzidas no fígado pela condensação de moléculas de acetil-CoA.

Problemas

1. (a) A hipercolesterolemia familiar é uma doença genética dos seres humanos, na qual receptores do LDL são defeituosos, levando a níveis muito altos de colesterol no sangue e aterosclerose severa precoce. Explique por que essa doença resulta em altos níveis de colesterol no sangue.

   (b) Níveis altos de colesterol no sangue afetam a síntese dessa substância nos portadores da doença citada?

   (c) Indivíduos com a doença de Tangier não possuem a proteína celular ABCl, necessária à absorção de colesterol pelo HDL. Como essa doença afeta o transporte de colesterol?

2. Indivíduos com níveis anormalmente baixos de carnitina nos músculos sofrem de fraqueza muscular durante exercícios moderados. Além disso, seus músculos apresentam aumento significativo dos níveis de triacilgliceróis.

   (a) Explique esses dois efeitos.

   (b) Esses indivíduos podem metabolizar o glicogênio dos músculos aerobicamente?

3. Quantos equivalentes de ATP são gerados pela oxidação completa de (a) laurato (dodecanoato) e (b) palmitoleato (cis-Δ^9-hexadecenoato)? Considere que o ciclo do ácido cítrico está em funcionamento.

4. Tetra-hidrolipstatina (Orlistat) é uma droga para tratamento da obesidade. Ela é um inibidor da lipase pancreática. Sugira um argumento para uso da tetra-hidrolipstatina para tratar a obesidade.

5. Além das enzimas da β-oxidação, que enzimas são necessárias para degradar os seguintes ácidos graxos em acetil-CoA ou acetil-CoA e succinil-CoA?

   (a) oleato (cis $CH_3(CH_2)_7 CH = CH(CH_2)_7 COO^{\ominus}$)

   (b) araquidonato (todo cis $CH_3(CH_2)_4 (CH = CHCH_2)_4 (CH_2)(COO^{\ominus})$)

   (c) cis $CH_3(CH_2)_9 CH = CH(CH_2)_4 COO^{\ominus}$

6. Os animais não são capazes de efetuar uma conversão direta de ácidos graxos de cadeia par em glicose. Por outro lado, alguns carbonos dos ácidos graxos de cadeia ímpar podem ser precursores gliconeogênicos da glicose. Explique.

7. Onde está o carbono marcado quando as seguintes moléculas são adicionadas a um homogeneizado de fígado que efetua a síntese de palmitato?

   (a) $H^{14}CO_3^{\ominus}$

   (b) $H_3{}^{14}C-\overset{\overset{O}{\|}}{C}-S-CoA$

8. Triclosan (2,4,4-tricloro-2-hidroxidifeniléter) é um agente antimicrobiano eficaz usado em uma ampla variedade de produtos de consumo, incluindo sabonetes, cremes dentais, brinquedos e tábuas de cozinha. Triclosan é eficaz contra um amplo espectro de bactérias e micobactérias, e é um inibidor da enoil-ACP redutase, um componente da sintase de ácidos graxos (FAS) tipo II.

   (a) Qual reação é catalisada por essa enzima?

   (b) Por que ela é um alvo apropriado para agentes antimicrobianos?

   (c) Sugira uma razão pela qual um composto pode inibir a síntese de ácidos graxos seletivamente em bactérias, e não em seres humanos.

9. Foi proposto que o malonil-CoA poderia ser um dos sinais enviados pelo cérebro para reduzir a resposta de apetite. Quando camundongos recebem um derivado de cerulenina (um epóxido fúngico) chamado C75, seu apetite é suprimido e eles perdem peso rapidamente. A cerulenina e seu derivado mostraram ser inibidores potentes da ácido graxo sintase (FAS). Sugira como o C75 poderia agir como possível droga para redução de peso.

10. (a) Esboce uma via geral para converter carboidratos em ácidos graxos em uma célula hepática e indique quais processos ocorrem no citosol e quais nas mitocôndrias.

    (b) Cerca da metade dos equivalentes redutores necessários à síntese de ácidos graxos é gerada pela glicólise. Explique como esses equivalentes redutores podem ser usados para síntese de ácidos graxos.

11. (a) Acetil-CoA carboxilase (ACC), um regulador importante na síntese de ácidos graxos, existe em duas formas diferentes, interconversíveis:

    (1) uma forma polimérica (filamentos) ativa (desfosforilada) e

    (2) uma forma monomérica inativa (fosforilada). Citrato e palmitoil-CoA podem regular a síntese de ácidos graxos ligando-se preferencialmente e com firmeza às diferentes formas de ACC e estabilizando-as. Explique como cada um desses reguladores funciona ao interagir com a ACC.

    Polímero filamentoso (ativo) ⇌ Protômero (inativo)

    (b) Qual a função do glucagon e da epinefrina no controle da síntese de ácidos graxos?

12. A obesidade é um problema sério de saúde mundial por causa, em parte, do aumento do consumo de alimentos e da redução da atividade física. A obesidade é associada a diversas doenças do ser humano, incluindo o diabetes tipo 2 e doenças cardiovasculares. Inibidores seletivos e específicos da acetil-CoA carboxilase foram propostos como potenciais drogas antiobesidade.

    (a) Que efeito teria um inibidor da acetil-CoA carboxilase sobre a síntese e a oxidação dos ácidos graxos?

    (b) Um dos inibidores da acetil-CoA carboxilase é o CABI (estrutura abaixo). Que característica estrutural do CABI o torna um inibidor potencial da acetil-CoA carboxilase? (Levert KL, Waldrop GL, Stephens JM. J. Biol. Chem. A biotin analog inhibits acetyl CoA carboxylase activity and adipogenesis. 2002; 277:16347-16350.)

13. Escreva uma equação para a conversão de oito moléculas de acetil-CoA em palmitato.

14. (a) Em resposta ao dano do tecido em patologias como ataques cardíacos e artrite reumatoide, células inflamatórias (por exemplo, monócitos e neutrófilos) invadem o tecido afetado e promovem a síntese de ácido araquidônico. Explique a razão dessa resposta.

    (b) A biossíntese de eicosanoides é afetada por drogas não esteroidais como a aspirina e o ibuprofeno, bem como por drogas esteroidais como a hidrocortisona e a prednisona (que inibem uma fosfolipase específica). Por que as drogas esteroidais inibem a biossíntese tanto das prostaglandinas como dos leucotrienos, enquanto drogas como a aspirina inibem apenas a das prostaglandinas?

15. Desenhe estruturas corretas para os seguintes lipídeos complexos.

    (a) Fosfatidilglicerol.

    (b) Plasmalogênio etanolamina (1-alquil-2-glicero-3-fosfoetanolamina).

    (c) Glucocerebrosídeo (1-β-D-glucoceramida).

16. O excesso de gordura na alimentação pode ser convertido em colesterol no fígado. Quando palmitato marcado com ^{14}C em cada carbono de número ímpar é adicionado a um homogeneizado de fígado, em que posições do mevalonato essa marcação irá ocorrer?

17. Os efeitos anti-inflamatórios da aspirina decorrem da inibição da enzima ciclo-oxigenase-2 (COX-2), envolvida na síntese de prostaglandinas, mediadores da inflamação, da dor e da febre. A aspirina inibe de forma irreversível a COX-2, transferindo covalentemente um grupo acetila a um resíduo de serina no sítio ativo da enzima. No entanto, a irritação estomacal aparece como um efeito colateral

indesejado por causa da inibição irreversível, pela aspirina, da enzima intestinal ciclo-oxigenase-1 (COX-1). A COX-1 participa da síntese de prostaglandinas que controlam a secreção da mucina gástrica, que, por sua vez, protege o estômago contra o ácido. O análogo da aspirina APHS foi sintetizado e mostrou ser 60 vezes mais seletivo na inibição da COX-2 do que da COX-1, sugerindo que poderia ser um anti-inflamatório com muito menos efeito colateral sobre o sistema gastrointestinal. Desenhe a estrutura do complexo inativado COX-2-APHS. Como a aspirina e análogos estruturais atuam no sítio ativo das enzimas COX, eles apresentarão padrões de inibição competitivos?

APHS

Leituras selecionadas

Geral

Nicholson DE. IUBMB–Nicholson metabolic pathways charts. Biochem. Mol. Bio. Educ. 2001; 29:42-44.

Vance JE e Vance DE (eds.). Biochemistry of Lipids, Lipoproteins, and Membranes. (Amsterdam: Elsevier Science), 2008.

Síntese de lipídeos

Athenstaedt K e Daum G. Phosphatidic acid, a key intermediate in lipid metabolism. Eur. J. Biochem. 1999; 266:1-16.

Frye LL e Leonard DA. Lanosterol analogs: dual-action inhibitors of cholesterol biosynthesis. Crit. Rev. Biochem. Mol. Biol. 1999; 34:123-124.

Kent C. Eukaryotic phospholipid synthesis. Annu. Rev. Biochem. 1995; 64:315-343.

Leibundgut M, Maier T, Jenni S e Ban N. The multienzyme architecture of eukaryotic fatty acid synthases. Curr. Opin. Struct. Biol. 2008; 18:714-726.

Simmons DL, Botting RM e Hla T. Cyclooxygenase isozymes: the biology of prostaglandin synthesis and inhibition. Pharmacol. 2004; Rev. 56:387-437.

Sommerville C e Browse J. Dissecting desaturation: plants prove advantageous. Trends in Cell Biol. 1996; 6:148-153.

Wallis JG, Watts JL e Browse J. Polyunsaturated fatty acid synthesis: what will they think of next? Trends Biochem. Sci. 2002; 27:467–473.

White SW, Zheng J, Zhang Y-M, Rock, CO. The structural biology of type II fatty acid biosynthesis. Ann. Rev. Biochem. 2005; 74:791–831.

Catabolismo lipídico

Bartlett K e Eaton S. Mitochondrial β-oxidation. Eur. J. Biochem. 2004; 271:462-469.

Candlish J. Metabolic water and the camel's hump—a textbook survey. Biochem Ed. 1981; 9:96-97.

Ishikawa M, Tsuchiya D, Oyama T, Tsunaka D e Morikawa K. Structural basis for channelling mechanism of a fatty acid β-oxidation multienzyme complex. EMBO J. 2004; 23:2745-2754.

Kim J-J e Battaile KP. Burning fat: the structural basis of fatty acid β-oxidation. Curr. Opin. Struct. Biol. 2002; 12:721-728.

Toogood HS, van Thiel A, Basran J, Sutcliffe MJ, Scrutton NS e Leys D. Extensive domain motion and electron transfer in the human electron transferring flavoprotein medium chain acyl-CoA dehydrogenase complex. J. Biol. Chem. 2004; 279: 32.904-32.912.

Toogood HS, van Thiel A, Scrutton NS e Leys D. Stabilization of non-productive conformations underpins rapid electron transfer to electron-transferring flavoprotein. J. Biol. Chem. 2005; 280:30.361-30.366.

Wanders RJA e Waterman HR. Biochemistry of mammalian peroxisomes revisited. Ann. Rev. Biochem. 2006; 75:295-332.

Lipoproteínas

Bhattacharya AA, Grüne T e Curry S. Crystallographic analysis reveals common modes of binding of medium- and long-chain fatty acids to human serum albumin. J. Mol. Biol. 2000; 303:721-732.

Fidge NH. High density lipoprotein receptors, binding proteins, and ligands. J. Lipid Res. 1999; 40:187-201.

Gagné SE, Larson MG, Pimstone SN, Schaefer EJ, Kastelein JJP, Wilson PWF, Ordovas JM e Hayden MR. A common truncation variant of lipoprotein lipase (S447X) confers protection against coronary heart disease: the Framingham Offspring Study. Clin. Genet. 1999; 55:450-454.

Kreiger, M. The "best" of cholesterols, the "worst" of cholesterols: a tale of two receptors. Proc. Natl. Acad. Sci. 1998; USA 95:4077-4080.

CAPÍTULO 17

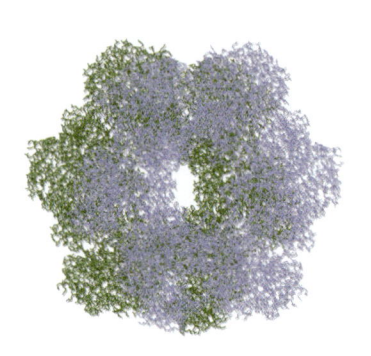

Metabolismo dos Aminoácidos

Vivemos na "Era das Bactérias". Nosso planeta tem estado nessa "Era" desde que os primeiros fósseis — bactérias, obviamente — foram enterrados nas rochas, há mais de 3,5 bilhões de anos. Segundo qualquer critério possível, razoável ou justo, as bactérias são — e sempre foram — as formas de vida dominantes na Terra.

Stephen Jay Gould. *Full House*, 1996. p. 176.

Os autores de um capítulo sobre o metabolismo dos aminoácidos têm uma tarefa quase impossível. Qualquer descrição será incompleta, uma vez que há vinte diferentes aminoácidos e muitos intermediários nas vias de biossíntese e degradação desses compostos. Além disso, vias alternativas são utilizadas por diferentes tecidos, organelas e organismos. Felizmente, podemos destacar alguns exemplos desse metabolismo para mostrar a lógica biológica da formação e da degradação dos aminoácidos, sem necessidade de muitos detalhes. Aqui, descreveremos alguns desses exemplos para ilustrar os princípios e os conceitos do metabolismo dos aminoácidos.

O metabolismo dos aminoácidos inclui centenas de interconversões enzimáticas de moléculas pequenas. Muitas dessas reações envolvem átomos de nitrogênio. Alguns dos intermediários já apareceram nas vias metabólicas descritas nos capítulos anteriores, mas alguns serão descritos aqui pela primeira vez neste livro. Embora os aminoácidos provenientes da degradação das proteínas possam ser uma fonte de energia, estamos mais interessados em sua biossíntese. A vida fica comprometida se os aminoácidos não estiverem todos disponíveis ao mesmo tempo para a síntese das proteínas. Vamos considerar o metabolismo dos vinte aminoácidos comuns sob dois pontos de vista: as origens e as destinações de seus átomos de nitrogênio, bem como as origens e destinações dos átomos de carbono de seus esqueletos.

A capacidade de síntese de aminoácidos dos organismos varia bastante. Poucos são capazes de transformar N_2 e compostos simples de carbono em aminoácidos; em outras palavras, poucos são autossuficientes na síntese desses compostos. Outras espécies conseguem sintetizar as cadeias carbônicas dos aminoácidos, mas precisam de nitrogênio sob a forma de amônia. Começaremos este capítulo com uma visão geral dos princípios do metabolismo do nitrogênio.

Algumas espécies não são capazes de sintetizar os esqueletos carbônicos de todos os aminoácidos. Os mamíferos, por exemplo, conseguem fazer apenas metade dos aminoácidos de que necessitam; os demais, chamados **aminoácidos essenciais**, precisam ser obtidos pela alimentação. Os **aminoácidos não essenciais** são aqueles que os mamíferos são capazes de sintetizar em quantidade suficiente, desde que recebam uma quantidade diária adequada de proteínas na alimentação.

Topo: Glutamina sintetase da bactéria *Salmonella typhimurium*. Doze subunidades idênticas são arranjadas com simetria hexagonal [PDB 2GLS].

As rotas de eliminação das excretas contendo nitrogênio, provenientes do metabolismo de aminoácidos, também variam entre as espécies. Por exemplo, o excesso de nitrogênio é expelido pelos animais aquáticos sob a forma de amônia; os pássaros e a maioria dos répteis o eliminam como ácido úrico, e muitas outras espécies de vertebrados terrestres o fazem sob a forma de ureia. Iremos concluir este capítulo com uma descrição do ciclo da ureia, que é uma via para eliminação do nitrogênio nos mamíferos.

17.1 O ciclo e a fixação de nitrogênio

O nitrogênio necessário para os aminoácidos (e para as bases heterocíclicas dos nucleotídeos; Capítulo 18) provém de duas fontes principais: o nitrogênio gasoso presente na atmosfera, e o nitrato (NO_3^-) do solo e da água. O N_2 atmosférico, que constitui cerca de 80% da nossa atmosfera, é a fonte principal de nitrogênio biológico. Essa molécula pode ser metabolizada, ou fixada, apenas por poucas espécies de bactérias. O N_2 e o NO_3^- precisam ser reduzidos a amônia para poderem ser utilizados pelo metabolismo. A amônia produzida é incorporada aos aminoácidos via glutamato, glutamina e carbamilfosfato.

O N_2 não é quimicamente reativo, por causa da grande força de sua ligação tripla N≡N. Algumas bactérias têm uma enzima sofisticada e muito específica chamada nitrogenase, capaz de catalisar a redução de N_2 a amônia, em um processo conhecido como **fixação de nitrogênio**. A amônia é essencial à vida, e as bactérias são os únicos organismos capazes de produzi-la a partir do nitrogênio atmosférico. Metade de toda a fixação biológica do nitrogênio é realizada por diversas espécies de cianobactérias presentes nos oceanos. A outra metade vem das bactérias do solo.

Além desse processo biológico, há dois outros processos de conversão de nitrogênio. Durante as tempestades elétricas, descargas de alta voltagem catalisam a oxidação do N_2 em nitrato e nitrito (NO_2^-). O nitrogênio é convertido em amônia para uso em fertilizantes de plantas por meio de um processo industrial que consome muita energia, pois requer alta temperatura e pressão, além de um catalisador especial para promover a redução de N_2 pelo H_2. A disponibilidade de nitrogênio biologicamente útil é, com frequência, um fator limitante do crescimento das plantas, e a aplicação de fertilizantes nitrogenados é importante para obter altos rendimentos nas lavouras. Hoje, os seres humanos são responsáveis por uma fração substancial de toda a fixação de nitrogênio do planeta. Embora somente uma pequena porcentagem do nitrogênio metabolizado venha *diretamente* da fixação desse elemento, esse processo é o único caminho pelo qual os organismos conseguem usar o enorme volume de N_2 atmosférico.

O esquema geral de interconversão dos principais compostos de nitrogênio é apresentado na Figura 17.1. O fluxo de nitrogênio que parte do N_2 para os seus óxidos,

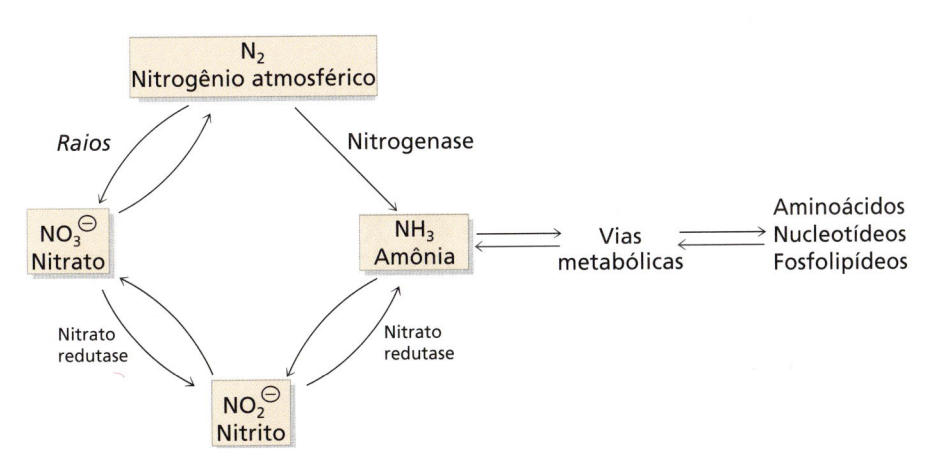

▲ **Afloramento de Trichodesmium.** *Trichodesmium* é uma das principais espécies de cianobactérias fixadoras de nitrogênio. Esse grande afloramento da bactéria formou rastros gigantes no oceano ao largo da costa da Austrália. Esta fotografia foi tirada de um ônibus espacial. A concentração média de bactérias fixadoras de nitrogênio no oceano é de cerca de um milhão de células por litro.

CONCEITO-CHAVE

Nitrogênio é o gás mais abundante na atmosfera, mas apenas poucas espécies de bactérias são capazes de fixá-lo.

▲ **Figura 17.1**
Ciclo do nitrogênio. Poucos microrganismos, simbióticos ou de vida independente, são capazes de converter N_2 diretamente em amônia. Esta é incorporada em biomoléculas, como aminoácidos e proteínas que, depois, são degradadas formando amônia de novo. Muitas bactérias do solo e vegetais são capazes de reduzir nitrato a amônia, passando por nitrito. Várias bactérias convertem amônia em nitrito. Outras oxidam nitrito em nitrato e algumas conseguem reduzir nitrato a N_2.

▲ **Raio.** O raio provoca a conversão do nitrogênio gasoso em nitratos. É uma importante fonte de nitrogênio utilizável pelos organismos vivos. Esta fotografia foi tirada em 1908.

▲ **Figura 17.2**
Nódulos em raízes de alfafa. Bactérias simbióticas do gênero *Rhizobium* vivem nesses nódulos, onde reduzem nitrogênio atmosférico a amônia.

amônia, biomoléculas nitrogenadas e volta ao N_2 é chamado **ciclo do nitrogênio**. A maior parte do nitrogênio se divide entre amônia e nitrato. A amônia de organismos em decomposição é oxidada em nitrato pelas bactérias do solo. Essa formação de nitrato é chamada nitrificação. Algumas bactérias anaeróbicas são capazes de reduzir nitrato ou nitrito a N_2 (desnitrificação).

A maioria das plantas verdes e alguns microrganismos contêm nitrato redutase e nitrito redutases que, juntas, catalisam a redução de óxidos de nitrogênio a amônia.

$$NO_3^- \xrightarrow{2e^-, 2H^+ \quad H_2O} NO_2^- \xrightarrow{6e^-, 7H^+ \quad 2H_2O} NH_3$$
$$\text{Nitrato} \qquad\qquad \text{Nitrito} \qquad\qquad \text{Amônia}$$

(17.1)

Essa amônia é usada pelas plantas, que fornecem aminoácidos aos animais. A ferredoxina reduzida (formada nas reações da fase clara da fotossíntese, Seção 15.2B) é a fonte de poder redutor nas plantas e nas bactérias fotossintéticas.

Vejamos a redução enzimática do N_2. A maior parte da fixação de nitrogênio na biosfera é feita pelas bactérias que sintetizam a enzima nitrogenase. Essa proteína de múltiplas subunidades catalisa a conversão de cada molécula de N_2 em duas de NH_3. A nitrogenase está presente em várias espécies de *Rhizobium* e *Bradyrhizobium* que vivem simbioticamente nos nódulos das raízes de várias leguminosas, incluindo soja, ervilhas, alfafa e trevo (Figura 17.2). O N_2 também é fixado por bactérias que vivem livres no solo, como *Agrobacterium*, *Azotobacter*, *Klebsiella* e *Clostridium*, bem como por cianobactérias (principalmente *Trichodesmium* spp.) encontradas no oceano. A maior parte das plantas necessita de um suprimento de nitrogênio fixado oriundo de fontes como tecidos animais e vegetais em decomposição, compostos nitrogenados excretados pelas bactérias e fertilizantes. Os vertebrados obtêm nitrogênio fixado ingerindo matéria vegetal e animal.

A nitrogenase é uma proteína complexa, composta de duas subunidades polipeptídicas diferentes, que formam um dímero de dímeros $\alpha_2\beta_2$ (Figura 17.3). As duas metades do complexo contêm um centro de ferro-enxofre [8 Fe – 7 S], chamado centro-P, localizado próximo à superfície externa da proteína. O centro reativo é um centro complexo de molibdênio, ferro e homocitrato [$MoFe_7S_9$-homocitrato]. Um dímero $\alpha\beta$ simples é chamado proteína ferro-molibdênio (MoFe).

Elétrons são doados ao centro-P por uma proteína móvel de ferro (Fe), contendo um centro [4 Fe – 4 S]. A proteína de Fe, um homodímero, se liga às extremidades da proteína de MoFe, próximo ao centro-P; um elétron é transferido da proteína de Fe para a de MoFe. A redução do ferro na proteína de Fe é acoplada à oxidação da ferredoxina ou da flavodoxina, e cada uma dessas reduções requer a hidrólise de duas moléculas de ATP ligadas. Os elétrons migram da proteína de Fe para o centro-P, e

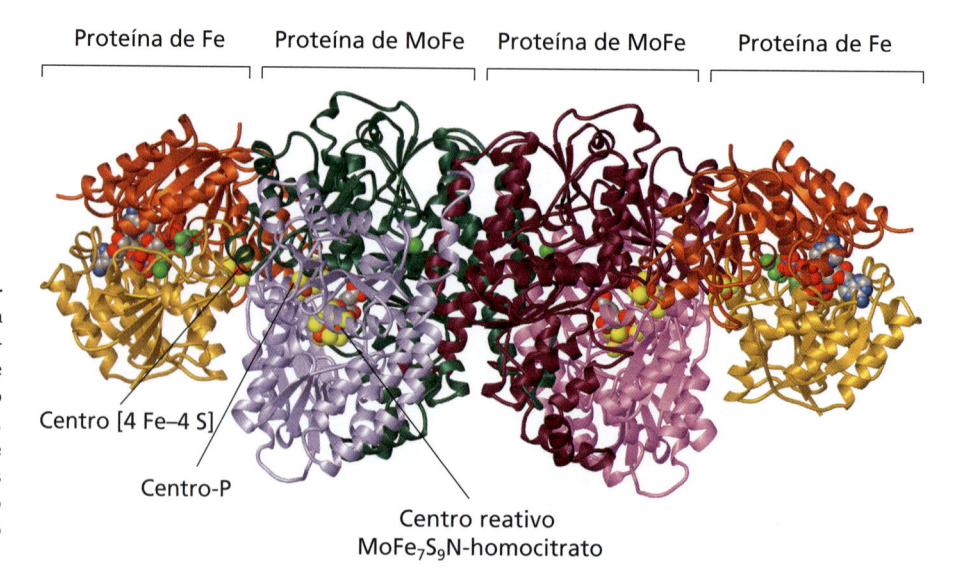

▶ **Figura 17.3**
Estrutura da nitrogenase de *Azotobacter vinelandii*. As subunidades da proteína de Fe estão em cor vermelha e laranja; as subunidades α e β de cada metade da proteína MoFe estão coloridas em azul/verde e roxo/rosa. Essa estrutura com a proteína de Fe ligada é estabilizada pela ligação dos análogos de estado de transição do ATP, ADP-AlF$_4$, nos sítios de ligação do ATP [PDB 1N2C].

Proteína de Fe | Proteína de MoFe | Proteína de MoFe | Proteína de Fe

Centro [4 Fe–4 S]
Centro-P
Centro reativo
MoFe$_7$S$_9$N-homocitrato

deste para o centro de FeMo. São necessários seis elétrons no total para a conversão de N_2 em 2 NH_3, e eles precisam ser passados um de cada vez pela proteína de Fe, à medida que esta se liga e, em seguida, se dissocia da proteína de MoFe. Uma redução obrigatória de 2 $H^\oplus$ para H_2 acompanha a redução do N_2. A estequiometria total da reação é:

$$N_2 + 8\ H^\oplus + 8\ e^\ominus + 16\ ATP \longrightarrow 2\ NH_3 + H_2 + 16\ ADP + 16\ P_i \quad (17.2)$$

Essa é uma reação muito cara em termos de equivalentes de ATP. Ela é também uma reação muito lenta em termos bioquímicos, com um número de renovação de apenas cinco moléculas de amônia sendo produzidas por segundo. A lentidão dessa reação deve-se ao fato de que oito proteínas de Fe reduzidas precisam se ligar e se dissociar da proteína de MoFe durante a conversão de nitrogênio em amônia.

As nitrogenases devem ser protegidas do oxigênio porque seus vários centros de oxidação-redução são altamente suscetíveis à inativação pelo O_2. Organismos estritamente anaeróbios fixam nitrogênio na ausência de O_2. Nos nódulos das raízes das leguminosas, a proteína leghemoglobina (uma homóloga da mioglobina dos vertebrados; Seção 4.12) liga o O_2 e, assim, mantém sua concentração suficientemente baixa no ambiente imediato das enzimas fixadoras de nitrogênio do *Rhizobium*. A fixação de nitrogênio nas cianobactérias é feita em células especializadas (heterocistos), cujas espessas membranas impedem a entrada do O_2 (Figura 10.8). Para obter o poder redutor e o ATP necessários a esse processo, os microrganismos simbióticos fixadores de nitrogênio dependem de nutrientes obtidos da fotossíntese realizada pelas plantas com as quais eles estão associados.

A redução efetiva do nitrogênio ocorre no centro de ferro-molibdênio-homocitrato da proteína de MoFe. Esse centro é notavelmente complexo. Ele consiste em uma espécie de gaiola de Fe e S, que circunda um átomo central de N. Um só átomo de Mo se liga a um dos vértices da "gaiola" de Fe-S. Ele é quelado a uma molécula de homocitrato, formando um centro $MoFe_7S_9N$•homocitrato (Figura 17.4).

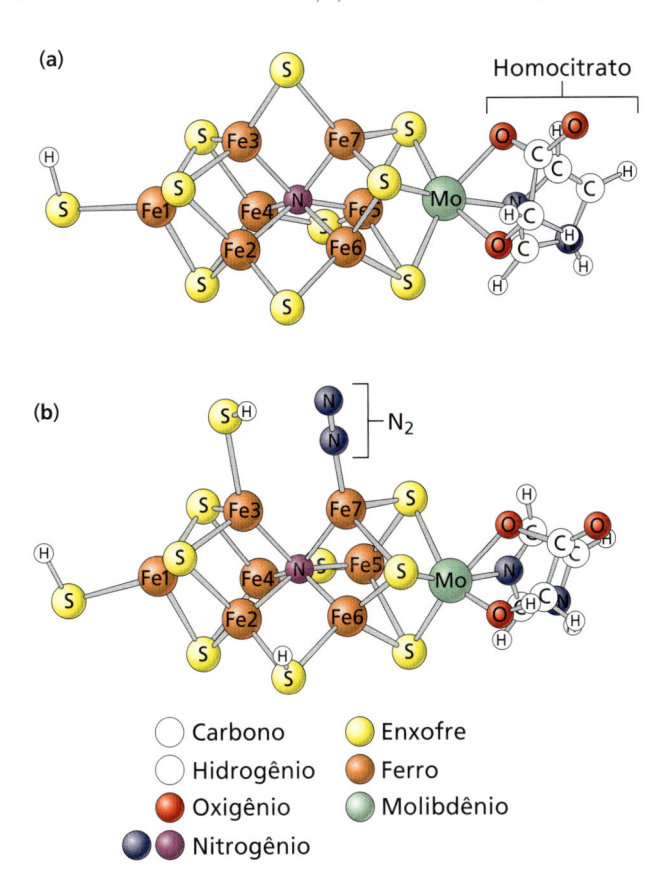

◂ **Figura 17.4**
Estrutura do centro de reação $MoFe_7S_9N$•homocitrato em *Azotobacter vinelandii*. (a) Estado basal. (b) Uma possível estrutura com N_2 ligado [PDB 2MIN].

O mecanismo detalhado da reação da nitrogenase é desconhecido, apesar dos muitos anos de intensa pesquisa sobre ele. É provável que cada uma das três ligações N≡N seja quebrada sequencialmente, formando os intermediários di-imina e hidrazina.

$$N \equiv N \xrightarrow{2e^\ominus, 2H^\oplus} \underset{\text{Di-imina}}{H-N=N-H} \xrightarrow{2e^\ominus, 2H^\oplus} \underset{\text{Hidrazina}}{H_2N-NH_2} \xrightarrow{2e^\ominus, 2H^\oplus} NH_3 + NH_3 \quad (17.3)$$

A redução de 2 $H^\oplus$ a H_2, uma reação acoplada essencial, consome o par de elétrons extras da ferredoxina, como mostrado na Reação 17.2.

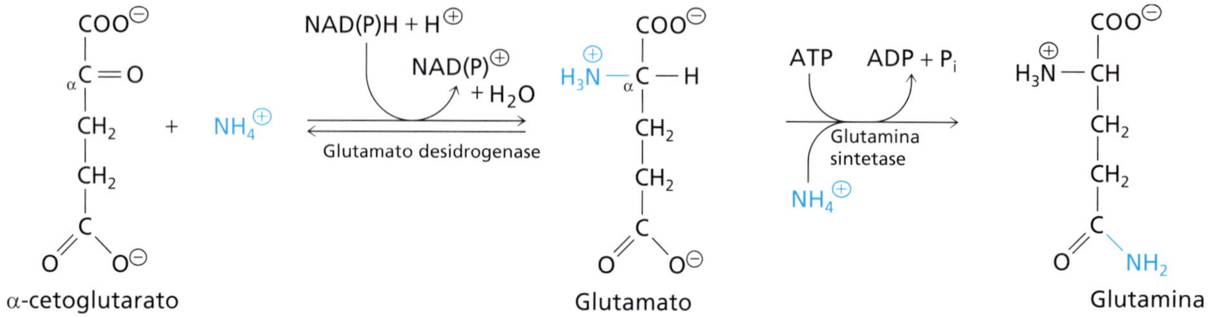

▲ **Figura 17.5**
Incorporação de amônia em glutamato e glutamina.

As sintetases são membros da classe de enzimas das ligases. Elas necessitam de ATP como cossubstratos. As sintases são membros da classe de enzimas das transferases ou liases. Elas não utilizam ATP como cofator (Seção 5.1, Seção 13.3#1).

17.2 Assimilação de amônia

A amônia é incorporada em um grande número de metabólitos de baixo peso molecular, normalmente por meio dos aminoácidos glutamato e glutamina. No pH fisiológico, a principal forma iônica da amônia é o íon amônio, $NH_4^\oplus$ ($pK_a = 9,2$). Contudo, sua forma desprotonada (NH_3) é a espécie reativa nos sítios catalíticos da várias enzimas.

A. A amônia é incorporada ao glutamato e à glutamina

A formação de glutamato por aminação redutiva do α-cetoglutarato, pela ação da glutamato desidrogenase, é uma das rotas altamente eficientes para incorporação de amônia nas vias centrais do metabolismo dos aminoácidos (Figura 17.5). Em algumas espécies ou tecidos, as glutamato desidrogenases são específicas para o NADH, enquanto em outras o são para o NADPH. Em outras, ainda, essas enzimas podem usar qualquer um desses cofatores.

A reação da glutamato desidrogenase pode desempenhar diferentes funções fisiológicas, dependendo da disponibilidade de substrato e coenzima, bem como da especificidade da enzima. Em *Escherichia coli*, por exemplo, a enzima gera glutamato quando $NH_4^\oplus$ está presente em altas concentrações. No bolor *Neurospora crassa*, uma enzima dependente de NADPH é utilizada para a aminação redutiva de α-cetoglutarato em glutamato; a reação inversa é catalisada por uma enzima dependente de $NAD^\oplus$. Nos mamíferos e plantas, a glutamato desidrogenase fica nas mitocôndrias e catalisa uma reação de quase-equilíbrio com fluxo líquido geralmente do glutamato para o α-cetoglutarato. A principal função da glutamato desidrogenase nos mamíferos é a degradação dos aminoácidos e a liberação de $NH_4^\oplus$. Provavelmente, mamíferos assimilam muito pouco nitrogênio sob a forma de amônia livre, pois obtém a maior parte dele dos aminoácidos e dos nucleotídeos presentes na alimentação.

Outra reação crítica para a assimilação de amônia em diversos organismos é a formação de glutamina a partir de glutamato e amônia. Essa reação é catalisada pela glutamina sintetase (Figura 17.5). A glutamina é um doador de nitrogênio em diversas reações biossintéticas. Por exemplo, o nitrogênio amídico da glutamina é o precursor direto de vários átomos de nitrogênio dos sistemas de anéis das purinas e das pirimidinas dos nucleotídeos (Seções 18.1 e 18.3). Nos mamíferos, a glutamina transporta

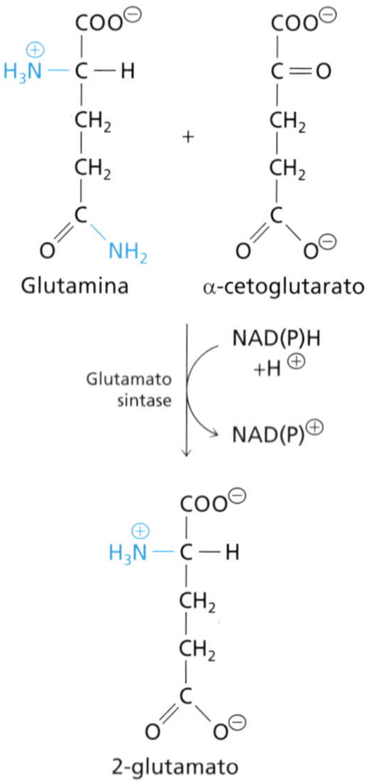

▲ **Figura 17.6**
A glutamato sintase catalisa a aminação redutiva do α-cetoglutarato.

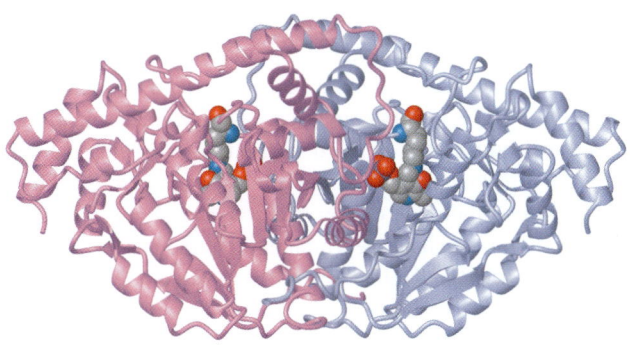

▲ **Aspartato transaminase citossólica de porco (*Sus scrofa*).** Essa enzima é um dímero de subunidades idênticas (monômeros individuais estão em roxo e azul). Uma molécula da coenzima piridoxal fosfato é representada (modelo de espaço preenchido) em cada sítio ativo [PDB 1AJR].

nitrogênio e carbono entre os tecidos, para evitar o acúmulo de níveis altos do tóxico $NH_4^{\oplus}$ na corrente sanguínea.

O nitrogênio amídico da glutamina pode ser transferido ao α-cetoglutarato, para produzir duas moléculas de glutamato em uma reação de aminação redutiva catalisada pela glutamato sintase (Figura 17.6). Como a glutamato desidrogenase, a glutamato sintase necessita de um nucleotídeo piridínico reduzido para aminar redutivamente o α-cetoglutarato. Ao contrário da desidrogenase, a sintase utiliza glutamina como fonte de nitrogênio. Animais não possuem glutamato sintase.

B. Reações de transaminação

O grupo amino do glutamato pode ser transferido para diversos α-cetoácidos em reações catalisadas por enzimas conhecidas como transaminases ou aminotransferases. A reação geral da transaminação é mostrada na Figura 17.7.

O grupo amino do glutamato é transferido a vários α-cetoácidos, gerando os α-aminoácidos correspondentes durante a síntese de aminoácidos. A maioria dos aminoácidos comuns pode ser formada por transaminação. No catabolismo dos aminoácidos, grupos amino são transferidos dos aminoácidos para o α-cetoglutarato ou para o oxaloacetato, gerando glutamato ou aspartato.

Todas as transaminases conhecidas necessitam da coenzima piridoxal fosfato (Seção 7.8). O mecanismo químico da semirreação de transaminação foi apresentado na Figura 7.18. A transaminação completa requer duas semirreações acopladas, com a piridoxamina fosfato (PMP) ligada à enzima transportando, transitoriamente, o grupo amino que está sendo transferido.

As transaminases catalisam reações de quase-equilíbrio. A direção em que as reações ocorrem *in vivo* (fluxo) depende do suprimento de substratos e da remoção dos produtos. Por exemplo, nas células com excesso de grupos α-amino, estes podem ser transferidos, em uma série de reações de transaminação, para o α-cetoglutarato formando glutamato, que pode sofrer desaminação oxidativa catalisada pela glutamato desidrogenase. A transaminação ocorre na direção oposta quando os aminoácidos estão sendo ativamente formados e os grupos amino são doados pelo glutamato.

▲ **Figura 17.7**
Transferência de um grupo amino de um α-aminoácido para um α-cetoácido, catalisado por uma transaminase. Nas reações biossintéticas, o (α-aminoácido)₁ é, em geral, o glutamato, com seu esqueleto carbônico, dando origem ao α-cetoglutarato [= (α-cetoácido)₁]. O (α-cetoácido)₂ representa o precursor de um aminoácido recém-formado, (α-aminoácido)₂.

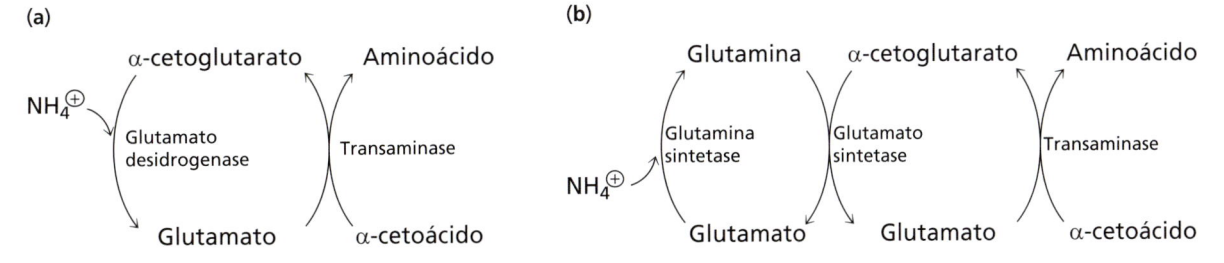

▲ **Figura 17.8**
Incorporação de amônia aos aminoácidos. (a) A via da glutamato desidrogenase. (b) Ação combinada da glutamina sintetase e da glutamato sintase em condições de baixa concentração de $NH_4^{\oplus}$.

Uma alternativa importante para a reação da glutamato desidrogenase em bactérias utiliza reações acopladas, catalisadas pela glutamina sintetase e pela glutamato sintase, para incorporação de amônia ao glutamato, especialmente quando a concentração da amônia é baixa. A Figura 17.8 mostra como as ações combinadas da glutamina sintetase e da glutamato sintase podem levar à incorporação de amônia em diversos aminoácidos. Após estar formado, o glutamato sofre transaminação com α-cetoácidos para formar os aminoácidos correspondentes. A conversão de α-cetoglutarato em glutamato pode ocorrer pela via da glutamina sintetase-glutamato sintase nas baixas concentrações de $NH_4^{\oplus}$ existente na maioria das células bacterianas, porque o K_m da glutamina sintetase para NH_3 é muito mais baixo do que o da glutamato desidrogenase para $NH_4^{\oplus}$.

17.3 Síntese de aminoácidos

Vamos agora voltar nossa atenção para as origens dos esqueletos carbônicos dos aminoácidos. A Figura 17.9 mostra como as vias biossintéticas que levam aos vinte aminoácidos comuns se relacionam com as outras vias metabólicas. Observe que onze dos vinte aminoácidos comuns são sintetizados a partir de intermediários do ciclo do ácido cítrico. Os outros necessitam de precursores simples, que já encontramos nos capítulos anteriores.

A. Aspartato e asparagina

O oxaloacetato é o aceptor de grupo amino em uma reação de transaminação que produz aspartato (Figura 17.10). A enzima que catalisa essa reação é a aspartato transaminase (L-aspartato:2-oxoglutarato aminotransferase). Na maioria das espécies, a asparagina é sintetizada por transferência, dependente de ATP, do nitrogênio amídico da glutamina para o aspartato, em uma reação catalisada pela asparagina sintetase. Em algumas bactérias, a asparagina sintetase catalisa a formação de asparagina a partir de aspartato usando amônia em lugar da glutamina, como fonte de grupo amida. Essa reação é semelhante à catalisada pela glutamina sintetase.

Algumas asparagina sintetases são capazes de utilizar amônia ou glutamina como substrato. Essas enzimas usam $NH_4^{\oplus}$ no sítio principal de reação, mas têm um segundo sítio que catalisa a hidrólise da glutamina, com liberação de $NH_4^{\oplus}$. O intermediário $NH_4^{\oplus}$ se difunde através de um túnel na proteína que liga os dois sítios ativos. Esse exemplo de canalização molecular garante que a hidrólise da glutamina seja firmemente associada à formação de asparagina e evita o acúmulo de $NH_4^{\oplus}$ na célula. Há vários outros exemplos de túneis moleculares que facilitam a canalização de $NH_4^{\oplus}$ (veja o Quadro 18.2).

▼ Figura 17.9
Biossíntese de aminoácidos, mostrando a conexão com a glicólise/gliconeogênese e com o ciclo do ácido cítrico.

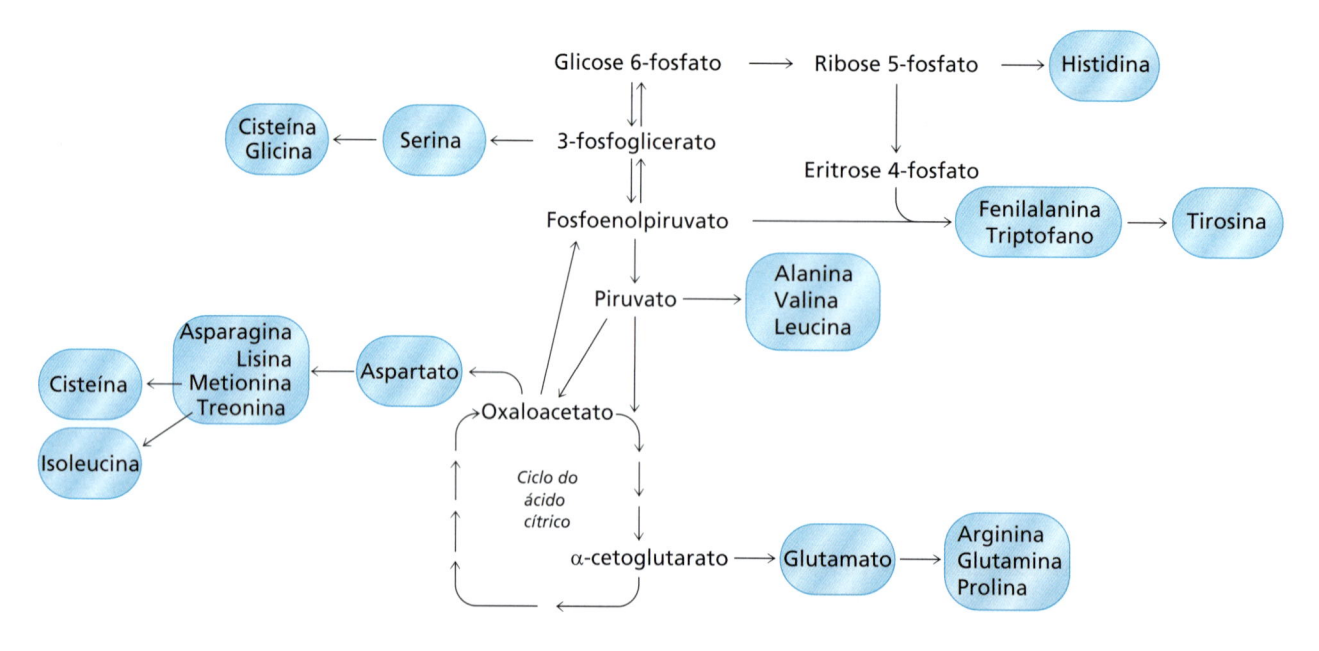

◄ Figura 17.10 Síntese de aspartato e asparagina.

B. Lisina, metionina e treonina

O aspartato é o precursor da síntese de lisina, metionina e treonina (Figura 17.11). A primeira etapa dessa via é a fosforilação do aspartato em uma reação catalisada pela aspartato quinase. Na segunda etapa, aspartilfosfato é convertido em aspartato-β-semialdeído. Essa segunda reação é catalisada pela aspartato semialdeído desidrogenase. Essas duas enzimas estão presentes em bactérias, protistas, fungos e plantas, mas não nos animais. Consequentemente, estes não são capazes de sintetizar lisina, metionina e treonina (veja o Quadro 17.3).

As duas primeiras reações, que levam ao aspartato-β-semialdeído, são comuns à formação dos três aminoácidos. Na derivação que leva à lisina, o piruvato é a fonte de átomos de carbono agregados ao esqueleto do aspartato-β-semialdeído, e o glutamato é a fonte do grupo ε-amino. Nas leveduras e em algumas algas, a lisina é produzida por uma rota inteiramente diferente.

A homosserina é formada a partir do aspartato-β-semialdeído. Este é um ponto de derivação para a formação de treonina e metionina. A treonina deriva da homosserina em duas etapas, uma das quais é dependente de PLP. Na via da metionina, a homosserina é convertida em homocisteína, em três etapas. O átomo de enxofre da homocisteína aceita, em seguida, um grupo metila derivado do 5-metil-tetra-hidrofolato, formando metionina. A enzima que catalisa essa reação é a homocisteína metiltransferase, uma das poucas dependentes de cobalamina (Seção 7.12). Essa enzima é encontrada nos mamíferos, mas sua atividade é pequena e o suprimento de homocisteína é limitado. Assim, a metionina permanece como um aminoácido essencial nos mamíferos por causa, principalmente, da ausência das duas primeiras enzimas dessa via.

C. Alanina, valina, leucina e isoleucina

O piruvato é o aceptor de grupos amino na síntese de alanina por transaminação (Figura 17.12). Ele é também o precursor na síntese dos aminoácidos ramificados valina, leucina e isoleucina. A primeira etapa na via das cadeias ramificadas é a síntese do α-cetobutirato a partir da treonina.

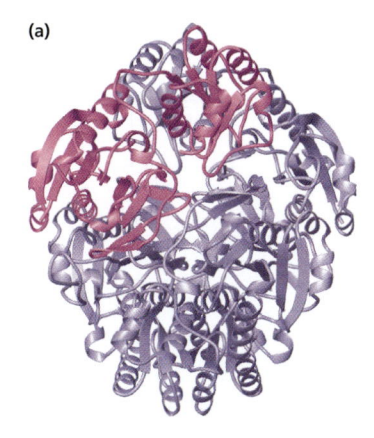

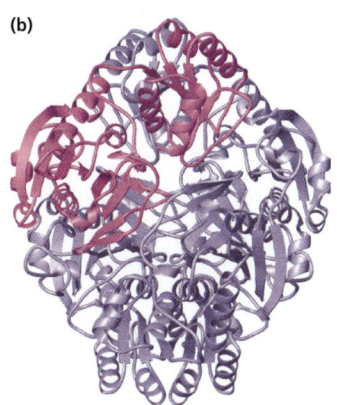

▲ **Asparaginases. (a)** de *Escherichia coli* [PDB 1NNS] e **(b)** de *Erwinia chrysanthemi* [PDB 1O7J].

QUADRO 17.1 A leucemia linfoblástica aguda infantil pode ser tratada com asparaginase

A leucemia linfoblástica aguda (LLA) é causada pela proliferação de linfoblastos de células-T malignos a partir, na maioria dos casos, de uma mutação por erros na recombinação genética durante a ativação dos genes para os receptores das células-T. Linfoblastos malignos têm níveis reduzidos de asparagina sintetase e são incapazes de sintetizar asparagina suficiente para apoiar seu rápido crescimento e proliferação. Diferentemente das células normais, elas têm que obter asparagina do plasma sanguíneo.

Esse câncer pode ser tratado com sucesso com injeções de asparaginase, uma enzima de *E. coli*, que degrada a asparagina no plasma (Seção 17.6A). As células malignas morrem pela falta de disponibilidade de asparagina. O tratamento só com asparaginase leva à remissão em 50% dos casos de leucemia linfoblástica aguda em crianças; a taxa de sucesso é ainda maior quando o tratamento com a enzima é associado a outra quimioterapia. A causa principal de resistência ao tratamento é a expressão aumentada da asparagina sintetase nas células cancerosas.

Com frequência, os pacientes desenvolvem anticorpos à enzima de *E. coli* durante o tratamento. A troca pela enzima homóloga de *Erwinia chrysanthemi* é normalmente eficaz, pois as cadeias laterais dos aminoácidos na superfície das duas proteínas são diferentes. Assim, os anticorpos dirigidos contra uma enzima, em geral, não reconhecem a outra.

▲ Figura 17.11
Biossíntese de lisina, treonina e metionina a partir de aspartato.

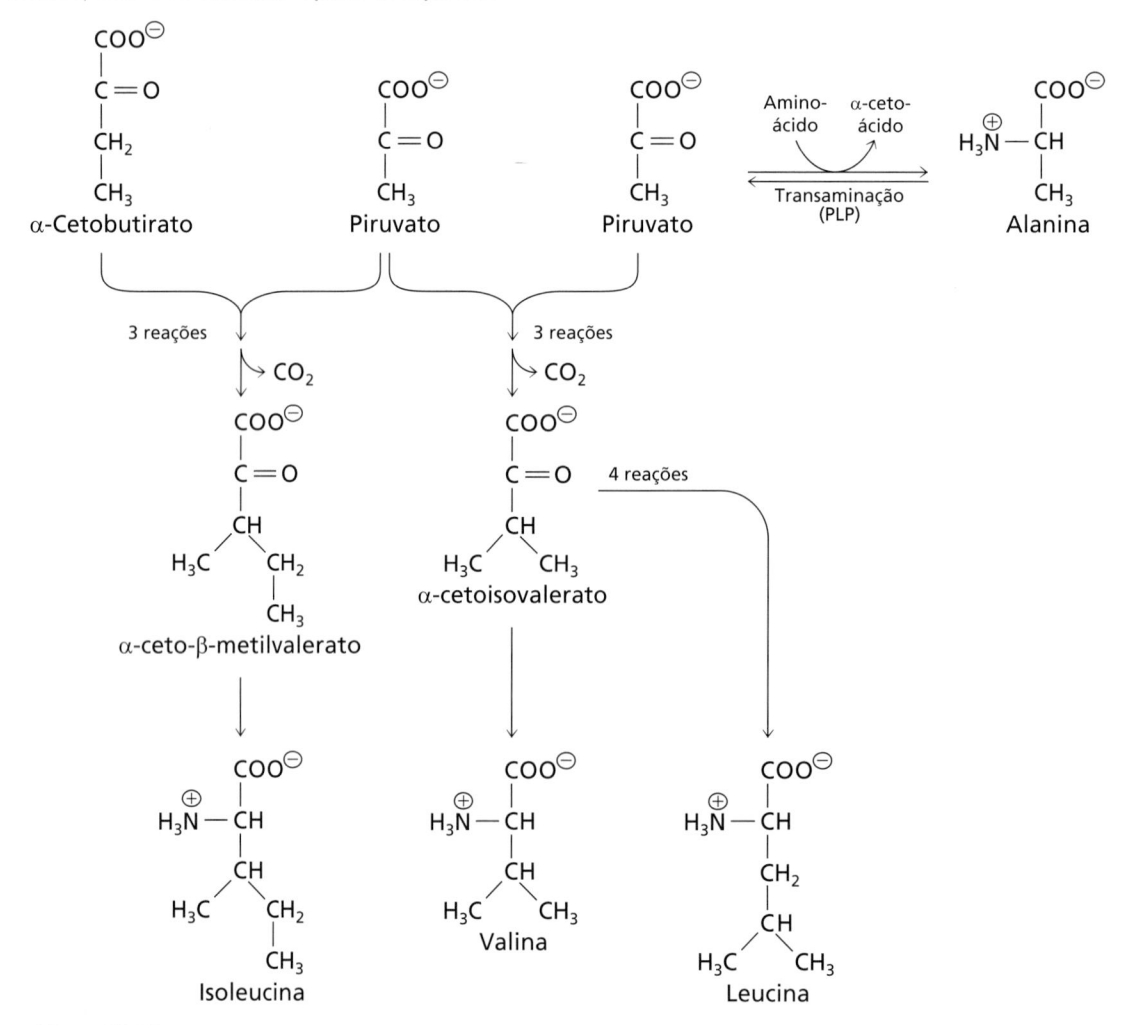

▲ Figura 17.12
Biossíntese de alanina, isoleucina, valina e leucina.

O piruvato se combina com o α-cetobutirato em uma série de três reações que levam ao intermediário com cadeia ramificada α-ceto-β-metilvalerato. Esse intermediário é convertido em isoleucina em uma reação de transaminação. Observe a similaridade entre as estruturas do α-cetobutirato e do piruvato. As mesmas enzimas que catalisam a síntese do α-ceto-β-metilvalerato também catalisam a síntese do α-cetoisovalerato, obtido pela combinação de duas moléculas de piruvato, em vez de uma molécula de piruvato e outra de α-cetobutirato. O α-cetoisovalerato é convertido diretamente em valina pela valina transaminase – a mesma enzima que catalisa a síntese de isoleucina a partir de α-ceto-β-metilvalerato (Figura 17.13). Essas vias ilustram um ponto importante: a saber, o fato de que algumas enzimas reconhecem diversos substratos diferentes, mas semelhantes. Em algum momento no futuro, os genes dos eucariontes que codificam essas enzimas poderiam ser duplicados, e cada uma de suas cópias poderia evoluir de modo a se tornar específica para a via da isoleucina ou da valina. Se isso acontecesse, seria um exemplo de evolução de via pela duplicação e diversificação dos genes (Seção 10.2D). Observamos vários exemplos de evolução de via por duplicação de genes envolvendo enzimas do metabolismo dos aminoácidos (veja abaixo). O requisito básico é que, nos estágios iniciais, a mesma enzima possa catalisar duas reações similares, e isso é o que vimos nas vias de síntese de isoleucina e valina.

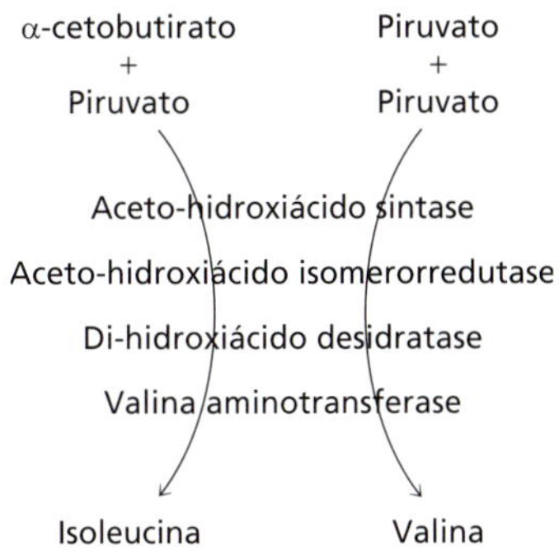

O esqueleto carbônico do α-cetoisovalerato é aumentado em um grupo metileno para formar leucina em uma via que se ramifica a partir da via biossintética da valina. Duas enzimas dessa via são homólogas da aconitase e da isocitrato desidrogenase do ciclo do ácido cítrico, apoiando a ideia de que as enzimas desse ciclo evoluíram a partir de enzimas preexistentes necessárias à biossíntese dos aminoácidos (Seção 13.8).

▲ Figura 17.13
As vias de síntese da isoleucina e da valina compartilham quatro enzimas.

D. Glutamato, glutamina, arginina e prolina

Vimos como o glutamato e a glutamina são formados a partir do α-cetoglutarato, intermediário do ciclo do ácido cítrico (Seção 17.2B). Os átomos de carbono da prolina e da arginina também vêm desse intermediário, através do glutamato. A prolina é sintetizada a partir do glutamato por uma via de quatro etapas, nas quais o grupo

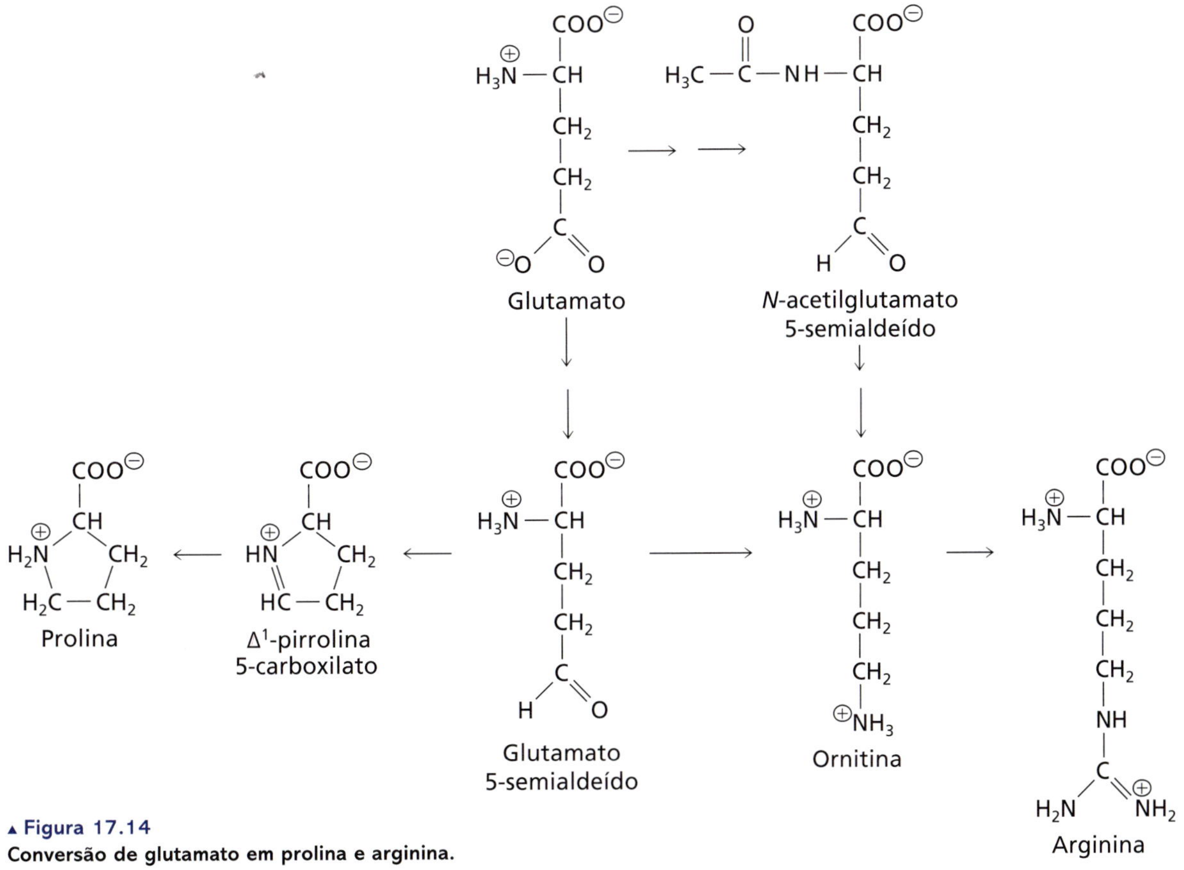

▲ Figura 17.14
Conversão de glutamato em prolina e arginina.

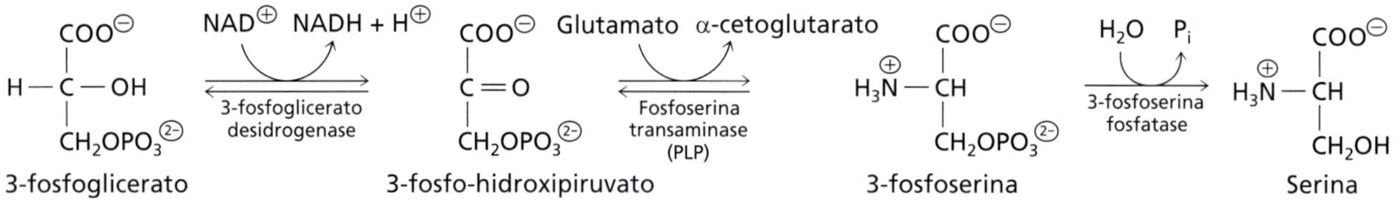

▲ Figura 17.15
Biossíntese de serina.

[Esquema: 3-fosfoglicerato →(3-fosfoglicerato desidrogenase; NAD⁺ → NADH + H⁺) 3-fosfo-hidroxipiruvato →(Fosfoserina transaminase (PLP); Glutamato → α-cetoglutarato) 3-fosfoserina →(3-fosfoserina fosfatase; H₂O → Pᵢ) Serina]

5-carboxilato do glutamato é reduzido a aldeído. O glutamato 5-semialdeído sofre ciclização não enzimática, formando uma base de Schiff, o 5-carboxilato, que é reduzido por uma coenzima piridina-nucleotídeo, produzindo prolina (Figura 17.14).

A rota para a arginina é semelhante na maioria das espécies, exceto pelo fato de que o grupo α-amino do glutamato é acetilado antes de o aldeído ser formado. Essa etapa evita a ciclização que ocorre na síntese da prolina. O intermediário *N*-acetilglutamato-5-semialdeído é, então, convertido em *N*-acetilornitina e ornitina. Nos mamíferos, o glutamato 5-semialdeído é transaminado a ornitina, que é convertida em arginina pelas reações do ciclo da ureia (Seção 17.7).

E. Serina, glicina e cisteína

Três aminoácidos – serina, glicina e cisteína – são derivados do intermediário glicolítico/gliconeogênico 3-fosfoglicerato. A serina é sintetizada a partir desse intermediário, em três etapas (Figura 17.15). Primeiro, a hidroxila secundária do 3-fosfoglicerato é oxidada em um grupo ceto, formando 3-fosfo-di-hidroxipiruvato. Esse composto sofre transaminação com glutamato, formando 3-fosfoserina e α-cetoglutarato. Por fim, a 3-fosfoserina é hidrolisada para fornecer serina e P_i.

A serina é a principal fonte de glicina, por meio de uma reação reversível catalisada pela serina hidroximetiltransferase (Figura 17.16). Nas mitocôndrias dos vegetais e nas bactérias, o fluxo por meio dessa reação segue no sentido da serina, fornecendo uma rota para esse aminoácido diferente daquela apresentada na Figura 17.15. A reação da serina hidroximetiltransferase requer dois cofatores: o grupo prostético PLP e o cossubstrato tetra-hidrofolato.

A biossíntese de cisteína a partir de serina ocorre em duas etapas (Figura 17.17). Primeiro, um grupo acetila do acetil-CoA é transferido à β-hidroxila da serina, formando *O*-acetilserina. Em seguida, um sulfeto (S^{2-}) desloca o acetato, formando a cisteína.

Os animais não têm a via normal de biossíntese da cisteína apresentada na Figura 17.17. Contudo, esse aminoácido ainda pode ser sintetizado nos animais, como subproduto da degradação de metionina (Seção 17.6F). A serina condensa com homocisteína, um intermediário na degradação da metionina. O produto dessa condensação, a cristationina, é quebrado em α-cetobutirato e cisteína (Figura 17.18).

F. Fenilalanina, tirosina e triptofano

A chave para a elucidação da rota sintética dos aminoácidos aromáticos foi a observação de que algumas bactérias com mutações em um único gene precisavam de pelo menos cinco compostos para crescer: fenilalanina, tirosina, triptofano, *p*-hidroxibenzoato e *p*-aminobenzoato. Todos esses compostos têm um anel aromático. A incapacidade dos mutantes para crescer sem eles é revertida quando shiquimato é fornecido às bactérias, indicando que esse composto é um intermediário na biossíntese de todos os compostos aromáticos.

Corismato, um derivado do shiquimato, é um intermediário-chave no ponto de ramificação da síntese dos aminoácidos aromáticos. A via do shiquimato e do corismato

▼ Figura 17.16
Biossíntese de glicina.

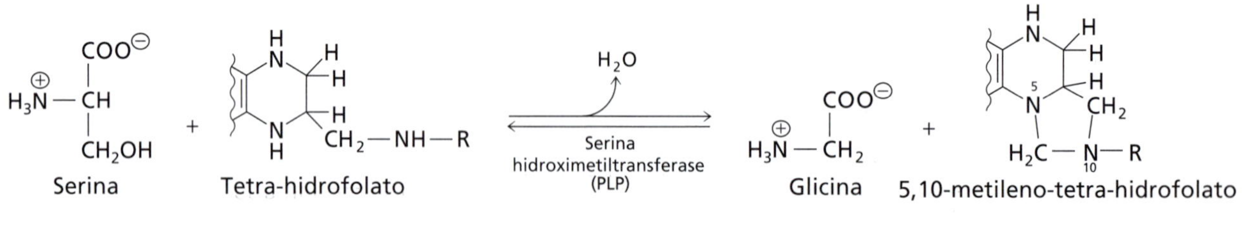

[Esquema: Serina + Tetra-hidrofolato →(Serina hidroximetiltransferase (PLP); H₂O) Glicina + 5,10-metileno-tetra-hidrofolato]

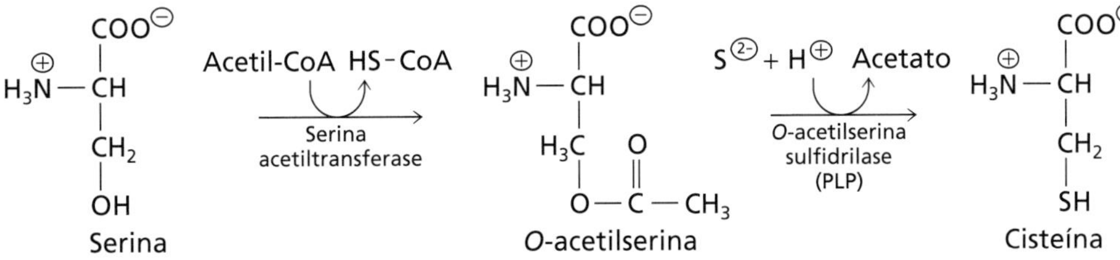

Figura 17.17
Biossíntese da cisteína a partir da serina em várias bactérias e plantas.

(Figura 17.19) começa com a condensação de fosfoenolpiruvato e de eritrose 4-fosfato para formar um açúcar de sete carbonos e P_i. São necessárias mais três etapas, incluindo ciclização, para produzir shiquimato. A via do shiquimato ao corismato envolve a fosforilação do shiquimato, a adição de um grupo de três carbonos do fosfoenolpiruvato e desfosforilação. Vias do corismato levam à fenilalanina, tirosina e triptofano. Os animais não têm as enzimas dessa via. Eles não conseguem sintetizar corismato e, em consequência, não são capazes de produzir nenhum dos aminoácidos aromáticos.

Uma derivação da via leva do corismato à fenilalanina ou à tirosina (Figura 17.20). Na síntese da fenilalanina em *E. coli*, uma corismato mutase-prefenato desidratase bifuncional catalisa o rearranjo do corismato e produz prefenato, um composto altamente reativo. Em seguida, a enzima catalisa a eliminação de um íon hidróxido e CO_2 a partir do prefenato, formando o produto aromático fenilpiruvato, que é transaminado em fenilalanina.

Uma corismato mutase-prefenato desidrogenase bifuncional similar catalisa a formação de prefenato e, em seguida, de 4-hidroxifenilpiruvato na derivação da via que forma tirosina. O intermediário sofre transaminação para formar tirosina. Várias bactérias e algumas plantas seguem as mesmas vias que a *E. coli*, a partir do corismato, para obtenção de fenilalanina e tirosina, embora suas atividades de corismato mutases e prefenato desidratases ou prefenato desidrogenases estejam em cadeias polipeptídicas separadas. Algumas outras bactérias usam vias alternativas, nas quais o prefenato é primeiro transaminado e, em seguida, descarboxilado.

A biossíntese de triptofano a partir de corismato requer cinco enzimas. Na primeira etapa, o nitrogênio amídico da glutamina é transferido ao corismato. A subsequente eliminação do grupo hidroxila e da porção piruvato adjacente do corismato produz o composto aromático antranilato (Figura 17.21), que aceita um grupo fosforribosila do PRPP. O rearranjo da ribose, descarboxilação e fechamento de anel geram indol-glicerolfosfato.

As duas reações finais da biossíntese do triptofano são catalisadas pela triptofano sintase (Figura 17.22). Em alguns organismos, os dois domínios catalíticos independentes da triptofano sintase estão contidos em uma só cadeia polipeptídica, mas, em algumas espécies, a enzima tem dois tipos de subunidades em um tetrâmero $\alpha_2\beta_2$. A subunidade, ou domínio, α catalisa a quebra do indol-glicerolfosfato a gliceraldeído

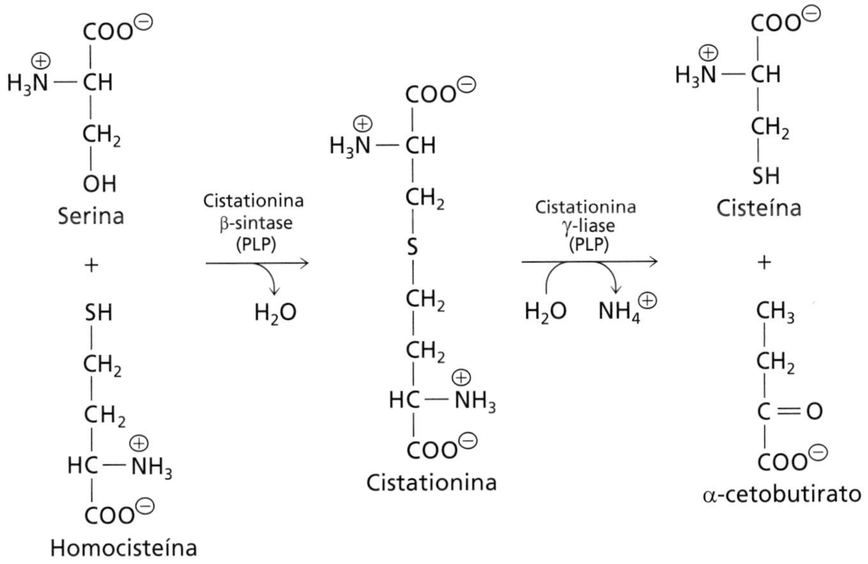

Figura 17.18
Biossíntese de cisteína nos mamíferos.

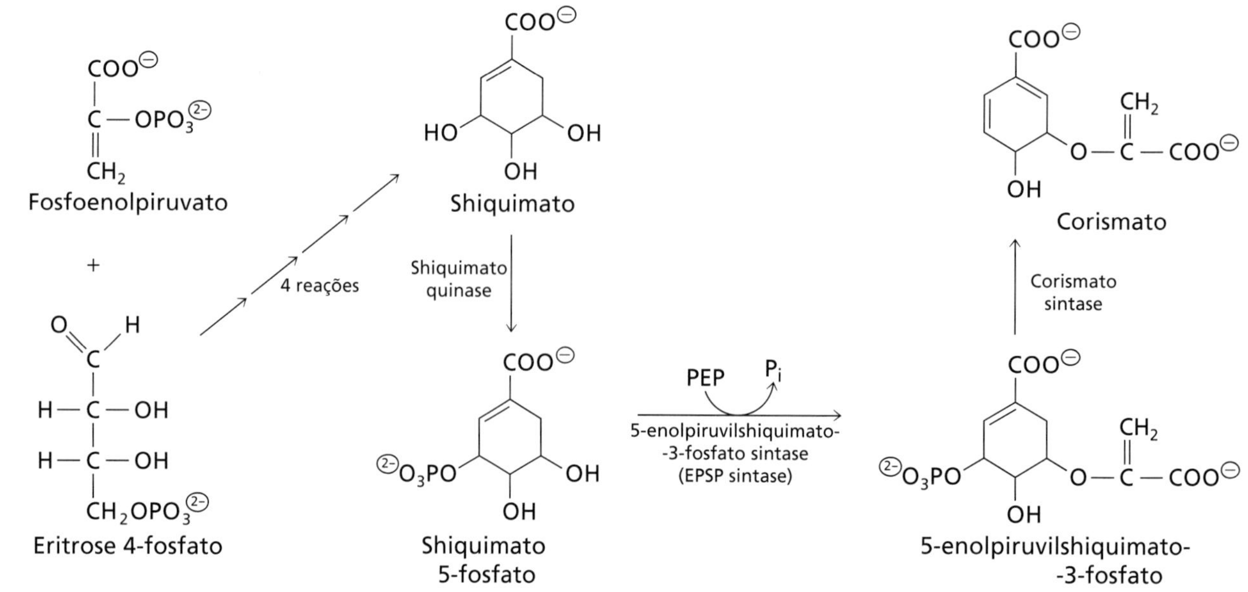

▲ Figura 17.19
Síntese de shiquimato e corismato.

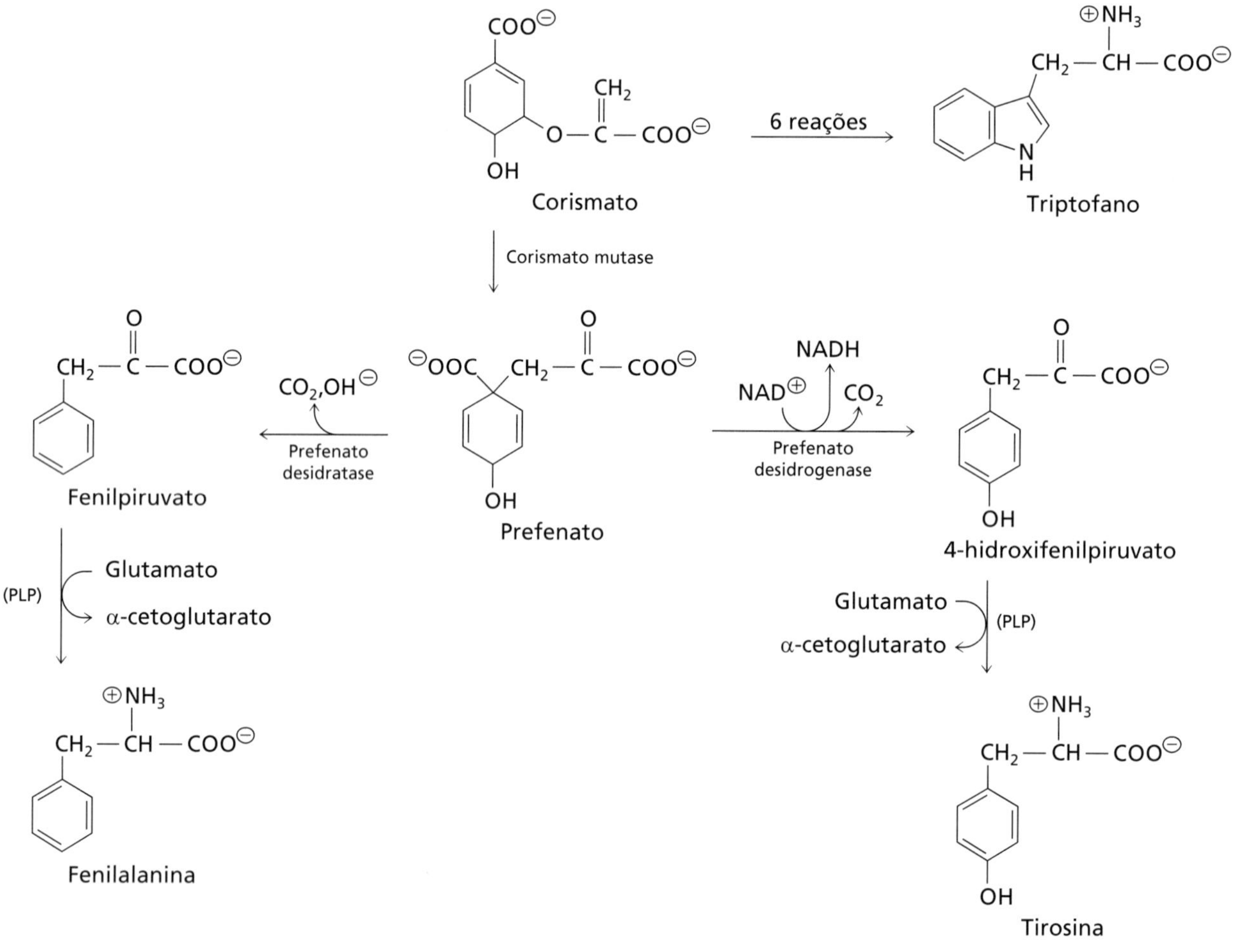

▲ Figura 17.20
Biossíntese de triptofano, fenilalanina e tirosina a partir de corismato em E. coli.

3-fosfato e indol. A subunidade, ou domínio, β catalisa a condensação do indol e da serina em uma reação que requer PLP como cofator. O indol produzido na reação catalisada pela subunidade α dos tetrâmeros $\alpha_2\beta_2$ é canalizado (isto é, transferido diretamente) para o sítio ativo da subunidade β. Quando a estrutura tridimensional da triptofano sintase de *Salmonella typhimurium* (um organismo cuja triptofano sintase tem a estrutura oligomérica $\alpha_2\beta_2$) foi determinada por cristalograifa de raios X, descobriu-se um túnel ligando os sítios ativos α e β. O diâmetro desse túnel é adequado às dimensões moleculares do indol, de modo que a passagem dessa molécula pelo túnel poderia explicar por que indol não se perde por difusão. Esse foi um dos primeiros exemplos de canalização metabólica (Seção 5.10). Até recentemente, havia apenas uns poucos exemplos e acreditava-se que o fenômeno fosse raro. O enorme crescimento dos estudos estruturais e genômicos revelou muitos exemplos mais, incluindo meia dúzia só neste capítulo.

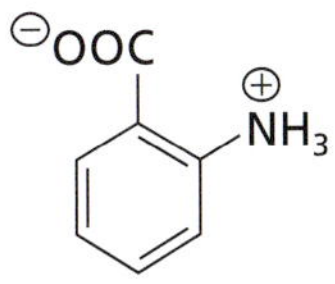

▲ Figura 17.21
Antranilato.

G. Histidina

A via em dez etapas utilizada para a biossíntese de histidina nas bactérias se inicia com a condensação entre o anel de seis membros do ATP e um derivado da ribose, o fosforribosil pirofosfato (PRPP) (Figura 17.23). O anel de seis membros da porção adenina é, então, clivado, e a glutamina doa um átomo de nitrogênio, que é incorporado

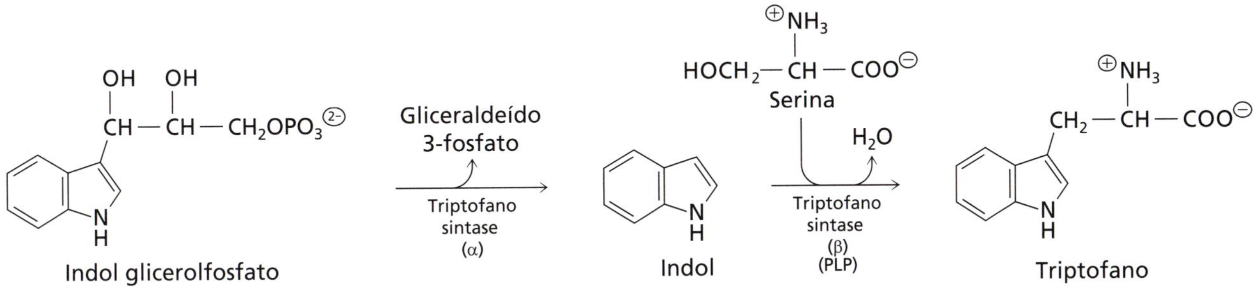

▲ Figura 17.22
Reações catalisadas pela triptofano sintase.

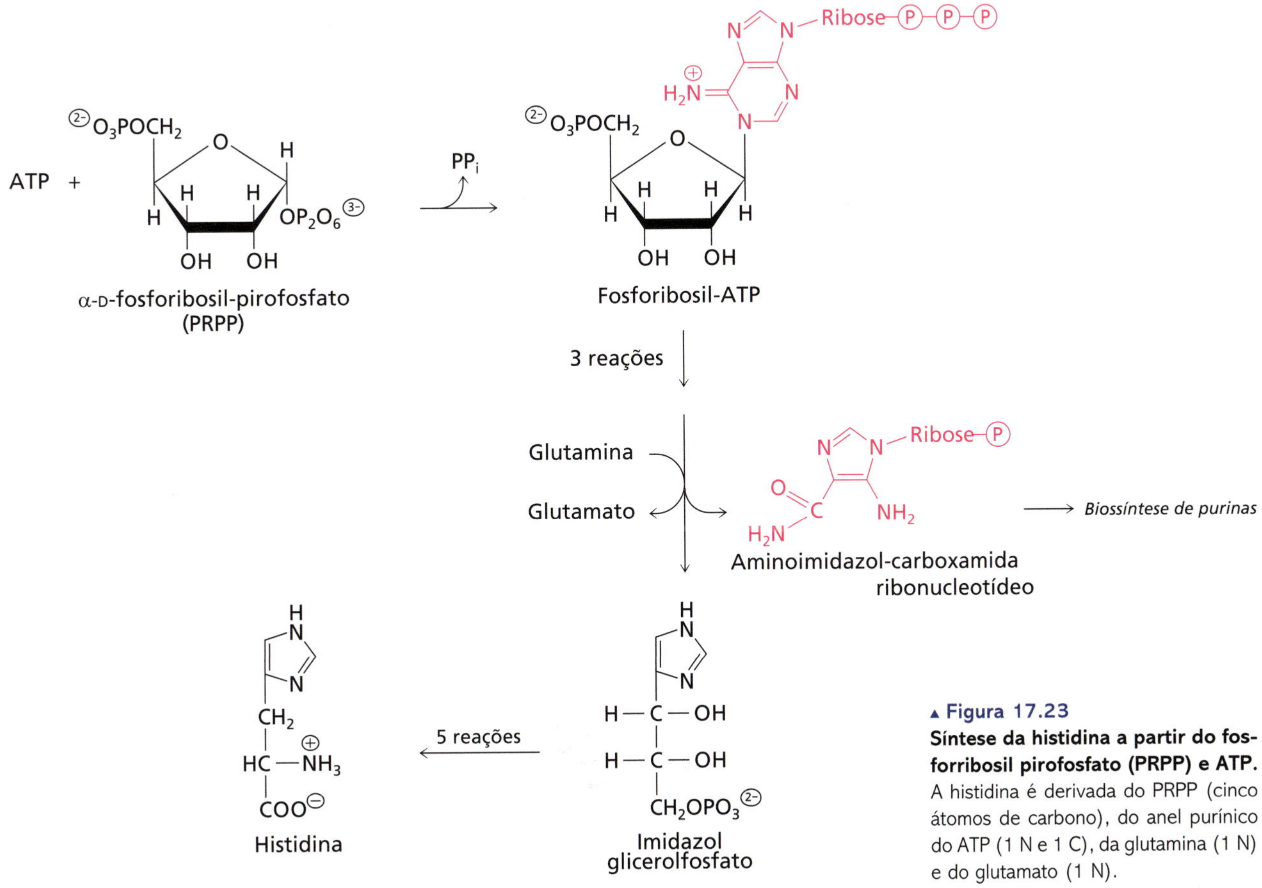

▲ Figura 17.23
Síntese da histidina a partir do fosforribosil pirofosfato (PRPP) e ATP. A histidina é derivada do PRPP (cinco átomos de carbono), do anel purínico do ATP (1 N e 1 C), da glutamina (1 N) e do glutamato (1 N).

QUADRO 17.2 Alimentos geneticamente modificados

A via do corismato é um alvo eficiente para herbicidas, pois substâncias que bloqueiem especificamente essa via das plantas não terão efeitos sobre animais. Um dos herbicidas mais eficazes de uso geral é o glifosato. Ele inibe a enzima 5-enolpiruvilshiquimato-3-fosfato sintase (EPSP sintase), atuando como inibidor competitivo da ligação do PEP (Seção 5.7A).

Glifosato é o ingrediente ativo do Roundup®, um herbicida que mata todas as plantas. Ele é usado para remover ervas daninhas de estradas e caminhos de pedras. Embora barato e eficiente como exterminador de ervas daninhas, o glifosato não pode ser pulverizado em plantações de alimentos, pois mata as plantas indiscriminadamente e destruiria, inclusive, a plantação.

$$^{2\ominus}O_3P-CH_2-NH-CH_2-COO^\ominus$$

Glifosato
(*N*-(fosfonometil)-glicina)

Versões resistentes da EPSP sintase foram identificadas em várias espécies de bactérias. A enzima da cepa CP4 de *Agrobacterium* sp. foi modificada geneticamente para permanecer ativa em sua totalidade em presença de altas concentrações de glifosato. O gene para essa CP4-EPSP sintase bacteriana foi patenteado e, em seguida, introduzido na soja, criando uma planta geneticamente modificada,

resistente ao glifosato. A nova variedade de soja é comercializada pela Monsanto como soja Roundup Ready® (ou seja, "pronta" para o Roundup®). Produtores que cultivam essa soja podem pulverizar a plantação com Roundup® (também vendido pela Monsanto) para matar as ervas daninhas. A vantagem econômica para os produtores é significativa, e a maior parte da soja cultivada nos dias de hoje na América do Norte é geneticamente modificada.

Existem atualmente outras plantas Roundup Ready®. Versões de milho, algodão e canola são bastante utilizadas.

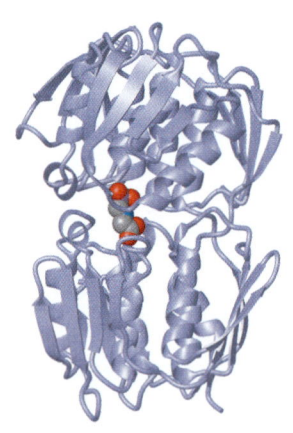

▲ 5-enolpiruvilshiquimato-3-fosfato sintase de *E. coli* com uma molécula de glifosato ligada ao sítio ativo [PDB 2AAY].

---

por ciclização no anel imidazólico do produto, imidazol-glicerolfosfato. A maioria dos átomos de carbono e nitrogênio do ATP é liberada como aminoimidazol carboxamida ribonucleotídeo, um intermediário na biossíntese de purinas (Seção 18.1). Esse metabólito pode então ser reciclado novamente em ATP. O imidazol-glicerolfosfato sofre desidratação, transaminação pelo glutamato, remoção hidrolítica de seu fosfato e oxidação – desde o nível de álcool primário até o de ácido carboxílico – em duas etapas em sequência dependentes de $NAD^\oplus$, formando histidina.

> **CONCEITO-CHAVE**
> A canalização metabólica surgiu para melhorar a eficiência cinética.

17.4 Aminoácidos como precursores metabólicos

A função principal dos aminoácidos é servir como substrato para a síntese de proteínas. Nessa função, aminoácidos recém-sintetizados são ativados por ligação covalente ao tRNA, e o conjunto aminoacil-tRNA é usado pelo maquinário da síntese proteica como

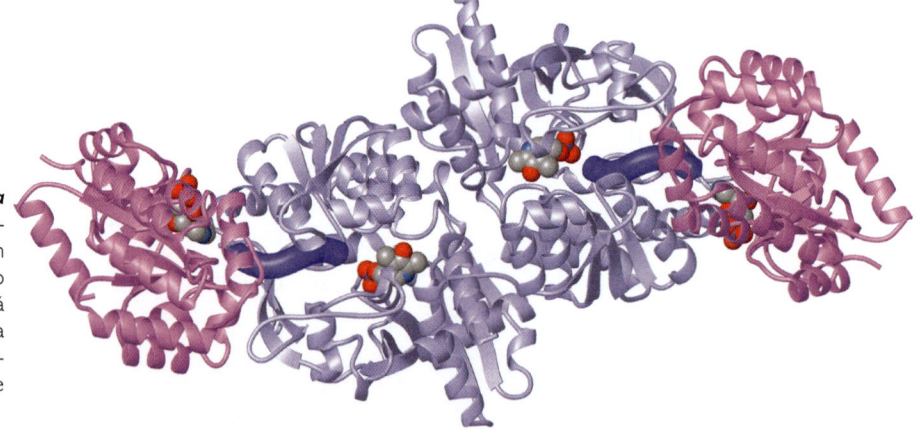

▶ **Triptofano sintase de *Salmonella typhimurium*.** O substrato indolglicerol fosfato é apresentado como um modelo de espaço preenchido, ligado às subunidades α. O cofator PLP está ligado às subunidades β. A enzima tem um canal que leva do sítio de ligação do indol-glicerolfosfato ao sítio de reação do PLP [PDB 1QOQ].

QUADRO 17.3 Aminoácidos essenciais e não essenciais nos animais

Os homens e outros animais não possuem as enzimas necessárias para a síntese de todos os aminoácidos. Aqueles que não podem ser sintetizados são, assim, componentes essenciais da dieta humana. Como regra geral, as vias que foram perdidas são aquelas com maior número de etapas. Uma medida aproximada da complexidade da via é o número de moles de ATP (ou de seus equivalentes) necessários a ela.

A tabela a seguir mostra a correlação entre o custo de uma dada via e o caráter essencial, ou não, dos aminoácidos. Estes estão agrupados de acordo com seus precursores comuns, como foi descrito nas seções anteriores. Observe que lisina, metionina e treonina são derivadas de um mesmo precursor (Seção 17.3B). Esses três aminoácidos são essenciais, pois os animais não são capazes de sintetizar seu precursor. Valina, leucina e isoleucina são essenciais porque os animais não têm as enzimas compartilhadas pelas vias biossintéticas dos três (Seção 17.3C).

Energia necessária para a biossíntese de aminoácidos

Aminoácidos	Moles de ATP necessários por mol de aminoácido produzido[a]	
	Não essencial	Essencial
Aspartato	21	
Asparagina	22–24	
Lisina		50 ou 51
Metionina		44
Treonina		31
Alanina	20	
Valina		39
Leucina		47
Isoleucina		55
Glutamato	30	
Glutamina	31	
Arginina	44[b]	
Prolina	39	
Serina	18	
Glicina	12	
Cisteína	19[c]	
Fenilalanina		65
Tirosina	62[d]	
Triptofano		78
Histidina		42

[a] Os moles de ATP necessários incluem o ATP usado na síntese dos precursores e na conversão destes em produtos.
[b] Essencial em alguns mamíferos.
[c] A cisteína pode ser sintetizada a partir da homocisteína, que é um produto de degradação da metionina. A biossíntese de cisteína depende de um suprimento adequado de metionina na alimentação.
[d] Tirosina pode ser sintetizada a partir do aminoácido essencial fenilalanina.

substrato para a síntese dos polipeptídeos. Dedicamos um capítulo inteiro a essa via biossintética de importância fundamental (Capítulo 22).

Alguns aminoácidos são precursores essenciais de outras vias biossintéticas. A lista é longa e seria impossível mencionar cada uma delas. Algumas importantes aminas reguladoras foram descritas na Seção 3.3 (histamina, GABA, epinefrina, tiroxina). O papel importante da metionina na síntese de S-adenosilmetionina será descrito na Seção 17.6F.

A. Produtos derivados do glutamato, da glutamina e do aspartato

Já vimos que glutamato e glutamina são componentes importantes na assimilação do nitrogênio. Além disso, glutamato e aspartato são doadores de grupos amino em várias reações de transaminação. Veremos ainda que glutamato e aspartato são necessários para o ciclo da ureia. Glutamina e aspartato também são fundamentais como precursores das biossínteses de purinas (Seção 18.1) e de pirimidinas (Seção 18.3). Lembre-se: a síntese de tetra-hidrofolato biologicamente ativo envolve a adição de até seis resíduos de glutamato (Seção 7.10).

B. Produtos derivados da serina e da glicina

Serina e glicina são precursores metabólicos de vários outros compostos (Figura 17.24). A função da serina na biossíntese dos lipídeos foi descrita no capítulo anterior.

Glicina e succinil-CoA são os principais precursores da via das porfirinas, levando ao heme e às clorofilas. A glicina também é necessária na biossíntese das purinas (Seção 18.1).

A conversão de serina em glicina é acoplada à síntese de metileno-tetra-hidrofolato. Os derivados do tetra-hidrofolato são importantes em diversas reações em que há catálise da transferência de unidades de um carbono (Seção 17.10). Uma das principais reações desse tipo é a síntese de desoxitimidilato (Figura 18.15).

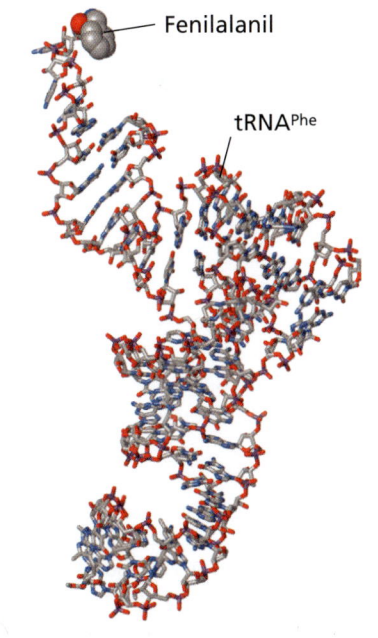

▲ **Fenilalanil-tRNA[Phe]**. A maior parte dos aminoácidos recém-sintetizados é rapidamente ligada a seus tRNAs correspondentes e usada na síntese de proteínas [PDB 1TTT].

▶ **Figura 17.24**
Derivados da serina e da glicina.

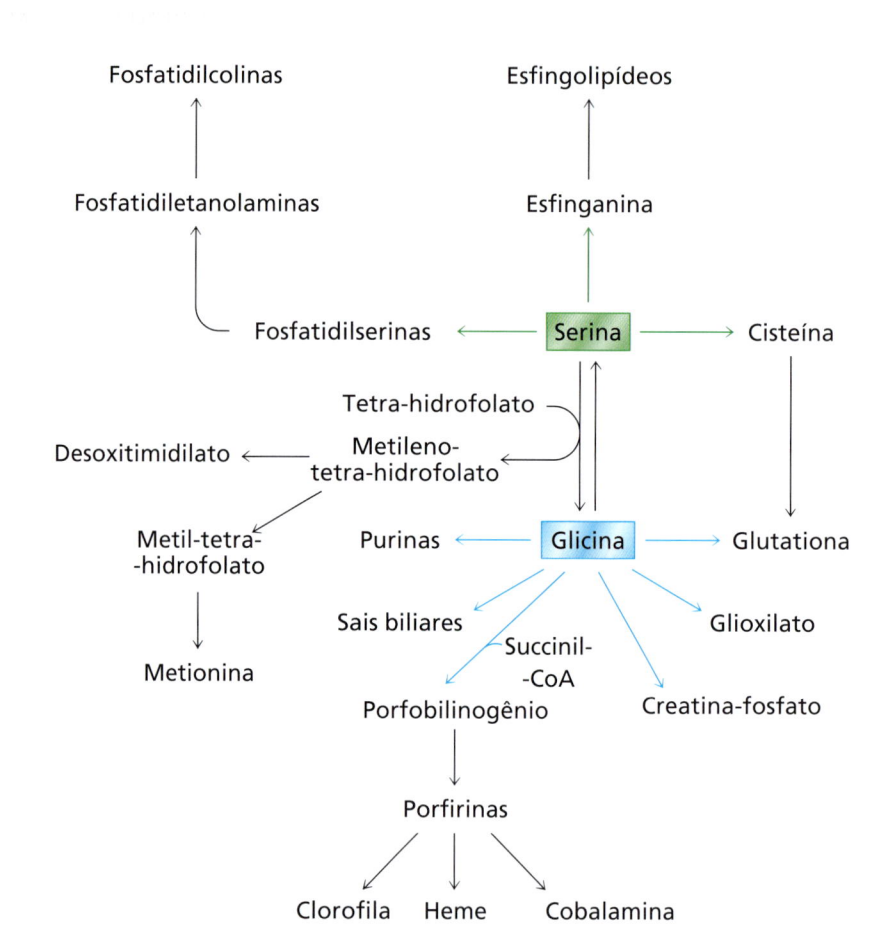

```
Fosfatidilcolinas                    Esfingolipídeos
      ↑                                    ↑
Fosfatidiletanolaminas              Esfinganina
      ↑                                    ↑
      └── Fosfatidilserinas ← [Serina] → Cisteína
                            Tetra-hidrofolato ┐
Desoxitimidilato ← Metileno-             │
                   tetra-hidrofolato ←───┘
         ↑
   Metil-tetra-     Purinas ← [Glicina] → Glutationa
   -hidrofolato         ↙    ↓ ↓ ↓  ↘
         ↓         Sais biliares      Glioxilato
   Metionina         Succinil-
                      -CoA
              Porfobilinogênio    Creatina-fosfato
                    ↓
                Porfirinas
              ↙    ↓    ↘
         Clorofila  Heme  Cobalamina
```

C. Síntese de óxido nítrico a partir da arginina

Um dos exemplos mais interessantes de aminoácidos como precursores metabólicos é a função da arginina como substrato para a síntese de óxido nítrico, um derivado gasoso instável do nitrogênio, com um número ímpar de elétrons (•N=O). Embora seja um radical livre reativo e potencialmente tóxico, o óxido nítrico é importante do ponto de vista fisiológico; tão importante, na verdade, que foi chamado de "Molécula do Ano" pela revista *Science*, em 1992. Como um gás, o NO pode se difundir rapidamente nas células. Ele existe *in vivo* por apenas poucos segundos, pois em solução aquosa o óxido nítrico reage rapidamente com o oxigênio e com a água, formando nitratos e nitritos.

Uma enzima encontrada em mamíferos, a óxido nítrico sintase, catalisa a formação de óxido nítrico e citrulina a partir da arginina (Figura 17.25). A reação requer os cofatores NADPH, FMN, FAD, um citocromo P450 e tetra-hidrobiopterina (Seção 7.10). O mecanismo de ação da tetra-hidrobiopterina na reação ainda não foi elucidado, mas parece que atua como agente redutor, necessário à hidroxilação da arginina. A óxido nítrico sintase ocorre em duas formas: uma constitutiva (ou seja, sintetizada de maneira constante), dependente de cálcio, existente no cérebro e nas células endoteliais; e uma induzível (ou seja, sua síntese é variável), independente de cálcio, que ocorre nos macrófagos (um tipo de glóbulo branco).

O óxido nítrico é uma molécula mensageira que se liga a uma guanililciclase solúvel e estimula a formação de GMP cíclico (Seção 9.12B). Ele tem diversas funções. Por exemplo, quando os macrófagos são estimulados, eles sintetizam óxido nítrico. Esse radical livre de vida curta é uma das armas usadas pelos macrófagos para matar bactérias e células tumorais. O óxido nítrico pode interagir com os ânions superóxido (•$O_2^{\ominus}$) para formar reagentes mais tóxicos, capazes de matar as células.

A óxido nítrico sintase também está presente nas células que recobrem os vasos sanguíneos. Sob certas condições, o óxido nítrico é produzido e se difunde até as células musculares lisas dos vasos, fazendo com que estes relaxem e reduzam a pressão

▲ **Óxido nítrico.**

Em 1998, Robert F. Furchgott, Louis J. Ignarro e Ferid Murad receberam o Prêmio Nobel de Fisiologia ou Medicina "por suas descobertas quanto ao papel do óxido nítrico como molécula sinalizadora no sistema cardiovascular".

◀ Figura 17.25
Conversão de arginina em óxido nítrico e citrulina. O NADPH é a fonte de três elétrons.

$$\text{Arginina} \xrightarrow[\text{Óxido nítrico sintase}]{2O_2,\ 3e^-\quad 2OH^-} \text{Citrulina} + \cdot N=O$$

sanguínea. A hipertensão e a falência cardíaca envolvem relaxamento inadequado dos vasos sanguíneos. A nitroglicerina, usada para dilatar as artérias coronárias no tratamento da *angina pectoris*, age em virtude de sua conversão metabólica em óxido nítrico.

O óxido nítrico também funciona como neurotransmissor no tecido cerebral. Parece que as quantidades anormalmente altas de óxido nítrico formadas durante um AVC matam alguns neurônios, da mesma forma que os macrófagos matam as bactérias. Administrar um inibidor da óxido nítrico sintase a um animal oferece alguma proteção contra os danos do AVC. Uma das funções do óxido nítrico como neurotransmissor é estimular a ereção peniana. Sildenafil, o princípio ativo do Viagra, é uma droga utilizada para amenizar a disfunção erétil. Ele é um inibidor da fosfodiesterase que bloqueia a hidrólise do GMP cíclico e, assim, prolonga o efeito estimulante do óxido nítrico. Tadalafil (Cialis) e vardenafil (Levitra) inibem a mesma enzima.

D. Síntese de lignina a partir da fenilalanina

A lignina (Figura 17.26) é uma série de polímeros complexos sintetizados a partir da fenilalanina. Ela é o principal componente da madeira nas plantas floríferas, e talvez seja o segundo biopolímero mais abundante no planeta (depois da celulose). A lignina não pode ser quebrada durante a digestão, de modo que, embora os animais ingiram quantidades enormes desse polímero, ele é metabolicamente inerte. As únicas espécies capazes de quebrar a lignina são os fungos que degradam árvores caídas nas florestas.

▲ **Sildenafil.** Sildenafil é o princípio ativo do Viagra®

E. A melanina é derivada da tirosina

A melanina é um pigmento escuro encontrado em bactérias, fungos e animais. Nos seres humanos, ele é responsável pela cor da pele e dos cabelos. A melanina é também o principal componente da tinta liberada pelo polvo quando ele se sente ameaçado.

A estrutura da melanina (eumelanina) é complexa, mas seus precursores são bem conhecidos e as enzimas necessárias na sua via biossintética foram identificadas em diversas espécies. As primeiras etapas envolvem a conversão de L-tirosina em L-DOPA e L-dopaquinona (Figura 17.27).

17.5 Renovação de proteínas

É possível pensar que somente células em crescimento ou em fase de reprodução precisariam de novas moléculas de proteínas (e, portanto, de um suprimento de aminoácidos), mas isso não é verdade. As proteínas são continuamente sintetizadas e degradadas nas células, num processo chamado de *renovação (turnover)*. Cada proteína se renova em uma velocidade diferente. Suas meias-vidas podem variar de poucos minutos a várias semanas, mas a meia-vida de uma dada proteína em órgãos e espécies diferentes é, normalmente, semelhante. A renovação rápida garante que algumas proteínas reguladoras sejam degradadas, de modo que a célula possa responder a condições que mudam constantemente. Essas proteínas evoluíram para se tornar relativamente instáveis.

▲ A tinta do polvo é, principalmente, melanina.

▶ **Figura 17.26**
Lignina. Esta é uma das várias possíveis estruturas da lignina vegetal.

▲ **Madeira em decomposição.** Este cogumelo está crescendo sobre madeira em decomposição em uma floresta decídua. Os fungos são os únicos organismos que produzem enzimas para quebrar a lignina.

A velocidade de hidrólise de uma proteína pode ser inversamente relacionada com a estabilidade de sua estrutura terciária. Proteínas mal-enoveladas ou não enoveladas são rapidamente degradadas (Seção 4.10).

Algumas proteínas são degradadas em seus aminoácidos por meio de hidrólise lisossômica (nas células eucariontes). Vesículas contendo o material a ser destruído fundem-se com os lisossomos, e diversas proteases lisossômicas hidrolisam as proteínas engolfadas. As enzimas lisossômicas têm pouca especificidade quanto ao substrato, de modo que proteínas engolfadas são extensamente degradadas.

Algumas proteínas têm meias-vidas muito curtas porque são destinadas especificamente à degradação. Proteínas anormais (mutadas) também são hidrolisadas seletivamente. A via para a hidrólise seletiva dessas proteínas nas células eucariontes depende da proteína ubiquitina. Os grupos amino das cadeias laterais dos resíduos de lisina na proteína-alvo são ligados covalentemente ao C-terminal da ubiquitina, em uma via complexa que envolve uma enzima ativadora de ubiquitina (E1), uma enzima de conjugação à ubiquitina (E2) e uma ubiquitina ligase (E3).

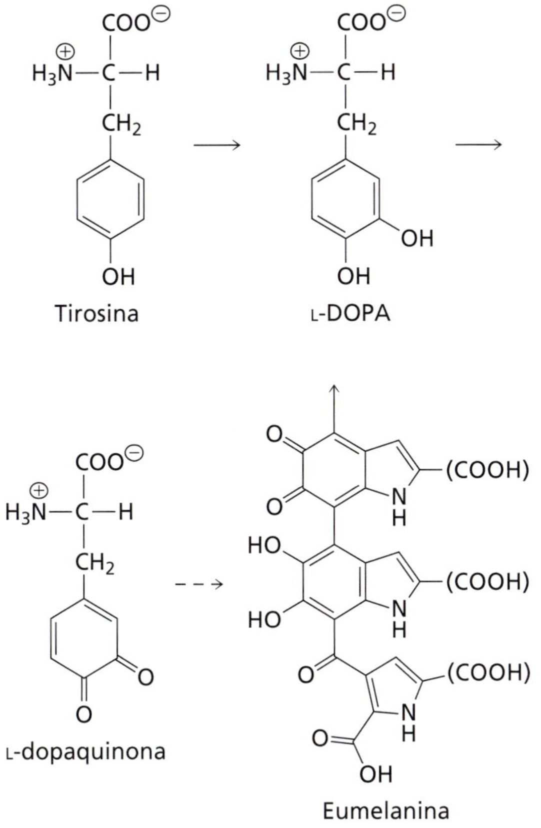

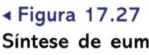

◄ **Figura 17.27**
Síntese de eumelanina a partir de tirosina e L-DOPA.

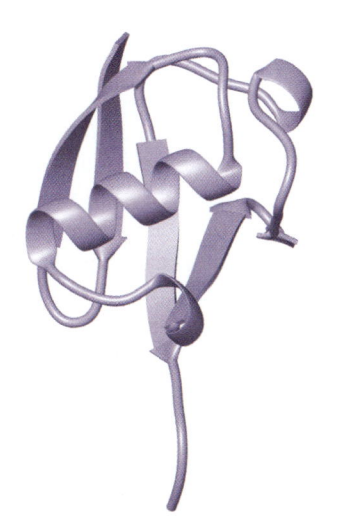

▲ **Ubiquitina (*Homo sapiens*).** A ubiquitina é uma proteína eucarionte pequena, altamente conservada, usada como marcador de proteínas para degradação [PDB 1UBI].

Essa via é acoplada à hidrólise do ATP; uma molécula de ATP é hidrolisada por cada molécula de ubiquitina ligada à proteína-alvo. A proteína ubiquitinada é hidrolisada em seus peptídeos pela ação de um grande complexo multiproteico chamado proteassomo (ou proteossomo) (Figura 17.28). Esse processo ocorre tanto no citosol como no núcleo. Outras proteases catalisam a hidrólise dos peptídeos resultantes. O ATP é necessário para a montagem do proteassomo e para hidrolisar a proteína ubiquitinada. Antes de essa via ser descoberta, não havia explicação para a observação surpreendente de que a degradação de várias proteínas necessitava de ATP (lembre-se, da Seção 2.6, de que a hidrólise de uma ligação peptídica é uma reação termodinamicamente favorável).

Aaron Ciechanover (1947-), Avram Hershko (1937-) e Irwin Rose (1926-) receberam o Prêmio Nobel de Química de 2004 "pela descoberta da degradação proteica mediada pela ubiquitina".

17.6 Catabolismo de aminoácidos

Os aminoácidos obtidos da degradação de proteínas endógenas ou da alimentação podem ser usados na biossíntese de novas proteínas. Aqueles aminoácidos que não são necessários para a síntese proteica são catabolizados para que seu nitrogênio e seus

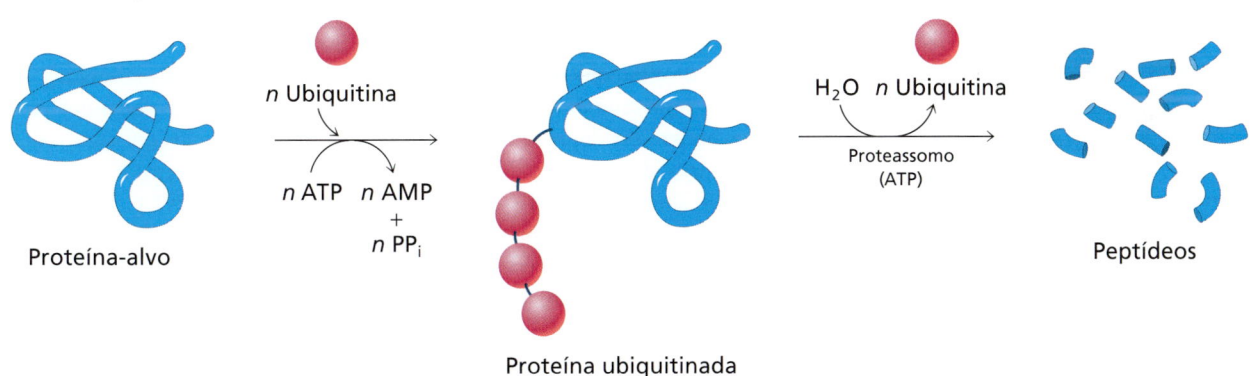

▲ **Figura 17.28**
Ubiquitinação e hidrólise de uma proteína. Enzimas de ubiquitinação catalisam a ligação de várias moléculas de ubiquitina à proteína marcada para degradação. O proteassomo catalisa a hidrólise, dependente de ATP, da proteína substituída, liberando peptídeos e ubiquitina.

QUADRO 17.4 Apoptose – a morte programada das células

A apoptose constitui uma série de alterações morfológicas em uma célula que a leva à morte. Essas alterações incluem uma redução no volume da célula, dano à membrana plasmática, inchaço das mitocôndrias e fragmentação da cromatina. Células em excesso e nocivas são removidas principalmente pela ação das proteases.

É normal que algumas células morram durante o desenvolvimento ou no controle da produção de anticorpos. Outras morrem em consequência de doenças ou de apoptose indevida (como em algumas doenças neurodegenerativas). Em consequência da apoptose, vesículas com o conteúdo celular se formam e são "engolidas" pelas células vizinhas. Parte do conteúdo proteico das vesículas pode ser salvo e reutilizado por outras células.

Todos os eucariontes têm um conjunto similar de enzimas endógenas responsáveis pela morte celular. Essas enzimas (descritas pela primeira vez como participantes da apoptose em 1993) incluem cerca de uma dezena de proteases chamadas caspases – significando hidrolases contendo cisteína que atuam sobre a parte carboxílica de resíduos de aspartato.

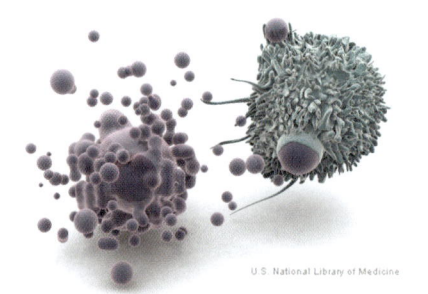

▲ **Apoptose.** O desenho representa vesículas de uma célula apoptótica morta (roxo) sendo absorvidas por um glóbulo branco (verde) [Cortesia da United States National Library of Medicine].

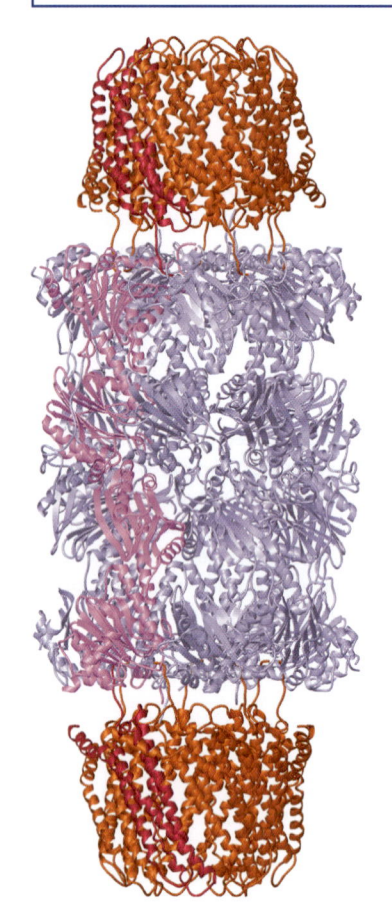

▲ **Proteassomo de levedura (*Saccharomyces cerevisiae*). (a)** Vista lateral. O proteasssomo completo consiste em dois anéis de sete membros de subunidades β (roxo) com os sítios ativos de sua protease no interior do cilindro. Os dois anéis externos têm sete subunidades α (rosa). **(b)** Proteínas ubiquinadas entram no cilindro por um poro no alto ou embaixo da estrutura [PDB 1FNT].

esqueletos carbônicos sejam utilizados. Normalmente, a primeira etapa na degradação dos aminoácidos é a remoção do grupo α-amino. Em seguida, as cadeias carbônicas são alteradas, de modos específicos, para entrarem nas vias centrais do metabolismo do carbono. Consideramos primeiro os caminhos metabólicos dos esqueletos carbônicos. Na próxima seção, vamos analisar o metabolismo da amônia oriunda da degradação dos aminoácidos. Essas vias catabólicas estão presentes em todas as espécies, mas são particularmente importantes nos animais, pois os aminoácidos são parte significativa de seu metabolismo energético.

A remoção do grupo α-amino de um aminoácido ocorre de várias maneiras. Normalmente, o aminoácido sofre transaminação com α-cetoglutarato para formar um α-cetoácido e glutamato. Este é oxidado em α-cetoglutarato e amônia, pela ação da glutamato desidrogenase mitocondrial. O efeito final dessas duas reações é a liberação dos grupos α-amino sob a forma de amônia e a formação de NADH e α-cetoácidos. Essa é uma via inversa da mostrada na Figura 17.8A.

$$\text{Aminoácido} + \alpha\text{-cetoglutarato} \rightleftharpoons \alpha\text{-cetoácido} + \text{Glutamato}$$

$$\text{Glutamato} + NAD^{\oplus} + H_2O \rightleftharpoons \alpha\text{-cetoglutarato} + NADH + H^{\oplus} + NH_4^{\oplus}$$

$$\text{Total: Aminoácido} + NAD^{\oplus} + H_2O \rightleftharpoons \alpha\text{-cetoácido} + NADH + H^{\oplus} + NH_4^{\oplus} \quad (17.4)$$

Os grupos amida da glutamina e da asparagina são hidrolisados por enzimas específicas – glutaminase e asparaginase, respectivamente –, produzindo amônia e os correspondentes aminoácidos dicarboxílicos glutamato e aspartato. A amônia oriunda dos grupos amida e amino que não é usada nas reações de biossíntese é excretada.

Assim que os grupos amino tenham sido removidos, as cadeias carbônicas dos vinte aminoácidos podem ser degradadas. Alguns podem ser degradados em algum dos quatro intermediários do ciclo do ácido cítrico, enquanto outros são transformados em piruvato, e outros, ainda, em acetil-CoA ou acetoacetato (Figura 17.29). Cada aminoácido segue sua própria rota até um ou mais desses sete compostos.

Embora todos esses produtos possam ser oxidados em CO_2 e H_2O, eles também podem ter outros destinos metabólicos. Os aminoácidos degradados em piruvato ou em intermediários do ciclo do ácido cítrico são chamados de glicogênicos, pois podem abastecer diretamente a via da gliconeogênese. Os que formam acetil-CoA ou acetoacetato podem contribuir para a formação de ácidos graxos ou corpos cetônicos e são chamados cetogênicos. Alguns aminoácidos são tanto glicogênicos como cetogênicos, pois partes distintas de suas cadeias carbônicas formam produtos diferentes. A

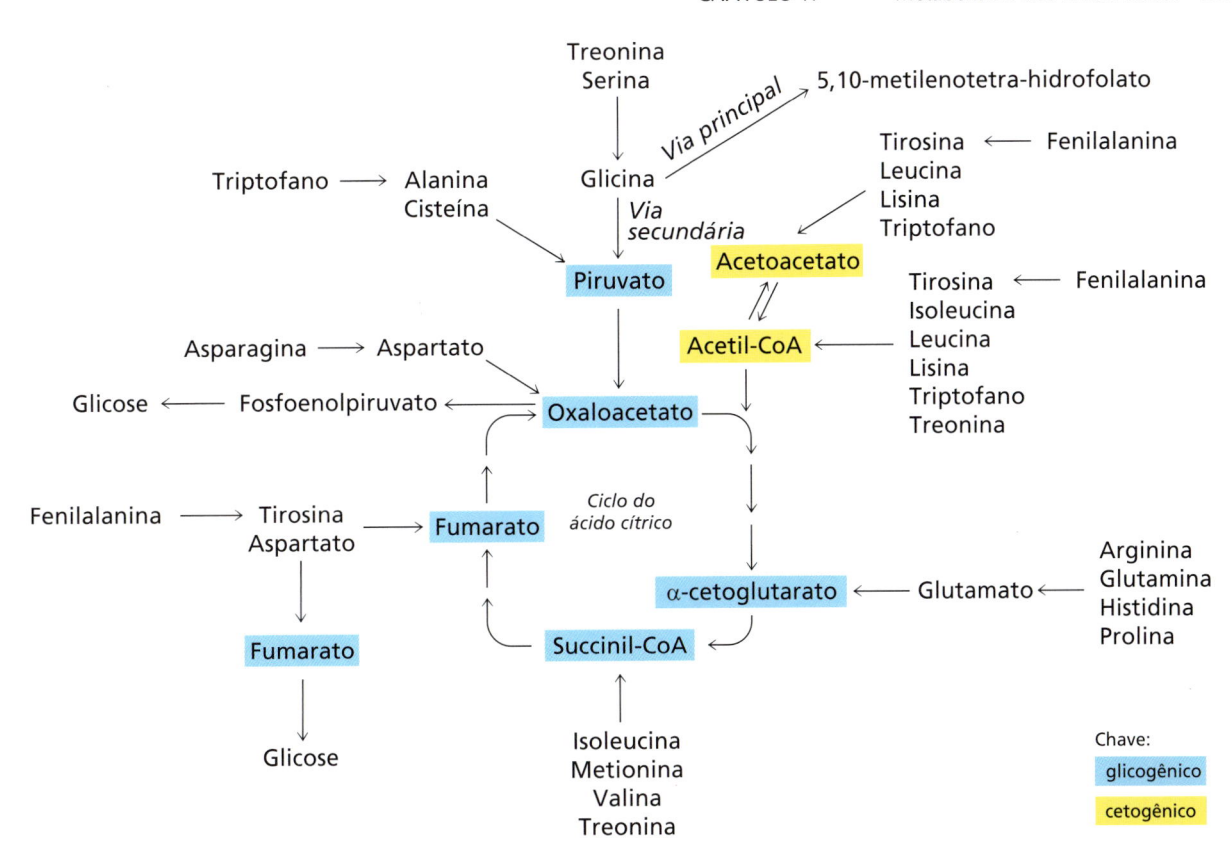

```
                        Treonina
                        Serina         5,10-metilenotetra-hidrofolato
                          │      Via principal ↗
                          │                    Tirosina ← Fenilalanina
                          ↓                    Leucina
Triptofano → Alanina    Glicina               Lisina
             Cisteína     │ Via               Triptofano
                │        secundária ↘
                ↓                   Acetoacetato      Tirosina ← Fenilalanina
               Piruvato                              Isoleucina
                                      ⇅              Leucina
Asparagina → Aspartato              Acetil-CoA ←    Lisina
                │                                    Triptofano
Glicose ← Fosfoenolpiruvato → Oxaloacetato           Treonina
                                    ↑
                                    │    Ciclo do
Fenilalanina → Tirosina → Fumarato       ácido cítrico
               Aspartato     │
                             │      α-cetoglutarato ← Glutamato ← Arginina
                             │            ↑                        Glutamina
               Fumarato      └── Succinil-CoA                      Histidina
                  │                  ↑                             Prolina
                  ↓                  │
               Glicose           Isoleucina         Chave:
                                 Metionina          glicogênico
                                 Valina             cetogênico
                                 Treonina
```

distinção entre produtos glicogênicos e cetogênicos é importante nos animais, pois os aminoácidos são metabólitos energéticos importantes em sua alimentação. Os animais não têm uma via que leve diretamente do acetil-CoA à glicose, e a produção excessiva de acetil-CoA estimula a formação de corpos cetônicos (Seção 16.11). A distinção entre produtos glicogênicos e cetogênicos é menos importante em bactérias, protistas, fungos e plantas porque eles conseguem converter acetil-CoA em oxaloacetato pela via do glioxilato (Seção 13.7). Nesses organismos o acetil-CoA é glicogênico.

Nesta seção, analisamos as vias de degradação de aminoácidos, começando pelas rotas mais simples. Nosso objetivo é mostrar como os átomos de carbono de cada aminoácido chegam a metabólitos "glicogênicos" (piruvato e intermediários do ciclo do ácido cítrico) ou "cetogênicos" (acetil-CoA e acetoacetato). O destino final desses metabólitos depende das espécies e foi coberto nos capítulos anteriores.

▲ **Figura 17.29**
Degradação de aminoácidos. Os esqueletos carbônicos dos aminoácidos são convertidos em piruvato, acetoacetato, acetil-CoA ou em intermediários do ciclo do ácido cítrico.

A. Alanina, asparagina, aspartato, glutamato e glutamina

Alanina, aspartato e glutamato são sintetizados por reações reversíveis de transaminação (Seções 17.3A, C, D). A quebra desses três aminoácidos envolve sua reentrada nas vias pelas quais seus esqueletos carbônicos se formaram. Alanina origina piruvato, aspartato produz oxaloacetato e glutamato dá origem ao α-cetoglutarato pelas reações inversas da transaminação original. Esses três aminoácidos são glicogênicos, já que aspartato e glutamato são convertidos em intermediários do ciclo do ácido cítrico e alanina em piruvato.

A degradação de glutamina e asparagina começa com sua hidrólise em glutamato e aspartato, respectivamente. Assim, glutamina e asparagina são, ambos, glicogênicos. As reações de hidrólise são catalisadas por enzimas específicas: asparaginase (Quadro 17.1) e glutaminase.

B. Arginina, histidina e prolina

As vias de degradação de arginina, histidina e prolina convergem para o glutamato (Figura 17.30). No caso da arginina e da prolina, as vias de degradação se assemelham às de biossíntese. A degradação da arginina começa com a reação catalisada pela arginase. A ornitina produzida é transaminada em glutamato 5-semialdeído, que é oxidado para formar glutamato.

▲ **Figura 17.30**
Principais vias catabólicas para arginina, tetrai-hidrofolato, prolina e histidina.

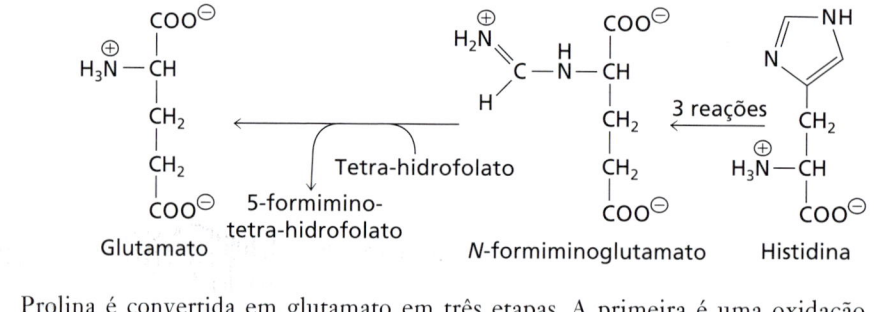

▲ **Flavoproteína de utilização de prolina A (PutA).** Esta enzima de *Bradyrhizobium japonicum* combina as duas primeiras enzimas da via da degradação da prolina em um grande complexo que consiste em seis subunidades de proteínas bifuncionais. As duas subunidades idênticas de um dímero central estão coloridas de azul e roxo; a estrutura integral consiste em três desses dímeros, arranjados em um círculo. As coenzimas ligadas FAD e NAD$^{\oplus}$ são mostradas em modelos de espaço preenchido. Presume-se que essa enzima confira uma vantagem seletiva sobre as espécies que têm duas enzimas separadas. Então, por que essa evolução não ocorreu nos eucariontes? [PDB 3HAZ].

Prolina é convertida em glutamato em três etapas. A primeira é uma oxidação catalisada pela prolina desidrogenase, uma enzima que contém FAD. O aceptor de elétrons é, às vezes, o oxigênio molecular, embora outros aceptores possam ser usados. O produto dessa primeira reação é Δ^1-pirrolina-5-carboxilato (P5C), que existe em equilíbrio com a forma aberta, o glutamato-5-semialdeído. Este é convertido em glutamato pela ação da P5C desidrogenase dependente de NAD$^{\oplus}$. Observe que a conversão de Δ^1-pirrolina-5-carboxilato em glutamato 5-semialdeído é espontânea, como na síntese de prolina (Seção 17.3D).

As duas primeiras enzimas dessa via são separadas em todos os eucariontes e na maioria das bactérias, mas, em algumas espécies bacterianas, os dois genes que codificam essas enzimas fundiram-se para criar uma proteína hexamérica bifuncional que catalisa as duas reações. Do ponto de vista cinético, isso é vantajoso, pois os intermediários (Δ^1-pirrolina-5-carboxilato e glutamato-5-semialdeído) não se dissociam do complexo antes de serem convertidos em glutamato.

A principal via de degradação da histidina também produz glutamato. Histidina sofre desaminação não oxidativa, hidratação e abertura de anel, formando N-formiminoglutamato. Em seguida, a porção formimino (—CH=NH$_2^{\oplus}$) é transferida ao tetra-hidrofolato, formando 5-formiminotetra-hidrofolato e glutamato. O 5-formiminotetra-hidrofolato é então desaminado enzimaticamente, formando 5,10-metiniltetra-hidrofolato. O grupo de um carbono (metenila) desse derivado de tetra-hidrofolato pode ser usado em vias como a síntese de pirimidina (Seção 18.6).

C. Glicina e serina

Há duas vias para degradação de serina (Figura 17.31). Uma pequena quantidade desse aminoácido é convertida diretamente em piruvato por ação da serina desidratase, uma enzima dependente de PLP. A maior parte da serina, porém, é convertida em glicina por ação da serina hidroximetiltransferase. Essa é a mesma reação que resulta na síntese de glicina na via biossintética (Figura 17.16) e produz 5,10-metilenotetra-hidrofolato (5,10-metileno-THF).

Parte da glicina pode ser convertida em serina pela reação inversa da serina hidroximetiltransferase, e os átomos de carbono da glicina podem acabar no piruvato quando as moléculas de serina são desaminadas. Contudo, a principal via de degradação da glicina em todas as espécies é a conversão a NH$_4^{\oplus}$ e HCO$_3^{\ominus}$ pelo sistema de clivagem da glicina.

A catálise por esse sistema requer um complexo enzimático contendo quatro subunidades não idênticas. PLP, lipoamida e FAD são grupos prostéticos; NAD$^{\oplus}$ e tetra-hidrofolato (THF) são cossubstratos. Inicialmente, a glicina é descarboxilada, e o grupo —CH$_2$— NH$_3^{\oplus}$ é transferido para a lipoamida. Em seguida, NH$_4^{\oplus}$ é liberado e o grupo de um carbono restante é transferido ao tetra-hidrofolato para formar 5,10-metilenotetra-hidrofolato (5,10-metileno-THF). A lipoamida reduzida é oxidada pelo FAD, e o FADH$_2$ reduz o carreador móvel NAD$^{\oplus}$.

Como mostramos na Figura 17.32, o sistema de clivagem da glicina é outro exemplo de mecanismo de braço oscilante de lipoamida semelhante, em princípio, ao da piruvato desidrogenase (Seção 13.1). Embora a degradação da glicina seja reversível *in vitro*, o sistema de clivagem da glicina catalisa uma reação irreversível nas células. A irreversibilidade da sequência de reações é devida, em parte, aos valores de K_m dos produtos amônia e metilenotetra-hidrofolato, que são muito maiores do que as concentrações desses compostos *in vivo*.

D. Treonina

Há diversas rotas de degradação da treonina. Na principal, o aminoácido é oxidado em 2-amino-3-cetobutirato, em uma reação catalisada pela treonina desidrogenase (Figura 17.33). Esse produto pode sofrer tiólise, fornecendo acetil-CoA e glicina. Outra rota para o catabolismo da treonina é a quebra em acetaldeído e glicina, por ação da treonina aldolase. Essa enzima tem, na verdade, uma atividade secundária de serina hidroximetiltransferase em diversos tecidos e organismos. O acetaldeído pode ser oxidado a acetato por ação da acetaldeído desidrogenase, e este convertido em acetil-CoA pela acetil-CoA sintetase.

Uma terceira rota para o catabolismo da treonina em mamíferos é a desaminação a α-cetobutirato. Essa reação é catalisada pela serina desidratase, a mesma enzima que catalisa a conversão de serina em piruvato. Na maioria das espécies, essa reação produz α-cetobutirato para síntese de isoleucina (Seção 17.3C). O α-cetobutirato pode ser convertido em propionil-CoA na via degradativa; este produto é um precursor do intermediário do ciclo do ácido cítrico succinil-CoA (Seção 16.7F). Assim, a treonina pode produzir succinil-CoA ou glicina + acetil-CoA, dependendo da via pela qual é degradada.

E. Os aminoácidos de cadeia ramificada

Leucina, valina e isoleucina são degradados por vias relacionadas (Figura 17.34). As mesmas três enzimas catalisam as primeiras três etapas de todas as vias. A primeira etapa, transaminação, é catalisada pela transaminase para aminoácidos de cadeia ramificada.

A segunda etapa é catalisada pela α-cetoácido desidrogenase para aminoácidos de cadeia ramificada. Nesta reação, os α-cetoácidos ramificados sofrem descarboxilação oxidativa para formar moléculas ramificadas de acil-CoA com um carbono a menos do que os α-cetoácidos precursores. A α-cetoácido desidrogenase para cadeias

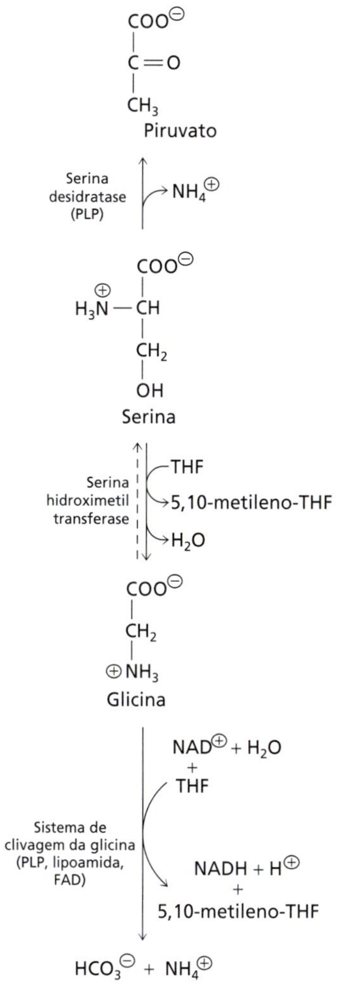

▲ Figura 17.31
Catabolismo da serina e da glicina.

A via de propionil-CoA para succinil-CoA é mostrada em detalhes na Figura 16.22.

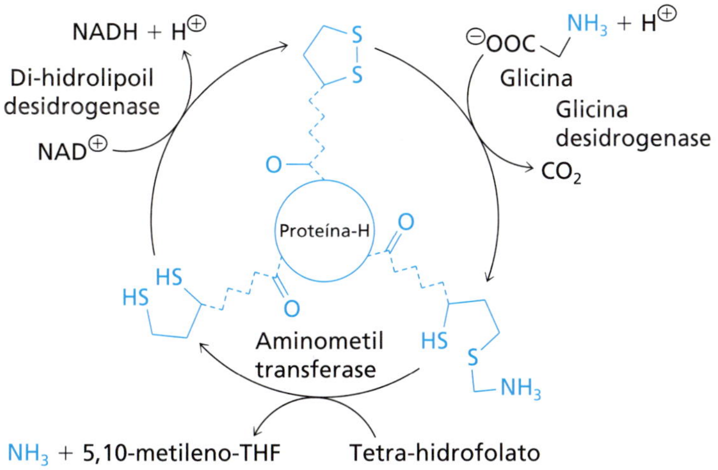

◄ Figura 17.32
Sistema de clivagem da glicina. Um braço oscilante de lipoamida é ligado ao componente estrutural central (proteína H). Esse braço "visita" os sítios ativos das três enzimas da via.

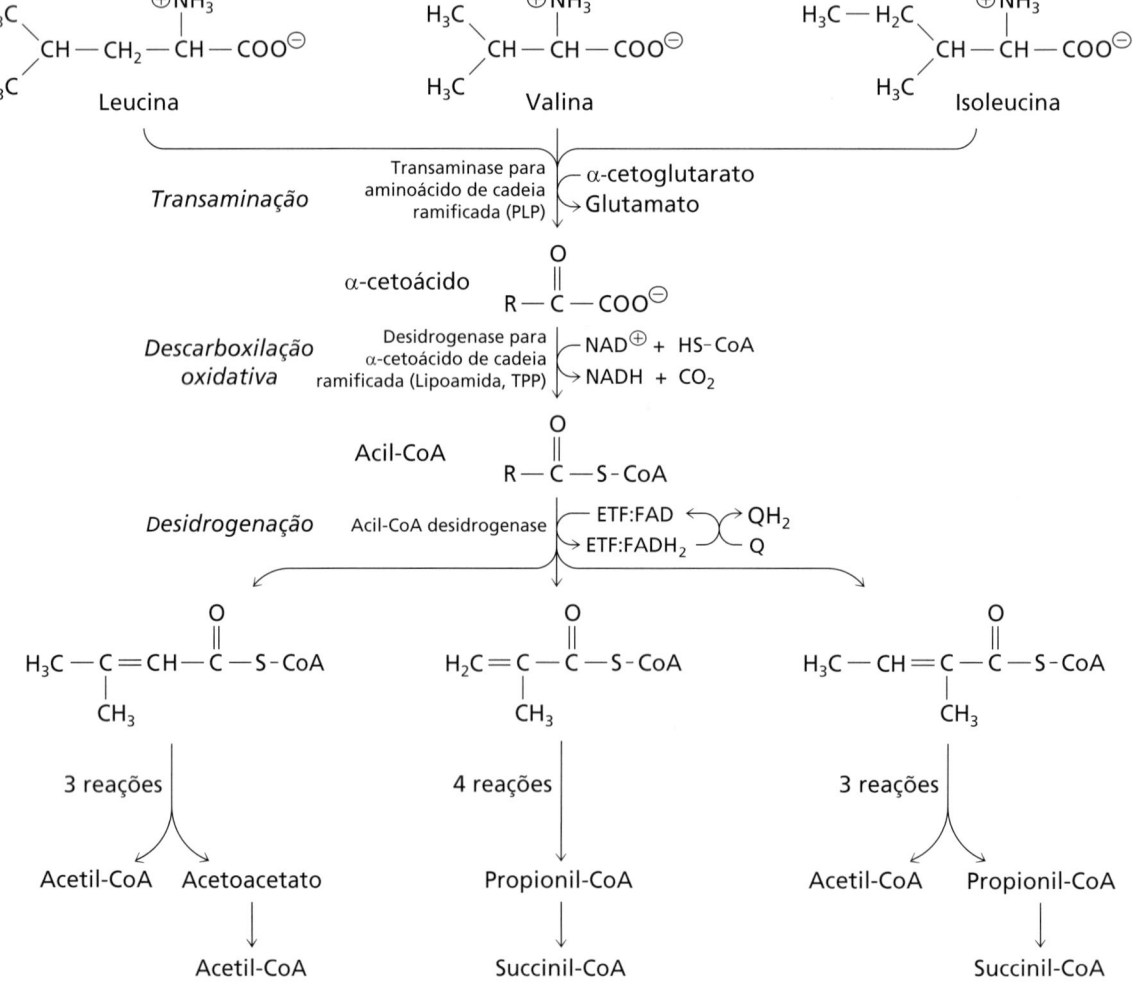

▲ Figura 17.33
Rotas alternativas para degradação da treonina.

▲ Figura 17.34
Catabolismo dos aminoácidos de cadeia ramificada. R representa a cadeia lateral de leucina, valina ou isoleucina.

ramificadas é um complexo multienzimático contendo lipoamida e tiamina pirofosfato (TPP); esse complexo necessita de $NAD^{\oplus}$ e da coenzima A. Seu mecanismo de catálise é semelhante ao dos complexos da piruvato desidrogenase (Seção 13.1) e da α-cetoglutarato desidrogenase (Seção 13.3#4), e ela contém as mesmas subunidades de di-hidrolipoamida desidrogenase (E_3) encontradas nos outros dois complexos.

Moléculas ramificadas de acil-CoA são oxidadas por uma acil-CoA desidrogenase contendo FAD, em uma reação análoga à primeira etapa da oxidação de acil-CoA graxo (Figura 16.19). Os elétrons removidos nessa etapa de oxidação são transferidos por meio da flavoproteína transferidora de elétrons (ETF) à ubiquinona (Q).

Nesse ponto, as etapas do catabolismo dos aminoácidos de cadeia ramificada se separam. Todos os carbonos da leucina são, ao final, convertidos em acetil-CoA, de modo que esse aminoácido é puramente cetogênico. A valina é, ao final, convertida em propionil-CoA. Como na degradação de treonina, o propionil-CoA é convertido em succinil-CoA, que entra no ciclo do ácido cítrico. A valina, portanto, é glicogênica. A via de degradação da isoleucina leva tanto ao propionil-CoA quanto ao acetil-CoA. Esse aminoácido é, desse modo, ao mesmo tempo glicogênico (via succinil-CoA formado a partir do propionil-CoA) e cetogênico (via acetil-CoA). Logo, embora as etapas iniciais da degradação desses três aminoácidos de cadeia ramificada sejam similares, seus esqueletos carbônicos têm destinos diferentes, pelo menos nos animais.

> Lembre-se de que a diferença entre vias cetogênicas e glicogênicas só é relevante nos animais, pois todas as outras espécies conseguem converter acetil-CoA em glicose.

F. Metionina

Um dos principais papéis da metionina é sua conversão no doador ativado de metila, S-adenosilmetionina (Seção 7.3). A transferência de grupo metila da S-adenosilmetionina

◄ **Figura 17.35**
Conversão de metionina em cisteína e propionil-CoA. O X na segunda etapa representa qualquer um dos vários aceptores de grupo metila.

$$\text{H}_3\overset{\oplus}{\text{N}}-\underset{\underset{\text{SH}}{|}}{\underset{|}{\overset{|}{\text{CH}}}}-\text{COO}^{\ominus}$$
$$\underset{\text{CH}_2}{|}$$
Cisteína

↓ O₂, H⁺

$$\text{H}_3\overset{\oplus}{\text{N}}-\underset{\underset{\text{SO}_2^{\ominus}}{|}}{\underset{|}{\overset{|}{\text{CH}}}}-\text{COO}^{\ominus}$$
$$\underset{\text{CH}_2}{|}$$
Cisteinossulfinato

↓ α-cetoglutarato (PLP), Glutamato

$$\underset{\underset{\text{SO}_2^{\ominus}}{|}}{\underset{\underset{\text{CH}_2}{|}}{\underset{\underset{\text{C}=\text{O}}{|}}{\text{COO}^{\ominus}}}}$$
β-sulfinilpiruvato

↓ H⁺, SO₂ (Dessulfurilação não enzimática)

$$\underset{\underset{\text{CH}_3}{|}}{\underset{\underset{\text{C}=\text{O}}{|}}{\text{COO}^{\ominus}}}$$
Piruvato

▲ **Figura 17.36**
Conversão de cisteína em piruvato.

QUADRO 17.5 Fenilcetonúria, um defeito na formação da tirosina

Uma das desordens mais comuns do metabolismo dos aminoácidos é a fenilcetonúria (PKU). A doença é causada por uma mutação no gene que codifica a fenilalanina hidroxilase (gene *PAH* no cromossomo 12q: OMIN MIN = 261600). Os indivíduos afetados são incapazes de converter a fenilalanina oriunda da alimentação em tirosina. Assim, o sangue das crianças com essa doença contém níveis muito altos de fenilalanina e baixos níveis de tirosina. Em vez de ser convertida em tirosina, a fenilalanina é metabolizada em fenilpiruvato na reação inversa da transaminação mostrada na Figura 17.20 (a transaminação da fenilalanina não ocorre nos indivíduos não afetados porque o K_m da transaminase para fenilalanina é muito maior do que a concentração normal de fenilalanina). Níveis elevados de fenilpiruvato e seus derivados prejudicam o desenvolvimento do cérebro.

Recém-nascidos são rotineiramente testados quanto à PKU, medindo-se os níveis de fenilpiruvato na urina, ou de fenilalanina no sangue, nos primeiros dias após o nascimento. Em geral, os indivíduos com deficiência da fenilalanina hidroxilase se desenvolvem normalmente se a ingestão de fenilalanina na alimentação for limitada de forma rigorosa durante a primeira década de vida. Algumas mulheres portadoras de PKU têm que restringir sua ingestão alimentar de fenilalanina durante a gravidez para garantir o desenvolvimento adequado do feto. Níveis elevados de fenilalanina também são observados nos indivíduos portadores de deficiências na di-hidropteridina redutase ou 4α-carbinolamina desidratase ou de defeitos na biossíntese da tetra-hidrobiopterina porque essas desordens resultam em falha na hidroxilação da fenilalanina.

O controle da alimentação pode ter sucesso no tratamento da PKU, mas as restrições incluem a exclusão da dieta de muitos alimentos naturais, ricos em proteínas, como carne, peixe, leite, pães e bolos. Os alimentos dessa dieta restrita não são apetitosos. Foram realizados alguns testes em que as vítimas da PKU receberam uma enzima que catalisa a degradação de fenilalanina em amônia e um produto não tóxico de carbono. Essa enzima não elimina totalmente a restrição alimentar para a fenilalanina, mas pode aumentar a tolerância do paciente em relação a alimentos que contêm proteínas.

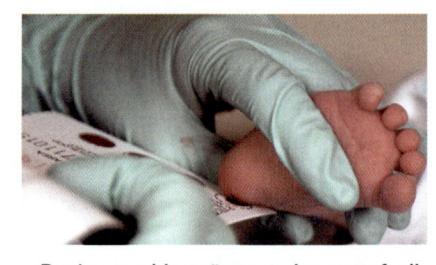

▲ Recém-nascidos são testados para fenilcetonúria pela análise de sangue tirado do calcanhar.

---

para um aceptor deixa como um dos produtos a *S*-adenosil-homocisteína, que é degradada por hidrólise, formando homocisteína e adenosina (Figura 17.35). A homocisteína pode ser metilada pelo 5-metiltetra-hidrofolato para formar metionina, ou pode reagir com serina para formar cistationina, que pode ser quebrada em cisteína e α-cetobutirato. Já encontramos essa série de reações antes, como parte da via de formação da cisteína (Figura 17.18). Dessa maneira, os mamíferos podem formar cisteína usando o átomo de enxofre do aminoácido essencial metionina. O α-cetobutirato é convertido em propionil-CoA pela ação de uma α-cetoácido desidrogenase. O propionil-CoA pode, ainda, ser metabolizado a succinil-CoA; portanto, a metionina é glicogênica.

G. Cisteína

A principal rota de catabolismo da cisteína é uma via de três etapas que leva até o piruvato (Figura 17.36). Portanto, a cisteína é glicogênica. Ela é, primeiro, oxidada em sulfinato de cisteína, que perde seu grupo amino por transaminação, fornecendo β-sulfinilpiruvato. A dessulfurilação não enzimática produz piruvato.

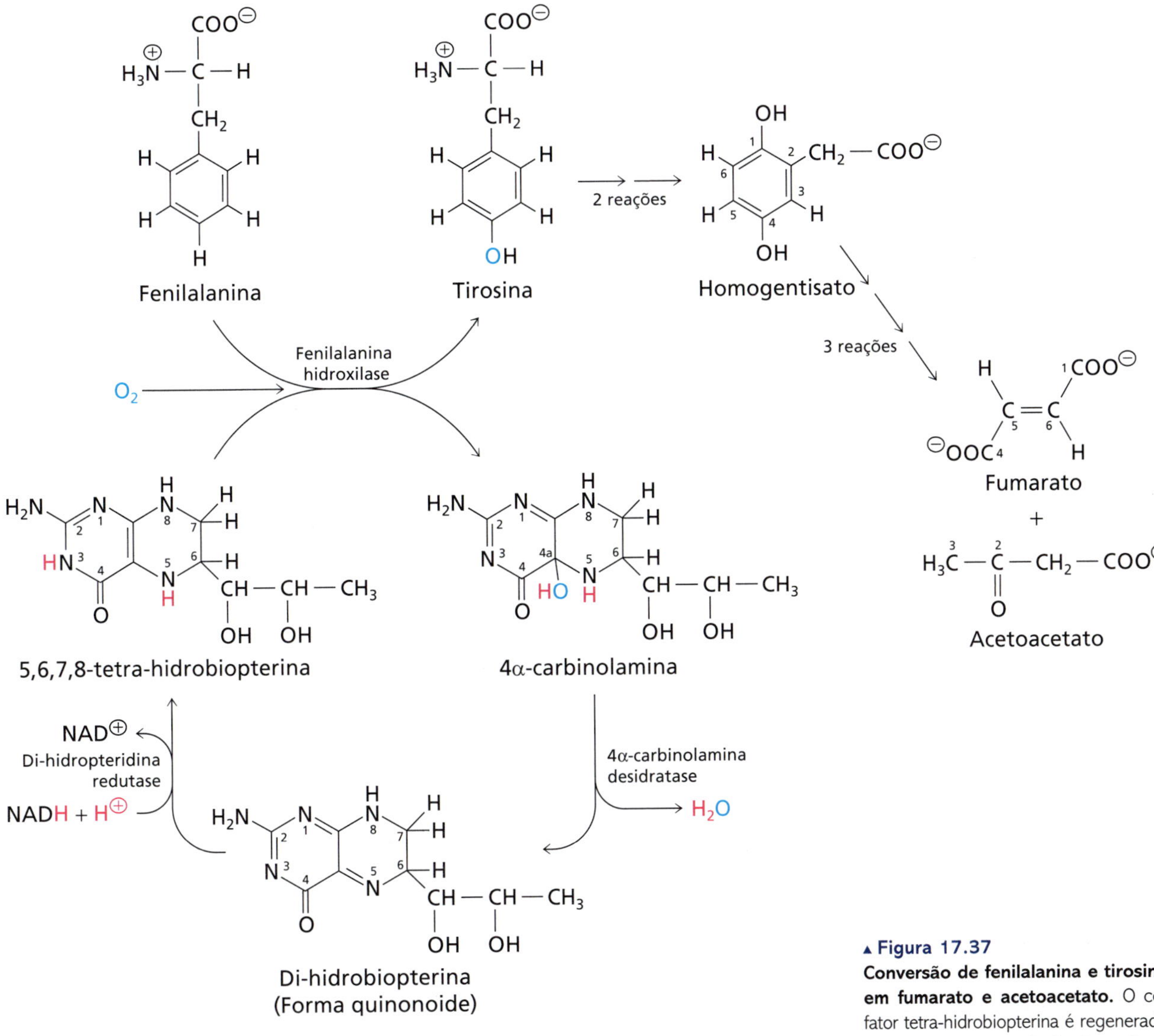

Figura 17.37 Conversão de fenilalanina e tirosina em fumarato e acetoacetato. O cofator tetra-hidrobiopterina é regenerado via desidratação e redução dependente de NADH.

H. Fenilalanina, triptofano e tirosina

Os aminoácidos aromáticos compartilham o mesmo padrão de catabolismo. Em geral, as vias começam com oxidação, seguida de remoção de nitrogênio por transaminação ou hidrólise e, em seguida, abertura de anel acoplada a oxidação.

A conversão de fenilalanina em tirosina, catalisada pela fenilalanina hidroxilase, é uma etapa importante no catabolismo da fenilalanina (Figura 17.37). Ela serve também como fonte de tirosina em animais, já que estes não têm a via normal do corismato para a síntese de tirosina. A reação da fenilalanina hidroxilase requer oxigênio molecular e o agente redutor tetra-hidrobiopterina. Um átomo de oxigênio do O_2 é incorporado à tirosina e o outro, convertido em água.

A tetra-hidrobiopterina é regenerada em duas etapas. A 4α-carbinolamina desidratase catalisa a desidratação do primeiro produto oxidado e evita sua isomerização em uma forma inativa, na qual a cadeia lateral está em C-7, e não em C-6. A di-hidropteridina redutase catalisa a redução do quinonoide resultante, di-hidrobiopterina, em 5,6,7,8-tetra-hidrobiopterina, em uma reação que necessita de NADH. A tetra-hidrobiopterina também é um agente redutor na biossíntese de óxido nítrico a partir da arginina (Seção 17.4C).

O catabolismo da tirosina começa com a remoção de seu grupo α-amino, em uma reação de transaminação com α-cetoglutarato. Etapas subsequentes de oxidação

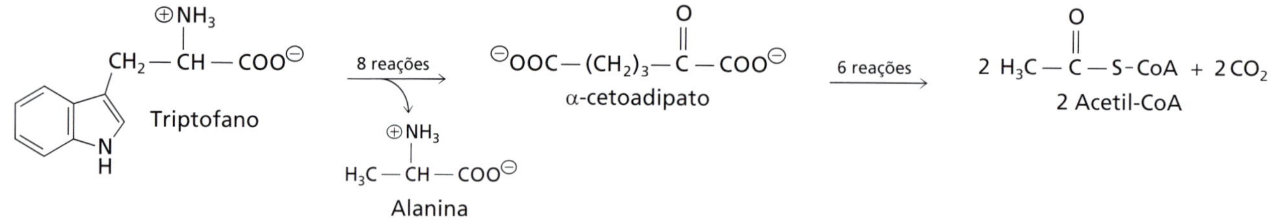

▲ Figura 17.38
Conversão de triptofano em alanina e acetil-CoA.

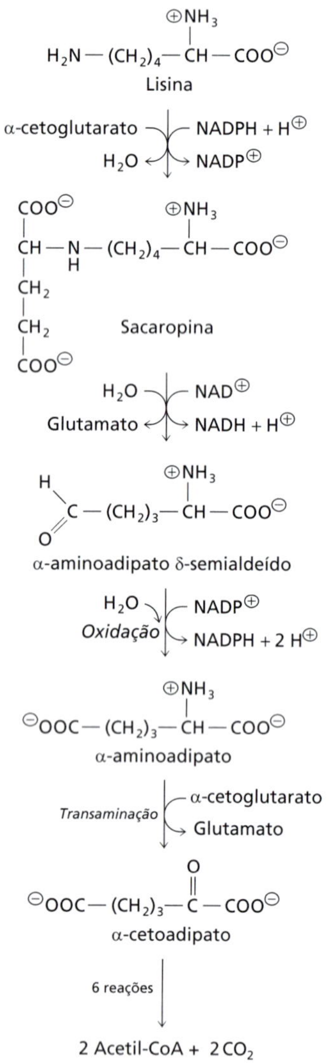

▲ Figura 17.39
Conversão de lisina em acetil-CoA.

A degradação posterior do ácido úrico será descrita na Seção 18.8.

levam à abertura do anel e, enfim, aos produtos finais, fumarato e acetoacetato. Esse fumarato é citossólico e convertido em glicose. O acetoacetato é um corpo cetônico. Logo, tirosina é tanto glicogênica como cetogênica.

O sistema de anéis indólicos do triptofano tem uma via mais complexa de degradação que inclui duas reações de abertura de anel. A rota principal do catabolismo do triptofano no fígado e em vários microrganismos leva ao α-cetoadipato e, por fim, ao acetil-CoA (Figura 17.38). A alanina, produzida anteriormente no catabolismo do triptofano, é transaminada em piruvato. Logo, o catabolismo do triptofano é tanto cetogênico como glicogênico.

I. Lisina

A principal via de degradação da lisina gera o intermediário sacaropina, o produto da condensação de α-cetoglutarato com lisina (Figura 17.39). Reações sequenciais de oxidação produzem α-aminoadipato, que perde seu grupo amino por transaminação com α-cetoglutarato, tornando-se um α-cetoadipato. Em seguida, este é convertido em acetil-CoA por meio das mesmas etapas que ocorrem na degradação do triptofano. Como a leucina, a lisina é cetogênica (esses dois são os únicos aminoácidos puramente cetogênicos).

17.7 O ciclo da ureia converte amônia em ureia

Altas concentrações de amônia são tóxicas para as células. Organismos diferentes desenvolveram estratégias distintas para a eliminação desse produto. A natureza do material excretado depende da disponibilidade de água. Em diversos organismos aquáticos, a amônia se difunde diretamente através das membranas celulares e é diluída pela água circundante. Essa rota é ineficiente nos grandes organismos multicelulares terrestres, e o acúmulo de amônia no interior das células internas precisa ser evitado.

A maioria dos vertebrados terrestres converte a amônia a ser descartada em ureia, um produto menos tóxico (Figura 17.40). A ureia é um composto altamente hidrossolúvel e sem carga, produzido no fígado e carreado pelo sangue até os rins, de onde é excretado como o principal soluto da urina. (A ureia foi descrita pela primeira vez, por volta de 1720, como o sal essencial da urina. O nome "ureia" é derivado de urina.) Pássaros e muitos répteis terrestres convertem o excesso de amônia em ácido úrico, um composto relativamente insolúvel, que precipita de soluções aquosas formando uma suspensão semissólida. O ácido úrico também é um produto da degradação de nucleotídeos purínicos por pássaros, alguns répteis e primatas.

A síntese de ureia ocorre quase exclusivamente no fígado. Ela é o produto de um conjunto de reações chamado ciclo da ureia – uma via descoberta por Hans Krebs e Kurt Henseleit em 1932, muitos anos antes de Krebs descobrir o ciclo do ácido cítrico. Várias observações levaram à identificação do ciclo da ureia; por exemplo, fatias de fígado de rato podem fazer a conversão de amônia em ureia. A síntese da ureia por essas preparações é acentuadamente estimulada quando o aminoácido ornitina é adicionado; a quantidade de ureia sintetizada excede muito a de ornitina adicionada, sugerindo que esta atua cataliticamente. Por fim, sabe-se que existem níveis altos da enzima arginase nos fígados de todos os organismos que sintetizam ureia.

A. Síntese do carbamilfosfato

A amônia liberada pela desaminação oxidativa do glutamato reage com bicarbonato para formar carbamilfosfato. Essa reação requer duas moléculas de ATP e é catalisada

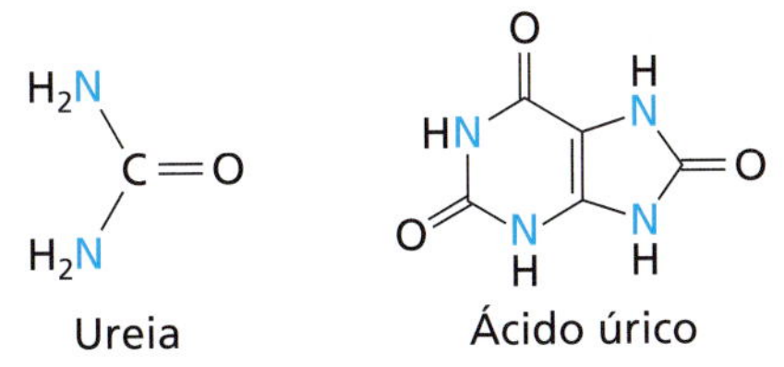

◀ **Figura 17.40**
Ureia e ácido úrico.

pela carbamilfosfato sintetase (Figura 17.41). Essa enzima ocorre em todas as espécies, já que carbamilfosfato é um precursor essencial na biossíntese de pirimidinas e também é necessário para a síntese de arginina nas espécies sem o ciclo da ureia. Os mamíferos têm duas versões dessa enzima. A versão citossólica é chamada carbamilfosfato sintetase II e utiliza glutamina em lugar de amônia como doador de nitrogênio. Essa é a enzima usada na síntese de pirimidinas (Seção 18.3). As enzimas bacterianas também usam glutamina. A segunda versão nos mamíferos, carbamilfosfato sintetase I, é aquela que participa do ciclo da ureia. Ela é uma das enzimas mais abundantes nas mitocôndrias hepáticas, respondendo por cerca de 20% das proteínas da matriz mitocondrial. O átomo de nitrogênio do carbamilfosfato é incorporado à ureia pelo ciclo da ureia.

B. As reações do ciclo da ureia

O primeiro átomo de nitrogênio da ureia vem do carbamilfosfato, e o segundo, do aspartato. A síntese de ureia ocorre enquanto os intermediários estão ligados covalentemente a um esqueleto de ornitina. Quando a ureia é liberada, a ornitina é regenerada e volta ao ciclo da ureia. Assim, ela atua cataliticamente na síntese da ureia (Figura 17.42). Os átomos de carbono, nitrogênio e oxigênio da ornitina não são trocados no ciclo da ureia. Sua função como catalisador é mais óbvia do que a do oxaloacetato no ciclo do ácido cítrico (Seção 13.3), mas o princípio é o mesmo.

Na realidade, as reações do ciclo da ureia são mais complexas do que o esquema simples mostrado na Figura 17.42, porque a primeira reação ocorre na matriz mitocondrial, e as outras três, no citosol (Figura 17.43). São necessárias duas proteínas de transporte ligando a matriz mitocondrial e o citosol: o trocador de citrulina-ornitina e a glutamato-aspartato translocase.

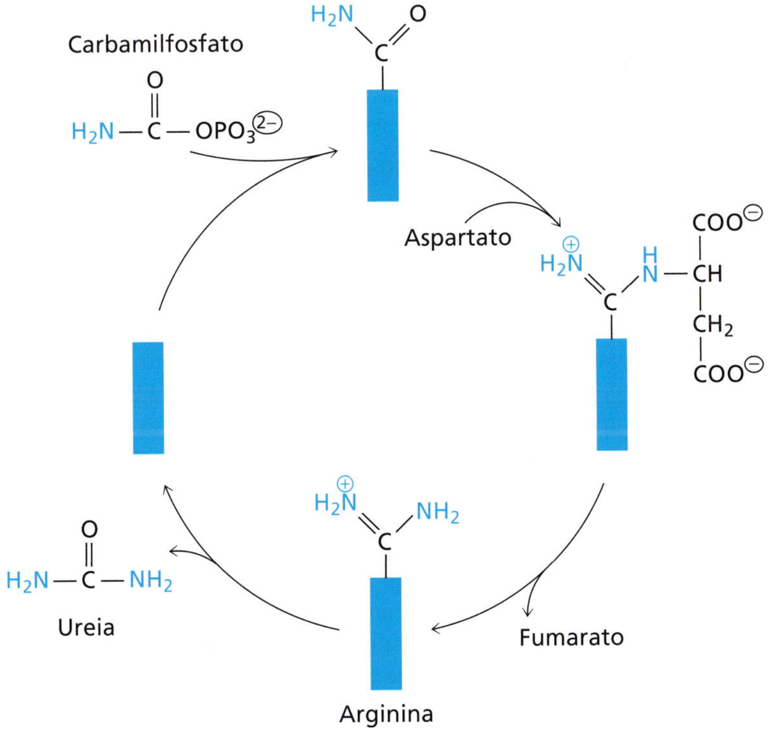

▲ **Figura 17.42**
O ciclo da ureia. Os retângulos azuis representam a ornitina.

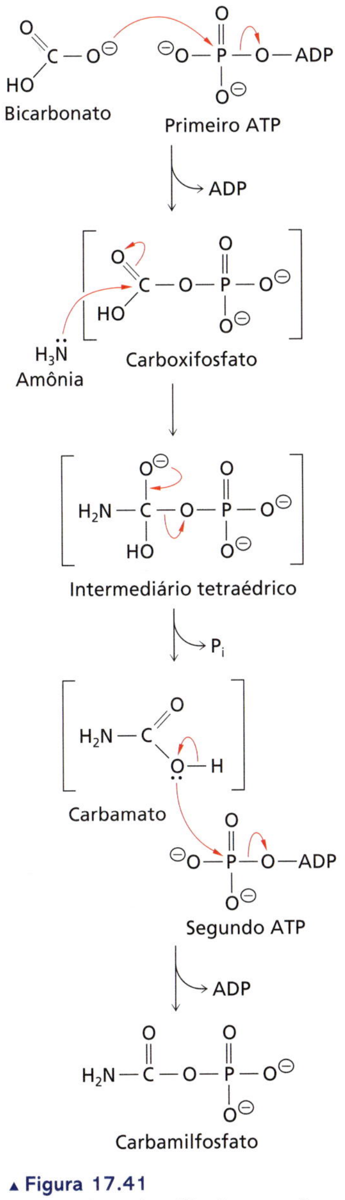

▲ **Figura 17.41**
Síntese do carbamilfosfato catalisado pela carbamilfosfato sintetase I. A reação envolve duas transferências de grupo fosforila. Primeiro, o ataque nucleofílico pelo bicarbonato sobre o ATP produz carboxifosfato e ADP. Em seguida, a amônia reage com carboxifosfato, formando um intermediário tetraédrico. A eliminação de um grupo fosfato produz carbamato. Um segundo grupo fosforila transferido de outro ATP forma carbamilfosfato e ADP. Os intermediários entre parênteses permanecem ligados à enzima durante a reação.

QUADRO 17.6 Doenças do metabolismo dos aminoácidos

Foram descobertas centenas de doenças metabólicas dos seres humanos envolvendo defeitos de um só gene (frequentemente chamados erros congênitos do metabolismo). Muitas são devidas a defeitos na degradação dos aminoácidos. Já falamos da fenilcetonúria, o defeito na síntese da tirosina a partir da fenilalanina (Quadro 17.5). Alguns outros exemplos são mencionados aqui. Há defeitos graves em algumas vias, até mesmo oferecendo risco à vida; defeitos em outras vias podem resultar em sintomas menos graves. Os estudos indicam que as vias de degradação de alguns aminoácidos são quase dispensáveis, enquanto outras são essenciais para a sobrevivência após o nascimento.

Alcaptonúria

A primeira doença metabólica a ser caracterizada como um defeito genético foi a alcaptonúria, uma doença rara na qual o intermediário no catabolismo tanto da fenilalanina como da tirosina (homogentisato) se acumula (Figura 17.37). Uma deficiência da homogentisato dioxigenase, a enzima que catalisa a clivagem oxidativa desse intermediário, impede a metabolização completa desse catabólito. O gene é o HGD no cromossomo 3 (OMIM MIM = 203500). Soluções de homogentisato tornam-se escuras quando em repouso porque esse composto é convertido em um pigmento. A alcaptonúria foi identificada observando-se o escurecimento da urina. Portadores dessa doença têm tendência a desenvolver artrite, mas não se sabe como o defeito metabólico produz essa complicação; possivelmente, ela advém de depósitos de pigmentos nos ossos e no tecido conjuntivo.

Cistinúria

Se existir um defeito no transporte renal da cisteína e dos aminoácidos básicos, a cisteína se acumula no sangue e é oxidada em cistina, produzindo uma doença denominada cistinúria. A cistina tem baixa solubilidade e forma cálculos. Pessoas que sofrem de cistinúria bebem muita água para dissolver essas pedras ou são tratadas com compostos que reagem com cistina, formando derivados solúveis (veja OMIM MIM = 220100).

Atrofia girata

Um defeito na ornitina transaminase provoca a doença metabólica atrofia girata da coroide e da retina. O gene afetado é o OAT no cromossomo 10 (OMIM MIM = 258870). A atrofia girata leva à redução do campo de visão e, mais tarde, à cegueira. O avanço dessa desordem pode ser retardado, restringindo-se a ingestão de arginina ou pela administração de piridoxina.

Doença urinária do xarope de bordo

Pacientes que sofrem da doença urinária do xarope de bordo eliminam urina com odor de xarope de bordo. A doença é causada por um defeito genético na segunda etapa do catabolismo dos aminoácidos de cadeia ramificada, a etapa catalisada pelo complexo da α-cetoácido desidrogenase para cadeia ramificada. Quem sofre dessa doença tem vida curta, a menos que siga uma dieta muito pobre em aminoácidos de cadeia ramificada (OMIM MIM = 248600).

Hiperglicinemia não cetótica (encefalopatia por glicina)

Defeitos no complexo enzimático que catalisa a quebra da glicina levam ao acúmulo de grandes quantidades de glicina nos fluidos corporais. Esse é o principal sintoma bioquímico de uma doença chamada hiperglicinemia não cetótica. A maioria dos portadores dessa desordem tem grave deficiência mental e morre na infância. A gravidade da doença indica a grande importância do sistema de clivagem da glicina (OMIM MIM = 605899).

CONCEITO-CHAVE

Todas as espécies precisam eliminar a amônia produzida nas reações de degradação. Algumas conseguem excretá-la diretamente, mas outras precisam convertê-la em produtos menos tóxicos, que são posteriormente eliminados.

1. O ciclo começa quando o carbamilfosfato reage com ornitina na mitocôndria para formar citrulina, em uma reação catalisada pela ornitina transcarbamilase. Essa etapa incorpora o átomo de nitrogênio originário da amônia em citrulina, portanto, esta contém metade do nitrogênio destinado à ureia. A citrulina é, então, transportada para fora das mitocôndrias em troca da ornitina citossólica.

2. O segundo átomo de nitrogênio destinado à ureia vem do aspartato e é incorporado quando a citrulina se condensa com aspartato para formar argininosuccinato, no citosol. Essa reação dependente de ATP é catalisada pela argininosuccinato sintetase. A maior parte do aspartato existente nas células tem origem nas mitocôndrias, embora seja, algumas vezes, gerado no citosol. O aspartato mitocondrial entra no citosol em lugar do glutamato citossólico (essa reação de translocase é parte da lançadeira do malato-aspartato, que descrevemos na Seção 14.12).

3. O argininosuccinato é quebrado não hidroliticamente, formando arginina e fumarato, em uma reação de eliminação catalisada pela argininosuccinato liase. A arginina é o precursor imediato da ureia. (Juntas, a segunda e a terceira etapas do ciclo da ureia exemplificam uma estratégia para doação de grupo amino do aspartato. Vamos encontrar essa estratégia mais duas vezes no próximo capítulo, como parte da biossíntese de purinas. Os processos-chave são uma condensação dependente de nucleosídeos-trifosfato, seguida de eliminação de fumarato).

▲ Figura 17.43
Ciclo da ureia.

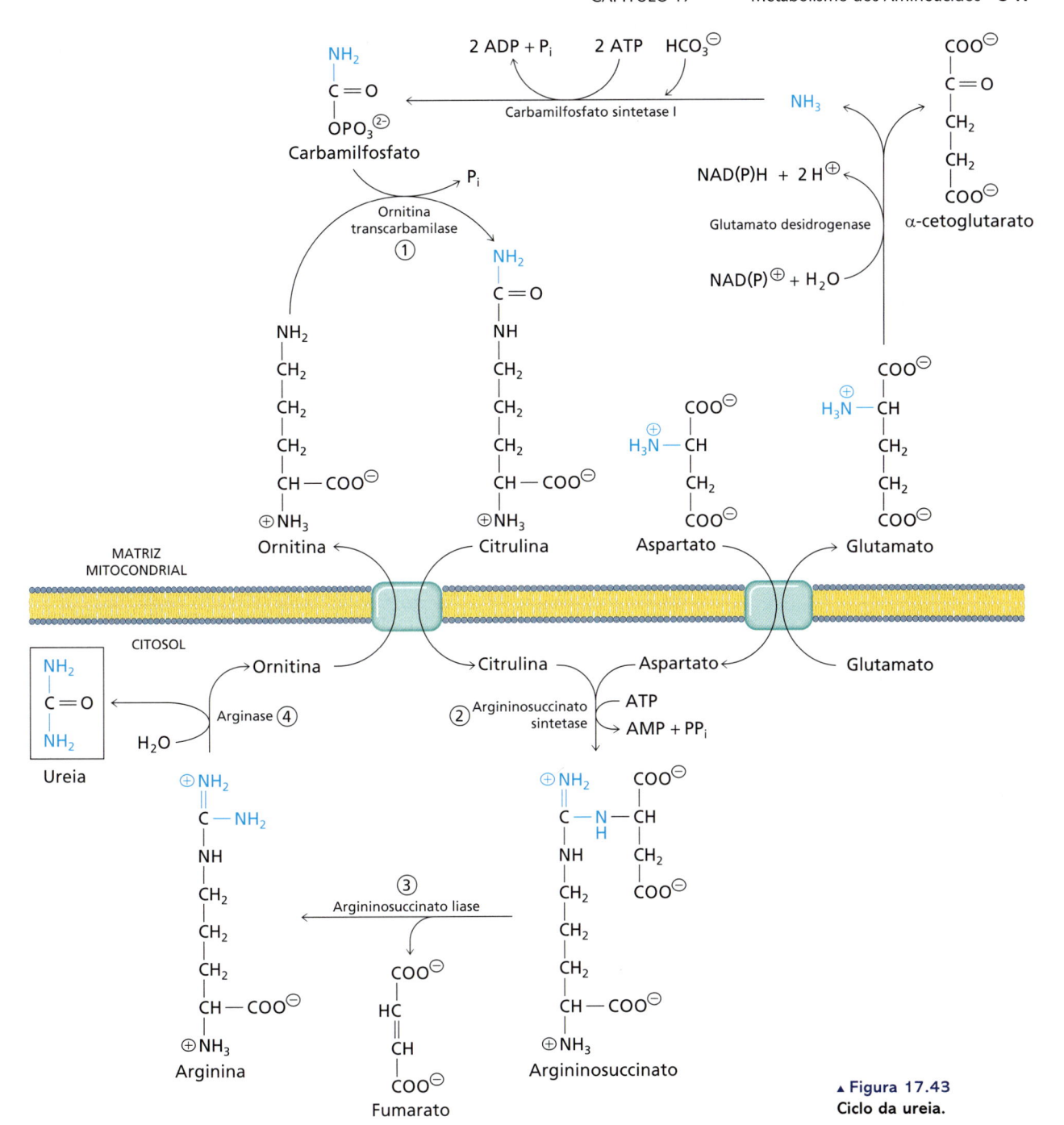

4. Por fim, o grupo guanidínio da arginina é quebrado hidroliticamente, formando ornitina e ureia, em uma reação catalisada pela arginase. Essa enzima tem um par de íons Mn^{2+} em seu sítio ativo, e seu centro binuclear de manganês se liga a uma molécula de água, formando um íon hidróxido, nucleofílico, que ataca o átomo de carbono guanidínico da arginina. A ornitina gerada pela ação da arginase é transportada para dentro das mitocôndrias, onde reage com carbamilfosfato para manter a operação contínua do ciclo da ureia.

A reação completa para a síntese da ureia é:

$$NH_3 + HCO_3^- + \text{Aspartato} + 3\ ATP \longrightarrow$$
$$\text{Ureia} + \text{Fumarato} + 2\ ADP + 2\ P_i + AMP + PP_i \quad (17.5)$$

Os dois átomos de nitrogênio da ureia são derivados da amônia e do aspartato. O átomo de carbono da ureia vem do bicarbonato. Para cada molécula de ureia sintetizada, são consumidos quatro equivalentes de ATP. Três moléculas de ATP são convertidas em duas de ADP e uma de AMP durante a formação de uma molécula de ureia; a hidrólise do pirofosfato inorgânico é responsável pela quebra da quarta ligação fosfoanidrido.

O esqueleto carbônico do fumarato é convertido em glicose e CO_2. O fumarato citossólico não entra no ciclo do ácido cítrico (que ocorre nas mitocôndrias), mas é hidratado em malato por ação de uma fumarase citossólica. Por ação da malato desidrogenase, o malato é oxidado em oxaloacetato, que entra na via da gliconeogênese. Esse caminho é compartilhado pelo fumarato produzido durante a degradação da tirosina (Seção 17.6H).

C. As reações auxiliares do ciclo da ureia

As reações do ciclo da ureia convertem quantidades iguais de nitrogênio vindo da amônia e do aspartato em ureia. Diversos aminoácidos podem atuar como doadores de grupo amino por meio de reações de transaminação com α-cetoglutarato para formar glutamato. Este pode sofrer transaminação com oxaloacetato para formar aspartato, ou desaminação para formar amônia. Tanto a glutamato desidrogenase como a aspartato transaminase são abundantes nas mitocôndrias do fígado e catalisam reações de quase-equilíbrio. As concentrações de amônia e aspartato precisam ser aproximadamente iguais para que a síntese de ureia e a eliminação de nitrogênio sejam eficientes.

Considere o caso teórico de um excesso relativo de amônia (Figura 17.44a). Nessa situação, a reação de quase-equilíbrio catalisada pela glutamato desidrogenase ocorreria na direção da formação de glutamato. Concentrações elevadas de glutamato iriam resultar, então, em um fluxo aumentado no sentido do aspartato, por meio da aspartato transaminase, que é também uma etapa de quase-equilíbrio. Em contraste, quando houvesse excesso de aspartato, o fluxo líquido das reações catalisadas pela glutamato desidrogenase e pela aspartato transaminase ocorreria na direção oposta, a fim de fornecer amônia para a formação de ureia (Figura 17.44b).

Alguns aminoácidos são desaminados no músculo, não no fígado. A glicólise – uma fonte importante de energia nos músculos – produz piruvato. A transferência de grupos amino dos α-aminoácidos ao piruvato gera grandes quantidades de alanina. Esta passa pela corrente sanguínea até o fígado, onde é desaminada regenerando piruvato. O grupo amino é usado para a síntese da ureia, e o piruvato é convertido em glicose pela gliconeogênese. Lembre-se de que nenhuma dessas vias ocorre nos músculos. A glicose pode voltar ao tecido muscular. Alternativamente, o piruvato pode ser convertido em

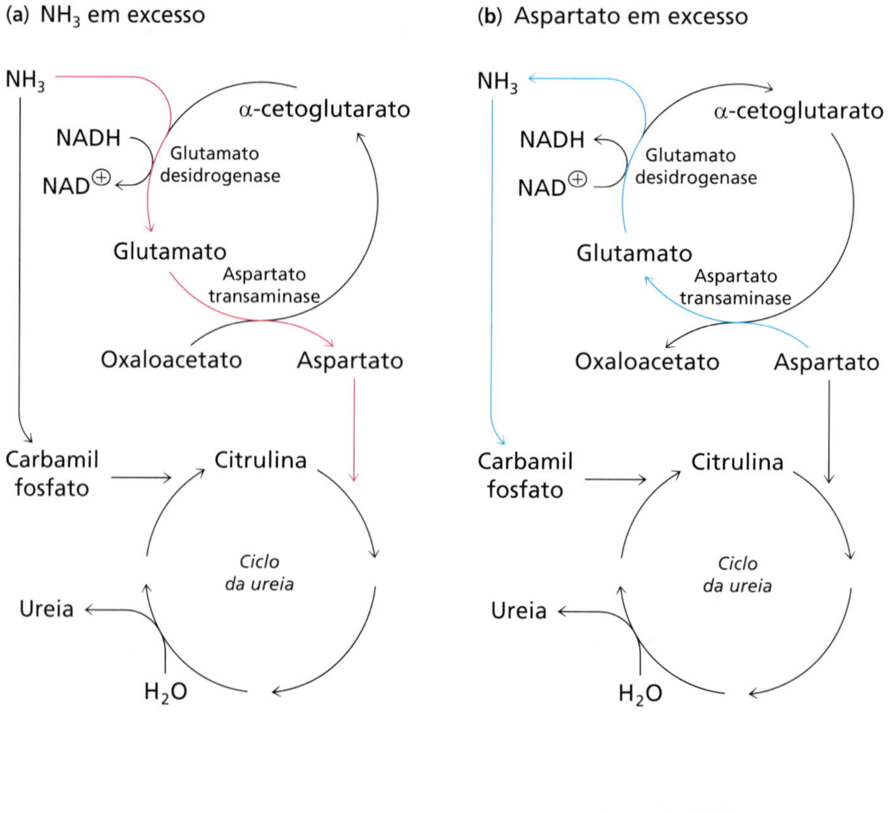

▶ **Figura 17.44**
Equilibrando o suprimento de nitrogênio para o ciclo da ureia. São descritas duas situações teóricas: **(a)** NH_3 em excesso extremo e **(b)** aspartato em excesso extremo. O fluxo através das reações de quase-equilíbrio catalisadas por glutamato desidrogenase e aspartato transaminase é revertido, dependendo das quantidades relativas de amônia e aminoácidos.

◄ **Figura 17.45**
Ciclo da glicose-alanina.

oxaloacetato, que se transforma na cadeia carbônica do aspartato, o metabólito que doa um dos átomos de nitrogênio da ureia. A troca de glicose e alanina entre músculo e fígado é chamada ciclo da glicose-alanina (Figura 17.45) e fornece um meio indireto para que os músculos eliminem nitrogênio e renovem seu estoque de energia.

17.8 O metabolismo renal da glutamina produz bicarbonato

Com frequência, o corpo produz ácidos como produtos finais do metabolismo. Os ânions resultantes são eliminados pela urina e os prótons permanecem no organismo. Um exemplo é o ácido β-hidroxibutírico, um corpo cetônico produzido em grandes quantidades em portadores de diabetes mellitus não controlado. Outro exemplo é o ácido sulfúrico produzido durante o catabolismo dos aminoácidos que contêm enxofre, cisteína e metionina. Esses metabólitos ácidos se dissociam, fornecendo prótons e o ânion correspondente, β-hidroxibutirato ou sulfato (SO_4^{2-}). O sangue tem um sistema-tampão eficiente para os prótons: eles reagem com bicarbonato, produzindo CO_2, que é eliminado pelos pulmões, e H_2O (Figura 17.46). Ao mesmo tempo em que esse sistema neutraliza eficientemente o excesso de íons hidrogênio, ele o faz à custa do esgotamento do bicarbonato no sangue. Esse bicarbonato é reposto pelo catabolismo da glutamina nos rins. Nesses órgãos, os dois átomos de nitrogênio da glutamina são removidos pela ação sequencial da glutaminase e da glutamato desidrogenase, produzindo α-cetoglutarato^{2-} e 2 NH_4^+.

$$\text{Glutamina} \longrightarrow \longrightarrow \alpha\text{-cetoglutarato}^{2-} + 2\ NH_4^\oplus \qquad (17.6)$$

Duas moléculas do ânion divalente α-cetoglutarato^{2-} podem ser convertidas em uma de glicose neutra e em quatro de bicarbonato. O α-cetoglutarato é convertido em glicose pela oxidação a oxaloacetato, levando à gliconeogênese. O processo total (ignorando o envolvimento do ATP) é:

$$2\ C_5H_{10}N_2O_3 + 3\ O_2 + 6\ H_2O \longrightarrow$$
$$\text{Glutamina}$$
$$C_6H_{12}O_6 + 4\ HCO_3^- + 4\ NH_4^\oplus \qquad (17.7)$$
$$\text{Glicose}$$

O $NH_4^\oplus$ é excretado na urina e o HCO_3^- é adicionado ao sangue venoso, substituindo o bicarbonato perdido no tamponamento dos ácidos metabólicos. O $NH_4^\oplus$ excretado é acompanhado na urina pelo ânion (por exemplo, β-hidroxibutirato ou sulfato) do metabólito ácido original.

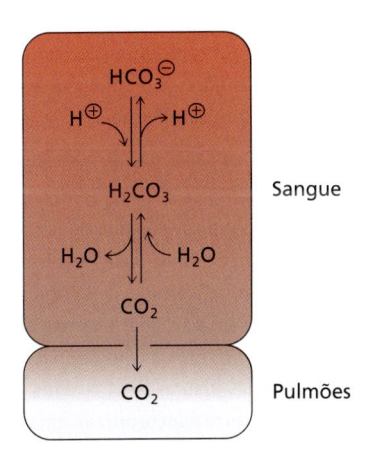

▲ **Figura 17.46**
Tamponamento do $H^\oplus$ no sangue. O sistema de tamponamento de $H^\oplus$ leva à perda de bicarbonato.

Resumo

1. O nitrogênio é fixado apenas em poucas espécies de bactérias, pela redução do N_2 atmosférico a amônia, catalisada pela nitrogenase. Plantas e microrganismos podem reduzir nitrato e nitrito a amônia.

2. A amônia é assimilada nos metabólitos pela aminação redutiva de α-cetoglutarato em glutamato, catalisada pela glutamato desidrogenase. A glutamina, um doador de nitrogênio em várias reações biossintéticas, é formada a partir do glutamato e de amônia, pela ação da glutamina sintetase.

3. O grupo amino do glutamato pode ser transferido a um α-cetoácido em uma reação de transaminação reversível, para formar α-cetoglutarato e o α-aminoácido correspondente.

4. As rotas para a biossíntese dos esqueletos carbônicos dos aminoácidos começam com precursores metabólicos simples, como piruvato e intermediários do ciclo do ácido cítrico.

5. Além de seu papel na síntese de proteínas, os aminoácidos servem como precursores em diversas outras vias metabólicas.

6. As moléculas de proteína em todas as células vivas são continuamente sintetizadas e degradadas.

7. Os aminoácidos obtidos da degradação de proteínas ou diretamente da alimentação podem ser catabolizados. O catabolismo começa, em geral, com a desaminação, seguida pela modificação das cadeias carbônicas restantes para que entrem nas vias centrais do metabolismo carbônico.

8. As vias de degradação dos aminoácidos levam a piruvato, acetil-CoA ou a intermediários do ciclo do ácido cítrico. Os aminoácidos que são degradados em intermediários do ciclo do ácido cítrico são glicogênicos. Os que formam acetil-CoA são cetogênicos.

9. A maior parte do nitrogênio é excretada nos mamíferos sob a forma de ureia, formada no fígado pelo ciclo da ureia. O átomo de carbono da ureia vem do bicarbonato; um dos seus grupos amino é derivado da amônia, e o outro, do aspartato.

10. O metabolismo da glutamina nos rins produz o bicarbonato necessário para neutralizar ácidos produzidos pelo organismo.

Problemas

1. Os heterocistos de cianobactérias contêm altas concentrações de nitrogenase. Essas células mantiveram o fotossistema I (PSI), mas não têm o fotossistema II (PSII). Por quê?

2. Escreva a equação geral para converter uma molécula de α-cetoglutarato em uma molécula de glutamina pela assimilação de duas moléculas de amônia nas seguintes reações acopladas:

    (a) glutamato desidrogenase e glutamina sintetase; e (b) glutamina sintetase e glutamato sintase. Compare as necessidades energéticas das duas vias e explique qualquer diferença.

3. Quando aspartato marcado com ^{15}N é dado a animais, esse isótopo aparece rapidamente em vários aminoácidos. Explique essa observação.

4. (a) Três dos vinte aminoácidos comuns são sintetizados por transaminação simples de metabólitos que são carboidratos. Escreva as equações dessas três reações de transaminação.

    (b) Um aminoácido pode ser sintetizado por aminação redutiva de um carboidrato. Escreva a equação dessa reação.

5. Animais dependem de plantas ou de microrganismos para a incorporação de enxofre em aminoácidos e seus derivados. Contudo, a metionina é um aminoácido essencial nos animais, mas a cisteína não. Se o doador de um átomo de enxofre na conversão da homosserina em homocisteína pelas plantas for a cisteína, esboce o caminho pelo qual o enxofre é incorporado em cisteína e metionina nas plantas e em cisteína nos animais.

6. A serina é uma fonte de fragmentos de um carbono para certas vias biossintéticas.

    (a) Escreva as equações que mostram como dois átomos de carbono da serina são disponibilizados para biossíntese.

    (b) Considerando que o precursor da serina seja produzido pela glicólise, quais átomos de carbono da glicose serão os precursores desses fragmentos de um carbono?

7. Indique onde a marcação isotópica aparece no produto de cada um dos pares precursor-produto:

    (a) 3-[^{14}C]-oxaloacetato → Treonina

    (b) 3-[^{14}C]-fosfoglicerato → Triptofano

    (c) 3-[^{14}C]-glutamato → Prolina

    (d) Corismato → Fenilalanina (com marcação $^{14}CH_2$)

8. (a) PPT (fosfinotricina) é um herbicida relativamente seguro para animais porque não é transportado da corrente sanguínea para o cérebro e é rapidamente eliminado pelos rins. Ele inibe de modo eficiente uma enzima no metabolismo dos aminoácidos das plantas porque é análogo ao aminoácido que serve de substrato a ela. Com qual aminoácido o PPT se assemelha?

$$H_3C-\overset{\overset{O}{\|}}{\underset{\underset{O^\ominus}{|}}{P}}-CH_2CH_2\overset{\overset{|}{NH_3^\oplus}}{\underset{|}{CH}}-COO^\ominus$$

PPT

(b) O herbicida aminotriazol inibe a imidazol glicerolfosfato desidrogenase. Qual via dos aminoácidos é inibida nas plantas?

Aminotriazol

9. Crianças com fenilcetonúria não devem consumir o adoçante artificial aspartame (Figura 3.10). Por quê?

10. (a) Uma deficiência da α-cetoácido desidrogenase é a anormalidade enzimática mais comum no catabolismo dos aminoácidos de cadeia ramificada. Indivíduos com essa doença eliminam α-cetoácidos de cadeia ramificada. Escreva as estruturas dos α-cetoácidos que resultam durante o catabolismo da leucina, valina e isoleucina quando essa enzima é defeituosa.

   (b) Uma desordem do catabolismo dos aminoácidos resulta no acúmulo e na excreção da sacaropina. Que via dos aminoácidos está envolvida e que enzima é defeituosa?

   (c) A citrulinemia é caracterizada pelo acúmulo da citrulina no sangue e sua eliminação pela urina. Que via metabólica está envolvida e que enzima é defeituosa nessa doença?

11. Que aminoácidos fornecem os seguintes α-cetoácidos por transaminação?

    (a) $^\ominus OOC-\overset{O}{\overset{\|}{C}}-CH_3$

    (b) $^\ominus OOC-\overset{O}{\overset{\|}{C}}-CH_2-COO^\ominus$

    (c) $^\ominus OOC-\overset{O}{\overset{\|}{CH}}$

    (d) $^\ominus OOC-\overset{O}{\overset{\|}{C}}-CH_2-SH$

12. Os músculos dos animais usam dois mecanismos para eliminar o excesso de nitrogênio gerado durante a desaminação dos aminoácidos. Quais são essas duas vias e por que elas são necessárias?

13. Tiocitrulina e S-metiltiocitrulina evitam a dilatação dos vasos sanguíneos, baixa pressão arterial e choque nos animais, induzidos experimentalmente. Qual enzima, produtora de um mensageiro gasoso dilatador dos vasos sanguíneos, está sendo inibida? Sugira a razão pela qual essas duas moléculas atuam como inibidoras dessa enzima.

14. Por que há tão poucas doenças metabólicas associadas a defeitos nas vias biossintéticas dos aminoácidos?

15. Vias para a biossíntese do 21º, do 22º e do 23º aminoácido (Seção 3.3) não foram descritas neste capítulo. Por quê? Quais os precursores imediatos desses três aminoácidos adicionais?

16. O custo de produzir aminoácidos, em equivalentes de ATP, pode ser calculado usando valores para o custo de produzir seus precursores, mais o de cada reação na via biossintética dos aminoácidos. Considerando que o custo de produzir gliceraldeído 3-fosfato é de 24 equivalentes de ATP (Seção 15.4C), calcule o custo de produzir serina (Figura 17.15) e alanina (Figura 17.12). Como seus valores se comparam aos do Quadro 17.3?

Leituras selecionadas

Ciclo do nitrogênio

Dixon R e Kahn D. Genetic regulation of biological nitrogen fixation. Nat. Rev. Microbiol. 2004; 2:621-631.

Moisander PH, Beinart RA, Hewson I, White AE, Johnson KS, Carlson CA, Montoya JP e Zehr JP. Unicellular cyanobacterial distributions broaden the oceanic N_2 fixation domain. Science 2010; 327:1512-1524.

Montoya JP, Holl CM, Zehr JP, Hansen A, Villareal,TA e Capone DG. High rates of N2 fixation in the oligotrophic Pacific ocean. Nature 2004; 430:1.027-1.031.

Schimpl J, Petrilli HM e Blöchl PE. Nitrogen binding to the FeMo-cofactor of nitrogenase. J. Am. Chem. Soc. 2003; 125:15.772-15.778.

Seefeldt LC, Hoffman BM. e Dean, D. R. Mechanism of Mo-dependent nitrogenase. Annu. Rev. Biochem. 2009; 78:701-722.

Metabolismo dos aminoácidos

Fitzpatrick PF. Tetrahydropterin-dependent amino acid hydroxylases. Annu. Rev. Biochem. 1999; 68:355-381.

Häussinger D. Hepatic glutamine transport and metabolism. Adv. Enzymol. Relat. Areas Mol. Biol. 1998 72:43-86.

Huang. X, Holden HM e Raushel FM. Channeling of substrates and intermediates in enzyme-catalyzed reactions. Annu. Rev. Biochem. 2001; 70:149-180.

Katagiri M e Nakamura M. Reappraisal of the 20th-century version of amino acid metabolism. Biochem. Biophys. Res. Comm. 2003; 312:205-208.

Levy HL. Phenylketonuria: old disease, new approach to treatment. Proc. Natl. Acad. Sci. 1999; USA 96:1.811-1.813.

Perham RN. Swinging arms and swinging domains in multifunctional enzymes: catalytic machines for multistep reactions. Annu. Rev. Biochem. 2000; 69:961-1004.

Purich DL. Advances in the enzymology of glutamine synthesis. Adv. Enzymol. Relat. Areas Mol. Biol. 1998; 72:9-42.

Raushel FM, Thoden JB e Holden HM. Enzymes with molecular tunnels. Acc. Chem. Res. 2003; 36:539-548.

Richards NG e Kilberg MS. Asparagine synthetase chemotherapy. Annu. Rev. Biochem. 2006; 75:629-654.

Scapin G e Blanchard JS. Enzymology of bacterial lysine biosynthesis. Adv. Enzymol. Relat. Areas Mol. Biol. 1998; 72:279-324.

Scriver CR, Beaudet, A. L., Sly, W. S. e Valle, D., eds. The Metabolic Basis of Inherited Disease, Vols. 1, 2 e 3. Nova York: McGraw-Hill, 1995.

Srivastava D, Schuermann JP, White TA, Krishnan N, Sanyal N, Hura GL., Tan A, Henzl MT, Becker DF e Tanner JJ. Crystal structure of the bifunctional proline utilization A flavoenzyme from *Bradyrhizobium japonicum*. Proc. Natl. Acad. Sci. USA 2010; 107:2.878-2.883.

Wu G e Morris SM Jr. Arginine metabolism: nitric oxide and beyond. Biochem. 1998; J. 336:1-17.

Zalkin H e Smith JL. Enzymes utilizing glutamine as an amide donor. Adv. Enzymol. Relat. Areas Mol. Biol. 1998; 72:87-144.

CAPÍTULO 18

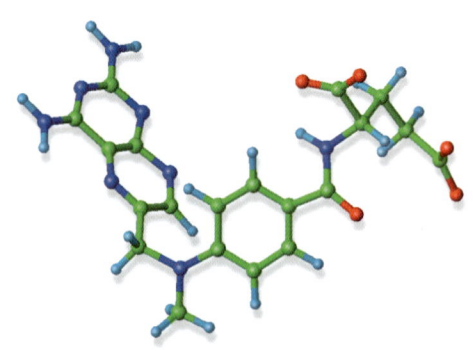

Metabolismo dos Nucleotídeos

[Sven] Furberg, raciocinando com grande brilhantismo e sorte a partir de dados que eram escassos, mas incluíam seus próprios estudos de raios X, descreveu acertadamente a configuração tridimensional absoluta do nucleotídeo... "O nucleotídeo de Furberg... foi absolutamente essencial para nós", disse-me Crick.
– Horace Freeland Judson. *The Eighth Day of Creation*, 1996. p. 94.

Já encontramos nucleotídeos e seus componentes ao longo deste livro. Os nucleotídeos são provavelmente mais conhecidos por seu papel como blocos construtores de DNA e RNA; no entanto, como já vimos, eles estão envolvidos em quase todas as atividades da célula, sejam sozinhos ou em combinação com outras moléculas. Alguns nucleotídeos (como o ATP) funcionam como cossubstratos, outros (como o AMP cíclico e o GTP) são moléculas reguladoras.

Um dos componentes de todo nucleotídeo é uma base purínica ou pirimidínica. Os outros componentes são um açúcar de cinco carbonos – ribose ou desoxirribose – e um ou mais grupos fosforila. As bases-padrão (adenina, guanina, citosina, timina, uracila) quase sempre são encontradas como constituintes de nucleotídeos e polinucleotídeos. Todos os organismos e células são capazes de sintetizar nucleotídeos purínicos e pirimidínicos, uma vez que essas moléculas são essenciais ao fluxo de informações. Em células que não se dividem, a biossíntese de nucleotídeos é dedicada quase exclusivamente à produção de ribonucleotídeos para síntese de RNA e de vários cofatores nucleotídicos. Desoxirribonucleotídeos são necessários para replicação do DNA na divisão celular e, em consequência, a síntese de desoxinucleotídeos está intimamente ligada à divisão da célula. Seu estudo é particularmente importante na medicina moderna, uma vez que agentes sintéticos que inibem a síntese de desoxinucleotídeos são úteis como agentes terapêuticos contra o câncer.

Começamos este capítulo com uma descrição da biossíntese dos nucleotídeos purínicos e pirimidínicos. Em seguida, apresentamos a conversão de ribonucleotídeos de purina e pirimidina em suas formas 2'-desoxi, que são incorporadas ao DNA. Depois disso, discutimos como purinas e pirimidinas obtidas da degradação de ácidos nucleicos ou extracelularmente dos alimentos podem ser incorporadas de modo direto aos nucleotídeos, num processo chamado reaproveitamento (*salvage*, em inglês). As vias de reaproveitamento conservam energia por meio da reciclagem de produtos da renovação dos ácidos nucleicos. Por fim, examinamos a degradação biológica dos nucleotídeos. A degradação das purinas leva à formação de compostos potencialmente tóxicos, que são excretados; já a das pirimidinas leva a produtos facilmente metabolizados.

Topo: Metotrexato, uma das drogas anticâncer de uso mais comum. Ele é um análogo do ácido fólico que inibe o ciclo de reações, gerando desoxitimidilato para a síntese de DNA.

18.1 Síntese dos nucleotídeos purínicos

A identificação das enzimas e intermediários na via de síntese dos dois nucleotídeos purínicos, adenosina 5'-monofosfato (AMP) e guanosina 5'-monofosfato (GMP), começou com os estudos do metabolismo de nitrogênio nos pássaros. O principal produto final do metabolismo de nitrogênio nas aves e em alguns répteis é o ácido úrico (Figura 18.1) em vez de ureia, como nos mamíferos. Pesquisadores na década de 1950 descobriram que o ácido úrico e as purinas dos ácidos nucleicos surgem a partir dos mesmos precursores e da mesma sequência de reações. Os homogenatos de fígado de pombo – um tecido em que as purinas são sintetizadas ativamente – constituíram uma fonte conveniente de enzimas para estudo das etapas da biossíntese de purinas. A via que ocorre no fígado de aves foi depois encontrada em muitos outros organismos.

Quando compostos isotopicamente marcados como $^{13}CO_2$, $H^{13}COO^-$ (formiato), e $^+H_3N-CH_2-^{13}COO^-$ (glicina) foram administrados a pombos e ratos, o resultado foi a excreção de ácido úrico marcado. Este foi isolado e degradado quimicamente para permitir a identificação das posições dos átomos de carbono e nitrogênio marcados. O carbono do dióxido de carbono foi incorporado no C-6, e o carbono do formiato, nos C-2 e C-8 das purinas. Em última análise, observou-se que as fontes dos átomos do anel eram: aspartato para N-1; formiato para C-2 e C-8, via 10-formil-tetra-hidrofolato (Seção 7.9); grupos amida da glutamina para N-3 e N-9; glicina para C-4, C-5 e N-7; e dióxido de carbono para C-6. Esses resultados estão resumidos na Figura 18.2.

O anel de purina não é sintetizado como uma base livre, mas como um substituinte da ribose 5-fosfato. Esta é obtida para a biossíntese de purinas a partir do 5-fosforibosil-1-pirofosfato (PRPP), também conhecido como 5-fosforibosil-1-difosfato. O PRPP é sintetizado a partir de ribose 5-fosfato e ATP em uma reação catalisada pela ribose-fosfato difosfoquinase (Figura 18.3); o PRPP em seguida doa ribose 5-fosfato para servir como o arcabouço sobre o qual a estrutura da purina é construída. O PRPP é também um precursor para a biossíntese de nucleotídeos de pirimidina, embora nessa via ele reaja com uma pirimidina pré-formada para constituir um nucleotídeo. Além disso, ele também é usado nas vias de reaproveitamento de nucleotídeos e na biossíntese de histidina (Figura 17.23).

O produto inicial da via biossintética dos nucleotídeos purínicos é a inosina 5'monofosfato (IMP ou inosinato) (Figura 18.4), um nucleotídeo contendo hipoxantina (6-oxopurina) como sua base. A rota em dez etapas para síntese *de novo*[1] do IMP foi descoberta na década de 1950 pelos grupos de pesquisa de John M. Buchanan e G. Robert Greenberg. O difícil processo de isolamento e caracterização estrutural dos intermediários levou cerca de dez anos.

A via para o IMP está apresentada na Figura 18.5. Ela começa com a substituição do grupo pirofosforila do PRPP pelo nitrogênio amídico da glutamina em uma reação catalisada pela glutamina–PRPP amidotransferase. Observe que a configuração do carbono anomérico é invertida de α para β nessa substituição nucleofílica – a configuração β persiste em nucleotídeos purínicos completos. O grupo amino do produto, fosforibosilamina, é, então, acilado pela glicina para formar glicinamida ribonucleotídeo. O mecanismo dessa reação, na qual se forma um glicilfosfato ligado à enzima, é semelhante ao da glutamina sintetase que tem γ-glutamilfosfato como intermediário (Reação 10.17).

A etapa 3 consiste na transferência de um grupo formila de 10-formil-tetra-hidrofolato para o grupo amino destinado a se tornar o N-7 do IMP. Na etapa 4, uma amida é convertida em amidina (RHN-C=NH) em uma reação dependente de ATP em que a glutamina é a doadora de nitrogênio. A etapa 5 é uma reação de fechamento de anel, que necessita de ATP e produz um derivado imidazólico. O CO_2 é incorporado na etapa 6, por ligação ao carbono que se torna o C-5 do IMP. Essa carboxilação é incomum, pois não requer biotina. O bicarbonato é ligado primeiro, em uma etapa dependente de ATP, ao grupo amino que origina o N-3 do IMP. O intermediário carboxilado então sofre um rearranjo no qual o grupo carboxilato é transferido para o átomo de

---

Ácido úrico

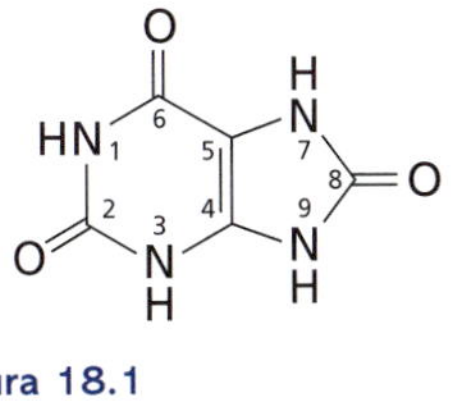

▲ Figura 18.1
Ácido úrico.

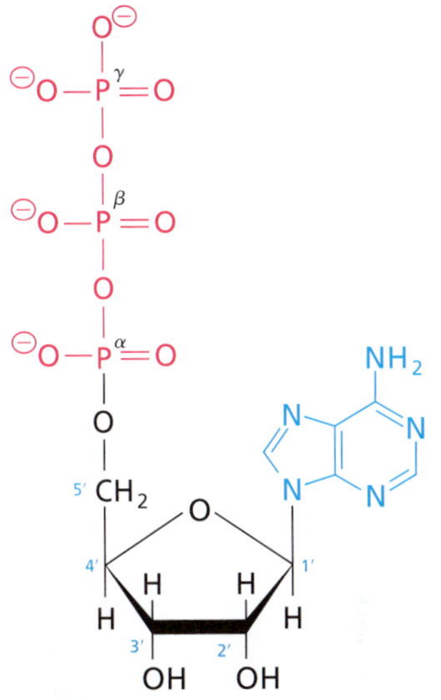

▲ Estrutura de adenosina trifosfato (ATP). A base nitrogenada adenina (azul) é ligada à ribose (preto). Três grupos fosforila (rosa) também estão ligados à ribose na posição 5.

Ribose 5'-fosfato é produzida na via das pentoses-fosfato (Seção 12.4).

AS PRINCIPAIS PURINAS

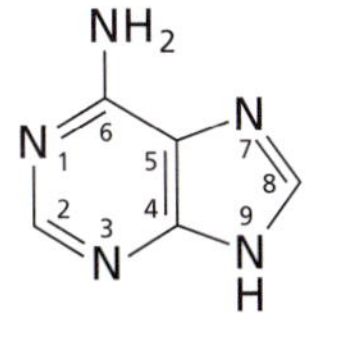

Adenina
(6-aminopurina)

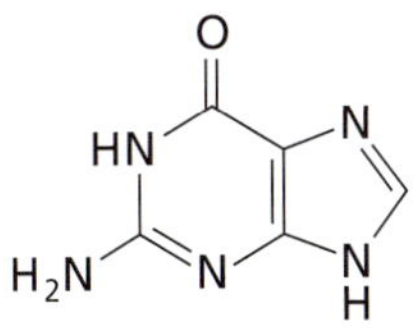

Guanina
(2-amino-6-oxopurina)

▲ Adenina, guanina.

---

[1] Termo em latim que significa "do início", "do zero". Em bioquímica é usado para descrever a síntese a partir de precursores fundamentais – ao contrário da via de reaproveitamento, na qual uma molécula é montada a partir de grandes pedaços pré-formados. (N. RT.)

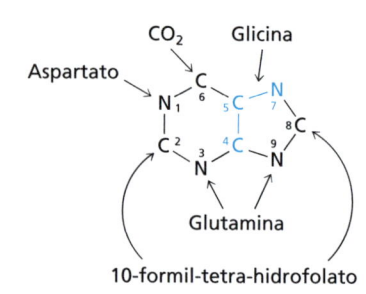

▲ Figura 18.2
Fontes dos átomos dos anéis das purinas sintetizadas *de novo*.

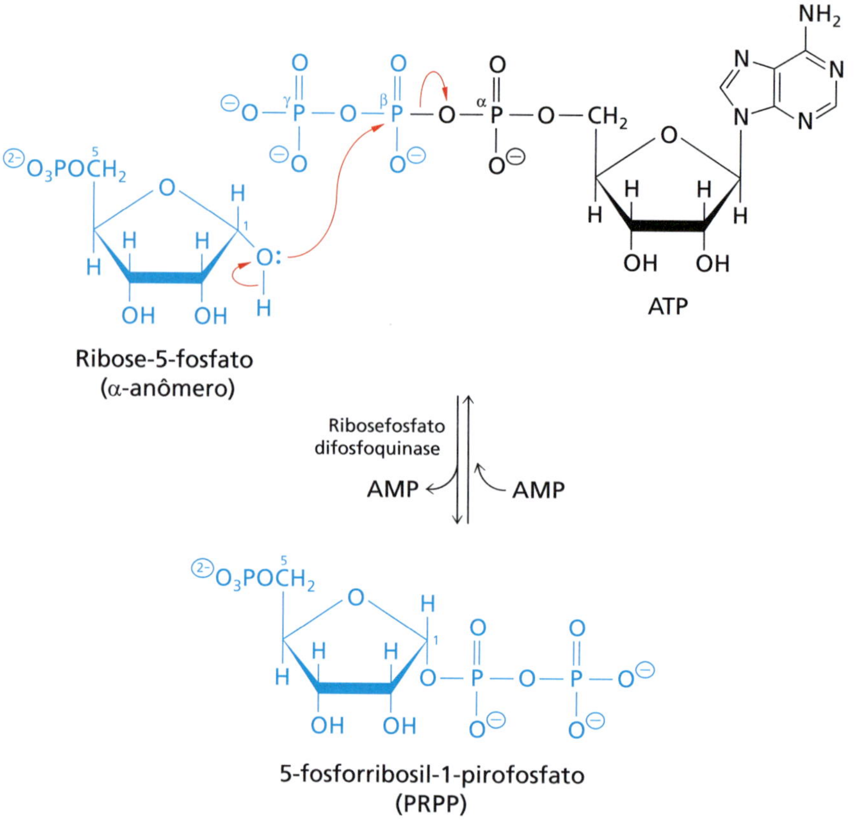

▲ Figura 18.3
Síntese do 5-fosforribosil-1-pirofosfato (PRPP) a partir de ribose-5-fosfato e ATP. Ribosefosfato difosfoquinase catalisa a transferência de um grupo pirofosforila do ATP para o oxigênio do grupo 1-hidroxila de ribose-5-fosfato.

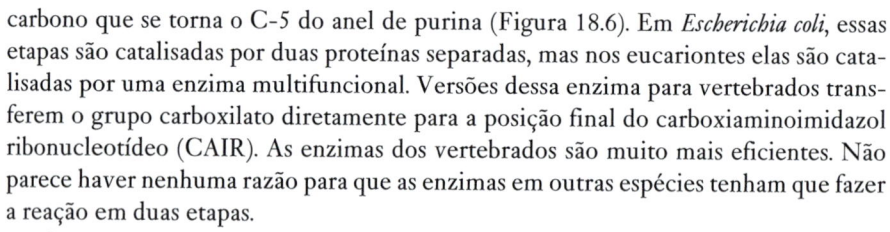

▲ **G. Robert Greenberg** (1918-2005). O grupo de pesquisa de Greenberg desvendou muitas reações da via de biossíntese das purinas.

carbono que se torna o C-5 do anel de purina (Figura 18.6). Em *Escherichia coli*, essas etapas são catalisadas por duas proteínas separadas, mas nos eucariontes elas são catalisadas por uma enzima multifuncional. Versões dessa enzima para vertebrados transferem o grupo carboxilato diretamente para a posição final do carboxiaminoimidazol ribonucleotídeo (CAIR). As enzimas dos vertebrados são muito mais eficientes. Não parece haver nenhuma razão para que as enzimas em outras espécies tenham que fazer a reação em duas etapas.

O grupo amino do aspartato é incorporado no sistema de anéis em construção da purina nas etapas 7 e 8. Primeiro, o aspartato condensa-se com o grupo carboxilato recém-adicionado para formar uma amida, especificamente uma succinilcarboxamida. Em seguida, a adenilsuccinato liase catalisa uma reação de clivagem não hidrolítica que libera fumarato. Esse processo em duas etapas resulta na transferência de um grupo amino contendo o nitrogênio destinado a se tornar o N-1 do IMP. As duas etapas são semelhantes às etapas 2 e 3 do ciclo da ureia (Figura 17.43), exceto pelo fato de que, neste caso, o ATP é clivado em ADP + P_i, em vez de AMP + PP_i.

Na etapa 9, que é semelhante à 3, o cossubstrato 10-formil-tetra-hidrofolato doa um grupo formila (–CH=O) ao grupo amino nucleofílico do aminoimidazol

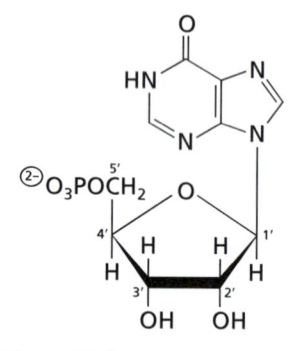

▲ Figura 18.4
Inosina-5'-monofosfato (IMP, ou inosinato). O IMP é convertido em outros nucleotídeos purínicos. Boa parte do IMP é degradada em ácido úrico em aves e primatas.

QUADRO 18.1 Nomes comuns das bases

Adenina	do grego *adenas*, "glândula": isolada pela primeira vez nas glândulas pancreáticas (1885).
Citosina	derivado de *cyto*, palavra grega para "receptáculo", referindo-se às células (1894).
Guanina	originalmente isolada no "guano" ou excremento das aves (1850).
Uracila	sua origem é incerta, mas possivelmente vem de "ureia" (1890).
Timina	isolada pela primeira vez na glândula timo (1894).
Xantina	da palavra grega para "amarelo" (1857).

CONCEITO-CHAVE

As vias de biossíntese de nucleotídeos consomem muita energia.

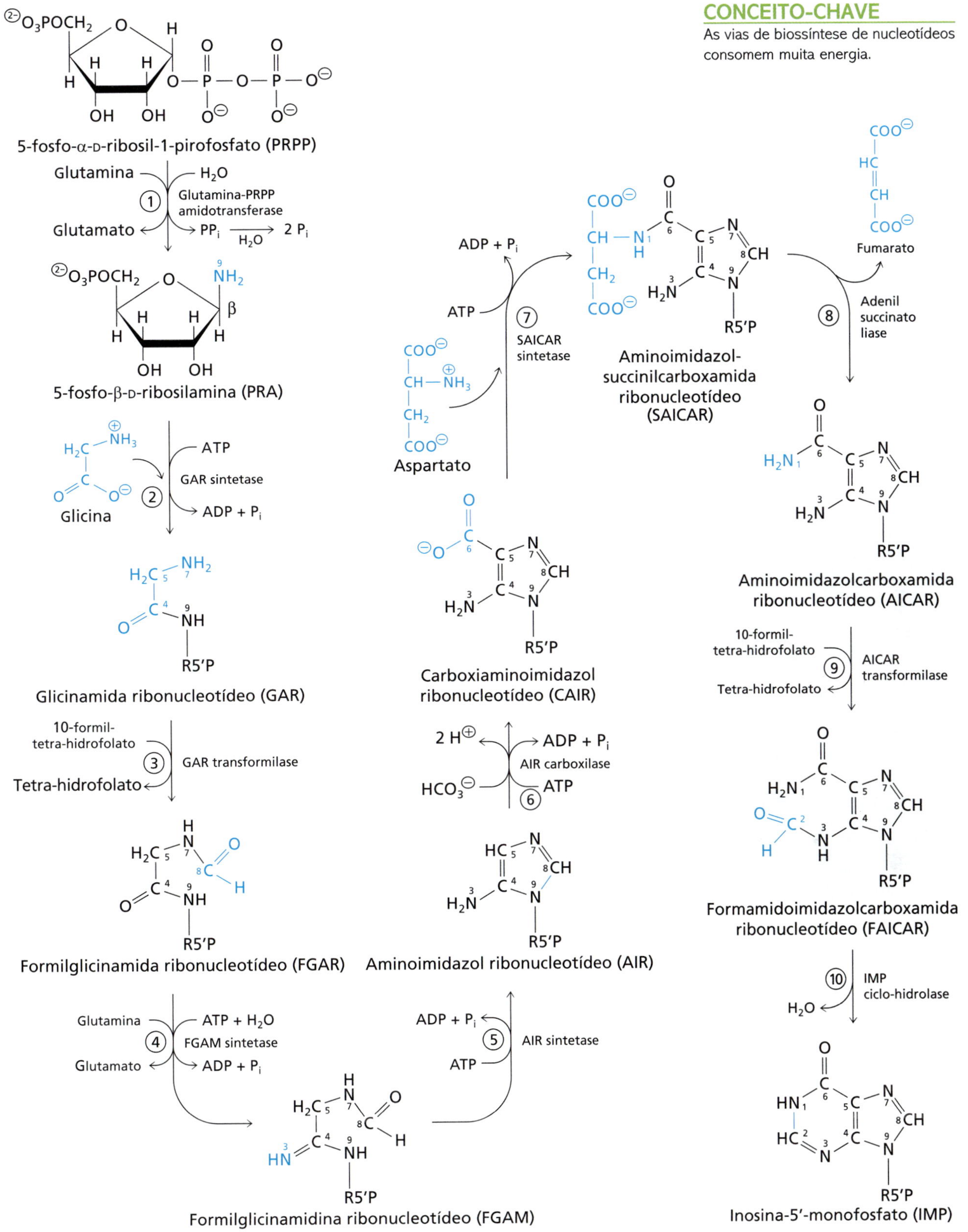

▲ **Figura 18.5**

Via em dez etapas para a síntese *de novo* do IMP. R5'P representa a ribose-5-fosfato. Os átomos são numerados de acordo com suas posições na estrutura completa do anel de purina.

carboxamidorriblonucleotídeo. O nitrogênio amídico do intermediário final se condensa, em seguida, com o grupo formila, em um fechamento de anel que completa o sistema anelar purínico do IMP.

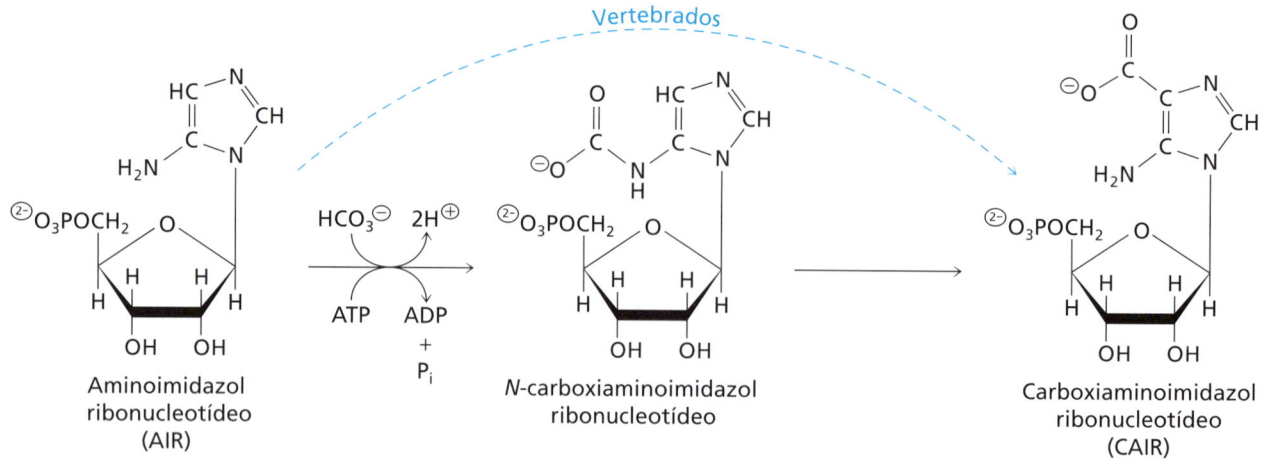

Figura 18.6
N-carboxiaminoimidazol ribonucleotídeo pode ser um intermediário na conversão de AIR em CAIR.

A síntese do IMP consome uma quantidade considerável de energia. O ATP é convertido em AMP durante a síntese de PRPP, e as etapas 2, 4, 5, 6 e 7 são impulsionadas pela conversão de ATP em ADP. ATP adicional é necessário para a síntese de glutamina a partir de glutamato e amônia (Figura 17.4).

18.2 Outros nucleotídeos purínicos são sintetizados a partir do IMP

O IMP pode ser convertido em AMP ou GMP (Figura 18.7). Duas reações enzimáticas são necessárias para cada uma dessas conversões. AMP e GMP podem, em seguida, ser fosforilados em seus di e trifosfatos pela ação de nucleotídeo quinases específicas (adenilato quinase e guanilato quinase, respectivamente) e da nucleosídeo-difosfato quinase, de baixa especificidade (Seção 10.6).

As duas etapas que convertem IMP em AMP parecem bastante as etapas 7 e 8 da biossíntese do IMP. Primeiro, o grupo amino do aspartato se condensa com o grupo cetônico do IMP em uma reação catalisada pela adenilsuccinato sintetase, dependente de GTP. Em seguida, a eliminação de fumarato do adenilsuccinato é catalisada pela adenilsuccinato liase, a mesma enzima que catalisa a etapa 8 da via *de novo* para o IMP.

A primeira etapa na conversão do IMP em GMP é a oxidação do C-2 catalisada pela enzima dependente de NAD⊕, a IMP desidrogenase. Essa reação ocorre pela adição de uma molécula de água à ligação dupla entre C-2 e N-3, seguida de oxidação do hidrato. O produto dessa oxidação é xantosina monofosfato (XMP). Em seguida, o nitrogênio amídico da glutamina substitui o oxigênio do C-2 do XMP em uma reação dependente de ATP, catalisada pela GMP sintetase. O uso do GTP como cossubstrato na síntese de AMP a partir de IMP, assim como o uso de ATP na síntese de GMP a partir do IMP, ajuda a equilibrar a formação dos dois produtos.

A síntese de nucleotídeos purínicos é regulada nas células pela inibição por retroalimentação. Várias enzimas que catalisam etapas na biossíntese de nucleotídeos purínicos exibem comportamento alostérico *in vitro*. A ribosefosfato difosfoquinase é inibida por vários ribonucleotídeos purínicos, mas apenas em concentrações superiores às normalmente encontradas nas células. O PRPP é um doador de ribose-5-fosfato em mais de uma dúzia de reações. Assim, não se espera que a síntese de PRPP seja regulada exclusivamente pelas concentrações dos nucleotídeos purínicos. A enzima que catalisa a primeira etapa de compromisso na via de síntese dos nucleotídeos purínicos, a glutamina–PRPP amidotransferase (etapa 1 na Figura 18.5), é alostericamente inibida pelos produtos finais 5'-ribonucleotídicos (IMP, AMP e GMP) em concentrações intracelulares. Essa etapa parece ser o principal sítio de regulação dessa via.

As vias que conduzem do IMP para o AMP e para o GMP também parecem ser reguladas por inibição por retroalimentação. A adenilsuccinato sintetase é inibida *in vitro* por AMP, o produto de uma das ramificações de duas etapas. Tanto XMP como GMP inibem a IMP desidrogenase. O padrão de inibição por retroalimentação na síntese de AMP e GMP é apresentado na Figura 18.8. Observe que os produtos finais

▲ **John M. ("Jack") Buchanan (1917-2007).** O grupo de Buchanan descobriu muitas reações da via biossintética das purinas. Ele e Greenberg eram concorrentes amigáveis, compartilhando vários resultados de suas pesquisas.

inibem duas das etapas iniciais comuns, bem como as principais etapas que divergem do IMP no ponto de ramificação.

18.3 Síntese dos nucleotídeos pirimidínicos

O 5'-monofosfato de uridina é o precursor dos outros nucleotídeos pirimidínicos. A rota de biossíntese do UMP é mais simples do que a das purinas, e consome menos moléculas de ATP. Os átomos do anel de pirimidina vêm do bicarbonato, que contribui com o C-2, da glutamina (N-3), que contribui com o grupo amida, e do aspartato, que contribui com os demais átomos (Figura 18.9). Os átomos C-2 e N-3 são incorporados após a formação do intermediário carbamilfosfato.

◄ Figura 18.7
Vias para a conversão de IMP em AMP e GMP.

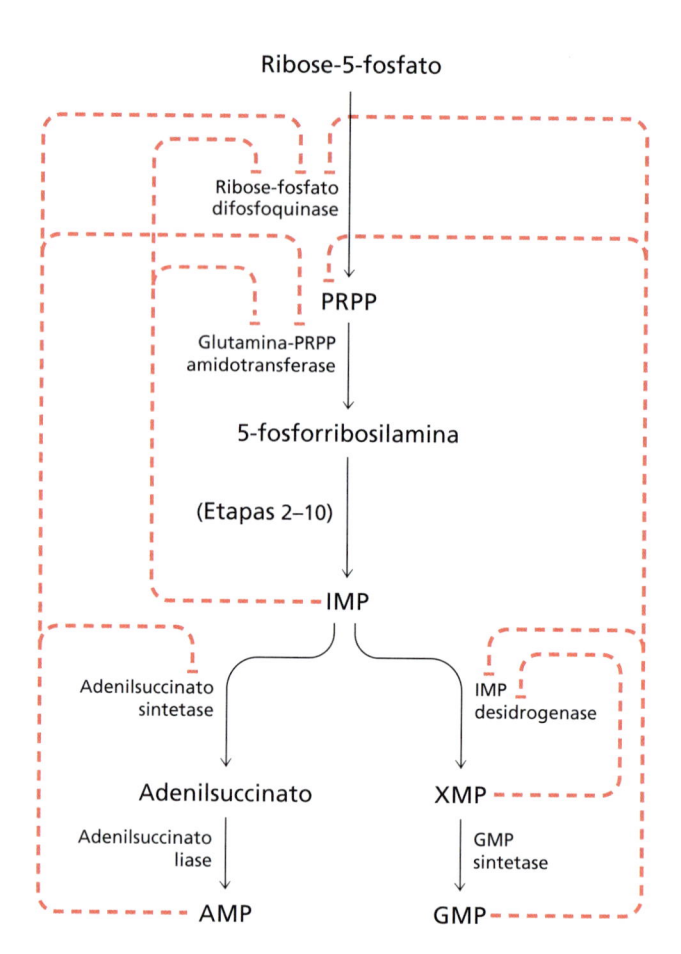

▶ **Figura 18.8**
Inibição por retroalimentação na biossíntese dos nucleotídeos purínicos.

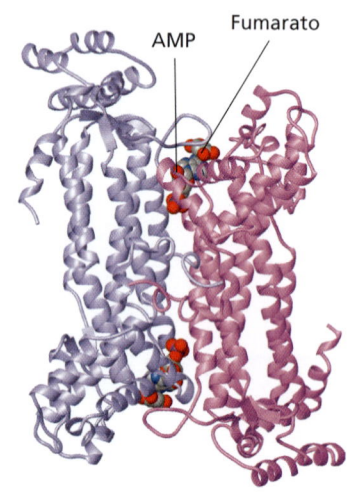

[Diagrama: Ribose-5-fosfato → (Ribose-fosfato difosfoquinase) → PRPP → (Glutamina-PRPP amidotransferase) → 5-fosforribosilamina → (Etapas 2–10) → IMP → Adenilsuccinato sintetase / IMP desidrogenase → Adenilsuccinato / XMP → Adenilsuccinato liase / GMP sintetase → AMP / GMP. Setas tracejadas indicam inibição por retroalimentação.]

▲ **Adenilsuccinato liase de *E. coli*.** A enzima é um homodímero. Uma subunidade está colorida de azul e a outra, de roxo. Essa é uma enzima mutante (H171N) mostrando os dois produtos, AMP e fumarato, ligados aos sítios ativos. A adenilsuccinato liase catalisa etapas semelhantes na via de síntese do IMP e na conversão deste em AMP [PDB 2PTQ].

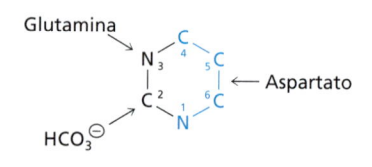

▲ **Figura 18.9**
Fontes dos átomos dos anéis de pirimidina. O precursor imediato do C-2 e do N-3 é o carbamilfosfato.

O PRPP é necessário para a biossíntese de nucleotídeos pirimidínicos, mas o açúcar-fosfato do PRPP é doado após o anel ter sido formado em vez de entrar na via na primeira etapa. Um composto com um anel de pirimidina completo — orotato (6-carboxiuracila) — reage com o PRPP para formar um ribonucleotídeo pirimidínico na penúltima das seis etapas da via.

A. A via da síntese de pirimidinas

As seis etapas da via de síntese de pirimidinas estão mostradas na Figura 18.10. As duas primeiras etapas geram um intermediário acíclico, que contém todos os átomos que irão formar o anel de pirimidina. Esse intermediário, carbamil aspartato, é enzimaticamente ciclizado. O produto é o di-hidro-orotato, subsequentemente oxidado em orotato. Este é, em seguida, convertido no ribonucleotídeo orotidina-5-monofosfato (OMP, ou orotidilato), que sofre descarboxilação para formar UMP (uridilato). Esse nucleotídeo pirimidínico é o precursor não só de todos os outros ribonucleotídeos de pirimidina, mas também dos desoxirribonucleotídeos pirimidínicos. As enzimas necessárias para a síntese de pirimidinas são organizadas e reguladas diferentemente em procariontes e eucariontes.

A primeira etapa na via biossintética de pirimidinas é a formação de carbamilfosfato a partir de bicarbonato, mais o nitrogênio amídico da glutamina e ATP. Essa reação é catalisada pela carbamilfosfato sintetase (ou pela atividade da carbamilfosfato sintetase II em células de mamíferos). Ela requer duas moléculas de ATP: uma que impulsiona a formação da ligação C—N e a outra para doar um grupo fosforila. Essa enzima não é a mesma carbamilfosfato sintetase usada no ciclo da ureia. A do ciclo da ureia, carbamil fosfato sintetase I, assimila a amônia livre enquanto a carbamilfosfato sintetase II, nos animais, transfere um grupo amino da glutamina.

O grupo carbamila ativado do carbamilfosfato é transferido para o aspartato a fim de formar carbamil aspartato na segunda etapa da biossíntese do UMP. Essa reação é catalisada por uma famosa enzima, a aspartato transcarbamilase (ATCase). O mecanismo envolve o ataque nucleofílico do nitrogênio do aspartato sobre o grupo carbonila do carbamilfosfato.

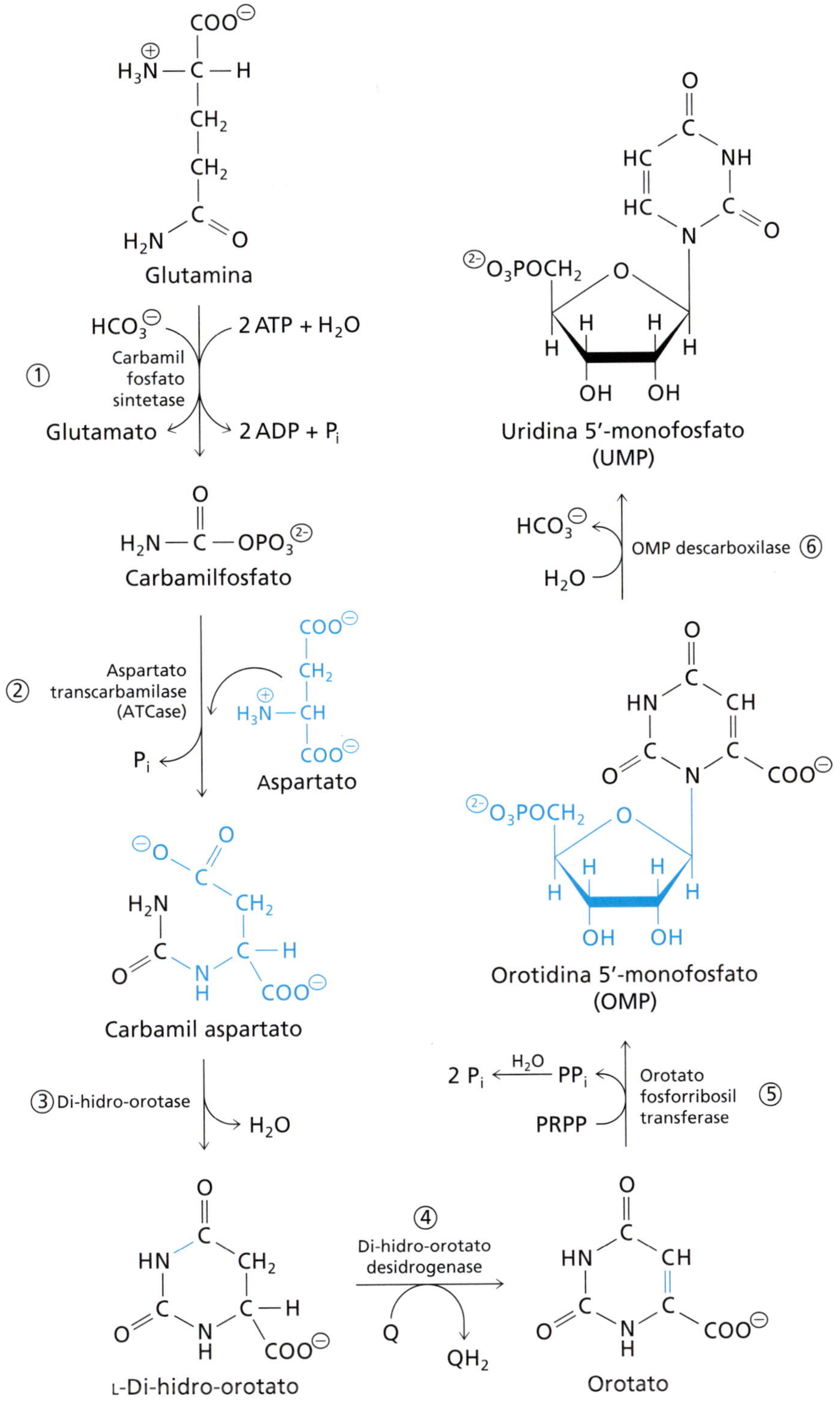

▲ **Figura 18.10**
As seis etapas da via da síntese de UMP em procariontes. Em eucariontes, as etapas de 1 a 3 são catalisadas por uma proteína multifuncional chamada di-hidro-orotato sintetase, e as etapas 5 e 6 são catalisadas por uma enzima bifuncional, a UMP sintase.

AS PRINCIPAIS PIRIMIDINAS

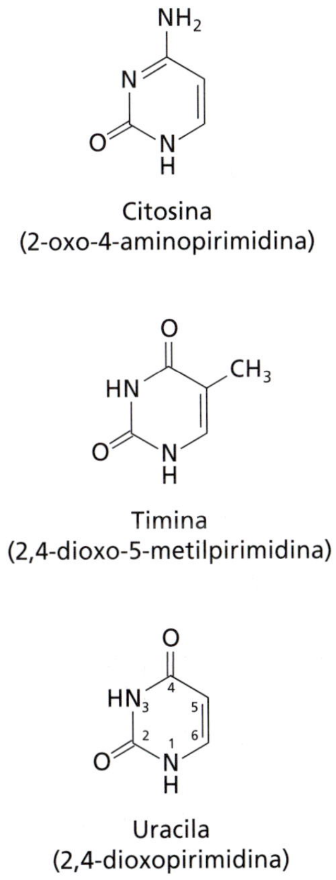

▲ **Citosina, timina, uracila.**

A di-hidro-orotase catalisa a terceira etapa da biossíntese do UMP – o fechamento reversível do anel de pirimidina (Figura 18.10). O produto, di-hidro-orotato, é, então, oxidado pela ação da di-hidro-orotato desidrogenase para formar orotato. Nos eucariontes, o di-hidro-orotato é produzido no citosol nas etapas de 1 a 3. Ele passa através da membrana mitocondrial externa antes de ser oxidado em orotato pela ação da di-hidro-orotato desidrogenase. Essa enzima é associada à membrana mitocondrial interna. Seu sítio de ligação do substrato se situa na superfície externa. A enzima é uma flavoproteína contendo ferro que catalisa a transferência de elétrons para a ubiquinona (Q), formando ubiquinol (QH_2). Elétrons de QH_2 são então transferidos para o O_2 através da cadeia de transporte de elétrons.

Uma vez formado, o orotato desloca o grupo pirofosfato do PRPP, produzindo OMP em uma reação catalisada pela orotato fosforibosiltransferase. A subsequente hidrólise do pirofosfato torna essa reação essencialmente irreversível.

Finalmente, o OMP é descarboxilado para formar UMP em uma reação catalisada pela OMP descarboxilase. Em eucariontes, o orotato produzido nas mitocôndrias vai para o citosol, onde é convertido em UMP. Uma enzima bifuncional, conhecida como UMP sintase, catalisa tanto a reação do orotato com PRPP para formar OMP como a rápida descarboxilação do OMP, formando UMP.

> Orotidina 5′-fosfato descarboxilase (OMP descarboxilase) é uma das enzimas mais eficientes conhecidas (Tabela 5.2).

Nos mamíferos, os intermediários formados nas etapas 1 e 2 (carbamilfosfato e carbamil aspartato) e o OMP (da etapa 5) em geral não são liberados para o solvente, mas permanecem ligados aos complexos enzimáticos e são transportados diretamente de um centro catalítico para o próximo. Várias proteínas multifuncionais, cada uma delas catalisando várias etapas, também ocorrem na via de biossíntese dos nucleotídeos purínicos em alguns organismos.

B. Controle da síntese de pirimidinas

O controle da biossíntese de pirimidinas também difere entre procariontes e eucariontes. Embora as seis etapas enzimáticas que levam ao UMP sejam as mesmas em todas as espécies, as enzimas são organizadas de forma diferente nos diversos organismos.

QUADRO 18.2 Como algumas enzimas transferem amônia a partir do glutamato

Várias enzimas que utilizam a glutamina como doador de amida têm um túnel molecular que atravessa o interior da proteína. Esse é um exemplo de canalização de metabólito (Seção 5.11). A carbamilfosfato sintetase de *E. coli* é a mais estudada dessas enzimas. Ela catalisa a síntese de carbamilfosfato a partir do bicarbonato e da glutamina:

Glutamina + $HCO_3^{\ominus}$ + 2 ATP + H_2O

↓ Carbamilfosfato sintetase II

$H_2N-\overset{O}{\underset{\|}{C}}-OPO_3^{2-}$ + Glutamato + 2 ADP + P_i
Carbamilfosfato

O carbamilfosfato formado nessa reação é usado na síntese de nucleotídeos pirimidínicos (uma carbamilfosfato sintetase diferente, que usa amônia em vez de glutamina como seu substrato, foi discutida na Seção 17.7A).

A carbamilfosfato sintetase de *E. coli* é um heterodímero com uma subunidade pequena e uma grande (veja figura). A síntese do carbamilfosfato a partir de glutamina ocorre por meio de três intermediários, cada um deles formado em um sítio ativo diferente. O ATP reage em dois desses sítios. Os três sítios são conectados por um túnel que se estende desde o sítio de ligação da glutamina – onde uma molécula de amônia é liberada da glutamina – para o segundo sítio de ligação de ATP – onde a amônia é carboxilada – e, finalmente, para o terceiro sítio onde o carbamilfosfato é formado. A amônia que é liberada da glutamina no sítio ativo na subunidade pequena não entra em equilíbrio com o solvente, mas continua pelo túnel e sofre reações que levam, por fim, à formação de carbamilfosfato. Vários intermediários da reação global são muito instáveis e seriam degradados pela água se não ficassem protegidos em um túnel.

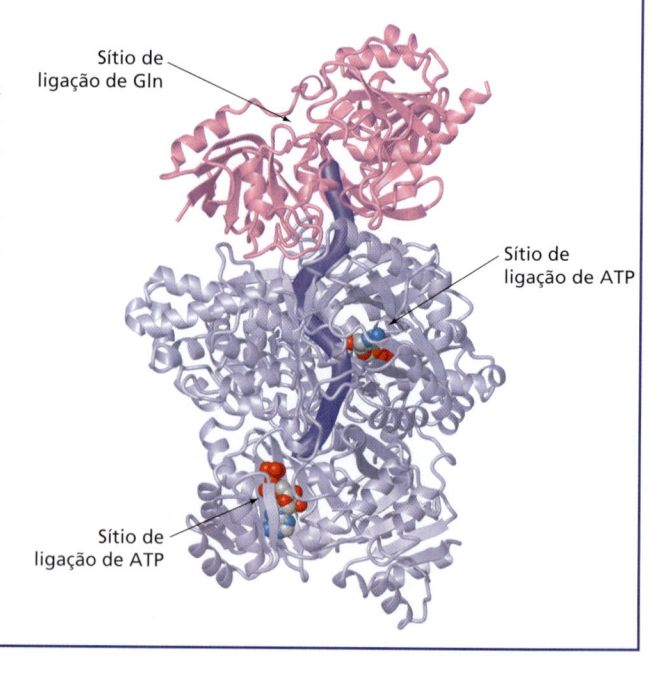

▶ **Carbamilfosfato sintetase de *E. coli*.** A subunidade pequena (domínio N-terminal, rosa) contém o sítio ativo para a hidrólise da glutamina liberando NH_3. A subunidade grande é mostrada em azul. A NH_3 é convertida no intermediário instável carbamato ($H_2N-COOH$) no sítio superior de ligação do ATP. O carbamato é fosforilado, em seguida, no sítio de ligação de ATP (inferior) do C-terminal. Uma molécula de ADP está ligada em cada sítio de ligação do ATP. O túnel molecular conectando os três sítios ativos é mostrado pela linha azul espessa. [PDP 1A9X]

Em *E. coli*, cada uma das seis reações é catalisada por uma enzima separada. Nos eucariontes, uma proteína multifuncional no citosol, chamada di-hidro-orotato sintase, tem sítios catalíticos separados (carbamilfosfato sintetase II, ATCase e di-hidro-orotase) para as três primeiras etapas da via.

Além de ser um intermediário na síntese de pirimidinas, o carbamilfosfato é um metabólito na via da biossíntese de arginina através da citrulina (Figura 17.43). A mesma carbamilfosfato sintetase dos procariontes também é usada nas vias biossintéticas das pirimidinas e da arginina. Essa enzima é inibida alostericamente por ribonucleotídeos pirimidínicos, como o UMP, o produto da via de biossíntese das pirimidinas. Ela é ativada pela L-ornitina, um precursor de citrulina, e por nucleotídeos purínicos, os substratos (com os nucleotídeos pirimidínicos) para a síntese dos ácidos nucleicos. A carbamilfosfato sintetase II também é controlada alostericamente. O PRPP e o IMP ativam a enzima, e vários nucleotídeos pirimidínicos a inibem.

A próxima enzima da via é a aspartato transcarbamilase (ATCase). A ATCase da *E. coli* é a enzima alostérica mais profundamente estudada. O ATCase catalisa a primeira etapa de compromisso da biossíntese de pirimidinas, já que o carbamilfosfato pode entrar em vias que, nas bactérias, levam tanto às pirimidinas como à arginina. Essa enzima é inibida por nucleotídeos pirimidínicos e ativada *in vitro* pelo ATP. A ATCase de *E. coli* é apenas parcialmente inibida (de 50% a 70%) pelo seu mais potente inibidor, o CTP, mas a inibição pode ser quase total quando CTP e UTP estão presentes. O UTP sozinho não inibe a enzima. Os controles alostéricos – inibição por nucleotídeos pirimidínicos e ativação pelo nucleotídeo purínico ATP – fornecem um meio para a carbamilfosfato sintetase e a ATCase equilibrarem os conjuntos de nucleotídeos pirimidínicos e purínicos em *E. coli*. A proporção entre as concentrações dos dois tipos de moduladores alostéricos determina o nível de atividade da ATCase.

A ATCase de *E. coli* tem uma estrutura complexa com sítios de ligação para substratos e moduladores alostéricos em subunidades separadas. A enzima tem seis subunidades catalíticas arranjadas como dois trímeros e seis subunidades reguladoras, dispostas como três dímeros (Figura 18.11). Cada subunidade de um trímero catalítico é conectada a uma subunidade de outro trímero catalítico por um dímero controlador. Quando uma molécula de aspartato se liga na presença de carbamilfosfato, todas as seis subunidades catalíticas mudam para uma conformação que tem atividade catalítica maior.

A ATCase eucariótica não é inibida por retroalimentação. O controle por inibição por retroalimentação não é necessário, uma vez que a via das pirimidinas pode ser controlada regulando a enzima anterior à ATCase, carbamilfosfato sintetase II. O substrato da ATCase em eucariontes não é um ponto de ramificação de metabólitos – as sínteses de carbamilfosfato e citrulina para o ciclo da ureia ocorrem nas mitocôndrias, e a síntese de carbamilfosfato para pirimidinas, no citosol. As populações de carbamilfosfato sintetase são separadas.

▲ **Figura 18.11**
ATCase de *Escherichia coli*. A estrutura ao alto tem duas subunidades reguladoras (roxo) com CTP ligado. As duas subunidades catalíticas (azul) têm um análogo de substrato ligado que identifica o sítio ativo. Observe a grande distância entre o sítio alostérico, onde o CTP se liga, e o sítio ativo da enzima. Três dessas unidades são ligadas para produzir um grande anel hexamérico (abaixo), e dois desses se empilham para criar a enzima completa de 12 subunidades [PDB 2FZC (alto) 9ATC (embaixo)].

18.4 O CTP é sintetizado a partir do UMP

O UMP é convertido em CTP em três etapas. A uridilatoquinase (UMP quinase) catalisa a transferência do grupo γ-fosforila do ATP para o UMP a fim de gerar UDP e, em seguida, a nucleosídeo difosfato quinase catalisa a transferência do grupo γ-fosforila de uma segunda molécula de ATP para o UDP, a fim de formar UTP. Duas moléculas de ATP são convertidas em duas de ADP durante a síntese de UTP a partir do UMP.

$$\text{UMP} \xrightarrow{\text{ATP} \quad \text{ADP}} \text{UDP} \xrightarrow{\text{ATP} \quad \text{ADP}} \text{UTP} \quad (18.1)$$

Em seguida, a CTP sintetase catalisa a transferência, dependente de ATP, do nitrogênio amídico da glutamina para o C-4 do UTP, formando CTP (Figura 18.12). Essa reação é quimicamente análoga à etapa 4 da biossíntese de purinas (Figura 18.5) e à síntese de GMP a partir do XMP, catalisada pela GMP sintetase (Figura 18.7).

A CTP sintetase é inibida alostericamente pelo seu produto, CTP; em *E. coli* ela é alostericamente ativada pelo GTP (Figura 18.13). O controle da ATCase e da CTP sintetase equilibra as concentrações endógenas dos nucleotídeos pirimidínicos. Níveis elevados de

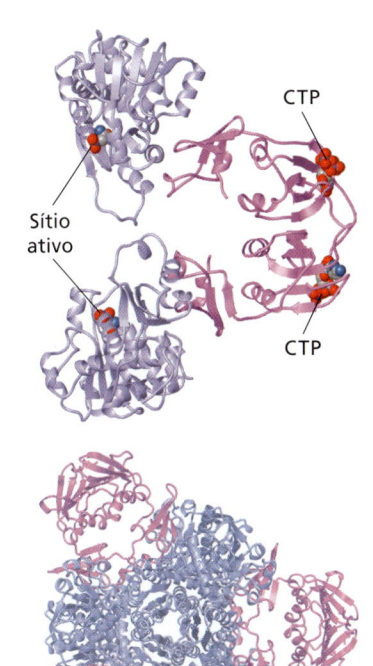

Figura 18.12
Conversão de UTP em CTP.

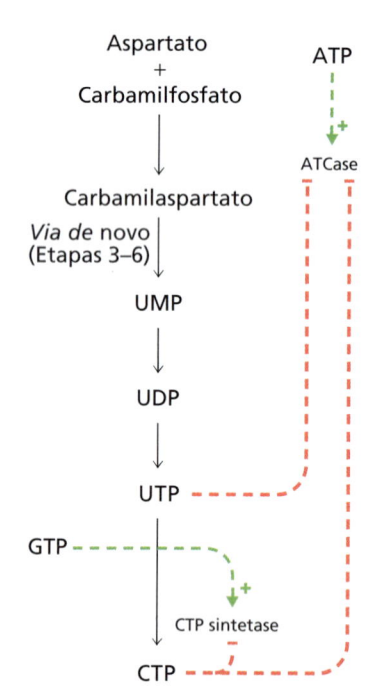

Figura 18.13
Controle da síntese dos nucleotídeos pirimidínicos em *E. coli*. O controle alostérico da ATCase e da CTP sintetase tanto pelos nucleotídeos purínicos como pelos pirimidínicos ajuda a equilibrar a síntese dos nucleotídeos.

CTP bloqueiam a síntese de mais CTP pela inibição da CTP sintetase. Nessas condições, a síntese de UMP será desacelerada, mas não paralisada, uma vez que o CTP inibe apenas parcialmente a ATCase. O UMP ainda pode ser usado na síntese de RNA e como um precursor do dTTP (Seção 18.6). A ATCase é completamente inibida quando as concentrações de UTP e CTP são elevadas. Concentrações elevadas dos nucleotídeos purínicos ATP e GTP aumentam as velocidades de síntese dos nucleotídeos pirimidínicos, o que ajuda a equilibrar os suprimentos dos nucleotídeos purínicos e pirimidínicos.

18.5 Redução dos ribonucleotídeos em desoxirribonucleotídeos

Os 2'-desoxirribonucleosídeos trifosfatos são sintetizados pela redução enzimática dos ribonucleotídeos. Na maioria dos organismos, essa redução se dá no nível do nucleosídeo difosfato. Peter Reichard e seus colaboradores mostraram que todos os quatro ribonucleosídeos difosfatos – ADP, GDP, CDP e UDP – são substratos de uma única ribonucleosídeo difosfato redutase, estreitamente controlada. Em alguns microrganismos, incluindo espécies de *Lactobacillus*, *Clostridium* e *Rhizobium*, os ribonucleosídeos trifosfatos são os substratos para uma redução conduzida por uma redutase dependente da cobalamina. Ambos os tipos de enzimas são chamados ribonucleotídeo redutases (classe I e classe II, respectivamente), embora os nomes mais precisos sejam ribonucleosídeo difosfato redutase e ribonucleosídeo trifosfato redutase.

O NADPH fornece o poder redutor para a síntese de desoxirribonucleosídeos difosfatos por enzimas da classe I. Uma ligação dissulfeto no sítio ativo da ribonucleotídeo redutase é reduzida a dois grupos tiol, que, por sua vez, reduzem o C-2' da porção ribose do substrato nucleotídico via um complexo mecanismo radicalar. Como mostramos na Figura 18.14, elétrons são transferidos do NADPH para a ribonucleotídeo redutase através da flavoproteína tiorredoxina redutase e da coenzima proteica tiorredoxina (Figura 7.35). A tiorredoxina redutase de procariontes e leveduras tem um grupo ditiol/dissulfeto (par de cisteínas) no sítio ativo. Na tiorredoxina redutase dos mamíferos, o centro de oxidação-redução difere por ter um resíduo de cisteína e um de selenocisteína. Uma vez formados, dADP, dGDP e dCDP são fosforilados a trifosfatos por ação de nucleosídeo difosfato quinases. O dUDP, como veremos na próxima seção, é convertido em dTMP via dUMP. Uma terceira versão de ribonucleotídeo redutase (classe III) usa *S*-adenosil-metionina como cofator.

A ribonucleotídeo redutase tem um complicado mecanismo de regulação alostérica que fornece um conjunto equilibrado de desoxinucleotídeos necessários para a síntese de DNA. A especificidade em relação a substrato e a velocidade catalítica da ribonucleotídeo redutase são reguladas em células eucarióticas pela ligação reversível de metabólitos nucleotídicos. Os moduladores alostéricos – ATP, dATP, dTTP e dGTP – atuam por ligação à ribonucleotídeo redutase em um dos dois sítios reguladores. Um sítio alostérico, chamado sítio de atividade, controla a atividade do sítio catalítico. Um segundo sítio alostérico, chamado sítio de especificidade, controla a especificidade do sítio catalítico em relação ao substrato (Figura 18.15). A ligação do ATP ao sítio de atividade forma uma enzima ativada, enquanto a ligação de dATP ao mesmo sítio inibe toda atividade enzimática. Quando o ATP se liga ao sítio de atividade e ATP ou dATP se ligam ao sítio de especificidade, a redutase se torna específica para pirimidinas, catalisando a redução de CDP e UDP. A ligação do dTTP ao sítio de especificidade ativa a redução do GDP, e a ligação do dGTP ativa a redução do ADP. A regulação alostérica da ribonucleotídeo redutase, resumida na Tabela 18.1, controla a atividade enzimática e garante uma seleção equilibrada de desoxirribonucleotídeos para síntese de DNA.

18.6 A metilação do dUMP produz o dTMP

O desoxitimidilato (dTMP) é formado a partir do UMP em quatro etapas. O UMP é fosforilado em UDP, que é reduzido a dUDP; este é desfosforilado, formando dUMP que é, então, metilado e produz dTMP.

$$UMP \longrightarrow UDP \longrightarrow dUDP \longrightarrow dUMP \longrightarrow dTMP \qquad (18.2)$$

Figura 18.14 Redução dos ribonucleosídeos difosfato. Três proteínas estão envolvidas: a flavoproteína tiorredoxina redutase dependente de NADPH, a tiorredoxina e a ribonucleotídeo redutase. B representa uma base purínica ou pirimidínica. S(e) representa enxofre ou selênio.

A conversão de dUDP em dUMP pode ocorrer por duas rotas. O dUDP pode reagir com ADP na presença de uma nucleosídeo monofosfato quinase para formar dUMP e ATP.

$$dUDP + ADP \rightleftharpoons dUMP + ATP \quad (18.3)$$

O dUDP também pode ser fosforilado em dUTP, com gasto de ATP, pela ação de nucleosídeo difosfato quinases. O dUTP é então rapidamente hidrolisado em dUMP + PP_i, pela ação da desoxiuridina trifosfato difosfo-hidrolase (dUTPase).

$$dUDP + ATP \xrightarrow{ADP} dUTP \xrightarrow{H_2O} dUMP + PP_i \quad (18.4)$$

A hidrólise rápida de dUTP evita que ele seja incorporado acidentalmente ao DNA, em lugar do dTTP.

O dCMP também pode ser fonte de dUMP por meio de hidrólise catalisada pela dCMP desaminase.

$$dCMP + H_2O \longrightarrow dUMP + NH_4^{\oplus} \quad (18.5)$$

A conversão de dUMP em dTMP é catalisada pela enzima conhecida como timidilato sintase (como a timina ocorre quase exclusivamente no DNA, os nomes comuns timidina e timidilato são normalmente usados, em lugar de desoxitimidina e desoxitimidilato). O doador de um grupo de um carbono nessa reação é o 5,10-metilenotetra-hidrofolato (Figura 18.16). O grupo metila ligado a carbono (C—CH_3) no dTMP é mais reduzido do que o metileno em ponte com nitrogênio (N—CH_2—N) do 5,10-metilenotetra-hidrofolato, cujo estado de oxidação é equivalente ao do grupo hidroximetila ligado a nitrogênio (N—CH_2OH) ou ao do formaldeído. Assim, o metilenotetra-hidrofolato não só é a coenzima doadora da unidade de um carbono, mas também é o agente redutor da reação, fornecendo um íon hidreto e sendo oxidada em 7,8-di-hidrofolato no processo. Essa é a única reação que se conhece em que a transferência de um carbono de um derivado do tetra-hidrofolato resulta em sua oxidação em N-5 e C-5 para produzir di-hidrofolato.

A estrutura da selenocisteína, o 22º aminoácido, foi mostrada na Seção 3.3.

TABELA 18.1 Regulação alostérica da ribonucleotídeo redutase eucarionte

Ligante presente no sítio de atividade	Ligante presente no sítio de especificidade	Atividade do sítio catalítico
dATP		Enzima inativa
ATP	ATP ou dATP	Específica para CDP ou UDP
ATP	dTTP	Específica para GDP
ATP	dGTP	Específica para ADP

▲ **Peter Reichard (1925-).** Reichard trabalhou no Karolinska Institute, na Suécia, durante muitos anos. Além de seu trabalho sobre a ribonucleotídeo redutase, ele foi membro ativo do comitê que seleciona candidatos ao Prêmio Nobel.

▶ Figura 18.15

Ribonucleotídeo redutase. A enzima completa é um tetrâmero $\alpha_2\beta_2$. A estrutura apresentada aqui (de *E. coli*) mostra apenas o dímero α_2 das subunidades catalíticas. O sítio de atividade é ocupado por um análogo do ATP. Uma molécula de dTTP está ligada ao sítio de especificidade e uma molécula de GDP está ligada ao sítio ativo [PDB 3R1R + 4R1R].

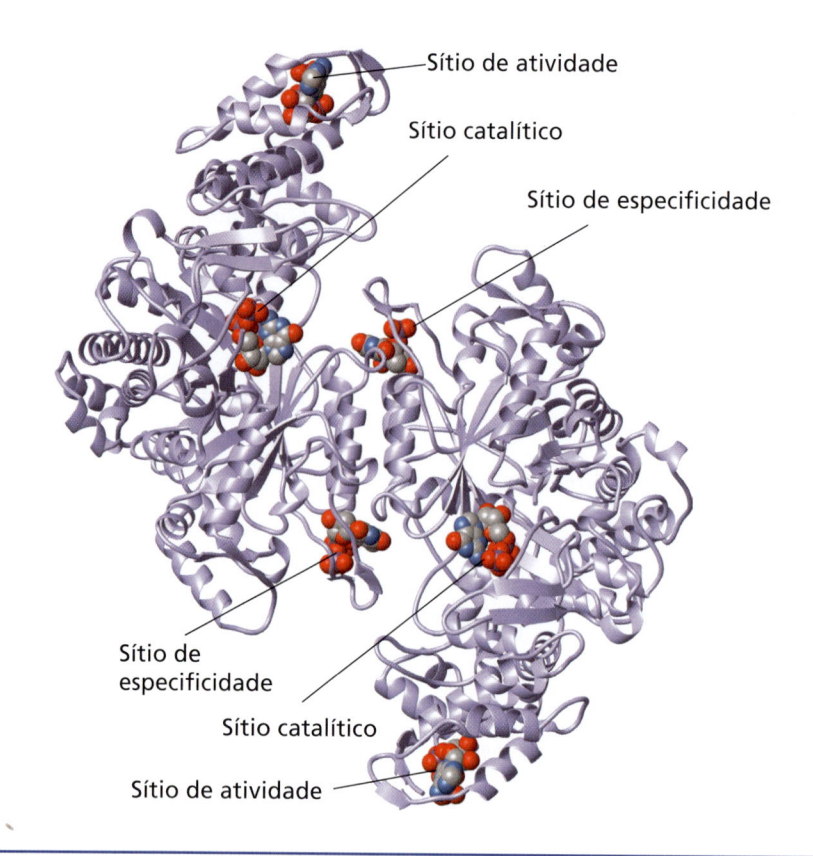

QUADRO 18.3 Os radicais livres na redução dos ribonucleotídeos

A reação da ribonucleotídeo redutase é incomum porque é processada por um mecanismo radicalar. A primeira indicação de um mecanismo dessa natureza foi a observação de que a redutase de *E. coli* poderia ser isolada com um resíduo de tirosina na forma de radical livre. Essa foi a primeira proteína com radical livre descoberta. A função do radical tirosina é converter o grupo tiol de um resíduo de cisteína do sítio ativo em um radical tiila (na enzima de *Lactobacillus*, a cobalamina serve para converter o tiol do sítio ativo em um radical).

O mecanismo proposto está mostrado na figura anexa. O sítio ativo da redutase tem três resíduos de cisteína – um deles forma o radical livre e os outros dois são um grupo de oxidação-redução. O radical tiila remove um átomo de hidrogênio do C-3 do ribonucleotídeo, formando um substrato radicalar que, primeiro, é desidratado (perdendo a OH de C-2') e, em seguida, reduzido pelo par de redução de cisteínas. Um átomo de hidrogênio volta a C-3, regenerando o racical tiila.

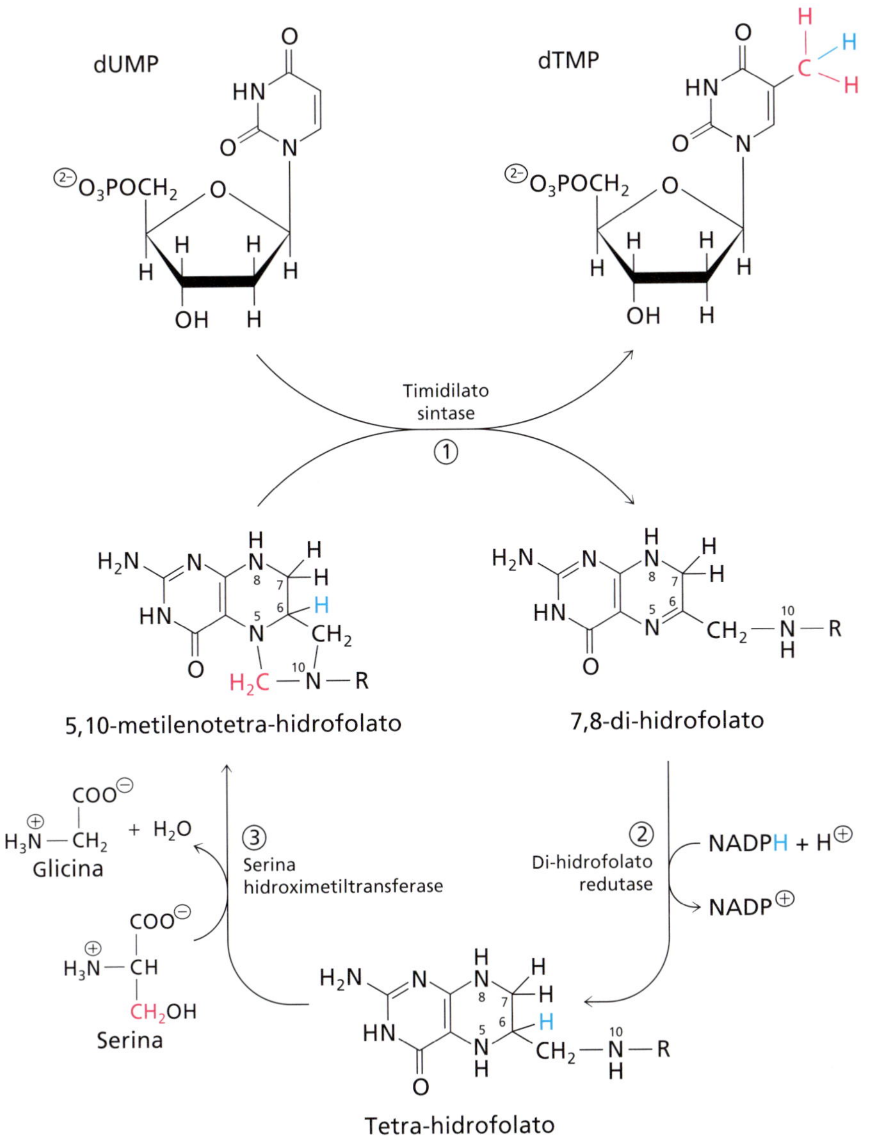

Figura 18.16
Ciclo de reações na síntese de timidilato (dTMP) a partir de dUMP. A timidilato sintase catalisa a primeira reação deste ciclo, produzindo dTMP. O outro produto da reação, di-hidrofolato, precisa ser reduzido pelo NADPH em uma reação catalisada pela di-hidrofolato redutase antes que um grupo metileno possa ser adicionado para regenerar o 5,10-metilenotetra-hidrofolato. Este é regenerado em uma reação catalisada pela serina hidroximetiltransferase.

O di-hidrofolato precisa ser convertido em tetra-hidrofolato antes que a coenzima possa aceitar outra unidade de um carbono para outras reações de transferência. A ligação dupla 5,6 do di-hidrofolato é reduzida pelo NADPH em uma reação catalisada pela di-hidrofolato redutase. Em seguida, a serina hidroximetiltransferase (Figura 17.16) catalisa a transferência do grupo β-CH_2OH da serina ao tetra-hidrofolato para regenerar o 5,10-metilenotetra-hidrofolato.

A timidilato sintase e a di-hidrofolato redutase são polipeptídeos distintos na maioria dos organismos, mas nos protozoários as duas atividades enzimáticas estão contidas na mesma cadeia polipeptídica. O di-hidrofolato produzido na primeira reação é canalizado diretamente do sítio ativo da timidilato sintase para o da di-hidrofolato redutase. Interações carga-carga entre uma região de carga positiva na superfície da enzima bifuncional e o di-hidrofolato negativamente carregado (lembre-se de que ele contém vários resíduos de γ-glutamato; Seção 7.11) dirigem o produto para o próximo sítio ativo.

O dTMP também pode ser sintetizado por meio do reaproveitamento da timidina (desoxitimidina), catalisado por uma timidina quinase dependente de ATP.

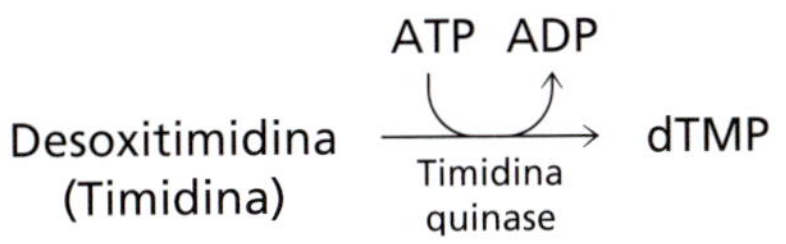

$$\text{Desoxitimidina (Timidina)} \xrightarrow[\text{Timidina quinase}]{\text{ATP} \quad \text{ADP}} \text{dTMP} \qquad (18.6)$$

QUADRO 18.4 Drogas contra o câncer inibem a síntese do dTTP

Como o dTMP é um precursor essencial do DNA, qualquer agente que reduz drasticamente seus níveis afeta a divisão celular. A timidilato sintase e a di-hidrofolato redutase têm sido alvos importantes para drogas anticâncer porque células em rápida divisão são particularmente dependentes das atividades dessas enzimas. A inibição de qualquer uma das duas bloqueia a síntese do dTMP e, assim, a formação de DNA.

A 5-fluorouracila, o metotraxato e Tomudex são eficazes no combate de alguns tipos de câncer. A 5-fluorouracila é convertida em seu desoxirribonucleotídeo, o 5-fluorodesoxiuridilato, que se liga fortemente à timidilato sintase, inibindo a enzima e levando à interrupção do ciclo de três reações mostrado na Figura 18.16. O metotrexato, um análogo do folato, é um inibidor potente, relativamente específico, da di-hidrofolato redutase que catalisa a etapa 2 do ciclo mostrado na Figura 18.16. A resultante redução dos níveis de tetra-hidrofolato diminui muito a formação de dTMP, já que a síntese deste depende da concentração adequada de metilenotetra-hidrofolato. Tomudex é um inibidor da timidilato sintase, baseado no folato, que foi aprovado para o tratamento do câncer.

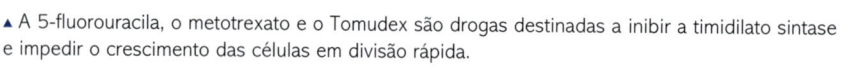

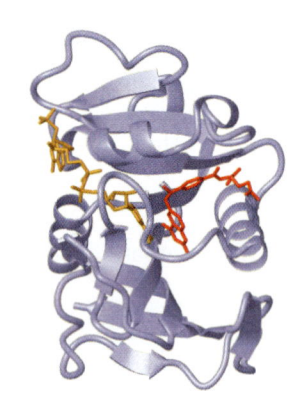

▲ A 5-fluorouracila, o metotrexato e o Tomudex são drogas destinadas a inibir a timidilato sintase e impedir o crescimento das células em divisão rápida.

▲ Estrutura da di-hidrofolato redutase humana com o análogo de substrato metotrexato (vermelho) e o cossubstrato NADPH (dourado) ligados ao sítio ativo [PDB 1DLS].

Com frequência, timidina radioativa é usada como traçador bastante específico no monitoramento da síntese intracelular de DNA porque ela entra facilmente na célula e seu destino metabólico principal é a conversão em timidilato e a incorporação ao DNA.

18.7 Nucleotídeos modificados

O DNA e o RNA têm vários nucleotídeos modificados. Aqueles presentes no RNA de transferência são bem conhecidos (Seção 21.8B), mas os nucleotídeos modificados do DNA têm a mesma importância. Algumas das bases modificadas mais comuns no DNA estão ilustradas na Figura 18.17. A maioria delas só é encontrada em poucas espécies ou em bacteriófagos, enquanto outras são mais disseminadas.

Iremos encontrar a N^6-metiladenina no próximo capítulo, quando discutirmos as endonucleases de restrição. A 5-metilcitosina é uma base modificada comum no DNA dos mamíferos, porque atua na montagem da cromatina e no controle da transcrição. Cerca de 3% de todos os resíduos de desoxicitidilato do DNA dos mamíferos são modificados para 5-metilcitidina. A metilação ocorre depois de o DNA ser sintetizado, e os resíduos modificados são aqueles em sequências CG. Todos esses nucleotídeos modificados são produzidos *in situ* por enzimas que atuam sobre os quatro nucleotídeos comuns da molécula de DNA.

18.8 Reaproveitamento de purinas e pirimidinas

▲ As vias de reaproveitamento são uma forma de reciclagem bioquímica.

Durante o metabolismo celular normal, os ácidos nucleicos são degradados em mononucleotídeos, nucleosídeos e, por fim, em bases heterocíclicas (Figura 18.18).

Figura 18.17
Bases modificadas no DNA.

5-metilcitosina
5-hidroximetilcitosina
5-hidroximetiluracila
N⁴-metilcitosina
N⁶-metiladenina
2-aminoadenina

As reações catabólicas são catalisadas por ribonucleases, desoxirribonucleases e por diversas nucleotidases, fosfatases não específicas, e nucleosidases ou nucleosídeo fosforilases. Algumas bases purínicas e pirimidínicas formadas dessa maneira são posteriormente degradadas (por exemplo, purinas são convertidas em ácido úrico e outros produtos de eliminação), mas uma fração considerável é normalmente "salva" por conversão direta em 5'-mononucleotídeos. O PRPP é o doador da porção 5-fosforibosila para as reações de reaproveitamento. As vias de degradação são parte do metabolismo energético nos animais. Purinas e pirimidinas formadas durante a digestão têm maior probabilidade de serem degradadas, enquanto as formadas no interior das células são, em geral, "salvas". A reciclagem de bases intactas conserva energia celular.

A degradação dos nucleotídeos purínicos nas respectivas purinas e seu reaproveitamento por meio de reações com PRPP estão resumidos na Figura 18.19. A adenina fosforibosiltransferase catalisa a reação de adenina com PRPP para formar AMP e PP_i. A hidrólise do pirofosfato, catalisada pela pirofosfatase, torna a reação metabolicamente irreversível. A hipoxantina-guanina fosforibosiltransferase catalisa reações semelhantes – a conversão de hipoxantina em IMP e de guanina em GMP, com formação de PP_i.

As pirimidinas são salvas pela ação da orotato fosforibosiltransferase, que catalisa a etapa 5 da via biossintética (Figura 18.10). Essa enzima também pode catalisar a conversão de outras pirimidinas, além do orotato, nos nucleotídeos pirimidínicos correspondentes.

Os nucleotídeos e seus componentes são interconvertidos por diversas reações, algumas das quais já vimos. A ação das fosfatases, nucleotidases e nucleosidases ou nucleosídeo fosforilases pode liberar bases dos nucleotídeos. Reações catalisadas pelas fosforibosiltransferases ou pelas nucleosídeo fosforilases podem recuperar as bases e os nucleosídeos convertendo-os em nucleotídeos. As bases que não são salvas podem ser catabolizadas. As interconversões de nucleotídeos purínicos e seus constituintes estão resumidas na Figura 18.20; as dos nucleotídeos pirimidínicos e seus componentes estão na Figura 18.21.

▲ **Figura 18.18**
Degradação de ácidos nucleicos.

18.9 Catabolismo das purinas

A maior parte das moléculas de purina e pirimidina livres é reaproveitada, mas algumas são catabolizadas. As aves, alguns répteis e os primatas (incluindo os seres

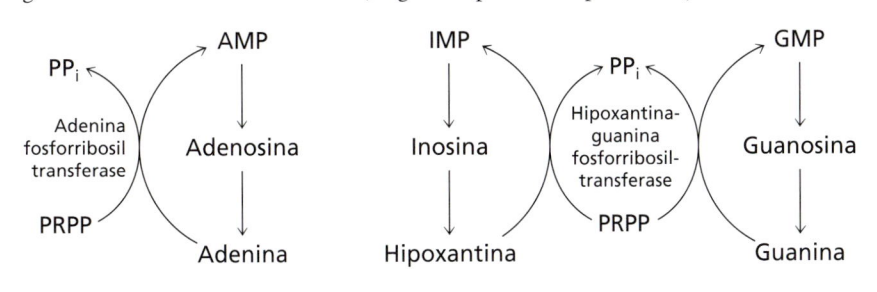

◄ **Figura 18.19**
Degradação e reaproveitamento de purinas.

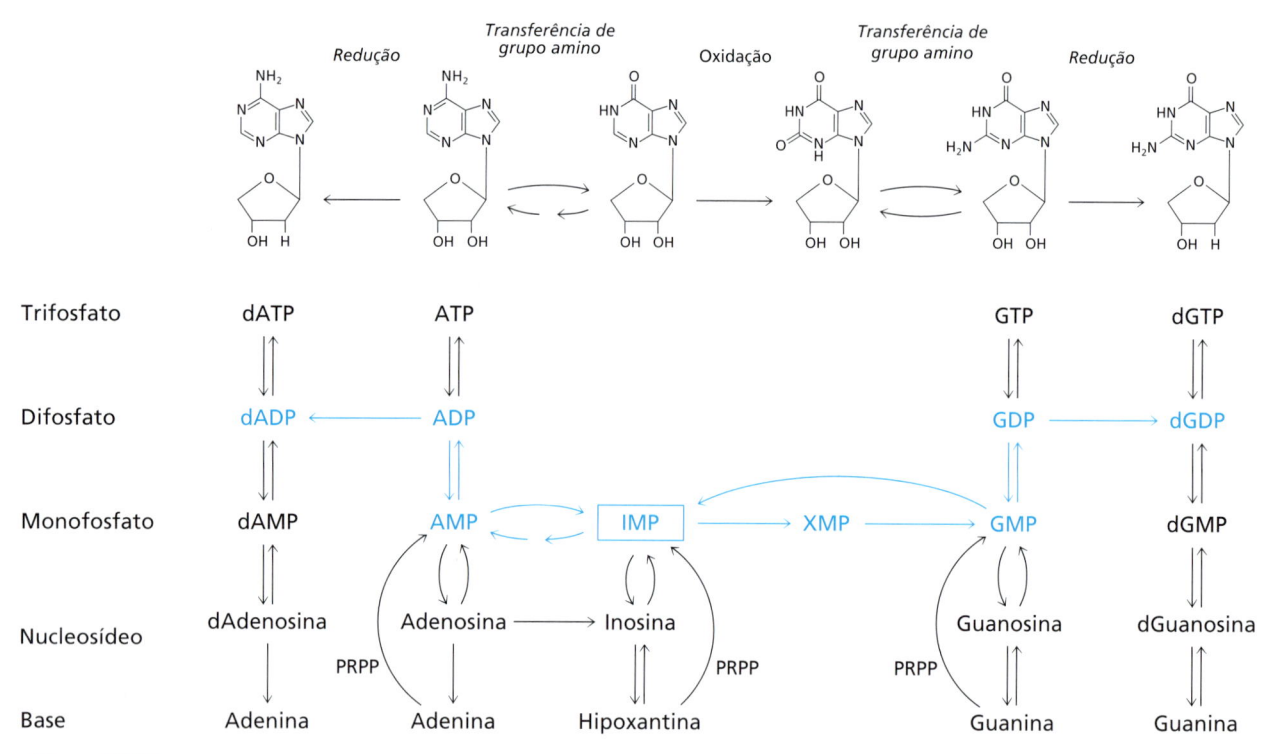

▲ **Figura 18.20**

Interconversões de nucleotídeos purínicos e seus constituintes. O IMP, o primeiro produto nucleotídico da via biossintética *de novo*, é rapidamente convertido em AMP e GMP, seus di e trifosfatos, e nos desoxiderivados desses nucleotídeos. Os grupos 5-fosfato não aparecem nas estruturas abreviadas. [Adaptado de Traut TW. Enzymes of nucleotide metabolism: the significance of subunit size and polymer size for biological function and regulatory properties. Crit. Rev. Biochem. 1988; 23:121-169.]

humanos) convertem nucleotídeos purínicos em ácido úrico ou em urato, que é depois expelido. Em aves e répteis, o catabolismo dos aminoácidos também leva ao ácido úrico; nos mamíferos, o excesso de nitrogênio oriundo do catabolismo dos aminoácidos é eliminado sob a forma de ureia. Aves e répteis não conseguem catabolizar o ácido úrico, mas alguns organismos degradam urato em outros produtos.

Como mostrado na Figura 18.20, o AMP pode ser degradado em hipoxantina, e o GMP, em guanina. A remoção hidrolítica de fosfato do AMP e do GMP produz adenosina e guanosina, respectivamente. A adenosina pode ser desaminada em inosina por ação da adenosina desaminase. Alternativamente, AMP pode ser desaminado em IMP por ação da AMP desaminase; em seguida, IMP pode ser hidrolisado em inosina. A fosforólise de inosina produz hipoxantina, e a da guanosina produz guanina. As duas reações (bem como a fosforólise de vários desoxinucleosídeos) são catalisadas pela purina-nucleosídeo fosforilase e produz α-D-ribose-1-fosfato (ou desoxirribose-1-fosfato) e a base purínica livre.

$$(Desoxi)Nucleosídeo + P_i \rightleftharpoons Base + (Desoxi)\text{-}\alpha\text{-}D\text{-ribose 1-fosfato} \tag{18.7}$$

A adenosina não é substrato para a purina-nucleosídeo fosforilase de mamíferos.

A hipoxantina formada a partir de inosina é oxidada em xantina, e esta é oxidada em urato (Figura 18.22). Tanto a xantina oxidase como a xantina desidrogenase podem catalisar as duas reações. Elétrons são transferidos ao O_2, formando peróxido de hidrogênio (H_2O_2), nas reações catalisadas pela xantina oxidase (o H_2O_2 é convertido em H_2O e O_2 pela ação da catalase). A xantina oxidase é uma enzima extracelular nos mamíferos e parece ser uma forma alterada da enzima intracelular xantina desidrogenase, que gera os mesmos produtos, mas transfere elétrons para o $NAD^\oplus$, formando NADH. Essas duas atividades enzimáticas ocorrem amplamente na natureza e apresentam pouca especificidade quanto ao substrato. Seus sítios ativos contêm sistemas complexos de transferência de elétrons, que incluem um centro de ferro-enxofre, uma coenzima pterina com molibdênio ligado e FAD.

> Veja a Seção 6.5D para uma descrição do mecanismo da adenosina-desaminase.

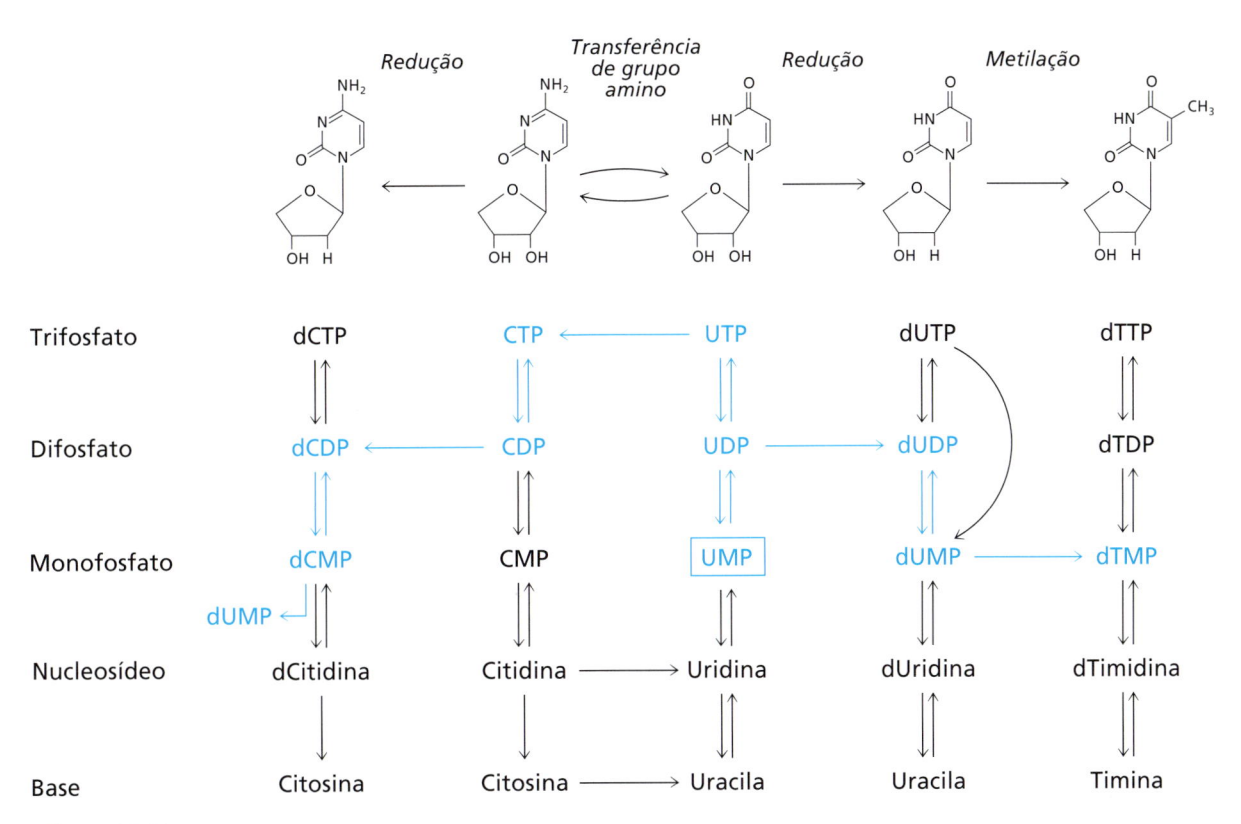

▲ Figura 18.21
Interconversões de nucleotídeos pirimidínicos e seus constituintes. O UMP formado na via *de novo* pode ser convertido em fosfatos de citidina e timidina, bem como em outros derivados de uridina. Os grupos 5'-fosfato não estão nas estruturas abreviadas. [Adaptado de Traut TW. Enzymes of nucleotide metabolism: the significance of subunit size and polymer size for biological function and regulatory properties. Crit. Rev. Biochem. 1988; 23:121-169.]

Na maioria das células, guanina é desaminada em xantina em uma reação catalisada pela guanase (Figura 18.22). Animais sem guanase eliminam guanina; por exemplo, porcos eliminam guanina, mas metabolizam derivados de adenina formando alantoína, o principal produto do catabolismo das purinas na maioria dos mamíferos.

O urato pode ser oxidado na maior parte dos organismos. Até recentemente, pensava-se que a urato oxidase, convertia urato diretamente a alantoína, mas nos dias de hoje sabe-se que a via é mais complexa. A conversão do urato no produto estereoespecífico (S)-alantoína requer urato-oxidase, mais outras duas enzimas, como mostra a Figura 18.23. Peróxido (H_2O_2) e CO_2 são liberados nesta série de reações. Alantoína é

◄ Figura 18.22
Degradação da hipoxantina e da guanina até ácido úrico.

▲ **Figura 18.23**
Catabolismo do ácido úrico por meio de oxidação e hidrólise. Próximo de cada composto estão listados os organismos para os quais ele é um produto de excreção.

▲ Quando vivos, esses caramujos conseguem converter urato em alantoína. Os seres humanos, não.

o principal produto da degradação de purinas na maioria dos mamíferos (embora não nos seres humanos, nos quais o produto final é o urato). Ela é excretada também por tartarugas, alguns insetos e inclusive por gastrópodes.

A enzima alantoinase catalisa a abertura hidrolítica do anel de imidazol da alantoína, produzindo alantoato, a base conjugada do ácido alantoico. Alguns peixes ósseos (teleósteos) possuem atividade de alantoinase e excretam alantoato como produto final da degradação de purinas.

A maioria dos peixes, anfíbios e moluscos de água doce pode degradar ainda mais o alantoato. Essas espécies contêm alantoicase, que catalisa a hidrólise do alantoato, gerando uma molécula de glioxilato e duas de ureia. A ureia é o produto final nitrogenado do catabolismo das purinas nesses organismos.

Por fim, vários organismos, incluindo plantas, crustáceos e diversos invertebrados marinhos, são capazes de hidrolisar a ureia em uma reação catalisada pela urease. Dióxido de carbono e amônia são os produtos dessa reação. A urease é encontrada apenas em células dos organismos em que a hidrólise da ureia não leva à toxicidade por amônia. Por exemplo, nas plantas, a amônia gerada a partir da ureia é rapidamente assimilada por ação da glutamina sintetase. Nos animais marinhos a amônia é produzida nos órgãos superficiais, como as guelras, e eliminada antes que possa se acumular e alcançar níveis tóxicos. A maioria dos organismos terrestres seria envenenada por esse produto nitrogenado. Ao longo da evolução, as enzimas que catalisam o catabolismo do urato foram perdidas pelos organismos que excretam urato.

18.10 Catabolismo das pirimidinas

O catabolismo dos nucleotídeos pirimidínicos começa pela hidrólise até os nucleosídeos correspondentes e P_i, catalisada pela 5'-nucleotidase (Figura 18.24). A hidrólise

QUADRO 18.5 Síndrome de Lesch-Nyhan e gota

Defeitos no metabolismo das purinas podem ter efeitos devastadores. Em 1964, Michael Lesch e William Nyhan descreveram uma doença metabólica grave, caracterizada por desenvolvimento mental lento, espasticidade semelhante à paralisia e uma estranha tendência à automutilação. Indivíduos afetados por essa doença, chamada síndrome de Lesch-Nyhan, raramente sobrevivem à infância. As características bioquímicas proeminentes na doença são a eliminação de até seis vezes mais ácido úrico do que o normal e uma taxa biossintética de purinas muito aumentada.

A doença é causada por uma deficiência hereditária na atividade da enzima hipoxantina-guanina fosforribosiltransferase (Seção 18.8). Normalmente, essa deficiência é observada em indivíduos do sexo masculino, pois a mutação é recessiva e o gene para essa enzima fica no cromossomo X. Em geral, portadores de Lesch-Nyhan têm menos de 1% da atividade normal da enzima, e a grande maioria apresenta total ausência de atividade. Na falta da hipoxantina-guanina fosforribosiltransferase, hipoxantina e guanina são degradadas em ácido úrico, em vez de serem convertidas em IMP e GMP, respectivamente. A PRPP em geral usada para reaproveitamento da hipoxantina e da guanina contribui para a síntese de quantidades excessivas de IMP, e esse excesso é degradado em ácido úrico. Não se sabe como esse defeito de uma só enzima provoca os vários sintomas comportamentais. Os efeitos catastróficos da deficiência indicam que, em algumas células, a via de reaproveitamento das purinas nos seres humanos não é apenas um complemento economizador de energia das vias centrais do metabolismo dos nucleotídeos purínicos.

A gota é uma doença causada pela superprodução ou pela eliminação inadequada de ácido úrico. O urato de sódio é relativamente insolúvel e, quando sua concentração no sangue está elevada, ele pode cristalizar (algumas vezes com ácido úrico) nos tecidos moles – em especial os rins –, e nas articulações e nos dedos dos pés. A gota tem diversas causas, entre elas uma deficiência na atividade da hipoxantina-guanina fosforribosiltransferase que resulta em menor reaproveitamento das purinas e em maior produção catabólica de ácido úrico. A diferença entre a gota e a síndrome de Lesch-Nyhan é que os pacientes de gota mantêm até 10% da atividade da enzima. A gota também pode ser causada pela regulação defeituosa da biossíntese da purina.

Urato de sódio

A gota pode ser tratada dando-se aos pacientes alopurinol, um isômero de posição C-7, N-8, sintético, da hipoxantina. Nas células, o alopurinol é convertido em oxipurinol, um potente inibidor da xantina oxidase. A administração de alopurinol evita a formação de níveis anormalmente altos de ácido úrico. A hipoxantina e a xantina são mais solúveis do que urato de sódio e ácido úrico e podem ser eliminadas quando não são reusadas nas reações de reaproveitamento.

▲ **Alopurinol e oxipurinol.** A xantina desidrogenase catalisa a oxidação do alopurinol, um isômero da hipoxantina. O produto, oxipurinol, se liga firmemente à xantina desidrogenase, inibindo a enzima.

inicial a citidina pode ser seguida por desaminação a uridina, em uma reação catalisada pela citidina desaminase.

As ligações glicosídicas da uridina e da timidina são então quebradas por fosforólise em reações catalisadas pela uridina fosforilase e pela timidina fosforilase, respectivamente. A desoxiuridina também pode sofrer fosforólise, catalisada pela uridina fosforilase. Os produtos dessas reações são α-D-ribose-1-fosfato ou desoxirribose-1-fosfato, timina e uracila.

O catabolismo das pirimidinas termina com intermediários do metabolismo central, de modo que nenhum produto de eliminação característico é formado. A degradação de uracila e de timina envolve várias etapas (Figura 18.24). Primeiro, o anel de pirimidina é reduzido a 5,6-di-hidropirimidina em uma reação catalisada pela di-hidrouracil desidrogenase. O anel reduzido é então aberto por clivagem hidrolítica

▶ **Figura 18.24**
Catabolismo de uracila e timina.

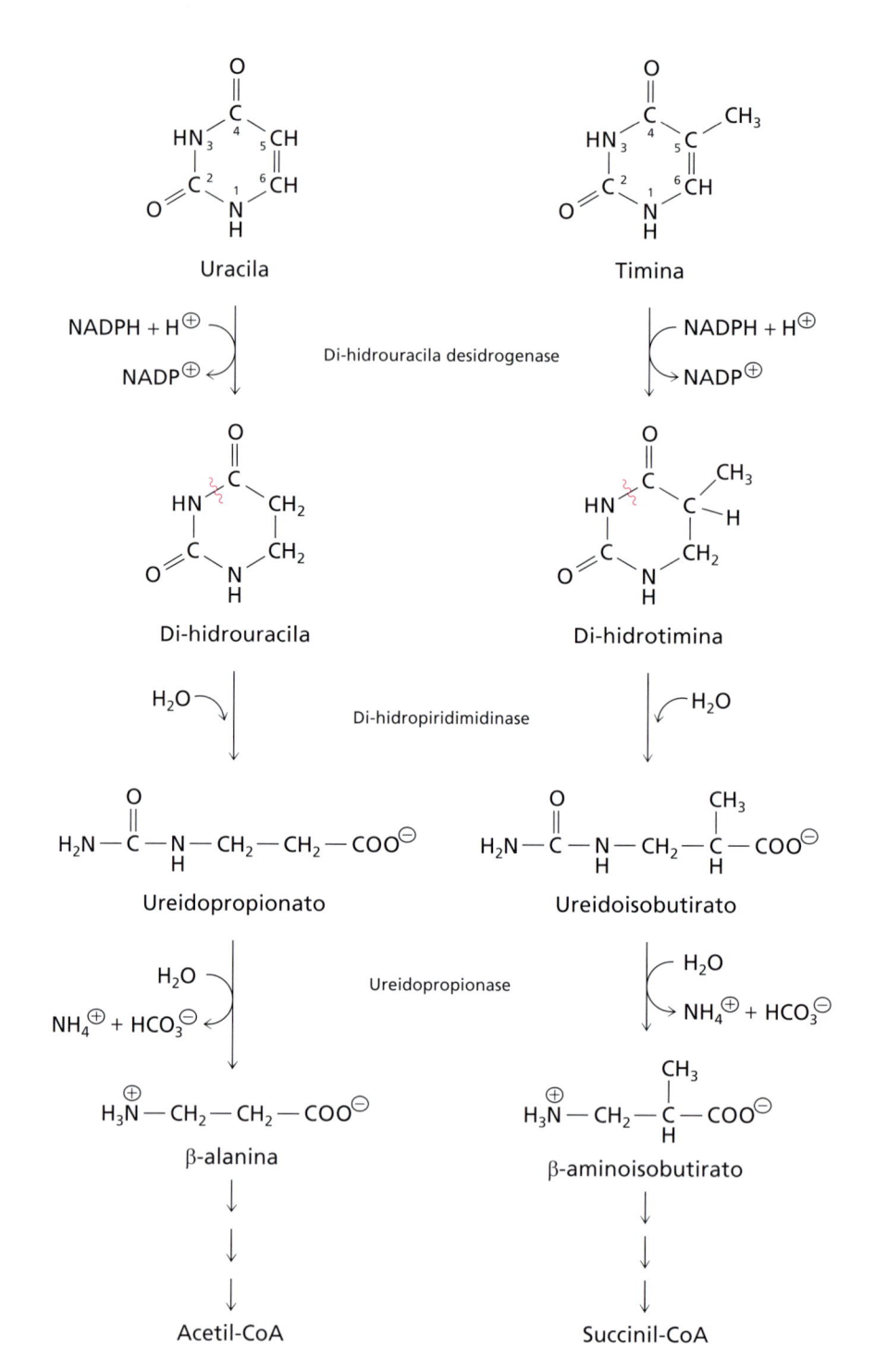

da ligação N-3—C-4 em uma reação catalisada pela di-hidropirimidinase. O derivado carbamil-β-aminoácido (ureidopropionato ou ureidoisobutirato) é hidrolisado em $NH_4^{\oplus}$, $HCO_3^{\ominus}$ e um β-aminoácido. A β-alanina (de uracila) e β-aminoisobutirato (de timina) podem então ser convertidos em acetil-CoA e succinil-CoA, respectivamente, entrando talvez no ciclo do ácido cítrico e sendo convertidos em outros compostos. Nas bactérias, a β-alanina pode também ser usada na síntese de pantotenato, um constituinte da coenzima A.

Resumo

1. A síntese de nucleotídeos purínicos é uma via em dez etapas que leva ao IMP (inosinato). A purina é construída sobre uma base de ribose-5-fosfato doada pelo 5-fosforribosil 1-pirofosfato (PRPP).

2. O IMP pode ser convertido em AMP ou em GMP.

3. Na síntese em seis etapas do nucleotídeo pirimidínico UMP, o PRPP entra na via depois que a estrutura anelar está completa.

4. O CTP é formado pela aminação de UTP.

5. Desoxirribonucleotídeos são sintetizados pela redução de ribonucleotídeos em C-2', em uma reação catalisada pela ribonucleotídeo redutase.

6. O timidilato (dTMP) é formado a partir de desoxiuridilato (dUMP) por uma reação de metilação, na qual o 5,10-metilenotetra-hidrofolato doa um carbono e um íon hidreto. O 7,8-di-hidrofolato, o outro produto dessa metilação, é reciclado por uma redução dependente de NADPH em uma coenzima ativa tetra-hidrofolato.

7. O PRPP reage com pirimidinas e purinas em reações de reaproveitamento para fornecer nucleosídeos monofosfato. Os nucleotídeos e seus constituintes são interconvertidos por uma variedade de enzimas.

8. O nitrogênio dos aminoácidos e dos nucleotídeos purínicos é eliminado sob a forma de ácido úrico nas aves e em alguns répteis. Os primatas degradam a purina em ácido úrico (urato). A maior parte dos outros organismos cataboliza o urato, transformando-o em alantoína, alantoato, ureia ou amônia.

9. Pirimidinas são catabolizadas em amônia, bicarbonato e acetil-CoA (da citosina ou da uracila) ou succinil-CoA (da timina).

Problemas

1. Indique onde a marcação isotópica aparece no produto de cada um dos pares precursor-produto:
   (a) ^{15}N-aspartato $\longrightarrow$ AMP
   (b) 2-[^{14}C]-glicina $\longrightarrow$ AMP
   (c) δ-[^{15}N]-glutamina $\longrightarrow$ GMP
   (d) 2-[^{14}C]-aspartato $\longrightarrow$ UMP
   (e) H^{14}CO$_3^{\ominus}$ $\longrightarrow$ UMP

2. Quantos equivalentes de ATP são necessários para sintetizar uma molécula de IMP, começando com ribose-5-fosfato? Considere que todos os precursores necessários estão presentes.

3. A incorporação de unidades de um carbono nas vias *de novo* de purinas e pirimidinas necessita de derivados do tetra-hidrofolato (THF) como doadores. Liste as reações que requerem derivados de THF, aponte o derivado de THF que atua como doador e indique qual carbono da purina ou da pirimidina é derivado do THF.

4. O análogo da glutamina acivicina, um potencial agente anticâncer, reduz a velocidade de crescimento das células inibindo a biossíntese de nucleotídeos.
   (a) Mostre como a acivicina se assemelha, estruturalmente, à glutamina.
   (b) Qual o intermediário que se acumula na via biossintética das purinas quando a acivicina está presente?
   (c) Que enzima é inibida na via biossintética das pirimidinas quando acivicina está presente?

   Acivicina

5. Uma bactéria hipotética sintetiza UMP por uma via análoga à da *E. coli*, exceto pelo fato de que β-alanina é usada em lugar de aspartato.

   H$_3$$^{\oplus}$N–CH$_2$–CH$_2$–COO$^{\ominus}$
   β-alanina

   (a) Por que essa via seria mais curta do que a existente na *E. coli*?

   (b) Quando se usa β-alanina marcada uniformemente com ^{14}C, onde a marcação apareceria no UMP?

6. (a) A enzima dCMP desaminase pode fornecer uma rota importante para nucleotídeos de uridina a partir da citidina. Qual o produto da ação da dCMP desaminase sobre a dCMP?
   (b) Essa enzima alostérica é sujeita a inibição por dTTP e ativação por dCTP. Explique por que isso é razoável em termos das necessidades gerais da célula por trifosfatos de nucleosídeos.

7. Nos eucariontes, quantos equivalentes de ATP são necessários para sintetizar uma molécula de UMP a partir de HCO$_3^{\ominus}$, aspartato, glutamina e ribose-5-fosfato? (Ignore qualquer ATP que possa ser produzido pela oxidação do QH$_2$ gerado nesta via.)

8. A síndrome de imunodeficiência combinada severa (SCID) é caracterizada pela falta de resposta imune a doenças infecciosas. Uma forma de SCID é causada por uma deficiência de adenosina desaminase (ADA), uma enzima que catalisa a desaminação de adenosina e desoxiadenosina para produzir inosina e desoxi-inosina, respectivamente. A deficiência enzimática aumenta os níveis de dATP, mas diminui os níveis de outros desoxinucleotídeos, inibindo, assim, a replicação de DNA e a divisão celular em certas células de divisão rápida. Explique como uma deficiência de adenosina desaminase afeta os níveis de desoxinucleotídeos (a primeira terapia gênica eficaz em seres humanos foi conduzida transformando-se células T de um paciente com um gene normal de ADA).

9. Uma das causas de gota é a deficiência na atividade da hipoxantina-guanina fosforribosiltransferase (Quadro 18.4). Outra causa deve-se ao aumento da atividade da PRPP sintetase. Se o PRPP for um efetor positivo da glutamina-PRPP amidotransferase nos seres humanos, como isso afeta a síntese de purinas?

10. Identifique os nucleotídeos envolvidos nas seguintes vias:
    (a) o nucleosídeo trifosfato necessário como substrato na síntese do NAD

(b) o nucleosídeo trifosfato necessário para a síntese de FMN

(c) o nucleosídeo trifosfato que serve como substrato na síntese da coenzima A

(d) o substrato das proteínas G

(e) o nucleotídeo usado na síntese de glicogênio a partir de glicose-6-fosfato

(f) o cofator necessário para a síntese catalisada pela succinil-CoA sintetase de mamíferos

(g) o cossubstrato necessário para a síntese de fosfatidilserina a partir de fosfatidato

(h) o nucleotídeo necessário para ativação de galactose na biossíntese de cerebrosídeos

(i) o substrato nucleotídico usado na biossíntese de histidina

(j) o precursor comum de AMP e GMP

(k) o precursor da hipoxantina

11. O catabolismo de gorduras e carboidratos fornece considerável energia metabólica sob a forma de ATP. A degradação de purinas e pirimidinas fornece uma fonte significativa de energia nas células eucariontes?

12. A PPRP sintetase usa α-D-ribose-5-fosfato como substrato. Como o isômero α é formado no interior da célula?

13. Os nomes sistemáticos das bases comuns são dados nas Seções 18.1 e 18.2. Quais os nomes sistemáticos de xantina, hipoxantina e orotato?

14. A ação sequencial de adenilsuccinato sintetase e adenilsuccinato liase resulta na transferência de um grupo amino do aspartato e na liberação de fumarato. Identifique dois outros pares de enzimas que atingem essa mesma meta.

Leituras selecionadas

Metabolismo das purinas

Honzatko RB, Stayton MM e Fromm HJ. Adenylosuccinate synthetase: recent developments. Adv. Enzymol. Relat. Areas Mol. Biol. 1999; 73:57-102.

Cendron L, Berni R, Folli C, Ramazzina I, Percudani R e Zanotti G. The structure of 2-oxo-4-hydroxy-4-carboxy-5-ureidoimidazoline decarboxylase provides insights into the mechanism of uric acid degradation. J Biol. Chem. 2007; 282:18.182-18.189.

Kresge N, Simoni RD e Hill RL. Biosynthesis of purines: the work of John M. Buchanan. J. Biol. Chem. 2006; 281:e35-e36.

Ramazzina I, Folli C, Secchi A, Berni R e Percudani R. Completing the uric acid degradation pathway through phylogenetic comparison of whole genomes. Nat. Chem. Biol. 2006; 2:144-148.

Tipton PA. Urate to allantoin, specifically (S)-allantoin. Nat. Chem. Biol. 2006; 2:124-125.

Tsai M, Koo J, Yip P, Colman RF, Segall ML, Howell PL. Substrate and product complexes of *Escherichia coli* adenylosuccinate lyase provide new insights into the enzymatic mechanism. J. Mol. Biol. 2007; 370:541-554.

Zhang R-G, Evans G, Rotella FJ, Westbrook EM, Beno D, Huberman E, Joachimiak A e Collart FR. Characteristics and crystal structure of bacterial inosine-5-monophosphate dehydrogenase. Biochem. 1999; 38:4.691-4.700.

Metabolismo das pirimidinas

Blakley RL. Eukaryotic dihydrofolate reductase. Adv. Enzymol. Relat. Areas Mol. Biol. 1995; 70:23-102.

Carreras CW e Santi DV. The catalytic mechanism and structure of thymidylate synthase. Annu. Rev. Biochem. 1995; 64:721-762.

Chan RS, Sakash JB, Macol CP, West JM, Tsuruta, H. e Kantrowitz, E. R. The role of intersubunit interactions for the stabilization of the T state of *Escherichia coli* aspartate transcarbamoylase. J. Biol. Chem. 2002; 277:49.755-49.760.

Lipscomb WN. Aspartate transcarbamoylase from *Escherichia coli*: activity and regulation. Adv. Enzymol. Relat. Areas Mol. Biol. 1994; 68:67-151.

Raushel FM, Thoden, J. B. e Holden, H. M. The amidotransferase family of enzymes: molecular machines for the production and delivery of ammonia. Biochem. 1999; 38:7891-7899.

Stroud, R. M. An electrostatic highway. Struct. Biol. 1994 1:131-134.

Redução de ribonucleotídeos

Eriksson M, Uhlin U, Ramaswamy S, Ekberg M, Regnström K, Sjöberg BM e Eklund H. Binding of allosteric effectors to ribonucleotide reductase protein R1: reduction of active-site cysteines promotes substrate binding. Structure. 1997; 5:1.077-1.092.

Gorlatov SN e Stadtman TC. Human thioredoxin reductase from HeLa cells: selective alkylation of selenocysteine in the protein inhibits enzyme activity and reduction with NADPH influences affinity to heparin. Proc. Natl. Acad. Sci. USA. 1998; 95:8.520-8.525.

Jordan A e Reichard P. Ribonucleotide reductases. Annu. Rev. Biochem. 1998; 67:71-98.

Kresge N, Simoni RD e Hill RL. Peter Reichard and the reduction of ribonucleosides. J. Biol. Chem. 2006; 281:e13-e15.

Nordland P e Reichard P. Ribonucleotide reductases. Annu. Rev. Biochem. 2006; 75:681-706.

Sjöberg BM. A never-ending story. Science. 2010; 329:1.475-1.476.

Stubbe J. Ribonucleotide reductases in the twenty-first century. Proc. Natl. Acad. Sci. 1998; USA 95:2.723-2.724.

Uppsten, M., Färnegårdh, M., Domkin, V. e Uhlin, U. The first holocomplex structure of ribonucleotide reductase gives new insight into its mechanism of action. J. Mol. Biol. 2006; 359:365-377.

CAPÍTULO 19

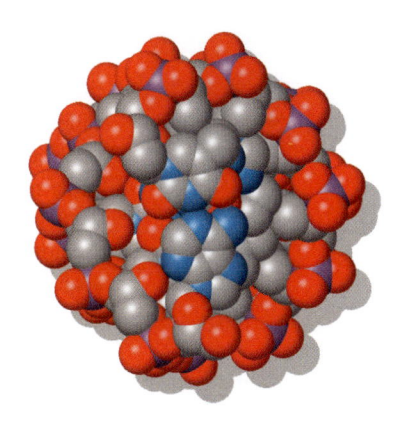

Ácidos Nucleicos

A descoberta da substância que provou ser o ácido desoxirribonucleico (DNA) foi feita em 1869 por Friedrich Miescher, um jovem médico suíço que trabalhava no laboratório do químico fisiológico alemão Felix Hoppe-Seyler. Miescher tratou leucócitos (coletados do pus depositado em bandagens cirúrgicas descartadas) com ácido clorídrico para obter núcleos para estudo. Quando os núcleos obtidos foram tratados com ácido, formou-se um precipitado contendo carbono, hidrogênio, oxigênio, nitrogênio e uma alta porcentagem de fósforo. Miescher chamou o precipitado de "nucleína" por ser derivado dos núcleos. Mais tarde, quando se descobriu que o material era fortemente ácido, seu nome foi mudado para ácido nucleico. Embora não soubesse disto, Miescher tinha descoberto o DNA. Logo depois, Hoppe-Seyler isolou uma substância similar de células de levedura – essa substância é agora conhecida como ácido ribonucleico (RNA). Tanto o DNA como o RNA são polímeros de nucleotídeos ou polinucleotídeos.

Em 1944, Oswald Avery, Colin MacLeod e Maclyn McCarty demonstraram que o DNA é a molécula que carrega a informação genética. Naquela época, muito pouco se sabia sobre a estrutura tridimensional dessa importante molécula. Ao longo dos anos seguintes foram determinadas as estruturas dos nucleotídeos e, em 1953, James D. Watson e Francis H. C. Crick propuseram o modelo estrutural de fita dupla para o DNA.

O estudo bioquímico dos ácidos nucleicos avançou consideravelmente nas últimas décadas. Hoje em dia é possível não apenas determinar a sequência do seu genoma, como também sintetizar grandes cromossomos em laboratório. Assim, tornou-se rotina clonar e manipular moléculas de DNA, o que levou a avanços espetaculares no nosso entendimento da biologia molecular e da forma como as informações contidas no DNA são expressas nas células vivas.

Atualmente, sabemos que um organismo vivo contém um conjunto de instruções para cada etapa necessária à construção de uma réplica de si mesmo. Essas informações residem no material genético, ou **genoma**, desses organismos. Os genomas de todas as células são compostos de DNA, mas alguns genomas virais são compostos de RNA. Um genoma pode consistir em uma única molécula de DNA, como em muitas espécies de bactérias. O genoma dos eucariontes é um conjunto completo de moléculas de DNA encontradas no núcleo (ou seja, o conjunto haploide de cromossomos em organismos diploides). Por convenção, o genoma de uma espécie não inclui o DNA

Gostaríamos de sugerir uma estrutura para o sal do ácido desoxirribonucleico (DNA). Essa estrutura tem características inovadoras que são de considerável interesse biológico.
— J. D. Watson e F. H. C. Crick (1953)

Topo: Modelo de espaço preenchido do DNA, visto ao longo do eixo da hélice.

▲ James D. Watson (1928-) (esquerda) e Francis H. C. Crick (1916-2004) (direita) descrevendo a estrutura do DNA, em 1953.

> A distinção entre o fluxo normal da informação e o dogma central da biologia molecular está explicada na Seção 1.1 e na introdução do capítulo 21.

mitocondrial e dos cloroplastos. Com raras exceções, dois indivíduos de uma espécie não têm exatamente a mesma sequência em seus genomas. Se estivessem vivos hoje, Miescher e Hoppe-Seyler ficariam surpresos ao saber que criminosos poderiam ser condenados pelas impressões digitais de DNA, e que conseguimos sequenciar os genomas completos de milhares de espécies, incluindo os seres humanos.

Em geral, a informação que especifica a estrutura primária de uma proteína é codificada na sequência de nucleotídeos do DNA. Essa informação é enzimaticamente copiada durante a síntese de RNA, um processo conhecido como transcrição. Algumas das informações contidas nas moléculas de RNA transcritas são traduzidas durante a síntese de cadeias polipeptídicas que são, em seguida, dobradas e montadas para formar moléculas de proteína. Assim, pode-se dizer generalizando que as informações biológicas armazenadas no DNA das células fluem do DNA para o RNA, e deste para a proteína.

Os ácidos nucleicos são a quarta classe principal de macromoléculas que estudamos neste livro. Como as proteínas e os polissacarídeos, eles contêm várias unidades monoméricas semelhantes, unidas covalentemente para produzir grandes polímeros. Neste capítulo descrevemos a estrutura dos ácidos nucleicos e como eles são organizados nas células. Também descrevemos algumas enzimas que usam DNA e RNA como substratos. Muitas outras proteínas e enzimas interagem com o DNA e o RNA para assegurar que a informação genética seja corretamente interpretada. Vamos considerar a bioquímica e o controle desse fluxo de informação nos capítulos 20, 21 e 22.

19.1 Os nucleotídeos são os componentes básicos dos ácidos nucleicos

Ácidos nucleicos são polinucleotídeos ou polímeros de nucleotídeos. Como vimos no capítulo anterior, os nucleotídeos têm três componentes: um açúcar de cinco carbonos, um ou mais grupos fosfato e um composto nitrogenado fracamente básico, chamado "base" (Figura 19.1). As bases encontradas nos nucleotídeos são pirimidinas e purinas substituídas. A pentose é ribose (D-ribofuranose) ou 2-desoxirribose (2-desoxi-D-ribofuranose). Os N-glicosídeos pirimidínicos ou purínicos desses açúcares são chamados nucleosídeos. Os nucleotídeos são os ésteres de fosfato dos nucleosídeos; os nucleotídeos comuns contêm de um a três grupos fosforila. Nucleotídeos que contêm ribose são chamados ribonucleotídeos, e aqueles contendo desoxirribose são chamados desoxirribonucleotídeos (Seção 18.5).

▲ **Figura 19.1**
Estrutura química de um nucleotídeo. Os nucleotídeos contêm um açúcar de cinco átomos de carbono, uma base nitrogenada e pelo menos um grupo fosfato. O açúcar pode ser tanto desoxirribose (mostrado aqui) como ribose.

A. Ribose e desoxirribose

Os açúcares que compõem os nucleotídeos encontrados em ácidos nucleicos são mostrados na Figura 19.2. Ambos os açúcares são mostrados como projeções de Haworth da conformação β das formas cíclicas de furanose (Seção 8.2). Essa é a conformação estável, encontrada nos nucleotídeos e polinucleotídeos. Cada um desses anéis de furanose pode adotar diferentes conformações, como as formas de envelope discutidas no Capítulo 8. A conformação 2′-endo da desoxirribose predomina no DNA de fita dupla (Figura 8.11).

B. Purinas e pirimidinas

As bases encontradas nos nucleotídeos são derivadas tanto da pirimidina como da purina (Capítulo 18). As estruturas desses compostos heterocíclicos e os sistemas de numeração para os átomos de carbono e nitrogênio de cada base são mostrados na Figura 19.3. A pirimidina tem um único anel contendo quatro átomos de carbono e dois de nitrogênio. A purina tem um sistema de anéis fundidos pirimidinaimidazol. Os dois tipos de bases são insaturados, com ligações duplas conjugadas. Essa característica torna os anéis planos e também é responsável por sua capacidade de absorver a luz ultravioleta.

Pirimidinas e purinas substituídas são onipresentes nas células vivas, mas as bases não substituídas raramente são encontradas em sistemas biológicos. As principais pirimidinas encontradas nos nucleotídeos são uracila (2,4-dioxopirimidina, U), timina

▲ **Figura 19.2**
Estruturas químicas dos dois açúcares encontrados em nucleotídeos. (a) Ribose (β-D-ribofuranose). (b) Desoxirribose (2-desoxi-β-D-ribofuranose).

(2,4-dioxo-5-metilpirimidina, T) e citosina (2-oxo-4-aminopirimidina, C). As principais purinas são adenina (6-aminopurina, A) e guanina (2-amino-6-oxopurina, G). As estruturas químicas dessas cinco bases principais são mostradas na Figura 19.4. Observe que a timina também pode ser chamada 5-metiluracila, já que é uma forma substituída de uracila (Seção 18.6). Adenina, guanina e citosina são encontradas tanto nos ribonucleotídeos como nos desoxirribonucleotídeos. A uracila é encontrada predominantemente em ribonucleotídeos, e a timina, em desoxirribonucleotídeos.

Purinas e pirimidinas são bases fracas e relativamente insolúveis em água no pH fisiológico. Dentro das células, no entanto, a maioria das bases de pirimidina e purina é constituinte de nucleotídeos e polinucleotídeos, que são compostos muito solúveis.

Cada base heterocíclica pode existir em pelo menos duas formas tautoméricas. Adenina e citosina podem existir tanto na forma de amina como de imina. Guanina, timina e uracila podem existir nas formas de lactama (ceto) ou lactima (enol) (Figura 19.5). As formas tautoméricas de cada base existem em equilíbrio, mas os tautômeros amina e lactama são mais estáveis e, portanto, predominam nas condições encontradas no interior da maioria das células. Observe que, em cada tautômero, os anéis permanecem insaturados e planos.

Todas as bases nos nucleotídeos comuns podem participar de ligações de hidrogênio. Os grupos amino da adenina e da citosina são doadores de hidrogênio, já os átomos de nitrogênio dos anéis (N-1 na adenina e N-3 na citosina) são aceptores de hidrogênio (Figura 19.6). A citosina também tem um grupo aceptor de hidrogênio em C-2. Guanina, citosina e timina podem formar três ligações de hidrogênio. Na guanina, o grupo C-6 é um aceptor de hidrogênio, enquanto N-1 e o grupo amino em C-2 são doadores. Na timina, os grupos em C-4 e C-2 são aceptores, e o N-3 é doador de hidrogênio (apenas dois desses sítios, C-4 e N-3, são usados para formar pares de bases no DNA). A capacidade da uracila, uma base encontrada no RNA, para formar ligações de hidrogênio é semelhante à da timina. Os padrões de ligações de hidrogênio das bases têm consequências importantes para a estrutura tridimensional dos ácidos nucleicos.

Os livros de bioquímica da década de 1940 geralmente descreviam as bases em suas formas de imina e lactima. Essas eram as estruturas que Jim Watson estava usando em 1953 para construir um modelo de DNA. Logo após ser informado por Jerry Donohue de que os livros estavam errados, Watson descobriu os agora famosos pares de bases A/T e G/C.

Ligações adicionais de hidrogênio ocorrem em alguns ácidos nucleicos e em interações ácido nucleico-proteína. Por exemplo, o N-7 de adenina e guanina pode ser um aceptor de hidrogênio, e os átomos de hidrogênio dos grupos amina da citosina, guanina e adenina podem ser doados para formar ligações de hidrogênio.

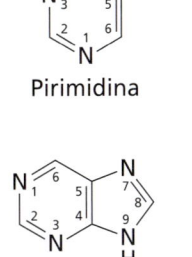

◄ **Figura 19.3**
Estruturas químicas de pirimidina e purina.

PIRIMIDINAS

Uracila
(2,4-dioxopirimidina)

Timina
(2,4-dioxo-5-metilpirimidina)

Citosina
(2-oxo-4-aminopirimidina)

PURINAS

Adenina
(6-aminopurina)

Guanina
(2-amino-6-oxopurina)

◄ **Figura 19.4**
Estruturas químicas das principais pirimidinas e purinas.

▶ **Figura 19.5**
Formas tautoméricas predominantes de adenina, citosina, guanina, timina e uracila. Em pH fisiológico, o equilíbrio dessas reações de tautomerização é bastante deslocado no sentido das formas amino e lactama.

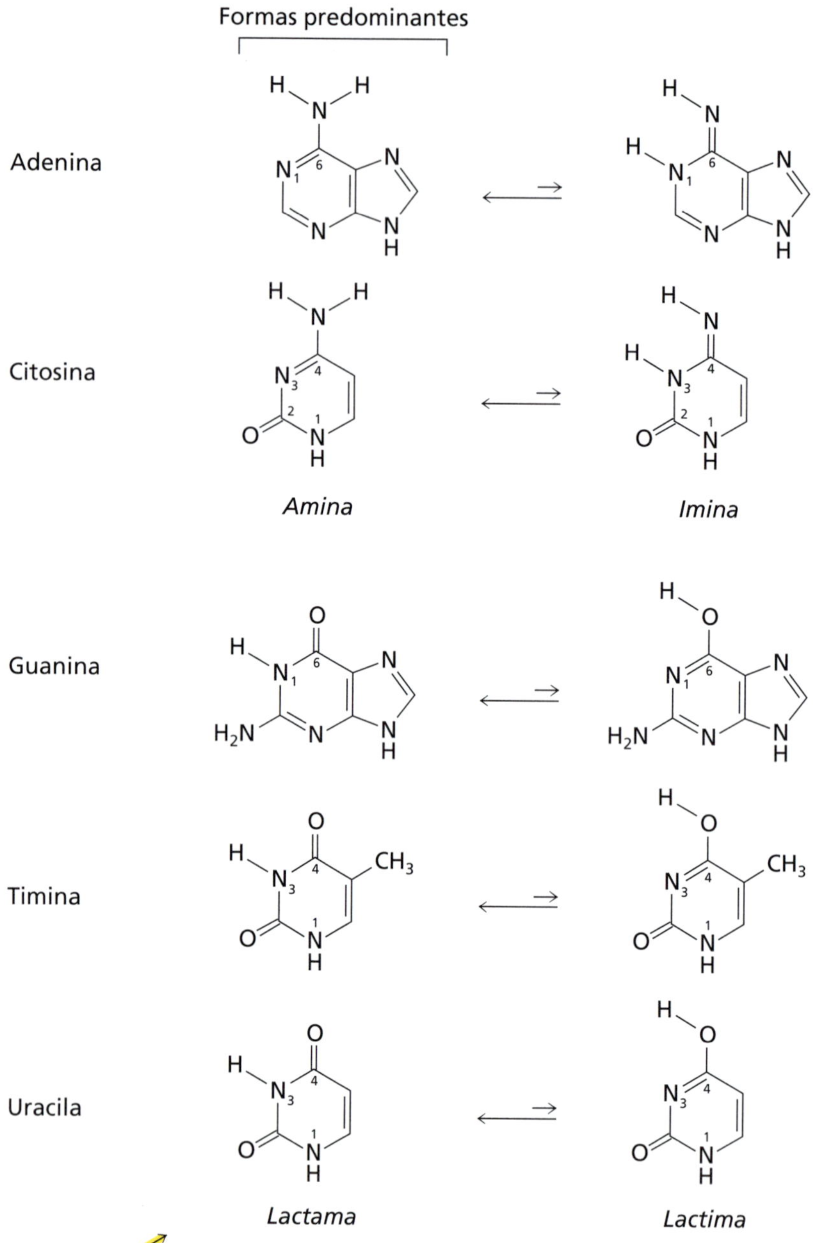

▼ **Figura 19.6**
Sítios de ligação de hidrogênio nas bases dos ácidos nucleicos. Cada base contém átomos e grupos funcionais que podem servir como doadores e aceptores de hidrogênio. Mostramos aqui as formas tautoméricas comuns das bases. Os grupos doadores e aceptores de hidrogênio diferem nos outros tautômeros. R representa a porção açúcar.

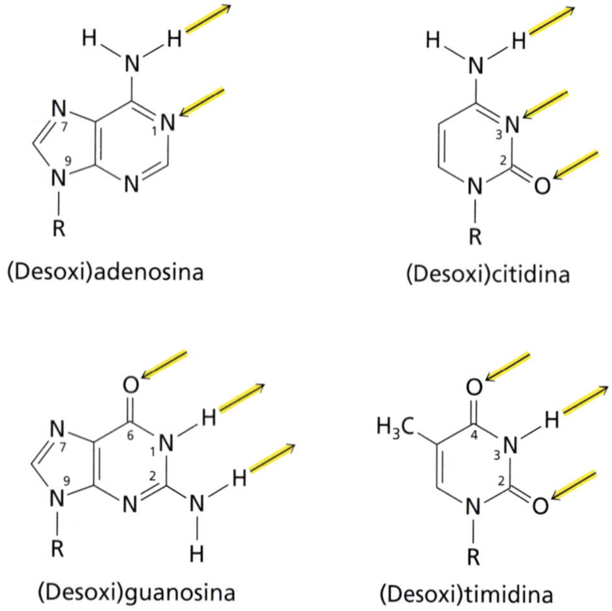

C. Nucleosídeos

Os nucleosídeos são compostos de ribose ou desoxirribose e uma base heterocíclica. Em cada nucleosídeo, uma ligação β-N-glicosídica conecta o C-1 do açúcar ao N-1 da pirimidina ou ao N-9 da purina. Os nucleosídeos, portanto, são derivados N-ribosila ou N-desoxirribosila de pirimidinas ou purinas. A convenção para numerar os átomos de carbono e de nitrogênio em nucleosídeos reflete o fato de eles serem compostos de uma base e um açúcar de cinco carbonos, cada qual com seu próprio esquema de numeração. A designação dos átomos nas porções purínica ou pirimidínica tem precedência. Portanto, os átomos nas bases são numerados 1, 2, 3 e assim por diante, enquanto aqueles no anel de furanose se distinguem pela adição de aspas simples ('). Assim, a ligação β-N-glicosídica conecta o átomo C-1', ou 1', da porção açúcar à base. Ribose e desoxirribose diferem no

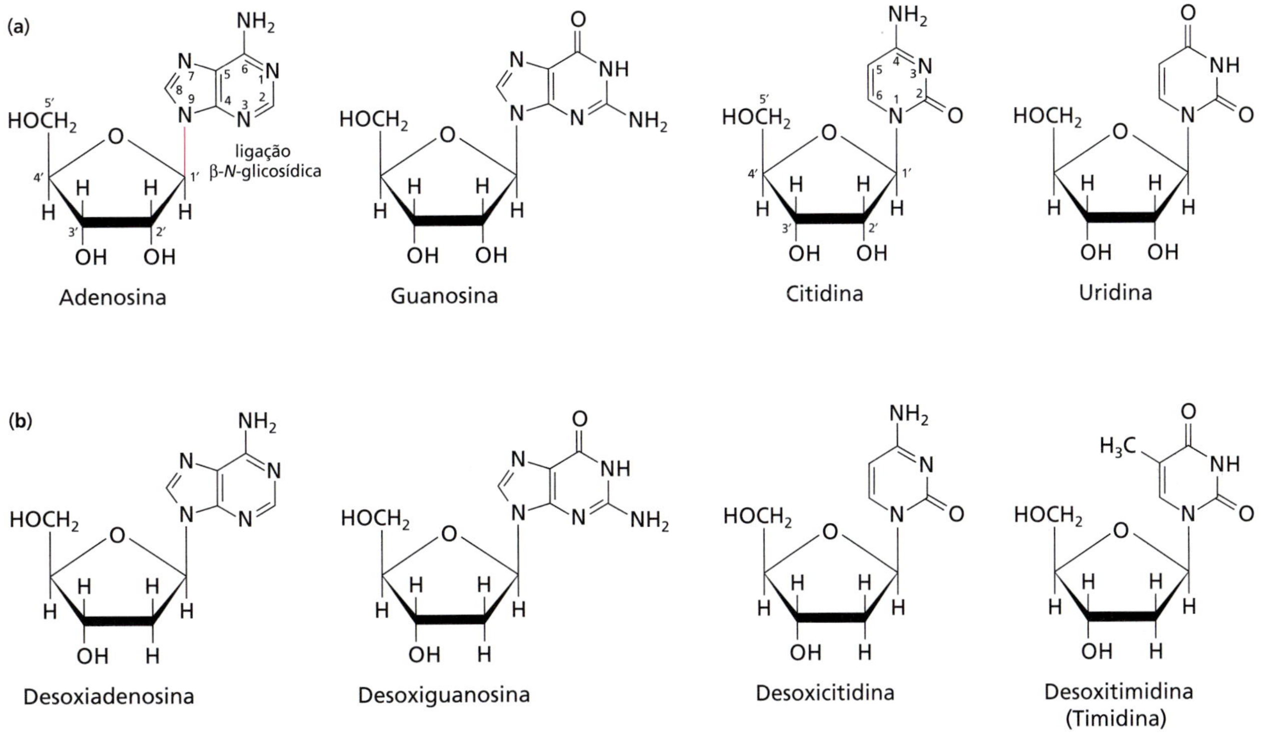

(a) Adenosina   Guanosina   Citidina   Uridina

(b) Desoxiadenosina   Desoxiguanosina   Desoxicitidina   Desoxitimidina (Timidina)

▲ Figura 19.7
Estruturas químicas dos nucleosídeos. Observe que os átomos de carbono dos açúcares são numerados com aspas simples para distingui-los dos átomos das bases. **(a)** Ribonucleosídeos. O açúcar dos ribonucleosídeos é a ribose, que tem um grupo hidroxila em C-2', como mostramos aqui. A ligação β-N-glicosídica da adenosina aparece em vermelho. **(b)** Desoxirribonucleosídeos. Nos desoxirribonucleosídeos, há um átomo de hidrogênio em C-2, em lugar do grupo hidroxila.

C-2', ou na posição 2'. As estruturas químicas dos principais ribonucleosídeos e desoxirribonucleosídeos são mostradas na Figura 19.7.

Os nomes dos nucleosídeos derivam dos nomes de suas bases. O ribonucleosídeo que contém adenina é chamado adenosina (o nome sistemático, 9-β-D-ribofuranosiladenina, é raramente usado) e sua contraparte desoxi é chamada desoxiadenosina. Da mesma forma, os ribonucleosídeos de guanina, citosina e uracila são guanosina, citidina e uridina, respectivamente. Os desoxirribonucleosídeos de timina, citosina e guanina são desoxiguanosina, desoxicitidina e desoxitimidina, nessa ordem. A desoxitimidina é, com frequência, chamada apenas de timidina, já que timina raramente ocorre em ribonucleosídeos. As abreviaturas de letra única para as bases pirimidínicas e purínicas também são em geral usadas para designar ribonucleosídeos: A, G, C e U (para adenosina, guanosina, citidina e uridina, respectivamente). Os desoxirribonucleosídeos são abreviados dA, dG, dC e dT quando é necessário distingui-los dos ribonucleosídeos.

Às vezes, a rotação em torno das ligações glicosídicas dos nucleosídeos e nucleotídeos é impedida. Há duas conformações relativamente estáveis, *syn* e *anti*, que coexistem em equilíbrio rápido (Figura 19.8). Nos nucleosídeos pirimidínicos comuns, predomina a conformação *anti*. Esta, aliás, é a conformação predominante em todos os nucleotídeos nos ácidos nucleicos, que são os polímeros dos nucleotídeos.

D. Nucleotídeos

Os nucleotídeos são derivados fosforilados dos nucleosídeos. Os ribonucleosídeos têm três grupos hidroxila passíveis de fosforilação (2', 3' e 5'), enquanto os desoxirribonucleosídeos têm dois (3' e 5'). Os grupos fosforila dos nucleotídeos de ocorrência natural são, em geral, ligados ao átomo de oxigênio da hidroxila 5'. Por convenção, considera-se sempre que um nucleotídeo é um éster de fosfato 5', a menos que haja especificação em contrário.

Os nomes sistemáticos dos nucleotídeos indicam o número de grupos fosfato presentes. Por exemplo, o éster 5'-monofosfato de adenosina é chamado adenosina-monofosfato (AMP). Ele é também chamado simplesmente adenilato. De modo semelhante, o 5'-monofosfato de desoxicitidina pode ser chamado desoxicitidina monofosfato (dCMP) ou desoxicitidilato. Normalmente, o 5'-monofosfato do desoxirribonucleosídeo de timina é chamado timidilato, mas às vezes é chamado desoxitimidilato para evitar ambiguidade. A Tabela 19.1 apresenta uma visão geral da nomenclatura das

CONCEITO-CHAVE
Por convenção, a numeração dos átomos nas bases tem precedência, de modo que os átomos de carbono do açúcar são numerados como 1', 2' etc.

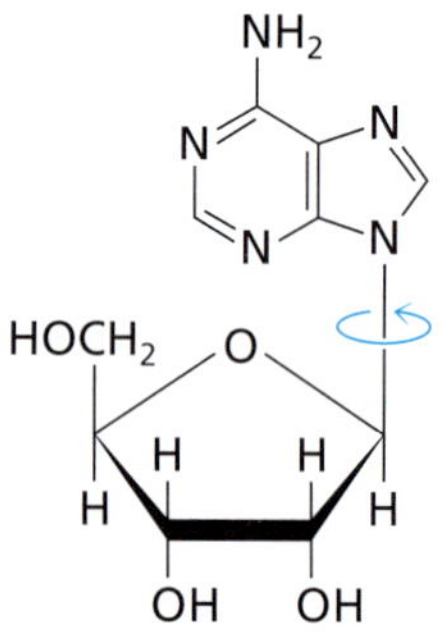

bases, dos nucleosídeos e dos 5'-nucleotídeos. Os nucleotídeos com esterificação por fosfato na posição 5' são abreviados como AMP, dCMP e assim por diante. Os que são esterificados por fosfato em outras posições recebem abreviações similares, mas com indicação da posição (por exemplo, 3-AMP).

TABELA 19.1 Nomenclatura das bases, nucleosídeos e nucleotídeos

Base	Ribonucleosídeo	Ribonucleotídeo (5'-monofosfato)
Adenina (A)	Adenosina	Adenosina 5'-monofosfato (AMP); adenilato[a]
Guanina (G)	Guanosina	Guanosina 5'-monofosfato (GMP); guanilato[a]
Citosina (C)	Citidina	Citidina 5'-monofosfato (CMP); citidilato[a]
Uracila (U)	Uridina	Uridina 5'-monofosfato (UMP); uridilato[a]
Base	Desoxirribonucleosídeo	Desoxirribonucleotídeo (5'-monofosfato)
Adenina (A)	Desoxiadenosina	Desoxiadenosina 5'-monofosfato (dAMP); desoxiadenilato[a]
Guanina (G)	Desoxiguanosina	Desoxiguanosina 5'-monofosfato (dGMP); desoxiguanilato[a]
Citosina (C)	Desoxicitidina	Desoxicitidina 5'-monofosfato (dCMP); desoxicitidilato[a]
Timina (T)	Desoxitimidina ou timidina	Desoxitimidina 5'-monofosfato (dTMP); desoxitimidilato[a] ou timidilato[a]

[a] Formas aniônicas dos ésteres de fosfato predominantes em pH 7,4.

syn-adenosina

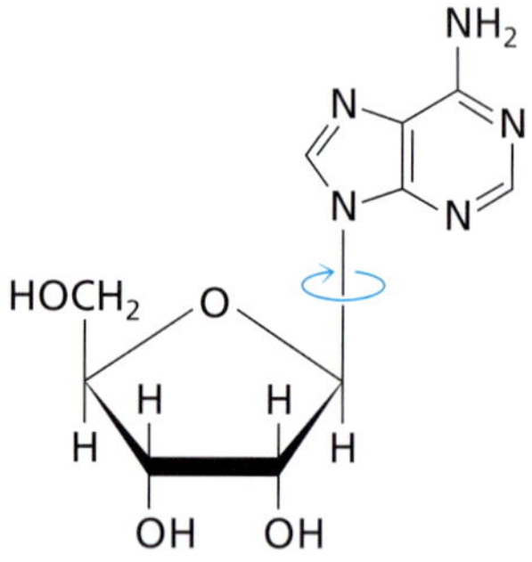

anti-adenosina

▲ **Figura 19.8**
Conformações *syn* e *anti* da adenosina. Alguns nucleosídeos assumem as duas conformações, *syn* e *anti*. A forma *anti* é geralmente mais estável nos nucleosídeos pirimidínicos.

Os nucleosídeo-monofosfatos, que são derivados do ácido fosfórico, são ânions no pH fisiológico. Eles são ácidos dibásicos nas condições fisiológicas, pois seus valores

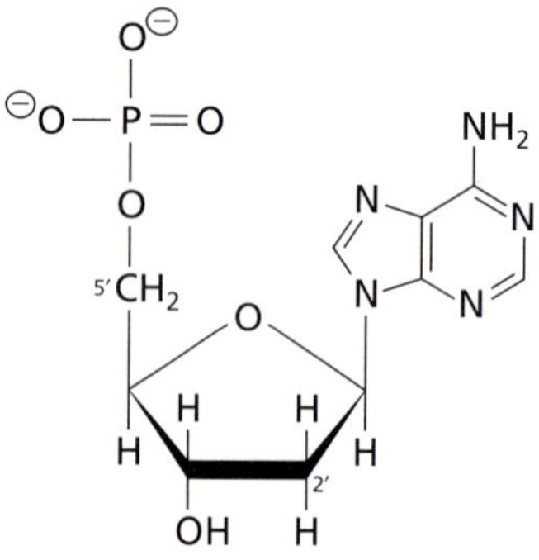

2'-desoxiadenosina 5'-monofosfato
(desoxiadenilato, dAMP)

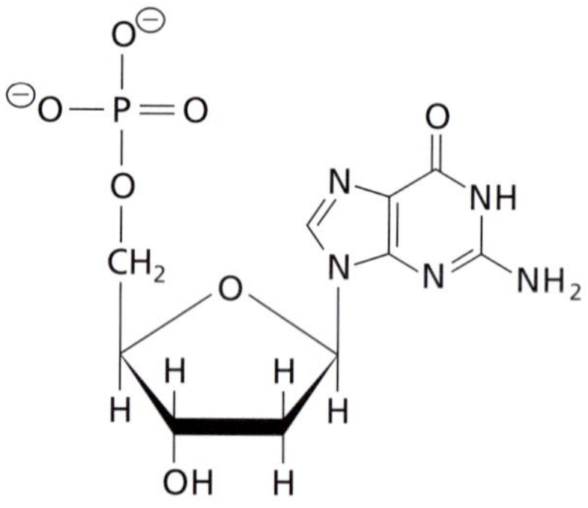

2'-desoxiguanosina 5'-monofosfato
(desoxiguanilato, dGMP)

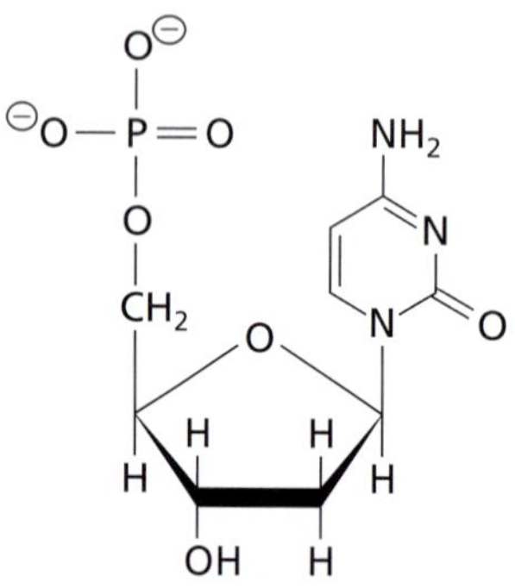

2'-desoxicitidina 5'-monofosfato
(desoxicitidilato, dCMP)

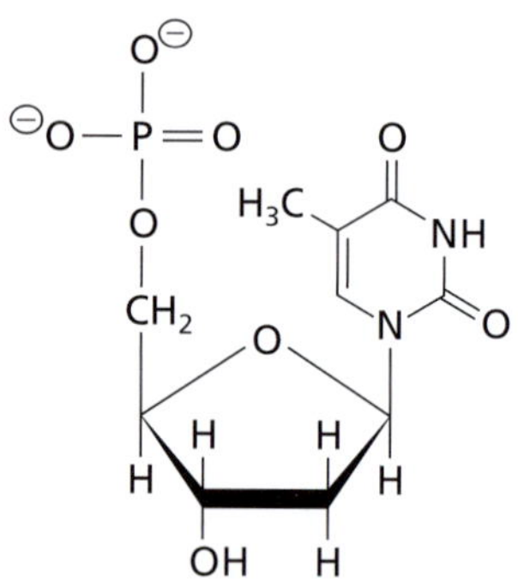

2'-desoxitimidina 5'-monofosfato
(timidilato, dTMP)

▶ **Figura 19.9**
Estruturas químicas dos desoxirribonucleosídeos-5'-monofosfato.

de pK_a são, aproximadamente, 1 e 6. Os átomos de nitrogênio dos anéis heterocíclicos também podem ser ionizados.

Os nucleosídeos-monofosfato podem ser ainda fosforilados para formar di ou trifosfatos. Esses grupos fosforila adicionais ocorrem como fosfoanidridos. As estruturas químicas dos desoxirribonucleosídeos-5'-monofosfato estão na Figura 19.9. Uma visão tridimensional da estrutura do dGMP é apresentada na Figura 19.10. A base está na conformação *anti*, e o anel do açúcar está levemente dobrado. O plano do anel purínico é quase perpendicular ao do anel de furanose. O grupo fosforila ligado ao átomo de carbono-5' fica posicionado acima do açúcar, bem afastado da base.

Os nucleosídeos-polifosfato e polímeros de nucleotídeos também podem ser abreviados por meio de um esquema no qual os grupos fosfato são representados por "p" e os nucleosídeos, por suas abreviaturas de uma letra. A posição do "p" em relação à abreviatura do nucleosídeo indica a posição do fosfato: para um 5'-fosfato, o "p" precede a abreviatura do nucleosídeo, e, para um 3'-fosfato, ele segue essa abreviatura. Assim, 5'-adenilato (AMP) pode ser abreviado como pA; o 3'-desoxiadenilato, como dAp; e o ATP, como pppA.

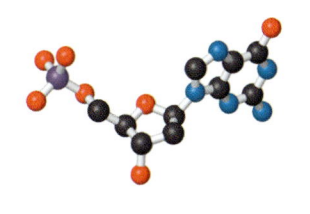

▲ **Figura 19.10**
Desoxiguanosina-5'-monofosfato (dGMP). Os átomos de hidrogênio foram omitidos por questão de clareza. Legenda de cores: carbono – preto; nitrogênio – azul; oxigênio – vermelho; fósforo – roxo.

19.2 O DNA é uma fita dupla

Já em 1950 estava claro que o DNA era um polímero linear formado por resíduos de 2'-desoxirribonucleotídeos ligados por 3'-5'-fosfodiésteres. Além disso, Erwin Chargaff já havia deduzido algumas regularidades na composição nucleotídica de amostras de DNA obtidas de uma grande variedade de procariontes e eucariontes. Entre outras coisas, Chargaff havia observado que, no DNA de uma dada célula, A e T ocorriam em quantidades equimolares, assim como G e C. Um exemplo de dados modernos sobre a composição do DNA mostrando essas proporções está na Tabela 19.2. Embora para cada espécie A = T e G = C, o percentual molar total de (G + C) pode diferir consideravelmente do de (A + T). O DNA de alguns organismos, como o da levedura *Saccharomyces cerevisiae*, é relativamente deficiente em (G + C), enquanto o de outros organismos, como o da bactéria *Mycobacterium tuberculosis*, é rico em (G + C). Em geral, os DNAs de espécies intimamente relacionadas, como bois, porcos e homens, têm composição semelhante em termos das bases. Os dados atualmente disponíveis mostram também que a proporção entre purinas e pirimidinas é sempre de 1:1 no DNA de todas as espécies.

O modelo de DNA proposto por Watson e Crick em 1953 foi baseado nas estruturas conhecidas dos nucleosídeos e nos padrões de difração de raios X obtidos por Rosalind Franklin e Maurice Wilkins em fibras de DNA. O modelo de Watson-Crick explicava as quantidades iguais de purinas e pirimidinas, sugerindo que o DNA fosse uma molécula de fita dupla na qual as bases de uma das fitas eram especificamente emparelhadas com as bases da outra fita: A com T e G com C. Os dois pesquisadores propuseram a estrutura que atualmente se chama conformação B do DNA, ou simplesmente DNA-B.

TABELA 19.2 Composição de bases do DNA (mol %) e proporção entre estas

Fonte	A	G	C	T	A/T[a]	G/C[a]	(G + C)	Purina/pirimidina[a]
Escherichia coli	26,0	24,9	25,2	23,9	1,09	0,99	50,1	1,04
Mycobacterium tuberculosis	15,1	34,9	35,4	14,6	1,03	0,99	70,3	1,00
Levedura	31,7	18,3	17,4	32,6	0,97	1,05	35,7	1,00
Boi	29,0	21,2	21,2	28,7	1,01	1,00	42,4	1,01
Porco	29,8	20,7	20,7	29,1	1,02	1,00	41,4	1,01
Homem	30,4	19,9	19,9	30,1	1,01	1,00	39,8	1,01

[a] Desvios da proporção 1:1 são decorrentes de variações experimentais.

582 Bioquímica

É importante uma análise da estrutura do DNA para podermos entender seus processos de replicação (Capítulo 20) e transcrição (Capítulo 21). O DNA é o repositório da informação biológica. Cada célula tem dezenas de enzimas e proteínas que se ligam ao DNA, reconhecendo certas características estruturais, como a sequência de nucleotídeos. Nas seções seguintes, veremos como a estrutura do DNA permite que essas proteínas tenham acesso à informação armazenada.

A. Os nucleotídeos são unidos por ligações 3'-5'-fosfodiéster

Vimos que a estrutura primária de uma proteína se refere à sequência de seus aminoácidos, unidos por ligações peptídicas. Da mesma forma, a estrutura primária dos ácidos nucleicos é a sequência de seus resíduos nucleotídicos conectados por ligações 3'-5'-fosfodiéster. Essas ligações estão ilustradas por um tetranucleotídeo representando um segmento da cadeia de DNA (Figura 19.11). O esqueleto da cadeia polinucleotídica consiste nos grupos fosforila, nos átomos de carbono 5', 4' e 3', e no átomo de oxigênio

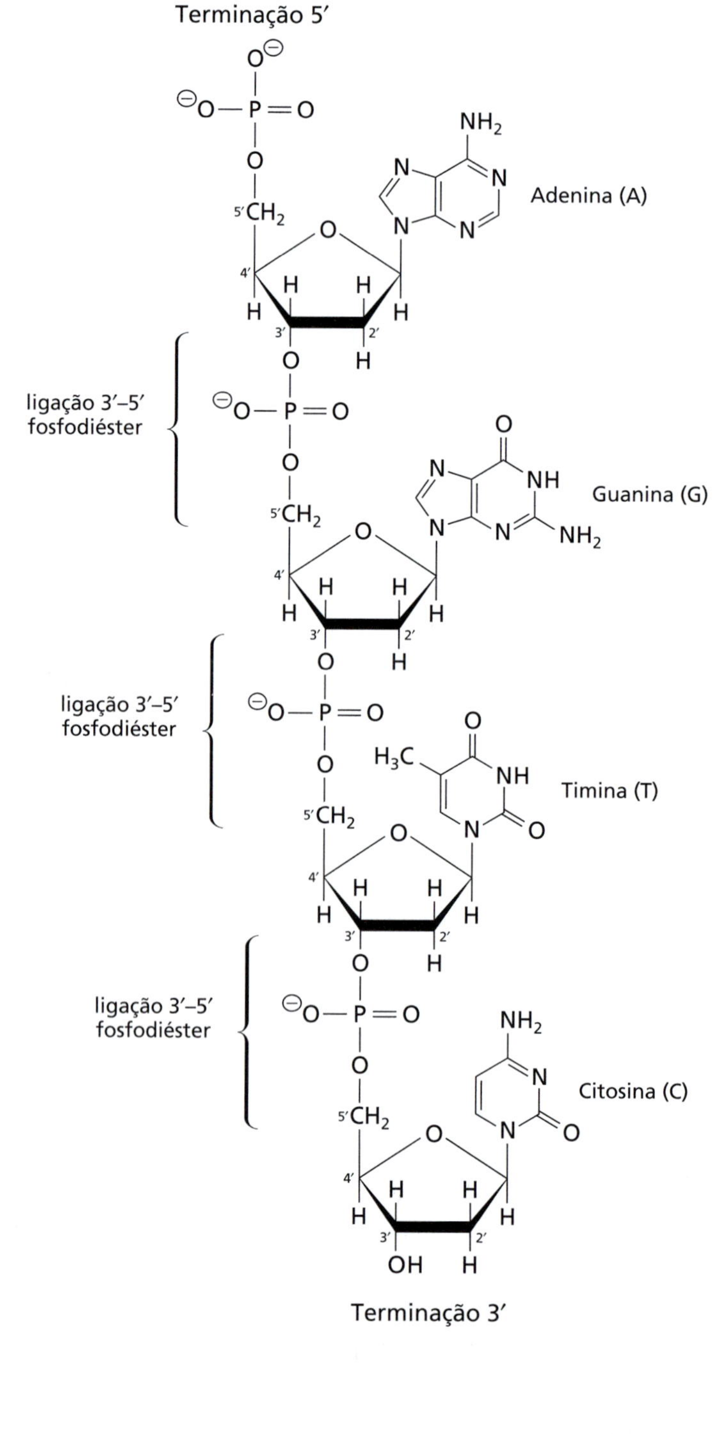

> Um grupo de ligação consiste em várias ligações covalentes distintas.

▶ **Figura 19.11**
Estrutura química do tetranucleotídeo pdApdGpdTpdC. Os resíduos de nucleotídeos são unidos por ligações 3'-5'-fosfodiéster. O nucleotídeo com um grupo 5'-fosforila livre é chamado terminação 5', e aquele com uma 3'-hidroxila é chamado terminação 3'.

3' de cada desoxirribose. Esses átomos estão arranjados em uma conformação estendida, o que torna a fita dupla de DNA uma molécula longa e fina, diferentemente das cadeias polipeptídicas, que podem se dobrar sobre si mesmas com facilidade.

Todos os resíduos de nucleotídeos em uma cadeia polinucleotídica têm a mesma orientação. Assim, essas cadeias têm direcionalidade, assim como as cadeias polipeptídicas. Uma das terminações de uma cadeia linear de polinucleotídeo é dita 5' (porque nenhum resíduo está ligado ao carbono 5') e a outra é chamada 3' (porque não há resíduo ligado ao carbono 3'). Por convenção, a direção da fita de DNA é definida pela leitura por meio dos átomos que constituem o resíduo de açúcar. Portanto, a direção de cima para baixo na fita da Figura 19.11 é definida como 5' → 3' (de 5' para 3') porque, atravessando o resíduo de açúcar, encontram-se os carbonos 5', 4' e 3', nessa ordem. De modo similar, percorrer a fita de baixo para cima é fazê-lo na direção 3' → 5'.

Considera-se que as abreviações estruturais são lidas na direção 5' → 3', exceto quando especificado em contrário. Como os fosfatos podem ser abreviados por "p",

CONCEITO-CHAVE

A direção ao longo da fita de DNA ou de RNA pode ser 5' → 3' ou 3' → 5'. Essa direção é definida pela ordem de leitura dos átomos constituintes do resíduo de açúcar.

▲ Modelo original do DNA de Watson e Crick.

◄ **Figura 19.12**
Estrutura química da fita dupla de DNA. As duas fitas "correm" em direções opostas. A adenina de uma fita forma par com a timina na outra; a guanina forma par com a citosina.

o tetranucleotídeo da Figura 19.11 pode ser chamado pdApdGpdTpdC, ou simplesmente AGTC, quando ficar claro que se refere ao DNA.

Cada grupo fosfato que participa de uma ligação fosfodiéster tem um pK_a de cerca de 2 e, portanto, uma carga negativa em pH neutro. Em consequência, os ácidos nucleicos são poliânions nas condições fisiológicas. Grupos fosfato carregados negativamente são neutralizados por cátions pequenos e proteínas de carga positiva.

B. Duas fitas antiparalelas formam uma dupla-hélice

A maioria das moléculas de DNA é constituída por duas fitas de polinucleotídeos. Cada uma das bases de uma fita forma ligações de hidrogênio com uma base da fita oposta (Figura 19.12). Os pares mais comuns ocorrem entre os tautômeros lactama e amina das bases. Os pares de guanina com citosina e de adenina com timina se formam de modo a maximizar as ligações de hidrogênio entre os sítios possíveis. Os pares de bases G/C formam três ligações de hidrogênio, e os pares A/T, duas. Essa característica da fita dupla do DNA explica a descoberta de Chargaff de que a proporção de A para T e de G para C é 1:1 em uma ampla variedade de moléculas de DNA. Como A de uma fita forma par com T da outra – e G com C –, as fitas são complementares, cada uma servindo de molde para a outra.

Os esqueletos de açúcar-fosfato das fitas complementares do DNA de fita dupla têm orientações opostas. Em outras palavras, eles são antiparalelos. Essa foi uma das importantes novidades trazidas por Watson e Crick quando construíram seu modelo de DNA em 1953.

Cada extremidade da fita dupla de DNA é constituída pela terminação 5' de uma fita e a terminação 3' da outra. A distância entre dois esqueletos de açúcar-fosfato é a mesma para cada par de bases. Em consequência, todas as moléculas de DNA têm a mesma estrutura regular, a despeito das diferenças que possam existir em suas sequências de nucleotídeos.

A estrutura real do DNA difere daquela apresentada na Figura 19.12 em dois aspectos importantes. Em uma representação tridimensional real, as duas fitas se enroscam uma em torno da outra, formando uma estrutura helicoidal de duas fitas, ou uma hélice dupla. Além disso, as bases são rodadas, de modo que o plano dos pares de bases é quase perpendicular ao da página (lembre-se de que o plano da base no dGMP é quase perpendicular ao do açúcar, como mostrado na Figura 19.10).

A molécula de DNA pode ser visualizada como uma "escada" que foi torcida para formar uma hélice. As bases pareadas representam os degraus, e os esqueletos de açúcar-fosfato representam os suportes da escada. Cada fita complementar serve como um modelo perfeito para a outra. Essa complementaridade é responsável pela regularidade geral da estrutura de fita dupla do DNA. No entanto, só o pareamento complementar de bases não faz uma hélice. No DNA-B, os pares de bases são empilhados uns acima dos outros, ficando quase perpendiculares ao eixo principal da molécula. As interações cooperativas, não covalentes, entre as superfícies superior e inferior de cada par as aproximam e criam um interior hidrofóbico que torce o esqueleto de açúcar-fosfato. São essas interações de empilhamento que criam a conhecida hélice (Figura 19.13). Grande parte da estabilidade da fita dupla de DNA é por causa das interações de empilhamento entre os pares de bases.

Os dois esqueletos hidrofílicos de açúcar-fosfato se enrolam em torno da parte externa da hélice, onde ficam expostos ao ambiente aquoso. Em contraste, as bases empilhadas, relativamente hidrofóbicas, ficam no interior da hélice, onde se mantêm basicamente inacessíveis à água. Esse ambiente hidrofóbico torna as ligações de hidrogênio entre as bases mais estáveis, pois elas ficam protegidas da competição com as moléculas de água.

A dupla-hélice tem dois sulcos com larguras desiguais, por causa da forma como os pares de bases se empilham e os esqueletos de açúcar-fosfato são torcidos. Esses sulcos são chamados **sulco maior** e **sulco menor** (Figura 19.14). Dentro de cada sulco, os grupos funcionais nas laterais dos pares de bases ficam expostos à água. Cada par de bases tem um padrão característico de grupos químicos projetados para o interior dos sulcos. Moléculas que interagem com pares de bases específicos podem identificá-los

CONCEITO-CHAVE
As duas fitas do DNA são antiparalelas.

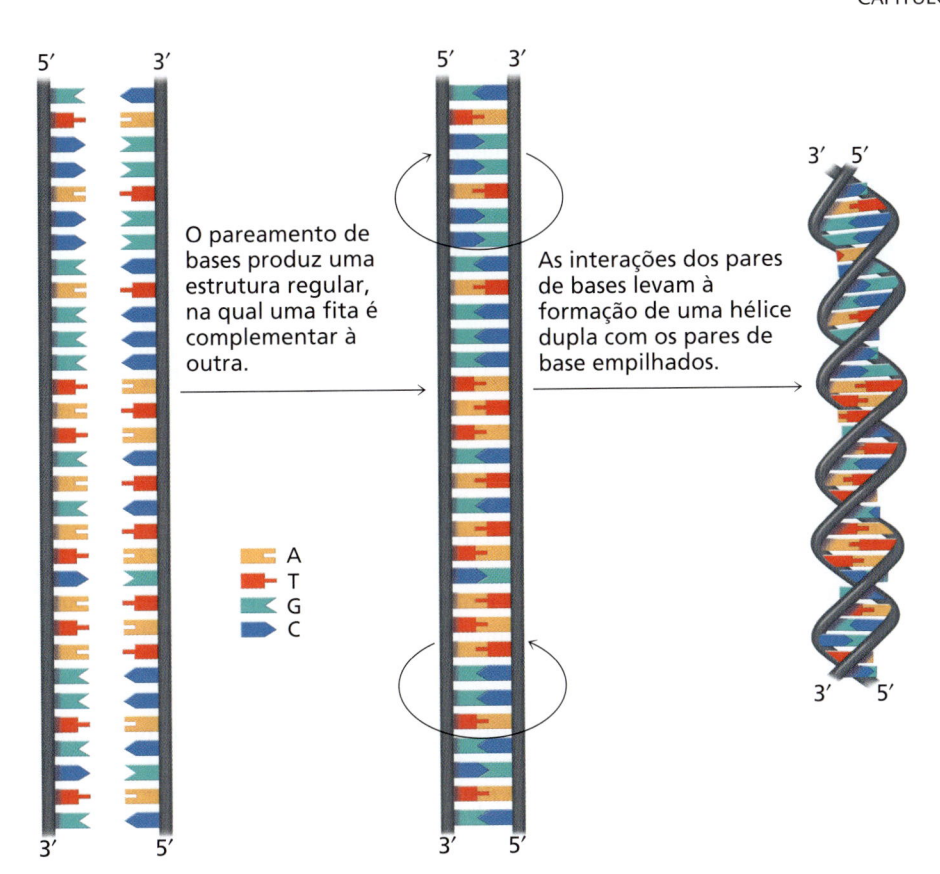

◀ **Figura 19.13**
Pareamento complementar e empilhamento de bases na fita dupla do DNA.

O pareamento de bases produz uma estrutura regular, na qual uma fita é complementar à outra.

As interações dos pares de bases levam à formação de uma hélice dupla com os pares de base empilhados.

A
T
G
C

▲ **Figura 19.14**
Estrutura tridimensional do DNA-B. Esse modelo mostra a orientação dos pares de base e do esqueleto de açúcar-fosfato, bem como os tamanhos relativos das bases pirimidínicas e purínicas. O esqueleto de açúcar-fosfato se torce na parte externa da hélice e as bases ocupam o interior dela. O empilhamento dos pares de bases cria dois sulcos de larguras desiguais: o sulco maior e o sulco menor. O diâmetro da hélice é de 2,37 nm, e a distância entre os pares de bases é de 0,33 nm. A distância para completar uma volta é de 3,40 nm (por questão de clareza, um pequeno espaço foi deixado entre os pares de bases empilhados, e as interações entre bases complementares são mostradas de modo esquemático).

pela ligação ao sulco, sem romper a hélice. Essa característica é particularmente importante para proteínas que precisam se ligar ao DNA de fita dupla e "ler" uma sequência específica.

O DNA-B é uma hélice direita dupla com diâmetro de 2,37 nm. O **deslocamento vertical** da hélice (a distância entre um par de bases e o seguinte, ao longo do eixo helicoidal) é, em média, de 0,33 nm; o **passo** da hélice (a distância para completar uma volta) é de cerca de 3,40 nm. Esses valores variam um pouco, dependendo da composição em bases. Como há perto de 10,4 pares de bases por volta da hélice, o ângulo de rotação entre nucleotídeos adjacentes em cada fita é de aproximadamente 34,6° (360/10,4).

Duas vistas do DNA-B são mostradas na Figura 19.15. O modelo de esfera e bastão (Figura 19.15a) mostra que as ligações de hidrogênio entre pares de bases ficam "enterradas" no interior da molécula, onde são protegidas das interações competitivas com a água. Os grupos fosfato carregados (átomos roxos e vermelhos) ficam na superfície externa. Esse arranjo fica mais evidente no modelo de espaço preenchido (Figura 19.15b). Esse modelo também mostra claramente que os grupos funcionais dos pares de bases ficam expostos nos sulcos. Esses grupos podem ser identificados pela presença dos átomos azuis de nitrogênio e vermelhos do oxigênio.

O comprimento da molécula de DNA de fita dupla é, com frequência, expresso em termos de pares de bases (bp, de *base pairs*). Por conveniência, estruturas mais longas são medidas em milhares de pares de bases, ou **quilopares de bases**, geralmente abreviado como kb. A maioria dos genomas bacterianos consiste em uma só molécula de DNA com muitos milhares de kb; por exemplo, o cromossomo da *Escherichia coli* tem um comprimento de 4.600 kb. As moléculas maiores de DNA, nos cromossomos dos mamíferos e das plantas floríferas, podem ter comprimentos de várias centenas de milhares de kb. O genoma humano contém 3.200.000 kb (3,2 x 10^9 pares de bases) de DNA.

A maior parte das bactérias tem um único cromossomo, cujas extremidades são unidas, criando uma molécula circular. O DNA nas mitocôndrias e nos cloroplastos das células eucariontes também é circular. Já os cromossomos dos núcleos das células eucariontes são lineares (algumas bactérias também têm múltiplos cromossomos e algumas têm cromossomos lineares).

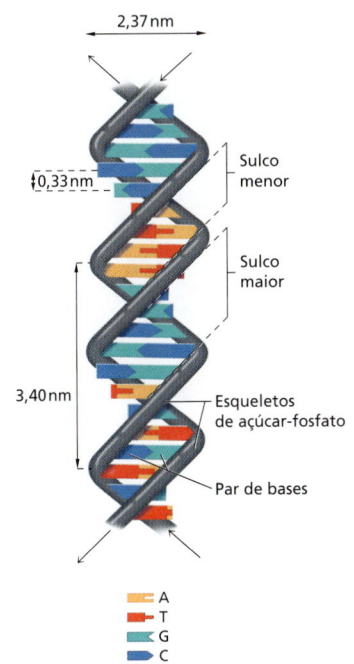

C. Forças fracas estabilizam a dupla-hélice

As forças que mantêm as conformações nativas das complexas estruturas celulares são grandes o bastante para a manutenção estrutural, mas não o suficiente para permitir a flexibilidade conformacional. Ligações covalentes entre resíduos adjacentes definem as estruturas primárias das proteínas e dos ácidos nucleicos, mas forças fracas determinam as formas tridimensionais dessas macromoléculas. Quatro tipos de interação afetam a conformação do DNA de fita dupla.

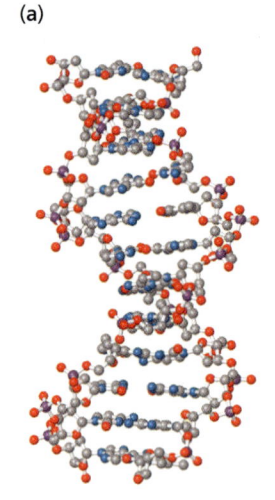

1. *Interações de empilhamento.* Os pares de bases empilhados formam contatos de van der Waals. Embora as forças entre pares de bases empilhados individuais sejam fracas, elas são aditivas, de modo que nas grandes moléculas de DNA os contatos de van der Waals são uma fonte importante de estabilidade.
2. *Ligações de hidrogênio.* As ligações de hidrogênio entre pares de bases são uma força estabilizadora importante.
3. *Efeitos hidrofóbicos.* Manter os anéis hidrofóbicos de purina e pirimidina no interior da hélice dupla aumenta a estabilidade desta.
4. *Interações carga-carga.* A repulsão eletrostática dos grupos fosfato negativamente carregados do esqueleto é uma fonte potencial de instabilidade na hélice do DNA. Contudo, essa repulsão é minimizada pela presença de cátions, como Mg^{2+}, e de proteínas catiônicas (proteínas com abundância de resíduos de arginina e lisina).

A importância das interações de empilhamento pode ser ilustrada pela análise das energias de empilhamento de diversos pares de bases (Tabela 19.3). A energia de empilhamento de dois pares de bases depende da natureza dos pares (G/C ou A/T) e da orientação de cada um deles. Os valores típicos para essa energia é de mais ou menos 35 kJ mol^{-1}. No cerne hidrofóbico do DNA de fita dupla empilhado, cada ligação de hidrogênio entre pares de bases tem uma energia de aproximadamente 27 kJ mol^{-1} (Seção 2.5B). Contudo, se as interações de empilhamento forem enfraquecidas, as ligações de hidrogênio ficam expostas à competição com as moléculas de água; assim, diminui muito sua contribuição total para manter juntas as fitas.

Nas condições fisiológicas, o DNA de fita dupla é termodinamicamente muito mais estável do que as fitas separadas, o que explica a predominância da fita dupla *in vivo*. Mas a estrutura de regiões localizadas da hélice dupla pode, às vezes, ser modificada por desenovelamento. Tal modificação ocorre durante a replicação, o reparo, a recombinação e a transcrição do DNA. O completo desenovelamento e separação das fitas complementares é chamado **desnaturação** e ocorre somente *in vitro*.

O DNA de fita dupla pode ser desnaturado pelo calor ou pela ação de um agente caotrópico, como ureia ou cloreto de guanidínio (lembre-se, da Seção 4.10, de que proteínas também podem ser desnaturadas). Em estudos de desnaturação térmica, a temperatura de uma solução de DNA é elevada lentamente. À medida que a temperatura sobe, mais e mais bases ficam desempilhadas e mais ligações de hidrogênio entre pares de bases se rompem. Ao final, as duas fitas se separam completamente. A temperatura na qual metade do DNA está como fita simples é chamada **temperatura de desnaturação** (T_m).

A absorção no ultravioleta pode ser usada para medir a extensão da desnaturação. As medidas são feitas no comprimento de onda de 260 nm, próximo ao da absorbância máxima dos ácidos nucleicos. O DNA de fita simples absorve entre 12% e 40% mais luz do que o de fita dupla, nesse comprimento de onda (Figura 19.16). Um gráfico da variação da absorbância de uma solução de DNA contra a temperatura é chamado **curva de desnaturação** (Figura 19.17). A absorbância cresce acentuadamente na temperatura de desnaturação, e a transição do DNA de fita dupla para simples ocorre em uma faixa estreita de temperatura.

A forma sigmoidal da curva de fusão indica que a desnaturação é um processo cooperativo, como já vimos para a desnaturação de proteínas (Seção 4.10). Nesse caso, a cooperatividade resulta da rápida abertura da fita dupla, à medida que várias interações de empilhamento e ligações de hidrogênio vão sendo rompidas. A abertura começa com o desenovelamento de um pequeno trecho interno da molécula de DNA, formando uma "bolha" de fita simples. Esta rapidamente desestabiliza os pares de bases

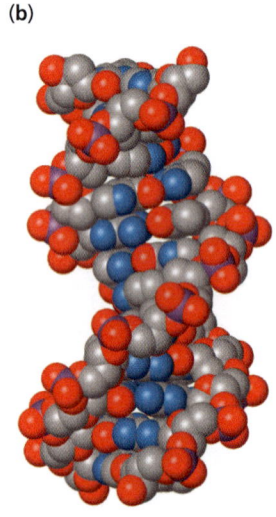

▲ **Figura 19.15**
DNA-B. (a) Modelo de esfera e bastão. Os pares de base são quase perpendiculares aos esqueletos de açúcar-fosfato **(b)** Modelo de espaço preenchido. Legenda de cores: carbono – cinza; nitrogênio – azul; oxigênio – vermelho; fósforo – roxo [Banco de Dados de Ácidos Nucleicos – Nucleic Acids Database BD0001].

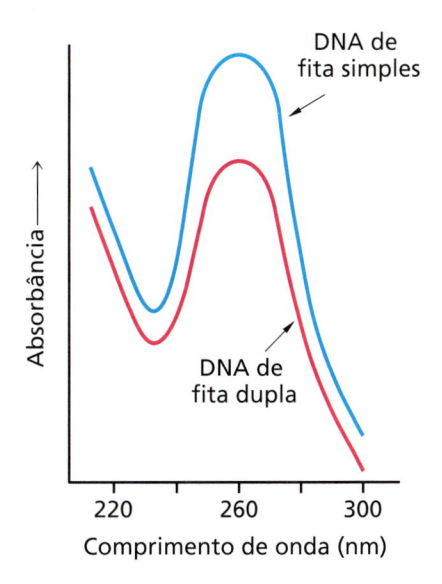

◄ **Figura 19.16**
Espectros de absorção dos DNAs de fita dupla e de fita simples. Em pH 7,0, o DNA de fita dupla tem um máximo de absorção próximo de 260 nm. O DNA desnaturado absorve de 12% a 40% mais luz ultravioleta do que o de fita dupla.

TABELA 19.3 Interações de empilhamento para as dez combinações possíveis de DNA de fita dupla

Dímeros empilhados		Energias de empilhamento (kJ mol⁻¹)
↑C-G↓ / ↓G-C↑		−61,0
↑C-G↓ / ↓A-T↑	↑T-A↓ / ↓G-C↑	−44,0
↑C-G↓ / ↓T-A↑	↑A-T↓ / ↓G-C↑	−41,0
↑G-C↓ / ↓C-G↑		−40,5
↑G-C↓ / ↓G-C↑	↑C-G↓ / ↓C-G↑	−34,6
↑T-A↓ / ↓A-T↑		−27,5
↑G-C↓ / ↓A-T↑	↑A-T↓ / ↓C-G↑	−27,5
↑G-C↓ / ↓T-A↑	↑T-A↓ / ↓C-G↑	−28,4
↑A-T↓ / ↓A-T↑	↑T-A↓ / ↓T-A↑	−22,5
↑A-T↓ / ↓T-A↑		−16,0

As setas simbolizam a direção do esqueleto de açúcar-fosfato e apontam do C-3′ de uma unidade de açúcar para o C-5′ da seguinte. [Adaptado de Omstein RL, Rein R, Breen DL e MacElroy RD. An optimized potential function for the calculation of nucleic acid interaction energies: I. Base stacking. Biopolymers. 1978; 17:2341-2360].

empilhados na vizinhança. A desestabilização se propaga em ambas as direções à medida que a "bolha" se expande.

Como mostrado na Figura 19.17, poli(GC) é desnaturado em temperatura muito mais alta do que poli(AT). É mais fácil desnaturar DNA rico em A/T do que o rico em G/C porque os pares de bases A/T têm interações de empilhamento mais fracas, como mostrado na Tabela 19.3. É importante observar que as interações de empilhamento são as primeiras que se rompem com o aumento da temperatura. Uma vez que o processo tem início, as ligações de hidrogênio – embora mais fortes, no conjunto, no DNA empilhado – enfraquecem porque ficam expostas à água, e o DNA é rapidamente desestabilizado. O DNA natural é uma mistura de regiões com composição variada de bases, mas as regiões ricas em A/T são mais facilmente desenoveladas do que as ricas em G/C.

Em temperaturas logo abaixo da temperatura de desnaturação, uma molécula de DNA típica tem regiões de fita dupla ricas em G/C e regiões de fita simples, localizadas ("bolhas"), ricas em A/T. Esses experimentos *in vitro* demonstram um ponto importante: é mais fácil desenovelar regiões localizadas cujas sequências são ricas em pares de bases A/T do que as ricas em G/C. Veremos, no Capítulo 21, que os sítios de iniciação da transcrição são, em geral, ricos em A/T.

D. Conformações da dupla-hélice do DNA

O DNA de fita dupla pode assumir diferentes conformações, sob condições distintas. Estudos de cristalografia de raios X de vários oligodesoxirribonucleotídeos sintéticos de sequência conhecida indicam que as moléculas de DNA no interior da célula

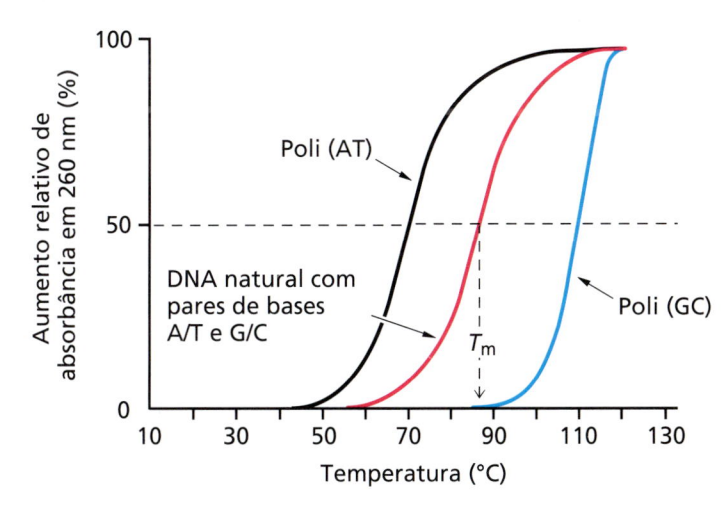

◄ **Figura 19.17**
Curva de desnaturação do DNA. Nesse experimento, a temperatura de uma solução de DNA foi aumentada, ao mesmo tempo em que a absorbância em 260 nm foi sendo monitorada. A temperatura de desnaturação (T_m) corresponde ao ponto de inflexão da curva, onde o aumento da absorbância da amostra é metade do observado para o DNA completamente desnaturado. Poli(AT) desnatura a temperatura mais baixa do que o DNA natural e do que poli(GC), pois é necessário mais energia para romper os pares de bases G/C empilhados.

▶ **Figura 19.18**
DNA-A, DNA-B e DNA-Z. A conformação DNA-A (esquerda) é favorecida quando o DNA é desidratado [NDB AD0001]. O DNA-B (centro) é a conformação normalmente encontrada no interior das células [NDB BD0001]. A conformação DNA-Z (direita) é favorecida em certas sequências ricas em G/C [NDB ZDJ050].

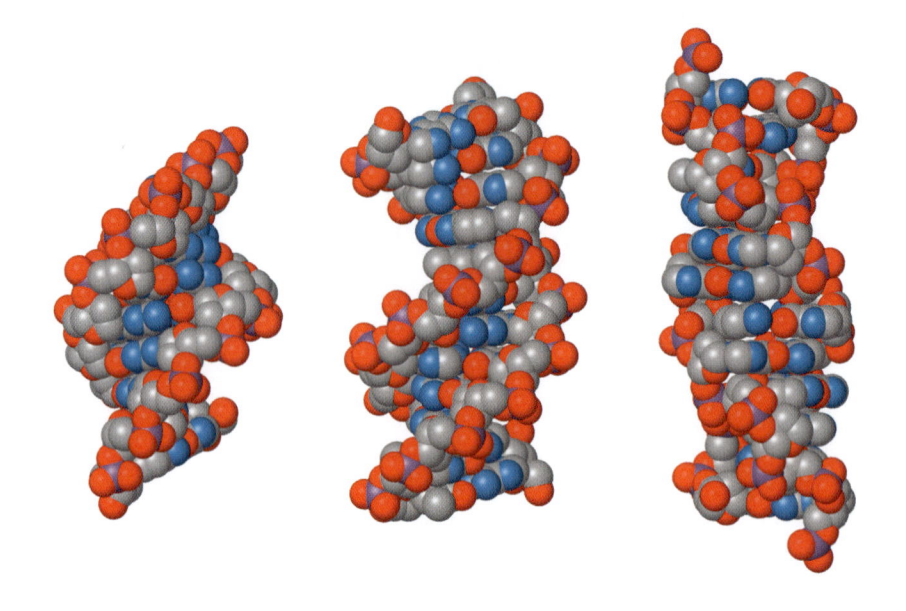

não existem em uma conformação B pura. Em vez disso, o DNA é uma molécula dinâmica, cuja conformação exata depende, até certo ponto, da sequência de nucleotídeos. A conformação local também é afetada por dobras na molécula do DNA e do fato de ela estar, ou não, ligada a proteínas. Em consequência, o número de pares de bases por volta no DNA-B pode variar em uma faixa de 10,2-10,6.

Há duas outras conformações do DNA bastante diferentes, além das várias formas de DNA-B. O DNA-A se forma quando o DNA é desidratado, e o DNA-Z pode se formar quando determinadas sequências estão presentes (Figura 19.18). (As formas A e B do DNA foram descobertas por Rosalind Franklin, em 1952.) O DNA-A é mais intensamente torcido do que o DNA-B; além disso, no DNA-A os sulcos maior e menor têm larguras semelhantes. Existem mais ou menos 11 bp por volta no DNA-A, e os pares de bases são inclinados em um ângulo de aproximadamente 20° em relação ao eixo principal da hélice. O DNA-Z difere ainda mais do DNA-B, pois não tem sulcos e sua hélice é orientada para a esquerda. A conformação de DNA-Z ocorre nas regiões ricas em G/C. Os resíduos de desoxiguanilato no DNA-Z têm uma conformação diferente do açúcar (3'-endo) e a base está em conformação *syn*. As conformações A e Z do DNA existem *in vivo*, mas são confinadas a regiões curtas da molécula.

▼ **Figura 19.19**
DNA superenrolado. A molécula de DNA da esquerda é um círculo fechado, relaxado, e tem a conformação normal, B. A quebra da hélice do DNA e seu desenovelamento em duas voltas (redução da torção) antes do restabelecimento do círculo produz dois superenrolamentos (cada ponto em que a fita dupla passa por cima dela mesma). O superenrolamento compensa a redução de torção e restabelece a conformação normal B. A molécula de DNA da direita tem uma região aberta ou desenovelada. Essa conformação é equivalente, sob o aspecto topológico, ao DNA negativamente superenrolado.

Todas as bases emparelhadas   Região de fitas abertas

Superenrolamento → Abertura de fitas local →
← Superenrolamento

DNA circular, fechado, sem superenrolamento

DNA com dois superenrolamentos negativos e *n* voltas da hélice

DNA circular, fechado, sem superenrolamento, *n* – 2 voltas da hélice e uma região aberta

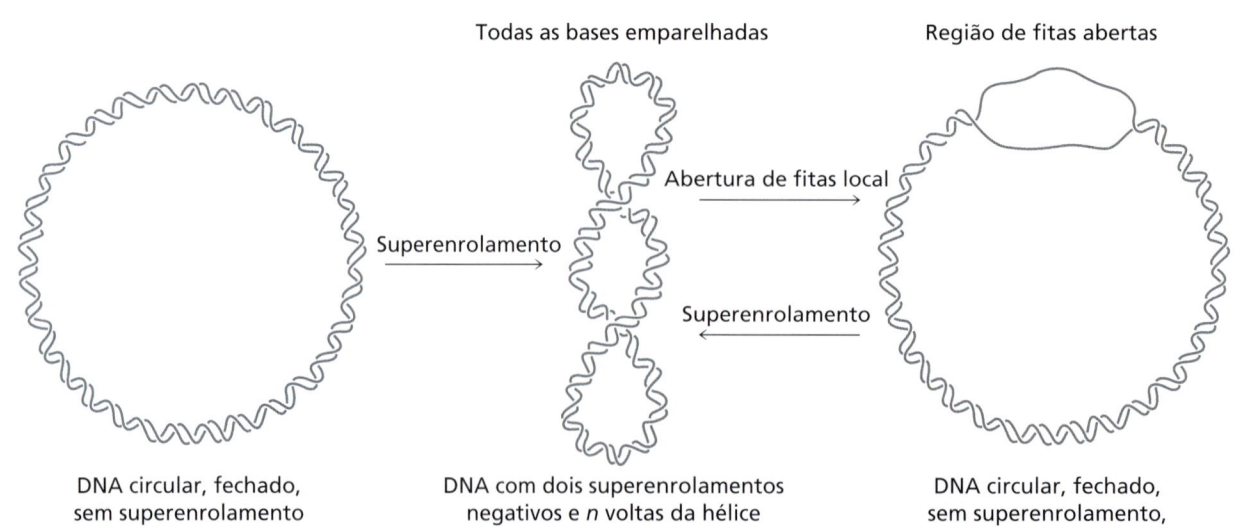

19.3 O DNA pode ser superenrolado

Uma molécula de DNA circular com conformação B tem, em média, 10,4 pares de bases por volta. Diz-se que ela está *relaxada* quando fica estendida sobre uma superfície. Essa dupla-hélice relaxada pode ser torcida demais ou torcida de menos se as fitas de DNA forem quebradas e as duas extremidades da molécula linear forem torcidas em direções opostas. Quando as fitas são novamente unidas para formar um círculo, não há mais 10,4 pares de bases por volta, como necessário para manter a conformação estável B. A molécula circular compensa o excesso ou a falta de torção formando superenrolamentos que restauram os 10,4 pares de bases por volta da dupla-hélice (Figura 19.19). Uma molécula de DNA superenrolada não poderia ficar estendida sobre uma superfície. Cada superenrolamento compensa uma volta da dupla-hélice.

A maioria das moléculas circulares de DNA são superenroladas nas células, mas mesmo moléculas lineares longas de DNA contém regiões superenroladas. Cromossomos bacterianos normalmente têm cerca de cinco superenrolamentos por 1.000 pares de bases do DNA. O DNA do núcleo das células eucariontes também é superenrolado, como veremos na Seção 19.5. Todos os organismos têm enzimas capazes de quebrar o DNA, abrir ou torcer a dupla-hélice e reunir as fitas para alterar a topologia da molécula. Essas enzimas, chamadas topoisomerases, são responsáveis pela adição e a remoção dos superenrolamentos. Um exemplo de topoisomerase ligada ao DNA é mostrado na Figura 19.20. Essas enzimas quebram uma ou as duas fitas do DNA, abrem ou torcem-no girando as extremidades quebradas e, em seguida, reúnem as extremidades para criar (ou remover) superenrolamentos.

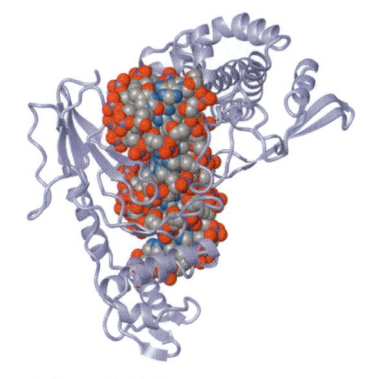

▲ **Figura 19.20**
Topoisomerase I de ser humano (*Homo sapiens*) ligada ao DNA [PDB 1A31].

Uma das consequências importantes do superenrolamento é mostrada na Figura 19.19. Se o DNA for torcido de menos, ele compensa formando superenrolamentos negativos para manter a conformação estável B (a torção em excesso produz superenrolamento positivo). Uma conformação alternativa é apresentada à direita na Figura 19.19. Nela, a maior parte do DNA é de fita dupla, mas há uma região aberta, por causa da falta de torção. As conformações com superenrolamento negativo e com abertura localizada ficam em equilíbrio, e a forma superenrolada predominará porque ela é um pouco mais estável. A diferença de energia livre entre as duas conformações é muito pequena.

A maior parte do DNA existente nas células é negativamente superenrolado. Isso significa que é de certa forma fácil desenovelar (abrir) regiões curtas da molécula, especialmente aquelas que são ricas em A/T. Como já mencionamos, o desenovelamento localizado é uma etapa essencial ao início da replicação, da recombinação, do reparo e da transcrição do DNA. Assim, o superenrolamento negativo desempenha uma função biológica importante nesses processos, armazenando a energia necessária para o desenovelamento localizado. É por isso que as topoisomerases, que catalisam o superenrolamento, são enzimas essenciais a todas as células.

▲ **Fios de telefone superenrolados podem ser bastante incômodos.**

19.4 As células contêm vários tipos de RNA

As moléculas de RNA participam de vários processos associados à expressão gênica. Elas são encontradas em múltiplas cópias e diferentes formas em uma célula. Há quatro classes principais de RNA em todas as células vivas:

1. As moléculas do *RNA ribossômico* (rRNA) são parte integrante dos ribossomos (ribonucleoproteínas intracelulares, onde ocorre a síntese de proteínas). O RNA ribossômico é a classe mais abundante de ácidos ribonucleicos, respondendo por cerca de 80% de todo o RNA da célula.
2. As moléculas de *RNA de transferência ou transportador* (tRNA) transportam aminoácidos ativados para os ribossomos, a fim de que eles sejam incorporados às cadeias peptídicas em crescimento durante a síntese de proteínas. As moléculas de tRNA têm somente de 73 a 95 resíduos de nucleotídeos. Elas correspondem a mais ou menos 15% do total de RNA celular.
3. As moléculas de *RNA mensageiro* (mRNA) codificam as sequências de aminoácidos nas proteínas. Elas são as "mensageiras" que carregam a informação do DNA para o complexo de tradução onde as proteínas são sintetizadas. Em geral, o mRNA corresponde a apenas 3% do total de RNA celular. Essas moléculas são as menos estáveis dos ácidos ribonucleicos celulares.

CONCEITO-CHAVE
O RNA de fita simples pode se dobrar sobre si mesmo para criar regiões helicoidais estáveis, de fita dupla, semelhantes às do DNA.

QUADRO 19.1 Puxando o DNA

A espectroscopia de força atômica de moléculas individuais é uma ferramenta poderosa para o estudo das propriedades de moléculas isoladas. Ela tem sido usada para explorar as propriedades do DNA de fita simples. O experimento envolve a fixação de uma das extremidades da molécula de DNA de fita simples a uma superfície sólida e a ligação da outra extremidade a uma espécie de pinça molecular, que pode ser usada para puxar a molécula e medir sua resistência.

Quando esse experimento é feito com poli(dT), quase não há resistência até que a molécula esteja na forma totalmente estendida. Isso se deve ao fato de que poli(dT) não tem estrutura secundária significativa. No entanto, quando poli(dA) é puxado, há uma resistência inicial, seguida de uma mudança para a forma totalmente estendida. Em solução, o poli(dA) é helicoidal porque os resíduos de adenilato se empilham uns sobre os outros e a resistência inicial é decorrente da quebra da hélice.

A resistência pode ser medida. A energia de empilhamento foi calculada em 15 kJ mol^{-1}, em concordância com outras determinações de interações de empilhamento de bases A sobre outras bases A. O experimento comprova que as interações de empilhamento são importantes para a formação das estruturas helicoidais de DNA, inclusive em polinucleotídeos de fita simples.

▶ **Puxando poli(dA).** [Adaptado de Ke et al. (2007)]

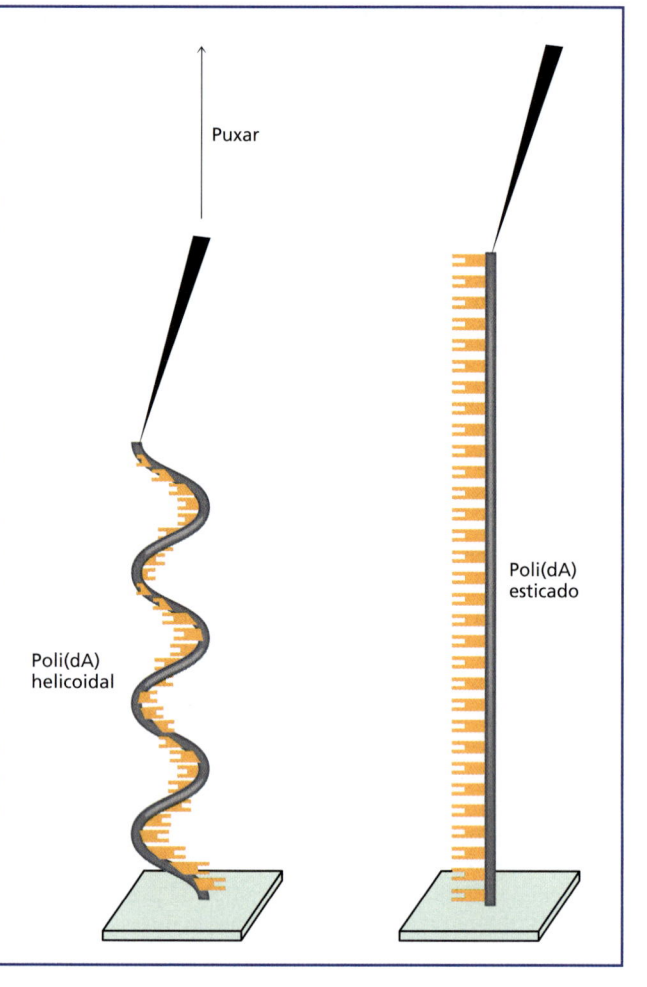

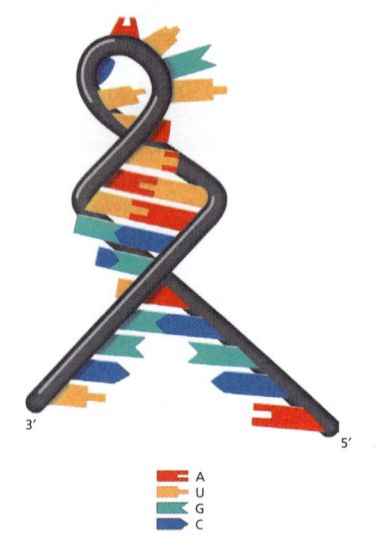

4. Moléculas de *RNAs pequenos* estão presentes em todas as células. Algumas delas têm atividade catalítica ou contribuem para essa atividade em associação com proteínas. Muitas dessas moléculas de RNA são associadas a eventos de processamento, que modificam o RNA depois que ele foi sintetizado. Algumas são necessárias para o controle da expressão gênica.

RNAs são moléculas de fita simples, mas frequentemente têm estruturas secundárias complexas. Em condições fisiológicas, a maior parte dos polinucleotídeos de fita simples se dobra sobre si mesma para formar regiões estáveis de RNA de fita dupla, com bases emparelhadas. Um tipo de estrutura secundária é o grampo, que se forma quando regiões curtas de sequências complementares constituem pares de bases (Figura 19.21). A estrutura das regiões de fita dupla desses grampos é semelhante à da forma A do DNA de fita dupla. Como veremos nos Capítulos 21 e 22, essas estruturas são importantes na transcrição e são características do RNA de transferência, do RNA ribossômico e dos RNAs pequenos.

▲ **Figura 19.21**
Estruturas em grampo no RNA. Polinucleotídeos de fita simples, como o RNA, podem formar grampos, ou *stem-loops*, quando regiões curtas de sequências complementares formam pares de bases. A haste (*stem*) da estrutura consiste em nucleotídeos emparelhados, e a alça (*loop*) é formada por nucleotídeos não complementares. Observe que as fitas na haste são antiparalelas.

19.5 Nucleossomos e cromatina

Em 1879, dez anos após a descoberta da nucleína por Miescher, Walter Flemming observou objetos em forma de bandas nos núcleos corados de células eucariontes. Ele chamou o material de **cromatina**, do grego *chroma*, que significa cor. Sabe-se atualmente que a cromatina é composta de DNA, mais diversas proteínas que o organizam em uma forma mais compacta. O DNA dos procariontes também é associado a proteínas, formando estruturas condensadas no interior das células. Essas estruturas diferem das observadas nos eucariontes e, em geral, não são chamadas cromatina.

Em uma célula normal em repouso, a cromatina existe sob a forma de fibras de 30 nm – fios longos e finos, com cerca de 30 nm de diâmetro. Nos seres humanos, o núcleo precisa acomodar 46 dessas fibras de cromatina, ou cromossomos. O maior cromossomo humano tem aproximadamente 2,4 x 10^8 bp; deveria ter um comprimento de cerca de 8 cm se fosse esticado na conformação B. Durante a metáfase (quando os cromossomos estão mais condensados), o cromossomo maior tem cerca de 10 μm de comprimento. A diferença entre os comprimentos do cromossomo na metáfase e na forma B estendida do DNA é de 8.000 vezes. Esse valor é chamado *razão de empacotamento*.

A. Nucleossomos

As principais proteínas da cromatina são conhecidas como **histonas**. A maior parte das espécies de eucariontes tem cinco histonas: H1, H2A, H2B, H3 e H4. As cinco são proteínas básicas, pequenas, contendo numerosos resíduos de lisina e arginina, cujas cargas positivas permitem às proteínas ligarem-se aos esqueletos de açúcar-fosfato do DNA que têm cargas negativas. O número de resíduos ácidos e básicos em histonas típicas de mamíferos é indicado na Tabela 19.4. Com exceção de H1, a sequência de aminoácidos de cada tipo de histona é altamente conservada em todos os eucariontes. Por exemplo, a histona H4 de bovinos difere da de ervilhas em apenas dois dos 102 resíduos. Essa similaridade nas estruturas primárias implica uma conservação correspondente nas estruturas terciárias e nas funções.

A cromatina se desenovela quando tratada com solução de força iônica baixa (<5 mM). Em uma micrografia eletrônica, a fibra de cromatina estendida aparece como contas em um colar (Figura 19.22). Essas "contas" são complexos de DNA-histona chamados **nucleossomos**, e o "colar" é o DNA de fita dupla.

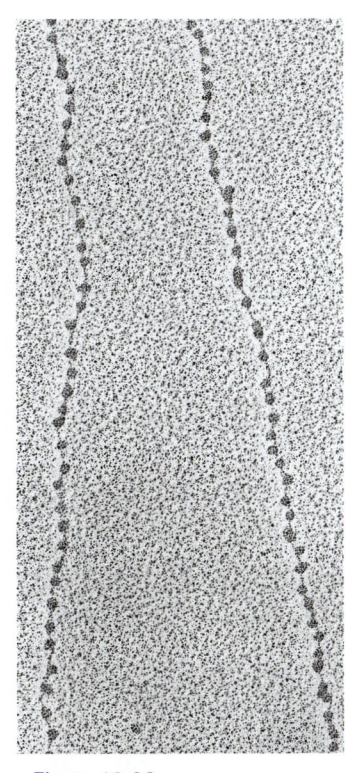

▲ **Figura 19.22**
Micrografia eletrônica de cromatina estendida mostrando a organização de "colar de contas".

TABELA 19.4 Resíduos básicos e ácidos em histonas de mamíferos

Tipo	Peso molecular	Número de resíduos	Número de resíduos básicos	Número de resíduos ácidos
H1 de timo de coelho	21.000	213	65	10
H2A de timo de bezerro	14.000	129	30	9
H2B de timo de bezerro	13.800	125	31	10
H3 de timo de bezerro	15.300	135	33	11
H4 de timo de bezerro	11.300	102	27	7

CONCEITO-CHAVE
A maior parte do DNA de eucariontes é associada a partículas centrais nucleossômicas com espaçamento de 200 bp entre elas.

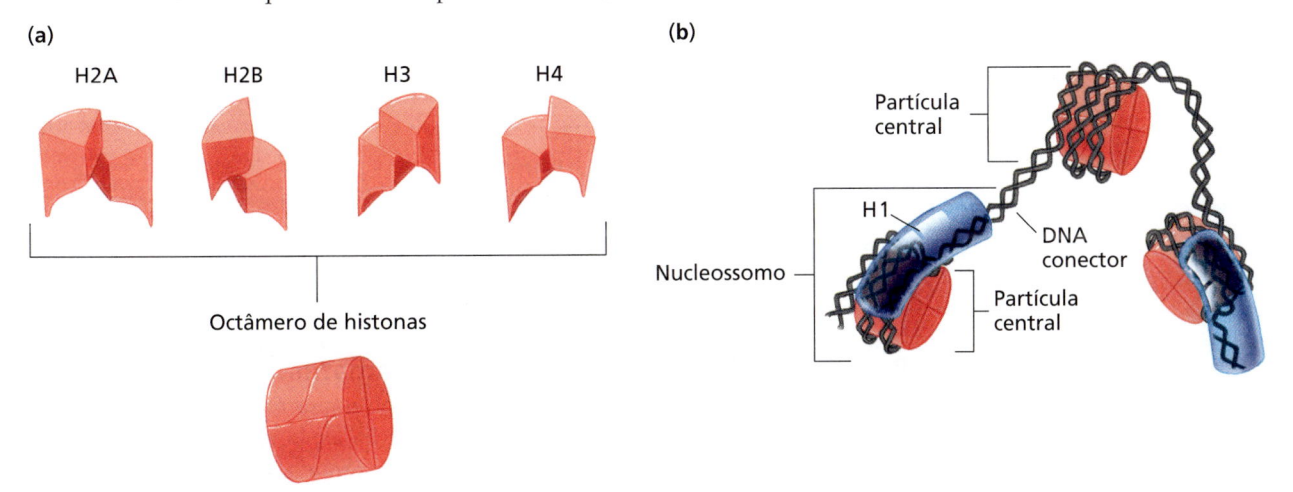

Cada nucleossomo é composto de uma molécula de histona H1, duas moléculas das histonas H2A, H2B, H3 e H4, e cerca de 200 bp de DNA (Figura 19.23). As moléculas de H2A, H2B, H3 e H4 formam um complexo proteico chamado octâmero de histonas, em torno do qual o DNA é enrolado. Mais ou menos 146 bp de DNA ficam em contato estreito com o octâmero de histonas, formando uma **partícula central nucleossômica**. O DNA que fica entre as partículas chama-se DNA conector e tem um

▲ **Figura 19.23**
Diagrama estrutural do nucleossomo. (a) Octâmero de histonas. **(b)** Nucleossomos. Cada nucleossomo é composto de uma partícula central, mais a histona H1 e o DNA conector. A partícula central nucleossômica é composta de um octâmero de histonas e mais ou menos 146 bp de DNA. O DNA conector consiste em mais ou menos 54 bp. A histona H1 se liga à partícula central e ao DNA conector.

comprimento aproximado de 54 bp. A histona H1 pode se ligar ao DNA conector e à partícula central, mas na conformação estendida do tipo "colar de contas" essa histona está normalmente ausente. A histona H1 é responsável pelas estruturas de mais alta ordem da cromatina.

A estrutura da partícula central nucleossômica foi determinada por cristalografia de raios X (Figura 19.24). As oito subunidades de histona são arranjadas simetricamente como quatro dímeros: dois dímeros H2A/H2B e dois dímeros H3/H4. A partícula tem a forma de um disco plano, com sulcos de carga positiva capazes de acomodar o esqueleto de açúcar-fosfato do DNA.

O DNA se enrola em torno da partícula central, formando aproximadamente 1¾ volta por nucleossomo. Se esse DNA estivesse na conformação estendida, teria cerca de 50 nm de comprimento, mas, quando ligado à partícula central de nucleossomo, seu comprimento total fica reduzido à largura do disco, que é igual a mais ou menos 5 nm. As voltas do DNA em torno do nucleossomo são topologicamente equivalentes ao superenrolamento negativo, e é por isso que o DNA dos eucariontes fica superenrolado quando as histonas são retiradas da cromatina.

As N-terminações das quatro histonas centrais são ricas em resíduos de lisina (K) e arginina (R), positivamente carregados. Essas terminações se estendem para fora da partícula central, e interagem com o DNA e com as regiões de carga negativa de outras proteínas (Figura 19.24). Essas interações servem para estabilizar estruturas de mais alta ordem da cromatina como as fibras de 30 nm.

Resíduos específicos de lisina nessas N-terminações podem ser acetilados por enzimas chamadas histona-acetiltransferases (HATS). Por exemplo, os resíduos 5, 8, 12, 16 e 20 da histona H4 podem ser modificados por acetilação.

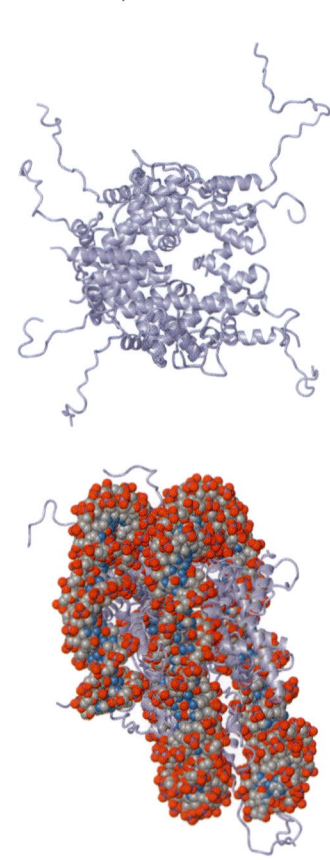

$$\text{S G R G K G G K G L G K G G A K R H R K V L R D....}$$
$$58121620$$

(19.1)

▲ **Figura 19.24**
Estrutura da partícula central nucleossômica de galinha (*Gallus gallus*). (a) Octâmero de histonas. (b) Octâmero de histonas ligado ao DNA – vista lateral, mostrando a forma de disco da partícula [PDB 1EQZ].

A acetilação reduz a carga positiva líquida do N-terminal das histonas e enfraquece as interações com outros nucleossomos e proteínas. O resultado é um afrouxamento das estruturas de ordem mais elevada. A acetilação é associada à expressão gênica. As HATs são direcionadas, preferencialmente, aos locais onde a cromatina precisa ser aberta para permitir a transcrição de um gene. A relação entre a ativação transcricional e a acetilação de histonas é um tema de pesquisa ativa em vários laboratórios (Seção 21.5C).

Histona-desacetilases são responsáveis pela remoção de grupos acetila de resíduos de lisina. Essa remoção restaura as cadeias laterais positivamente carregadas e permite que os nucleossomos adotem a estrutura mais compacta da cromatina, característica de regiões que não são expressas.

$$\sim\sim\sim CH_2-CH_2-CH_2-CH_2-\overset{\oplus}{N}H_3$$

$$\text{Acetilação} \updownarrow \text{Desacetilação}$$

$$\sim\sim\sim CH_2-CH_2-CH_2-CH_2-NH-\overset{O}{\underset{\|}{C}}-CH_3$$

(19.2)

B. Níveis superiores da estrutura da cromatina

O empacotamento do DNA na forma de nucleossomos reduz o comprimento da molécula de DNA cerca de dez vezes. Uma redução ainda maior advém dos níveis mais elevados de empacotamento. Por exemplo, a própria estrutura tipo "colar de contas" é enrolada em um solenoide, originando uma fibra de 30 nm. Um possível modelo desse solenoide é apresentado na Figura 19.25. A fibra de 30 nm é formada quando todos os nucleossomos têm uma molécula de histona H1 e essas se ligam às vizinhas, cooperativamente, mantendo os nucleossomos unidos em uma forma mais compacta e estável de cromatina. A condensação do "colar de contas" em um solenoide consegue uma redução adicional de quatro vezes no comprimento do cromossomo.

Por fim, as próprias fibras de 30 nm são ligadas a um suporte de RNA-proteína que as organiza em grandes alças. Em um cromossomo grande, pode haver 2.000 dessas alças. O suporte de RNA-proteína de um cromossomo pode ser visto em um microscópio eletrônico, depois que as histonas são removidas (Figura 19.26). A ligação das alças de DNA ao suporte responde por uma condensação adicional de 200 vezes no comprimento do DNA.

As alças de DNA são ligadas à base do suporte. Como suas extremidades não têm rotação livre, as alças podem ser superenroladas (alguns superenrolamentos podem ser vistos na Figura 19.26b, mas a maior parte do DNA está relaxada porque uma de suas fitas foi quebrada durante o tratamento para remoção das histonas).

C. Empacotamento do DNA bacteriano

As histonas são encontradas somente nos eucariontes, mas o DNA dos procariontes também é empacotado em uma forma condensada, com proteínas, sendo algumas delas ditas "proteínas semelhantes a histonas" porque se assemelham às histonas dos eucariontes. Na maioria dos casos, não há nos procariontes partículas definidas semelhantes aos nucleossomos, e grande parte do DNA não está associado a proteínas. O DNA bacteriano é ligado a um suporte formando grandes alças, de cerca de 100 kb. Esse arranjo converte o cromossomo bacteriano em uma estrutura conhecida como o nucleoide.

19.6 Nucleases e hidrólise de ácidos nucleicos

Enzimas que catalisam a hidrólise de fosfodiésteres nos ácidos nucleicos são coletivamente chamadas **nucleases**. Há uma grande variedade dessas enzimas nas células. Algumas são necessárias para a síntese ou o reparo do DNA, como veremos no Capítulo 20; outras são necessárias para a produção ou a degradação do RNA celular (Capítulo 21).

Algumas nucleases atuam tanto sobre o RNA como sobre o DNA, mas várias agem somente sobre um ou outro desses ácidos nucleicos. As nucleases específicas são chamadas ribonucleases (RNases) e desoxirribonucleases (DNases). As nucleases podem

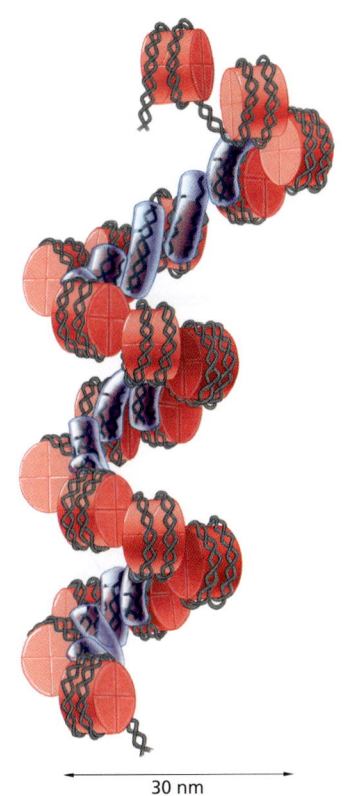

▲ **Figura 19.25**
Modelo de fibra de cromatina de 30 nm. Neste modelo, a fibra é mostrada como um solenoide, ou hélice, formada por nucleossomos individuais. Esses nucleossomos se associam por meio de contatos entre moléculas adjacentes da histona H1.

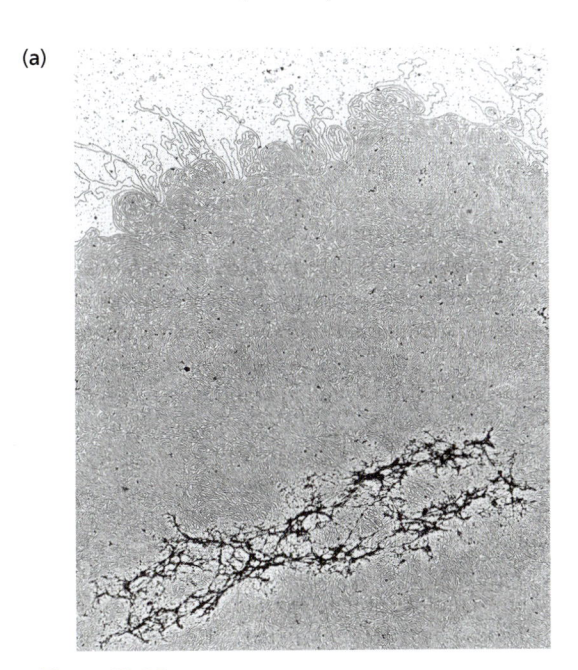

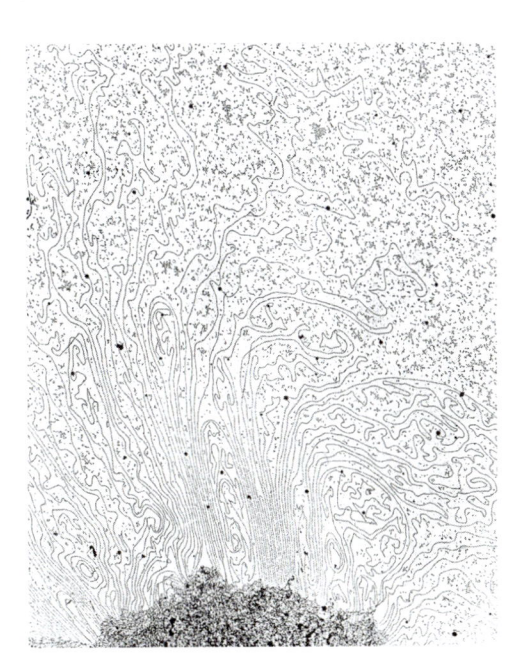

▲ **Figura 19.26**
Micrografia eletrônica de um cromossomo sem histonas. (a) Nessa imagem, todo o suporte proteico está visível. **(b)** Nessa ampliação de uma parte de **(a)**, podem ser vistas as alças individuais ligadas ao suporte proteico.

Figura 19.27
Sítios de clivagem de nucleases. As exonucleases atuam na extremidade livre de um polinucleotídeo e quebram a ligação fosfodiéster seguinte. As endonucleases quebram ligações fosfodiéster internas. A quebra da ligação A gera um 5'-fosfato e uma hidroxila terminal em 3'. A quebra da ligação B gera um 3'-fosfato e uma hidroxila terminal em 5'. Tanto DNA (mostrado) como RNA são substratos de nucleases.

ser classificadas, ainda, como exonucleases ou endonucleases. As **exonucleases** catalisam a hidrólise das ligações fosfodiéster, liberando resíduos de nucleotídeos de uma extremidade, apenas, da cadeia polinucleotídica. As exonucleases mais comuns são as $3' \rightarrow 5'$, mas também há algumas $5' \rightarrow 3'$. **Endonucleases** catalisam a hidrólise de ligações fosfodiéster em vários pontos internos das cadeias polinucleotídicas. As nucleases têm especificidade bastante ampla quanto às sequências nucleotídicas.

Nucleases podem clivar tanto a ligação 3' como a 5' de um 3'-5'-fosfodiéster. Um tipo de hidrólise fornece um 5'-monofosfato e um grupo 3'-hidroxila; o outro gera um 3'-monofosfato e uma 5'-hidroxila (veja a Figura 19.27). Uma dada nuclease pode catalisar uma reação ou a outra, mas não as duas.

A. Hidrólise alcalina do RNA

A diferença entre ribose, no RNA, e 2'-desoxirribose, no DNA, pode parecer trivial, mas afeta muito as propriedades dos ácidos nucleicos. O grupo 2'-hidroxila da

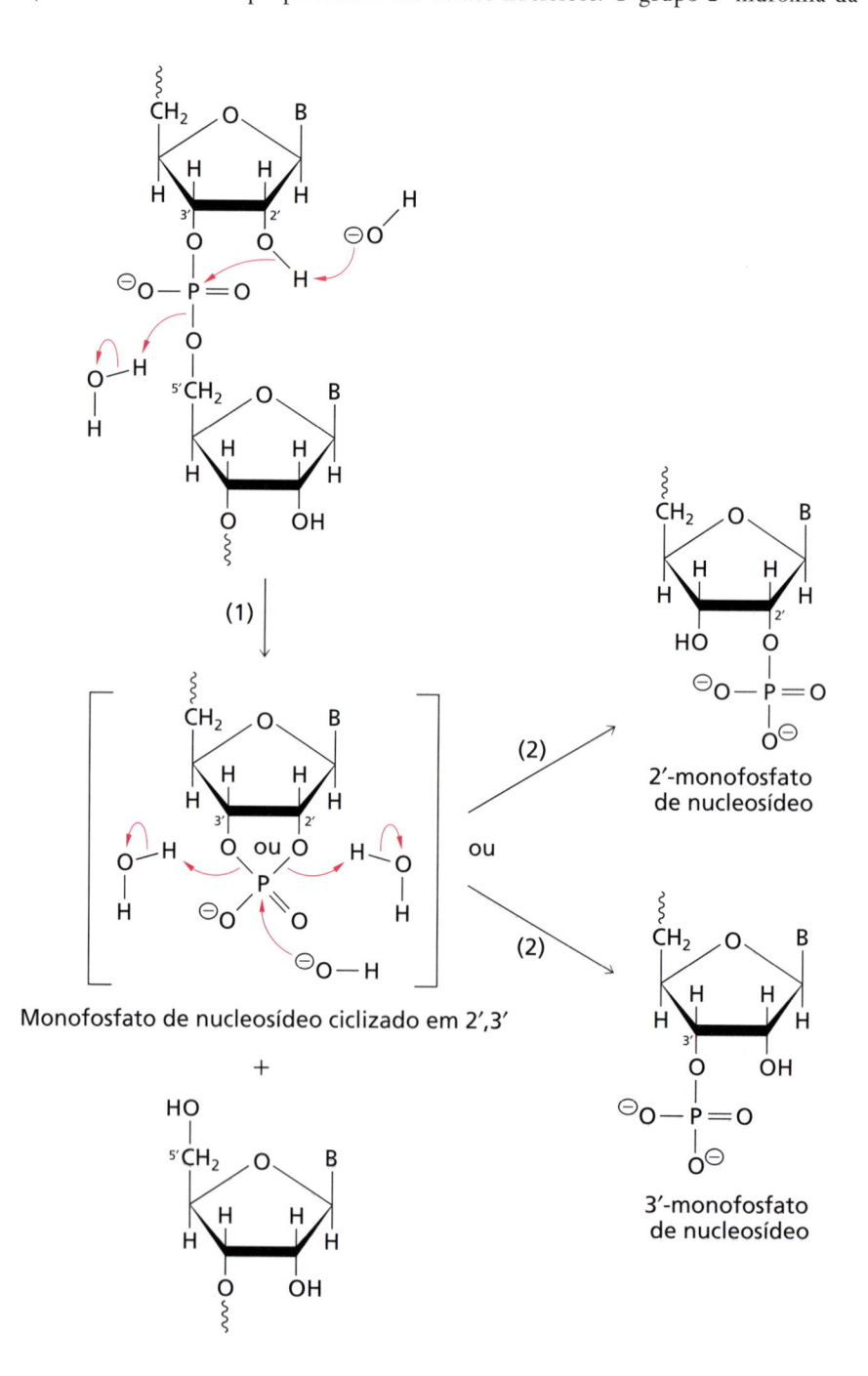

Figura 19.28
Hidrólise alcalina do RNA. Na Etapa 1, o íon hidróxido abstrai o próton da hidroxila em 2' de um resíduo nucleotídico. O 2'-alcóxido resultante é um nucleófilo que ataca o átomo de fósforo vizinho, deslocando o oxigênio de 5' e gerando um monofosfato de nucleosídeo ciclizado em 2',3'. O intermediário cíclico não é estável em solução alcalina, contudo, e um segundo íon hidróxido catalisa sua conversão no 2'-monofosfato ou no 3'-monofosfato de nucleosídeo (Etapa 2). B representa uma base purínica ou pirimidínica.

ribose pode formar ligações de hidrogênio em algumas moléculas de RNA, e também participa de certas reações químicas e enzimáticas.

O efeito das soluções alcalinas sobre o RNA e o DNA ilustra as diferenças na reatividade química dessas duas moléculas, resultantes da presença ou da ausência do grupo 2'-hidroxila. O RNA tratado com NaOH 0,1 M em temperatura ambiente é degradado em uma mistura de 2' e 3'-monofosfatos de nucleosídeos em poucas horas; já o DNA é estável nas mesmas condições. A hidrólise alcalina do RNA (Figura 19.28) requer uma hidroxila em 2'. Na primeira e na segunda etapas, os íons hidróxido atuam apenas como catalisadores, já que a remoção de um próton da água (para formar o grupo 5'-hidroxila na primeira etapa ou o grupo 2' ou 3'-hidroxila na segunda) regenera um íon hidróxido para cada um desses íons que é consumido. Observe que se forma um monofosfato de nucleosídeo ciclizado em 2',3' como intermediário. A cadeia polirribonucleotídica rapidamente se despolimeriza, à medida que cada ligação fosfodiéster é quebrada. O DNA não é hidrolisado em condições alcalinas porque não possui a hidroxila em 2', necessária para iniciar a transesterificação intramolecular. A maior estabilidade química do DNA é um fator importante em sua função de material genético principal.

B. Hidrólise de RNA pela ribonuclease A

A ribonuclease A de pâncreas bovino (RNase A) consiste em uma só cadeia polipeptídica com 124 resíduos de aminoácidos e que contém quatro pontes dissulfeto (essa é a mesma enzima que encontramos no Capítulo 4, quando discutimos a formação de ligações dissulfeto e o enovelamento de proteínas). O pH ótimo dessa enzima é em torno de 6. A RNase catalisa a quebra de ligações fosfodiéster nas moléculas de RNA, na posição 5'. A quebra ocorre à direita dos resíduos nucleotídicos de pirimidina quando as cadeias são desenhadas 5' → 3'. Assim, a hidrólise catalisada pela RNase A de uma fita com a sequência pApGpUpApCpGpU fornece pApGpUp + ApCp + GpU.

A RNaseA contém três resíduos iônicos de aminoácidos em seu sítio ativo: Lys-41, His-12 e His-119 (Figura 19.29). Vários estudos levaram à formulação do mecanismo de catálise apresentado na Figura 19.30. A RNaseA utiliza três mecanismos catalíticos fundamentais: proximidade (na ligação e posicionamento de um fosfodiéster adequado entre os dois resíduos de histidina); catálise ácido-base (por His-119 e His-12) e estabilização do estado de transição (por Lys-41). Como na hidrólise alcalina do RNA, a hidrólise produz um grupo de saída com um grupo 5'-hidroxila e um produto 3'-monofosfato de nucleosídeo. A água entra no sítio ativo quando o primeiro produto (P_1) sai. Observe que, na reação catalisada pela RNase A, o átomo de fósforo do estado de transição é pentavalente. O bolso de ligação a pirimidinas da enzima é responsável pela especificidade da RNase A.

A hidrólise alcalina e a reação catalisada pela RNase A diferem em dois aspectos importantes. Primeiro, a hidrólise alcalina pode ocorrer em qualquer resíduo, enquanto a quebra catalisada pela enzima só ocorre nos resíduos nucleotídicos pirimidínicos. Segundo, a hidrólise do intermediário cíclico é aleatória na hidrólise alcalina (produzindo misturas de 2' e 3'-nucleotídeos), mas específica na quebra catalisada pela RNase A (produzindo apenas 3'-nucleotídeos).

C. Endonucleases de restrição

As endonucleases de restrição são uma subclasse importante das endonucleases que atuam sobre o DNA. O termo **endonuclease de restrição** é derivado da observação de que certas bactérias são capazes de impedir infecções por bacteriófagos (vírus), destruindo especificamente o DNA do invasor. Essas bactérias *restringem* a expressão do DNA estranho.

Várias espécies de bactérias sintetizam endonucleases de restrição que se ligam ao DNA estranho e o quebram. Essas endonucleases reconhecem sequências específicas do DNA e cortam as duas fitas do DNA no sítio onde se ligam, produzindo grandes fragmentos que são rapidamente degradados pelas exonucleases. O DNA do bacteriófago é quebrado e degradado antes que seus genes possam ser expressos.

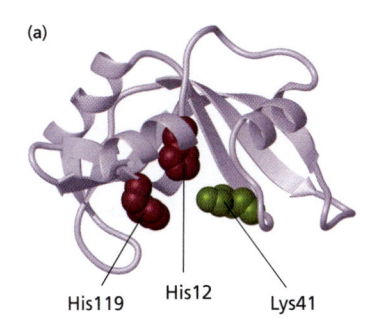

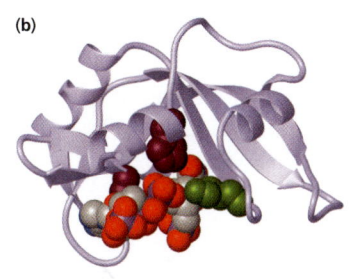

▲ Figura 19.29

O sítio ativo da RNase A de pâncreas bovino. (a) O sítio ativo da enzima tem três resíduos catalíticos – His-12, His-119 e Lys-41 – cujas cadeias laterais se projetam para dentro do sítio aonde o RNA irá se ligar. (b) Esta figura mostra a RNase A ligada a um substrato artificial [3'-fosfotimidina-(3',5')-pirofosfato-adenosina-3'-fosfato] que imita o RNA. [PDB 1U1B]

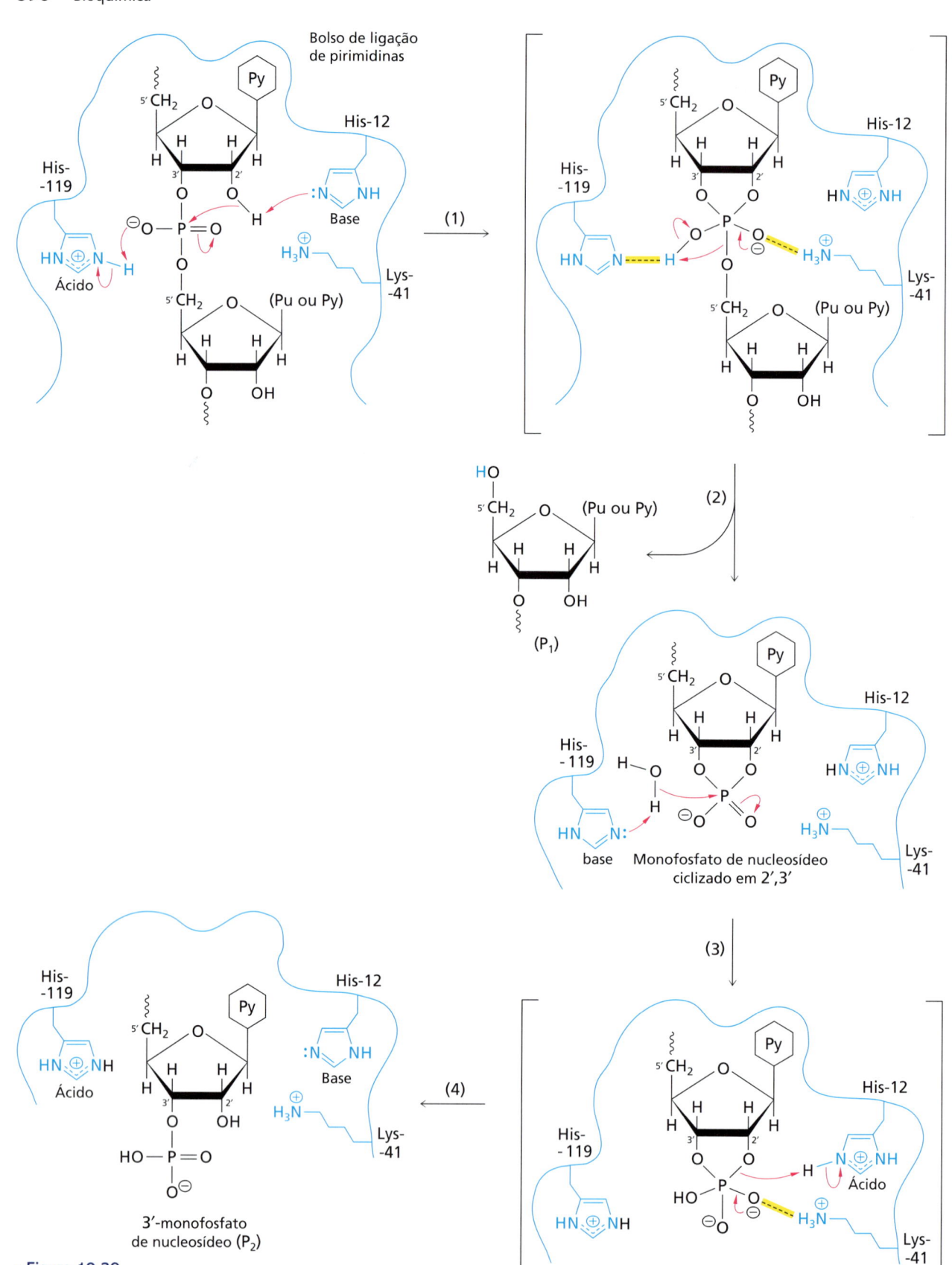

▲ Figura 19.30

Mecanismo de clivagem de RNA pela RNase A. Na Etapa 1, a His-12 abstrai um próton da hidroxila 2' de um resíduo nucleotídico pirimidínico. O oxigênio nucleofílico resultante ataca o átomo de fósforo adjacente. A His-119 (como íon imidazólio) doa um próton ao oxigênio da posição 5' do resíduo nucleotídico seguinte para produzir um grupo de saída alcoólico, P_1. A Etapa 2 produz um monofosfato de nucleosídeo ciclizado em 2'-3'. A água entra no sítio ativo com a saída de P_1 e, na Etapa 3, His-119 (agora em sua forma básica) remove um próton da água. O íon hidróxido resultante ataca o átomo de fósforo, formando um segundo estado de transição. Na Etapa 4, a forma imidazólica de His-12 doa um próton ao átomo de oxigênio em 2', formando P_2. Py representa uma base pirimidínica.

A célula hospedeira tem que proteger seu próprio DNA da quebra pelas endonucleases de restrição. Elas o fazem por meio da modificação covalente das bases que formam o sítio de ligação potencial da endonuclease de restrição. A modificação covalente mais comum é a metilação específica dos resíduos de adenina ou de citosina na sequência de reconhecimento (Seção 18.7). A presença de bases metiladas no sítio de ligação potencial inibe a quebra do DNA do hospedeiro pela endonuclease de restrição. A metilação é catalisada por uma metilase específica, que se liga à mesma sequência de DNA reconhecida pela endonuclease de restrição. Assim, células que contêm essas endonucleases também têm uma metilase com a mesma especificidade.

Normalmente, todo o DNA da célula hospedeira é metilado especificamente e, assim, fica protegido da clivagem. Qualquer DNA não metilado que entre na célula é quebrado pelas endonucleases de restrição. Após a replicação do DNA, cada sítio no DNA do hospedeiro é hemimetilado, ou seja, as bases de apenas uma fita são metiladas. Sítios hemimetilados são substratos de alta afinidade para a metilase, mas não são reconhecidos pela endonuclease de restrição. Portanto, sítios hemimetilados são convertidos logo em sítios totalmente metilados no DNA do hospedeiro (Figura 19.31).

A maior parte das endonucleases de restrição (também chamadas enzimas de restrição) pode ser classificada no tipo I ou no tipo II. A endonuclease de restrição tipo I catalisa tanto a metilação do DNA do hospedeiro como a clivagem de DNA não metilado, em uma sequência de reconhecimento específica. As endonucleases de restrição do tipo II são mais simples, no sentido de que apenas quebram DNA de fita dupla em uma sequência de reconhecimento não metilada ou próximo a ela – elas não têm atividade de metilase. Metilases de restrição separadas catalisam a metilação do DNA do hospedeiro nas mesmas sequências de reconhecimento. A fonte de grupo metila nessas reações é a S-adenosilmetionina.

TABELA 19.5 Especificidades de algumas endonucleases de restrição comuns

Fonte	Enzima[a]	Sequência de reconhecimento[b]
Acetobacter pasteurianus	*Apa*I	GGGCC↓C
Bacillus amyloliquefaciens H	*Bam*HI	G↓GATCC
Escherichia coli RY13	*Eco*RI	G↓AA*TTC
Escherichia coli R245	*Eco*RII	↓CC*TGG
Haemophilus aegyptius	*Hae*III	GG↓CC
Haemophilus influenzae R$_d$	*Hind*III	A*↓AGCTT
Haemophilus parainfluenzae	*Hpa*II	C↓CGG
Klebsiella pneumoniae	*Kpn*I	GGTAC↓C
Nocardia otitidis-caviarum	*Not*I	GC↓GGCCGC
Providencia stuartii 164	*Pst*I	CTGCA↓G
Serratia marcescens S$_b$	*Sma*I	CCC↓GGG
Xanthomonas badrii	*Xba*I	T↓CTAGA
Xanthomonas holcicola	*Xho*I	C↓TCGAC

[a] Os nomes das endonucleases de restrição são abreviações dos nomes dos organismos que as produzem. Alguns nomes abreviados são seguidos por uma letra, que indica a cepa. Numerais romanos indicam a ordem de descoberta da enzima naquela cepa.

[b] Sequências de reconhecimento são escritas de 5' para 3'. Apenas uma fita está representada. As setas indicam os sítios de clivagem. Asteriscos representam posições onde se sabe que as bases podem ser metiladas.

Já foram caracterizadas centenas de endonucleases de restrição dos tipos I e II. As especificidades de algumas enzimas representativas estão listadas na Tabela 19.5. Em quase todos os casos, os sítios de reconhecimento têm um eixo duplo de simetria, ou seja, a sequência de resíduos 5' → 3' é a mesma nas duas fitas da molécula de DNA. Por isso, as sequências pareadas têm a mesma "leitura" em ambas as direções; essas sequências são conhecidas como palíndromos (em português, os palíndromos incluem nomes como Ana, radar, anilina etc., que podem ser lidos em qualquer direção).

A *Eco*RI foi uma das primeiras endonucleases de restrição a ser descoberta. Ela ocorre em várias cepas de *E. coli*. Como mostramos na Tabela 19.5 e na Figura 19.31,

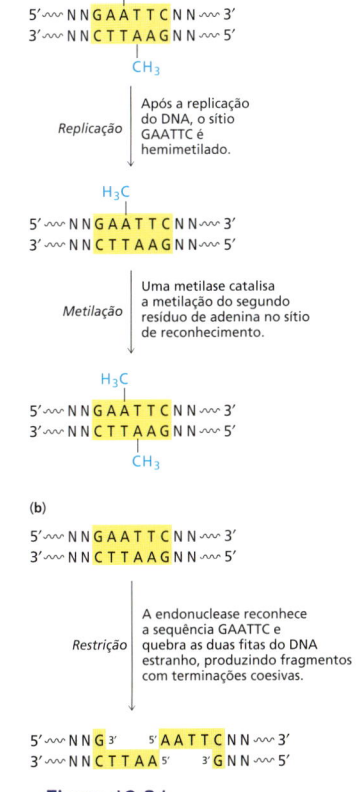

▲ **Figura 19.31**

Metilação e restrição no sítio *Eco*RI. (a) Metilação de resíduos de adenina no sítio de reconhecimento. (b) Quebra de DNA não metilado para produzir terminações coesivas.

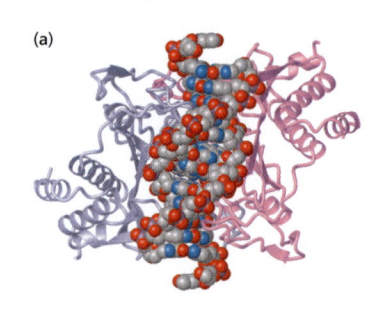

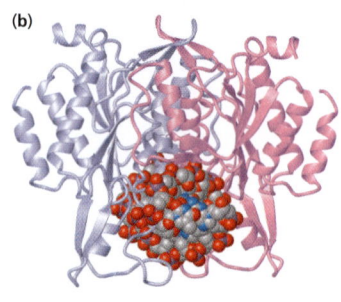

Figura 19.32
EcoRI ligada ao DNA. A EcoRI é composta de duas subunidades idênticas (azul e rosa). A enzima é ligada a um fragmento de DNA com uma sequência CGCGAATTCGCG (sequência de reconhecimento sublinhada). **(a)** Vista lateral. **(b)** Vista de cima.

a EcoRI tem uma sequência de reconhecimento palindrômica de 6 bp (a sequência 5'→ 3' é GAATTC em cada fita). A enzima é um homodímero e tem um eixo duplo de simetria, assim como seu substrato (veja a próxima seção). Em *E. coli*, a metilase parceira da EcoRI converte a segunda adenina na sequência de reconhecimento em N^6-metiladenina. Qualquer molécula de DNA de fita dupla com uma sequência GAATTC não metilada é substrato para a EcoRI. A endonuclease catalisa a hidrólise dos fosfodiésteres que ligam G a A em cada fita, quebrando, assim, o DNA.

Algumas endonucleases de restrição (incluindo EcoRI, BamHI e HindIII) catalisam uma quebra assimétrica, produzindo fragmentos de DNA com extensões de fita simples (Tabela 19.5 e Figura 19.31). Essas regiões de fita simples são chamadas terminações coesivas, porque são complementares e, por isso, podem formar novamente a estrutura em fita dupla. Outras enzimas, como HaeIII e SmaI, produzem terminações cegas, sem extensões de fita simples.

D. A EcoRI liga-se fortemente ao DNA

Endonucleases de restrição têm que se ligar firmemente ao DNA para reconhecer uma sequência específica e quebrá-la em um ponto definido. A estrutura da EcoRI ligada ao DNA foi determinada por cristalografia de raios X. Como mostramos na Figura 19.32, cada metade do homodímero de EcoRI se liga a um lado da molécula de DNA, de modo que esta fica quase toda envolvida. A enzima reconhece a sequência nucleotídica específica por meio de contato com os pares de bases no sulco maior. O sulco menor (no meio da estrutura mostrada na Figura 19.32) fica exposto ao ambiente aquoso.

Diversos resíduos de aminoácidos básicos forram a fenda formada pelos dois monômeros de EcoRI. As cadeias laterais desses resíduos interagem eletrostaticamente com os esqueletos de açúcar-fosfato do DNA. Além disso, dois resíduos de arginina (Arg-145 e Arg-200) e um de glutamato (Glu-144) em cada monômero da EcoRI formam ligações de hidrogênio com pares de bases da sequência de reconhecimento, assegurando, assim, a ligação específica. Outras interações não específicas com os esqueletos estabilizam ainda mais o complexo.

A EcoRI é típica de proteínas que reconhecem e se ligam a sequências específicas do DNA. O DNA mantém sua conformação B, embora em muitos casos a hélice seja ligeiramente dobrada. O reconhecimento de uma sequência nucleotídica específica depende das interações entre a proteína e os grupos funcionais nas bases expostas nos sulcos. Em contraste, as histonas são exemplos de proteínas que se ligam de modo não específico aos ácidos nucleicos. A ligação dessas proteínas depende muito de interações fracas entre a proteína e os esqueletos de açúcar-fosfato, e não do contato direto com as bases. Todas as proteínas que se ligam a sequências específicas do DNA também se ligarão de modo não específico a DNA com afinidade mais baixa (Seções 21.3, 21.7A).

19.7 Usos das endonucleases de restrição

As endonucleases de restrição foram descobertas há mais de quarenta anos, levando à concessão do Prêmio Nobel de 1978 a Werner Arber, Daniel Nathans e Hamilton Smith "pela descoberta das enzimas de restrição e por sua aplicação a problemas de genética molecular". Rapidamente, as primeiras enzimas purificadas tornaram-se ferramentas importantes na manipulação do DNA em laboratório.

A. Mapas de restrição

Uma das primeiras aplicações das enzimas de restrição foi no desenvolvimento de mapas de restrição do DNA, ou seja, de diagramas de moléculas de DNA mostrando

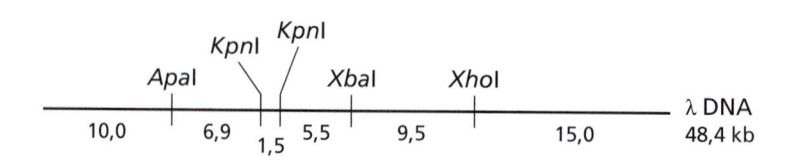

Figura 19.33
Mapa de restrição do bacteriófago λ, mostrando os sítios de clivagem por algumas enzimas de restrição. Há somente um sítio para a enzima ApaI, por exemplo. A digestão do DNA do fago λ com essa enzima fornece dois fragmentos de 10,0 e 38,4 kb, como aparece na primeira coluna da Figura 19.34.

▲ **Figura 19.34**
Digestão do DNA do bacteriófago λ por quatro endonucleases de restrição. Uma solução de DNA foi tratada com uma enzima e, em seguida, submetida a eletroforese em gel de agarose, que separa os fragmentos por tamanho. Os fragmentos menores se movem mais rapidamente e ficam na parte de baixo do gel (um fragmento de 1,5 kb não aparece nesta figura). A enzima de restrição para cada digestão está indicada no alto da coluna. A coluna da direita contém DNA intacto do fago λ e uma mistura de fragmentos das quatro digestões. No DNA digerido pela enzima *Xba*I, dois fragmentos – de 23,9 e 24,5 kb – não estão bem resolvidos.

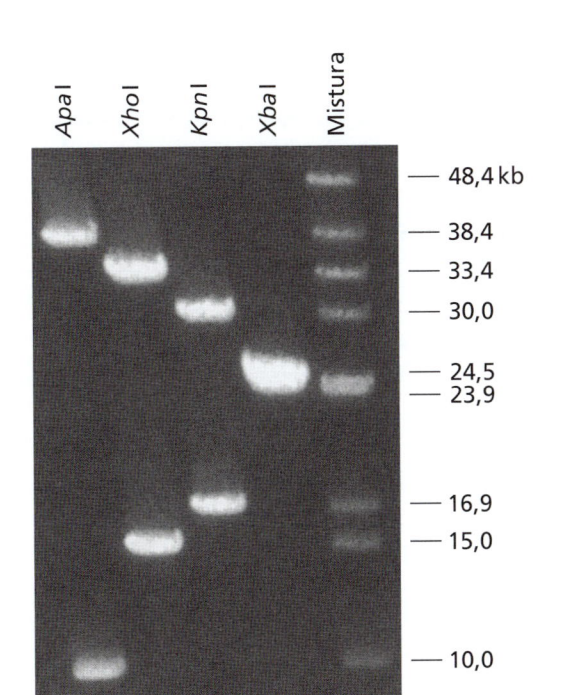

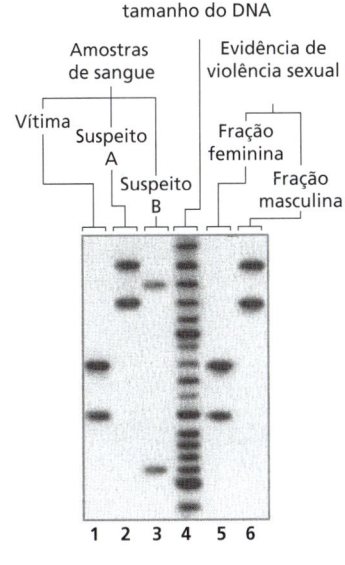

▲ **Figura 19.35**
Impressão digital de DNA.

os sítios específicos de clivagem. Esses mapas são úteis para identificar fragmentos de DNA que contêm genes específicos.

Um exemplo de mapa de restrição do DNA do bacteriófago λ está na Figura 19.33. O DNA do bacteriófago λ é uma molécula linear, em fita dupla, com aproximadamente 48.400 bp (48 kb). Tratando esse DNA com várias enzimas de restrição e medindo os tamanhos dos fragmentos resultantes, é possível construir um mapa dos sítios de clivagem. Um exemplo dessas clivagens ou "digestão" com enzimas de restrição é apresentado na Figura 19.34. A informação obtida tomando por base várias dessas digestões é combinada para produzir um mapa completo e preciso.

B. Impressões digitais de DNA

A tecnologia necessária para mapear os sítios de clivagem de endonucleases de restrição foi desenvolvida nos anos 1970. Logo ficou claro que o procedimento poderia ser usado para identificar os locais de mutações, ou variações, no genoma de uma população. Por exemplo, diferentes linhagens do bacteriófago λ têm mapas de restrição ligeiramente diferentes porque suas sequências de DNA não são idênticas. Uma cepa pode ter a sequência GGGCCC próxima da extremidade esquerda de seu DNA e ser quebrada pela *Apa*I, produzindo os dois fragmentos mostrados na Figura 19.34. Outra cepa pode ter a sequência GGACCC na mesma posição. Como essa sequência não é quebrada pela *Apa*I, o mapa de restrição dessa cepa será diferente do mostrado na Figura 19.33.

Variações na sequência do DNA podem ser usadas para identificar indivíduos em uma população grande e heterogênea. Nos seres humanos, por exemplo, regiões do genoma que são muito variáveis fornecem fragmentos de restrição que são tão únicos quanto impressões digitais. Essas digitais de DNA podem ser usadas em disputas de paternidade ou em investigações criminais, para identificar ou inocentar suspeitos.

▶ **Stanley N. Cohen** (1935-) (ao alto) e **Herbert Boyer** (1936-) (embaixo) construíram o primeiro DNA recombinante, usando DNA bacteriano e plasmídeos.

▶ **Figura 19.36**
Uso de enzimas de restrição para gerar DNA recombinante. O DNA-vetor e o DNA-alvo são clivados por endonucleases de restrição para gerar terminações que podem ser reunidas. Nos casos em que são produzidas terminações coesivas, as duas moléculas são unidas por anelamento (pareamento de bases) das terminações complementares. As moléculas são então ligadas covalentemente, em uma reação catalisada pela DNA ligase.

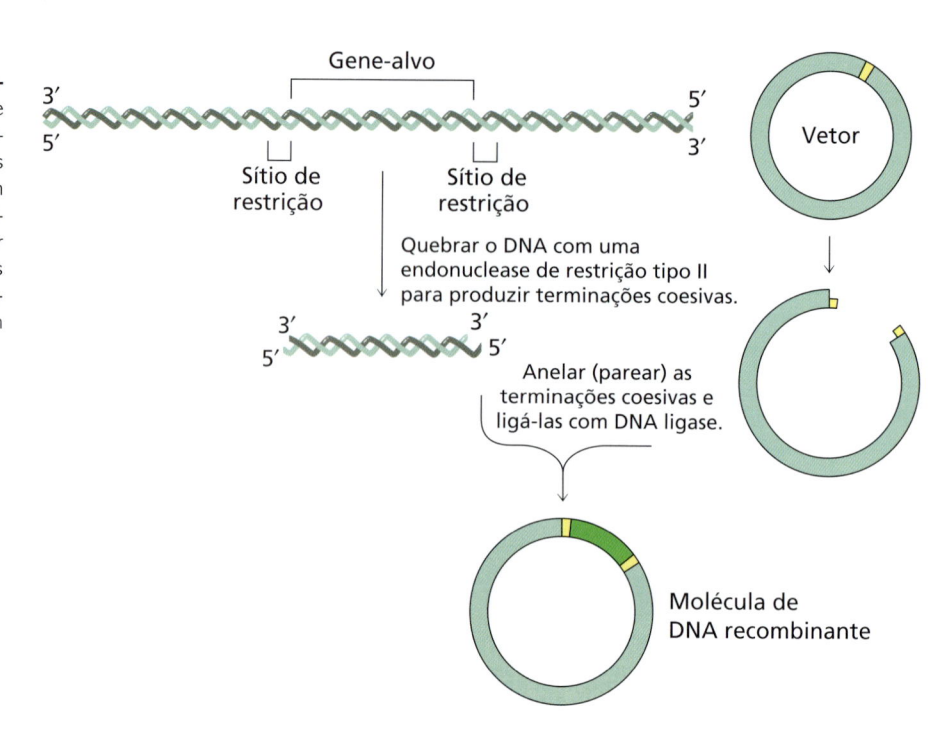

Um exemplo do uso de impressões digitais de DNA em um caso de estupro é apresentado na Figura 19.35. Amostras de DNA isoladas da vítima, das provas (sêmen) e de dois suspeitos foram digeridas com uma endonuclease de restrição. Os fragmentos foram separados em gel de agarose, como está descrito na Figura 19.34. Em seguida, o DNA foi transferido (*blotted*) para uma membrana de náilon. O DNA ligado foi desnaturado e exposto a fragmentos pequenos de DNA radiomarcado de uma região variável do genoma humano. A sonda de DNA marcado se hibridiza especificamente com os fragmentos de restrição derivados daquela região, presentes na membrana de náilon. Os fragmentos marcados são identificados por autorradiografia.

A técnica identificou o suspeito A como o estuprador. Em investigações criminais reais, diversas sondas diferentes são usadas em combinação com diferentes digestões de restrição, para garantir que o padrão detectado seja único. Técnicas modernas são suficientemente potentes e precisas para inocentar ou incriminar os suspeitos de modo conclusivo. Quando combinada com a amplificação de DNA (Capítulo 22) pela reação em cadeia da polimerase (PCR), pode-se obter uma impressão digital a partir de um folículo capilar ou de uma minúscula quantidade de sangue.

C. DNA recombinante

A descoberta das endonucleases de restrição logo levou à criação de moléculas de DNA recombinantes pela junção, ou recombinação, dos diferentes fragmentos de DNA produzidos pelas enzimas. Um experimento comum envolve a excisão de um fragmento de DNA contendo um gene-alvo de interesse e sua inserção em um vetor de clonagem. Este pode ser um plasmídeo, um bacteriófago, um vírus ou mesmo pequenos cromossomos artificiais. A maioria dos vetores contém sequências que lhes permitem ser replicados de forma autônoma em uma célula hospedeira compatível.

Todos os vetores de clonagem têm em comum pelo menos um sítio único de clonagem, uma sequência que pode ser cortada por uma endonuclease de restrição para permitir a inserção do DNA estranho em um sítio específico. Os vetores de clonagem mais úteis têm vários sítios de restrição reunidos em um sítio de clonagem múltiplo, chamado poliligante (*polylinker*).

Fragmentos de DNA a serem inseridos em um vetor podem ser gerados por diversos métodos. Por exemplo, eles podem ser produzidos por um corte mecânico das longas moléculas de DNA ou pela sua digestão com endonucleases de restrição tipo II. Ao contrário do corte mecânico, que quebra o DNA de modo aleatório, as enzimas de restrição clivam-no em sequências específicas. Para fins de clonagem, essa especificidade oferece vantagens extraordinárias.

As endonucleases de restrição mais úteis produzem fragmentos com extensões de fita simples em suas terminações 3' ou 5'. Essas terminações coesivas podem formar pares de bases temporários com as terminações coesivas do DNA-vetor e serem ligadas covalentemente ao vetor em uma reação catalisada pela DNA ligase (descrita na Seção 20.3C). Portanto, os tipos mais simples de DNA recombinante são aqueles construídos pela digestão do DNA-vetor e do DNA-alvo com a mesma enzima, porque os fragmentos resultantes podem ser unidos diretamente, por ligação (Figura 19.36).

Resumo

1. Ácidos nucleicos são polímeros de nucleotídeos, que são ésteres de fosfato dos nucleosídeos. Os tautômeros amina e lactama das bases formam ligações de hidrogênio nos ácidos nucleicos.

2. O DNA contém duas fitas antiparalelas de resíduos de nucleotídeos unidos por ligações 3'-5'-fosfodiéster. A e G em uma fita fazem par, respectivamente, com T e C, na outra.

3. A estrutura em dupla-hélice do DNA é estabilizada por ligações de hidrogênio, efeitos hidrofóbicos, interações de empilhamento e interações carga-carga. O DNA rico em G/C é mais difícil de desnaturar do que o rico em A/T porque as interações de empilhamento dos pares de bases G/C são mais fortes do que as dos pares A/T.

4. A conformação mais comum do DNA é chamada DNA-B; conformações alternativas incluem DNA-A e DNA-Z.

5. A falta ou o excesso de torção da hélice do DNA produz superenrolamentos que restauram a conformação B. O DNA negativamente superenrolado existe em equilíbrio com DNA que tem regiões localmente desenoveladas.

6. As quatro principais classes de RNA são o ribossômico, o de transferência, o mensageiro e o pequeno. Moléculas de RNA são de fita simples e têm estrutura secundária extensiva.

7. Moléculas de DNA de eucariontes são empacotadas com histonas, formando nucleossomos. Condensações adicionais e ligação ao suporte dos cromossomos atingem uma redução de 8.000 vezes no comprimento da molécula de DNA nos cromossomos em metáfase.

8. Os esqueletos fosfodiéster dos ácidos nucleicos podem ser hidrolisados pela ação das nucleases. A hidrólise alcalina do RNA e a catalisada pela RNaseA ocorrem através de um intermediário monofosfato de nucleosídeo ciclizado em 2',3'.

9. Endonucleases de restrição catalisam a hidrólise do DNA em sequências de nucleotídeos específicas, palindrômicas. Metilases específicas protegem os sítios de restrição da clivagem.

10. Enzimas de restrição são úteis para a construção de mapas de restrição de DNA, para análise de impressão digital de DNA e para a construção de moléculas de DNA recombinante.

Problemas

1. Compare as ligações de hidrogênio em uma hélice de proteínas com as da dupla-hélice do DNA. Inclua em sua resposta o papel da ligação de hidrogênio na estabilização dessas duas estruturas.

2. Um trecho de DNA de fita dupla contém 1.000 bp, e sua composição em bases é 58% (G + C). Quantos resíduos de timina existem nessa região do DNA?

3. (a) Duas fitas complementares de um segmento de DNA têm a mesma composição de bases?

    (b) (A + G) é igual a (C + T)?

4. Considerando uma fita de DNA com a sequência

    ATCGCGTAACATGGATTCGG

    escreva a sequência da fita complementar, usando a convenção-padrão.

5. Poli A forma uma hélice de fita simples. Quais as forças que estabilizam essa estrutura?

6. O tautômero imina da adenina não é frequente no DNA, mas quando ocorre ele pode fazer par com a citosina, em vez de com a timina. Tal pareamento errôneo pode levar a uma mutação. Desenhe o par de bases do tautômero imina da adenina/citosina.

7. Poli(dA) de fita simples pode sofrer hibridização com poli(dT) de fita simples para formar o DNA de fita dupla com bases pareadas de Watson-Crick. Em condições adequadas, uma segunda fita de poli(dT) pode se ligar ao sulco maior e formar uma hélice de DNA de fita tripla, com ligações de hidrogênio entre a timina e o N-7 e o grupo amino da adenina. Qual seria a aparência de um gráfico de absorção em 260 nm contra temperatura para esse DNA incomum de fita tripla?

8. Escreva a sequência do RNA mostrado na Figura 19.21. Ele é um palíndromo?

9. Considere uma exonuclease processiva, que se liga exclusivamente ao DNA de fita dupla e degrada uma das fitas na direção 5' → 3'. Em uma reação em que o substrato é um fragmento de 1 kb de DNA linear, quais seriam os produtos predominantes depois que a digestão se completasse?

10. O peso molecular médio de um par de bases no DNA de fita dupla é, aproximadamente, 650 kDa. Usando os dados

da Tabela 19.4, calcule a proporção em massa de proteína para DNA em uma fibra de cromatina de 30 nm típica.

11. O genoma haploide humano contém $3{,}2 \times 10^9$ pares de bases. Quantos nucleossomos você herdou de sua mãe?

12. Uma molécula de DNA com a sequência pdApdGpdTpdC pode ser quebrada por exonucleases. Liste os produtos de uma reação única, catalisada pelas seguintes enzimas:

    (a) uma exonuclease 3' → 5' que cliva a ligação 3'-éster de uma união fosfodiéster.

    (b) uma exonuclease 5' → 3' que cliva a ligação 5'-éster de uma união fosfodiéster.

    (c) uma exonuclease 5' → 3' que cliva a ligação 3'-éster de uma união fosfodiéster.

13. Uma endonuclease sem sequência específica purificada de *Aspergillus oryzae* digere DNA de fita simples. Prediga o efeito da adição dessa enzima a uma preparação de DNA de plasmídeo negativamente superenrolado.

14. Uma das proteínas do veneno da cascavel é uma enzima chamada fosfodiesterase. Os polinucleotídeos poderiam ser um substrato para essa enzima? Por quê?

15. A RNase T1 cliva o RNA após resíduos de G, deixando um grupo 3'-fosfato. Prediga os produtos de clivagem do seguinte substrato:

    pppApCpUpCpApUpApGpCpUpApUpGpApGpU

16. Como bacteriófagos poderiam escapar dos efeitos das endonucleases de restrição bacterianas?

17. O nematoide *C. elegans*, que vive livremente no solo, foi o primeiro metazoário a ter seu genoma de 100 Mb totalmente sequenciado. No geral, o genoma do verme é 36% (G + C) e 64% (A + T). A endonuclease de restrição *Hind*III reconhece e corta a sequência palindrômica hexamérica AAGCTT, gerando terminações coesivas. (a) Aproximadamente, quantos sítios de *Hind*III você esperaria encontrar no genoma de *C. elegans*? (b) Se o genoma do verme fosse, na verdade, 25% G e 25% A, aproximadamente quantos sítios de *Hind*III você esperaria encontrar?

18. Os sítios de reconhecimento para as endonucleases de restrição *Bgl*II e *Bam*HI são mostrados abaixo. Por que é possível construir moléculas de DNA recombinante pela combinação de DNA-alvo cortado com *Bgl*II e um vetor cortado com *Bam*HI?

    ↓   ↓
    AGATCT   GGATCC
    *Bgl*II   *Bam*HI

19. Uma das cepas hospedeiras de *E. coli* comumente usadas em tecnologia de DNA recombinante transporta genes defeituosos para diversas endonucleases de restrição. Por que essa cepa é útil?

Leituras selecionadas

Perspectiva histórica

Clayton J e Denis C. (eds.) 50 Years of DNA. Nova York: Nature/Pallgrave/Macmillan, 2003.

Judson HF. The Eighth Day of Creation: Makers of the Revolution in Biology, ed. ampliada. Cold Spring Harbor, NY: Cold Spring Harbor Laboratory Press, 1996.

Maddox B. Rosalind Franklin: The Dark Lady of DNA. Nova York: Perennial/HarperCollins, 2002.

Watson JD e Berry A. DNA: The Secret of Life. New York: Alfred A. Knopf, 2003.

Watson JD. The Double Helix. Nova York: Atheneum, 1968

Estrutura e propriedade dos polinucleotídeos

Berger JM e Wang JC. Recent developments in DNA topoisomerase II structure and mechanism. Curr. Opin. Struct. Biol. 1996; 6:84-90.

Ferré-D'Amaré AR e Doudna JA. RNA FOLDS: insights from recent crystal structures. Annu. Rev. Biophys. Biomol. Struct. 1999; 28:57-73.

Herbert A e Rich A. The biology of left-handed Z-DNA. J. Biol. Chem. 1996; 271:11.595-11.598.

Hunter CA. Sequence-dependent DNA structure. BioEssays. 1996; 18:157-162.

Ke C, Humeniuk M, S-Gracz H e Marszalek PE. Direct measurements of base stacking interactions in DNA by single-molecule atomic-force spectroscopy. Phys.Rev.Lett. 2007; 99: 018302.

Kool ET, Morales, J. C. e Guckian, K. M. Mimicking the structure and function of DNA: insights into DNA stability and replication. Angew. Chem. Int. Ed. 2000; 39:990-1.009.

Packer MJ e Hunter CA. Sequence-dependent DNA structure: the role of the sugar-phosphate backbone. J. Mol. Biol. 1998; 280:407-420.

Saenger W. Principles of Nucleic Acid Structure (Nova York: Springer-Verlag). 1984.

Sharma A e Mondragón A. DNA topoisomerases. Curr. Biol. 1995; 5:39-47.

Wang JC. A journey in the world of DNA rings and beyond. Annu. Rev. Biochem. 2009; 78:31-54.

Cromatina

Bendich AJ e Drlica K. Prokaryotic and eukaryotic chromosome: what's the difference? BioEssays. 2000; 22:481-486.

Burlingame RW, Love WE, Wang B-C, Hamlin R, Xuong N-H e Moudrianakis EN. Crystallographic structure of the octameric histone core of the nucleosome at a resolution of 3.3 Å. Science. 1985; 228:546-553.

Grigoryev SA, Arya G, Correll S, Woodcock CL e Schlick T. Evidence for heteromorphic chromatin fibers from analysis of nucleosome interactions. Proc. Natl. Acad. Sci. 2009; (USA) 106:13.317-13.322.

Kornberg RD. Twenty-five years of the nucleosome, fundamental particle of the eukaryotic chromosome. Cell. 1999; 98:285-294.

Ramakrishnan V. Histone structure and the organization of the nucleosome. Annu. Rev. Biophys. Biomol. Struct. 1997; 26:83-112.

Richmond TJ, Finch JT, Rushton D, Rhodes D e Klug A. Structure of the nucleosome core particle at 7 Å resolution. Nature. 1984; 311:532-537.

Van Holde K e Zlatanova J. The nucleosome core particle: does it have structural and functional relevance? BioEssays. 1999; 21:776-780.

Workman JL e Kingston RE. Alteration of nucleosome structure as a mechanism of transcriptional regulation. Annu. Rev. Biochem. 1998; 67:545-579.

Endonucleases de restrição

Kovall RA e Mathews BW. Type II restriction endonucleases: structural, functional and evolutionary relationships. Curr. Opin. Chem. Biol. 1999; 3:587-583.

McClarin JA, Frederick CA, Wang B-C, Greene P, Boyer H, Grable J e Rosenberg JM. Structure of the DNA-EcoRI endonuclease recognition complex at 3 Å resolution. Science. 1986; 234:1.526-1.541.

Ne M. Type I restriction systems: sophisticated molecular machines (a legacy of Bertani and Weigle). Microbiol. Mol. Biol. Rev. 2000; 64:412-434.

Replicação, Reparo e Recombinação do DNA

A transferência de informação genética de uma geração para a seguinte tem intrigado os biólogos desde o tempo de Aristóteles. Na atualidade, quase 2.500 anos depois, somos capazes de explicar como "semelhantes geram semelhantes". Como a informação genética é carregada pelo DNA, a transferência dessa informação de uma célula-progenitora para duas células-filhas requer a duplicação exata do DNA, num processo conhecido como replicação.

A estrutura do DNA proposta por Watson e Crick em 1953 sugeriu, de imediato, um método de replicação. A sequência de nucleotídeos de uma fita especifica automaticamente a da outra, já que as duas fitas da dupla-hélice do DNA são complementares. Watson e Crick propuseram que as duas fitas da hélice se separam durante a replicação do DNA e que cada uma delas age como molde para a síntese de uma fita complementar. Dessa forma, a replicação produz duas moléculas-filhas de fita dupla, cada uma contendo uma fita parental e uma recém-sintetizada. Esse modo de replicação é chamado semiconservativo, pois uma fita do DNA parental é conservada em cada molécula-filha (Figura 20.1).

Em uma sequência de experimentos aprimorados, Matthew Meselson e Franklin W. Stahl mostraram, em 1958, que o DNA era mesmo replicado semiconservativamente, como predito por Watson e Crick. Mais ou menos na mesma época, começaram a surgir descrições da purificação e de propriedades de algumas enzimas envolvidas na replicação. A primeira DNA polimerase foi purificada em 1958 por Arthur Kornberg, que recebeu o Prêmio Nobel por isso. Mais recentemente, os bioquímicos isolaram e caracterizaram enzimas que catalisam todas as etapas da replicação do DNA e identificaram os genes que as codificam. O real mecanismo de replicação é muito mais complexo – e mais interessante – do que o esquema simples apresentado na Figura 20.1.

O estabelecimento das etapas do mecanismo de replicação exigiu uma combinação de análise bioquímica e genética. Muito do que sabemos sobre a replicação do DNA vem de estudos de enzimas de *Escherichia coli* e seus bacteriófagos. Os resultados desses estudos demonstraram como um grande número de polipeptídeos é reunido em complexos que executam uma série de reações complicadas. O complexo de replicação do DNA é semelhante a uma máquina, ou fábrica, cujas partes são feitas de proteína.

A estrutura do DNA proposta por Watson e Crick levou a diversas concepções sobre o modo como essa molécula poderia se replicar. Tais concepções fizeram previsões específicas relativas à distribuição dos átomos da molécula-parental entre as moléculas-filhas. Os resultados apresentados aqui respondem detalhadamente à questão sobre essa distribuição e, ao mesmo tempo, dirigem nossa atenção para outros problemas, cuja solução deve ser a próxima etapa rumo a um entendimento completo das bases moleculares da duplicação do DNA.
— Matthew Meselson e Franklin W. Stahl (1958)

Topo: Junção de Holliday, um intermediário formado durante a recombinação entre duas moléculas de DNA de fita dupla.

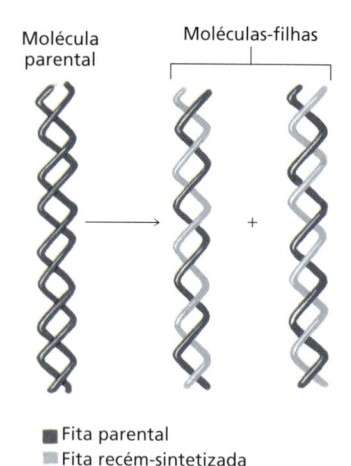

◄ **Figura 20.1**

Replicação semiconservativa do DNA. Cada fita de DNA age como um molde para a síntese de outra. Cada molécula-filha de DNA contém uma fita parental e uma fita recém-sintetizada.

Alguns polipeptídeos que o compõem são parcialmente ativos isoladamente, mas outros só funcionam quando associados à máquina proteica completa.

Há três estágios distintos na replicação do DNA. (1) O processo começa com o correto agrupamento das proteínas de replicação no sítio onde ela terá início. (2) Durante o estágio de alongamento, o DNA é replicado semiconservativamente, à medida que o complexo catalisa a incorporação de nucleotídeos às fitas em crescimento. (3) Finalmente, quando a replicação termina, a máquina proteica é desmontada e as moléculas-filhas se separam, de modo a poderem se segregar em suas novas células.

Máquinas proteicas que executam uma série de reações bioquímicas não são restritas ao processo de replicação de DNA, mas atuam também na síntese de ácidos graxos (Seção 16.1), na transcrição (Capítulo 21) e na tradução (Capítulo 22). Todos esses quatro processos incluem etapas de início, alongamento e terminação. Além disso, há cada vez mais evidências de que outros processos do metabolismo celular também são realizados por complexos de enzimas e outras macromoléculas fracamente associadas.

A manutenção da informação genética, geração após geração, requer que a replicação do DNA seja rápida (pois todo o conjunto do DNA deve ser replicado antes da divisão celular) e precisa. Todas as células têm enzimas que corrigem erros de replicação e reparam o DNA danificado. Ademais, todas as células são capazes de trocar pedaços de DNA, em um processo conhecido como recombinação genética. Tanto o reparo como a recombinação utilizam várias das mesmas enzimas e proteínas necessárias à replicação do DNA.

A estratégia geral de replicação, reparo e recombinação de DNA nos procariontes e eucariontes parece ser conservada, embora enzimas específicas variem entre os organismos. Assim como dois modelos de carro são semelhantes, embora as peças de um não possam substituir as do outro, também os mecanismos de replicação, reparo e recombinação do DNA são semelhantes em todos os organismos, ainda que enzimas individuais possam ser diferentes. Vamos nos concentrar na bioquímica desses processos em *E. coli*, pelo fato de muitas de suas enzimas já estarem bem caracterizadas.

20.1 A replicação do DNA é bidirecional

O cromossomo de *E. coli* é uma molécula circular de DNA de fita dupla com $4,6 \times 10^3$ quilopares de bases (kb). A replicação desse cromossomo começa em um sítio único, chamado origem da replicação, e segue em duas direções até que os complexos de replicação se encontrem no sítio de terminação, onde a replicação é encerrada (Figura 20.2). A máquina proteica que efetua a reação de polimerização é chamada replissomo. Ela contém diversas proteínas necessárias para uma replicação rápida e precisa do DNA. Existe um replissomo em cada uma das duas forquilhas de replicação, os pontos onde o DNA parental é desenovelado para ser copiado. A Figura 20.3 mostra uma autorradiografia de um cromossomo de *E. coli* em replicação.

À medida que o DNA parental é aberto na forquilha de replicação, cada fita é usada como molde para a síntese de uma nova fita. A velocidade de movimento de uma forquilha de replicação em *E. coli* é de aproximadamente 1.000 pares de bases (bp) por segundo. Em outras palavras, cada uma das duas novas fitas cresce a uma velocidade de 1.000 nucleotídeos por segundo. Como há duas forquilhas de replicação movendo-se a essa velocidade, o cromossomo inteiro da *E. coli* pode ser duplicado em cerca de 38 minutos.

Os cromossomos dos eucariontes são moléculas lineares de DNA de fita dupla, geralmente muito maiores do que os cromossomos das bactérias. Por exemplo, os

◄ **Figura 20.2**

Replicação bidirecional do DNA em *Escherichia coli*. A replicação semiconservativa do DNA começa em uma origem única e segue nas duas direções. A síntese de novas fitas de DNA (cinza claro) ocorre em duas forquilhas de replicação, onde ficam os replissomos. As duas moléculas de DNA de fita dupla se separam quando as forquilhas de replicação se encontram no sítio de terminação. Observe que cada molécula-filha consiste em uma fita parental e uma recém-sintetizada.

grandes cromossomos da mosca-das-frutas, *Drosophila melanogaster*, têm cerca de 5,0 x 10^4 kb, ou seja, são 10 vezes maiores do que o cromossomo de *E. coli*. A replicação nos eucariontes também é bidirecional, mas, enquanto o cromossomo de *E. coli* tem uma origem de replicação única, os eucariontes têm múltiplos sítios onde a síntese de DNA é iniciada (Figura 20.4) A velocidade de movimento da forquilha nos eucariontes é menor do que nas bactérias, mas a presença de várias origens de replicação independentes permite que os genomas eucariontes, maiores, sejam copiados praticamente no mesmo tempo dos procariontes.

20.2 DNA polimerase

A síntese de uma nova fita de DNA é realizada por adições sucessivas de nucleotídeos a uma das extremidades da cadeia em crescimento. Essa polimerização é catalisada por enzimas conhecidas como DNA polimerases dirigidas por DNA, ou, simplesmente, DNA polimerases. As células de *E. coli* contêm três DNA polimerases diferentes. Cada uma delas é identificada por algarismos romanos, de acordo com a ordem de sua descoberta. A DNA polimerase I repara o DNA e participa da síntese de uma das fitas durante a replicação. A DNA polimerase II também atua no reparo do DNA. A DNA polimerase III é a principal enzima na replicação do DNA. Ela é responsável pelo alongamento da cadeia do DNA e constitui parte essencial do **replissomo**.

A DNA polimerase III contém dez subunidades polipeptídicas diferentes. Ela é, de longe, a maior das três DNA polimerases (Tabela 20.1). A holoenzima purificada é um dímero assimétrico, composto de duas cópias de cada polipeptídeo, como mostra a Figura 20.5. Os polipeptídeos α, ε e θ combinam-se para formar dois complexos centrais, responsáveis pelas reações de polimerização. As subunidades β formam uma braçadeira móvel (*sliding clamp*), que envolve cada uma das duas fitas do DNA na forquilha de replicação. A maioria das subunidades restantes forma o complexo γ, ou "carregador da braçadeira" (*clamp loader*), que auxilia na montagem do replissomo e ajuda a manter a enzima ligada ao DNA parental durante as sucessivas reações de polimerização.

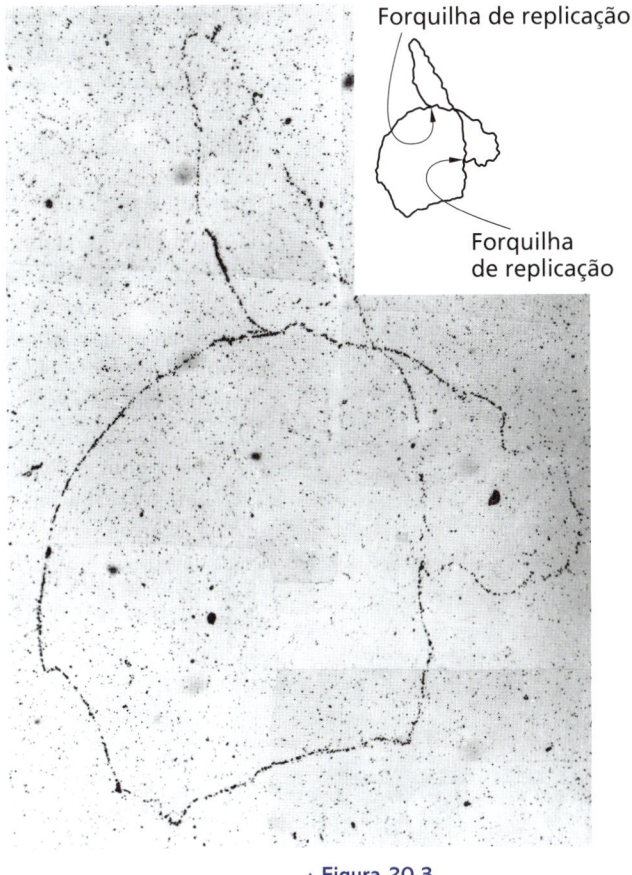

▲ **Figura 20.3**
Autorradiografia de um cromossomo de *E. coli* em replicação. O DNA foi marcado com ³H-desoxitimidina (desoxitimidina tritiada) e a radioatividade, detectada por cobertura do cromossomo com emulsão fotográfica. A autorradiografia mostra que o cromossomo de *E. coli* tem duas forquilhas de replicação.

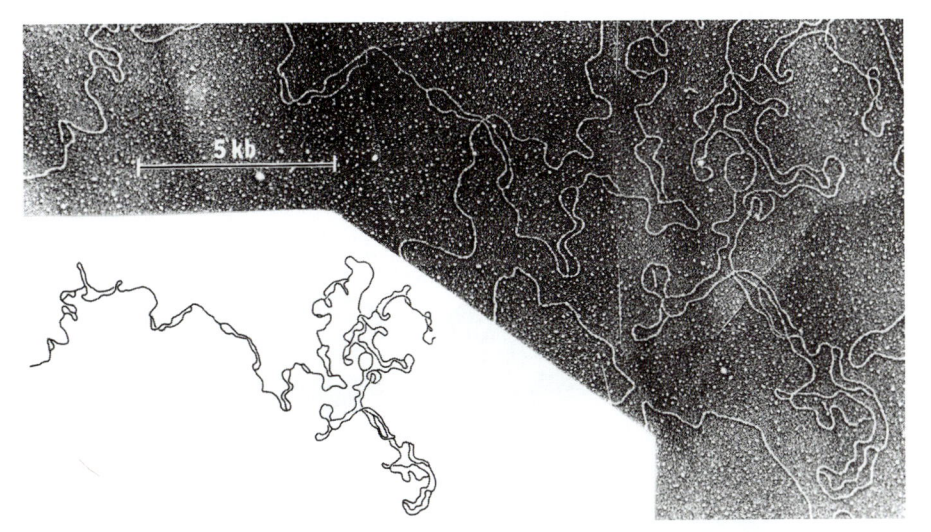

▲ **Figura 20.4**
Micrografia eletrônica de DNA em replicação de um embrião da mosca-das-frutas, *Drosophila melanogaster*. Observe o grande número de forquilhas de replicação nas extremidades das "bolhas" do DNA duplicado.

▲ **Arthur Kornberg** (1918-2007). Kornberg recebeu o Prêmio Nobel em 1959 pela descoberta da DNA polimerase.

CONCEITO-CHAVE
Duas forquilhas de replicação se movem em direções opostas, a partir da origem da replicação.

TABELA 20.1 Subunidades da holoenzima DNA polimerase III

Subunidade	M_r		Gene	Atividade
α	130.000	⎫	polC/dnaE	Polimerase
ε	27.000	⎬ cerne	dnaQ/mutD	3'→5' exonuclease
θ	8.846	⎭	holE	?
β	40.000		dnaN	Forma braçadeira móvel
τ	71.000		dnaX	Aumenta a dimerização do cerne; ATPase
γ	47.000	⎫	dnaX	
δ	38.700	⎪	holA	
δ'	36.900	⎬ complexo γ	holB	Aumenta a processividade; auxilia na montagem do replissomo
χ	16.600	⎪	holC	
ψ	15.174	⎭	holD	

A. O alongamento de cadeia é uma reação de transferência de grupo nucleotidil

Todas as DNA polimerases, inclusive a III, sintetizam DNA pela adição de um nucleotídeo por vez à terminação 3' da cadeia crescente. O nucleotídeo que serve como substrato é o desoxirribonucleosídeo-5'-trifosfato (dNTP). O nucleotídeo específico é determinado pelo pareamento de bases de Watson-Crick com a fita molde: adenina (A) forma par com timina (T), e guanina (G), com citosina (C). Como o suprimento de cada dNTP na célula é semelhante, isso significa que, em média, a enzima gasta três quartos de seu tempo discriminando dNTPs incorretos, que se difundiram até o sítio catalítico, onde tentam formar par com a fita molde.

A DNA polimerase III catalisa a formação de uma ligação fosfodiéster entre o dNTP a ser incorporado e a cadeia crescente. O dNTP forma um par de bases com um resíduo da fita molde (Figura 20.6). Uma vez que o par correto seja formado, o grupo 3'-hidroxila livre da cadeia nascente de DNA é capaz de realizar um ataque nucleofílico ao átomo de fósforo do dNTP a ser incorporado. Essa reação leva à adição de um nucleosídeo-monofosfato e ao deslocamento de um pirofosfato. A hidrólise subsequente do pirofosfato pela abundante enzima pirofosfatase faz a reação de polimerização ser altamente favorecida. A direção da polimerização (crescimento da cadeia) é definida como 5' → 3', lendo-se por meio dos átomos de carbono do anel do açúcar do resíduo recém-adicionado.

A DNA polimerase III avança um resíduo após cada adição, e então ocorre outra reação de transferência de grupo nucleotidil. Esse mecanismo garante que a nova

A convenção para atribuição da direção das fitas de DNA está descrita na Seção 19.2A.

▶ **Figura 20.5**
Diagrama da composição de subunidades da DNA polimerase III de E. coli. A holoenzima consiste em dois complexos centrais, ou cernes (contendo α, ε e θ), cópias pareadas de β e τ, e uma só cópia do complexo γ (γ, δ, δ' com duas cópias, cada um, de ψ e χ). A estrutura é, portanto, um dímero assimétrico. Outros modelos foram propostos para a estrutura da holoenzima. [Adaptado de O'Donnell M. Accessory protein function in the DNA polymerase III holoenzyme from *E. coli*. BioEssays. 1992; 14:105-111.]

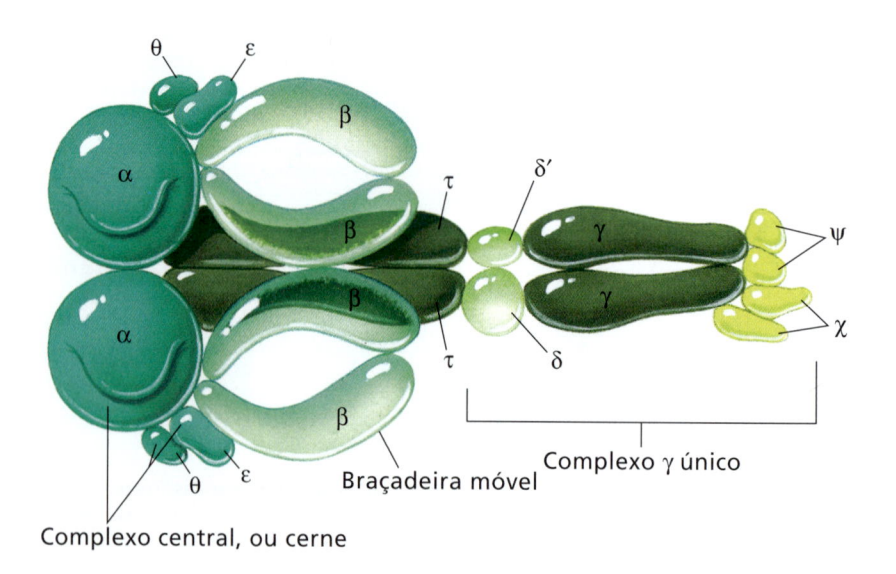

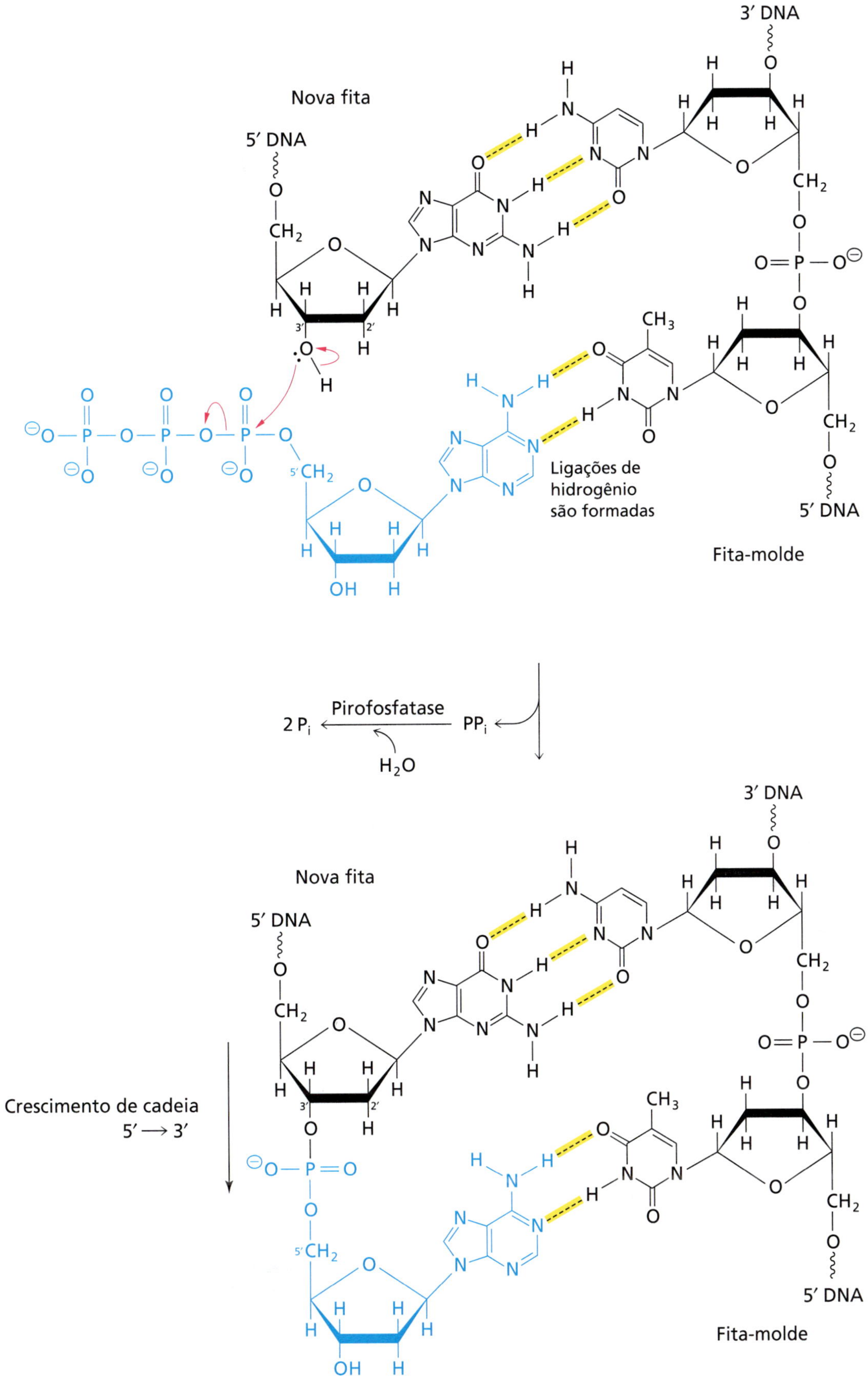

▲ **Figura 20.6**
Alongamento de uma cadeia de DNA. Um par de bases é criado quando o desoxinucleosídeo-5′-trifosfato (azul) que chega no sítio ativo forma ligações de hidrogênio com um resíduo da fita parental. Uma ligação fosfodiéster é formada quando a hidroxila terminal em 3′ ataca o átomo de fósforo α do nucleotídeo. A hidrólise do pirofosfato liberado faz com que a reação total seja termodinamicamente favorável.

cadeia seja aumentada por adição, em etapas, somente de nucleotídeos que se alinharam adequadamente pelo pareamento de bases com a fita molde. Como esperado, a DNA polimerase III não é capaz de sintetizar o DNA na ausência de um molde; ela também não pode acrescentar nucleotídeos à cadeia preexistente se esta não tiver uma terminação 3'. Em outras palavras, para que a síntese ocorra, a DNA polimerase III necessita tanto de um molde como de um iniciador como substratos.

Como já observamos, a replicação do DNA no interior da célula ocorre a uma velocidade de aproximadamente 1.000 nucleotídeos por segundo. Essa é a maior velocidade que se conhece para qualquer tipo de polimerização *in vivo*. No entanto, a velocidade da polimerização *in vitro* catalisada pela DNA polimerase III purificada é muito menor, indicando que a enzima sozinha não tem alguns componentes necessários à sua atividade integral. Apenas quando o replissomo completo é montado, a polimerização *in vitro* ocorre com velocidade aproximadamente igual à encontrada na célula.

B. A DNA polimerase III permanece ligada à forquilha de replicação

Uma vez que a síntese de DNA tenha começado, a polimerase permanece ligada à forquilha de replicação até que o processo esteja completo. A terminação 3' da cadeia crescente fica associada ao sítio ativo da enzima, enquanto vários nucleotídeos vão sendo adicionados em sequência. Enquanto parte do replissomo, a holoenzima DNA polimerase III é altamente *processiva* (veja a Seção 12.5A). Isso significa que apenas um pequeno número de moléculas de DNA polimerase III é necessário para replicar um cromossomo inteiro. A processividade é responsável também pela rapidez da replicação.

A processividade da holoenzima DNA polimerase III é devida, em parte, às subunidades β da enzima, que não têm atividade em si mesmas, mas que, quando reunidas na holoenzima, formam um anel capaz de envolver completamente a molécula de DNA. Esse anel é constituído por duas subunidades β que formam um dímero cabeça-cauda. Cada uma dessas subunidades tem três domínios similares, que consistem em uma dobra sanduíche β com duas α-hélices na face interior, que interage com o DNA (Figura 20.7). As subunidades β, portanto, agem como uma braçadeira móvel que prende a polimerase sobre o substrato de DNA. A incorporação da DNA polimerase em uma máquina proteica ainda maior na forquilha de replicação garante que a enzima permaneça associada às cadeias nascentes de DNA durante a polimerização. Vários outros sistemas de replicação de DNA caracterizados bioquimicamente desenvolveram a mesma estratégia que torna a replicação do DNA mais rápida (mais eficiente). Por exemplo, dois bacteriófagos relacionados – T_4 e RB69 – codificam uma proteína acessória de replicação, a gp45, que forma uma braçadeira circular (Figura 20.7). Essa estrutura prende as DNA polimerases codificadas pelos fagos sobre os seus substratos de DNA e aumenta a processividade. A Figura 20.8 mostra um modelo de como isso deve ocorrer *in vivo* para a DNA polimerase de bacteriófagos ligada ao DNA. A braçadeira móvel envolve a região de fita dupla do DNA e interage com as subunidades que contêm a atividade de polimerase, as quais se ligam à região de fita simples da forquilha de replicação. As DNA polimerases eucariontes usam a mesma estratégia para se prenderem a seus substratos (veja a Seção 20.6).

C. A revisão corrige erros da polimerização

A holoenzima DNA polimerase III também tem atividade de 3' → 5' exonuclease. Essa exonuclease, cujo sítio ativo fica principalmente na subunidade ε, pode catalisar

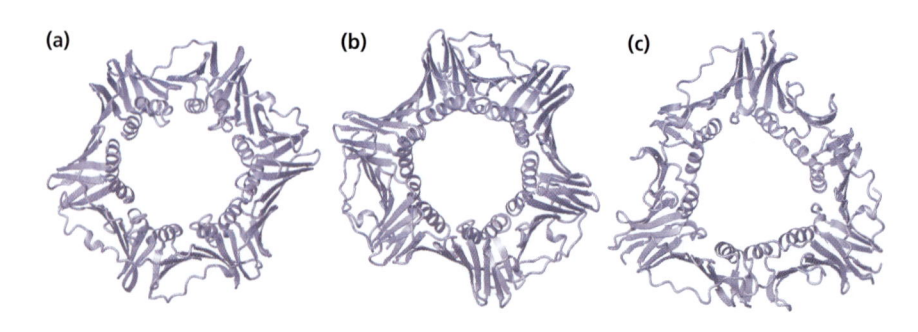

> A reação de alongamento na síntese de ácidos graxos é outro exemplo de uma polimerização processiva catalisada por um grande complexo (Seção 16.1C). A reação da glicogênio sintase é um exemplo de polimerização distributiva (Seção 12.5A).

▶ Figura 20.7
DNA polimerases podem usar braçadeiras móveis circulares para aumentar a progressividade. Essas três estruturas cristalinas mostram a evolução convergente de estrutura e função: **(a)** a subunidade β da DNA polimerase III de *E. coli* [PDB 1MMI]; **(b)** antígeno nuclear de proliferação celular (PCNA), que exerce a mesma função nas arquebactérias [PDB 3LX1]; **(c)** a gp45 do bacteriófago T_4 também é um anel deslizante que prende a DNA polimerase a seu substrato de DNA [PDB 1CZD].

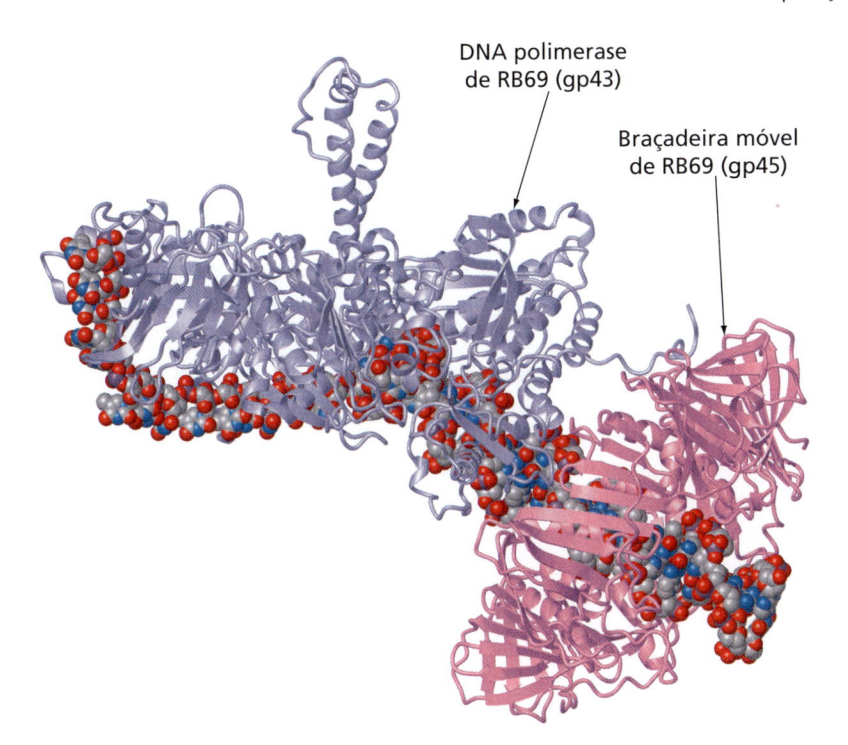

◀ Figura 20.8
Modelo de DNA polimerase ligada ao DNA de bacteriófago. A braçadeira móvel (rosa) envolve o DNA de fita dupla recém-sintetizado. A subunidade que contém o sítio ativo está em azul. A terminação 3′ da fita nascente está posicionada no sítio ativo, e a região de fita simples da fita molde se estende para a esquerda. A DNA polimerase irá se mover da direita para a esquerda, à medida que a fita nascente for crescendo [PDB 1WAI].

a hidrólise da ligação fosfodiéster que une o resíduo 3′-terminal ao resto da cadeia polinucleotídica crescente. Assim, a holoenzima DNA polimerase III pode catalisar tanto o alongamento da cadeia como sua degradação. A atividade de exonuclease permite à holoenzima verificar, ou editar, o DNA recém-sintetizado para corrigir eventuais pares de bases formados erroneamente. Quando a DNA polimerase III reconhece uma distorção no DNA produzido por pareamento incorreto de bases, a atividade de exonuclease da enzima catalisa a remoção do nucleotídeo mal emparelhado antes que a polimerização prossiga.

A incorporação de uma base incorreta acontece aproximadamente em um de cada 10^5 eventos de polimerização, para uma taxa de erro de cerca de 10^{-5}. A atividade de revisão da exonuclease 3′ → 5′ removerá 99% desses nucleotídeos incorretos, o que dá uma taxa de erro de 10^{-2}. A combinação dessas duas reações em sequência fornece uma taxa de erro de 10^{-7} na polimerização. Essa é uma das menores taxas de erro observadas em qualquer enzima. A maior parte dos erros de replicação é reparada depois pelas enzimas de reparo de DNA (Seção 20.7), levando a uma taxa global de erro na replicação do DNA entre 10^{-9} e 10^{-10}. Apesar dessa precisão impressionante, erros de replicação são comuns na duplicação de grandes genomas (lembre-se de que o genoma humano tem $3,2 \times 10^9$ bp, o que significa que, em média, a cada vez que ele é duplicado um erro é transmitido a uma das duas células-filhas). Erros que ocorrem durante a replicação do DNA são as fontes mais comuns de mutação. Isso significa que a maior parte da evolução se deve a imperfeições na replicação do DNA!

A revisão é possível porque o mecanismo de polimerização é de crescimento de cabeça, e não de cauda (Quadro 12.3).

CONCEITO-CHAVE
A precisão da DNA polimerase combinada à revisão e ao reparo de DNA tornam a replicação do DNA a reação bioquímica mais precisa que se conhece.

20.3 A DNA polimerase sintetiza duas fitas simultaneamente

A DNA polimerase catalisa o alongamento de cadeia apenas na direção 5′ → 3′, como mostra a Figura 20.6. Como as duas fitas do DNA são antiparalelas, a síntese 5′ → 3′ usando uma fita molde ocorre na mesma direção do movimento da forquilha, mas a síntese 5′ → 3′ que usa a outra fita molde ocorre na direção oposta (Figura 20.9). A nova fita formada pela polimerização na mesma direção do movimento da forquilha é chamada fita líder; a formada na direção oposta é chamada fita atrasada. Lembre-se de que o dímero da holoenzima DNA polimerase III tem dois complexos centrais capazes de catalisar a polimerização. Um desses é responsável pela síntese da fita líder e o outro, pela síntese da fita atrasada.

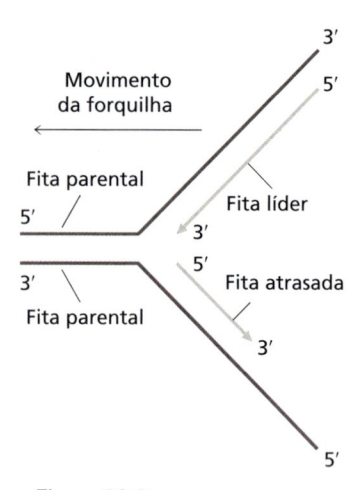

▲ **Figura 20.9**
Diagrama de uma forquilha de replicação. As duas fitas recém-sintetizadas têm polaridades opostas. Na fita líder, a síntese 5' → 3' segue na mesma direção da forquilha de replicação; na fita atrasada, a síntese 5' → 3' segue na direção oposta.

A. A síntese de fita atrasada é descontínua

A fita líder é sintetizada como um polinucleotídeo contínuo que começa na origem e acaba no sítio de terminação. Em contraste, a fita atrasada é sintetizada de modo descontínuo, em pedaços pequenos, na direção oposta ao movimento da forquilha. Esses pedaços de fita atrasada são, em seguida, unidos por meio de outra reação. Na Seção 20.4, apresentamos um modelo de forquilha de replicação, que explica como um complexo enzimático pode sintetizar as duas fitas simultaneamente.

Um experimento que ilustra a síntese descontínua do DNA é apresentado na Figura 20.10. O DNA de *E. coli* foi marcado com um pulso curto de ^{3}H-desoxitimidina. As moléculas recém-sintetizadas de DNA foram, então, isoladas, desnaturadas e separadas por tamanho. O experimento detectou dois tipos de moléculas de DNA marcadas: as muito grandes, que em conjunto contêm cerca de metade da radioatividade do DNA parcialmente replicado, e os fragmentos menores de DNA com cerca de 1.000 resíduos e que têm, em conjunto, a outra metade da radioatividade. As moléculas grandes de DNA são oriundas da síntese contínua da fita líder, enquanto os fragmentos menores vêm da síntese descontínua da fita atrasada. Os pedaços pequenos de DNA da fita atrasada são chamados **fragmentos de Okazaki**, em homenagem a seu descobridor, Reiji Okazaki. O mecanismo geral da replicação do DNA é dito semidescontínuo para enfatizar os diferentes mecanismos de replicação de cada fita.

B. Cada fragmento de Okazaki começa com um iniciador de RNA

Ficou claro que a síntese da fita atrasada é descontínua, mas não era evidente como a síntese de cada fragmento de Okazaki é iniciada. O problema é que nenhuma DNA polimerase consegue iniciar a polimerização do zero (*de novo*); elas só conseguem adicionar nucleotídeos a polímeros já existentes. Essa limitação apresenta pouca dificuldade para a síntese da fita líder porque, uma vez que a síntese de DNA está acontecendo, os nucleotídeos vão sendo continuamente adicionados à cadeia em crescimento. Mas, na fita atrasada, a síntese de cada fragmento de Okazaki, requer um novo evento de iniciação. Isso é conseguido pela produção de pequenos pedaços de RNA na forquilha de replicação. Esses iniciadores ou *primers* de RNA são complementares ao molde da fita atrasada. Cada iniciador é aumentado a partir de sua extremidade 3' pela DNA polimerase, formando um fragmento de Okazaki, como mostra a Figura 20.11 (a síntese da fita líder também começa com um iniciador de RNA, mas apenas um desses iniciadores é necessário para começar a síntese da fita inteira).

O uso de pequenos iniciadores de RNA supera a limitação imposta pelo mecanismo da DNA polimerase, ou seja, o fato de ela não poder iniciar a síntese *de novo* do DNA. Os iniciadores são sintetizados por uma RNA polimerase dependente de DNA chamada **primase** – o produto do gene *dna*G em *E. coli*. A estrutura cristalina tridimensional do domínio catalítico da DnaG revelou que seu enovelamento e sítio ativo são diferentes dos das polimerases bem estudadas, sugerindo que ela poderia usar um novo mecanismo enzimático. A primase é parte de um grande complexo denominado **primossomo**, que contém vários outros polipeptídeos além dela. O primossomo, com a DNA polimerase III, faz parte do replissomo.

À medida que a forquilha de replicação avança, o DNA parental é aberto, e DNA de fita simples fica exposto. A primase catalisa a síntese de um iniciador curto de RNA a cada segundo, aproximadamente, usando o DNA de fita simples como molde. Os iniciadores têm apenas poucos nucleotídeos. Como a forquilha de replicação avança a uma velocidade de aproximadamente 1.000 nucleotídeos por segundo, um iniciador é sintetizado por cerca de cada 1.000 nucleotídeos incorporados. A DNA polimerase III catalisa a síntese do DNA na direção 5' à 3', estendendo cada pequeno iniciador de RNA.

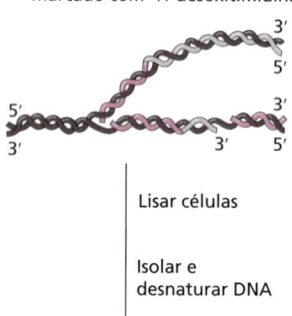

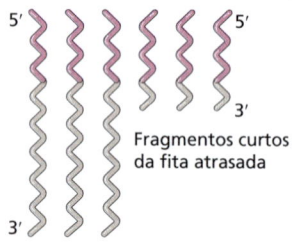

◀ **Figura 20.10**
Síntese descontínua de DNA demonstrada pela análise de DNA recém-sintetizado. Moléculas nascentes de DNA são marcadas, em *E. coli*, com um pulso curto de ^{3}H-desoxitimidina. As células são lisadas, o DNA é isolado e as fitas simples são separadas por tamanho. As moléculas de DNA marcadas se distribuem em duas classes: moléculas longas, oriundas da síntese contínua da fita líder, e fragmentos curtos oriundos da síntese descontínua da fita atrasada.

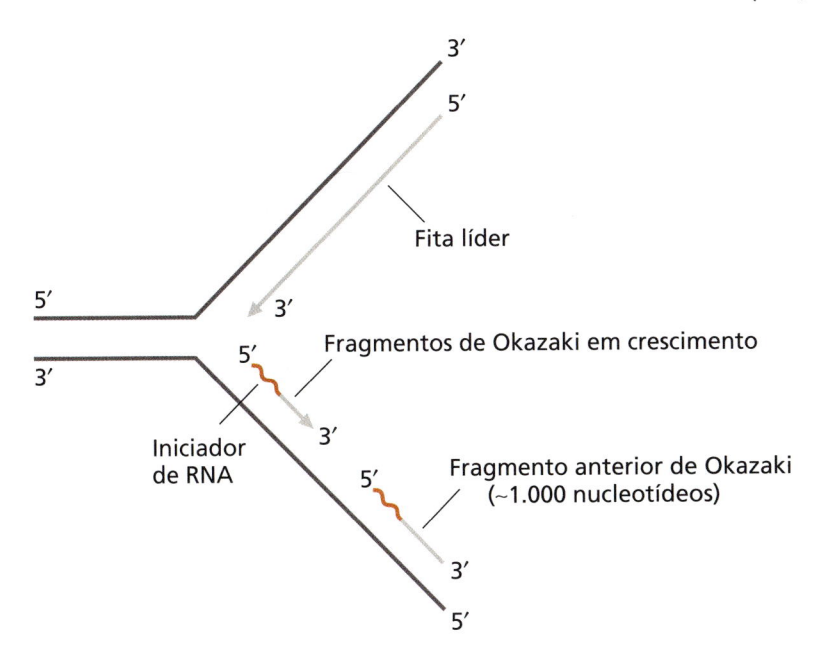

Figura 20.11
Diagrama da síntese da fita atrasada. Um pequeno pedaço de RNA (marrom) serve como iniciador para a síntese de cada fragmento de Okazaki. O comprimento desses fragmentos é determinado pela distância entre iniciadores sucessivos.

C. Os fragmentos de Okazaki são unidos pela ação da DNA polimerase I e da DNA ligase

Ao final, os fragmentos de Okazaki são unidos para produzir uma fita contínua de DNA. A reação ocorre em três etapas: remoção do iniciador de RNA, síntese do DNA substituindo o iniciador removido e união dos fragmentos adjacentes de DNA. As etapas são feitas sob a ação combinada da DNA polimerase I e da DNA ligase.

A DNA polimerase I de *E. coli* foi a enzima descoberta por Arthur Kornberg. Ela foi a primeira enzima que se mostrou capaz de catalisar a síntese de DNA usando uma fita molde. Em um polipeptídeo único, a DNA polimerase I contém as duas atividades encontradas na holoenzima DNA polimerase III: atividade de 5' → 3' polimerase e de exonuclease de revisão 3' → 5'. Além disso, a DNA polimerase I tem atividade 5' → 3' exonuclease, uma atividade não encontrada na DNA polimerase III.

A DNA polimerase I pode ser clivada por algumas enzimas proteolíticas, gerando um pequeno fragmento que contém a atividade de 5' → 3' exonuclease e um fragmento maior, que retém as atividades de polimerização e revisão. Esse fragmento maior consiste nos 605 resíduos de aminoácidos do C-terminal, e o fragmento menor contém os 323 resíduos restantes do N-terminal. O fragmento grande, conhecido como fragmento de Klenow, foi amplamente utilizado para sequenciamento de DNA e ainda é usado em várias outras técnicas que precisam da síntese de DNA sem degradação 5' → 3'. Vários estudos sobre os mecanismos de síntese e revisão do DNA também usam o fragmento de Klenow como modelo para DNA polimerases mais complexas.

A Figura 20.12 mostra a estrutura do fragmento de Klenow complexado a um fragmento de DNA que contém o par terminal de bases pareado erroneamente. A terminação 3' da fita nascente está posicionada no sítio da enzima que exibe atividade 3' → 5' exonuclease. Durante a polimerização, a fita molde ocupa o sulco no alto da estrutura, e pelo menos 10 bp do DNA de fita dupla são ligados à enzima, como mostra a figura. Vários resíduos de aminoácidos envolvidos na ligação do DNA são semelhantes em todas as DNA polimerases, embora as enzimas possam ser diferentes em sua estrutura tridimensional e na sequência de aminoácidos.

A atividade exclusiva de exonuclease 5' → 3' da DNA polimerase I remove o iniciador de RNA no início de cada fragmento de Okazaki (como não faz parte do fragmento de Klenow, a exonuclease 5' → 3' não aparece na Figura 20.12, mas estaria localizada no alto da estrutura, próxima ao sulco que acomoda a fita molde). Enquanto o iniciador é removido, a polimerase sintetiza DNA para preencher a região entre os fragmentos de Okazaki, em um processo chamado ***nick translation*** (Figura 20.13), no qual a DNA polimerase I reconhece e se liga à interrupção da cadeia (*nick*) entre a

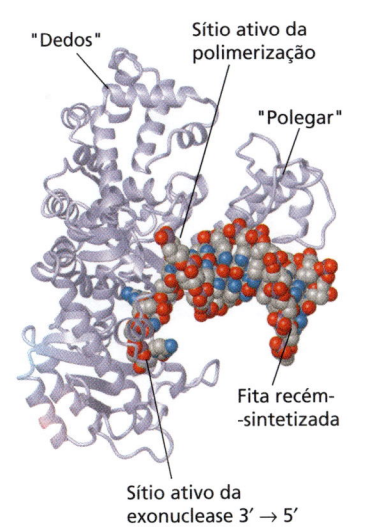

Figura 20.12
Estrutura do fragmento de Klenow com um fragmento de DNA ligado. A enzima se dobra em torno do DNA. A terminação 3' da fita nascente fica posicionada no sítio da exonuclease 3' → 5' (embaixo, à esquerda). Durante a síntese do DNA *in vivo*, a fita molde avança para além da região de fita dupla mostrada na estrutura cristalina [PDB 1KLN].

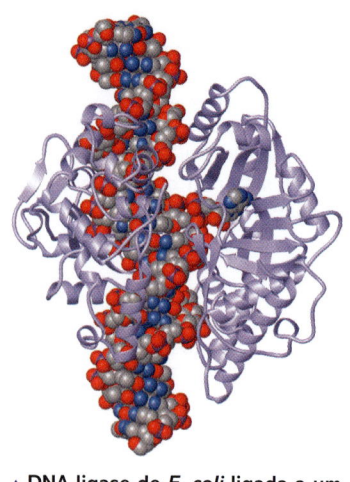

▲ DNA ligase de *E. coli* ligada a um DNA cortado [PDB 2OWO].

terminação 3' de um fragmento de Okazaki e a 5' do iniciador seguinte. Em seguida, a exonuclease 5' → 3' catalisa a remoção hidrolítica do primeiro nucleotídeo de RNA, enquanto a polimerase 5' → 3' acrescenta um desoxinucleotídeo à terminação 3' da cadeia de DNA. Dessa forma, a enzima desloca o corte, ou *nick*, ao longo da fita atrasada. A DNA polimerase I se dissocia do DNA depois de completar dez ou doze ciclos de hidrólise e polimerização, deixando como produto dois fragmentos de Okazaki que ainda estão separados por um corte no esqueleto fosfodiéster. A remoção dos iniciadores de RNA pela DNA polimerase I é uma parte essencial da replicação do DNA porque o produto final tem que ser constituído inteiramente de DNA de fita dupla.

A última etapa na síntese da fita atrasada do DNA é a formação de uma ligação fosfodiéster entre o grupo 3'-hidroxila do final de um fragmento de Okazaki e o grupo 5'-fosfato de outro, adjacente. Essa etapa é catalisada pela DNA ligase. As DNA ligases nas células eucariontes e nas células infectadas por bacteriófagos necessitam de ATP como cossubstrato. Em contraste, A DNA ligase de *E. coli* utiliza NAD$^\oplus$ como cossubstrato. NAD$^\oplus$ é a fonte do grupo nucleotidil que é transferido primeiro à enzima e, depois, ao DNA para criar um intermediário ADP-DNA. O mecanismo proposto para a ação da DNA ligase em *E. coli* é mostrado na Figura 20.14. A reação total é:

$$\text{DNA (cortado)} + \text{NAD}^\oplus \longrightarrow \text{DNA (ligado)} + \text{NMN}^\oplus + \text{AMP} \qquad (20.1)$$

20.4 Modelo do replissomo

O replissomo contém um primossomo, a holoenzima DNA polimerase III, e outras proteínas necessárias à replicação do DNA. A junção de várias proteínas em uma máquina única permite a síntese coordenada das fitas líder e atrasada na forquilha de replicação.

O molde para a DNA polimerase III é o DNA de fita simples. Isso significa que as duas fitas da dupla-hélice original precisam ser desenoveladas e separadas durante a replicação. Esse desenovelamento é conseguido, principalmente, pela ação de uma classe de proteínas chamadas helicases. A helicase DnaB é necessária para a replicação do DNA em *E. coli*. Ela é uma das subunidades do primossomo que, por sua vez, é parte do replissomo. A velocidade de desenovelamento do DNA é diretamente associada à de polimerização, à medida que o replissomo se move ao longo do cromossomo. O desenovelamento é auxiliado pelas ações de várias topoisomerases (Seção 19.3) que relaxam o superenrolamento à frente e atrás da forquilha de replicação. Essas enzimas não fazem parte do replissomo, mas são necessárias para a replicação. A topoisomerase mais importante em *E. coli* é a topoisomerase II, ou girase. Mutantes sem essa enzima são incapazes de replicar seu DNA. O resultado final é a produção de duas moléculas-filhas, cada uma contendo uma fita recém-sintetizada e uma fita parental, como mostrado na Figura 20.1. Em nenhum momento durante a replicação há um trecho significativo de DNA de fita simples, exceto aquele encontrado no molde da fita atrasada.

Outra proteína que faz parte do replissomo é a de ligação à fita simples (SSB), também conhecida como proteína desestabilizadora da hélice. A SSB se liga ao DNA de fita simples, impedindo que este se pareie para formar regiões de fita dupla. Essa proteína é um tetrâmero de quatro subunidades pequenas e idênticas. Cada tetrâmero cobre mais ou menos 32 nucleotídeos do DNA. A ligação da SSB ao DNA é cooperativa, ou seja, a ligação do primeiro tetrâmero facilita a do segundo, e assim por diante. A presença de várias moléculas adjacentes de SSB no DNA de fita simples produz uma conformação do DNA que é estendida e relativamente inflexível. O DNA de fita simples coberto pela SSB é um molde ideal para a síntese da fita complementar durante a replicação porque não tem estrutura secundária.

Um modelo de síntese de DNA pelo replissomo é mostrado na Figura 20.15. O primossomo que contém a primase e a helicase está localizado na cabeça da forquilha de replicação, seguido de uma holoenzima de DNA polimerase III (para simplificar a figura, são mostrados apenas os complexos centrais da DNA polimerase III). A primase

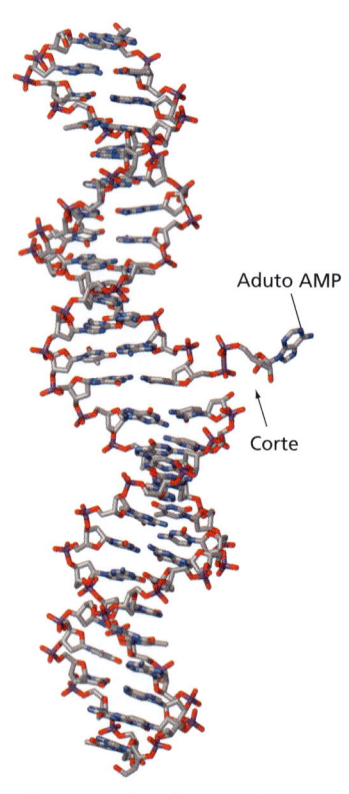

▲ Estrutura do substrato DNA cortado, quando ligado à DNA ligase [PDB 2OWO]. (Aduto AMP; Corte)

sintetiza um iniciador de RNA aproximadamente uma vez por segundo, enquanto a helicase abre o DNA. Um dos dois complexos centrais da holoenzima dimérica sintetiza a fita líder continuamente, na direção 5' → 3', enquanto o outro estende os iniciadores de RNA para formar fragmentos de Okazaki. Acredita-se que o molde de fita atrasada se dobre em um grande laço. Essa configuração permite que tanto a fita líder como a atrasada sejam sintetizadas na mesma direção do movimento da forquilha.

(a) A finalização da síntese do fragmento de Okazaki deixa um corte entre o fragmento e o iniciador de RNA precedente na fita atrasada.

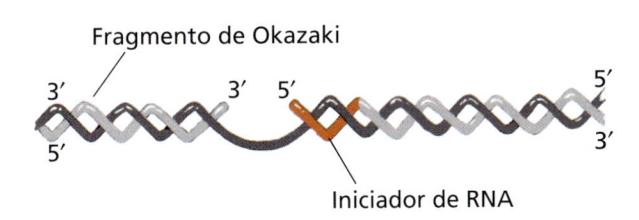

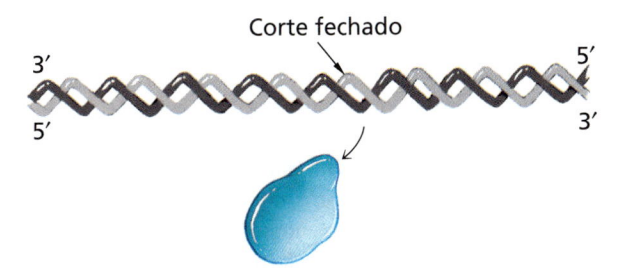

◀ **Figura 20.13**
União dos fragmentos de Okazaki pela ação combinada da DNA polimerase I e da DNA ligase.

(b) A DNA polimerase I estende o fragmento de Okazaki, enquanto a atividade de exonuclease 5' → 3' remove o iniciador de RNA. Esse processo, chamado *nick translation*, resulta no deslocamento do corte ao longo da fita atrasada.

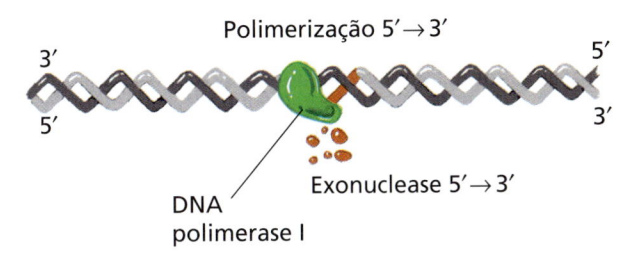

(c) A DNA polimerase I se dissocia depois de estender o fragmento de Okazaki em 10-12 nucleotídeos. A DNA ligase se liga ao corte.

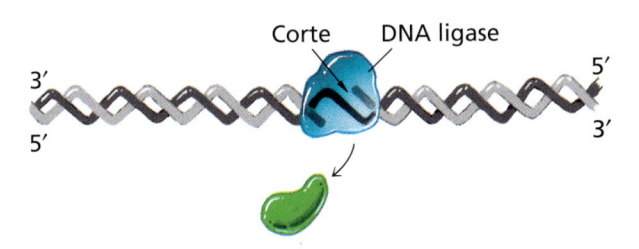

(d) A DNA ligase catalisa a formação de uma ligação fosfodiéster, que sela o corte, criando uma fita atrasada contínua. A enzima então se dissocia do DNA.

▲ **Figura 20.14**

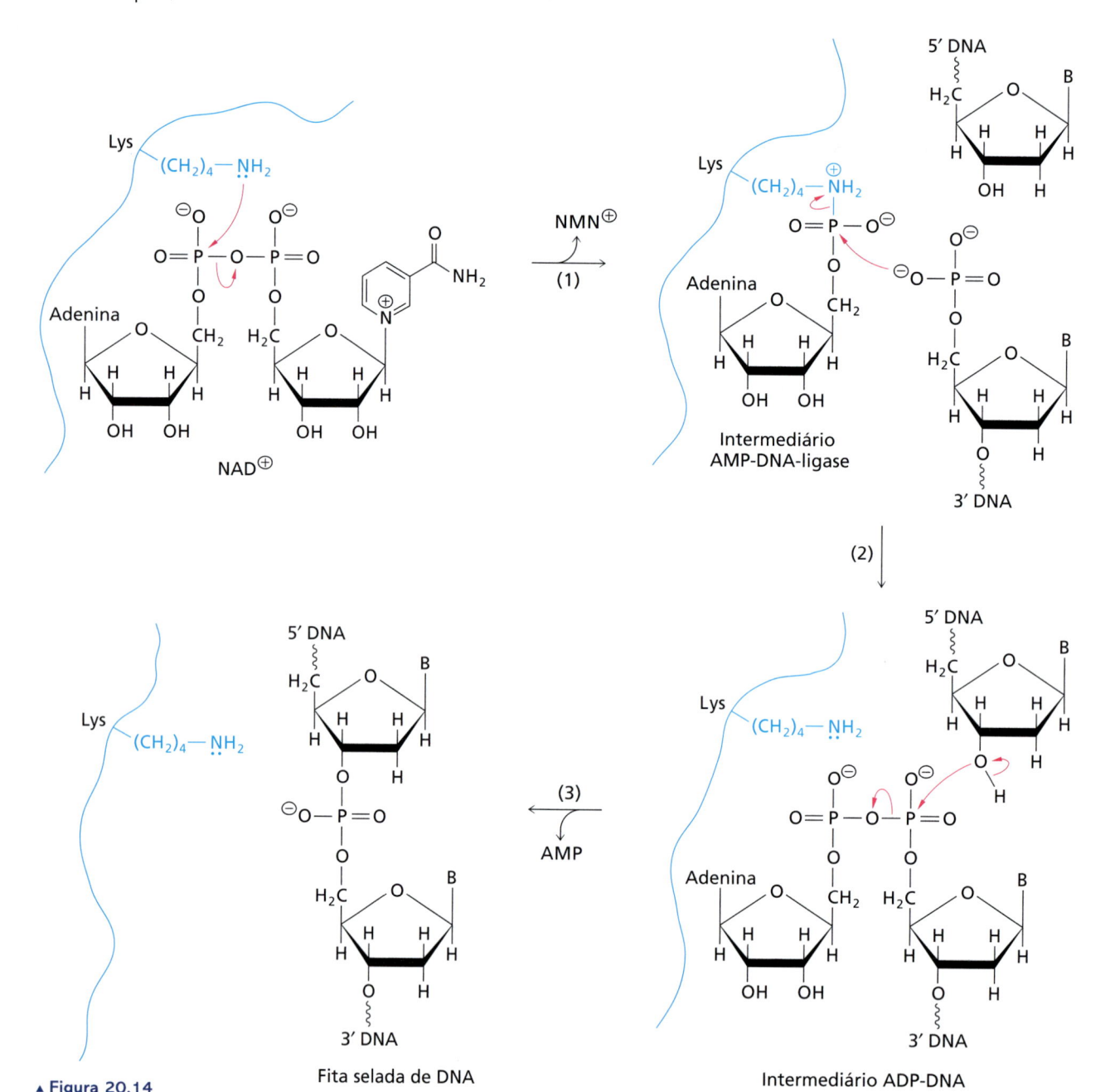

Mecanismo proposto para ação da DNA ligase em E. coli. Usando NAD⊕ como cossubstrato, a DNA ligase de *E. coli* catalisa a formação de uma ligação fosfodiéster para selar um corte no DNA. Na Etapa 1, o grupo ε-amino de um resíduo de lisina da DNA ligase ataca o átomo de fósforo ligado ao oxigênio 5′ de uma adenosina do NAD⊕. O nicotinamida-mononucleotídeo (NMN⊕) é deslocado, gerando um intermediário AMP-DNAligase (com DNA ligases que utilizam ATP como cossubstrato, o pirofosfato é deslocado). Na Etapa 2, um átomo de oxigênio do grupo 5′-fosfato livre do DNA ataca o fosfato do complexo AMP-enzima, formando um intermediário ADP-DNA. Na Etapa 3, a hidroxila nucleofílica 3′ do resíduo terminal da fita de DNA adjacente ataca o grupo 5′-fosfato ativado do ADP-DNA, liberando AMP e gerando uma ligação fosfodiéster que fecha o corte na fita do DNA. B representa qualquer base.

Os dois complexos centrais da holoenzima DNA polimerase III estão desenhados no modelo como equivalentes, mas suas funções na replicação do DNA não se equivalem. Um deles permanece firmemente ligado ao molde da fita líder, enquanto o outro se liga ao molde da fita atrasada até encontrar o iniciador de RNA do fragmento de Okazaki sintetizado anteriormente. Nesse ponto, o complexo central libera o molde da fita atrasada. A fita atrasada se reassocia à holoenzima no sítio do próximo iniciador, e a síntese continua (Figura 20.15d). A holoenzima completa é extremamente processiva, pois metade dela permanece associada à fita líder desde o início da replicação até seu término; já a outra metade sintetiza, processivamente, trechos de 1.000 nucleotídeos na fita atrasada. O complexo γ da holoenzima auxilia na ligação e na liberação do molde de fita atrasada, participando da remoção e da remontagem da braçadeira móvel formada pelas subunidades β.

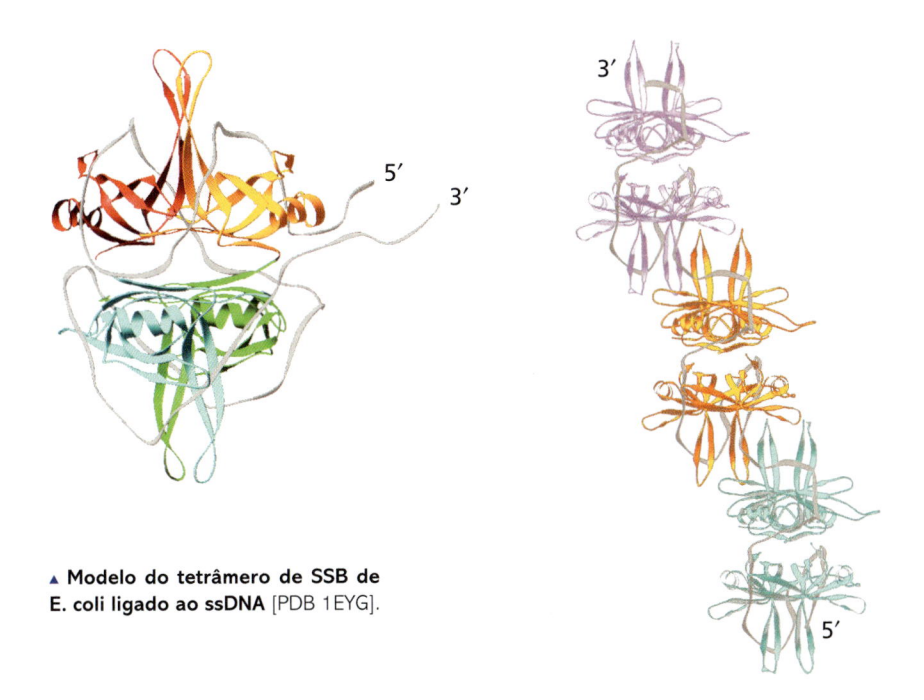

◄ **DNA ligado a SSB.** Modelo para a conformação estendida de três tetrâmeros de SSB ligados cooperativamente ao ssDNA [PDB 1EYG].
Fonte: Raghunathan et al. Nature Structural and Molecular Biology, 2000; 7:648-652.

▲ **Modelo do tetrâmero de SSB de E. coli ligado ao ssDNA** [PDB 1EYG].

(a) O molde de fita atrasada se dobra em torno do replissomo, de modo que as fitas líder e atrasada são sintetizadas na mesma direção. A SSB se liga ao DNA de fita simples.

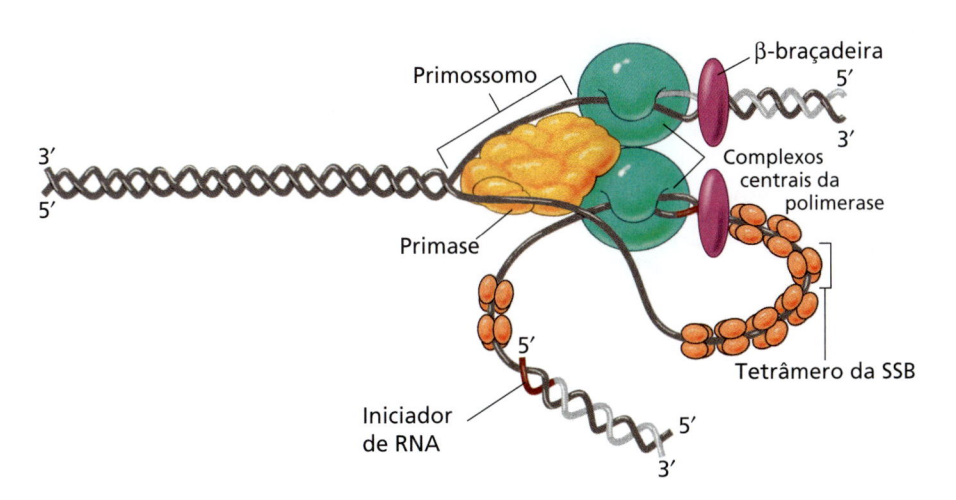

(b) As helicases abrem o molde de DNA, a primase sintetiza um iniciador de RNA. A polimerase da fita atrasada completa um fragmento de Okazaki.

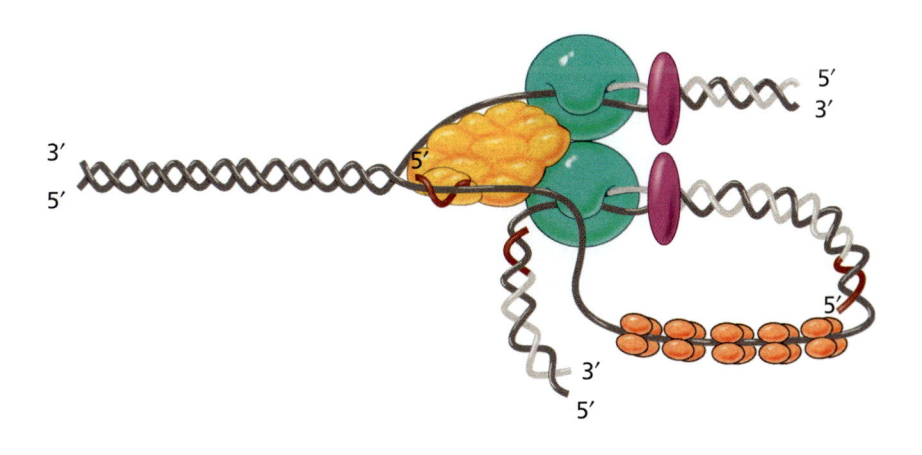

◄ **Figura 20.15**
Síntese simultânea das fitas líder e atrasada na forquilha de replicação. O replissomo contém a holoenzima DNA polimerase III (apenas os complexos centrais são mostrados); primossomo contendo uma primase, uma helicase e outras subunidades; componentes adicionais, incluindo a proteína ligadora de fita simples (SSB). Um complexo central da holoenzima sintetiza a fita líder, enquanto o outro sintetiza a fita atrasada. O molde da fita atrasada é dobrado através do replissomo, de modo que as fitas líder e atrasada possam ser sintetizadas na mesma direção do movimento da forquilha. **(c)** e **(d)** apresentados na próxima página.

▶ Figura 20.15 (continuação)

(c) Quando a polimerase da fita atrasada encontra o fragmento de Okazaki precedente, ela libera a fita atrasada.

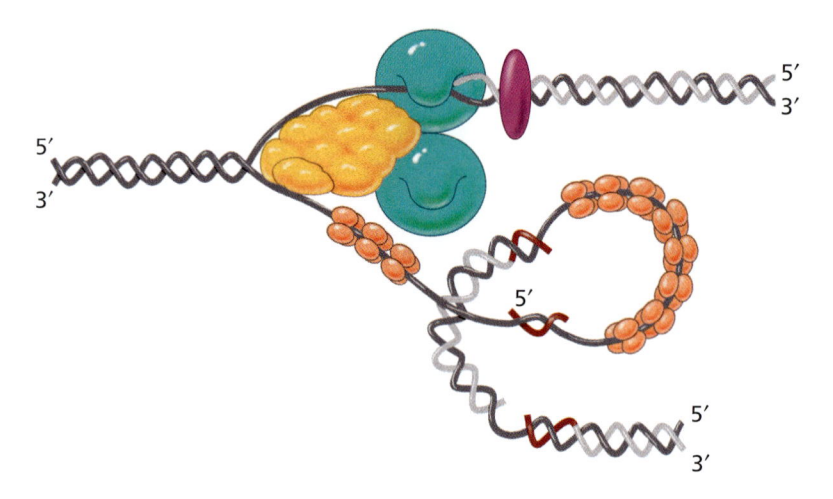

(d) A polimerase da fita atrasada se liga a um iniciador recém-sintetizado e inicia a síntese de outro fragmento de Okazaki.

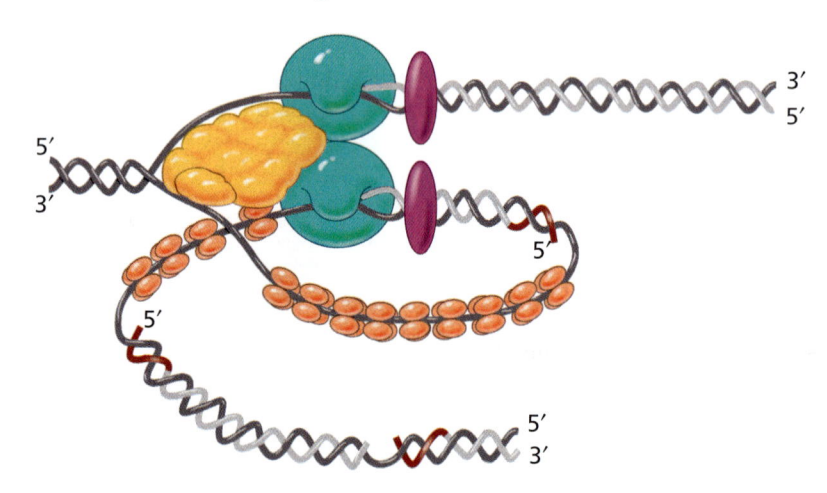

O modelo de replissomo explica como é coordenada a síntese das fitas líder e atrasada. A estrutura do replissomo também garante que todos os componentes necessários à replicação estejam disponíveis no tempo certo, na quantidade adequada e no local exato. Complexos de proteínas que funcionam juntos para desempenhar tarefas bioquímicas são, com frequência, chamados máquinas proteicas. O replissomo é um exemplo de máquina proteica, como o são os flagelos bacterianos (Capítulo 4), o complexo da ATP sintase (Capítulo 14), o centro de reação da fotossíntese (Capítulo 15) e vários outros que serão discutidos nos próximos capítulos.

20.5 Início e término da replicação do DNA

Como observamos anteriormente, a replicação do DNA começa em uma sequência específica do DNA, chamada origem. Em *E. coli*, esse sítio é chamado *ori*C e se localiza na posição correspondente a aproximadamente 10 horas no mapa genético do cromossomo (Figura 20.16). A montagem inicial dos replissomos em *ori*C depende das proteínas que se ligam a esse sítio, causando a abertura local do DNA. Uma dessas proteínas, DnaA, é codificada pelo gene *dnaA*, que fica muito próximo da origem. A DnaA ajuda a regular a replicação do DNA, controlando a frequência da iniciação. Os primeiros iniciadores de RNA necessários à síntese da fita líder são, provavelmente, feitos pelos primossomos na origem.

A terminação da replicação na *E. coli* ocorre no sítio de terminação (*ter*), uma região oposta à origem no cromossomo circular. Essa região contém sequências de DNA, que são sítios de ligação para uma proteína chamada substância de utilização do terminador (Tus). A estrutura da Tus ligada a um sítio simples de terminação está na Figura 20.17. Regiões de fita β se inserem no sulco maior do DNA, onde as cadeias laterais de aminoácidos fazem contato com os pares de bases e reconhecem a sequência *ter*. A Tus evita que a forquilha de replicação passe por essa região, inibindo a atividade de helicase do replissomo. O sítio de terminação também tem sequências de DNA que desempenham papel na separação dos cromossomos-filhos quando a replicação do DNA é concluída.

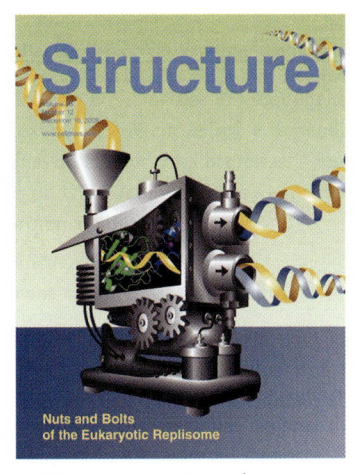

20.6 Tecnologias de replicação do DNA

Nossa compreensão dos princípios básicos da replicação do DNA levou ao desenvolvimento de algumas tecnologias interessantes que Watson e Crick jamais poderiam ter imaginado em 1953. Já vimos a mutagênese sítio-dirigida (Quadro 6.1). Nesta seção vamos explorar as tecnologias de amplificação e sequenciamento que transformaram a bioquímica e, na verdade, toda a biologia. Essas tecnologias produziram sequências genômicas de espécies extintas (por exemplo, o *Homo neanderthalensis*) e a descoberta das bases genéticas de diversas características e doenças dos seres humanos.

▲ **Máquinas proteicas.** Às vezes, a metáfora da máquina é tomada muito ao pé da letra, como nesta capa bem-humorada da revista *Structure*.

A. A reação em cadeia da polimerase utiliza a DNA polimerase para amplificar sequências selecionadas de DNA

A **reação em cadeia da polimerase** (PCR) é uma ferramenta importante para amplificar uma pequena quantidade de DNA ou para aumentar a proporção de uma sequência particular de DNA em uma população de moléculas misturadas desse ácido nucleico. O uso da tecnologia de PCR evita a necessidade de ter grandes amostras de tecido para obter DNA suficiente para sequenciamento ou uma clonagem. Essa tecnologia também permite a produção de grande número de cópias de um gene que não foi isolado, mas cuja sequência é conhecida. Ela serve, portanto, como uma alternativa à clonagem quando se deseja amplificar um gene.

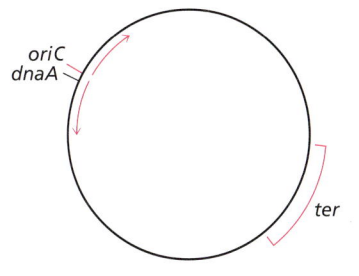

A técnica de PCR está ilustrada na Figura 20.18. A informação da sequência nucleotídica de ambos os lados do *locus* desejado é usada para construir oligonucleotídeos iniciadores que ladeiam a sequência de DNA a ser amplificada. Esses iniciadores são complementares a fitas opostas, e suas terminações 3' são orientadas uma em direção à outra. O DNA da fonte (geralmente representando o DNA integral de uma célula) é desnaturado por aquecimento, em presença de excesso de oligonucleotídeos. Quando resfriados, os iniciadores se ligam preferencialmente a seus sítios complementares que ladeiam a sequência de DNA de interesse. Os iniciadores são então estendidos usando uma DNA polimerase termoestável, como a *Taq*-polimerase da bactéria termofílica *Thermus aquaticus*. Após um ciclo da síntese, a mistura reacional é novamente aquecida para dissociar as fitas do DNA, e resfriada para religar o DNA com os oligonucleotídeos. Os iniciadores são então novamente estendidos. Nesse segundo ciclo, duas das cadeias de fita simples recém-sintetizadas têm, precisamente, o comprimento do DNA entre as terminações 5' dos iniciadores. O ciclo é repetido várias vezes, com o cuidadoso controle do tempo e da temperatura de reação. Em cada ciclo, cresce exponencialmente o número de fitas de DNA, cujas terminações 5' e 3' são definidas pelas terminações dos iniciadores, enquanto o número de fitas de DNA que incluem sequências de fora da região compreendida entre os iniciadores cresce em progressão aritmética. Assim, o DNA desejado é de preferência replicado até que, após vinte ou trinta ciclos, ele constitui a maioria do DNA no tubo de ensaio. A sequência-alvo do DNA pode ser então clonada, sequenciada ou usada como sonda para triagem em uma biblioteca de DNA recombinante.

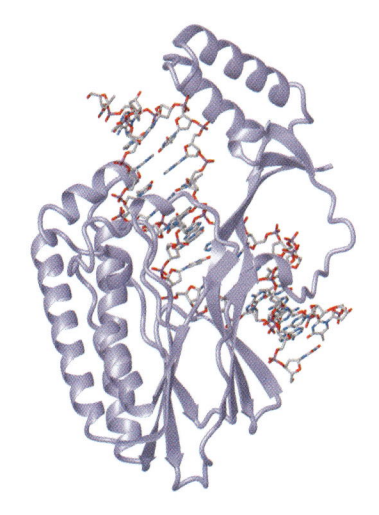

▲ **Figura 20.16**
Localização da origem (*oriC*) e da terminação (*ter*) da replicação do DNA em *E. coli*. O *dna*A é o gene da proteína DnaA, necessária para iniciar a replicação. A distância entre *oriC* e *dna*A é de cerca de 40 kb. As setas rosas indicam a direção do movimento das forquilhas de replicação.

▶ **Figura 20.17**
Estrutura da Tus de *E. coli* ligada ao DNA. A Tus se liga a sequências específicas do sítio de terminação da replicação do DNA. A proteína ligada impede o movimento do replissomo [PDB 1ECR].

B. Sequenciamento de DNA usando didesoxinucleotídeos

Em 1976, Frederick Sanger desenvolveu um método para sequenciamento enzimático do DNA usando o fragmento de Klenow da DNA polimerase I de *E. coli*. Sanger recebeu seu segundo Prêmio Nobel por essa façanha (o primeiro ele recebeu por ter desenvolvido um método para sequenciamento de proteínas). A vantagem de usar o fragmento de Klenow para esse tipo de reação é que a enzima não tem atividade de 5′ → 3′ exonuclease que poderia degradar o DNA recém-sintetizado. Contudo, uma das desvantagens é que o fragmento de Klenow não é muito processivo e é facilmente inibido pela presença de uma estrutura secundária no molde de DNA de fita simples. Essa limitação pode ser superada pela adição de SSB ou de proteínas análogas, ou ainda, mais comumente, adicionando-se DNA polimerases de bactérias que crescem em temperaturas elevadas. Essas polimerases são ativadas a 60 °C ~ 70 °C, uma faixa de temperatura em que a estrutura secundária do DNA de fita simples é instável.

O método de sequenciamento de Sanger utiliza 2′,3′-didesoxinucleosídeo-trifosfatos (ddNTPs) que diferem dos substratos desoxirribonucleotídicos da síntese de DNA, pela ausência da hidroxila em 3′ (veja abaixo). Os didesoxirribonucleotídeos, que podem servir como substratos para a DNA polimerase, são adicionados à terminação 3′ da cadeia em crescimento. Como esses nucleotídeos não têm a hidroxila em 3′, as adições subsequentes não podem ocorrer, e a incorporação de um didesoxinucleotídeo encerra o crescimento da cadeia do DNA. Quando uma quantidade pequena de um didesoxirribonucleotídeo em particular é incluída na síntese de um DNA, ele é ocasionalmente incorporado no lugar do dNTP correspondente, terminando imediatamente a replicação. O tamanho do fragmento de DNA resultante identifica a posição do nucleotídeo que deveria ter sido incorporado.

O sequenciamento de DNA usando moléculas de ddNTP envolve várias etapas (como mostrado na página 624). O DNA é preparado sob a forma de moléculas de fita simples e misturado com um oligonucleotídeo curto, complementar à terminação 3′ do DNA a ser sequenciado. Esse oligonucleotídeo atua como um iniciador para a síntese de DNA catalisada pela DNA polimerase. O material contendo o iniciador é dividido em quatro tubos de reação. Cada tubo recebe uma pequena quantidade de dNTP marcado com [^{32}P] em posição α; a radioatividade permitirá que o DNA recém-sintetizado seja visualizado por autorradiografia. Em seguida, cada frasco recebe um excesso de moléculas de quatro dNTPs não radioativos e uma pequena quantidade de um dos quatro ddNTPs. Por exemplo, o frasco A recebe um excesso de dTTP, dGTP, dCTP e dATP não radioativos misturados com uma pequena quantidade de ddATP. A DNA polimerase é então adicionada à mistura reacional. À medida que a polimerase replica o DNA, ela incorpora ocasionalmente um resíduo de ddATP em lugar de um dATP, e a síntese da cadeia de DNA é interrompida. A incorporação aleatória de ddATP resulta na produção de fragmentos de DNA recém-sintetizados com diferentes tamanhos, cada um deles terminando com A (isto é, ddA). O tamanho de cada fragmento corresponde à distância entre a terminação 5′ do iniciador até um dos resíduos de adenina na sequência. A adição de diferentes didesoxirribonucleotídeos a cada frasco de reação produz um conjunto diferente de fragmentos: ddTTP produz fragmentos que terminam com T, ddGTP leva a fragmentos terminando com G e ddCTP produz fragmentos terminados em C. As cadeias recém-sintetizadas de cada reação de sequenciamento são separadas do molde de DNA. Por fim, as misturas de cada reação de sequenciamento são submetidas a eletroforese em raias adjacentes em um gel de sequenciamento, onde os fragmentos são separados por tamanho. A sequência da molécula de DNA pode então ser lida por meio de uma autorradiografia do gel.

▶ **Estrutura química de um 2′,3′-didesoxirribonucleosídeo-trifosfato**. B representa qualquer base.

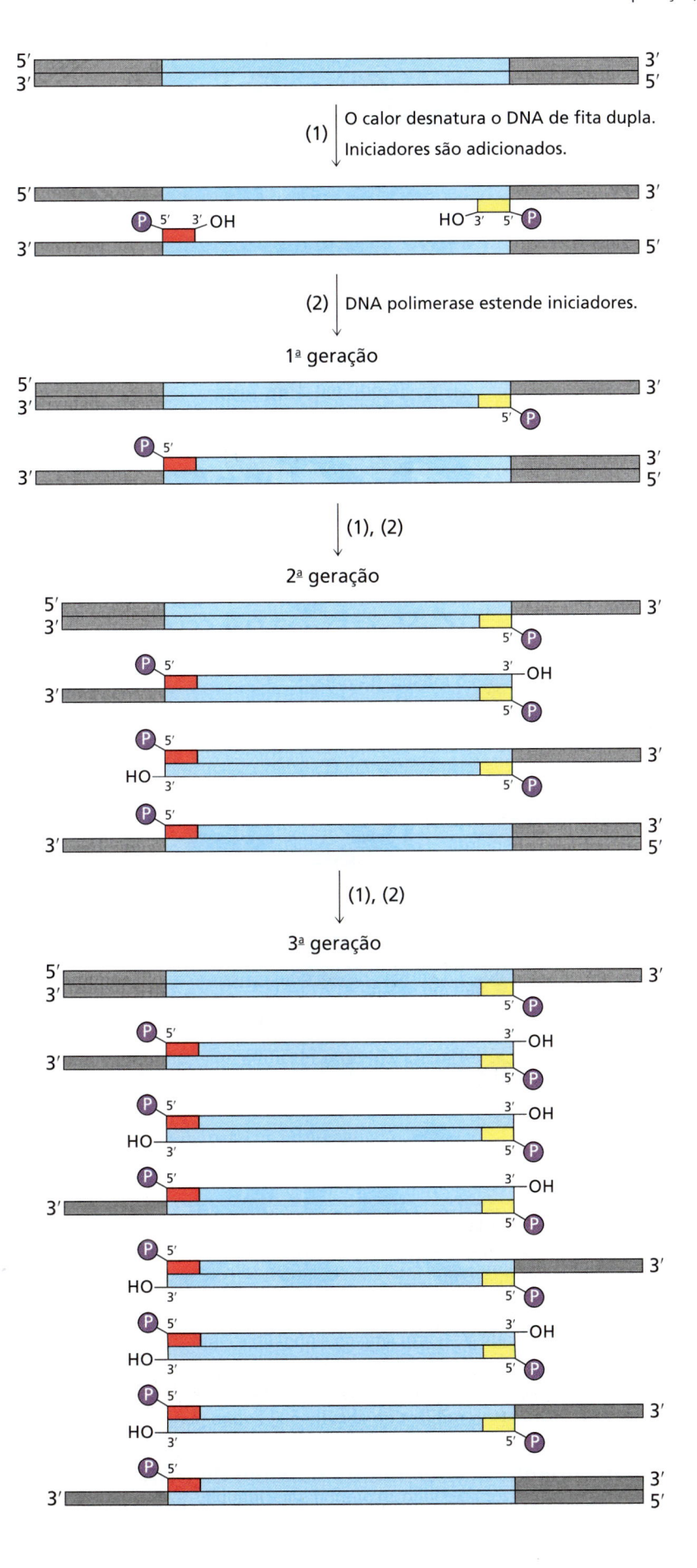

CAPÍTULO 20   Replicação, Reparo e Recombinação do DNA   **619**

(1) O calor desnatura o DNA de fita dupla. Iniciadores são adicionados.

(2) DNA polimerase estende iniciadores.

1ª geração

(1), (2)

2ª geração

(1), (2)

3ª geração

◂ **Três ciclos de reação em cadeia da polimerase.** A sequência a ser amplificada está em azul. **(1)** O DNA de fita dupla é aberto por aquecimento e resfriado em presença de um grande excesso de dois iniciadores (vermelho e amarelo) que flanqueiam a região de interesse. **(2)** Uma DNA polimerase termoestável catalisa a extensão desses iniciadores, copiando cada fita do DNA. Ciclos sucessivos de aquecimento e resfriamento na presença dos iniciadores permitem que a sequência desejada seja copiada repetidamente até que, após vinte a trinta ciclos, ela configure a maior parte do DNA presente na mistura reacional.

▶ **Método de Sanger para sequenciamento de DNA.** A adição de uma pequena quantidade de um didesoxirribonucleotídeo-trifosfato específico (ddNTP) a cada mistura reacional faz a síntese do DNA terminar, quando o didesoxinucleotídeo é incorporado em lugar do nucleotídeo normal. As posições dos didesoxinucleotídeos incorporados, que são determinadas pelos tamanhos dos fragmentos de DNA, indicam as posições dos nucleotídeos correspondentes na sequência. Os fragmentos gerados durante a síntese com cada ddNTP são separados por tamanho, usando gel de sequenciamento eletroforético; a sequência do DNA pode ser lida por autorradiografia do gel (como mostrado pela coluna de letras à direita do gel).

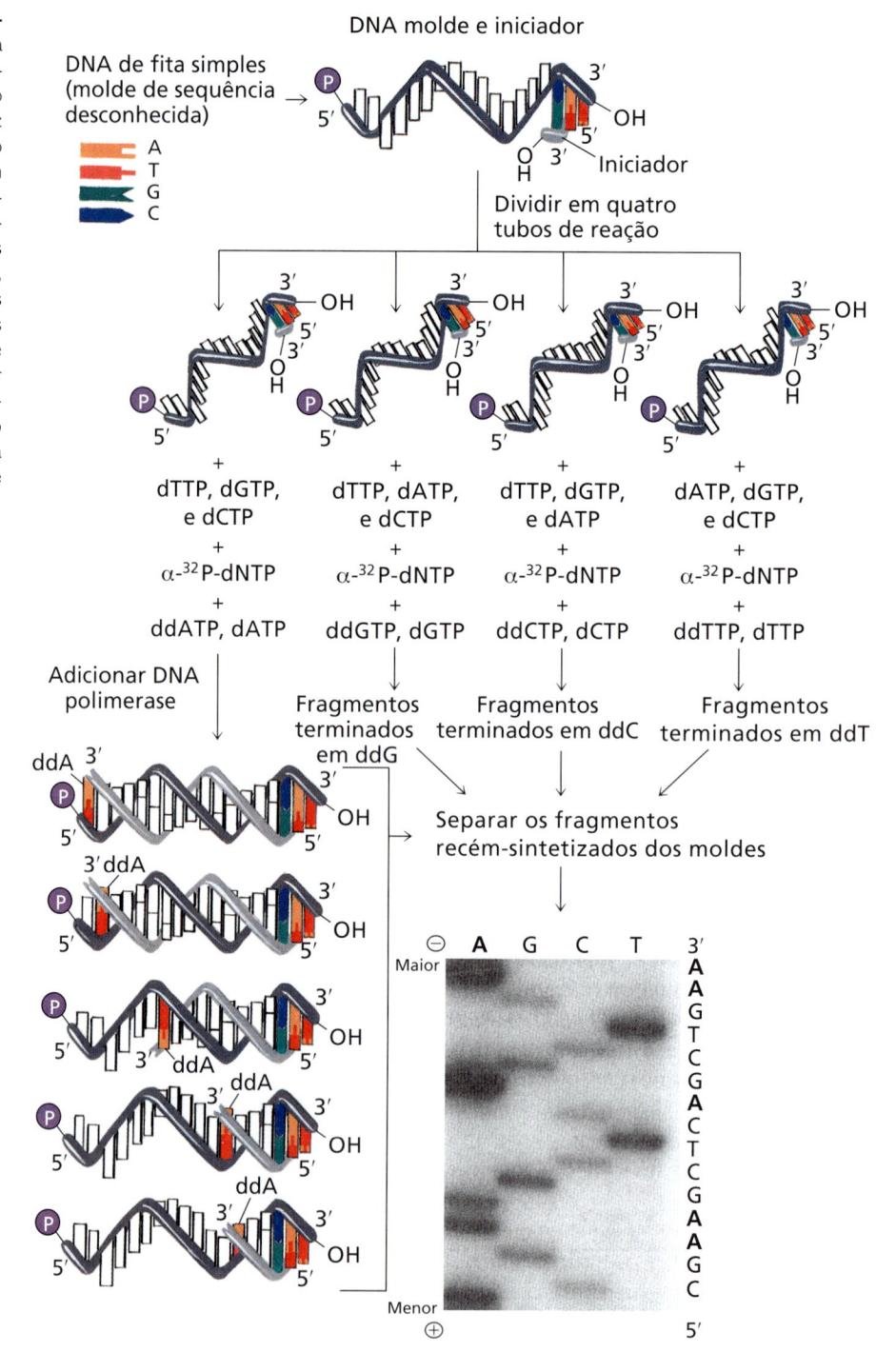

Essa técnica também foi modificada para permitir automação para aplicações de alta demanda, como sequenciamento de genomas. Em lugar de usar radioatividade, o sequenciamento automatizado utiliza desoxinucleotídeos marcados com material fluorescente (quatro cores, uma para cada base) para detectar os diferentes tamanhos de cadeia. Nesse sistema, o gel é "lido" em um fluorímetro e os dados são armazenados em computador. Além disso, a máquina de sequenciamento pode fornecer também um cromatograma que mostre a localização e o tamanho de cada pico fluorescente sobre o gel, à medida que estes passam pelo detector.

C. Sequenciamento massivamente paralelo de DNA por síntese

Os métodos automáticos de sequenciamento de DNA usados para sequenciar o genoma humano já foram suplantados por uma diversidade de tecnologias ditas de "última geração". Embora cada um desses dispositivos utilize abordagens experimentais um pouco diferentes, todos são capazes de gerar rapidamente milhões (ou mesmo bilhões) de pares de bases de uma sequência a uma fração do custo da tecnologia de Sanger automatizada, descrita na seção anterior. Como exemplo dessa nova abordagem, vamos descrever o protocolo de sequenciamento de última geração "Illumina".

Na primeira etapa, o DNA (tipicamente o genoma completo) é fragmentado de modo aleatório por meio de cortes, fornecendo pequenos fragmentos de fita dupla. As terminações dos fragmentos são reparadas enzimaticamente, e um iniciador oligonucleotídico de fita simples é ligado a cada uma das extremidades. Os fragmentos do tamanho desejado são purificados em gel de agarose e, em seguida, amplificados por PCR. Oligonucleotídeos complementares aos iniciadores do PCR são ligados covalentemente à superfície de uma lâmina de vidro. Os fragmentos amplificados do genoma são desnaturados em fitas simples, diluídos e hibridizados aos oligonucleotídeos presentes na lâmina.

Dessa forma, cria-se uma lâmina onde milhões de fragmentos individuais de DNA estão ligados à superfície. Cada um deles é circundado por uma zona de oligonucleotídeos livres, também ligados à superfície. Os fragmentos individuais de DNA ligados à superfície da lâmina são em seguida amplificados *in situ* usando uma técnica em ponte, para fornecer *clusters* de moléculas amplificadas, os quais são os substratos para a reação de sequenciamento.

Todos os *clusters* de fragmentos de DNA amplificados são sequenciados ao mesmo tempo, em paralelo, usando uma mistura dos quatro dNTPs que foram marcados com um fluoróforo removível (um corante diferente para cada base) e um terminador reversível na posição 3′ (veja a figura). Para aumentar a eficiência dessa etapa, foi usada uma DNA polimerase mutante do arqueon 9°N-7 de correntes hidrotermais profundas, geneticamente modificada para incorporar de modo eficiente esses substratos muito maiores do que os nucleotídeos usuais. O iniciador de sequenciamento de DNA unido às fitas moldes fornece o grupo hidroxila de 3′ para que a polimerase incorpore o próximo nucleotídeo marcado. O terminador na posição 3′ da base incorporada evita que a síntese de DNA vá além de uma única base. A lâmina é mapeada com um microscópio confocal de escaneamento a laser, para registrar pela fluorescência a base que foi incorporada em cada *cluster* em crescimento. Em seguida, o agente de redução TCEP é adicionado para remover o corante e o terminador do nucleotídeo incorporado, e assim regenerar o 3′-OH. O ciclo completo é então repetido. As cadeias crescentes de DNA só podem aumentar de tamanho passo a passo: uma base por vez.

As sequências relativamente curtas (menos de 100 nucleotídeos) geradas por essa tecnologia não são adequadas à montagem da sequência genômica de espécies que nunca tenham sido sequenciadas antes. No entanto, para o ressequenciamento de um genoma já sequenciado, algoritmos computacionais rápidos são capazes de alinhar essas "leituras" curtas com grande precisão e detectar mutações raras ou polimorfismos presentes na amostra.

▲ **Visualização de *clusters* durante o processo de sequenciamento.** Parte da imagem de uma lâmina com baixa densidade de *clusters* é apresentada. Como cada uma das quatro bases desoxinucleotídicas é marcada com um fluoróforo diferente (cada um dos quais fluoresce em um comprimento de onda distinto), as quatro imagens separadas foram superpostas (após colorização artificial). Depois de cada ciclo de síntese do DNA, essas imagens fornecem os dados brutos que revelam a última base incorporada à cadeia polinucleotídica crescente.
Fonte: Bentley et al. Nature, 2008; 456:53-59.

◄ Estrutura do terminador reversível-3′-O-azidometil-2-desoxitimina-trifosfato marcado com um fluoróforo removível.
Fonte: Bentley et al. Nature, 2008; 456: 53-59.

20.7 Replicação do DNA em eucariontes

Os mecanismos de replicação do DNA em procariontes e eucariontes são fundamentalmente similares. Em eucariontes, assim como em *E. coli*, a síntese da fita líder é contínua, e a da fita atrasada, descontínua. Além disso, tanto nos eucariontes como nos procariontes, a síntese da fita atrasada é um processo em etapas, envolvendo a síntese do iniciador, a síntese dos fragmentos de Okazaki, a hidrólise do iniciador e o preenchimento dos espaços por uma polimerase. A primase dos eucariontes, como a dos procariontes, sintetiza um iniciador curto a cada segundo sobre o molde da fita atrasada. No entanto, como a forquilha de replicação se move mais lentamente nos eucariontes, cada fragmento de Okazaki tem somente cerca de 100 a 200 resíduos nucleotídicos, sendo consideravelmente menores que nos procariontes. É interessante observar que a DNA primase dos eucariontes não tem similaridade significativa de sequência com a enzima de *E. coli* nem contém alguns dos marcos estruturais clássicos das DNA polimerases, como os domínios "dedos" ou "polegar" (Figura 20.12). Essa falta de homologia sugere que a capacidade de sintetizar um iniciador de RNA para a iniciação da síntese do DNA pode ter evoluído de modo independente pelo menos duas vezes.

TABELA 20.2 DNA polimerases de eucariontes

DNA polimerase	Atividades	Função
α	Polimerase	Síntese do iniciador
	Primase	Reparo
	Exonuclease 3' → 5'[a]	
β	Polimerase	Reparo
γ	Polimerase	Replicação do DNA mitocondrial
	Exonuclease 3' → 5'	
δ	Polimerase	Síntese das fitas líder e atrasada
	Exonuclease 3' → 5'	Reparo
ε	Polimerase	Reparo
	Exonuclease 3' → 5'	Preenchimento de espaço na fita atrasada
	Exonuclease 5' → 3'	

[a] A atividade de exonuclease 3' → 5' da polimerase α não é detectável em todas as espécies.

A maior parte das células eucariontes contém pelo menos cinco DNA polimerases diferentes: α, β, γ, δ e ε (Tabela 20.2). As DNA polimerases α, δ e ε são responsáveis pelas reações de alongamento de cadeia na replicação do DNA e por algumas reações de reparo. A DNA polimerase β é uma enzima de reparo de DNA encontrada no núcleo, e a DNA polimerase γ atua na replicação do DNA mitocondrial. Uma sexta DNA polimerase é responsável pela replicação do DNA nos cloroplastos.

A DNA polimerase δ catalisa a síntese da fita líder na forquilha de replicação. Essa enzima é composta por duas subunidades, a maior das quais contém o sítio ativo da polimerase. A enzima tem também uma atividade de exonuclease 3' → 5'. A replicação do DNA nas células eucariontes é extremamente precisa. A baixa taxa de erros indica que a replicação do DNA nos eucariontes inclui uma etapa de revisão eficiente.

A DNA polimerase α e a δ cooperam na síntese da fita atrasada. A DNA polimerase α é uma proteína multimérica que contém tanto a atividade de DNA polimerase como a de RNA primase. O iniciador feito pela DNA polimerase α consiste em um trecho pequeno de RNA seguido por DNA. Esse iniciador de duas partes é estendido pela DNA polimerase δ, para completar um fragmento de Okazaki.

A DNA polimerase ε é uma proteína grande, multimérica. A maior cadeia polipeptídica inclui a atividade de polimerase e a de exonuclease 3' → 5' de revisão. Como a sua correspondente em *E. coli* (DNA polimerase I), a DNA polimerase ε atua provavelmente como uma enzima de reparo, além de preencher lacunas entre os fragmentos de Okazaki.

Várias proteínas acessórias são associadas à forquilha de replicação nos eucariontes. Essas proteínas funcionam como algumas do replissomo bacteriano. Por exemplo, a PCNA (antígeno nuclear de proliferação celular) forma uma estrutura semelhante à braçadeira móvel da subunidade β da DNA polimerase III de *E. coli* (Figura 20.7). A proteína acessória RPC (fator C de replicação) é estrutural, funcional e evolutivamente relacionada ao complexo γ da DNA polimerase III. Outra proteína, chamada RPA

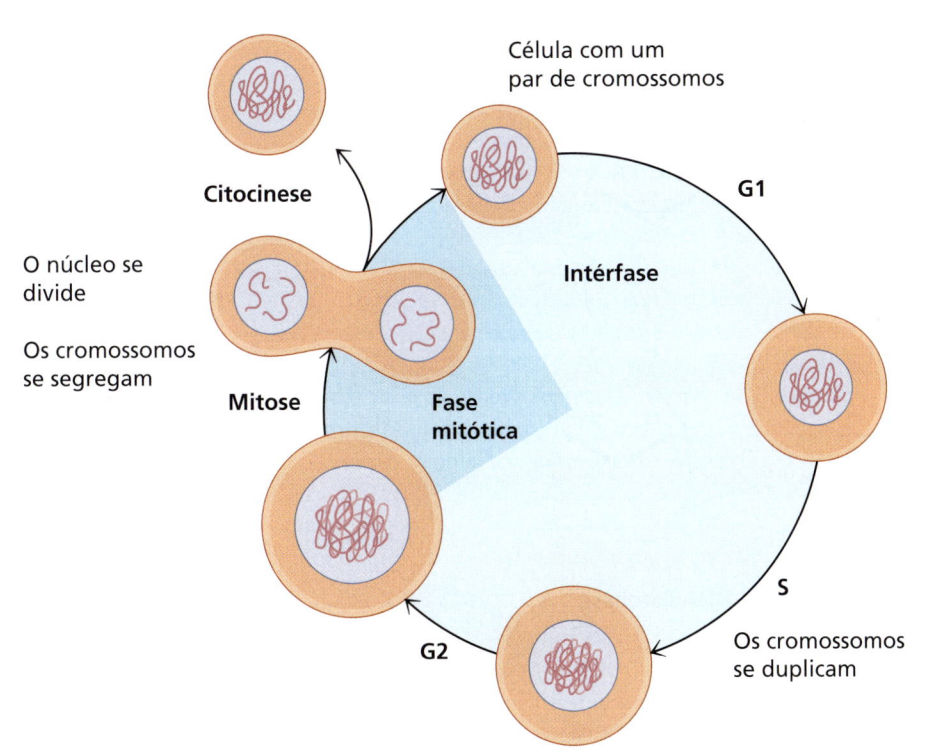

Figura 20.18

O ciclo celular eucariótico coordena a replicação do DNA e a mitose. A replicação do DNA ocorre exclusivamente durante a fase de síntese, ou fase S do ciclo celular. Há duas fases de intervalo ou repouso (*gap*), ou G, em que uma célula cresce antes de se dividir na mitose (ou fase M).

(fator A de replicação), é o equivalente eucarionte da SSB procarionte. Além disso, a máquina de replicação dos eucariontes inclui helicases que desenovelam o DNA na forquilha de replicação.

Cada cromossomo eucarionte contém várias origens de replicação (Seção 20.1). Por exemplo, o cromossomo maior da mosca-das-frutas, *Drosophila melanogaster*, tem cerca de 6.000 forquilhas de replicação, o que significa que ele tem pelo menos 3.000 origens. Como a replicação ocorre em duas direções a partir da origem, as forquilhas se movem umas em direção às outras, unindo-se para formar bolhas cada vez maiores (Figura 20.4). Por causa do grande número de origens, os cromossomos maiores dos eucariontes podem ser replicados em menos de uma hora, mesmo que a velocidade individual das forquilhas seja muito menor do que nos procariontes.

A replicação do DNA em qualquer célula ocorre no contexto do ciclo programado de divisão celular. Esse ciclo é uma progressão altamente controlada por meio de uma série de etapas dependentes que, no mínimo, atingem dois objetivos: (1) ele duplica fielmente todo o DNA da célula, produzindo exatamente duas cópias de cada cromossomo, e (2) ele separa com precisão uma cópia de cada cromossomo replicado em duas células-filhas. Nas células eucariontes, a segregação cromossômica ocorre na mitose, sendo esse estágio chamado de fase mitótica, ou fase M (Figura 20.18). A etapa na qual o DNA é sintetizado é chamada fase S. O estágio (repouso) entre a mitose e a próxima rodada de replicação do DNA é chamado G1. Pode haver um estágio G2 entre o fim da replicação do DNA e o início da mitose.

As origens de replicação do DNA nos eucariontes precisam ser usadas uma vez, e somente uma, durante a fase S de cada ciclo celular. Estamos começando a compreender alguns dos elementos-chave que organizam esse processo. No final da fase M anterior e durante a fase G seguinte, cada *ori* funcional torna-se um sítio de montagem para um complexo multiproteico conservado chamado ORC (complexo de reconhecimento de origem). À medida que a célula avança por G1, cada ORC estimula a formação de um complexo de pré-replicação (pré-RC), que inclui uma helicase. O pré-RC permanece engatilhado até que a atividade de uma proteína quinase de fase S (SPK) caia a um limite crítico, a partir do qual o complexo de iniciação recruta replissomos que estavam em espera, e diga-se que a origem "disparou". As duas forquilhas de replicação são então acionadas ao longo do cromossomo, em direções opostas. Quando a atividade da SPK é alta, ela impede a montagem de qualquer novo pré-RC na origem, evitando assim rodadas múltiplas de iniciação. A SPK é clivada proteoliticamente no

▶ **Figura 20.19**
Fotodimerização de resíduos adjacentes de desoxitimidilato. A luz ultravioleta faz com que as bases se dimerizem, distorcendo assim a estrutura do DNA. Para simplificar, mostramos aqui apenas uma fita simples de DNA.

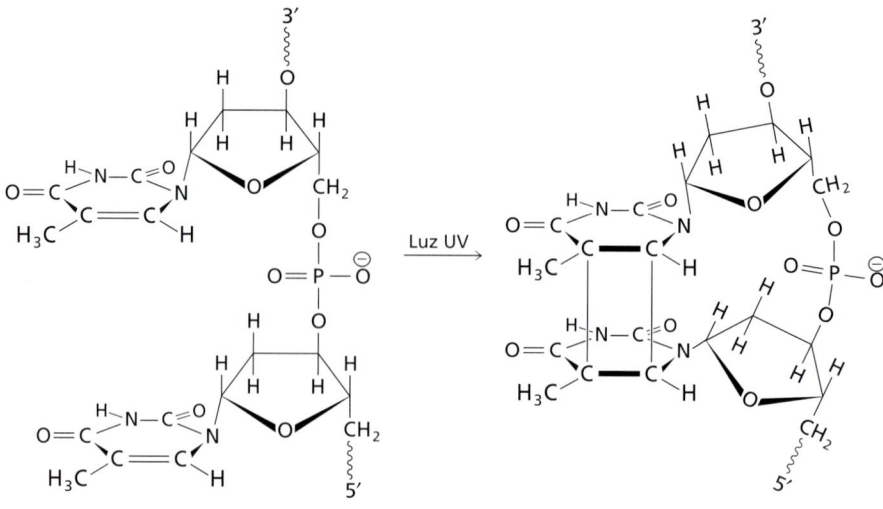

▶ **Figura 20.20**
Reparo de dímeros de timina pela DNA fotoliase.

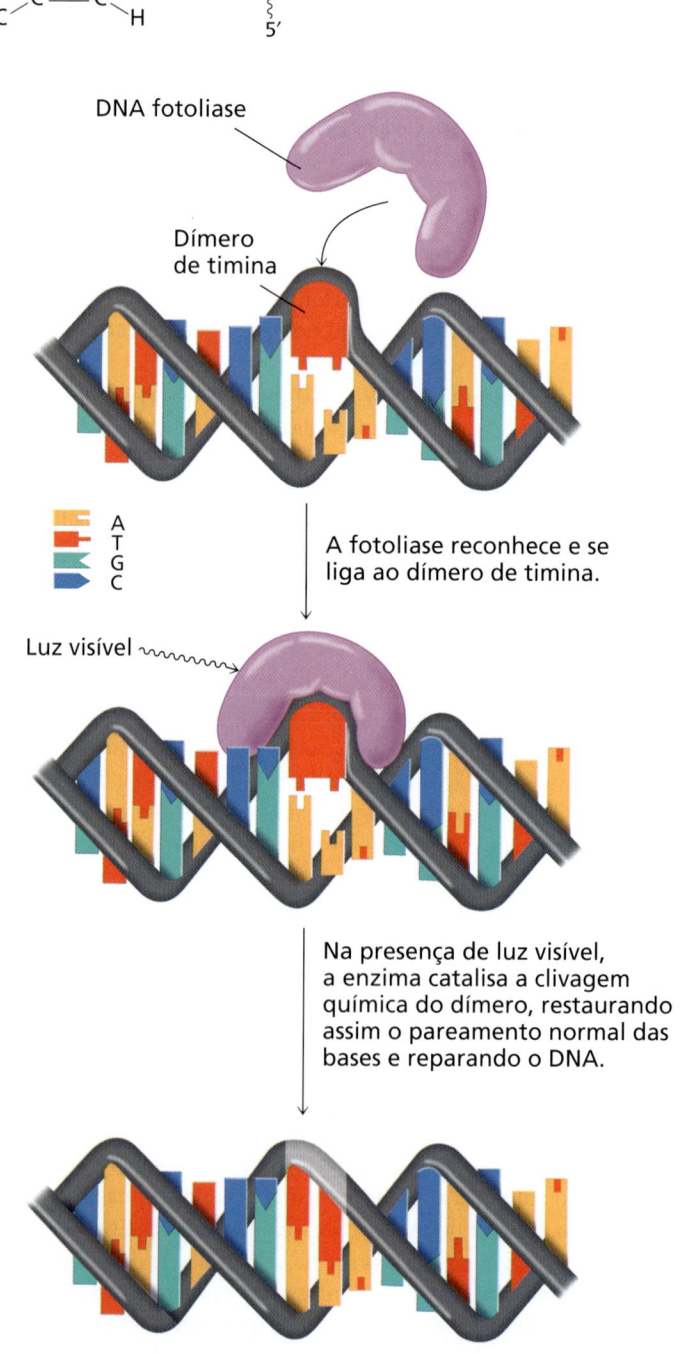

início da fase mitótica, permitindo que proteínas ORC se liguem às origens de cada cromossomo-filho quando a fase M atinge seu final.

As origens de replicação eucariontes não "disparam" simultaneamente no início da fase S. Ao contrário, regiões transcritas, ou ativas, de um genoma celular tendem a ser replicadas mais cedo, durante a fase S, enquanto as origens localizadas em regiões inativas, ou reprimidas, do genoma tendem a ser replicadas mais tarde nessa mesma fase. Ainda não se sabe se essa temporização diferencial da replicação depende realmente da transcrição ou se apenas reflete o fato de que a cromatina "aberta" permite à ORC localizar as origens de replicação.

As diferenças entre a replicação do DNA nos eucariontes e nos procariontes não decorrem apenas do maior tamanho do genoma eucarionte, mas também do empacotamento do DNA eucarionte em cromatina. Acredita-se que a ligação do DNA às histonas e seu empacotamento nos nucleossomos (Seção 19.5) seja em parte responsável pelo movimento mais lento da forquilha de replicação nos eucariontes. A replicação do DNA eucarionte ocorre com a síntese concomitante de histonas; o número de histonas dobra a cada rodada de replicação do DNA. A duplicação das histonas e a replicação do DNA envolvem enzimas diferentes que atuam em partes distintas da célula, embora ambas ocorram mais ou menos na mesma velocidade. Parece que histonas existentes permanecem ligadas ao DNA durante a replicação e que as recém-sintetizadas se ligam ao DNA atrás da forquilha de replicação, logo após a síntese das novas fitas.

20.8 Reparo do DNA danificado

O DNA é a única macromolécula nas células que pode ser reparada, provavelmente porque o custo do DNA mutado ou danificado para o organismo é muito maior do que a energia gasta no seu reparo. O reparo de outras macromoléculas não é vantajoso. Por exemplo, pouco se perde quando uma proteína defeituosa é criada por um erro de tradução, pois ela é simplesmente substituída por uma proteína nova, funcional. Quando o DNA é danificado, no entanto, o organismo todo pode estar em risco se as instruções para a síntese de uma molécula crítica forem alteradas. Nos organismos unicelulares, o dano a um gene que codifica uma proteína essencial pode ser letal. Mesmo nos organismos multicelulares, o acúmulo de defeitos no DNA pode, com o tempo, levar à perda progressiva de funções celulares ou ao crescimento desordenado, como se vê nas células tumorais.

Há vários tipos de danos ao DNA, como modificações nas bases, deleções ou inserções de nucleotídeos, ligação cruzada de fitas do DNA e quebra do esqueleto fosfodiéster. Enquanto alguns desses danos resultam de agentes ambientais (por exemplo, produtos químicos ou radiação), a maior parte do dano ao DNA resulta de erros que ocorrem durante a replicação. Danos severos podem ser letais, mas grande parte dos erros que ocorrem *in vivo* é reparada. Vários nucleotídeos modificados, assim como bases mal emparelhadas que escapam ao mecanismo de revisão da DNA polimerase, são reconhecidos por enzimas específicas de reparo que continuamente examinam o DNA para detectar alterações. Algumas das lesões são consertadas por **reparo direto**, um processo que não necessita de quebra do esqueleto fosfodiéster do DNA. Outros reparos exigem um trabalho mais intenso.

Os mecanismos de reparo do DNA protegem células individuais, bem como gerações subsequentes. Em organismos unicelulares, sejam procariontes ou eucariontes, o dano ao DNA que não pode ser reparado pode se tornar uma mutação, a qual é passada diretamente às células-filhas após a replicação do DNA e a divisão celular. Nos organismos multicelulares, as mutações podem ser passadas para a próxima geração apenas se ocorrerem na linhagem germinativa. Mutações nessa linhagem podem não ter efeitos notáveis sobre o organismo que as têm, mas podem ter resultados profundos sobre a prole, especialmente se os genes mutados forem importantes para o desenvolvimento. Quando as mutações ocorrem em células somáticas, contudo, embora os defeitos não sejam transmissíveis, eles podem às vezes levar ao crescimento incontrolado da célula, ou câncer. Apesar da precisão da replicação do DNA e da eficiência do reparo, o ser humano médio acumula cerca

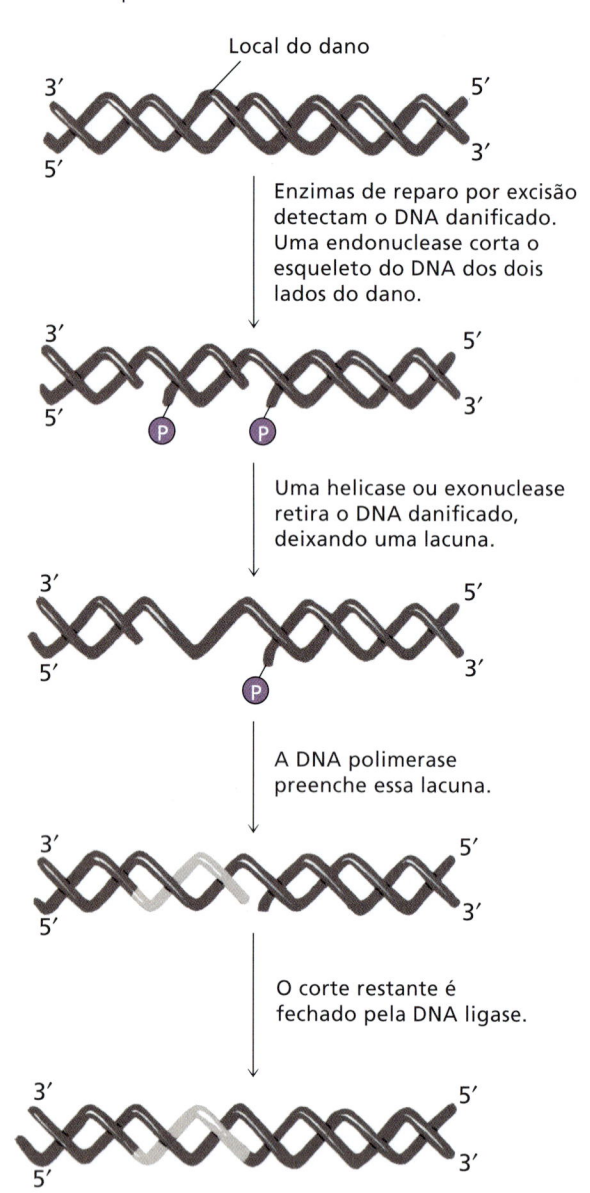

Figura 20.21
Via geral de reparo por excisão.

Local do dano — Enzimas de reparo por excisão detectam o DNA danificado. Uma endonuclease corta o esqueleto do DNA dos dois lados do dano. Uma helicase ou exonuclease retira o DNA danificado, deixando uma lacuna. A DNA polimerase preenche essa lacuna. O corte restante é fechado pela DNA ligase.

de 130 novas mutações a cada geração. A maioria dessas mutações é neutra e leva a uma enorme variação na população humana. É essa variação que torna possível a identificação de indivíduos pelas impressões digitais do DNA.

A. Reparo após fotodimerização: um exemplo de reparo direto

O DNA de dupla-hélice é suscetível de ser danificado pela luz ultravioleta (UV). O dano induzido pela luz UV mais comum é a dimerização de pirimidinas adjacentes em uma fita de DNA. Esse processo é um exemplo de fotodimerização. Os dímeros mais comuns se formam entre timinas adjacentes (Figura 20.19). A replicação do DNA não pode ocorrer na presença de dímeros de pirimidina porque eles distorcem a fita molde. Portanto, a remoção dos dímeros de pirimidina é essencial à sobrevivência.

Vários organismos são capazes de reparar dímeros de timina usando reparo direto (é notável que os seres humanos e todos os mamíferos placentários não tenham esse mecanismo de reparo; veja a seguir). O processo mais simples de reparo começa quando uma enzima conhecida como DNA fotoliase se liga à dupla-hélice distorcida no sítio do dímero de timina (Figura 20.20). Quando o complexo DNA-enzima absorve luz visível, o dímero é desfeito. Em seguida, a fotoliase se dissocia do DNA reparado e pares de bases A/T normais são formados. Esse processo é chamado fotorreativação; ele é um exemplo de reparo direto.

B. Reparo por excisão

Outras formas de radiação ionizante e substâncias químicas naturais podem danificar o DNA. Alguns compostos, incluindo ácidos e agentes oxidantes, podem modificar o DNA por alquilação, metilação ou desaminação. O DNA é suscetível também à perda espontânea de bases heterocíclicas, um processo conhecido como despurinação ou despirimidinação. Vários desses defeitos podem ser reparados por uma via geral de **reparo por excisão**, cujas características gerais são similares em todos os organismos. A via começa quando uma endonuclease reconhece um DNA distorcido, danificado, e quebra a cadeia dos dois lados da lesão, liberando um oligonucleotídeo contendo 12 ou 13 resíduos. Essa quebra é catalisada, em *E. coli*, pela enzima UvrABC. A remoção do oligonucleotídeo do DNA pode exigir uma atividade de helicase que, com frequência, está presente no complexo enzimático de reparo por excisão. O resultado é uma lacuna em uma das fitas. Essa lacuna é então preenchida pela ação da DNA polimerase I nos procariontes ou de DNA polimerases de reparo nos eucariontes. O corte é fechado pela DNA ligase (Figura 20.21).

A endonuclease UvrABC também reconhece dímeros de pirimidina e bases modificadas que distorcem a dupla-hélice (é assim que dímeros de timina são reparados nos seres humanos). Outras enzimas de reparo por excisão reconhecem o DNA danificado pela desaminação hidrolítica de adenina, citosina ou guanina (a timina não é sujeita à desaminação porque não tem grupo amino). As bases desaminadas podem formar pares incorretos, resultando na incorporação de bases incorretas na rodada seguinte de replicação. A desaminação espontânea da citosina é um dos tipos mais comuns de danos ao DNA, pois o produto da desaminação é a uracila, que forma par com a adenina na rodada seguinte da replicação (Figura 20.22).

Enzimas chamadas DNA glicosilases removem as bases desaminadas e algumas outras bases modificadas, catalisando a hidrólise de ligações *N*-glicosídicas que unem as bases modificadas aos açúcares. Vejamos o mecanismo de reparo da citosina

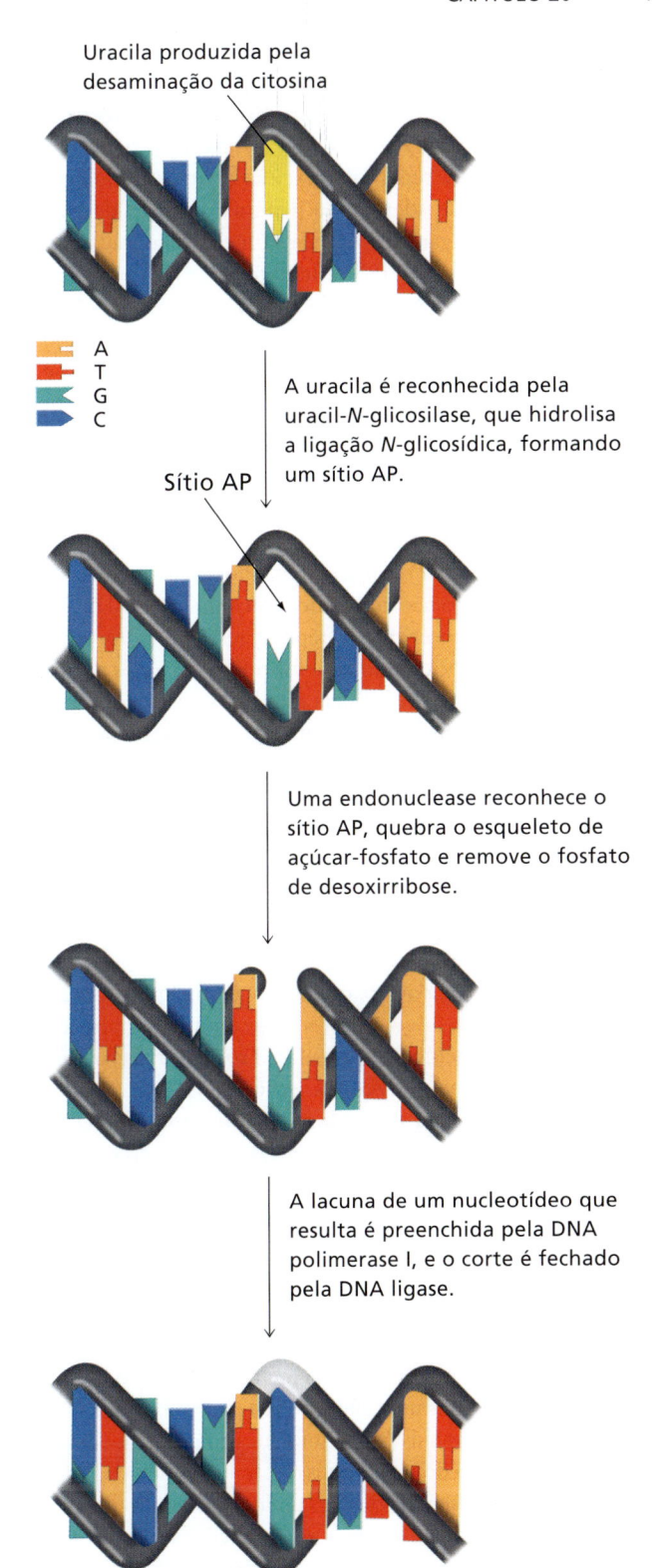

Uracila produzida pela desaminação da citosina

- A
- T
- G
- C

A uracila é reconhecida pela uracil-*N*-glicosilase, que hidrolisa a ligação *N*-glicosídica, formando um sítio AP.

Sítio AP

Uma endonuclease reconhece o sítio AP, quebra o esqueleto de açúcar-fosfato e remove o fosfato de desoxirribose.

A lacuna de um nucleotídeo que resulta é preenchida pela DNA polimerase I, e o corte é fechado pela DNA ligase.

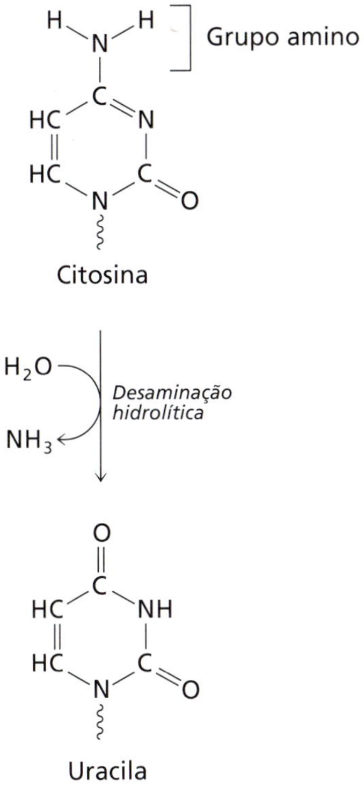

Citosina

▲ Figura 20.22
Desaminação hidrolítica da citosina. A desaminação da citosina produz uracila que forma par com adenina, em vez de fazê-lo com a guanina.

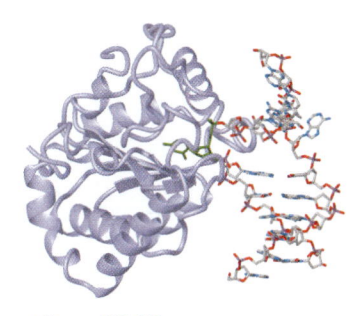

▲ Figura 20.23
Uracil-*N*-glicosilase de mitocôndrias de seres humanos. A enzima se liga ao nucleotídeo que contém uracila (verde), que foi virado para fora da região de bases empilhadas do DNA de fita dupla [PDB 1EMH].

◄ Figura 20.24
Reparo de dano resultante da desaminação da citosina.

desaminada. O reparo começa quando a enzima uracil-*N*-glicosilase remove uma uracila produzida por desaminação. A enzima reconhece e se liga ao par de bases incorreto U/G e vira a uracila para fora da hélice, posicionando a ligação β-*N*-glicosídica no sítio ativo da enzima, onde ela é clivada do resíduo de açúcar (Figura 20.23). Em seguida, uma endonuclease reconhece o local onde falta a base e remove o fosfato de desoxirribose, deixando uma lacuna de um nucleotídeo no DNA de fita dupla. A endonuclease é chamada AP-endonuclease porque reconhece sítios apurínicos e apirimidínicos (sítios AP). Algumas DNA glicosilases específicas são enzimas bifuncionais, tendo as atividades de glicosilase e de AP-endonuclease na mesma cadeia polipeptídica. Com frequência, enzimas de reparo por excisão com atividade de exonuclease aumentam a lacuna produzida pela endonuclease. Nos procariontes, a DNA polimerase I se liga à terminação 3' exposta do DNA e preenche a lacuna. Por fim, a fita é fechada pela DNA ligase. As etapas da via de reparo por excisão estão resumidas na Figura 20.24.

Enquanto a desaminação de adenina ou guanina é rara, a da citosina é relativamente comum e poderia dar lugar a um grande número de mutações, se não fosse pela substituição de uracila por timina no DNA (lembre-se de que a timina é simplesmente a 5-metiluracila). Se uracila fosse encontrada normalmente no DNA, como é no RNA, seria impossível distinguir entre um resíduo correto de uridilato e um que fosse proveniente da desaminação da citosina. No entanto, como uracila não é uma das bases do DNA, esse dano pode ser reconhecido e reparado. Assim, a presença de timina no DNA aumenta a estabilidade da informação genética.

> **QUADRO 20.1 O problema com a metilcitosina**
>
> A 5-metilcitosina é comum no DNA dos eucariontes (Seção 18.7). A desaminação de 5-metilcitosina produz timina, originando um T oposto a um G no DNA danificado. Enzimas de reparo não conseguem reconhecer qual dessas bases é a incorreta, de modo que frequentemente o "reparo" resulta em um par de bases T/A. O mesmo acontecerá se o DNA danificado for replicado antes de ser reparado. As citosinas nos sítios C/G são de preferência metiladas nos genomas dos mamíferos. A perda frequente de citosinas por desaminação da 5-metilcitosina levou a uma sub-representação de sequências CG em relação a TG, AG e GG.

20.9 Recombinação homóloga

Recombinação é qualquer evento que resulte em troca ou transferência de pedaços de DNA de um cromossomo para outro, ou dentro de um cromossomo. A maior parte desses eventos é do tipo **recombinação homóloga** porque ocorre entre pedaços de DNA com sequências intimamente relacionadas. Trocas entre cromossomos pareados durante a meiose são exemplos de recombinação homóloga. A recombinação entre sequências não relacionadas é dita **recombinação não homóloga**. **Transposons** são elementos genéticos móveis, que pulam de cromossomo em cromossomo, beneficiando-se dos mecanismos de recombinação não homóloga. A recombinação entre moléculas de DNA também ocorre quando bacteriófagos se integram aos cromossomos do hospedeiro. Quando a recombinação ocorre em um local específico, ela é chamada de **recombinação sítio-específica**.

A mutação cria novas variações genéticas em uma população; a recombinação é um mecanismo que gera diferentes combinações de mutações em um genoma. A maioria das espécies tem algum mecanismo para troca de informações entre organismos. Normalmente, os procariontes têm apenas uma cópia de seu genoma (isto é, eles são haploides). Logo, essa troca exige uma recombinação. Alguns eucariontes também são haploides, mas a maioria é diploide, ou seja, tem dois conjuntos de cromossomos, cada um oriundo de um dos progenitores. A recombinação genética nos diploides mistura os genes nos cromossomos advindos de cada progenitor, de modo que as gerações seguintes recebem combinações de genes muito diferentes. Nenhum cromossomo de seus filhos, por exemplo, será igual aos seus, assim como nenhum dos seus é igual aos de seus pais. (Embora essa mistura de alelos seja uma consequência importante da recombinação, não é provável que esta seja a razão pela qual os mecanismos de recombinação surgiram. O problema de como o sexo surgiu é um dos mais difíceis na biologia.)

A recombinação ocorre por meio de vários mecanismos diferentes. Muitas das proteínas e enzimas que participam das reações de recombinação também estão envolvidas nas de reparo de DNA, ilustrando a íntima conexão entre esses dois processos. Nesta seção, iremos descrever em resumo o modelo de Holliday para a recombinação geral, um tipo de recombinação que parece ocorrer em diversas espécies.

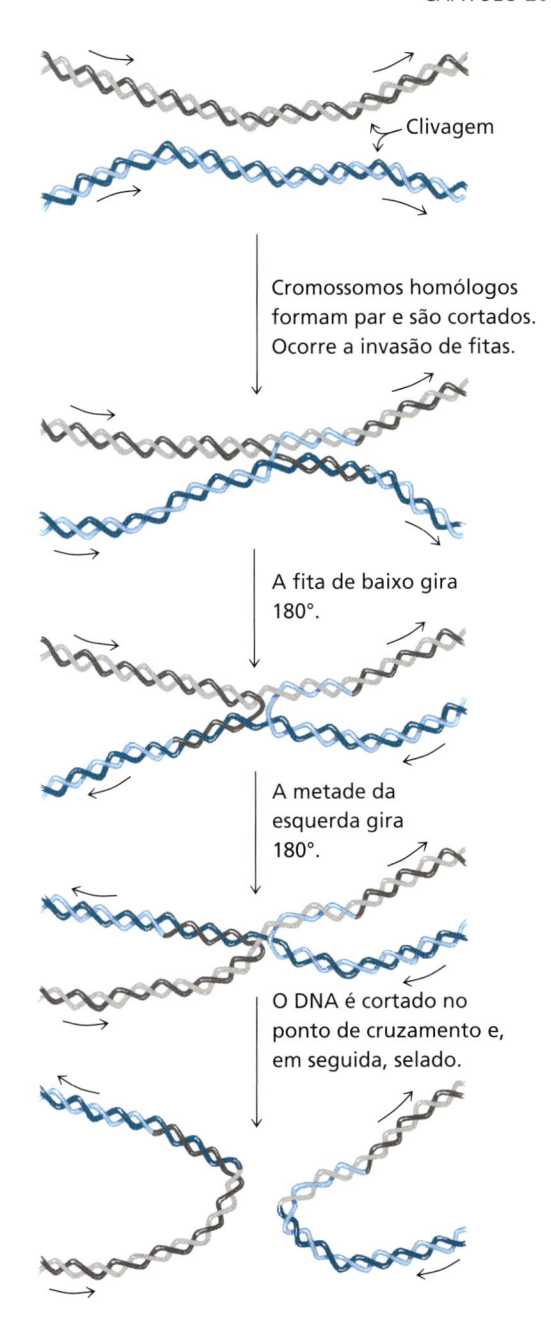

◀ **Figura 20.25**
O modelo de Holliday de recombinação geral. Cortes são feitos em uma região homóloga de cada molécula. A subsequente invasão de fitas, a quebra de DNA no ponto de cruzamento e o fechamento das fitas cortadas resultam na troca de pedaços dos cromossomos.

Clivagem

Cromossomos homólogos formam par e são cortados. Ocorre a invasão de fitas.

A fita de baixo gira 180°.

A metade da esquerda gira 180°.

O DNA é cortado no ponto de cruzamento e, em seguida, selado.

A. O modelo de Holliday de recombinação geral

A recombinação homóloga começa com a introdução de quebras em uma ou nas duas fitas do DNA. A recombinação envolvendo quebras simples no DNA são normalmente chamadas recombinação geral. A que envolve quebras duplas no DNA não será discutida aqui, embora seja um mecanismo importante de recombinação em algumas espécies.

Consideremos a recombinação geral entre dois cromossomos lineares como um exemplo desse processo nos procariontes. A troca de informações entre moléculas começa com o alinhamento de sequências homólogas de DNA. Em seguida, são feitos cortes (quebras de fita simples) nas regiões homólogas e fitas simples são trocadas, em um processo chamado invasão de fitas. A estrutura resultante tem uma região de cruzamento (*crossover*) de fitas e é conhecida como junção de Holliday, em homenagem a Robin Holliday, que a propôs pela primeira vez em 1964 (Figura 20.25).

Os cromossomos podem ser separados nesse estágio pela quebra das duas fitas invadidas no ponto de cruzamento. É importante perceber que as terminações das moléculas homólogas de DNA podem girar, formando conformações diferentes da junção

▲ *Daphnia* assexuada.

▲ Macho de *Drosophila melanogaster* (não faz recombinação meiótica).

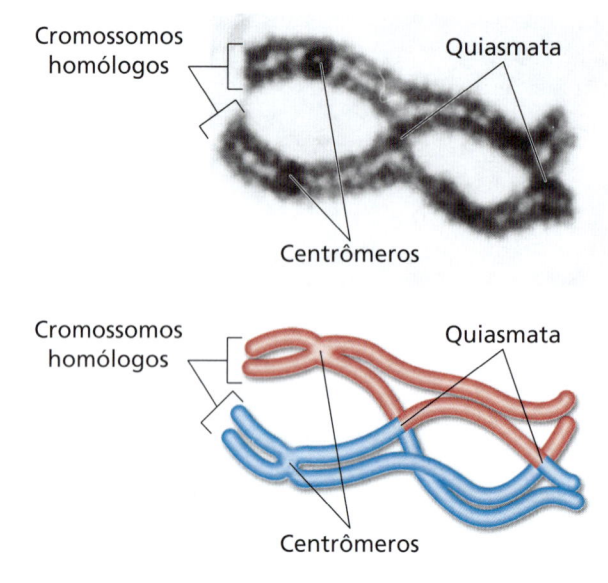

▶ **Quiasmas meióticos.**
Fonte: © 2008 Sinauer Associates Sadava, D. et al. Life: The Science of Biology, 8ª ed. Sunderland, MA: Sinauer Associates e W. H. Freeman & Company, 198.

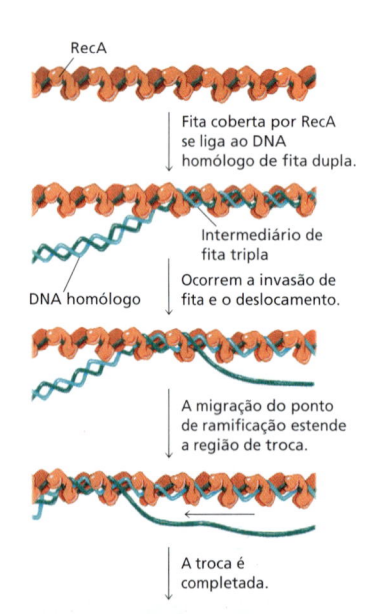

▲ **Figura 20.26**
Troca de fitas catalisada pela RecA.

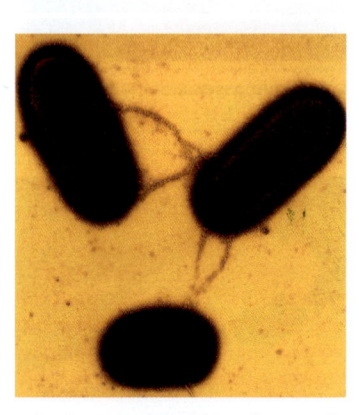

▲ **Conjugação bacteriana (ou sexo).**

de Holliday. A rotação seguida de clivagem produz dois cromossomos que têm suas terminações trocadas, como mostra a Figura 20.25. A recombinação ocorre em vários organismos diferentes por um mecanismo provavelmente semelhante ao mostrado na Figura 20.25.

B. Recombinação em *E. coli*

Uma das primeiras etapas na recombinação é a geração de DNA de fita simples com uma extremidade 3' livre. Na *E. coli*, essa etapa é realizada pela endonuclease RecBCD, uma enzima com subunidades codificadas por três genes (*rec*B, *rec*C e *rec*D), cujos produtos já se sabe há muito tempo que participam da recombinação. A RecBCD se liga ao DNA e quebra uma das fitas. Em seguida, ela desenovela o DNA em um processo que é acoplado à hidrólise do ATP, gerando um DNA de fita simples com uma terminação 3'.

A troca de fitas durante a recombinação começa quando o DNA de fita simples invade a dupla-hélice de uma molécula vizinha de DNA. A troca de fitas não é um evento termodinamicamente favorável; a invasão precisa ser assistida por proteínas que promovem a recombinação e o reparo. A RecA é a típica proteína de troca de fitas. Ela é essencial para a recombinação homóloga e para algumas formas de reparo. A proteína funciona como um monômero que se liga cooperativamente ao DNA de fita simples, como as caudas de fita simples produzidas pela ação da RecBCD. Cada monômero de RecA cobre cerca de cinco resíduos de nucleotídeos, e cada monômero sucessivo se liga ao lado oposto da fita de DNA.

Uma das funções-chave da RecA na recombinação é o reconhecimento de regiões com similaridade de sequência. Essa enzima promove a formação de um intermediário de fita tripla entre a fita simples coberta pela RecA e uma região de alta similaridade no DNA de fita dupla. A RecA catalisa, em seguida, a troca de fitas na qual a fita simples desloca sua correspondente da dupla-hélice.

A troca de fitas ocorre em duas etapas: invasão de fita, seguida de migração do ponto de ramificação (Figura 20.26). Tanto o DNA de fita simples como o de fita dupla assumem a conformação estendida durante a reação de troca. As fitas precisam rodar uma em torno da outra, em um processo presumivelmente auxiliado pelas topoisomerases. A troca de fitas é um processo lento, apesar de não haver quebra de ligações covalentes (um processo lento em bioquímica é aquele que dura vários minutos).

A RecA também pode promover a invasão de fitas entre duas moléculas alinhadas de DNA de fita dupla. As duas moléculas precisam ter caudas de fita simples ligadas à RecA. As caudas se anelam em torno das fitas complementares correspondentes na molécula homóloga. Essa troca origina uma junção de Holliday, como a mostrada na Figura 20.25. A subsequente migração da ramificação pode estender a região de troca das fitas. Essa migração pode continuar, mesmo depois que a RecA se dissocia do intermediário da recombinação.

A migração da ramificação na versão de fita dupla de uma junção de Holliday é impulsionada por uma incrível máquina proteica encontrada em todas as espécies. A versão bacteriana é composta de subunidades RuvA e RuvB. Essas proteínas se ligam à junção e promovem a migração da ramificação, como mostrado no diagrama esquemático da Figura 20.27. As duas moléculas de DNA são separadas quando a RuvC se liga à junção de Holliday e quebra as fitas cruzadas.

RuvA e RuvB formam um complexo que consiste de quatro subunidades de RuvA ligadas à junção de Holliday e dois anéis hexaméricos de subunidades de RuvB, que circundam duas das fitas do DNA (Figura 20.28). O componente RuvB é semelhante às braçadeiras móveis discutidas na seção sobre replicação do DNA (Seção 20.2B) e impulsiona a migração da ramificação puxando as fitas por meio do complexo RuvA/junção de Holliday em uma reação acoplada à hidrólise do ATP (Figura 20.29). A velocidade de migração da ramificação mediada pela RuvAB é de cerca de 100.000 bp por segundo, significativamente mais rápida do que a invasão de fita.

A RuvC catalisa a quebra de fitas cruzadas para resolver as junções de Holliday. Dois tipos de moléculas recombinantes são produzidas por essa clivagem: aquelas nas quais apenas fitas simples são trocadas e aquelas nas quais as terminações do cromossomo foram trocadas (Figura 20.25).

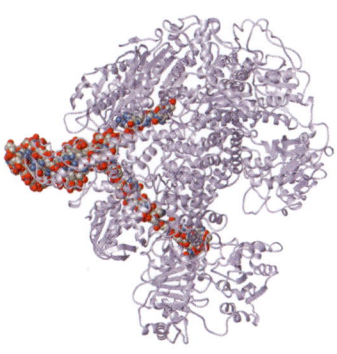

▲ **RecBCD ligada ao DNA, mostrando a separação das fitas** [PDB 3K70].

C. A recombinação pode ser uma forma de reparo

Como a seleção natural trabalha predominantemente no nível dos organismos individuais, é difícil ver por que a recombinação teria surgido, a menos que ela afetasse a sobrevivência do indivíduo. Provavelmente as enzimas de recombinação surgiram porque desempenham uma função do reparo do DNA, o que confere uma vantagem seletiva. Por exemplo, lesões graves no DNA são puladas durante a replicação, deixando uma fita filha com uma região de fita simples. A troca de fitas entre cromossomos-filhos homólogos, mediada pela RecA, permite que a fita intacta de uma molécula-filha aja como molde para o reparo de uma fita quebrada da outra molécula-filha.

A recombinação também cria novas combinações de genes em um cromossomo, que podem ser um bônus para a população e suas chances evolutivas de sobrevivência. Mais de 100 genes de *E. coli* são necessários para recombinação e reparo; nos eucariontes há cerca do dobro desse número.

A maioria, se não o total de genes usados na recombinação, também tem alguma função no reparo. Mutações em diversos genes dos seres humanos dão origem a defeitos genéticos raros, que resultam de deficiências no reparo e/ou na recombinação do DNA. Por exemplo, xeroderma pigmentoso é uma doença hereditária associada à extrema sensibilidade à luz ultravioleta e à maior frequência de câncer de pele. O reparo

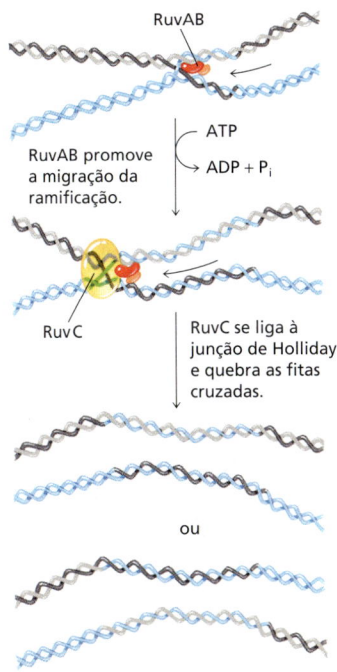

▲ **Figura 20.27**
Ação das proteínas Ruv nas junções de Holliday. A RuvAB promove a migração de ramificação em uma reação acoplada à hidrólise do ATP. RuvC cliva junções de Holliday. Dois tipos de moléculas recombinantes podem ser gerados nessa reação.

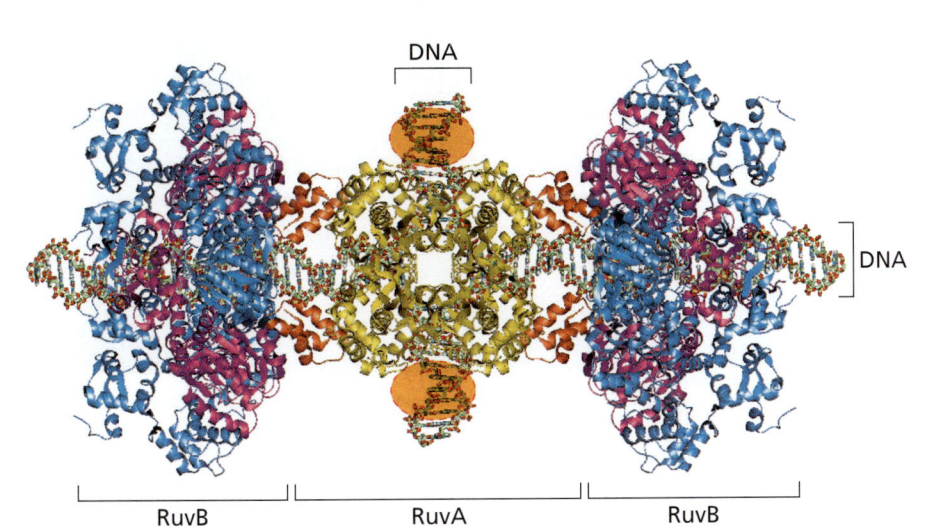

◄ **Figura 20.28**
Modelo de RuvA e RuvB ligadas a uma junção de Holliday.

por excisão é deficiente nos portadores dessa doença, mas o fenótipo pode ser devido a mutações em pelo menos oito genes diferentes. Um desses genes codifica uma DNA glicosilase com atividade de AP-endonuclease. Outros genes afetados incluem alguns que codificam helicases necessárias tanto para reparo como para recombinação.

Vários outros defeitos genéticos relacionados a deficiências nos processos de reparo e recombinação ainda não estão bem caracterizados. Alguns deles são responsáveis pela maior incidência de câncer nos pacientes afetados.

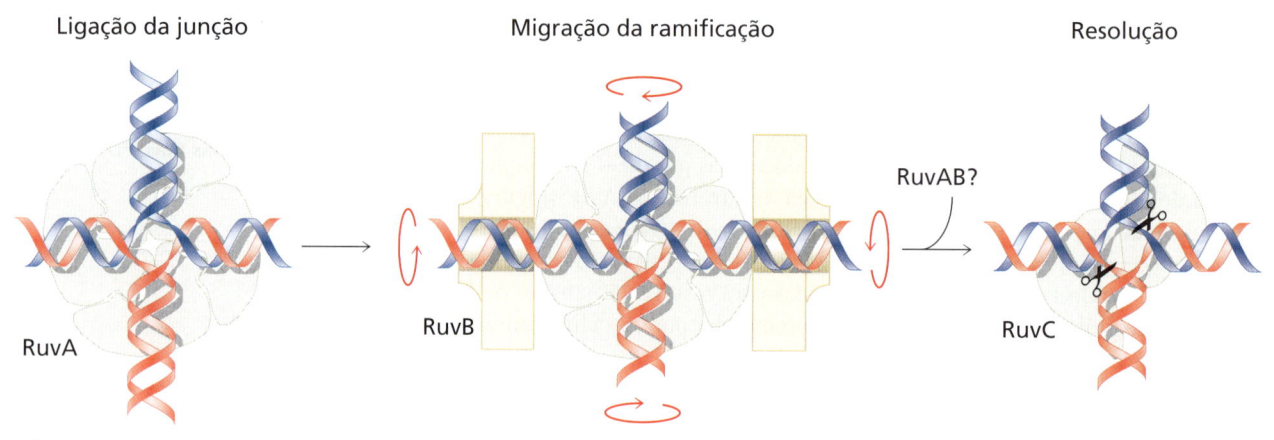

▲ **Figura 20.29**
Migração da ramificação e resolução. [Adaptado de Rafferty JB et al. Crystal structure of DNA recombination protein RuvA and a model for its binding to the Holliday junction. Science, 1996; 274:415-421].

QUADRO 20.2 Elos moleculares entre o reparo de DNA e o câncer de mama

Cerca de 180.000 mulheres são diagnosticadas com câncer de mama todos os anos nos EUA (no Brasil, segundo dados de 2012 do Instituto Nacional do Câncer (INCA), são cerca de 53.000 novos casos por ano[1]). Aproximadamente 1/5 desses novos casos tem um componente familiar ou genético e 1/3 deles, ou seja, 12.000, se deve a mutações em um dos dois genes chamados *BRCA1* e *BRCA2*, que codificam proteínas de mesmos nomes.

Essas duas proteínas são necessárias ao reparo por recombinação das quebras de fita dupla (DSB). A BRCA2 forma um complexo com o homólogo eucarionte da RecA, RAD51. Ela também se liga especificamente à BRCA1 formando um heterotrímero. Após exposição à radiação ionizante, essas três proteínas de reparo de DNA são encontradas em sítios discretos, ou focos, dentro do núcleo interfásico (veja a figura). Esses focos são os locais onde as proteínas reparam as quebras da fita dupla. As proteínas BRCA são tão vitais que as células se tornam suscetíveis a dano se apenas uma cópia do gene for danificada. Quando uma ou ambas as cópias do gene *BRCA1* ou do *BRCA2* estão defeituosas, a capacidade de reparo de DSB fica comprometida, levando a uma maior frequência de mutações. Algumas dessas novas mutações podem permitir que a célula escape dos rigorosos limites impostos pelo ciclo celular eucarionte, levando eventualmente ao câncer. As proteínas BRCA funcionam como sentinelas, monitorando de modo contínuo o genoma para identificar e corrigir lesões potencialmente mutagênicas. Na realidade, algumas pessoas com uma rara doença autossômica recessiva, chamada anemia de Fanconi (AF), têm uma sensibilidade aumentada para diversos compostos mutagênicos e uma predisposição a vários tipos de câncer. Já foi demonstrado que os portadores de AF são afetados em um de sete genes que, presumivelmente, são importantes para o reparo do DNA. Um desses genes é o *BRCA2*, ressaltando seu papel essencial no processo de reparo.

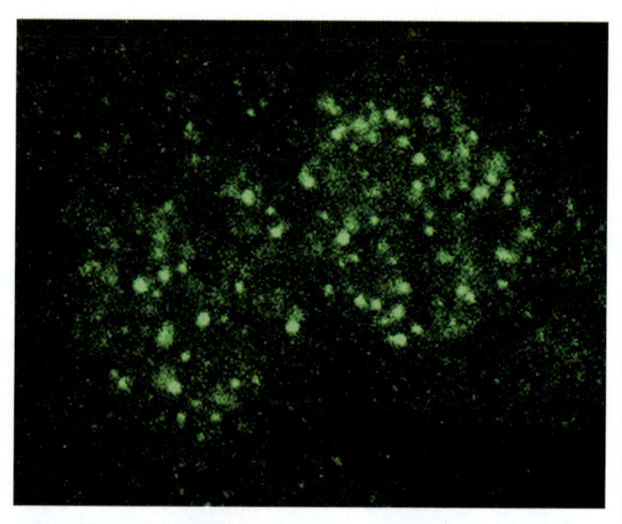

▲ **A radiação ionizante induz focos nucleares da proteína de reparo do DNA BRCA1.** Os raios γ, de alta energia, induzem quebras de fita dupla no DNA e desencadeiam o seu reparo. Esse núcleo de uma célula em cultura foi exposto à radiação infravermelha e, em seguida, tratado com anticorpos que reconhecem o BRCA1 (corado de verde).

---

[1] Estimativa 2012 - Incidência de Câncer no Brasil. Instituto Nacional de Câncer José Alencar Gomes da Silva (INCA). Disponível em: <www.inca.gov.br>. Acesso em: fev. 2013.

Resumo

1. A replicação do DNA é semiconservativa; cada fita de DNA serve como molde para a síntese de outra, complementar. Os produtos da replicação são duas moléculas-filhas, de fita dupla, consistindo em uma fita parental e uma fita recém-sintetizada. A replicação do DNA é bidirecional, ocorrendo em ambas as direções, a partir da origem da replicação.

2. As DNA polimerases adicionam nucleotídeos a uma cadeia crescente de DNA pela catálise de reações de transferência de grupos nucleotidil. A síntese do DNA ocorre na direção $5' \rightarrow 3'$. Os erros na síntese de DNA são removidos pela atividade de exonuclease $3' \rightarrow 5'$ da polimerase. Algumas DNA polimerases têm uma atividade adicional de exonuclease $5' \rightarrow 3'$.

3. A fita líder de DNA é sintetizada continuamente, mas a síntese da fita atrasada é descontínua, produzindo fragmentos de Okazaki. A síntese da fita líder e de cada fragmento de Okazaki começa com um iniciador de RNA. Na *E. coli*, o iniciador é removido e substituído por DNA pela ação da DNA polimerase I. A ação da DNA ligase une os fragmentos isolados da fita atrasada.

4. O replissomo é um complexo de proteínas montado na forquilha de replicação. O replissomo contém duas moléculas de DNA polimerase e proteínas adicionais, como helicase e primase.

5. A montagem do replissomo garante a síntese simultânea das duas fitas do DNA. Na *E. coli*, a helicase desenovela o DNA parental e a SSB se liga às fitas simples. O molde da fita atrasada faz uma alça através do replissomo, de modo que a síntese das duas fitas ocorre na mesma direção do movimento da forquilha de replicação. Por ser parte do replissomo, a DNA polimerase é altamente processiva.

6. A iniciação da replicação do DNA ocorre em sequências específicas dele (por exemplo, *oriC* na *E. coli*) e depende da presença de proteínas adicionais. Nas bactérias, a terminação da replicação do DNA também ocorre em sítios específicos e requer proteínas adicionais.

7. Diversas tecnologias novas, como PCR e sequenciamento de DNA, são baseadas na compreensão da replicação do DNA.

8. A replicação do DNA nos eucariontes é semelhante à que ocorre nos procariontes, exceto pelo fato de que os cromossomos dos eucariontes têm múltiplas origens de replicação e seus fragmentos de Okazaki são menores. O movimento mais lento da forquilha de replicação nos eucariontes deve-se à presença dos nucleossomos.

9. O dano ao DNA provocado por radiação ou por agentes químicos pode ser reparado por mecanismos de reparo direto ou por uma via geral de reparo por excisão. Os mecanismos de reparo por excisão também removem nucleotídeos incorporados erroneamente. Enzimas específicas reconhecem os nucleotídeos danificados ou erroneamente incorporados.

10. A recombinação pode ocorrer quando uma fita simples de DNA troca com uma homóloga no DNA de fita dupla, produzindo uma junção de Holliday. Em *E. coli*, a invasão de fitas é promovida pela RecA. Migração de ramificações e resolução das junções de Holliday em *E. coli* são catalisadas pela RuvABC.

11. Reparo e recombinação são processos similares e usam muitas enzimas em comum. Defeitos nos genes humanos que são necessários ao reparo e à recombinação provocam sensibilidade à luz ultravioleta e aumentam o risco de câncer.

Problemas

1. O cromossomo de uma dada bactéria é uma molécula de DNA circular, de fita dupla, com $5,2 \times 10^6$ pares de bases. Ele tem uma origem de replicação e a velocidade de movimento da sua forquilha de replicação é de 1.000 nucleotídeos por segundo.

    (a) Calcule o tempo necessário para replicar esse cromossomo.

    (b) Explique como o tempo de geração bacteriano pode ser menor do que 25 minutos em condições extremamente favoráveis.

2. No DNA de muitos vírus, os genes virais podem ser divididos em dois grupos que não se sobrepõem: genes precoces, cujos produtos podem ser detectados antes da replicação do genoma viral, e genes tardios, cujos produtos se acumulam na célula infectada após a replicação do genoma viral. Alguns vírus, como os bacteriófagos T4 e T7, codificam suas próprias enzimas DNA polimerases. Você esperaria que o gene da DNA polimerase de T4 estivesse na classe dos precoces ou dos tardios? Por quê?

3. (a) Por que, em geral, a adição de SSB às reações de sequenciamento aumenta o rendimento de DNA?

    (b) Qual a vantagem de executar as reações de sequenciamento a 65 °C usando uma DNA polimerase isolada de bactéria que cresce em temperaturas elevadas?

4. Como o uso de um iniciador de RNA em lugar de um de DNA afeta a fidelidade da replicação do DNA em *E. coli*?

5. As duas fitas do DNA são sintetizadas na direção $5' \rightarrow 3'$.

    (a) Desenhe um mecanismo hipotético para a reação de síntese do DNA na direção $3' \rightarrow 5'$, usando um 5'-dNTP e uma cadeia crescente com um grupo 5'-trifosfato.

    (b) Como a síntese de DNA seria afetada se a enzima hipotética tivesse atividade de revisão?

6. Ciprofloxacina é um agente antimicrobiano usado no tratamento de uma grande variedade de infecções por bactérias. Um dos alvos da ciprofloxacina em *E. coli* é a topoisomerase II. Explique por que a inibição dessa enzima é um alvo eficaz para tratar infecções por *E. coli*.

7. O genoma completo da mosca-das-frutas (*D. melanogaster*) contém $1,65 \times 10^8$ bp. Se a replicação em uma só forquilha ocorrer a uma velocidade de 30 bp por segundo, calcule o tempo mínimo necessário para a replicação do genoma inteiro se esse processo fosse iniciado:

(a) em uma única origem bidirecional

(b) em 2.000 origens bidirecionais

(c) No início do estágio embrionário, a replicação pode necessitar de apenas uns 5 minutos. Qual o número mínimo de origens necessário para obter esse tempo de replicação?

8. Etilmetanossulfonato (EMS) é um agente alquilante reativo que etila o resíduo O-6 da guanina no DNA. Se essa G modificada não for cortada e substituída por uma normal, qual seria o produto de uma rodada da replicação desse DNA?

9. Por que as células expostas à luz visível, após irradiação com ultravioleta, apresentam maior taxa de sobrevivência do que aquelas mantidas no escuro após a irradiação?

10. A *E. coli* usa diversos mecanismos para evitar a incorporação da base uracila em seu DNA. Primeiro, a enzima dUTPase, codificada pelo gene *dut*, degrada a dUTP. Segundo, a enzima uracil-*N*-glicosilase, codificada pelo gene *ung*, remove as uracilas que tenham sido incorporadas no DNA. Os sítios apirimidínicos resultantes precisam ser reparados.

(a) Se examinarmos o DNA de uma cepa que tenha uma mutação no gene *dut*, o que iremos encontrar?

(b) E se examinarmos o DNA de uma cepa em que tanto o *dut* como o *ung* tenham sofrido mutação?

11. Explique por que a uracil-*N*-glicosilase não consegue reparar o dano quando 5-metilcitosina é desaminada formando timina.

12. Por que se observam altas taxas de mutação nas regiões do DNA que contêm metilcitosina?

13. Explique por que a taxa de erro total para replicação do DNA em *E. coli* é de aproximadamente 10^{-9}, embora a taxa de incorporação errônea pelo replissomo seja de cerca de 10^{-5}.

14. O reparo de DNA em *E. coli* será dependente do cofator enzimático $NAD^{\oplus}$?

15. Descreva dois métodos que possam ser usados para reparar dímeros de pirimidina em *E. coli*.

16. O dano a uma só fita do DNA é rapidamente reparado por meio de mecanismos diversos, enquanto o dano às bases nas duas fitas é mais difícil de ser reparado pela célula. Explique.

17. Por que a recombinação homóloga só acontece entre DNAs com sequências idênticas ou quase idênticas?

18. Por que são necessárias duas DNA polimerases diferentes para replicar o cromossomo de *E. coli*?

Leituras selecionadas

Geral

Adams RLP, Knowler JT e Leader DP. The Biochemistry of the Nucleic Acids. 11ª ed. Nova York: Chapman and Hall. 1992.

Aladjem MI. Replication in context: dynamic regulation of DNA replication patterns in metazoans. Nat. Rev. Genet. 2007; 8:588-600.

Bentley DR, et al. Accurate whole human genome sequencing using reversible terminator chemistry. Nature. 2008; 456: 53-59.

Kornberg A and Baker T. DNA Replication, 2ª ed. Nova York: W. H. Freeman. 1992.

Replicação do DNA

Beese LS, Derbyshire V e Steitz TA. Structure of DNA polymerase I Klenow fragment bound to duplex DNA. Science. 1993; 260: 352-355.

Bell SP. The origin recognition complex: from simple origins to complex functions. Genes & Devel. 2002; 16:659-672.

Davey MJ, Jeruzalmi D, Kuriyan J e O'Donnell M. Motors and switches: AAA + machines within the replisome. Nat. Rev. Mol. Cell Biol. 2002; 3:1-10.

Gilbert DM. Making sense of eukaryotic DNA replication origins. Science. 2001; 294:96-100.

Keck JL e Berger JM. Primus inter pares (First among equals). Nat. Struct. Biol. 2001; 8:2-4.

Kong X-P, Onrust R, O'Donnell M e Kuriyan J. Three-dimensional structure of the β subunit of E. coli DNA polymerase III holoenzyme: a sliding DNA clamp. Cell. 1992; 69:425-437.

Kunkel TA e Bebenek K. DNA replication fidelity. Annu. Rev. Biochem. 2000; 69:497-529.

Marians KJ. Prokaryotic DNA replication. Annu. Rev. Biochem. 1992; 61:673-719.

McHenry CS. DNA polymerase III holoenzyme. J. Biol. Chem. 1991; 266:19.127-19.130.

Meselson M e Stahl FW. The replication of DNA in Escherichia coli. Proc. Natl. Acad. Sci. USA. 1958; 44:671-682.

Radman M. DNA replication: one strand may be more equal. Proc. Natl. Acad. Sci. USA. 1998; 95:9.718-9.719.

Waga S e Stillman B. The DNA replication fork in eukaryotic cells. Annu. Rev. Biochem. 1998; 67:721-751.

Wake RG e King GF. A tale of two terminators: crystal structures sharpen the debate on DNA replication fork arrest mechanisms. Structure. 1997; 5:1-5.

Wyman C e Botchan MA familiar ring to DNA polymerase processivity. Curr. Biol. 1995; 5:334-337.

Reparo de DNA

Echols H e Goodman MF. Fidelity mechanisms in DNA replication. Annu. Rev. Biochem. 1991; 60:477-511.

Hanawalt PC e Spivak G. Transcription-coupled DNA repair: two decades of progress and surprises. Nat. Rev. Mol. Cell. Biol. 2008; 9:958-970.

Kogoma T. Stable DNA replication: interplay between DNA replication, homologous recombination, and transcription. Microbiol. Mol. Biol. Rev. 1997; 61:212-238.

McCullough AK, Dodson ML e Lloyd RS. Initiation of base excision repair: glycosylase mechanisms and structures. Annu. Rev. Biochem. 1999; 68:255-285.

Mol CD, Parikh SS, Putnam CD, Lo TP e Taylor JA. DNA repair mechanisms for the recognition and removal of damaged DNA bases. Annu. Rev. Biophys. Biomol. Struct. 1999; 28:101-128.

Tainer JA, Thayer MM e Cunningham RP. DNA repair proteins. Curr. Opin. Struct. Biol. 1995; 5:20-26.

Yang W. Structure and function of mismatch repair proteins. Mutat. Res. 2000; 460:245-256.

Recombinação

Ortiz-Lombardia M, González A, Ertja R, Aymami J, Azorin F e Coll M. Crystal structure of a Holliday junction. Nat. Struct. Biol. 1999; 6:913-917.

Rafferty JB, Sedelnikove SE, Hargreaves D, Artmiuk PJ, Baker PJ, Sharples GJ, Mahdi AA, Lloyd RG e Rice DW. Crystal structure of DNA recombination protein RuvA and a model for its binding to the Holliday junction. Science. 1996; 274:415-421.

Rao BJ, Chiu SK, Bazemore LR, Reddy G e Radding CM. How specific is the first recognition step of homologous recombination? Trends Biochem. Sci. 1995; 20:109-113.

West SC. The RuvABC proteins and Holliday junction processing in Escherichia coli. J. Bacteriol. 1996; 178:1.237-1.241.

West SC. Processing of recombination intermediates by the RuvABC proteins. Annu. Rev. Genet. 1997; 31:213-244.

West SC. Molecular views of recombination proteins and their control. Nat. Rev. Mol. Cell Biol. 2003; 4:1-11.

White MF, Giraud-Panis M-J E, Pöhler JRG e Lilley DM. J. Recognition and manipulation of branched DNA structure by junction-resolving enzymes. J. Mol. Biol. 1997; 269:647-664.

Wuethrich B. Why sex? Science. 1998; 281:1.980-1.982.

CAPÍTULO 21

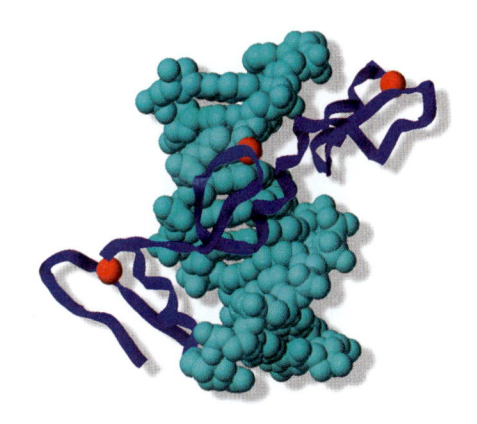

Transcrição e Processamento do RNA

Como vimos, a estrutura do DNA proposta por Watson e Crick em 1953 sugeriu, de imediato, um meio de replicação do DNA capaz de transferir a informação genética de uma geração para a seguinte, mas não revelou como um organismo utiliza a informação guardada em seu material genético.

Com base em estudos com o bolor do pão, *Neurospora crassa*, George Beadle e Edward Tatum propuseram que cada unidade de hereditariedade, ou gene, dirigiria a produção de uma só enzima. Uma demonstração completa da relação entre genes e proteínas surgiu em 1956, quando Vernon Ingram demonstrou que a hemoglobina de pacientes com a doença hereditária anemia falciforme diferia da normal pela substituição de um único aminoácido. Os resultados obtidos por Ingram indicaram que alterações genéticas podem se manifestar como mudanças na sequência de aminoácidos de uma proteína. Por extensão, a informação contida no genoma tem que especificar a estrutura primária de cada proteína de um organismo.

Nós definimos o **gene** como uma sequência de DNA que é transcrita. Essa definição inclui genes que não codificam proteínas (nem todos os transcritos são RNAs mensageiros). A definição normalmente exclui regiões do genoma que controlam a transcrição mas não são transcritas. Encontraremos algumas exceções à nossa definição de gene, o que pode parecer surpreendente, mas não há definição que seja inteiramente satisfatória.

Muitos genomas de procariontes contêm milhares de genes, embora algumas bactérias simples tenham apenas de 500 a 600 genes. A maioria desses são genes de manutenção ou "housekeeping" que codificam proteínas ou moléculas de RNA essenciais às atividades normais de todas as células vivas. Por exemplo, as enzimas envolvidas nos processos metabólicos básicos de glicólise e sínteses de aminoácidos e DNA são codificadas por esses genes "housekeeping", assim como os RNAs de transferência e os RNAs ribossômicos. O número desses genes nos eucariontes unicelulares, como leveduras e algumas algas, é semelhante ao encontrado em procariontes complexos.

Além dos genes "housekeeping", todas as células contêm genes que são expressos apenas em circunstâncias especiais, como durante a divisão celular. Organismos

> *Essa fração (que chamaremos de "RNA mensageiro" ou mRNA) constitui apenas cerca de 3% do RNA total... A propriedade de ser um intermediário instável, atribuída a esse mensageiro estrutural, é uma das mais específicas e inovadoras implicações desse esquema... Isso leva a um novo conceito para o mecanismo de transferência da informação, em que os centros de síntese proteica (ribossomos) atuam como constituintes inespecíficos, capazes de sintetizar diferentes proteínas, segundo instruções específicas recebidas dos genes através do mRNA.*
> — François Jacob e Jacques Monod (1961).

Topo: Parte do fator de transcrição Zif268 (azul-escuro) de camundongo ligado ao DNA (azul-esverdeado). As cadeias laterais dos três domínios que contêm zinco interagem com pares de bases do DNA.

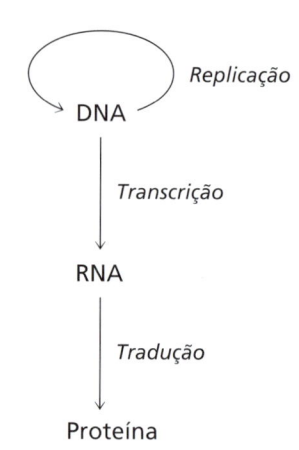

Figura 21.1
Fluxo da informação biológica. O fluxo normal da informação biológica vai do DNA para o RNA, e deste para a proteína.

CONCEITO-CHAVE
Antes que uma célula possa acessar a informação genética contida em seu DNA, este precisa ser transcrito em RNA.

François Jacob (1920-). Jacob e Monod receberam o Nobel de Fisiologia ou Medicina em 1965 por seu trabalho sobre o controle genético da síntese das enzimas.

multicelulares também têm genes que são expressos apenas em alguns tipos de células. Por exemplo, todas as células de uma árvore têm os genes das enzimas que sintetizam a clorofila, mas eles são expressos apenas naquelas células expostas à luz, como as das superfícies das folhas. Da mesma forma, todas as células dos mamíferos têm genes da insulina, mas apenas algumas células pancreáticas produzem esse hormônio. O número total de genes nos eucariontes multicelulares varia de apenas 15.000 na *Drosophila melanogaster* até mais de 50.000 em alguns outros animais.

Neste capítulo e no próximo, veremos como a informação contida no DNA direciona a síntese das proteínas. Um esquema geral desse fluxo da informação está resumido na Figura 21.1. Neste capítulo, vamos descrever a transcrição (o processo pelo qual a informação contida no DNA é copiada para o RNA, tornando-a disponível para a síntese proteica ou para outras funções celulares) e o processamento do RNA (a modificação pós-transcricional das moléculas do RNA). Também vamos ver rapidamente como a expressão gênica é controlada por fatores que afetam a iniciação da transcrição. No Capítulo 22, vamos estudar a tradução (o processo pelo qual a informação codificada nas moléculas do mRNA direciona a síntese de cada proteína).

Uma característica da via completa esquematizada na Figura 21.1 é que ela é irreversível. Em particular, a informação contida na sequência de aminoácidos de uma proteína não pode ser traduzida de volta ao ácido nucleico. Essa irreversibilidade do fluxo da informação é conhecida como o "dogma central" da biologia molecular e foi prevista por Francis Crick em 1958, muitos anos antes dos mecanismos de transcrição e tradução serem descobertos (veja a Seção 1.1). A versão original do dogma central não rejeita a possibilidade de o fluxo da informação ir do RNA para o DNA. Mais tarde, esse caminho foi, de fato, descoberto em células infectadas por retrovírus e é conhecido como transcrição reversa.

21.1 Tipos de RNA

Diversas classes de moléculas de RNA foram descobertas. O *RNA de transferência* (tRNA) leva aminoácidos para a máquina de tradução. O *RNA ribossômico* (rRNA) constitui grande parte do ribossomo. Uma terceira classe de RNA é o *RNA mensageiro* (mRNA), cuja descoberta foi devida em grande parte ao trabalho de François Jacob e Jacques Monod e seus colaboradores no Instituto Pasteur, em Paris. No início dos anos 1960, esses pesquisadores demonstraram que os ribossomos participam da síntese proteica traduzindo moléculas instáveis de RNA, o mRNA. Jacob e Monod também descobriram que a sequência de uma molécula de mRNA é complementar a um segmento de uma das fitas do DNA. Uma quarta classe de RNA consiste em moléculas pequenas desse ácido nucleico que participam de vários eventos metabólicos, inclusive o processamento do RNA. Muitas dessas moléculas pequenas de RNA têm atividade catalítica. Algumas delas são moléculas reguladoras que podem se ligar especificamente aos mRNAs e reduzir a atuação desses mensageiros e das proteínas que eles codificam.

Uma grande porcentagem do RNA total em uma célula é ribossômica; apenas um pequeno percentual é mRNA. Mas, se compararmos a velocidade em que a célula sintetiza os diferentes RNAs, em vez dos níveis de estado estacionário dessas moléculas, veremos um quadro diferente (Tabela 21.1). Embora o mRNA constitua somente 3% do RNA total na *Escherichia coli*, a bactéria devota quase um terço de sua capacidade de síntese de RNA à produção do mRNA. Esse valor pode subir para cerca de 60% quando a célula está crescendo lentamente e não precisa substituir ribossomos nem tRNAs. A discrepância entre os níveis de estado estacionário das várias moléculas de RNA e as velocidades em que elas são sintetizadas pode ser explicada pelas diferentes estabilidades dessas moléculas: rRNA e tRNA são bastante estáveis, enquanto mRNA é rapidamente degradado após a tradução. Metade do mRNA recém-sintetizado é degradado por nucleases em cerca de três minutos, nas células bacterianas. Nos eucariontes, a meia-vida média do mRNA é cerca de dez vezes maior. A estabilidade relativamente alta do mRNA eucarionte resulta dos eventos de processamento, que evitam que ele seja degradado durante o transporte do núcleo – onde ocorre a transcrição – para o citoplasma, onde acontece a tradução.

TABELA 21.1 O teor de RNA de uma célula de *E. coli*

Tipo	Nível no estado estacionário	Capacidade de síntese[a]
rRNA	83%	58%
tRNA	14%	10%
mRNA	3%	32%
Iniciadores de RNA[b]	<1%	<1%
Outras moléculas de RNA[c]	<1%	<1%

[a] Quantidade relativa de cada tipo de RNA sendo sintetizado em qualquer instante.
[b] Iniciadores de RNA são aqueles usados na replicação do DNA; eles não são sintetizados pela RNA polimerase.
[c] Outras moléculas de RNA incluem vários RNAs catalíticos, como o componente de RNA da RNase P.
[Adaptado de Bremer H e Dennis PP. Modulation of chemical composition and other parameters of the cell by growth rate. In: *Escherichia coli* and *Salmonella typhimurium*: Cellular and Molecular Biology, Vol. 2, F. C. Neidhardt (ed.). (Washington, DC: American Society for Microbiology). 1987; 1.527-1.542.]

21.2 RNA polimerase

Na ocasião em que o mRNA foi identificado, pesquisadores de diversos laboratórios descobriram, independentemente uns dos outros, uma enzima que catalisa a síntese do RNA quando em presença de ATP, UTP, GTP, CTP e uma molécula molde de DNA. Essa enzima era a RNA polimerase, que catalisa a síntese de RNA dirigida pelo DNA, ou **transcrição**.

Inicialmente, a RNA polimerase foi identificada por sua capacidade de catalisar a polimerização de ribonucleotídeos, mas estudos posteriores mostraram que ela faz muito mais. Ela é o centro de um grande complexo de transcrição, da mesma forma que a DNA polimerase é o centro de um grande complexo de replicação (Seção 20.4). Esse complexo é montado na extremidade de um gene quando a transcrição é iniciada. Durante a iniciação, o molde de DNA se desenovela parcialmente e um pequeno pedaço de RNA é sintetizado. Na fase de alongamento da transcrição, a RNA polimerase catalisa o alongamento progressivo da cadeia de RNA, à medida que o DNA é continuamente desenovelado e reenovelado. Ao final, o complexo de transcrição responde a sinais específicos de terminação da transcrição e se dissocia. Embora a composição do complexo de transcrição varie bastante entre os diferentes organismos, todos eles catalisam essencialmente os mesmos tipos de reações. Apresentaremos o processo geral de transcrição discutindo as reações catalisadas pelo bem caracterizado complexo de transcrição de *E. coli*. Os complexos mais complicados dos eucariontes serão apresentados na Seção 21.5.

A. A RNA polimerase é uma proteína oligomérica

A RNA polimerase é isolada das células da *E. coli* como uma proteína multimérica com quatro diferentes tipos de subunidades (Tabela 21.2). Cinco dessas subunidades se combinam com uma estequiometria $\alpha_2\beta\beta'\omega$ para formar a enzima central, ou cerne, que participa de várias reações de transcrição. As grandes subunidades β e β' constituem o sítio ativo da enzima; a subunidade β' contribui para a ligação do DNA, enquanto a β contém parte do sítio ativo da polimerase. As subunidades α são o suporte para a montagem das demais e também interagem com diversas proteínas que controlam a transcrição. A função da pequena subunidade ω não está bem caracterizada.

A estrutura da holoenzima RNA polimerase da bactéria *Thermus aquaticus* complexada com DNA está na Figura 21.2. As subunidades β e β' formam um grande sulco em uma das extremidades. É nele que o DNA se liga e que a polimerização ocorre. O sulco é grande o bastante para acomodar mais ou menos 16 pares de bases do DNA-B de fita dupla, e sua forma é semelhante ao dos sítios de ligação de DNA das DNA polimerases (como a DNA polimerase I; Figura 20.12). O par de subunidades α fica na "traseira" da molécula. Essa região também faz contato com o DNA, quando a polimerase está transcrevendo um gene.

TABELA 21.2 Subunidades da holoenzima RNA polimerase de *E. coli*

Subunidade	M_r
β'[a]	155.600
β	150.600
σ[b]	70.300[c]
α	36.500
ω	11.000

[a] As subunidades β e β' não são relacionadas, apesar da semelhança de seus nomes.
[b] Essa subunidade não faz parte do cerne da RNA polimerase.
[c] O peso molecular dado é para a subunidade σ encontrada na forma mais comum da holoenzima.

Figura 21.2
Complexo fechado da holoenzima RNA polimerase/DNA de promotor de *Thermus aquaticus* (taq). A fita molde está em verde-escuro e a fita codificadora em verde-claro; os elementos –10 e –35 estão em amarelo. O sítio de início da transcrição está em vermelho e é indicado como +1. Uma vez formado o complexo aberto, a transcrição ocorrerá gene abaixo, para a direita, como mostram as setas. As subunidades α e ω estão representadas em cinza; a subunidade β, em ciano e a β', em rosa. A subunidade σ está representada em laranja.

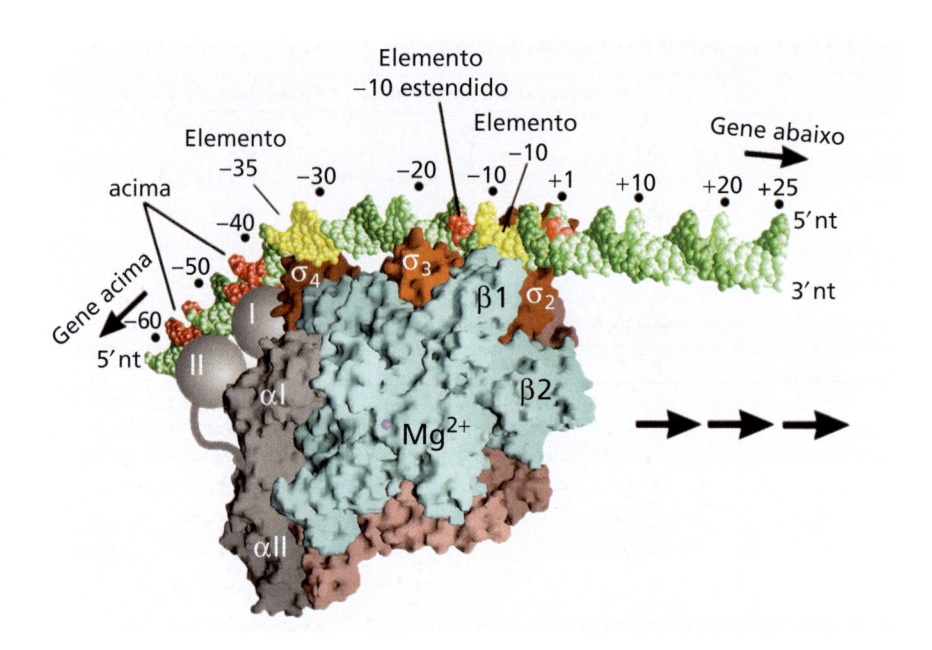

A subunidade ω fica ligada à superfície externa da β'. Veremos mais tarde que vários fatores de transcrição interagem com a RNA polimerase por ligação às subunidades α.

A subunidade σ da holoenzima desempenha um papel importante na iniciação da transcrição. As bactérias têm diversos tipos de subunidades σ. A principal forma da holoenzima na *E. coli* contém a subunidade σ^{70} (M_r = 70.300). As subunidades σ contatam o DNA durante a iniciação da transcrição e se ligam ao cerne da enzima na região da subunidade ω. As dimensões totais da RNA polimerase são 10 x 10 x 16 nm, que a tornam consideravelmente maior do que um nucleossomo, mas menor do que um ribossomo ou um replissomo.

B. Reação de alongamento da cadeia

A RNA polimerase catalisa o alongamento da cadeia por um mecanismo quase idêntico ao utilizado pela DNA polimerase (Figura 20.6). Parte da cadeia crescente de RNA forma pares de bases com a fita molde de DNA, e os ribonucleosídeo-trifosfatos chegam são testados no sítio ativo da polimerase para ser conectados corretamente por ligações de hidrogênio ao próximo nucleotídeo desemparelhado na fita molde. Quando cada um desses nucleotídeos forma ligações de hidrogênio corretas, a RNA polimerase catalisa uma reação de transferência de grupo nucleotidil, resultando na formação de uma nova ligação fosfodiéster e na liberação de pirofosfato (Figura 21.3).

Assim como a DNA polimerase III, a RNA polimerase catalisa a polimerização na direção 5' → 3' e é altamente processiva quando ligada ao DNA como parte de um complexo de transcrição. A reação completa de síntese do RNA pode ser resumida como:

$$RNA_n - OH + NTP \longrightarrow RNA_{n+1} - OH + PP_i \qquad (21.1)$$

A variação da energia livre de Gibbs para essa reação é altamente favorável, por causa da alta concentração de NTPs em relação à de RNA. Além disso, a reação da RNA polimerase, assim como a da DNA polimerase, é termodinamicamente favorecida pela hidrólise subsequente do pirofosfato no interior da célula. Portanto, duas ligações fosfoanidrido são gastas para cada nucleotídeo adicionado à cadeia em crescimento.

A RNA polimerase difere da DNA polimerase por usar ribonucleosídeos-trifosfatos (UTP, GTP, ATP e CTP) como substratos, em lugar dos desoxirribonucleosídeos-trifosfatos (dTTP, dGTP, dATP e dCTP). Outra diferença é que a fita crescente de RNA só interage com a fita molde em um segmento curto (veja a seguir). O produto final da transcrição é o RNA de fita simples, não um de fita dupla RNA-DNA. A transcrição é muito mais lenta do que a replicação do DNA. Em *E. coli*, a velocidade de transcrição varia de 30 a 85 nucleotídeos por segundo, ou seja, menos de um décimo da velocidade de replicação do DNA.

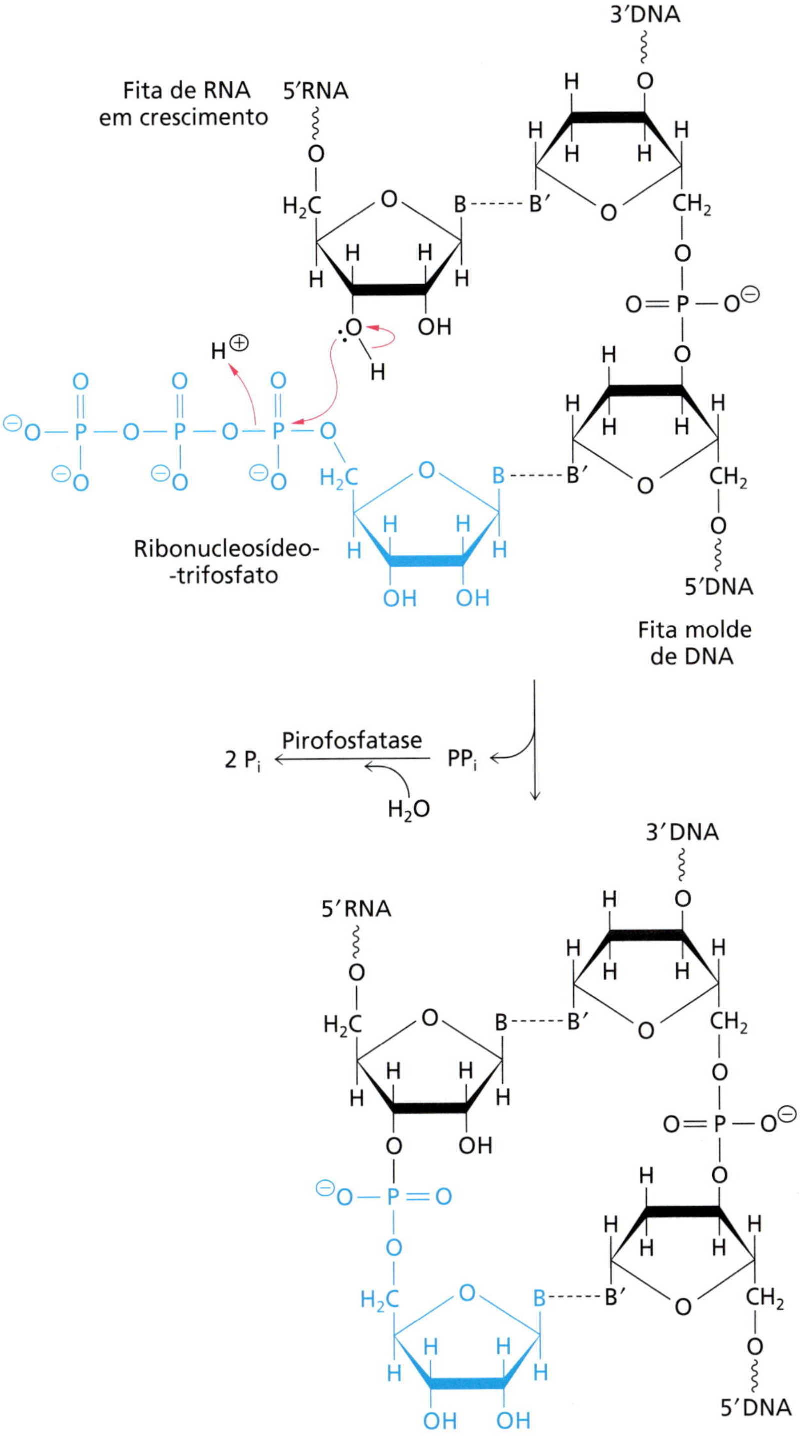

◀ **Figura 21.3**
Reação catalisada pela RNA polimerase. Quando um ribonucleosídeo-trifosfato forma par corretamente com o próximo nucleotídeo não emparelhado da fita molde de DNA, a RNA polimerase catalisa um ataque nucleofílico da hidroxila 3' da fita crescente de RNA sobre o átomo de fósforo α do ribonucleosídeo-trifosfato que acabou de chegar. Como resultado, um fosfodiéster se forma e um pirofosfato é liberado. A subsequente hidrólise de pirofosfato catalisada pela pirofosfatase fornece um impulso termodinâmico a mais para a reação (B e B' representam bases complementares; ligações de hidrogênio entre bases estão indicadas por uma linha tracejada).

A RNA polimerase catalisa a formação de uma nova ligação fosfodiéster somente quando o ribonucleosídeo-trifosfato se adapta perfeitamente ao sítio ativo da enzima. Essa adaptação perfeita requer o empilhamento das bases e a adequada formação de ligação de hidrogênio entre o ribonucleosídeo-trifosfato e o nucleotídeo de molde.

Apesar da necessidade de uma adaptação perfeita, a RNA polimerase erra. A taxa de erros na síntese do RNA é de 10^{-6} (um erro para cada 1 milhão de nucleotídeos incorporados). Essa taxa é maior do que a taxa de erros total na síntese de DNA porque, diferentemente da maioria das DNA polimerases, a RNA polimerase não tem atividade de exonuclease de revisão. A extrema precisão na replicação do DNA é necessária para minimizar as mutações que poderiam passar para a prole, mas a precisão na síntese do RNA não é tão crucial para a sobrevivência.

21.3 Iniciação da transcrição

As reações de alongamento na síntese do RNA são precedidas de uma etapa distinta, de iniciação, na qual um complexo de transcrição é montado no sítio de iniciação e um pequeno trecho de RNA é sintetizado. As regiões do DNA que servem como sítios de iniciação da transcrição são chamadas promotores. Nas bactérias, diversos genes são muitas vezes transcritos a partir de um único promotor; essa unidade de transcrição é chamada operon. Em geral, nas células eucariontes, cada gene tem seu próprio promotor. Existem centenas de promotores nas células bacterianas e milhares nas células eucariontes.

A frequência de iniciação da transcrição em um dado promotor é, em geral, relacionada à necessidade do produto daquele gene em particular. Por exemplo, em células que estão se dividindo rapidamente, os genes dos RNAs ribossômicos são, em geral, transcritos com frequência. A cada poucos segundos, um novo complexo de transcrição começa a transcrever em um promotor. Esse processo origina estruturas como as vistas na Figura 21.4, que mostra múltiplos complexos de transcrição em um operon de RNA ribossômico de *E. coli*. Transcritos de tamanho crescente são organizados ao longo dos genes porque muitas RNA polimerases transcrevem os genes ao mesmo tempo. Por outro lado, alguns genes bacterianos são transcritos apenas uma vez a cada duas gerações. Nesses casos, a iniciação pode ocorrer apenas uma vez em algumas horas (fora do laboratório, o tempo médio de geração da maioria das bactérias é de várias horas).

A. Genes têm uma orientação 5' → 3'

Na Seção 19.2A, introduzimos a convenção de que sequências de ácidos nucleicos de fita simples são escritas da esquerda para a direita, na direção 5' → 3'. Quando uma sequência de DNA de fita dupla é representada, a sequência da fita superior é escrita na direção 5' → 3' e a da fita inferior, antiparalela, na direção 3' → 5' (da esquerda para a direita).

Como nossa definição operacional de um gene diz que ele é uma sequência de DNA transcrita, então o gene começa no ponto em que começa a transcrição (designado +1) e termina no ponto em que a transcrição termina. O início de um gene é chamado terminação 5', correspondendo à convenção de escrita das sequências. O movimento ao longo de um gene na direção 5' → 3' é descrito como "gene abaixo" (*downstream*), e o movimento na direção 3' → 5', como sendo "gene acima" (*upstream*). A polimerização do RNA ocorre na direção 5' → 3'. Em consequência, de acordo com a convenção de escrita das sequências de DNA, o sítio de iniciação da transcrição de um gene é mostrado à esquerda em um diagrama de DNA de fita dupla, e o sítio de terminação, à sua direita. A fita superior é frequentemente chamada fita codificadora, pois sua sequência corresponde à versão em DNA do mRNA que codifica a sequência de aminoácidos de uma proteína. A fita inferior é chamada fita molde por ser aquela usada como tal na síntese de RNA (Figura 21.5). Como alternativa, a fita superior pode ser chamada fita senso para indicar que, durante a tradução, os ribossomos que tentarem "ler" os códons de um mRNA com essa sequência irão produzir a proteína correta. Assim, a fita inferior torna-se a fita antissenso, pois um mRNA com essa

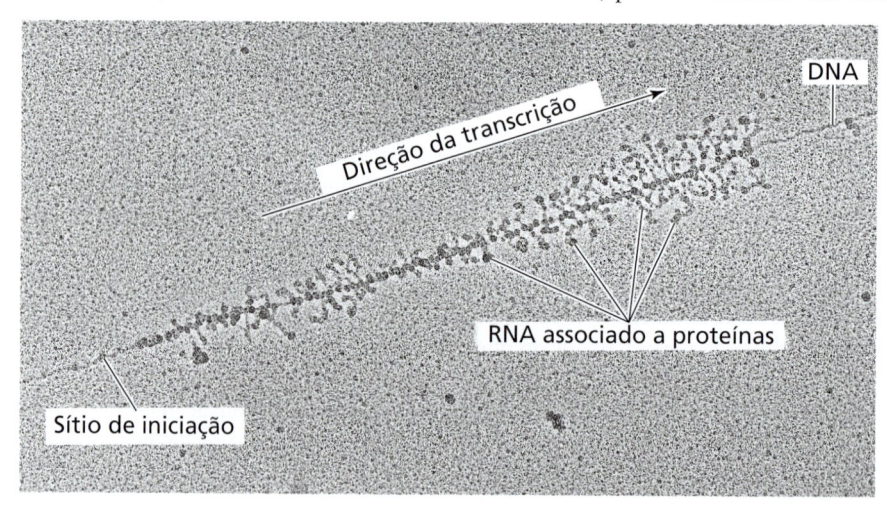

▶ **Figura 21.4**
Transcrição de genes do RNA ribossômico de *E. coli*. Os genes estão sendo transcritos da esquerda para a direita. O rRNA recém-produzido se associa a proteínas e é processado por meio de clivagem nucleolítica antes que a transcrição se complete.

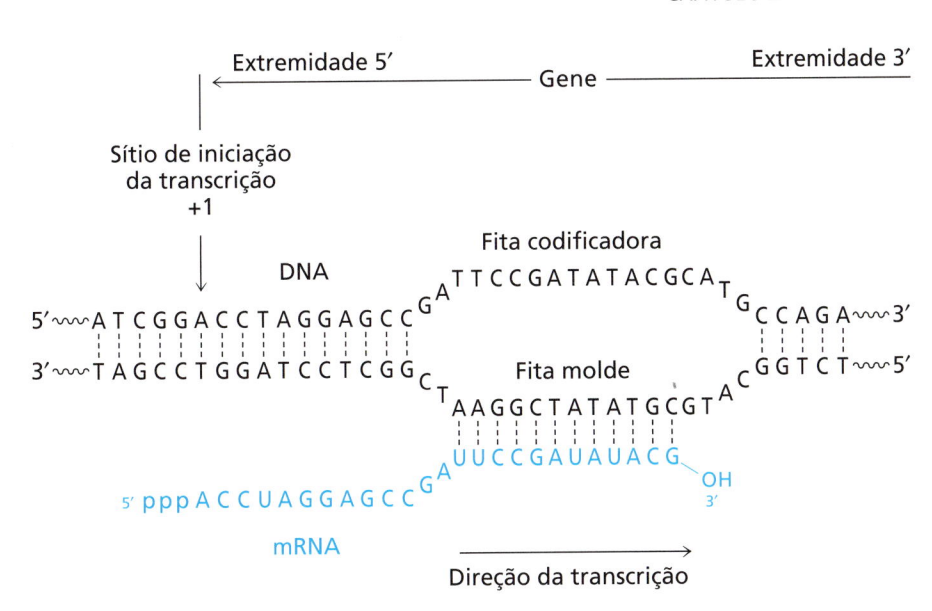

Figura 21.5

Orientação de um gene. São mostrados a sequência de um gene hipotético e o RNA transcrito a partir dele. Por convenção, diz-se que o gene é transcrito da terminação 5′ para a 3′, mas a fita molde do DNA é copiada da 3′ para a 5′. O crescimento da cadeia ribonucleotídica ocorre na direção 5′ → 3′.

sequência não produzirá a proteína correta. Observe que o RNA é sintetizado na direção 5′ → 3′, mas a fita molde é copiada de sua extremidade 3′ para a 5′. Observe também que o RNA produzido é idêntico, em sequência, à fita codificadora, exceto pelo fato de que U substitui T.

CONCEITO-CHAVE

Sequências promotoras contêm a informação que instrui os complexos de transcrição: "Inicie um transcrito aqui".

B. O complexo de transcrição se liga a um promotor

Um complexo de transcrição se forma quando uma ou mais proteínas se ligam à sequência promotora e também à RNA polimerase. Essas proteínas de ligação ao DNA direcionam a RNA polimerase para o sítio promotor. Nas bactérias, a subunidade σ da RNA polimerase é necessária para o reconhecimento do promotor e a formação do complexo de transcrição.

A sequência nucleotídica de um promotor é um dos mais importantes fatores que afetam a frequência de transcrição de um gene. Logo depois do desenvolvimento da tecnologia de sequenciamento de DNA, vários promotores diferentes foram estudados. Foram identificados os sítios de iniciação, os pontos exatos onde a transcrição tem início, e as regiões acima desses sítios foram sequenciadas para verificar se as sequências promotoras de genes diferentes eram similares. Essa análise revelou um padrão comum chamado **sequência consenso**: uma sequência hipotética constituída de nucleotídeos encontrados com mais frequência em cada posição.

A sequência consenso do tipo mais comum de promotor de *E. coli* está na Figura 21.6. Esse promotor é bipartido, o que significa que há duas regiões separadas cujas sequências são importantes. A primeira fica 10 bp acima do sítio de iniciação da transcrição e é rica nos pares de bases A/T. Sua sequência consenso é TATAAT. A segunda parte da sequência promotora é centrada aproximadamente a 35 bp acima do sítio de iniciação. A sequência consenso dessa região é TTGACA. A distância média entre as duas partes do promotor é 17 bp.

A região −10 é conhecida como **"caixa" TATA (TATA box)**, e a −35 é conhecida simplesmente como **região −35**. Juntas, essas duas regiões definem o promotor para a holoenzima de *E. coli* contendo σ⁷⁰, a subunidade σ mais comum nas células dessa bactéria. A holoenzima contendo σ⁷⁰ se liga especificamente às sequências semelhantes à de consenso. Outras subunidades σ da *E. coli* reconhecem e se ligam a promotores com sequências consenso diferentes (Tabela 21.3). Subunidades σ ortólogas de outras espécies procariontes podem reconhecer diferentes sequências promotoras de consenso.

Uma sequência consenso não é uma sequência exata, mas indica os nucleotídeos mais comumente encontrados em cada posição. Muito poucos promotores coincidem exatamente com suas sequências consenso. Em alguns casos, a coincidência é bem pequena, com G ou C aparecendo em posições normalmente ocupadas por A ou T. Tais sequências são conhecidas como promotores fracos e, em geral, estão associadas

Figura 21.6

```
                                                                    Sítio de iniciação
                                                                     da transcrição

GTGCGTG TTGACT ATTTTA    CCTCTGGCGGT GATAAT GG   TTGC A TGTACTAAGGA   λPR
GGCGGTG TTGACA TAAATA    CCACTGGCGGT GATACT GA   GCAC A TCAGCAGGACG   λPL
TGAGCTG TTGACA ATTAAT    CATCGAACTAG TTAACT AG   TACGC A AGTTCACGTAA  τρπ
CCCAGGC TTTACA CTTTAT    GCTTCCGGCTCG TATGTT GT  GTGG A ATTGTGAGCGG   λαχ
CCCAGGC TTTACA CTTTAT    GCTTCCGGCTCG TATAAT GT  GTGG A ATTGTGAGCGG   λαχUV5
ATCCTAC CTGACG CTTTTT    ATCGCAACTCTC TACTGT TTCTCCAT A CCCGTTTTTT    αραBAD
TTTCCTC TTGTCA GGCCGG    AATAACTCCC TATAAT GCGCCACC A CTGACACGGAA     ρρvA1
TAAATGC TTGACT CTGTAG    CGGGAAGGCG TATTAT GC   ACACCC C GCGCCGCTGA   ρρvA2
TCCATGT CACACT TTTCGCATCTTTGTTATGC TATGGT TA    TTTC A TACCATAAGCC    γαλP1
TTATTCC ATGTCA CACTTT    TCGCATCTTTGT TATGCT AT  GGTT A TTTCATACCAT   γαλP2

Sequência
consenso:   TTGACA                              TATAAT
            Região -35                          Região -10      +1
```

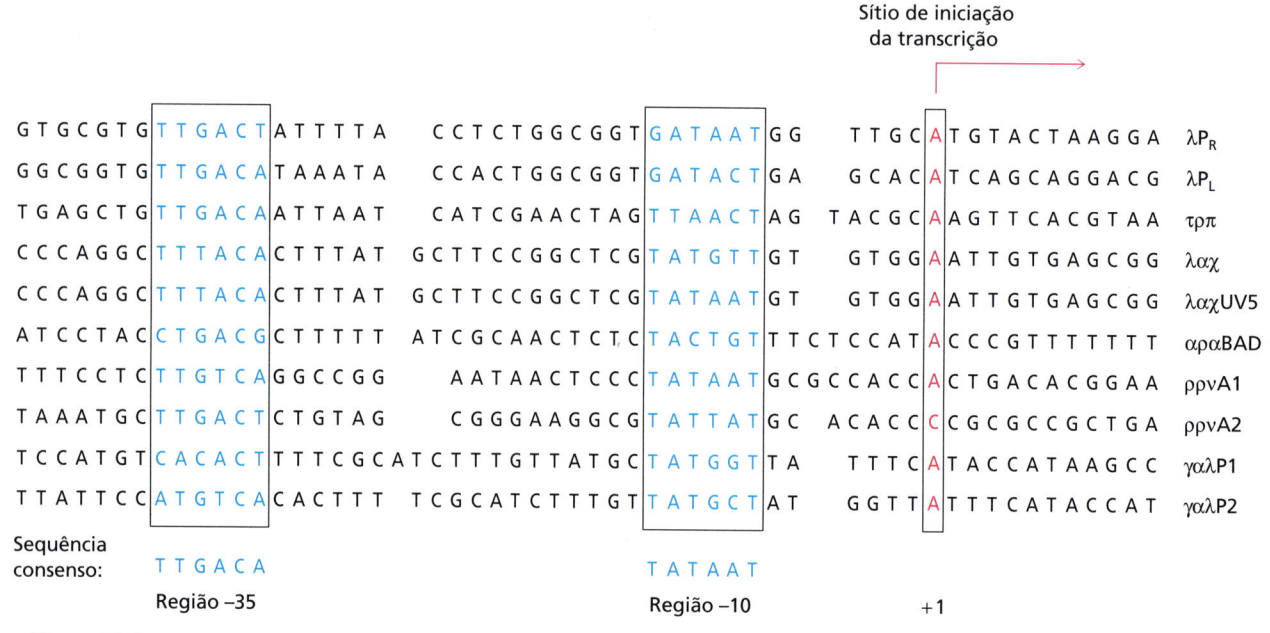

▲ **Figura 21.6**

Sequências promotoras de dez genes de bacteriófagos e bactérias. Todas essas sequências promotoras são reconhecidas pela subunidade σ^{70} em *E. coli*. As sequências nucleotídicas são alinhadas de modo que suas regiões +1, -10 e -35 estejam registradas (em fase). Observe o grau de variação em cada posição da sequência. A sequência consenso foi derivada de um banco de dados muito maior, com mais de 300 promotores bem caracterizados.

a genes transcritos com pouca frequência. Promotores fortes, como os dos operons do RNA ribossômico, são quase idênticos à sequência consenso. Esses operons são transcritos com alta eficiência. Observações como essas sugerem que a sequência consenso descreve a sequência promotora mais eficiente para a holoenzima RNA polimerase.

Provavelmente, a sequência promotora de cada gene foi otimizada por seleção natural, para atender às necessidades da célula. Um promotor ineficiente é ideal para um gene cujo produto não é necessário em grandes quantidades, enquanto um promotor eficiente é necessário para produzir grandes quantidades de um produto gênico.

C. A subunidade σ reconhece o promotor

O efeito das subunidades σ, também chamadas fatores σ, sobre o reconhecimento do promotor pode ser mais bem explicado comparando as propriedades de ligação ao DNA do cerne da polimerase com as da holoenzima contendo σ^{70}. O cerne da polimerase, que não tem uma subunidade σ, se liga de modo inespecífico ao DNA; ela não tem maior afinidade pelos promotores do que por qualquer outra sequência de DNA (a constante de associação, K_a, é aproximadamente 10^{10} M^{-1}). Uma vez formado, esse complexo DNA-proteína se dissocia lentamente ($t_{1/2} \approx 60$ minutos). Em contraste, a holoenzima – que tem a subunidade σ^{70} – se liga mais firmemente às sequências promotoras ($K_a \approx 2 \times 10^{11}$ M^{-1}) do que o cerne da polimerase e forma complexos mais estáveis ($t_{1/2} \approx 2$ a 3 horas). Embora a holoenzima se ligue preferencialmente às

TABELA 21.3 Subunidades σ da *E. coli*

Subunidade	Gene	Genes transcritos	Consenso	
			-35	-10
σ^{70}	*rpo*D	Vários	TTGAGA	TATAAT
σ^{54}	*rpo*N	Metabolismo do nitrogênio	Nenhum	CTGGCACNNNNNTTGCA[a]
σ^{38}	*rpo*S	Fase estacionária	?	TATAAT
σ^{28}	*fla*I	Síntese flagelar e quimiotaxia	TAAA	GCCGATAA
σ^{32}	*rpo*H	Choque térmico	CTTGAA	CCCATNTA[a]
σ^{gp55}	gene 55	Bacteriófago T4	Nenhum	TATAAATA

[a] N representa qualquer nucleotídeo.

sequências promotoras, também tem afinidade apreciável pelo resto do DNA em uma célula ($K_a \approx 5 \times 10^6$ M^{-1}). O complexo formado por ligação inespecífica da holoenzima ao DNA se dissocia rapidamente ($t_{½} \approx 3$ segundos). Esses parâmetros de ligação revelam as funções da subunidade σ^{70}. Uma delas é reduzir a afinidade do cerne da polimerase por sequências não promotoras. Outra, igualmente importante, é aumentar a afinidade do cerne da polimerase por sequências promotoras específicas.

As constantes de associação não nos indicam como a holoenzima RNA polimerase encontra o promotor. Podemos esperar que a holoenzima procure o promotor ligando-se e dissociando-se continuamente até encontrar a sequência correta. Essas ligações seriam reações de segunda ordem e suas velocidades seriam limitadas pela velocidade de difusão tridimensional da holoenzima. Contudo, a ligação ao promotor é 100 vezes mais rápida do que o valor teórico máximo para uma reação de segunda ordem limitada por difusão. Essa velocidade surpreendente é atingida pela difusão unidimensional da RNA polimerase ao longo do comprimento da molécula de DNA. Durante o curto período de tempo em que a enzima fica ligada inespecificamente ao DNA, ela consegue avaliar 2.000 bp em sua busca por uma sequência promotora. Várias outras proteínas de ligação ao DNA específicas para dadas sequências, como as enzimas de restrição (Seção 19.6C), localizam seus sítios de ligação de modo similar.

> As propriedades de ligação da RNA polimerase nos dizem que várias moléculas de RNA polimerase estarão presentes em trechos aleatórios do DNA que podem, ou não, se assemelhar à sequência promotora.

D. A RNA polimerase modifica sua conformação

A iniciação da transcrição é lenta, embora a holoenzima pesquise e se ligue ao promotor muito rapidamente. Na verdade, em geral, a iniciação é a etapa limitante da velocidade da transcrição, pois ela requer a abetura da hélice do DNA e a síntese de pequenos trechos do RNA que servem de iniciadores para o subsequente alongamento da cadeia. Durante a replicação do DNA, essas etapas são feitas por uma helicase e uma primase, mas na transcrição elas são realizadas pela própria holoenzima RNA polimerase. Diferentemente das DNA polimerases, as RNA polimerases são capazes de iniciar a síntese dos polinucleotídeos por si mesmas, em presença de fatores de iniciação como a σ^{70} (quando um molde de DNA e rNTPs estão disponíveis como substratos).

O desenovelamento do DNA no sítio de iniciação é um exemplo de mudança de conformação em que a RNA polimerase (R) e o promotor (P) passam de um complexo fechado (RP$_c$) para um aberto (RP$_o$). Em um complexo fechado, o DNA é de fita dupla. No aberto, 18 bp do DNA estão desenovelados, formando uma bolha de transcrição. A formação do complexo aberto é, em geral, a etapa lenta dos eventos de iniciação.

Uma vez formado o complexo aberto, a fita molde é posicionada no sítio de polimerização da enzima. Na etapa seguinte, uma ligação fosfodiéster é formada entre dois ribonucleosídeo-trifosfatos, que se difundiram para dentro do sítio ativo e formaram ligações de hidrogênio com os nucleotídeos +1 e +2 da fita molde. Essa reação de iniciação é mais lenta do que reações de polimerização análogas que ocorrem no alongamento, nas quais um dos substratos (a cadeia crescente de RNA) é mantido em posição pela formação de uma pequena hélice RNA-DNA.

Outros nucleotídeos são, então, adicionados ao dinucleotídeo para criar um RNA curto, que pareia com a fita molde. Quando esse RNA tem aproximadamente 10 nucleotídeos, a holoenzima RNA polimerase sofre uma transição, do modo de iniciação para o de alongamento, e o complexo de transcrição se desloca do promotor, ao longo do molde de DNA. Essa etapa é chamada de escape (ou *clearance*) do promotor. As reações de iniciação podem ser resumidas como:

$$R + P \underset{\text{modificação conformacional}}{\overset{K_{assoc}}{\longleftrightarrow}} RP_c \underset{\text{escape do promotor}}{\longrightarrow} RP_o \longrightarrow \quad (21.2)$$

Como já observado, a holoenzima contendo fator σ tem afinidade muito maior pela sequência promotora do que por qualquer outra sequência do DNA. Por causa dessa forte ligação, ela resiste em sair do sítio de iniciação. No entanto, durante o alongamento, o cerne da polimerase se liga de modo inespecífico a todas as sequências de DNA, formando um complexo altamente processivo. A transição da iniciação para o alongamento de cadeia é associada à mudança de conformação na holoenzima, a

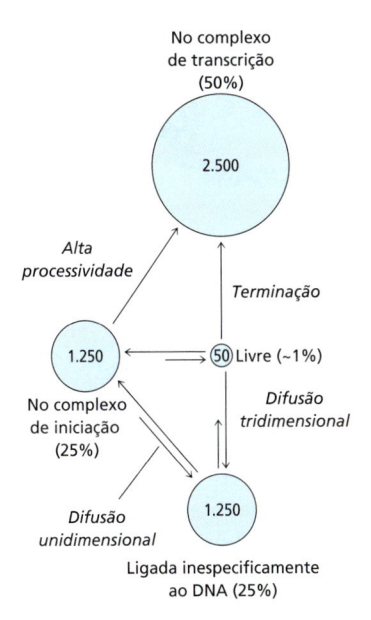

▲ **Distribuição da RNA polimerase.** Estimativas da distribuição de aproximadamente 5.000 moléculas de RNA polimerase encontradas, normalmente, em uma célula de *E. coli*. Muito poucas moléculas ficam livres no citosol, mas apenas metade de todas as RNA polimerases transcrevem ativamente.

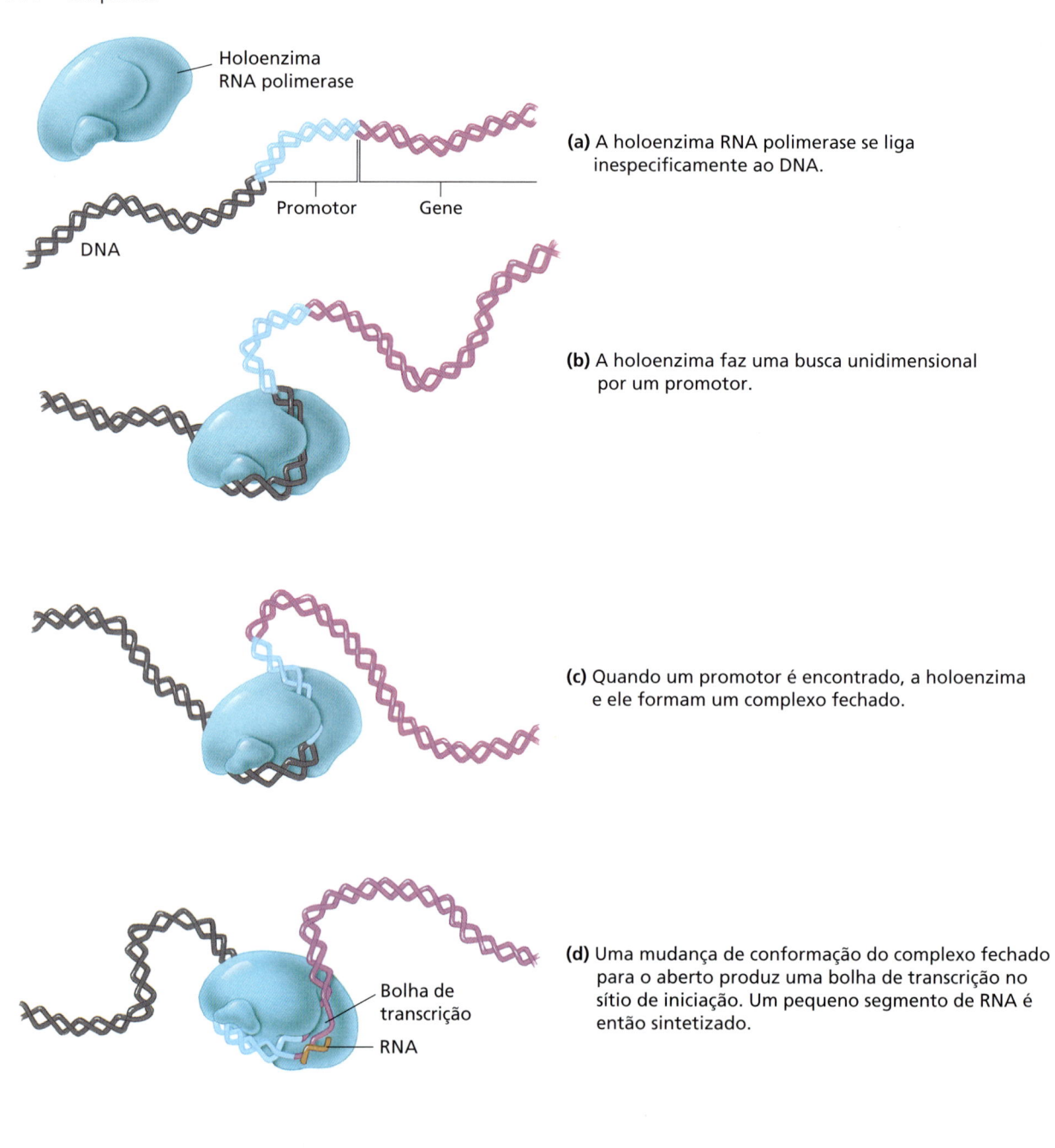

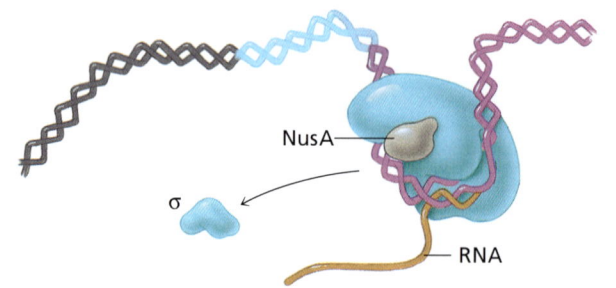

(a) A holoenzima RNA polimerase se liga inespecificamente ao DNA.

(b) A holoenzima faz uma busca unidimensional por um promotor.

(c) Quando um promotor é encontrado, a holoenzima e ele formam um complexo fechado.

(d) Uma mudança de conformação do complexo fechado para o aberto produz uma bolha de transcrição no sítio de iniciação. Um pequeno segmento de RNA é então sintetizado.

(e) A subunidade σ se dissocia do cerne da enzima e a RNA polimerase escapa do promotor. As proteínas acessórias, incluindo a NusA, se ligam à polimerase.

▲ **Figura 21.7**
Iniciação da transcrição em *E. coli*.

qual provoca a liberação da subunidade σ. Sem essa subunidade, a enzima não se liga especificamente ao promotor e consegue deixar o sítio de iniciação. Nesse ponto, várias proteínas acessórias se ligam ao cerne da polimerase para criar a máquina proteica completa, necessária para o alongamento da cadeia de RNA. A ligação de uma dessas proteínas acessórias, NusA, ajuda a converter a RNA polimerase em sua forma de alongamento. O complexo de alongamento é responsável pela maior parte da síntese do RNA. A NusA também interage com outras proteínas acessórias e participa da etapa de terminação. A iniciação da transcrição em *E. coli* está resumida na Figura 21.7.

21.4 Terminação da transcrição

Apenas algumas regiões do DNA são especificamente transcritas. Os complexos de transcrição são montados nos promotores e, nas bactérias, se dissociam nas terminações 3' dos genes, em sequências específicas chamadas **sequências de terminação**. Há dois tipos de sequências de terminação da transcrição. A forma mais simples de terminação ocorre em certas sequências de DNA onde o complexo de alongamento torna-se instável e o complexo de transcrição se desfaz espontaneamente. O outro tipo de terminação requer uma proteína específica chamada Rho, que facilita a desmontagem do complexo de transcrição, do molde e do mRNA.

A terminação da transcrição geralmente acontece próximo a **sítios de pausa**. Esses são regiões do gene nas quais a velocidade de alongamento é reduzida ou o processo é temporariamente interrompido. Por exemplo, como é mais difícil abrir pares de base G/C do que A/T, um complexo de transcrição faz uma pausa quando encontra uma região rica em GC.

As pausas são exageradas nos sítios onde a sequência de DNA é palindrômica, ou tem simetria em díade (Seção 19.6C). Quando o DNA é transcrito, o RNA recém-sintetizado pode formar um grampo (Figura 21.8). (Uma representação tridimensional dessa estrutura está apresentada na Figura 19.21.) A formação de um grampo de RNA pode desestabilizar o híbrido de RNA-DNA no complexo de alongamento pela separação prematura de parte do RNA recém-transcrito. Provavelmente, essa ruptura parcial da bolha de transcrição faz o complexo parar o alongamento até que o híbrido seja novamente formado. A NusA aumenta a pausa nos sítios palindrômicos, talvez por estabilizar o grampo. O complexo de transcrição pode parar por um tempo que varia de 10 segundos a 30 minutos, dependendo da estrutura do grampo.

Alguns sítios de pausa forte em *E. coli* são as sequências de terminação, encontradas na extremidade 3' do gene, além da região que codifica a cadeia polipeptídica (para genes codificadores de proteínas) ou codificadora do RNA funcional completo (para outros genes). Esses sítios especificam uma estrutura de grampo no RNA, a qual é fracamente ligada à fita molde por um pequeno trecho de pares de bases A/U. Esses são os pares de bases mais fracos possíveis (Tabela 19.3) e, assim, são facilmente rompidos durante a pausa. A ruptura leva à separação do RNA do complexo de transcrição.

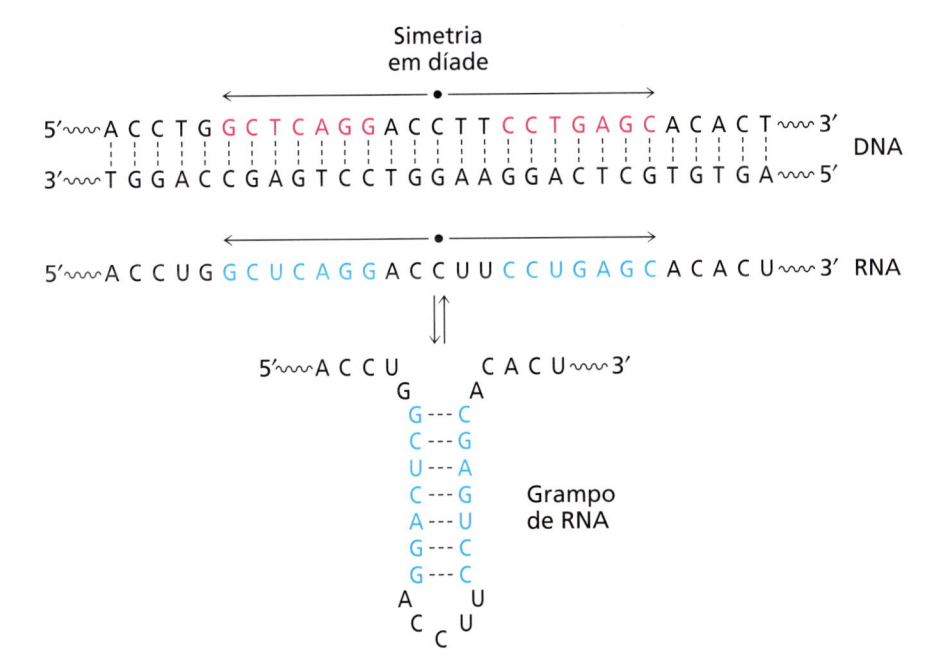

◄ **Figura 21.8**
Formação de um grampo de RNA. A sequência de DNA transcrita tem uma região de simetria em díade. As sequências complementares no RNA são capazes de parear as bases para formar um grampo.

▶ **Figura 21.9**
Terminação da transcrição dependente de Rho em *E. coli*. A RNA polimerase fica parada em um sítio de pausa, onde a Rho se liga ao RNA recém-sintetizado. Essa ligação é acompanhada pela hidrólise de ATP. Provavelmente, Rho enrola a cadeia nascente de RNA em torno dela mesma, desestabilizando assim o híbrido de RNA-DNA e terminando a transcrição.
[Adaptado de Platt T. Transcription termination and the regulation of gene expression. Annu. Rev. Biochem. 1986; 55:339-372.]

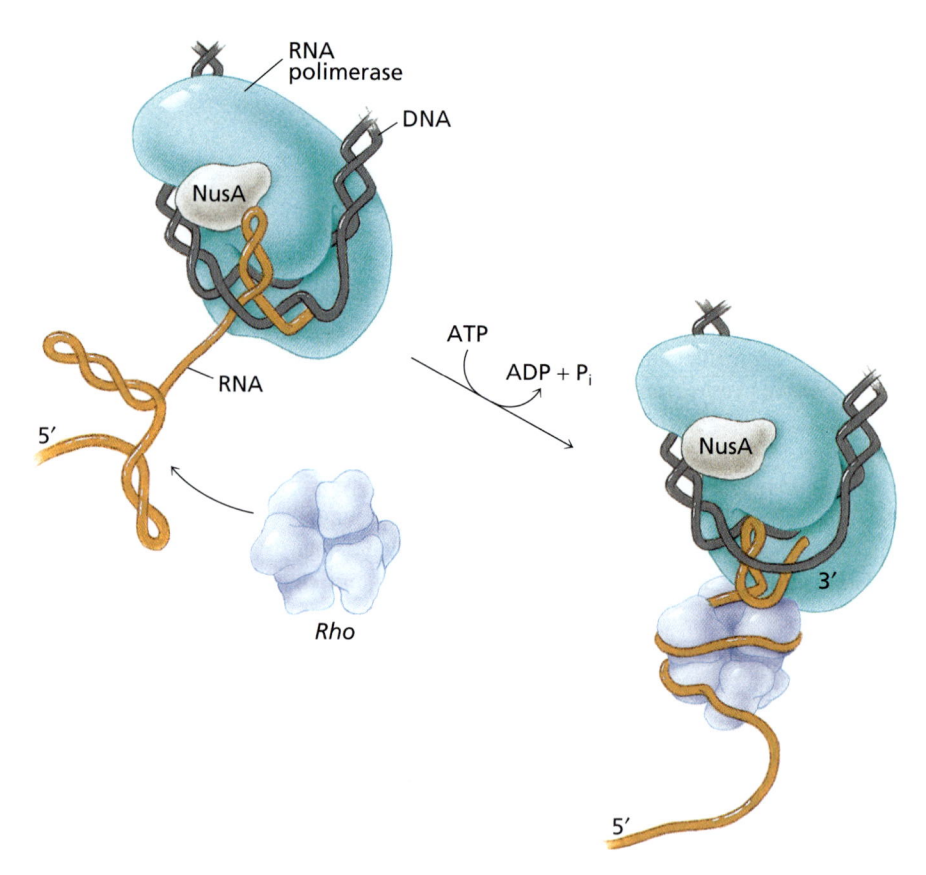

O outro tipo de sequências de terminação em bactérias é dito dependente de Rho. Rho também facilita a desmontagem dos complexos de transcrição em alguns sítios de pausa. Ela é uma proteína hexamérica com forte atividade de ATPase e afinidade por RNA de fita simples. Rho também pode atuar como uma helicase de RNA-DNA. Ela se liga à fita simples do RNA, que fica exposta atrás do complexo de transcrição pausado, em uma reação acoplada à hidrólise de ATP. Aproximadamente 80 nucleotídeos de RNA se enrolam em torno da proteína, fazendo com que o transcrito se separe do complexo de transcrição (Figura 21.9). A terminação dependente de Rho resulta tanto da desestabilização do híbrido de RNA-DNA como do contato direto entre o complexo de transcrição e Rho, à medida que esta se liga ao RNA. Rho também pode se ligar a proteínas acessórias, como NusA. Essa interação pode fazer a RNA polimerase alterar sua conformação e se separar do molde de DNA.

A terminação dependente de Rho requer a exposição da fita simples do RNA. Nas bactérias, o RNA transcrito dos genes codificadores de proteína é, tipicamente, ligado pelos ribossomos em tradução, que interferem com a ligação de Rho. A fita simples do RNA só começa a ficar exposta à Rho quando a transcrição ultrapassa o ponto em que a síntese proteica termina. A transcrição termina no próximo sítio de pausa disponível. Em outras palavras, a terminação dependente de Rho não ocorre nos sítios de pausa da região codificadora, mas pode ocorrer em sítios de pausa existentes depois do códon de terminação da tradução. O efeito total é o acoplamento da terminação da transcrição à tradução. As vantagens desse mecanismo acoplado são que a síntese de uma região codificadora de um mRNA não é interrompida (o que impediria a síntese proteica) e há um mínimo de transcrição desnecessária abaixo da região codificadora.

21.5 Transcrição em eucariontes

O mesmo processo realizado por uma única RNA polimerase em *E. coli* é conduzido por várias enzimas semelhantes nos eucariontes. As atividades dos complexos de transcrição nesses organismos também requerem mais proteínas acessórias do que as encontradas nas bactérias.

CONCEITO-CHAVE
Os complexos de transcrição eucariontes tendem a ter mais fatores do que seus análogos bacterianos.

A. RNA polimerases de eucariontes

Três RNA polimerases diferentes transcrevem os genes nucleares nos eucariontes. Outras RNA polimerases são encontradas nas mitocôndrias e nos cloroplastos. Cada enzima nuclear transcreve uma classe diferente de genes (Tabela 21.4). A RNA polimerase I transcreve genes que codificam grandes moléculas de RNA ribossômico (genes de classe I). A RNA polimerase II transcreve genes que codificam proteínas e alguns poucos codificadores de moléculas pequenas de RNA (genes de classe II). A RNA polimerase III transcreve genes que codificam várias moléculas pequenas de RNA, incluindo tRNA e 5S rRNA (genes de classe III). (Algumas moléculas de RNA listadas na tabela serão discutidas em seções subsequentes.)

A versão mitocondrial da RNA polimerase é uma enzima monomérica, codificada pelo genoma nuclear. Em termos da sequência de aminoácidos, ela tem uma semelhança substancial com as RNA polimerases dos bacteriófagos T3 e T7. Essa similaridade sugere que tais enzimas têm um ancestral comum. É provável que o gene da RNA polimerase mitocondrial tenha sido transferido ao núcleo pelo genoma mitocondrial primitivo.

Frequentemente, os genomas dos cloroplastos têm genes que codificam suas próprias RNA polimerases. Esses genes têm sequências semelhantes às da RNA polimerase de cianobactérias. Essa é mais uma evidência de que os cloroplastos, assim como as mitocôndrias, se originaram de endossimbiontes bacterianos em células eucariontes ancestrais.

As três RNA polimerases nucleares são enzimas complexas com múltiplas subunidades. Elas diferem na composição das subunidades, embora compartilhem diversos polipeptídeos pequenos. O número exato de subunidades em cada polimerase varia entre os organismos, mas sempre há duas subunidades grandes, e de sete a doze menores (Figura 21.10). A RNA polimerase II transcreve todos os genes codificadores de proteína, bem como alguns que codificam moléculas pequenas de RNA. O RNA codificador de proteína sintetizado por essa enzima foi originalmente denominado RNA nuclear heterogêneo (hnRNA), mas hoje em dia é mais comum chamá-lo mRNA precursor ou pré-mRNA. O processamento desse precursor em um mRNA maduro está descrito na Seção 21.9.

Cerca de 40.000 moléculas de RNA polimerase II são encontradas em células grandes de eucariontes; a atividade dessa enzima é responsável por cerca de 20% a 40% de toda a síntese de RNA nas células. As duas maiores subunidades de cada RNA polimerase nuclear eucarionte têm uma sequência semelhante às subunidades β e β' da *E. coli*, indicando que as duas enzimas têm um ancestral comum. Como suas correspondentes procariontes, os cernes das RNA polimerases eucariontes não se ligam a seus promotores por si mesmas. A RNA polimerase II necessita de cinco diferentes atividades bioquímicas, ou fatores, para formar um complexo de transcrição basal capaz de iniciar a transcrição em um promotor eucarionte mínimo (Figura 21.11). Esses fatores de transcrição gerais (GTFs) são: TFIIB, TFIID, TFIIE, TFIIF e TFIIH (Tabela 21.5).

TABELA 21.4 RNA polimerases de eucariontes

Polimerase	Localização	Cópias por célula	Produtos	Atividade de polimerase da célula
RNA polimerase I	Nucléolo	40.000	35-47S pré-rRNA	50%-70%
RNA polimerase II	Nucleoplasma	40.000	Precursores de mRNA U1, U2, U4 e U5 snRNAs	20%-40%
RNA polimerase III	Nucleoplasma	20.000	5S rRNA tRNA U6 snRNA 7S RNA Outras moléculas pequenas de RNA	10%
RNA polimerase mitocondrial	Mitocôndria	?	Produtos de todos os genes mitocondriais	<1%
RNA polimerase de cloroplastos	Cloroplasto	?	Produtos de todos os genes de cloroplastos	<1%

▶ **Figura 21.10**
RNA polimerase II da levedura *Saccharomyces cerevisiae*. A grande subunidade colorida de rosa (Rpb2) é a homóloga da subunidade β da enzima procarionte mostrada na Figura 21.2 [PDB 1EN0].

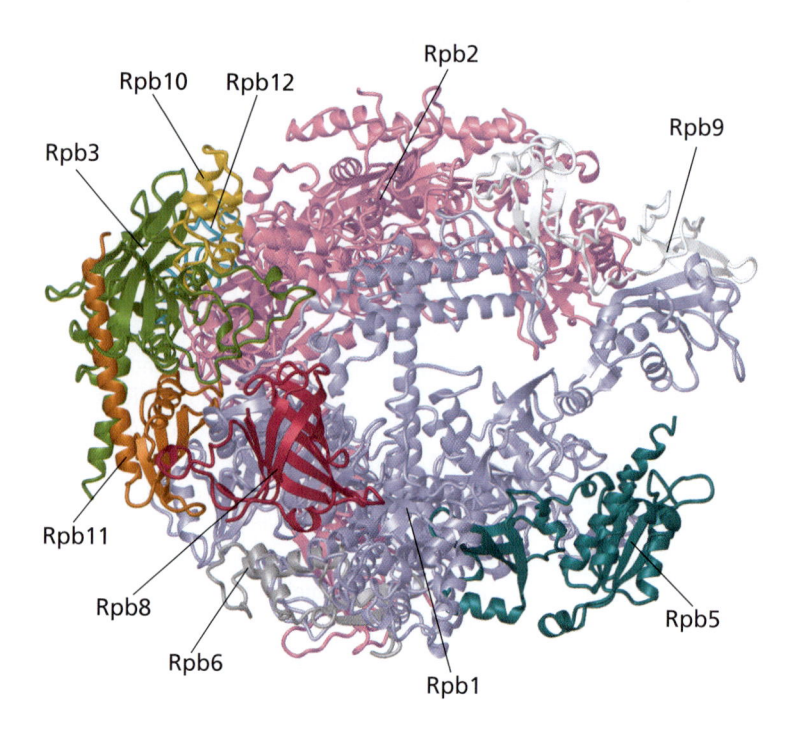

Muitos genes classe II têm uma região rica em A/T, também chamada caixa TATA, que é funcionalmente similar à caixa TATA procarionte discutida antes [lembre-se de que regiões ricas em A/T são mais facilmente desenoveladas para criar um complexo aberto, em especial se o DNA for negativamente superenrolado (Seção 19.3)]. Essa região rica em A/T nos eucariontes fica localizada de 19 a 27 bp acima do sítio de iniciação da transcrição e serve para atrair, ou recrutar, a RNA polimerase II ao DNA durante a montagem do complexo de iniciação.

O fator geral de transcrição TFIID é um fator de múltiplas subunidades, uma das quais – a proteína de ligação à TATA (TBP) – se liga à região que contém a caixa TATA. A estrutura da TBP da planta *Arabidopsis thaliana* está representada na Figura 21.12. A TBP forma uma braçadeira molecular em forma de sela, que recobre o DNA na caixa TATA. Os principais contatos entre TBP e DNA são decorrentes das interações entre as cadeias laterais ácidas de aminoácidos em fitas β da proteína e as bordas dos pares de bases no sulco menor do DNA. Quando a TBP se liga ao DNA, o promotor é dobrado de modo que não mais se parece com sua forma-padrão DNA-B. Essa é uma interação incomum para proteínas de ligação ao DNA. A subunidade TBP do TFIID também é necessária para a iniciação da transcrição dos genes classes I e III pelas RNA polimerases I e III, respectivamente.

A subunidade da RNA polimerase II dos eucariontes, homóloga à subunidade β' da RNA polimerase procarionte, tem um domínio ou "cauda" carboxi-terminal (CTD) incomum, que consiste em várias repetições do heptâmero de aminoácidos PTSPSYS. Os resíduos de Ser e Thr da cauda são alvos de fosforilação por proteínas quinase nucleares. As moléculas de RNA polimerase II com um CTD hiperfosforilado são tipicamente ativas ou engajadas, do ponto de vista transcricional, enquanto as pol II celulares com CTDs hipofosforilados são, em geral, inativas, ou quiescentes.

▶ **Figura 21.11**
Um promotor eucarionte genérico, mostrando os elementos basais ou "centrais" do promotor. A caixa TATA está descrita no texto. O BRE é o elemento de reconhecimento de TFIIB, enquanto Inr representa o elemento iniciador. O DPE é o elemento da região *downstream* do promotor. Os nomes dos fatores que se ligam a cada sítio estão indicados sobre o promotor; as sequências de reconhecimento de consenso para cada sítio são mostradas embaixo do fragmento esquemático do promotor.

TABELA 21.5 Alguns fatores de transcrição da RNA polimerase II representativos

Fator	Características
TFIIA	Liga-se ao TFIID; pode interagir com TFIID na ausência do DNA
TFIIB	Interage com a RNA polimerase II
TFIID	Fator de iniciação da RNA polimerase II
TBP	Proteína de ligação à TATA; subunidade do TFIID
TAFs	Fatores associados à TBP; várias subunidades
TFIIE	Interage com a RNA polimerase II
TFIIH	Necessário para a iniciação; atividade de helicase; acopla a transcrição ao reparo de DNA
TFIIS[a]	Liga-se à RNA polimerase II; fator de alongamento
TFIIF	Liga-se à RNA polimerase II; duas subunidades – RAP30 e RAP74
SP1	Liga-se a sequências ricas em GC
CTF[b]	Família de proteínas diferentes, que reconhecem a sequência central CCAAT

[a] Também conhecido como sII ou RAP38.
[b] Também conhecido como NP1.

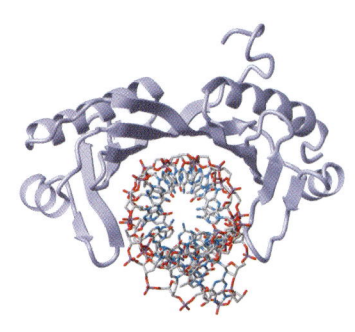

▲ **Figura 21.12**
Proteína de ligação à TATA (TBP) de *Arabidopsis thaliana* ligada ao DNA. A TBP (azul) está ligada a um fragmento de fita dupla de DNA com sequência correspondente à da caixa TATA (5′-TATAAAG-3′). O DNA está representado por um modelo de varetas. Observe que a folha β da TBP está no sulco menor do fragmento de DNA [PDB 1VOL].

Embora tenha sido demonstrado que é possível purificar a RNA polimerase II e cada GTF e usá-los para reconstituir com precisão a iniciação da transcrição *in vitro*, esses complexos de transcrição basais não são competentes no reconhecimento dos diversos tipos de fatores de ativação de transcrição de ação *trans* e sequências de ação *cis* que, como se sabe, têm importantes funções *in vivo*. A pesquisa por constituintes celulares que pudessem responder aos ativadores transcricionais *in vitro* levou à descoberta de uma grande holoenzima RNA-pol II pré-formada, que tem não só os cinco GTFs, mas também outros polipeptídeos que medeiam as interações entre a pol II e proteínas de ligação a sequências específicas do DNA. Essa holoenzima eucarionte é análoga ao cerne + σ da *E. coli*.

B. Fatores de transcrição de eucariontes

TFIIA e TFIIB são componentes essenciais do complexo da holoenzima RNA polimerase II. Nem TFIIA nem TFIIB são capazes de se ligar ao DNA na ausência de TFIID. O TFIIF (também conhecido como Fator 5 ou RAP30/74) se liga à RNA polimerase II durante a iniciação (Figura 21.13). O TFIIF não participa diretamente do reconhecimento do promotor, mas é análogo aos fatores σ bacterianos em dois aspectos: reduz a afinidade da RNA polimerase II pelo DNA não promotor e ajuda a formação do complexo aberto. TFIIH, TFIIE e outros fatores menos caracterizados também fazem parte do complexo de iniciação da transcrição.

Assim que o complexo de iniciação é montado no sítio do promotor, as próximas etapas são semelhantes às que ocorrem nas bactérias. Um complexo aberto é formado,

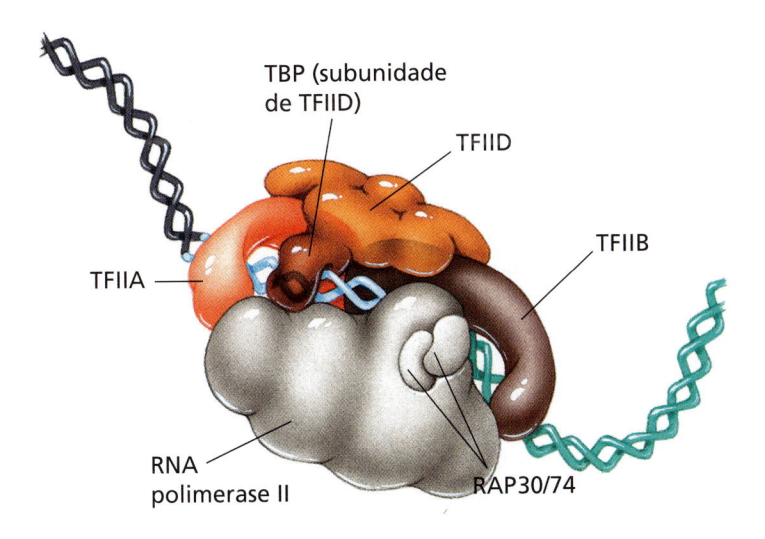

◄ **Figura 21.13**
Complexo da holoenzima RNA polimerase II ligado a um promotor. Este modelo mostra vários fatores de transcrição ligados à RNA polimerase II em um promotor. Em geral, os fatores de transcrição são maiores e mais complexos do que os mostrados neste diagrama.

um pequeno trecho de RNA é sintetizado e o complexo de transcrição deixa o promotor. A maioria dos fatores de transcrição se dissocia do DNA e da RNA polimerase II quando o alongamento começa. No entanto, o TFIIF pode permanecer ligado e um fator de alongamento específico, o TFIIS (também chamado sII ou RAP38), se associa à polimerase em transcrição. O TFIIS pode atuar na pausa e na terminação da transcrição, função similar à da NusA nas bactérias.

Com a exceção da TBP, os fatores de transcrição que interagem com as outras duas RNA polimerases eucariontes não são os mesmos requeridos pela RNA polimerase II.

C. A função da cromatina na transcrição em eucariontes

Como descrevemos no Capítulo 19, o genoma eucarionte é compactado por meio de pequenos blocos construtores onipresentes, chamados nucleossomos, que contêm um octâmero das quatro histonas centrais. Estima-se que aproximadamente 35% do genoma dos mamíferos seja transcrito em genes codificadores de proteínas (incluindo os íntrons) e, portanto, a maior parte do DNA das células é relativamente inerte. Mas mesmo nesses 35%, que contêm cerca de 20.000 genes codificadores de proteínas, a maioria das sequências é quiescente. Em qualquer célula, o principal determinante para que um gene possa ser transcrito é o estado de sua cromatina. Esse estado é modulado por dois mecanismos. O primeiro envolve a adição ou a remoção de modificações pós-traducionais nas caudas flexíveis da terminação amina das quatro histonas centrais (Seção 19.5B). Resíduos específicos de Lys são alvos de metilação ou acetilação; resíduos específicos de Arg também podem ser metilados, e as cadeias laterais de Ser e de Thr podem ser fosforiladas. Modificações diferentes servem como sinais para recrutar ativadores ou repressores à cromatina. O segundo mecanismo para especificar o estado transcricional de um gene eucarionte envolve o posicionamento e a remodelagem do nucleossomo.

Genes não transcritos ficam relativamente inacessíveis no núcleo, enquanto os transcritos são de certa forma acessíveis aos fatores de transcrição, à holoenzima pol II e a outras proteínas nucleares. Como pode um gene se interconverter entre esses dois estados conflitantes? A resposta está nos grandes complexos multiproteicos, que utilizam a energia da hidrólise do ATP para remodelar fisicamente os nucleossomos dos genes e permitir às proteínas ter acesso ao DNA. Alguns dos complexos remodeladores, na verdade, contêm enzimas modificadoras de histonas, como a histona-acetilase (HAT) ou a histona-desacetilase (HDAC).

21.6 A transcrição dos genes é regulada

Como observamos no início deste capítulo, muitos genes são expressos em todas as células. A expressão desses genes "housekeeping" é dita *constitutiva*. Em geral, eles têm promotores fortes e são transcritos eficientemente e de forma contínua. Genes cujos produtos são necessários em níveis baixos têm, em geral, promotores fracos e sua transcrição é infrequente. Além dos genes constitutivamente expressos, as células contêm genes que são expressos em níveis altos sob certas circunstâncias e não são expressos em outras. Diz-se que esses genes são regulados.

A regulação da expressão gênica pode ocorrer em qualquer ponto do fluxo de informação biológica, mas é mais frequente no nível da transcrição. Existem vários mecanismos capazes de permitir às células programar a expressão dos genes durante a diferenciação e o desenvolvimento, bem como responder a estímulos ambientais.

A iniciação da transcrição dos genes regulados é controlada pelas proteínas reguladoras que se ligam a sequências específicas do DNA. A regulação da transcrição pode ser negativa ou positiva. A transcrição de um gene regulado negativamente é evitada por uma proteína reguladora chamada *repressor*. Um gene negativamente regulado pode ser transcrito apenas na ausência de um repressor ativo. A transcrição de um gene positivamente regulado pode ser ativada por uma proteína reguladora chamada *ativador*. Um gene positivamente regulado é fracamente transcrito, ou não transcrito completamente, na ausência do ativador.

Com frequência, repressores e ativadores são proteínas alostéricas cuja função é modificada pela interação com um ligante. Em geral, um ligante altera a conformação da proteína e afeta sua capacidade de se ligar a sequências específicas do DNA. Por exemplo, alguns repressores controlam a síntese de enzimas para uma via catabólica. Na ausência do substrato dessas enzimas, os genes são reprimidos. Quando o substrato está presente, ele se liga ao repressor, fazendo com que este se dissocie do DNA e permitindo aos genes serem transcritos. Ligantes que se unem a repressores e os inativam são chamados **indutores** porque induzem a transcrição dos genes controlados por esses repressores. Por outro lado, alguns repressores que controlam a síntese de enzimas para uma via biossintética se ligam ao DNA apenas quando associados a um ligante. Este, com frequência, é o produto final da via biossintética. Esse mecanismo regulador garante que os genes da via sejam "desligados" se o produto se acumula. Ligantes que se unem e ativam repressores são chamados **correpressores**. A atividade de ligação ao DNA pode também ser afetada de duas maneiras por associação com os ativadores alostéricos. Isso resulta em quatro estratégias gerais de regulação da transcrição, que estão ilustradas na Figura 21.14. Foram identificados exemplos de todas as quatro estratégias.

Poucos sistemas reguladores são tão simples como os descritos acima. Por exemplo, a transcrição de muitos genes é regulada por uma combinação de repressores e ativadores ou por múltiplos ativadores. Mecanismos elaborados para regulação da

CONCEITO-CHAVE

Células não sintetizam uma proteína específica até que ela seja necessária (por exemplo, o operon *lac* não é transcrito antes que a concentração intracelular de lactose inative os repressores *lac*).

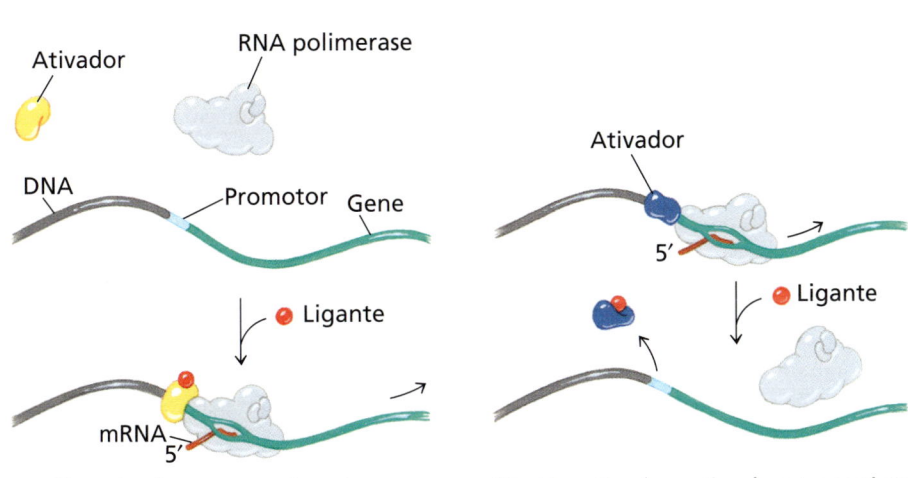

(a) Um ativador com um ligante associado a ele estimula a transcrição.

(b) Um ativador estimula a transcrição. Na presença do ligante, o ativador é inibido.

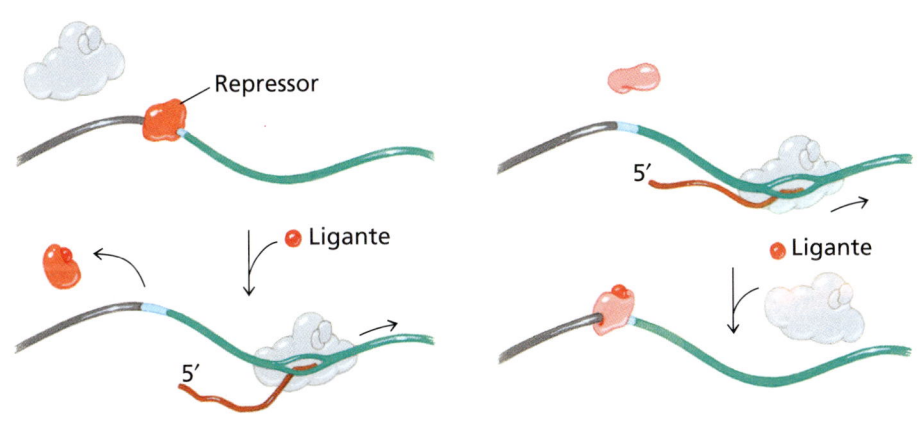

(c) Um repressor impede a transcrição. A união de um ligante (indutor) ao repressor inativa-o e permite a transcrição.

(d) Na ausência do ligante, o repressor não se liga ao DNA. A repressão ocorre apenas quando o ligante (correpressor) está presente.

▲ **Figura 21.14**
Estratégias para regulação da iniciação da transcrição por proteínas reguladoras.

transcrição surgiram para atender às necessidades específicas de cada organismo. Uma gama mais ampla de respostas celulares é possível quando a transcrição é regulada por vários mecanismos que atuam em conjunto. Ao se analisar como a transcrição de alguns genes específicos é controlada, podemos começar a entender de que maneira os mecanismos positivos e negativos podem ser combinados para produzir a regulação incrivelmente sensível observada nas células bacterianas.

21.7 Operon *lac*, um exemplo de regulação negativa e positiva

Algumas bactérias obtêm o carbono de que precisam para crescer metabolizando açúcares de cinco ou seis carbonos através da glicólise. A *E. coli*, por exemplo, utiliza preferencialmente a glicose como fonte de carbono, mas também pode usar outros açúcares, incluindo β-galactosídeos como a lactose. As enzimas necessárias para a absorção e o catabolismo de β-galactosídeos não são sintetizadas a menos que esse substrato esteja disponível. Mesmo na presença de seu substrato, essas enzimas são produzidas em quantidades limitadas se a fonte preferencial de carbono (glicose) também estiver presente. A síntese das enzimas necessárias para utilização de β-galactosídeos é controlada no nível da iniciação da transcrição por um repressor e um ativador.

A absorção e o catabolismo de β-galactosídeos requerem três proteínas. O produto do gene *lac*Y é a lactose permease, um transportador do tipo simporte responsável pela absorção de β-galactosídeos. Em seguida, a maior parte desses açúcares é hidrolisada a hexoses metabolizáveis por ação da β-galactosidase, uma grande enzima que tem quatro subunidades idênticas e é codificada pelo gene *lac*Z. Os β-galactosídeos que não podem ser hidrolisados são acetilados pela tiogalactosídeo-transacetilase, o produto do gene *lac*A. A acetilação ajuda a eliminar compostos tóxicos da célula.

Os três genes – *lac*Z, *lac*Y e *lac*A – formam um operon que é transcrito a partir de um só promotor, produzindo uma grande molécula de mRNA contendo três regiões codificadoras de proteínas separadas. Nesse caso, referimo-nos à região codificadora de proteína como gene, uma definição que difere de nosso uso padrão para o termo. O arranjo de genes com funções relacionadas em um operon é eficiente porque as concentrações de um conjunto de proteínas podem ser controladas pela transcrição de um único promotor. Operons compostos de genes codificadores de proteínas são comuns na *E. coli* e em outros procariontes, mas acreditava-se que seriam extremamente raros nos eucariontes. Sabe-se atualmente que os operons também são bastante comuns no organismo-modelo *C. elegans*, um nematoide ou verme arredondado, e tendem a ser bastante difundidos nesse grande filo. Operons também são comuns nos genomas mitocondriais e de cloroplastos.

A. O repressor *lac* bloqueia a transcrição

A expressão dos três genes do operon *lac* é controlada por uma proteína reguladora chamada repressor *lac*, um tetrâmero de subunidades idênticas. Esse repressor é codificado por um quarto gene, *lac*I, localizado logo acima do operon *lac*, mas transcrito por outro promotor (Figura 21.15).

O repressor *lac* se liga simultaneamente a dois sítios próximos ao promotor do operon *lac*. Sítios de ligação ao repressor são chamados **operadores**. Um operador (O_1) fica adjacente ao promotor, e o outro (O_2), na região codificadora do *lac*Z. Quando

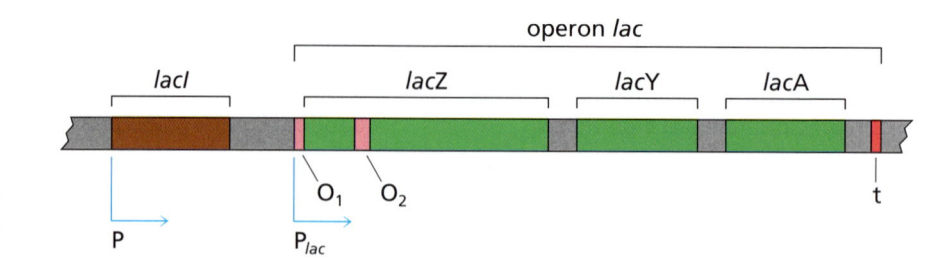

▶ **Figura 21.15**
Organização dos genes que codificam as proteínas necessárias para metabolizar lactose. As regiões codificadoras das três proteínas – LacZ, LacY e LacA – constituem o operon *lac* e são cotranscritas a partir de um único promotor (P_{lac}). O gene que codifica o repressor *lac*, *lac*I, fica acima do operon *lac* e tem seu próprio promotor, P; o repressor *lac* se liga aos operadores O_1 e O_2, próximos ao P_{lac}; t indica a sequência de terminação da transcrição.

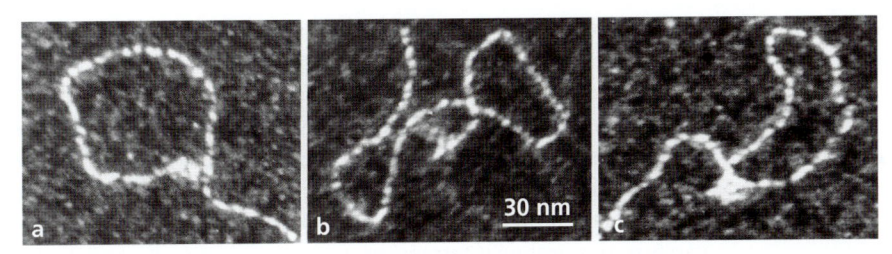

Figura 21.16
Micrografias eletrônicas de laços do DNA. Esses laços foram formados pela mistura do repressor *lac* com um fragmento de DNA que tem dois sítios sintéticos de ligação ao repressor *lac*. Um dos sítios de ligação fica em uma extremidade do fragmento de DNA; o outro, 535 bp afastado do primeiro. Os laços de DNA, com tamanho de 535 bp, se formam quando o repressor tetramérico se liga simultaneamente aos dois sítios.

ligado aos dois operadores, o repressor faz o DNA formar um laço estável que pode ser visto nas micrografias eletrônicas do complexo formado entre o repressor *lac* e o DNA (Figura 21.16). A interação do repressor *lac* com as sequências do operador pode bloquear a transcrição ao impedir a ligação da RNA polimerase ao promotor *lac*. No entanto, sabe-se que, em alguns casos, tanto o repressor *lac* como a RNA polimerase conseguem se ligar ao promotor ao mesmo tempo. Portanto, o repressor também pode bloquear a iniciação da transcrição ao impedir a formação do complexo aberto e a liberação do promotor. Um diagrama esquemático do repressor *lac* ligado ao DNA na presença da RNA polimerase é mostrado na Figura 21.17. O diagrama ilustra a relação entre os operadores e o promotor, assim como o laço de DNA que se forma quando o repressor se liga a ele.

O repressor localiza um operador ligando-se de forma inespecífica ao DNA e fazendo a busca por deslizamento ou "salto" em uma dimensão. A constante de equilíbrio inespecífica é cerca de 10^6 M^{-1} – comparável à da RNA polimerase (Seção 21.3C). (Lembre-se, da Seção 21.3C, de que a RNA polimerase também utiliza esse tipo de mecanismo de buscar.) A constante de associação de equilíbrio para a ligação específica do repressor *lac* a O_1 *in vitro* é muito alta ($K_a \approx 10^{13}$ M^{-1}). Por isso, o repressor bloqueia a transcrição muito eficazmente (o repressor *lac* se liga ao sítio O_2 com menor afinidade). Uma célula bacteriana contém apenas cerca de 10 moléculas do repressor *lac*, mas ele busca – e encontra – um operador tão rapidamente que, quando um repressor se dissocia espontaneamente do operador, outro ocupa seu lugar em um tempo curtíssimo. No entanto, durante esse breve intervalo, um transcrito do operon pode ser feito, já que a RNA polimerase está associada ao promotor. Esse nível baixo de transcrição, chamado síntese de escape, garante que pequenas quantidades de lactose permease e de β-galactosidase estejam presentes na célula.

Na ausência de lactose, o repressor *lac* bloqueia a expressão do operon *lac*, mas, quando β-galactosídeos estão disponíveis como fontes potenciais de carbono, os genes são transcritos. Vários β-galactosídeos podem atuar como indutores. Se lactose for a fonte de carbono disponível, o indutor é a alolactose, produzida a partir desse açúcar pela ação da β-galactosidase (Figura 21.18). A alolactose se liga firmemente ao repressor *lac* e provoca uma mudança de conformação que reduz a afinidade do repressor pelos operadores ($K_a \approx 10^{10}$ M^{-1}). Na presença do indutor, o repressor *lac* se dissocia do DNA, permitindo à RNA polimerase dar início à transcrição (observe que, por causa da síntese de escape, a lactose pode ser absorvida e convertida em alolactose mesmo quando o operon está inativo).

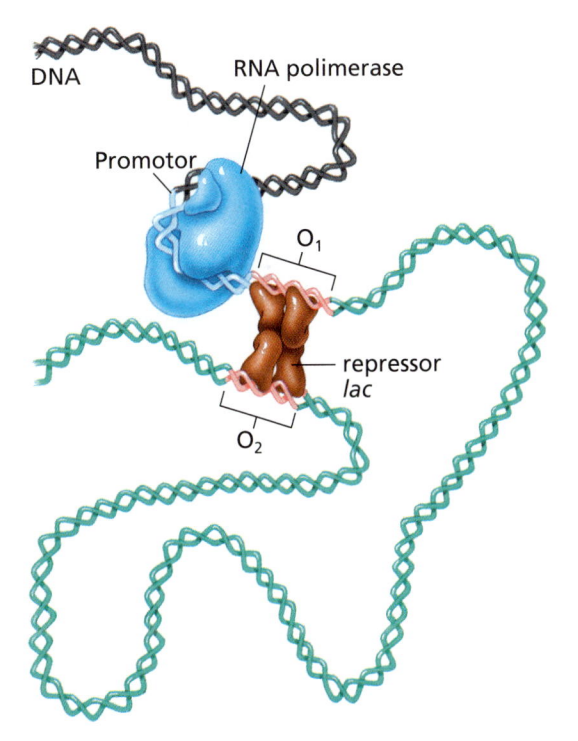

> A qualquer momento na célula, uma molécula do repressor está ligada ao operador e nove moléculas ficam ligadas de modo inespecífico ao DNA.

B. A estrutura do repressor *lac*

A função do repressor *lac* na regulação da expressão do operon *lac* é conhecida desde os anos 1960. A estrutura dessa importante proteína, porém, só foi determinada nos anos 1990, depois do desenvolvimento de novas técnicas de determinação estrutural de grandes moléculas. A estrutura de parte do repressor *lac* ligada a uma sequência operadora é apresentada na Figura 21.19. A proteína completa tem quatro subunidades idênticas, arranjadas como dois pares, e cada um deles se liga a uma sequência operadora diferente. Dentro da célula, esses dois fragmentos de DNA fazem parte de

Figura 21.17
Ligação do repressor *lac* ao operon *lac*. O repressor *lac* tetramérico interage simultaneamente com dois sítios próximos ao promotor do operon *lac*. Em consequência, um laço de DNA é formado. A RNA polimerase ainda pode se ligar ao promotor na presença do complexo repressor *lac*-DNA.

Lactose
(β-D-galactopiranosil-(1 → 4)-β-D-glicopiranose)

↓ β-galactosidase

Alolactose
(β-D-galactopiranosil-(1 → 6)-β-D-glicopiranose)

▲ **Figura 21.18**
Formação de alolactose a partir de lactose, catalisada pela β-galactosidase. Essa é uma reação minoritária ou secundária. A principal atividade enzimática da β-galactosidase é quebrar os dissacarídeos em monômeros que possam ser convertidos em substratos para a glicólise.

uma mesma molécula, e a ligação ao repressor forma um laço do DNA na terminação 5' do operon *lac*.

As subunidades são unidas em uma região articulada. A estrutura obtida por cristalografia de raios X revela que os dois pares de subunidades estão empilhados, um sobre o outro (Figura 21.17), e não estendidos para fora da região articulada como se esperava. Isso faz com que a proteína seja mais compacta e menos simétrica do que várias outras proteínas tetraméricas.

Cada subunidade contém um motivo de hélice-volta-hélice nas extremidades mais afastadas da região articulada. Quando ligada ao DNA, uma das α-hélices fica no sulco maior, onde as cadeias laterais dos aminoácidos interagem diretamente com os pares de bases específicos da sequência do operador. As duas hélices de cada par de subunidades ficam afastadas cerca de uma volta de DNA (aproximadamente 10 bp), e cada uma delas interage com metade da sequência do operador. Essa estratégia de ligação é semelhante à da endonuclease de restrição *Eco*RI (Seção 19.6C).

Na ausência de DNA, as regiões distais das subunidades do repressor *lac* ficam desordenadas (Seção 4.7D). Essa é uma das razões pelas quais demorou tanto tempo até que a estrutura fosse solucionada. A estrutura do motivo hélice-volta-hélice só pode ser vista quando a proteína está ligada ao DNA. Atualmente há vários outros exemplos dessas interações, nos quais a estrutura estável da proteína é significativamente alterada pela associação ao ligante. Na presença de indutores, como a alolactose ou IPTG, o repressor adota uma conformação ligeiramente diferente e não consegue mais se ligar aos operadores no DNA.

C. A proteína reguladora do cAMP ativa a transcrição

A transcrição do operon *lac* na *E. coli* depende não só da presença de β-galactosídeos, mas também da concentração de glicose no meio externo. O operon *lac* é transcrito em nível máximo quando β-galactosídeos, como a lactose, são a única fonte de carbono; a transcrição é reduzida 50 vezes quando a glicose também está presente. A redução na taxa de transcrição do operon em presença de glicose é chamada repressão catabólica.

A repressão catabólica é uma característica de diversos operons que codificam enzimas metabólicas. Geralmente, esses operons têm promotores fracos a partir dos quais a transcrição é iniciada de modo ineficaz em presença de glicose. Na ausência desse

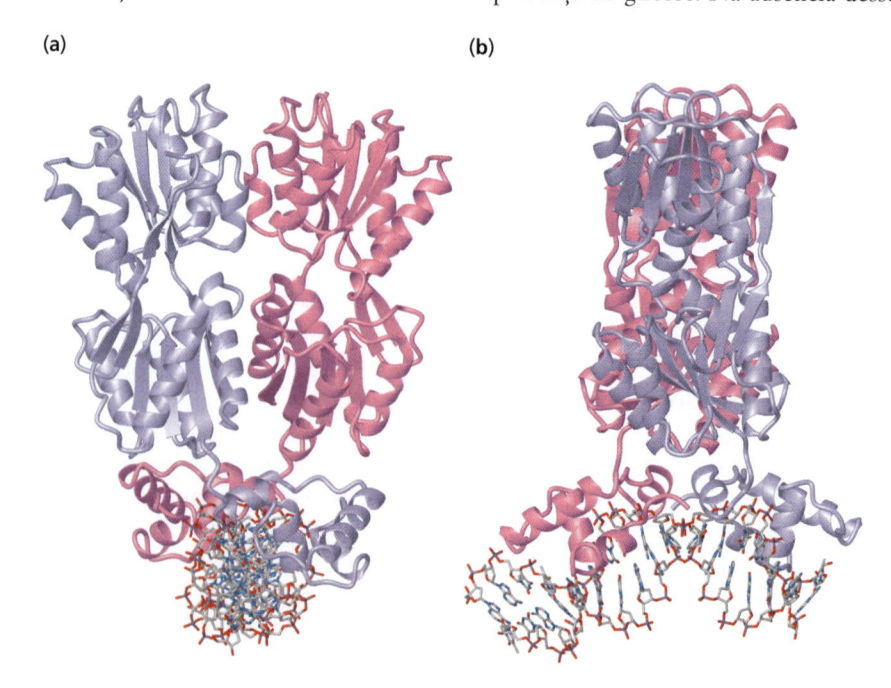

▶ **Figura 21.19**
Estrutura do repressor *lac* de *E. coli*. Esta figura mostra um dímero de subunidades do repressor lac ligado ao DNA. O repressor lac é um tetrâmero in vivo, contendo dois sítios de ligação ao DNA. **(a)** Vista da molécula de DNA a partir da extremidade. **(b)** Vista lateral mostrando a α-hélice do repressor lac no sulco maior [PDB 1EFA].

açúcar, no entanto, a taxa de iniciação da transcrição aumenta dramaticamente, devido a um ativador que converte o promotor relativamente fraco em forte. Nenhum repressor é envolvido, apesar do uso do termo "repressão catabólica". Na verdade, esse é um exemplo bem estudado de mecanismo de ativação.

O ativador é a proteína reguladora (ou receptora) do AMP cíclico (CRP), também conhecida como proteína ativadora de catabólito (CAP). A CRP é uma proteína dimérica, cuja atividade é modulada pelo AMP cíclico. Na ausência de cAMP, a CRP tem pouca afinidade pelo DNA, mas, quando o cAMP está presente, ele se liga à CRP convertendo-a em uma proteína de ligação a uma sequência específica do DNA. O complexo CRP-cAMP interage com sequências específicas do DNA próximas dos promotores de mais de 30 genes, incluindo o operon *lac*. Como o genoma contém muito mais sítios de ligação ao CRP-cAMP do que ao repressor *lac*, não é de surpreender que existam pelo menos 1.000 moléculas de CRP por célula e apenas cerca de 10 do repressor *lac*. Com frequência, os sítios de ligação ao CRP-cAMP ficam logo acima das regiões −35 dos promotores ativados por ele. Enquanto está ligado ao DNA, o complexo CRP-cAMP pode contactar a RNA polimerase e estabilizar sua ligação ao sítio promotor, levando a taxas aumentadas de iniciação da transcrição (Figura 21.20). A maior parte das interações proteína-proteína ocorre entre CRP-cAMP ligado e as subunidades α da RNA polimerase. Essa situação é típica da maioria das interações entre ativadores e RNA polimerase (há muitos ativadores de transcrição diferentes nas células bacterianas). O efeito final do CRP-cAMP é o aumento da produção de enzimas capazes de utilizar outros substratos além da glicose. No caso do operon *lac*, a ativação pelo CRP-cAMP ocorre apenas quando há β-galactosídeos disponíveis. Em outras situações, a transcrição do operon é reprimida.

A concentração de cAMP no interior da célula da *E. coli* é controlada pela concentração de glicose em seu exterior. Quando esse açúcar está disponível, ele é importado pela célula e fosforilado por um complexo de proteínas de transporte conhecido como sistema de fosfotransferases de açúcar dependente de fosfoenolpiruvato. Quando não há glicose disponível, uma das enzimas de transporte

(a) CRP-cAMP se liga a um sítio próximo ao promotor.

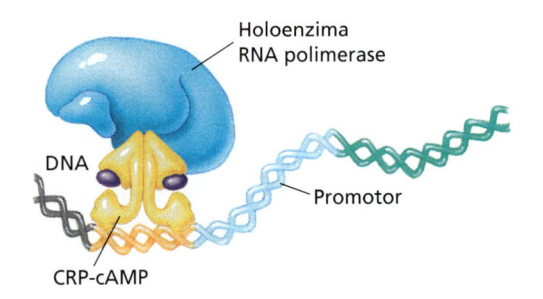

(b) A holoenzima RNA polimerase se liga ao promotor e, simultaneamente, contacta o ativador ligado, o que aumenta a taxa de iniciação da transcrição.

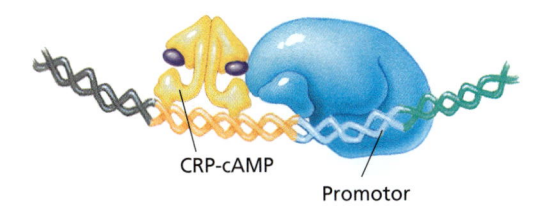

▲ Figura 21.20
Ativação da iniciação da transcrição no promotor *lac* pelo CRP-cAMP.

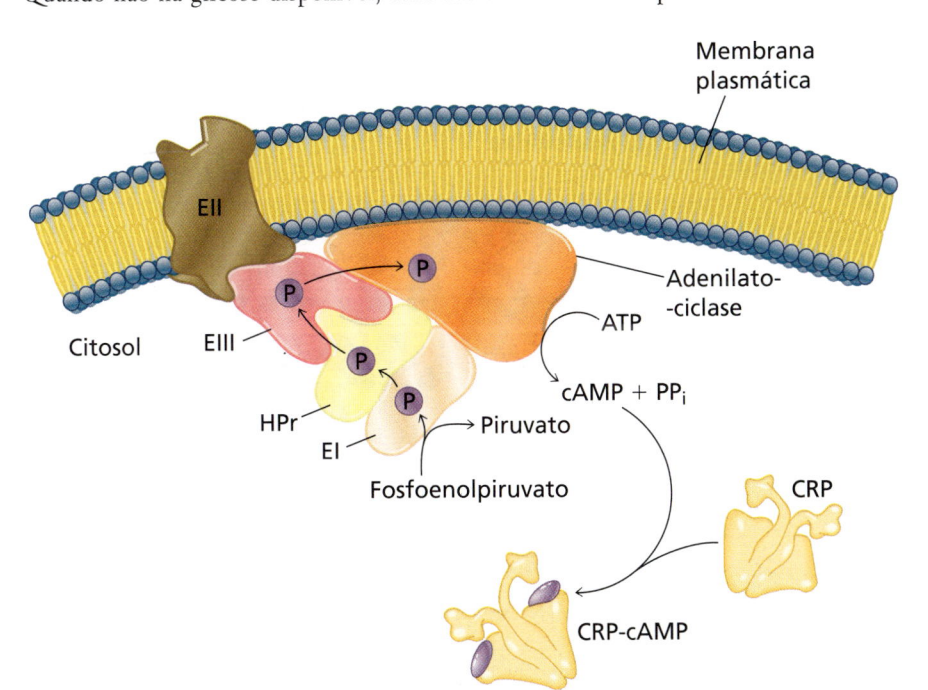

◀ Figura 21.21
Produção de cAMP. Na ausência de glicose, a enzima III (EIII) transfere um grupo fosforila, originário do fosfoenolpiruvato, a uma adenilato-ciclase ligada à membrana. A adenilato-ciclase fosforilada catalisa a conversão de ATP em cAMP. Este se liga à CRP, e o complexo CRP-cAMP ativa a transcrição de diversos genes codificadores de enzimas capazes de compensar a falta de glicose como fonte de carbono.

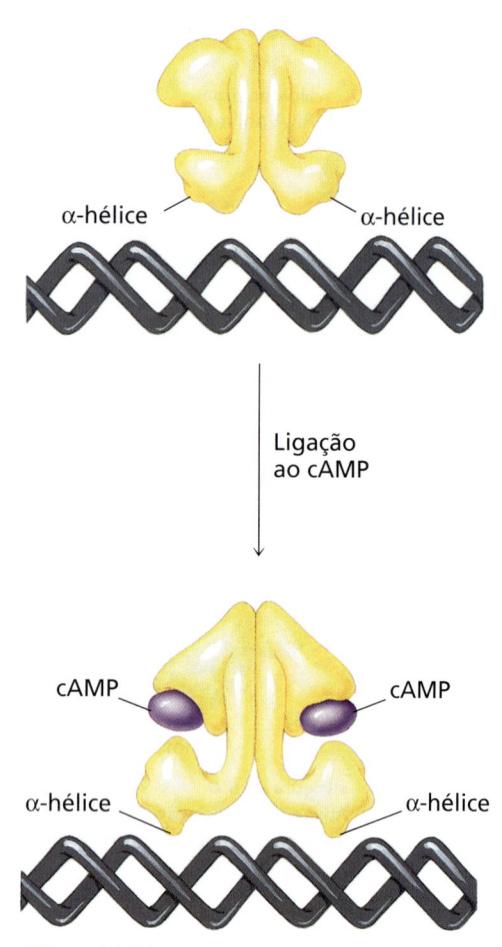

de glicose – a enzima III – catalisa a transferência de grupo fosforila, derivado em última análise do fosfoenolpiruvato, para a adenilato-ciclase, ativando-a (Figura 21.21). Esta (também conhecida como adenililciclase) catalisa então a conversão de ATP em cAMP, aumentando assim os níveis deste na célula. À medida que as moléculas de cAMP são produzidas, elas se ligam à CRP, estimulando a iniciação da transcrição nos promotores que respondem à repressão catabólica. Mecanismos semelhantes de resposta a estímulos externos ocorrem nos eucariontes, onde moléculas como a cAMP atuam como segundos mensageiros (Seção 9.12B).

Cada subunidade do dímero da CRP contém um motivo hélice-volta-hélice de ligação ao DNA. Na presença de cAMP, duas hélices – uma de cada monômero – se ajustam às seções adjacentes do sulco maior do DNA e contactam os nucleotídeos do sítio de ligação do CRP-cAMP. Esta é a mesma estratégia geral de ligação usada pelo repressor *lac* e pela *Eco*RI. Na ausência de cAMP, a conformação da CRP é alterada, de modo que as duas α-hélices não mais se ligam ao sulco maior (Figura 21.22). Quando o complexo CRP-cAMP está ligado à sequência ativadora, o DNA se curva levemente para se adaptar à superfície da proteína (Figura 21.23).

▲ **Figura 21.22**
Mudanças de conformação na CRP provocadas pela ligação ao cAMP. Cada monômero do dímero da CRP contém um motivo hélice-volta-hélice. Na ausência de cAMP, as α-hélices não conseguem se ajustar às seções adjacentes do sulco maior do DNA e não reconhecem o sítio de ligação do CRP-cAMP. Quando o cAMP se liga à CRP, as duas α-hélices assumem a conformação adequada para ligação ao DNA.

21.8 Modificação pós-transcricional do RNA

Em muitos casos, os transcritos de RNA precisam ser bastante alterados antes de poder adotar suas estruturas maduras e suas funções. Essas alterações são de três categorias: (1) remoção de nucleotídeos dos transcritos primários de RNA; (2) adição de nucleotídeos não codificados pelos genes correspondentes; e (3) modificação covalente de algumas bases. As reações que transformam um transcrito primário de RNA em uma molécula de RNA maduro são chamadas, em conjunto, **processamento do RNA**. Esse é um processo crucial para a função da maioria das moléculas de RNA e constitui parte da expressão gênica.

A. Processamento do RNA de transferência

Moléculas maduras de tRNA são geradas, tanto em eucariontes como em procariontes, pelo processamento de transcritos primários. Nos procariontes, esses transcritos contêm, com frequência, vários precursores de tRNA. Esses precursores são separados dos grandes transcritos primários e cortados em seus tamanhos maduros pelas ribonucleases (ou RNases). A Figura 21.24 resume o processamento dos precursores de tRNA nos procariontes.

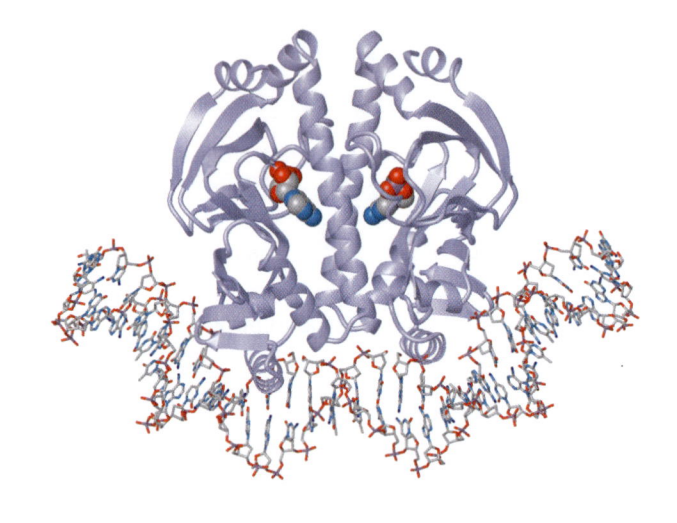

▶ **Figura 21.23**
Estrutura de um complexo formado entre CRP-cAMP e DNA. As duas subunidades contêm uma molécula de cAMP ligada ao sítio alostérico. Cada uma dessas subunidades tem uma α-hélice posicionada no sulco maior do DNA, no sítio de ligação do CRP-cAMP. Observe que a ligação induz uma ligeira curvatura no DNA [PDB 1CGP].

A endonuclease RNase P catalisa a clivagem inicial da maioria dos transcritos primários de tRNA. A enzima quebra o transcrito no lado 5' de cada sequência de tRNA, liberando precursores monoméricos destes com terminações 5' maduras. A digestão com RNase P *in vivo* é rápida e ocorre enquanto o transcrito ainda está sendo sintetizado.

A RNase P foi uma das primeiras ribonucleases específicas a serem estudadas em detalhes, e sua estrutura é bastante conhecida. A enzima é, na verdade, uma ribonucleoproteína. Em *E. coli*, ela é composta de uma molécula de RNA com 377 nucleotídeos ($M_r = 130.000$) e um pequeno polipeptídeo ($M_r = 18.000$). Na ausência da proteína, o componente de RNA é cataliticamente ativo *in vitro* (sob certas condições). Ela foi uma das primeiras moléculas de RNA a ter sua atividade enzimática demonstrada e constitui um exemplo da quarta classe de moléculas de RNA descritas na Seção 21.1. O componente proteico da RNase P ajuda a manter a estrutura tridimensional do RNA. Sidney Altman recebeu o Prêmio Nobel em 1989 por demonstrar que o componente de RNA da RNase P tinha atividade catalítica.

Outras endonucleases clivam os precursores de tRNA próximos a suas extremidades 3'. O processamento subsequente da extremidade 3' de um precursor de tRNA requer a ação de uma exonuclease, como a RNase D. Essa enzima catalisa a remoção sequencial de nucleotídeos a partir da extremidade 3' de um precursor de tRNA monomérico até que a terminação 3' do tRNA seja atingida.

Todas as moléculas de tRNA maduro nos procariontes e nos eucariontes precisam ter a sequência CCA como seus nucleotídeos finais das terminações 3'. Em alguns casos, esses nucleotídeos são adicionados após a transcrição, depois que todos os outros tipos de processamento da terminação 3' foram concluídos. A adição desses três nucleotídeos é catalisada pela tRNA-nucleotidiltransferase e constitui um dos poucos exemplos de adição de nucleotídeos não codificados por um gene.

O processamento dos precursores de tRNA envolve também a modificação covalente de algumas bases nucleotídicas. Moléculas maduras de tRNA apresentam uma diversidade maior de modificações covalentes do que qualquer outra classe de RNA. Tipicamente, de 26 a 30 dos cerca de 80 nucleotídeos em uma molécula de tRNA são modificados covalentemente. Cada tipo de modificação covalente ocorre, em geral, apenas em uma posição de cada molécula. Alguns exemplos de sítios de modificação de nucleotídeos estão na Figura 21.25.

B. Processamento do RNA ribossômico

Moléculas de RNA ribossômico são produzidas, em todos os organismos, na forma de grandes transcritos primários que necessitam de processamento posterior, inclusive metilação e clivagem pelas endonucleases, antes que moléculas maduras possam adotar suas formas ativas. Esse processamento do RNA ribossômico é acoplado à montagem dos ribossomos.

Os transcritos primários das moléculas de rRNA procarionte têm cerca de 30S de tamanho e contêm, cada um, uma cópia dos rRNAs 16S, 23S e 5S. Os transcritos também contêm precursores de tRNA intercalados (observe que S é o símbolo da unidade Svedberg, uma medida da velocidade com que partículas se movem em um campo gravitacional estabelecido em uma ultracentrífuga. Grandes valores de S são associados a grandes massas. A relação entre S e massa não é linear; assim, valores de S não são aditivos). Como os três rRNAs são derivados de um único transcrito, esse processamento garante que haja quantidades equimolares de cada um dos RNAs ribossômicos maduros.

(a) RNase P e outras endonucleases clivam o transcrito primário.

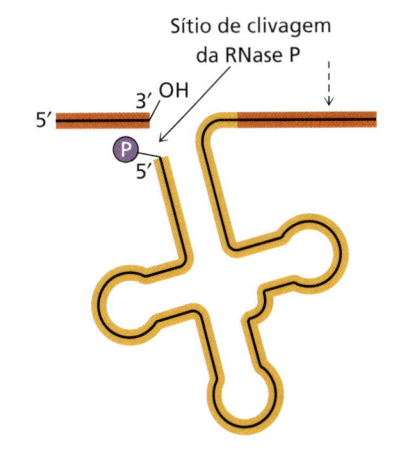

(b) RNase D apara a terminação 3'.

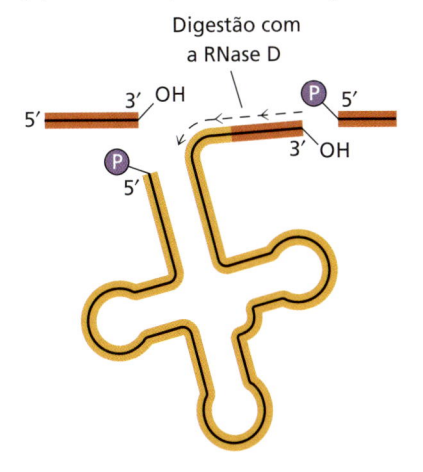

(c) tRNA nucleotidiltransferase adiciona CCA à terminação 3'.

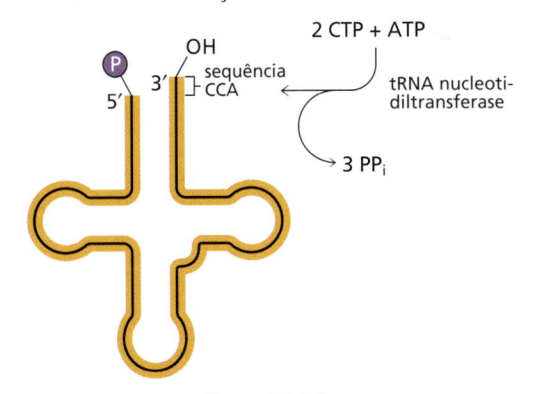

▲ Figura 21.24
Resumo do processamento do tRNA nos procariontes.

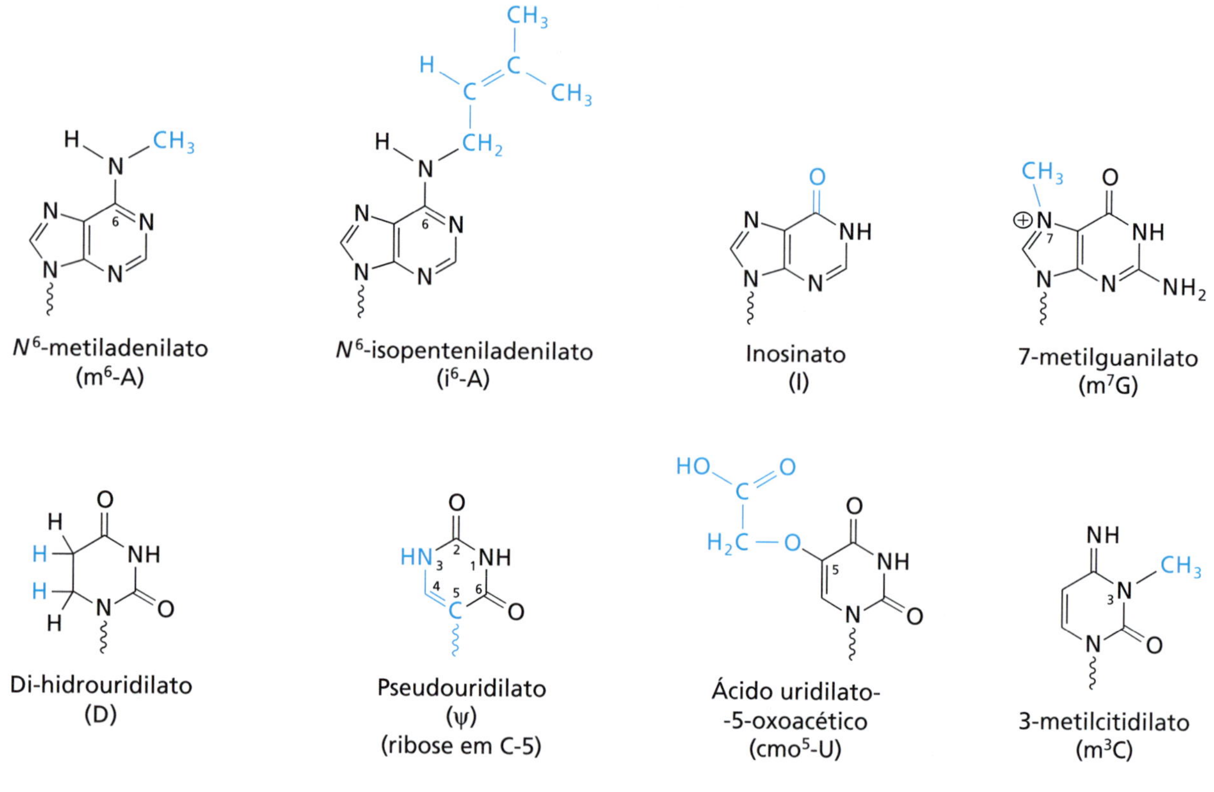

N⁶-metiladenilato
(m⁶-A)

N⁶-isopenteniladenilato
(i⁶-A)

Inosinato
(I)

7-metilguanilato
(m⁷G)

Di-hidrouridilato
(D)

Pseudouridilato
(ψ)
(ribose em C-5)

Ácido uridilato-
-5-oxoacético
(cmo⁵-U)

3-metilcitidilato
(m³C)

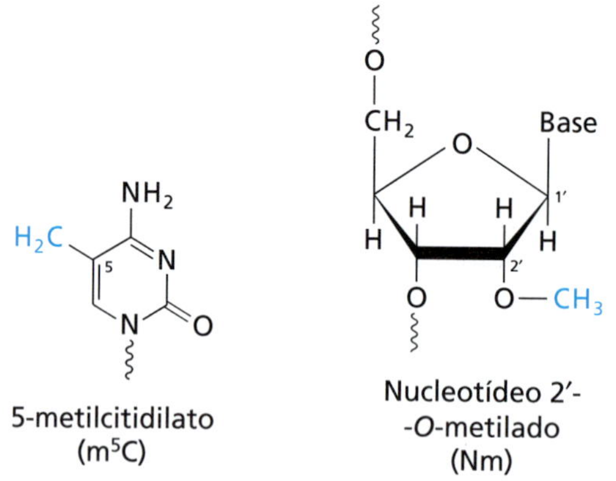

5-metilcitidilato
(m⁵C)

Nucleotídeo 2'-
-O-metilado
(Nm)

▲ Figura 21.25
Exemplos de modificações covalentes comuns encontradas em moléculas de tRNA (as modificações estão indicadas em azul).

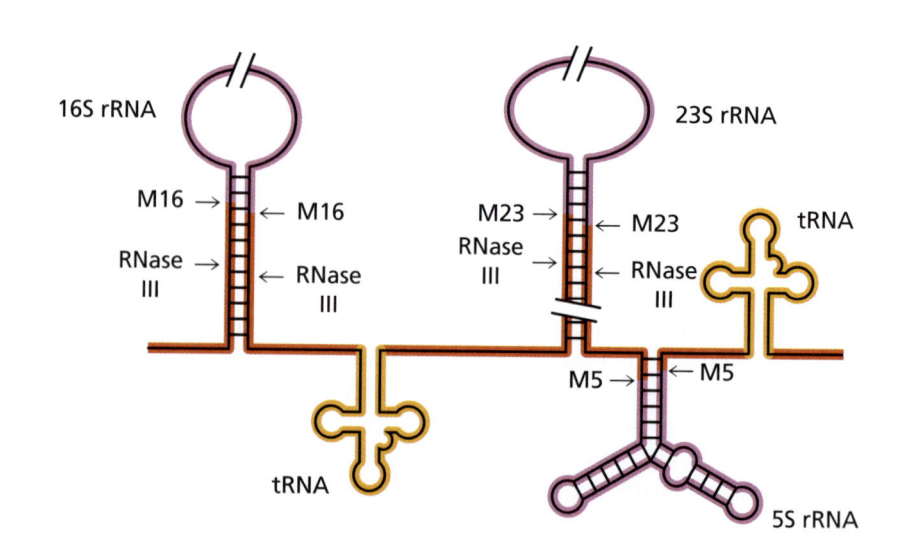

▶ Figura 21.26
Clivagem endonucleolítica de precursores do RNA ribossômico em *E. coli*. O transcrito primário contém uma cópia de cada um dos três RNAs ribossômicos e pode conter, ainda, vários precursores de tRNA. Os precursores de rRNA são separados dos grandes transcritos primários pela ação da RNase III. As terminações dos rRNAs 16S, 23S e 5S são aparadas pela ação das endonucleases M16, M23 e M5, respectivamente (as barras inclinadas indicam que partes do transcrito primário do rRNA foram excluídas para simplificar).

As terminações 5' e 3' de cada molécula de rRNA maduro são, em geral, encontradas em regiões de bases emparelhadas do transcrito primário. Nos procariontes, a endonuclease RNase III se liga a essas regiões e quebra o precursor próximo às terminações dos rRNAs 16S e 23S. Após a clivagem inicial, as terminações das moléculas de rRNA são aparadas pela ação de endonucleases específicas (Figura 21.26).

Nos eucariontes, os RNAs ribossômicos também são produzidos pelo processamento de um grande precursor. Os transcritos primários têm tamanhos entre 35S e 47S e contêm uma cópia de cada uma de três espécies de rRNA eucarionte: 18S, 5,8S e 28S (o quarto rRNA eucarionte, o 5S, é transcrito pela RNA polimerase III como uma molécula individual e processado separadamente). Os transcritos primários são sintetizados na região do núcleo chamada nucléolo, onde ocorre o processamento inicial. Cada precursor de rRNA se dobra parcialmente e se liga a alguma de suas proteínas ribossômicas parceiras antes que as clivagens do processamento ocorram.

21.9 Processamento do mRNA nos eucariontes

O processamento dos precursores do mRNA é uma das características bioquímicas que distinguem procariontes de eucariontes. Nos procariontes, os transcritos primários de mRNA são traduzidos diretamente, muitas vezes iniciando a tradução antes que a transcrição esteja completa. Nos eucariontes, por outro lado, a transcrição ocorre no núcleo, e a tradução, no citoplasma. Essa compartimentalização de funções nas células eucariontes permite o processamento nuclear dos precursores de mRNA sem interromper a tradução.

Moléculas maduras de mRNA eucarionte são, em geral, derivadas de transcritos primários muito maiores. Seu processamento subsequente inclui algumas das mesmas etapas que vimos na seção anterior, quais sejam: clivagem de um precursor, adição de nucleotídeos terminais e modificação covalente de nucleotídeos. Muitas vezes, nucleotídeos específicos (chamados sequências interpostas, ou íntrons) do meio de um transcrito primário de mRNA são literalmente extirpados, ou removidos, e os fragmentos resultantes são reunidos para formar o mRNA maduro. Essa etapa, chamada *splicing*, é comum na maioria das espécies eucariontes. *Splicing* também ocorre durante o processamento de alguns precursores eucariontes de tRNA e rRNA (embora essas modificações pós-transcricionais usem outro mecanismo de *splicing*).

> **CONCEITO-CHAVE**
> Os mRNAs não modificados são intrinsecamente instáveis na célula e seriam rapidamente degradados pelas ribonucleases.

A. As moléculas de mRNA nos encariontes têm terminações modificadas

Todos os precursores de mRNA eucariontes sofrem modificações que aumentam a estabilidade dos mRNAs maduros e os tornam substratos melhores para a tradução. Uma maneira de aumentar a estabilidade dos mRNAs é modificar suas terminações, de modo que elas deixem de ser suscetíveis à ação das exonucleases celulares, que degradam o RNA.

As terminações 5' são modificadas enquanto os precursores de mRNA ainda estão sendo sintetizados. A terminação 5' do transcrito primário é um resíduo de nucleosídeo-trifosfato (geralmente uma purina), que foi o primeiro nucleotídeo incorporado pela RNA polimerase II. Modificações dessa terminação têm início quando um grupo gama-fosfato é removido por ação de uma fosfo-hidrolase (Figura 21.27). O grupo 5'-difosfato resultante reage em seguida com um átomo de fósforo α de uma molécula de GTP, criando uma ligação 5'-5'-trifosfato. Essa reação é catalisada pela guanililtransferase e produz uma estrutura chamada *cap* ou **quepe**. Esta é, em geral, modificada pela metilação do recém-adicionado guanilato. Os grupos hidroxila da posição 2' dos dois primeiros nucleotídeos do transcrito original também podem ser metilados. Os grupos metila dessas reações são doados pela *S*-adenosilmetionina (Seção 7.3).

A ligação 5'-5'-trifosfato protege a molécula de mRNA das 5'-exonucleases por meio do bloqueio de sua terminação 5'. O *cap* também converte os precursores de mRNA em substratos para outras enzimas processadoras existentes no núcleo, como aquelas que catalisam o *splicing*. No mRNA maduro, o *cap* é o local ao qual os ribossomos se ligam

> **CONCEITO-CHAVE**
> Várias sequências codificadoras nos eucariontes são interrompidas por íntrons.

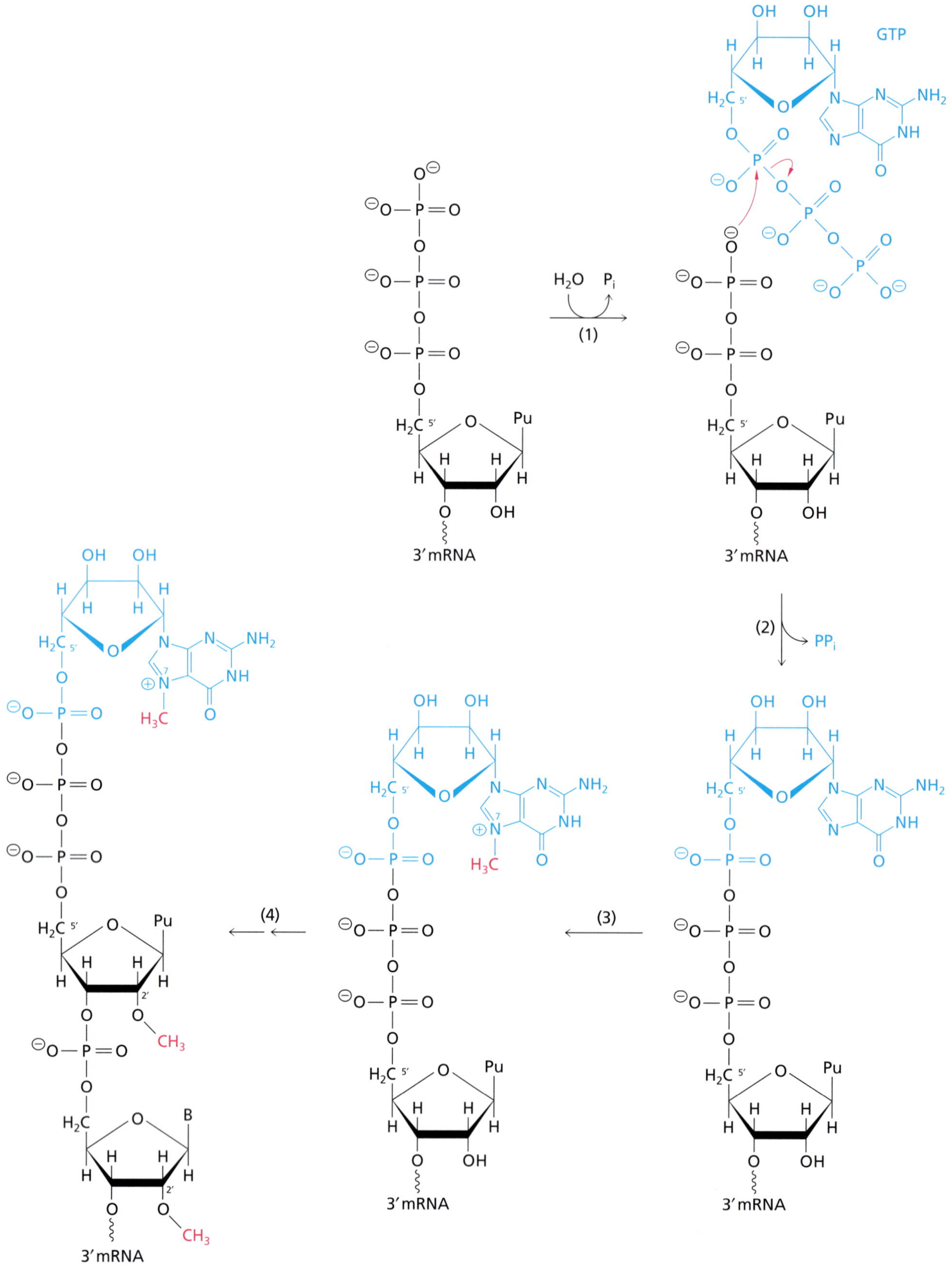

▲ **Figura 21.27**
Formação de um *cap* na terminação 5' de um precursor de mRNA eucarionte. (1) Uma fosfo-hidrolase catalisa a remoção do grupo fosfato na extremidade 5' do precursor. (2) Em seguida, a extremidade 5' recebe um grupo GMP do GTP, em uma reação catalisada pela guanililtransferase. (3) A base do grupo guanilato é metilada em N-7. (4) Os grupos hidroxila da posição 2' da ribose da extremidade e do penúltimo nucleotídeo do precursor também podem ser metilados.

durante a síntese proteica. O *capping*, ou capeamento, é um processo cotranscricional, confinado ao núcleo. As enzimas desse processo, mostradas na Figura 21.27, interagem diretamente com os complexos de transcrição da RNA polimerase II, mas não com os das RNA polimerases I ou III, garantindo que os precursores de mRNA sejam os únicos RNAs a ter *cap* (ou seja, tRNA e rRNA não são substratos para esse processo).

Precursores de mRNA nos eucariontes também têm suas terminações 3′ modificadas. Uma vez que a RNA polimerase II tenha transcrito além da terminação 3′ da região codificadora do DNA, o RNA recém-sintetizado é clivado por uma endonuclease abaixo de um sítio específico, cuja sequência de consenso de reconhecimento é AAUAAA. Essa sequência é ligada por um fator de especificidade de clivagem e poliadenilação (CPSF), uma proteína que também interage com a endonuclease e com a polimerase (Figura 21.28). Após a clivagem do RNA, a endonuclease se dissocia e vários resíduos de adenilato são acrescentados à recém-criada terminação 3′ da molécula. As reações de adição são catalisadas pela poli-A-polimerase que adiciona resíduos de adenilato usando ATP como substrato. Até 250 nucleotídeos podem ser adicionados para formar um segmento de poliadenilato conhecido como **cauda poli-A**.

Com raras exceções, todas as moléculas de mRNA maduro nos eucariontes contêm caudas poli-A. O tamanho dessas caudas varia, dependendo da espécie e, possivelmente,

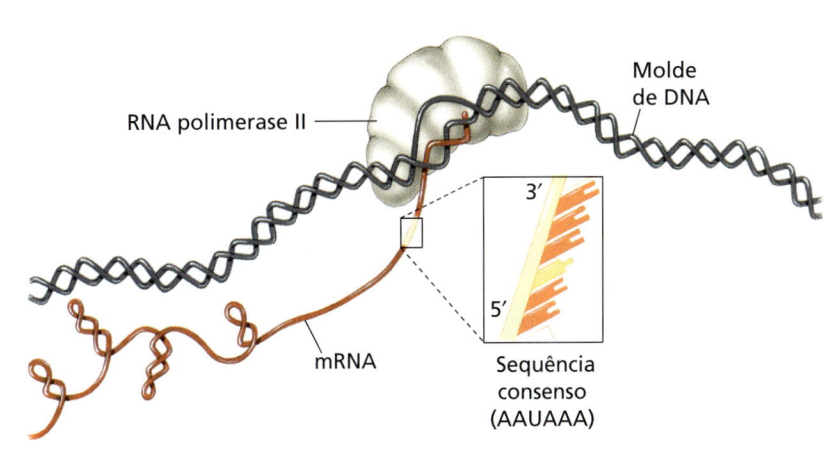

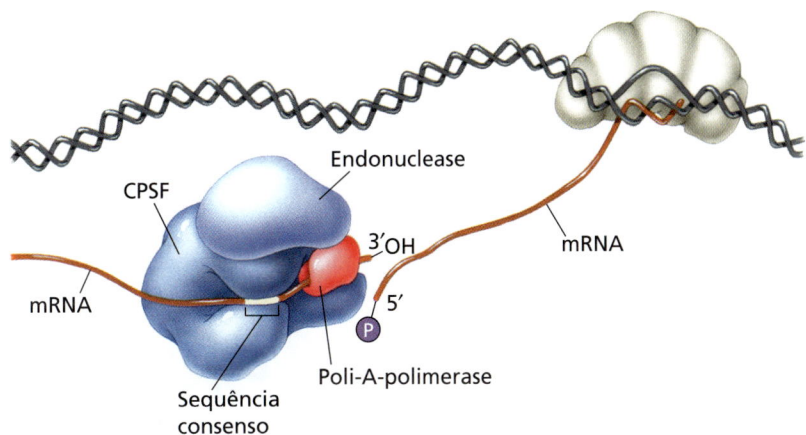

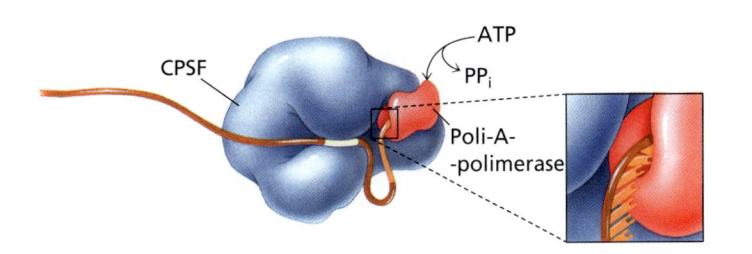

▲ **Figura 21.28**
Poliadenilação de um precursor de mRNA eucarionte.

do tipo de mRNA e do estágio de desenvolvimento da célula. O tamanho depende também da idade do mRNA, pois a cauda poli-A é progressivamente encurtada pela ação de 3′-exonucleases. Na realidade, a cauda já deve ter sido encurtada em 50 a 100 nucleotídeos quando o mRNA maduro atinge os poros nucleares. A presença da cauda poli-A aumenta o tempo necessário para as exonucleases chegarem à região codificadora.

B. Alguns precursores de mRNA nos eucariontes sofrem *splicing*

O *splicing* é raro nos procariontes, mas é a regra nos animais e nas plantas com flores. Sequências internas removidas do transcrito primário do RNA são chamadas íntrons. Sequências que estão presentes no transcrito primário e na molécula madura de RNA são chamadas éxons. Os termos "íntron" e "éxon" também se referem às regiões do gene (DNA) que codificam os íntrons e éxons correspondentes do RNA. Como os íntrons do DNA são transcritos, eles são considerados parte do gene. As junções de íntrons e éxons são conhecidas como sítios de *splicing*, pois são locais onde o precursor do mRNA é cortado e religado.

Por causa da perda de íntrons, o mRNA maduro tem, com frequência, uma fração do tamanho do transcrito primário. Por exemplo, o gene da triosefosfato-isomerase do milho contém nove éxons e oito íntrons, e se estende sobre 3.400 bp do DNA. O mRNA maduro, que inclui uma cauda poli-A, tem apenas 1.050 nucleotídeos (Figura 21.29). A própria enzima contém 253 resíduos de aminoácidos.

Já se acreditou que houvesse uma correlação entre a organização íntron/éxon de um gene e a estrutura da proteína codificada por ele. Segundo essa hipótese, os éxons

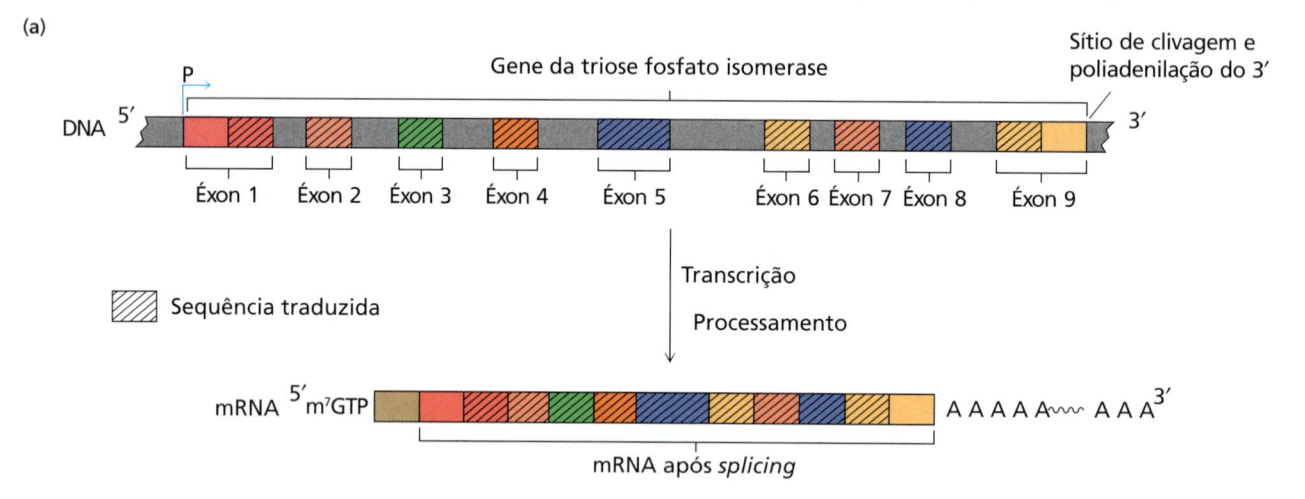

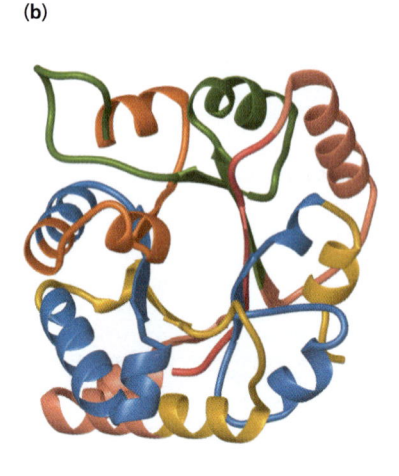

▲ **Figura 21.29**
Gene da triose fosfato isomerase de milho e a enzima codificada. (a) Diagrama do gene, mostrando nove éxons e oito íntrons. Alguns éxons contêm sequências traduzidas e não traduzidas. **(b)** Estrutura tridimensional da proteína, mostrando as partes codificadas por cada éxon.

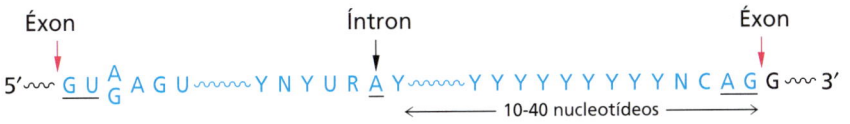

```
         Éxon                    Íntron                        Éxon
                 A
5'~~  G U   A G U ~~ Y N Y U R A Y ~~ Y Y Y Y Y Y Y Y Y N C A G  G ~~3'
            G
                              ←── 10-40 nucleotídeos ──→
```

Sequência consenso	Sequência consenso do	Sequência consenso da
da borda 5' do sítio	sítio de ramificação	borda 3' do sítio de *splicing*
de *splicing*		

◀ **Figura 21.30**
Sequências consenso de sítios de *splicing* em vertebrados. Nucleotídeos altamente conservados estão sublinhados. Y representa uma pirimidina (U ou C), R representa uma purina (A ou G) e N representa qualquer nucleotídeo. Os sítios de *splicing*, onde o precursor de RNA é cortado e religado, são indicados pelas setas rosas; o sítio de ramificação é indicado pela seta preta. O íntron está destacado em azul.

codificariam domínios da proteína, e a presença dos íntrons refletiria a organização primitiva do gene. Em outras palavras, os íntrons teriam surgido primeiro em termos evolutivos. No entanto, como mostrado na Figura 21.29b, não há uma correlação óbvia entre éxons e estrutura das proteínas. Atualmente, a maioria dos bioquímicos e biólogos moleculares acredita que os íntrons tenham sido inseridos em locais aleatórios durante a evolução de um gene. A hipótese dos "íntrons depois" afirma que os genes mais primitivos não têm íntrons e postula que eles tenham surgido muito mais tarde, durante a evolução dos eucariontes.

O tamanho dos íntrons pode variar de apenas 42 bp até 10.000 bp. Esse limite inferior varia em cada espécie; por exemplo, a maioria dos íntrons de *C. elegans* é tão pequena que eles podem ser removidos com precisão tanto em uma célula de vertebrado como em um extrato livre de células. As sequências nucleotídicas no sítio de *splicing* são semelhantes em todos os precursores de mRNA, mas a sequência do restante do íntron não é conservada. As sequências consenso dos vertebrados nos dois sítios de *splicing* são mostradas na Figura 21.30. Outra sequência consenso curta é encontrada dentro do íntron, próximo à terminação 3'. Essa sequência, conhecida como **sítio de ramificação** ou sequência do ponto de ramificação, também exerce uma função importante no *splicing*.

O *splicing* de um precursor de mRNA para remover um único íntron requer duas reações de transesterificação: uma entre o sítio de *splicing* 5' e o resíduo de adenilato do sítio de ramificação, e outra entre o éxon 5' e o sítio de *splicing* 3'. Os produtos dessas duas reações são (1) os éxons unidos e (2) o íntron excluído como uma molécula em forma de laço (*lariat*). Essas reações de *splicing* são catalisadas por um grande complexo RNA-proteína chamado **spliceossomo**, cujos principais papéis são reter os produtos intermediários do *splicing* e também posicionar os sítios de *splicing*, de modo que os éxons possam ser unidos com precisão (Figura 21.31).

O spliceossomo é um complexo grande, com múltiplas subunidades. Ele contém mais de 100 proteínas e 5 moléculas de RNA, cujo comprimento total é de cerca de 5.000 nucleotídeos. Essas moléculas são chamadas RNAs pequenos nucleares (snRNA) e são associadas a proteínas para formar as pequenas ribonucleoproteínas nucleares, ou snRNPs, que são importantes para o *splicing* de precursores de mRNA e também para outros processos celulares.

Há cinco tipos diferentes de snRNAs: U1, U2, U4, U5 e U6 (U vem de uracila, uma base comum nessas moléculas pequenas de RNA), e um núcleo de vertebrado diploide contém mais de 100.000 cópias totais deles. As cinco moléculas de snRNA são extensamente pareadas em suas bases e contêm nucleotídeos modificados. Cada snRNP contém um ou dois snRNAs, além de diversas proteínas, algumas das quais são comuns a todas as snRNPs; outras são encontradas apenas em uma classe de snRNP.

Experimentos bioquímicos *in vitro*, usando componentes purificados, levaram a um modelo sequencial de montagem de spliceossomos (Figura 21.32). A formação dos spliceossomos começa quando uma snRNP U1 se liga ao recém-sintetizado sítio de *splicing* 5' do precursor de mRNA. Essa interação depende do pareamento de bases entre o sítio de *splicing* 5' e uma sequência complementar próxima da terminação 5' do snRNA U1. Em seguida, uma snRNP U2 se liga ao sítio de ramificação do íntron, formando um complexo estável que cobre cerca de 40 nucleotídeos. Depois, uma snRNP U5 se associa com o sítio de *splicing* 3' e, por fim, uma snRNP U4/U6 se associa ao complexo, e todas as snRNPs são reunidas para formar o spliceossomo. Como vários grupos de pesquisa descobriram recentemente que essas mesmas snRNPs são encontradas pré-montadas em um complexo muito maior antes do *splicing*, pode ser que essa rota não reflita com precisão o ciclo do *splicing in vivo*.

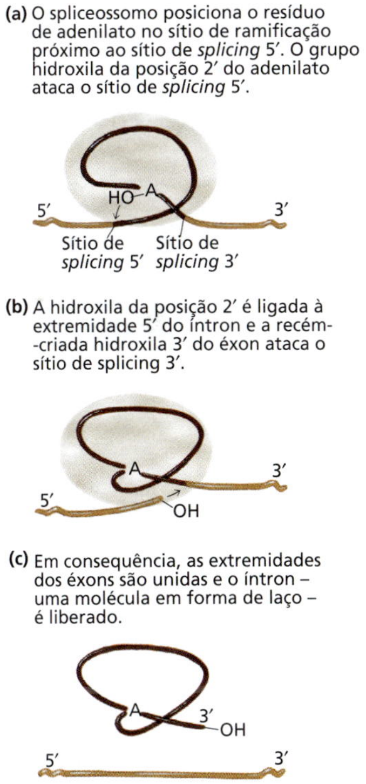

(a) O spliceossomo posiciona o resíduo de adenilato no sítio de ramificação próximo ao sítio de *splicing* 5'. O grupo hidroxila da posição 2' do adenilato ataca o sítio de *splicing* 5'.

(b) A hidroxila da posição 2' é ligada à extremidade 5' do íntron e a recém-criada hidroxila 3' do éxon ataca o sítio de splicing 3'.

(c) Em consequência, as extremidades dos éxons são unidas e o íntron – uma molécula em forma de laço – é liberado.

▲ **Figura 21.31**
Remoção do íntron de precursores de mRNA. O spliceossomo, um complexo de RNA-proteína com múltiplos componentes, catalisa o *splicing*. [Adaptado de Sharp PA. Splicing of messenger RNA precursors. Science, 1987; 235:766-771.]

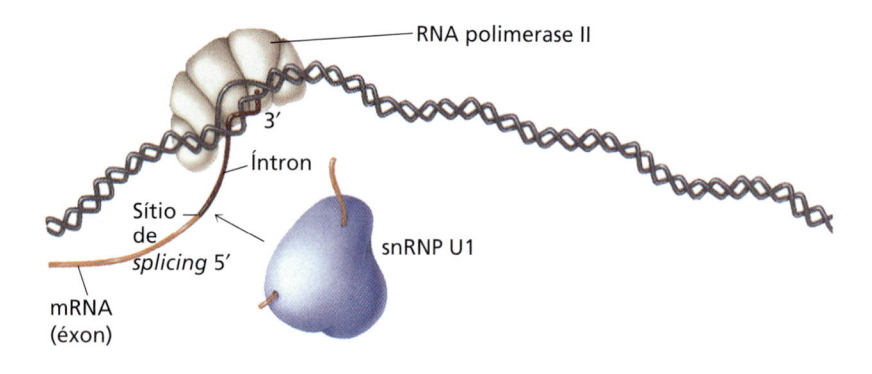

(a) Assim que o sítio de *splicing* 5′ deixa o complexo de transcrição, uma snRNP U1 se liga a ele.

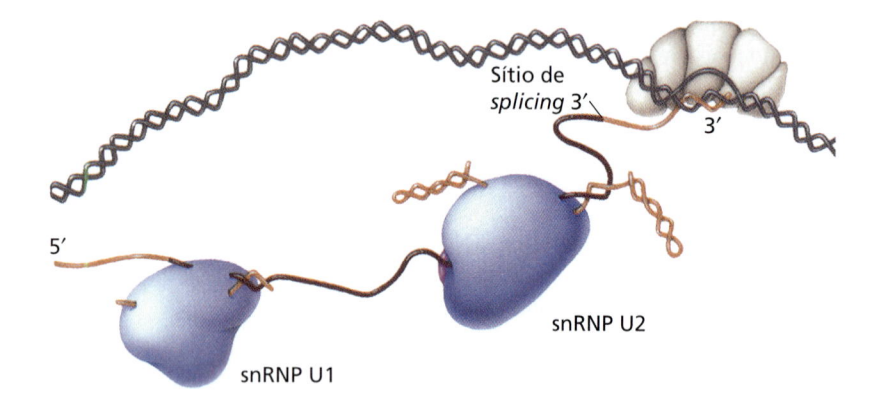

(b) Em seguida, uma snRNP U2 se liga ao sítio de ramificação do íntron.

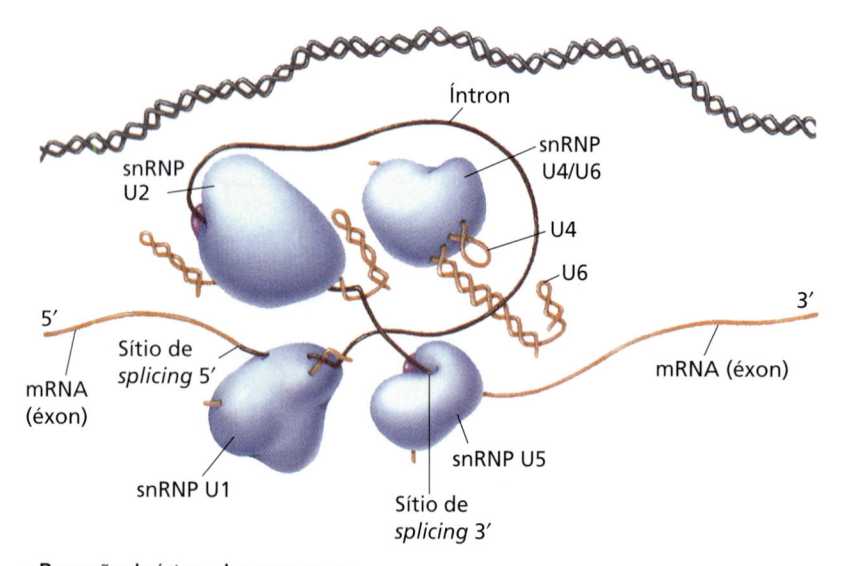

(c) Quando o sítio de *splicing* 3′ emerge do complexo de transcrição, uma snRNP U5 se liga, e o spliceossomo completo é montado em torno da snRNP U4/U6.

▲ **Remoção do íntron de precursores de mRNA.** O spliceossomo, um complexo de RNA-proteína com múltiplos componentes, catalisa o *splicing*. [Adaptado de Sharp PA. Splicing of messenger RNA precursors. Science, 1987; 235:766-771.]

A ligação das snRNPs U1, U2 e U5 às sequências de consenso no sítio de *splicing* 5′, no sítio de ramificação e no sítio de *splicing* 3′ dos íntrons posiciona esses três sítios interativos de forma adequada para a reação de *splicing*. O spliceossomo a seguir impede que o éxon 5′ se difunda depois da clivagem e o posiciona para ser unido ao éxon 3′. Uma vez formado o spliceossomo em um íntron, ele é bastante estável e pode ser purificado de extratos de células.

Como os spliceossomos podem ser observados em transcritos nascentes, acredita-se que a remoção do íntron seja a etapa limitante da velocidade de processamento do RNA. Como o spliceossomo, que tem quase o tamanho de um ribossomo, é grande demais para passar pelos poros nucleares, os precursores do mRNA são impedidos de deixar o núcleo antes que o processamento esteja completo. Uma vez que o íntron seja removido, o spliceossomo é reciclado e o ciclo catalítico irá se repetir no próximo íntron que ele encontrar.

Resumo

1. Um gene é uma sequência transcrita de DNA. Os genes "housekeeping" codificam proteínas e moléculas de RNA essenciais para as atividades celulares normais.

2. As células contêm vários tipos de RNA, incluindo o de transferência, o ribossômico, o mensageiro e o pequeno.

3. A síntese de RNA dirigida pelo DNA, ou transcrição, é catalisada pela RNA polimerase. Ribonucleosídeos-trifosfatos são adicionados em reações de transferência de grupos nucleotidil, usando uma fita de DNA como molde.

4. A transcrição começa em uma sequência promotora e segue na direção 5' → 3'. Uma sequência promotora consenso indica os nucleotídeos mais comumente encontrados em cada posição. A subunidade σ da RNA polimerase de *E. coli* aumenta a afinidade do cerne da polimerase por um promotor e reduz a afinidade pelas sequências não promotoras. Durante a iniciação, uma bolha de transcrição se forma e um pequeno segmento de RNA é sintetizado. A subunidade σ se dissocia na transição da iniciação para o alongamento da cadeia.

5. O término da transcrição na *E. coli* ocorre próximo aos sítios de pausa, em geral, quando o RNA forma um estrutura em grampo. Algumas terminações necessitam de Rho, que se liga ao RNA de fita simples.

6. Nos eucariontes, várias RNA polimerases diferentes executam a transcrição. Fatores de transcrição interagem com o promotor e com a RNA polimerase para iniciar a transcrição.

7. Alguns genes são expressos constitutivamente, mas a transcrição de outros é controlada. Esse controle pode ser feito por um repressor ou por um ativador que, com frequência, são proteínas alostéricas.

8. A transcrição dos três genes do operon *lac* é impedida quando o repressor *lac* se liga aos dois operadores próximos ao promotor. O repressor se dissocia do DNA quando ele se liga ao indutor alolactose. A transcrição é ativada por um complexo de cAMP e CRP (proteína reguladora do cAMP).

9. Frequentemente, os transcritos de RNA são modificados por processamento, o qual inclui remoção, adição ou modificação dos resíduos nucleotídicos. Os transcritos primários de tRNA e rRNA de procariontes são processados por quebra nucleolítica e modificação covalente.

10. O processamento de mRNA nos eucariontes inclui a adição de um *cap* no 5' e de uma cauda de poli-A no 3' para proteger a molécula de digestão por nuclease. Em alguns casos, íntrons são removidos por *splicing*. As duas reações de transesterificação do *splicing* são catalisadas pelo spliceossomo, um complexo que contém ribonucleoproteínas nucleares pequenas (snRNPs).

Problemas

1. Uma RNA polimerase bacteriana alonga o RNA a uma velocidade de 70 nucleotídeos por segundo e cada complexo de transcrição cobre 70 bp do DNA.
   (a) Qual o número máximo de moléculas de RNA que podem ser produzidas por minuto a partir de um gene de 6.000 bp? (Considere que a iniciação não limita a velocidade.)
   (b) Qual o número máximo de complexos de transcrição que podem ser ligados a esse gene de cada vez?

2. O genoma da *E. coli* tem um tamanho de, aproximadamente, 4.600 kb e contém cerca de 4.000 genes. O genoma dos mamíferos tem tamanho aproximado de 33×10^6 kb e contém no máximo 30.000 genes. Um gene médio de *E. coli* tem 1.000 bp.
   (a) Calcule o percentual de DNA de *E. coli* que não é transcrito.
   (b) Embora muitos genes dos mamíferos sejam maiores do que os das bactérias, a maior parte dos produtos dos genes dos mamíferos tem o mesmo tamanho dos bacterianos. Calcule o percentual de DNA nos éxons do genoma dos mamíferos.

3. Há diversos métodos que lhe permitem introduzir um gene intacto de eucarionte (por exemplo, o da triose fosfato isomerase) em uma célula procarionte. Você esperaria que esse gene fosse transcrito de modo apropriado pela RNA polimerase procarionte? E na situação inversa, em que um gene intacto de procarionte fosse introduzido em uma célula eucarionte? Ele seria transcrito adequadamente por um complexo de transcrição eucarionte?

4. Considere que, em uma situação rara, um gene típico de triose fosfato isomerase de eucarionte contenha as sequências corretas para permitir a transcrição precisa em uma célula procarionte. O RNA resultante seria traduzido adequadamente, produzindo a enzima intacta?

5. Descreva como a velocidade de transcrição do operon *lac* é afetada quando células de *E. coli* são cultivadas em presença de (a) lactose mais glicose; (b) glicose sozinha; e (c) lactose sozinha.

6. No promotor do operon *lac* de *E. coli*, a região −10 tem a sequência 5'-TATGTT-3'. Uma mutação denominada UV5 altera essa sequência para 5'-TATAAT-3' (veja a Figura 21.6). A transcrição pelo promotor *lac* UV5 não é mais dependente do complexo CRP-cAMP. Por quê?

7. Quando β-^{32}P4-ATP é incubado com um extrato de célula eucarionte capaz de transcrever e processar o RNA, em que posição do mRNA o marcador aparece?

8. Diferentemente da DNA polimerase, a RNA polimerase não tem atividade de revisão. Explique por que a falta dessa atividade não é prejudicial à célula.

9. Com frequência, mRNA maduro de células eucariontes é separado de outros componentes celulares com o uso de colunas que têm oligo-(dT)-celulose. Essas colunas contêm pequenos segmentos de desoxirribose-timidilato de fita simples, o oligo(dT), ligados a uma matriz de celulose. Explique a lógica do uso dessas colunas na purificação do mRNA maduro contido em uma mistura de componentes.

10. A rifampicina é um composto semissintético produzido a partir de rifamicina B, um antibiótico isolado de *Streptomyces mediterranei*. A rifampicina é uma droga antimicobacteriana aprovada, usada como componente-padrão de regimes combinados para tratamento de tuberculose e de infecções por estafilococos resistentes à penicilina. Estudos recentes sugeriram que a tuberculose resistente à rifampicina está se tornando mais comum. Por exemplo, em um estudo realizado em Botsuana, 2% das amostras mostraram-se resistentes a essa droga. A tabela abaixo apresenta alguns resultados obtidos de *E. coli* de tipo selvagem e *E. coli* com alteração de um aminoácido da subunidade β da RNA polimerase (Asp substituída por Tyr no aminoácido da posição 516) e sua resposta de crescimento diante de um meio contendo rifampicina [Severinov K, Soushko M, Goldfar, A e Nikiforov V. Rifampicin region revisited. J. Biol. Chem. 1993; 268:14.820-14.825].

E. coli	Rifampicina^a (μg/mL)
Tipo selvagem	<5
Asp516Tyr na subunidade β	>50

^{a}Concentração de rifampicina no ponto de interrupção do crescimento de *E. coli*.

(a) Qual a sua interpretação para esses dados?
(b) Qual o papel da subunidade β na RNA polimerase?
(c) Descreva um mecanismo para a resistência bacteriana à rifampicina.

11. Um segmento de DNA do meio de um gene de *E. coli* tem a sequência abaixo. Escreva as sequências de mRNA que podem ser produzidas pela transcrição desse segmento em ambas as direções.

CCGGCTAAGATCTGACTAGC

12. A definição de um gene dada na primeira página do Capítulo 21 se aplica aos genes de rRNA e tRNA cujos transcritos primários são mostrados na Figura 21.26?

13. Em geral, se conhecemos a sequência genômica do DNA de um gene podemos prever, com segurança, a sequência nucleotídica do RNA codificado por aquele gene. Essa afirmação é verdadeira também para os tRNAs dos procariontes? E para os tRNAs dos eucariontes?

14. Considere que um spliceossomo se una ao primeiro íntron do gene de triose fosfato isomerase do milho (Figura 21.29) quase imediatamente após o íntron ser transcrito (ou seja, depois que cerca de 500 nucleotídeos do RNA tenham sido sintetizados). Por quanto tempo deverá o spliceossomo permanecer estável se a reação de *splicing* não pode acontecer antes que a transcrição termine? Considere que a velocidade de transcrição pela RNA polimerase II no milho seja de 30 nucleotídeos por segundo.

15. O CRP-cAMP reprime a transcrição do gene *crp*. Prediga a localização do sítio de ligação do CRP-cAMP em relação ao promotor do gene *crp*.

16. Por que as mutações em um íntron de um gene codificador de proteína são, às vezes, prejudiciais?

17. Uma deleção em um dos íntrons do gene da triose fosfato isomerase desloca o sítio de ramificação para um novo local, afastado por sete nucleotídeos da sequência aceptora de *splicing* no 3′. Essa deleção terá algum efeito sobre o *splicing* do gene?

Leituras selecionadas

Geral
Alberts B, Johnson A, Lewis J e Raff M. Molecular Biology of the Cell, 5. ed. Nova York: Garland, 2007.
Krebs J, Goldstein L e Kilpatrick S. Lewin's Genes X (Nova York: Jones & Bartlett) 2009.

RNA polimerases e transcrição
Ardehali MB e Lis JT. Tracking rates of transcription and *splicing* in vivo. Nature Structural & Molecular Biology. 2009; 16:1.123-1.124.
Bushnell, DA. e Kornberg RD. Complete, 12-subunit RNA polymerase II at 4.1-A resolution: implications for the initiation of transcription. Proc. Natl. Acad. Sci. (USA). 2003; 100:6.969-6.973.
Kornberg RD. Eukaryotic transcriptional control. Trends Cell Biol. 1999; 9:M46-M49.
Lisser S e Margalit H. Compilation of E. coli mRNA promoter sequences. Nucleic Acids Res. 1993; 21:1.507-1.516.
Murakami KS, Masuda S, Campbell EA, Muzzin O, Darst SA. Structural basis of transcription initiation: an RNA polymerase holoenzyme-DNA complex. Science. 2002; 296:1.285-1.290.
Richardson JP. Transcription termination. Crit. Rev. Biochem. 1993; 28:1-30.

Controle da transcrição
Becker PB e Horz W. ATP-dependent nucleosome remodeling. Annu. Rev. Biochem. 2002; 71:247-273.
Bushman FD. Activators, deactivators and deactivated activators. Curr. Biol. 1992; 2:673-675.
Fuda NJ, Behfar M e Lis JT. Defining mechanisms that regulate RNA polymerase II transcription in vivo. Nature. 2009; 461:186-192.
Harrison SC e Aggarwal AK. DNA recognition by proteins with the helix-turn-helix motif. Annu. Rev. Biochem. 1990; 59:933-969.
Jacob F e Monod J. Genetic regulatory mechanisms in the synthesis of proteins. J. Mol. Biol. 1961; 3: 318-356.
Kolb A, Busby S, Buc H, Garges S. e Adhya, S. Transcriptional regulation by cAMP and its receptor protein. Annu. Rev. Biochem. 1993; 62:749-795.
Myers LC e Kornberg RD. Mediator of transcriptional regulation. Annu. Rev. Biochem. 2000; 69:729-749.
Pan Y, Tsai C-J, Ma B e Nussinov R. How do transcription factors select specific binding sites in the genome? Nature Structural & Molecular Biology. 2009; 16:1.118-1.120.

Wolfe AP e Guschin D. Review: chromatin structural features and targets that regulate transcription. J. Struct. Biol. 2000; 129:102-122.

Workman JL e Kingston,RE. Alteration of nucleosome structure as a mechanism of transcriptional regulation. Annu. Rev. Biochem. 1998; 67: 545–579.

Processamento de RNA

Apirion D e Miczak A. RNA processing in prokaryotic cells. BioEssays. 1993; 15:113-120.

Collins CA e Guthrie C. The question remains: is the spliceosome a ribozyme? Nature Struct. Biol. 2000; 7: 850-854.

James BD, Olsen GJ, Liu J e Pace NR. The secondary structure of ribonuclease P RNA, the catalytic element of a ribonucleoprotein enzyme. Cell. 1988; 52:19-26.

Jurica MS e Moore MJ. Pre-mRNA *splicing*: awash in a sea of proteins. Molecular Cell. 2003; 12:5-14.

McKeown M. The role of small nuclear RNAs in RNA *splicing*. Curr. Biol. 1993; 5:448-454.

Nilsen TW. The spliceosome: the most complex macromolecular machine in the cell? BioEssays. 2003; 25:1.147-1.149.

Proudfoot N. Connecting transcription to messenger RNA processing. Trends Biochem. Sci. 2000; 25:290-293.

Shatkin AJ e Manley JL. The ends of the affair: capping and polyadenylation. Nature Struct. Biol. 2000; 7: 838-842.

Wahle E. The end of the message: 3'-end processing leading to polyadenylated messenger RNA. BioEssays. 1992; 14:113-118.

22 CAPÍTULO

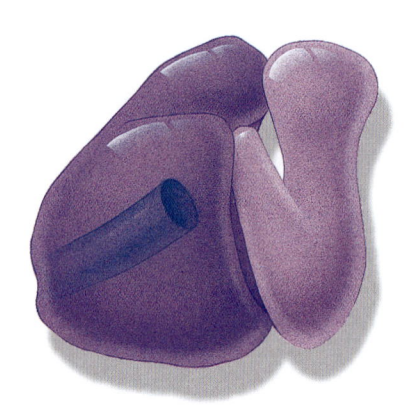

Síntese de Proteínas

Os resultados indicam que o ácido poliuridílico contém a informação para a síntese de uma proteína com várias características da poli-L--fenilalanina... Portanto, um ou mais resíduos de ácido uridílico parecem ser o código para a fenilalanina. Se esse código é um singleto, tripleto etc., ainda não foi determinado. Aparentemente, o ácido poliuridílico funciona como um RNA-molde ou mensageiro para a síntese, e esse sistema estável e livre de células de E. coli possivelmente sintetizará qualquer proteína correspondente à informação pertinente contida no RNA adicionado.
— M. Nirenberg e H. Matthaei (1961)

Estamos prontos agora para estudar a etapa final do fluxo da informação biológica: a tradução do mRNA e a polimerização dos aminoácidos em proteínas. As características essenciais da bioquímica da síntese de proteínas foram desvendadas no período de 1955 a 1965. Estava claro que havia um código genético que precisava ser usado para traduzir uma sequência de nucleotídeos em outra, de aminoácidos. Em 1955, Francis Crick propôs que a primeira etapa nesse processo seria a ligação de um aminoácido a um pequeno RNA adaptador. Esses adaptadores, atualmente conhecidos como RNAs de transferência, foram identificados logo depois. Os ribossomos e outros componentes essenciais da máquina de tradução foram descobertos pelo fracionamento de células e a reconstituição da síntese proteica *in vitro*. Pesquisadores de diversos laboratórios demonstraram que o RNA mensageiro é um dos intermediários-chave no fluxo da informação do DNA até as proteínas. Por volta de 1961, o principal ingrediente que faltava conhecer era a natureza do código genético.

Começaremos este capítulo discutindo o código genético e a estrutura do tRNA. Em seguida, veremos como mRNA, tRNA, ribossomos e proteínas acessórias participam da síntese proteica. Iremos também apresentar alguns exemplos do controle da tradução e do processamento pós-traducional das proteínas.

22.1 O código genético

George Gamow foi o primeiro a propor as unidades estruturais básicas do código genético. Ele imaginou que, como o "alfabeto" do DNA consiste em apenas quatro "letras" (A, T, C e G) e estas codificam vinte aminoácidos, o código genético deveria conter "palavras", ou **códons**, com um tamanho uniforme de três "letras". Palavras de duas letras construídas com qualquer combinação de quatro letras produzem um vocabulário de apenas dezesseis palavras (4^2), o que é insuficiente para vinte aminoácidos. Por outro lado, palavras de quatro letras produzem um vocabulário de 256 palavras (4^4), muito além do que era necessário. Palavras de três letras permitem um vocabulário de 64 palavras (4^3), mais do que o suficiente para especificar cada um dos vinte aminoácidos, sem ser excessivo.

Topo: Ribossomo de *Escherichia coli*. O ribossomo, um complexo de RNA e proteína, é o local onde a informação genética é traduzida em proteína.

A "quebra" do código genético começou com uma observação casual de Marshall Nirenberg e J. Heinrich Matthaei. Eles descobriram que o poliuridilato (poli-U) poderia conduzir a síntese de polifenilalanina *in vitro*. Demonstrando que UUU codifica fenilalanina, eles identificaram o primeiro códon.

Entre 1962 e 1965, o restante do código foi decifrado com a participação de diversos pesquisadores, principalmente Nirenberg e H. Gobind Khorana. No total, foram necessários dez anos de trabalho árduo para aprender como o mRNA codifica proteínas. O desenvolvimento de métodos de sequenciamento de genes e proteínas permitiu a comparação direta das sequências primárias das proteínas com as sequências nucleotídicas de seus genes correspondentes. Cada vez que uma nova proteína e seu gene são caracterizados, o código genético é confirmado.

O RNA de transferência (tRNA) desempenha um papel importante na interpretação do código genético e na tradução de uma sequência de nucleotídeos em uma de aminoácidos. Os tRNAs são os adaptadores entre mRNA e proteínas. Uma região de uma molécula de tRNA é ligada covalentemente a um aminoácido específico, enquanto outra região da mesma molécula de tRNA interage de modo direto com um códon do mRNA por pareamento de bases complementares. É essa ligação processiva dos aminoácidos especificados por um molde de mRNA que permite a síntese precisa das proteínas.

Em princípio, um código genético constituído por palavras de três letras pode ter sobreposição ou não (Figura 22.1). Se os códons têm sobreposição, então cada letra faz parte de mais de uma palavra, e a mudança de apenas uma dessas letras altera várias palavras simultaneamente. Por exemplo, na sequência mostrada na Figura 22.1a, cada letra faz parte de três palavras diferentes, em um código com sobreposição. Uma das vantagens de um código sem sobreposição (Figura 22.1b) é que cada letra faz parte de apenas uma palavra; assim, a mudança em um só nucleotídeo afeta apenas um códon. Todos os organismos vivos utilizam código genético sem sobreposição.

Mesmo com um código sem sobreposição, uma sequência pode ser traduzida de diferentes formas, dependendo de onde a tradução começa (veremos mais tarde que normalmente a tradução não começa com o primeiro nucleotídeo em um mRNA). Cada ponto potencial de iniciação da tradução define uma sequência única de palavras de três letras, ou **quadro de leitura**, no mRNA. A tradução correta da "mensagem" transcrita, ou escrita, no código genético depende do estabelecimento do quadro de leitura correto para a tradução (Figura 22.2).

O código genético padrão é mostrado na Figura 22.3. Com poucas exceções de menor significado, todos os organismos vivos utilizam esse código genético, sugerindo que todas as espécies modernas descendem de um mesmo ancestral, que também utilizou o código-padrão. Essa espécie ancestral viveu, provavelmente, há bilhões de anos, o que torna o código genético uma das características mais antigas remanescentes da vida primitiva.

Por convenção, todas as sequências nucleotídicas são escritas na direção 5′ → 3′. Assim, UAC especifica tirosina e CAU, histidina. Em geral, o termo "códon" se refere a tripletos de nucleotídeos no mRNA, mas também pode ser aplicado aos conjuntos de três nucleotídeos na sequência de DNA de um gene. Por exemplo, um códon de DNA para tirosina é TAC.

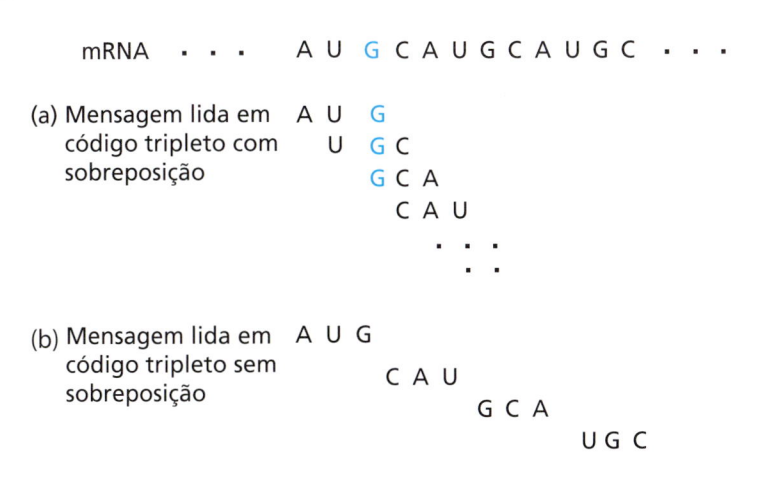

▲ **Máquina de criptografia *enigma*, usada pelas Forças Armadas alemãs durante a Segunda Guerra Mundial.** Essa máquina de escrever mecânica permitia ao usuário ajustar seus três grandes *dials* para criptografar mensagens antes que elas fossem enviadas pelo telégrafo. Os receptores podiam decodificar as mensagens ajustando os *dials* de suas máquinas *enigma*, de modo a fazê-los coincidir. Esse tipo de criptografia é extremamente difícil de ser decifrado, mas, quando as Forças Aliadas conseguiram capturar uma dessas máquinas intacta, puderam ter acesso a todas as transmissões do inimigo.

mRNA · · ·   A U G C A U G C A U G C · · ·

(a) Mensagem lida em código tripleto com sobreposição
A U G
 U G C
  G C A
   C A U
    · · ·

(b) Mensagem lida em código tripleto sem sobreposição
A U G
   C A U
      G C A
         U G C

◀ **Figura 22.1**
Mensagem lida em códigos de três letras (a) com sobreposição e (b) sem sobreposição. Em um código com sobreposição, cada letra faz parte de três palavras de três letras diferentes (como indicado pelo G em azul); em um código sem sobreposição, cada letra é parte de apenas uma palavra de três letras.

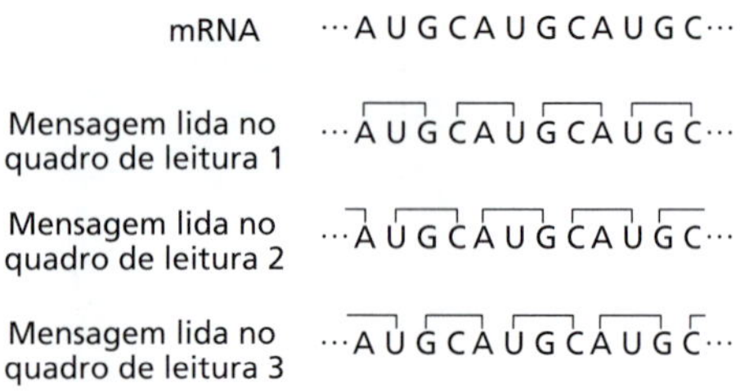

mRNA ···AUGCAUGCAUGC···

Mensagem lida no quadro de leitura 1 ···A U G C A U G C A U G C···

Mensagem lida no quadro de leitura 2 ···A U G C A U G C A U G C···

Mensagem lida no quadro de leitura 3 ···A U G C A U G C A U G C···

▲ **Figura 22.2**
Um mRNA contém três quadros de leitura diferentes. A mesma sequência de letras lida em três quadros de leitura diferentes será traduzida como três "mensagens" ou sequências proteicas distintas. Portanto, a tradução da mensagem correta requer a seleção do quadro de leitura correto.

CÓDIGO MORSE INTERNACIONAL
Duração do traço igual a três pontos

```
A ·—       N —·       1 ·————
B —···     O ———      2 ··———
C —·—·     P ·——·     3 ···——
D —··      Q ——·—     4 ····—
E ·        R ·—·      5 ·····
F ··—·     S ···      6 —····
G ——·      T —        7 ——···
H ····     U ··—      8 ———··
I ··       V ···—     9 ————·
J ·———     W ·——      0 —————
K —·—      X —··—
L ·—··     Y —·——
M ——       Z ——··
```

▲ **O código Morse permitia o envio de textos pelo telégrafo.** Mensagens escritas no alfabeto latino e/ou em números arábicos podiam ser transmitidas através dos fios elétricos usando um código inventado por Samuel Morse. Nesse código, as letras mais comuns do texto na língua inglesa eram codificadas pelas sequências mais curtas de traços e pontos (permitindo que as mensagens fossem enviadas com o mínimo de símbolos).

Códons são sempre traduzidos de 5' → 3', começando próximo da extremidade 5' da mensagem (ou seja, da extremidade sintetizada em primeiro lugar) e seguindo em direção do término da região codificadora que, em geral, fica perto da terminação 3' do mRNA. O quadro de leitura correto é especificado por sinais especiais de pontuação que marcam o início e o fim.

O código genético padrão tem várias características importantes:

1. O código genético é isento de ambiguidade. Em um organismo ou organela específico, cada códon corresponde a um, e somente um, aminoácido.

2. Há múltiplos códons para a maioria dos aminoácidos. Por exemplo, leucina é o aminoácido mais abundante nas proteínas (Tabela 3.3) e tem seis códons. Por causa da existência de vários códons para a maioria dos aminoácidos, o código genético é dito **degenerado**. Códons diferentes que especificam o mesmo aminoácido (por exemplo, UCU e CGU especificam Ser; ACA, ACC, ACG e ACU especificam Thr) são conhecidos como **códons sinônimos**.

3. Os dois primeiros nucleotídeos de um códon são, em geral, suficientes para especificar um dado aminoácido. Por exemplo, todos os quatro códons da glicina (GGU, GGC, GGA e GGG) começam com GG.

4. Códons com sequências similares especificam aminoácidos quimicamente semelhantes. Por exemplo, os códons de treonina diferem de quatro dos códons da serina apenas por um nucleotídeo na posição 5'; os códons do aspartato e do glutamato começam com GA e diferem apenas na posição 3'. Além disso, códons com pirimidinas na segunda posição normalmente codificam aminoácidos hidrofóbicos. Portanto, mutações que alteram a posição 5' ou a 3' desses códons resultam, em geral, na incorporação de um aminoácido quimicamente semelhante na proteína.

5. Apenas 61 dos 64 códons especificam aminoácidos. Os três códons restantes (UAA, UGA e UAG) são **códons de terminação** ou **códons de parada**. Normalmente, eles não são reconhecidos pelas moléculas de tRNA na célula. No entanto, são reconhecidos por proteínas específicas, que fazem com que os peptídeos recém-sintetizados sejam liberados pela máquina de tradução. O códon da metionina, AUG, também especifica o sítio de iniciação da síntese proteica e é normalmente chamado **códon de iniciação**.

▶ **Figura 22.3**
Código genético padrão. O código genético padrão é composto por 64 códons tríplices ou tripletos. A coluna da esquerda indica o nucleotídeo encontrado na primeira posição (5'), a linha de cima indica o nucleotídeo encontrado na segunda posição (meio) e a coluna da direita indica o nucleotídeo encontrado na terceira posição (3') do códon. O códon AUG especifica metionina (Met) e também é usado para iniciar a síntese proteica. STOP indica um códon de terminação.

Primeira posição (terminação 5')	Segunda posição				Terceira posição (terminação 3')
	U	C	A	G	
U	Phe	Ser	Tyr	Cys	U
	Phe	Ser	Tyr	Cys	C
	Leu	Ser	STOP	STOP	A
	Leu	Ser	STOP	Trp	G
C	Leu	Pro	His	Arg	U
	Leu	Pro	His	Arg	C
	Leu	Pro	Gln	Arg	A
	Leu	Pro	Gln	Arg	G
A	Ile	Thr	Asn	Ser	U
	Ile	Thr	Asn	Ser	C
	Ile	Thr	Lys	Arg	A
	Met	Thr	Lys	Arg	G
G	Val	Ala	Asp	Gly	U
	Val	Ala	Asp	Gly	C
	Val	Ala	Glu	Gly	A
	Val	Ala	Glu	Gly	G

Quando se completou a primeira versão do genoma humano em 2000, tornou-se comum ler na imprensa que "foi decifrado o código da vida" ou "decifraram o código genético humano". Estritamente falando, a informação do genoma humano é codificada usando o mesmo código "universal" descoberto há cinquenta anos. Os projetos de sequenciamento revelaram, na verdade, as *mensagens* codificadas pelos genes, e não o código em si.

22.2 O RNA de transferência

As moléculas de RNA de transferência são os intérpretes do código genético. Elas são o elo fundamental entre a sequência de nucleotídeos do mRNA e a de aminoácidos do polipeptídeo correspondente. Para que o tRNA desempenhe essa função, cada célula precisa conter pelo menos vinte espécies diferentes de tRNA (uma para cada aminoácido), e cada uma delas precisa reconhecer pelo menos um códon.

A. A estrutura tridimensional do tRNA

As sequências nucleotídicas das diferentes moléculas de tRNA de vários organismos já foram determinadas. As sequências de quase todas elas são compatíveis com a estrutura secundária mostrada na Figura 22.4. Essa estrutura em "folha de trevo" contém vários braços, compostos de uma alça ou de uma alça com uma haste formada por ligação de hidrogênio. A região de fita dupla de cada braço forma uma pequena hélice direita empilhada, semelhante à do DNA de fita dupla.

A terminação 5' e a região próxima da terminação 3' da molécula de tRNA formam pares de bases uma com a outra, formando a *haste aceptora* (ou haste do aminoácido). O aminoácido ativado será ligado de modo covalente ao tRNA na extremidade 3' dessa haste. O grupo carboxila dos aminoácidos é ligado à hidroxila 2' ou 3' da ribose do resíduo de adenilato terminal (lembre-se, da Seção 21.8A, de que moléculas maduras de tRNA são produzidas pelo processamento de um transcrito primário maior e que

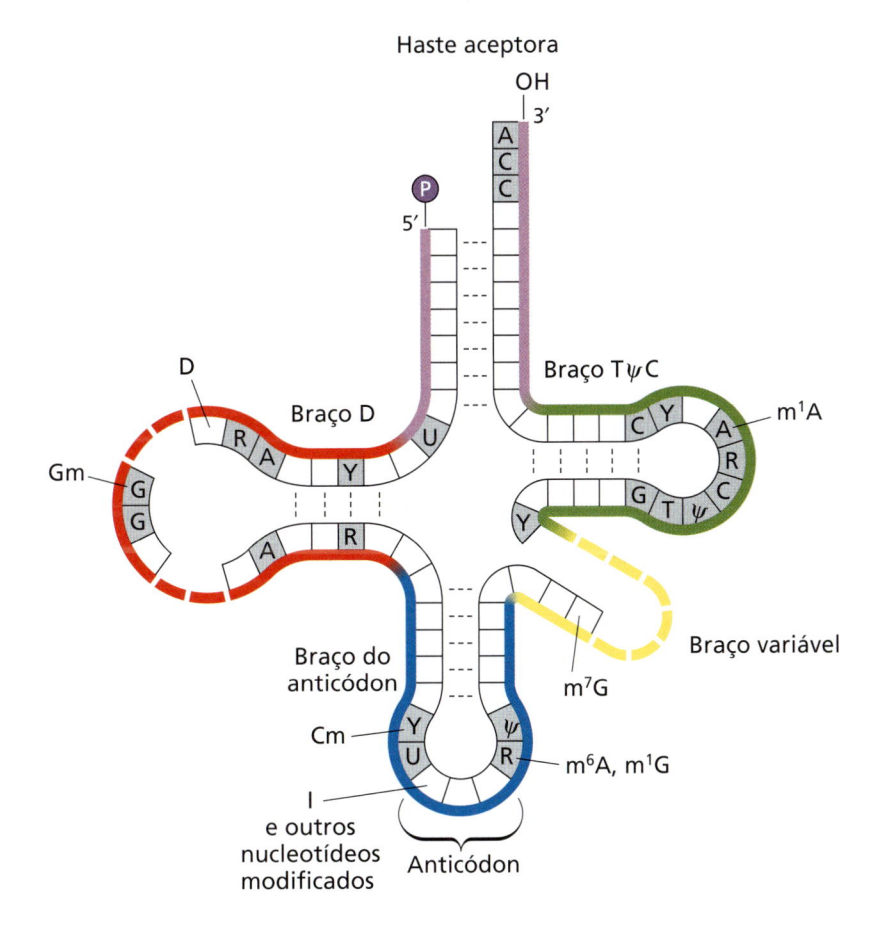

◄ **Figura 22.4**
Estrutura secundária em "folha de trevo" do tRNA. O pareamento de bases segundo Watson-Crick é indicado por linhas tracejadas entre os resíduos de nucleotídeos. A molécula é dividida entre uma haste aceptora e quatro braços. A haste aceptora é o sítio de ligação do aminoácido, e o braço do anticódon é a região do tRNA que interage com os códons do mRNA. Os braços D e TΨC são nomeados segundo os nucleotídeos modificados presentes neles. O número de resíduos de nucleotídeos em cada braço é mais ou menos constante (exceto no braço variável). As bases conservadas (cinza) e as posições dos nucleotídeos comumente modificados estão marcadas. Abreviaturas distintas daquelas dos nucleotídeos-padrão: R – um nucleotídeo purínico; Y – um nucleotídeo pirimidínico; m^1A – 1-metiladenilato; m^6A – N^6-metiladenilato; Cm – 2'-O-metilcitidilato; D – di-hidrouridilato; Gm – 2'-O-metilguanilato; m^1G – 1-metilguanilato; m^7G – 7-metilguanilato; I – inosinato; Ψ – pseudouridilato; T – timina-ribonucleotídeo.

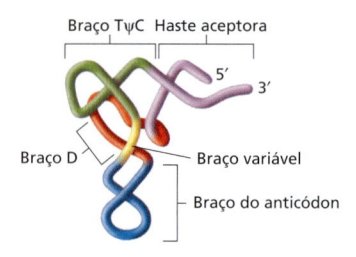

Figura 22.5
Estrutura terciária do tRNA. A molécula em forma de folha de trevo mostrada na Figura 22.4, na verdade, é dobrada nesta forma tridimensional. A estrutura terciária do tRNA resulta do pareamento de bases entre as alças TψC e D e de duas interações de empilhamento que **(a)** alinham o braço TψC com a haste aceptora e **(b)** alinham o braço D com o braço do anticódon. Para simplificar, apenas o esqueleto de ribose-fosfato é mostrado aqui.

os nucleotídeos na terminação 3' de um tRNA maduro são, invariavelmente, CCA). Todas as moléculas de tRNA têm um nucleotídeo fosforilado na terminação 5'.

A alça de fita simples oposto à haste aceptora na estrutura em folha de trevo é chamada alça do anticódon. Ela contém o **anticódon**, a sequência de três bases que se liga a um códon complementar no mRNA. O braço da molécula de tRNA que contém o anticódon é chamado *braço do anticódon*. Os outros dois braços da molécula de tRNA são denominados de acordo com os nucleotídeos covalentemente modificados encontrados neles (veja na Figura 21.25 as estruturas desses nucleotídeos). Um dos braços, chamado TψC, sempre contém a sequência tríplice ribotimidilato (T), pseudouridilato (ψ) e citidilato (C). Resíduos de di-hidrouridilato (D) conferem o nome ao *braço D*. Moléculas de tRNA também têm um *braço variável* entre os braços do anticódon e o *braço TψC*. O tamanho do braço variável pode oscilar entre 3 e 21 nucleotídeos. Com poucas e raras exceções, as moléculas de tRNA têm entre 73 e 95 nucleotídeos.

O diagrama em formato de folha de trevo do tRNA é uma representação bidimensional de uma molécula tridimensional. Em três dimensões, essa molécula é dobrada na forma de um "L" de cabeça para baixo (Figuras 22.5 e 22.6). A haste aceptora fica em uma das extremidades da molécula em forma de L e o anticódon, na alça da extremidade oposta. A estrutura resultante é compacta e muito estável, em parte por causa das ligações de hidrogênio entre os nucleotídeos nos braços D, TψC e variável. Esse pareamento de bases é diferente do de Watson-Crick normal. A maior parte dos nucleotídeos no tRNA faz parte de duas hélices empilhadas perpendiculares. As interações entre os pares de bases adjacentes empilhados são aditivas e fazem uma contribuição importante para a estabilidade do tRNA (análoga às interações das bases empilhadas na estrutura 3-D do DNA de fita dupla que descrevemos na Seção 19.2C).

B. Anticódons de tRNA formam pares de bases com códons do mRNA

A decodificação da informação armazenada nas moléculas de mRNA, mediada pelo tRNA, requer interações de pareamento de bases entre os anticódons dos tRNAs e os códons complementares do mRNA. O anticódon de uma molécula de tRNA, portanto, determina onde o aminoácido ligado à sua haste aceptora é adicionado na cadeia polipeptídica em crescimento. As moléculas de RNA de transferência recebem o

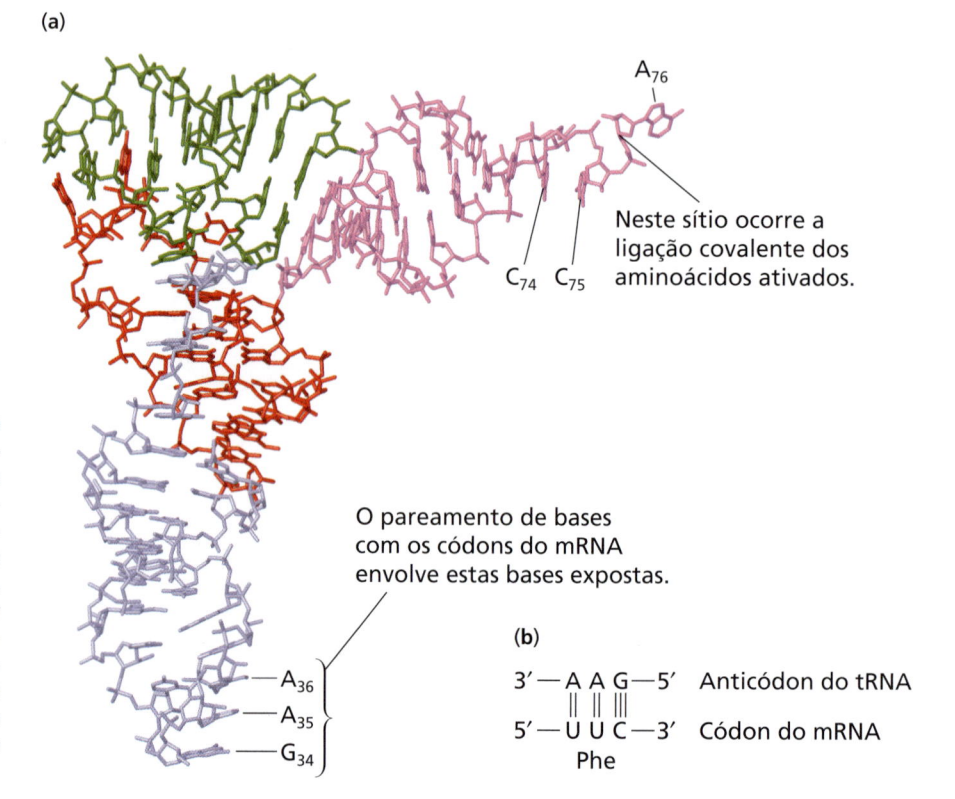

Figura 22.6
Estrutura do tRNA^{Phe} da levedura *Saccharomyces cerevisiae*. **(a)** Modelo de varetas mostrando os pares de bases e a posição do braço D (vermelho) em relação ao TψC (verde). Observe que há duas hélices de RNA de fita dupla arranjadas em ângulo reto, uma em relação à outra, para formar uma estrutura em forma de L. **(b)** Diagrama mostrando o pareamento de bases complementar entre tRNA^{Phe} e um códon Phe para gerar uma hélice de RNA de fita dupla, antiparalela, durante a decodificação [NDB TRNA10].

(b)

3'— A A G —5' Anticódon do tRNA
     ‖ ‖ ‖
5'— U U C —3' Códon do mRNA
         Phe

nome dos aminoácidos que transportam. Por exemplo, a molécula de tRNA mostrada na Figura 22.6 tem o anticódon GAA, que se liga ao códon da fenilalanina UUC. Antes da síntese proteica, a fenilalanina é ligada covalentemente à haste aceptora deste tRNA. Logo, a molécula é denominada tRNA^{Phe}.

Grande parte do pareamento de bases entre o códon e o anticódon é governada pelas regras de pareamento de Watson-Crick: a forma par com U, G com C e as fitas na região das bases pareadas são antiparalelas. Contudo, algumas exceções a essas regras levaram Francis Crick a propor que o pareamento complementar do tipo Watson-Crick é necessário para que sejam formados apenas dois dos três pares de bases. O códon tem que formar pares do tipo Watson-Crick com as bases de 3′ e do meio do anticódon, mas outros tipos de pareamento são permitidos na posição 5′ do anticódon. Esse pareamento alternativo sugere que a posição 5′ tem conformação flexível. Crick deu a essa flexibilidade o nome de "oscilação" ou "*wobble*" e a posição 5′ do anticódon é, às vezes, chamada posição oscilante.

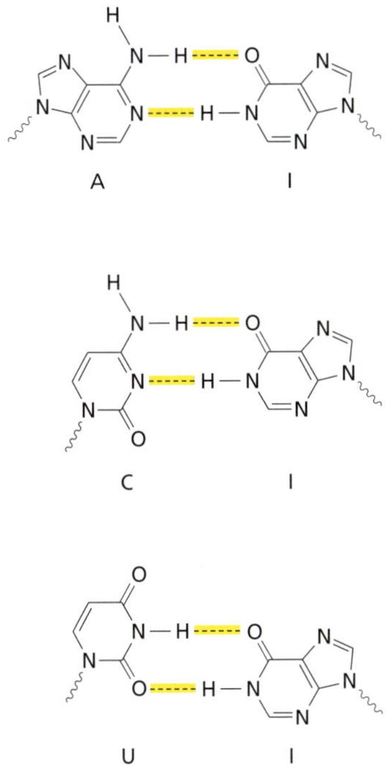

Tabela 22.1 Pareamento de bases previsto entre a posição 5′ (oscilante) do anticódon e a posição 3′ do códon

Nucleotídeo na posição 5′ (oscilante) do anticódon	Nucleotídeo na posição 3′ do códon
C	G
A	U
U	A ou G
G	U ou C
I^a	U, A ou C

^{a} I = Inosinato

▲ **Figura 22.7**
Pares de bases do inosinato. O inosinato (I) é encontrado com frequência na posição 5′ (oscilante) de um anticódon de tRNA. Ele é capaz de formar ligações de hidrogênio com A, C ou U. Essa versatilidade na ligação de hidrogênio permite que um tRNA com um único anticódon reconheça mais de um códon sinônimo.

A Tabela 22.1 resume os pares de bases possíveis entre a posição oscilante de um anticódon e o terceiro nucleotídeo de um códon do mRNA. Quando G está na posição oscilante, por exemplo, ele pode formar par com C ou com U (!). A base na posição oscilante de muitos anticódons é modificada covalentemente, permitindo mais flexibilidade no reconhecimento do códon. Por exemplo, em diversas moléculas de tRNA, G na posição 5′ do anticódon é desaminada em C-2 para formar inosinato (I), o qual pode formar ligação de hidrogênio com A, C ou U (Figura 22.7). A presença de I na posição 5′ do anticódon explica por que tRNA^{Ala} com o anticódon IGC pode se ligar a três códons diferentes especificadores de alanina: GCU, GCC e GCA (Figura 22.8).

A oscilação permite que algumas moléculas de tRNA reconheçam mais de um códon, mas várias moléculas distintas de tRNA são, com frequência, necessárias para o reconhecimento de todos os códons sinônimos. Moléculas diferentes de tRNA, capazes de se ligar ao mesmo aminoácido, são chamadas **tRNAs isoaceptores**. Esse termo descreve não só as moléculas de tRNA com diferentes anticódons ligadas covalentemente ao mesmo aminoácido ativado, mas também aquelas com o mesmo anticódon, porém com diferentes sequências primárias. Os tRNAs isoaceptores são identificados por números romanos ou pelos códons que reconhecem (por exemplo, tRNA$_I^{Ala}$, tRNA$_{II}^{Ala}$ ou tRNA$_{GCG}^{Ala}$).

Os dados de sequenciamento genômico revelam que os genomas bacterianos codificam entre 30 e 36 tRNAs diferentes e que os genomas eucariontes têm genes para cerca de 80 moléculas distintas de tRNA. Vários genes de tRNA eucarionte estão presentes em múltiplas cópias, especialmente aqueles que codificam tRNAs abundantes, usados com mais frequência na síntese proteica.

22.3 A reação da aminoacil-tRNA sintetase

Assim como nas sínteses de DNA e RNA, a síntese proteica pode ser dividida em três estágios distintos: iniciação, alongamento de cadeia e terminação. Contudo, nossa descrição da tradução inclui uma etapa anterior à iniciação da polimerização, qual seja, a aminoacilação do tRNA. A ativação do aminoácido é considerada parte do processo total de tradução, porque é uma parte muito importante do fluxo da informação biológica desde os ácidos nucleicos até as proteínas.

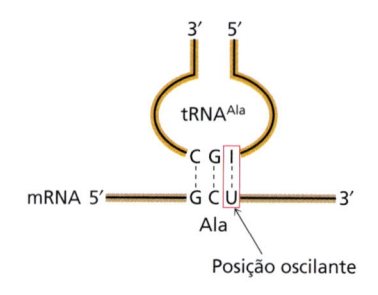

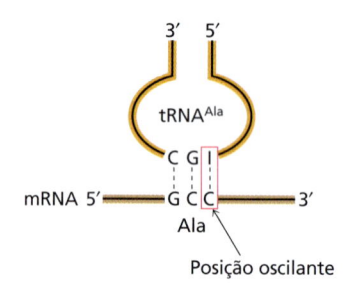

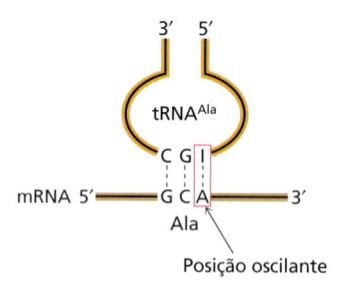

▲ **Figura 22.8**
Pareamento de bases na posição oscilante. A molécula de tRNA^ala com o anticódon IGC pode ligar-se a qualquer dos três códons especificadores de alanina (GCU, GCC ou GCA), pois I pode formar par com U, C ou A. Observe que a fita de RNA que contém o códon e a que contém o anticódon são antiparalelas. A posição oscilante está contornada em cada exemplo.

Cada um dos vinte aminoácidos é ligado covalentemente à terminação 3' de suas respectivas moléculas de tRNA. O produto dessa reação é chamado **aminoacil-tRNA**. O aminoácido é dito "ativado" para a transferência subsequente a uma cadeia polipeptídica em crescimento, porque o aminoacil-tRNA é uma molécula de "alta energia". Uma molécula específica de aminoacil-tRNA é identificada com a nomeação tanto do tRNA como do aminoácido ligado a ele; por exemplo, o tRNA^Ala aminoacilado é chamado alanil-tRNA^Ala. As diversas enzimas que catalisam a aminoacilação são chamadas de aminoacil-tRNA sintetases (por exemplo, alanil-tRNA sintetase).

A maioria das espécies tem pelo menos 20 aminoacil-tRNA sintetases diferentes em cada célula, já que há 20 aminoácidos diferentes. Algumas poucas espécies têm duas aminoacil-tRNA sintetases distintas para o mesmo aminoácido. Certas bactérias não têm glutaminil ou asparaginil-tRNA sintetases. Nessas espécies, os glutaminil e asparaginil-tRNAs são sintetizados modificando resíduos de glutamato e aspartato depois que eles já estão ligados covalentemente a tRNA^Gln e tRNA^Asn pelas glutamil e aspartil-tRNA sintetases (resíduos de glutamato e aspartato ligados a seus próprios tRNAs não são modificados).

Embora cada sintetase seja específica para um aminoácido particular, ela pode reconhecer várias moléculas de tRNA isoaceptor. Por exemplo, há seis códons para a serina e várias moléculas isoaceptoras de tRNA^Ser diferentes, todas reconhecidas pela única enzima seril-tRNA sintetase do organismo. A precisão da síntese proteica depende da capacidade das aminoacil-tRNA sintetases catalisarem a ligação do aminoácido correto a seu tRNA correspondente.

A. A reação da aminoacil-tRNA sintetase

A ativação de um aminoácido por sua aminoacil-tRNA sintetase específica precisa de ATP. A reação completa é:

$$\text{Aminoácido} + \text{tRNA} + \text{ATP} \longrightarrow \text{Aminoacil-tRNA} + \text{AMP} + \text{PP}_i \qquad (22.1)$$

O aminoácido é ligado covalentemente à molécula de tRNA pela formação de uma ligação éster entre o grupo carboxilato do aminoácido e a hidroxila da ribose na terminação 3' do tRNA. Uma vez que todos os tRNAs terminam em –CCA, o sítio de ligação é sempre um resíduo de adenilato.

A aminoacilação ocorre em duas etapas (Figura 22.9). Na primeira, o aminoácido é ativado pela formação de um intermediário reativo aminoaciladenilato. Este permanece ligado de modo firme, mas não covalente, à aminoacil-tRNA sintetase. A rápida hidrólise do pirofosfato liberado favorece fortemente a reação nessa direção. A segunda etapa da formação do aminoacil-tRNA é a transferência do grupo aminoacila do intermediário aminoaciladenilato para o tRNA. O aminoácido é ligado à hidroxila da posição 2' ou 3' do resíduo terminal de adenilato do tRNA, dependendo da aminoacil-tRNA sintetase específica que catalisa a reação. Se o aminoácido for ligado inicialmente à hidroxila em 2', ele é deslocado para a 3' em uma etapa adicional. O aminoácido precisa estar ligado na posição 3' para atuar como substrato para a síntese proteica.

A formação de aminoacil-tRNA é favorecida nas condições da célula, de modo que a concentração intracelular de tRNA livre é muito baixa. A energia livre de Gibbs da hidrólise de um aminoacil-tRNA é quase equivalente à da ligação fosfoanidrido no ATP. A energia armazenada no aminoacil-tRNA é, ao final, usada na formação de uma ligação peptídica durante a síntese proteica. Observe que os dois equivalentes de ATP consumidos durante cada reação de aminoacilação contribuem para o custo energético da síntese de proteínas.

B. Especificidade das aminoacil-tRNA sintetases

A ligação de um aminoácido específico a seu tRNA correspondente é uma etapa crucial na tradução de uma mensagem genética. Se houver erros nessa etapa, o aminoácido errado poderá ser incorporado à proteína.

Cada aminoacil-tRNA sintetase liga ATP e seleciona o aminoácido adequado, com base em sua carga, tamanho e hidrofobicidade. Essa seleção inicial elimina a maioria

◂ **Figura 22.9**
Síntese de uma molécula de aminoacil-tRNA catalisada por sua aminoacil-tRNA sintetase específica. Na primeira etapa, o carboxilato nucleofílico do aminoácido ataca o átomo de fósforo α do ATP, deslocando pirofosfato e formando um intermediário aminoaciladenilato. Na segunda etapa, o ataque nucleofílico da hidroxila da posição 3' do resíduo terminal do tRNA leva ao deslocamento de AMP e formação de uma molécula de aminoacil-tRNA.

dos outros aminoácidos. Por exemplo, a tirosil-tRNA sintetase quase sempre se liga à tirosina, mas raramente à fenilalanina ou a qualquer outro aminoácido. Em seguida, a sintetase se liga, de maneira seletiva, a uma molécula específica de tRNA. Esta é distinguida das demais por características estruturais únicas. Em particular, a parte da haste aceptora que fica na superfície interna do "L" da molécula de tRNA influencia a ligação do tRNA à aminoacil-tRNA sintetase (Figura 22.10).

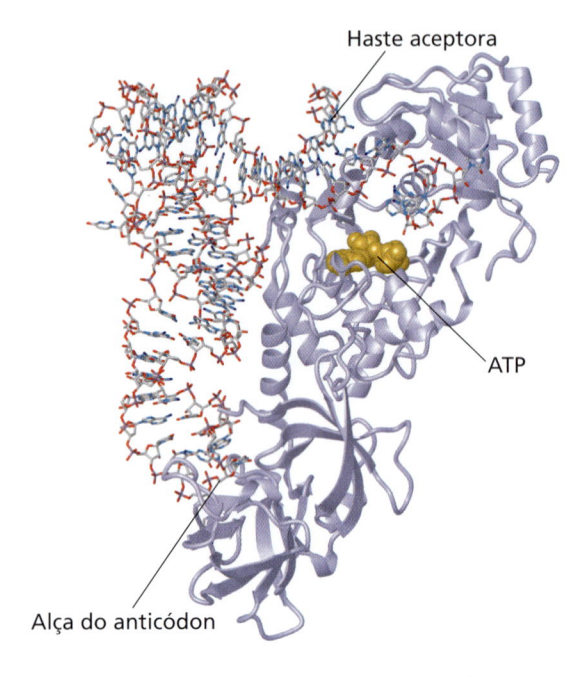

Em alguns casos, a sintetase reconhece não só a haste aceptora do tRNA, mas também o anticódon. Por exemplo, a capacidade da glutaminil-tRNA sintetase reconhecer Gln-tRNAs e diferenciá-los dos outros 19 tipos de tRNA garante que a glutamina seja ligada especificamente ao tRNA correto (mostrado na Figura 22.10). Observe que a glutaminil-tRNA sintetase faz contato tanto com a haste aceptora como com a região do anticódon do tRNA-^{Gln}. A estrutura cristalina também mostra uma molécula de ATP ligada ao sítio ativo, próximo da terminação 3' do tRNA.

Metade das 20 diferentes aminoacil-tRNA sintetases se assemelha à glutaminil-tRNA sintetase. Essas enzimas se ligam ao anticódon e introduzem um grupo aminoacila na hidroxila da posição 2' do tRNA. Em seguida, um rearranjo químico desloca o grupo aminoacila para a hidroxila em 3'. Essas enzimas são conhecidas como sintetases classe I. As aminoacil-tRNA sintetases classe II são, em geral, mais complexas, com múltiplas subunidades, e introduzem o grupo aminoacila na hidroxila da posição 3' do tRNA. Em todos os casos, o efeito final da interação entre tRNA e sintetase é posicionar a extremidade 3' da molécula de tRNA no sítio ativo da enzima.

▲ **Figura 22.10**
Estrutura do tRNA^{Gln} de E. coli ligado à glutaminil-tRNA sintetase. A terminação 3' do tRNA é inserida em um bolso na superfície da enzima. Uma molécula de ATP também fica ligada a esse sítio. A enzima interage tanto com a haste aceptora como com o anticódon do tRNA [PDB 1QRS].

C. Atividade revisora das aminoacil-tRNA sintetases

A taxa de erro da maioria das aminoacil-tRNA sintetases é baixa porque elas fazem múltiplos contatos com um tRNA e um aminoácido específicos. Contudo, isoleucina e valina são aminoácidos quimicamente semelhantes e ambos podem ser acomodados no sítio ativo da isoleucina-tRNA sintetase (Figura 22.11). Essa enzima catalisa erroneamente a formação do intermediário valiladenilato cerca de 1% das vezes. Com base nessa observação, poderíamos esperar que a valina fosse ligada ao isoleucil-tRNA e incorporada à proteína em lugar da isoleucina cerca de 1 vez em cada 100. No entanto, essa substituição só é observada cerca de 1 vez em cada 10.000. Esse nível baixo de incorporação de valina sugere que a isoleucil-tRNA sintetase também distingue entre os dois aminoácidos após a formação do aminoaciladenilato. De fato, a isoleucil-tRNA sintetase faz uma verificação na etapa seguinte da reação. Embora ela possa catalisar erroneamente a formação do valiladenilato, ela em geral catalisa a hidrólise do intermediário errado formando valina e AMP, ou a hidrólise do valil-tRNA^{Ile}. A taxa de erro total da reação é igual a 10^{-5} para a maioria das aminoacil-tRNA sintetases.

CONCEITO-CHAVE
A precisão do fluxo da informação dos ácidos nucleicos até as proteínas depende, em parte, da precisão da reação da aminoacil-tRNA sintetase.

22.4 Ribossomos

A síntese de proteínas requer a reunião de quatro componentes que formam um elaborado complexo de tradução: o ribossomo, que catalisa a formação da ligação peptídica; seus fatores proteicos acessórios, que auxiliam o ribossomo em cada etapa do

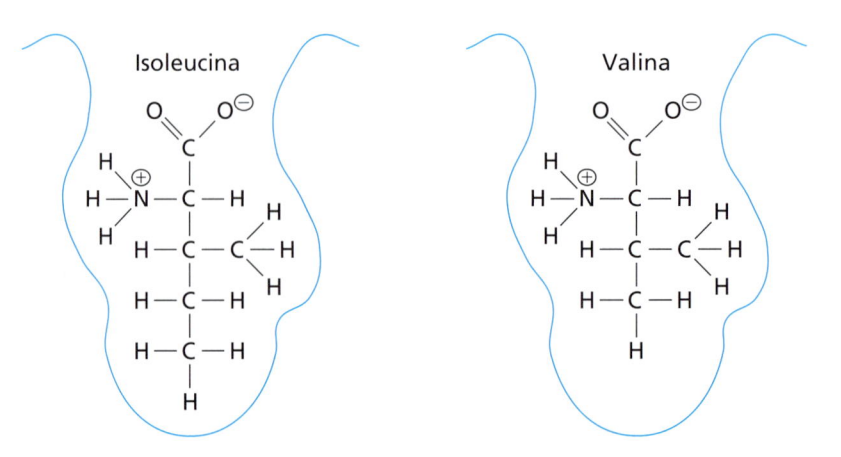

▶ **Figura 22.11**
Modelo do sítio de ligação de substrato na isoleucil-tRNA sintetase. Apesar do tamanho e da carga similares de isoleucina e valina, a isoleucil-tRNA sintetase se liga à isoleucina cerca de cem vezes mais facilmente do que se liga à valina. Uma etapa posterior de verificação também ajuda a evitar a formação de valil-tRNA^{Ile}.

processo; o mRNA, que carrega a informação que especifica a sequência da proteína; e os aminoacil-tRNAs, que carregam os aminoácidos ativados. A iniciação envolve a montagem do complexo de tradução no primeiro códon do mRNA. Durante o alongamento da cadeia polipeptídica, o ribossomo e seus componentes associados se movem, ou translocam, ao longo do mRNA molde na direção 5' → 3'.

O polipeptídeo é sintetizado do N-terminal para o C-terminal. Por fim, quando a síntese da proteína está completa, o complexo de tradução é desmontado em uma etapa separada de terminação. Uma função importante da desmontagem é liberar as duas subunidades ribossômicas do mRNA, de modo que elas possam participar de outras rodadas de tradução.

A. Os ribossomos são compostos de RNA ribossômico e proteína

Todos os ribossomos contêm duas subunidades de tamanhos desiguais. Em *E. coli*, a subunidade pequena é chamada 30S e a grande, 50S (originalmente, esses termos se referiam à taxa de sedimentação dessas subunidades). A subunidade 30S é alongada e assimétrica, com dimensões globais de 5,5 x 22 x 22,5 nm. Um "pescoço" estreito separa a cabeça da base e uma protrusão se estende desde a base, formando uma fenda onde a molécula de mRNA parece se apoiar. A subunidade ribossômica 50S é mais larga do que a 30S e tem várias protrusões; suas dimensões são, aproximadamente, 15 x 20 x 20 nm. A subunidade 50S também tem um túnel com cerca de 10 nm de comprimento e 2,5 nm de diâmetro, que se estende desde o sítio de formação da ligação peptídica e acomoda a cadeia crescente durante a síntese da proteína. As subunidades 30S e 50S se combinam para formar um ribossomo 70S ativo.

Em *E. coli*, o componente de RNA da subunidade 30S é um rRNA 16S com 1.542 nucleotídeos. Embora seu comprimento exato varie entre espécies, o rRNA 16S contém regiões extensas de estrutura secundária, que são altamente conservadas nos ribossomos de todos os organismos vivos. Há 21 proteínas ribossômicas na subunidade 30S. A subunidade 50S do ribossomo de *E. coli* contém duas moléculas de RNA ribossômico: uma de rRNA 5S com 120 nucleotídeos e uma de rRNA 23S com 2.904 nucleotídeos. Existem 31 proteínas diferentes associadas a essas moléculas de rRNA na subunidade 50S (Figura 22.12).

Ribossomos eucariontes têm formas semelhantes às dos bacterianos, mas tendem a ser um pouco maiores e mais complexos. Ribossomos intactos de vertebrados são designados 80S e são constituídos por subunidades 40S e 60S (Figura 22.12). A subunidade menor 40S é análoga à 30S dos procariontes; ela contém cerca de 30 proteínas e uma só molécula de rRNA 18S. A subunidade maior, 60S, contém cerca de 40 proteínas e três moléculas de RNA ribossômico: rRNA 5S, rRNA 28S e rRNA

▼ **Figura 22.12**
Comparação de ribossomos procariontes e eucariontes. Os dois tipos de ribossomos consistem em duas subunidades, cada uma delas com RNA ribossômico e proteínas. A subunidade grande do ribossomo procarionte contém duas moléculas de rRNA: 5S e 23S. A subunidade grande de quase todos os ribossomos eucariontes contêm três moléculas de rRNA: 5S, 5,8S e 28S. A sequência do rRNA 5,8S eucarionte é similar à da terminação 5' do rRNA 23S procarionte.

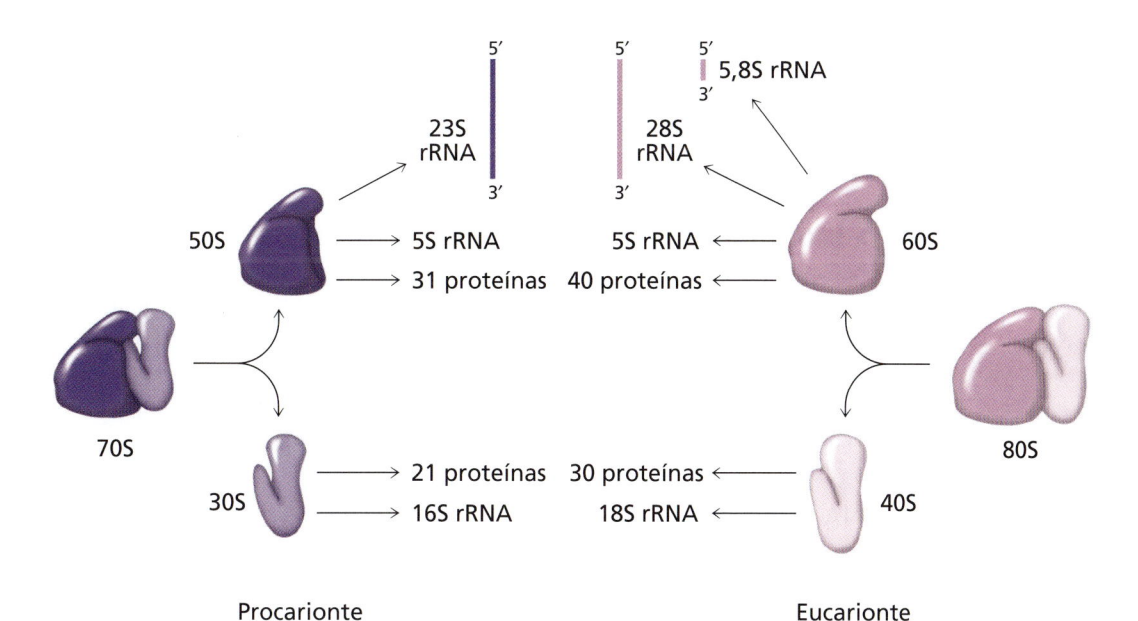

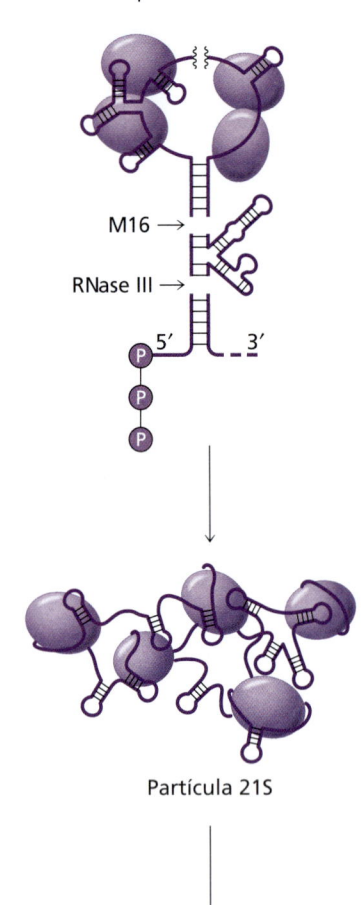

5,8S. O rRNA 5,8S tem cerca de 160 nucleotídeos e sua sequência é semelhante à da terminação 5' do rRNA 23S dos procariontes. Essa similaridade implica que o rRNA 5,8S e a terminação 5' do rRNA 23S procarionte são derivados de um ancestral comum e que houve fusão ou divisão de genes de rRNA durante sua evolução.

Tanto o genoma procarionte como o eucarionte contêm múltiplas cópias de genes de RNA ribossômico. A combinação de um grande número de cópias e de promotores fortes para esses genes permite que as células mantenham um alto nível de síntese de ribossomos. Os genes de RNA ribossômico eucarionte, que são transcritos pela RNA polimerase I (Seção 21.5A), ocorrem na forma de arranjos sequenciais de centenas de cópias. Na maioria dos eucariontes, esses genes são concentrados nos nucléolos, onde ocorrem o processamento dos precursores do RNA ribossômico e a montagem dos ribossomos (Seção 21.8B). Esse processamento é acoplado à montagem dos ribossomos, como mostrado na Figura 22.13 para a subunidade 30S de *E. coli*. Várias proteínas ribossômicas fazem contato com o RNA e se ligam especificamente a regiões da estrutura secundária do rRNA 16S. Outras fazem contato proteína-proteína e se associam ao complexo apenas quando outras proteínas ribossômicas estão presentes.

A estrutura da subunidade ribossômica 30S da bactéria *Thermus thermophilus* está representada na Figura 22.14. Observe que a maior parte da massa da subunidade 30S é devida ao RNA ribossômico 16S, que forma uma estrutura compacta composta de múltiplas regiões de RNA de fita dupla. As proteínas ribossômicas se ligam à superfície do RNA ou a sulcos e fendas entre regiões da estrutura secundária do RNA.

De modo similar, a montagem da subunidade bacteriana 50S e das subunidades eucariontes 40S e 60S também é acoplada ao processamento de seus precursores de RNA ribossômico. A estrutura da subunidade 50S da arquebactéria *Haloarcula marismortui* também é vista na Figura 22.14.

B. Os ribossomos contêm dois sítios de ligação ao aminoacil-tRNA

Como discutimos na Seção 22.3, os substratos para formação da ligação peptídica não são aminoácidos livres, mas moléculas relativamente grandes de aminoacil-tRNA. Um ribossomo pode alinhar duas dessas moléculas adjacentes, de modo que seus anticódons interajam com os códons corretos do mRNA. As terminações aminoaciladas desses dois tRNAs são posicionadas no sítio de formação da ligação peptídica. O ribossomo precisa também prender o mRNA e a cadeia polipeptídica crescente, além de acomodar a ligação de diversos fatores proteicos durante a síntese das proteínas. A capacidade de realizar essas tarefas simultaneamente explica, em parte, por que o ribossomo é tão grande e tão complexo.

As orientações de duas moléculas de tRNA durante a síntese de proteínas estão na Figura 22.15. A cadeia polipeptídica crescente é ligada covalentemente ao tRNA posicionado no sítio peptidil (sítio P), formando peptidil-tRNA. O segundo aminoacil-tRNA é ligado ao sítio aminoacil (sítio A). À medida que a cadeia polipeptídica vai sendo sintetizada, ela passa pelo túnel da subunidade ribossômica grande e sai na superfície externa do ribossomo.

22.5 Iniciação da tradução

A iniciação da síntese proteica envolve a montagem do complexo de tradução no início da sequência codificadora de um mRNA. Esse complexo consiste em duas subunidades ribossômicas, um molde do mRNA a ser traduzido, uma molécula iniciadora de tRNA e várias proteínas acessórias chamadas fatores de iniciação. Essa etapa crucial de iniciação garante que o códon de iniciação adequado (e, portanto, o quadro de leitura correto) seja selecionado antes que a tradução comece.

A. tRNA iniciador

Como mencionamos na Seção 22.1, o primeiro códon traduzido é, em geral, AUG. Cada célula contém pelo menos dois tipos de moléculas de metionil-tRNA^{Met} capazes de reconhecer os códons AUG. Um tipo é usado exclusivamente nos

▲ **Figura 22.13**
Montagem da subunidade ribossômica 30S e maturação do rRNA 16S em *E. coli*. A montagem da subunidade ribossômica 30S começa quando seis ou sete proteínas ribossômicas se ligam ao precursor do rRNA 16S, enquanto este está sendo transcrito, formando uma partícula 21S. Esta sofre uma mudança conformacional, e a molécula de rRNA 16S é processada até seu tamanho final. Durante esse processamento, as demais proteínas ribossômicas da subunidade 30S se ligam (lembre-se de que M16 é uma endonuclease sítio-específica envolvida no processamento do RNA, como discutimos no Capítulo 21).

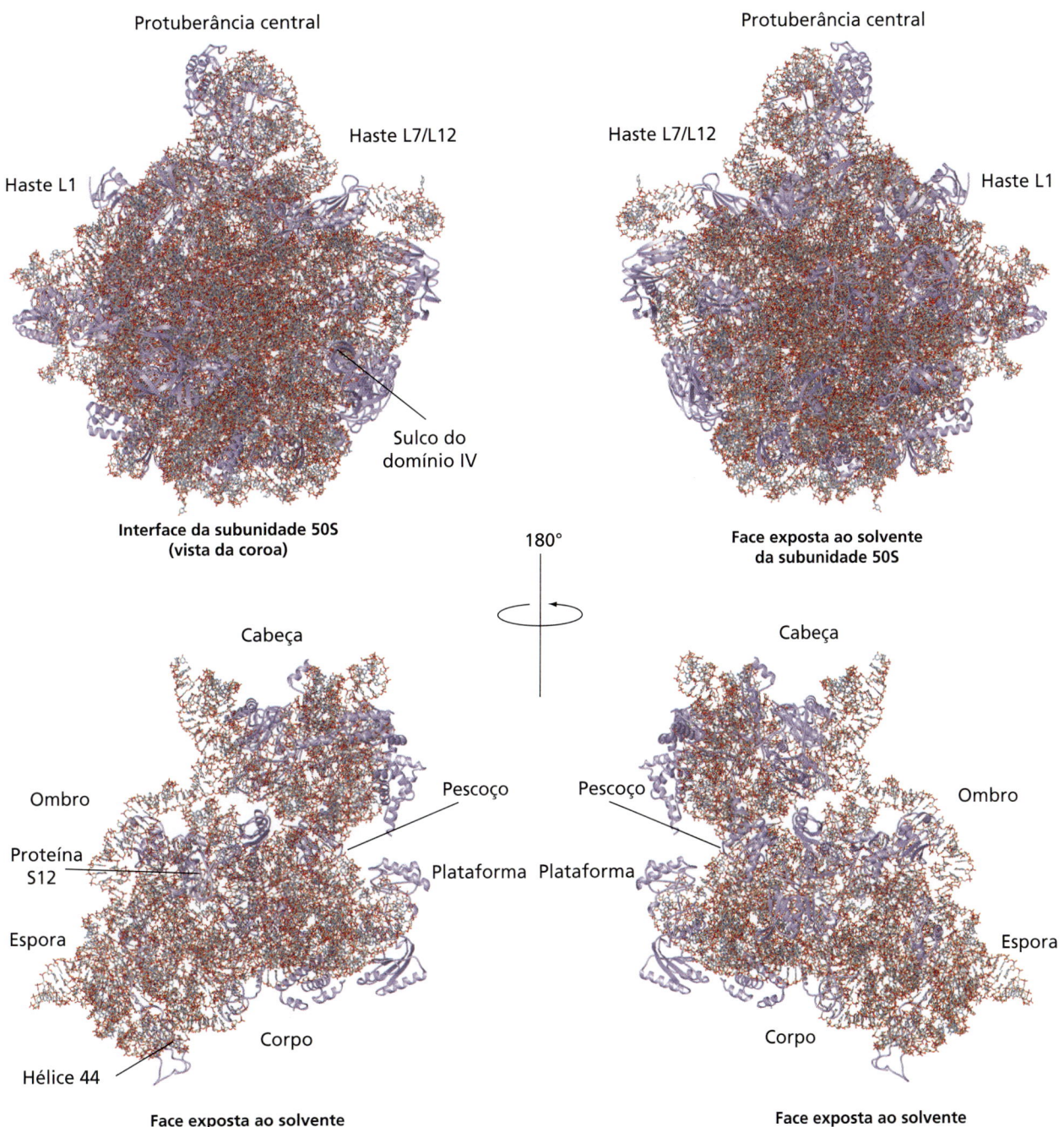

Protuberância central — **Haste L7/L12** — **Haste L1** — **Sulco do domínio IV**

Interface da subunidade 50S (vista da coroa)

Protuberância central — **Haste L7/L12** — **Haste L1**

Face exposta ao solvente da subunidade 50S

180°

Cabeça — **Pescoço** — **Plataforma** — **Ombro** — **Proteína S12** — **Espora** — **Corpo** — **Hélice 44**

Face exposta ao solvente da subunidade 30S

Cabeça — **Pescoço** — **Plataforma** — **Ombro** — **Espora** — **Corpo**

Face exposta ao solvente da subunidade 30S

▲ **Figura 22.14**
Estruturas tridimensionais das subunidades 50S de *H. marismortui* (alto) e 30S de *T. thermophilus* (embaixo).

códons de iniciação e é chamado tRNA iniciador. O outro reconhece apenas códons de metionina internos. Embora essas duas moléculas de tRNA^{Met} tenham sequências primárias diferentes e funções distintas, ambas são aminoaciladas pela mesma metionil-tRNA sintetase.

Nas bactérias, o tRNA iniciador é chamado tRNA$_f^{Met}$. O tRNA iniciador carregado (metionil-tRNA$_f^{Met}$) é o substrato da formiltransferase, que catalisa a adição de um grupo formila do 10-formil-tetra-hidrofolato ao resíduo de metionina, formando *N*-formilmetionil-tRNA$_f^{Met}$, como mostrado na Figura 22.16. Nos eucariontes e nas arquebactérias, o tRNA iniciador é chamado tRNA$_i^{Met}$. A metionina que dá início à síntese de proteínas nos eucariontes não é formilada.

A *N*-formilmetionina nas bactérias – ou metionina, em outros organismos – é o primeiro aminoácido incorporado às proteínas. Depois que a síntese das proteínas começa, a metionina N-terminal pode ser desformilada ou retirada por completo da cadeia polipeptídica.

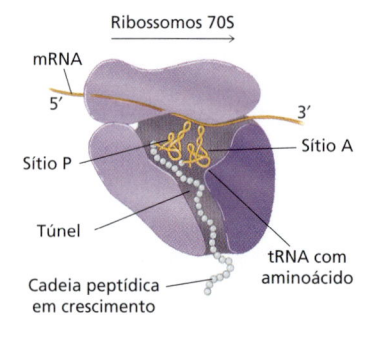

▲ Figura 22.15
Sítios de ligação do tRNA nos ribossomos procariontes. Durante a síntese das proteínas, o sítio P é ocupado pela molécula de tRNA ligada à cadeia polipeptídica em formação, e o sítio A abriga um aminoacil-tRNA. A cadeia polipeptídica em crescimento passa através do túnel da subunidade grande.

▲ Figura 22.16
Estrutura química de fMet-tRNA$_f^{Met}$. Um grupo formila (rosa) é adicionado à porção de metionil (azul) do metionil-tRNA$_f^{Met}$, em uma reação catalisada por uma formiltransferase.

▶ Figura 22.17
Sequências de Shine-Dalgarno em mRNAs de *E. coli*. (a) Sítios de ligação ao ribossomo na terminação 5' do mRNA de várias proteínas de *E. coli*. As sequências de Shine-Dalgarno (rosa) ocorrem imediatamente acima dos códons de iniciação (azul). **(b)** Pareamento de bases complementares entre a terminação 3' do rRNA 16S e a região próxima da terminação 5' de um mRNA. A ligação da terminação 3' do rRNA 16S à sequência de Shine-Dalgarno ajuda a estabelecer o quadro de leitura correto para a tradução, por meio do posicionamento do códon de iniciação no sítio P do ribossomo.

B. Complexos iniciadores são montados apenas nos códons de iniciação

Há três quadros de leitura possíveis em uma molécula de mRNA, mas apenas um deles é correto. A determinação de qual é o quadro de leitura correto durante a iniciação da tradução é fundamental para a precisa decodificação da informação do mRNA para a proteína. A alteração do quadro de leitura, mesmo que em um único nucleotídeo, modificará a sequência do polipeptídeo inteiro e resultará em uma proteína não funcional. Assim, a máquina de tradução necessita localizar com precisão o códon de iniciação que serve como sítio de início da síntese proteica.

O ribossomo precisa distinguir entre o único códon de iniciação correto e todos os outros AUGs incorretos. Esses outros AUGs especificam resíduos internos de metionina no quadro de leitura correto ou códons irrelevantes desse aminoácido nos dois outros quadros de leitura incorretos. É importante reconhecer que o códon de iniciação não é simplesmente o conjunto dos três primeiros nucleotídeos do mRNA. Ele pode estar localizado vários nucleotídeos abaixo da terminação 5' da molécula de mRNA.

Nos procariontes, a seleção de um sítio de iniciação depende da interação entre a subunidade pequena do ribossomo e o molde de mRNA. A subunidade 30S se liga ao molde de mRNA em uma região rica em purinas acima do códon de iniciação correto. Essa região, chamada sequência de Shine-Dalgarno, é complementar ao segmento rico em pirimidinas na extremidade 3' da molécula de rRNA 16S. Durante a formação do complexo de iniciação, esses nucleotídeos complementares se pareiam para formar um RNA de fita dupla que liga o mRNA ao ribossomo. O resultado dessa interação é o posicionamento do códon de iniciação no sítio P do ribossomo (Figura 22.17). O complexo de iniciação é montado exclusivamente nos códons de iniciação porque as sequências de Shine-Dalgarno não são encontradas logo acima dos códons internos de metionina.

C. Fatores de iniciação ajudam a formar o complexo de iniciação

A formação do complexo de iniciação requer vários **fatores de iniciação** além de ribossomo, tRNA iniciador e mRNA. Os procariontes têm três fatores de iniciação, designados como IF-1, IF-2 e IF-3. Há pelo menos oito desses fatores nos eucariontes (eIFs). Tanto nos procariontes como nos eucariontes, os fatores de iniciação catalisam a montagem do complexo de síntese proteica no códon de iniciação.

Uma das funções do IF-3 é manter as subunidades ribossômicas em seu estado dissociado, pela ligação à subunidade pequena. As subunidades ribossômicas se ligam

(a)

Lipoproteína	∼∼AUCUAGAGGGUAUUAAUAAUGAAAGCUACU∼∼
RecA	∼∼GGCAUGACAGGAGUAAAAAUGGCUAUCG∼∼
GalE	∼∼AGCCUAAUGGAGCGAAUUAUGAGAGUUCUG∼∼
GalT	∼∼CCCGAUUAAGGAACGACCAUGACGCAAUUU∼∼
LacI	∼∼CAAUUCAGGGUGGUGAAUGUGAAACCAGUA∼∼
LacZ	∼∼UUCACACAGGAAACAGCUAUGACCAUGAUU∼∼
Proteína ribossômica L10	∼∼CAUCAAGGAGCAAAGCUAAUGGCUUUAAAU∼∼
Proteína ribossômica L7/L12	∼∼UAUUCAGGACAAUUUAAAUGUCUAUCACU∼∼

(b)

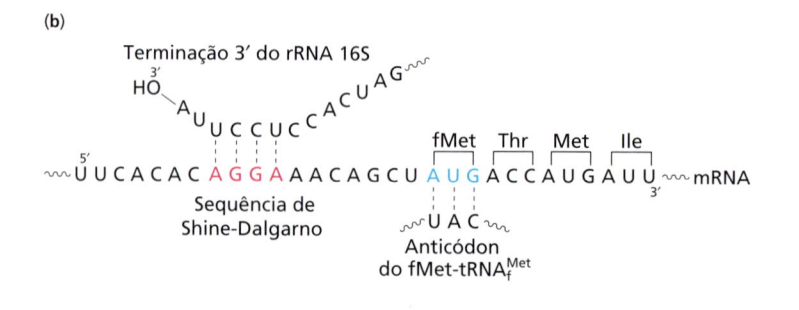

Terminação 3' do rRNA 16S
3' HO-A U U C C U C C A C U A G∼∼
                                    fMet Thr Met Ile
5'∼∼U U C A C A C AGGA A A C A G C U AUG A C C A U G A U U∼∼ mRNA 3'
        Sequência de   U A C
        Shine-Dalgarno   Anticódon
                               do fMet-tRNA$_f^{Met}$

separadamente ao complexo de iniciação e a associação de IF-3 com a subunidade 30S evita que esta e a 50S formem o complexo 70S prematuramente. IF-3 também ajuda a posicionar fMet-tRNA$_f^{Met}$ e o códon de iniciação no sítio P do ribossomo. IF-2 seleciona o tRNA iniciador do conjunto de moléculas de tRNA aminoacilados presentes na célula. Ele se liga ao GTP, formando um complexo IF-2-GTP que reconhece especificamente o tRNA iniciador e rejeita todas as outras moléculas de aminoacil-tRNA. O terceiro fator de iniciação, IF-1, liga-se à subunidade 30S e facilita a ação de IF-2 e de IF-3.

Uma vez que o complexo 30S tenha sido formado no códon de iniciação, a subunidade ribossômica 50S liga-se à 30S. Em seguida, o GTP ligado ao IF-2 é hidrolisado, liberando P$_i$. Os fatores de iniciação se dissociam do complexo quando GTP é hidrolisado. IF-2-GTP é regenerado quando o GDP ligado é trocado pelo GTP. As etapas de formação do complexo de iniciação 70S estão resumidas na Figura 22.18.

A função dos fatores de iniciação procariontes é garantir que o tRNA iniciador aminoacilado (fMet-tRNA$_f^{Met}$) seja posicionado corretamente no códon de iniciação. Os fatores de iniciação também medeiam a formação de um complexo de iniciação completo, por meio da montagem de um ribossomo 70S, de modo que o códon de iniciação se posicione no sítio P.

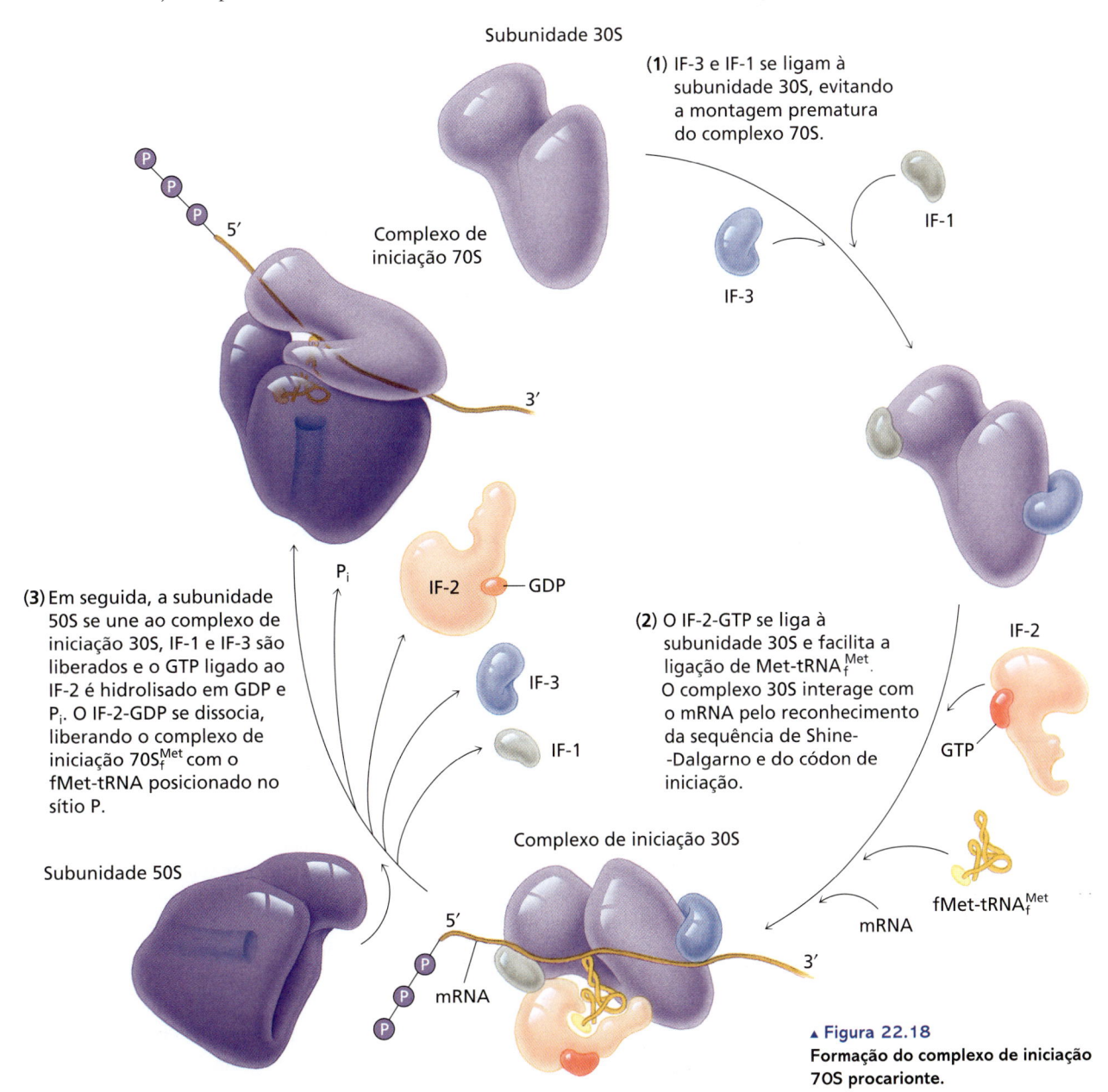

▲ Figura 22.18
Formação do complexo de iniciação 70S procarionte.

D. Iniciação da tradução em eucariontes

Os mRNAs eucariontes não têm sequências de Shine-Dalgarno especiais que sirvam como sítios de ligação ao ribossomo. Em vez disso, normalmente o primeiro códon AUG na mensagem serve como códon de iniciação. O eIF-4 (fator de iniciação 4 eucarionte), também conhecido como proteína de ligação ao *cap* (CBP), se liga especificamente ao *cap* de 7-metilguanilato (Figura 21.26) da terminação 5′ do mRNA eucarionte. A ligação do eIF-4 à estrutura do *cap* leva à estruturação de um complexo de pré-iniciação formado pela subunidade ribossômica 40S, um tRNA iniciador aminoacilado e vários outros fatores de iniciação. Esse complexo, então, faz uma varredura (*scanning*) ao longo do mRNA na direção 5′ → 3′, até encontrar um códon de iniciação. Quando a busca é bem-sucedida, a subunidade ribossômica pequena é posicionada de modo que Met-tRNA$_i^{Met}$ interaja com o códon de iniciação no sítio P. Na etapa final, a subunidade ribossômica 60S se liga para montar o complexo de iniciação 80S completo e todos os fatores de iniciação se dissociam. A dissociação do eIF-2 – o correspondente eucarionte do IF-2 bacteriano – é acompanhada pela hidrólise de GTP.

A maioria das moléculas de mRNA eucarionte codifica apenas um polipeptídeo, pois o mecanismo normal de seleção do códon de iniciação por varredura ao longo do mRNA a partir da extremidade 5′ permite apenas um códon de iniciação por mRNA. Em contraste, mRNAs procariontes contêm, frequentemente, várias regiões codificadoras. Cada uma dessas começa com um códon de iniciação, que é associado à sua própria sequência de Shine-Dalgarno. As moléculas de mRNA que codificam vários polipeptídeos são chamadas **policistrônicas**.

22.6 O alongamento de cadeia durante a síntese proteica é um microciclo de três etapas

Ao final da etapa de iniciação, o mRNA é posicionado de modo que o códon seguinte possa ser traduzido durante o estágio de alongamento da síntese proteica. O tRNA iniciador ocupa o sítio P no ribossomo e o sítio A fica liberado para receber um aminoacil-tRNA. Durante o alongamento da cadeia, cada aminoácido é adicionado ao polipeptídeo nascente em um microciclo de três etapas. As etapas desse microciclo são: (1) posicionamento do aminoacil-tRNA correto no sítio A do ribossomo; (2) formação da ligação peptídica; e (3) deslocamento, ou translocação, do mRNA de um códon em relação ao ribossomo (os dois tRNAs nos sítios P e A do ribossomo também se movem).

A máquina de tradução funciona relativamente devagar em comparação com os sistemas enzimáticos que catalisam a replicação do DNA. Proteínas são sintetizadas a uma velocidade de 18 resíduos de aminoácidos por segundo, enquanto os replissomos bacterianos sintetizam DNA à razão de 1.000 nucleotídeos por segundo. Essa discrepância reflete, em parte, a diferença entre polimerizar quatro tipos de nucleotídeos para fazer ácidos nucleicos ou vinte tipos de aminoácidos para produzir proteínas. Testar e rejeitar todas as moléculas incorretas de aminoacil-tRNA também leva tempo e reduz a velocidade da síntese proteica.

A velocidade de transcrição nos procariontes é de, aproximadamente, 55 nucleotídeos por segundo. Isso corresponde a mais ou menos 18 códons por segundo, ou a mesma velocidade com que o mRNA é traduzido. Nas bactérias, a tradução é iniciada assim que a terminação 5′ de um mRNA é sintetizada; além disso, tradução e transcrição são acopladas (Figura 22.19). Esse íntimo acoplamento não é possível nos eucariontes porque os dois processos ocorrem em compartimentos separados da célula (o núcleo e o citoplasma, respectivamente). Os precursores do mRNA eucarionte precisam ser processados no núcleo (por exemplo, formação do *cap*, poliadenilação, *splicing*) antes de serem exportados para o citoplasma e traduzidos.

Uma célula de *E. coli* contém cerca de 20.000 ribossomos. Muitas células eucariontes grandes têm várias centenas de milhares de ribossomos. Grandes moléculas de mRNA podem ser traduzidas simultaneamente por diversos complexos de síntese proteica, pela formação de um polirribossomo ou **polissomo**, como mostrado na

---

CONCEITO-CHAVE

O sítio A de um ribossomo em processo de tradução ativa passa a maior parte do tempo ligado a um dos 19 tipos de aminoacil-tRNA incorretos, já que ele testa aleatoriamente o conjunto de tRNAs carregados em busca do correto.

◀ **Figura 22.19**
Transcrição e tradução acopladas de um gene de E. coli. O gene está sendo transcrito da esquerda para a direita. Os ribossomos se ligam à terminação 5′ das moléculas de mRNA, assim que elas são sintetizadas. Os grandes polissomos à direita são liberados do gene quando a transcrição termina.

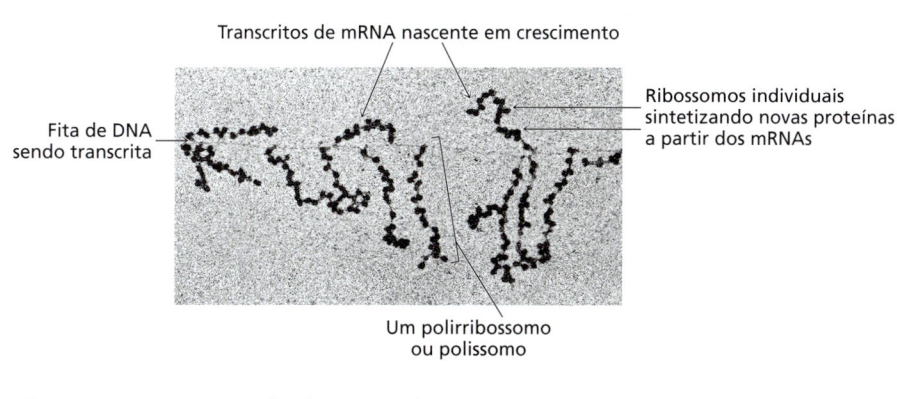

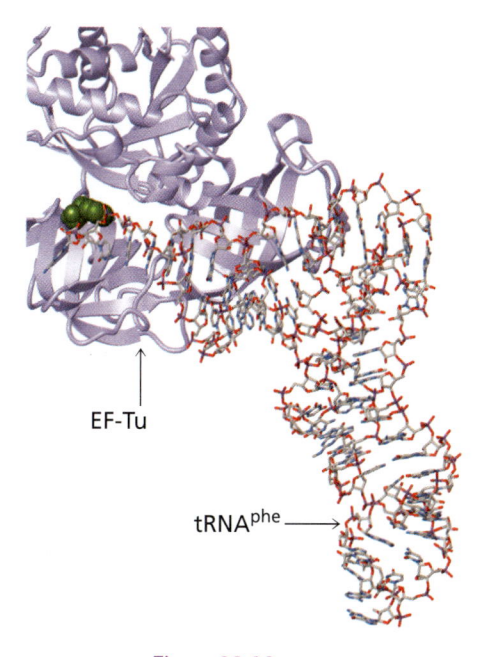

Figura 22.19. O número de ribossomos ligados a uma molécula de mRNA depende do tamanho dela e da eficiência da iniciação da síntese proteica. Com eficiência máxima, o espaçamento entre cada complexo de tradução no polissomo é de cerca de 100 nucleotídeos. Em média, cada molécula de mRNA em uma célula de E. coli é traduzida 30 vezes, amplificando 30 vezes a informação codificada por ela.

A. Os fatores de alongamento ancoram um aminoacil-tRNA no sítio A

No início do primeiro microciclo de alongamento de cadeia, o sítio A está vazio e o **sítio P** é ocupado pelo tRNA iniciador aminoacilado. A primeira etapa do alongamento de cadeia é a inserção do aminoacil-tRNA correto no sítio A do ribossomo. Nas bactérias, essa etapa é catalisada por um fator de alongamento chamado EF-Tu, uma proteína monomérica que contém um sítio de ligação para o GTP. Cada célula de *E. coli* tem cerca de 135.000 moléculas de EF-Tu, o que a torna uma das proteínas mais abundantes na célula (enfatizando a importância da síntese proteica para a célula).

EF-Tu-GTP se associa a uma molécula de aminoacil-tRNA para formar um complexo ternário, que se encaixa ao sítio A de um ribossomo. Quase todas as moléculas de aminoacil-tRNA *in vivo* são encontradas nesses complexos ternários (Figura 22.20). A estrutura do EF-Tu é semelhante ao do IF-2 (que também se liga ao GTP) e a outras proteínas G (Seção 9.12A), sugerindo que todos eles evoluíram de uma proteína ancestral comum.

O complexo EF-Tu-GTP reconhece características comuns da estrutura terciária das moléculas de tRNA e se liga firmemente a todos os aminoacil-tRNA, exceto a fMet-tRNA$_f^{Met}$, cuja molécula se distingue das outras pela estrutura secundária característica de sua haste aceptora.

Um complexo ternário de EF-Tu-GTP-aminoacil-tRNA pode se difundir livremente para dentro do sítio A do ribossomo. Quando pares de bases corretos se formam entre o anticódon do aminoacil-tRNA e o códon do mRNA no sítio A, o complexo é estabilizado. O EF-Tu-GTP pode então contatar os sítios no ribossomo, além do tRNA no sítio P (Figura 22.21). Esses contatos estimulam a hidrólise de GTP, formando GDP e P$_i$ e provocando uma mudança conformacional em EF-Tu-GDP, que libera o aminoacil-tRNA ligado. Em seguida, o EF-Tu-GDP se dissocia do complexo de alongamento de cadeia. O aminoacil-tRNA permanece no sítio A, onde fica posicionado para formação da ligação peptídica.

EF-Tu-GDP não consegue se ligar a outra molécula de aminoacil-tRNA até que o GDP se dissocie. Um fator de alongamento adicional, chamado EF-Ts, catalisa a troca do GDP ligado pelo GTP (Figura 22.22). Observe que uma molécula de GTP é hidrolisada para cada aminoacil-tRNA inserido com sucesso no sítio A.

B. A peptidil-transferase catalisa a formação de ligações peptídicas

A ligação de um aminoacil-tRNA correto no sítio A alinha o grupo α-amino do aminoácido ativado próximo à carbonila do peptidil-tRNA no sítio P vizinho. O par

▲ **Figura 22.20**
EF-Tu liga tRNAs aminoacilados. O complexo EF-Tu-GTP se liga à terminação aceptora do tRNA aminoacilado (neste caso, fenilalanil-tRNA^{Phe}). O resíduo de fenilalanina está em verde. É assim que os tRNAs carregados existem normalmente no interior da célula.

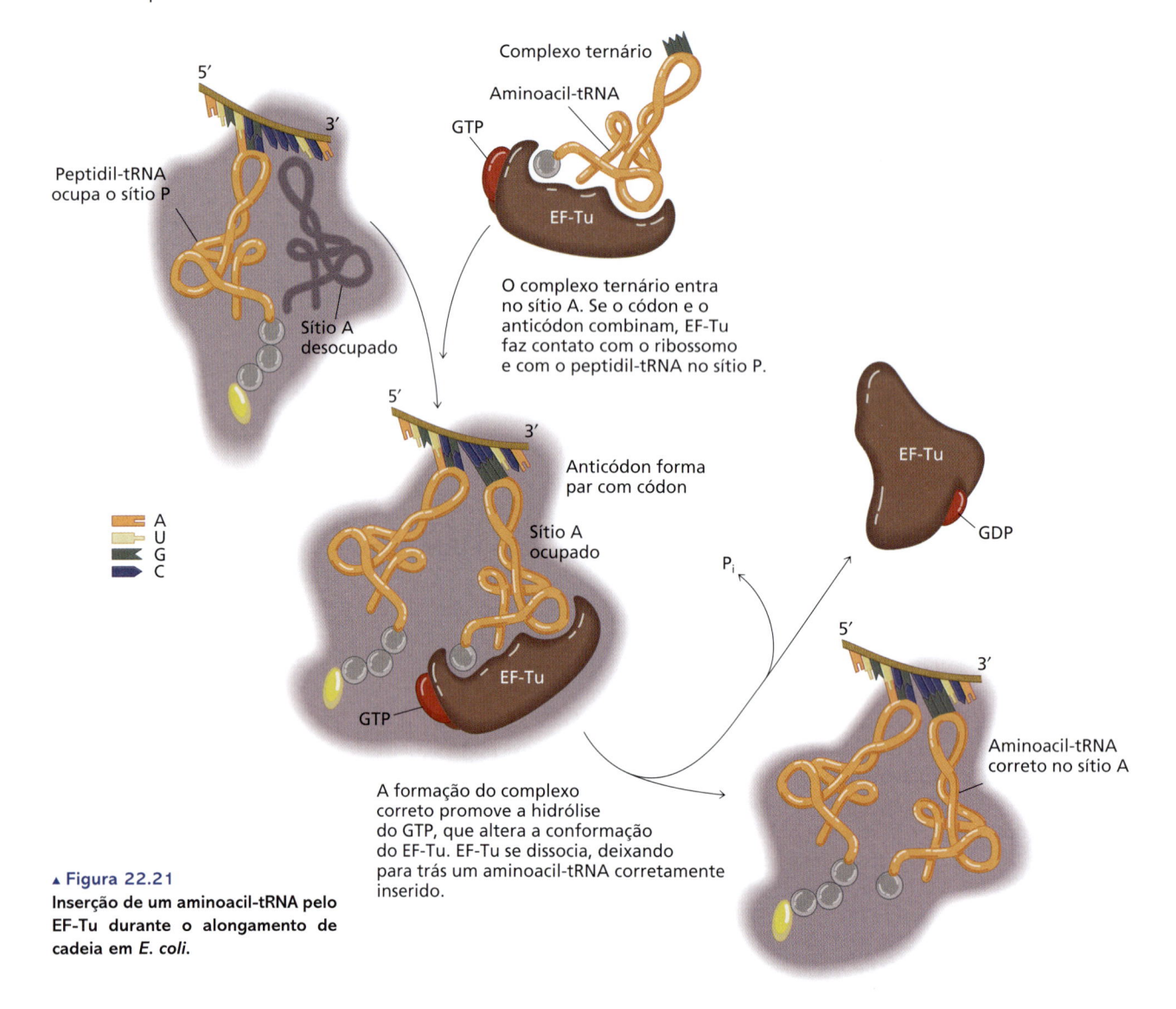

▲ **Figura 22.21**
Inserção de um aminoacil-tRNA pelo EF-Tu durante o alongamento de cadeia em *E. coli*.

CONCEITO-CHAVE
A formação da nova ligação peptídica envolve a transferência física do polipeptídeo ligado ao tRNA do sítio P para a terminação amino do aminoacil-tRNA ligado ao sítio A do ribossomo.

de elétrons não emparelhado do átomo de nitrogênio faz um ataque nucleofílico sobre o carbono carbonílico, resultando na formação de uma ligação peptídica via uma reação de substituição. Embora seja fácil visualizar como o sítio ativo do ribossomo alinha esses substratos, não entendemos precisamente como o ribossomo aumenta a velocidade dessa reação. A cadeia peptídica, agora aumentada em um aminoácido, é transferida do tRNA no sítio P ao tRNA no sítio A (Figura 22.23). A formação da ligação peptídica requer hidrólise da ligação peptidil-tRNA rica em energia. Observe que a cadeia polipeptídica crescente fica ligada covalentemente ao tRNA posicionado no sítio A, formando um peptidil-tRNA.

A atividade enzimática responsável pela formação da ligação peptídica é chamada de **peptidiltransferase**. Essa atividade fica na subunidade ribossômica grande. Tanto a molécula de rRNA 23S como as proteínas ribossômicas da subunidade 50S contribuem para os sítios de ligação ao substrato, mas a atividade catalítica é localizada no componente de RNA. Assim, a peptidiltransferase é, na verdade, outro exemplo de uma reação catalisada por RNA.

C. A translocação desloca o ribossomo por um códon

Depois que a ligação peptídica está formada, o recém-criado peptidil-tRNA fica parcialmente no sítio A e parcialmente no sítio P (Figura 22.24). O tRNA desaminoacilado foi um pouco deslocado do sítio P e ocupa agora uma posição no ribossomo que é chamada sítio de saída ou **sítio E**. Antes que o códon seguinte possa ser traduzido, o

Complexo EF-Tu-GTP-aminoacil-tRNA

(1) Aminoacil-tRNA é liberado para o ribossomo e GTP é hidrolisado, fazendo com que o complexo EF-Tu-GDP se dissocie.

(4) EF-Tu-GTP regenerado se liga a outra molécula de aminoacil-tRNA

Aminoacil-tRNA

Complexo EF-Tu-GDP

EF-Ts

Complexo EF-Tu-GDP

(3) O complexo EF-Tu-EF-Ts se liga ao GTP, fazendo com que EF-Ts se dissocie.

GTP

GDP

Complexo EF-Tu-EF-Ts

(2) O complexo inativo EF-Tu-GDP é reconhecido pelo fator de alongamento EF-Ts, que promove a dissociação do GDP.

▲ **Figura 22.22**
Reciclagem de EF-Tu-GTP.

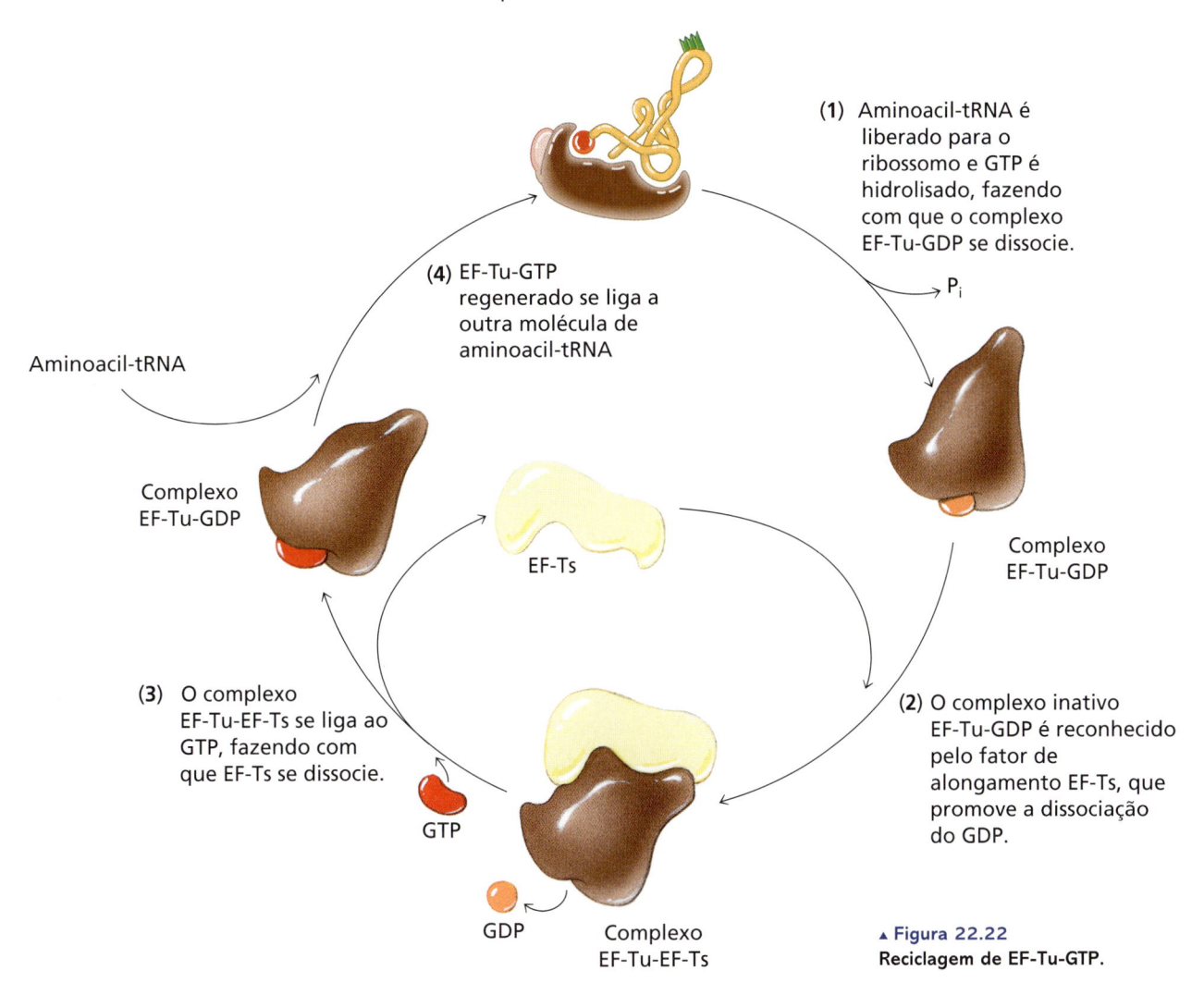

tRNA desaminoacilado precisa ser liberado e o peptidil-tRNA precisa ser completamente transferido do sítio A para o P. Ao mesmo tempo, o mRNA precisa ser deslocado por um códon em relação ao ribossomo. Essa **translocação** é a terceira etapa no microciclo de alongamento de cadeia.

Nos procariontes, a etapa de translocação requer um terceiro fator de alongamento, EF-G. Como os demais, esse fator é uma proteína abundante; uma célula de *E. coli* contém aproximadamente 20.000 moléculas de EF-G, quase uma para cada ribossomo. Como EF-Tu, o EF-G tem um sítio de ligação para GTP. A ligação de EF-G-GTP ao ribossomo completa a translocação do peptidil-tRNA do sítio A para o P e libera o tRNA desaminoacilado do sítio E. O próprio EF-G é liberado do ribossomo apenas quando seu GTP ligado é hidrolisado a GDP e o P_i é liberado. A dissociação de EF-G-GDP deixa o ribossomo livre para iniciar outro microciclo de alongamento de cadeia.

A cadeia polipeptídica crescente se estende desde o peptidil-tRNA no sítio P através de um túnel na subunidade 50S até sair na superfície externa do ribossomo (Figura 22.15). Cada etapa de translocação ajuda a empurrar a cadeia através do túnel. O polipeptídeo recém-sintetizado não começa a assumir sua forma final enovelada até que saia do túnel. Seu enovelamento é assistido por chaperonas, como a HSP70, que são associadas à máquina de tradução (Seção 4.10D).

O microciclo de alongamento é repetido para cada novo códon do mRNA que está sendo traduzido, resultando na síntese de uma cadeia polipeptídica que pode ter várias centenas de resíduos. Por fim, o complexo de tradução atinge o códon final na extremidade da região codificadora, onde a tradução é terminada.

▶ **Figura 22.23**
Formação de uma ligação peptídica.
O carbono carbonílico do peptidil-tRNA sofre ataque nucleofílico do átomo de nitrogênio do grupo amina do aminoacil-tRNA no sítio A. Essa reação de transferência de grupo aminoacila resulta no crescimento da cadeia peptídica em um resíduo e na transferência do peptídeo nascente ao tRNA no sítio A.

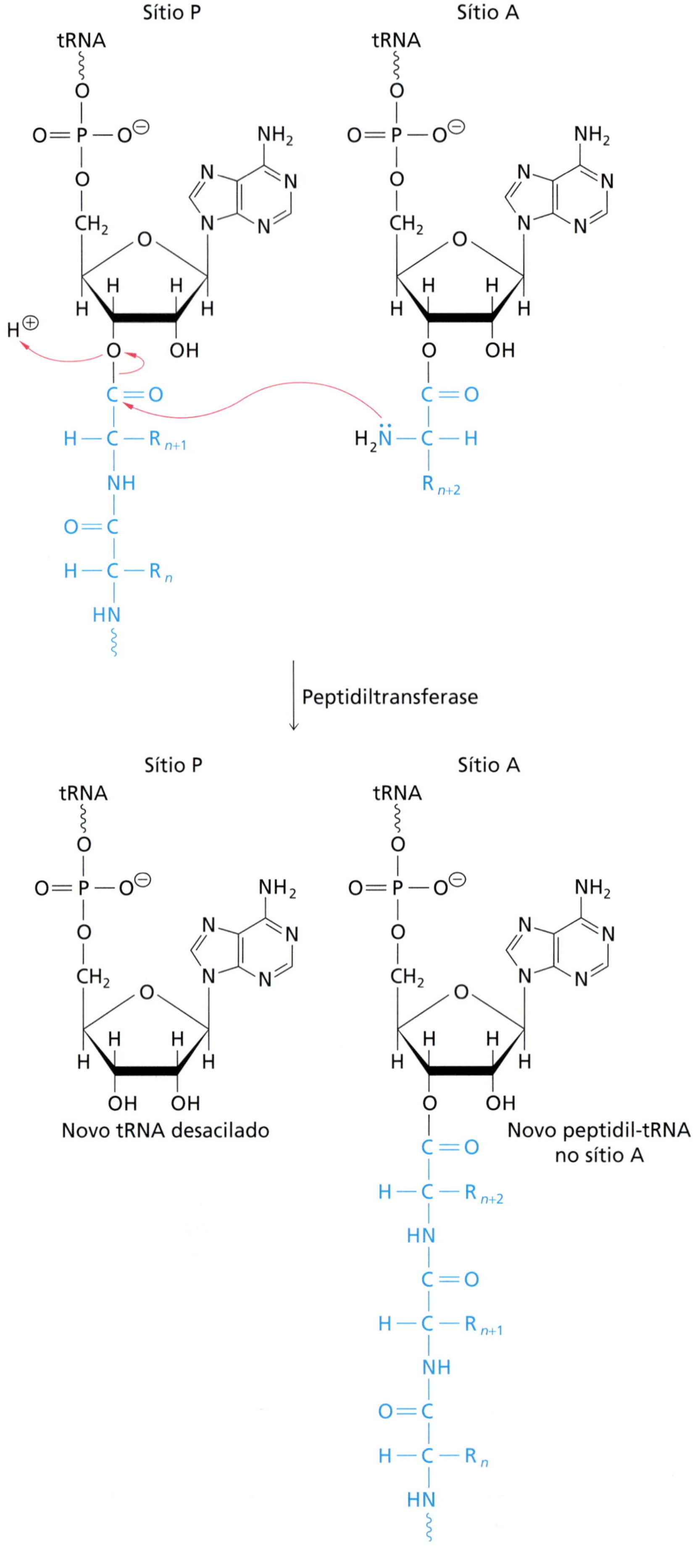

As reações de alongamento nos eucariontes são muito semelhantes àquelas de *E. coli*. Três fatores acessórios proteicos participam do alongamento de cadeia nos eucariontes: EF-1α, EF-1β e EF-2. EF-1α ancora o aminoacil-tRNA no sítio A; sua atividade, portanto, é a mesma do EF-Tu em *E. coli*. EF-1β, como o EF-Ts bacteriano, recicla EF-1α. EF-2 executa a translocação nos eucariontes. EF-Tu e EF-1α são proteínas homólogas altamente conservadas, assim como EF-G e EF-2. RNAs ribossômicos eucariontes e procariontes também são muito semelhantes em sequência e estrutura secundária. Essas similaridades indicam que o ancestral comum dos procariontes e eucariontes fazia síntese de proteínas de modo semelhante ao que se observa nos organismos modernos. Logo, a síntese proteica é uma das reações bioquímicas mais antigas e fundamentais.

22.7 Terminação da tradução

E. coli tem três fatores de liberação (RF-1, RF-2 e RF-3) que participam da terminação da síntese proteica. Após a formação da ligação peptídica final, o peptidil-tRNA é translocado do sítio A para o P, como usual. A translocação posiciona um dos três códons de terminação (UGA, UAG ou UAA) no sítio A. Esses códons de terminação não são reconhecidos por nenhuma molécula de tRNA, de modo que a síntese de proteínas para no códon de terminação. Por fim, um dos fatores de liberação se difunde para dentro do sítio A. RF-1 reconhece UAA e UAG; RF-2 reconhece UAA e UGA. RF-3 se liga a GTP e aumenta os efeitos de RF-1 e RF-2.

Quando os fatores de liberação reconhecem um códon de terminação, eles provocam a hidrólise do peptidil-tRNA. Provavelmente, a liberação do polipeptídeo completo é acompanhada pela hidrólise do GTP e pela dissociação dos fatores de liberação do ribossomo. Nesse ponto, as subunidades ribossômicas se dissociam do mRNA e os fatores de iniciação se ligam à subunidade 30S, preparando-se para a próxima rodada de síntese proteica.

22.8 A síntese de proteínas consome muita energia

A síntese proteica é muito cara do ponto de vista energético; ela usa uma grande parcela dos equivalentes de ATP disponíveis da célula. Para onde vai toda essa energia?

Para cada aminoácido que é adicionado à cadeia polipeptídica, quatro ligações fosfoanidrido são quebradas: ATP é hidrolisado em AMP + 2P_i durante a ativação do aminoácido e duas moléculas de GTP são hidrolisadas em 2 GDP + 2 P_i durante o alongamento de cadeia. A hidrólise do GTP é acoplada a mudanças conformacionais na máquina de tradução. Nesse aspecto, GTP e GDP atuam como moduladores alostéricos. No entanto, diferentemente da maioria das mudanças conformacionais induzidas por esses moduladores, as que ocorrem durante a síntese de proteínas são associadas a um considerável consumo de energia.

A hidrólise de quatro ligações fosfoanidrido representa uma grande variação da energia livre de Gibbs – muito mais do que a necessária para a formação de uma só ligação peptídica. A maior parte dessa energia "extra" compensa a perda de entropia durante a síntese proteica, a qual é devida principalmente ao ordenamento específico dos 20 diferentes aminoácidos na cadeia polipeptídica. Além disso, há perda de entropia quando um aminoácido é ligado a um tRNA em particular e quando um aminoacil-tRNA se associa a um códon específico.

22.9 Controle da síntese de proteínas

Uma forma de regular a expressão gênica é pelo controle da tradução do mRNA em proteína. A tradução pode ser controlada na iniciação, no alongamento ou na terminação. Em geral, o controle da expressão gênica no nível da

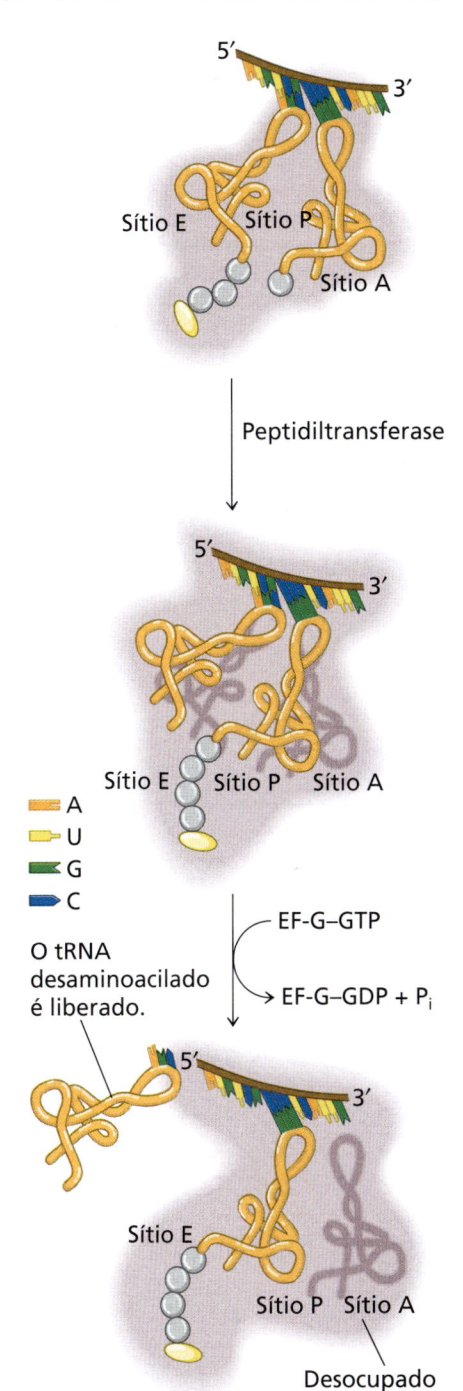

▲ **Figura 22.24**
Translocação durante a síntese proteica nos procariontes.
Topo: o aminoacil-tRNA é posicionado no sítio A.
Meio: depois que a ligação peptídica é formada, o recém-criado peptidil-tRNA fica parcialmente no sítio A e parcialmente no sítio P.
Embaixo: a translocação desloca o peptidil-tRNA completamente para dentro do sítio P, deixando o sítio A vazio e liberando um tRNA desaminoacilado do sítio E.

> A síntese de polipeptídeos é um exemplo de crescimento de cabeça (Quadro 12.5).

> Ribossomos que se movem sobre o RNA mensageiro sintetizam proteínas Haikai[1] de Sydney Brenner (2002).

> **CONCEITO-CHAVE**
> Os códons do mRNA no sítio A do ribossomo também estão sendo continuamente testados por fatores de liberação que se difundem aleatoriamente, buscando códons de terminação.

tradução é usado para regular a produção de proteínas que se reúnem em complexos de múltiplas subunidades e daquelas cuja expressão na célula precisa de controle estrito e rápido.

A velocidade da tradução depende, em parte, da sequência do molde. Um mRNA contendo muitos códons raros, por exemplo, é traduzido menos rapidamente (e, portanto, com menos frequência) do que um que contenha os códons usados com mais frequência. Além disso, a velocidade de iniciação da tradução varia com a sequência nucleotídica no sítio de iniciação. Um sítio de ligação forte ao ribossomo no mRNA bacteriano leva a uma iniciação mais eficiente. Também há evidências de que a sequência nucleotídica que circunda o códon de iniciação no mRNA eucarionte influencia a velocidade da iniciação.

Uma diferença entre a iniciação da tradução e a da transcrição é que o estabelecimento de um complexo de tradução pode ser influenciado pela estrutura secundária da mensagem. Por exemplo, a formação de regiões de fita dupla intramolecular no mRNA pode mascarar sítios de ligação ao ribossomo e o códon de iniciação. Embora as propriedades estruturais possam determinar se dada molécula de mRNA será traduzida com frequência ou não, isto não é regulação no sentido estrito. Usamos o termo regulação ao nível da tradução, ou *regulação traducional*, para nos referir aos casos em que fatores externos modulam a frequência da tradução do mRNA.

A. A síntese de proteínas ribossômicas é acoplada à montagem do ribossomo em *E. coli*

Cada ribossomo de *E. coli* contém pelo menos 52 proteínas ribossômicas. Os genes que codificam essas proteínas são espalhados pelo genoma, em 13 operons e 7 genes isolados. Quando múltiplas cópias de genes codificadores de algumas dessas proteínas são inseridos na *E. coli*, as concentrações dos respectivos mRNAs aumentam abruptamente, mas a velocidade total de síntese de proteínas ribossômicas se altera pouco. Além disso, as concentrações relativas das proteínas ribossômicas permanecem inalteradas, embora as várias moléculas de mRNA para proteínas ribossômicas estejam presentes em quantidades desiguais. Essas observações sugerem que a síntese das proteínas ribossômicas é estreitamente regulada no nível da tradução.

A regulação da síntese das proteínas ribossômicas pela tradução é crucial, uma vez que os ribossomos não podem ser montados a menos que as proteínas estejam presentes na estequiometria apropriada. A produção dessas proteínas é controlada por meio da regulação da eficiência com que cada mRNA é traduzido. Cada um dos grandes operons que contém genes das proteínas ribossômicas codifica uma proteína ribossômica que consegue inibir a tradução de seu próprio mRNA policistrônico, ligando-se próximo ao códon de iniciação de um dos primeiros genes do operon.

As interações entre as proteínas ribossômicas inibitórias e seus mRNAs podem se assemelhar às interações entre essas proteínas e o RNA ribossômico ao qual elas se ligam nos ribossomos maduros. Por exemplo, o mRNA transcrito do operon *str*, que inclui a região codificadora da proteína ribossômica S7, contém algumas partes de sequência de RNA que são idênticas ao sítio de ligação da S7 no rRNA 16S. Mais do que isso, a estrutura secundária proposta para o mRNA *str* é semelhante à estrutura proposta para o sítio de ligação da S7 no rRNA 16S (Figura 22.25). S7 se liga a esta região da molécula de mRNA *str* e inibe a tradução. É provável que S7 reconheça características estruturais análogas nas duas moléculas de RNA. Mecanismos similares regulam a tradução dos mRNAs que codificam outras proteínas ribossômicas.

As proteínas ribossômicas que inibem a tradução se ligam mais firmemente ao RNA ribossômico do que aos sítios similares do RNA mensageiro. Assim, o mRNA continua a ser traduzido desde que as proteínas ribossômicas recém-sintetizadas sejam incorporadas aos ribossomos. No entanto, assim que a montagem do ribossomo fica mais lenta e a concentração das proteínas ribossômicas livres aumenta no interior da célula, as proteínas ribossômicas de inibição se ligam às moléculas de seus próprios

---

[1] Haikai é uma forma poética de origem japonesa, que valoriza a concisão e a objetividade. (N.T.)

mRNAs e impedem a continuação da síntese. Dessa forma, a síntese das proteínas ribossômicas é coordenada pela montagem do ribossomo.

> **QUADRO 22.1 Alguns antibióticos inibem a síntese de proteínas**
>
> Vários microrganismos produzem antibióticos que utilizam como defesa química contra competidores. Alguns antibióticos impedem o crescimento bacteriano inibindo a formação de ligações peptídicas. Por exemplo, a estrutura do antibiótico puromicina é bastante semelhante à da terminação 3' de uma molécula de aminoacil-tRNA. Por causa dessa similaridade, a puromicina pode entrar no sítio A de um ribossomo. A peptidiltransferase, então, catalisa a transferência do polipeptídeo nascente para o grupo amino livre da puromicina (veja a figura a seguir). A peptidilpuromicina se liga fracamente ao sítio A e logo se dissocia do ribossomo, terminando, assim, a síntese proteica.
>
> Embora a puromicina seja eficiente para bloquear a síntese de proteínas nos procariontes, ela não é clinicamente útil, pois também bloqueia a síntese nos eucariontes e, portanto, é prejudicial aos seres humanos. Antibióticos clinicamente importantes, entre os quais estreptomicina, cloranfenicol, eritromicina e tetraciclina, são específicos para bactérias e têm pouco ou nenhum efeito sobre a síntese de proteínas nos eucariontes. A estreptomicina se liga a uma das proteínas ribossômicas na subunidade 30S e inibe a iniciação da tradução. O cloranfenicol interage com a subunidade 50S e inibe a peptidiltransferase. A eritromicina se liga à subunidade 50S, inibindo a etapa de translocação. A tetraciclina se liga à subunidade 30S, impedindo a ligação das moléculas de aminoacil-tRNA ao sítio A.
>
> ▲ **Formação de uma ligação peptídica entre a puromicina no sítio A de um ribossomo e o peptídeo nascente, ligado ao tRNA no sítio P.** O produto dessa reação é ligado apenas fracamente ao sítio A e se dissocia do ribossomo, terminando a síntese proteica e produzindo um peptídeo incompleto, inativo.

B. A síntese das globinas depende da disponibilidade do heme

A síntese da hemoglobina, a principal proteína das hemácias, necessita de cadeias de globina e heme em quantidades estequiométricas (Seção 4.12). Uma forma pela qual a síntese das globinas é controlada é pela iniciação da tradução. A hemoglobina é inicialmente sintetizada nos eritrócitos imaturos, chamados rubriblastos. Os rubriblastos de mamíferos perdem seus núcleos durante a maturação e, ao final, tornam-se reticulócitos, os quais são precursores imediatos dos eritrócitos. A hemoglobina continua a ser sintetizada nos reticulócitos, que são recheados com moléculas estáveis de mRNA processadas, codificadoras de polipeptídeos de globina.

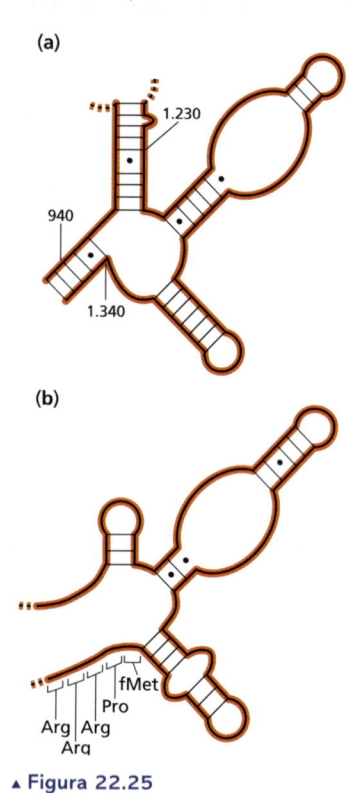

A velocidade de síntese de globinas nos reticulócitos é determinada pela concentração do heme. Quando essa concentração diminui, a tradução do mRNA de globina é inibida. O efeito do heme sobre a tradução do mRNA de globina é mediado por uma proteína quinase chamada inibidor controlado pelo heme (HCI) (Figura 22.26). O HCI ativo catalisa a transferência de um grupo fosforila do ATP para o fator de iniciação da tradução eIF-2. Esse fator fosforilado é incapaz de participar da iniciação da tradução, e a síntese proteica é inibida na célula.

Durante a iniciação da tradução, eIF-2 se liga ao metionil-tRNA$_i^{Met}$ e ao GTP. Quando o complexo de pré-iniciação encontra um códon de iniciação, o metionil-tRNA$_i^{Met}$ é transferido do eIF-2 para o códon de iniciação do mRNA. Essa reação de transferência é acompanhada pela hidrólise de GTP e pela liberação de eIF-2-GDP. Uma enzima chamada fator de troca de nucleotídeos de guanina (GEF) catalisa a substituição do GDP pelo GTP no eIF-2 e a ligação de outro metionil-tRNA$_i^{Met}$ ao eIF-2. GEF se liga muito fortemente ao eIF-2-GDP fosforilado, impedindo a reação de troca de nucleotídeo. A síntese proteica é completamente inibida quando toda a GEF da célula é ligada, pois o complexo eIF-2-GTP ativo não pode ser regenerado.

O heme regula a síntese de globina interferindo na ativação do HCI. Quando há abundância de heme, o HCI fica inativo e o mRNA de globina pode ser traduzido. Quando o heme fica escasso, porém, o HCI é ativado e a tradução de todo o mRNA na célula é inibida (Figura 22.26). A fosforilação do eIF-2 parece regular também a tradução do mRNA em outros tipos de células de mamíferos. Por exemplo, durante a infecção de células humanas por vírus de RNA, a presença de fitas duplas de RNA leva à produção de interferon que, por sua vez, ativa uma proteína quinase que fosforila o eIF-2. Essa reação inibe a síntese de proteínas na célula infectada pelo vírus.

▲ **Figura 22.25**
Comparação entre as estruturas secundárias propostas para os sítios de ligação da proteína ribossômica S7. (a) Sítio de ligação da S7 no rRNA 16S. (b) Sítio de ligação da S7 na molécula de mRNA *str*.

C. O operon *trp* de *E. coli* é controlado por repressão e atenuação

O operon *trp* de *E. coli* codifica as proteínas necessárias para a biossíntese do triptofano. A maioria dos organismos sintetiza seus próprios aminoácidos, mas também pode obtê-los degradando proteínas exógenas. Por essa razão, a maior parte dos organismos desenvolveu mecanismos para reprimir a síntese de enzimas necessárias para a biossíntese *de novo* de aminoácidos quando estes estão disponíveis a partir de fontes externas. Por exemplo, em *E. coli*, o triptofano é um regulador negativo de sua própria biossíntese. Na presença de triptofano, o operon *trp* não é expresso (Figura 22.27). A expressão desse operon é em parte inibida pelo repressor *trp*, um dímero de duas subunidades idênticas. O repressor *trp* é codificado pelo gene *trp*R, que fica em outro lugar do cromossomo bacteriano e é transcrito separadamente. Quando há abundância

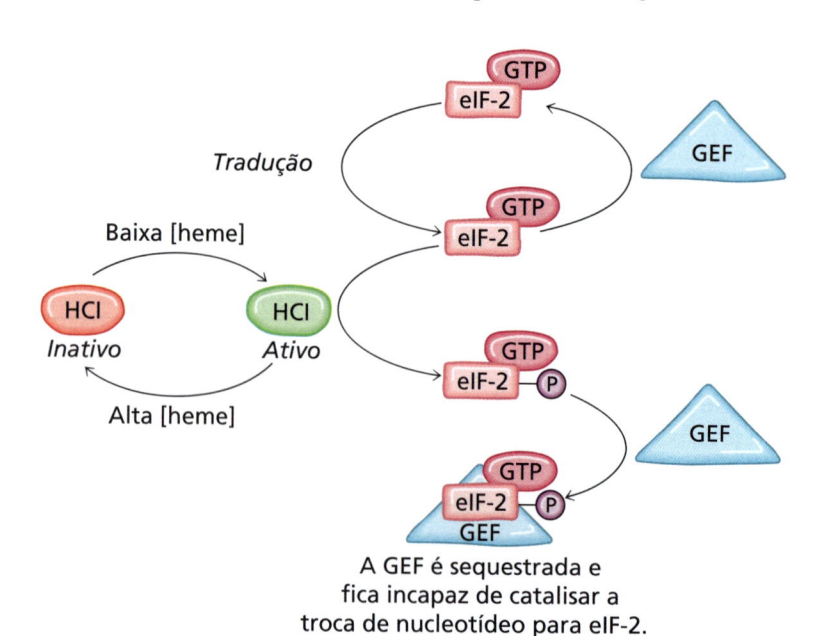

▶ **Figura 22.26**
Inibição da síntese proteica pela fosforilação de eIF-2 nos reticulócitos. Quando a concentração do heme é alta, o HCI fica inativo e a tradução ocorre normalmente. Quando ela é baixa, o HCI catalisa a fosforilação do eIF-2. O eIF-2 fosforilado se liga muito fortemente a quantidades limitantes de GEF na célula, sequestrando-a e impedindo a tradução dos mRNAs celulares (inclusive as globinas).

de triptofano, um complexo repressor-triptofano se liga ao operador *trp*O, que fica no promotor. Esse complexo ligado impede que a RNA polimerase se ligue ao promotor. Assim, o triptofano é um correpressor do operon *trp*.

A regulação do operon *trp* de *E. coli* é suplementada e refinada por um segundo mecanismo independente, chamado **atenuação**. Esse segundo mecanismo depende da tradução e ajuda a determinar se a transcrição do operon *trp* prossegue ou termina prematuramente. O movimento da RNA polimerase do promotor para o gene *trp*E é governado por uma sequência de 162 nucleotídeos localizada entre o promotor e *trp*E. Essa sequência, chamada região-líder (Figura 22.27), inclui um segmento de 45 nucleotídeos que codificam um peptídeo de 14 aminoácidos, chamado *peptídeo-líder*. O transcrito de mRNA da região-líder contém dois códons consecutivos que especificam triptofano, próximos ao término da região codificadora do peptídeo-líder. A região-líder contém ainda quatro sequências ricas em GC. Os códons que especificam triptofano e as quatro sequências ricas em GC regulam a síntese de mRNA ao afetar a terminação da transcrição.

Quando transcritas no mRNA, as quatro sequências ricas em GC da região-líder podem emparelhar as bases para formar uma de duas estruturas secundárias alternativas (Figura 22.28). A primeira estrutura secundária possível inclui dois grampos de RNA, que se formam entre as sequências identificadas como 1 e 2, e entre aquelas identificadas como 3 e 4 na Figura 22.28a. O grampo 1-2 é um típico sítio de pausa de transcrição. O gancho 3-4 é seguido por uma sequência de resíduos de uridilato, que é um típico sinal de terminação independente de Rho. Esse sinal particular de terminação, contudo, não é usual, pois ocorre acima do primeiro gene do operon *trp*. A outra estrutura secundária possível inclui um grampo de RNA único entre as sequências 2 e 3. Esse

▼ **Figura 22.27**
Repressão do operon *trp* de *E. coli*. O operon *trp* é composto de uma região-líder e de cinco genes necessários à biossíntese do triptofano a partir do corismato. O gene *trp*R, localizado acima do operon *trp*, codifica o repressor *trp*, que fica inativo na ausência de seu correpressor, o triptofano. Quando o triptofano está presente em excesso, ele se liga ao repressor *trp*, e o complexo formado se liga ao operador *trp* (*trp*O). Uma vez ligado ao operador, o complexo repressor-triptofano impede a continuação da transcrição do operon *trp* pela exclusão da RNA polimerase do promotor.

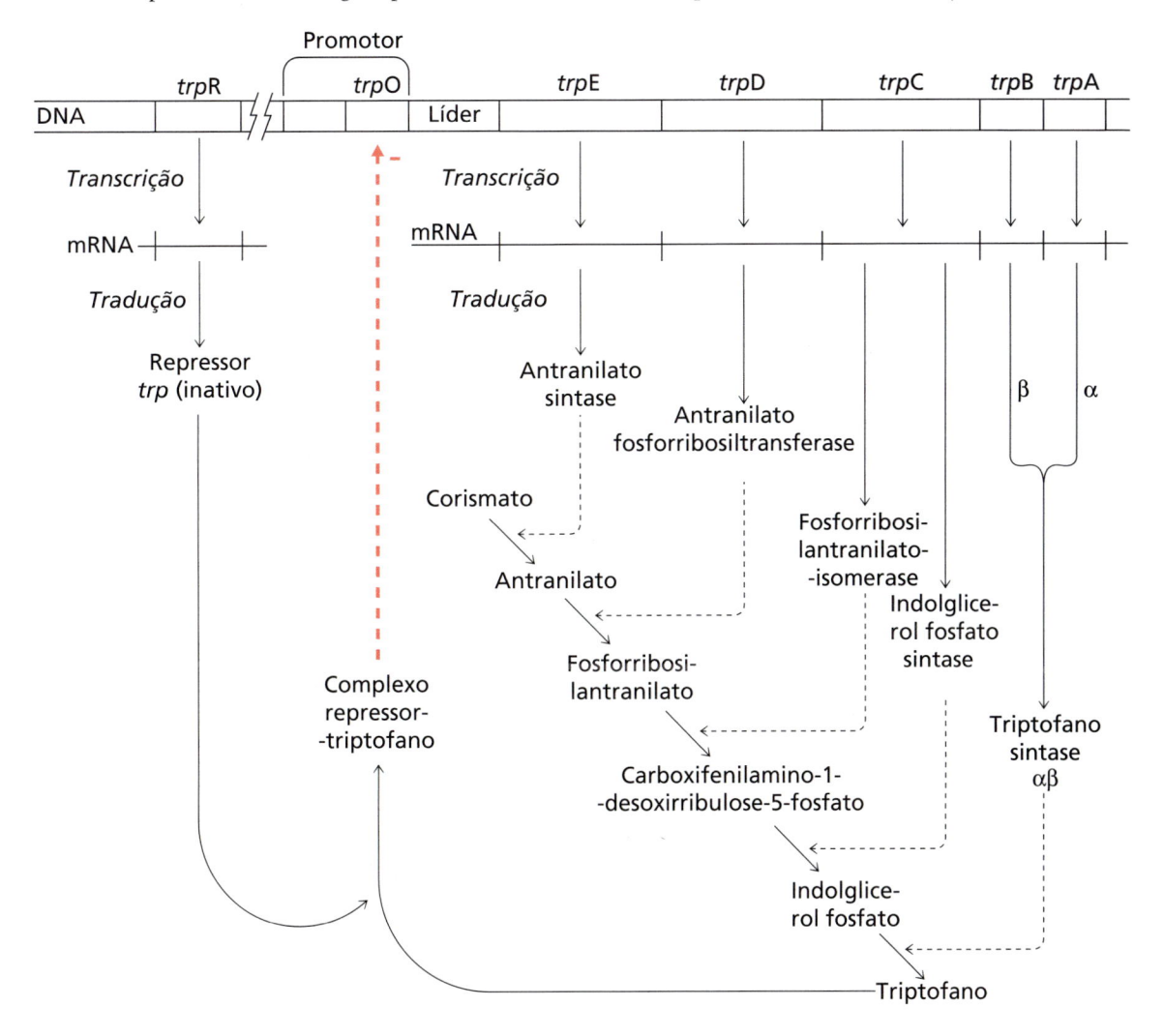

grampo, que é mais estável do que o 3-4, se forma apenas quando a sequência 1 não está disponível para formação de grampo com a sequência 2.

Durante a transcrição da região-líder, a RNA polimerase pausa quando o grampo 1-2 se forma. Durante essa pausa, um ribossomo inicia a tradução do mRNA codificador do peptídeo-líder. Essa região codificadora tem início logo acima do grampo de RNA 1-2. A sequência 1 codifica os aminoácidos C-terminais do peptídeo-líder e também contém um códon de terminação. À medida que o ribossomo traduz a sequência 1, ele rompe o grampo 1-2, liberando assim a RNA polimerase pausada que, em seguida, transcreve a sequência 3. Na presença de triptofanil-tRNA^{Trp}, o ribossomo e a RNA polimerase se movem mais ou menos na mesma velocidade. Quando o ribossomo encontra o códon de terminação do mRNA-líder ele se dissocia, e o grampo 1-2 é novamente formado. Depois que o ribossomo é dissociado, a RNA polimerase transcreve a sequência 4, que forma um grampo de terminação da transcrição com a sequência 3. Esse sinal de terminação faz com que o complexo de transcrição se dissocie do molde de DNA antes que os genes do operon *trp* tenham sido transcritos.

Quando há falta de triptofano, no entanto, o ribossomo e a RNA polimerase não se movem em sincronia. Quando a concentração do triptofano celular cai, a célula torna-se deficiente de triptofanil-tRNA^{Trp}. Nessas circunstâncias, o ribossomo é detido ao chegar aos dois códons especificadores de triptofano na sequência 1 da molécula de mRNA. A RNA polimerase, que já havia sido liberada do sítio de pausa 1-2, transcreve as sequências 3 e 4. Enquanto o ribossomo está empacado e a sequência 1 fica coberta, a sequência 2 forma um grampo com a 3. Como o grampo 2-3 é mais estável do que o 3-4, a sequência 3 não se pareia com a 4, de modo a produzir o grampo de terminação da transcrição. Nessas condições, a RNA polimerase passa pelo potencial sítio de terminação (UGA na Figura 22.28a) e o restante do operon *trp* é transcrito.

A atenuação parece ser um mecanismo regulador que surgiu em época relativamente recente e é encontrado apenas em bactérias entéricas, como a *E. coli* (a atenuação não pode ocorrer nos eucariontes porque neles a transcrição e a tradução ocorrem em partes diferentes da célula). Vários operons de *E. coli*, incluindo os de *phe*, *thr*, *his*, *leu* e *ile*, são regulados por atenuação. Alguns operons, como o *trp*, combinam atenuação com repressão; outros, como o operon *his*, são regulados apenas por atenuação. Os peptídeos-líderes dos operons cujos genes participam da biossíntese de aminoácidos podem conter até sete códons especificadores de um aminoácido em particular.

22.10 Processamento após a tradução

À medida que o complexo de tradução se move ao longo do molde de mRNA na direção 5′ → 3′, a cadeia polipeptídica nascente cresce. Cerca de 30 resíduos de aminoácidos polimerizados mais recentemente permanecem no interior do ribossomo, mas aqueles mais próximos do N-terminal são expulsos dele. Os resíduos N-terminais começam a se enovelar, tomando a forma nativa da proteína, antes mesmo que seu C-terminal tenha sido sintetizado. À medida que esses resíduos se enovelam, eles sofrem ação das enzimas que modificam a cadeia nascente.

Modificações que ocorrem antes que a cadeia polipeptídica esteja completa são ditas **cotraducionais**, enquanto as que ocorrem depois que a cadeia está completa são ditas **pós-traducionais**. Alguns exemplos da multiplicidade dessas modificações incluem a desformilação do resíduo N-terminal nas proteínas procariontes, a remoção da metionina N-terminal das proteínas procariontes e eucariontes, a formação de ligações dissulfeto, a quebra por proteinases, a fosforilação, a adição de resíduos de carboidratos e a acetilação.

Um dos eventos mais importantes que ocorrem durante e após a tradução é o processamento e transporte de proteínas através das membranas. A síntese de proteínas acontece no citosol, mas as formas maduras de muitas delas ficam inseridas nas membranas ou em compartimentos cercados por elas. Por exemplo, várias proteínas receptoras ficam inseridas na membrana celular externa, com a maior parte da proteína do lado de fora da célula. Outras proteínas são secretadas de células, e outras, ainda, residem nos lisossomos; outras organelas ficam no interior das células eucariontes. Em cada caso, a proteína

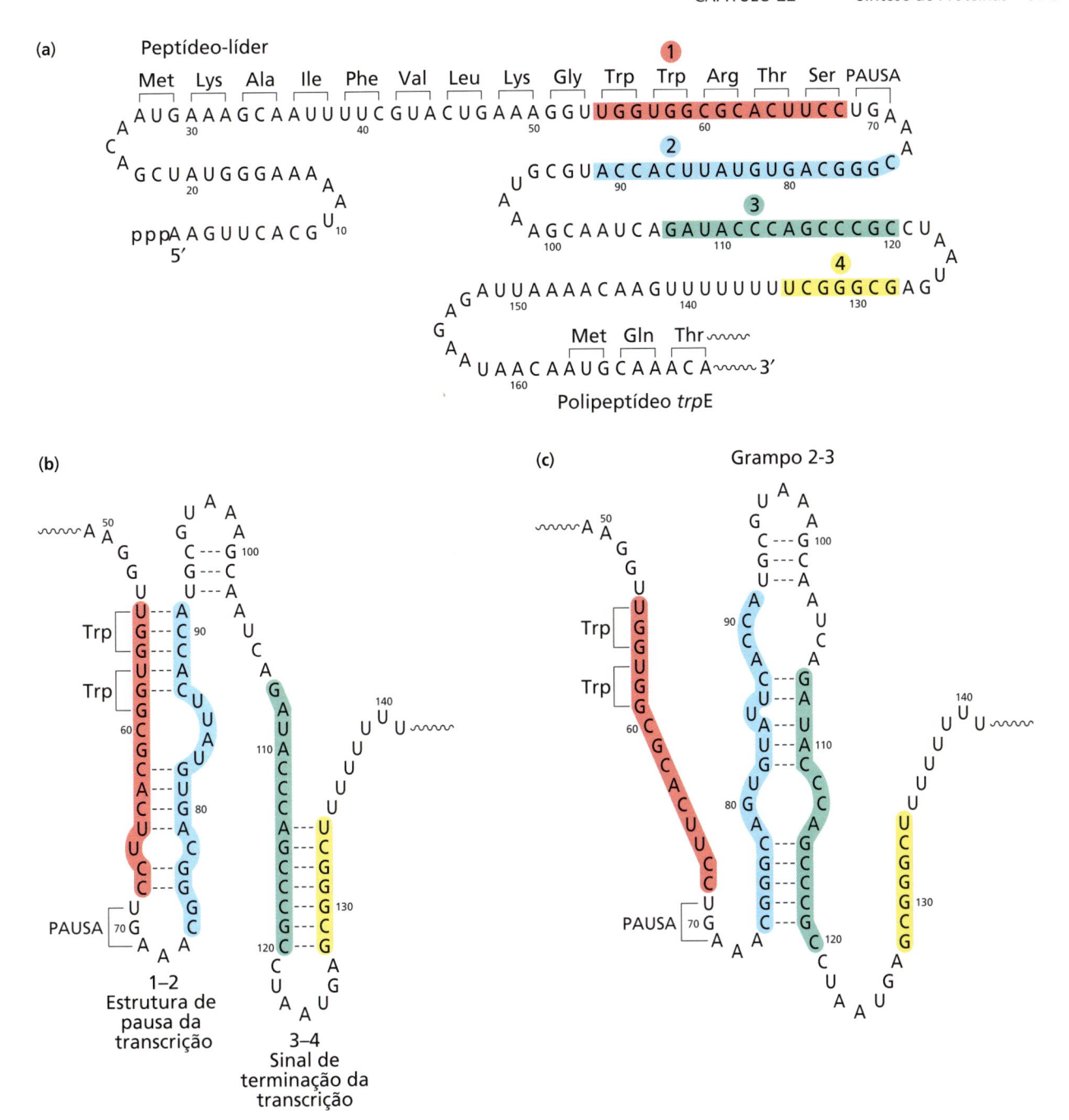

▲ **Figura 22.28**

Região-líder do operon *trp*. **(a)** Transcrito de mRNA da região-líder de *trp*. Essa sequência de 162 nucleotídeos do mRNA inclui quatro sequências ricas em GC e a região codificadora do peptídeo-líder com 14 aminoácidos. A região codificadora inclui dois códons consecutivos especificadores de triptofano. As quatro sequências ricas em GC podem emparelhar bases para formar uma de duas estruturas secundárias possíveis. **(b)** A sequência 1 (vermelho) e a sequência 2 (azul) são complementares e, quando emparelhadas, formam um típico sítio de pausa da transcrição. As sequências 3 (verde) e 4 (amarelo) são complementares e, quando emparelhadas, formam um sítio de terminação independente de Rho. **(c)** As sequências 2 e 3 também são complementares e podem formar um grampo de RNA mais estável do que o 3-4. Essa estrutura se forma apenas quando a sequência 1 não está disponível para formação do grampo com a sequência 2.

sintetizada no citosol precisa ser transportada através da barreira da membrana. Na verdade, essas proteínas são sintetizadas por ribossomos ligados à membrana, ligados à membrana plasmática nas bactérias e ao retículo endoplasmático nas células eucariontes.

O sistema de transporte melhor caracterizado é aquele que leva proteínas do citosol até a membrana plasmática para secreção (Figura 22.29). Nos eucariontes, as proteínas destinadas à secreção são transportadas através da membrana do retículo endoplasmático para dentro do lúmen dessa organela, que é topologicamente equivalente ao exterior da célula. Depois que a proteína foi levada para dentro do retículo endoplasmático, ela pode ser transportada por vesículas, através do complexo de Golgi, para a membrana plasmática, a fim de ser liberada para fora da célula.

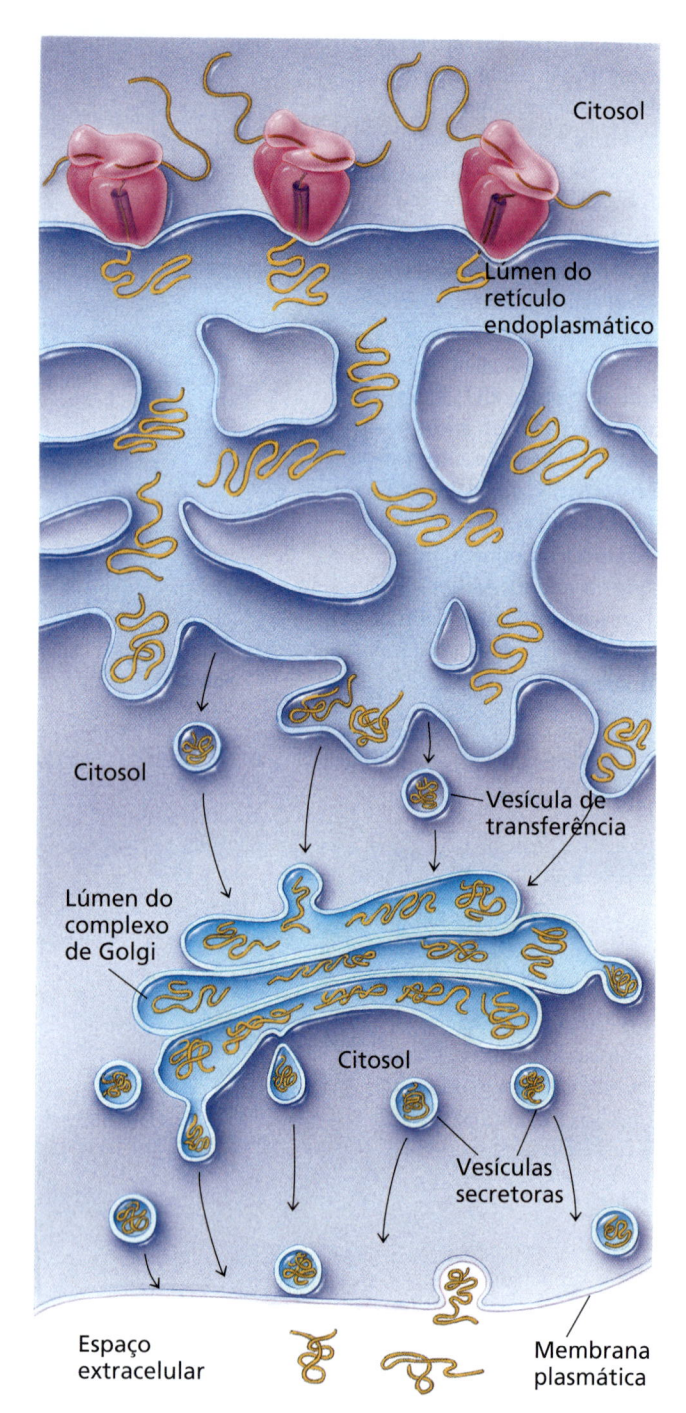

A. A hipótese do sinal

Proteínas secretadas são sintetizadas na superfície do retículo endoplasmático, e as recém-sintetizadas passam através da membrana para o interior do lúmen. Nas células que produzem grandes quantidades de proteína secretada, as membranas do retículo endoplasmático são cobertas por ribossomos (Figura 22.30).

A chave para o processo pelo qual muitas proteínas cruzam a membrana do retículo endoplasmático aparece nos primeiros 20 resíduos da cadeia polipeptídica nascente. Na maioria das proteínas secretadas e das ligadas a membranas, esses resíduos estão presentes apenas no polipeptídeo nascente, mas não na proteína madura. A sequência N-terminal de resíduos que é removida proteoliticamente do precursor proteico é chamada **peptídeo-sinal**, pois ela é a parte do precursor que sinaliza para a proteína cruzar uma membrana. Os peptídeos-sinais variam em tamanho e composição, mas, tipicamente, têm entre 16 e 30 resíduos, com 4 a 15 deles sendo hidrofóbicos (Figura 22.31).

Nos eucariontes, várias proteínas destinadas à secreção parecem ser translocadas através do retículo endoplasmático pela via mostrada na Figura 22.32. Na primeira etapa, um complexo de iniciação 80S – incluindo um ribossomo, uma molécula de Met-tRNA$_i^{Met}$ e um mRNA – se forma no citosol. Em seguida, o ribossomo começa a traduzir o mRNA e a sintetizar o peptídeo-sinal no N-terminal do precursor. Assim que esse peptídeo foi sintetizado e extrusado do ribossomo, ele se liga a um complexo proteína-RNA chamado partícula de reconhecimento do sinal (SRP).

O SRP é uma pequena ribonucleoproteína que contém uma molécula de RNA com 300 nucleotídeos, chamada RNA 7SL, e 4 proteínas. O SRP reconhece e se liga ao peptídeo-sinal, à medida que este emerge do ribossomo. Quando o SRP se liga, a tradução é bloqueada. Em seguida, o complexo SRP-ribossomo se liga a uma proteína receptora de SRP (também conhecida como proteína de ancoragem) na face citossólica do retículo endoplasmático. O ribossomo é ancorado na membrana do retículo endoplasmático por proteínas de ligação ao ribossomo chamadas translocons, e o peptídeo-sinal é inserido em um poro da membrana, que é parte do complexo formado pelas proteínas do retículo endoplasmático no sítio de ancoragem. Uma vez que o complexo ribossomo-SRP esteja ligado à membrana, a inibição da tradução é aliviada e o SRP se dissocia, em uma reação acoplada à hidrólise do GTP. Assim, a função do SRP é reconhecer os polipeptídeos nascentes que contenham um peptídeo-sinal e direcionar o complexo de tradução para a superfície do retículo endoplasmático.

Como o complexo de tradução está ligado à membrana, a tradução se reinicia e a nova cadeia polipeptídica passa através da membrana. O peptídeo-sinal é, em seguida, clivado do polipeptídeo nascente por uma peptidase-sinal, uma proteína integral de membrana associada ao complexo do poro. O transporte de proteínas através da membrana é assistido por chaperonas no lúmen do retículo endoplasmático. Além de sua

▲ **Figura 22.29**
Via secretora em células eucariontes. Proteínas cuja síntese começa no citosol são transportadas para o interior do lúmen do retículo endoplasmático. Após outras modificações no complexo de Golgi, as proteínas são secretadas.

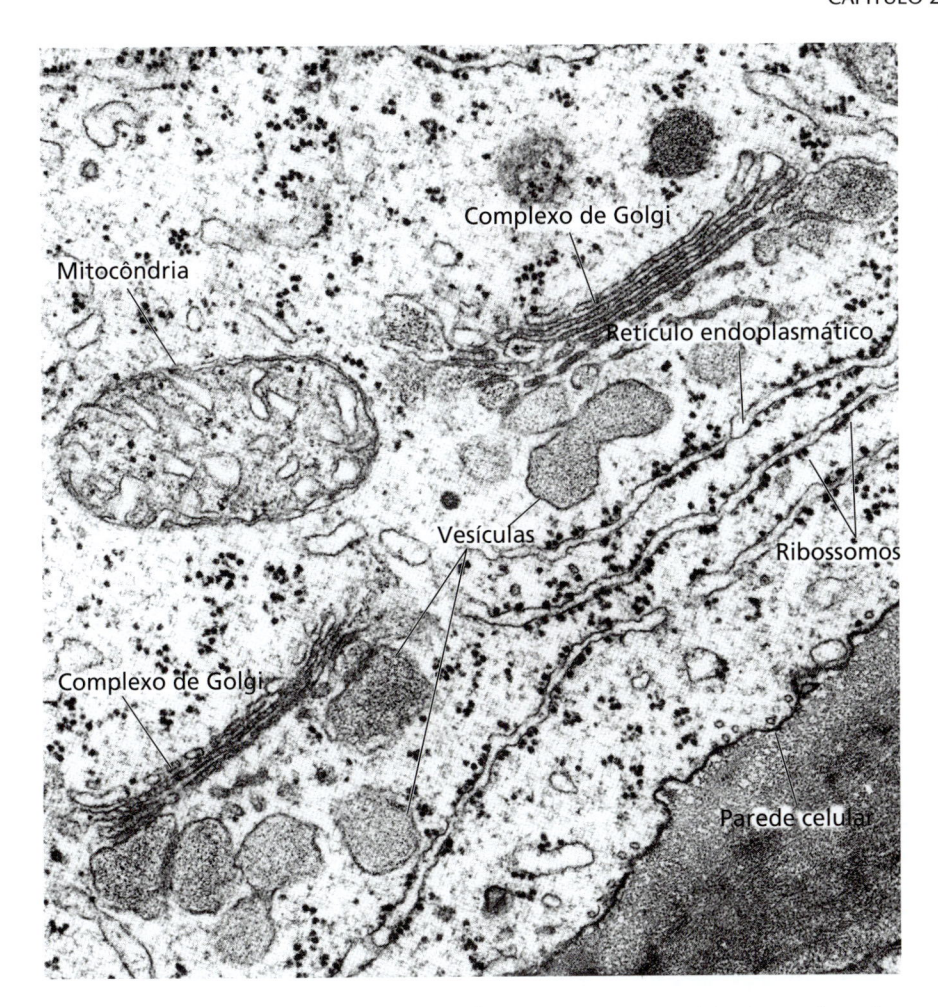

▲ **Figura 22.30**
Vesículas secretoras em uma célula de cobertura de raiz de milho. Grandes vesículas secretoras contendo proteínas brotam do complexo de Golgi (centro). Observe a abundância de ribossomos ligados ao retículo endoplasmático.

função no enovelamento de proteínas, as chaperonas são necessárias à translocação e sua atividade depende da hidrólise do ATP. Quando a síntese proteica termina, o ribossomo se dissocia do retículo endoplasmático e o complexo de tradução é desmontado.

B. Glicosilação de proteínas

Diversas proteínas integrais de membrana e proteínas secretadas contêm cadeias oligossacarídicas ligadas covalentemente. A adição dessas cadeias a proteínas é chamada glicosilação de proteínas (Seção 8.7C). A glicosilação de proteínas é uma das principais atividades metabólicas do lúmen do retículo endoplasmático e do complexo de Golgi, e constitui uma extensão do processo geral de biossíntese das proteínas. Uma glicoproteína pode ter dezenas ou centenas de unidades monossacarídicas. A massa da porção carboidrato pode responder por cerca de 1% até 80% da massa da glicoproteína.

▼ **Figura 22.31**
Peptídeos-sinais de proteínas secretadas. Resíduos hidrofóbicos estão em azul; setas indicam os sítios onde os peptídeos sinais são clivados do precursor. (OmpA é uma proteína de membrana bacteriana.)

Pré-lisozima

$H_3\overset{\oplus}{N}$–Met–Arg–Ser–Leu–Leu–Ile–Leu–Val–Leu–Cys–Phe–Leu–Pro–Leu–Ala–Ala–Leu–Gly↓Gly ~~~

Pré-pró-albumina

$H_3\overset{\oplus}{N}$–Met–Lys–Trp–Val–Thr–Phe–Leu–Leu–Leu–Leu–Phe–Ile–Ser–Gly–Ser–Ala–Phe–Ser↓Arg ~~~

Fosfatase alcalina

$H_3\overset{\oplus}{N}$–Met–Lys–Gln–Ser–Thr–Ile–Ala–Leu–Ala–Leu–Leu–Pro–Leu–Leu–Phe–Thr–Pro–Val–Thr–Lys–Ala↓Arg ~~~

Proteína de ligação à maltose

$H_3\overset{\oplus}{N}$–Met–Lys–Ile–Lys–Thr–Gly–Ala–Arg–Ile–Leu–Ala–Leu–Ser–Ala–Leu–Thr–Thr–Met–Met–Phe–Ser–Ala–Ser–Ala–Leu–Ala↓Lys ~~~

OmpA

$H_3\overset{\oplus}{N}$–Met–Lys–Lys–Thr–Ala–Ile–Ala–Ile–Ala–Val–Ala–Leu–Ala–Gly–Phe–Ala–Thr–Val–Ala–Gln–Ala↓Ala ~~~

▶ **Figura 22.32**
Translocação de proteínas eucariontes para o interior do lúmen do retículo endoplasmático.

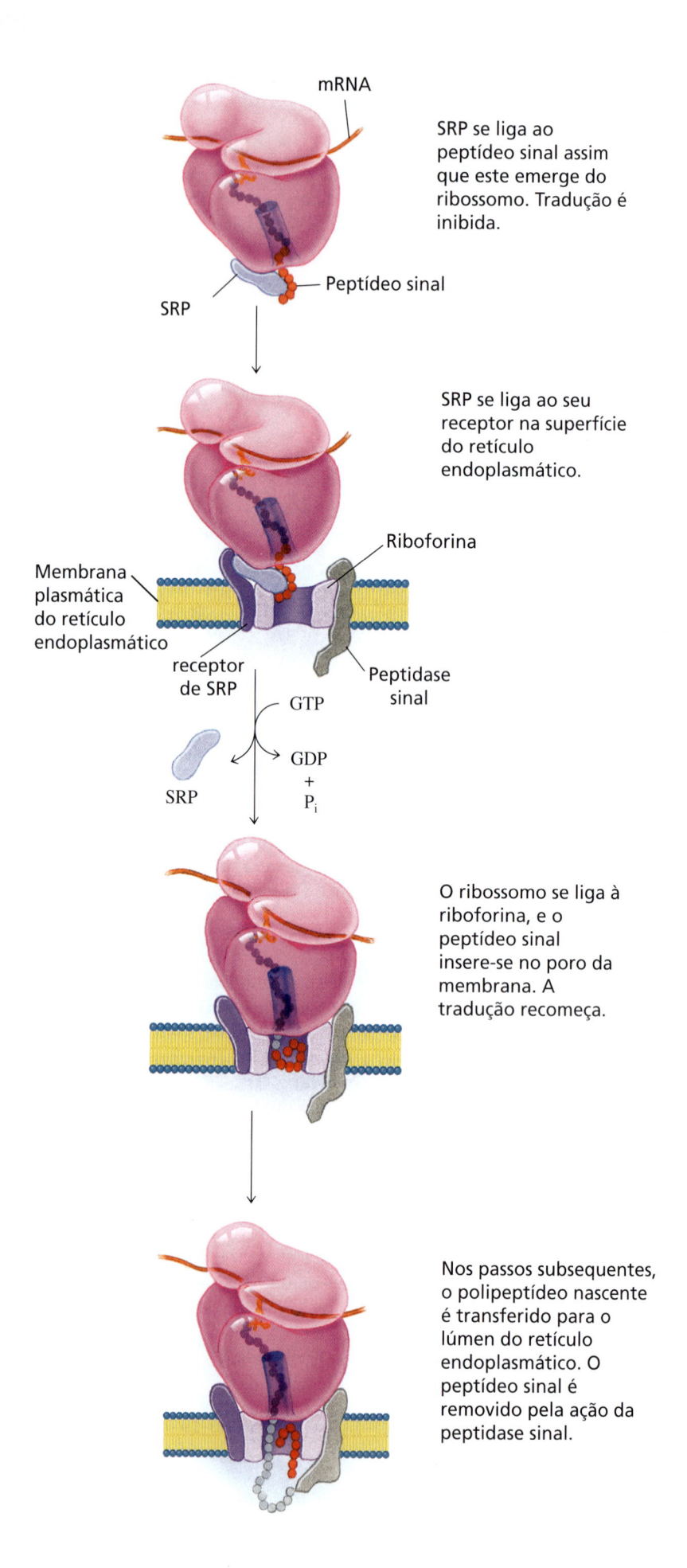

SRP se liga ao peptídeo sinal assim que este emerge do ribossomo. Tradução é inibida.

mRNA
Peptídeo sinal
SRP

SRP se liga ao seu receptor na superfície do retículo endoplasmático.

Membrana plasmática do retículo endoplasmático
Riboforina
receptor de SRP
Peptidase sinal
GTP
GDP + P$_i$
SRP

O ribossomo se liga à riboforina, e o peptídeo sinal insere-se no poro da membrana. A tradução recomeça.

Nos passos subsequentes, o polipeptídeo nascente é transferido para o lúmen do retículo endoplasmático. O peptídeo sinal é removido pela ação da peptidase sinal.

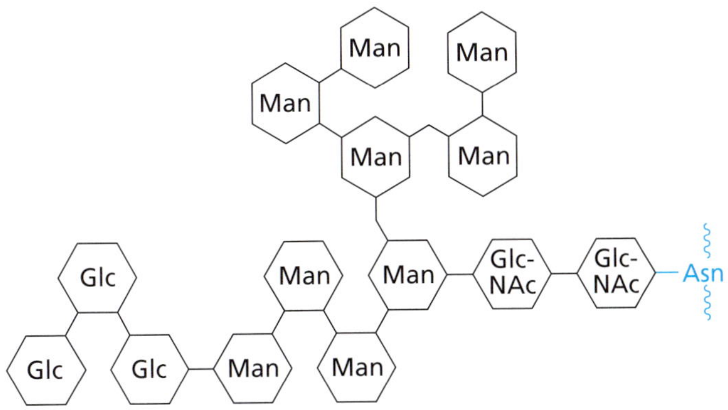

◀ **Figura 22.33**
Estrutura de um oligossacarídeo complexo ligado a um resíduo de asparagina. Abreviaturas: Glc: glicose; GlcNAc: N-acetilglicosamina; Man: manose.

Uma reação comum de glicosilação envolve a ligação covalente de um oligossacarídeo complexo à cadeia lateral de um resíduo de asparagina (Figura 22.33). Durante o trânsito subsequente através do retículo endoplasmático e do complexo de Golgi, as proteínas podem ser modificadas covalentemente de diversas formas, entre elas a formação de ligações dissulfeto e a clivagem proteolítica. Da mesma forma, os oligossacarídeos complexos ligados às proteínas são modificados durante o trânsito. Uma variedade de oligossacarídeos distintos pode ser ligada covalentemente às proteínas. Em alguns casos, a estrutura do oligossacarídeo funciona como um sinal para direcionar as proteínas para um local específico. Por exemplo, as proteínas lisossômicas contêm sítios para a ligação de um oligossacarídeo que as dirige para o lisossomo. Após atravessarem o complexo de Golgi, as proteínas e seus oligossacarídeos estarão, em geral, totalmente modificados.

Resumo

1. O código genético consiste em códons de três nucleotídeos que não se sobrepõem. O código é livre de ambiguidades e degenerado; os dois primeiros nucleotídeos do código de três letras são, em geral, suficientes; códons com sequências semelhantes especificam aminoácidos quimicamente similares; existem códons especiais para a iniciação e a terminação da síntese dos peptídeos.

2. As moléculas de tRNA são os adaptadores entre os códons do mRNA e os aminoácidos nas proteínas. Todas as moléculas de tRNA têm uma estrutura secundária semelhante, que parece uma folha de trevo, com uma haste e três ramos. A estrutura terciária tem forma de L. A alça do anticódon fica em uma ponta da estrutura e a haste aceptora, na outra. O anticódon do tRNA pareia com um códon do mRNA. A posição 5′ (oscilante) do anticódon tem conformação flexível.

3. Uma aminoacil-tRNA sintetase catalisa a adição de um aminoácido específico à haste aceptora do tRNA apropriado, produzindo um aminoacil-tRNA. Algumas aminoacil-tRNA sintetases realizam revisão.

4. Os ribossomos são os complexos de RNA-proteína que catalisam a polimerização dos aminoácidos ligados às moléculas de aminoacil-tRNA. Todos os ribossomos são compostos de duas subunidades: ribossomos de procariontes contêm três moléculas de rRNA e os de eucariontes, quatro. A cadeia polipeptídica em crescimento é ligada a um tRNA no sítio peptidil (P) do ribossomo; a molécula de aminoacil-tRNA que carrega o próximo aminoácido a ser adicionado à cadeia polipeptídica nascente se fixa ao sítio aminoacil (A).

5. A tradução tem início com a formação de um complexo de iniciação, que consiste em um tRNA iniciador, o molde de mRNA, as subunidades ribossômicas e vários fatores de iniciação. Nos procariontes, a iniciação ocorre logo abaixo das sequências de Shine-Dalgarno; nos eucariontes, ela ocorre normalmente no códon de iniciação mais próximo da terminação 5′ do mRNA.

6. A etapa de alongamento da tradução necessita de proteínas acessórias, chamadas fatores de alongamento. As três etapas de alongamento são: (1) posicionamento do aminoacil-tRNA correto no sítio A; (2) formação da ligação peptídica por ação da peptidiltransferase; e (3) translocação do ribossomo por um códon.

7. Os fatores de liberação reconhecem os códons de terminação e catalisam o término da síntese proteica, desmontando o complexo de tradução.

8. A síntese de proteínas necessita da energia de quatro ligações fosfoanidrido por resíduo.

9. O controle da tradução inclui a formação de estruturas secundárias no mRNA, que influenciam a velocidade da iniciação. As proteínas ribossômicas podem inibir a tradução de seu próprio mRNA, por ligação a esses sítios. A fosforilação de um fator de iniciação controla a síntese de globinas. O controle da expressão do operon *trp* de *E. coli* envolve atenuação, em que a tradução de um mRNA-líder governa a transcrição do operon.

10. Várias proteínas são modificadas após a tradução. Algumas proteínas de eucariontes destinadas à secreção contêm sinais N-terminais para transporte para dentro do retículo endoplasmático. Diversas proteínas de membranas e secretadas são glicosiladas.

Problemas

1. O código genético padrão é lido em códons, que têm comprimento de três nucleotídeos. Quantos quadros de leitura possíveis existem em um único DNA de fita dupla? Se, em vez disso, o código genético fosse lido em códons com tamanho de quatro nucleotídeos, quantos quadros de leitura haveria no mesmo exemplar de DNA?

2. Analise as sequências de mRNAs transcritos a partir da sequência de DNA do Problema 11 do Capítulo 21. Considerando que o segmento de DNA vem do meio de um gene codificador de proteína, qual dos possíveis mRNAs tem maior probabilidade de ser o real transcrito? Qual é a sequência do peptídeo codificado?

3. Calcule o número de ligações fosfoanidrido hidrolisadas durante a síntese de uma proteína com 600 resíduos de aminoácidos em *E. coli*. Não inclua no cálculo a energia necessária para sintetizar os aminoácidos, o mRNA, o tRNA e os ribossomos.

4. O alongamento de cadeia polipeptídica no ribossomo pode ser decomposto em três etapas distintas (o microciclo): (1) ligação do aminoacil-tRNA correto ao sítio A do ribossomo; (2) formação da ligação peptídica; e (3) translocação. O que, especificamente, é translocado na terceira etapa desse ciclo?

5. Um mRNA de procariontes pode conter vários códons AUG. Como o ribossomo distingue os códons AUG que especificam a iniciação dos que especificam a metionina interna?

6. Considerando que o código genético seja universal, poderia um mRNA vegetal ser corretamente traduzido em uma célula procarionte como de *E. coli*?

7. Os genomas bacterianos contêm, normalmente, múltiplas cópias dos genes para rRNA. Esses são transcritos muito eficientemente a fim de produzir grandes quantidades de rRNA para a montagem dos ribossomos. Por outro lado, os genes que codificam as proteínas ribossômicas estão presentes apenas como cópias únicas. Explique a diferença no número de cópias dos genes de rRNA e das proteínas ribossômicas.

8. Mutações supressoras anulam os efeitos de outras mutações. Por exemplo, mutações que produzem o códon de terminação UAG no meio de um gene são suprimidas por outra em um gene de tRNA, que origina um anticódon mutante com a sequência CUA. Em consequência, um aminoácido é inserido no códon de terminação mutante e a proteína é sintetizada (embora ela possa ser apenas parcialmente ativa). Liste todas as espécies de tRNA que poderiam ser modificadas em um supressor de mutações UAG por uma única alteração de base no anticódon. Como uma célula com um tRNA supressor pode sobreviver?

9. Os RNAs de transferência são absolutamente essenciais para a síntese de polipeptídeos. Depois de rever o material deste capítulo, cite cinco componentes celulares diferentes capazes de se ligar (interagir com) as moléculas de tRNA.

10. Em raras ocasiões, o maquinário de tradução encontra um códon que não pode ser rapidamente interpretado por causa da falta de certo tRNA ou fator de liberação. Nesses casos, o ribossomo pode fazer uma pausa e, em seguida, deslocar por um único nucleotídeo e começar a traduzir um quadro de leitura diferente. Uma ocorrência como essa é conhecida como deslocamento do quadro de leitura (*frameshifting*). O fator de liberação RF-2 de *E. coli*, que é traduzido a partir de um mRNA que contém um códon de terminação interno UGA, é produzido por deslocamento do quadro de leitura. Explique como esse fenômeno pode controlar a produção de RF-2.

11. O mecanismo de atenuação requer a presença de uma região-líder. Prediga o efeito das seguintes alterações sobre o controle do operon *trp*:

    (a) Toda a região-líder é deletada.

    (b) A sequência codificadora do peptídeo-líder é deletada.

    (c) A região-líder, um códon AUG, é mutado.

12. No Capítulo 21, você aprendeu os diferentes mecanismos reguladores que controlam a transcrição do operon *lac* na *E. coli*. No Capítulo 22, um dos mecanismos de controle da tradução discutidos foi chamado atenuação. Você esperaria que em algumas outras espécies de bactérias o operon *lac* evoluísse de forma que um mecanismo de atenuação fosse usado para controlar os níveis de expressão a partir desse operon?

13. Nos operons que contêm genes para a biossíntese de isoleucina, as regiões-líderes que antecedem os genes contêm códons múltiplos que especificam não só isoleucina, mas também valina e leucina. Sugira uma razão para isso.

14. Sugira as etapas envolvidas na síntese e no processamento de uma proteína integral de membrana glicosilada de eucarionte com um domínio citossólico C-terminal e um domínio extracelular N-terminal.

15. No Capítulo 20, você aprendeu sobre técnicas de DNA recombinante, que permitem cortar e colar genes. Se você pudesse remover a região codificadora de uma sequência sinalizadora de secreção de uma proteína e colocá-la de forma que ela passasse a ocupar o N-terminal de uma proteína citossólica (por exemplo, β-galactosidase), você

esperaria que a nova proteína híbrida entrasse na via secretora da célula?

16. Em algumas espécies de bactérias, o códon GUG inicia a síntese proteica (por exemplo, LacI, Figura 22.17a). As proteínas completas sempre têm metionina no N-terminal. Como o tRNA iniciador pode parear bases com o códon GUG? Como esse fenômeno está relacionado à posição oscilante?

Leituras selecionadas

Aminoacil-tRNA sintetases

Carter Jr. CW. Cognition, mechanism, and evolutionary relationships in aminoacyl-tRNA synthetases. Annu. Rev. Biochem. 1993; 62:715-748.

Ibba M e Söll D. Aminoacyl-tRNA synthesis. Annu. Rev. Biochem. 2000; 69:617-650.

Jakubowski H e Goldman E. Editing of errors in selection of amino acids for protein synthesis. Microbiol. Rev. 1992; 56:412-429.

Kurland CG. Translational accuracy and the fitness of bacteria. Annu. Rev.Genet. 1992; 26:29-50.

Schimmel P e Ribas de Pouplana L. Footprints of aminoacyl-tRNA synthetases are everywhere. Trends Biochem. Sci. 2000; 25:207-209.

Ribossomos e tradução

Ban N, Nissen P, Hansen J, Moore PB e Steitz TA. The complete atomic structure of the large ribosomal subunit at 2.4Å resolution. Science. 2000; 289:905-919.

Carter AP, Clemons WM, Brodersen DE, Morgan-Warren RJ, Wimberly BT e Ramakrishnan V. Functional insights from the structure of the 30S ribosomal subunit and its interactions with antibiotics. Nature. 2000; 407:340-348.

Garrett RA, Douthwate SR, Matheson AT, Moore PB e Noller HF, eds. The Ribosome: Structure, Function, Antibiotics and Cellular Interactions. Washington, DC: American Society for Microbiology. 2000.

Hanawa-Suetsugu K, Sekine S, Sakai H, Hori-Takemoto C, Tevader T, Unzai S, Tame JRH, Kuramitsu S, Shirouzu M e Yokoyama S. Crystal structure of elongation factor P from Thermus thermophilus HB8. Proc. Natl. Acad. Sci. 2004; 101:9.595-9.600.

Kawashima T, Berthet-Colominas C, Wulff M, Cusack S e Leberman R. The structure of the Escherichia coli EF-Tu.EF-Ts complex at 2.5 Å resolution. Nature. 1996; 379:511-518.

Moore PB e Steitz TA. The structural basis of large ribosomal subunit function. Annu. Rev. Biochem. 2003; 72:813-850.

Nirenberg MW e Matthaei JH. The dependence of cell-free protein synthesis in *E. coli* upon naturally occurring or synthetic polyribonucleotides. Proc. Natl. Acad. Sci. 1961; 47:1.588-1.602.

Noller HF. Peptidyl transferase: protein, ribonucleoprotein, or RNA? J. Bacteriol. 1993; 175:5.297-5.300.

Pestova TV e Hellen CUT. Ribosome recruitment and scanning: what's new? Trends Biochem. Sci. 1999; 24:85-87.

Ramakrishnan V. Unravelling the structure of the ribosome. Nobel Lecture. 2009; 135-160.

Selmer M, Al-Karadaghi S, Hirokawa G, Kaji A e Liljas A. Crystal Structure of Thermotoga maritima ribosome recycling factor: a tRNA mimic. Science. 1999; 286:2.349-2.352.

Steitz TA. From the structure and function of the ribosome to new antibiotics. Nobel Lecture. 2009; 179-204.

Controle da tradução

Kozak M. Regulation of translation in eukaryotic systems. Annu.Rev.Cell Biol. 1992; 8:197-225.

McCarthy JEG e Gualerzi C. Translational control of prokaryotic gene expression. Trends Genet. 1990; 6:78-85.

Merrick WC. Mechanism and regulation of eukaryotic protein synthesis. Microbiol. Rev. 1992; 56:291-315.

Rhoads RE. Regulation of eukaryotic protein synthesis by initiation factors. J. Biol. Chem. 1993; 268:3.017-3.020.

Samuel CE. The eIF-2a protein kinases, regulators of translation in eukaryotes from yeasts to humans. J. Biol. Chem. 1993; 268:7.603-7.606.

Modificações pós-traducionais

Hurtley SM. Hot line to the secretory pathway. Trends Biochem. Sci. 1993; 18:3-6.

Parodi AJ. Protein glycosylation and its role in protein folding. Annu. Rev. Biochem. 2000; 69:69-93.

SOLUÇÕES

Capítulo 2   Água

1. Ligações de hidrogênio envolvem átomos fortemente eletronegativos, como nitrogênio, oxigênio ou enxofre.

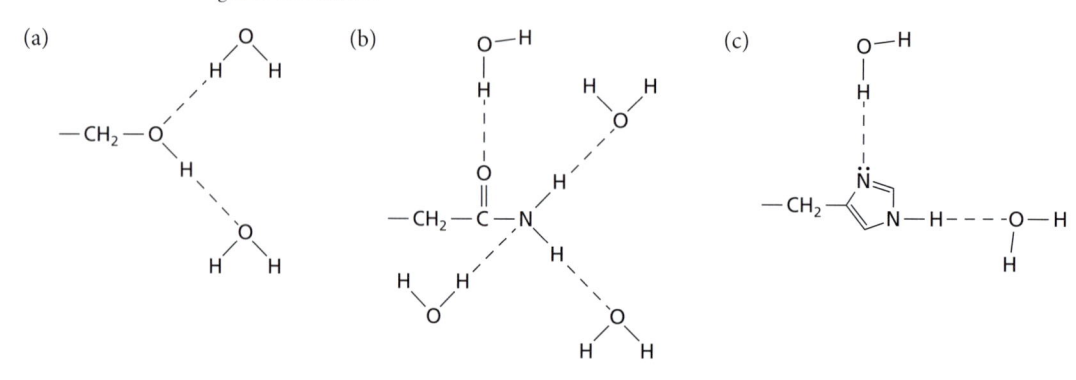

(a) [estrutura de ligações de hidrogênio com —CH₂—O— e moléculas de água]

(b) [estrutura de ligações de hidrogênio com —CH₂—C(=O)—N— e moléculas de água]

(c) [estrutura de ligações de hidrogênio com anel imidazol —CH₂— e moléculas de água]

2. (a) Glicerol é polar; não é anfipático e se dissolve com facilidade em água.
   (b) Fosfato de hexadecanoíla é polar; é anfipático; não se dissolve com facilidade em água, mas forma micelas.
   (c) Laurato é polar; é anfipático; não se dissolve com facilidade em água, mas forma micelas.
   (d) Glicina é polar; não é anfipática e se dissolve facilmente em água.

3. A pressão osmótica no interior das células é maior do que no seu exterior, porque a concentração molar dos solutos é muito maior dentro das células do que fora delas. Em consequência, a água se difunde para dentro das células, fazendo com que elas inchem e se rompam.

4. Se o pH de uma solução for *menor* que o pK_a de qualquer dado grupo ionizável, a espécie predominante será aquela com o próton (o ácido – forma protonada). Se o pH da solução for *maior* do que o pK_a de qualquer dado grupo ionizável, a espécie predominante será aquela sem o próton (a base – forma desprotonada).
   (a) pH = 11, em que a forma –COO$^{\ominus}$ predomina.
   (b) pH = 2, em que a forma H$^{\oplus}$ predomina.
   (c) pH = 2, em que a forma H$^{\oplus}$ predomina.
   (d) pH = 11, em que a forma R–O$^{\ominus}$ predomina.

5. (a) Suco de tomate. Para pH = 4,2, se pH = –log [H$^{\oplus}$], então,
   [H$^{\oplus}$] = 10^{-pH} [H$^{\oplus}$] = $10^{-4,2}$ = 6,3 x 10^{-5} M.

   O produto iônico da água (K_w) relaciona as concentrações de OH$^{\ominus}$ e H$^{\oplus}$ (Equação 2.6).
   [OH$^{\ominus}$] = K_w/[H$^{\oplus}$] = 1,0 x 10^{-14} M²/6,3 x 10^{-5} M = 1,6 x 10^{-10} M.

   (b) Plasma sanguíneo humano. Se pH = 7,4, então,
   [H$^{\oplus}$] = $10^{-7,4}$ = 4,0 x 10^{-8} M. [OH$^{\ominus}$] = K_w/[H$^{\oplus}$] =
   1,0 x 10^{-14} M²/4,0 x 10^{-8} M = 2,5 x 10^{-7} M.

   (c) Amônia 1M. Se pH = 11,6, então,
   [H$^{\oplus}$] = $10^{-11,6}$ = 2,5 x 10^{-12} M. [OH$^{\ominus}$] = K_w/[H$^{\oplus}$] = 1,0 x 10^{-14} M²/2,0 x 10^{-12} M = 4 x 10^{-3} M.

6. [estrutura química mostrando interações de ligação de hidrogênio entre um anel ciclopentenona com substituintes R e R' e um grupo —N(H)—CH₂—C—]

7. As espécies tamponadoras totais = [ácido fraco (HA)] + [base conjugada (A$^\ominus$)]

   Concentração total do tampão = 0,25 M + 0,15 M = 0,4 M

   O pH pode ser calculado com o pK_a e as concentrações dadas usando a equação de Henderson-Hasselbalch.

   $$pH = pK_a + \log\frac{[A^\ominus]}{[HA]} = 3{,}90 + \log\frac{(0{,}15\ M)}{(0{,}25\ M)} = 3{,}90 - 0{,}22 = 3{,}68$$

8. O pK_a da ionização de H$_2$PO$_4^\ominus$ é 7,2. A equação de Henderson-Hasselbalch (Equação 2.18) indica que, quando as concentrações da forma ácida (H$_2$PO$_4^\ominus$) e de sua base conjugada (HPO$_4^{2\ominus}$) são equivalentes, o pH é igual ao pK_a, porque o termo logarítmico é igual a zero (log 1 = 0). Assim, misturando 50 mL da solução A com 50 mL da solução B obtém-se um tampão de pH 7,2. Como a concentração de cada solução é 0,02 M, a mistura de volumes iguais fornece um tampão no qual a concentração de fosfato também é 0,02 M. A razão pela qual este é um tampão eficiente é que o pH final é igual ao pK_a, o que significa que o tampão irá resistir a mudanças de pH em uma faixa considerável.

9. (a) A faixa efetiva de atuação de um tampão varia, aproximadamente, de uma unidade de pH abaixo a uma acima do pK_a. A faixa de tamponamento do MOPS é, portanto, 6,2–8,2, e a do SHS é 4,5–6,5. Utilize a equação de Henderson-Hasselbalch para calcular as proporções entre as espécies básica e ácida.

   Para MOPS: $pH = pK_a + \log\frac{[R_3N]}{[R_3NH^\oplus]}$

   $6{,}5 = 7{,}2 + \log\frac{[R_3N]}{[R_3NH^\oplus]}$

   $\frac{[R_3N]}{[R_3NH^\oplus]} = \frac{1}{5}$

   Para SHS:

   $6{,}5 = 5{,}5 + \log\frac{[RCOO^\ominus]}{[RCOOH]}$

   $\frac{[RCOO^\ominus]}{[RCOOH]} = \frac{10}{1}$

   (b) Uma solução tampão de SHS com pH 6,5 contém uma proporção muito maior de base conjugada do que de ácido (10:1) em comparação com MOPS (1:5). Portanto, um tampão de SHS será capaz de manter o pH com muito mais eficiência do que MOPS após adição de ácido: H$^\oplus$ + RCOO$^\ominus$ $\rightleftharpoons$ RCOOH. Inversamente, um tampão de MOPS com pH 6,5 contém muito mais ácido do que SHS e, assim, manterá o pH muito mais eficientemente após adição de base: R$_3$NH$^\oplus$ + OH$^\ominus$ $\rightleftharpoons$ R$_3$N + H$_2$O.

10. (a)

Totalmente protonado — Parcialmente ionizado (monoânion) — Totalmente ionizado (diânion)

(b)

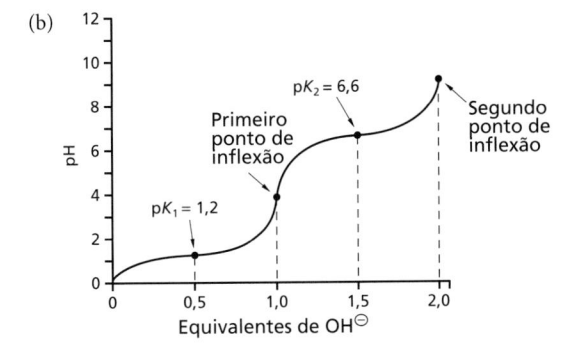

11. Excesso de CO_2 gasoso entra rapidamente em equilíbrio com o CO_2 aquoso (Equação 2.25), levando à formação de ácido carbônico (Equação 2.23). Este é ionizado, formando $H^{\oplus}$ e $HCO_3^{\ominus}$ (Equação 2.22). O excesso de ácido, na forma de $H^{\oplus}$, pode se acumular nos fluidos corporais, produzindo acidose.

12. Embora, como mostrado, o metabolismo do ácido láctico e de outros ácidos orgânicos provenientes da alimentação possa levar à produção de CO_2, este é eliminado eficientemente pelos pulmões na expiração (exceto na acidose respiratória). Logo, o produto final do processo metabólico é bicarbonato ($HCO_3^{\ominus}$), uma base. O excesso de $H^{\oplus}$ presente na acidose metabólica pode ser removido quando este se combina com $HCO_3^{\ominus}$, formando H_2CO_3 (Equação 2.22) que, em seguida, forma CO_2 aquoso e H_2O (Equação 2.23).

13. A forma ácida e a base conjugada da aspirina podem ser representadas como RCOOH e $RCOO^{\ominus}$. Utilize a equação de Henderson-Hasselbalch para calcular a proporção entre essas duas espécies em pH 2,0 e pH 5,0. Depois, calcule a fração do total que não está ionizada e fica disponível para absorção. No estômago, em pH 2,0,

$$pH = pK_a + \log \frac{[RCOO^{\ominus}]}{[RCOOH]}$$

$$2,0 = 3,5 + \log \frac{[RCOO^{\ominus}]}{[RCOOH]}$$

$$\frac{[RCOO^{\ominus}]}{[RCOOH]} = \frac{0,03}{1}$$

O percentual da espécie não carregada (RCOOH) é igual à quantidade de RCOOH dividida pela soma de RCOOH e $RCOO^{\ominus}$, multiplicada por 100%.

$$\frac{[RCOOH]}{[RCOOH] + [RCOO^{\ominus}]} \times 100\% = \frac{1}{1+0,03} \times 100\% = 97\%$$

Portanto, praticamente toda a aspirina no estômago está numa forma disponível para absorção. Na parte inicial do intestino, em pH 5,0, no entanto, apenas uma pequena porcentagem da aspirina está disponível para absorção.

$$5,0 = 3,5 + \log \frac{[RCOO^{\ominus}]}{[RCOOH]}$$

$$\frac{[RCOO^{\ominus}]}{[RCOOH]} = \frac{32}{1}$$

$$\frac{[RCOOH]}{[RCOOH] + [RCOO^{\ominus}]} \times 100\% = \frac{1}{1+32} \times 100\% = 3\%$$

Observe que a aspirina precisa estar em solução para ser absorvida. Por esta razão, a forma revestida e a de absorção lenta da aspirina podem alterar sua disponibilidade no estômago e no intestino.

14. Use a equação de Henderson-Hasselbalch para calcular a proporção entre as duas espécies em cada pH:

A pH = 7,5

$$pH = pK_a + \log \frac{[H_2NCH_2CONH_2]}{[^+H_3NCH_2CONH_2]}$$

$$7,5 = 8,2 + \log \frac{[H_2NCH_2CONH_2]}{[^+H_3NCH_2CONH_2]}$$

$$\log \frac{[H_2NCH_2CONH_2]}{[^+H_3NCH_2CONH_2]} = 7,5 - 8,2 = -0,7$$

$$\frac{[H_2NCH_2CONH_2]}{[^+H_3NCH_2CONH_2]} = \frac{1}{5}$$

A proporção de $[H_2NCH_2CONH_2]$ para $[^+H_3NCH_2CONH_2]$ é de 1 para 5. Para determinar o percentual que está sob a forma de base conjugada: $1/(1+5)*100 = 17\%$. Portanto, 17% está desprotonado em pH 7,5.

A pH = 8,2

$$pH = pK_a + \log \frac{[H_2NCH_2CONH_2]}{[^+H_3NCH_2CONH_2]}$$

$$8,2 = 8,2 + \log \frac{[H_2NCH_2CONH_2]}{[^+H_3NCH_2CONH_2]}$$

$$\log \frac{[H_2NCH_2CONH_2]}{[^+H_3NCH_2CONH_2]} = 8,2 - 8,2 = 0$$

$$\frac{[H_2NCH_2CONH_2]}{[^+H_3NCH_2CONH_2]} = \frac{1}{1}$$

A proporção de [H$_2$NCH$_2$CONH$_2$] para [$^+$H$_3$NCH$_2$CONH$_2$] é de 1,0 para 1,0. Para determinar o percentual que está sob a forma de base conjugada: $1/_{(1+1)}$ * 100 = 50%. Portanto, 50% está desprotonado em pH 8,2.

A pH 9,0:

$$pH = pK_a + \log \frac{[H_2NCH_2CONH_2]}{[^+H_3NCH_2CONH_2]}$$

$$9,0 = 8,2 + \log \frac{[H_2NCH_2CONH_2]}{[^+H_3NCH_2CONH_2]}$$

$$\log \frac{[H_2NCH_2CONH_2]}{[^+H_3NCH_2CONH_2]} = 9,0 - 8,2 = 0,8$$

$$\frac{[H_2NCH_2CONH_2]}{[^+H_3NCH_2CONH_2]} = \frac{6,3}{1}$$

A proporção de [H$_2$NCH$_2$CONH$_2$] para [$^+$H$_3$NCH$_2$CONH$_2$] é de 6,3 para 1. Para determinar o percentual da base conjugada: 6,3/(6,3+1)*100 = 86%. Ou seja, 86% está desprotonado em pH 9,0.

15. Esta curva de titulação representa uma substância com dois valores de pK_a, indicados pelos dois platôs (próximos a pH 2 e pH 10). A glicina tem dois valores de pK_a, em 2,4 e 9,8.

16. Apenas (a) vitamina C deve ser solúvel em água. Ela possui vários grupos hidroxila, que são capazes de formar ligações de hidrogênio com a água.

17. A 0 °C, o produto iônico da água é igual a 1,14 x 10^{-15}. Em pH neutro,

$$[H^{\oplus}] = [OH^{\ominus}] = \sqrt{1,14 \times 10^{-15}} = 3,38 \times 10^{-8}$$
$$pH = -\log(3,38 \times 10^{-8}) = 7,47$$

A 100°C

$$[H^{\oplus}] = [OH^{\ominus}] = \sqrt{4,0 \times 10^{-13}} = 6,32 \times 10^{-7}$$
$$pH = -\log(6,32 \times 10^{-7}) = 6,2$$

Observe que a densidade da água varia com a temperatura, mas isto tem muito pouco efeito sobre a [H$^{\oplus}$].

18. HCl se dissocia completamente em água. Em HCl 6 M, [H$^{\oplus}$] = 6 M. O pH é $-\log(6) = -0,78$. A escala padrão de pH começa em zero ([H$^{\oplus}$]=1 M), porque é muito incomum encontrar soluções mais ácidas em biologia.

Capítulo 3   Aminoácidos e a Estrutura Primária das Proteínas

1. Comparando as prioridades dos grupos da L-cisteína (mostrados aqui) com as da L-serina (configuração *S*, página 58) você verá que elas decrescem para a direita e, portanto, a L-cisteína tem a configuração *R*.

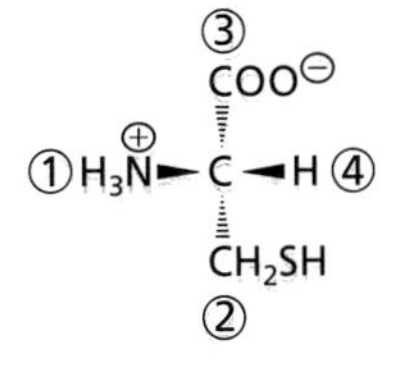

2. A estereoquímica de cada carbono quiral tem que ser analisada para determinar se ele tem configuração R ou S.

$$\underset{\text{Configuração C-2}(S)}{\overset{\overset{②}{COO^{\ominus}}}{\underset{\underset{③}{CH(OH)CH_3}}{①H_3\overset{\oplus}{N}\!\!-\!\!C\!\!-\!\!H\,④}}} \qquad \underset{\text{Configuração C-3}(R)}{\overset{\overset{②}{CH(\overset{\oplus}{N}H_3)COO^{\ominus}}}{\underset{\underset{③}{CH_3}}{④H\!\!-\!\!C\!\!-\!\!OH\,①}}}$$

$$Cl^{\ominus}\underset{H\overset{\oplus}{N}\diagdown NH}{\diagup}\!\!-\!\!CH_2CH_2\!\!-\!\!\overset{\oplus}{N}H_3Cl^{\ominus}$$

3. Os outros estereoisômeros são:

$$\underset{\text{D-treonina}}{\overset{COO^{\ominus}}{\underset{CH_3}{\underset{HO-C-H}{H-C-NH_3^{\oplus}}}}} \qquad \underset{\text{L-alotreonina}}{\overset{COO^{\ominus}}{\underset{CH_3}{\underset{HO-C-H}{NH_3^{\oplus}-C-H}}}} \qquad \underset{\text{D-alotreonina}}{\overset{COO^{\ominus}}{\underset{CH_3}{\underset{HO-C-OH}{H-C-NH_3^{\oplus}}}}}$$

4. Metionina.

5. (a) Serina; fosforilação do grupo hidroxila.
   (b) Glutamato; carboxilação do carbono-γ.
   (c) Lisina; acetilação do grupo ε-amino.

6. Por convenção, peptídeos são nomeados do N-terminal para o C-terminal. Portanto, Glu é o N-terminal e Gly o C-terminal.

$$\underset{\underbrace{\hspace{2cm}}_{\gamma\text{-Glu}}\underbrace{\hspace{2cm}}_{\text{Cys}}\underbrace{\hspace{2cm}}_{\text{Gly}}}{\overset{\oplus}{H_3}NCH\!-\!CH_2CH_2\overset{O}{\overset{\|}{C}}\!-\!NH\!-\!\overset{\overset{SH}{|}}{\underset{CH_2}{CH}}\!-\!\overset{O}{\overset{\|}{C}}\!-\!NH\!-\!CH_2\!-\!COO^{\ominus}}$$
(with COO⁻ on the α-carbon of Glu)

7. Os seis resíduos no C-terminal de melitina são altamente hidrofílicos (Tabela 3.1). Dos demais 20 resíduos de aminoácidos, quase todos são hidrofóbicos, inclusive nove têm cadeias laterais altamente hidrofóbicas (leucina, isoleucina, valina). A porção hidrofílica da melitina é mais solúvel em solução aquosa, enquanto a parte hidrofóbica é mais solúvel nos lipídeos da membrana.

8. Use a Tabela 3.2 para determinar a carga total em cada valor de pK_a. O pH no qual a carga total é igual a 0 é o valor médio entre os dois pK_a, nos quais as cargas médias são +0,5 e -0,5.
   (a) Em pH 9,0, a carga total da arginina é +0,5 e em pH 12,5, ela é igual a -0,5. Portanto, $pI_{Arg} = (9,0 + 12,5) \div 2 = 10,8$.
   (b) Em pH 2,1, a carga total do glutamato é +0,5 e em pH 4,1, ela é igual a -0,5. Portanto, $pI_{Glu} = (2,1 + 4,1) \div 2 = 3,1$.

9. Os grupos ionizáveis são o grupo amino livre do resíduo de cisteína N-terminal ($pK_a = 10,7$), a cadeia lateral do glutamato ($pK_a = 4,1$) e a cadeia lateral de histidina ($pK_a = 6,0$).
   (a) Em pH 2,0, o N-terminal e a cadeia lateral de histidina têm cargas positivas; a cadeia lateral do glutamato não tem carga. A carga total é +2.
   (b) Em pH 8,5, o N-terminal tem uma carga positiva, a cadeia lateral de histidina não tem carga e a do glutamato tem uma carga negativa. A carga total é 0.
   (c) Em pH 10,7, a carga do N-terminal é +0,5, a cadeia lateral de histidina não tem carga e a do glutamato tem uma carga negativa. A carga total é igual a -0,5.

10.

(a)

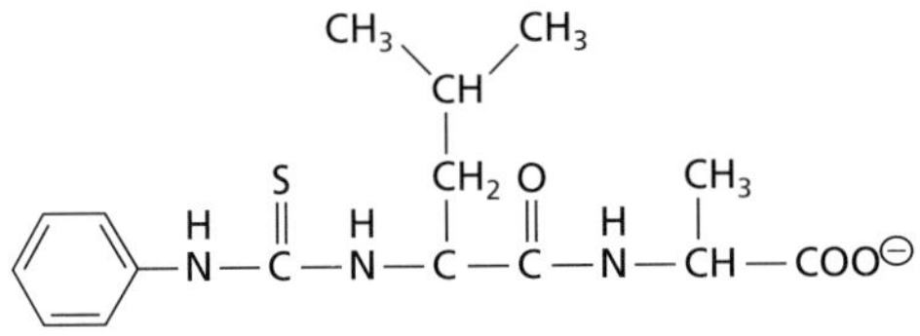

(b)

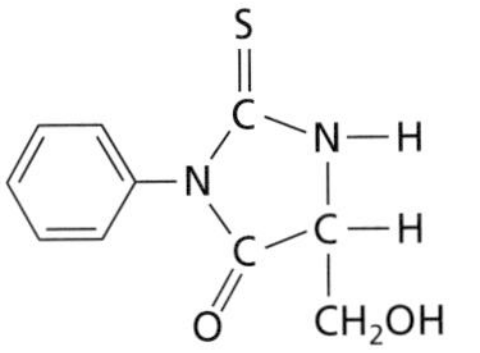

(c)

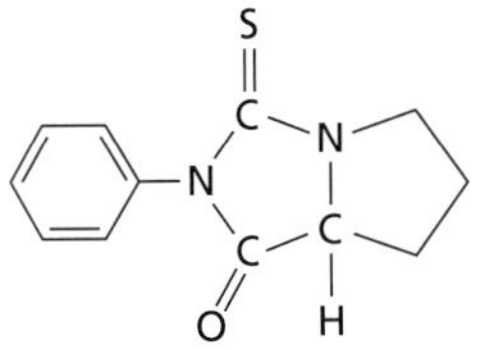

11. (a) Gly–Ala–Trp–Arg, Asp–Ala–Lys, Glu–Phe–Gly–Gln
(b) Gly–Ala–Trp, Arg–Asp–Ala–Lys–Glu–Phe, Gly–Gln
(c) Gly–Ala–Trp–Arg–Asp, Ala–Lys–Glu, Phe–Gly–Gln

12. (a)

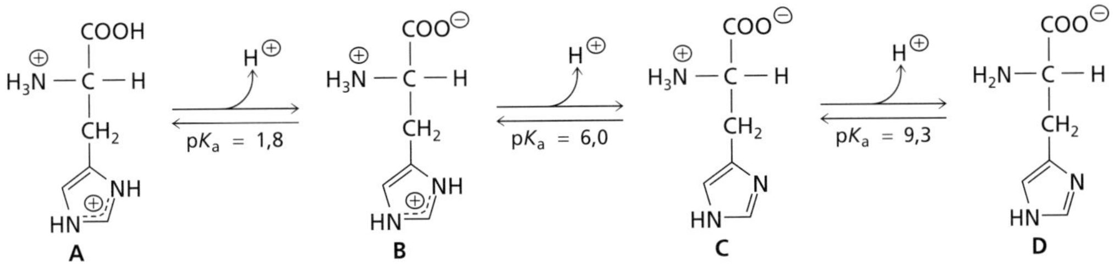

pK_a = 1,8
pK_a = 6,0
pK_a = 9,3
A
B
C
D

(b) A,1; B,3; C,5; D,7
(c) 1,4,5,7
(d) 4
(e) 5
(f) Histidina seria um bom tampão dentro de uma faixa de uma unidade de pH de qualquer um dos seus três valores de pK_a: 0,8–2,8; 5,0–7,0 e 8,3–10,3.

13. (a) Como há dois grupos N-terminais, deve haver duas cadeias peptídicas, cada uma com um resíduo de aspartato N-terminal.
(b) O 2-mercaptoetanol reduz ligações dissulfeto e a tripsina catalisa a clivagem no lado carboxílico dos resíduos de arginina. Como o aspartato é encontrado nos dois N-terminais de FP, a sequência do dipeptídeo é Asp–Arg e a do pentapeptídeo é Asp–(Cys, Gly, Met, Phe). O tripeptídeo tem a sequência Cys–(Ala, Phe) e é derivado da quebra, catalisada pela tripsina, de um pentapeptídeo cuja sequência é Asp–Arg–Cys–(Ala, Phe).
(c) O resíduo C-terminal de cada cadeia peptídica é fenilalanina. Agora que os resíduos terminais são conhecidos, um peptídeo deve ter a sequência Asp–(Cys, Gly, Met)–Phe e o outro, Asp–Arg–Cys–Ala–Phe.
(d) CNBr cliva no lado carbonílico dos resíduos de metionina, produzindo resíduos C-terminais de homosserina lactona. Os peptídeos são, portanto, Asp–Met e (Cys, Gly)–Phe. A glicina é o resíduo N-terminal do tripeptídeo, de modo que a sequência do pentapeptídeo é Asp–Met–Gly–Cys–Phe.

A estrutura completa de FP é:

```
Asp—Arg—Cys—Ala—Phe
         |
         S
         |
         S
         |
Asp—Met—Gly—Cys—Phe
```

14. (a) A substituição de glutamato (E) por aspartato (D) na posição 50 é um exemplo de alteração conservativa. Tanto o aspartato quanto o glutamato têm cadeias laterais ácidas, que ficam negativamente carregadas no pH fisiológico.

    (b) A substituição de histidina (H) por tirosina (Y) é um exemplo de substituição não conservativa, já que a tirosina contém uma cadeia lateral aromática e a histidina possui uma cadeia lateral hidrofílica, que consiste de um grupo imidazol.

15. O neurotransmissor serotonina é derivado do aminoácido triptofano. Na conversão, a carboxila do triptofano é perdida e um grupo hidroxila é adicionado ao anel aromático.

    Triptofano → Serotonina

16. (a) Há duas ligações peptídicas no TRH.

    (b) TRH é derivado do tripeptídeo Glu–His–Pro. A carboxila da prolina foi transformada em um grupo amida (marcado com *). A carboxila da cadeia lateral do Glu da terminação amino forma uma amida por reação com o grupo α-amino do próprio resíduo (marcado com **).

    (c) Os grupos amino e carboxila terminais foram transformados em amida e, portanto, não têm carga.

17. (a) L-dopa está na configuração S.

    (b) Ambos são derivados do aminoácido tirosina.

18. Embora a Figura 3.6 mostre apenas três formas da alanina, há, na verdade, quatro diferentes formas em equilíbrio (veja a próxima página). A neutra está presente em concentrações muito baixas, porque em qualquer pH as outras três formas são muito mais estáveis. Podemos calcular as proporções relativas das quatro formas, considerando que a protonação/desprotonação dos dois grupos carregados seja independente.

    Para a alanina em pH 2,4, a proporção entre $RCOO^\ominus$ e RCOOH é:

    $$2,4 = 2,4 + \log\frac{[R-COO^\ominus]}{[R-COOH]}, \text{ logo } \frac{[R-COO^\ominus]}{[R-COOH]} = 1$$

    e a proporção de $H_3N^\oplus-R$ para H_2N-R é:

    $$2,4 = 9,9 + \log\frac{[H_2N-R]}{[H_3N^\oplus-R]}, \text{ logo } \frac{[H_2N-R]}{[H_3N^\oplus-R]} = 3,1 \times 10^{-8}$$

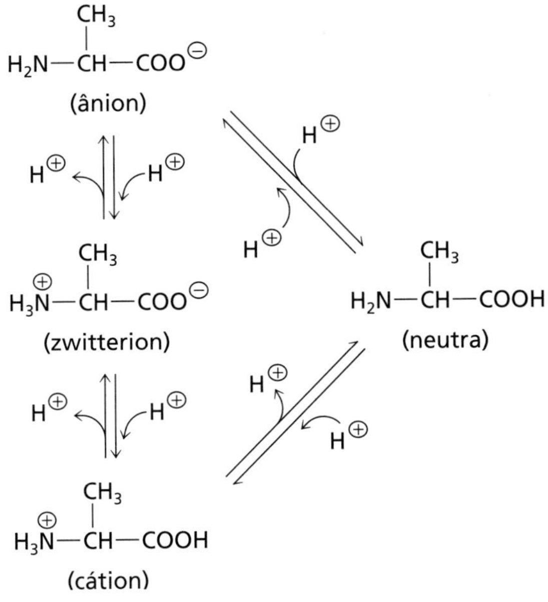

$$\text{H}_2\text{N}-\overset{\overset{\displaystyle \text{CH}_3}{|}}{\text{CH}}-\text{COO}^\ominus$$
(ânion)

⇅ H⊕ / H⊕   H⊕ ⇗

$$\overset{\oplus}{\text{H}_3\text{N}}-\overset{\overset{\displaystyle \text{CH}_3}{|}}{\text{CH}}-\text{COO}^\ominus \qquad\qquad \text{H}_2\text{N}-\overset{\overset{\displaystyle \text{CH}_3}{|}}{\text{CH}}-\text{COOH}$$
(zwitterion)   (neutra)

⇅ H⊕ / H⊕   H⊕ ⇗

$$\overset{\oplus}{\text{H}_3\text{N}}-\overset{\overset{\displaystyle \text{CH}_3}{|}}{\text{CH}}-\text{COOH}$$
(cátion)

Portanto, as proporções relativas das quatro formas são, aproximadamente,

cátion : zwitterion : ânion : neutra 1 : 1 : 10^{-8} : 10^{-8}

e a concentração da forma neutra em uma solução 0,01 M de alanina é cerca de 10^{-10} M. Moléculas neutras existem, mas sua concentração é insignificante.

Em pH 9,9 as proporções são:

ânion : zwitterion : cátion : neutra 1 : 1 : 10^{-8} : 10^{-8}

Em pH 6,15 a proporção relativa entre R–COO$^\ominus$ e R–COOH é de:

$$6{,}15 = 2{,}4 + \log \frac{[\text{R}-\text{COO}^\ominus]}{[\text{R}-\text{COOH}]} \quad \text{logo,} \quad \frac{[\text{R}-\text{COO}^\ominus]}{[\text{R}-\text{COOH}]} = 5{,}6 \times 10^3$$

e a proporção entre H$_2$N-R e [H$_3$N$^\oplus$-R] é:

$$6{,}15 = 9{,}9 + \log \frac{[\text{H}_2\text{N}-\text{R}]}{[\text{H}_3\text{N}^\oplus-\text{R}]} \quad \frac{[\text{H}_2\text{N}-\text{R}]}{[\text{H}_3\text{N}^\oplus-\text{R}]} = 1{,}8 \times 10^{-4} \quad \frac{[\text{H}_3\text{N}^\oplus-\text{R}]}{[\text{H}_2\text{N}-\text{R}]} = 5{,}6 \times 10^{-8}$$

O zwitterion está presente com excesso de 5.600 vezes em relação às formas catiônica e aniônica e cada uma destas é cerca de 5.600 vezes mais provável do que a forma neutra. As proporções são:

zwitterion : ânion : cátion : neutra $3{,}1 \times 10^7$: 1 : $1{,}8 \times 10^{-4}$: $1{,}8 \times 10^{-4}$: $3{,}2 \times 10^{-8}$

A concentração da forma neutra em uma solução de alanina 0,01 M é insignificante.

19. As concentrações relativas do zwitterion e do cátion são:

$$2{,}4 = 2{,}4 + \log \frac{[\text{H}_3\overset{\oplus}{\text{N}}-\overset{\overset{\displaystyle \text{CH}_3}{|}}{\text{C}}-\text{COO}^\ominus]}{[\text{H}_3\overset{\oplus}{\text{N}}-\overset{\overset{\displaystyle \text{CH}_3}{|}}{\text{C}}-\text{COOH}]} \ , \ \frac{[\text{H}_3\overset{\oplus}{\text{N}}-\overset{\overset{\displaystyle \text{CH}_3}{|}}{\text{C}}-\text{COO}^\ominus]}{[\text{H}_3\overset{\oplus}{\text{N}}-\overset{\overset{\displaystyle \text{CH}_3}{|}}{\text{C}}-\text{COOH}]} = 1$$

Logo, a concentração do zwitterion em uma solução de alanina 0,01 M é 0,005 M (podemos ignorar as concentrações do ânion e da forma neutra – veja a questão anterior).

Em pH 4.0

$$4{,}0 = 2{,}4 + \log \frac{[\text{zwitterion}]}{[\text{cátion}]} \ , \ \frac{[\text{zwitterion}]}{[\text{cátion}]} = 40$$

A concentração do zwitterion é 0,01 M $\times \dfrac{40}{41} = 0{,}00976$ M

Capítulo 4 Proteínas: Estrutura Tridimensional e Função

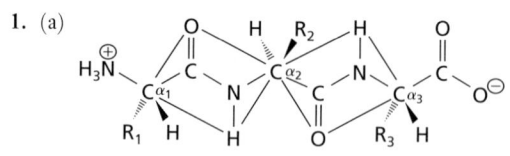

1. (a) [estrutura do tripeptídeo mostrando H_3N^+, C_{α_1}, R_1, C_{α_2}, R_2, C_{α_3}, R_3 e grupo COO^-]

   (b) Os grupos R representam as cadeias laterais dos resíduos de aminoácidos.

   (c) O caráter parcial de dupla das ligações C–N da amida impedem a rotação livre.

   (d) Os dois grupos peptídicos neste tripeptídeo estão na conformação *trans*, pois os átomos de carbono α estão em lados opostos das ligações peptídicas.

   (e) Os grupos peptídicos podem girar em torno das ligações N–C_α e C_α–C.

2. (a) (1) Em uma α-hélice, as ligações de hidrogênio entre átomos da mesma cadeia se formam entre oxigênios carbonílicos de alguns resíduos e hidrogênios amídicos de outros. Essas ligações são aproximadamente paralelas ao eixo da hélice (Figura 4.10).

   (2) Em uma tripla-hélice de colágeno, as ligações de hidrogênio entre átomos de cadeias distintas se formam entre os hidrogênios amídicos das glicinas de uma cadeia e os átomos de oxigênio carbonílico dos resíduos (em geral de prolina) de uma cadeia adjacente (Figura 4.41). Não há ligações de hidrogênio entre átomos da mesma cadeia em uma hélice de colágeno.

   (b) As cadeias laterais de uma α-hélice apontam para fora do seu cilindro (Figura 4.11). No colágeno, três cadeias se enrolam, umas em torno das outras, de modo que cada terceiro resíduo de uma dada cadeia faz contato com as outras duas ao longo do eixo central da tripla-hélice (Figura 4.42). Somente a pequena cadeia lateral da glicina é capaz de se ajustar a essas posições; as demais apontam para fora da tripla-hélice.

3. (1) A presença de glicina em uma α-hélice desestabiliza-a, devido à maior liberdade de movimento que seu pequeno tamanho permite. Por esta razão, muitas α-hélices começam ou terminam com glicina.

   (2) A prolina tende a romper as α-hélices, por causa da sua rígida cadeia lateral cíclica, que interfere estereoquimicamente com o espaço que seria normalmente ocupado por um resíduo vizinho na α-hélice. Além disso, a prolina não tem um hidrogênio ligado ao nitrogênio de amida e, por isso, não pode participar das ligações de hidrogênio intra-helicoidais usuais.

4. (a) Em virtude da flexibilidade resultante de um cadeia lateral pequena (–H), a glicina é encontrada com frequência em "laços de ganchos", que conectam fitas-β antiparalelas sequenciais. Os resíduos de glicina (G) nas posições 8 e 14 originam duas regiões de gancho-laço para unir as três fitas-β em Betanova.

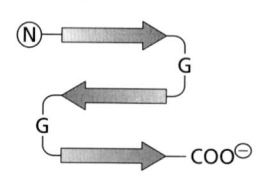

   [diagrama de três fitas-β antiparalelas com N-terminal, dois resíduos G nos laços e COO^- no C-terminal]

   (b) Folhas-β são estabilizadas por ligações de hidrogênio formadas entre um oxigênio carbonílico de uma fita e um nitrogênio de amida de uma fita adjacente (Figura 4.15).

   [diagrama mostrando ligações de hidrogênio entre duas fitas-β antiparalelas com H_3N^+, COO^- e resíduos G]

5. Motivo hélice-alça-hélice (HLH) (Figura 4.19).

6. (a) α/β. Regiões de α-hélice e fita-β se alternam na cadeia polipeptídica.
   (b) Barril α/β. Fitas-β paralelas são circundadas por uma camada de α-hélices em um formato cilíndrico.
   (c) FMN oxidoredutase de levedura e enzima de *E. coli* necessária para a biossíntese do triptofano [Figura 4.24 (i) e (j), respectivamente].

7. A proteína dissulfeto-isomerase contém dois resíduos de cisteína reduzidos no sítio ativo; esses resíduos participam de uma redução e uma troca de dissulfeto, que permitem à proteína enovelada erroneamente se enovelar de novo, assumindo a conformação nativa, de menor energia.

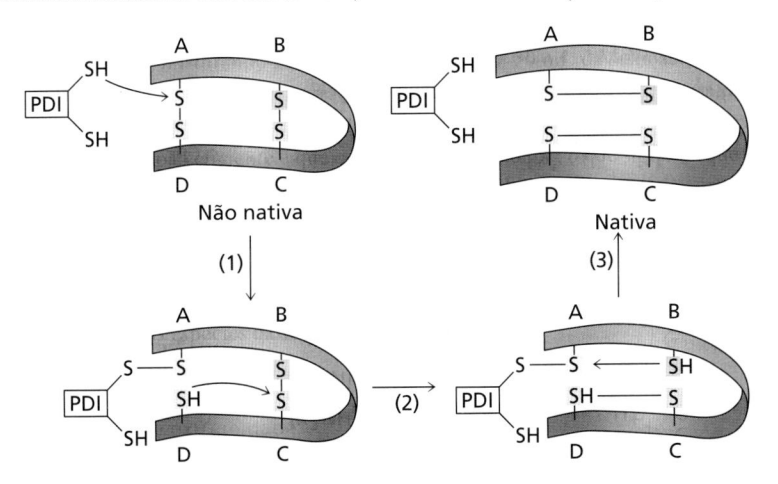

8. As cadeias laterais altamente hidrofóbicas de metionina, leucina, fenilalanina e isoleucina têm maior tendência a ficar do lado da hélice que fica voltado para o interior da proteína. A maioria das outras cadeias laterais são polares ou carregadas e podem interagir com o solvente aquoso. Como α-hélice é uma estrutura que se repete e tem aproximadamente 3,6 resíduos por volta, os grupos hidrofóbicos precisam ser encontrados a cada três ou quatro resíduos ao longo da sequência, de modo que um lado da hélice seja hidrofóbico.

9. As ligações cruzadas covalentes contribuem significativamente para a resistência e rigidez das fibras de colágeno. Em um tipo de ligação cruzada, resíduos de alisina em uma molécula de colágeno se condensam com os de lisina de uma molécula adjacente formando bases de Schiff (Figura 4.38a). Quando um resíduo de alisina reage com homocisteína, ele fica incapaz de participar da ligação cruzada normal das moléculas de colágeno. Altos níveis de homocisteína no sangue levam, provavelmente, a defeitos na estrutura do colágeno e deformidades do esqueleto.

10. A sequência –Gly–Pro–X–Y– ocorre frequentemente no colágeno, o qual é encontrado em todo o corpo, inclusive na pele. Como a enzima larval pode catalisar a clivagem das cadeias de colágeno, o parasita consegue entrar no hospedeiro.

11. A reação do dióxido de carbono com a água explica por que há um abaixamento concomitante do pH quando a concentração de CO_2 aumenta. O dióxido de carbono produzido pelo tecido em rápido metabolismo reage com a água para produzir íons bicarbonato e $H^{\oplus}$.
    (a) $CO_2 + H_2O \rightleftharpoons H_2CO_3 \rightleftharpoons HCO_3^{\ominus} + H^{\oplus}$
    O $H^{\oplus}$ gerado nesta reação diminui o pH do sangue estabilizando, assim, a forma desoxi (conformação T) da hemoglobina. O efeito total é um aumento na P_{50}, ou seja, uma menor afinidade da hemoglobina pelo oxigênio, de modo que há maior liberação deste gás para o tecido (Figura 4.50). O dióxido de carbono também reduz a afinidade da hemoglobina pelo oxigênio por meio da formação de adutos do tipo carbamato com os N-terminais das quatro cadeias (Figura 4.51). Esses adutos contribuem para a estabilidade da conformação desoxi (T) aumentando, assim, o P_{50} e promovendo a liberação do oxigênio para o tecido.
    (b) Vítimas de choque sofrem um déficit de oxigênio crítico para os tecidos. O bicarbonato administrado por via intravenosa constitui uma fonte de dióxido de carbono para os tecidos. Pela redução da afinidade da hemoglobina pelo oxigênio, o dióxido de carbono facilita a liberação do oxigênio da oxi-hemoglobina para os tecidos.

12. (a) 2,3BPG se liga às cadeias laterais positivamente carregadas na cavidade central da desoxi-hemoglobina (Figura 4.49). Como Hb F não tem dois grupos positivamente carregados (His-143 de cada cadeia-β), o 2,3BPG se liga menos fortemente à Hb F do que à Hb A.
    (b) 2,3BPG estabiliza a forma desoxi da hemoglobina, aumentando a fração de moléculas na forma desoxi. Como Hb F liga 2,3BPG menos fortemente do que Hb A, ela é menos afetada pelo 2,3BPG no sangue e tem uma fração maior de moléculas na forma oxi. Hb F, portanto, tem maior afinidade por oxigênio do que Hb A em qualquer pressão de oxigênio.
    (c) Na pressão de oxigênio encontrada nos tecidos, 20–40 torr, Hb F tem maior afinidade por oxigênio do que Hb A. Esta diferença de afinidade permite a transferência eficiente de oxigênio do sangue materno para o feto.

13. O baixo valor de P_{50} de Hb_{Yakima} indica uma afinidade maior do que o normal pelo oxigênio, mesmo nas pressões encontradas no músculo em atividade. A maior afinidade significa que Hb_{Yakima} fornece menos oxigênio ao músculo em atividade.

14. (a) Resíduos hidrofílicos (em itálico) e hidrofóbicos (sublinhados) estão identificados:
    *E*CG*KF*MW*KC*K*NSND*CC*KD*LVC*SS*RW*K*W*CVLA*S*PF
    (b) Na estrutura tridimensional das proteínas, os aminoácidos que estão mais afastados dos outros na sequência primária podem interagir na estrutura globular da proteína. Assim, os aminoácidos hidrofóbicos podem ficar muito próximos uns dos outros na estrutura tridimensional e fornecer uma face "hidrofóbica" para interação com a membrana.

15. (a) A ligação mais efetiva da selenoproteína P à heparina é observada em pH abaixo de 6. Esta ligação diminui quando o pH é elevado para 7. Acima deste valor, há uma ligação muito fraca da selenoproteína P à heparina.
    (b) A heparina tem carga negativa. Se a selenoproteína P estiver com carga positiva, ela pode se ligar à heparina. Resíduos de histidina são abundantes na selenoproteína P. A histidina tem uma cadeia lateral de imidazol, com um pK_a de 6,0. Ou seja, em pH igual a 6,0 50% dos resíduos de histidina estarão protonados e, portanto, com carga positiva, enquanto os outros 50% estarão desprotonados e, assim, sem carga. Abaixo de pH 6,0 haverá uma carga total positiva nos resíduos de histidina, resultando em interações eletrostáticas efetivas com a heparina. Em valores de pH maiores do que 7,0 quase todos esses resíduos estarão desprotonados e sem carga; portanto, não irão interagir de modo efetivo com a molécula negativamente carregada de heparina.

16. O colágeno é uma proteína formada por três cadeias polipeptídicas que formam uma tripla-hélice. A protease bromelina é uma enzima que quebra algumas das ligações peptídicas nas cadeias de polipeptídeos. Essas cadeias são necessárias para manter as moléculas de água em um estado semissólido quando a gelatina esfria e, se elas são rompidas, a gelatina não irá funcionar adequadamente. A clivagem das cadeias polipeptídicas do colágeno pela bromelina destrói a capacidade da gelatina endurecer. Se o abacaxi for cozido, o calor irá desnaturar a proteína e, assim, a atividade enzimática será destruída. Logo, abacaxi cozido pode ser adicionado à gelatina levemente endurecida, e ela assumirá seu estado semissólido como desejado (considere a desnaturação térmica como irreversível).

17. A substituição de lisina por metionina resulta em menos uma carga positiva em cada subunidade beta na cavidade central (veja a Figura 4.49). O 2,3BPG se liga menos fortemente à HbH, o que faz com que maior proporção da proteína mutante esteja no estado R (a oxi-hemoglobina é estabilizada). A curva é deslocada para a esquerda (mais semelhante à da mioglobina). Como há mais moléculas no estado R, a afinidade pelo oxigênio fica maior.

Capítulo 5 Propriedades das Enzimas

1. As velocidades iniciais se aproximam de um valor constante, à medida que as concentrações de substrato aumentam; assim, podemos estimar V_{max} em 70 mM/min. Como K_m é igual à concentração do substrato [S] necessária para atingir metade da velocidade máxima, podemos estimar K_m em 0,01 M, pois esta é a concentração de substrato que fornece uma velocidade de 35 mM/min (= $V_{max}/2$).

2. (a) A razão k_{cat}/K_m, ou constante de especificidade, é uma medida da preferência de uma enzima por diferentes substratos. Quando dois substratos de mesma concentração competem pelo sítio ativo de uma enzima, a razão entre suas velocidades de conversão a produto é igual a k_{cat}/K_m, uma vez que $v_0 = (k_{cat}/K_m)[E][S]$ para cada substrato e [E] e [S] são iguais.

$$\frac{v_0(S_1)}{v_0(S_2)} = \frac{(k_{cat} > K_m)^1 > [E][S]}{(k_{cat} > K_m)^2 > [E][S]}$$

(b) O limite superior de k_{cat}/K_m vai de 10^8 a 10^9 s^{-1}, a maior velocidade com que duas moléculas não carregadas podem se aproximar por difusão, nas temperaturas fisiológicas.

(c) A eficiência catalítica de uma enzima não pode exceder a velocidade de formação do ES a partir de E e S. As enzimas mais eficientes têm valores de k_{cat}/K_m próximos da velocidade com que elas colidem com o substrato. Nesta velocidade limitante, elas terão se tornado catalisadoras tão eficientes quanto possível, pois cada colisão irá resultar em reação (a maioria das enzimas não precisa levar as reações catalisadas a suas velocidades máximas possíveis, de modo que não há pressão seletiva para que as enzimas perfeitas sejam desenvolvidas).

3. A constante catalítica (k_{cat}) é a constante de velocidade de primeira ordem para a conversão de ES em E + P em condições de saturação de substrato (Equação 5.26) e CA tem uma atividade catalítica muito maior na conversão de substrato em produto do que OMPD. Contudo, a eficiência de uma enzima também pode ser medida pela *aceleração* promovida por ela em comparação com a reação não catalisada (k_{cat}/k_n, Tabela 5.2). A reação do substrato de OMPD na ausência da enzima é muito lenta ($k_n = 3 \times 10^{-16}$ s^{-1}) comparado à reação do substrato de CA na ausência da enzima ($k_n = 1 \times 10^{-1}$ s^{-1}). Portanto, enquanto a reação da OMPD é muito mais lenta do que a de CA, em termos de k_{cat}, OMPD é uma das enzimas mais eficientes que se conhece e confere uma aceleração muito maior do que CA, quando as reações de cada uma das enzimas é comparada com as correspondentes reações não catalisadas.

4. Quando [S] = 100 μM, [S] >> K_m, de modo que $v_0 = V_{max} = 0,1$ μM.min^{-1}.
   (a) Para qualquer concentração de substrato maior do que 100 μM, $v_0 = V_{max} = 0,1$ μM.min^{-1}.
   (b) Quando [S] = K_m, $v_0 = V_{max}/2$ ou 0,05 μM.min^{-1}.
   (c) Como K_m e V_{max} são conhecidos, a equação de Michaelis-Menten pode ser usada para calcular v_0 em qualquer concentração de substrato. Para [S] = 2 μM,

$$v_0 = \frac{V_{max}[S]}{K_m + [S]} = \frac{(0{,}1\,\mu M\,min^{-1})(2\,\mu M)}{(1\,\mu M + 2\,\mu M)} = \frac{0{,}2}{3}\,\mu M\,min^{-1} = 0{,}067\,\mu M\,min^{-1}$$

5. (a) Determine [E]$_{total}$ em moles por litro e, então, calcule V_{max}.

$$[E]_{total} = 0{,}2\,g\,l^{-1}\left(\frac{1\,mol}{21.500\,g}\right) = 9{,}3 \times 10^{-6}\,M$$

$$V_{max} = k_{cat}[E]_{total} = 1.000\,s^{-1}(9{,}3 \times 10^{-6}\,M) = 9{,}3 \times 10^{-3}\,Ms^{-1}$$

(b) Como V_{max} não é alterado em presença do inibidor, a inibição competitiva ocorre. Como o inibidor é muito semelhante ao substrato heptapeptídico, é esperado que ocorra inibição competitiva pela ligação ao sítio ativo da enzima (isto é, inibição competitiva clássica).

6. A curva A representa a reação na ausência de inibidores. Em presença de um inibidor competitivo (curva B), K_m aumenta e V_{max} permanece inalterada. Em presença de um inibidor não competitivo (curva C), V_{max} diminui e K_m permanece inalterada.

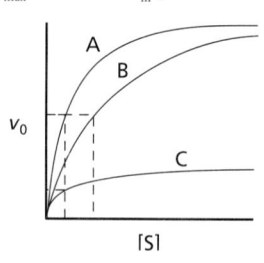

7. Como os inibidores do tipo sulfonamida são estruturalmente semelhantes ao substrato PABA, podemos prever que as sulfonamidas se liguem ao sítio ativo da enzima em lugar do PABA e atuem como inibidores competitivos (Figura 5.9).

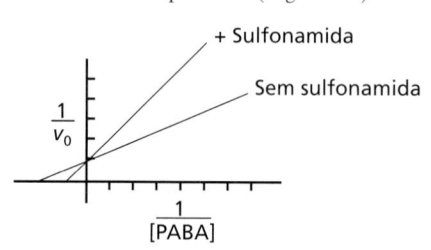

8. (a) Para plotar os dados cinéticos para fumarase, primeiro calcule os inversos das concentrações dos substratos e das velocidades iniciais de formação de produto (lembre-se de que é importante incluir unidades corretas no cálculo e na plotagem dos dados).

Fumarato [S](mM)	$\frac{1}{[S]}$ (mM^{-1})	Velocidade de formação de produto v_0(mmol.L^{-1}.min^{-1})	$\frac{1}{V_0}$ (mmol^{-1}.L.min)
2,0	0,50	2,5	0,40
3,3	0,30	3,1	0,32
5,0	0,20	3,6	0,28
10,0	0,10	4,2	0,24

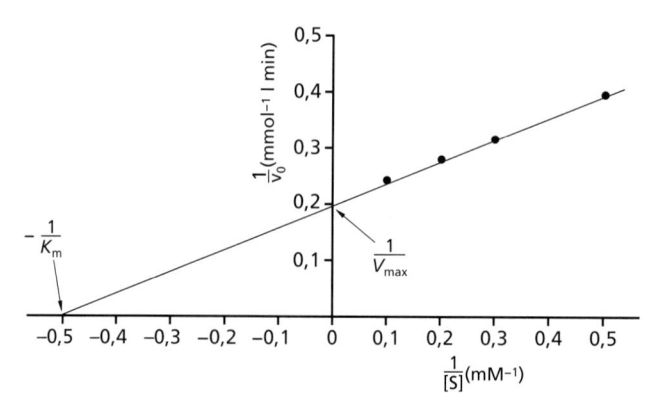

V_{max} é obtido tomando-se o inverso de $1/V_{max}$ pela interseção com o eixo y (Figura 5.6).
$1/V_{max}$ = 0,20 mmol^{-1}.l.min, então, V_{max} = 5,0 mmol.l^{-1}.min^{-1}

K_m é obtido tomando-se o inverso de $-1/K_m$ pela interseção com o eixo x
$-1/K_m$ = –0,5 mM^{-1}, então, K_m = 2,0 mM ou 2 x 10^{-3} M

(b) O valor de k_{cat} representa o número de reações por segundo que *um sítio ativo da enzima* é capaz de catalisar. Embora a concentração da enzima seja 1 x 10^{-8} M, fumarase é um tetrâmero com quatro sítios ativos por molécula, de modo que a concentração total de sítios enzimáticos ativos [E_{total}] é 4 x 10^{-8} M. Usando a Equação 5.26:

$$k_{cat} = \frac{V_{max}}{[E_{total}]} = \frac{5,0 \text{ mmol l}^{-1} \text{ min}^{-1}}{4 \times 10^{-5} \text{ mmol l}^{-1}} \times \frac{1 \text{ min}}{60 \text{ s}} = 2 \times 10^3 \text{ s}^{-1}$$

9. Como a piruvato desidrogenase (PDH) (Figura 5.22), a atividade da glicogênio fosforilase (GP) é regulada pela alternância de fosforilação por uma *quinase* e desfosforilação por uma *fosfatase*. Contudo, diferentemente da PDH, a forma ativa da GP tem dois resíduos fosforilados de serina; na forma inativa da GP os dois resíduos de serina não são fosforilados.

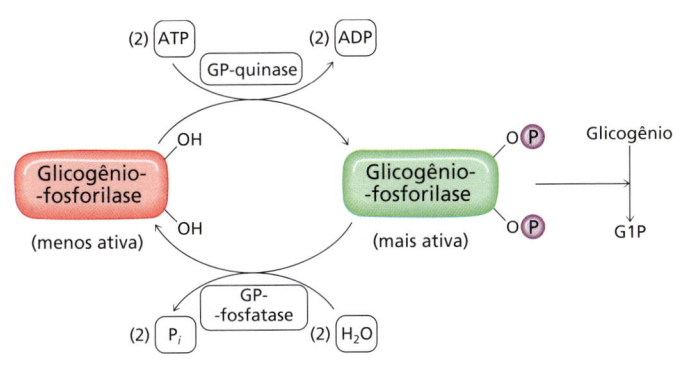

10. A inibição da primeira etapa de compromisso de uma via de várias etapas permite que esta só avance quando há necessidade do produto final. Quando a primeira etapa envolvida é controlada, o fluxo na via também o é. Este tipo de controle conserva matéria-prima e energia.

11. Quando [aspartato] = 5 mM, $v_0 = V_{max}/2$. Portanto, na ausência de moduladores alostéricos $K_m = [S] = 5$ mM. ATP aumenta v_0 e CTP reduz v_0.

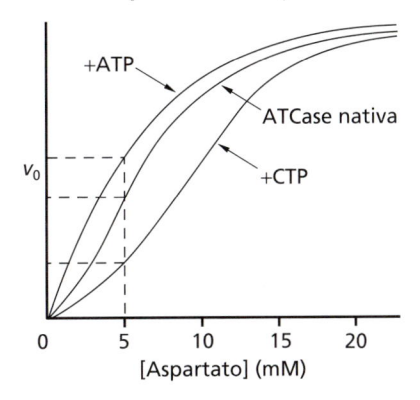

12. (a) Para plotar os dados cinéticos para P450 3A4, primeiro calcule os inversos das concentrações dos substratos e das velocidades iniciais de formação de produto. Os dados estão apresentados em gráfico de duplo recíproco e indicados com linhas rosas.

Midazolam [S](μM)	1/[S] (μM^{-1})	Velocidade de formação de produto v_o (pmol.L^{-1}.min^{-1})	1/v_o (pmol^{-1}.l.min)
1	1	100	0,01
2	0,5	156	0,0064
4	0,25	222	0,0045
8	0,125	323	0,0031

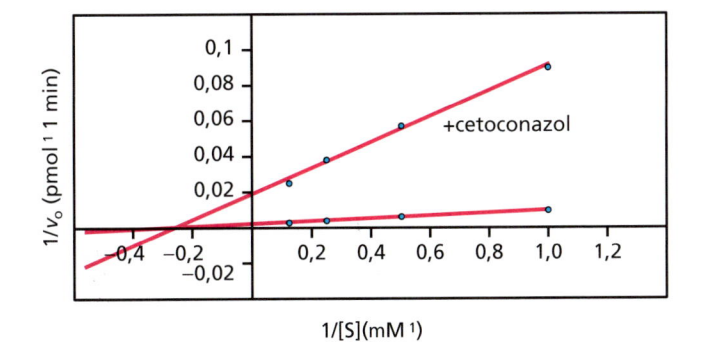

V_{max} é obtido tomando-se o inverso de $1/V_{max}$ pela interseção com o eixo y (Figura 5.6).

$1/V_{max} = 0,0025$ pmol^{-1}.l.min, então $V_{max} = 400$ pmol.l^{-1}.min^{-1}

K_m é obtido tomando-se o inverso de $-1/K_m$ pela intercessão com o eixo x.

$-1/K_m = -0,3$ µM^{-1}, então, $K_m = 3,3$ µM

(b) Os inversos da concentração de substrato e atividade em presença de cetoconazol são dados na tabela.

Midazolam [S] (µM)	1/[S] (µM^{-1})	Velocidade de formação de produto em presença de cetoconazol 0,1 µM/ v_o (pmol.l^{-1}.min^{-1})	1/v_o (pmol^{-1}.l.min)
1	1	11	0,091
2	0,5	18	0,056
4	0,25	27	0,037
8	0,125	40	0,025

O comportamento dos dados está mostrado no gráfico de duplo recíproco apresentado em (a). Há um aumento na interseção com o eixo y sem mudança aparente na intercessão com o eixo x. Pelo gráfico, parece que o cetoconazol é um inibidor não competitivo (veja a Figura 5.11). Esses inibidores são caracterizados por uma redução aparente em V_{max} (aumento em $1/V_{max}$) sem alteração em K_m.

13. (a) Parece que bergamotina inibe a atividade da P450 3A4, pois a atividade desta medida em presença de bergamotina 0,1 e 5 µM é menor do que na ausência dela.

(b) Pode ser perigoso para um paciente tomar sua medicação com suco de toranja, pois parece haver uma inibição da atividade da P450 em presença de bergamotina. Se a bergamotina reduz a atividade da P450 e sabe-se que esta enzima metaboliza a droga levando-a a uma forma inativa, o tempo para fazer esta transformação pode ser aumentado. Assim, os efeitos da droga podem ser prolongados levando a consequências adversas para o paciente.

14. (a) Quando $[S] \gg K_m$, então, $K_m + [S] \approx [S]$. A concentração de substrato não tem efeito sobre a velocidade e $v_0 = V_{max}$, como mostrado na parte superior da curva na Figura 5.4a.

$$v_0 = \frac{V_{max}[S]}{K_m + [S]} \approx \frac{V_{max}[S]}{[S]} = V_{max}$$

(b) Quando $[S] \ll K_m$, $K_m + [S] \approx K_m$ e a equação de Michaelis-Menten é simplificada para:

$$v_0 = \frac{V_{max}[S]}{K_m + [S]} \approx \frac{V_{max}[S]}{K_m}$$

A velocidade é relacionada a [S] por um valor constante e a reação é de primeira ordem em relação a S, como mostrado na parte inferior da curva na Figura 5.4a.

(c) Quando $v_0 = V_{max}/2$, $K_m = [S]$.

$$v_0 = \frac{V_{max}}{2} = \frac{V_{max}[S]}{K_m + [S]}$$

$$K_m + [S] = 2[S]$$

$$K_m = [S]$$

Capítulo 6   Mecanismos Enzimáticos

1. (a) As principais forças de ligação nos complexos ES incluem as interações carga-carga, ligações de hidrogênio, interações hidrofóbicas e forças de van der Waals (cerca de 20% das enzimas se ligam a uma molécula de substrato, ou a parte dela, de modo covalente).

(b) A ligação forte de um substrato produziria um complexo ES situado em um poço termodinâmico, aumentando, na verdade, a energia de ativação e, assim, reduzindo a velocidade da reação. A ligação forte do estado de transição, contudo, diminui a energia do complexo ES‡, reduzindo, assim, a energia de ativação e aumentando a velocidade da reação.

2. A barreira de ativação para a reação é reduzida: (1) aumentando a energia do estado fundamental (ES) e (2) reduzindo a energia do estado de transição (ES‡), resultando em aumento da velocidade da reação.

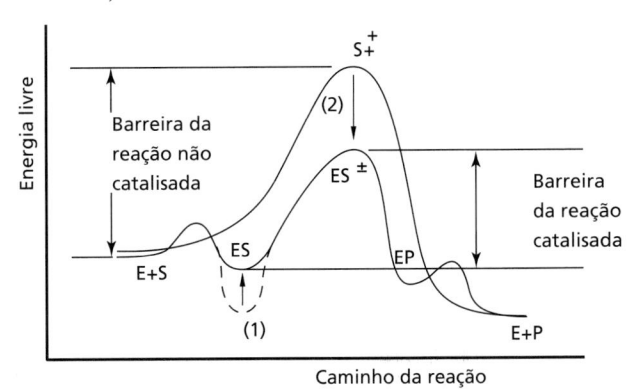

3. A etapa determinante da velocidade de uma reação em várias etapas é a mais lenta, aquela que tem a maior energia de ativação. Na Reação 1, a Etapa 2 é a determinante da velocidade. Na Reação 2, a que determina a velocidade é a Etapa 1.

4. Os grupos reativos na Reação 2 (–OH e –COOH) são mantidos bem *próximos*. Eles estão orientados de modo adequado à catálise pela compressão estérica dos volumosos grupos metila do anel. O grupo reativo —COOH não pode girar tão livremente quanto na Reação 1. Sistemas-modelo como estes são importantes, porque indicam os potenciais aumentos de velocidade que poderiam ser alcançados por enzimas que colocassem substratos e grupos catalíticos em posições ideais de reação.

5. (1) Efeitos de ligação. A lisozima se liga ao substrato de modo que a ligação glicosídica a ser clivada fique bem próxima dos dois grupos catalíticos da enzima (Glu-35 e Asp-52). Além disto, a energia do anel de açúcar no estado fundamental é aumentada, pois ele é distorcido assumindo a conformação meia-cadeira.
    (2) Catálise ácido-base. Primeiro, o Glu-35 doa um próton para um oxigênio do açúcar que sai (catálise ácida geral), depois ele aceita um próton da molécula de água que ataca (catálise básica geral).
    (3) Estabilização do estado de transição. O Asp-52 estabiliza a carga positiva que começa a se formar no oxocarbocátion intermediário, e o subsítio D favorece a conformação meia-cadeira do açúcar deste intermediário. A estrutura proposta para o estado de transição inclui tanto esta carga e a conformação do açúcar quanto as ligações de hidrogênio formadas com diversos resíduos do sítio ativo.

6. Serina 195 é o único resíduo deste aminoácido na enzima que participa da tríade catalítica do sítio ativo de α-quimotripsina. O consequente aumento do caráter nucleofílico do oxigênio da Ser-195 lhe permite reagir rapidamente com DFP.

7. (a) A tríade catalítica é composta por um resíduo de aspartato, um de histidina e um de serina. A histidina age como um catalisador ácido-base geral, retirando um próton da serina para gerar um nucleófilo mais potente na etapa inicial. O aspartato forma uma ligação de hidrogênio com pequena barreira com a histidina, estabilizando o estado de transição. Um catalisador ácido, a histidina doa um próton para gerar o grupo de saída amino.
    (b) O buraco do oxiânion contém grupos –NH do esqueleto, que formam ligações de hidrogênio com o oxigênio negativamente carregado do intermediário tetraédrico. O buraco do oxiânion colabora na estabilização do estado de transição, pois ele se liga ao estado de transição mais fortemente do que ao substrato.
    (c) Durante a catálise, o aspartato forma uma ligação de hidrogênio com barreira pequena com a histidina na forma de imidazólio. Como a asparagina não possui um grupo carboxilato para formar a ligação de hidrogênio estabilizadora com a histidina, a atividade da enzima é drasticamente reduzida.

8.
(a) Protease do citomegalovírus humano: His, His, Ser   (b) β-lactamase: Glu, Lys, Ser

His — His — Ser
HN—N- - -HN—N:- - -HO—CH$_2$

Glu — Lys — Ser
COO$^{\ominus}$- - -HN:- - -HO—CH$_2$
         H

(c) Asparaginase: Asp, Lys, Thr

Asp — Lys — Thr
COO$^{\ominus}$- - -HN:- - -HO—CH—CH$_3$
         H

(d) Protease da hepatite A: Asp, His, Cys

Asp — H — His — Cys
COO$^{\ominus}$- - -H—O- - -HN—N:- - -HS—CH$_2$

9. Quando a tirosina foi transformada em fenilalanina, a atividade da enzima mutante foi igual a menos de 1% da apresentada pela enzima de tipo selvagem. Logo, o resíduo de tirosina está envolvido na atividade catalítica da DDP-IV. A tirosina contém um grupo –OH no anel aromático da cadeia lateral. Como dito anteriormente, esta tirosina encontra-se no buraco do oxiânion do sítio ativo. Sabe-se que as ligações de hidrogênio no buraco do oxiânion das serino-proteases estabilizam o intermediário tetraédrico. Tirosina, com um grupo –OH na cadeia lateral, pode formar uma ligação de hidrogênio e estabilizar o intermediário tetraédrico. Como a fenilalanina não possui uma cadeia lateral capaz de formar ligações de hidrogênio, o intermediário tetraédrico não será estabilizado, levando à perda de atividade da enzima.

10. (a) Tríade catalítica da acetilcolinesterase

Glu — His — Ser
COO$^{\ominus}$—HN—N:—HO—CH$_2$

(b) [Mechanism showing Ser-O-H attacking phosphonate with F, i-PrO, OCH$_3$ substituents, releasing H$^+$, forming tetrahedral intermediate with O$^{\ominus}$, then releasing F$^{\ominus}$]

11. Análogos do estado de transição ligados a proteínas carreadoras são usados como antígenos para induzir a formação de anticorpos com atividade catalítica. A molécula tetraédrica do éster fosfonato é um análogo estrutural do intermediário tetraédrico formado no estado de transição na hidrólise da porção éster benzílico da cocaína. Um anticorpo criado contra a estrutura do fosfonato que seja capaz de estabilizar o estado de transição da hidrólise do éster benzílico na cocaína poderia catalisar com eficiência esta reação.

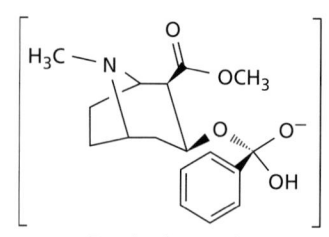

Estado de transição

12. (a) O inibidor da α1-proteinase de tipo selvagem é administrado como tratamento para indivíduos que produzem um inibidor de α1-proteinase com substituições na sequência de aminoácidos. Tais alterações resultam em uma proteína que não inibe eficazmente a protease elastase. A atividade descontrolada desta enzima leva a uma maior degradação da elastina e, em consequência, a uma doença destrutiva dos pulmões. Assim, esses pacientes recebem um inibidor funcional de elastase.

(b) O tratamento para uma deficiência do inibidor de α1-proteinase consiste na administração da proteína de tipo selvagem por via intravenosa. Se a proteína for dada oralmente, as enzimas presentes no trato digestivo irão quebrar as ligações peptídicas do inibidor da α1-proteinase. Administrando a droga diretamente na corrente sanguínea, a proteína consegue circular até os pulmões e atuar no sítio da elastase neutrofílica.

Capítulo 7   Coenzimas e Vitaminas

1. (a) Oxidação; $NAD^{\oplus}$, FAD ou FMN. (A coenzima para a reação apresentada é o $NAD^{\oplus}$.)
    (b) Descarboxilação de um α-cetoácido; tiamina pirofosfato.
    (c) Reação de carboxilação requerendo bicarbonato e ATP; biotina.
    (d) Rearranjo molecular; adenosil-cobalamina.
    (e) Transferência de um grupo hidroxietila do TDP para a CoA como um grupo acila; ácido lipoico.

2. (a) $NAD^{\oplus}$, $NADP^{\oplus}$, FAD, FMN, lipoamida, ubiquinona. Coenzimas proteicas, como tiorredoxina e os citocromos.
    (b) Coenzima A, lipoamida
    (c) Tetra-hidrofolato, S-adenosilmetionina, metilcobalamina
    (d) Piridoxal fosfato
    (e) Biotina, pirofosfato de tiamina, vitamina K

3. Não. $NAD^{\oplus}$ ganha dois elétrons, mas apenas um próton. O segundo próton é liberado para a solução e reutilizado por outras reações que necessitam de prótons.

4.

[Estrutura da flavina reduzida mostrando H em N5 e H em N1, com grupos H_3C no anel benzênico e R em N10]

5. $NAD^{\oplus}$, FAD e coenzima A contêm um grupo ADP (ou ADP com 3′-fosfato, no caso da coenzima A).

6.

[Estrutura mostrando adição de isoniazida ao NADH, com o anel piridina da isoniazida (C=O) ligado ao C4 do anel nicotinamida ($CONH_2$), NAD-R]

7. A vitamina B_6 é convertida em piridoxal fosfato, que é a coenzima de grande número de reações que envolvem aminoácidos, incluindo as reações de descarboxilação nas vias produtoras de serotonina e norepinefrina a partir, respectivamente, de triptofano e tirosina. A insuficiência de vitamina B_6 pode levar a níveis mais baixos de PLP e a uma redução da síntese dos neurotransmissores.

8. A síntese de timidilato (dTMP) requer um derivado de tetra-hidrofolato, o ácido fólico. A deficiência deste ácido reduz a quantidade de dTMP disponível para síntese de DNA. A redução da síntese de DNA nos precursores dos glóbulos vermelhos do sangue resulta em divisão celular mais lenta, produzindo hemácias macrocíticas. A perda de células por ruptura provoca anemia.

9. (a) Cobalamina.
    (b) O derivado de cobalamina adenosilcobalamina é uma coenzima no rearranjo intramolecular de metilmalonil-CoA em succinil-CoA (Figura 7.28). Uma deficiência de adenosilcobalamina resulta em níveis aumentados de metilmalonil-CoA e de seu produto de hidrólise, o ácido

metilmalônico. Outro derivado da cobalamina, a metilcobalamina, é uma coenzima na síntese de metionina a partir de homocisteína (Reação 7.5); uma deficiência de cobalamina resulta em um excesso de homocisteína e uma deficiência de metionina.

(c) Vegetais não sintetizam cobalamina e, portanto, não são fonte desta vitamina.

10. (a) Em um mecanismo proposto, uma molécula de água ligada ao íon zinco da álcool desidrogenase forma OH$^{\ominus}$, da mesma forma que a água ligada ao zinco na anidrase carbônica (Figura 7.2). O íon básico hidróxido abstrai o próton da hidroxila do etanol, formando H$_2$O (outro mecanismo propõe que o zinco também se ligue ao oxigênio do etanol, polarizando-o).

(b) Não, um resíduo como a arginina não é necessário. Etanol, diferentemente do lactato, não tem um grupo carboxilato capaz de ligar-se eletrostaticamente à cadeia lateral da arginina.

11. Um grupo carboxila é transferido do metilmalonil-CoA para a biotina, para formar carboxibiotina e propionil-CoA.

12.

(b) Não ocorrerá racemização. Embora uma base de Schiff se forme tanto durante a descarboxilação como a racemização, os grupos reativos do sítio ativo da histidina descarboxilase catalisam especificamente a descarboxilação da histidina, e não sua racemização.

13. (a) Veja as Reações 13.2–13.4.

(b)

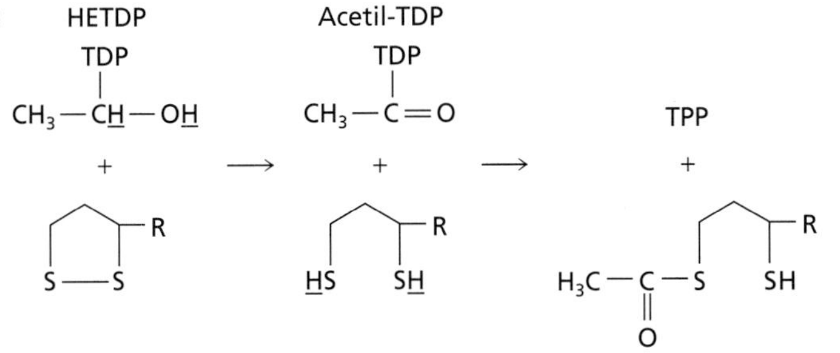

HETDP
TDP
CH₃—CH—OH
    __
    +

Lipoamida
S—S
   \\R

→

Acetil-TDP
TDP
CH₃—C=O
    +

Di-hidrolipoamida
HS   SH
      \\R

→

TPP
+

Acetil-di-hidrolipoamida
H₃C—C—S   SH
     ‖   \\R
     O

(c)

TDP
HOCH₂—C—OH
       ⊖
       ↷
HC=O
H—C—OH
H—C—OH
CH₂OPO₃²⁻

→

TDP
HOCH₂—C—ÖH
HOC—H
H—C—OH
H—C—OH
CH₂OPO₃²⁻

→

CH₂OH
C=O
HOCH
H—C—OH
H—C—OH
CH₂OPO₃²⁻

+ TPP

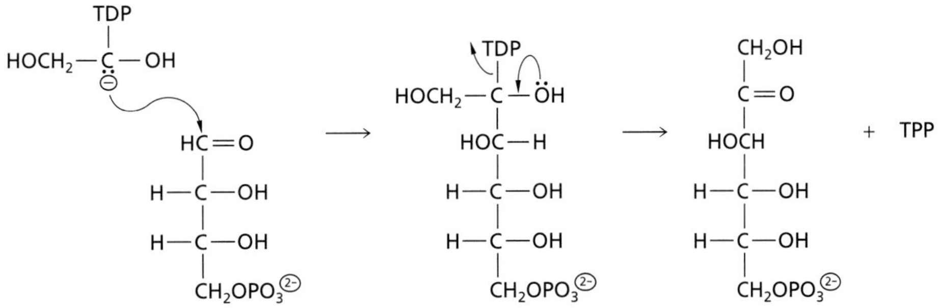

Capítulo 8   Carboidratos

1. (a) D-glicose e D-manose
(b) L-galactose
(c) D-glicose ou D-talose
(d) Di-hidroxiacetona
(e) Eritrulose (D ou L)
(f) D-glicose
(g) *N*-acetilglicosamina

2.

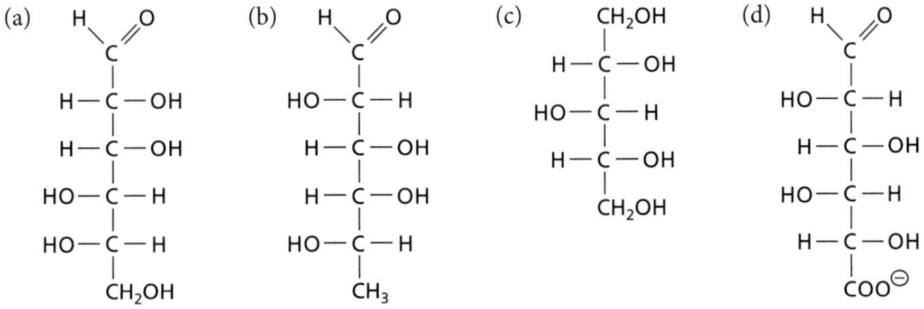

(a)
H—C=O
H—C—OH
H—C—OH
HO—C—H
HO—C—H
CH₂OH

(b)
H—C=O
HO—C—H
H—C—OH
H—C—OH
HO—C—H
CH₃

(c)
CH₂OH
H—C—OH
HO—C—H
H—C—OH
CH₂OH

(d)
H—C=O
HO—C—H
H—C—OH
HO—C—H
H—C—OH
COO⁻

3. Glicosaminoglicanos são heteroglicanos não ramificados formados por unidades repetidas de dissacarídeos. Um dos componentes do dissacarídeo é um aminoaçúcar e o outro é, em geral, um ácido aldurônico. Grupos hidroxila e amina específicos de vários glicosaminoglicanos são sulfatados.

4.

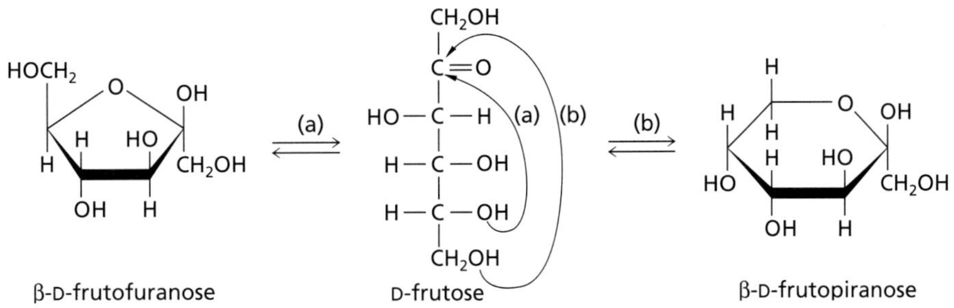

β-D-frutofuranose ⇌(a) D-frutose ⇌(b) β-D-frutopiranose

5. (a) α-anômero.
   (b) Sim, ele sofrerá mutarrotação.
   (c) Sim, ele é um desoxiaçúcar.
   (d) Uma cetona.
   (e) Quatro carbonos quirais.

6. Glicopiranose tem cinco carbonos quirais e 2^5, ou 32, possíveis estereoisômeros; 16 são açúcares D e 16 são L. Frutofuranose tem quatro carbonos quirais e 2^4, ou 16, possíveis estereoisômeros; 8 são açúcares D e 8 são L.

7.

8. Apenas as formas abertas das aldoses têm grupos aldeído livres e podem formar bases de Schiff com os grupos amina das proteínas. Como relativamente poucas moléculas de D-glicose são encontradas na forma aberta, este açúcar tem menor tendência do que outras aldoses a reagir com as proteínas.

9. Uma piranose é mais estável quando os substituintes mais volumosos do anel são equatoriais, minimizando a repulsão estérica. No confôrmero mais estável da β-D-glicopiranose, todas as hidroxilas e o grupo –CH$_2$OH são equatoriais; no confôrmero mais estável da α-D-glicopiranose, a hidroxila em C-1 é axial.

10.

11. Os anômeros α e β da glicose ficam em equilíbrio rápido. À medida que a β-D-glicose é consumida pela reação da glicose oxidase, mais anômero β é formado a partir do α, até que toda a glicose tenha sido convertida em gliconolactona.

12. Sucralose é um derivado do dissacarídeo sacarose (veja a Figura 8.20), em que os dois grupos hidroxila em C-1 e C-6 da molécula de frutose foram substituídos por cloro; a hidroxila em C-4 da glicose foi removida e, em seguida, cloro foi adicionado. Na síntese química da sucralose a partir do açúcar, a configuração do substituinte em C-4 da porção glicose é invertida.

13.

(c) [structure]

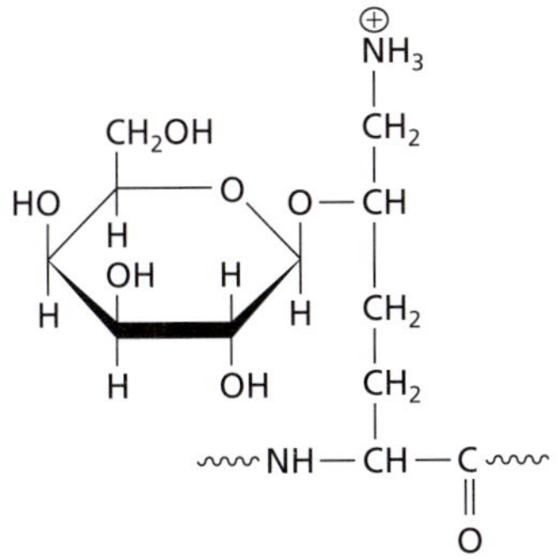

14. [structure]

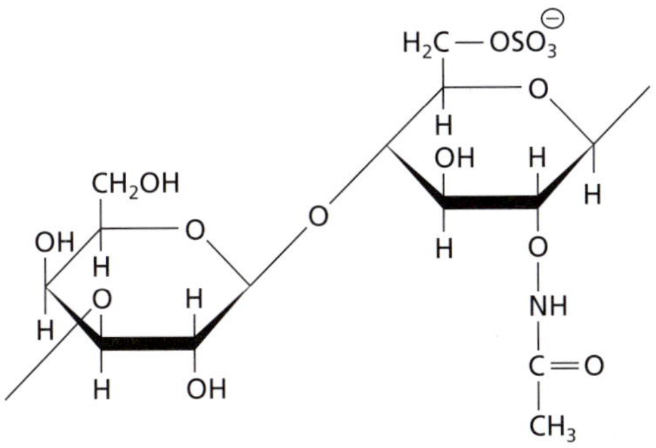

15. (a) a, b e c; esses oligossacarídeos contêm ligações GlcNAc–Asn.
   (b) b e c; esses oligossacarídeos contêm ligações β-galactosídicas.
   (c) b; este oligossacarídeo contém ácido siálico.
   (d) Nenhum, pois nenhum dos oligossacarídeos apresentados contém fucose.

16. [structure with Ligação α (2→3) and Ligação β (1→4)]

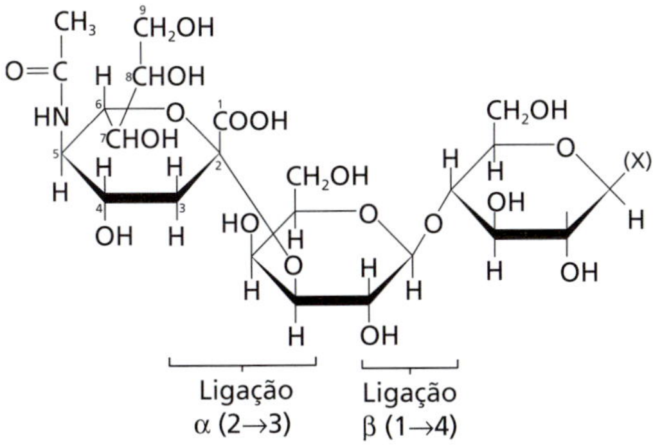

17. O papel é feito de celulose e β-glicosidases quebram esse polissacarídeo em resíduos de glicose. Se você ingerisse uma pílula, esse livro ainda teria gosto de papel mastigado, ou seja, de cola de farinha (ugh!). Isso ocorreria porque suas papilas gustativas estão na língua e a enzima estaria no estômago. Se você marinasse o livro em uma solução da enzima, ele teria um sabor bem mais doce.

As editoras não imprimiriam livros-textos com tinta flavorizada porque eles, assim como os autores, desejam que os estudantes mantenham esses livros como fontes valiosas para futura referência nos cursos avançados que pretendam seguir. Por outro lado, encorajar os estudantes a comerem seus livros-textos, em vez de vendê-los, poderia ser bom, pois promoveria melhor saúde e nutrição.

Capítulo 9   Lipídeos e Membranas

1.
(a) $CH_3(CH_2)_7-CH=CH-(CH_2)_{13}COO^{\ominus}$

(b) $CH_3(CH_2)_5-CH=CH-(CH_2)_9COO^{\ominus}$

(c) $CH_3CH_2(C=CCH_2)_5(CH_2)_2COO^{\ominus}$

2.

(a) $CH_3CH_2CH_2-O-(CH_2)_9COO^\ominus$

(b) 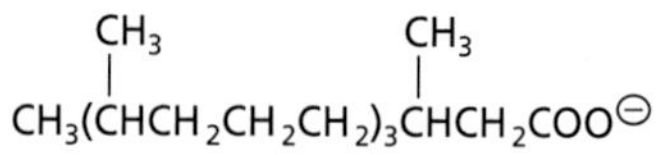 $CH_3(\underset{\underset{CH_3}{|}}{C}HCH_2CH_2CH_2)_3\underset{\underset{CH_3}{|}}{C}HCH_2COO^\ominus$

(c) $CH_3(CH_2)_5\underset{\underset{CH_2}{\|}}{C}H-CH(CH_2)_9COO^\ominus$

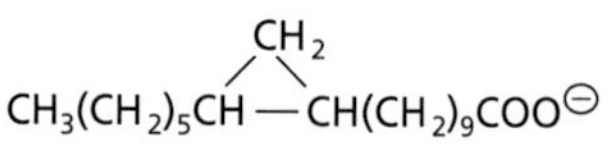

3. (a) ω-3; (b) ω-6; (c) ω-6; (d) nenhum (ω-9); (e) ω-6.

4.

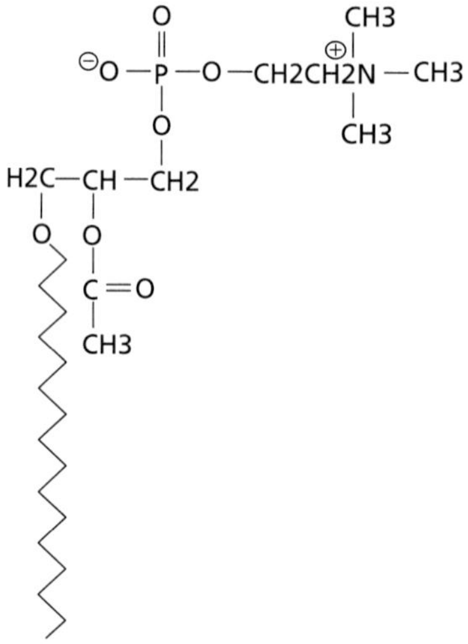

$$\begin{array}{c} O \\ \| \\ {}^\ominus O-P-O-CH_2CH_2\overset{\oplus}{N}(CH_3)_3 \\ | \\ O \\ | \\ H_2C-CH-CH_2 \\ | \quad\quad | \\ O \quad O \\ \diagdown\;/ \\ C=O \\ | \\ CH_3\text{-(cadeia)} \end{array}$$

5.

(a)  estrutura do ácido docosa-hexaenoico (HOOC—cadeia com seis duplas ligações—CH₃)

(b) O ácido docosa-hexenoico é classificado como um ácido graxo ω-3.

6.

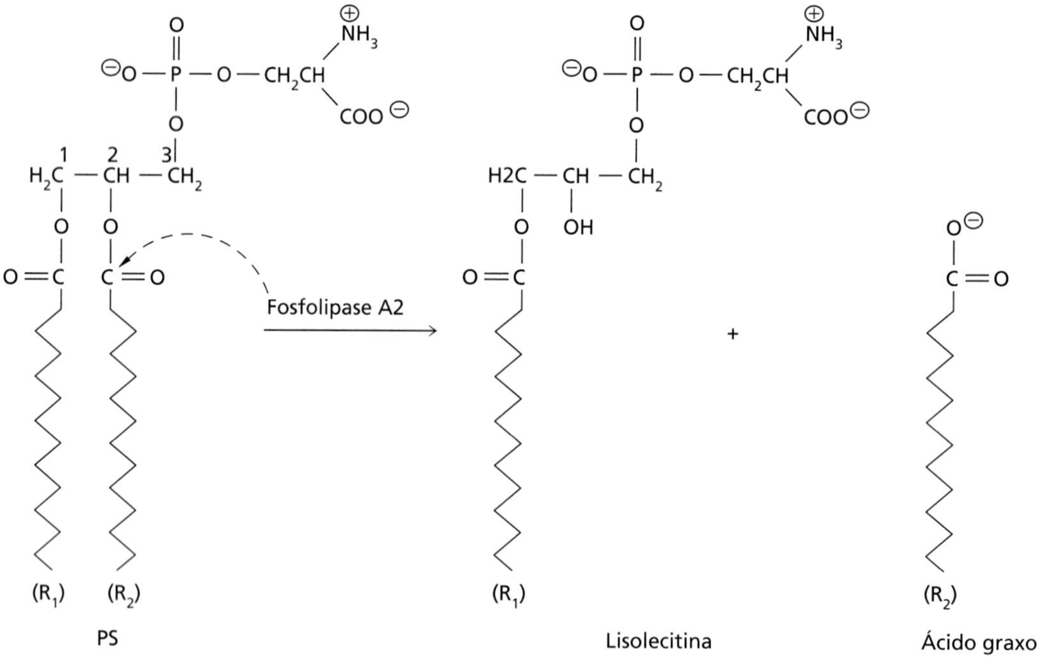

PS + Fosfolipase A2 → Lisolecitina + Ácido graxo

(hidrólise do éster na posição 2 do glicerofosfolipídio, liberando o ácido graxo R₂ e formando o lisofosfolipídio com R₁)

7.

(a), (b), (c) [estruturas químicas]

8.

(a), (b) [estruturas químicas]

9. PE contém ácido docosa-hexenoico na posição 2 do esqueleto do glicerol 3-fosfato nas duas temperaturas. Em temperaturas mais baixas, o percentual de grupos de ácidos graxos monoinsaturados em C-1 aumentou de 14% a 30 °C para 39% a 10 °C. A fluidez de membrana precisa ser mantida pelo organismo; ele consegue isso alterando a composição dos lipídeos de membrana. O aumento nos lipídeos insaturados em temperatura mais baixa irá permitir a adequada fluidez de membrana.

10. A farnesiltransferase adiciona um grupo farnesila ou "prenila" a uma cadeia lateral de cisteína da proteína *ras* (Figura 9.23b). Em seguida, esta proteína é ancorada às membranas plasmática e do retículo endoplasmático e participa ativamente de processos de sinalização celular. A farnesiltransferase é um alvo quimioterápico, porque a inibição desta enzima em células tumorais destrói a atividade sinalizadora da proteína *ras* mutada. Na verdade, inibidores da farnesiltransferase (FT) são potentes supressores do crescimento de tumores em camundongos.

11. A linha A representa a difusão da glicose através de um canal ou poro, e a linha B representa o transporte passivo. Em geral, a difusão através de um canal ou poro não é saturável e a velocidade aumenta linearmente com a concentração do soluto. O transporte por meio de uma proteína de transporte é saturável em altas concentrações de soluto, semelhantemente ao que ocorre com uma enzima, que é saturada em altas concentrações de substrato (Seção 9.10C).

12.

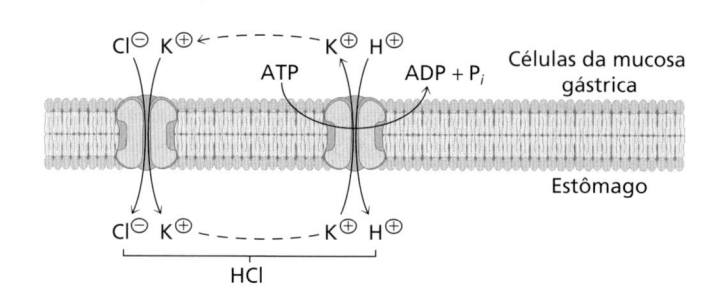

[Diagrama de membrana mostrando transporte de íons em células da mucosa gástrica: Cl⁻ e K⁺ passando por um canal, e ATP → ADP + P_i acoplado à troca de K⁺/H⁺, formando HCl no lado do estômago.]

13. A teobromina é estruturalmente relacionada à cafeína e à teofilina (Figura 9.45). As purinas metiladas, incluindo a obromina, inibem a cAMP fosfodiesterase, uma enzima que catalisa a hidrólise do cAMP a AMP (Figura 9.43). Essas purinas metiladas inibem a quebra do mensageiro intracelular cAMP a AMP. Assim, os efeitos do cAMP são prolongados. Nos cães, isto é combinado ao fato de que eles demoram mais a eliminar a teobromina ingerida de seus organismos. Esses dois fatores resultam na toxicidade associada à ingestão de chocolate.

14. Os dois mensageiros secundários IP_3 e DAG são complementares no sentido de que ambos promovem a ativação das quinases celulares, o que ativa proteínas-alvo intracelulares por fosforilação. O diacilglicerol ativa a proteína quinase C diretamente, enquanto o IP_3 aumenta os níveis de Ca^{2+} por meio da abertura do canal de Ca^{2+} na membrana do retículo endoplasmático, liberando o Ca^{2+} no citosol (Figura 9.48). Os níveis elevados deste cátion ativam outras quinases, levando à fosforilação e ativação de algumas proteínas-alvo.

15. A insulina ainda pode ligar-se normalmente às subunidades α dos receptores de insulina, mas, por causa da mutação, as subunidades β perdem a atividade de tirosina-quinase e ficam incapazes de catalisar a autofosforilação ou outras reações de fosforilação. Assim, a insulina não estimula uma resposta intracelular. A presença de mais insulina não terá qualquer efeito.

16. As proteínas G são comutadores (interruptores) moleculares, com duas formas interconversíveis: uma ativa, ligada a GTP e outra inativa, ligada a GDP (Figura 9.42). Em proteínas G normais, a atividade de GTPase converte a proteína G ativa em sua forma inativa. Como a proteína *ras* não tem atividade de GTPase, ela não pode ser inativada. O resultado é a ativação contínua da adenililciclase e respostas prolongadas de certos sinais extracelulares.

17. A área de uma esfera é igual a $4\pi r^2$. A área superficial de um oócito é igual a $4\pi (50\mu m)^2$, ou $3,9 \times 10^5 \mu m^2$. A área superficial de uma molécula de lipídeo é igual a $10^{-14} cm^2 = 10^{-6} \mu m^2$. Como apenas 75% da membrana é lipídeo, o número total de moléculas de lipídeos é:

$$\frac{3,9 \times 10^5}{10^{-6}} \times 0,75 = 2,9 \times 10^{11} \text{ moléculas}$$

18. Considerando que as moléculas de lipídeos produzidas por sua avó sejam divididas igualmente entre as células-filhas em cada divisão celular, após 30 dessas divisões o oócito (célula-ovo) produzido por sua mãe terá $1/2^{30}$ dessas moléculas originais de lipídeos. Como o número de moléculas de lipídeos que ela herdou da mãe (sua avó) foi de $2,9 \times 10^{11}$ (veja a questão anterior), então, o número remanescente em cada oócito foi:

$$1/2^{30} \times 2,9 \times 10^{11} = 270$$

Você herdou 270 moléculas de lipídeos de sua avó.

Capítulo 10 Introdução ao Metabolismo

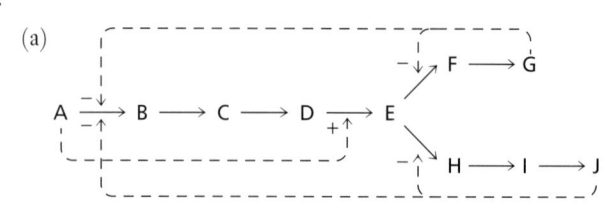

1.

(a) [Diagrama de via metabólica: A ⇌ B → C → D ⇌ E, com E ramificando para F → G e H → I → J; setas tracejadas indicam retroalimentação de G e J sobre etapas anteriores, e um efetor positivo (+) sobre D → E.]

(b) Inibição da primeira etapa da via comum por G ou por J evita o acúmulo desnecessário de intermediários na via. Quando há abundância de G ou de J, poucas moléculas de A entram na rota. Ao controlar uma enzima após o ponto de ramificação, G ou J inibe sua própria produção sem afetar a do outro.

2. A compartimentalização dos processos metabólicos permite que haja concentrações ideais de substratos e produtos para cada uma das vias, independentemente, em cada compartimento. Além disso, a separação das enzimas das vias permite, também, um controle independente de cada uma destas, sem a interferência dos reguladores da outra via.

3. Bactérias são muito menores do que a maioria das células eucariontes. Assim, para elas, ter compartimentos separados pode não ser uma vantagem. É possível, também, que a localização do ciclo do ácido cítrico nas mitocôndrias seja um acidente histórico e não uma vantagem seletiva dos eucariontes.

4. Em uma via enzimática com várias etapas, o produto de uma enzima é o substrato da próxima. Para enzimas solúveis independentes, o produto de cada uma delas tem que encontrar a seguinte por difusão aleatória na solução. Ter enzimas sequenciais localizadas bem próximas umas das outras, seja em um complexo multienzimático ou em uma membrana, permite que o produto de cada enzima possa passar diretamente para a seguinte, sem perda de substrato por difusão na solução.

5.
(a) $\Delta G^{\circ\prime} = RT \ln K_{eq}$

$\ln K_{eq} = -\dfrac{\Delta G^{\circ\prime}}{RT} = -\dfrac{-9.000\ J\ mol^{-1}}{(8{,}315\ J\ K^{-1}\ mol^{-1})(298\ K)} = 3{,}63$

$K_{eq} = 38$

(b) $\Delta G^{\circ\prime} = -RT \ln K_{eq}$

$K_{eq} = \dfrac{[\text{Glicose}][P_i]}{[\text{Glicose 6-P}][H_2O]} = \dfrac{(0{,}1\ M)(0{,}1\ M)}{(3{,}5 \times 10^{-5}\ M)(1)} = 286$

$\Delta G^{\circ\prime} = -(8{,}315\ J\ K^{-1}\ mol^{-1})(298\ K)\ln 286$

$\Delta G^{\circ\prime} = -14.000\ J\ mol^{-1} = -14\ kJ\ mol^{-1}$

6.
(a) $\Delta G = \Delta G^{\circ\prime} + RT \ln \dfrac{[\text{Arginina}][P_i]}{[\text{Fosfoarginina}][H_2O]}$

$\Delta G = -32\,000\ J\ mol^{-1} + (8{,}315\ J\ K^{-1}\ mol^{-1})(298\ K)\ln \dfrac{(2{,}6 \times 10^{-3})(5 \times 10^{-3})}{(6{,}8 \times 10^{-3})(1)}$

$\Delta G = -48\ kJ\ mol^{-1}$

(b) $\Delta G^{\circ\prime}$ é definido na condição-padrão de concentração 1 M de reagentes e produtos (à concentração da água é atribuído um valor 1). ΔG depende das concentrações reais de reagentes e produtos.

(c) Moléculas com altas energias-livres de hidrólise, como fosfoarginina e acetil-CoA, são termodinamicamente instáveis, mas podem ser estáveis do ponto de vista cinético. Essas moléculas são hidrolisadas muito lentamente na ausência de um catalisador apropriado.

7.

	$\Delta G^{\circ\prime}$ (kJ mol^{-1})
Glicose-1-fosfato + UTP $\longrightarrow$ UDP-glicose + PP$_i$	0
PP$_i$ + H$_2$O $\longrightarrow$ 2 P$_i$	−29
	$\Delta G^{\circ\prime}$ −29

8. (a) Embora o ATP seja rapidamente utilizado para obter energia, como na contração muscular e no transporte de membrana, ele também é ressintetizado com rapidez, a partir de ADP e P$_i$, por meio de rotas metabólicas intermediárias. A energia para este processo é fornecida pela degradação de carboidratos, gorduras e aminoácidos ou de moléculas

armazenadoras de energia, como o fosfato de creatina (CP) dos músculos (CP + ADP → ATP + C). Com esta reciclagem rápida, um total de 50 gramas de ATP e ADP é suficiente para suprir as necessidades energéticas do corpo.

(b) A função do ATP é a de um transmissor de energia livre e não de um armazenador de energia. Como indicado no item (a), o ATP não é estocado, mas sim rapidamente utilizado nas reações que necessitam de energia.

9. $\Delta G^{\circ\prime}$ da reação de ATP e creatina é calculado como:

	$\Delta G^{\circ\prime}$ (kJ mol)
Creatina + P_i ⇌ Fosfocreatina + H_2O	+43
ATP + H_2O ⇌ ADP + P_i	−32
Creatina + ATP ⇌ Fosfocreatina + ADP	+11

A proporção de ATP para ADP necessária à manutenção da razão de 20:1 de fosfocreatina para creatina é calculada pela Equação 10.13. No equilíbrio, $\Delta G = 0$, então,

$$\Delta G^{\circ\prime} = -RT\ln\frac{[Fosfocreatina][ADP]}{[Creatina][ATP]}$$

$$\ln\frac{(20)[ADP]}{(1)[ATP]} = -\frac{\Delta G^{\circ\prime}}{RT} = -\frac{(11.000 \text{ J mol}^{-1})}{(8,315 \text{ JK}^{-1}\text{mol}^{-1})(298 \text{ K})} = 4,44$$

$$\frac{(20)[ADP]}{(1)[ATP]} = 1,2 \times 10^{-2}$$

$$\frac{[ATP]}{[ADP]} = 1.667:1$$

10.

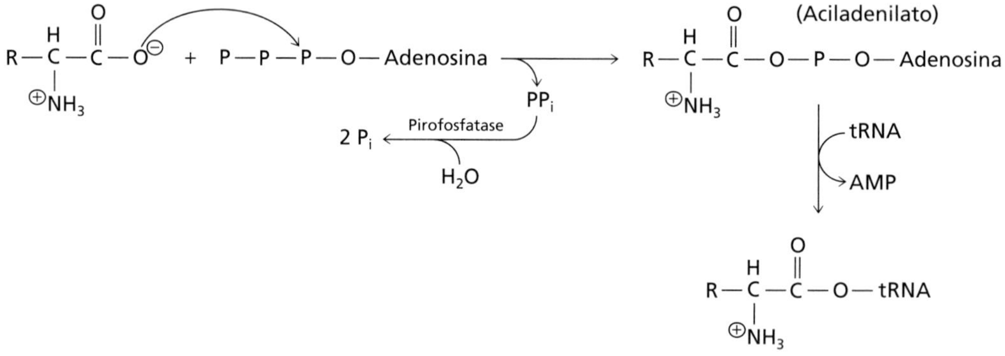

11.

$\Delta G^{\circ\prime} = -RT \ln K_{eq}$

$K_{eq} = \dfrac{[\text{frutose-6-fosfato}]}{[\text{glicose-6-fosfato}]} = \dfrac{2}{1}$

$\Delta G^{\circ\prime} = -(8,315 \text{ J K}^{-1}\text{mol}^{-1})(298 \text{ K}) \ln 2$

$\Delta G^{\circ\prime} = -1,7 \text{ kJ mol}^{-1}$

12.

(a) $\ln K_{eq} = -\dfrac{\Delta G^{\circ\prime}}{RT} = -\dfrac{(25.000 \text{ J mol}^{-1})}{(8,315 \text{ J K}^{-1}\text{mol}^{-1})(298 \text{ K})} = -10,1$

$K_{eq} = 4,1 \times 10^{-5}$

(b) $\Delta G^{\circ\prime}$ para a reação acoplada é calculado como:

	$\Delta G^{\circ\prime}$ (kJ mol^{-1})
A → B	+25
ATP + H_2O ⇌ ADP + P_i	−32
A + ATP + H_2O ⇌ B + ADP + P_i	−7

$\ln K_{eq} = -\dfrac{\Delta G^{\circ\prime}}{RT} = 2,8$

$K_{eq} = 17$

A K_{eq} para a reação acoplada é cerca de 180.000 vezes maior do que a K_{eq} do item (a).

(c) $K_{eq} = 17 = \dfrac{[B][ADP][P_i]}{[A][ATP][H_2O]} = \dfrac{[B][ADP]}{[A][ATP]} = \dfrac{[B](1)}{[A](400)}$

$\dfrac{[B]}{[A]} = 6.800 : 1$

O acoplamento da reação à hidrólise do ATP aumenta a proporção entre [B] e [A] por um fator de aproximadamente 166 milhões [$6.800 \div (4,1 \times 10^{-5}) = 1,6 \times 10^{8}$]

13. Os elétrons fluem da molécula com potencial-padrão de redução mais negativo para aquela com o potencial mais positivo.
    (a) Citocromo b_5 (Fe^{2+}) + Citocromo f (Fe^{3+}) →
        Citocromo b_5 (Fe^{3+}) + Citocromo f (Fe^{2+})
    (b) Succinato + Q → Fumarato + QH$_2$
    (c) Isocitrato + NAD$^{\oplus}$ → α-cetoglutarato + NADH

14. Os potenciais-padrão de redução da Tabela 10.4 se referem às semirreações que são escritas como $S_{ox} + n\,e^{\ominus} \to S_{red}$. Duas semirreações podem ser somadas para obter um par de reações de oxidação-redução, invertendo a semirreação que envolve as espécies reduzidas e, em consequência, invertendo também o sinal de seu potencial de redução.

    (a)
    $$2\,\text{Cit}\,c(\text{Fe}^{3+}) + 2e^{\ominus} \to 2\,\text{Cit}\,c(\text{Fe}^{2+}) \quad\quad +0,23$$
    $$QH_2 \to Q + 2H^{\oplus} + 2e^{\ominus} \quad\quad -0,04$$
    $$\overline{2\,\text{Cit}\,c(\text{Fe}^{3+}) + QH_2 \to 2\,\text{Cit}\,c(\text{Fe}^{2+}) + Q + 2H^{\oplus}} \quad \Delta E°' = 0,19\,V$$
    $\Delta G°' = -nF\Delta E°' = -(2)(96,48\,\text{kJ V}^{-1}\text{mol}^{-1})(0,19\,V)$
    $\Delta G°' = -37\,\text{kJ mol}^{-1}$

    (b)
    $$\tfrac{1}{2}O_2 + 2H^{\oplus} + 2e^{\ominus} \to H_2O \quad\quad +0,82$$
    $$\text{Succinato} \to \text{Fumarato} + 2H^{\oplus} + 2e^{\ominus} \quad\quad -0,03$$
    $$\overline{\tfrac{1}{2}O_2 + \text{Succinato} \to H_2O + \text{Fumarato}} \quad \Delta E°' = 0,79\,V$$
    $\Delta G°' = -(2)(96,48\,\text{kJ V}^{-1}\text{mol}^{-1})(0,79\,V)$
    $\Delta G°' = -150\,\text{kJ mol}^{-1}$

15. Os resultados esperados estão apresentados no gráfico inferior. À medida que o NADH é formado na mistura reacional, a absorbância em 340 nm irá aumentar (veja o Quadro 10.1).

16.
$$Q + 2H^{\oplus} + 2e^{\ominus} \to QH_2 \quad\quad +0,04$$
$$FADH_2 \to FAD + 2H^{\oplus} + 2e^{\oplus} \quad\quad +0,22$$
$$\overline{Q + FADH_2 \to QH_2 + FAD} \quad \Delta E°' = 0,26\,V$$

$\Delta E = \Delta E°' - \dfrac{RT}{nF} \ln \dfrac{[QH_2][FAD]}{[Q][FADH_2]}$

$\Delta E = 0,26\,V - \dfrac{0,026\,V}{2} \ln \dfrac{(5\times 10^{-5})(2 \times 10^{-4})}{(1\times 10^{-4})(5 \times 10^{-3})}$

$\Delta E = 0,26\,V - 0,013(-3,9) = 0,31\,V$

$\Delta G = -nF\Delta E = -(2)(96,48\,\text{kJ V}^{-1}\text{mol}^{-1})(0,31\,V)$

$\Delta G = -60\,\text{kJ mol}^{-1}$

Teoricamente, a oxidação de FADH$_2$ por ubiquinona libera energia livre mais do que suficiente para impulsionar a síntese de ATP a partir de ADP e P$_i$.

Capítulo 11 Glicólise

1. (a) 2 (veja a Figura 11.2 e a Reação 11.12)
   (b) 2 (1 ATP é consumido pela reação da frutoquinase, outro é consumido pela reação da triose quinase e 4 são gerados pelo estágio das trioses na glicólise)

(c) 2 (2 ATP são consumidos no estágio das hexoses e 4 são gerados no das trioses).

(d) 5 (2 ATP são obtidos da frutose, como no item (b), e 3 (em vez de 2) são obtidos da glicose, pois a glicose-1-fosfato (não a glicose) é formada quando a sacarose é quebrada).

2.
(a)

$$\text{Glicose} \xrightarrow{\text{Glicólise}} \text{2 Lactato}$$

(b) A glicose marcada no C-3 ou no C-4 fornece $^{14}CO_2$ por descarboxilação de piruvato.

Glicose → (2) Gliceraldeído-3-fosfato → (2) Piruvato → $2_{(3,4)}CO_2$ → (2) Acetil-CoA

3. O fosfato inorgânico ($^{32}P_i$) será incorporado ao C-1 do 1,3-*bis*fosfoglicerato (1,3 BPG) pela reação da gliceraldeído-3-fosfato desidrogenase (GADPH): gliceraldeído-3-fosfato + NAD$^{\oplus}$ + P$_i$ → 1,3 BPG e, na etapa seguinte, transferido à posição γ do ATP: 1,3 BPG + ADP → ATP + 3-fosfoglicerato.

4. Como o cérebro depende quase exclusivamente de glicose como fonte de energia, ele é dependente da glicólise como principal via de catabolismo deste carboidrato. Uma vez que a proteína de Huntington se liga firmemente à GAPDH, isto sugere que ela poderia inibir essa enzima glicolítica fundamental e, assim, comprometer a produção de ATP. Níveis reduzidos de ATP seriam prejudiciais às células neuronais do cérebro.

5.
(a) Glicerol $\xrightarrow{\text{ATP ADP}}$ L-glicerol-3-fosfato $\xrightarrow{\text{NAD}^{\oplus}\ \text{NADH, H}^{\oplus}}$ Di-hidroxiacetona fosfato

(b) C-2 e C-3 do glicerol-3-fosfato precisam estar marcados. Uma vez que o fosfato de di-hidroxiacetona é convertido em gliceraldeído-3-fosfato, o C-1 é oxidado a aldeído e, em seguida, perdido sob a forma de CO_2 (Problema 2).

6. As células que transformam glicose em lactato por glicólise anaeróbica produzem muito menos ATP por molécula de glicose do que as que a transformam aerobicamente em CO_2, via glicólise e ciclo do ácido cítrico (Figura 11.1). Mais glicose precisa ser utilizada via glicólise anaeróbica para produzir uma quantidade de ATP suficiente para as necessidades celulares e a velocidade de conversão de glicose em lactato é muito maior que em condições aeróbicas. Células cancerosas em um ambiente anaeróbico consomem muito mais glicose e podem produzir excesso de algumas enzimas glicolíticas para compensar o aumento da atividade desta via do metabolismo dos carboidratos.

7. Não. A conversão de piruvato em lactato, catalisada pela lactato desidrogenase, oxida o NADH a $NAD^{\oplus}$, o que é necessário para a reação da gliceraldeído-3-fosfato desidrogenase na glicólise.

8. Nas reações catalisadas por essas enzimas, a ligação entre o átomo de fósforo γ e o oxigênio do grupo β fosforila é quebrada quando o grupo γ-fosforila do ATP é transferido (Figura 11.3). O análogo não pode ser quebrado desta forma e, assim, inibe as enzimas por competir com o ATP por seu sítio ativo.

9. A variação da energia livre para a reação da aldolase na condição-padrão ($\Delta G^{\circ\prime}$) é igual a +22,8 kJ mol^{-1}. As concentrações de frutose-1,6-*bis*fosfato, fosfato de di-hidroxiacetona e gliceraldeído-3-fosfato no músculo cardíaco, contudo, são muito diferentes daquela considerada como condição-padrão (1 M). O valor real da variação de energia livre nas concentrações da célula ($\Delta G^{\circ\prime} = -5,9$ kJ mol^{-1}) é muito diferente de $\Delta G^{\circ\prime}$ e a reação da aldolase ocorre rapidamente na direção necessária para a glicólise: Frutose-1,6-*bis*fosfato → gliceraldeído-3-fosfato + di-hidroxiacetona fosfato.

10. A variação da energia livre de Gibbs padrão é +28 kJ mol^{-1}. A constante de equilíbrio é

$$28 = RT \ln K_{eq} \approx 10^{-5} \text{ (Equação 1.12)}$$

(a) $\dfrac{[DHAP][G3P]}{[FBP]} = 10^{-5} \dfrac{[5 \times 10^{-6}][5 \times 10^{-6}]}{[FBP]} = 10^{-5}$ FBP = 2,5 μM

(b) 250 μM

(c) 25.000 μM = 25 mM

11. (a) O ATP é, ao mesmo tempo, um substrato e um inibidor alostérico para a PFK-1. Altas concentrações de ATP resultam em uma redução da atividade da PFK-1 por causa de um aumento no K_m. O AMP é um ativador alostérico que atua reduzindo a inibição causada pelo ATP e, assim, elevando a curva quando AMP está presente junto a ATP.

(b) O F2,6P é um ativador alostérico da PFK-1. Em presença de F2,6P, a atividade da PFK-1 é aumentada por causa de uma redução no K_m aparente para frutose-6-fosfato.

12. Aumento da [cAMP] ativa a proteína quinase A, que catalisa a fosforilação e inativação da piruvato quinase.

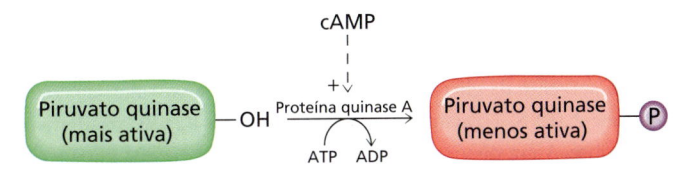

13. (a) Uma diminuição da glicólise no fígado disponibiliza mais glicose para ser exportada para outros tecidos.

(b) A redução da atividade do sistema transdutor do glucagon diminui a quantidade de cAMP formado. À medida que este é hidrolisado sob ação de uma fosfodiesterase, a proteína quinase A, dependente de cAMP, fica menos ativa. Nessas condições, a atividade da PFK-2 aumenta e a da frutose-2,6-*bis*fosfatase diminui (Figura 11.18). O consequente aumento de frutose-2,6-*bis*fosfato ativa a PFK-1, aumentando a velocidade total da glicólise. Uma diminuição do cAMP também leva à ativação da piruvato quinase (Problema 12).

14. Quimioautótrofos utilizam a glicólise para gerar energia a partir de resíduos de glicose armazenados no glicogênio, como será descrito no Capítulo 12.

Capítulo 12 Gliconeogênese, a Via das Pentoses Fosfato e o Metabolismo do Glicogênio

1.
2 piruvato + 2NADH + 4 ATP + 2 GTP + 6 H$_2$O + 2 H$^{\oplus}$ →
glicose + 2 NAD$^{\oplus}$ + 4 ADP + 2 GDP + 6 P$_i$
2 NADH = 5 equivalentes de ATP
4 ATP = 4 ATP
2 GTP = <u>2 ATP</u>
   11 ATP

A energia necessária para sintetizar uma molécula de glicose-6-fosfato a partir de CO_2 pode ser calculada a partir da Reação 12.7.

$$12\ NADPH = 30\ ATP$$

A conversão de G6P em glicose não consome nem produz equivalentes de ATP. A síntese de glicose a partir de piruvato por meio da via da gliconeogênese custa apenas cerca de um terço (11/30) da síntese de glicose a partir de CO_2.

2. O poder redutor, sob a forma de NADH (2), ATP (4) e GTP (2), são necessários para a síntese de glicose a partir de piruvato (Equação 12.1). O NADH e o GTP são produtos diretos do ciclo do ácido cítrico; o ATP pode ser gerado a partir de NADH e QH_2 ($FADH_2$) durante o processo de fosforilação oxidativa.

3. A epinefrina interage com os receptores β-adrenérgicos do fígado e ativa a via sinalizadora da adenililciclase, levando à produção de cAMP e ativação da proteína quinase A (Figura 12.15). Esta ativa a fosforilase quinase que, por sua vez, ativa a glicogênio fosforilase (GP), levando à degradação do glicogênio (Figura 12.6). A glicose pode, então, ser transportada para fora do fígado, indo para a corrente sanguínea, de onde é absorvida pelos músculos para a produção da energia necessária.

Fígado [Glicogênio $\xrightarrow{(GP)}$ G1P ⟶ G6P ⟶ Glicose] ⟶ Corrente sanguínea ⟶ Músculos

4. (a) A proteína fosfatase-1 ativada pela insulina catalisa a hidrólise das ligações fosfoéster da glicogênio-sintase (ativando-a), bem como da glicogênio-fosforilase e da fosforilase quinase (desativando-as), como mostrado na Figura 12.17. Assim, a insulina estimula a síntese de glicogênio e inibe sua degradação nas células musculares.
   (b) Apenas as células hepáticas são ricas em receptores do glucagon, de modo que este atua sobre enzimas do fígado.
   (c) A ligação da glicose ao complexo glicogênio-fosforilase–fosfatase-1 nas células hepáticas reduz a inibição da fosfatase-1 e torna a glicogênio-fosforilase mais susceptível à desfosforilação (inativação) pela fosfatase-1 (Figura 12.18). Esta catalisa também a desfosforilação da glicogênio-sintase, tornando-a mais ativa. Desta forma, a glicose estimula a síntese e inibe a degradação de glicogênio no fígado.

5. Concentrações menores de frutose 2,6-*bis*fosfato (F2,6BP) levam a uma taxa reduzida de glicólise e a um aumento da gliconeogênese. A F2,6BP é um ativador da enzima glicolítica fosfofrutoquinase-1 (PFK-1); assim, níveis mais baixos de F2,6BP resultarão em taxas reduzidas de glicólise. Além disso, a F2,6BP é um inibidor da enzima gliconeogênica frutose 1,6-*bis*fosfatase e, portanto, níveis mais baixos de F2,6BP irão diminuir a inibição e aumentar a gliconeogênese (Figura 12.4).

6. Quando o glucagon se liga a seu receptor, ele ativa a adenililciclase. Esta catalisa a síntese de cAMP a partir de ATP; por sua vez, cAMP ativa a proteína quinase A, que catalisa a fosforilação de PFK-2, a qual inativa a atividade da quinase e ativa a da fosfatase. A frutose 2,6-*bis*fosfatase catalisa a desfosforilação hidrolítica de frutose 2,6-*bis*fosfato, formando frutose-6-fosfato. A consequente redução na concentração da frutose 2,6-*bis*fosfato reduz a inibição da frutose 1,6-*bis*fosfatase ativando, assim, a gliconeogênese. Portanto, a atividade de quinase da PFK-2 é reduzida.

7. (a) Sim. A síntese de glicogênio a partir de glicose-6-fosfato requer a energia de uma ligação fosfoanidrido (na hidrólise de PP_i; Figura 12.10). Contudo, quando o glicogênio é degradado a glicose-6-fosfato, o fosfato inorgânico (P_i) é usado na reação de fosforólise. Nenhuma ligação fosfato de "alta energia" é utilizada.
   (b) Uma molécula de ATP a menos fica disponível para uso pelo músculo, quando o glicogênio do fígado é utilizado como fonte de glicose. Este glicogênio é transformado em fosfatos de glicose e, depois a glicose, sem consumo de ATP. Depois de transportada para as células dos músculos, a glicose é convertida em glicose-6-fosfato por ação de uma hexoquinase, em uma reação que consome uma molécula de ATP. O glicogênio do músculo, no entanto, é convertido diretamente a glicose-1-fosfato, por ação da glicogênio fosforilase, que não consome ATP. A glicose-1-fosfato é isomerizada a glicose-6-fosfato, por ação da fosfoglicomutase.

8. Uma deficiência da glicogênio fosforilase no músculo impede a mobilização de glicogênio em glicose. A insuficiência de glicose impede a produção de ATP pela glicólise. O ATP usado na contração muscular não é reposto, aumentando, assim, os níveis de ADP e P_i. Como não há glicose disponível no músculo (a partir do glicogênio), não há produção de lactato.

9. A conversão de glicose-1-fosfato em duas moléculas de lactato fornece três equivalentes de ATP (1 ATP gasto na reação da fosfofrutoquinase-1, 2 ATP produzidos na reação da fosfoglicerato quinase e 2 na reação da piruvato quinase). A conversão de duas moléculas de lactato em uma de glicose-1-fosfato requer 6 equivalentes de ATP (2 ATP na reação da piruvato carboxilase, 2 GTPs na reação da PEP carboxiquinase e 2 ATP na reação de fosfoglicerato quinase).

10. (a) O piruvato oriundo da glicólise ou do catabolismo dos aminoácidos nos músculos é convertido em alanina por transaminação. A alanina é transportada para o fígado, onde é reconvertida em piruvato por transaminação com α-cetoglutarato. A gliconeogênese converte piruvato em glicose, que pode voltar aos músculos.

    (b) NADH é necessário para reduzir piruvato a lactato no ciclo de Cori, mas não para converter piruvato em alanina no ciclo da glicose-alanina. Portanto, este ciclo faz com que haja mais NADH disponível nos músculos para a produção de ATP por fosforilação oxidativa.

11. Glicose-6-fosfato, gliceraldeído-3-fosfato e frutose-6-fosfato.

12. O reparo do tecido danificado requer a proliferação celular e a síntese de tecido da cicatriz. Há necessidade de NADPH para a síntese de colesterol e de ácidos graxos (componentes das membranas celulares), assim como de ribose-5-fosfato para a síntese de DNA e RNA. Como a via das pentoses fosfato é a fonte primária de NADPH e de ribose-5-fosfato, o tecido danificado responde à demanda crescente desses produtos aumentando o nível da síntese das enzimas desta via.

13.
    (a)

    Xilulose-5-fosfato + Eritrose-4-fosfato $\xrightarrow{\text{Transcetolase}}$ Gliceraldeído-3-fosfato + Frutose-6-fosfato

    (b) O C-2 da glicose-6-fosfato torna-se o C-1 da xilulose-5-fosfato. Depois que C-1 e C-2 da xilulose-5-fosfato são transferidos para eritrose-4-fosfato, a marcação aparece no C-1 de frutose-6-fosfato, como mostrado no item (a).

Capítulo 13 O Ciclo do Ácido Cítrico

1. (a) Não há síntese resultante possível, pois dois carbonos do acetil-CoA entram no ciclo na reação da citrato sintase e dois carbonos saem como CO_2 nas reações da isocitrato desidrogenase e da α-cetoglutarato desidrogenase.

    (b) O oxaloacetato pode ser reposto pela reação da piruvato carboxilase, que efetua a síntese líquida de OAA:

    Piruvato + CO_2 + ATP + H_2O → Oxaloacetato + ADP + P_i

    Esta é a principal reação anaplerótica em alguns tecidos de mamíferos. Várias plantas e algumas bactérias fornecem oxaloacetato por meio da reação de fosfoenolpiruvato carboxiquinase:

    Fosfoenolpiruvato + $HCO_3^{\ominus}$ → Oxaloacetato + P_i

    Na maioria das espécies, acetil-CoA pode ser convertido em malato e oxoloacetato por meio da via do glioxilato.

2. A aconitase seria inibida pelo fluorocitrato formado a partir de fluoroacetato, levando a níveis aumentados de ácido cítrico e a uma diminuição de todos os intermediários subsequentes no ciclo do ácido cítrico, de isocitrato a oxaloacetato. Como o fluorocitrato é um inibidor competitivo, níveis muito altos de citrato iriam superar, pelo menos parcialmente, a inibição da aconitase pelo fluorocitrato e permitir ao ciclo continuar pelo menos parcialmente.

3. (a) 12,5; 10,0 do ciclo e 2,5 da reação da piruvato desidrogenase.
   (b) 10,0; 7,5 da oxidação de 3 NADH, 1,5 da oxidação de 1 QH_2 e 1,0 da fosforilação em nível de substrato catalisada pela CoA sintetase.

4. 87,5% (28 de 32) do ATP é produzido por fosforilação oxidativa e 12,5% (4 de 32) é produzido por fosforilação em nível de substrato.

5. Tiamina é o precursor da coenzima tiamina-pirofosfato (TPP), encontrada em dois complexos enzimáticos associados ao ciclo do ácido cítrico: o complexo da piruvato desidrogenase e o da α-cetoglutarato desidrogenase. Uma deficiência de TPP reduz as atividades desses complexos enzimáticos. A redução da conversão de piruvato em acetil-CoA e de α-cetoglutarato em succinil-CoA leva ao acúmulo de piruvato e de α-cetoglutarato.

6. Como o C-1 do piruvato é convertido em CO_2 na reação catalisada pelo complexo da piruvato desidrogenase, piruvato-1-[^{14}C] é o primeiro a fornecer $^{14}CO_2$. Nenhum dos dois carbonos acetílicos do acetil-CoA é convertido em CO_2 durante a primeira rodada do ciclo do ácido cítrico (Figura 13.5). Porém, os carbonos carboxílicos do oxaloacetato, originados do C-2 do piruvato, transformam-se nos dois carboxilatos do citrato, removidos como CO_2 durante a segunda rodada do ciclo. Assim, piruvato-2-[^{14}C] é a segunda molécula marcada, que fornece $^{14}CO_2$. O piruvato 3-[^{14}C] é o último a fornecer $^{14}CO_2$, na terceira rodada do ciclo.

Primeira rodada

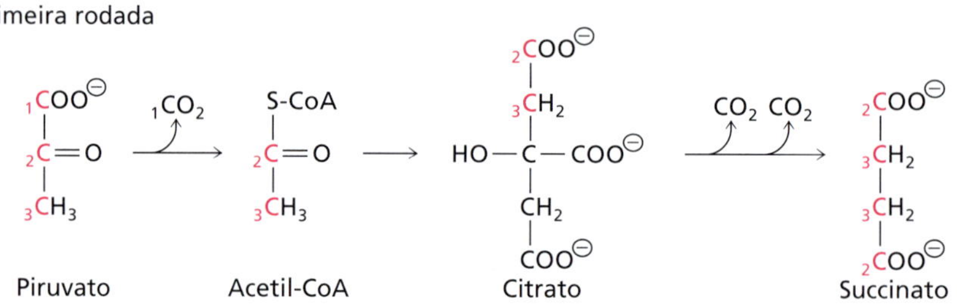

Piruvato → Acetil-CoA → Citrato → Succinato

Segunda rodada

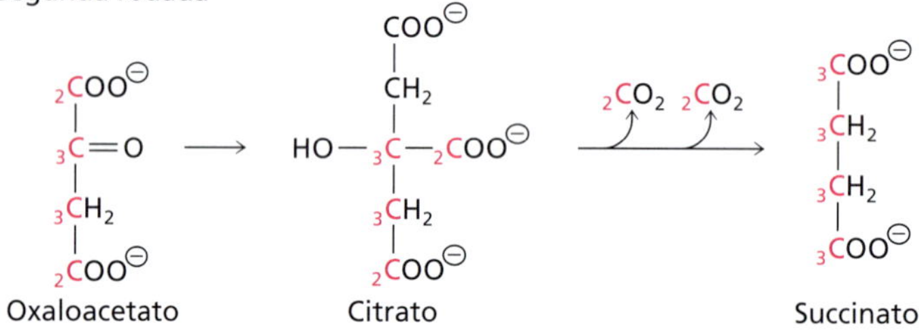

Oxaloacetato → Citrato → Succinato

Metade do ^{14}C é eliminado pela terceira rodada do ciclo. Mais um quarto é eliminado na quarta rodada, um oitavo na quinta, e assim por diante, demorando bastante para que todo o ^{14}C dos intermediários do ciclo do ácido cítrico seja eliminado.

7. (a) O NADH produzido pelas reações de oxidação do ciclo do ácido cítrico deve ser novamente transformado em $NAD^{\oplus}$, necessário à reação da piruvato desidrogenase. Quando o nível de O_2 está baixo, menos moléculas de NADH são oxidadas por ele (por meio do processo de fosforilação oxidativa), de modo que a atividade do complexo da piruvato desidrogenase diminui.
   (b) A piruvato desidrogenase quinase catalisa a fosforilação do complexo da piruvato desidrogenase, inativando-o (Figura 13.12). A inibição da quinase desloca o complexo da piruvato desidrogenase para sua forma mais ativa.

8. Uma deficiência na enzima fumarase no ciclo do ácido cítrico resultaria em concentrações anormalmente elevadas de fumarato e dos intermediários iniciais do ciclo, que incluem succinato e α-cetoglutarato, levando à excreção dessas moléculas.

9. As diferentes ações do acetil-CoA sobre dois componentes do complexo da piruvato desidrogenase (PDH) levam à inibição da reação que transforma piruvato em acetil-CoA. Acetil-CoA inibe diretamente o componente E2 do complexo PDH (Figura 13.11). Acetil-CoA provoca a inibição do componente E1 de forma indireta, ativando a piruvato quinase (PK) do complexo PDH, e a PK fosforila o componente E1, inativando-o (Figura 13.12).

10. O complexo da piruvato desidrogenase catalisa a oxidação do piruvato para formar acetil-CoA e CO_2. Se a atividade deste complexo for reduzida, a concentração de piruvato irá aumentar. Este será convertido em lactato pela ação da lactato desidrogenase. A quantidade de lactato irá aumentar, uma vez que o metabolismo glicolítico será intensificado para sintetizar ATP, já que a oxidação de piruvato a acetil-CoA estará prejudicada. Além disso, o piruvato será convertido em alanina, como mostrado na Reação 12.6.

11. O cálcio ativa tanto a isocitrato desidrogenase quanto a α-cetoglutarato desidrogenase no ciclo do ácido cítrico, intensificando este processo catabólico e produzindo mais ATP. Além disso, o Ca^{2+} ativa a enzima piruvato desidrogenase fosfatase do complexo PDH, que ativa o componente E_1 (Figura 13.12). A ativação deste complexo converte mais piruvato em acetil-CoA, que entra no ciclo do ácido cítrico resultando em maior produção de ATP.

12. (a) A degradação da alanina alimenta os intermediários no ciclo do ácido cítrico, pois o piruvato pode ser convertido em oxaloacetato por meio da reação da piruvato carboxilase, a principal reação anaplerótica nos mamíferos (Reação 13.19). A degradação da leucina não é capaz de fazer essa alimentação, pois para cada molécula de acetil-CoA que entra no ciclo são perdidas duas moléculas de CO_2.
    (b) Pela ativação da piruvato carboxilase, o acetil-CoA aumenta a quantidade de oxaloacetato produzida diretamente a partir do piruvato. O oxaloacetato pode reagir com o acetil-CoA produzido pela degradação de ácidos graxos. Em consequência, o fluxo através do ciclo do ácido cítrico aumenta para recuperar a energia armazenada nos ácidos graxos.

13.

(a) α-cetoglutarato marcado em $^{14}CH_2$

(b) Ala → Piruvato (com ^{14}C no carbonil) → (perde CO_2) → Acetil-S-CoA (com ^{14}C no carbonil) → Citrato (com $^{14}CH_2COO^-$)

(c) Oxaloacetato marcado com $^{14}COO^-$

14. (a) Duas moléculas de acetil-CoA fornecem 20 ATP pelo ciclo do ácido cítrico (Figura 13.10) ou 6,5 moléculas de ATP pelo ciclo do glioxilato (a partir da oxidação de duas moléculas de NADH e uma de QH_2; Reação 13.22).
    (b) A principal função do ciclo do ácido cítrico é oxidar acetil-CoA para fornecer as coenzimas reduzidas necessárias à geração de moléculas ricas em energia, como o ATP. A função primordial do ciclo do glioxilato não é produzir ATP, mas sim converter os grupos acetila em moléculas de quatro carbonos, que possam ser usadas para produzir glicose.

15. A proteína que controla a atividade da isocitrato desidrogenase em *E. coli* é uma enzima bifuncional, com atividades de quinase e de fosfatase na mesma molécula. A atividade de quinase fosforila a isocitrato desidrogenase, para inibir a atividade desta enzima; a atividade de fosfatase desfosforila a isocitrato desidrogenase para ativá-la. Quando as concentrações dos intermediários glicolíticos e do ciclo do ácido cítrico são altas, a isocitrato desidrogenase não é fosforilada e permanece ativa. Quando a fosforilação reduz a atividade dessa enzima, o isocitrato é desviado para o ciclo do glioxilato.

Capítulo 14 Transporte de Elétrons e a Síntese de ATP

1. A fórmula para calcular a força próton-motriz é:

   $$\Delta G = F\Delta\psi - 2{,}303\, RT\, \Delta pH$$

   Se $G = -21.000$ kJ e $\Delta\psi = -0{,}15$ V, então, a 25 °C
   $-21.200 = (96.485 \times -0{,}15) - 2{,}303(8{,}315 \times 298)\,\Delta pH$
   $5707\,\Delta pH = 6727$
   $\Delta pH = 1{,}2$

   Como o pH externo é 6,35 e o interior é negativo (pH mais alto), então, o pH citoplasmático é $6{,}35 + 1{,}2 = 7{,}55$.

2. O potencial de redução de um átomo de ferro em um grupo heme depende do ambiente proteico que o envolve, o qual é diferente para cada citocromo. As diferenças nos potenciais de redução permitem aos elétrons passar através de uma série de citocromos.

3. Refere-se à Figura 14.6.
   (a) Complexo III. A ausência do citocromo c impede a continuação do fluxo de elétrons.
   (b) Não há qualquer reação, já que falta o Complexo I, que aceita elétrons do NADH.
   (c) O_2.
   (d) Citocromo c. A ausência do Complexo IV impede a continuação do fluxo de elétrons.

4. A UCP-2 permite a passagem de prótons para o interior da mitocôndria reduzindo, assim, a força próton-motriz. O metabolismo dos alimentos fornece a energia para o transporte de elétrons que, por sua vez, cria o gradiente próton-motriz usado para produzir ATP. Um aumento nos níveis de UCP-2 tornaria o tecido menos eficiente do ponto de vista metabólico (ou seja, menos ATP seria produzido por grama de alimento metabolizado). Em consequência, mais carboidratos, gorduras e proteínas precisariam ser metabolizados para satisfazer as necessidades metabólicas básicas, o que poderia "queimar" mais calorias e, potencialmente, provocar perda de peso.

5. (a) O Demerol interage com o Complexo I e impede a transferência de elétrons do NADH para Q. A concentração de NADH aumenta, pois ele não consegue ser reoxidado a $NAD^{\oplus}$. A concentração de Q aumenta, porque elétrons são transferidos de QH_2 para O_2, mas Q não é reduzido novamente a QH_2.
   (b) O mixotiazol inibe a transferência de elétrons de QH_2 para o citocromo c_1 e de QH_2 (via $\cdot Q^-$) para o citocromo b_{562} no Complexo III (Figura 14.14). As formas oxidadas dos dois citocromos predominam, já que Fe^{3+} não pode ser reduzido pelos elétrons do QH_2.

6. (a) O oxigênio (O_2) precisa se ligar ao Fe^{3+} do citocromo a_3 para aceitar elétrons (Figura 14.19), mas é impedido de fazer isto pela ligação do $CN^{\ominus}$ ao átomo de ferro.
   (b) A meta-hemoglobina (Fe^{3+}) gerada pelo tratamento com nitrito compete com o citocromo a_3 pelos íons $CN^{\ominus}$. Esta competição reduz, de forma eficaz, a concentração de cianeto disponível para inibição do citocromo a_3 no Complexo IV e reduz a inibição das cadeias de transporte de elétrons em presença de $CN^{\ominus}$.

7. Normalmente, um substrato é oxidado por um composto com potencial de redução mais positivo que o dele. Como $E^{\circ\prime}$ do ácido graxo é próximo ao do FAD no Complexo II (0,0 V, como mostrado na Tabela 14.1), a transferência de elétrons do ácido graxo para o FAD é energeticamente favorável.

   $\Delta E^{\circ\prime} = 0{,}0$ V $-(-0{,}05$ V$) = +0{,}05$ V
   $\Delta G^{\circ\prime} = -nF\Delta E^{\circ\prime}$
   $\Delta G^{\circ\prime} = -(2)(96{,}48$ kJ V$^{-1})(0{,}05$ V$) = -9{,}6$ kJ mol^{-1}

   Como $E^{\circ\prime}$ do NADH no Complexo I é igual a $-0{,}32$ V, a transferência de elétrons do ácido graxo para o NADH é desfavorável.

   $\Delta E^{\circ\prime} = -0{,}32$ V $-(-0{,}05$ V$) = -0{,}27$ V
   $\Delta G^{\circ\prime} = -(2)(96{,}48$ kJ V^{-1}.mol$^{-1})(-0{,}27$ V$) = 52$ kJ mol^{-1}

8. (a) 10 prótons; 2,5 ATP; P:O = 2,5.
   (b) 6 prótons; 1,5 ATP; P:O = 1,5.
   (c) 2 prótons; 0,5 ATP; P:O = 0,5.

9. (a) A membrana mitocondrial interna tem carga total positiva no lado do citosol (externo). A troca de um ATP^{4-} (que sai) por um ADP^{3-} (que entra) resulta em uma movimentação

líquida de uma carga negativa do interior da matriz para o lado citossólico, positivo. Assim, o potencial de membrana garante que o transporte, para fora, de um ATP negativamente carregado seja favorecido pela carga positiva externa.

(b) Sim. O potencial eletroquímico, com uma carga total positiva no exterior da membrana é consequência da bomba de prótons, a qual é impulsionada pela cadeia de transporte de elétrons. Esta, por sua vez, requer a oxidação dos metabólitos para gerar NADH e QH_2 como doadores de elétrons.

10. A síntese de ATP é normalmente associada ao transporte de elétrons. A menos que o ADP possa continuar a ser translocado para dentro da matriz mitocondrial para a síntese de ATP (ADP + P_i → ATP), esta síntese não irá ocorrer e o gradiente de prótons não será dissipado. O transporte de elétrons será inibido à medida que a concentração de prótons aumentar no espaço intermembrânico.

11. (a) $\Delta G = F\Delta\psi - 2{,}303\ RT\ \Delta pH$ (Equação 14.6)
$\Delta G = ((96.485)(-0{,}18)) - ((2{,}303)(8{,}315)(0{,}7))$
$\Delta G = -17.367 - 3995$
$\Delta G = -21.362 = -21\ kJ\ mol^{-1}$

(b) $\Delta G_{total} = -21{,}36\ kJ\ mol^{-1}$
A contribuição do gradiente de carga é igual a 17,367 kJ mol^{-1}, ou 17,367 ÷ 21,36 x 100 = 81,3%
A contribuição do gradiente de pH é igual a 3,995 kJ mol^{-1}, ou 3,995 ÷ 21,36 x 100 = 18,7%.

12. (a) Na lançadeira malato-aspartato, a redução do oxaloacetato presente no citosol consome um próton, que é liberado na matriz pela oxidação do malato (Figura 14.27). Portanto, para cada NADH citossólico oxidado, um próton a menos vai para o gradiente de concentração de prótons (9 contra 10 do NADH mitocondrial). O rendimento em ATP de duas moléculas de NADH citoplasmático é de cerca de 4,5, em vez de 5,0.

(b) *Reações citoplasmáticas*

Glicose ⟶ 2 Piruvato   2,0 ATP
2 NADH ⟶ 4,5 ATP

Reações mitocondriais
2 Piruvato ⟶ 2 Acetil-CoA + 2 CO_2 2 NADH ⟶ 5,0 ATP
                                                             2,0 GTP
2 Acetil-CoA ⟶ 4 CO_2 6 NADH ⟶ 15,0 ATP
                                                             2 QH_2 ⟶ 3,0 ATP
                                                               Total   31,5 ATP

Capítulo 15   Fotossíntese

1. Porque na fotossíntese há *duas* etapas em que a energia luminosa é absorvida para produzir elétrons de "alta energia", o PSII transfere 6 $H^{\oplus}$ em vez dos 10 $H^{\oplus}$ da respiração, mas o PSI produz 2,5 equivalentes de ATP — o mesmo que a respiração.

2. As clorofilas nas plantas absorvem energia na região do vermelho do espectro (Figura 15.2). Os derivados de clorofila no peixe-dragão absorvem a energia luminosa vermelha (667 nm) e passam os sinais aos pigmentos visuais, da mesma maneira que as clorofilas-antenas das plantas e moléculas relacionadas capturam a energia luminosa e a transferem ao centro reacional, onde os elétrons são promovidos a seus estados excitados para transferência aos aceptores na cadeia de transporte de elétrons.

3. (a) Rubisco é a proteína mais abundante no mundo e o principal catalisador da fotossíntese, o modo básico pelo qual organismos vivos conseguem o carbono necessário à vida. Sua importância no processo de fornecer alimento para todos os seres vivos pode ser bem justificada.

(b) Fotorrespiração é um processo que "desperdiça" ribulose-1,5-*bis*fosfato, consome o NADPH e o ATP gerados pelas reações da fase luminosa e pode reduzir bastante o rendimento das plantações. Cerca de 20 a 30% do carbono fixado na fotossíntese podem ser perdidos pela fotorrespiração. Este processo é resultado da falta de especificidade da Rubisco, que é capaz de usar O_2 em lugar de CO_2 (Figura 15.8) para produzir fosfoglicolato e 3-fosfoglicerato (Figura 15.18) em vez de duas moléculas de triose fosfato. Além disso, a Rubisco tem baixa atividade catalítica ($k_{cat} \approx 3\ s^{-1}$). Esta falta de especificidade e sua baixa atividade dão à Rubisco o título de enzima relativamente incompetente e ineficiente.

4. $6 CO_2 + 6 H_2S \rightarrow C_6H_{12}O_6 + 3 O_2 + 6 S$
   $6 CO_2 + 12 H^{\oplus} \rightarrow C_6H_{12}O_6 + 3 O_2$

5.
   (a) $CO_2 + 2 H_2S \xrightarrow{Luz} (CH_2O) + H_2O + 2 S$

   $CO_2 + 2 CH_3CH_2OH \xrightarrow{Luz} (CH_2O) + H_2O + 2 CH_3CHO$
   Etanol   Acetaldeído

   (b) Quando H_2O é o doador de próton, O_2 é o produto, mas quando outros doadores de prótons – como H_2S e etanol – são usados, o oxigênio não pode ser produzido. A maioria das bactérias fotossintéticas não produz O_2 e são anaeróbios obrigatórios, envenenados pelo O_2.

   (c) $CO_2 + 2 H_2A \xrightarrow{Luz} (CH_2O) + H_2O + 2A$

6. Rubisco não é ativa na fase escura, pois ela requer condições alcalinas, que só ocorrem quando a fotossíntese está ocorrendo. Assim, não há nada (exceto luz) que possa ser adicionado à suspensão de cloroplastos no escuro para ativar o ciclo de Calvin.

7. (a) Duas moléculas de H_2O fornecem os átomos de oxigênio para um O_2 durante o processo fotossintético. Um total de quatro elétrons precisa ser retirado de duas H_2O e passados a dois NADPH, por meio de um sistema de transporte de elétrons. Um quantum de energia luminosa é necessário para transferir um elétron através do PSI e outro quantum para o PSII. Portanto, será necessário um total de oito fótons para mover quatro elétrons através dos dois centros de reação (quatro fótons para PSI e quatro para PSII).

   (b) São necessários seis NADPH para a síntese de uma triose fosfato pelo ciclo de Calvin (Figura 15.21). Portanto, 12 elétrons precisam ser transferidos através dos dois centros de reação do sistema de transporte de elétrons, o que irá exigir a absorção de 24 hv.

8. (a) Sim (veja o esquema-Z, Figura 15.14). Quando DCMU bloqueia o fluxo de elétrons, o PSII no estado P680* não será reoxidado ao estado P680$^{\oplus}$, necessário como aceptor de elétrons da H_2O. Se a H_2O não for oxidada pelo P680$^{\oplus}$, então, não haverá produção de O_2. Se não houver fluxo de elétrons através do complexo do citocromo *bf*, nenhum próton será transportado pela membrana. Sem um gradiente de pH, nenhuma fotofosforilação (síntese de ATP) será possível.

   (b) Aceptores de elétrons externos ao PSII permitirão que P680 seja reoxidado a P680$^{\oplus}$ e irão restabelecer a evolução de O_2. Contudo, nenhum elétron irá fluir através do complexo citocrômico *bf*, de modo que não haverá fotofosforilação.

9. (a) Quando o pH externo sobe para 8,0, o do estroma também sobe rapidamente, mas o pH luminal permanece baixo, a princípio, porque a membrana tilacoide é relativamente impermeável a prótons. O gradiente de pH através da membrana tilacoide impulsiona a produção de ATP via transporte de prótons por meio da ATP sintase do cloroplasto (Figure 15.16).

   (b) Prótons são transferidos do lúmen ao estroma pela ATP sintase, impulsionando a síntese de ATP. O gradiente de pH através da membrana diminui até que fica insuficiente para impulsionar a fosforilação de ADP e a síntese de ATP para.

10. Durante o transporte cíclico de elétrons, ferredoxina reduzida doa seus elétrons de volta para o P700 pelo complexo citocrômico *bf* (Figura 15.11). À medida que esses elétrons recirculam através do fotossistema I, o gradiente de concentração de prótons gerado pelo complexo citocrômico *bf* impulsiona a síntese de ATP. No entanto, não há produção de NADPH, pois não há um fluxo resultante de elétrons da H_2O para a ferredoxina. Nenhum O_2 é produzido, porque o fotossistema II – o sítio de produção do O_2 – não participa do transporte cíclico de elétrons.

11. Os complexos absorvedores de luz, a cadeia de transporte de elétrons e a ATP sintase dos cloroplastos residem nas membranas tilacoides, e a estrutura e as interações de quaisquer desses componentes fotossintéticos poderiam ser afetados por uma mudança na natureza física dos lipídeos da membrana.

12. O composto está atuando como um desacoplador. A transferência de elétrons está ocorrendo sem síntese de ATP. O composto destrói o gradiente de prótons, que é produzido pela transferência de elétrons.

13. (a) A síntese de uma triose fosfato a partir de CO_2 requer 9 moléculas de ATP e 6 de NADPH (Equação 15.5). Como duas moléculas de triose fosfato podem ser convertidas em glicose, a síntese desta requer 18 moléculas de ATP e 12 de NADPH.

    (b) A incorporação de glicose-1-fosfato em amido requer um equivalente de ATP durante a conversão de glicose-1-fosfato em ADP-glicose (Figura 15.24), levando à necessidade total de 19 moléculas de ATP e 12 de NADPH.

14. Veja a Figura 15.21. (a) C-1. (b) C-3 e C-4. (c) C-1 e C-2. Os átomos C-1 e C-2 de frutose-6-fosfato são transferidos ao gliceraldeído-3-fosfato para formar xilulose-5-fosfato. Os átomos C-3 e C-4 de frutose-6-fosfato tornam-se C-1 e C-2 da eritrose-4-fosfato.

15. (a) Na via C_4 (Figura 15.29), a reação da piruvatofosfato diquinase consome dois equivalentes de ATP para cada CO_2 fixado (uma vez que PP_i é hidrolisado a $2\ P_i$). Portanto, as plantas C_4 necessitam de 12 moléculas de ATP a mais do que as plantas C_3 por molécula de glicose sintetizada.

    (b) Como as plantas C_4 minimizam a fotorrespiração, elas são mais eficientes que as C_3 na utilização da energia luminosa para fixar CO_2 nos carboidratos, embora as reações químicas para fixação de CO_2 nas plantas C_4 necessitem de mais ATP.

16. (a) Um aumento no pH do estroma aumenta a velocidade do ciclo de Calvin de duas maneiras:

    (1) Um aumento no pH do estroma aumenta a atividade da ribulose-1,5-*bis*fosfatocarboxilase-oxigenase (Rubisco), a principal enzima reguladora do ciclo de Calvin, e as atividades da frutose-1,6-*bis*fosfatase e da sedo-heptulose-1,7-bisfosfatase. Ela aumenta também a atividade da fosforribuloquinase, que é inibida pelo 3-fosfoglicerato (3PG) no estado de ionização $3PG^{2-}$, mas não no $3PG^{3-}$, que predomina em pH mais alto.

    (2) Um aumento no pH do estroma também aumenta o gradiente de prótons que impulsiona a síntese de ATP nos cloroplastos. Como as reações do ciclo de Calvin são impulsionadas por ATP, um aumento na produção deste aumenta a velocidade do ciclo de Calvin.

    (b) Uma redução da concentração de Mg^{2+} no estroma reduz a velocidade do ciclo de Calvin por causa da diminuição da atividade da Rubisco, da frutose-1,6-*bis*fosfatase e da sedo-heptulose-1,7-*bis*fosfatase.

Capítulo 16 Metabolismo dos Lipídeos

1. (a) LDLs são ricos em colesterol e ésteres de colesteril, e levam esses lipídeos para os tecidos periféricos. O transporte do colesterol para os tecidos é moderado pelos receptores de LDL nas membranas celulares. Quando esses receptores estão defeituosos, a absorção do colesterol mediada pelos receptores não ocorre (Seção 16.10B). Então, como o colesterol não é retirado do sangue, ele acumula e contribui para a formação das placas ateroscleróticas.

   (b) Normalmente, níveis aumentados de colesterol reprimem a transcrição da HMG-CoA redutase e também estimulam a proteólise desta enzima. Com receptor de LDL defeituoso, contudo, a síntese do colesterol continua, apesar de seus níveis elevados no sangue, porque o colesterol extracelular não entra nas células para controlar sua síntese intracelular.

   (c) Os HDLs retiram colesterol do plasma e das células dos tecidos não hepáticos, transportando-o para o fígado, onde ele pode ser convertido em sais biliares para ser eliminado. Nos pacientes com Tangier, os HDLs defeituosos, pobres em colesterol, não conseguem absorver o colesterol e o processo normal de transporte para o fígado é interrompido.

2. (a) A carnitina é necessária para o transporte de acil-CoA graxo para o interior da matriz mitocondrial para β-oxidação (Figura 16.24). A inibição do transporte de ácidos graxos causada por uma deficiência de carnitina diminui a produção de energia, a partir de gorduras, para o trabalho muscular. O excesso de acil-CoA graxos pode ser convertido em triacilgliceróis nas células musculares.

   (b) Como a carnitina não é necessária para o transporte de piruvato (um produto da glicólise) para dentro das mitocôndrias para oxidação, o metabolismo do glicogênio nos músculos não é afetado em indivíduos com deficiência de carnitina.

3. (a) A ativação do ácido graxo C_{12} a acil-CoA graxo consome 2 ATP. Cinco rodadas de β-oxidação geram 6 acetil-CoA, 5 QH_2 (que rende 7,5 ATP via fosforilação oxidativa) e 5 NADH (que rende 12,5 ATP). Oxidação de 6 acetil-CoA pelo ciclo do ácido cítrico rende 60 ATP. Logo, o rendimento líquido é de 78 equivalentes de ATP.

   (b) A ativação do ácido graxo monoinsaturado C_{16} a acil-CoA graxo consome 2 ATP. Sete rodadas de β-oxidação geram 8 acetil-CoA, 6 QH_2 (que rendem 9 ATP via fosforilação oxidativa) e 7 NADH (que rendem 17,5 ATP). O ácido graxo contém uma ligação dupla *cis*-β, γ que é convertida em *trans*-α, β, de modo que a reação catalisada pela acil-CoA-desidrogenase, que gera QH_2, é evitada na quinta rodada. Oxidação de 8 acetil-CoA pelo ciclo do ácido cítrico rende 80 ATP. Portanto, o rendimento líquido é de 104,5 equivalentes de ATP.

4. Quando os triacilgliceróis são ingeridos por meio de nossa alimentação, a hidrólise dos lipídeos neles contidos ocorre principalmente no intestino delgado. A lipase pancreática catalisa a hidrólise nas posições C-1 e C-3 do triacilglicerol, produzindo ácidos graxos livres e 2-monoacilglicerol. Essas moléculas são transportadas em micelas de sais biliares até o intestino, onde são absorvidas. Nas células intestinais, os ácidos graxos são convertidos em moléculas de acil-CoA graxo que, ao final, formam um triacilglicerol que é incorporado aos quilomícrons para ser transportado para outros tecidos. Se a lipase pancreática for inibida, os triglicerídeos ingeridos na alimentação não são absorvidos; eles irão passar pelo trato digestivo e serão eliminados sem absorção.

5. (a) Oleato tem uma ligação dupla *cis*-Δ^9, de modo que sua oxidação requer a enoil-CoA isomerase (como na Etapa 2 da Figura 16.26).

   (b) Araquidonato possui ligações duplas *cis* tanto em carbonos ímpares (Δ^5, Δ^{11}) quanto em pares (Δ^8, Δ^{14}), de modo que sua oxidação requer enoil-CoA isomerase e 2,4-dienoil-CoA redutase (como na Etapa 5 da Figura 16.24).

   (c) Este ácido graxo C_{17} possui uma ligação dupla *cis* em carbono par (Δ^6), de modo que sua oxidação requer a 2,4-dienoil-CoA redutase. Além disso, são necessárias três enzimas para converter o produto, propionil-CoA, em succinil-CoA: propionil-CoA carboxilase, metilmalonil-CoA racemase e metilmalonil-CoA mutase (Figura 16.25).

6. Os ácidos graxos de cadeia par são degradados a acetil-CoA, que não é um precursor gliconeogênico. Acetil-CoA não pode ser convertido diretamente em piruvato porque, para cada dois carbonos do acetil-CoA que entram no ciclo do ácido cítrico, dois saem sob a forma de CO_2. Os três últimos carbonos dos ácidos graxos de cadeia ímpar, por outro lado, fornecem uma molécula de propionil-CoA por degradação no ciclo de oxidação dos ácidos graxos. O propionil-CoA pode ser carboxilado e convertido em succinil-CoA em três etapas (Figura 16.25). Este pode ser convertido em oxaloacetato pelas enzimas do ciclo do ácido cítrico e este pode ser um precursor gliconeogênico para a síntese da glicose.

7. (a) O carbono marcado permanece no $H^{14}CO_3^{\ominus}$; nada é incorporado ao palmitato. Embora o $H^{14}CO_3^{\ominus}$ seja incorporado em malonil-CoA (Figura 16.2), o mesmo carbono é perdido como CO_2 durante a reação da cetoacil-ACP sintase, em *cada* rodada do ciclo (Figura 16.5).

   (b) Todos os carbonos pares são marcados. Com exceção do que forma os C-15 e C-16 do palmitato, todo o acetil-CoA é convertido em malonil-CoA e, em seguida, em malonil-ACP antes de ser incorporado em uma cadeia crescente de ácido graxo, com perda de CO_2.

8. (a) A enoil-ACP redutase catalisa a segunda etapa redutora na via biossintética dos ácidos graxos, convertendo uma *trans*-2,3-enoila em uma cadeia saturada de acila, e utiliza NADPH como cofator.

$$R-CH=CH-\overset{O}{\overset{\|}{C}}-S-ACP \xrightarrow[\text{redutase}]{\text{enoil-ACP}} R-CH_2-CH_2-\overset{O}{\overset{\|}{C}}-S-ACP$$

NADPH + H$^\oplus$ → NADP$^\oplus$

(b) Os ácidos graxos são essenciais às membranas bacterianas. Se a síntese desses ácidos for inibida, não haverá novas membranas nem crescimento das bactérias.

(c) Os sistemas de síntese de ácidos graxos nos animais e nas bactérias são diferentes. Animais possuem um sistema tipo I (FAS I), no qual as várias atividades enzimáticas são localizadas em domínios distintos de uma grande enzima multifuncional. Nas bactérias, cada reação da síntese de ácidos graxos é catalisada por uma enzima monofuncional diferente. A compreensão de algumas diferenças entre os dois sistemas permitiria desenvolver inibidores específicos para o sistema bacteriano FAS II.

9. Comer estimula a produção de acetil-CoA por meio do metabolismo dos carboidratos (glicólise e piruvato desidrogenase) e das gorduras (oxidação de ácidos graxos). Normalmente, o aumento do acetil-CoA resulta na elevação dos níveis de malonil-CoA (reação da acetil--CoA carboxilase, Figura 16.2), que pode agir inibindo o apetite. Ao bloquear a enzima ácido graxo sintase, C75 evita a retirada de malonil-CoA para a síntese de ácidos graxos, aumentando o nível de malonil-CoA e reduzindo ainda mais o apetite.

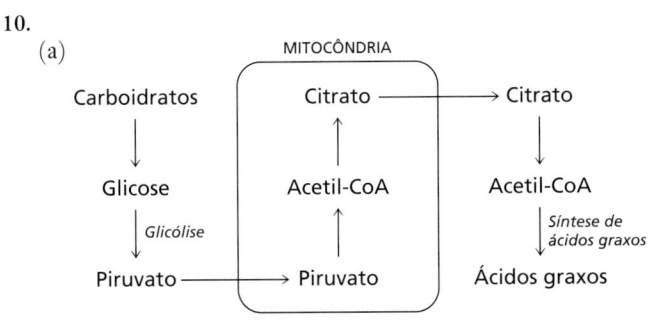

10. (a)

```
                      MITOCÔNDRIA
                   ┌─────────────────┐
   Carboidratos    │    Citrato ─────┼──→ Citrato
        │          │       ↑         │       │
        ↓          │                 │       ↓
     Glicose       │   Acetil-CoA    │   Acetil-CoA
        │ Glicólise│       ↑         │       │ Síntese de
        ↓          │                 │       ↓ ácidos graxos
     Piruvato ─────┼──→ Piruvato     │   Ácidos graxos
                   └─────────────────┘
```

(b) O NADH gerado pela glicólise pode ser transformado em NADPH por uma série de reações e vias diferentes.

11. (a) Níveis altos de citrato e ATP estimulam a síntese de ácidos graxos. Níveis altos de citrato ativam a ACC por meio de ligação preferencial e estabilização da forma filamentosa desfosforilada, ativa. Por outro lado, níveis altos de acil-CoAs graxos indicam que não há necessidade de sintetizar mais ácidos graxos. O palmitoil-CoA inativa a ACC por ligação preferencial à forma protomérica fosforilada, inativa.

(b) Glucagon e epinefrina inibem a síntese de ácidos graxos pela inibição da atividade da acetil--CoA carboxilase. Os dois hormônios se ligam a receptores celulares e estimulam a síntese da cAMP que, por sua vez, ativa proteínas quinases. A fosforilação da ACC pelas quinases converte-a à sua forma inativa inibindo, assim, a síntese de ácidos graxos. Por outro lado, as proteínas quinases ativas catalisam a fosforilação e a ativação das triacilglicerol lipases, que catalisam a hidrólise de triacilgliceróis, liberando ácidos graxos para β-oxidação.

12. (a) Um inibidor da acetil-CoA acetilase afetará uma reação reguladora fundamental para a síntese de ácidos graxos. A concentração de malonil-CoA, o produto da reação catalisada pela acetil-CoA carboxilase, irá ser reduzida em presença do inibidor. Essa redução irá diminuir a inibição da carnitina aciltransferase I, que é um sítio regulador chave para a oxidação de ácidos graxos. Assim, com um sistema carreador ativo, os ácidos graxos serão transportados para a matriz mitocondrial, onde ocorrem as reações de β-oxidação. Em presença de um inibidor da acetil-CoA carboxilase, a síntese de ácidos graxos irá diminuir e a β-oxidação aumentar.

(b) CABI é um análogo estrutural da biotina. A acetil-CoA carboxilase é uma enzima dependente de biotina. Um análogo poderá se ligar no lugar da biotina e inibir a atividade da enzima.

13. A reação completa para a síntese de palmitato a partir de acetil-CoA é a soma de dois processos: (1) a formação de sete malonil-CoA por ação da acetil-CoA carboxilase e (2) sete ciclos da via biossintética dos ácidos graxos.

$$7\text{ Acetil-CoA} + 7\text{ CO}_2 + 7\text{ ATP} \longrightarrow 7\text{ Malonil-CoA} + 7\text{ ADP} + 7\text{ P}_i$$

$$\text{Acetil-CoA} + 7\text{ Malonil-CoA} + 14\text{ NADPH} + 14\text{ H}^\oplus \longrightarrow \text{Palmitato} + 7\text{ CO}_2 + 14\text{ NADP}^\oplus + 8\text{ HS}-\text{CoA} + 6\text{ H}_2\text{O}$$

$$8\text{ Acetil-CoA} + 7\text{ ATP} + 14\text{ NADPH} + 14\text{ H}^\oplus \longrightarrow \text{Palmitato} + 7\text{ ADP} + 7\text{ P}_i + 14\text{ NADP}^\oplus + 8\text{ HS}-\text{CoA} + 6\text{ H}_2\text{O}$$

14. (a) Ácido araquidônico é um precursor na síntese de eicosanoides – incluindo "reguladores locais" como as prostaglandinas, o tromboxano A2 e os leucotrienos (Figura 16.14). Esses reguladores participam da mediação das respostas de dor, inflamação e inchaço resultantes de ferimentos nos tecidos.

(b) Tanto prostaglandinas quanto leucotrienos são derivados do araquidonato, que é liberado pelos fosfolipídeos de membrana por ação das fosfolipases. Pela inibição dessas enzimas, as drogas esteroidais bloqueiam a biossíntese de prostaglandinas e de leucotrienos. Drogas semelhantes à aspirina bloqueiam a conversão de araquidonato em precursores das prostaglandinas pela inibição da ciclo-oxigenase, mas não afetam a síntese dos leucotrienos.

15.

(a) [estrutura de fosfatidilglicerol com R_2—C(=O)—O—CH, CH_2—O—CR_1, CH_2—O—P(=O)($O^{\ominus}$)—O—CH_2—CHOH—CH_2OH]

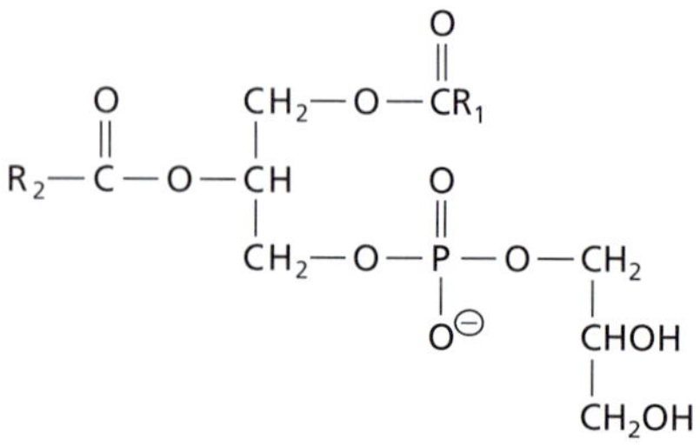

(b) [estrutura de plasmalogênio de etanolamina com R_2—C(=O)—O—CH, CH_2—O—CH=CH—R_1, CH_2—O—P(=O)($O^{\ominus}$)—$CH_2CH_2NH_3^{\oplus}$]

(c) [estrutura de cerebrosídeo: R—C(=O)—NH—CH(CH—OH—CH=CH—$(CH_2)_{12}$—CH_3)—CH_2—O—açúcar]

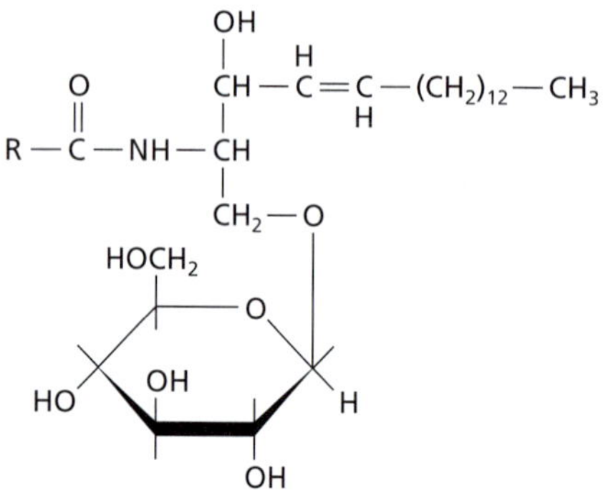

16. Palmitato é convertido em oito moléculas de acetil-CoA marcadas em C-1. Três dessas moléculas são usadas para sintetizar uma molécula de mevalonato (Figura 16.17).

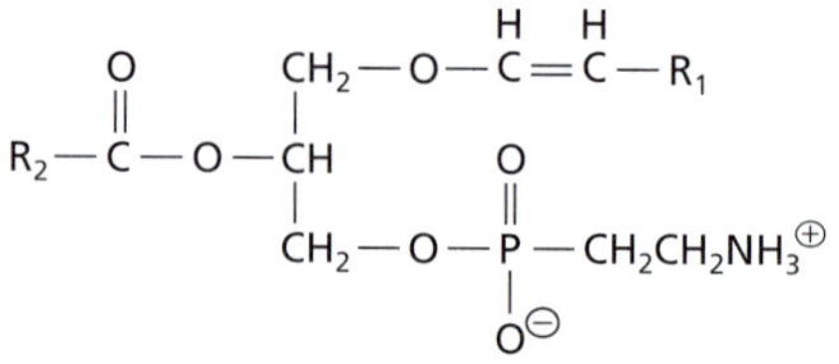

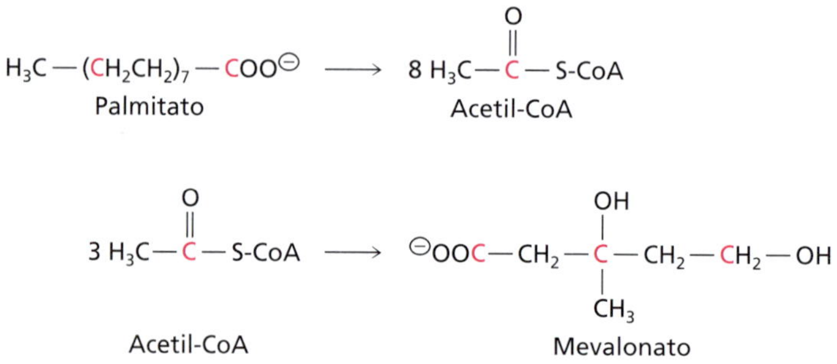

$$H_3C—(CH_2CH_2)_7—COO^{\ominus} \longrightarrow 8\ H_3C—\overset{O}{\underset{\|}{C}}—S\text{-CoA}$$

Palmitato → Acetil-CoA

$$3\ H_3C—\overset{O}{\underset{\|}{C}}—S\text{-CoA} \longrightarrow\ ^{\ominus}OOC—CH_2—\underset{CH_3}{\overset{OH}{\underset{|}{\overset{|}{C}}}}—CH_2—CH_2—OH$$

Acetil-CoA → Mevalonato

17. Tanto APHS quanto aspirina transferem um grupo acetila para um resíduo de serina nas enzimas COX. Como APHS é um inibidor irreversível, ele não apresenta cinética de inibição competitiva, embora atue sobre o sítio ativo das enzimas COX.

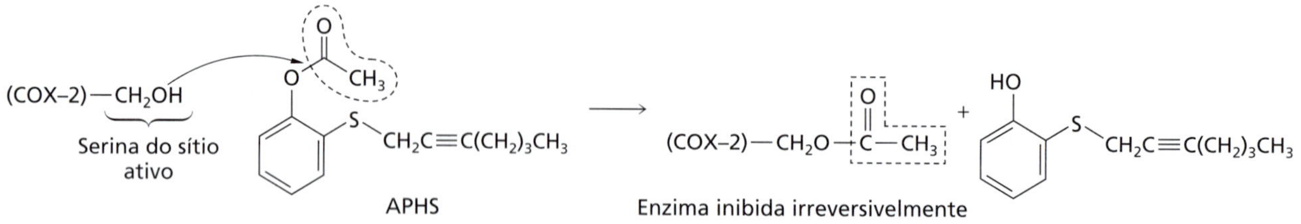

(COX–2)—CH_2OH (Serina do sítio ativo) + APHS [estrutura com O—C(=O)—CH_3, S—$CH_2C{\equiv}C(CH_2)_3CH_3$] → (COX–2)—$CH_2O$—C(=O)—$CH_3$ (Enzima inibida irreversivelmente) + HO—[fenil]—S—$CH_2C{\equiv}C(CH_2)_3CH_3$

Capítulo 17 Metabolismo dos Aminoácidos

1. O PSII contém o complexo de liberação de oxigênio e este gás é produzido durante a fotossíntese. Como o oxigênio inibe a nitrogenase, sua síntese nos heterocistos precisa ser evitada. O PSI é mantido porque ele ainda pode gerar um gradiente de próton fotoinduzido por meio do transporte cíclico de elétrons e não participa da produção de O_2.

2. (a) Glutamato desidrogenase + glutamina sintetase

   $NH_4^\oplus + \alpha\text{-cetoglutarato} + NAD(P)H + H^\oplus \longrightarrow$ Glutamato $+ NAD(P)^\oplus + H_2O$
   $NH_3 +$ Glutamato $+ ATP \longrightarrow$ Glutamina $+ ADP + P_i$

   ───

   $2\,NH_4^\oplus + \alpha\text{-cetoglutarato} + NAD(P)H + ATP \longrightarrow$ Glutamina $+ NAD(P)^\oplus + ADP + P_i + H_2O$

   (b) Glutamina sintetase + glutamato sintase

   $2\,NH_3 + 2$ Glutamato $+ 2\,ATP \longrightarrow 2$ Glutamina $+ 2\,ADP + 2\,P_i$
   Glutamina $+ \alpha\text{-cetoglutarato} + NAD(P)H + H^\oplus \longrightarrow 2$ Glutamato $+ NAD(P)^\oplus$

   ───

   $2\,NH_3 + \alpha\text{-cetoglutarato} + NAD(P)H + 2\,ATP + H^\oplus \longrightarrow$ Glutamina $+ NAP(P)^\oplus + 2\,ADP + 2\,P_i$

   As reações acopladas em (b) consomem uma molécula de ATP a mais do que aquelas em (a). Como a K_m da glutamina sintetase para NH_3 é muito menor do que a da glutamato desidrogenase para $NH_4^\oplus$, as reações acopladas em (b) predominam quando os níveis de $NH_4^\oplus$ são baixos. Portanto, quando a concentração de amônia é baixa, há maior consumo de energia para assimilá-la.

3. O grupo amino marcado com ^{15}N é transferido do aspartato para o α-cetoglutarato, produzindo glutamato em uma reação catalisada pela aspartato transaminase (Figura 17.10). Como as transaminases catalisam reações de quase-equilíbrio e várias dessas enzimas utilizam glutamato como doador do grupo α-amino, o nitrogênio marcado é distribuído rapidamente entre os outros aminoácidos que são substratos de transaminases dependentes de glutamato.

4. (a) α-cetoglutarato + Aminoácido $\rightleftharpoons$ Glutamato + α-cetoácido
   Oxaloacetato + Aminoácido $\rightleftharpoons$ Aspartato + α-cetoácido
   Piruvato + Aminoácido $\rightleftharpoons$ Alanina + α-cetoácido

   (b) α-cetoglutarato + $NH_4^\oplus$ $\underset{\text{Glutamato desidrogenase}}{\overset{NAD(P)H, H^\oplus \;\to\; NAD(P)^\oplus}{\rightleftharpoons}}$ Glutamato + H_2O

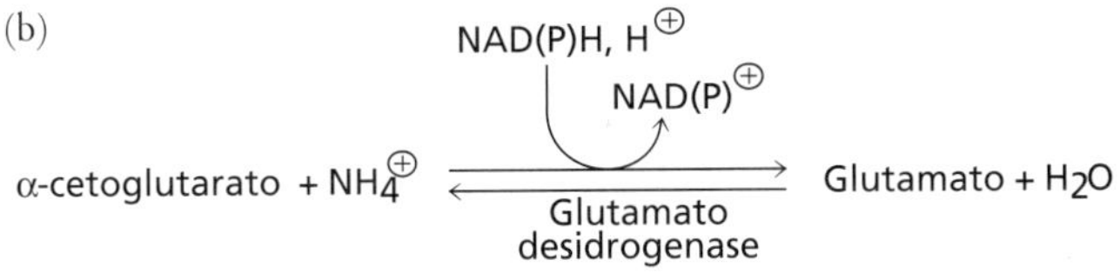

5. (Plantas)
   - Serina $\longrightarrow$ O-acetilserina $\xrightarrow{\text{(Sulfeto)}S^{2\ominus}}$ Cisteína-SH (Fig. 17.17)
   - Homoserina $\to \to \to$ Homocisteína-SH $\to$ Metionina-S-CH3 (Fig. 17.11)

   (Animais)
   - Metionina-S-CH3 $\to \to \to$ Homocisteína-SH (Fig. 17.35)
   - Serina $\to$ Cistationina (S) $\to$ Cisteína-SH (Fig. 17.18)

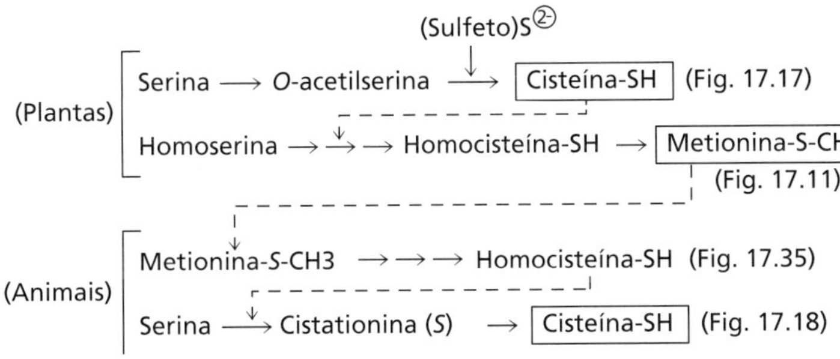

6. (a) O C-3 da serina é transferido para o tetra-hidrofolato durante a síntese da glicina e o C-2 quando esta é clivada para produzir amônia e bicarbonato.

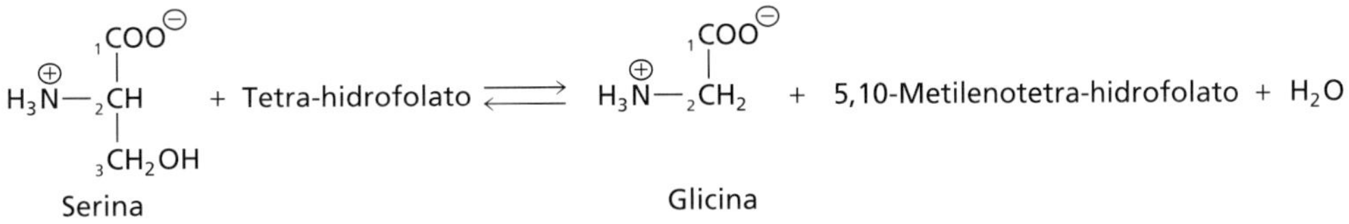

   $H_3\overset{\oplus}{N}-_2CH(_1COO^\ominus)(_3CH_2OH)$ + Tetra-hidrofolato $\rightleftharpoons$ $H_3\overset{\oplus}{N}-_2CH_2(_1COO^\ominus)$ + 5,10-Metilenotetra-hidrofolato + H_2O

   Serina → Glicina

$H_3\overset{\oplus}{N}-CH_2$ + Tetra-hidrofolato + $NAD^{\oplus}$ + $H_2O \longrightarrow$ 5,10-Metilenotetra-hidrofolato + NADH + $HCO_3^{\ominus}$ + $NH_4^{\oplus}$ + $H^{\oplus}$
  |
  $COO^{\ominus}$
Glicina

(b) A serina é sintetizada a partir do 3-fosfoglicerato (Figura 17.15), um intermediário da glicólise. Tanto o C-3 do 3-fosfoglicerato quanto o da serina é derivado do C-1 ou do C-6 da glicose; O C-2 do 3-fosfoglicerato e da serina são derivados do C-2 ou do C-5 da glicose.

7.

(a) Treonina (estrutura com $H_3\overset{\oplus}{N}-CH-COO^{\ominus}$, CH-OH, CH_3)

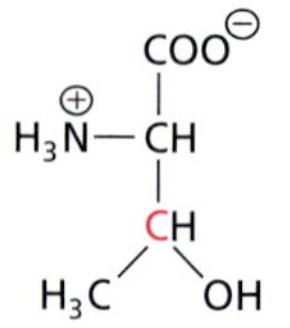

(b) Triptofano (indol-$CH_2-CH(\overset{\oplus}{N}H_3)-COO^{\ominus}$)

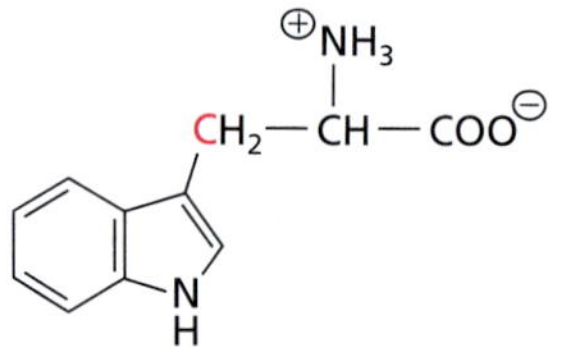

(c) Prolina

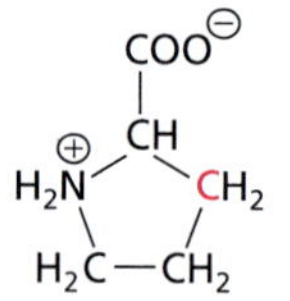

(d) Fenilalanina ($C_6H_5-CH_2-CH(\overset{\oplus}{N}H_3)-COO^{\ominus}$)

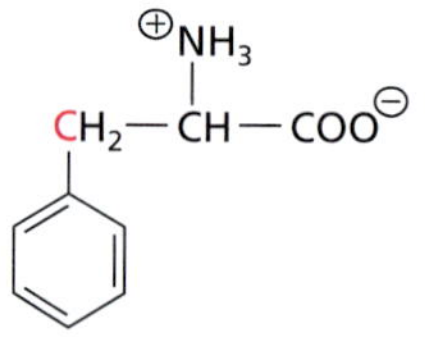

8. (a) Ácido glutâmico. PPI inibe a glutamina sintetase.
   (b) Via de biossíntese da histidina (Figura 17.23).

9. O aspartame é um dipeptídeo formado por um resíduo de aspartato e um de fenilalanina unidos por uma ligação peptídica. Esta ligação é hidrolisada no interior da célula, produzindo aspartato e fenilalanina. Pessoas com fenilcetonúria precisam evitar o excesso deste último aminoácido.

10.

(a)

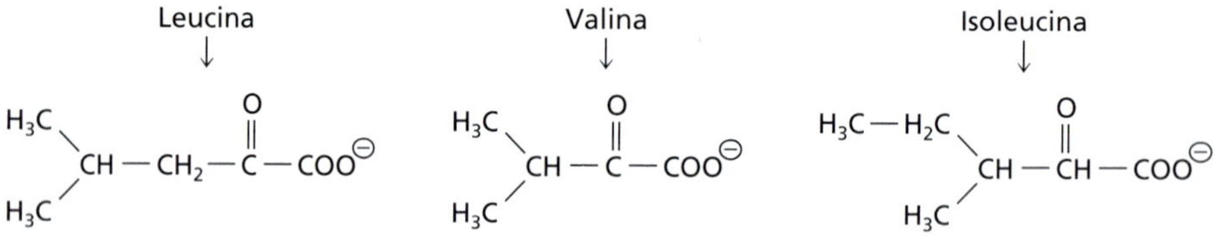

Leucina ↓ $(CH_3)_2CH-CH_2-CO-COO^{\ominus}$

Valina ↓ $(CH_3)_2CH-CO-COO^{\ominus}$

Isoleucina ↓ $CH_3-CH_2-C(CH_3)H-CO-COO^{\ominus}$

(b) Via de degradação da lisina. Há falta de α-aminoadipato δ-semialdeído sintase (Figura 17.39).
(c) Ciclo da ureia. Há falta de argininosuccinato sintetase (Figura 17.43).

11. (a) Alanina
    (b) Aspartato
    (c) Glicina
    (d) Cisteína

12. O ciclo da ureia não acontece no músculo, de modo que a amônia proveniente da desaminação dos aminoácidos não pode ser convertida em ureia. Como altas concentrações de amônia são tóxicas, esta é convertida em outros produtos para ser eliminada. Na primeira rota, a amônia é incorporada à glutamina por ação da glutamina sintetase (Figura 17.5). A glutamina pode, então, ser transportada para o fígado ou para os rins. A segunda rota é o ciclo da glicose-alanina (Figura 17.45). O piruvato aceita o grupo amino de aminoácidos por transaminação e a alanina produzida é transportada para o fígado, onde é desaminada regenerando o piruvato. O grupo amino é usado na síntese da ureia e o piruvato pode ser convertido em glicose.

13. A inibição da óxido nítrico sintase (NOS) pode evitar que quantidades excessivas de óxido nítrico sejam produzidas nas células que recobrem os vasos sanguíneos. O óxido nítrico

provoca o relaxamento dos vasos e, em excesso, pode causar a redução da pressão arterial, levando ao choque. Tiocitrulina e *S*-metiltiocitrulina inibem a NOS porque são análogos não reativos do produto de reação dela, citrulina (Figura 17.25).

14. Há duas razões. Primeiro, muitas das vias biossintéticas dos aminoácidos não são encontradas nos seres humanos, de modo que não haveria doenças metabólicas associadas a vias inexistentes dos aminoácidos essenciais. A segunda razão é que, provavelmente, as vias remanescentes são essenciais durante o desenvolvimento, de modo que quaisquer defeitos nelas seriam letais. Este é o mesmo raciocínio utilizado para explicar a falta de doenças metabólicas associadas às rotas biossintéticas dos esfingolipídeos (Quadro 16.2).

15. Os 21º, 22º e 23º aminoácidos são *N*-formilmetionina, selenocisteína e pirrolisina. Os dois primeiros são sintetizados durante a tradução, usando como substrato tRNA aminoacilado, e não pelas vias metabólicas usuais descritas neste capítulo. A pirrolisina também pode ser sintetizada a partir de tRNA aminoacilado. Os precursores são metionina, serina e lisina.

16. O precursor da via biossintética da serina é o 3-fosfoglicerato. Ele pode ser derivado do gliceraldeído 3-fosfato (G3P) da via glicolítica, onde a conversão é associada ao *ganho* de 1 ATP + 1 NADH. Este ganho precisa ser subtraído do custo total da síntese do G3P. Portanto, o custo de produzir 3-fosfoglicerato é igual a 24 − 3,5 = 20,5 equivalentes de ATP, considerando que cada NADH equivale a 2,5 ATP (o mesmo custo pode ser derivado do ciclo de Calvin). A rota biossintética da serina produz um NADH quando o 3-fosfoglicerato é oxidado a 3-fosfo-hidroxipiruvato, de modo que o custo seguinte para produzir serina é 20,5 − 2,5 = 18 equivalentes de ATP. Este valor é idêntico àquele apresentado no Quadro 17.3 (observe que a reação de transaminação na rota biossintética da serina não tem custo).

Alanina é produzida a partir de piruvato em uma reação simples de transaminação, sem custo. O custo de produzir piruvato pode ser estimado da conversão de 3-fosfoglicerato em piruvato na via glicolítica. Esta conversão é associada ao ganho de 1 ATP, de modo que o custo do piruvato é igual a 20,5 − 1 = 19,5 equivalentes de ATP. Portanto, o custo de sintetizar alanina é de 19,5 equivalentes de ATP, ou 20, se arredondarmos para usar dois algarismos significativos. Esse valor é o mesmo do Quadro 17.3.

Capítulo 18   Metabolismo dos Nucleotídeos

1.

(a), (b), (c) [estruturas de purinas marcadas com asteriscos ligadas a Ribose 5-fosfato]

Veja a Figura 18.10 para as reações da rota sintética do UMP.

(d) O C-2 marcado do aspartato, que é incorporado no carbamil aspartato, aparece no C-6 da uracila do UMP.

(e) O carbono marcado do $HCO_3^{\ominus}$, que é incorporado no carbamil fosfato, aparece no C-2 do anel pirimidínico do UMP.

[Estrutura do UMP mostrando:
(b) do $HCO_3^{\ominus}$ apontando para C-2
(a) do C-2 do aspartato apontando para C-6]

2. São necessários sete equivalentes de ATP. Um ATP é clivado a AMP quando PRPP é sintetizado (Figura 18.3). O grupo pirofosforila do PRPP é liberado na primeira etapa da rota biossintética do IMP e, posteriormente, hidrolisado a 2 P_i (Figura 18.5), respondendo pelo segundo equivalente de ATP. Cinco moléculas de ATP são consumidas nas etapas 2, 4, 5, 6 e 7.

3. Purinas: Reação 3: GAR transformilase, 10-formil-THF, posição C-8.
   Reação 9: AICAR transformilase, 10-formil-THF, posição C-2.
   Pirimidinas: Timidilato sintase, 5,10-metileno-THF, 5-CH_3 do timidilato.

4.
(a)

$$\underset{\text{Acivicina}}{\begin{array}{c} COO^- \\ | \\ H_3\overset{\oplus}{N}-C-H \\ | \\ CH_2 \\ \diagup \;\; \diagdown \\ O \;\;\;\; CH_2 \\ \diagdown \;\; \diagup \\ N=C \\ | \\ Cl \end{array}} \qquad \underset{\text{Glutamina}}{\begin{array}{c} COO^- \\ | \\ H_3\overset{\oplus}{N}-C-H \\ | \\ CH_2 \\ | \\ CH_2 \\ | \\ H_2N-C \\ \parallel \\ O \end{array}}$$

(b) Acivicina inibe a glutamina-PRPP amidotransferase, a primeira enzima da rota biossintética das purinas, de modo que PRPP se acumula.

(c) Acivicina inibe a atividade de carbamilfosfato sintetase II da di-hidro-oroato sintase que catalisa a primeira etapa da rota biossintética das pirimidinas.

5. (a) Quando β-alanina é usada no lugar do aspartato, não será necessária nenhuma reação de descarboxilação (Etapa 6 da via de *E. coli*).

(b)

$$\begin{array}{c} O \\ \parallel \\ C^* \\ HN \diagup \;\; \diagdown CH \\ | \;\;\;\;\;\;\;\; \parallel \\ C \;\;\;\;\; ^*CH \\ \diagup \;\; \diagdown \diagup \\ O \;\;\;\; N \\ | \\ \text{Ribose} \\ \text{5-fosfato} \end{array}$$

6. (a) dUMP + $NH_4^\oplus$

(b) A síntese de DNA requer determinadas proporções de A, T, G e C. Se os níveis de dTTP forem mais altos do que o necessário, ele irá atuar para reduzir seu próprio caminho de síntese inibindo a conversão de dCMP em dUMP pela dCMP desaminase. O dUMP é o precursor do dTMP (timidilato sintase, Figura 18.16) e da subsequente conversão a dTDP e dTTP (necessários para a síntese de DNA). Por outro lado, se os níveis de dCTP estiverem altos, a ativação da dCMP desaminase levará a uma maior conversão de dCMP em dUMP, desviando qualquer dCMP que pudesse ser convertido em mais dCTP por fosforilação (Figura 18.20).

7. São necessários quatro equivalentes de ATP. Um para a síntese de PRPP a partir da ribose-5-fosfato (Figura 18.3). A síntese de carbamil fosfato requer 2 ATP (Figura 18.10, Etapa 1). Um equivalente de ATP é consumido na Etapa 5, quando PP_i é hidrolisado a 2 P_i.

8. Na ausência de adenosina desaminase, adenosina e desoxiadenosina não são degradados via inosina nem hipoxantina via ácido úrico (Figuras 18.19 e 18.21). Isto leva ao aumento da concentração de desoxiadenosina, que pode ser convertida em dATP. Altas concentrações de dATP inibem a ribonucleotídeo redutase (Tabela 18.1). A inibição da ribonucleotídeo redutase resulta na menor produção de todos os desoxinucleotídeos e, assim, inibe a síntese do DNA.

9. A glutamina-PRPP amidotransferase é a primeira enzima e o principal sítio de controle da *via de novo* para o IMP (Figura 18.5). Em seres humanos, PRPP é tanto um substrato quanto um efetor positivo desta enzima. Um aumento nos níveis celulares de PRPP por causa da maior atividade da PRPP sintetase irá, portanto, aumentar a atividade da amidotransferase. Isto irá resultar no aumento da síntese de IMP e de outros nucleosídeos e nucleotídeos

purínicos. A superprodução de nucleotídeos purínicos, e sua subsequente degradação, pode levar aos níveis altos de ácido úrico característicos da gota.

10. (a) ATP (b) ATP (c) ATP (d) GTP (e) UTP (f) GTP (g) CTP (h) UTP (i) ATP (j) IMP (k) IMP

11. Purinas e pirimidinas não são fontes significativas de energia. Os átomos de carbono dos ácidos graxos e carboidratos podem ser oxidados para fornecer ATP, mas não há vias comparáveis de rendimento energético para purinas e pirimidinas. Contudo, o NADH produzido quando a hipoxantina é convertida em ácido úrico pode gerar ATP indiretamente via fosforilação oxidativa. A degradação de uracila e timina fornece acetil-CoA e succinil-CoA, respectivamente, que podem ser metabolizados por meio do ciclo do ácido cítrico para gerar ATP.

12. O açúcar D-ribose existe como uma mistura em equilíbrio de α-D-ribopiranose, α-D-ribofuranose, β-D-ribopiranose e β-D-ribofuranose. Essas formas interconvertem-se livremente através da forma aberta (Seção 8.2).

13. Xantina é 2,6-dioxopurina; hipoxantina é 6-oxopurina; orotato é 2,4-dioxo-6-carboxil-pirimidina.

14. SAICAR sintetase + adenilosuccinato liase na via biossintética do IMP (Figura 18.5) e argininosuccinato sintetase + argininosuccinato liase na via biossintética da arginina (ciclo da ureia: Figura 17.43).

Capítulo 19 Ácidos Nucleicos

1. Na α-hélice, as ligações de hidrogênio se formam entre o oxigênio carbonílico de um resíduo e o hidrogênio de amina distante quatro resíduos, ou uma volta. Essas ligações de hidrogênio entre átomos do esqueleto são praticamente paralelas ao eixo da hélice. As cadeias laterais dos aminoácidos, que ficam para fora do esqueleto, não participam das ligações de hidrogênio intra-helicoidais. No DNA de fita dupla, o esqueleto de açúcar-fosfato não participa de ligações de hidrogênio. Ao contrário, duas ou três dessas ligações, que são praticamente perpendiculares ao eixo da hélice, se formam entre bases complementares de fitas opostas. Na α-hélice, as ligações de hidrogênio individuais são fracas, mas as forças cumulativas delas estabilizam a estrutura helicoidal, especialmente no interior hidrofóbico de uma proteína, onde água não compete por essas ligações. No DNA, a principal função das ligações de hidrogênio é permitir que cada fita atue como um molde para a outra. Embora as ligações de hidrogênio entre bases complementares ajudem a estabilizar a hélice, as interações de empilhamento entre os pares de bases no interior hidrofóbico contribuem muito mais para esta estabilidade.

2. Se 58% dos resíduos forem (G + C), 42% deles terão de ser (A + T). Como cada A forma par com um T da fita oposta, o número de resíduos de adenina iguala o de timina. Portanto, 21% (ou 420) dos resíduos são timina (2.000 x 0,21 = 420).

3. (a) Em geral, a composição em bases das fitas complementares de DNA são bastante diferentes. Por exemplo, se uma fita for poli dA (100% A), a outra será obrigatoriamente poli dT (100% T). Contudo, como as duas fitas são complementares, a quantidade de (A+T) terá de ser a mesma em cada fita, assim como a de (G+C).
   (b) (A + G) = (T + C). A complementaridade impõe que, para cada purina (A ou G) em uma fita, deverá haver uma pirimidina (T ou C) na fita complementar.

4. Como as fitas de DNA são antiparalelas, as fitas complementares "correm" na direção oposta. A sequência do DNA de fita dupla é:

   ATCGCGTAACATGGATTCGG
   TAGCGCATTGTACCTAAGCC

   Por convenção, as sequências de DNA são escritas na direção 5' → 3'. Portanto, a sequência da fita complementar é:

   CCGAATCCATGTTACGCGAT

5. A estabilidade da hélice simples é devida, em grande parte, às interações de empilhamento entre purinas adjacentes. Efeitos hidrofóbicos também contribuem, já que as bases empilhadas formam um ambiente parcialmente blindado das moléculas de água.

6.

[Estrutura química mostrando pareamento de bases entre Adenina (forma imino) e Citosina, com ligações de hidrogênio]

Adenina
(forma imino)   Citosina

7. Haverá dois pontos de desnaturação distintos, separados por um platô. Quando a fita extra de poli dT for liberada, a absorbância da solução em 260 nm irá aumentar, à medida que as bases empilhadas deixam o interior altamente hidrofóbico da hélice tripla. Um segundo aumento na absorbância irá ocorrer quando as duas fitas restantes de DNA forem desnaturadas.

8. A sequência é:

    5′ ACGCACGUAUAUGUACUUAUACGUGGCU 3′

    As sequências sublinhadas são palindrômicas.

9. Os principais produtos serão uma mistura de mononucleotídeos e pedaços de DNA de fita simples com tamanho aproximado de 500 bp. Um pedaço de DNA com uma molécula de enzima ligada a cada uma de suas extremidades será degradada até que as duas fitas não consigam mais formar pares; neste ponto, as fitas simples deixam de ser substratos para a enzima.

10. Na fibra de 30 nm, O DNA é compactado em nucleossomos, cada um deles contendo cerca de 200 bp de DNA; logo, o DNA em um nucleossomo tem peso molecular de 130.000 (200 x 650 = 130.000). Considerando que exista uma molécula de histona H1 por nucleossomo, o peso molecular do componente proteico deste seria 129.800.

Histona H1	21.000
Histona H2A (x2)	28.000
Histona H2B (x2)	27.600
Histona H3 (x2)	30.600
Histona H4 (x2)	22.600
Total =	129.800

    Assim, a proporção em peso de proteína e DNA é de 129.800:130.000, ou aproximadamente 1:1.

11. Nucleossomos são compostos de histonas mais 200 pares de base do DNA. Como você herdou metade de seus cromossomos de sua mãe, o oócito contém:

$$(3,2 \times 10^9 \text{ bp}) \times \frac{1 \text{ nucleossomo}}{200 \text{ bp}} = 8 \times 10^6 \text{ nucleossomos}$$

(Você não herdou nucleossomos de seu pai, pois durante a espermatogênese eles são substituídos por pequenos polipeptídeos com carga positiva).

12. (a) pdApdGpdT + pdC
    (b) pdAp + dGpdTpdC
    (c) pdA + pdGpdTpdC

13. Como o DNA superenrolado de plasmídeos está em equilíbrio com DNA relaxado contendo curtas regiões desenoveladas, a enzima de *Aspergillus* irá, lentamente, converter o DNA em círculos com cortes simples. Finalmente, a enzima irá converter os círculos relaxados em fragmentos lineares com uma unidade de DNA de fita dupla.

14. Sim. Os esqueletos de açúcar-fosfato do RNA e do DNA contêm ligações fosfodiéster que unem os resíduos de açúcar.

15. pppApCpUpCpApUpApGp + CpUpApUpGp + ApGp + U

16. Os bacteriófagos desenvolveram diversos mecanismos para proteger seu DNA das endonucleases de restrição. Em geral, o DNA dos bacteriófagos contém poucos sítios de restrição. Os sítios de reconhecimento das endonucleases de restrição são rigidamente selecionados e quaisquer mutações que os alterem serão favorecidas. Além disso, os sítios de restrição são, com frequência, metilados como no cromossomo bacteriano. Possivelmente, isto se deve

a um evento fortuito ocorrido no passado longínquo, quando o DNA do fago foi metilado antes que pudesse ser clivado.

Alguns bacteriófagos incorporam nucleotídeos modificados em seu DNA (p/ex., 5-hidroximetilcitosina no bacteriófago T4), os quais não são reconhecidos pelas endonucleases de restrição. Os genomas dos fagos também podem codificar uma enzima que inative as endonucleases de restrição, ou podem codificar proteínas que se liguem aos sítios de restrição para impedir a clivagem.

17. (a) A probabilidade pode ser estimada a partir da probabilidade de cada um dos nucleotídeos no sítio de restrição HindIII. (G = C = 0,18 e A = T = 0,32)

    Para a sequência AAGCTT haverá, em média, um sítio HindIII a cada:

    $1/(0,32)(0,32)(0,18)(0,18)(0,32)(0,32) = 2943$ bp

    Assim, em um genoma de 100 Mb haverá, em média:

    $100.000/2943 = 33.070$ sítios

    (b) 24.414

18. Embora os sítios de reconhecimento de BglII e BamHI sejam diferentes, as enzimas produzem fragmentos com terminações coesivas idênticas. Esses fragmentos podem ser ligados tão facilmente quanto fragmentos produzidos por uma só enzima.

    ```
    BglII    ~~~A           GATCT~~~
             ~~~TCTAG            A~~~

    BamHI    ~~~G           GATCC~~~
             ~~~CCTAG            G~~~
    ```

19. Enzimas de restrição presentes em células hospedeiras normais poderiam quebrar moléculas recombinantes recém-introduzidas, impossibilitando a clonagem de certos fragmentos de DNA. O uso de uma cepa hospedeira que não produza endonucleases de restrição evita este problema.

    Uma mutação em RecA reduz a recombinação impedindo, assim, o rearranjo das moléculas de DNA recombinante durante a propagação nas células hospedeiras. Com frequência, o rearranjo é um problema, especialmente quando o fragmento de DNA clonado possui sequências repetitivas, que possam servir como sítios de recombinação homóloga.

Capítulo 20 Replicação, Reparo e Recombinação do DNA

1. (a) Duas forquilhas de replicação se formam na origem da replicação e movimentam-se em direções opostas, até se encontrarem em um ponto oposto à origem. Assim, cada replissomo replica metade do genoma ($2,6 \times 10^6$ pares de bases). O tempo necessário para replicar o cromossomo inteiro é igual a:

    $$\frac{2,6 \times 10^6 \text{ pares de bases}}{1.000 \text{ pares de bases s}^{-1}} = 2.600 \text{ s} = 43 \text{ min e } 20 \text{ s}$$

   (b) Embora haja apenas uma origem (O), a replicação pode ser reiniciada antes que a forquilha de replicação anterior tenha alcançado o sítio de terminação. Dessa forma, o cromossomo pode conter mais de duas forquilhas de replicação. A replicação de um só cromossomo ainda requer aproximadamente 43 minutos, mas cópias completas de cada cromossomo podem surgir a intervalos menores, dependendo da velocidade da iniciação.

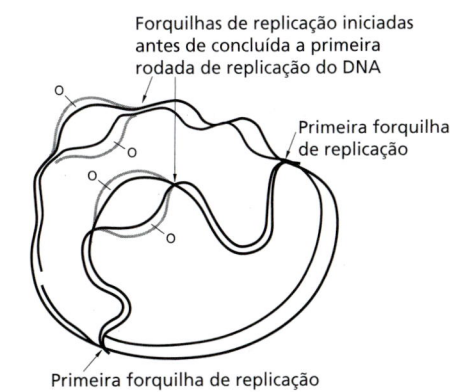

2. A T4 DNA polimerase seria um produto de um gene mais inicial, pois ela é necessária à replicação do genoma viral.

3. (a) O molde de DNA de fita simples usado na síntese de DNA *in vitro* pode formar estruturas secundárias, como grampos. A SSB impede a formação da estrutura de fita dupla pela ligação ao molde de fita simples. Ela também torna o DNA um substrato melhor para a DNA polimerase.

   (b) O rendimento de DNA *in vitro* é melhor em temperaturas mais elevadas porque a formação de estruturas secundárias no molde fica menos provável. Uma temperatura de 65 °C é suficientemente alta para impedir a formação de uma estrutura secundária, mas não para desnaturar o DNA recém-sintetizado. DNA polimerases de bactérias que crescem em temperaturas elevadas são usados porque elas são ativas a 65 °C, uma temperatura na qual DNA polimerases de outras bactérias seriam inativas.

4. A replicação extremamente precisa do DNA requer um mecanismo de revisão, para remover erros introduzidos durante a reação de polimerização. A síntese de um iniciador de RNA por uma primase, que não tem atividade de revisão, é mais sujeita a erros do que a síntese do DNA. Contudo, como o iniciador é RNA, ele pode ser removido pela atividade de exonuclease 5′ → 3′ da DNA polimerase I e substituído por DNA sintetizado com precisão, quando fragmentos de Okazaki são unidos. Se o iniciador fosse composto de DNA produzido por uma primase sem atividade de revisão, ele não seria removido pela DNA polimerase I e a taxa de erro na replicação do DNA seria maior nos sítios de síntese de iniciadores.

5. (a) Na reação hipotética de transferência de grupos nucleotidil, o grupo nucleofílico 3′-hidroxi do nucleotídeo *que chega* atacaria o grupo trifosfato da cadeia crescente. O pirofosfato seria liberado quando uma nova ligação fosfodiéster fosse formada.

(b) Se a enzima hipotética tivesse atividade de revisão 5' → 3', a remoção de um nucleotídeo mal posicionado deixaria um grupo 5'-monofosfato na extremidade da cadeia em crescimento. A continuação da síntese do DNA, que iria requerer um grupo trifosfato terminal, não poderia ocorrer.

6. A topoisomerase II ou girase reduz o superenrolamento antes e depois da forquilha de replicação. Se esta enzima for inibida, o desenovelamento do DNA parental não poderá ocorrer. Portanto, o DNA da *E. coli* não pode ser replicado.

7. (a) Considere que o genoma seja uma grande molécula linear de DNA e que a origem da replicação esteja no ponto médio deste cromossomo. Como as forquilhas de replicação se movimentam em direções opostas, 60 pares de bases podem ser replicados por segundo. O tempo necessário para replicar o genoma inteiro seria:

$$\frac{1{,}65 \times 10^8 \text{ pares de bases}}{60 \text{ pares de bases s}^{-1}} = 2{,}75 \times 10^6 \text{ s} = 764 \text{ h} = 32 \text{ dias}$$

(b) Considerando que as 2.000 origens bidirecionais sejam igualmente espaçadas ao longo da molécula de DNA e que a iniciação ocorra simultaneamente em todas as origens, a velocidade seria de 2.000 x 2 x 30 pares de bases por segundo, ou $1{,}2 \times 10^5$ pares de bases por segundo. O tempo necessário para replicar o genoma inteiro seria igual a:

$$\frac{1{,}65 \times 10^8 \text{ pares de bases}}{1{,}2 \times 10^5 \text{ pares de bases s}^{-1}} = 1.375 \text{ s} = 23 \text{ min}$$

(c) Considere que as origens sejam igualmente espaçadas e que a iniciação seja simultânea em todas elas. A velocidade de replicação necessária é:

$$\frac{1{,}65 \times 10^8 \text{ pares de bases}}{300 \text{ s}} = 5{,}5 \times 10^5 \text{ pares de bases s}^{-1}$$

A replicação bidirecional a partir de cada forquilha ocorre a uma velocidade total de 60 pares de bases por segundo. O número mínimo de origens seria de:

$$\frac{5{,}5 \times 10^5 \text{ pares de bases s}^{-1}}{60 \text{ pares de bases s}^{-1} \text{ origens}^{-1}} = 9.170 \text{ origens}$$

8. O G modificado não é mais capaz de formar um par de bases de Watson-Crick produtivo com C, mas agora pode formá-lo com T. Portanto, uma das fitas filhas do DNA irá conter um T pareado com uma base modificada. Após novas rodadas de replicação, o T irá formar par com A, e o que originalmente seria um par de bases G/C terá sido mutado em um par A/T.

9. A luz ultravioleta pode danificar o DNA pela dimerização de resíduos de timidilato. Um mecanismo de reparo dos dímeros de timina é a fotorreativação enzimática, catalisada pela fotoliase. Esta enzima usa a energia da luz visível para quebrar o dímero e reparar o DNA. Assim, células que são expostas à luz visível após irradiação por ultravioleta são mais capazes de reparar o DNA do que as que são mantidas no escuro.

10. (a) O DNA de uma cepa *dut*⁻ parecerá normal, porque a enzima Ung irá remover qualquer uracila que tenha sido incorporada.
    (b) O DNA de uma cepa *dut*⁻, *ung*⁻ conterá resíduos dU no lugar de alguns resíduos dT.

11. A enzima de reparo de DNA uracil-*N*-glicosilase remove uracila formada pela desaminação hidrolítica de citosina. Como a enzima não reconhece timina nem qualquer das outras três bases normalmente encontradas no DNA, ela não é capaz de reparar o dano quando 5-metilcitosina é desaminada a timina.

12. Ocorrem altas taxas de mutação nas regiões que contêm metilcitosina, porque o produto da desaminação da 5-metilcitosina é a timina, que não é reconhecida como anormal. Quando o par errado de bases T/G que resulta da desaminação de metilcitosina é reparado, as enzimas de reparo podem excluir a incorreta timina ou a correta guanina. Quando a guanina é substituída por adenina, o par de bases A/T resultante é uma mutação.

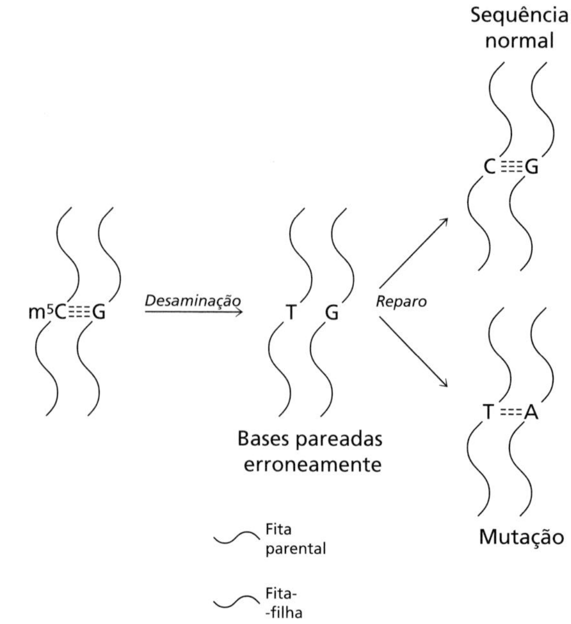

Sequência normal

m⁵C≡≡≡G →(Desaminação)→ T G →(Reparo)→ C≡≡≡G

Bases pareadas erroneamente

Fita parental
Fita-filha

T≡≡≡A

Mutação

13. A revisão durante a replicação resulta na excisão de 99% dos nucleotídeos mal incorporados reduzindo, assim, a taxa total de erros para 10^{-7}. Dos erros que escapam à etapa de revisão, mais 99% são reparados por enzimas de reparo. A taxa total de mutações é, portanto, 10^{-9}.

14. Sim. A enzima DNA ligase de *E. coli* é necessária para fechar os cortes nas fitas de DNA após o reparo. Esta enzima tem dependência estrita por $NAD^{\oplus}$.

15. Os dímeros podem ser removidos através de reparo por excisão. A endonuclease UvrABC remove um segmento com 12–13 resíduos, contendo o dímero de pirimidina. O oligonucleotídeo de DNA é removido com a ajuda de uma helicase. A falha é fechada por ação da DNA polimerase I e o corte selado por ação da DNA ligase. Os dímeros também podem ser reparados por reparo direto. A DNA fotoliase se liga à dupla-hélice distorcida no sítio do dímero. Quando o complexo DNA-enzima absorve luz, a reação de dimerização é revertida.

16. As enzimas de reparo necessitam de um molde intacto para reparar as mutações do DNA. Se as duas fitas da molécula de DNA tiverem sido danificadas, não haverá molde para ser usado no reparo.

17. As proteínas que catalisam a troca de fitas reconhecem regiões com alta similaridade de sequências e promovem a formação de um intermediário de fita tríplice, no qual a fita invasora forma pares de bases com uma fita complementar. Este pareamento não seria possível se as sequências das duas moléculas de DNA fossem diferentes.

18. A DNA polimerase III é um componente do replissomo, que sintetiza a fita líder e a fita atrasada durante a replicação do cromossomo de *E. coli*. A DNA polimerase I é necessária para remover os pequenos iniciadores de RNA da fita atrasada.

Capítulo 21   Transcrição e Processamento do RNA

1. (a) Como a velocidade de transcrição é de 70 nucleotídeos por segundo e cada complexo de transcrição cobre 70 pares de bases do DNA, uma RNA polimerase completa um transcrito e libera o molde de DNA a cada segundo (considerando que os complexos são densamente compactados no mRNA). Portanto, quando o gene é carregado com complexos de transcrição, 60 moléculas de RNA são produzidas por minuto.

    (b) Como cada complexo de transcrição cobre 70 pares de bases, o número máximo de complexos é:

$$\frac{6.000 \text{ pares de bases}}{\text{complexo de transcrição com 70 pares de bases}} = 86 \text{ complexos de transcrição}$$

2. (a) Como um gene médio de *E. coli* tem comprimento de 1 kb (1.000 bp), 4.000 genes respondem por 4.000 kb do DNA. O percentual de DNA que não é transcrito é:

$$\frac{500 \text{ kb}}{4.600 \text{ kb}} \times 100\% = 10,9\%$$

A maior parte do DNA não transcrito consiste de promotores e regiões que regulam a iniciação da transcrição.

(b) Como os produtos gênicos nos mamíferos e bactérias são semelhantes em tamanho, a quantidade de DNA nos éxons de um gene típico de mamífero também deve ser de 1.000 bp. A quantidade total de DNA nos éxons é:

$$5 \times 10^4 \text{ genes} \times 1,0 \text{ kb.gene}^{-1} = 5 \times 10^4 \text{ kb}$$

Este DNA representa cerca de 1,7% do genoma dos mamíferos.

$$\frac{5 \times 10^4 \text{ kb}}{3 \times 10^6 \text{ kb}} \times 100\% = 1,7\%$$

Os restantes 98,3% do DNA consistem de íntrons e outras sequências.

3. Não. É extremamente improvável que o promotor do gene eucarionte tivesse as sequências corretas nos locais apropriados para permitir a iniciação precisa pelas RNA polimerases procariontes. Da mesma forma, é extremamente improvável que o promotor do gene procarionte tivesse a sequência correta no local certo para permitir a iniciação precisa pela RNA polimerase II.

4. Não. Um gene típico de triosefosfato isomerase eucarionte contém introns. As células procariontes não contêm spliceossomos e, portanto, não seriam capazes de processar corretamente o transcrito primário. Portanto, a tradução do RNA produziria um fragmento de proteína anormal.

5. (a) Em presença de lactose e glicose, o operon *lac* é transcrito em nível baixo, porque o repressor *lac* forma um complexo com alolactose (um isômero da lactose). Como este complexo não é capaz de se ligar à região promotora do operon *lac*, o repressor não é capaz de impedir a iniciação da transcrição.

(b) Na ausência de lactose, a alolactose não é formada. Assim, o repressor *lac* se liga próximo ao promotor do operon *lac* e impede a transcrição.

(c) Quando a lactose é a única fonte de carbono, o operon *lac* é transcrito em velocidade máxima. Em presença de alolactose, a transcrição é permitida, pois o repressor *lac* não se liga à região promotora do operon *lac*. Além disso, em ausência de glicose, a velocidade de transcrição aumenta porque a produção do cAMP aumenta, disponibilizando mais CRP-cAMP para a ligação à região promotora do operon *lac*. A ausência do repressor e a estimulação da iniciação da transcrição pelo CRP-cAMP permitem à célula sintetizar as quantidades de enzimas necessárias para manter o crescimento quando a lactose é a única fonte de carbono.

6. Como o promotor *lac* de tipo selvagem é relativamente fraco, a transcrição máxima requer o ativador CRP. A mutação UV5 altera a região −10, de modo que ela fica parecendo a sequência consenso −10, tornando-o um promotor muito mais forte. Na ausência do repressor *lac*, o promotor independe de CRP.

7. O ^{32}P aparece apenas na terminação 5′ das moléculas de mRNA que têm ATP como primeiro resíduo. Ele não aparece em qualquer outro resíduo porque o pirofosfato, que inclui o grupo β-fosforila, é liberado quando os trifosfatos de nucleosídeos são adicionados à terminação 3′ de uma cadeia crescente de RNA (Figura 21.3).

Quando a terminação 5′ do mRNA sofre *capping*, apenas o grupo γ-fosforila do resíduo inicial é removido quando o *cap* se forma. O grupo β-fosforila, que contém a marcação, é mantido e recebe o grupo GMP do GTP (Figura 21.26).

8. A falta de atividade de revisão na RNA polimerase torna a taxa de erros de transcrição maior do que a de replicação do DNA. Contudo, moléculas defeituosas de RNA produzidas não tendem a afetar a viabilidade das células, porque a maioria das cópias de RNA sintetizadas a partir de um dado gene é normal. No caso de mRNA defeituoso, o número

de proteínas com defeito é apenas um pequeno percentual do número total de proteínas sintetizadas. Além disso, erros ocorridos durante a transcrição são rapidamente eliminados, pois a maior parte das moléculas de mRNA tem meia-vida curta.

9. Durante a maturação, precursores de mRNA eucarionte são modificados em suas extremidades 3′ pela adição de uma cauda poli A. Quando uma mistura de componentes de um extrato celular é passada por uma coluna, esta cauda se hibridiza com o oligo dT presente na coluna. Os outros componentes do extrato passam direto. O mRNA maduro ligado pela cauda poliA é retirado da coluna alterando o pH ou a força iônica do tampão, o que rompe as ligações de hidrogênio entre os nucleotídeos A e T.

10. (a) Uma concentração muito mais baixa de rifampicina interrompeu o crescimento da linhagem selvagem de *E. coli* (<5 μg/mL), comparada com a concentração que interrompeu o crescimento do mutante (>50 μg/mL).
    (b) A RNA polimerase consiste de uma enzima cerne com estequiometria de $\alpha_2\beta\beta'\omega$, que participa de várias reações de transcrição. As grandes subunidades β e β′ compõem o sítio ativo da enzima.
    (c) A bactéria resistente à rifampicina poderia ser oriunda de mutações que tenham ocorrido no gene da subunidade β da RNA polimerase.

11. Uma vez que cada fita pode servir de molde, duas moléculas de mRNA podem ser transcritas a partir deste segmento de DNA. Quando a fita inferior é o molde, a sequência do mRNA é complementar à fita inferior.

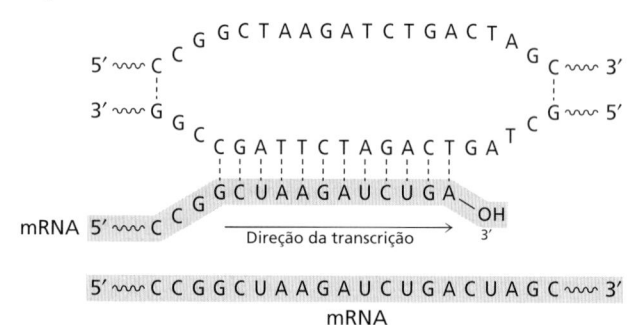

Quando a fita superior é o molde, a sequência do mRNA é complementar à fita superior.

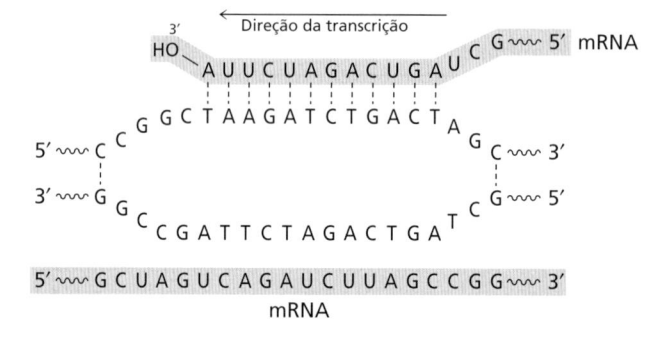

12. Um gene foi definido como uma sequência de DNA que é transcrita. Por essa definição, o operon completo do RNA ribossômico é um gene. Contudo, às vezes é mais conveniente restringir este termo ao segmento de RNA que codifica um produto funcional, por exemplo, uma das enzimas codificadas pelo operon *lac*. O operon na Figura 21.25 contém genes de tRNA e rRNA 16S, 23S e 5S. As sequências de DNA entre esses genes, embora transcritas, não são consideradas parte de qualquer gene.

13. A sequência genômica do DNA fornece uma versão precisa da sequência primária esperada do RNA. No entanto, o sequenciamento de um tRNA purificado revela que vários dos nucleotídeos foram modificados especificamente, após a transcrição. O mesmo é verdadeiro para os eucariontes.

14. O gene da triose fosfato isomerase do milho contém cerca de 3.400 pares de bases. Se um spliceossomo se ligar ao primeiro íntron, então, 2.900 pares de bases permanecem para serem transcritos. O tempo necessário para transcrever esses pares é de 97 segundos (2.900 nucleotídeos ÷ 30 nucleotídeos por segundo). Se o spliceossomo for montado imediatamente após a transcrição do primeiro íntron, e se o *splicing* não puder começar até que a transcrição de todo o gene esteja completa, o spliceossomo precisará ser estável por pelo menos 97 segundos.

15. O sítio de ligação do CRP-cAMP provavelmente se sobrepõe ao promotor do gene. Quando o CRP-cAMP se liga, o promotor é bloqueado e a transcrição não pode ocorrer.

16. Quando a sequência do sítio de *splicing* 5′ ou 3′ ou do ponto de ramificação é alterada por mutação, o *splicing* adequado não pode ocorrer e nenhum mRNA, e funcional pode ser produzido.

17. Sim. Uma vez que o U2 snRNP se ligue ao sítio de ramificação, ele irá impedir o U5 snRNP de se ligar ao aceptor de *splicing* 3′ e interferir com o *splicing*. Além disso, a exclusão terá removido grande parte do segmento pirimidínico necessário à ligação ao sítio de *splicing* 3′. Os dois irão impedir o processamento adequado do mRNA. O RNA incorreto não será adequadamente traduzido.

Capítulo 22 Síntese de Proteínas

1. Uma fita de DNA tem três quadros de leitura diferentes e que se sobrepõem; assim, um DNA de fita dupla possui seis quadros de leitura. Isto pode ser percebido analisando a sequência de DNA a partir da extremidade 5′ de cada fita e marcando os códons tríplices. Isto identifica um quadro de leitura em cada fita. Agora, comece no segundo nucleotídeo das extremidades 5′ e marque os códons tríplices; este é o quadro de leitura 2. O terceiro quadro de leitura em cada fita começa no terceiro nucleotídeo a partir das extremidades 5′. O "quarto" quadro de leitura é idêntico ao primeiro – verifique você mesmo!

   Usando uma lógica semelhante, segue-se que, se o código genético fosse lido em códons de quatro nucleotídeos, então uma fita de DNA poderia ser lida em quatro quadros de leitura e, assim, um pedaço de DNA de fita dupla teria oito quadros de leitura (quatro em cada fita).

2. Cada sequência de mRNA poderia ser traduzida em três quadros de leitura diferentes. Para a primeira sequência de mRNA, os códons e sequências polipeptídicas possíveis são:

   Quadro de leitura 1 5′ ~~ C C G G C U A A G A U C U G A C U A G C ~~ 3′
   — Pro— Ala— Lys — Ile   PARADA

   Quadro de leitura 2 5′ ~~ C C G G C U A A G A U C U G A C U A G C ~~ 3′
   — Ala — Leu — Arg— Ser — Asp   PARADA

   Quadro de leitura 3 5′ ~~ C C G G C U A A G A U C U G A C U A G C ~~ 3′
   — Gly   PARADA

   Para a segunda sequência de mRNA, os possíveis códons e sequências polipeptídicas são:

   Quadro de leitura 1 5′ ~~ G C U A G U C A G A U C U U A G C C G G ~~ 3′
   — Ala — Ser — Gln— Ile — Leu — Ala — Gly —

   Quadro de leitura 2 5′ ~~ G C U A G U C A G A U C U U A G C C G G ~~ 3′
   — Leu— Val — Arg— Ser   PARADA

   Quadro de leitura 3 5′ ~~ G C U A G U C A G A U C U U A G C C G G ~~ 3′
   PARADA

   Como apenas um quadro de leitura sem um códon de parada pode codificar um polipeptídeo, a segunda sequência de mRNA corresponde ao transcripto real. A sequência do polipeptídeo decodificado é –Ala–Ser–Gln–Ile–Leu–Ala–Gly–.

3. Duas ligações fosfoanidrido são hidrolisadas para cada aminoácido ativado por uma aminoacil-tRNA sintetase.

   Aminoácido + tRNA + ATP → Aminoacil-tRNA + AMP + PP_i

   PP_i + H_2O → 2 P_i

O resto da energia necessária para sintetizar a proteína é fornecido pela hidrólise do GTP: uma ligação de "alta energia" é hidrolisada na formação do complexo de iniciação 70S, outra, durante a inserção de cada aminoacil-tRNA no sítio A do ribossomo e outra em cada etapa de translocação. Como o metionil-tRNA inicial é inserido no sítio P, 599 novas inserções e 599 translocações ocorrem durante a síntese de uma proteína com 600 resíduos. Por fim, uma ligação fosfoanidrido é hidrolisada durante a liberação da cadeia polipeptídica completa do ribossomo. O número total de ligações fosfoanidrido hidrolisadas durante a síntese da proteína é:

Ativação (600 x 2)	1.200
Iniciação	1
Inserção	599
Translocação	599
Terminação	1
Total	2.400

4. A resposta depende de sua referência. Por exemplo, em relação ao ribossomo, o mRNA e os dois tRNAs são translocados por um códon tríplice. Em relação ao mRNA, é o ribossomo que é deslocado por três nucleotídeos.

5. A região da molécula de mRNA acima do verdadeiro códon de iniciação contém a sequência de Shine-Dalgarno rica em purinas, a qual é complementar de uma sequência rica em pirimidinas na extremidade 3' do componente rRNA 16S da subunidade ribossômica 30S (Figura 22.17). Posicionando corretamente a subunidade 30S no transcrito do mRNA, a sequência de Shine-Dalgarno permite a fMet-tRNA$_f^{Met}$ se ligar ao códon de iniciação. Uma vez iniciada a síntese proteica, todos os códons subsequentes de metionina são reconhecidos pelo Met-tRNA^{Met}.

6. Não, porque a iniciação adequada da tradução em células de *E. coli* necessita da sequência de Shine-Dalgarno localizada na região 5' não traduzida do mRNA. Como os ribossomos eucariontes não têm este requisito, é extremamente improvável que um mRNA de uma planta contivesse, por acaso, uma sequência de Shine-Dalgarno no local adequado.
Se, no entanto, a parte do gene que codifica o mRNA da planta fosse fundida com uma sequência de Shine-Dalgarno bacteriana, então o quadro de leitura aberto da proteína vegetal poderia ser traduzido adequadamente na célula bacteriana.

7. O transcrito de cada gene de rRNA é uma molécula de rRNA que é incorporada diretamente em um ribossomo. Assim, cópias múltiplas dos genes de rRNA são necessárias para montar o grande número de ribossomos que a célula requer. Em contraste, o transcrito de cada gene de proteína ribossômica é um mRNA, que pode ser traduzido várias vezes. Devido a esta amplificação do RNA em proteína, são necessários menos genes para cada proteína ribossômica do que para o rRNA.

8. Uma possível espécie de tRNA supressor inclui todas aquelas que reconhecem códons que diferem de UAG por um só nucleotídeo, ou seja, tRNAs cujos anticódons diferem por apenas um nucleotídeo da sequência CUA, que é complementar ao códon de parada UAG. tRNA^{Gln}, tRNA^{Lys} e tRNA^{Gln} reconhecem códons que diferem apenas na primeira posição (códons CAG, AAG e GAG, respectivamente). tRNA^{Leu}, tRNA^{Ser} e tRNA^{Trp} reconhecem códons que diferem apenas na segunda posição (UUG, UCG e UGG, respectivamente). tRNA^{Tyr} reconhece códons que diferem apenas na terceira posição (UAU ou UAC).
Uma célula que contenha um tRNA supressor pode sobreviver, apesar da perda de um tRNA normal, porque a célula possui moléculas isoaceptoras de tRNA que transportam o mesmo aminoácido. Embora o tRNA supressor possa, ocasionalmente, inserir um aminoácido em um códon de parada de ocorrência normal, a proteína resultante, que é maior do que o produto normal do gene, em geral não é letal à célula. Na verdade, linhagens de *E. coli* que contêm tRNAs supressores sobrevivem, mas com frequência, não são tão saudáveis quanto as linhagens selvagens.

9. (a) Aminoacil-tRNA sintetases – as enzimas que se ligam aos tRNAs e catalisam a aminoacilação.
(b) IF-2 nas bactérias e eIF-2 nos eucariontes, uma proteína que se liga ao tRNA iniciador aminoacilado e carrega-o para dentro do sítio P do ribossomo durante a iniciação da tradução.

(c) EF-Tu nas bactérias e EF-1α nos eucariontes – uma proteína que se liga aos tRNAs carregados e os transportam para dentro do sítio A dos ribossomos durante o alongamento dos polipeptídeos.

(d) Ribossomos. Esses grandes complexos de RNA e proteína contêm dois sítios que podem ligar-se especificamente aos tRNAs, o sítio A e o sítio P.

(e) mRNA – tRNAs se ligam ao mRNA através de ligações de hidrogênio códon-anticódon. As enzimas que modificam resíduos específicos em tRNAs individuais durante o processo de maturação também precisam ser capazes de se ligar aos tRNAs.

10. Em circunstâncias normais, quando a máquina de tradução encontra UGA no mRNA de RF-2, o RF-2 reconhece o códon de parada e encerra a síntese proteica. Quando a concentração celular de RF-2 é baixa, contudo, o ribossomo faz uma pausa no códon de terminação, desloca o quadro e continua traduzindo mRNA do RF-2 para produzir a proteína funcional inteira. Assim, a presença do códon de parada encoraja o deslocamento do quadro de tradução na ausência de RF-2 e permite que RF-2 controle sua própria produção.

11. (a) Se a região líder inteira fosse deletada, a atenuação seria impossível, e a transcrição poderia ser controlada exclusivamente pelo repressor *trp*. A velocidade total de transcrição do operon *trp* aumentaria.

(b) Se a região codificadora do peptídeo líder fosse deletada, a transcrição seria controlada exclusivamente pelo repressor *trp*. A exclusão da sequência codificadora do peptídeo líder removeria a Sequência 1 permitindo, assim, que um grampo 2-3 estável se formasse. Como nem o sítio de pausa (grampo 1-2) nem o terminador (grampo 3-4) poderiam se formar, os transcritos iniciados iriam sempre se estender para dentro do operon *trp*.

(c) Se a região líder não contiver um codon AUG, raramente o operon seria transcrito. Devido à ausência do códon de iniciação, o peptídeo líder não seria sintetizado e os grampos 1-2 e 3-4 iriam, quase sempre, se formar levando à terminação da transcrição.

12. Não, isto é difícil de imaginar. Uma das características importantes do modelo de atenuação é que, normalmente, um ou mais códons no peptídeo líder codificam o aminoácido que é codificado por aquele operon. É a escassez ou a abundância relativa de tRNAs aminoacilados específicos que modula a atenuação. Os produtos do operon *lac* não participam diretamente da biossíntese dos aminoácidos, de modo que não esperaríamos que os níveis celulares de uma classe de tRNAs aminoacilados variassem com a atividade do operon.

13. A presença de códons especificadores de valina e leucina nas regiões líderes dos operons de isoleucina sugere que uma escassez desses aminoácidos iria promover a transcrição dos genes para a biossíntese de isoleucina. Várias das enzimas necessárias para esta síntese também são requeridas nas vias da valina e da leucina (Seção 18.5A). Logo, mesmo quando a concentração de isoleucina é alta, uma baixa concentração de valina ou de leucina garante que a transcrição do operon da isoleucina não termine prematuramente.

14. À medida que a proteína recém-sintetizada é expulsa do ribossomo, o peptídeo-sinal N-terminal é reconhecido e ligado a uma partícula de reconhecimento de sinal (SRP). Tradução adicional é inibida até que a SRP se ligue a seu receptor na face citossólica do retículo endoplasmático. Riboforinas ancoram o ribossomo neste retículo. Quando a tradução recomeça, a cadeia polipeptídica passa através de um poro para o lúmen. Se o polipeptídeo não passar completamente pela membrana, o resultado é uma proteína integral de membrana com seu N-terminal no lúmen do retículo endoplasmático e seu C-terminal no citosol.

A glicosilação de resíduos específicos ocorre no lúmen do retículo endoplasmático e no complexo de Golgi. A proteína, ainda embutida na membrana, é transportada entre o retículo endoplasmático e o complexo de Golgi, em vesículas de transporte que emergem do retículo endoplasmático.

Vesículas secretoras transportam a proteína completamente glicosilada do complexo de Golgi para a membrana plasmática. Quando as vesículas se fundem com esta membrana, a porção N-terminal da proteína – que estava no lúmen – fica exposta ao espaço extracelular e a porção C-terminal permanece no citosol.

15. Sim. Uma sequência sinalizadora de secreção hidrofóbica localizada no N-terminal de uma proteína é necessária e suficiente para entrar na via secretora da célula.

16. O anticódon do tRNA iniciador emparelha com GUG pela formação de um par de bases G/U entre o nucleotídeo 5′ do códon e a posição 3′ do anticódon.

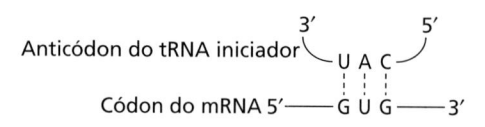

$$\text{Anticódon do tRNA iniciador } 3'\text{-U A C-}5'$$
$$\text{Códon do mRNA } 5'\text{---G U G---}3'$$

Essa interação não tem relação com a oscilação, pois a posição 5′ do anticódon é a posição oscilante.

Glossário de termos bioquímicos

α-hélice. Estrutura secundária comum de proteínas, em que o oxigênio da carbonila de cada resíduo de aminoácido (resíduo n) forma uma ligação de hidrogênio com o hidrogênio do grupo amida do quarto resíduo seguinte na direção do C-terminal da cadeia polipeptídica (resíduo $n + 4$). Em uma hélice com giro para a direita ideal, posições equivalentes ocorrem a cada 0,54 nm, cada resíduo de aminoácido avança a hélice por 0,15 nm ao longo do seu eixo longitudinal, e há 3,6 resíduos de aminoácidos por volta da hélice.

ΔG. Veja variação da energia livre de Gibbs.

ΔG°'. Veja variação da energia livre de Gibbs padrão.

Δp. Veja força próton-motriz.

ΔΨ. Veja potencial de membrana.

ϕ (fi). O ângulo de rotação em torno da ligação entre o carbono-α e o nitrogênio de um grupo peptídico.

Ψ (psi). Ângulo de rotação em torno de uma ligação entre o carbono-α e o carbono carbonílico de um grupo peptídico.

aceleração da velocidade. Razão entre a constante de velocidade de uma reação em presença de enzima (k_{cat}) dividida pela constante de velocidade da mesma reação na ausência de enzima (k_n). O valor da aceleração da velocidade é uma medida da eficiência de uma enzima.

ácido. Substância que pode doar prótons. Um ácido é convertido em sua base conjugada pela perda de um próton. [A teoria de Lewis define ácido como um aceptor de um par de elétrons (ácido de Lewis).]

ácido conjugado. Produto resultante do ganho de um próton por uma base.

ácido graxo essencial. Ácido graxo que não pode ser sintetizado pelo animal e precisa ser obtido em sua dieta.

ácido graxo insaturado. Ácido graxo com, pelo menos, uma ligação dupla carbono-carbono. Um ácido graxo insaturado com apenas uma ligação dupla carbono-carbono é chamado monoinsaturado. Um ácido graxo com duas ou mais ligações duplas carbono-carbono é dito poli-insaturado. Em geral, as ligações duplas dos ácidos graxos insaturados são de configuração *cis* e são separadas, umas das outras, por grupos metileno ($–CH_2–$).

ácido graxo monoinsaturado. Ácido graxo insaturado com apenas uma ligação dupla carbono-carbono.

ácido graxo poli-insaturado. Ácido graxo insaturado, com duas ou mais ligações duplas carbono-carbono.

ácido graxo saturado. Ácido graxo que não contém uma ligação dupla carbono-carbono.

ácido graxo. Hidrocarboneto alifático de cadeia longa com um grupo carboxílico no final. Ácidos graxos são o tipo mais simples de lipídeos e são componentes de vários lipídeos mais complexos, incluindo os triacilgliceróis, os glicerofosfolipídeos, os esfingolipídeos e as ceras.

ácido nucleico. Polímero composto de resíduos de nucleotídeos ligados em sequência linear por ligações 3' → 5' fosfodiéster. DNA e RNA são ácidos nucleicos compostos por resíduos de desoxirribonucleotídeos e ribonucleotídeos, respectivamente.

ácido ribonucleico (RNA). Polímero constituído por resíduos de ribonucleotídeos ligados por ligações 3' → 5' fosfodiéster. O açúcar na molécula de RNA é a ribose. A informação genética contida no DNA é transcrita na síntese do RNA; parte dele (mRNA) é traduzido na síntese proteica.

ácido ribonucleico mensageiro. Veja mRNA.

ácido ribonucleico transportador. Veja tRNA.

ACP. Veja proteína carreadora de acila.

adipócito. Célula de armazenamento de triacilglicerol encontrada em animais. Um adipócito consiste em uma gotícula de gordura rodeada por uma casca fina de citosol, no qual o núcleo e outras organelas estão suspensos.

aeróbico. Que ocorre na presença de oxigênio.

aeróbio obrigatório. Organismo que necessita da presença de oxigênio para sobreviver.

agente caotrópico. Substância que aumenta a solubilidade de compostos apolares em água pelo rompimento da regularidade das ligações de hidrogênio entre as moléculas da água. Soluções concentradas de agentes caotrópicos, como ureia e sais de guanidino, diminuem o efeito hidrofóbico e são, portanto, desnaturantes eficazes de proteínas.

agente desacoplador. Composto que rompe a forte conexão que usualmente existe entre transporte de elétrons e fosforilação do ADP.

agente intercalante. Composto contendo, em sua estrutura, um anel plano capaz de se posicionar entre dois pares de bases empilhados do DNA. Os agentes intercalantes distorcem a estrutura do DNA, desenovelando parcialmente a dupla-hélice.

agente mutagênico. Agente que pode causar dano ao DNA.

agente oxidante. Substância que aceita elétrons em uma reação de oxidação-redução e assim se reduz.

agente redutor. Substância que perde elétrons em uma reação de oxidação-redução e que, portanto, fica oxidada.

ajuste induzido. Ativação de uma enzima por uma mudança conformacional iniciada pelo substrato.

alça (*loop*). Região não repetitiva de polipeptídeo que conecta estruturas secundárias na molécula de proteína e proporciona as mudanças direcionais necessárias para que a proteína globular adquira sua forma compacta. As alças possuem de 2 a 16 resíduos. Alças curtas, de até cinco resíduos, são frequentemente chamadas voltas.

aldoses. Classe de monossacarídeos em que o átomo de carbono mais oxidado, designado C-1, é aldeídico.

amido. Homopolímero de resíduos de glicose, é um polissacarídeo de armazenamento em vegetais. Há duas formas de amido: amilose, um polímero não ramificado de glicose unido por ligações α-(1 → 4), e amilopectina, um polímero ramificado de glicose unido por ligações α-(1 → 4), com ligações α-(1 → 6) nos pontos de ramificação.

amiloplasto. Cloroplastos modificados que se especializam na síntese de amido.

aminoácido. Ácido orgânico consistindo em um átomo de carbono (α) ao qual estão ligados um grupo amino, um grupo carboxilato, um átomo de hidrogênio e uma cadeia lateral específica (Grupo R). Os aminoácidos são os blocos construtores das proteínas.

aminoácido essencial. Aminoácido que não pode ser sintetizado pelo animal e precisa ser obtido em sua dieta.

aminoácido não essencial. Aminoácido que pode ser produzido por animais em quantidade suficiente para atender a suas necessidades metabólicas.

aminoacil-tRNA sintetase. Enzima que catalisa a ativação e a ligação de um aminoácido específico à extremidade 3' de uma molécula de tRNA correspondente.

anaeróbio facultativo. Organismo capaz de sobreviver na presença ou na ausência de oxigênio.

anaeróbio obrigatório. Organismo que necessita de ambiente sem oxigênio para sobreviver.

análise de aminoácidos. Procedimento cromatográfico usado para a separação e a quantificação de aminoácidos em soluções, como as de proteínas hidrolisadas.

análogo do estado de transição. Composto que se assemelha ao estado de transição. Caracteristicamente, análogos do estado de transição se ligam de modo extremamente forte aos sítios ativos de enzimas apropriadas e, assim, agem como inibidores potentes.

anfipático. Descreve uma molécula que possui tanto regiões hidrofóbicas como hidrofílicas.

angstrom (Å). Unidade de comprimento igual a 1×10^{-10} m, ou 0,1 nm.

anidrido de ácido. Produto formado pela condensação de duas moléculas de ácido.

ânion. Íon com carga negativa.

anodo. Eletrodo carregado positivamente. Na eletroforese, ânions movem-se em direção ao anodo.

anômeros. Isômeros de uma molécula de açúcar com configurações diferentes apenas no átomo de carbono anomérico.

antibiótico. Composto produzido por um organismo, que é tóxico para outros. Antibióticos clinicamente úteis devem ser específicos para os patógenos e não devem afetar o hospedeiro humano.

anticódon. Sequência de três nucleotídeos na alça do anticódon de uma molécula de tRNA. O anticódon se liga ao códon complementar no mRNA durante a tradução.

anticorpo. Glicoproteína sintetizada por certas células brancas do sangue como parte do sistema de defesa imunológica. Os anticorpos se ligam especificamente aos compostos estranhos, chamados antígenos, formando complexos antígeno-anticorpo que marcam o antígeno para a destruição. Também conhecidos como imunoglobulinas.

anticorpos catalíticos. Moléculas de anticorpos que foram geneticamente manipuladas para catalisar reações envolvendo o antígeno.

antígeno. Molécula, ou parte dela, reconhecida especificamente por um anticorpo.

antiporte. Cotransporte de duas espécies diferentes de íons ou moléculas, em direções opostas, através de uma membrana, por uma proteína de transporte.

apoproteína. Proteína cujo(s) cofator(es) está(ão) ausente(s). Sem o(s) cofator(es), a apoproteína perde a atividade biológica característica da holoproteína correspondente.

apoptose. A morte programada da célula.

atenuação. Mecanismo de regulação da expressão gênica que acopla tradução e transcrição. Geralmente, a tradução de um pequeno quadro de leitura no início de um operon procariótico determinará se a transcrição terminará antes que o resto do operon seja transcrito.

ativação por antecipação (*feedforward activation*) Ativação de uma enzima em uma via metabólica por um metabólito produzido anteriormente na mesma via.

ativador. *Veja* ativador de transcrição.

ativador de transcrição. Proteína reguladora ligadora de DNA, que aumenta a velocidade da transcrição aumentando a atividade da RNA polimerase em promotores específicos.

átomo pró-quiral. Átomo com vários substituintes, dois dos quais são idênticos. Um átomo pró-quiral pode se tornar quiral se um dos substituintes idênticos for trocado.

átomo quiral. Átomo com substituição assimétrica, que pode existir em duas conformações diferentes.

autofosforilação. Fosforilação de uma proteína quinase catalisada por outra molécula da mesma quinase.

autossomo. Qualquer cromossomo não sexual.

autótrofo. Um organismo que pode crescer e se reproduzir usando apenas substâncias inorgânicas (como CO_2) como sua única fonte de elementos essenciais.

bacteriófago. Vírus que infecta uma célula bacteriana.

"balsa (*raft*) de lipídeos". Faixa de membrana rica em colesterol e esfingolipídeos.

base. 1. Uma substância que pode aceitar prótons. Uma base é convertida em seu ácido conjugado pela adição de um próton. [A teoria de Lewis define base como um doador de um par de elétrons (Base de Lewis).] 2. A pirimidina ou a purina substituída em um nucleosídeo ou nucleotídeo. As bases heterocíclicas de nucleosídeos e nucleotídeos podem participar de ligações de hidrogênio.

base conjugada. Produto resultante da perda de um próton por um ácido.

base de Schiff. Complexo formado pela condensação reversível de uma amina primária com um aldeído (formando uma aldimina) ou uma cetona (formando uma cetimina).

bicamada lipídica. Dupla camada de lipídeos na qual as caudas hidrofóbicas se associam a outras no interior da bicamada e os grupos da cabeça polar se posicionam para fora, em direção ao ambiente aquoso. As bicamadas lipídicas são as bases estruturais das membranas biológicas.

bile. Suspensão de sais biliares, pigmentos biliares e colesterol que se origina no fígado e é armazenada na vesícula. A bile é secretada para dentro do intestino delgado durante a digestão.

bioenergética. Estudo das trocas de energia nos sistemas biológicos.

biopolímero. Macromolécula biológica em que muitas moléculas pequenas, idênticas ou semelhantes, são covalentemente ligadas entre si para formar uma cadeia longa. Proteínas, polissacarídeos e ácidos nucleicos são biopolímeros.

bolha de transcrição. Região curta do DNA de fita dupla que é desnaturada pela RNA polimerase durante a transcrição.

braço D. A estrutura em forma de grampo (haste com alça em sua extremidade) na molécula de tRNA, que contém resíduos de di-hidrouridilato (D).

braço do anticódon. Estrutura em forma de grampo (haste com alça em sua extremidade) em uma molécula de tRNA, que contém o anticódon.

braço TΨC. Estrutura em grampo em uma molécula de tRNA que contém a sequência ribotimidilato-pseudouridilato-citidilato (TΨC).

braço variável. Braço de uma molécula de tRNA localizado entre o braço do anticódon e o braço TΨC. O tamanho do braço variável pode variar de cerca de 3 a 21 nucleotídeos.

C-terminal. Resíduo de aminoácido que carrega um grupo carboxílico livre em uma das extremidades de uma cadeia peptídica. É também chamado de terminação carboxílica.

cadeia respiratória de transporte de elétrons. Série de complexos enzimáticos e cofatores associados que são carreadores de elétrons, passando-os de coenzimas ou substratos reduzidos para oxigênio molecular (O_2), o aceptor final de elétrons no metabolismo aeróbico.

caixa TATA. Sequência de DNA rica em A/T encontrada no promotor de genes procariontes e eucariontes.

calor de vaporização. Quantidade de calor necessária para evaporar 1 grama de um líquido.

calor específico. Quantidade de calor necessária para aumentar em 1 °C a temperatura de 1 grama de uma substância.

caloria (cal). A quantidade de energia necessária para elevar em 1 °C (de 14,5 °C para 15,5 °C) a temperatura de 1 grama de água. Uma caloria é igual a 4,184 J.

CAM. *Veja* metabolismo do ácido crassuláceo.

canal. Proteína de membrana integral com uma passagem central aquosa, que permite que moléculas e íons de tamanho apropriado atravessem a membrana em ambas as direções. É também chamado de poro.

canal iônico controlado por ligante (*ligand-gated*). Canal iônico de membrana que se abre ou se fecha em resposta à ligação de um ligante específico.

canalização. *Veja* canalização metabólica.

canalização metabólica. Transferência do produto de uma reação de uma enzima multifuncional ou de um complexo multienzimático diretamente ao próximo sítio ativo ou enzima, sem passar pelo solvente. A canalização aumenta a velocidade de um caminho reacional pela redução do tempo em que um intermediário transita até a próxima enzima e pela produção de altas concentrações locais do intermediário.

capacidade de tamponamento. A capacidade de uma solução resistir a mudanças de pH. Dado um tampão, sua capacidade máxima de tamponamento é alcançada no pH em que as concentrações do ácido fraco e de sua base conjugada são iguais (ou seja, quando pH = pK_a).

carbânion. Um ânion de carbono que resulta da quebra de uma ligação covalente entre dois átomos de carbono, em que os dois elétrons da ligação permanecem com um desses átomos.

carbocátion. Um cátion de carbono que resulta da quebra de uma ligação covalente entre dois átomos de carbono, em que um desses átomos perde os dois elétrons da ligação.

carboidrato. Em uma definição simplista, um composto que é um hidrato de carbono em que a proporção de C:H:O é de 1:2:1. Os carboidratos incluem os açúcares monoméricos (ou seja, os monossacarídeos) e seus polímeros. Também são chamados de sacarídeos.

carbono anomérico. Átomo de carbono mais oxidado de um monossacarídeo cíclico. O carbono anomérico tem a reatividade química de um grupo carbonila.

cascata. Ativação sequencial de vários componentes, resultando na amplificação do sinal.

catálise ácido-base. Catálise na qual a transferência de um próton acelera a reação.

catálise covalente. Catálise em que um substrato, ou parte dele, forma uma ligação covalente com o catalisador e, em seguida, é transferido a um segundo substrato. Várias reações enzimáticas de transferência de grupo ocorrem via catálise covalente.

cátion. Íon com carga positiva.

catodo. Eletrodo negativamente carregado. Na eletroforese, os cátions se movem em direção ao catodo.

cauda poli-A. Trecho de poliadenilato, com até 250 resíduos de nucleotídeos, adicionado à terminação 3' de uma molécula de mRNA eucarionte após a transcrição.

cDNA. *Veja* DNA complementar.

centro catalítico. Os aminoácidos polares no sítio ativo de uma enzima que participam das modificações químicas durante a catálise.

centro de reação. Complexo de proteínas, cofatores de transporte de elétrons e um par especial de moléculas de clorofila que forma o cerne de um fotossistema. O centro de reação é o local de conversão de energia fotoquímica em energia eletroquímica durante a fotossíntese.

centro de reação tipo I. Par especial de moléculas de clorofila e cadeia de transferência de elétrons associada, encontrados no fotossistema I.

centro de reação tipo II. Centro de reação encontrado no fotossistema II.

centro reativo. Parte de uma coenzima à qual grupos metabólicos móveis se ligam.

cera. Éster apolar, que consiste em um álcool mono-hidroxílico de cadeia longa e um ácido graxo de cadeia longa.

ceramida. Molécula que consiste em um grupo acila derivado de ácido graxo ligado ao grupo amino do C-2 da esfingosina através de uma ligação amida. As ceramidas são os precursores metabólicos de todos os esfingolipídeos.

cerebrosídeo. Glicoesfingolipídeo que contém um resíduo de monossacarídeo ligado por uma ligação β-glicosídica ao C-1 da ceramida. Os cerebrosídeos são abundantes no tecido nervoso e encontrados nas bainhas de mielina.

cetogênese. Via de síntese dos corpos cetônicos a partir do acetil-CoA na matriz mitocondrial dos mamíferos.

cetoses. Classe de monossacarídeos em que o átomo de carbono mais oxidado, geralmente C-2, é cetônico.

chaperona. Proteína que forma complexos com cadeias polipeptídicas recentemente sintetizadas e auxilia seu correto enovelamento para alcançar as conformações biologicamente funcionais. As chaperonas também podem evitar a formação de intermediários incorretamente enovelados e a agregação incorreta de subunidades proteicas não montadas, auxiliam a translocação de cadeias polipeptídicas através das membranas, e a montagem e desmontagem de grandes estruturas multiproteicas.

chaperona molecular. *Veja* chaperona.

ciclo Calvin-Benson. *Veja* ciclo de Calvin.

ciclo da ureia. Ciclo metabólico formado por quatro reações catalisadas por enzima, que converte nitrogênio de amônia e aspartato em ureia. Durante a formação de uma molécula de ureia são consumidos quatro equivalentes de ATP.

ciclo de Calvin. Ciclo de reações que envolvem a fixação do dióxido de carbono e a produção de gliceraldeído 3-fosfato. É geralmente associado à fotossíntese. Também conhecido como ciclo de Calvin-Benson, rota C3 e ciclo redutor de pentoses fosfato (RPP).

ciclo de Cori. Ciclo metabólico entre órgãos que recicla carbono e transporta energia do fígado para os tecidos periféricos. A glicose é liberada pelo fígado e metabolizada para produzir ATP em outros tecidos. O lactato resultante retorna então ao fígado para reconversão da glicose por gliconeogênese.

ciclo de Krebs. *Veja* ciclo do ácido cítrico.

ciclo do ácido cítrico. Ciclo metabólico que consiste em oito reações catalisadas por enzimas, e oxida completamente as unidades acetila a CO_2. A energia liberada nas reações de oxidação é conservada sob a forma de poder redutor quando as coenzimas $NAD^{\oplus}$ e ubiquinona (Q) são reduzidas. A oxidação de uma molécula de acetil-CoA no ciclo do ácido cítrico gera três moléculas de NADH, uma molécula de QH_2 e uma molécula de GTP ou de ATP. É chamado também ciclo de Krebs e ciclo do ácido tricarboxílico.

ciclo do ácido tricarboxílico. *Veja* ciclo do ácido cítrico.

ciclo do glioxilato. Variação do ciclo do ácido cítrico que ocorre em algumas plantas, bactérias e leveduras e permite a produção de glicose a partir de acetil-CoA, via oxalacetato. O ciclo do glioxilato evita as duas etapas de produção do CO_2 do ciclo do ácido cítrico.

ciclo do nitrogênio. Fluxo de nitrogênio que parte do N_2 para os óxidos de nitrogênio ($NO_2^{\ominus}$ e $NO_3^{\ominus}$), amônia, biomoléculas nitrogenadas e volta ao N_2.

ciclo do substrato. Par de reações opostas que catalisa um ciclo entre dois intermediários de uma via.

ciclo Q. Rota cíclica proposta para explicar a sequência de transferências de elétrons e movimentos de prótons no Complexo III da mitocôndria ou no complexo citocromo *bf* nos cloroplastos. O resultado líquido das duas etapas do ciclo Q é a oxidação de duas moléculas de QH_2 ou de plastoquinol (PQH_2); a formação de uma molécula de QH_2 ou de PQH_2; a transferência de dois elétrons e a translocação líquida de quatro prótons, através da membrana mitocondrial interna para o espaço intermembranar, ou através da membrana tilacoide para o lúmen.

citoesqueleto. Rede de proteínas que contribui para a estrutura e a organização de uma célula eucarionte.

citoplasma. A parte da célula envolta pela membrana plasmática, com exceção do núcleo.

citosol. A porção aquosa do citoplasma sem as estruturas subcelulares.

clonagem. A geração de várias cópias idênticas de uma molécula, célula ou organismo. O termo "clonagem", às vezes, se refere ao processo completo de construção e propagação de uma molécula de DNA recombinante.

clone. Uma das cópias idênticas derivadas de replicação ou reprodução de uma só molécula, célula ou organismo.

cloroplasto. Organela que contém clorofila existente em células de algas e plantas, que é o sítio da fotossíntese.

código genético. Correspondência entre um dado códon de três nucleotídeos e o aminoácido que ele especifica. O código genético padrão de 64 códons está em quase todos os organismos. O código genético é usado para traduzir em proteína a sequência de nucleotídeos no mRNA.

códon de iniciação. Códon que especifica o local de início para a síntese proteica. O códon da metionina (AUG) é o códon de iniciação mais comum.

códon de terminação. Um códon, reconhecido por proteínas específicas, que faz os peptídeos recentemente sintetizados serem liberados do aparato de tradução encerrando-a. Os três códons de terminação (UAG, UAA e UGA) são chamados também códons de parada ou *stop*.

códon. Sequência de três resíduos de nucleotídeos no mRNA (ou DNA), que especifica um aminoácido em particular, de acordo com o código genético.

códons sinônimos. Códons diferentes que especificam o mesmo aminoácido.

coeficiente de permeabilidade. Medida da capacidade de um íon ou de uma molécula pequena se difundir através da bicamada lipídica.

coenzima. Molécula orgânica necessária à plena atividade de uma enzima. Coenzimas podem ser classificadas como cossubstratos ou grupos prostéticos.

coenzima A. Coenzima grande, usada na transferência de grupos acila.

coenzima proteica. Proteína que não catalisa reações por si mesma, mas é necessária à ação de certas enzimas.

cofator. Íon inorgânico ou molécula orgânica requeridos por uma apoenzima para convertê-la em uma holoenzima. Há dois tipos de cofatores: íons essenciais e coenzimas.

combustível metabólico. Composto pequeno, que pode ser catabolizado para liberar energia. Em organismos multicelulares, os combustíveis metabólicos podem ser transportados entre os tecidos.

complexo de coleta de luz (LHC, do inglês *light harvesting complex*). Grande complexo de pigmentos na membrana tilacoide que auxilia o fotossistema a absorver luz.

complexo de Golgi. Complexo de bolsas achatadas e membranosas, cheias de fluidos, existente nas células eucariontes e encontrado com frequência perto do retículo endoplasmático. O complexo de Golgi participa na modificação, na separação e no endereçamento das proteínas.

complexo de iniciação da tradução. Complexo formado por subunidades ribossômicas, um mRNA molde, uma molécula de tRNA iniciador e fatores de iniciação, que se unem no início da síntese proteica.

complexo de iniciação da transcrição. Complexo formado pela RNA polimerase e por outros fatores, que se une ao promotor no início da transcrição.

complexo de tradução. Complexo formado por um ribossomo e fatores proteicos, que efetua a tradução do mRNA *in vivo*.

complexo enzima-substrato (ES). Complexo formado quando moléculas do substrato se ligam de forma não covalente ao sítio ativo de uma enzima.

complexo multienzimático. Proteína oligomérica que catalisa várias reações metabólicas.

composto cetogênico. Um composto, como um aminoácido, que pode ser degradado para formar acetil-CoA e assim contribuir para a síntese de ácidos graxos ou de corpos cetônicos.

composto glicogênico. Composto, como um aminoácido, que pode ser usado para a gliconeogênese em animais.

composto rico em energia. Composto cuja hidrólise ocorre com grande variação negativa de energia livre (igual ou maior do que a do ATP: ADP + P_i).

concentração molecular (*molecular crowding*). Redução na velocidade de difusão que ocorre quando as moléculas colidem umas com as outras.

condensação. Reação que envolve a união de duas ou mais moléculas com a eliminação de água, álcool ou outra substância simples.

configuração. Arranjo espacial de átomos que não pode ser alterado sem a quebra e a recomposição de ligações covalentes.

conformação. Qualquer estrutura tridimensional ou arranjo espacial de uma molécula, que resulta da rotação de grupos funcionais em torno de ligações simples. Como a rotação em torno de ligações simples é livre, uma molécula pode, teoricamente, assumir diversas conformações.

constante catalítica (k_{cat}). Uma constante cinética que mede a rapidez com que uma enzima catalisa uma reação, quando saturada com seu(s) substrato(s). A constante catalítica é igual à velocidade máxima (V_{max}) dividida pela concentração total da enzima ($[E]_{total}$) ou ao número de moles do substrato convertido a produto por mol de sítios ativos da enzima por segundo, em condições de saturação. É chamada também de número de *turnoVeja* ou número de renovação.

constante de dissociação ácida (K_a). Constante de equilíbrio para a dissociação de um próton de um ácido.

constante de equilíbrio (K_{eq}). Razão entre as concentrações dos produtos e dos reagentes no equilíbrio. A constante de equilíbrio está relacionada com a variação da energia livre de Gibbs padrão.

constante de especificidade. *Veja* k_{cat}/K_m.

constante de inibição (K_i). Constante de equilíbrio para a dissociação de um inibidor de um complexo enzima-inibidor.

constante de Michaelis (K_m). Concentração do substrato, que resulta em uma velocidade inicial (v_0) igual à metade da velocidade máxima (V_{max}) para uma dada reação.

cooperatividade. 1. Fenômeno em que a ligação de um ligante ou molécula de substrato a uma proteína influencia a afinidade desta por outras moléculas da mesma substância. A cooperatividade pode ser positiva ou negativa. 2. Fenômeno em que a formação de estrutura em uma parte de uma macromolécula promove a formação da estrutura no restante da molécula.

corpos cetônicos. Moléculas pequenas sintetizadas no fígado a partir do acetil-CoA. Durante períodos de falta de alimento, os corpos cetônicos β-hidroxibutirato e acetoacetato se tornam os principais combustíveis metabólicos.

correpressor. Ligante que se liga ao repressor de um gene, fazendo que ele se ligue ao DNA e impeça a transcrição.

cossubstrato. Uma coenzima que atua como substrato em uma reação catalisada por enzima. No decorrer da reação, um cossubstrato é alterado e se desliga do sítio ativo da enzima. A forma original do cossubstrato pode ser regenerada numa reação subsequente, catalisada por enzima.

cotransporte. Transporte acoplado de duas espécies diferentes de soluto através de uma membrana, na mesma direção (simporte) ou em direções opostas (antiporte), efetuado por uma proteína transportadora.

cristalografia de raios X. Técnica usada para determinar as estruturas secundária, terciária e quaternária de macromoléculas biológicas. Na cristalografia de raios X, um cristal da macromolécula é bombardeado com raios X, os quais são difratados e, em seguida, detectados eletronicamente ou por um filme. A estrutura atômica é deduzida por análise matemática do padrão de difração.

cromatina. Complexo de DNA e proteína no núcleo de células eucariontes.

cromatografia. Técnica usada para separar os componentes de uma mistura, baseada na partição destes entre uma fase móvel (que pode ser um líquido ou um gás) e uma fase estacionária (que pode ser um líquido ou um sólido).

cromatografia a gás. Técnica cromatográfica usada para separar os componentes de uma mistura, baseada na partição destes em fase gasosa e uma fase estacionária, que pode ser um líquido ou um sólido.

cromatografia de troca iônica. Técnica cromatográfica usada para separar uma mistura de espécies iônicas em solução, usando uma matriz carregada. Na cromatografia de troca aniônica, uma matriz positivamente carregada se liga ao soluto de carga negativa; na cromatografia de troca catiônica, uma matriz negativamente carregada se liga ao soluto de carga positiva. As espécies ligadas podem ser eluídas da matriz em sequência, alterando gradualmente o pH ou aumentando a concentração salina do solvente.

cromatografia em coluna. Técnica para purificação de proteínas. *Veja* cromatografia por afinidade, cromatografia por filtração em gel, cromatografia de troca iônica, HPLC.

cromatografia líquida de alto desempenho (HPLC, do inglês *high performance liquid chromatography*). Técnica cromatográfica usada para separar componentes de uma mistura, em que se dissolve a mistura em um solvente líquido e se força sua passagem através de uma coluna cromatográfica sob alta pressão.

cromatografia por afinidade. Técnica cromatográfica usada para separar uma mistura de proteínas ou outras macromoléculas em solução com base na ligação específica a um ligante covalentemente unido à matriz cromatográfica.

cromatografia por filtração em gel. Técnica cromatográfica usada para separar uma mistura de proteínas ou outras macromoléculas em solução, com base no tamanho molecular, usando uma matriz de grânulos porosos. É chamada também de cromatografia de exclusão molecular.

cromossomo. Molécula única de DNA contendo muitos genes. Um organismo pode ter um genoma que seja formado por um só cromossomo ou por vários.

curva de desnaturação. Gráfico de variação da absorbância *Vejasus* temperatura para uma molécula de DNA. A variação da absorbância indica a abertura da dupla-hélice.

dalton. Unidade de massa igual a uma unidade de massa atômica.

degeneração. Em termos do código genético, o termo degeneração se refere ao fato de que vários códons diferentes especificam o mesmo aminoácido.

degradação de Edman. Procedimento usado para determinar a sequência de resíduos de aminoácidos a partir da terminação amino livre de uma cadeia polipeptídica. O resíduo da terminação amino é quimicamente modificado, clivado da cadeia e identificado por métodos cromatográficos, recuperando-se o restante do polipeptídeo. Vários ciclos de reação permitem a identificação dos novos resíduos N-terminais gerados a cada etapa de clivagem.

desacopladores. *Veja* agente desacoplador.

desidrogenase. Enzima que catalisa a remoção de hidrogênio de um substrato ou a oxidação de um substrato. As desidrogenases são classificadas pela IUBMB na categoria das oxidorredutases.

deslocamento vertical. Distância entre um resíduo e o seguinte, ao longo do eixo de uma macromolécula helicoidal.

desnaturação. 1. Ruptura na conformação nativa de uma biomacromolécula, que resulta na perda de sua atividade biológica. 2. O completo desnovelamento e separação das fitas complementares do DNA.

detergente. Molécula anfipática que consiste em uma porção hidrofóbica e uma extremidade hidrofílica que pode ser iônica ou polar. Moléculas de detergente podem se agregar em meio aquoso, formando micelas. Também é chamado de surfactante.

dextrina-limite. Oligossacarídeo ramificado, derivado de um polissacarídeo da glicose pela ação hidrolítica da amilase ou pela ação fosforolítica da glicogênio fosforilase ou da amido fosforilase. A dextrina-limite é resistente à degradação subsequente catalisada por amilase ou fosforilase. Dextrinas-limite podem ser mais degradadas apenas após hidrólise das ligações α-$(1 \rightarrow 6)$.

diálise. Procedimento no qual solutos de baixo peso molecular em uma amostra são removidos por difusão através de uma barreira semipermeável e substituídos por solutos do meio circundante.

difusão facilitada. *Veja* transporte passivo.

difusão lateral. Movimento rápido de moléculas de lipídeos ou proteínas no plano de um folheto da bicamada lipídica.

difusão transversa. Passagem de moléculas de lipídeos ou proteínas de um folheto de uma bicamada lipídica para o outro. Ao contrário da difusão lateral dentro de um folheto da bicamada, a difusão transversa é extremamente lenta.

diploide. Que possui dois conjuntos de cromossomos ou duas cópias do genoma.

dipolo. Duas cargas iguais e opostas, separadas no espaço, resultantes de uma distribuição irregular de cargas em uma molécula ou ligação química.

DNA complementar (cDNA). DNA sintetizado a partir de um molde de mRNA por ação da transcriptase reversa.

DNA conector. A extensão de DNA (aproximadamente 54 pares de bases) entre duas partículas nucleossomais adjacentes.

DNA lixo (*junk*). Regiões do genoma sem função conhecida.

DNA recombinante. Molécula de DNA que inclui DNAs de diferentes fontes.

DNA-A. Conformação do DNA comumente observada quando, purificado, ele é desidratado. DNA-A é uma dupla-hélice com giro para a direita que contém aproximadamente 11 pares de bases por volta.

DNA-B. A conformação mais comum do DNA, proposta por Watson e Crick. DNA-B é uma dupla-hélice com giro para a direita, diâmetro de 2,37 nm e aproximadamente 10,4 pares de bases por volta da hélice.

DNA-Z. Conformação adotada por sequências de oligonucleotídeos contendo alternadamente resíduos de desoxicitidilato e desoxiguanilato. O DNA-Z é uma dupla-hélice com giro para a esquerda contendo aproximadamente 12 pares de bases por volta.

dobra. Combinação de estruturas secundárias que formam o cerne de um domínio proteico. Já foram caracterizadas várias dobras diferentes.

Dogma Central. O conceito de que o fluxo da informação do ácido nucleico para a proteína é irreversível. Esse termo é frequentemente aplicado de forma incorreta para indicar a própria rota do fluxo de informação do DNA para o RNA e para a proteína.

domínio. Unidade discreta e independente de enovelamento na estrutura terciária de uma proteína. Os domínios são, em geral, combinações de vários motivos que formam uma dobra característica.

dupla-hélice. Conformação do ácido nucleico na qual duas fitas antiparalelas do polinucleotídeo se enroscam, uma em torno da outra, para formar uma estrutura helicoidal de duas fitas estabilizada principalmente por interações de empilhamento entre pares de bases adjacentes unidos por ligações de hidrogênio.

E. *Veja* potencial de redução.

E°'. *Veja* potencial de redução padrão.

efeito Bohr. Fenômeno observado quando a exposição ao dióxido de carbono, que reduz o pH no interior das células, provoca a diminuição da afinidade da hemoglobina pelo oxigênio nas hemácias.

efeito de proximidade. Aumento na velocidade de uma reação, enzimática ou não, atribuível às altas concentrações efetivas de reagentes, que resultam em formação mais frequente de estados de transição.

efeito hidrofóbico. Exclusão, pela água, de grupos ou moléculas hidrofóbicas. Esse efeito parece depender do aumento da entropia das moléculas do solvente água, liberadas de um arranjo ordenado em torno do grupo hidrofóbico.

efeito Pasteur. Diminuição da velocidade da glicólise em presença de oxigênio.

efeito quelato. Fenômeno pelo qual a constante de ligação de um ligante que possui dois ou mais sítios de ligação para uma molécula ou átomo é maior do que a constante de ligação dos ligantes separados para a mesma molécula ou átomo.

efetor alostérico. *Veja* modulador alostérico.

eficiência catalítica. A razão entre a constante de velocidade de uma reação em presença da enzima (k_{cat}/K_m) e a constante de velocidade da mesma reação na ausência da enzima.

eicosanoide. Derivado oxigenado de um ácido graxo poliinsaturado de 20 carbonos. Os eicosanoides atuam como mensageiros de curto alcance na regulação dos vários processos fisiológicos.

elemento responsivo a hormônio. Sequência de DNA que se liga a um ativador de transcrição, o qual consiste em um complexo receptor de hormônios esteroidais.

elemento-traço. Elemento necessário aos organismos vivos em quantidade muito pequena. Exemplos incluem cobre, ferro e zinco.

eletrófilo. Espécie positivamente carregada ou deficiente em elétrons, atraída por uma espécie química com carga negativa ou com pares de elétrons desemparelhados (nucleófilos).

eletroforese. Técnica usada para separar moléculas por migração em um campo elétrico com base principalmente em suas cargas líquidas.

eletroforese em gel de poliacrilamida (PAGE, do inglês *polyacrylamide gel electrophoresis*). Técnica usada para separar moléculas de cargas líquidas e/ou tamanhos diferentes, com base em sua migração através de uma matriz de gel altamente reticulada, sob um campo elétrico.

eletroforese em gel de poliacrilamida-dodecil-sulfato de sódio (SDS-PAGE, do inglês *sodium dodecyl sulphate-polyacrylamide gel electrophoresis*). Eletroforese em gel de poliacrilamida realizada na presença do detergente dodecil-sulfato de sódio. O SDS-PAGE permite a separação de proteínas apenas pelo seu tamanho, seja qual for sua carga.

eletrólito. Uma molécula, como o NaCl, que pode se dissociar formando íons.

enantiômeros. Estereoisômeros não superponíveis a suas imagens especulares.

endocitose. Processo pelo qual a matéria é engolida pela membrana plasmática e levada para o interior da célula dentro de uma vesícula lipídica derivada da membrana.

endonuclease. Enzima que catalisa a hidrólise de ligações fosfodiéster em vários pontos das cadeias polinucleotídicas.

endonuclease de restrição. Endonuclease que catalisa a hidrólise de DNA de fita dupla em uma sequência nucleotídica específica. Endonucleases de restrição tipo I catalisam tanto a metilação do DNA hospedeiro como a clivagem de DNA não metilado, enquanto as do tipo II catalisam apenas a clivagem do DNA não metilado.

endossomos. Vesículas lisas no interior da célula, que servem de receptáculo para material endocitado.

energia de ativação. Energia necessária para promover reagentes do estado fundamental para o estado de transição, em uma reação química.

ensaio enzimático. Método usado para analisar a atividade de uma amostra de enzima. Tipicamente, a atividade enzimática é medida sob condições selecionadas de modo que a velocidade de conversão do substrato em produto seja proporcional à concentração da enzima.

entalpia (H). Função termodinâmica de estado, que descreve o conteúdo de calor do sistema.

entropia (S). Função termodinâmica de estado, que descreve a desorganização ou a desordem do sistema.

envelope nuclear. Dupla membrana que envolve o núcleo e contém complexos de poros nucleares revestidos por proteínas, os quais regulam a entrada e a saída de materiais do núcleo. A membrana externa do envelope nuclear é contínua com o retículo endoplasmático; a membrana interna é coberta por proteínas filamentosas, constituindo a lâmina nuclear.

enzima. Catalisador biológico, quase sempre uma proteína. Algumas enzimas podem necessitar de cofatores adicionais para serem ativas. Praticamente todas as reações bioquímicas são catalisadas por enzimas específicas.

enzima distributiva. Enzima que se separa do produto polimérico em formação após a adição de cada unidade monomérica e que precisa se religar ao polímero para que a polimerização continue (compare com enzima processiva).

enzima efetora. Proteína associada à membrana que produz um segundo mensageiro intracelular em resposta ao sinal de um transdutor.

enzima processiva. Enzima que permanece ligada a seu produto polimérico em crescimento durante várias etapas da polimerização (compare com enzima distributiva).

enzima regulada. Enzima localizada em um ponto crítico de uma ou mais vias metabólicas, cuja atividade pode ser aumentada ou reduzida dependendo da demanda do metabolismo. A maior parte das enzimas reguladas é oligomérica.

epímeros. Isômeros que diferem pela configuração de apenas um de seus vários centros quirais.

equação de Henderson-Hasselbach. Equação que descreve o pH de uma solução de ácido fraco e base fraca em termos do pK_a e das concentrações das formas doadora e aceptora de prótons.

equação de Michaelis-Menten. Equação de velocidade que relaciona a velocidade inicial (v_o) de uma reação enzimática à concentração do substrato ($[S]$), à velocidade máxima (V_{max}) e à constante de Michaelis (K_m).

equação de Nernst. Equação que relaciona a variação observada no potencial de redução (ΔE) à variação no potencial padrão de redução ($\Delta E°'$) de uma reação.

equação de velocidade. Expressão da relação observada entre a velocidade de uma reação e a concentração de cada reagente.

equilíbrio. Estado de um sistema em que a velocidade de conversão do substrato em produto é igual à da conversão deste no substrato. A variação da energia livre de uma reação ou sistema em equilíbrio é igual a zero.

esfera de solvatação. Camada de moléculas de solvente que envolve um íon ou soluto.

esfingolipídeo. Lipídeo anfipático com um esqueleto de esfingosina (trans-4-esfingenina). Os esfingolipídeos incluem esfingomielinas, cerebrosídeos e gangliosídeos e estão presentes em membranas vegetais e animais. São especialmente abundantes em tecidos do sistema nervoso central.

esfingomielina. Esfingolipídeo que consiste em fosfocolina ligada ao grupo hidroxila do C-1 de uma ceramida. As esfingomielinas estão presentes nas membranas plasmáticas da maioria das células de mamíferos e constituem o componente principal das bainhas de mielina.

espaço periplasmático. Região entre a membrana plasmática e a parede celular nas bactérias.

especificidade de reação. A não formação de subprodutos residuais por uma enzima. A especificidade de reação resulta em rendimentos de essencialmente 100% do produto.

espectrometria de massas por eletrospray. Técnica de espectrometria de massas em que a molécula-alvo é introduzida no detector sob a forma de gotículas finas (spray).

espectrometria de massas. Técnica que determina a massa de uma molécula.

espectroscopia de ressonância magnética nuclear (espectroscopia de RMN). Técnica usada no estudo das estruturas de moléculas em solução. Na espectroscopia de RMN, a absorção da radiação eletromagnética por moléculas submetidas a campos magnéticos de várias frequências é usada para determinar os estados de *spin* de certos núcleos atômicos.

espectroscopia de RMN. *Veja* espectroscopia de ressonância magnética nuclear.

esqueleto. 1. As unidades N–Ca–C que se repetem, unidas por ligações peptídicas em uma cadeia polipeptídica. 2. As unidades de fosfato e açúcar que se repetem, unidas por ligações fosfodiéster em ácidos nucleicos.

esquema Z. Esquema em zigue-zague que ilustra os potenciais de redução associados ao fluxo eletrônico através dos carreadores fotossintéticos de elétrons.

estabilização do estado de transição. O aumento da ligação dos estados de transição a enzimas, relativamente à ligação dos substratos ou produtos. A estabilização do estado de transição diminui a energia de ativação e, assim, contribui para a catálise.

estado de transição. Arranjo instável de átomos, de alta energia, em que as ligações químicas estão sendo formadas ou quebradas. Os estados de transição possuem estruturas intermediárias entre as dos substratos e as dos produtos da reação.

estado estacionário. Estado no qual a velocidade de síntese de um composto é igual à sua velocidade de utilização ou degradação.

estado R. A conformação mais ativa de uma proteína alostérica; o oposto do estado T.

estado T. Conformação menos ativa de uma proteína alostérica; oposta ao estado R.

estado-padrão. Um conjunto de condições de referência para uma reação química. Em bioquímica, o estado-padrão é definido como a temperatura de 298 K (25 °C), pressão de 1 atm, concentração de soluto igual a 1,0 M e pH de 7,0.

estereoespecificidade. Capacidade de uma enzima reconhecer e agir sobre apenas um estereoisômero de um substrato.

estereoisômeros. Compostos com a mesma fórmula molecular, mas arranjos espaciais diferentes dos seus átomos.

esteroide. Lipídeo contendo uma estrutura isoprenoide fundida, de quatro anéis.

esterol. Esteroide contendo um grupo hidroxila.

estômatos. Estruturas na superfície de uma folha, através das quais o dióxido de carbono se difunde diretamente para o interior das células fotossintéticas.

estroma. O interior do cloroplasto, correspondente ao citoplasma da cianobactéria ancestral.

estrutura não repetitiva. Elemento da estrutura de uma proteína na qual resíduos consecutivos não têm um conformação só, que se repete.

estrutura primária. Sequência em que os resíduos são ligados covalentemente para formar uma cadeia polimérica.

estrutura quaternária. Organização de duas ou mais cadeias polipeptídicas em uma proteína contendo múltiplas subunidades.

estrutura secundária. Regularidades nas conformações locais das macromoléculas. Nas proteínas, a estrutura secundária é mantida por ligações de hidrogênio entre grupos carbonila e amida do esqueleto polipeptídico. Nos ácidos nucleicos, a estrutura secundária é mantida por ligações de hidrogênio e interações de empilhamento entre as bases.

estrutura terciária. Compactação das cadeias poliméricas em um ou mais domínios em uma macromolécula. Nas proteínas, a estrutura terciária é estabilizada principalmente por interações hidrofóbicas entre cadeias laterais.

estruturas supersecundárias. *Veja* motivo.

etapa determinante (ou limitante) da velocidade. A etapa mais lenta em uma reação química. A etapa determinante da velocidade tem a maior energia de ativação entre as etapas que levam à formação de um produto a partir do substrato.

eucarionte. Organismo cujas células possuem geralmente um núcleo e membranas internas (compare com procarionte).

exocitose. Processo pelo qual o material destinado à secreção por uma célula é envolto por vesículas lipídicas, as quais são transportadas e fundidas com a membrana plasmática liberando o material no espaço extracelular.

éxon. Sequência nucleotídica presente no RNA primário transcrito e na molécula de RNA maduro. O termo "éxon" também se refere à região do gene que corresponde a uma sequência presente no RNA maduro (compare com íntron).

exonuclease. Enzima que catalisa a hidrólise sequencial de ligações fosfodiéster de uma extremidade de uma cadeia polinucleotídica.

extremidade redutora. Resíduo que contém um carbono anomérico livre em um polissacarídeo. Geralmente, este não contém mais do que uma extremidade redutora.

fago. *Veja* bacteriófago.

fator σ. *Veja* subunidade σ.

fator de alongamento. Proteína que participa da extensão da cadeia peptídica durante a síntese proteica.

fator de iniciação. *Veja* fator de iniciação da tradução.

fator de iniciação da tradução. Proteína que participa na formação do complexo de iniciação no início da síntese proteica.

fator de liberação. Proteína envolvida na terminação da síntese proteica.

fator de transcrição. Proteína que se liga à região do promotor, à RNA polimerase ou a ambas, durante a montagem do complexo de iniciação da transcrição. Alguns fatores de transcrição permanecem ligados durante o alongamento da cadeia de RNA.

fermentação. Catabolismo anaeróbico de metabólitos para produção de energia. Na fermentação alcoólica, piruvato é convertido em etanol e dióxido de carbono.

fibra de 30 nm. Estrutura da cromatina na qual os nucleossomos estão enrolados como um solenoide de 30 nm de diâmetro.

filamento intermediário. Estrutura composta por diferentes subunidades de proteínas, encontrada no citoplasma da maioria das células eucariontes. Os filamentos intermediários são componentes da rede citoesquelética.

fita antissenso. Em um DNA de fita dupla, a fita antissenso é aquela que não possui códons. Também chamada de fita molde. A fita oposta é chamada fita senso ou fita codificadora.

fita atrasada. (do inglês, *lagging*). Fita de DNA recentemente sintetizada, formada por polimerização descontínua 5' → 3' na direção oposta ao movimento da forquilha de replicação.

fita codificadora. Fita de DNA em um gene cuja sequência de nucleotídeos é idêntica à do RNA produzido pela transcrição (com substituição de T por U no RNA).

fita senso. No DNA de fita dupla, a fita senso é aquela que contém os códons. É chamada também fita codificadora. A fita oposta é chamada antissenso ou molde.

fita β. Uma cadeia estendida de polipeptídeo dentro de uma estrutura secundária de folha β ou tendo a mesma conformação de uma fita de uma folha β.

fita líder. A fita de DNA recentemente sintetizada, formada por polimerização contínua 5' → 3' na mesma direção do movimento da forquilha de replicação.

fita molde. Fita de DNA em um gene cuja sequência de nucleotídeos é complementar àquela do RNA transcrito. Durante a transcrição, a RNA polimerase se liga à fita molde e se move ao longo dela, na direção 3' → 5', catalisando a síntese do RNA na direção 5' → 3'.

fixação de nitrogênio. Redução do nitrogênio atmosférico a amônia. A fixação biológica de nitrogênio ocorre somente em poucas espécies de algas e bactérias.

fluorescência. Forma de luminescência na qual a radiação visível é emitida por uma molécula à medida que esta passa de um estado eletrônico mais alto para um mais baixo.

fluxo. Fluxo de material através de uma via metabólica. O fluxo depende do suprimento de substratos, da remoção de produtos e da capacidade catalítica das enzimas envolvidas na via.

focalização isoelétrica. Uma forma modificada de eletroforese, que utiliza tampões para criar um gradiente de pH no gel de poliacrilamida. Cada proteína migra para seu ponto isoelétrico (pI), ou seja, para o pH em que ela não mais apresenta uma carga total negativa ou positiva.

folha β. Estrutura secundária comum das proteínas, que consiste em cadeias polipeptídicas estendidas, estabilizadas por ligações de hidrogênio entre o oxigênio carbonílico de uma ligação peptídica e o hidrogênio amídico de outra ligação peptídica na mesma cadeia polipeptídica ou em uma cadeia adjacente. As ligações de hidrogênio são quase perpendiculares às cadeias estendidas do polipeptídeo, que podem ser paralelas (indo ambas na mesma direção N- para C-terminal) ou antiparalelas (indo em direções opostas).

folha β-pregueada. *Veja* folha β.

folheto. Camada da bicamada lipídica.

força de van der Waals. Força intermolecular fraca produzida entre átomos neutros por interações eletrostáticas transitórias. A atração de van der Waals é mais forte quando os átomos estão separados pela soma de seus raios de van der Waals; a repulsão de van der Waals forte impede maior aproximação.

força eletromotriz (FEM). Medida da diferença entre os potenciais de redução das reações ocorridas nos dois lados de uma célula eletroquímica (isto é, a diferença de voltagem produzida pelas reações).

força próton-motriz (Δp). Energia armazenada em um gradiente de concentração de prótons através de uma membrana.

forquilha de replicação. Junção em forma de Y, na qual o molde de DNA de fita dupla é aberto e novas fitas são sintetizadas durante a replicação.

fosfagênio. Fosfato de armazenamento, de "alta energia", encontrado em células musculares animais. Os fosfagênios são fosfoamidas e têm potencial de transferência de grupo fosforila mais alto do que o ATP.

fosfatase. Enzima que catalisa a remoção hidrolítica de um grupo fosforila.

fosfatidato. Glicerofosfolipídeo que consiste em dois grupos acila derivados de ácidos graxos esterificados no C-1 ou C-2 do glicerol 3-fosfato. Os fosfatidatos são intermediários metabólicos na biossíntese ou na quebra de glicerofosfolipídeos mais complexos.

fosfoanidrido. Composto formado por condensação de dois grupos fosfato.

fosfolipídeo. Lipídeo que possui uma porção fosfato.

fosfolipídeos neutros. Glicerofosfolipídeos, como a fosfatidil-colina, sem carga líquida.

fosforilação. Reação envolvendo a adição de um grupo fosforila a uma molécula.

fosforilação ao nível de substrato. Fosforilação de um nucleosídeo difosfato por transferência de um grupo fosforila de um substrato não nucleotídico.

fosforilação oxidativa. *Veja* transporte de elétrons.

fosforilase. Enzima que catalisa a clivagem de seu(s) substrato(s) via ataque nucleofílico por fosfato inorgânico (P_i) (ou seja, via fosforólise).

fosforólise. Quebra de uma ligação em uma molécula por transferência de grupo para o átomo de oxigênio de um fosfato.

foto-heterótrofo. Organismo fotossintético que necessita de moléculas orgânicas como fonte de carbono.

fotoautótrofo. Organismo fotossintético capaz de utilizar CO_2 como sua principal fonte de carbono.

fotofosforilação. Formação de ATP a partir de ADP e P_i, dependente de luz, catalisada pela ATP sintase do cloroplasto.

fóton. Quantum de energia luminosa.

fotorreativação. Reparo direto de DNA danificado por uma enzima ativada por luz visível.

fotorrespiração. Captação de O_2, dependente de luz, e subsequente metabolização do fosfoglicolato, que acontece principalmente nas plantas fotossintéticas C3. A fotorrespiração pode acontecer porque o O_2 compete com o CO_2 pelo sítio ativo da ribulose 1,5-bisfosfato carboxilase-oxigenase, a enzima que catalisa a primeira etapa do ciclo redutivo de pentoses fosfato.

fotossíntese. Conversão de energia luminosa (fótons) em energia química sob a forma de ATP e/ou NADPH.

fotossistema. Unidade funcional das reações de transferência de elétrons dependentes de luz da fotossíntese. Cada fotossistema embutido na membrana contém um centro reativo, que forma o cerne do fotossistema, e um conjunto de pigmentos-antena, que absorvem luz.

fotótrofo. Organismo capaz de converter energia luminosa em energia potencial química (ou seja, um organismo capaz de realizar fotossíntese).

fragmentos de Okazaki. Fitas relativamente curtas de DNA, produzidas durante a síntese descontínua da fita atrasada do DNA.

furanose. Monossacarídeo cuja estrutura forma um anel de cinco membros em consequência da formação de um hemiacetal intramolecular.

gangliosídeo. Glicoesfingolipídeo, no qual as cadeias de oligossacarídeos contendo ácido *N*-acetilneuramínico estão ligadas à ceramida. Os gangliosídeos estão presentes na superfície das células e dotam-nas de marcadores diferenciais de superfície que podem servir no reconhecimento celular e na comunicação célula a célula.

gene. Em uma definição simplista, é um segmento de DNA transcrito. Em alguns casos, o termo "gene" também pode ser usado para se referir a um segmento de DNA que codifica uma proteína funcional ou que corresponde a uma molécula de RNA madura.

genes de manutenção (*housekeeping*). Genes que codificam proteínas ou moléculas de RNA essenciais às atividades normais de todas as células vivas.

genoma. Conjunto completo de informação genética de um organismo. Pode ser composto por um só cromossomo ou por um conjunto de cromossomos (haploide). As mitocôndrias e os cloroplastos possuem genomas separados do núcleo das células eucariontes.

glicano. Termo geral para um oligossacarídeo ou um polissacarídeo. Um homoglicano é um polímero de resíduos de monossacarídeo idênticos; um heteroglicano é um polímero de resíduos de monossacarídeos diferentes.

glicerofosfolipídeo. Lipídeo que consiste em dois grupos acila derivados de ácidos graxos ligados a C-1 e C-2 do glicerol 3-fosfato e, na maioria dos casos, com um substituinte polar ligado ao fosfato. Os glicerofosfolipídeos são os principais componentes das membranas biológicas.

glicoconjugado. Derivado de carboidrato no qual uma ou mais cadeias de carboidrato são ligadas covalentemente a uma cadeia peptídica, proteica ou lipídica.

glicoesfingolipídeo. Lipídeo contendo porções de esfingosina e de carboidrato.

glicoformas. Glicoproteínas contendo sequências idênticas de aminoácidos, mas diferentes composições em cadeias de oligossacarídeos.

glicogênio. Homopolímero ramificado de resíduos de glicose ligados por ligações α-(1 $\rightarrow$ 4), com ligações α-(1 $\rightarrow$ 6) nos pontos de ramificação. É um polissacarídeo de armazenamento de animais e bactérias.

glicólise. Via catabólica que consiste em dez reações catalisadas por enzimas, por meio da qual uma molécula de glicose é convertida em duas de piruvato. Nesse processo, duas moléculas de ATP são formadas a partir de ADP + P_i, e duas moléculas de $NAD^{\oplus}$ são reduzidas a NADH.

gliconeogênese. Rota para síntese da glicose a partir de um precursor que não seja um carboidrato. A gliconeogênese a partir do piruvato envolve as sete reações de quase equilíbrio da glicólise realizadas na direção inversa. As três reações metabolicamente irreversíveis da glicólise são substituídas por quatro reações enzimáticas que não ocorrem na glicólise.

glicoproteína. Proteína que contém resíduos de carboidrato ligados covalentemente.

glicosaminoglicano. Polissacarídeo não ramificado composto por unidades repetidas de dissacarídeos. Um componente dos dissacarídeos é um aminoaçúcar; o outro é geralmente um ácido urônico.

glicosídeo. Molécula contendo um carboidrato no qual o grupo hidroxila do carbono anomérico foi substituído por condensação com um álcool, uma amina ou um tiol.

glicosilação. *Veja* glicosilação proteica.

glicosilação de proteína. Adição covalente de carboidrato às proteínas. Na *N*-glicosilação, o carboidrato se liga ao grupo amida da cadeia lateral de um resíduo de asparagina. Na *O*-glicosilação, o carboidrato se liga ao grupo hidroxila da cadeia lateral de um resíduo de serina ou de treonina.

glioxissomo. Organela que contém enzimas especializadas para o ciclo do glioxilato.

glucosídeo[1]. Glicosídeo no qual o átomo de carbono anomérico vem da glicose.

gráfico de Lineweaver-Burk. *Veja* gráfico duplo-recíproco.

gráfico de Ramachandran. Gráfico de valores de c *Vejasus* f para resíduos de aminoácidos em uma cadeia polipeptídica. Certos valores de f e de c são característicos de diferentes conformações.

gráfico duplo-recíproco. Gráfico da recíproca da velocidade inicial *Vejasus* a recíproca da concentração do substrato para uma reação catalisada por enzima. As interseções em *x* e *y* indicam os valores das recíprocas da constante de Michaelis e da velocidade máxima, respectivamente. Um gráfico duplo-recíproco é uma transformação linear da equação de Michaelis-Menten. É chamado também gráfico de Lineweaver-Burk.

grampo. 1. Estrutura secundária adotada por polinucleotídeos de fita simples, que aparece quando regiões pequenas se dobram sobre elas próprias e ligações de hidrogênio se formam entre suas bases complementares. Também chamada de *stem-loop*. 2. Uma volta fechada, que conecta duas fitas β consecutivas de um polipeptídeo.

granum. Pilha de vesículas achatadas, formada a partir da membrana tilacoide nos cloroplastos.

grupo peptídico. Átomos de carbono e nitrogênio envolvidos em uma ligação peptídica e seus quatro substituintes: o átomo de oxigênio carbonílico, o hidrogênio da amida e os dois átomos de carbono-α adjacentes.

grupo prostético. Coenzima fortemente ligada a uma enzima. Um grupo prostético, ao contrário de um cossubstrato, permanece ligado ao sítio específico da enzima durante o ciclo catalítico desta.

H. *Veja* entalpia.

haploide. O que possui um conjunto de cromossomos ou uma cópia do genoma (compare com diploide).

haste aceptora. Estrutura formada pelo pareamento das sequências presentes na extremidade 5' e na extremidade 3' de uma molécula de tRNA, formando uma haste. A haste aceptora é o sítio onde o aminoácido se fixa. Também é conhecida como haste do aminoácido.

HDL. *Veja* lipoproteína de alta densidade.

---

[1] em inglês, o uso dos radicais glyco- e gluco- permite uma distinção entre moléculas que contêm qualquer açúcar (glyco-) e moléculas nas quais o açúcar é obrigatoriamente a glicose (gluco-). Optamos por manter essa distinção em português, utilizando a grafia gluco- para indicar moléculas compostas nas quais o açúcar é a glicose. Apesar de pouco usual, "gluco" é uma grafia aceita para glicose e seus derivados. (N. RT.)

helicase. Enzima que participa do desenovelamento do DNA.

hélice 3$_{10}$. Estrutura secundária de proteínas, consistindo em uma hélice na qual o oxigênio carbonílico de cada resíduo de aminoácido (resíduo *n*) forma uma ligação de hidrogênio com o hidrogênio da amida do terceiro resíduo na direção do *C*-terminal da cadeia polipeptídica (resíduo *n* + 3).

hemiacetal. Produto formado quando um álcool reage com um aldeído.

hemicetal. Produto formado quando um álcool reage com uma cetona.

heterocromatina. Regiões da cromatina, altamente condensadas.

heteroglicano (heteropolissacarídeo). Carboidrato polimérico cujos resíduos consistem em dois ou mais tipos diferentes de monossacarídeo.

heterótrofo. Organismo que necessita de pelo menos um nutriente orgânico, como a glicose, como fonte de carbono.

hidratação. Processo no qual a molécula ou o íon está cercado por água.

hidrofilicidade. Grau em que um composto ou grupo funcional interage com água ou se solubiliza preferencialmente nela.

hidrofílico. "Amante da água", na descrição de moléculas que interagem favoravelmente com a água.

hidrofobicidade. Grau em que um composto ou grupo funcional solúvel em solventes apolares é insolúvel ou fracamente solúvel em água.

hidrofóbico. "Que teme a água", na descrição de moléculas que não interagem favoravelmente com a água e são muito menos hidrossolúveis do que as moléculas hidrofílicas.

hidrolase. Enzima que catalisa a clivagem hidrolítica de seu(s) substrato(s) (i. e., sua hidrólise).

hidropatia. Medida da hidrofobicidade das cadeias laterais dos aminoácidos. Quanto mais positivo for o valor da hidropatia, maior a hidrofobicidade.

histonas. Classe de proteínas que se ligam ao DNA para formar a cromatina. O núcleo das células eucariontes contém cinco histonas, conhecidas como H1, H2A, H2B, H3 e H4.

homoglicano (homopolissacarídeo). Carboidrato polimérico cujos resíduos consistem em um só tipo de monossacarídeo.

homologia. Similaridade de genes ou proteínas resultante da evolução a partir de um ancestral comum.

homólogo. Referente a genes ou proteína que descendem de um ancestral comum.

HPLC. *Veja* cromatografia líquida de alto desempenho.

IDL. *Veja* lipoproteína de densidade intermediária.

indutor. Ligante que se liga a um repressor e o inativa, aumentando assim a transcrição do gene controlado por esse repressor.

inibição competitiva. Inibição reversível de uma reação catalisada por enzima, por um inibidor que evita a ligação ao substrato.

inibição enzimática irreversível. Modo de inibição enzimática no qual o inibidor se liga covalentemente à enzima.

inibição incompetitiva. Inibição de uma reação catalisada por enzima causada por um inibidor reversível, que se liga apenas ao complexo enzima-substrato e não à enzima livre.

inibição mista. Uma forma de inibição enzimática em que tanto K_m como V_{max} são afetados.

inibição não competitiva. Inibição de uma reação catalisada por enzima, provocada por um inibidor reversível que se liga à enzima ou ao complexo enzima-substrato.

inibidor. Composto que se liga a uma enzima e inibe sua atividade.

inibidor enzimático. Composto que se liga a uma enzima e interfere em sua atividade, evitando a formação do complexo ES ou sua conversão em E + P.

interação alostérica. Modulação da atividade de uma proteína que ocorre quando uma molécula se liga ao sítio regulador da proteína.

interação carga-carga. Uma interação eletrostática, não covalente, entre duas partículas carregadas.

interação eletrostática. Termo geral para a interação eletrônica entre partículas. As interações eletrostáticas incluem interações carga-carga, ligações de hidrogênio e forças de van der Waals.

interação hidrofóbica. Interação fraca, não covalente, entre moléculas ou substituintes apolares, resultante da forte associação de moléculas de água entre si. Essa associação leva a uma blindagem ou exclusão de moléculas apolares do ambiente aquoso.

interações de empilhamento. As forças não covalentes, fracas, entre bases ou pares de bases adjacentes em ácidos nucleicos de fita simples e dupla, respectivamente. Essas interações contribuem para a forma helicoidal dos ácidos nucleicos.

íntron. Sequência interna de nucleotídeos, removida da transcrição primária do RNA durante o processamento. O termo "íntron" também se refere à região do gene que corresponde ao íntron presente no RNA (compare com éxon).

íntron autorremovido. Íntron que é excisado em uma reação mediada pelo próprio RNA precursor.

invasão de fita. Troca de fitas simples do DNA entre duas moléculas interrompidas contendo sequências homólogas de nucleotídeo.

íon essencial. Íon necessário como cofator para a atividade catalítica de certas enzimas. Alguns íons essenciais, chamados íons ativadores, ligam-se reversivelmente às enzimas e, com frequência, participam na ligação do substrato, enquanto os íons metálicos fortemente ligados participam diretamente das reações catalíticas.

ionização e dessorção a laser assistida por matriz (MALDI, do inglês *matrix assisted laser desorption ionization*). Técnica em espectrometria de massas em que a molécula-alvo é liberada de uma matriz sólida por um feixe de laser.

ionóforo. Composto que facilita a difusão de íons através das bicamadas e das membranas servindo como um carreador móvel de íons ou formando um canal para a passagem do íon.

isoenzimas. *Veja* isozimas.

isomerase. Enzima que catalisa uma reação de isomerização, ou seja, uma mudança na geometria ou na estrutura de uma molécula.

isopreno. Molécula ramificada, insaturada, de cinco átomos de carbono, que forma a unidade estrutural básica de todos os isoprenoides, incluindo os esteroides e as vitaminas lipídicas.

isoprenoide. Lipídeo estruturalmente relacionado ao isopreno.

isozimas. Proteínas diferentes, de uma só espécie biológica, que catalisam a mesma reação. Também chamadas isoenzimas.

junção de Holliday. Região de *crossoVeja* entre fitas que resulta da recombinação de duas moléculas de DNA homólogo de fita dupla.

K_a. *Veja* constante de dissociação ácida.

kb. *Veja* quilopares de bases.

k_{cat}. *Veja* constante catalítica.

k_{cat}/K_m. Constante de velocidade de segunda ordem para conversão de enzima e substrato em enzima e produto, em baixas concentrações do substrato. A razão entre k_{cat} e K_m, quando usada para comparar diversos substratos, é chamada constante de especificidade.

K_{eq}. *Veja* constante de equilíbrio.

K_i. *Veja* constante de inibição.

K_m. *Veja* constante de Michaelis.

K_w. *Veja* produto iônico da água.

lamela do estroma. Regiões da membrana tilacoide que estão em contato com o estroma.

lamela tilacoide. *Veja* membrana tilacoide.

LDL. *Veja* lipoproteína de baixa densidade.

lectina. Proteína vegetal que se liga especificamente aos sacarídeos nas glicoproteínas.

LHC. *Veja* complexo de coleta de luz.

liase. Enzima que catalisa uma reação de eliminação não hidrolítica ou não oxidativa – lise – de um substrato, com a geração de uma ligação dupla. Na direção inversa, a liase catalisa a adição de um substrato a uma ligação dupla de outro.

ligação de hidrogênio. Interação eletrostática fraca formada quando um átomo de hidrogênio ligado covalentemente a um átomo fortemente eletronegativo é compartilhado parcialmente por interação com o par de elétrons de outro átomo eletronegativo.

ligação fosfodiéster. Ligação de ácidos nucleicos e outras moléculas em que dois grupos hidroxila alcoólicos são ligados por um grupo fosfato.

ligação fosfoéster. Ligação pela qual um grupo fosforila se liga a um oxigênio alcoólico ou fenólico.

ligação glicosídica. Ligação acetal formada pela condensação do átomo de carbono anomérico de um sacarídeo com um grupo hidroxila, amina ou tiol de outra molécula. As ligações glicosídicas mais comumente encontradas são formadas entre o carbono anomérico de um açúcar e um grupo hidroxila de outro. As ligações nucleosídicas são ligações glicosídicas unidas a N (N-linked).

ligação peptídica. Ligação covalente do tipo amida secundária, que une o grupo carbonila de um resíduo de aminoácido ao nitrogênio da amina de outro aminoácido em peptídeos e proteínas.

ligante. Molécula, grupo ou íon que se liga não covalentemente a outra molécula ou átomo.

ligase. Enzima que catalisa a união ou a ligação de dois substratos. As reações de ligação requerem o fornecimento de energia potencial química de um trifosfato de nucleosídeo, como o ATP. As ligases são comumente chamadas sintetases.

lipase. Enzima que catalisa a hidrólise de triacilgliceróis.

lipídeo. Composto orgânico insolúvel em água (ou muito pouco solúvel) encontrado em sistemas biológicos e que pode ser extraído por solventes orgânicos relativamente apolares.

lipopolissacarídeo. Macromolécula composta do lipídeo A (um dissacarídeo de resíduos de glicosamina fosforilada ligados a ácidos graxos) e de um polissacarídeo. Os lipopolissacarídeos são encontrados na membrana externa de bactérias Gram-negativas. Esses compostos são liberados por bactérias que sofrem lise e são tóxicos aos seres humanos e a outros animais. São chamados também endotoxinas.

lipoproteína. Arranjo macromolecular de moléculas de lipídeos e proteínas com um cerne hidrofóbico e uma superfície hidrofílica. Os lipídeos são transportados através das lipoproteínas.

lipoproteína de alta densidade (HDL, do inglês *high density lipoprotein***).** Tipo de lipoproteína plasmática rica em proteína e que transporta colesterol e ésteres de colesteril dos tecidos para o fígado.

lipoproteína de baixa densidade (LDL, do inglês *low density lipoprotein***).** Tipo de lipoproteína plasmática, formada durante a quebra de IDLs e rica em colesterol e ésteres de colesteril.

lipoproteína de baixíssima densidade (VLDL, do inglês *very low density lipoprotein***).** Tipo de lipoproteína plasmática que transporta triacilgliceróis endógenos, colesterol e ésteres de colesteril do fígado para os tecidos.

lipoproteína de densidade intermediária (IDL, do inglês *intermediate density lipoprotein***).** Tipo de lipoproteína plasmática que se forma durante a quebra dos VLDLs.

lipossomo. Vesícula sintética composta de uma bicamada fosfolipídica que envolve um compartimento aquoso.

lisofosfoglicerídeo. Lipídeo anfipático, produzido quando uma ou mais porções de ácido graxo de um glicerofosfolipídeo é removida hidroliticamente. Baixas concentrações de lisofosfoglicerídeos são intermediários metabólicos; altas concentrações deles rompem as membranas causando a lise das células.

lisossomo. Organela digestiva especializada nas células eucariontes. Os lisossomos contêm uma variedade de enzimas que catalisam a quebra dos biopolímeros celulares – como as proteínas, os ácidos nucleicos e os polissacarídeos – e a digestão de partículas grandes, como alguma bactéria absorvida pela célula.

lúmen. Espaço aquoso envolvido por uma membrana biológica como a do retículo endoplasmático ou a membrana tilacoide.

MALDI. Veja ionização e dessorção a laser assistida por matriz.

mapa de restrição. Diagrama que mostra o tamanho e o arranjo de fragmentos produzidos a partir de uma molécula de DNA, por ação de várias endonucleases de restrição.

marcação por afinidade. Processo pelo qual uma enzima (ou outra macromolécula) é covalentemente inibida pela reação com uma molécula que interage especificamente com o sítio ativo (ou outro sítio de ligação).

massa molar. Massa, em gramas, de um mol de um composto.

massa molecular relativa (M_r). Massa de uma molécula, relativa a 1/12 da massa do ^{12}C. Não há unidade associada aos valores de massa molecular relativa.

matriz. Veja matriz mitocondrial.

matriz mitocondrial. Fase semelhante a um gel, envolta pela membrana interna da mitocôndria. A matriz mitocondrial contém diversas enzimas envolvidas no metabolismo energético aeróbico.

mecanismo cinético. Esquema usado para descrever a sequência de etapas em uma reação com múltiplos substratos catalisada por enzima.

mecanismo de mudança de ligação. Um mecanismo proposto para a fosforilação do ADP e a liberação de ATP da F_0F_1 ATP sintase. O mecanismo propõe três diferentes conformações para o sítio de ligação da ATP sintase: um sítio aberto do qual o ATP foi liberado; um sítio de ligação forte, o sítio fechado, cataliticamente ativo, contendo ATP; e um sítio de ligação fraca para ADP e P_i, o sítio frouxo, cataliticamente inativo. A passagem de prótons para o interior da matriz mitocondrial, através do complexo ATP sintase, faz que o sítio aberto se converta em um sítio frouxo; um sítio frouxo já preenchido com ADP e P_i se torne um sítio fechado; e que o sítio fechado que contém o ATP se torne um sítio aberto.

mecanismo de reação. Cada um dos eventos atômicos ou moleculares que ocorrem durante uma reação química.

membrana. Bicamada lipídica contendo proteínas associadas que delineia e compartimentaliza células e organelas. Membranas biológicas também são o local de vários processos bioquímicos importantes relacionados à transdução de energia e à sinalização intracelular.

membrana biológica. Veja membrana.

membrana plasmática. Membrana que envolve o citoplasma de uma célula e, portanto, define o perímetro celular.

membrana tilacoide. Rede membranosa contínua, altamente dobrada, suspensa na matriz aquosa dos cloroplastos. A membrana tilacoide é o sítio das reações dependentes de luz da fotossíntese, que levam à formação de NADPH e ATP. Também chamada de lamela tilacoide.

metabolismo. A soma total das reações bioquímicas executadas por um organismo.

metabolismo do ácido crassuláceo (CAM). Sequência modificada de reações de assimilação de carbono, usada principalmente por plantas em ambientes áridos, para reduzir a perda de água durante a fotossíntese. Nessas reações, há captura de CO_2 à noite, resultando na formação de malato. Durante o dia, o malato é descarboxilado liberando CO_2 para ser usado no ciclo redutor das pentoses fosfato.

metabolismo intermediário. Reações metabólicas por meio das quais as moléculas pequenas das células se interconvertem.

metabólito. Um intermediário na síntese ou na degradação de biopolímeros e das unidades que o compõem.

metaloenzima. Enzima com um ou mais íons metálicos firmemente ligados a ela. Há casos em que esses íons metálicos estão no sítio ativo da enzima e participam ativamente da catálise.

micela. Agregado de moléculas anfipáticas, no qual as porções hidrofílicas das moléculas se projetam para o ambiente aquoso e as porções hidrofóbicas se associam entre elas no interior da estrutura a fim de minimizar o contato com as moléculas de água.

microfilamento. *Veja* filamento de actina.

microtúbulo. Filamento de proteína composto por heterodímeros de tubulina "a" e "b". Microtúbulos são componentes da rede citoesquelética e podem formar estruturas capazes de movimentos direcionados.

migração da ramificação (*branch migration*). O movimento de um *crossoVeja*, ou ponto de ramificação, resultando em um aumento da troca entre moléculas de DNA durante a recombinação.

mitocôndria. Organela que é o principal sítio do metabolismo energético oxidativo na maioria das células eucariontes. A mitocôndria contém uma membrana externa e outra interna, sendo esta última caracteristicamente dobrada em cristas.

modelo do mosaico fluido. Modelo proposto para a estrutura de membranas biológicas. Nele, a membrana é representada como uma estrutura dinâmica, em que os lipídeos e as proteínas da membrana (integrais ou periféricas) giram e sofrem difusão lateral.

modificação pós-traducional. Modificação covalente de uma proteína que acontece depois que a síntese de polipeptídeos é completada.

modulador alostérico. Biomolécula que se liga ao sítio regulador de uma proteína alostérica e, assim, modula sua atividade. Um modulador alostérico pode ser um ativador ou um inibidor. É conhecido também como efetor alostérico.

molécula de alta energia. *Veja* composto rico em energia.

molécula heterocíclica. Molécula que possui em sua estrutura um anel formado por mais de um tipo de átomo.

moléculas isoaceptoras de tRNA. Diferentes moléculas de tRNA, que se ligam ao mesmo aminoácido.

monômero. 1. Composto pequeno que se torna um resíduo quando polimerizado com outros monômeros. 2. Subunidade de uma proteína formada por várias subunidades.

monossacarídeo. Açúcar simples com três ou mais átomos de carbono, de fórmula empírica $(CH_2O)_n$.

motivo. Combinação de estruturas secundárias que aparece em diversas proteínas diferentes. Também chamado de estrutura supersecundária.

M_r. *Veja* massa molecular relativa.

mRNA. Classe de moléculas de RNA que serve como molde para a síntese proteica.

mRNA monocistrônico. Uma molécula de mRNA que codifica apenas um polipeptídeo. A maior parte das moléculas de mRNA eucariontes é monocistrônica.

mRNA policistrônico. Molécula de mRNA contendo múltiplas regiões codificadoras. Várias moléculas de mRNA procarionte são policistrônicas.

mucina. Glicoproteína de alto peso molecular, ligada a O, contendo até 80% de carboidrato em massa. As mucinas são moléculas estendidas, negativamente carregadas, que contribuem para a viscosidade do muco, fluido encontrado nas superfícies dos tratos gastrointestinal, geniturinário e respiratório.

mutação. Mudança na sequência de nucleotídeos do DNA que pode ser herdada e provoca uma alteração permanente na informação genética.

mutação alteradora do quadro de leitura (*frameshift*). Alteração no DNA causada pela inserção ou a deleção de um número, não divisível por três, de nucleotídeos. Uma mutação *frameshift* altera o quadro de leitura da molécula de mRNA correspondente e afeta a tradução de todos os códons após a mutação.

mutação de sentido trocado (*missense*). Uma alteração no DNA, que envolve a substituição de um nucleotídeo por outro, resultando em uma mudança no aminoácido especificado por aquele códon.

mutação sem sentido (*nonsense*). Alteração no DNA que envolve a substituição de um nucleotídeo por outro, transformando um códon que especifica um aminoácido em um códon de terminação. Uma mutação *nonsense* resulta em terminação prematura da síntese proteica.

mutagênese sítio-dirigida. Procedimento *in vitro* pelo qual um resíduo nucleotídico em um gene é substituído por outro, resultando na produção de uma sequência proteica alterada.

N-terminal. Resíduo de aminoácido que possui um grupo α-amino livre em uma das extremidades da cadeia peptídica. Em algumas proteínas, o N-terminal é bloqueado por acilação. O resíduo N-terminal é em geral numerado como resíduo número 1. É chamado também de terminação amina.

***nick translation*.** Processo em que a DNA polimerase se liga à interrupção entre a terminação 3' de uma cadeia de DNA que está sendo formada e a terminação 5' do iniciador de RNA seguinte, catalisa a remoção hidrolítica dos ribonucleotídeos usando sua atividade de exonuclease 5' → 3' e os substitui por desoxirribonucleotídeos utilizando a atividade de polimerase 5' → 3'.

nuclease. Enzima que catalisa a hidrólise das ligações fosfodiéster de uma cadeia polinucleotídica. As nucleases podem ser classificadas como endonucleases e exonucleases.

núcleo. Organela que contém o material genético principal das células eucariontes e que funciona como o principal sítio de síntese e processamento de RNA.

nucleófilo. Espécie rica em elétrons, negativamente carregada ou contendo pares de elétrons desemparelhados, atraída por espécies químicas positivamente carregadas ou deficientes em elétrons (eletrófilos).

nucléolo. Região de um núcleo eucarionte onde os transcritos de rRNA são processados e os ribossomos são montados.

nucleosídeo. N-glicosídeo purínico ou pirimidínico de ribose ou de desoxirribose.

nucleossomo. Complexo DNA-proteína que forma a unidade fundamental da cromatina. Um nucleossomo consiste em uma partícula central nucleossômica (aproximadamente 146 pares de bases do DNA mais um octâmero de histonas), um DNA conector (aproximadamente 54 pares de bases) e histona H1 (que liga a partícula central e o DNA conector).

nucleotídeo. Éster de fosfato de um nucleosídeo, consistindo em uma base nitrogenada ligada a uma pentose fosfato. Os nucleotídeos são as unidades monoméricas dos ácidos nucleicos.

número de *turnover* ou número de renovação. *Veja* constante catalítica.

oligômero. Molécula com múltiplas subunidades, cujo arranjo sempre tem uma estequiometria definida e quase sempre apresenta simetria.

oligonucleotídeo. Polímero de vários (até cerca de 20) resíduos de nucleotídeos ligados por ligações fosfodiéster.

oligopeptídeo. Polímero de vários (até cerca de 20) resíduos de aminoácidos ligados por ligações peptídicas.

oligossacarídeo. Polímero contendo de 2 a cerca de 20 resíduos de monossacarídeos ligados por ligações glicosídicas.

oligossacarídeo ligado a N. Cadeia de oligossacarídeo ligada a uma proteína por meio de ligações covalentes ao átomo de nitrogênio amídico da cadeia lateral de resíduos de asparagina. As cadeias de oligossacarídeos ligados a N de glicoproteínas contêm um pentassacarídeo central com dois resíduos de N-acetilglicosamina e três resíduos de manose.

oligossacarídeo ligado a O. Oligossacarídeo ligado a uma proteína por uma ligação covalente com um átomo de oxigênio hidroxílico de um resíduo de serina ou treonina.

operador. Sequência de DNA à qual uma proteína repressora específica se liga, bloqueando a transcrição de um gene ou operon.

operon. Unidade transcricional bacteriana que consiste em várias regiões codificadoras diferentes, cotranscritas de um promotor.

ordem cinética. Soma dos expoentes em uma equação de velocidade, que reflete quantas moléculas estão reagindo na etapa mais lenta da reação. É chamada também ordem de reação.

ordem de reação. *Veja* ordem cinética.

organela. Qualquer estrutura especializada, envolta por membrana, em uma célula eucarionte. As organelas são organizadas de modo individualizado para realizar funções específicas.

origem de replicação. Sequência de DNA na qual a replicação é iniciada.

osmose. Movimento de moléculas de solvente de uma solução menos concentrada para uma adjacente, mais concentrada.

oxidação. Perda de elétrons por um substrato através da transferência destes para outra substância, o agente oxidante. A oxidação pode ter várias formas, incluindo a adição de oxigênio a um composto, a remoção de hidrogênio para criar uma ligação dupla ou um aumento da valência de um íon metálico.

oxidase. Enzima que catalisa a reação de oxidação-redução na qual O_2 é o aceptor de elétrons. As oxidases são classificadas pela IUBMB na categoria das oxidorredutases.

oxidorredutase. Enzima que catalisa uma reação de oxidação-redução. Algumas oxirredutases são conhecidas como desidrogenases, oxidases, peroxidases, oxigenases ou redutases.

oxigenação. Ligação reversível de oxigênio a uma macromolécula.

PAGE. *Veja* eletroforese em gel de poliacrilamida.

par especial. Par especializado de moléculas de clorofila em centros de reação, que é o doador primário de elétrons durante as reações dependentes de luz da fotossíntese.

par iônico. Interação eletrostática entre grupos iônicos de cargas opostas no interior de uma macromolécula, como uma proteína globular.

pareamento de bases. A interação entre as bases dos nucleotídeos nos ácidos nucleicos de fita simples para formar moléculas de fita dupla, tais como o DNA, ou regiões de estrutura secundária de fita dupla. Os pares de bases mais comuns são formados por ligações de hidrogênio entre adenina (A) e timina (T) ou uracila (U) e entre guanina (G) e citosina (C).

partícula central do nucleossomo. Complexo DNA-proteína composto de aproximadamente 146 pares de bases de DNA envoltos em torno de um octâmero de histonas (duas de cada: H2A, H2B, H3 e H4).

partícula central. *Veja* partícula central do nucleossomo.

partícula de reconhecimento de sinal (SRP, do inglês *signal recognition particle*). Complexo proteína-RNA de eucarionte que se liga a um peptídeo recentemente sintetizado à medida que este é expulso do ribossomo. A partícula de reconhecimento de sinal participa do ancoramento do ribossomo à face citosólica do retículo endoplasmático, de modo que a translocação da proteína para o lúmen possa ocorrer.

passo. Distância axial para um ciclo completo de uma estrutura helicoidal.

PCR. *Veja* reação em cadeia da polimerase.

peptidase-sinal. Proteína de membrana integral do retículo endoplasmático que catalisa a clivagem do peptídeo-sinal de proteínas translocadas para o lúmen.

peptídeo. Dois ou mais aminoácidos ligados covalentemente, em sequência linear, por ligações peptídicas.

peptídeo-líder. Peptídeo codificado por uma parte da região-líder em certos operons. A síntese do peptídeo-líder é a base do controle da transcrição do operon completo por meio do mecanismo de atenuação.

peptídeo-sinal. Sequência N-terminal de resíduos em um polipeptídeo recentemente sintetizado que direciona a proteína para translocação através da membrana.

peptidil-transferase. Atividade enzimática responsável pela formação de uma ligação peptídica durante a síntese proteica.

peptidil-tRNA. Molécula de tRNA à qual a cadeia peptídica em crescimento se liga durante a síntese proteica.

peptidoglicano. Macromolécula contendo uma cadeia de heteroglicano, alternando *N*-acetilglicosamina e ácido *N*-acetilmurâmico, ligados por ligação cruzada a peptídeos de várias composições. Os peptidoglicanos são os principais componentes das paredes celulares de diversas bactérias.

peroxissomo. Organela existente em todas as células animais e em algumas vegetais que executa reações de oxidação, algumas das quais produzem o composto tóxico peróxido de hidrogênio (H_2O_2). Os peroxissomos contêm a enzima catalase, que catalisa a quebra do H_2O_2, tóxico, para formar água e O_2.

peso molecular. *Veja* massa molecular relativa.

pH. Quantidade logarítmica que indica a acidez de uma solução, ou seja, a concentração de íons hidrônio nela. O pH é definido como o logaritmo negativo da concentração de íons hidrônio.

pH fisiológico. O pH normal do sangue humano, igual a 7,4.

pH ótimo. Em uma reação catalisada por enzima, o pH no ponto de máxima atividade catalítica.

pI. *Veja* ponto isoelétrico.

pigmentos acessórios. Pigmentos diferentes da clorofila presentes nas membranas fotossintéticas. Os pigmentos acessórios incluem carotenoides e ficobilinas.

pigmentos-antena. Pigmentos absorvedores de luz associados ao centro reativo de um fotossistema. Esses pigmentos podem formar um complexo antena separado ou podem ser ligados diretamente às proteínas do centro reativo.

piranose. Monossacarídeo cuja estrutura forma um anel de seis membros resultante da formação intramolecular de um hemiacetal.

pirimidina. Base nitrogenada contendo um anel heterocíclico, que consiste em quatro átomos de carbono e dois átomos de nitrogênio. Citosina, timina e uracila são pirimidinas substituídas encontradas em ácidos nucleicos (citosina, no DNA e no RNA; uracila, no RNA; e timina, principalmente no DNA).

pK_a. Valor logarítmico que indica a força de um ácido. O pK_a é definido como o logaritmo negativo da constante de dissociação ácida, K_a.

plasmalogênio. Glicerofosfolipídeo que possui uma cadeia hidrocarbônica ligada ao C-1 do glicerol 3-fosfato por meio de uma ligação viniléter. Os plasmalogênios são encontrados no sistema nervoso central e em tecidos nervoso e muscular periféricos.

plasmídeo. Molécula de DNA extracromossômico, relativamente pequena, capaz de replicação autônoma. Em geral, os plasmídeos são moléculas de DNA de fita dupla, fechados e circulares.

polar. Que possui uma distribuição de cargas irregular. Uma molécula ou grupo funcional é polar se seu centro de carga negativa não coincide com seu centro de carga positiva.

polinucleotídeo. Polímero de vários (geralmente mais de 20) resíduos de nucleotídeos ligados por ligações fosfodiéster.

polipeptídeo. Polímero de vários (geralmente mais de 20) resíduos de aminoácidos ligados por ligações peptídicas.

polirribossomo. *Veja* polissomo.

polissacarídeo. Polímero de vários (geralmente mais de 20) resíduos de monossacarídeos ligados por ligações glicosídicas. Cadeias polissacarídicas podem ser lineares ou ramificadas.

polissomo. Estrutura formada pela ligação de vários complexos de tradução a uma molécula grande de mRNA. Também chamada de polirribossomo.

ponte dissulfeto. Ligação covalente formada pela oxidação de grupos sulfidrila de dois resíduos de cisteína. As pontes dissulfeto são importantes na estabilização das estruturas tridimensionais de algumas proteínas.

ponte salina. *Veja* interações carga-carga.

ponto isoelétrico (pI). O pH em que uma molécula zwiteriônica não migra sob um campo elétrico porque sua carga total é zero.

poro. *Veja* canal.

posição oscilante (*wobble*). A posição 5' de um anticódon, onde é permitido o pareamento de base não Watson-Crick com um nucleotídeo no mRNA. A posição oscilante torna possível a uma molécula de tRNA reconhecer mais de um códon.

potencial de membrana ($\Delta\Psi$). Separação de cargas através da membrana, que resulta das diferenças nas concentrações iônicas dos dois lados dela.

potencial de redução (*E*). Medida da tendência de uma substância a reduzir outras. Quanto mais negativo o potencial de redução, maior a tendência de doar elétrons.

potencial de redução-padrão ($E°'$). Medida da tendência de um substrato para reduzir outras substâncias sob condições bioquímicas de estado-padrão.

potencial de transferência de grupo fosforila. Medida da capacidade de um composto transferir um grupo fosforila a outro. Sob condições padrão, os potenciais de transferência de grupo têm os mesmos valores que as energias livres padrão de hidrólise, mas com sinais contrários.

potencial de transferência de grupo. *Veja* potencial de transferência de grupo fosforila.

precursor de mRNA. Classe de moléculas de RNA sintetizadas pela RNA polimerase II eucarionte. Os precursores de mRNA são processados após a transcrição para produzir RNA mensageiro maduro.

pressão osmótica. Pressão necessária para impedir o fluxo de solvente de uma solução menos concentrada para uma mais concentrada.

primase. A enzima do primossomo, que catalisa a síntese de pedaços curtos de RNA com cerca de 10 resíduos. Esses oligonucleotídeos são os iniciadores para a síntese dos fragmentos de Okazaki.

primossomo. Complexo multiproteico que, em *E. coli*, inclui primase e helicase, que catalisa a síntese dos iniciadores curtos de RNA necessários à síntese descontínua de DNA de fita atrasada.

procarionte. Organismo geralmente unicelular sem núcleo ou membranas internas (compare com eucarionte).

processamento de oligossacarídeos. Adição e remoção, catalisadas por enzimas, de resíduos de sacarídeos durante a maturação de uma glicoproteína.

processamento de RNA. Reações que transformam um transcrito primário de RNA em uma molécula de RNA maduro. Os três tipos gerais de processamento de RNA incluem a remoção de nucleotídeos dos transcritos primários, a adição de nucleotídeos não codificados pelo gene e a modificação covalente das bases.

processamento pós-transcricional. Processamento de RNA que ocorre depois que a transcrição é completada.

produto iônico da água (K_w). Produto das concentrações de íons hidrônio e hidróxido em uma solução aquosa; igual a $1,0 \times 10^{-14}$ M².

projeção de Fischer. Representação bidimensional de estruturas tridimensionais de açúcares e compostos relacionados. Na projeção de Fischer, o esqueleto carbônico é desenhado na vertical, com o C-1 no topo. Em um centro quiral, as ligações horizontais se voltam para o observador e as verticais, na direção contrária a ele.

projeção de Haworth. Representação na qual uma molécula cíclica de açúcar é apresentada como um anel plano projetado perpendicularmente ao plano da página. Linhas espessas representam a parte da molécula que se estende em direção ao observador.

promotor. A região do DNA à qual a RNA polimerase se liga durante o início da transcrição.

prostaglandina. Eicosanoide que possui um anel de ciclopentano. As prostaglandinas são reguladores metabólicos que atuam na vizinhança imediata das células em que são produzidas.

protease. Enzima que catalisa a hidrólise de ligações peptídicas. Os substratos fisiológicos das proteases são proteínas.

proteína. Biopolímero que consiste em uma ou mais cadeias polipeptídicas. A função biológica de cada proteína depende não só da sua sequência de resíduos de aminoácidos ligados covalentemente, mas também de sua estrutura tridimensional (conformação).

proteína alostérica. Proteína cuja atividade é modulada pela ligação com outra molécula.

proteína carreadora de acila (ACP). Proteína (nos procariontes) ou um domínio de uma proteína (nos eucariontes) que está ligada a intermediários ativados da síntese de ácidos graxos por meio de uma ligação tioéster.

proteína de choque térmico. Proteína cuja síntese é aumentada em resposta a estresses, como alta temperatura. Várias proteínas de choque térmico são chaperonas que também são expressas na ausência de estresse.

proteína de membrana ancorada a lipídeos. Proteína de membrana, que é presa a uma membrana por ligação covalente a uma molécula de lipídeo.

proteína de membrana extrínseca. *Veja* proteína de membrana periférica.

proteína fosfatase. *Veja* fosfatase.

proteína G. Proteína que se liga a nucleotídeos contendo guanina.

proteína integral de membrana. Proteína de membrana que penetra o cerne hidrofóbico da bicamada lipídica e normalmente a atravessa por completo. Também é chamada de proteína de membrana intrínseca.

proteína ligadora de fita simples (SSB, do inglês *single-stranded binding protein*). Proteína que se liga firmemente ao DNA de fita simples, impedindo que este se dobre sobre si mesmo para formar regiões de fita dupla.

proteína periférica de membrana. Proteína de membrana fracamente ligada à superfície interior ou exterior de uma membrana por interação iônica ou ligação de hidrogênio com as "cabeças" polares dos lipídeos da membrana ou com uma proteína integral de membrana. Também chamada proteína de membrana extrínseca.

proteína prenilada. Proteína ancorada em lipídeo, ligada covalentemente a um grupo isoprenoide por meio de um átomo de enxofre de um resíduo de cisteína no C-terminal da proteína.

proteína quinase. *Veja* quinase.

proteína reguladora. Proteína envolvida na regulação da expressão gênica, geralmente ao nível da iniciação da transcrição. Repressores e ativadores são exemplos de proteínas reguladoras.

proteínas fibrosas. Importante classe de proteínas insolúveis em água, que se associam para formar fibras longas. Várias proteínas fibrosas são fisicamente resistentes e fornecem suporte mecânico a células individuais ou a organismos inteiros.

proteínas globulares. Importante classe de proteínas, muitas das quais hidrossolúveis. As proteínas globulares são compactas e quase esféricas, contendo cadeias peptídicas altamente dobradas. Em geral, as proteínas globulares têm reentrâncias ou fendas que reconhecem especificamente e se ligam de modo transitório a outros compostos.

proteoglicano. Complexo de proteína com cadeias de glucosaminoglicano ligadas covalentemente por meio de seus átomos de carbono anomérico. Até 95% da massa de um proteoglicano pode ser formada de glucosaminoglicanos.

proteômica. Estudo de todas as proteínas produzidas em certo tipo de célula, tecido, órgão ou organismo.

pseudogene. Sequência não expressa de DNA, que evoluiu de um gene codificador de proteína. Frequentemente, os pseudogenes contêm mutações em suas regiões codificadoras e não são capazes de produzir proteínas funcionais.

purina. Base nitrogenada contendo uma estrutura de dois anéis em que uma pirimidina é fundida ao imidazol. Adenina e guanina são purinas substituídas encontradas tanto no DNA como no RNA.

Q. *Veja* razão de ação das massas.

quadro aberto de leitura (ORF, do inglês *open reading frame*). Trecho de tripletes de nucleotídeos que não contém códons de terminação. Regiões codificadoras de proteínas são exemplos de quadros abertos de leitura.

quadro de leitura. Sequência de códons não sobrepostos de uma molécula de mRNA que especifica a sequência de aminoácidos. O quadro de leitura de uma molécula de mRNA é determinado pela posição onde a tradução começa, geralmente um códon AUG.

quepe. Um resíduo de 7-metilguanosina unido por uma ligação pirofosfato à terminação 5' de uma molécula de mRNA eucarionte. O quepe é adicionado após a transcrição e é necessário para uma tradução eficaz. Outras modificações covalentes fornecem estruturas alternativas para o quepe.

quilopares de bases (kb). Unidade de comprimento do DNA de fita dupla, equivalente a 1.000 pares de bases.

quilomícron. Tipo de lipoproteína plasmática que transporta triacilgliceróis, colesterol e ésteres de colesteril do intestino delgado para os tecidos.

quimio-heterótrofo. Organismo não fotossintético que necessita de moléculas orgânicas como fonte de carbono e que produz energia da oxidação dessas moléculas.

quimioautótrofo. Autótrofo que produz energia química da oxidação de compostos inorgânicos (compare com fotoautótrofo).

quimiotaxia. Mecanismo que acopla a transdução de sinais aos movimentos dos flagelos nas bactérias, fazendo que elas se movam em direção a um composto químico (quimiotaxia positiva) ou para longe dele (quimiotaxia negativa).

quinase. Enzima que catalisa a transferência de um grupo fosforila a uma molécula aceptora. Uma proteína quinase catalisa a fosforilação de substratos proteicos. As quinases também são chamadas fosfotransferases.

radical livre. Molécula ou átomo que tem um elétron desemparelhado.

raio de van der Waals. Tamanho efetivo de um átomo. A distância entre o núcleo de dois átomos não ligados no ponto de máxima atração é a soma de seus raios de van der Waals.

razão de ação das massas (Q). Razão entre as concentrações dos produtos e as dos reagentes de uma reação.

razão P:O. Razão entre moléculas de ADP fosforilado e átomos de oxigênio reduzidos durante a fosforilação oxidativa.

reação anabólica. Reação metabólica que sintetiza uma molécula necessária para o crescimento e a manutenção da célula.

reação anaplerótica. Reação que reabastece metabólitos retirados de uma via metabólica central (comparar com cataplerótica).

reação anfibólica. Reação metabólica que pode ser tanto catabólica como anabólica.

reação catabólica. Reação metabólica que degrada uma molécula para fornecer a um organismo energia e blocos construtores moleculares menores.

reação cataplerótica. Reação que remove intermediários em uma via, especialmente o ciclo do ácido cítrico (compare com anaplerótica).

reação controlada por difusão. Reação que ocorre em todas as colisões entre as moléculas de reagentes. Em reações catalisadas por enzima, a relação k_{cat}/K_m alcança um valor entre $10^8 - 10^9$ $M^{-1}s^{-1}$.

reação de ordem zero. Reação cuja velocidade é independente da concentração de reagentes.

reação de primeira ordem. Reação cuja velocidade é diretamente proporcional à concentração de apenas um dos reagentes.

reação de pseudo primeira ordem. Reação com múltiplos reagentes, conduzida sob condições nas quais a velocidade depende da concentração de apenas um dos reagentes.

reação de segunda ordem. Reação cuja velocidade depende das concentrações de dois reagentes.

reação de transferência de grupo. Reação na qual um substituinte ou grupo funcional é transferido de um substrato a outro.

reação em cadeia da polimerase (PCR, do inglês *polymerase chain reaction*). Método para amplificar a quantidade de DNA em uma amostra e enriquecer uma sequência específica presente numa população de moléculas de DNA. Na reação em cadeia da polimerase, oligonucleotídeos complementares às terminações da sequência de DNA desejada são usados como iniciadores para múltiplas rodadas de síntese de DNA.

reação em quase equilíbrio. Reação em que o valor da razão da ação das massas é próximo ao da constante de equilíbrio. A variação da energia livre de Gibbs para uma reação em quase equilíbrio é pequena, portanto, a reação é reversível.

reação enzimática. Reação catalisada por um catalisador biológico, uma enzima. Reações enzimáticas são entre 10^3 e 10^{17} vezes mais rápidas do que as correspondentes não catalisadas.

reação metabolicamente irreversível. Reação em que o valor da razão de ação de massas é duas ou três ordens de grandeza menor do que o valor da constante de equilíbrio. A variação da energia livre de Gibbs para essas reações é um número negativo grande; logo, a reação é, essencialmente, irreversível.

reação pingue-pongue. Reação em que uma enzima se liga a um substrato e libera um produto, deixando uma enzima substituída que, então, se liga a um segundo substrato e libera um segundo produto restaurando, assim, a forma original da enzima.

reação sequencial aleatória. Reação em que nem a ligação de substratos à enzima nem a liberação de produtos por ela segue uma ordem obrigatória.

reação sequencial ordenada. Reação na qual tanto a ligação de substratos a uma enzima como a liberação de produtos desta seguem uma ordem obrigatória.

reação sequencial. Reação enzimática na qual todos os substratos devem ser ligados à enzima antes que qualquer produto seja liberado.

reações acopladas. Duas reações metabólicas que possuem um intermediário em comum.

reações da fase clara. Reações fotossintéticas em que prótons derivados da água são usados na síntese quimiosmótica de ATP a partir de ADP + P_i e em que um íon hidreto da água reduz a NADPH. São também chamadas reações dependentes da luz.

reações da fase escura. Reações fotossintéticas em que NADPH e ATP são usados para fixar CO_2 na forma de carboidrato. São também chamadas reações independentes da luz.

receptor. Proteína que se liga a um ligante específico, como um hormônio, levando a alguma resposta celular.

recombinação. *Veja* recombinação genética.

recombinação genética. Troca ou transferência de DNA de uma molécula de DNA para outra (compare com recombinação homóloga).

recombinação homóloga. Recombinação entre moléculas de DNA que possuem sequências intimamente relacionadas (ou seja, são homólogas). Essa é a forma padrão de recombinação, que ocorre entre os cromossomos nas células eucariontes.

recombinação não homóloga. Recombinação entre sequências não relacionadas, que não compartilham similaridade significativa.

recombinação sítio-específica. Exemplo de recombinação que ocorre em sítios específicos do genoma.

redução. Ganho de elétrons por uma substância, por transferência de outra (o agente redutor). Reduções podem assumir diferentes formas, incluindo a perda de oxigênio por um composto, a adição de hidrogênio a uma ligação dupla ou a redução na valência de um íon metálico.

região -35. Sequência encontrada no promotor de alguns genes procariontes cerca de 30 a 35 pares de bases acima do sítio de iniciação da transcrição.

região nucleoide. Região em uma célula procarionte, que contém o cromossomo.

região-líder. Sequência de nucleotídeos que fica entre o sítio de início da transcrição e a primeira região codificadora de um operon.

renaturação. Restauração da conformação nativa de uma macromolécula biológica em geral, resultando na recuperação de sua atividade.

renovação (*turnover***).** Estado estacionário metabólico dinâmico no qual as moléculas são degradadas e substituídas por outras, recentemente sintetizadas.

reparo de pareamento errôneo (*mismatch***).** Restauração da sequência normal de nucleotídeos em molécula de DNA contendo bases com pareamento incorreto. No reparo de pareamento errôneo, a fita correta é reconhecida, uma parte da incorreta é excluída, e um DNA de fita dupla com o pareamento de bases correto é sintetizado por ação da DNA polimerase e da DNA ligase.

reparo direto. Remoção de dano ao DNA por proteínas capazes de reconhecer nucleotídeos danificados e bases pareadas erroneamente, que o reparam sem quebrar o DNA nem retirar a base.

reparo por excisão. Reversão de dano ao DNA por endonucleases de reparo por excisão. Lesões extensas, que alteram a estrutura da hélice do DNA, são reparadas por clivagem em cada lado da lesão e por remoção do DNA danificado. A falha resultante, de fita simples, é preenchida por DNA polimerase e selada pela DNA ligase.

repetição invertida. Sequência de nucleotídeos repetida na orientação oposta em uma mesma fita de polinucleotídeo. Uma repetição invertida na fita dupla de DNA pode originar uma estrutura cruciforme.

replicação. Duplicação do DNA de fita dupla, durante a qual as fitas parentais se separam e servem de molde para a síntese de novas fitas. A replicação é executada pela DNA polimerase e por fatores associados.

replissomo. Complexo multiproteico que inclui DNA polimerase, primase, helicase, proteína ligadora de fita simples e outros componentes. Os replissomos, localizados em cada uma das forquilhas de replicação, executam as reações de polimerização da replicação do DNA cromossômico bacteriano.

repressão catabólica. Mecanismo de regulação que resulta em maiores taxas de transcrição de diversos genes e operons bacterianos, quando em presença de glicose. Um complexo entre cAMP e a proteína reguladora do cAMP (CRP, do inglês *cAMP receptor protein*) ativa a transcrição.

repressor. Proteína reguladora capaz de ligar ao DNA que inibe a transcrição pela RNA polimerase.

resíduo. Unidade componente de um polímero. A fórmula química de um resíduo é aquela do monômero correspondente menos os elementos da água.

retículo endoplasmático. Rede membranosa de túbulos e folhas que segue a membrana nuclear externa nas células eucariontes. As regiões do retículo endoplasmático cobertas com ribossomos são chamadas de retículo endoplasmático rugoso; aquelas que não possuem ribossomos são chamadas de retículo endoplasmático liso. O retículo endoplasmático participa da seleção e do transporte de certas proteínas e da síntese de lipídeos.

retroinibição (*feedback inhibition*). Inibição, por um produto final de uma via metabólica, de uma enzima que catalisa uma etapa inicial dessa mesma via.

ribonucleoproteína nuclear pequena (snRNP, do inglês *small nuclear ribonucleoprotein*). Complexo RNA-proteína composto de uma ou duas moléculas de snRNA específicas, mais várias proteínas. Os snRNPs participam do *splicing* de precursores de mRNA e em outros eventos celulares.

ribonucleoproteína. Complexo contendo tanto ácido ribonucleico como proteína.

ribossomo. Grande complexo de ribonucleoproteína composto de várias moléculas de RNA ribossômico e proteínas. Os ribossomos são os sítios de síntese proteica.

ribozima. Molécula de RNA com atividade enzimática.

RNA antissenso. Molécula de RNA que se liga a uma molécula complementar de mRNA, formando uma região de fita dupla que inibe a tradução do mRNA.

RNA pequeno. Classe de moléculas de RNA. Algumas moléculas pequenas de RNA possuem atividade catalítica. Algumas moléculas de RNAs nucleares pequenos (snRNA) são componentes de ribonucleoproteínas nucleares pequenas (snRNPs).

rRNA. *Veja* ácido ribonucleico ribossômico.

S. *Veja* entropia.

S. *Veja* Svedberg (unidade).

SDS-PAGE. *Veja* eletroforese em gel de poliacrilamida-dodecil-sulfato de sódio.

segundo mensageiro. Composto que atua dentro da célula, em resposta a um sinal extracelular.

sequência consenso. A sequência de nucleotídeos mais comumente encontrada em cada posição de uma região do DNA ou do RNA.

sequência de terminação. Sequência na extremidade 3' de um gene, que participa da terminação da transcrição.

sequência Shine-Dalgarno. Região rica em purina logo acima do códon de iniciação em moléculas de mRNA procarionte. A sequência Shine-Dalgarno pareia-se a outra, rica em pirimidina, no RNA ribossômico, posicionando assim o ribossomo no códon de iniciação.

simporte. Cotransporte de duas espécies diferentes de íons ou moléculas, na mesma direção, através de uma membrana, por uma proteína de transporte.

sintase. Nome comum dado a uma enzima, geralmente uma transferase, que catalisa uma reação de síntese.

sintetase. Enzima que catalisa a ligação de dois substratos e requer o aporte de energia potencial química de um nucleosídeo trifosfato. As sintetases são classificadas pela IUBMB na categoria das ligases.

sistema de transporte da carnitina. Rota cíclica que transporta acetil-CoA do citosol para a mitocôndria por meio da formação e do transporte de acil-carnitina.

sítio A. Sítio aminoacil. Sítio em um ribossomo ocupado por uma molécula de aminoacil-tRNA durante a síntese proteica.

sítio alostérico. *Veja* sítio regulador.

sítio aminoacil. *Veja* sítio A.

sítio ativo. Parte de uma enzima que contém o sítio de ligação do substrato e os resíduos de aminoácidos envolvidos em catalisar a conversão de substrato(s) para produto(s). Sítios ativos estão localizados normalmente em fendas entre domínios ou subunidades de proteínas ou reentrâncias na superfície da proteína.

sítio de pausa. Região de um gene na qual a transcrição fica mais lenta. A pausa é exagerada nas sequências palindrômicas, em que RNA recentemente sintetizado pode formar uma estrutura em grampo.

sítio de ramificação. Ponto dentro de um íntron que se liga à sua extremidade 5' durante o *splicing* de precursores de mRNA.

sítio de *splicing*. Sequência de nucleotídeos conservada que circunda uma junção éxon-íntron. Inclui o sítio onde a molécula de RNA é clivada durante a excisão do íntron.

sítio E. Sítio de saída. Local, em um ribossomo, do qual um tRNA desaminoacilado é liberado durante a síntese de proteínas.

sítio P. Sítio peptidil. Local em um ribossomo ocupado durante a síntese proteica por uma molécula de tRNA ligada à cadeia polipeptídica em formação (peptidil-tRNA).

sítio peptidil. *Veja* sítio P.

sítio regulador. Sítio de ligação ao ligante em uma enzima reguladora, distinto do sítio ativo. Moduladores alostéricos alteram a atividade enzimática ligando-se ao sítio regulador. Também chamado sítio alostérico.

snRNA. *Veja* RNA nuclear pequeno.

snRNP. *Veja* ribonuceloproteína nuclear pequena.

solução neutra. Solução aquosa que tem um valor de pH igual a 7,0.

solvatação. Processo no qual uma molécula ou íon é circundado por moléculas de solvente.

spliceossomo. O grande complexo proteína-RNA que catalisa a remoção de íntrons dos precursores de mRNA. Ele é composto de ribonucleoproteínas nucleares pequenas.

***splicing*.** Processo de remoção de íntrons e união de éxons para formar uma molécula contínua de RNA.

SRP. *Veja* partícula de reconhecimento de sinal.

SSB. *Veja* proteína ligadora de fita simples.

***stem-loop*.** *Veja* grampo (*hairpin*).

***stop* códon.** *Veja* códon de terminação.

substituição nucleofílica. Reação na qual um nucleófilo (por exemplo, Y⊖) desloca outro (por exemplo, X⊖).

substrato. Reagente em uma reação química. Em reações enzimáticas, os substratos são usados com especificidade pelas enzimas, que catalisam a conversão deles em produtos.

subunidade σ (subunidade sigma). Subunidade de RNA polimerase de procariontes que atua como fator iniciador da transcrição ligando-se ao promotor. Diferentes subunidades σ são específicas para promotores diferentes. Também chamada fator σ.

sulco maior. Sulco largo na superfície de uma dupla-hélice de DNA criada pelo empilhamento de pares de bases e a consequente torção imposta nos esqueletos de açúcar-fosfato.

sulco menor. Sulco estreito na superfície de uma dupla-hélice de DNA criado pelo empilhamento de pares de bases e a consequente torção imposta nos esqueletos de açúcar-fosfato.

superenrolamento. Estado topológico assumido pelo DNA de dupla fita super ou subtorcido. A subtorção dá origem a superenrolamentos negativos; a supertorção origina superenrolamentos positivos.

Svedberg (S). Unidade de 10^{-13} segundos usada para expressar o coeficiente de sedimentação, uma medida da velocidade com que uma molécula ou partícula grande sedimenta em uma ultracentrífuga. Grandes valores de S indicam, geralmente, grandes massas.

tampão. Solução contendo um ácido e sua base conjugada, que resiste a mudanças de pH.

tecido adiposo. Tecido animal composto por células especializadas para armazenamento de triacilglicerol, conhecidas por adipócitos.

temperatura de desnaturação (T_m). Ponto médio da faixa de temperatura em que o DNA de fita dupla é convertido em DNA de fita simples ou a forma nativa de uma proteína é convertida em sua forma desnaturada.

temperatura de transição de fase (T_m). O ponto médio da faixa de temperatura na qual agregados de lipídeos e de outras macroléculas são convertidos de uma fase ou estado altamente ordenado (como um gel) em um menos ordenado (como um cristal líquido).

teoria concertada de cooperatividade e regulação alostérica. Modelo de ligação cooperativa de ligantes a proteínas oligoméricas. Segundo a teoria concertada, a mudança conformacional de uma proteína devida à ligação ao substrato ou a um modulador alostérico desloca o equilíbrio da conformação da proteína entre o estado T (uma conformação de baixa afinidade pelo substrato) e o estado R (uma conformação de alta afinidade pelo substrato). Essa teoria sugere que todas as subunidades da proteína têm a mesma conformação, sejam todas T ou todas R. É chamada também de teoria da simetria.

teoria quimiosmótica. Teoria que propõe que um gradiente de concentração de prótons estabelecido durante a oxidação de substratos fornece a energia para promover processos como a formação de ATP a partir de ADP e P_i.

teoria sequencial de cooperatividade e regulação alostérica. Modelo de ligação cooperativa de ligantes idênticos a proteínas oligoméricas. Segundo a forma mais simples da teoria sequencial, a ligação de um ligante pode induzir uma modificação na estrutura terciária da subunidade à qual ele se liga e alterar as conformações das vizinhas em maior ou menor grau. Apenas uma conformação da subunidade tem alta afinidade pelo ligante. Também chamada teoria da indução por ligante.

terminação amino. Veja N-terminal.

terminação carboxila. Veja C-terminal.

termodinâmica. Ramo da Física que estuda as transformações de calor e energia.

T_m. Veja ponto de fusão e temperatura da transição de fase.

topoisomerase. Enzima que altera o superenrolamento de uma molécula de DNA, quebrando uma ligação fosfodiéster em uma ou duas fitas, retorcendo o DNA e refazendo a ligação quebrada. Algumas topoisomerases também são chamadas DNA girases.

topologia. 1. Arranjo de segmentos transmembranares e as alças que os conectam em uma proteína integral de membrana. 2. Morfologia geral de uma molécula de ácido nucleico.

torção. Ângulo de rotação entre resíduos adjacentes em uma macromolécula helicoidal.

tradução. Síntese de um polipeptídeo cuja sequência reflete a sequência nucleotídica de uma molécula de mRNA. Aminoácidos são doados por moléculas de tRNA ativadas e a síntese da ligação peptídica é catalisada pelo complexo de tradução, que inclui o ribossomo e outros fatores.

transaminase. Enzima que catalisa a transferência de um grupo amino de um α-aminoácido para um α-cetoácido. As transaminases necessitam da coenzima piridoxal fosfato. Também são chamadas aminotransferases.

transcrição. Processo de copiar a informação biológica contida em uma molécula de DNA de fita dupla para uma de fita simples, catalisada pelo complexo de transcrição, consistindo em RNA polimerase e fatores associados.

transcriptase reversa. Tipo de DNA polimerase que catalisa a síntese de uma fita de DNA a partir de um molde de RNA.

transcrito primário. Molécula de RNA recentemente sintetizada, antes do processamento.

transdução de sinal. Processo no qual um sinal extracelular é convertido em intracelular pela ação de um receptor associado à membrana, um transdutor e uma enzima efetora.

transdutor. Componente de uma via de transdução de sinal, que acopla a união do ligante ao receptor com a geração de um segundo mensageiro, catalisada por uma enzima efetora.

transferase. Enzima que catalisa uma reação de transferência de grupo. Com frequência, as transferases necessitam de uma coenzima.

transferência de energia por ressonância. Forma de transferência de energia de excitação entre moléculas que não envolve a transferência de um elétron.

transições alostéricas. Mudanças na conformação de uma proteína entre o estado ativo (R) e o inativo (T).

translocação. 1. Movimentação de um ribossomo códon a códon ao longo da molécula de mRNA. 2. Movimento de um polipeptídeo através de uma membrana.

transporte ativo. Processo pelo qual um soluto se liga, especificamente, a uma proteína de transporte e é transportado através da membrana contra o gradiente de concentração do soluto. O transporte ativo requer energia. No transporte ativo primário, a fonte de energia pode ser luz, ATP ou transporte de elétrons. O transporte ativo secundário é impulsionado por gradientes de concentração iônica.

transporte cíclico de elétrons. Sequência modificada das etapas de transporte de elétrons nos cloroplastos, que ocorre para fornecer ATP sem a formação simultânea de NADPH.

transporte de elétrons associado à membrana. Veja transporte de elétrons.

transporte de elétrons. Conjunto de reações nas quais compostos como NADH e ubiquinona reduzida (QH_2) são oxidados em condições aeróbicas e há geração de ATP a partir de ADP e P_i. O transporte de elétrons associado à membrana consiste em dois fenômenos intimamente relacionados: oxidação de substratos pelo transporte de elétrons da cadeia respiratória, acompanhado por translocação de prótons através da membrana mitocondrial para gerar um gradiente de concentração de prótons; e formação de ATP, impulsionada pelo fluxo de prótons para o interior da matriz, através de um canal na ATP sintase.

transporte passivo. Processo pelo qual um soluto se liga, especificamente, a uma proteína de transporte e é levado através de uma membrana, movendo-se a favor do gradiente de concentração do soluto. O transporte passivo ocorre sem gasto de energia. Também chamado difusão facilitada.

transposon. Elemento genético móvel, que "pula" entre os cromossomos ou entre partes de um deles, aproveitando-se dos mecanismos de recombinação. Também chamado elemento transponível.

triacilglicerol. Lipídeo contendo três resíduos de ácidos graxos esterificados com glicerol. Gorduras e óleos são misturas de triacilgliceróis. Antes chamados triglicérides ou triglicerídeos.

triglicéride. Veja triacilglicerol.

triose. Um açúcar com três átomos de carbono.

tRNA. Classe de moléculas de RNA que carrega aminoácidos ativados ao sítio de síntese proteica para incorporação em cadeias peptídicas em formação. As moléculas de tRNA contêm um anticódon que reconhece um códon complementar no mRNA.

tRNA iniciador. Molécula de tRNA usada exclusivamente nos códons de iniciação. O tRNA iniciador é usualmente um metionil--tRNA específico.

unidade de massa atômica. Unidade de peso atômico do ^{12}C, igual a 1/12 da massa do isótopo ^{12}C do carbono. Por definição, a massa desse nuclídeo é exatamente igual a 12.

uniporte. Transporte de um único tipo de soluto através de uma membrana por uma proteína de transporte.

v. *Veja* velocidade.

v_0. *Veja* velocidade inicial.

vacúolo. Organela cheia de fluidos encontrada em células vegetais, que serve de sítio de armazenamento de água, íons ou nutrientes.

variação da energia livre de Gibbs (ΔG). Quantidade termodinâmica que define a condição de equilíbrio em termos da variação de entalpia (H) e de entropia (S) de um sistema, sob pressão constante. $\Delta G = \Delta H - T\Delta S$, em que T é a temperatura absoluta. A energia livre é uma medida da energia disponível em um sistema para produzir trabalho.

variação da energia livre de Gibbs padrão ($\Delta G°'$). Variação de energia livre para uma reação sob condições bioquímicas de estado-padrão.

variação da energia livre. *Veja* variação da energia livre de Gibbs.

velocidade (V). Velocidade de uma reação química, expressa em termos de quantidade de produto formado por unidade de tempo.

velocidade inicial (v_0). Velocidade de conversão do substrato em produto nos primeiros estágios de uma reação enzimática, antes que tenha se formado uma quantidade apreciável de produto.

velocidade máxima (V_{max}). Velocidade inicial de uma reação quando a enzima está saturada com o substrato, ou seja, quando toda a enzima está na forma de complexo enzima-substrato.

vetor de clonagem. Molécula de DNA que carrega um segmento de DNA estranho. Um vetor de clonagem introduz um DNA estranho em uma célula na qual ele pode ser replicado e, às vezes, expresso.

via C_4. Via para fixação de carbono em várias espécies de plantas, que minimiza a fotorrespiração ao concentrar o CO_2. Nessa via, CO_2 é incorporado a ácidos de quatro carbonos nas células mesofílicas e estes são descarboxilados nas células da bainha dos feixes vasculares, liberando CO_2 para ser usado no ciclo redutor das pentoses fosfato.

via da β-oxidação. A via metabólica que degrada os ácidos graxos a acetil-CoA, produzindo NADH e QH_2 e gerando, assim, grandes quantidades de ATP. Cada rodada de β-oxidação de ácidos graxos consiste em quatro etapas: oxidação, hidratação, oxidação e tiólise.

via das pentoses fosfato. Via pela qual a glicose 6-fosfato é metabolizada para gerar NADPH e ribose 5-fosfato. Na etapa oxidativa da via, glicose 6-fosfato é convertida em ribulose 5-fosfato e CO_2, fornecendo duas moléculas de NADPH. Na etapa não oxidativa, ribulose 5-fosfato pode ser isomerizada a ribose 5-fosfato ou convertida a intermediários da glicólise. É também chamada desvio da hexose monofosfato.

via de reaproveitamento (*salvage pathway*). Via na qual um metabólito principal, como um nucleotídeo purínico ou pirimidínico, pode ser sintetizado a partir de entidades moleculares pré-formadas, como uma purina ou pirimidina.

via/rota. Sequência de reações metabólicas.

vitamina lipídica. Composto poliprenílico, constituído principalmente de uma longa cadeia hidrocarbônica ou de anéis fundidos. Ao contrário das vitaminas hidrossolúveis, as vitaminas lipídicas podem ser armazenadas pelos animais. Entre elas incluem-se as vitaminas A, D, E e K.

vitamina. Micronutriente orgânico que não pode ser sintetizado pelo animal e precisa ser obtido em sua dieta. Várias coenzimas são derivadas das vitaminas.

VLDL. *Veja* lipoproteína de baixíssima densidade.

V_{max}. *Veja* velocidade máxima.

volta (em proteínas). Uma alça de proteína com 4-5 resíduos, que provoca uma alteração na direção da cadeia polipeptídica em uma proteína enovelada.

volta reversa. *Veja* volta.

volta β. *Veja* volta.

zíper de leucinas. Motivo estrutural encontrado em proteínas de ligação ao DNA e em outras proteínas. O zíper é formado quando as faces hidrofóbicas (frequentemente contendo resíduos de leucina) de duas α-hélices anfipáticas da mesma cadeia polipeptídica ou de diferentes cadeias interagem para formar uma estrutura de super-hélice (*coiled coil*).

zwitterion. Molécula contendo grupos com cargas negativa e positiva.

Créditos das fotos e ilustrações

Capítulo 1 Página 2 alto, Science Photo Library/Photo Researchers, Inc.; 2 meio, Photos 12/Alamy; 2 embaixo, Science Photo Library/Photo Researchers, Inc.; 3 alto, Corbis; 3 embaixo, Shutterstock; 11, Shutterstock; 12, Manuscripts & Archives – Yale University Library; 15 embaixo, SSPL/The Image Works; 16, Richard Bizley/Photo Researchers, Inc.; 18, Lee D. Simon/Photo Researchers, Inc.; 19 alto, National Library of Medicine Profiles in Science; 21, Matthew Daniels, Wellcome Images; e 26, David S. Goodsell, the RCSB Protein Data Bank. Coordenadas das entradas PDB 1atn.

Capítulo 2 Página 29 alto, NASA; 29 embaixo, Michael Charters; 32, iStockphoto; 33, NOAA; 34, Valley Vet Supply; 38, Travel Ink/Getty Images; 42, ElementalImaging/iStockphoto; 45 alto, Edgar Fahs Smith Memorial Collection; 45 embaixo, Fotolia; e 49, Library of Congress.

Capítulo 3 Página 57, Thomas Deerinck, NCMIR/Photo Researchers, Inc.; 58, Argonne National Laboratory; 59, Pascal Goetgheluck/Photo Researchers, Inc.; 61, iStockphoto; 70, iStockphoto; 71, MARKA/Alamy; 72, Bio-Rad Laboratories, Inc.; 74 alto, REUTERS/William Philpott WP/HB; 74 embaixo, AFP Photo/Newscom; e 79, Bettmann/CORBIS.

Capítulo 4 Página 86, Shutterstock; 87, Swiss Institute of Bioinformatics; 89, Lisa A. Shoemaker; 90 alto, Bror Strandberg; 90 embaixo, Hulton Archive/Getty Images; 94, Custom Life Science Images/Alamy; 95, Bettmann/Corbis; 96, Julian Voss-Andreae; 109, retirado de Kühner et al., "Proteome Organization in a Genome-Reduced Bacterium" Science 27 Nov 2009, Vol. 326, n. 5957, p. 1.235-1.240. American Association for the Advancement of Science.; 110, Howard Ochman; 112, retirado de Butland et al., "Interaction network containing conserved and essential protein complexes in *Escherichia coli*," Nature 433 (2005), 531-537; 114, National Library of Medicine; 119, Laurence A. Moran; 121, Easawara Subramanian, http://www.nature.com/nsmb/journal/v8/n6/full/nsb0601_489.html; 122, Danielle Anthony; 123, SSPL/The Image Works; 124, Janice Carr/Centers for Disease Control; 127, Ed Uthman, licenciada pela Creative Commons http://creativecommons.org/licenses/by/2.0/; e 128, Julian Voss-Andreae.

Capítulo 5 Página 137, Dorling Kindersley; 138, Jonathan Elegheert; 139, Michael P. Walsh/IUBMB; 140, Leonardo DaVinci; 146 alto, Rockefeller Archives Center; 144 meio, University of Pittsburgh, Archives Service Center; 144 embaixo, Laurence A. Moran; e 150, AP Photo/Paul Sakuma.

Capítulo 6 Página 169, Ronsdale Press, copyright da foto Dina Goldstein; 176, Bettmann/CORBIS; 185, Paramount/Photofest; e 188, Shutterstock.

Capítulo 7 Página 200, Shutterstock; 203, Library of Congress; 206, Heath Folp/Industry & Investment NSW; 212, History Press; 214, Christian Heintzen, University of Manchester; 216, iStockphoto; 217, John Olive; 218, Stephanie Schuller/Photo Researchers, Inc.; 220 à esquerda, Meg e Raul via Flickr/CC-BY-2.0 http://creativecommons.org/licenses/by/2.0/deed.en 220 à direita e 221, Shutterstock; e 224, ambas, © The Nobel Foundation.

Capítulo 8 Páginas 229, 240, 241, Shutterstock; 245 alto, Image Source/Alamy; 245 embaixo, Jack Griffith; 247, Jakob Jeske/Fotolia; 248, Jens Stougaard; 249, Eric Erbe, Christopher Pooley, Beltsville Agricultural Research/USDA; 250, Robert Hubert, Microbiology Program, Iowa State University; e 253, Christine Ortlepp.

Capítulo 9 Página 259, imagebroker/Alamy; 262, Steve Gschmeissner/Photo Researchers, Inc.; 263, Shutterstock; 268 embaixo, Shutterstock; 270, John Ross; 273 alto, Professores Pietro M. Motta & Tomonori Naguro/Photo Researchers, Inc.; 273 embaixo, Biophoto Associates/Photo Researchers, Inc.; 276, Lisa A. Shoemaker; 277 embaixo, Julie Marie/Fotolia; 284 alto, M. M. Perry; e 284 embaixo, Shutterstock.

Capítulo 10 Página 295, Quade Paul, Echo Medical Media; 297, Charles Boone, retirado de Costanzo et al. "The Genetic Landscape of a Cell" Science 327. 2010; 425–432; 298, Roche Applied Science; 305, Shutterstock; 306, University of Edinburgh/Wellcome Images; 307, Biophoto Associates/Photo Researchers, Inc.; e 314, National Library of Medicine.

Capítulo 11 Página 326, Barton W. Spear – Pearson Education; 332 à esquerda, Super-Stock, Inc;. 332 à direita, Bettmann/CORBIS; 337, Warner Bros./Photofest; 341, ChinaFotoPress/Zuma/ICON/Newscom; e 350, dreambigphotos/Fotolia.

Capítulo 12 Página 359, CBS/Landov; 369, United States Postal Service; 370 alto, A. Jones/Photo Researchers, Inc.; 370 embaixo, Laura Van Niftrik; e 375, Tim Crosby/Getty Images.

Capítulo 13 Página 386, Science Photo Library/Photo Researchers, Inc.; 387, extraído de Zhou ZH et al. Proc. Natl. Acad. Sci. USA 98, p. 14.802-14.807; 390 alto, retirado de Zhou ZH et al. (2001) Proc. Natl. Acad. Sci. USA 98, p.14. 2001; 802-14.807 e 396, 401, Shutterstock.

Capítulo 14 Página 417 alto e à esquerda, Shutterstock; 417 embaixo, Dirk Freder/iStockphoto; 419 alto, Lisa A. Shoemaker; 419 meio e embaixo, Shutterstock; 420 alto, Roberto Danovaro; 420 à esquerda, Milton Saier; 426, Michael Radermacher; 433, Alexander Tzagoloff; e 438, NASA/Sandra Joseph e Kevin O'Connell.

Capítulo 15 Página 444, Mary Ginsburg; 445, Arizona State University – Plant Bio Department; 448 alto, Makoto Kusaba; 448 embaixo, Shutterstock; 449 alto, CHINE NOUVELLE/SIPA/Newscom; 449 embaixo, Robert Lucking; 453, Niels Ulrik Frigaard; 458, Michelle Liberton, Howard Berg e Himadri Pakrasi, do Donald Danforth Plant Science Center e da Washington University, St. Louis; 459, Andrew Syred/Photo Researchers, Inc.; 460 alto, NSF Polar Programs/NOAA; 460 meio, Lisa A. Shoemaker; 463, Lawrence Berkeley National Laboratory; 469, Shutterstock; 470 alto, retirado de Bhattacharyya et al, "The wrinkled-seed ..." Cell, Vol. 60, n. 1, 1990, p. 115-122; 470 meio, Peter Arnold/Photolibrary; 470 embaixo, Fotolia; 471, retirado de David F. Savage et al., "Spatially Ordered Dynamics of the Bacterial Carbon Fixation Machinery," 2011. American Association for the Advancement of Science; 472 alto, AP Photo/Charlie Neibergall; e 472 embaixo, Shutterstock.

Capítulo 16 Página 476, Kennan Ward/Corbis; 487, Shutterstock; 491 alto, Bettmann/CORBIS; 491 embaixo, Hulton Archive/Getty Images; 494, Environmental Justice Foundation, Ltd.; 496 alto, David Leys, Toodgood et al., 2004; 496 embaixo, Eric Clark/Molecular Expressions; 501 alto, Shutterstock; 501 embaixo, Steve Gschmeissner/SPL/Alamy; 505, Donald Nicholson/IUBMB; 507, Shutterstock; e 508, Robin Fraser.

Capítulo 17 Página 517 alto, NASA Visible Earth; 517 embaixo, NOAA; 518, Inga Spence/Photo Researchers, Inc.; 533, Shutterstock; 534, iStockphoto.com; 536, National Library of Medicine; e 542, U.S Air Force photo/Staff Sgt Eric T. Sheler.

Capítulo 18 Página 554, G. Robert Greenberg; 556, National Library of Medicine; 563, Peter Reichard; 566, Shutterstock; e 570, Fotolia.

Capítulo 19 Página 576, National Cancer Institute; 583, SSPL/The Image Works; 589, Andrew Paterson/Alamy; 591, Lisa A. Shoemaker; 593 ambas, Ulrich K. Laemmli; 599 alto à esquerda, 599 alto à direita, Lisa A. Shoemaker; 599 meio, Stanford University School of Medicine; e 599 embaixo, Steve Northup/Time&Life Images/Getty Images.

Capítulo 20 Página 605 alto, John Cairns; 605 embaixo à esquerda, David S. Hogness; 605 embaixo à direita, Regional Oral History Office, The Bancroft Library, University of California, Berkeley; 615 ambas, Timothy Lohman; 617, retirado de Structure, 6, Dec. 2008 Copyright Elsevier. Arte original de Glass Egg Design, Jessica Eichman, www.glasseggdesign.com; 620, Lisa A. Shoemaker; 621, David Bentley; 629 alto, Laguna Design/Photo Researchers, Inc.; 629 embaixo, Paul Sabatier/Art Life Images/Superstock; 630 alto, James Kezer/Stanley Sessions; 630 embaixo, Dr. L. Caro/Photo Researchers, Inc; 632, Institute of Molecular-biology and Biophysics, retirado de Yamada et al., Molecular Cell Vol. 10 p. 671 (2002). Figura 4b (à direita), com permissão da Elsevier; e 632, Vanderbilt University, Genes and Development. retirado de Wang et al. BASC, a super complex of BRCA1-associated proteins involved in the recognition and repair of aberrant DNA structures. Vol. 14, n. 8, p. 927-939, Abril 15, 2000 Fig 3M.

Capítulo 21 Página 636, Marc Gantier/Getty Images; 638, retirado de Murakami et al., Science 296: 1.285-1.290 (2002) Fig5A (à esquerda) American Association for the Advancement of Science; 640, Oscar L. Miller, Jr.; e 653, Lisa A. Shoemaker.

Capítulo 22 Página 669, National Security Agency; 670, US Navy Office of Information; 678, David Goodsell; 680, Stanford University School of Medicine; 684, Oscar L. Miller, Jr.; e 695, H. H. Mollenhauer/USDA.

Índice Remissivo

Neste índice, os números de página listados indicam tabelas (com um T ao lado do número da página) e figuras (com um F ao lado do número da página).

1,25-di-hidroxicolecalciferol, 220F
1,3-*bis*fosfoglicerato, 335F
2-fosfoglicolato, 182-183F
2,3-*bis*fosfo-D-glicerato (2,3BPG), 128F-129
2,3-*bis*fosfoglicerato, 336-338F
5-fosfo-β-D-ribosilamina (PRA), 555F
5-fosforribosil 1-pirofosfato (PRPP), 553-554F, 556-557
α-cetoglutarato, catálise por transferases, 56
α-tocoferol (vitamina E), 220F
α-tocoferol (vitamina E), 220F
    colecalciferol (vitamina D), 219-220F
    filoquinona (vitamina K), 220-220F
    retinol (vitamina A), 219-219F
$\alpha 2 \beta 2$, tetrâmero (insulina), 290-291F
β-caroteno, 219F, 448F
β-hélice, dobra de domínio, 107F
β-oxidação, 495-502
    ácidos graxos de cadeia ímpar, 499-500
    ácidos graxos insaturados, 501-502
    ácidos graxos, 494-501
    enzimas trifuncionais e, 498
    geração de ATP a partir de, 499-500
    metabolismo lipídico e, 495-502
    transporte de acil-CoA para a mitocôndria, 498-499
γ-aminobutirato, estrutura de, 64F

A

Absorção de ultravioleta pelo DNA de fita dupla, 586-587F
Absorção no UV de proteínas, 61F
Ação da lipase no pâncreas, 506F
Aceptores e doadores finais de elétrons, 439-440
Acetaldeído, catálise por liases, 139
Acetaminofeno, estrutura de, 487F
Acetato, precursor de gliconeogênese, 362-363
Acetil-CoA, 316-317, 387-394
    colesterol e, 489
    conversão do isopentenil-difosfato a partir de, 489
    hidrólise de tioésteres, 317
    oxidação de, 387, 391-392F
    piruvato, conversão de, 385, 387-391
    reações do ciclo do ácido cítrico, 386, 388-395
    transferência de grupo nucleotidila, 316
Acetilcolinesterase, 136F
Ácido acético (CH_3COOH), 46
    dissociação de, 46
    faixa de tamponamento de, 50F
    pH e, 46, 48, 52F
    titulação de, 48F
Ácido ascórbico (vitamina C), 212-213
Ácido carbônico, capacidade de tamponamento do, 52F

Ácido carboxílico, fórmula geral de, 5F
Ácido clorídrico (HCl), dissociação de, 44-45
Ácido desoxirribonucleico, *veja* DNA
Ácido fosfórico (H_3PO_4), titulação de, 49
Ácido lipoico, 218
Ácido ribonucleico, *veja* RNA
Ácido úrico, 567-569F
Ácidos graxos, 9, 258-262
    coenzimas e, 215, 221
    configuração *trans*, 261, 261F
    conformação *trans*, 259, 261F
    estrutura lipídica de, 259-262
    estrutura micromolecular de, 19
    formas aniônicas de, 259T
    insaturados, 259, 260F
    ligações duplas, Δ^n,
    nomenclatura, 258-259T
    oxidação de, 494-501
        β-oxidação, 495-500F
        ativação da acil-CoA sintetase, 494
        cadeias ímpares, 499-500
        geração de ATP a partir de, 499-500
        insaturados, 501-502
        transporte de mitocôndria, 482-501
    poli-insaturado, 259, 260F
    requisitos nutricionais e, 261
    saturado, 259, 260F
    síntese de, 476-482, 497F
        β-oxidação e, 497F
        insaturação, 480-482
        reação de iniciação, 478
        reações de alongamento, 478-481F
        reações de ativação, 480F
        reações de extensão, 480-482
Ácidos graxos de cadeia ímpar, β-oxidação de, 499-500
Ácidos graxos insaturados, 259, 260F, 501-502
Ácidos graxos poli-insaturados, 259, 260F
Ácidos graxos saturados, 259, 260F
Ácidos nucleicos, 2, 3, 7-9F. *Veja também* DNA; nucleosídeos; RNA
    clivagem de, 594F, 596F
    cromatina, 590-591F
    definido, 7
    DNA de fita dupla, 581-587F
    DNA superenrolado, 588F-589
    endonucleases de restrição, 595, 597-600
    estruturas macromoleculares de, 8-9F
    funções de, 576-577
    hidrólise de, 593-600
        alcalina, 594-594F
        DNA, 593-598F
        *Eco*RI e, 597-598F
        ribonuclease A, 595-597
        RNA, 595-596F
    história da, 575
    identificação de, 3
    nucleases de, 593-600
    nucleosídeos, 578-579F
    nucleotídeos como blocos construtores, 576-581
        formas tautoméricas, 577-578F

        nucleosídeos, 578-579F
        purinas e pirimidinas, 576-577F
        ribose e desoxirribose, 576F
    nucleossomos, 590-591F
    RNA nas células, 589
    sítios de ligação de hidrogênio, 577-578F
Acila, fórmula geral de, 5F
Aconitase, reações do ciclo cítrico, 398-398F
Açúcares, 237-238, 240-241
    abreviaturas para, 237T
    dissacarídeos, 239-240
    monossacarídeos, 235
    não redutores, 240-241
    redutor, 240-241
Açúcares alcoólicos, 237, 238F
Açúcares não redutores, 241-242
Açúcares redutores, 240-241
Açúcares-ácidos, 238, 239F
Açúcares-fosfato, 237
Adenilil quinase (porco), 106F
Adenina (A), 8-9F, 312-312T, 553F
Adenosina 5'-monofosfato (AMP), 553-553F
Adenosina desaminase, 183-184F
Adenosina monofosfato cíclica (cAMP), 287-287F
    ativação da proteína reguladora da transcrição do RNA, 656-658
Adenosina trifosfato (ATP), 8-8F, 201-201F, 310-317, 417-443
    β-oxidação, geração a partir de, 499-500
    adenosina monofosfato cíclica (cAMP), 287
    alterações metabólicas, 201-201F, 305, 307-314
    estrutura de, 8-9F
    fotossistemas da fotossíntese e, 460-461F
    hidrólise, 309-313
        reações metabolicamente irreversíveis, 308-312
        efeitos de solvatação, 311-312
        estabilização por ressonância, 311
        repulsão eletrostática, 311
    ligação de alta energia, ~, 314
    mitocôndria eucarionte e, 22
    produção de, 315-316F
    produção reduzida de coenzima de, 405-406F
    propriedades metabólicas das coenzimas, 201-201F
    reações da hexoquinase, 327-328, 329F, 331F
    reações do ciclo do ácido cítrico, 405-406F
    reações metabólicas de nucleotídeos, 551F
    regulação da fosfofrutoquinase-1 (PFK-1), 345-346F
    sintase, 432-435F, 457, 460-461F
    síntese de, 417-443
        ânions superóxido, 440-441
        catálise por ATP sintase, 432-434F
        força próton-motriz, 420-422F
        fuga de próton e produção de calor, 435
        mecanismos de transporte de NADH em eucariontes, 436-438F

mitocôndria, 418-421F
razão P/O (fosforilado/oxigênio), 436
teoria quimiosmótica, 420-423
transporte por membrana mitocondrial, 435-436
transferência de grupo fosforila, 313-316
transferência de grupo nucleotidila, 317F
transporte de elétrons e, 417-443
transporte de membrana ativo, 282-283F, 435-436
variação da energia livre de Gibbs, ΔG, 307-312
Adutos de carbamato, 130F
Agentes caotrópicos para desnaturação, 113
Agre P, 280
Agrecan, 247
Agregação pelo enovelamento de proteínas, 115
Agrobacterium sp., 530
Água, 29-55
calor específico de, 32
concentração de, 42F
condensação de, 41-41F
constantes de dissociação de ácida, 45-49
escala de pH e, 44-45, 49-52
gelo, formação de, 31-32F
interações não covalentes, 37-41F
carga-carga, 38
forças de van der Waals, 39-40F
hidrofóbico, 40-41F
ligações de hidrogênio, 38-39F
insolubilidade de substâncias não polares, 36-37
ionização de, 42-44T
ligação de hidrogênio em, 31-33, 38-39F
polaridade de, 30F
propriedades físicas de, 29-40
propriedades químicas de, 29, 40-53
reações nucleofílicas, 40-42
solubilidade de, substâncias iônicas e polares, 33-36
soluções tamponadas, 49-51
vaporização de, 32
Água do mar, propriedades de, 34F,
Alanina (A, Ala), 57, 60F, 63T
catabolismo de, 535
catálise por isomerases, 139-140
catálise por transferases, 138-139
ciclo da glicose-alanina, 361F
estrutura e propriedades de, 57, 58F
ionização de, 65-66F
nomenclatura, 57, 62T
piruvato, conversão a partir de, 361F
precursor da gliconeogênese, 360
síntese de, 522-524F
titulação de, 65-66F
Albumina sérica (humana), 79-80F, 105F, 509
Alcaptonúria, 546
Alcoóis, 5F
ciclização de monossacarídeos e reações de, 234-234F
fórmula geral de, 5F
solubilidade em água, 36T
Aldeído, fórmula geral de, 5F
Aldo-hexoses, 231F

Aldopentoses, 231F
Aldoses, 230-231F
ciclização de, 232-235F
epímeros, 232
estrutura de, 230-231F
projeções de Fischer de, 230-231F
Aldotetroses, 231F
Alimentos geneticamente modificados, 530
Alongamento de cadeia, 606, 682-687
catálise pela RNA polimerase, 637-638F
replicação por DNA polimerase, 605-606F
tradução da síntese proteica, 673-674, 682-687
catálise por peptidil transferase, 683-686F
etapas do microciclo para, 682-685F
fatores de alongamento, 683-684F
ribossomos e, 676-677
sítios de docagem de aminoacil-tRNA para, 683-684F
translocação de ribossomos, 684-687F
Alongamento, *veja* alongamento de cadeia
Alose, 231F
Altrose, 231F
Amido, 242-245, 468-470
amilase, 244F
amilopectina, 242-243F
amilose, 243F
armazenamento de glicose (plantas), 242-244F
digestão de, 245
estrutura de, 242-242T
metabolismo (plantas), 468-473F
síntese de, 468-468F
Amilase, 244F
Amilopectina, 242-243F
Amiloplastos, 470
Amilose, 243F
Aminoácidos, 6F, 56-85
átomo de carbono-α, 57
cadeias laterais, 57, 59-63
catabolismo de, 521, 535-543
composição proteica com, 58-59, 74-75T
definido, 57
escala hidropática, 63T
estrutura de, 6F, 56-63F
abreviaturas para, 59-60F
convenções para numeração, 57F
modelo do tipo esfera e bastão de, 57-58F
pares de imagens especulares, 58F
evolução e ancestrais de, 58-59, 80-82F
funções catalíticas de resíduos, 168-170T
hidrólise para análise de, 74-75F
ionização de, 64-68
mutagênese sítio-dirigida, 169
nomenclatura, 57-59, 57F, 62T
peptidil transferase, 68-69
peso molecular de, 75-75T
precursores da glicose, 360-361
procedimento cromatográfico para, 74-76F
purificação e análise de proteínas, 69-74
racemização, 59
resíduos, 68-69F, 75-76F
sequenciamento, 57, 77-78F
sistema de configuração RS, 62F

sítios ativos das enzimas, 170T
valores de pK_a, 170T
variação da energia livre de transferência para, 63T
tipos comuns de, 59-63
derivados, 63-64
grupos alcoólicos com cadeias laterais, 61-62
grupos R alifáticos, 60
grupos R aromáticos, 60-61
grupos R contendo enxofre, 61
grupos R negativamente carregados, 63
grupos R positivamente carregados, 62
hidrofobicidade das cadeias laterais, 63
titulação de, 65-66F
Aminoácidos de cadeia ramificada, 539-540F
Aminoácidos essenciais, 531T
aminoácidos não essenciais, 516, 531T
assimilação de amônia, 520-521
glutamato e glutamina, incorporação, 520F
catabolismo, 535-543
alanina, asparagina, aspartato, glutamato e glutamina, 537
aminoácidos de cadeia ramificada e, 539-540F
arginina, histidina e prolina, 537-537F
cisteína, 542-542F
conversão de metionina e, 541-541F
glicina e serina, 538-539F
lisina, 544F
tirosina, 542-543F
treonina, 539-540F
ciclo da ureia, conversão de amônia em ureia, 544-549
ciclo do nitrogênio, 517-517F
doenças da, 546
fixação de nitrogênio, 517
funções de, 520-521
nitrogenases, 517-518
precursores, 530-533
glutamato, glutamina e aspartato, 531
lignina a partir de fenilalanina, 533-534F
melanina a partir de tirosina, 533, 535F
óxido nítrico a partir de arginina, 532-533F
serina e glicina, 531-532F
metabolismo renal da glutamina, 549-550
reações de transaminação, 521-521F
síntese de aminoácidos, 522-531
alanina, valina, leucina e isoleucina, 523-524F
aspartato e asparagina, 522-523F
ciclo do ácido cítrico, 522F
fenilalanina, tirosina e triptofano, 526-528F
glutamato, glutamina, arginina e prolina, 525F
histidina, 529F
lisina, metionina e treonina, 523-524F
serina, glicina e cisteína, 526-526F
turnover de proteína, 533-535
Aminoácidos não essenciais, 516, 531T
Aminoacil-tRNA, 673-676
fatores de alongamento e docagem de, 682-684F

preso ao sítio A, 678, 680F, 683-684F
sintetases, 674-675F
   especificidade de, 674-675F
   reação de, 674-680F
   revisão de erros em, 676
   síntese de proteínas e, 674-678F
   sítios de ligação ao substrato, 676F
sítios de ligação, 674-671F, 676F, 690F
sítios de ligação dos ribossomos, 676, 677F
Aminoaçúcares, 237-238, 238F
Aminoimidazol carboxamida ribonucleotídeo (AICAR), 555F
Aminoimidazol ribonucleotídeo (AIR), 555F
Aminoimidazol succinilocarboxamida ribonucleotídeo (SAICAR), 555F
Amônia (NH_3), 46, 518-520
  assimilação, 520-521
  ciclo da ureia, 544-547F
  conversão em ureia, 544-549
  dissociação para formação de, 46
  incorporação de glutamato e glutamina, 520F
  reações de transaminação, 521-521F
  transferência enzimática do glutamato, 560
Amplificação, 285
  DNA, 615-616
  vias sinalizadoras, 285
Amplificação em cascata de vias sinalizadoras, 285
Anabaena spherica, 304F
Anfinsen, Christian B., 114-115
Angstrom (Å), unidades de, 27
Anidrase carbônica, 199F
Ânion semiquinona, 222F
Ânions superóxido, 440-441
Anômeros, 233
Anticódons, 672-673T
  definido, 672
  pareamento de bases, 669-673T
  posição oscilante de, 673-674F
Antígenos, ligação de anticorpo com, 130-131F
Antiporte, transporte de membrana, 281F
Apoptose, 536
Aquaporina, 280F
Arabidopsis thalianna, 94
Arabinose, 231F
Arginina (Arg, R), 62-62F
  catabolismo de, 535-538
  ciclo da ureia e, 545F, 546-547F
  estrutura de, 62-62F
  nomenclatura de, 65T
  síntese de óxido nítrico a partir de, 532-533F
  síntese de, 525F
Arginina quinase, 192-194F
Asparagina (N, Asn), 63F
  catabolismo de, 535
  estrutura de, 63F
  nomenclatura, 65T
  síntese de, 522-523F
  tratamento da leucemia linfoblástica aguda, 523
Aspartame, 69F, 241
Aspartato (D, Asp), 63F

  catabolismo de, 535
  ciclo da ureia e, 545F, 545-547F
  estrutura de, 63F
  lançadeira do malato-aspartato, 404F
  nomenclatura, 65T
  precursor da gliconeogênese, 360
  síntese de, 522-523F
  uso do precursor metabólico, 531
Aspirina, estrutura de, 487F
Atenuação, 690-691F
Atividade catalítica, 90
Átomo de carbono-α, 57
Átomos quirais, 57-58
Átomos superóxido, 440-441
ATP; *veja* adenosina trifosfato (ATP)
ATP sintase, 432-435F
  cloroplastos, 459-460F
  complexos citocrômicos, 457
  estrutura de, 433F
  fotossíntese e, 456, 459-460F
  mecanismo de mudança de ligação, 434-434F
  rotação de moléculas, 435-436
  transferência de elétrons de, 457
  transporte de elétrons, complexo V, 436-438F
Atrofia girata, 546
Autofosforilação, 290
Autorradiografia de cromossomo em replicação, 605F
Autótrofos, 304-305
Avaliação Crítica dos Métodos de Previsão de Estrutura de Proteína (CASP), 118
Avery O, 3, 575
Azotobacter vinelandii nitrogenase, 518-519F

B

Bacillus stearothermophilus, 402
Bacillus subtilis, 188
Bactéria, 247-249. *Veja também Escherichia coli (E. coli)*
  ciclo do ácido cítrico e 412-415
  cápsulas de polissacarídeos, 249
  corante de Gram para, 250F
  intestinal, 218F
  metabolismo e adaptação de, 296-297
  penicilina, 250-250F
  peptidoglicanas, 247-248F
  via bifurcada, 412-413F
  via do glioxilato, 409-411F
  via Entner-Doudoroff (ED), 351-352F
  Staphylococcus aureus (*S. aureus*), 77, 247-249F
Bactéria púrpura, fotossíntese em, 449-450F
Bactérias filamentosas verdes, fotossíntese em, 449, 452F
Bacteriorodopsina, 271-271F, 462
Barnum PT, 203
Barril α/β, dobra de domínio, 107F
Barril β, dobra de domínio, 107F
Bases de Schiff, 122F, 211F, 333-334F
Bases que compõem o de fita dupla, 587T
Beadle G, 214, 635
Bioenergética, 11. *Veja também* ATP; lipídico; termodinâmica
Biopolímeros, *veja* polímeros

rotas biossintéticas (anabólicas), 304-305
Bioquímica, 1-27
  biopolímeros, 6-11
  células, 17-26
    E. coli, 18F, 26-27, 27F
    eucariontes, 19-22F
    procariontes, 16F-18
    vivas, 19-26
  ciência no século XX e, 2-3
  definido, energia, vida e, 10-15
  elementos químicos da vida, 3-4
  evolução e, 15-17
  macromoléculas, 4-10
    ácidos nucleicos, 7-8F
    lipídeos, 9
    membranas, 9-10
    polissacarídeos, 6-7F
    proteínas, 6
  natureza multidisciplinar da, 26
  terminologia especial da, 27-28
  unidades para, 27-27T
Biotina, 213-214F
Boyer H, 599F
Boyer PD, 224, 434
Braço D, 672-672F
Braço do anticódon, 671F-672
Braço TψC, 672-671F
Braço variável, 671F-672
Briggs GE, 143
Brometo de cianogênio (CNBr), 77-77F
Buchanan JM, 553, 556F
Buchner E, 2, 332

C

C-terminal (terminação carboxila), 69, 78F
Cadeias laterais, 57, 59-62
  efeito hidrofóbico sobre, 116-117
  enovelamento de proteína e, 115-116
  estados iônicos de, 64-66F
  estrutura de aminoácido e, 57, 59
  grupos álcool com, 61-62
  grupos R alifáticos, 60
  grupos R aromáticos, 60-61
  grupos R contendo enxofre, 61
  grupos R negativamente carregados, 63
  grupos R positivamente carregados, 62-63
  hidrofobicidade de aminoácidos com, 63
  proteínas com α-hélice, 95
Caenorhabditis elegans, 297
Cahill G, 379
Cálcio (Ca), 3
Calor específico da água, 32
Calorias (cal), unidades de, 27
Calorímetro, 13F
Calvin, Melvin, 463
Canais para transporte por membrana (animal), 278-280F
Canalização metabólica, 160
Câncer de mama e reparo de DNA, 632
Caótropos, 37
Capsaicina, 284F
Capsídeo do bacteriófago MS2, 108F
Cápsula, polissacarídeo, 249
Carbamilfosfato, ciclo da ureia e, 545F, 545-547F
Carbamilfosfato sintetase, 560F

Carbocátion, 166
Carboidratos, 229-256
  definido, 229
  dissacarídeos, 239-242
    açúcares, 238-239
    estruturas de, 239-240F
    glicosídeos e, 239-242, 242F
    ligações glicosídicas em, 239-240F
    nucleosídeos e, 241, 241F
  glicoconjugados, 246-254
    glicoproteínas, 250-251F
    peptidoglicanos, 247-249F
    proteoglicanos, 246-247F
  glicosídeos, 239-242, 242F
  monossacarídeos, 229-238
    aldoses, 230-231F
    cetoses, 230-233F
    ciclização de, 232-236
    compostos quirais, 230-234F
    conformações de, 235-236F
    derivados de, 237-237F
    epímeros, 232
    modelos de esfera e bastão de, 236F
    projeções de Fischer de, 230-231F
    projeções de Haworth de, 234-234F
    trioses, 230
  oligossacarídeos, 229, 250-252F
  polissacarídeos, 229, 242-246
    amido, 242-243F
    celulose, 245F
    estrutura de, 242-242T
    glicogênio, 242-242T
    heteroglicanos, 242
    homoglicanos, 242
    quitina, 245F
Carbonila, fórmula geral de, 5F
Carbono (C), 3
  reações da glicólise, 332-334F
Carbono anomérico, 233
Carboxiaminoimidazol ribonucleotídeo (CAIR), 555F
Carboxilato, fórmula geral de, 5F
Carboxissomos, 470-471F
Carotenoides, 448-448F
Catabolismo, 535-543
  alanina, asparagina, aspartato, glutamato e glutamina, 537
  aminoácidos de cadeia ramificada e, 539-540F
  arginina, histidina e prolina, 537-537F
  cisteína, 542-542F
  conversão de metionina e, 541-541F
  glicina e serina, 538-539F
  lisina, 544F
  metabolismo dos aminoácidos e, 534-542
  pirimidina, 570-572
  purina, 566-569
  tirosina, 542-543F
  treonina, 539-540F
Catalisadores, 2, 115-116, 136, 138-140
  definido, 136
  enzimas hidrolase, 139
  enzimas isomerases, 139-140
  enzimas liases, 139
  enzimas ligases, 140
  enzimas oxidorredutases, 138

  enzimas transferases, 138-139
  estruturas de proteínas, 115-116
  redução da desnaturação de, 113-114
  regulação da atividade enzimática, 154-159
Catálise, 167-172, 177-183
  ácido-base, 170-172
  covalente, 171-172F
  distribuição de frequência de resíduos catalíticos, 170T
  efeitos do pH sobre as velocidades enzimáticas, 170-172F
  funções de resíduos de aminoácidos ionizáveis, catálise 173-173T
  ligação de substrato e, 170-173T, 178F, 180
  mecanismo enzimático da, 172-174, 177-184
  modos enzimáticos, 177-184
    ajuste induzido, 181-182
    efeito de proximidade, 178-179F
    estabilização do estado de transição, 178, 182-183F
    ligação fraca e, 179, 180-180F
  modos químicos de, 177-187
  pK_a de aminoácidos ionizáveis, 174T
  reações controladas por difusão, 173-177
  resíduos de aminoácido e, 169-170T
  RNA polimerase, 637-638F
  serino-proteases e modos de, 187-189
Catálise de ligações pelas ligações peptídicas, 683-684, 686F
Catálise pela fosfoglicerato mutase, 336-337F
Catálise pela fosfoglicerato quinase, 335-336
Catálise pela glicose 6-fosfato isomerase, 328, 331-332F, 346F
Catálise pela transaldolase, 368-369F
Catálise pela transcetolase, 368F
Cátions inorgânicos, 199
Cauda poli-A, 661
Celobiose, 240-241, 240F
Célula eletroquímica, 319F
Células, 17-26
  citosóis, 23, 27F
  difusão nas, 35F
  E. coli, 18F, 18-26, 24F
  estrutura das, 17-23
  eucariontes, 19-22F
  procariontes, 16F-18
  solubilidade e concentrações de, 45F
  vivas, 26-28
Células diploides, 21
Células eucariontes, 19-22F
  ciclo do ácido cítrico e, 385
  citoesqueleto, 23
  cloroplastos, 22-22F
  compartimentalização, 501-502
  complexo de Golgi, 22F
  DNA e, 20
  especialização de vesículas, 23
  estrutura de, 19-20F
  metabolismo lipídico e, 501-502
  mitocôndria, 22-22F
  mitose, 21F
  núcleo de, 20

  organelas, 20-21F
  retículo endoplasmático (RE), 21-21F
  vias metabólicas em, 307F
Células haploides, 21
Células hipertônicas, 36F
Células hipotônicas, 36F
Células isotônicas, 36F
Células procariontes, 17-18F
  E. coli, 18F,
  estrutura de, 17-18F
  ribossomos, células procariontes comparadas a, 676-677F
Celulose, 7-8F, 245F
Centro de reação bacteriano (BRC), veja transdutores de fotossistemas bacterianos, 287-288
Centro reativo, 198
Ceramida, 265, 266F
Ceras, estrutura e funções dos lipídeos, 9, 268
Cerebrosídeos, 265, 266F
Cerne estrutural da piruvato desidrogenase, 109F
Ceto-hexoses, 233F
Cetona, fórmula geral de, 5F
Cetopentoses, 233F
Cetoses, 230-233F
  ciclização de, 232-234F
  estrutura de, 232-233F
  projeções de Fischer de, 230-231F
Chance B, 420
Changeux J-P, 157
Chaperonas, veja chaperonas moleculares
Chaperonas moleculares, 118-119F
  chaperonina (GroE), 119-120F
  enovelamento de proteínas assistido por, 118-120F
  prevenção da agregação por, 120
  proteína termodinâmica de choque térmico, 119-119F
Chargaff E, 581
Chlamydomonas sp., 459F
Ciclização de monossacarídeo, 232-236
  anômeros, 233
  carbono anomérico, 233
  furanos, 233F
  piranos, 233F
  projeções de Haworth para, 234-234F
Ciclo da glicose-alanina, 361F
Ciclo da ureia, 544-549
  conversão de amônia em ureia, 544-549
  metabolismo dos aminoácidos e, 542-547
  reações auxiliares para, 548
  reações da, 544-545F
  síntese de carbamilfosfato, 545F
Ciclo de Calvin, 444, 462-467F
  etapas do, 464F
    oxigenação, 466-466F
    redução, 467-468
    regeneração, 467-467F
  fixação de dióxido de carbono (CO_2), 463-469, 471-474
  redução do NADPH, 466-467
  ribulose 1,5-*bis*fosfato, 466-466F
  rubisco (ribulose 1,5-*bis*fosfato carboxilase--oxigenase), 463, 464-466F

Ciclo de Cori, 361F
Ciclo de Krebs, *veja* ciclo do ácido cítrico
Ciclo do ácido cítrico, 303-304, 327F, 385-416
  bactéria e, 412-415
  células eucariontes e, 385
  conversão de piruvato em acetil-CoA, 385, 387-391
  entrada de piruvato na mitocôndria, 402-403F
  evolução de, 412-414
  história da, 385-386
  ligação a substrato pró-quiral, 397
  oxidação de acetil-coA, 385, 391-394
  produção de ATP, 405-406F
  produção de energia no, 405T
  reações das enzimas, 387, 394-402
    aconitase, 396-397F
    citrato sintase, 394-395F
    complexo succinato desidrogenase, 399-401F
    complexo α-cetoglutarato desidrogenase, 398-399F
    conversão de a partir de outra, 402F
    fumarase, 401
    isocitrato desidrogenase, 398-398F
    malato desidrogenase, 401-402
    succinil sintetase, 398-400F
  redução de coenzima, 405-406F
  regulação de, 406-407
  síntese de glicose a partir de, 327F
  via do glioxilato, 409-412
  via glicolítica, 408
  via metabólica, 305-306
  vias anfibólicas, 407-409
  vias bifurcadas, 413F
Ciclo do glioxilato, 361
Ciclo do nitrogênio, 517-517F
Ciclo redutor da pentose fosfato, *veja* ciclo de Calvin
Ciechanover A, 535
Cinética, 26, 140-141
  complexo enzima-substrato (ES), 141-142
  constante catalítica, k_{cat}, 145-147
  constante cinética, k_m, 146-149, 150T
  curva hiperbólica e, 148
  eficiência catalítica, 146-147T
  equação de Michaelis-Menten, 143-147
  equações de velocidade, 140-141, 143-144
  gráfico de Lineweaver-Burk (duplo recíproco), 148-148F
  inibidores reversíveis e, 150-150T
  mecanismos cinéticos, 149
  propriedades das enzimas e, 140-142
  reações das enzimas, 139-141F
  reações de múltiplos substratos, 148-152F
  reações de substratos, 141-150
  reações pingue-pongue, 149-149F
  reações químicas, 141F-142
  reações sequenciais, 149-149F
Cisteína (C, Cys), 61F
  catabolismo de, 542-542F
  estrutura de, 61F
  nomenclatura, 65T
  síntese de, 526-527F

Cistina, formação de, 61F
Cistinúria, 546
Citocromo b_{562}, 105F
Citocromo c, 80-80F, 102F
  conservação de estrutura de proteína, 102F
  sequenciamento, 77-79F
Citocromo c oxidase (complexo de transferência de elétrons IV), 430-431F
Citocromos, 223-224F
Citoesqueleto, 20F, 23
Citoplasma, 35F
Citosina (C), 8
  ligação de hidrogênio, 39F
Citosóis, 20F, 23, 27F, 694F
Citrato sintase, reações do ciclo cítrico, 386F, 394-396F
Cleland WW, 149
Clivagem, 77-78F, 113F, 166-167
  carbocátion, 166
  hidrólise, 594F
  ligações, 113F, 165-166
  proteínas por brometo de cianogênio (CNBr), 77-77F
  radicais livres, 166
  reações de enzimas e, 165-166
  RNA, 594F
  sítios de nuclease, 594F
Clivagem por aldolases, 332-333F
Cloreto (Cl), 3
Cloreto de sódio (NaCl), 33F, 34
Cloridrato de donepezila, 136F
Clorofilas, 445-447F
  absorção de fóton (energia), 446-447
  antena, 447-447F
  estrutura de, 445-446
  par especial, 447-447F
  transferência de energia por ressonância, 447
Clorofilas antena, 447-447F
Cloroplastos, 22-23F, 459-460F
  ATP sintase, 460-461F
  estrutura da célula eucarionte e, 20F, 20-22F
  estrutura de, 459-460F
  evolução das cianobactérias, 459
  fotossíntese e, 22
  organização de, 461-461F
Clusters ferro-enxofre, 199-200F
Cobalamina (vitamina B_{12}), 217-217F
Código genético, 668-673T
  códons, 668-673T
  degenerado, 670
  história da, 668-673F
  mRNA e, 669-670F
  quadros de leitura, 668-669F
  tRNA e, 668, 669-671F
Código Morse, 670F
Códons, 668-673T
  anticódons, 672-672F
  código genético, 668-670F
  definido, 668
  iniciação, 669, 678-680F
  pareamento de bases, 669-673T
  posições oscilantes, 673-674F
  quadros de leitura de mRNA, 668-669F

sinônimos, 670
síntese de proteínas e, 668-687
terminação (*stop*), 670, 687, 689
tradução de, no alongamento de cadeia, 682-684F
tradução de RNA e, 678-683F
Códons de iniciação, 668, 677-680F
Códons de terminação (*stop*), 670F, 687, 692
Códons sinônimos, 670
Coeficientes de permeabilidade, 278-278F
Coenzimas, 198-228, 318-323
  ácido ascórbico (vitamina C), 212-213
  adenosina trifosfato (ATP), 201-202T, 405-406F
  biotina (vitamina B_7), 213-214F
  cátions inorgânicos, 199
  centro reativo, 198
  ciclo do ácido cítrico, 405-406F
  citocromos, 223-224F
  cobalamina (vitamina B_{12}), 217-218F
  coenzima A, 207-208F
  cofatores, 199F
  como proteínas, 222
  conservação de energia a partir de, 318-322
  cossubstratos, 199-201
  enzimas ativadas por metais, 199
  flavina mononucleotídeo (FMN), 206-207F
  flavina-adenina dinucleotídeo (FAD), 206-207F
  grupos prostéticos, 200, 207-208F
  lipoamida, 218-219F
  metaloenzimas, 199
  nicotinamida adenina dinucleotídeo (NAD), 198F, 203-206F
  nicotinamida adenina dinucleotídeo fosfato (NADP), 203-204F
  nucleotídeos, 201-202
  oxidação-redução, 223F, 318-322
  papéis mecanísticos, 202T
  papéis metabólicos da, 200-202T
  piridoxal fosfato (PDP), 210-210F
  potencial de redução, 318-320T
  prêmios Nobel por, 224
  proteína carreadora de acila- (ACP), 207-208F
  reações de NADH, 321-322
  reduzido, 318-322, 405-406F
  riboflavina, 206-207F
  semirreações, 318-320T
  tetra-hidrofolato, 214-215F
  tiamina difosfato (TDP), 208-209F
  transferência de elétrons por energia livre, 319-320
  ubiquinona (coenzima Q), 221-222F
  variação da energia livre de Gibbs, ΔG, 318-320
  vitaminas, 198, 200-200T
  vitaminas lipídicas, 219-219F
Cofatores, 199F, 425
Cohen SN, 599F
Colágeno, 120-121F
  bases de Schiff, 122F
  estrutura de proteínas, estudo de, 118-120F

formação de resíduos e, 121-122F
ligações cruzadas covalentes em, 122-122F
ligações de hidrogênio entre cadeias em, 121F
tripla-hélice tipo III, 120F
Colecalciferol (vitamina D), 219-220F
Colesterol, 267-269
bicamadas lipídicas, 277-277F
esteroides e, 267-269
fluidez de membrana e, 277-278F
metabolismo isoprenoide e, 492, 494F
metabolismo lipídico e, 489, 494-498
regulação de nível, 491F
síntese de, 489, 492-496
Compartimentalização, 306-307
Complexo citocrômico bf, 454-455F
Complexo de Golgi, 21-22F, 694F
Complexo enzima-substrato (ES), 141-142, 151F
Complexo succinato desidrogenase, reações do ciclo cítrico, 399-401F
Complexo α-cetoglutarato desidrogenase, cítrico reações cíclicas, 398-399F
Complexos multienzimáticos, 159-160
Compostos quirais, 230-231F
Compostos ricos em energia, 311
Concanavalina A (feijão-de-porco), 105F
Configurações *versus* conformações, 235
Conformação
anti de nucleotídeos, 579-580F
cis, 92F, 94, 259, 260F
meia-cadeira, 189-192F
syn de nucleotídeos, 579-580F
trans, 92F, 94, 259, 261F
bote, 236F
cadeira, 189-192F, 237F
envelope, 236F
torcidas (twist), 236F
versus configurações, 235
Constante catalítica, k_{cat}, 145-147
Constante cinética, k_m, 146-149, 150T
Constante de associação, K_a, 110-111F
Constante de dissociação, K_d, 110
soluções ácidas, K_a, 44-47T
Convenção de nomenclatura do grupo ceto, 399
Conversão
anaeróbica, 339-340F
da ribulose 5-fosfato, 367F
de sorbitol a partir da glicose, 363
Cooperatividade positiva, 125
Coordenadas de reação, 167-168F
CorA, Bomba de magnésio, 280-281F
Corante de Gram, 250F
Corey R, 95
Cori G e C, 369-370, 375
Corpos cetônicos, 510-512
funções hepáticas e, 509-512
metabolismo lipídico, 512-514
oxidação mitocondrial e, 510
Cossubstratos, 199-201
Crescimento de cabeça, 373
Crescimento de cauda, 373
Crick FHC, 3, 574-575, 603, 636, 668, 672
Cristalografia de raios X, 89-89F

Cromatina, 590-593
empacotamento do DNA bacteriano, 593
histonas, 591-592F
níveis mais altos de, 592
nucleossomos e, 590-593
razão de empacotamento, 591
transcrições de RNA eucarionte e, 649
Cromatografia, 70-71F, 74-76F
análise de aminoácidos, 74-75F
de afinidade, 71
de filtração em gel, 71-72
de troca iônica, 71
em coluna, 70-71F
líquida de alta eficiência (CLAE), 70-71F
técnicas, 70-71F
Curva de fusão, desnaturação e, 586-587F
Curva de ligação hiperbólica, 126F-128, 148
Curvas sigmoidais (em S), 125-126F, 155F, 157F

D

D-aminoácidos, 58-58F
Dam, HCP, 224
Darwin, Charles, 15
Defeitos genéticos, esfingolipídeos e, 265-266
Deficiência da glicose 6-fosfato desidrogenase, 367F
Degradação, *veja* catabolismo
Delbruck M, 19F
Derivação do estado estacionário, 143-144
Desacopladores, 420-421F
Desnaturação, 112-114F
aquecimento, 114F
catálise enzimática, 115-116
curva de fusão, 586-587F
DNA de fita dupla, 584-587F
proteínas, 110-115F
química, 113-116
agentes caotrópicos, 113
clivagem de ligações, 113F
detergentes, 113
ligações e pontes dissulfeto, 113F
renaturação e, 112-114F
Desoxiaçúcares, 237-238F
Desoxiemoglobina, 124
Desoximioglobina, 124
Desoxirribose, 8F, 576F
Detergentes, 37F
desnaturação por, 112
solubilidade de, 36F
Dextrinas-limite, 243
Di-hidrofolato, 215F
Di-hidroxiacetona fosfato, 332-333F
Di-hidroxiacetona, 230F, 233F, 237F
Diabetes mellitus (DM), 380, 512
metabolismo lipídico e, 512
Diálise, 70
Dickerson D, 90F
Dicloroacetato (DCA), 408F
Difusão, 35F, 275-276
facilitada, 281
lateral, 275F
lipídeos em membranas, 275-276F
solubilidade e, 36F
transporte de membrana e, 281

transversa, 275-275F
Dióxido de carbono (CO_2), catálise por liases, 139
Dipeptídeo, 6F, 69
Dissacarídeos, 239-242
açúcares redutores e não redutores, 240-241
celobiose, 240-241, 240F
estruturas de, 239-240F
glicosídeos e, 239-242, 242F
lactose, 240, 240F
ligações glucosídicas em, 242-244F
maltose, 239, 240F
nucleosídeos e, 241, 242F
sacarose, 240, 240F
DNA (ácido desoxirribonucleico), 3, 8-9F, 603-634
ácido nucleico e, 574-575
alças para ligação de, 593, 653F
amplificação do, 617-618
bacteriano, 3, 593
células eucariontes e, 20
composição de bases do, 581T
cromatina, 590-593
degradação, 373
descoberta do, 3
DNA-A, 588-588F
DNA-B, 584-585F, 586F
dupla-hélice, 584-588
espectro de absorção do, 586-587F
estrutura de, 8-9F
fita simples, 589
fita dupla, 581-588
absorção de luz ultravioleta, 586-587F
conformações de, 586-588F
desnaturação do, 586-587F
efeitos hidrofóbicos, 586
estabilidade por forças fracas, 586-587F
estrutura química do, 583F
fitas antiparalelas, 584-586
forças de van der Waals no, 39
interações carga-carga, 586
interações de empilhamento, 584-585F, 587T
ligações de hidrogênio no, 586
ligações fosfodiéster (3-5') no, 584-582F
pareamento de bases complementares, 584-585F
sulcos maiores e menores no, 584-585F
fingerprints (impressão digital), 599F-600
hidrólise de, 593-594F
*Eco*RI e, 598-598F
endonuclease de restrição e, 595, 597T
nucleases e, 593-597F
histonas, 591-592F
história da, 603-604
levando à forma totalmente estendida, 590F
ligações de hidrogênio no, 38-39F
ligações fosfodiéster no, 8-9F
mapas de restrição, 598
modelo de esfera e bastão, 585-586F
modelo de preenchimento de espaço, 575F, 585-586F
modelo de Watson-Crick, 581

mutação de genes, 323, 448, 470
nucleotídeos modificados, 566-567F
temperatura de desnaturação, T_m, 586-587
recombinação homóloga, 628-633
recombinante, 599F-600
reparo do danificado, 625-655
sequenciamento de, 618-620F
síntese do ATP, 377
superenrolado, 589-589F
terminações coesivas no, 598
vetores de clonagem, 600-600F
DNA-Z, 588F
Dobzhansky T, 15
Dodecilsulfato de sódio (SDS), 37F
Doença coronariana e a lipoproteína lipase, 508
Doença urinária do xarope de bordo, 546
Doenças do armazenamento lisossomal, 493F
Dogma Central, 3
Doisy EA, 224
Domínios, estrutura de proteínas e, 102-103, 107F
Donohue J, 577
Drogas anti-inflamatórias não esteroidais (AINEs), 487F
Drosophila melanogaster, 87, 297, 605F
Dupla-hélice, 584-588
    DNA-B, 584-585F
    estabilidade por forças fracas, 586-587F
    formação de fita antiparalela de, 584-587
    sulcos maiores e menores no, 584-585F

E

*Eco*RI, hidrólise e, 597-598F
Edidin MA, 276
Edman P, 75
Efeito Bohr, 129F
Efeito de proximidade, 178-179F
Efeito Pasteur para a regulação da glicólise, 347
Efeitos de solvatação, 311-312
Efeitos hidrofóbicos, DNA de fita dupla, 586
Eficiência catalítica, 146-147T
Eicosanoides, 268-269F
    estruturas de, 268-269F
    síntese de, 484-486F
Eijkman C, 200, 224
Elastase, 184-185F
Eletrófilos, 41-42, 165
Eletroforese em gel de poliacrilamida (PAGE), 72-73
Eletroforese em gel de poliacrilamida-dodecil--sulfato de sódio (SDS-PAGE), 72F
Eletrólitos, 33-35
Embden G, 332
Enantiômeros, 57
Encefalopatia por glicina, 546
Endocitose, transporte de membrana e, 283-284F
Endonucleases, definido, 594
Endonucleases de restrição, 595, 597-600
    ácidos nucleicos e, 593, 598-601
    definido, 595
    DNA e, 595,597-600
    DNA recombinante, 600-600F
    especificidades de, 597T

hidrólise e, 593,595
impressões digitais do DNA, 599-599F
mapas de restrição, 598
metilação, 597, 597F
tipos I e II, 597, 600
Energia, 10-15
    ativação, G‡, 15F
    bioenergética, 11
    ciclo do ácido cítrico, conservado em, 405T
    equilíbrio e, 11-14
    fluxo de, 11F
    fotossíntese e, 11F
    gasto na síntese proteica, 687-688
    metabolismo, 11
    organismos vivos e, 10-11
    oxidação-redução do NADH, conservação do, 318-322
    termodinâmica, 12-13
    variações da energia livre de Gibbs, 12-15
    velocidades de reação, 11-12, 14-15
Energia de ativação, G‡, 15F, 167F
Enolpiruvato, 316F
Enovelamento, 100-101F, 115-119F
    agregação de, 119
    características de, 115-115F
    CASP, 118
    chaperonas moleculares e, 118-119F
    efeito hidrofóbico e, 115-116
    estabilidade das proteínas e, 99-100F, 115-115F
    estrutura terciária de proteínas, 100-104
    interações carga-carga e, 117
    interações de van der Waals e, 117
    ligações de hidrogênio e, 117,-121F
    vias, 116F-117
Entalpia, H, 12
Entrada de oxigênio na mitocôndria, 421F
Entropia, S, 12
Envenenamento por arsenato (arsênico), 337
Envenenamento por arsenito (arsênico), 337
Enxofre (S), 3
Enzima da biossíntese de triptofano, 106F
Enzimas, 2, 6-6F, 136-163, 164-197. *Veja também* coenzimas; substratos
    alostérico, 154-156F
        fosfofrutoquinase, 155-155F
        modelo conectado (simetria) para, 157-158F
        modelo sequencial para, 158-158F
        propriedades de, 156-157F
        regulação de uso da atividade enzimática, 154-159
    ativado por metal, 199
    bacterianas, 364F
    canalização metabólica, 160
    catalisadores, 2, 115-116, 136
    cátions inorgânicos e, 199
    cinética e, 26, 140-151
    classes de, 138-140
        hidrolases, 139
        isomerases, 139-140
        liases, 139
        ligases, 140
        oxidorredutases, 138
        sistema numérico para, 139F

        transferases, 138-139, 395
    cofatores, 199F
    complexos multienzimáticos, 159-160
    comportamento no citosol das células de, 23, 27F
    constante catalítica, k_{cat}, 145-147
    constante cinética, km, 146-149, 150T
    conversão de a partir de outra, 402F
    de ajuste induzido, 181-183
    de eucariontes, 364F
    definido, 138
    desidrogenases, 138, 205F
    efetoras, 285
    eficiência catalítica de, 146-147T
    energia de ativação reduzida por, 167-168F
    equação de Michaelis-Menten para, 143-147
    estruturas de proteínas e, 6-7F, 114-115
    glicólise, reações de, 327-328T
    hidrolase, 139
    inibição, 150-155
        competitiva, 150-150F
        constante, K_I, 150
        irreversível, 153-154F
        não competitiva, 151-151F
        reversível, 150-154F
        usos farmacêuticos da, 153-154
    isomerases, 138-139
    liases, 139
    ligação de substrato e, 172-173T, 176-180F
    ligases, 140
    mecanismos de, 149, 164-197
        arginina quinase, 192-194F
        estados de transição, 165, 166-168
        gliceraldeído 3-fosfato desidrogenase, 173-178
        lisozima, 189-192F
        reações controladas por difusão, 173-177
        reações de clivagem, 166-167
        reações de oxidação-redução, 166
        serino-proteases, 184-186F
        substituição nucleofílica, 165
    modificação covalente de, 160F
    multifuncional, 159-160
    oxidorredutases, 138
    pH e velocidades de, 172-172F
    propriedades de, 136-163
    reações, 136-137F, 139-141F, 148-149
    reações de múltiplos substratos, 149-149F
    reações do ciclo do ácido cítrico, 386, 394-402
    regulação da gliconeogênese, 364-364F
    regulação de, 154-159
    teoria da chave e fechadura para especificidade, 182
    transferases, 138-139, 395
    transferência de amônia do glutamato, 560
    transporte de elétrons, 423-435
        complexo I (NADH para catálise da ubiquinona), 425-426F
        complexo II (succinato : ubiquinona oxidorredutase), 427-428F

complexo III (ubiquino1: citocromo *c* oxidorredutase), 428-429F
complexo IV (citocromo *c* oxidase), 430-431F
complexo V (ATP sintase), 432-432F
velocidades de reação química e, 15
trifuncionais, β-oxidação e, 498
Epímeros, 232
Epinefrina, estrutura de, 64F, 201F
Equação de energia, fóton de luz, 446
Equação de Henderson-Hasselbalch, 47-48, 67
Equação de Michaelis-Menten, 143-147
Equações de velocidade, 140-141, 143-144
Equilíbrio, 11-15
  alterações metabólicas e, 307-308
  constante de associação, K_a, 110-111F
  constante de dissociação, K_d, 110
  constante de dissociação ácida, K_a, 46-50
  constante, K_{eq}, 12, 14
  energia e, 12-15
  interações proteína-proteína, 110-111
  reação de quase equilíbrio, K_{eq}, 308-309
  soluções tamponadas, 49-50
  variação da energia livre de Gibbs, ΔG, 12-15, 307-308
  variações de velocidade e, 11-12
Eritrose, 232
Eritrulose, 233F
Escala Celsius (°C), unidades de, 27-28
Escala hidropática, aminoácidos, 63T
Escala Kelvin (K), unidades de, 27
Escherichia coli, 218F
Escorbuto, ácido ascórbico e, 212-213
Esfingolipídeos, 265-265F
  ceramida, 265, 266F
  cerebrosídeos, 265, 266F
  defeitos genéticos e, 265-266
  esfingomielinas, 265, 265F
  gangliosídeos, 265, 266F
  síntese de, 489-490F
  vias de formação e degradação de, 498
Esfingomielinas, 265, 265F
Espectro de absorção do DNA, 586-587F
Espectrometria de massas por eletrospray, 73
Espectrometria de massas, 73F, 78
Espectroscopia de ressonância magnética nuclear (RMN), 91, 322
Esqualeno, colesterol e, 489, 492
Esquema Z, caminho da fotossíntese, 456-458F
Estabilização do estado de transição, 182-183F
Estabilização por ressonância, 311
Estado estacionário, vias metabólicas, 301F
Estado fosforilado (GPa), glicogênio fosforilase, 375F
Estado iônico das cadeias laterais, 66-68F
Estado não fosforilado (GPb), glicogênio fosforilase, 374-374F
Estado T (tensionado), 129
Estados de transição, 165, 166-168
  coordenadas de reação, 167-168F
  definido, 165
  energia de ativação, 167F
  estabilização de catálise por, 166-168

intermediários e, 166-167F
mecanismos enzimáticos e, 166-168
substituição nucleofílica, 165
Éster de Cori, 369-369F
Estereoespecificidade, 136-137
Estereoisômeros, 57, 60F
Esteroides, 9, 267-267F
  colesterol e, 267-269
  estrutura do isopreno, 266F
  estrutura micromolecular de, 9
  estruturas lipídicas de, 267-267F
  transdução de sinal e, 285
Estroma, 459
Estrutura da cartilagem, 246-247F
Estrutura hélice-*loop*-hélice (hélice-alça-hélice), 101F
Estrutura mitocondrial "botão e haste", 433F
Estrutura primária de proteínas, 68, 80-82. *Veja também* aminoácidos
Estrutura quaternária de proteína, 88, 104, 107-108F
  exemplos de, 108F
  máquinas proteicas, 110-110F
  oligômeros (múltiplas subunidades), 104, 107, 109T
  proteínas oligoméricas em *Escherichia coli* (*E. coli*), 109T
  subunidades, 104, 107-110F
Estrutura secundária de proteínas, 88
Estrutura terciária de proteínas, 88F, 100-105F
  conservação da estrutura do citocromo c, 102F
  domínios, 102-103, 107F
  enovelamento e estabilidade de polipeptídeos, 100-101F
  estabilidade das proteínas e, 99-103
  estruturas supersecundárias (motivos), 101-101F
  exemplos de, 104-105F
  hemoglobina (Hb), 123-124F
  mioglobina (Mb), 123-124F
  motivos (estruturas supersecundárias), 101-101F
  proteínas intrinsecamente desordenadas (instáveis), 104-105
Estruturas com dobras para a direita, 103-105F
Estruturas em alça, conexões de α-hélice e fita e folha β, 98-99F
Estruturas em grampo, 590-590F
Estruturas supersecundárias (motivos), 101-101F
Etanol, metabolismo do piruvato para, 339-340F
Éter, síntese de, 488F
Eucariontes, 15-16F
  cromatina e, 650
  evolução e, 15-15F
  fatores de iniciação, 680, 681F
  fatores de transcrição, 647-649T
  mecanismos de transporte de NADH em, 436-438
  polimerases, 647-649T
  processamento de mRNA, 652, 659-664
  replicação de DNA em, 621-624

ribossomos, células procariontes comparadas a, 676-677F
síntese de glicose em, 370-370F
síntese de proteínas e, 676-679, 681F, 692-694F
transcrição do RNA, 646-649
vias secretoras no, 694F-695
Evolução, 15-17, 59-60
  aminoácidos e, 57-58
  ancestrais em comum, 58-59
  bioquímica e, 15-17
  cloroplastos, 459
  efeitos das cianobactérias sobre os fotossistemas, 459
  enzimas bacterianas, 364F
  estrutura primária de proteínas, 80-82
  eucariontes, 15-16F
  mitocôndria e cloroplastos, 459
  origens endossimbióticas, 22
  procariontes, 15-16F
  representação da árvore filogenética, 82-82F
  sequências de citocromo *c*, 82-82F
  último ancestral comum (LCA), 58-59
  vias metabólicas, 302-303
Exocitose, transporte de membrana e, 283-284F
Éxons, 662
Exonucleases, 594

F

Fases da homeostase da glicose, 380F
Fatores de crescimento, transdução de sinal e, 284
Fatores de iniciação, 678, 680-681F
  células eucariontes, 677, 677F
  células procariontes, 677-680F
Fenilalanil-tRNA, 531F
Fenilalanina (F, Phe), 60F
  estrutura de, 60F
  nomenclatura, 65T
  síntese de lignina a partir de, 533-534F
  síntese de, 526-528F
Feniltiocarbamoila (PTC)-aminoácido, 74F
Fenn JB, 74F
Fibras do fuso, 57F
Ficoeritrina, 449
Filamentos de actina, 26F
Filamentos intermediários, 23
Filmer D, 158
Filoquinona (vitamina K), 220-220F
Fingerprints (impressão digital), 78-79F, 599F-600
  endonucleases de restrição do DNA, 598-599F
  tríptico, uso do sequenciamento, 78-80F
Fischer E, 2, 3, 182
Fischer EH, 375-376
Fitas antiparalelas de DNA, 584-587
Fitas e folhas β, 98-99F
  alças, 99
  conexões de α-hélice, 100-101F
  conformação da proteína de, 98-99
  folha pregueada, 98-99
  folhas antiparalelas, 98-99F
  folhas paralelas, 98-98F

interações hidrofóbicas, 99
resíduos e, 100F
voltas, 100F
voltas β, 100F
voltas inversas, 100
Fixação de dióxido de carbono (CO_2), 458-464
   carboxissomos, 470-471F
   Ciclo de Calvin, 444, 462-467F
   compartimentalização em bactérias, 470
   metabolismo de ácidos das crassuláceas (CAM), 472-473F
   redução do NADPH, 466-466
   ribulose 1,5-bisfosfato, 466-466F
   rubisco (ribulose 1,5-bisfosfato carboxilase--oxigenase), 463, 464-466F
   via do C4, 471-471F
Fixação de nitrogênio, 517
Flagelo bacteriano, 110F
Flavina mononucleotídeo (FMN), 206-207F
Flavina-adenina dinucleotídeo (FAD), 206-207F
Flavodoxina, 106F
Flemming W, 590
Fluxo nas vias metabólicas, 301F
FMN oxidorredutase (levedura), 106F
Folato (vitamina B_9), 214-215F
Folha torcida paralela, dobra de domínio, 107F
Folhas β antiparalelas, 98-100F
Folhas β paralelas, 98-98F
Folhas β pregueadas, 98-99
Força eletromotriz, 319
Força próton-motriz, 420-422F
Forças de van der Waals, 39-40F
Formação de desoxiuridina monofosfato (dUMP), 562-565F,
Formação de grampo (hairpin), transcrição do RNA, 645F
Formação do cap, mNRA, 659-660F
Formamidoimidazol carboxamida ribonucleotídeo (FAICAR), 555F
Formas aniônicas dos ácidos graxos, 259T
Formas tautoméricas de ácidos nucleicos, 577-578F
Formilglicinamida ribonucleotídeo (FGAR), 555F
Formilglicinamidina ribonucleotídeo (FGAM), 555F
Fosfagênios, transferência de grupo fosforila, 313-316F
Fosfatidatos, 262-264F
   estrutura de, 264F
   formação de, 482F
   funções de glicerofosfolipídeos, 262-264F
Fosfatidilinositol 3,4,5-trisfosfato (PIP3), 290-291F
Fosfatidilinositol 4,5-bisfosfato (PIP 2), 287-289F
Fosfato, 4-5F, 8
   catálise da hidrólise, 138
   fórmula geral de, 5F
   ligações éster, 4-5F, 8
Fosfoarginina, 316F
Fosfocreatina, 316F

Fosfoenolpiruvato (PEP), 155F, 316F, 338, 404F
Fosfofrutoquinase-1 (PFK-1), 331
   catálise glicolítica de, 332
   catálise, 331
   evolução das enzimas bacterianas, 364F
   regulação da gliconeogênese, 364-364F
   regulação glicolítica de, 347-351F
Fosfofrutoquinase, 155-156F
Fosfolipídeos, 257
Fosfopanteteína, 208-208F
Fosforila, fórmula geral de, 5F
Fosforilação, regulação da síntese proteica por, 690-690F
Fósforo (P), 3
Fosforólise, 371-376
   reação do glicogênio, 371-372F
   regulação do glicogênio, 372-376
Foto-heterótrofos, 304
Fotoautótrofos, 304
Fotodimerização (reparo direto), 626-627
Fótons (energia), 446-447
Fotossíntese, 11F, 22, 439, 444-475
   carboxissomos, 470-471F
   Ciclo de Calvin, 444, 462-467F
   estrutura celular, 22F
   fixação de dióxido de carbono (CO_2), 463-469, 470-473
   fluxo de energia, 11F
   fotossistemas bacterianos, 449-459
      acoplados, 454-457T
      complexo citocrômico bf, 454-455F
      equações de reação, 451T, 453T, 457T
      fotossistema I (PSI), 449, 451-452F
      fotossistema II (PSII), 449-450F
      membranas internas, 458
      potenciais de redução, 456-458F
      variação da energia livre de Gibbs, ΔG, 457-459
   fotossistemas de eucariontes (plantas), 459-462
      ATP sintase, 460-461F
      cloroplastos, 459-460F
      evolução das cianobactérias de, 459
      organização dos componentes, 461-460F
   funções de, 444-445
   metabolismo da sacarose (plantas), 468-469F
   metabolismo de ácidos das crassuláceas (CAM), 472-473F
   metabolismo do amido (plantas), 468-470F
   pigmentos captadores de luz, 445-449
      clorofilas, 445-447F
      fótons (energia), 446-447
      par especial, 447-447F
      pigmentos acessórios, 448-448F
      transferência de energia por ressonância, 447
   poluição atmosférica e, 459
   processos bioquímicos, 11
   reações da fase escura, 444
   reações da fase luminosa, 444
   transporte de elétrons comparado a, 439
   via do C4, 471-471F

Fotossistema Rhodopseudomonas, 108F
Fotossistemas acoplados, 454-457T
Fotossistemas bacterianos, 449-459
   acoplados, 454-457T
   bactéria púrpura, 449-450F
   bactérias filamentosas verdes, 449, 452F
   complexo citocrômico bf, 454-455F
   equações de reação, 451T, 453T, 457T
   fotossistema I (PSI), 449, 451-452F
   fotossistema II (PSII), 449-450F
   membranas internas, 458
   potenciais de redução, 456-458F
   transferência de elétrons em, 449-453
   variação da energia livre de Gibbs, ΔG, 457-459
Fotossistemas de eucariontes (plantas), 459-462
   ATP sintase, 460-461F
   cloroplastos, 459-460F
   evolução das cianobactérias de, 459
   esquema Z, 456-458F
   estroma, 459
   grana, 459
   lúmen, 458
   membranas tilacoides, 458-461F
   organização dos componentes, 461-460F
Fração de saturação, 125-126F
Fragmento de Klenow, 611-611F
Fragmentos de Okazaki, 610-611F
Franklin R, 581
Frutose, 233F
   conversão a gliceraldeído 3-fosfato, 348-349
   conversão da invertase a, 348
   regulação da gliconeogênese, 364-364F
Frutose 1,6-bisfosfato, 333F, 359-363F
Frutose 6-fosfato, 331-332F, 359-363F
   conversão da gliconeogênese, 359-362F
   conversão na glicólise, 331-332F
   regulação da gliconeogênese, 364-364F
Frye LD, 276
Fuga de próton e produção de calor a partir da síntese, 435
Fumarase, reações do ciclo cítrico, 401
Fumarato, ciclo da ureia e, 543F, 546-547F
Funções biológicas, 56-57, 123-132
   acúmulo de lactato, 341
   bactérias intestinais, 218F
   defeitos genéticos, 265-266
   deficiência de vitaminas, 200T, 210-214, 216, 217
   diabetes mellitus (DM), 380, 512
   doença coronariana e a lipoproteína lipase, 508
   doenças do armazenamento lisossomal, 493F
   doenças relacionadas ao metabolismo de aminoácidos, 546
   escorbuto, ácido ascórbico e 212-213
   estrutura da cartilagem, 246-247F
   funções do metabolismo hepático, 344-345F, 380-380F
   gota, 571
   hiperatividade, 359
   inibidores DCA de câncer, 408F
   intolerância à lactose, 350

ligação de anticorpos com antígenos específicos, 130-131
ligação do oxigênio à mioglobina e à hemoglobina, 124-130
necessidades nutricionais e ácidos graxos, 261
plasma sanguíneo, 34F, 44F, 50-51
proteínas e, 56-57, 120-130
receptores de doçura, 241
secreções de mucina, 253F
síndrome de Lesch-Nyhan, 571
Funções do metabolismo hepático, 344-345F, 380-380F
Funk C, 200
Furanos, 233F, 233
Furchgott RF, 532

G

Galactose mutarotase, 236F
Galactose, 231F
   conversão a glicose 1-fosfato, 349-350
Galactosídeos, 242, 242F
Gama cristalina (vaca), 105F
Gamow, George, 668
Gangliosídeos, 265, 266F
Gelo, formação de, 31-32F
Gene, definido, 635
Genoma, definido, 575
Genomas mitocondriais, 432F
Gibbs, Josiah Willard, 12
Giberelinas, 270
Glicano, 229
Gliceraldeído, 230-231F, 237F
Gliceraldeído 3-fosfato, 332-334F
   conversão da frutose a, 348-349
   mecanismos de transporte em eucariontes, 436F
Gliceraldeído 3-fosfato desidrogenase, 334-335, 340-342F
Glicerofosfolipídeos, 9-10F, 262-265
   estrutura micromolecular de, 19
   fosfatidatos, 262-264F
   plasmalogênios, 264, 265F
   síntese de, 482-483F
   tipos de, 263T
Glicerol, 361-362F
   ciclo do glioxilato, 361
   oxidação de, 362F
   precursor de gliconeogênese, 360-361F
Glicerol 3-fosfato, 9-10F
   estrutura micromolecular de, 19
   oxidação de, 362F
Glicerol 3-fosfato desidrogenase, 362F
Glicina (G, Gly), 60F, 67T
   catabolismo de, 538-539F
   estrutura de, 60F
   nomenclatura, 65T
   síntese de, 526-526F
   uso do precursor metabólico, 531-532F
Glicinamida ribonucleotídeo (GAR), 555F
Glicoconjugados, 246-254
   estrutura da cartilagem, 246-247F
   glicoproteínas, 250-253F
   glicosaminoglicanos, 246-247F
   oligossacarídeos, 248-252F
   peptidoglicanos, 247-248F
   proteoglicanos, 246-247F
Glicoesfingolipídeos, 257
Glicofuranose, 234F
Glicogênio, 242, 368-381
   armazenamento de glicose (animais), 242-245
   clivagem de resíduos, 370-372F
   degradação de, 370-373F, 373-374F
   doenças de armazenamento, 381-382
   ligações, 242-243F
   manutenção do nível de glicose (mamíferos), 378-380
   metabolismo, 368-371
   molécula, 371F
   números da Online Mendelian Inheritance in Man (OMIM), 381-382
   reação da sintase, 370-371F
   reação de fosforólise, 371-374F
   regulação de (mamíferos), 372-379, 374F
   regulação hormonal de, 376-379
   síntese de, 369-370F
Glicogênio fosforilase, 372-374F
   degradação de, 371-374F
   forma fosforilada (GPa), 375F
   forma não fosforilada (GPb), 374-375F
Glicólise, 303, 326-354
   catabolismo da glicose, 326-354
   catálise da fosfofrutoquinase-1 (PFK-1), 331
   catálise pela fosfoglicerato mutase, 336-337F
   catálise pela fosfoglicerato quinase, 335-336
   catálise pela glicose 6-fosfato isomerase, 328, 331-332F, 346F
   catálise pela piruvato quinase, 338
   catálise pela triose fosfato isomerase, 333-334F
   catálise por fosfofrutoquinase-1 (PFK-1), 331-332
   clivagem por aldolases, 332-333F
   conversão da frutose em gliceraldeído 3-fosfato, 348-349
   conversão da galactose a glicose 1-fosfato, 349-350
   conversão da manose em frutose 6-fosfato, 351
   conversão de glicose em piruvato por, 327-329F
   funções metabólicas do piruvato, 38-343F
      metabolização a etanol, 339-340F
      redução a lactato, 340
   gliconeogênese comparada à, 356-357F
   história da, 332
   reações da enolase, 338
   reações da hexoquinase, 327-328, 329F, 331F
   reações enzimáticas da, 327-328T
   regulação de, 342-346
      efeito Pasteur para, 347
      fosfofrutoquinase-1 (PFK-1), 345-346F
      hexoquinase, 344-345
      piruvato quinases, 346-347F
      transporte de hexoses, 343-344
      via metabólica em mamíferos, 343F
   regulação hormonal de, 376, 378-378F
   sacarose clivada em monossacarídeos, 348
   síntese da glicose por, 327F
   variação da energia livre de Gibbs, ΔG, 341-342
   via Entner-Doudoroff (ED), 351-352F
   via metabólica, 305
Gliconeogênese, 303, 327F, 355-384
   ciclo de Cori, 361F
   conversão de piruvato em glicose, 357-361
   doenças do armazenamento de glicogênio, 381-382
   frutose 1,6-*bis*fosfato, 359-363F
   glicólise comparada a, 356-357F
   glicose 6-fosfatase, 359-360
   manutenção do nível de glicose (mamíferos), 378-380
   metabolismo do glicogênio, 368-371
   precursores de, 360-363
      acetato, 362-363
      aminoácidos, 360-361
      glicerol, 361-362F
      lactato, 360, 361-362
      propionato, 361-362
      sorbitol, 363
   reação de piruvato carboxilase, 357-357F
   reações de fosfoenolpiruvato carboxinase, 358F
   regulação de, 364-365, 376-378F
   regulação do glicogênio (mamíferos), 372-379
   regulação hormonal de, 376, 378-378F
   síntese da glicose por, 327F
   via da pentose fosfato, 366-371
   via metabólica, 305
Glicopiranose, 234F, 239F
Glicoproteínas, 250-251F. *Veja também* oligossacarídeos
Glicoquinase, 344-345F
Glicosaminoglicanas, 246-247F
Glicose, 7-8F, 230-231F, 237F
   açúcares-ácidos derivados de, 239F
   amido e, 242-243F
   armazenamento como amido e glicogênio, 242
   ciclização de, 232-234F
   conversão de piruvato via glicólise, 327-329F, 338-339F
   conversão de piruvato via gliconeogênese, 357-361F
   conversão de sorbitol, 363
   diabetes mellitus (DM) e, 380
   estrutura de, 7-8F, 35F
   estruturas de açúcares-fosfatos, 237F
   estruturas monossacarídicas de, 230-230F, 237F
   fases da homeostase, 380F
   funções metabólicas do fígado e, 379-379F
   glicólise, 326-354
   manutenção dos níveis nos mamíferos, 378-380
   solubilidade de, 36F
Glicose 1-fosfato, conversão de galactose a, 349-350
Glicose 6-fosfatase, 359-360

Glicose 6-fosfato, funções metabólicas do fígado e, 345F
Glicosídeos, 239-242, 242F
Glicosilação de, 695
Glicuronato, 239F
Glutamato (E, Glu), estrutura de, 63F
   amônia incorporada em, 517F
   catabolismo de, 535
   catálise por transferases, 138-139
   ciclo da ureia e, 546-547F
   estrutura de, 69F
   ionização de, 64-66F
   lançadeira do malato-aspartato, 404F
   nomenclatura, 62T
   síntese de, 312-313, 524F
   transferência de grupo fosforila, 312-313
   transferência enzimática de amônia a partir de, 558
   uso do precursor metabólico, 531
Glutamina (Q, Gln), estrutura de, 63F
   amônia incorporada em, 517F
   catabolismo de, 535
   catálise por ligases, 140
   estrutura de, 63F
   nomenclatura, 65T
   síntese de, 312-313, 524F
   uso do precursor metabólico, 531
Golgi, Camillo, 21
Goodsell, David S., 26, 35
Gota, 571
Gráfico de Lineweaver-Burk (duplo recíproco), 148-148F
Gráfico do duplo recíproco (Lineweaver-Burk), 148-148F
Gráficos de Ramachandran, 93-93F
Gram, Christian, 249
Grana, 459
Greenberg, G. Robert, 553, 554F
Grupo R de aminoácidos, *veja* cadeias laterais, estado R (relaxado), 129
Grupo sanguíneo ABO, 252-253F
Grupos alcoólicos com cadeias laterais, 61-62
Grupos prostéticos, 123, 200
   biotina (vitamina B_7), 213-214F
   citocromos, 223-224F
   comportamento como coenzima, 199
   definido, 123
   fosfopanteteína, 208-208F
   heme, 123-126F, 223-224F
   ligação de oxigênio em, 124-126F
   oxigenação e, 124
   piridoxal fosfato (vitamina B_6), 210-210F
Grupos R
   alifáticos, 60
   aromáticos, 60-61
   contendo enxofre, 61
   negativamente carregados, 63
   positivamente carregados, 62-63
Guanina (G), 8, 553F
   estrutura de, 553F
   ligação de hidrogênio, 39F
Guanosina 5'-monofosfato (GMP), 553-557F
Guanosina monofosfato cíclica (cGMP), 287
Gulose, 231F

H

Haldane JBS, 143
Haloarcula marismortui, 678
Halobacterium halobium, 271
Halobacterium salinarium, 462
Hanson R, 359
Harden, Arthur, 332
Haste aceptora, 671F
Haworth WN, 224, 234-236
Hélice 310, 97
Hélice anfipática, 97-97F
Hélice tripla tipo III, 120F
Heme,124-127F, 222-224F
   grupos prostéticos, 126-129F, 222
      citocromos, 223-224F
      espectros de absorção, 223-223F
      hemoglobina (Hg), 123-126F
      ligação de oxigênio em, 124-126F
      mioglobina (Mg), 123-126F
      oxigenação e, 124
   regulação da síntese da proteína globina, 689-690
Hemiacetal, 234F
Hemicetal, 234F
Hemoglobina (Hb), 123-130F
   embrionária e fetal, 127F
   estrutura de proteínas, estudo de, 124
   estrutura terciária de, 123-124F
   grupo prostético heme, 123-125F
   interações alostéricas de proteínas, 128
   ligação do oxigênio, 124-130
   regulação da síntese proteica pela disponibilidade do heme, 689-690
   subunidades de α- e β-globina de, 124-124F
Hershko A, 535
Heteroglicanos, 242
Heterótrofos, 304-305
Hexoquinase, regulação glicolítica de, 344-345
Hidrofobicidade das cadeias laterais, 63
Hidrogênio (H), 3, 30F
   polaridade da água e, 30F
Hidrólise, 2, 41F, 74-75F
   ácidos nucleicos, 593-600
      alcalina, 594-594F
      DNA, 593-597F
      *Eco*RI e, 597-598F
      endonuclease de restrição e, 595, 597T
      ribonuclease A, 595-597
      RNA, 594-594F
   adenosina trifosfato (ATP), 310-314
      efeitos de solvatação, 311-312
      estabilização por ressonância, 311
      reações metabolicamente irreversíveis, 308-312
      repulsão eletrostática, 311
   análise de aminoácidos e, 74-75F
      composições proteicas, 75T
      processo cromatográfico para, 74-76F
      tratamento de fenilisotiocianato (PITC), 74F
   envenenamento por arsenato (arsênico) e, 337
   macromoléculas, 40F
   proteínas, 40
   tioésteres, 317
   transdução de sinal e, 285-285F
   variação da energia livre de Gibbs, ΔG, 307-312
Hidroxietiltiamina difosfato (HETDP), 209F
Hidroxila, fórmula geral de, 5F
Hiperatividade, 359
Hiperglicinemia não cetótica, 546
Hipótese de sinais, 694-697
Hipoxantina-guanina fosforibosil transferase (HGBRT), 108F-109
Histamina, estrutura de, 64F
Histidina (H, His), 62F
   catabolismo de, 537-537F
   estrutura de, 62F
   ionização de, 64-66F
   nomenclatura, 62T
Histonas, 591-592F
Hodgkin, Dorothy Crowfoot, 89, 217, 224
Holliday, Robin, 629
Homocisteína, 218F
Homoglicanos, 242
Hopkins, *sir* Frederick Gowland, 224
Hoppe-Seyler, Felix, 575
Hormônios, 284-287
   funções do receptor de organismo multicelular, 284-285
   ligação à proteína G, 286
   ligação adenilil ciclase, 287-288F
   ligação ao receptor, 287-288F
   regulação da glicólise por, 376, 378F-379
   regulação da gliconeogênese por, 376, 378-379F
   regulação do metabolismo do glicogênio, 376-378F
   regulação do metabolismo lipídico por, 502-504
   transdução de sinal e, 284-287

I

Ibuprofeno, estrutura de, 487F
Idose, 231F
Ignarro, Louis J., 532
Imidazol ($C_3H_4N_2$), titulação de, 48F
Imunoglobulina, 130-131F
Inibição da síntese proteica por antibiótico, 689
Inibição, 150-155. *Veja também* regulação
   competitiva, 150-151F
   comportamento enzimático e, 150-155
   constante cinética, k_m, efeitos sobre, 145-148, 150T
   constante, K_I, 150
   da síntese proteica por antibióticos, 689F
   dicloroacetato (DCA), 408F
   drogas contra o câncer, 566
   fosforilação, 690-690F
   irreversível, 153-154F
   não competitiva, 151-152F
   por retroalimentação, 301
   reversível, 150-151F
   síntese de proteínas e, 687-689F
   usos farmacêuticos da, 153-154, 408
Inibidores, definido, 150
Inositol 1,4,5-*tris*fosfato (IP_3), 287-289F
Insolubilidade de substâncias apolares, 36-37. *Veja também* solubilidade

Insulina, 290-291F, 344F
    receptores, 290-290F
    regulação da glicólise por, 344F
    regulação do diabetes mellitus (DM) por, 380
    regulação do metabolismo do glicogênio, por, 376-378F
Interações carga-carga, 38, 117, 586
Interações com cisteína dessulfurase (IscS) 112F
Interações de empilhamento, DNA de fita dupla, 584-585F, 587T
Interações de proteínas alostéricas, 128-129F
Interações de van der Waals, 118
Interações hidrofóbicas, 40, 99, 114-115
Interações não covalentes, 37-41F
    carga-carga, 38
    força de van der Waals, 39-40F
    hidrofóbico, 40-41F
    ligações de hidrogênio, 38-39F
    pareamento de íons, 38
    pontes salinas, 38F
Interconversões, via da pentose fosfato, 368-369F
Intermediários, estados de transição enzimáticos e, 166-168F
Intolerância à lactose, 350
Íntrons, 662
Invertase, 348
Ionização e dessorção a laser assistida por matriz. (MALDI), 73
Ionização, 42-44 64-68
    ácidos, 43
    água, 42-44
    aminoácidos, 63-67
    bases, 43
    equação de Henderson-Hasselbalch para, 67
    produto iônico, K, 43-44
    titulação e, 65-66F
    valores de pK_a e, 65-69
Íons
    amônio, fórmula geral de, 5F
    ativadores, 198
    essenciais, 198
    hidrônio, 42-44
    hidróxido, 42-44
Isocitrato desidrogenase, reações do ciclo cítrico, 398-398F
Isoleucina (I, Ile), 60F, 63T
    estereoisômeros de, 60F
    estrutura de, 60F
    nomenclatura, 65T
    síntese de, 522-522F
Isomerização cis/trans, 94, 105F
Isopentenil difosfato, colesterol e, 489, 492
Isoprenoides, 257, 269F
IUBMB – esquema metabólico de Nicholson, 505F

J

Jacob F, 635
Johnson WA, 386
Junção (modelo) de Holliday para recombinação, 603, 629-631F

K

Karrer P, 224
Kendrew JC, 3, 89-90F, 123F
Khorana HG, 669
Knowles J, 176
Kornberg A, 185, 603, 604F, 611
Koshland D, 158
Krebs EG, 375-376
Krebs H, 385-386, 397
Kuhn R, 224

L

L-aminoácidos, 58-58F
L-glicono-gama-lactona oxidase (GULO), 212-213F
Lactato, 360F, 361-362
    acúmulo, 341
    catálise por oxidorredutases, 138
    ciclo de Cori, 361F
    precursor de gliconeogênese, 361F, 360-361
    redução de piruvato a, 340
Lactato desidrogenase, 103F
Lactobacillus, 341
Lactose, 240, 240F
Lançadeira do malato-aspartato, 404F
Landsteiner K, 252
Leloir LF, 224
Lesch M, 571
Leucina (L, Leu), 60F
    estrutura de, 60F
    nomenclatura, 65T
    síntese de, 523-524F
Leucotrienos, 484, 486F-487
Levedura, 106F, 345-347F
    enzima octâmera, 345-346
    FMN oxidorredutase, 106F
    proteossomo de, 535F
    regulação de piruvato quinase por, 347F
Ligação. Veja também ligação com oxigênio; substratos
    fragmentos de DNA, 618-620F
    hormônios, 286-288
    mecanismo de alteração, ATP sintase, 434-434F
    proteína de ligação ao *cap* (CBP), 682
    síntese de proteínas, 674-675F, 678F, 678-680F
    sítios aminoacil-tRNA, 673-674F, 675F, 680F
Ligação com oxigênio, 124-130
    adutos de carbamato, 130F
    comportamento hidrófobico e, 123-125F
    cooperatividade positiva, 125
    curva hiperbólica e, 126F-128
    curvas sigmoidais (em S) para, 125-126F
    efeito Bohr, 127F
    fração de saturação, 125-126F
    hemoglobina (Hb), 123-130F
    interações alostéricas de proteínas, 128129
    mioglobina (Mb), 123-126F
    mudanças conformacionais de, 126F-128
    oxigenação e, 124
    reversibilidade do grupo prostético heme, 124-125

Ligação com substrato pró-quiral, 397
Ligação de alta energia, ~, 314
Ligação de anticorpo com antígenos específicos, 130-131F
Ligação fraca de substrato, 179-180F
Ligações amida, 4-5F
Ligações covalentes, 30-30F, 122-122F, 392
    ciclo do ácido cítrico, 392
    estrutura do colágeno, 121-121F
    ligações de hidrogênio e, 38-39F
Ligações de hidrogênio, 31-32F, 38-39F
    α-hélice, 95-98F, 99-101F
    água, 31-33F, 38-41F
    alças e voltas estabilizados por, 99-101F
    colágeno, 120F
    DNA (ácido desoxirribonucleico), 38-39F, 584
    dupla-hélice, 584
    enovelamento de proteína e, 115-116F
    entre cadeias, 121F
    estruturas de proteínas e, 95-100F
    fitas e folhas β, 98-99F
    gelo, formação de, 31-32F
    ligações covalentes e, 38-39F
    orientação de, 31-32F
    sítios de ácidos nucleicos, 576-578F
    tipos de, 117T
Ligações duplas, Δ^n, em ácidos graxos, 258-259
Ligações e pontes dissulfeto, 113F
Ligações éster, ligações fosfoanidrido, 4-5F
Ligações fosfoanidrido, 4-5F
    estrutura geral de, 4-5F
    estruturas de ácidos nucleicos e, 8F,
Ligações fosfodiéster, 8-9F
    estruturas de ácidos nucleicos e, 8-9F
    nucleotídeos unidos por ligações (3-5'), 582-582F
    síntese de DNA de, 610, 611F
Ligações glicosídicas, 239-240F
Ligações peptídicas, 68-69. Veja também proteínas
    aminoácidos e, 68-69, 74F
    cadeias polipeptídicas de, 88F-90
    catálise por peptidil transferase, 682-683, 686F
    estrutura de, 69F
    estruturas de ressonância de, 92F
    grupos peptídicos, 92-93F
        conformação *cis*, 92F, 92
        conformação *trans*, 92F, 92
        gráficos de Ramachandran para, 93-93F
        rotação de, 92-93F
    hidrólise de, 41F
    hidrólise de ácido catalisador, 74F
    nomenclatura de sequenciamento, 77
    resíduos, 68
    síntese de proteínas e, 682-683, 687F
Ligações, 4-5F, 8-10F
    ésteres de fosfato, 4-5F, 8
    estruturas micromoleculares de, 4-5F, 8-9F
    fosfoanidrido, 4-5F, 8
    fosfodiéster, 8-9F
    ligações peptídicas, 68-69F
Lind J, 212
Linoleato, 482F

Lipídeos, 10F, 257-294. *Veja também* ácidos graxos; metabolismo lipídico; membranas
   absorção de 506-507
   absorção na alimentação, 506
   ácidos graxos, 9, 258-262
   bicamadas, 9, 10F, 270-271, 277-277F
      colesterol e, 277-277F
         fluidez de membrana e, 277-278
         membranas biológicas, 9-10F, 269-270
         transição de fase de, 277F
   ceras, 9, 268
   composição não usual de membranas, 274
   definição, 9
   difusão de, 275-276F
   difusão transversa, 275-276F
   diversidade estrutural e funcional, 257-258F
   eicosanoides, 268-269F
   esfingolipídeos, 265-265F
   esteroides, 9, 267-267F
   estrutura macromolecular de, 10F
   glicerofosfolipídeos, 262-263T
   isoprenoides, 257, 269F
   ligações, 4-5F
   prostaglandinas, 268-269
   proteínas ancoradas em lipídeos, 272-273F
   triacilgliceróis, 262-262F
   vesículas (lipossomos), 272F
Lipídeos na alimentação, membranas, 506
Lipmann FA, 224, 314
Lipoamida, 218-219F
Lipoproteína lipase, doença coronariana e, 508
Lipoproteínas, 507-508F
Lipoproteínas de alta densidade (HDL), 508-509
Lipoproteínas de baixa densidade (LDL), 507-508
Lipoproteínas de densidade intermediária (IDL), 508
Lisina (K, Lys), 62F
   catabolismo, de, 544F
   estrutura de, 62F
   nomenclatura, 65T
   síntese de, 522-524F
Lisossomos, estrutura da célula eucarionte e, 20F, 23
Lisozima, 6-7, 189-192F
   catálise por, 189-192F
   clivagem de, 192F
   conformação de, 189-193
   estrutura molecular, 6-6F
   mecanismo de reação, 189-193F
Lixose, 231F
Lúmen, 458-460F
Luria S, 19F

M
MacKinnon R, 280
MacLeod C, 3, 575
Macromoléculas, 4-10
   ácidos nucleicos, 7-9F
   condensação de, 41-41F
   estrutura de, 4-10
   hidrólise de, 41F

   interação não covalente em, 37-41F
   ligações, 4-5F, 8-9F
   lipídeos, 9
   membranas, 9-10
   polissacarídeos, 6-7F
   proteínas, 6
Magnésio (Mg), 3
Malato desidrogenase, 103F
Malato desidrogenase, reações do ciclo cítrico, 401-402
Maltose, 239, 240F
Mamíferos, via metabólica em, 343F
Manose, 232
   conversão a frutose 6-fosfato, 351
Mapas de restrição, 598
Máquinas proteicas, 110-110F
Massa molecular relativa, 5
Matthaei JH, 668
McCarty M, 3, 575
Mecanismos de transporte, 436-438F
   lançadeira do malato-aspartato, 404F
   mecanismos de transporte em eucariontes, 436F
   NADH em eucariontes, 436-438F
Membranas, 9-10F, 269-293
   balsas lipídicas, 277
   bicamadas lipídicas, 9, 10F, 270-271, 277-277F
      lipídeos anfipáticos, 272F
      colesterol e, 277-277F
      folhas (monocamadas) de, 270
      fluidez de membrana e, 277-278
      transição de fase de, 277F
      membranas biológicas, 9-10F, 269-270
   biológica, 9, 269-275
   cloroplastos, 459-460F
   colesterol em, 277-277F
   difusão de, lipídeos, 275-276F
   dupla, 273F
   estrutura macromolecular de, 11-11F
   estruturas dinâmicas de, 275-277
   fotossistemas da fotossíntese, 456-460
   funções de, 269
   glicerofosfolipídeos, 9-10F
   glicerol 3-fosfato, 9-10F
   microscopia eletrônica de criofratura, 276-276F
   modelo do mosaico fluido de, 274-275
   plasma, 458F
   pressão osmótica e, 35-36
   processamento pós-tradução da síntese proteica e, 692-695
      cadeias oligossacarídicas, 697F
      peptídeo sinal, 694-695F
      vias secretoras, 694F-695
   proteínas, classes de, 10F, 270-273F
      α-hélice, 270-271F
      ancorado em lipídeo, 272-273F
      barril β, 271-272F
      integral (transmembrana), 270-271F
      número e variedade de proteínas e lipídeos em, 274-274F
      periférico, 272
      preniladas, 272
   secreções, oligossacarídeos e, 253F
   solubilidade e, 36-37

   estrutura de, 10F
   tilacoide, 458-461F
   transdução de sinal através de, 284-292
      proteínas G, 286-286F, 290
      receptores tirosina-quinases, 290-290F
      receptores, 284-286
      transdutores de sinais, 285-286
      via de sinalização da adenilil ciclase, 287-288F
      via de sinalização dos fosfolipídeos de inositol, 288-289F
   transporte, 278-284
      adenosina trifosfato (ATP), 282-283F
      ativa, 282-283F
      canais para (animal), 280-281F
      características de, 279T
      coeficientes de permeabilidade, 278-278F
      constante, K_{tr}, 281-282F
      endocitose e exocitose, 283-284F
      passivo, 281-282F
      poros para (humanos), 280-281F
      potencial, $\Delta\psi$, 279-280F
      proteínas, 280-283
      termodinâmica e, 278-279
      tráfego molecular e, 278-279
      variação da energia livre de Gibbs, ΔG, 278-279
   variações de fluidez, 277-278
   vesículas lipídicas (lipossomos), 272F
Menaquinona, 222F
Mendel G, 270, 448, 470
Menten ML, 143
Meselson M, 603
Metabolismo, 11, 201-202T. *Veja também* glicólise, gliconeogênese; vias metabólicas
   adaptação bacteriana e, 296-297
   adenosina trifosfato (ATP), 201-201F, 304, 310-316
   aminoácidos, 516-551
   autótrofos, 304-305
   ciclo do ácido cítrico, 303-304
   cobalamina e, 217-217F
   coenzimas, 199-202T, 318-323
   coenzimas glinucleotídicas e, 202
   combustível, 296
   compartimentalização, 306-307
   fenômeno das enzimas alostéricas, 154-155
   folato (tetraidrofolato) e, 214-215
   glicose, 304
   heterótrofos, 304-305
   hidrólise, 309-313, 317
   intermediário, 295
   interórgãos, 306-307
   lipídeos, 476-515
   métodos experimentais para estudo de, 322-323
   nucleotídeos, 552-574
   oxidação e, 304-305, 318-323
   reações anabólicas (biossintéticas), 295-296F, 302-304F
   reações anfibólicas, 296
   reações catabólicas, 296F, 304-305F
   reações irreversíveis, 309-313
   rede de reações de, 295-298

regulação enzimática e, 154-155
rotas biossintéticas (anabólicas), 304, 305
sequências de genes e, 296-297
tioésteres, 317
transferência de grupo fosforila, 313-316
transferência de grupo nucleotidila, 317F
variação da energia livre de Gibbs, ΔG, 307-313, 318-320
vias celulares, 302-304
Metabolismo dos ácidos das crassuláceas (CAM), 472-473F
Metabolismo dos nucleotídeos, 552-574
    5-fosforribosil 1-pirofosfato (PRPP), 553-554F, 556-557
    adenosina 5-monofosfato (AMP), 553-554F
    catabolismo das purinas, 567-570
    catabolismo pirimidínico, 570-572
    funções de, 552
    guanosina 5'-monofosfato (GMP), 553-557F
    metilação de monofostato de deoxiuridina (dUMP), 562-565F
    modificação de DNA e de RNA, 566-567F
    nomenclatura de bases, 554
    nucleotídeos purínicos, síntese de, 553-554F
    produção de desoxitimidilato (dTMP), 562-565F
    reações de adenosina trifosfato (ATP), 553F
    redução de ribonucleotídeos, 562-563F
    regulação alostérica de ribonucleotídeo redutase de eucariontes, 563T
    vias de reaproveitamento, 566-567
    salvamento de pirimidinas, 566-567
    reaproveitamento de purinas, 566-567F
    síntese da citidina trifosfato (CTP), 561-562F
    síntese da inosina 5'-monofosfato (IMP), 554-555F
    síntese de pirimidinas, 558-562F
    síntese de uridilato (UMP), 558-559F
Metabolismo energético, 295
Metabolismo intermediário, 295
Metabolismo interorgânico, 306-307
Metabolismo isoprenoide, síntese do colesterol e, 492, 494F
Metabolismo lipídico, 476-515
    absorção e, 506-509
        ação da lipase no pâncreas, 506F
        albumina sérica, 509
        lipídeos na alimentação, 506
        lipoproteínas, 507-508F
        sais biliares, 506F
    ácidos graxos, síntese de, 476-482, 497F
        β-oxidação e, 497F
        insaturação, 480-482
        reação de iniciação, 478
        reações de alongamento, 478-481F
        reações de ativação, 480F
        reações de extensão, 480-482
    colesterol, síntese de, 489, 492-496
        etapas para, 489, 491
        metabolismo isoprenoide e, 492, 494F
        regulação de nível, 491F
    compartimentalização de células eucariontes, 501-502
    corpos cetônicos, 510-512
        funções hepáticas e, 509-512
        oxidação mitocondrial e, 510
    diabetes e, 512
    esfingolipídeos, síntese de, 489-490F
    éter, síntese de, 488F
    glicerofosfolipídeos, síntese de, 482-483F
    IUBMB – esquema metabólico de Nicholson, 505F
    oxidação de ácidos graxos, 494-501
        β-oxidação, 495-500F
        ativação da acil-CoA sintetase, 494
        cadeias ímpares, 499-500
        geração de ATP a partir de, 499-500
        insaturados, 501-502
        transporte de mitocôndria, 482-501
    regulação de, 502-504
    regulação hormonal, 502-504
    síntese de eicosanoides de, 484-486F
    triacilglicéróis, síntese de, 482-483F
Metabolismo renal da glutamina, 549-550
Metaloenzimas, 199
Metanol, 239F
Metilação, 562-569F
    catálise por endonucleases de restrição, 595, 599F
    ciclo de reações, 565F
    desoxiuridina monofosfato (dUMP), formação por, 562-565F
    metabolismo dos nucleotídeos e, 566-568F
Metionina (M, Met), 61F, 218F
    catabolismo por conversão de, 541-541F
    estrutura de, 61F, 218F
    nomenclatura, 65T
    resíduo, 77
    síntese de, 523-524F
Método de Sanger para sequenciamento de DNA, 618, 621
Metotrexato, estrutura de, 552
Meyerhof O, 332
Micelas, 37F
Michaelis L, 143
Micro-heterogeneidade, 250
Micrografias eletrônica, 284F, 605F
Microscopia eletrônica de criofratura, 276-276F
Microtúbulos, 23
Miescher F, 575
Mioglobina (Mb), 123-126F
    estrutura de proteínas, estudo de, 123-124F
    estrutura terciária de, 123-124F
    grupo prostético heme, 122-123F
    ligação com oxigênio, 124-130
Mitchell P,421
Mitocôndria, 22-22F, 418-421F
    β-oxidação e, 497-498
    absorção de oxigênio em, 421F
    entrada de piruvato no, 402-403F
    estrutura "botão e haste", 433F
    estrutura da célula eucarionte e, 20F, 21F-23
    estrutura de, 419-420
    força próton-motriz, 420-422F
    fotossíntese e, 22
    número de, 418-419
    oxidação de, 23
    síntese de adenosina trifosfato (ATP) e, 421F, 435-436
    teoria quimiosmótica, 420-423
    transporte ativo através da membrana de, 435-436
    transporte de acil-CoA para dentro de, 498-499
    transporte de elétrons e, 436-437
Mitose, 21F
Modelo conectado (simetria) para regulação, 157-158F
Modelo de DNA de Watson-Crick, 581, 606
Modelo do mosaico fluido, 274-275
Modelo do replissomo, 612, 615-617
Modelo KNF (sequencial) para a regulação enzimática, 158-158F
Modelo sequencial (KNF) para a regulação enzimática, 158-158F
Modelos de preenchimento de espaço, 91F
    DNA, 576F, 584-587F
    proteínas, 92F
Modelos do tipo esfera e bastão, 57-58F
    aminoácidos, 57-58F
    compostos monossacarídicos (quirais), 230F, 234F
    DNA, 581-583F
Modificação covalente, 159F
Modificação do RNA pós-tradução, 659-660F
Modificações pós-tradução, 692-693
Moléculas anfipáticas, 37
Moléculas hidratadas, 35
Moléculas isoaceptoras de tRNA, 674-675
Moléculas solvatadas, 35
Monocamadas, 37F
Monod J, 157, 636
Monossacarídeos, 229-238
    abreviaturas para, 237T
    açúcares ácidos, 238, 239F
    açúcares alcoólicos, 238, 238F
    açúcares-fosfato, 237
    aldoses, 230-231F
    aminoaçúcares, 237-238, 238F
    cetoses, 230-233F
    ciclização de, 232-236
    compostos quirais, 230-230F
    conformação torcida (twist), 236F
    conformações bote, 236F
    conformações cadeira, 236F
    conformações de, 235-236F
    conformações envelope, 236F
    derivados de, 237-239F
    desoxiaçúcares, 237
    epímeros, 232
    modelos de esfera e bastão de, 236F
    projeções de Fischer de, 230-232F
    projeções de Haworth de, 234-235F
    trioses, 237
Monossacarídeos, sacarose quebrada em, 348
Motivo chave grega (estrutura), 101F-102
Motivo do feixe de hélices (estrutura), 101F
Motivo em dupla espiral (estrutura), 97F

Motivo em grampo (*hairpin*) (estrutura), 101F
Motivo em sanduíche β (estrutura), 101F-102
Motivo meandro-β (estrutura), 101F -102
Motivo βαβ, unidade (estrutura), 101F
Motivos (estruturas supersecundárias), 101-101F
mRNA (RNA mensageiro), 9, 589, 659-664
  anticódons de tRNA formam pares de bases com códons de, 672-673F
  código genético e, 668-670F
  éxons, 662
  formação da cap, 659-660F
  íntrons, 662
  moléculas policistrônicas, 682
  organização íntron/éxon de genes, 662-662F
  poliadenilação de, 661, 662F
  posição oscilante, 673-674F
  precursores unidos, 659-664
  processamento eucarionte, 656, 659-664
  quadros de leitura, 668-669F
  síntese de proteínas e, 668-670F, 673-675F
  spliceossomos, 663-664F
  terminações modificadas, 659
Mutação de genes, 323, 448, 470
Mutação de tamanho de caule, 270
Mutagênese, direcionado ao sítio, 169, 188
Mutagênese direcionada a oligonucleotídeos, 169
Mutagênese sítio-dirigida, 169, 188
Mycobacterium tuberculosis, 297
Mycoplasma pneumoniae (*M. pneumoniae*), 109F

N

N-formilmetionina, estrutura de, 63-64F
N-terminal (terminação amina), 69, 75-76F
NADH (nicotinamida adenina dinucleotídeo reduzido), 304, 321-322
  mecanismos de transporte em eucariontes, 436-439
  reações da glicólise, 332
  reações metabólicas, 307, 323-324
  transferência de elétrons de, 319-320, 426-427F
Nagyrapolt, AS-G, 224
Némethy G, 158
Nephila clavipes, 122
Neurospora crassa, 214, 323
Neurotransmissores, transdução de sinal e, 284
Niacina (vitamina B_3), 203-204F
Nicotinamida adenina dinucleotídeo (NAD), 198F, 203
Nicotinamida adenina dinucleotídeo fosfato (NADP), 203
Nicotinamida adenina dinucleotídeo reduzida, *veja* NADH
Nicotinamida mononucleotídeo (NMN), 204-204F
Nirenberg M, 668
Nitrogenases, 517-518
Nitrogênio (N), 3
Nøby JG, 45

Norepinefrina, 201F
Nucleases, 593-600
  DNA, 595-597F
  *Eco*RI e, 597-598F
  endonucleases, 594
  endonucleases de restrição, 595, 597-600
  hidrólise alcalina, 594-594F
  hidrólise de ácidos nucleicos, 593-600
  ribonuclease A, 595-597
  RNA, 594-594F
Núcleo, células eucariontes, 19
Nucleófilos, 41-42,
Nucléolo, 21
Nucleosídeos, 241, 578-579F
  estruturas química de, 578-579F
  glucosídeos, 239, 239F
  nomenclatura, 578-580T
Nucleossomos, 590-591F
Nucleotídeos, 201-202, 576-581
  blocos construtores de ácidos nucleicos, 576-581
    formas tautoméricas, 577-578F
    nucleosídeos, 578-579F
    purinas e pirimidinas, 576-577F
    ribose e desoxirribose, 576F
  conformação anti de, 579-580F
  conformação syn de, 579-580F
  DNA de fita dupla, 584-585F
  estrutura química do, 576
  nomenclatura, 579-580T
  papéis metabólicos das coenzimas, 201-202
  união de ligações fosfodiéster (3-5'), 584-582F
Numeração estereoquímica, 485
Números da Online Mendelian Inheritance in Man (OMIM),381-382
Nyhan W, 571

O

Ogston A, 397
Okazaki R, 610
Oligômeros (múltiplas subunidades), 104, 107, 109T
Oligopeptídeo, 69
Oligossacarídeos, 229, 248-252F
  diversidade de cadeias, 250
  estrutura da cadeia no processamento pós--tradução, 692
  grupo sanguíneo ABO, 252-253F
  ligado a N, 250-251F
  ligado a O, 250-251F
  secreções de membrana e, 253F
  síntese de, 251-252
  subclasses glucosídicas, 250
Online Mendelian Inheritance in Man (OMIM), 127
Operon *lac*, 652-656
  ativação da transcrição do RNA, 656-657
  estrutura do repressor, 653-654F
  proteína reguladora do cAMP e, 654-655F
  repressor de ligação ao operon, 653
  repressor que bloqueia a transcrição do RNA, 652-653F
Operon *trp*, regulação da síntese proteica por, 690-691F

Orbitais sp^3, 30F
Organelas, células eucariontes, 20-20F
Organismos multicelulares, vias metabólicas em, 307F
Organização de íntron/éxon de genes, 662-662F
Orientação de genes, 640-641F
Origens endossimbióticas, 22
Orotidina 5'-monofosfato (OMP), 558-559F
Oxidação, 23, 166, 387, 391-394
  β-oxidação, 495-501F
  acetil-coA, 385, 391-394
  ácidos graxos, 494-501
  definido, 166
  glicerol, 362F
  mitocôndria e, 22, 498-499
  reações do ciclo do ácido cítrico, 386, 392-395
Oxiemoglobina, 124
Oxigenação, ciclo de Calvin da fotossíntese, 466-466F
Oxigênio (O), 3, 30F
  orbitais sp^3, 30F
  polaridade da água e, 30F
Oximioglobina (*Physeter catodon*), 123F, 124

P

Padrão de difração de raios X, 89F
Palmitato de sódio, 37
Papaína, pH e ionização de, 172-173F
Par especial, 447-447F
Pareamento de bases, 606-608, 669-671
  DNA, 604-606
  posições oscilantes de anticódon e códon, 673T-674F
  síntese de proteína, 669-670F
  Watson-Crick, 671F-672
Pareamento de íons, 38
Pares de bases complementares, dupla-hélice de DNA, 584-585F
Pares de bases do inosinato, 673F
Pares de imagens especulares de aminoácidos, 58F
Parnas J, 332
Partícula de reconhecimento de sinal (SRP), 694-696F
Pasteur L, 2, 332
Pauling L, 95
Pavlov I, 185
Penicilina, 250-250F
Pepsina, 185
Peptídeo sinal, 694-695F
Peptidilprolil *cis/trans* isomerase (humana), 105F
Peptidoglicanos, 247-248F
Pequeno ácido ribonucleico nuclear (snRNA), 663
Perclorato (ClO_4^-), 37
Peroxissomos, 20F, 23
Persistência Hereditária da Hemoglobina Fetal (HPFH), 127
Perutz M, 2-3, 89-91, 95
Peso molecular, 5
Peso molecular, aminoácidos e, 75-76T
pH, 44-53
  cálculo de, 50

constante de dissociação ácida, K_a, 46-47T
equação de Henderson-Hasselbalch para, 47-48
indicadores, 45F
pK_a, relação com a escala da, 46-47
soluções aquosas a, 47T
soluções ácidas, 44F
soluções básicas, 44-44F
soluções neutras, 44F
soluções tamponadas, 49-50F
titulação de soluções ácidas, 48-48F
usos fisiológicos, medidor de precisão para, 44
velocidades enzimáticas e, 172-174F
Pigmentos acessórios, 448-448F
Pigmentos captadores de luz, 445-449
clorofilas, 445-447F
fótons (energia), 446-447
par especial, 447-447F
pigmentos acessórios, 448-448F
transferência de energia por ressonância, 447
Pilina de *Neisseria gonorrhea*, 106F
Piranos, 233F, 234
Piridoxal (vitamina B_6), 210-210F
Piridoxal fosfato (PLP), 210-210F
Pirimidina, 8-9F, 576-577
catabolismo de, 570-572
estrutura de nucleotídeo, 575-576F
regulação de síntese, 562
síntese de, 557-558F
vias de reaproveitamento, 566-567
Pirofosfato, catálise da hidrólise, 139F
Pirrolisina, estrutura de, 63-64F
Piruvato, 138-139, 316F, 338-343F, 387-390F
acetil-coA, conversão a 385, 387-391F
alanina, conversão a, 361F
catálise por oxidorredutases, 138
catálise por transferases, 138-139
catalização por liases, 139
conversão da gliconeogênese de, 356-360
conversão da glicose a partir de, 339-339F, 359-361F
conversão na glicólise de, 338-342F
dobramento de polipeptídeos de, 103
metabolização em etanol, 339-340F
mitocôndria, entrada em, 402-403F
oxidação de, 339-339F
precursor de gliconeogênese, 361
reações do ciclo do ácido cítrico, 386, 388-392F
regulação da gliconeogênese, 364
Piruvato desidrogenase quinase (PDHK), 407F
Piruvato quinase, 102, 338, 346-347F
reação glicolítica de, 340
redução a lactato, 340
regulação glicolítica de, 346-346F
pK_a, 46-47T, 64-68
aminoácidos, ionização de, e, 64-68F
capacidade de tamponamento e, 49-50F
relação ao pH, 44-44T
titulação e, 48-48F, 65-66F
valores de aminoácidos ionizáveis, 170T
valores de aminoácidos livres, 67T

valores de parâmetros da dissociação ácida, 45-47T
Plasma, lipoproteínas em, 510T. *Veja também* plasma sanguíneo
Plasmalogênios, 264, 265F
Plastoquinona, 222F
Polaridade da água, 30F
Poliadenilação de, mRNA, 661, 662F
Poliligante, 600
Polimerases, 605-617, 637-639
alongamento de cadeia, 606-607F, 638-639F
eucariontes, 622T, 647T
interações, 112F
reação de transferência de grupo nucleotidila, 606-607
replicação de DNA e, 604-616
revisão para correção de erros, 608
RNA, 636-638
catálise por, 637-639F
fatores eucariontes, 646-649T
mudanças de conformação, 643
proteína oligomérica, 367-641
reações de alongamento de cadeia, 638-639F
transcrição, 645, 646-649T
síntese de, 608-616
descontínuo, 610F
duas fitas de DNA simultaneamente, 609-617
fitas atrasadas de DNA, 609-610F, 614-615F
fragmento de Klenow, 611-611F
fragmentos de ligação de DNA, 610-611F
fragmentos de Okazaki, 610-611F
ligação fosfodiéster, 612, 614F
primer de RNA para, 610-611
proteína ligante de fita simples (SSB), 615F
tipos de proteínas, 605-606T
Polímeros, 4-10
ácidos nucleicos, 7-9F
estrutura macromolecular de, 4-10
lipídeos, 9
membranas, 9-10
polissacarídeos, 6-7F
proteínas, 6
Polinucleotídeo, 7
Polipeptídeos, 6, 69. *Veja também* cadeias polipeptídicas de proteínas, 86-88, 98-116F
estrutura de proteínas de, 90-82
estruturas de fita e folha β, 98-99F
estruturas enoveladas para estabilidade de proteínas, 101F-102
grupos peptídicos em, 92-93F
ligações peptídicas em, 92F
modificações na síntese de proteínas, 692-694F
modificações pós-tradução, 692-693
Polissacarídeos, 6-7F. *Veja também* carboidratos
amido, 242-243F
catálise por lisozima de, 189-192F
celulose, 245F
estrutura de, 240-242T

estruturas micromoleculares de, 6-7F
glicogênio, 242-243F
heteroglicanos, 242
homoglicanos, 242
quitina, 245F
Poluição atmosférica, fotossíntese e, 459
Pontes salinas, 38F
Ponto de fusão, Tm, 587
Poros para transporte de membrana (humana), 280-281F
Posição oscilante, 673-674F
Potássio (K), 3
Potencial de redução, 318-320T, 425T, 456-457T
coenzimas, 318-320T
componentes do transporte de elétrons na oxidação-redução, 425T
fotossíntese, 456-458F
Precisão de website, 402
Precursores metabólicos, 360-363, 530-533
aminoácidos como, 530-533
gliconeogênese, 360-363
Precursores unidos, mNRA, 659-664
Pressão osmótica, solubilidade e, 35-36
Primer de RNA para síntese de DNA, 610-611
Procariontes, evolução e, 15-16F
Procedimento para a degradação de Edman, 75-76F
Processamento pós-tradução, 692-697
cadeias oligossacarídicas, 697F
glicosilação de proteínas, 695
hipótese de sinais, 694-697
modificações das cadeias polipeptídicas, 692
partícula de reconhecimento de sinal (SRP), 694-696F
peptídeo sinal, 694-695F
síntese de proteínas, 689-694
vias secretoras, 694F-695
Processo de fermentação, 340
Processo de respiração, 340
Produção de bicarbonato pelo metabolismo renal da glutamina, 549-550
Produção de desoxitimidilato (dTMP), 562-565F
Produto iônico, K, 43-44
Projeções de Fischer, 7F, 230-233F
aldoses, 230-231F
cetoses, 230-233F
carboidratos monossacarídicos, 229
trioses, 230
Projeções de Haworth, 7-8F, 234-236F
Prolina (P, Pro), estrutura de, 60F
estrutura de, 60F
nomenclatura, 65T
síntese de, 525F
Propionato, precursor de gliconeogênese, 361-362
Prostaglandinas, 268-269
estrutura e funções dos lipídeos, 268-269
síntese de, 482, 484-486F
Protease aspártica do HIV-1, 108F
Proteassomo de levedura, 536F
Protein Data Bank (PDB), 90-91, 118

Proteína carreadora de acila (ACP), 112F, 207-208F
Proteína de ligação a L-arabinose, 106F
Proteína de ligação ao *cap* (CBP), 682
Proteína de ligação ao retinol (porco), 105F
Proteína dissulfeto isomerase (PDI), 115-116
Proteína fluorescente (água-viva), 105F
Proteína ligante de fita simples (SSB), 615F
Proteína oligomérica, RNA polimerase, 367-641
Proteína *Pin*1, 94
Proteínas, 6-7F, 56-135
   absorção no UV de, 61F
   alostérico, 128-129F
   aminoácidos e, 6F, 56-85
   cadeias polipeptídicas, 86-88, 91-93F, 100-102F
   classes de, proteínas de membranas, 10F, 270-271F
   coenzimas, 222
   desnaturação, 112-114F
   difusão de, lipídeos, 275-276F
   enovelamento e estabilidade de, 100-101F, 115-119F
      CASP, 118
      características de, 115-115F
      interações carga-carga e, 117
      ligações de hidrogênio e, 117-121F
      efeito hidrofóbico e, 116-117
      chaperonas moleculares e, 118-120F
      estrutura terciária de proteínas e, 100-104
      interações de van der Waals e, 117
   enzimas como, 6-6F
   estratégias de sequenciamento, 77-82
      albumina sérica humana, 79-80F
      clivagem por brometo de cianogênio (CNBr), 77-77F
      espectrometria de massas, 73-74F
      procedimento para a degradação de Edman, 75-76F
   estrutura de, 86-135
      colágeno, estudo de, 120-121F
      conformações de, 92-99, 112-116
      grupo peptídico, 92-92F
      hemoglobina (Hb), estudo de, 123-128F
      ligação de anticorpos com antígenos, 130-131F
      alças e voltas, 99-101F
      métodos de determinação, 89-91
      mioglobina (Mb), estudo de, 123-126F
      níveis de, 88-89, 103-115
      subunidades, 104, 107-110F
   estrutura primária de, 68, 80-82
   estrutura quaternária de, 88, 104, 107-108F
   estrutura secundária de, 88
   estrutura terciária de, 88F, 100-105F
   estruturas de alça e volta, 99-101F
   estruturas macromoleculares de, 6-7F
   fibroso, 87, 120-122
   fitas e folhas β, 98-99F
   funções biológicas de, 56-57, 123-132
   glicosilação de, 695
   globular, 87, 124-132

hidrólise de, 41F, 74-75F, 535F
homólogo, 80
interações proteína-proteína, 110-111
ligação de anticorpo com antígenos específicos, 130-131
ligação do oxigênio à mioglobina e à hemoglobina, 124-130
ligações peptídicas, 41F, 68-69F, 92-92F
ligações, 4-5F
membranas, 10F, 270-271F
   ancorado em lipídeo, 272-273F
   ativa, transporte, 281-283F
   canais para transporte (animal), 278-280F
   integral (transmembrana), 270-271F
   número e variedade de proteínas e lipídeos em, 274-274F
   periférico, 272
   poros para transporte (humano), 280-281F
   transporte passivo, 281-282F
relações evolutivas, 80-82
renaturação, 112-114F
representação da árvore filogenética, 82-82F
sequências de citocromo *c*, 81F-82
técnicas analíticas, 72-76
   cromatografia, 70-71F
   eletroforese em gel de poliacrilamida (PAGE), 72-72F
   espectrometria de massas, 73-74F
técnicas de purificação, 69-71
ubiquinação de, 536F
Proteínas ancoradas em lipídeos, 272-273F
Proteínas com α-hélice, 95-95F, 99-100
   anfipático, 96-97F
   cadeias laterais em, 96, 313
   conexões por fitas e folhas-β, 98-99F
   conformação da proteína de, 95-96F
   destro, 95-95F
   esquerdo, 121-121F
   hélice comparada a, 97-98F
   membranas, 270-271F
   rotação de, 96
   tripla-hélice do colágeno tipo III, 121F
   zíper de leucinas, 97-97F
Proteínas de choque térmico, 119-119F
Proteínas fibrosas, 87, 120-122. *Veja também* colágenos
Proteínas G, 286-286F, 290
Proteínas globulares, 87, 123-130. *Veja também* hemoglobina; mioglobina
Proteínas homólogas, 82
Proteínas integrais (transmembro), 270-271F
Proteínas intrinsecamente desordenadas (instáveis), 104-105
Proteínas oligoméricas da *Escherichia coli* (*E. coli*), 18F, 24F, 26-27, 87F, 109, 109T
   autorradiografia do cromossomo replicante, 605F
   carbamoil-fosfato sintetase, 560F
   catálise covalente, 171-172F
   células, 18F, 24F, 26-27
   chaperonina (GroE), 119-120F
   citocromo b_{562}, 105F
   conteúdo de RNA em, 637T

enzima da biossíntese de triptofano, 105F
estrutura de, 18F, 106F
flavodoxina, 106F
fosfofrutoquinase, 155-155F
operon *trp*, 690-691F
proteína de ligação a L-arabinose, 106F
proteínas oligoméricas, 107, 109T
recombinação homóloga, 628-631
rede metabólica de, 296-297
regulação de enzima alostérica e, 155-157F
ribossomos, 668F, 676-677F
tioldissulfeto oxidorredutase, 106F
transcetolase, 368F
UDP *N*-acetilglicosamina –acil transferase, 105F
via do glioxilato, 409-410
Proteínas periféricas, 272
Proteínas transmembrana (integral), 270-271F
Proteoglicanos, 246-247F
Psicose, 233F
Pterina, 214-215F
Purina, 8-9F, 576-577
   catabolismo de, 567-570
   estrutura de nucleotídeo, 575-576F
   estrutura em anel, 553-554F
   nucleotídeos, 8-9F
   síntese de nucleotídeos, 552-555F
   vias de reaproveitamento, 566-567F
Puromicina, síntese de proteínas e, 689F

Q

Quadros de leitura, 668-669F
Química mecanística, 164-166. *Veja também* enzimas
Quimio-heterótrofo, 304
Quimioautótrofo, 304, 439-440
Quimiotaxia, 284
Quimotripsina, 77-78F, 184-190F
Quinases, 159, 302, 315
   catálise do ATP, 311
   regulação da via metabólica e, 301
   regulação enzimática pelo uso da modificação covalente, 159
   transferência de grupo fosforila, 313
Quitina, 245F

R

Racemização, 59
Racker E, 462
Radicais livres, 166
   redução de desoxirribonucleotídeos, 562
Raio de van der Waals, 40T
Ramachandran GN, 93, 121
Razão de ação das massas, Q, 308
Razão de empacotamento, 591
Razão P/O (fosforilado/oxigênio), 436
Reação de piruvato carboxilase, 357-357F
Reação de quase-equilíbrio, K_{eq}, 308-309
Reação de transferência de grupo nucleotidila, 606-607
Reação em cadeia de polimerase (PCR), 617-619F
Reações anabólicas (biossintéticas), 295-296F, 302-304F

Reações anfibólicas, 296
Reações catabólicas, 296F, 304-305F. *Veja também* glicólise
   glicose, 326-354
   NADH, 304
   vias metabólicas, 302-303F
Reações controladas por difusão, 173-177
   aceleração da ligação ao substrato e, 171-173T
   diagramas de energia para, 175F
   superóxido dismutase, 177F
   triose fosfato isomerase (TPI), 173-175F
Reações da enolase, 338
Reações da fase escura, 444
Reações da fase luminosa, 444
Reações da hexoquinase, 327-328, 329F, 331F
Reações das enzimas, 386, 394, 394-402
   aconitase, 396-397F
   ciclo do ácido cítrico, 386, 392, 394-402
   citrato sintase, 394-396F
   complexo succinato desidrogenase, 399-401F
   complexo α-cetoglutarato desidrogenase, 398-399F
   conversão de a partir de outra, 402F
   fumarase, 401
   isocitrato desidrogenase, 398-398F
   malato desidrogenase, 401-402
   succinil sintetase, 398-400F
Reações de fosfoenolpiruvato carboxinase (PEP), 358F, 403
Reações de oxidação-redução, 166, 199-204, 223F
   coenzimas, 200-205, 222, 318-323
   flavina mononucleotídeo (FMN), 206-207F
   mecanismo enzimático da, 164
   NADH (NAD reduzido), 318-322
   nicotinamida adenina dinucleotídeo (NAD), 203-204F
   potenciais de redução dos componentes, 425T
   tiorredoxina (humana), 223F
   transferência de elétrons de, 319-323
   transporte de elétrons e, 423-425T
Reações de transaminação, assimilação de amônia, e, 521-521F
Reações de transferência de grupo, 168
Reações enzimáticas com dois substratos, 148-149F
Reações enzimáticas de múltiplos substratos, 148-149F
Reações enzimáticas pingue-pongue, 149-149F
Reações enzimáticas sequenciais, 148-149F
Reações irreversíveis, metabólicas, 309-313
Reações nucleofílicas, 40-42
Reações, rede metabólica de, 295-299F
Receptores de doçura, 241
Receptores, 284-286
Recombinação homóloga, 628-633
   E. coli, 630-633
   junção (modelo) de Holliday, 629-631F
   reparo como, 631
Recombinação, *veja* recombinação homóloga

Reconhecimento de promotor, transcrição do RNA, 641-642
Redução do NADPH (nicotinamida adenina dinucleotídeo fosfato reduzido), 466-466
Redução, 166. *Veja também* oxidação-redução
   ciclo de Calvin da fotossíntese, 466-467
   definido, 166
   desoxirribonucleotídeo, 562-563F
   ribonucleotídeo, 562-563F
Regeneração, ciclo de Calvin da fotossíntese, 466-467F
Regulação alostérica da ribonucleotídeo redutase eucarionte, 563T
Regulação da síntese da proteína globina, 689-690
Regulação de genes, 650-652, 688-693
   síntese de proteínas, 687-692
      atenuação, 690-691F
      montagem ribossômica em *E. coli*, 688-691F
      operon trp na *E. coli*, 690-691F
      regulação da globina por disponibilidade de heme, 689-690F
   transcrição do RNA e, 649-651
Regulação, 154-159, 342-346, 364-365. *Veja também* inibição
   atividade enzimática, 154-159
      curvas sigmoidais (em S) para, 155, 157F
      enzimas alostéricas, 154-157F
      fosfofrutoquinase, 155-156F
      ligação cooperativa e, 154F
      modelo conectado (simetria) para, 157-158F
      modelo sequencial (KNF) para, 158-158F
      modificação covalente, 159
   ciclo do ácido cítrico, 407-409F
   glicólise, 342-346
      efeito Pasteur para, 347
      fosfofrutoquinase-1 (PFK-1), 345-346F
      hexoquinase, 344-345
      piruvato quinases, 346-347F
      transporte de hexoses, 343-344
      via metabólica em mamíferos, 343F
   gliconeogênese, 364-364F
   hormônios para, 502-504
   IUBMB – esquema metabólico de Nicholson, 505F
   metabolismo lipídico, 502-504
   síntese de proteínas, 687-692
      atenuação, 690-691F
      disponibilidade do heme e, 689-690F
      globina, 689-690F
      montagem ribossômica em *E. coli*, 688-691F
      operon *trp* na *E. coli*, 690-691F
Renaturação, 112-114F
Reparo de DNA, 622-625
   câncer de mama e, 632
   excisão, 626-626F
   fotodimerização (reparo direto), 626-627
Replicação bidirecional do DNA, 604-604F
Replicação do DNA, 604-624
   bidirecional, 604-604F
   cromossômico, 604-605

   eucariontes, 621-624
   forquilhas, 604-605, 608, 610F, 615F
   iniciação (origem) do, 617F
   modelo do replissomo, 612, 615-617
   pareamento de bases no, 606-608
   reação em cadeia de polimerase (PCR), 617-619F
   polimerases, 605-617
      alongamento de cadeia, 606-607F
      interações, 111F
      reação de transferência de grupo nucleotidila, 606-607
      revisão para correção de erros, 608
      tipos de proteínas, 605-606T
   semiconservativa, 604F
   sequenciamento, 618-620F
      didesoxinucleotídeos usados para, 618, 620
      DNA paralelo por síntese, 620-621
      método de Sanger, 618, 621
   síntese de polimerases, 609-617
      descontínuo, 610F
      duas fitas simultaneamente, 609-617
      fitas atrasadas, 610-611F, 615-616F
      fragmento de Klenow, 611-611F
      fragmentos de Okazaki, 610-611F
      fragmentos ligantes, 611-613F
      ligação fosfodiéster, 612, 614F
      primer de RNA para, 610-611
      proteína ligante de fita simples (SSB), 615F
   terminação (término) de, 617F
Replicação semiconservativa de DNA, 604F
Replissomo, definido, 604
Representação da árvore filogenética, 82-82F
Repulsão eletrostática, 311
Resíduos, 5, 68, 75-76F
   aminoácidos, 68-69F, 74-75F, 168-170T
   catálise e, 168-170T
   colágeno e formação de, 121-122F
   de alisina, 122F
   de hidroxilisina, 122F
   de hidroxiprolina, 121F
   distribuição de frequência catalítica, 170T
   estrutura de proteínas e, 120-121F
   estrutura macromolecular de, 17
   funções de aminoácidos ionizáveis, 168-170T
   glicogênio, clivagem de, 371-372F
   ligações peptídicas, 68-69F
   metionina, 77
   procedimento para a degradação de Edman, 75-76F
   sequências de, 69, 75-78F
   tratamento de fenilisotiocianato (PITC), 74-76F
   valores pK_a de aminoácidos ionizáveis, 170T
   voltas da fita e da folha β, 99F
Resistência da teia de aranha, 122
Retículo endoplasmático (RE), 21-21F, 694F
Retinol (vitamina A), 219-219F
Retroalimentação, 301
Rhodospirillum rubrum, 464
Riboflavina, 206-207F
Ribofuranose, 235F

Ribonuclease A (Rnase A), 91F, 112-114F
  desnaturação e renaturação de, 112-114F
  desnaturação térmica da, 112F
  hidrólise por, 593-595
  pontes dissulfeto em, 113F
Ribonucleotídeo redutase dos eucariontes, regulação alostérica de, 563T
Ribopiranose, 235F
Ribose, 7, 231F, 237F, 576F
  ciclização de, 232-234F
  estrutura de nucleotídeo, 576F
  estruturas de açúcares-fosfato, 237F
  estruturas monossacarídicas de, 233F, 237F
Ribossomos, 109F, 676-683F
  alongamento de cadeia e, 673-674, 682-684F
  células eucariontes e procariontes, interações, 112F
  composição do rRNA, 677-678F
  regulação de síntese de proteínas, 688-689F
  síntese de proteínas, 673-680F, 687-689
  sítios de ligação de aminoacil-tRNA em, 678, 680F
  translocação por um códon, 684-687F
Ribulose, 232-233F
Ribulose 1,5-bisfosfato, 466-466F
RNA (ácido ribonucleico), 3, 9, 635-667
  classes de, 589
  clivagem, 596F, 657-658F
  conteúdo celular, 589
  descoberta do, 3
  estruturas em grampo, 590-590F
  hidrólise, 593-596
    alcalina, 594-594F
    nucleases e, 593-596
    ribonuclease A, 595-597
  lac operon, 652-656
    ativação da transcrição, 656-657
    estrutura do repressor, 653-654F
    proteína reguladora do cAMP e, 654-655F
    repressor de ligação com o operon, 653F
    transcrição do repressor de bloqueio, 652-653F
  mensageiro (mRNA), 9, 589, 656, 659-664
  modificação pós-tradução de, 659-661
    processamento de transferência (tRNA), 656-657F
    processamento ribossômico (rRNA), 657-658F
  nucleotídeos modificados, 566 567F
  pequeno nuclear (snRNP), 663-664F
  polimerase, 109F, 112F, 637-639
    catálise por, 639F
    interações, 112F
    múltiplas subunidades, 110F
    proteína oligomérica, 367-641
    reações de alongamento de cadeia, 638-639F
  processamento do mRNA nos eucariontes, 656, 659-664
  ribossômico (rRNA), 9, 589, 657-658F

  síntese de, veja transcrição
  tipos de, 636-637
  tipos de moléculas, 9
  transferência (tRNA), 9, 589, 656-657F
RNA de transferência, veja tRNA
RNA mensageiro, veja mRNA, esquemas metabólicos, 297F
RNA polimerase, 109F, 112F
RNA ribossômico, veja rRNA
Roda helicoidal, 96
Rofecoxib (Vioxx), estrutura de, 487F
Rose I, 535
Rota do elétron no ciclo Q, 430
rRNA (RNA ribossômico), 9, 589, 657-658
  clivagem, 657-658F
  composição ribossômica de, 676-677F
  modificação pós-tradução, 659-661F
  síntese de proteínas e, 674-675F
Rubisco (ribulose 1,5-bisfosfato carboxilase-oxigenase), 463, 464-466F

S
S-adenosilmetionina, 201F
Sacarídeos, veja carboidratos; polissacarídeos
Sacarose, 240-240F
  clivada em monossacarídeos, 348
  estrutura de, 240-240F
  metabolismo (plantas), 468-473F
  síntese de, 468-469F
Saccharomyces cerevisiae, 297F
Sais biliares, 506F
Salicilatos, 487
Salmonella typhimurium, 516F, 530F
Sanger F, 618
Sangue, 33F, 36F, 252-253F
  2,3-bisfosfoglicerato no, 338F
  grupo ABO, 252-253F
  capacidade de tamponamento, 49-50F
  reações da glicólise, 332
  plasma, 34F, 34F, 51-52F
  propriedades do, 34F, 36F
Secreções de mucina, 253F
Segundos mensageiros, 285
Selenocisteína, estrutura de, 63-64F
Semirreações, 318-320T
Sequência de Shine-Dalgarno, 680F, 682
Sequenciamento de didesoxinucleotídeos para DNA, 618, 620
Sequenciamento, 69, 75-82, 618-621
  albumina sérica humana, 79-80F
  citocromo c, 80-82F
  C-terminal (terminação carboxa), 69, 77F
  DNA, 78F, 617-620F
    didesoxinucleotídeos usados para, 618, 620
    método de Sanger, 618, 621
    paralelo por síntese, 620-621
  estratégias proteicas, 77-78
    albumina sérica humana, 79-80F
    clivagem por brometo de cianogênio (CNBr), 77-78F
    espectrometria de massas, 78-79F
    impressão digital tríptica, 78-79F
    N-terminal (amino terminação), 69, 75-77F

  procedimento de Edman para a degradação de, 75-78F
  relações evolutivas e, 80-81F
  resíduos de aminoácido, 68, 75-76F
Sequências de genes, metabolismo e, 296-297
Sequências promotoras, transcrição do RNA, 641-642F
Serina (S, Ser), 57-58F, 61-62F
  catabolismo de, 538-539F
  estrutura de, 57-58F, 61-62F
  nomenclatura, 65T
  síntese de, 526-526F
  sistema RS de configuração de aminoácidos, 62F
  uso do precursor metabólico, 531-532F
Serino-proteases, 184-189F
  elastase, 184-185F
  especificidade de substrato de, 186-187
  formas de catálise para, 187-190F
  ligação de substrato, 188-190F
  quimotripsina, 184-190F
  tríade catalítica, 187F
  tripsina, 184-187F
  zimogênios como precursores inativos das enzimas, 184-185
Simporte, transporte de membrana, 281-281F
Síndrome de Lesch-Nyhan, 571
Sintase, 394
  catálise de ATP, 434-437F
  definido, 394
  reação do glicogênio, 370-371F
Síntese da citidina trifosfato (CTP), 561-562F
Síntese da inosina 5'-monofosfato (IMP), 554F-555F
Síntese da melanina a partir da tirosina, 533, 533F
Síntese de fita atrasada de DNA, 609-610F, 613-615F
Síntese de lignina a partir da fenilalanina, 533-534F
Síntese de óxido nítrico a partir de arginina, 532-533F
Síntese de proteínas, 668-699
  aminoacil-tRNA sintetases, 674-675F
  anticódons, 672-672F
  código genético, 668-673T
  códons, 668-673T, 680-684F
  gasto e fumarase de, 687-688
  inibição por antibiótico de, 689F
  mRNA (RNA mensageiro), 669-670F, 669-671F
  processamento pós-tradução, 692-697
    cadeias oligossacarídicas, 697F
    glicosilação de proteínas, 695
    hipótese de sinais, 694-697
    modificações das cadeias polipeptídicas, 692-697
    partícula de reconhecimento de sinal (SRP), 694-696F
    peptídeo sinal, 694-695F
    vias secretoras, 694F-695
  regulação de, 688-693
    atenuação, 690-691F
    disponibilidade do heme e, 689-690F

globina, 689-690F
montagem ribossômica em *E. coli*, 688-691F
operon *trp* na *E. coli*, 690-691F
ribossomos, 676-683F, 684-686
tradução, 673-684
alongamento de cadeia, 682-684F
catálise por peptidil transferase, 682-683, 686F
etapas do microciclo para, 682-687
eucariontes, iniciação em, 682
fatores de alongamento, 683-684F
iniciação de, 678-680F
ribossomos, 676-677
sequência de Shine-Dalgarno, 680F, 682
sítios de docagem de aminoacil-tRNA para, 683-684F
terminação de, 687
translocação de ribossomos, 684-687F
tRNA (RNA de transferência), 671-672F, 676-681F
Síntese de uridilato (UMP), 558-559F
Síntese descontínua de fitas atrasadas de DNA, 610F
Síntese, 13
adenosina trifosfato (ATP), 417-443
aminoácidos, 522-531
definido, 13
DNA, duas fitas simultaneamente, 609-617
inibição farmacológica do câncer, 566
metabolismo dos nucleotídeos e, 552-561
nucleotídeos purínicos, 553-554F
pirimidina, 558-562F
proteínas, 668-699
Sintetase, definido, 395
Sistema RS de configuração de aminoácidos, 62F
Sítio de saída (sítio E), 684-687F
Sítio E (sítio de saída), 684-687F
Sítios de pausa, transcrição do RNA, 645
Smith M, 169F
sn-glicerol 3-fosfato, 485
Söderbaum HG, 198
Sódio (Na), 3
Solubilidade, 35-39
água e, 33-37
caótropos, 37
concentrações celulares, 35F
detergentes, 37F
difusão, 35F
eletrólitos, 33-34
moléculas anfipáticas, 37
moléculas hidratadas, 37
moléculas solvatadas, 35
pressão osmótica, 35-36
substâncias hidrofílicas, 35
substâncias hidrofóbicas, 36
substâncias iônicas e polares, 33-36
substâncias não polares, 36-37
surfactantes, 37
Solubilização, 37
Soluções ácidas, 44-50F
constante de dissociação, K_a, 46-47T
equação de Henderson-Hasselbalch para, 47-48

escala de pH para, 44F, 48
fraca, 45-47
ionização e, 43
soluções básicas combinadas com, 44-45
soluções básicas dissociadas de, 43-44
titulação, curvas de, 48-49F
valor paramétrico, pK_a, 46-47T
Soluções básicas, 44-44F, 47-48F
dissociadas a partir de soluções ácidas, 45-46
equação de Henderson-Hasselbalch para, 47-48
escala de pH para, 44F
ionização e, 42
uso em titulação ácida, 48-48F
Soluções neutras, 44
Soluções tamponadas, 49-50F
ácido acético, 48F
ácido carbônico, 52F
capacidade e pK_a, 47T, 48F, 49
pH e, 50-52F
plasma sanguíneo, 51-52F
preparação de, 51
Sorbose, 233F
Sørensen, Søren Peter Lauritz, 45
Spliceossomos, 663-664F
Stahl F, 603
Staphylococcus aureus (*S. aureus*), 77, 247-249F
Strandberg B, 90F
Streptococcus pneumoniae, 3
Streptomyces, proteína do canal de potássio, 108F
Substâncias hidrofílicas, 35
Substâncias hidrofóbicas, 36, 123-125F
Substâncias iônicas, solubilidade de, 33-36
Substâncias polares, solubilidade de, 33-36
Substituição nucleofílica, 165
Substratos, 91F, 136-150, 177-184
cinética enzimática e, 141-151
complexo enzima-substrato (ES), 141-142
equação de Michaelis-Menten para, 143-147
equações de velocidade para, 140-141F, 145-147F
especificidade de, 186-187
estereoespecificidade de, 136-137
ligação pró-quiral, 397
modos de catálise enzimática e, 177-184
ajuste induzido, 181-182
efeito de proximidade, 178-179F
estabilização do estado de transição, 178, 182-183F
ligação fraca e, 178, 179-180F
propriedades de ligação, 140-141, 177, 178-183F, 185-188
reações controladas por difusão, 173-173T
reações enzimáticas, 136-137, 138-147
reações com substratos múltiplos, 148-149F
serino-protease e, 186-187F
sítios de ligação, 91F, 671F
velocidade de ligação, 173-173T
Subunidades α, transcrição do RNA, 641-642T
Subunidades de α-globina, 124-124F

Subunidades de β-globina, 124-124F
Subunidades, 104, 107-110F
Succinato:ubiquinona oxidorredutase (complexo II de transferência de elétrons), 427-428F
Succinil sintetase, reações do ciclo cítrico, 398-400F
Succinil-CoA, 218F
estrutura catalisada de, 218F
hidrólise de tioésteres, 317
Sucralose, 241
Sulcos maiores e menores no DNA de fita dupla, 584-585F
Sulfidrila, fórmula geral de, 5F
Sumner JB, 137
Superóxido dismutase, 177F
Surfactantes, solubilidade de, 37
Synechococcus elongatus, 471F

T

Tabela periódica de elementos, 4F
Tagatose, 233F
Talose, 231F
Tanaka K, 74F
Tatum E, 214, 635
Técnica MALDI-TOF, 73F
Teoria da chave e fechadura para especificidade, 182
Teoria quimiosmótica, 420-423
Terminação da transcrição de RNA dependente do rho, 645-646F
Terminações modificadas, mNRA, 659
Termodinâmica, 12-15, 278-280
constante de equilíbrio, K_{eq}, 12, 14
energia de ativação, G‡, 15F
potencial de membrana, $\Delta\psi$, 279-280F
transporte de membrana e, 278-280
variação da energia livre de Gibbs, ΔG, 12-15, 278-279
velocidades de reação e, 14-15
Termófilos extremos, 33F
Terpenos, 257
Tetra-hidrofolato, 214-215F
Thermus thermophilius, 678, 679F
Thiobacillus, 305F
Tiamina (vitamina B_1), 208-209F
Tiamina difosfato (TDP), 208-209F
Tiamina pirofosfato (TPP), 208
Timina (T), 8-9F
Tiocianato (SCN), 37
Tioésteres, hidrólise de, 317
Tiol (sulfidrila), fórmula geral de, 5F
Tioldissulfeto oxidorredutase, 106F
Tiorredoxina (humana), 106F
estrutura de, 106F
oxidação-redução de coenzima, 223F
oxidado, 223F
Tirosina (Y, Tyr), 59-60F
catabolismo de, 543-543F
estrutura de, 59-60F
nomenclatura, 65T
síntese de, 526-528F
síntese de melanina a partir de, 533, 533F
Tiroxina, estrutura de, 64F
Titulação, 48-49F
ácido acético (CH_3COOH) 48F
ácido fosfórico (H_3PO_4), 48

aminoácidos, 64-64F
imidazol ($C_3H_4N_2$), 48F
ionização e, 64-66F
soluções ácidas, 49-49F
valores de pK_a, 46-47T, 64-66F
Tradução, 673-684. *Veja também* processamento pós-tradução
   alongamento de cadeia, 682-684F
      catálise por peptidil transferase, 682-686F
      etapas do microciclo para, 682-687
      fatores de alongamento, 683-684F
      sítios de docagem de aminoacil-tRNA, para, 683-684F
      translocação de ribossomos, 684, 687F
   iniciação de, 678-680F
      eucariontes, 682
      fatores de iniciação, 678, 680-681
      iniciador de tRNA, 678, 680F
      ribossomos, 676-677
      sequência de Shine-Dalgarno, 680F, 682
   ribossomos e, 676-677F, 680F
      composição em subunidades de, 676-677F
      eucariontes versus procariontes, 677-677F
      sítios de ligação de aminoacil-tRNA para, 678, 680F
   sequência de Shine-Dalgarno, 680F, 682
   síntese de proteínas e, 673-684
   terminação de, 687
Transcrição do RNA, 640-652
   ativação da proteína reguladora da cAMP, 654-656
   bloqueio de repressor de *lac*, 651-653F
   eucariontes, 646-649
      cromatina e, 650
      fatores de transcrição, 647-649T
      reações de polimerase, 647-649T
   iniciação, 640-644
      alterações na conformação da polimerase, 643
      orientação de genes, 640-641F
      processo de, 644F
      reconhecimento de promotor, 641-642
      sequências promotoras, 641-642F
      subunidades α, 641-642T
   regulação de genes, 650-652
   terminação, 645-646
      dependente do rho, 645-646F
      formação de grampo (*hairpin*), 645F
      sítios de pausa, 645
Transdução de sinal, 284-292
   hidrólise e, 286-289F
   membranas celulares, 283-291
   proteínas G, 286-286F, 290
   receptor de tirosina-quinases, 285, 290-290F
   receptores de insulina, 290-291F
   receptores e ligantes de hormônios, 285-288
   receptores, 284-286
   transdutores, 285-286
   via de sinalização da adenilil ciclase, 288F
   via de sinalização dos fosfolipídeos de inositol, 287-289F
   vias, 284-285, 287-289F
Transdução, *veja* transdução de sinal
Transdutores eucariontes, 286
Transdutores, 285-286
   bacteriano, 286-287
   eucariontes, 286
   proteínas G, 286-286F
   transdução de sinal de membrana e, 286-287
Transferência de elétrons, 319-320, 455-457
   acíclica, 454
   cíclico, 451-454
   energia livre, 319-320
   esquema Z, 456-458F
   fotossíntese, 449-453, 456-458
   fotossistemas bacterianos, 449-453
Transferência de energia por ressonância, 447
Transferência de grupo fosforila, 313-316
Transferência de grupo nucleotidila, 317F
Transição de fase de bicamadas lipídicas, 277F
Transporte, *veja* transporte de elétrons; constante de transporte de membranas, K_t, 281-282F
Transporte ativo de membrana primária, 282
Transporte ativo secundário, 282, 283F
Transporte de acil-CoA para a mitocôndria, 498-499
Transporte de elétrons, 417-443
   aceptores e doadores finais de elétrons, 439-440
   átomos superóxido, 440-441
   cofatores, 425
   complexos enzimáticos, 423-435
      complexo I (NADH para catálise da ubiquinona), 425-426F
      complexo II (succinato : ubiquinona oxidorredutase), 427-428F
      complexo III (ubiquino1: citocromo c oxidorredutase), 428-429F
      complexo IV (citocromo c oxidase), 430-431F
      complexo V (ATP sintase), 432-432F
   energia quimioautótrofa do, 439-440
   entrada de oxigênio na mitocôndria, 421F
   força próton-motriz, 420-422F
   fotossíntese comparada à, 439
   mecanismos de transporte de NADH em eucariontes, 436-438F
   potenciais de redução dos oxidação-redução, 425T
   razão P/O (fosforilado/oxigênio), 436
   reações de oxidação-redução, 423-425T
   rota do elétron no ciclo Q, 430
   síntese de adenosina trifosfato (ATP) e, 417-443
   variação da energia livre de Gibbs, ΔG, 423-425T
Transporte de hexoses, regulação da glicólise de, 343-344
Transporte de membrana ativo, 283-283F
Transporte de membrana passivo, 281-282F
Tratamento da leucemia linfoblástica aguda, 523
Tratamento de fenilisotiocianato (PITC), 74F
   reagente de Edman para sequenciamento de resíduos, 75-76F
   tratamento de aminoácidos, 74F
Treonina (T, Thr), 59, 61-61F
   catabolismo de, 539-540
   estrutura de, 59, 61-61F
   nomenclatura, 65T
   síntese de, 523-524F
Treose, 232
Tri-iodotironina, estrutura de, 64F
Triacilgliceróis, 262-262F
   digestão de, 264
   estrutura de, 262F
   síntese de, 482-483F
Tríade catalítica, 187F
Trichodesmium, 517F
Trieno, definido, 487
Trifosfatos de nucleosídeo, 309-310
Triose fosfato isomerase (TPI), 108F, 173-175F
   catálise, 332-334F
   reações controladas por difusão, 173-175F
Tripeptídeo, 69
Tripsina, 77-78F, 184-185F
Triptofano (W, Trp), 59-60F
   estrutura de, 59-60F
   nomenclatura, 65T
   síntese de, 526-528F
tRNA (RNA de transferência), 9, 589, 656-658, 669-675, 678-684
   aminoacil-tRNA sintetases, 674-675F
   anticódons, 672-672F
   clivagem, 657-658F
   código genético e, 668-670F
   códons de mRNA formando pares de bases com anticódons de, 672-672F
   estrutura da folha de trevo, 671-672F
   estrutura tridimensional (terciária) de, 671-672F, 683
   iniciador de tradução, 678-681F
   modificação pós-tradução, 659-661F
   moléculas isoaceptoras, 674-675
   pareamento de bases, 669-671F
   pareamento de bases de Watson-Crick, 671F
   posição oscilante, 673-674F
   síntese de proteínas e, 668-675F, 676-687F
Turnover de proteína, 533-535

U

Ubiquinol, 221
Ubiquinol: citocromo *c* oxidorredutase (complexo III de transferência de elétrons), 428-429F
Ubiquinona (coenzima Q), 221-222F
Ubiquitina, 535F
Ubiquitinação de proteínas, 535F
UDP *N*-acetilglicosamina aciltransferase, 105F
União Internacional de Bioquímica e Biologia Molecular (IUBMB), 138, 402
União Internacional de Química Pura e Aplicada (IUPAC), 258
Unidades do Sistema Internacional (SI), 27T
Unidades em bioquímica, 27-27T

Uniporte, transporte de membrana, 281, 281F
Uracila (U), 8
Ureia, estrutura da, 113
Uridina difosfato glicose (UDP-glicose), 201-201F
Uridina trifosfato (UTP), 202-203F

V

Vacúolos, 20F, 23
Valina (V, Val), 60F
    estrutura de, 60F
    nomenclatura, 65T
    síntese de, 523-524F
van der Waals, Johannes Diderik, 39
Vaporização da água, 33
Varfarina (veneno para rato), 221F
Variação da energia livre de Gibbs, ΔG, 12-15, 341-342F
    adenosina trifosfato (ATP), 310-314
    direção da reação metabólica a partir de, 307-312
    formação de reagentes, 310T
    fotossistemas da fotossíntese, 456-458
    hidrólise, 309-313
    padrão, 307, 342-342F
    potencial de redução e, 318-320T
    razão de ação das massas, Q, e, 308
    reação de quase equilíbrio, K_{eq}, 308-309
    reações da glicólise, 332, 342-342F
    reações de oxidação-redução, 318-322
    reações metabolicamente irreversíveis, 308-312
    reações termodinâmicas e, 12-15, 278-279
    real, 307, 342F-343F
    transporte de elétrons, 423-425T
    transporte de membrana e, 278-279
    variações de entalpia, ΔH, e, 307
    variações de entropia, ΔS, e, 307
Variação da energia livre, *veja* variação da energia livre de Gibbs, G.
Variação de entropia, ΔS, 12-13, 307
Variações conformacionais da ligação de oxigênio, 126F-127
Variações de entalpia, ΔH, 12-13, 307
Verificação para correção de erro na replicação do DNA, 608, 682
Vesículas, 20F, 272F
    células eucariontes, 22
    especialização, 20F
    lipossomos, 272F
Via da pentose fosfato, 366-371
    catálise pela transaldolase, 368-369F
    catálise pela transcetolase, 368F
    estágio não oxidativo, 366-365F, 367-367F
    estágio oxidativo, 366-366F
    interconversões, 368-369F
Via de sinalização da adenilil ciclase, 287-288F
Via de sinalização dos fosfolipídeos de inositol, 287-289F
Via do C4, 471-471F
Via do glioxilato, 409-412
Via Embden-Meyerhof-Parnas, 332
Via Entner-Doudoroff (ED), 351-352F
Via glicolítica, 408
Vias anfibólicas, 407-409
Vias bifurcadas, 413F
Vias celulares, 302-304
Vias de etapa única, 300-300F
Vias de múltiplas etapas, 299-300F
Vias de reaproveitamento, 566-567
Vias metabólicas, 298-303
    definido, 298
    estado estacionário no, 301F
    etapas únicas e múltiplas de, 299-300F
    evolução de, 302-303
    fluxo em, 301F
    formas de citocromo c, 423-424F
    glicólise, 326-354
    gliconeogênese, 355-384
    inibição por retroalimentação, 301
    regulação de, 301-303
    retroalimentação, 301
Vias secretoras, 694F-695
Vitaminas, 198, 200-200T
    ácido ascórbico (vitamina C), 212-213
    biotina (vitamina B_7), 213-214F
    cobalamina (vitamina B_{12}), 217-217F
    deficiências, 200T, 210-211, 214, 216
    folato (vitamina B_9), 214-215F
    fontes, 202T
    funções de, 200-202T
    hidrossolúvel, 200
    história da, 200
    lipídeo, 219-219F
        α-tocoferol (vitamina E), 220F
        colecalciferol (vitamina D), 219-220F
        filoquinona (vitamina K), 220-220F
        retinol (vitamina A), 219-219F
    lipossolúvel, 202T
    niacina (vitamina B_3), 203-204F
    piridoxal (vitamina B_6), 210-210F
    tiamina (vitamina B_1), 208-209F
Voltas inversas, estruturas de proteínas, 100
Voss-Andreae J, 128F

W

Walker JE, 224
Warburg O, 386
Watson JD, 3, 575-576, 577, 603
Wilkins M, 581
Williams R, 420
Windaus AOR, 224
Wöhler F, 2
Wyman J, 157

X

Xilose, 231F
Xilulose, 233F

Y

Young WJ, 332

Z

Zimogênios, 184-185
Zíper de leucinas, 97-97F
Zwitterions (íons dipolares), 57